永康文獻叢書　譜牒

九支盧譜牒文選

上

盧振寶　選編
盧敦基　校點

圖書在版編目(CIP)數據

九支盧譜牒文選 / 盧振寶選編 ; 盧敦基校點.
上海 : 上海古籍出版社, 2024. 11. -- (永康文獻叢書
). -- ISBN 978-7-5732-1371-6

Ⅰ. K820.9

中國國家版本館 CIP 數據核字第 2024QH8869 號

永康文獻叢書

九支盧譜牒文選

(全三册)

盧振寶　選編

盧敦基　校點

上海古籍出版社出版發行

(上海市閔行區號景路 159 弄 1-5 號 A 座 5F　郵政編碼 201101)

(1) 網址: www.guji.com.cn

(2) E-mail: guji1@guji.com.cn

(3) 易文網網址: www.ewen.co

浙江新華數碼印務有限公司印刷

開本 710×1000　1/16　印張 107.5　插頁 20　字數 1,342,000

2024 年 11 月第 1 版　2024 年 11 月第 1 次印刷

印數: 1—2,100

ISBN 978-7-5732-1371-6

I·3872　定價: 698.00 元

如有質量問題,請與承印公司聯繫

永康文獻叢書編纂成員名單

宋越國公盧琰像

永康《石馬盧氏宗譜》，民國癸亥年重修本

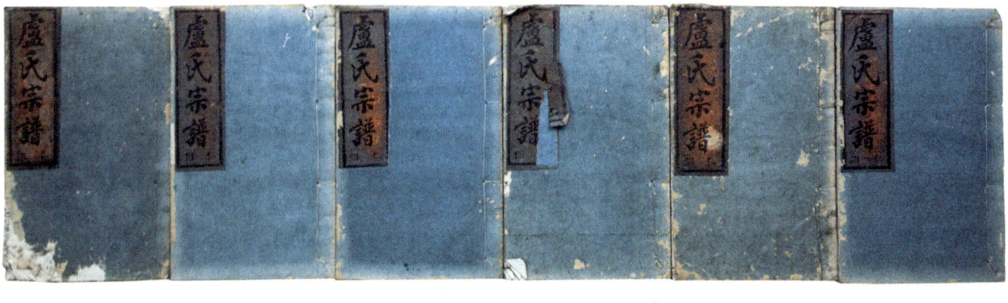

永康《盧氏宗譜》，光緒戊申年重修本

縉雲《白竹盧氏宗譜》，民國庚辰年重修本

仙居《柴盧合譜》，民國乙卯年重修本

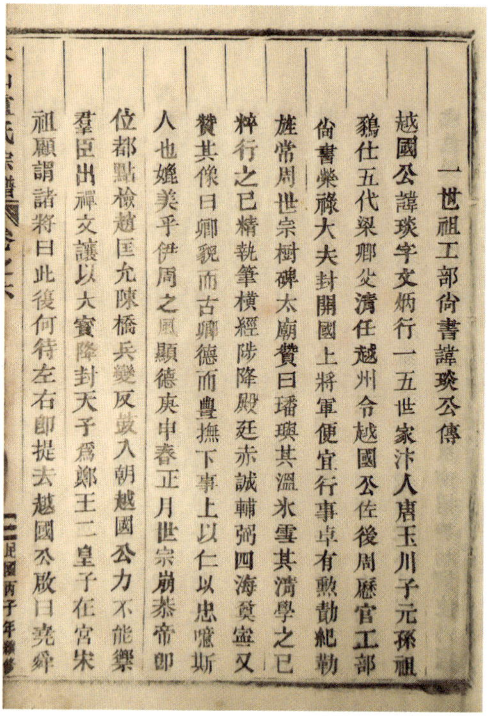

一世祖工部尚書諱琰公傳
越國公諱琰字文炳行一五世家汴人唐玉川子元孫祖
鵝仕五代梁鄉父濟任越州令越國公佐後周歷官工部
尚書榮祿大夫封開國上將軍便宜行事卓有勳勣紀勒
旌常周世宗樹碑太廟贊曰璠璵其溫氷雪其清學之已
粹行之已精執筆横經陟降殿廷赤誠輔弼四海奠寧又
贊其像曰卿貌而古卿德而豊撫下事上以仁以忠噫斯
人也媲美乎伊周之風顯德庚申春正月世宗崩恭帝卽
位都點檢趙匡允陳橋兵變反鼓入朝越國公力不能禦
羣臣出禪文讓以大寶降封天子爲鄭王二皇子在宮宋
祖顧謂諸將曰此後何待左右卽提去越國公啟曰堯舜

《大山盧氏宗譜》所收盧琰公傳

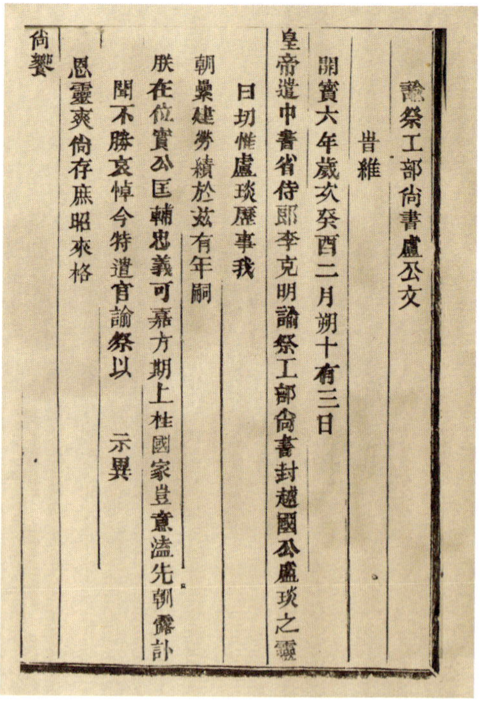

諭祭工部尚書盧公文
昔維
開寶六年歲次癸酉二月朔十有三日
皇帝遣中書省侍郎李克明諭祭工部尚書封越國公盧琰之靈
曰切惟盧琰歷事我
朝彙建勞績於茲有年嗣
朕在位實公匡輔忠義可嘉方期上柱國家豈意溘先朝露訃
聞不勝哀悼今特遣官諭祭以　示異
恩靈爽倘存庶昭來格
尚饗

《丁川盧氏家乘》所收諭祭文

永康四十五都八保（靈山），今屬磐安縣新渥街道上盧村（盧廣攝）

①越國公祠　②公元973年曾諭祭的“盧琰墓”疑冢

③登東橋　④盧琰故居東耕園遺址

越國公祠（九支盧總祠）（盧廣攝）

盧琰遺留下的登東橋（盧廣攝）

位於翠屏山脚下的躲山下村，今屬磐安縣新渥街道（盧廣攝）

①盧琰墓　②盧琰文化園

③標記往右約100米處，爲後周皇子柴熙誨（即盧璿）墓

盧振寶捐建的“宋越國公盧琰行蹟照壁”（盧廣攝）

“越國公盧琰墓”疑冢，原位於東耕園之原，今遷移至靈山脚下，
由盧振寶牽頭建造（盧振寶攝）

總　序

永康歷史悠久，人文薈萃。

據南朝宋鄭緝之《東陽記》載，永康於三國赤烏八年（245）置縣。建縣近 1800 年來，雖經朝代更替，然縣名、治所及區域，庶無大變，風俗名物，班班可考，辭章文獻，卷帙頗豐。

魏晉南北朝至隋唐，是中國經濟重心由北向南轉移的準備階段，永康的風土人情漸次載入各類典籍。北宋以降，永康即以名賢輩出、群星璀璨而著稱婺州。名臣高士，時聞朝野；文采風流，廣播海内。本邑由宋至清，載正史列傳 20 餘人，科舉進士 200 餘名。北宋胡則首開進士科名，爲官一任，造福一方；徐無黨受業於歐陽修，深得良史筆意，嘗注《新五代史》，沾溉後學。南宋狀元陳亮創立永康學派，宣導事功，名播四海；樓炤、章服、林大中、應孟明位高權重，憂國憂民，道德文章，著稱南北。元代胡長孺安貧守志，文采斐然，名列“中南八士”。明代榜眼程文德與應典、盧可久，先後講學五峰書院，傳播陽明之學，盛極一時；朱方長期任職府縣，清廉自守，史稱一代廉吏；王崇投筆從戎，巡撫南疆，功勳卓著；徐文通宦游期間與當時文壇鉅子交往密切，吟咏多有佳作。清初才女吴絳雪保境安民，壯烈殉身，名標青史；潘樹棠博聞强記，飽讀詩書，人稱“八婺書橱”；晚清應寶時主政上海，對申城拓展、繁榮卓有貢獻；胡鳳丹、胡宗楙父子畢生搜羅鄉邦文獻，刊刻《金華叢書》，嘉惠士林。民國吕公望，早年投身辛亥革命，曾任浙江督軍兼省長，公暇與程士毅、盧士希、應均等人結社唱酬，引領一代文風。抗戰期間,方巖成爲浙江省政府臨時駐地,四方賢俊,匯聚於此,文人墨客,以筆代口,爲抗日救亡而吶喊,在永康文化史上留下濃重一筆。

據粗略統計,本邑往哲先賢自北宋到民國時期,所撰經史子集各類著作及裒輯成集者,360 餘家,近千種。惜年代久遠,迭經兵燹蟲蠹、水火厄害,相當部分已灰飛烟滅,蕩然無存。現國内外公私圖書館藏有本邑歷代著作僅百餘部,其中收入《四庫全書》及存目、《續修四庫全書》者 20 餘部。這是歷代先賢留給我們的寶貴精神財富,也是我們傳承文化基因、汲取歷史智慧的重要載體,更是一座有待開發的文化寶藏。

爲整理出版《永康文獻叢書》,多年以來,我市有識之士不懈呼籲,社會各界紛紛提議,希望開展此項工作。新時代政治清明,百業興盛,重教崇文。爲弘揚優秀傳統文化,拓展我市文化内涵,提升城市文化品位,推進永康文化建設,永康市委市政府因勢利導,決定由市委宣傳部牽頭,文廣旅體局組織實施,啓動《永康文獻叢書》出版工程。歷經一年籌備,具體工作於 2021 年 3 月正式展開。

整理出版《永康文獻叢書》,以新時代中國特色社會主義思想爲指導,以中共中央《關於整理我國古籍的指示》爲指針,認真貫徹國務院《關於進一步加强古籍保護工作的意見》,繼承與發揚永康學派的優良傳統,着眼永康文化品位、學術氛圍的營造與提升,系統梳理傳統文化資源,讓沉寂在古籍裏的文字鮮活起來,努力展示本邑傳統文化的獨特魅力,積極推進永康文化建設。現擬用八至十年時間,動員組織市内外專業人士和社會各界力量,將永康文學、歷史、哲學、法學、經濟學、社會學、教育學諸方面的重要古籍資料,分批整理完稿;遵循“精選、精編、精印”的原則,總量在 50 部左右,每年五至六部,分期公開出版,並向全國發行。

《永康文獻叢書》原則上只收録永康現有行政區域内,自建縣以來至中華人民共和國成立之前的文獻遺存。注重近代檔案及其他文史資料的收集整理。在永康生活時間較長，或産生過較大影響的外邑人士的著作，酌情收入。叢書的採編，以搶救挖掘地方文獻中的刻本以及流傳稀少的稿本、抄本爲重點；優先安排影響較大、學術價值較高、原創性較强的著作；對在永康歷史上産生過重大影響的家族譜牒，也適當篩選吸收。

本次叢書整理，在注重現存古籍點校的同時，突出新編功能。一些重要歷史人物的著述已經完全散逸，但尚有大量詩文見諸他人著作或志牒之中，又屢屢被時人和後人提及，則予以輯佚新編。一些歷史人物知名度不高，但留存的詩文較多，以前從未結集，酌情編輯出版。宋元以來，我邑不少先賢，雖無著述單行，但大多有零散詩文傳世，爲免遺珠之憾，也擬彙總結集。

歷史因文化而精彩，文化因歷史而厚重。把永康發展的歷史記録下來，把永康的文獻典籍整理出來，把優秀傳統文化傳承下去，關乎永康歷史文脉的延續，關乎永康精神的傳承，關乎五金文化名城軟實力的提升。因此，整理出版工作必須堅持政府主導、社會支援、專家負責的工作方針，遂分别建立指導委員會、顧問委員會、編輯委員會，各司其職，相互配合，以確保叢書整理出版計劃的全面落實與高品質實施。

《永康文獻叢書》整理出版的品質，在很大程度上取决於編纂人員的學識、眼光、格局，也取决於編纂人員的工作態度和敬業精神。爲此，編纂團隊將懷敬畏之心、精品意識、服務觀念、奉獻精神，抱着"爲古人行役"的理念，以"功成不必在我"的境界和"功成必定有我"的歷史擔當，甘於寂寞，堅守初心，知難而進，任勞任怨，將《永康文獻叢書》整理好、編輯好、出版好。

《永康文獻叢書》是永康建縣1800年來，首次對本邑古籍文獻進行系統整理，是一套"千年未曾見，百年難再有"的大型歷史文獻，是對永康蘊藏豐富的文化資源的深入挖掘、科學梳理和集中展示，是構築全國有影響的文化高地的有效途徑，對於推進永康文化的研究、開發和傳播，有着不可估量的可持續發展潛力。它是一項永康傳統文化的探源工程、搶救工程，是一項功在當代、惠及千秋的傳承工程、鑄魂工程，是一項永康優秀傳統文化的建設工程、形象工程。我們要在傳承經典中守好文化根脉，在扎根本土中豐富精神内涵，在相容並濟中打響文化品牌，爲實現永康經濟社會發展新跨越，爲打造“世界五金之都，品質活力永康”，提供强大的精神動力和文化支撑。

《永康文獻叢書》編委會

2021 年 10 月

前　　言

毫無疑問，家譜是一種世界級的存在。人類對自己的過去有不可控制的好奇心，我想這是家譜之所以存在的首要原因吧。在今天，互聯網家譜從一定意義上已成爲産業。這也是事物發展的必然。

中國家譜，當然别有特色。據研究，商代之前家譜就已萌芽，而誕生於周至漢代。魏晋南北朝至唐代，是中國家譜的黄金時代，因爲它擔負了選拔人才的特殊功能，官私合力，使家譜對家族的認定和支持作用達到極致。隨着宋代向平民社會轉型，家譜的道德倫理功能逐漸凸顯，歐陽修、蘇洵創建新的譜圖之法，朱熹更是反復强調家譜撰修對於建立倫理規範的重要意義。經明、清兩朝的完善、普及，家譜成爲中國傳統文獻的一個重要組成部分，如僅上海圖書館館藏家譜就已超過 2 萬種，2009 年由上海古籍出版社出版的《中國家譜總目》就收録了 52 401 種。對於家譜的學術研究，自民國時期開始漸次展開，如今更有興盛之勢，對家譜各種價值的認識也更爲準確深刻。王鶴鳴在《中國家譜通論》（上海古籍出版社，2011）中將中國家譜的價值定位成文物、資料、道德、尋根、文化五個層面。這五個層面，除了"文化"一詞詞義較爲含混，易與他者有時産生混淆外，其他則無疑。

不過，在這裏，我更想强調前人已涉及，但很少加以特别關注的一點是：家譜也是一部秘密文書。

《中國家譜通論》中專辟一節"領譜字號"述及此種狀況，即"爲保持家族的純潔，防止外姓冒族認親，家譜修好後，家譜數量按房、支數印刷，家族内部發行，且秘不示人。各房各支按字號簽字領取家譜，對收藏家譜、及時驗譜都有具體規定。”如家譜無編號，即視同僞譜。家譜收藏，要落實專人，甚至建議另置木箱，每年檢曬，去潮濕、去蠹魚。如遇有必要查閱時，也要邀同各門族長共同觀看。族人以外，概不出視。如保管不善，可以作“不孝”懲治。“不孝”在古代是可以入實罪的，《孝經》云“五刑之屬三千，而罪莫大於不孝”，唐律將“不孝”列入“十惡”之七。可見當時對家譜的秘密性强調到了何種程度。

爲何中國古代家譜自帶這麽一種秘密文書功能？囿於視野，本人未見對此原因的追溯解釋。個人推斷，這應該與家族的經濟、文化功能密切相關。我們知道，家譜一般都非撰修於家族中的始祖和始遷祖。始遷時，篳路藍縷，萬事惟艱，很少即時就想到修譜。如果家族後代繁衍不旺，經濟不善，修譜也根本無從談起。能撰修家譜的家族，應該多數都比較殷實，有點族産，還可能有一定的共同幫扶制度，好的更有一點文化資本。正因爲這樣，才須特别防範外人覬覦和侵漁。而强調家譜的秘密特性，顯然是防範外人最經濟的一種實施辦法。遠的不説，就説本文選的主編盧振寶先生，在走訪上百個盧姓村落、搜尋上百種家譜時，就曾遇見過被婉拒查看的窘况。儘管古今情勢已截然不同，功能雖已失去，但習慣依然留存。

那麽現在擺在各位讀者面前的這套《九支盧譜牒文選》（三册）（以下簡稱《文選》），則完全擺脱了傳統的舊觀念，而願意將九支盧宗譜中的精華和特色展示給公衆。我想編者在工作中應該一直抱着好奇和敬仰的心理：好奇自己的先輩到底經歷了什麽和做了什麽，敬仰自己的先輩在一次次挑戰中如何應對，繁衍綿延着古老的血脉。比如開篇則叙述始祖事迹，而關於居住地的地理、物質條件、經濟狀況，甚至墓穴、宗祠等，皆有狀態各异的選取。人文方面，則有人物傳略和藝文。家範則突出了家族内的倫理準則。對於讀者，這部資料在許多方面或許有相當的資料效用，特别是對古代生民的遷徙與生存條件更有較爲如實的刻繪。而各種各樣的人物傳,也爲認識古代社會生民的實際狀態開了一扇扇方便之門。二十四部正史篇幅不小,但於收録人物有相當明確的限制。地方志中儘管也有專門收入地方人物傳記的部分,但是範圍仍小,篇幅簡略,對普通民衆更是不可能關注。而家譜雖然也同樣考慮成本,但功能不同,對族内的人物自然多加留心。如繼屏公感於夫妻之義,三十六歲喪妻,一生不再娶,作者基於男女平等之立場議論曰:女方不幸其夫早死,即有以身殉者,所謂"一與之醮,終身不改","何男子喪偶席未温者,而媒已在室矣!此與結髮之義安在耶"?這段議論發於順治辛卯年(1651)。還有一些傳記記載了手藝人和商人的生活,也是彌足珍貴。我自己標點這一部分,也是感謝祖先們留下的各式各樣的印記,透露了不少普通百姓的生存發展狀況,閲讀時不免經常感慨唏嘘,由此也更感到了這套文選的不可或缺。需要説明的是,所收一些著名人物的文章,不見於他們本人文集,或係僞託,讀者引用時需加以鑒别。

更應該特别提到的是,這一套《文選》,完全是編者的創新。我們知道創新的不易和可貴,尤其是這種創新來自於非專業研究領域,且符合邏輯又富有意義,甚至可以看成一個小小的奇迹。它甚至可以説提示了宗譜文化研究的進一步開展的可能性空間。其實我曾以爲這套《文選》是借鑒了他人的體例的,但是確實並非如此。所以,在這裏,容我向此套書籍的編輯者表示由衷的敬意!

人類終要繁衍,血脉既遠且長。幾千位祖先相互配合,産生了今天的"我";而"我"又只是這個巨大樹係中普普通通的一片小葉子。讀家譜,要明白的就是這麽一種情境。祝願中國和世界的每個家族都能久長地綿延下去,開出更璀璨的文明之花。

盧敦基

2023 年 9 月 9 日

千年疑案話盧琰

盧琰(900—985),字文炳,唐茶聖盧仝的曾孫,越州令盧清之子。河南濟源玉川人。盧琰初任寶寧太守,後爲郭威部將。公元 948 年,劉承祐繼位,見郭威守重鎮、擅兵權,遂收其家屬爲人質,令其回京受命。盧琰進言:“隱帝驕縱無道,濫殺無辜,後漢氣數已盡,與其回京受縛,不如率兵討伐。”遂助郭威廢漢立周。郭威崩殂,柴榮繼位,史稱周世宗。盧琰佐後周,歷任工部尚書、榮禄大夫,封開國上將軍,卓有勛績,名勒旂常。

這樣一位重臣,《宋史》不予載入,却與後周皇子柴熙誨有關。《舊五代史》和《新五代史》中,對後周皇帝柴榮之子柴熙誨之記載寥寥無幾,除記載熙誨“左領軍衛大將軍,封蕲王”,只説“熙誨不知其所終”。所幸由他肇始的浙江九支盧,其後裔在修纂家譜時,均按世傳收録其事蹟。筆者經過二十多年深層次的研究和挖掘,初步搞清了這樁千年疑案,同時讓人瞭解盧琰精忠大義的行爲事跡和九支盧族的發展史。

陳橋兵變　挾義救孤

琰公三世裔孫盧晉(字“本心”),在《靈山世紀》中述:“顯祖越國公徙居永康,非擇處也。乾坤改物,運祚更新,先朝以孤寡失馭,大宋以位望蒙推。二皇子方離繦褓,大駕入朝,宋祖指曰:“是復何待?”左右即提去。越國公進曰:“堯舜授受,不廢朱均,今受周禪,豈不存其後?”時潘美亦以爲不可。乃以一封紀王、名熙謹者畀潘美,後更名惟正,一封蘄王、名熙誨,後更名炯者,公抱之,馳寓於浙之臨安。時吴越猶未納土,意宋不得而制之,且食非宋粟也。既又自臨安隱處於兹靈山,育而教之,妻之以女。尤恐少康斟灌之禍,俾隱姓名曰盧璿,與八男列而爲九……”

公元959年,周世宗病故,七歲的兒子柴宗訓繼位爲恭帝。翌年正月初五,殿前都點檢趙匡胤策動“陳橋兵變”,廢周立宋,稱“宋太祖”。之後,盧琰的後半生隨之波瀾起伏。

公元962年,盧琰仗義抱養柴熙誨後,軟禁在洛陽大青寺的恭帝柴宗訓,被趙匡胤移送到荒蕪之地湖北房州。盧琰預感宋祖坐穩江山後要開始對柴氏動手了。爲安全起見,盧琰遂向宋廷請求致仕,准辭後宋太祖封盧琰爲越國公。陶穀及同僚們在餞别時紛紛爲盧琰作詩送行。

不食宋粟　辭官歸隱

同年十月,因琰父盧清曾在吴越國任過越州令,有一定的人脉關係,當時吴越還不受宋管制,盧琰攜柴熙誨與家人從洛陽到吴越,隱居臨安,過着隱居低調的生活。琰公在當地五峰山遊玩時留下《題五峰山》詩,收入《孝豐縣志》中,後來被民國丙辰(1916)任孝豐縣知事的盧旌賢(字士希)所發現,並將它收入第三支山後盧《盧氏宗譜》中。

爲存柴脉　再遁靈山

公元968年,見宋廷態勢咄咄逼人,吴王遣使入貢於宋朝,意味着吴越國納土歸宋爲遲早的事,令盧琰感到柴氏遺孤命運難卜,於是與柴榮的駙馬孫維温(永康人)謀避亂之策,遂同惟温攜柴熙誨離開臨安遁入靈山,即當時的永康四十五都孝義鄉上盧村(今屬磐安縣新城區新渥街道)

德才施教　耕讀傳家

盧琰遁入靈山建了東耕園定居後，發現當地生産力和老百姓的生活相當落後，決定傾力打造這片熱土，他在靈山周邊陸續建了翠峰寺講法堂、翠峰書院等建築，設塾延師，施教於鄉間子弟。在盧琰以文化人、以德育人的教化下，當地逐漸改變了不好的風俗習慣。古譜中記載："初，靈山僻隅厓谷，俗多樸野，公以身範物，建塾延師，課及子孫及鄉子弟，風俗丕變，遂成文物之鄉。"

捨生取義　起死回生

公元973年，被趙匡胤移遷到湖北房州的恭帝柴宗訓不到二十歲忽然暴斃，消息傳至，聯想到由潘美領養的柴熙謹不足三年也忽然夭折，盧琰預感柴榮餘脉將有滅門之災。幸好盧琰早有防範，在遁入靈山前就把柴熙誨收爲義子，改名盧璿，並將女兒盧錦許配給他，稱璿是自己的第三個兒子。儘管如此，爲了徹底打消宋太祖的猜疑，盧琰想"是禍躲不過"，決定從"死一回"中尋找"起死回生"之路。讓家人在上盧村東耕園之原，給自己和夫人建了一座疑冢，把已去世的夫人趙雲葬入疑冢中，然後對外謊稱盧琰已故的消息。於是宋太祖在開寶六年(973)二月，遣中書省侍郎李克明前來靈山諭祭。

宋祖遣官靈山諭祭，實際上是調查柴熙誨事件，看到盧琰全家居住在窮鄉僻壤的深山中過着艱苦的生活，也没打聽到柴氏的一絲絲行蹤。現在盧琰已死去，宋祖這塊壓在心裏的石頭終於放下了。盧琰賭上全家人的性命，用瞞天過海這招術，再次救下柴榮一脉。爲避人耳目，盧珪夫婦死後也葬在東耕園之原的父冢旁以假亂真。

盧琰"死"之後，熙誨以"爲父守孝"爲名，與義父一起隱身在靈山以北的翠屏山下，從此與世隔絶，不再露面。十三年後，直到宋雍熙乙酉(985)八月十六日，這位璠璵冰霜、義薄雲天的後周重臣、八十六歲的盧琰纔真正地與世長辭。

盧琰已“死”過一回,皇帝曾遣官下詔諭祭過,家人只能將他默默地葬在隱居之地。家人們不敢祭墳,九子在墓旁各種了棵楓樹以示悼念。後來家人把琰公的隱居地改稱爲“躲山下”。

躲山下的祖墓,怕露出欺君之馬脚,盧氏族群不敢公開搞祭祀活動,各房派把此隱情只傳長房長孫,不往族群里洩露,導致始祖盧琰墓幾經荒蕪。到了明初,請東陽淮巖周氏“寧”字輩的盧家女婿周吉,字子慶,讓其長住躲山下,委託他打理盧氏祖墓。後來周吉成爲了躲山下村的周姓始祖。到了“紹”字輩周朱鳳字文岐這一代,盧氏仍然許女聯親,委託周姓繼續管理盧氏祖墓。

直到盧琰過世775年後的乾隆二十五年(1760),後裔們才敢到躲山下修盧琰墓。此時周氏居住躲山下已四百餘年,其後裔興旺,成爲了族群,又經過多次改朝换代,其周邊山地也理所當然地成爲了周氏的合法産權。盧琰墓旁邊周氏的墓冢累累,彼界此疆茫然莫認。由於長期失管,讓本來没有立過墓碑的盧琰墓徹底成了荒冢,埋没在野草叢中。經過多年訴訟,勝訴後的越國公墓才得以修復。

爲了方便祭祀和讓後裔們形成習慣,躲山下修復始祖盧琰墓時,將葬在東耕園越國公疑冢的夫人趙雲,和葬在父墳疑冢側旁的長子盧珪夫婦,一起遷葬到躲山下,與父母合葬,琰公疑冢逐漸退出氏族的視綫後被遺忘。從此每逢清明,後裔們都名正言順到躲山下的祖墓祭祀,九支盧裔都誇誇其談炫耀起始祖的榮光。怕後裔們對祖墓和疑冢混淆,族人還專們繪製了越國公盧琰和武烈侯盧瑢的墓圖,編入宗譜。而盧琰973年爲救柴孤建冢詐死、始祖去世後隱葬躲山下、委託躲山下周氏管理盧氏祖墓,在當時的盧族宗長看來,前者有欺君之嫌,後者有失孝之咎,因此盧族主流宗譜幾乎都掩飾了這段歷史。盧琰救孤、隱孤、育孤的壯舉,看似没有趙氏孤兒刀光劍影、驚天動地的場景,其精神却比其更加可歌可泣。這段艱難曲折的歷史,恰恰被自己的氏族宗譜所埋没，也給後人研究九支盧的歷史文化造成了一些困惑。

由于時代變遷和歷史原因，至 1982 年止，躲（大）山下盧琰墓旁的那九棵千年大楓樹均被村民砍伐罄盡，被列爲“磐安縣文物保護單位”的越國公盧琰墓，也因歷史糾紛被挖土掩埋，墳面石和墳墓牌坊被撬走用于修水庫。行精忠大義的三朝元老，却“史志無語”，“默默無墳”。

2020 年 1 月，離上盧村南側約 200 米的盧琰疑冢被發現。遷移時出土的陶制文物由縣文物辦周濟生老師送浙江省考古研究所鑒定，確認該文物爲宋代器物。經現場考證，與《盧氏宗譜》中記載“始祖盧琰與夫人合葬於靈山東耕園之原”的地點、時間相吻合，古墓之謎也隨之解開。

柴脉倖存　九支繁盛

隨着時間的推移，盧琰從“義不臣宋”的思想轉變成擁護大宋統一天下的愛國情懷，九子先後出仕，均爲朝廷棟樑。盧琰死後，隱姓更名的柴熙誨在躲山下爲義父守孝十三年，於宋真宗咸平年間（998）以盧璿之名出仕。譜載：“真宗見其文，觀其儀，考其藝，相見恨晚”。先後擢爲殿前防禦使、節度使、同知樞密使，公元 1022 年封贈爲武烈侯。

柴熙誨死後，也葬在躲山下義父墓前東南側約 400 米的水竹塢伏虎山。後來其“武烈侯墓”的墓地也被朱姓人所侵佔，“因年湮墓古，被朱姓侵佔，歷三百年訴訟，都勢卒莫挽，且清祭亦阻矣”。後來由石門村盧人萬力挽，“公乃善與周旋，孚以信，聯以情，不數年猜疑悉化，於道光乙未冬，慷慨出價售之”，盧璿墓才回到盧氏手中。

武烈侯墓約於 1966 年再次被毀壞，墓碑及墳面石被撬走，用於修築上游約 500 米處的水庫大壩，古墓周邊被當地人安葬了多個新墳，致使半個多世紀來盧氏後人幾乎找不到該墓址。2018 年，根據白竹古譜墓圖，我分别約兆寅、連法、友誼、岩梁等宗長和磐安文物辦專家周濟生老師一起，終於找到了“武烈侯墓”。幾經周折，於今年清明將墓碑重新立回古墓原址，這對盧氏家族在後周和北宋之間的變革過程的研究，有着重要的歷史價值。

青史雖無語　忠魂留千秋

盧琰雖爲國史摒棄，可他在靈山生活多年，其挾義救孤的精忠大義故事，如地下暗流，沿着民間管道在金華、麗水、温州等地區，特别是永康、磐安、東陽、縉雲、樂清、瑞安一帶廣爲流傳。

隨着“千年疑案”的揭秘，《宋史》爲什麽没有爲盧琰作傳的問題就很好解釋了。明順天府府尹程正誼《越國公祠堂記》云：“蓋宋祖革命，人謂之狐昧欺君，而盧公挾孤以逃，存柴氏一綫之緒，正宋室所忌也。當時操史筆者又學士陶穀之流，焉肯存忠義之跡於青史，以自形其短哉！”

這話提醒我們：史書基於當政者利害關係决定取捨。《五代史》修撰於開寶五年(972)，其内容大多抄自宋代官方記録。即便操史筆者非學士陶穀之流，宋祖子孫也必以删除盧琰史料而後快，凡要一點臉面的，誰願將自己祖先捆綁於歷史耻辱柱上遺臭萬年？正因爲這樣，我們得感謝海量的宗譜及一些方志野史，是它們爲我們保存記叙着史書上無法見到的史料，否則盧琰的精忠大義之精神將泯泯無聞矣。

琰公爲救前朝皇子而甘願“史志無語，默默無墳”，他以“一隱、二遁、三取義”三部曲的忠義之舉，既保護了柴氏一脉，又成全了宋太祖承禪讓的臉面。程正誼對盧琰評價道：“馮道歷事五朝，終身富貴；陶穀袖出禪詔，遂爲佐命元勛。黄袍加身之時，盧公肯一屈膝，富貴詎可量哉！公不爲也。”並頌其爲“靈山之隱，爲首陽遺風；柴孤之存，追嬰、杵大義”，實不爲過譽也！

公元二〇二四年十月，盧琰第三十七代孫　盧振寶

目　　录

第二編　居　　里

第三編　水　務

第四編　祀　　産

第五编　宗　祠

第六編　墓　　塋

第七編　人　　物

一、恩榮

二、傳略

第八編　家　範

一、規約

二、禮儀

第九編　藝　　文

一、語録

二、文

三、詩　詞　賦

四、對聯

第十編　雜　　記

一、越國公入永康縣志

二、教育

三、寺廟

四、交通

五、災傷

第一編　源　流

“秋水時至，百川灌河，涇流之大，兩涘渚崖之間不辨牛馬。於是焉河伯孜孜自喜”。這河伯自得的是他自己享有那麼寬廣而水流湯湯的大河，並没思考大河源流之所自、灌河“百川”有哪一些，所以在見到北海時，自然無法想到“不積細流無以成江海”的道理，無法正確看待自己和别人，張口結舌、望洋興嘆自然在所難免。

“飲水思源”是品質優秀的表現，“追本溯源”是後繼人們應負的責任。在追尋姓氏或宗族本源這一工程上，固然有“源流既同，雖微非辱；族屬無據，雖貴何榮”的原則，可面對那些枝杈般伸展着並先後匯入幹河的“百川”，不邁開腿脚尋覓考察，單憑主觀臆測或道聽途説，很難找到真正的源流。更何況北宋前的民間，少有爲家族留下本源所自的文字，或者曾有記録，最終爲兵燹所毁，於是尋找源泉，需要後人幾代甚至數十代的前赴後繼。也正因爲其間的難度，所以便有了逐本尋源的諸多故事，便有了家乘中很難一致的譜序文字。而這裏的故事與文字，都是前人不懈探求所留下的彌足珍貴的足跡。

一、始祖盧琰

恩倫美譽

誥敕五則

奉天承運皇帝制曰：

朕惟欲求臣之盡忠言讜論，以盡其輔弼之誠，理宜寵賜。盧琰登名進士，歷任提刑監督撫使、司農卿，功及我朝，特升爾工部尚書兼觀文殿大學士，所以彰朕臣之心。爾當益勵厥志，益修厥德。可依前件右特下升授如前，牒到奉行。右敕下爲工部尚書盧琰，准此。

敕命

後周顯德二年八月十五日辰時下

之寶

（選自第一支《石馬盧氏宗譜》民國癸亥年重修乙酉年續修本卷一）

奉天承運皇帝詔曰：

朕惟太祖皇帝以工部尚書盧琰寄之以重任。今盧琰發身賢科，擢任黄門，歷歲既久，克有勞效。《書》曰“德懋懋官，功懋懋賞”。特差充湖南道，撫字民瘼。特進爾爲榮禄大夫便宜行事、開國上將軍，食邑三千七百户，實封七百户。賜紫金緋魚袋。

汝當益勵厥志，益修厥德。可依前件奉敕如右，符到奉行。

制敕

顯德二年九月初三日

之寶

右擬轉榮禄大夫、上柱國贊治尹、開國上將軍盧琰，准此。

（選自第三支《白竹盧氏宗譜》民國庚辰重修本卷一）

奉天承運皇帝敕曰：

朕惟列職朝廷，必選才能之士；掄材翰苑，正爲耳目之官。欲托腹心，定須正直。具官盧琰，持心清簡，處事公明，似此彰名，特加褒寵。爾用公心執法，正式立朝。白簡凝霜，莫負激揚之志；金章耀日，用彰忠孝之名。

汝往欽哉，毋替朕命。

敕命

後周顯德六年三月二十一日

之寶

（選自第一支《石馬盧氏宗譜》民國癸亥年重修乙酉年續修本卷一）

奉天承運皇帝制曰：

朕惟人臣，效忠於君，施澤於民，固職事之當然，未嘗不由内助之資爾。盧琰既授工部尚書，厥妻趙氏應褒爲越國夫人，以勵勳臣之婦，以端閨閫之化。永欽朕命，毋提初心。故敕。奉敕如右，牒到奉行。

誥命

大宋建隆三年壬戌十月十一日辰時下

之寶

（選自第一支《泗渡盧氏家乘》民國戊午年重修本上卷）

奉天承運皇帝詔曰：

朕惟工部尚書盧琰，尚書之職，寄之以重任。今琰發身賢科，歷任前職，履歲已久，克有勞效。《書》曰："德懋懋官，功懋懋賞。"特進爾階爲榮禄大夫便宜行事、開國上將軍、越國公。

爾當益修厥德，恪守爾職。可依前件，奉敕如右，牒到奉行。

右擬轉保榮禄大夫、開國上將軍盧琰。准此。

敕命

建隆三年十月初一日午時下

之寶

（選自第三支峽陽《樂安柴盧合譜》民國乙卯重修本卷首）

御題贈盧工部致仕

黄麻一紙賜卿回，欲若卿榮世罕哉。官衆臨行餞祖道，朕親贈别舉金杯。實懷念母毋忘孝，未説登科早占魁。人問朝廷何太寵，調羹會賴作鹽梅。大宋建隆三年五月三日

（選自第三支里盧宅《靈山盧氏宗譜》民國甲戌年重修本卷十六）

御賜功臣盧琰致仕詩

袖手長才世路輕，愛閑那肯鬻榮名。掛冠便欲辭丹闕，策杖還歸老故城。適意不論三仕喜，傳家惟有十分清。林間佳趣真恬退，向好廉泉自濯纓。

（選自第三支《白竹盧氏宗譜》民國庚辰重修本卷三十三）

諭祭工部尚書盧公文

開寶六年，歲次癸酉，二月朔十有三日，皇帝遣中書省侍郎李克明諭祭工部尚書封越國公盧琰之靈曰：

竊惟盧琰，歷事我朝，累建勞績，於兹有年。嗣朕在位，實公匡

輔，忠義可嘉。方期上柱國家，豈意溘先朝露。訃音忽聞，不勝哀悼。今特遣官諭祭，以示異恩，靈爽尚存，庶昭格。

尚饗！

（選自第二支中盧《靈山盧氏宗譜》民國壬申年重修本）

人物傳略

靈山世紀

顯祖越國公徙居永康，非擇處也。

乾坤改物，運祚更新。先朝以孤寡失馭，大宋以位望蒙推。二皇子方離繈褓，大駕入朝，宋祖指曰："是復何待？"左右即提去。越國公進曰："堯舜授受，不廢朱均，今受周禪，豈不存其後？"時潘美亦以爲不可。乃以一封紀王、名熙謹者，畀潘美，後更名惟正；一封蕲王、名熙誨、後更名烔者，公抱之馳，寓於浙之臨安。時吴越猶未納土，意宋不得而制之，且食非宋粟也。既又自臨安隱處於兹靈山，育而教之，妻之以女。尤恐少康斟灌之禍，俾隱姓名曰盧璇，與八男列而爲九。九支相承，皆别以號曰榛、栗、櫸、松、竹、梅、桐、梓、杞，並蒙恩遇，致位通顯，諸孫數十，亦與簪纓。猗歟盛矣！

夫一宗播澤，百世傳芳。上而創業者啓其端，下而守成者纘其緒，瓜瓞綿延，奕葉重光。昔在汴京，世襲"玉川"之號；轉沿浙水，鼎新出谷之基。越國公以周室元老，夙著鴻猷；武烈侯爲帝者懿親，是成宅相。世擢儒科，豈羨竇氏五枝之桂；家傳相業，未誇蕭瑀八葉之榮。九枝並茂，象佳木之同根；爵位蟬聯，識恩光之未艾。忠貞世篤，豈虞簪笏之無傳；詩禮踵承，亦在箕裘之克紹。世傳三四，目擊曾玄；歲歷百餘，氣分堂從。感風物之變遷，嘆光陰之倏忽。非假載籍，文獻何徵？爰作世紀，用存龜鑒。凡我後人，保而敬之。

時大宋天禧四年歲次庚申秋八月望日之吉，湖南道總把三世孫晉本心謹叙

（選自第一支《石馬盧氏宗譜》民國癸亥年重修本卷之一）

按，作者盧晉(1000—1062)譜名盧傳，字本心，越國公盧琰長孫，官至定國大將軍。本篇選自第一支《大山盧氏宗譜》民國廿五年重修本、第一支《石馬盧氏宗譜》民國癸亥年重修本、第二支中盧《靈山盧氏宗譜》民國壬申年重修本、第三支《石江盧氏宗譜》民國甲寅年重修丁丑年續修本、第三支《安溪長堤盧氏宗譜》民國辛巳年重修本、第三支《指山盧氏宗譜》民國丙寅年重修本、第八支《白隴盧氏家乘》民國乙丑年重修庚辰年續修本。

行傳摘録

第一世

越州令諱清公之子，始祖行一五，諱琰，字文炳，生於大唐光化庚申年正月十三日，卒於宋雍熙甲申年七月十八日，享壽八十有六。仕後唐天成間，位行軍都點檢，至後周廣順三年爲户部郎中。顯德中，三任至工部尚書、銀青榮禄大夫。後宋藝祖乾德間，擢開國上將軍，封越國公，時年六十有五。娶永康都督大元帥趙光之女，諱芸，封越國一品夫人，生於唐天復元年辛酉五月十九日，卒於太平興國己卯年九月初十日，享壽七十九。於宋大中祥符元年十一月廿七日，公與夫人合葬靈山東耕園之原。生八子一女。

長子曰珪，號榛派，爲第一支。

次子曰璞，號栗派，爲第二支。

三女曰錦，贅周世宗庶子炯爲妻，後宋受周禪以爲嫌，遂爲盧，更名曰璿，列入九子，號檡派，爲第三支，世稱柴盧，由此始焉。

四子曰鋭，號松派，爲第四支。

五子曰衡，號竹派，爲第五支。

六子曰勳，號梅派，爲第六支。

七子曰敏，號桐派，爲第七支。

八子曰理，號梓派，爲第八支。

九子曰衛，號杞派，爲第九支。

第二世

越國公之長子，榛派行七一，諱珪，字伯璋，仕宋。開寶乙亥春正月二日，奉詔除湖南道安撫宣慰使，掌軍民事，有韜略經濟才。後興國三年己卯三月，詔入朝補中書舍人加朝議大夫，尋爲京都刺史兼敕秘書少監。生於後漢乾祐己酉年九月初一日，卒宋天禧己未八月廿二日。享壽七十有一。娶寶寧總制楊公之女，諱清，生於後漢乾祐戊申年正月初七日丑時，卒於天禧丁巳年二月初三日子時。享壽七十。合葬於靈山東耕園父墳側之原石礦。生子一傳。

越國公之次子，栗派行七二，諱璞，字伯玉，仕宋。興國丁丑年，奉命擢湖南監部，詔檢覆軍吏隱没事，誅偏將叛逆之罪，更拜中書令。夏五月七日，詔以文雅越人命兼工部侍郎、知制誥事。生於後周廣順辛亥八月初一日申時，卒缺。娶汴人任永康長史文祥吕公之女，諱英，生卒缺。合葬廿四都庚塘山之原。生子三：正、器、原。

越國公嗣之三子，檡派行七三，諱璿，字伯達，原名炯，字宗炤。本周世宗庶子，爲隱姓名，入九子列，號檡派爲第三支，世號柴盧，由公始焉。於宋太平興國癸未春三月六日，奉太祖詔，擢殿前防禦使，封武烈侯，謚曰德。生於後周廣順癸丑年六月初四丑時，卒宋天聖庚午年三月十七日酉時，享壽七十有八。妻錦，女贈吴國一品夫人。生於後周顯德乙卯年正月初十日，卒於明道癸酉年四月十五日，享壽七十有九。合葬於靈山大山水竹塢尚書墓側之原。生子四，桓、侃、儼、可。

（選自第一支《大山盧氏宗譜》民國丙子年重修本卷之三、第一支《泗渡盧氏家乘》民國戊午年重修本卷之三、第三支《鹿峰盧氏宗譜》民國丙寅年重修本卷之四、第三支《安溪長堤盧氏宗譜》民國辛巳年重修本卷之四、第三支《樂安柴盧合譜》民國乙卯年重修本卷之三、第三支《指山盧氏宗譜》民國丙寅年重修本卷之二、第四支《丁川盧氏家乘》民國戊辰年重修己卯年續修本卷之三、第九支《蓮塘盧氏宗譜》民國辛巳年重修本卷之三）

一世祖工部尚書琰公傳

越國公諱琰，字文炳，行一五。世家汴人，唐玉川子玄孫。祖鶉，仕五代梁。卿父清，任越州令。越國公佐後周，歷官工部尚書、榮禄大夫，封開國上將軍便宜行事，卓有勳績，紀勒旂常。周世宗樹碑太廟，贊曰："璠璵其温，冰雪其清。學之已粹，行之以精。執筆橫經，陟降殿廷。赤誠輔弼，四海奠寧。"又贊其像曰："卿貌而古，卿德而豐。撫下事上，以仁以忠。噫，斯人也，媲美乎伊周之風。"

顯德庚申春正月，世宗崩，恭帝即位。都點檢趙匡胤陳橋兵變，反鼓入朝，越國公力不能禦，群臣出禪文，讓以大寶，降封天子爲鄭王。二皇子在宫，宋祖顧謂諸將曰："此復何待?"左右即提去。越國公啓曰："堯舜禪位，不滅朱均。今受周禪，豈得不存其後?"時潘美在後，以手掐殿柱，垂頭不語。宋祖云："汝亦以爲不可也?"美曰："臣豈敢以爲不可，但於理未安耳。"乃命追還，越國公與美各抱其一。

越國公所抱者，即柴炯也。遂納印綬歸汴。宋祖素重公名行，特詔封爲越國公，許令致政。乃辟地於浙之臨安，尋又自臨安而遠遁於永康之靈山，優遊泉石，以景物自娱。嘗詠八景詩，讀者以爲有黍離之感。

娶上將軍趙光之女，封爲越國一品夫人。生八子：珪、璞、鋭、衡、勳、理、敏、衛。一女，配皇子炯。比建隆三年，徙鄭王置房州，懼有少康斟灌之禍，更名盧璇，與八子列而爲九。

始吴越與宋不通。開寶甲戌，吴越遣使入貢，宋封其王俶爲東南招撫制置使。乃擢公之長子珪爲湖南安撫使，至太平興國間，仍盡官其諸子。乾興癸酉，璇亦入仕，拜殿前防禦使，封武烈侯。後九支蕃衍，難相别認，乃假木爲號，曰榛、栗、櫸、松、竹、梅、桐、梓、杞，世承洛邑玉川子之所稱，曰“玉川盧氏”。

初，靈山僻隅厓谷，俗多樸野，公以身範物，建塾延師，課諸子孫及鄉之子弟，風俗丕變，遂成文物之鄉。

公生於唐光化庚申年正月初九日辰時，卒於宋雍熙乙酉年八月十六日巳時，壽八十有六。朝廷詔諭祭，葬於靈山東耕園。

紹興乙卯嗣孫燦謹識

（選自第一支《大山盧氏宗譜》民國丙子年本卷六）

越國公祠堂記

越國公者，玉川盧氏之始祖也。公諱琰，字文炳，世居汴之玉川，鄉人稱“玉川盧氏”。其上祖有諱仝者，發祥於五季之初，生子雲，雲生鶉，仕梁，官至上卿。鶉生清，爲越州令，即公父也。

公文武全才，仕後周，歷官典檢尚書。事太祖，鞠躬盡瘁，不避險夷。太祖致太平，類多公績，曾爲竪碑太廟，以紀其勞，謂公學精德粹，如璠璵冰霜。其所重於公者，似又以德爲先，而功次之，則公雖未歷艱屯，而清風勁節已見於朝宁間矣。

先，吾邑有孫惟温者，博學能文，欲以文章自顯，謂吴越割據小邦，不得以制科取顯庸，遂赴試於周，主於尚書盧家。盧公見孫惟温俊才邃學，以殊禮遇之。屬有中旨選駙馬，盧公薦惟温於世宗，援之甚力，惟温遂得尚主。感盧公恩遇，以父師之禮事公。比宋受周禪，盧公自以柴周大臣，義不臣宋，謀避亂之策於孫惟温，遂同惟温挾柴氏孤蕲王熙晦隱於永康，乃以女妻熙晦，皆從盧姓。公至永康，卜居於靈山，仍稱“玉川盧氏”，不忘本也。

宋太祖既定天下，以仁厚立國，興文教，厚彝倫，崇節義，訪先朝臨難不屈之士，追封崇爵，以示激勸，遂封盧公爲越國公。嗚呼！有宋享國長久，非太祖厚德有以培之哉？盧公之精忠大節，非太祖一旌義之，何以爲後世忠義之勸哉！君臣義薄，至五季而極矣：馮道歷事五朝，終身富貴；陶穀袖出禪詔，遂爲佐命元勳。黄袍加身時，盧公肯一屈膝，富貴詎可量哉？而公不爲也。

竊爲靈山之隱，有首陽之遺風；二孤之存，追嬰、杵之大義，惜乎《宋史》不載也。蓋宋祖革命，人謂之狐昧欺君，而盧公挾孤以逃，存柴氏一綫之緒，正宋室之所忌也。當時操史筆者又學士陶穀之流，焉肯存忠義之跡於青史，以自形其短哉？脱非野史有稽，盧公事當泯泯無聞矣。嗚呼！高節清風付流水，忠肝義膽埋草萊。司風教者可不爲之流涕長太息乎！

公夫人趙氏生八子，長名珪，仕宋，官至朝議大夫，即石馬一派之始祖，居大山翠屏。十七世孫叔懋，官授教諭，徙居於石馬之陰。中間出仕有爲湖南統制者，有爲京都長史通判者，有爲司城訓導院判者，有爲宣慰翰林孔目者——門祚與宋祚相爲終始，文學斌斌，十數世多登仕籍。

始，公祠廟在靈山東耕園。洪武初年，石馬一門自以爲嫡長應主公祀，遂創公祠於宅之左。年久圮廢，孫巨震、崇暹等又鼎新於宅東祖塋之右，賢泰、明復等又增葺之。棟宇森嚴，門廉整肅，其寢堂以祀越國公爲不祧之主。公之下高、曾、考暨一切祀典所得與者，各以次列於兩廡。廟貌焕然，祀事肅然，其祠門額曰“越國公祠”。新庵、松泉諸君請記於余，余與諸君同志且慕越國公之爲人久矣，輒爲公記之，非敢爲贅言也。

公之節義弗傳，此累朝史籍之一缺，異日史臣搜羅節義之士，有能採摘予言，將越國公潛德忠貞補傳史籍，使得舊史之所載者同耀日星，則志士仁人不見知於千百年之前，猶得見知於千百年之後，庶以快天下忠義之心，而臣節益勵也。

抑愚又有説焉：士君子立身宇内，國有道，不變塞焉，國無道，至死不變，此孔子中庸之强也；富貴不淫，貧賤不移，威武不屈，此孟子所謂大丈夫也。聖賢家法相傳如此。孟子没而聖學不傳，秦漢以來，士鮮實行，苟可以得富貴，誰不攘臂争先？其有能守孔孟之家法者鮮矣！而公生於五季，正聖學不講之時，然其行己立身，確遵守孔孟家法：處常則得君行志，足以開草昧而定中原；處變則全節完名，足以植綱常而塞不軌。此吾鄉人物之第一流也。

往者一松盧公暨新庵公、松泉公，俱挺然以身任斯道，講明理學於五峰，吾以爲華溪鍾秀，而不知越公者以璠璵冰霜之品開其源於五百年之前，所從來遠矣。越公之學，體用兼全，經權互用，可常可變，而皆不失其正之學也，非徒事空談而實際不足之學也。

吾黨多英特有志之士，而尤盛於高門，擔當此學，即宜以越公之學爲師，講論切磨，務求實用，將見陶鎔之下真才出焉，異日人品必有建大業樹大節、震耀寰宇如越公者出於其間，則越公兹祠非獨以備蒸嘗、供祀事已也，實可以爲陶育人材之地。至若鼓舞作興，以師道自任，則在新庵、松泉二公而已。

是爲記。

賜進士第、通奉大夫、歷陞順天府府尹程正誼拜撰

（選自第一支《石馬盧氏宗譜》民國癸亥年重修本卷一）

傳世詩作

觀　濤

遥憶桃源不可到，山溪也自開花好。花紅便是武陵春，豈必漁郎

尋遠道。劉阮當年失問名，祇今人世傳商皓。嚚嚚德義祖唐虞，户庭不出亦山島。

遊　翠

摩崖常憶翠峰遊，煙月藤蘿幽更幽。重上峰頂望河洛，千年正氣更誰收。

（選自第三支《安溪長堤盧氏宗譜》民國辛巳年本卷十八）

題五峰山

冬杪因來訪梵宫，仰觀如畫聳煙濃。雖多華嶽兩條翠，未及巫山一半峰。積石累同群後玉，成林擬列大夫松。最高道是升仙處，更有何人繼此蹤？

五峰山在舊湖，屬孝豐縣東北五里，峰之最高處有棋枰石，曾傳村人姚珍樵采此山，見二先人弈棋。詩見《孝豐縣誌》；去歲腊月，奉命出守孝豐。既晉邦人士相與講論風俗習慣，復取邑志，考求文學之盛衰、禮俗之沿革、山川之形勢。甫展卷，即得始祖越國公手題五峰山七律一首，不禁盥手吟誦者再。夫有宋至今，閲世幾及千年，此詩之獨傳，不傳於梓鄉之志乘與譜牒，而獨傳於此間之志乘，且必待旌賢負守土之日給予挾以歸而用其傳，其間因緣湊合，謂非祖宗神靈具有默佑之力歟？然則睹之吉光片羽，我子孫益當知所寶矣。

時中華民國丁巳夏正十一月己酉續修譜牒開局第一日，裔孫旌賢百拜謹跋

（選自第三支山後盧《盧氏宗譜》光緒甲午年重修民國丁巳年續修本卷之一下）

靈山八詠

柘巔春陰

欲寒不寒雲滿天，欲雨不雨春風巔。陰霾磅礴苦不散，咫尺失却青山巔。人家最幽獨桑柘，重重喜慶太平年。茆屋閑殺采芝翁，悵望

長安白雲東。

【訓意】此越國公自汴京至靈山，觸景興懷，見於吟哦，大抵皆悼周憤宋之辭，備賦、比、興三體。首按陳橋篡逆，變起不常，盲聾在位，嬰竪深宫，若寒雨顛風，若陰霾蔽日，使天子降封，六宫補外，如青山之失其巔耳。後四句自言避地修桑柘農家之業，若四皓采芝商山，但眷顧故國，惓惓忠愛之情不能自已，悵望長安，歌白雲而悲知音之少也。

鵲橋秋色

鵲橋橋下水深碧，一片秋光圖不得。遠接芳洲蓼穗紅，平分沙磧蘋花白。漁父歸來獨未知，獨憑釣石看多時。自非撫景悲秋者，相對海鷗頻詠詩。

【訓意】此即秋景以喻周之叔世，言鵲橋蘋白蓼紅霜清露皓，乃宋玉之所悲，亦猶周室之亡。爲臣子者不容若是恝焉耳，何在位臣子忘君事仇、恬不爲怪，若漁人之忘機於海鷗也？

獨峰霽雪

陽烏飛上扶桑來，冰花融液晴光開。峰頭濳露鸖鵝影，巖阿隱見璃瑶堆。未暇梅邊探消息，細麥已復青青色。獨憐點入吟翁髪，或倩東風消不得。

【訓意】此是宋主受命，九五當陽，若山雪初霽，而景物一新。衆方有爲，而我獨高尚其事，未暇探消息於梅之調鼎，惟是明農看麥色芊芊，乘時擢秀，而老臣孤憤，髮變爲白，終不能覓東風以舒其顔耳。

七滴飛泉

玉龍飛出青山腰，銀河幾帶懸層霄。巨靈有力縛不住，坐看平地生波濤。紫煙蒼翠隔林樾，六月瀟騷灑飛雪。謫仙只解説匡廬，那識其中更清絶。

【訓意】此亦見宋龍興，若派出天潢。巨靈，山神，喻周之臣子，雖有知，力不能捍禦，坐令加袍出禪，淪没神州也。其故在世宗早世、恭帝幼沖，若煙隔林樾，致陽九遭厄，雪於六月中耳。昔太白詠匡廬瀑布，詞雖甚工，而不似此之潔身去位，非衆人之所能識也。

古塘落雁

顧侶呼朋若兄弟，什什伍伍隨風起。一行西下一行東，盡落寒塘秋色裏。寒塘秋色畫圖如，況有菰米堪充饑。或飛或止各努力，慎勿觸彼虞人機。

【訓意】此以雁喻諸子（今八子一婿），舍京華而趨荒谷，若雁落寒塘，然躬耕隴畝，亦足自給，寒塘之有菰米也。且柴炯系世宗子，慮有斟灌之禍，故既妻以女，俾隱姓名，諸子又不令仕，欲其檢身避難，飛止努力，使弋者無思，斯善耳。

峽下啼猿

爾非三百毛蟲族，六趣輪回均在目。非人非物亦非仙，來往何嘗有拘束。峽下歲歲月自明，晴樹蒼蒼風自生。能詩木客莫輕笑，啼罷滿山風月清。

【訓意】此見優遊泉石，雖若猿之自適空山，而瞻戀故主，則哀號風月，無時可息耳。木客，避秦之士詩云"城市多囂塵，還山弄明月"，言木客勿以忘世爲樂，而笑此猿之悲。其啼罷，滿山風月清，言山靈將爲之凜肅。孟子言伯夷之風足以起頑立懦，豈公言外之意乎？

後溪夜雨

誰把天瓢馬鬘滴，入夜頻聽聲轉急。隨風勢若黄河翻，逐電奔如滄海泣。明朝早起望清流，茫茫不見蘆花洲。朗誦南華秋水篇，源頭飛起雙白鷗。

【訓意】此以夜雨溪聲喻陳橋之變，以庚申正月辛丑遣將，乙巳迫汴，五日之間天壤反覆，所謂明朝起視而蘆洲不見也，末乃自解。莊子《秋水》篇有曰："察乎盈虚，故得而不喜，失而不憂，知分之無常也。"又曰："堯舜讓而帝，子噲讓而絶；湯武争而王，白公争而滅。貴賤有時，未可以爲常也。"見周侯服於宋，亦曆數自天，非人之所能爲耳。又見己之避地，若神龜曳尾於塗中，若鵷雛之不争腐鼠，若海若之見大，若鯈魚之自潔可也，故云朗誦《南華》，而忘機於鷗鳥。

翠岸寒煙

如雲如霧出林杪，萬壑千崖刓昏曉。光聯桑柘翠重重，暝落松蘿青渺渺。谷風頻吹斷復連，微雨沾來鮮復鮮。安巢老鶴莫浪驚，寒煙不比烹茶煙。

【**訓意**】此見靈山風景可以永建我家，若老鶴巢林足矣。且諒宋主仁厚，必不加害於故主之子，亦意量已必不强逼於宋之頑民也。鶴避茶煙，高士之所以遠逝，而今即可以自安矣。凡即景命辭，悉寓深微，非浪吟也。

（選自第三支《安溪長堤盧氏宗譜》民國辛巳年本卷十八）

靈山八景詩并叙

古之聖賢，隨地而安，隨遇而樂。人以地而樂，地以人而著，如歷山之聞於大舜，渭水聞於太公，南陽顯於諸葛，盤谷著於李愿者，歷歷有然，況靈山婺之勝區，故譜其景而著之。

獨峰霽雪

積素寒光抗日堅，亭亭玉立翠屏前。玄冥斫飾千尋柱，擎住中原萬古天。

七滴飛泉

連雲飛瀑掛前空，水脉潛穿七竅通。指日朝宗歸大海，早將兵甲洗遼東。

鵲橋流清

銀河七夕仗填成，伐石爲梁浪擬名。縱道一泓清見底，何人重誦濯纓聲？

龍井涵碧

誰鑿山中九仞泉，纖波不動碧連天。耿恭拜處心殊切，起作甘霖沛九邊。

玉川釣月

白練流拖婺女墟,閑披蓑笠學爲漁。自知不是釣璜客,敢卜飛熊載後車。

靈谷鋤雲

荷鋤木柄不須長,覓種靈山别有方。種得雲中雙白璧,琢成瑚璉獻君王。

古寺晨鐘

禪林欲曙乍聞聲,百八敲非飯後鳴。記取碧紗籠古壁,莫教白眼視書生。

横山晚笛

牧童牛背日將曛,短笛吹殘幾片雲。莫道山中無寧戚,重歌白石憶明君。

(選自第二支中盧《靈山盧氏宗譜》民國壬申年重修本卷之一)

諸友贈詩

恭餞盧工部文炳前輩致仕南歸

翰林學士陶穀

旋轉乾坤不世功,名山韜晦效孤忠。清華門第傳江左,錦繡旌旗擁浙東。道德文章千古事,慈祥孝友一家風。金鑾餞别增行色,自是皇家禮數隆。

大宋建隆三年六月荷花生日

(選自第三支里盧宅《靈山盧氏宗譜》本卷二)

臣李元敬和御題詩原韻

李元敬

道義王公孰重輕，肯於朝市復争名。冠從昨日掛神武，臣有祥雲辭帝城。回首雁行真並秀，著身鷗社更雙清。抗塵顧我摧頹甚，想見旁觀笑絶纓。

（選自第三支《白竹盧氏宗譜》民國庚辰重修本卷三十三）

送　行

一

新喻章同

撫景那堪十月殘，送君離别赴長安。金杯酌酒情難盡，錦軸題詩墨未乾。帆過錢塘潮正起，人遊京國鬢初斑。相思後夜知何處，想在丹墀拜聖顔。

二

鄱陽曾泰

紛紛冠蓋畫橋西，盡是攜樽酌别離。重步驛前情切切，新添路上雪霏霏。九重雨露皆隨志，一担行裝半是詩。此去天官重考績，恩波好沐鳳凰池。

三

臨川曾記

久羡侯門老俊髦，朝天此去莫辭勞。驊騮掣電霜蹄健，鵬鶚摶風羽翮高。舟泊鴻溝觀勝概，路經采石覓香醪。銓曹考績居前列，曾見承恩沐寵褒。

四

臨海宗惟昌

才華表表冠群雄，勁節稜稜氣若虹。守分奉公推素志，秉心報國竭丹衷。文章不讓蕭曹學，政事應超卓魯風。天府記功膺顯擢，巖廊清要必登庸。

五

胡文麒

群觀此日趣行裝，駐馬郵亭餞別觴。萬里賦歸情思好，三年考績鬢毛霜。江潭水落灘聲小，山路雲深柳影長。後夜相思在何處？楚天空闊雁啼蒼。

六

胡文麟

山城冬送客，雨雪拂衣襟。今日一樽酒，明朝千里人。巴山梅破臘，蜀道柳窺春。此別未能見，因風書寄頻。

七

郭　謨

菊滿東籬酒滿觴，臨岐贈別寫詩章。鯤鵬高舉雲霄迥，騏驥騰驤道路長。待漏金門超鎖闥，班聯玉陛肅鴛行。天官考績榮遷擢，好把泥金托雁翔。

（選自第三支《白竹盧氏宗譜》民國庚辰重修本卷三十三）

詩　壽

宋建隆三年荷花生日

一

胡　福

數聲靈鵲傍亭臺，爲報君家壽域開。藍玉種成知令德，風霜歷盡見奇才。獻桃客自瑶池降，奏笛人從赤壁來。況是壺中有真樂，黄雞白日任他催。

二

楊　茂

洋洋家世舊衣冠，七十年來鬢始斑。暫晦夜珠遺世用，終輝晝錦與人看。圖開南極從龜鶴，樂奏鈞天叶鳳鸞。濟濟賓朋稱慶處，祝君遐壽頌如山。

三

孫　榮

華誕處逢壽域開，三千珠履會蓬萊。長生曲奏歌《金縷》，不老泉傾奉玉杯。福海深從滄海溢，壽山高擬泰山巍。須知千載蟠桃熟，供獻應看王母來。

調千秋歲

尹　壽

夏天時候，拂柳薰風透。氣磅礴，鍾靈秀。安寧叨盛世，才彦出華胄。届生辰，滿堂賓客皆朋舊。　　綺席光清晝，花灑金樽溜。羅綺簇，絲簧奏。願言龜鶴算，永比椿松茂。從今後，年年來祝南山壽。

（選自第三支《白竹盧氏宗譜》民國庚辰重修本卷三十三）

二、九支分遷

通用譜序

靈山玉川盧氏九支分派流系圖序

盧氏之族，其來遠矣。自齊姜太公之後至文公子高之孫傒，食采於盧，因以爲氏。且華溪孝義鄉馱山下盧氏之族與别不同，始自浙之臨安諱鶵，仕爲五代梁卿，生二子曰泉、曰清。清爲越州令守。顯祖諱琰，字文炳，周世宗朝顯德戊子爲行軍運幹都點檢，累官至光禄勳、工部尚書，封越國公。宋初避亂，自臨安隱居來斯孝義鄉之馱山下居焉。娶行軍都大元帥趙光之女，封越國夫人，生八男一女。女諱錦，招柴世宗之子諱炯，後改名曰璇，隱柴爲盧，列作九支，號曰榛、栗、欅、松、竹、梅、桐、梓、杞，自是而下，螽斯蟄蟄，子姓繁多。歷年已久，星散異居，以絶往來，相視如途人者有之，相戕如讐敵者有之。今編此集，親支其族，會合符節，所以别親疏長幼，可謂能詳其實而不欺其心，可謂能知其本而究其源，可謂能繼其志而述其事矣。

夫譜系修則昭穆之序明，昭穆之序明則尊卑之分定，尊卑之分定則禮義生，禮義生則爲敦睦之族矣。《詩》云“無念爾祖，聿修厥德”，其斯之謂歟？

是爲序。

時大宋天禧四年八月望日，三世孫晉本心謹識按，作者盧晉(1000—1062)，譜名盧傳，字本心，越國公盧琰長孫，官至定國大將軍。本篇選自第一支《石馬盧氏宗譜》民國乙酉年續修本、第一支《大山盧氏宗譜》民國丙子年重修本、第三支《石江盧氏宗譜》民國甲寅年重修丁丑年續修本、第三支《鹿峰盧氏宗譜》民國丙寅年重修本。

盧氏宗譜序

始祖琰公，字文炳，世居汴。夫人趙氏，生八男一女。配婿柴宗炯繼爲嗣，共九支，雖各分遷，而實共本焉。

溯公仕後周，累官至工部尚書加銀青榮禄大夫。際宋太祖受禪改元，進封開國上將軍越國公。因知宋主欲圖柴氏之後，公每諫曰："舜禹授受之際不滅朱均。今帝應天順人以受周禪，固當取法古聖，豈可效尤近世耶?"遂奉命招炯爲婿，太后亦恤恭帝如子，卒賴保全，後遷房州。時公年既老矣，乃就第，偕子及婿同遷婺永存孝鄉之翠屏山下居焉。

世祖炯爲周主世宗庶子，雖經仕宋，榮授防禦使，進封武烈侯，然以帝裔臣宋，心不自安，遂更名璇，易姓從盧，繼爲琰公三子。尤羡同氣九人，相繼登顯仕，其心均不忘柴氏，故派别枝分，共商以木爲號，用榛、栗、檡、松、竹、梅、桐、梓、杞九字爲序，後各分遷，歷今五世。榛、栗、檡三派即今靈山上、中、下之"三盧"是也。丁坑、青山、西山三派，號松、竹、梅。至於温、處、仙居等派，號桐、梓、杞焉。

竊意始祖從汴來婺數千余里，世祖易姓從盧，系各殊宗，豈自異而自遠也，不得已耳！蓋一以周臣，一以帝胄，避嫌遠禍而自甘心者歟?《詩》云"既明且哲，以保其身"，二公之謂也。噫！芮去二祖未遠，言猶在耳，忠豈忘心。至世遠日遥，子孫莫知所自，故上自始祖琰公，下聯弟侄等輩，合繪九派之淵源，詳纂世系之宗牒。然世祖既易柴爲盧矣，又繼竹派行呈公爲嗣，以承柴祀，似雖易姓，仍不忘本宗。柴從盧，盧繼柴，故今人以"柴盧"名吾宗焉。

祈後世子孫當知祖宗之忠義有以作之於前，而思有以繼述其志於後。今滿門朱紫，奕世簪纓，均沐大宋殊恩，必思有以報效。吾願賢子孫輩，出則以致君澤民爲心，退則以敦宗睦族爲本，庶不負二祖貽謀之至意也。故特志簡端，冀世世相傳於勿替云爾。

謹序。

宋英宗治平元年歲次甲辰上元之吉，六世孫湖廣行中書省平章事芮謹述

按，作者盧芮（1070—1136），字公華，一作景華，越國公盧琰六世孫，第三支盧璇裔，乾道乙酉年舉智勇爲湖廣經略使，後因世禄受命武顯大夫，南宋宰相留正撰《湖廣經略使墓道碑銘》。原官居汴州，紹興癸丑夏六月，隨父南國金吾上將軍盧漢扈高宗南遷，並負曾祖父母骸骨卜葬於永康。後裔多衍於温州樂清。本篇選自第三支里盧宅《靈山盧氏宗譜》民國甲戌年重修本、第三支義烏《雪溪盧氏宗譜》民國己巳年重修本、第四支《丁川盧氏家乘》民國戊辰年重修己卯年續修本。

盧氏宗譜序

古者立族必有譜，所以敬宗序族、明尊卑别親疏也。後世譜牒不明，而睦族之義衰。故尚禮之家、好學之士必致謹於斯焉。

按余盧氏之先，由汴遷婺數世，簪笏鵲起蟬聯，顯榮不替，迄今孫枝繁茂，鼎遷四方，溯其流而皆出於琰公之一原也。是以歲時聚會，則必辨其真僞親疏，不相或紊。有遷本邑者丁坑、青山、西山、下盧、浩川、石馬、石江數派，在本鄉則有躲山下莊、上盧、中盧、下盧、珠川、厚宅等族，或居温州，或居處州，或居縉雲，或居仙居，或居東陽，雖第行各異，而以九派宗圖考之則一也。

詎世遠年湮，譜籍遭兵火之壞，僅於遺編剩簡之餘，細收散失，未獲成帙，深竊憫焉，幸全存而未泯者宗圖而已。復思譜牒不續，仍懼

後之子孫族寢繁，情寢疏，疏而遠，上而盡，斯譜之不可以不續也，故古之君子重之，且曰“三世不修宗譜，謂之不孝”，良以此夫！吁！今之世，財帛相高，夸多而門靡，禮義既衰，耻論而愧談，抑何有尊尊親親之義耶？亦有托宗族而誇門第者，見其顯，雖遠則曰“吾族”，合爲一圖，喜則慶，憂則吊，以爲成典；見其微，必將曰“非吾族”，或歧以別之，喜不慶，憂不吊，視如途人。是豈作譜之志也耶？

今余遍詣族屬，旁搜遠討，重加纂續，參合爲一，端本正末，沿流溯源。上自越國公琰始遷於靈山爲鼻祖以提其綱，下聯支派，編輯行第名次以撮其要，庶使祖宗世系，子孫傳流，尊卑燦然，不相或紊。書既成，繕寫以授族人，俾其昭穆有序，緦衰相通，知所以報本返始，思所以光顯前人，其在斯歟。後世子孫，當效前人成法，又從而增益之，紹述之，則支本不失，源流可尋，尚其勉乎哉！

時宋高宗紹興三年癸丑十月之吉，八世孫襲蔭武顯大夫澤謹撰

按，作者盧澤(1074—1142)字允滿，越國公盧琰八世孫，第三支盧璇裔，承父武烈大將軍盧珉之爵，功勛顯著而德被生民，除武顯郎，升武功郎，贈武顯大夫。爲里盧宅、厚宅開基祖。本篇選自第三支里盧宅《靈山盧氏宗譜》民國甲戌年重修本、第三支義烏《雪溪盧氏宗譜》民國己巳年重修本、第四支《丁川盧氏家乘》民國戊辰年重修己卯年續修本。此外第一支《大山盧氏宗譜》民國丙子年重修本、第三支西塘《靈山盧氏家乘》民國戊子年重修本、第三支《鹿峰盧氏宗譜》民國丙寅年重修本亦有收録，文字稍異，作者則爲贊善大夫禮部侍郎吕城盛尚禮，時間爲紹興三十二年十月之吉。

盧氏宗譜序

古者天子因生而賜姓，或以國、或以官、或以字、或冒姓、或易姓、

或因事以賜姓，初無定也。

我盧氏，始以齊高傒食采於盧，因此爲氏，是以國爲氏者也。尚父遺澤流衍無疆，至博士敖、燕王綰定郡范陽，世荷華膴。降及六朝，天下大姓首屈“崔”“盧”，唐太宗命高士廉定《氏族誌》，集天下譜牒，總一百九十三姓一千六百五十一家，以“崔”“盧”居首。曰：我於“崔”“盧”“李”“鄭”無嫌。當此之時，盧氏固已盛大，逮柴易盧則益熾，而遍於四方矣。

溯夫鼻祖越國公者來自汴京，文祖鶚仕後梁，位上卿，文考清任越州令，生公諱琰，佐後周定天下，世宗贊其“學粹行卓，有古人風”。逮宋受周禪，雖沐殊恩加封進爵，非所願也，乃攜周皇子炯遠遁於兹，蓋爲宋欲安置柴氏，公諷以唐虞大義，故卒無恙。夫以一言存周主之後，拯宋祖之失，保其身而全其節，不綦難乎？皇子炯既得納爲婿，尤以前世滅國爲戒，俾隱姓易名如己子，命曰盧璇。至乾德初擢爲殿前防禦使，進封武烈侯，與公嫡子八人並陟顯堦，命皆以木爲號。公之素志欲俾後世子孫知奕葉同根、花萼相輝之意。

今傳世既遠，星散異居。靈山分爲三宅，又從三宅而徙台之仙居、括之五雲、温之瑞安、婺之東陽，在本邑之丁坑、青山、西山、石馬，諸族固皆共出一本者也。

今玩惜名器，重人倫，慮後嗣或忘所自，於是究本遠支以求積世之緒，使宗支昭穆如指諸掌。後世子孫其識慮安遠而用心勤敏者，加輯而續之可也。且柴氏本高柴之後，其附於盧者，亦猶陶唐氏之列爲韋劉之爲婁也，此於同之中不可不辨其異。其始爲君臣，而終爲父子、舅甥者，又不可不推其恩義，況可公復繼盧珵公以承柴祀，愈宜互相親厚矣。

附誌之，以昭來兹云。

宋孝宗淳熙元年甲午春，十世孫防禦使玩謹序按，作者盧玩（1133—1190），字復智，越國公盧琰十世孫，第三支盧璿裔，康王南渡，任隨禦防禦使。本篇選自第三支里盧宅《靈山盧氏宗譜》民國甲戌年重修本、第三支義烏《雪溪盧氏宗譜》民國己巳年重修本、第四支《丁川盧氏家乘》民國戊辰年重修己卯年續修本。此外第一支《大山盧氏宗譜》民國丙子年重修本、第一支《石馬盧氏宗譜》民國癸亥年重修乙酉年續修本、第三支《安溪長堤盧氏宗譜》民國辛巳年重修本、第三支《指山盧氏宗譜》民國丙寅年重修本、第三支《鹿峰盧氏宗譜》民國丙寅年重修本亦有收録，文字稍異，作者則爲盧時中（1197—?），字可克，越國公盧琰十二世孫，第二支盧璞裔，登淳祐七年丁未科張淵微榜進士，授方州待補職。落款時間分别爲淳祐八年（1248）歲在戊申春三月和淳祐己酉（1249）仲冬月。

盧氏宗譜序

華溪友人盧卿過訪，出示家乘，請序於余。余自顧才力菲薄，不足以發揚累世之盛德，竊自愳耳，因與盧卿有金石交，義勿獲辭，不揣固陋而誌其原委焉。考盧氏之先，出於姜氏，自高傒食采於盧，子孫遂以盧爲氏。支分派别，蔓延遍天下。漢唐以來，名公碩士輩出，至五代周，有諱琰字文炳公者，累遷工部尚書，封越國公。公本汴人，卜遷麗州靈山之下，夫人趙氏生八子一女，女配周世宗次子炯。宋太祖既代周，以柴氏後爲嫌，公諫以舜禹盛德，不減朱均。太祖樂從其言，故柴氏卒無恙。夫能拯宋祖之失，又能存周主之後，可謂忠義兩全矣。納炯爲婿，又懼有少康斟灌之禍，俾易姓名曰盧璇，列次第三，與己八子並皆以木名，派號曰榛、栗、檡、松、竹、梅、桐、梓、杞九字以衍之，故盧氏累世人文之盛，至今子姓之蕃，皆公之忠義所感也。卿爲琰公世裔，讀書靈山，步履巖谷，優遊溪滸，教授生徒，恬然自守。兹復惓惓以族譜爲念，可不謂賢乎？噫！尊祖敬宗，承統繼緒，序昭穆、明世次，則固賢子孫之任也，何足爲異哉！遂書之以復。

時大宋咸淳元年乙丑冬十月既望之吉，贊善大夫、禮部侍郎兼修國史館實録加參知政事致仕、吴寧年家眷侍教弟李大政拜撰

按，本篇選自第三支里盧宅《靈山盧氏宗譜》民國甲戌年重修本，此外第一支《大山盧氏宗譜》民國丙子年重修本、第一支《石馬盧氏宗譜》民國癸亥年重修乙酉年續修本、第三支《鹿峰盧氏宗譜》民國丙寅年重修本、第三支義烏《雪溪盧氏宗譜》民國己巳年重修本、第四支《丁川盧氏家乘》民國戊辰年重修己卯年續修本、第八支《白隴盧氏家乘》民國乙丑年重修庚辰年續修本亦有收録。

九派統紀

外祖諱琰，字文炳，顯德戊午爲行軍營幹轉都點檢，歷官至榮禄大夫、工部尚書，封越國公。世居汴，娶行軍都督大元帥趙光公之女，封越國一品夫人，生八子一女。女行三諱錦，招炯爲婿，列爲九派。

外史氏曰：嘗讀宋王銍《默記》，謂"藝祖初自陳橋推戴入城，周恭帝宗訓即衣白襴子，乘輦出居太青寺。太祖與諸將同入内，六宫迎拜。有二小兒丱角者，宫人抱之亦拜，詢之，乃世宗庶二子紀王、唐王也。顧謂諸將曰：'此復何待？'左右即提去。惟潘美在後，以手捏殿柱，低頭不語。藝祖云：'汝以爲不可耶？'美對曰：'臣豈敢以爲不可？但於理未安。'藝祖即令追還，以其一賜潘美，即收之爲子。"其一即炯也，杜鎬謂其初封"唐王"，豈琰當時在旁而收之耶？

其後，美之所收者名惟正，每供三代，以美爲父，而不及其他。琰之所收者即以女妻之，故炯易名爲璇，亦以盧爲姓。但美、琰皆有子，美之處正，不及琰之處璇，是璇之於琰，不待别而自别，正之於美，所以祀止於美也。正之子夙常爲顯官，而璇之子可亦爲禮部尚書，宋人

皆忘之,理或然也。惟正承美姓潘,祀止於美,則璇承琰姓盧,祀亦止於琰。其在當時則然,其在子孫則亦止於璇而義不及琰矣。但美、琰之德不可忘,而其姓不可復,此又潘、盧二氏之子孫不可不知者也。

九派分遷

盧氏世居洛陽,扈宋高宗蹕,南遷於杭,蓋臨安地也。因珪娶永康楊總制女,璞娶任永康長史汴人吕文祥女,依親援引,皆占籍於永康孝義鄉。其後九支蔓衍,散處吴寧、古麗、甌、括、台、婺遐方,世遠人繁,丁衆萬億,雖貴賤分途,隱顯異轍,還而思之,皆一本而萬殊者也。

七一公朝議大夫諱珪,字伯璋,號榛,尚書公長子。生後漢乾祐己酉年九月初一日。誥授湖南道宣慰安撫使,職掌軍民,有韜略宏濟之才。越明年,宋祖起以才,宣入朝,奉詔補中書舍人加朝議大夫,爲京都刺史、秘書監少監。卒宋天禧己未年八月廿二日。娶寶寧郡楊總制公之女,生乾祐戊申年正月十七日,卒天禧丁巳年二月廿二日,合葬孝義鄉東耕園石壙。生一子博,居孝義鄉中盧。

七二公朝選侍郎諱璞,字伯玉,號栗,尚書公次子。生後周廣順辛亥年八月十一日。宋太平興國丁丑奉詔授湖南安撫使監部,檢覆軍吏隱没事,誅叛逆之臣,更拜中書令。夏五月奉詔,以其文學精通,才能超越,特命兼工部侍郎、知制誥事。娶汴京任永康長史吕文祥公女,合葬靈山徐虔中心晃。生三子:善、德、義。居上盧。

七三公防禦使諱璇,字伯達,號檡,尚書公納子。本姓柴,周世宗之庶子,名炯,因禪宋,贅盧爲婿,更名璇,入爲九子之列。生後周顯德丙辰年六月初四日丑時,太平興國癸未年三月六日奉詔擢殿前防禦使,封武烈侯,卒天聖庚午年三月十七日酉時。配系越國公之女錦,贈吴國夫人,生顯德乙卯年正月十二日午時,卒明道癸酉年四月十五日,合葬永邑躲山下水竹塢石壙。生一子:可,居孝義鄉靈山下莊。至八世始遷白竹。

七四公中議大夫諱鋭，字伯瑛，號松，尚書公四子。宋太平興國四年八月初三日奉詔授中書舍人評議磨勘事，尋拜校書郎，即授中議大夫。娶東邑任會稽院判陳良公之女，合葬丁坑之馱公墩石壙。生二子：中、新。居丁坑。

七五公從仕郎諱衡，字伯璣，號竹，尚書公五子。生建隆庚申年十二月十三日子時。宋太平興國己卯年十一月初八日，除廣南都司令中軍提領，尋授從仕郎，奉使分巡諸道，總制軍旅事，授典略校尉，操進經三月而還廣南，仍授前職。娶東邑任四明王提刑公之女，合葬青山之外山石壙。生二子：才、實。居青山。

七六公按察使諱勳，字伯愷，號梅，尚書公六子。宋雍熙丁亥年五月廿七日除授廣南等處提刑按察使，分巡水道，擒叛臣鄭超等五十餘人。七月初三日還京，敷奏有條，帝令御史審與虔高謚等，覆按所巡，悉皆正理。帝嘉之，寵賚優渥。娶永邑任潭州府胡院判公之女，合葬西山曹龍。生二子：知、容。居西山。

七七公湖南道諱敏，字伯愚，號桐，尚書公七子。宋淳化辛卯年十一月初八日奉詔除江陵部尉，授將仕郎。明年三月擢湖南道，掌軍政事，治理嚴明。娶寶寧郡任紹興府經歷黄理公之女，合葬縉雲東窖上郭石壙。生二子，大雅居縉雲，小雅居仙邑峽陽。

七八公副將諱理，字伯恕，號梓，尚書公八子。宋淳化壬辰年八月初四日任京都邑令，尋命爲贊善隨御副將。娶東邑馬都督公之女，合葬靈山杜坑塘塢三角樣磚壙。生一子：泉。居温州永嘉，至五世居方山。

七九公都司諱衛，字伯超，號杞，尚書公九子。奉詔授安南路新喻州檢閲。淳化甲午年四月初六日授廣南都司令。娶東陽任浙江録事喬公之女，合葬仙居盧東嶴磚壙。生二子：誠、敬。居仙邑。

（選自第三支《白竹盧氏宗譜》民國庚辰重修本）

第一支榛派

續書石馬玉川盧氏宗譜舊叙

永康盧氏，其先居汴之臨安。宋藝祖時，有諱琰字文炳者，爲工部尚書、銀青榮禄大夫便宜行事，開國上將軍，封越國公，生八男一女。藝祖受周禪。周世宗子有柴炯者，藝祖以周爲嫌，越國公因招爲婿，遂易姓從盧，更名曰璇，爲殿前防禦使，封武烈侯。餘族或居大都、温州、仙居，蓋莫之究。其居永康者，則又有青山、西山、靈山、丁坑、石柱、石馬、溪里、山口之别，大率皆越國公之系也，舊譜記其源流，甚爲詳悉。

越國公八世孫長，嘗一修之。今盧君紹又復增損前制，發凡舉例，以補其略，綱舉目張，秩然燦然。條貫既成，謁余西山精舍，屬余以叙其首。夫自大宗小宗之法已廢，所賴維扶世教綱紀宗族者，獨家乘存焉耳。家乘之作，固已明其源本之自，别其尊卑之序，使其知尊祖睦族之義，故貧者富得而賑之，愚者賢得而教之，則族不流乎汙下，斯可濟美而傳芳者矣。

然近世以來，風教日刻，其金粟羨贏之家，惟勢利是趨，略不加意。間若有志之士，則往往阨於饑寒，力莫能及，其家乘則又或幾乎熄矣。吁，可嘆哉！而盧君乃有志於是，惓惓以家譜爲念，豈不賢於人乎？可謂故家喬木久而彌芳，代不乏人者也。

是爲序。

時大明洪武十六年歲在癸亥冬十月上浣之吉，左太常博士兼左春坊大學士婺州朱良均拜撰

（選自第一支《石馬盧氏宗譜》民國癸亥年重修乙酉年續修本）

重書石馬玉川盧氏宗譜舊叙

外兄盧君仕宗以家乘來示,曰宗譜廢緝,寢處不忘,今幸成帙,子爲我叙。余以母族稔聞其世系,其初出范陽,自范陽而轉宦洛陽,自玉川子玄孫越國公始居浙之臨安。蓋越國公本後周太祖勳舊,迨宋代周,義不臣宋,乃抱世宗幼子炯,遠遯吴越之邦,以吴越非宋版圖也。既又隱跡靈山,稱玉川盧氏,不忘其所自也。

公生八子,皆英特俊邁,宋悉徵而官之,雲仍奕葉,多陟顯榮。一女配世宗子炯,既又慮宋懷疑忌,俾更姓名,入爲己子,並即木建號,曰榛、栗、檡、松、竹、梅、桐、梓、杞,九支蕃衍,星列棋布,其散處婺、處、台、温,在本邑者不可勝紀,而石馬爲之長,視諸族最盛,其顯而著名者則宋紹興進士燦、嘉定進士宏、寶慶進士子安、寶祐進士深夫,暨叔懋公嚴州教諭。他或以俊偉尚義見稱,或以儒雅文學素擅,子孫之盛,甲於鄉閭,又復析爲儒塘、後坎、窖厚、前舒、澤崗、横山、前王諸處。

仕宗慮其渙而無統,將遠而遺所親也,爰輯此編,以齊厥族,其敬尊愛親之心概可見矣。昔韓魏公曰:"謹家牒爲孝之大"。仕宗此舉其可謂孝乎!惜乎未竟而逝。越十余年,乃弟仕遠公思成厥績,躬率侄孫相桂、俊瞳諸英彦,同心戮力,以終厥事,其繕寫校正,則瞳之力居多。諸君年方壯强,且有在弱冠者,遽能從此公務,其識趣亦豈可及耶?且徧觀盧之子姓,類能敦詩書、崇禮義、修孝弟、存忠信,人人有士君子之行,不以富盛蕃衍自詡,我知其族之益熾而昌衍無疆矣!

是爲序。

時大明弘治十一年歲在戊午冬十月望日之吉,外孫唐肇應頓首拜撰

(選自第一支《石馬盧氏宗譜》民國癸亥年重修乙酉年續修本)

重修石馬玉川盧氏宗譜舊叙

歲嘉靖己酉，一松盧子會講於余里東泉書舍。余以齊家相砥礪，一松子喟然曰："聖教既遠，風俗漸微，家之難齊也久矣。不有修身君子，孰能與於斯?"余曰："轉移有機，洽之以恩，秩之以禮，維之以義，其幾乎!"一松子曰："曷從而臻斯?"余曰："正爾族之名分，使各親親長長，不挾勢以相淩，不恃才以廢分，不計利以自私，則恩洽、禮秩、義明，不其幾乎?"

一松子曰："予懼予族名分之淆，未易以正也。粤自我始祖越國公起家靈山，族之蕃衍，棊分星布。疏逖者姑勿論，我同宗而相比鄰者，雖兄弟而各自爲第，有若胡越然。況越國公又贅柴世宗胤，而冒之者甚衆，我又不知爲柴而爲盧也。況我祖之居石馬，又當兵燹，播遷式微之餘，詳莫予得。"余曰："嘻，有是哉? 我聞越國公之後其派有九子，盍稽諸宗譜以究其源乎?"一松子曰："予愧予之弗家食，譜之弗稽弗輯也久矣，予豈若是恝? 將有志焉而未逮也。我嘗見我子之宗譜，始自雲溪先生秉筆，繼修於宗魯、竹溪、雙泉諸先哲，五六百年間事，皆核實如指諸掌，且不遠有所附，真得史氏家法。子諸公之胤，而能世其業，盍爲我修輯以匡不逮乎?"

爰命族之諸彦集名次年月及舊譜筐贄來謁，閱之，乃檡派而爲柴者。一松疑甚，越宿，夢人與栗，舍大取小。事頗異。再詳閱世系，有所謂榛、栗派者，心益疑，惕然不自安。乃遍訪諸族，不憚跋涉者浹旬，始得世系之詳。爲越國公之榛派者歷有明徵，始信疇昔之夢非偶然也。嗚呼，五百年間精神感召，自非一松之至誠，曷足以臻斯! 於是因其世次而編輯之。昔之所冒者悉爲釐正，而第之不一者又從而一之，盧氏之宗始彰，名分可得而正矣。

既成，又屬余序諸首。余愧凉薄，不足取重，始撰述一松修輯之意，以感夢之異，以昭後之人，使知祖宗英爽之不磨，而至誠真足以感格也。抑以見比附收合睦族之有道也，抑亦以見不妄冒附而迥出於流輩也，而諸彦之樂於從事者抑亦可稽矣。若夫枝派蔓延，本之一人，吉凶慶吊祭祀燕集與夫修輯之原，先達類能言之，我一松且能以斯道淑人、齊家、洽族之義，又必能以身率之，固無俟於余轉移之云云也。

是爲序。

冬仲長至後一日，雲溪後人石崖吕璠序

（選自第一支《石馬盧氏宗譜》民國癸亥年重修乙酉年續修本）

石馬玉川盧氏宗譜舊叙

予惟學以致其良知而已矣。孟氏曰：孩提之童莫不知愛其親，長也莫不知敬其兄。又曰親其親，長其長，而天下平。故良知莫切於親親長長，而親親長長又莫大於聯一家一族之情，以廣其愛敬，推而達之，緣是也。

予受業於先師陽明先生而得其説，欲歸而成其志，未能也。請於族祖泉山先生，洵洵庠生，博洽君子也，曰："我家宗譜散逸，族屬不叙，有在五服之親而不相認、不相親接者。子欲成子之志，莫此爲先。"予曰："唯。"乃嘉靖己酉，會講於太平東泉書舍。石崖吕子德器有志於此久矣，謂予曰："譜之弗輯，欲親睦其族無由也。"於是益用惕厲，思成厥志，乃歸與族人稽采散遺，推求端緒，徵諸舊籍，考之所聞，禮延石崖吕子而商確編定之。

其先自越國公諱文炳者，避地居邑之靈山，生八子，贅以一女，列爲九支，各以木爲號，曰榛、栗、櫸、松、竹、梅、桐、梓、杞。而公之十七世孫智四府君始遷石馬，智三府君、智六府君亦以從屬而相依焉。其别星布蔓衍，若靈山、大山、東窖、石柱、火爐坑及仙居田頭，載籍雖存，但世遠勢隔，無從得其裔緒之詳，姑自石馬本支而修輯之，以爲一派宗譜，吁！蓋略之以存其概耳。期月而譜成。又明年庚戌，始修歲時會序之曲，逖者親之，疏者比之，以分而不以年，以長而不以貴，藹然有恩，秩然有倫。一家一族之親，不減數十百指，而無復向之不相認識、不相聯屬者。

噫，果足以成其志乎？果皆親其親、長其長而可達之天下乎？猶未也。吾懼有弗親弗長者矣。何也？人親其親，長其長，以各致其良知也。孩提之有心也，愛親敬兄，無俟勉强，而無乎弗然者。風教之流，習俗之弊，人失其良也久矣，寧復有如厥初之真切而無所勉强者乎？寧知因其親而親之，因其長而長之者乎？我固懼其弗能也。

先師講明良知之旨，海内向風，固有一家仁而一國之人興仁、一家讓而一國之人興讓者，以教之有道，養之有素，亦以良知在人，不從外得者也。今夫良知無乎弗同矣，而教之養之則存乎其人。苟知新爾訓教而移其舊習之偏，定爾心志而啓其向往之路，勿爲功利之圖，勿爲智謀之習，涵之育之，漸之熏之，久之而本心明，真性復，而興仁興讓或亦可庶幾耳。此則在於賢父兄之知愛知教，予於此日望之。

時大明嘉靖庚戌年秋九月望日之吉，二十五世孫可久謹序

（選自第一支《石馬盧氏宗譜》民國癸亥年重修乙酉年續修本）

石馬盧氏重修宗牒序

盧氏之由來已久，邑之東稱望族，煙火相聯者數百家。自五季有仕周曾爲開國上將軍、殿前都點檢、賜金紫光禄大夫諱盧琰公者，憫後周之亡，耻宋粟而不食，與駙馬孫惟温先生遁跡於臨安之濱。孫，永産也，遂得偕公來永，卒隱於邑之四十五都翠屏山之下靈山之原，重建翠峰古刹，修滌僧舍，以棲遲於山巔水湄、清浄無爲之鄉，其成跡寄之鐘簴碑銘間者，即歷久不磨也。公之盛德忠貞，既震動於當年，宜其克昌厥後，彌久而彌光者歟。

考公之孫子，其散處於温之瑞、紹之諸、處之縉、婺之東者，發祥

之盛，概不能枚舉。即其聚族於靈山、改遷於石馬者，宋淳祐庚戌科登張淵竣榜者有若時中公、寶祐丙辰科登文天祥榜者有若深夫公，其父子連登進士、具慶一堂者有若子安公。洎皇明間闡明理學，泉山先生開其先，一松先生起於前，新庵先生踵於後，姚江道脉，家學薪傳。業之高祖先太史松溪公，謂先生輩直接何、王、金、許之傳。至於今或崇祀於鄉賢，或奉祠於麗澤，誠以諸先生追宗孔孟、翼贊朱程，其功固不在玉溪、楓山諸君子下也。此固傳之鄉人、志之邑乘、鏤之郡牒，班班可考焉者也。

迨國朝鼎興，崇文重道，而依仁公、拙翁公、南塘公諸先哲，世稱醇儒，代不乏人，其蜚聲黌序、品誼文章、卓卓於士林者，尤稱盛於一時。凡皆公之高風亮節、慈祥愷悌遺蔭也，吾因之有感矣。

福澤富貴，何時蔑有？乃未幾而榮耀者，未幾而寥落，或不世以世滅，或不免以身亡。嗚呼！淮陰深不祀之痛，博陸抱無禋之傷，吊古者悉心焉病之，殊不滿人意，孰若公之忠貞貫日月，盛德裕後昆，七百餘年間，公孫登巍科、公姓歷顯仕，理學淵源，後先相繼，詩禮文章，祖孫輝映，如瓜綿綿，如麟振振，積厚流光，爲何如也哉！至其宗牒之重整，以昭穆則井如，以源委則淵如，以藝文則理而條如，以傳志則核而確如；其風俗士習則勤以儉、古以樸也，其家法祖訓則嚴以肅、平以易也，其婚媾姻盟則慎以辨、誼以親也。後之考古之君子，自能披閱詳明，堪爲古大家之遺範。

業因簿書之久，益不文，玆固不必贅載之簡端。

時乾隆七年歲次壬戌仲夏中浣穀旦，賜進士出身、特授户部貴州司主事、歷任本部山東司郎中、出知山東濟南府事、轉陞分巡山東兖沂漕道兼管水運事務、按察使司副使、充乾隆戊午科山東正監武官、加四級紀録七次、世通家眷侄程開業頓首撰

（選自第一支《石馬盧氏宗譜》民國癸亥年重修乙酉年續修本）

玉川盧氏續修家乘引言

嘗聞家之有譜，猶國之有史。史紀善惡，寓褒貶，書之於册，所以正人心、厚風俗，同爲天下萬世勸也；譜則紀善不紀惡，從褒不從貶。先以祖宗功德年月日時書於前，繼以子孫善行年月日時書於後，於以光祖德，於以聯族誼。其有逾越規矩、干犯名義、躬冒不韙者，則其心不可以對宗祖，族衆耻之，羞與爲伍。有能自怨自艾以期遷善而改過，猶不失爲鄉里之善人。是譜之設，所以勸善，亦所以懲惡。體例雖殊，而褒貶之義，實與史册並重。續修之舉，烏容已哉！

吾家宗譜，自嘉慶己卯續修，迄今三十三年。寒暑歲經，星霜屢易，閲時既久，生齒蓁繁，壬辰、癸巳間，歲收歉薄，疫癘頻仍，生卒不無遺失。乙未又遭數百年不經見之大旱，從此又十數年。咸願續修，而苦無譜常，又無草譜，遷延歲月，將及三紀。其於老稚之傷殘、人事之變更，亦幾不可究極。失此而不修，則曠日持久，散漫無紀，丁口之生日衆，凋敝之形日甚，所稱邑望者安在？

今年三月，族中老成等率派下齊集大祠，議修自升行至頤行。通知各派先匯草譜，俟秋成後集事，四越月而告竣。釐然秩然，有條不紊，而數十年之曠典始克觀成，豈不懿歟！

顧嘗論之，盧氏自玉川公玄孫越公抱周世宗子隱於邑之四十五都翠屏山之下，易柴爲盧，克昌厥後。十七世孫教授公始遷石馬之麓，而纂輯成書，始於明嘉靖庚戌，理學鄉賢一松公偕其友太平吕石崖先生並從侄新庵公諸先哲而成。乃議者謂“九支盧祖舊封國公”未能盡信，殊不知道學名儒斷無僞語。其最可信者，譜輯於一松公等之手，大祠亦創於一松公等之手。賢人做事，度越尋常，誠非後世子孫所能幾及。且自教授公後，泉山公、質窩公、一松公、新庵公相繼崛起，代有偉人。其在我朝，如松泉公、依仁公、拙翁公、南塘公，暨静齊、健齊、易庵、建如、戬成、樂成、仙庵諸公，或策名天府，爲邦家之光，或振鐸東甌，爲儒林之望。

讀乾隆壬戌典山東試五峰程先生序文，而知吾族之寖熾寖昌有自來也。然而庶加以富，富加以教，王政之大端也；耕不廢讀，讀不廢耕，傳家之要務也；孝弟忠信、禮義廉耻，則又爲人一身一家之元氣，不可使本實之先拔而致枝葉之有傷也。

今觀吾族，其曰仙盧而居大祠右者煙居幾三百，其去大祠二里許而居儒堂者煙居幾二百，稍近而前舒、堰頭，稍遠而前王、將坑，或金華横塘、武義上楊、松陽浄居、青田海溪，統計大祠下煙居千餘。户口之多寡不同，家資之厚薄不等，人性之禀賦智愚賢不肖亦最不齊，而實以耕讀繼王政之全，即以孝弟忠信、禮義廉耻爲立身之本，誠使士農工商各修本業，循分力行，不惟可免饑寒，亦自可遠邪僻。若不耕而食，不織而衣，非士非農，不工不商，至蕩檢逾閑，壞名損節，身爲子孫而此心不可以對宗祖，祖德何由光？族誼何由聯？不得不自怨自艾以期遷善而改過。是譜有董勸之益，有懲創之規，所以不容已於續修也。家之有譜，不與國之有史，人心由之正，風俗由之厚，使天下萬世同歸於善而不爲惡哉？

吾族譜牒告成，請以斯言跋諸後，亦千慮一得之計。倘垂德而賜之采擇，未必無小補云。

時大清咸豐元年歲次辛亥仲冬月上澣吉旦，越國公三十五世孫暖盥手謹識

（選自第一支《石馬盧氏宗譜》民國癸亥年重修乙酉年續修本）

石馬續修家乘序

吾族之譜，由來久矣。粤稽世系，著望范陽，顯於李唐，盛於元魏。溯青齊之食采，知四嶽之同源。（《文獻通考》：太公吕尚，姜姓，四岳苗裔，九傳文公之子高，高之孫傒食采於盧，即今山東長清縣），《史紀》世家，（齊太公）既得淵源之可接；《唐書》世表，豈同荒渺之難

徵。其發祥也，系出玉川。偉哉尚書之烈，（唐玉川公仝，居河南濟源縣玉川鄉，玄孫宋尚書越國公炎，徙居孝義鄉靈山）其流澤也支分石馬；允矣教授之功，（十七世孫宋教授公曉第一支分派居此）當沿波而溯源，自垂潁而顧本，所以昭兹來許，永念厥先。懿夫！

我始祖越國公之徙居靈山也，當其周室鼎遷，宋朝禪受，抱丹心而自矢，指白日以爲盟。志切存孤，固一髮千鈞之系；（陳橋之變，越公義不臣宋，抱世宗子蘄王熙誨隱於靈山）身與偕隱，開八男九派之基。（公生八男一女，以女妻熙誨，改名璇，合而爲九，今縉邑白竹明嘉靖刑部尚書勳公即璇公一派）浩氣壯作河山，綸褒有典；忠貞光争日月，志乘堪徵。（詳見邑志"人物隱逸"並《越國公祠記》）上而創業啓其端，下而守成纘其緒。代傳科甲，殊覺蕃衍之難詳；（九支族繁，徙籍靡常，不可枚舉）世與簪纓，要在源流之克溯。（考東陽雅溪家乘紀原，其譜明成化侍御公格創修，初曾徵世系於縉雲白竹，白竹不之應。僅據舊譜，以宋主簿公寔自天台遷東陽爲始祖，不知天台盧氏由九支遷居。見宗譜系圖）浩浩乎公之德厚矣，公之澤長矣！

迨我教授公之始居石馬也，職設嚴陵，秀鍾華水。（公宋明經嚴州府教授，詳見邑志）堂紀存耕之號，（公之堂曰"存耕"，吴寧許可有記）家傳及第之名。（公祖子安公，宋寶慶進士，考深夫公，宋寶祐進士。見邑志）雁序分行，從靈源而發福；（今居前王、將坑，皆公昆仲）鳳毛濟美，毓石姥以呈祥。（邑志"石姥巖"俗作"石馬"，公子分居上下二宅，詳見世系表）眷列東西，舍分南北。仙廬因仙紀跡，（仙廬有泉山、香山諸勝）新庵公潛心正學，稱爲砥柱中流；（程公正誼謂公"正學砥柱"，見邑志。崇祀五峰學易齋）儒堂以儒名家，（儒堂山有黄龍、鶴鳴諸勝）以一松公致力良知，獨得姚江支派。（東陽許公弘綱謂公"直接何、王、金、許之傳"，見郡邑志。崇祀五峰書院並府縣鄉賢）洵人文之薈萃，實理學之薪傳。景仰前型，永垂後裔。或名登北闕，蔚爲邦家之光；或鐸振東甌，樹爲士林之望；或香分月窟，獲邀鹿宴之榮;或禄食天廚,頻膺鶚薦之選。

至於義行聲聞於一邑,貞節名著於千秋,此固載在志書,鏤之譜牒,班班可考者也。而是譜也,始述靈山,繼詳石馬,以及寶婺而横塘,托處挹蓉峰之秀,有明則璧水流輝。(金郡横塘今即盧家,自明季入籍金華,尚多文學)武城而上楊,卜居擷書臺之香,占籍則芹英兆瑞。(書臺山在武義縣西,光緒辛巳上楊入武邑籍,登黌者二)若本邑前王、將坑之遠,家習詩書;在同鄉前舒、堰頭之分,人勤耕讀。雖支分而派别,乃璧合而珠聯。序昭穆之詳明,仿歐蘇之體例。良以金枝露浥,户各丁添;玉葉日增,系由庚續。如斯譜者,殆能收敦族之誼,以維歸厚之風者乎!

是日也,菊已霏英,梅將舒玉,星霜屢易,寒暑頻更。憶當年重輯之煩,(前同治庚午重修,兵燹以後,幸獲全璧,至今復二十五年矣)緬今日增修之盛。原原本本,沾祖德以揚休;繼繼承承,仰宗功而志美。命承長老,莫議空疏;凡在子孫,尤宜歌頌。生斯會者疇勿延頸企踵,共觀厥成也,豈不懿歟!

時大清光緒二十年歲在甲午小陽月上浣穀旦,越國公三十六世孫嗣鏞謹序

(選自第一支《石馬盧氏宗譜》民國癸亥年重修乙酉年續修本)

石馬盧氏重修宗譜序

譜牒之作,何自昉乎?世運既降,上無賢君相,下無師儒,政教不修,綱維廢弛,國家之法揆不足以經緯群倫,於是人懷予智自雄之心,壞法叛紀,賊恩蔑義,同氣等於陌路,疏逖更若寇仇。傷時之士,憂人道之將絶,懼狂瀾之不可挽,乃遠稽宗法,近規時勢,糾其親人,創爲宗譜。溯世系,以知其所出,而愛親之道立;序昭穆,以辨其所尊,而敬長之義明。嚴義例,核文物,紀生齒,重姻盟,以肅綱維,以寓政教,而措正施行之事備,一宗之内,釐然秩然,守之而族治,通之而天下平。

譜也者，蓋宗族間之政書也。孔子曰："是亦爲政，奚其爲爲政？"故有宋廬陵歐陽氏、眉山蘇氏皆甚重之。石馬盧氏，爲邑甲族，其子姓聚居於遊仙石馬山之麓，煙火相連殆數百家。癸甲之際，聯其散於婺之横塘，武之上陽，邑之前王、將坑、前舒、堰頭諸派，纂修宗譜。書成，盧生紹曾銜其父老之命，請綴辭於簡端。

嗟夫，世變也劇矣！横議蜂起，古道湮晦，尊人權而宗法壞，重公民而家族毁，倡非孝而骨肉離，尚廢姓而血統亂，標新樹異，怪誕百出，以求逞其放蕩恣肆之大欲，而先哲修齊治平之道乃蕩抉而無遺。洪水氾濫，弱者隨其流，黠者揚其波，雖有賢達，亦怵於勢之所趨，咋舌束手而莫可如何。於是數千年來宗族間所賴以爲政之譜牒已同廢紙。盧氏諸君子，乃抱殘守闕，一意孤行，兢兢乎以式祖訓、修宗法、正風俗、端士習爲務。自趨時者視之，其用心也不太勤矣乎。雖然，愛親敬長者，斯民之所受於天以成性者也。天不變，性亦不變。異説之承，猶雪霜之隕草木，能殺其枝葉，不能殺其生機，故陽和一布，勾者萌，甲者拆，仍得復其性而遂其生。

予嘗遊石馬之墟，經盧氏之里門，見其居人，父子有恩，兄弟有義，男女有别，長幼有序，六行有常，而四民有業，極晦盲否塞之會，獨見康樂和親之象，謂非斯民之性使然，而爲式祖訓、修家法、正風俗、端士習者之明效大驗哉？

夷考盧氏，受姓於姜齊，著於漢晉，顯於唐，而大於柴周。周開國上將軍殿前都點檢、賜金紫光禄大夫宋封越國公諱琰字文炳者，丁陳橋之變，抱世宗子蘄王熙誨遁跡於邑東偏翠屏山下，生八子一女，女即妻熙誨，從盧姓，綜成九派，實爲浙東諸盧之祖。迨至有宋第一派，有嚴州教授諱曉字叔懋者徙居石馬，乃爲石馬諸盧之祖。自時厥後，人文蔚起，世濟其美。在宋則有若時中、深夫、子安諸公以科第顯，在明則有若泉山、一松、新庵諸公以理學著，在清則有若依仁、拙翁、南塘諸公以儒行稱，炳炳麟麟，用光志乘。懿歟，越公之遺澤固如是其深且長也!

夫越公當五季廉耻道喪之日,以一身肩名教綱常之重,其澤乃垂諸千有餘年而不替。今之時去五季無幾矣,盧氏諸君子能承越公之澤,修宋明清諸先正之業,以率其族人,則兹書之成,豈僅媲美歐、蘇已哉?推而行之,聚族而居者資以爲範,天下之平將於是乎卜之矣!時俗怪誕之説又何有焉!

謹序

時中華民國十有三年歲次甲子仲春中澣穀旦,六等嘉禾章國務院諮議薦任職前浙江省長公署秘書、浙江臨安縣知事、眷晚生程士毅頓首拜撰

(選自第一支《石馬盧氏宗譜》民國癸亥年重修乙酉年續修本)

乙酉年石馬盧氏續修宗譜序

吾族之有宗譜,其宗旨在於尊祖收族,猶如木之有本、水之有源也。凡爲子孫者,烏可以宗譜爲細故而忽諸?蓋譜有支圖、有行傳。支圖者,挈其總於前,以紀其略也;行傳者,列其實於後,以著其詳也。竊念譜牒之修纂,創自宋代歐陽氏與蘇氏,傳至天下後世,凡世家巨族,莫不有譜。夫譜者,上可以追祖宗,下可以昭孫子。其所關係,實非輕矣。

今玉川盧氏宗譜者,始自明代理學名賢。一松公啓於先,新庵公踵於後,俱賴二公裒輯成編,釐然井然,若網在綱,有條不紊。當時費盡心力,而後得敦宗聯族,永篤宗盟之誼,迄今爲我族盧氏千百年中之表表出群者。溯自民國癸亥重修,以迄今歲續修,屆計二十有二年。其間生齒繁多,老稚傷殘,與夫人事變遷,未易屈指數,如再過幾年而不修,恐人丁愈多,難免無脱漏失序之虞,於是族中人士有議續修之必要焉。

前三十一年二月間,召集各房族商議接修,意甚善也。孰知同年

四月八日，倭寇侵永，流竄各地，人心驚惶萬分，莫得安居，其事暫告中止。兹幸於本年秋間抗戰勝利，倭寇投降，恢復河山，普天同慶，或又有提議續修者起焉，爰於八月四日再召集各房長到祠，設席商議續修，衆皆贊同。惟此次歸局纂修印刷，除婚生嫡子女及嫁娶登載均照舊例外，其餘各色新丁另議新例四條，與國家法律無抵觸爲原則，已登載於會議録中。其所以另議新例者，因潮流所趨，與古例不符，不得不達時通變也。有識者謂宗法固當遵守，豈可變改而亂宗乎？殊不知從古及今，無數傳不變之國法，而有永不變之宗法。何則？宗法綱也，國法維也，從可知政教衰於上、風俗厚於下，全賴師儒之垂訓、祖宗之法度。倘異日國法有所損益，深望後之監修者仍以宗法爲注重，切莫與譜内凡例相違，斯可稱爲肖子矣。

今年接修宗譜繳局，正譜自蒙字行起，蒙字以上不必送局，但支圖須全部送局。自本宗下仙盧、儒堂二派外，近則前舒、堰頭，稍遠前王、將坑，或遠金華横塘、武義上楊、松陽净居、分水百世、青田海溪、宣平倒門等各派，莫不先彙集草譜送局纂修，洵可謂善承其志而善繼其事矣。庶使後裔能知其本之所自出而尊尊之義明，能詳其支之所由分而親親之道立。吾故曰扶世教、正風俗者，端賴宗譜焉。

此次續修前，舒金龍、履邦等來局，請求另添新譜一部，墨紙統自籌備。監理人允其所請，如下次修譜必要慷慨輸助，俱照前王、將坑例一律待遇，否則仍照初次辦理，切勿謂苛求也。且念癸亥大修以至乙酉小修，新丁共有八百多人，均已排次登載，寧非我祖在天之靈厚德深仁福蔭所及乎？

是譜也，開局於九月初旬，竣工於十一月中浣，不越三月，而譜牒告成，全賴我族中焕昌、品咸、炳熊、振和、寶璋、鼎耕諸叔祖侄輩同心協力之功也。至於始祖越國公之事蹟與夫人文之盛、支派之繁，均詳先儒所作譜序中。毋庸贅述。凡例云：“譜序無論工拙，存之於後。”今吾時年七十晉四，猶不自揣昏昧，聊仿舊式，用敢書數言於簡端，以告諸來者。

時中華民國三十四年歲次乙酉仲冬月中澣吉旦，越國公第三十八世孫、清優行庠貢生例授修職郎、現任縣參議員德基甫温恭謹序

（選自第一支《石馬盧氏宗譜》民國癸亥年重修乙酉年續修本）

玉川盧氏重修宗譜跋

吾族譜系，自宋季十七世教授公纂輯成書，迨明嘉靖一松、新庵諸公考訂詳明，昭穆以整。自是以來，一修於順治戊子，再修於康熙庚申，又修於乾隆癸亥。至乾隆甲申、嘉慶壬戌與己卯續修，凡數次後，自咸豐辛亥續修迄今又二十年矣。星霜屢易，生齒蓁繁，無奈辛酉、壬戌二載遭粤寇之亂甚，爲數百年不經見之兵燹，或至於煨燼，或至於摧殘，況癸亥間，加以年情荒歉，疫癘盛行，生卒益多缺略。失此而不修，恐世愈遠而考證更難，必至散漫無徵矣。

族中諸宗彦傷之，率派下齊集大祠，庚午歲禴嘗二祭，始議十月開局，至本年即選吉，於三月初十告竣，約略計之十旬有奇。其間昭穆之紊、世次之訛，未嘗不兢兢校訂，第務煩時促，不及細認魯魚。至如傳志之繁多，其真贗得失，後來必有能辨之者。使當亂離之後，必遵一松公例，概從沙汰，勢有所不能，才亦有所不逮。此尚有諸宗彦在，非鏞可得勝其任也。所幸斷簡殘編，獲成全璧，豈非祖宗呵護之靈有代爲默相，以俟後賢之繼起哉？

兹當家乘告成，不揣固陋，即以斯言跋諸後，非敢爲贅言也，亦聊以志我宗人協和襄事，以伸敦睦之情云爾。

時大清同治十年歲在辛未三月上澣之吉，越國公三十六世孫嗣鏞盥手謹跋

（選自第一支《石馬盧氏宗譜》民國癸亥年重修乙酉年續修本）

癸巳續修石馬盧氏宗譜跋

歲癸巳，吾族續修宗譜，支流本本，世系源源，不待詳矣，惟文集一編，昉所兢兢重輯者。

"文集"上卷詩類一門，網羅散佚，彙集成編。"邑志摘録"一門，前康熙《志》、道光《志》，胞二叔祖春臺公已輯成帙矣，然其中尚多遺漏，悉照邑志，加增光緒新《志》。（壬辰重修）前《志》失載，今得補者，有若越國公（工部尚書），見"人物隱逸"，暨藝文記《越國公祠記》，並"宦墓"曉公（嚴州府教授）、允福公（海州知州）、洵公（明嘉靖年歲貢，邑志並見選舉）並璉公《賦戒行詩》一首（"璉"，邑志作"連"，敬避御諱，見藝文詩）。近來新入者，或封贈，或選舉，或職銜，或旌獎，或武科，或耆壽，或名列義行，或節著貞烈，俱按邑志摘録登載，以便開卷了然，俾我族中人知光耀於志乘者不一而足。"顯榮録"一門，有入志者，下皆注明"見邑志某類"，其未入者注明"未入"，下次修志，可俟後人補載。"耆壽"一門，年九十以上入志者亦如之。

此次宗譜續修，新文集另訂一卷，新宅圖、墓圖並契約據訂一卷，日後重修再爲增入，以期完璧，合計二十七卷二十八本。（舊支圖四本，今支圖卷八，分作上下二本，故有二十八本）

至於我族人文蔚起，前宋則有子安公、深夫公父子繼美，有明則有一松公、新庵公理學相傳，以及支派之繁、人丁之盛，胞叔父聲谷於新序及世系表中詳哉言之，昉又何能贅也？兹譜也，始事於癸巳春季，告成於甲午冬初，中間停局者約近一年。今欒工竣，不揣譾陋，因掇數言以志諸末簡焉。

大清光緒二十年歲次甲午小春月上澣之吉，越國公三十七世孫思昉謹跋

（選自第一支《石馬盧氏宗譜》民國癸亥年重修乙酉年續修本）

癸亥重修石馬盧氏宗譜跋

吾族宗譜，自清同治庚午重修，以迄民國癸亥，屈計五十有四年矣，中間續修者二次，先親叔思昉所撰跋中言之至詳，無俟贅述。此次重修改訂者，惟文集一門，分類編纂，列爲六卷。上店支圖分訂，金房並禄與鳳一卷，又玉房一卷。人房支圖分訂，人上棠棣一卷，又人下聖賢宫商角徵羽一卷。帥字行第分訂上下二卷，履字行第合訂一卷，頤鼎萃三行第亦合訂一卷。共計宗譜三十六本，合成一部。較諸前壬寅所續修者，今已增加六卷，餘則本源循舊，不加變易。

至自光緒壬寅續修以後，計增新丁八百餘人，又增傳序紀略四十有二，又增祠記有九，又增越國公墓前買契與上盧總祠買契，及前王逢芝助田契，並將坑希德助田契，合共契據有四，並增助田記有三，又增墓銘墓圖五十有零，俱照行第登載。惟遷居松邑浄居口一派，前癸巳、壬寅二次續修均經脱漏，今已重入補載，以爲收族敬愛、永篤宗盟之義。雖今日民國肇造，世事變更，靡有定制，而我族修譜之明文不隨世運爲轉移，仍遵前明一松、新庵諸公凡例，序昭序穆，考訂詳明，不失之濫，亦不失之略。

另，派溪智六公下一派，與吾族譜牒原屬不通，現在人丁寥寥，修譜維艱，該派下裔孫順甫、新興等來祠設席，商托帶修。吾族此次監理諸人，咸念我祖智四公與他祖智六公同出一脉，今該派中道式微，未忍恝然置之，特允所請。日後我族修譜之時，不論大修小修，深望身任監理者宜邀該派後裔隨同修理，庶幾親親之義不以年久而疏遠也。

是舉也，始開局於癸亥年十月朔日，至甲子年十月望後告成，中間停局者約近四月。兹奉長者命，爰不揣固陋，謹志數言於後，因以告諸來者。

時中華民國十三年歲在甲子十月中浣穀旦，越國公第三十八世孫德基謹跋

（選自第一支《石馬盧氏宗譜》民國癸亥年重修乙酉年續修本）

石馬盧氏世系表

蓋有天地而後有山水，有祖宗而後有子孫。故不歷昆侖，不知其脉之何以分也；不探河源，不知其流之何以合也。子孫之於祖宗支分派别罔識竟委窮源，亦又是已。鄭漁仲《氏族略序》云："雲歸於山，水歸於淵，如日月星辰之麗天，百穀草木之麗地。"我輩撰次一家事，殫心亦有年，粗諳其大略。即後賢名重儒林，致身通顯，若問以祖宗源委，有如入大海茫茫，莫知所指者，因輯世系表，源源本本，庶可備觀而無憾也乎。

粤稽九支始祖越國公，諱琰，字文炳，世居汴之玉川鄉，稱"玉川盧氏"，其上祖諱仝者，發祥於五季之初，生子雲及孫鵶，仕梁，官至上卿。鵶生清，爲越州令，即公父也。公仕後周工部尚書，陳橋兵變，義不臣宋，抱世宗子蕲王熙誨隱居孝義鄉靈山，世爲永康人。祖妣夫人趙氏，生八男：珪、璞、鋭、衡、勳、敏、理、衛。一女妻熙誨，改柴爲盧，更名爲璇，合而爲九，即木建號曰榛、栗、欅、松、竹、梅、桐、梓、杞，爲九支。

自宋以來，兵燹播遷，其散處遐方者如之台、之温、之婺與他邑及本邑者不可枚舉。吾族石馬系越國公第一支榛派，宋朝議大夫珪公裔也。珪生三世祖晉，湖南總把。晉生松、楷。松仕孔目，爲四世祖；楷即仲賢，迪功郎，出繼璇子可公爲後，是欅與榛同一脉也。

松生福，安南經理。福生富，仕總制。富生賢，京都長史。賢生長，教諭司成。長生滄，滄生柏，柏生寧，仕院判。寧生豪，仕孔目。豪生曉、星。曉遷義和鄉丁坑，星迪功郎，由靈山分居西盧，爲十三世祖。星生昂，仕判諭。昂生璡，即子安，宋寶慶進士。璡生松、檜，松即深夫，宋寶祐進士，爲十六世祖。松生叔達、叔曉，檜生叔光、叔舍。達公居前王，曉公居石馬。光公居窖厚，五世執公遷居將坑，舍公居厚塲，即今智六公一派，我石馬智四宋明經教諭曉公，系越國公十七世孫也。公子三：長思宏，次思丙，幼思辰。宏公生奇翁、端翁，分居儒堂下店塘里，爲宇房祖；思辰公居前舒祖；思丙公生子四，瑞翁、楠翁、紹翁、伯祥。瑞翁公分居儒堂上店爲宙房祖，楠翁居西盧爲天房祖，紹翁爲地房祖，伯祥爲人房祖。瑞翁公生普明、普環，幼元亨出繼祥六紹翁爲長嗣，即地下日房祖。紹翁復生三子：原貞爲月房祖，原臻爲明房祖，幼原禮出繼伯祥人房爲嗣。西盧、儒堂二宅曰宇、宙、天、地、人五房，其分支遠方者如塘里端翁四世孫琬遷居諸暨黄山頭，今成巨族，譜牒不通；前舒良公四世孫洪遷居金華横塘，即今盧家一派；仙盧日房下六世孫熺有分居前舒者；五世孫美公遷居武義上楊。今上店祥二瑞翁公下因元亨公出繼爲地日祖，誼屬同胞，故清明祭掃均與散胙。至上楊一派，其子孫也與給焉，皆祥二公一派之傳也。

既得世系之詳明，復稽丁口之多寡。

仙盧天房，雍、乾間丁衆尚盛，今已痛庭堅之不祀，其在外生理有居温州平陽者，族盛，譜亦不通。地下分爲日、月、明三房，不下數百余丁。月下亦有分居堰頭者。人房分爲上、下二房：人上分棠、棣二房，棠房分江、淮、河、漢，江下即遷居松陽净居；棣房分福、禄、壽。人下分聖、賢二房，賢房乏傳，聖房分宫、商、角、徵、羽，角下分恭、從、明、聰、睿五房。儒堂、塘里分爲二房，不下百余丁。上店分爲麒、麇、鳳三房，鳳房人丁不發，麇房失傳，麒下福、禄、壽三房。我福下不下數百餘丁；禄下數十有奇，分爲禮、樂二房；而壽下已憫爲鄧伯道矣。福下金、玉，金下賢、良、方、正四房。方房乾隆間遷居青田海溪，玉下智、仁、勇三房，智房最盛，智下三世孫吾祖喜亭公，居儒堂雅園之南隅，五代男女不下二百人，此支中之支也。

試更言居處之遠近。其居大祠右者曰仙盧，煙居幾三百。其去大祠里許曰儒堂，煙居幾二百。或近而居前舒、堰頭，稍遠而居前王、將坑，或遠而居金華横塘、武義上楊、松陽净居、青田海溪。各聚族而居，枝繁葉茂。分而觀之，其支不一；合而言之，同出一源。白雲徵士《范陽世典》中詩云："枝枝葉葉各循本，九地龍蛇可尋逐。浩浩湯湯各溯源，九曲黄河可攬掬。"

不才情殷觀海，思輯《盧氏通考》一集，奈筆綿學淺，家少藏書，蠡測未易，兹就石馬編輯世系表，一綫相乘，展卷之餘，瞭若指掌，亦可於先世歷昆侖探河源矣。且越國公既已入志，能合九支建總祠，尊尊親親，敬宗收族，爲之條分縷析，有志焉而力未逮。今年尚逾艾，倘天展以寬閒之歲月，與以健順之春秋，將奮然而興，以成追遠之志焉。然九支繁衍，代有文人，若得賢裔，踴躍争先，克成此舉，固千百年來我盧氏之表表出群者也。不揆檮昧，謹攄鄙見，附諸簡末，閱者幸勿以斯言爲河漢，其實不僅小補云。

時大清光緒十有九年歲次癸巳清和月上浣吉旦，越國公三十六世孫邑廩貢生嗣鏞甫聲谷謹撰

（選自第一支《石馬盧氏宗譜》民國癸亥年重修乙酉年續修本）

壬寅續修世系圖各分房派重訂序

世系一圖，所以明歷世相傳之源流也。以五世爲列，取五世服盡之義；又自五世再提，合成九世，取自高至曾九族相親之義；又自九世再提，至十三世、十七世、廿一世、廿五世，承承繼繼，轉相承接，其義皆從此類推。披閱宗譜系圖舊例，凡歷次續修，按照房派次序，每列五世，間訂成帙。考世系者，非持全圖，莫由追溯源流。今擬查閱簡便之法重新更訂，自一世始祖越國公起至廿五世止，係圖，總一本，自廿五世起再提至四十一世，支愈分，派愈别，每列五世，一房仍完，一房相接。

如居儒堂者下店塘里房，自廿五世起，每五世再提，仍以塘里房接上店房；自廿五世起，每五世再提，仍以上店房接居仙盧者天房；自廿五世起每五世再提，仍以天房接（今天房下至謙行無傳，其系圖附

入總系圖後)。地房下分爲日、月、明,三房,曰"地日",曰"地月",曰"地明"。地明下又分爲孟、仲、季三房,曰"地明孟",曰"地名仲",曰"地明季"。自廿五世起,每五世再提,俱按房序,一房各完一房接。人房分爲上、下二房,曰"人上",曰"人下",自廿五世起,每五世再提,人上仍以人上接,人下仍以人下接。儒堂、仙盧二宅,所謂宇、宙、天、地、人五房也。(宇房今即塘里房,宙房今即上店房)

智四公幼子思辰公原居前舒,至第五世巨行二十五洪公遷居金華廿八都横塘,即今金華盧家派。自廿五世起,每五世再提,金華仍以金華接,世代綿延,人丁蕃衍,其中分居者又多,如儒堂上店房下方房有居青田海溪者,則曰"青田派";仙盧日房下有居前舒者,則曰"地日前舒派";又由前舒居武義上楊者,則曰"地日武義派";有居山川壇許馬頭者,則曰"許馬頭派";月房下有居堰頭者,則曰"地月堰頭派";人上有居松陽浄居口者,則曰"浄居口派";地仲下有居倒門者,則曰"倒門派"。

源遠者流必長,根深者葉自茂。此皆我智四公一派之流傳也。溯而上之,與智四公爲兄弟行者有前王一派、將坑一派。前王一派智行一叔達公之後,將坑一派智行三叔光公之後。叔光公始居窖厚,至第六世孫雄行十三德公復由窖厚徙居將坑,即爲將坑派。叔達叔光公後雖枝分派别,固自一本同源,譜籍今皆相通,親親即所以收族也。其系圖各自十七世起,每五世再提,前王仍以前王接,將坑仍以將坑接。今當續修家乘,理其事不辭況瘁,爲之各分房派,從新承接,加工重訂,眉目較清,俾閱世系者了然如指諸掌,實亦簡便之一助也。爰舉疵筆,謹爲序之。

時大清光緒二十有八年歲次壬寅季秋之月上浣吉旦,

越國公三十七世孫郡恩貢候選儒學教諭思昉謹志

(選自第一支《石馬盧氏宗譜》民國癸亥年重修乙酉年續修本)

第一支(金華永康)石馬盧氏世系概覽

(1) 盧琰→(2) 珪→(3) 晉→(4) 松→(5) 福→(6) 富→(7) 賢→(8) 長→(9) 滄→(10) 柏→(11) 寧→(12) 豪→(13) 星→(14) 昂→(15) 璡→(16) 松→(17) 叔懋(石馬祖)

第一支(金華永康)石馬盧氏排行字目

九支分派世系自靈山越國公起,至始遷石馬智四公共一十七世,統族合字行第:

一七四　五六八　九十三　二廿伯　千萬開　宗智

自西盧始遷祖智四公至二十八世各支:

下店支:智誂祥　京敏浩　世洪俊　傑復孚

塘里支:智誂祥　京敏浩　巨崇賢　明復孚

上店天地人四房支:智誂祥　益賸恒　震暹泰　明復孚

前舒分金華横塘支:智誂良　聰敏(惠)浩　巨崇賢　明復孚

前王前分支:智良成　信禄康　安寧泰　明復孚

前王后分支:智良成　信禄任　敬富泰　明復孚

窖厚支:智誂祥　珎興浩　巨洪賢

窖厚分將坑支:智誂祥　珎興浩　雄澄清　温福孚

厚墈支:智誂拱　原和永　遠貞昌(泰)

自二十九世起統族新增行第字數歌:

豫升巽　蒙謙咸　需師履　頤鼎萃　觀晉大　濟豐隨　家旅臨比澤歸

(選自第一支《石馬盧氏宗譜》民國癸亥年重修乙酉年續修本)

癸亥泗渡盧氏重修宗譜序

永康盧氏,其先居汴之濟源玉川鄉。宋太祖時,有諱琰者爲尚書，贈開國公，生八男一女。太祖受周禪，欲掃柴芽。尚書諫止，遂招柴炯，以女妻焉。乃從盧姓，更名曰璇，受防禦使，封武烈侯，生禮部尚書諱銀。尚書生行韜，子漢，宋南渡建都錢塘時，除臨安軍統制安撫使、護國上將軍。按撫生樞密承旨使金吾衛上將軍，乃自浙江奉其母王氏，兼迎祖父之柩，卜葬於永康之靈山。愛其風土之厚，遂徙居焉。余族或居吴寧、台温、烏傷，皆琰公之後也。其居永康者，則有西山、石馬、青山、丁川諸處。

居吴寧泗渡者，實朝議大夫珪公裔也。其源流載於譜甚悉。其譜牒固嘗修之，今二十世諱仁字本德，又復增損前度，舉例以備其未補，綱挈目張，燦然不紊。叩予以叙其首。夫自宗法壞而世本忘，姓氏之源幾乎絶矣。所賴維持世教者，幸有家乘之傳，不渝於貴賤，不汙於卑末，是故譜之貴修也尚矣。譜修則本源之分明，尊卑之序別，昭穆不致混淆，婚姻不致紊亂，尊祖睦族，釀成禮教，皆由家乘之傳耳。

吁！本德惓惓於譜牒，以亦賢乎！予固忘其陋而叙之。

明洪武癸亥冬十二月甲子吉旦，湘府葛誠夫書

（選自第一支《泗渡盧氏家乘》民國戊午年重修本）

泗渡盧氏重修宗譜序

惟天地定位，類聚群分，聖人設教，敦族明倫，是故有男女，斯有父子；有父子，斯有兄弟；有兄弟，斯有朋友；有朋友，斯有君臣。人倫之道始於家而及諸國。聖人懼其繁衍紊亂，於是乎立宗法以維持之，使人倫正而風俗化，風俗化而天地萬物育，此聖人設教意也。

秦廢封建，焚詩書而宗法壞，則事無統紀，親疏溷淆，上下無等，而紊亂之患作矣。漢興，司馬氏作《史記》，因周以明世家，而人始知氏族之相維，非圖籍曷克以明之哉！夫物之生也必有本，故作譜者首之以姓氏，使之知源流之自析，而示之莫易，子圖次之。以世系使之

知支派之由分。世系詳矣，然後譜可明也。譜明，則昭穆由之序也，倫次由之定也，婚姻由之辨也，華裔由之别也。五服彰而九族明。譜之有關於世教也，不亦大哉！

吴寧泗渡盧氏之譜，予詳閲之，上原厥祖，皆有依據，下統諸族，各有流派，寓宗法於既泯，廣錫允於無窮，真得先王作譜之遺意者。予叨諫垣，其族有曰佺、曰愷、曰悌、曰兆珊，役解浙糧，而各寓京師。敞廬連楹，朝夕與居，談古今，論鄉曲。盧氏諸子乃出譜，稽首颺言曰："吾家宗譜，雖修輯成帙，愧無文以叙之。乞先生大手筆以冠諸首，庶幾休光洋溢，永垂無窮之榮。先生之惠我者，不既大且深耶？"予乃嘉其行而序之。

詳觀盧氏之源流世系，固已昭然在目，無庸殫述，是故孝子慈孫之事畢矣。家道正，教化興，人倫明，斯修譜之義備矣。予故以是序之，尚冀諸君勉之哉！

時正德四年歲次己巳冬十一月中浣之吉，賜進士出身
文林郎兵科給事中赤城龐泮拜撰

（選自第一支《泗渡盧氏家乘》民國戊午年重修本）

泗渡盧氏宗譜序

先正有言，家之有譜，猶國之有史，蓋欲人知所重也。歐陽子云：君子三十年不修譜，遂爲野人。俗蓋欲知所急也。

東陽文獻，爲婺稱最，有家者莫不以譜牒爲尚。邇時當晚運，旱潦頻仍，攙槍肆虐，兵燹交横，朱門華族幾不能保其室，雖士大夫，惟苟全性命以延歲月，若山村稼穡，旦夕謀免凍餒而恐未贍，奚暇以興廢舉墜爲哉？予於泗渡盧氏，實有所感慕焉。

盧氏爲宋工部尚書琰公之裔，由華溪靈山所遷，家傳惇厚，世業耕桑，雖久未際昌運，然而讀書好禮、謹身飭行者代不乏人。今其子姓有曰鎮、曰錡、曰尚、曰有、曰龍、曰道輩，皆敦宗睦族，孝悌力田，雖

處亂季，而藏其譜牒尤謹。兹辛卯之寒食，忽興思水木，以先世之譜牒雖存，多爲蠹簡，且久不修輯，必至散逸無考，乃聚族醵金，謀而新之。因延予假館而董其役，復請予以序其事。余考其世系行傳，皆真傳實録，不旁求曲引以自誣於祖也耶。噫，此視郭崇韜拜汾陽之墓而不恥者，奚翅蘇合羌螂哉？蓋禮密於富饒，曠修於閒暇，今諸公且能於四方多故之日、饑饉薦臻之餘，而惓惓以譜牒爲先務，此殆非所謂知所重且急者歟！

雖然，莫爲之先，雖美而弗彰；莫爲之後，雖盛而弗傳。爲諸公後，益當以諸公之心爲心，聿修厥德，克振前猷，俾後之視今猶今之視昔可也。不然，則惡乎爲譜？惡乎爲修？而又惡乎爲叙也？爾賢肖其勗諸。

時大清順治辛卯季夏之吉，峴遊山人仲舒氏鮑儀拜撰

（選自第一支《泗渡盧氏家乘》民國戊午年重修本）

泗渡盧氏重修宗譜序

余聞譜牒之法始於廬陵歐陽氏、眉山蘇氏，陳經緯，叙昭穆，明九族，正宗支，無容牽合假借也。故附會迂遠而無所徵信，其失也誣；派衍溷淆而無所綜核，其失也亂。誣則不可以示傳，亂則不可以垂訓。若是不幾乎崇韜有汾陽之拜乎？

今觀泗渡盧氏，其先五季時琰公字文炳者，居汴之濟源玉川，仕周爲户部侍郎。迨宋受周禪，轉贈榮禄大夫工部尚書同平章事，奉使討湖南，授開國上將軍，封越國公。生八男一女，女配世宗子炯，隱姓，共爲榛、栗、櫸、松、竹、梅、桐、梓、杞九枝之分，而柴盧乃屬櫸派也。

榛派珪公，字伯璋，仕宋爲朝議大夫，裔孫遯跡吴寧，遂爲東陽之始祖，由兹而徙者往往莫贅。惟十六世祖諱經同男耀者，復遷泗渡東峴之間。至二十四世，家運衰頽，宅舍淪亡。有祖伯仁，再遷本里之黄湖，生三子：佺、愷、悌，分爲三派，以立三房。次伯義，贅居三十八

都舒家山，後分張村等處。永傳至今，奕葉相承，先後濟美，流遠源清，豈彼誣者亂者可例而語耶？今越前修，才歷三紀之余，而宗長諱時悦、有壽、有盛、有選、有樓、元夏、元春、元武、元富、繼堯、繼泰等又毅然而起曰：譜牒不明，則誣而無信、亂而無緒矣，豈容一日緩乎哉？遂延明師，重合諸處而輯之，以授諸板。刷置五部，仍編金、木、水、火、土之號，以義、仁二祖派下各選賢孫掌之，庶宜珍藏，永爲後世不磨之典。

譜將告竣，持牒托親，謁余於五雲山房，丐余一言，以弁諸譜首。余展而翫之，喟然曰：家之有譜，猶國之有史也。故凡爲氏族者，孰非帝王公侯卿大夫之後哉？泗渡此舉，深契夫歐、蘇二公立譜之本意。余故曰：支源之流衍，不貴乎叢生之雜遝，而貴乎繼世之多賢。繼世之多賢，則仁讓之風興，而孝思之意起矣。盧氏之族焉知嗣後永不爲衣冠文物之俗也哉？余不可辭，姑書此，以塞其請。是爲叙。

時大清康熙二十九年歲次庚午季秋之吉，鄉進士文林郎、除授廣西博白縣知縣文南鼎時開浦氏湯錫仔撰

（選自第一支《泗渡盧氏家乘》民國戊午年重修本）

泗渡盧氏重修家乘序

粵稽氏族之有譜牒，由來已久。漢有官譜，晉有《氏族篇》，唐有《氏族志》，迨宋歐、蘇諸公又酌定之而更詳其制焉，蓋所以序昭穆，連支派，彰祖德之高深，紀宗族之繁盛也。

癸丑之秋，盧氏繼松、繼仕、齊選等，因家乘自丁巳修輯後，迄今已五十有七年矣，生齒日益繁，存亡日益異，不有以重訂而更新之，保無一本之親視同秦越乎？爰乃謀諸族屬，戮力同心，相與修輯。至譜牒既成，請序於余。余捧而讀之，乃知盧氏之先，出於姜氏太公之後，至文公子高，高之孫傒食采於盧，遂爲姓焉。當宋革命之初，有諱琰字文炳者，由工部尚書授開國上將軍封越國公，生八男，一女妻柴世

宗子炯。宋受周禪後，欲掃除柴跡，文炳公諫之。太祖然其言，轉封炯爲武烈侯。文炳公乃命炯隱姓爲盧，易名爲璇，遂與八男共列爲九子。珪、璞、璇號榛、栗、檡，鋭、衡、勳號松、竹、梅，敏、理、衛號桐、梓、杞，子孫拖青拾紫，代不乏人。今居吴寧泗渡者，實文炳公長子，朝議大夫珪公裔也。

蓋珪公抱經邦濟世之才，仕宋爲中書，更爲京都刺史，此皆國史之所紀，譜牒之所遺傳，數典不可忘其祖也。第其譜法之嚴明、記載之精密，有不容已於一言者：冠行於首，别尊卑也；編次以數，叙長幼也；婚嫁必書，重閥閲也；生卒必詳，便稽考也。復立規條以示勸懲，敦禮讓以睦宗族，如祭儀品物纖悉必詳，喬居遷徙雖遠必載。然則是譜之作，豈惟序昭穆、連支派、彰祖德之高深、紀宗族之繁盛已哉？使推而廣之，直可以明禮教、厚風俗，上聖天子休明之治，以臻斯民於熙皞之域者也，則諸君修葺之功洵不淺矣。

是爲序。

乾隆癸丑年菊月中浣之吉，歲進士候選教職、己酉鄉試
復欽賜副榜、同里後學樓象春謹撰

（選自第一支《泗渡盧氏家乘》民國戊午年重修本）

泗渡盧氏家乘序

萬物本乎天，人本乎祖。水源木本，祖孫一氣相承；積德累仁，後嗣必昌門祚。不可以嫡祖爲非祖，不可以非祖爲嫡祖。不有宗譜，何由考證乎？宋歐陽氏、蘇氏始創譜牒，一本九族，雖支分派别，其初一人。序昭穆，别尊卑，聯宗族於既涣，不至視同秦越者，譜之所系匪淺也。

盧本姜太公裔，文公之傒食采於盧，因以爲姓。系出范陽，世居涿州，厥後氏族蕃衍，散處各州郡。漢中郎將盧植爲昭烈帝師，唐世崔、盧，並稱閥閲，盧從願、盧懷慎相業偉如，盧肇大魁天下，盧仝、盧

綸、盧照鄰曠世高才。

遥遥華胄，無從考據。按泗渡盧，厥祖盧琰公字文炳，仕宋，由工部尚書授開國上將軍，封越國公，配趙氏，生八男：珪、璞、鋭、勳、衡、敏、理、衛，一女配柴世宗子炯。宋太祖受禪，欲滅柴裔，文炳諫止之，使炯爲盧，易名曰璇，謂之“柴盧”，列爲九支，以木爲號，分榛、栗、檡、松、竹、梅、桐、梓、杞爲房，分八支俱屬盧本姓，惟檡系柴炯不考世系，以九支俱爲柴盧，昧所從來也。

今特考核精詳。文炳居靈山，長子珪，榛派，仕宋朝議大夫，生一子傳，湖南統制，定國將軍。至十六世諱經，徙居吴寧邑城南仰高坊，生二子，長顯、次耀，捨建東峴峰寺。逮二十一世諱綱，遷泗渡里。二十四世富二伯義公，贅居舒家山，諱稱。七世孫繼舜居武義，和居舒家山，信居張村。富四伯仁公居黄湖，生三子佺、愷、悌。長房裔孫時悦遷居西盧，即厚奕。次、幼仍居黄湖。宗譜則富二、富二四二房下嗣孫會集合修。

自乾隆癸丑重輯，迄今二十八載，子孫未入譜者行次莫辨。裔孫思美、思誠等復議重修，問序於予。余雖不斐，喜盧氏之風俗淳厚，董事復矢公矢慎，將來門第振興，未可量也。

是爲序。

時嘉慶庚辰菊月中澣之吉，授杭州府乾隆戊申恩科舉人、昌化縣儒學教諭何豫拜撰

（選自第一支《泗渡盧氏家乘》民國戊午年重修本）

泗渡里盧氏續修玉牒略叙序

國有史册，家有玉牒。惟玉牒者，稽集合族，彜倫尊卑，忠孝仁義，陳生旦之誕辰，根蒂盤固，寄託跡蹟，永不垂墜矣。自泗渡盧氏，范陽源流，發祥於大宋建隆三年，盧氏琰公身發賢科，朕詔授工部尚書，在朝克有效勞，賞賜銀青榮禄大夫便宜行事、開國上將軍，封爲越

國公。“汝當益修厥德，恪守爾職”，朕詔曰敕書，積德累仁，子孫必然昌盛，明德之後，必有餘慶也。

查琰公第一始祖，發祥在永康靈山，誕生八男一女，爲九枝分房排列，榛、栗、檡、松、竹、梅、桐、梓、杞爲九派分。第一枝長房盧珪公，仕宋，詔職朝議大夫兼敕秘書少監。迨至十六世孫盧經公，遷入東陽城南仰高坊。後至廿一世裔孫盧綱公，遷三都泗渡里卜里未仁。後待廿四世孫伯義公，兄弟六人，次兄伯義贅遷三十八都舒家山，生四子，分文、行、忠、信四房，有荊樹之樂卜，鴻開之基礎也，繁衍孫盛。忠房分枝遷張村，昆季日同耕，晚同寢，相愛相親不分離，名雖四房，實爲一家。惟伯仁公，伯義之四弟，遷居三都泗渡里黄湖爲本宅，生三子：佺、愷、悌，分天、地、人三房。惟佺公天房遷入厚奕，愷、悌兄弟同居本宅黄湖。

自古至今，屈指流朝，唐、宋、元、明、清、華六朝之久，世居源流同根生，左昭右穆振綱倫。核稽民國七年重修宗譜，天房裔孫不守先靈之祖訓，派房厚奕別廟自行重修，撤沙分離，迄今二十九年矣。惟衆孫感發先靈，慎終追遠，經營續修家乘。衆孫合集議決，擢選掄才，可棋爲譜董，興潭爲銀董兼雜務一切，校正壽林，家長“地”“人”二房，每房二人，巖玉、興蘭、壽椿等，附理章台、恒水等，和衷共濟，贊襄玉牒，勞心費力，上致敬於先靈，下澤惠于衆孫，怡怡和悦，綿綿瓜瓞，此盧氏玉牒之修竣所以甚於國史也。至於今孫繁昌，勿棄始祖越國公之彝訓，彌忠貞積德，留遺千古不墜，世澤彌長也。

偶值家乘續修，邀余譾陋略叙梗概輯葺云序。

民國三十六年歲次丁亥中浣之吉，雅溪後學樓宗舜手泐

（選自第一支《泗渡盧氏家乘》民國戊午年重修本）

第一支（金華東陽）泗渡盧氏世系概覽

（1）盧琰→（2）珪→（3）傳→（4）行通→（5）敬→（6）友信→

(7) 琅→(8) 仕傳→(9) 盛→(10) 潮→(11) 滿→(12) 續→(13) 滋→(14) 暄→(15) 迪→(16) 經→(17) 耀→(18) 禄→(19) 貴→(20) 仁→(21) 綱(泗渡祖)

第一支(金華東陽)泗渡盧氏排行字目

從越國公盧琰爲一字行起:

一七四五　六八九十　三二廿伯　千萬開宗　智明華榮昌　茂寶富愷衍　奇貴永咸和

延承肇聖德　恭敬壽康寧　孝友崇忠義　恒升泰豫高

諱分字目(始祖第一世起至第廿九世止,俱以單名,第三十世良字輩爲始)

良字有元繼　思齊應可興　學業光家國　修爲士志和　亨通宏大德　超群拔萃多

(選自第一支《泗渡盧氏家乘》民國戊午年重修本)

大山盧氏合輯宗譜序

粵自《周禮》三族親疏之别,隸於小宗伯,世系昭穆之職,隸於小史,後世因之而有譜。

是譜也者,所以敦倫而睦族也。第有譜而不修,則無以知其先而傳於後,此古人之於譜謂"三世不修,擬諸不孝",其可忽乎?

大山盧氏,其先越國公發祥於靈山,四世行通公分居大山。傳至十四世萬二公,生二子曰琳、曰璡,則又分居坑燕、葛傍。二派之祖,其先譜牒合輯於宋,分修於明,至國朝康熙庚申年,同葺房譜於大通禪院,就舊譜重加增訂,定卷目,立凡例。展卷視之,合若符節,洞若列眉。

越今八十餘載,前人雖念切重修,皆因循已逾其時。歲丙戌,葛傍有諱國惠者,素存尊祖敬宗之心,而篤敦倫睦族之誼,以合葺宗譜,商諸坑燕族長日志、國通、文林及弟侄輩,僉曰合葺甚善。遂於孟冬月攢集兩房草譜，合修成帙。昭穆明，親疏別，並書其子女生卒，悉無遺漏紊亂之嫌。是舉也，其有關於祖宗世世相承以衍無疆之義者，得無小補之哉？竊願自今以後，盧氏之子若孫孝悌雍雍，詩書濟濟，歲時伏臘，少長咸集，情相親也，誼相篤也，則於敦倫睦族之道、合輯宗譜之意，其庶幾克乎！

是爲序。

時乾隆三十一年歲次丙戌季冬月之吉，吴寧位東李震陽拜撰

（選自第一支《大山盧氏宗譜》民國丙子年版重修本）

大山盧氏重修宗譜序

萬物本乎天，而人本乎祖，故著氏辨名，説存盲左，從宗合屬，語載曲臺。雲礽既繁，譜牒斯作，以昭先德，以垂後昆，典至鉅也。況婺康原爲名臣流寓之區，而盛族如范陽盧氏者，尤赫赫昭人耳目者乎。

按盧氏之先系出於姜，受姓而後，簪纓弗替，而以地揆世遠，故譜牒勿詳。粵稽宋太祖時有諱琰字文炳者，爲工部尚書，後封越國公，生八男一女，招炯爲婿，柴氏世宗之子也。

斯時宋太祖始受周禪，以柴炯爲周後之嫌，將滅之。越國公始而入奏，告以唐虞之大義，繼而避難，由北宋而之臨安，由臨安而之婺永靈山之下居焉，蓋九支所自出之祖也。且夫本之固者枝必茂，源之深者流必遠，靈山盧氏自琰公、璇公之後，九支相承，皆別其名，曰榛、栗、檡、松、竹、梅、桐、梓、杞，並蒙恩遇，致位通顯，世擢儒科，家傳相業。而且説禮敦詩，嘗以箕裘之克紹；文經武緯，不致簪笏之無傳。即越四世行通公，分居大山。傳至十四世萬二公，生二子曰琳、曰璡，徙居坑燕、葛傍，亦莫不有螽斯之慶、麟趾之祥。支流之遠且茂若是，是必有固其本而深其源也。

然則譜牒所載，豈徒欲後人知祖父之名諱生卒而已哉？亦將使孝子慈孫深念夫富貴福澤所由來，以永守前勳而弗失耳。兹閲盧氏

族譜之作,自宋迄今,新其舊者凡十餘次。自乾隆丙戌纂修而後至今道光元年,村煙周密,生齒日繁,合族以爲重修弗可緩,因推族長國洪、崇攀等董其事,祀孫景洪、崇寅、崇琴爲之校正,罔不朝夕恪勤,秉公矢慎。自有此舉,而尊尊親親,以繩祖武,以篤宗盟,將見其本愈固,其源愈深,而發祥不可量也。

蕃與盧氏,誼屬祖戚,故剞劂將告竣,而問序於蕃。蕃以譾陋辭,不獲命,爰撮舉其概,以進諸簡端。

時道光元年歲次辛巳季冬上澣之吉,甥孫縉邑庠生徐錫蕃頓首拜撰

(選自第一支《大山盧氏宗譜》民國丙子年重修本)

大山盧氏續修宗譜序

婺東盧氏之族,由來甚大。分封於齊呂,著系於汴水,舊譜備載,兹不復贅。今第舉其久以聚族、近而相處、信而有徵者,一脉相承,九支分屬,溯自越國公。發祥於靈山,主器相承,傳於故壤。榛派第四世行通公分居於大山,傳至十四世萬二公,生二子曰琳、曰璡。琳公則分居坑燕,璡公則分居葛傍,二派之源委詳明,二派之蓀枝聯合。

語云:物本乎天,人根乎祖。故人而忘祖非孝也,冒祖亦非孝也。世人往往趨炎附勢,棄厥本源,妄冒他族,以表我門第之盛者,其何以免君子之嗤詆乎?故纂修宗譜一事,舊所無者不敢妄自增加,新宜增者必須考輯詳明,蓋其慎也。

今追而溯之,自同治甲戌重修後,以迄於今,歷四十年矣。苟不續而修之,則枝茂而忘其根之所發展,源遠而失其流派之所匯合,猶秦越人之相視如途人焉。今族中嗣孫名傳登字廣財者,存收族之心,倡修譜之議,與有志者家鈿、家慶、良音等共商厥事,急起而修之。於是昭穆之序明,尊卑之分定,禮義之風起,善良之俗成。敦宗睦族,端籍是舉。《詩》曰"子子孫孫,弗替引之",其斯之謂歟?

是爲序。

時中華民國二年歲次癸丑黄鐘月上澣穀旦，竹川後學紹龍陳步樓撰

（選自第一支《大山盧氏宗譜》民國丙子年重修本）

第一支（金華磐安）大山盧氏世系概覽

（1）盧琰→（2）珪→（3）傳→（4）行通→（5）敬→（6）友諒→（7）璚→（8）汝瓊→（9）敷→（10）溢→（11）潤→（12）紹→（13）聯→（14）昴→（15）琳→（16）信（大山坑燕祖）

（上同）昴→（15）璡→（16）椿→（17）補→（18）得剛→（19）皎祖→（20）大善→（21）永新→（22）松（大山葛傍祖）

第一支（金華磐安）大山盧氏排行字目

歷代冠行字式：

一七四五　六八九十　三二廿百　千萬開慶（宗）

坑燕派十六世後：

生文泰祥　義恭智信　貴榮華孚

葛傍派十六世後：

智信原樵　椿森榮華　富禄福壽

九支合字俱從廿九世起，續以易例，編定十六字，使後各支統會得以相符。

豫升咸亨　臨觀萃濟　師旅壯艮　需豐節比

冠諱字式：（三十四世起家字同行）

崇修傳良學　世德啓雲仍

冠表字式：

聖朝廣明道　伯仲繼公卿

（選自第一支《大山盧氏宗譜》民國丙子年重修本）

第二支栗派

盧氏重修宗譜序

氏宗世系，古昔所重者，謂其有關於倫理也。自古天子建國胙土，因生賜姓，而必制爲宗法以維持之。所以著九兩於《周禮》，使國姓庶姓各自源委支派，以是立人道、定名分、序昭穆、别親疏，不致淆亂統記，而無冒姓易氏之弊，後世沿革，遂有譜牒也。夫族之有譜，雖百世之遠，子孫蕃庶，亦可考其源委之所自出、支派之所由分，尊卑隆殺，燦然有序。否則數傳之後，或處異鄉，或顯晦殊轍，聲跡不聞，甚則相見如途人，烏可冀其恩義之相維繫哉？則譜牒之立，豈非有關於倫理乎？

婺之永康盧氏，世爲邑之望族。其譜先汴梁人也，有琰字文炳，五季周顯德時仕工部尚書，迨趙宋有天下，追封越國公，生八子，以木爲號。第二支號栗者，乃東耕園嫡祖中書令工部侍郎璞公也。歷宋迨元，科第發身、以功業顯者項背相望，諸公序之詳矣。

裔孫湛，洎侄榕、孫壆，念祖先歷世之久，子孫聚散不一，譜牒涣漫無紀，於是相率葺理，考訂脱略，添增未備，列世系於前，叙宗統於後，以諱字、名爵、行第、生娶、卒葬别爲列傳。因其重增二十字爲行者，以安一處士爲始，限五世爲界，竊取鄒孟氏澤斬之義，蓋十七世以前正次備矣，其亦不敢妄爲變易也。

吁！宗法廢而後譜牒興，譜既興，則人皆知尊祖敬宗之道，水木本源之義昭然不昧。余觀盧氏之譜，顯而樹業揚芳，隱而立身操行，莫不爲後人取法焉。爲子孫者尚當著明斯譜，推衍祖宗積累之有自，世守勿忘，使詩書仁義之澤綿綿延延，庶幾無愧於先德，豈不尤爲後世取法哉？今孫湛等皆篤實淳雅，克盡尊尊親親之道，故於有關諸倫理者告之。

時成化五年歲在已丑冬一陽既望，赤城陳彦溥拜撰

（選自第二支中盧《靈山盧氏宗譜》民國壬申年重修本）

盧氏重修宗譜序

家不可以無譜，無譜則無以別尊卑、辨貴賤、定隆殺，而不知宗支之所自來也。自伏羲、神農、黄帝以及唐、虞，皆有氏族，而封功賜姓，秩然不紊。降自夏、商三代，定爲世系，家有尊卑，廟有昭穆，分有親疏，燕毛序齒，彰彰可考。自秦以後，漢、晉、唐、五代以來，趙宋歐陽氏慮以家世蕃衍，子孫親疏，燕享無以辨別，乃列有九族之圖，蘇明允亦界有五世一斬之圖，世系雖殊，其道一也。嗣後故家舊族，莫不仿其規制，立爲譜牒，上而知祖宗之源流，子孫之分派。雖千枝萬葉，展而玩之，瞭若指掌。家譜之系，可以不作、可以不修乎？

《永康靈山盧氏宗譜》，既罹回禄之餘，略存一二。今其裔孫季廣、季泰、季正、季載、季周，偕侄允霖、允輝等，慨譜牒之失次、子孫之迭出、姓族之淆混，名不識而行不第者遇之視如途人，以是汲汲謀諸宗族，以議修爲急。

謹按：盧氏其先本汴人，有琰公字文炳者，渡浙隱婺之永康，觀靈山境界之勝，遂卜居焉。初，公仕後周工部尚書，陳橋之變，義不臣宋。後宋主天下既定，追封公爲越國公。其居靈山者則公之二子工部侍郎璞公也。派衍支繁，子孫昌盛，門第貴顯，無俟余贅言。

今其子孫考歐、蘇二公圖式，輯成一譜，俾家規條例各有定制，支分脉絡悉無舛訛。其中或顯或隱，皆有傳記、行狀、碑銘、事實附列於後。後有作者，其亦可以知所觀感興起，而知祖宗之原委也歟！

時正德十二年歲在丁丑季冬望後，慈溪桂希惠撰

（選自第二支中盧《靈山盧氏宗譜》民國壬申年重修本）

盧氏宗譜序

中盧三宅，永邑孝義鄉著姓也。宋有尚書越國公諱琰字文炳者，由臨安徙居兹土，簪纓奕奕，後先相望。乃尚書公以一身而分爲九支，復以九支而散處異地，盛衰不同，顯晦亦異，且歷數百餘年，親者疏，疏者遠，雖同宗共祖之下，有相視如途人者矣。

今年春，族輯家乘，請序於余。余以爲保盛之道莫大乎仁義，而仁義莫要於敦孝敬，敦孝敬在於正倫紀，倫紀正則尊尊親親莫不有禮以相接、有恩以相親，而尚書公之遺風自可相沿於勿替。

今觀《盧氏宗譜》，各以類别。首譜圖也，次行第也，著銘傳也，與夫序記詩詞之類，備詳載之。譜圖立則源委明，脉絡貫通，使知親親之義也。行次序則尊卑定，昭穆分，使知人倫之大分也。苟知親而不知分則僭禮，知分而不知親則傷恩；傷恩非仁也，僭禮非義也，二者之列，所以昭仁義之道也。著銘以昭其跡，使先德不泯，著詩以彰其實，使後世可法，故銘傳之所載，孝敬之所在也。序記詩詞之集，有以廣世家之實跡，起後人之賢能，俾無滲漏也。

他日子孫有披圖而覽第者，有觀銘而考傳者，仁義之心、孝敬之意悠然而生。上推始祖一人之身，傳至千萬人之身，遠近雖異，本乎一氣而分，雖百年猶一日也，百世猶一家也。生則慶，死則吊，相恤相愛，繩繩不替，靄乎尚書文獻之遺風，以敦盧氏之家範矣。雖夫子之道明如日星，亦不外乎正倫紀、敦孝敬，以昭仁義之理而已。夫如是，則衰與疏之病，夫復何慮哉？

若夫源系隱顯之跡，前修序之詳矣，不敢復贅，姑書此以復盧君之請云。

時嘉靖十三年歲次甲午季冬既望，五雲儒學白巖龍山曹豐書

（選自第二支中盧《靈山盧氏宗譜》民國壬申年重修本）

靈山盧氏宗譜序

國有史家有譜，古之制也。夫譜者，録也，録其一族之昭穆枝派也。譜不修，則涣散無考，不數傳視族人如路人，親親之義絶矣，故古士大夫家必重譜牒而修之，不敢不慎。抑且忠臣烈士、孝子順孫、貞女節婦、德行文學可嘉者，必詳序其實行，以爲後世觀法，昔老泉翁修蘇氏家譜，用此道也。

粵稽盧之得姓，自范陽齊太公之後裔，食采於盧，因氏焉。至漢盧綰有戰伐功，高祖封爲燕王，姓氏始垂竹帛。至唐以金甌覆名，名益起而族益盛，推氏族之冠必曰崔、盧：有以相業顯者若懷慎、若從願；有以魁名顯者若盧肇、盧儲；有以文章詞賦顯者若昇之名齊四傑、允言望隆十子；有以博雅高尚著者若玉川子諱仝，昌黎愛其才而推重之，又以玉川名郡因人而重。簪纓弈世，人所共知，不勝枚舉。

至宋諱琰者，由臨安徙於永康孝義鄉翠屏山居焉，子女九人，其二枝諱璞者，世居東耕園，分遷本鄉雙牌、上盧、中盧三宅。顧其居，赤峰尖奠其後，蛾眉案拱於前，柘嶺東峙源頭，靈山西填水口，田宜稼穡，地沃桑麻，山可樵而水可漁，真爲樂土，故居十數世不衰。余聞而知之者，如雅一翁之好客禮賢，奇九翁之剛毅服衆，和十八翁之留耕方寸，實盧氏之錚錚者。余親炙如靈原後峰二舅氏，嘯傲煙霞，陶情吟詠，雅有儒風，蓋山水之鍾靈然也。後之子孫，豈必以紆朱拖紫方爲克肖哉！苟立心正大、修身齊家、入孝出悌、恤孤憐貧、抑强扶弱、睦族敦鄰、忠信待人、詩書教子，凡義之所在、力量可及，概爲己任，獨不得爲賢子孫乎？

余不敢歷舉先達爲諸君譽，乃欲以繼述之善爲諸君勉。自今後彦，若良興之行列鄉賓，若良佐之宏乃祖烈，若良榮之役志詩篇，若良順之藻鑒識人，若良仁之解紛鄉曲，若良曉之謹厚和平，駸駸不已，豈不足以光前而裕後耶！

余素不文，略序數語簡端，以垂不朽云。

時萬曆歲次己未春王正月八日，甥吴寧陳仲成拜撰

（選自第二支中盧《靈山盧氏宗譜》民國壬申年重修本）

靈山盧氏重修宗譜序

譜牒之有關於宗姓也，重且大哉！設譜牒不修，則一姓之本末不明，昭穆不著，尊卑不定，祖宗典制無由稽，冠婚喪祭無由叙，淵源支派更無以相識舉。夫節義孝行、樸茂淳風、才猷邁俗、品行過人者悉湮没而不彰；甚且子姓蕃衍，聚閭星散，不數傳而視爲秦越者有之。則譜牒之修，烏容已乎？

粤稽靈山盧氏，永康孝義鄉望族也，自大宋工部尚書封越國公諱琰字文炳者，誕生九士，悉登顯宦，其仕籍與稱號，舊牒具詳。其子孫日盛，派分九枝，他如縉邑、吴寧，甲第聯標。自璞公居靈山，傳世十七，派分三宅，曰中盧、曰上盧、曰雙牌，皆越國公裔也。其有諱敏號鍾英行淳三公者，自元延祐戊午創建翠峰寺法堂五楹，鴻猷最烈。至明嘉靖癸亥淳三公下第九世孫克廣、克盛、克顯、克提，十世孫世新、世達、世香，乃中盧之嫡祖。其八世孫允全，乃上盧之嫡祖。淳七公下允陳，乃雙牌之嫡祖。重修翠峰禪寺，法堂巍焕遠勝前，圖淳三公像於其間，春秋祭祀，以展孝思焉。

其譜牒，自萬曆四十七年重修以來，至今百有餘歲，頗多殘缺魚蠹，宜有心者惻然興思、倡議重輯也。今第二十七世孫諱希福字惟榮者，率同族衆各捐資費，以紹前代而繼續之，或墓圖，或傳銘，或分類分行，以及前人之制作舊牒，一一詳盡而記載。截然有序而不亂，井然有條而不紊，上下有序，尊卑有統，親疏有别，遠近有分，將見敦龐之風於是乎著，禮教之化於是乎行，譜牒之系，誠重且大矣！

予忝戚末，而用思、用清以重修譜牒之事屬序於余，爰不辭鄙陋而爲之。溯本窮源，追維前烈，亦以見“莫爲之前，雖美勿彰；莫爲之

後，雖盛勿傳”云爾。

時康熙六十年歲次辛丑孟春上浣之吉，賜進士第任雲南崑明縣、知縣庚子科雲南分校官、武邑眷晚生朱若功曰定氏頓首拜撰

（選自第二支中盧《靈山盧氏宗譜》民國壬申年重修本）

靈山盧氏重修宗譜序

靈山，永邑南百里孝義鄉之名山也，處崇山峻嶺中，挺然森秀，川原繡錯，風景軒廠，説者以爲有桃源景味。余盧氏有宋封越國公曰琰者占籍於兹，生八子一女，其次子璞世守故土，孫子繩繩，於今勿替，家敦禮教，俗崇信義，無論長幼老弱，言動皆有古風。余恨未能涉吹溪、踰柘巔，覽獨秀之高峰，眺流泉之七滴，聆翠峰之曉鐘，訪東耕之遺範，每系懷於中而不能去。

邇者族輯家乘，諸宗長咸述其世系，囑余序。竊以爲譜之所作，非直鋪揚盛事、誇耀來兹而已，固將察源流之同異，辨支派之久近，收涣散，敦親睦，垂法戒，示奕世以仁人孝子之心也。近世士大夫家莫不有譜，而譜之善者，貴實録不貴虚張，貴直筆不貴曲説。有徵而不書，則爲遺其祖；無徵而書之，則爲誣其祖。二者均失，而誣爲甚。其弊由於譜牒久湮、文獻殘缺，貿貿焉從數百年之下摭拾遺文，取其事與人之足重者而粉飾之，究之疑信相參，求其不誣者鮮矣。

今觀此譜，首列琰公爲外紀第一世，明其聚族之所自始也。次列璞公爲内紀第一世，明其與九枝之不相混也。類皆詳其丘墓、傳志之所可徵而不誣其所難考，視他族之虚張曲説者大相徑庭。且其間昭穆遞嬗、字諱各别，盛衰興廢之數、是非得失之林，罔不參究而考訂焉，於以追遠萃涣，使千億年如一日，千億人如一身，仁人孝子之用心孰有如於此哉！

抑又考之，盧故姜氏後也。紱雖居處雅溪，其支派之遠近莫可稽

考，而上溯得姓受氏之初，夫固同爲姜氏之苗裔也。忝在宗末，今樂觀其譜之有成，越在異地與光焉。爰不辭陋，率筆而爲之序。

時乾隆二十七年歲次壬午孟冬中浣之吉，丙子科浙江鄉進士雅溪宗孫紱廷宇氏拜撰

（選自第二支中盧《靈山盧氏宗譜》民國壬申年重修本）

靈山盧氏宗譜序

永康與我東俱隸金華，壤相接也，其東北距縣治百餘里有靈山，盧氏聚族而居，於我爲同姓。自宋至今閲八百數十年，綿綿延延，久而弗替，知其先世之積累匪輕，宜乎子孫之食報愈遠而無窮也。

盧氏之先，系出齊姜太公後，至文公子高之孫傒食采於盧，遂以爲氏。自秦漢以來，代有聞人，彪炳史册，不可勝紀。顧年代遼遠，世系靡得而詳也，而靈山之盧，則自越國公諱琰者始。按公仕後周顯德時工部尚書，趙宋有天下，後封越國公，生八子珪、璞、鋭、衡、勳、敏、理、衛，一女錦贅柴世宗子炯，遂從妻姓爲盧，易名璇。公與偕之永康孝義鄉躲山下，爲九枝盧氏之祖。自是瓜綿椒衍，派别支分下莊，居紹之余姚，台之烏巖，處之白竹、白隴，及永邑白巖、鐘山、石馬、仙盧，皆其後也。而公之次子璞，復分爲三宅，曰雙牌、上盧、中盧，是爲靈山盧氏。其地後標赤峰，前列峩眉，柘嶺峙其東，靈山聳其西，而東耕園一望，山川邐迤，平疇繡錯，田宜稼穡，地沃桑麻，服先疇而食舊德，令人作柴桑栗里想。

癸亥春，兒子炳濤以庶常告假歸，展宗親之誼，洽同姓之歡，爰詣靈山，謁公祠廟。其老者龐眉皓髮，多年登耄耋，其子弟敦樸誠實，循循有法度，咸知親親敬長，遜睦成風，予心嚮往之，欲一親至其地而未暇也。自乙丑秋，宗人汝常、伯徵、伯智等賫書來，謂靈山譜牒自乾隆壬午後迄今四十餘年，曠而未修，曾殷殷以纂修爲事，今幸告成有日，請余言弁其首，爲宗乘光。

竊惟我雅溪，先世自宋學士璉由涿郡遷天台，六傳而院判實公自台遷東，爲雅溪始祖。而靈山之祖則自汴梁而臨安，由臨安而永康，然沿流以溯源，孰非姜姓苗裔乎？同而異，異而實同也。況以越國公勳名昭垂天壤，所謂公侯之子孫必復其始者，安知不於靈山見之？(《詩》)云“無念爾祖，聿修厥德”，盧氏諸孫勉之矣。

是爲序。

時大清嘉慶十年歲在乙丑黄鐘月上浣之吉，誥封中憲

大夫掌貴州道監察御史加三級、東陽雅溪後裔柏拜撰

（選自第二支中盧《靈山盧氏宗譜》民國壬申年重修本）

重修盧氏宗譜序

夫家之有譜，猶國之有史。史則紀政事之得失、風化之盛衰，譜則溯水木之本源、支派之遠近。小大雖殊，勸懲則一。糾宗族而别醜類，核美善而稱實録，苟無紀載，何以垂裕後昆？

我祖出自四嶽，迨至成周吕尚封於齊，至傒封國賜姓，郡贈范陽，漢則涿郡高楣，頗稱名族，唐則照鄰名列四傑，玉川子節廉清儉，見重昌黎。至後周文炳公佐理世宗，爲銀青榮禄大夫，封越國公，生八子一女，贅世宗子炯，後隨妻姓易名璇，文炳公偕之退居婺之永康孝義鄉躲山下，號爲九枝。惟時有居紹之餘姚，台之烏巖，處之白竹、白隴，邑之白巖、鐘山，及余族石馬、仙盧，如此者，不可悉數。

若靈山中盧及上盧、雙牌，則自文炳公次子諱璞行七二府君之後裔，自宋至清，歷有年所，宗譜一事，時加纂續。前修於乾隆壬午，越今四十四載，如不亟修，必至有視一本如秦越者。乃集族之賢能商議，始事於秋中，告竣於冬仲。續其新，補其缺，考訂詳明，毫無遺漏，凡有嘉言懿行可以型方式俗者一一備載。異日輶軒采風，登諸天府，與魯史命德討罪，惇典庸禮，可爲萬世懲惡勸善，未必不可後先輝映也。

余誼同宗，曾造其地，山明水秀，俗美風淳，未嘗去懷。今遇重修譜牒，因序巔末，以卜後嗣熾昌云。

龍飛嘉慶十年歲在乙丑季冬中浣之吉，歲進士候選儒學、石馬派下宗末繼韶頓首拜撰

（選自第二支中盧《靈山盧氏宗譜》民國壬申年重修本）

靈山盧氏續修宗譜序

靈山與吾廬相近也，其聚族而處者，與吾爲同姓也。

何由以盧受姓？本齊姜太公後六世文公孫傒，食采於盧，因以爲氏，歷漢、唐代有其人。傳至後周沐進封工部尚書、越國公諱琰字文炳者，生八子一女，女行三，贅炯爲婿。炯易柴爲盧，易炯爲璇，與八列爲九，假木爲號。曰珪、曰璞、曰璇，榛、栗、檡其號也；曰鋭、曰衡、曰勳，松、竹、梅其號也；曰敏、曰理、曰衛，桐、梓、杞其號也。世居汴，後散處吴寧、古麗、甌、括、台、婺遐方，皆其後焉者，而世遠丁繁，世系靡得參稽也。

而靈山盧氏，則又以尚書公次子七二公朝選侍郎諱璞字伯玉者，公與之由洛陽之臨安，由臨安之永康，占籍於永康孝義鄉，爲上盧、中盧、雙牌之始祖。自宋迄今，歷有年所，其間衆極繁衍，譜盡彰明，奕葉相仍，班班可考。成化間，始修譜於湛洎公同侄榕公、孫瑩公，再修於文昂、文寵二公。至本朝康熙辛丑，惟榮公又重修焉。嘉慶乙丑，俊公、智公又纘續之。即爲屈指前修，已三十餘年矣，其中生者生，卒者卒，書年月，書日時，藉人有焉以爲之詳明也。

今其族中賢能諸長曾亟亟以宗譜事赴祠會議，協心參訂，欲以一併搜羅，而工費不勝浩大，惟即其故簡遺文、條例次第，悉仍舊貫，非畏爲也。編輯雖經三旬，不同秦碑漢碣；蠹蝕無殘一字，奚至亥豕魯魚？緣查理而復存之，上以崇先人之緒餘，下以定孫子之名分，綿綿延延，可永久而弗替矣。

兹值告竣，而敦遷、敦戊、敦於、德沛、德福伯等命序於余。余以聞見空疏，焉敢掉舌？因體衆命，不辭固陋，略叙其作譜之意，以弁諸首云。

時大清道光廿一年歲次辛丑黄鐘月穀旦，裔孫邑庠生元圃點魁頓首撰

（選自第二支中盧《靈山盧氏宗譜》民國壬申年重修本）

靈山盧氏續修宗譜序

竊聞譜者普也，普載祖宗姓氏、諱字、年號，以示後人之不忘也；譜者布也，敷布流澤廣遠，世德卓異，以示後人之不悖也。上以追古先，下以昭來許，旁以聯族誼，則譜之修，烏容已哉？

憶自鼻祖越國公仕柴周工部尚書，陳橋之變，義不臣宋，抱世宗子蘄王熙誨馳遁於浙之臨安。時吴越猶未納土，意宋不得而制之。既又自臨安而隱兹孝義之靈山，猶恐少康斟灌之禍，俾從已姓，更名曰璇。公生八男，一女遂妻之，列而爲九。迨天下既定，宋祖義之，永屬越，乃以越名公封之。厥後子孫蕃衍，散處遐方，如温之瑞、紹之諸、處之縉、婺之東，在本邑如白巖、鐘山及余石馬，若此者不能枚舉。

謹按：靈山盧氏公諱璞，字伯瑞，仕工部侍郎，系越國公次子，即余一世祖，宋朝議大夫伯璋公昆仲也。公世居東耕園之陽，後分爲三宅曰中盧、上盧、雙牌。由宋以來，中間出仕有爲湖南提按者，有爲臨安教諭者，有爲餘杭縣判者，有爲錢塘學正、桂平縣簿者，文學斌斌，多登仕籍，此固班班可考者也。

迄今代遠年遥，枝繁葉茂，英才迭出，譜牒彰明。自道光辛丑續纂至此三十餘年，若曠而不修，閲時既多，恐紀載不無遺失，於是其族賢能長者協和商議，以修輯爲亟。始事於新春之吉，告成於孟夏之初。其宗牒之重整，昭穆有分、尊卑有序、親疏有别；其風俗士習則勤以儉、古以樸也，其家法祖訓則嚴以肅、平以易也。綿綿延延，相承弗

替，上以纘祖宗之緒，下以貽孫子之謀，則族誼亦由此厚矣。所謂示人之不悖不忘者，其在斯乎！

今歲余館上盧，族祖廷輔家諸宗彦鳳鳴、蔚然等囑余序之。余素不文，敢下此筆？承長者命，義不容辭，因不揣固陋，聊志其巔末，以爲繼述云爾，何可言序？

時龍集光緒二年歲在丙子四月上浣吉旦，越國公三十六世孫石馬榛派下孫邑庠生嗣鏞盥手謹識

（選自第二支中盧《靈山盧氏宗譜》民國壬申年重修本）

重修靈山盧氏宗譜跋

靈山者，本鄉之名山也。自吾一世祖璞公徙居東耕園，派分九支，之一號曰栗，實賴靈山爲拱衛，故本支宗族冠以"靈山"者，有相爲終始之意焉。

然其地翠峰鞏固，清渭環流，良田美池，不減桃源勝境。自宋迄明，譜系班班可考。遭明兵燹擾亂，散處遐方，或遷縉雲之蒼嶺，或分台州之烏巖，或徙東陽之長畈，或居北鄉之玉山，派别之分，不可枚舉，所與同譜者惟上盧、中盧、雙牌而已，始則支分其九，今則宅聯其三。

協同商議，爰諏九月初九吉日設局開印，三越月而告成。序昭穆之倫，辨尊卑之分，雖子孫賢否智愚各有不等，而其善者嘉之，不能者矜之。家乘之修，實家風之所由振焉。竊願後生小子各循敬祖尊宗之義，克盡敦倫睦族之修，以無忝於所生焉，是予之所厚望也夫。

謹跋。

龍集光緒三十二年歲次丙午季冬月上浣穀旦，三十四世裔孫振書盥手頓首拜撰

（選自第二支中盧《靈山盧氏宗譜》民國壬申年重修本）

纂修宗譜源流序

榕之先本河南汴梁人，南徙臨安，又徙居隱於婺之永康。自琰公字文炳者淳然興起，先仕周爲工部尚書，周祚不振，後趙宋起於陳橋驛，有天下，既定後贈越國公。娶臨安趙氏，生八男一女。

時周既禪於宋，太祖有柴氏之嫌，欲除柴氏。尚書上書諫曰："舜受堯禪，不殺丹朱；禹受舜禪，不戮商均。陛下既受柴氏，何嫌之有？"宋祖悟，竟封晉王。於是尚書招炯，遂以女贅其爲婿，隱姓從盧。不忘柴氏，以木爲號曰榛、栗、檡、松、竹、梅、桐、梓、杞，通爲九枝，悉皆貴顯。榛、栗、檡居上、中、下三盧，松、竹、梅居丁坑、青山、西山，桐、梓、杞居大都溫州、仙居等處而家焉。

南渡之際，先世譜牒，失於兵燹，存者十無一二，惟以宋寶學士文稿考之，自尚書世祖統緒，昭正無謬，敬以尚書爲始祖而已矣，俾後之子孫覽之知有所本云。

時成化五年歲次己丑季冬吉旦，上盧二十世孫榕謹識

（選自第二支中盧《靈山盧氏宗譜》民國壬申年重修本）

本派七二公下三宗源流

三宗非指榛、栗、檡並居孝義者言，蓋叙上盧、中盧、雙牌三宗之謂也。

本派乃次枝璞公之裔，世居東耕園之陽，歷廉憲德公、評事敬公，若教諭敷公、主政寧公、餘杭縣判兑公、錢塘學正鍾公、嘉平縣簿觀公等凡十四傳，人煙輳密，堂構嵯峨。宋寶祐二年二月十七遭數之厄，一炬成灰。卜吉鳩工，將新其廬，術者曰："宅址面巽，坐山屬金，赤峰前峙，火星相制，回禄之患，難乎免於八十年中。"信之，暫居翠屏山莊。

居更三傳，丁財潰耗，門祚式微。至十六世淳行諸祖，乃擇本里東、永之交兩縣立界之區，地曰"雙牌古里"，山川盤固，林木蔭森，覺

有靈光瑞氣出没於空蒙杳靄間者，大其舍宇。居之一時，人物發育之盛稠而且密。至元大德間，淳三公次子悌四諱正者徙上盧後宅，三子悌五諱庸者亦徙雙牌下宅，而悌四之孫慶八諱愚者分上盧前宅。三慶素公，田連阡陌，富冠鄉間，將復業東耕舊址。里人有鄭智中者，善堪輿，指曰："前山之繞足成形，峨眉拱於前，赤峰聳其後，金龜塞水，天馬行空，千山競秀，萬壑争流，居之者福澤綿延，富貴不淺。"慶三公乃營二室居，長子舒七椿公爲上房，次子舒十楸公爲下房，而上盧、中盧、雙牌三宗之分自此始矣。

遡而上之，距尚書公者二十世，經歲月者四百年，承前啓後。自元季至正紀年迄今三百載，傳枝十葉，子姓蟬連，裔居佃寓者勿序，居東陽之白峰北鄉者上盧之裔，長畈者雙牌之支，序其源流，後之子孫亦可以知三宗之所自來也夫。

（選自第二支中盧《靈山盧氏宗譜》民國壬申年重修本）

第二支（金華磐安）中盧盧氏世系概覽

(1) 盧琰→(2) 璞→(3) 德→(4) 敬→(5) 良→(6) 敷→(7) 才→(8) →仕清(9)→啓(10)儒→(11) 淵→(12) 寧→(13) 兑→(14) 則→(15) 玄

第二支（金華磐安）中盧盧氏排行字目

排行字母：

一七四五　六八九十　三二廿百　千宗奕寧　淳悌安慶

舒和雅奇　英衍茂芳　榮華延昌　祚福禄永　禎祥乾坤

震巽豫謙　益泰蒙臨

（選自第二支中盧《靈山盧氏宗譜》民國壬申年重修本）

第三支櫸派

白竹盧氏宗譜序

尊祖敬宗，莫先於重譜。譜所以察統系之異同，辨承傳之近遠，定尊卑，收散漫，敦親睦，可以由百世之下而知百世之上者也。況國氏大家，非譜以别之，何以知其受姓之由也耶？故古君子重之，不修譜謂之不孝。然譜之爲教，由家法廢而興，當知其所知而缺其所不知，詳其可徵而不强其所難考。

夫祖即不可微而忽之，又不可以顯而附之。微顯一致，則庶幾近之矣。況天之生人，果孰誰顯而孰誰微乎？四海之廣、百氏之衆，其多不過數十姓也，數十姓之初，數人也，數人之先，一人也，故今天下受氏者，多二帝三皇之子孫，而皆始於黄帝。譬之巨木焉，有盛有衰，其理固有然者，夫豈歧而二哉？嗟今之人，見其常有顯者，則謂之著姓，見其無有達者，則從而賤之。貴賤豈有恒哉？有貴人，無貴族，有賢人，無賢族，在人焉爾。而朱門生餓莩、白屋出公卿之謂，豈妄也耶？余每嘆其世之知乎慎者常鮮，而趨於僞者常多。

縉雲之盧氏，由其身緣而上之，至武烈侯十四世，其承傳次序、生卒諱葬，秩然不紊。而於誣棄之弊絶然無有，余竊重之。而春岡礿翁甫博學宏才碩德，爲人所推重，其子杲與余有道誼交，間出宗譜，請余題其端。余嘗在史局，獲審盧氏受姓之由，始於柴氏周世宗之幼子炯，隱外姓爲盧氏也。

嗚呼，公之子孫必有能辨其始者，故叙其作譜之意云。

時明洪武庚申年春三月六日，翰林學士松陽王景彰撰

（選自第三支《白竹盧氏宗譜》民國庚辰重修本）

白竹盧氏宗譜序

縉雲與仙居爲鄰邑，故其喬木巨族至久而最顯者，余邑皆得而聞知之。竹川之盧，余邑稱之尤爲籍籍者。非壤地之相近也，非姻婭之流傳也，亦非以殖産之殷盛也，豈其世系有不同於衆歟？余嘗欲究其世而未暇也。

今年冬，其族之彦曰仲達者，以事留京師，持其譜來徵余叙，遂考其世。

盧之先，五代周世宗後柴姓也，其庶子炯爲周工部尚書盧琰婿，遂從其姓；後拜殿前防禦使，封武烈侯，此得姓之始也。又云以宋受周禪，故諱柴從盧，此異姓之由也。噫，其姓之著，宜矣哉！

又四傳而諱漢者，隨宋南遷，官樞密承旨，轉金吾大將軍，依派屬而負祖父母骸骨，卜葬永康之孝義鄉，子孫遂爲其鄉人，此其始遷也。又四傳而諱泰者，徙處之縉雲竹川，非無自也，迨有由焉：以七派分姓之祖江東宣慰副使敏之子大、小雅始居其地，而泰故自孝義鄉來居竹川，又其再遷也。譜自武烈侯以下，凡陟顯榮者載其本末，而事行加詳，於碑碣得有所考。餘若隱諱者，而事行亦有可疑，殆逸於兵燹而無所據也。然亦有足徵者：余邑盧氏世居南溪之上，號爲“西盧”，其先亦出柴氏後而分自孝義，於竹川之世系爲益信歟。竹川之子孫益繁盛，皆讀書致，貲益饒。

仲達其能拳拳以修輯其譜，而傳信缺疑，無所附益如此，不特能振起以光其前人，又足以爲後來者之文獻也。仲達與其侄鐸尤好施與，歲辛酉，浙東大祲，皆出粟一千二百石輸公廩以助賑貸，朝廷嘉之，賜敕旌爲義民，是皆可書也。余既爲叙譜，而必及其受姓遷居之故，以俾盧之後人有所考云。

時正統十年歲乙丑年十一月，翰林侍講台郡王一寧撰

（選自第三支《白竹盧氏宗譜》民國庚辰重修本）

删定舊譜事宜書略

按宋趙葵《行營雜録》曰：太祖陳橋兵變時，周太后以下眷屬皆去定力院。有司來捕，主僧令登閣而固其扃鑰。俄大搜索，僧紿云：皆散走，不知所之。甲士入寺，登梯發鑰，見蛛網佈滿其上，塵埃凝積若累年者，皆曰“是安得有人”，遂去。

是宋祖當入宮未定之時，掃芟柴氏之心不能無也，此紀王、唐王之所以幸收録於潘、盧二氏者，亦鬼神呵護之也。及天下既定，而陸放翁《秘史》曰：“藝祖受命之三年，密鐫一碑於太廟之夾室，謂之‘誓碑’，門鑰封閉甚嚴。敕新天子即位謁廟畢，必請讀誓碑。群臣近侍皆不知所誓何事。至靖康，犬夷入内，廟門洞開，人得縱觀，始知誓詞三行，一云‘不得殺柴氏子孫’，是宋祖留念世宗之厚也。”

而盧氏舊譜，首載柴烔封武烈侯神道碑一道，稱烔嘗侍琰扈駕，由是得官，皆因誓碑而起。愚謂烔方出生死於垂髫之餘，至此而復扈駕，烔何不自省若此也？是則烔正在於易姓名自避，而不在於趨附以立功名，後人之妄誕也可知矣。此大司寇公所以三復致恨，欲一洗其陋而裁正之也。

揭學士《源流譜序》一篇，多爲琰之八派謀，非柴盧本宗之旨。而洪武庚申五峰先生所修本，乃王學士景彰所序，至正統乙丑台郡王侍講一寧復序之，是又重修之册。此二作爲盧譜之文獻所當修録以備考證者也。武烈侯之碑與夫前後序文凡六首，或出於妄作者，俱毁削之，不使淆染芳劄，庶白璧之美不假雕琢，自足以爲世寶，如是則論定矣。

今録二王學士序文二篇於右。

京衛武學教授松陽徐夢易撰

（選自第三支《白竹盧氏宗譜》民國庚辰重修本卷一）

白竹盧氏宗譜序

夫家之有譜，所以辨族屬以明世系，分嫡庶以辨本支，序長幼以聯遠近，書行實以昭勸懲，雖不敢僭擬國史，而實有史之義焉，所關甚重，不可缺也。

余自十三就外傅，十五進邑庠，三旬鄉舉，四十登第，叨宦兩京科寺郡院歷十九任，奔走於外者五十年，癸亥年致政而歸。宗族相會，長幼千五百餘人，多不識其面者，甚至名與行重呼不避，若異姓然。乃閱譜諜，蓋自成化初年修纂，至今九十餘年未續，況其時考遡欠詳，傳述多謬，不足傳遠。及檢家藏曾祖守義公輸粟賜敕、赴闕謝恩京山章小尹贈别軸文内云：其先祖周世宗之後，本姓柴氏，避宋嫌，改今姓，世居汴。十五始祖諱漢者以金吾大將軍從高宗南渡，官至樞密承旨，始居婺之永康。咸淳中有諱泰者，又徙處之縉雲，故子孫今爲縉雲人。亦足徵本源之所自也。

夫言非文勿傳、非徵勿信。吾祖改姓之由傳於盧琰公之德，書於宋王銍之記。京山甥舅之親，必不妄言；許公國之太史，必不輕與。況距今一百二十餘年間，蓋鑿鑿可稽者。舊譜乃略此文而不載，則秉筆者之責也；失今不續修考證，則將愈久愈失其詳矣。余以是懼，乃遍訪兩浙名士，得松州之龍陽徐先生，遂致敬盡禮，奉延來家，懇求删定。龍陽洽聞博物，出入歐、蘇，青年拔貢即擢北都武學教授，往來名鉅，撰章應制，不肖尊尊親親之心，自喜得有所托以申矣。

謹憑别子爲宗之禮，斷以泰公爲白竹始遷之祖，爲正紀。而前譜所載尚書公諱琰者，存之爲外傳。蓋雖不敢附，而亦不敢自棄之意也。嗚呼，源流既同，雖微非辱，族屬無據，雖貴何榮？且吾泰公居竹川，傳世二十有二，歷年五百有餘歲，婺之東陽、永康，凡巨族皆爲姻親。本都横亘本邑，地方獨廣，富室無慮數十家，往來稱謂並無瓜葛，體而特殊，足徵自泰公而下子孫相承，皆傑然自立，挺挺不凡，其規模氣象，自成一家，故不必旁附遠引，蹈祟韜之失也。

譜成，謹自述其由如此，告於我後之人。

嘉靖四十四年歲次乙丑五月端陽日，賜進士第、資政大夫、南京刑部尚書、前都察院右僉都御史、吏科都給事中、十五世孫勳謹識

（選自第三支《白竹盧氏宗譜》民國庚辰重修本卷一）

白竹盧氏宗譜序

夫乾宰運符，恃發生爲闡要；人官握化，賴别匯以宏機。故辨方安宅，域叙萬民；系姓綴殊，禮嚴百世。同道赫奕，王教休明，聚廬列堵者雲礽襲美，弁官垂委者潢派不移，此古皇命氏之意也。然而性情原於始氣，美惡狃於初成。偏駁爲弊，邪正因之。蓋自洪荒肇盛，其類自分，非謂一軀蔓衍由寡允繁、積日俟歲而後得也。或謂山澤甿庶，無非神明之胄，豈其然哉？藤蔓倚喬，林叢長棘，其勢爾也。氣化消長，驗臚趾之渾漫；品匯多歧，成萬物之散殊。《易》曰"天尊地卑，乾坤定矣。卑高以陳，貴賤位矣"，而又何俟於生人也？周衰禮廢，宗法不行，人皆去其鄉國，蹈海踰河，流離散亂，殊無紀法，譜系之病久矣。

春秋之時，魯有衆仲，鄭有子羽，皆善論姓宗，炎黄以下，明如指掌。而應劭之《風俗通》、何承天之《姓苑》，雖能略集紀篇，亦多臆料。至如《釋譜》，上極生化之源，下溥血骸之種，因氣索理，援古知今。昔子産問疾於晉侯，而謂同姓爲蠱，此王政所以里化，跡之偏族，類不可不辨也。

甚矣，即柴與盧，其先皆姜姓，齊望分封九世，文公之孫傒食采於盧，遂爲盧氏。自傒至高柴，其後又以柴爲姓。流傳五季，世宗崛起，融朗賢明，足稱英主，天不假年，奄爲所竊，雄蕩之氣，積撼於時，宜其蕃似續於天下後世也。彼盧郡范陽，鄰籍齊封，炯以明哲保宗，授姓自立，一以植盧之源，一以衍柴之派，德合肇基，禮緣倡始。其後，擁宋南遷，瞻依明嶽，鼎湖升化，龍馭靈奇，奠籍竹崦，豈無其故？則知

盧之有以篤夫柴佑禮樂簪纓之裔，尚想其燦炫而喬立也。

近致支流浩瀚，往往儀宇莽蕩，不宛下於隸吏，若或劍盾鳴户，没世自甘，萬里請戍，一去不返者，代有其人，慨之可興，言之膚粟，亦天地間英義之氣之未泯者也。發而爲文明，則今尚書公舉進士時輒入太常寺典司禮樂，聯裾明主，擅美諫坦，提劍贛南，督操江國，綜理司空，歷要内臺，肅揚刑弼，功業著煒，朝論倚式，亦無忝祖烈也已。方其頤和邱隴，養浩林扃，乃徵族屬支系散紊，祖德宗功或致暌違，召易爲書志以備文獻，則亦可明一家之規訓，敦平生之睦念矣。

易嘗度括蒼，歷仙都，陵大盤之勝，薄台、婺之交，千溪玉積，萬嶂霞攢，挹輿儀之錫，萃元瀊之良，叩桂林太守之賢，會太學諸儒之粹，考彝族彦，問德鄉耆，鶴髮龍鍾，巢雲惠食，青衿白皙，坐月分燈，易蓋有以得其勝而濟其美者，凡幾閱月而編成焉，其亦無遺於古之五宗九兩之業者與。

夫易野散無極，長嘯自鳴，來往抱和，隱息於世者也，何有於鉛槧，而亦何有於丹堊？蓋緣鄉邦元老知誼宏深，祝穎展纏，叙原論委，不過托先王之典禮、宏世家之大略耳。然三紀既端，五服亦正，世系條貫，萬年不弊，詳之小述，列於各端，迂言微謬，此其會旨也。若夫事核志專，不慕不求，尚氣節而懲邪靡，貴實踐而崇先德，高山景行，子孫千百，樂其壽考，以永家禧者，此則尚書公重自培植之意也。

情深文明，首見之辭，易乃爲之再繹云。

時嘉靖乙丑孟夏之吉謹書，西苑草制京衛武學教授松陽留明山人徐夢易撰

（選自第三支《白竹盧氏宗譜》民國庚辰重修本卷一）

白竹盧氏宗譜續修譜序

白竹盧氏，世居縉邑東小溪山中，其地山川秀麗盤結，界在台、括、婺三郡四邑間，族最稱鉅，衆極繁衍，譜牒亦浩瀚。嘉靖間，桂林太守春沂公推弟大司寇後屏公，迎松陽徐龍陽先生來家一重修，距今

復四十餘年。仲子朝議大夫、閩鹺都運致續成之。搜羅考證，手自參決，協諸輿情公論，咸中其宜，供億梓楮之費皆捐諸己囊，不煩族衆，不取公帑。凡再閱歲而譜成，徵文於余。夫考氏族之證，聯疏遠之屬，盡敦睦之誼，誠盛舉也。司寇公修之於前，都運能續之於後，作述有人，盧氏之譜牒益光矣。

詩書禮樂之統，聲名文物之盛，衣冠閥閱，綸綍章華，歷宋、元、昭代，奕奕相仍，載在册中，班班不暇枚舉。獨其重義輕財，敦倫協族，大修祠譜，芳績告成，則括、婺士民所共羨而不能步趨者，揄揚盛美，事所喜談而樂道者也。

都運少業舉子，於屋場甚有名。七試不偶，以司寇公八旬，勉就彩服爲慶，心嘗耿耿。與予年相若，居僅隔一舍，青衿雅相投分，知之素詳。握手談心，每曰：恨不能取一第以繼武前志，叨竊祿仕，拘拘流品，無由樹尺寸以表見。如以溫飽自足，甲乙閭井，漫無所可否輕重於鄉里宗黨，又竊前人之餘事，刀錐之積，爲後人賢不肖損志益過之具，抑或掩奪取羞，深可戒懼。故其在家非處厚而報本，特居先正以自酬所志爾。司寇公捐館京邸，聞訃，上疏請恩恤，云爲實未易資，竭力自支。及得請以歸，不言計於伯仲，且不問先公之所遺，義利先後，從可知矣。

弘正間，大父梅軒侍郎、弟柏軒翁合族建大宗祠，垂百年，制尚未備。間有頹圮，倡率修理，煥然一新，兼義合祀産，春秋舉祭，補前之所未備。祖籍軍裝有田，承年日久，漸至散没，慮或一逢清攝，族將不勝其累，查理而復存之，不辭勞費。若兹二者，上以崇奉先之孝，下以貽子孫之安，足垂不朽矣。

其詳各有立石記文，要皆羽翼宗譜之大者，故並書之。

萬曆戊申年正月元旦立春之吉，賜進士第通奉大夫、順天府府尹、前四川山東布政司左右布政使、河南按察司按察使、永康程正誼頓首書

（選自第三支《白竹盧氏宗譜》民國庚辰重修本卷一）

白竹盧氏宗譜序

昔儒有言，宗法明而家道正。豈惟家正，將習俗之淳漓、族姓之隆替，恒必由之。物生必盛，盛必蕃，蕃必淆，淆必散，散則蕩然衰矣。故勢恒聚於有所統，情每涣於無所歸。宗法者，所以統之，俾得所歸，更千百傳維持而不去也。古者因生賜姓，胙土命氏，支分派别，罔敢瀆焉，且復序之昭穆，以次其後先，制之冠服，以殊其疏戚，爲之合姓，綴食歌咢焉，以申其情好。今既無復是矣，則賴以維宗法之窮者，舍譜其曷由也？

縉於處爲望邑，竹川盧氏又縉之望族也。其先本柴氏，爲周宗室，避宋改今姓，世居汴。有諱漢者，以金吾大將軍從高宗南渡，官至樞密承旨，家婺之永康。咸淳中有諱泰者，始遷縉，居竹川，遂爲竹川盧氏。

明嘉靖、萬曆間，尚書公勳暨二子逵、致，再世繼美，並顯於時，號稱極盛。自是厥後，簪纓相望，代有達人，迄於今罔替。其子姓蕃衍，散處他邑，如東陽、浦江、開化，幾十餘族，而世系不紊，歲時祭饗，遠邇咸集，少長以序，牽牲贊幣，各以其能，履舄交錯，爵斝獻酬，藹如也。已事而退，耋丱怡怡，毋或有吴敖失德者。其猶古宗法之遺歟？嗚呼，何其盛也！

譜始於尚書公，再修於逵、致二公，至明信公又續修焉。今其裔孫若雍等，念族姓之日廣，深懼歲久就湮，復修而輯之。詮次犁然，燦若指掌，闡幽紀德，勿冗勿遺，抑且釐正之勞、剞劂之費，必躬必親，可謂敦本敬宗、勇於好義者矣。

譜成，乞余一言弁其首。余維永與縉綉壤相接，而吾宗與盧氏復爲舊姻。往余嘗至其地，盤桓竹川，見其山巘環秀，林木蓊鬱，川溜泠泠，作琴筑聲。而盧氏聚族而處，萬瓦鱗次，墟煙曖曖，繚繞山光嵐翠間，心竊訝之，固知毓異鍾靈，其來有自。今若雍又復能祗承先志，闡揚世德，以遺其後，則盧氏之保世滋大、寖昌寖熾，正未有艾也。

乾隆丁丑仲夏月吉旦賜進士出身中憲大夫、分巡山東充兗曹兼管黄河道按察司副使、充山東戊午科鄉試監試官攝理布政司印務、前山東濟南府湖南長沙寶慶府知府、户部山東司郎中本司員外郎湖廣司主事、五峰程開業頓首拜撰

（選自第三支《白竹盧氏宗譜》民國庚辰重修本卷一）

新增蘭北譜序 長潭三房里分派

清咸豐辛酉，洪楊亂擾，浙東西諸郡鄉邑幾無人煙，以故滿目荒蕪，蘆汀蓼渚之間鷗浮鷺宿而已。歲壬戌同治初元，吾鄉亦被擾，族中失業累年，兼之地狹人衆，稼穡之艱，雖豐稔之歲猶虞不足，況於大兵之後乎？

吾族有如新、鳳照二公者，悉知本村面積，有材亦爲地限，不能再展基業，及此時不早爲計，將何以俾後昆？不若趁此時機，别尋一植民地，庶幾武陵曠土，别有桃源。相約而起，一則徙居蘭北六都建丼鎮，一則徙居蘭北九都大路莊。其間土地均各平曠，中有良田美池之屬、修竹茂林之勝，阡陌交通，土俗醇沃，瓦屋翼如，道路矢如，遂居焉。不數載，而二公之後子孫濟濟矣，婦孺紛紛矣，耕者耕，讀者讀，居然成族矣，盛矣！

猶憶我上祖泰公，自永之孝義徙居東窖，胥宇西溪，發白竹之祥，樹翠槐之蔭，公子公孫，振振蟄蟄，遂成巨族。我始祖尚行十五公深明地理源流，覽潘山之秀，愛潭水之清，又自竹川而遷居長潭。其地山城石壁，不亞天府之雄；獅伏龜浮，不啻人工之繪。作室立廟，聚族於斯，厥後子孫相繼，歌者固於斯，而哭者亦於斯，已歷十八世矣。

然皆囿於故土，積重難遷，從未有明決如二公者毅然遷之。迄今不過三世，居然成族成村，可符張老之頌，若二公者謂非泰公、尚公之流亞歟？且又有賢孫植與澤相二弟，聞今歲大宗重修譜事，共出己

資，爲二公新增一册，以昭數典而垂後昆。時予助校正事，嘉二弟之不忘宗祖，並喜二公之能發祥於蘭北也，故樂序之以志盛云。

中華民國二十九年陽月，助校族孫體復謹撰

（選自第三支《白竹盧氏宗譜》民國庚辰重修本卷一）

盧氏重修宗譜後序

余勝遊至括之五雲，而國氏大家多有外史之徵，余竊善其里俗之序也。適武烈侯盧諱璇之十八世孫仲廣甫合族長幼之重本者鎰、鎦、煬、暹、悌、瓊、法輩，以譜書請余續編。余取歐陽文忠公五世復遷之圖，世經人緯，史氏年表之法以續之也。

編既成，復請余題其端。余已序其意矣，又徵余載之以末，既責外史，有不容辭。

善乎魏國韓公之言：謹譜牒而不忘其所自，亦孝之大也。然人之於宗，不能無親疏之殺，聖人因之，而制服焉。自期而載，自載而至於三月，自三月而至於袒免，其理有差，其情有節。雖然，豈聖人之得已哉？自己之至親而至於無服之親，皆先世一人之分也。以先世視之，皆已之同氣也，尋流溯源，究末達本，詎可以遠而忘之哉？嗚呼，譜牒之謹所以爲孝之大也如此，爲子孫者，其可不原先世一氣之心爲心，而妄以一己之心爲心哉！

盧氏自汴之杭，武烈侯烱而及金吾大將軍漢；自杭而之婺之永康孝義鄉，始於漢也；自孝義鄉而再遷於五雲之竹川，實漢之孫泰也。而譜牒源流，自宋及今，雖有失於漫散，而先世一氣之來未嘗紊也。雖然，無賢子孫亦不可以保成矣，若今之悌、瓊、法輩尤謹於尊祖敬宗之意，雖千百世之後亦可因此而知本乎一氣也。

余因瀆告其將來，以書末簡云。

時正統十年歲次乙丑孟冬月，制科中人慈溪桂廷璋

（選自第三支《白竹盧氏宗譜》民國庚辰重修本卷三十九）

重修白竹盧氏宗譜後序

嘗聞宗法與治法相提衡，家乘與國史相印證，其要歸於敦倫睦族，鉅典也。

乃白竹盧氏宗譜成，余之婿盧鶴鳴持以示余披覽，重爲嘆賞。夫譜也，而可以不修輯乎哉？此無論旦白屋，暮朱户，徒步取卿相、光大先德者，無從溯源流之所自出，且令諸父昆弟無行第，途遇之則途人視之，往往出逐不收，甚至柄家政者無由考前人優劣，以昭法戒而示勸懲。夫譜也，而可以不修輯乎哉？

今余觀乎是譜，一指掌而死者焄蒿悽愴若臨於其上，陟降於其左右也；生者之昭穆長幼若同堂接膝，相好相序而不失其倫也。若夫山川人物之偉麗，閥閱簪纓之赫奕，種種焜耀眉睫間，真世家鼎族之大觀也。説者謂差都運柘峰公，實委曲殫財力成之，以克繼前人之志，而其從侄孫夢呂者，則又以勤勞爲諸少年倡焉。

余友程居正正公業已作文深嘉美之矣，第友與盧氏姻戚稠疊，其翁婿舅姑侄、内外兄弟，絲麻而骨肉，自國朝以來不知凡幾，兩家各有流裔，則其後人隆替，予直休戚關之，故不敢以頌而以規。惟是屬望盧氏後賢者無他，盍觀譜中所具載，見某也居鄉飭行誼，某也處室敗名檢，某也出而爲官宦，某也出而玷官箴，一一可指數而鏡别也。則是盧氏之族人以萬計散處於吴寧華永之間，及本邑者以十萬計，而數百千人品之優劣可一覽而決。誠能引爲法戒勸懲，奉以周旋凛如也，盧氏其庶有興乎！

雖然，江左貴姓首稱王、謝，入隋而崔、盧乃興。唐文皇以天子之尊求勝之而不可得，蓋其先世必有以人貴姓，而不以姓貴人者。且盧氏之先多名公巨卿、賢豪長者，人足貴矣。譬諸采靈茵於糞壤、拔姬姜於憔悴，即篳門圭竇，可化爲望族，奚俟龍門系出重黎、蘭臺遠宗於菟，與王、謝、崔、盧争烈，乃稱貴哉？況高華清望，姓固自貴，且其子弟彬彬，將來以人貴姓，雖百世弗替也。

盧氏譜行，且有補於治法，增光於國史，余叨姻戚，亦與有榮施焉。是爲序。

時萬曆已酉正月立春後三日，文林郎湖廣景陵縣知縣、永康心溪應廷梁頓首書

（選自第三支《白竹盧氏宗譜》民國庚辰重修本卷三十九）

白竹盧氏重修宗譜跋後

譜之例通乎史。古云：修史難，而修譜亦不易，非有才、識、學三長，不足以勝其任也。

吾宗大司寇公知其難，遍訪兩浙名士，禮延松陽徐先生名夢易，參互考訂，編定“三紀”，萬世莫易。乃自明以迄國朝康熙初年，屢遭兵燹，譜牒多殘，僅存舊序、支圖、墓誌諸卷，故生明季者有行第而無生年月日及娶某氏，惟從支圖編衍與見夫志銘者補入一二而已。不然，經筵檢閱有壽公，賢良方正有道徠公，以及尚書後屏公、秋官春沂公，豈無疏奏、藝文以紀家乘，何乃寥寥若是耶？

康熙癸酉而後，累次重修，疑者闕之，信者增之，慎已。而傳序文志，隨送雜録，積成數卷，尚未分編，蓋有待也。兹者共事一心，體大司寇公“雖榮不敢附，雖微不忍棄”之意，冠序紀於卷首，以見我族受姓之由，不忘本也。列九支，篤於親也；崇正紀，重始遷也；整家規，敦風化也；詳忠孝節義，昭勸勵也；陳誥命、紀官績、載科名，尚文物也。於是分世系若干卷，行第若干卷，傳贊略狀若干卷，序記銘表若干卷，著述贈言若干卷，里居、祠圖、墓圖若干卷，而以雜録事蹟及掌理任人跋後終焉，共三十余卷。

謬托史志之例而有愧於才識學者多矣，所望後有作者匡我不逮，庶無失大司寇公之體例也夫。

光緒二年歲次丙子仲冬月，裔孫樹敏謹跋

（選自第三支《白竹盧氏宗譜》民國庚辰重修本卷三十九）

白竹盧氏宗譜跋後

竊嘗聞之，國有史，家有乘，由來久矣。要之名稱雖異，而實致不外乎“五倫八德”。以“五倫”言之，則君臣爲先；以“八德”言之，則孝悌爲先。孝悌者，忠義之始基；忠義者，孝悌之極點。國史之紀忠義，家乘之紀孝悌，夫固有連帶之意義而不能偏廢者也。家乘之修理，可緩者乎？

慨自世風不古，種族之説興，男女自由，君民平等，而於禮義廉耻諸端唯恐打消不盡，又安有孝子悌弟忠臣義士之肯爲哉？吾族前車之失，幾爲背理無耻者釀成巨禍，以大宗爲匪巢。幸祖考有靈，而堂寢不爲灰燼，得留片玉於昆山。此次宗規議從寬假，似有背於祖法而實有出於不得已者；養子一項，既予又行而不予以編次，是啓其憤也；拐帶一項，恨其在生而並恨其既死，是絶其後也；從逆一項，政府予以自新而猶欲予以嚴格，是杜其悔改也。

語云：立法不可不嚴，行法不可不恕，此言得之矣。如謂血統主義，倘其人不知祖宗，不知父兄，犯法亂紀，喪身辱親，雖屬毛離裏，奚取焉？且於天下一家中國人之意旨未始不相背。吾願爲子孫者務當以光宗耀祖，顯親揚名，爲孝子，爲忠臣，從廉耻上發生禮節、發生信用，進而孝悌，進而忠義，斯爲賢矣。人可不以“五倫八德”自勉乎哉？是爲跋。

民國廿九年歲次庚辰仲冬月吉旦，裔孫體復謹跋

（選自第三支《白竹盧氏宗譜》民國庚辰重修本卷三十九）

白竹盧氏三紀引

外史氏夢易嘗讀柴盧舊譜而嘆曰：“嗟乎，璇之偉也！”

璇舊名炯，爲周世宗庶子，本柴姓，封唐王，因宋受周禪，遂隱柴從盧，以避宋也，是微子去之之心也。不惟易姓，且易名焉，其避禍以

自絶於宋也深矣！

然盧琰公八子，豈俟璇以紹祀哉？是璇之盧以自命也，即邃古占地得姓之義也。《白虎通》曰“古者天子，因生賜姓，因族命氏”，然則璇之盧非琰之盧也。據宋於璇，既知其爲柴，而璇竟不復柴者，示不臣宋也。宋且與之以盧者，則璇又得以合古之天子“因生賜姓”之禮矣。是璇真帝王之冑也，不惟無墜世宗之脉，且有以崛起於變難自立之中，其偉丈夫哉！

盧之舊譜以琰爲始祖，既不知所適從。璇之四世孫漢扈高宗南渡，始遷永康之孝義鄉，漢之五世孫泰又遷縉雲之白竹崦，白竹之盧當以泰爲始祖，而璇實泰所自出之祖也。宗之既遠，祀之且僭，泰之子紹，實白竹盧氏繼别之大宗也。易敢以所紀琰公事略，及九派分房圖存之於首，爲盧氏源由統紀。以柴炯公易名姓爲盧璇者稱洛陽受姓始祖。以璇之四世孫漢爲遷永康孝義鄉之始祖，爲盧氏受姓初紀。以漢之五世孫諱泰者爲白竹縉雲盧氏之始祖，爲正紀。自此而下垂之百世而不可易也。不稱炯而稱璇者，從其志，以植盧也。

作盧氏三紀世系。

（選自第三支《白竹盧氏宗譜》民國庚辰重修本）

白竹盧氏受姓初紀事略

洛陽受姓始祖璇　初名炯，字宗照，周世宗柴榮之庶子也。以宋受周禪隱，從外父盧琰爲氏，改名璇，字伯達，配諱錦，生一子可。

洛陽二世祖可　字子元，璇之子，由制舉辟正臨淮路學，官至禮部尚書，以治平四年丁未三月八日終於家，其子仲賢又故，一孫尚幼。配朱氏，纍然抱其孫，織絍以居，賓客親舊皆四散無一顧者。後夫人亦終，二喪皆浮丘。再三十年，其孫漢爲樞密承旨，復授行在南國金吾上將軍，扈蹕南渡，始函其骸，葬永康孝義鄉瓦窯畈。

洛陽三世祖仲賢　字行韜，可之子，仕經略安撫使，積階光禄大夫，封開國公。娶王氏，生一子漢。

永康一世祖漢　字朝宗，建炎丁未以謀達薦爲樞密承旨。紹興癸丑夏六月，授行在南國金吾上將軍，扈高宗南遷，負祖父母骸骨卜葬於永康。娶陳氏，合葬孝義鄉之繪上善，生子芮。

永康二世祖芮　字景華，乾道乙酉年舉智勇爲經略使，後因世禄受命武顯大夫。娶胡氏，合葬方家處後山，生五子良珪、良玉、良琳、良球、良璧。

永康三世祖良璧　字德温，仕廣西大將軍，防禦南都，轉武略大將軍。有兄弟良珪、良玉、良琳、良球，良璧居幼。娶胡氏，生一子梓。

永康四世祖梓　字宗用，娶王氏，生子泰。

縉雲一世祖泰　字静庵，娶姚氏，生一子，紹。繼娶劉氏，俱合葬東窖新田下。始遷縉雲白竹東窖。

外史氏曰：璇依外氏爲盧，故曰受姓始祖夫人書其諱而不書其姓，嫌無别也；書洛陽，不忘柴也。不待五世而遷，圖重别子，且非正紀也不系。泰於永康之五世，重所遷縉雲之正紀爲第一世也。自受姓始祖而下，猶書其事略者，以其爲柴盧之真派，且不繆於書例也。不録璇之官，憫其節而從其志也。

（選自第三支《白竹盧氏宗譜》民國庚辰重修本）

白竹宗派考

泰公始遷東窖，迄明已七世矣，其間多不傳。傳者祜、礽二公之裔居多。

祜公生楝、楣。楝生仁舜，居峽上；楣生孟勳，居方巖下棠慈。有德又由棠慈遷羊母田，其餘不概見。

礽公生杲、森、樞。杲生道復居章墩，道衢居暘坡，道徹居西坵。森生道徵、道從，居長潭。道從長孫梁由長潭遷居龍溪。樞生道徠，居東窖。嗣是由章墩之西碕曰日風，盧秋曰松錢，嶺外曰德昌，皆道復公派也。由暘坡之左庫曰瓊曰瑩，壬塘曰承光，里坑口曰坪，黄山下堰頭曰吉雲，皆道衢公派也。由西坵之士屏曰宣，島門曰永佑，浦江三門頭曰琛，皆道徹公派也。此三派又多住縣城，與夫長潭一派暹公遷道石坑，志善遷東岸，啓衡又由東岸遷穀山。左庫一派之藩又遷隔竹園，裏坑口一派夢林又遷車坑。總之，不離乎本邑者近是。至若東陽石門綱公派自龍溪，永康大塘洋思星公、龍遊上塘發生公俱派自西坵，以及星散於台、温州諸郡邑者，所在多有，竹枝蕃衍。自宋以迄國朝，譜牒匯纂，和宗睦族，代有其人，豈不懿歟！是更有望於後人者。

（選自第三支《白竹盧氏宗譜》民國庚辰重修本）

第三支(麗水縉雲)白竹盧氏世系概覽

（1）琰→（2）璇→（3）可→（4）仲賢→（5）漢→（6）芮→（7）梓→（8）良璧→（9）泰（縉雲白竹始遷祖）

第三支(麗水縉雲)白竹盧氏排行字目

排行字母從盧琰第八世裔孫泰開始：

泰繼尹克完　成明尚怡復（進）　謙孚恒豫升　鼎豐臨觀有
濟師益咸萃　壯澤需同節　晉履漸歸家　隨頤大賁井

（選自第三支《白竹盧氏宗譜》民國庚辰重修本卷一）

盧氏宗譜序

夫譜者，所以正名分，肅紀綱。

我族世譜，自縉雲以來，歷有統系，曾無假借。遺有殘帙，年歷久遠，未經修造，行第難考。余族賢達者僉曰修之不容緩也，不修之，則賤妨貴、少凌長、遠間親、新間舊、小加大、淫破義，此謂“六逆”也。去逆效順，毋亦是務乎？

凡譜中從來有親派者載之，附會者删之，庶名義之在天壤，奕奕不磨，致遺譏後世，謂乃祖乃父何昧之於前，致孝子慈孫日聆唾罵？賢人君子幸勿踏青蠅之玷，著白晝之魑，則同事者幸甚，而同宗者幸甚！

時康熙戊辰歲孟夏月上浣之吉，光迪、惟宅、汝貴、家長、明成等同撰

（選自第三支鹿峰《白峰盧氏宗譜》民國丙寅年重修本）

重修盧氏宗譜序

家之有譜，所以正其苗裔，合其族屬，使源流有所據、親疏有所別、長幼有所序，則相親相睦之風雖久而弗替，誠哉尊祖敬宗之盛典也！不然，則世愈遠，枝愈蕃，生死不相慶吊，患難不相扶持，甚至散處各方，詢其祖宗之所自出，茫然不知，而視宗親若途人然。噫，家乘之修，豈曰小補云乎哉！是以戊辰春，家長永寧、永恩、君卿、敬宇、君彩等各位籌諸族衆，以修譜之任托予。予不辭固陋，遂膺其任。

按其家譜，盧氏之宗，本姓乃柴氏，周世宗之後也。初居於汴有諱琰者，爲尚書、銀青光禄大夫、開國上將軍、越國公，生下八男一女，其女妻炯，而易爲盧，改其名爲璇，列爲九男。且以榛、栗、櫸、松、竹、梅、桐、梓、杞爲號，而櫸者璇之號也。自璇以來，圭組相仍，簪纓不絶，孝義廉節，踵焉兀起。

至數十世後有孫諱行者遊於東陽，見其地勢，遂擇里而遷焉，迄今百有餘歲矣，未曾刊刻。余是以憑舊續新，爲之圖以編其世系，爲之傳以記其行狀，與夫生死年壽卒葬之實，莫不昭若列星。至於制行之高、立心之雅、名義之有可嘉者，譜以概於圖，狀以悉於傳，詳其所當詳，略其所當略，俾後之覽是譜者庶幾觀感而興起焉。

時大清康熙戊辰歲孟夏月上浣之吉，虎峰山人惟振氏詹鐸拜撰

（選自第三支鹿峰《白峰盧氏宗譜》民國丙寅年重修本）

東陽玉川盧氏宗譜序

東陽盧氏，其先永邑人也，世居靈山之麓。趙宋開基，有始祖諱琰者官司空，封越國公。宋太祖受周禪，柴世宗遺一子名炯，太祖恐貽憂於蔓草欲去之，司空諫而止焉。其諸立朝偉節，載在史書，有大臣風。以此天佑賢哲，致詠螽斯，得子九人，傳遞衍二十餘世千百餘丁，有上盧、中盧、下盧之分，永邑三盧，人稱望族。

厥後自司空而下二十四世，中盧有諱方者始遷東陽，傳今七世，支分派別。西北兩鄉以及玉山、白峰諸處聚族而居，東陽之有盧氏自此始也。

余讀其舊譜，我朝康熙以前，原合永邑九支，總匯一譜。今合之東陽盧氏而計之，雖未能如永邑之丁多，然寖昌寖熾，子姓之繁衍正未可量，則今之在東陽者，獨不可自成一帙乎？爰集尊卑，別其行列，號《東陽盧氏宗譜》。月杪告竣，適余將赴禮闈，歸東拜曾祖墓，而盧君仲遷挽余從弟名鏕來囑余序，余謝不敏，因歸杭。行四十里，宿烏巖蔡氏家，而盧君復命長君子玉固請，余不克辭，即索筆率書，至語之工拙，所不計也。

是爲序。

時大清雍正十三歲次乙卯仲冬之吉，候選知縣丙午科舉人韋誠拜撰

（選自第三支鹿峰《白峰盧氏宗譜》民國丙寅年重修本）

東陽玉川盧氏族譜序

從來家之有譜，本仁人孝子之心、水源木本之思，序昭穆，定尊卑，使子孫世世繩繩，相繼勿替也，則前有創者洵不賴，後之繼者大有人哉！

靈山盧氏，乃吴寧右族。考厥世系，始祖諱琰者，當趙宋開基，官司空，獨抒偉績，封爲越國公，直聲震天下。積善之家，必有餘慶，其

孫子繁衍、簪纓奕葉有自來矣。以故自越國公而後，傳至二十餘世，遷於吴寧，代有偉人。創始之編纂、續修之考核，至周至密，前序已歷歷詳之，兹不復贅。獨念世系經千百年重修，越四十二載，世遠族繁，前之修譜者歷有年所，後之生長存没者難以遍考，而宏彭、尚涪諸君子不辭勞瘁，毅然以任之，使千支萬派歸於一源，是實有仁人孝子之心、水源木本之思，可以昭示來兹、永爲則傚者也。

盧氏聚族東陽西北兩鄉，而分居玉山者秀甫、尚鵬諸君適與鄰焉，讀其舊譜，而見之尤切，故不佞而爲之序。後之觀者，由其宗祧而思其世德，且以見盛朝雅化敦睦於一鄉者，得共用夫太平之福，而賢子賢孫纘承基緒之美意，亦百世可法矣。

時大清乾隆四十二年龍集丁酉菊月下浣之吉，邑庠生
樂莽韋名暟頓首拜撰

（選自第三支鹿峰《白峰盧氏宗譜》民國丙寅年重修本）

白峰盧氏重修譜序

家之有乘，所以序昭穆、辨尊卑、定親疏，以彰有德也。脱修輯之典久曠，代傳之序莫明，將昭穆無以序、尊卑無以辨、親疏無以定、有德無以彰也。惟溯其源，徹其流，即孫子繁衍昌盛，聯綿不已，載於圖傳者皆班班可考，此譜之所繫誠至鉅而非淺鮮也。

余按白峰盧氏元方公（按乾隆五十三年盧文學所撰譜序，“元方公”應作“澄公”——編者）由縉邑之竹川徙居東陽之白峰，而白峰盧氏之祖遂始於此。厥後繼繼承承，派雖分，譜尚合訂於竹川也。道光癸卯，白峰族長商議，欲托夫梓者各自修葺，今仍取嘉慶丁丑年譜，每一輩排行之中，次第分别，匯成一編，意欲俾後之覩此譜者知圖世系所載皆己嫡派也，不亦順數之而同條共貫乎！若“一”“二”“三”“四”等字之數，每行中條不分，縷不析，傳至後人，或以此譜爲殘缺，不獨無以瞭然於目，抑且有恫於仁人孝子之心，於是裔孫昌寶、昌彩、昌

進、師傳、益治等，念世遠年湮、枝葉難分，遂慨然有志於譜事。謹擇忠厚老成者正其謬、補其缺，輩行之字與各派無異，其後"一""二""三""四"等數之次第，皆循已譜相繼，而使之上下流接、脉絡貫通、井井有條不紊，洵可篤親親之誼也。

事竣而昌彩、師傳諸君命譜序於余，余以寡聞淺見，體式未嫻，義不容辭，遂序其重修之意云。

時龍飛道光癸卯年姑洗月轂旦，眷世侄孫永烈頓首撰

（選自第三支鹿峰《白峰盧氏宗譜》民國丙寅年重修本）

白峰盧氏重修宗譜序

族之有譜，所以溯源流、明支派也。蓋自肇姓著氏以來，世遠代更，子姓日以蕃衍，欲聚國族於一處，勢必不能，故有宦遊發跡、客邸開疆，居徙遂不一鄉矣。然惟聯之以譜，則世系既詳，源流可核，關河雖隔，支派可尋，此家譜之作所由亟也。

白峰盧氏，奠居鹿峰山側，地挹山川之秀，俗饒淳古之風。予忝屬世戚，因得聞其肇造遷徙之詳，乃知其先爲五代季柴世宗之子武烈侯諱炯公者，贅於工部尚書盧琰公之女。後因宋太祖定鼎，改柴爲盧，易名爲璇，以承檡派。蓋琰公有八子一女，其一曰珪公號榛派，二曰璞公號栗派，四曰鋭公號松派，五六七八九號竹、梅、桐、梓、杞派者，或派居星散，各列其行，姑勿具論。

第三曰璇公號檡派者，系盧氏肇姓之始祖。其時尚居於汴，後有諱漢公者，從高宗南渡，官至樞密承旨，居婺之永邑靈山。傳至九世諱泰公，始遷縉之白竹，爲本紀第一世始祖。一時人文蔚起，甲第蟬聯，於縉稱爲望族。厥後十七世諱元者，自嘉靖年間，商遊東邑十六都鹿峰山側，相其陰陽，觀彼流泉，可以聚族，遂構數椽而居焉。繼而寖熾寖昌，生齒日繁，迄今已逾數百餘年。

前康熙戊辰年間，以本邑泉塘裹壁同自靈山發迹，系屬一支，遂

與合輯宗譜。暨雍正乙卯、乾隆丁酉同葺數後次，乾隆戊申，尚惠、尚清、尚晃、尚德等，因始遷祖元公歸葬在縉雲白竹，現有墓圖燦載。又念竹川系屬嫡支，仍往白竹輯。及嘉慶丁丑，亦往葺焉。繼自道光癸卯，昌寶、昌彩、昌進、師傅者倡議本處，自爲修葺，而靈山竹川所傳之系，則删繁就簡，摘其源流，延其支派，以示一脉相承。

今因重修宗譜，益華、益英、益通、雲滿以序請余。覽其所載原委及證諸平昔所聞，若合符節，因歷叙之，庶使後之覽者一望而知云。

是爲序。

同治五年季春下浣之吉，菊圃斯肇芳拜撰

（選自第三支鹿峰《白峰盧氏宗譜》民國丙寅年重修本）

婺東鹿峰盧譜序

吾族自元公東樓遷徙以來，家鹿峰下，閱三百有餘歲矣。其譜前往東樓、白竹同纂，嫌道遠，嗣與本邑泉塘合葺，近數十年，鳩集資斧，自行葺治，亦已三舉事也。

要之，譜者序昭穆、定尊卑、辨親疏、别支派，爲人倫中之大事，大約不踰三旬之一新之。前辛巳歲纂修後，迄今二十有三，螽斯蟄蟄，生齒日繁，年月日時，艱於强記，故族議重修。夫所謂重修者，非僅尾續新丁已也。凡十餘世祖考諱字鱗次編輯外，有某序、某贊、某行略足爲後人法楷，其字裏行間有遺蠹者，有舛錯者，悉推敲而補綴之。

族長命予董其事。予業舌耕，未獲閒暇，然不敢不盡心也，特枵腹枯腸，學問譾陋，篇籍中恐多魯魚亥豕。後有作者，參互考證，匡予不逮，予日企之矣。

是爲序。

時大清光緒二十九年歲次昭陽單閼黄鍾月之吉，二十五世孫仍府謹識

（選自第三支鹿峰《白峰盧氏宗譜》民國丙寅年重修本）

婺東白峰盧氏宗譜叙

家史之作述尚矣！正系統，別支派，明尊卑長幼，叙疏戚而敦親睦。尋繹之，則一本萬緒，歸納之，則萬緒一本，淵源流貫，成一家言。雖與國史之彰癉有別，然立教嚴，與善寬，砥節礪行，化民成俗，端賴乎是。

竊觀白峰盧氏宗譜，其有關作述，尤足重焉。盧本姜後，太公孫傒食采於盧，以國爲氏，郡於范陽，衍於汴，扈蹕於臨安，而散處於婺、甌、台、括各州。今白峰之奠址也肇於澄公，來自白竹。詳見孫文學撰序。中遷白竹者則自靈山泰公，卜居靈山者則臨安漢公。爾時宋已南渡，而當藝祖禪周時，有璿公者，乃後周世宗庶子，原名炯，贅婿於越國公盧氏。公以避周嫌，命易姓更名，納爲子，並列八男，派分九支，且咸建木號，寓存柴氏意，示後代不忘本原柴盧之義。以此迄今，璇苗裔一綫，綿延千枝萬派，意者帝胄之福德歟。倘不有家史之□□□□□尋源考委，知易姓遷徙之由也耶？

丙寅春，敬事修葺，余時□□□□職譜董，示一帙，命題其端。余欽其裒集散亡，互相參訂，能窮涇別渭，上明血胤，不以易姓淆，下別支派，不以更名亂，與夫李撥稱輔國、崇韜拜子儀，樹黨援而貽譏者適成反例，葺修之事顧不重耶？若夫系圖循歐、蘇之體，若網在綱，傳紀仿太史之書，有善悉録，綸以昭穆，采以名物，庶使後之人視之而愛敬生、禮義申，喜相慶、戚相吊，貧相周貸，出入相友，守望相助，疾病相扶持，親睦之風有油然其不可遏者，亦未始非葺修之成效也。

是役也，經始乙丑之秋，告竣丙寅之春。其秉筆討論，則有總理；贊襄參訂，則有協理；校對糾正，則有各房董；佐理均族中宗老與余舊姻。余嘉其能識大者，樂其事之成也，敬遵命而綴數言並諸簡。

時民國十五年歲次丙寅，金華師範學校畢業歷充正蒙崇實尚武南橋錦溪小學主任教員、現充文峰小學教員、姻弟孫式麟撰

（選自第三支鹿峰《白峰盧氏宗譜》民國丙寅年重修本）

東邑白峰派序

昔先王賜姓命氏，而族分焉。顧聚族蕃則各處一方，不得同地共井，而聚者散矣。欲連而綜之，因設以宗譜。譜所以明世系、序昭穆、别支派、載居址，縱奕葉異處，追而溯之，出於一源，斯散而仍聚。但異同不辨，未免有崇韜而拜汾陽。惟明宗法者，非同根，雖貴勿附，是共本，即微不棄。

吾族始祖璇公，居洛陽，原姓柴氏，避宋，依越國公琰從盧姓。繼世之可公，爲宋禮部尚書。再世有漢公者，官授樞密承旨，後拜金吾大將軍，扈蹕南渡，卜居婺之永康孝義鄉。四傳而至泰公，始遷居於縉之白竹，而族蕃焉。聚而居者，近在章墩、暘坡、西坵、左庫、潘潭、龍溪、士屏、壬塘等地；散而居者，遠而東、永、浦江、麗水、開化諸邑。升行暘坡勳公崛起前代，累官至刑部司寇。迨至明季，生其時者，乃鼎、豐、臨、觀數行，人多，有零丁星居於外，歸者有焉，未歸者亦有焉。

竹川之南十里許，有地名賭婦巖，“曲松樹”其别名也。予屢過其地，見有古冢，書“盧公之墓”，碑鐫“竹川行英百八十，奉祀孝男默、夏”（白峰後人將此句改筆爲“奉祀兩男，長名默，而次名夏”），時有族丈偕行，指而詢之，答曰：“此吾暘坡三分祖也，有子孫焉。先世徙居東邑未歸，如修家譜，當訪而歸之。”歸而閱諸舊譜，墓乃元方公也，子光，生孫大柱，行列鼎二百七十，（此句白峰後人改筆爲“墓乃澄公也，子默生孫循、色，行列豐之九百五十三”）紀生不紀卒，載生子未登名，乃子元方公（“乃子元方公”改筆爲“其爲循、色”）攜子而遷無疑。丁丑重修譜牒，訪而未得。

今戊申之歲，復續修之，有尚惠、尚清、尚晃、尚德等自東邑而來，曰：“先年吾祖元方公（改筆‘循色公’）自白竹徙居東邑之北鄉白峰地，今聞本族重修宗譜，因送譜草。”至閲所草年庚，元方（改筆“循色”）之生與舊譜符。又問：“地有曲松樹否，吾有祖墓在焉，祭祀必祝。”噫，子孫來矣，族丈之言，洵不誣矣，文獻足徵，有如斯乎？曠世而得子孫歸，元方公（改筆“澄公”）之德正未艾也已。

今只續修，族之新丁前譜不易刊；欲分譜之全集，務俟後重修之年。因以已故之丁載之補遺，生丁照次編列，惟訂豐行以下。新續之譜，撰小引以弁之，俾居白峰者知支祖之所親並知鼻祖之所由來爾。

時乾隆五十三年歲次戊申一陽月下浣之吉，文學撰，合族譜長同訂

（選自第三支鹿峰《白峰盧氏宗譜》民國丙寅年重修本）

更正舊譜原由考

謹按：前仍府公修光緒癸卯譜，排行字目注雅、奇、英三行，系與泉塘玉川合輯數次多出，後裔勿以白竹無此字行，遂視爲贅瘤云云，蓋明知玉川葺修與白竹世次不銜接也。然世次不銜接祇失之贅。又道光癸卯譜恒一百九琰公避祖諱，原改爲玫固已，遂又改即名梅者，意必當時玉川譜系斷處有梅公，故借玫韻叶梅而續入之也。其承湋公有繼侄爲嗣之縫痕不能無疑，況由梅上溯至九支分派，則璞公栗派也，失源甚矣。此一原由也。

次按道光癸卯譜系圖，琰延德、方，方延瀾、澄、涇，澄延默、夏，夏延循、色，核之行第昭然，證之序傳秩然。改本不知何見，將方公下各代顛倒字諱，豈以方改元，字元方耶？且玫上承鎰公，既不依玉川譜系承湋下衍和雅奇三行，又用簽硃書“要照泉塘玉川譜抄出可印”等字樣，不知當時何以費這片苦心，迄今視之未免蛇足。兹根據道光癸卯原本，並嘉慶丁丑本“修自白竹者”而更正之，不較有原委耶？此一原由也。

又次按孫文學撰《東陽白峰派序》，系乾隆戊申於續修譜序外特標一幟，俾知白峰遷居之由，詳見竹川古冢鐫碑，千古不易。改本於碑文祀男默夏諱改爲字，並序文澄改爲元，聊符傳聞，孰知愈傳愈訛。

前此由鐫碑而得其祖墓真源,後此反由序文而疑其碑墓非是也。又讀徐夢易《三紀世系引》,間亦有筆削。夫松陽徐公,兩浙名士,兼以尚書勳公特博訪而敦請纂葺,靡有不徵實而妄爲臆述之理,學非游夏,敢爲參贊,此並序與引而更正之,又一原由也。改本見道光癸卯,爲同治丙寅葺修者,恐後不明,故摘録云。

民國十五年歲次丙寅,二十六世孫智昌手録

(選自第三支鹿峰《白峰盧氏宗譜》民國丙寅年重修本)

第三支(金華東陽)白峰盧氏世系概覽

(1)琰→(2)璇→(3)可→(4)仲賢→(5)漢→(6)芮→(7)梓→(8)良璧→(9)泰(縉雲白竹始遷祖)→(10)紹→(11)隆→(12)文俊→(13)冬→(14)壽→(15)礽→(16)杲→(17)道衢(暘坡祖)→(18)菘→(19)甫→(20)鎰→(21)玫→(22)方→(23)澄→(24)默→(25)循色(東陽白峰始遷祖)

第三支(金華東陽)白峰盧氏排行字目

其始,以大山排行字目分列行輩,即:一七四　五六八　九十三

之後,以白竹排行字目分列,即:

泰繼尹克完　成明尚怡復(進)　謙孚恒豫升　鼎豐臨觀有

濟師益咸萃　壯澤需同節　隨頤大賁井　晉履漸歸家

十四世起白峰行字目:

元澄大明　光士天尚　仍智美昭　立鴻康位　仁百

(選自第三支鹿峰《白峰盧氏宗譜》民國丙寅年重修本)

首輯錦溪家譜序

族有譜系,厚天倫也。世胤之蕃久,非譜系奚徵?是以譜存則族存,族存則尊尊而親親、長長而幼幼、夫夫而婦婦,各止其所,無相棼

也。厥關世教,豈淺鮮哉?

隋唐之際,貴氏族者必曰清河之崔、范陽之盧,一時通人顯士雅慕其門第,争相締婚,族之美盛所從來遠矣。歷唐而周,尚書越國公琰憫周改物,隱居靈山。十四世孫宣吉卜錦溪,是爲錦溪盧氏。厥後曰元吉曰儒者後先繼第,文武濟美。一以廷尉,著宦績於慶元之秋;一爲參軍,奮忠勇於咸淳之世。其勳猷彪炳簡册,爛焉可尋。

乃今叔表,承先人之遺烈,睹族屬之漸蕃,懼其久而湮略也,爰輯家乘一編,手持示余。則見繼往續來,分支别派,蕃而不失其序,久而得溯其源,異而不雜,同而不遺,俾一族之衆尊親明、長幼序、夫婦别、疏戚陳而隆殺秩,不獨聯其本支,抑亦存乎世教。譜系所關,豈淺鮮哉?《傳》曰:"莫爲於前,雖美弗彰;莫爲於後,雖盛弗傳。"使叔表子孫後之視今猶今視昔,則厚倫之典雖百世弗磨可矣。

叔表名儀,行貴三,與余爲姻家,素稔其本宗之自,因序之,以識歲月而重有望於來禩云。

時延祐甲寅春三月穀旦,太霞主人陳樵撰

(選第三支自《錦溪盧氏宗譜》民國六年重修本首卷)

盧氏重修族譜序

錦溪盧氏,吴寧著姓也。其始實家永康,紹定中乃徙而家錦溪。錦溪之去永康十五世矣,而其舊族曰靈山,曰石馬者,至今嘖嘖人口也。蓋自周點檢琰公義不臣宋,奉皇子炯居臨安,更徙靈山,其後宣慰按撫使珪、迪功郎諲、侍衛承旨簡、學士庾,其人皆克自樹立,故稱望宗必首盧氏焉。遷東之後,代不乏賢,或起家文武,或懋續循良,或禔躬孝義,後先焜耀,媲美前修,猗歟盛矣!

厥譜創自正庵翁儀,至嘉靖癸丑,筆札六嬗,未嘗不彬彬成一家言,而癸丑以後未有述也。今上之三十三年,盧氏諸賢胤聚族而大修之,爲目十有一,爲卷六。再期剞劂成,介而問叙於余。余曰:"請試言其略。”曰:“是役也,豈小子是爲先人之舊與?是繼吾先人之遷跡兹土也,日樹基而厚墉焉,以毋忘所爲點檢公者。譜在,而時時補葺之,原始要後,沿枝尋根,於是乎在矣,録紀原。濟出王屋,其始濫觴,淫浸而漸於海,淄澠混矣,吾爲之支分派别焉,録世系。昭穆而甲乙之以著信也,生卒婚配子女而備詳之以著代也,録世傳。吾祖父之恪職於朝也,天子實嘉勞而賜之,如綸如綍,以貽後人,曰世世寶焉,以對揚休命也,録恩綸。見親羹牆孰真於影像,像之有贊多制自鴻裁,以數語概其生平者,録贊辭。仕不必華膴,要之顯揚;人不必珥貂,要之清白。即有樹一庸行者,可使泯泯乎?録傳狀表銘。事有紀、贈有章、懷有詠,其典則而藻繪者,庸可略諸?録記序詩篇。此數者譜之大綱也,而爲目與卷蔽是已。”

余惟古之保姓受氏,孰非神明?然其後或式微而不振。即世之别姓類族,誰不係之顯者?然往往附會而失真,譜固未易作也。今盧氏先世能以詩書禮義之澤佑啓後人,卜世卜年,昌明勿替,既無待借資他族以爲高,而爲之後者又能竭其嗣服,率由之,力以詩書禮義,更數十世而常新,華轂素封,可存而勿論,故其爲譜詳而有體,信而有徵,言必稽先民而不渝其則,可謂難也已矣。方正學有言:有而不書者忘其祖,無而書之者誣其祖。夫誣其祖者,祧其祖者也,惡在其爲勿忘也?若盧氏之宗,其誠不忘也夫,其誠不誣也夫。遂不辭而爲之序。

時萬曆三十六年歲在戊申夏月吉旦,賜進士第、通議大夫、欽差巡撫江西等處地方兼理軍務事、都察院右副都御史、前吏兵二科都給事中、侍經筵官、邑人許宏綱撰

(選自第三支《錦溪盧氏宗譜》民國丙辰年重修本首卷)

錦溪盧氏重修家譜序

余自明之甲申乞恩歸里,固已置榮枯於幻境,等身世於浮雲,其

間陵谷變遷，險平萬狀，雖蜉蝣之寄跡，同萇楚之無知，時而山僧作伴，村叟爲鄰，時而海鳥忘機，野麋適性，形骸暫寓，意氣胥彫，余其非復人間世矣。

今春，有舊治東陽諸生盧氏諱翰、鳴鶴、大英、光嶲者以家乘續修將竣，不憚數百里之遥而乞予一言，以弁其首。噫，諸生之鄭重其事竟若此乎！顧余以世廢逸民，兼之龍鍾聵眊，即浪贅説辭，何足爲名宗重？獨是琴鶴舊遊，夢魂不舍，譬之遠適異國，心切鄉間，一旦目接里人，不啻身親桑梓，況予與若族有患難相扶之雅者乎！

按盧於東陽爲望族，其先出自後周工部尚書琰，後自西山居士宣者徙居錦溪大都，以耕讀垂謨，以躬行忠孝節義爲首務。不二傳，而瓜瓞之裔膺仕籍者蟬聯而起：六世孫良玉佐明太祖肅清寰宇，授職汝寧。七世孫尚文，家擅素封，不私己殖，正統初出粟賑邊，賜敕嘉慰。則是戡亂之材、急公之義，固其族之交相勸勉者也。其後族愈繁，家聲愈振，非惟觀光上國，於前有光，即奇節異孝之表表人寰者，指不勝屈。

崇禎癸未時，赤地千里，其年之八月，予方授任東陽，民情洶洶，縣有大俠乘釁爲寇。江以南寧静地耳，其民素不習兵革，防禦之策急不及施，城守之士望風而靡。予變服微行，思借援於他邑，而一時回應者實繁，道路且梗。唯盧族之父老聚子弟而謀曰："吾家自尚書公以來，世篤忠義，穢德無聞。今值狂徒煽亂，不久自棼，若輩當静觀時變，以圖恢復，弗效無知之夫自速其亡，且貽祖宗玷也。"言畢，椎牛設酒以享子弟，而諸少年亦鼓掌，磨厲以須。余得其實，私慰曰"此可托足矣"，爰寄居其族，日夜與籌破賊之計。内結腹心，外團義旅，斬關直入，一鼓成擒，而城隍遂復。計城破於未之十二月朔，復於申之正月日，撥亂反正，不煩官兵之一戈一矢，而以一門義勇，克奏膚功，其公爾忘私、國爾忘家之義，非有得於家法之純、宗功之楙，烏能如是乎？

上其功於當事，當事將以有績者奏之官，族衆不可。夫方大難未夷之日，邑之人以倚賊爲聲勢者無數，而盧族持以忠義；逮至群醜蕩平之後，邑之人以殺賊邀功賞者亦無數，而盧族持以廉謹。非有得於家法之純，宗功之楙，又烏能如是乎？余告歸之日，過其廟，進謁其先人，而爲之顔其祠曰“長發其祥”，蓋以將發之祥爲祝，非以已發者譽之也。今更十八寒暑矣，其祥猶是耶，其忠義節烈之槩，抑亦有盛於前耶！夫知天必將特啓其祥，以大其世，篤忠真之報，而有以符吾之祝者。

今諸子念宗支而敦一本，勤勤以譜牒爲事，上以承先，孝也，下以啓後，慈也，其存心公而創業永，將發之祥繩繩未有艾者，其在斯乎！其在斯乎！

試志吾言於家乘之首，以爲左券可也。

時皇清康熙歲舍癸卯仲春，覃封奉政大夫、敕封兵科給事中、前兵部職方司主事、知東陽縣事、庚辰進士、桐鄉通家侍生姚孫棐拜撰

（選自第三支《錦溪盧氏宗譜》民國丙辰年重修本首卷）

錦溪重修宗譜序

萬物皆有本源。故雖人類紛紛，支分派别，而其初則本一人，此綴系聯屬而譜牒之所爲作也。合愛同敬、敦宗睦族具在此中，廬陵、眉山義例詳悉，百世不易也。

竊溯吾氏系出范陽，爲唐朝著姓，甲於天下。後至有宋，自南而北，散處於浙之各郡，若杭、若寧、若台、若紹、若處，不一而足，婺之東陽雅溪與錦溪聚族之盛，尤其最著者。憶自辛卯之歲，闈中與宗兄璧人、允詳，共聯號舍，訊知氏族世居雅溪。雅溪者，先大人侍郎公舊遊地，通問之餘，蓋不勝桑梓之感也，每欲一至，以伸必恭敬止之思，而宦途僕僕，竟未能也。今冬爲東陽令龐公壽誕，雅溪宗兄弟侄輩寓書都門，命撰軸文，而宗兄璧人另柬爲言《錦溪宗譜》告成，捃摭舊序，索

祈題辭，弁諸簡端，予受而讀之。

謹按其越國公十四世孫西山翁諱宣者，由永之石馬徙居錦溪，與雅溪南北相望，爲東陽首姓。舊有譜牒，係西山翁之三世孫儀肇修，元儒鹿皮子陳公樵爲之序。六世孫同知良玉續修，有明開國文臣宋公濂爲之序。七世孫尚文又偕侄忠政屬錢公悌再續之。八世孫忠良、忠嵩、忠惪、忠昇、忠恢、忠高，九世孫朝環、朝傅、朝袍，十世孫如標、如珣通爲相繼續修，桂公錦、杜公儲、金公湖遞爲匯輯而尸其事，洵信譜也。無何自肅宗以來，時歷三朝，再經焚烕，全帙散逸，而殘缺實多。萬曆戊申，裔孫如璧、汝鏌、汝賢、汝鶴、汝貢、舜正、存儀、應秀、存唯、存初、繼孝、成新、繼皋等屬李公文素補輯集序。越五十年，又有君合、繩祖偕侄燁德、光錦相與執簡從事焉。於康熙初年，則裔孫應信、傳名、繼浦、繼鐸、繼柱、鎮邦、鎮京、光晟等更重修續，不五六十年間又將遺忘蠹蝕矣。康熙五十八年，裔孫允韶公、彝獻之子明特爲主維其事，再糾各房子美、元之、哲甫、允章、子暹、商臣、爾正、亮公等群相修輯，其雖難其慎，越八年而成於今之季冬。

嗚呼，自西山翁卜居錦溪，聚族而處，幾五百年矣，而其子孫能世世相承，修明譜牒如此，則合愛同敬、敦宗睦族，不卜可知。行見子子孫孫勿替承之，其可感也夫！其可敬也夫！

時雍正三年歲次乙巳季冬月吉旦，賜進士第翰林院編修誥敕中書舍人前廣西主考武林宗弟宏熹拜撰

（選自第三支《錦溪盧氏宗譜》民國丙辰年重修本首卷）

五雲盧氏重修宗譜序

家之有譜，猶國之有史也。國史不修，則無以考鏡古今；家譜不修，則無以稽查世系。是以名門巨族，胥於是乎重也。

慨我縉邑，自明季以後、國朝之初，寇攘未靖，人民離散，民居煨燼殆盡，宗譜淪亡者什之八九，雖然，亦視其人有才能焉。焕等宗譜

先世遺像御書以及名公贊頌，惟賴族伯玉洪珍惜收藏。當兵燹之際，多方避難，負背不離，寧棄家財，斷不忍舍宗譜。覩此一事，則可謂尊宗敬祖之賢子孫矣。

今辛酉歲，衆議重修，伯慨發古譜、先世遺像、御書，以及名公傳贊，而且竭力首事。幸宗譜有所憑依，不然尋墜緒之茫茫，何能旁搜而遠紹乎？更所賴者，伯年最高，族中之支派，行第之排列，或存或亡，一一記之，憶以指示，煥等釐而訂之，俾一家之中，倫序可紀，世系有稽，千載如一日，散處如一家，皆伯之功，垂於永久而勿替焉。

至其素行足録，兹不具贊，聊撰數語，以志珍惜名器之功，上有以承祖宗，下有以傳子孫，關係豈淺鮮哉！後之覽者，亦必有所感焉。是爲識。

乾隆六年歲在辛酉夏月吉旦，侄翼煥謹志

（選自第三支牛江《五雲盧氏宗譜》民國壬戌年重修本卷一）

錦溪盧氏重修宗譜序

予自叨列賢書以後不數年，即蒙聖恩，特典選舉知縣事，宦途僕僕，無少休息，凡桑梓親戚友朋不能歡聚言笑，心甚怏怏。然道里之遠，雖隔河山，而思慕之殷，恒切肺腑。幸退老言旋，得以笑傲煙霞，怡情詩酒，常與生徒作伴，筆墨爲鄰，今已年近八旬矣。

忽舊友盧君亮公、德先同侄輩廷燕、周大、南瑞、聿修以纂輯宗譜告成，請余爲文，以弁諸首。余思諸君皆彬彬爾雅、學問淵深，焉用吾樗櫟之材？欲以衰邁辭，奈諸君固請。余思亮兄、德兄既係吾童試時舊友，而南瑞又吾妹夫貢生廷選之子，且現届九十歲之以正先生爲吾父執，亦有翰命，誼不獲辭。因爲之考其世系，稽其舊傳，循流溯源，沿本逐末。

邑之有錦溪盧氏，與一都雅溪、八都安溪鼎立而爲三，緣子姓蕃衍，各立其祠、自爲其族而譜牒不通。要其始皆出自齊姜太公之後，至十四世孫宣，由永之石馬卜居錦溪，是爲錦溪盧氏。傳至貴三、貴四二公，則瓜瓞綿延，椒聊枝茂，聚族日益衆，基址日益拓。人才輩出，賢喆挺生。如别駕公良玉；鄉薦作宰，若圭若鑾；受敕旌義，若尚文、朝悌，其余遊庠食餼貢成均者多有其人，不能枚舉。跡其俗尚詩書、户敦禮義，誠吾邑之大家風範也，而修譜一事，則尤尊祖敬宗之大典、繼志述事之至意，凡有仁人君子之思，孝子慈孫之感者，皆所深嘉而樂予也。

蓋修譜則祖宗之派傳有所考而不亂，子孫之祧承有所序而不紊，即散處他鄉，流入遠州，而興者亦可溯回榮歸以爲祖宗光。且子孫雖繁，而其原出自一人，以一人之身分爲千百人，不有譜以聯之，合愛同敬之，謂何？而祖宗冥冥之中必有愀然不樂者，此修譜之所以爲尊祖敬宗之大典也。况前人世代相承，迭爲修輯，設今不修，則世遠而考究不易，年湮而訂正倍難，不惟無承先，且無以啓後矣，此修譜之所以爲繼志述事之至意也。

故諸君之修譜，誤者正之，缺者補之，善則播而不匿，惡則削而不録，支分派别，源遠流清，小德之統於大德，萬殊之由乎一本，一展卷而較若列眉、明若觀火，非具有仁人君子之思、孝子慈孫之感者不能。余忝在親戚友朋，不敢虚詞讚美，爲據其實，以著諸簡端，未知有當於諸君之意否？

是爲序。

時乾隆二十九年歲次甲申陽月之吉，丁酉鄉薦原任四川江安縣知縣李秀會拜撰

（選自第三支《錦溪盧氏宗譜》民國丙辰年重修本首卷）

錦溪盧氏重修譜序

今夫人治之大，首重親親。親親故尊祖，尊祖故敬宗，敬宗故收

族。而族之所由收，端在勢之涣而恒有以聚之，序之紊而終有以秩之，則非譜牒之詳明而釐定不可也。蓋譜牒本歐、蘇遺法，世數列而雲仍之繁衍自分，輩行年齒排而合族之長幼俱成兄弟。大家鉅族所爲必慎重於此，而不忍以曠世不修，俾祖宗千百年之所垂，貽憾於後人之因陋就簡也。

我東邑著姓，首推盧氏，分流别派，統於三溪，曰雅溪、安溪、錦溪。其源皆出於越國公諱琰之後。公在周世宗時爲都點檢尚書，義不臣宋，奉世宗遺孤炯，妻以女，避居臨安，改名璇，隱於盧，與公八子並登榮顯，時有"八龍一鳳"之目。乃璇生可，可又即繼公之曾孫行諲爲嗣，是柴氏仍爲盧氏也。嗣是五世、六世、七世、八世，代著宦籍。十世宗的公，由永之靈山而聚居石馬。其子庾登進士，以學士殉宣和國難。至十四世千一公諱宏，亦登進士，遷鐘山。其來東者，千四公諱實，爲一都雅溪祖。千五公諱寀，爲八都安溪祖。而徙居於二都錦溪，則千廿二公諱宣，號西山居士是也。按錦溪舊牒，以源遠派分，雲流星散，如徙居他郡有台之仙居、括之五雲、温之瑞安，而本郡永康亦有青山、丁坑等處，不可勝紀。一爲附會，反多挂漏。故惟溯越公，明所自出，敘一脉之相乘，其世數斷自十四世而止，而更標西山處士爲一世祖，是亦前賢慎重闕文之意也。

蓋自西山公卜築錦溪，其子元吉公即以進士官廷尉，著績慶元。四世孫諱儒亦登武舉，咸淳間楊河奏凱，誥授参軍。初輯是譜者，三世儀與陳鹿皮子先生聯姻，爲文弁其首。六世良玉公明初歸太祖，授任河南，進階奉政，勳名爛焉，後致仕輯譜，則浦陽宋景濂先生爲之序也。至七世闇齋公，爲郡邑建文廟、造譙樓，爲朝廷助賑荒、輸犒餉，敕旌義民，誠一時布衣之雄，其修譜則古剡錢悌序之。暨十世如庵公諱圭，與方伯金松澗公同登嘉靖鄉榜，仕靖安知縣，故斯時南山、方塘、月湖諸公編譜，亦即松澗公述錦溪之勝，爲文以序焉。至十一世又有汝鑾公，仕新安知縣。繼此人才輩出，譜牒世修，少薇許公所以稱其族多起家文武，懋績循良，禔躬孝義，後先媲幟，而其爲譜亦皆詳而有體，信而有徵也。

顧余嘗覽邑志，闇齋公後即有諱朝悌者，正德間輸米百萬，敕賜旌門。又有諱如標築城廣祭，諱汝鏌修學賑饑，而諱國亮者尤能於明末寇亂，延遜荒邑令款於家，約族中儁傑保護送反正。康熙癸卯輯譜，姚孫棐撰序，即曩時受護之邑令也。更有載在庸德諱鎮京者，壽享期頤，眼見七世子孫列明經、登雍序、遊泮璧，如光奮諸公才行輩出共二十有餘人，誠當今罕觀之福人。而慶和堂下又有升邑庠上舍諱之奇、明經諱之琰，富能而文，族黨共仰。至西泉一派鳴鶴公，以明經雅望，遹駿有聲，捨山惠樵，亦載邑志。其子煒德，詩才高妙，胸中韜略見契於玉笥張公。堂弟曰珩，亦繼其韻，唱和成帙，一門庠秀共十數人。而若愚、芳二先生則余少時所稔聞，其鄉邦名宿也。

故自國初來，譜經六七修葺，大約世隆則詳明，世替則簡略。今者英賢蔚起，吾友南瑞、繼緒二兄雖老不任事，而體要皆其所主持。内外總董，上錦則人懋，下錦則人宏，而秉正贊襄，如人鎬、人珍、人恒、人榮、學觀等。序傳、銘贊、詩歌、投贈諸文辭，或多相沿成謬，悉爲校正詳確。而又有行次重沓，似後人混同參錯者，群賢更校其年數，順而排之，則昭與昭齒、穆與穆齒，次第不紊，瓜綿椒衍中仍得華萼聯輝之象。此收族之道甚周且密，而遠近祖宗諒亦鑒夫涣者就聚、紊者就秩，知慈孝之慎重修輯，斟酌盡善，而含笑於九泉也。前光用迪，繼序其皇，余將以是爲盛族賀。

時大清嘉慶五年八月中秋穀旦，南岑眷晚吴國墀頓首拜撰

（選自第三支《錦溪盧氏宗譜》民國丙辰年重修本首卷）

錦溪盧氏重修宗譜序

浙以東譜牒爲重，而吾婺自吕成公紹中原文獻之傳，斟古禮文，

著有宗法，迄今守其教、通其義，尤於此致兢兢焉。粤稽《周官》，少史定系，世辨昭穆，漢同宗有屬籍，魏晉以還設譜局，唐則秘書郎掌之。五季官失其傳，譜學遂微。顧或矜門第誇閥閱，婚姻之道是講，雖以路敬淳、李守素之所纂述號稱賅洽，求其根仁祖義，一脉貫通，萬枝咸在，隱括乎大宗小宗之法以互爲維持，則莫如今之譜若矣。

不佞自乾隆歲庚子從丹崖吴夫子遊，獲與諸宗兄聯研席若親昆季然，既拜見其尊老，領略其家儀，心竊向往。又嘗以角藝餘閑，東眺獅嶠，西溧洋塘，睹川澤之奥衍，歎風俗之淳美，翺翔不能去。越二十年庚申，事與運偕，譜牒用作。我吴夫子仍在講席，慶斯鴻舉，灑筆千二百餘言，總括源流，叙之首簡。前此陳誾谷、宋潛溪、金松澗、許少薇諸先哲，詳及前代，近兹未悉也。爰乃閱攬志書，敬求黎獻，其自誾齋公以下，若朝悌及鳴鶴公掎摭舊典，若煒德及曰珩公别闡幽潛，又間以董齋公、青園公緒叙贊屬之。

不佞珠林葑菲，共底於成，時蓬萊樓先生旋自郡適來會集，遂爲百歲泰然翁、文學君佳公暨節孝徐太君補傳，駿烈清芬，稱美備焉。乃今又一紀矣，體舊趣新，復勤修輯。諸宗兄以書來，謂萃聚有年，聞見最真，尚其綴筆。不佞竊惟吾宗自得姓以來，六朝三唐不下崔、鄭。鼻祖越國公仕後周，以忠孝垂型，棲跡靈山，保世滋大。越十餘世來遷於東，傑然三溪之稱，爲邑首望，不可謂天之無意於吾宗也。而西山公以訪道從師，爰兹卜吉，山川雲雨，有開必先，士誠繼起，必將果行毓德，懇懇懃懃，以力持乎倫常綱紀之原、風俗人心之大，型仁講讓，毋或失墜，詎惟掇取科名，輜軿青紫云爾乎。即以譜論，按年月，記諱號，訂訛謬，謹漏遺似矣。第原譜所自作，本廬陵、眉山成法参而用之，若網在綱，綱張則萬目舉，其義遂軼五季而上。所以然者，蓋譜法與宗法相表裏。古者宗法行而譜法立，其詳雖不及知，可以意會。今者譜法行而宗法寓乎其間，可使疏者親、逖者尼、涣者萃，並可使貧富不相耀，貴賤不相欺，强弱不相淩，智愚賢否雖不同，可使觀感而知勸，然則譜之功用大矣哉！

方遜志有言：婺自承大儒，講明乎道德禮義之説，爲學者尚廉潔而崇氣節，修譜牒而謹名分，且以是爲有中州之風。吾宗斯舉，胥有以當之矣。若其世次之詳與歷來纂輯之慎，前叙並載，兹不贅。

時道光十年歲次庚寅立秋前一日，寧海教諭定溪宗世弟標頓首拜撰

（選自第三支《錦溪盧氏宗譜》民國丙辰年重修本首卷）

錦溪重修宗譜序

吾盧氏之奠居東陽者三，曰雅溪、錦溪、定溪。三溪者，鼎列於城闉外東鄉，相界各十里而近，余族雅溪附郭，惟與定溪往來稍遠，若錦溪則毗境聯都，蹤跡頗昵。

少年時，聞某翁學問深醇、某翁貲産饒裕、某翁志節磊落，心嚮往之。且嘗延四方知名士爲弟子師，供養優腆，務盡其無方之禮，而鄉先生之入其廬者授餐撰杖，誠敬有加。余先祖高曾二代，啓館耆闍禪院，當時執經問業者，錦溪上下爲多。宗誼而兼世誼，至今尚留彭戴淵源也。前庚申叙譜之吴丹崖翁，即曾祖高足，嘉慶丁卯耆英榜舉人，次春會試，殁於先君京邸，其亦世好之綿嬗乎。

浙東重譜牒者，大率三十年爲修訂之期，取閲世生人、閲人成世之意。今年錦溪届重修宗譜，宗人郁美、尚三、學通三君以弁引見屬，而抄吴、盧兩舊序見視，於本支之明備，文獻之確實，吴序特詳；於風俗之淳美，原陽隰之沃衍。敦詩説禮，友誼親情，盧序爲最，皆大手筆也，余曷敢貽續貂之誚乎？惟吴序有千四公諱實爲遷雅溪祖語，似啓人疑誤。寒族於前明中葉侍御諱格公始輯譜牒，當時舊譜經兵燹無存，乃據元至正殘譜序而依據之，以由台遷東居西鄉巧溪諱實者爲始祖，而始祖之若祖若父俱茫然也。四世而遷雅溪，今所居是。至崇禎

間諱洪瀾者，於餘姚遷杭宗人處閲其譜，乃見唐五代迄宋，世次秩如，於遷台、遷東爵貫名字較若列眉，方得確據而傳之。豈若錦溪始祖西山公，自遷東後，繼繼繩繩、櫛比鱗次，承先人厚蔭，啓百世鴻規，至今生齒日繁，詩書培篤，視我祖遷徙之頻，締構之艱，勞逸爲何如耶？宜其士食舊德，農服先疇，歷百世而繼序不忘也。

於戲盛哉！三君者皆予昔年契友，性皆伉爽，無齷齪之習，尤能恤宗睦族，守淳謹之風，以教於鄉。尚三又上溯玉川之望，而靈山、而石馬、而錦溪，著考略一篇，不蔓不支，必詳必慎，尤足多也。昔老泉《族譜亭記》曰："觀於吾譜者，孝弟之心可油然生矣。"余於錦溪宗譜亦云。

時咸豐十年歲在上章涒灘鞠月之吉，歲進士雅溪宗後學正揚拜撰

（選自第三支《錦溪盧氏宗譜》民國丙辰年重修本首卷）

錦溪盧氏重修宗譜序

族之有譜，所以定世系，序昭穆，篤宗支，表名代，聯親疏，垂鑑戒，維人心而厚風俗也。吾東大家鉅族各立宗譜，而修輯之期大約以三十年爲率，誠以譜系不明則宗法不立，一祖之下，千形億貌，必至散漫，而無紀傳之既久，將有視若塗人者矣。譜立而不繼之以修輯，則累世彝章鉅典以至銘表傳紀必至日就湮没，即子孫之生卒婚配亦有闕而莫考者，此誠仁人孝子之用心兢兢焉，恒恐失墜者也。

吾宗范陽盧氏奠居東土者，雅溪、錦溪、定溪鼎立爲三。雅溪居東西兩峴之間，與錦溪相距僅十里之近，蹤跡既親，情誼尤篤。今年季秋，錦溪宗丈景瀾、秉鈞、鏘諸昆季，以宗祠譜牒修成，屬予紀其巔末，因知前咸豐十年所修之譜，實係先君子爲之序。日月易逝，感慨久之。且示以從前諸先哲原序，始知我盧氏錦溪一宗自西山公諱宣

者，由永遷東，定基斯土，蓋已閲數百年於兹矣。厥後文武濟美，勳猷彪炳，揚芬竹册者固代不乏人，而其策名成均、蜚聲黌序者至今後先繼踵，猶彬彬稱盛焉。至其所作，則自延祐甲寅以來，更歷數百年，增修十餘次，其中若紀原、若世系、若世傳、若恩綸、若贊辭、若銘表詩篇，爲目者不一類，爲卷者若干帙，一經披覽，莫不井井有條、班班可考。如前明許少薇先生所稱“詳而有體，信而有徵”者，良不誣矣。若夫叙文之賅洽、傳紀之嚴明，又自延祐以至本朝，復經名公鉅卿諸大手筆，表章而釐定之，卓哉煌煌，燦然大備矣，予小子何敢贅焉？

雖然，人心者世道之本也，教化者風俗之原也。世道隨人心爲轉移，風俗視教化爲隆替。既屬宗盟之親，復承世好之誼，敢以一得之知獻諸左右者。竊謂一族之衆所賴以相維繫者，不外恩與義而已。然恩勝則害義，而姑息足以養奸；義勝則傷恩，而積重每至難返。二者交盡，實難言之。予族家乘，自前明荷亭公修輯以來，至本朝雍正年間復經諸先人詳加釐訂，嚴列規條，凡祠下子孫有亂倫傷化、逾越典常者，悉由宗祠懲治，毋縱容，毋抑勒，秉公議處，聞者莫敢不遵。近者人心澆薄，風氣不古，其間子孫賢明者自知悔過，固不難於約束；而一種桀驁難馴、頑冥不靈之徒，陽奉陰違，實難化導，間嘗與二三同志言之，不免有江河日下之懼。

今錦溪宗族譜牒新成，實祖德重光之會，伏願諸君子宣明累葉之貽謀，紹述先人之彝訓，叮嚀告誡，庶知我三溪盧氏其所以陟巘降原發祥東土者其來有自。由是父詔兄勉，善者有所勸，惡者有所懲，講讓型仁，蒸爲風俗，然後澤之以詩書，輔之以文藝，培其根而沃其枝，發其華而茂其實，將見衣冠濟濟、禮樂雍雍，上之爲皇國羽儀，下之爲一鄉善士，吾知不數十年間，其有旌門表宅焜耀里閭，爲宗族交遊光寵者，必我錦溪盧氏子孫矣。

《傳》曰：明德之後，必有達人。六一居士曰：爲善無不報，而遲速有時。爰述斯語，而爲之序，且爲之頌焉。

時光緒十五年歲在屠維赤奮若一陽月上浣穀旦，己酉科舉人截取知縣雅溪宗後學鈺謹撰

（選自第三支《錦溪盧氏宗譜》民國丙辰年重修本首卷）

始祖考略

按吾宗本姜姓齊太公後，至文公之子高，高之孫傒字敬仲者（按傒系太公九世孫）爲齊正卿，食采於盧（即今山東濟南府長清縣盧城，古跡猶存），因以爲氏（見《唐書・世表》。按：傒初以王父字爲氏，《春秋傳》所稱"高傒"是也）。秦漢間，英賢蜂起，簪笏蟬聯，惜嫡系未確，不敢妄附。至唐諱仝號玉川子者，清風懍然，不徒以博學能詩推重元和間。子雲，雲子鵉仕梁上卿，鵉子清越州令。

清子琰公者，襲祖居玉川鄉（河南懷慶府《濟源縣誌》云：玉陽山以東本玉川故縣，有玉川鄉。縣東溴河北，唐盧仝嘗汲水烹茶，名"玉川泉"）學精德粹，在後周世宗時歷官都點檢工部尚書。迨世宗崩，恭帝立，在朝諸臣藐恭帝幼稚，擅製禪文，推太祖，易周爲宋。公憤不臣宋，抱世宗幼子柴炯原諱熙誨封蘄王者（宋王銍《默記》云：太祖自陳橋推戴入城，周恭帝宗訓衣白襴子，乘輦出居太青寺，太祖與諸將同入内。六宫迎拜，有二小兒丱角者，宫人抱之亦拜。詢之，乃世宗庶二子紀王、蘄王也。顧謂諸將曰："此復何待?"左右即提去，惟潘美在後以手揑殿柱，低頭不語。太祖云："汝以爲不可耶?"美對曰："臣豈敢以爲不可，但於理不安。"太祖即令追還，以其一賜潘美，美即收之爲子。其一即蘄王也，後更名炯，盧琰抱之。宋王鞏《隨手雜録》云：太祖初入宫，見宫嬪抱世宗子，趙普等侍側，曰"去之"，時潘美與一帥在後不語，太祖曰："即人之位，殺人之子，朕不忍爲也。"遂與美爲侄。且曰："世宗之子，不可爲爾後也。"美遂持歸。是説也得於美之家人。按"一帥"即盧琰，美之家人所述殆詳美而略琰耳）馳寓吴越之臨安，

以吴越時未納土，食非其粟也。宋太祖高其節，封越國公。而公卒不心宋，且宋初猶封恭帝爲鄭王，未幾徙鄭王於房州。公恐宋滅周後如斟灌斟尋故事，乃策避危於孫惟慍。惟慍，永康人也，曾得公力而爲駙馬者，因偕至永康，俾與炯匿跡靈山下（今公墓在靈山，一曰“躲山”，又曰“大山”）。炯稍長，公妻以女。旋易柴氏盧，更炯名璇，次己八子中（考《五代史》：世宗七子，内二子爲熙謹、熙誨，不知所終。其爲公婿而易氏更名者，殆即不知所終之一也）。爾時八龍舞一鳳，附聲施爛焉。

璇生可，可繼廸功郎行謜爲子。行謜公長子朝議大夫諱珪者，孫也。繼此文經武緯，焜耀後先。至宣和間以學士殉國難諱庾者，父曰宗的公，由靈山而徙石馬。由石馬而訪道從師擇處錦溪者，則千廿二公諱宣號“西山居士”，是吾族所以標西山公爲一世祖也。

夫爲祖後者，忘與冒均非孝。爰不自揣，謹稽家乘，參考同宗諸譜牒，疑者闕之，信者録之，然略甚矣。後有數典不忘者，尚其踵事而加詳焉。

時咸豐元年歲次辛亥桂月上浣之吉，嗣孫日竿盥手敬識

（選自第三支《錦溪盧氏宗譜》民國丙辰年重修本之廿四卷）

第三支（金華東陽）錦溪盧氏世系概覽

（1）盧琰→（2）璇→（3）侃——→（4）行詮→（5）彦諒→（6）德埌→（7）珍→（8）羅甥→（9）針→（10）份（定安溪祖）→（11）思孟→（12）棣→（13）德→（14）宣（錦溪祖）

第三支（金華東陽）錦溪盧氏排行字目

排行：百千萬貴俊　順善啓仁賢　永遠承宗義　端和愷悌謙
　　　孝敬慈忠信　恭儉禮讓廉　德業應時盛　綱常倫紀全
字輩：特志元成兆　本良尚孟朝　如汝存繼明　光大啓人文

學士世瑞顯　英懷允濟昌　秀美希洪茂　方正錫康祥

（選自第三支《錦溪盧氏宗譜》民國丙辰年重修本）

續修安溪盧氏宗譜序

歲丁巳春，余乞恩休政，辟居静室，足不逾閾。越明年秋，吾同社友有文盧君自峴東來，持一編示曰："某托處定溪，迄今五世。自曾大父延祐間肇輯家乘，開示後人，迄今襲藏歲久，纂續未遑，族流繁散，幾作途人。竊忘其固陋，手次成編，願丐一言弁諸首。"

余惟東陽爲婺望邑，而盧爲邑望族，其大家重譜牒，嘗於邑乘見之矣。夫古人睦族聯宗，必有家譜，所以定親疏、别尊卑、辨上下，禮制之大防由是而著，人心之孝悌由是而興。此歐、蘇二公所爲蒿目圖維，而孝子仁人兢兢不能已也。盧君是舉，亦仁人孝子之用心哉！

按盧氏本成周齊太公裔，厥後漢燕王綰、中郎將植、唐玉川子仝皆其苗裔。迨越國公琰翊運興周，憫宋革命，終隱永康之靈山。後澄六公珍載遷石馬，而百三公諱份者則又從石馬卜居兹土。文階武級，代有偉人；勳名節概，焜耀後先。其隱而不試者又咸抱道自高，鋭意吟詠，出處兩無愧焉。噫，亦盛矣！

顧族盛則蕃，蕃則支分派衍，散漫而不可紀。是以大家世族孝子慈孫，必時加修輯，毋使滋蔓而難圖也。君今生當盛世，憑藉先人遺蔭，保有厥居，乃以垂暮之期手輯家乘爲百世計，其間昭穆之次第、氏族之戚疏，一展卷燦然臚列，其用心亦勤矣。後之睹是編者，尚其尊而祖、孝而親、恤而孤煢、捍而患難，有如一氣之流通，了無壅滯，斯續編意耳。如徒曰著其世系、列其名諱、合族屬而已，豈余所望哉？

時洪武十一年孟冬朔旦，浦陽潛溪宋濂拜撰

（選自第三支《安溪長堤盧氏宗譜》民國辛巳年重修本）

注：《續修錦溪家譜序》與此篇的作者、時間相同，文字大同小異，兹保留此篇。

安溪長堤盧氏譜序

從來受姓不一。或本國以爲姓，或因官以爲氏，或有勳勞而賜姓，自古類然，無定式也。

歲戊戌之秋，舅氏人鈞偕中表輩持舊譜示余。余因略考其氏族，則姜父之後，及細究其圖系，則世宗之胤。何則？蓋盧自越國公諱琰佐五代周，封開國上將軍，八男一女，以女館皇子柴炯。宋受周禪，有安置柴氏之意，公乃隱於浙之臨安，旋復徙於永之靈山，俾易姓爲盧，更名曰璇，與八男並列爲九。九支相承，皆冠以木，曰榛、曰栗、曰檡、曰松、曰竹、曰梅、曰桐、曰梓、曰杞，並恩榮顯位，迄今載籍，班班可考。而璇則咸平間擢爲防禦使，終封武烈侯，其尤爲琰公後裔之最著者。

自是而十世孫諱份者，探囊經之奧，精堪輿之術，見夫定水鍾靈、星墩挺秀，遂卜於邑東安溪而胥宇焉。既而子若孫科第綿延，昆與弟簪纓蟬聯。將古所稱食采大家在於汴之北者，其在於婺之東矣。爲之後者，夫亦以敬宗之法爲睦族之舉，如劉之爲樓，姬之爲吴、爲周，陶唐氏之爲薊、爲列、爲韋可已。

然郎舅之稱既諱於當年，則塤篪之雅宜篤於今時。且由周宋而元明而本朝，久已，敦家人兄弟之誼，由高曾而祖父而曾玄，自宜遵大宗昭穆之序，而況本支之系，夫固天子胄也耶！則昔日之從盧，縱云柴不復柴，亦猶今日之爲盧，姜不復姜也矣。由是觀之，即云以國爲姓也可，以官爲氏也可，以賜姓於天家也亦可，是則吾之所謂類然也。

余誼叨雅愛，不敢以不文辭，謹爲之序。

大清乾隆戊戌仲秋上澣之吉，甥男邑庠生韋名藻頓首百拜撰

（選自第三支《安溪長堤盧氏宗譜》民國辛巳年重修本）

重葺安溪宗譜序

譜所以徵信也，故史之善者謂之信史，譜之善者亦謂之信譜。《周官》小史定世系、辨昭穆，兩言備矣。漢同宗有屬籍，鄭康成曰：譜之於家，若網在綱，綱張則萬目具，譜定則萬枝在。魏晉以還，此法寖微，宋廬陵氏仿史氏之年表，眉山氏仿禮家之宗圖，乃始與古有合。今遵用之。第遥遥華胄，取世誚譏，或以勳名假派於汾陽，或以父名借光於罨水，有道君子深以爲耻。蓋忘其祖與誣其祖，其失維均。黄涪翁於七世以上略而不書，志慎也。

我鼻祖越國公佐五季周，以工尚擢殿前都點檢定天下。憫宋改物，保皇子遯跡臨安，旋徙永之靈山。義質忠忱，垂型奕奕，蓋根柢深矣，遂乃柯條繁衍，殆遍東南，保世滋大。統制公者，嫡孫行也，靈山世紀，用切手編，譜之權輿寔在於此。既而翰林公轉遷石馬，七世衣冠司業公又著"景行篇"以追崇先德，此其即靈山之譜以爲譜者也。迨十世祖宗的公相土於兹，青緗之著録猶新，寶笈之提攜甚便，年當壯盛，百務未遑，先營祠宇。而繼起之巡司公由俊秀效職楊林，廷尉公由右科奮威瓜步，勇於恬退，不羈榮利，共翊詒謀。其時上舍公德業聞望，亦駸駸浚起。是皆壽躋耄耋、四世一堂，的稱人瑞，因之纘承世紀，質有其文，太霞陳鹿皮子爲之製序。嗚呼盛矣！

今按圖系，不獨一本了然，旁屬亦皎如眉列，即東西之同徙以房稱者十餘世，叙次可稽，此則所謂樹有凋榮之幹、羽有長短之毛也。夫以譜牒彰彰如是，而口語流傳尚有白竹來遷之説。乾隆辛亥春，嘗至縉雲叩求其故，乃知白竹亦石馬所遷，承訛有自。其老成輩面予言：越國公墓在靈山，崇碑圓碣，樹立林莽，鬱葱可仰，彼於寒食節亦與祭會。時豪右欲侵其隧道者，群起而攻之，不遺余力。夫越國公一人之身，千萬人之身也。以千萬人之身係屬乎一人，是宜感應，召致神於呼吸，而逖者親，遠者尼，涣者萃，貴不狎賤，富不耀貧，强不淩弱,要惟深體乎一人之心以爲心,而彝倫以正、綱紀以明。然則譜也者,藏諸仁,顯諸用,善爲維持,以統攝乎數十百年之久者也。兹既慎年月,紀徽號,訛者訂之,缺者補之,兢兢焉唯恐獲戾。竊幸數典不忘,萬不至誣其祖,源流貫澈,脉絡分明,特揭所重以次陳其可信有如此。

時大清道光十年歲次庚寅仲冬月上澣之吉,第二十七世孫標頓首百拜謹撰

(選自第三支《安溪長堤盧氏宗譜》民國辛巳年本卷一)

定溪盧氏宗譜序

盧,姜姓也,爲尚父裔,受氏自傒始。范陽嘐啥盛元魏,顯李唐,頡頏滎陽、清河,族之美盛由來遠矣。越國公佐五季周定鼎,及宋改物,恐太祖之安置柴氏也,以一女婿皇子,改爲盧,並八龍而九,遁跡於浙臨安,旋徙永之靈山,報國存孤,根柢厚焉。

繼是而十世祖諱份者,始卜婺之長堤居焉。龍基天台大小盤,借南龍遷邑北。龍天子中分落脉,由紅旗山蜿蜒而來,綿亘數百里,至長堤劃然而止。環川雙溪,蓋佳山水也。故思孟公以東橋巡司著績,汝猷公從進士至廷尉,本朝菊人先生以名選拔入試,不附權倖,僅爲緱城正鐸,然而宦聲載道,寧之人祀之,而吾鄉又合祀於白雲公之祠。考世德,爲低徊者久之。

南北二溪,往來過客之望洋而嘆也,則傾畝以橋以渡而人不病涉。沿溪患洪水,居人築土爲城,兼以栽植,松可料,桑可蠶,人多樂利,户益豐,家益饒,俗免囂淩。由是士食德,農服疇,而孝友睦姻任恤,興仁興讓,洵一時望族矣。而源遠者流長,根深者葉茂,越國公以一如來化爲千百億,不探星宿海而涣者萃之,保無世次之湮而昭穆之混乎?族老成重議修葺,炳哲、炳汶、炳遴、炳烽、培竿、培蕙輩董其役,且命序於余。余考其宅墓記銘,世傳遺文,犁然可觀,大率以核實

爲貴，遠引華冑勿尚也，以一氣相通，濫收別派勿爲也，范陽嘐哈之盛，其再見於斯乎！然則睹斯譜者，水源木本之思，有不勃然興耶？

因不辭蕪陋，而叙其大概於左。

龍飛大清同治八年歲次己巳桂月上浣之吉，恩進士候選儒學教諭前城徐有倫拜撰

（選自第三支《安溪長堤盧氏宗譜》民國辛巳年重修本）

安溪長堤宗譜跋

粤稽三皇之前無文無記，迨五帝而典籍興焉，姓名、爵位、德業、志行靡不書諸典謨簡册，以昭世美。天子書之謂之“紀”，諸侯書之謂之“史”，大夫書之謂之“傳”，總之猶氏族之“譜”耳。蓋譜者，普也，普載宗族之根枝；又布也，敷布百世之綱紀；抑又取義乎補遺，亡者補之。所以故家舊族，歷世悠遠，而系序承繼、昭穆尊卑灼然可徵者，實惟譜是賴。

吾族宗譜，自宋迄明天啓，屢經修葺，備載昭昭。天啓乙丑，族經回禄，灰燼之余，殘缺失序，雖崇禎年間搜録編次而欲復舊觀，幾幾難乎。迄勝朝鼎革之初，載罹兵燹，亡失者殆甚矣。老成輩以譜牒廢墜，切懼序系昭穆紊然莫別，擬加修葺而未逮。延及本朝康熙壬子秋中，集議敦請邑庠許友諱乾主其事，仕與弟侄等咸受命執事焉。其有系序生卒年號之屬訛於刊寫者，悉溯源窮委考而正之；傳紀志銘等有冒托顯名以假紊真者，悉推時度勢删而去之。此已譜者然也。若夫未譜與亡闕者，咸搜羅裒集以增益之，而一族之本支綱紀展卷瞭然。子孫覽之，將必感發於心，共敦孝敬親睦之誼，其攸係不亦大且遠乎？

是譜也，凡四閲寒暑而後成，其相與共事者雖未稱繼述之善，亦夙夜惟寅，用贊先緒者歟。若夫内治性行，出膺青紫，顯姓名、彰德業，榮及先後，則有望於後來矣。於乎，垂徽作則，固已爲難，先者揚芬，良亦不易，仕又何多贅焉？

譜事告竣，爰述其故，以俟繼起者善爲之耳。

時康熙十四年歲君乙卯臘月既望，第二十四世孫光仕即鈞義頓首謹識

（選自第三支《安溪長堤盧氏宗譜》民國辛巳年本卷二十）

安溪盧氏御書源流考

謹按安溪盧氏肇自齊太公姜姓，後其孫曰傒，食采於盧，遂以盧爲氏，此盧氏所由昉也。嗣後有越國公名琰，仕周爲工部尚書，當周革命時，憫二皇子甫離繈褓，不忍臣宋，乃與潘惟正各抱其一，幼曰柴炯，越國公謹奉而馳寓於浙之臨安，既又隱居於婺永之靈山。比長，妻以女，真誠浹洽，尊親並至。後宋太祖欲夷置柴氏，公恐無以存周宗祀，乃並易姓爲盧，名盧璇，與八子並列爲九，安溪其嫡裔也。然此源流之遥遠，氏族之尊崇，諸前輩早上溯而詳叙之，余不必贅。

特念御書之義未詳明確，兹復細按其世系，乃知御書者女婿也。即妻女於柴，而易柴爲盧之明驗也。而或以異姓混同疑之，盍亦思賜姓之榮，在李唐早有行之者，且當日保抱皇子，安知先帝不别有托孤之命？名既正，理自順，派名御書爲何如光大諦當乎。矧昔帝堯曾館舜於貳室，後之史臣稽古，且合堯典爲虞書。後視今，今視昔，升降雖殊而例適符合，豈果有上僭之漸？

由是觀之，則謂之御書也實宜，而當年越國公忠貞世篤之真誠所激而成，亦於是而益明。余非敢爲臆度，特據理以推，有不甚悖謬者。於此見上有以清其源，下有以循其緒，而以似以續，雖延至千萬世，而亦不至混淆莫辨矣。

爰志數行於簡末云。

時大清光緒念九年歲次癸卯冬至佳節，南園後裔增貢生蔣棠芾庵氏拜撰

（選自第三支《安溪長堤盧氏宗譜》民國辛巳年重修本）

第三支(金華東陽)安溪盧氏世系概覽

(1)盧琰→(2)璇→(3)保→(4)行詮→(5)彦諒→(6)德琅→(7)珍→(8)溢(羅郊、羅甥)→(9)針→(10)份(定安溪祖)

第三支(金華東陽)安溪盧氏排行字目

排行字目次第:

行一七太亨　貞元澄清秀　百千萬曾種　謙敬益忠和　恭良信敏惠　富貴德澤成

進修全福壽　思學裕經綸　古訓乃有獲　名實久相賓

續載編名字目:

炳培鍾法楷　熙陛欽清梅　焕均銘浩傑　熾圭鈺潤新

(選自第三支《安溪長堤盧氏宗譜》民國辛巳年本卷一)

靈山盧氏宗譜序

靈山盧氏,肇始汴梁,上世代有名臣,晚近猶多俊偉。始祖越國公琰,爲後周勳臣,歷官工部尚書。逮宋遷周鼎,遂偕珪等八子及婿柴宗炯隱居翠屏山下,繼又卜宅靈山。俾炯易姓從盧,更名璇,列爲九支,星羅棋佈,在在皆有盧氏族,遂蔓延於台、甌、婺、越,流澤不綦長歟!

十八世孫棟,懼夫世遠年湮,昭紊穆亂,乃窮神殫思,以輯修宗譜爲己任。顯德以前雖顯不書,顯德以後雖微必録。何則?略其所疏而詳其所親也。余寄跡橙川,出其譜徵序於余。披閱累日,而知支派之分合、昭穆之先後、閥閲之崇卑、服制之差等已具於斯矣,然余之望於盧君者又豈僅此耶?

詳稽夫易范爲張、易婁爲劉、易徐爲李者,不有譜牒,則以僞淆真、以疏間親,不惟視昭穆如途人,吉凶不慶吊,祭祀不獻酬,且也婚姻之間不免吴孟之譏，人倫之瀆無有甚於此者矣，故禮辨嫌明微，深有賴於譜耳。今世系既析，歷年多，流澤遠，不能不爲之慮，要必如范文正公舍異姓而歸同宗者，則宜立法以垂後世。惟曰居吾族者世不與柴姓爲婚，蓋以武烈侯入盧以列九支，復以侄孫行呈繼奉柴祀，其間異而同、同而異者不可不知，此盧氏家乘之所由作，而余言之所由立也。

敢以此復諸盧君，不知以余言爲當否？

大明洪武十年丁巳八月之吉，國子監助教眷姻弟李曄宗表氏頓首拜撰

（選自第三支里盧宅《靈山盧氏宗譜》民國甲戌年重修本）

靈山盧氏宗譜序

嘗謂宗譜之作，所以明世系、辨昭穆之大法也。非此則不知世次統緒，雖云舊家望族，奚足貴焉？斯譜之不可不輯也明矣。

粤自十八世祖壽七諱棟字德材公者，汲汲以收宗合族爲念，訪諸名公碩士，力求而修之，勞亦甚矣。奈何歷年既多，傳代又久，數遭回禄，屢修屢毁，符命誥敕僅存一二，紀年生卒十亡七八，殘編斷簡，漫無足徵，益見子孫流失之漸，行各而第沓，尊卑其失序矣，將若之何？

嘗稽舊牒，祖派九支，各自爲第，殊非統宗之緒，今惟武烈侯璇公之後可並爲一，庶幾族屬有所宗也。若始祖越國公之裔居靈山及躲山下者，與夫縉雲之東窖等族，以至四遠散處，萃發而族聚者，雖同宗而實異支；若温之瑞安，台之南溪，本邑之下莊、西山、青山等處，皆吾族也。此皆系緒分明，歷歷可考，斯爲得耳。

余不幸值先君早世，孑然孤立，惟博聞强記，問友尋師。第歲月徒邁，知非而志事未伸萬一。然沐祖宗恩蔭，每以家乘爲任，蚤夜辛勤，窮搜力索，輯譜稿，收涣散，討論尋究，類序成帙。圖法蘇公牽絲之格，以曉源流之分；第仿歐子條貫之例，以見款致之美。付梓新刊，

書成告廟，願後子孫念宗祖家乘之重而奮振其家風，勵身心當行之事以式繩其步武，庶謂有光於前而垂裕於後也。

尚其勉旃。

大明成化二十三年丁未七月既望之吉，二十一世孫鈞識謹

（選自第三支里盧宅《靈山盧氏宗譜》民國甲戌年重修本）

靈山盧氏宗譜序

靈山盧氏肇跡宋初，歷年久遠，閱今三十二世矣。

厥初生民，始自越國公琰，歸隱兹土，生八子皆貴，固已簪笏蟬聯。繼而武烈侯炯易柴從盧，合爲九支，率皆蕃興姓族。故宗靈山派者，近而上、中、下三盧，遠而婺、台、温、處等郡，振振繩繩，不可勝計。

若炯公之裔，其先本系天潰，迨後裔遷星散，萃聚於東、永二邑者比比焉。八世孫曰澤者遷居厚宅，十一世孫昌堯遷居珠川，十七世孫繼生又遷東邑之集文，共爲三族。其間有開十六公者遷安文之上廳，今潭兒頭及盧坎、嶺外、張村、千祥，皆其裔也。去年清節，三族倡議，即於去冬會集諸派卜吉重修。斯舉也，昭歷世之祖德而功烈維新，收疏遠之族屬，俾本支不紊，益以見盧氏之多賢也，厥功不甚偉哉？

衡也居接壤，世聯姻，館甥之列，亦與有榮。今值盛族，華乘重修，圖以系而是明，傳因行而序整，上以尊先敬祖，下以睦族聯宗，與夫沐恩制誥之備詳，懿行傳略之悉載，昭穆則秩然也，婚配則昭然也，居址則的然，墓厝則灼然也。譜牒之修，不誠有以光前而裕後乎？

衡觀光盛典，覽先哲之遺文，閱時賢之集傳，仰止情殷，步武念切，因不辭固陋，率筆爲之序。

大清雍正十三年乙卯春月穀旦，檡川貢生陳衡頓首拜撰

（選自第三支里盧宅《靈山盧氏宗譜》民國甲戌年重修本）

靈山盧氏宗譜序

家有譜，猶國有史，老成雖謝，典型常存，而總以敦本收族爲主，譜固宜合不宜分也。

靈山之族，肇自越國公諱琰。公生八子，如周家八士之奇。生一女，配後周世宗次子柴宗炯，因避宋嫌，易姓盧，更名璇，與公八子合爲九支，又如周才九人之盛。瓜瓞綿延，簪纓弗替，閥閲也，天潢也。其以珪、璞、璇命名比德玉，粹然昆岡之産，不至與瓦石同淹也；其以榛、栗、檡等衍派，取義於木，焕乎若珊瑚玉樹交枝柯，後先輝映，流芳百世也。越國公遺澤孔長，爲子孫者食德毋忘舊德，服疇克念先疇，維血脉之相關，宜譜牒之連屬，若網在綱，有條不紊。即或萍蹤漂泊，散處天涯，無不可招之即來，既來則安，一髮以系千鈞，夫亦曰其初一人耳。

今考其世系，松、竹、梅、桐、梓、杞六派居分而譜亦分，惟珪、璞、璇派爲榛、栗、檡隨越國公隱靈山。後遷居厚宅者爲武烈侯八世孫，遷居珠川者爲武烈侯十一世孫，遷居東邑之集文者爲武烈侯十七世孫，至若盧坎、張村、嶺外、千祥、潭兒頭、前盧，皆開十六公之遺裔，其源皆宗靈山。譜牒之作，始治平至道光，譜凡十餘修，自道光丁亥至今咸豐丙辰，已近三十年，爲一世矣，歐陽譜例謂三十年一大修，正合其時。

歲首，各派耆老已有成議，奈遲之又久。剞劂氏已應請肯來，厚宅、珠川二派競以稿底未就，不欲踐約，不得已，印於集文家廟中，同盧坎、張村、嶺外、千祥、潭兒頭、前盧諸派合力而課成功焉。

溥從雅溪遷降祥，與集文居相近。家侄燮，癸卯孝廉，前會館課集文，稱其父老與其子弟皆古處之是敦，有先民遺風。溥自丙午饑滿，充貢不獲，投刺集文，適有嶺外之謁，一時謀面，如舊相識。相與溯源，流辨支派，鼻創耳紹，無虞遷地弗能爲良，且請觀家乘，披圖想像，若越國公、若武烈侯，百世後鬚眉若生。

今兹纂輯告成，溥不可不與聞，又不可不謹述其事以弁其首。惟望後之有心人引分者而歸於合，葛藟永庇，臭味毋差，公侯之子孫必復其始，吾於靈山苗裔有厚望云。是爲序。

大清咸豐六年歲次丙辰仲冬下浣之吉，歲進士、授識訓導、雅溪後裔盧炳溥拜撰

（選自第三支里盧宅《靈山盧氏宗譜》民國甲戌年重修本）

靈山盧氏宗譜序

今夫水之流也，千支萬港，匯瀛以至海，皆恃一源爲灌注；木之茂也，垂條結繁，薈萃以成林，惟恃一本爲根荄；人之生也，派衍支分，數盈宇宙，其初本於一人。賢子孫顧名思義，數典無忘，而因爲之溯源委、辨同異、定尊卑、聯疏戚，使子孫世守之，罔遏佚前人光，則譜之所繫，顧不重哉？

我盧氏始自太岳，實爲姜姓。自太公封齊，八傳文公之子高，高之孫傒食采於盧，因以爲氏。周、秦、兩漢，代鍾偉人，唐尤盛，稱門第者首屈崔、盧族，解元凫嶼作《盧氏通考》最詳盡。我雅溪派以後唐平章公爲始祖，而靈山派則本自越國公。公世居汴，仕周世宗朝，生八子，一女配世宗子炯。宋受周禪，俾炯易姓改名，而列爲九子，遂自洛徙浙之臨安，自臨安徙至永康靈山居焉，世所稱“九枝柴盧者”是已。

夫以公沉毅沖哲，始以一言衛儲貳之生，繼且百計杜斟灌之禍，忠智貫天日，宜子孫歷百千年之久，光遠而自他有耀也。顧族愈盛，勢越分，當時松、竹、梅、桐、梓、杞六派分遷浙西東者，勢既分而不合矣；即榛、栗、檡三派隨隱靈山者，子孫蔓延於東、永、縉諸邑，其勢亦分而不易合也。惟遷居厚宅者爲武烈侯八世孫，遷居珠川者爲武烈侯十一世孫，遷居集文者爲武烈侯十七世孫，若盧坎、張村、嶺外、千祥、潭兒頭、前盧等處皆爲開十六公之遺裔，其源皆宗靈山者，其譜自

宋至今皆合輯。

乃厚宅、珠川二派忽於咸豐丙辰之歲自行分去，中更壬戌粵寇之亂，巨族莽爲榛墟，世家蕩焉灰燼。諸文孫懼滄桑之變更也，典型之淪亡也，紀載傳聞之多散佚也，集謀修理。招厚宅二派復合不獲，仍遵舊章印於集文家廟中，而以士禄一人總其成。士禄英年積學，勇於爲文，此次矢慎矢公，不辭勞勩，派别正，昭穆明，氏諱里居有必詳，生卒字娶罔敢佚，而且是者正之，非者闢之，殘闕者補之，失次者序之，前之所無不敢增，後之所有不敢略，此固敦宗收族之至意、慈孫孝子之用心，上以繼序其皇，下以昭兹來許者也。

予既忝同宗，士禄又締文字緣，今因譜事告成來問序，爰不揣檮昧，約叙分合源流以爲復。

龍飛大清光緒七年歲舍重光大荒落相月，雅溪後裔辛酉拔貢即補復設教諭降祥璣拜撰

（選自第三支里盧宅《靈山盧氏宗譜》民國甲戌年重修本）

靈山盧氏宗譜序

竊聞古昔時代最重血統，我黄族姓氏數百家，推其錫姓之原，均出於歷代帝王之冑。故立宗法、明嫡庶、紀疏戚，緣情以定服，因世以制祀，使皆得伸其尊祖敬宗之心與事親敬長之誼，即成周小宗之職是。

漢唐以降，宗法既廢，官仕大夫始自爲譜，以明一姓之所自出。若應劭之《士族編》、王符之《姓氏論》、何承天之《姓苑》、唐貞觀之《族志》《元和姓纂》《敬淳姓略》《柳沖姓系》等書，無非以溯其系緒之詳而表其門第之盛。至宋歐、蘇，創爲一姓一譜、一族一譜之制，然後族之譜愈多，譜之例愈繁。

考《靈山盧氏宗譜》肇始於尚書越國公，系出於汴梁，著勳於後周，遁隱於躲山，庇蔭於柴氏，衍派於九支，其盛德懋功、支分派别之

源委,前序所詳,略而不贅。顧族愈大,支愈分,榛、栗、檡三派,與松、竹、梅、桐、梓、杞六支各先占勝。遠徙台、温者,譜分固無論已,且檡派與榛、栗二支俱同聚族於靈山者,譜亦分而不合。檡派孫發祥東、永、縉者甚多,間惟有八世孫遷居厚宅者,有十一世孫遷居珠川者,有十七世孫遷居吾東集文者,他若盧墈、張村、嶺外、千祥等派,皆爲開十六公之遺裔。至今支多分而譜合一,承宗風於勿替,敦族誼於勿衰,親親之道於是乎尚。況際此共和之時局,種争優勝,合五大族爲一國,呼四萬萬爲同胞,國族之擴張親愛也如是,家族之宜擴張親愛也何如?更念吾等同居此交通之世界,華夷互處,以一氏族可散滿地球,衆異族竟混居内地,種族之團結生存者如是,家族之宜團結生存者又當何如?

吾知盧氏宗譜此次僅經二十年而重爲修葺,毋乃趁時勢之潮流、采文化之輸入,整頓家法,更正家規,而董厥事者編審詳,取裁周,必有以新增其文化,引文明之導綫,養優秀之種,以蒸成善良之俗。靈山一族合群進取如是,使各氏族和群進取皆如是,我黄族不幾振興而駕馭他族者乎?吾於是發揚其種族必於盧氏之譜覘之,光大其氏族必於靈山之派望之。

是爲叙。

時中華民國二十三年歲次甲戌菊月中浣吉旦,嗚珂里張春樹鞠躬撰

(選自第三支里盧宅《靈山盧氏宗譜》民國甲戌年重修本)

靈山盧氏宗譜跋

余族宗譜,自光緒庚辰重修而後,閱三十有四年矣。今復集議重修,始事於季春,告竣於季冬。余既作序,弁之簡端,然序中第言錫姓緣起與作譜規例,而於此次修譜原因均未之詳。蓋此次修譜實爲譜牒歷史上一大關鍵,其難有四:

咸豐六年，因雪村之事與珠川不協，分局各做，歷經二次修輯，均因宿嫌，不肯合併。若再任令分離，則愈疏愈遠，實非我祖宗一視同仁之意，亦非我子孫敦宗睦族之心。此次再三集議，詳細勸釋，以底於成。一難也。分局以後，二處譜稿，自成風氣，彼此互異。詳稽本末，則“禮”字行以上本派譜稿俱屬原本，自應以本派譜稿爲主，無庸更張。“義”字至“能”字三代，本派譜稿有行無傳，須將珠川、厚宅各行挨次補入。至“惠”字以下，新舊各行均須重行編次、謄抄、校對，手續繁雜。二難也。本族譜稿歷次修輯，無不因陋就簡，庚辰重修，雖經我父筆削，略有損益，而大致悉仍其舊，闕略良多，拾遺補闕，實費經營。三難也。先人手澤，片紙隻字皆當寶貴，舊稿文苑一門，不過傳略而已，其餘均屬缺如，何以光前烈而裕後昆？今於殘編斷簡之中博搜詳采，凡關於先人事蹟者無不手録成帙。以名人題贈本族者爲前集，以本族先人吟詠之作列爲後集。年湮代遠，考核未精，四難也。

四難之外，有宜删者一，有宜增者六。

我世祖七三公本屬後周柴世宗次子，實爲柴氏後裔。然既易姓從盧，且靈山各派均以越國公爲始祖，我族亦然，似不必觀，繼長增高，無不藉此爲模範，則纂修與贊助，諸譜董之功跡俱不可泯。四祭儀、五服制，人生在世禮節爲先，喪祭尤禮之大者。今民國成立，古禮蕩然，余采輯入譜，殆亦禮失求野之意乎。六立繼規程，無後立繼，以續血胤，法美意良。乃世風不古，屢起爭端。今考之古，酌之今，撰立繼規程，示後人以準繩，亦防微杜漸之意也。至於譜例、格言、家訓、族規，重復者删削之，脱誤者增益之，舊序傳略及一切詩文、詞贊、約據、圖説，不無魯魚亥豕之訛，一一校勘訂正，以期盡善。

竭五夜之微勞，成一家之信史，吾之心庶少慰耳。若夫增光潤色，惟望後之賢君子有以匡吾所不逮也夫。

中華民國三年甲寅太呂月，三十三世孫寶仁謹跋

（選自第三支里盧宅《靈山盧氏宗譜》民國甲戌年重修本）

盧氏世系分派源流考

盧氏錫姓，肇始高傒。史載齊太公八傳至文公，文子生子高，高生傒，食采於盧，嗣後子孫以盧爲氏。今山東濟南府長清縣西南二十五里有故盧城，即當時封邑。秦博士敖以來，子孫世居范陽之涿郡，故曰范陽郡。漢中郎將植爲世大儒，昭烈微時曾執經門下，殁後從祀孔子廟庭。生子司空公毓，毓生侍中公班，班生衛尉公志，志生中書公諶，皆顯名魏晉之世，子孫散居各處。

至唐，居幽州者曰杲之公諱照鄰，與王勃、楊炯、駱賓王齊名，號爲“四傑”。居河中者曰允言公諱綸，有詩才，號“大曆十才子”。居濟源者曰玉川公諱仝，工茶歌，邑有“盧仝煮茶泉”。玉川公八世孫諱貌，仕後梁，居汴位上卿。生越州令清。清生越國公琰，佐後周定天下，世宗贊其“學粹行卓，有古大臣風”，歷任工部尚書加銀青榮禄大夫。迨宋受周禪，欲安置柴氏，後公即攜周皇次子蘄王熙誨與其八子一女遁居江南古麗州之翠峰山下，即以女招蘄王爲婿，易姓從盧，列爲九子，是爲“九支盧”始遷之祖。

曰珪、曰璞、曰璇，以榛、栗、櫸爲號；曰鋭、曰衡、曰勳，以松、竹、梅爲號；曰敏、曰理、曰衛，以桐、梓、杞爲號。散居甌、婺、越者，皆公裔也。璇即周皇子，宋乾德間録用周室勳舊，召公父子。公以原官起用，晉爵越國公，並授璇公殿前防禦使，封武烈侯，其諸子各授職有差。子孫蕃衍，尋卜遷靈山，其地舊有“三盧”，上盧、中盧至今猶存其名，而下盧一派星散他處，故址已滄桑矣。

璇生可公，仕禮部尚書。可公生子四，三行韜，由湖南經略副使封榮禄大夫、柱國、上將軍。韜公生子漢，任金吾衛大將軍。漢公生芮，任湖廣行中書省平章事。芮公生子五，幼曰瑨，封武烈大將軍。子三：長曰真，官評事；次曰立，仕都事；三曰澤，贈武顯大夫。澤公遷居厚宅，是爲厚宅始遷之祖。立公生子二，曰超、曰榮。超公生子二，曰玩、曰播。播生子二：長曰昌堯，任仙居縣知縣，居珠川，是爲珠川始遷之祖。澤公生子三，幼曰軒，任浙東明州巡司，生子二，次曰琢，生子昌年。昌年公生子茂，茂生子克誠，是爲厚宅、集文共祖。克誠生子三，長曰宗臣。宗臣生子二，次曰深。深生泰澤。泰澤生子六，長曰繼生，贅於集文，遂卜居焉，是爲集文始遷之祖。若前盧則厚宅出也，上廳則珠川出也。其餘若盧墈、張村、嶺外、千祥、仰口園，又皆從上廳出也。

翻玉牒而溯淵源，門第獨興於趙宋；覆金甌而卜宰相，世家争説夫崔盧。典策俱存，箕裘誰紹；一經裕後，千載流芳。凡我宗人，其各鑒諸。今將各派遷居緣起詳列於右：

厚宅派：第八世行九四公遷。

珠川派：第十一世百三十八公遷。

集文派：第十九世宏二公遷。

前盧派：第十九世恭五公遷。

盧墈派：第二十一世椿十一公遷。

張村派：第二十二世森九十一公遷。

嶺外派：第二十五世富五十七公遷。

千祥派：第二十五世富十八公遷。

仰口園派：第二十九世禮九十七公遷。

（選自第三支里盧宅《靈山盧氏宗譜》民國甲戌年重修本）

第三支(金華東陽)里盧宅盧氏世系概覽

(1) 盧琰→(2) 璇→(3) 可→(4) 行韜→(5) 漢→(6) 芮→(7) 瑁→(8) 澤(厚宅祖)→(9) 超→(10) 播→(11) 昌堯(里盧宅、珠川祖)

第三支(金華東陽)里盧宅盧氏排行字目

上世排行(自第十一世起至二十八世止)

百千萬　元通昇　宏仁怡　興洪進　賦敏文　行忠信

新編排行字母(自第二十九世起)

禮義廉能　惠愛慈謹　雅淑淳清　尊榮顯耀

謨烈鼎新　肅凝敦睦　倫叙修明　淵源昭穆

(選自第三支里盧宅《靈山盧氏宗譜》民國甲戌年重修本)

盧氏家乘舊序

永康邑東著姓青山盧氏,出自後周柴世宗之裔諱炯,仕宋爲防禦使。封殿前武烈侯之後炯,以周室禪位於宋之嫌。後宋尚書越國公琰字文炳,生八子一女,以女妻炯,作爲己子,炯遂易姓爲盧,改名曰璇。其所謂隱柴爲盧者明矣。

璇生可,仕禮部尚書。可生韜,仕臨安經略,封護國上將軍。韜生二子椿、榮:椿樞密承旨金吾衛上將軍,榮授南豐教諭。其先居汴之臨安,從宋高宗南渡,居錢塘,自錢塘徙永康靈山居焉。至十世孫宗愛更析青山,青山之祖者公之所自始也。曰西山、石江、石馬諸處,皆靈山之分焉。

余觀斯譜,則知其顯榮於時,衣冠聯蟬,代不乏人。究其所自,間有好義樂施、勤力稼穡、善繼善述、優遊林泉、規家禮義、叙厥世德,是皆光前裕後者。迨今嗣孫曰子盛,偕侄曰惟禮,深念祖宗創業之艱難,族屬之疏遠,概爲倡率,延余於家之精舍,纂修宗譜。申明世系,序厥昭穆,以聯屬族人無窮矣,敦彝倫、示勸懲,甚盛事也。余固不辭耄陋而書之。其於盧氏之孫子能相勸勉,而益振起其家聲者,又余之所深望也。

是爲序。

時萬曆廿二年孟春之吉,禮部儒士外甥桐塘誠齋撰叙

(選自第三支西塘《靈山盧氏家乘》民國戊子年重修本)

盧氏宗譜序

人之生也，則必有其祖，如木之有本、水之有源，不可不知所自出也。知所自出者，謂之知本；知其本，則爲仁之道矣。

余居華溪之東曰青山，同里盧氏文真字世寶，故宋武烈侯盧公璇之後也。稽之世系，自公迄今百有餘年矣。世寶歲時祭祀其高曾而下，敬禮不怠。暇日原其先世系緒、支分派别、名次生卒、埋葬處所，及婚娶子女，莫不纂輯，以成斯帙，名曰《柴盧宗譜》，更求諸名公之文以引其端。洪武癸亥，因出以示余，且曰："若斯譜久莫能葺，幾已泯矣，今幸而有成，亦令祖之餘慶也。請爲文以識之。"

余遍觀之，其宗支有派、昭穆有叙，其年之遠，其族之衆，與夫仕隱出處，莫不燦然如指諸掌，因作而曰：賢哉，世寶之意，修續譜牒，其可知本乎！夫人之有高曾祖父，至於子孫曾玄，誠一人之身也。故蘇文公曰"自一人之身，分而至於途人"，此其譜之所以作也。世寶之意於斯，蓋亦蘇公之志歟？後世子孫觀者，孝弟之心豈不油然而生歟？於其爲仁之道也大矣。

故爲書歲月，用歸於世寶云。時歲八月丙戌之望。

順治丙戌年八月，同里吕恒滿記

（選自第三支西塘《靈山盧氏家乘》民國戊子年重修本）

盧氏重修宗譜序

後周柴世宗禪位於宋，其裔孫炯初封殿前武烈侯，以易姓之嫌入贅於越國公盧琰家，遂改氏爲盧，改名曰璇。數世居汴，後從宋高宗南渡徙居錢塘，再自錢塘徙居永康之靈山。至十世孫宗愛公，又析居青山，其石馬、東巖諸處，皆靈山之分支。

至第二十世禄公復析居西塘，爲西塘始祖。夫當國家播遷之候，能不湮没於兵燹，擇地而蹈，上承宗祖，下啓子孫，非胸有大經濟者，其孰能是？盧氏經北宋、南宋二次之厄，挈家於永康之東境，爲永康著姓，其柴氏之積累使然歟？抑盧公調停盡善之所爲歟？

今盧氏之秀出者名綱等，念祖宗之遠莫能稽，子孫之繁而難紀，會集族之各房長，禀命於父老輩，自乾隆辛酉至道光咸豐、丙辰二次，已被毛賊毁壞，故議修家乘，衆皆忻然樂從。其系圖世傳，燦然一新，外又表彰忠孝節義，以及嘉言懿行，靡不收録，以昭示來兹。後之覽斯譜者，於以知善有所勸、惡有所懲，而繼繼承承，相引弗替，則是譜之有裨於人心風俗者甚大。

余祖亦出自永康，後又愛遊山水，尋三大嶺地脉之勝，得悉盧氏之由來，而喜其克振家聲也，爰誌數語，以冠諸簡首云。

時大清同治十二年歲在癸酉仲春之吉，恩貢生侯選教諭吴寧後學賈基拜撰

（選自第三支西塘《靈山盧氏家乘》民國戊子年重修本）

盧氏重修宗譜序

光緒甲辰，盧氏合議重輯族譜，起蘭以從學於余，約余爲之序。

余取而觀之，西塘派自青山，乃十世孫宗愛公之後。及溯而上，宋時越國公盧琰其鼻祖也。其纂書圖傳言之詳矣，余何容贅？雖然，竊有説焉。

近來士大夫家多以科甲蟬聯、人丁繁衍爲右族。盧氏以越國公後，著名仕籍者代屬寥寥，而自禄公析居西塘流傳至今，生聚訓誨，儼已成邑成都，無識者每視之以爲不足重輕，而豈其然哉？嘗讀史，晉青州氾氏，奕世儒素，九族敦睦，人號其家“兒無常母，衣無常主”。唐饒陽劉氏，同族兄弟猶同産也，人名其堡曰“義成”。宋河中姚氏家歷十三世，代經七朝，年逾三百，而其族孝睦不替，詔改其鄉曰“孝悌”，社曰“節義”，里曰“愛敬”。若此者豈以其貴耶？抑豈以其衆耶？夫亦以家世忠厚，敦族誼，聯族情，卑不犯尊，幼不逾長，雖人易世疏，而

無强淩弱、智詐愚、富吞貧之習，以故生相親愛，死相哀痛，齒讓彬彬，風禮著聞，稱爲望族云爾。

盧家自琰公來，植德樹基，庇其本根者既厚，而復爲之立家規、建祠堂、修族譜，用以尊祖敬宗、型家而範俗者又靡不至，則讀斯譜者，禮讓之心油然以生，而弱者植之，愚者導之，貧者恤之，卑焉而尊其所尊，幼焉而長其所長，生則相愛，死則相哀，以追蹤汜氏、劉氏、姚氏之家風，而無忝祖宗植德樹基之世意，則盧氏子姓永不頽其家聲，而世世稱右族焉，豈必以爵位爲榮、以户口爲盛哉？然而榮焉盛焉者亦由是乎在。起蘭曰"善"，遂次之以爲序云。

時光緒三十年歲次甲辰中秋節後八日，戊戌科進士江蘇即用縣知縣、眷弟應德完頓首撰

（選自第三支西塘《靈山盧氏家乘》民國戊子年重修本）

西塘盧氏續修宗譜序

西塘盧氏，宋開國上將軍琰公之後，永康望族也。宗譜創自宋代咸平，止於民國辛未。自辛未後迄今又有十七八年，其間生者生、卒者卒，以及婚嫁、葬所，在在亟須登譜，爰有孝孫起達、政苞等發起續修。

斯時予適授館西塘，因而索序於予。予固辭不獲，乃細查該譜序文類，皆名人巨筆，足以照耀千秋。或序其源流，則自越國公以下條分縷析，九支之世系昭然若揭也。或序其遷徙，則自汴京發脉以來，而錢塘、而靈山、而青山、而西塘，根深葉茂，百餘村歷歷可數也。或序其閥閱，則自工部尚書而後，封武烈侯者有之，任侍郎者有之，官中議大夫者有之，登進士舉人者有之，簪纓累世，指不勝屈，煌煌乎一邑華宗也。他如載善行則傳略連篇，敦倫紀則凡例具在。序文之美備如此，予將何以爲序乎？

雖然，序者序其大綱也。前此序譜者，動言記生卒、清世系、序長

幼、辨親疏、分昭穆，信乎名實相副矣。獨有昭穆一項未曾見諸實行。《記》曰：宗廟之禮，所以序昭穆也。序之之道何在？據《禮》應以一世爲始祖居中，二世爲左昭，三世爲右穆，進而爲四世、五世以至千百世，莫不皆然。神主之寫法、坐法如此，與祭之子孫亦如此，昭與昭齒，穆與穆齒，然後昭穆分明，始不蹈空言之弊。

予所欲序者，惟此昭、穆二字而已。敢以質之理譜諸公以爲何如？

是爲序。

時中華民國三十有七年歲次戊子，前清邑庠生方顯德拜撰

（選自第三支西塘《靈山盧氏家乘》民國戊子年重修本）

世系圖引

盧氏系出後周皇帝柴世宗時，子孫繁衍，散處四方，代有顯人。迨後易姓爲盧，簪纓繼美。數傳而降，有諱榮者授南豐教諭。先居汴之臨安，從宋高宗南渡，居錢塘，自錢塘遷居永康四十五都之靈山。此永之石馬、西山、石江諸盧之所同祖也。至十世孫宗愛由靈山再分青山，此則今西塘盧氏之祖也。雖前九支之派世序皆有可稽，而譜牒已分，亦不敢妄引以誣其先，衹將靈山分居之祖次第而續輯之，爲青山盧氏家譜云。

（選自西塘《靈山盧氏家乘》民國戊子年重修本）

居　址

我盧姓五代時梁卿鶚公、唐越州令清公世居河南臨安。因周禪位於宋，建隆初後周工部尚書琰公偕子及婿璇公始遷永康四十五都靈山。

我本派工部尚書三世孫禮部尚書可公，宋祥符間由永康四十五都靈山遷仙居。

我本派禮部尚書三世可公十世孫德州判官子安公，宋嘉定間由仙居遷永康白雲山下，釗公由仙居遷永康柏巖西山。

我本派子釗公三世孫諱道公，宋咸淳間由柏巖西山始遷二十三都上盧。

在城東門派德州判官子安公五世孫安陸衛鎮撫得公，明洪武間由永康白雲山宦安陸，因家焉，六世孫瓊公襲前職調蘭州。

我同派子質公留處仙居，今明章公以進士爲南北兩京侍御史，明教公爲江西撫州府檢校，應震公爲兩京五城兵馬指揮。

一派東陽由仙居遷，今仲佃公以進士累官布政使。

一派本縣石馬下由靈山遷。

一派本縣石柱由靈山遷，宋進士燦公爲縣丞，明賢良鑒公爲永豐知縣，明舉人甫公爲中護衛經歷。

一派本縣大山及四十五都上下中盧，即靈山也，其後時中公登宋淳祐丁未進士。

一派第十世宗愛公由青山口即西塘靈山遷。

一派溪下由靈山遷。

一派大都由靈山遷。

一派青山由靈山遷。

一派處州府由靈山遷。

一派縉雲縣小溪由靈山遷，其後勳公明進士，累官刑部尚書。

一派台州府天台縣由靈山遷，今季鳶公見中萬曆乙酉科浙江鄉舉。

一派台州府黃巖縣烏巖由靈山遷，今明諏公見中萬曆乙酉舉人，丙戌科進士。

一派餘姚縣由靈山遷，今漸公以鄉解元登進士任知府。

一派杭州府由余姚遷，今復仁公見中萬曆□□科鄉舉。

一派世光公上高縣尹，由永康遷武邑盧壁。

已上諸派枝分條析，或顯或晦，或富或貧，雖曰不同，要皆越國公九支之苗裔也。

（選自第三支西塘《靈山盧氏家乘》民國戊子年重修本）

第三支（金華永康）西塘盧氏世系概覽

(1) 盧琰→(2) 璇→(3) 可→(4) 行韜→(5) 榮→(6) 善→(7) 雅→(8) 隆→(9) 科→(10) 宗愛（居青山口即西塘）→(11) 才→(12) 鑑→(13) 夔→(14) 倩→(15) 會→(16) 長→(17) 祥→(18) 安→(19) 棖→(20) 禄（西塘祖）

第三支（金華永康）西塘盧氏排行字目

萬代排行字目：

一七四五　六八九十　三二廿伯　千萬小尚　宗遜暹益

權勢緣恒　道乾元貞

九支合字俱從廿九世起，續以易例編定一十六，使後各支統會得以相符。

豫升咸亨　臨觀萃濟　師旅壯艮　需豐節比

（選自第三支西塘《靈山盧氏家乘》民國戊子年重修本）

宋盧氏家譜舊序

按，越國公姓盧氏，諱琰，字文炳，五季河南臨安人也，仕周爲學士，累官都點檢、光禄勳、工部尚書，封越國公。配行軍都大元帥趙光之女，封越國夫人。生八男，曰珪、曰璞、曰鋭、曰衡、曰勳、曰敏、曰理、曰衛。一女曰錦。

顯德中，宋太祖代周，公自臨安遷錢塘，復遷永康之靈山。時周世宗三子：一恭帝，宋封爲鄭王，遷之西宫；一爲大將軍潘美所收，更名潘惟正；一公收之，妻之以女，從公姓，更名璇，從女次爲公第三子，宋封爲武烈侯。皆即木爲號,曰榛、曰栗、曰檡、曰桐、曰梓、曰杞、曰松、曰竹、曰梅。

太祖、太宗素重公,擢其子孫列顯要,金紫交映,天下榮之。後族屬蕃衍,析處各方,並稱名族云。

時大宋皇祐五年冬十月吉日,賜進士職方員外郎贈少保、邑人樓定國書

(選自第三支山後盧《盧氏宗譜》光緒甲午年重修民國丁巳年續修本)

明盧氏宗譜舊序

盧氏之族,其來遠矣。自周封太公於齊,至文公子高之孫傒食采於盧,因以爲氏。迄於五季,有仕梁卿諱鶉者,生二子,曰泉、曰清。清爲唐越州令,生琰,字文炳,周世宗顯德中,爲行軍運幹都點檢,累官至光禄勳、工部尚書,封越國公。配都大元帥趙光女,封越國夫人。八男一女,贅柴世宗庶子炯,隱柴居盧,名璇,爲九子。

宋太祖代周,自臨安遷居錢塘,復遷永康靈山之麓。嗚呼,此何心哉?忠貞之心也。九子皆仕宋:曰珪,爲荆湖安撫使;曰璞,爲工部侍郎;曰璇,爲樞密院同知;曰鋭,爲中議大夫;曰衡,爲從事郎;曰勳,爲廣南觀察使;曰敏,爲將仕郎;曰理,爲副將;曰衛,爲都司令。孫可,爲禮部尚書。曾孫行韜,爲湖南經略安撫使。孫漢即恒稔,爲教諭。厥後,如侃爲提舉,嘉爲承事郎,宛爲迪功郎,真爲較勘,謙爲都巡,泓爲太學生,傅爲荆湖都統制,宏爲朝議大夫,子安爲德州通判,深夫爲翰林孔目,世光爲縣尹。迨元,如琥、遷、誼、堅、澄、寬、朝、遐爲教諭,蘐爲承事郎,經爲浙江提領。

入我大明,如得鎮撫安陸,瓊鎮撫蘭州,惟善知修武縣事,琦教諭茌平,夔縣丞曲江,本、貴、政、成、玉世襲肅州衛左指揮僉事,漢爲陝西東路涼莊遊擊將軍。他如,仙居之工部侍郎迴、太守德英、御史明

章、檢府明教、兵馬指揮應震。縉雲之刑部尚書勳、太守點、轉運同知致，東陽之布政使仲佃，餘姚之太守漸，天台之舉人季鳶，黄巖之舉人明諏，皆屬公裔。甲第雲礽，勳猷懋著，文經武緯，炳耀後先，歷六七百年間，耿耿不磨者，詎非公忠貞之德致然哉？

萬曆乙酉，公二十二世孫、余門人應試子修家譜成，以侄榮如京師考最，請余序。夫德懋則積厚，積厚則發光。余嘗知永康事，知盧之族久矣，以盧之流，采盧之源，誠然哉有世德者有世家，匪公德，其誰培之？而子安諸公積德之厚，余又逆知其發之光無窮也。

謹序。

時萬曆乙酉冬十月朔日，賜進士承德郎刑部雲南清吏司主事、前知永康縣事姑蘇挺庵文仲吴安國撰

（選自第三支山後盧《盧氏宗譜》光緒甲午年重修民國丁巳年續修本）

咸豐乙卯盧氏重修宗譜序

今上龍升紀元之歲辛亥冬，余奉調承攝署永康縣篆。視事未及期歲，適大祲，殫力籌賑，已事而逡。暨甲寅夏，倏憲檄改調四安鎮駐防佐辦軍務，荏苒又歷一年矣，抑不知永康可有誰氏知余而不忘余者？

忽此月旬日，上差往東甌，道經永康，有二三紳老馳至旅所者，云永康盧氏纂修宗牒，其紳秀耆老鳳鳴、立山丐叙言。抽策列之，支派、系圖、字行、班列，分紀别類，秩然有條，其系有别爲一圖，不相淆雜。著所得氏推而上之，以五代越國公盧尚書琰始，循次列宋武烈侯之所生止。武烈侯者，本周世宗三子，以宋太祖受禪避居於永康之靈山，遂易名氏，隱柴爲盧，從婦翁姓盧氏，更名璇，爲永康靈山祖。派而之甘肅、之台州峽陽、之東陽者皆是也。居峽陽數世，又轉族永康之白雲原。由白雲原而分族高川，又由高川而分族於傅城之迎曦門内外

永寧、龍泉二坊者，此其是矣。宗法遂因以之立，世承仰云。

萬曆丙戌舊本，乾隆、嘉慶間屢經增輯勿替，以宋寶慶丙戌進士德州判官子安爲一世祖，世次繩纂而下，綿綿延延，承嗣至於今代，昭穆系焉，此用歐陽譜法、本馬遷《史記》序系例也。其標字列行，恪遵眉山，悉如圖系。始列德州，不參以越國、武烈，存其系而不敘行，示不敢祖之義，抑率親之謂仁耳。余嘗聞之顧林亭云："北人重同姓，多通譜系，南人則有比鄰各自爲族者。"是北人之支派不及南人類族辨生之嚴。然歷世或以湮遠而難稽，人事轉以崇飾而失實，謝宣遠所謂"萎葉附榮條，涸流託河廣"者，往往有之。

若兹盧於古最多夙望，漢有子幹以經學著節，晉有子諒以文藝顯名，隋唐以來不可枚數。昔唐太宗命高士廉撰《氏族志》云，我於崔、盧、鄭、李無嫌。是盧爲隋唐著姓，既已彰彰。

今閱兹譜，獨不攀附顯榮，混淆似續，以後周之更氏者著所自出，以有宋之定居者立所自始，正其本，清其源，統會不紊，重本始，別婚姻，美人倫，厚風俗，胥於是乎在焉矣。然則是役也，衿秀老成，合心秉德，雖不致一介乘便勢來求余敘，是以知本而不忘本者，並以知余而不忘余者也。余以軌塗委頓，疲於馳驟，不暇及筆墨事，抑又非能言者，亦奚得以敘爲？雖然，族紳老既不余棄，余又有説焉：尊祖、敬宗、收族，孝德也，亦至德也。繼自今纘成宗系，率是名德，敦崇《大學》仁讓之教，講求太邱雍睦之風，庶幾椒衍瓞綿，閭無不光也，世無不昌也，群萃聚居無不長也，世世萬子孫當必有興且顯者。

乃濡筆撰詞，適如余意所欲言，俾知所世守，列之簡弁，以爲序。

時咸豐五年歲在乙卯季春月之吉，前特授永康縣知縣、候陞分府、現調理四安鎮駐防事務果卿湯成烈拜撰

(選自第三支山後盧《盧氏宗譜》光緒甲午年重修民國丁巳年續修本)

盧氏續修宗譜序

自古有國者必有史，有家者必有譜。晉之《乘》、魯之《春秋》，其文雖不同，其義則一致。是故史嚴一字之貶褒，譜序千秋之統系。考之《説文》，譜，籍録也，補前人所未備也。使無仁義以率之，則上祖下禰，何以昭示來兹乎？《舊唐書·經籍志》云譜系以紀世族繼序，明歷代之源流，祝馨香而弗替，今古皆然，後先同揆。

靈川盧氏，族大支繁，宋封越國公文炳後也。宋受周禪，越公尚氣節，誓不臣二姓，率其宗子贅婿偕隱於吴越之臨安。未幾，又遷隱於永邑之靈山。以視今之仕兩朝、臣二姓者，其風節氣誼爲何如？故有越公之氣節，不獨爲盧氏增光，並可以挽澆風而化薄俗。

余於丁巳秋來宰是邑，士希盧君主盧氏譜事，問叙於余。余重其請，而告之曰："公亦知薰蕕異器、涇渭同源乎？以清濁之殊流，别宗支之派衍，吾深願盧氏賢裔，繩其祖武，群厲越公之忠節，有以光大其門閭。"雖代遠年湮，滄桑屢變，迄今追溯柴盧一脉，猶見靈山蒼蒼、溪水泱泱，殊令人緬想遺風，低徊不置也。

是爲序。

中華民國六年歲次丁巳嘉平上浣，永康縣知事伍誠序於官廨之聽雨樓

（選自第三支山後盧《盧氏宗譜》光緒甲午年重修民國丁巳年續修本）

玉川盧氏續修宗譜序

近人侯官嚴氏譯英國甄克思《社會通詮》，謂人類進化由圖騰社會晉宗法社會，再晉國家社會。獨吾國囿宗法故習，未克並駕競晉。言外若不勝感概者。然與國内儒學家推崇宗法，謂展孝思、聯一本、旌善類、寒不軌，足以輔官力不及，尤得古聖賢教養大義之説顯相歧異。

間嘗思之，甄克思言世界，將來必由之階也；儒學家言維世，一時未可廢也。雖然，海禁通後，儒者之講道説禮猶是，國勢且日鄰危亡，此固喜新者之過而儒者言行不顧之病，亦曷可宥也？即以宗法論，宗譜者，宗法之所寄也，訓族有例，而例未必實行；治家有規，而規未必遵守。善當獎，所獎者未必善；惡當懲，所懲者未必惡，則亦何貴名存實亡之宗法也哉？

古人之於譜也，明其合譜總系，詳其分譜支系，志居址防其涣，志塋墓慮其湮，舉凡科名、爵秩、孝弟、節義之事，必特表而加詳焉，伏法、充役、逃禪、入道之流，必秉筆而示警焉，異姓、抱養者不紀其出，娶孀、買妾者不紀里族。故一展卷，賢者知勸，不肖者知懼，宗法之精神於是見。蓋一族之譜，猶一國之史，所由爲世隆重耳。況合人以成家，合家以成族，合族以成國，使人人知宗法宜重，則國法尤宜重。人同此心，心同此理，家不足齊，國不足治，則進而躋諸國家社會之域無難。蓋甄氏之言，患人知有一己，不知有國家，而儒學家言尤重在人知有本，實殊途而一致也。

盧子士希，與余相處有年，其歸也，以纂修譜事自任，以書來京邸，囑弁首簡。余知其必能會通中外所持宗法之旨，以自勉者勉其族人也，因書其大義，著之於篇。

時中華民國七年歲次戊午夏歷太簇月吉旦，晉授予勳二位二等文虎章、三等寶光嘉禾章、陸軍上將銜、陸軍中將持授懷威將軍、前浙江督軍兼省長，鄉世晚吕公望謹撰

（選自第三支山後盧《盧氏宗譜》光緒甲午年重修民國丁巳年續修本）

盧氏家譜後序

萬曆乙酉歲，仰雲盧公重修家譜成，主刑部政前邑侯挺庵吴先生

既揚言叙之矣。惟時公走一价來命不佞叙譜後，不佞雖不文，睹厥成，敢厠片言，以續貂尾。

竊惟譜牒起於宗法之衰，是以世之望族靡不有譜，故廬陵之譜歐陽、眉山之譜老泉，爲千萬世法章章矣。但譜族者多引勢位科目以稱高，務求粉飾彌文，炫人耳目，至於韜德巖林，以賢人君子自淑其操履者，則訾之以爲弗光，甚至於貧窶孤弱者，騁其意氣而忽焉。此非所以孝本源而仁枝裔也，況望其成信家史，而録人之齒頰哉！

斯譜也，不佞畢信其爲信家史也。不佞始遷祖德濂公，由知縣事來，遂家花園，世爲姻戚，距今三百余年。見其科目相承，冠蓋接踵，文臣武將，盈滿縉紳，且巖泉之下、閨閾之中，多以綱常名節争相磨濯，此皆郡邑有志，非不佞可以蕪蔓指也。不佞讀是編，寧不悚然肅、勃然興、瞿然嘆：是族之罕哉！雖然，風會日流，人心不古，昔老蘇氏之記譜亭曰："凡在此者死必赴，冠娶必告，少而孤則老者字之，貧而無歸則富者收之。而不然者，族人之所共誚讓也。"且舉鄉人之大慚而不容者六，爲族人戒，而缺其姓名，曰使夫人見之面熱身汗而咽不下也。有味哉其言之乎！

盧之族人甚夥，賢者無容喙矣。使人能孝本源、仁枝裔，舉老蘇氏之記譜亭者，口詔而心維，手披而思洽，且見諸行事焉，是則不佞所望也。若夫惟善公輩以科目仕國朝，子安公輩以科目仕宋室，琰公、清公、鵶公以科目仕五代，其勳猷事業炳炳烺烺於六七百載間者昭人胸目，又奚庸喋喋爲也。

不佞歷官有年，筆墨久廢，尊命於不佞，曷辭？匪敢言叙。

時萬曆十四年歲次丙戌季春月梓，賜進士出身、工部右侍郎徐贊次孫、判廣東惠州府事、邑人眷生白麓徐師稷拜書

（選自第三支山後盧《盧氏宗譜》光緒甲午年重修民國丁巳年續修本）

丁巳續修宗譜跋

本宗之譜，至明萬曆乙酉，始稱大備。其先文字可考者，宋仁宗皇祐五年賜進士職方員外郎、贈少保邑人樓定國有《盧氏家譜序》，寧宗嘉定三年翰林院侍講學士、知制誥、同修國史、知經筵事揭奚斯有《盧氏宗支圖序》。蓋本宗之譜，實肇炎宋，不幸燬於明正統括寇之災。嘉靖間羽房祖傑十九樂善公，嘗纂輯草譜，復燼於火。同時銜仁洪四十五東山公、竹房清二十三白潭公、角房汪八十八敬吾公，分房編系，各有著録。清九十一仰雲公踵樂善公志，經營二載，會峽陽宗裔五軍都督府教授明良公挾宗譜來，因得集其成，即萬曆乙酉重修之譜也。自是清乾隆戊辰毓四十九留春公、毓七十一望雲公，纘百六十餘歲之舊緒，再事重修，孤詣苦心，後嗣難及。

由此閲四十五年乾隆甲寅重修，閲二十九年道光甲申重修，閲三十年咸豐乙卯重修，閲三十九年光緒甲午重修，至本届重修，去光緒甲午二十有三年矣。總計自明萬曆乙酉至民國丁巳，閲世已三百三十年。此三百三十年中，皇室之陵夷幾何，簪纓之陵替幾何，而本宗之譜巍然尚存，追本溯源班班可考，雖孫子承繼之功未爲可没，然亦吾祖若宗在天之靈維持默護之力有以致之耳。

是役也，倡議於丁巳冬祭，開局於是年夏曆十一月二十日，至次年戊午夏曆正月十八日告成，爲時不逾二月，集事之速，衆口同許，此堪自慰者也。至增修起訖，“慧”行以前胥仍其舊，“慧”行以下多有增益。而總其成者家君與叔佩霞。司鑒修者祖廷楨、叔佩霞。兼司會計者叔王受。繕草兼校正者兄仰欽，弟服一、鯁生，侄雄伯。司庶務者兄壽安。董其事者祖潮昌、廷楨、汝坦，叔佐臣、慶餘、有霍，兄修德，弟貞奎、任伯，侄雄伯。

余雖濡筆蘸墨，有所剪裁，然非得伯叔兄弟子侄一堂和衷於事，亦曷由濟？工既竣，筆而存之。是爲跋。

時中華民國歲次戊午夏正太簇月吉旦，二十三世孫士希旌賢謹識

（選自第三支山後盧《盧氏宗譜》光緒甲午年重修民國丁巳年續修本）

山後盧譜載分流概況

我盧姓五代時梁卿鶉公、唐越州令清公世居河南玉川鄉，因周禪位於宋，建隆初，後周工部尚書琰公偕子及婿璇公始遷永康四十五都靈山。

我本派工部尚書三世孫禮部尚書可公，宋祥符間由永康靈山遷仙居。

我本派禮部尚書三世可公十世孫德州判官子安公，宋嘉定間由仙居遷永康白雲山下，子釗公由仙居遷永康西山柏巖。

我本派德州判官子安公五世孫安陸衛鎮撫得公，明洪武間由永康白雲山宦安陸，因家焉。六世孫瓊公襲前職調蘭州。

我本派安陸衛鎮撫得公三世孫本公，由蘭州陞陝西甘州衛左指揮僉事，尋調肅州衛，因家焉。今整公任江西贛州府知府，漢公陞陝西東路涼莊遊擊將軍。

我本派德州判官子安公六世孫修武縣知縣惟善公，明洪武年間由白雲山遷高川。

我本派子安公兄子質公留處仙居，今明章公以進士爲南北兩京侍御史，明教公爲江西撫州檢校，應震公爲兩京五城兵馬指揮。

一派東陽由仙居遷，今佃公以進士累官布政使。

一派本縣石馬下由靈山遷。

一派本縣石柱由靈山遷。宋進士燦公爲縣丞，明賢良鑑公爲永豐知縣，明舉人甫公爲中護衛經歷。

一派本縣大山及四十五都上下中盧即靈山也，其後時中公登宋淳祐丁未進士。

一派丁坑由靈山遷。

一派溪下由靈山遷。

一派大都由靈山遷。

一派青山由靈山遷。

一派處州由靈山遷。

一派縉雲小溪由靈山遷，其後勳公以明進士累官刑部尚書。

一派台州府天台縣由靈山遷，今季鳶公見中萬曆乙酉科浙江鄉舉。

一派台州府黄巖縣由靈山遷，今明諏公見中萬曆乙酉舉人、丙戌科進士。

一派餘姚縣由靈山遷，今漸公以鄉解元登進士任知府。

一派杭州府由余姚遷，今復仁公見中萬曆□□科鄉舉。

一派子安公三世孫上高縣尹世光公由永康遷武邑盧璧。

以上諸派枝分條析，或顯或晦，或富或貧，雖曰不同，要皆越國公九支之苗裔也。

（選自第三支山後盧《盧氏宗譜》光緒甲午年重修民國丁巳年續修本）

第三支（金華永康）山後盧盧氏世系概覽

（1）盧琰—（2）璇—（3）可—（4）行韜—（5）漢—（6）侃—（7）宛—（8）真—（9）泓—（10）宏—（11）演—（12）子安（山後盧祖）

第三支（金華永康）山後盧盧氏排行字目

外紀行録（十一世）：

一七三五　四大細成　億兆善萬

内紀行録：

第一世　積千

第二世　餘伯

第三世　慶禺

第四世　德亨

第五世　泰道珍尚

第六世　和叙采彌

恭禮定其亮輻
第七世　端資瑀庸方茂時原寧祐
第八世　宏鉅平交權遠永正志仕允
第九世　任福善瓊崇盛紹賓本進興禾
第十世　傑壽敬洪昌成英隆桂
第十一世　澄乾惟舜祥起澤雲仁
第十二世　清坤昇元智富淳道
第十三世　汪希賢貴中高
第十四世　浩安良榮德
第十五世　奇厚
第十六世　睿奕
第十七世　毓葉
第十八世　秀雲
第十九世　俊礽
第二十世　慧祥
第廿一世　聰開
第廿二世　明椒
第廿三世　貞實
第廿四世　忠蕃
第廿五世　淑衍
第廿六世　懿盈
第廿七世　文升
第廿八世　彰貽
第廿九世　武謨
第三十世　振燕
三十一世　紀翼
三十二世　綱熙
三十三世　嚴世
三十四世　肅儲
三十五世　經楨
三十六世　綸
三十七世　邃
三十八世　蘊
三十九世　惠
第四十世　恩
四十一世　廣
四十二世　濟
四十三世　統
四十四世　肇
四十五世　嘉
四十六世　穎

（選自第三支山後盧《盧氏宗譜》光緒甲午年重修民國丁巳年續修本）

峽陽盧氏宗譜序

從來天子有紀、諸侯有史、大夫有傳，而士庶人則有譜。使家而無譜，則世數之遠近、父子之相繼、昭穆之流裔、千枝萬派又何得而知乎？此孝子順孫所以急急於修譜也。

仙邑峽陽盧氏，其來舊矣。至瑞川公以春秋發科，登嘉靖乙丑進士，爲兩京巡按御史。弱冠時與予爲莫逆交，延予以訓子弟，夕間論文暇，談及往古廢興、世道汙隆及巨族苗裔，從而嘆曰："國之與家，其理一也。語其所以興者，莫不自祖宗植本完固、德厚流光所致，其蔓延不振者，亦子孫自廢墜耳。予家自始祖文炳公以開其源，嗣六庭堅公以浚其流，今墓祭有田，而宗祠未建，譜乘舊存，而後裔未修。吾欲酬祖德、報宗功，惟此二事爲至要。"公自鄉薦後，遂謀族之長者，積塋田之租，建立宗祠而願售其一。暨登進士，爲兩京御史，羈跡朝署，譜未暇及而公已逝世矣。

今歲，族之明衢、明鳳、應震輩徵予爲譜，曰："君與吾侄友善，又與處有年，知寒門者莫若君也，請詳譜之。"余受諸君之托，又思瑞川翁交好之舊，於是考譜之説，究譜之原，不特紀其字名、分其支派，書其年壽、卒葬之類已也，有歲時之會以講明譜法，有善惡之紀以昭示勸懲，有祭享之燕以篤厚親親，有規諫之益以申明憲典，尊卑之序、上下之等，秩然而不可以毫髮混者，皆於譜具之。又有周其貧苦，恤其鰥寡，慶相賀而喪相吊，凡力可至而情可孚者，莫不聯疏爲親、合異爲同，而一族之愛藹藹如也。循此則孝弟忠信之行，會於一家，孚於一鄉，流於邦國矣。

是序。

時萬曆六年歲次仲秋月吉旦，赤城台江山人侯大祚撰

（選自第三支峽陽《樂安柴盧合譜》民國乙卯重修本）

峽陽盧氏宗譜序

峽陽友人盧伯淵遇余，出家乘請序。辭以文不足發揚先世之盛，而請之愈篤。且念伯淵與予有金石之交十數年矣，誼不獲辭。

因考盧氏之先，有由尚書爲宋越國公文炳諱琰者，生八子珪、璞、

鋭、衡、勳、敏、理、衛，皆登顯要。有柴炯者，宋太祖受周禪，以周之後爲嫌，欲滅之，文炳諫曰："舜受堯不殺丹朱，禹受舜不殺商均，今受周而可殺炯乎？"力救得免。周本柴姓，文炳憫其帝允，以錦女配之。炯懼太祖威明，遂易姓從盧，改名曰璇。文炳視如己子，列其名號曰榛、栗、櫸、松、竹、梅、桐、梓、杞，並其婿爲九派。璇居三，生子可，仕禮部尚書，從父至靈山，又自靈山至台之仙居峽陽家焉，子孫多以武職顯。

世遠族殷，重罹兵燹，舊典散軼，官職名號漫無足徵。自璇至十七世孫伯淵懼之曰："後之視今，猶今之視昔。"於是廣搜力索，法諸史表，其用心勤且厚矣，足以示子孫、垂家法、扶教化、厚風俗者不少矣，善乎！

歐陽文忠曰："子孫不知姓之所從與昭穆之序，禽獸不若。"嗚呼，人之生也，上自高曾，下而玄雲，自一人而爲十、爲百、爲千、爲萬，分有親疏，禮有隆殺，情有厚薄，推而上之，分而下之，蓋由一氣之流，富貴貧窮賢不肖雖不一，開圖視之，同出一人之身也。使能以先世之心爲心，賢而富貴視不己若者矜恤焉，不肖而貧窮視勝己者加勉焉，上下之愛敬、禮義之交孚，各臻於雍穆之域，則敬宗之實心於是乎驗矣。然有喜不慶、凶不吊、患難不相恤、歲時不往來，若越人之視秦人肥瘠者，悲夫！況又有矜能而恃分、恃財而賊恩者，禽獸之不若，又豈特昧昭穆之序而已哉？誠歐陽子之罪人也。

盧君喟然嘆曰：是吾志，請遂書之。

友人朱裴撰

（選自第三支峽陽《樂安柴盧合譜》民國乙卯重修本）

仙居峽陽盧氏重修宗譜序

竊惟敦本睦族，莫重於宗譜。宗譜者，傳世行遠之書也。與其文勝而失於夸，毋寧質勝而鄰於樸。蓋樸猶近信，夸或誕而不足徵也。今余觀於盧氏之家乘，抑何本本原原如萬派之朝宗於海乎？

盧本系出柴氏，居汴之臨安，其先世有諱炯字伯達者，周世宗之庶長子、工部尚書盧琰公之贅婿也。因革命，以周後爲嫌，遂更姓盧氏，改名璇，是爲防禦史、武烈侯。生子曰可，仕禮部尚書、銀青光禄大夫，從父徙居金華，又自金華徙居台之樂安，此峽陽盧氏其所由來者遠也。自可而下凡十五傳，族漸滋大，若仲和公之以友于稱，若侍郎士恭公之以忠節顯，若逸士庭堅公之以高隱聞，若義官廣明公之以孝思著，若監察御史公之以功績傳。代有賢裔，固班班可考也。

今其子孫繁衍，或宅析爲三，或岸分爲二，其間列黌序、貢成均者未可枚舉。使譜牒不修則世次不明，世次不明則親疏不辨，宗人也而途人視之，其毋乃非敦本睦族之道乎？况盧氏之譜再修於萬曆之戊寅，三修於康熙之丙子，已六十餘載於兹矣，殘缺之憂、遺亡之慮，尤其所宜關心歟？

第建祖廟以妥先靈，與修宗譜以綿世系，其爲序昭序穆之典固不異也。盧氏自乾隆甲子之歲，市材鳩工所以妥先靈者，經營十數寒暑，而始有翬飛鳥革之觀。設令疲於戮力，則世系之修輯，安知不視爲可緩之圖？兹乃兼而舉之，其族之賢者董率於前，而衆子姓亦莫不踴躍樂從於後，遂令宗譜與祖廟並告成焉，則所爲敦本而睦族者固已至矣，盧氏之多孝子賢孫，不於此而見耶？夫後之視今，亦猶今之視昔，若從此蟄蟄繩繩、克紹先澤而光大之，則武烈侯之發祥於峽陽者，方本支百世而不易也，豈慮世遠而無足徵哉？

余夙披安洲邑乘，已稔知盧氏之爲世家望族，爰因其賢裔古愚、賡虞二公之請，遂不揣孤陋，樂得而爲之序云。

時乾隆二十三年歲次戊寅桂月穀旦，天台後學坡山許宗潤頓首拜撰

（選自第三支峽陽《樂安柴盧合譜》民國乙卯重修本）

柴盧合修譜序

仙有同源異派，並著芳聲者，其柴氏與盧氏乎？柴本宗訓世子，

盧本宗炯庶子，均以世宗爲所出之帝，此天潢世系，非他族比也。

余取其譜而閱之：柴有諱定者，爲河南御史；有諱安者，爲兖州參軍；有諱予者，爲淮東制置大使，後轉統軍元帥；有諱寧、諱澗者，爲資政大夫、奉憲大夫；又有遷仙之祖諱斌，爲臨海縣尉者。而盧則有工部尚書諱琰者，九子俱登顯要，第三爲防禦使武烈侯，係柴贅婿，改名璇，即前所謂宗炯者也。炯子禮部尚書、銀青光禄大夫其諱曰可，自汴徙居金華，又自金華徙仙之峽陽居焉。遞傳而後以忠顯者又有侍郎士恭公，以惠稱者又有義官廣明公，以政績著者又有御史明章公而提刑大夫五城兵馬，又有明教、應震二公姓名昭於天府，勳業紀於旂常，詩禮相承，簪纓繼美，洵望族哉！

第譜前未經合修，柴載璇公爲子而孫即從略，盧載琰公爲祖而原亦未詳，則於尊祖敬宗之道猶未至，而敦宗睦族之誼猶未全也。今諸公有水源木本之思，合而爲一，率衆重修，延余訂證。余將行支柴居先、盧居次，以明君臣之分，亦以尊所出之帝也。自璇公以下並屬之盧者，以明甥舅即父子，所以不忘恩也。有圖以列於前，有行以序於後，使觀者燦若日星而知某公爲柴，某公爲盧，所謂一而二、兩而化也。金枝玉葉，本屬同根，而何分於柴、何分於盧？所謂二而一、一而神也。然非諸公孝思誠篤，其能覩是盛舉哉？

余序稿方成，客進問於余曰："昔世宗受命，善政累書，五代中稱爲令主而速亡，何也？"余曰："天將昌大其後嗣，故自宋而元而明，以迄於今八百餘年矣，而宗祏巍峨，俎豆之馨香綿延弗替；孫支蕃衍，昭穆之行列遞序無窮。非甚盛德，其能若是哉？"客唯唯而去。

爰登是語，以與二氏之家乘並垂不朽。

時乾隆五十九年歲次甲寅夏月吉旦，恩進士、候選縣正堂、眷晚生鶴峰項惟聰頓首拜撰

（選自第三支峽陽《樂安柴盧合譜》民國乙卯重修本）

峽陽盧氏重修宗譜序

夫家之有譜，所以序昭穆、分尊卑、辨親疏，承先啓後、昭示來茲，表者也。上乎前人之美而考祖之勳業以光，下登乎後輩之名而曾玄之事實以著，則之譜有關於世教也鉅矣。世遠年湮，譜牒殘圮，有孫不識其祖支、不知何派者，所貴孝子順孫修而葺之，庶不至於湮没無傳也。

我族肇自五季，裔出周世宗之後封武烈侯諱宗炯者，係工部尚書越國公盧琰之贅婿也。以趙宋革命爲嫌，改柴爲盧，列嗣居三。易舅甥爲父子，固千載之美談；聯帝姻爲骨肉，實一時之權事也。前序所載綦詳，無容贅述矣。顧綿八百載之芳聲，實本數十傳之令緒，更姓易名，而後積德累仁，簪纓繼美，代有偉人，指不勝屈。近可遡者，莫若侍郎士恭公抗節千秋，增輝史乘，御史明章公埋輪三輔，紀績旂常，尤其表表者也。迄今子姓熾昌，孫支蕃衍，不修而葺之，保無湮没失傳歟？裔孫經邦、元瓚等爰以譜牒爲慮，遂謀族之長者，鳩金重修，董率其事。

邦念水源木本、敦宗收族莫重於此，不敢不謹嚴審慎。因爲明世次，聯統緒，辨魯魚，析亥豕，近從詳，遠從略，原原本本，派别支分。表前人之美，嘉言懿行，偉績奇功，班班可考；登後輩之名，諱字生娶，子女姻戚，歷歷堪稽。推其祖之所自出，使人遡其原而尊尊之義明；究其支之所由衍，使人窮其流而親親之道立。尊尊親親，則譜之有關於世教也，豈淺鮮哉？由是昭穆有序，尊卑有分，親疏有辨。異日展卷披覽，上自始祖高曾之發祥，下暨奕世雲礽之衍慶，旁及秦晉朱陳之締姻，雖千百世下，有不燦若日星者乎？

我族之重修此譜也，當與彝鼎圖書什襲珍藏之也可。

時道光二十年歲次庚子季冬之吉，三十二世孫經邦敬序

（選自第三支峽陽《樂安柴盧合譜》民國乙卯重修本）

第三支(台州仙居)峽陽盧氏世系概覽

(1) 盧琰→(2) 璇→(3) 可(峽陽祖)→(4) 稔→(5) 侃→(6) 宛→(7) 真→(8) 泓→(9) 宏→(10) 演→(11) 質→(12) 挺→(13) 得成→(14) 甫→(15) 仲和(東宅祖)、仲文(西宅祖)

第三支(台州仙居)峽陽盧氏排行字目

舊行以"七"字起,下接:

三四大細成　億兆萬千百　元崇登泰平　忠嗣繼延能

乘全宏廣澤　以及繁衍保(廿九字以第其行)

今增排行字目:

范陽開崚宇　福祉定相迎　孝弟敦天序　田荆花滿盈

(選自第三支峽陽《樂安柴盧合譜》民國乙卯重修本)

玉川盧氏宗譜序

盧氏之先,在五季有名琰字文炳者,爲周尚書榮禄大夫越國公,始自汴至婺之永康。有宋代周,公納炯爲婿,易姓爲盧,與八子並列爲九。其柴氏一宗世居靈山,或徙青山、石馬,至於指山諸處,勢隔分殊,難相統一,各自爲牒,或顯或隱,所以示其實也,其毁壞未的,則略一書,所以闕其疑也。盧氏之諸彦,用心亦可謂孝且慈矣。

余館橙川,以其譜來徵文,披玩累日,始得閲夫支派之分、昭穆之序、門閥之先、服制之詳,已具於斯譜,奚俟余言?而余之望於盧氏者又豈但於此哉?何以言之?古之時有范陽爲張、易婁爲劉、易徐爲李者矣,不有譜牒則不知其所自。殆有視親親如途人,而兇喜之不相慶吊也,祭祀之不相奠獻也,甚且婚娶之訛有如吴孟之譏者。人倫之泯,無有甚於此者矣。譜籍之不可以不修,而講明昭示於諸宗也,其容以或緩耶?今世系之既彰,宗法之既正,歷年之多,流澤之遠,皆以其見，而無復諸弊之疑。故昔文正公范姓會異姓而歸宗，故足以睦九族、垂百世。在吾族則曰世不可與柴姓爲婚也，此盧氏易姓家譜之所以非也，此余作序之本意也。抑不知余言之或是且否也？

謹書其概，而冠諸首。

時大明洪武二十年仲冬上浣吉旦，國子助教汴人草閣李曄拜撰

（選自第三支《指山盧氏宗譜》民國丙寅年重修本）

指山盧氏宗譜序

按《易・同人》"君子以類族辨物"，言審異而致同也。《周官》以九兩繫邦國之民，五曰宗，以族得氏，言以宗合天下之族也。蓋族姓不一，非有以合之，則涣而不屬；非有以辨之，則淩節而不孫。此古先氏族之所由志，而後世譜牒之所由作也。三代以降，歷漢唐以至於今，世益遠而族益繁。星居棋布，欲合以大宗而勢有不逮，則各宗其宗，以爲宜家族保之計者，亦所以通其變於不窮耳。

兹指山之有紀，實始於宋紹定間通直盧公。蓋公以進士起家，阨遭陽九，胡元猖亂，二帝蒙塵，痛維半壁之中原，力既不足以撑柱，而北面虜庭，尤非其素養之浩也，乃遺榮反褐，誅茅於五指之巔，而藏修遊息，以終其所志。既而子孫耕讀其麓，遂奠厥居，而衍爲一宗。至今凡十有六世，繼繼繩繩，遠有端緒。

自鼻祖越國公肇基靈山，十世而遷於石馬，十有四世而隱處於兹指山。"指山"即通直公之别號也。迨今幾四百年，譜籍世修，而間被毁蠹，不免亥豕之訛。宗彦良儀等委重於余，余以宗誼，固辭不獲，因爲叙次纂輯。首系以圖，繼列以傳，序天倫，正人紀，俾宗有功而祖有德，敬所尊而愛所親，上追孝於先烈，下垂裕於後昆。詩書禮樂，藹然於引養引恬之中。斯家將日昌，族將日美，指山之宅永可襲靈山之舊，而越國令望不至於終墜矣。家乘之益，豈淺鮮乎哉？

若祇竹立森森，無復芝蘭玉樹之植於庭階，衣冠矩矱而缺瑜珥瑶環之錯陳，則盛而勿傳，美而勿彰，翰墨所存亦末焉耳矣，豈所以原於諸英？此屬望之厚，請因續修，而爲吾族一新之，以無負於祖述之意，且亦不辱吾筆云。

時萬曆甲辰春王月穀旦，宗生五老山人盧自明謹序

（選自第三支《指山盧氏宗譜》民國丙寅年重修本）

指山盧氏重修宗譜序

譜牒之修，必賴孝子慈孫能上切追遠之情、下篤睦族之誼也，而孝慈之彦又必由祖功宗德有以佑啓乎後人、流芳於嗣續也。今於《永康指山盧氏宗譜》可見矣。

予世居滇昆，曷知浙事？爰家食時，武義朱夫子來任昆明，叨擢西席，因獲會幕賓中有盧子憲臣者，一接其芝眉，頓覺若汪汪千頃波之黄叔度，心焉異之，乘間以詢朱夫子，答曰："此指山先生後也。"因爲予詳述其世德，並曰其生平。予感而悟曰："有是哉，斯人之所以鶴立也。"既而締交漸密，誼等金蘭。越數年，而盧子旋歸，予甚悵契闊。乙巳冬，幸奉簡命，得撫長沙，下車即訪，而盧子旋至，我心慰矣。忽越數月，杳然勿惠。叩其故，謂冗在重輯家乘。乃詰之曰："令祖非齊傒氏後乎？非玉川子派乎？非越國公裔乎？非通直公胤乎？"盧子曰："然。"然則吾所深慕而更有慶矣。

夫人之役役於富貴也，始惟恐不得，既又惟恐或失，展轉圖謀，比比然也。當陳橋一變，藝祖方隆，天下英傑，鮮不樂從，而柴周已改玉改步，誰則能詔書屢錫，矢志不回，却富厚而不居，且飄然長往？初徙臨安，繼徙永康，值屢遷而不變，復曲全皇孤，終俾昌後。國公忠義之心爲何如也！而通直公又倣乃祖風，不爲金屈，卓然高蹈，遁跡於指山而後先輝映焉。噫！二公之大德，表表天壤，前可以質虞夏商周之聖賢，後可以俟千秋百世之英哲，而不謬不惑者也。其所以佑啓後人

者，不洵咸以正而罔缺耶？宜其千支萬葉代有令人也，宜其簪纓甲第相承不絶也，宜其聞子聞孫没世不忘也。

今吾子殷殷以修輯爲急務，其亦孝心所感歟！蓋自是而祖功宗德因之而益彰，追遠之誠著矣；子姓衆支因之而共貫，睦族之誼昭矣。謂非仁人之所爲乎？意者天眷二公而錫此孝慈之彦，所以孑然不群也。子而若此，則宗人之賢達概可知矣，於此益徵朱夫子之言爲不誣，而吾之所以信吾子者爲不爽也。殆深有慕於二公之忠貞世篤，而重有慶於盧氏之源遠流長也。

倘不以吾言爲鄙俚，請以冠諸貴乘之首。

時雍正丁未季春之吉，文林郎、金華縣知縣加一級、年家眷弟滇南趙元祚頓首拜撰

（選自第三支《指山盧氏宗譜》民國丙寅年重修本）

指山盧氏重修宗譜序

嘗觀譜牒之作，所以紀宗族之盛衰，明家政之得失，昭穆之序，親疏之情，鑒戒有規，勸懲有道，靡不備焉。是以故宗望族必謹諸此，然後統系之，本於宗盟族類之分，於授氏俱得溯其流而窮其源也。

指山盧氏之族，乃後周越國公諱琰，因周改物，念食柴周舊德，義不臣宋，則抱皇子炯從汴遁永康之靈山，屬以東床半子，又懾喋血闔門，則隱柴爲盧，更名曰璇，號曰櫸，與八子珪、璞、鋭、衡、勳、敏、理、衛並列爲九，俱以假木建號，曰榛、栗、櫸、松、竹、梅、桐、梓、杞，一時奕葉同根，花蕚相輝，青紫交映，簪組蟬聯，不亦盛哉！今稽桐、梓、杞三支世居大都、温州、縉雲西鄉、仙居峽陽等處；松、竹、梅三支蔓居縉雲白郎，並石馬、丁山等處；榛、栗、櫸三支，俗號“三盧”，仍居靈山、大山，與東陽下塢等處。然考指山之派，即女支璇公十四世孫、宋慶元進士宏公裔也。時遇金亂，朝政不協，即守義不臣，解組掛冠，攜琴挾策，遂尋芳於五指巖之巔，誅茅築屋，建密浦庵，棲身方外，挹引天清，

號曰“指山盧氏”。則子孫遂家於是山之麓，寖成一族，纘緒丕振，代不乏賢。

古云：賢才出，國將昌；子孫賢，族將大。此譜牒之所以作也。余觀盧氏譜，至今凡九修矣，歷經軒冕龍門，鱗篇詳述，使繩子姓貽有良模、相勉從善；著有《諭俗恒言》，以規其處世有道；輯雜事詩，鑒以端其操行有方。而冠婚喪祭述有家禮，愛親敬身範有小學，飭儀著以法其趨，纂家規以示其則。是以典禮昭明，文獻畢具，善可以勸，惡可以懲，豈僅敦宗收族以序昭穆已哉！

昔韓魏公曰：“人能謹譜之制而不忘其先，此孝之大者。”故知譜牒之可寶，宜盧氏葺修之不容已也。觀一宗播澤，百代流芳，上而創業者已啓其端，下而守成者共纘其緒，瓜瓞綿衍，歷代重光。曩鍾靈山之秀，今受指山之靈。其天道栽培，世澤洋溢，彬彬之衆，其後先輝映，豈有艾乎？

今值華乘續纂，不以余爲不才，而固徵余爲序，故自忘譾陋，爰述梗概，而弁諸首。

時中華民國十五年舍丙寅仲冬初旬之吉，中學畢業生
眷晚侄繼平氏胡敬安謹撰

（選自第三支《指山盧氏宗譜》民國丙寅年重修本）

盧氏宗譜後跋

東浙古揚州吴越之邦，山川相繆，多名宗巨姓，土著一區動踰千百，非假籍以紀之，則總總林林，將涣而不續矣，故宗以合族，族以得氏，有自來者。

吾宗玉川，自越國公肇基靈山，既而多宦寓處仁，散居於台、温、處、婺者十數，惟石馬爲長嫡而統其大宗，餘各以始遷爲祖，在指山則宋進士通直公之裔。公發身於宋之季世，棲遲於密浦之巔，讀書談道，以自適其志，子孫因家於麓，寖成一族。世譜載修，間罹兵燹，兹

續而承之。越既就編，少長胥悦。競翻閲而指曰：某宗有功而祖有德也，某興而弘衍，某出而有猷有爲也，某蒙褒而可法，某詩某文可以諷誦也。忻忻兮親愛之懷形於面目，藹藹兮焄蒿悽愴之情覩簡編而如在。是以觀一體之義而天親之，不假人爲者，耆俊輩猶欲有言以闡其緼，以示其訓也。余何言哉？因而叩曰：諸賢之睹是編也，其亦有所感乎？感則興，興則思，思其所始，思其所遺。思爲修身慎行，以無辱其先；思爲繼志述事，以不墜其緒；思敬所尊，以追孝於前人；思愛所親，以貽謀於後胤，展厥親以推惠於族屬；入廟而思享以誠，在庭而思洽以恩。思之思之，而佩服靡忘，斯厚德之攸歸、雍睦所自致，惟神在天者，必慰懌而錫是釐嘏矣。苟動以天者或間以人，虔於始者勿厚其終，視一本於途遘，蔽同室以藩籬，慢神忽祀，圮族遺親，則祖先不入聽紀述，衹同於蒭狗，雖世有德澤，亦終於勿彰勿傳矣，豈所以願於吾宗？聞者動色肯首，亦因而余言而有感焉。

第而書之，以跋於卷末。若乃蕪辭巍論，肆誇耀、事文飾而罔俾於世教者，孰得而賚諸？

時萬曆己酉年仲冬之吉，宗生盧自明謹撰

（選自第三支《指山盧氏宗譜》民國丙寅年重修本）

指山盧氏世紀源流序

按盧氏祖，本太公望之派、齊侯文公傒氏後，以采地爲姓氏，族甲天下，范陽涿郡及汴洛皆其同宗也。至唐，范陽氏居汴京有爲玉川子者，故有“玉川盧氏”之號，奕世相承。後有諱鵶者，仕梁上卿，生子清。清爲越州令，生子琰，字文炳，仕柴周，位光禄大夫、工部尚書。宋代周，義不二臣，抱皇子柴炯由汴京避地於浙東臨安，既又宅永康四十五都靈山下居焉。宋義之，贈越國公。永康之盧，來自公始，故又有“靈山盧氏”之稱。

公男八：長曰珪，爲宋朝議大夫，生子三，後有統制名傳者其胤也。次曰璞，工部尚書。三曰鋭，中順大夫。四曰衡，諸道總制。五曰勳，按察使。六曰敏，將仕郎。七曰理，隨御副將。八曰衛，都令司。女一名錦，妻柴炯，恐害同少康，遂使易姓名曰盧璇。此柴之變而爲盧也。次八子爲九，因以榛、栗、檡、松、竹、梅、桐、梓、杞九木爲號。其子孫最盛，宦居處仁，散寓台、温、處、婺者，實繁有徒。

璇，檡支也，字伯達，爲宋殿前防禦使，遷節度使，封武烈侯。嗣四，長曰可，由父蔭入仕，歷官至禮部尚書，立堂兄統制傳子行譚爲繼，此柴之又轉而爲盧也。又生庶子行諟，諟仕爲經略歷官上將軍，封開國公，生漢。漢官樞密院使金吾上將軍，不嗣，柴氏自此虚矣。行譚爲迪功郎，生彦殊。彦殊爲中順大夫，生德昇。德昇爲太學，生簡。簡爲侍衛承旨，生羅甥。羅甥爲奉訓大夫，生望。望亦如父職，子三：長曰宗的，徙居石馬後塴；次曰宗慶，遷居溪里；三曰宗愛，遷居青山。宗的子四，曰聞、曰閑、曰臾、曰淳。臾舉進士，官至學士，生汝弼、汝猷。汝猷爲邑庠生，生特立。特立字子安，登宋寶慶進士。生四子，曰宏、曰實、曰寀、曰宣，遷東陽二都。寀居後塴五雲東窨，實徙居東陽一都。宏字深夫，登宋丙辰進士，官通直郎，乃越公十四世孫也。遇金亂，朝政不協，仿乃祖風，亦守義不臣，由石馬遁跡於五指巖，攜琴挾策，誅茅建屋，曰密浦庵，棲遲其上，終身不作仕宦想，别號“指山”。子孫遂家於是山之麓，即以祖之號其宅，故又有“指山盧氏”之名。蓋肇於靈山，經於石馬，而始於深夫公也。

噫！人生大德，不過忠孝節義而已。兹盧氏之先，五季以前姑勿掛煩，即越國公之棄其爵位，立其遺孤，豈非忠於周而建絶世之奇勳、潔其身而立亘古之大節者歟？孤竹之高風不過是也，程氏之精英又何讓焉？其德澤如是，則九子齊榮、衆孫共顯非幸也，非宋待之厚也，宜也。且庇厥子孫，振振繩繩，受天之祜，綿綿瓜瓞而靡有艾，寧不爲分内事哉？而況深夫之義烈又繼於後耶！爾熾爾昌，億萬斯年，吾爲指山卜之，夫誰不之信？

故迄今幾二十餘世，厥孫在吾門遊者類多聰敏，其英俊特達則有名誦者，因宗譜殘蠹，恐祖德之或湮、嗣族之失紀、長幼昭穆之或淆也，奮勵纂修。以世系統紀未備，徵言於予。予曰：善哉，不忘本也！因不辭簡陋，爲詳述其端云。

康熙三十四年歲舍乙亥季冬初旬之吉，邑庠生、太平眷侍生吕遇升公時氏謹拜撰

（選自第三支《指山盧氏宗譜》民國丙寅年重修本）

中興傳

乾坤闔辟，氣化推遷，一治一亂，相承於其間，莫不有開國承家者以作之於先，莫不有撥亂反正者以繼之於後。繼於後者，猶其作之於先也，其功在社稷。饗宗廟而保子孫，均之有不世之績，則均之爲不遷之祖，蓋情也，亦理也。自天子以至於庶人，一禮之可以義起者也。

指山自通直公肇建丕基，厥子若孫，與有力焉，是爲始遷之祖矣。中際式微，家聲不振，至清一公始得三子，皆英烈有猷有爲，乃克幹蠱，樹門第，拓田園，以詩禮訓子孫，以禮義孚鄙俗，指山之宅遂以争衡於閭里，稱中興焉。

夫廟必有主，祀以五祧，禮也。禮雖至嚴而文之以和，兹功加於時而德垂於後，積厚流光，自宜從不遷之例，而置主於左右，此誠國家崇德報功之典，而實仁人孝子誠敬之至，而用以自盡其心者耳，故曰七世之廟可以觀德。周有文武宣室，漢唐以來亦有世祖世宗之廟，其澤不止於五世，尚可以五世拘之哉？斯禮行，使天下後世有所勸，而可興可觀。且五世祖免服窮而遷，固孝子慈孫之所不能改者，非所謂子孫得議其祖考也。

時康熙三十四年歲次乙亥仲冬之吉，十八世孫名誦謹重校鐫

（選自第三支《指山盧氏宗譜》民國丙寅年重修本）

第三支(金華永康)指山盧氏世系概覽

(1) 盧琰→(2) 璇→(3) 可→(4) 諲→(5) 彦殊→(6) 德星→(7) 簡→(8) 羅甥→(9) 望→(10) 宗的(徙石馬後塴)→(11) 臾→(12) 汝猷→(13) 特立→(14) 宏(指山祖)

第三支(金華永康)指山盧氏排行字目

千萬開宗　源智福尚　清松茂盛　惟慶積德　忠和誠敬　禮義文章　呈祥顯瑞　永世隆昌

(選自第三支《指山盧氏宗譜》民國丙寅年重修本)

范陽盧氏族譜原序

余嘗射策春官,遨遊南北,見夫名門甲族皆以譜牒爲重,未嘗不三復讚嘆,以其風俗之近古也。

山鄉多著姓,尚論其盛,則以六科盧氏爲首稱,自宋淳祐迄今幾五六百年,聚族而居,子孫繁衍,他族莫敢齒焉。其族之耆諱兆微字子顯者,一日持其家譜謁余,曰:"吾盧氏之先,出於括之縉雲二十七都,世代諱字,邈不可考。今此譜之作,斷自千四府君爲一世祖。遞而書之,詳其可知,而略其不可知,懼其妄也。昔先君子聞谷公嘗語兆微曰:'自吾而上以至千四公,歷十四世矣;自吾而下以及孫曾,不知其幾矣,尊乎我、長乎我者,凋謝殆盡而無存矣。失此不圖,後將何以奠世系、辨昭穆哉?吾故不憚老年,旁搜精究。歷歲未就,爾小子其識之。'居無何而先君逝,兆微泣而藏其稿,數十載於兹矣。今皇上御宇之五年,屬外兄林字灝友者續就焉,敢請一言之重以弁諸簡端。"

余諦觀而詳閱之,俯而思、仰而嘆曰:人知其有身而不知其身之所自出,忘其本者多矣。兹聞谷公慮後人昧其本始,拳拳以作譜爲念,可不謂之知所務乎?余辱在親親,義不克讓,乃秉筆而爲之序曰:

古有大宗小宗之法，先王所以叙天倫而重人紀也。族之有譜，其猶有宗法之遺意也歟！世之言譜者二家，世經人緯者歐陽氏也，系聯派屬者蘇老泉也。大約使人知其本之所自出而尊尊之義明，詳其支之所由分而親親之道篤，則未始不同也。尊尊而親親，譜法盡於是矣。且歐陽公之譜自吉州府君始，蘇老泉之譜自眉州太守始，二公以博洽大儒，豈不欲上及先世以追崇其祖哉？亦闕其所不知者耳。嗚呼，無所據而强援之者，是謂誣其祖；有可據而反遺之者，是謂忽其先。夫誣其祖，不智也；忽其先，不仁也。

今盧氏之譜不引乎遠，不棄其疏，尊其尊而親其親，得乎敬宗睦族之道，可謂仁智者矣。後之子孫繼繼繩繩，咸能以是存心嗣而續之，則盧氏之昌大，自一世以至千百世，其有既乎？矧其從弟駕六君、侄商佐君，鼓篋遊泮宫，令子輩皆習舉業，將駸駸乎保世滋大者，又有在也。

僭書以爲盧氏宗譜序。

時雍正丁未季春之吉，康熙乙酉科浙進士、文林郎、吏部截取縣大尹、同邑年家弟林上梓頓首拜撰

（選自第三支六科《范陽盧氏宗譜》民國辛酉年重修本）

六科盧氏族譜序

《史記·齊世家》：太公望封於齊營邱。望之本支，或世爲諸侯，或爲大夫。曰傒者，太公之支孫，而食采於盧者也。古者因封地而得姓，若盧氏之爲齊後，殆可知已。漢之時有盧植，唐之中葉有盧照鄰、盧群諸公，皆世居范陽，故盧氏以范陽爲望郡焉。括之縉雲，惟盧氏爲巨族，稽其先世，蓋自范陽衍脉，而遞傳於我邑之六科者也。

予考六科舊譜，祖千四公由縉雲擇居是地，蓋五百年於兹矣。荒作高山，克昌厥後，非繫之以譜，將何以彰祖德而述宗功也？不寧惟是，盧之孫子星羅碁布，有散居雲嶺者，有遷徙昆陽者，有流寓鹿城久

而未歸者。有譜以聯屬之，則室雖遠而人不遐，且使一本所出，而親親之道歷而如新也，譜之所系，不綦重歟？

先是盧公聞谷編宗圖數帙，未竟而卒。雍正丁未，嗣君用中承其志而延師輯之，然卷帙無幾，而該載不無夏五。太學生亦倫，用中先生季子也，一日翻閲舊章，乃告其兄亦涵、商佐者曰："我祖父相繼修譜，兩跋昭垂，今繹其辭，曰考稽事實，旁采遺文，是有望於後之賢子孫者。然則踵事增華者，非吾輩事乎？"兩兄唯唯而謀成，遂於乾隆己巳因舊譜而再續之，而益其集者凡五卷，一倫序，一墓道，一祭田，一雜記，一藝文。

明年藁就，而商其事於予。予曰：嘻！韓昌黎不云乎"莫爲之前，雖美勿彰；莫爲之後，雖盛勿傳"，古聖人以善繼善述而稱達孝者，盧氏諸君其庶幾也。家乘之成，亦此物此志也夫。

上章敦牂之歲七月既望，邑庠廩膳生、後學汪助天頓首拜撰

（選自第三支六科《范陽盧氏宗譜》民國辛酉年重修本）

續輯范陽盧氏族譜序

自太古至今有大賬簿，《易》《書》《詩》《禮》《春秋》，羲皇、唐虞、夏、商、周之實録也。而漢、晉、唐、宋亦續之，總爲十七史，朱紫陽《綱目》包羅而統其全也。其間神聖賢王、名公巨卿、忠臣孝子、義士烈女，燦若日星，光昭宇宙，爲天地古今一大賬簿，尚矣！歐、蘇二公仿詩之本支、禮之昭穆、史之年譜、世家而作族譜焉。嗣是名宗巨族皆法之，各自爲一姓之大賬簿，所關豈淺鮮哉？

考六科盧氏宗譜，其先世源流，前林慕橋、汪助天二先生序，暨本宗聞谷、用中二先生跋，言之已詳，余小子毋庸復贅。但作譜精意不外追遠，以尊尊敦睦而親親，使知雲礽奕祺根於一人，猶千枝萬葉生於一本也，何至如陌路而歧視哉！且其間孝子慈孫、義夫貞婦、友兄

恭弟，推之亦何異史之忠臣孝子、義士烈女也哉？至若遷居異地、出繼他族、别姓入繼，詳慎書之，不徒免淆亂、清源流，亦使後之有志歸宗者得以稽原委、辨世次，而不至失實，無所依據，亦譜牒之至意也。

又若善善欲長，惡惡欲短，其生平嘉言懿行不獨爲族黨法，即載之史册亦足以昭垂於後者，無不據實直書而樂爲標榜焉。間有賦性愚懵、失檢敗行者，略而不詳，蓋修宗譜者所紀載，無非氣類之同，非惟不忍揚其惡，而實不敢傷厥先也，且隱惡之德，大孝如虞帝已有然矣。他如祀産墓譜，仁孝者所不敢忘，藝文雜記亦附載，以備參考。凡此，誠盧氏通族一大賬簿也。

魯齋先生、太學麗軒先生系太學丹峰公嗣君，自其曾祖聞谷公、祖用中公編於前，丹峰公增益之，及魯齋、南軒四世留心譜牒，繼述之美炳然。乾隆庚戌春，與從兄雅軒、從侄南軒襄其事，閱二寒暑而成，僉命序於余。余翻閱而詳究之，知其自宋淳祐至今六七百年，録殘編於國初兵燹之餘，而增修於乾隆己巳，又歷四十余年，續輯以成其帙，更有待夫後之孝慈接心源於百千萬世，以綿綿奕奕於無窮也，昆季叔侄厥功豈小補哉？

爰不揣固陋，僭筆書之，以爲序。

乾隆辛亥端陽上浣，眷弟何天衢頓首拜書

（選自第三支六科《范陽盧氏宗譜》民國辛酉年重修本）

續輯范陽盧氏族譜序

嘗考盧之姓，何昉乎？起於四嶽而宗乎齊，至子高，高孫傒食采於盧，因氏焉。故後長安有綰，漢時有植，自元明以騷人著，子潛以八分傳，懷慎、文紀皆位列三台。他若奂之清節、仝之詩賦、允言以“大曆”稱，照鄰以“四傑”名，代不乏人。皆世居范陽，故以郡名焉。至哲宗時，有璇公字道衡，齊齋其别號也。其先世藉河南，爲天中宦族。至五代播亂，舉家遷閩，及周有仕温者，遂居焉。於宣和庚子歲，方臘作亂，兵至東甌，郡守棄城而走，時璇公爲郡吏，與教授劉士英、生員石礪慷慨發憤，行保伍法，每控賊鋒，保全城池，功居第一，遂封英惠忠烈侯。每歲春秋二祀，厥後子姓族從皆貴。

公子遊學四方，散居赤城、甌、括間。我千四公，括人也，自縉雲白竹，或其分派，亦未可知。厥考任樂清縣、署瑞安令，以公務至芳山鄉之六科，見群山迭繞、平原沃壤，曰是可建族矣，遂令遷居焉。千四公乃六科始遷之祖也。

自明以前，譜被兵火，詳不可考。至雍正丁未，創之於林慕橋，乾隆庚午，續之於助天汪先生，至庚戌，再輯之於何夫子，迄今又四十餘年。自道光甲午歲大饑，加以雜症，遭暴亡者三百餘人。族人恐年月莫考，難以聯譜，於是乙未元正，族房長衆等在大宗商議，囑余與叔達三同修。詎知異哉，吾叔一字未增，遂病中膏肓，又使其從弟成仁同輯。予只分十五世起至十八世“康”字行二百七十二止，其餘非我事也。

噫！予豈敢操筆削之權哉？不得已也。但以編年紀月依其世次血系，稍法歐、蘇義例，慎修家乘，四世源源本本、脉絡分明，由百世之上，知一本之所以萬殊，等百世之下，知萬殊皆由於一本也。

故不揣固陋，俚言直筆，爰是爲序。

時道光戊戌歲桂月中秋吉旦，十九代孫敏堂盧之政拜撰

（選自第三支六科《范陽盧氏宗譜》民國辛酉年重修本）

續修范陽盧氏族譜序

族之有譜，由來久已，昔先王宰御天下，分姓氏婚姻以別其類，故有以帝王之號爲姓者，有以封王父氏爲姓者。至周武王之時，内封貴戚，外賜功臣，下車之初，封前朝帝王之胤，祝薊陳杞，以奉祀事，王之儲弟管蔡草霍畢原酆郇，以及周公封於齊魯，畢公封於魏，召公封於燕，太公封於齊，而齊之後曰傒者賜封於盧，稽之《史記》，固昭然矣。

厥後，自范陽以至括之縉雲，雖世遠年湮，非無可考，然其間或以官、以國、以土、以謚而爲其姓氏者有之，避刑、避諱、避仇、避難而變其姓名者亦有之。若夫六科之盧氏，不溯諸遠而徵諸近，則斷自千四公始。

蓋公自宋淳祐年間署瑞篆，奉公至此，見其山川深蔚、土膏腴厚，遂恍然有“天作高山，太王康之”之意焉，於是率其眷屬，奠厥攸居，可以卜厥後寖昌之漸，而子孫繁衍、棋布星羅。設無譜以聯之，豈非有秦越不關、吴孟不悟、崇韜拜墓、閔氏稱宗，藉談貽笑之可耻者哉？

余客歲訪友過此。適來盧氏諸君爰念族譜失修幾幾乎四十年矣，倘老成凋謝，遺漏必多，因商之於余。余曰：大哉子之言也，善哉子之志也，孝哉子之行也。余即館於昭福寺之經樓，課徒之暇，繙閱舊譜，復名疊出，欲稍易，且多掣肘，亦不過詳其世系，分其世次。然内則五服九族燦然，若星辰之麗於天；外則正裔派流儼然，若江湖之經於地。昭穆親疏之序明也，隆殺尊卑之等辨也，尊祖敬宗，睦鄰收族，能推孝義之心，修前人之遺跡以垂後，使後之子孫披覽譜牒，則知先世貽謀之遠，必有孝思，無忝厥祖，而知身之所從出，而不自棄焉者矣。《詩》曰“無念尒祖，聿修厥德”，此之謂歟？

勗哉，盧氏之來裔宜體先人修輯之心，嗣而葺之，斷而續之，寶而護之，珍而藏之，庶斯譜之傳歷百千萬載世守勿替者爾！

是爲序。

時大清同治十三年歲次甲戌季冬月穀旦，郡庠生朗山張文奎拜撰

（選自第三支六科《范陽盧氏宗譜》民國辛酉年重修本）

盧氏宗譜大修序

我族宗譜始自聞谷公稿，正自灝友林先生筆，歷至汪助天、何天衢二先生，百有餘年間蓋三修矣。十八世孫成仁、十九世孫敏堂於道

光戊戌□而一修，朗山張先生修於同治甲戌，一鵬張先生修於光緒庚子。查□□所載，一倫序、一支圖、一祀産、一□□，或雜記與藝文，門分類别，眉目□□，開卷了然。前人所□□謂精□□□究之，僅僅以增修爲事者，予小子蓋不能無辭矣。

古人云，二十年一小修，三十年一大修。增修者，其殆近於小修之謂乎？譜僅增修，一增之止其一，再增之亦止其一，即至十增百增之卷雖多，而譜仍不過其一也。我族之譜非即是之乎？倘偶有不慎與不測，其將謂之何哉？自一世祖至十世祖，有支圖而無生卒與諱字，作譜者當時必不如是之略也。況由十世以上溯之，計年則有三百餘，凡幾作、凡幾述且無一篇一簡之可傳，在昔先時，非明明有不慎與不測而何？不慎則蟲鼠耶無疑也，不測則兵燹耶無惑也。曰奚詎之名曰"僅小修而未獲大修"也？

去年春，族侄媳楊氏有疾延診，時予任西區小學校校長。不獲以學務辭，與族衆晤談及修譜，囑予與仲舫張先生同事。予曰："仍舊譜而增修之，事似便，幾虞不慎與不測；將大修而翻輯焉，功程浩大，其如譜金之細瑣何？予宜應務恐難，必之於同事者。"因而商之，幸蒙贊成。

蓋仲舫張先生係我族之東床婿，爲人慷慨，好成人之美，嘗與予同名場，稱莫逆交，聲氣相投合者也。於是予分十七世以上，十七世以下則皆出自仲舫先生之筆。十七世爲編連處，一作止、一作始也。予今變而爲支聯圖者，蓋仿蘇公系聯派屬之法也。謄匯稿草凡三，閱月而抄正之。功未及焉，並倫序於支圖，而墓道亦附祀産，仍舊規，若夫藝文與雜記，靡不備入。雖曰集陋，一爲先賢之名作，一爲人地之事蹟，對卷興思，蓋亦不忍從割愛也。

時冬十月既望，擇吉謁廟，奉譜告竣。予小子不自揣，嘗宣言於衆，曰：譜既大修，美不勝言矣。一修之而有新譜，再修之而再有新譜。新者便有新，舊者復有舊，後之賢孫子謹藏而珍惜之。譜之發達，多多益善，不其然乎？語云："單則易折，衆則難摧。"雖曰有不慎與不測，無慮也。若夫譜之源流與夫尊尊親親之義，前人序而工且美矣，予不敢復贅。謬以直言俚句而爲序。

時民國十年辛酉冬十月，第二十一世孫璞如憲綸頓首拜撰

民國十年辛酉歲冬月穀旦，十一世孫璞如憲綸拜抄同治甲戌歲續修盧氏大宗族譜，有郡庠朗山張文奎先生所撰序一首，因譜事告竣期迫，不及翻抄。又方外鐵盂道人所撰跋一首，字多魯魚，不敢意正，故不翻抄。光緒癸亥歲張一鵬先生續修大宗族譜，歷數寒暑而成，不見一序一跋，故無抄及。特此表明。

（選自第三支六科《范陽盧氏宗譜》民國辛酉年重修本）

范陽盧氏宗譜跋

先府君常以宗譜散亡，深慮後世無從稽考，暮年編成世系，自千四公一世起至於十四世，其間諱字出處，尚欲旁搜遠考，惜志未竟而逝，兆微泣收其稿藏之。

厥後我族謀出衆蓄，以績成帙，無如守帑者已爲括囊，托故支吾，迄無成局。今微年已七十矣，恐謀築於道旁，悲先志之莫遂，比年來，幸藉祖宗蔭庇，所收租穀稍有羨余，遂於丁未之春，聘表弟灝友林君續編焉。其筆札之資、束修之費俱出已帑，衆資無費也。

或又謂兹譜之作以不通縉紳之系爲耻。兆微惟知承先志、辨統系、叙疏戚而已，知我罪我，所弗計也。昔狄襄武不祖梁公，千古稱之，兆微竊奉教於君子矣。

雍正五年丁未歲清明後五日，十五世孫兆微述

（選自第三支六科《范陽盧氏宗譜》民國辛酉年重修本）

六科盧氏族譜跋

寓内之神皋奥壤或秘或彰，載諸職方者不必囊括而無遺也。大

抵結昭於鴻蒙者，非其時則不顯，幽藏於斗絶者，非其人則不搜。若兹之芳山鄉六科，甌中未嘗如之，亦未嘗名之，洵所謂曠古之雲巢已。

甌以山水甲東南，而巾峙山爲最，層巒疊嶂，脉發六源，不少纍纍之大觀，第荒榛叢棘所隱，無以開其生面者不知其幾者也。盧氏之始祖千四公，於宋淳祐年間，由括蒼縉雲縣而來吾邑，偶從遊涉之際，遥而睇之，恍若有待其開基創業焉者，於是率眷屬，剪厥蓬茅，聚族而居，窮天巧而慰山靈，以千百年所未得者一朝爲之搜出，兩相須亦兩相得，謂不可以卜克昌厥後乎哉？

然既子孫繁盛，不無世系昭穆之譜，初明以兵火遺失，直至雍正丁未創之於林慕橋先生。乾隆庚午續之於汪助天先生，道光丁酉又增之於盧之政、達人兩先生，今歲復修之於張朗山先生。其間年湮代遠、水火刀兵、凶荒饑饉之餘，忠孝節義彪炳於當代者不無少補，而朗山先生旁搜精究，秉筆直書，不一載而成。彼啓於前者若齊之太公望、唐之盧照鄰，繼於後者若明之盧璇諸公，已詳叙於原序簡端，是所毋庸贅述矣。

一日，朗山先生作序方竟，囑余跋。真如蓮舍書招，不厭淵明嗜酒；香山歲晚，竭來如滿徵詩，故不揣冒昧以爲跋。

同治甲戌黄鐘月望日，方外鐵盂道人壽石氏合什撰

（選自第三支六科《范陽盧氏宗譜》民國辛酉年重修本）

本宗族譜始遷紀略

守默按：舊草譜載，始祖考原居處州縉雲縣二十九郡，以宋選貢，於淳祐間任樂清縣丞署瑞篆。奉公偶至本地，見平原沃壤、形勝回環，遂令千四公遷居焉。自宋迄今，孫子繁衍，爲邑巨族，緣歷世久遠，頻經兵燹，以致譜牒散亡，故十世以上，其諱字生卒多不可考。幸於敗簏中獲舊草譜文，復鼠齧蟲傷，魯魚莫辨。細加體會，徵之祀室神主，依列編次，不敢有所遺，亦不敢有增也。

若夫考稽事實，旁采遺文，務期確據，是有望於後之賢子孫留心宗譜者。

康熙辛未歲中秋日十四世孫守默謹識

（選自第三支六科《范陽盧氏宗譜》民國辛酉年重修本）

第三支（温州瑞安）六科盧氏世系概略

（1）盧琰→（2）璇→（3）可→（4）行韜→（5）漢→（6）芮→（7）瑨→（8）梓→（9）泰（白竹祖）→（10）紹→（11）隆→（12）文俊→（13）冬→（14）禄→（15）祐→（16）楝→（17）同德→（18）澄→（19）傑（謙四、千四）（六科祖）

第三支（温州瑞安）六科盧氏第一世至第卅二世排行字目

千	億	萬	正	智	肇（均）	盛（孟）	良（敏）	熙（從）	美（丙）
裕（朝）	光（孔）				明（士）	英（守）	彦（德）	敬（世）	誠（可）
康（名）	昌（芳）				熾（景）	吉（永）	春（安）	品（伊）	誼（憲）
端（壽）	恭（聖）				浩（尚）	慶（學）	粵（啓）	紹（作）	厥（乃）
祥（嘉）									

（選自第三支六科《范陽盧氏宗譜》民國辛酉年重修本）

續修盧氏家譜序

己巳之歲，季春之月，予南遊於蘭，寓於純孝之鄉甘溪，其土著也有盧氏者，自縉雲之西邱遷居於是溪之上，將十世矣。一日持譜以示余，曰："吾盧氏自祖以來，流傳久遠，派數繁多，譜系散漫，昭穆不明。迄今不續而修之，不惟非尊祖敬宗之意，亦恐愈久而愈失其真也。請一按世數而明之，可乎？"余曰："善哉！"

夫譜也者，所以辨世數、明昭穆、别親疏、收散涣，不可見其顯而附，亦不可見其微而捨。俾若子若孫知其祖之所自出，雖有遠近微顯之不同，而均之柴盧氏之一派也。今謹按其始末言之。

蓋盧氏之先，原出於神農氏之後，在夏爲豕韋氏，在商爲豢龍氏，在周爲姜姓。逮太公六世孫諱傒者，食采於盧，遂以盧爲氏。流傳至於五季周太祖朝有盧琰者，仕至工部尚書，授封越國公，曾以第三女贅柴炯爲婿，而柴炯者，實周世宗柴榮之庶長子也。見宋祖受周禪，心懷嫌慮，遂介於九派之中，隱柴爲盧，乃更名璇，世傳爲“柴盧氏”實始於此。後宋祖念周德，封璇爲武烈侯。

璇生可，仕至光禄大夫、禮部尚書。可生仲賢，爲護國大將軍，封開國公。仲賢生漢，仕至金吾大將軍，北狄爲患，宋室南遷，遂徙居於婺之永康孝義鄉瓦窑阪。漢生芮，積階武顯大夫。芮生良璧，爲武烈大將軍。璧生梓，梓生泰，仕至江東宣慰副使，又自孝義遷於竹川。泰生紹，紹生豐隆，隆生文俊，俊生冬。冬生二子，有曰壽者，其侄有曰寧者，自後孫枝蔓衍。壽之後有諱與者，則居橙川而爲方巖下之一派也。有諱茂者，則居章墩又一派也。有諱菘者，則居陽坡又一派也。有諱葆者，則居西邱又一派也。有曰玉者，則居清潭又一派也。有曰莔者，則爲東窖之一派也。有諱漈者，則居伍都陶大園，亦一派也。寧之後，其居於竹川者，吾未暇考其世數，但壽之五世孫有曰湜、有曰演，湜之子諱琦，演之子諱志，則自西邱而轉徙於蘭之純孝鄉，居於是溪之上逮十世矣。其地寬而平，其人樸而實，生齒日繁，家道雍睦。今譜一續，世系甚明，昭穆已别，散涣已收，人皆知柴盧氏之同一本，而不與群盧溷矣。後之子孫守而弗失，尊尊而親親，明倫而正俗，凛凛而敬承之，庶幾不墜先人之遺緒耳。

是爲序。

時崇禎二年歲次己巳春三月，東浙明州勾章邑儒士嚴安國撰

（選自第三支《甘溪盧氏宗譜》民國乙亥年重修本卷之一）

盧氏纂修宗譜序

甚矣,家之不可以無譜也! 先王合族之道喪,小宗之法廢,後世因明原本之學,而有譜系之書。以及五季之喪亂相仍,譜書俱廢,賢人君子不能世其家而忘其祖矣,此孝子仁人所以謹重其譜而必修之也歟。蘭江甘溪氏族譜之作,則尊卑長幼之分定,昭穆親疏之等立。其初一人之身而至於千百人之身,如木有本而枝自茂,水有源而派自長。故立譜所以合族,合族所以尊祖,尊祖所以敬親,孝悌之心豈不油然而興乎?

考之盧氏裔,出周世宗榮之後,居汴之洛陽。及宋受周禪,而榮庶長子炯以柴爲嫌,遂隱從外姓,贅盧琰越國公第三女,遂以盧爲氏,則范陽之祖實柴炯是也。至廿五世孫希選,廿六世孫思亮、思茂、思軻、思擴,廿七世孫學契、學鵬,懼始源寖遠,宗族益繁,爰此譜牒仿歐、蘇二公之法。歐則以一世至五世爲一圖,五世至九世又别爲一圖;蘇則以年之大小而次第行之。蓋簡而該,繁而不漏,以求夫仁之至義之盡也。若數人者,可謂知重其本者矣。

嗚呼,譜系不修,子孫昧昧然,是忘其親也;强所不知,掇拾附會以致餙焉,是誣其親也。今觀盧氏之家乘,縉雲以前之祖略而不述者,正所以不誣也;甘溪以來之祖詳而備書者,正所以不忘也。不忘不誣,無一毫扳援依附之心,一本於尊親之道,其有關於風教者也,豈曰小補之哉?

時皇清康熙四十七年歲次戊子仲夏穀旦,豫章眷教弟章允泰拜贈

(選自第三支《甘溪盧氏宗譜》民國乙亥年重修本卷之一)

龍孫盧氏家譜序

余振鐸龍孫十有餘歲矣,嘗披閱盧氏舊譜,知其先世實出周世宗

之庶長子柴炯者，以宋受周禪，遂隱姓匿名，居汴之洛陽焉。後贅越國公盧琰之女，更名璇，而以盧爲氏。世謂柴盧氏，豈無由乎？

維宋念周德，封璇爲武烈侯。閲四傳，漢公授金吾上將軍，扈蹕南渡，乃後徙居婺之永康孝義鄉。至於泰公，轉遷處之縉雲竹川，嗣孫枝發越，星羅棋佈，指不勝屈。而壽公之五世孫琦公，則自西邱而再徙於蘭之純孝鄉茅塔居焉。琦公生三子，長孟公、次仲公、三季公。孟、仲二公之後，復遷於茅塔之山麓，名曰甘溪。季公生五子，長勢上、次勢爽，二公嘗遊吾淳清平鄉之龍孫，見村之上首有山聳峙如獅吼，曰是殆吉地，爰挈妻孥居於其村，以爲後圖。而其地竟爲添明公所得，迄今幾三百年，雖無仕宦之盛，然人才輩出，兢兢以祖宗爲念，建祠宇，修譜牒。使非祖宗積德，山川孕秀，何以有若是之賢裔哉？

前譜與甘溪諸宗派合輯於康熙戊子，至是五十餘年矣，若不嗣輯，恐有湮没而不傳者。於是子玫、子瑛、子佩、志享諸君謀於族衆，而徵予續編，並弁其首焉。余因次其先後，載其生卒，俾五族年間世系以清，世紀以明，而復究其遷居之始，録其聚族之由，使盧氏世世子孫有所考。至若氏族之繁衍，名宦之赫奕，譜載煌煌，余不復贅云。

時大清乾隆三十四年歲次屠維赤奮若菊月望日，鶴園眷侍教生邵士槐拜撰

（選自第三支《甘溪盧氏宗譜》民國乙亥年重修本卷之一）

盧氏續譜序

家之有譜，猶國之有志乘。自古名門巨族衍慶發祥，未有不自孝子賢孫克念一本而篤周親，遂能光耀前烈、垂裕後昆者也。顧支分則形骸各異，族盛則情意易漓，將一世、再世、數十世，誰復識吾祖伊祖在昔固分形聯氣者哉？此爲人子孫者所以謹重其譜而必修之也歟。然自季世淩夷，宗盟罔念，人之不講乎此者夥矣。

今純孝之鄉甘溪之里盧氏斯恒從余講學，一日承伯父命持譜示

余曰:"吾盧氏自縉雲西邱遷居是溪,數十世矣。流傳已久,派數紛煩,譜牒散漫,迄今不續而修之,幾何不愈久而愈失其傳乎?"余曰:"伯父教爾讀書,有志續譜,爾敬承之。夫士君子欲有所設施,以承先而啓後。而或於先人之德澤無以傳其真也,遺裔之世次無以昭其序也,群居萃處莫遠具邇者,不啻視若秦越也?如是而欲廁於孝子賢孫之列,識者其許我乎?然則爲人子孫者,相一家之首重,必自立譜始。"

夫盧氏遺譜由來舊矣,其祖宗之功德、支派之源流、官勳爵秩之顯揚、山川圖記之名勝,先哲論之詳矣,何須再贅?今承慕侯、慕臣二公命續補序,竊愧才短識疏,聊舉一得,以爲持贈。因以見二公尊祖敬宗之心、明倫睦族之誼,亦以嘉斯恒之能敬承先志也。於是乎書。

龍飛乾隆三十七年歲次壬辰秋月吉旦,歲貢生候選儒學訓導眷弟倪文嘉拜撰

(選自第三支《甘溪盧氏宗譜》民國乙亥年重修本卷之一)

龍孫盧氏重修譜序

氏族之蕃衍也,以一人之身分而爲千萬人之身,使無譜以萃之,又安知千萬人之身總歸於一人之身?此探本溯源,譜之所以不能已也。而況居此土者,生齒繁多,不無遷徙,以長子孫。迨至遷徙,而綿延日盛,遂有始焉相親,繼焉相疏,久之若途人而莫知其所以然者矣。如是而謂譜可已乎?不可已乎!

考盧氏鼻祖,實爲周世宗之庶長子柴炯,因宋受周禪,隱居洛陽。既而贅越國公盧琰之女,更名曰璇,遂以盧爲氏,此得姓所由昉也。厥後孫枝焕發,星羅棋佈,譜載煌煌,無庸殫述。第念傳至琦公,自西邱而遷於蘭之純孝鄉茅塔以居,生子三:曰孟、曰仲、曰季。孟、仲二公之後復卜居茅塔山下,是爲甘溪。而季公之長子勢上、次子勢爽,乃徙於吾淳之龍孫,社有吉地如獅形者,卒爲添明公所得。是龍孫之本乎茅塔甘溪,猶之水流各派,其源則同,木盛枝分,其根則一也,所

以龍孫宗譜，歷朝以來必詣甘溪而匯輯焉。若此者，豈非以譜之不容一日不存，而瓜瓞綿綿，不可令其曠世而遼絶也哉？

前譜修於嘉慶壬申，迄今已四十三載，不有以繼之，則既往者恐不可考，而將來者有不可知矣。本年秋，因甘溪有復修之舉，吾徒邦琳等爰會宗人增訂而續編之，其間有載凡例者，有録行狀者，有序世系者，有圖仕像者，有記祠墓者，又有叙遷徙者，紀載不一。要使後之人開卷而即得宗派之所自傳，則龍孫之即甘溪，猶甘溪之即龍孫也。遷者地，而不遷者譜，其究則同歸於璇公之一人而已。

玆届譜牒告竣，邦琳丐序於余。爰不揣鄙陋，綴數言歸之，而弁其首。

時大清咸豐四年歲次甲寅孟冬月穀旦，漢川郡廩生方其章拜撰

（選自第三支《甘溪盧氏宗譜》民國乙亥年重修本卷之一）

第三支(金華蘭溪)甘溪盧氏世系概覽

(1) 盧琰→(2) 璇→(3) 可→(4) 行韜→(5) 漢→(6) 芮→(7) 瑨→(8) 梓→(9) 泰(白竹祖)→(10) 紹→(11) 隆→(12) 文俊→(13) 冬→(14) 禄→(15) 祐→(16) 楝→(17) 奇賢→(18) 滺→(19) 琦(甘溪祖)

第三支(金華蘭溪)甘溪盧氏排行字目

第十世起：尹克完成明　尚怡復謙永

續取排行字：

仁義禮智信　恭敬遜讓　尊賢俊傑　光裕榮昌　似續蕃衍　忠孝名揚

（選自第三支《甘溪盧氏宗譜》民國乙亥年重修本卷之一）

盧氏宗譜序

按盧氏之先本姓也，原出於神農氏之後姜姓，逮齊太公六代孫文公之子高之孫諱傒者食采於盧，遂以盧爲氏，流傳至今。於五代有盧琰者，授光禄勳、工部尚書，封越國公。時周世宗之庶長子諱炯者，以宋太祖受周禪爲嫌，遂隱從外姓，贅越國公之女，更名璇，即爲盧氏。蓋琰有八子一女，各以木爲號，列爲九派，女居第三，而璇贅之，遂爲第三檡號，而合於九數，故世謂盧氏，實始於此。

乾德初，璇從太祖駕，除殿前防禦使。是年八月，遷清源節度使。太宗時同知樞密院事，及終而賜以神道碑銘，封武烈侯，贈錦院主爲吴國夫人。璇生可，屢官至禮部尚書階銀青光禄大夫，賜佩金虎符。可生仲賢，爲湖南經略安撫使。仲賢生漢，爲金吾大將軍，隨高宗南渡，因思第一派珪之子傳附籍寶寧，遂同母王夫人負祖父母尚書公之骸骨自錢塘來，葬於婺之永康孝義鄉，因家焉。

漢生芮，爲湖廣經略使光禄大夫。芮生良璧，爲武烈大將軍。璧生梓，梓生泰。泰又念第七派祖敏葬於括之縉雲東窖，自孝義而再遷於竹川。泰生紹，紹生隆，隆生俊，俊生冬，冬生壽，拜經筵檢閲。壽生礽，礽生杲，杲生道復、道衢、道徹，道徹生葆。蓋自泰遷居竹川，今計之已十世矣。

葆思祖之先得姓受氏，同爲一源，其支分派衍，苟非譜系之明，則相視族屬如途人者不能無也。吾盧氏散居多方，謹輯成宗圖，俾子孫知吾祖受姓之由，雖合九派嗣姓而自一派之合圖者，則屬盧不得以淆矣。正猶水之流而有源、木之生而有本，族之遠近、服之隆殺、昭穆之辨、長幼之分，有所考而不失也。吁！枝派雖分，本源則一，苟以祖宗視之，則均受之一氣耳，夫何貧賤富貴之所别哉！

自今族屬少長，當觀此譜，相率勤勉，修祭祀以報本，推恩義以睦族可也，苟不然，非吾志也。吾子孫當以尊尊親親爲念，繼續其將來，庶無失吾家之爲文獻也歟！

時永樂歲次甲申，十七世孫葆謹識

（選自第三支樓山脚《范陽盧氏宗譜》民國己巳年重修本）

盧氏源流譜序

盧，范陽氏也，周世宗榮之後裔也，世居汴之洛陽。顯德庚申正月四日宋授周禪，而榮之庶長子炯以柴爲嫌，遂隱姓從姓工部尚書越國公盧炎，封太祖世號盧氏。而時炎有八子一女，女居其三，而炯入贅而嗣之，以合九之奇數，皆以木爲號，曰榛、栗、檡，曰松、竹、梅，曰桐、梓、杞。

其榛號有諱珪者，字伯璋，仕宋，開寶乙亥春正月二日詔除湖南道宣慰安撫使，掌軍民，有韜略濟世之才。明年春三月六日，承官入朝補闕中書舍人，加朝議大夫，尋陞敕賜秘書少監，娶寶寧軍楊總制女爲夫人。生子傅，依外祖來籍於寶寧，後葬其親珪於靈山。

有栗號諱璞者，字伯瑞，太平丁丑仕至湖南安撫使鹽部，屢官至中書令兼工部侍郎知制事。

其檡號者即炯也，字宗照，後更名璇，字伯達。顯德癸亥三月六日侍琰扈太祖駕行，上問炯者誰也，琰以實對曰："炯乃世宗之庶長子也，隱姓侍琰。"上念周宣德，除殿前防禦使。八月十日遷清源節度使，太平丁丑而太宗嗣服召還同知樞密院事。乾祐戊申五月八日終於位，太宗詔封爲武烈侯，贈夫人錦院主爲吴國夫人，命龍圖閣直學士杜鎬撰神道碑銘，賜於家。

璇生可，字子元，由制舉爲儒官，轉行中書左曹，端拱二年以太子文學累官至奉議大夫、翰林學士，景德二年進銀青光禄大夫、禮部尚書，太中二年賜珮金虎符。可生仲賢，字行韜，爲湖南臨江軍經略安撫使，積階光禄大夫、柱國，紹興乙卯封爲護國上相開國公。仲賢生漢，字朝宗，建炎丁未以謀達，薦爲樞密承旨使，紹興癸丑授行在南國金吾上將軍，扈駕來杭，因思祖派有居於寶寧者，負祖父母尚書公之骸骨卜葬於孝義鄉之瓦窯畈，子孫因家焉。漢生芮，字景華，舉智勇湖廣經略使光禄大夫，有第五子諱良璧，字德温，官拜廣南都司大將軍防禦南都，轉武烈侯大將軍。璧生梓，梓生泰，爲縉雲竹川之始祖。泰生紹，紹生隆，隆生文俊，俊生冬，冬生壽，仕至經筵檢閲。

其爲松號者曰鋭，字伯瑛，興國辛巳由校書郎授中議大夫。

其竹號者曰衡，字伯璣，興國己卯除廣南都司中軍，授從事郎，雍熙丁亥爲廣南節度使。

其諱勳字伯愷者，實爲梅之號也。

而桐號者則曰敏，字伯遇，端拱辛卯詔除江陵簿，授將仕郎，明年三月擢江東宣慰副使。生二子曰大雅、小雅，遂占籍於括之縉雲，卜葬其親敏於東窨。而漢之五葉孫泰又念其祖敏爲九派之屬，每相遇，見其景之幽勝，有石龜吐泉，泉且甘。後以避亂，自孝義鄉再遷於竹川。

若宋端拱壬辰仕爲京尉曰理字伯恕者，實爲梓之號也。

而杞號者曰衛字伯超，宋淳化甲午拜廣南都司令。

是九派而合爲一圖，皆登貴顯，世所罕有，獨炯之一派盧氏者，此其由也。而泰之六世孫檢閲公壽與余爲同官，以世本之書請予溯其源。於戲！九派之分始於有宋之初，合於改元之後，此實光世之幸，亦子孫之賢，善寶其世本而然也。因不辭而叙九派之由與夫盧氏之故傳之詳、顯微之致以告，俾盧氏之子孫之有其自，而不與群盧之溷，以紊先世得姓之由，有以謹其傳焉。

翰林侍講學士、中奉大夫、知制誥同修國史、知經筵事揭傒斯叙

（選自第三支樓山脚《范陽盧氏宗譜》民國己巳年重修本）

盧氏宗譜叙

古者族譜之作，出於史氏之手，蓋譜言氏而族言宗，所以睦人心、一上下、别異同。後世族學廢墜，不知賜姓命氏之攸始，宗脉失次。旁列曲證、合於一古者，惟大夫家自爲之，若歐陽文忠公、蘇明允之世

譜是矣。文忠公則依含年表，明允則以大宗小宗爲次，後人仿之，然亦不多見。

一日，吾括縉雲盧仲達以正統辛酉歉收，出粟一千二百石濟鄉民之饑饉者，有司以事聞於朝，命嘉褒獎璽書，旌爲義民，勞以羊酒，復其家差。仲達不勝感戴之至，詣闕謝恩，間持家譜帙，謁予請曰："吾先世本姓氏也諱炯者，乃周世宗之庶長子也，居汴之洛陽。以宋受周禪，隱姓從盧，遂爲盧氏。而盧實臨安郡人，諱琰字文炳，仕至光禄勳、工部尚書、開國上相，封越國太祖公，乃炯之妻父也。炯之子可，以太子文學官至禮部尚書階銀青光禄大夫。至有諱漢者，官至樞密承旨，復授行在南國金吾上將軍，扈蹕來杭，遂依祖派而家於婺之永康孝義鄉。至玄孫諱泰者，自孝義鄉再遷於竹川，所以附七派之傳大、小雅之籍，盧氏之居竹川實自此始。又賴吾兄諱昱者，溯流析源，編次譜牒，支分派衍，脉絡分明，願大人先生幸賜一言，以光吾族，不勝幸甚。"

余惟《周禮》大司徒以六行教民，曰"孝、友、睦、婣、任、恤"。蓋六行莫先於尊祖敬宗。尊祖則尊之之義明而知其所自出，敬宗則敬之之恩至而詳其所由分。今仲達倜儻有爲，行義昭著於鄉邦，猶惓惓於譜牒，可謂尊祖敬宗之義矣。況斯譜也，昭穆以明，世次以别，尊卑秩然而有條，上下井然而不紊。親見於情，情見於服，吾知盧氏族屬之盛，雖服窮親盡，皆知其初爲一人之身，恩義有以相孚，情意有以相接，饑者相與而賑之，寒者相與而衣之，鰥寡孤獨冠婚喪祭相與而保恤扶助之，無親疏之殊，彼此之間不致相視如途人，是則斯譜之作有關於世教多矣。凡盧氏之後若子若孫覽斯譜者，有孝悌之心豈不油然而生皆篤於族義者乎。

余重仲達之請，遂爲之書。

正統十年龍集乙丑冬十二月吉，賜進士出身翰林院修撰、儒林郎、同修國史郡人周貴撰

（選自第三支樓山脚《范陽盧氏宗譜》民國己巳年重修本）

盧氏宗譜叙

古者因生賜姓，立之宗法，掌於史局，所以明世系、辨昭穆、別親疏也。後世自史局廢，宗法墜晦，世系不明，昭穆莫辨，親疏罔別。及其歲久愈遠迷，寖失其真，往往以諱爲何、以奚爲稽、以虢爲郭者多，甚至於出身卑賤，冒承華顯，强附而竄合之，若崇韜既貴而拜汾陽之墓者，可勝道哉？

吾觀括之縉雲盧氏宗譜，自五代周時生於貴戚，及周禪宋，或顯於六卿，或經略方鎮，或建立武功而爲武臣，或從學伊洛而爲賢儒，以至隱居尚志者，不可枚舉。迄今有十八世，其源流世系、婚娶卒葬、景行文集，本末備載，纖無遺佚，較之上古史局存時不爲全譜、自史局廢後得是譜者，可謂全書矣。非先世積有勳德及於後人，子孫之賢崇尚詩禮修輯之，其能然乎？吾知盧氏後世必有興者以復其始，而宗譜傳之百世弗替也。視彼世系不明、姓氏訛舛、妄認其祖、爲世所笑者，豈可同日而語哉？

十七世孫彦修未及修譜，賫志以殁，其子仲達成之。今秋末遊京師，謁余叙，於是乎書。

翰林院檢討兼國子博士四明汪奉書

（選自第三支樓山脚《范陽盧氏宗譜》民國己巳年重修本）

盧氏重修宗譜叙

按盧氏之先祖也，始於太祖越國公諱琰字文炳者，臨安郡人也。蓋琰有八子一女，女居其三，贅周世宗柴榮之庶長子諱炯者，更名璇爲婿，列爲九派，取榛、栗、欅、松、竹、梅、桐、梓、杞爲九號。

第四世漢公，隨宋高宗南渡，因思第一派珪之子傳附籍寶寧，遂同王夫人負祖父母禮部尚書公之骸骨，自錢塘來葬於婺州之永康孝義鄉瓦窑畈，因遷居爲家焉。

第五世泰公，又念第七派祖敏葬於處州之縉雲東窨，又自孝義鄉再遷於竹川，所以附七派大、小雅之籍也，孝義傳家，詩書起里，族益繁盛。第十世澄公遷於蘭邑西壠堂，十一世英公遷於十三都餘良樓山脚，第十六世聰七公遷於白露源里童。漶公第五世遷居淳安，與公遷方巖下。茂公章敦派，菘公陽坡派，葆公西邱派，玉公居清潭，滍公東窨派，梁公黄氏遷居嚴州之淳安盧塝朱村，第四世良選亦遷於蘭邑西壠堂白雲村下。

今夫宗譜也者，所以辨世數、明昭穆、别親疏、收散漫者也。支分派衍，一本之散於萬殊也；報本追遠，萬殊之歸於一本也。若至年遥代遠，置譜牒而不修者，何以尊祖而敬宗也乎？

吾願後之孝子賢孫鑒余之意云。

時龍飛光緒廿七年歲次辛丑林鐘月上浣之吉，廿二世裔孫邑庠生河清撰

（選自第三支樓山脚《范陽盧氏宗譜》民國己巳年重修本）

樓山裹童盧氏輯修宗譜叙

是歲之秋，予自杭歸省，閒居無事，日與諸親友縱談往事以爲樂，及至姜太公、周世宗之事功政績，莫不嘖嘖稱之，謂其後人必能昌盛而爲世之望族者。

一日樓山盧氏裕三、裕七諸公，以其譜屬叙。予固辭不獲，因取其譜披而閱之。雖覺其間有可疑之處，而其子孫昌衍、族風淳厚，不得謂其無自也。

按盧氏之先，原出於神農氏之後，在夏爲豕韋氏，在商爲豢龍氏，在周爲姜姓。逮齊太公六世孫曰傒者食采於盧，遂以盧爲氏。承傳至於五季周太祖朝有盧琰者，仕至工部尚書，封越國公。（見本譜嚴安國所撰序）琰有八子一女，以木爲號，列爲榛、栗、檡、松、竹、梅、桐、梓、杞九派，女次三爲檡派，周世宗柴榮之庶長子曰炯者贅之。及宋

受周禪，炯更名璇字伯達，而隱從盧姓。璇後拜殿前防禦史，封武烈侯。璇生可，官至禮部尚書。可生仲賢，爲湖南經略安撫使。仲賢生漢，爲金吾大將軍，隨宋高宗南渡，負其祖可公夫婦之骸骨，卜葬於婺之永康孝義鄉，其子孫遂家於其地。漢生芮，爲湖廣經略使光禄大夫。芮生良璧，爲武烈大將軍。良璧生梓，梓生泰，仕至江東宣慰副使，自孝義再遷於縉雲之竹川。

泰生紹，紹生隆，隆生文俊，文俊生冬，冬生壽，拜經筵檢閲。（見本譜揭傒斯所撰叙）壽生佑，佑生棟，棟生同德，同德生澄，澄自淳安遷於蘭邑純孝鄉西壠堂白雲村。（見本譜世系及行傳）惟泰之後，誰自竹川遷居於淳安，譜牒已無考，予亦不敢濫攀妄附，致失其真。然泰之後有曰葆者，自竹川徙居縉雲之西坧，爲西坧派，其子孫已先有自西坧遷居蘭邑純孝鄉西壠堂白雲村者，是澄之自淳安遷居白雲村，不爲無因矣。

澄生英，自白雲村遷居十三都餘良樓山脚。英生文，即今樓山盧氏尊爲第一世始祖者是也。文之十五世孫曰聰七諱鳳壽者，復自樓山脚分居於本都白露源裏童莊。而聰六公之後，則仍居樓山脚，故樓山脚、裏童兩處子孫昌衍，東西並峙，蔚爲檡派盧氏之苗裔者，聰六、聰七兩公之後也。（見本譜世系及行傳）

夫盧氏之後散居華夏隨處有之，追其原始，非姜太公之裔，即周世宗之後。世謂祖德厚者其後必昌，今徵諸盧氏，洵真實而不誣矣。今觀樓山脚、裏童兩處之盧氏後裔，務農學稼，樸素淳良，雖地瘠民貧，無力培植其子弟，致少蜚黄騰達之士，而其家風之美亦足以稱世矣。自兹厥後，將見相親相愛，競振家聲，繼太公世宗之德，爲自由平等之民，盧氏之興，詎有艾乎？

是爲叙。

時在中華民國十八年歲次己巳八月上浣，同里陳自新撰

（選自第三支樓山脚《范陽盧氏宗譜》民國己巳年重修本）

第三支(金華蘭溪)樓山脚世系概覽

(1)盧琰→(2)璇→(3)可→(4)行韜→(5)漢→(6)芮→(7)瑨→(8)梓→(9)泰(白竹祖)→(10)紹→(11)隆→(12)文俊→(13)冬→(14)禄→(15)祐→(16)楝→(17)同德→(18)澄→(19)莫→(20)文(樓山脚祖)

東邑裏塢張村派序

夫家之有譜,所以明一姓世代之源流,序一祖分遷之來歷。雖支分派别,欲追蹤尋源,舍譜奚據哉?

吾家譜載昭彰:始祖諱琰,世居汴之洛陽,爲工部尚書,封越國公。以璇公本姓柴,原屬世宗之子,因宋授周禪,避柴從盧,爲防禦使,累官至樞密使,封武烈侯。後可公仕宋爲翰林院國史編修,官至禮部尚書。仲賢公爲光禄大夫,封開國公。漢公官至樞密承旨拜金吾上將軍,扈蹕南渡,負祖父骸骨至婺之永康孝義鄉,以山水秀麗,遂葬祖父於斯地,即居於斯土焉。遞傳四世,始祖泰公遷於縉雲東窖,越二代,居側山中忽出一白竹,以爲祥瑞,因以白竹名焉,後遂日繁矣。

成行九壽公,即舉博學宏詞進士,爲宋經筵檢閲。至明怡行廿六道徠公,以孝廉舉進士於賢良方正科。於斯時也,於斯世也,人才輩出,豪傑挺生。嘉靖年間,點公爲秋官,勳公爲刑部尚書,其餘明經秀士,幾近百數,人丁繁衍,且至千餘,頗稱盛矣。後因明清易代,遭被兵燹,則散處他鄉者不一。

其派譜自礽公始修,鐸公、滔公纂修,尚書公重修,逵、致太守二公續修,無有補遺失編之附。至本朝康熙癸酉,明信諸公重修,歷有八十四年之久,世遠難稽,派紛難集,所以有錯落補遺焉。即乾隆丁丑重修,他鄉來者,或因老成凋謝傳聞失實,未能道始遷何祖、分派何宗,權入附譜,非有别也。今當續修之期,細閲譜載,有豐行一百六十三諱大恩，嗣男守恩、守隆，譜内大恩公載生不載卒，系章墩五梅之派。近無居人，知必遠徙，合令嫡派獻橋、啓盛等竭力旁搜，往東邑禹山之下裏塢之思明、益盛家再三諮詢，僉曰："吾祖大恩自白竹徙遷，久居斯地。"繼考其故主生卒月日確乎，遂糾赴宗共修，故爲之整派依源、理支循幹，本屬由舊，已焕然一新矣。兹因族議續修，未得全集，且俟於後爲之，溯其徙遷之由，亦如洛陽之遷永康可也，如永康之遷縉雲白竹亦可也。

根深者葉必茂，後之寢昌寢熾正未可量也。爰爲之序以傳云。

時皇清乾隆五十三年歲次戊申仲冬月下浣之吉，文言撰，合族譜長同訂

（選自第三支竹川《白竹盧氏宗譜》民國己巳年重修本）

白竹盧氏分修宗譜叙

盧氏本姜姓，自炎帝神農氏以姜水成而爲姜。商之季世有姜子牙者輔佐周文王致王業，國於齊。十世孫曰文公赤，生公子高，高生傒，食采於盧，以邑爲盧，而盧氏以昉。東陽故多盧，而其聚族於孝順鄉之新屋，暨卜居於張村、禮塢者，其淵源又别有所自。

昔在五季，歷十有三主，惟周世宗實稱令辟，柴炯者其庶子也。陳橋之役，變起倉猝，明哲保身，用自韜晦，依其外父工部尚書越國公曰琰者之姓以爲姓，更柴曰盧，易名曰璇，累官樞密使，封武略(烈)侯，遂世爲盧氏。子曰可，翰林院編修，晉禮部尚書。可生仲賢，爲光禄大夫封開國公。賢生漢，爲金吾上將軍樞密承旨。自璇迄漢世居汴，宋高宗南渡，漢扈蹕至杭，函其祖父三世骸卜宅兆於麗州之孝義鄉，遂家焉。生光禄大夫芮，芮生武略大將軍良璧，璧生梓，官經筵檢閲。梓生泰，徙括蒼之縉雲，祥徵白竹，因稱"竹川盧氏"，縉之右族也。

行成九者，舉宋博學宏辭科，官經筵檢閲。曰道徠，舉進士爲明賢良方正科。曰點，爲秋官。曰勳，爲刑部尚書。人臣功有五品，明

其等曰閥，積其功曰閱，蓋彬彬乎冠裳之盛，莫之與京已。

十七世曰大恩，行豐一百六十三，明嘉靖間由竹川之五梅再遷吾東之新屋，生二子守英、守隆，又分遷於張村、禮塢。則是盧氏先世孰爲汴梁之鼻祖，孰爲永邑之鼻祖，孰爲縉雲之鼻祖，又孰爲東邑之鼻祖，原原本本，如數掌上，昭然可悉，其子孫蕃衍散處四方者不止一鄉一邑，要皆以白竹爲大宗。

其譜自我萃，而宜萃者務不使之涣，不誠因時制宜而斟酌於盡善哉？仍名之曰“白竹盧氏”者，不忘其本也。

大清光緒玖年歲次癸未一陽月穀旦立，拔貢生宗弟協衡、璣頓首拜

（選自第三支竹川《白竹盧氏宗譜》民國己巳年重修本）

第三支（金華東陽）竹川盧氏世系概覽

（1）盧琰→（2）璇→（3）可→（4）行韜→（5）漢→（6）芮→（7）瑨→（8）梓→（9）泰（白竹祖）→（10）紹→（11）隆→（12）文俊→（13）冬→（14）禄→（15）礽→16）杲→（17）道復→（18）茂→（19）用→（20）鉅→（21）澄→（22）繼通→（23）輈→（24）楠→（25）大恩（竹川新屋祖）

（選自第三支竹川《白竹盧氏宗譜》民國己巳年重修本）

盧氏重修宗譜序

思夫國有史、家有乘，宋儒仿其制而修宗譜焉。譜也者，固人道之大端也，上承列祖，下繼厥孫，定長幼之分，别親疏之誼，千百世後，雖支分派别，脉絡分明，俾後人開卷而視盡屬同派共貫者也。

按盧氏系出范陽，閥閱世傳，簪纓代著，綿綿延延。至於守義公生世熙、世照。世熙生時勉，勉生尚書勳公、侍郎點公，系縉雲白竹派。世照公生時勤、時勸、時勱，系盧埠派之祖也。查盧氏元明朝仕宦聯綿，代不乏人，不復贅序。兹嘉慶丙子清明節散祭，宴後有裔孫

宗興、宗琳等議曰："吾家之譜，自元、明輯以修來，所載歷代祖先生卒、墳墓，因康熙年間兵燹後多有遺失，至今難以修輯。"興、琳二人就至元楝家酌議重修。楝欣然嘆曰："吾家倖存有舊牒，率由猶不遠也。"楝遂任其事。

於是殘者修之，缺者補之，編稿已定，與興、琳等曰："應不日付諸梓工來家剞劂。"閱月間，贊勷厥成。嗣後宗派蕃衍，賢良輩出，户敦詩書，家崇禮讓，克勤克儉，俗美風純，父兄子弟一遵先人之遺訓，儼然世家之規範，則修補之工豈淺鮮哉？

抑又思之：今者譜牒維新條式，聿昭穆嫡庶、近遠親疏，罔不較若列眉，後世子孫苟能申明其意，遵守勿失，尊宗祖、睦族黨、情聯誼，洽世之所望族大家者，不於是在乎？

時龍飛嘉慶二十一年歲次丙子蕤賓月穀旦，五雲建川眷弟樓春元拜撰

（選自第三支下河、盧埠《范陽郡盧氏宗譜》民國己卯年重修本）

盧氏重修宗譜序

譜何爲而作也？譜者，補也，增也。上以補先人之遺德，下以增子孫之苗裔，如《易》所謂"損盡必益，剥盡必復"，遞消遞長，天道固然，而譜亦如之。

吾族肇自范陽，縱簪纓歷世相傳，其間星居不一，難以縷述。惟我祖守義公由縉雲白竹分居於此，世經人緯，吾家幸以成族。斯地與白竹不過僅隔百里，而族譜竟以屢次遺漏，豈其室則邇，其人則遠耶？抑增補未講耳。

嘉慶丙子，侄元楝殷然興起，與吾胞兄宗興議輯成卷，其間猶多舛錯，迄於今亦二十有餘載矣。予又年邁，恐其頹廢，因與族衆商議重修。是歲春正，適遇縉邑舒聲翽先生來是地。予問其來何事，彼應之曰輯譜一事，頗能任之，遂請梓葺。披閱舊牒，闕者補之，新者增

之，而訛者以改，舛者以正，則譜牒維新，昭穆聿著。開卷而視，雖不無條分縷析之懸殊，亦可以俾後之孝子慈孫采擇云爾。

於是乎序。

龍飛道光二十二年歲次壬寅清明前一日之吉，裔孫宗琳是年七十正歲沐手謹識

（選自第三支下河、盧埠《范陽郡盧氏宗譜》民國己卯年重修本）

盧氏重修宗譜序

長幼尊卑之不可不辨也，夫人而知之矣。乃世系愈推而愈遠，雲礽遞出而遞疏，十數傳之後，往往有視宗族如路人者不相識。故也曷爲不相識？譜牒未明也。然則譜之時用大矣哉！

吾盧氏肇自范陽，至守義公由縉邑之白竹遷於麗水之東郡，厥後子孫繁衍，螽羽詵詵，遂名其處曰“盧埠”。若水東堰古西鄉資福、下河等處，其分派也，向因家譜未修，均多散失，嘉慶初始，有元楝公出而搜輯之，宗琳公相繼重修，而水源木本遂得以按譜而稽焉。

乃光陰迅駛，距今又三十年，余恐未入譜者紛而益散也，因邀同兄陳寶請命于叔來貴相議補修。閱月而譜成，於以名長幼、别尊卑，繼繼繩繩，相傳勿替，庶不負蘇、歐編譜之遺意夫。

是爲序。

時同治九年歲次庚午暮春月，裔孫有金重修

（選自第三支下河、盧埠《范陽郡盧氏宗譜》民國己卯年重修本）

第三支(麗水蓮都)下河、盧埠盧氏世系概覽

(1) 盧琰→(2) 璇→(3) 可→(4) 行韶→(5) 漢→(6) 芮→(7) 瑁→(8) 梓→(9) 泰(白竹祖)→(10) 紹→(11) 隆→(12) 文俊→(13) 冬→(14) 禄→(15) 礽→(16) 杲→(17) 道衢→(18) 菘→(19) 甫→(20) 守義→(21) 世照(下河、盧埠祖)

盧氏源流序

盧本柴氏周世宗榮之後也，世居汴之洛陽。顯德元年庚申正月初四日，以宋受周禪，而榮之庶長子曰炯以柴爲嫌，固榮命，遂隱從外姓工部尚書越國公盧琰爲氏，世號爲“柴盧氏”。而琰生八子俱及第，一女居三，而炯入嗣之，以合九之奇數，皆以木爲號，有木者是吾親族，無木者是吾非族也，號曰：榛、栗、櫸，曰松、竹、梅，曰桐、梓、杞。而榛號者曰珪，字伯璋，仕廣南道宣慰按撫使；栗號曰璞，字伯瑞，仕湖南按撫使監部，歷官至中書令兼工部侍郎；櫸號曰炯，字宗照，易名璇，字伯達，詔封殿前武烈侯；松號曰鋭，字伯英，授校書郎、中議大夫；竹號曰衡，字伯璣，除廣南都司中軍；梅號曰勳，字伯愷，仕廣南節度使；桐號曰敏，字伯愚，除江陵簿，授將仕郎；梓號曰理，字伯恕，除京縣尉；杞號曰衛，字伯超，仕廣南都司令。自是簪纓繼世，代不絶賢，此所以合九派之族也。

始祖出自台州仙居白洋山下，而後復遷永康孝義鄉，地曰靈山。子孫繁衍，或避役，或就産，或入贅，或經商，散居各住有矣。惟上盧、中盧、雙牌、朱村、下莊、東宅、方山、五雲、東窖以及白竹、版下、胡庫、明梵、寺後、下山頭、青山、石江、在城、高川、東陽、石門及丁公坑，是派皆柴盧之流派也。

謂夫世人有祖有宗，猶木有本水有源也。木不培其根，則其枝不茂；水不導其源，則其流不長；人不紀其祖，則其派不知。吁，世人往往昧其族屬，昭穆有序弗明，尊卑之分弗定，慶吊之禮弗通；視親骨肉如途人者有之，棄兄弟如仇讎者有之。今以請余編立宗圖，修輯行次，上下布列，脉絡貫通，昭然在目，燦然明白，使後世子孫得以稽驗，以知祖宗之來歷。設使忘祖滅宗而不重其譜，只圖榮求其業，安飽其身，或遇宦客問祖宗者，將何以對答哉？

夫家之有譜，猶國之有史也，此吾盧氏受姓之由，實柴氏周世宗之後裔也。夫祖尚書公以下分立九派而不與群盧之溷而紊先世之由,俾後之子孫者可以尊其祖,敬其宗,植其本,溯其源,非所以持能振起以光其前人,又足爲後人文獻也?不倚權貴之勢以揚聲名之赫赫,不仿豪盛之名以張門祚之巍巍。今以每派各掌一幅,以俟後世照證,庶無差悮。

謹序。

大元天曆元年冬十月朔日,翰林大學士兼樞密院知制誥事宋景濂謹識

(選自第三支《石江盧氏宗譜》民國甲寅年重修丁丑年續修本)

靈山盧氏舊譜序

士大夫家所著宗譜之書,所貴世次之久遠、系緒之分明、德業之顯著。三者備載,而有益於家族者大也。永康靈山盧氏之彦諱世寶,出其盧氏宗譜示余,俾余爲之序。予閲其世次,則知始自武烈侯璇下,逮世實者其傳有九世矣,可不謂之久遠者歟?

其系緒:盧氏之先世居汴之臨安,宋太祖時有諱琰字文炳者,爲工部尚書榮禄大夫封越國公,生八男一女,招炯爲婿姓柴氏,周世宗之後也,因宋太祖初受周禪,以柴炯爲周後之嫌欲滅之,越國公言於太祖曰舜禹之世未嘗不容於朱均也,炯以是得全。遂易姓爲盧,更名曰璇,列爲九子。故其後皆稱"柴盧"者,自璇公以來也。其八派之裔散居各處未考其詳,而璇公之後,從宋高祖南渡以來,迎相卜葬於永康靈山之原,遂居之,故永康有柴盧氏也。而九世孫監學公諱賢,安葬於獨山石壙,故有青山之柴盧也。其散居永康西山、石江、石馬、丁坑諸處,皆靈山之分焉。既夫列爲越國公九男之一,則稱"柴盧氏"之有自,一則貴出於世宗之胄,一則重夫越國公之忠義能保全柴氏也。此其系緒可不謂之明也歟!

觀其德業顯著、文學名世者代不乏人,以及孫子世寶者好讀書,

隆師親友,其行誼見重於士林多矣。知其勤勞譜牒者,使子姓瞻仰世次於久遠,則知源流之深長;見系緒之分明,則知族屬之親疏,而歲時祭祀得以令其敬,吉凶慶吊得以序其情。仍如此欣慕前烈而思濟其世美者,則家聲丕振可勝既矣。此古人所以美夫譜牒之爲者,豈獨盧氏之孫子所當取法以爲益哉?

故不辭固陋,而爲之序,使世之覽者莫不知其興起也歟。

時洪武二十一年歲在戊辰四月乙巳之吉,楚府長史同郡烏傷赤岸朱世廉序

(選自第三支《石江盧氏宗譜》民國甲寅年重修丁丑年續修本)

盧氏重修宗譜序

譜牒明,則人倫以之而明;譜牒不明,則昭穆之義衰矣。故同宗共族,叙長幼、别尊卑、合親疏,其何以行之哉?雖各居另籍,冠婚之相助、忻戚之相關、慶吊之相集,家譜之作所以大矣。

盧氏,衣冠之族,詩書之舊。厥祖乃宋尚書諱琰字文炳,趙太祖時爲工部尚書、開國上將軍,封越國公。始自汴之臨安而來避居永康四十五都孝義鄉大山下,配趙氏,生八子一女。女曰錦,太祖命以妻炯,易姓爲盧,易名曰璇,遂爲其嗣,列入九支,以木爲號:曰珪、曰璞、曰璇,號榛、栗、櫸,世居靈山、青山、石江;曰鋭、曰衡、曰勳,號松、竹、梅,居丁坑、青山、西山;曰敏、曰理、曰衛,號桐、梓、杞,居大都、温州、仙居。星分棋布,散處不一,其從來遠矣。

璇公系石江派之鼻祖,再傳德威公遷西山之東曰石江,實信公創基之祖也。經今數百餘年,子孫繁盛,英賢輩出,代不乏人,猗歟盛哉!今盧君惟珮輩等毅然創舉鼎新,修輯不閲月而譜事告竣,爰乞余言以弁諸首,遂不辭而書之。爾子爾孫藏而寶之,以繼以述。《詩》曰:"惟念爾祖,聿修厥德。"盧氏子孫,尚祈勖哉!

於是乎序。

時康熙二十年歲在辛酉九月既望，邑人貢元徐悦拜撰

（選自第三支《石江盧氏宗譜》民國甲寅年重修丁丑年續修本）

重修盧氏宗譜序

嘗聞九族之睦紀於《虞書》，三族之别掌之《周禮》。蓋宗分大小，族别親疏，固貴聯而合之、修而明之，庶使後者長幼尊卑不失其序，且得知所本源，各敬宗收族，世世相承於弗替也。

今觀盧氏其聚族者固不一而足，或居縉雲竹川，或居金華、東陽，或居温、處、仙居。而在本邑則有青山、西山、東巖、石馬、石柱、石江、溪裏，本鄉則有靈山、大山、下莊、朱村、宅口。餘族至今日雖派分九支，而卜居於西山之東曰石江者實祖於靈山璇公之後。由璇公以至安公，再傳德威公而遷此焉。其所由來，實禮讓之族、詩書之舊，故英豪迭起，代有傳人。他不具論，如我本朝壬戌科有諱炳濤字静波者，現入翰林職分户部，真所謂"濟美之裔多才子，明德之後有達人"也夫！

余於是歲舌耕盧宅，適盧氏重修世譜，爰有盧氏之裔諱昌香者，其人誠自矢克敦善行，樂詩書，厚親友，與余交最深。一日出其原序數篇以相參考。余因觀其所記載，而知盧氏源遠流長，族大支繁，洵不愧吾永之望族也。故不辭疏陋，略爲之書，以存其概云。

時嘉慶十二年歲次丁卯仲冬月吉日，邑庠生吕宗海拜撰

（選自第三支《石江盧氏宗譜》民國甲寅年重修丁丑年續修本）

石江派重修宗譜序

家之有譜自宋歐陽氏、蘇氏始，厥後世家鉅族倣歐、蘇之體例循而行之，於是乎家譜之學以興。

譜也者，序世次，别源流，以始祖一人之身下而推之，分及於子孫千萬人之身，亦即以子孫千萬人之身溯而上之，皆出於始祖一人之

身。如萬枝之同乎一本，如萬派之歸於一源，此孝子仁人莫不當以斯譜兢兢謹守者也。

昔韓魏公有言曰“謹家牒爲孝之大”，善哉斯言！凡爲子孫者，當深玩索矣。然則家之有譜，不綦重哉！石江一派，爲我始祖越國公第三支璇公之後，歷數傳至德威公，徙居於西山之東，聚族於斯，遂稱爲“石江派”。則璇公爲石江派之鼻祖，而德威公即石江派之始遷祖也。載在譜牒者，原原本本，舊序言之詳，正無待贅。其族煙居稠密，生齒繁多，世代久遠，派别支分，其中譜籍，大修小修，無不以次興舉。近自前清光緒甲午續修以後，迄今歲甲寅，屈指相計歷二十年，人丁日衆，長幼不齊，生卒婚嫁日久，不無遺忘脱略之慮，兼以村居中或致失慎，旋遭祝融氏災厄，致有二房譜牒均付之一炬。族中人心焉戚之，冀以補完全璧，爰集派下商議重修。先令各房下開明草譜，選吉於今秋八月終旬歸局，越四月而工告竣。昭穆由此序，尊卑由此明，世系由此聯，行傳由此列，上自高曾祖父，下至子孫玄曾，螽斯蟄蟄，麟趾振振，莫不賴兹譜以傳諸後，其族之寖昌豈尚有艾乎？

兹日也，觀音堂下宗弟時運、存旺、茂玖、關興等造余家，屬余爲之序。余與族支雖各派，水本同源，所愧年逾週甲，筆墨久荒，無能爲盛族增光華簡，深嘉諸宗彦承先有志，而於尊宗敬祖睦族數大端悉舉而行之，無非孝子慈孫之所以爲心也。

謹奉其命，不辭譾陋，而序其概於簡端。

時中華民國三年嘉平月上浣吉旦，越國公下石馬派宗孫、前清庚子恩貢就職教諭、選充合邑高等官小學校校長思昉謹撰

（選自第三支《石江盧氏宗譜》民國甲寅年重修丁丑年續修本）

石江派續修宗譜序

我九支盧氏之始祖諱琰字文炳，配永康行軍都督大元帥趙光公之

女，生八子一女，女行三，贅周世宗庶子，更名璇，避宋室嫌從嶽姓，列爲九支，曰榛、栗、檡、松、竹、梅、桐、梓、杞，此各派族譜紀載之所同也。

顧或謂文炳公義不臣宋，隱居永康孝義鄉之躲山下，故舊時孝義鄉稱存孝鄉，躲山下含“躲難山下”之意。公之陵墓具在，公之居址，鄉之人得諸長老所流傳，猶約略可指認。又或謂公仕宋封越國公，璇公亦以功宋封武烈侯，誥制昭然，圖像具在，此則各派族譜紀載之各有不同也。

余嘗讀明嘉靖間白竹希周公所訂譜。時希周公以尚書致仕，禮延松陽葉夢得先生爲之參校，其世系圖直稱璇公爲洛陽授姓一世祖，其内紀則稱始遷白竹之祖爲一世祖，於文炳公、璇公封公封侯之敕詞誥語略而不存，謂非其祖之意，其詞義之嚴正，令人震駭。

去歲，邑中奉省令籌備文獻展覽，徵得文炳公遺像，雖未敢臆斷爲真，然其宋建隆元年之敕書則又明明封文炳公爲越國公，驗其顔色朱文確不能指其爲僞。今讀石江派族譜又載璇公磨勘敕文，稱璇公年六十歲，婺州人，此文下自宋乾興元年，上溯六十年系乾德元年。夫璇公當陳橋變起，年尚總角，由文炳公力諫藝祖，始攜以歸而以女，若乾德元年，則藝祖受周之禪已三年，設文中之年齡不有其他錯誤，則乾興之敕文顯不足信耳。

然而綜合以觀，文炳公建隆元年之誥敕，既足置信璇公乾興元年之敕命。稱其年爲六十，稱其地爲婺州，際此時，文炳公之八子均於宋得顯秩，藝祖多疑善忌，保無有婉諫，璇公爲遠嫌而出山，以示其無他志者；武烈之封事在暮年，此亦事理之常，無足爲諱。是則希周公之所爲譜爲正人心、重節義計，石江派之所爲譜爲重事狀、昭實録計。其紀載雖不同，其慎終追遠之心罔勿同也。

余於我九支之氏族源流，及顯德建隆禪代之事，久思博稽逸史，作詳實之紀述，以示後人，徒以僕僕鮮暇。前過洛陽時，即吊陳橋驛，走夾馬營，更訪吾盧氏子孫之在洛陽。得一士詢之，又茫然無所答，此志未知何日能償。今承石江派宗兄時運、英鶴等披示續修譜，嘉其支系分明，昭穆攸當，爰更借其篇幅一傾吐之。若以云序，則吾豈敢？

時中華民國二十六年四月吉旦，前國務院咨議浙江省長公署顧問、歷任嘉湖鎮守使署秘書、嘉湖戒嚴司令部軍需處長、援閩浙軍總司令部參議、第一師司令部軍需處長、江北招撫使署經理處長、長江各省水警總局秘書兼執法主任、贛粵閩湘鄂剿匪軍東路總司令部參議、浙江孝豐縣知事、福建省任用薦任職第三屆省議員，在城派裔孫旌賢拜撰

（選自第三支《石江盧氏宗譜》民國甲寅年重修丁丑年續修本）

第三支（金華永康）石江盧氏源流概覽

（1）盧琰→（2）璇→（3）可→（4）行韜→（5）漢→（6）芮→（7）良璧→（8）梓→（9）大安→（10）德威（石江祖）

第三支（金華永康）石江盧氏排行字目

原行目：一七四五　六七八九　三二廿百　千萬增成　興進祥貞　尚貴和洪　浩希賢寧

九支合字新行各派俱從廿九世豫字行起，續以《易》卦編定一十六字於後，以便合一，取第九支相符。

新行定式：豫升咸亨　臨觀萃濟　師旅壯艮　豐需節比

書名定式：文武奇尚　昌茂源英　存心立義　維道經綸

表字定式：國重元浩　先志炳彪　時可上達　甫遇恒朝

（選自第三支《石江盧氏宗譜》民國甲寅年重修丁丑年續修本）

雪溪盧氏宗譜序

靈山盧氏族譜，譜盧氏近族也。

盧之先本姜姓太公望之後，傳至齊孝公時傒之子食采於盧，因以爲氏。後世子孫仕涿仕汴，散處不一，然皆以汴爲宗、涿爲郡望。譜間一書，遠在所略也。五季時有諱清者，本涿人，任越州令，遂家焉。清公子琰爲後周勳臣，旅食洛陽，復還汴，遭周宋相禪之際，乃攜皇庶子炯從汴隱居浙東婺永，是爲靈山盧氏之祖。譜不一書，近所當詳也。

公生八子，咸縉笏朝端，世稱貴胄也。一女配世宗子柴炯，因避宋嫌，易姓從盧，更名曰璇。厥後盧氏派衍九支，皆析以居，遂各聚其族、各宗其譜，族姓繁盛，瓜瓞綿綿，因流以溯源，詳近而略遠，派分支別，歷歷可紀。至於八派分遷居址，前序所載彰明，兹不復贅。今惟於武烈侯檡派璇公之下近徙居厚宅、珠川、下莊者列圖叙系，萃爲一帙，題曰“靈山盧氏族譜”。

惟譜之作，所以重本始，辨親疏、昭世次、明尊卑，敬宗睦族之道，無以踰此，誠傳家之要也。使爲子孫者務於孝敬、篤於仁義，固有以見先世積德累仁之所致也。若夫非孝敬無以敦宗而睦族，非仁義無以浚源而引流，予觀盧氏族屬之盛，冠於越中，光於譜牒，名公巨卿，雲蒸霞蔚，忠孝義烈，間世迭出，繼繼繩繩，引而弗替，盧氏之福寧有已乎？

《傳》曰“源深者流遠，本大者末茂”，盧氏有矣。予家松溪，忝屬親誼，謁予爲序。弗辭無文，因是書此以爲序。

時萬曆三十六年歲次戊申小陽之吉，賜進士出身通議大夫順天府府尹、前四川等處承宣布政使司右布政程正誼拜撰

（選自第三支義烏《雪溪盧氏宗譜》民國己巳年重修本）

雪溪盧氏宗譜序

昔上古黄帝分授姓氏以來，仕大夫家牙籤錦軸，凡朝廷之流品、

先人之出處，至於婚姻卒葬、遷徙源流，無不燦然畢陳，以示後來者知其緒統。

今五龍塘盧氏望，傳周世宗柴之後，舊姓柴氏，因避柴爲盧，歷遷永康之靈山珠川，行選四、選六者由珠川而居義烏廿六都雪溪，行選三者由雪溪而遷六都五龍塘，山靈水秀，林野蔚然，兼之民敦俗厚，泉甘土肥，可爲立宗之所。盧氏居之，經今五代矣。有伯聰公生三子者文焕、文煒、文熺。惟次君字明之，特出人表，生子惟鉦、惟鏡，克勤克儉，貲近中産。癸酉歲，以齒德優降舉延鄉飲，可謂榮矣。復念伯父伯祥公乏徹缺於祭典，建祠宅右，同父母春秋獻享，而時思之。又以門當孔道，行旅艱難，乃造白雲精舍於祭亭之旁，普施茶湯，惠及遐邇，若明之者不愧爲仁人也。兄文焕生五子，俱興家克肖之英，盧氏之後始有望焉。

余偶來酥溪，嘗爲貴祠提(題)額，計及家譜。忝在知交，分宜乘筆，一番盛心，良可慶也。昔蘇老泉云：情見於親，親見於服。無服則親盡，親盡則情盡，情盡則喜不慶喪不吊，不慶不吊似屬途人。即歐陽公世經人緯之制，亦惟恐宗支有廢。使後之視今猶今之視昔，家乘一書，豈小補乎哉？是見明之兄弟之功誠遠矣。

是爲序。

時大清康熙三十六年丁丑初冬之吉，精膳司主事臣東浙波何範書撰

（選自第三支義烏《雪溪盧氏宗譜》民國己巳年重修本）

雪溪盧氏宗譜序

昔殷社將墟，比干竭諫，箕子佯狂，微子抱籍而去，以祀守先業，猶范陽氏之賢裸也。

有諱伯祥公與伯聰公承選三府君始遷五龍塘，山環水繞，氣勢蜿蜒，泉甘土肥，地靈人傑，統先人之緒矣。康熙丁丑歲有文煒公，起孝

慈之心，立家廟以薦蒸嘗，修族譜以聯疏遠，復設家塾以課子孫。適有何放翁者，爲修於譜牒。約略計之，文煒公思昌熾乎後，歷幾何年，不意克紹家聲者，有公凱、尙絅，而力囑予纂修筆削，國法、國鴻、國瀚、國瀛，董其事也。故思家之有譜，則尊卑克辨，昭穆攸分，勿致相視如途人已耳。

由是追憶其鼻祖諱琰公，仕工部尚書，分支九派，則自諱炯更名璇，以柴爲盧封武烈侯，是子姓之宗也。始祖至良璧公遷於永康之靈山，迨至第十世祖諱昌堯公者居珠川下莊。二十四世祖諱福雨公遷義烏廿六都之雪溪，以至二十六世祖諱孟富三公焉遷居六都五龍塘，遂及其詳。尊尊親親之義，如水木之有本源也，雖後世子姓蕃衍，然亦不至紊亂矣！吁，莫幸乎！譜牒流芳，盧氏之傳，猶殷社之有宋存焉爾。

予忝親誼，聊序數言，是爲序。

大清雍正三年乙巳季秋之吉，眷弟里人松林駱宏成拜撰

（選自第三支義烏《雪溪盧氏宗譜》民國己巳年重修本）

雪溪盧氏宗譜序

昔武周稱達孝有曰“敬其所尊，愛其所親”，誠哉斯言！此自古昭穆之序，聯疏爲親，聯遠爲近，名分攸關，爲萬世不易之典，即歐、蘇二公家傳譜牒之坊也。

爰溯盧氏行選三府君居五龍塘，天鍾其靈，地産其秀，而且人情土俗咸敦古處，爲百世不遷之地。後伯祥公、伯聰公俱克承祖業。伯祥公無嗣，繼伯聰公次子文煒公字明之，生二子惟鉦、惟鏡，承先開後，建祠堂以追遠，造佛廟以妥神，而且制立祀典，春秋獻享，復紀鼻祖周世宗榮之後也。

琰公嗣炯隱柴歸盧，編立木號，八男一女，別爲次序，九派之族合而分者，始於此也。嗣源遠流長。遷永康靈山、翠屏山下，又分派台、

温、處州及仙居者。及行選四、行選六遷義烏廿六都雪溪，行選三公居六都五龍塘，按籍而數，可謂前光而後裕矣。歷雍正三年乙巳至今復有年所，理宜重修，幸有文煒裔孫士植，會同族兄士略、士有，侄輩允美、允攀、允章，慮祖功宗德代遠年久易以湮没，發念繼述，同心督理，不憚艱苦，共竟敦宗睦族之美。

今譜牒初成，董事者請予以參緒册，不自掩拙。盧氏祖公官爵封誥簪纓不絶，賢良之輩代不乏人，前叙著備，予不復贅，略計大概，亦可晢其本末源流，及婚配生卒燦然可考，尊卑遠近秩然不紊。即或遷移他鄉各邑者，今既有宗譜以聯之，如木之有根、水之有源也。人之有祖，寧散失而不知歸，相視如途人乎？此家乘一書，予故曰武周達孝，一本九族，親親尊祖之遺意也，詎不識哉？

是爲之序。

時乾隆五十八年歲次癸丑仲秋之吉，忝屬親誼流裔洋塘駱紹清拜撰

（選自第三支義烏《雪溪盧氏宗譜》民國己巳年重修本）

雪溪盧氏宗譜序

東邑盧氏最盛，而吾邑罕有是姓，近惟六都五龍塘士華公其子侄允章、允塘翁，其孫武推等三世執藝，往來吾鄉，知其盧姓。

考其先世譜牒，出自五代周世宗柴榮之裔。榮父名守禮，實周太祖郭后之兄，素居汴之洛陽。及宋受周禪，榮庶子名炯者，隱柴爲盧，從仕北宋工部尚書封越國公字文炳者，遂因以盧爲氏焉。生八子一女，派别九支，皆以木爲號，不忘本也。其二世璇公封武烈侯，三世可公仕至禮部尚書，五世漢公職授總制，皆櫸派也。其他八派之顯榮，順宗丁丑《盧氏宗派源流》，前輩奚斯先生叙之詳且悉矣。閥閱傳世，簪纓繼美，固仕宦巨族也。其二世祖從越國公隱居靈山，十一世昌堯公居珠川，二十四世福雨公由珠川轉徙義烏廿六都之雪溪，行選三孟

富公始遷六都五龍塘，視雪溪之所遷又間二世矣。由選三而溯炯公，遞世二十有六矣。

自宋而至國朝近千載矣，以似以續，亦遠矣哉！而繼繼承承綿延三十四世而勿替者，吾知其祖德宗功之及於民者深而裕於後者久也。即其家範垂訓，所尚者禮義廉耻，所守者孝悌忠信，本人心而敦人倫，至誠至性，流露於敦宗睦族者何如哉！簡策流傳，卷分次第，首辨氏族，溯本源也；次繪祖像，示追遠也。九族之親寓於系，一本之義備於行，有實行善雖小而必録，非族類名雖盛而不彰，深得古人尊祖敬宗之旨耳。

今允塘翁等恐代遠年湮，木本水源之義不彰，等骨肉於途人，取乾隆癸丑之家乘而纂修之。帙成問序於余。余何序哉？余惟因其先代之世系巔末，而更申之以志薪傳所自云爾。至若辨昭穆、判親疏、別長幼，名分森然，此家法之常昭者，無俟予贅云。

時大清道光九年歲次己丑仲秋之吉，布經歷龍溪陳世昌拜撰

（選自第三支義烏《雪溪盧氏宗譜》民國己巳年重修本）

雪溪盧氏重修譜序

蓋聞國有史册，家有譜牒，名雖不同，義實相通。史者何？載歷代之君臣賢否、政事得失，以詳國統之繼紹也。譜者何？記奕世之昭穆、親跡、婚姻、出處，以明祖孫之源流也。國之史册不可無，家之譜牒尤不可缺，此譜之不可不修，猶史之不可不録也。

按余族之受姓五代時缺，周主柴榮庶子諱炯欲相繼而立，豈意少康釁起干戈、窺竊神器，時余祖琰公職工部尚書封越國公者，欲救主圖柴之後，避少康僭竊之嫌，遂攜炯歸隱於婺永靈山之下孝義鄉居焉。琰公夫人趙氏産八男一女，女列第三，命名曰錦，遂配於炯，而以炯爲己子，故隱柴歸盧，而更名曰璇，以作九男，因衍以榛、栗、櫸、松、竹、梅、桐、梓、杞，皆以木爲號，而派爲九，奇夫！榛、栗、櫸者即今上、

中、下之“三盧”也，而璇公所居者即今下盧檡派之餘族也，他如松、竹、梅、桐、梓、杞之分處，前序詳且悉矣，可不贅。惟璇公以下第二十五世祖諱承全字子周者，由下盧珠川而遷義邑之雪溪，迄今譜牒常通，並無異議。

至今年秋，珠川慨想舊德，追慕遺風，奮然興族譜之修，數來議事。余輩初不獲辭，亦惟遵祖制啓孫謀，以期無負同志已耳。孰意珠川外均已分散，而獨惟珠川存。今珠川家少丁稀，力恐不逮，凡用途貲費而欲以予派居多，余輩雖難勝任，誼不獲辭，故珠川再通良辰定來商議，奈遲之又久，不聞蹤跡。繼而思之言彼均分而余亦與之俱分，我獨何心？豈不知忘祖之非孝也哉！雖然，譜則不能常通，系則不能盡合，彼不以濁流而投諸清河，予何爲以清河而溷諸濁流耶？姑不必盡述其弊，予惟爰集本支，追溯世系，以提其綱，生事葬祭，以撮其要，冠婚嫁娶，以叙其宜，俾子子孫孫寓於目感於心，而知彼此攸分無失，敦本睦族，今之譜仍爲靈山重修之譜可也。

蓋今之時縱難媲美於前，而數傳以後則寖熾寖昌，將所謂科甲聯蟬、簪纓弗替者，孰謂非吾祖武之是繩也哉？由此，丕顯前業，垂裕後昆，以昭史册，而光譜牒，尤賢子孫之責也，用是慨然任厥時事。序厥緣由，以深告夫後來者。

時光緒甲午年葭月之吉。督理：家善、家銓、家定、家宣。理事：賢地、賢漢、賢階、賢域兼監理譜事萬松謹志

（選自第三支義烏《雪溪盧氏宗譜》民國己巳年重修本）

第三支（金華義烏）雪溪盧氏世系概覽

（1）盧琰→（2）璇→（3）可→（4）行韜→（5）漢→（6）芮→（7）瑁→（8）立→（9）超→（10）璠→（11）昌堯（珠川祖）→（12）汝軻→（13）阜→（14）宗魯→（15）文舉→（16）愷→（17）宋→（18）規→（19）彬仲→（20）文吉→（21）善成→（22）位→（23）天命→（24）福

雨→(25) 承全(雪溪祖)

第三支(金華義烏)雪溪盧氏排行字目

排行字目,自始祖起:

一七四五　六八九三　二百廿千　萬開震韶　茂浩永連　亨太賦敏　文選信乾　元中正芳　聲始平和　音仍宮稱　起樹朝綱　聞譽大振

(選自第三支義烏《雪溪盧氏宗譜》民國己巳年重修本)

武義盧氏家譜序

嘗思物本乎天,人本乎祖。天心仁愛而品物咸亨,人心醇良而祖脉悠遠。吾考縉邑白竹盧,名山鍾瑞,秀水毓祥。先朝科甲聯登,人文炳蔚,自唐盧琰公官至尚書,八子一女,男皆文武顯宦,女贈吴國夫人,至今紳衿迭起,佳士盈庭,洵世家之鉅族也。

我盧公成環,係縉雲盧氏之名宦後裔,徙遷於武義之南,地名上盧,擇居創業,勤儉持家,仁風藉藉,遂於此稱盛焉。詢其世裔,居此地至盧公九世矣,諱璋福,字福昌,公之長君,乃余堂兄爾環之岳父也。昌翁爲人仁厚,天錫耆嘏,鶴髮齊眉,壽享杖朝,單傳發熾,子嗣六七,長允臣、次允侯、三允生、四允顯、五允功、六允良、幼允章,昆季彬彬,望隆梓里。

吾親翁允臣生有賢續諱元聖,素敦孝行,善事雙親,幼讀儒書,早遊泮水,潛心經史,學富五車,廊廟才也,展其經綸將必爲邦國之光,豈止榮一鄉而已哉!惜也天不假之以年,亦足深吾之悼嘆耳。然上帝之報施不爽,將必念其忠厚傳家,鍾以秀氣,安知不出聰穎之嗣,發科發甲而爲盛朝之選,以紹白竹之賢也?夫國以一人榮,家以一人興,積德留後嗣、續綿聯可卜。數十人而發萬家之煙火,所謂人心醇良而祖脉悠遠者,此也。

近因盧氏纂集家乘以接先猷，余與臣翁忝有戚誼，應不辭樸陋，謹序其實以紀其盛云。

時皇清乾隆元年歲次丙辰孟秋之吉，姻家眷侄邑庠生金承隆頓首拜撰

（選自第三支《武南盧氏宗譜》民國辛巳年重修本）

武義上盧盧氏重修宗譜序

竊維生人之理，必有所自始。故夫支山三百有六而本乎昆侖，支水三百有六而原乎星宿，寧於人有異焉？所以族之發也始諸一身而終至於千萬身，千萬身而同歸乎一身；始自一家而終至於千萬家，千萬家而同出乎一家。此原本之所由來者，誠非偶然矣！

吾鄉之南有接壤而居者，地名曰上盧盧氏，余內子族也。遡盧姓之傳，其來遠矣，而皆系於唐尚書工部諱琰公後，厥子七八皆文武顯宦，至二十世孫諱勳公者爲刑部尚書，世多哲士，代有名人，洵哉其爲大家鉅族也！今按上盧之始有諱成環行泰六十三公自縉邑白竹玩遊武義，覽山水之勝、風土之饒，而遂卜築於此，此實肇基之祖，一族所由興，而上盧所由名也。

嗣後族屬藩衍，食指漸多，誠恐世次莫稽、行次無辨，乾隆元年孫諱光祖、光輝諸公，毅然有敦宗睦族之思，於是兢兢以葺録譜牒爲急務，聯宗支，序世次，尊卑上下，既已原原本本，昭然其若揭也。越今戊子歲，距丙辰三十有三年，千章之木枝益分，萬仞之泉派益衍，綿綿瓜瓞，而寖昌寖熾。徜非有以統會而辨別之，則親疏遠近其不至於離且瀆也幾希。夫然宗譜之修，其獲已乎？賴有孝子慈孫，悼老成之多謝，念祖訓之宜遵，時在秋月，謀及纘緝，咸慨然以爲事莫大乎此者。斯編既集，若者祖考，若者子孫，若者昆弟，以暨旁支之屬，世代綿延，似爲紛紜難緒，顧脉脉相仍，一展卷而瞭如七政之麗天、九川之行地，秩然有序、井然不紊也。而且覽其傳贊，志潔行方、齒高德重者爛然

可紀，猗歟盛矣！

吾用是有感焉。足之往來於兹蓋已有年，見其族之勤耕鑿，力稼穡，有無相通，吉凶患難相恤，伏臘嫁娶、膢蠟榮酺相周旋，爨火數十，饒有渾厚敦龐之風，而鮮嚚淩詬誶之習，此蓋有得乎譜之義者。則今譜之爲譜，豈僅考世系、分行次而已哉！夫蓄之厚者，其發之也長。盧族積德累仁爲已久，將來必有瑰奇俊秀之胤接踵而生，以紹白竹之徽音於弗墜，則盧氏之鍾英毓瑞於後者又豈有艾耶？

足忝有戚誼，内兄廣甫話及修家乘之事，以序屬余。余初謝不敏，既而甚樂。其族之重要務，而藹然有恩以相愛，秩然有文以相接，探本尋源，身雖多而如一身，家雖繁而如一家，庶於譜乎無負也。爰遂忘固陋，而爲之搦管以志其實云。

時皇清乾隆三十三年歲次戊子無射月上澣穀旦，廿九世孫婿白山增廣生朱以足頓首敬撰

（選自第三支《武南盧氏宗譜》民國辛巳年重修本）

上盧盧氏重修宗譜序

嘗讀《易》有曰“積善之家，必有餘慶”，夫“慶”將誰“餘”？謂其餘孫子也。故祖宗積德累仁，身膺五福，而子孫又有富且貴者。在子孫之富者曰吾善居室，始克富有也，貴者曰吾善讀書，始登高第也，而不知皆祖宗之積慶有以餘之也。允若兹，則祖宗之宜尊且敬也。孰不云然？

然尊之敬之，匪特春秋祭祀，以時思之而已，凡祖宗之所作爲則當效之，凡祖宗之所愛惜則當體之。夫欲效之體之，則莫如明譜系。蓋譜者普也，普載先世之嘉謨懿行者也；譜者遍也，遍紀後嗣之宗支行第者也。

吾族有譜，由來舊矣，自唐尚書琰公下，厥子七八，皆文武顯宦，至二十世孫諱勳公爲刑部尚書，世多哲士，代有名人。後至泰行六十

三諱成環公，自縉邑白竹來遊武義，卜築於斯，此上盧之所由名也，歷代續修譜牒流傳。前自乾隆戊子重修之後，迄今三十餘年，其間生齒繁衍，老成多卸，叔伯兄弟幾致混淆而莫識者。余叔景泰、景貴、景志等，急欲重修，誠是也。於是僉謀共議，敬請得朱克敦先生重鐫新板，率由舊章，昭然在目，瞭若指掌，庶使幼少者知吾居某行第，若者爲高曾祖考，若者爲伯叔兄弟，且識某公爲某官，某公居何職，或者觀而欣感，奮志青雲，克繩祖武，亦未可料也。

每思有隆有替家道如是，否極泰來天道亦然。余族自明季勳公以前，縉笏盈朝，車蓋載道，可謂隆矣；自勳公以後，書香雖未絶，而貴顯漸少，不亦替乎。自明迄今數百多載矣，替後復隆、否極泰來之説，余於修譜之後有厚望焉。安生當晚近，才識未充，不克追道先世之積德，竊幸邇來家殷户足，亦祖宗之遺澤，而後日簪纓耀目，未始非祖宗之餘慶也。遂忘卑幼，聊撰數言於簡端云。

時龍飛嘉慶六年歲在重光作噩桂月之吉，三十世孫增廣生國安撰

（選自第三支《武南盧氏宗譜》民國辛巳年重修本）

盧氏重修宗譜序

竊思譜牒之制創自歐、蘇，蘇傳以列行第而尊卑靡不有序，歐圖以系支流而親疏莫不有倫，其譜由來尚矣。

余覽盧氏之宗譜，有泰行六十三諱成環公，由縉雲白竹卜徙武南，因其姓即名之曰上盧。緬想顯宦悉系唐季高曾祖考，歷歷可證，更何庸贅一辭哉？然而當今文武停科，興造學堂，無從籌欵，而且民志未開，恐後不業經史，濛濛朧朧，指鹿爲馬，或遺祖考之生辰，或錯昭穆之次序，以及冠婚喪祭，皆蕩檢踰閑之輩。唯族中有三十四世孫考名庭欽，弱冠入泮，英俊超群，憂心及此，故與房長十二人同心協力，聿修正寢神櫃以及中廳、兩廊，戲亭、旁屋俱加補輯。因祠宇告

竣，議及譜牒亦不容不修也。由是請永邑潘瑞欽、馬濟潘兩先生刊圖通修，翻查舊牒，彙編新支，殘缺者補之，訛舛者正之，縱支衍派遠異爨别居，均可一開卷循名核實，不敢少陵長、親間舊。某考某妣，尊之如帝天；若子若孫，愛之如蘭桂。夫唱婦隨，偕老無反目之怨；兄友弟恭，同室無鬩牆之釁。且當春禴秋嘗之時，登其堂，樂以迎來，哀以送往，肅肅雍雍，莫不盡孝而盡敬焉。

是歲，知友廷欽與房長諸人囑余纂修。余慚譾陋，謹同參訂，玉牒維新，以貽後世之便覽。

是爲之序。

時龍飛光緒三十四年歲次戊申菊月中澣穀旦，邑庠生徐建勳頓首拜撰

（選自第三支《武南盧氏宗譜》民國辛巳年重修本）

武南盧氏宗譜序

粵稽我盧氏蕃衍於浙水之東者，皆九支之裔也。九支始祖諱琰，以工部尚書仕後周，與藝祖同朝。陳橋兵變，義不再出，藝祖追念勳舊，封越國公。子八，女一行三，贅周世宗子諱炯，依外姓爲氏，列其次稱榛、栗、檡、松、竹、梅、桐、梓、杞九支，俱以旁木爲號，示不忘柴也。此九支所托始也。越國公配永康行軍都督趙光公女，因偕隱於永康之靈山，自是洛陽之盧爲永康之盧，遞演遞繁，徧於浙水之東，蓋有由也。

乙丑孟春，武南盧氏修宗譜，先期理事炳選等邀余侄則龢挾舊譜來請書以序。按其始遷祖泰行六十三諱成環公，徙自縉雲白竹。余曾讀希周尚書公手訂之譜，得悉白竹之盧爲檡支，今武南之盧既徙自白竹，則武南之盧即白竹之盧，而爲檡支之裔也。

檡支之始祖諱璇，原姓柴名炯，隱姓後復易名。嘗參校各支譜乘，載公扈藝祖，以功封武烈侯。松陽徐夢易先生與希周尚書公稽核

審定，謂武烈侯爲宋封，於義不安，必非先人之所受，發其義例，胥删略焉。余於客歲清明爲文以告公墓，稱始祖七三府君而不稱爵秩，蓋先人之心固爲後人所當知也。雖然，氏族之譜，余受而閲之者多矣，或扳坿貴顯示尊榮，或假託巨公撰序傳。君子尊其親、敬其祖，本慎終追遠之念，於是有譜牒列支系、叙分合、列昭穆、叙親疏，凡所以垂世訓後也。尊其親、敬其祖而適以誣而親與祖，夫豈君子所許歟？

譜牒之學，世稱歐、蘇，然歐、蘇兩譜以其所及知者列爲譜圖，其疏遠者不紀，此後人所當師也。在昔之世，仕宦重門閥，婚姻論門第，故百家之譜競相誇耀。今天下同爲公，有志之士俱得乘自奮。况列户以居，子姓千百，果能擴尊宗收族之惜，功相勸，過相規，長相敬，幼相慈，患難相扶持，子弟相培養，後之人披圖展卷肅而敬之曰某也孝，某也弟，某也賢，某也能，某也奠一方安寧，某也肩天下重任。今日譜牒所以紀祖宗之德行垂訓後人者，異日之譜牒且以紀今日之德行垂訓後人焉，豈不盛哉！

新正家居，日忙春酌，舊譜前絶，未遑有所訂正，因揭我盧氏九支所自出，與族貴有譜之義著於篇，若泰六十三成環公下世系昭穆，固井井有條也。

謹序。

時中華民國十有四年夏曆正月穀旦，前國務院諮議、浙江省長公署顧問、陸軍三等軍需正薦任職、浙江孝豐縣知事、第三届省議會議員裔孫旌賢頓首拜撰

（選自第三支《武南盧氏宗譜》民國辛巳年重修本）

盧氏重修宗譜新序

夫人之有祖，猶木之有本、水之有源，根之深者枝更茂，源之遠者流彌長，而族屬之繁衍，亦必賴祖上之積德有以致之也。

稽粤吾盧姓之傳，其由來遠矣。自唐朝工部尚書諱琰公後，厥子

七八，皆文武顯宦，女一行三，贅周世宗子諱炯，隱柴爲盧，依外姓爲氏。此正如山之昆侖、水之星宿，而所謂延九支之派者此也。迨二十世又有刑部尚書諱勳公，剛明有守，耿介無私，且代有名人，載在史册，難可勝數。蓋既有光於前，亦必有裕於後。越至泰行六十三諱成環公，徙自縉雲白竹，玩遊武義，覽山水之名勝、風土之富饒、民情之淳樸，遂卜居於此，此實肇基之祖，一族所由興而上盧所由名也。而後遞演遞繁，食指漸多，誠恐世次莫稽，行次無辨，故自乾隆元年先祖纂編譜牒以來，迄至民國，歷經八世，中間重修十次。列世系，序昭穆，若者爲祖，若者爲孫，某公爲某官，某公居何職，聯繫宗支，簪纓相仍，使後來之人一展卷而尊祖敬宗之念藹然而生、伯叔昆仲其不至混淆者，焉知非昔人探本尋源、統會辨别、費煞苦心歟？是故，莫爲之前，雖美弗彰；莫爲之後，雖盛弗傳。

緬想吾族之流傳，祖德之綿延可謂盛矣，曰瓜瓞之綿綿，子孫之繩繩，不可謂不美矣。且今日之美既不能忘於昔，昔日之盛亦必有以繼於後，秉此旨，宗譜之不容不修、以竟先人之事功也明矣。於是理事鳳法等謀之房族，僉云曰諾。維時值我國抗倭戰興，烽火彌漫各地，然不避艱鉅，荷負重任，毅然決然，效勞勳事。敦請徐大金先生通修翻印，裝訂成册，研查舊牒，彙集新支，審亥豕之傳訛，别魯魚之脱落，秩然有序，井然不紊，展閲祖考儼如七政之麗天，概覽子孫宛如九川之行地，其昭訓於後者情甚切而期彌深，將見後之來者榮吾宗，耀吾祖，爲國族盡忠，對家族盡孝，以光祖德於無窮者，是非偶然也，誰曰不美？豈不盛哉！

齊生也晚，學識淺陋，不揣冒昧，謹述數言於簡端，以志其大略云。

時中華民國三十年歲次辛巳仲春月穀旦，安三十四世孫永康縣立中學畢業生大齊頓首拜稿

（選自第三支《武南盧氏宗譜》民國辛巳年重修本）

第三支(金華武義)武南盧氏世系概覽

(1) 盧琰→(2) 璇→(3) 敬→(4) 賢→(5) 漢→(6) 永→(7) 恩→(8) 愷→(9) 略→(10) 範→(11) 元高→(12) 曰梅→(13) 宗舜→(14) 啓宇→(15) 正禧→(16) 永星→(17) 洪德→(18) 成環(武南祖)

第三支(金華武義)武南盧氏排行字目

百千萬玉瓊珍厚　榮華俊傑福禄祥　熙寧康泰恒升震　益裕賢良茂盛昌　乾坤宇宙承安樂　基業豐隆慶久長

(選自第三支《武南盧氏宗譜》民國辛巳年重修本)

盧氏重修宗譜序

譜系之作,非徒取譽祖宗之聞,實所以源本始、叙支派、辨尊卑,而興孝思於無窮也。

蓋人之姓,其來尚矣。氏見於三皇,姓著於軒轅,顧未有異焉。自周封疆錫土,有因國號而建姓,有用父字而立姓。逮漢、唐以下,有因功而賜姓,有避嫌避諱而更姓,有避仇避疑而變姓,有慕貴慕榮而冒姓,有慕恩慕義而從姓。由是姓氏不一,本源混矣。

乃服盡恩姓,門分户拆,或宦遊異域,或逸處他鄉,樂其地理之形勝、土壤之豐沃,因而世家於彼。年代既降,聲不相聞,名不相識,支派淆矣。尊卑既莫能序,孝悌之思其何以興?或相聚遇反若途人。故老泉深爲此慮,作譜系。譜得以載祖宗之事實,系得以演祖宗之支派。雖居諸之悠遠,堪輿之廣闊,俱瞭然在目前,靡不待其所自。當時士大夫家法其所作者有之,迨世愈降而源流遠,兵燹壘而氏族微,然後譜系存者無幾。

惟浙婺出永康荆山盧氏者,其先本柴世宗次子宗炯之裔,至宋太祖登基之後,以宗炯爲殿前防禦使,封爵武烈侯。時有工部尚書盧文炳者，婺之永康人也，太祖命其女錦妻宗炯，且炯身是皇子，耻爲宋臣，乃從姓於岳家，易名曰璇。即依盧氏排行第居七三，生一子諱可，爲禮部尚書。可生四子，幼諱行韜，仕湖南潭州路經略安撫使。行韜生一子諱漢，爲樞密承旨，其母王氏卒，即扶柩並祖父之櫬至永康擇地而葬，即依外祖家而居之其靈山，盧氏實起於此。

及南宋、大元以來，簪纓相承，綿綿不絶，暨我朝仕隱代不乏人。至二十三代孫曰佑者，愈好學敦義，樹德施仁，孝友式於家庭，信義孚於鄉邑，故注意重修譜牒，以傳不朽。兹譜之立，支派昭穆親疏定矣，吉凶患難貧富通矣，是能不忘前烈而迪後人，視祖宗雖千萬世猶一日也，視子孫雖千萬世猶一身也，其心公且仁矣，功博且遠矣，所謂賢子孫敬宗睦族，不在兹乎？

吾知譜一立，則萬事舉而家可齊，與國史相爲頡頏，大有補於風化。余因嘉靖乙丑歲訪道於東陽，其友月坡胡子者亦途道友也，所攜斯譜以屬予文，予因不得辭而爲序。

時皇明嘉靖歲次乙丑八月甲子朔旦，前軍都督府管府事兼管紅盔將軍誠意伯石圃山人青田劉世延序

（選自第三支牛江《五雲盧氏宗譜》民國丙戌年重修本）

盧氏重修宗譜序

盧氏之先出自姜姓，襲封臨淄國，號齊。齊文子高，高孫傒爲齊正卿，謚敬仲，食采於盧，其後遂以爲氏。及田和篡齊，盧氏子孫散居燕秦之間。自秦漢及唐，世有令德，其文章節義、豐功偉烈傳於史册者，指不勝屈。

後五代周時，有諱琰字文炳公者，自點檢封越國公。公世居河南，娶趙氏，有子八人。及趙受柴禪，宋太祖欲殺周皇子炯，琰公諫曰："唐虞揖讓不滅朱均，願陛下以堯舜爲法，毋使後世爲口實。"宋祖從其言。夫能救趙氏之失，又能存郭、柴之後，可不謂仁義兩全者乎？

隨納炯爲婿，以女錦妻之。懼有少康斟灌之變，俾易姓爲盧改名諱璇，官拜殿前防禦使，封武烈侯，合子八人，共爲九支，厥後分處吴、越諸州。

迨明季年間，惟六公諱鴻，自永康孝義鄉靈山分遷於縉雲之牛崗。若是乎余家與牛崗，千餘年前固一體而分、形氣一家而分里居者也。夫水之潦而河，河而海，其奔騰澎湃而不止者，以其源之遠也；木之卉而拱，拱而圍，其發榮滋長而不可遏者，以其本之深也。夫自鴻公以前推而遠之數千年之上，如水之流脉絡分明而不息，鴻公以下引而近之數百年之後，如木之茂枝葉繁而同根。而且家聲日振，人物代興，詩書禮樂寖昌寖熾，如侯章兄者父子叔侄名列宫牆，文行兼優，壺溪之西稱名門焉。然後知先世之積善累功，皆所以浚其源而培其本。源之遠者其流溥，本之深者其實繁，祖德悠長，克昌厥後，理固然也。

歲辛酉，牛崗重修譜牒，宗兄弟玉洪、君行、堯華、克志等首其事。梨棗將竣，而問叙於余。余愧不文，而本支百世，誼無容辭，述其略如右。謹序。

時乾隆六年歲次辛酉七月吉旦，歲進士候選廣文宗孫
元駱頓首拜述

（選自第三支牛江《五雲盧氏宗譜》民國丙戌年重修本）

盧氏重修宗譜序

牛岡盧族，始自鴻公，派分於永康之和讓橋。鼻祖璇公，系周世宗之庶子，本名炯，妻工部尚書盧琰公女，耻周禪宋，易柴爲盧，改名曰璇，爲殿前防禦使。琰公八子，女居第三，璇入妻行。琰公八子皆顯，舊序詳之。

璇生子諱可，可公禮部尚書。及玄孫漢公，仕樞密承旨，徙居靈山，實柴盧。南宋以來，縉紳相繼，海内冠冕。夫琰公八子並璇分爲九派，以榛、栗、櫸、松、竹、梅、桐、梓、杞名之，而璇居櫸派，櫸派之中

惟鴻公實發其祥。

乙亥春，盧族增修華乘，因予與盧氏有瓜葛之親，事竣，以譜牒示予，因命作序。展而讀之，若譜序、若誥敕、若歸心銘傳贊之類，皆前代公卿手筆，揮毫摛藻，於今爲烈。至若詳世系、别支派、紀生卒葬地，皆董事盧君兆南、士明、士月、良忠等之力也。校正點劃、辨别訛舛，則盧生開兆之功也。

予忝在末戚，嘗至其家，見翰林秋槎盧炳濤先生額其堂曰"翰林第"，遂欣然承命，聊書數語，以弁於首。是以序。

時嘉慶二十年歲次乙亥三月之吉，眷生乙巳歲貢候選
儒學癸酉科欽賜第四名舉人七十九翁周家相盥手拜撰

（選自第三支牛江《五雲盧氏宗譜》民國丙戌年重修本）

牛岡盧氏重修宗譜序

牛岡盧姓者，其先出於五季柴世宗之後，汴之臨安人也。及恭帝禪位於宋，宋太祖封其弟炯爲殿前防禦使，妻工部尚書盧琰女，從姓爲盧，易名曰璇。夫琰公八子皆貴，璇居第三，合女分爲九派，以榛、栗、檡、松、竹、梅、桐、梓、杞名之，而璇居檡派，此第三支謂之柴盧也。

璇生子曰可，爲禮部尚書。可生子曰行韜，仕湖南經略安撫使。行韜生子曰漢，爲樞密承旨。後因扶其母柩並祖父櫬渡江至永康，擇地而葬，遂依外祖家而居靈山。迨明季，漢公數世孫有鴻公者，喜山水，遊壺溪之西，低回久之不忍去，遂自永康孝義鄉靈山，而分遷於縉東之牛岡。牛岡盧氏，實始於此。

浙永盧氏之族甚繁，而追本溯源，則綱舉而目張。自璇公以柴易盧爲盧始祖，自漢公由汴遷永爲靈山始祖，自鴻公由永遷縉又爲牛岡始祖。覽斯譜者，將統千百世之支分派别，瞭若指掌，炳若日星矣。第自道光庚戌重修，迄今歷有年所，況咸豐辛酉年間粤匪擾亂，房舍半爲灰燼，老幼悉屬流離。其間殁者殁、存者存，不有紀月而編年，幾

致傳疑而失實，是在爲之後者能繼志述事以相傳於勿替耳。甲戌春，譜長開興、陶金、蘭清、汪興、宋溪等，慮譜系之殘缺，致支派之混淆，協力同心，共襄厥舉，參互考訂，以核其詳，世系以别之，昭穆以序之，男女嫁娶以書之，生卒葬地以紀之，俾夫仁人孝子之心、尊祖敬宗之念油然而自生者，胥在於此。則夫歐陽修仿史氏年表、蘇眉山效朱子圖演而爲譜牒，其有關於世道人心者豈淺鮮哉？

故叙次其從姓所由，以弁於首。至於儒林聞望，前代已有公卿手筆揮毫作記，奚俟予之贅言？

時同治十有三年歲次甲戌姑洗月上澣穀旦，歲進士候選廣文晚生黄夢麟頓首拜撰

（選自第三支牛江《五雲盧氏宗譜》民國丙戌年重修本）

盧氏重修宗譜序

吾族世稱九支盧，蓋自後周工部尚書憫王室之淪亡，耻宋粟而不食，保抱藐孤，居隱靈山，生八子一女，即以女配皇子炯。深恐炯爲趙氏之所忌，未免有少康斟灌之禍，俾易名更姓，與八子列而爲九，此則九支盧之所從始也。

自是厥後，有一支自爲一譜，有一支别爲數譜者，而後人溯厥初生，支流萬派同歸一源，固歷歷可稽而不爽也，譜之關係，豈淺鮮哉？牛岡之盧，出自女支，系居檡派，自二十五世祖諱鴻公由永康和尚橋而分遷於此。見夫土地平曠，阡陌交通，俗尚敦龐，風趨勤儉，固儼然一仁里也。子孫衆庶，氏族蕃昌，有由此而分遷東陽者，又有由此而分遷松陽者，散處四方，星羅棋佈。不有譜以叙其源流，詳其世系，將視宗族如秦越，遇兄弟若途人，誰復知有親親之誼哉？

吾族之譜，上溯鼻祖，下迨耳孫，無不條分縷析，燦若列眉。第自同治甲戌重修，於今二十餘載，倘遲之又久，（難）保無有疏漏之虞。於是合族商議，俱得同意，遂於今春重行修輯。昭穆井如，源委淵如，

舉凡生卒、娶適與夫傳志、葬墓，無不備載詳明。覽斯譜者，雖千百世後不啻如在目前也。

竊因之有感矣。吾族世號柴盧，柴與盧雖非同根，其來有自。周世宗以英明之主，兼以尚書公赤誠輔弼，可謂君臣相得，宜其黼黻鴻猷、享國長久者矣。乃天不祚周，乾坤改造，大寶遷移，柴氏之子，亦幾如蒙泉剥果，一綫餘生。幸得尚書公保存遺孤，追嬰、杵之大義，其忠貞亮節，洵可與日月爭光。迄今盧氏繁滋，即柴氏之淵源未泯。世宗有知，應亦嘉尚書公爲能盡忠存祀者矣。後之子孫，慎毋忘其所本哉！

是爲序。

時光緒二十一年歲在旃蒙協洽季春月吉旦，裔孫猷賀謹識

（選自第三支牛江《五雲盧氏宗譜》民國丙戌年重修本）

牛岡盧氏重修宗譜序

余嘗讀《郭橐駝種樹傳》一篇，而知樹木之道可通樹人，然細玩其旨，其道並可通於樹族焉。

夫族何以樹？祖宗猶木之本也，孫支之繁衍，由一本而發生也。木之發生，始而一本，繼而根苗浡發，不難蔚然而成林；人之發生，初而一祖，繼而孫子繁滋，不難藹然而成族。非謂木之自然而生也，人之自然而發也，要在人功之培養得宜耳。

嘗考吾族，系出柴姓，周恭帝以國禪宋，柴氏之族不過一綫餘生耳。幸得尚書公深明大義，自以柴周之臣義不事宋，棄官歸隱，遯跡靈山，並且抱皇子而爲己子，易名更姓，教之誨之，以女妻之，與八子列而爲九。九支之盧，發祥不可勝數，謂非尚書公之培養有以致此歟？牛岡之盧系屬女支，號稱檡派，自二十五世祖諱鴻公由永康和尚橋而分遷於此，迄今已三百年矣。稽諸譜牒，其間之盛衰消長，互有

變遷，此豈天定之數哉？亦在人之補救何如耳。

間嘗參觀各氏族，有蓬浡而振興者，亦有淩夷而衰替者。其興也，非天興之也，必有特出之人爲之敦風化、樹儀型，以表率其先也；其衰也，非天衰之也，必有腐敗之人爲之壞風俗、流邪僻，以倡導其前也。今吾族之子孫風存古樸，俗尚儉勤，農服先疇，士食舊德，尚無澆漓之性習染於其間，人口較前而蕃昌，門庭比昔而加振，人咸羨爲盧氏大興，此皆由我伯叔輩之爲能扶植綱常也，吾族勉乎哉！

壬戌春，衆議重修宗譜，共表贊同，遂擇吉興工，輯於家廟，别世系，序昭穆，以及生卒、娶適、葬地、墓圖一一而釐訂之。至於文藝之舛錯，略加而更正，舊譜之傳序昔有未備者，更從而採取之，此皆余之責也。將竣，諸首事等命予作序。予以義不獲辭，遂如命而序之。

竊謂譜牒之作，非第爲紀生卒葬地而已也，蓋有重乎親親之義焉。子孫雖繁，係是一家，支派雖殊，實歸一本，故凡誼關同族者應盡扶助之義務，邪者戒之使正，曲者扶之使直，惰者喻之使勤，子弟教誨之，男女整肅之，貧乏者周恤之，困厄者拯救之，此乃和宗睦族之至意，亦即培養氏族之至意也。推此理以樹木，則木無不茂；推此理以樹族，則族無不昌。吾故曰樹木之道可通樹族也。

是爲序。

時中華民國十一年歲次壬戌暮春月吉昌，裔孫郡庠生獻賀頓首拜撰

（選自第三支牛江《五雲盧氏宗譜》民國丙戌年重修本）

第三支(麗水縉雲)牛江盧氏世系概覽

(1) 盧琰→(2) 璇→(3) 可→(4) 行韜→(5) 漢→(6) 芮→(7) 瑨→(8) 澤→(9) 軒→(10) 琢→(11) 昌年→(12) 茂→(13) 克誠→(14) 宗臣→(15) 深→(16) 大澤(太澤/泰澤)→(17) 道生→(18) 仲安→(19) 樂→(20) 琪→(21) 讀→(22) 意→(23) 鴻(牛岡祖)

第三支(麗水縉雲)牛江盧氏排行字目

一七四五　六八九十　三二百千　萬元通昇　宏成豫祚　暹進惟正　仁義禮智信　豫孚中慶　孝友睦姻　任恤賢良　恭寬信敏

(選自第三支牛江《五雲盧氏宗譜》民國丙戌年重修本)

盧氏宗譜序

古者族譜之作,出於史氏之手。蓋譜言氏而族言宗,所以穆人心、一上下、别異同。後世族學廢墜,不知賜姓命氏之攸始,宗脉失次,凡欲旁引曲證求合於古,惟士大夫家自爲之,若歐陽文忠公、蘇明允之世譜是矣。文忠公則依漢年表,明允則以大宗小宗爲次,後人由之,然亦不多見。

一日吾括縉雲盧永傑氏持其家譜一帙,謁余請曰:"吾先世本柴氏,始祖諱炯者,周世宗之庶長子也。居汴之洛陽,以宋受周禪,隱姓從盧,遂爲盧氏。而上實臨安郡人,諱琰字文炳,仕至光禄勳、工部尚書、開國上將軍、越國公,乃炯之外舅也。炯之子可,以太子文學履官至禮部尚書,階銀青光禄大夫。至有諱漢者,官至樞密承旨使,復授行在南國金吾大將軍,扈蹕來杭,遂依派祖而家於婺之永康孝義鄉。至玄孫諱泰者,自孝義再遷於竹川,所以附七派之傳大、小雅之籍也。柴盧氏之居竹川自此始也。後自竹川而再遷筠川,則自吾五世祖諱清始。曩者既賴吾兄永達,溯流析源,編次譜牒,支分派衍,脉絡分明,願大人先生幸賜一言以光吾族,不勝幸甚。"

余惟《周禮》大司徒以六行教民曰"孝友睦姻任恤",蓋六行莫先於孝,而孝莫先於尊祖敬宗。尊祖,則尊之之義明,而知其所自出;敬宗,則敬之之恩至,而詳其所由分。今永傑倜儻有爲,行義昭著於鄉邦,猶惓惓於譜牒,可謂盡尊祖敬宗之義矣。況斯譜也,昭穆以明,世次以别,尊卑秩然而有條,上下井然而不紊,親見於情,情見於服。吾知盧氏族屬之盛，雖服窮親盡者，皆知其行爲一人之身：恩義有以相孚，情意有以相接；饑者相與而賑之，寒者相與而衣之；鰥寡孤獨，冠婚喪祭，相與而保恤扶持之；無親疏之殊，彼此之間不致相視如途人。是則斯譜之作有關於世教多矣。凡盧氏之後若子若孫，覽斯譜者，孝弟之心豈不油然而生，皆篤於族誼者乎？

余重永傑之請，遂爲之書。

正統十年龍集乙丑冬十二月吉，賜進士出身、翰林院修撰、儒林郎、同修國史、郡人周貴撰

（選自第三支《�川盧氏宗譜》民國己未年重修本）

盧氏續編宗譜序

譜之爲學，所以慎異同、辨承傳、序疏戚、定尊卑、收漫散，所以明本之爲一，如裘之有領、網之有綱、髮之握、轅之轂也。裘不之領則不知服，網不之綱則不知括，髮不束則亂，轅不轂則覆，人不知本，則莫知所出，而昭穆不知所由分，漫散不知所由統，其相視如途人也比比，而譜其可以不作乎？

然譜之作，所以推一本也。姓本乎一分，祖本乎一氣，夫豈有二哉？特其所習有高下之不同耳，奈何世之人而不知一本之理而妄議焉。昔在狄青拜狄梁公之墓，郭崇韜拜郭子儀之墓，是能原夫一統者也，豈宜云有所附哉？若五雲盧氏，自五季周世宗之幼長子炯諱柴從盧，亦所以原夫高子傒之一本也。

今筠川一派，實自炯之四葉孫漢爲金吾大將軍，扈蹕南渡，始居於婺之永康孝義鄉。自漢之四葉孫泰，附派祖大、小雅，而遷於縉雲東鄉之竹川。再自十一葉孫清，景仰西鄉之山水宜人，自竹川再遷也。其承傳統緒，罔有所失，余固知之而已詳者，余無可敘，惟以敦睦之道告焉。

姓本一分，祖本一氣。不可以其顯而附顯，不可以其微而忽微

者，則動以孝悌而俾歸於顯，則微顯一致皆歸於一本矣，抑豈有相視如途人者哉？盧氏子孫，皆知一本而爲尊祖敬宗之念，雖千百世之遠，皆如裘之領、網之綱、髮之握、轅之轂，舉之而歸於一統，有不易之理，豈止於今之二十世已哉？

若宗華、宗材輩，請余續編家譜，是能原夫一本者矣。余固知盧氏必興，有以復其始也。

是爲序。

成化七年龍集辛卯夏六月下瀚之吉，制科中人慈溪桂廷璋序

（選自第三支《�川盧氏宗譜》民國己未年重修本）

盧氏重修家乘舊序

古者天子因生以賜姓，或以國爲氏，或以官以字爲氏，或冒姓易姓，或因事以賜姓，初無定式。我宗盧氏，始以齊傒采地氏以國矣。蓋自尚父遺澤，流衍無疆，至博士縮定郡范陽，世荷華腴。降自晉、魏、南朝，天下大姓曰盧、崔、張、王。唐太宗命高士廉定氏族，集天下譜牒，總一百九十三姓一千六百五十一家，以盧居首。太宗嘗曰：我於盧、崔、李、鄭無嫌。可知盧氏當此時固已盛大。逮柴易姓則益熾，而遍於四方矣。

鼻祖越國公自汴之臨安，其祖鶚仕梁位上卿，父考清，越州令，生琰公，佐後周定天下，歷官工部尚書、開國上將軍，世宗贊其學粹行精，有伊周風。迨改物臣宋，乃入贅皇子炯，俾隱姓名，列爲己子，命曰盧璇。至乾興中，（璇）擢殿前防御使，封武烈侯。八子一婿，並陟顯庸，皆即木建號，若曰奕葉同根而花萼相輝云爾。傳世既遠，星散異居，自始臨安遷於孝義之靈山。靈山又分爲三宅，又自三宅而徙台之仙居、括之縉雲、温之瑞安、婺之東陽，在邑則竹川、大筠之屬，皆無異一本之殊也。

兄永高樂易長厚，惜名器，重人倫，慮其後嗣或忘所自也，於是溯

流究源以來積世之緒，列之以第，繪而爲圖，使大小所宗、昭穆所序如指諸掌，其識慮宏遠，而用心亦勤矣。且柴之爲氏高柴之後也，其附於盧，亦猶陶唐氏之列余爲韋、劉之爲婁也，此統同之中不可不辨其異。其始爲君臣，而終爲父子、爲舅甥者，又不可不推其恩義而互相親厚也。

是编也，其姓源宦業之詳、褒貶抑揚之志，師友李君之述備矣，玆不敢贅，惟序其概云。

嗣孫永詳謹序

（選自第三支《�川盧氏宗譜》民國己未年重修本）

筼川盧氏重修宗譜序

昔方正學作《宗儀》，以不修譜爲非孝，使知譜牒之爲重；又謂有徵不書則棄其祖，無徵而書則誣其祖，蓋明乎譜之修所以昭祖德宗功而法後嗣，非徒侈門第、紀昭穆、著生卒已也。（今）閱盧氏舊乘，圖列九派，譜合一修，其簪纓接踵、文學輩興與夫源遠流長者，昔奚斯先生許燕鉅筆叙之詳矣，無庸復贅。即徙遷言之，汴之洛陽、浙之臨安、婺之永康孝義、括之縉雲竹川，遞相占籍，歷歷若指掌也。

閱數世有號錢公者，家貲殷富，供兵拒擄，曾經西鄉，寓黄龍寺，晚步遨遊，訪梅川處上，景仰大筼山茂林修竹挺列秀峰，居然勝地，遂囑其子曰清公者自竹川來卜宅焉，顔之曰“大筼盧”，代發其祥，已數十世矣。雖宦籍勿古若，而蔓延椒衍，俗尚淳龐，人敦古處，出負耒而入横經及孝子悌弟者，亦不少概見。

至若家藏譜牒，遷徙靡常，疊經兵燹，斷簡殘編倖存什一於千百，其誥敕圖像，猶未盡湮。是以故耆儒德蟾公於康熙年間爰集老成搜羅故牒，請同座陳更鮮議擬纘修以昭來許，又乾隆丙子再爲增訂，固已派聯系屬可傳來世矣。但族紛人散，兩次補葺，只將親派梓刻，以視先人九派共修，實多所闕，揆之水源木本之思，固有難釋然者，且年久荒軼未免粗疏，安必其無假借？故族長廷明、廷秀、汝振等於寒冬務閑，將古殘編參考世系九派概行重修。正其差謬，補其缺略，節其冗蕪，凡祖德宗功與夫宦跡科名有徵則不遺，無徵則不書。問所謂有棄其祖者乎？曰無有也。問所謂有誣其祖者乎？曰無有也。是與方正學之作《宗儀》毫不爽焉。抑且重其本之所自出，詳其支之所由分，一如《家禮》，宗圖、世經、人緯，胥仿《史記》年表，而於歐、蘇二氏譜法，無不參伍錯綜者也。至夫忠孝節義之大無美不登，詩詞傳贊之文有闕斯録，藏之宗祊用以教愛教敬、和宗睦族者具在於斯。乃若諱字、婚配、卒葬、墓圖，則譜事之大凡，無俟愚言之矣。行將孝子慈孫世世相承有引勿替，灌溉漸摩相率而爲禮義之俗，安知先代之簪纓文學爲世望族者不報起於後人也哉？

兹因梓里親誼，將竣乞言。掇拾蕪辭，以弁簡首，聊附末光云爾。

時龍飛乾隆四十三歲官戊戌花月望越三日之吉，歲恩

進士在籍候選修職郎西園應維翰拜撰

（選自第三支《筠川盧氏宗譜》民國己未年重修本）

第三支（麗水縉雲）筠川盧氏世系概覽

（1）盧琰→（2）璇→（3）可→（4）行韶→（5）漢→（6）芮→（7）瑎→（8）梓→（9）泰（白竹祖）→（10）紹→（11）隆→（12）文傑→（13）啓→（14）寧→（15）禮→（16）樣→（17）尚文→（18）錢→（19）清（筠川祖）

第三支（麗水縉雲）筠川盧氏排行字目

瑞肇泰昌　義成明尚　怡伏謙孚　恒豫存方　廣文斌厚　洪浩澄清　榮華富貴　廉節忠貞　孝悌仁慈　温恭儉讓　睦婣任恤　盛德循良

（選自第三支《筠川盧氏宗譜》民國己未年重修本）

續修坎川盧氏宗譜序

名族之重，所從來遠矣。古之人自賜姓賜氏，以後源合則流分，有以國氏者，有以地氏者，有以官、以人氏者，一本乎明德豐功之祚，傳之無窮，施及漢、晉、唐、宋間以及本朝，於今爲烈。故紀國乘者叙勳自歷代以遥，譜家系者述衣冠緣世以降，其義一也。

坎川，樂邑之彰彰者也。其先世發祥於温之瑞安，傳至伯八公自永嘉至閩之惠安，轉遷至樂邑之坎川。至開一公爲奉直大夫仕南陽府丞，生永一，皇明洪武初辟爲教諭，生四子。源溥、源浩入贅黄邑下浦以黄巖籍，永樂三年乙酉科中式舉人；源深、源濟分作三房，班班可考。自是坎川盧氏日以昌大，迄今二十餘世，革除以來，世謂後湮，克誠先生懼其久而訛也，起而更新之，而命引言於允楫。

謂昔人義崇宗木，雖其後嗣宦遊流離，别爲族屬，要之不忘厥生。故高曾之上復有高曾，雲礽之下復有雲礽，祥（詳）而之志，不失乎一别再别之，自誠以辨昭穆也。或曰，王侯之家親盡則祧，至於大夫士庶隆殺以等，爰有得祖不得祖之殊，而維此親疏遠近、盛衰分合之數不可勝原，烏在世次、行列鉤連繩貫，勤勤爲是？不然，觀之商孫不億而系於子，周室千年而統於姬，范氏卿爲晉猶曰御龍之遠，屈原族於楚追念高陽之裔，良以協姓糾宗，百世爲重，况乎中華播越江左，名家如王、謝、顧、陸之世澤，至今甲天下，條遠者實蕃，積厚者流光，胡可略也？

今以盧氏先世歷有哲人，而其子孫又能紹衣而光大，詩書之彦彬彬相望，而登版起縉紳者蟬聯踵接，歲時伏臘之暇，少長咸集於家廟，以是序年齒、敦友讓，伊維盛矣。故譜之源流序其行列，曰此某祖某公之胤孫也，此某祖某公之支派也，使後人傳世雖遥，上有所稽。聞先世之諱字則悚然以敬；考先人之德行政績而讀其紀傳，則油然以興；詳先代之墳墓里居而識其創垂之艱難，則愾然以思。且也載其先時發跡之由與異地遷宗之所，而使他日有宦遊、客遊於其鄉者親親篤愛如一家焉，皆是物也，孰非蘇氏、歐陽之遠意哉？

克誠先生以明經歲薦師表人群，其胄子元孫鳳毛麟趾，蔚爲時英，今特以訓庭訓族，俾後人咸知叙倫敦睦之道，而以文華國，以德貽謀，繩武者振振焉。循是以觀，盧氏之興迨未艾也。

楫與盧氏有世覯之誼，而又感先生光庭春風之中，分不得辭，於是乎序。

時大清康熙元年歲次壬寅菊月，通家眷晚生林允楫拜撰

（選自第三支《坎川盧氏宗譜》民國丙戌年重修本）

續修盧氏族譜小引

我族舊譜，玉川、坎川其來源甚遠，修録甚備。但自革鼎後，兵燹相仍，祝融肆祟，已不可考。

近自太宗以至南渡舊績可稽者，若尚書琰公彰彰可據也。世派相傳，現在可考者，若玉之伯學公、坎之伯八公，實爲兩族之始遷祖。若琰公贈工部尚書，則爲兩族之始祖矣，自此而支分派别。自宋、元至明，約年六百，約世三十，今詳考博訪，溯其本原，衍其派系，且搜其碑碣於苔蘚班駁之餘，稽遺文於殘編斷簡之際，閲二載而後成集，雖不敢遽稱全備，亦庶幾無殘缺之憂矣。

乃若祖德宗功、忠臣孝子，其大者載之國史，次亦載之郡邑乘。或先著於前譜而後湮，或俟闡揚於後人而未逮。按往績而再著之，取行略而傳記之，使後之人知今日之椒枝蕃衍、厥後克昌，一皆先世積累宏深所能致也，且報本之思亦愈篤矣。

且子孫居嘗展卷，閲而見某祖忠義可法、某祖德行可稱、某祖撫親屬如已出之裔、某祖視疏遠如期功之親、某祖九世同居法張公藝之忍、某祖恩及一方似文正公之義、某祖陰行善而子孫貴顯、某祖秉公

直而鄉黨推服，典型非遥，箕裘可接，豈僅表彰前人，亦以佑及後嗣也。至於嗜好詩書，洽聞博學，工詩賦，善屬文，而怡養林壑不圖仕進，或當風清夕月而得趣閑吟，或對水色山光而興懷口誦，名公巨卿寄懷送别，騷人墨客倡和應酬，是皆可以不録者？則别爲藝文集以附傳記之後，示後之人有志斯道者，知吾祖之登高能賦、遇物知銘，嗣是以興，或以詩賦名世、宏文起家，謂非吾祖統緒之所始乎？

但初業屬學究，技僅雕蟲，草次具稿，以俟後之君子潤色而增補之，庶無掛一漏萬之誚，並不負族之倡始乃事者仁孝之思耳。

是爲序。

時大清康熙二年歲次癸卯桂月中秋前五日，孫景初齋沐書

（選自第三支《坎川盧氏宗譜》民國丙戌重修本）

續修盧氏宗譜序

家之有譜，猶國之有史也，所以明倫紀實、重本篤親，使後世子孫不敢忘所自也。蓋支分派衍，系序勿淆，非筆之譜，將數世以遠其不知祖考之所自，或相視若秦越焉，故家譜之作不容緩矣。

其世發祥於温之瑞安諱琰者爲宋工部尚書，封越國公開國上將軍，傳至裔孫伯八府君，諱神龍，字允升，號孤嶼，自永嘉遷樂之坎川而居焉。傳十六世夢曾公爲奉直大夫。傳十七世恩謹公皇明洪武初辟爲永嘉教諭。傳十八世源溥、源浩、源深、源濟，分作四房之祖：源浩徙居黄邑下浦胡，源濟公徙居象溪，迄今星散蕃衍，世系莫考。惟族紳等念始祖琰公以文學稱，慷慨任事，不求其達，第恐年遠時移，支派頓忘，心竊懼焉，因筆爲宗譜，録字名，志派行，毋紊祖考，以明倫也。君謁於我纂訂，予其而善之。

歲在戊戌，延綿庚子，輯而成書。蓋凡族姓之始歡然，一父一母也；不然，久之而親者疏；其又而久之，疏者遠矣，分疆異地，系序闕

焉，其於視若秦越也。公一旦惻然念祖考所自出，既有系，復有圖，用心可謂厚矣。異日者公之若子若孫皆祖其祖，承先烈而追遠之，雖時殊地異，而接譜以稽、霖然爲序，譬如黄河之水千里九回，穿龍門，過積石，其始同源星宿也。

續斯譜也，油然而孝敬生，靄然而禮讓接，重本尊親，毋忘所自，是則諸公之志也矣。

時大清乾隆四十五年歲次庚子冬月，合族大房宗子

（選自第三支《坎川盧氏宗譜》民國丙戌年重修本）

重修盧氏宗譜總序

譜之作有關於人倫甚重，豈可忽乎？上追自出，下暨無窮，千百世後皆得遡世系之所由來，不獨聚居一邑，只分遷異域者，即末窮本，派系皆油然可考。是譜之所係甚重，修之豈可忽乎？

我盧氏音則屬商，郡則范陽，其由來久矣。蓋自姜太公吕望之後，至文公子高之孫傒食采於盧，因以爲氏，而盧氏之姓自此肇矣。厥後子姓繁衍，唐時河南爲盛，而玉川仝公聲名最著，仕宦指不勝屈。至懷慎、魚遜二公三世爲相，以清節傳世。宋初諱琰者字文炳，爲宋工部尚書、榮禄大夫、開國上將軍，封越國公，配趙太祖公主，封越國一品夫人，後隱居婺州靈山及大山下，生八男一女，以木爲號，女曰木錦，妻周世宗次子宗炯，遂嗣爲三子，易柴姓盧，宋封殿前防禦使。共爲九支，分派散居靈山、括蒼、赤城、隔陽、丁坑，難以盡述。

尚書琰公三支傳七世琚公，爲宋忠良將知温州、瑞安、青州，遂立業於此。八世道衡公封英惠侯，良輔公登紹興壬戌進士，商臣公紹興乙丑進士，雲際公紹興丁丑進士，九世秋華公、養心公、鶴九公俱登顯爵。十世禹玉公登乾道丙戌進士，仕閩建寧，歸甌，乃卜居於永之十八都建牙鄉，即今雄溪是也。生二子元善、芳春，俱登進士。元善公傳至鳳川公遷樂邑凰岙，伯學公遷蒲岙，盛八公始遷蔡岙，乃蔡岙之

始祖也。芳春公生神龍公，自永嘉至福建泉州府惠安縣文質鄉登科山生理，遂獨居焉。歷數載不得利，家業淡然，公自思曰：此地非吾所居之地。棄之歸，至温郡，歷覽山川，遊樂邑雁蕩至雙峰寺，見山明水秀，人傑地靈，遂卜居於樂邑廿五都坎川而居焉。傳至夢曾公，元至正選舉賢良方正，仕南陽府奉直大夫。生思謹公，授教諭。思謹公生四子，長源溥、次源浩入贅黄邑下浦胡，三源深、四源濟分爲三房，班班可考。

迄今嘉慶十四年春，首事碧峰、啓佑、克芳、貴道、允光、啓周、服美、克佐、茂美、康言、啓開、彦彩、克登、啓智、兆熊、啓化等，挽余修輯譜帙。余觀是譜上下紊亂、諱字希少、失次無序，幾不可考。余館在碧峰君家，一同參互考訂，日夜不遑，寢食無暇，録是去非，纂成譜牒。庶尊卑有等，上下有序，嫡庶嚴其統，少長别其倫，支聯脉貫如木之有本、水之有源，派别而休戚常相關，宗分而呼吸仍相接。雖未敢云備美，然自遡厥由來，必追源自出之祖而非誣也。後之名人君子參訂而改正之，是亦余之所深望也已。

是爲序。

時大清嘉慶十四年歲次己巳仲冬吉旦，黄邑烏巖孫祚傑齋沐書

（選自第三支《坎川盧氏宗譜》民國丙戌年重修本）

重修坎川盧氏宗譜序

古之賜姓胙土出於史官之筆，合派源流傳之宗子之門，世系關於風教，譜牒謹於孝睦，則知其族之親疏、家之隆替矣。自史官而失其職，家門而廢其法，爲子孫者曾不知世族可同於庶姓，視親族如途人，則人道或幾乎息矣。惟宋歐、蘇二家著於斯譜，修舉廢墜，繼述散亡，然後其家之隆替、族之親疏得有考焉。

爾族祖諱琰公者，名顯於宋，曩時盡忠逝難，聲播寰宇，嗣後累世

簪纓，甲於天下。至十二世祖神龍公，理貫天人，學通今古，博覽遊方，見坎川山明水秀，地屬鍾靈，必有繼美前人者，遂築而居。由閩省徙遷坎川，爲坎川一世之始祖也。有十六世夢曾公，森森執法，楷模濟濟，崇賢領袖，仕南陽府奉直大夫。其子思謹公授教諭，嘉白雪盈廉育群才於泮水，青雲在握登多士於龍門。生四子，長源溥、次源浩遷徙黄邑下浦，三源深、四源濟分於三房，乃三房之房祖也，科第蟬聯，不勝枚舉。歷宋、元、明至清，勳名燦著，炳若日星，前叙詳具，余何贅焉。

第嘉慶己巳祚傑宗先生修葺，迄今四十有九載矣。其間瓜瓞綿延、孫枝繁盛，或遷居他鄉、散諸異地者不一，世遠年湮，若不重加修葺，不幾將來宗譜莫稽。於咸豐丙辰歲，族公諸輩等思祖宗之難忘，嘆老成之易逝，遞更愈久恐失其真也，乃出舊所藏之家譜，以爲重修之舉。敦請李先生協余同修，互相參考，以底厥成。余以按譜披圖，方知其大略也：上承祖考，下暨賢孫，英英奕奕，均以詩禮傳家。余慨然嘆曰：夫水之源遠者流必長，木之枝茂者根必固，爾族尤合兹焉。各能尊祖敬宗之心，俾知等服有殺、視親無窮，少長咸在而不失倫，宗支備和而不夷類，昭穆有序，尊卑有别，落名號，詳墳墓，疑以傳疑，信以傳信，昭穆燦然，不幾上同一國之史哉？盧氏之子孫觀是譜者，知孝睦之行、親親之義焉耳。爰書數語，以附簡端，蓋因越時之久而幸告竣之有日也。

是爲序。

時大清咸豐七年歲次丁巳桂月穀旦，玉溪巽峰職員林君義静山氏頓首拜撰

（選自第三支《坎川盧氏宗譜》民國丙戌年重修本）

坎川盧氏世系圖記

吾族出自齊太公之後，至文公子高之孫食采於盧，因以爲氏，厥緒蕃衍，自漢、唐至宋，代有顯者。迄宋諱琰者爲工部尚書，厥後避金

元之亂解組歸田，後嗣占籍永嘉，爲永嘉人。

迨伯八公諱神龍者遊雁宕，樂其山水之勝，因覽盤山，擇畫巖坎川居焉。歷年滋久，譜牒災於兵燹，幸家廟巍然獨存，神主歷歷可稽。兼承祖父耳提面命，論次成圖，宗支有分，昭穆有辨。自伯八公爲開基始祖，其餘伯七、伯十一、伯十二三公遷徙他處，未有確據，不敢强附。竊謂當世宗法久廢，譜法尚存，暇日與族兄弟侄輩共成其事，夫木本水源之思、尊祖敬宗之心，人人有不記憶也？烏容譜之不修乎？嘗謂崇韜拜子儀之墓，狄青却梁公之像，士人尚論，敢不以爲法？俾子子孫孫勿替引之，庶幾孝悌之心油然而生，吉則慶，凶則吊，由情重禮，因義而生，人之大本立矣。

圖成，謹述其顛末而爲之。

時大明正統歲次丁巳十月，永樂三年乙酉科中式舉人

授真定府學教諭七世孫源浩謹志

（選自第三支《坎川盧氏宗譜》民國丙戌重修本）

第三支(温州樂清)坎川盧氏世系概覽

(1) 盧琰→(2) 璇→(3) 可→(4) 行韜→(5) 漢→(6) 芮→(7) 良佩→(8) 璇→(9) 葦→(10) 瑀→(11) 芳春→(12) 神龍(大荆坎頭祖)

第三支(温州樂清)坎川盧氏排行字目

名行：純一文康啓　彦貴從漢汝　繼世欽大家　學道希賢士　修平兆廉義　保國容明良

表行：志叔仲允美　克善宜昌隆　孝敬師孔孟　禮樂尚周公　存古甘棠德　宏開宣聖人

雁行：信敏惠慶淑　節儉讓端莊　循理睦任恤　智哲紹忠誠　華章尊墨客　文典重衣冠

（選自第三支《坎川盧氏宗譜》民國丙戌年重修本）

重修山坑蔡岙珠嶼諸派譜序

譜之作有關於人倫最重，豈可忽乎？上追自出，下曁無窮，千百世後皆得溯世系之由來。不獨聚居一邑，即分遷異域者，因流溯源，即末窮本，派系皆釐然可考也。譜之攸係非輕，修之詎容緩哉？

余稽始祖尚書文炳公，傳七世至琚仕温，因立業於瑞之青州焉。其後諱瑀者，仕閩建寧歸甌，遂家永之十八都建牙鄉，即雄溪是也，東甌諸派厥自始焉。後元善公遷楠溪湯坳，至君兆公遷樂邑大芙蓉山坑，鳳川公遷凰岙，芹齋公遷蒲岙，玄真公始遷蔡岙。然分遷各自成族，惟蔡岙爲獨盛，但地屬海濱，屢遭亂離，僅傳七世，族居星散。

余高高祖次韓公，奉遣遷黄邑烏巖。幸叨祖蔭，椒聊蕃衍，書香勿替。而宗譜明崇禎壬午歲景初公纂而修之，越本朝康熙乙亥歲仲哲公踵而修之，至乾隆己卯歲常木公又續而修之。至嘉慶己未歲凰、蒲、蔡岙各修房譜，惟山坑譜明嘉靖間一修，歷今數百載未修。至於乾隆戊戌年余鼎臣公纂而修之。今在樂邑芙蓉運統公同侄亦信、亦言、公魁等延余修輯，示以老譜、新譜二本。但老譜數頁，僅蠹簡遺編，殘缺失次，俱屬無考，其字諱名號僅十存一二。又時遭元亂，被害幾甚，無如明末，又遭亂離。至於本朝定鼎初，海氛未掃，耿逆煽亂，死於鋒鏑者不知凡幾，散於他鄉者不可勝數，且老而無傳，以致血系之莫延者又不知幾千人矣，所遺者止有信玉、懷玉二公一脉相延。信玉公後止有良閣公一派，懷玉公後止有良敬公一派、良損公一派，餘俱無所稽考。此所謂文獻無徵，良足慨也。余今膺斯任，前則悉依鼎臣公修成譜帙所載，無如衆論囂囂，俱説與蔡岙字諱不合，挽余變更，無奈將譜中無諱者加其諱，有名者留其名，間有遺逸，姑從而闕疑之。

《山坑宗譜》既已修成，而公魁叔又挽余到家，與蔡岙分派景旬、景初公之後天寬、天柳、天燾等重修家譜，以便考究推尋。或由上推下，使昭穆不失其序；或由後追前，使派系不没其真。清五服之遠近，别宗支之孟季。且志其卒葬，録其婚嫁，嫡庶嚴其統，少長别其倫，支聯脉貫，不啻如木之有本、水之有源，即派别而休戚常相關，宗分而呼吸常相接。後之子孫能瞿然如警，念祖宗之昌熾，怵晚近之微弱，振弊扶衰而大其顯揚，則山坑一概派系俱足與蔡岙相頡頏耳。

但余實屬無能，俱依老譜所載而修輯之，非敢誣也。雖更其諱號，字行悉遵族内，欲與蔡岙相繩而非過也。望靈爽之在天，鑒余心之勉强，庶可告無罪於萬一爾。

時嘉慶四年歲在己未二陽月，族侄祚傑重修拜撰

（選自第三支《山坑盧氏宗譜》光緒丁未年修撰本）

重修山坑盧氏宗譜

家譜何爲而作也？曰以敦源本也。夫水必有源，木必有本，黄河之水千枝萬派必溯源於昆侖，豫章之木千枝萬葉必歸本於根荄，人之於祖也亦然。

芙蓉山坑盧氏族始於丙公，乃宋崇寧進士授中書舍人也。余自遊庠後赴樂東謁外祖，過其地，諸族兄發杮、發銓輩因出族譜一覽，知中書舍人即余千十舍人萬一公季子也，隱跡不仕，遍遊名山，後過雁蕩，遂居芙蓉山坑焉。夫山坑係親支分派，余心不勝欣慰。不料元兵革宋，族之大小，多没於難，猶幸有信玉、懷玉二公一脉相延，而斯譜賴以不墜。傳至友字諸公，復得寖昌寖熾，富有日新，而山坑遂成一族。

後諸族兄相議，以續修之責屬余。余固謝不敏，緣忝族誼，遂勉膺其任焉。余參山坑世譜，前依余鼎臣公修成，後依梁警齋公筆削，世系支派，較若列眉，雁行後先，未評甲乙，雖不克媲美歐、蘇，亦庶不負諸族兄之雅意。俾文獻之遺傳千秋而弗替也，後之掌譜者翻而閲之，靡不油然與仁孝之思，因夫木本水源，蓋知敬宗睦族之道也。

行見麟趾呈祥，螽斯衍慶，而蘭玉盈階，同羡謝庭之樹，桂芬聯

蕚，齊誇竇氏之香，則是譜之作，其爲助豈淺鮮也哉！

時龍飛光緒三十三年歲次丁未中秋月吉旦，永楠邑庠生族孫玉書撰

（選自第三支《山坑盧氏宗譜》光緒丁未年修撰本）

重修溪南盧氏宗譜序

嘗聞堯帝踐祚，明俊德以親九族，而萬邦協和；武王即位，封同姓以篤親，而國基鞏固。以是知古帝王治國之道，首在尊賢，其次在親親。親親而仁民，仁民而愛物，俾禮讓之風蒸爲習俗，孝友之道浸入人心，此政治之所以善良而人民之所以誠樸也。

晚近以來，政教廢馳，民情强悍，敬老尊賢之典置於罔念，敦宗睦族之誼蕩焉無存。有心人之所以感慨係之，而有修譜之舉也。

溪南盧氏族譜修於民國壬戌，迄今二十有八年矣。其族之董事景豹、思金、思深、孔選諸先生，慨夫人生之聚散無常，世事之滄桑莫定，若非及時增葺，難免散佚，屬余主持其事。余忝在姻戚，曷敢固辭？

聿稽溪南盧氏始祖諱杞公者，隋開皇時自甌城甑水埭頭遷居於此。傳十餘世，人文蔚起，甲第蟬聯：衡公拜江東駐泊，以武功著；紹公任蘄州通判，以政績彰；焕麟公通今博古，授集英殿司書；德行公德懋行修，除國史檢閱。餘如焕澤、德清、德期諸公，或任帥幹，或登直閣，或授登仕郎，俱文通武達，名震一時，實東甌一望族也。

迨宋祚衰微，北兵壓境，一時忠臣義士相率避居南巖者同遭兵難，踣喪靡遺，則祖宗之文物典章於是乎湮没，固不待言。幸有靈植先生挺生其間，搜集遺編，手自纂輯。雖殘缺失次，未稱完善，而規模既立，洵堪垂爲典則，俾後之賢達者有所參考，藉以遵循榘矱、潤色鴻猷，豈不懿歟？《記》云：“尊祖故敬宗，敬宗故收族。”夫譜之爲義，所以收合其族之散處，相與尊敬其祖宗者也。盧氏諸君子有見於此，擬

將凰岙、山坑、碏下諸派聯爲一譜，乃考查各派世系先後不同，殊不能妄爲牽綴以淆亂其舊章。碏下一派於遜清末葉時，其諱行曾與溪南相通，而凰岙各派今改其諱行自"必"字易爲"思"字始，而世系之先後暨前輩之諱字悉從其舊，此皆承諸父老之意，何敢執己見而率爾操觚乎？

譜既告成，爲子孫者誠能體之而弗違，視之而弗失，各溯其世系，繩其祖而統其宗。雖地之相距數百里之遥，時之相隔歷數百年之久，一爲之披覽支圖，不覺親愛之心油然而生，尚何至親一本如途人者哉？

樂爲之序。

時中華民國二十八年歲次己丑二月吉旦，邑庠生李鴻初謹撰

（選自第三支《山坑盧氏宗譜》光緒丁未年修撰本）

第三支（温州樂清）山坑盧氏世系概覽

（1）盧琰→（2）璇→（3）可→（4）行韜→（5）漢→（6）芮→（7）良佩→（8）璇→（9）葦→（10）瑀→（11）元善→（12）兆→（13）盛→（14）丙（山坑祖）

第三支（温州樂清）山坑盧氏排行字目

諱行：國朝永康　天祚發祥　家必慶衍　明德長光　從斯繼作　乃毓賢良　克開來學　以佐興王

字行：君廷子邦　公侯允恭　書思雲啓　允錫臣匡　有懷才士　希紹平章　千年百世　可保榮昌

雁行：敦尚忠敬　詩禮傳芳　維皇眷佑　萬禩名彰　蛟騰鳳舞　桂茁蘭香　綸經黼黻　潤色廟廊

（選自第三支《山坑盧氏宗譜》光緒丁未年修撰本）

盧氏宗譜總序

嘗思周道尊尊而親親，故追崇其先祖。引年尚齒，以無昭穆之序，明有尊也；敦本睦族，而《行葦》有歌，《角弓》無賦，如一體手足相聯，明有親也。昔廬陵歐公、眉山蘇子有見於是，而作爲譜牒，以明分派，衍其於源流本枝間，秩如也。夫譜，舉其綱，挈其領。舉網者必提其綱，蓋綱張而目皆釋，領挈而衣俱振也。使爲世族而不知綱領，則源流失次、本枝莫辨，後人雖欲知之，其孰從而知之？雖然，知之則必待於言之。言之鮮實則近於誣，言之不詳則失於略，言之而漫無考據，則等於浮夸而不足信。故言之非難，言之而有徵，固其難也。

我盧氏勝族可稽，音郡可考，蓋自太公肇封，至文子高之孫傒食采於兹，遂以爲氏。歷漢而唐，猗歟盛哉！其由來舊矣，兹不具論，論其徵而可信者：自宋尚書越國公琰，江淛越東古麗人也，始居靈山，爲婺望族。以九支分派散居赤城、括、甌間，如圭、璞、璇爲靈山派，則永康躲山其衍焉者也。鋭、衡、勳爲赤城派，則隔陽、丁坑、烏巖其派焉者也。敏、理、衛爲括蒼派，則東陽其衍焉者也。而靈山第三支諱璇者傳七世至琚，知温之瑞邑、青邑，因立業於此。至諱藏者，仕閩建寧，歸甌，遂家十八都建牙鄉，東甌之族實自此始，而科甲蟬聯，簪纓鵲起。至諱堂者遷爲永之湯坳、黄之巖前；諱盛者遷於樂之花岳、磡頭，爲一派；堂之後諱源者，遷於芙蓉、凰岙，至泮遷蒲岙。一傳至元武公始遷蔡岙爲一派。源流本支班班有足徵者。

第寇燹播遷後，譜牒失於煨燼，所存者僅斷簡殘編。猶幸文獻之遺不至凋零磨滅，蓋自靈山肇氏蕃衍，或爲婺東陽派，或爲赤城、括蒼派，或爲東甌派。而甌派之分又爲瑞之六科派、永之湯坳派、樂之花岳、鳳蒲、蔡岙派，蓋源深者流必遠，本植者枝必茂也。然爲婺東陽派，爲赤城、括蒼諸派，爲甌瑞之六科派、永之湯坳港頭派、樂之鳳蒲蔡岙派，派雖不一，而一本於靈山，蓋流分而源自合，枝異而本自同也。

是歲在乙亥之秋，爰爲修輯之舉。握管參訂，雖未敢云備美，然自溯厥由來，必推原所自出之祖，而非誣也。歷叙世系纍若貫珠、先後不紊，而非略也。其生平行誼、功業，以及傳贊記頌與著作手澤，雖存什一於千百中，而非奪也。行者付之剞劂，以光梨棗，度閱其圖，系考其派，衍其源流本枝，一一可徵，披覽之下，洵較若列眉、了如指掌矣。俾吾族子姓歲時享祀之餘熏沐展觀，思先世之衣冠，佩昔賢之謨訓，咸曉然於敦本洪源，而油然生其孝友任恤姻睦之思，將所謂尊尊而親親者，其在斯乎！其在斯乎！

崇禎乙亥仲冬，七世孫景初拜撰

注：作者盧景初（生卒失考），字克誠，號伏初、復庵，越國公盧琰二十四世孫，樂清蔡岙盛八公七世孫，據譜載公生平至孝，廬額曰“悲雨淒風”。少好學，善制藝兼工詩賦，爲樂邑名儒，補廩膳生，順治壬辰科歲進士（歲貢），授安吉州教授。公文章德行人所共仰，宗譜舊編出自公手。此篇譜序爲樂清凰岙（又作黄岙）盧源公派下宗譜總序，收録於凰岙、蒲岙、蔡岙、山坑諸派及分支譜内，現早期版本可見《山坑盧氏宗譜》嘉慶辛酉年本、《蒲川盧氏宗譜》道光壬寅重修本，以及蔡岙分遷的《筋竹上宅基盧氏房譜》嘉慶辛酉年修本、《重修蒲灣盧氏房譜》咸豐庚申年修本均有收録。

重修西岙盧氏支譜序

木之蘖而枝也，水之别而流也，其勢然也，而支譜之作，其亦如斯乎！今夫一父之子，或世居於桑梓，或遷徒於他鄉，其始則手足相聯、友恭無異，越數世而安危置諸不問，越十數世而休戚漠然無關。以一本之親，趨於必疏之地，晰而言之異所居，究而言之同一祖，胡爲叔伯、兄弟、幼子、童孫未免卑踰尊、疏踰戚而名分有不可以明言者，何也？蓋由支譜之不修故也。

粤稽盧氏譜牒，支庶派繁，散居異地者不一而足，惟西岙一派係是友琬公四世裔孫諱朝化自蔡岙卜居於兹，其實自大芙蓉凰岙所肇基也。厥後子孫分爲三房，世系源流班班可考。前宗譜告成，迄今多載，故盧君祚年同祚君、發水輩，懼其去祖漸遠，歷時愈久，有至一分而不能復合也，因凰岙纂修宗譜而並葺之，嗣後長幼有序，尊卑有定，遠近親疏别其倫，支流脉貫分其等，俾一派之子孫因流可以溯源，窮本可以探末，庶不同公孫氏之苗裔派系莫考也。

是爲序。

大清同治三年歲次甲子桂月，警齋梁朝銘敬撰

（選自第三支黄岙《凰岙盧氏宗譜》民國辛酉重修本）

新修沂公派下住長嶴山頭房譜序

嘗思古人之作譜也，千百世後，因流而可以遡源，即末而可以窮本。若是，譜之所係甚重，修之詎容緩哉？

余思始祖源公自柟溪湯坳始遷大芙蓉凰岙，生二，長諱沂，次諱泮，泮公始遷蒲岙，至四世盛八公再遷蔡岙。迄今孫支繁衍，散居異地，分徙他鄉，各修譜牒，派系皆釐然可考，惟長房沂公仍居凰岙，至十四世裔孫康德公移居長嶴山頭，至今分支久遠，房譜曾未修輯。幸凰岙之老譜列明支派，班班可稽，皆得遡世系之所由來。

今歲在戊子，余葺凰岙盧族世系故，發彪、發喜二翁命余房譜而並修之。余雖識淺，諾而受之，第衍圖以絃其支，著傳以記其善，排行以序其長幼，表諱以防其重襲，存績以徵古徵今，立範以垂勸垂戒，且志其卒葬、録其婚嫁，昭穆嚴其統，親疏辨其倫，支流脉貫，無得混淆矣。

是爲敘。

大清光緒十四年仲冬，子韶蔡世美頓首拜撰

（選自第三支黄岙《凰岙盧氏宗譜》民國辛酉重修本）

續修凰岙盧氏宗譜序

嘗聞家之有譜，無異國之有史也。史以編年紀月、書事書人，俾天下後世皆知忠君愛國之心。譜以循流溯源、序長、序幼，使後世子

孫咸知尊祖敬宗之意。此所以在國有史，在家之貴有譜也。然或世變滄桑，物换星移，苟無孝子慈孫因時輯續，積世而遥，遂成殘缺，以致後之子孫欲起而修明之，慨昭穆之混淆、悼尊卑之無序也，亦往往然矣。

凰岙盧氏者，族居鳳山之下，素稱古舊之家。按其世系，自柟溪湯坳鳳川府君諱源者，即其始遷之祖也。源之子長名沂，沂公世居凰岙，今孫支或徙黄壇，或遷長嶼山頭等處者，今之人所謂老凰岙是也。次名泮，泮公遷居蒲岙，至四世玄真公再遷蔡岙，孫支繁衍，散居異地，不一而足。後人忘本逐末，徒知蔡岙爲發脉之祖，而不知凰岙實蔡岙祖中之祖也。遞傳至十二世朝靈公同侄永留公，以蔡岙俗多擾雜、地累風塵，遂轉遷於凰岙，今之人所謂新凰岙是也。從此子孫繩繩，乃居乃里，歷有年數。

老譜先賢修輯，詳略序次無或有失，乃緣余今在家無事，而祥豪、祥珠、祥構同侄家鳳諸翁，忽然以家譜之欲修，乃招余而董其事。余才陋劣，焉堪重任？恐貽笑於大家，乃固辭之，而猶懇逼不已。余雖不敏，謹承命以續之。爰依前賢之筆，因而循之，墨而繩之，使後之人知所考據而不忘其親親云。

余舛錯之罪固莫可逭，惟冀後之君子代爲修飾潤色，庶幾爲盧氏孝子慈孫之一助云。

大清光緒十四年歲舍戊子黄鐘月，子韶蔡世美頓首拜輯

（選自第三支黄岙《凰岙盧氏宗譜》民國辛酉重修本）

盧氏宗譜重修序

今中外交通時代，五大洲聯爲一族，然彼本異姓視作同姓，而使同姓不視爲異姓者，嗚呼，可曰譜而已矣。

譜者規模創自歐、蘇，變通在於修纂，必使生者無所遺，死者無所憾，而後修之之責任。不然綱常舛錯，倫紀乖違，勢必視同姓爲異姓，

反爲五大洲所竊笑矣，祖宗有靈能瞑目乎？

惟吾族長獻廷，暨首事家錢等，能知闔族敬宗之義，將以譜牒之事委藻重修。藻因情係同宗，不得强辭，於民國辛酉秋，展閱舊譜，謬加修輯。吾盧氏宋尚書越國公諱琰，肇跡靈山，發詳異域，如九支各派前譜逐一詳明，無庸再贅。至十八世諱玄真公，自吾蒲岙遷居蔡岙，締造經營，子性蘩昌，可成蔡岙一族矣。如知清朝定鼎之初海氛正熾，及耿氏倡亂，吾蔡岙族居海濱易受其害，於是族人逃散異地指不勝屈。如朝靈公同侄永留轉遷凰岙，朝固、朝通遷小芙蓉下宅園，朝楣遷雙退房，朝蓋、朝琳遷大荆潭頭，苟不採之連之，則一木之親視如秦越乎？是此四處者合修連環之譜，人雖散而仍聚，地雖分而亦合，叅互考訂，脉絡分明，使後之視今亦猶今之視昔，則尊尊親親之意油然生矣。

吾思凰岙地勢，雁蕩矗於北，龍山峙於南，鹿巖控於西，清溪襟於前，山川鍾毓，名秀挺生，地靈人必傑，古豈虚語哉！藻更望於後人之繼起也。

是爲序。

族裔孫農學士文藻拜撰

（選自第三支黄岙《凰岙盧氏宗譜》民國辛酉重修本）

家譜姓氏源流

姓氏者因之而爲姓也。有姓則有郡，有郡則有音，音郡歸而姓氏定，此蓋有不刊之明義矣。我盧氏音則屬商，郡則范陽，其由來詳有可考者。

齊姜太公吕望之後，至文公子高之孫傒食采於盧，因以爲氏，而盧氏之姓自此肇矣。續後子姓繁衍，唐時河南爲盛，仕宦指不勝屈，而玉川公令名最著。至懷慎、奂、奕公三世，相繼爲相，以清節傳焉。

宋初諱琰者，字文炳，浙江越東古麗人也。爲宋工部尚書、榮禄大夫，封開國上將軍、越國公，配趙太祖公主封越國一品夫人。後隱居婺州之大山下，生八子一女。以木爲號：榛、栗、檡、松、竹、梅、桐、梓、杞子八，並婿爲九支，曰圭、曰璞、曰睿、曰鋭、曰衡、曰勳、曰敏、曰理、曰衛。女曰錦，配周世宗柴榮次子宗炯，遂嗣爲第三子，易柴姓盧，璇爲殿前防御史。

九支分派，子孫甚衆，散居赤城、括、甌間。圭、璞、璇爲靈山派，鋭、衡、勳爲丁坑派，敏、理、衛爲隔陽派。靈山第三支諱璇，生一子諱可，可生四子：行呈、行明、行信、行韜。韜生漢，漢生芮，芮生五子：曰琚、曰瓊、曰佩、曰璉、曰瑨。尚書公七世孫曰琚者，爲宋忠良將，知温州、瑞安、青州，遂立業於此，六科派自此衍矣。

琚後諱藏者，仕閩建寧，其後族最盛。藏見甌水秀山明，人物仙釋踵出，曰：此間非氣所鐘，安有此地靈山傑乎？因是遂家焉。語云“千金買鄰，百金買宅”，此之謂也。乃卜居於十八都建牙鄉，即雄溪是也。後族庶人熙、科甲代出。傳至宋進士元善公子諱永兆，咸熙間自郡城遷居湯源，生子盛。盛生堂，堂生源，徙居樂之凰岙。至泮於元皇慶甲寅遷居蒲岙，生七子：道天、道德、道生、道體、道樂、道任、道根，惟道德公生季子玄真者，規模宏遠，卜築蔡岙，乃蔡岙之始祖也。至今生齒殷繁，人文蔚起，誠間氣之所鍾也。可識此以發明之。

（選自第三支黄岙《凰岙盧氏宗譜》民國辛酉重修本）

第三支（温州樂清）凰岙盧氏世系概覽

(1) 盧琰→(2) 璇→(3) 可→(4) 行韜→(5) 漢→(6) 芮→(7) 良佩→(8) 璇→(9) 葦→(10) 瑀→(11) 元善→(12) 兆→(13) 盛→(14) 堂→(15) 源(凰岙祖)→(16) 沂→(17) 道統→(18) 玄達→(19) 文捐→(20) 仁勇、仁智→(21) 世各、世吉→(22) 敏本、敏棟→(23) 友彩、友拔→(24) 景望、景容→(25) 國欽、國圣→(26) 朝心、廷

忠→(27) 永端、永明→(28) 康德(凰岙長𡽱山頭祖)、邦純(凰岙黄壇祖)、康流(凰岙沙埠頭祖)

(上同)源(凰岙祖)→(16) 泮(蒲岙祖)→(17) 道德——→(18) 玄真(蔡岙祖)→(19) 文璥→(20) 仁蕊→(21) 世琲→(22) 敏誇→(23) 友玭→(24) 景潔→(25) 國冕、國安→(26) 朝繼、朝靈(遷凰岙)→(27) 永留(遷凰岙)

第三支(温州樂清)凰岙盧氏排行字目

諱行:國朝永康　天祚發祥　家必慶衍　明德長光　從斯繼作　乃毓賢良　克開來學　以佐興王

字行:君廷子邦　公侯允恭　書思永啓　應錫臣匡　有懷才士　希紹平章　千年百世　可保榮昌

(選自第三支黄岙《凰岙盧氏宗譜》民國辛酉重修本)

蒲川盧氏宗譜序

余族自宋末遭亂,義九公始遷蒲岙,生七子,行永一偕永五公世族於兹。永三公生四子,行盛八公獨遷蔡岙,遂成兩族。嗣後人文鵲起,瓜瓞聯綿,誠雁蕩之鍾靈,樂右之望族也。

自有明以來至今十有三世,其先譜牒應自詳明。緣地居海濱,屢遭亂離,兵燹之余,痛成灰燼。至奉遣後,族居星散,文獻無徵。先大人慨然思所以收宗而睦族也,因憶髫齡時侍先祖膝下,與聞宗族長者叙世系述雁行,其於字諱以及支派猶記大略,於是寢食俱忘,追思某派某字娶某氏葬某地,暨生平品行而筆之。然僅得諸傳聞,未盡足據,所謂無徵不信也。迨遊四方,過丹崖,面族兄炯初以草譜出示,雖斷簡遺編,多殘缺失次,俱據所見,以徵所聞,固班班可考者。爰先輯小譜,自靈山分派至郡城,世遠代湮,不及悉識,第圖九支及東甌甲第。

我族始遷，開基則自鼻祖義九公以下，歷叙世系，要亦僅存什一於千百，俾不至譜牒無傳而宗支紊亂云爾。奈有志未成，遂爾捐館，易簀時，端以此事囑余，余小子謹志之。志切紹述，爲功名羈縻，時光荏苒，又不知歲月幾更矣！乙亥秋，自京都釋館回，憶繼述先志，凛予此事之不可以再稽也，於是勤加考訂，謹重輯録。上自永盛遠無徵，然派衍支分而人經世緯，其昭穆固較若列眉，經而分之，綸而合之，名義昭而恩情篤，俾後之子孫展卷而翻閲之，靡不悠然興仁孝之思，益知水源木本，藹然於敬宗睦族而不能自已矣。行見麟趾呈祥，螽斯衍慶，以大啓於後人也，豈淺鮮哉！

時康熙乙亥中秋穀旦，十一世孫濬謹識

（選自第三支《蒲川盧氏宗譜》道光廿二年重修本）

蒲川盧氏宗譜序

自有天地以來，氣有盈虚，運有隆替，代有興廢，族有盛衰，固理之常亦數所必然者也。

余族蔡岙，其始祖自蒲岙遷下，頗稱繁盛，自國朝鼎興，掃除海氛，因遣濱海居民。而余族星散四方，難復鳩聚，余今遇之，不勝黍離麥秀之悲。蒲岙幸環山内，得重安集，猶殷然動我水源木本之思焉。余因族散地遥，幾忘祖籍，欲收宗睦族，有事於修譜，而居蒲子侄輩亦欣然向余而樂事於斯也。爰取其舊本而閲之，乃太公常本木公所撰者，耗蠹殘編，幾與族敝人凋同其浩嘆，能不悚然于尚有典型之句乎？概膺其責，前據舊例述而序之，不敢妄參臆斷，後則因其世系衍其宗支，俾昭穆不失其倫，尊卑不踰其序，舉凡婚娶卒葬，按寔而書，要于繼往而開來，其事固甚鉅也。夫數極則反，理積而通，此天地間之氣運遞相乘除，未有不轉衰而爲盛者。今以族而論，家習勤儉，人敦孝弟，父兄以忠厚率於先，子弟以淳良踵其後，毋逞刁風，毋逐澆俗，内以正家，外以睦族，則教其庭闈，化及黨閭，爲善可繼，自有賢子孫起而聿興吾族于隆盛矣。謹受是譜,輯而修之,惴惴焉,惟望先靈丕振乎祖德宗功,以默佑於無窮也。

敬申鄙悃,敢曰弁言。

時嘉慶戊午年仲冬穀旦,十五世孫侯俊謹識

(選自第三支《蒲川盧氏宗譜》道光廿二年重修本)

第三支(温州樂清)蒲川盧氏世系概覽

(1) 盧琰→(2) 璇→(3) 可→(4) 行韜→(5) 漢→(6) 芮→(7) 良佩→(8) 璇→(9) 葦→(10) 瑀→(11) 元善→(12) 兆→(13) 盛→(14) 堂→(15) 源(凰岙祖)→(16) 泮(蒲岙祖)

第三支(温州樂清)蒲川盧氏排行字目

諱行:國朝永康　天祚發祥　家必慶衍　明德長光　從斯繼作　乃毓賢良　克開來學　以佐興王

字行:君廷子邦　公侯允恭　書思永啓　應錫臣匡　有懷才士　希紹平章　千年百世　可保榮昌

(選自第三支《蒲川盧氏宗譜》民國乙卯年重修本)

黄壇硐盧氏宗譜序

乾隆乙亥歲仲春月,舊友明兆、明攀二公承修大族黄壇房家乘,向予索叙,不得以文辭。閱其世系而知蔡岙地方盧氏,宋明間固已昭昭振起,洵稱古族,與樂城相始者也。顯而在朝者無非經緯之才,隱而在野者每多衣冠之秀,文章武略代有其人。佐聖朝鐸王國皆仰天鳳公之風範,挺爲甌海名世之巨宗。至先朝而黼黻盧家者指不勝屈,然非鍾宋之發祥、赤岸之靈秀,安能駸駸不竭也哉?

今也,諸公世紹書香,桂蘭馥馥,志在家政,時切水源木本之懷,欲建大宗幾以明昭穆也。其如族屬星散,徒留遺址,憾素願之莫伸,故於時和之候亟於譜牒，何莫非尊祖敬宗之要道也歟？

忝爲序。

逸士太原王安樸拜撰

（選自樂清黄壇硐《盧氏宗譜》1937年增修本）

黄壇硐盧氏宗譜序

家譜何爲而作也？曰以敦源本也。夫水必有源，木必有本。黄河之水千枝萬派，必溯源於昆侖，豫章之木千枝萬葉，必歸本於根荄，人之於祖也亦然。

苟蒙先世之遺澤而不知自所出，是觀末而失其本、循流而忘其源也，奚可哉？於是仰溯流傳、歷叙世系，由淛東古麗發源，子姓蕃衍，或爲婺東陽派，或爲赤城括蒼派，或爲甌熊溪派，而甌之分又爲樂之蔡岙派，蓋源之深者流必遠，本之植者枝必茂也。惟黄壇一派，自蔡岙盛十公子可穆號穆然，明初始遷於兹，雖山林僻處，而泉石可安，實異流而同源、分支而共本者矣。

余自丁丑選拔至京都，肄業三載歸里。族兄汝雲、汝生等以纂修世譜之任屬予，爰珥筆爲序，以弁其首，一遵歐、蘇例，自盧氏發源以及始遷鼻祖，派衍支分，瞭若指掌，俾後之覽者靡不油然興仁孝之心而思夫木本水源，益知敬宗睦族之道，行見麟趾呈祥，螽斯集慶，而蘭玉盈階，同瞻謝庭之樹；桂萼聯芬，齊發竇氏之香。則是譜之作，其爲功豈淺鮮哉？

時乾隆二十年歲次乙亥仲春月穀旦，丁丑鄉進士孫顓庵濬熏沐敬撰

（選自第三支黄壇硐《盧氏宗譜》民國丁丑年增修本）

續修盧氏宗譜序

家之有譜，誌繼述也。上古結繩以計其事，上古修史以録其功，

此晉乘、楚檮杌、魯春秋所誌之，大小不齊，其示不忘一也。夫凡人生世上，爲父宜慈，爲子宜孝，兄宜愛，弟宜悌，夫婦宜和樂，親戚宜往來，故古今賢聖明明德於天下者，必先於家作之基。

然一家之中子復生子孫復孫，不若傳，則子孫而重父之諱者有矣，子孫而忘祖考之諱者有矣，或遷徙異地覿面不相識、視族屬如路人者亦有矣，此誠有識者之所悼嘆、士君子之所嗟痛者也。故先世輯譜以序其昭穆，以别其賢哲，以載其姻戚，以詳其娶適，以記其墳墓里居，一開卷而源源本本、支支派派，若千年之遠，若百世之遥，億萬子孫之衆恍若一地焉，恍若一世焉，恍若一身焉，擬之晉乘、楚檮杌、魯春秋，不尤彰明較著乎？

盧氏自堯盛公傳至穆然公，遷居樂邑之黄壇，譜乘煌煌，未嘗有失，此蓋盧氏歷世有賢子孫相修輯也。大族譜自乾隆乙亥纂修於今五十有年矣，行次自此而將盡，丁男自此而益增，此贊修之舉尤亟亟乎。

余於是歲之春同友周伯元、管尚志登臨其地，盧公慶裕邀至其家，集慶宗、聖沛、慶恩、宗文、慶倫諸翁談及宗譜，囑余增修，余不知愧同循王安樸先生之前模。今既告竣，爰爲之序。噫，此真善繼也夫，此真善述也夫！

時在嘉慶歲次丁丑臘月上澣之吉，後學生玉堂張泰開頓首拜

（選自第三支黄壇硐《盧氏宗譜》民國丁丑年增修本）

黄壇硐盧氏源流概覽

第一世　琚，字良佩，號堯盛，璇之六世孫，高祖可，曾祖行韜，祖父漢，父芮。

公生於宋仁宗戊戌三月初一卯時，卒於高宗七年丁巳九月廿二酉時，享壽八旬。配夏氏、黄氏，封内相夫人。元配生仁宗癸卯年正月十六丑時，卒於高宗十三年癸亥十一月初二卯時，合葬樂清縣西雞山下，有墓誌銘。

公登進士，任温州通判，因國勢陵夷，祥興未卜，見甌山秀水明，人物踵出，就食而居，東甌之始祖也。嗣後科甲代出，詎非閩赤岸所由來哉？遂立業於此。後爲東甌派祖。

第二世　璇，字道衡，諱天鸞，號齊齋、一芹齋，宋封英惠侯。時方臘作亂，陷婺、歙、衢、杭、處州，兵圍永嘉，公爲教授劉公士英、庠友石工斫礪晝守，保完城池。上賞公，而公辭禄，因推公爲忠烈侯。知事立三忠廟，與劉、石兩公同祀不朽。

公生神宗五年壬子八月廿二日卯時，享壽八旬有二，卒高宗八年。配丁氏生丙辰正月十六酉時，合葬青田鳳凰山下，有墓誌銘。

第三世　葦，字佩謦，號密潭，紹興進士，大學士。配趙氏。

第四世　瑀，字藏璞，號禹玉，又尋川，乾道丙戌進士，卜居之十八都，敕夫人。

第五世　元善，字希明，號以良，慶元進士。歷官管（館）閣，遷永楠溪。因奏疏傷時見斥，歸隱溪山。

第六世　兆，舉鄉進士，遷樂清廿七都，配封氏。

第七世　盛，遷花岳坎頭，配贈氏。

第八世　堂，舉鄉進士，配誥氏，遷居楠溪湯嶴。

第九世　源，字貞遠，號鳳川，名孔存。配窑嶴朱氏，一云西陳後山大墳。

第十世　泮，字伯學，號芹齋，名孟朝。國學生，配西陳余氏。遷蒲岙，墳厝沈家壟。

第十一世　道樂，字宗聖，配宅前林氏，後遷虹橋。

第十二世　玄本，字盛七，諱學業，配許氏。

第十三世　可穆，字文止，號穆然，生平好清浄，隱居黄壇。其地巉巖峭壁、險阻無人之境，公不憚越崎嶇，剪棘林下，卜宅其中，而盧氏遂世居焉。配玉環林氏，合厝本里穆然山之原。

（選自第三支黄壇硐《盧氏宗譜》民國丁丑年增修本）

第三支(温州樂清)黄壇(檀)硐盧氏世系概覽

(1)盧琰→(2)璇→(3)可→(4)行韜→(5)漢→(6)芮→(7)良佩(堯盛)→(8)璇→(9)葦→(10)瑀→(11)元善→(12)兆→(13)盛→(14)堂→(15)源(凰岙祖)→(16)泮(蒲岙祖)→(17)道樂→(18)玄本→(19)可穆(黄檀硐祖)

第三支(温州樂清)黄壇(檀)硐盧氏排行字目

本族行第:

堯天舜孔孟　理學光德啓　道玄可明望　國正朝永康　泰盛應繼元　茂發常榮顯　祥呈萬載昌　一統定山河　上士存孝悌　忠信仁義維

(選自第三支黄壇硐《盧氏宗譜》民國丁丑年增修本)

新修盧氏宗譜序

族之有譜,猶國之有史也。史不修則無以知一國之盛衰興廢,譜不修則無以知一族之長幼尊卑,此修譜之道不可不講也。然修亦有不同,或因有譜而續之者,或因無譜而創之者,續者易而創者難,此又不可不知也。

牛嶼盧氏,邑東之望族也。溯其始遷之祖,盛禮公爲最著,其他康蘭、盛琳、盛增諸公後先相繼來遷,支派不一,而其同祖穆然公則一也。

穆然公係宋尚書文炳公十九世孫,爲徙居黄壇之始祖,故牛嶼之譜向與黄壇合修。而穆然公之先系,竟以年世久遠,散失無稽,其所載者半出父老之流傳,識者不能無疑焉。咸豐丙辰,族之前輩茂才静齋公悉心修輯,其於先代之源流仍無考據,因闕之以俟後人。迄同治年間,有客自烏巖來,自言篋中有盧氏譜,將以出售。静齋君乞而閱之，覺原原本本，脉絡分明，憮然曰："吾今而知舊譜之誤，而此譜之不可少也。"商於恕之公，恕翁慨然出金購之，於是乎穆然公先系昭然可考焉。

然而黄壇人未之信也。静齋方欲更正之，以舊譜存在黄壇，又苦於無資，故有志而未逮。未幾，静翁化爲異物矣。恕之之侄達三聞訃往吊，因檢其遺書，得一鈔本翻閲之，乃咸豐年間所録譜草也，遂欣然攜歸。丙戌春，黄壇人重葺譜牒，寄語合修，達三知一誤不容再誤也，奮然有志創修，遂辭黄壇人而掖族之董事考岑、級三、霞亭、雲山、事卿諸翁共襄美舉，延上庠生陳銘纂修，而乞序於余。

余閲其全帙，源流一貫，世次昭昭，較諸舊本之承訛襲謬有大相徑庭焉，不誠斯族譜之大幸哉！噫嘻，自非有烏巖之真譜，則穆然公以上之世系不明；非有静齋之譜草，則穆然公以下之世系莫考。然則斯譜之告成，其亦恕之之功與達三之力也夫！

是爲序。

時光緒十四年歲次戊子仲冬月吉旦，咨部優行廪膳生
趙奂文頓首拜撰

（選自第三支《牛嶼盧氏宗譜》民國戊辰年重修本）

重修盧氏宗譜序

稽古之民族無譜，天子賜姓命氏，諸侯命族姓，以統繫百世，使不相别族以與其相連屬也。乃時遠殖繁，支分派别，或賜土姓因其封，或以官爲氏，或以名爲氏。爲族散處四方，雖同出鼻祖、偕聚一邑而視爲途人，此盧陵歐陽氏所以創造譜牒，實欲後世子孫紀本源之所自出、支派之所由分也。

吾姓自齊姜太公後裔，爲齊正卿字敬仲食采於盧，因以爲氏，其地即今山東濟南府長清縣西南十五里之盧城古跡是也。至後漢盧植公二十六世孫琰字文炳，遷浙東古麗，爲宋尚書，爲吾族始祖，此本源

之所自出也。自文炳公十九世孫穆然公由芙蓉徙居黄壇爲吾派始遷之祖,故吾族之譜向與黄壇合修,而穆然公之先系黄壇人多缺而不書,識者疑焉。

清同治年間有族人自烏巖來,談及宗譜,詳述吾族自文炳公之九支圖下十二世孫兆公始遷樂清,至可穆公號穆然遷黄壇,原委清楚,派别分明,方知黄壇舊譜之誤,乃采烏巖之譜以爲吾譜藍本。而黄壇人猶未之信,尚執舊譜寄語合修。先君知一誤不容再誤,遂奮然偕族中長者辭黄壇人而創修此譜。事後常舉以告余,余尚未考究其是非。迨乙巳科入泮,至黄壇、芙蓉兩處謁祖,細查吾族支派之由來,始知烏巖之真譜與芙蓉、蔡岙各譜昭穆相合,黄壇舊譜之誤無疑矣,益信先君之創修實能深究穆然公支派之所由分也。

丁巳春,先叔父雲階與族叔華廷以譜久未修,商余重纂,將與黄壇人復合,而黄壇人又不肯自更舊誤,因是中止。未幾先叔父物故,廬舍又遭焚刦,事寢,至今已十有三年矣。去春,衆謀重修,余適任縣立第四女子小學校長兼管理縣公産款委會主席,不遑肩此,乃推族叔華廷主其事,余乃贊襄焉。今幸修纂完竣,較諸前譜更覺精詳。

回憶少時先君訓告之言,不禁有感而發曰:吾族自黄壇遷徙牛嶼三百餘年,雖無達人顯宦,然能恪守先人之矩矱,或耕或讀,合族繁衍七千餘指,爲鄰里冠。前譜假手於他姓,亦能毅然辨舊本之訛,承覓真派之由來,爲今日考據徵文之具。兹復順其諱行、詳其字號、補其率略、標其分遷,砥行者録其美而褒之,踰閑者隱其詞而貶之,使後之人閲斯譜者,將歷指而數之曰:某也賢,本其祖之積德;某也不肖,本於其祖之不德。所以資勸懲者不少,亦云幸矣。而諸族長又謂凡例未詳,宗範未立,詔余撰加。敏自分疏陋,安敢妄擬?特以義之所在,責無可辭,爰采舊譜之例,酌而增加之,附諸譜端,以爲後之賢者更爲踵而增之。光先人之令德,垂後世之宏規,則尤余無窮之望也。

是爲序。

時中華民國十八年歲次己巳陽曆二月十一日，清邑優庠生法律專門學校畢業法學士、現任浙江樂清縣立女子職業學校校長、兼管理縣公産公款及教育産款兩委員會常務委員、縣教育會執行委員縣教職員聯合會主席，中國國民黨樂清縣第四區黨部監察委員第十四世孫霞九敏拜撰

（選自第三支《牛嶼盧氏宗譜》民國戊辰年重修本）

重修盧氏宗譜序

竊謂吾黄壇硐與牛鼻硐之世系，本是一脉相傳，毋許剖爲兩族。無如清光緒間黄壇硐諸先輩，謂牛鼻硐系黄壇硐所遷，遽以路丁待之，設筵開譜，不與有聞；而牛鼻硐諸先輩，謂其黄壇硐鼻祖可穆公系坎頭下所遷。從前真譜已失，無法稽考，今次訪得真譜，理應兩地會議更正。一則不失真正祖宗，二則可以通芙蓉諸大族。緣是各生意見，上下不睦，遂成分修之弊。迨光緒戊戌科，余與族兄建寅夫子同年入泮，越明年，詣黄壇硐登祠謁祖，與房族長力議重爲合修，效破鏡重圓之樂。詎知謀事在人，成事在天，不免甲執甲意，乙存乙見，虞芮之質，不成秦晉之盟，遂背延滯廿餘年，卒無成效。

適建寅夫子溘然長逝，余與寅之後昆霞九、精儒、荻洲諸君，因合修之事不克成，而獨修之期不容緩，遂將牛鼻之譜修輯完竣。聊志數語以責己之無才無德，不能幹蠱前人，使兩地既分之譜復合，而爲可慨也夫！

裔孫華廷鏘拜撰，民國十八年歲次己巳元月穀旦

（選自第三支《牛嶼盧氏宗譜》民國戊辰年重修本）

第三支（温州樂清）牛鼻洞盧氏世系概覽

（1）盧琰→（2）璇→（3）可→（4）行韜→（5）漢→（6）芮→（7）良佩→（8）璇→（9）葦→（10）瑀→（11）元善→（12）兆→（13）盛→

(14) 堂→(15) 源(凰岙祖)→(16) 泮(蒲岙祖)→(17) 道樂→(18) 玄本→(19) 可穆(黄檀硐祖)→(20) 勝山、明山→(21) 仰山、思川、慕山、怡山→(22) 怡川、敬堂、憶山、順山→(23) 順之、振之、星玉、升甫、振之→(24) 朝承、朝啓、朝惟、朝炎、朝會、朝承、朝德、朝福→(25) 永魁、永祚、永俊、永璧(遷包山)、永貴、永元、永清、永美→(26) 康邦、康盛、康明、康月、康道、康阜、康蘭、康右、康華、康貴、康年、康全(牛鼻洞祖)

第三支(温州樂清)牛鼻洞盧氏排行字目

諱行:國朝永康　天祚發祥　家必慶衍　明德長光　從斯繼作　乃毓賢良　克開來學　以佐興王

字行:君廷子邦　公侯允恭　書思雲啓　應錫臣匡　有懷才士　希紹平章　千年百世　可保榮昌

附録黄檀舊本行字:堯天舜孔孟　理學德光啓　國正永朝康　泰盛應紀元　茂發文榮顯　祥永萬載昌

(選自第三支《牛嶼盧氏宗譜》民國戊辰年重修本)

世系譜序

嘗聞木必有本,水必有源,人之於祖也亦然。苟蒙先世之遺澤,而不知所自出,是觀末而失其本,循流而忘其源也,奚可哉?余於是譜,仰溯流傳,歷叙世系,自尚書公諱琰字文炳浙東古麗發源,八男一女以木爲號,子曰圭、璞、璇、鋭、衡、勳、敏、理、衛並女婿共九支,均膺顯秩,彪炳一時。自有宋,家族之盛、爵禄之隆,未有過於盧氏者也。

繼而三支之七世良佩公諱琚者,爲宋閩師參贊樞密,鎮撫八閩,署居建寧,子姓昌茂,甲第蔚起,至今閩人翹首建寧盧氏爲巨室,不知實浙東古麗之遺裔也。當宁以公軍功報最,遷授温州,及見永嘉之山明水秀鍾毓非常,遂謀公室而家居焉。厥後嗣族昌大,源遠流長,多士誕生,楨幹王國,如道衡公諱璿、良輔公諱汝弼、商臣公諱傅霖、雲際公諱雯均登紹興甲榜,由民牧而至臺閣,其勳名偉績,昭著古今,國史府乘,班班可考。

至若葆真公諱永年,以别駕馳譽江州;鶴九公諱祖皋,以文學蜚聲翰撰。至及我明,喬嶽公諱敬賢,由秦府歷仕外臺,此皆文章而兼經濟,又不獨元善、芳春二公僅以科名專美於前也。後之裔孫,或由文藝而登仕版,或由科墨而儕廟堂者,指不勝屈。大約吾族肇興永嘉,實基於此。迨支派蕃衍,族茂人熙,散居異地,不一而足,一居於章安之六科,一遷於樂城之芙蓉、蔡岙,一分於楠溪湯岙、黄邑巖前,皆異流而同源、分支而共本也。

今秋,余廷試北歸,見夫國步方艱,干戈擾攘,桑田滄海,倏爾變更,城郭人民,非復疇昔,覩兹舊譜,半爲殘編斷簡,失次無文,幾不可考矣。於是謀族之老成,請於鄉之先達,爰補前編,草率成緒。猶夫豫章之木,枝蕃葉茂,總歸於根荄;黄河之水,支流派衍,悉發於崑崙也。若夫踵事增華,重振家聲,余更望於後人之繼起者也。

是爲序。

大明崇禎十年歲在丁丑端月,賜進士出身授浙江安吉州教授七世孫景初熏沐敬撰

(選自第三支《山坑盧氏宗譜》光緒丁未年修撰本)

重修芙蓉壠南大橋盧氏家譜序

家譜何爲而作也?曰以敦源本也。夫水必有源,木必有本。黄河之水千支萬派必遡源於昆崙,豫章之木千枝萬葉必歸本於根荄。人之於祖也亦然。

芙蓉壠南大橋族,始於五一公屺,乃盛唐名宦裔也。余族自湯源分派,世居蔡岙,遭亂播遷,寓居郡城。以海氛烽煙告警,先大人挈家而居大橋者一載餘。時余年方髫齡,初舞象勺,叔祖中綱公才擅蕭

曹，隱居家食，頗多緇衣之好，遂授以書塾，與四叔仕元同肄業焉。而長叔元侯公蜚聲黌序，時以課業相指示，因出族譜一覽，知其爲閥閱名系，誠枬溪之望族，而與湯坳同一源本者也。公忻然顧曰："異日纂修之責，其在子乎！"

余後徙烏巖，族復歸郡城，叨采泮芹，補天餼。每試冠軍，歷赴棘闈，恨未獲登顯，以爲我族光，然廬陵、眉山竊有志焉，而未逮也。

歲在甲戌冬初，叔仕元雅志輯續，率族諸兄弟輩造廬徵謁，慨然謂族譜至今凡三十余年世，閩變以後，殘缺失次，經纂修已四世於兹矣。欲以是責屬余。余固謝不敏，緣忝族誼，遂駕舟届止。回思總角嬉戲時依然如昨，而時光荏苒日月遷流，風景不殊人事頓異，未嘗不感喜交集也，爰不忌疏陋，敢爲珥筆。

其編概依舊式，續以四世，分爲三帙，源流支派較若列眉，雁行後先，序乎昭穆。雖不克媲美歐、蘇，亦庶不負叔父中綱公之素志與諸叔兄弟之雅意。俾文獻之遺傳，千秋而勿替也。爲之後者開卷而翻閱之，靡不油然興仁孝之思，而因夫木本水源，益知敬宗睦族之道，行見麟趾呈祥，螽斯衍慶，而蘭玉盈階，同羨謝庭之樹；桂芬聯萼，齊誇竇氏之香。則是譜之重修，其爲助豈淺鮮哉？是爲序。

時康熙三十三年甲戌陽月穀旦

盧浚

（選自黄巖《黄巖盧氏宗譜》民國丙寅重修本卷首）

蔡岙盧氏重修宗譜序

夫家之有譜，猶國之有史也，但國史記月編年，寓褒貶之至意，而家譜溯源探本，昭仁孝之心深然。譜之有關於家，不幾與史之有關於國同乎？余族蔡岙始祖盛八公自蒲岙遷居以來，代遠世湮，枝多派繁，其星散異地，遷徙靡常。咸豐辛酉，雖延師修輯，期間遺失者居多，而散逸者亦不少。迄今五十餘載，苟不往而採之，修而集之，不幾一本之親視如秦越乎?

蓋蔡岙前族長發希,暨後族長祥蓂,及房長祥義,董事家皆、家楷、家會、家土、必招諸公,起仁孝之心,敦本溯源,命余重修。余自愧學淺,不敢勝任,累而不獲,又思一人難荷重任,挽請表弟陳君軼西同修。悉按舊譜,翻閲支圖,間有諱而無字有之,有庚甲而無年號有之,先墳墓而後庚甲有之,其中可考究者查而整記之,凡功名事實,男女配適,生卒墳墓,忠孝節烈,遷居某處,一一登集,無可查者則從而闕之,亦疑以傳疑,信以傳信,非予之率也。今當宗譜告成,惟望先靈,丕振宗功,默佑於無窮也。

是爲叙。

纂修二十一世裔孫文藻頓首拜撰,同修裔甥陳鄭湘頓首拜書,兼修裔孫得清頓首拜,董事裔孫祥蓂、祥義、家楷、家堦、家會、家土、必拾,中華民國四年十一月　日

(選自第三支《蔡岙盧氏宗譜》民國乙卯重修本)

第三支(温州樂清)蔡岙盧氏世系概覽

(1) 盧琰→(2) 璇→(3) 可→(4) 行韜→(5) 漢→(6) 芮→(7) 良佩→(8) 璇→(9) 葦→(10) 瑀→(11) 元善→(12) 兆→(13) 盛→(14) 堂→(15) 源(凰岙祖)→(16) 泮(蒲岙祖)→(17) 道德→(18) 玄真(蔡岙祖)

第三支(温州樂清)蔡岙盧氏排行字目

諱行:國朝永康　天祚發祥　家必慶衍　明德長光　從斯繼作　乃毓賢良　克開來學　以佐興王

字行:君廷子邦　公侯允恭　書思永啓　應錫臣匡　有懷才士　希紹平章　千年百世　可保榮昌

雁行:敦祥忠敬　詩禮傳芳　維皇眷佑　萬禩名彰　蛟騰鳳舞

桂茁蘭香　經綸黼黻　潤色廟廊

（選自第三支《蔡岙盧氏宗譜》民國乙卯重修本）

重輯蒲灣盧氏家譜序

譜之作有關於人倫甚重，其可忽乎？故尊親報祖之禮、敦宗睦族之道，莫不由是而推之矣。上推自出，下暨無窮，千百世後，皆得數世系之所由來，不獨聚居一邑，即分遷異域，因流溯源，派系皆釐然可考也。是譜之攸係甚重，修之豈容緩哉？

我盧氏音屬商，郡范陽，後唐時玉川公名揚四海，遂改郡爲玉川。傳至宋尚書文炳公，八男一女，女配周世宗柴榮次子宗炯，遂嗣爲三子，易柴姓盧，子孫蕃衍，分遷異域，難以盡述。至鳳川公遷居樂邑凰岙，泮公遷蒲岙，盛八公遷蔡岙，分遷各自成族，惟蔡岙爲獨盛。但地屬濱海，屢遭亂離，僅傳七世，族居星散。

余高高祖次韓公奉遣遷黄邑烏巖，幸叨祖蔭，椒聊蕃衍，書香勿替。而宗譜自明崇禎壬午歲景初公纂而修之，越本朝康熙乙亥歲仲哲公踵修之，至乾隆丁卯年常木公又續修之。至蒲灣一派廷成、廷因二公始遷其地，宗譜俱已修成，獨房譜全無。今余在清邑，叔天傳、天瑞，兄侯陞、侯爵、侯貴、榮等念祖宗不可久失，挽余修輯。

在天傳叔家重修家譜，盡心竭力，一皆叔爲東館久而能敬，俾群昭群穆之中各有所歸，則尊卑有等、上下有分、嫡庶嚴其統、少長别其倫，支聯脉貫，不啻如木之有本、水之有源矣。後之子孫能瞿然加警，念祖宗之昌盛，怵晚近之微弱，振敝扶衰，而大其顯揚，則蒲灣片壤，方且媲美乎宋、元，豈僅與蔡岙相頡頏哉。

是爲叙。

時大清嘉慶五年歲在庚申桂月吉旦，黄邑族侄祚傑重修拜撰

（選自第三支《蒲灣盧氏宗譜》宣統己酉年修訂本）

重修蒲灣盧氏家譜序

我國家篤宗睦族，飭紀敦綸，軼於三代，是以聖祖仁皇帝欽頒《聖諭廣訓》，於一十六條中特載睦姻任恤之文、修譜和親之義，諄諄誥誡若日星，誠以人之有祖，猶木之有本、水之有源，不可一日忘也。幸而生逢盛世，豈可不知親親之誼，棄祖宗如弁髦，視同姓爲路人乎？

然而難言之矣：夫愚民不識世系，當夫同室而處，非不知有父兄，迨夫析居異爨，而五服之親昧矣，甚而派遠支分，而九族之義更忘矣。又況族大丁繁，遷徙靡常者更，焉能以相親相睦哉？則譜牒之不可不修也久矣。

粤稽盧氏，夙稱巨族，唐、宋以來，科甲聯綿，人文輩出，輝煌國史，班班可考。厥後屢經遷徙，族居星散，前修譜序縷析條陳，瞭若指掌，毋容復贅。至蒲灣一派，溯自廷成、廷因二公於明季天啓年間率昆仲遷居其地，嗣後孫子蕃衍，聚處成族。國朝嘉慶五年，天傳、天瑞諸公延黄巖盧祚傑先生於蔡岙宗譜之外更修房譜，以便觀覽，迄今六十年矣，時移世易，簡斷編殘，倘不重加纂輯，勢必文獻難徵。

太學生盧君鵬程慨然有志，於是於咸豐已未冬間托余表親王旭旦君聘請重修房譜。適值學使張公典試甌郡，余以應試抵甌，未獲奉命，比及返棹，歲腊將殘，而王君聘書三至矣。洎庚申春，遂偕王君直至伊處，見其地屬海濱，山川秀美，林壑蒼翠，阡陌交通，桑麻叢雜，而南衡北宇，煙火相連，蓋儼然一大族姓也。時蒙鵬程君與其族兄發美、發棟諸君，倒屣相迎，優禮款待，几席之間，蜃蛤魚鮮，珍饈百備。盤桓數日，録其世系丁口若干，並前舊譜攜家内中，晴窗雨牖，别類分門，重加釐定，越夏五而告竣。余雖不敏，不能有光於是譜，而於尊親敬祖之文、睦族敦倫之誼，不無少補。後之人誠能於此而加之意焉，俾祖宗雖遠，數典可以不忘，族姓雖繁，開卷於焉即得，以盡夫報本追遠之誠，無負我仁皇帝篤厚宗盟之訓焉。斯則余所厚望也夫。

時大清咸豐十年歲在庚申夏五月望後二日，通家眷弟

同邑儒學生員鵬九章程印拜撰

（選自第三支《蒲灣盧氏宗譜》宣統己酉年修訂本）

第三支（温州樂清）蒲灣盧氏世系概覽

（1）盧琰→（2）璇→（3）可→（4）行韜→（5）漢→（6）芮→（7）良佩→（8）璇→（9）葦→（10）瑀→（11）元善→（12）兆→（13）盛→（14）堂→（15）源（凰岙祖）→（16）泮（蒲岙祖）→（17）道德→（18）玄真（蔡岙祖）→（19）文璥、文琫→（20）仁英、仁達→（21）世規、世禹→（22）敏階、敏惠→（23）友立、友雁、友鶴→（24）景捐、景檜、景拔→（25）國享、國創、國琳→（26）朝吉、朝善、朝禮、朝心（蒲灣祖）

第三支（温州樂清）蒲灣盧氏排行字目

諱行：國朝永康　天祚發祥　家必慶衍　明德長光　從斯繼作　乃毓賢良　克開來學　以佐興王

字行：君廷子邦　公侯允恭　書思永啓　應錫臣匡　有懷才士　希紹平章　千年百世　可保榮昌

黄巖盧氏宗譜序

聞之周道，尊尊而親親，以故家之有譜。崇祖敬宗，引年尚齡，序昭穆以定名分，明有尊也。敦本睦族，衍派分支，篤孝友以洽恩義，明有親也。夫振衣者必挈其領，舉網者必提其綱。蓋綱張而目斯舉，領整而衣自振，所固然矣。然則譜所以明尊親，安可不追所自出，循流溯源，按末求本乎？而知譜必據其實而不失之誣，考之詳而不失之略，俾後有所考據而不等於浮誇不可信。譜有事於修也，戛戛乎其難之哉！

我盧氏族姓有據，音郡可考。自太公肇封，至文公子高之孫傒，

食采於盧，遂以爲氏，歷漢至唐，猗歟盛哉，其由來舊矣。來自江浙者宋尚書越國公諱琰，越東古麗人也，始居靈山，爲婺望族，以九支分派，散居赤城、甌、括間，如圭、璞、璇爲靈山派，鋭、衡、勳爲赤城派，敏、理、衛爲括蒼派，而靈山第三支諱璇者，傳七世至知温之瑞邑、青州，因立業於此。至諱藏有仕閩建寧，歸甌，遂家於十八都建牙鄉，東甌之祖所自始焉。嗣是科甲蟬連，簪纓鵲起，至諱堂者遷於永之湯坳、黄之巖前爲一派；諱盛者遷於樂之花獄、㘭頭爲一派；堂之後諱源者遷於蓉林、凰岙，至諱泮者遷於蒲岙，又一傳至盛八公諱玄真，始遷蔡岙。其源流本末，固班班有足徵者。

第蔡岙濱海，屢遭兵燹，被遣播遷後，譜牒失於煨燼，所存僅斷簡殘編，猶幸文獻之遺不盡凋謝。蓋自靈山肇祀，子姓蕃衍，或爲婺東陽派，或括蒼、赤城派，或爲東甌派。而甌派之分又爲瑞之六科、永之湯嶴港頭、樂之花岳鳳蒲，暨吾族蔡岙派。派雖不一，而一本於靈山，則流分而源自合，枝異而本實同也。

歲在乙亥秋，爰於修輯握管參訂，未敢云備，然而溯厥由來，推所自出，而非誣也。歷叙世系，累若貫珠，先後不紊而非略也。至若生平事業行誼，以及傳、贊、記、頌與著作手澤，僅存十一於千百而更非夸也。庶閲其圖系，考其派衍，枝流有據，本源可徵，披覽之下，頗亦較若列眉而了如指掌矣。俾子姓歲時享祭之餘，熏沐展觀，思先世之衣冠，佩昔賢之謨訓，曉然於報本澄源，序昭穆而篤孝友，而睦姻任恤之思亦油然生矣。將所謂尊尊而親親者，其在斯與，其在斯與！

時康熙二十四年桂月穀旦，康熙癸酉恩科選貢九世孫浚敬撰

（選自第三支《黄巖盧氏宗譜》民國丙寅重修本）

黄巖盧氏宗譜序

譜之攸係重矣哉！上則追遠報本，溯所自出；下則宗嫡分支，永

正所傳，繼前啓後，典甚鉅矣。

予小子何敢言修哉？竊慨族居濱海，我朝定鼎初，海氛未掃，屢遭寇掠，居人逃散。迨康熙初年，合族方謀鳩聚，復遭耿逆煽亂，背閩□台温賊夥據玉環南岸等處爲巢穴，族居化爲灰燼；海波氾濫，塘埭崩圮，人無歸志矣，播徙他鄉。

予生也晚，所及見者，惟祖與二伯暨堂房伯叔弟昆十數人而已。時侍先大人膝下，咨問族中先達，而名號不能悉記也。大人曰：爾欲稔族中事，惟譜是問。但族經兵燹，僅存殘編。乙亥歲，經大分仲哲伯修藏在鹿城虞若哥家，爾往觀之。時余方十餘歲也。比長，從大人赴甌候試，敬請藏本，捧而讀之，但見景國以上名則俱存，而字與號僅得十之二三；至朝字行名亦未備，而字與號不過十之一；永康以下，登其名且十無三四。時庵伯赴京廷試，質其疑於大人，大人曰："爾小子何知乎？族經遣散，遷在樂東西鄉與郡城等處，猶其近者。至若遷於台之黄、太，鄉遠村僻，姓字幾不相聞。伯父獨肩其任，鮮弟侄共勷也。其意蓋以譜遭亂後不修則愈久愈湮，勢必至泯滅無徵。特因舊編而輯補其所及知者，以俟後人俾得所據依，沿流溯源，因支求本，庶世系遞傳，不忘所自出也。我與爾其圖之。"

越數歲丁亥，而大人亦捐館矣，其責將誰歸乎？銘刻於心，時廑不忘。痛念族人徙居異鄉，各戀土著，只認一門長幼，而於祖禰之字諱置若罔聞，又何有堂房之昭穆、宗支之疏戚？此如木巔□、水面萍，寄生浮薄，究無所歸，人將等之胡盧，孰信其爲吾盛八公之流裔也？甲戌歲在郡城，與清若及族衆等僉曰："此責將誰任乎？"予因命男調往郡請譜，叔博若曰："吾族存亡，賴此一簿，毋得輕相授受。"調告予益重其責，負罪引慝，無可諉謝。

比年來，將蒲岙係始祖自出取其譜修之，而於本族有爲耳目所及經者漸積彙集。今年戊寅，予亦七十有六矣。三月間，親赴温郡面告簿若輩領一老譜，夫而後可揣本尋枝，因源浚流。自國朝以上俱仍其舊，闕疑以俟後。永康以下核實登名，清序昭穆，詳析曾玄，隨房分以定大小，循世系以别隆殺。庶子姓不弛其親，緦麻不紊其禮。要自其遷居土著處，注明某邑某郡某鄉某保，登其丁口，録其行狀，志其姻嫁，書其卒葬，使往來相繼，音問不絶，則居遷而休戚常相關，形隔而呼吸如相接。後之子孫有能身登甲第、名顯當時者，皆知吾盛八公遺下一派之盧氏，而我蔡岙片壤亦與玉環、建寧、古麗靈山前後輝映、並峙長流於兩間矣，又何湮没之堪嗟也？

然此實賴庵伯垂其緒，予小子始得因而襲之，攘其功於無既，有以成先大人之志，庶可對前後而告無罪云爾，敢曰譜自余修乎哉！

時乾隆二十三年歲次戊寅菊月穀旦，歲進士候補教諭十世孫楠敬撰

（選自第三支《黄巖盧氏宗譜》民國丙寅重修本）

盧氏重修宗譜序

族譜者，合一族之人盡著之於譜，所以正本源、别疏戚、明昭穆、叙尊卑者也。其體製雖與國史不同，而各序其生平行誼、才德功名，以徵信於後人則無以異。是故譜牒明則卑不踰尊、幼不淩長、親不視疏，閲之而孝悌之心藹然，倫常之序秩然，敬宗收族之情油然，使人各親其親，各長其長，豈不足反敦龐而輔治化乎？

竹濱盧君，邑西烏巖之望族也。余輶軒公出藉作居停，每於西窗剪燭、評隲詩文之餘詢其世系，始知自温之蔡岙分遷，傳世十餘，而散處者不下十有餘村。憶余承乏樂清，稔知其留温者，子姓椒蕃，宗支派衍，與遷黄之支埒，真所謂瓜瓞綿綿，可以見祖澤之深長焉。

偶談宗譜宜修之事，竹濱早慨然自任，義形於色。庚申冬余復假寓其家，適竹濱之譜告竣。出所修以相質，爲之翻閲至再，覺原原本本，脉絡分明，不勝欣慕之無已也。

慨自宗法不明，譜學久廢，世德不知，水源莫溯，甚至孫犯祖諱、

子襲父名者往往而有，非因譜牒不修以致之乎？竹濱於是兢兢焉殫數年之精力，條分縷晰，疑者闕之，信者傳之，源流一貫，世次昭然，述祖德而闡宗功，開卷如見其人，豈徒斯族之幸已哉？而余猶有爲盧氏幸者：當世大家巨族人類紛繁，要不能保其人人守法，譬如豐林大澤而傒蒸伊蔚錯出其間。余自樂邑移篆黄巖，習見盧氏之人，其俊秀者彬彬有儒雅風，其他亦安分樂業不干外事，於兩邑總計之幾千人矣，均能傳詩禮、安耕讀，守矩服疇，以仰副朝廷之德化，非其所留遺者厚而所培植者深歟？

余嘉竹濱用志之勤，深喜盧氏貽謀之善也，故歷叙以弁其端云。

時咸豐十年歲次庚申季冬之吉，道光辛卯科舉人補用同知前署樂清縣事、現理黄巖縣事晉安曾元澄亦廬氏頓首拜撰

（選自第三支《黄巖盧氏宗譜》民國丙寅重修本）

黄巖盧氏宗譜序

譜牒之設，由來尚已，蓋藉以述祖德之淵源、篤宗親之恩誼，敬宗收族於斯乎在。譜牒之傳，不綦重歟？

我族自文炳公浙水發源，九支衍派，至七世良佩公，始立業於東甌。厥後鳳川公再遷凰岙，芹齋公復遷蒲岙，至盛八公爲蔡岙始遷祖焉。特蔡岙一支傳至國朝兩輩，適當海氛不静，而蔡岙濱海，不獲安居，又各挈家遠徙，以致星流雲散，天各一方。至今歷年多所，所在都成聚族，其遠者不能殫述，即近在樂清、黄巖境内者已不下數十餘村，則支流之繁衍，子姓之衆多，真云盛矣。

前譜於乾隆二十三年間，烏巖族祖蘧仙公曾已重修，越今已近百年，歷時不爲不久。若不重爲修葺，深恐年愈遠則事愈湮，跡愈睽則情愈薄，一本之親竟有視若路人而不覺者矣。憶余幼侍祖父母，聆以譜事爲囑，嗣見其與族人欸接亦時時形於話言，纂修之責，予亦有焉，

特以雜務紛投,有志未逮。

咸豐八年十月間,晤族弟竹濱於烏巖,系蘧仙公之曾孫也。出咸豐元年以來重修譜稿以示,正先得我心者矣,因勉以畢事。至庚申冬,譜已告竣。熏讀之下,第見立意精嚴,分門清晰,考據要而不煩,纂集公而有體。明季以前序存其本,國字以下類紀其親。世次之源流、典章之紀載,罔不具備,可謂集族譜之大成矣。昔景初公有言曰:踵事增華,惟後人是望。如竹濱者非其人歟?

余自憾繼志未成,且喜吾弟克繩祖武,並能代肩余責也,後之人展卷瞭然,述祖德者淵源賴以有據,篤宗親者恩誼可以日隆矣。

是爲序。

時咸豐十年歲次庚申季冬之吉,歲進士候選訓導十三世孫濟清敬撰

(選自第三支《黄巖盧氏宗譜》民國丙寅重修本)

第三支(台州黄巖)黄巖盧氏世系概覽

(1) 盧琰→(2) 璇→(3) 可→(4) 行韜→(5) 漢→(6) 芮→(7) 良佩→(8) 璇→(9) 葦→(10) 瑀→(11) 元善→(12) 兆→(13) 盛→(14) 堂→(15) 源(凰岙祖)→(16) 泮(蒲岙祖)→(17) 道德→(18) 玄真(蔡岙祖)→(19) 文璥→(20) 仁英→(21) 世規→(22) 敏階→(23) 友興→(24) 景雅→(25) 國潮(遷黄巖沙埠下園)

(上同)(19) 文璥→(20) 仁英→(21) 世格→(22) 敏胄→(23) 友嗣→(24) 景禎→(25) 國光(遷黄巖十八都下宅園)

(上同)(19) 文璥→(20) 仁蕊→(21) 世珩→(22) 敏諭→(23) 奉山→(24) 景伏→(25) 國闊(遷黄巖新店項)→(26) 朝治(遷大荆石坦山)→(27) 永文→(28) 邦杰(遷黄巖古竹)

(上同)(19) 文璥→(20) 仁蕊→(21) 世琲→(22) 敏誾→(23) 后川→(24) 景鑒→(25) 國是(遷黄巖下吉)、國藴→朝勤(遷大荆石

庫洋)、朝邦(遷黄巖下宅園三退里)

(上同)(19) 文璥→(20) 仁蕊→(21) 世琲→(22) 敏誇→(23) 友玭→(24) 景車、景都→(25) 國眷(遷黄巖古竹下屋)、國坦(遷黄巖黄杜岙)

(上同)(19) 文琫→(20) 仁寬→(21) 世浩→(22) 敏卷→(23) 友翩→(24) 景暘、景暇、景旭→(25) 國璽(遷黄巖下堂山)、國楚(遷黄巖上檜)、國璟(遷湖霧隔溪)、國珊(遷東岙陳道門)、國琦(遷黄巖烏巖)

(上同)(19) 文琫→(20) 仁寬→(21) 世澤→(22) 敏輻→(23) 友賂→(24) 景華→(25) 國士(遷黄巖西蔡)→(26) 朝瑄(遷黄巖郭岙)

第三支(台州黄巖)黄巖盧氏排行字目

原行第

諱行:國朝永康　天祚發祥　家必衍慶　明德長光
字行:君廷子茂　公侯允恭　書思雲起　應錫臣匡
陰行:敦尚忠敬　詩禮傳芳　維皇眷佑　萬祀名彰

新行第

名行:從斯繼作　乃毓賢良　克開來學　以佐興王
字行:有懷才士　希紹平章　千年百世　可保榮昌
陰行:帝道無私　爲善降祥　克親有德　五世其昌

(選自第三支《黄巖盧氏宗譜》民國丙寅重修本)

梓越嶺盧氏宗譜序

萬物本乎天,人本乎祖,是故天有常道,四時運行而不窮,祖有源流,子孫世引而勿替。然天不能物物而篤以栽培,祖不能人人而必其繼述,年與世移,情隨事遷,因循玩忽,散軼淪亡,其不致委祖宗草莽者幾希矣。是賴賢孝之振作。探本窮源，纘裔緒之將墮；辨名定分，使文獻之足徵。譜牒之修，豈細故哉？

粤稽盧氏，姜太公之裔，食采於盧，因以爲姓。歷秦、漢、晉、唐至宋，炎公由汴之臨安遷於東陽，累官吏部尚書，生子九人，各居異地。而暨陽之盧炎公九世孫小五公，覽勝而居吴墅，其四世孫振三、振五公又徙七十都傍溪以居，因名其宅曰盧家溪。奈皇明洪武間有"王氣在南"之謡，詔遷形勝佳者之家，而盧氏祖墓亦遭毁敗。五世孫童一、童二、童四、童五諸公，遂裔遷梓越嶺之麓，俗尚淳龐，人敦禮讓，食指繁而煙火稠，樸者耕而秀者讀，丁財甲於村落，聲名振於閭里。

詎料天不牖衷，增字之輩寥寥無傳耳。猶幸四世祖景四十四公生四子，而季子乏嗣，其孟、仲、叔三支綿綿瓜瓞，蟄蟄螽斯，於今六世矣，其家業之盛、人文之茂正未有艾者。第家藏之譜罹於兵燹，不及再修，凡祖宗之豐功偉績、允嗣之名諱字號、大小生卒、墓地湮没無聞焉。嗟嗟！滄桑易改，歲月難留，人物遞逝，壽殤不齊，今之淹忽於後，亦猶昔之淹忽於今也！事後追悔，噬臍何及！

丁未孟春，君祥公既昆季等，憫已往之莫挽，冀來兹之可續，用昭前烈，佑啓後人，延余至第，博采舊集，敬輯新支。余不辭譾陋，爲之條分縷晰，井乎不紊，壽之以梓，一展卷而指掌然。"莫爲之前，雖美弗彰；莫爲之後，雖盛弗傳"，尚期繼起者之奮發，毋蹈前轍，恪遵芳規，與時偕行，珍輯世集，則其德崇追遠、功存宗祊也爲何如哉！

謹序。

時清雍正丁未季春吉旦，高湖眷弟方以浩拜撰

（選自第三支《暨陽梓越嶺盧氏宗譜》民國庚申年重修本）

續修盧氏宗譜序

嘗聞家國一理，史譜同道，史不作則國不正，譜不續則家不正，正家無異於正國。譜之所以係重矣，所以序昭穆之歡、講宗黨之雅，而

爲尊尊親親之義乎！

乃余觀盧氏之譜，而得姓受氏自姜太公之裔，食采於盧，因以爲氏，子孫繁盛。跡其先世，歷漢、晉、唐以來，代有聞人，指不勝屈。至宋有盧炎公者，出自臨安，遷於東陽爲祖，累官吏部尚書。生子九人，歷有顯宦，各居異地，而暨陽之盧炎公之九世孫也，行小五公，諱遺安，字遠寧，由東陽而遷暨之吴墅。其“振”字之輩又遷於盧家溪。至洪武年間有“王氣在南”之謡，詔遷形勝佳者之冢，盧氏祖墓亦遭毁敗，人煙聚散，子孫流寓，播遷不一。昔司馬季主對東陵侯曰“一晝一夜花開者謝，一春一秋物故者新”，是昔日之所有，今日無之者，其昔日之無，亦嘗今日之所有。但於予竊有説也：庸人囿於小而無遠略，狃於目前而乏彰稽之人，有不知爲誰之氏裔苗者往往有之。

後有“童”字之輩諸公，再移至梓越嶺，得山水之秀土沃仁里而居焉。雖然，國無百年不弊之政事，而家無百年之規模，然盧氏諸君有仁人孝子之心，發心於癸未之秋，遂請余厥修譜。余故受託，不敢慢忽，並於從前，而一一詳記，提字、排行、諱名、字號彰彰可據，生配卒葬指若列眉，年月日時諸載譜内，而其中不致魯魚不辨亥豕遺譏。

是集也，作忠、作孝，承先啓後，明尊尊親親之道，被敦倫睦族之義，俾後世子孫之宗派確然有據、曉然有得，而後可以觀譜牒者井井在目，予固深爲盧氏之譜幸哉！

於是爲序。

時清乾隆歲次癸未仲秋之吉，藏龍塢眷晚生周星岳謹撰

（選自第三支《暨陽梓越嶺盧氏宗譜》民國庚申年重修本）

梓越嶺盧氏續修宗譜序

以一人而識九族之名號尊卑，智者未必能；以一帙而詳九族之名號尊卑以及其生卒婚宦，中材以下皆知之，此歐陽氏、蘇氏作譜其例可通於史乘，而仁人孝子不敢玩忽於是也。然作者難，繼者亦難。德

祖之家子雲則考世系而疏也，蒲蔡之羞京而後君謨則自誣也。疏不可以作，誣不可以繼，二者均未爲得也。况三十年爲一世，越一世而存歿聚散不勝殫述，非有人留意於其間，鮮不以同宗爲秦越者，遑問其疏於誣哉！

梓越盧氏有見於此，於乾隆甲寅續修以後，今復匯而葺之，而盧子連岳問序於予。

予繙其舊帙，則暨之盧，東陽有宋尚書後也。東陽盧氏有與予交者，嘗至馬澗，泛畫溪，與其縉紳先生遊過還珠之亭，訪尚書之故里，閥閱蔚爲望族，以梓越挈彼，似有軒輊。不知人特患不知本耳，本之既立實即遂之。盧氏汲汲以葺譜爲事，其序昭穆而講孝弟者，慨然有本支百世之莫也。《禮・大傳》曰：親親故尊祖，尊祖故敬宗，敬宗故收族，收族故宗廟嚴。梓越之祠，創於乾隆癸巳，美輪美奂，其宗廟可謂嚴矣。嗣是而恢張前業，生齒日益蕃，基業日益擴。振家聲以綿世澤，則梓越之山高而水深，即進造之所由毓也；俗厚而風淳，即詩書之所由肄也；桑麻蔽野、竹箭森秀，即甲第綿亘、簪纓奕赫之所由始也。後之視梓越，不猶今之視東陽哉？有開必先，後來居上，是所厚望焉。

若夫盧之得姓於姜裔，或遷臨安，或遷婺州，自婺而遷暨之吴墅而盧溪，由盧溪而梓越，前人言之詳矣，故不贅。

時清嘉慶二十四年歲在己卯嘉平月穀旦，庚午科舉人
即選知縣仙舟氏郭源撰

（選自第三支《暨陽梓越嶺盧氏宗譜》民國庚申年重修本）

梓越嶺盧氏續修宗譜序

東山之陽，左有平嶺，梓木蔭翳，甲於越東，故名曰“梓越嶺”。其右高峰環繞，嶙峋突屹，嶔嵌崔嵬，中夾小溪，縈繞山麓。距村百餘步，豁然平曠，泉香土肥，岫峙淵停之澄鬱，芳塍繡陌之縱横，廓然開朗，軒然遐敞，較近地村落無足擬其氣象，即同宗基址亦莫侔其形勝也。

粤稽始遷祖福五公，與余始遷祖福七公，從兄弟焉，世居婺東雅溪，元至順間遷居暨邑。福五公冢君小五公卜宅於吴墅，與余祖福七公徙居於江山，不相謀而適相合。越四世振公徙居盧家溪，再傳童公喬遷梓越嶺，又與祖寶公卜宅於敦仁、松公擇里於蘆花。地之相去數十里，世之相後百餘歲，所以覽勝而居，擇鄰而處，彼此同心，若合符節，迄今相傳二十有餘世矣，支派攸分，本源自合，形跡雖疏，情誼實親。

憶同治歲戊辰，余訪同宗至其地，見祖廟峙右，入祠謁祖，登堂拜主，仰瞻匾額，以"肅雍"題寢室之堂，仍雅溪相祠之舊，足徵遡典之不忘。須臾父老咸集，子姓前來，余俱未之會也。晉接之間，老者樸實之象，少者秀英之氣，肅肅以敬，雍雍以和，慨然念祖宗命名之旨，傳之累葉，而世守弗替，允足爲前人光，以次歷望諸家婦女紡績、兒童戲嬉，饒古樸風。越宿辭歸，猶依依眷戀而不忍遽別者。嗣是間年一往，數載一至，其族之勤耕鑿、安絃誦，遵守式廓之思油然而生，益見祖功宗德之留貽長且久焉。兵燹後修輯宗譜，得姓之由、更遷之所，前人言之最詳，纔臻二紀，毋庸再述。今歲續修宗譜，諸同宗問序於余，爰不辭譾陋，而爲之序。

時清光緒歲次丁酉黄鐘月上浣之旦，同宗邑庠生增榮拜撰

（選自第三支《暨陽梓越嶺盧氏宗譜》民國庚申年重修本）

盧氏源流

盧公諱堯民淳夫者，舉文學科，歷官侍御史，立朝正直不阿，以聲聞著，每惓惓以宗祀爲念。一日持《家略》一帙謁余序。惟念敬祖宗仁孝之道也，故不辭而序之曰：

盧本齊姜太公之後，至文公子高之孫食采於盧，子孫因以爲氏。漢高時有諱綰者以功封燕王，漢獻時有諱植字子幹者拜中郎將。在唐有諱藏用者，中宗朝爲中書舍人。傳至儲，舉進士及第。至僖宗朝

諱成者，歷官國子祭酒，致政時僖宗御製詩送之，有“脱却朝簪清俗慮，放懷山水雜漁樵”之句。二子曰悦、曰性，悦官翰林承旨，生三子：長琬，官大中丞，徙家婺州；次諱炎，歷官吏部尚書，家於東陽；三諱琉，歷官敷文閣大學士，家會稽。

自琉傳至堯民凡七世矣，第恐世久族繁，子孫不知遷徙之由，乃修續譜牒，以明來裔。噫，仁人孝子之道不亦盡乎？且斯譜之作，上承祖先，下垂後昆，慶弔可通，尊卑有辨，觀之者油然興起其孝弟之心，端不本於是耶？故嘉其不忘先世敦本立祀之義，故叙以歸之。

時宋宣和三年四月之吉，賜進士榮禄大夫敷文閣大學士兼管内勸農事、賜紫金魚袋何執中撰

（選自第三支《暨陽梓越嶺盧氏宗譜》民國庚申年重修本）

第三支(紹興諸暨)梓越嶺盧氏世系概覽

（1）盧琰→（2）璇→（3）？→（4）？→（5）？→（6）？→（7）？→（8）？→（9）小五（吴墅祖）→（10）宏一→（11）統二→（12）振三（遷盧家溪）→（13）方一→（14）貴一、貴三→（15）楷一、楷二→（16）童一、童二、童四、童五（梓越嶺祖）

第三支(紹興諸暨)梓越嶺盧氏排行字目

小宏統振　方貴楷童　倫春景昇　獻增永茂　新添千枝　萬葉常生　忠孝賢良

（選自第三支《暨陽梓越嶺盧氏宗譜》民國庚申年重修本）

五馬山盧氏宗譜序

世之論族者，僉以家之盛衰、人之衆寡是已，豈知善論族者則以禮義與孝悌何如耳，衆寡與盛衰勿與焉。故忘祖則不孝，紊名則不悌。不孝不悌，烏乎爲人？斯人夥焉，烏乎爲族？蓋人各有祖，祖同

也歲遠則忘，忘則不知身從何出，幾無倫序，雖孝子慈孫，何所用其補乎？故譜牒之不可不修也明矣。

蓋盧氏本出姜姓齊太公之後，文公子高孫傒食采於盧，因以爲氏，其後蔓衍天下，無從考究。自周章之三子諱公字柯者始遷陳州，五世孫諱夫鳳者遷仙居，其三子熊孫者居嵊縣，孫成會公遷金華。再五傳曰昭遷處州，行百五公鉅則居縉雲，大僚公則居蘭溪，曰陶公則遷永康，諸夢公則居紹興，少邦公則遷東陽塔山下。逮廿六世孫曰愷公乃卜居五十五都，置産構堂，始創而居焉，乃始遷之祖也，迄今又八傳矣。

代不乏人，以文章登仕籍者比比然，以才猶顯政績者不可勝計，溯之千有餘歲矣。愈拆則愈親，親而不失其親，是謂承先之孝；愈分則愈合，合而不忘其先，是謂裕後之仁。仁孝君子，其斯人也。吾又以其昔之盛視今之衰，不能不致慨於先人也。《書》曰“天道無親，惟德是親”，又不能不致幸於後人也。何也？蓋婺東之俗，惟目前是圖，錙銖是競，少有睚眥，則起戈矛生荆棘，至若居仁由義、尊祖敬宗者鮮其人。獨二三公能聿念爾祖，思吾之身由於一人之身，而千萬人之身總本於一人之身，欲分爾我有彼此、生荆棘起戈矛烏乎可！若此者，亦由譜牒之不修也。譜牒既修，則能尊祖敬宗，明族屬别親疏，孝悌之道不油然而生哉。

是爲序。

時嘉靖歲次己酉蒲月，邑人江應雲拜撰

（選自第三支《五馬山盧氏宗譜》民國丁亥年續修本）

五馬山盧氏重修譜序

夫譜之學尚矣。自虞氏别生分類，而人有小史之職，以奠系世、辨昭穆、明尊卑。下及春秋，則有《世本》。漢有官譜。晉有族姓昭穆尊卑之記。周、齊以來，乃設圖譜之局，而建官撰譜。四方以家狀來上者，官爲考定，藏於秘閣，副在有司，而選舉於婚姻皆於是乎稽焉。五季之衰，咸泯然矣。宋歐陽永叔、蘇明允均有譜牒，而法不同。歐陽則世經人緯，若史氏之年表；蘇氏則系聯派屬，若禮家之宗圖。後之言譜者，莫不以二家爲法焉。於是既有傳亦必有圖，傳則分記一身之終始，圖則合載百世之宗支，故以傳爲美，尤以圖爲善也。蓋五世相連者效五服之義，由尊而卑，莫之或遺，未可以輕言譜也。

乃吾盧氏溯其由來，肇自姜氏封於盧，遂以國爲氏焉。其後繁衍，徙遷星散者甚衆，難以稽序。惟吾本派由處郡縉雲白竹唐御史鉅公之孫宋工部尚書曰琰公，越九世孫曰少邽公，任爲吉安府太守，始遷東陽五十七都塔山下前菜園居焉。迨傳十世孫，元時諱敬愷公，玩遊來地，見愛山水秀麗，卜遷五馬山下光遥山而居，占籍之始祖也。譜牒從兹而創修，自宋至元而明及本朝，歷有纂葺，後於嘉慶戊午重修。迄今二十餘年，孫子益繁，於是族長恐其時久，紊亂昭穆，尊卑有混，因今集議斯舉，付梓剞劂。後生者續而增之，續則源流永長；殘缺者整而補之，補則炯然有序。自始祖而高曾，由高曾而祖父，子子孫孫，支分派别，咸秩然不失其倫焉，洵謂吾家之信史矣。

今蒙族長囑予參訂，爰爲率筆以書云。

時嘉慶廿三年歲在戊寅菊月上澣之吉，二十世孫元綬百拜謹識

（選自第三支《五馬山盧氏宗譜》民國丁亥年續修本）

盧氏重修宗譜序

余考盧氏系出姜姓，齊文公子高之孫食采於盧，因氏焉。嗣後分遷星散，有數不勝數者，斯固吾亦無庸爲之詳究。惟義一諱敬愷者，乃肇遷東陽五十五都五馬山下光遥山之始祖也，係是縉雲白竹宋工部尚書名琰者之後裔、分遷東陽五十七都塔山下前菜園任吉安府太守名少邽者之十世孫也。

其族譜肇修於嘉靖己酉，及萬曆、康熙、乾隆、嘉慶以至咸豐，無不及時修葺。自咸豐丁巳，迄今四十有餘載矣。其間生齒日繁，有如星羅棋佈，使不急爲修訂，情恐遺漏者多，即喪葬嫁娶抑亦杳遠而難考，故族中咸急急於斯，各商捐資重修，以光宗祖，以裕孫曾。

余不揣淺陋，敢將俚言，以爲之序。

時光緒廿三年歲在强圉作噩太簇中浣之吉，東眷後裔器成謹撰

（選自第三支《五馬山盧氏宗譜》民國丁亥年續修本）

五馬山盧氏宗譜跋

夫宗譜者，上溯淵源，下分支派，聯絡涣散，世世不紊，譜之爲義大矣。

吾族發自縉雲白竹，由唐御史距公之孫仕工部尚書諱琰者而始。自琰公傳至九世孫曰少邽公，由吉安府太守遷居東陽五十七都塔山下。自塔山下少邽公再傳十世孫曰敬愷公，始遷五十五都五馬山下光遥山卜居籍焉，實是敬愷公乃吾家之始祖也。而後堂構置業，生齒繁衍，譜牒從兹而創修。由元而明，歷歷代有纂輯。其孫子徙居官清及縉雲岱石、台州臨海、福建桐山、福鼎縣、象山、天台方山脚、温州等處者，賴有宗譜備載，班班可考。

其族譜自乾隆己巳年修葺，迄今五十餘載，簡編不無缺遺。孫子且又加繁，或至昭穆失次、遠近莫分，曷以敦親睦族之思？予屬久念，及今會族共商議修，幸齊聲踴躍，延師剞劂，上追世系，下考行第，昭昭穆穆，劃然不紊，子子孫孫，炯然不淆，庶幾魯魚是辨，亥豕無訛。凡夫規例、誥敕、祀産、墓圖、序贊，有關宗譜者靡不搜羅具載。始於中秋，成於臘月，匯印常譜照舊三册外，文澤公孫繼孝、文遠公孫亨智，自捐己資另印二册，共五册，分授各藏，俾後覽者知萬川共派，萬葉同根，咸深木本水源之思，時切尊祖敬宗之念，而親親睦族之誼以

篤，行見仁人孝子，詩書禮樂，輝映琬琰，莫不於斯賴也。若夫過此以往，生齒愈繁，必約三十年而一修，是所望於後之賢能者以任其責矣。

時嘉慶三年歲在戊午臘月上澣吉旦，裔孫元綬盥手謹識

（選自第三支《五馬山盧氏宗譜》民國丁亥年續修本）

第三支（金華東陽）五馬山盧氏世系概覽

（1）盧琰（惟選）→（2）璇（音同“慶”）→（3）大預—（4）曇→（5）陶→（6）孝翁→（7）嶽伯→（8）秉操→（9）少邽（遷東陽五十七都塔山下）→（10）守忞→（11）招→（12）世滔→（13）景忠→（14）樞→（15）應稱→（16）道新→（17）原忠→（18）敬愷（光遥山祖）

第三支（金華東陽）五馬山盧氏排行字目

排行字目：

義禮智信福禄　富貴榮華仁厚　謙和顯盛賢寧　順正忠良崇壽

輩分字目：

敬恭明世　永承文惟　繼國元亨　利貞昌瑞　通達道遠　松柏茂桂

（選自第三支《五馬山盧氏宗譜》民國丁亥年續修本）

第三支（温州永嘉）盧山盧氏

盧氏重修族譜序

夫永嘉，東甌首邑，有西、南二溪，盡屬深谷，殊多奇峰。其巍然高出，羣聳而有鍾秀之氣者，惟盧山爲最善也。盧氏自先世是河南宋芳公，仕台，其子曰照者遭亂，艱於返籍，遂卜築甌郡之東而居焉。迨輝之公遊獵東嘉，老槃盧山，生濱公，文武才能。時南渡獻策公陞贛州同知，分居縉雲小溪、台族之巖前、樂邑之墈頭，皆其族也。讀書好禮，子姓繁衍，厥後萬曆癸酉，妄遭回禄，譜牒成燼，靡從稽矣，於萬曆

癸丑，重請修輯。迄順治庚寅，因白寇據亂，台温糾巢僅留數傳，古典失拾，孟乾君克念祖德，珍重家譜，深藏不壞，詎不難哉？惓惓欲修而不得。

余庚戌春，承尚冬君、啓格君特延課，子生、季秋諸君邀余面議，修譜次，輒拱此譜而請修於余。余思相會機緣，殊非偶然。以樂清越此二百餘里，盡屬崎嶇山谷，如非尋幽覓隱故，安能得入是境而與諸君相遇，得此相接殷勤也？故譜之相托，自知樗才不勝，情有所難辞焉。

夫修族譜者，俾知上世苗裔，身之所從出，斯不負其本，有尊祖敬宗之意焉。所謂國有史、邑有志、家有譜者，良不誣矣！今日諸君續修，洵爲尊祖之大道，報本之重念，致子孫相繼，雖千百世之遠，何涣散無統之足慮哉？余因以为序云。

時康熙九年歲次庚戌孟冬吉旦，樂清瑶池君韶朱治書

（選自第三支盧山《盧氏宗譜》民國己丑年重修本）

盧山重修譜序

蓋聞家之有譜，猶國之有史也。史以明黜陟、示勸懲、寓褒貶於一言，而忠奸賢否之途悉别；譜則紀行實、衍支派、叙源流於一族，而親疏昭穆之類攸分。故歐、蘇二公以文章傳於當時，又輯家乘垂於後世，非特爲一身計也。其所以俾世守而歷代不朽者，莫不在乎譜之中也。蓋譜之所關甚大，而纂修不容緩矣。

粤稽盧氏諱彤公，自縉雲白竹赴温郡，過永西，遍歷名山，曠觀勝地，遂卜居四十六都盧山焉。傳至良昆、良魁諸君，丁男稍盛，生齒漸繁。再傳至宗耀、卿瑞、卿雲諸公，孫支繁衍，比户相達，而盧山遂成一族。肇之鼻祖與繼起之耳孫，無不釐然可考矣。但歷時已久，世次多淆，若不議輯而申明之，未免拜郭公之墓，崇韜何人；却良相之圖，狄青奚似。故盧君允濟、有申，仝元洋、邦考輩相酌修明，挽余而重葺

之。余固謝不敏，緣忝族誼，遂勉膺其任焉。

細閲盧氏老譜，前修率筆，其中行第、字諱，每多乖錯。雖欲更而正之，恨無足徵，從而缺之，情難少恕，不得已將前輩畧有可考者更其名號、叙其源流。如良字以前，世遠年湮，甲庚莫溯，亦第以疑傳疑，姑存弗論耳。至允字以後，縷分次序，以及徙居他鄉、派分異地者，皆可溯其源而知祖宗之攸繫，剖其流而知聚處之與同，其於親親之道，經萬禩而使無遺憾也已。

時龍飛中華民國三年歲次甲寅巧月穀旦，永楠邑庠生族弟玉書拜撰

首事（略）

（選自第三支盧山《盧氏宗譜》民國己丑年重修本）

第三支（温州永嘉）陶山盧氏

陶山重修盧氏宗譜序

嘗思譜者，普也。普一姓之聯絡之，使長幼有序，昭穆攸分。上而從出之祖，明一本之源；下及子孫之繁，考世系之分。千百世後，不至親屬如路人。是譜之作不綦重歟！吾邑荆川陶山盧氏，係唐盧仝之後，自南宋開禧間雲伯十六公諱綱道、字彝倫、號隱泉，從盧山遷居於此。其大父爲黄岩明府，迨元明及我大清，代有偉人哲士，或仕於大邑，政聲載明；或隐於林泉，詩酒徜徉；或樂善好施；或耕山釣水，靡不勤儉成家，慷慨濟世。以故族昌姓大，恂恂然有古懷葛風。

己未歲，陳山章氏諸君子延余修輯家乘，與桃山煙火相連，以故應玉、仕玘、仕新、仕烈、子文諸公集族言曰："吾譜自嘉慶己巳年重修，至今已五十餘載，其間老成諸人，半皆辭世；或遷他方者有之。不及時而增修之，保無長幼失倫，昭穆莫考，幾乎視一本如路人乎？"於是緣余章氏之譜竣，遂訂來開譜增修。

余閲其世系，知其源流根深葉茂，由是序枝派於前，列行實于後，既增凡例，復續諱字行第，殘缺者補之，失次者正之。舉凡昭穆、生卒、配氏、墳墓，一遵蘇公之式，俾後之覽斯譜者無不釐然指掌間也。然此第襲前賢之成轍，至謂踵事增華，余實不敢云。是爲序。

時龍飛清咸豐十年歲次在上章涒灘寢月穀旦，楠溪塘川郡增生六十又八老人葉向榮拜撰

（選自第三支陶山《盧氏宗譜》民國廿七年重修本）

重修陶山盧氏宗譜序

昔歐陽氏列雁行、明次序以辨長幼，蘇氏布系圖、序昭穆以别親疏。作傳贊以旌彰賢能，設宗訓以勸勉愚拙，立規條以警戒不肖。譜之有關於風化者豈淺鮮哉！故老泉云："觀我譜者，則孝悌之心油然而生。"後之人循其體、仿其式而修輯者，其仁孝誠敬之心致，和宗睦族之議備矣。

陶山盧氏，其先世是唐盧仝之後，由南宋開禧雲伯十六公諱綱道、字彝倫、號隱泉，從盧山遷居於斯，見其峯巒叠障於外，清流激湍於中，鳥鳴花飛，真是前舞後歌，一水兩山，無非绿繞青來，且里仁而俗美，遂築室而居焉。迄今族大人繁，相傳廿五世矣。其間名人輩出，豪傑挺生，或居異地，其列膠庠、授成均、登甲第而食禄於天家者，指不勝屈。舊章備載詳明，毋庸多贅。第以其譜初修於七世孫諱本、字尹原公，以後相承重整，前哲之手澤猶存，譜載昭昭，毫無有異。其族彦諱子榮，偕堂弟淮會仝族長仕裕、宗仁、子科、仕華、仕通、子漢等合族相議而修之，則榮與予同心協力，各房派下審問生卒、配適，細查諱字坟墓，校明改正，庶幾則昔非而今是，以免後之嫌疑以枝續增於後，共襄其事，合集成编。

蓋先世之本源，後來之枝派，爲之紀生卒，爲之定尊卑，成規可溯，則亦非盡難事矣。至若鋪張成烈，揚厲宏休，當途既多賢士，後代

有名人，予也不才，何敢多贅，是爲序。

時大清光緒拾年歲在閼逢涒灘葭月吉旦，卅都一圖湖鐘貢生李遠明謹識

（選自第三支陶山《盧氏宗譜》民國廿七年重修本）

第三支（温州瑞安）仙源盧氏

范陽盧氏譜序

嘗聞三才曰天地人。天有日月星辰次舍，是以有曆象；地有山川河嶽形勢，是以有輿志；人有祖孫父子支派，是以有譜書。曆象所以定三垣九局，輿志所以載五岳九州，譜書所以析一本九族也。蓋天地以陰陽裕化生之理，人以男女開生育之基，以故有男女，然後有夫婦；有夫婦，然後有父子兄弟伯叔長幼。然欲明昭穆、定次序、分脉絡，則非譜不能詳也。則譜之所繫，亦綦重矣。

余自戊子歲偕侄承宗至澤雅林莊贊襄祀事，有盧宅兆魁、紹文諸君同光祀典，聚晤數日，遂談及譜牒，慨然有修葺之志。後謀諸伯仲，皆願補葺。美哉盧族之興也，其肇於此矣！乾隆己丑年，遂請余代爲編輯之，爰館於兆魁家。差幸兆魁諸翁盡心竭力，不忘其祖焉。

予稽盧氏之遺牒，其初自河南始，其繼遷閩，後遂來東甌。其父子兄弟科甲聯芳，煊赫一時，東甌之望族，蔑以加矣。至英惠侯建廟永邑，千秋血食；仁公博通今古；及始祖鐶公被亂致仕，錦衣歸里，嘯傲山林，彰何如也！今則子孫蕃衍，蘭芽秀芸，玉筍班聯，異日噴發可預卜也。予樂爲之抱獻補缺，庶令疏不間親，卑不凌長，於載之族誼嘗明，百代之禮儀勿替，未始非此譜之得力云耳。是爲序。

（選自第三支仙源《盧氏宗譜》共和國壬申重抄本）

重修仙源譜序

粤稽因物得生，得姓之所由肇，乃家之所由昌也。譜世家之乘，上溯祖宗，下及孫子，使世世守之，知尊祖而敬宗，承先而啟後，家之得所齊也，而國之肇基。此豈僅修餙詞文，誇多鬥靡已哉？顧物本乎人，人本乎祖，則源遠者流自長，根深者枝自茂，理固然也。

今考僊源盧姓之由來，其先世自河南繼遷閩海省。迨始祖基公授温州教諭，經此地，見山川秀麗，遂居於甌。至五世瓚公封忠烈侯，瑀公乃乾道進士，及偉公與弼公同榜聯科，至讓公與霖公、養心公，繼美者不可勝數。及鐶公謝職，遯跡山林，遂隱居僊源，遂爲盧氏之始祖也。盧氏族之繁昌，甌東之望族孰與京哉？百世以下猶率舊牒之堪稽，中不朽蠹，而到其脉絡分明，以繼昭穆之盛典也。嗚呼能哉！

己丑春，兆魁諸君請王老文齊編修，王翁復邀予同纂。予不揣譾劣，懵然而應此任。然筆墨雖粗，而其中世代之先後，尊卑之隆殺，則差得秩秩然而條分縷析。後本族子孫睹此譜，而興水源木本之思，未必不由此而感動也。爰撰數行，以衍支派，願後之高明者細酌而品題等焉。是爲序。

龍飛乾隆己丑年秋月穀旦，青邑閣峰庠生陳銘常拜撰

（選自第三支仙源《盧氏宗譜》共和國壬申重抄本）

第四支桐派

丁川盧氏家乘序

譜族氏者，譜世系之枝流，會源而達本也。夫姓豈二致，貴賤各異？倫序匪譜而合之，則親親若途人者蓋有之矣。且盧氏之裔蓋五

代周末，自宋尚書文炳公居靈山之所出也。

文炳公諱琰，而生八子一女，皆登顯宦，各第其寧焉。曰珪、璞、璇居靈山，故名其地曰“三盧”，以木爲號，榛、栗、檡也；曰鋭、衡、勳，居丁川、青山、西山，木其號松、竹、梅也；曰敏、衛、理，三分峙立，居大都、温州、仙居諸派，而木號桐、梓、杞。自是九派之分雖析居異郡，皆因之而可考也明矣。然則盧之所謂柴者何也？因宋太祖受周之禪，爲柴炯之嫌，世祖尚書以錦女配之，隱姓爲盧，而更名曰璇，而柴之名未泯，人由而稱之。周衰宋興，以迄於今，久猶念之不忘，可勝慨哉。

今尚書裔孫德威，寓居石川，命其婿郭士俊詣予請序以識之，將見其孫子有感而興起者歟？噫，盧氏之族，其來尚矣，自一枝而九派析居異郡，其所從來皆歷歷可考。然盧氏之孫子有志於家乘之修，聯屬族人，無親疏意焉，所謂故家喬木久而彌勞者，非斯之勤於用心者猶不可及也，盧氏之孫子當於是而勉之。

是爲叙。

時大明洪武十年歲次丁巳夏月之吉，鄉貢進士國子學士張復圭拜撰

（選自第四支《丁川盧氏家乘》民國戊辰年重修己卯年續修本）

丁川盧氏家乘序

常讀史，竊怪孟嘗君問玄孫之孫爲何，其父曰：不能知，毋論。曻孫之名見於《爾雅》，而自身逮玄孫之孫七世耳。人尚有九世同居者，何至七世即不知何人，則譜法之不立也。

後之君子，於是班序統紀，舉支與流裔，旁行邪上，以反所自生，使知注川爲溪、注溪爲谷，一皆源於岷山，庶幾念其始之者，以尊祖而敬宗而收族，將舍譜其焉從？丁川盧氏，在東陽之南七十里所，而隸於麗川，固鄰壤也。今年春，其族有事於譜，將庚續而終之。宗人元叙、元霆、學蔚、學書等持家乘一編過予，請數言弁其首簡。予辭不獲，序曰：

唯我盧氏，出自姜姓，齊文公子高，高孫傒爲齊正卿謚敬仲，食采於盧，後因爲氏。秦有博士敖，子孫家於涿水之上，遂爲范陽涿人。裔孫植，漢北中郎將，毓魏司空容成侯。傳至元，爲後魏中書侍郎固安宣侯，子曰巡，曰度世。度世青州刺史、固安惠侯。四子陽、烏、敏、昶尚之，號四房盧氏。尚之，後魏濟州刺史，其後文紀爲殿中侍御史。再傳學士璉居天台，又六傳院判公寔爲遷東陽之祖，而丁川盧氏其先靡得而綴。

五代周末，有諱琰字文炳，世居汴之洛陽，仕工部尚書、開國上將軍，封越國公，生子八人一女。值宋太祖受周室之禪，奉詔掃柴王餘孳，因諫曰："舜受堯不殺丹朱，禹受舜不殺商均，今既受周禪，何可殺柴炯？"乃舍而不滅。遂以女錦配炯，贅爲婿，隱柴爲盧，更名璇，避居永康之大山下，合爲九子，分爲九支。考其世，蓋自宋初以逮今兹，已八百數十載矣！苗裔兹兹，衍於椒聊，綿於葛藟，在本邑者有青山、西山、東巖、石馬、石柱、石江、溪裏，本鄉則靈山、大山、下莊、朱村、宅口。其餘星散棋布，或居大都，或居縉雲竹川、温、處，或居東陽、仙居。而丁川而以文炳二十一世孫曉爲始祖，其靈山則文炳公爲鼻祖，綿綿延延，相承不絶，固未敢必其重inherits

梁子所謂"知其不可知，知也"。咸平譜序謂未可考其是柴是盧，總名曰《柴盧宗譜》云，今則概名盧氏宗譜矣，贅補之。

有言復姓者從省文，如司馬則曰馬，諸葛則曰葛，歐陽則曰歐，夏侯則曰侯，鮮于則曰于。唐永貞元年淳于姓改爲于，二子無復可辨，即如豆盧，蓋唐大族，欽望、琢、革皆常爲相，而此姓今不復見，其殆混於盧邪，予觀盧氏之譜猶信。

憶昔戊辰，予曾自靈山過丁川，見其山水清暉，風俗醇樸，宗人接見，彬彬有禮，燕語款洽，如家人歡。今雖曠隔十余禩，風景宛然如昨。今兹譜之輯，吾知盧氏子姓敦孝悌、和宗族，服先疇、食舊德，勿喜夸詐、勿習輕浮，越國公之徽美必有大昌厥後者。抑吾聞石林葉氏有言：興與廢不在其先，各係其子孫賢不肖。爲善者必顯而傳，傳所稱樂伯之言可以滋,范叔之言可以大。我盧氏尚其勉之矣。不然,則爲永州之鐵爐步,可勿念哉!

時大清嘉慶二十四年祝犂單閼閏四月上浣吉旦,丙寅歲進士誥封奉直大夫户部江南司主事晉封中大夫湖廣道監察御史宗人柏拜撰

(選自第四支《丁川盧氏家乘》民國戊辰年重修己卯年續修本)

第四支(金華永康)丁川盧氏世系概覽

(1) 盧琰→(2) 鋭(丁坑祖)

第四支(金華永康)丁川盧氏排行字目

排行字母:

一英俊蕃　興華宇隆　顯成百千　萬小尚宗　昇付祥明　亮洪福泰　崇恩澤賢

以上行第俱照舊譜,自廿九世起續以《易》例編定二十四字,使後九支統會得以相符:

良升咸亨　臨觀萃濟　師旅壯艮　需豐節比　其旋元吉　智瑞康寧

諱名字目自廿六世起:

□德思希　承明元子　學時日顯　開建修正　仁福如天　家傳孝本　永紹周廷

(選自第四支《丁川盧氏家乘》民國戊辰年重修己卯年續修本)

第八支竹派

方山盧氏家乘叙

盧本齊姜太公之後,世位九傳至文公子高之孫傒,食采於盧,子

孫遂以爲氏。歷秦、漢、晉、隋，代有其人，支庶繁衍，散居各郡。在唐世族之盛、子孫之賢，得名當代者，河洛爲最也。曰懷慎者，開元中與姚崇並登相位。二子，長奐，陝州刺史，守職清白，至玄宗稱爲國寶；次奕，留守東郡，盡忠禦敵。奐亦二子，橋爲播州司馬，梓爲中書舍人。奕之子杞德宗朝拜相；曰從願者亦登相位，名顯金甌；曰仝者以詩名，號"玉川子"；曰綸者，亦以詩名號列"大曆十才子"。生四子，四曰簡求，左司郎中。厥孫文紀，後唐清泰間擢相。

後允曰炎，後周世宗尚書，逮周禪宋仍舊職，以功封越國公。自河南遷於婺，生八子一女，列爲九枝。至號梓、杞二支，又遷於温之永嘉大都。越五世諱虔者，又贅居縉雲方山里，生二子器、囂。器生三子，長義生。義生生文彧、仁幸。仁幸生謙，謙生元吉，元吉生詳孫、詵孫。詳孫之長子應酉字用明，余之倩，登咸淳進士，授集賢院直學士。次子字用大，亦登進士，任仙邑教諭。相承數世，雖顯晦不同，皆修學行、敦孝義、崇詩禮，遂爲雲邑知望族。

余沐皇恩寵渥之隆，得引恬歸老泉石，而用大亦得引例歸養。況家桑梓世戚之厚，日與詩酒徜徉，頤養天和，以樂雍熙之世。一日用大以家譜世系示余，求叙其首。於戲，譜者家之史也，譜傳則文獻足徵、閥閲自著。河洛相傳至於永嘉，永嘉至於方山，名賢輩出，珪珇聯蟬，休光繼美，支派源流，章章明盛，豈非文獻足徵、閥閲自著者乎？

余耄矣，荒於文，兹重其請，姑述其源流世系相傳之自，以叙云。

時宋德祐丙子春正月望日，銀青光禄大夫户部尚書兼
端明殿學士知平江府事潛説友書

（選自第八支方山《玉川盧氏宗譜》光緒癸未重修本）

續修盧氏家乘序

先世本齊文公子高之孫徯食采於盧，因以爲姓。歷朝久遠，治亂更易，時殊事異，隱顯不同，星居南北，支分派别，無可稽明。

予斯一宗，曩由婺徙永嘉，而至數世曰虔，於神宗朝領鄉薦之京，得贅户部主事縉雲施公璇之女。元豐戊午衛侍外父還縉雲，因居之，遂爲方山之始祖，世襲流芳。至八世祖諱應酉者，舉進士授直學士，諱宇者亦舉進士，任仙邑教諭。十一世諱奬者，洪武間以賢良舉，除授河南鄭州知州。而從叔宗涣府君，恐久失傳，録次成編，以遺諸後。荃偕侄燦得所依據，取法歐、蘇之例，重輯編次，宗分派別，尊卑親疏，昭穆分明。九世有諱坦者，出繼外祖潛尚書説友之後，其子孫遂從潛姓，另次爲圖，以示知由。祖宗一體而分，喜則同樂，難則相扶，視彼甘苦，若己有之，情同一體，以遂吾修譜之心，誠所願也。

吁，此乃孝弟之端，不比繁文以示後之人歟。

時天順辛巳九月九日，嗣孫荃偕侄燦謹識

（選自第八支方山《玉川盧氏宗譜》光緒癸未重修本）

重修盧氏家乘序

別生分類，上古無有，降自炎黄，人始受姓。逮至成周，始有姓氏之别，或以地，或以官，或以爵，或以王父之事，必其勳德昭著乃錫命之，猶設譜局之官以掌之，名賢世系百世不紊。而譜局之官廢，降及春秋、秦、漢以來，無德而錫者有之，不賜而自列者有之，矧典籍毁於秦，後世無以徵，玉石不分，真僞難辨，故明哲君子必慎之於此焉。

方山盧氏來是河南，相傳以爲宋初尚書越國公炎居婺，厥子遊宦於温，遂居永嘉。又五傳至十五府君者，出贅五雲施氏，遂居方山，世系章明，仕宦顯著爲可徵。自十五府君至今數百餘年，子孫富庶，宦轍相繼，喬木閥閱，望甲於鄉，世代惓惓尤致意於家乘，乃崇本思源之大道也。當宋末，八世教諭公用大、十一世宗涣、十二世荃、十三世燦，相繼修整，世牒詳明。

今年辛卯，嗣孫楣俊、墅坡、土宗、澤彙集同姓，又增葺。既來，徵予序。爰閲其譜，皆真傳實録，既不矜於華榮，復無略於羈駿，詳其所可考，略其所不知，誠得士君子重慎本源之意也。余爲譜序多矣，竊視夫世之爲譜者往往陷於詐僞，或依附名賢，扳援著族，誇張門祚，驕矜於人，如郭崇韜拜子儀之墓者比比其人，徒起後世爲人口實，執筆之際率有慚色，誠可悲夫！若方山盧氏之譜獨有取焉，序之奚愧？其賢於人遠矣，其賢於人遠矣！

故樂爲之序。

成化七年八月望日之吉，上虞冠帶儒士張暄叙

（選自第八支方山《玉川盧氏宗譜》光緒癸未重修本）

重修方山盧氏家乘序

嘗謂喬木之家，必有氏族之厚，又有宗譜之源。考其世系之派，詳其循序之由，故必有家譜之所定也。

自宋有盧公諱虔者，始由婺而遷於温之永嘉，以英雄大才，有犯時政不第，雖流落京都，處之泰然。後贅户部施公之女，遂歸於括郡五雲之方山。公見方山風水幽雅，四山秀麗，虎嘯猿啼，源遠之水，清流急湍，映帶左右，采於山美可茹，釣於水鮮可食；又見仁俗之厚，擇里而居焉。上聯皿川羊氏，下接潤川楊氏，故二姓締姻婭比朱陳焉。今之盧姓同宗者甚多，獨方山范陽一郡，遠而遷於吴寧之雅溪宦族，近而遷於同邑之白隴名家。雖不舉世第，自宋末有諱應酉者舉進士，授集賢院學士，諱宇者授仙邑教諭，其伯仲也；諱坦者出繼舅氏，遂從潛姓，詳在傳文。第泉山一派由潛復繼於泉塘園盧氏之長房，故祖宗之基墓緣共之矣。後永樂中，諱宗潤者以賢良舉授知縣職，叨沐君恩之賜，不願而辭矣哉。諱獎者授大夫職，知河南鄭州刺史，而終於任。猶今之視昔，昔之視今，故方山稱爲括之五雲望族世家焉。

迨今兵燹之毁棲無所望，田地抛荒舉無所措，又曰父子不相見、兄弟離散者往往而有也。自龍飛康熙之盛，頗得鳩集回家，僅以耕耨之樂，僉思水木之源，則曰宗譜之失、族無所望，故合族有重修之議。

余乃婺之吴寧遊學而至於五雲之東邊，予有絳帳之設。越五載，子弟之相知樂由自得，深荷庠友楊英、知友楊通翁、解翁者同與方山之遊，見盧公諱浩然者、潛公諱方遠者持牒示余，曰："譜牒之失者多矣，止遺一策，舊譜多有損壞。"余乃曰："余不敏，但譜事雖不諳，請爲重修可也。恐不勝其任，以遺後人之嗤。"迄今二載，甲辰之冬，已告厥成，其告於廟曰：祖宗舊譜其可忽乎？後之孫子勿忘水木之源，毋爲狄青視狄梁公之像可也。

是爲序。

時龍飛康熙三年歲次甲辰冬月之吉，吴寧儒士金玉杼謹識

（選自第八支方山《玉川盧氏宗譜》光緒癸未重修本）

玉川盧氏重修家譜序

嘗聞眉山蘇氏、廬陵歐陽氏倡譜牒之式，則故家巨族莫不宗之，以序昭穆、聯世系、著宅墓、示勸懲，俾人人咸知尊祖敬宗、修齊睦族之道，其功與國史郡邑之志並重。或一紀一世相繼迭修，秉家政者其可緩乎？

粤稽五雲方山盧氏，始於宋虔十五公，其先兄弟九支，杞、梓二支自婺居甌，越四世，公復由甌至括開基兹土，遂爲括之縉雲人也。迨八世用明公諱應酉登淳祐進士，升集賢院學士光禄大夫；諱宇者舉鄉進士，授仙邑教諭；十一世仲宏公由賢才仕明河南鄭州牧，德政聲著；十五世宗渭公亦方伯任。英才輩出，簪綬聯蟬，其爲縉邑閥閱之家矣。第九傳諱坦者，出繼舅氏潛琦後，宋尚書説友之長子，坦即尚書之繼孫、方山潛氏祖也。爰居同處，較著譜牒盧潛合訂，世經人緯，尊卑攸序，則方山之盧與潛，雖稱呼兩姓，無忘祖澤，實兄弟之族。族昌允繁，詩禮相承，迄今六百餘載，家乘迭修於諸賢之手，所以述往行、成風化，而丕著其先德者，蔚然門望之足徵矣。

猗歟休哉！方山之居，上接皿川，下應潤川，盧名玉川，三川並

流。世澤長,德音茂,登庸朝署者肩摩接踵,隱居行義者又比比其人,復有曹、朱、楊、羊,母德閨儀,載諸紀籍,彰彰可考。自明萬曆庚戌修葺後已經鼎革,兵寇焚掠,梓澤邱墟,蘭亭瓦礫,流亡湮没,稽録莫追,其間服有降殺,居有遐邇,不致家人如途人者幾希。雖康熙甲辰編謄於玉杼金先生,咫尺尚有遺逸未登,實非所以昭祖德而樹模型也。

兹皇運化洽,康熙戊辰之歲,族之耆英養吾公諱浩然、智良公諱穆然、善甫公諱承鸞、善鳴公諱承鳳、經榮公諱方田、經壽公諱方禄、經永公諱方遠、啓明公諱正明、常忠公諱正良、常春公諱正梅等,請延俊秀吴寧邵先生張君榮先生,搜索聯絡嫡裔在婺之大盆、枝柏,赤城之上戈、下盧,重爲歐、蘇之舉。原夫盧繼潛後者今響徹雲霄,有水木之思,願歸一本。前修成帙者不移其次,仍備存考,以時祭祀;目覩諸孫,屈指源流,咸編系於盧潛後,則今不贅續;庶得尊親之旨,抑不忘承重之誼,良有以爾。箴規、圖傳纘成四卷,時經仲吕,功用告竣,諒有名賢以序其首。

不佞忝辱瓜葛,采述片言,請梓諸卷末,於以見養吾公等之孝思,能顯揚其先德,以垂裕於後昆。尚冀後人睦族以敦化,讀書以達道,步武前修,流芳厥裔,寧不慰大初之公厚望也歟。余樂爲之序云。

時康熙歲在戊辰仲吕既望後吉,白巖龍門眷晚生曹應傳頓首拜撰

(選自第八支方山《玉川盧氏宗譜》光緒癸未重修本)

玉川盧氏重修宗譜序

盧本齊姜太公之後,世位九傳至文公子高之孫傒,食采於盧,子孫遂以爲氏。始祖行一五諱炎字文炳,世居汴之玉川鄉,人稱"玉川盧氏",自五季曾佐後周,歷官工部尚書、榮禄大夫、封開國上將軍。迨宋受禪,宋祖素重公名行,特詔封爲越國公,許令致政。乃辟地於浙之臨安,尋又自臨安而遠遁於婺永之靈山。生八子,贅以一女,遂

以榛、栗、檡、松、竹、梅、桐、梓、杞列爲九支。梓派遞傳至四世諱美者，由宦而自婺遷甌之永嘉。美生極，極生行十五府君諱虔者，由甌來居括之五雲，實爲方山之始祖。

越八世有舉進士爲賢院學士諱應酉公，亦有舉進士爲仙邑教諭諱應宇公，此其伯仲也。十一世有授奉訓大夫諱奬公，有舉授知縣職諱宗渭公，此固傳之鄉人、志之邑乘，鏤之郡牒，班班可考。世稱醇儒，代不乏人，凡皆公之高風亮節、慈祥愷悌遺蔭也。

吾因之有感矣：福澤富貴，何時蔑有？乃未幾而榮耀者，未幾而寥落，或不幸以世滅，或不免以身亡。嗚呼！淮陰深不祀之痛，博陸抱無禋之傷，吊古者悉心焉病之，殊不滿人意，孰若公之忠貞貫日月，盛德裕後昆，數百餘年間祖孫輝映，如瓜綿綿，如麟振振，積厚流光爲何如也哉？至其宗牒之重整，以昭穆則井如，以源委則淵如，以藝文則理而條如，以傳志則核而確如，其風俗士習則勤以儉、古以樸也，其家法祖訓則嚴以肅、平以易也，其婚媾姻盟則慎以辨、誼以親也。後之考古之君子自能披閲詳明，知爲古大家之遺範。

祺也誼屬裔甥，時宰中州之西陽，任滿將卸篆，公車將北上，適嚴君來任，囑曰：方山外祖家重修華牒，汝應文辭。奈祺奉公急切，凡當時現有德行可傳者不暇一一表彰，特以歷歷源流素閲契識者，著之簡端焉。

時龍飛道光二十三年歲在癸卯季冬穀旦，特授河南光州直隸州光山縣知縣兼理商城縣事、欽加知州銜、族甥呂榮祺頓首拜撰

（選自第八支方山《玉川盧氏宗譜》光緒癸未重修本）

玉川盧氏續修宗譜序

僕遭喪亂，避居於外數年矣，所歷風土人情不一。壬戌冬，挈眷徙縉邑方山，主楊君聖邑先生家。楊君樂善士，恒與盧氏長者相親

厚，盧則居族久遠，楊則潤川分支。乃考方山形勝：玉水如帶環於前，金峰如屏峙於後，上接皿川，下連潤川，靖節先生所謂“桃花源”者，此其地歟？至於俗尚，男習耕讀，女勤紡織，敦厚樸素，不尚鉛華，吴季子所稱“陶唐氏之遺民”者，此其人歟？

維時楊君向僕言曰：“盧氏世澤靈長，家聲綿遠，且有長者時時稱述祖訓以戒飭後生，故諸子若弟敦篤如此。君不見盧家之譜乎？”僕曰：“未也，俟閑請閲。”

癸亥春，寇氛遠徙，避難者咸還鄉里，亦將束裝就道。楊君偕盧長者設餞於庭，又延次兒華藻爲子弟伴讀，僕允之，乃自挈眷西歸。越兩月，兒歸省視，僕懼子弟荒業，故自回方山，代理館政，且與諸君叙舊也。楊君曰：“盧家譜君欲見之久矣，今謀續修，盍一叙以志三生之契乎？此長者之意也。”僕感其情，不敢以不文辭，因細閲。其先世起家始於成周，盛於唐、宋，迄乎明、清。其間自汴遷杭、自杭遷婺、自婺遷温，由温而始遷括之方山，世系支圖，有條不紊，箴銘傳贊無美不臻，規條周密，家教森嚴，而後恍然悟盧氏之風土人情所以敦龐醇固異於他族者，其來有自。謹爲僕謝長者曰：“君家世德作求，淵源深遠，其閥閲功勳、嘉言懿行足以儀型百世者，前序言之詳矣，僕不復贅。第就長者所稱述祖訓以戒飭後生者觀之，俾成人有德，小子有造，而知其發祥當未有艾也。”

長者謂誰？玉川廿五世孫教諭派太學生朝興也。與朝興勷事者誰？知州派光熟天玉、泉塘派天卓也。

時龍飛同治四年歲在旃蒙赤奮仲吕月上澣穀旦，麗城後學廪膳生徐景夔頓首拜撰

（選自第八支方山《玉川盧氏宗譜》光緒癸未重修本）

方山盧氏重修家乘叙

在昔盧玉川子爲有唐一代詩人，吾鄉方山盧氏以“玉川”名其水，

豈盧仝公之苗裔耶？要以始祖諱琰字文炳者世居汴之玉川鄉，因稱“玉川盧氏”者近是。里以方山名，非猶夫南鄉古方山與甌接壤也？意盧族中有隱逸高人，冠方山之冠，如《東坡集》之方山子，地以人傳，未可知也。

顧其先世自汴遷杭，自杭遷婺，已而遷温，終乃遷括，風土人情敦龐醇厚甲於他族，而名傳不朽者莫如應酉、應宇二公昆仲登進士第。國朝文運隆盛，磅礴扶輿，鬱而未發，采𩓐藻者祗一二人。迄道光、咸豐間，父兄殷於延師，諸子弟賢且才者奮然振作，繇是文武庠中蟬聯鵲起，遂有中武科任千總以觀國之光，而利用賓於王焉，非僅爲閭里榮，且足爲邦家光已。因有感於孫子荊所云“其山嵯峨，其水文波，其人磊落而英多”，知地靈者人自傑也。金峰毓秀，庶幾似之。

家乘創自宋代，潛公説友叙之。歷道光癸卯重修，閲時已久，生卒未詳。本歲孟陬伊始，族之秀而文者議修譜牒，其初不無異論，繼乃翕然景從。集事春三，竣工夏五，族譜亭成，悉准老泉宗法，並能穌合他郡，使派别支分者仍歸於原原本本，可謂難已。董事諸君子，與珠幼曾同塾，長每同遊，因得過訪大宗，披閲華乘，不揣弇陋，爲書數語，用志簡端。至范陽之祖功宗德、閥閲簪纓，與夫世系支圖有條不紊，箴銘傳贊無孅不臻者，前傳已詳，兹不贅。所願修譜而後，文教聿新，英才輩出，堪與知州、教諭諸公媲美後先，亦豈無一代詩才如玉川子其人乎？跂予望之矣。

是爲叙。

時龍飛光緒玖年龍集昭陽協洽天中節，丙午科副榜候選教諭鄉後學沈懷珠頓首拜稿

（選自第八支方山《玉川盧氏宗譜》光緒癸未重修本）

玉川盧氏續修宗譜序

予在方山忝居西賓席二載於兹矣，其爲東道者，同姓盧氏也。以

同姓而爲賓主，其情倍親，其誼倍摯，其聲氣倍相投。

嘗於館政之暇，稽其世系，蓋與予同出於越國公。越國公諱琰字文炳，爲後周世宗尚書封開國上將軍。逮周禪宋，宋祖重公名行，詔封越國公，許令致仕。我公心懷忠義，抱周世宗庶子自汴而避居於杭，自杭而遠遷於婺永之躲山。生八子一女，以榛、栗、檡、松、竹、梅、桐、梓、杞列爲九支，以女贅周世宗庶子，周從外父姓，此予發祥祖也。其梓支之後以仕入甌，遂居甌之永嘉。越五傳，諱虔公者領鄉薦入都得贅五雲户部主事施公璇之女，厥後衛侍外父還縉，遂卜此地居焉，此實爲方山之始祖。

自宋、元迄今，歷千餘歲矣，其間有諱應酉、應宇二公者昆仲登進士第，一授集賢院學士，一任仙邑教諭。諱奬公者，授奉訓大夫，知河南鄭州知州。諱宗渭公者，舉授知縣職。纓簪鵲起，閥閱蟬聯，固不僅支庶之繁昌、雲礽之衆盛也。且有由方山而分居東邑之枝柏、仙邑之下盧、本邑之隴川，俱不下數百家，又不僅此地之瓜綿椒衍桂馥蘭芳也。

嗟乎，彼世之通都大宅有一至再至者焉，人煙稠密，土木丹青，乃轉瞬間而滄桑變易、蔓草荒蕪，又往過之而爲墟者豈少哉！獨此邦之肯穀，仍仍繼繼，寖熾寖昌，説禮敦詩，風多醇厚，男耕女織，室盡殷饒，蓋嘗目而睹之，竊心焉喜之，謂其何以甲於他族如斯也？説者曰：子亦知夫方山乎？玉水如帶，回環於前，金峰如屏，聳崎於後，眠牛飛雁，掬馬蹲獅，地靈因之人傑也。而吾謂不然，蓋山水之秀靈固有可據，要不若祖宗之功德尤有足憑。兹土之盛，由虔公之流澤孔長，更由越國公之遺蔭甚遠也。

惟是族大，則户口日衆，生卒綦繁，譜牒之紀載事關鉅要。自光緒癸未編輯距今三十餘載矣，間有二三父老倡議續修，予急爲參贊一辭以玉成其事焉。夫方山出於梓支，予出於檡支，則揆諸水木，其始固共本同源，所謂情親誼摯而聲氣投也，因不敢以譾陋辭，爲序其顛末，俾付之剞劂以弁諸簡端，且繼之以歌曰：

金峰蒼蒼，玉水泱泱。盧氏之族，峰高水長。

時中華民國三年歲次甲寅十二月望日之吉，宗裔孫優行廩膳生候擢歲貢彭拜撰

（選自第八支方山《玉川盧氏宗譜》光緒癸未重修本）

玉川盧氏續修宗譜序

方山者，白壠合族祖處也，自庚行一公始遷白壠，在方山爲惠行，至達計十五世行恭，方山則惠至悌爲十五世，係天字輩。由是而上溯我拱八公與方山之拱六派分，則十七世拱六、拱八之父怡五公，與積思派之怡四分則十九世。統系相傳若是其密且邇也。第以所居隔遠，家乘各自修葺，兩方面亦各自爲尊卑昭穆耳。如或彼此校對，將所謂尊卑昭穆者釐然燦然，有條不紊，方山之譜，夫何啻白壠之外紀外傳？

然則方山之宗譜續修爲方山賀，當不僅爲方山賀。正惟不僅爲方山賀，自不能不爲方山之父老子弟望，尤不能不爲方山之父老子弟勗。蓋以族有貴人則爲貴族，族有賢人則爲賢族。方山自玉坡兄後，膠庠之内寂然無聞。族弟天焯曾從達遊，出筆清真，處事諳練，而又多病。方山介於皿川羊氏、潤川楊氏之間，亦稱巨族，雖不敢遽期如先世之科甲聯蟬英才蔚起，得勿大聲疾呼急望繼起之有人乎？況二十世紀以還，世界實共爲文明争競，優勝劣敗、智存愚亡，已成天演公例，倘於教育界、實業界不急起直追，必稍縱而即逝。山固號金，忽爲頑鐵，水原稱玉，竟是碔砆，其何以對由甌遷縉之虔公？又何以對由汴遷婺九支共祖之文炳公也？必也合村之人知學校爲培植人才基本，日求進步而不使減色，子弟無不送入，至爲農、爲工、爲商，又皆實事求是。閒暇之日，則講明孝悌忠信、禮義廉耻，則我盧氏之興正未有艾，方山增色，白壠亦與有榮焉。

是爲序。

時中華民國三年歲次甲寅大吕月穀旦，由縣議員補參議員繼任合邑宣講員前清恩貢生隴川族末孫俊達拜撰

（選自第八支方山《玉川盧氏宗譜》光緒癸未重修本）

玉川盧氏續修宗譜序

族之譜猶國之史也。史以紀一國之治亂盛衰、興亡得失，俾後世資爲鑑戒；譜以紀一族之支派源流、昭穆左右，俾後嗣資以辨夫上下親疏、尊卑遠近。其名雖殊，其揆則一，所關重甚。

我之祖處方山，自虔公由温之禾嘉遷居於斯，歷十餘世，支系流傳，均未細詳。流弊所趨，必累代生卒渺焉難稽，一家娶適茫乎莫志，甚且墳塋爲先骸所安厝亦漠然置之，而莫識其方，莫辨其向。尚能上以溯其所從出、下以明其所由分，瞭若指掌，燦若列眉，得無失其親親之義乎？

十一世孫敬行八諱宗涣公，恐代遠年湮，祖先之事略行狀久而失傳，後起有人欲追溯遺跡，爲之昌明，以光史策，而溯典難詳，難保不惄焉心傷，乃録累代世系，手成一編，以示來兹，作爲傳家之寶。玉川之譜，始具雛形。厥後有荃、燦、疆、鋐等諸先公，更取宗涣公手編，踵事增華，並參以歐、苏譜例，玉川之譜，於是告成。嗚呼，我宗涣公暨荃、燦等諸先公，可謂知所本與務之急者矣！惟是獻無文不徵，文無獻不貴，有譜以聯一本同根之誼，尤貴有貴顯賢能之子孫出而發揚光大，俾斯譜得與郡縣誌媲美齊輝，乃可稱爲鉅編，千秋不朽。

近閲我玉川族譜，自虔公於神宗朝領鄉薦之京，得贅户部主事縉施公璇之女爲快婿，至元豐戊午衛侍外父還縉，而居今之方山，並名其水爲“玉川”，曰“玉川盧氏”，一族之中，名列簪纓，足爲閥閱光者，代不乏人。有登紹興進士第而爲進士者，則行十八之文彧公也；有淳祐進士而授集賢院學士者，則輝行一之應酉公也；有由鄉貢進士而授

先邑教諭者，則爲應酉公之弟應宇公；有由人材除授奉訓大夫知河南鄭州知州，由賢良薦於朝而授知縣職，則爲敬一之獎公與敬六之宗渭公。不寧惟是，且有若文操公則由鄉薦入太醫院院署，若良驌、源湜、文持、名先公，則或贈奉議大夫，或欽授校尉總旗，或選充校尉，或如瓊公榮任千總，英公榮登武舉，其餘揚輝仕籍者更不一而足。信乎盛已！

鼎革之初，武昌首義，推翻滿清，同鄉有吕東升，募兵響應，光復括州。族之英俊，若金長、金羅、學羅等，率地方義勇，奔走追隨，共襄義舉，功成行賞，並列官階。至最近數年間若家俊、金聲二君，並以儒生資格馳驅戎行，榮登陸軍顯職，又皆足以表揚先烈，爲家乘光，宜乎玉川盧氏上可與皿川之羊、下可與潤川之楊並立爲三而成鼎足之勢也。

歲己卯冬，族人重修宗譜，請序於寅。寅自愧年邁學疏，不堪承任，緣玉川系所自出之發源地，不容以不文辭，敬綴數言，略志盛舉，未可云序也。

時民國二十八年歲次己卯仲冬月吉旦，白隴派第十五世孫寅盥手拜撰

（選自第八支方山《玉川盧氏宗譜》光緒癸未重修本）

虔公居方山裔下轉遷

千字行諒公遷吴寧一都雅溪，千字行讓公從軍居姑蘇，百字行元翼公遷仙邑十三都下盧，怡一派子肅公居東邑枝柏山，拱三派居平壤（象），拱八派分白壠，敬十一公居南鄉小章泊公，濬百五十八公分仙邑上江洋，明三十公居台州在城。

（選自第八支方山《玉川盧氏宗譜》光緒癸未重修本）

第八支（金華磐安）方山盧氏世系概覽

（1）盧琰→（2）理→（3）泉→（4）美→（5）極→（6）虔（方山祖）

第八支(金華磐安)方山盧氏排行字目

排行自七世以上以數目“一十百千萬”内錯綜爲號,八世以下則目其第曰:

輝怡拱敬惠　永盛康安寧　濬哲文明進　賢良愷悌興　俊傑澤澄濟　琦琳玘琨倫　源相熹圻升

名諱自濬字行起其首曰:

然承方正美　廷光朝天學　嘉士大可欽　仁仲元志國

表字自濬字行起其首曰:

克善經常惟　爾錫懷心德　之以思君友　自謂吉卿甫

(選自第八支方山《玉川盧氏宗譜》光緒癸未重修本)

白隴盧氏家乘序

余聞盧氏之先食采於齊,出自姜氏。至博士綰,定郡范陽,世荷華腴。降自魏、晉、南朝,天下大姓曰“盧”與“崔”。唐太宗命高士廉定氏族集,以“崔”“盧”居首,當此之時盧氏固已盛大矣。至五代周有名琰字文炳者,自點檢封越國公。公本河南人,娶趙氏,生八子一女。及周亡宋興,宋太祖欲殺周皇子柴炯,公諫曰:“堯舜授受不滅朱均,今既受周禪而可殺炯耶?”太祖從其言。夫能拯宋祖之失又能存周之後,可不謂忠義兩全乎?隨納炯爲婿,以女錦妻之。懼有少康斟灌之禍,亦易姓名曰盧璇,後擢爲殿前防禦使,封武烈侯,合子八人,共成九支。即木建號,曰榛、栗、櫸、松、竹、梅、桐、梓、杞。傳世既遠,星散異處,梓、杞二支遷於温之永嘉,越五世由永嘉贅居括之縉雲二十九都方山,又越十二世分遷於白隴。

溯流窮源以求積世之緒,越國公爲盧氏之鼻祖,方山乃白隴之祖基也。夫自永嘉至方山,名賢輩出,珪組蟬聯,不可枚舉。分遷以來,相承數世,雖顯晦不同,其家風大抵孝悌力田,崇尚信義,古先王六德六行之教於兹未泯。夫以神明之穎而忠厚傳家，厥後必顯食報之，理所不爽也。今視其八村數里中之殷繁甲一邑，而且敦詩説理、繼志述世不乏其人，則其後之盛大有加無已，豈予敢量？因訪友五雲，予友人善譜事。盧族延修將竣鋟梓，與予言其氏之所自出，並爲言之問序於予。予以羈旅疏學，固辭不獲。草草報答如左。

時萬曆三十年菊月既望，東甌歲進士年家眷弟高廷柱克砥甫拜撰

（選自第八支《白隴盧氏家乘》民國乙丑年重修庚辰年續修本）

白隴盧氏家乘序

家之有譜，猶國之有史，所以昭信紀實、重本篤親，使後世子孫不敢忘所自也。蓋支分派衍之際，系序易淆，非筆之於譜，將數世以還，茫然不知所自出，或相視如秦越焉。故家譜之作，於蕃衍之日誠亟而修，於鼎革之後者尤不容緩也。

鼻祖之先，肇自汴之臨安，而來建號：榛、栗、櫸、松、竹、梅、桐、梓、杞。昔宋朝簪笏蟬聯，支裔繁茂，散居四方，世遠年湮，難以備考。大都九派同源，其桐、梓、杞分居温、仙，由温而之方山。

我始祖由方山拱八公之裔分贅隴川，自文棠始基，迄今已十世矣。在明萬曆年間，纘修家乘，世際鼎革，復繼寇擾，譜毁籍壞，間存遺編。欲修散失，事實已難整齊，所深憫焉，僅幸存而未亡者，特宗傳可考耳。倘再延不續，後之子孫族浸繁，情浸疏，疏而茫茫，而益無可考，故譜之修誠不可不亟也。

上歲春，余乃適擬族屬老成輩以相商厥事，幸有與予同志者欣焉率領，遂照丁派費，共襄是舉。其間仿史氏之疑信，旁搜遠討，沿流溯源，重加纂修。自文棠公始，編葺成圖，以提其綱，崇其繼述，序昭穆，著姓氏，以撮其要，庶班班可考，俾祖宗世系子孫流傳自不紊矣。今歲初夏，書竣成帙，竊深喜焉。斯譜也，遠可羽翼乎宗派，近可整飭夫

族屬，上而賴以光彰，下而藉以貽燕。若夫將來有能宏先烈而丕振家聲者，睹斯譜也，油然而孝敬生，藹然而禮讓接，重本篤親，毋忘所自。噫！斯譜之所關，詎淺鮮哉！

謹爲是識。

大清康熙三十三年歲次甲戌初夏下浣之吉，邑庠生十世孫鑣頓首百拜撰

（選自第八支《白隴盧氏家乘》民國乙丑年重修庚辰年續修本）

隴川盧氏重修宗譜序

括蒼跨仙居而控臨海，號爲隱真成德洞天，其絶巘高一萬六千丈，棠、管二溪流瀠帶左右。山脉由南田冷水西北行，爲上家坪，爲峻尖，爲牛背隴。過垟上起爲西山，出梧桐崗，而方界嶺，而大嶺，而小嶺，越楝樑山至塔山伏焉。雖有墩阜平岡之形，大致成一平原體段，石明堂、小陶灘二村居焉。再爲溯脉追蹤，小嶺而下，從大小墳岴出脉，則爲田畈、新屋；大嶺而下，從大嶺脚出脉，則爲前後三宅；方界嶺而下，從巖磜山出脉，至黄園山迴旋，東向則爲前岴；又從牛背隴另出一支界以垟上坑水，傍山而處者則爲後葉。上下十有餘村，實占一方秀氣，總之不離乎括蒼之麓者。近是所以子孫之繁衍，一如岡隴之綿延，其間偉人碩彦如松庵公、金輅公、若粱公、如日公，夫何怪事業道德文章與括蒼而並峙哉！

粤稽盧之受氏，本齊文公之子公子高，至孫傒，以王父字始稱高氏，世爲齊上卿。因食采於盧，别稱盧氏。是盧出於高，高實出於姜也。姜爲唐四岳後，故爲太獄胤胄。至漢博士綰建郡范陽。范陽，今順天府地。順天傍盧龍山脉，是范陽可稱爲盧龍名郡。今隴川由方山分遷，瓞綿椒衍，人才輩出，可稱爲括蒼望族。由遷居以至今日，計世則二十零，計年則六百零矣。時適有翻修家乘之舉，蒙友路先生同知友振華君函寄囑，勉爲作弁言。以勉才同襪綫，深懼不能表揚越國

公及庚一公等之盛德大業，第辭不獲已，雖覺詞窮謝草、管秃江花，袛得强爲酬應。

謹按隴川之譜，創始於明萬曆紀元之三十年，距諸洪武間來居此里已閱二百余祀，規模粗具，其卷帙之殘闕脱略可想而知也。不幸又值明清鼎革，戊子、乙未，兩罹寇亂，全村灰燼，一切載籍盡付祝融。於是乎孫祖祺、明叨、芝秀、承正、仕奎等有康熙甲戌之編輯。年湮代遠，文獻難徵，補罅漏而張幽眇，惟在遠紹旁搜以尋茫茫之墜緒已耳。於是乎孫承幹、之輅、之生、載纂、元駱、懋梓、茂登等有雍正己酉之纂修。越乾隆三十一年丙戌，孫肅雍、載埸、有光、殿鰲、文光、景趙、曾煌、景岐八人，編成同心協力四字，兢兢纘紹，其序文曰：開卷釐然，昭穆序而尊卑肅，親疏别而遠近聯，庶可令孝子慈孫咸識源本之有明徵，蓋實語也。嗣繼以道光辛丑、咸豐丙辰皆遵古例以編刊，期於勿疏勿濫。未幾洪楊亂起，全村被焚，譜多散失，然尚幸有完全存在者，此所以有同治戊辰之役也。越十八年乙酉而續，越十七年辛丑又續，越十一年乙卯而又續，爲省費，故續修之舉一而再、再而三矣。於此而修纂猶不翻新，則排行雖能順序，序記目録同見參差，文集墓圖並形錯雜，而且誤無由正、闕無由補、繁無由删，何以成完璧乎？現當學制變更，倘更老成雕謝，典册差訛，有心人思望古遥集，不幾嘆杞宋之無徵哉？

夫家之有乘，猶國之有史、省郡邑之有志也。作史須才、學、識三長，志乘何獨不然？友路先生精於掌故宗譜，曾兩任纂編，尤富經驗。今貴族以總纂見推，勉知牛刀小試，遊刃有餘，將見纘前緒而集其成，胥於是乎在。勉既仰令祖庚、慶、榮，積數代善，啓宇以蕃殖其子孫，有泰西向亞、美、非、澳尋殖民地風也。又喜友路先生等精詳編輯，用能發揚先烈以啓後人也，爰不揣固陋，而爲之序。

時中華民國十有四年歲次乙丑舊曆桂月之中秋日，清拔貢生、任縣立第一高小校長省立第十一中學教員徐師勉敬撰

（選自第八支《白隴盧氏家乘》民國乙丑年重修庚辰年續修本）

隴川盧氏重修宗譜序

世之談望族、論巨家者，莫不嘖嘖稱晉之王、謝，亦知王、謝之所以得至於斯者非他，由於其家賢哲挺生、簪纓繼起而代有其人。倘累世相承，悉多庸碌，雖瓞綿椒衍，嗣續蕃昌，亦在不足齒數之列，奚貴焉？

吾族盧氏，自太公望罷釣歸周，師興牧野，績著鷹揚，以功封齊。傳九世至文公赤生子子高，其孫傒字敬仲，食采於盧，子孫遂以邑爲氏。盧之先世固大有人在：自兹以往在秦有盧敖，在漢有盧綰、盧植，在晉在隋有盧諶及盧寶素、盧正道等等，類皆以學望兼隆，足光史策。傳至李唐，門第愈高，閥閲愈盛。高士廉承太宗命，編天下氏族録，至列崔、盧以弁卷首，吾族貴顯可概見已。粤考唐之時，吾族先烈有名懷慎者，開元中與姚崇並登相位，生二子，長曰奂，陝州刺史，守職清白，玄宗稱爲國望。奂亦生二子：橋，播州司馬；梓，中書舍人。次曰奕，留守東郡，盡忠禦敵。生子杞，德宗朝任樞密。外有名從原者，亦位列臺鉉，名顯金甌，洵可云一脉相傳、將相有種者矣。不寧惟是，且有名綸者，以詩名與吉中孚、韓翃等列大曆十才子。生四子，簡能、簡辭、弘正、簡求，俱有文名。第進士有名仝者，亦以詩名鳴於建中、貞元間。其孫鵜，仕後梁官至上卿。清爲越州令，即我九支盧共祖之琰公父也。

琰公字文炳，後周世宗朝封榮禄大夫、開國上將軍。八子一婿，以榛、栗、檡、松、竹、梅、桐、梓、杞爲號，並登顯職，備位朝堂。竇氏傳五桂之芳，蕭家誇八葉之榮，不能專美於前也。文炳公後其第八子理公，宋淳化間授京營都司，尋奉命升貴喜營隨禦副將，以仕居温之永嘉。越五世至虔公，宋神宗朝領鄉薦之京，得贅户部主事施公璇之女，縉雲人也。元豐戊午，衛待岳父還縉，遂爲遷居縉雲方山之始祖。生子二，一器一囂。器生義，義生文或，登紹興進士第。傳四世有諱應酉者，登淳祐進士，授集賢院直學士。其弟應宇亦以鄉貢進士任仙邑教諭。雲程已辟，仕路宏開，後起俊秀乃雀起蟬聯，足踵相接，拱行六之良驌則贈奉訓大夫也，敬行六之宗渭公則由賢良薦於朝授知縣職也。良驌公之子敬行一諱獎公，則由人材除授奉訓大夫知河南鄭州知州。我白隴發祥之祖文棠公，其父考行敬五諱源湜，亦欽授校尉總旗而京都出入，門庭光耀，已蔑以加。況由宋及清其以科第顯者，有若時中、深夫、子安諸先公；其以理學名者有若泉山、一松、新安諸顯祖；其以品詣文章士林器重而名顯當時者，則又有若依仁公、拙翁公、南塘公，後先迭起。然則吾族盧氏其奕葉相承，洵屬濟濟衣冠，彬彬儒雅，可爲志乘光，可爲門楣耀，斷非弱小之民族所能有斯光榮。

今日者倭奴擾境，兇焰逼人，駸駸之勢鋭不可當，其能奔赴前方抗敵禦侮以收復失地者，桓桓武士，赳赳武夫，而外無與爲屬。環顧吾族，荷槍彈而從軍隊者固多其人，即任射擊、掌糧服、居帷幄而運籌決策、捐身而取義成仁，亦莫不有其人在。昔太公表海泱泱大風，族姓子孫於今爲烈，其殆能於乃祖雄風世守弗替者歟。兹因家乘重新，爰爲歷述，以示後人。俾後世子孫知先世文物隆盛，科甲聯綿，努力前進，大起家聲，庶上可以慰列祖列宗在天之靈，下可以開文子文孫登庸之路。前途策勵，冀無限量，而吾族光華或得乘諸久運而歷久如新。吾族勉乎哉！

謹序。

時中華民國二十九年歲次上章執徐臘月上浣之吉，第十五世孫寅盥手拜撰

（選自第八支《白隴盧氏家乘》民國乙丑年重修庚辰年續修本）

白隴盧氏家乘跋

宗譜始自庚一公，以前履歷略載卷首。

公本方山巖下人，明洪武年間贅居於楝樑山下葉宅，今其墳墓有四角園楊家前勒石可考，皆葉氏妣之先塋也。自公入贅以後，盧氏寖昌，自庚即積凡四世，分住白隴上下八村，延袤數里，支分派衍，子姓

殷蕃。前朝原有宗譜，鼎革之初，兵燹焚毁，至康熙甲戌歲纘修，考老成人序文中所載尚有遺稿殘缺不備，至今遺稿無傳，而甲戌之印本則備存也。

今年春，孝慈子孫有志重修，於是校閱譜本，上五代諱號生卒失者甚多。夫百年以後安知百年以前之事，若妄加諱號，擬作生卒，子孫自誣其祖宗，罪莫大焉。昔司馬遷作《史記》，苦於秦火，其序歷代帝王，止據所有文籍，及晉時汲冢書出，言秦漢以前之事甚詳，故後之作史者多與司馬有異同，而索隱稱《史記》爲實録，以其不作荒唐之語也。今歲增修，第於下有子孫而祖宗不入排行者，則照支圖而補之排行，有人支圖無有而親派又不相識者則缺之，而入於補遺，其餘悉依原本，未敢改易。

文王之詩曰本支百世，司徒之教曰長幼有序。觀支圖則百世之脉絡相連，觀行第則長幼之先後可考，如此則譜事足矣。若夫攀援顯宦，托附明賢，誇大謬妄，鋪張揚厲，飾爲美觀，予家盧氏累世質實所不取也。

謹跋。

雍正七年臘月榖旦，爲首纂修第十、十一、十二世孫代表(名字略)

(選自第八支《白隴盧氏家乘》民國乙丑年重修庚辰年續修本)

續修隴川宗譜跋

根深葉茂，源遠流長，保世既已滋大，譜牒定是浩繁，纂修之舉，良非易易耳。

我庚一公下，惟慶一派世居長坑，其後葉、後宅、前乢(嶴)、前宅、上宅以及下新屋、小陶灘者，則慶二公出也，其田畈、石明堂者，則慶三公出也，穀貽椒衍，綿亘一方，嗚呼盛矣！然卜居隴川以來，越年五百，歷世十九，而子子孫孫猶能仰先型而如見，誦祖訓以常新，凡尊卑長幼遠近親疏皆秩然而知所本者，顧得不歸功於家乘也哉？

明萬曆時，本族始創家乘，至我朝順治紀元，兩遭兵燹，故積蔭森崇，諸行實多郭公夏五之嫌。厥後自康熙甲戌，歷同治戊辰，迭經先哲校正，時踵事增，而典章於以大備。故夫設家規、陳凡例者，示宗法也；別支圖、列世系者，序宗派也。外紀而溯及尚書公者，使人知所本也；内紀而始以庚一公者，明譜所由建也。於生則書，於卒則書，具人世之始末也。女而曰適，婦而曰娶，正男女之大倫也。其詩文、傳序、贊略、圖記，則上闡祖德而下啓後人者也，況其他攸系者不一而足，校閱之下，得毋嘆有美之畢臻乎？

自戊辰迄今，已經十有八載，而生齒之繁，較盛於昔，則譜之宜修急矣。然翻修之勞，何如續修之逸？且故册詳明，實有無事於翻者，故特取"達""忠""肅""恭""懿""寬""允""慈"八行，依次而校修之，其文集墓圖各項，悉以舊章加編訂，則祖宗之遺範依爾常昭，而族屬之支流燦然莫紊，雖是半新半舊，何殊完璧完圭，覺續珍之舉洵盡美而又盡善者矣，果其各派珍藏，更何難爲來次之繕緝地哉！雖然，獻非文不傳，文亦非獻不修，宗在乎繼起之有人焉耳。

謹跋。

時龍飛光緒十一年歲次乙酉陽月全澣穀旦，十五世孫俊達盥手謹撰

（選自第八支《白隴盧氏家乘》民國乙丑年重修庚辰年續修本）

白隴盧氏家乘跋

吾族自明洪武之季始祖庚一公由方山徙居，迄今越世二十一，越年六百零，其間生齒之繁，人口之衆，爲全鄉冠。

家乘自前明清鼎革初，迭遭兵燹，康熙戊子、乙未，山寇兩發，古譜無存。幸當時明哲，搜括殘遺，用圖恢復，至乾隆丙戌、道光辛丑、咸豐丙辰、同治戊辰者，歲翻而續，續而翻，不一而足。而光緒乙酉、

辛丑，民國乙卯，又繼之以續，本本源源。吾族世系已有所考，似可仍之以續，何容多費錢財而翻修？蓋譜所以追本源、明世系、序昭穆、敦族誼、辨親疏、崇記述也。

因各派所存，每有聲言鼠咬蟲蛀、火焚水溺，殘缺不完，難資考證。上春族之紳耆有鑒於此，集合各村商酌，咸謂歷經續修，應繼以翻，遂處決焉。其一切費用除紙張錢由十七部均派，長坑派一部以人丁散處、零落不堪，由常津貼外，餘悉支取於木本常。爰是鳩工庀材，聘請譜司，提綱挈領，先訂目次。舊譜所載聯支圖序排行，紀生卒、婚娶、葬厝方向、學校畢業出身，一照舊例，凡前有生卒、安厝、婚嫁未備者，已經前人迭加校閲重輯，且屢遭寇火，無從考證，非惟不能妄爲擬補，抑亦不敢愚而自用，妄誣宗祖，理宜信傳信、疑傳疑。果有足徵，誤者正之；應有未備，漏者補之。如於同行所生之年月日，遲者排行列前，早者脱後，經本人雙方證實，予以改正。支圖諱號，綴以行第，於行第通上下而參以支圖，查核實録，亦應修改。他如祠圖、疆域圖、祭議、水利、古跡、耆壽録、紳衿録、貞節録、巨家録各項之增制，藝文、墓圖依照昭穆排行，挨次編録。

照舊印刷一十八部，内一部爲大常草譜，作來次修譜校正、對讀之需。每部二十八册，仍以綜世系、序彝倫、聯遠近、别親疏、用和睦、識本源十八字編列爲某房存儲之記號，二十八宿字别譜册之序次。於是乎若網在綱，有條不紊，俾閲者瞭若指掌，無生厭心，庶幾乎無負於祖宗、無負於族衆也。至藏譜各房，均宜揀擇賢良子孫，以免褻慢污穢，鼠咬蟲蛀，若有遺失，罰洋拾元，作爲來次修譜補貼費用。毋徇情面，勉之慎之。

謹跋。

第十六世孫振華焕然跋，中華民國十四年歲次昭陽全瀞穀旦

（選自第八支《白隴盧氏家乘》民國乙丑年重修庚辰年續修本）

庚一公前十六世祖先紀略

九支始祖

行一五諱炎字文炳(據白竹、方山各譜載：公諱從玉從炎，但字爲文炳、文明。炳屬火旁火象，當以去玉爲正)，世居汴京，系越州令清公之子。後周廣順三年授户部郎中，顯德朝由諫官歷遷工部尚書加銀青榮禄大夫。陳橋之變，義不臣宋，抱周世宗幼子蘄王熙誨遁於臨安，復由臨安遷於婺永之孝義鄉靈山下。宋追封爲越國公。

生唐光化庚申一月九日辰時，卒宋雍熙乙酉八月十六日巳時，享年八十有六。配行軍都督趙光公之女，誥贈越國一品夫人，生唐天復辛酉九月十九日，卒宋太平天國已卯九月十二日，享年七十有九。合葬靈山翠封寺前東塘山之原。生八子珪、璞、鋭、衡、勳、敏、理、衛，一女錦納周世宗子宗炯爲婿，俾從盧姓，列爲九子。

第二世

榛派　行七一諱珪字伯璋，尚書公長子。宋開寶間授湖南道宣撫使，補中書舍人加朝議大夫。尋升敕史院秘書少監。生後漢乾祐戊申四月初一日，卒宋天禧己未八月廿一日。娶寶寧郡楊總制公之女，生後漢乾祐戊申正月十七日時，卒宋天禧丁巳年月廿二日時。合葬尚書公墓側。子一傳，居中盧。

栗派　行七二諱璞字伯玉，尚書公次子。宋太平興國間授湖南安撫使，進授中尚書令，尋兼工部侍郎知制誥事。生後周廣順辛亥八月十一日時，卒缺。娶汴州任永康長史吕文祥公之女。合葬永邑廿四都庚塘山。子三：正、器、石，遷居上盧、雙牌。

檡派　行七三諱宗炯，更名璇，尚書公之納子。本柴氏即周世宗子蘄王熙誨也，從尚書公女姓改爲盧氏。宋乾興間擢爲殿前防禦使，封武烈侯。生後周顯德丙辰六月初四丑時，卒宋天聖庚子年三月十七日酉時。吴國一品夫人盧錦生後周顯德乙卯正月十三日午時，卒宋明道癸酉年四月十五日時。與璇合葬躲山下水竹塢。生子可。至八世始遷白竹。

松派　行七四諱鋭　字伯瑛，尚書公四子。宋太平興國間授中書舍人，除校書郎加中議大夫。娶東邑任紹興府判陳良公女，合葬丁坑。生二子中、新，遷居丁坑。

竹派　行七五諱衡宇伯璣，尚書公五子。宋太平興國奉使巡朔方諸道，授典略校尉，總制軍旅事。還授廣都司軍從事郎。生建隆庚申十二月十三日時。娶東陽任四明王提刑公女。合葬青山之外山。生二子才、實，居青山。

梅派　行七六諱勳宇伯愷，尚書公六子。宋雍熙間除授廣南等處提刑按察使。娶任漳州胡院判公女。合葬西山曹龍。生二子知、容。居西山。

桐派　行七七諱敏，字伯愚，尚書公七子。宋淳化間除江陵簿尉，升將仕郎，擢湖南道掌軍政事。娶寶寧郡任紹興經歷黄理公女。合葬縉雲東窖。生二子：大雅，居縉雲；小雅，居仙居硤陽。

梓派　行七八諱理，字伯恕，尚書公八子。宋淳化授京營都司，尋奉命升貴喜營隨禦副將。娶東邑馬都督公之女。合葬靈山杜坑塘塢。生一子泉，居温州永嘉，至六世分居方山，又十二世分遷白隴。

杞派　行七九諱衛，字伯超，尚書公九子。初授安南路新喻州檢閲，淳化授廣南都司。娶東邑任松江録事喬公女。合葬仙居盧東嶴。生二子誠、容，居仙居。

第三世

梓派下行八二諱泉字仲源，行七八理公之子。生宋雍熙九月十九日午時。娶永嘉趙氏，生宋端拱丁亥二月十九日未時。生一子美。

第四世

行九三諱美，字叔禮，行八二泉公之子，生景德乙巳八月十五日子時。娶泰順宋氏，生咸平壬寅正月十五日寅時。生一子極。

第五世

行十諱極字季太，行九三美公之子，生天聖甲子十月初十日。娶太平王氏，生天聖甲子五月十三日午時。生一子虔，居永嘉。

第六世

行十五府君諱虔字大初，行十極公之三子。由永嘉領鄉薦入京，户部主事施公璇招贅爲婿，後解官，同歸縉雲。愛方山風土，遂廣置産業，子孫世家焉，爲方山之始祖。平生景行，胡司業嘗爲立傳。生慶曆辛巳九月初一日時，卒政和甲午十一月十一日時。施氏生慶曆壬午八月十三日午時，卒致和丙申正月十三日子時，合葬里之掬馬飲泉，生二子器、罍。

第七世

行三十四諱器字如用，十五公長子。志氣英鋭，勇於義，臨大事守大節，不變其操，有致君澤民之心。以蔡京輔政，隱遁不仕，進士李芳叔有傳。生熙寧庚戌二月初九日，卒紹興己未六月初三日，葬後塘。娶皿川羊氏。生三子：文生、信立、禮明。

第八世

行十三諱義生字均泰，三十四公長子。心志坦夷，朝耕暮讀，樂漁樵之趣，寄興詩酒，以終其身。生元祐癸酉正月初五日，卒隆興癸未四月十六日，葬對園前山。娶皿川羊氏。生二子：文彧、信幸。

第九世

行廿一諱仁幸字邦弼，十三公次子，居家孝悌，富饒十倍於先，積而能施，事蹟詳葉蘭先生傳。生宣和辛丑四月十八日，卒淳熙乙未二月初三日，葬本保隴頭。娶左庫潛氏。生一子謙。

第十世

行千一諱謙字益之，廿一公之子。有學有行，累召不就，有高不事王侯之節。行義於鄉，而鄉族服其化。博覽古今，太常寺胡權傳述其詳。生紹興甲子七月初七日，卒嘉定庚辰二月十一日，葬獅子山。娶同里陳氏。生一子元吉。

第十一世

行百八四諱元吉字享可，千一公之子。自童稚有周窮恤匱之志，焚券以舒民困。事親盡孝，親歿，廬墓極其哀慕，詳見趙時齋傳。生乾道丁亥十一月廿二日，卒紹定庚寅三月初七日，葬里之上馬山。娶仙居前山鄂氏。生二子詳孫、詵孫。

第十二世

行萬三一諱詳孫字子和，百八四公長子。博通子史百家之典，好與賢士大夫應接，士君子過五雲而不得其門者恒以爲耻。善吟詠，三子皆登仕版，知家學之有術也。生紹熙壬子八月初一日，卒咸淳乙丑五月十一日，葬佃裏。娶名山朱氏，生卒缺，葬砝上上嶴。生二子應酉、應宇，應酉出繼叔後。

行萬三二諱詵孫字子宜，百八四公幼子。傳云其富倍蓰於先，潛尚書嘗擬之陶朱、石崇。與兄子和極友愛，撫侄如己出，又能樂善好施，殆富而好禮者也。生紹熙甲寅正月十四日，卒咸淳丁卯二月初十。娶潤川楊氏（生卒缺）。合葬在本里水坑弄。生二子憲、雷，二女懿、淑。以侄應酉繼嗣。庶女遲適范侍郎子天碧。楊氏同二女葬上圩，今稱女墓。

第十三世

行輝一諱應酉，字用明號文鷴，萬三二公繼子。少遊邑庠，習舉子業，經明行修，登淳祐辛丑進士。又明年癸卯，除授集賢院大學士，文學政行詳見潛尚書墓銘。生嘉定甲戌九月初八日，卒淳祐丁未五月十八日。娶尚書潛説友公之女。合葬象鼻之原。生一子直。

行輝二諱憲字用彰，早世，萬三二公長子，侄莊奉祀。

行輝三諱應宇字用大號素心，萬三一公次子，遠從明師講明經史，尤精粹于《詩》《易》，淳祐甲辰登鄉貢進士，授仙居儒學教諭，歷官三考，遊其門者英材輩出。旁通岐黄之術，能自惠濟於人，後引恬歸泉石，德行詳著墓銘。生嘉定丁丑六月十二日，卒大德丁酉九月廿七日。娶靖嶽趙氏。合葬上畧父墓之側。生一子塤。媵郭氏生一子莊，繼伯後。續娶潛氏生二子，坦出繼潛尚書子琦爲後，增出繼叔。

行輝四諱雷字用振，萬三二公次子。生嘉定庚辰正月十八日寅時，卒淳祐壬寅七月十六日酉時，立侄增奉祀。娶羊氏，生嘉定壬午十月十四日未時，卒大德庚子九月十八日亥時，葬懸絲釣鱉。

第十四世

行怡五諱增字德光，輝四公繼子。宋、元之際，團結鄉兵，障衛本土，親友以妻子托寄者百計，皆周恤無乏。又性耿介廉直，閭里畏服，人以爲有古王烈之風云。生淳祐甲辰十月十一日，卒大德戊戌八月廿八日，葬硃上蟠龍之右。娶赤城螢氏(生卒缺)葬上圩。生四子，良驌、良能、良知、良嗣。

第十五世

行拱八諱良知字千均，怡五公三子。氣清質純，克遵詩禮之訓，善於幹濟，處事有道。生大德戊戌五月十三日，卒洪武戊申十月初九日。娶皿川知縣羊補公之孫女（生卒缺），合葬方山嶺脚。生四子，源泌、源湜、源溱、源洧。

第十六世

行敬五諱源湜字深遠，拱八公次子。嚴毅周慎，嫉惡如仇，後充校尉總旗，跋涉京都，見重公卿，多有詩文贈遺。生至元己卯二月初一日，卒永樂丙戌十一月十二日。娶皿川羊氏，生至元庚辰三月二十日卯時，卒永樂丙戌十二月初十日申時，葬當肚坑。生一子文棠，贅居葉宅，遂爲白隴發祥之祖。一女，適皿川羊辰迪。續娶宫前沈氏，生卒缺，生三子：文楡、文楷、文楮。三娶曹氏，生卒缺，葬馬路。

（選自第八支《白隴盧氏家乘》民國乙丑年重修庚辰年續修本）

庚一公始子孫分遷紀略

元至正庚子（1360），盧琰公第十七世孫、白隴盧氏始祖行庚一盧文棠公出生。明洪武乙卯（1375）年，庚一公文棠贅居白隴葉宅（今屬後宅），成爲白隴盧氏發祥之祖。

明洪武丙辰（1376）至壬戌（1382），始祖行庚一公得三子，汶陽（行慶一）、汶高（行慶二）、汶清（行慶三）。

明洪武甲戌（1394），行慶一公先居下屋，後遷仙居長坑。

明建文壬午（1402），行慶三公攜二子廷泗（行榮六）、廷武（行榮八），遷居田畈。

明永樂戊戌（1418），行榮二公長子盧鎔公遷居新屋上廂，三子盧鋐公遷居新屋下廂。

明宣德丙午（1426），行榮十盧瓚公遷居小陶灘。

明宣德癸丑（1433），行積一盧袓公遷居後葉。

明正統丁巳（1437），行積三盧明公遷居後宅。

明正統戊午(1438),五月初四白隴盧氏始祖庚一公去世。享年七十有九。

明正統己未(1439),行積六盧華公遷居前畧。

明正統丙寅(1446),行積十四盧敦公遷居前宅。

明景泰甲戌(1454),行積二十四盧英公遷居上宅。

明成化乙酉(1465),行積三十二盧鑫公由田畈遷石明堂。

明弘治己未(1499),至此年,行庚一公育有三子、十孫、三十二曾孫,七十二玄孫。

(選自第八支《白隴盧氏家乘》民國乙丑年重修庚辰年續修本)

第八支(麗水縉雲)白隴盧氏世系統覽

(1) 盧琰→(2) 理→(3) 泉→(4) 美→(5) 極→(6) 虔(方山祖)→(7)器→(8) 義生→(9) 仁幸→(10) 謙→(11) 元吉→(12) 詳孫→(13) 應宇→(14) 增→(15) 良知→(16) 源湜→(17) 文棠(白隴祖)

第八支(麗水縉雲)白隴盧氏排行字目

歷代排行字式:

庚慶榮積　蔭森崇茂　昌盛顯達　忠肅恭懿　寬慈允和　俊彦英敏　仁賢德義　明睿純厚　信裕昭宣

(選自第八支《白隴盧氏家乘》民國乙丑年重修庚辰年續修本)

第九支梅派

盧氏重修宗譜序

盧氏上祖由靈山遷仙居,由仙居轉遷縉雲東窖。至魁一公卜居派溪，分爲三大派：首派守貴公之玄孫常十四公遷居蓮塘；次派守賁公之玄孫常一公下遷居三都山後盧，常六公析居馬山頭，常八、常十公分居四十四都應莊，並可投、前園；至幼派守貞公之曾孫華四公始遷長城。

今雖散居，子孫蕃衍，裔孫德明、德志、有恩、有通等會衆商議：吾族支系不明、昭穆失次，皆因久不修譜之故。衆曰：善。遡流窮源。今譜告成，支系以明，昭穆以分，一開卷間，一目瞭然，如指諸掌，亦可光前裕後，豈不美哉！

時康熙三十四年歲次乙亥春王吉旦，邑庠生應一臣撰

（選自第九支蓮塘《盧氏宗譜》民國辛巳重修本）

盧氏重修宗譜序

書云：國有信史，家憑譜乘。予覽舊簪始自文炳公：周廣順三年間爲户部郎，顯德中歷三任至工部尚書、銀青榮禄大夫。後宋乾德間擢開國大將軍封越國公，娶永康都督大元帥趙光之女芸，封越國一品夫人。

生八英一女，女居三也，閨諱曰"錦"，贅周世宗子炯爲妻。後宋受周禪，以柴爲嫌，遂易姓曰盧，更名璇。長曰榛，次曰栗，三曰檡（以女爲第三支），四曰松，五曰竹，六曰梅，七曰桐，八曰梓，九曰杞，列爲九派。

杞派行七九公諱衛，授廣南都司令。嗣誠，誠生珩，珩生慎。傳至十三世諱詮，玄孫行魁一始，係越國公十六世孫也，由縉雲東窖遷居永康三十五都派溪，爲第一世始祖。迨至曾孫繼良公子汝進公卜居十六都蓮塘，繼聖公次子汝章公遷居馬山頭，第三子汝奇公遷居四十四都應莊，華四公遷居十五都長城。數居各處，昭穆行第，難以畫一，裔孫瑞臻、瑞昌、朝鳳、朝位、大義率聚，敦請東陽杜、邵兩先生重修譜牒，向予作序。見其譜館監正、總理、董事皆知聖賢之道，克醇樂

義，咸有雅度之風；勤敏耕讀，共享昇平之福；入孝出悌，同敦和睦之休。堪爲善良，後裔必昌。

予與序之，後有應焉。

時大清乾隆丁巳年荷月下浣之吉，邑人陳光秀贈

（選自第九支蓮塘《盧氏宗譜》民國辛巳重修本）

盧氏重修宗譜序

蓋聞世系流長，統必有宗，會必有原。溯自始祖越國公由縉雲發祥，遷居於永康三十五都派溪爲第一世始祖，至曾孫華四公卜居於長城，玄孫汝進公卜居於蓮塘，厥後子孫俱蕃衍昌盛。《易》曰"積善之家，必有餘慶"，《書》曰"作善降之百祥，"真所謂雙峰並峙，相垂不朽者也。

但世遠散居，子孫蕃衍，使不有族譜以紀其行列，則支派不明，昭穆失次，相傳後代有不嘆殘缺者乎？今譜系告成，明和、明彪等目擊行列，昭穆昭然，心爲之喜。後之子孫閲之者，一目瞭然，如指諸掌，再有續修譜系，不難綱舉目張，入孝出悌，敬宗睦族，相習成風焉。厥後瓜瓞綿綿，人文蔚起，何難操券而必也哉。

於是乎序。

時大清乾隆四十五年歲庚子下浣之吉，十一世孫明和、明彪、明星、明有盥序謹序，東角氏庠生胡宗傑撰

（選自第九支蓮塘《盧氏宗譜》民國辛巳重修本）

盧氏重修宗譜序

嘗思柯繁葉茂，木之有本也；派别支分，水之有源也。求其本則知木之所由盛，窮其源則知水之所由來，此理之常也。而於譜亦然。蓋譜所以叙本支之分派，亦猶史之所以紀世運之盛衰，此家之有譜猶國之有史也，譜顧不重乎哉？

永邑有盧姓者，系出縉雲，始自魁一公遷居於永邑之派溪，爲第一世祖。至曾孫華四公始卜居於長城，乃九派中第九杞公之後裔也，迄今已十數傳矣，其中散居各處者繁衍衆多，不有宗譜以紀之，有不嘆遺佚者乎？然華四公派下猶幸譜牒輝煌、昭然可考，況纂修校訂代不乏人，可見尊宗敦族之道於是乎在。

但自同治庚午續修之後，至今又已多載，然恐年湮代遠，既有倡修於前者，苟無人纘承於後，則又未免有抱殘守缺之嘆矣。今盧氏裔孫德池、永蘭者，心焉慨之，有志譜事，遂於是年春敦請梓人重修宗譜。功將告竣，問序於予。予觀其編中已載者仍之，未載者廣之，昭穆行第縷晰條分，此則木本水源之道，即爲異日瓜瓞椒聊之慶。予遂嘉其志，而爲之序。

時在龍集光緒三十四年歲次戊申端陽前三日，邑庠生
張心顔贈

（選自第九支蓮塘《盧氏宗譜》民國辛巳重修本）

盧氏重修宗譜記

蓋聞國有史，家有譜。國史所以明世系、知治亂、識興衰也；家譜所以明支派、别親疏、明人倫也。

本邑有盧姓者，始由縉雲卜居永康派川，其第五世再遷長城，係九支中第九支杞公之後裔也，其後居各地者不得並記，兹以派川爲第一世祖，以華四爲再居祖。兹昌登、永祥、維周、漢斌等，以斯譜自清光緒戊申重修，迄今三十餘年，又值國際糾紛、抗衛兵燹之際，假不急行重修，飛（非）僅守殘抱缺已也。

兹譜告竣，執編徵序。見其系統詳確，分列明晰，並嘉其尊祖念切，厥後子孫蕃衍，可操券待也。深愧不文，略爲之記。

時中華民國歲次辛巳夏月之吉，林作肅撰

（選自第九支蓮塘《盧氏宗譜》民國辛巳重修本）

第九支（金華永康）蓮塘盧氏世系概覽

（1）盧琰→（2）衛→（3）誠→（4）珩→（5）慎→（6）圍→（7）鳳→（8）廣→（9）文員→（10）全→（11）大林→（12）道→（13）詮（遷東窖坑）→（14）光→（15）高→（16）始（蓮塘祖）

第九支（金華永康）蓮塘盧氏排行字目

行第字目：

一七四五二　六百千萬　經綸綱紀　昌盛魁元　整肅倫常　乾地震巽　日月重光　威明顯發　輝華文章

諱名字目：

仲正思繼　法汝國道　瑞明智文　德厚純良

表字目：

君承之永　尚卿國德　公如惟玉　宏遠綱祥

（選自第九支蓮塘《盧氏宗譜》民國辛巳重修本）

第二編　居　里

公元972年後，永康縣孝義鄉靈山南麓（今磐安縣新渥街道藥材市場社區），成了浙江九支盧家族最早的居里。在這里，越國公憑着他堅定的意志、過人的智慧與非凡的勇氣，引開了宋太祖投來的一次次懷疑的目光，硬是爲周世宗留下一綫遺緒，並將先進的中原文化播撒在靈山這片貧瘠土地上。985年，盧琰去世，其八子一女爲追求新生活，相繼星散浙江各地，於是這靈山故里就像星星點燈，播撒的星火閃閃爍爍地明滅於浙江大地上，讓他們有了新的歸宿——各自的居里。這些居里或在高山，或在平原，或在海濱，或在丘陵，演繹著各自的命運，經歷著各自的波折，而風雪彌漫中得以燭照九支盧家族精神歸途的，依然是靈山那盞不熄的孤燈。

靈山盧氏第宅圖

宅圖坐落永邑四十五都靈山之下乃宋尚書琰公肇遷生八男一女分爲九支後雖遷徙各處凡以榛栗檡松竹梅桐梓杞九字爲號皆從此基始也

靈山盧氏宗譜 卷之十四

民國甲戌年重修

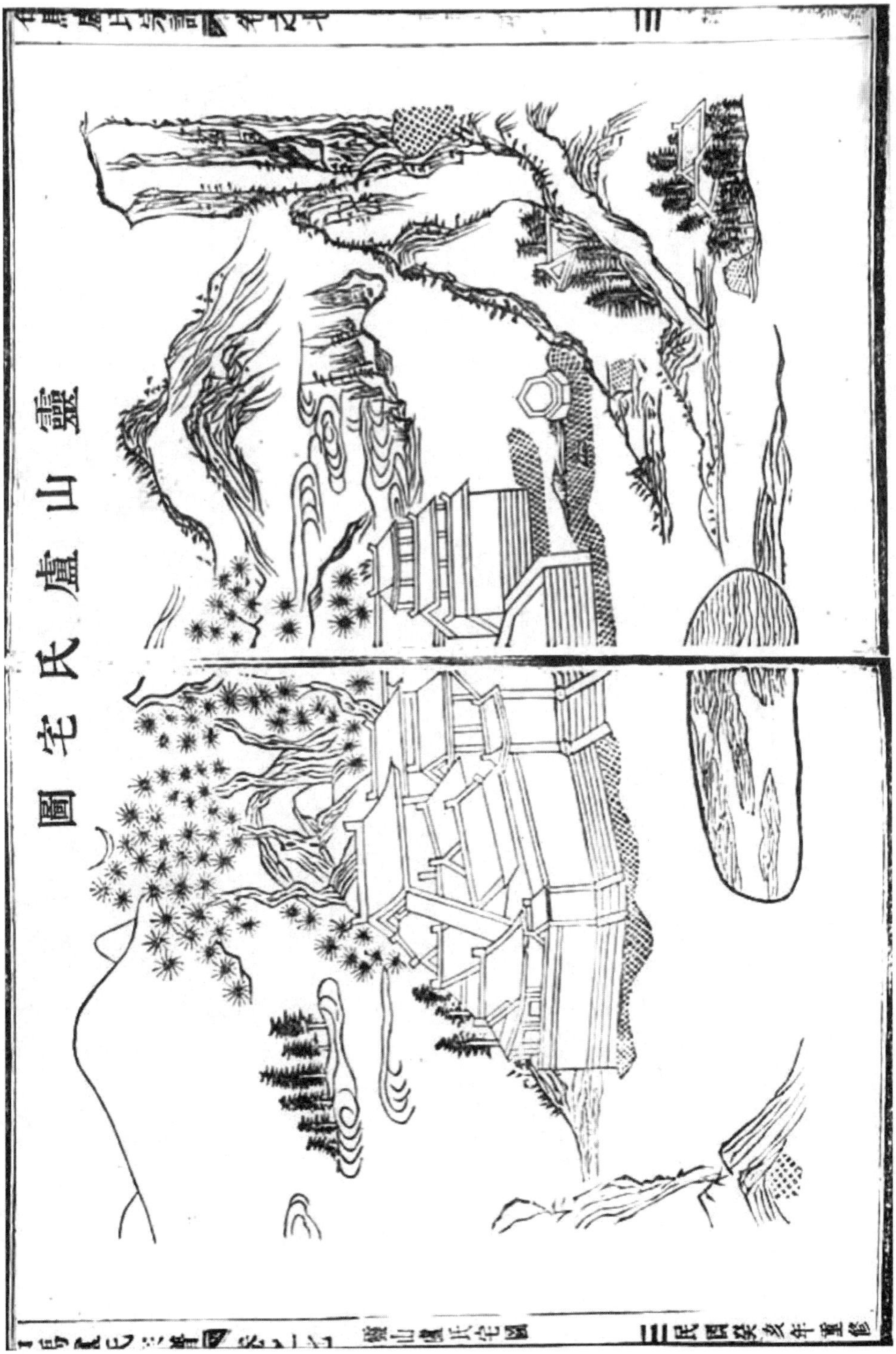
靈山盧氏宅圖

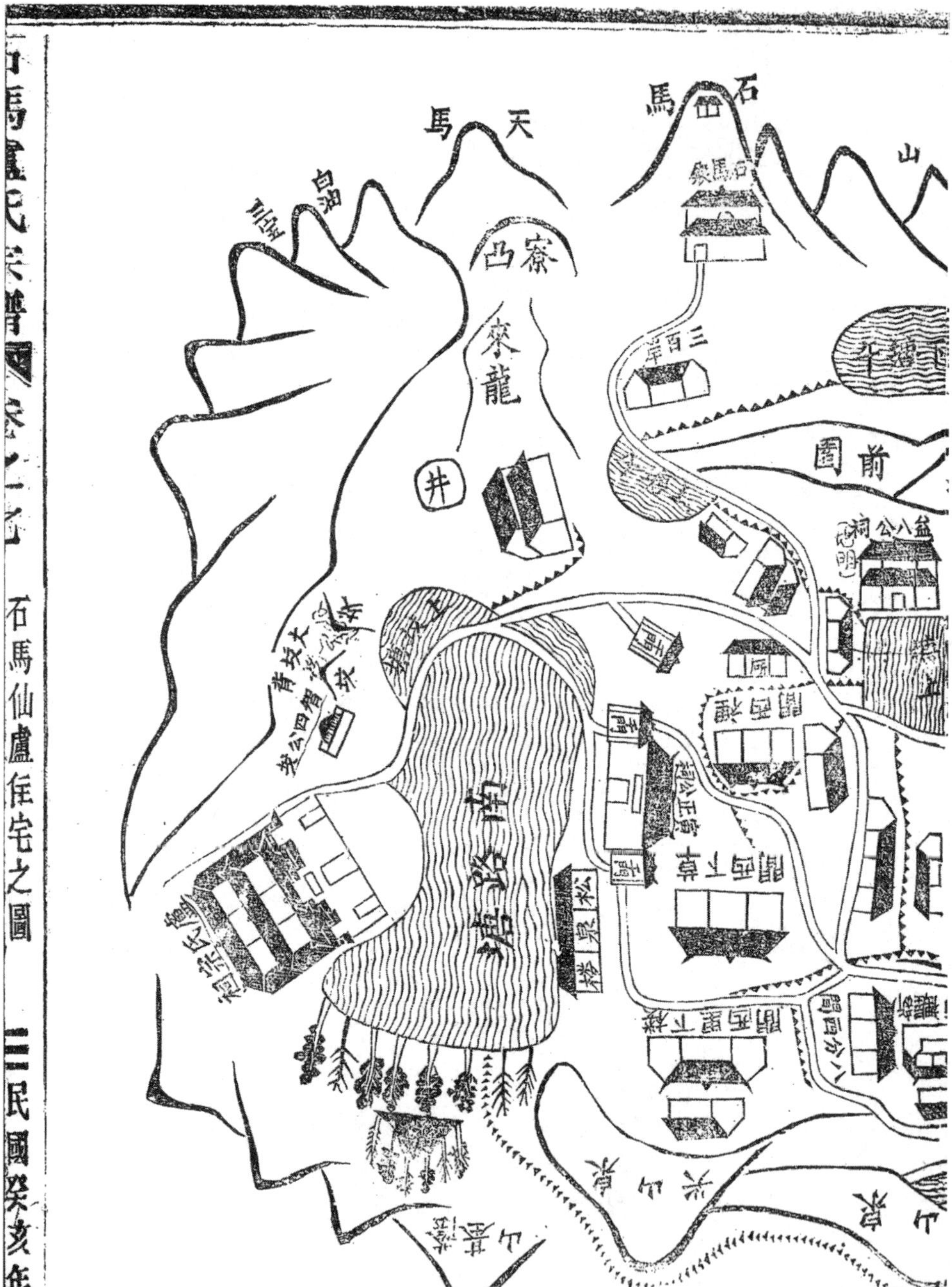
石馬仙盧住宅之圖
民國癸亥年重修
石馬
天馬
山
寮凸
龍寮
井
前園
南塘路
松泉樓
盧氏宗祠

石馬西盧住宅之圖

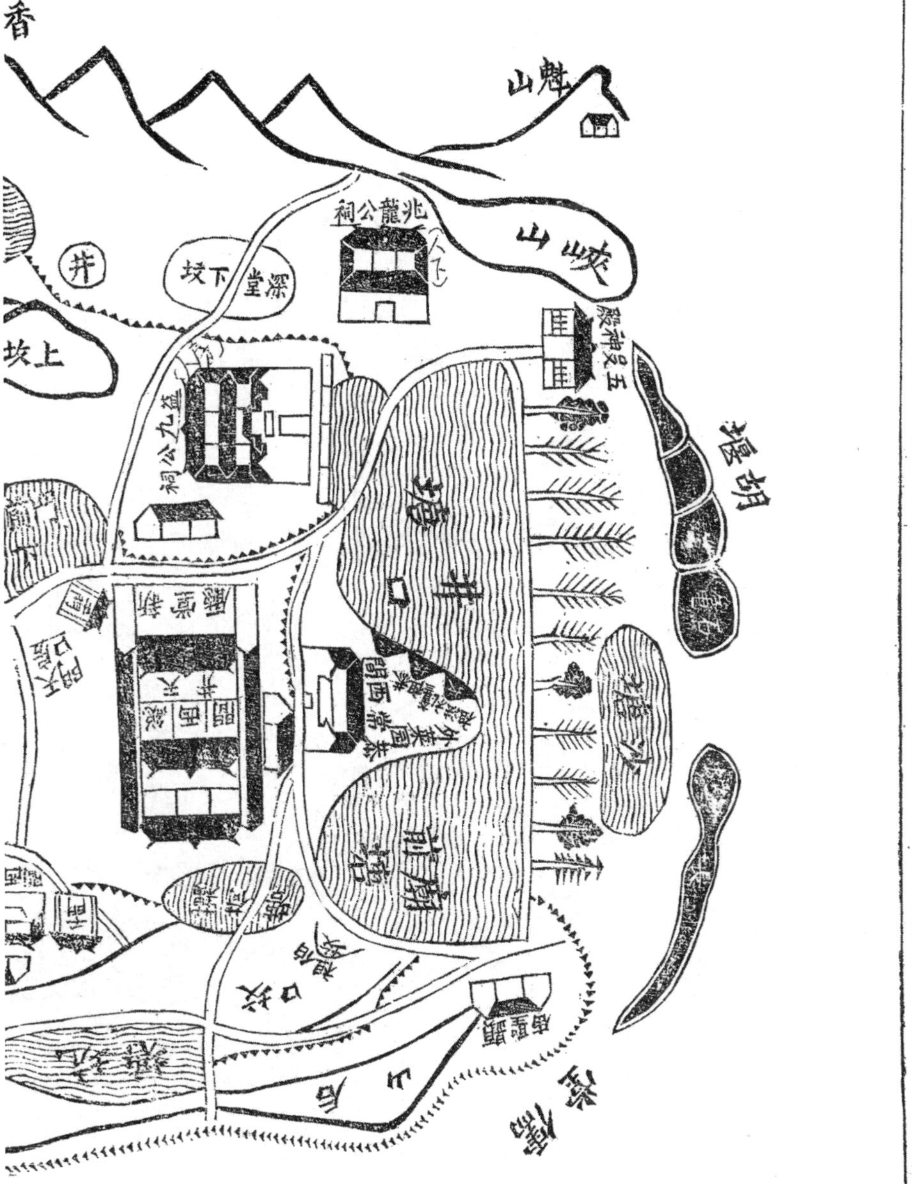

石馬盧氏宗譜 卷之七

三

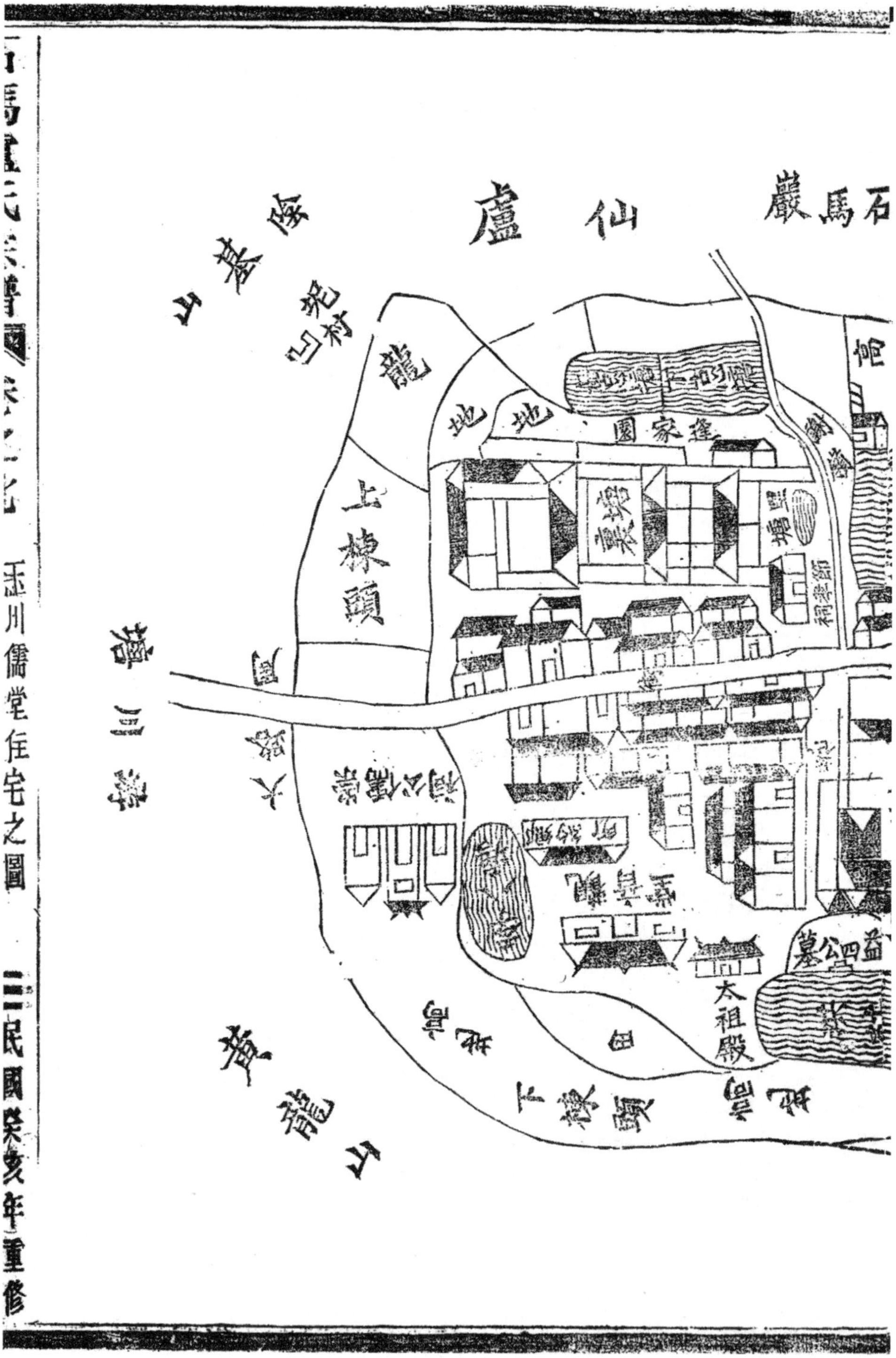
玉川儒堂任宅之圖
民國癸亥年重修
石馬巖
仙盧
上棟頭
逢家園
太祖殿
益四公墓

玉川儒堂住宅之圖

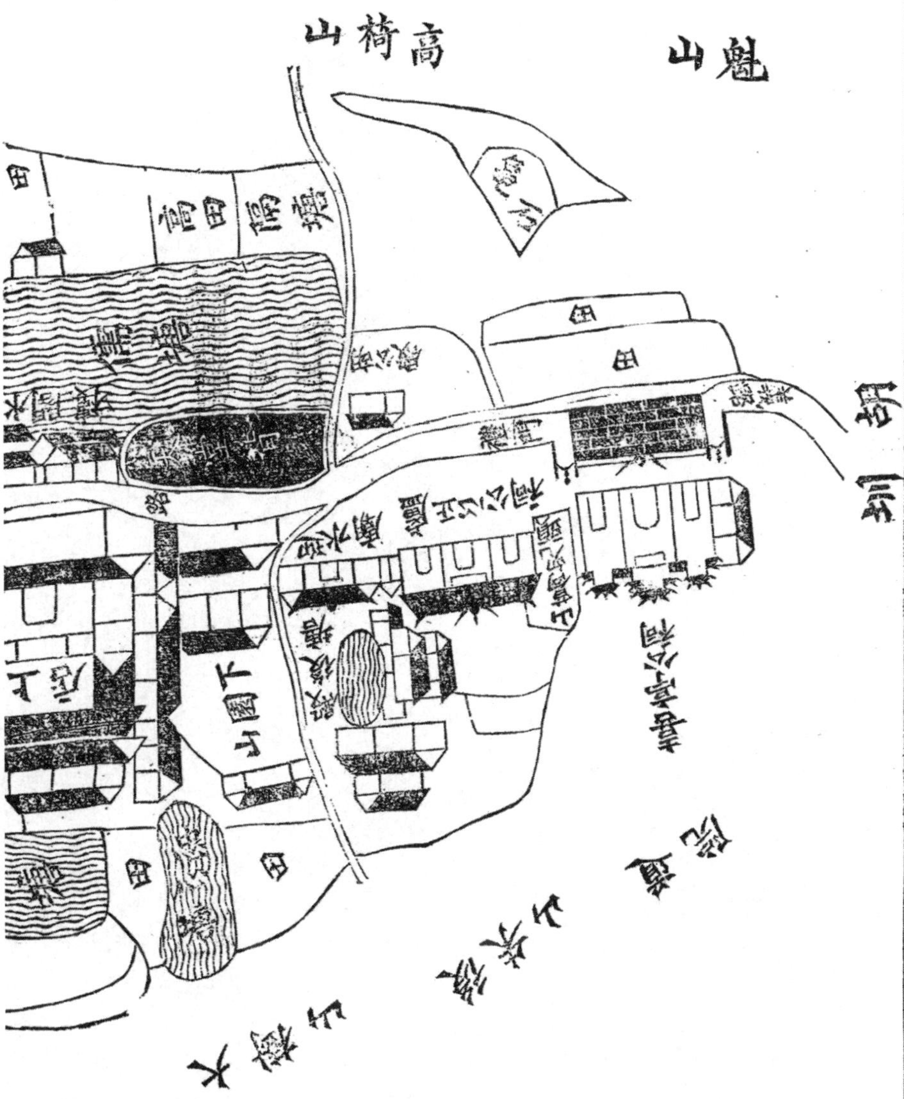

世族之圖
燕巢岩
仰頭臺
飯甑峯
下章
陳太尉廟
昭福寺
西塔
陳山嶺
小拜山
直嶺

六科盧氏
北山
新岑
蕉坑
雙飛山
程梟峯
東山
玄壇廟
玄帝宮
大溪
楊山
盧坳山
南陽
下河山
南倉

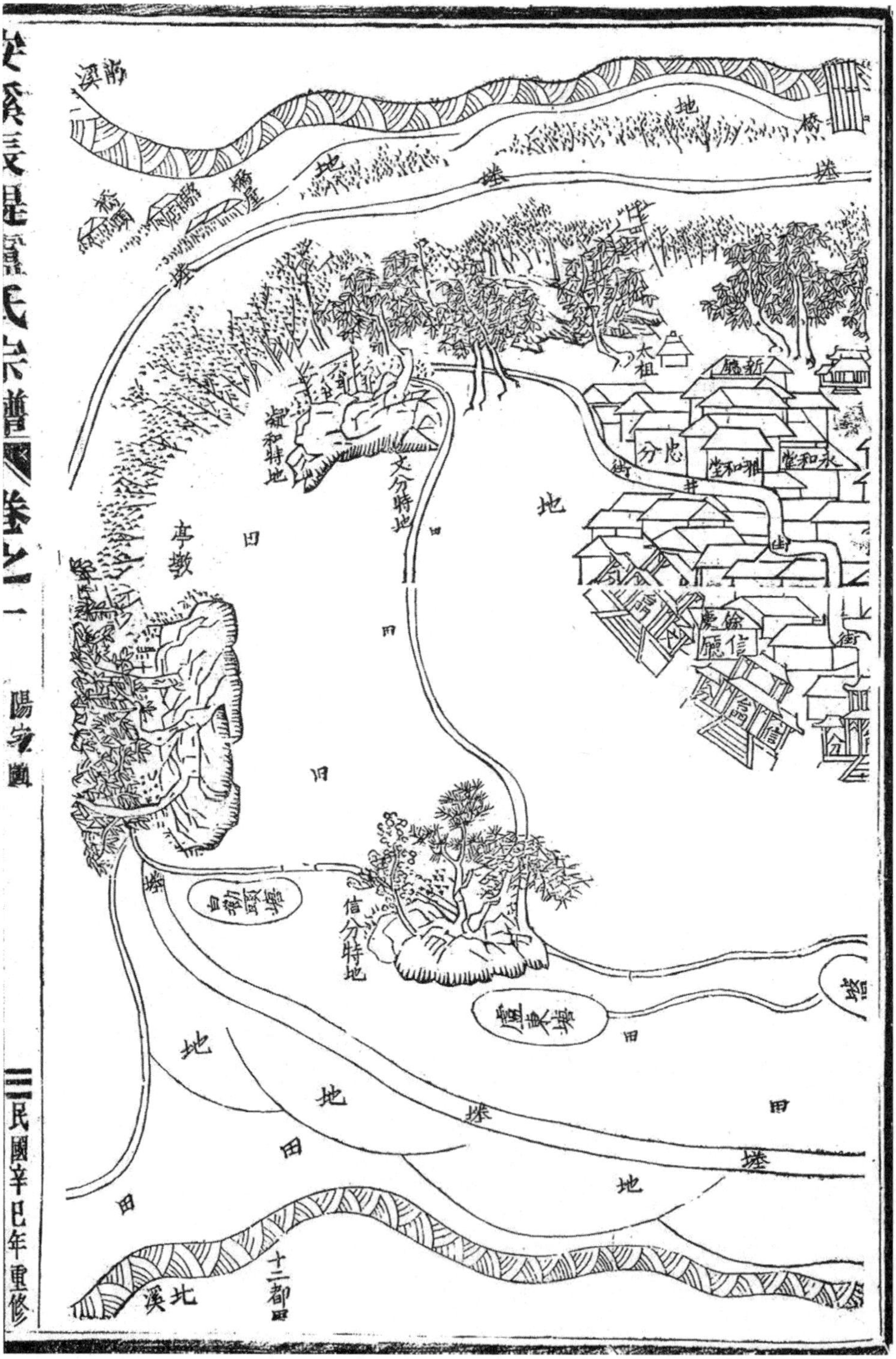
陽宅圖
民國辛巳年重修
前溪
地
橋
塝
太祖
新廳
忠分
永和堂
雅和堂
街
井
凝和特地
文分特地
亭墩
田
餘慶
信廳
信分特地
北溪
十二都

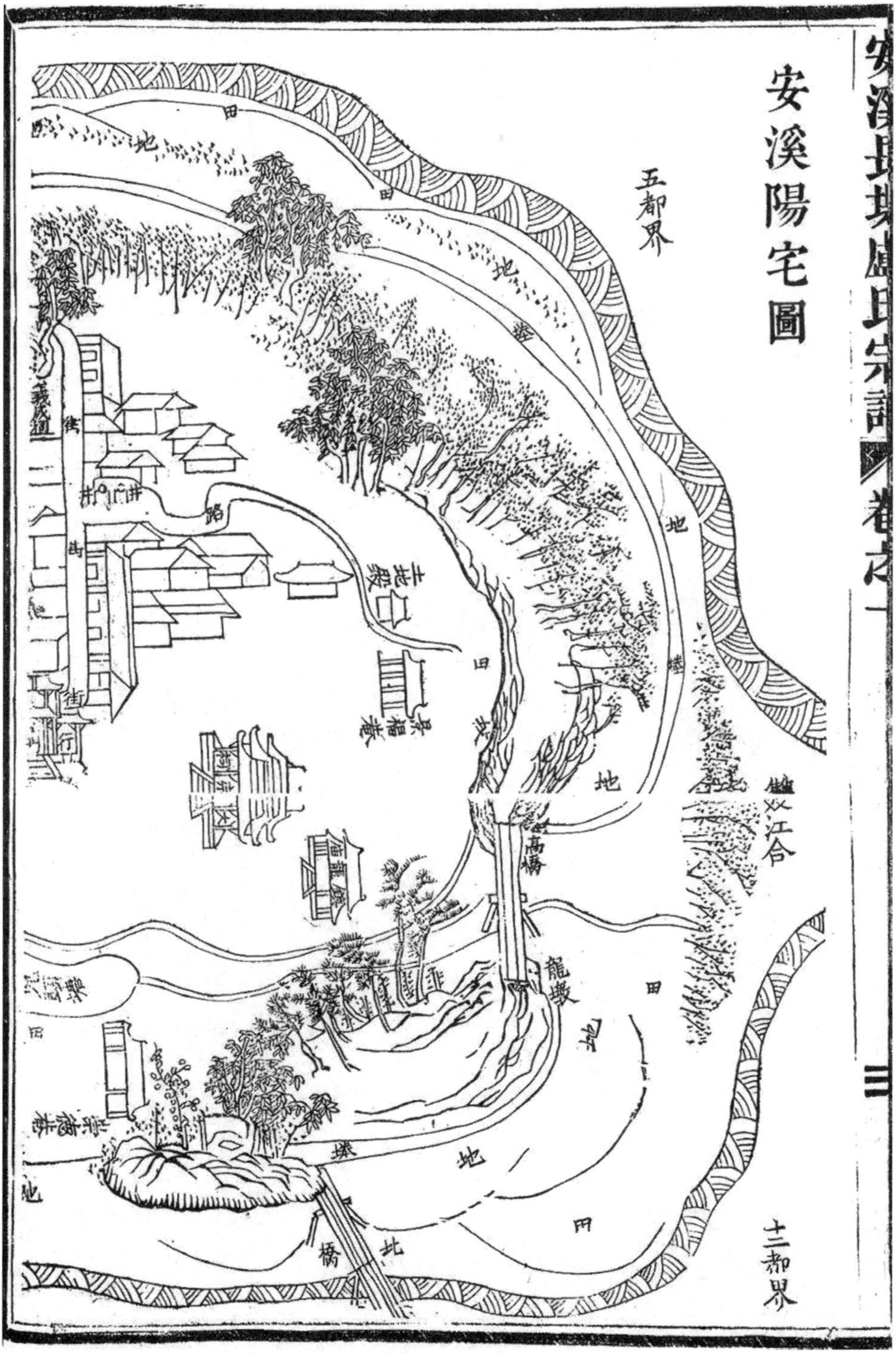
安溪陽宅圖
五都界
雙江合
高橋
龍墩
北橋
十二都界

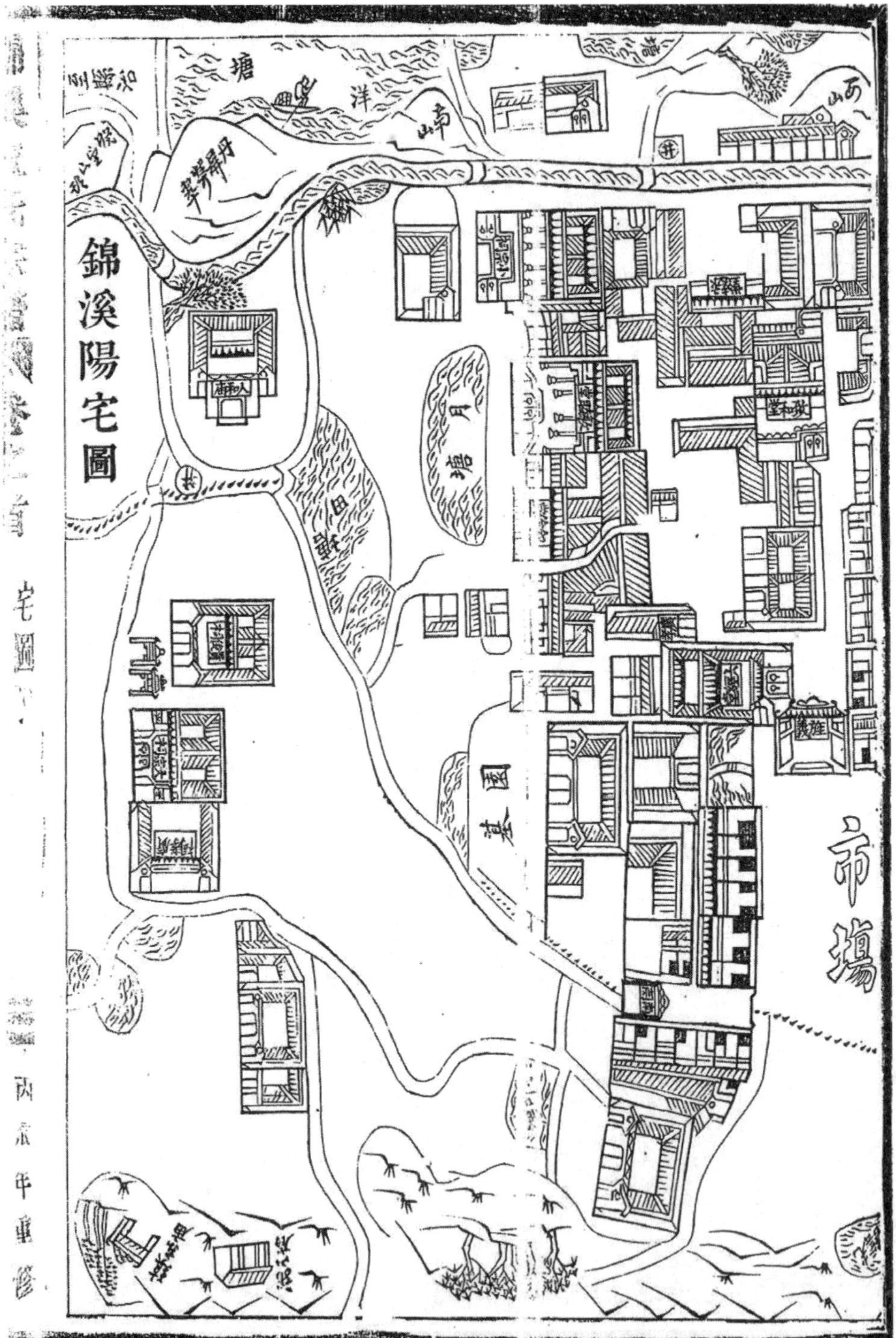
錦溪陽宅圖
市場
塘
洋
月塘

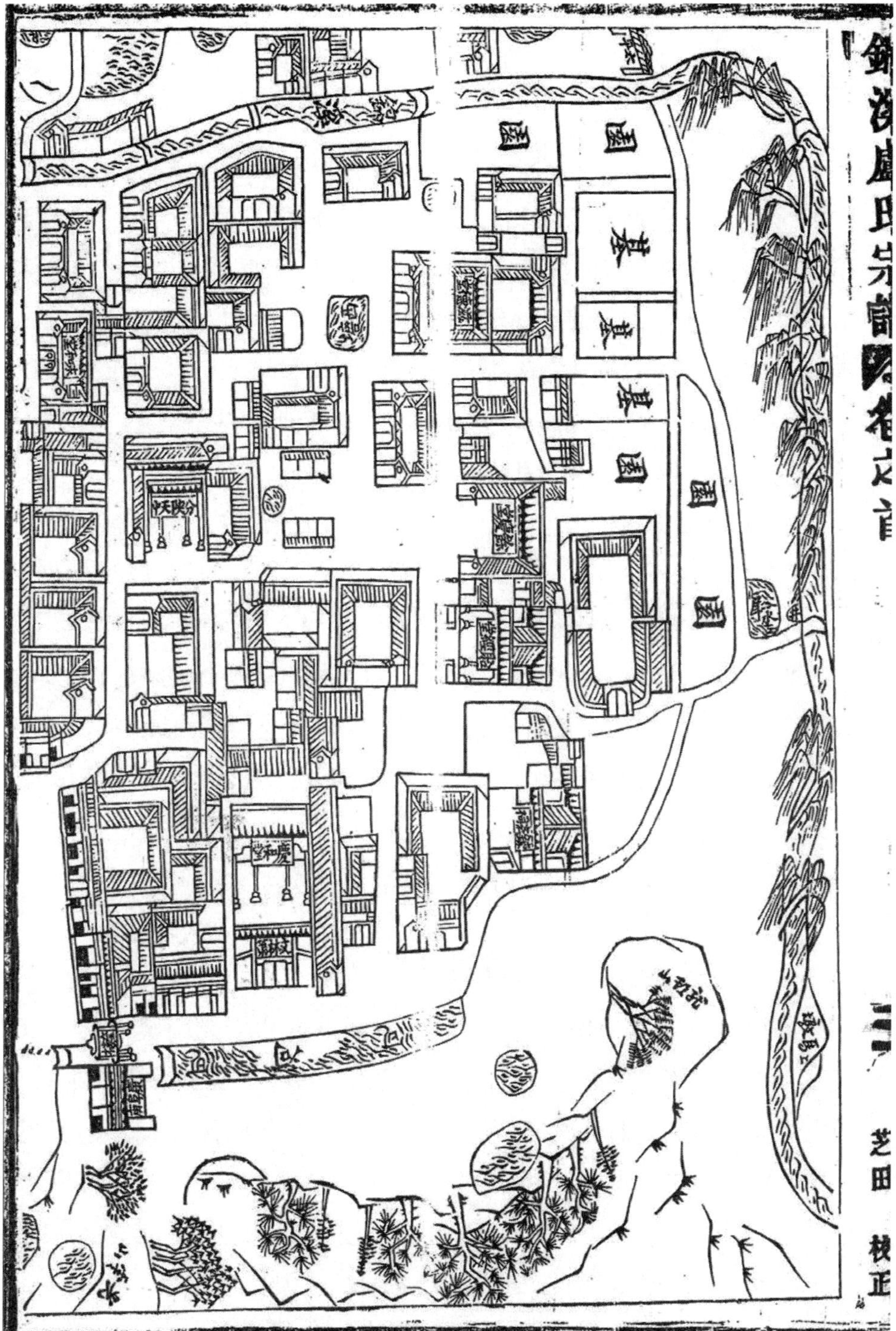
三
芝田 校正

越國公宅第圖説明

右圖坐落永康四十五都上盧莊。本系上盧茂淹公住宅，於宣統二年由榛派孫儒堂德勳、栗派孫中盧正同、檡派孫集文學綸、梓派孫方山正耀等創議集資購買，改作九支總祠，供奉始祖越國公神位。其餘各派捐資芳名均有助主，東南四至另詳原契。

每年清明前十日及冬至前三日各派子孫到祠先行設祭，再赴大山下墓前祭奠。尊宗敬祖，固於子孫之天職也。

（選自第三支里盧宅《靈山盧氏宗譜》民國甲戌年重修本）

附載孝義鄉四十五都上盧莊八保古井

八保古井一口，井頭榧木一根（此木民國初爲匪燒房被毁），土坐孝義鄉上盧後溪沿。又古路一條，曲長二十餘丈，闊一丈六尺，土坐同，均系始祖越國公舊管，世代相傳，登載宗譜。所望後之子孫保守，勿替先人之遺澤焉。

（選自第一支《石馬盧氏宗譜》民國十三年重修卷一）

竹川形勝

鼎湖爲黄帝飛升奇跡，而白竹蓋鼎湖最深處也。北引吴寧，南控甌括，東枕台仙，西帶華溪，其蹤起自八閩，融結兹所。“文筆插漢”，則有楊嶺桐山；“天馬行空”，則有徐嶺箬浦；“貔貅百萬”，其馬鬃西源也；“粉黛三千”，其松明擇峴也。千巖競秀，萬壑争流，延袤四十餘里，何其偉哉！其中分爲章墩、暘坡、西坵、堂慈、長潭、龍溪、石門、左庫各垣局，鬱爲人文。

《詩》曰“維岳降靈”，此之謂歟！

（選自《白竹盧氏宗譜》民國庚辰重修本卷三十四）

白竹古跡

千峰聳峙，萬壑回環，瑞氣所鍾毓也。吾族溯厥里居，多佳山水，孕靈積秀，名傳志乘，所謂古跡生人，其在斯歟！

東窖山　邑志載：在廿七都，盤錯一方。太乙峰北鎮暘坡，插花尖西聳章墩。南臨長潭，有鳳山兜鍪、龍湫瀑布。東環龍溪有西寨，古名西巖，即宋季道復公偕兄弟避寇防守處。其先泰公，由永康孝義鄉遷此爲中宅，作三層碪，旁有虎巖、石龜諸勝，崦出白竹，橋繞古藤，並經筵檢公書院遺址，至今猶傳爲美談云。

西窖山　與東窖對峙，即邑志所載"白疊山"，同治壬戌禦寇處。有竇嘀飛泉，瓚公觀瀾聽松，知白周公南、霞峰、虞公瑶相與賦詩。旁有五峰，杲公因之爲號，建斗室焉。

圭山　即松山，在大宗祠前。有鰲麓遊魚、白象伏虎諸勝，邑志載之。旁爲黄岡，即杲公舊居處。

屏山　近太乙峰、狀元峰，在暘坡村後，尚書公因號爲"後屏"。其旁巖巒疊翠，狀如獅，即志所載爲獅巖是也。

打鼓尖　在西坵山北。高峰插天，登之可以望遠。同治紀元粵匪之亂，合族設團防局於宗祠，建瞭望臺於此。

三台山　在長潭村前。邑志載："三峰聯峙，中爲卓筆峰，下有獅、象、鶻、鷺、龜、牛諸石。"尚行十五公愛山水之勝，遂由東窖而遷居焉。

東穀峰　邑志載："近括蒼山，高入云表，旁有響洞，下有獅巖、藏書洞。"其中别開大坪，明季汝純公避寇處。

括蒼山　星應少微，道書所稱"第十洞天"，高一萬六千丈。其半嶺老鷹巖旁别開生面，地廣土沃，形勝莫狀，承光公愛此，遂家焉，里名壬塘。今聚族於塘盧、槐花樹者，皆其後也。

雁門山　前地近左庫，有美化書院遺址在焉。恒十一與恒十九兄弟偕遊於此，樂朱文公之遺澤，又得榜巖赤壁之勝，遂謀堂構，以貽子孫云。

騎龍山　自西寨迤邐而下，特鎮溪濱，與三星巖對峙。道從公營別墅於此，俗名“莊頭”，今其子孫改爲龍溪云。

石門峽　在東陽縣南八十里。甑峰插天，旁有云蒸尖、桐枝塢、獅巘、繞半嶺，其下有菱塘荷嶼，雙溪如鏡，抱村而流。綱公愛山水之勝，由龍溪卜居於此，建溪亭，鑿魚池，課子孫耕讀，至今稱盛云。

（選自《白竹盧氏宗譜》民國庚辰重修本卷一）

章墩形勝記

章墩在縉云美化鄉白竹，離城九十里，山水融結。五峰先生雅好風水，知爲興隆地，乃築室其間，由黄岡而遷居焉。於下砂歃處纍土爲墩，植松柏樟株其上。列石爲几，布塊爲坐，宜棋宜酒，宜避暑乘風。説者曰，上有巨樟，清陰翳蔭，爲章墩雅致之士常論古談今，吟詠其間，古有詞壇，而此爲章墩云耳。且其地四山聳翠，後有插花數層之峰，前有連浪三汲之美。屏山自上而遥臨，金尖由下而拱顧。其茂林修竹、雅石奇峰，不可枚舉。又有曲水縈洄，名潭澄清，疊砌高墩，以護水口，建造大橋，以匯源泉。是以人傑地靈，賢豪迭出，山環水繞，家道日興。生人辭意從容，不聞囂淩之習；處世存心豁達，儼若仁里之風。而先生卜居於此，真不愧若考作之於前，厥子述之於後，而孫支分處於暘坡、西垢，各成一方之形勝者，莫不藉我翁之喜談地理有以致之也。

（選自《白竹盧氏宗譜》民國庚辰重修本卷三十四）

暘坡形勝記

瑞峰　文信

世傳吾宗爲白竹盧氏者，緣自泰公徙居兹土，忽産白竹二株，瑩潔如玉,亭亭特茂,每當朝日露曦,葉呈五色,光彩射人,咸稱奇瑞。蓋一姓之興,此爲之兆,今其地尚以"白竹崦"名焉,數傳漸盛。

歷宋、元代有顯者,山林隱逸、曠達俊傑之士未易枚舉。國初五峰公遷於黄岡,而章墩、暘坡、西坵、長潭、龍溪諸處皆由此衍。所居成聚,皆克振家聲,而暘坡爲最盛。諸山顧會,其源自遠,皆十數里餘而來,匯於一區。賓主朝迎,左右顧盼,天乙太乙上干云霄,禽曜諸辰逼臨水次,華表捍門,星羅棋佈。萬山之中開此名勝,衣冠文物宜振興未艾也。

吾侄都運栢峰繼先尚書公之志,續成宗譜,修舉祠宇祀事,匡復軍田,以爲百世計,信吾族中興盟主也。吾深嘉而不能爲力,爰念家之有乘,猶國之有史,有大淑慝人人所得書者,敢附一言,以嗚其盛,諸凡家世源流,宗譜所詳載者皆非所贅。

立合約存仁公下梅、柏二房。

原有常屋基三進、夾廂兩重,土名即是"三進屋基"。此係發祥之地,所關非輕,詎可廢壞?迄今世遠年湮,不能無買賣之弊,今裔孫設席商議,無論活絶契據,已賣者常邊出價取贖,未賣者仍歸常邊管業;倘有隱瞞契紙者,遂爲故紙,不作爲憑。其基地門路悉照古式。面同房長申行:石藏　石後面石藏。石外,出坑通路一條,計闊捌尺,以便出入,四至均有石藏。石爲憑,以杜争端。自今立約以後,不許照股承拍,又不許易賣等情。上顧祖宗之遺址,下留子孫之構堂,各宜存繼志述事之深情焉可。

今恐無據,特立合約二紙,各存一紙,永遠存照。

同治十三年九月二十日立。

立約:梅房下裔孫炳燦、國富、金連、新富

柏房下裔孫繼安、禮金、繼朝

見中:庫川井思昭、鴻禮等

(選自《白竹盧氏宗譜》民國庚辰重修本卷三十四)

西坵形勝

西坵者，九世祖怡十九公卜居之地也，在縉之東竹川之畔，與暘坡對峙。坵位於西，即以“西坵”名焉。

前對錦屏峰，後倚天馬山，蛇岡逶迤其上，龜阜雄鎮其下，山水襟帶，美麗可人，雖盤谷、輞川，何多讓焉？故自開基以來，代多富饒之家，世肇人文之盛，至其人之任天而動、率性而行，意山川之鍾毓而然者也。若夫聚族蕃昌，析居不一，近而黄岡、暘坡、士屏、上屋基，遠而東陽、浦江、開化諸派，又皆各成其族。

土著一方者何？莫非發源於西坵之地也哉！

（選自《白竹盧氏宗譜》民國庚辰重修本卷三十四）

長潭基圖序

五云深處，秀毓長潭，水光接天，波流注海。祖八盤而障縉東，環兩川而繞江左。金大士，玉美人，主賓盡趨迎之樂；上黄蓮，下赤壁，輔弼環拱揖之歡。望天馬以奔馳，飛峰捷報；顧騎龍而踴躍，勒壁榜屏。是以文岳儲精，轂山毓秀。峰聳南極，代生耄耋之仙；岳峙東華，時産文章之士。攜二朱於桃源，何殊劉阮？垂一絲於牛石，豈讓嚴陵。石頭城接水云樓，荷塘影浮環翠館。層閣溪環，蕩漾金波明月；兩山翠拱，嶙峋玉樹青霄。春雨泛松溪，耕於田而漁於水；煙迷竹屋，林不密兮山不深。巍巍乎！浩浩乎！細雨過後，山色蒼蒼，清風時來，水波疊疊。此則長潭之大觀也。

吾祖尚十五翁，自甘蠖屈，不羡鸞棲。擇地攸居，燦爛空中之樓閣；買山結室，逍遥物外之煙霞。繫舟鸞石，盡力徜徉；把盞龜巖，隨時自適。乃祖弘基，知江山之有待；惟孫拓址，識花柳之無私。天地變化，草木蕃生；宇宙文明，斯文接踵。書聲徹於金鐘，文光射於牛斗。直諒多聞，師師碧筠之人物；駿奔儼恪，濟濟旌義之英豪。憑玉几而清冷瑩如，眼空天地；撫石琴而音韻珊然，氣塞乾坤。棲鳳奮翼以憑虚，借便風云之會；鎮龍飛濤於百丈，不須雷電之資。地靈人傑，千年挺拔並南山；派遠流長，百代汪洋歸東海。敢紀形勝，喜太初融結之自天；用闡宗功，俾奕世銜恩於極地。

萬曆三十七年，歲次己酉春王正月，醇初繼禮克讓甫撰

（選自《白竹盧氏宗譜》民國庚辰重修本卷三十四）

庫川基圖序

夫庫川者，山水之所薈萃也。其都則係邑之廿六，其地則在縉之東隅。西接潛溪，東鄰金竹，源泉在右，而基居左。左凝其石以成形，右旋其左以成庫。庫之所成，即左之所凝也，故名之曰"左庫"。

内通台、温，外達金、衢，王山聚秀，泗水瀠洄，金星映耀，云坡環抱。左倚屏峰月角，右輔赤壁雁門。雅愛山水者，咸謂此地當有人傑出焉。是以恒十一、十九二公，由竹川暘坡而卜址於斯也。

追念先人之懿德，猶賴後賢之宏圖。自始祖泰一公遷居白竹，歷十有二代，而孚行二十二公賑粟一千二百石，曾孫桂林太守點公、刑部尚書勳公因而奉旨建造旌義門，聲名洋溢，流傳不爽。迨至於今，又十有餘傳矣。家聲丕振，瓜瓞綿綿。雖曰地靈所鍾，實由太祖之流澤孔長，而卜址之貽謀爲甚遠也。

兹當鑑定家乘，特爲繪圖載址，而並爲之記云。

時嘉慶二十二年歲次丁丑桂月吉旦，裔孫伯瑞敬撰

（選自《白竹盧氏宗譜》民國庚辰重修本卷三十四）

龍溪簡説

龍溪在二十七都四保蓮嶺之上，柳溪之下，文溪還流，平坡成局，而壬丙作向，猶多佳景，高人雅士嘗取爲吟詠之題。如"澄潭映月""古洞留雲""峭壁倚松""港石回瀾"，山水形勝，難以枚舉。

舊名“后田”，説者謂自士才公由長潭西頭派遷居，築室其地，平基定磉時，得一鐘鈕，遂更名“鐘頭”。因本邑土音“鐘”字讀作“莊”字，再改名“龍溪”焉。

更號龍溪基圖記

乾隆四十年歲在乙未，潛溪廷光胡夫子館余里。時維暮春，節屬上巳，天氣方新，年光未促。蓬池禊飲，才人醮筆而争題；沂水春風，狂士臨流而一浴。與其歌嘯一室，何如倘徉林泉？於是攜我同人，且行且止，遊目騁懷，觀山水之競秀，睹花柳之争妍。

覽勝方歸，余友不禁興然嘆曰：美哉兹土！五云基址，罕過於斯。東鄰柳溪，合三川以環流；西界蓮嶺，阻八盤而拱顧。金獅伏於輒地，騎龍蟠在瑶池。後湖長養化龍之鯉，外塘輕浮元甲之龜。梳妝美女，高人信堪作賦；撒網仙人，雅士亦可題詩。寨尖挺秀，高出將軍之户；架峰挹翠，偏對處士之廬。榜石高懸，玉尺桁環，何殊李愿盤谷；青潭屈曲，黄溪蕩漾，豈異子厚愚溪。松園瀑布，飛來一派銀河，作波濤於三星；圓石迴瀾，望去千層淺緑，接飛泉於百丈。縱遊古洞，疑是湖山飛峰；垂綸磅巖，祇道渭水釣臺。上下方塘，若月池之繚繞；内外假山，如重城之回環。還見夫層巒疊翠，巍巍乎自北向南，白象交鼻而出；霞璧云峰，奕奕然自南向北，蟠桃注目而開。何莫非天地之形勝、山水之奇觀也哉！況大宅姓盧氏，支分白竹，派衍長潭。縉東望族，括郡高楣。何居乎而必以“莊頭”名？

吾因是始告以高祖明處士謙七十公，舍西園之舊宅，望東土以圖新。定磐石於南向，獲鐘鈕而兆名。不謂土音以“鐘”爲“莊”，亦猶邾人以“豬”爲“都”，齊人之以“得”爲“登”。繼則思我桑梓後山名爲“騎龍”，前水乃曰“文溪”，蓋水得龍而益靈，龍得水而愈神，曷不更舊名而再號“龍溪”？

時乾隆乙未年春三月上浣之吉，裔孫端方焕然記

（選自《白竹盧氏宗譜》民國庚辰重修本卷三十四）

東穀風土説

東穀之名，何自昉也？蓋因東穀峰，志載：在縣東九十里，高入雲表，旁有響洞，下有獅巖藏書洞，其中爲燈擎山。相去百餘步，忽然開拓一大坪，爲明季太祖汝純公避寇處。其後子孫蕃衍於兹山之下者。近水則以東岸名，依山則以穀山名。其風樸，其俗勤，種竹栽桑多柿栗之屬，率子姓戴星擔月，犁云鋤雲。秀而文者課之讀，非徒爲取功名，且以維持雅化。

數百年來，安居樂業，無詐無虞，咸聰聽祖考之懿訓。嗣是有不率教而習浮澆者，先祖陰遣之遠方，無汚兹土。庶幾世積人繁，風良俗美。《詩》曰“君子有穀，詒孫子”，我東人無忘此意焉可也。

（選自《白竹盧氏宗譜》民國庚辰重修本卷三十四）

壬塘槐花樹基序

邐迤括州，迢遥蒼嶺，崢嶸北極，聳峙東樓。由竹水而鶯遷，得槐花之鴻址。派分窖里，壤接暘坡。曾爲兩浙通衢，實屬五云深處。既植謝家寶樹，奚啻孟氏芳鄰。昨徙壬塘，構堂改成先兆；重開甲第，謨烈佑於後人。蓋緣尚書冰清，太守玉潔，流遺有穀，垂裕無疆。振振呈麟趾之祥，詵詵頌螽斯之福。不尚囂塵地，可見可潛；現有舊田廬，或耕或耔。懿兹佳境，堪號名區，旁雲臺以障縉東，環管溪而繞村左。朱鵲配乎玄武，主賓盡趨迎之歡；虎踏對諸馬蹄，輔弼旋拱揖之美。彈琴竹塢，還遊十八洞天；拾翠花坪，接來廿四番信。青蛇石磴，宿應太垣；白象嵐峰，星臨天乙。牧童横牛背，笛短聲長；耆老上馬鞍，笻攜色笑。槐枝競秀，祥符九棘三槐；桂子飄香，瑞兆一門五桂。崗巒棋布，疊嶂重回。括蒼山則拔地摩天，響鈴巖則吟風弄月。澗泉觱沸，流宜枕而石宜漱；冷水澄清，朝可浴而暮可濯。譬彼漁翁之入，豈讓桃源；擬諸李愿之歸，亦云盤古。書院跡古，弔當年虎觀魚更；云幄鼎新，即此日雞窗雀案。瞻清塘而明星倒影，依然萬斛珠璣；望壺鎮之衆水洄瀠，别有一天河漢。霞蒸則文章排闥，霽映而繪彩當門。老鷹巖之儀容，千秋不老；盧龍山之秀氣，萬代鍾盧。白云殿保障一方，赤溪莊相違數武。將見人文蔚起，士氣維新，有以迪其前光，抑且昭兹來許。

時維夷則，令紀蓐收。宗弟寅致雁銜，叔父申臨鳳札。乘將告就，誼不容辭。標揮毫自揣雕蟲，握管貽譏刻鵠。幸居聯牒，妄敢成裘。雖無切琢之章，亦屬圖書之府。歌曰：

括郡名區號括蒼，宦家孫子相陰陽。群峰聳翠星羅列，喜見前山福履長。

槐花一樹萬年枝，滿眼芬芳秀且奇。聽到高崗來鳳鳥，聲聲共唱太平時。

時咸豐十年歲次上章涒灘新秋穀旦，族末極峰錦標拜撰

（選自《白竹盧氏宗譜》民國庚辰重修本卷三十四）

石門形勝

邑南去西明洞東十餘里，有兩石，傑竪如門，故里以“石門”名。環石門皆山，荷峰面列，獅巘後峙，雙澗合流，拱抱如揖，誠勝地也。

聞先周姓聚族其間，歷有年所。越數世，范陽處士盧綱公自括蒼遷卜，手創門楣，迄今十數傳矣。桂馥蘭芳，繼承勿替，居是里者，父老古樸多尚義，喜培文物。前道光甲辰，蘭汀包夫子曾講學其地，化雨所滋，蔚爲桃李，前後破壁去者多人，論者謂秀氣咸聚於兹焉。

然則地靈人傑，覽物之情，其能已乎？彼夫日掛桐枝，月沉松麓，晦明還往者，石門之朝暮也。草碧山城，葉黄山塢，任開辟於陰陽者，石門之時序也。至於向溪亭而望杏，登山閣以瞻浦，東産西塢黄犢一犂者，石門之耕也。履白石，上紫巖，挑木擔而着芒鞋，時長嘯於甑山巔者，石門之樵也。施罟菱塘，垂綸荷沼，斜風細雨，樂樫水而忘倦者，石門之漁也。每當春和日麗，更惠好風，聽雲峰之鳥語，分香塢之

花光，相與樽酒賦詩，及時行樂，則惟石門之文人學士輩獨領其趣焉！

夫播芳塵而鼓餘波者，非文莫傳。而余又不文，姑不辭譾陋，攬筆爲記，非敢自謂有合也。爰附圖末，所以備異日寫畫不謬云。

時咸豐十年歲次庚申荷月立秋前七日於荷塘北舍，庠生箴甫陳寶銘拜撰

（選自《白竹盧氏宗譜》民國庚辰重修本卷三十四）

盧秋記

五云盧秋，白竹之分衍也。

“盧”何以云“秋”？適其始遷之景也。“秋”何以云“盧”？從其姓氏之號也。則是盧係以秋，則秋以盧傳；秋係以盧，則盧亦以秋傳。而盧秋之名，有由來矣！

然不僅有其名也，必有其人以主之。主之者誰？松公也。松公，盧秋之鼻祖也。公自白竹而遷，按其山川，考其形勢，樂其居址，可以開拓鴻基，恢宏厥緒，將來必有與竹川後先輝映者。惟是築室於斯，漸而繁其生殖，漸而廣其田園，漸而增其生齒，遂足以雄據一方而獨辟乾坤焉，謂非古之人傑歟？

以彼祖居離易百有餘里，東南兩地音聞杳然，致舊編淪落，良可慨也！今幸重修之日，得之傳聞，訪之故老，始知盧秋之派，洵竹川之遺裔也，即其裔下子孫思忠、道和、茂如等，皆有木本水源之思，遂以先代行第、生卒及現在丁衆，開明排列，若合符節，不益見吾族之奕葉光大也哉？況其子孫，綿綿肇瓜瓞之盛，振振叶麟趾之祥。因流而溯源，則流緒以正；審異以致同，則世系以明。前者不失，後者不紊，自此而推之一世以及乎千百世，無有乎弗同，無有乎或異，無有乎或變者也！

兹當譜事告竣，故樂爲之記。

乾隆廿二年歲次丁丑季冬月之吉，坡左族末鴻京頓首拜撰

（選自《白竹盧氏宗譜》民國庚辰重修本卷三十四）

大塘垟圖説

大塘垟在永東孝義鄉之四十五都，其地四圍皆山，有塘淵然，而中開一洋，若桃源人家，若李愿盤谷，此里之所由得名也。

吾祖觀行思星公、有行真發公，由五云竹川卜遷於此。衣嶺東嵌，屏峰西峙，白石堆云而上矗，清泉接澗而下流。其山迤邐而來，迴環而聳秀；其水潺湲而過，屈曲而洄波。此則大塘洋之勝觀景也。二公既得吉卜，則肯堂而肯構焉，凡以攬溪山之勝云爾。

若夫地靈端藉人傑，是所望於後子孫之賢者，即高祖真發公、高妣陳氏合厝後山眠犬，先祖同妣合厝後山，祖修英公厝黄坭崗背蘭花。鍾靈耶？毓秀耶？是尤望於後子孫之孝者，毋徒負形勝以貽山水羞。

裔孫元圃點魁謹識

（選自《白竹盧氏宗譜》民國庚辰重修本卷三十四）

羊母田基圖序

右基係二十六都羊母田，離城七十餘里，先祖濟行一百五十四諱有德字文修公始遷於此也。

蒼山挺秀，曲水縈環，上有凸巖對峙，下有雙巒迴抱，雖無曠觀大地，亦足以適志安身。故自永邑方巖下堂慈遷居本境以來，代起饒裕之家，世接人文之盛，豈非地靈而人傑也哉！蓋人傑必因乎地靈，而抑知先祖卜宅之貽謀爲甚深也。

兹當纂修家乘，繪圖載址，非爲一時觀美之計，實爲奕世流傳不朽云。

時嘉慶二十二年歲次丁丑仲秋月中浣之吉

（選自《白竹盧氏宗譜》民國庚辰重修本卷三十四）

金村序

邑之南有金村者，四友喬遷之地也。其在盧姓曰若龍曰若英，其在胡姓爲紹文爲紹勳。分而言之各自爲兄弟，合而言之皆締爲友朋。維四子者，少而同遊里巷，長而共業詩書，情性之和諧，氣誼之孚信，古云石交，豈不謂然！

居無何，四子以卜宅詢余。余曰："南鄉一帶，峰巒擁簇，度厥居陽，蓋難言之。然英賢不擇吉地而生，奇勝不因俗情而隱。吾宿所經括蒼幹分大枝，迢遥而入青田，此龍經汝境而大有磅礴焉。汝輩欲卜云其吉，毋謂吾生已晚，盡爲他族所居也。"諸子遂偕行，遊乎官路之上，登最高頂，曠觀大意。降至土金星趾，見夫水宿展開，靈機會聚，左環右抱，後護前朝，曲水瀠瀠，秀山疊疊，羅城周關鍵密。撫兹佳境，豈不奠厥攸居哉？時從者俱喜，遂利遷於此土焉。

盧氏二子來自盧秋，胡氏二子自大黄至。其經之營之而築室落成者，分之則四其家，合之則一其宅。倘將來未艾而富，以其鄰閭里之光甲於東南，亦何足怪者，而吾獨佳四子之能和衷協志，已成斯舉也。嗟乎！"友以義合"，吾聞其語矣；"義而同居"，未見其人也。若四子者，自壬寅來，迨至今戊申，亦既共處七年矣。入其家，秩然有序，藹然相親，是以朋友而爲兄弟也。善則勸之詳，過則規之切，是以兄弟而朋友也。

吾誼忝友生，當年講學同堂，今見洽比而處，其義氣真情非偶然者。度之理數，其後當勉之勉之，予日望之。

時乾隆五十三年冬月，恩貢生金竹朱芳苑撰

（選自《白竹盧氏宗譜》民國庚辰重修本卷三十四）

鎮雅堂圖記

鎮雅堂，盧氏門第也，建立百有餘歲。負白鹿，面錦溪，右峙太白，左瞰甑山，形勝麗而民氣淳。鄉以白峰著，有上、中、下之别，盧鎮其中，得其正。上張、下何，他姓亦繁，居合二百餘家，扶持守望，誼若同胞，一共和村落也。額斯堂者，藹然興和親康樂之思，而雅頌謳歌，風行成俗，美播仁里。知者擇處，夫而後知白峰之族有此數姓者，良非無因也。願世之登堂者，顧名思義，而有以鎮守其風雅，則幾矣！

是爲記。

時民國十五年仲春月，東山孫式麟識

（選自第三支《鹿峰盧氏宗譜》民國丙寅年重修本卷一）

宅勝記

余稽皇輿，稱"大觀"者夥已，而錦溪乃東邑名勝地，爲盧氏世居，學士大夫文詠，用侈其盛，鑿鑿可考。

余遊焉，瞻彼喬木，雲委萬蒼，猗歟，斯崇虬巢鶴爾耶？瞻彼環流，一帶天然，猗歟，斯濯纓躍鯉爾耶？測以圭則景正，察其壤則英鍾。適其埜，桑沃而麻翳，畛衍而稼豐；入其第，家絃户誦；炙其人，頂仁戴義。出層崖，登前邱，俯重淵，徘徊錦溪之上，縱目四野，曠蕩之觀，若有所得，留戀太息：蓋所謂錦者，豈非盈天地内宏偉奇麗，有足爲人讚美之謂歟？彼日月聯標，云霞散彩，斯天之錦也；川麓鍾英，園林薦藻，斯地之錦也；若夫文章琬琰、詩賦珠璣，斯非吾人之錦乎？而錦溪天造地設，氣化妙運於人，于以配三才，乘時而抽秘。

按盧氏祖先未相兹土乃邃落之區，韜靈閟蔚，造化所以資吉人。及其卜兆，辟草萊而經綸，披荆榛而輪奂，吾人所以贊造化，譽爲華宗，亦曰洪支。棊布星羅，綺交繡錯，雲仍接武，頡頏後先，祖考休有光，山川亦生色矣。庶幾"大觀"之稱，是亦皇輿一聚窟洲哉！

余謂錦溪既靈，因人而著，盧氏既傑，得水而昌。挹扶輿清淑之氣歸諸肺腑，吁吸乎寸心，以貫通乎百脉，勝已！因爲之記曰：

繞宅而流者，源於石大門，猶禹關之致。瀉洋溪而匯於錦溪，合蟠溪、嚴溪、桐溪、練溪、晝溪、武衢諸港，而注之渤海，幾與羅江、錦江、錢塘、揚子諸名川爭麗。繞宅而峙者，又有丹山，支分小嶺，由白嶺横山脱胎卸息，偕冠山、安山、楊山、駱山，根白峰、連水、括蒼，而企之昆侖，幾與羅峰、綿竹、東山、泰山諸名山競秀。繞宅而居者，又皆孝友忠誠、端方耿介，體質彪文，閎中肆外。考槃在野，則吟風弄月，悉暢天機；結綬登朝，則紆紫拖青，如拾地芥。振家之懿，克守其常；錦水之流，若增而大。紹先謨，垂後範，闡清休，播逸響，直與五府四名家三大族準古儗今爭華而競腴。

《詩》曰"有那其居"，其斯之謂歟？是爲記。

時萬曆歲舍戊申菊月穀旦，紫巍東逸子完璧趙賢球書於盧氏之行館

（選自《錦溪盧氏宗譜》民國六年重修本之廿八卷）

錦溪宅圖跋

宅勝之記，紫巍東逸子著之已詳，然讀記之勝，猶未稔披圖之勝也。

粤自西山公卜吉斯土，胥宇聿遷，蓋已七百餘載於兹矣。邀天眷於西顧，挹紫氣兮東來。錦流則繞北而環，丹麓則障南而峙。結廬而處，比户而封，雖云市井塵囂，不減山林風味。然則苞桑之固、磐石之安，洵非誇美也，至若利源之溥、沃壤之腴，更何足計焉？

相者曰"地靈者人傑"，余將以斯語卜之後起云。

席月山房錦堂父品藻跋，民國六年歲次丁巳孟冬月

（選自《錦溪盧氏宗譜》民國六年重修本首卷）

陽宅圖書後

吾族之宅於兩川間也，其發源大盤，經舉溪、練湖諸溪，迤邐一百

四十里，注此者名南溪。其發源東白，經五溪、渼沙諸溪，迤邐七十里會此者，名北溪。此形家言所謂“合襟”也。顧南距縣治之畫溪，實爲北溪，亦曰東溪，總謂之東陽溪，亦謂之吴寧溪。其自歌溪而下，計泰里、石潭至此約十里，則謂之定安溪。今考吾族所聚，蓋即古定安鎮也。

定安鎮之名不見於《一統志》《浙通志》、新、舊郡邑志，惟於齊息園《水道提綱》著之。意息園猶得見古圖經歟？

夫志書之作，多肇宋、元，稱詳贍矣，然不若古圖經之善，即若斯氏宅於㞧侣，許氏宅於藍硎樓，宣獻並於圖經，是據其明證也。而定安鎮之名所由立，亦自有説：漢興平二年會稽守許貢分析諸溪水門村置漢寧縣，《漢書·地理志》則增一字曰上諸暨。“上諸暨”者，《國語》之所謂“勾吴”，《水經注》之所謂“勾無”也。地勢延亘，其去下諸暨縣治約百十里，西去烏傷縣治亦六十里。於時民人稀疏，村聚寥闊，水道依崖而下，未有泥淤沙礫之患，可通舟楫，其紛紛藉藉下游之溯流向上者，貢輸賦税，貿遷有無，必視此爲咽喉。越千百年以抵今，即爲入紹、入杭、入台、入寧之孔道，形勢豈有易耶？特其初衆姓羣居，如同萍寄，地媼弗之福也。南渡以還，我始祖宗的公由麗州石馬來遷於此，非必挾郭景純青烏之術、邱延翰海角之經也，而川澤訏訏，定爲樂土。繼此即巡司公、廷尉公、上舍公，皆歷仕宦，荷寵榮，四世一堂，壽躋耄耋，其明驗也。

《穀梁傳》曰“水北爲陽，水南爲陰”，吾族居此，陰陽諧矣。《爾雅》曰“沙土之人仁吾族”，居此可言仁矣。《吕氏春秋》稱“甘水所無重輕苦辛之病”，吾族居此，洵多好矣。

初八世祖司業公著《景行篇》，以追崇先德。積之厚者流必長。高山仰止，其尚溯諸流水間乎？

時大清道光庚寅年仲冬上瀚之吉，餐菊子標撰

（選自《安溪長堤盧氏宗譜》民國辛巳年本卷一）

大龍山記

長堤之東有大龍山者，左控南江，右抵北溪，位置其中。東有香巖、九州諸山，聳拔峭擁，其後乃西面一崗迤邐而下，即中土大境之祖山也，豁然開場，長竟百餘里，土地平曠，村墟碁布，雞鳴狗吠相聞。抵予長堤乃尾間也，南北兩溪匯成一流。我祖肇基於此，東引青陽，西環緑水，得中土之勝區焉。

溯念大龍山者爲陽宅之本源，靈氣所鍾，呼吸相通。此山之崩峙，有關於吾族之興衰，其驗捷於影響。乃嘉慶八九年間，掘取山青，亦吾族顛覆之可慮。因此予同永宣、樹禧會各鄉鄰協議，捨資買其西面出脉一區，令人掌之，空陷者補之以土，繼以植木蔭風。嗣後吾族即有駿發之慶，華堂徵頤養於五代，康衢致頌祝於三多。至於洲義暢流，里井勝沾夏雨，寧海振鐸，桃李咸拂春風，無往而不休徵也，誠以此山寧静秀靈所毓。吾族之人文蔚起，皆在此大龍一山也哉。

時道光十年十一月瀚之吉，十八世孫倬志

附：

道光八年縣誌所載

大龍山在縣東五十里，自九州尖迤邐至此。北曰羊角嶺，爲諸鄉龍脉過峽要處，其中多産山青。康熙年間奉督撫大縣飭禁，勒碑縣前，嗣後屢禁屢開。嘉慶二十年，巍山趙氏、白坦吴氏、圳干金氏，合蔡盧上蔣茶場尚侃等處捐金，受金方全等羊田嶺頭民山一區，以爲數鄉常山。山青之害始息。

（選自《安溪長堤盧氏宗譜》民國辛巳年本卷十九）

族境圖

我族僻處深山，静如太古。丹崖碧嶂，繪錦繡於圖輿；翠竹蒼松，發英華於川澤。自始祖荒作而後，高原沃壤，共稱灑灑洋洋；迨本支衍脉以來，華屋那居，争羨林林總總。至於立廟以垂祀典，建祠以報宗功。貝宇珠宫，儼神仙之奥宅；山亭石室，極島嶼之嶔崊。悉載宏圖，足徵巨族。

本族舊名"六科"，義無可考。或曰：科者，坎也。君子之道，盈科後進，於數爲六，若卦之六爻，其數盈矣，是則六科即盈科之謂也。本族地臨川上，因流水而命名，厥旨深哉！

按縣境圖在西北之極，屬三十三都四圖，鄉曰芳山，里名利仁，南至縣治九十里，北至處州青田界三十里，東至永嘉界五十里，西至泰順界六十里。所居之地，内寬衍而外縝密，朱洋控其左，黄崙挹其右，面南陽而枕雙飛諸山，極形勝之饒者。

（選自瑞安六科《范陽盧氏宗譜》民國十年重修本卷一）

石船亭

在本族東南隅，依巖爲址，巖如石船，故名。額曰"溪山第一"，邑令陳公永清題曰"蔚然深秀"。

（選自瑞安六科《范陽盧氏宗譜》民國十年重修本卷十一）

大宗祠

在本族中區，左跨東山，右聳甑巖，兀如兩耳。前臨清潭，後枕平阜，極形勢之勝。

本祠坐乙向辛，正廟一間，左右耳房各一間，兩廡各三間，頭門五間。康熙庚戌年建，乾隆癸亥年增拜堂一座。

墳　院

在東山之角，十一世祖金峰公墳前。祀堂一間，左右貼房各二間，石門一座。明嘉靖年間建，後圮。國朝雍正庚戌年依原址重建。

雅社宫

在本族東南隅，前臨清溪，後枕北山。本宫凡三楹，中奉真武神像，每歲上巳，會社人以祝神誕。

地主廟

在本族東南隅，凡三間，中奉神霄玉府玄壇趙真君。

我族十一世祖諱朝珣公，作商武林，將歸，夜夢神人，黧面長身，手持鋼鞭，切示之曰："明日海颶忽作，不利於舟，汝其圖之。"次晚，公泊錢塘江上，見江濤拍空，兩舟連溺，由是且懼且喜。徘徊江皋，遇一古廟，其神像宛如夢中所見者。觀其神主，上列神霄玉府正一玄壇趙真君銜，乃俯伏叩謝，願分香火，奉爲地主之神。既而卜筶吉，遂歸而立廟焉。

神於三月十五日誕辰，里人視之如考妣，牲醴庶羞，罔敢勿虔，凡過廟者，其敬有加。

玄帝宫

在東山左角，正宫一間，貼房二間，左右耳房各一間，中奉玉虛師相真武靈感應玄天上帝。

按本宫初議，建址於本族之西，其地曰山塘岡。工料已備，有昭福寺僧某者出而示曰："此非棲神之所，須移其址於東山左角。"乃挈其料於潭，凡一棟一梁非五六人不能勝者，僧以隻手擎之，隨挽下章林姓者曰："可將木料乘流而泛東隅，我爲爾鄉除妖廟，更立新宫可耳。"衆曰："毁舊廟，建新宫，何以孚衆志也？"僧謂："舊廟非祀典之神，至所稱黄大娘者乃妖神也，以真武神鎮之，將化妖爲祥矣。"遂以禪杖擲地，且喝其舊神曰："爾速去！爾速去！"時舊像立潰而新宫成焉。

後塑僧像於宫。康熙庚辰歲重建。

太陰宫

在東山之右，正宫一間，左右貼房、耳房共四間，東西廊各一。頭門三間，中奉天仙聖母馬氏元君，合祀陳十四夫人。康熙癸亥年建。

昭福寺

在本族西北隅。明永樂中青田劉誠意嗣孫世延鼎建，後圮。國朝康熙乙巳年，我族率衆重建，並捨香燈田畝。乾隆二年，水溢山坍，本寺被壓。族人掘泥以求佛像，仍募族資，重新如故。

按：本寺有故僧素遠者，戒行嚴密，及涅槃，停櫬於寺。俄而山坍寺壓，衆方憫之，至掘泥而櫬無恙。衆謂該僧清修之報，後移葬荷山。○又香爐一個，乃榆根所結，兩耳鼎足，不琢而成。此素遠所極鍾惜，焚檀以奉佛者，並於掘泥之餘得之，毫無傷痕，亦奇矣哉！

（選自瑞安六科《范陽盧氏宗譜》民國十年重修本卷十一）

附 祥瑞

康熙六十一年壬寅，本族世瑚家産雌雄白燕各一，雪身，嘴距朱色，晝飲清溪，夜宿於梁，清音嘹亮，迥異凡鳦。瑞協營弁遣兵羅之，不獲，後遁入深林山中，人尚聞其音者。

（選自瑞安六科《范陽盧氏宗譜》民國十年重修本卷十一）

迴龍橋並字紙爐記

古之善擇處者，未營宫室，先觀水口。何則？水口秀麗，則多生學士；水口反張，則難聚丁財。關係甚大，不容忽也。所以吾族盧氏家老會聚商議，創捐建造，興工動土，疊石爲橋。東就山石之堅，西接城頭之固，上架以屋，連建路亭。凡門前之水從東迤邐而來，與夫村右之水從旁曲接而下者，至此俱有迴環之意，因顏其橋曰“回龍橋”。

至從路亭而望稍有空缺者，復建“敬惜字紙”之爐，疊石爲之，外實中空，形如寶塔。

其事肇基於壬午，告成於癸未，一以重斯文之在兹，一以庇龍氣之漏泄，非徒以侈遊觀、供玩好已也。爰登譜牒，以俟後人采風云。

時龍集光緒捌年歲次壬午冬月之吉

（選自石江《玉川盧氏宗譜》民國丁丑年重修本卷一）

水口亭記

辛未冬，余從父老遊涉土垣。步北郊，瞻伏虎，矚睡獅，碧水雲岫，風景天然。中有隙地，東傍羅星塔，西帶清水溪，議建小亭，俙遊憩息。憑林起棟，積石爲基，編茅三椽，以資點綴。

一唱衆和，不日告成，遂命名爲“水口亭”焉。

憑欄四顧：山峯紆回，蒼松古柏盡收眼底；一泓横貫，輕儵白鷗率置亭前。遥望可窮石岡之螺螄巖，一無所阻。晚聽山禽樵歌，心曠神怡，遠覩斜陽暮樹，流戀忘歸。雖會稽之蘭亭無以過之，第以愧乏當代名流暢叙於斯，有以傳之耳。夫亭亦有幸有不幸邪！

俛仰古今，感慨系之，因爲之記，以示不負斯亭之意云爾。

時在民國丁丑三春孫新民識

（選自石江《玉川盧氏宗譜》民國丁丑年重修本卷一）

蔡岙考

蔡岙在今樂邑東鄉十八都地方，背山面海。前面大道爲台、温往來所由之路，後山高峰爲金字山。屋舍皆背山而居，與蒲岙相隔一嶺。

當日盛八公見其土地寬曠，可以開創。時元、明之際，國步爲艱，不圖仕進，退隱其地，披荆棘，剪榛蕪，創造東、西二宅以居。地乏可耕之田，建築長塘一千七百丈，沿海爲田三千餘畝。又立清江、白溪二渡，南通八閩，北走三吴，歲得魚鹽之利以萬計。

傳至八世，遂成巨族。當國字、朝字兩輩，海氛不静，賊據玉環等處，蔡忝濱海，遂遭寇掠，不可居住，各挈家遠避。遷避多時，賊夥棲屯，屋舍焚毁，海波沖激，塘埭崩圮，其地遂爲荒域。續後，國璣公子朝坡公自西坑轉居其地，興復舊業。至今保守祖廟，看管墳塋，賴此一支。故考以記之。

（選自《黄巖盧氏宗譜》民國丙寅重修本卷首）

里　宅

人文鵲起，子孫衆多，必其所居之地山川形勝，靈秀特鍾，所謂地靈人傑也。我族自國字輩遷徙以來，各自成族者不可勝數，使里居地名不詳書載，覽者難於曉識。兹將所居里宅載明某府某縣某鄉某都，紀其東西南北以及山水道路，觀覽之下即知某公某派之所在，雖在異地，如在一鄉，於敬宗睦族之意自無難致者矣。

烏　巖

在黄巖縣西鄉八都，離城四十五里。北通台郡，南連永樂，北界仙居，爲邑西之巨鎮。里之中爲街，西有山曰西山，北有溪曰北岸，西有溪曰小沸，東有溪曰長潭，南面俱良田。四山聳秀，土地開厰，住宅俱坐北向南，西向者間亦有。每月六市（三、七市日），四方紛集，買賣至晚而散。

上　嶒

在黄邑西鄉十七都地方，離城六十五里。其地四山環繞，土地平曠，俗厚風淳。國楚公遷此。

下　堂

在黄邑西鄉十二都地方，離城七十里。公純公遷此。

黄杜嶴

在黄邑西鄉十二都地方，離城六十五里。其地山明水秀，氣局宏敞，宜其代産英賢。子綏公遷此。

沈嶴下葛

在黄邑西鄉十都地方，離城六十五里。國是公遷此。

石庫洋

在黄邑西鄉十四都，離城七十里。朝勤公遷此。

西　蔡

在黄邑西鄉十都，離城五十里。國士遷此。

郭　奥

在黄邑西鄉十都，離城六十五里。朝瑄公遷此。

下　園

在黄邑南鄉沙埠，離城四十里。永雷公遷此。

新店項

在黄邑南鄉沙埠，離城三十五里，其地系新店街下街地方。君任公遷此。

古　竹

在黄邑西鄉，離城二十里，其地曰東嶴。竹樹叢茂境幽静，有太行盤谷之勝。邦傑公遷此。

古竹下屋

在黄邑西鄉，離城二十里。朝佐公遷此。

（選自《黄巖盧氏宗譜》民國丙寅重修本卷首）

之玄嶺水口記

自來陽宅之道，有成於天者，亦有成於人者。天成者，自然之形勢；人成者，培補之功力。

憶吾始祖卜居兹土，向陰陽觀流泉，覽峰巒之挺秀，睹龍脉之曲折，堪輿家過而目之，曰："此鮮蝦過峽也，其體之玄，其嶺平夷，因地命名曰之玄嶺，甚爲相宜。且龍氣之滂渤，形勢之翔舞，山環於右，水繞於左，茂林修竹，清流激湍，枕伏虎而成村，面金星而聚族，土地平曠，阡陌交通，其盤旋曲折之妙，有不可以言語形容者，惜乎水口莫攔，財源不聚。"

先祖有鑒於此，左建土穀廟，右造永福庵，中築堤埂，栽培竹木，以補不足，見者莫不稱頌。

憶先人比閭而居，佈置得宜，垂裕後昆者，可謂盡善盡美矣。惟廟後左手蔭木數株，歷數百年來勿翦勿伐、欣欣向榮。近因人心不古，鑼鼓會之人目爲會有，私行出租。幸有後裔承先人之遺意，詠《甘棠》之佳章，又不忍同室操戈，出爲調理，敦族誼而存庇蔭，庶不負先人植培之苦心也。竊恐後嗣復起争端，聊書山水之秀、水口之美，而爲合族之庇蔭焉。

是爲記。

時民國九年歲次庚申孟春全浣之吉，二十一世裔孫藴文謹誌

（選自《諸暨梓越嶺盧氏宗譜》民國庚申重修本卷一）

枝柏山大堂屋志

歲在甲寅，季冬之月，余在書房，披覽譜册，有見夫祠堂記墓銘，

遂想乎枝柏山大堂屋一事。

適有明十七公下房長嘉銀、士元、士英，進五公下房長學坤、嘉漢、大銀等仝集來告余曰："夫枝柏山，係吾族始遷祖寧三一公開辟之地，故譜所號派名亦稱枝柏山派。溯自先祖遷居於此，建大堂屋一間，堂屋之前鑿方塘一口。推先祖之心，以永居此地無不可也。殆不知孫子綿綿，地狹難容人衆，後分居於枝柏坑、新屋等處。近來大堂屋傾壞，祇有屋基在者十有餘年。後有學坤者，其堂屋右左大房，基係其已基。宣統年間，學坤謀新已宇，向常商議將大堂屋一連建造。常中因造資無辦，聽學坤出税自建，改作規制，將堂前方塘填下四尺有餘，平下舊基四尺有餘，又比舊日所造前一丈餘尺，故其堂屋後有餘基塴脚爲界。常中幫貼學坤欄步柱二根，面議堂屋元旦佳節以掛始祖越國公神像，平日凡有合處公事並及紅緑緊要等事，概應用無異言。遞年宗祠常收學坤基税錢八十文，有立憑筆爲據。其遞年收基税錢八十文者，意不重在錢，而重在遞年可相傳也。夫今大堂屋係學坤出費，已造重新，因固不可不念祖宗始遷之地之基也。今冬修譜將竣，汝理其事，當立爲記，以載於譜，以示世世子孫知其由來矣。"余曰："然。"

是告也，是可謂不忘本也，遂援筆以房長之言志之。

時中華民國三年歲次甲寅季冬月之吉，廿九世嗣孫士豪謹誌

（選自方山《玉川盧氏宗譜》民國甲寅重修本卷一）

圖　説

白隴疆域，東北枕楝樑山（有方界嶺、大嶺、小嶺三路），西南接壺鎮、厚堂，地屬高原，有居高臨下之勢。

後宅爲肇基。慶一派居下屋，又由下屋分遷長坑；其在慶二公唯積三與積七仍居後宅。榮一下積一則遷後葉，積六則遷前畧，積十四則遷前宅，積廿四則遷上宅；榮二遷新屋，其下積五居上廂，積十一居

下廂，積七下亦由後宅遷居。又有流寓廣東者：榮十遷小陶灘，其在慶三公則先二兄而遷田畈，榮六爲前分，榮八爲後分。榮八下積三十二又遷石明堂。

就各村地盤觀之，前嶴爲最，石明堂、下申屋次之。前屹山脉由方界嶺、大嶺間蜿蜒蜕卸而下，結黄園山、水仙坑界。其南東北界，水由上宅屹越金城塘出黄塘，過慶二公祠，歷坑洪塘下界塘入湖，地址作坐庚向甲，四砂環抱，魄力雄偉。

石明堂水利獨優，下申屋朝山最秀，但其餘亦皆依砂傍水，便於農作。蓋十餘村間，無不地脉豐厚，故其人性質堅凝，風氣剛勁，近市遠市，故其人氣體厚重，習尚質樸。地理一道，不得謂無關係也。

（選自白隴《盧氏家乘》民國十四年重修本卷一）

古　跡

宗功當念，祖澤難忘：某山某水吾先人之釣遊，某址某基吾先人之建設。子孫深源本之思，得不對之生感乎？至於星移物换，人事滄桑，既望古以遥集，尤思古以傷今，此古蹟一門有心人所以特加注意也。

葉宅井　在葉宅前。相傳其水從井三巖隙湧出，較他處加清加重。當年我祖庚一公至此，夜無所宿，傍井卧。葉氏太外祖妣夢烏龍蟠井，晨起見公，大悦，即此。

下屋塘　慶一公下子孫蕃衍，聚居於此，趁曉日以浣衣，傍晚風而垂釣，情景正自可想。今該派已極式微，存者亦四方星散，塘之左右盡變爲丘壑田畝，豈不傷哉！

水仙洞　本坑自陽上發源，至上坑口合羊角弄水至水仙橋，擁堰以造碓，其潆下處深不可測，名水仙洞。順治戊子，山寇竊發，蹂躪村莊，松庵公率民團與賊奮鬬。賊重圍之，公負父柩以出，寄黄園山，因避賊鋒，逾水仙洞暫憩。賊意其必赴水，矛矢夾施，魚鱉之血爲赤。

翌日，公仍出戰，賊驚爲神異。不久，賊滅。然則公之忠孝勇略不與此泉同有千古哉？

塔山脛後堰壢石刻　文曰：圳基自桑園至赤溪口，俱係價買田畝收册。自赤溪口至麻車塘，俱是盧家之山。明正德九年起工至十一年通水，共計八千三百餘工。堰長：盧大厚、志國、志耕、志立、志平、志德、志達、志禄、馬紹周、鮑小甲、鏗。

前宅碓硎　塔山脛後圳下有田五把，云是古碓基。碓基下有田三十把，田外爲前宅碓硎。硎下又有田五把，仍是碓基。蓋三十田爲蓄水處，硎背爲過水處，有上下二碓，總名爲前宅碓，故硎亦名爲前宅碓硎也。蓋自前宅積十四公倡始開金絲堰，於此間又創設二碓以利人，可見其規模之遠、擘劃之周。余嘗見古約："立夏以後注田，秋分以後歸碓，所有圳階水道各任修理，兩相需實兩相益也。"

各處城塢　一在下屋塘外，一在前宅祠後，一在田畈外地塔沿至五敦廟，一在上宅村口，一在石明堂湖口，皆所以壅水口而庇風水也，先人手澤留貽遠矣。

各處舊址　興廢靡常，即自古帝王亦不能越千年而不易姓改物，況村坊哉！如前屺之王宅，前係王姓所居。"黄""王"同音，即黄園山古必是王園山。田畈之楊家田是楊姓，石明堂之杜宅園是杜姓，小陶灘之蔣家橋、章家橋是蔣姓、章姓，下新屋之鮑山頭是鮑姓，與夫塔山前之柯莊前是柯姓，馬墳是馬姓，董家塘是董姓，即葉宅亦已易爲宋姓。人事代謝，世變滄桑，古往今來，不勝憑弔。我先人剪荆斬棘，以辟兹土，無滋他族之逼處，而上下十數村越六百餘年，竟是如椒聊之蕃衍，食德服疇，殊令人想見祖德之所留貽深且遠也。

樂山樓　在前屺四房，暘初公建，應獻采、應國楷有記。實善氏牟有肄業詩，楊廷幹、朱成章各有懷古詩。

依松軒　達廿八楚枝公建，西席應獻采爲之記。

節婦門　節婦不知其姓氏。從前屺至溪頭，當黄園山路口，名之曰節婦門。其故何哉？意者有節婦茹苦含辛居於此地歟？此地曾建節坊表歟？柏節松心，冰清玉潔，與此門同有千古，洵可以風世而勵俗矣。

利市亭　在大嶺頭，恭行元球公建造，蓋因收醫病，利市積儲，以建此亭，故名。

（選自白隴《盧氏家乘》民國十四年重修本卷一）

第三編　水　務

水是人類生産生活的重要資源。没有水，人們就無法生存。但水資源的分佈是不均衡的，即使够條件，也需要通過建造不同水利工程蓄水、引水、用水。中國自古來以農業立國，所以對水資源的開發和利用特别重視。在漫長的歷史歲月中，人們依靠自己的智慧和勤勞，修建了生活必需的水利工程以及配套的水利設施，同時有了相應的規章制度與管理措施。可社會上總有那麽一些人，他們企圖通過種種不正當手段破壞規矩、不勞而獲，於是圍繞著水與水利設施，産生了不同形式的矛盾衝突，而靈魂的高尚與卑劣、手段的陽光與齷齪，就在這衝突中顯現。

水 利

水利所關甚巨。便往來以利行人，固爲水利；快傳輸以減人力，亦爲水利；廣灌注以資農田，固爲水利；築堤壩以防災患，亦爲水利。其間或屬天然，或由人造，類所不同，而其爲民生之利則一也。試詳記之。

好溪　由廿九、廿八、廿七、廿六各都至赤壁潭匯。匯赤溪出大嶺後，經小陶灘、石門堂村外至壺溪。推放樹料柴薪頗便，漁業亦富有。大嶺後水碓一所。

赤壁潭　爲金絲堰入水。

清廣潭　爲棟樑圳入水。

金絲堰　由赤壁潭石井入水，經桑園過赤溪口用覓門出水，循棟樑山後過塔山，由積十四公同志耕公等督率人夫開鑿，計三千八百餘工始竣。灌注大畈裏溪墩、新屋前後田畈、殿山下至黄園山沿等田，又有湖塹上下二碓。

棟樑圳　由清廣潭入水，循棟樑山後至塔山下，過黄隔橋，經小陶灘、石門堂及後塘、湖頭、溪頭。大旱時年，溪頭上宅通水三日，必先向石明堂設席。大約此圳之開，當由石門堂人首事也。

灌溉塘　下屋塘、惠公塘、大深塘、金城塘、黄塘、清塘、大瓦窯塘、大官塘、小官塘、雙眼塘、大塘、古遠塘、大路塘、大麻車塘、小麻車塘、四角塘、三角塘、井頭塘、上周塘、下周塘、新屋上塘、新屋下塘、坑洪塘、下界塘、發脉塘、方塘、大月塘、小月塘、白巖廟塘、横塘、巖塔山塘、羊古塘、盧村塘、七鼠塘、上深塘、庵塘、半衣塘、叶塘、鸕鷀塘、屺塘、方塘、麻車塘、麟塘、六百塘、魚塘、董家塘、九河塘、外官塘、裏官塘、百旱塘、楊柳塘、楓樹塘、松樹塘、囫圇塘、中央塘、山沿塘、深塘、上心塘。

水仙坑　其源有二：一發源洋上經後葉，一發源胡同岡，經神壇，過項宅，至上坑合流。有下坑碓一所。

赤溪坑　俗名烏馬坑，至大嶺後覓門入大溪。

水仙橋，坑碓橋，應坑橋，石門堂湖口大橋。

楝樑堤　民國十一年六月十五、二十廿一等日，萬山蜃發，大水爲災，明清兩朝實絶無僅有。合邑沿溪地方田廬物産盡遭漂没，小陶灘潰決，直由石明堂奔赴溪頭，後塘盡成澤國。水退，呈請築堤，華洋義賑會以爲有建設之必要，特資助洋貳仟玖佰餘元，而石明堂等又照田屋人口派捐一千數百餘元，始克竣工。

（選自白隴《盧氏家乘》民國十四年重修本卷一）

車踏評約

立評約衆親：王祥之、金公彩、華輯文等。

緣因長江古甽一條，土名坐落栗樹塋東原，系盧姓排車灌注收利地方，麻車等車踏成熟，至今無異。近於前月因水口角致争，衆親不忍坐視，從公剖處，勸令各照舊例。其盧姓管種田落在麻車屋側者合踏均熟，其餘車頭不得侵入。

立約之後並無異言。今欲有憑，特立評約兩紙，各執一紙，永遠存照。

聽約：錦溪西泉盧大樂、盧爾益、盧爾集

麻車地方虞彦甫、張守恩、盧允鼐

立評約衆親：華輯文、虞彦文、盧允韶、王祥之、金公彩、張爾相

評約執筆：華璧元

康熙五十八年八月日

（選自《錦溪盧氏宗譜》民國六年重修本之廿九卷）

浙江杭縣地方審判廳判詞

浙江杭縣地方審判廳民庭判決事件丙字第二十號

判　決

控訴人：盧朱位，年六十九歲，東陽縣人，住下盧莊，農。

盧美美，年五十歲，東陽縣人，住下盧莊，農。

盧朱富，年四十五歲，東陽縣人，住下盧莊，農。

盧揚標，年四十二歲，東陽縣人，住下盧莊，農。

盧焕章，年三十五歲，東陽縣人，住下盧莊，農。

盧世欽，年三十二歲，東陽縣人，住下盧莊，農。

被控訴人：虞云香，年六十歲，東陽縣人，住麻車莊，商。

虞黻臣，年三十八歲，東陽縣人，住麻車莊，商。

右輔佐人：虞立文，年四十，東陽縣人，住下板兒巷，工。

虞贊耕（未到）。虞奇賽（未到）。

右控訴人因車埠糾葛案，不服東陽縣公署民國三年十二月二十三日第一審之判決聲明，訴本廳審理。判決如左。

主　文

原判撤銷。

被控訴人等第一審之請求駁回。

訴訟費用被控訴人負担。

事實及理由

緣栗樹塍東有車埠及田甽三條，控訴人等遠祖盧鏌開闢，以備旱時使用，載諸縣志。該車埠向歸盧姓，灌注收利，唯自東而西之第一車埠及第一田甽，歷來與虞麻車地方盧、虞、張各姓共同車踏。嗣因車水口角，於康熙五十八年經公親王祥之等調停，訂立評約，各執。約内載明"盧姓管種田地落在麻車屋側者，合踏均熟，其餘車頭不得侵入"等語。至民國三年七月間旱，被控訴人復至該車埠車水使用，由控訴人率衆阻止，被控訴人遂以妨害水利等情向東陽縣公署告訴。

經縣公署以民事判決在案，控訴人不服聲明，控訴到廳。訊據兩造，均以康熙五十八年間所立之評約爲有力證據。

控訴人主張：約内載有"原系盧姓排車，灌注收利"等字樣，足見該車埠應歸控訴人獨有。被控訴人主張：約内載有"麻車等車合踏成熟"等字樣，足見該車埠被控訴人得以共同車踏云云。

本廳查評約之内容，所謂"合踏成熟"者，其條件有二：一須盧姓管種田地，二須落在麻車屋側。詳言之，即該田地非落在麻車屋側者，不得合踏成熟，而落在麻車屋側非盧姓所管種之田地者，亦不得合踏成熟，主旨甚明。被控訴人殊爲無理之争。

至控訴人第二次辯訴狀稱當時"通融立約，暫以示惠"云云，係指麻車地方寥寥數户之盧姓而言；庭上所供"情通灌注救禾"云云，係指此次車水未争執以前而言。原審判決理由遽謂"控訴人通融立約，乃對於居住麻車屋側一般人之暫時示惠"，並稱"虞姓於車埠田甽車灌歷二百餘年，當庭質之，盧朱位亦承認無異議"等語，根本上均屬錯誤。

又，兩造在原審所具之結，查大理院民國三年四月廿七日上字第二四八號之判例，當事人在第一審宣判時所具不願纏訟之甘結，按照現行法例，無論是否出自本人情願，法律上當然認爲無何等之效力。本案據控訴人供稱：原審要將我們盧姓的人一起押起，所以逼住具結，並非我們願意的云云。無論此供是否屬實，而控訴人於民國三年十二月二十三日在原審所具"蒙斷中略允服"之結，當然認爲不生效力，則原審所據爲判決基礎者，更屬可以動摇。

基上論斷得認：控訴人之控訴爲有理由。被控訴人在原審請求所提出唯一之證據評約一紙，既反足爲控訴人利益之證明，而控訴人又有《縣志》可爲證佐，則該車埠之爲人所有確鑿無疑。因將被控訴人在第一審之請求駁回，照章並責令負擔訴訟費用，特爲判決如主文。

時民國五年陽曆三月三十一日判決。

杭縣地方審判廳民庭
代理審長推事林克俊(印)
代理推事謝振采(印)
代理推事林肇元(印)
書記官孫省圻(印)

浙江高等審判廳判決

(浙江高等審判廳民事判決上字第一百十五號)

判決副本

上告人:虞云香,年六十歲,東陽縣人,住虞麻車莊,農。
虞㪺臣,年三十八歲,東陽縣人,住虞麻車莊,農。
虞贊耕,年三十六歲,東陽縣人,住虞麻車莊,農。
被上告人:盧朱位,年六十九歲,東陽縣人,住下盧莊,農。
盧美美,年五十歲,東陽縣人,住下盧莊,農。
盧朱富,年四十五歲,東陽縣人,住下盧莊,農。
盧揚標,年四十二歲,東陽縣人,住下盧莊,農。
盧焕章,年三十五歲,東陽縣人,住下盧莊,農。
盧世欽,年三十二歲,東陽縣人,住下盧莊,農。

右上告人與被上告人爲車埠争執一案,不服杭縣地方審判廳本年三月三十一日所爲之第二審判決聲明,上告本廳審理,判決如左。

主　文

本案上告駁回。

上告訟費由上告人負擔。

理　由

按訴訟通例，審判衙門解釋當事人之契約，須就立約當時之情形，與約内前後之文義詳予審究，以定當事人主張之孰爲正當。本案係争車埠，於前清康熙五十八年因互相争，曾憑衆親王祥之等立有評約，爲兩造不争之事實，所應解決者即在約内所載“盧姓管種田地落在麻車屋側者合踏均熟，其餘車頭不得侵入”云云。所謂“合踏”，究與何姓合踏？謂“其餘車頭不得侵入”，究係何姓車頭不得侵入？審判衙門應予分别釋明，以資判斷。

據上告人主張：住在麻車莊之盧姓，其田地在麻車屋側者，與麻車莊之虞姓，合在第一車埠踏水成熟；其餘如住在下盧莊之盧姓等，其田地並不在麻車屋側，其車頭自不得侵入。麻車莊虞、張、盧三姓合踏之第一車埠，據被上告人則謂當時與盧姓争執者，虞張兩姓外並有盧姓一部分。時以該盧姓與被上告人原屬同宗，因稍變通，許與合踏。至虞、張兩姓非我族類，故約載其餘車頭不得侵入，以杜絶虞張兩姓之日後争執云云。

本廳查本案評約内載緣因：長江古甽一條，土名坐落栗樹塍東原，係盧姓排車灌注收利地方，麻車等車踏成熟，至今無異云云，是知該處水車向由盧姓排設，虞姓對於該處既未嘗設有水車，復何從與人合踏？則約内所載“合踏”云云，委係就盧姓被上告人方面，及與被上告人同宗之盧姓間言。察核約載文義自甚明瞭。

又查該約成立當時，虞彦甫、張守恩、盧允鼐三人，係與盧大樂、盧爾益、盧爾集三人立約於相對人地位，除盧允鼐關於坐落麻車屋側田地，經盧大樂等許與合踏均熟外，所稱“其餘車頭不得侵入”云云，“其餘”二字顯係指虞彦甫、張守恩兩姓而言，又屬無疑。原審以係争車埠判歸被上告人所有，駁回上告人之請求，准諸評約成立時情形及前後文義，其認定事實及所爲判定，毫無不合，本案上告不得認爲有理由。

基上論結，爲將上告駁回，並照章判由上告人負擔上告訟費。又本案上告係以空言攻擊原判之不當，於法律上毫無正當理由，終應駁回之件按照現行事例，特以書面審理，判決如右。

中華民國五年七月三日

浙江高等審判廳民二庭

審判長推事：瞿曾澤（印）

推事：楊樹猷（印）

推事：陳允（印）

書記官：周肇岐（印）

（選自《錦溪盧氏宗譜》民國六年重修本之廿九卷）

保存江車堰記

江車堰者，我祖之私產，載在縣志，願子孫世守勿失也。

至民國三年秋，大旱，麻車村虞某向我族借踏以救禾苗，爰邀老成人籌議，僉曰："遵咸豐二年成例，先設酒，後浚甽，先納税，後灌注。"其時虞某以急於救濟一一承認，誰料言猶在耳，信不由衷，竟於臨踏時謬將"車踏納税"一層希圖減輕。殊不思時勢變遷，工程浩大，米價昂貴，其納應税有增無減。伊乃故爲誤解評約，致起訟端。我諸叔伯兄弟輩念上祖由盤溪改爲江車堰，當開甽時，幾費經營，始得享此幸福，曷忍遺下自有權一旦拋棄？

初由專審員王嗣祥到地履勘，虞姓以牌表示，我族悉數抵抗。繼經知事張寅開庭審理，伊又工於舞弊，刊令兩造合踏。雖余輩庭争不休，以保存爲宗旨，其如冤抑莫伸何？遂向原審衙門依法上訴，被誤期間三上三駁。是年，余忝任白坦高等小學校教員，值暑假回里赴杭抗告，跋涉不以爲苦。洎蒙上級受理，各常資費猝難籌辦，審期已至，告貸無門，幸闔族踴躍從事，各輸囊金約計用費三百有奇，並無異議。纏訟三年，幸得保守。虞姓雖圖翻案，所賴終審衙門判令"此甽虞姓不得冒爭，其訟費均歸虞姓負擔”，而我族已得不償失矣。

噫嘻，車税之利權有限，虞姓之溪壑難盈。通融以示惠，反尋仇而啓釁，稍有人心者，誰能堪此？我族若不同心協力共相保存，何以對我祖宗歟？前車之覆，後車宜鑒，願同世世子孫，勿近小利，以德爲怨，致啓無端之滋鬧，余輩幸甚！後人幸甚！

是爲記。

時民國六年歲次丁巳仲春月，嗣孫世欽謹識

（選自《錦溪盧氏宗譜》民國六年重修本之廿八卷）

藏洲義堰榜示小引

吾族自三國吴時創有此堰，灌注番數、日期榜示歷歷相符，並志書亦載盧姓歷朝告示。

奈世遠年湮，屢經回禄，内失數道，故自丁酉年間予覽存跡，不免少有破壞，面衆共議修裱。今所幸存者，當擇的人善藏，或經不測，務須先護，毋致廢失。至於親戚姻友，亦不得容情背借，徒貪售得，以隳先人之至意。爲此將實存榜示年號逐一開明於左云。

時乾隆戊戌年小陽之吉，五軒氏樹福識

洲義堰歷朝榜示

一

金華府東陽縣堰長盧仲祥等狀告：本都土名定安等畈，週圍四十餘里，高低三萬餘秤田，别無池塘蓄水，止有洲義古堰一帶，自九都石潭天溪作捺，上至七潭、下及三潭取水入堰，流至本都石橋閧里等處，分派子堰一十六處，各有圍岸塍界。古例以來設立堰長，編定番次，自六月初一日爲始，自下而上，週而復始，輪日灌注，徧及定安等畈。雖遇久晴，田禾免致旱傷，利及衆户。

近來天溪洪水衝壞，興工作捺，開淘椿篠，用力浩繁，鳩唤艱難，遂將得水田土圻畝畫圖,照依佃種秤數多寡均平編成定額,仍議設堰長輪年應管。如或改易佃户,隨時收付編甲關喚,得水人户於每年春首齊出人力,興工作捺,開淘疏通,取水入堰,灌注田禾。若遇天晴,溪流斷絶,其堰長佃户竭力並工,更開十潭,放水救注,庶幾田禾不致曬損,抑税糧易辦。

近年被金得壽、蔣義、金敬倚恃頑潑,累將堰水作捺,捕捻魚鮮,肥口利家,又將堰水背地押入長塘,黄夜車戽。及被本都金牙、金佛、金冬、駱保、蔣福、蔣壽等每年聚衆將堰水作捺車戽,又於車塘押住,阻壞水利。況彼處田土自承獲鹿山堰水注,又有長塘、何家塘、金塘、劉塘蓄水。故行攪擾,却使田禾旱傷,出力人户不甘用心,以致塍岸坍塌,泥沙淤塞,阻礙蓄水;每被附近佃户不依堰長關喚,互相推糾,故令兒童影射,不行並力修堰開浚。比至堰水流通,却不照依番次,恃强攙先作捺,灌注滿溢不止,使窎遠之田、無力佃人當番不得灌注,有妨原約。

今來若不告榜禁約,誠恐似前阻壞攪擾,不及依時開浚修理,深爲未便,告乞施行。

得此,參照所告事理,欽奉聖旨:

爲興利除害事。已經開挑堰塘定得水入户均分水利去後,今據見告,理合給榜禁約。爲此,榜文到日,仰佃田人户務要齊心並力開浚修築,依番放注,毋得仍前恃頑推糾,亦不許攙先利己。其鹿山堰長塘等塘既有定例,各自用工開浚,疏通取水,毋將洲義堰水攪擾阻礙。如有似前違犯之人,仰指實赴官陳告,定行依律究治施行。所有榜文須至出給者。

(輪流序次及時間略)

永樂十五年六月十九　日給

二

金華府東陽縣爲民情事。

據八都民人盧友文等狀告：本都土名定安等畈，週圍四十餘里，高低三萬餘秤田，别無池塘蓄水，止有洲義古堰一帶，自九都石潭天溪作捺，上至七潭、下及三潭取水入流，至本都石橋閔里等處分派子堰一十六處，各有圍岸塍界。古例以來設立堰長，編定番次，自六月初一日爲始，自下而上，週而復始，輪日灌注，遍及定安等畈，雖遇久晴，田禾免致旱傷，利及衆户。

近來天溪洪水沖壞，興工作捺，開淘樁蓧，用力浩繁，鳩唤艱難。洪武十七年爲始，遂將得水田畝畫圖，照依見在佃田多寡均編，春初齊用人工於天溪堰作水源疏堰引水防旱，或遇久晴斷流，並工開掘梗灘起水，實係人力艱辛。本源遥遠一十餘里，管顧不週，每被無藉作捺捏魚，及將堰水閘入塘内，又於地名車塘聚衆斷塞水利，已告本縣給榜禁約外，仍被金亞七等結甲聚衆將堰攔住車戽。其彼處田禾從古至今自承獲鹿山堰水，又有何家塘、金塘、劉塘蓄水，及時不行疏築，故意攙擾，狀投糧里老人剖判，各自伏罪，求免官府，對衆立與不敢再犯文書執照見在。

後正統二年有金牙文置田一所，承鹿山甽水筧橋水路不修，會被本甽長蔣宗溢等投狀，不遵，恃力群衆於金塘廟邊用松木、竹箔、草薦加泥作捺上流盜水。況彼處田與天溪相平，彼捺淘逆滚起水溪傷害水利，益一損百，爲害非輕，狀投當地老人未給，却與頑民蔣得林、金道信、金得順、金葉壽、金祥、金佛亮、金子敬等，給群公然捺堰搶水及車戽，掘深田奥剌放，持杖行兇，人不敢近。若不狀告，一境田禾四千餘畝無望收成，必致饑餓失所，實爲民害。

來告等因。得此。

查得洪武年間舊制爲興利除害事開挑堰塘，編定塘堰，得水人户均分水利。今據所告，金牙文、蔣得林等自己古額承水堰塘不行疏築，故壞别堰水利，致傷禾稼動計數千餘畂，爲患非輕，若不禁約，深爲未便。除外，今給榜文前去曉諭洲義堰得水人户，務要照依番次放注，不許攙越。其鹿山堰、何家等塘，既有定例，各自開疏取水，毋得將洲義堰水攪擾阻壞。如有不遵，仰被害之家指實赴官陳告究問，如律不恕。須至榜者。

計開（輪流序次及時間略）

右榜諭衆通知。

正統三年七月二十六日給

三

金華府東陽縣爲民情事。

據八都盧得廣等連名狀告：本里定安等畈周圍四十餘里，高低田畂三萬餘秤，别無池塘蓄水，止有洲義古堰從九都天溪作水入堰，流至本畈石橋閺里，規界分派子堰一十六處，額設堰長，鳩集得水人户，照依田畝多寡，編成甲夫，逢春集工修理，備水耕種。編定每於六月初一日爲始，照依番次，自下而上，週而復始，注灌田禾，已有定額。

得廣等因本堰岸塌沙淤，奉例呈報修築疏通。今遇天旱，彼等不依番額次數，攙先奪放水利。及有東弄金塘廟前等處田畝，額承鹿山甽水笄何家塘、青塘、金塘、劉塘、筧橋水注其塘堰。筧橋被水衝壞淤塌，彼該圩長人等隱下不行呈報修築，節被結群，公然到洲義堰内車戽，並用松木、竹箔强押水利。其堰近天溪相平，淘逆滚脱溪城，及將十保田土名定仙坵加埮子甽，日夜車戽不息，故害滴注田禾，曬出白穗，秋收無望，抑且税糧抱空，民受屈難。告乞給榜禁約，仍照規額灌注，不致强横攪擾，庶得水利均平等因。

據告，得此。

查得洪武年間舊制：爲興利除害事，開挑塘甽，編定得水人户均分水利，欽此。參照所告，本甽被强横攪擾，故害滴水田禾一節，深爲民患。欲便拿問，緣無指實。及照内告“土名定仙坵田加墶子甽車戽不息”未審果何，有無額分。除另帖下勘報外，爲此備榜前去張掛，仰得水人户務照舊額畈次灌注，不許違强横先奪放。如有前項强横之徒，自己塘池却乃懶惰不行修築，仍前將竹箔等件前押水攪擾，許被害人户指實通行赴縣陳告，以憑拏問，如律不恕。須至榜者。

計開（輪流序次及時間略）

右榜諭衆通知。

天順三年六月十三日給榜

四

金華府東陽縣爲興舉水利以養生民事。

據八都等民盧梓畀等聯名狀告：本都定安等畈周圍田土三萬餘秤，别無塘注，止有洲義古堰，額設圩長，鳩集得水人户，照田多寡，編成甲夫，遞年逢春興工開淘疏通，直至九都天溪作捺取水入堰，至於本都石橋閔里等界，分派子甽一十六處，編定放次，均獲水利，下秧插種。每至六月初一日燒福分番爲始，自下而上，輪流放注，通該晝夜一十九日，方得周而復始。注違者賞罰已有定例。

近年多有不依番次日期，俱各恃强，攙先奪放。及況古堰、寅頭二番並作一處押注，止該二日一夜，彼村人民俱倚武藝，頻被强押，不分額外。劉塘山脚並墩頭孔藝邊廟邊一概放注，滿溢不止。又況一班凶徒動輒結群，執械立在箔頭押住，過期不放，其窵遠田禾未得當番放注，仍被押截，實以水利不均，衆皆寃嘆。

累蒙欽差上司大人何榜文，前事節該依奉外，切緣本堰累被洪水沖激，堰塞墶坍，砂浮石走，該工繁劇，事竟難成。豈有頑民不思榜例爲重，只圖己富，置造水碓，妄將古堰截斷，押水舂米，收利肥家，非惟故違事例，抑且損衆非輕。又有界外金塘廟前並東弄等處田畝，額布筧橋承獲鹿山堰並何家塘、金塘、清塘、劉塘水注。其筧橋塘堰，近年崩塌不修，專將竹箔盜押洲義堰水，及被給衆日夜車戽不息，反使該注田禾受傷莫備，農衆失望，抑且稅糧抱空，民受屈陷。聯名具狀通行告乞給榜禁約，水碓從今革免，强梁自此祛除。

據此來告。得此，參系民情攝合給榜禁約。爲此除外，合行給榜，前去張掛曉諭：得水人户今後照依原額番次日期，放流輪注，毋得攙先捺後，不許持杖頻次强押過期，其額外田土亦不許侵奪水利。果有裝造水碓者，榜文到日，就便毁拆。如遇收成，以後亦不許貪利再造。變亂畂規，事屬有違，如有不遵，或被人告發，或體察得出，定行依律擬議拿問，的不輕恕。須至榜者。

計開（輪流序次及時間略）

右榜喻衆通知。

成化七年四月廿三日給榜

五

管水利大人郝批發。

本縣捌都老人蔣仲興狀詞，仰府行縣委官踏勘等因，依蒙牒委本縣主簿羅親詣堰所，拘集該都糧里老並原被人犯李九二等面同踏勘明白，再不許侵奪洲義堰水利。取具供給，牒發到縣，尤恐不實，覆審相同。

除量情發落外，今准前因。照得疏通水利一節係於民情，及照本府批詞，備仰具由，回報事理，擬合通行。爲此除具由回復上司外，合給示仰堰長並得水人户，務各用心修築前堰堅完，積水防旱，照依舊規輪日挨次放注，毋得變亂舊制攙奪先後，不許東弄等處無干之人侵放前堰水利。如仍不遵，許合指實陳告，以憑究治不恕。所有榜文須至出榜者。

計開（輪流序次及時間略）

右榜諭衆通知

弘治十七年十月十七日給榜

六

金華府東陽縣爲占殺事，蒙浙江布政使司帶管屯鹽水利河道右參政胡批發，本縣八都李吴宗、俞循煉訐告狀詞，遵經拘到。審得堰長蔣、李、盧（即蔣文高、盧堯臣等衆户）執呈宋元舊榜及成化年間告示種種，明開上方鹿山堰自有舊基，凡清塘、淑玉塘共五十餘口至下田五萬餘秤，别無池塘，止有洲義古堰一條，安容勢豪阻截？告示中奉國旨項條歷有憲禁，卑縣亢旱累年，亦無他釁。突出刁惡李吴宗，不查鹿山舊堰基址，竟將俞循煉自買田横向中間釘木截水，是將天溪一派共注之流入己私甽。循煉固難抵敵，其蔣、李、盧家藏古制，命繫一綫者，安得不出死力以相争哉！

既經審明，即不待勘，而新堰速毁，注水照常，確然不易。猶慮棍徒不服，再行勘踏畫圖，候憲批日即行起樁。復因明年李吴宗等悉照鹿山堰基在坳下者仍與天溪車灌，不許李姓、吴姓等户，恃勢侵强，撓亂成法，第再有倡争如吴成深者，則三尺凛如耳，具招申詳。

蒙帶管水利河道僉事王詳批，李吴宗弁髦成憲，壅截水利，聚衆執械，無天無日，異哉，凶頑至此乎！杖不盡辜，循煉亦聚衆與敵，量杖示懲。李吴宗加責三拾板，枷號一個月。該縣仍判示曉諭，永杜後争，實收刊示繳，蒙此，擬合示張掛曉諭。爲此，仰該都軍民人等知悉，遵照宋元舊榜及成化年間告示，及今奉道批允事情，其洲義堰合宜照前灌注下方，其上方居民不許恃勢侵强，以上截下，動輒逞兇聚殺。敢有不遵憲禁，復行混争者，先提該都地頭里保究治，嚴提正犯依律究解施行。

萬曆四十四年四月　日給

七

金華府東陽縣正堂陳爲懇示以裕水利事。

據八都堰長盧惟吉、盧君瑜，甲長盧士元、盧光豸、盧君昌、盧華多、盧君毅等具呈前來，詞稱：

本處定安畈高下田土三萬頃，别無池塘蓄注，止靠洲義古堰一條，自九都天溪至石橋閔里，分派子堰一十六處，各規界編定番次，向例六月初一日爲始，自下而上，輪流灌注，週而復始。立歷堰長、甲長及時關唤種田人户作捺疏濬，或遇天晴並工梗灘，俱係依額放注，不許恃强阻閘車戽，及有造碓擲魚違截水利等情。

本堰遥遠一十餘里，照管不週，沿堰水道每被豪强侵塞，水利番次不遵古額承獲，恃强侵截車戽，致有争端。至於逢期作堰或不赴工。懇示嚴禁等情到縣。

據此。查得堤甽閘壩，屢奉憲行嚴飭修葺蓄水灌注禾苗等因在案，業經行仰疏濬修築。今據前情，合行給示禁飭曉諭。爲此示仰該地居民人等知悉：嗣後務宜仰體憲行，遇損即行并工協力修築堅固，不得任意坍損並老幼虚應塞責。除將造碓擲魚違截水利者一面查拘嚴究外，其水注照舊輪流，不許豪强侵截車戽。如違，指名報縣，以憑嚴拏重究施行。須至榜者。

右仰知悉。

康熙十一年六月二十日給

八

特授東陽縣正堂加五級紀録五次記大功三次袁爲違規圖改等事。

據八都采盧莊民盧興全、盧高瑞、盧永芑、盧永和、盧培千、盧集先詞稱：身等田地全賴洲義堰灌注，向有赤烏詔諭及歷朝憲示，所定番次日期自下而上六月初一爲始，身等地落下畈，歷遵首番。突出杜立廷以下蔣后徐田地係尹居，多欲思利己，希圖違改舊規，於今四月初六以忤改圖害等事，詞捏舊制堰規“自下而上”，立約改議“下蔣輪起”，繪圖勒石誑臺。身等因水利攸關，叩察康熙年間現有憲示，何得紊亂倒置？復乞提訊察究等情前來。

據此。查此案前據杜立廷呈控呈已批“該保明查禁止”在案。今據前情，本縣提核案卷，查洲義堰前朝詔諭“所定番次以六月初一日爲始，自下而上週復始而輪流灌注”，本屬周備之至，如果仍著舊規辦理，雖遇久晴，自無荒旱之慮，何得紊亂争奪？除飭差集訊外，合先給示，再行曉諭飭禁。

爲此示仰該地居民人等知悉：自示之後，着仍照歷朝告示番次輪放，不得再爲紊争致干，各宜凛遵毋違。特諭。

右仰知悉

乾隆四十九年五月十九日給告示

九

特授浙江金華府正堂加五級紀録十次嚴　爲生今反古等事。

嘉慶九年四月十五日蒙布政使司清憲牌，嘉慶九年三月二十一日奉巡撫部院阮批，本司詳覆：

東陽縣貢生盧標等呈控監生杜立階、蔣和鈞等添造橋閘阻礙堰水一案，既經該府及義烏、東陽二邑親詣勘明所争水期。盧姓現呈歷朝詔告示，均有印信可憑，皆載“自下而上”。杜姓所呈刋本雖係萬曆四十一年，究系自刋，且既於萬曆四十一年議定水期，何以盧姓所呈萬曆四十四年印示仍載“自下而上輪番放注”？是杜姓刋本竟不足據，自應遵照古制，仍自“六月初一日起自下而上挨次輪放十九日一週”，不容兩造再有争論。

至“盧姓拆毁寅頭番古橋一座，仍合照舊復造，但不准於橋底設閘”。其寅子番下蔣莊等處既向無橋閘，應不准再建，有礙引灌。盧標等已據該府取給附卷，惟杜立階既已故違舊制，擅取創建橋閘，又復抗執延案玩不具給，殊屬不合，應請府如該府所議完案，仍飭府差押具給，毋再滋訟干究，並令府出示嚴諭，勒石永禁，俾該處農民應各遵循，不致再生事端。緣奉前因，擬合核禁具詳批示飭遵等由，奉批如詳飭遵，並飭該府出示嚴諭，勒石永禁。仍取碑摹送查，餘已悉繳志示圖案并發等因。奉此，合行抄詳飭知等因到府。

蒙此，除經本府勒石永禁外，再出示曉諭，爲此示仰居民人等知悉：嗣後務須遵照洲義堰古制，“自六月初一日起自下而上挨次輪放，十九日一週”，不得再有争論。至“盧姓拆毁寅頭番古橋一座仍令照舊復造，但不準於橋底設閘”，其寅子番下蔣莊等處既向無橋閘，亦不準再建，有礙引灌。爾等各宜遵照，毋再紊滋訟，有干嚴究。毋違。

特示。

嘉慶九年四月　日給

十

特授東陽縣正堂加六級又軍功加二級紀録十二次王爲縱翻兇横等事。

嘉慶二十二年九月初三日奉府憲李牌開，監生盧樹禧、盧倬（即漢卿），控蔣正綱等抗違洲義堰水期一案。詳奉藩臬二憲批准，飭照前牌勒石永禁，仍繪具堰圖摺具碑摹通送等因，下縣，奉此。遵查前牌系嘉慶十九年十二月二十八日奉前府憲吴牌開，爲勒石永禁以垂久遠事。案於嘉慶十八年十月二十六日奉署布政司楊憲牌，十八年二十五日奉巡撫部院李批，本司呈詳，東陽縣貢生盧標等控生員蔣日新等違斷造橋一案，緣洲義堰水利遵照古例酌定十六日一巡，每年自夏至日爲始，由下游之采盧莊首先開放，自下而上，挨番灌注，週而復始。堰上原建橋十一座之外，不准添建橋閘。乃蔣姓復敢違斷造橋，致歐盧六（即永禧）成廢。盧標等以案經屢翻控憲，提省飭委杭州府嚴守確訊。蔣日新業以拆毁，尚無喝歐賄串情弊，案經議詳，奉批如詳，飭遵。仍令給示勒石永禁，取具碑摹迭查，如蔣姓再敢違斷滋訟，即行究辦，以儆刁風，並將盧六成廢一案飭縣按律詳辦，毋遲繳等因。

奉此。並據貢生盧標，監生盧樹禧、盧漢卿等呈，請出示嚴諭並賜繪圖勒石府縣頭門，永杜争端等情。除批現奉憲飭給示勒碑永禁，候行府遵照外，合將抄粘詳呈一并飭知等因到府。復據貢生盧標等以水期多寡不公呈請更改，又經批據該縣取給開摺，詳由本府核明具詳，嗣奉藩憲詳奉督撫二憲批准如詳，仍合飭遵勒石永禁，以杜訟争。各等因到府。

奉此。查前此詳案：該處洲義堰一條，自九都石潭天溪引水入堰，東流而西，由堰口至車塘止。除第一層橋久經沖坍外，現存橋筧七層，寅頭番下至石橋番子甽口古有橋一層，因添築石閘被盧姓拆毁，斷令修賠，但不准於橋底設閘。自此以外，向無橋座。即蔣姓新建均以拆毁，不准復建，其餘秧井番下、榔樹番下、覆北番上尚有橋三層，均以建久，無礙水利，仍聽設立。自堰統計存橋十一層，此外不准添建等情，詳明在案。兹奉前因，除行縣遵照，一體勒石外，合行給示永禁。

爲此仰紳民人等知悉：嗣後遵照詳定之案，該堰原存橋十一層之外，概不准添建橋閘，俾水暢流，有礙引灌。其水期均照後列議定章程，以十六番輪放，每番一日一夜。每年自夏至日爲始，從采盧莊首先開放，自下而上，挨番灌注，十六日一巡，週而復始，永遠遵行，毋許紊亂。本縣於每年夏至日前開明各莊挨放日期，先行出示曉諭，俾各遵循。自示以後，倘有違斷紊規，不照定期開放，或有添設橋閘者，許即指名具告，以憑究辦。各宜凛遵毋違。

特示。

計開水期夏至日起十六日一巡周而復始（輪流序次及時間略）

右仰知悉。

大清嘉慶二十二年九月廿九日給告示

十一

欽加同知銜特授東陽縣正堂加六級紀録十二次記大功四次胡，

爲給示重勒碑石以垂永遠事。

據八都采盧莊盧希賢、炳著、樹煌、炳星、際春、正己、玉成稟稱：伊莊與下蔣等莊有洲義堰一條，自九都石潭天溪引流十餘里，分爲五甲十六番，灌田三萬餘秤，歷有成規。嘉慶年間，因水期前後，致啓争端，控奉縣府詳，蒙各憲酌定日期時刻，自夏至日爲始，由下游之采盧莊首先開放，至寅頭番止，十六日一巡，週而復始。並奉前府憲吴給示勒碑縣府頭門，永禁紊亂，並飭縣遞年給示曉諭遵行。

至同治初年，碑遭匪毁，尚未復勒，先後稟呈《府示》一軸、《縣志》一本，叩請復勒碑石，以杜後患等情到縣。

據此。查洲義堰放水灌田，燹後歷年由縣於夏至前給示諭，令各莊遵照定期輪番開放在案。玆據前情查核，府示、縣志均屬相符，除批示外合行給示勒碑。爲此示仰該堰紳民人等知悉：

爾等開放堰水，務須遵照從前詳定章程，以十六番輪放，每番一日一夜，每年自夏至日爲始，從采盧莊首先開放，自下而上，至寅頭番止，挨番灌注，十六日一巡，週而復始，永遠遵行，不許紊亂。該堰原存橋十一座之外，不得再添橋閘，以便堰水暢流。嗣後倘有紊亂水期，以及堰上添設橋閘者，許即指名呈控，以憑從嚴究辦，決不寬貸。各宜凛遵毋違，須至碑者。

計開水期自夏至日起十六日一巡週而復始。

光緒六年十一月初一日給告示

（選自《安溪長堤盧氏宗譜》民國辛巳年本卷二十）

新增洲義堰榜示引

前戊戌修譜，檢其榜文，存者編入目録，其不存者另有五道不入目録，今如其舊。

玆所增者乾隆告示一道，知縣事袁文璟給。其時先行給示未經訊斷，杜蔣僞造之孽據不常曾塗銷，因於嘉慶元年復行訐訟。知縣自徐傳一外，更兩縣尊，曰諸名、自穀，義烏知縣曰向名肇嶐。兩府尊曰嚴名榮，曰吴名廷琛。至十八年而案始定。其中所給告示不能盡登，惟撫憲李准詳勒石府縣頭門，以垂永禁，即吴府尊所給示也，仍爲搴印數紙，藏之於家。今志書碑碣門現在登載，重水利杜争端也。是爲引。

洲義堰語引

按此堰漢末吴赤烏時已有成議，乃吾族養生之源。從天溪引入水源十餘里，田禾非此堰不能成熟。歷朝村莊盛衰不一，而其田畝挨番灌注，自下而上，千古不易。鄰莊以水從上流，目覩此水，便欲心貪，自漢以來，雀角至今。

我國朝嘉慶九年間，遭樂安釁起利己，控争水期，致釀巨禍。首名被控輝大，余先父也，安千二名，餘則永苞、永宣、樹梁、樹楹、永旭、樹獻、炳熉共九人。天生九人秉性剛正，雖在縲紲，毫不屈撓，並無推諉，千辛萬苦，難以言狀。因蔣某斃命，以節外之枝，遂致案牘莫給，安千叔祖挺身承認，謫戍湖北。恩赦回籍。余先大父廣文公當即邀同堂伯均吉漢卿赴省伸洗。奔叩七載有餘，蒙各大憲賫行，咨部仰府縣勒碑定案，縣尊遞年給示曉諭，千數百年之蠱毒至此息争。非諸前人之勤苦矢保族之赤心、見義勇爲奮不顧身者，曷克臻此？吾圉可永固，外侮可無虞，一時受其危，百世蒙其利，其流澤爲孔長也。

屬筆而書之，庶令後之人可飲水而思源焉。

時同治八年歲君己巳律中夷則，文齋氏炳哲謹識

（選自《安溪長堤盧氏宗譜》民國辛巳年本卷二十）

民國政府諭示

前清宣統失政，革命代治，而案卷散失，示諭至期而不發貼，因此炎玉成培棠等會同族内老成商議具禀。

其批字據稱:"該都洲義古堰輪放水期示諭,每年發給二紙。前清業已詳定章程,事關農田水利,應準備案,候繕諭。"二紙發貼該都,以免争競。

民國元年即發諭二紙實貼,遞年出繕費錢二百文。

(選自《安溪長堤盧氏宗譜》民國辛巳年本卷二十)

定安溪溪灘參帖序

定安溪之沙灘爲龍脉之關護、閤族之堤防也。自行百三公胥宇以來五百有餘年矣,其間洪水蕩傷,東西衝突不一。吾族置有前後兩莊,租田置有二千餘秤。至明天啓年間衝蕩無存,只計衝傷租田六十畝,與徐姓詰訟,邑侯錢公參斷,升課起租,改爲地畝。

至清康熙甲辰清丈又改爲山畝者將半,厥後又衝去田數十餘畝,龍脉傷損,堆埲兩次盡被衝去。洪水之患洋溢乎居室,舉族震驚。於是康熙甲戌年裔孫光璧爲首,集衆栽樣雜木成林,以防洪水之災。一族幸無水患,龍脉無傷,實栽樣之功也。歲中所拚之資與地之租,完國課外餘以充祠費。子孫世守,毋得侵欺,遞年演戲申禁,不敢犯者將十餘年。

今將錢公參帖載之於譜,以示子孫永傳不朽云。

(選自《安溪長堤盧氏宗譜》民國辛巳年本卷二十)

參　帖

審得徐至憲、盧世宗兩姓俱住溪邊,其墾灘爲田已非一日矣。去秋,至憲與世宗因占地戰争,世宗遂踐踏至憲之粟,兩詞都稱强佔。

詢所由來,其强佔者地也,與二姓何有據?世宗云:租田蕩打溪下者原有六十畝,而今開墾之人非即昔日蕩業之人也。據至憲原賣李商地七畝,除李商地外,其所管者當不止七畝也。

本縣親勘其地,一望無際,並盧姓亦不止六十畝也。利出自然,本縣有何苛求？但就徐論，則除賣七畝外，其見管者應得陞畝；就盧論，則除六十畝還常住外，其見管者應得起租。兩各給帖存照，争端永息矣。盧世宗淩侮至憲之事則有之，至憲竟以人命混擾，殊屬無根，各杖不枉，地著耆保總書等丈糧起租可也。

錢老爺參帖。

天啓年間三月　日參。

附

公常於荆塔現管六十畝外，自雍正五年間又買得徐叔雅民田十畝，正契一紙人升執。

（選自《安溪長堤盧氏宗譜》民國辛巳年本卷二十）

黄塢堰斷語碑

看得盧、何兩姓田疇，各賴天溪，築堤蔭注，何壩在上，盧壩在下。

乾隆四年，即行控縣，當經前調黄勘斷：溪屬東西兩港會歸之下，直築一堤分流東西灌溉，取兩造遵依，許令勒石永案，誠善政也。詎何姓奸刁滋事，藉詞直堤不無工程，虚張浩大，謀翻延擱。本年五月亢暘，復抗横截，致盧五九等以"違斷截注"等事具控本縣。以禾水切關民瘼，時方步禱，刻即備查原斷繳衙詣勘。

據詳，何姓仍於上壩禁地違砌截流，盧之下壩並無涓滴。遂帶兩造，備細開導，遵築直堤，凛案完訟。奈何四一等仍肆狡供程費。本縣當堂按圖細察：兩港會歸之下分水東西，不免形長水迅，直堤雖屬土工，不無時日，似有工用。莫若即於西港斷分，何姓港口築一截壩，水則仍分東西莫混，但行近水緩，工築較省便民。飭令盧姓出銀十兩以爲何姓砌築之貲，兩造業各允服，仍飭該差定樁砌築。

去後。忽何姓又復抗延，當將爲首之何四一及何乾一薄懲，尤不足以蔽辜。因念農忙，且何姓亦既悔艾於前，六月遵築，不日告成，姑從寬免深求。倘嗣敢有紊規好事，已灼原案，況前斷明永禁，未經勒石，給而又控，已經六載。乃後復有生事冥頑，未免多訟多害，爲此備取兩造新築分水蔭注，永遠遵依存案，仍令勒石，永示遵行可也。

此讞。

乾隆九年七月十四日

特調蘭溪縣正堂加三級紀録五次任爲挈莊戴叩等事案。

據盧八十等具呈前事，詞稱切遭何四一等違築高截。控蒙迭賜勘訊，斷分水道，永利均沾，奉斷身等出銀十兩與何姓築砌西港水堤，業經繳領。現奉差押於前六月廿五砌築，廿九日告竣。身等仰體德化，豈敢求全滋事，但何姓莊强丁衆，不無推班出色刁狡蜮謀等情前來。

據此。爲查此案以據原呈盧五九、盧茂侯、盧學震、盧廿三等，並請賜讞附卷，合行勒石永禁。爲此，仰甘、社兩莊居民及保鄰人等知悉：嗣後務須洽遵斷分築堤，各自引水灌溉，不得仍前紊争滋事。倘有前項不法好訟棍徒希圖翻告者，許該管地保指名據實赴縣稟報，以憑嚴拿按律究治。各宜凛遵。須至碑者。

乾隆九年七月　日給

（選自蘭溪《甘溪盧氏宗譜》民國廿四年重修本卷之一）

盧茂賢外賣胡莊塘訴訟實録

族衆議舉上呈緣起。

爲議呈控究：緣違逆嗣孫茂賢，於道光廿八年冬月背賣有規載譜胡莊塘於外姓石江吕川常，以至次年正月知駭，宗族老幼不平，今特老成長者催設房，房議首出呈控究。今懇舉茂威（字）、志義、茂棕、昌文、茂奇等於次年二月十三日上呈控究，以至三十年三月十八日庭審，蒙恩斷價贖回歸常管業，各具遵依在案。

豈料被告不甘休咎，越府翻控。今奉府憲批示仰縣覆訊，至咸豐元年二月初三日覆訊照前，仍斷完常甘咎，爲此登記其塘來歷。堂斷遵依，詳稿另電於後，永爲有據執照。

道光廿九年二月十三日。

爲胡莊塘具呈人：盧志義、昌梅、茂望、茂雍、茂建、茂來、茂法、茂有、茂竒、茂明、昌文、茂棕

爲違逆背賣不已公叩吊銷杜禍事

身等合族始祖遺有胡莊塘一口，共計二十股，糧亦照股輸完。其塘嗣下灌注田畝八千餘秧，歷係身等盧姓一家之業，從無外人分毫與分，即嗣孫貧乏田賣他人而塘不許典賣外姓，刊載宗譜，原杜滋端，抄粘呈電。

詎遭惡孽盧茂賢，不思合族譜例森嚴，膽敢違逆祖命，肆於上冬將塘内拍三分瞞昧背賣與廿二都石江莊吕長毛仲分等吕川常爲業，得價肥用，杳不知情。迨至本正下旬風知背賣，已向買主吕長毛等詢查，始行直認。隨投二都地保董仁旺、吕仲威並伊胞兄盧茂聖等，攻斥背賣之非理，令贖回歸常，仍遵譜例。無如惡孽茂賢高坐恃頑，非獨二保不平，抑且合族老幼嘵嘵。

乞察是塘乃祖遺劃一之産，豈容盧茂賢妄顧滋端，違逆背賣？似此不法，非奉賜准吊驗塗銷，押令回贖，嗣孫效尤，一經分頭典賣，禍患匪淺，譜例空設。爲此不已抄粘公叩憲天俯准吊驗塗銷，法除背賣，以杜禍端。合族沾恩，公侯萬代。

上呈。

四月初八盧志義等具呈

爲藐法抗呈恩准勒吊押贖事

身等二月十三日並廿三等日抄粘糧户清單並宗譜一本，呈控盧茂賢將合族載譜不許典賣常塘二十畝内拍三分，背賣吕長毛等吕川

常爲業，叩請吊銷等情一案，奉准飭吊吕長毛等執契，核驗並著身等即將户管印串撿呈等因。已蒙票差到地協保董仁旺仝經查明，背賣屬實。奈吕長毛等藐抗，至今契匿不呈，而惡孽盧茂賢一味高坐，倚蠻不贖，希圖沉擱。身等遵奉憲示，法應檢齊户管呈電。今身現向莊書細查，是塘從前照股拍分糧畝仍從各户名下彙收，盧一塘總名户管，内除盧茂賢、茂聖兄弟共拍塘一股之糧掯勒未收，其餘統收。共計民塘十九畝八分七釐二毫，户管呈驗莊書可詢俯察。是塘誠恐典賣各姓，保無争端之患，是以刊載宗譜，且被茂賢違逆背賣，非沐勒差吊契塗銷，押令茂賢贖回完常，倘遭需水，難保禍端，終費天心。爲此遵呈户管一本，再叩太爺即賜勒差吊驗塗銷，押令回贖，以杜禍端，合族沾典望光。

上呈。

鞫訊堂斷

署永康縣正堂加六級紀録十二次饒：

審得盧志義控盧茂賢一案。緣盧志義等有常共胡莊塘一口共二十股，刊載宗譜，子孫不許出賣外姓。盧茂賢拍將是塘廿股内一股又分爲十股之三，因賣本族自姓價輕，故意將塘所拍分脚出賣外姓吕毓才，以得重價錢拾千文。經盧志義等知情，通族不允，議將常錢照契取贖，吕毓才背不放贖，以致盧志義等具控到縣。兹提集訊，得悉前情。

查閲《盧姓宗譜》胡莊塘刊載"子孫不許出賣外姓"字樣，斷令：

盧志義等准其回贖，繳契價錢拾千文歸與吕毓才具領。盧茂賢先將是股脚出賣盧志義，只肯出價錢一千六百文掯買，以致盧茂賢將塘股脚背賣與吕毓才。盧志義、茂賢均有不合，並着薄責以儆，其餘人證無干省釋取具，各遵依。

附卷此列。

道光三十年三月十八日

鞠訊具名人：盧志義、茂來、茂明、茂雍、茂建、昌文、應訊、茂聖

具遵結

盧志義等今當太爺台下遵結得：身等呈控盧茂賢將祖遺載譜胡莊塘内拍三分賣吕毓才等爲業一案，今沐訊明，其塘斷令身等立即備價錢拾千文繳案贖回，歸常管業。將身不應訐訟，不應背賣，均蒙薄責，奉斷至公，所具遵結是實。

道光三十年三月十八日

具遵結：盧志義、茂來、昌文、茂明、茂建、茂雍、應訊、茂聖

依吕毓才今當太爺臺下遵依得：盧志義等控身等受買盧茂賢塘股一案，今沐訊明，身受盧茂賢胡莊塘三分歸伊取贖，所有契價錢拾千文歸身。一由其盧志義等不應訐訟，盧茂賢不應背賣，奉將盧志義、盧茂賢責懲奉斷，身等已允服。所具遵依是實。

道光三十年三月十八日

依吕毓才押

吕毓才等心不甘服，越府翻控，今當署永康縣正堂加六級紀録十二次饒奉府憲批發覆審堂斷：仍照前斷，歸常管業。

咸豐元年二月初三日覆審

質訊人：志義、茂竒、茂聖、昌文、茂棕

應訊上首賣主：昌國、昌通(即茂川)

被告詞内有名聽訊人：茂安、茂康、源賓、源賽、應訊、昌選、茂雍

爲府憲覆審詳斷文書行稿。

查吕毓才等受買盧茂賢祖遺股份胡莊塘三分，委係盧姓譜載禁

賣之業，應准盧姓原價贖回，歸常管業。盧茂賢違議背賣業已責儆，吕毓才等訊非知情故買，令其領價放贖。

前斷並無偏抑。詎吕毓才心不甘服，砌詞越控圖翻，實屬刁健。姑念鄉愚無知，到案據實供明，從寬免究。盧志義等訊無另有老譜、執匿經書，應焕章等不無抽换弊混情事，均毋庸議。除取各結附卷外，理合録供。詳請仰祈憲臺察核俯賜銷案，爲此備文具申。

（選自石江《玉川盧氏宗譜》民國丁丑年重修本卷一）

胡莊塘成例記

本都二保賓字百廿二號胡莊塘及塘下蟹宕，皆我盧家己業也。胡莊塘計民塘二十畝，魚資一照塘畝蓄漾，而塘中之水，凡塘下諸田歸我盧家者，均與灌注。遇歲亢旱，公平分拍，車戽至干燥而止，塘内魚花移入蟹宕蓄養。

斯宕之水不與胡莊塘同例，雖旱不車也。胡莊塘所與注田倘有出售外姓者，其水不許粘連，未得以從前拍注貪財背賣。積古原有成例，從未有違拗者，但示禁尚無明文，恐日久變生，人心不古，至有壞規滋事者，因兹申記：

凡胡莊塘，塘畝不得與田産同賣外姓。如有恃强不遵，通族決以不肖攻擊，或於宗祠責罰，重即鳴公究治。凡我宗人須當謹守無失云。

其塘畝俱歸公常盧一塘户完納。

又：

因胡莊塘經公奉憲批法，現向莊書照股撿齊户管細查總收。立名：盧一塘，總名：户管完納，其魚塘漾二十股，僅在現漾股脚。每股各出錢一百文，俱歸大常生息，以作歷年完納國課之資。

咸豐二年歲次壬子重修宗譜，登記於左及後，永爲有望。

（選自石江《玉川盧氏宗譜》民國丁丑年重修本卷一）

水竹塘記

竊丁川之水竹塘者，有吾家即有是塘。正以備飲食火燭之急需，其魚資出息，祭祖先、供嫁娶，尤宴飲之不可少也。且塘在本族之右，栽樣雜木，以庇風水，大節所關，豈鮮淺哉！無如今人心不古，風俗日壞，有將此塘分而別賣異姓者，深可慨矣！適因重修家譜，訂載譜牒，自後不許出賣。如若再犯，公議革祭削譜，斷不容情。是爲記。

時嘉慶二十四年歲次已卯夏月穀旦，裔孫元叙記

（選自《丁川盧氏家乘》民國戊辰年重修本卷一）

陳公塘記

隴山之陽，有田數千畝，土沃地肥，收成豐厚，洵所謂膏腴之田也。緣地處山麓，河流不通，一遇旱乾，輒苦於挹注無從，致成枯槁，而有苗而不秀、秀而不實之傷。

民國甲戌夏大旱，四旬不雨，村民紛紛迎神焚香禱雨，不效。焕坤等約集地方紳老向縣呼籲，以求救濟。縣長陳公痛陰雨而不膏，慮民生之多匱，出鄉履勘，分別災情之輕重。時前嶴村焕坤任白隴鄉長，迎而入坐。談之頃，陳縣長曉諭村民開塘蓄水，以備不時。民聞論，如夢初醒，知求之於神虚而無憑，不如求其在我實而可據。

遂邀同村中紳老，集衆相商，擇其地據上游可引其水以作灌田之用者定爲塘，以資儲蓄。方街嶺脚之上弄嶴，地形頗高，水堪順下，乃相地之闊狹可爲塘基者若是畝；乃度村之可供填砌者爲堤若是石；乃擇工之能勝臂指者爲匠若是人，踴躍赴工，子來效順。由甲戌冬動工，至乙亥春，僅六越月，而塘已成，至戊寅年春，續築完竣。惟焕坤逐日督工，不辭勞苦，不取工資。嗣兹以往，水釀盈盈，波浪浩浩，雖在七八月間，旱魃肆虐，太甚興嗟，而灌溉有由，自當不至年穀不登，毋礙豐收之慮，斯誠前嶴莊之一大水利也。

計灌注之田約達捌拾畝有零，計購買塘基之費銀幣三百餘元，購置錐鋤箕撥等各器具之費銀幣約捌拾餘元，其所費工食亦不下銀幣貳拾餘元，其開塱砌築以及扛抬等約計貳千二百餘工。就吾族論，金絲圳而外亦可謂爲大工程已。

塘何名曰"陳公塘"？蓋是塘開築之始由陳公之苦心勸導，塘成後得有多大之補助又由陳公之極力主持，然則陳公殆合村之生佛者矣，烏可没漠置之不留紀念乎？爰以名塘，示不忘焉。

首事：焕坤。協理：巖慶、品環、魚金、連水、長芳、留金、連慶、連幼。

中華民國二十九年，邑庠生盧歸軒撰

（選自白隴《盧氏家乘》民國十四年重修本卷二十八）

阮公圳記

民國二十五年，歲次丙子，八月大旱。前壂村中回禄，無水救濟，被焚者四十餘家。

翌年春，舒偕阮縣長西震來村，連炳、巧斌等告以缺水害甚於饑荒，阮縣長乃允以後葉坑之水引爲救濟。蓋括蒼起源之短，而間以鄰介之争，開圳引水之事竟延三載乃得成功，此人事天災有所要挾於其間，亦足爲後人之紀念。

圳之長約四里許，由坑旦下百廿田入口歸水。水深以五寸半，限以石階。東北流經過前壂四房戲會二百五十把之田，又買得當鎮吕叙公二百五十田，又一百四十把田堰基一道，而入羊角弄坑，匯合於巖塔山坑，横以石筧渡過，逾大菜園外，入上山沿而鑿水溝滿蓄於黄垙塘，洋溢於村中而達於前宅，匯合於金絲圳，直出於湖下壂。居民之飲水思源，名命爲"阮公圳"。

是役也，合村動衆助洋者約三百餘元，助田者十餘主。首其事者：焕坤、連炳，巧斌等，協其事者：焕交、壽延、伯培、官炳、鳳全、炳章、品槐、魚金、長芳、連慶、土成、雲火、流金等。兹略爲之記。

民國二十九年黄鐘月，浙江省參議員趙舒撰

（選自白隴《盧氏家乘》民國十四年重修本卷二十八）

縉云縣正堂告示

縉云縣正堂項爲急救生命以通水利事。

據廿五都堰長盧志汲呈稱：汲等承祖宗原造土名金絲堰共計工積不少，灌注六甲田二十餘頃。近來因被上年寇亂，本堰閉塞，灌注無門。切思受亂之後人心不齊，恐慮荒蕪，國課無輸，伏乞賜示救民水利等情前來，合行給示曉諭。

爲此示仰該都地方人等知悉：一照舊規，六甲出工開挑閉塞堰口沙坭，以遍灌注。如有恃頑及私自盜水者，許令堰長指名呈究，斷不輕恕。須至示者。右仰知悉。

順治六年五月十九日給

告示（張掛白隴地方曉諭，不許損壞）

前宅陽春存

（選自白隴《盧氏家乘》民國十四年重修本卷二十八）

縉云縣正堂告示

縉云縣正堂霍爲懇天賜示修築堰壩以通水利等事。

據二十五都白隴地方堰長盧志汲、盧志耕等連名呈稱“緣有金絲古堰六甲灌注民田二十萬餘畝，關係一方民命。乖被洪水沖壞，喉塞壩崩，水流不通，現在分秧吃緊，將來秋注無望。曾督承種田畝夫丁修築，詎衆心不齊，勤惰各異，曠日持久，以致無成。非奉鈞示巖敕，究難竣工，叩乞賜示”等情前來。

據此。爲查金絲古圳一條，灌注民田二十萬餘畝，其喉壩扼要處所，今被沖壞，合亟修築。爲此示仰該地方業户圳長人等知悉，及時督率人夫竭力修砌，毋得怠玩推諉，星速竣工報縣。敢有不遵督率者，著該圳長指名稟報以憑拿究，斷不姑恕。均毋違遲，速須至示者。右仰知悉。

康熙二十五年四月廿七日給
告示發白隴等地方張掛曉諭
前宅陽春存
（選自白隴《盧氏家乘》民國十四年重修本卷二十八）

縉云縣正堂告示

縉云縣正堂加一級紀録一次，爲公稟敕批等事。

據盧永侯等具呈前來詞稱："緣身廿五都白隴地方原有金絲古堰，廿六都雁門入水，廿五都塔山下分水，爲六甲灌注，路遠吊隔。因被先年洪水推壞，幸蒙委捕衙催督成工，萬民受惠。禍有無耻棍徒，山後無注之田日夜盜水，承注之田數百餘秧不得分種。情劇，公稟叩乞電准賜批給示，萬民沾恩，頂德上呈"等情前來。

據此，合行給示嚴禁。爲此示仰該地方堰長、塘長，並分蔭户人等知悉：嗣後遵照舊例堰壩分甲輪流灌注，其塘照畝分注，不許無分棍徒肆行盜放。敢有不遵，許爾等赴縣指名具稟，以憑拿究，斷不姑恕。各宜凛遵，須至示者，右仰知悉。

康熙六十一年五月十八日給告示
前宅陽春存
（選自白隴《盧氏家乘》民國十四年重修本卷二十八）

縉云縣正堂告示

特授處州府縉云縣正堂加三級紀録五次令狐，爲翹恩示禁以均水利事。

據二十五都白隴莊堰長盧文偉、盧殿鰲，社長盧允公等呈稱：身等承太祖於正德九年間建造金絲古堰一條，上自廿六都巖門潭起水，水道經土名桑園、烏馬坑及大嶺脚，小嶺脚，跨塔山至本都柯莊前分水，共注田五萬餘秧，歷來分作六甲灌注，每甲一晝一夜，周而復始，致作築堰壩照田派工，古制相守，圳簿約據現電。

近自雍正十三年洪水沖壞，派斂重修，仍照古制。情因水道遥長，被沖修復，更多疏漏，每值作築，彼此觀望，以致水不獲沾。乾隆丙子年再議包工十人修築，每田百秧出穀五斤，以作包雇工食，灌注仍照古制六甲輪流。緣此，圳容水無多，田坐甲尾者一晝夜未必均沾水利，再輪之日必先補注，衆議咸服。因本年秋注干枯，水命更切，莊民雖一祖所遺，而强弱不一，或乘便强決，恃頑指放，争聲滿野。古制公議，視爲具文。每多苦樂不均，身等鄉評莫制。切思水利課食攸關，屢奉大憲恤民示諭。兹幸天臺蒞治，草野共戴福星。現届處暑，水命更殷，敢爲連名公叩：伏乞青天太爺電准給示，以杜民争，以均水利，合族沾恩，頂祝上呈等情。

據此。除批示外合行示禁。爲此示仰該莊承注金絲堰水各户人等知悉：爾等遵照古制分作六甲灌注，毋許恃近强放，乘便强決，致有偏枯，違背古制，屢起争端。出示之後，如有仍蹈前轍者，許堰長指名具報，以憑按法究治，斷不姑貸。各宜凛遵毋違。特示。右仰知悉。

乾隆二十九年九月二十日給告示（押實發）

前水漢匡存

（選自白隴《盧氏家乘》民國十四年重修本卷二十八）

縉云縣正堂關於堰潭岸界的給示

署縉云縣正堂加五級紀録十次，又記大功二次湯：爲出示興修堰潭堤岸分晰界址，以杜争執而興水利事。

案據二十五都白隴莊貢生盧漢陽、耆民盧伯廷等呈稱，"切生莊承高祖於正德九年始開金絲古堰，係自雁門潭起水，灌注良田五萬餘秧，實係合莊生命攸關。傳及順治、康熙、雍正、乾隆等年，每逢沖坍閉塞，内有農工怠惰、派費不齊者，歷賴示禁飭修，毋得盜注。不意本年被左庫莊生員盧綸等平空起波，揑戽騙示，累及生該堰潭有礙，叩准繪圖驗奪。生經奉批邀同各保詳細繪圖呈核，仰懇鏡察。金絲古圳起水雁門潭，而與左庫莊田畝坐隔無涉，俯賜給示，修復沖坍堤岸，以興水利，以惠蒼生”等情，並據各該地保吕伯全等呈同前由。據此。除批示外合行給示興修。爲此，示仰該莊承注金絲圳水人等知悉：

現在該圳堤岸被水沖坍，爾等務各遵照舊規，捐資修復，趕緊興工，毋許頑抗怠惰，俾可踴躍告成，以濟水利。業經本縣查明，該圳上承雁門潭（即赤壁潭）之水爲白隴莊進水灌田之處，去金竹莊既有二里之遥，而左庫莊田畝别有萬工堰潭水灌注，亦與該潭圳無涉，則金絲堰自應准白隴莊人興工修復，以濟農功，左庫等莊不得仍前争執，覬覦該潭戽水，致滋事端。倘敢抗違不遵，許該莊地保及堰長指名稟縣，以憑提案嚴究，斷不寬貸，各宜凛遵毋違。特示。右仰知悉。

道光二十八年十二月十九日

給示五紙，每處各有一紙

（選自白隴《盧氏家乘》民國十四年重修本卷二十八）

第四編　祀　産

在舊中國,家族公常佔有的土地有多種名稱,如祭田、學田、軍田、義田等,它們總稱“族田”。其中的祭田是專爲祭祀祖宗而購置的土地,土地面積的多少,關係到祭祀規格的高低和每年祭祖的次數;學田則爲鼓勵、教育族内子弟特别是窮人孩子努力讀書而設置;白竹盧氏公常所設置的軍田,並非官府給軍營耕牧的土地,而是宗族爲供“京軍來取資裝”所用。宗族共有的這些土地,有的由族長經管,有的由族衆委託族外人經管,所收地租或現金專項專用,不得混淆。只是時間久了,族田的管理逐漸鬆懈,經管人侵吞地租甚至土地一部、大部乃至全部,以致祭祀不舉,無以獎勵學子,或軍資無所取者,頗不少見。

盧氏祀田記

一松盧君，其祖塋在化成鶴鳴山之原，當其陽。迫於佛刹，爲宅兆病，自君之先人及諸昆皆患之久矣。

嘉靖辛酉，刹就廢，籍歸於官。而官鬻之時，邑令後溪陳公獨以僧産爲縉紳德，凡廢刹唯許士大夫家平估售焉，餘不許。於是君門人胡生勳與秀俱，欵門喜而告君曰："先生之佳城，會須光明焕發，兹殆其幾矣！化成寺廢，唯士流得市，宜亟圖之勿失。否則刹歸豪右，吾恐梵宫撤而垣屋新，或將蔽塞除而屈鑿繼，宅兆之病終未已也。"

君然之，遂謀以儒學生聯三人名，君及二生偕至官請售。既得請，乃三分僧産，而以寺址歸君。無何，二生宗人倡爲檀那之説，勒書二生券出之，將奪其寺址不以畀，操之甚急。君不得已，乃訟之官。顧方相持未決，君悔，不欲終訟，遂胥以寺址爲學田而罷。輿論翕翕，僉爲君不滿，以謂既成事而人伐之，傷孝子之心，可恨也已。

居久之，胡生勳獨奮然以己田歸之學，易出舊物，復以返君，曰："師弟子之情，寧忍恝然哉！"衆皆多勳之舉義，而賀君之塋城獲全其美也。君思千百年遺址，歷諸艱而得之，庸非偶然，爰闢爲祀田，歲收其入，以供先祖之歲事，不容子孫如恒産離析，屬其友人胡大範記之，欲永爲世守計。

大範揖君而言曰："田者利之所出，君子貴能以義和利也。昔虞芮之君，感西伯化，遂相讓以其所争田爲閑田，此以義和利之效。鄭伯以璧假許田，則狥利而不知有義者，故《春秋》惡之。然而齊人來歸鄆、讙、龜陰田，聖人序其績，曾不以爲嫌，此則義彰而利自和也。君之事於是舉，類而同貫乎！始君之求貿寺址，夫固計安祖塋而欲成其先志，《詩》云'匪棘其欲，遹追來孝'是也。非若魯、鄭之以祊易許專謀其利矣。既而胡宗人訟之，悔不終訟，而胥以爲學田，則其視虞芮之君又何異情。繼焉門人易舊物以返君，其較諸鄆、讙、龜陰之自歸，無乃亦攝相之功非耶？君後人而知此意，又敢輕以許田易祊哉。”

君莞然，遂書以爲記。

時大明嘉靖四十四年歲在乙丑重陽二月之吉，姻生同邑叙齋胡大範頓首拜撰

（選自第一支《石馬盧氏宗譜》民國乙酉年續修本卷四）

冬至存祀記

庭堅忽諸若敖餒，而昔人所深痛也。余家始祖抱世宗子存孤，赤心可表天日，豈至後胤有系不繼而世無傳之理？第支派繁衍，氣數不齊，宗族中不乏失傳之憾。諸先達庸有悲統緒之無繼，捐資産於宗帑，以爲存祀計者。共十九公積年於冬至，特祭致奠祀始祖於中席，而祔諸公於西廡，繼繼承承，無系而若有系，無傳而若有傳矣。厥後踵而助之者，又有若而人，亦如式祔祭。祭畢，每主請其派下一人散餕，其於存孤之心不相等而相符，不祀諸公庶其罔時怨恫乎。至所助之産，有出於本人者，有出於嫡堂子侄憫其無傳念祖父之一脉捐己産以助之者。雖多寡不同，用心則一，莫非仁人孝子存亡繼絶之大義也。董是帑者可不爲之矢公而矢慎歟！雖然，祭之設於高曾誠爲令典，而産未載於譜牒，恐有遺忘。今菁與兄潛齋公身任重修之事，彙編成帙，誠慮世遠，而跡或湮，致先人存絶厚意深心泯滅無傳，特爲登載所助資産於後，以志不忘云。

時大清乾隆八年歲在癸亥初夏上澣，族裔孫樸庵秉菁謹識

（選自第一支《石馬盧氏宗譜》民國乙酉年續修本卷四）

伯祖逢英輸田遺言

歲癸巳之冬，岸將舒柳，天欲放梅，將捲帳矣，從伯祖逢英詣館，

向余有言，曰：

“我今年已七十九矣，内人年亦七十二矣。祖父毫無遺業。勤耕苦種，得置田産。半生辛苦，莫可言狀。回憶少時，遂失所怙，家貧母出，隨母托身於裏荷塘。顧我撫我，得以成人。行年十八，義父辭世，迎母回家侍養。年三十三，娶妻周氏，生一男五女。周氏不幸至年三十八而歿。年六十二，子亦亡。續娶俞氏，無出。光緒辛巳，我年六十七，爲父母召魂安葬，作法事五晝夜，藉保親恩。裏荷塘義弟學蘭、學元，家貧不能娶親，我恐其乏嗣，出錢四十千幫學蘭，又出錢念千幫學元，皆爲之娶妻成室，以報義父顧撫之德。助立譜常民田百十把，拔貢生保奏孝廉方正潘汝棠先生爲我作序，現已載諸宗譜。戊子我年七十四，以小叔正日生子汝廣痛其無傳，助清業民田一百秧、屋一間，爲之擇繼金彩爲後。辛卯，我年七十七，以大伯正益生子崇倉痛其無傳，助活業民田一百十把，又田五十把，作屋又小屋一間，爲之擇繼水火爲後。胡祖坑家下有橋一節，出錢獨造，日後倘有廢壞，托譜常爲我重修。除前所助以外，所餘田産無多，歲入之穀僅足以支口食。今續修宗譜，我半生立業之苦與所行之事，爾當爲我志之。”

余肅然曰：“伯祖素業農，克勤克儉，立業成家，曉大義，多美舉。凡諸所爲，非心存真善，安能如此？敢不聽伯祖言！”謹爲志之，以俟後人表揚焉。

郡廪生從孫思昉謹識

（選自第一支《石馬盧氏宗譜》民國乙酉年續修本卷六）

盧逢英輸田爲譜常序

匹夫而爲善於鄉（一作化於鄉人），此蘇公族譜亭之言也。蘇公族譜創爲行傳，世之纂譜者，與歐公所作支圖並而踵行之，至今不易，其善由一鄉以及天下後世矣。

顧族大爲譜，經費浩繁，修纂未易。今遊仙石馬西盧有逢英盧翁者，幼少從母出，居養芝英莊。既成丁，以耕稼刻苦自力，朝哀夕積，置立田畝。娶妻成室，得子而夭，尚存田五百餘秧。至今年已逾耆，猶以敝緼禦寒，伶丁而孤，猶能爲宗人續世計，仿芝英譜常例，以二百秧與繼子，以三百秧歸本宗爲譜常，是亦一匹夫而爲善於鄉者。

余考譜法，宋吕叔簡云："十五年一小修，三十年一大修。"以十五年一小修計之，其三百秧所入之租，約積之已有四千五百秧之數，加以生息，大有益於修纂之費。而如積至三十年，則大修當亦完備。盧氏，越國公後也。尊祖敬宗收族，既有賢子孫相助爲理，亦必有賢子孫爲之生聚而總成之，善爲居積，世世毋變，以昭其志，是又善之善者。

逢翁髪斑白，竟不憚遠，追尋至武義水閣，懇爲言。余因舉蘇公之言、吕叔簡之法，善而嘉之，以爲序。

大清光緒十一年乙酉之歲嘉平月，欽加内閣中書七品銜
孝廉方正候選教諭拔貢生七十八老人眷弟潘樹棠拜撰

（選自第一支《石馬盧氏宗譜》民國乙酉年續修本卷六）

化南公輸田爲助田記

蓋萬物本乎天，人本乎祖，濡春露而怵惕，履秋霜而悽愴。祭祀固不可不誠，而祀田尤不可不備。吾族化南公乃有追本之志焉。

公先世初居縣城，同治兵燹後，公以生理僑居合德石柱。爲人謹厚寬和，持身勤儉，銖積寸累，家漸裕。每屆春秋祭祀之時，公必旋里，見大祠上下二宅五房輪祭，祀田未備，散胙無由，瞻拜者寥寥，不無缺憾。戊寅春，慨然曰："人生祖宗爲大，雖居異地，敢忘本乎？吾有膏腴三百秧，坐落儒堂家下，願輸爲祀田，以作祠産，歲收租息，貯爲祭資。吾爲開其先，必有能繼諸後者，由少加多，日久月長，善爲居積，庶幾春秋二祭克洽明禋而肅冠裳也。"僉曰："善哉，此美舉也。"公具酒肴邀宗老，遂書券以出之，承承繼繼，永世不變，以爲享祀云。

初，公考艱於子嗣，年屆四旬，始得徵蘭之慶。比長，訓以讀，以

公身體羸弱，不勝孤單是懼。考卒之後，專理家政，絶紛華，凡有義舉，莫不樂就。況此能知大本，孝敬祖宗尤爲人所難者。今公雖仙逝，其令子且又有孫矣，後之發祥，正未有艾也。

竊因之有感焉：世有問舍求田，一毫不拔，能創而不能守，畢生辛苦，轉瞬皆虛，此擁資自殖者固無論已。又有自居慷慨之儔而篤信乎福田之説，遇緇衣羽流則汲汲焉思所以利益之，是猶拔本塞源而欲末之榮流之長也，其顛已甚。孰若我公輸田爲祀，綿綿延延，永垂弈祀，無有敢替者，可謂知所本矣。

公諱紹棠，字化南。祖際志，考新明，皆世忠厚。子一，繼鏞，實足迪前光。孫文龍，尚幼，聰慧。

兹當重修家乘，奉族長者命，故不辭鄙陋，而謹爲記之。

優廪生從侄孫嗣鏞謹誌，光緒十有九年歲次癸巳孟夏月上澣之吉

計登所輸祀田丘壟於左（數據略）。

（選自第一支《石馬盧氏宗譜》民國乙酉年續修本卷六）

太學生秀青公輸田爲夏祭記

昔賢龍子有言曰“治地莫善於助”，此以治地而言其法之善也。若以私田助作公田，以爲始祖祭祀大事，計其法不尤善乎？

吾族大祠，自道光癸卯十月創造以來，越咸豐及同治，迄光緒癸巳，共計五十一年。其始也，有族祖化南公輸田祭春，繼則有廷眉公輸田祭秋，終則有作州公輸田祭冬，其數均三百秧。歲收租穀，積作祭資，其禮可謂隆矣。然禴祀烝嘗，古有明訓，夏祭之典，於理難缺。考之《説文》云：“礿，夏祭也。”亦作“禴”，薦麥獻蘋，感時奏格，此有志尊宗者所以鄭重夫禴祭也。

若宗叔祖秀青公諱柏林者，心存追遠，獨拳拳於此，不亦異乎？公性本孝友，質兼和平，立品則如璧如圭，治家則克勤克儉，吐詞則有

倫有脊，動容則中矩中規，恂恂焉有古君子風度。當其幼學時也，嘗讀《易》而至"積善之家，必有餘慶"，遂終身誦之而弗忘。迨壯移儒就賈，然億則屢中，綽有端木氏之遺風。數年間，其道大贏，乃援例入成均。凡見地方公益事宜，靡不慷慨樂助，真不愧爲一鄉之善人也已。公所最關心者，尤首重大宗祀典，故其身歿後，孺人胡氏善承夫志，遂涓吉於民國癸亥年九月二十有七日壬午，敬爲先夫秀青公神主歸入"尚義"，隆其祭享，並於是日自願書券計田三百秧助入大宗，以爲永遠夏祭，所有餘資，均備公要用，此真心存敬祖，合族所稱爲美舉者也。《禮》云"必敬必戒，無違夫子"，惟孺人有焉。

嗟乎，世之不知大義者多矣。當時雖田連阡陌，不數傳而地無立錐，是皆子若孫不克守成之所致，孰若我公之輸田立祀惠於宗公，永昭芳躅於千百世乎？今觀公之厚德如是，定必克昌厥後，於理無疑也。椿爰承族長命，深嘉公之高行，乃自忘其鄙陋，而謹爲之記。

時中華民國十有二年歲在癸亥嘉平月上澣穀旦，清郡庠優廩生宗侄孫德椿敬志

（選自第一支《石馬盧氏宗譜》民國乙酉年續修本卷六）

作州公輸田祭冬記

歲在癸亥，甲子之月冬至前二日戊辰，道復元陽，律應黄鐘，從高祖肇杭公同安人朱吕氏神主歸入"尚義"。此真高行可風，合族所推崇者也。其時，適值族祖逢英公助出膏腴之譜常，重修華牒，人文薈萃，盡相歡迎，洵屬難得之奇遇焉。

兹者令孫嗣業等深鑒乃祖輸産之誠，懇作《助田記》。椿自愧菲才，不足以表揚大德，第律之以義，詎可得而辭耶？

謹按公諱肇杭，字作州。先曾祖可林，祖懋起，考洪樓，歷世積善，以德望重於鄉。至公，名聲愈鵲起焉。公秉性仁厚，立品端方，若非道義所在，雖時值造次顛沛，一介不以取諸人，且動容周旋，恪依規

矩準繩，未嘗有毫釐之逾越。處里黨誾怡怡然，終其身無鼠牙雀角之争，真盛德君子也。嘗以“忠厚留有餘地步，和平養無限天真”二語，書諸座右以自娱，其爲人已可概見。然此猶其小節也，所最重者，每逢先人生忌辰，必備禮物，躬親致祭，以爲“吾不與祭如不祭”，正與古聖人祭先誠意適相符合。《書》云“奉先思孝”，惟公克當之矣。

總公一生，德行備於身，孝思篤於後，故公彌留時猶諄諄然命諸子曰：“祖宗雖遠，祭祀不可不誠。吾百年後，家財如得稍裕，爾輩當爲我助祀大宗，以伸追遠之誠可也。”公享壽僅五十有四齡，令子逢芝公克承公志，銖積寸累，特置肥田三百餘秧，自願書券助入大宗，以爲億萬年祭冬之用。蓋其時，天心來復，地脉回陽，義取乎祭始祖，若公者庶足知所後先不忘本者矣。夫世固有數典而忘祖者，殖産自私，分文不捨，是守錢虜也，聞我公之遺風，其亦可皇然思愧矣乎！

乃父作於前，既發尊宗敬祖之孝心，而子述於後，即行慷慨輸田之實效，所謂夫子俱賢，洵堪流芳百世，宜乎孫男十二人、曾孫男十五人，螽斯蟄蟄，瓜瓞綿綿。其食報於將來者，豈有艾乎？自慚不佞，謹爲記之如此。

時中華民國十有二年歲在癸亥仲冬月中澣穀旦，清郡庠優廪生宗侄孫德椿敬志

（選自第一支《石馬盧氏宗譜》民國乙酉年續修本卷六）

太學生廷眉公輸田爲祀田記

昔先儒錢公輔之爲范文正公作《義田記》也，以范公之好施與，深嘉其義行之高而足以垂勸萬世也。若曾叔祖諱崇峨字廷眉者，或能與范文正公相媲美者乎！

公承先嚴儒持公志，一切公益之事、慈善之業，靡不慷慨樂輸，尤注重祭祀大典。當公幼學時，嘗有志於是矣。《論語》曰“祭如在”，又曰“吾不與祭如不祭”。《中庸》言“事死如事生，事亡如事存”。凡此

所言皆歸本於竭誠盡孝之意，公素所口誦而心維者也。及長，勤儉持躬，克成家槖。甲午夏至祠，公慨然曰："人本乎祖，豈可數典而忘乎？前既有堂叔化南公輸田爲祀，吾豈可不步其後塵乎？"遂殷勤設席，邀同宗老，亦願輸田三百秧而加益之，庶幾春秋二祭禮無缺需，甚屬難得之盛事。然公既以此敬祖宗，而祖宗亦必報以介福，理有一定，無待疑者。

維時族中長者望霓、嗣鏞諸公等僉以長生禄位公舉公，而公慨辭不受，曰："我於父母罔極之恩，畢生莫酬其萬一，請以先考望撑公同安人王氏神主歸入尚義。"謹諏吉於光緒廿二年二月初七日，隆其祭饗，此其尊親之至，洵得人言而無間也。《詩》云"永言孝思，孝思維則"，惟公克當之矣。

時至叔季，人心不古，間有一二食萬鍾禄、擁千金財、讀萬卷書者，類皆豪華相尚，充飽私囊，於祖宗輸田備祭之義舉輒漠不關心，是皆公所不取也。乃公以膏腴之産而爲尊祖之行，即身後自享義祀亦屬分内事，而公獨不然，立意以尚義爲奉先，既能全其義，又能全其孝，尚何愧"完人""肖子"之稱乎？使世盡能效公，則義聞昭彰孝心純篤，所謂見賢思齊者，其在斯人歟！

今者公往矣，而其名不與俱往也。每届春秋大祭，凡在子姓正衣冠、肅拜跽、小大稽首、堂集雲從之時，僉謂祀典之興隆，實由公助産之功效。此言豈非信而有徵乎？他年以公孝義之芳名登載志書，增光一邑，斯不僅爲宗族間所稱道而已，宜乎公之後人如麟振振，如瓜綿綿，大見發祥之盛也。

兹以重修家乘事將告竣，族祖興樹、聚財等囑余作記。椿心傾已久，爰不以固陋辭，謹遵命而爲之記。

時中華民國十有三年歲次甲子應鐘月上澣穀旦，清郡庠優廩生從侄孫德椿敬志

（選自第一支《石馬盧氏宗譜》民國乙酉年續修本卷六）

上店敬常祖復六十三公等京山庵記

庵，小草舍也。圜屋亦稱爲庵。周武帝攻高齊，兵退，齊人疑柏庵爲帳幙。觀此，凡結草木爲廬皆曰庵。制度草創，取材從簡，所謂一椽茅屋聊庇雨風，或東道往來於焉憩止，匪特資爲看護墳塋林木之所而已。

余敬常上祖墓在京山，明崇禎年間登葬復六十三公同安人吕氏、姜氏，暨附孚五十二公同安人李氏。清康熙年間，並附豫二十公與豫三十六公同安人應氏於祖穴下山之原，扦作乾山巽向。當時豐冢穹窿，濃陰廣蔭，以郊於京山莊，樵採不免，非無萌蘖之生，牛羊又從而牧之。每届清季祭掃，常下子姓目擊此濯濯牛山，僉傷看守之無人，且路隔十里之遥，年年祭胙，到墳散給，而帡庇無方，曷勝露棲之苦，則造庵爲要焉。

念常帑無多，難以經始，余與思寶叔等雖承乏常事，一切常祭概已從豐，何有餘資别注？計惟各人集腋，方可蒇工，庶原有之區區常欵不至累及。因商糾錢會一脚常得洋一百元，嗣經百般籌畫尚未足三百元，而知常下各孫子慨輸助洋一百元有奇，合得四百餘元。爰度庵基於祖墳右邊，蠲吉於清宣統三年十月初六日申時，建竪正廂三間，兩棚頭各有樓梯宕，左右夾廂二間均可作樓於其上。時丁有清末造，在城烽煙告警，凡工作與照料此間者未免怕驚，余與思寶叔則仍持鎮静態度，遂得落成十一月間，即民國紀元之始。

是舉也，知常下余與思寶叔實肩督其事，仁勇二房叔祖士起等亦均屬同意，共殫公勤。縱不敢闊大規模，擬諸尋常墓庵，已非在伯仲間已。所冀象賢繼美，踵事增華，勿以房分大小計，勿以常帑有無計，恍然遠祖近宗原系一脉，即招守庵住亦必慣知勤儉廉慎，有丁衆而忠厚者尤以專業耕作之家爲美，庶慎終於始，不獨風雨攸除，即墳山蒼鬱，必且加美於前人。用記此以刮目後之來者。

時中華民國十三年歲在閼逢困敦重九月上浣吉旦，敬

常祖第十二世孫附貢選舉鎮議員德勳謹誌

（選自第一支《石馬盧氏宗譜》民國乙酉年續修本卷四）

崇儒公祠尚義助田記

緣小宗崇儒公祠前後中廳共三進，自前清咸豐辛酉粵軍西來，虎踞省城，遍於郡邑，再流竄於鄉間，不幸於祠中後寢與中廳二進俱爲粵軍被毁於火，其所存者僅留臺門前廳與戲臺二所。迄今年湮代遠，敗壞已極，僉謂不修則傾頽將至。特於民國十三年春召集各房族商議，即於是年十一月重新建造。照丁派用，尚猶不敷，將祠中所遺下零碎古産變賣襄事。除變賣外祠中所餘舊産寥寥，迫不獲已，邀同祠下各房族商議助産。

公同議決：凡祠下子孫助田一百秧者，准坐“尚義”夫婦一櫝；嗣後，最少助田五十把者，亦聽之。

當時立寫助契，推糧過户，俱歸祠中，照契管業，掉田耕種，斷無異言，一以備祠中祭祀，一以備祠中公用。所冀理事諸公謹心料理，有猷有守，以期大興常帑，增光祠宇，是所厚望也。聊舉數言而記之。

時民國十四年正月全浣之吉，智四教諭下廿二世孫優

行邑庠貢生德基謹識

（選自第一支《石馬盧氏宗譜》民國乙酉年續修本卷三十九）

祀　約

立祀約：

盧愷十公生一子衍九公，所生四子：長房奇十公居武義，次房奇十五公居舒家山，三房奇二十公居張村，小房無傳。

長房武義，次房應元，三房可大、可忠、可夫、可禮，合同商議：清明、冬至二節祭祀無着，輪流四股，得分田地山場：土名舒家山長坑塘

田大小二坵田十二秤，又廟前下祠山脚田一坵十二秤、又地大小二片、又小塘一口、又門前一坵田十二秤、又竹園下田七秤、古嶺口墳山一片、墳前地一片、屋外墳山一片土名葛嶺十四秤，（内拍七秤土名葛嶺門）前屋、後黄、才嶺頭共三片。

立祀約之後永世之几則，許成常立祀，不許廢賣，不許併賣。如子孫横行並賣，會同坐罰，决不輕恕。如若不準約者，鳴衆究治。今欲有憑，立下祀約三紙，各執一紙，永遠子孫存照。

見中：王光遠、黄光能等

道光十四年七月　日

立廳約：可大、可禮

執筆：李中仕

（選自《泗度盧氏家乘》本上卷）

存祀托約

本家立托約：

繼文今因年邁乏嗣，緣因親侄年幼，祭祀無靠，爲此央托族長合議，情願將己租田二坵土名覆鐘墳前租田一坵十八秤，五保廿號五田一畝八分一釐三毫，又土名徐山塢口租田一坵四秤，五保五百零四號五田六分零二毫，共計實租廿二秤，托於房長繼松、繼桀、繼植、繼楠管業，成積以爲清明、冬至、生、卒四節祭祀之資。議定繼文長幼親侄二人同房長四人共六人拜散。

自托之後，永久祭祀，不許廢賣。如若廢賣合同，族長告官究治。恐後無據，立下托約，永遠存照。

面同房長：長房天壽、次房照林、親弟繼連、親侄如友。

乾隆五十三年十月　日立

代筆親：李晉玉

（選自《泗度盧氏家乘》本上卷）

贖取丁常田記 中盧

同是田也，名之曰丁，蓋因當初照丁醵錢發爲一會而買也。計穀田六十秤，土坐中盧畈，其所積發餘資，爲節年正月十五夜長生燈分屑費用也。

年湮代遠，不知何代何年何人出佃於上加吕公遠邊，節年秋季，只收水租穀拾伍秤零三觔。對子聲言：佃筆頭賣契尾，永遠耕種，不得改掉，不得加租，並不得取贖。租雖便宜，佃筆寫斷，不能翻悔。上代忠厚信以爲真，不知耳聞者虚，目見者確，脱到如今，半信半疑，不能取決。

迨至民國十三年，衆孫同等商議：好取難取，且向吕公遠裔孫有策請筆看出如何？不料一去請看，吕有策聲言：幾代下來並無異言，今來請看便是不測風云，萬難出看。事不容已，設酒托中請看。知勒不住，始出一看，不是公佃，乃是喪費無辦一人私佃！佃筆三紙，共錢拾二千文，佃價又低。水落石出，吕有策呆去半晌，不吐不得，吐又不忍。於是中人雙方勸妥，譬如結訟：兩家不合，令吕有策佃筆對中反還，無容割愛。勸我邊出洋肆拾伍圓，堪令有策心甘。於是糾約銀會一個，交中取回，其會脚洋，仍待此田租穀積發歸趙。

今當譜牒翻修，特作一記，庶不没取贖人之功云爾。

時中華民國二十有一年歲次壬申黄鐘月中澣穀旦，竹川陳步樓撰

（選自中盧《靈山盧氏宗譜》民國廿一年重修本卷十）

榮六十六公祀記

榮六十六公諱應達，乃芳八十一府君之次子也。配王氏，生一女，適屋樓陳應宏公。昆弟三人，長應籌，不娶無後。公以嗣續爲慮，乃就贅於本里苦竹莊居焉。厥配前生有二男，其長陳武寧字逸之者，

公愛之若己子，且以幼弟應道公之長女妻之。綜理其家政，自壯至老，勤勤不怠。

迨年老倦勤，凡飲食居處之奉以及喪祭殯葬之務，實惟逸之君是賴，而逸之君之爲公計者更深且遠焉。乾隆己卯冬，族修祠宇告竣，置主入祠，逸之君復出穀四秤助祠，積聚以奉公祀。是則公之享祀於勿替者，皆逸之君力也。公其無嗣而有祀矣，凡我宗人其可忘榮六十六公祀事之所由來歟？爰爲之記，以垂不朽。

中盧三房宗長應誥、敦廣等仝志

（選自中盧《靈山盧氏宗譜》民國廿一年重修本卷十）

仲明公入祠附祀記

仲明公者，同宗之遺老也，其支派莫可稽考。而以姓氏字行計之，其不容以秦越相視也明甚。

父諱子洪，居都之有教頭，素温飽。生仲明公，介身孑處，屢遭刧掠，而世業不振，凡户門徭役，乃傍余族先人經理焉。無如地處僻壤，產多荒蕪，其糧坐本都盧院貴户，與余族共圖甲，計正額一兩八錢四分。仲明公没，累及先人賠墊者歷有年所，後有東邑鄰地馬某者願認開墾，而糧產户口悉歸之。

余先人深念公之生也，誼屬同宗，人雖無傳，祀不容斬。幸仲明公喪葬之後遺有田穀二十三秤，爲之權子母，辛勤積聚，置產受田，以奉仲明公父子禋祀。日積月累，而祀資頗有盈餘。雍正乙卯冬，族建祠宇寢室三楹，凡磚瓦之費，實多倚賴之。公墓原葬有教頭，今遷於本里巖塔港之原，以便清節祭掃，並爲置龕設主，列之本祠，以附大冬之祭等。惟恐歷世久遠，莫知其入祠附祀之所自，爰爲之記，以俟後人之相繩於勿替云。

延七敦玑謹誌

（選自中盧《靈山盧氏宗譜》民國廿一年重修本卷十）

雙牌福行八十五府君助田記

天下事有可記而未必記者，有可不記而又不容已於不記者。其可記而未必記，謂小善雖足録，其細已甚，未免貽笑後人；其可不記而不容已於不記，謂備物雖無多，所係匪輕，亦若有關繼述也。斯意也，吾於雙牌福行八十五府君見之。

府君諱秉道，繼典表兄之長子也，與弟秉汝俱無嗣，又不幸中年相繼淪亡。親房長不忍，因邀請戚族議房下秉純之子入繼。年幼僅能就口食，未知成立奚似，因又議民田十五秤土坐雙牌坑助歸祠中惠常管業，爲彼一脉春秋二祭之需。

光緒丙午，盧宗續修華牒，有堂舅玉柱等命予爲之記。予於時率爾對曰："唯唯否否。人之所可傳記者，以能放開眼孔，度越尋常，大有關於繼述，斯可耳。區區助田，不滿一畝，何足記？保毋貽後人笑乎？"舅默然良久曰："否否，不然。甥獨不見醫之立方乎？方出於醫手，有味極多而疾不痊者，有味至少而疾自愈者。助田亦然，果其享祀不忒，雖薦以蘋蘩、尚以元酒，而血食長綿，不愈於鬼猶求食乎？況管理者誠能至公積發，因其資而累百累千，春秋修祖廟、陳宗器、設裳衣、薦時食，即繼述之道，皆於是乎在矣！雖少何嫌？"予默默無以應。因畧述數語，以綴於右，以爲後之有志積發者鑒。

時光緒三十二年歲在丙午季冬月上澣穀旦，姻甥郡庠生陳鴻拜撰

（選自中盧《靈山盧氏宗譜》民國廿一年重修本卷十）

小溪軍田記

國初四丁抽一，吾祖奉例抽充北京府軍右衛軍。其時法制森嚴，人情不敢相保，惟小溪一派入藉爲軍，大溪各派皆爲編氓，此軍、民兩户所由分也。

初，但以人往役，原無軍田。正統之後，子孫分序漸多，京軍來取資裝，遂有參差不齊。族長盧敦禮等立約三房各出祀田，共計八千餘秧，永不分析，以備軍裝，遵守二百餘年。

嘉靖間，當軍者盧恬病故，適遇尚書在京，以恬子盧孝記録。隆慶間致爲都督府都事，復爲補伍充役。彼生長在京，但知月糧支給，久不還藉，索取資裝，以故人不知軍田所系之重、法禁之嚴，乃有私相典賣或轉至出他姓者。若更遷延歲月，人亡無證，湮没難查，萬一缺伍清勾，軍裝何從取辦，此吾族之大患也。兹特告諸道府，逐一清查，另立册藉，置食公所，三房各舉公正家長，面同出入，每歲交盤明徹。惟本田徵輸及軍派公事得以支用，其餘一一存貯，毫不妄動。至如宗祠祭祀之類，兼有軍、民兩户樂助祀田，與此可相爲助，立石刻記，垂之永久，既免典賣湮没之弊，且有積聚預備之利，實吾族百世之計也，咸宜守之。

時萬曆三十七年歲次己酉仲春吉旦，朝議大夫福建都轉運使同知前欽差給餉昌平諸軍都督府都事嗣孫致謹記

（選自《白竹盧氏宗譜》民國庚辰重修本卷三十四）

縉云縣爲存祀資軍事

奉本府清軍同知張帖文，蒙分守道左參政車批：

據本縣廿七都軍籍盧大宗令盧公議抱告狀詞，蒙批仰府清軍官查報。蒙遵提盧大宗等審於軍祀田産，發縣查報云。後督據本縣陳縣丞查勘坵墾、佃户姓名，關覆准經備由，連人解廳。看得：

盧大宗家之祀田軍産，蓋其祖盧敦禮慮子孫祭祀勾解無辦而預爲之計，長久之思也，相延已久。承之者未必人人皆體宗祖之心，則間有盜典私賣，勢所必至，特未有顯據耳。嘉靖年間，尚書公重書申約，而大宗等尤懼有强梁侵圖埋没之患，此亦仁人孝子之心，而水木

本源之念也。業已行縣查懇造册照坵數以報矣。合將前册存案，並爲批縣給示，不許侵漁埋没，庶生者無争，死者永祀，亦孝令之一端也。

具由詳蒙本道批：盧大宗家祀田乃其祖宗義舉，且尚書公重申其約，惟在後人體祖宗之心，而無使盗典私賣，斯爲善耳。既經復查，坵數造册已報，仰即行縣給示，不使强梁族衆侵漁，以失水木本源之意。仰繳備貼行縣給示該地方張掛等因，奉此合行，給示曉諭。爲此示仰盧大宗族衆知悉：將前項資軍存祀租穀存貯公所。敢有不肖子孫盗典私賣及佃户霸種負租，並强梁侵漁埋没者，許本家祠長指名告縣，以憑究罪申詳，決不輕貸。須至示者。

右仰知悉。

縉云縣印

萬曆三十六年七月初七日給

（選自《白竹盧氏宗譜》民國庚辰重修本卷三十四）

錦溪盧氏祭田記

東陽二都盧氏，志稱巨族，厥祖尚文翁捐貲建學，出粟賑饑，朝廷義之，錫以敕命。嘉靖初，南山朝袍仝東皋如榮，倡義營祠以妥其先，裔孫如撥、如標、如瑰、如珦、如銓、如檡等，尤懼鄭族滋繁，祠産猶隘，犧牲粢粻，未有取贍，苟簡於今，後恐弗競，僉議割稔田一十三畝零，祠置計田六畝，朝袍推廉幹諱如珦者，涖其事變委化。居歲，益張裕，其入以供時祀，其羨餘則增而廣之，以修葺祠宇而飭其塿次，賑貸貧族而薄其息，其窘而不能償者弗計也。行之幾二十年，孫朝滿亦捐田二畝如前例，祭物滋備，族和以光，而子孫登鄉薦若圭，入胄監若鈴，采泮芹若珦、若璧、汝源、汝橋、信道，膺仕宦若鐘與鑾，克永先烈，而義聲益振。嗚呼，盧氏其賢矣哉！

是舉也，於歲時薦灌可以觀奉先之孝焉，於贏縮適均可以觀睦族之恩焉，於義聞昭宣可以觀錫類之仁焉，於綜理周密可以觀處事之智焉，一舉而四善並矣。使惠於宗公者咸若是，禮教有不興乎？雖然，竊有懼焉：凡盧氏之後來繼今者賢不肖異思，安知不有望田而思以自利者乎？故予爲子規之，立石於祠旁，使君之子孫，登斯堂也，誦斯文也，知本源之不可忘，而常祀之不容廢。雖自吾身而至於親盡，親盡而情盡，屬有疏戚，服有隆殺，而斯舉其永無斁也。

遂爲記以歸之。其祠址、祀產之土名、號畝、四至，悉勒於碑陰，世守維弗壞。

時嘉靖丁巳孟冬中澣之吉，賜進士第中順大夫知順慶府事、方山趙鸞撰

（選自《錦溪盧氏宗譜》民國六年重修本之廿八卷）

重增祭田記

錦溪盧氏爲東陽巨族，先是有祠、有田，歲久而田落籍。孫如揆等懼罔以時烝嘗、訓恭儉、稱祖功宗德之意，業割稔置田，載在趙公記矣。嗣是，昇悌、翼廈、紳珦、檡之後更相繼割田，擇廉而能事事者司其出納、詳其會計，而秩其祀事。董其役者曰汝鑾，曰汝鉦，曰汝賢、曰汝鶚、曰汝貢、曰舜正、曰存儀、曰曾唯、曰存初、曰應秀、曰應科、曰繼志凡一十二人，相與酌盈歉、適豐儉，節縮其羨，賫銖累而歲積之。不數載，置田畝零。又數載，增田五畝零。自是秩祀有常，品式備具，而世世春秋得以不廢。蓋自競逐錐刀之徒出，而水木本源之意忘，牛封馬鬣莽然於榛棘中者，誰則念之也。

今盧氏子孫昭前之令緒，踵割土田，已覨克念，而蒞其事者尤能不忘厥先、不利所有，日引月伸，拓土以恢祀典，君子謂執事恪，臨財廉，奉先孝，諸君有焉。若汝賢、汝鶚、汝貢、舜正、存儀、曾唯，則竭力以張公祠，而其美猶多，例得表之以示後。後來繼今者，尚益加惕厲，

程美垂休，以報德報功於無斁，則錦溪祠祀雖百世可矣。其畝數號數並勒碑陰中。

時萬曆庚子春

賜進士第中憲大夫廣東按察司副使、奉敕整飭防海兵備前山西道監察御史直隸山東等處王乾章撰

（選自《錦溪盧氏宗譜》民國六年重修本之廿八卷）

重增祀田記

嘗聞家有興立將在廟矣，神所憑依將在祀矣。自我族遵家禮立祠堂以妥先靈，置祀田以供妥侑，春露秋霜，烝嘗罔墮，甚盛舉也。嗣今子姓椒蕃，祭事縻費，雖榱桷几筵，精意肫肫，禮文不無闕略，故有入廟而嘆未備者。忍乎，不忍乎？

兄汝惠目擊其事，有慨於其中也，遂率家兄汝佐，暨侄繼焕、繼有，索祖父有德行者，令量力捐田以入。共計田七畝零八釐，以伯父永二百五朝奉、考永三百六朝奉、侄承二百五十八朝奉配享廟庭。嗟嗟，割田充祭，寢入孔安，前人未必無是志，而誰其繼之；亦未必無是事，而誰其述之？況當久湮之日，而創特新之禮，上以遂尊祖敬宗之心，下以垂翼子貽孫之計，仰以踵前人未備之事，俯以動後人孝思之情。使吾宗人能盡孝思也，則後繼今猶今之繼昔，其田愈拓，其禮愈周，誰謂斯廟也血食無窮不與天壤同不朽耶？

《詩》云“顧予烝嘗，湯孫之將”，又曰“孝子不匱，永錫爾類”，此予所期望也。事就，兄屬予文，又相與同事，不敢辭椎魯，輒揚眉搦管，抒數言鍥之家乘，一以表彰兄侄輩孝行，一以杜兼并也。

是爲記。

時萬曆三十六年季冬之吉，弟時賢撰

（選自《錦溪盧氏宗譜》民國六年重修本之廿八卷）

先考左泉翁祭田記

夫家有廟藉以妥先靈，廟有田資以奉祭祀，二者缺一不可也。

吾家妥先有廟肇建於伯祖南山翁矣；祭祀之需，始則出於私室，繼則置於公祠，春露秋霜之費綽綽有裕，例以有功有德與有田者附食，衆不與焉，懼僭濫也。汝顯等趨蹌其間，觸目感心，不無遺憾，蓋考之志行表表，建祠則程藝校能與有其功，居鄉則睦族和鄰衆熏其德，升遐已久，未沐休光，是誰之過與？罪在不肖之無田耳。君子不以天下儉其親，讀聖賢書而竟悖之，以財爲重、以親爲輕乎？

遂集議於家，割稔田一畝四分入祠充祭。諏日潔牲告廟，以吾考配之，洋洋乎與昔之有德有行者交慶一堂，於心獨無恔乎？雖然，是舉也，豈直爲觀美而已哉？蓋愛親之心勃興於祀事，孔將之日甚知不足以酬如天之德於萬一，而思成之綏亦可以少慰矣。爲之後者，人人有是心也，人人有是事也，則宗廟之蒸嘗自一世以至於十世，自十世以至於百世可也，寧有涯耶？吾故以是報之先人，亦以是期之後人。

是爲記。

萬曆戊申中澣之吉孫應雷謹記

（選自《錦溪盧氏宗譜》民國六年重修本之廿八卷）

曾祖國楨公先祖用廷公祭田記 永三百六

讀《詩》而至“孝思不匱”，間嘗揣摩其意，而知孝子慈孫能繼能述之謂也。夫吾曾祖有其志，吾祖能繼其志，即孝也；吾祖繼其志而述其事，吾父又能述其事而繼其志，亦孝也；至吾祖能繼曾祖之志而述其事，吾父亦能先祖之事而繼其志，使爲子若孫者不能申明善繼之志、善述之事，其爲不孝也明矣！

然天下之言孝者，莫大於生事葬祭之有常而已。今之人非不有祭，然祭不出於寢，食不合於廟，猶之江河固水也，溪澗亦水也，支派雖分，將安得有朝宗之會也哉？是以上自天子有廟曰太廟，下至公卿士大夫有廟曰家廟，示有本以昭其祀耳。故因雨露之感而祀於春，復因霜露之感而祀於秋。孟子曰：惟士無田則亦不祭。蓋田者，粢盛之所從出，牲殺、器皿之所從設。祖宗之遺田有限，子孫之蕃衍無窮，不給則無以綿祀事，不得不多立祭田以爲入祀者計。曾祖以上大約數十世，俱得配享於家廟，吾祖曰：使吾父而不得與禋祀於有廟之中，寧獨無遺憾歟？吾祖諱汝佑，遂獨割己田數畝餘，以供曾祖祀事之費。夫曾祖有其志，吾祖能繼其志也，曾祖之神安，吾祖繼曾祖之志而有其事，後人不能繼吾祖之志而述其事也，吾祖之神又將何以安乎？

之琰父諱翰曰：夫孝者，善繼人之志，善述人之事。吾父有志、事而未能繼述之，將何以爲人子？亦遂獨割己田數畝餘以供先祖祀。語云："莫爲於前，雖美弗彰；莫爲於後，雖盛弗傳"，惟吾祖爲之於前，吾父復爲之於後，將見祀事明而孝思展，洋洋如在之際，神罔時怨神罔時恫矣，而謂曾祖與吾祖尚有遺憾乎？今之琰幸得有事於廟，時而趨蹌，時而奔走，觀其粢盛之潔、牲殺器皿之備，益知祭田之所繇設，亦愈覺有遐思也，故因得爲祭田合記，與吾族家廟並垂不朽。

時康熙歲在甲辰一陽上澣之吉，玄孫之琰百拜謹記

（選自《錦溪盧氏宗譜》民國六年重修本之廿八卷）

愷五百十友周翁祀田記

庚申之歲，族葺家乘，翁方七十，老宜傳事，故以昆季析箸時厥考分給之田數畝舉爲祀田，而問記於余，以志先疇之畎畝也，亦以券後嗣之勤儉也。

蓋翁自高大父諱德紳公由錦溪徙居合澄之北，代以耕鑿爲世業，迄今生齒日繁，居室日稠，漸成巨派，而昌熾之勢，翁實最焉。然翁初非晏然安享其成者也，逆計其始不過一胼手胝足、粗衣糲食堪給耳。乃輪將賓祭之外，男爲之婚，女爲之嫁，復積歲之贏餘，廣置腴田，使

其子五亦克以耕而食，而輸將賓祭，男爲之婚女爲之嫁如先。噫，其守成與創業爲何如耶？諺有之曰“創業易，守成難”，翁兼而有之。特不知其何以守成而何以創業也？勞瘁既舒，安享可待，又何能不自明其畢生功苦耶？

今日者非欲以土廣財豐事之可見者白諸人，惟欲以銖積寸累、心所自知者垂諸後，於是乎而有祀田之舉。

是舉也，藉創守之餘而以先疇垂之可見之內，即以勤儉持諸自知之中，使世世相承，念厥先之艱辛，以勤儉自勵，而創守其未有量。庶後之子孫登隴畝而指之曰：某壑某圻吾先人之舊疇也。由是春野一蔬，秋田一黍，百世而下，九京銜笑，猶覩豐年，則并友周翁等而上之，其貽謀於後者不亦有永錫乎哉？吾故曰：爲祀田記者，以志先疇之畎畝，亦以券後嗣之勤儉也。

爰爲登其號畝於左，而增其式廓所當俟諸來者。

時嘉慶五年歲次庚申菊月上澣之吉，眷弟邑庠生張球謹撰

（選自《錦溪盧氏宗譜》民國六年重修本之廿八卷）

遠五十一南塘公祭田記

吾聞之，善人必有後，雖絶而復續，逾遠而彌存。乃今於錦溪先世南塘公者，其信然乎！

公行遠五十一，公所自出者行永四十二府君公，弟遠一百十七繼嗣於叔父永七十八府君。既而，公再世，行承五十四乏嗣，即以叔父繼嗣後承一百五十七長子行宗八十四，轉繼於承五十四之嫡派而嗣之，自此兩派同流如一脉然，至今孫子繁盛不下數百等。

稽自有明以來，列祖皆有祀田，以綿血食，惟遠五十一公無遺産，但附列祖合祭，墓坐本都冷水灣之原，途隔十里許，清明大節，墓壇祭掃，不過數人，無旁及餘芬之惠。諸子若孫悽愴悲懷，愀然曰：“萬物本乎天，人本乎祖。報本追遠，莫大於祀。遠五十一府君獨非我輩祖

乎？一歲四時，忍視墓不修塋、堂無特祭，孝思之不展，神其恫諸！”時嘉慶二年三月節也，人珍、人泳、人貞、文雅、文彦等議，將承一百五十七公新置常田六秤，移爲遠五十一公祀産，選擇廉而能者管理值祀，曰人瓛、人立、人岳、文集、文興、文松、文玉、文珍凡八人各助錢五百文，其餘每丁出穀千重，時未出者七人而已，立有議約二紙。

積貯生發不十年，頗贏餘，置租田一畝零。遞年輪流值祭，支用更加不足。十三年再立約四紙，人懋筆，節用省費益加勤儉，議管收常穀者人貞、人立、文集、文謨，執貯常錢者人璉、人豁，量入爲出，不漏不支，暨人珍、人恒、人立、人岳、人貞、人嵩、文彦、文雅、學潮等準議同押。歷十數歲，增置田地數畝，僉曰：“如是可以備物致敬，可以享祀不忒，祖宗靈爽實式憑之夫。”而後議定春秋祭品，福物餕餘，矜耆少壯散給條例，並祀産號畝赤載另附，其真有仁人孝子之思乎！

道光壬午春，余適在女婿文苑家，人黼、文集等邀余飲，譚厥本源，詳及志事，請余爲文以志之。余謂信若是，則爾祖世澤靈長也，諸君之言備矣。因不辭，如其言述之，而後知嫡祖之不可忘，祀田之不容没，俾來者庶知所自焉。

是爲記。

時道光二年歲在元默敦君姑洗月上澣之吉，眷晚獅山增廣生杜啓蘅撰

（選自《錦溪盧氏宗譜》民國六年重修本之廿八卷）

安溪盧氏祀田碑記

族有長，肇見於兩漢。膺是任者，體前人之志事，立後進之典型，以司紀綱，以興禮讓，以時盈縮出入，而凡葺祠宇、廣祭田、聯世系、固安邱壟而庇陰其居祉者胥賴焉。家長之任，亦艱以巨哉！

其能者，則盡心力以效命於祖先，九原可作，不難聚祖宗於一室，而親爲之奔走，趨承於其側，若慈父之於肖子然，付以千金而不疑於

所往。爲之子者亦辛勤以致力於其父,而惟恐得過,不敢言功,蓋一本之誼敦於性天,祖宗雖遠而精誠血脉呼吸與通也,是即前人未有之業尚可創之自我,而況其爲世守者乎?

其不能者,則陽若奉公,陰圖利己心,敢於蔑視其祖宗,以齒之長,恃權之專,或借端以滋弊,或浮額以支銷,肆行饕餮,雖有衆口,總不敵其彌縫之巧、掩蓋之周。一旦有事,勢必折産以隨之,其於禮讓紀綱之大者又無論矣。

安溪爲余宗人,嘗至其地,見其祠宇整飭、川原豐美,合數十百人聚閭而居,咸彬彬有禮讓風。余曰:"是必其爲之長者、賢者也,能率其子弟以克其家也。"詢之,則有四十餘人併心一志,務以恢宏先業爲己任。前明時曾以他故,祀産幾盡,邇來辛勤拮据,積子母,置有後,開田産,蓋皆諸君之力也。

康熙三十三年間,公祠歲久漸圮,重爲補葺。五十五年,又復修治家譜,余嘗爲之序。其沿溪公祠田土之被水傷而新漲淤坭者,改升民山六十畝,並收各房沖損之畝數而入。諸公戮力栽培,餘蔭里許,既以防水之患,又以資其利,是此而息焉,正未有涯也。嗚呼,諸君年未及耄,而一切家政遽能振興如此,家之慈孫也,可不謂心於爲祖、後私先公、賢而且能矣乎? 予忝在宗黨,心實欽之,且不憚盡言之,以爲將來者示勸,故云。

時皇清康熙五十八年歲次己亥仲春吉旦,丙午科舉人

雅溪人表端先氏頓首拜撰

(選自《安溪長堤盧氏宗譜》民國辛巳年本卷十九)

捐田附祀碑記

盧君輝甫,産不踰中人,勤儉治家,恢拓先業。年六十餘,經再娶而卒艱於嗣,慨然曰:"人情皆欲世長其子孫,凡以爲祖宗設也。令血食自此而斬,後無所冀,前無所禆,一生志事,徒然可惜也。且公祠舊

産皆廢，賴諸君類年貯積，增置祀田，吾弗能與有力焉。及今喘息尚存，除吾夫婦一生自給衣食外，所餘田産，願入諸公。”於是白諸家長，將某某等處共計田地百餘秤以充祭饗。

家長曰：“諾，汝情可矜，汝志弗可没也。自今以汝之曾祖及汝之祖若父請置木主於龕，始祖之次配始祖祀外，另加以清明、中秋二祭以酬汝功。汝後亦如之，其合汝嫡侄人瑜共襄祀事，凡四世焉。”

嗚呼，輝甫之捐田也，心存於爲祖也，敦一本也，義也。家長之議以四世配祀也，志切於存後也，報有功也，禮也，亦義也。禮以義行、情與禮合一者，可謂兼至矣。

抑吾更有説焉：嘗見世人之狂惑者，每以無後，故捐産佞佛。夫祖先之靈，豈亞於佛？佛爲他人尚盡禮以奉之，而於一本則置之，世俗之謬妄真不可解矣。今輝甫尚可延嗣，獨不佞佛，而耑致力於祖先。家長又以其爲力於祖先而永配祭饗於宗廟，存己之祀，並使其曾祖及祖若父亦光祀典，則是祖先之靈與天無極，而輝甫之血食綿長，直亦與爲無極矣，夫豈佛力所能勝哉！

曾祖信九十六府君、妣厲氏安人，祖敏百六十七府君、妣金氏安人。考惠八十六府君、妣蔡氏安人生四子，輝甫次居其三，諱士文，行富四十二，前娶張氏，繼娶金氏。

人瑜，其伯兄之子也，來告其所以捐田配祀之故，囑余書其事，以勒於石，並記田地畝數於碑陰。

康熙五十八年歲次己亥清和月吉旦，三峰宗侄人表端先頓首拜撰

（選自《安溪長堤盧氏宗譜》民國辛巳年本卷十九）

珠川禮八一懋完公祀田記

禮八一懋完公，乃厚宅之苗裔，析自怡廿二公，洪十三公之九世孫也。厥祖諱希榮，有經濟才，業儒不就，從事於東邑户曹，爲邑大夫

胡公所器重，因僑居東陽之集文，家業頗足自給。

乃父士龍公晚年落魄，始偕公兄弟歸故里，而先業凋零，無可依藉，昆季各食其力。後數年，厥考妣暨諸兄相繼云亡，而公更煢然孑立，不能自振，旅食於外。日月荏苒，筋力就衰，乾隆初寄居親戚陳尚獻家，所餘工資藉陳公爲之積貯生息，每年清明邀族弟振彩、振生二公至彼核計出息。後數年，爲之置上園門口及上橫散田各一坵，共三十秤，塘一口，地若干。

乾隆十九年，懋完公卒，合計每歲所入嬴餘積聚約十有餘兩，皆爲殯度之費。先是十二年春，懋完公央同親族將前田立約，俟養身之後永爲祭掃之需。公歿後，振彩、振生二公爲之率族照約收租辦祭，有餘仍爲之積聚，不許乾没。復議餘資若豐，充入宗祠，春秋享祀。他日至此，則懋完公辛勤之積與夫尚獻、振彩、振生諸公經理之勞均垂不朽矣。

是爲記。

時乾隆丙戌年冬上浣，吴寧李位東撰

附祀約

立祀約：盧懋完因年老乏嗣，自願央托親衆，將前所置民田三十秤，一坐上園門口，又坐上王散，共二處。此田自願養身之後，餘者立爲永遠族衆祭掃之需。今恐無憑，立此祀約，永遠存照。

乾隆十二年二月　日

立祀約：盧懋完、家長盧振生、親人陳從禄等

（選自第三支里盧宅《靈山盧氏宗譜》民國甲戌年重修本卷十四）

嶺外助田

福四十三公下孫爲首商議建造宗祠，恭房人德、寬房人茂、信房人華、敏房人英、惠房人義等。

老司工匠飯五房輪值，鑾工照丁，十六歲以上派三十六工，十六歲以下派十八工。祠内助桌，每桌助田拾秤，收租穀四秤（天平），春秋二祭雞鵝肉共熟十八兩，酒兩壺，點心饅頭粿，六人拜散。懸像者錢四千一對，入主每對常收錢五百文，房長通知設酒。無氏者三百文，父子搭桌者出錢四千文。載入家譜，永世子孫爲照。

壽四十一公助田十秤，土坐本都七保根溪儀字六百四十三號，計畝四分七釐四毫，祠内收租穀四秤。另出一桌、子孫六人拜散、雞鵝肉共熟十八兩，點心饅頭粿。

壽四十四公助田十秤，土坐本都七保永濟橋頭，祠内收租穀四秤。另出一桌，子孫六人拜散，雞鵝肉共熟十八兩，點心饅頭粿。

（選自第三支里盧宅《靈山盧氏宗譜》民國甲戌年重修本卷十四）

抄　約

立約：樨派下嗣孫國戊、國麟、懋兆、懋玘等，緣因本派嫡祖武烈侯七三公安厝永康四十五都大山下土名水竹塢，向無祀産，以致清節祭奠，無款開支。今幸宗譜告成，各派會聚，皆思水源木本之恩，欣然樂助，以爲永遠祭奠之資（各派助銀另開於後）。其銀面議，交與珠川族長，生放其利，對年加二起息，定於清明前五日午時到墓標祭，不到墓者不得散祭。

如住居過遠，前一日先到祖族，以常銀支給。所餘銀兩積少成多，或祭祀産，或建總祠，而祀典可以永遠，族情得以不疏，族長無得私意濫費。

今欲有憑，抄約一紙，載譜存照。

雍正十三年五月　日

立約嗣孫國戊等

（選自第三支里盧宅《靈山盧氏宗譜》民國甲戌年重修本卷十四）

盧氏祀産志總序

聯一本之親成族，萃一族之力建祠。祠必有帑。帑之立也，大則爲祭掃祠墓之需，廣則爲養賢任恤之用。其他附祠成立，醵金置産，定名雖異，要不出尊祖敬宗之旨。顧同是祠帑，有歷二世三世而帑益豐者，有歷二世三世以至五世而帑不加多者，有不俟二世三世而帑且不保者。病源所在，在於人耳。

本祠始祀祖積千九公，其帑則集自乾、地、坤、角、人五房。蓋本祠之建在清康熙中葉，與目今聯譜各派若西周橋頭前後處等分析已久。奇百十雲嵩諸公懷慎終報本之義，照丁斂息，聚有健常，帑稱富有。因而各竭其力，合人房建羽常，同時角房亦建忠常。雲嵩公又將其父若魯公遺留方基助作祠址，議建總祠。健下天乾質生公、恒庵公，地房恕巷公、飭巷公，天坤桓之公，角房寄寰公，人房魯齋公均踴躍贊成，事遂濟。

推本溯源仍當祖積千九公，此所以有祖同、譜同而祠不同、帑不與也。祠常之外，有歷常松、竹、梅三房，共有之帑也，松房不系，現存者惟竹、梅二房在理。角房同在梅下，歷常之産當公諸角房，而當時醵金角房未及，此所以有祖同、譜同、祠同、房同，而帑又不與也。若夫羽之帑，天、地、人三房共有；健房之帑，乾、地、坤三房共有。

系統既明，詞無須贅。本届續修宗譜，旌賢等慮世序之易變遷也，擬訂祀産志，族祖潮昌、廷楨、汝坦、叔慶、餘佐、臣慶、章友、霍兄、修德、邦沂、弟貞、偉任，伯貞奎、侄雄、伯奎等，各詳查祀産四址坐落，付旌賢事編纂。計祠、歷、羽、健四常外，而附祠端慶指愛儀聚文賢登培功附，冬小愛各常附焉。羽下之興文會、祭豬會、祭羊會附焉，乾下各常又附焉，祠下褒功常、羽下培功常、健下崇功常又附焉。熱誠如是，其庶幾信而有徵，俾子孫可世守勿替歟！

因博考譜乘，書各祠帑成立之源，録爲總序，免後嗣滋議。至各帑成立來歷，當於祀產志中詳述之。

謹序。

中華民國七年歲次戊午夏正元宵佳節，二十三世孫旌賢謹識

（選自山後盧《盧氏宗譜》民國丁巳年續修本卷十一）

追遠常序

禮有五經，莫重於祭；人生百行，所先惟親。是親之當祭，與祭之宜追也，夐乎尚矣。

粵稽世系於靈山，根深葉茂，派葉九枝。支分指石之山前，創業興家，梓成一族。第定千字行序，列數之始，號曰指山，即密浦溪發祥之始祖深夫公也。辭官隱處，肇基鐘川，與夫人氏王，修善積德，子嗣熾昌。聯而續之曰萬、曰開、曰宗、曰原、曰智、曰福、曰尚，七葉衍祖，皆告窆於馬鞍山。

繼尚之後，有清一公同氏黃合厝墳口山，譜牒詳明，窀穸炳赤，賽祀建宗，綿傳匪懈。無何年深世遠，祠宇雲湮，桁梁因之多朽蠹，椽棟有時而頹傾。延至道光，歲在己亥，祀孫合議，葺而修之。又增擴前棞，並造門臺等項，常帑罄盡，祭缺六年，匪獨冢墓不封，抑亦香煙寥落。孫聖瑞、守緯、汝翊等，慨然各捐己資，用賬清明之節，始立追遠之常。

夫常曰“追遠”者，追念乃祖與夫所厝之地，俾後嗣壹壹知之、歲歲行之。《禮》曰“反復始不忘其所由生”也，是以致其敬，發其情，竭力從事，以報其親，不敢弗盡。又曰：“修宗廟，敬祀事，使民追遠也。”曩於宗廟修而新之，禮既行於棲神之所；兹於祀事敬而立之，孝又達於瘞玉之鄉。援龜定名，衆心齊一，臨塋祭掃，萬古常新，庶幾歷節序以驚心。子子曾玄，咸整冠裳而駢集，望佳城而禮拜；秩秩牲黍，偕兹酒菓以俱來。設几鳴金，焚香祝告，似續妣祖胥歆格饗，奕葉雲仍，宜竭心力。思孝奉先，固不敢馳情於望報；而繼志述事，或亦獲福於靡窮。

厚乃瓜瓞懿親，讚揚美舉，敬撰具文，聊爲志序，冀爾孫孫，勿替引之，

時道光二十五年歲次乙巳夾鐘月吉旦，第二十三世之孫婿溪岸庠生胡友厚拜撰

（選自中山《指山盧氏宗譜》民國丙寅年重修本卷首）

譜銀引

人之生也，上有所自，下有所暨。苟無以紀之，其何由考乎？譜之設，良有以也。然莫爲之前，固雖美而弗彰，莫爲之後，亦雖盛而弗傳，則修理之需，尤爲急急。

吾族指山公一派，自從太祖良儀、良印，伯祖大洪輩，孝弟之心油然而起，重修宗譜，班班可考，繼而族長兢兢慎守。又恐修理之無具也，議積公帑，名曰"譜銀"，每歲同譜交遞，不敢少懈，迄今漸隆。若由是而聚之以至富有，則祠宇可重建也，祀産可復制也，豈特修譜之有資云乎哉？

誦生也晚，年方舞象，祖父之恩，未酬萬一。釋甲之餘，間閱宗譜，方知吾祖忠貞世篤，不勝永慕。然非良儀輩追所自以永所暨，其孰從而知之？甚矣其宗功爲不少矣！則積譜銀以備修理，凡在派下可不敬謹慎守以繩祖父乎！是所望於伯叔兄弟之共敦孝思以垂奕葉也。

故妄矢數言，以弁帳首。

時康熙二十九年歲在重光協洽春太簇中浣之吉，十八世孫名誦謹識

（選自中山《指山盧氏宗譜》民國丙寅年重修本卷六）

燈常引

漢武帝正月望夜及上辛日，祀太乙於甘泉宫。天神降有火如燈，下設庭燎以映之，以接神光。因是每於正月望夜，令京師臣民家俱置燈，飾以龍鳳圖畫人物，以祀太乙。元宵之燈，蓋始此矣。

嗣是歷代相傳，至於今而益盛。或爲龍燈，或爲橋燈，或爲珠燈，或爲紙燈，紛上創造，不一其制。而浙東之所尚者則絹燈爲尤，以其價廉而質固，可以永久，故中堂正屋每皆用之。而予家久缺。今正飲屠蘇酒，伯叔兄弟咸集，立談之下，各願捐資，遂招至焉。尚有餘貲，衆議積爲公帑以備公用。

予謂燈雖古制，亦一載文明之兆也，則此事豈非吾家之美舉乎？願各位公心秉執，兢兢生放，以爲後日之需，而長垂厥美，豈不甚幸？然此乃吾祖松四公下一房所直也。倘因一房而各房尤而效之，則燈盛而文明之兆亦盛，不又爲吾家之大幸乎哉？余不勝心焉喜之，是爲序。

時康熙二十九年歲在重光協洽春太簇中浣之吉，十八世孫名誦謹識

（選自中山《指山盧氏宗譜》民國丙寅年重修本卷六）

祀　産

蓋聞於薦廣牲而孝子以綏，享祀大房而曾孫有慶。勸稼穡而取禾三百，以供粢盛；詠《甫田》而適畝十千，用烝酒禮。此固思成之不忒，實亦典禮之攸隆。

我族奉始祖於玄堂，時修明酌；配群公於祏室，歲薦馨香。爰定祀産，用勸慈孫，以妥以侑，是饗是宜，顧不重歟？

一段田三分八釐陸毫四絲陸忽（坐蘇溜岡，係淡字一千五百三十八號，充三十三都四圖六甲盧祠衆户）。

一段田三釐（坐蘇溜岡，係淡字一千五百三十九號，充三十三都四圖六甲盧祠衆户）。

一段田三釐七毫五絲（坐蘇溜岡，係淡字一千五百四十號，充三十三都四圖六甲盧祠衆户）

（選自瑞安六科《范陽盧氏宗譜》民國十年重修本卷十一）

松峰公祀書田記

余父在日，嘗自言於吾曰：“人能勤儉，衣食恒可自持。而讀書若無餘資，則必不能延師就學。故平生勤儉勞苦，少有贏餘，即欲置書田、搆書屋，以爲子孫誦讀講學之所、修儀膏火之資。後人能善體吾心，措置生息，增益田畝。倘得雋秀之才、尚志之士，則考試費用，量入爲出，斟酌重輕，助其資於二之一。雖不能效黄公之美，豐積原賫，亦不至束手無策，急切燃眉。”不幸中道崩殂，有志未逮。

余等不肖，日夜兢兢，以不克承先志是懼。今兄弟勉力支持，置有民田額租開列於左，俟後再續，庶幾於吾父之靈其亦少慰萬一乎！

乾隆五十年五月，安善、安懿、安國、安名、安秀兄弟同立

（選自蘭溪《甘溪盧氏宗譜》民國廿四年重修本卷之二）

祀産序

柏盧先生有云：“祖宗雖遠，祭祀不可不誠。”誠哉是言也！

族内仁三公所遺田地山畝，原爲奉祀所需，豈容藐視？不意事變多端，屢年搆訟，雖有出息，難以頒胙，亦且祭祀不豐，甚至管理無人，糧業莫抵。予等目擊心傷，不忍坐視，爰是糾集同人，守先人之業，竭力存成，上則尊崇先祖，下則頒惠子孫。惟願同心同德，秉正秉公。倘有假公謀利、瘠衆肥私，僉革議鍰，決不寬恕。

兹將田地山畝土名細號登載譜牒，以便考查，庶幾承先啓後，永垂不朽云。

是爲序。

（選自蘭溪《甘溪盧氏宗譜》民國廿四年重修本卷之二）

恭五四公祀産序

常謂爲人子者，生事之以禮，死葬之以禮，祭之以禮，事親之道盡

之矣。顧養生則啜菽飲水盡其歡，斯之謂孝。送死則喪具稱家之有無，雖貧亦甚易耳。至祭，非有公産者不辦。

予曾祖恭五四公，家業式微，並無祀産留貽。予祖賢八公與堂曾祖讓八六公值墳右風拔枯木一根，生息存餘，僅置田大小額租二十餘石，捐麥四斗九升，開列於後，以爲春秋祭掃照丁頒胙之資。嗣後倘有不肖子孫不能增補，並欲拆賣，任憑派下敦請族長議革，以作不孝論。須至議者。

大清咸豐四年歲次桂月，裔孫際禹、定期、和成同立

（選自蘭溪《甘溪盧氏宗譜》民國廿四年重修本卷之二）

洪三公遺業記

嘗思創始者難，守成者亦不易。故凡基業所垂，貴有獻以傳之，尤貴有文以載之，斯其業庶不至歷久而或失焉。如吾家有後室、中堂、前廳及臺門，上下餘基並碓屋，且山有名"作馬"及"聚燈"，連至大墳，與牛保山、獅子坤，祠邊左城，對面水口，殿橫羅星，皆係洪三公業也。

如牛保山、獅子坤與左城、水口、羅星等處，實爲一族之風水所關，皆宜録樣，以成蔭庇外，此則節年例：有山租歸於元、亨二房輪收，以作元旦、元宵之費；而糧米亦歸元、亨二房拍納。至今無異也。然子孫蕃衍，董理代更，恐世遠年湮，致契書之散失，因兹立記，以昭來許永不忘祖業云。

天啓元年歲次辛酉冬月日

（選自石江《玉川盧氏宗譜》民國丁丑年重修本卷一）

議取廉田約

立議約壽下昌周、昌廷等。原始祖遷居於此，素無養廉考費之資，故其間有志者或始基則止，或半途則廢，皆缺於財而不能就，沉流

至今，所以誦讀者愈衰也。

昌周、昌廷等爰糾派下立議，取養廉田三百秧共五坵，以後子孫倘能入泮者，任憑照取收種糧米，一應常内自行辦理所取。之後惟願子孫崛然興起，閉户潛修，踴躍争先，不虚此所取之意，斯亦吾輩所深喜而厚望也夫。

計開所取廉田載明於後（略）

（選自石江《玉川盧氏宗譜》民國丁丑年重修本卷一）

茂有囑言

立囑：父茂有，現年七十有五，生四子均各成家。而閒居静坐之下，竊思祖宗雖遠，祭祀不可不誠，子孫雖愚，經書不可不讀，未嘗不嘆考亭家訓，誠爲千古之名言也。然曠觀斯世，恒有情深率祖而粢盛無供，志切從師而脯脩莫濟，以致神無受享目不識丁者，大抵由其營業無基，乃至於此，予因特爲之囑焉：

除優取均分外，所有存留産業，先將民田九十把土坐胡莊塘尾輪流種值，以爲二老歷年祭費。又田百十把土坐巖塔脚，併田四十把土坐杜坑三百塘，立爲賢田，貯常生發，以給後學束脩並考費等項。有至果能矢志潛修、躬遊泮水者，即將是田撥其文武膳養，以作膏火之資。凡我子孫，各宜承志遵囑，恪守毋違。

兹當家乘重修，爰將所囑，付之剞劂，以示不朽云。

計開給項定例於後。

龍飛咸豐二年歲次壬子仲春下澣之吉

立囑：父茂有

聽囑：子源祠、源明　孫英全、英湊

依囑奉親筆：弟茂賢

（選自石江《玉川盧氏宗譜》民國丁丑年重修本卷七）

莘六十七公祀約

立祀約：源淵等緣本家安房源福出繼信房爲嗣，娶妻周氏，續娶趙氏，又續方氏，無嗣，僅留一女，一生勤苦，幼入藝業，積有微資。所有産業，從前源福在日原托房族茂川、源昌、源丹、源崑、源貴，面立托筆鑒祭，永遠不許費壞。

兹嫡侄英愷、英模自願邀仝房族設席商議：遵二伯在日之命，所有産業除百年支用外，存民田三十把土坐清水塘石橋頭，取信房爲祀産；又民田五十把土坐龜尾，取嫡伯源福祀産。除完糧外，節年清明邀同前所托房族一同散祭，餘外積貯生放，不許侵肥，其祀田永遠不許易賣。登載譜牒，以期不朽。

欲後有憑，立此合同祀約二紙。房族源丹執一紙，嫡侄英模執一紙存照。

同治十二年三月日

立祀約：源淵、茂川、源丹、源昌、源貴、源崑、
源耀、源珍、源占、英愷、英模

代筆：吕壽年（俱有花押）

（選自石江《玉川盧氏宗譜》民國丁丑年重修本卷七）

公　據

立議捐據：公啓、公異等情緣韞輝公自蔡岙遷居烏巖，踰山越嶺，至今百有餘年。奈宗祠未建，無以妥神靈，又無以序昭穆。幸先人有靈，届今清明祭掃，衆發孝思，酌議派下捐助。惟天開、公滋多捐錢文，因挽族戚立據。即向在地會澄弟、會昌弟，坐本都烏巖上宅街東店屋伍間，帶下基地及後小屋基、餘基，憑中契買，以建宗祠，計價貳百念肆千文。内係天開付價陸拾千文，公滋付價拾伍千文，其餘散捐，俱是公啓、公異不辭重任，甘心經領，捐付基價。

今契四紙交天開、公滋手，每值冬底收税，俟買料鳩工日付出應急，限四年建祠告成。天開再捐錢四十千文，公滋再捐錢十五千文，並將買契交出，另議挨輪經管。倘建造遲延年月出四年外，有始無終，訂明嗣基店屋聽天開、公滋照買契收税管業，以償已付，多捐錢交餘捐亦照原數，韞輝公派下不得異言。凡我族人須齊心協力，始終如一，以成勝事。

恐口無憑，立此議捐據爲照。

嘉慶二十年三月日

立議捐據：公啓、公巽

聽據：祚憲、公遠、公信、天開、公滋、慶安

見據：叔運端，弟安卿

代筆：侄士典

（選自《黄巖盧氏宗譜》民國丙寅重修本卷首）

肅雍堂祀産記

我族建祠自乾隆癸巳年始，向不立祠産，非缺典也。建祠之時，公費暨虧，而董建之兆愷公力又不贍，故祠成而祭闕如。今兆愷公之子聖和，克承先志，積公山薪租千余錢，又得水口庵羡餘數貫，子母生息積數十年，置田若干畝，收其耔，爲祠中每年清明節祭祀之資。林等念其父子盡心於吾祠，而置田之舉復不假他人之力，其志可爲嘉矣。

兹恐後之人不念其由來，或不肖輩妄生覬覦，謹將字號畝分刊載宗譜，以垂久遠。

嘉慶二十四年十一月穀旦

家長：人林　房長：廷芳等

（選自《諸暨梓越嶺盧氏宗譜》民國庚申重修本卷一）

增一百十八公祀記

朱子云“祖宗雖遠，祭祀不可不誠”，其不忘本也，可謂至矣。

遥溯高祖諱承華，清初順治間各房分居，立有祀田，僅能冬祭而已。至咸豐間，有堂祖諱燦鐘者執管祀簿，積有餘資數貫。自其卒後，惟文先祖諱茂林及堂叔祖繼宏、山榮、周棟等，卒勤催討，得穀數石，以作欠資生放。期年，忽遇洪楊之變，將此穀石以數分藏。遥想其時，艱苦備嘗，家業廢棄，人丁散離，分藏之穀將奚存乎？切思先祖等身之無恙，不爲虜亡，非高祖之靈，奚能若此？

至光復後，協同商議，將前所分藏之穀起息賠償，得穀數十石矣，而先祖等能挺身急公，乃以公需之餘，尺寸皆積，不越十餘春，續置腴田數十畝，得能清、冬二祭以爲追遠誠祭之計，其功偉矣。今則文任其事，稽其餘資，尚有置田措地之費，載其功業，亦有光前裕後之志。惟恐後嗣争功者起，故不揣才拙，記其大略，以垂不朽云爾。

時民國九年歲次庚申孟春全浣之吉，裔孫藴文謹記

（選自《諸暨梓越嶺盧氏宗譜》民國庚申重修本卷一）

大常遺業記

竊考我族，自孟祥公始遷以來，承承繼繼，將産業而遺我子孫者正復不小，以後分序拍執，亦復難憑。至今僅遺民山拾肆畝八分三釐，南至天溪，上至朱人户，下至紗帽巖，見業盧孟祥鱗册亦載，惟此民山，俱歸常管。

恐後無憑，立此永照。

時嘉慶二十四年歲次己卯仲夏月，裔孫元叙記

（選自《丁川盧氏家乘》民國戊辰年重修本卷一）

洪一公存祀記

寒食之祭，亦以追崇先德之報也。

我祖洪一公厝葬後山，歷年清明之節，子姓畢集，標掛墳塋，其祭奠僅存其名。至雍正十二年間，爲首明望、希瓊，設席糾衆捐資，每人銀兩生放積貯，每年抽利，以備牲醴。情恐世遠年湮，有初鮮終，合將捐資名次載後，以垂不朽。

樂捐祀孫（名單略）

時同治十一年歲次壬申仲春吉旦

（選自《丁川盧氏家乘》民國戊辰年重修本卷一）

洪一公清明會記

爲崇祀典永禁廢賣事：緣我族洪一公安厝後山，嗣孫明望等於乾隆八年間糾衆捐資，以備清明、寒食祭費，前譜亦載。至今生聚日繁，人心不古，竟有將此祀業扣退並別賣者，甚非孝子慈孫所宜爲也。切計退會者只知肥己而不知有祖也，買會者焉肯將己物而祭别祖也？自此以往，一退一賣，將必廢祀産，而祭祀無辦焉，是皆不體前輩立祀之深意，而犯欺祖滅祀之大罪焉。爲此立禁，載在譜牒。自後不許退會别賣。如犯禁者，合會議罰，輕則革祭除名，重則鳴公究治，費出會常，斷不寬貸。立此禁約，以示後焉。

名次開列於後（名單略）

同治十一年歲次壬申仲春月吉旦

（選自《丁川盧氏家乘》民國戊辰年重修本卷一）

祀田記

古者士有田則祭，無田則薦，是士君子之家祭必有田也。

方山盧氏，五雲舊族，夙知報本追遠之重，嚴修祀禴蒸嘗之禮，此仁孝誠敬之大道也。先世枝葉未繁，輪流薦祭以伸孝思之禮；邇年來子孫繁衍，於人之力有因强弱之不同，使力之薄者不能盡祭享之禮，或違失後時者有之。

族之長時郁與弟文槐，侄永敬、永盛輩深切慮焉。爰乃會集族衆，議將馬嶺及碻上祖庵基址易買得田三畝，盡力儲蓄，經年統置得田三十畝，輪流分掌，以供一年之祭祀。上得以盡報本之禮，下得以燕毛序齒浹洽同姓之情，甚盛心也。

且夫以時思之仁人孝子之本心，奚必待有田而思而祭也？蓋宗族之庶，使無田以主之，恐人之力有不同等也，此盧氏祭田之設，其慮遠矣。雖然，爲子孫者管攝其事，尚當精白一心，孜孜惟謹，收蓄以供四時祭祀之需，黍稷必精，牲醴必潔，心志必誠，以伸享祭之禮，以慰立田之心，毋徒曰"祭祀"而已可也。

吁，人生願有子孫，期其春秋祀獻，以顯揚令名於千百世同一日也。使若守之不道，祭之不時，享之非禮，又烏足爲子孫哉？先哲有言，有則改之，無則加勉。謹書以爲祀田記云。

時宣德甲寅十一月朔旦，眷侍教生曹文儼拜撰

（選自方山《玉川盧氏宗譜》光緒癸未重修本卷十）

厝楊梅園太祖序志

蔭三十一公字志盛者，丹高太祖也，居前岴四支之二。

承聞祖父傳説，謂高太祖生而岐嶷、長而英敏，不屑屑於詩書章句，才識邁倫，秉性獨厚，董家政有法，絛財用有道，因以給富。元配太祖母吴氏，繼方氏，共舉六男子，以"禮""樂""射""御""書""數"分房號，迄丹凡六世矣。

丁衆蕃衍，基業守成，而孫且饒增擴。蓋大抵存而氣量超恒流者，即歿而靈爽必能庇其子孫，我輩之殷蕃謂非先公陰佑不可，即報追之典，所宜深長思也。自明季先伯叔父合積祀金一百四十餘，均儲各派下充息，以備犧牲粢醴之需。戊子、乙未兩遭兵燹，而乾没廢墜，勢亦無可如何。近復各捐資公貯，一如故事，以少展孝思，庶幾神罔怨恫，我輩並受其福焉。故丹序而志之，附諸譜間，請與當時後裔共

兢兢勿替云。

（選自白隴《盧氏家乘》民國十四年重修本卷二十八）

松庵公改葬序略 行昌百六十五

我祖松庵公，生前斬寇除凶，功被合邑，宗譜紀載詳矣，至歿後安厝於蒼嶺脚屋居之穸。

節年清明拜祭，每見微泉散濕，有過埋之嫌。乾隆辛酉，兄維定、維宗、介彭，侄雍吉、國英等協同親長叔兄，商議改卜於墳左東首田中。質諸堪輿，咸言允臧，自是裔孫通同移厝送葬。

迨至歸神，扣算費銀缺額六兩。因思詹妣祖母，本係智，信兩房所出，兄維宗有土名佛堂基田三十把，願助入常，不取田價；予兄弟三人亦各捐銀壹兩以補前額，共成厥終。迄今現在祭田止有土名郭宅前，又本處祠堂甽與墳邊，並柯莊共計五百三十秧。後之子孫務須積發祀銀，尊崇祀典，以維蒸禴於萬年，則予輩之厚望也夫。

計開祀田：一土名郭宅前田三百把，一土名祠堂前田八十把，一土名佛堂基墳前田五十把，一土名柯莊基田一百把。

時乾隆三十一年歲次丙戌蒲月之吉

（選自白隴《盧氏家乘》民國十四年重修本卷二十八）

方山春秋會議約

立議約：春秋會經理人光題、天燕、天耀、天序、學鳳、學宜、學金、學方等，緣爲春秋致祭，事關切要。溯前嘉慶二年，合處設立春秋一會廿九脚，每脚出穀念斤，遞年節祭，祭餘漸漸積發。至光緒初年，有置田業十二畝零，其時有會五脚，因家貧缺需各自退謝廢祭，餘脚春秋致祭仍不懈也。

迨至民國二年十二月，不料會脚内人人各懷私心，不顧大節，將會田賣下十畝有零，每脚拍分洋三十元。凡上廢賣分拍概既往而無昝，後日誠心積發猶來者可追及。故吾等會仝合議：將現在田六坵計一畝土名葛光弄，又田一坵計三十秤土坐廿八都下坑胡公廟邊，以此田爲永遠春秋致祭之資，不許廢賣分拍，則亦謂存一孝思之心，遵慎終追遠之道，其庶幾可焉。不然，若爲拍分廢賣爲不肖子孫者，則會内經理仝祠長送公究治，斷不輕恕。爲此立約，以載宗譜，示後人焉。

中華民國三年二月春分日立約

裔孫：光題、天燕、天序、學鳳、學宜、學金、學方

執筆：天耀

（選自方山《玉川盧氏宗譜》民國甲寅重修本卷一）

木本常記

自古言追遠者必曰申報本之誠，言合族者必曰敦一本之誼，良以人有祖宗，猶木之有本也。第木本二字，於我白隴宗常尤特别關切，蓋白隴分自方山，實異支而同本。

本來有常管山七十餘畝，土坐廿八都磡上。西南至丁公嶺，東北至龍潭背，中有二嵒，造成森林，歷久禁樣，故杉木之巨多至數圍，名播遠近。乃前清宣統時，本宗子孫思爲報本中報本，特爲九支共本之越國公議建祠於永之四十五都上盧莊，蓋當時取九支一本之義也。以木爲號，榛、栗、檡、松、竹、梅、桐、梓、杞，我與方山固梓派也。人口椒行，姻居星散，籌款爲難。父老曰：是曷弗取貲於磡上杉木乎？於是緣約方山族人將該山頂大杉木四百十三株出拼慶邑沈榮川客人，收的樹價洋二千八百元。方山平均分拍去洋一千四百元，又除出助越國公買祠並各開銷外，餘净存洋一千零九十五元。

乃族大人衆，人心不一，多存覬覦。裔孫等念吾族一本之誼，不可不聯吾族一本之情，因出而商議，維持積發，和衷共濟，即買田二千二百把，費洋一千零十五元有零。逾年，又將租穀出息銀洋買田二百四十把。

今者譜事重修，情聯一本，除派各出譜紙洋外，凡譜事中一切之費用開支均取資於是常，亦以見吾族之有本，而源本之不可或忘也。異日者從兹整理，積百成千，積千成萬，凡吾族中之學堂、公益、義舉而爲義務所當盡者，又可於是常斟酌取盈，以申一本之義焉，豈非吾祖澤被後世、蔭及孫子哉？雖然，創業難，守成更難，是所望後來續起之理，斯當帑心存一本之誼者，是爲記。

時中華民國四年歲次乙卯仲冬月穀旦，第十七世裔孫昇謹撰

（選自白隴《盧氏家乘》民國十四年重修本卷一）

積發常記

或謂古制必不可更，成法必不可改。斯語也，是抱柱守信、不知通變之論也。苟其制其法善固不可更，其或不善，縱盡更之，亦無不可。

顯二十二諱灝字若梁公者，除主祭祀並賢田外，另主丁田一坵計秧一百二十把，土坐包坑口，作爲節年清明拜墳分丁之需，其待人也可謂周矣。而漢光、文松、理順等以爲未盡善也，因商諸老成曰："此田路遠，租簿執管不便，兼之分及壯丁而未及孩提，不若賣價放積於附近再行置買，惠可徧施之爲愈也。"老成曰："如此甚善。"於是三人至包坑賣其田，收其價，旋即左顧右問於姓汪莊再買田三百把，更加積理，而積銖累寸，積寸成尺，不數年而買田千餘秧。每歲居清明左右按丁分穀，非所謂"惠能遍施"乎？

而猶不止此也。或修路，或造橋，或其他各種公益捐，與此外種種派丁雜費皆資賴於是，常向所謂"縱盡更之亦無不可"者，非以此耶？然則三人之勤於積理而又能行善，不惟可以對生人於無愧，抑亦可以對若梁公在天之靈矣，名之曰"積發常"，不誠名實相符哉！

邇年來樹萱接理，又將蛙蟆山松木出拚收其價目，加買田四百餘

秧，常帑益裕。竊願後世承分子孫續理斯常者繩繩繼繼，不忘夫漢光、文松、理順三人之苦心，是所厚望也。

謹序其顛末，而爲之記。

時中華民國四年歲次旃蒙單閼小春之吉，珠彩、焕汀、樹龍、陳清、漢風、陳春、鳳全、鳳標仝述

（選自白隴《盧氏家乘》民國十四年重修本卷二十八）

後葉四房常祀田記

祀田者，收其田之租課以供祭祀之田也。房者何分也？謂各房各有分子，且各房子子孫孫各得承其股份之分子，無所異同偏枯者也。

房何以稱四？以其房由兄弟四人成立，如天有春夏秋冬之四時，不得云五，地有東西南北之四方，不得稱三也。四房名曰“後葉”者何？蓋以别乎前乢、上宅、前宅、後宅、田畈、下新屋、石明堂、小陶灘各處，四房故特爲後葉也。四房何名？懿行德川所生四子：長朱輝、二蔡云、三焕成、四焕文也。四人仝爲德川子，則所立之祀田宜云“德川公常祀田”，其不稱“德川公常”而曰“四房常”者何？以幼子焕文出繼胞叔桂川名下，二子蔡云出繼堂伯禄川名下。據所後言已屬支分派别，對所生而大報本，此祀田之積理，所以不得曰“德川公常”而名曰“四房常”也。

其祀田坐落地段，據分書所載，前山田七坵共二百把，現經價賣改買於本村附近，並義祭會拍歸之一百二十把也。兹居重修宗譜，何以必加登載？蓋防後世子孫以二四兩房出繼之故而滋議論也。至譜局發啓，托余作記，則第三房焕成也。余未識四人之面，又未知其事之顛末，焕成至局，余詢其出繼不出繼，彼答：“以承父後者。”余故贊之曰公，且心許其能孝友也。又令其攜來分書查驗，蓋欲得其事之詳也。

維時歲陽月令，則民國乙丑之舊曆七月也。作記者誰？清恩貢生、民國歷任縣參議員及宣講員、族叔友路氏俊達也。

（選自白隴《盧氏家乘》民國十四年重修本卷二十八）

囑　筆

古先聖王制爲繼絶之典，俾同氣連枝，常得延其血食，而免嘆餒，而仁之至，固亦義之盡也。第人心不古，日就澆漓，爲人後者或因所重而忘所生，承父後者竟視一本爲二本，財産熏心，塤篪反目。若祖若父，得勿在天而抱怨恫乎！

余因有鑒於此，不得不諄諄爲子孫囑：

余先祖曾林公生先考等五人，相愛相親，一如手足。奈因長、三、四各兄無孫，時命余曰："汝必爲之立繼，不可令吾兄乏後。"余心焉識之不敢忘。爰將長子玉斌繼大伯子科明後，三子玉振繼三伯子金喧後，並令弟起怡以子玉海繼四伯子銀清後，二伯孫玉球繼趙高後。趙高者，金喧胞兄也。二伯孫玉球承繼無後，因親及親，又以玉振子德懷繼之，玉海繼銀清無後，更以玉通子朱新繼之。

余遵父命，正所以慰祖心。余初未嘗有財産念，亦未嘗外視玉斌等而俾之過房也。余願爾兄弟等各體予心而篤孔懷之誼，無以出繼與不出繼稍有歧異。凡我之祀産及田地、山塘、屋業與其他一切，俱五子照股承分，毋得稍涉偏枯。必遵吾命，斯爲吾之孝子順孫也。

兹因續修宗譜，特緣筆而爲之囑。

時中華民國四年歲次乙卯暢月，行恭五百四十一若東氏永南囑，恩貢生弟友路氏俊達代述

（選自白隴《盧氏家乘》民國十四年重修本卷二十八）

積六太祖清明祀銀序

黄園山祖墓積六公，予家第四世祖也。始居前岄，生下四房，支

分派衍，子姓殷蕃。

聞諸先人：前朝崇禎年間清明祭祀銀本有四十餘兩，及昭代鼎新，戊子、乙未兩遭兵燹，簿籍焚毀，存者幾稀。至康熙甲寅，又復罹亂，夫馬徵徭公費多出於此，其銀遂無復留矣。嗣後曾經興復，每丁出銀三分，生男者助銀五分，然而有初鮮終，不數年間前銀烏有，此公祭祀之禮所以廢也。

康熙五十四乙未歲，子孫有志報本同志者二十人，各助穀一秤，共二十秤，後又助銀一錢，共二兩，生放積貯，抽利祭祀。邇年以來，清明前三日先祭積六公，後各自祭其祖，此亦吾家一盛事也。《禮》曰："春雨露既濡，君子履之必有怵惕之心。"又曰："上治祖禰，下治子孫。"慨自公之祀典既廢，裔下子孫各自祭其分派之祖，犧牲酒醴亦云豐備；而公係吾四房之所自出，竟至墓門寂莫，罔有顧邱墟而掛紙陌、奠觴酌者，此於理所甚背，於情更有未安也。且自公分居此土，支傳不過九世，子孫雖多，皆是一家伯叔兄弟，乃至寒食嘉節不得合昭穆而共展孝思、聚宗族而飲群神福，揆諸親親之誼，更有大傷公意者。

兹幸同志有人捐資樂助，庶幾乎致孝祖先而鬼神罔怨，貽福本支而兄弟具邇，則夫水源木本之感情所同然。安知二十人之外，孝子慈孫不皆踵事而增華耶？謹序。

計開助祀子孫(略)

時康熙五十四年歲次乙未姑洗月穀旦，輪值四闔子孫名從軍

(選自白隴《盧氏家乘》民國十四年重修本卷二十八)

永康文獻叢書 譜牒

九支盧譜牒文選

中

盧振寶 選編
盧敦基 校點

第五編　宗　祠

家廟、宗廟、祠堂、宗祠，名稱不同，等第有别，而且隨著時代的更替，其稱呼也有變化，可它們都是後世子孫供奉祖宗牌位並用作祭祀的特定場所。宋代開始，朱熹等人將原爲王侯將相特有的祭儀推廣到尋常百姓家，並倡議"君子將營宫室，宗廟爲先"，得到了鄉村百姓的積極回應，因爲"祭如在""祖先雖遠，祭祀不可不誠"思想早已深入他們骨髓。而且那時的廣大農村，文盲百姓占大多數，生活平淡，要讓老去的祖先及其自己青史留名，希望極其渺茫，即便在自家宗譜"人物傳略"中占一席之位的也是千里挑一，而宗祠中的神主恰恰能將一代代祖先姓名及其生卒時間完好保留下去，一舉而收"報本追遠"兩個目的，這何樂而不爲？正因爲這樣，當咸同之交太平軍進入浙江鄉村，任意踐踏並燒毁這些宗祠時，人們的痛恨程度也就可想而知了。

南江盧氏宗譜 卷之二

靈山始祖越國公祠圖

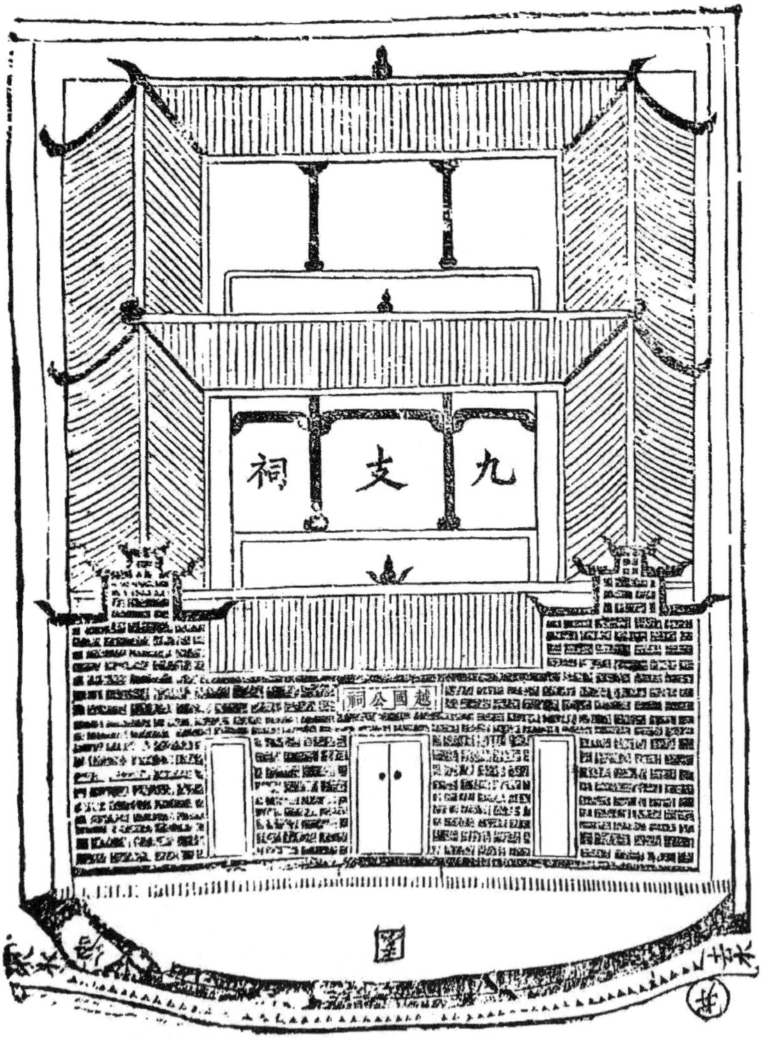

三一 民國甲寅年重修

石馬盧氏宗譜 卷之一 武邑上楊鳳賢公祠圖 三 民國癸亥年重修

武邑上楊鳳賢公祠圖

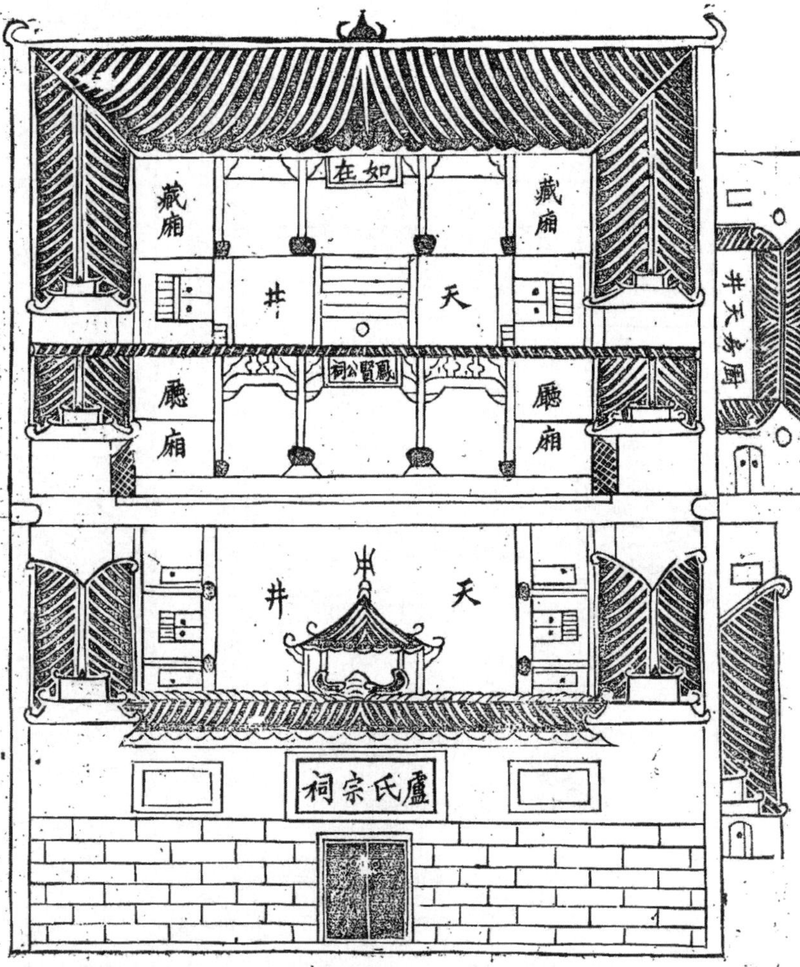

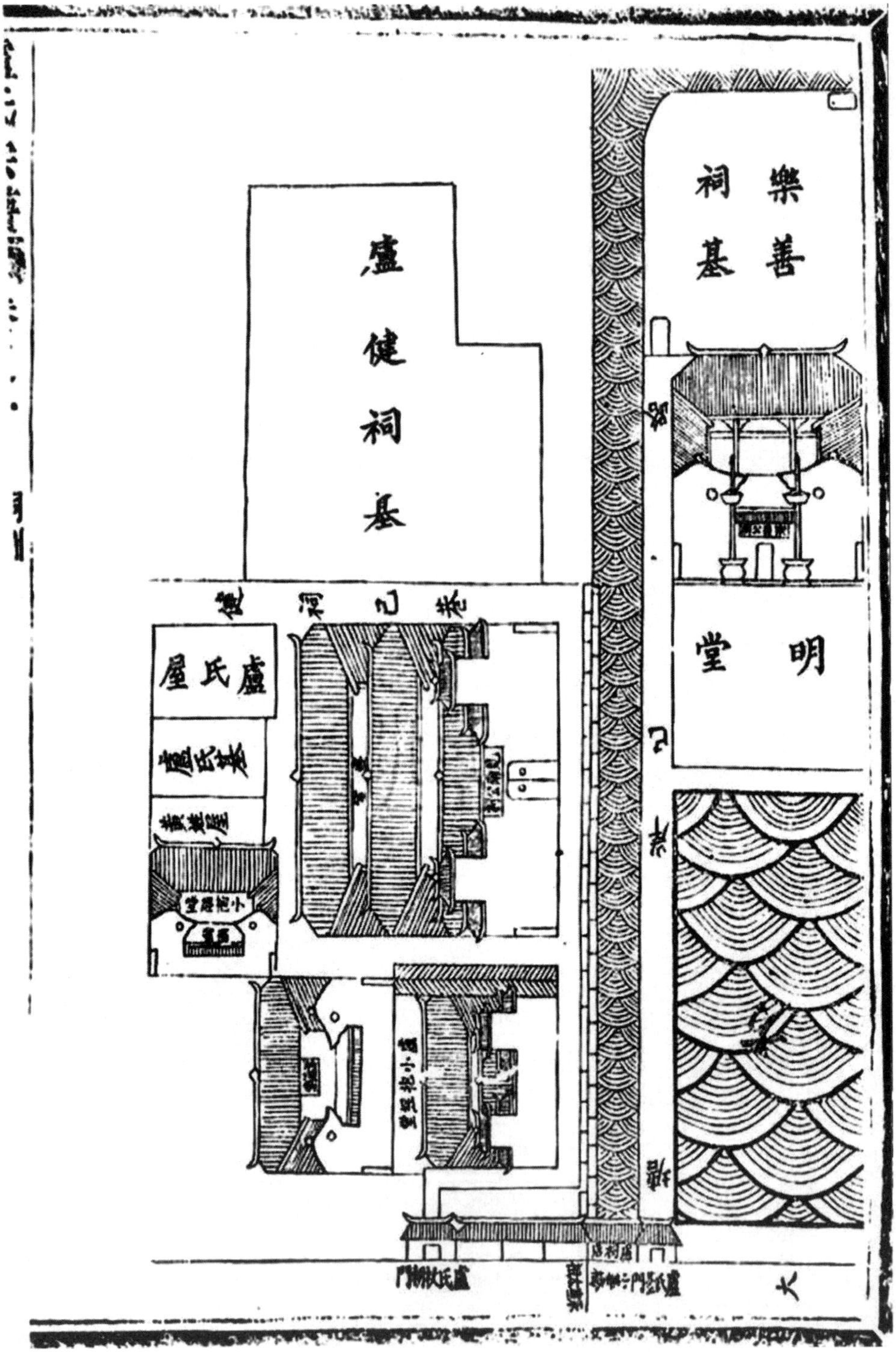
樂善祠基
盧健祠基
明堂
盧氏屋

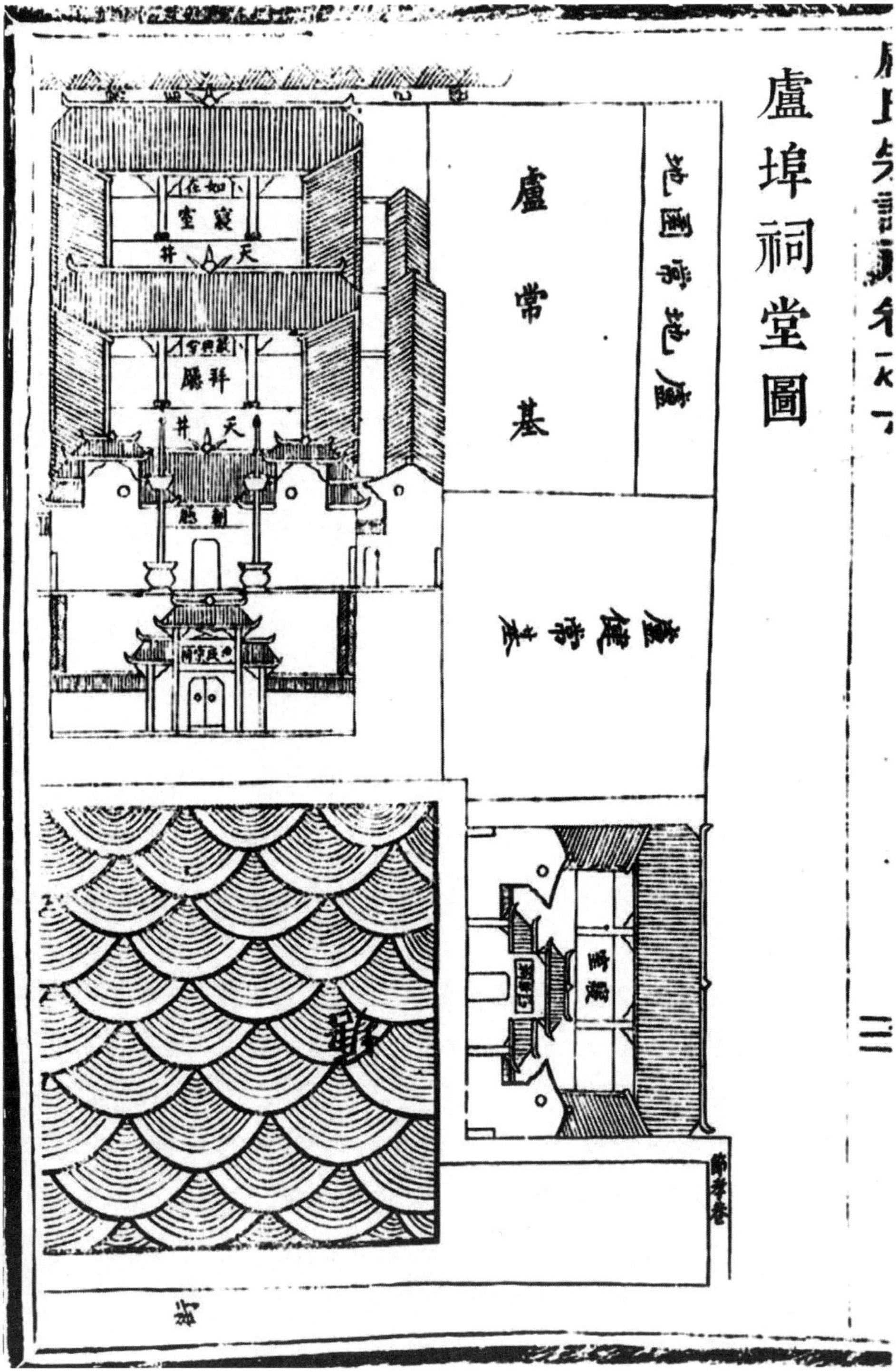
盧埠祠堂圖
盧常基
寢室
天井
拜廳
天井

捐造始祖越國公總祠序

從來守墓貴乎造庵，依神貴乎立祠。斯二者，皆文子文孫尊祖敬宗有志而欲逮者也，而況爲遠墓、爲始祖，則庵祠尤要焉。

吾祖越國公仕後周，勳勞丕著，因陳橋兵變，抱世宗幼子蕲王熙誨，遂由汴遷永，隱居孝義鄉靈山。百年後遂安厝於斯，鍾靈毓秀，爲九支發祥之地。始祖九子號榛、栗、櫸、松、竹、梅、桐、梓、杞，根深葉茂，子孫千億，或位列尚書，或名題雁塔，或榮膺鶚薦，人文大見蔚起焉。公具文武全才，登載志書，班班可考，程府尹居左公嘉其忠貞，爲之撰祠記，至精至詳，固非後之雕蟲小技所能表揚其萬一者也。

今歲庚戌，孝孫景銘諸昆仲有志造庵立祠，跋涉山川，不辭勞瘁，特向九支諸子孫商議。予曰："善哉，自宋千餘年以來，爲第一要事也。"夫以庵之爲用也，當擇其與庵墓爲鄰，使草木暢茂，以爲庇蔭墳塋之所，則合子孫衆多，後必盛而愈盛。且祠之爲本也，修享祀於不忒，報宗功於無窮，雖九支散處致遐方，而每歲定期志得會衆同堂，以篤一脉、親親誼。

兹會於暮春之十九日，衆支畢至，少長咸集，果得庵時爲庵，祠特爲祠，於千百年未成事業一一告厥成功，豈不盡美？設二者不可得兼，或以庵作祠，即以祠作庵，二而合一，俾制度得宜，如竹苞而松茂，創造盡善，若鳥革而翬飛。亦可闡尚書之偉烈，昭告祖德於萬億年，豈徒載志表揚以光大典之旨哉？所望九支各孫子大發孝心，奮力成志，或傾囊橐，或助膏腴，今日先爲廣置田莊，異時即爲庵祠要用，其可爲竪造計者，即可爲祭祀計者，不僅增九支之光，抑亦爲九支之福也。

爰奉長者命匆匆草草，不辭譾陋，謹爲之序。

龍集宣統二年歲次庚戌春月中澣穀旦，三十八世孫邑庠貢生德勳頓首拜稿

（選自第一支《石馬盧氏宗譜》民國癸亥年重修乙酉年續修本）

越國公祠墓落成記

天地間氏族消長之機，足以證祖宗德澤之厚薄也。世人不察，獨以聲勢之大小定食報之久暫，理豈宜然？惟聖賢祈天永命之道，可以亘萬古而不變。漢之陵、唐之寢，非不赫耀也，九鼎既遷，風流云散，王孫泣路，燕子他飛，此可悟天人相與之旨矣。

我始祖越國公發祥於汴之玉川鄉，冠帶相承，至公益顯，然公忠節之氣，自可射牛斗而薄雲天也。

宋受周禪，變起陳橋，公攜養幼孤，自臨安轉徙於永康之靈山，程嬰、杵臼，奚遑多讓，而公竟由此韜光匿跡，終老牖下，窆其忠骸俠骨於四十五都東塘山之原。迄自今，孫子椒繁，瓜綿海內。登壇拜掃，穹碑猶是，九楓雖存，豪右傖荒，侵佔綦甚。嗚呼，豈我越國公之忠節不足以招天眷耶？抑我越國公之積德猶未足以流光耶？余斯之未信。

宣統紀元之冬，首事者爲守公墓計，議建公總祠。父老命明疑與旌賢往聽議，至則九支裔孫到者幾六七支，詢謀僉同，事在必舉。籌集經費之法議定，各派出銀若干，准予附祀其祖於公總祠。明疑等聽議而歸，父老醵祠帑三十金如其議，本祠一世祖積千九公、二世祖餘百九公、三世祖慶一公得配公享。

至民國初年，總祠落成，公墓旁豪右之侵佔者率自徙去，石臺墓道重拓一新，是知我公在天之靈昭昭未泯！前此之事半屬於暫，半廢於人，今日之事肇於人，成於天，實則我越國公忠節之氣，自足與聖賢祈天永命之道亘萬古而不變也！

際兹重修宗譜之日，明疑等身親其事，烏敢以不文自甘緘默？因述其崖略如此。非但宗族之掌故，且爲我子孫告也。

時中華民國六年夏正十有二月吉旦，明疑、旌賢同謹誌

橋頭派與本派同時奉泰十五彦公神主附祀公祠　並記

（選自第三支山後盧《盧氏宗譜》光緒甲午年重修民國丁巳年續修本卷一〈下〉）

創建始祖越國公靈山大總祠記

《書·舜典》云："正月上日，受終於文祖。"《大禹謨》云："正月朔旦，受命於神宗。"自古帝王不無廟祧之設，以宗褅祖先。下逮成周，禮制斯備。天子七廟，諸侯五廟，大夫三廟，士一廟。洋洋聖謨，昭垂王制，以示一本之隆。派别支分，重有待清廟之於穆也。

始祖工部尚書、銀青榮禄大夫諱琰字文炳封越國公，其勳勞以後周丕著。因陳橋之變，天崩地坼，義不臣二姓，抱世宗幼子蘄王熙誨由汴來永，隱居孝義鄉之靈山，殁亦窀穸於斯，自是秀毓靈鍾，爲九支盧發祥之祖。生八男一女，以女妻熙誨，改柴爲盧，排列爲九，即木分房曰榛、栗、檡、松、竹、梅、桐、梓、杞，希冀綿瓞蕃椒、根深葉茂，有取爾也。而雲礽繼起，或擢巍科，或膺顯爵，散而處遐方者難更僕數，即支支奉爲始祀立廟者，亦未易畢稽其數，此九支大總祠之造，其容緩乎？

夫人情有感斯動，入廟而徵麟趾之繁、螽羽之振，而恍然世澤之留遺焉；登堂而睹萬派之同源，千支之一本，而肫然族誼之宜敦焉。瞻奠楹而知某派某某，崇令德乃祀鄉社某某，躋高位乃沐龍光，而藹然典型之不遠焉，凡此皆總祠之留餉後人者。

歲清宣統庚戌，景銘昆仲等有志斯舉，慨爾跋山涉川，歷向九支各子孫商議。勳曰："善哉，此自始祖第一要事也，豈特修享祀報宗功？而節年定期致祭，覺散居四處之九支不難會晤一堂，隆一脉尊祖

篤親之誼。”爰於暮春之十九日，薈萃衆支，倡議經始，或議造於翠屏山下祖墓地方，或議造於鄰村巖崗嗣孫近處，或議造於上盧叔祖先遷之地。但翠屏山下方位太窄，挾有夙隙，推廣爲難。巖崗則坐在山巔，地勢逼仄，且去祖墳較遠。不如上盧煙居稠密，始祖在時之古井、古路、古樹、手澤猶有存者，僉曰“然”。乃度祠宇，適有榛派下畬訓常之廳堂及朝廳各三間，既實且枚，堪棲宗祀，九支諸子孫莫不願於兹焉先祖是皇。而榛派孫景勳、景銘、德昌等，亦慨願杜截售出，計廳價四百五十元，遂公推勳等經紀其事。

勳讓德者屢，因兼推樫派東邑裹盧宅章志伯、梓派縉邑方山莊天耀伯，共佛仔肩。首先釐定祠章：捐洋十元者准其夫婦坐主一對，其坐次以行分尊卑定之；或捐二十、三十、四十、五十至百元不等者，其座次則以捐款多寡定之。一經提倡，捐輸恐後，不費力而衆擎斯舉。重加構造與丹堊，祠貌一新，疇昔之廳即今之大總祠矣。事竣，於民國壬子十月十二日辰刻歸主，時則瞻梁棟之霞飛，徠松甫柏，睹冠裳之云集，止宿來雝，俎豆輝煌，籥舞笙鼓，樂既和奏，凡我子姓，莫不型仁講讓而共樂其成。

自創始迄蕆事，共開支一千六百餘金，其間廳價與購置兩廂房屋並始祖墳前地，所費已居大半，尚有捐未繳而未經入主者約幾二百金，總進出大數尚不敷一百餘金。至勳出入捐寫之輿費雜用，其元數適與自身耳順年相等者，尚不計也。即與莊頭學禮、盧埠璣、中盧正桐等盤結各項祠費，抄録與盧埠士希叔，佈告各派週知，示公開也。

勳生也晚，恨不獲創造於先從高祖廩膳生鼎銓公時候，倘得斯人經理籌措裕如，經濟尤裕如，其寢成孔安，諒規模更有進也。吾始祖生而爲英，歿而爲靈，子孫千億，當更有保世滋大、啄簷牙、曼廊腰以光大總祠者，洵如先親叔祖廩貢生聲谷公所作世系表云：“越國公既已入志，然九支繁衍代有文人，他日必有能合九支建總祠，尊尊親親，敬宗收族，已成追遠之志焉。”夫莫爲之前，雖美弗彰；莫爲之後，雖盛弗傳。總祠既建，墓庵未造，踵而增之，尚有待也。

勳不文，謹臚建造之始末記之，以示知後人云。

中華民國十有三年歲在昭陽大淵獻小陽穀旦，越國公三十八世孫庠貢候選儒學訓導德勳敬志

（選自第一支《石馬盧氏宗譜》民國十三年重修卷一）

上盧九支總祠原契

立賣並找截推付契人：九支榛派下永邑儒堂、分居孝義鄉四十五都上盧莊嗣孫景烈等。

今因修祠並常帑缺需，自願托中將祖父遺下中廳並前廳貳座計陸間，土坐上盧前宅，近在始祖越國公古井、古樹、古路之地，坐東朝西。其中廳前至明堂，後至景勳屋前明堂，左至景勳插下屋，右至景勳插下屋。其前廳三間，前至大門口路外基地，對直長貳丈橫四丈之濶，後至中廳前明堂，左至巖威插下屋，右至巖威插下屋，上至椽瓦，下至基地磉石爲界。其六至分明，俱照舊管已定，憑中立契，出賣與始祖越國公常邊爲業。三面斷時值價洋肆伯陸拾圓足（内除茂淹公助洋壹伯元正、讓公助洋伍拾元）。衆議茂淹公下坐主五對，節年開祭日五人散胙，其餘洋即日仝中收足。其中前兩廳自賣截之後永無找贖，任憑常邊改作總祠不吝，日後並無二三異言退悔等情，亦不重行交易。

恐口無憑，立此賣截推付契，永遠存照。

其廳永不再找，永不取贖，其中廳湖門花檻並前廳樓明堂在内，其糧米任憑推收過户，其門路照舊出入，如坐主五櫝外依照衆例。又照。

宣統二年十一月日，立契人：景烈、景鐘

（選自第一支《石馬盧氏宗譜》民國十三年重修卷一）

越國公神像靈感記

從來生而爲英，殁斯爲靈，此古今大忠義之士有超出尋常萬萬者，吾始祖越國公誠足以當之矣。公仕於後周，勳勞丕著，因陳橋兵變，抱世宗幼子蘄王熙誨遂由汴遷永，隱居孝義鄉靈山，爲九支發祥之祖。公具文武全才，登載志書，班班可考。程府尹居左公嘗嘉其忠貞，爲之撰祠記，至精至詳，固非後之雕蟲小技所能表揚萬一者也。

今歲壬寅孟春之月，椿同弟基往金邑同宗盧家山脚遊，諸父老款以禮，聲稱始祖靈感異常：前咸豐年間遭髮匪亂，四圍房屋均被焚毁無餘，惟中室一座藏工部尚書越國公並夫人趙氏神像，上棟下宇俱得巋然獨存。當兵燹之時，設非我公在天有靈，焉能不爲其所澌滅也乎？椿聞言大加讚賞，敬請神像一覽。見夫敕書敕印，炳若日星，且其狀貌豐隆，衣冠整肅，超凡脱俗，有厚德載福容，宜乎派衍九支，榛、栗、檡、松、竹、梅、桐、梓、杞，根深葉茂，大見振興也。

嗚呼，公之靈爽式憑洋洋如在，其浩氣英光，洵與胡侍郎子正公、應少師仲實公俱能有求必應者並耀千秋矣！矧自宋代以迄元、明，由明迄今，多歷年所，而神像卒無恙，逾覺篤實輝光，日新其美，以留待後裔所尊瞻，僉謂公濯濯厥靈，此言信不誣也。同宗文庠生需行名錕字子峻，有志敬祖，特爲越國公神像照相一軸，送入宗祠，以爲合族子孫永遠瞻拜計。《詩》有之曰“高山仰止，景行行止”，雖不得見我公於千百年之前，猶得見我公於千百年之後。於戲，甚幸事也！

椿素無好文墨，自鄉闈旋里，時鄰菊月，譜牒將告成矣，回憶前日諸父老遺言，心終不忘，因其靈感，而謹爲記之。

時大清光緒二十有八年歲在元黓攝提格建戌月上浣穀旦，越國公三十八世孫郡廩生德椿、邑庠貢生德基同盥手謹誌

（選自《石馬盧氏宗譜》民國癸亥年重修本卷二）

前王派智一公祠記

古者岳陽樓有記，超然臺有記，而且相州晝錦堂有記，至於祠，則嚴先生祠堂有記，可見前時有事業者皆用記跡也。

吾遷居前王始祖智一公，係工部尚書越國公下第一支榛派第十七世孫，雖不及名人之實跡，亦既幸成祠宇，豈遂可不志其緣起乎？兹届續修宗譜，謹就其大略而記之。

原夫公祠未造之時也，丁口繁多，而財源未甚茂盛，屋宇樸陋，而神主祗安家堂，迨至春秋薦其時食而拜跪之，地尚多滑石，難掃蕩平。有良伯公慨然嘆曰："似此一族未有宗祠，奚以妥先靈？"於是咸二百七十六兆湊公與謙五百六十有諫公起而承曰："誠哉此言！人貴有志，終得竟成。"後期年，天乃大風，墳山之事孔明，而粢盛豐潔，祭神如在，而牲禮完全，繼繼承承，子孫千億，隆享祀於千億萬年云。

是爲記。

時大清咸豐元年歲次辛亥孟冬月穀旦，祠下嗣孫同誌

（選自《石馬盧氏宗譜》民國癸亥重修本卷一）

盧公匯溪祠堂記

祠者何，祀也；堂者，所以薦者也。世曰宗祠，古者宗皆稱廟，上自天子諸侯至於大夫士而止，或七或五，或三或一，各别其等，庶人寢而已，固無所謂廟者。禮之正名定分，其嚴如此。然者，謂之"堂"何也？余稽於古，廟始有堂。《月令》夏曰"明堂"，冬曰"玄堂"，天子之堂也。《詩》曰"自堂徂基"，蓋通乎諸侯而言之。孔子於三桓曰"三家之堂"，則爲大夫之堂，未有以祠名"堂"者。祠也而謂之"堂"，蓋自朱子《家禮》云："君子營宫室，必先立祠堂，以奉先世神主。"而後之士庶人家思報本者，皆力爲營建以祀先世，而"祠堂"遂於是乎名。

孝義鄉有諱茂淹字熙文號匯溪盧公者，其先祖居縣遊仙之儒堂，

乾隆間與其考翁同執業於孝義，名其地曰“上盧”，遂卜而始基之，乃家焉。公勤力作，儉於自奉，而業日以廣。性質樸，好爲人解紛結不厭，資其財亦不吝，往來人家，不喜設燕，戒奢汰，語其子弟必以敦實，教以安業，時勉之以克家。以故，公乃有子國均翁克如公志，家更以素封著。似續祖妣，乃有志於作室，欲爲《斯干》新宫之歌。公每念厥考亦功公初基於此，不幸遇縣侯邢買糴於是鄉，鄉人不堪，獨挺身出而白於上。侯忌之，遂遭禁錮不得出，守義以卒。而公終以是不能去諸懷，命其子國均翁力爲搆祠，以承世祀。國均翁即如命，書曰“奉先”，思孝禮也。祠在家側，經始於道光辛丑二月，考成於是年十月某日。上以格祖考，下以宜子孫，追而上之至於三世，有寢，有堂，有庭，繚其牆垣，而揭諸其枋曰“匯溪公祠”，面澗環雙流而東之，炳焕可觀。今兹日孫鼎銓補得博士弟子員，食廩禄矣。後之繼世而承祀者，庶無負先人之心而光大之，以有協於士大夫之禮，可乎？於是時鼎銓以文請，乃泐而爲之記。

時大清同治七年歲次戊辰春月上浣吉旦，欽授五品銜
辛酉拔貢眷弟潘樹棠拜撰

（選自《石馬盧氏宗譜》民國癸亥重修本卷一）

重建崇儒公祠寢堂記

夫人生之大本莫大於祖宗，而報本之原必先於寢廟。《禮》云：“營宫室則宗廟爲先。”廟者，貌也，先人形貌所憑依也。敬宗於此，睦族於此，其所係顧不重哉！

吾族越國公自臨安遷居靈山，十七世教諭公又自靈山徙於石馬，遂支派儒堂，而特祠未備。乾隆癸丑，族中長老鴻昌先任，後進衆皆踴躍從公，鳩工庀材，逾年而祠告竣，左昭右穆，堂構焕然，其門額曰“崇儒公祠”。

無奈咸豐辛酉，粤寇西來，虎踞省城，徧於郡邑。迨至明年同治

改元，爲賊毁於火，幸留前進，而族中房屋之存者亦僅焉。孰意兵戈之後，疫癘頻仍，所遺者止有二百餘丁。越三紀乙丑，元氣稍完，生理漸裕，秋霜春露，目擊心傷，幾嘆享祀莫由、棲神無所，於是合同商議，重造後寢，照丁派用，尚覺難周，另捐資以佐不給。選吉於丙寅年正月十八日寅時鼎新重建，制雖樸陋，而廟貌亦略然一新。自是陳俎豆，序班聯，洽宗盟，敦禮讓，其所爲敬宗睦族以昭報本之原者已立其基矣。至如中堂之未備、夾室之肇興，尚冀賢子孫竭蹶争先，以圖厥事，毋忘繼述云。

時大清同治九年歲次庚午小陽月上浣吉旦，祠下嗣孫同識

（選自《石馬盧氏宗譜》民國癸亥重修本卷一）

重整神主記

吾族越國公以靈山發祥，至十七世智四公始遷石馬，自宋越元、明以至國朝，煙居稠密，丁口浩繁，支分派别，成爲巨族矣。道光間，前輩諸公以祠宇狹隘，無以廣棲神靈之所，因而創其基址，廓其規模，巍巍乎祠宇高而且大，第歷年既久，神主愈多。

咸同之交辛酉、壬辰兩載，遭粤寇亂，房屋俱被燒毁，幸藉祖宗靈佑，祠宇巋然獨存。癸亥正月寇退，始修歲時祭祀之典。昉每到祠中，見寢堂及東西兩廡統計十七間，神主紛紛錯亂，以長而居下者有之，以幼而陵上者有之，甚至横翻直蹼，扶不勝扶，其中被毁於寇者以數千計，不勝目擊心傷。欲爲重整，奈三十餘世神主雜陳，苦難舉手，兼之頻年舌耕異地，誠有志焉，而終恨未逮也。

今春辭館家居，奮然而爲此舉，遂向祠下勸捐，以二月中旬始事。先行焚香祝告，請下神主。中間正寢内搆神位一座，首例始祖越國公暨始遷祖智、詵、祥三世之位。兩旁左右，上列位牌，下列栗主，主用杉木長連作墊，以免翻蹼，按譜編號，俱有定位。凡四閲月而功成，左昭右穆，釐然秩然，至於龕門亦一一齊備。又謹遵從祖一松公棲神規

略，前進西廂另搆神龕，爲庶母所。

由是大歸神主，時在光緒己丑九月廿五日也。是舉也，昉雖身任其事，實賴族中人動尊宗敬祖之心，踴躍輸捐，以襄厥美，而當年未逮之志亦稍酬矣。若蒙謙以下其次序之有未整者，後必有人起而重整之，昉又何慮焉？

是爲記。

大清光緒十有五年歲次乙丑十月上澣吉旦，越國公三十七世孫郡廩生思昉謹撰

（選自第一支《石馬盧氏宗譜》民國乙酉年續修本卷三十九）

廷順公特祠記

古者宗皆稱廟，無所謂祠堂者。有之者，自宋朱子始。《禮》云“君子營宫室，則宗廟爲先”，故士庶人家亦立祠堂以追祖德。祠者何？祀也。堂者何？所以薦者也。考之《禮經》，廟制各有等殺，大夫三廟，士二廟，一廟。《王制》與《祭法》又殊。解者紛紛，難以枚舉。蓋封建廢，宗法亡，廟制隳，歷漢、唐俱無明文，由宋迄今，創立祠堂，遍及衡門編户，知報本者皆力爲營建妥先靈矣。

吾族仙盧暹七十三諱枝公字廷順，德足潤身，人可範俗，敦本務善，貽厥後人。康熙乙丑間，嗣孫應錫、祥可、珍儒、公信、季儒等，克承先志，倡建特祠，逾年而祠告竣，額其匾曰“敷典堂”，但廟崇而主未奠，多歷年所。至康熙壬寅春，八世孫秉菁，質之王父，慨然醵金會議，衆皆踴躍，搆祠設主，祀典攸隆。迨咸同之交，粤匪大亂，同治元年壬戌爲寇毁於火，而僅存基址焉。

初，公原有祀産，緣道光乙未大祲，以至孟仲季三房掘分佃種祭祀有歉。迨至同治四年丙寅，嗣孫金容，承先有志，秋霜春露，目擊心傷，邀集房下鴻生、廷沙、金好、望永、林星等商議，將前掘種之産仍歸常管業，除祭資外，以爲生息。日積月離，建造有需，遂諏於光緒九年癸

亥九月之吉，鼎新重建，照丁派用，尚覺難周，另設神櫝，以佐不給。自是左昭右穆，堂構焕然，升降酌獻之餘，各發尊宗敬祖之念，僉謂非善繼者協和襄事不及此，因囑爲記之，俾後之知所觀感，不忘返古復始之意，亦伸追遠報本之誠焉耳。鏞宜屬同宗，乃自忘其不文，而謹爲之記。

時大清光緒十九年歲次癸巳夏月吉旦，裔孫嗣鏞謹録

（選自《石馬盧氏宗譜》民國癸亥重修本卷一）

寅、正二公祠記

吾族宗譜續修工事將畢，重九前三日，上宅堂叔公炳金、建英，造廬而謁曰："予嫡祖家廟告成，迄今六七載，前既爲之定向諏吉矣，盍爲祠記，以勵後人？"自愧年逾杖鄉，又無好筆墨，不敢志諸簡端，意欲自藏其拙也，義豈可得而辭耶？

謹按寅、正二公者：孚行百三諱惟寅公，豫行百六十四諱斯正公，爲日、月房二派下之嫡祖。其孚八世孫炳金、新高，豫七世孫建英、建興等，克成先志，新購基址，而經營之，上祀先公，下貽子孫，題其祊曰"寅正二公祠"。寢堂三間，於光緒廿二年丙申十一月初五日辰時建造；朝廳三間，翼以兩廂，於光緒廿四年戊戌十一月廿三日申時建造。前後三載，始克落成。其祠基之結構，廟貌之巍焕，左有泉山護衛，右有石馬拱朝，前有南路塘水瀠洄，且有後堤爲之作案，山環水抱，其中奠神主、棲神靈，自得秀氣之所鍾。地靈者人必傑，後來丁財之愈盛、人文之肇興，必有大發厥祥以應吉兆者。則睹斯祠，固不獨春露秋霜登堂起敬、蹌蹌濟濟以肅冠裳之會也。《記》曰"營宫室則宗廟爲先"，二公之子孫，可謂知報本追遠之大義矣！故不辭弇鄙，略叙其巔末，以諗後來之繼起者，而爲之記。

時大清光緒二十八年歲次元默壬寅攝提月孟元上澣之吉，廪貢生候選訓導裔孫嗣鏞謹撰

（選自《石馬盧氏宗譜》民國癸亥重修本卷一）

喜亭公特祠記

喜亭公祠者，吾先祖府經略誥封儒林郎咸行二十二雲時公之家廟也。

咸豐初，伯叔俱存，昆季並茂，嗣嚴、嗣樞、嗣槎、嗣紀、嗣錦等，請建家廟，卜築於儒堂家下之南隅，以伸報本。後建寢堂三間、中廳三間、前廳三間，翼以兩廂，各樓其上，共二十楹，凡費不止五千餘金。於咸豐二年壬子十一月吉日建造，廟貌焕然一新。中堂匾額仍曰“培桂”，取“燕山五桂”之義，鮑二叔春臺公以朱伯廬先生家訓中語“祖宗雖遠祭祀不可不誠，子孫雖愚經書不可不讀”謹書堂楹，以示後人。

迨咸豐十一年辛酉，粤寇居於省城，遍及郡邑，同治元年壬戌四月爲寇所毁，癸亥春始見蕩平。九年庚午，元氣稍完，胞四叔耽廷公囑嗣紀、嗣颺、嗣伍、嗣鏞、嗣珍、師鎮等商議而重新之。先建寢堂三間，夾廂共四間，東西小西間二間，大約計七百金，於庚午年十月之吉重建。

今宗譜凡三修，歷久三十餘年，特祠尚未有紀其巔末。鏞年逾六旬，恐代遠世遥，後來之子孫莫知緣起，因爲志其大略如右，俟請名公作記焉。至於先祖之行實，俱見諸譜牒，亦無待贅言。

大清光緒二十有八年歲在壬寅重九日吉旦，三世孫嗣鏞謹誌

祠基坐辛向乙，係杜芳洲先生所定，庚午年重造寢堂。時余未習堪輿，迨後始知其向立錯。若改坐癸向丁建子午朝南，判若霄壤。如今既無可改易，大門口外須用圍牆，比大門高數尺，兩邊造起洞門，中通大路，以便行走，方能遮蔽向前駁雜。此圍牆定宜造，毋忽斯言！

重九日又記

民國七年春，嗣下商量議定，謹遵前言，遂於祠前擇日砌基，建築圍牆，比大門高幾尺，遮蔽向前駁雜，左右兩邊又造高大洞門以通大

路行走，皆得巍巍相稱。自建築以後，歷年長久，倘遇有風飄雨濕，圍牆損壞，洞門傾頹，尤望祠下嗣孫踴躍向前，急力重修，萬勿遲誤，各宜起而遵之。

五世孫德基謹誌

（選自《石馬盧氏宗譜》民國癸亥重修本卷一）

崇儒公祠重建中廳並東西兩廡夾廂記

吾族崇儒公祠，爲咸豐辛酉被毁於寇，幸賴祖宗有靈，得留前進一座。逾年壬戌同治改元，寇退，始慶聚族而居。同治丙寅，堂叔祖雲袍、雲芳，胞叔父嗣鏞等，集祠下商議，派丁斂錢。已先重建寢堂安妥神靈，前有紀略一篇登諸宗譜，然寢堂雖見鼎新，而中廳並東西兩廡夾廂尚缺如也。

光緒庚子仲春之初，堂叔祖逢可、堂叔聚財、堂弟思寶造余家，商議重建中廳之舉，並邀同理其事。余曰："人道之大，莫大於尊祖敬宗。重建祠宇，本子孫職分所當爲，安得不輔佐微力以成美舉？"由是諸位踴躍向前，遂於祠中設席邀同房長商議，各房均出洋襄助，並照丁斂錢，擇日興工。選吉於本年庚子閏八月廿八日未時竪柱上梁，重建中廳三間，又選吉於十一月廿二日辰時再建東西夾廂各五間。中廳夾廂相繼而成。祠宇三進，皆巍巍相稱。但開用浩大，資斧不足，不得不變易常産以佐缺需。是舉也，余雖同理其事，不過總司賬務而已，然有始有卒，勉勉焉爲其事而不怠。得以聿觀厥成者，實賴逢可之力居多。

兹當修續家乘，因喜祠宇之更新，爰握泚筆而爲記之。

時大清光緒二十八年歲次壬寅桂月全浣吉旦，郡恩貢

候選儒學教諭嗣孫思昉謹誌

附注：

此次重建中廳並東西夾廳，同集祠中，原議按房派洋襄助。上店

房仁常應出之洋而無出以襄助者，其常下丁錢粗工皆不派出，日後難言全然有份。塘裏房明智常應出之洋有延欠，至今未交清楚，除收外少欠洋捌元，另有賬簿登記。日後祠中若設立櫝位致祭，不及其房祖櫝位者，其子孫也斷難啓齒。若欲入櫝位，當自光緒二十六年十二月止，以後利息一應照算交足，始可公同送入神主。

特爲志之，非苟求也，亦以董理者太見棘手、成事艱難，不得已而爲此議耳。

祠下嗣孫同誌

（選自《石馬盧氏宗譜》民國癸亥重修本卷一）

處士文敬公祠記

《中庸》云："春秋修其祖廟。"蓋祖廟者，先公靈爽之所式憑也。又云"宗廟之禮，所以祀乎其先"，蓋祀有四時，禴祠烝嘗，將惟宗廟是賴，是宗祠之設，顧不可重哉？若宗廟而稱爲祠堂，則肇自宋新安朱子，謂"君子營宫室必先立祠堂，以奉先世神主"。歷宋迄今，幾越千載，上自公卿大夫，下自士庶人家，凡思欲奉其先者皆鼎力營造，焕然而欲光大之，此祠堂之名所有來也。

吾族仙盧益行文敬公諱原禮者，爲人房二世之嫡祖也。椿嘗披閱宗譜，至先儒唐公肇應所撰墓誌銘，乃知公清廉其性，慷慨其情，不忮不求，高明立志，無偏無黨，坦蕩居心，好善樂施，有范純仁之嘉惠，犯而不校，有顔子淵之芳徽。而且歲饑賑濟，鄉鄰咸相銘心鏤骨，家富提攜，親戚得以讀書成名，是以惟德動天，有轉禍爲福之妙，反風止火，有至誠感神之功。公之大德若斯，宜其子孫多逢吉也。

康熙五十七年春，升十一世孫又音、巽十二世孫亦蛟等，有懷祖德之盛，慨然曰：祖宗無祠，譬如木之無本、水之無源也，豈可緩圖乎？奈常帑無多，不得不照丁醵錢。於是合衆商議，咸相踴躍，遂相度其址，卜吉於深堂下之原，同心竭力，鳩工庀材，於本年孟冬之月連建寢堂三間、中廳三間、前廳三間，並建夾廂二間，規模既備，堂構維新，乃以“益九公祠”四大字登匾於臺門。迄咸豐十年，嗣孫壽松、望撑、望禄、洪標等，因廟貌未盡，適宜再行制度，以中廳之樹柱移作寢堂，特購石柱，新建中廳，諏吉本年六月十三日重造，美既見夫奂輪，祥定徵乎科甲。

無何洪楊變起，同治元年四月間，髮匪至祠，始欲肆其焚燎，幸即自相撲滅。維時寢室神龕被毁者僅二尺許，餘則安然無恙。此真祖宗有靈，抑亦彼蒼福善有以佑之也。迨宣統二年冬，董其事者嗣孫英雲、需鸞、龍銓、雙炮等，復擘畫周詳，新造夾廂二間並前廳，重造臺門，通共祠屋十三間。祠既完美，仍以公之行第題其門牆曰“益九公祠”。至民國元年，又取“人文蔚起、保合太和”之義，顔中廳之匾曰“人和堂”。實萬古敦倫之重地，爲千秋睦族之隆儀。

瞻仰斯祠，左有峽山環抱，右有泉山護衛，前有井口塘水聚天心，且有金峰爲之拱向，吾知鍾靈毓秀，神棲其中，將來人龍文虎、騰蛟起鳳，必有大發吉祥者，豈第春祠夏禴、秋嘗冬烝以盡祭祀之誠而已乎？《禮》曰：吾子將營宫室，宗廟爲先。若公之子孫，可謂能知禮經、全孝道者矣。兹令嗣孫思仁德一囑予作記，欲俾後之人知所緣起，不忘報本追遠之思。椿自愧文不雅馴，乃承命而爲之記。

時中華民國十有三年歲次甲子季秋月全澣之吉，濟優行郡廩生選任縣議員從孫德椿頓首拜撰並誌

（選自《石馬盧氏宗譜》民國癸亥重修本卷一）

盧氏鳳賢公特祠重建記

大凡有宗祠以列昭穆，序尊卑，合樂飲酒，敦宗睦族，用妥先靈，利後嗣者也。故夫兄弟睦家之肥，子孫賢族將大，螽斯延慶，麟趾呈祥，當於崇大宗祠卜之。何也？子孫不以富潤屋，而以崇大先祠爲急務，此其孝思不匱，可謂賢矣。

武邑南鄉盧氏由永遷武，傳世閱八，至鳳賢公，以耕以讀，教養有方。其子名旺與海者，棠棣聯輝，追思先德，創建鳳賢公特祠於陽宅之西，堂構三楹，翼以兩廡，秋霜春露，享祀勿替，起後人致孝敬之忱，俾先人得憑依之所，雖規模未臻宏大，創始亦殊艱耳。後嗣繼興，思欲擴廟貌，又於民國乙卯年孟秋之月，嫡孫焕文合昆季六人，審度特祠舊址之下，購地鳩工，歷數寒暑，而崇隆之祠宇於是乎告厥成焉。較前堂所增多四倍，統由公用積存，絲毫不染指，實銷四千餘金。

噫，創成固難，重建亦非易易，祖功宗德，步武有人，非賢子孫之孝思安能若是乎？余不文，因盧君之請，嘉其志之有成也，故樂爲記之。

時民國十有三年歲次甲子孟夏四月，知武義縣事蔡瑞年撰書

（選自《石馬盧氏宗譜》民國癸亥重修本卷一）

重建石馬盧氏宗祠臺門廳記

石馬盧氏宗祠者，始祖工部尚書越國公下榛派第十七世孫、始遷石馬智四公之特祠，即仙盧儒堂等處總祠也。智四公諱曉，又諱叔懋，字正明，爲宋明經，仕教諭。其胞兄行智一諱叔達，居前王，有前王特祠，即今之後薛店是。其親兄行智三諱光，居窖厚，嗣徙將坑，有將坑特祠，即今擇岡脚是。此昆仲行之各有祠廟而屬通譜者。其親弟行智六諱捨，居厚塒，今派溪立有智六公祠，是派譜亦不通矣。凡此，各修祖廟，各隆本支，爲孫子者所當敬謹將事也。

勳之始遷石馬祖廟盧氏宗祠，自道光二十三年歲癸卯冬月重建鼎新以來，洎今越七十有六載，其中進、後進並兩廂，多用石柱杉木，拂而拭之，尚歷歷如新，惟臺門廳係用樹柱兼非堅致材木，屢爲地虎蠹蝕。清光緒間，與洪法公等已换過梁柱二次，煞費苦心，不數十年，仍然剥壞，迄於今更甚，幾不免棟折榱崩之勢，猶之屢決黄河，旋修旋

圮，頻經興作，有勞無功。識者曰：是非專用石柱栗梁不爲功。爰邀同各房長齊集大祠商議，咸願用石柱栗梁杉木等料作久遠圖。公推親叔思昉總理其事，以此各有分職，爲立議約，釐訂"照丁派斂"章程並各職事項。其丁錢分作春、秋二季繳收，而祠下子孫均已如期交繳，十得八九。此亦一脉真誠互爲貫感，凡厥孫子油然敬宗尊祖之心流露於不自知乎！

時親叔不幸遘疾，然猶時囑勳等盡心力爲之。勳不敏，敢不翼翼小心以承攝其事？乃涓吉於民國八年九月二十三日丑時竪柱上梁並上桁。凡自是斷是度，是尋是尺，以至斯翼斯棘，爽塏喬皇，各供乃職而謀其政，靡一不恪恭朝夕而共督厥成，非特勞瘁不敢辭，且怨尤非所避，固由親叔之慎厥始而設法相當，勳與諸叔祖昆弟輩亦慄慄勤劬不敢稍懈，以祗承於後，用得不數日告蕆工焉。

凡屬將事子孫名皆另登於後，酬勞貫也。縱無多常帑，不克彰施五采以潤色鴻猷，而回溯此次重建之良辰，日月光華，星雲燦爛，黄道之祥，宏開五鳳，紫薇之瑞，高接三臺，夫有開必先，天啓之矣。祠下寖熾寖昌，子孫千億，豈第臺門廳之一勞永逸，異日當更有頭角崢嶸、保世滋大以式廓規模榮耀宗祖爲俎豆光者。勳今已週甲，不過馬齒徒增，毫無建竪可告前人。憶壯歲捷黌宫後，瞬經三四十年，自問胸茅梗塞，何能爲乃祖鋪張一二？姑即當日之重建大略情形援筆記之，藉增先澤之留貽者遠。

時中華民國十有三年歲次甲子十月既望穀旦，智四公

二十一世孫庠貢生德勳鞠躬敬志

（選自《石馬盧氏宗譜》民國癸亥重修本卷一）

喜亭公祠重建中廳並東西夾廂記

宗廟之制，由來遠矣，祠堂之名，則非古也。考之宋朱子《家禮》云：君子營宫室，必先立祠堂以奉先世神主。而祠堂之名蓋權輿於

是。夫祠者，祀也，堂者，所以薦也。《禮·王制》云："宗廟之祭，有田則祭，無田則薦。庶人則春薦韭，夏薦麥，秋薦黍，冬薦稻。"此言庶人祭之、薦之之禮也，而猶未及其義也。《禮·祭統》云"夫祭有十倫焉"，則已言乎其義矣，雖然，此猶未原乎其所以祭也。《禮·祭義》云："霜露既降，君子履之，必有悽愴之心焉。春雨露既濡，君子履之，必有怵惕之心焉。"夫秋至而悽愴，春來而怵惕，此正君子驚心動魄、緬懷祖德之時也。飲水思源，於是乃有祭。然則祭也者，蓋所以報先德而序人倫者也，祠堂也者，乃所以祀、所以薦者也。夫然，則祠堂當建設，豈可以須臾緩哉！

喜亭公祠者，我高祖雲時公之家廟也，創造於咸豐二年冬十一月。未幾，廣東洪楊軍起，餘衆竄播各省，搶毀兼施，公祠遂於同治元年四月間被毁。迨九年庚午，亂事平而元氣亦稍稍復矣。乃涓吉十月，重建寢室三間並東西夾廂六間，叔祖嗣鏞公曾詳登宗譜，兹不具載。惟中廳、前廳暨東西兩廂尚未載造，則雖棲神有所，而規模未整，展拜無堂，我輩爲其後者目擊心傷，豈容恝然坐視？

用是嗣孫會議，期在必建。乃以各方理事思昉、思歐、大潭、大柔、思書、友于、德勳、德椿、思駿、思穎等董其政，鳩工庀材，經營擘畫。不數月，材備工竣，先成中廳三間及前廳三間，時光緒三十四年秋九月二十四日也，並於同年十一月初八日再造東西夾廂，計十六間。斯舉也，閱時數月，財費四千餘金，凋耗精力無算，其工程不可謂非鉅，然美輪美奂，得復見昔日之舊觀，於以隆俎豆之儀，於以肅冠裳之禮，僾然愾然，神降有所，不其懿歟？次年春，復造前廳臺門，仍將"喜亭公祠"四大字顔其上，而廟貌更形巍峨矣。

兹以重修宗譜之辰，乃不辭譾陋，謹將再造巔末泚筆記之。至高祖之言行德業，具詳譜牒，不贅列焉。

時中華民國十三年歲次甲子孟夏月穀旦，五世孫德基謹誌

（選自《石馬盧氏宗譜》民國癸亥重修本卷一）

重建喜亭公祠中興記

九支盧始祖工部尚書越國公建有靈山大總祠，第一支榛派之第十七世孫始遷祖爲宋明經教諭智四公，建有石馬盧氏宗祠。至分居儒堂之嫡祖，又建有小宗崇儒公祠。自來世遠誼疏，齒繁情涣，惟此堂宇之恢宏，有以聚萃一堂，而尊祖，而親親，而齒讓，盎然秩然，有倫有序。夫既推其一本以隆其遠祖，尤當念一脉以篤其近先，壞者重建，毁者復興，須亟亟也。

喜亭公者，清府經歷儒林郎，爲儒堂分居上店房下果房贈儒林郎樸齋公之幼子也。果下分左、右兩房，公即右房之祖。右下又分定、静、安、慮、得五房，則喜亭公祠即五房之祖祠也。清咸同間，吾永迭遭粵寇，祠被毁於同治壬戌四月。其時，幸先曾祖州分府正心公尚在，囑子侄輩於清同治庚午小陽吉旦先重建寢堂與兩廂，於以稍妥先靈。其中廳、前廳並中前之兩廂尚付缺如。先父超甫公嘗語勳曰："今者家道艱窘，不克上承先志，完建祖正心公祠，又不能偕親伯叔兄弟輩完建曾祖喜亭公祠，似亦氣運使然，觖憾兹多。汝讀書，毋少懈。"時勳年甫弱冠也，遊庠後，雖屢膺薦備不售，仍惓惓父志不敢忘。

無何，祖貢生書元公與父先後作古，不獲已，乃就理家政。猶憶親叔祖廪貢生聲谷公語勳云："吾家遭劫於洪楊者大，先祖特祠，果能完建而重新之，其臺門'喜亭公祠'四字吾珍藏已久，便可取用，且爲作祠記附屬。於前廳大門外總要圍牆，可資福庇。"晚年有疾，猶時常囑諸子侄重建中廳等事，惜不獲親見宇祠之中興也。

嗣是常帑稍裕，勳同諸理事思昉、思歐、大潭、大柔、思書、友于、德椿、思駿、思郢等齊集商議，均謂重建不可緩。爰諏吉於清光緒三十四年九月廿四日天月二德丙午日寅時竪柱上梁，午時上桁祭聖，其左右兩夾廂再諏吉於十一月八日全造完竣。於時夙所置藏之宲廇，均嫌非宏大選，商議别購，然一時未易覓得。嗣幸湊巧，於后吴之隔溪野里莊覓得大木，一株兩用，堪作宏大之宲廇。材非景山松柏，非楚邱榛栗，蓋樟也，殆天特産，是以高大公祠耶？又恐匠人斲而小之，勳再三往其地監理，是斷是度，發至本村，升豎於上，喬乎皇哉！

然將重建之候，每日諸工匠百餘均待督記，雖有諸叔弟輩，勳也晷刻不遑矣。顏中廳曰“培桂堂”，取“燕山五桂”之義，其臺門磚石精細，仍依舊式。兩金對照舊懸釘神龕兩楹可徵。宗祖無遠近，祭祀不可不誠，子孫無賢愚，經書不可不讀，斯乃食報，長貽澤遠，於以尊祖，於以親親，於以齒讓，非偶然也。

歲民國紀元之春，五房商議將嗣下所種常産八百八十四把零，另置有達常祖墳前田十把，合田九百秧數，計租若干秤，並嗣下所住房屋即胡堰店屋基，其賃租分作春秋二季斂用，不得欠負。節年五房輪值，准春、秋、冬三季祠祭，凡陟降之誠、趨蹌之肅，與夫犧牲粢盛既豐且潔，均於此而卜昭明焄蒿焉，餘則供常户下忙糧款。睹此祠成祀舉，非高祖喜亭公之中興一大轉機乎？所慮子姓雲礽，純駁不等，且人心非古，未免族大則流，勳特邀各房理事飭書祠規於左，庶勸誡詳明，微防漸杜，資以垂裕後昆，不無小補云者。

勳今年已杖鄉矣，喜值高祖中興，嘉會廟貌千秋，以自忘其弇陋，而謹爲之記。

中華民國十三年歲在甲子無射月上澣吉旦，喜亭公五世孫庠貢德勳鞠躬敬志

嗣將祠規登載於左（略）

培桂常下理事同嗣孫謹誌

（選自《石馬盧氏宗譜》民國癸亥重修本卷一）

太學生田進公特祠記

考朱子《家禮》，“君子將營宫室，先立祠堂於正寢之東”。蓋身所自出，必禮之所先，德於是觀，澤於是流，先型於是睹。凡孝子慈孫是尋是尺，廓宗祊於不替，表示先厥祖而後厥躬者，類若是也。

余榛派祖，仕宋湖南道安撫宣慰使朝議大夫珪公之第三十三世孫曰田進公，文廣其字，清代曾入國學，居將坑（俗稱“澤岡脚”）。其曾孫國賢、功深、希德等續承先志，爲造特祠於門口塘下五十田内，坐癸向丁兼丑未，面前則局度堂皇、日臨月照，後復崧高聳翠、山水圍屏，似有環抱之勢。其爰始爰謀，卜築於兹，豈地之靈固有待人之傑耶？其基礎既完巍焉，升竪當面正中一字排寢堂五間，對向則朝廳五間，其門成兩旁者各兩間爲夾廂，雖不必松桷梴而旅楹閑，枚而實之，黝而堊之，而寢成楹奠，洵有如新廟弈弈，固非小築妥先者比，其黄道良辰，正民國丁巳八月五日也。

余嘗觀古來故家右族凡食報於孫子者，其先必是明德達人。公貌龐而形頎，生性仁淑，自小便端凝不苟，長乃靈臺瀟灑，叔度洪波，惟得天者厚。斯精力堅强，裕家計於勤儉，生平律己嚴、繩人恕，曾見義方之訓子也，懿行之遐乎也。雖此地入山非深、入林非密，而遐陬寂壑，最足頤養天年，躋高壽於姜尚、梁灝間。夫既有是德，宜其有是福也。

溯余捷芹宫之歲，謁謝公家，見公之音容與聞公之爲人，至今猶仿佛不稍遺，用能歷叙之若數一二然。公既享遐齡之福，又有賢孫子作寢廟以崇奉萬年之祀，行見春則薦韭也，夏則薦麥也，秋則薦黍，冬則薦稻也。韭以卵，麥以魚，黍以豚，稻以雁，節年隆孝，享薦苾芬，祼將之餘，致誠致慤，洋洋乎如在其上與左右，不即於斯祠徵之乎？

余不敏，忝主是屆重修譜事。公之曾孫功深等，以與國賢、希德諸昆仲爲曾祖建特祠來告。余曰：“美矣懋哉，報本之隆是不可以不記者也！”因爲備述公之爲人與公之宜享壽家廟之報，且樂其詵詵蟄蟄，得此象賢勿替之孫子著之於篇。

中華民國十有三年歲次甲子應鐘月上弦吉旦，清附貢生候選儒學訓導法校外畢業選舉鎮議員、歷任培儒完全小學校長再從侄孫德勳謹撰

（選自《石馬盧氏宗譜》民國癸亥重修本卷一）

州分府正心公特祠記

古者祠皆稱廟。言廟者，貌也，所以仿佛先人之靈貌也，亦所以祀乎其先得所憑依也。是宗廟之制，歷代相沿。初未聞以祠堂爲名者，有之，則自宋賢朱晦菴夫子始，謹讀其《家禮》，謂“君子將營宫室，先立祠堂於正寢之東”。由宋迄今，千有餘歲，凡在士庶人家，皆本敬祖尊宗之精意，以盡吾追遠之誠，則惟建立祠堂爲先，所以昭祖德而隆祀典，禮所當然，亦分所宜然也。

吾先曾祖耽庭公深知其義，遂於道光庚戌年立意建造特祠，以供奉先人。卜吉於南隅家居之右，經營擘畫，先定規模，新建寢堂三間、中廳三間、前廳三間，輔以兩廡夾廂各十一間，並前廳加樓，其上竹苞松茂，畫棟雕樑，規模甚爲壯麗，凡費不下六千餘金。無何洪楊亂起，同治元年四月間不幸被燬於寇。癸亥春寇退，始慶安居。七年戊辰，先曾祖復囑先祖書元公，仍遵舊址，先建寢堂並東西夾廂各三間，約計八百餘金。於同治戊辰年八月之吉重造，上棟下宇，頗有可觀。越明年己巳十月，敬奉先世神主入祠，以隆禋祀。迄光緒間，先考超甫公又以“一等人忠臣孝子，兩件事讀書耕田”二碗聯謹訂諸堂楹，以示規誡後人之至意。

然寢堂雖得重造，而祠宇尚未獲全璧，諸嗣孫嘗抱歉如之憾，惟因家用浩大，資斧艱難，重造之年，乃分作數次：

始諏吉於宣統二年庚戌八月廿二日丑時，重造中廳並東西夾廂各五間。繼諏吉於民國七年戊午九月十二日未時，重造前廳並東西夾廂各三間。三諏吉於民國九年庚申十一月十五日申時，重修寢堂三間。美見廟貌之巍峨，祥徵人文之蔚起。祠既全成，乃以先曾祖考名題前廳台門曰“盧正心公祠”，旋又取王晉公堂下手植三槐之義，顏中廳之匾曰“植槐堂”，則瞻仰此祠，所當肅冠裳、供俎豆，以盡禴祠烝嘗之禮也。《禮》云“先意承志”，《書》云“予有後弗棄基”。古人明訓，炳若日星。今能遵而實行之,先曾祖在天有靈不亦含笑而心慰矣乎!

是舉也,採取栗材,購辦杉木,爲永久計,雖山川遥遠,往返不憚其勞,皆胞兄德勳之力也。椿同弟基僅在家中玉成其事而已。所冀後之孫子,小心謹慎,敬祖尊宗,深念創造者固維艱,而繼造者亦匪易,永保萬億年於勿替,則受福爲無疆焉。至於先曾祖之盛德大業,昔潘憩南先生言之甚詳,均已登載宗譜,亦無待贅述。兹幸祠宇告竣,謹爲記其巔末,以告夫繼起者。

時中華民國十有三年歲在甲子菊月上澣吉旦,四世孫
德勳、德椿、德基同敬志

(選自《石馬盧氏宗譜》民國癸亥重修本卷一)

程氏節孝祠記

甞聞家之有節婦祠,猶國之有忠臣廟。忠臣在國,鞠躬盡瘁,存心勿貳,立廟所以表其忠也;節婦在家,矢志潔貞,始終不渝,造祠所以嘉其節也。

恭維旌表節孝盧母程安人者,係叔祖諱春芳字應山公之淑配也。安人幼肄姆師之教,長嫻内則之儀,以安定賢姬,嬪范陽望族,當其禮成合巹,年甫二十四耳。本期永好締鴛,誰料鶴别鸞分,竟致興悲寡鵠(氏年方廿七歲)。斯時也,愴地呼天,願相隨以長逝,飲冰茹蘖,固黽勉於未亡,仰以事大姑,捧盤匜而人言無間;俯以畜孤嗣,勞繈褓而義訓彌殷。《易》曰"婦人貞潔,從一而終",惟安人之節以之;《詩》云"永言孝思,孝思維則",惟安人之孝以之。此真懷清足媲乎巴婦、盡道不殊夫竇氏者也。至其臼機親任,勞瘁有不辭,荆布自甘,奢華屏弗尚,此其勤儉有足多也。若夫守敬戒之閨箴、播賢良之芳躅,其修行也,凡有義舉莫不樂助;其處世也,聽人公平,勿爲輕重;計其失物也,責躬自厚而薄責於人;其教子也,持以謙讓,一秉和平。種種懿徽,殊難指數,豈僅節孝一門,遂足以盡其爲人哉?然而節孝其最著者也。

民國六年正月，闔族士紳、親叔思昉、胞兄德勳等，僉以安人節行可風，據實禀報縣知事伍誠詳請旌表。迄八年三月，蒙大總統題褒給予“節勵松筠”匾額，並獎給白綬銀質褒章，一切與褒揚條例第一條第七款之行誼相符。即經營度地，鳩工庀材，諏吉於民國丁巳年八月廿三日寅時建造，告竣於民國庚申年十月上澣。計祠屋三間，顔其門牆曰“節孝祠”。徠松甫柏，棟宇焕新，址鄰儒水之清，户對魁峰之秀，瞻仰斯祠者，其有不肅然景慕安人之清風亮節乎？夫天地之氣鬱久必宣，吾知安人茹苦半生，積德一世，嗇於身者榮於後，今觀其一男又孫，聰穎和厚，其殆天將所以厚報之也耶？

兹當祠宇落成，哲嗣金鴻乞余一言以爲祀。爰不揣譾陋，謹爲志其巔末如此，並以表安人之節焉。

中華民國十有三年歲次甲子太簇月中澣穀旦，清優行郡廩生選任縣議員再侄德椿盥手謹誌

（選自《石馬盧氏宗譜》民國癸亥重修本卷一）

原臻公特祠記

益八諱原臻，字文登，係始祖工部尚書越國公十七世孫，宋明經教諭智四（諱叔懋公，始遷石馬）之四世孫，明房派始祖，即孟仲季三房之嫡祖也。

康熙乙丑，先高祖飲賓應錫公等倡建特祠於本村下廂之南，歷數寒暑，而崇隆之祠宇告厥成焉，搆祠設主妥先靈矣。咸同之交，粤軍舉義，用兵浙東，各邑被毁於火。迨光緒癸未，元氣漸蘇，先叔祖太學生金容、先堂兄金好諸公，目擊秋霜春露，咸嘆棲神無所，乃與先堂伯廷沙、林星等，審度舊址，謹諏於本年秋仲之吉，先建後進三間，藉妥神靈，而伸孝享。無如寢堂雖見鼎新，而中廳暨前廳、臺門並兩夾廂尚缺如也。

是歲冬，金容、金好等，仍將暹七十三廷順公下孟、仲、季三房共

有之祀產，於每年祭資節省之餘，力爲生聚，日積月累，母子相權，歲有增益。原冀完成祠宇以盡子職，適值癸巳續修宗譜，總纂廩貢生聲谷公，鄉碩彥也，多金容諸公耿耿有懷，爰作記以啓後人。

歲壬寅，金容公等以歷年積儲尤虞不足，又復照丁派用，設櫝捐款，以佐不給。則謹涓吉於是年六月二十八日未時竪柱升梁，建成中廳三間，越二年又建東西小西間二間。上棟下宇，巋乎煥然，得以少酬曩昔之兢兢以規模未整、展拜無堂之素志。詎知金容、金好諸公，夙志未遂，而先後作古！歲琯屢更，而前廳臺門並兩廡夾廂尚未完成，不無遺憾。

堂侄樟榮者，金好公之長子也，孝思不匱，有志承先，輒以完成公祠爲當前急務，乃於民國十二年癸亥，與良德、惠友諸兄侄向余建議，重建前廳臺門之舉。余欣然曰："諸前輩創建公祠，未竟全功，而先後作古，吾儕豈容恝然坐視、自逸偷安？應盡綿薄，襄助成斯美舉。且重新祠宇，本子孫天職，縱無多常帑，亦當竭力以赴。"

於是擘劃庀材，各供乃職，分工合作，靡一不慄慄勤劬，恪恭盡瘁，毋敢稍懈。不數月，應需材料畢具，選吉於十月十五日子時竪柱上梁，連建前廳三間、東西夾廂二間。又於十四年乙丑仲春，於祠西邊購地經營，建造套廂六間、伙屋二間，圍以牆垣，均樓其上。

溯自創建，迄乎蕆事，涓吉凡四次，祠宇計三進共二十有一間，歷年逾二十載，較前堂室增多五倍。而公祠得以聿觀厥成、聳然完美者，實賴樟榮之力居多，而良德、惠友諸兄弟及紹棠、金然、履中諸子侄輩之協力典和襄事，亦與有力焉。

公爲明房之始派祖，應祀厥公，故揭其祊曰"原臻公祠"，顏中廳之匾曰"敷典堂"。顧公祠規模雖不宏大，創建亦殊艱耳。深望後之子孫，小心謹慎，敬祖尊宗，體驗"創成固難，重建亦非易易"之旨。須力積祠帑，俾粢盛豐潔，牲醴完備，尤望整理祠前，修築塘塍，植樣冬青，遮蔽駁雜，庶隆享祀於億萬年，豈第禴祀烝嘗以盡祭祀之誠而已哉！

兹届重修宗譜，故不辭弁鄙，而謹略記其巔末，以諗後來之繼起者。

中華民國二十八年歲次乙卯陽春月吉旦，益公十六世孫焕昌謹誌

（選自第一支《石馬盧氏宗譜》民國乙酉年續修本卷三十九）

伯祥公祠記

伯祥公諱翁，始遷石馬祖諱叔懋公之幼孫，即人房派之一世祖也。子曰處士君文敬公，有盛德，其後椒聊蕃衍，禋祀百世。

民國二十五年，德一叔祖等首倡宏大祠宇，用壯觀瞻，於是謀於族衆，興樹、師坦、思遠、長柳、新起、文月、長木、長東等僉謂曰"然"。遂相與議，派丁醵錢，庀材鳩工，凡增卑爲高，剷穢爲平，去穿而完，易黝而明，擴寢堂易以石柱，餕堂十三間，夾廂十二間，門闥牆垣惟備，共計二十五間，葺而新之。舊觀既完，靈響斯集，俎豆莘莘，威儀棣棣，觀者咸嘆美焉。其枋顏曰"伯祥公祠"，禮也。

《左氏傳》曰："禮無不順。子雖齊聖，不先父食久矣。"故湯不先契，文、武不先不窋。是以《魯頌》曰："春秋非懈，享祀不忒。皇皇後帝，皇祖後稷。"謂其後稷雖親而先帝也。自清初康熙迄於民國，數百年來，幾歷滄桑，而廟如故，非賢子孫而能若是乎？今世家鉅族，閈閎軒敞，房闈曲折，亭臺池榭，務爲閒靡，而求其灌鬯之所、麗牲之地，渺焉無有者多矣。德一、興樹諸公，於飄摇風雨之間獨能倡舉，踴躍輸將，以侑妥先靈爲急，真知所先務矣。《詩》曰"于以采蘩，于沼于沚，于以用之，公侯之事"，德一、興樹有焉："夙夜匪懈，以事一人"，師垣、師遠有焉；"詒厥孫謀，以燕翼子"，長柳、新起、文月、長木、長東有焉。

時中華民國三十四年歲次己酉陽春月之吉，浙江法政專門學校畢業長興象山監獄署長裔孫寶璋撰

（選自第一支《石馬盧氏宗譜》民國乙酉年續修本卷三十九）

重修宗祠序

宗廟之禮，所以序昭穆也。然而宗廟被地蟲所壞，亦不必多言耳，至於己丑年間，商議重修宗譜無總祠，惜於天房後奕別廟重修，子孫出於無奈耳。《毛詩》則云“惟鵲有巢”，惟人有祠，無祠即如鳥無巢，可不竭力以造之哉！

應可財、可金、可滿、可義、興潭等合急商議，重豎大宗祠。用費無從所出，挨户兜。人家有窮有富，太公造各常皆欠好，因此世成公出樹，有選公出資，挨户扶工供老司。地房可來出洋拾元，張村房出洋四元，至於癸丑年間告成。修祖廟，成宗器，設裳衣，薦時食，此亦有志於先祖也。蓋祠雖成，而修譜已過一世矣。

至於戊午年間，可金、可義、可財、可海、克枝、可棋、興潭等商議修譜，後奕人前任做過爲老規，不肯到大宗祠來合做，執意分派，此亦不孝之大罪也。修譜年間，有祠而無門，則亦難寛矣。夫臺門其最要者也。此七人擇吉而開門，費工而勞力，此亦有關於風俗也。風俗興則子孫昌，而後世子孫益昌，可不勉哉！謹序。

民國七年歲次戊午仲冬月中浣之吉，本邑壇學人李郁唐拜撰

（選自《泗渡盧氏家乘》民國戊午年重修本）

舒家山陳盧二姓修祠議約

萬物本乎天，人本乎祖。夫人之世，仰觀宇宙之大，俯察品類之盛，切思先人之本，不忘先祖之源。

宗祠先後兩進，今愧倒壞，以甚莫奈，故此各房設酒，糾同集議，盧、陳兩姓創建宗祠，先後兩進。幸獲先祖之靈，各拍四房修整費用，各房照數算明。忙工每房幫作，其餘照丁竈所出，不許拖欠如會議。立約之後，衆孫同心竭力。同姓係有一派之源，再勿異言妄作。其餘盧姓祠址

一應規常存執，面同選舉家長九人、祠會一個，名開列右，俱有花押。

規於遞年春、秋二節，集齊拜散，永享久祀之意。昆季雁序之和，預兆螽斯蟄蟄，瓜瓞綿綿，家家樂業，户户禎祥，家聲勿替，永遠綿長，此係兩姓情願，再無異言枝節等情。恐後倒壞修整，照丁竈承當。今欲有據，立議約叁紙，各姓合同各執，永遠存照。

四房衍派並神櫃載明：左一盧伯義富二公常四股拍貳，左二盧禮其公常四股派壹，右三盧大恩公常並同陳姓四股派壹，規於大恩公名下六股拍一陳姓管理。

舒家山家長：盧興善、盧孝達、盧業新、盧志福、盧志龍、盧擇信、盧擇春、陳義信

面中：趙寶華、黃森慶

民國廿一年正月　日立

代筆：杜墨林

（選自《泗渡盧氏家乘》民國戊午年重修本卷一）

泗渡盧氏黃湖建造中亭前進捐資祠志

經營創業宗祠者，如國有朝廷、族有家廟。緣因本族黃湖宗祠中亭即前進溯先倒塌，坐視愧哉。祠孫可棋、興潭、朱財、巖玉、興蘭等，邀集衆孫大議允洽，勸告各房常序願出助資建配宗祠齊全，上爲先靈之祖德，下爲衆孫之麟趾，和衷瑞集。

天房厚奕樂助銀幣三十元，地房巖玉助銀幣十五元，毛竹院肇六十二思茂公助石棟柱二根，其餘造祠不敷用者，概以黃湖常序咸三十四時茂公、和四十六有選公、延五十六元公、承五十三繼松公四代遺下常序出資輸助，造端落成。落成宗祠者，全憑有選公係管理人可棋及頭首興潭等也，兼造宗祠，農工亦是黃湖衆孫勞作矣。

自古語云：萬物發育本乎天，子孫繁昌本乎祖。惟不忘祖德宗功者，該有祠廟也。有祠廟，敬尊肅雍，親其親，長其長，彝倫聚集，馨饗

於此也。迨民國戊辰年建祠告竣後，至民國三十六年丁亥，遇祠續修宗譜，各房捐資造祠。恐後湮没之跡，核房祖名稱須至訂譜，使後人致敬瞻望晰明序爲志。

竪造中亭前進管理人：可棋、興潭、朱才、可海、巖玉、興蘭

頭首：有選公、興潭、錦滄、巖土、中海

民國三十六年歲次丁亥中浣之吉，杞國後裔樓宗舜手沥

（選自《泗渡盧氏家乘》民國戊午年重修本卷一）

坑燕五股常祠堂記

甲戌冬，館翠屏山下，契友松青伴余登臨，過祭壇，至坑燕，望見巍然廟祏。青請詳義。余思先王制尊祖敬宗之禮，而廟名焉。廟者，貌也，先人形貌之所在，故天子七廟、諸侯五廟、士大夫三廟、士庶人一廟。廟之尊卑不同，其報本之義一也。

言未已，有盧君諱坦突來謁見，止之家，塾先生號義炳，相與酌酒言歡，乃彼起而告曰："吾鼻祖琰，工部尚書定國大將軍封越國，居臨安時，烔難，抱烔遁故居，此未有宗祠，族衆不勝悲嘆。暨道光二十有七年丁未建祠，孫景和、景林、文蒙、肇選等，糾一族而商議，合衆力以盤旋。鳩工庀材，乃於家居之側坐子向午而祠適成。迄今家乘纂修將告竣，願乞椽筆，詳言載譜。"

余念其有尊祖敬宗之意，重先人所在之區，不忘報本，且以祠爲序昭穆、定尊卑、别親疏，上以昭先祖不敝之鴻業，下以啓子孫將奉之盛業，因不辭譾陋，而爲之記。爰爲之歌曰：

廟奕奕兮祖海之芳，東風披拂兮高嶺重環，西山缺陷兮寶殿增光。水繞前兮澗偕塘，山依後兮嶂復巒。明爾祀兮敬爾祖，俾爾熾昌兮億萬年整冠裳。

時同治十三年歲次甲戌一陽月下浣之吉，龍山監生施于政拜撰

（選自《大山盧氏宗譜》民國丙子年重修本）

藩憲禁革圖霸批語

翠峰禪院，爲余族宋朝先祖之所建也，招僧住持，以奉香火，以供齋水。迨後住僧分爲東、西二房。至康熙年間，因産磽賦繁、地棍欺擾，余族衰微，莫能阻遏，以致糧稅累欠，有干國課。

邑令謝公標舉仁、義、禮、智四方，着公正獲理，俾仁義之産東房僧管，禮智之産西房僧管，從無異議。

忽於乾隆丁酉歲，西房僧遁去。東房僧心萌圖霸，串勢揑控，賄承朦罩，縣斷已遂其圖霸之志矣。余族屬在寺主，世世相傳，豈容聽其一旦廢弛前規？乃合族商議，醵金出力，詞内有名者曰悦仲、璧玉、汝圓、佩玉，余爲抱呈自府抵省具控，藩司批准，禁革乃止。

今因宗譜續修，爰將訐訟緣由、禁革批示附載編末，以示後人永知恪守。

時嘉慶乙丑菊月吉旦，伯徵志

附載：

藩憲批文

查閲粘抄，寺既分别各房，自不應覬覦圖管智房之事，但檀越名色久干禁例，陳聖依等因何恃衿把持，致起争端？仰金華府查明禁革，毋許違例干咎。

（選自中盧《靈山盧氏宗譜》民國廿一年重修本卷一）

憲核批示縣斷重建翠峰寺講法祠堂

翠峰禪院，本余族宋先祖琰公所建也。至十六傳，淳三公於元延祐戊午年重修大殿，後創建講法祠堂，皇明裔孫建修，嘉靖癸亥年衆孫疊修，祠内供設二公木主。寺僧不守法戒，乾隆甲午年，寺遭煨燼。至嘉慶三年，大殿四方捐造，而講法堂後裔力綿未能復舊，暫於大殿西偏設供神主，以無忘先人締造。而陳姓以“寺係衆捐重建，盧姓不得私奉其祖”控訟於官,經歲案不結。賴郡守吴縣嚴憲批核,案查翠峰寺講法祠堂基地雖屬寺産,從前盧德沛之祖盧鍾英獨自建造,譜載確鑿。今盧德沛等自願獨造,承先復舊,事屬可行。仰即准其照舊建造,仍供木主,但不得據爲己業,藉占寺産。此繳原詞存。

縣批:詳奉憲批,准其建造。陳天初等何得拆毁?候委勘訊究。

府批:案經批准建造,陳天初等輒敢自蠻拆毁,殊屬玩抗,仰永康縣勘訊究報。

庚午四月十五日呈杭州臬憲即按察司批:盧德沛果係舊址,呈明縣府修葺。陳天初等憑空阻撓,殊屬强横,仰金華府速飭永康縣確訊詳報,毋得滋事。

嘉慶十六年五月廿六日,劉太爺讞斷:審得盧德沛控陳老認拆毁講法祠堂一案。陳老認等供明,寺後之基,舊經回禄,若復建造,恐損煞攸關,所以族衆前去阻撓,初無拆毁情事。即質之衆供並盧德沛等,亦無拆毁確實見證。但講法堂業經府憲批准竪造在案,陳姓往阻,亦有未合,本應責處,姑念無知未曉,憲批從寬免究。嗣後講法堂地基仍聽盧姓竪造供主,陳姓毋得妄争著取。具各遵依,立案送候核詳。此判。

金華府

特授金華府正堂加三級紀録六次吴爲陳情籲叩等事。奉署按察司李批,本府詳訊,該縣民陳爾莘上控盧敦祖、邦恬、德寬、德沛等占造寺基作祠一案緣由,奉批仰候移咨督部堂,仰巡撫部院查議詳奪,藩司會核轉詳,仍候撫學兩憲暨藩司巡道批示録報。繳。

又奉布政司廣批:查詳内節叙該縣劉令訊詳,仍准盧德沛等建造供主,奉臬司據詳已悉在案。是此案既有“准其供主”詳案,自應詳細聲叙,確核辦理。該府詳内僅據摘叙數語,礙難核查,仰將前案照録送司。以憑核辨毋違。仍候撫學憲暨臬司巡道批示。繳。

又奉督學部院周批：如詳飭遵。仍候撫部院批示。繳。各等因到府。奉此。當經本府復又録詳藩憲奉批：查陳爾莘赴學轅控告盧德沛等占造寺基作祠供主。經該府訊斷，講法堂盧德沛等情願獨造，應聽其便，但不許供設木主。詳内摘叙，仍准盧德沛建造供主，曾奉臬司批准有案，當經批飭，將原案録送。今據録詳嘉慶十三年及十五年舊案，前來查核。是案兩經審訊斷詳，經臬司批准建造供主，應照原案准其建造供設木主。仰即轉飭遵照。繳。等因。奉此，合亟抄看發卷檄飭。爲此，仰縣官吏文到查照。憲批：事理應照原案，仍令盧德沛等准其建造供設木主，陳爾莘等毋得再行阻撓滋訟，余照抄着遵行知照，毋違。須牌。

特授永康縣正堂加五級紀録十次劉爲呈懇示禁以静地方事。緣盧德沛從前供設伊祖盧琰、淳三公於翠峰内大殿，後創建講法堂，設供二祖木主。乾隆甲午間，寺遭焚毁，寺僧募化建造大殿兩房，復建身等，寺後原基重建講法堂，被陳老認糾阻拆毁。

奉上憲繳飭，盧德沛等復建講法堂木主，情恐一經竪造即行滋事。據此，查翠峰寺既經竪造講法祠堂，該寺後講堂現奉繳准令盧德沛等獨自建造供主在案。據此，合行出示嚴禁。爲此，示仰該處士民及陳老認、陳老芬、鄭老扇等知悉，所有翠峰後該處基址，奉憲斷令盧德沛設供伊等二祖木主，應聽其便，毋許阻止。倘敢抗違，許即指名究辦。盧德沛等仍應原基復建，亦不得越界占造。各宜凛遵，毋違特示。

嘉慶十八年十二月初六日給告示。

（選自中盧《靈山盧氏宗譜》民國廿一年重修本卷一）

創翠峰寺講法祠堂記

距永治東北百里許，曰靈山，山明水秀，寥廓疏曠，雲煙繚繞，草木蒽鬱，實尚書越國公盧琰文炳所居。始創寺曰翠峰，自宋至延祐間，淳三公鍾英闢其曠地，建講法祠堂五楹，復創廊廡於兩旁。時佛明尚士爲翁署曰“講法祠堂”，蓋取“法華深固，祠親立遠”之義。

泰定乙丑夏四月，鐘英過余曰：“平生所守無他，惟不敢自欺耳，緝勤纍勞，幸膺温飽。年既耆，子孫頗蕃衍，非天地祖宗陰相之厚，曷能至此？思所以報效莫克，遂創兹堂，以嚴像設，且爲祠以另奉祖先，晨香夕燈，日課誦其中，忌日必著饋祀。每當孟春，集士友滿百人，閲佛典以答恩庥。任道者一人，供灑掃。捐田給其費，俾諸子歲時司其出入，燕處庖湢悉有其所，所需器物略備。請識將刻石以永，子孫庶幾不替吾志。”

嗚呼，人心本善也，能存焉者或鮮，苟淑其身足矣，顧有以啓後人哉！鍾英樸訥，柔忍好施，鄉里以善人稱，富壽多胤胄，實天降祥以彰之。且不忘所自，而益修習，立成法，以爲子孫勸，使趾斯地、述其事，而惕然有感於中，知所蒙賴者有由來，雖欲興一念不善，事必不果，鍾英之存心不亦異於人乎？若夫大志業展，推而益廣，積之既深，而報之愈厚，無愧立身揚名之義，此則望於盧之子若孫也。屋以間數計，田以秤數計，傳世之寺僧，繩家之子姓，守之無怠可也。

經始於延祐丁巳，落成成於延祐五年戊午臘月也。故書以記。

時泰定乙丑夏四月穀旦，任福建教授同邑陳榮撰

（選自中盧《靈山盧氏宗譜》民國廿一年重修本卷一）

重修翠峰寺講法祠堂記

翠峰寺法堂，宋尚書盧琰越國公十七世孫淳三公名愷字鍾英者所建也，計五楹。

中爲觀音神像所妥，虚其左、右二楹，以通内外出入。左次楹則土地、伽藍之像也，右次楹乃繪達摩佛像於壁之中。左則淳三公之像也，住持僧行、祖先神主俱依焉。内外粉壁，則繪諸佛像，洞天森嚴，甲於諸刹，翠峰之勝，鍾於法堂。

昔淳三公之創兹堂也，自謂生平所守無他，惟不敢自欺耳，緝勤纍勞，幸膺温飽。年既耆，子姓蕃衍，皆天地祖宗默相之，厚思所以報答之故，捐重貲以建兹堂弗惜也。創自元延祐戊午，迄今幾三百年，歲久易湮，洞天之森嚴者，已非淳三公之舊矣。

往來於此，歲時展拜於此，凡爲淳三公之子孫，咸知睹物興思，謀所以整葺其舊，以成淳三公之美于弗替。主修：中盧則淳三府君下九世孫克廣、克盛、克顯、克提，十世孫世新、世達、世香；上盧則八世孫允安、允全，九世孫克揚、克理、克浚、克潤；雙牌下宅則九世克謀、克培。助修者：雙牌上宅淳七府君下七世孫季雄、季資，八世孫允大、允延、允星、允陳、允澤、允封，淳十府君下八世孫永彬率興宗人總若干輩。

倡和雷同，遂擇日鳩工。昉於皇明嘉靖癸亥春正月，落成於十二月。中易二大負棟樑，左一乃上、中盧二宅所輸，右一則雙牌所輸。頽者易之，斜者正之。董其事者，若西伯靈臺之作子來恐後，故其功易就若是。余惟莫爲於前，雖美勿彰，莫爲於後，雖盛勿傳，故凡祖宗有作，不無望於後人之繼承也。淳三公首建此堂，越六七世，而盧氏諸英咸克捐貲重葺，可謂善繼令緒者矣。非淳三公之積德累仁，安能綿數百年於不替？此固積善餘慶之一驗也，然而後嗣之克承先業，亦誠賢矣哉！

爰爲之記，所以昭示來兹，以無忘先人之創建於不朽云。

時萬曆歲次己未仲冬望日，甥吴寧陳仲成拜撰

（選自中盧《靈山盧氏宗譜》民國廿一年重修本卷一）

翠峰寺重建講法祠堂記

永康東北百里，有翠峰寺，宋初越國公盧琰所建也。寺近公居靈山之右。元延祐間，公裔孫鍾英重修寺宇，又於大殿後建造講法堂。時寺僧念創建之積，供設二公栗主於其中，子孫以每歲孟春，集祠肅

祇展拜，久而弗替。

其後屢廢屢興。至本朝康熙間，寺産被僧蕩廢略盡，國課莫償，邑令謝公募近地居民盧、陳、鄭三姓捐輸納課，寺藉以圖存。乾隆甲午，僧人不戒，殿宇悉爲煨燼，晨鐘寂響，暮鼓沉聲，曠日持久。

逮今嘉慶三年，方獲募化重建，而講法堂後裔力綿，未能復舊，暫於殿之西偏設供神主，以無忘先人締造所自。而陳姓以“寺系衆捐重建，而盧姓不得私奉其主”控訟於官，經歲案不結。賴郡守吴縣嚴公詳請大憲，以“盧姓願獨力重構講法堂，仍供木主承先復舊，事屬可行”，下其議于縣施行之。妥先哲之靈，平雙方之憾，准乎天理之公，合乎人心之安，一舉而數善備焉，候其禕而。盧姓遂以嘉慶十八年二月興役，於十二月十一竣工。恐後之靡徵也，因記其始末，勒諸貞瑨，以垂示來兹。

是爲記。

時嘉慶十八年歲次癸酉十二月初六日穀旦，誥封中憲大夫掌貴州道監察御史加三級東陽雅溪後裔柏拜撰

（選自中盧《靈山盧氏宗譜》民國廿一年重修本卷一）

盧氏七二府君祠記

古者諸侯大夫祭其先於廟，而庶人則薦之於寢。漢世有廬於墓旁而祭者，禮之變也。自宋大儒出，定爲祠堂之制，乃去墓而祭於家，則家之有廟也由來久矣。

中盧盧氏，邑之望族也，自宋尚書琰公由臨安徙居於兹，再傳而派分九枝。其次枝諱璞行七二府君者，世居故土，簪纓奕弈，文德武功，光昭史册。傳世至今，雖顯晦不同，而孫子綿延，繩繩振振，其當立廟以祀乎其先也固宜。先是府君十六世孫淳三公建祠於翠峰禪院，而家廟闕如，毋亦有志未逮歟！雍正乙卯冬，盧氏賢裔報本追遠之思勃然興起，助基捐費，鳩工庀材，乃於家居下臺門之外鼎建寢室

三楹。越乾隆丁巳，又於寢室前建造前廳三楹。前後左右，牆垣井然，棟宇巍然，稱盛舉矣。而規模雖具，凡前門後堂以及棲神之位猶未斟酌適宜也。再越乾隆戊寅，復有賢裔出而率其族屬，於寢室則培其基址、升其階級、雕琢其檻牖、整飭其神位，並建門房五楹，爲神靈出入之所、庖湢燕處之場，而廟貌益焕然改觀。由是而歷世宗祖罔不置主入祠，神靈妥矣，右享隆焉。猗歟盛哉！

嗟乎，事莫大於尊祖，禮莫重於崇先，以盧氏之光前裕後有如此，其食報於將來者未可涯涘。爰不辭陋，率筆而爲之志其巔末云。

古婺邑增生陳言蘭拜撰

（選自中盧《靈山盧氏宗譜》民國廿一年重修本卷一）

雙牌盧氏鼎建文惠公祠記

竊聞昭考告武成尊宗爲首，元公營洛邑肅廟爲先，乃知衎烈祖者不可無宗廟也明甚。第古者命士以下皆祭於寢。後世禮家以爲寢之祭及禰不及祖，乃據宗法而定其制，俾屈於分者咸得展孝思而祀其先。此宗祠之昉也，非一日矣。

雙牌，盧氏望族也，自宋尚書琰公由臨安肇遷婺之永康，派分九枝，其次枝工部侍郎伯瑞公聚族中盧。雍正乙卯立有特廟，宗法亦既行矣。越數傳而至文惠公，分築兹土，生齒漸繁。奈别廟未建，大遭兵燹，此其故蓋天也，非人所能爲也。迨我朝定鼎有年，善積慶餘，孫枝轉茂，乃按諸君子"將營宫室宗廟爲先"之説尚屬抱歉，夫豈念不到此乎？抑亦其費浩繁、時未可爲耳。

復歷年所，歲同治己巳，裔孫邦帥、德田、德福、邦君等，集衆共襄其事，或捨己貲，或助私田。鳩工庀材，令之相土締造，乃於下宅之原卜基址得艮止之休，按勝朝合坤柔之順，捄度築削，幾何時行見後爲寢室，神靈可憑依也。中爲禮廳，主伯可拜跪也。前爲明樓，爲春祈秋報，雨臺可衆乎其上也。越辛未春，其明樓爲風伯所折，是非天阻盧氏？實天有以試盧氏。越癸酉，重建明樓，增輝宗佑，復序歷代聲靈，乃安斯寢。此其尊祖敬宗之念，非有動於不自知、發於不自禁者乎！越乙亥，乃於明樓間建造雨臺，益知盧氏篤於義舉，有加無已。

今當華修家乘，諸宗長問記於予。予思季世之風，吝私財而勿捨，懷公帑以自封，種種俗情，指不勝屈。而盧氏獨於報本追遠之舉奮發有爲，誠可謂公爾忘私者矣。後有作者，尚思創業維艱，守成不易，相與置宗器、廣祀田、薦時食，子子孫孫引而勿替，行將家聲丕振、血食長綿，予言雖陋，亦有托以不朽也。

是爲記。

時龍集光緒二年歲次丙子季春下浣之吉，吴寧後學黄作舟拜撰

（選自中盧《靈山盧氏宗譜》民國廿一年重修本卷一）

祠宇圖記

白竹盧氏，爲縉云右族，子孫繁衍，里居星列。誥贈侍郎梅軒暨弟柏軒二公，首議肇基於暘坡之東偏，上建棲神之室，中建燕享之堂，外建臺門，傍列兩廡，俾合族子孫歲時祭祀，朝昏誦讀，其規模宏遠矣！

章暘、西長潭、龍溪等處共聚金若干。梅軒公約曰“祠成，我先捐田供祀”，柏軒公率衆鳩工。木石具備，忽然一炬，悉爲灰燼。梅軒公不以此而廢前功，復以祭田之餘資百金，兼出囊中所有，竟成其美。後先創制，孝哉二公也！

事未竣，而二公齎志而去。梅軒季子尚書後屏公、柏軒仲子秋官春沂公，皆宦遊晚歸，以故祭享未集，厥功未成，遷延八十餘年矣！適尚書公仲子都轉運柘峰公懸車林下，慨然曰：“此吾家盛舉也，亟宜踵成之。”即聚族修宗譜，置祀田，時祭享，清軍産，整家規，教誦讀，一如先志，而族之子孫咸欣然樂從，蓋不特祠宇焕然一新矣！轉運公中興

之績，不其偉歟！

予承乏長民，以過話轉運公，得下榻於宗祠，非惟聞其美且觀其盛，因爲之記如此云。

萬曆戊申年仲秋之吉，文林郎知縉云縣事　當塗潘良采頓首拜撰

（選自《白竹盧氏宗譜》民國庚辰重修本卷三十四）

長潭小宗祠記

《禮》曰：君子將營宫室，宗廟爲先。故欲尊祖，莫先敬宗；欲敬宗者，莫先立廟。雖有大宗，亦宜更建小宗，以承祀焉。然其爲室巨而事煩，爲規宏而費大，爲日持久而成功難，非若居室之可一歲畢一人任也，所以有志莫逮。欲倡是議者，每自顧而長嘆耳。

裔孫有成聰等者，夙懷孝思，恒語於衆曰："大宗主繁，恐親盡則祧，吾不忍焉，宜建小宗以報祖德。況族中分析龍溪、石門等處，皆有己祠，以安祖考。吾族之丁、財非出其下，何獨無仁者孝思乎？"僉曰："無常帑何？"至道光七年，議將東滿附厝，得附穴錢一千五百貫零。成聰於是欣然，遂囑其子鳴義並從侄進起來詢於予。予亦樂爲之助，遂設席商議，幸合祖同志老幼咸樂從焉，於是建祠始有定議。

議畢，即與衆長達觀祠址，於本處西偏得一所，其山如城，其石如壁，其南則烏鷺如朝，其北則凰鸖如擁，其東則獅像是藩，其西則龜牛是鎮，儼然天生地設、不可多睹者。徘徊久之，衆長不禁欣然曰："美哉斯址，厥基永孚於休真發祥地也。"詢之，乃孚八四公祀産，所謂千金不售者，而其裔孫意竟樂助焉。

由是設循環簿數本。一本照丁派工，男女每人供匠六日，服役半旬；一本登記樹料貨物；一本登記度支細數，以便稽查。又開孰爲總理、孰爲催工、孰爲賫付，必擇族之廉能者。幸無推諉，分其任不分其心，殊其事不殊其力。衆長詢謀於族中，族中聽命於衆長，要皆以祖

宗爲心，不敢以勤勞爲患，即於八年始事，九年落成。

無如厥後又缺工費、祭田，成聰、進起與予等復設席相議，各捐己財，助錢十貫者每祭頒生胙一官斤，助田一畝者每祭四人散胙，幸又得錢二百貫。詎又連遭水旱，助錢難收，至十五年始能入主，而成聰公已逝世矣。臨危遺囑："凡立祠長，取其品行端方，必待公舉，勿許世及，雖禮生不得擅入。"所有祠規，每祭禮生宣讀以整家風，厥後悉遵無違，非所謂有志者事竟然歟！而鳴義、進起之永肩一心，亦可謂善繼述者焉。然則成聰公之身雖終，而成聰公之靈亦可永慰矣。至祠之高卑廣狹，自有成規，不必記也。

玆當家乘重修，可不作記垂後乎？爰賦四韻，以記宗功：

遥思我祖賑饑時，避辟易名裕本支。果得慈孫行孝道，爰成寢廟奠明粢。虔修俎豆光先烈，保艾雲礽擴始基。石壁山城千歲在，宗功祖德與長垂。

道光十八年歲次戊戌仲吕月穀旦，裔孫國成敬撰

（選自《白竹盧氏宗譜》民國庚辰重修本卷三十四）

龍溪祠記

從來氣運之隆替、人事之興廢，冥冥中實有默爲主宰者，殆非可以智取力争也。即如一祠廟也，有欲爲之而卒弗克爲，有業已爲之而終勿克成，有將已成之忽然而中敗，有前之人爲之而後之人勿克繼其志，即或有志矣而力弗能勝，有力矣而財或不能逮，有力有財而又弗獲善作善成之人。人事之興，不誠難哉！

古人云"莫爲之前，雖美勿彰；莫爲之後，雖盛弗傳"，愷謂此亦冥冥中有相之，而非智力之所能索，亦非禱祀之所能祈也。玆於愷族之發祥、宗祠之創建，益信。

愷龍溪始祖道從公，尚十五公之第三子也，享年不永，又乏嗣，當謂無可復望矣，幸而祖妣潛氏，自以天命早寡，矢志潔清，之死靡忒，

遂以嫡伯道徵公第三子璋公爲嗣，猶居潘潭西園（愷派因屬於西）。再傳梁公徙居龍溪，而族始衍。至愷父諱啓惠時已閲十二世，而族祖仍與東派合祀一祠。其始也，居址始奠，生聚無多，縱欲建祠，未之逮也，至父時，孫子日繁，又兼舊祠路隔，春秋祭祀老少不能咸集，愷父因是愀然不樂。以子姓本屬一家，自分爨異食，惟於祠中一序昭穆，始知聯屬。今復隔於道路，何以敦我族誼哉？於是遂有志建祠矣。然公帑無多，家僅足食，弗敢言也。

至嘉慶辛未，始與派内兄弟子侄倡議建立。時有堂叔名兆禄者與父同志，亦以忠常己貲設席聚會，相與照房派費，又勸殷户各出己財。爰始爰謀，得於外假山二百田卜基定址，即遣石匠椎礎琢盤。方諏吉劇木，適遭大旱輒寢。又越一載，癸酉秋七月，愷父終天，而是事訖無成矣。

乃天牖其衷，賢孫輩起。己卯之歲，時值重九，堂叔啓雲忽邀愷飲，愷以其酒皆謀諸市，自攜一壺往，但見堂叔啓浩，從堂弟景、遷二人，早已就席。相與飲畢，乃曰："此所飲者，前月大宗秋祭餘米也。吾等有一言相告：汝父之將終也，不嘗叮囑曰'宗祠未建，吾遺憾也'，汝豈忘乃父之言乎？"愷聽之，有若昔堂下之呼夫差者，不覺泣然流涕。是夜愷自置酒與飲，酒酣，復即詢之："汝果能助予成父志耶？"應云："他事未能，若效奔走，不敢言瘁。"愷聞不勝欣慰。但思是役也，善始實繁，克終蓋寡，非有尊祖敬宗之心莫有膺其任，倘復得吾弟極佐，堂叔兆禄、兆重者共勸其美，庶幾有賴。

居無何，而諸人適至，未幾啓安、景良亦至。均以公來，不謀而合，派費捐助，仍從前議，建祠之謀，於是乎決。

即日涓吉於小陽哉生明之三月，鳩工伐木，正位辨方。子月二十有六日，寢堂及後夾室成。明歲庚辰春，牆垣成。厥後，名景春者亦與有勞焉。其祠前屏牆，愷捐曾祖租助成也。

夫始己卯，迄庚辰，不數載，工人事竣，廟貌聿新，蓋礎石基址，前已爲之，故不勞而有功。落成之日，昭穆序次，秩然可觀，老幼子孫，懽忭歌舞。嗚呼！我父在天之靈於兹蓋慰矣。其殆始邀愷飲者之功耶？抑極佐、兆禄等諸人之功耶？斯誠我祖靈不爽，冥冥中默爲相之者也。雖然，修整黝堊，尤在後之賢子孫，善繼善述，世守勿替，俾吾祖長饗於無窮也夫。

道光十七年歲次丁酉應鐘月上浣之吉，裔孫　恒齋愷謹識

（選自《白竹盧氏宗譜》民國庚辰重修本卷三十四）

重修竹川大宗祠記

事莫難於始，功必要於成，故畏難者不足以慮始也，倖功者不足以圖成也。昌黎伯曰："莫爲之前，雖美弗彰；莫爲之後，雖盛弗傳。"矧入廟思敬，千百載靈爽式憑，顧聽其棟樑摧折、風雨飄搖，漠然弗之省也，豈孝子慈孫所爲繼志述事者？此奚斯頌魯所不能自已於閟宫之實實枚枚也。

竹川大宗祠，在暘坡之下、章墩之上，倡始於明梅、柏二公。爲屋三進，門若干間，廡若干間，堂若干間，寢若干間。重簷結風，飛甍向日，紹祖宗之鴻慶，流駿澤於子孫，其觀模可謂宏遠矣！又後倚屏山，前朝金星，獅巖石龜，左右拱秀，紅綾白鶴，四面回環，盧氏人文甲族，未始不由於此。

此迨歷年既久，鼠穿蟻蝕，牆敗階傾，燕麥兔葵，一望彌目，蓋自康熙、乾隆兩經修葺，而後至道光年間而圮坍極矣。歲乙巳，燮還自京師，命駕修謁，因舉展拜禮，歷階而升，見黝堊無色，瓦墜榱崩。族長克環、秀洪、鳴球等顧余而言曰："祠宇荒頹至此，方謀所以修之，而經費浩繁，家鮮殷富，事固未敢輕舉也，倘後日有志竟成，其爲我記之。"余曰唯唯，第成之吾記無難也。

如是者有年，咸豐丁巳，余應崇正書院之聘，路過竹川，便道觀瞻。見夫向之瓦墜榱崩者一變而爲丹楹刻桷已，向之鼠穿蟻蝕者一

變而爲鳥革翬飛已，向之牆敗階傾者一變而爲霞復雲重已，向之燕麥兔葵一望彌目者一變而爲老槐古柏相映輝煌已。屏峰若爲之開顔，金星若爲之獻笑，獅伏而忭，龜昂而視，鶴翔而舞，蓋數百年之靈爽式憑以爲斯舉也。登斯堂者，孝悌之心可以油然而生矣。

乃延族衆問之曰："興衰舉廢，自古爲難。何成功若是其易易也？"僉曰："庚戌秋祭，凡在祠下者悉拜於庭，衆口一辭，捷如響應，寢室臺門，均照房分派豎，其餘兩夾廂常造。既鳩工庀材，次第告竣矣，而中廳則惕惕焉，不敢繼役。有松波，老匠人也，攘臂起曰：'姑拆去，吾族計丁數千，必無有視其半途廢者，索絢糠竅，吾患不能始，不患不能終也。'衆曰諾，乃議助錢五貫，得納栗主於廟，凡斂貲若干緡，閱歲而中廳亦焕然一新。"

蓋成功固若是其難也，要惟不畏難，不倖功，乃得至於今日，而後可以記也。故叙其巔末係之詞，以附奚斯之義。董其事者邦沛等，例得書。嗚呼！有志竟成，倘所謂孝子慈孫者非耶！

詞曰：煌煌司寇，考訂宗儀。靈貌仿佛，傍我尊彝。雨淋日鑠，礎側檐攲。縮茅潔秬，肸蠁何依。孰不爲人，而忘其祖。革故鼎新，歡欣鼓舞。犪牲雞卜，金壘瑶俎。燕翼鴻圖，庶不墜武。

時咸豐十年歲次庚申十月穀旦，癸卯舉人揀選知縣東陽雅溪裔降祥里輔庭變拜撰

（選自《白竹盧氏宗譜》民國庚辰重修本卷三十四）

尚十五公祠記

宗廟之設，所由奉先叙族也。我祖由竹川徙居長潭，越六世，孫諱薰邀同明伊、繼禮、尚元公等，卜吉於大街之南，後峙金星，前對三峰，華表捍門，分鎮左右，於萬曆庚辰之歲，鳩工庀材，後建寢堂五座，中廳五楹，臺門五楹，旁列兩廡。協力同心，遂成美奂。厥功偉矣！

所以地靈人傑，自長潭分處龍溪、石門、東穀、道川，及星散於兩

浙諸郡邑間者，所在多有。每歲春秋致祭，少長咸集，倫序秩然。迄今數百年餘，屢經修葺，代有來者。凡我族人，庶秉公直之心，以圖久遠之計，積祭田，備祭器，修祭禮，與白竹大宗明代嘉隆盛況相映輝，斯真所厚望也夫。!

時光緒廿四年歲次戊戌嘉平月吉旦，裔孫作甄謹識

（選自《白竹盧氏宗譜》民國庚辰重修本卷三十四）

西坵祠記

蓋功之立，不立於立之日，必有所自始；業之成，不成於成之時，更有所由終。

余觀西坵小宗祠，山川鞏固，桑梓蔭翳，上建寢室，靈爽既得憑依，中立明廳，孫子咸申雍睦，兩廡昭明，臺門整肅，規模仿大宗之式製作，洽升降之儀，祖德於是乎昭彰，孝思明之而愨著。從兹觀瀾識本，可以明水源之自，入廟起敬，可以展追遠之誠。宗功與西坵永固，祖澤與竹水長流。

謂非怡十九公一十世之積累所由裕也哉？然非廣名、廣松、若信、克元、廣盛等秉公修孝，協力同心，殫情竭慮，度材程功，憂思並深於夙昔區畫惟精，勤勞盡乎於衆心經營恰當，安克繼先人之志、述先人之事，以成此廟宇之巍焕也？

不惴譾陋，而樂爲之記。

裔孫奎謹識

（選自《白竹盧氏宗譜》民國庚辰重修本卷三十四）

西坵重建祠記

《禮》云：“君子將營宫室，宗廟爲先。”

我族由浙之臨安馳寓永邑孝義鄉，徙居東窖白竹，建宗祠於暘坡，生齒日繁，支分派别，喬遷西坵，瓜瓞綿綿。嘉慶歲戊辰，建怡十

九公祠於村左，地號千門頭。後倚前朝，山水非不美麗；上棟下宇，構材具見恢宏。先人之孝思庶展矣。奈址生蟲蟻，屢修屢蠹，不惟補葺之資帛難周，抑且我祖先之神靈莫妥。入廟觸目傷心，豈惟春露秋霜，時深怵惕。

於是稟命長老，會聚宗親，爰假龜從叶吉徙鴻址於和路里大菜園，列玉屏而環白象，迎鼓磴而引角峰，四山拱揖，衆水瀠洄，僉曰“得所”，遂諏吉鳩工，争先恐後，始於咸豐己未律中應鐘，越一月即告厥成。庶幾光數百年前宗功祖德，裕萬千載後燕翼鴻奠。人文蔚起，先世閥閱家聲於兹復振，煊故樂爲之記。

時咸豐十年歲次庚申南吕月穀旦，裔孫春臺煊謹志

（選自《白竹盧氏宗譜》民國庚辰重修本卷三十四）

左庫重修宗祠記

左庫據雁門之勝，石城迤邐十餘里，隨溪流而環繞。

我祖恒十九公自白竹來遷，子孫蕃衍，建宗祠於里之左，由來舊矣。洎乎咸豐辛酉年冬十月，粤匪入寇，丁壯咸集於祠，會議禦之。天方曙，賊已蜂擁而來，皆被圍，奮力擊出，死傷滿目。賊遂焚宗祠，門樓正廳皆爲灰燼，幸我祖有靈，得餘寢室，則木主猶依然在也。而春秋拜祭無所，正廳門樓之復建，其可緩乎？

同治歲甲子春三月，議諏吉鳩工，視前規而更恢拓之。越秋八月，而告功竣。何其成之速也？蓋我祖靈佑使子孫輯和，又得老成者秉公經理故耳。

今之登堂者，覩雁門之特峙，當思祖德之崇焉；玩石城之迴環，當思宗功之遠焉；對廟貌之巍峨，當思創業之艱難，圖所以承啓焉。行見承勤儉家風、紹忠厚家傳，而大啓人文，與白竹後先相輝映也夫。

時同治三年八月之吉，裔孫錫采謹識

（選自《白竹盧氏宗譜》民國庚辰重修本卷三十四）

升五公祠堂記

《禮》:“君子將營宫室,宗廟爲先。”夫宗廟者,禮法之所在也,上以答祖宗之功德,下以展子孫之孝思,此大禹聖人之所以于宫室則取其卑,而于祖宗之神、祭祀之禮,則致敬致孝而盡其誠。宗祠之建設,其可緩乎哉!

庫川自恒十九兄弟由竹川遷居,卜址於斯,遂聚族焉。宗祠之建設,乾嘉時早已崇隆在望,巍焕增輝,與朱宋鼎峙矣!宗功祖德之發揚,孝子慈孫之瞻仰,夫固可以大展其孝思,又何事殷殷然於已祠之建設哉?雖然,孝思之所發,必由近而及遠,先親而後疏。升五公祠者,己祠也,正孝子慈孫之至近而且親也。升行五公與恒十九公三世矣,祠下子孫謂世代愈遠則祭祀愈疏,比之竹川大宗、靈山始祖,則歲時伏臘,或周歲而一至焉,或隔歲而再至焉,甚或連歲不行祀事。祭祖宗於不問。此豈孝子慈孫所忍聞者哉?

升五公下裔孫等念及此,商議建設己祠一進、堂寢五楹、門樓五楹、左右明廂四楹。經始於民國丙辰年夏月,落成於丁巳年十月,計一周歲,此可見親親之誠意所感發者速也。庶幾後世子孫,由近及遠,自親及疏。蹤追汴洛,庫水與竹水同長;派別東西,雲山與窖山並峙。從此人文蔚起,則雁塔可以題名;才哲挺生,則鳳崗可以振彩。山川拱秀,祠宇增輝,接尚書之閥閲,紹武烈之勳名,未必不於是乎成之,未必不於是乎繼之。故記之,以觀後來者。

時　中華民國六年歲次己未冬月上浣吉旦,長潭族孫體復謹撰

(選自《白竹盧氏宗譜》民國庚辰重修本卷三十四)

恒廿九公祠記

《禮》云:“君子將營宫室,宗廟爲先。”宗廟者,所以序昭穆、辨尊

卑不可少也。子孫報答祖宗，春祀秋嘗，陳宗器，薦時食，表尊敬之義，展孝思之誠，皆於是乎在。詎可以弁髦視之哉？

我恒廿九公，派分五梅，孫支藩衍，代産人文。嘉慶間創建宗祠於章墩中心點，倚半月，對峰山，上有白鶴拱顧，下有巖龜迴環，祠宇巍峨，廟貌輝煌，固宜享祀千秋，與日月長存者矣。孰意人事有變遷，氣運有升降，值民國庚午之秋，土匪賊亂，族孫某請兵搜剿，詎料不分皂白，玉石俱焚，良民連累者七十餘户姑且勿論，而公之祠宇亦霎時化爲灰燼，豈不傷哉！即便道路之人睹此情狀，無不免唏嘘嘆息，況屬子孫，能無不目擊心傷者乎？奈欲再造則經濟維艱，不重新則於心不忍，計將焉出？

夫既屬公後胤，其敢坐視遷延乎？裔孫維周、唐方等首先發起，一呼百諾，踴躍而來，議將潮公祀産及公餘資充作木匠泥匠工金，至磚瓦之費，材料所需，則又取給於三房分派，其餘砍伐於常山者勿計也。粗工照丁籌派，椽料挨户輪將，其基址則承舊貫。由是經之營之，不日成之。

肇造於癸酉年九月，越十有一月告竣，庶幾先靈永妥、得主有常矣，歲時享祭，俎豆馨香。藉非繼志述事者，安能復見鳥革翬飛之一日乎？故記之以垂簡編，俾後世知作廟之原因云。

民國廿九年　月，裔孫欽鳳謹撰

（選自《白竹盧氏宗譜》民國庚辰重修本卷三十四）

重修龍溪祠堂記

我族自潘潭分遷，歷元、明、清，初向無特祠，有之，自我曾伯祖恒齋公及曾祖極佐公始，然其朕兆，實發於高祖焕然公。其時正位定方，推磉琢盤，事有緒矣，忽遭荒歉而中輟，公遂賫志以終。後稍有獲，曾伯祖與曾祖心乎繼述，即出而商諸族内，並首捐資爲闔族倡。幸諸族長亦竭力贊襄，祖廟於是乎成焉，規模宏廠，棟宇巍峨，洵足觀也。後不數傳，蟻患麕集，料柱爲空，東折西傾，勢難補葺。有入繼四房之堂叔世乾，與先父任卿，族長金釵、朱獻、漢猷、萃階輩毅然發起，將後寢室五、兩廡六共十一楹，陸續拆建。基仍其舊，柱易以石，後進蟻患遂消，似可無事矣！

迨民國壬戌時六月二十日，乃夜風狂雨驟，翌日廿一辰刻，蛟蜃併發，波濤洶湧，祠内水深丈餘，右廂牆壁全部傾倒，木料器物在祠内者蕩然無存，大小祠門無可尋覓。水落後，只見塗泥堆積，瓦礫成山，種種不堪寓目。夫祠宇爲祖宗所式憑，敢不及時恢復？無奈哀鴻遍野、滿目荒涼，有難乎其爲爲情者。

越二年甲子，民困稍蘇，周歸自縣會。適值清明墓祭胙畢，衆皆在座，遂將祀事逐層商酌。道及經費，俱有難色。因謂曰："興祀一會，爲祀事而組織，請將此會連年所入殘租作爲基本，不敷再向各常籌集。木料采自常山，飯餐挨户輪供，粗工按丁攤派。如是可乎？"僉曰："可哉！"既成議，於是公推茂壯爲總理，萃育爲會計，各房長根盤、光國、遠法、明德、漢仁、金釵、壯復、漢魚、雙木、樟泰均分任其勞，鳩工興築，經年始得蕆事，合計約需銀二百餘元。

黝堊先人之所有待也，此次本擬並舉以成厥志，乃災後餘生，不堪任擔，僅能彌補舊物。先人之所以俟諸後人者，仍復有俟於後人，殊以爲未足。雖然，即不能畫棟飛雲、相金式玉，大壯厥觀，兹屬災餘，獲新其牆壁，使祖宗靈爽得所憑依，亦莫非曾伯祖與曾祖等在天之靈有以默佑之也。

記此，原以誌修復之難，並以誌災變之大，俾後人知所警惕云。

中華民國十四年歲次乙丑孟秋月穀旦，裔孫肇周謹識

（選自《白竹盧氏宗譜》民國庚辰重修本卷三十四）

東陽昭忠節烈祠記

咸豐辛酉八月，粵寇陷東陽，邑之南張君振珂，吕君銘、盧君燮

璣、文玉等建義旗，屢禦寇於衡店、金川、降祥、厚山巔等處。壬戌冬，台守韓仙令鮑率義旋來東攻剿，孔宅之戰永康胡鳳恩死最慘，而東、台、仙三邑義勇陣亡者最衆，荒煙蔓草間白骨纍纍，每當風瀟雨晦，新鬼夜哭，嗚咽之聲不絶於耳。聞者悲之。

癸亥秋，余捧檄承乏東庠，寇退已逾半載矣。張君等奉唐星舫明府論採訪紳民婦女殉難者，上諸大吏，請恤於朝。甲子冬，復請梗陽王公瘞埋死事之暴骨者，改胡公廟左右廂爲昭忠節烈祠，捐置田若干畝爲致祭之需，盧君文玉、黄君樹裕綱紀其事，而黄廷漢、盧堃、張平川、盧正槐等襄贊之。已而僉議附主於神廟，不若專祠之虔且誠也，於是即廟側購基建兩祠，適甌寧黄蓉鏡司馬以卓異來宰斯邑，欣然允張君之請，資之經費，竟其成。

事既成，張君以書來告曰：酉戌之歲倉猝起義，驅不教之民死之鏑鋒之下，而振珂輩猶靦然偷活人世，罪實難逭。比者修築叢冢，建立祠宇，增置祀田，我師曾解修俸之爲倡，今幸竣是役，願一言記之。

余惟捨生取義，自古所難。當逆焰方張之日，鋒刃逼於前，身家顧於後，雖以高明之家世享禄養者，猶徬徨失據，進退惟谷，而況委巷細民，窮簷弱婦，獨能明於順逆之理，視死如歸，至碎首殞身而不顧，彼豈學於古訓、踐舊跡而能然哉？良由天地之正氣不擇人而畀，而秉懿之德無一息或間於人心也。抑又聞之，興墜舉廢有司之事也，表揚芳烈以重彝倫司教之責也，以彼捍寇捐軀，遇暴完節，豈必有所冀而爲之，而卒獲邀褒榮之典，俎豆弗祧，洵謂死一日生千秋矣。後之過此祠者，慨然念綱常之足重，而一切寡廉鮮耻之行無自而作，則今日之舉其裨益於世教者豈淺鮮哉！

是爲記。

龍飛同治辛未五月有五日，欽加内閣中書銜前署東陽縣教諭平湖柯汝霖撰，欽取八旗官學教習前署嘉興府訓導邑人盧正珩書，泉塘俞申伯刊

附録：副貢沈懷珠詩一首

壬年八月望後同盧君文玉式僉昆仲先生
偕遊昭忠節烈祠有感率成七言一首

放翁昨過東陽道，筆硯静對溪山好。喜接盧敖遊太清，驀遇疾風彰勁草。憶昔劫火煽紅羊，首尾幾餘身不保。馮道自營安樂窩，張巡難守睢陽堡。前門拒虎後進狼，砥柱曷挽狂瀾倒。誰則與仇不共天，率民竟赴田横島。惟時蔽天飛塵霾，惟時塗地碎肝腦。啾啾鬼哭陰則聞，吞聲遥和杜陵老。龍飛聖主運中興，日月光華兵氣掃。贈恤特許祠昭忠，馬革遺屍葬盡蒿。澤及朽骨賴仁人，報以特祠薦行潦。何況巾幗幾完人，露筋足愧高郵嫂。偉哉烈烈女丈夫，廉耻事大死生小。捐軀慷慨何從容，取義舍生還大造。其中善善或從長，一死蔽辜責已了。勤事祀典定不祧，矧有綿田供蘋藻。祠外檉溪嗚咽流，想見正氣來浩浩。

（選自《白竹盧氏宗譜》民國庚辰重修本卷三十九）

石門祠記

古者諸侯大夫祭其先於廟，庶人祭於寢，漢代有廬於墓旁而祭者，禮之變也。至宋大儒始定制義，俾各祭於家，此又禮之變，而以義起也。《記》有之："君子將營宫室，宗廟爲先。"蓋以宗廟之立，正彝倫，厚風俗，篤宗支，敦禮讓，典甚鉅也。然寖熾寖昌歷百祀而彌芳者，必有盛德以創之於先，又有孝思以繼之於後，而規模益以宏達。

邑南盧氏有諱綗公者，支分雲竹，派衍龍溪，喬遷於婺東石門，厥後分房爲仁、義、禮、智、信，繼繼承承，家聲丕振。至雍正九年，閲世有九，明生公、警生公等念先靈之未妥，感風木而生悲，爰相東山之麓，見夫踞於後者有蜿蜒之鎮巗，拱於前者有巍峨之石門，兼之水漲檉溪，迴環似帶，橋名普濟，合抱如屏，此洵爲南方之秀，而得天地鍾靈之氣者。載龜卜之，亦云孔吉。於是拓地開基，作廟三進，尊綗公爲分支鼻祖，春秋享祀而特報焉，此盧氏宗祠所由昉也。奈世遠年久，孫支繁衍，四時冠裳並集，每以祠宇湫溢爲嫌、傾頽爲患，獨力難支，有志未逮者數十年。

迄癸巳，裔孫光傑倡議重建，慨然以爲己任，先出百金購材料。其長兄光健素稱合志，亦出百金，不稍吝也。遂同族中父老設席會議，咸歡忭雀躍，願出貲以勷厥美。於是隨行擇吉，撤故而更新之。後五間作爲廟寢，左昭右穆，乃靈爽所式憑也。中五間作爲拜堂，駿奔對越，乃子孫所序次也。前五間作牌門，廓如焕如，至東西楹廡，森森羅列，如碁布然。是役也，經始於中秋月吉，落成於一陽望後，堂哉皇哉，廓乎有容，會見實實枚枚高下犖然，子子孫孫倫序秩然。入其門者仰榱桷而興思，登其堂者撫几筵而生感，罔怨罔恫，有不羨文範之聲名至今未墜者。

維時教護屬工者，固爲光健、光傑二公，課程會計者，又有聚芹、至兆、質、聚奏等分任其勞，兢兢焉以相與有成爲望，其在《詩》曰“寢廟奕奕，奚斯所作”，諸孫有焉。嘻！吾觀名宗巨族，興替何常！其興也興於崇本，其替也替於忘祖。若盧氏諸孫，體前人建祠之意，有其舉之，莫敢廢之，且慮廟享無資，何以行報本追遠之誠？於是光健、光傑等復議，聚祭桌，或助租，或出錢，共計六百餘金，永爲春秋廟享之資。將見汾陽宗昉奕禩彌芳，豈徒高其閈閎、廣其寰宇已哉！

烺忝甥末，往來時見其寢成孔安，足以正彝倫厚風俗、篤宗支敦禮讓，又樂其善始善終，可與警生公等輝映先後，因托於至親無文之說略爲記之，付諸棗梨，以爲後日之篤於一本者勸。

時道光丁酉年菊月之吉，祠孫甥　鰲山陳炳烺拜撰

（選自《白竹盧氏宗譜》民國庚辰重修本卷三十四）

石門花萼樓改建壽齡公祠記

《詩》云：“堂棣之華，萼不韡韡。凡今之人，莫如兄弟。”我祖槐公

誦是詩而心領神會，建樓一座，名其額曰“華蕚樓”，常與兄弟相聚其間，飲酒賦詩，以敘天倫之樂，實皆友愛之真忱所發越也。然雖樂其友于之克敦，猶悵其孝思之未盡。

蓋自雲竹分遷，具有報本之念而力所不逮，爰設神龕於樓之中宫，暫作棲靈之所。迄今石門衍慶，文物豐華，而斯樓因年已永，風雨侵蝕，勢將傾坍。司事人恐負守成之職，召集派孫協議鼎革，恢先緒以宏遠猷。但層樓高聳，易遭摧折之虞，樓曠垢積，殊多褻瀆之靈，乃遵舊址，改樓爲祠。

伐木鳩工，不日告成，號曰“壽齡公祠”。棟宇增輝，堪叶鳥翬之詠；礎基永固，恰符松竹之歌。額仍以樓名，“花蕚”高懸，俾後也毋忘古跡。匾循乎舊例，木天儲相，表先人著望宏才。奠高曾祖於中座，重新刻木，附新主於兩廡，不負捐金。庶幾春露秋霜，享明禋而弗替；瓜綿椒衍，蒙福澤而靡涯。

今歲家乘重修，應記事以昭更改之由。無如祠下能文，或羈身於教育，或服務於軍政，公務冗煩，無暇及此。麟株守家鄉，洞悉巔末，爰不辭謭陋，援筆直書，藉資後人數典云爾。

中華民國廿九年歲在庚辰陽春月吉旦，第十四世孫
夢麟謹誌

附：壽齡公祠對聯二

懷古悵樓墟，舉目難忘花蕚跡；從新營廟寢，誠心致奠藻蘋儀。
先祖負鴻才，望著木天推碩彦；後昆恢駿業，行排栗主薦馨香。

（選自《白竹盧氏宗譜》民國庚辰重修本卷三十四）

壬塘槐花樹錫鏵公祠記

我族自泰一公始居白竹，贈工部侍郎梅軒公與弟柏軒公倡建大宗祠，尊祖壯族，巍然焕然。已而梅軒公子尚書公、柏軒公子秋官公、尚書公子桂林太守、福建運同公，人文蔚起，萃於一家。嗚呼，何其盛

也！其後，太守公之子庠生承光公愛蒼嶺山水之勝，又自白竹徙居壬塘。再傳錫鏵公，又自壬塘徙居胡塘，遂分前山、槐花樹三處並居，是承光公爲壬塘之遷祖，而錫鏵公又是遷之始祖也。春露秋霜，廟貌缺然，蓋門第亦少衰矣，勿亦祖宗功德之厚，而子孫昧於追報以致斯歟。

吾弟茂播，慕義敢爲，毅然倡議，而雙令、朱登、庚辰、克書、維雲等，又皆同心協力，共勷厥功，於是度基庇材，樹木工需給諸常産，既廪力役索諸丁帑。始同治十三年冬，迄今上二年夏，内寢、中廳、兩廡次第落成。閟宫枚實，鑼打將官；清廟肅雍，門封仙子。牛頭牛背，生成饗祖之犧；馬蹄馬鞍，迓得來賓之駕。蓋雖視白竹大宗規模或遜，而自紅羊劫後，兵燹頻仍，里廬灰燼，乃能尊祖收族，知宫室不先宗廟，則孝子仁人之用心，而我侍郎梅軒公之家範固至今不墜也。盛衰之理，於是可睹矣。我族勉乎哉！

光緒二年歲次丙子中秋月穀旦，裔孫茂建謹識

（選自《白竹盧氏宗譜》民國庚辰重修本卷三十四）

塘盧建小宗祠與鎮興廟並基址序記

括蒼爲蓋郡名區，秀峰環拱，内鑿池塘，吾祖卜居其間，故里以“塘盧”爲名，第瓜綿未久，而祠宇廟貌俱未經制也。清讀《綿》詩“俾立室家”，繼曰“作廟翼翼”，是知君子將營宫室宗廟爲先矣。

我族建大宗於白竹，自尚書後屏公曾孫庠生承光公始遷壬塘，再傳振聲公卜居於此，凡八傳，未建特祠。

至咸豐癸丑冬，清設席會議，集腋成裘，三載落成。斯時也，已成寢室，庶可妥先靈，而神庥未迓，一方之保障未有資也，清有志未竟者十餘年。至同治丁卯冬，又設席謂諸父老曰：“水口者，合村之大關鍵也，於此而立一廟焉，表神像而鎮居水口，穀士女以興長村莊，鎮興之廟名美且確也。”議甫定，少壯踴躍争先，老成贊襄資助，不期年而告竣。猗歟，成功何若斯之神也！將我族人一乃心力乎？抑亦祖宗之

呵護、神靈之默佑耳！

一日有客過訪，進而揖予曰："君自相陰陽，度地理，成此兩舉，人之傑歟？抑地之靈乎？"予曰："山居野處，僻在一方，今聊以妥神靈、庇蓬户耳，奚得言傑靈乎？"客曰："是何言歟？是何言歟？蒼山爲岱宗佐命，而名冠十邑，拂囂塵，迎清幽，半榻松竹圖書，一犁杏花煙雨，修真隱士夥聚其間。今君輦山石，溝澗壑，因其地，全其天，凡其物類無不合形輔世。行見後倚磨巖，則源盛若麥屑；前抱村樹，人丁旺似槐花。左岡名書院，成德之士攸鍾；右嶺據馬鞍，將臺之軍斯駕。巖名虎踏兮，虎觀可以談經；石稱老鷹兮，老人追蹤釣叟。牧童横於牛背兮，朝可耕而暮可讀；樵子歌於羊腸兮，前者應而後者呼。緑竹猗猗兮，德可企於衛武；清泉潺潺兮，樂思訪於醉翁。水轉山迴兮，頗不遜李愿盤谷；田良池美兮，詎多讓武陵桃源。所謂人傑地靈者此也，君乃以僻處陋之乎？"

予默然無以對，第爲之擷園蔬，治野蔌，挹胡麻，披新筍，相與進薄茗，酬詩酒。乘醉告辭，客出囑予曰："此予景之確論也，安可不志？"清援筆爲之記云。

光緒二年歲次丙子夏月穀旦，裔孫建清謹識

（選自《白竹盧氏宗譜》民國庚辰重修本卷三十四）

盧秋祠堂記

《禮》曰："君子將營宫室，宗廟爲先。"其故何哉？誠以人子之身，父母生育，欲報之德，昊天罔極，故親在當竭力而事，没則無形與聲，惟立廟以享之，庶可少展其孝思耳！此仁人君子所以莫不兢兢於斯也。余觀盧秋盧氏，其奉親愈加致意焉！前設總祠於白竹，自松公由白竹遷居於此，路隔百餘里，春秋奠設，每艱咸集，急欲另建一祠，爲祖宗所憑。無奈人丁稀少，工費浩大，先君子嘗有志而未逮焉。

今裔孫枝富、丙獻、壬獻、陳海等，於道光二十年間，會族商議，慫恿派捐，相厥基址，擇吉命工。至甲辰年春三月建造享堂三間、明廳三間、東西兩廡各五間，贔屭力作，不數月而聿觀厥成。由是神明往來，無山川阻隔之苦；子孫祭奠，有朝夕如見之情。斯舉也，原由後人經營之力居多，而亦祖宗呵護之靈爲不少也，爰撮《葩經》三章以爲頌禱。其一曰："新廟奕奕，曾孫篤之。神保聿歸，綏我思成。"其二曰："率見昭考，陟降庭止。相予肆祀，介以繁祉。"其三曰："爲酒爲醴，烝畀祖妣。來假來饗，降福無疆。"

道光廿四年歲次甲辰春月穀旦，松峰俞廷謨拜撰

（選自《白竹盧氏宗譜》民國庚辰重修本卷三十四）

汝純公祠記

宗廟之設，爲尊祖睦族也。我族自潘水分遷，數百年來，丁衆不下百餘，春秋拜祭於白竹大宗祠，又合祭於在潘二祠，孝思非無由展，第不伸以别子爲祖之義，自建特祠，於我來遷東穀之祖，尚無以妥先靈而裕後昆也，是以悵然者久之。

歲同治辛未冬，闔族會議，將燈棨祖山歷年録樣喬木以爲棟樑之需，凡匠石工費，常帑給發，其餘扛抬粗工、飯供輪值或照丁或照好，咸欣然樂從。正寢五座、門樓三楹、兩廡各五間，越明年三月，而聿告厥成。以湧公爲鼻祖，崇本派也。以汝成公爲顯祖，重始遷也。列國泰、國有二公於左右，明有功德貽於子孫也。其餘宗親依序而位，春、秋得以享祀。

雖由山木足用，常帑足給，亦見我族和睦所致，故落成之易易也。夫廟以潔静爲先，毋堆雜物，毋肆喧嘩，否則不但致乖和誼，抑且褻瀆祖宗，則不敬莫大乎。是凡我宗人，思所以尊祖，思所以睦族，體累代積累之心，以敦倫常，以維風化，保祀産以供祭祀，教子孫以大門閭，此我祖所厚望，夫豈徒崇廟貌以壯觀瞻云爾哉！

同治十一歲次壬申三月之吉，裔孫子政樹敏謹誌

（選自《白竹盧氏宗譜》民國庚辰重修本卷三十四）

大塘洋祠記

《禮》云:“君子將營宮室,宗廟爲先。”是知宗廟之設,所以妥先靈而序昭穆。我族恒行瑰公,由白竹徙居邑之樫橋。觀行思星公又自樫橋遷永之大塘洋,子孫蕃衍,已歷十世有奇,尚未有特祠焉。

孫鳳傳、關照、關鍵、熙浩等,頓起水源木本之思,遂切春露秋霜之感,慮先靈未妥,昭穆不得而分,於是少長咸集,會議建祠,諏吉飭材,立向開基,分爲三進。後進三間,作爲廟寢,以妥先靈;中進三間,作爲拜堂,以序昭穆;前列牌門,兩廡規模森嚴,儼如星棋布列,庶得展孝思而明祀事。

及覽其形勝:天馬遥臨,石獅朝拱,東則衣嶺巍峨,西則屏峰秀麗,山水迴環而屈曲,中開一坪,入其境者或稱之曰李愿盤谷、子厚愚溪,不是過矣。此殆地靈者人自傑歟!

厥後賢子賢孫人才輩出,蟄蟄肇螽斯之慶,振振衍麟趾之祥,將與白竹大宗明代盛時後先輝映,豈不美哉!兹當譜事告竣,而特爲之記。

民國戊午年,族孫琅

(選自《白竹盧氏宗譜》民國庚辰重修本卷三十四)

大宗祠記

昔明王立廟享親,無下逮庶人之典,而宋大儒朱子創爲祠堂之制,俾有四親之祀,此實禮以義起,然後盡於人心者也。世多侈其室而略於祠者,君子以爲忘所自焉。

吾宗裔出後周越國公後,自祖諱宣號西山居士者繇永康石馬卜居兹土,迄今凡十三世矣。皇明洪武,永樂間,六世祖同知汝寧府事良玉,偕膺敕義士侄尚文,繼作廟家左以祀,惜再更熒惑,闕而不葺者歷百有餘載。伯父南山翁朝袍同兄東皋如榮,謂先人有志未逮而時不可以再緩也，乃謀諸伯叔兄弟，皆樂與有成。於是聚材鳩工，於所在之南爲正寢三楹、廳事三楹、左右廂六楹、夾室四楹，繚以磚垣，甃以瓦石，外復有庖湢之所、齋寢之室凡五楹。經始於嘉慶丁酉之秋七月，畢工於冬十月，妥靈萃涣，百數十年之墜典而不日復見矣。

宗人謂斯舉也，義不可以無紀。伯叔東軒翁庾、元松翁紳、兄方塘、如標、弟如魁、如珦，侄如櫸力强圭爲之。南山伯父命曰：奉光思孝，吾恨不能早爲之所，始兹且事未漸終制，猶簡率，況萬無自紀之理，孺子其辭焉？圭復以伯父之命致之宗人。宗人曰：天下事每重所以始之者。南山翁暨我東皋，實亢宗以啓後，能由是而益大其緒、悉協於禮者，皆繼自今者也。使有美而不知，知而不傳，光昭令德者固如是乎？圭維伯父之言是讓美而不居，宗人之言是歸德而不阿。雖無能役於文詞，而罪有不仁不智是懼也。故忘其蕪，僭而述次之，因以爲後人告曰：

凡我子姓，祠宇新矣，亦知事之有其禮乎？歲事修矣，亦知行之有其本乎？《家禮》所載，“如出入之必告，朔望之必參，俗節之獻、四仲忌日之祭至爲悉備”。凡齋廟戒之誠，愛慤之至，凡所以事死猶生者，《祭義》昭然可考也。使祠備而禮弗行，虚器焉耳；祭舉而敬弗存，虚文焉耳。夫君子之祀先，固將精神志意相與流通，而可不慎諸此耶？

抑余重有告焉：昔夫子達孝之論在繼述之善，而要其大端，惟尊尊親親已也。修廟行禮所尊敬矣，使或敦睦之行不興而統同之愛不著，慶吊恤助若罔聞知，而於戚戚具邇之訓顧背焉，是誠葛藟庇其本根之弗若也，非今日建祠者之後憂乎？是故承志鼎新者，南山東皋翁之孝也；大緒協禮而尊尊親親者，我後人之責也。允若兹，則宗祧無强之休端在是矣。凡落成之費，例得書之碑陰，亦所以垂不朽也。

是爲記。

時嘉靖癸丑仲冬上浣之吉，十世孫如圭撰

（選自《錦溪盧氏宗譜》民國六年重修本之廿八卷）

旌義闇齋公小宗祠記

錦溪盧氏祖合祀有祠矣，而别有小宗，何爲祀闇齋尚文公也？公何以特祀？爲旌義也。往正統之壬戌，旱魃爲祟，珠桂興謡，民不聊生，道殣相望，致廑當宁隱憂，下詔書郡邑備賑。公毅然首倡出粟二千石以佐公家之急，而包饑不害，公之力居多。有司上其事，天子降敕旌褒復其家，爲諸向義者勸。蓋赴闕謝恩篇章滿帙而歸，益廑義不自私，有如元史之鋟、轅門之犒、郡譙樓之建、先師廟之營，動輒數百金，皆繼是而踵行者也。

余觀恒人宵日經營，勤苦力作，祇爲居積子孫計，遇災祲泛然楚越，上之人即日風以義，而漫不爲動。夫守錢終爲人守，何如公市義之爲得者？蓋是時枵腹顛連之衆，一旦脱溝壑躋之安全，家頌户祝已切生前，没而祀於其宗，即後人之孝思抑以副鄉人之輿望也乎。昔胡子正奏免衢婺丁錢，朱晦翁稱之曰：胡公有此，可以血食百世。公所輸全活凡幾千人，春秋祠下執爵告虔，世世子孫弗替，其繼胡而興者矣。

祠創於成化之乙酉，而重新於今上之乙亥，堂構焕如，牆垣匝如，門塗飭如，足垂久遠無疑。嗣孫汝鵬、汝鶚、舜正、存化、繼坤等，仍屬余文記之。記已，系之辭曰：

壬戌之幾澍罔秋，室如懸罄民啾啾。鬻婦貿子誰肯售，草根木實曷相賙？聖明東顧廑隱憂，翻然下詔婺之陬。中挺偉人特好修，嗟時憫俗矢心優。高廩陳陳不自留，二千餘石輕一甌。帝嘉懿烈真殊尤，龍章舄奕錦水頭。義聲溢耳傾時流，有祠巋然臨道周。雲礽濟濟蘋藻羞，砥世礪俗永不休。

時萬曆乙巳季冬初澣之吉，賜進士第南京車駕清吏司主事、眷生如城趙賢意撰

（選自《錦溪盧氏宗譜》民國六年重修本之廿八卷）

重建旌義祠碑記

旌義祠者，錦溪始祖第五世孫順十三公派下分房烈祖善廿二公享祀别廟也。公篤生配祖啓二十闇齋公，以葺學濟荒諸盛舉奉朝廷降敕榮褒，流輝廟祏，故是祠以“旌義”名云。

舊祠創於明，迄今世遠年湮，堂構蠹蝕，棟折榱崩，正多憂慮。洎嘉慶廿二年春，寢廟倏頹，比屋將然，罔堪整輯。幸嗣孫有學覲庠名超、學謙庠名熾昌、人恕庠名鴻暨，同事啓德、人立、人吉、文淮、文會、文誥、學成、學俊等，任理常務有年，公勤節儉，歲獲羨資，拓産充常，大有起色，計厥贏餘，足商再造。於是遂定革故鼎新之議，並議隨量捐貲多寡異數，以苴不足，而子孫亦莫不踴躍向先，輸將極力。

越二年己卯，五楹寢廟成。相繼建中亭三楹，左右以廂配之；前建正廳五楹，廳後樹屏環之。又於廟東置旁室三楹，爲“廣孝祠”，又於北東置夾室二楹，爲四時致祭炊爨。所經營恰當，佈置周詳，材木停勻，規模爽塏，縱難詡爲華贍而譽，自他族咸以爲美輪美奂矣。

念自經始以至蕆事，其間任大責重，制鉅用宏，藉非統任得人儲蓄於前，仔肩於後，持公秉正，發慮運籌，庀材鳩工，不辭況瘁，其能使同事戮力衆志咸孚，廟貌一新，公産如故，而且不數年間，遽觀厥成如是哉！

兹緣房衆謂任事人之成勞難没也，俾作記以勒諸石，庶奕世而下念駿烈而勿忘焉。

時道光十年歲次庚寅秋月穀旦，嗣孫文暉謹記

（選自《錦溪盧氏宗譜》民國六年重修本之廿八卷）

煉齋公小宗祠記

宋文憲稱東陽古著姓八，其間有不可稽者著於邑，咸自他郡徙。

錦溪之有盧氏也，宋西山居士諱宣者來自古麗，與雅溪、定溪皆兄弟行。逮六世，刱有宗祠，爲歲時祭所，尋毁於火。至十世，南山公

率其族人重新之，此大宗所由始也。

父忠旭公積德尚義載邑志，有子五人，能以詩禮修家政。孫如圭以鄉貢中嘉靖癸卯南直舉人，出宰靖安，治績班班可考。一庭兄弟三十餘人，入庠者半。當時面東背水建有慶和堂。至乾隆間，裔孫念先人有志未就，謀建小宗，相宅於族之東北，墨食得卜則經營，越數載而工訖告功。中祀煉齋公，又推所自出之良瑀公，下以子若孫配之，旁則分列昭穆。廟有堂堭，由堂而進之，有庭有寢，翼寢之旁有序，就寢而高下，布之有祏，神得所棲矣。吾聞奚所頌魯曰作寢廟，《斯干》考室云續祖妣，祠之設也，孝子之志也。盧氏西山居士新邑於此保而祠之，百世不遷之祖也。自四閭爲族，以上盧於中，鄉典司宗祏，後死者昭穆附之，既無五世親盡之義，推之十世百世綿綿延延。子朱子《家禮》或不能詳，讀《祭義》者，露霜怵惕，勢不得不别爲宗，爲源遠流長計。大風、啓錦、啓瑞、啓植諸君子，事不避難，功不謀衆，肩一心以昭祖德於後人，而春秋大宗祀事以還後，父食率子姓，於是書昭穆、奠世繫，飲食以親宗族，敦孝弟以重人倫，美教化以移風俗，領其綱者大宗，詳其目者小宗也。

古之治也，上則統於君，下則統於宗，故曰：君之宗有五，其一爲大宗，其四爲小宗。《白虎通德論》曰：大宗率小宗，小宗率群弟。凡五，而人之親備矣。後世宗法不立，諸如繼禰、繼祖、繼高曾，散無友紀。《漢書》劉歆廟議曰：苟有功德，則宗之不可預爲設，數派之衍者，即其支而宗之，非别爲宗。蓋宫室不設，神未棲，何以致愛？小宗者各親其親，非古仍不戾於古，其亦禮緣義起之屬也歟？

今盧氏譜牒重增，後人繩祖武，復思有以丹雘之，不忘夫圖功攸終，請詳其始，書之麗牲之碑以告來者，知服疇食德昌厥後者，孝弟之貽謀燕翼其來有自云。

時道光十年歲次庚寅七月，後學廩膳生文星韋拱辰撰

（選自《錦溪盧氏宗譜》民國六年重修本之廿八卷）

錦溪下宅修造小宗祠碑記

從古建祠立廟以棲神，意在追遠報本，合則爲大宗，分則爲小宗，故族中祠宇，功莫大於創造，事莫要於修葺。《中庸》十九章曰“春秋修其祖廟”，竊謂廟不及時而修，非獨無以輝廟貌，且以褻祖靈也。卒之未有不椽朽瓦落、梁摧棟折、以至雨淋日炙而坍塌者，此修葺之功所以與創造等。至於天災倏及，公常無資，能以艱難辛苦共襄其事而更成之，其事尤有難焉者。

錦溪盧氏，吾東古望族也，上下兩宅分處，大宗祠造於錦水之東。逮貴四公卜遷丹山之陽，爲下宅分支祖，子孫蕃衍，人文蔚起，與上宅兩相對峙。國朝雍正間，剏建小宗祠，於春、秋二分祭祀後大宗祠之二仲，其條例邑庠生周大公者已有序，附載祠圖後，不復贅。

惟乾隆甲寅春，烈風雷雨，牆垣傾倒，梁棟折損，僅留神櫥弗壞。子孫趨視，無不隕涕者。我姻太翁邑增生繼緒翁仝周大翁嘗聚而嘆曰：“祠産微矣。”廢祠産以修祠，則有祠無産，何以綿祖宗血食？倘恝置而不修，則又無以妥先靈。矧兹神櫥兀立，他人過此且目不忍覩，爲子孫者其何以安？因議人賢董理其事，並舉附理大福、大龍、啓能、啓禎、啓福、啓川、啓發、人貴、人悦、人元、文嶽、文光、文愈、文祠、文漢等共十六人，集商權祀捐資。或錢文或梁木，無不樂輸，若薪水則因支計丁計竈而出，無一齟齬者。人賢等力肩其事，不一載而祠已告竣焉。越今幾三十餘年矣，而廟貌輝煌，妥神分祭，一如創造之初，子若孫群記修造之艱難，而爲之太息不置。

余時課讀於崇福禪院，其族人迭次請記，勒之貞瑶以志捐輸修造之功，爲後之尚義知方者勸。余不能文，因如所請而記其實如左云。

時道光十年歲次庚寅季秋月，里姻小洲杜學江拜撰

（選自《錦溪盧氏宗譜》民國六年重修本之廿八卷）

順善公祠記

吾族貴俊公祠，左右掖兩廡秩然。前左掖則順十三公宗祧所存，瞿宗唐先生記之矣；前右掖則悌一百四公廟祏所在，宗侄士獻記之矣；後右掖則宗二十公之神靈所憑依，宗侄士鈞又記之矣；若後左掖我祖善二十公孔安之寢也，獨未之記者何？以前有先人啓煌、文詠等議約存焉故耳。

約中議：啓廿九公派下助田三十秤，啓三十八公派下助田三十秤，是記建祠之蒙泉所由始也。約中議人江、文照、文蔚、文海、文耀、文洽諸先輩收糶存儲，是記建祠之資斧賴以足也。議約中已記之予復何記乎！然而，創業惟艱，守成亦不易。約議於咸豐己未，而祠成於光緒庚辰，則非文海之子學經、文南之子學丹、文照之孫士蔚、文耀之子良才，與文煜、學壬、本壬等肯構而肯堂焉不至此，是則不可不記也。

記以順善名者，以祠爲善二十公立，而上追順五公云爾，且記先賢之創議者爲善繼人之志，而後嗣之遵約者亦爲善述人之事焉。今而後妥神有祏，設祭有祊，祖之功於是崇，宗之德於是報，我先人在天之靈應亦驩然欣慰，而含笑於九京，其順矣乎！

是爲記，是爲不記之記。

時光緒十五年歲次己丑十月穀旦，嗣孫景瀾謹識

（選自《錦溪盧氏宗譜》民國六年重修本之廿八卷）

順十三公寢室記

語云“莫爲之前，雖美勿彰；莫爲之後，雖盛勿傳”，吾於錦溪盧氏有深信焉。

盧氏爲吾東望族，自西山公卜居兹土，建祠立廟，合則有大宗，分則有小宗。由小宗而支分，祠宇更有別廟，若順十三公則又不然。

公爲上錦中外二房鼻祖，其寢室附建於俊九公祠之東廡。自道

光三十年間俊九公祠告竣，後有寢，中有庭，前有廳，信乎“有爲之前”矣，其美已彰矣。僉謂東西前後之不可無附所也，於是各房分建其廡，信乎“有爲之後”矣，其盛可傳矣。孫熾昌等遂以正廳東廡任建順十三公寢室，爲歲時祭所，特挈祀田數畝，歲權子母。未幾，熾昌公仙逝矣，議舉熾昌公之長孫世佐，積累有年。奈粤匪擾境，世佐殉難，而廟事遂擱。幸有文倜公權管數載，因年逾八旬，筋力倦勤，仍委於熾昌公之玄孫瑞騂司理常務，資漸饒裕，乃謀諸房長文倜、文蘭、文經、文璉、世澤等，遂卜吉於光緒八年冬建廳事三楹，北造旁室爲庖湢所。

是廡一成，不惟有以妥先靈、酬祖德也，而且俊九公祠四廡畢具矣，其美且盛不益信而有徵乎？此雖祖宗之靈爽式憑，實足見董承任事者報本追遠之深心也。豈惟是善繼善述，舉先人有志未逮踵事而增華也哉！至若祀田助桌，亦當並登諸家乘，永垂不休也。

是爲記。

是記草創於永和堂書室十月十二夜燈下，夜深思睡，余遂解衣而寢。未幾，夢見二老翁，狀貌魁梧，鬚眉潔皓，坐在書案，談論是記：一則以叙事明晰有條不紊，一則以爲先提俊九公祠似乎入題太寬。余忽警覺，想像之間，形容宛在，余甚奇之，即思順十三公先行點醒，豈其思之思之鬼神通之乎？抑亦盧氏先君子特來教我乎？因再記其夢中之異事云。

時大清光緒十五年歲次己丑陽月穀旦，郡庠生瞿宗唐拜撰

（選自《錦溪盧氏宗譜》民國六年重修本之廿八卷）

敦睦堂記

錦溪敦睦堂者，義士尚文公之次孫賢三十一朝僾公享祀别廟也。

自西山公卜居兹土，子孫蕃衍，人文蔚起，昌熾之勢，惟公派爲最。公舊有别廟三楹，爲歲時祭所，每當春秋享祀，填咽門閭，前欽賜舉人文暉公、歲貢生超公、邑庠生熾昌公、錦雲公等，目擊規模，欲從

而廓之，卜基於旌義堂之東，奈粤匪擾境，有志而未逮。

越二十三世孫世澤任理常務有年，乃謀諸房長學秋、學信、學志、士俊、士榮、士偉、士瀚、士蘭、世倬、世烈、世謨等，衆志咸孚，遂定革故鼎新之議。擇吉選匠，聚材鳩工，建後寢五楹、中臺三楹、正廳五楹，内列以階，外繚以垣，右抱錦水，前列丹山。其修廣恢恢然，與旌義堂相齊，其制度奕奕然，與旌義堂相匹，而前向一月塘，愈增輝焉。

經始於光緒乙酉春，落成於是年冬，越二年奉栗主入廟堂。自朝僾公上追其所自出之祖，下以急公慕義之賢子孫配之，先靈妥矣，祀典昭矣。世澤等能以艱辛任前人未舉之事，亦可謂繼志述事之善者矣。其堂以"敦睦"名何？誠欲後之登斯堂者顧名思義，而咸知敦本睦族之意也，豈第濟濟蹌蹌執豆籩而薦馨香云爾哉？

余館錦溪永和堂二十六年，詳知其巔末，兹當盧氏譜牒重輝，爰不揣譾陋，特記其實如右云。

時光緒十五年歲次己丑荷月上浣，郡庠生瞿宗唐謹撰

（選自《錦溪盧氏宗譜》民國六年重修本之廿八卷）

惕庵公創議修祠記

《記》有之：君子將營宫室，宗廟爲先。余讀至此，而不覺曠然思、悚然起也，曰："甚哉，爲子若孫所最不容自已者，誠未有過於此也。"

吾族自昔建立祠宇，以祀其先，廟貌奕奕，寢成孔安矣，奈廢興不一。逮雍正間，祭田典易殆盡，祠宇因頹朽不修。苟無其人以倡率之，將孫子何所藉以告虔？宗祖何所憑以來格哉？

九年秋，十有八世孫啓銘字公彝號惕庵者，祭畢而嘆曰："從古家勢之隆替係乎人心，人心之離合係乎祠宇。祠宇廢，而欲常此聚族而居也得乎？爲人孫子不明乎此，其何以立於天地哉！"言既出，舉族皇然。即謀於族叔祖光麒輩，糾族衆，選賢能，爲設方計。將典易之田延擱數十年者，稱其時以更相貿易，遂得田十之七，其後歲計所入以續贖

之。又以祭費不支，復合族捐貲以充其數。此皆吾輩之所目覩而不忍一日忘者。迄於今，不徒廟貌如故，而且祀典無缺，皆公之力也。

今夫孝悌之心人皆有之。自尊祖敬宗之教不講，故盛者衰、聚者散也。今愓庵公倡其事，衆心翕然，知所崇尚，不可謂非家族將興之一大轉機也，蓋繼志述事之大者實係於此。因特爲文以記之，昭示來兹，使世世子孫知所先務焉。

時乾隆甲申夏月之吉，弟啓訓追識

（選自《錦溪盧氏宗譜》民國六年重修本之廿八卷）

敦倫堂記

聞之君子將營宫室，宗廟爲先。宗廟者，所以妥先靈、酬祖德者也。吾族自貴四府君，由上錦遷居下錦，條分柯析，瓞衍椒蕃，吾燕山公派下爲頗最。公舉丈夫子八，遊庠序者有之，貢成均者有之，鬱鬱葱葱，桂芬蘭鬱。

前此歲時伏臘，輪掛公像於家庭，而俎豆之繼，子姓日繁，每當霜露，趨蹌充塞，庭幾難容。是以文江、文礐、文丙、文榮等，於道光戊戌春祭時議建別廟，而籌資所出特挈輪值祀田十畝餘，歸駐公常，舉文海、文愷、文選，權子母而繁生息。約歷十餘載，貲漸饒裕，頗可建豎，而無基址奈何？幸長房孫文藻、文勇、文榮、文珩、學培、學植、學明、學榮、士融，七房孫學炳、學燦等，各願出已基爲公祠用。奈爾時海已仙逝，愷又年老，恐不勝任，因於文選、文海之子學禮外，更舉有幹略者學泗、學壽、學洲、學炳、學通、學書等，仔肩建事。泗等乃興土木，鳩工庀材，相陰陽之宜，置圭定闑，爲後寢五楹，東西兩廡各三楹，外繚以垣，内列以階。經始於丁未春，即於是年冬告竣。越二年，奉栗主納於匱，則先人之靈爽已有所憑依矣。

若夫中有廇、前有廳，基皆綽餘，而未建造者，非敢緩也，蓋有待也。今名堂以“敦倫”者何？誠欲登斯堂者顧名思義，父成其爲父，子成其爲子，兄弟成其爲兄弟，夫婦成其爲夫婦，倫紀所在，敦飭維嚴，庶幾我公在天之靈罔或怨恫耳。兹當家乘重修，特記緣起如右云。

時咸豐十年小陽月上浣，嗣孫學成學通士鈞謹誌

（選自《錦溪盧氏宗譜》民國六年重修本之廿八卷）

思敬堂記

吾族自大宗而右，又有别廟，與大宗鼎列而並峙者，則上錦之貴俊公祠是也。祠建於道光庚戌年間，正寢成矣，前廳告竣矣，即如中霤三楹，復有嗣孫日竿者，願出己資以獨任矣。幸矣，棲神得所而尊祖之念慰矣。然正寢、中霤、前廳雖告成，而東西前後兩廡闕而不配，則廟猶屬未成也。顧是廟之規模極大，基址極廣，而常資極微，即欲建東西前後兩廡以配厥成，反復思維，究難舉事。於是掌理貴俊公祠之祠長，會集合族老成商酌，如各房有尊祖敬宗之孝子賢孫，聽合族老成之公議而能勝任愉快者，無論東西前後，任憑建造。

爾時，宗二十公房下之子孫學富、學樟、學志、學苑、士彦、士達等，因聞此議，遂不禁踴躍争先，而以西廂北邊四楹自任焉。其任是事也，非其常資饒裕肯堂構而成功易也，實賴理事諸先輩節用省度，稍有赢餘，即權子母以生息，寸積銖累，常資頗饒。不數年而鳩工庀材，美輪美奂，壯右掖之堂而得與正寢及左掖相配者，皆先輩勤理常務之功居多。

堂成，而名之曰“思敬”云者，蓋謂立廟以尊祖。廟有兩廡，於西廡北邊别構一堂，奉栗主以享時祀，亦莫非欲有以敬厥宗耳。今届譜牒重修，繼起之理事世仕者，念前人創造之艱，述前人名堂之義，特乞予以記其巔末。余不佞，爰就其所以建堂之故，與所以名堂之由略志之，以如其右云爾。

時光緒十五年歲次已丑小陽月下浣之吉，從侄孫廪貢生秉鈞拜撰

（選自《錦溪盧氏宗譜》民國六年重修本之廿八卷）

春園别廟致和堂記

錦溪致和堂者，春園公之别廟也。堂曷爲以“致和”名？和者，孝友睦婣任恤也。致者，推而極之以至於子子孫孫勿替引之也。

稽自有明義旌闇齋公以來，拜爵崇祀，累有通顯，其行事散見於志史，而廟食已久。至春園公几十世，積善行義，如置賢田、培常産諸大端，有祖風烈，迄今又五世矣。諸子若孫，或勒名祭酒，或蜚聲黌序，彬彬乎儒雅之林。歲癸酉秋，燕室祀事則莫序尊卑之禮，拜跪奠獻則空陳儼若之思，孫人珍、人瑚、人黼、人恩、人黺、人恕、文璿等，咸悵然於吾祖春園公，不可不别立廟以祀之。越翌日，特具潔牲酒醴昭告先靈，集謀衆志，僉曰唯唯，義舉願欣然從事焉。乃卜其基於旌獎義門内，枕坤面艮。甲戌春，擇吉選匠，糾工庀材，定規模，加區畫，爲正寢三楹以妥神靈，前廳三楹以序昭穆，中亭一楹以行獻禮，内列階次，外繚垣墉，暨庚辰歲杪告竣。

此雖先人惠澤所遺乎，而亦子若孫善繼述以成之，語云“莫爲之前，雖美弗彰；莫爲之後，雖盛弗傳”，洵不誣也。夫而後寢成孔安以妥以侑，自春園公始又追其所自出之祖，而以始祖配之。堂構宏敞，禮制森嚴，吾友文圭偕婿文苑等，屬余爲額其堂而志之。余謂廟者教忠教孝之地，所以正名分别尊卑上下也，三槐八桂之祥不足爲榮，偃月流霞之趣不足爲樂。覩斯堂也，肅肅雝雝孝弟之心有油然而生矣。《禮》有之“孝友睦婣任恤”，不綦備乎哉？爰顔其額而垂諸無窮曰“致和堂”。若夫創始經營董承任事，以及捨基助田廟堂紀律一一勒名於碑石。

是爲記。

時龍飛道光十年歲在上章攝提格病月中澣穀旦，獅山邑增生杜啓衡盥手拜撰

（選自《錦溪盧氏宗譜》民國六年重修本之廿八卷）

貽經堂記

貽經堂者，鄉祭酒陶村公、修職郎輔齋公别廟也。

按别廟之基，即輔齋公别墅之基。公舉丈夫子四，當分炊時，欲以别墅予叔子人崇，以崇佐理家政積有勤勞。崇婉辭曰："服勞分也，何酬爲？況家嚴恒欲創建别廟，苦無基址，盍就此别墅改建别廟乎？"輔齋公首肯之。時伯子人雅、仲子人雝仙逝已久，奈未幾，崇亦駕赴玉樓，又未幾，輔齋公暨季子人完亦踵主蓉城矣，而廟事遂擱於是。

崇子日竿嘅先人有志未逮，謀於雝子廷升、雅子廷獻、完子廷傑等，僉唯唯。遂同心協力，於别墅右更劵厥基，革故鼎新，相陰陽之宜，面丹山，背錦水，爲後寢三楹、前廳三楹、中貫以庭，則妥靈有祏、設祭有祊矣。而庖湢又不可無所也，爰建旁室二楹，南北交相向，内列以階，外繚以垣，氣度精嚴，豐約合度。經始於道光辛丑春，落成於同年十一月。則竿等非能繼志述事乎？

越數年，奉栗室入廟堂，自輔齋公上追至順五公。順五公者，派爲一房始祖，歷竿等已十有五世，亦眷眷不忘乃爾，則竿等非又能追遠報本乎？其名堂以"貽經"者何？蓋以陶村公德鍾焚券，輔齋公休起明經，歲延名師課子若孫者，豈第金之滿爲謀之貽耶？凡屬後人薦馨香而登斯堂者，尚其顧名思義，播植經畬，確守貽謀，於勿替焉。

余於戊申己酉間曾館斯祠，其巔末知之詳，是爲記。

時咸豐十年君庚申閏三月上浣之吉，郡膳生曉舲徐江拜撰

（選自《錦溪盧氏宗譜》民國六年重修本之廿八卷）

上錦貴俊公祠紀略

公履仁蹈義，壽考令終，傳二十餘世，始得立廟而俎豆。之前宗哲非忽也，以常無尺土，建樹艱難。至嘉慶十六年，風拔墓木，孫啓

亨、人崇、文興等，取其值而生息之，得置田以綿祀事，兼餘泉布二百餘緡，駸駸乎見張大之機。無如崇猝焉逝世，崇子日竿以丁艱讀禮不干外務，爰付簿記於人廉、人賢、學謙等，生理漸臻饒裕，肇起建祠之議。

越一載，謙又捐館舍，人廉、人賢、文倜、文芝、文坦、謙子士彦等，於道光廿七年謀諸族屬，卜祠基於大宗祠右。地隘甚，裔孫啓鍼、學謙等捨其基址，立欵酬庸，乃得建後寢七楹，支費浩繁，積儲已蕩然無餘。宗老復經商確，勸子孫各納胙錢若干，以成美舉，衆如嚮應，人賢、文河、學球、士起等乃得更建前廳三楹。而中霤三楹，日竿獨任其事，出己資以幹造，繼厥考勠力公家之志。而兩廡未建，聽子孫各營別廟，議後榜顔其額毋得另立名目，須支從幹出，乃見瓜蒂相聯，故右掖數楹則宗二十公、悌一百四公廟祏所存，左掖一廂則順十三公、善二十公祠基所存。土木之興已有成謀，繼自今將踵事增華，告成有日，想我祖在天之靈六百餘載以來，猶得與子孫廟食一堂，有不輾然喜其實茂枝繁也乎？

兹因家牒纂修，僅書其作廟由來以示諸後，待他日潤色鴻業，再邀麒麟之筆，記其事而勒諸貞碏，則幸甚矣。是爲記。

時咸豐十年歲次庚申十月穀旦，嗣孫錦云謹識

（選自《錦溪盧氏宗譜》民國六年重修本之首卷）

小宗祠記

祠之有小宗，所以别大宗也。吾族子姓蕃衍，合各派之主萃於大宗已歷數百年矣，兹復立小宗者，以祀與上宅分派之貴四公也。公亦祀於大宗，復立小宗以祀之者，尊祖之心靡窮，孝子之思不匱也。

祠建於雍正元年。是年大歉，衆心協力，不數月而成，至十一年始送主入廟。此後遞年以二分爲祭期，以别大宗之二仲也。祠長三十二人，八人值一年，上下相授受，以防侵欺也。送主入祠，則依大宗

例以十二秤田爲則，禮生祭儀尚未能如大宗式。

今聊記其大略於廟圖後，以俟來者。因草創以加潤色，庶法制可大備云。

嗣孫啓訓鎬謹誌

（選自《錦溪盧氏宗譜》民國六年重修本之首卷）

六經堂記

秦漢以來，惟命士以上始得立廟，下此者祭於家庭而已。炎宋巨儒名公充其義類，凡爲人子者皆得爲祖考立廟以展孝思，故吾族自大宗西山公下各立小宗別廟。而小宗自闇齋公旌義堂下又有支分祠宇，若"六經堂"者，余從祖別廟也。

從祖諱瑂、諱琅、諱瑶、諱璟、諱閏、諱琭，係闇齋公孫朝僕公子。在當日輝聯棣萼，氣茂荆林，有"卞氏六龍"之譽。越數傳，條柯分析，瑂、瑶二公子姓愈繁，歲時之祭，填咽門閭，僉謂未有寢祏，無以揭虔妥靈，而欲創其事又難甚。道光十二年冬，九世孫人齡、文煒、文會等起議建祠，與衆商確：捐衍沃之田數畝、泉布二百餘緡，購祠基一區，右掖義門，左界通衢，地據要會，合形家言。但常帑無多，未堪宏造奈何？十世孫文集、文東、文僩，文梅與學山、良玉等，以永遠承三代，每歲輪流祀産歸生息於公常，除國課祭品外，不擾絲毫。未幾，常有羨餘，得興土木，遂置圭定闑於道光二十九年，先建後寢三楹、前門樓三楹，力已憊矣，何以踵事而增華？

咸豐二年春，裔孫文苑等與宗老商酌，以繼焕公積儲佐其經費，暨嘉綸公、嘉經公常資各納胙錢五十緡，兼派下趨義者亦各納胙錢十繈，慎出納而勤要會。至七年冬，建中廳事，三楹合成巨製，望之巍然暐然，其牆垣之黝堊、欂櫨之離婁，前輝後映，彤彩鴻紛。顔其堂曰"六經"，非惟光昭祖德媲微崔氏"六星"，抑亦取劉殷授經之意，欲後人知所宗法爲道德文章根柢，厥旨詎不偉歟？

余于是不禁發往古之思：夫有虞之世，九官寅亮天工，至伯封失守，而后夔不祀；八愷奮庸帝載，至蓼鬬爲墟，而庭堅殄祀。彼帝世元勳尚不克享明禋於永世，而余族朝傒公六家衍派累葉，承祧自明，迄今二百餘載，尚享廟食之隆，非德膺天眷，何以獲此？想後之登是堂者，顧名思義，知經明而行修，窮經以致用，即以此爲造就人材之奥藪、翱翔皇路之初基可也，豈第濟濟蹌蹌、執豆籩而謹灌獻云乎哉？

用摭其實，而爲之記。

時咸豐十年歲躔庚申九月望後，從侄孫錦云拜撰

（選自《錦溪盧氏宗譜》民國六年重修本之廿八卷）

五經堂記

吾族自西山公卜居兹土，祠宇之建已經十有餘所，而取義名堂，莫不本五經之經畬，以爲經常不易之道，而垂經綸於一堂也，從未有鄙見膚詞而即以“五經”名之者。説者謂五經之義不一，“五”者數之奇，有奇即有偶，陰陽配偶生生不已，而非徒五人爲伍而已。“經”者如絲之有經有緯，自半絲半縷以至千絲萬縷綿延不絶，皆可經紀而維繫之也。獨是予之以“五經”名堂者，其義又不盡然。

予祖自端七十八公至飲賓悌一百四公派下五謙，長次分爨各一家，三房合爨爲一家，所遺祀産即名“三常”。“三常”殆即“三綱”之道歟？嗣後長次無産，謙一百五十八公念貧富皆係一體，以三常祀産統而爲一，因名“五常”，寸銖積累，常資頗饒。道光三十年間，合族俊九公祠正寢竣後缺資，議東西前後四廂聽各房建造，孫等遂以西廂南邊肩任建造四間，又恐綿力不堪勝任，合謀於衆，衆皆踴躍，於是富者助資，貧者效力，智者用謀，既諾不爽，有條不紊，而廟遂成。僉曰：“是役也，是有合於三綱五常之道。”請名是堂於予，予即從五常之義而顔之曰“五經堂”，殆亦不忘其初之意耳。

從此登堂思義，不悖經常，而仁、義、禮、智、信五者曷可勝用哉？

至若山有五嶽之尊，人有五桂之慶，而吾子亦欲以五經兆五桂之慶，則亦何敢妄有希冀也耶？迄今經營初定，宗譜重修，既乏五經博士之才如綸如綍，援五典耀五常之彩，以張綱紀於一堂，亦唯以寸絲尺縷之學左縈右拂，以五經效五歌之箴，而垂大經於可繼云爾。

時咸豐歲次十年菊月，嗣孫士獻敬誌

（選自《錦溪盧氏宗譜》民國六年重修本之廿八卷）

議建大小宗祠引

家廟之設，非徒妥先靈薦歲時而已也，俾後人知水有源、木有本，爰知祖宗之身爲子孫千萬人之身，抑知子孫千萬人之身俱出於祖宗一人之身，審其孰爲尊而敬之，孰爲親而愛之，處仁遷義，關於人心風俗甚不少也。

予族開創始祖份百三府君遷居安溪長堤，以家廟之不可緩也，升虚卜吉，構祠於家中三多里之前、古井之西，題其匾曰“盧氏大宗祠”。其間所以萃孫子，序昭穆，春禴秋嘗，無不井井有條，規制咸備。昊天不吊，燼於天啓年間，豈不惘哉！所幸舊址壇基，世代相遺，群議復創，永爲始祖公廟，方不失本源開創之心。又因枝分派别，孫子蕃衍，不足以容，而老成不乏，再議重建小宗祠於族東三角園之地，春秋匪懈，享祀不忒，則祖先靈爽，未始不陟降於庭歆豆登而介景福也。

是爲引。

時大清康熙癸丑中秋之吉，府庠宗孫懋絞盥手書

（選自《安溪長堤盧氏宗譜》民國辛巳年本卷十九）

重建新祠堂記

古先王立廟享親，無下逮庶人之典，自宋大儒朱子創爲祠堂之制，俾有四親之祀，此禮緣義起，然後盡於人心者也。世有豐其室而略於祠者，君子以爲忘所自。

吾宗系五季周工尚定國上將軍宋封越國公後第十世祖宗的公由麗州石馬來遷，嗣是思孟公遂以巡司效職，汝猷公遂以進士起家時，肇造有祠，見之家牒，在今三多里古井之西，但莫稽其歲月矣。其後明季天啓年間厄於遊光，復有三角園之建，且有大宗祠、小宗祠之别，紀載頗略，莫之詳也。

今兹締造蓋自國初以來，諸先進相度基址，辨位審方，前有堂，後有寢，中有庭，規模不爲卑陋，間亦不時修葺。嘉慶初，舊司其事者因循不振，日就頹圮，群子姓登堂時祭愀然不安於心，思有以革故鼎新，一伸繼述，於是十六人共相計議，雖以予之不敏，亦與列焉。然而財力綿蕞，公産賦税所入每歲不過數十金，合以十六人及公私所捐亦不越數百金，補苴易而恢廓難。於是期以十年，權數百金之生息爲之，取財於山，又以根柯片段之未適於用者貿化爲財，悉心籌策，而群子孫供膳之勤、搬運之力，罔勿奔走以集事。嘉慶乙丑成後寢、中庭二十六楹；踰年丁卯成堂二十楹，其門塾東西廂則稍俟諸後。

夫祠既新矣而事之有其禮，歲事修矣而行之有其本。朱徽國《家禮》所載“出入必告，朔望必參”，俗節之由“四仲”“忌日”之祭至爲明備；凡齋戒之誠、愛慤之至，所以事亡猶存者，灼見於《禮經·祭義》諸篇。使祠備而禮弗行，虚器焉耳；祭舉而敬，弗存虚文焉耳。孰謂君子之事親固將精神志意相爲流通而可不慎諸此耶？故於其成也，遂書以爲記。

時嘉慶十四年歲在己巳仲春吉旦，越國公二十七世孫
標頓首拜謹撰

（選自《安溪長堤盧氏宗譜》民國辛巳年本卷十九）

公祠附祀記

事有經有權，聖人重之。公祠也而附祭行焉，權而不離乎經者也，是故世族大家租田逾萬，户口逾千，財非不豐且厚，皆有此例。所

以然者，如其後人爲先人計，則廣慈孝之心使之得有所藉，以伸其報效也；如其爲及身計，則推樂善之情，使之得有所資以立其修爲也。不然，則慈孝之心無自而廣矣，樂善之情無自而推矣，夫家與國一理也。

今之修葺學宫、建造書院與創津梁諸美，舉費苟逾千，朝廷必有所獎，給其重者又賜之官銜，徇凡云勸也。是故大有力者，上且有裨於國，次即有裨於家，家以宗祖爲重，人能以尊祖敬宗爲念則家道興矣。且祖宗無不愛其子孫而引之一堂。人知父母之愛其子，而不知祖宗愛其子孫其情一也，是之謂權而不離乎經者也。遂爲記。

時道光十年九月上旬，餐菊子撰

（選自《安溪長堤盧氏宗譜》民國辛巳年本卷十九）

義成祠碑記

義成祠者，所以祀無主之主於有主者也。其義：無論内外姓、懿親屬戚、羈客窮人，略可識其諱號年月者，皆入焉。

夫明爲禮樂，幽爲鬼神。鬼無所依，其神嘗依於主，有主則室以藏之，龕以居之，薦以馨香，靈爽昭格。《春秋傳》曰"鬼有所歸，乃不爲厲"，是之謂矣。間考諸古，公厲泰厲之祭，肇自成周，而鄭康成之註三《禮》曰"漢民間皆祀厲"，則是祭之通於上下，其明證也。後世此典不行。

明太祖洪武八年，始詔天下：省會、州、郡、縣皆立厲壇，民間立鄉厲壇，即以其鄉之父老主之。夫壇而不屋，國與所頒義盡於此，不能以復加者也。民間因祭而有壇，因壇而有祠，則懃懃無已，充義以至於盡者也。

嘉靖年間，邑城之西關好義者，建有前後兩寢，並置祀田，近日登諸新志，蓋示勸也。吾族嗣道光元年間爲首房族弟永宣、永聰、永宏、永宇，房族侄樹簷、樹琇、炳煜等，非有衣租食税之饒也，醵成義會；亦非有輸布捐金之夥也，不辭勞瘁，圖度晨夕，權數年之生息，爲之可謂難矣。既有祠必有祭，祭無田不可以久。房弟永宣撥租田幾畝、忠房永聚地一片佐之，其基址即係常業，並載碑後，昭示永久。若夫祭期之見於國典，則三月寒食節、七月望中元、十月朔下元，民間義薦如其俗尚，或不拘云。

時道光四年歲在甲申八月上旬，餐菊子撰

附：

義成祠對聯

天道難知，原始返終，諼鬱伊而呵壁；

春官有典，由仁祖義，謹率此以崇壇。

匾：慎毋忽諸

（選自《安溪長堤盧氏宗譜》民國辛巳年本卷十九）

信房小宗祠記

聞之有大宗斯有小宗，大宗之規模丕振，小宗之寢室宜成。

自始祖越國公憫宋改物，隱居永之靈山，十世孫諱份，卜居定安溪。迨十五世，諱仲善公分"文""行""忠""信"，别其派曰"信"。夫派既分，則支亦别，寢室之經營，亦孔亟矣。蓋盛衰何常，當孫子繁昌、家聲鼎盛之後，不增其式廓無以妥先靈，即無以光厥祖。

嗣孫樹江等糾集理事十三人相聚而言曰："小宗之建所費甚繁，今餘資有限，弗助力助錢，不能肩其任，即難以觀厥成。"當時向前赴事者俱唯唯聽從。由是相陰陽，度原隰，不戀財，不惜力，凡鳩工庀財，一切視如己事，於道光十四年而寢室以成。人謂小宗之建美卿公之福德所致，亦若輩之功力所成也。因功有可勒名不宜湮，故引而記之焉。

時大清同治己巳年巧月望後穀旦，十五世孫錫壬議識

（選自《安溪長堤盧氏宗譜》民國辛巳年本卷十九）

東陽盧氏祖祠碑記

《戴經》言，君子將營宫室，宗廟爲先。以故自天子至於庶人，罔不急急於此意，蓋在於報本，所以崇先祖而明人倫也。

淥塘有盧氏者，系本范陽，爲宋時尚書越國公曰琰之來葉也。其先世，居古麗之靈山。越數十傳來遷於東，後皆散居不一其地，若盧家塘，若玉峰，若蘭坑，若前灣及湖田諸處，固已有年，椒衍瓜綿，人文蔚起，雖春露秋霜，蒸嘗罔忒，而子昭父穆，禮典未隆。其裔孫之賢者，慨然深念，謂世室不修《春秋》尚且譏之，矧侈其室而略於祠，是忘其本也，烏乎可？時有太學生廷選者耳之，慨割膏腴十有餘秤願作祠址；又有二常公即捨木料若干，其費不資，兼命太學生挈其領，及茂釵、茂清、茂法、賢士諸君相之，事將蕆，居無何有志未逮，而廷選與茂釵、茂清、賢士皆陸續即世。洎同治四年茂法、茂蘇、茂銑、賢達等繼起，即成規而踵其事，平水置槷，枕坎而面離鼎，創正寢三楹、廳事三楹、中庭三楹，繚以磚垣，甃以瓦石，規模翼翼，用壯厥觀。是役也，支度皆出自各常，而多寡不同，均列於後。其派下衆孫亦皆戮力同心，黽勉從事，不辭勞勩。吁！盧氏其賢矣哉！今一舉而諸美畢備何也，上有以昭前人之功德，下有以啓來許之孝思。尊祖也，敬宗也，翼子而貽孫也，胥於是焉。在其殆有仁人孝子之心者，吾故曰賢也，是宜立石於旁，使後之覽斯文者，知本源之不可忘，而締造者之非易也，屬在爾後勿棄基。至各房捐錢者例得附書。

是爲記。

時大清光緒元年歲躔旃蒙大淵獻桃花泛浪之候，七十有四百拙翁周大本拜撰

宗祠聯對

前廳棟柱對

分派溯靈山，枝茂根深，乃祖乃宗遺偉業；

封侯崇武烈，名高望重，爾孫爾子仰前徽。

門　口

蟠溪環抱根基固，
淥水縈洄世澤長。

後堂對聯

遵戴禮言，春露秋霜崇祀典；
式文公訓，父慈子孝篤倫常。

孝友睦婣任恤，
詩書易禮春秋。

靈山圭跡家聲舊，
榛里分居世澤長。

鶴陽盧家塘繼志堂記

繼志堂之創果何爲乎？將以安祖考、妥先靈、懸神像而展孝思者也。故上自公、卿、大夫之廟，制度有等差尚已，至降而士庶家亦咸有廳堂，此孝子慈孫之心，先後同揆，而古今合轍也。顧其締造之初，必有倡率者導之，附從者隨之。苟倡率乏人則附從者無因；附從乏人，則倡率者寡助。斯二者，必相須而始有成。

盧家塘盧氏諱璉公者，由永康之靈山來遷於此地，迄今十有數世矣。廳堂尚未及建，揆諸仁孝之心實有難安者。房長昌美、昌善二人因兹惻然有感，倦倦不置於懷，乃自捐錢若干以爲開創之自，而猶艱於獨任也，則謀諸兄弟昌進、昌達及叔侄輩衆，咸欣然依議，各輸己資，以襄厥事。爰度址於本處之門前，鳩工庀材，始事於同治辛未之夏,落成於光緒乙亥之春。松楝千尋,桐檐百尺,不儼然光大其門第乎!將見祖考於是乎安,先靈於是乎妥。上以懸神像於有形,下以展孝思於無盡。所謂善繼前人之志者,其在此舉歟!雖然,向非倡率附從之有人,亦奚能纘先人未成之緒,啓後嗣莫量之基哉!自今而後,賢哲挺生,登堂思敬於斯,有厚望焉!

是爲記。

時大清光緒元年歲次乙亥桃月穀旦,眷生庠生棣園陳樹堂拜撰

建造樓下廳記

古人云,建築宫室,宗廟爲先,誠以敬祖尊宗,不忘本者也。

鶴陽之盧家塘,煙居密集,聚族於此,前有繼志堂一座,歷有年所。厥後孫子繁昌,規模增其式廓,遂於民國廿五年會同族長商議建設樓下廳三間,可奉祖宗神像,中間廷江公常造,兩邊間士隆公常造,左右兩衕石,茂賢出助。公議和洽,擇吉興工,不日而成。正可見肯構肯堂,光前而裕後也。今因宗譜修輯告成,不可無一言以序其根源,爲此略陳數語,以遺後之孫子鑒焉!

是爲記。

理事人:茂賢、茂恒、賢陞、賢深、賢海、賢芹

民國廿七年嘉平月,定溪盧玉成撰

珠川厚宅合建宗祠紀成

粤稽古昔,天子諸侯以逮公卿大夫,皆得立廟祀先,士庶之家制不得有廟,祀事則修於家也。至明嘉靖初始詔天下,各氏族例得建祠祀先,乃以孝敬治之道也。

靈山盧氏之先,公侯繼世,簪纓累葉,維時立廟祀先,固宜有之。第自宋迄今,歷年綿遠,其間屢遭兵燹,而析居異處,故址滄桑矣。

歲庚午春正月，盧氏之賢裔曰人喬名華輩，設席會珠川、厚宅兩族之尊長希斗、邦滿、懋兆、懋玘、人雲等，酌議建祠合修祀事。時在座老成，皆欣然樂爲斯舉。而兩派族衆有居隔里許、基難處中之嫌，遂各相基址未定。迨季冬，厚宅之老成設席再議祠建珠川，珠川捐基，厚宅只貽費用，不任監理之勞，約定乃卜地於珠川之上。

辛未季春二日，前堂後寢漸次落成。至己卯臘月，奉主歸祠，以伸孝享。

是舉也，幽得以慰祖宗在天之靈，明以殫子孫報本之志，可爲善繼善述者歟！雖然，向非倡率之殷與夫和從之篤，亦安能至是哉？嗣今而後，世繼世遠，英賢迭生，則必入廟思敬，奮志光前，於斯深有賴焉。故樂得而紀之。

乾隆三十一年歲次丙戌臘月中浣之吉

同里邑庠生鄭開周拜撰

（選自第三支里盧宅《靈山盧氏宗譜》民國甲戌年重修本卷十四）

集文盧氏宗祠記

本宗自越國公琰肇始於有宋之初，由來舊矣。世祖武烈侯璿公從隱靈山，再傳尚書可公，既已維新姓族，當時冠裳稱盛。中葉遷徙殊分，由靈山派别，有如斗踞星躔，盧氏族殆遍四州而達五縣焉。

暨本族嫡祖曰繼生公者，復由厚宅遷兹集文，歷今十有六傳，其間中憲、迪功、文林郎、牧民宰邑，代有英豪。夫既人文秀發，乃至族聚蕃興，實天之與吾盧氏，而造化預爲設施：曲澗如環，瀦澄流而映翠；山城若塹，多奇石以漱泉。奚啻李愿盤谷，宜乎彭澤歸來。生斯聚斯，不於此深有賴哉！迄於今，世澤未衰，已得家豐户給；芳範是式，而皆事理人和。

康熙乙丑之春，諸父若兄議建宗祠。希正公謂戊曰："吾有心久矣，汝當輔吾，以成斯盛典。"戊曰："盍質諸長者？"維時，元徵、元夏二公分最尊，及房長希棋、希禄、希會、國佺諸公皆曰："此美舉也。乘年時之既稔，庀材木以興工。磚瓦以備有年，礩磉之需亦易。諸弟子之年富力强，共切經營，而事功克集。"希正公忻然起曰："吾力任此，與諸公共圖之。"

議成，於是請工師，求大木，訪於近郊之山，良材敷用。卜吉是冬，臘月架竪，落成寢食享堂，連楹新奠，第人工、財力二者實繁，漸以黝聯階級牆垣，不數年而廟貌粗成，於以構神龕，置宗器。又數年而式陳略備，乃於雍正己酉之冬奉主歸祠，成斯祀典，庶列祖之精靈有所憑依，而後世之觀瞻仰兹俎豆。

雖然，上猶籍祖宗之遺，下多賴族人之力，余八人者，惟領袖之耳。猶將充祭産，積羡餘，於心庶慰，祈後之孝子仁孫，世繼世美，遞傳於不朽者，斯爲幸焉。若夫光榮宗祖，式焕門楣，亦子孫之責也，黽勉乎哉！

附志之爲將來者勸。

時雍正十三年歲次乙卯季春之吉，二十八世孫國戊謹誌

（選自第三支里盧宅《靈山盧氏宗譜》民國甲戌年重修本卷十四）

集文重建盧氏宗祠落成記

余族自宏二公肇遷以來，傳世二十，歷年六百，可謂瓜瓞綿綿、貽謀孔遠矣。《禮》曰："君子將營宫室，宗廟爲先。"宗廟者，子孫追遠報本之地也。

康熙時，希正公與國戊、元微、元夏、希棋、希禄、希會、國佺諸公，合議建造，以祀始祖越國公，而以本族嫡祖宏二公配享，春祀秋嘗，藉伸孝思。二百餘年，乃有白蟻之患，棟摧梁折，屢修屢壞。光緒初年，曾議改建而未果。甲辰乙巳，蟻患益甚，改建之舉不可朝夕緩矣。一時淺見者憚於大舉，均以爲修之便。余父子及純業、純壽、純進，力主改建，曰："舊祠與人居迫近，神人雜處，陰陽渾濁，一宜改也；白蟻之

患根株難絶，修葺省費，勢不能久，二宜改也；屢次修葺，所費實多，積數次修葺之費，成一勞永逸之事，三宜改也；舊祠地基迫隘，已無遺地擴充，今子孫秀發，將來愈益衆多，若不大其規模，殊不足以壯觀瞻，四宜改也。”

乙巳冬，議遂定，卜基於鐘山西向之麓。背鐘山，朝善塢，帶水環繞於前，諸峰拱衛於右，鉅觀也。梗於基不協，乃移後三丈，移左三丈，填塘一角，以爲門樓之基。木料取之常山，銀錢捐自殷户，工匠伙食則派竈，雜作蠻工則派丁。由是而梓者、圬者聚蜂屯，築之丁丁，削之憑憑，至丙午冬，而前中後三進每進五楹俱告落成矣。越一年而牆垣備，越六年壬子臘奉主入祠。今則高堂邃宇，左昭右穆，輪奂一新矣。越國公與宏二公在天之靈庶幾少慰乎！

董是役者，孟房純進，仲房士橘、純業，季房純火、純壽，貞常則余父士禄也。

中華民國三年歲次甲寅春，三十三世孫寶仁謹誌

（選自第三支里盧宅《靈山盧氏宗譜》民國甲戌年重修本卷十四）

張村派盧陳兩姓合建宗祠議約

物本乎天，人本乎祖。夫人之世，仰觀宇宙之大，俯察品類之情，叨思先人之本，不忘先祖之源。

宗祠先後兩進，今愧倒壞，以甚莫奈，故此各房設酒，糾同集議，盧、陳兩姓創建宗祠，先後兩進。幸獲先祖之靈，各拍四房，修整費用，各房照數算明，忙工每房幫作，其餘照丁竈所出，不許拖欠。如會議立約之後，衆孫同心竭力，不可湮没廢惰之心，建成千秋同姓係有一派之源，再勿妄作異言。其餘盧姓祠址，一應規常存執，面同選舉家長九人祠會一個（名開列右俱有花押），規於遞年春、秋二節集齊拜散，永享久祀之意、昆季雁序之和，預兆螽斯蟄蟄，瓜瓞綿綿，家家樂業，户户禎祥，家聲勿替，永遠綿長。

此係兩姓情願，再無異言枝節等情，恐後倒壞，修整照丁竈承當。今欲有據，立議約三紙，各姓合同各執永遠存照。

左一盧伯義、伯富二公常四股拍二，四房衍派並神檻載明；左二盧禮其公常四股拍一，右三盧大恩公常並同陳姓四股拍一，規於大恩公名下六股存一，陳姓管理。

家長：舒家山盧興旺等，執筆景勳

（此契存縉邑二十九都方山莊盧天耀手）

（選自第三支里盧宅《靈山盧氏宗譜》民國甲戌年重修本卷十四）

嶺外盧氏新建宗廟記

距文溪而遥一舍許有嶺外者，緣其里傍舍袍嶺畔，故名，盧氏之世居焉。

粤稽盧氏，厥初生民，始自越國公琰，隱於麗州靈山，舉丈夫子八，女一適柴世宗子武烈侯諱炯，避宋嫌，易柴從盧，此盧氏九支所由分也。至開十六公遷居於東邑文溪上廳，厥後兆諒公自上廳徙居嶺外。越五世，應德公生三子，房名和、聖、禮。再傳，共五子，房名恭、寬、信、敏、惠，迄今又歷數十世矣。向未有宗祠，所由神主各藏私室，未免塵封煙聚，祀事雖修，殊覺褻瀆實甚，念及先人，心焉傷之。是以派下諸苗裔思報本於九京，欲建廟於故里。

乃於嘉慶九年甲子春，彙集各房商議，建造宗祠，以妥先靈。所賴宗祖呵護，老幼男婦咸欣欣樂從，以爲此美舉也，不可視爲緩圖。諸老成輩，知人心合一，諒事必可成，因揀選董事：恭房人德、寬房人茂、信房人華、敏房人英、惠房人義，協力同心，卜基址，備瓦磉，派工食，採良材，鳩工營築。其工師則五房輪膳，其粗工年十六以上者每丁派三十六工，年十六以下者每丁派十八工。斯舉也，始事於甲子陽月，落成於丙寅仲冬。曾幾何時，而清廟奕奕，神靈得所憑依，聊以報先德於萬一也。夫而後烝嘗弗替，祀事孔明，濟濟蹌蹌，敦倫於斯，飭紀於斯，明禮講讓於斯，不雍雍然一太和之氣象哉？

丁亥歲，余館於靈山，適盧氏家乘重修，嶺外衿兄永瑞君過余館而備述其事，囑余爲記，以附諸譜牒。余不揣譾劣，爰約略記此以酬之。

時道光七年歲次丁亥小陽月中浣吉日，文溪邑庠生陳章拜撰

（選自第三支里盧宅《靈山盧氏宗譜》民國甲戌年重修本卷十四）

祠堂記

盧氏家廟，向建在高川，橋址咸在也。自順治戊子旦遭寇毁，派下散居，苦無常産，不數十年已鞠爲茂草矣。前人雖目擊心傷，嘆考妣之無依，常有志而未之逮。

云嵩公因先世出繼地房，而不忘本生，商諸老成，照丁斂息，聚爲健常，暫在家居，輪流設爲春、秋之祭，聊展孝思。此天、地兩房雖分仍合，而公貯有餘，倡議建祠之舉，因居於在城者多，而若魯公遺留方基於東門，願樂助焉。若健下質生公、恕庵公、劭庵公、恒庵公、桓之公，踴躍贊成，躬嘗其勞。而角房寄寰公，喜有始基，欣然樂從，戮力同心。人房魯齋公争先捐助。復建祠宇，奂然聿新。家廟之重興，實此數前賢之力也。

此同譜而有不同祠者所自來矣，其建祠工費助銀勒石於祠，班班可考。然派雖分，源無不合，後有志者，高川舊址猶存，未始不可再興創造總祠，聯絡一脉。

兹因家譜告成，爰述建祠來歷，尤望後人不忘自始，更思光大。此志。

時乾隆十四年歲次己巳五月上浣之吉，十七世孫野謹識

（選自山後盧《盧氏宗譜》民國丁巳年續修本卷一）

見南公祠記

迎曦門永寧坊之左巷，有祠焉，規畫營度堂庭桴棟楹垣一如寢式，構其材而礱之、錯之、黝之、堊之，邃然以幽，肅然以静，架木甃石之工，其枚枚焉，其實實焉，孔安孔固，魯奚斯所謂"閟宫有侐"者是耶。祠之前襟後河之流而鏡之，與不遷之宗間以河之一水，相去不越百餘武，鉤角相望，後則其孫子與其族姓鱗次相接以居，袤延及祠之右，衡宇參連不一家，左有古牆峻峭壁立，高廣不可以尋尺丈引計，云築障北風者。牆以外有基地三四畝許，亦祠之業，今築而爲園矣。故左廂北其户，而廂之右爲廟門，則其南也。登其堂，顔曰"見南公祠"，若新作者。詢之於其長者，曰公行清八十六。公之常名曰健。健常下房望三，曰乾曰地曰坤。舊有祠，以某年月日鬱攸不戒，炳彪、榮光等，以道光戊申歲仍其舊而作之。主祀以公爲始，配列以三望之祖，孫子惟登仕而致君澤民、顯揚先世者，始得奉其主而祔焉。積有帑藏，健下有喪葬者贈以賻錢若干，此皆承其舊而不敢易者。善乎元武司馬《白虎通論》之言宗廟者曰："緣生以事，敬亡若存，立宗廟而祭之，此孝子之心所以追養繼孝也。故宗者尊也，廟者貌也，象先祖之有尊貌也，所以有室，所以象生之居也。"此一説也，其於宗則曰宗者尊也，爲先祖主者宗人之所尊也。

《禮》曰："宗人將有事，族人皆侍。"古者所以必有宗，所以長和睦也。大宗能率小宗，小宗能率羣弟，通其有無，所以紀理族人者也。宗其爲始祖後者爲大宗，此百世之所宗也。宗其爲高祖後者，五世而遷者也。又曰："父宗以上至高祖皆爲小宗，以其轉遷别於大宗也。"

此論"宗"之一説也。其於"族"則又曰："族者，凑也，聚也。謂恩愛相凑也。上凑高祖，下至玄孫。生相親愛，死相哀痛，有會聚之道，故謂之'族'。"此論"族"之一説也。

然則兹祠也，祀以見南公始，班氏所謂"小宗者"是。孫子惟登仕得奉主而祔焉，班氏所謂爲“先祖主宗人之所尊者”是。喪葬贈賻錢，班氏所謂“生相親愛，死相哀痛者”是。然則是祠也，駸乎今也而進於古矣。兹其循禮而爲之，其真不失士大夫之夙望者，乃臚列所爲祠勒而筆之記。

時咸豐五年歲次乙卯天中中澣穀旦，優行廪膳生眷晚生潘樹棠撰

（選自山後盧《盧氏宗譜》民國丁巳年續修本卷一）

更改邑志來歷

緣樂善公傑，行十九，諱珮，始遷在城。明萬曆年間邑志内載明：“明倫堂”前月臺係盧珮建造、裔孫增修，況沈志照前載明無異。

至於道光十七年重修，遭有當局監志之應曙霞妄行更改，忽刊“盧宗祠甃”字樣。是以，祠下鳳鳴、榮光等廿年五月十八日呈控縣主羅，批“舊志原載‘明倫堂前月臺向係盧珮建造’，迨改修混叙。既向應曙霞等理説，原許翻刊，着邀同議，令更正可也。”

廿一年二月十八日復控府，憲崇批“明倫堂前月臺既係尔祖創造，載明志書，十七年修志之時，應曙霞等憑空更改，其意何居？仰永康縣查明，飭令更正，具復志書一卷”等示。迨後，理局紳士王鐘思等在育嬰堂設席勸妥。因志現已分給，難以收繳，隨令刻匠另刊十頁，交與盧姓鳳鳴等執存爲據，以俟後來修志仍載“盧珮建造”，特附各譜。

後來倘有尚志賢子賢孫，修志之日，當向志局力爲查考，照舊翻刊，庶不忘宗族締造之勞，而予亦與有幸焉。

咸豐五年歲次乙卯仲吕月之吉

於光緒辛卯重修邑志，蒙志局主稿潘汝棠先生改轉，仍照明萬曆間邑志載明“‘明倫堂’前月臺係盧珮建造、裔孫增修”。況沈志内照

前載明無異矣。

光緒二十年歲次甲午仲冬月吉旦

（選自山後盧《盧氏宗譜》民國丁巳年續修本卷十一）

地房五山公祠堂並基址記

城以南有基一座土名後箽基，虎踞龍盤，山環水抱，真美地也。問諸父老，方知爲盧姓祠基。嗣後，與戚好盧儀文翁相見，始得其詳焉。

蓋祠中所祀爲地房始祖行清九十諱應岳號五山，邑中望族也，子孫繁衍，常帑豐隆，故於康熙年間創建特祠於兹，顔曰“敬南公祠”。祠内寢室三楹，拜廳三楹，東西兩廂每進兩楹，中有天井數武。祠前猶有曠基一處。由街達祠中有一巷，額曰“文林第”，亦爲本祠産業。祠後與周姓牆接壤。祠以東爲周姓地，祠以西爲南溪沿。

當時廟貌森嚴，門楣生色，非即公之爲人篤孝悌、敦友愛、和鄉黨、睦鄰里，其孰能有此哉？迨至咸豐辛酉間，粵匪猖獗，數犯我城，其祠竟爲焚毁，基址僅存。噫，是可謂天負善人者矣！雖然，光於前者必裕於後，翁子肖甫公生三子，爲“福”“禄”“壽”三房，皆登仕籍，其後孫四，玄孫十三，皆蜚聲闤苑，騰步黌宫，簪纓勿替，其發祥正未有艾焉。

生不文，聊即儀文翁所言者筆以記之。

時龍飛同治紀元年歲次壬戌春月穀旦，姻晚廩膳生胡聘三頓首謹撰

（選自山後盧《盧氏宗譜》民國丁巳年續修本卷一）

西周清心公祠堂記

從來宗廟之造，所以奠先人之靈爽也，亦所以啓後人之孝思。苟無宗廟，則先人之靈爽何所依，而後人之孝思何由展哉？此君子將營

宫室所由必以宗廟爲先歟！

邑南西周盧氏者，自泰十清心公遷居水閣，越數代，復由水閣遷居西周。迄今世遠年湮，而追本溯源，敢忘其始？則建宗廟以隆專祀也，亦固其宜。無如創造匪易，至十二世睿二十六士鳳公，始積常帑，今幸其孫學良、學穀、學嬌、學海等，將士鳳公所積之常帑善爲生息，至於漸充漸裕。

迨光緒癸巳年，始慨然相議曰："我祖積德累仁，歷有年所，可不構堂以祀之，用昭特典乎？"於是某某等助出祠基，遂擇吉鳩工，不辭勞瘁，仲夏經始，季冬觀成，庶幾先人之靈爽有所式憑，而四時享祀可弗忒矣。然而宗廟既成，不可以無記。在昔嚴子陵之祠有范仲淹先生以記之，顔真卿之廟有曾鞏先生以記之，至於今天下之學士文人皆知二公之祠者，以有二先生爲之記也。則有祠之不可以無記也明矣。故清心公祠告成之日，囑予作文以記之。

予見其祠之前後左右，四山環拱，萬木争奇，洵有竹苞松茂之美。瞻其堂之貌，焕然可觀，入其堂之中，肅然以静，因不禁爲之喜曰："此堂真得其秀氣也。"然形勢既覺其優，則鍾毓亦必獨厚。將見斯堂一成，不惟有以妥先靈，且更有以啓後嗣，他年文人崛起、賢士挺生，則擢巍科耀翰苑可預卜耳。是安可以無記？雖俚詞鄙句不足附尾於范、曾，而表揚有深心，能無執管以彰其盛美？是用記之，以垂不朽云。

時龍飛光緒二十年歲次閼逢敦牂橘陽月吉旦，庠生眷晚生徐藻翔頓首拜撰

（選自山後盧《盧氏宗譜》民國丁巳年續修本卷一）

玉川盧氏重修宗祠記

蓋聞祖德宗功由來尚矣，宗廟之設，所以明禮也。玉川盧氏創造特祠於龍泉坊者，寢堂及臺門計三進焉，當中以子安公爲一世祖，東廂爲褒公祠，西廂爲廣孝祠，廟貌巍峨，規模宏廓。遭於咸豐辛酉兵

燹毁燼，爲子孫者不勝悲慘，奈播越在外，星散四方，縱痛念祖宗，孝心有感，無如常帑空虚，慨難興舉。

司事紹武、琴昌、國興、嘉齊、嘉周、嘉福、潮溢、汝衡、寶霞、啓勳等，將常産所出息者，戮力同心，每積銖而累寸；成多自少，盡公爾以忘家。至同治癸亥年，合族商議，派丁斂錢，更賴愛常樹木出拚多金資助，始得於中廳幸留一間者先湊全進，迨後日積月累，再建寢堂臺門，不數年而祠宇聿新。

是日也，峻宇雕牆，神靈丕焕，丹楹刻角，祖德重光。正如張老善頌，美輪美奂；非等籍談，數典而忘。曾思創業難，守成亦不易。莫爲之前，雖美弗彰；莫爲之後，雖盛弗傳。其在《詩》曰："以似以續，續古之人。"繼自今，全望賢子孫箕裘弗替、克振家聲云耳。

時龍飛光緒二十年歲次甲午冬月吉旦，年八十有八邑庠生春泉姚澤人頓首拜撰

（選自山後盧《盧氏宗譜》民國丁巳年續修本卷一）

樂善公祠記

古人有言曰"天道無親，常與善人"，豈不誠然乎哉！而世或有疑焉，亦無足怪。蓋嘗見人之善積於躬，没焉而不獲報；惡著於世，享厚福而考終。夫豈少哉！雖然，聖賢豪傑之所特出，忠臣義士之所著名，與夫幽人孝子之道德文章皆降於積善之家，而爲盛族名門之所發祥也。然必以當前之善惡定盛衰，亦不足以言天道矣。

如我祖樂善公，是子安公十世孫，即"天""地""人"三望之祖也。富而好禮，隱逸自高，性孝友，生平好施，邑侯旌其閭而名之，不特詳於家乘，且載於邑志者也。洎乎三望之子若孫，或磅礴於林泉，或聲施於仕籍，俱表表於一時焉。是以追繼先人未盡之志，復創建樂善公祠於大宗之旁，右帶潺湲，後環滄水，庳豁墉墉，施以黝堊，飭以丹漆，豆登具舉，時薦且有日。嗚呼，前人之克繩祖武者何其盛歟！若夫顯

榮褒大，以恢宏先緒，當必有代興者矣。

然而咸豐辛酉之變，賊匪踞城，壯者擄，老者亡，妻離子散，幾無孑遺。迄同治癸亥年春，又且毀燼幾盡而退。惟樂善公祠叨呵護之靈，剩此寢室。至丙寅之季春，勢將傾覆。儀等目擊心傷，商議重修，添建廊廡臺門，其工即於是冬告竣，奂然重新。以視無鐘鳴鼎食之家、鳥革翬飛之宇頓成瓦礫且不復振，而兹猶賫祖業，纘貽謀，貤賕而蓄新産焉。任事之善如此，蓋想見祖德之深且遠，而輝光照耀於無窮也。

儀仰溯前賢創業之始，又紀匪後振興之由，乃爲略序巔末，以爲後人勉。至於雜項田畝均載於譜，兹不贅。

時龍飛光緒二十年歲次甲午冬月全浣吉旦，廿二世孫明儀謹識

（選自山後盧《盧氏宗譜》民國丁巳年續修本卷一）

節孝祠記

大祠左側，節孝祠在焉，爲行奇百八君威公德配周太孺人立也。祠臺門樹節孝坊，清康熙五十五年奉旨建，旁兩廡各兩楹，中寢室五楹。昔曾被毁於粤寇，十數年來，首事者鳩工飭材，漸復舊觀。

顧所不解者：太孺人長嗣睿七十五公蜚聲庠序，望重人師，孫毓三十二公、毓七十一公、毓百五公，或則郡縣介賓高年卲德，或則琴堂佐理榮蔭槐階，降及曾玄，登賢書、舉茂才、貢成均者不一而足，兹祠之記獨付闕如。譜牒有遺帙耶？後昆未留意耶？胥不得不置諸懷疑之例矣。

本届續修宗乘，族祖廷楨，兄儒品、壽安，侄思恭等，囑余補爲之記。縱不文，烏敢無言？顧余之所言者，其要在發太孺人之幽光，爲後世告耳。

謹稽太孺人于歸時，盧家貧甚，事舅姑曲得歡心，人稱其孝。君

威公好施予，有拯恤事歸謀太孺人，竟慷慨出妝奩成美舉，人稱其義。痛所天逝世，誓欲以身殉節相從地下，人稱其烈。迨立志撫孤，茹荼飲血。教養兼任，卒與有成，人稱其節。夫孝也、義也、烈也、節也，天柱賴以立，地維賴以張，人倫賴以明者也，丈夫得其一，已足銘旂常、垂竹帛，巾幗中兼而有之，非得天獨厚於人爲範者歟？

祠之設春祭礿、秋祭嘗、冬祭烝，謂盡報本之義。然君子之祭也，猶重在體祖宗之心以爲心，油然生景仰之思，退然持實行之志，庶尊祖敬宗之道於是得焉。太孺人有知，當必以旌賢所言爲不悖也。遂書以爲記。

時中華民國六年夏正十有二月穀旦，特授陸軍三等軍需正前任孝豐縣知事裔孫旌賢拜撰

（選自山後盧《盧氏宗譜》民國丁巳年續修本卷一）

橋頭清俊公祠記

《禮》有之："天子七廟，諸侯五廟，大夫三廟，士一廟；天子之堂高九尺，諸侯七尺，大夫五尺，士三尺。"雖豐殺不同，要其尊祖復始之義無勿同也。

橋頭派清俊公行泰十五，宋進士積千九公四世孫也。公生進士餘百九公，再傳太學生慶一公，三傳貢生德一公。泰十五公，德一公幼子也，昆季四：長泰一公，士居塘派，三泰十二公，不系，次泰九公與泰十五公俱瓜綿於橋頭。是則德一公實爲橋頭派士居塘派之祖，所當立祠以祀。而兹橋頭派之祠獨祖自泰十五公，毋亦於尊祖復始之義猶有未盡歟！

間嘗考諸譜牒，證諸族祖金球、周明、周鼎諸公，而得其説：

泰九公之居橋頭也，亦曾高捨巍科，秉鐸庠序，十數傳後，似續已停，今則橋頭派子孫所流遺純是泰十五公之裔。且祠之落成在光緒季年，雖寢廟三楹、拜廳三楹、臺門三楹，規模未大，實已竭盡各人之

心力，願始克償，使不祖自泰十五公而祖自德一公，則與士居塘派無別。蓋兹祠之所祖，非於尊祖復始之外别有所求，實藉以紀出力者之實耳。

余聞其説，豁然稱唯者再。雖然，猶有説。祠者，神靈之所安，非直爲觀美也，必祭以時，享以禮，祖宗之嘉言懿行奉以爲模楷，於是獻韭祭羔神其來格，故稱君子之祭也百神享之，而祭則受福。非然者，得祠之名，乏祠之實，則雖祖德一公、慶一公、餘百九公、積千九公，於心既不誠，於祀又胡濟？即進而祖越國公設五廟，夫豈可謂盡尊祖復始之義歟？

丁巳之臘，重修譜牒將竣，族叔明火囑記其事，因書其所自祖之原，與夫古者立祠之義以告來者。

時中華民國六年夏正臘月吉旦，特授陸軍三等軍需正

前浙江孝豐縣知事裔孫旌賢謹撰

（選自山後盧《盧氏宗譜》民國丁巳年續修本卷一）

盧氏祠圖記

本祠之建，始自有清康熙中葉，其先家廟遺址尚在高川，可考也。顧不解者，本派一世祖宋進士積千九公由仙居峽陽始遷永康白雲山下，去目今乾地兩房橋頭前後處等居留三厚（即山後盧古名）未遠，迄無祠址留傳，豈尚在士居派下舊址荆榛蔓草中耶？

高川家廟當始自六世祖和三公。公自河南懷慶府修武縣致政歸，由白雲云山下徙居高川，故家廟之建斷自公始。厥後十世祖傑十七琳公、傑十九佩公，相繼徙縣城，事在明嘉靖間。迨十五世祖奇百十雲嵩公因乃祖出地房，不忘本生，合乾、地、坤三房創立清八十六見南公祠，春秋致祭，考其時當在康熙初元。

推本溯初，仍不能無總祠以資報本，因奉其父浩百十二若魯公遺留方基先作祠址，復合乾、地、坤、高、角、人六房，于康熙三十二年鳩

工，至四十年本祠落成，計後先閱九載，創業艱難，斯可見矣。嗣是康熙五十二年正月“樂善公祠”成。康熙五十五年正月“節孝祠”成。左昭右穆，位置適當，即今日斯圖是也。

祠之建寢室五楹，兩廡各一楹，拜廳五楹。廳前兩廡各五楹，二門三楹，二門之前爲大門，綴“盧氏宗祠”額。

祠之前有方塘，塘左岸“節孝祠”。大門樹“節孝坊”，爲奇百八國釗公周孺人立。旁兩廡各二楹，寢室七楹。“節孝祠”左側有巷名“節孝巷”，一折達大街，“節孝祠”右側有遺基一片，爲健常基乾下十分助產。去此偏後爲地房園地，偏前有平地一方，爲常基，即“旭東學校”體操場是也。復前有樓屋六楹，即大祠餘屋，可通祠之左廡。大祠右側面南而立與大祠同向者，即“樂善公祠”。大門綴“樂善公祠”額，兩廡各二楹，拜廳三楹，其後寢室三楹，二廡各一楹，基礎既固，輪奂可期。考本祠基址純爲羽下若魯公一人捐助，公諸祠衆，而角下裔孫顧念前誼，慨允以餘基歸樂善公豎造，此其厚意，羽下裔孫所當記憶也。

寢室後復有樓屋三楹，爲住祠，居室後臨於環拱吾宗之溪流。方塘右岸直穿而出，即本祠臺門，面臨大街。門之對照有“承恩堂”，居屋十二楹，再進則角下“鍾端堂”。門西偏跨大街者，有九世祖任五公所建“小華橋”，橋右側店屋二楹，大祠産，過此即“迎曦門”。門左手第五間有長巷，即“盧氏文林第”。穿巷而出有地房“清九十公祠”遺基，計八楹，祠圖限於方幅尚未列入。門右手第三間爲“杖朝門”，自門入居屋十二楹即“小抱經堂”，堂後屋九楹即“滋德堂”，由“滋德堂”偏門出即“小抱經堂”藏書之室。庇連此室，天井一區，樓屋五楹，均盧氏所有。自此西向達長巷，巷左端可至“金門待詔”而通桃溪傍門而處者“經德堂”住屋九楹、平屋五楹、石板明堂一區。

巷之中樞下有基地一方，即健常餘基，地頗寬敞。出巷之右端有祠，面臨溪流，過小橋即至方塘。面東而立者即見“南公祠”，大門三楹、拜廳五楹、兩廡各四楹、寢室五楹，實本派遷徙在城後尊祖報本至可紀念之初基也。

總計本祠，北枕溪流，東南三面環拱者盡盧氏孫裔。不有創業，何有鴻規？披圖展覽，自當油然生起敬之心矣。雖然，猶有慮者：圖中所列若“健祠”餘基、若乾下十五分助基、祠常體操場基、樂善公祠基，圖中未列若“五山公祠”基，皆逼近宗廟，或拭目於建築，或留守於子孫。如何業業兢兢，俾祖宗手澤得以相承不墜，皆現在與來者之責，庶後世不至展卷眩然，則今日繪圖之本意也。

興言至此，皎月增光，燈焰復明，一若吾祖若宗臨其前而命執筆者，然後之人尚其懔乎哉！尚其懔乎哉！是爲記。

（節孝祠右側十五分助基，後日十分子孫有人竪造仍許給還，但不准易賣。此議。）

時中華民國七年歲次戊午夏正元宵佳節，二十三世孫旌賢謹識

（選自山後盧《盧氏宗譜》民國丁巳年續修本卷一）

忠祠記

仙有二忠臣焉，曰户部侍郎盧公迥、蕭縣令鄭公恕。昔嘉靖初，郡守羅公僑始即郡之城隍山，創忠節祠以祀正學、静學二先生。臨海附郭縣也，又因縣人請祔行人鄭公華，於義協矣，尚惜當時諮詢弗周，盧、鄭二公未及也。

嘉靖丁酉九月，郡二守朱侯行縣至仙。未浹旬，善政累累，觀聽一新。縣廨西有妖祠與縣後堂相直，俗稱“後堂廟”，歲時牢醴灌趨若狂，瀆亂失經，殆數百年。侯立命撤之，即其地建新祠祀盧、鄭二公。前樹之門，復表諸通衢曰“雙忠祠”，後隙地爲寢堂，後爲小齋，翼以廡，繚以周垣，因以爲士子講習之所，昭勸忠也。謂良於二公卿後學，知其故爲詳，屬之記。

謹按二公皆仙之二十六都人。盧公由歲貢，革除間歷官户部侍

郎，於(與)方正學之門從遊最密。其死也在壬午夏六月，亦與正學同時，今其故居曰“西爐”者，久已爲若敖之鬼矣。鄭公初由歲貢領訓導陞知蕭縣，壬午夏，靖難師至，率鄉兵拒戰，敗而南奔，尋被獲，以八月十七日誅。是都以二公故，頻抄屢籍，科糧數倍，迄今遺黎，困不聊生，是以田夫牧豎人人能道之，君子之澤未斬也。鄭誅稍後而族屬竄匿者赦後歸，椒聊蕃衍，故其事彰。盧先族誅，故其事獨晦，吾邑知之，稍遠者弗聞也。二公之官守有大小，世裔有興滅，事蹟有顯晦，而要其精忠大節所以光日月、高華嶽、震千古、表四裔者，無異轍焉。

余因作而言曰：節義之氣，正氣也，鍾毓於天地，而培養於朝廷。當時靖難兵起，而蹈白刃如飴者計五十七人，賴列聖褒忠追恤，已次第表揚崇祀矣。至於寧海之方正學、太平之王叔英，俱叨祀列，獨盧、鄭二公未與，若非後賢爲之表章，不幾湮没無聞乎？乃今郡承朱侯專祀二公於縣，又以“雙忠”復祔於郡之忠節，以爲正學、静學配，闡不代之潛光，樹風聲於永世，而能仰體列聖褒忠追恤之仁，有功名教大矣。侯且祀鄭公二女於杜氏真仙之祠，祀故守邢公宥、馬公濂、羅公僑於名宦，嘆李公顯忠之忠烈而時不遇也。因故廟有像修祀惟嚴，皆事關世教，宜並記之。異時國史大書不一書，牽聯特書，將必有考於斯。

侯名世侯，字良弼，豫章人。

應良

(選自仙居峽陽《樂安柴盧合譜》民國乙卯重修本卷之首)

指山祠記

邑東北五十里有密浦諸山，崔巍崒嵂，綿亘迤邐，中伸喬巘，若臂植掌舒，因名曰“五指”。指畔稍隱一坡，足以誅茅奠宇，登眺可以及諸邑境，蓋吾永之名勝也。

邑人盧公宏由進士策名仕版，當金人入寇之秋、天王北狩之會，痛惟危亂之不可以有爲也，爰思泉石爲考槃肥遯之計，遊歷兹山而樂之。乃買山建庵，攜童僕，賫琴書，披風抹月，藏修遊息於其間。時望中原而興黍離之悲，或詆權奸而起陸沉之嘆，寄名愚谷，假跡方外，終始四十餘年，而不干榮利，不事家業，年八十餘，以壽終。

鄉人高其風，承其志，即庵爲祠，肖其像而祀之，名其地東左一峰曰"盧公坡"，山泉甘潔曰"盧公井"，祠後潴水曰"龍池"，其紆曲處皆曰"盧坑"，蓋因人而識其地、因地而思其人也。久而世度一道流以主其事，子孫世居其麓，曰"指山盧氏"。噫，士君子屢蹇遭屯，進不能效忠宣力以滌河山之羞，即退而潔身去亂，枕石漱流，起立頑懦也，可不謂賢乎？且蹇德辟難而藏用不顯，故世無德而稱之。亦以有宋改物，胡運方隆，人亦諱之，而不以著其節者。余嘉之而表其概，俾天下後世知兹山之勝，非梵宇禪宫之比，而避世逃名之懿，尤非方外異端之所以惑世誣民也。

高山仰止，景行行止，千載之下，其尚與此山而共垂不朽云。

大元延祐庚申中秋月吉旦，邑人丹陽書院長孔克英謹撰

（選自中山《指山盧氏宗譜》民國丙寅年重修本卷首）

盧氏家廟記

夫禮以禋祀爲嚴，德以追遠爲厚。匪厚斯疏，而或遺其親矣；匪嚴斯褻，而或慢乎神矣。慢之與遺，豈所以奉其先哉？故必有鬼享之禮而主以廟焉，有時思其情而修其祀焉，此仁孝誠敬之發於由衷，不待春雨秋露始見者也。今士大夫家類得以祀其四親而追宗鼻祖，由親親而尊賢，祖功宗德，而附爲不祧，此情也，亦義也，協諸禮而協者也。

兹指山盧氏有祠以祀宋通直公，而附以中興之主。其高曾祖考妣分配於左右，順陰陽而列昭穆，敬所尊而愛所親，亦可謂不遺不慢而得典禮之宜矣。昔先正有言："君子以義處禮則不至煩數，以仁處禮則不至疏怠。"其尚仁義交修、節文兼濟，循是而春秋有事，月朔有

薦、有告、有報，而愨愛著存於匪懈，固所以善事乎神矣！進此而仰高山而作止，俯川流而思功，繼志述事而媲美揚休於勿替，乃所謂克家，乃所謂慈孝。指山之宅益光且大矣，豈曰奂輪具美、籩豆孔嘉而已哉？

祠宇建於萬曆庚戌，嗣孫良儀、良印、大宏等實肇其謀，益與有力。堂構鼎新，器皿增備，峻事告成，祀事孔明，大小胥悦，孝悌攸興，抑易以先王於萃於渙，而假廟亦豫而作樂崇德，薦上帝，配祖考，言樂而後享，享而必聚其精神也。今兹之舉其亦爲萃爲渙而和樂者非耶？是固作新之一機，而昭格之會也，焉可以無紀乎？

儀等請言於余，余嘉其事而爲之記云。

萬歷甲寅二月吉旦，郡博士東陽養吾李文素謹撰

（選自中山《指山盧氏宗譜》民國丙寅年重修本卷首）

指山盧公祠記

《傳》曰："宗廟饗之。"大約古人建廟以妥先靈，而致獻享之情也，由來舊矣。洎周公以上祀之禮達乎大夫及士庶人，遂皆有寢廟之設，以伸祀典，凡以云孝也。否則昭穆於何而序，灌獻於何而行？所謂敬其所尊者奚所將也？愛其所親者奚所展也？故宗廟之建，凡有孝心者所不能已也。

兹指山公祠，蓋亦孝心之所感乎！

按公登文天祥先生榜，爲大宋名臣。以金人之變，義不二事，遯跡於指山，建庵曰"密浦"，以自遂其高蹈之志，其貞忠蓋亦仿乃祖越國公之遁處於靈山也。没而祠其上，年久而湮。繼而明萬曆間厥孫良儀、良印、大宏等，追慕祖德，乃建祠於宅前隔溪橋亭側後，又爲兵燹所圮。而盧氏孫子瞻春露而怵惕，履秋霜而悽愴者，殆已有年。康熙五十二年，嗣孫元奎、元臣、承奇、名誦、承瑞、名肇、啓桂等，乃復經營於家右草羅山，建爲依坎向離之廈。今而後，閟宫有侐，新廟奕奕，

如鳥之革，如翬之飛，如竹之苞，如松之茂，美輪美奂，誠巍然一巨觀也。

自是祖靈可奠、昭穆攸序矣，獻享可伸、禮儀卒度矣，敬其所尊者不於此而將乎？因之以祖宗之左昭右穆，推之爲子孫之前昭後穆。歲時謁祖，則一堂之上倫叙秩然而不紊，且以廟中之長幼卑尊習以爲儀，而即儀以返之於心，則子孝其親，弟敬其兄，幼恭其長，而父慈子孝，兄友弟恭，仁讓之風以之大振，則所謂愛其所親者不又於兹而永展乎哉？則兹祠之建，實盧氏爾昌爾盛兆也，而指山公之忠貞，不永昭明而争光日月也耶？

余叨厚愛，又附戚末，心喜其孝思不匱，爰妄爲記以賀。

雍正五年歲次丁未季春中浣之吉，邑庠太平眷侍教生
吕遇升頓首拜撰

（選自中山《指山盧氏宗譜》民國丙寅年重修本卷首）

石湖盧氏家廟記

嘗思人倫之叙莫重於明禋，民德之厚必本於追遠。禋之不明，霜露既降，君子履之，而悽愴之心不達；遠之不追，雨露既濡，君子履之，而怵惕之念不伸。將彝倫攸斁、心德寖薄所自來也，豈所云奉先思孝者哉？故君子將營宫室，宗廟爲先，凡以妥先靈於風雨者，無非致其仁孝誠敬之忱，非曰輪奂具美、聊飾子孫之美觀也。其在《周禮》九式以均，先詳祭祀，八則以治，首重馭神。士大夫家類得以祀四親而追崇其祖，此明禋之義，亦追遠之情也。

兹盧氏諱謙公，自指山徙居石湖，固深夫公第十世之苗裔也。有祠以祀其高曾祖考妣，分配於左右，順陰陽而列昭穆，亦可謂叙倫厚德而得首事之隆重矣。昔先正有言，“親親故尊祖，尊祖故敬宗，敬宗故收族”。既明有親，又明有尊，循是而愾聞僾見，不病微茫，愨著愛存，胥昭肸蠁，此祀禮之所以教敬、祖廟之所以本仁也。進此對高山

而仰止，察流水而思功，繼繼承承，繩其祖武，豈非繼志述事之大哉？

祠宇造於嘉慶壬戌，嗣孫啓志、啓立、聖略、聖化、聖謳等實用經營，更與有力焉。《詩》曰："貽厥孫謀，以燕翼子。"惟其似之，不可以不紀也。

謳等請記於余。余故存其略云。

時嘉慶十七年歲次壬申姑洗月之吉，邑庠增廣生吕紹衣謹撰

（選自中山《指山盧氏宗譜》民國丙寅年重修本卷首）

松四公九思堂記

前對鐘峰，有秀毓也；後接指石，有靈蘊也。後人思其秀靈而不得，緣以君子實之，故名之曰"九思堂"。

堂之外可以栽花，堂之前可以旋馬，此不深論，然論建此堂者果伊誰之力也？吾以爲茂三四公諱宗旺者是。夫是公之父，繼繼承承，亦稍陵夷衰微矣，故前乎公者不知凡幾公，後乎公者不知凡幾公，而公獨能崛起一時，鼎峙其間，至令沐於斯、浴於斯而聚族於斯者，復見林總之繁也。於是重公之名譽者愈盛，而望公之膏澤者亦愈多。故有念於利濟者，若以公而作砥柱之中流；有念於普施者，若以公而作神明之呵護。則人無論尊卑，波及其愛，事無分大小，遍施其恩，胥於兹堂而出之也。

今兹堂既啓而大壯其觀矣，然非公之神靈式憑，何以至此也耶？試思誰爲之積聚其財，誰爲之張大其財，且誰爲之施用其財，使祖宗之功德垂乎斯堂也？吾又略舉而數之曰：啓環、啓雍、啓美、啓耀、聖應、聖平、守仁者，正其人也。

時嘉慶壬申年三月姑洗中浣吉旦，邑增生吕慕醇謹誌

道光辛丑年松四常助考棚，捐錢二千四百文。甲辰年又加捐錢八百文。在城考棚現有刊載石碑。

（選自中山《指山盧氏宗譜》民國丙寅年重修本卷首）

盧氏宗祠記

嘗聞昭穆有序，尊卑有别，所以族大支繁，必立其宗祠。宗祠者，孝子賢孫不忘祖德宗功而爲追遠報本之意設之者也。顧天地有否泰，國家有興亡，誰謂宗祠一振興而遂無敗壞也歟？所賴有起而倡首之人，爲之勤其垣墉，爲之修其丹雘，則雖經兵火之餘，無不可焕然其一新。

此余從盟叔元彩、元祥遊於石江之下，見古樹蒼蒼，秀水茫茫，龍蟠虎踞，畫棟雕樑，覩峯巒之迭嶂兮千巖軒昂，挹流泉之環繞兮萬壑汪洋，非翠屏兮胡以層層者依稀乎角立？非燕尾兮胡以潺潺者仿佛乎工商？從此佳境引入，豈徒山色水光！

盟叔告余曰："此寒族之家廟，即君魁、君仁、武從、君福、奇梅、奇枝、奇雷、奇美、奇進、奇麟、奇聖、尚登、尚發諸人所崛起而創始者也。"余仰而視之。見有"盧氏宗祠"之額，不覺恍然曰："水秀山明，前擁後弍芸護，皆爲此祠生也。"由是入其門，登其庭，見夫廟貌恢宏，宛若高峯之聳翠；堂階焕彩，不啻飛閣之流丹。因深契之，不揣疏陋，遂爲之記，以志其永不忘宗功祖德云。

時乾隆八年歲次癸亥孟夏月朔日有六，丁卯科舉人陳立德拜撰

（選自石江《玉川盧氏宗譜》民國丁丑年重修本卷一）

冬祭會序

冬會之設，所以廣孝思而祭時序也，其始於何時，肇於何人，欣然而首事者爲何如之向義，踴躍而相隨者爲何如之同心，余始弗深悉而其事，亦無告余者。

余自客歲庚申，舌畊盛族，至辛酉幾二載。今歲冬，適值祠之冬祭，與各尊長偶叙，詢及盛祠祀事，咸告余以始末焉。或言春、秋、夏

至三時向有常帑，歷來致祭無異，獨至冬至，家自爲祀，第各祀其先人而已，而於始祖廟向未有及，且公帑亦無聞。余曰："然則創斯舉者，伊誰雅意?"咸應聲曰："此族人昌學也。"

夫學翁即余之東主。余進詢之，咸復以翁之敦本意述。謂翁之成是事，夫亦大費躊躇：始則設有酒席，邀族之長且能者豫道情愫，謂事必有始，遂於是歲而祭冬，明年亦然。其獨祭凡三次，繼念異日祭資無出，向族人而捐穀焉，每人酌以三十觔，雖所取甚纖，而於衆則至便。一時聞斯舉者悉攜穀以至，莫不踴躍而争先。自丙辰倡始，迄今歲歲積貯，而祭時之冬會緣此以成。

嗚呼，是舉也，向非衆爲之助，雖有翁之志而亦不能成；苟非翁之倡，即有衆之力而亦不能就。夫衆固可嘉，而翁尤可美也。

予聞言不勝嘉奬。時有囑序於余者，予自愧筆墨荒疏，不敢言序，但衆志所在，孝思所存，不得不竭寸心，因憑公論，以書其大畧云。

嘉慶六年歲次辛酉大吕月上澣穀旦，邑庠生應鵬飛序

（選自石江《玉川盧氏宗譜》民國丁丑年重修本卷一）

冬會序

間考《周禮》一書，膏膻與膏香同紀；《王制》一册，薦稻與薦黍並傳。良以祖宗雖遠，而歲時祭祀不可不盡志盡物以隆其孝享者也。然我家自春祠秋嘗而外，家自爲祀，而於冬烝之舉，概畧而弗講焉。

乃自嘉慶癸酉之仲冬，有茂興、茂明、茂忠、茂雍、源焕諸公，情深敦本，慨然起而醵斂之，每人酌穀伍觔。越一歲甲戌，再捐拾觔。約五十人，合成冬會，兢兢業業，積聚生發，歷十餘歲，漸致豐饒。迄於今，公帑所貯已無慮犧牲盛粢之缺莫供，則一旦道復元陽，興懷明德，序逢滴漏，用展孝思，薦廣牡，承大糦，奉元酒，將見以妥以侑，僾乎如見也，來格來歆，愾乎如聞也。對兹几筵，不依然與春秋修其祖廟、陳

其宗器、設其裳衣而並薦馨香乎？況自今而後，銖積寸累，畔連阡陌，秋收冬藏，稼盈倉箱，其積貯正未可量也。

兹因家乘重修，敢竭鄙懷，以爲之序云。

時道光八年歲次戊子孟春中澣之吉，茂賢謹識

（選自石江《玉川盧氏宗譜》民國丁丑年重修本卷一）

重建宗祠記

粤昔聖王御宇，緣情制禮，自公卿大夫以至士庶人，皆有祭享之廟，以追報其祖先，故其時禮教修明，天下皆篤於親親也。自秦不師古，廢封建以事功利，情義寖離，本源寖薄，至有一體之親藐若秦越者，君子是以有遺論焉。迨宋諸大儒式古禮，酌時宜，始有祠堂之制，雖庶人統得祭四代，上及始祖。厥後有孝思者又爲一族宗祠，統昭穆而群聚之，以繫人心而厚風俗，敦睦之道實基此矣。

永之玉川，吾宗也，自璿公靈山分派以來，世居於此，向有祠宇創建於村後之大園塔，曾經陳先生爲之記。其時樸質成風，未免規模狹隘，加以近年人丁蕃衍，不獨祏室之主不容棲，抑亦奉禮之廳不容立。于是族之好義而特識者曰奇斌、尚玖、尚高、昌周、昌獻、昌孫、昌香、昌美、昌云、昌貴、茂夏、茂興、茂凑、茂明、茂怡、源焕等，慨然有高崇廟貌之思，遂以壽常設席，倡言醵斂。而長老後生，無不慷慨樂輸，踴躍赴事，或捨常木，或出己貲，即故址而恢廓更新之。後爲寢室，前爲享堂，其中爲中庭，又前爲門樓，翼以廊廡，而垣墉黝堊。始工於嘉慶癸酉，至道光壬午歸主告成。迄於今，登其堂則有梴有閑，入其室則孔碩孔曼；歲時祭禮，式禮無愆；子姓畢集，有叙有倫。左昭右穆，雍雍肅肅，怡怡如也。

夫祠堂之建，上以妥侑先靈，下以敦睦族姓。奉先思孝者仁也，展親睦族者義也。惟仁且義，故雖常無積帑，而一言醵斂，遂一倡百和，不數年而聿觀厥成也。

予嘉董事諸君有孝子仁人之用心，爰記其事，且爲之集《詩》以歌曰：

新廟奕奕，享祀不忒。永言孝思，孝思維則。

於萬斯年，既匡既敕。禴祠烝嘗，降福穰穰。

孝孫有慶，俾爾熾而昌，俾爾壽而臧，申錫無疆。

時皇清道光六年歲次丙戌中和令月吉旦，丙寅歲進士、誥封奉直大夫、晉封中憲大夫户部江南司主事掌貴州道監察御史加三級、世居東陽一都栢拜撰

（選自石江《玉川盧氏宗譜》民國丁丑年重修本卷一）

修建宗祠記

咸豐五年，新殿重建，首事宗賓、宗堯、大豐、景薇、景孝、景清、景亮等人。

咸豐七年，合族相議將修宗祠，共二衆三衆以並祠衆。除春秋祭祀外計出息錢四百餘貫，而祠衆所費浩繁，贏餘有限，僅折二載而止。孰意會匪粵匪繼起，而此事遂寢。厥後宗賓、成仁，目見朽壞益甚，於是卜取戊午年十一月廿五日子時起工，閱二載而事未竣。賓等自知年邁，殊難蕆事，當選族之能者芳寧、芳類即膺其任，而鳳鳴、得松、芳魁、芳竹、芳永、景衡、景薇、景孝、景高、景海、景禎、正紀、景信、景望、茂華、茂溪、三姆、渠源諸人，同心督理，歷八載。

（選自瑞安六科《范陽盧氏宗譜》民國十年重修本卷十一）

盧氏建修祠堂記

乙酉之歲，余假館於玉川盧宅宗祠，見其廟貌巍峩，堂階焕彩，有以知其族之知所本也。夫孝弟爲行仁之本，而宗廟實敦本之基，因深景仰之。

日者有祠下董事某某謁余而言曰："敝祠之作，創始於我朝乾隆

初年。其時基址局促，堂階卑隘，未足以揭虔妥靈，欲即故廟而新之，而族之老成長者咸謂公常積貯不及，嗣下已常思取材於常山，而山木無多，未足以供採伐，況常山樹木前此有因缺需典易者，猝猝殊難以舉事。因循不果，積有歲年。嗣有壽常好義設席，邀同商處，謂'巨材大段出自洪三公常，其雜料資財皆於丁常承值，而亨常殿之，可以集事。至粗工頑石、運行轉輸以及供給諸色匠人，均派丁男。若夫督理監工，始終襄贊，則諸當事不得謝未遑焉。'於是遂如所建議，相高下，廓崇閎，鳩工庀材，諏吉興事。經始於嘉慶之癸酉，越三年乙亥十月築造粗成，而塈塗黝堊、踵事增華更十餘載，乃克成斯舉。先生教學有暇，其不吝一言爲我輩紀其實，以示宗人，以昭來許。"

余維築舍道旁，三年不成，古人諱之。今諸公不類道謀，不辭勞瘁，經營斲手，以日以年，其可嘉也已。而族人知義，踴躍輸公，亦足尚也。《記》有之："君子將營宮室，宗廟爲先。"《詩》有之："奕奕寢廟，君子作之。"玉川盧宅，其有也夫！

媢家眷晚生仙圃吕曇拜撰

附

商議建修祠堂起始緣由

議起於嘉慶癸酉：募工燒瓦，柴出大常；掏挫拖運，均歸丁派，資斧本之丁常，而亨常爲協理。甲戌辦料，乙亥冬月乃得建造，以勢力不逮，延於庚辰，始構神龕，辛巳構寢堂，壬午鋪石砌階，歸主謝衆。癸未、甲申構葺兩廓，乙酉做地，由是落成。

洪三公常無帑，將墓下開附得墳價錢一百六十千文外，皆丁常與亨常力也。其時竭二常之積貯出息，力又不支，乃于丁常春秋減胙十餘年。亨常六五公墓下開穴附葬得價錢一百六十千文，合成新廟派丁，自現在諸匠人而外，及初生丁口，至壬午年止，每丁供諸匠人十日、做粗工十個，又每人挑助巖石六百觔，粗工不敷，隨即雇工應役。

董事：奇斌、尚玖、尚高、昌周（後茂鸞理）、昌獻、昌孫、昌香、昌美、昌雲、昌國、茂夏、茂興、茂溱、茂明、茂奇、茂貽、源焕。

（選自石江《玉川盧氏宗譜》民國丁丑年重修本卷一）

議捐祠常序

大凡禮從宜起，事以時制。吾家修造宗祠，爲吾子孫者，自癸酉生存及壬午誕育，輸財效力，不爲不急公徇義矣。夫營祠廟以棲神，妥先靈，致孝享，後嗣子孫永得依歸，燕翼詒謨，光前裕後，一舉而數善備焉。其他似可無庸遠慮，然吾家入主，例有主錢，今後豈可多取以重煩吾後人乎哉？雖然，豫備不虞，古云“政之善經”，與其臨渴掘井，孰若未雨綢繆？因兹設議：

凡癸未後新生丁男，均要捐錢貳百，至百年入祠，概不再取。其錢准於春、秋二祭期收繳，另行積貯生放。至於從前老丁已經派斂者，但於祠下大小己常量力酌捐，以供宗祠元旦祭祀禮，且節嗇留存，以備不時修葺，即後來可省派丁之煩。而新丁所輸，必年十六歲方許與祭，其丁錢生年即繳，不得過期。如倚頑不遵，永遠不許與祭，即百年入祠，必出主銀貳拾兩許進主。

此皆先事預防，慮後至計。凡我宗人，均當恪守無違，因先登載諸常捐錢以爲緣起云。

道光六年歲次丙戌臘月之吉

（選自石江《玉川盧氏宗譜》民國丁丑年重修本卷一）

石柱盧氏宗祠記

古者有大勳勞於天下，乃立其廟以祀之，似非士庶可得而即者。不知人本乎祖，無論子孫智愚賢否，報德要不可忘。夫以宗支之蕃衍，歲時之享祀，禴祠烝嘗，萃於一堂，則祖廟之爲義亦重矣。設是廟者，當志其大，舍其細，先其急，後其緩，愛敬祖宗而不爲身謀。彼汲汲於名，猶汲汲於利者，其間相去何遠哉！

昔盧氏諱行韜公者，生平好山水，徙孝義鄉之靈山。至十九世孫諱甫字文亮公，徙居邑南武平鄉大處，生平樂善好施，專心誦讀，治《詩經》，登永樂戊子科浙江鄉薦中式第十三名舉人，石柱盧家焉。其後第三十世孫茂金、茂林、源福、源兆、成威等五人，誠心竭力，建造特祠一座於石柱莊中街，向東邊小溪沿（四至載後），寢室、中廳、臺門共三所，供奠神位，左昭右穆，序次井井然，春夏秋冬，祀事不敢廢。

迨同治壬戌年間被亂遭毁，僅留基址，靈爽何所憑依，俎豆無存，馨香莫薦，豈不痛哉！夫亦共嘆時數爲然。盧表叔諱成威公，其子漢淮，幼學於吾，雖改習商業，不忘追遠之意，深慮没滅祠基，即没滅前功，後來何以建復？殷殷懇予作記。予嘉其志而從其言也，於是乎書。

時光緒二年辰月穀旦，庠生秋塢李培燦撰志

（選自石江《玉川盧氏宗譜》民國丁丑年重修本卷一）

重建洪三公廳記

予族房下之有是廳，自洪三公倡始也。其基址三間，右邊前有天馬，後有伏虎；左邊前有梁上之掛鐘，後有藏寶之石盒。

迨至咸豐壬戌，粵賊猖獗擾亂，入境數月而去，其廳遂被焚毁。數十載凡婚嫁慶賀之事苦無其所，人甚憾焉。前歲在壬寅，房下父老商議重建，其材木適用者無論公常私家，半買半助，其工資則隨各常之資産以捐輸，其粗工則照人丁之多寡以幫助，所以幸得告厥成功，以復舊觀者，皆浩六二公下衆子孫之力也。今特記樂助芳名於後云。

計開助銀載明於後（略）

光緒壬寅年仲冬月重建發起人英佑設酒議造

（選自石江《玉川盧氏宗譜》民國丁丑年重修本卷一）

第三次重建洪三公廳記

天演公例：不破壞不建設，不退化不文明。書云：“莫爲之前，雖美弗彰;莫爲之後,雖盛弗傳。"積德之家必有餘慶,積善之家後世必昌。吾觀盧府君洪三公擇村中基址建廳,深有味於斯言。

其廳經二次焚毁,第三次重新,左右前後所有天然之奇景,舊記言之甚詳,無則待贅。同治壬戌間,被粤賊焚毁,經數十載,子孫繁衍,凡婚嫁慶賀等事苦無此廳,人人憾之。清壬寅歲,房下裔孫英佑公等設酒邀同父老商議重建,民國丙寅歲又被火焚。迨民國癸酉,父老商議發起第三次重建,浩六二公下子孫皆踴躍捐資出而樂助。鳩工庀材,不日落成,焕彩重新,廳名仍舊,然已二次重新,鳥革翬飛,益形完美矣。實公之子浩六二公下子孫之力,有以後先輝映者也。

今歲玉牒重新,生忝承末座,囑記於予。筆雖固陋,義不獲辭,聊以志本末,捐資名次詳載於後,故而爲之記云。

時中華民國二十六年四月上澣吉旦,永中舊制畢業晚生朱廷鰲拜撰

(選自石江《玉川盧氏宗譜》民國丁丑年重修本卷一)

上盧祠堂記

嘗讀《孝經》有曰:"爲之宗廟以鬼享之,春秋祭祀以時思之。"是可知宗廟者,吾祖宗者所棲止,凡我子孫所以探本而知遺澤、感時以展孝思者也。

我盧家自明季卜居於此,三百餘年未有家廟。追想當年高曾創業之始,適值之間菲衣薄食,度日如年,幸有内助之賢幫督成家,辛勤備至,賢能稱最。曾祖盛一兄弟有七,曾祖妣輩,皆是高祖妣胡氏之養媳也,持家孝子訓孫,循循有序。至今滿庭濟濟,數百丁男皆茂十一公胡氏安人之後裔耳。現今子孫繁衍,悉居四本,豐衣足食,綽有餘裕。

道光七年春,乾行四十諱景楷字準甫者,倡始捐助,不幸中道而徂。喜子侄輩繼志述事,克有成勞,其中多寡不齊,另載宗譜,貼助祠

基，備載於後。卜吉於道光丁亥七月望後七日，建造新祠三進兼兩廊、戲臺。凡土木工程俱常開發，供給飯食照丁拍派，現已告成竣工。所記大畧於斯，以爲百世瞻依云。

時道光九年歲在屠維赤奮若陽月之吉，坤五孫增廣生國安頓首拜撰

（選自《武南盧氏宗譜》民國辛巳年重修本卷一）

創建宗祠功勞紀

嘗聞"莫爲之先，雖美弗彰；莫爲之繼，雖盛弗傳"，從古如斯，于今可見。

即如我盧家自明季卜築於此，至今不下數百年，未立宗廟，未免爲大族訕笑。道光丙戌年秋，景楷頓起尊宗敬祖之心，糾仝合志同方之侶，如長房起球、沾芝，四房起蓬、起潘，五房起麟、起登，七房起鶴、起柏等賢輩，不辭艱苦，不避嫌怨，舉族順意，言聽計從。有志者事竟成，越至丁亥七月望後七日，宗祠粗就。嗣後肯構肯堂，撲琢丹臒，工作匪淺，要皆起球、起柏等諸董事之勤勞也。

現在匾額輝煌，神龕赫弈，可以起敬而起孝，況兼宗譜重修，貽謨燕翼，烏可罔功而忘勞？唯祈後嗣子孫皆有跨竈之能，莫忘先世之澤，後之視今亦猶今之視昔也。

謹撰俚言俗語，以紀諸公正之勤勞如此云。

時道光九年十月下澣之吉，坤五愚兄國安謹誌

（選自《武南盧氏宗譜》民國辛巳年重修本卷一）

上盧昌二公特祠記

盧姓既有宗祠，昌二公何必另建特祠？緣吾祖由東海繼入范陽，盛一公次子實盛一公之嫡甥也。東海曾祖于儀公安人盧氏，乃范陽曾祖光祖公之兄姊也。所以起譜，遵考嚴命，另建特祠，以祀徐、盧二

姓之宗祖，上祀高曾祖考，下及子孫曾玄，勿忘先世之澤，唯願後昆之賢。謹筮庚山甲向之基，爰察干支同流之格，乙酉年月日時天元一炁，迄今尚未全成，未進祠主，先俟大宗祠進主之後再卜吉期。

今届修乘之時，聊記數言於簡端。

先建坊後建祠。

時道光九年歲在屠維奮若小春之吉，裔孫起譜、起定沐手謹刊

（選自《武南盧氏宗譜》民國辛巳年重修本卷一）

建造宗祠首事跋

人之於世，可稱可慕可崇拜者，孰有過於“三不朽”哉！夫不朽有三：曰立德，曰立言，曰立功。立德固足爲天下後世法，而立言、立功要亦閭里之所欽仰者，何也？凡族人欲建宗祠，非有立言者不能聚族相酌，非有立功者恐其鮮克有終。況其事巨，巨則任之也最；其費繁，繁則成之也艱難。惟其成之難而任之不易，是烏得不望諸首事之人？

盧姓潭頭宗祠，光緒丁亥建造。有族公祥順，名登黌序，家亦少康，挺身出力，不憚勞苦，奈數奇不偶，天奪其壽，未成仙遊，哀哉！幸有光地公諱祥蘭一房之長能續之，以承先兄之意。又有恭安公諱祥昌、恭泰公諱治，亦皆佐其事，采棟督工，盡心竭力，並無私意。噫，□□之建□□發啓在於□□，而完成實仗□蘭□昌□治諸公之力也。此四人者，所以□玉盈庭，孫枝□季，非其仁孝之心，其□而獲其報歟？要之□□則皆始於□□。否則未必三四人□之□而衆人聽之。故曰：立言、立功，亦閭里之所欽仰也。

兹因宗譜完成。聊□數語，以表諸公之苦衷，非敢自謂能文也。

民國六年四月，族孫盧文藻拜撰

（選自黄岙《凰岙盧氏宗譜》民國辛酉重修本卷一）

祠　廟

《禮》云：君子營宫室，宗廟爲先。宗廟者，人所當尊敬者也。第古者廟制不同，大夫三廟，士一廟，庶人祭於寢，後世稱之爲祠堂，又有大宗小宗之别。

爲後人者宜體先人之意，修其祖廟，供奉先祖，歲時享祭以馨香，所謂報本追遠之意於是乎在。兹特志其基址，紀其祭祀以及儀節祀産，庶披覽者如履其地，登其堂，即生尊祖敬宗之意，固有可想而知之者矣。

蔡岙始祖盛八公祠，在樂邑東鄉十八都蔡岙地方。前爲台温往來大道，基址寬廣，道路環抱，枕山面海，規模雄壯，誠巨觀也。

附録朗川詩一首。

辛亥重陽題蔡岙始祖盛八公祠堂

聞昔我公生穎異，少時獨釣江之濱。喝散漁火不復見，識者嘆爲非常人。比長讀書復好古，不安近小超羣倫。仗義從戎爲策士，青田相與畫經綸。國步艱難甘退隱，山川遊覽辟荒榛。卜築斯地成都會，背山面水逐車輪。規模創建費圖畫，魚鹽煑鑄利俱臻。開廠東西分二宅，堂前子姓樂彬彬。倭寇騷擾警邊邑，我公赫異顯明神。長塘一千八百丈，上下村原沐其仁。傳至八世澤方盛，人文鵲起集奇珍。争奈海氛時不静，沿海編氓難居身。況復官軍復催遣，一時四散各依親。我祖韫輝公遠去，遷依黄邑隔風塵。詩書世澤蜚聲譽，傳家積善稱温淳。至今歷年有二百，台南甌北少通津。川本無才生也晚，近披譜牒考其因。水固有源木有本，兩地睽隔極蒼旻。今秋竟解家中務，□此風月之良辰。跋涉關山不辭瘁，來瞻廟貌細諮詢。古墓纍纍難識認，遺址微微存其真。耕田鑿井人雖在，滄桑變改都埋湮。海天云日觀出没，兩峰聳翠望嶙峋。物在人非生感慨，我公神自重明禋。登堂差云展孝思，撫心終自愧沉淪。事業無成慚祖德，詩書貽誤惹人嗔。滿懷惆悵情無盡，惟向丹楹以直陳。

烏巖祖祠

烏巖祖祠在烏巖上街。地方坐東朝西，正廟三間。前映西山，後圍涇水，左右皆屋舍。三、七市日，門前買賣紛集。

祭祀節次：正月元旦一節，清明一節，中元一節，長至一節。

附録朗川詩四首：作於咸豐己未三月。

祠　堂

瞻拜祠堂不敢辭，孫枝蟄蟄果如斯。前人創建功難没，後嗣經營力可施。繕築牆垣懷昔日，興修廟貌想今時。催傭速向塵埃掃，倚柱憑欄多所思。

吾宗本自衍齊姜，古麗源流世澤長。元季分支興樂右，明時避寇列巖疆。家傳詩禮由來舊，親著文章歷久光。當此何人能繼起？還期祖德錫餘慶。

宫牆列在大街前，片壤無多勢亦偏。典守不能遵紀律，居鄰反感肆腥膻。迎簾色映西山日，繞屋聲聞東澗泉。自此時時來仰望，宗功可報世相傳。

嚴西儒素舊家風，此日寒微莫與同。幸有綿綿留祖澤，可無凜凜起人功。辛耕苦讀專斯業，守義居仁切在躬。氣運相逢原素定，登堂自我望無窮。

咸豐己未三月

（選自《黄巖盧氏宗譜》民國丙寅重修本卷首）

肅雍堂記

乾隆壬辰，議建宗祠，同志者詢謀於予。予曰："宗祠，大典也。建造，重任也。願舉族同心協力，共竣厥功。"由是相其址基，或係舊屋，或係園地，各踴躍樂捐，毫無阻難。後即擇吉鳩工，公議建造中堂五間，兩廊側屋六間，門廊三間。制取其樸，木取其堅，牆垣取其完固，至辛丑擇吉進主，始告成功。

嗟嗟，凡董事者可云艱苦備嘗矣，然而奠祖靈於幽冥，尊尊親親，爲子孫者，雖任勞瘁，不敢誇言。且我族自始祖遷居以來，至今已三百餘年矣，故老傳聞：我祖夜夢，若遇梓木盛處，不可越也。又云，梓者，止也，越者，過也，地名"梓越"，義取"止而不過"之謂也。蓋自始祖迄今，遞傳已十九世矣，俗尚渾厚，風敦淳龐，秀讀愚耕，知我祖燕翼貽謀早立諸前。今乃於宗祠之落成，益知我祖之默默呵護者大，而松竹之同苞茂、燕雀之賀生成，洵堪垂諸奕世也哉。

且斯堂也，額曰"肅雍"。肅則無不敬，雍則無不和。敬則尊尊之情篤，和則親親之誼敦。春露秋霜，凡報本追遠者，孰不於斯堂動其孝弟之思乎？

今秋議修宗譜，予復身任其職，遵歐公之宗法，效蘇氏之家風，昭穆世次，秩然有序。愧予年近桑榆，既幸舉族之勗襄，更慶宗祠之落成，爰於宗譜告竣日，列其巔末，而特爲之記。

時大清乾隆五十九年歲次甲寅菊月望日之吉，十七世孫人爵頓首謹誌

（選自《諸暨梓越嶺盧氏宗譜》民國庚申重修本卷一）

永福庵議據

立議據，親族孫静之盧容庵等。

竊緣梓越嶺永福庵供奉神像，爲盧姓闔村香火，現在盧茂林等以

永福庵户内坐催字二百七號地二分五釐，土名埂裏，向聽闔族裔孫暫殯喪棺，被盧日高藉殯圖佔。而盧日高以此地係伊父遺已産，糧存世順户内，坐催字四百號土名廟後山，被公衆欺佔，致相争訟。

静等誼關親族，不忍坐視，出查兩造互争之地：前臨坑，後靠山，左至石闉，右至塝，委落埂裏，揆之土名，自屬庵産，應歸永福庵公衆公管。面同兩造公議，嗣後仍聽梓越嶺盧姓裔孫殯棺，不得開種。凡殯棺者先向庵内董事告明，書立認票。每殯棺按年出燒紙一塊，免致日後復啓争端。兩造俱各欣從，爰立議據，彼此各執遵守，永遠爲據。

光緒四年八月日立議據人前允議

茂林、公林、日高等

秉筆：麗軒

（選自《諸暨梓越嶺盧氏宗譜》民國庚申重修本卷一）

乾隆五十三年盧氏初造祠堂記

五馬山之有盧氏，自敬愷公始。然孫子日繁，而宗祠未立，祭於寢者三百餘年。國信翁曰是非所以揭虔妥靈者，遂割常稔田三十秤，更捨址於五馬山下之陽，將率族以興斯役，旋賓天不果。

乾隆五十三年間，其哲嗣元經公暨元恂、亨智輩乃聚族而謀曰：“此吾父志也，不可不有以成之。”因同弟侄合捐重貲，族之有力者各醵金焉。於是公提其綱，諸族人治其目，若楹、若宲、若榱、若欂櫨，侏儒倩工，度材建豎有日矣。

無何，工不戒於火，頓成焦土。凡盧氏之與斯役者僉曰：“豈吾祖不欲有寧宇歟？何祝融之虐也！”各嘆息而罷。元經公同胞弟元組勉之曰：“天下事有志者竟成，倘不以重勞爲勯，吾仍以身先之。”族高其義，收合餘燼，營治如前。

未幾，孔曼且碩，寢三楹，堂稱之川堂，介其中，魯靈光竟巋然焉。計其時不一年，計其費不下千金，公之濟此亦堅忍哉！吾見世之席素封者，涼飛軒之清風，曝朱簷之冬旭，至委祖宗於頹垣破甓中而恬不爲怪，即有以大義告者，少分慳錢，而涓滴之泉已無以益江海之流，至任以賢勞則掩耳而走。此築室道謀所以不潰於成也。

噫，吾儕既不獲名掛朝籍，成掀天揭地之業以焜耀祖宗，而於先人未竟之志，事果於義而恐後，亦可云克家矣。且夫寢廟奕奕，奚斯所作，詩人歌之，後人傳之，久矣。然而斵度尋尺之資，度支公帑，非如公之用解己囊也；公徒三萬，一呼百諾，非若公之招集族人而恐其不前也；且閟宫有侐，一勞永逸，非若公之收成功於虐焰之餘，蹶而再振也。倘詩人見我公此舉，當不知若何鋪張揚厲、口頰流涎矣，然而公之考之昆季、之族人輸財薦力，又豈可多得哉？吾故樂志落成之時日於簡。

爲首：國信

總理：元經、元恂、亨智

協理：元綸、元組、利全、亨進、元彩、亨茂

督工家長：元組、元綬、亨毓、亨進、亨忠、亨茂

時嘉慶三歲在戊午孟冬月之吉，歲進士候選訓導南岑吴國鴻志

（選自《五馬山盧氏宗譜》民國三十六年本卷之二）

嘉慶二十年盧氏捐資重造祠堂記

蓋稽邑南五馬山盧氏宗廟，於乾隆五十三年間被火焚滅，隨捐資財復造。妥靈無何，祠於嘉慶二十年間又遭災風，溘然吹倒，而榱宗磚瓦已壞八九，稍可用者不及一二，神主壓破埃地。盧氏諸子見者均嘆，趨而休焉。

惟哲嗣元綬公，痛棲神之無地，欲薦享而無從，號泣旻天；一堂肅雍，思萃聚而不得，寢食不安，克承先志，不忍棄焉。輒會族長亨茂、亨忠、亨毓、利全、利義、利愷、貞起等，及萃前届理祠諸君子孫集而言曰："物本乎天，人本乎祖，而尊祖敬宗，莫重乎廟。今廟雖毁，不可不

有以成之。”族念其義，齊聲踴躍，各捐己資，議及重造，斯舉元綬公總理。

隨於二十年冬命工起作，而公惟有其廟，不知身邁，辛勤力辦，不憚冬寒雨雪，手足凍裂，雖痛而勿恤，一身肩任，昕日不倦，而廟於是臘竣就。

既神居之得所，至二十一年春入座，更小長之攸倫。神寢翬飛，妥先靈之永奠；班聯攸序，齒行列而不紊。此乃元綬公幹蠱之譽也。予屬誼友，兼在公都西席有年，識其祠事，誼不容辭，爰是秉筆而爲之記。

爲首總理：元綬。

協理：亨管常、元組常、亨進常、利韶、亨廷、亨象。

督工家長：國信常、亨毓、利全、利義、亨忠、亨廷、利愷、貞起。

時嘉慶廿三歲在戊寅應鐘月之吉，眷弟邑庠生陸瑞年謹誌

（選自《五馬山盧氏宗譜》民國三十六年本卷之二）

盧氏重修宗譜並建造前門樓序

天地以生物爲心，萬物之化機不息；祖宗以積善爲念，千秋之派衍無疆。蓋天地者萬物之祖宗，而祖宗者子孫之天地也。人生本乎祖，能以祖宗之心爲念，則必考世系、聯宗譜，以敘一本所自出。

我邑南盧氏肇姓姜氏，周封武成王於齊國。傳至文公之孫有功家國，食采於盧，子孫因以爲姓焉。至唐有御史鉅公，係縉云白竹之始祖也，至宋有工部尚書琰公，傳九世孫吉安府太守少邽公，由白竹遷至東陽塔山下。又傳十世至元敬愷公，祭祖訪墓，至五十五都缸窑山，見其地山明水媚，靈秀異常，他日必有偉人篤生，應時而出，舍此而他圖，人傑也哉，遂卜築於斯。迄今閱世二十餘代，歷年五百餘歲，人文蔚起，孫曾林立，豈非祖宗積善所致歟？

雖然，先人之跡已灼然可見矣，而來者弗續則何以繼也？爰是鳳

山與族之賢者議曰："我族宗譜於光緒丁酉修葺至今，行届二紀矣。宗祠靈寢雖曰粗安，而門樓缺如，寸心耿耿。"昌輝、昌法、瑞元、通岐等均有急公追遠之忱，遂慷慨醵金，興工建造，並諏吉兼修宗譜，恰喜一舉而兩美俱全，誠足嘉也。

行將告竣矣，鳳山持宗譜首卷屬銘爲序。銘不斐，固辭不獲。因有感乎鳳山之誠心，而竊嘆譜之時義大矣哉。前乎千百世之已往，後乎千百世之將來，遠而九族之外，近而九族之内，皆於是而昭昭焉。由是人心之分者復合，天理之晦者復明，喜相慶，憂相唁，患難相濟，有無相通，疏者親之，遠者近之，世世相守，積久而流芳，則譜牒之傳殆與天地之化機同一悠久矣，不誠足貴乎！因筆其大概以應之。若夫摛藻揚棻，闡潛德而發幽光，則有望夫後起者。

是爲序。

時中華民國三年歲在甲寅仲春月之吉

槐堂後裔廩貢生厲之銘易髯氏謹撰

校正：貞鴻　總理：通岐

銀董：昌輝　協理：昌法、瑞元

（選自《五馬山盧氏宗譜》民國三十六年本卷之二）

民國三十六年修譜祠堂記

按范陽盧氏宗祠，肇於清乾隆之世，其間迭復及經建捐資芳名，均詳前記，略不述。

民三年修譜之時，重修前後臺，添造門樓三間，改川堂爲"滋德堂"，總監事者：通岐、昌輝、昌法等。

民廿四年，由嗣孫瑞福首捐百金，餘則踴躍輸將，以資興工，改造三進五間，而成現狀，規模宏大，莊嚴華麗。監工任事者：通岐、昌輝、昌法等。不但此也，並由昌法廣置祀田五十一秤半，節約散品隆豐祭祀，崇本追遠之心實足欽佩。

丁亥之歲，適值修譜，嗣孫瑞根鑑祠生情，憶前歷次建修宗祠者勞績偉大，建議立功禄位以爲記念，執監事瑞祥、通泮等一致同聲稱爲美舉。復將捐款字名附載於後，以勵來兹，並冀後起者以竹樓之範而葺之，永垂不朽云。

曾任泰順縣政府特務秘書何其清撰

總監事：通岐、昌輝、昌法　協助：瑞元等

附：

宗譜修竣祝文

維中華民國三十六年臘月望越有五日，嗣孫等敬備犧牲之儀，昭告於先祖之神位前。曰：

溯自民三年修譜以來，迄已三十三載，雖煙居不滿百，人口不滿千，而生滋之道、過往之事亦已繁矣。若不筆之，腦海頗難記憶；如不集之，易屬散漫。瑞根等有鑒於斯，爰集族商議輯而修之，同肩斯事，勤慎以赴，數旬即成，尚堪告慰。兹已重新，彝倫叙，長幼别，其朱絲之相懸者、互亘者、恒垂者、綿延者，均照實事引長之，未敢有餙也。

伏祈宗祖默佑，如日月之恒升，如春日之勃發，與天地同其滋布云。

（選自《五馬山盧氏宗譜》民國三十六年本卷之二）

洪一府君祠記

余雅有山之癖，每遇一勝地，輒欲溯其源、窮其流。越歷者十數載，而猶未見夫山川之真趣也。

癸亥春，偕余叔起寧遊方巖、靈山諸勝，道經青山口，遂訪余友元清先生於丁川之祠。時先生在盧宅任纂修宗譜事，其董事諸君子希道、希寄、希琨、希德、希禄、希選、希郁、希印、承勳、承韜、承甲、承開、明發、明山、明廳、明生、明望、文進輩，雖素未識荆，一見遂歡然如舊交，流連款洽者累日。

時譜局將撤，諸君肅然曰：“余宗之系賴有顯功，俞先生序其梗概矣。如此祠之作不可以無記，幸先生無棄鄙陋，而能爲之援筆乎！”

余起而應之曰：“令祖之世系既無庸於贅説，不知諸君將何記？”時諸君共而應曰：“余之記非敢以爲伐善也，欲以勸後人也。蓋余之作是祠也，亦不易也。須基、須木，運磚、運石，爲工、爲飯，雖派自人丁，而樂捐者不乏其人；雖成於衆力，籌用周旋者不假一日。自乾隆癸未之冬，落成於庚申之秋，爲寢室者三間，爲拜廳者一座，東廡廊即建之榮、富二常，西廡廊即建之松常，華貴三分，牆垣周壁。余數人殫心竭志，庶見廟貌一新。倘後之子姓視爲故常，不事修整，則今日之焕然而新者，異日安知不頽然而壞乎？是以記之，使知其成之不易而整修之不可以已也。”

余因其言而遂恍然於山川之真趣，知夫萬仞之崗其發必遠，震撼之流其源必長，山川周旋環衛者必産異人，而因以嘉盧宅諸君之尊祖敬宗，示遺範於後昆，而益以欽乃祖洪一府君之積善發祥，而諸君爲之振起，繼繼繩繩如千仞之崗，其勢不幾千里耶？如震撼之流，其源何可窺測耶？遂不謝不文，而樂爲之爲記。

衆議遷立公正祠長：希道、希寄、希德、承敬、承通、明德。

時乾隆八年歲在癸亥仲春月之吉，邑庠生眷弟　陳策頓首拜撰

（選自《丁川盧氏家乘》民國戊辰年重修本卷一）

福六公祠堂記

《禮》曰：“君子將營宫室，宗廟爲先。”宗者，尊也，所以尊推上世；廟者，貌也，所以貌倣先人。士君子念深水源固木本，宗廟之建端貴先務是急。

丁川盧族日周、子言、學球諸賢哲等，曾念洪一公夙廓大宗，而嫡祖福六公未恢特廟，每感春露秋霜，不勝抱歉。歲庚午，邀同房屬少

長老成相商造祠，旋於榮、華、富、貴四房酌捐公帑，勸捨私資。經營籌畫，鳩工飭材，諏吉啓建後寢五間、前廳三間，東廊西廡，中庭外垣，大地之原規新奕奕，顏以"福六公祠"。

根深枝茂，源遠流長，爾時彩煥，松檻華增，栗主堪慰。溯源追本之思，非藉君子均能明禮營先哉？

培忝屬葭末，適當盛族重纂華乘，合志賢勞，遂不揣疏陋，聊叙巔末而爲之記。

時龍集同治十有一年歲舍壬申夾鐘上浣穀旦，柏麓姻晚邑庠生黄以培拜撰

（選自《丁川盧氏家乘》民國戊辰年重修本卷一）

升三十九公祠堂記

祠廟者可以展瞻拜之誠，而生尊祖敬宗之心，良可慨也，古之聖王亦然，況今之吾人乎？無廟不爲尊祖敬宗，故後世爲子孫者，貴以祠廟爲當前之急務，豈可忽哉！

我觀孔村盧氏之族，始於丁川，康熙年間，信房福六公分派遷居於此，歷經百有餘載，煙居繁盛二千餘户，而無祠廟公堂之設置。

祀孫有時齊、時臺、時村、時福、日松諸輩等，竊嘆祖處有大宗祠，下分爲松，信兩房：松下福四公祠，信下福六公祠。且孫居福六公之下遷居於此，路途約有二里，隔一嶺，往返不便。每至孝思之時，深有感矣。但一木難支，衆志成城。迨民國壬申年，孫等不忍坐視，邀同常下多人商議建造特祠，決定構造材料出自福常常山，如石匠、木匠、泥工工資福常完全負擔，供飯派於各灶，粗工派於人丁，擇定下孔畈福常常産民地一片以作祠基。

至民國癸酉年小陽月擇日拋基鳩工，建後寢室五間，翼以東西兩廊計四間，殫心竭力，經之營之，不日成之。庶幾雖不能全廟完成，亦可告一段落，還望後代諸賢孫繼承前志，不乎厚望焉。

適逢重修家乘之際，承譜局執事諸公囑筆爲之記。

時中華民國乙卯年春王月，義孫李章秀拜撰

（選自《丁川盧氏家乘》民國戊辰年重修本卷一）

重建盧氏宗祠記

常讀《禮》有曰“君子將營宫室，宗廟爲先”，是知有宗廟而後可展孝焉。

兹有丁川者，乾隆己未年間其烈祖舊建宗祠一所，後建寢室三楹，中建拜廳三楹，前建牌門一座，翼以廊廡。經始於冬，落成於庚申之秋，升主告廟，可謂光前人而裕後昆矣。但祠宇卑陋，規模狹小，後世人丁繁衍，拜祭者無可容身。欲增修方圓，屢議皆畏縮而止。

迨至民國丁巳，代遠年湮，牆垣傾頽，棟宇損壞。幸賢孫時領、日梅、學聖、學趨、時鼎、小那、章根、伯塤、巖水等商議而重建之，各盡厥職，卜吉登賬皆出於聖。惟後寢室吕姓買來基地六尺，中廳進前，寢室退後，建以川亭石柱。各派房頭坐櫝資費，工作派於丁竈，協力同心，克勤克慎，數月而蕆事。奉主入祠，立英四鋭公爲始祖，配以亮一公，以下歷代列之祠廟。既完祀典，遂行分左昭右穆之序，展春露秋霜之心。今際重修家乘，因詳其事而著明之，俾後人得記始事之功勞，隨時而修理之。余也情關親誼，又設帳歷年，因忘其譾陋，聊以爲記。

時中華民國十七年歲次戊辰小春月上浣穀旦，眷弟太學生吕希賢拜撰

（選自《丁川盧氏家乘》民國戊辰年重修本卷一）

建造福四公祠記

古者聖王立國，有七廟九廟之制，所以事先王而爲尊敬宗祖之大典也。無廟則祖何以尊，宗何以敬？故後世爲子孫者貴以祠堂爲急務，豈可忽諸？

我觀丁川一族，有日梅、巖梓、巖瞻、小吐、日鳳諸賢者，竊嘆英四

鋭公有大宗爲之安妥矣，福六公亦有特祠爲之式廓矣，而我嫡祖福四公何獨無之？每至孝思之時，深有感焉，但一木難支，衆擎易舉。迨民國乙丑間，興、立二房爰邀房屬商議造一小宗祠，將於松常些小公帑籌出公用，或派各房以供飯，或向人丁以作工，挑磚運石，抬木擔泥。擇定平基一片，造成祠宇數楹。時維臘月，甫起鳩工，後建寢室五間，中建拜廳三間，配以川庭，翼以東廊西廡，殫心竭力，經之營之，不日成之。庶幾寢廟奕奕，焕然一新，稱曰“福四公祠”。雖不若畫棟雕樑也，可謂美輪美奂，足可慰慎終追遠之志。更喜本支百世，繼繼繩繩，使後之人不視爲輕易，方知成事之艱難而整修之，是亦始事者之所大幸也已。

兹適當盛族纂修譜牒，難辭固陋，遂敘始末，以爲之記。

時中華民國十七年歲次戊辰小陽春月穀旦，眷弟太學生吕希賢謹撰

（選自《丁川盧氏家乘》民國戊辰年重修本卷一）

福六公小宗祠遷移記

夫祠者遷移之記也，蓋吾祖福六公於同治庚午年間建造特祠，基點設於大地，前輩房長日周等構造完成，登譜有記，至今歷有六十餘年。

不料此地近森林也，禍於白蟻蟲蝕，破壞一光，因之上祖主饋無所安居，而尊祖之禮皆茫然也。嗣孫時鼎、學趨、巖根等，嘆前輩諸翁經營勞苦，誠心完成一事，豈不惜乎？今邀同房下嗣孫召集商議，向大常理事買來水竹塘岸坑沿麻車地基三間，計價洋念陸元正，本冬擇日拋基特造小宗祠。磉磐鑾巖並磚皆舊所遺，大小材料常山砍。諸匠工資、粗工派於丁竈，二月之間遂造完全。雖無宏大之像，且祖宗可安居矣。

孫才疏學淺，塗畫此文，所觀望者且莫笑耶。是爲記。

時民國癸酉年冬月吉旦，三十五世孫高小畢業生日章撰

（選自《丁川盧氏家乘》民國戊辰年重修本卷一）

祠堂記

方山盧氏，詩禮喬木家也。先世嘗建祠堂於要地上馬，歲久湮廢，祀會既缺，是以明哲之孫深慨惜焉。

正統丙寅，族之長時郁與弟文槐，侄永敬、永盛作倡，謀諸同姓，各出貲穀，洎潛氏子翔派下所助，以置樓房一所於隴邊爲祠堂，以奉遷先世始祖以下神主居之。春秋歲旦，子孫畢集，祭燕會拜，以親狎同姓之義也。族彦時民等來請余記其事於祠堂之上。

嘗聞《禮》"爲宫室先建家廟，爲器皿先造祭器"，蓋有祖宗而後有其身也。祠堂則家廟，紫陽先生設祠堂制：中列四龕以奉高、曾、祖、考之位，上一龕以藏始祖先遠之神位，列東西兩階以分奠獻之道，禮制嚴備。今之士大夫家厚於居室而忽於祠堂之制者，家相望也，此獨何心哉？而不思其身之所從出也。若盧氏子孫可謂明哲，知崇祖敬宗之道，作祠堂以妥祖神之靈，以爲修奠之所，抑亦得以序同姓之親也。於呼，時郁輩可謂賢孝而知禮者也。

《詩》曰："孝子不匱，永錫爾類。"又曰："永言孝思，孝思維則。"將見錫類而推，繼繼繩繩，孝思之念，人且則之，而況其子孫乎！吾樂爲之序，以爲盧子孫勸焉。

時正統丙寅臘月望日，眷侍生羊世實拜撰

（選自方山《玉川盧氏宗譜》光緒癸未重修本卷十〈1〉）

重立祠堂記

祠堂之設，所以奉祖宗展孝思，伸報本追遠之誠也。

方山盧氏古有祠堂，兵燹毁没後，各家以時獻奠，祖宗暫格，而英靈昭穆無所妥奉。十二世孫荃同侄燦等深切於懷，仍議建立於居室之東。

周匝牆垣，翬飛棟宇，整飭簷阿，結構神龕。灑掃肅清，晨夕香燭安慰神主，春雨秋霜怵惕悽愴。澗溪沼沚之毛，潢汙行潦之水，以時而薦，以誠而格。每逢月朔獻新薦虔，歲值冬節元旦蒸嘗伏臘，洗滌簠簋籩豆盞斝，精潔粢盛殽蔬脯醢，整振衣冠，嚴肅禮貌，炷香灌鬯，降神享神，獻性侑食，嘆息謦欬彷彿容聲，焄蒿悽愴恍惚瞻仰，洋洋乎如在焉。冠婚喪祭伸告而行，各派服盡之主祧之於斯，每遇祫祭，分列昭穆，明辨尊卑，宗孫主之，祭畢納主於龕。子孫咸在，飲福散胙，尊者示戒，羣族拱聽，確守常規。神亦垂庥，瓜瓞綿綿。是則祠堂爲子孫報本追遠之急務，非凡居室之比也。

請予記之。予嘉其繼述之志，美其仁孝之德，欣然援筆，以述其萬一云。

時天順辛巳良月吉旦，眷侍生羊翠濤拜撰

（選自方山《玉川盧氏宗譜》光緒癸未重修本卷一〈1〉）

積思庵記

凡爲宫室必先爲祠堂，塋冢壙而猶剏庵宇者，是乃重其祖而妥其靈也。靈既妥矣，必須祭之以禮、薦之以時，藹然孝敬之心生，追遠之意誠者爲至也。夫有田則祭、無田則薦者，先哲量人家之有無而云然也。雖然，祭乃報本追遠之禮，必不可忽而忘之也。

吾之始祖傳一府君自繼澘之後，祠堂雖與而祀田不涉於盧，賴一飛翁以岳家應氏之奩田爲祀田，捐己資瘞厥考妣於劉山之原，創始庵於墓前，扁曰“積思”，其妥祖追遠之義備矣。何其世遠事變，祀田湮廢，庵宇崩摧，祭奠不時。慨思“積思”之義，先人豈無其意者！

予因惻然倡謀諸族：嚴積後魯劉山之樹價，增置田數畝；暨斂原租，積之囷廩，謹計其出入，而費用有經，充祀事之餘，庵宇重整，牆壁完繚，墳塋修理，坵木培植，將見美壯，觀竭孝誠，春秋祭祀以時思之，“積思”之名於是乎著。僉贊之曰：“‘永言孝思，孝思維則’，此之謂也。”

予故筆之，以懲後人。後人勉旃。

時嘉靖六年歲次疆圉大淵獻黄鐘月下浣吉旦，孫志學最章謹識

（選自方山《玉川盧氏宗譜》光緒癸未重修本卷十〈1〉）

樂丘庵記

方山潛宗順氏明哲慎修，孝義士也，其視死生榮辱、富貴得失隨遇而安，有藐然不以休戚爲意。年華方艾，預作壽壙於祖塋横巖躍鯉原之側，復營屋數椽，不堊不艧，樸素渾堅，爲奉先之所、守塋之計。復置田畝，以贍春秋祀事，甚盛心也。

一日載酒攜殽，偕吾遊眺於斯，謁乃祖之靈寢，指顧山回水抱、龍翔虎踞之形勝，風斯藏，氣斯聚，爲作壙以居之，以樂夫山水之勝、煙霞之趣，抑亦得以侍祖塋於左右，優遊其樂。美哉！宗順之志，孝思之心，其樂隱於斯，樂得其所也，爰取公叔文子“樂哉斯丘”之義，爲名其庵曰“樂丘”。

宗順起而再拜曰：“名固美哉，請爲我記之：昔唐司空徒預爲冢棺，遇勝日，引客壙中，賦詩酌酒以爲樂，至今人稱爲‘達士’。夫‘達’也者，達乎理也。既達乎理，則視死生聚散爲一理氣之使然，奚休戚於其間？其意以謂殁後體魄樂於斯，孰若生前心身樂於斯？獨樂於斯，孰若同朋舊而宴樂於斯？朋舊相與樂於斯則心寬體胖，身安於斯，得以樂吾樂也。”

今宗順甫敏達於理，早爲壽壙，暇則匍匐省厥祖於墓下，或與二三友酌酒於庵中、遊玩於冢上，顧瞻山水以徘徊，披沐煙霞而嘯傲。然則百年後竭才藝、傾孝誠，侍大父於九泉，聽猿鶴之鳴嘯，視鹿豕之往來，風清月白，神魂瀟灑，飄飄然於沖漠之表者，人豈易得而知之？況祭奠有所，粢牲有田，後子子孫孫思以時祭，以禮勿替，引之於天長地久者矣，其貽謀久遠之計可嘉可樂也。是爲序。

時嘉靖戊子仲春月穀旦，上虞冠帶儒士張暄書贈

（選自方山《玉川盧氏宗譜》光緒癸未重修本卷十〈1〉）

記慶二公大宗祠重興實跡

本家大宗祠因先年兩遭兵火，諸籍無傳，故不知興自何代、創係某祖。族内相傳止謂舊有祠堂，經戊子、乙未兩番寇亂，皆不殘毁。後因木材頹壞，遂至廢而無存。鄉間中亦每嘖有煩言，深冀有起而重新者，無如五十年間並未有倡其説者。

迨康熙甲申之仲冬，裔下孫有諱傳字鼎一者，採摘當年宗祠所有之柏子，爲設一東乘。次年皇恩全赦地丁錢糧，延接榮一公裔下五房叔祖輩世略、世奉，伯叔輩家君、爾芳、其文、爾云、爾慶、爾全、爾生，兄弟輩兆成、用明，暨小子範十餘人，共議其事：先將五房各派糧銀四分，分納各甲漕米，以便次年收各名下隨户祠田租穀，以冀日後漸積，復興宗祠。

次日即同共議人沿門理説，私賣者命贖回。因訪從前舊簿，止得順治八年再立遺簿五本。查田只有四百餘秧，查銀現在順治十二年轉領有押者止十餘兩，田止載土名及佃種之人，不知其所由來。銀乃載先年因族内克試、繼修偷拚方山祖墳墳樹，克嘉、繼勳、世聯等告理判價入常，銀本從此積起。田租乃康熙四十四年始復收起，祠銀始又康熙五十五年始復講起也。

四十三年之冬，同心議收田租者十二人。四十四年秋，經理收租者惟鼎一兄連年不輟，世略叔公、爾慶叔、兆成弟亦間來協助。這數年也，予小子之力居多焉。及議重興祠堂，任其率者叔永生、兄鼎一、叔祖世略、叔爾慶、弟兆成暨小子範而已。所以當年竪造之日，範略把數人隱括一聯於正廳云："祠宇今復鼎建，祀續略慶生光"。

方議竪造之先，凡在祠内子孫居住非在外者，每人派出瓦柴三秤，小數取諸常山。又每人粗工三工，椽一幹；外裔孫灝助柱二口，森百十下助大樑一口、二梁一口，前桁又一口。其餘或間有助，未及盡登。

然此亦僅得草創正廳三間而已。週圍之牆垣、前面之門屋、祠中之結構、神主之歸祠，皆所未遑也。由此而遍告族内，欲其共助成功以寧祖考。於是而約叔侄兄弟輩二十二人，共二十四人，不拘先後，每人各捐貲銀五錢，值飯十五日，分年值理。每六人共值一年，輪流終始，以待漸次之有成。

愧不能文，敢直書實跡以識。

時大清雍正歲庚戌夏月上浣之吉，十一世孫範頓首百拜謹識

（選自白隴《盧氏家乘》民國十四年重修本卷二十八）

慶二公宗祠記

古者建立室家，首重宗祠，所以盡報本反始之心、尊祖敬宗之意，實有家名分之先務、開業傳世之本也。予家祠堂始自前朝，蓋慶二公裔下所創，遷基於上六房四處後宅、前峇、前宅、上宅之西，即四處之水口也。中有正廳，兩旁有夾室，前有臺門，四圍牆垣，竹苞松茂，春秋祭祀，不失其時。嗚呼，此先世事也。

迨年深月久，堂宇漸敝，又當鼎革之後，家財半燼於兵火，人丁多没於鋒刃，雖欲修理，力不從心，遂至棟折榱崩，楹桷無存。中廳鞠爲茂草，兩廊遍生荆棘，孝子慈孫每不勝其目擊而心傷焉。然猶幸先世之祠簿尚存，載有祠田四百餘秧，康熙四十年後，收租人常放利積貯。至康熙五十五年，鳩工豎造中廳三間，僅得告成肯堂而不獲肯構焉。自後累年荒旱，雖有田租，錢糧之外，餘蓄無多。直至雍正四年，上下六房新屋並小陶灘約祠長二十四人各捐資助常，照丁均派粗工，砌築牆圍，設造神位。自春徂冬，工程告竣，而又每神主一位派銀壹錢二分，而先靈始得入祠。

今試入廟而觀，其上一位則庚一公也，其次三位則慶一公、慶二公、慶三公也，又其次則皆慶二公系下之神主也。其祭祀，春分則清酌庶饈，薄物告廟也；秋分則剛鬣柔毛，孝享豐備也。其儀注，初獻則庚一公同妣葉氏也，再獻則慶行之祖妣，三獻則榮行之祖妣也，分獻

則積一行諸祖妣及系下群昭群穆也。其主祭,則本禮書尊尊老老賢賢也。其行禮,則主祭者一人也。其贊禮,則通贊禮生二人,引贊禮生一人也。其飲福,則二十四人也。其分胙,則每神主一位分一胙也。其值祭,則一年六人管理,凡四年而一週也。其新正朔望香燈之資,則取諸祠前四十之租也。

嗚呼,規模亦略備矣!然而中廳之廟門未成,兩廊之廬室未作,所望各爲祠長者和衷協謀,毋怠以緩從事,毋見利,毋背義,毋徇私而忘公,使存貯錢穀漸積漸多,踵事增華,月異而歲不同焉,則庶幾乎其毋負先世之德澤也。

夫心士父字旬初,原有慶二公祠長並方山值祭首事,伊托四鬮祠長面同收受前費用銀兩,賣與如日永遠承值。此照。

(選自白隴《盧氏家乘》民國十四年重修本卷二十八)

拱六千乘公特祠記

自古君子將營宫室,宗廟爲先,以其事誠重也。故天子七廟,諸侯五廟,大夫三廟,至於士庶莫不各有家廟之建。蓋其廟雖有不同,而報本反始之心則一也。

余族自始祖以來,風俗之醇、人材之盛、臺榭之美,翹翹甲於五雲,稱爲盛者,誠得楊英、曹應傳諸公所共信矣。而當年建祠之華麗、俎豆之輝煌,甚彰明也。

迨遭鼎革以後,宗室毁壞,今裔孫承武、方來、方言、方華、方元、方旂、正宏、正彩、美生、廷亮等,追劬勞之罔報,痛昭穆之靡緒,遂悵然流涕而神傷也。由是捐資積累,同心戮力,資盈百金,内有知州公派下另捐公十餘金。遂鳩工庀材,卜擇雍正九年十月吉日良獨坦特祠於清水塘之下。更鞏楹桷,新廟奕成,如革應門鼎新,而神有所憑依。因之昭穆咸序也,宗器俱陳也,裳衣有設也,俎豆時薦也,而繩繩孫子駿奔其間,得凜謹恪之思而致如在之誠者,藉非承武公等仁孝誠敬，安能如是之恢清廟、復品物之煌煌哉！維冀後之瓜瓞綿綿，寖昌寖熾，永以奉祀，咸識家廟爲足重云。

時大清乾隆歲在甲子五月庚午下弦之吉，孫邑庠生巍山昇謹誌

（選自方山《玉川盧氏宗譜》光緒癸未重修本卷十）

方山盧氏坦公特祠記

竊憶建立祠堂以合族屬，正爲孝子慈孫崇本思源之要務也。《書》曰“以親九族”，《詩》曰“本支百世”，帝王且以睦族爲重，況士庶乎！然其要有三：曰尊尊，曰老老，曰賢賢。其務有四：曰矜幼弱，曰恤孤寡，曰周窘急，曰理忿競。此皆以祖宗之念爲念，知宗族之當睦矣。苟不豫立以祠廟，終無以爲修好也。是必寢室之精潔、神靈之奠定，始興俎豆爲萬年祭祀；子姓之雍肅、昭穆之蹌躋，足羨衣冠爲百代儀文。炳耀後先，相傳不朽，可以覘風化之隆盛焉。

今考方山盧氏，縉東望族，自應宇公分派以來，代有名人，越坦、增二公分支歷年已久。近來增公立廟，得展九族之親，獨坦公尚未獲新其廟貌，似無以仰答其歡心。於是嫡派祀孫惟葵、惟良、廷梓、廷忠等，斂財鳩工，選於乾隆丁亥十一月廿四日議建特祠，焕然一新。庶幾彝倫攸序，春秋遞祭，敬老禮賢無忽畧，矜恤周理無敢慢，是誠不忘祖功宗德於百世也。先儒有言，“墓祭不如廟祭，内神重於外神”，實爲睦族之大典。

兹值庚寅冬月重修家乘，堂弟郡庠生諱龠絳帳於方山有年，因請予爲特祠記。予不辭固陋，謹述《詩書》所云，一皆秉禮合義之要務，永不失孝子慈孫之用心焉爾。

龍飛乾隆三十五年歲次庚寅季冬月吉旦，歲進士出身授訓導職眷侍教生楊成章拜撰

（選自方山《玉川盧氏宗譜》光緒癸未重修本卷十）

榮二公祠記

生人所以報本反始尊祖敬宗者，其事莫先於立祠。祠之立萃之道也。人心莫知其鄉，而能使之畏敬鬼神固不可度，而能致其來歆。

范陽盧氏自方山遷居隴山後宅，由後宅散居各處，新屋則榮二公所卜築也。

公三子，積行五公諱鎔、積七公諱錢，積十一公諱典，惟積七公子孫仍居後宅，而積五公與積十一公子孫並居新屋。

新屋舊有小祠，在大山之側，崇行松山公之所建也。順治戊子年，祠毀於兵燹，向之所藉以妥侑其先人者漠然，徒見破瓦頽垣滅没於荒榛蔓草間。於是達行孫景照、殿鰲、景歧，與忠行孫魏九，諗於其叔父維乾、允文，兄聖焕、聖睦、聖期等，曰："小宗祠之圮於兹有年矣，將復建乎抑已?"諸曰："復建則誠善矣，其如資斧何?"對曰："現有常山典與閩人種靛，得銀三十餘兩，可積少至多也。"曰："汝四人能司其事乎?"對曰："不敢不勉。"

叔父輩因以常銀付之，詰朝具牲酒跪告於神位前曰："惟我祖考，誘啓衆人心，俾以常銀付曾孫等積發。兹予四人尚賴祖考之靈，毋覬覦常銀以私便其身，圖必建宗祠永綿血食。"告畢，議定景照存銀，殿鰲登記，景岐存契戥，魏九存簿。明日作簿二本，其一司事者存，其一付不司事者存，二簿合同登記，以便族人查核公私。又立草簿一本，銀兩出入先登草簿，至冬謄入正簿。凡生發銀兩加二起息，發領收利，每年以冬至爲期，領銀者須以田産爲質，又有中人見抱，無質無抱者不發銀；凡銀收歸，登記者記清人名，並輕重件數包封畫押，然後交存。

自乾隆癸酉年積至戊子年，通計得銀若干，於是鳩工庀材，拓舊址而建祠，時三十三年十二月初六日也，洎四十三年落成，顔曰"榮二公祠"。乃卜良辰，同積七公子孫奉安神主於寢室，甥獻光、獻采、獻琇與執事焉。事畢有言於庭者曰："兹祠之建計數百金，而其初僅自三十餘兩始，微四人之協力同心不至此。”我兄弟聞是言也曰：“是有志於報本反始者乎，庶幾尊祖而敬宗者乎！他日殆不可没没也。”

采乃退而記之。

大清乾隆五十三年五月，甥應獻采拜撰

（選自白隴《盧氏家乘》民國十四年重修本卷二十八）

田畈祠約

立約：

榮六公裔下，榮八公派惟積十、積十五二公裔下，及崇行二百九十五諱夢程公裔下素居田畈者。

原我一處，因柴火艱難，照丁出銀，用價買得土名大巖坑，又土名峻嶺後山場二處，砍斫柴條，樣録樹木。於乾隆五年衆議，將前買山内雜樹拚得價銀五兩，節年生放。

積發至乾隆三十四年冬，裔孫子星等會衆公議，拘齊前放本利銀兩建造宗祠，衆等内有心願助基銀助樹湊工。諸數年内，仰叨祖靈，規局已就。雖未全竣，幸奉祖宗神主入廟燕享，共展孝思萬一。凡我承分子孫，嗣後各宜同心協力，共襄厥美，豈不萬派一源，和和睦睦，冥陽咸熙也哉！

此約再議，有名首事，嗣後如有應派應出款項恃頑不遵者，定革祠長。

乾隆四十二年二月日立約

用彰、永科、永享、蔡官、永器、永端、永長、文幹、文偉、文通、尚顯、曾奇、子星、子成、文録、田發、士進、漢充、朱法、見代紹碧

（共立約四紙，各派分存）

（選自白隴《盧氏家乘》民國十四年重修本卷二十八）

玉川宗祠記

歲丁巳，余館玉川，步雙溪，登盧氏廟堂歷觀，創制俱善，想尊祖

敬宗之意悠然深遠也。

寢室三妥神靈於斯，中廳焕然，左右兩廡並佈置得宜。嘗稽先世祠立下宅口，始於正統丙寅，再建於天順辛巳。後經兵焚，基址尚存。歷我朝雍正辛亥，拱六公遷基締造焉。乾隆丁亥，怡四公下另立特祠。至乙卯，經親族正露、惟良、光學、光醉等立約，復合而爲一，相與斂財鳩工，嘉慶元年冬始獲落成。中奉始祖十五府君虔公，以次列昭穆，隆春秋祭祀，上追遠，下睦族，又申明芳規，崇孝弟，敦親遜。

建祠之餘，隨復修譜，崇文尚齒，家聲自是振矣。盧氏諸老群彦不其標炳也哉！

時皇清嘉慶二年歲次丁巳六月上澣吉旦，歲進士奉例看驗授訓導職潤川眷晚生楊學淦、皿川邑庠生羊宗典仝頓首拜撰

（選自方山《玉川盧氏宗譜》光緒癸未重修本卷十）

立本堂祠記

《禮》曰“萬物本乎天，人本乎祖”。人有祖宗，固猶木之有本也。

“本”之字，於文從木從一，六書篆體“本”爲象形，上聳者爲枝，中爲幹，下垂爲根。“木”加“一”，“一”在《易》爲太極，復之初即乾之元，俱有仁象。仁主生，蓋“本”之與“根”别者；本乃所以爲根，即木之恃以生者也。

隴川上下約十餘村，長坑則本於慶一公，後葉則本於積一公，後宅則本於積三公，前畧則本於積六公，前宅則本於積十四公，上宅則本於積二十四公，新屋、小陶灘則本於榮二、榮十公，田畈則本於榮六、八公，石明堂則本於積三十二公，而要之皆本於庚一公。

公自方山贅於葉宅，歷四世遂分居十有餘村。其分居者各自爲本村本派之鼻祖，子孫皆爲立廟以伸其報本之誠。而於合族共本之祖，則缺焉無聞，非但秋霜春露無以伸其源本之思，而昭穆無以序，尊卑無以分，支系無以聯，宗法祖訓無以伸；且煙居星散，族中凡有公事

無以爲會議之所。

孫廷珊、廷寶、其生、錫琴、漢匡、世周等有愴於懷，欲求一適中地創建祠宇，以爲崇本之舉。適新屋裔孫願助鮑山頭祠基一座，其地背湖水而面蒼山，左擎白疊，右聳東樓，占一方靈秀之氣，又各村於此不相遠近。於是會議每丁捐五百文以爲費用，並取材於磡上、四角園諸處，以道光壬寅年興工。繼而助錢者有人，助廂助廊者有人，助田以爲祀産者又有人。外以五十二人各助錢六千文，編作祠首，四鬮輪值，至甲辰年告成。丹其楹，刻其桷，聿成竹苞松茂之觀。其冬，奉主入祠，祠門則額曰“庚一公祠”，揭所本也，而原原本本，且上追夫方山之輝、怡、拱、敬諸行。及神座之正，先立越國公及一品夫人趙氏神像，於中廳則立“越國公”三字直匾，是於返本中更求乎本之本，固敦本之至也。

孔子曰：“君子務本，本立而道生。”向之昭穆無以序者，本此而序；尊卑無以分者，本此而分；支系無以聯者，本此而聯；宗法祖訓無以伸者，本此而伸；族中有事無以爲會議之所者，尤本此而得共所。廷珊等六人其能務本者也，捐助各孫亦各知務本者也。本屬乎天，而立在乎人。本不立則所謂本者不昭，本固甚恃乎能立也，本之深者枝必茂。《詩》曰：“本支百世”，吾將爲吾族詠焉。於隴州各派同本之祠而名其堂以“立本”，旨哉！

時當重修家乘，有感於“立本”二字之義，故取而記之。

時龍飛光緒二十七年歲在重光赤舊奮涂月之吉，裔孫邑廩生俊達拜撰

（選自白隴《盧氏家乘》民國十四年重修本卷一）

少涯公祠崇德堂小引

昌八十九公，諱啓芳，字世聯，原有家廟一座。固自春秋薦享，齊申孝敬之忱；昭穆攸分，共懔本源之義者也。不幸於咸豐戊午、辛酉年間，迭遭兵燹，祠廟被毁。寇退之後，衆孫臨之，蓋罔勿目擊而心傷

者。同治癸亥年冬，老成酌議是舉，因約昌六十七公諱啓良字世循裔下合造己祠，照丁派捐，至次年甲子冬，正寢告成。越數年，至同治癸酉，再加派捐，而回廊、夾廂、夥舍、拜亭，亦次第告竣。

至今廟貌巍巍，神靈獲妥，敬祖尊宗之道實於是乎在矣。但新遷祠基是昌八十九公助正寢，梁楣桁條亦昌八十九公己山斫伐，石柱則各裔己助。興房常亦出枯枝松木數株，外有雜用散料，俱係興、立二房常山斫伐，而各派子孫亦有助田助錢者，惟每位祠首則捐錢二千四百文以供燕享之需焉，要皆不得不標明之以垂諸久遠也。

而所以號“崇德堂”而額其門曰“少涯公祠”者，以本祠爲興、立二房合造，而公爲共祖故也。所謂少涯公者，崇行百三十二，邑侯舉爲鄉飲而稱其齒德並隆者也。

時光緒九年歲次癸未仲秋月全浣吉旦

理事孫：其坡、漢江、文松、植槱

接理孫：樹云、獻棟、獻焕、樹萱、玉兔、釵坤仝識

（選自白隴《盧氏家乘》民國十四年重修本卷二十八）

積十四公祠堂記

行積十四公，諱敦，字火厚，爲前宅之鼻祖。舊有家廟一座爲子孫祭奠之所，固即祖宗棲托之鄉也，使其歷久常新，有基勿壞，豈非子孫所大幸哉？無如寒暑遞更，規模漸壞，延至同治庚午年間，棟撓之凶，危於旦夕，即未遭崩頹傾覆，跡其朽腐情形、倚斜景象，蓋幾幾乎儳惴焉而不可以終日。

於是恭行孫妹兒、新彩、陳松、新良、新槐等，與諸老成輩議曰：“祖廟之毀壞如是，失此不治，一旦風雨飄摇，將欲求全瓦而不可得。”諸老成輩語曰：“祖廟之修事固甚急，但我輩力不從心，望汝等協力圖之。”五人即於是日設奠致告，移神主於下階沿中堂安置，將朽壞木材漸次拆下。適因本年不利，於次年八月庀材重建，不數月而落成歸祠，

雖不能丹楹刻桷聿昭巍煥之觀，而於先祖精靈不患其終於無所憑矣。

然而是舉也，斧資計百四十餘千，除常餘與派丁之外，常實借錢四十五千文。一權子母之利，一歲所餘僅可給一歲之利，其何自而清前款乎？五人等復商議曰："納利之苦，實所難堪，不若將常田土坐大松塘百三十把、與土坐上麻塘下四十把，賣作活贖，以清前款。我等若能勤理，不患不能贖也。"由是力加積累，而積銖累寸，積寸成尺，不四年間，而常田俱經贖回。

嗟乎！五人之患於拆修，而又勤於積理，若是亦可以對積十四公下諸祖宗在天之靈矣。即使祭享之彼，獲飫後餘，夫豈過也哉，然而五人不敢也。人有因修理之勞欲選以爲董首者，則力爲辭曰"吾等俱系少年，不堪此職"，故今日春秋二祭，亦並無胙肉頒給以答賢勞。嗚呼，此亦有勞不伐、有能不矜之一端也。

元因館於玆祠，故爲之輯其事之源委，以垂後世云。

附立議約：

積十四公大常及下雲、陰二常，共有常田數十畝，常山數處。衆議只准子孫開闢佃種，不得私行典當，致啓爭端。違者重罰。特立議約存照。

時光緒二十七年歲次辛丑暢月之吉，族孫邑庠生葆元頓首拜撰

（選自白隴《盧氏家乘》民國十四年重修本卷二十八）

傑公祠記

物本乎天，人本乎祖，其理一也。倘以祖宗在千載之上，視無形，聽無聲，遂不爲謀憑依之所，將何以崇報本之義、伸孝敬之忱？此立祠之舉，子孫所以應視爲要圖也。

我蔭三一太祖諱傑公，生有六子，以"禮""樂""射""御""書""數"等字編爲房號，而"樂""書""數"三房漸次式微，其餘三房瓜綿椒衍，

孫子繁昌，俱饒有保世滋大之概。惜常産不充，經營無力，議建宗祠，有志不逮，多缺恨焉。

下至禮房分支之祖行崇六十三諱選公，建有特祠，在村之西偏、文昌宫之右側，對括障，抱隴山，規模宏大，祀典豐隆，歷相傳焉。迨民國戊辰，衆因祠宇衰頹，急待修葺，商議重修。又因天井寬闊，可添建中廳，議將選公下孫所組織之戲會款以作基金，鳩工庀材，丹楹刻桷，越數月而厥功告成。即其翬飛鳥革，焕然一新，已足以妥先人在天之靈矣。

然而選公有祠而傑公之祠未立，是孫有祠而祖無祠，禮房之子孫於心未安也。侄有祠而叔無祠，射、御兩房子孫於心亦未安。不獨禮、射、御三房之子孫未安，即樂、書、數三房失傳之先靈亦將飲恨於無窮焉。幸我子孫均明大義，合衆商議，射房願助田壹百五十把，御房願助田壹百三十把，（該田御房已經出當，傑公常備價八十元贖回）均爲傑公祀産。禮房亦願以選公祠改進而爲傑公祠。

夫至傑公有祠，率六房之祖考咸得憑依，累世之子孫更可奉禋祀於不替，洵盛舉也。是役約需白銀千元有奇，所費亦云良鉅，然上可以敦先人祖孫叔侄之誼，下可以聯本支同氣連枝之親，一舉而二美具，何樂而不爲哉？

祠既立而經理常事尤貴有人。是祠舊有理事七人，兹添射、御兩房理事二人，合九人，爲該常之總經理。舊有首事廿四人，兹又添新首事四十九人，合而爲七十三人，編爲四鬮，輪年辦事，以綿久遠。到新添首事，每人出洋二元，歸作常帑，以示首事之遷具有由來。後日時移代易，不得輕遽變更之。意惟顧理斯事者公正爲心、勤勞乃職，庶可以延千秋血食之需，垂萬世纘承之緒，綿綿弗替，而歷久常新。

是爲記。

計開總理事：焕通、清福、土成、萬田、汝釗、茂材、作佘、官丙、巖慶。

值年輪流首事：（略）

（選自白隴《盧氏家乘》民國十四年重修本卷二十八）

第六編　墓　塋

人生在世，有生必然有死，這是無法逃避的自然規律。中國古人對於逝去的祖先的處置，遵循《周禮》"衆生必死，死必歸土"的訓誡，往往以"入土爲安"爲由，給以殯葬。同時，受"祖先崇拜"以及"事死如生"等觀念的影響，把"盡家中所有"的厚葬看成孝順先人的重要表現。講究喪禮的隆重及墓冢的風水與規格，甚至將周圍的山林土地與墓冢關聯，爲日後祭拜祖先預留物質基礎。否則，會被他人視作忤逆不孝。正因爲這樣，這些墓地及其周圍的土地山林常爲他人覬覦，蜕變爲後繼子孫與族内外人們矛盾觸發的焦點。

四十五都東塘山始祖越國公墳圖

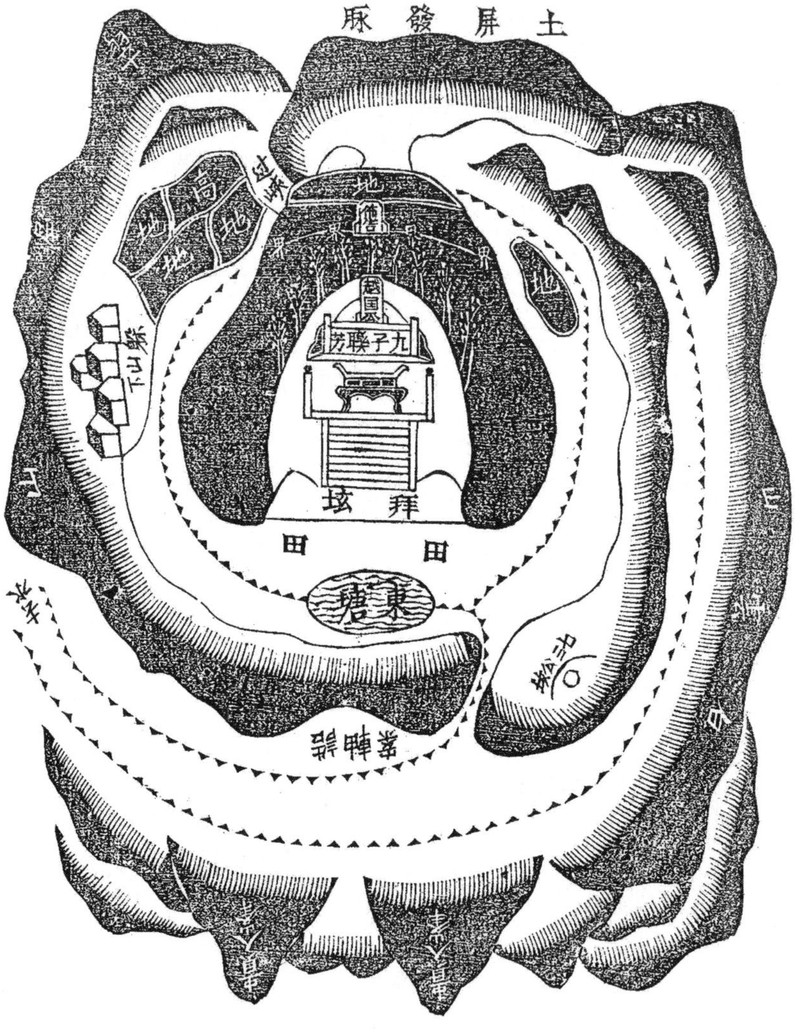

石碕盧氏宗譜　卷之一　始祖越國公墓圖

民國癸亥年重修

武烈侯璿公墓圖

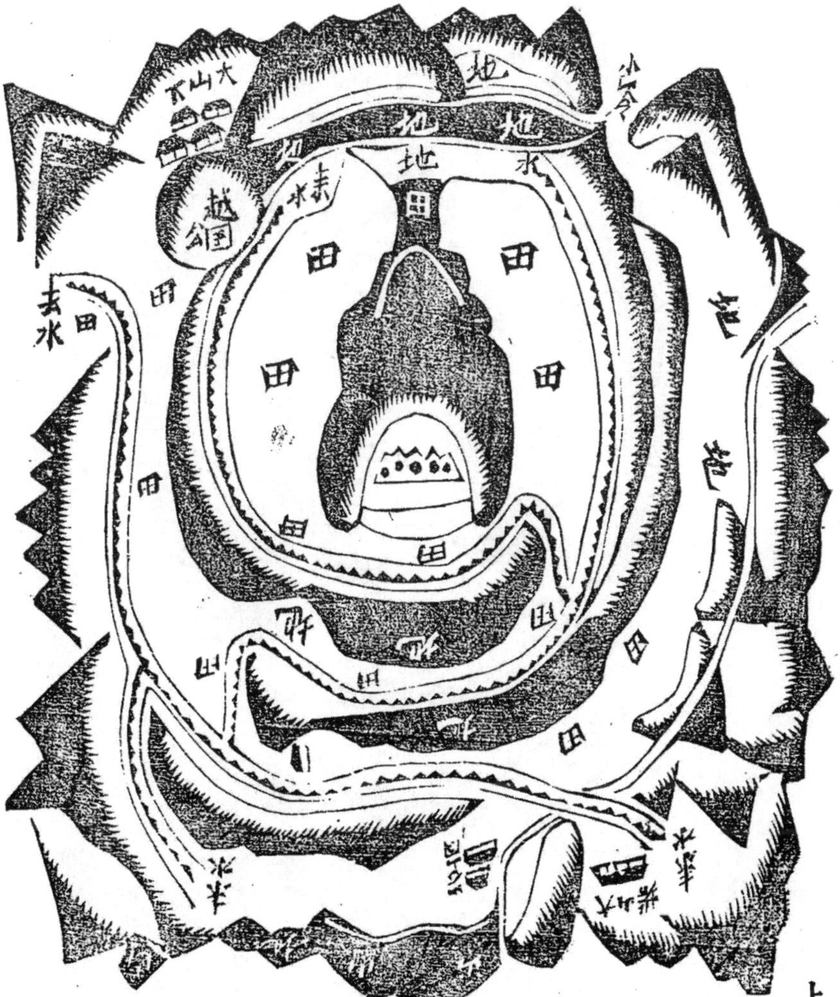

上墓坐落永邑
四十五都七
保設字六百
廿二號拍山
一畝六分
土名大山下
水竹塢小伏
虎糧坐盧
希崇户
安厝
七行三武列
侯璿公同氏
合墓

盧氏宗譜卷之一上　二　墓圖

歷山墓圖

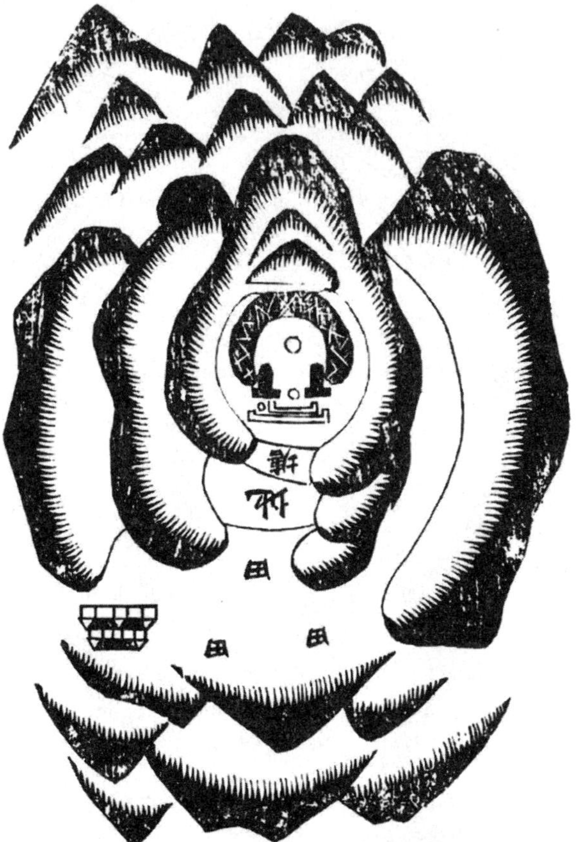

上墓坐落三都　保　字　號土名
歷山形名仙人辨足　乙山辛向
其山畝系健常下各分己買共民
山叁畝五分
餘字四百號民山一畝七分五厘
餘字四百一號民山一畝七分五
厘　健常拍四分五厘一毫二絲
五忽又買坤房己買分子二分八
厘三毫七絲五忽　乾房拍四分
三厘　又逢心拍四分　地房拍
三分　又祿常一畝三分三厘五
毫

安厝
一世祖積千九子安公　妣範氏
二世祖餘伯九深夫公　妣王氏

三　光緒甲午年重修

盧氏宗譜　卷　墓圖

指揮叅墓圖

上墓坐落三都　保　字　號
土名西隴黃婆塔坐東
朝西
安厝
鎮撫泰三公　妣金氏
恭二公　妣徐氏

光緒甲午年重修

盧氏宗譜 卷之二十 二墓圖

指揮公墓圖

上墓坐落三都 保 字 號
土名西隴黃婆塔對面坐北
朝南
安厝
庸十二公 妣宜人花氏
共山畝坐街仁于高戶
查舊譜所載指揮泰三公
祀田世遠年湮至今并無
留存節年祭掃出自泰十
三公下至雍正十三年將
于高公助祠之田議撥一
百二十把計二坵坐落生
水塘下糧坐宗祠戶計租
一十二秤以助祭掃之資

三 光緒甲午年重修

大山下東塘山浙江九支盧始祖越國公墓

右墓坐落孝義鄉四十五都七保大山下，又名塘東産，又名東塘山。設字五百五十二、五百五十三、五百五十四等號，共有民地一分三釐，民山五釐。安葬盧氏九支始祖後周工部尚書開國上將軍宋追封越國公，宦墓登載邑志。宋贈越國夫人始祖妣趙氏合墓。

附葬第二世榛派嫡祖仕宣慰按撫使行七一珪公暨夫人楊氏墓。

按此墓係宋初卜葬，年久代遠，子孫散處他鄉，無人保護，多被周姓侵佔，歲貢生剛等于乾隆廿五年呈控。縣主王公審斷，始得立石碑於墓後。中華民國二年十一月，復向周姓子孫出貲購買由公墓前至田岸路，長計五丈八尺有零，自左旁至右邊横計一丈五尺餘闊。立契三紙，一存儒堂盧德勳，一存方山盧天耀，一存中盧盧正同。

中華民國三年正月，新收大山下周三常户拍“設字五百五十一號”民地八釐九毫，土坐塘東産，糧入盧總祠户完納。

（選自第一支《石馬盧氏家乘》卷七）

特授永康縣正堂加三級記録三次王公勘語

審勘得盧剛等控周德之等堆佔宦冢一案。

查盧氏譜載：始祖諱琰，仕周爲工部尚書，贈越國公，注明墳坐四十五都東塘山，設字五百五十二、五十三、五十四等號。復查周氏譜載，初遷永邑始祖寧十五祖妣盧氏、紹百一祖妣盧氏，俱葬四十五都，亦係五百五十二、五十三、五十四、五十七等號。

按其地，先有越國公墓壟，而周姓兩世之爲盧婿者，踵葬焉。此“盧外祖”之稱所自來也。

夫越國公以公卿之貴，褒錫諭祭，當年之所以表墓者宜何如？迄乎世易代更，屢經兵燹，析族離居，古今異勢，而墓田非昔。歌蒿里之曲，良有以也；聽雍門之琴，能無慟乎？

兹查鱗册畝號歸户納糧，確據其墳山號數兩姓互載，彼此舛錯處業。經批悉，復集二造赴該地履勘，有古冢一所，面南無碑碣。訊之衆口，即盧姓所争越國公，而周姓所稱盧外祖墓也。盧氏執有山與地一分八釐，而户糧實止五釐，其錯誤之故，盧亦不能剖供。緣盧姓久已遠遷，周世居墓側，盧墳向托周管，曾買房賃周爲祭墓時憩之計。屋今已毁，盧氏子孫非祭掃無有過而問焉者。其墓旁山地，周冢纍纍，而彼界此疆，茫然莫辨。

至周姓居於斯，葬於斯，拍地輸糧，串册鑿鑿，已傳世年遠，無從指爲侵佔。據現在該地畝號，除周姓收户完糧外，尚有六釐無着。此六釐之地，周固不得而有之，盧姓遠祖荒冢唯此僅存明矣。今就盧冢縱横清丈，六釐之數令盧姓子孫竪碑清界，世守勿替，不得再争風影。周德之等亦不得於收納畝數外攘非所有，妄滋訟端。至冢旁庇木各宜留蔭，毋許混砍。

兩各輸服，取具遵依，附卷此案。

乾隆二十五年十月十九日勘。

（選自第一支《石馬盧氏宗譜》民國十三年重修卷七）

周姓砍木結訟記

嘗思木有本，水有源，人有祖宗，不可忘也。

吾族始祖諱琰公，忠節著於後周，及宋追封越國公，始居於永康四十五都，生九子爲九支，石馬一支其長房也。其各支或在近地，或居縉雲，或居東陽、武義，或在仙居、紹興。因流溯源，總皆始於越國公。公歿後即厝於四十五都翠屏山下大山内，自宋迄今歷年八百餘，每歲清明祭掃，長房相傳無異。忽於二十三年致祭，見墳左被近地周姓砍去大木數根，又做一土堆。於是孫剛等鳴之官，久而未結。至二十五年九月，蒙縣尊王公清審，將畝號斷歸盧墳管業，又蒙到墳親勘，立碑以爲永遠祭掃之計。祖塋得以永安，亦子孫之所幸也。

竊思始祖下九派所居，或遠或近，幾難悉數，而追遠報本之念，誰則無之？今與同族伯叔兄弟侄輩約同一祭，每派各出常銀若干，家厚者或捐資喜助若干，不拘多寡，以爲置産祭資。節年訂期於某日，每派各議數人到墳會祭，共伸保本之情，亦祖宗在天之靈所來格來歆者也。

凡我同族諒有同心，特此致告於同族大人，伏乞爲祖宗俯垂首肯是感。

時乾隆二十六年歲在辛巳仲春月望日之吉

嗣孫　剛頓首拜

（選自第一支《石馬盧氏宗譜》民國十三年重修卷三十九）

盧始祖越國公墓前土地受讓契約

立賣找截契人：大山下莊松竹梅常下嗣孫周禮滿、賢良、義愛等。

今因常下祖墳土坐盧始祖墳前對正，安歇不利，合衆商議自願將祖墳移去。左至吕姓墳石，右至陳姓墳石，横量一丈有零；前至篁基田岸，由田岸後至祖墳頂直量五丈有零。四至分明，俱照舊管。已定憑中立契，出賣與盧祖始越國公常邊爲業，三同面斷，時值價洋四十五塊足。其洋當日同中收足，其地自賣找截之後，祖墳即行擇吉移清，任憑盧邊管業，作爲拜壇，一切聽其自便不吝。如有違礙等情，俱賣家自行支理，不累買家之事。以後再不索找，永無取贖，並無二三異言，亦不重行交易。

今恐無憑，立賣找截契永遠存照。

其洋即於祖墳移清後同中收足，不另立領字，其糧米推收過户。

民國二年十一月　日

立賣找截契人：周禮滿、義愛、賢良、禮順、禮川、世榮

代筆：陳巖榮

（以上人員具有花押。大山下莊周三常户，七保設字五百五十一號，民拍三鳌五毫，土名塘東産）

（選自第一支《大山盧氏宗譜》民國丙子年重修本）

重修越國公墓工程記

越國公者，我盧氏九支之始祖也。公歿，葬於永之翠屏山下，即今大山下，古稱“躲山下”。歷年既久，子孫散處四方，每多數典而忘其祖。明末鼎革之際，公墓地被大山下周姓所侵，殘碑斷碣毁埋無遺。及盧氏子孫知之，累訟不休。乾隆二十五年有某知縣袒盧，准立石碑一，題曰“盧琰越國公之墓”，而公墓仍未築，墓地前仍未復也。

余二十五歲入泮，謁公墓，有契友某勸余恢復，其時余志在四方，未克舉行。宣統朝，榛派孫儒堂德勳、栗派孫中盧正同、梓派孫方山天耀等，創建九支盧總祠於上盧，一時子孫冠裳畢集，合議恢復。周姓懾於勢力，由大山下陳君巖榮出面調和，盡將公墓地給價售還盧姓。民國紀元二年十一月事成，復築公墓並甃石焉。舊碑仍立墓後，而於墓前設石臺，計闊一丈二尺，設攔土一，題曰“九子聯芳”。臺前設石牌位，一題曰“盧始祖宋工部尚書封越國公行一五諱琰並一品夫人趙氏之墓碑”等二十六字。牌前設石桌一，以供祭獻。桌前有階，階下石梯九級，象九支也。墓口有石長一丈二尺，兩旁石柱二，向外題“盧公墓道”四字，左右相對題一聯云“三台勳業千秋炳，九派淵源一脉流”十四字。墓後舊有古楓九株，相傳以爲九支古跡，大數圍，久而益茂，亦見我九支子孫之蕃衍也。

余督修公墓並捐貲焉，清明前六日事竣，因爲之記。

民國甲寅春月，三十三世孫陸軍右都尉寶仁謹識

（選自第三支《里盧宅盧氏家乘》卷一）

修復始祖工部尚書越國公宦墓記

《記》有之“古不修墓”，蓋古人敬謹於封築之始，斯崩圮者少，無事於修，非絶言不修也。

九支始祖工部尚書越國公作古於宋雍熙年間，樹壤永之孝義鄉翠屏山下，或言躲山下，即今所大山下是。迄今近千載，變亂幾經，牛羊踐履，且析族離居，不無雲狗滄桑之幻。雖當時載在志書，慎之又慎，猶之金銷石泐，未有久而不壞者。矧墓地曾見侵於周姓，榛莽荒涼，誰爲作主，能長此若堂、若坊、若覆夏屋與馬鬛封乎？

勳憶弱冠後遊庠，禮謝於上盧莊從高祖正旺公家，時則清光緒丁亥歲也，而東道殷勤，勳惟虔修晚輩禮。偕公遊覽之暇，偶步至大山下，但見不墳不墓，有一荒駁之石碑在焉。問之公，曰：“此九支盧始祖墓也。”勳即展誠瞻謁，而摩挲其碑文，讀之曰“盧越國公之墓”。夫始祖以公爵之貴，諭祭褒揚，曾經表墓，今何蕭條至此！公又曰：“即修亦如不修。蓋派下子孫散居，誰爲慮始？”公之寄感慨深矣。但此石碑留遺，按係本派孫歲貢生盧剛公等力争，始獲於清乾隆二十五年奉縣主王公審勘，藉以標界樹碑，此亦碩果僅存，猶宣聖之得問郰曼父之母者。正旺公又云：“余先大父州分府肇禮公原與周姓姻親，常於夜間率領各孫子潛行開向，爲周姓探知，出而追趕。公乃特居殿末。洎被追獲，認是自家姻婭，反詫笑韈然，殷憂道歉。”此可徵派下諸先輩之苦心孤詣，眷注于修復者數數也。

嗣則栗派孫中盧正桐等、檡派孫東邑里盧宅章志等、梓派孫縉邑方山莊天耀等，偕勳等彙集群支，創建大總祠於上盧，並有意修復祖墓，勳尤拳拳服諸膺。又案勳等之榛派祖仕宣慰按撫使朝議大夫珪公合葬於始祖墓側，雖本支墓圖失載，查其行第下注明“合葬靈山東塘山之原”，則與始祖墓圖所載“墳坐四十五都翠屏山下東塘山七保”設字號大小相符，更證梓派方山譜所載云“榛派嫡祖合葬尚書公墓側”,則榛派祖墓之在此間也無疑,顧可數典而忘乎?

勳自此節年春分後一日,親到始祖墓清祭,主大山下宗親陳巖庸家。與戚友周君李川、陳君洪高等頗投合,又於冬至前十日偕族叔黼卿等,特到周姓托李川等雇工添土,種種委屈周旋,但期丘壟豐隆,恢復當年之舊,不至隨陵谷變遷,此勳等之日夜引以爲重負者也。

洎經巖庸公説合,由始祖墳前下至簟基田岸,長五丈餘,兩旁各靠兩鄰墳石界,闊一丈二尺餘,所由墓前纍纍之周冢十餘穴,穴穴移清,立售還盧姓,杜絶契據,償以一百數十多金,此民國二年十一月事也。是舉,天耀等之踴躍斂捐,與勳等之慨認價洋,令先移墳而後付值,固均可無愧於乃祖者。於是舊碑仍矗立墓後,墓前設有祭台,石長一丈三尺,臺石上有攔土石,題曰“九子聯芳”。臺前設有始祖石牌位,書“盧始祖工部尚書封越國公行一五諱琰並一品夫人趙氏之墓碑”二十六字。碑前爲供祭獻起見,設有石桌,桌前有階,階下有石梯九級,象九支之義。墓口有石,長一丈二尺,兩房竪有石柱二根,各長八尺,向外題有“盧公墓道”四字,旁系以聯,云“三台勳業千秋炳,九派淵源一脉流”,此修復完竣之形狀。古來風尚儉樸,諒無以加此。勳因道途間隔,不過偶爲督修,其躬督厥成而力爲捐貲者,實檡派下東邑裏盧宅寶仁也,遂蕆工於民國甲寅清明前六日。

有識者或告勳曰:“盍移古碑於京星頂,而竪石牌位於墓後,較爲規模闊大,形勢堂皇乎?”然業已爲之,姑俟後圖,且階下拜壇宜砌,四圍明堂石均猶有待。至墓後有古楓九株,相傳系九支古跡,大數圍而彌暢,九支之椒衍瓜綿未有艾乎!今日者祖墓已修復矣,而支派紛繁,異地散處,戾兹聚集祭掃,所需憩息之所,尚未備也,實有待後之來者。

是爲記。

中華民國十有三年歲在甲子小陽穀旦,越國公三十八世孫庠貢候選儒學訓導德勳謹誌

(選自第一支《石馬盧氏宗譜》民國十三年重修卷六)

越國公墓木被砍妥約

立妥約中人劉紹基、黄明緒等。

今緣大山下東塘山即塘東産有墳山一片，爲盧姓始祖宋追封越國公諱琰公暨後裔墓。因數孫遠離，年湮代遠，墓傍附葬纍纍，時起訟端。至前清乾隆廿五年經永康縣王知縣公判，墓傍庇木各宜留蔭，不得混砍。

今周姓違背縣諭，擅砍墓傍之古木，實爲無理，幾成禍事。尚幸憑中説妥，令周姓擅砍之楓樹歸盧姓處置，並責令伏龍祭墓，雙方甘願息事。嗣後該山樹木，雙方嚴加録養，不得再蹈故轍，如違重罰。

特立妥約二紙，各執一紙，永遠存照。

民國三十一年十月　日立

妥約中人：劉紹基、黄紹緒、陳章儒、周祖郃

聽妥人：榛派盧寶蘭、盧焕昌、盧修瀛、盧樟榮、盧興樹

栗派盧仁模、盧秉貴

檡派盧子方、盧金斗、盧志琦、盧長春、

梓派盧學諾、盧海涵、盧完新

躲山下周佛彬、周禮舜、周世棣

代筆：馬耀軒

（以上均有押，原約一紙執梓派方山學諾手）

（選自第一支《石馬盧氏宗譜》民國十三年重修卷三十九）

越國公墓後買契

立讓賣契人躲山下莊陳定康、宣等，有民地坐東塘山盧越國公墳後，今將墳後古路上地直八尺讓與盧姓管業，礦石爲界。盧姓歸於定康、宣等地價國幣三百圓正，即日收足。自賣之後照契管業，其糧米

照號收籍過户，永無退悔等情。今恐無憑，立此讓賣契永遠爲照。

中華民國三十二年癸未三月　日

立讓賣契人：陳定宣、陳定康

見中：陳章樹　代筆：陳式銀

（以上均有押。糧收陳廷户設字五百五十三號，民地五釐二，統收入盧總祠户。原契一紙執梓派方山學諾手。）

（選自第一支《石馬盧氏宗譜》民國十三年重修卷三十九）

呈磐安縣政府文

事由：爲始祖越國公墓木被盜墓地被侵請求蒞地履勘、出示禁約、刋碑石由。

竊本族始祖宋追封越國公諱琰公宦墓，安厝磐安縣之躲山下已逾千年，週圍有楓木九根，爲吾族九支盧分派綿衍之象徵。因年湮代久，子孫散居浙東各處，疏於管理，以致盜砍墓木侵佔墓地時有所聞。

查墳後古碑，墳前有萬歲牌、石桌、墓道、九步梯柱，對聯文曰“三台勳業千秋炳，九派淵源一脉流”，規模宏遠，歷久難磨。前清乾隆二十五年被周姓盜砍古楓二株，經盧剛等干涉，蒙永康縣令王公礦界息事。民國八年又被周姓盜砍古楓一株，經盧學綸等干涉，周姓認禮伏墓息事。去年八月又盜砍古楓一株，經盧伯培等出而干涉，當由地方士紳黄朝緒等調解息事。誰知周姓得寸進尺，一波初平一波又起，最近竟敢在古界石上添刋“周界”二字，並移置界石，作有計劃之侵佔，欲在墓後遷脉建屋，置盧氏子孫於何地？居心險惡，莫此爲甚。

爲此不已，請求鈞座蒞地察勘，俾便確立界石，並請出示勒碑，永禁侵佔墓地、盜砍墓木，以安我始祖之陵墓。不勝感激之至。

謹呈

磐安縣政府

民國三十二年八月　日

越國公裔孫代表：

榛派　盧德基、盧焕昌、盧修瀛、盧樟榮、盧興樹、盧金旺

栗派　盧秉貴、盧仁模

樫派　盧茂昌、盧伯培、盧秋陽、盧志琦

梓派　盧海涵

（選自第一支《石馬盧氏宗譜》民國十三年重修卷三十九）

捐募越國公祀産引

人本乎祖，數典而忘其祖可乎？是以聖人立教，一則曰“追遠”，再則曰“祭之以禮”。諄諄告誡，其意深矣。

吾祖越國公乃九支盧發祥族祖也。公爲後周重臣，且係國戚，因陳橋兵變，便奉蕲王渡江東下，希圖再舉。奈天不祚周，中興無望，抱恨以終。迄今磐安之西虎山之麓，碑碣聳峙，巍然在望，則越國公墓也。公之子孫，椒行瓜綿，散居浙東，以年湮代遠，不無漢寢唐陵之感。宗廟廢矣，德勳公建議購買於前；墳塋壞矣，寶仁公助産建築於後。千秋祖德晦而復彰，惟祀産無多，禴禘嘗烝未能集合各支裔孫依時舉祭，尚不無遺憾言。

青聞此事久矣，只因關山遥隔，瞻仰無從。今者避難石門，幸距公墓頗近，乃於清明前十日專誠前往致祭。是日也，縉永、東、磐各支裔孫遐邇咸集，濟濟一堂，堪稱盛會。祭掃既畢，提出擴充祀産，與祭者均一致贊同，因共發起捐募。所望我越國公子孫盡力捐助，以爲祖先粢盛之資，庶俎豆馨香，千秋勿替，用副聖人追遠之深意焉。本源有自，其可忽諸？

是爲引。

時中華民國三十二年癸未清明前五日，東陽縣立中學校長范陽盧綬青謹識

（選自第一支《石馬盧氏宗譜》民國十三年重修卷三十九）

磐安縣政府佈告 民字第〇〇〇二號

案據本縣翠峰鄉公民盧金旺等聯名呈稱：

竊查越國公者，我玉川盧氏九支之始祖也。公歿葬於翠峰鄉之翠屏山下，即大山下，古稱“躲山下”。墓後舊有古楓九株，以爲九支之古跡。查墳後古碑，墳前有萬歲牌、石桌、墓道、九步梯柱，對聯文曰“三台勳業千秋炳，九派淵源一脉流”，規模宏遠，歷久難磨。但歷年既久，子孫散處四方，每多數典而忘其祖，故明末鼎革之際被大山下周姓所侵，以致古跡猶存，而墓已非昔。孫盧剛等睹兹情形，不勝悽愴，出而交涉，頻年糾葛，累訟不休。迨乾隆二十五年，蒙永邑王知縣履勘審判，並示堂諭在案。乃時移代易，周姓之覬覦復起，於去年八月間又被盜砍古楓一株。經盧伯培等再度干涉，周姓理虧，願償價伏龍及承認立約，永不再犯。在案日前原已劃清界限，可不致再争風影。但世易代更，而本族子孫又多離居散處，不能年來掃墓，深恐再遭其侵佔盜竊，釀成慘案，歌蒿里之曲，聽雍門之琴，能無慟乎？爲此，請求鈞長俯察下情，准賜告示嚴禁，以杜後患，不勝德感等情。

據此，查盧氏越國公係宋代先賢，其墓道兩旁古木參天，風景宜人。對於是項森林古跡，自應加意保護。據呈前情，除批示外合行佈告周知。嗣後如有擅自砍伐森林或毁損古跡情事，定予依法嚴懲不貸。

此布。

中華民國三十二年十二月四日，縣長盧伯炎

（選自第一支《石馬盧氏宗譜》民國十三年重修卷三十九）

贖回石塔塘山記

太史公曰：“余登箕山，其上有許由冢云。”冢以山重乎？山以冢重也。

石塔塘山，余石馬上三派之始祖祥六公與祥八公冢也。昔我祖以周蒙二十二公係我祖之東床，以其苦志寒窗，遂以是山四十八畝之半撥粧於周，約之曰"黄落共採以佐燈火"，此我祖當年篤厚於周戚誼也。乃數傳後，周之子孫生齒日以蕃，人心亦即因之而不一，樵夫牧豎往來馳逐於其間，向戒勿剪勿伐者，今且不時斬刈矣，向期栽之培之者，今且連類戕賊矣，舉茂林之遺蔭大半成枯落，凡屬孫子，誰不寒心！

余爰與諸叔兄伯共商及回贖。或者曰恐拂我祖撥給意，余曰不然，善繼述者，所貴審時度勢，以善成先人之志，正不必規規於舊章陳跡也。與以價值，併無傷先人意矣，且多與以價值，無傷於周先公意矣。於是或酬以多金，或易以田畝。始事於康熙末年，終事於乾隆初年，共償百數餘金，幸全璧如趙，然亦大費經營矣。

董是役者，始則故叔又圭公、章仲公，繼則又炎、作人諸叔弟，襄其成者，則又有又嚴、於宜、又業、又益、光人諸叔弟，及余仲弟亦飛輩，多不能悉載。後之賢孫子登斯山者，其鑒我等苦心，以加意於培植，斯幸甚！爰爲記。

時大清乾隆七年歲次壬戌孟秋月吉旦，嗣孫潛齋鱗謹撰

（選自《石馬盧氏宗譜》民國癸亥年重修本卷四）

金華縣正堂堂諭

咸豐元年閏八月十四日，奉本邑金華縣正堂馬堂諭，復審得盧阿達等有祖遺土名"半山亭"，祖墳山場下首，王招有等有山三分二釐零，排連葬有祖冢。王招有復將新穴附葬高於祖墳，致盧阿達等控其侵佔。前經本縣提訊，以子孫附葬祖穴之旁究未便高踞，以致尊卑失序，有乖名分，諭令王招有遷移，王招有堅不輸服。

兹經復訊，供仍各執。本縣查兩造界址本不清楚，有無侵佔無憑核斷，惟子孫附葬究不便高踞祖墳之上，仍斷令王招有等限十一月内即將新穴移至下首遷葬，不致尊卑紊亂。該處墳山盧墳以下、王墳以

上控争界址處作爲兩造護墳之地，以後盧、王兩姓均不許廢賣附葬，致肇争端。

呈案筆據遷移後塗銷，取各遵限完案。此判。

咸豐元年歲次辛亥仲冬月上澣之吉，嗣孫順聚即阿達等謹誌

（選自《石馬盧氏宗譜》民國十三年本卷七）

巽百四十六諱秉星公墓地歷山背涉訟記

吾族地仲宗祖行泰百十五下瑰房行孚重百六十一惟宗公，乃遷居本邑四十都後吴之始派祖也。溯自有明萬曆洎乎遜清康雍，子孫繁衍，盛極一時，因又分居荆州、前倉、歷山背等處。胡乃天心不佑，氣數變易，嘉、道間漸就衰薄，僅存道金昆仲綿延嗣續而已。咸豐辛酉，粤軍倡義，用兵於浙東，各邑不幸又被劫擄，吁，惟宗公後續於此終斷矣。興念及此，能無惆乎？

先嚴永隆公憐其遭遇，憫其無傳，悲統緒之不繼，雖非九和常之遺胤，當念一脉之親親，乃於光緒三十三年甲辰仲冬之吉，特邀先大伯夢熊廷沙、例貢生元猷諸公，爲之延道設壇，招魂附葬於本村寮凸之原小塘裏壁祖墓之側，俾幽魂得所憑依。其所遺留有興、致凑兩户之産業，由九和常暫爲收息納税，清明掃墓，以待後之承祧者管有焉。

民國三年甲寅，廷沙公念其無後，慨以四齡次孫火炎繼與道金爲嗣，是則無系而有系、無傳而有傳矣。十六年丁卯，僉以道金公接紹有八年且及冠，若歷山背、後吴、東墳、金巖頭、前倉、田家、荆州、大陳等處之祖墓、墳山、田地，概交火炎承管。距知人心叵測，後吴村吴明聰等竟以孤弱可欺，覬覦登葬巽行百四十六秉星公之土（坐歷山背高塘上墳山内）之抱大蔭木。仗吴華瓊籌畫，預毁碑石，掃數盜拚前倉人章阿英砍伐。斯時也，昌適由彭城卸職之暇返梓，聞悉之下，即偕堂侄樟榮往查真相，理阻無效，以致涉訟。吴姓不悛，又復移糧混争，未及庭訊而居停胡公叔珊已奉命陞調滬瀆，促往就職襄助，一再電

催，本案交由樟榮與兄金多等全權處理。

初由永康地方法院而上訴至浙江高二分院。蒙邵審判長夢同以二十六年度上字第一八九號判決，確認該山東南隅即秉星公登葬處。横各四十三尺一寸八分（盧有興户原有山糧一分八釐，依照百分比攤算，吴明聰等如非妄移舖後山畝分混入冒争，則應得面積不僅此數）以内爲盧姓所有，並責令吴明聰等賠償樹價。更兼倭寇竄擾，兇焰囂張，所以忍辱負重，暫不上訴。

是役也，始事於二十三年甲戌八月，結案於二十六年丁丑十月，前後凡四越年。共費五百餘金，均由九和常支墊以資結束。予嘉九和常下諸兄侄之仗義捐金，所争非九和常之地，而爲歷山派下火炎代庖焉。際此全面抗戰之時，敵機狂炸，廬舍爲墟，法院避其殘慘，遷往處屬，以致賫呈之盧有興户家業一本，九和常舊總賬簿二本，均遭損失，無從給領。深恐歷年久遠，後來之子孫莫名緣由，兹届續修家乘，略記巔末如右，願以告夫來者。

中華民國廿六年歲次丁丑十一月四日，嗣孫焕昌謹誌

（選自第一支《石馬盧氏宗譜》民國乙酉年續修本卷三十九）

升十一君信公墓前老鼠山涉訟判決文 節選

浙江高等法院第二分院民事判決（三十年上字第七七八號）

上訴人：盧慶酬等四人，住永康儒堂

訴訟代理人：何瑞林律師

被上訴人：胡純田等四人，住永康缸窑胡

右四訴訟代理人：胡存中

主　文

原判決廢棄，確認訟争魚池塘邊山場及山上樹木爲上訴人所有，第一二兩審訴訟費用由被上訴人負擔。

事　實

上訴人及代理人聲明請求判決如主文，被上訴人聲明請求駁回上訴並令上訴人負擔本審訴費。兩造事實上之陳述與原第一審判決摘録相同，依民事訴訟法第四百五十一條引用之。

理　由

本件訟争山場坐落上訴人祖墳金貓山（即上徐山）之西，中隔田壟，其南有塘一口，土名魚池塘，爲兩造所不争，並各繪圖附卷。上訴人主張，爲其祖遺老鼠山；被上訴人主張，爲其祖遺之山干後山。兩造情詞各執。

本院查：被上訴人胡金卓，在原審供稱"老鼠山盧姓叫我管過，到那里爲界我不曉得的。盧姓人叫老鼠山，我們叫山干後山，就是這塊山"云云（見三十年七月十日原審筆録）。是訟争山土名老鼠山，盧姓叫被上訴人胡金卓看管，已據胡金卓在原審明白供認，自堪採信。參核盧敬常户管内民山二分，土名鼠山魚池沿。盧恭分户管内民山三分，又七分二釐，土名缸瑶老鼠山，及盧智常户管内民山一畝，土名老鼠山。暨歷年糧串，則訟争山爲上訴人祖遺老鼠山實堪認定。訟争山場既認定爲上訴人所有，則山上樹木屬於上訴人尤不待言。

至被上訴人提出胡茂長户管，雖載有民山八分零七毫，但其下並無土名之記載，究竟該山糧是否即屬訟争山無憑認定。再被上訴人對於山干後山之糧，民國以來迄今未完納，又據被上訴人胡純田在原審供明（見原卷三十年七月十八日筆録），如果歷管至今，何以抗不完糧？又山上墳墓並無碑文可考，即使爲胡姓祖墳，亦不能藉墳争山。

復查上訴人祖墳山即上徐山計一畝一分，亦經提出盧恭分户管爲證，而上徐山即金貓山，又經胡純田承認在卷。原判以家業糧串均無四至，及上訴人祖墳山反無户管等情形，駁回上訴人之訴自不足以昭折服，上訴論旨非無理由。

據上論結，本件上訴爲有理由。依民事訴訟法第四百四十七條

第八十七條第二項第七十八條，判決如主文。

中華民國三十年九月二十七日

浙江高等法院第二分院民庭　審判長推事邵夢同，推事胡亮、葉鴻

（選自第一支《石馬盧氏宗譜》民國乙酉年續修本卷三十九）

龍溪與陳姓争山議約

立議筆本處盧子方、子賢、子序等，今因水口殿山等山共六處與陳姓争訟，凡費用之資一應紀、綱、統三房均派，無得異言。

今恐日後翻悔，特立此議筆存照。

乾隆五十二年十二月　日

立議約：子方、子賢等　執筆：兆廷

抄録堂斷

一

縉云縣周主　查訊，盧子圭等控老漢盜砍一案。

緣成英之父盧子昆僞造契據，撥老漢之父承管殿山。盧成英因家貧無策，仍將殿山向找錢一千四百文。陳老漢只知憑契管業，伊弟陳老豐因而砍伐小樹數株，庭訊之下衆供確鑿。

盧子昆僞造山契，盧成英又向找價致滋訟累，殊屬不合。盧成英本應究處，姑念年老，免其深求，當將各契塗銷，山仍斷歸盧子圭等照舊管業，以後均不許斫伐。陳老漢等因伊父被騙，承管之山砍伐樹木，且臨訊直供不諱，從寬免責，各取依結。

此判。

二

麗水縣韓主　查訊：今據盧子圭等供認，山場八分承一計四十

畝，係陳老漢僞造之契。但老漢現有印契可憑，盧成英活口可證，何得謂之僞造？所以互相争執，案懸不結。

其原契載明“八分承一”四字，可見此山原系盧家公共，只能於八分之中承受一分，其賣與陳姓執業亦只於八分中撥賣一分耳。況原價止一兩四錢，其找契亦止一千四百文。老漢豈能一兩四錢之價遂管四十畝之山？今以八分中之一計之，庶乎産價相符。兹照原契八分承一斷歸與陳老漢。原管山地五畝分晰界址執業，以杜訟端，取其兩造，遵依結案。

三

署浙江處州府正堂浙杭西防分府加五級紀録十次張　爲抑斷押遵等事。

嘉慶五年閏四月十六日奉署布政使司秦　批前府呈詳，該縣民人陳老漢控盧子圭等吞佔山場一案，奉批如詳銷繳等，奉此，合行轉飭。爲此，仰縣官吏文到即便遵照憲處抄看事理，毋違。須至牌者。

計抄府看

核看得縉云縣民陳老漢，控盧子圭等吞佔山場一案。

緣盧子圭、盧子紅等與昔存今故之盧子昆、盧國略等同宗各派，盧子圭等有祖遺文字號土名殿山等處公山四十畝零。因系荒山失於管業，乾隆八年，盧子昆盜將是山私撥與陳老漢之故伯陳禮文厝葬墳冢三壙，其子盧成英又找得價錢並將原買盧國略山契交執。四十五年，陳禮文因查盧子昆户下並無文字號糧額，隨將該户下乃始字型大小山糧推收三畝，盧子圭等並不知情。

迨五十二年，陳老漢之弟陳老豐往山砍樹，被盧子圭撞獲，邀同族長盧天球理斥不依。控經該前縣訊明，將山斷還盧子圭等管業，陳老漢所執撥據找契塗銷。詎陳老漢不知盜撥原委，心懷不甘，赴憲轅具控。奉批查報，遵經轉飭去後。兹據該縣趙令勘訊具詳前來，畀府復加查核文字等號，山場係盧子圭等祖遺之山，並非盧子昆、盧國略公共之業。今陳老漢争管是山，以盧子昆撥據爲憑，而盧子昆又以盧國略賣契爲憑，已不足據。且盧國略於康熙五十五年身故，而呈出賣契係康熙五十九年所立，其爲盧子昆捏契盜撥，已無疑議。陳老漢之故伯陳禮文因盧子昆名下並無文字號户糧，即以其户下乃始字號糧額混行推收，尤足證其私相串撥。

乃陳老漢於經縣訊之後復行上控，本有不合，姑念其不知故伯串撥原委所致，應如縣擬免其置議。盧天球、盧子紅均無從中唆聳情事，應與盧子圭等概行省釋。其山仍歸盧子圭等管業，盧成英所得找價錢一千四百文身死勿徵。陳老漢所收乃始字號山糧仍推歸盧子昆户下，以清糧額；撥筆找契業經前令塗銷。陳老漢祖墳係伊故伯悮葬，今已安葬年久，請免起遷，聽其祭掃，仍不得藉墳佔管。

是否允洽，合將核擬緣由備文具詳。

嘉慶五年閏五月　日，刑房吴秀廷承

（選自《白竹盧氏宗譜》民國庚辰重修本卷三十四）

東陽縣正堂關於盧朱兩姓墳山的斷語

右墓（注：墓圖此略）坐落本都，土名朱村。安厝賢二十七府君單氏安人合葬，永五十七府君石氏安人合葬，永三十二府君駱氏安人合葬，永一百三十七府君周氏安人合葬，遠一百六十府君樓氏安人合葬，承二百二十六公馬氏安人合葬。

計開墓畝：八保一百四十一號民山拍四畝一分，同號又拍二畝五分八釐。東至朱田，南至磜石，西至路，北至湶。

光緒三十四年八月縣正堂胡諭：

此項山地，前因盧輝等所呈光緒己丑年譜牒，雖係載明界址，究屬新譜，未敢深信。現經盧輝等檢呈嘉慶庚申年譜牒所載，是山界址東至朱田，南至磉石，西至路，北至淥。其新譜所載一一符合。

又經親詣勘明，此山境地甚大，盧姓所管在山之北，朱姓所管在山之南。山北僅只盧姓墳旁有樹五株，餘俱濯濯；其地平衍，俱未開種，並無分水形跡。山南樹木尚多，無樹之地多半開種。是從前各管各業，盧姓居與山遠，置之不種，朱姓居與山近，一律興種，猶屬相安無異。

山北盧姓正墳六穴之西，更有多冢，山南朱姓墳冢亦正不少，是彼此譜載墳冢各有著落。

此次爲爭樹木起血鬥。朱姓人家何得混爭墳冢以爲訟柄？且據兩造詣勘之路，係七、八兩保分界之路。盧姓新、舊譜所載：以山北盧姓所管，東至朱田，西至路，計之大約適合六畝有零；山南朱姓所管三畝有零，亦不至短少。盧姓正墳之西數冢既在盧姓境内，朱能道自應息喙。

本縣細核案情，只爲光緒三十一年盧姓自砍鉢大松木一根，朱姓遂發覬覦之念。涉訟後，朱姓恃山在屋側，竊砍樹木亦在所不免，本應澈究，姑念盧姓祖墳歸朱姓看管，似不宜深結訟仇，乃勸令盧輝等樹木既失，無事苛求，其山仍照該姓譜牒所載歸管，朱姓人等不得以無據空言混爭，所有控詞虛控及盜砍各情概免深究。自此朱姓亦當返躬自省，乃朱能道、能仕等猶不遵斷，殊屬刁狡，本應責懲，因值齋戒日期，差着發押待質所，候覆提訊究可也。

此諭。

嗣孫輝敬録

（選自《錦溪盧氏宗譜》民國六年重修本之廿八卷）

上錦餘慶堂驪珠墓落成記

右墓坐落屋東龍頭山，安厝上舍生靈淵公暨安人華氏。

此嚴慈宅兆也，初窆於墓前小明堂内。逮蒙書城杜先生謁嚴慈墓，先生精青鳥學者也，閲之曰："善，惜未得穴，穴宜墓後五丈處爾。"

時墓後地他人業也。繼得券，懇杜先生穴之，方事事，有以陽宅來龍止者，竿曰："允若是，安忍禍一族者福一家?"遂將向所謂墓後五丈處者挨下二丈餘，族唯唯。杜先生乃立乙辛兼辰戌三分，爲二壙，而穴嚴慈於此。時舊冬亥月廿四日未刻也。

今形家者流僉云：地形龍頭，驪珠頷下垂，惟穴此，乃適得珠。此殆寬慰之辭，然安知非竿不忍禍族之一念，天特隆吉穴，安我親骸、福我後人乎?

憶開壙時，見穴土堅細燥而潤，色間紅黄，心竊欣慰。若夫砂舒蟬翼、水抱魚腮，暨朝蓋樂托諸狀，有圖可按，不復贅。

時道光十有五年歲君乙未秋八月，男日竿盥手敬識

（選自《錦溪盧氏宗譜》民國六年重修本卷之三十）

墓　道

蓋以有形必化，亘千古而如斯；卜宅以從，歷百王而不易。故臨穴告窆，孝子所以示終天；而過墟思哀，生人於以見至性。讀《左傳》而申明窀穸，法《周官》而詳辨域圖。誄德無窮，宜鐫刻於金石；追思罔極，當培植以宋楸。

所有歷代祖墓備列於編，近世壽塋附書於册。

始祖千四公墓在西堡盧嶴山（上至紹魁山，下至石路，左至二房衆山。本墓坐艮向坤，二世億二公附厝）。

三世祖萬六公墓在南倉山。

四世祖正一公墓在墓樣頭（上至大房路口，下至下店湖東田西基，正二、正三、正四、正七諸公同厝此山）。

四世祖正五公墓在南嶴（上至正八公同厝此山）。

五世祖智一公墓在（原缺）。

（編者按，六至十七世略。）

（選自瑞安六科《范陽盧氏宗譜》民國十年重修本卷十一）

東陽縣正堂告示二則

其　一

於乾隆三十二年冬，因遭胡永林、胡士進等將母棺盜葬上祖墓下，幸胡君甫報知，隨赴東邑具控。恩蒙縣主審明，分别處責，即將胡永林母棺另遷別厝，當給讞示通地遍貼。

特授東陽縣正堂加三級紀録四次

諾爲案完已結等事。

五月初二日

其　二

據盧尚發、盧尚志等呈稱：趙鳳將妻棺盜葬上祖墓下面山一案，恩蒙嚴差押遷，今趙鳳於今四月廿八日已將妻棺遷移別厝，案已完結，身等農民各可安業。但身住落隔屬現在後土墓碑遭被打毁字跡，因訟不無暗損，爲此並懇給示飭禁等情。據此，除飭盧尚發等將墓碑另行修整竪立外，合行給示嚴禁。

爲此示仰該地居民人等知悉：嗣後如有不法棍徒，膽敢將棺盜葬盧尚發等上祖墳内，及侵佔界限、損壞墓碑者，許即指名禀縣，以憑究懲。該保鄰毋得狥隱滋事，致干責處。各宜凛遵。

特示。

乾隆三十三年五月十一給

（告示實貼南馬地方曉諭）

（選自石江《玉川盧氏宗譜》民國丁丑年重修本卷七）

石塔下荷花祖墳山争訟案實録

爲恃强串拚迫恩飭差禁止提究事。

緣身有祖墳山一處，土名石塔下荷花，安葬祖與妣多壙。墳頂及左右二旁樣有大株木、雜木拾有餘根，大約十餘圍，蔭庇風水，自明録樣傳管。糧坐盧宗祠户完納，糧串呈電，至今無異。

緣康熙年間有本族太姑婆適配東湖莊胡家，卒於身等族内，暫葬祖墓下右旁，節年只許胡家自行祭掃，不許獲分。冤遭石江莊吕阿苟、正全、正根、仲虎等，探身祖墳頂大株木梁柱之用，知身等祖墓風水攸關，千金不賣，窺串太姑婆之嗣孫無聊濫棍胡冷足，將身祖墳頂大株木拚伊砍剉。

本月十四日早辰，吕阿苟等糾率棍黨吕欽待、欽好、正忠、正楷等六十餘人，齊向身等祖墓墳頂，擅將株木砍剉。吕姓巨族，多人勢猛，不敢向阻，迫托地保盧忠議，生員吕家禎，職員吕伯適，監生盧學恂，耆民俞顯烈、董仁連、胡洵堯等理阻不依。不平可訊：似此恃强串拚，不惟墳木難留，勢必釀成巨禍。爲此不已，迫懇青天大老爺恩速飭差先賜禁止，一面提訊懲辦，以保餘木以免後患，幽明二感。

頂德上呈。

二月廿八日呈

理事：源崑

具呈人：炳映、炳韋、英合、炳芝、茂玖、昌選、炳鰲等

爲遵呈糧串賜准飭差諭禁事。

切身等有祖管墳山一處，土坐石塔下荷花，安葬祖妣多壙，墳頂二旁樣有對抱株木多根以庇風水，糧坐盧宗祠户，現完。緣康熙年間有太姑婆適配東湖莊，卒於身族，暫厝身祖墓下，歷年許其祭掃墳山，不許有分。冤遭石江莊吕阿苟等覬覦身祖墳頂株木可作梁柱，串囑各房胡冷足出拚，吕阿苟率同棍黨吕欽待等擁山砍剉，身投保族理阻不依，迫叩冰台諭禁在案。蒙批：

是項山場畝分若干，未據聲叙契管，又不送驗糧串，亦未粘呈，無從察核等，示乞察。

身祖墳山自明傳管，契據世遠無存，現有糧田三分承坐盧宗祠户，現完。歷年糧串粘呈可閲。至太姑婆暫厝身祖墳山，從前身祖念其親親之誼，又兼姑婆無嗣，不立字據。今各房胡冷足冒親拚砍，良心安在？爲此遵呈糧串四紙，聲叩青天大老爺賜准察核，飭差諭禁，保全墳木，以免後患幽明。

感德上呈。

批：契據雖因年遠無存，所有宗譜祭簿可憑。未據呈驗，本難察核，姑念一再呈求，候飭差查明諭禁。糧串四紙附。

縣主劉公七月初五日堂斷。

審得盧炳映與胡冷足互控墳山樹木一案。

緣盧炳映有祖墳山一處，土名石塔下荷花，厝葬祖墓七穴。因上祖盧君球與東湖莊胡章甫郎舅至親，將該山中間墳圍祖墓旁邊餘地三穴寫賣胡章甫附葬，被胡冷足拚賣株木，以致具控到縣。

兹提集訊詢，據盧炳映供稱"該山只賣胡姓附葬不許管業"，委係盧姓祖業屬實。查起衅之由，在於胡冷足盜砍株木以致争毆。該山中間墳圍既已盧姓祖穴，歷管多代無異，自應斷令盧姓管業。其墳圍內祖墓，盧炳映、胡冷足均各自行祭掃，不得混争；致墳圍上大株木並雜木各宜永遠録樣，不許砍剉棄賣。所有東西民地各管各業，不准耕種，只准録樣，不准變賣添葬，以免後日兹端。

各具遵結完案，此判。

正堂武公　録詳

敬奉者：切查東陽縣民人胡冷足等上赴憲轅翻控卑邑民人盧元耀等冒占墳山、縣提覆訊偏斷等情，奉前憲徐批飭録詳一案。

緣盧元耀（即炳映）等有坐落石塔下荷花民山一處，自明傳管至今，契據年久遺失，執有糧串爲憑。該山葬墳十穴，内盧元耀等祖墓七穴。其餘三穴初係空壙，於康熙年間盧元耀等之祖盧君球有姊適配東邑胡姓，亡於盧家，附葬其穴。嗣因其夫胡章甫物故，欲與並葬，盧君球即將該處三穴賣與胡姓葬，歷久相安。

衅緣該山之西即係胡姓之地，胡冷足等藉地與山毗連，而山圍内又有胡姓祖墓，冒爲己業，敢將墳山樹木砍伐拚賣，致啓争端。控經卑前縣主劉令飭委捕衙勘明，胡冷足等砍拚情真，提案質訊，供悉前情，斷令山歸盧元耀等管業。胡冷足等既有祖墳附葬其間，准予仍舊祭掃。其山與地之樹木，二造均不准砍剉，並不准開種變賣。盧元耀等均已照給，惟胡冷足等抗斷不遵，隨即赴郡翻控。

奉批録詳前縣武令，遵即録敘全案詳奉批飭覆訊飭提，人證未到，交卸。卑職抵任，催差傳集稟案訊：據胡冷足等供，稱山係盧姓之祖賣與伊祖管業，確有契據可憑。質之盧元耀等，堅供伊祖賣與胡姓係三穴，並不賣山。二造各執一詞，惟核胡冷足等呈送康熙雍正年間盧姓賣契三紙，惟賣穴一契投税蓋印，確可憑信；其賣山正找二契，並未印税，不難揑造。況該山盧墳有七，胡墓僅止三穴。如謂山係胡姓之業，盧姓既不能葬墳，即或因親借葬，亦不致多於胡姓；若謂盧姓葬墳在前，山賣在後，試思家雖貧甚，斷無賣祖之理。明係胡冷足等藉有祖賣揑契，蒙混希圖制勝；盧元耀等雖無契據，而揆諸情理，則從前之“賣穴不賣山”似屬可信。故前縣有“山歸盧姓”之斷，本無偏抑。卑職因念該山既有胡姓祖墳，當時究係用錢買葬，非無分可比，爰是斷令：

盧姓管業原種樹木攸關蔭庇風水，盧山民地概不准砍拚，並不准開種變賣，仍由縣給示，刊碑勒石，以期永遠遵守而杜争端。似此衡情酌斷，洵足以招平允，舍此亦實無斷法。乃胡冷足等仍抗不遵，輒又翻控，實屬健訟可惡，可否抑乞憲恩俯准提郡親審，俾招折服。抑或胡冷足等再來，具呈照斷批銷，以杜纏訟之處。出自鴻慈。緣奉前因，合將訊斷情形謹肅稟陳，仰祈大人察核批示祇遵。至此案原被控詞及前縣訊斷各緣由，業經武令録詳有案，不復贅叙，合併聲明，祇請勳安，伏惟鈞鑒。

同治九年閏十月廿六日批：如禀完案。胡冷足等如再赴府翻控，定即押發懲辦。此繳。

上堂應訊：炳映、炳回、炳芝、茂玖、炳鰲
聽訊、源昌、英合、英全
理　事：源崑、源昌、炳回、茂玖

（選自石江《玉川盧氏宗譜》民國丁丑年重修本卷一）

横山頂壽域議單

立執據，五姓衆長蔣海榮等。

切緣盧彰林夫妻壽域造在盧、章、吴、曹、蔣五姓衆山，土名横山頂，即荷花形，仍照身等高祖所安葬時議規式，置酒八席，出穴價七千，其錢當即五姓收領，均拍其穴，任憑彰林二老安葬。既前有規式，本不另議，因章秀静等妄生異爲，因此邀同五姓商議，爰立一紙，各相允協，亦無異言，執此爲照。再批其穴前後不得侵損。並照。

宣統元年九月日立執據人前
允議：吴華榮、吴志品、章法高、盧志昌
秉筆：曹德懷

（選自《諸暨梓越嶺盧氏宗譜》民國庚申重修本卷一）

並雍正八年十月十四日與吕若培訊看語

審看得生監生吕慶、吕度控張毛斗（即張育之也）。

緣毛斗爲盧姓看山之人，而盧榮侯等之山場在於二十九都之方山，二十五都之白隴，二十八都礵上上下二墺等處，因相隔路遥，屢被人侵，控案歷歷。今吕慶等之所控盜砍竹木之處，即土名礵上之地方也。

本年八月十八日，爲吕慶等看山之董繼嶽報知，“慶家山内竹木六百餘根被張毛斗率棍十餘人盜砍一光”等語。查董繼岳乃董云生之子，云生昔曾錯砍盧姓大常山木，立有服樣賠償之約，安知非繼岳借此以圖泄父忿乎？且以十餘人而砍六百餘株竹木，原未可信，於是批着社地查覆。

旋據孫君甫、李燦如、陶伯云等覆稱：悉係一偏之詞。

又查：孫君甫乃孫仲明之子。當日仲明立有租札與盧姓，札内見中李燦如、代筆之孫君甫。此二人者應知盧、吕二姓之山界，自當從公直禀，而何以附和孫君甫而出此語乎？

再查吕慶等之干證係李君龍、胡元仁二人。及查李君龍，於雍正六年二月内盜葬盧大常之墳山，立有認札遷移之筆，是皆盧姓之敵國也。

至查盧姓之山係“乃字五千四百九十號”，而吕姓之山係“乃字五千四百九十三號”，隔有三號，何以皆有磡上之名？且慶詞稱“原有土名下墺竹園一處”，其間疑竇，似有含混。

於是拘集兩造，逐一細訊。在吕慶等供稱“竹園山是慶所管之山”，而盤龍盧榮侯之業並稱“張毛斗所起之禍”。夫繼岳不報張毛斗砍，則吕慶等無有是控，而盧榮侯亦無此訴，此釁實起於繼岳之妄報，而吕慶等之妄控也。如李君龍者，爲吕慶等之干證，當直指張毛斗所砍之竹或係上墺，或係下墺竹園，混供砍竹所在吕家一語，不亦謬乎？

尤可異者，如李燦如供稱“六十年以前吕家管，六十年以後盧家管”。夫兩造之山場，各稱世守之業，何以有六十年前後之分？殊屬妄誕！

訊諸毛斗，供稱盧家山場墳木只有上墺下墺，並無有竹園山，所砍之竹“在下墺”等語，則竹園山不在上下二墺或另在一處，所以胡士章、士進供稱：這地方山也有同盧家相連，而吕姓之山隔有條水，砍竹所在向係盧家租與張毛斗，則毛斗所砍之竹在盧山而非在隔水之吕山。其吕慶等猶供“既是他家的山，早年何不砍”等語，若然，砍則爲盧山，不砍即可爲吕山乎？只此一語，詞窮理遁，又何説焉？

合將妄報之董繼岳、袒證之孫君甫、混供之李君龍，均予一杖，以謷刁誣，而所砍在山之竹應歸於盧。嗣後各照畝號古册界限管業，彼此無相侵越，以肇釁端，仍各具遵依。

附卷立案。

雍正八年十月十六日

（選自白隴《盧氏家乘》民國十四年重修本卷二十八）

蔣養坑山斷案記

拱六派下知州美成常貳房仝拱八派共常山一處，“裳字四千五百十六號”，土名蔣養坑，山十七畝，東至風門頭，南至荷花墳下，西至選弄口，北至崗。

道光十二年與徐錫璠批語：六月三十日賈久基呈奉張公批，種山場業主於拚木内十股抽一者固所罕見，且徐錫鱗果係山主，何不於拚木之時列名畫押，而竟置身事外？迨楊天景調處未完，又不敢據實呈告，輒行借端捏控，其中顯有冒混情弊。此案徐可毋庸轉吊執據，候提齊集訊究察斷。

九月廿四日盧光西呈：張公批查呈到，抄鱗内“裳字四千五百十六號”土名蔣養坑，山十七畝。東至風門頭，南至荷花墳下，西至選弄口，北至崗，盧李常丈業。乾隆五十七年盧仲成等記册拍有該山，是否該族失管多年，致啓冒混？候催集訊斷。抄鱗户册附。

十月初二日徐錫鱗呈：張公批私立合約未足憑信。據呈抄鱗“裳字四千五百十六號”係盧李常山十七畝，土名蔣養坑，南至墳山。“裳字四千五百十七號”係爾徐姓山二畝，土名滚陶荷花。查徐有亨户册内載有“荷花墳山”字號，畝數相符，惟爾族僅有山二畝。又盧姓山場已至墳山爲界，是爾該止應管荷花墳山上崗而止，豈能墳山之後更有餘山？

且賈久基拚木必有隔遠，盧光以作中顯有冒混情弊，静該查訊核斷抄鱗。

縉云縣正堂張諭查訊：徐錫璠等所控楊天景拐騙考費一節，察閱案情供詞，賈久基等囑令徐錫璠交與盧姓賠結蔣養坑樹價是實，寄郡考費是虚，着將賄證楊有高先行杖責以儆。其控争山場既據兩造供詞狡執，查該山應照册載四至各管各業，不准再行混争。

道光十二年十月諭。

蔣養坑租筆存式：道光十六年，吕大官、吕茂實現立有租筆一紙；又道光廿三年正月，李天求仝李老名租筆一紙；又道光廿三年二月，徐永南仝母舅李夷富租筆一紙；又楊有云仝侄志岳租筆一紙。以上共立租筆五紙，俱存裔孫光西手。

（選自方山《玉川盧氏宗譜》光緒癸未重修本卷十）

碕上上下二墺抄白古案

供狀人李法，年四十六歲，係本縣廿八都民籍。供狀在官。

盧十三即盧永祥，與在官盧寧一（未到）、盧九一等祖遺有坐本都八保土名上下二墺，碕上潭頭及東山四圍荒山共計九號，通計三頃七十四畝，内上墺山頂大坡下分四坡至坑邊。

第一坡，淳祐丁未年間盧九一安葬故祖盧八十墳，坐北向南；第二坡盧永祥葬始祖盧應酉；第三坡已故教諭盧宇等墳三冢；第四坡，葬盧怡五，俱坐西朝東。因盧永祥祖父居住隔遠，顧管不便，前山四散居民樵採焚燒，以致荒秃年遠。

弘治十六年間，盧永祥於祖在之時，將第二坡盧應酉墳前空地與法故祖李連五，自用力創房屋一小座居住，併栽竹木看樣成林。正德十二年間，法有已同結在官叔李十七，將自置土名上龜嶺脚田壹坵計一畝，與盧永祥兑换第三坡西邊竹葉櫪樹下路邊山，方闊一丈二尺，安葬故祖李連五。正德十六年，法因住屋損壞修葺，不合乘機將盧永祥祖墳拜壇侵砌，横計七尺長四尺，圍入牆内作爲花壇。

法與李十七有地一片坐土名丁公塢田，上與盧永祥坐彼山脚地相連，寬闊等。嘉靖十三年，法等用工將前山開田，又不合乘將盧永祥空地掘湊作田大小三坵,計秧一百把,朦朧佔種。盧永祥看知前來説分租,不允,具狀於嘉靖十五年四月初八日告縣行問,法恃性與盧永祥訐告。

本府俱蒙批縣,提問法等前罪,遇本年十二月十二日詔書宥免訖,隨蒙照會去任晏典史體勘:法與李十七將地開田並侵掘盧永祥山脚地爲田,寬闊相等,合與中半拍分,於盧永祥名下追銀五錢給補法工力之費,仍斷磢上青山壹拾肆畝與法管業。呈縣,蒙掌縣事今陞上本府推官胡老爺取招申詳批允發落訖。盧永祥惟見山畝與法數多、法住屋基不明,以此具狀,不合添稱與法李十七來到李庫,特將祖墳山坡開作田地五十餘畝,鑿堰造碓、占掘墳壇、湊基起屋具告,着令拆屋還業佔管虛實情詞。嘉靖十七年二月十二日,赴分守道老爺龍前告,蒙批,抑縉云縣從公踏問,明白具招解詳,繳。

法恃情不合添稱晏典史踏勘被賄。地鄰在官陳六五僞偏誣曲,勘將永祥祖山二十四畝摘隱一十畝,不供入招情詞,辜扯盧寧一的名字赴本道訴,蒙批縣並問,繳。

蒙署縣事今回任宣平縣儒學教諭蘇,於本年五月十二日押帶法與盧永祥,特親到山頭踏勘上下墺。山係盧永祥舊管物業,法於山脚侵蓋房屋,其屋從荒坵,係是無主故墳。前屋工力以成,難以遷改,出銀一兩五錢作補基價。磃上青山壹拾肆畝,亦係盧永祥分序,斷法再出價銀一兩二錢與盧永祥,立約爲照,取供具招。

間因蒙本道公出行文停候,盧永祥仍述前詞,於六月二十八日赴帶分守道參議倪前告,蒙批送本府同知車老爺同報,法亦述前詞赴府告,蒙准送並提法將人卷解審,致蒙勘明,係告争山場物情,連人卷貼發本縣,隨蒙老爺究審。

上墺山原有四坡,盧永祥安葬祖墳,伊祖父在日與法看樣,又與墳前空地蓋屋相傳,管住年遠。嘉靖二年修葺,委侵盧永祥墳壇橫七尺長四尺作爲花壇,合該改正。又審基地,盧永祥祖在時情願與法蓋屋,舊業前山原係荒禿,是法祖父居守及栽樣竹木成林,向無工資,斷將碥上潭頭離遠荒山九畝，並附近上塽東邊山一畝，共一十畝，各立界與法，並基地補爲守樣勞費。餘山並墳七冢，聽盧永祥叔侄各管業，不許兩相侵擾。

蘇教諭處斷：山價其基價免追情由。

（選自白隴《盧氏家乘》民國十四年重修本卷二十八）

戴公詳府書册案卷一套

處州府縉云縣爲墓佔命危冤抑號天事，奉本府正堂加一級蘇批：

據卑縣民李以成、李君龍呈稱：巨族虎棍盧鳳元、盧爾森、盧爾生倚富恃强，串黨佔詐，痛身村小丁孤，蹇住腋下，慘莫勝言。近緣祖墓連畔，惡聽堪輿墓有遺吉，賄囑黨翼張育之、張賢之，霹將身祖墓山指爲盧業租管，頂脉巨木肆行强砍，知異奔阻，不容理白，反遭凶毆。迫鳴山鄰朱允久、地方孫仲生等向諭負嵎劇控，縣主蒙批，原事處奪，勢壓一方，耑立界約，自作自由，誘中騙押，身不見面，背爲袒覆。疊求縣主，置若罔聞，截殺捕控，民無生路，冤烈號憲，未沐恩准。

泣思人子痛疾必呼父母，小民盤冤得不籲天！可憐一族三户灶，久代五孤丁，祖墓庇木，生命攸關，倘致捐殺，孤魂絶食。憲臺蒞政，剪强扶弱，分雪民冤。强莫强於富劣，弱莫弱於小户。佔冢捕殺，四面網羅，求開一條生路，鐵面再世，執法安民，仰沾再造洪恩。哀叩憲天大老爺大發慈恩，賞准活命，吊閱糧册，敕勘界至，斬佔援孤，保全墓産，救活生命，人鬼沾恩，只虛甘坐，激切上告等。因奉批：

仰縉云縣查報應起兆呈併發，又應起兆爲勢佔民業事。詞稱：業憑契管山立界至古今通例，身於五十六年間，憑中朱珍如價買朱允炳竹山一處，土名碥上洞口，載明四至，毫無踰越。畝糧炳赤經管三載無異。突出訟棍盧鳳元、盧爾生、盧爾森，紋黨張育之、張賢之等，謀錦不遂，膽於本年八月初二日越界强砍，論阻硬争。通地孫仲生等駭證劇鳴縣主，技逞條呈，制管鉗吏，抗不服審；惡膽愈熾，復肆砍伐，迫阻觸凶,蜂擁至處,通門裂壁,男婦驚惶,冤烈號天。未沐恩准,清世亂民,白日黑冤,天莫垂救,民何以寧?憲臺聽訟,片言折獄,何難一訊?隻字涉虚,寸斬無怨,叩乞憲天老爺憐納下情,恩准提審,賞驗文契,敕勘界至,唤訊地方,斬强正業,孤愚有主,魍魎遁形,舉家頂德,通地銜恩,迫切上告等因。二詞俱奉批發到縣,奉此。隨即差唤去後。

旋據盧爾生、盧範、盧元駱、盧紹榮、盧彬、盧世望、盧榮侯、盧爾九、盧文序、盧善道、盧惟端、盧方來、盧蟾攀、盧允周、盧鳳元、盧爾森等訴爲盜葬抄佔越誣倒制號勘詳斬正業事。

詞稱:盜葬律例嚴明,斬蔭法干究討。緣身始祖原有二十九都方山分遷二十五都白隴今地,同方山分派祖墓歷坐二十八都,土名磡上,上下二墺肆坡,及擇淤坑、東山、潭頭等處,古額山畝通計三頃七十四畝,祖冢七壙,山場遼闊,界至分明。前朝道府縣立案,並裔譜載明炳炳。續因代遠衰廢,山被佔管殆盡,今止實存"乃字五千四百八十九號、五千四百九十號",共計一十六畝五分。曾於康熙四十九年因彼盜砍墳木,經地朱陵五、朱珍如、李以成、孫仲生、李君鳳等立約,設禁毋再侵犯,禁約存電。變遭地虎李君龍、應起其、李以成、應起兆蓦今盜葬,擇圩坑上下二墺等山,當頂扦鑿,祖骨抄屠。今春知駭,即欲奔控,經棍立限,明冬遷移,限筆現赤。隨又經地孫仲生、張詳之、陳德美立約加禁,嗣後墳山餘吉,並雜色竹木,永無侵擾,禁約名押現據。詎料虎惡釘忿絞謀伏祟,孫仲生立膽肆於今秋統翼李音如、應起雅、應小妹、李君福、李君鳳、李海良等擁山盜砍松杉竹木,雜蔭一光。看山張育之、張賢之等報異,奔看目擊心酸,理論遭殺,幾致了命。地鄰胡士希、陳選生等救證,懼罪必鳴,驚馬先嘶,不由縣審,捏以墓佔命危勢占民業各等詞,越罩府憲,刁將張育之指蠹聳准送臺在案。切惡等縣詞已蒙批,所立筆約必非無因,該地社查覆未經准審何爲冤抑,即稱立約,誘中騙押,若非身等之山,豈能强其與約畫押之情。況應起奇現其立限筆明冬遷移,盜葬無從置喙。據稱買朱允炳土名磡上洞口之業，此處即在身等祖墳山内，已經賣主朱允炳之父朱陵五，見朱珍如等四十九年同立禁約在先，他人之業豈得盜買？身等山場不辨自明。似此造誣越制，盜鑿抄冢，斬蔭屠佔，法干寸磔，死有餘辜。訴乞俯電古案宗譜山圖，查對鱗册土名四至，接律究擬，詳勘正業，保墓安生，冥陽銜結。

上訴等情到案。正在喚齊庭質間，隨據具息人鄭鐘臣、胡士希、孫仲生、應漢臣、陳碧山、李知常、孫奕昌、黄克勤、沈英如等連名具呈，爲懇恩詳息以安民業事。詞稱：

緣李以成、李君龍、應起兆以墓佔命危一以勢佔民業事，詞控盧鳳元等在府到臺，及盧爾生等以盜葬勢佔各等詞具訴，各詞在案。身等爲之從公議處：其所争土名礵上洞口等處山場。原因朱姓錯賣，以致争訟。應將礵上洞口之山悉歸盧姓，内止除李姓墳穴方闊一丈二尺歸聽李姓摽祭。其盧姓六畝山内有龜山上兩塊，上龜處歸盧姓，而龜内所有茶地柿木墳穴李姓管業，山場竹木盧姓管樣。下龜墳山李姓管業摽祭，擇淤坑山内李姓祖墳任憑永遠摽祭。管業餘山，一照古案魚鱗糧册各管，兩無侵擾。各出心服，不願終訟，伏乞恩准詳息，以便安業，頂德上呈。各等情前來，據此。該縉云縣知縣戴世禄看得，李以成、應起兆各具呈詞，控告盧鳳元等佔其墳墓山業於憲臺，蒙批下縣查報，旋據盧爾生等亦即具有訴詞前來，雖兩造之詞各執一偏，必須庭訊始能別其是非曲直。但查應起兆則現有限詞存於盧姓之手，内言“母故無厝借得盧姓墳山暫葬”等語，據此則李之與盧彼此山界或有未清，尚當控理，而應之與盧，既係借葬之山，不知何故亦自具此虚詞，逐隊上控耳。

縉邑民情，率多類此。正在質審之間，隨據鄭鍾仁等環集公庭爲之處息，懇求詳銷，卑職披閲息詞，所有山場已各分别井井，李盧二姓俱允各管各業，似可永杜紛争。其應起兆亦已俯首無辭，自知虚告之咎。時值歲暮，且念終屬鄉愚，冒昧輕訟，合籲憲恩，准與息結，俾各寧釋安業者也。

爲此粘連原奉批詞備繕册具申，伏乞照詳批示施行。須至申者。

康熙五十九年正月初十日

浙江處州府正堂加一級蘇　批如詳息逐繳

康熙五十八年十二月十八日知縣戴世禄

典吏：彭芝麟

（選自白隴《盧氏家乘》民國十四年重修本卷二十八）

赤溪蜈蚣鉗墳山古案

赤溪蜈蚣鉗森九十二太公墳拜壇下有古墓一穴，康熙七年，下潛西山、下潛盛之，勾引永康人潛汝奇、潛汝富、潛爾生到墳摽化，稱爲己祖。係下孫盛一百十全樸公控縣告其飛謀，衆親處和，立約已訖。至十九年又來摽化，砍伐柴條，意欲謀占山場，圖賣吉穴，公復控理。

蒙縣主戴公審斷，又得衆親處息和約，審語備載於左。

康熙十七年六月廿二日和約

潛汝奇同侄盛之，爲古墓事致盧其文告縣。今憑衆親公處議樣不致終訟去後，並無如前等情，立和約爲照。

畫押姓字：潛汝奇、潛盛之

見親：應從理、朱惟範、朱茂卿

代筆：朱五彈

康熙十九年閏八月初一和約

潛汝奇、潛爾生等原有古墓一穴，坐二十六都赤溪盧家墳山拜壇之下，因清明掛紙，砍伐柴條，以致盧邊經公。今衆親議處：每年止於穴内掛紙，穴外盡是盧家之山，決不侵擾。

立約永遠存照。

交約二紙，兩家各執一紙。有合同，縣主批有“准照”二字。有拑印，印內又有縣主親押。

畫押姓字：潛汝奇、潛汝富、潛爾生、潛明之

見親長：朱惟範、李又白、吕彪先、應從理、盧爾嘉

代筆：應從正

審語

看得潛春菊族人潛汝奇，久住永康，偶於康熙十七年來遠祖古墳掛紙。

墳在盧氏管業山內，年久無人祭掃，忽見有人掛紙，以致盧貞素有"憲斬飛謀"之控。前年議過，潛氏不再承認，今因又來掛紙，盧氏復來鳴控。訊問一干原被證犯，胥茫茫不知爲誰氏之墳，安能起九泉而問其爲誰何耶？

據兩家各親處息以後，止許潛家節間掛紙，不得由此墳外親封伐取樹木，兩相情願存案，繳。

雍正八年歲次庚戌春月穀旦，前乢第三房梓

（選自白隴《盧氏家乘》民國十四年重修本卷二十八）

水碓頭墓記

積十四公生下六房，當日最稱殷盛。至數傳以後，屢遭兵亂，又兼荒賠，而家業漸耗，子孫多散。或舍本宗而入繼他姓，或徙居郡城，或住遷仙邑，非惟諸祖宗祭祀寂寞，即墓側山場幾被他姓佔管殆盡。

幸我祖昌一百五十九公率昌四十九公與九十公、二百八十四公，僅稱四人，乘禍亂削平之後，各展孝思，自捐資財，爭鳴界限，仍管山場，略創祀田，以供祭祀。又苦積十數載，至康熙戊辰年間，幸叨祖陰靈啓佑，而子孫丁財頗繁，我盛一百十二先君又率昌行三百十五公、盛七十一公與九十九公、百一三公、一百四十八公、二百二十三公共七人，裔下子孫每丁捐助祀銀一錢，穀念斤，又創祀田六畝零，共計十二畝零，餘積祀銀二十兩零。嗣後供積、蔭、森三行諸祖宗祭祀之需，

此神人所共知也，則此祀銀、祀田有由來矣。凡出繼數世而回宗者，從前並未捐助，則凡山場祀産毫無干涉。今後雖至墳墓摽化，不得以共祖而生覬覦之私。

故謹備述而志之，以表我祖父報本之篤，使裔下子孫世世相守，庶不負前人之志也云爾。

時大清雍正八年歲次庚戌端月之吉，裔下孫建申頓首百拜謹識

（選自白隴《盧氏家乘》民國十四年重修本卷二十八）

碻上墳墓山場序

吾家居方山時，墳墓多在廿八都碻上，其盤龍山一壙曰怡五公，則吾拱八公之所自出也。怡五公之妣厝在石圩坑，其上墺屋後一壙曰輝三公諱應宇，由選拔任仙居縣教諭，則吾怡五公之所自出也。其同穴一壙曰輝一公，公諱應酉，登宋咸寧進士，授翰林集賢院學士，則吾輝三公之嫡兄也。

今其孫子在方山者亦尚有人，而在白隴者尤爲殷盛，自庚一公以下皆其後裔也。其餘墳墓甚多，其支派皆在方山，不及悉數。

至於下墺屋後有墳三壙，其子孫雖衰微流散，然皆輝三公之親族，同出於十五府君者也。則凡此祖墓，皆我後人所當年年清明至其地，摽化其墳塋、看顧其山場，世世相守不可失墜者也。然而吾家祀典前朝之事不可詢考，至於本朝，則自順治以來，老成之人並未有至碻上祭墳者。

嘗思其故，蓋由崇禎癸未以後，國家鼎革，世事變遷，至順治戊子，號令始及於東南，奸人跋扈於草野，房屋焚毁，室家離散。及至乙未，山寇竊發，其禍尤慘，屠滅地方，片瓦不留。當此之時，人丁没於鋒刃，家財盡於兵火，亦何暇念及於三十里以外之先塋乎？且自廿六都以至廿九都，其背山環險之處爲寇盜據作巢穴者十數年，金竹、堂

慈、白隴皆爲敵國，雖有孝子慈孫不忘磡上之祖墳，亦何途之從而至其地乎？嗣後漸漸平成，然干戈方息，瘡痍甫定，至康熙甲寅，又復罹亂，雖其禍不若國初之慘，然而夫馬徵徭供給不暇。時勢若此，事之廢者何能遽興？此磡上祭祀之禮所以不行也。

至康熙五十年後，子孫始有服本之思，各捐己資，買辦祭禮，到墳摽化。其墳雖方山人年年祭掃，而山場已盡爲磡上李姓、應姓人所佔管矣。李姓之山不知始自何年，冒管已久，至於應姓之山是堂慈朱家人所賣，則以前爲朱家所佔管無疑矣。乃投聞磡上地社立約禁樣，不許李姓人砍斫竹木，應起兆有母厝在山内，面同地方孫仲生立筆，限過擇日扦葬。李以成、李君龍、應起兆等忿怨不服，告縣不准，直控府主蘇太爺。

批縣查覆，吾家乃至半嶺胡姓，查看鱗册，鱗册中“柰字四千五百九十三號山計陸畝零，業主盧永祥”，胡士希、胡士章皆謂此即是李姓、應姓人所管之山。又至方山查考履歷，方山有抄白古案一紙，雖無印信，其筆甚古，乃前朝嘉靖年間與李法官司公判案卷，其中所載“磡上山場三頃七十四畝”盡是盧氏世業。及本朝丈量，想是路途隔遠無人料理，故止有六畝之山。

於是將鱗册古案作爲憑據具呈，並訴狀兩家寓主干證。及各親友查知其事，以爲盧姓有魚鱗案卷，李姓並無憑據。至於應姓之山，雖以朱家賣主爲憑，有朱允炳者爲應起兆干證，次日將審，星夜走回家中，乃聽衆議處妥。李姓所管之山盡還吾家，惟墳墓在山中者聽其摽化，又取龜山一處與之管業，酬其樣籙之功。應姓之山雖有朱家賣契，朱家無人質對，亦還吾家。縣主戴老爺准息詳府，府批如詳息，遂現有案卷一册存據。

至於下墺屋後之山，又爲吕國雲所管。蓋國雲有莊田坐在磡上，其房屋即在墳山之下，不知何年冒管，亦已視爲己業。事已明白，則此山應還原主，乃致書於國雲之親家楊漢沖。國雲貪此山場，執吝不舍，乃托楊漢沖於嶺下楊姓家内大設一東，出銀貳兩肆錢，欲將面前隔水之山與吾對換。吾家心雖不允，然而地方並無公貯，是年官司其費用皆派於人丁，每丁出銀三分，若又與吕姓訐告，恐貧苦人家連連出分，事勢難爲，又且楊姓眷親情面難却，故雖不與設立换筆，亦不遽爾租拚竹木，且將酒食銀兩作爲節年山租，聽其管業數年。

延遲躭擱直至雍正八年，始將下墺屋後竹木拚與石圩坑人張育之砍斫，而吕君適、吕若裴乃以盗砍情詞呈治育之。縣批抑地社覆奪，有李燦如、孫君甫等爲吕姓具覆，則吾家不得坐視矣，遂與方山合出呈詞告其譎謀狙佔。蒙縣主胡老爺提審庭斷之下，以爲盧氏有古案又有今案，且有交約、有禁榜，又有樣山人筆約、盗葬限筆迭迭憑據，凡磘上人爲吕姓覆呈者、爲吕姓干證者，其中皆有姓名有花押，何得一口兩舌作此是非耶？遂將干證人等杖責示懲，其山場墳墓一照案約盧姓管業，亦有案卷一册存照。

則自今以後，磘上山場上自丁公嶺以及盤龍山、及上墺屋後其中土名曰“洞口”、曰“毛桐園”、曰“龜山”、曰“下墺屋後”以至“九樓巖”，延袤五有餘里，皆吾盧氏世業，凡我後人所當摽化其墳墓，看守其山場，世世相傳不可失墜者也。

然而吾家人衆甚多，不能皆至其地，分房值祭，而又丁有多寡，於是將五十年以後始議興復，及五十八年官司與事，並雍正八年官司赴邑應審之人，共四十二人分爲六鬮，每鬮七人，共值一年，週而復始。先至方山後至磘上，倘有缺失，衆議共罰。庶幾水源木本，相傳相守，子子孫孫勿之有替云。

第一輪值祭以雍正十六年爲始：爾九，如日，伯玉，式南，蟾枝，金生，聖文；

第二輪值祭：云祖，爾先，洪九，榮侯，於沼，若天，喬枝；

第三輪值祭：爾生，爾厚，高榮，用明，惟陽，漢廷，紹虞；

第四輪值祭：景生，一章，永良，用奇，維宗，焕恒，伯安；

第五輪值祭：天九，爾奇，鼎和，楚枝，包九，包傑，兆龍；

第六輪值祭西白，永忠，惟周，永顯，祐枝，文岸，盧琦。

雍正十年歲次壬子二月穀旦

（選自白隴《盧氏家乘》民國十四年重修本卷二十八）

興助祭十二房墓序

黄園山祖墓十二房，吾家第二世太祖慶二公同妣陳氏厝葬於此。

公生三房：曰榮一公，則上六房之祖也；曰榮二公，則下六房之祖也；曰榮十公，則小陶灘之祖也。先年清明祭祀其詳已不可考矣，至今則有鱗册"帝字型大小土名上蒼祭田一百二十把"，小陶灘自古另祭，不與，此田惟上下六房輪流收租分年值祭，故曰"十二房"。現有長房後葉、三房後宅、四房前壄、五房前宅、六房上宅，惟次房無傳。榮二公只生三房，新屋上廂一房，下廂一房，後宅樓下一房。相傳以爲公生有姑婆三人，亦照份分胙，故曰"下六房"，然而一百二十把之田，租穀無多，上下六房子孫人衆甚繁，清明祭禮亦甚菲薄。

雍正甲辰歲，上六房第四房積六一係下子孫二十人各出銀三分買辦祭品。至秋熟各助穀一秤，分爲四鬮積貯生放，又生男者助銀一錢。其上倉一百二十把之田租，另有與祭之人，不在此内。

至乾隆三年戊午歲，四鬮值編，始用常銀利息供祭。前貯放穀斷照時價每鬮結銀四兩二錢五分，四鬮共銀一十七兩，又未助祭者各出銀一錢。至乾隆五年庚申歲，除祭禮訖共計祀本銀二十兩零。欲後來不忘其履歷，故爲序其大略曰：

人家大事，首重祭祀。蓋祖宗者子孫之本源，而歲事之衹薦，墳墓之拜掃，所以培其本而滋其源者也。吾家祀典，先朝之事，老成相傳，皆云殷盛。至國初鼎革，人家没於兵火，簿籍廢於煨燼，蓋以寅卯閩變，瘡痍甫定，而戎馬興復，徵徭供役日不暇給，祀之薄所由來也。

自康熙三十年以後，幸際太平者至今已六十年，而吾家祖墓祭掃，孝子慈孫捐資報本，次第漸舉，則有庚一公之助祭者四十二人，以下榮及森皆再興祭。而公係上下六房並小陶灘之共祖，族中子孫四居其三，乃清明祭祀，肴核區區，前壂家居近公墓側最爲逼近，每年清明目而視之，寧有不動於心耶？故於雍正甲寅歲之春，不及遍告各房，即上六房之第四房積六公係下前壂糾合二十人，群展孝思，出資興復，至今雖未云豐備，而亦略申追遠之情，以無忘本源焉。而各派子孫並吾前壂二十人之外，苟有慕義而興起者，則人之好善誰不如我，亦爲相率同人各興一祭，固大願也。

謹序。

大清乾隆五年歲次庚申清明日序

十一、十二、十四世孫（名單略）

（選自白隴《盧氏家乘》民國十四年重修本卷二十八）

興祭榮一太祖墓序

榮一太祖者，係予家第三世上六房之祖，前壂四房積六太祖之所自出也。同妣應氏、許氏與積六太祖合墓黄園山，先年屢被兵燹，簿籍無存，祀禮幾廢，後四房派下賴有捐資樂助，頗致贏餘，始加報享，然亦祇於祭積六公之期另具物件先時陳奠而已，從未有待舉之典崇我榮一公者，似此因子及父，殊爲未便。

至雍正十三年，積六公裔下孫二十人，因各出銀三分，中而生子生孫者各助銀一錢，以供祀事，而特舉之典斯起焉，但此亦一時薦享之計，非萬年追報之策也。幸同志二十人欲展孝思，以宏祀典，又於乾隆五年再定一例，其從前已助者出銀一錢五分，未助者出銀二錢五分，積貯生放，如是者十有一年矣。至今約有六兩餘金，雖祭享之資未云豐備，然幸無因子及父之嫌，而萬世追報之策亦由此基矣。前康熙五十四年爲積六公興復祀典者二十人，今爲榮一公興復祀典者亦二十人，庶幾和衷協謀，善始善終，則我祖在天之靈各得所安，而子子孫孫亦無不展之孝思也夫。

是爲序。

時大清乾隆十一年歲次丙寅三月十五序

計開定鬮人輪流值祭周而復始(名單略)

(選自白隴《盧氏家乘》民國十四年重修本卷二十八)

顯二百三十一撥書小序

龍門曹公諱德度字雍如者,予之岳父也。世連婚姻。予父備六禮而娶其三女,以予爲元配。

方期琴瑟静好,伉儷百年,不意好合六載,遂成永訣矣。夫夫婦,人倫大綱,萬世宗祧之所係,原不得以存亡易心也。予見世人生前則如兄弟,殁後而棄如遺,何情之薄也,予是以常自示無變志,遲之數年,將遂異室同穴之情,既而幸蒙曹姓撥隙地以厝吾妻,並有以及於予,乃知吾之所以待吾妻,而吾妻早相期於地下也,夫豈偶然,夫豈偶然!

今家乘重修,略書數語,使予之子若孫輩咸知母族之美意,一遵撥書,毋另生覬覦之見,以垂禋祀於萬年,是予之素心也。

於是乎書立撥廿八都曹忠四五公派下曹慶之、雲章、陳如、行如、世達、南若、監先、咸先等,原有祖墳坐落東山龜其右邊上手、青山塘下乢心穴壹個。各房大同面議,立筆撥與孫婿盧介彭,厝葬曹姓孫女。穴場除拜壇外,止許貳丈伍尺爲規,上下左右不得侵擾。其穴自撥之後,任憑擇日造穴,至葬之日並無分序阻執及輾轉翻悔、索價等情。其墳穴止許壹個,不得再行附葬。今恐無憑,特立撥筆,永遠存照。

乾隆十年二月日

立撥筆:曹慶之、公如、世達、焕如、南若、咸先、行如、監先、陳如、卓先、抑如、孚先、雲章、寧如

執筆:繡先(以上俱有花押)

乾隆三十一年六月顯二百三十一載境書於晚翠堂

(選自白隴《盧氏家乘》民國十四年重修本卷二十八)

廟前山訴訟録

處州府縉云縣爲遵細繪聲等事。乾隆三十四年二月初十日，奉特授浙江處州府正堂加三級紀録三次倉批卑縣民人劉彌清控盧廷亮等佔山一案。詞稱：憐身閩民，隨父投縉，當租楊姓四千三百七十二、三等號山場，種植成林。乾隆二十一年契受次筆，將楓槐拚國齊砍放香菇，至今未畢，前年又將枝栗拚盧姓同住鄭子官砍造。設屬盧業，非惟盧居近山不争，子官等焉敢妄拚？

禍由惡棍盧廷亮挾隙欺孤計，聳訟劣盧聖祥技貫刀筆，甲富盧如日强搶拌木，始將千百年蔭木古廟捏爲雍正年造。身呈契據，前令狐主審，伊囑奸鄰楊老乾、楊廷法改稱乾隆二十年移造，諭勘未結。上年十月蒙湛主赴勘，又改指離廟數十丈山公壇爲古廟。辨明是壇，既無牆屋，又無古蔭基址。抽訊老成山鄰楊彦廷等，供非古廟，又經賣主楊廷貴呈指。非縣主洞悉，劣囑戚衿楊秉周兆縣三宿伊家，工讒偏聽。十一月廿四日機子劉如息赴催，不容身質，一任劣弟盧正友冒稱社鄰，混指公壇爲古廟。以壇前坑爲盧四千三百七十一號業界，身子以印契呈赤，現在完糧，叠拚成林，尚植數百金之七十二、三兩號盡占無遺，糧復陷賠，哀禀復加，杖責狂追拚價。身上臘初七匍匐哀轅，奉批抄粘，乞察糧册不憑，契載不據，以壇作廟産佔糧抛，抄呈縣斷，山圖粘説，叩乞憲天大老爺電准，親提委勘究佔，虚甘加坐罪，計圖呈等情。奉批仰縉云縣查案報等因，奉此。該卑職卷查一件欺隔盜砍等事。

乾隆三十二年三月十五日，據生員盧如日、盧聖南、盧廷光，民盧紹匡呈稱：

念生等始祖原住二十九都方山莊，獨遷二十五都白隴，祖墓山場仍在方山，糧坐盧拱八祖户。生等歷代分鬮世守，因途隔六十里，每逢清節拜掃稽查，以杜鼠竊。

本月初七日生等往祭，冤被地棍鄭子官貪生祖山土名葛藤窠巨木成林，膽肆欺隔盜砍。生等駭查無異，被盜巨木百數十株，木茬星列，樹椿滿山，傷心劇，托地鄰楊秉周、胡士道到門斥理。豈料子官奸惡異常，故避不面，明欲陷生守候無期。窺生等回家，膽肆恃地豪横聚搬光，情同强搶。楊秉周同地社盧方純等目斥抱忿報證等情。經前任令狐令批差查帶訊。

去後。又據鄭子官訴稱：緣身承拚劉彌清土名廟前山木，價明筆赤，砍做無異，憑中楊廷惟可訊。詎盧如日、聖南、廷光、紹匡等於三月十五控捏墳山盜砍，騙混天聽，蒙差查帶訊。切身承拚現係青山，並無墳墓，山如有，清應與劉姓彌清理論，非奉諗訊，民陷何堪，等情，前主批候訊奪。

去後。又據劉彌清呈稱：緣身承買楊廷獻土名廟前青山一片，坐裳字四千三百七十二號，業主楊志，計山二畝，管業有年，並無新古墓跡。身今山木出拚鄭子官砍做木料，山鄰楊彦平、李大宗等可證。詎有惡衿盧如日、盧聖南、盧廷光、盧紹匡等，欺身孤姓單丁，串夥盧方純等，恃山界連，希圖横佔，向陽砍伐，並率盧廷亮、盧廷榮、盧廷鼎、盧廷子等，擁身山内，强砍樹木，身鳴山鄰，往看無異。詎奸膽於三月十五日捏控盜砍，奉准差查帶訊。切身契據，現赤，界至分明，業主畝號炳炳，非奉訊究，奸衿得志等情，前主批候契奪。

去後。又據劉彌清呈稱：緣身等以欺隔盜砍具控鄭子官一案，奉批差查帶訊，詎子官計籌閩棍劉彌清、劉朱元等移混挺佔，反以恃衿横佔絞誣罩。臺兩批抄式。據棍誣稱：裳字四千三百七十二號山土名廟前，業主楊志，現坐生山之裏首，中隔一隴爲界。生等祖山係裳字四千三百七十一號，業主盧祥，計山一十畝。歷樣巨木，與伊界址分明，繪圖電鏡，禍緣此所。國初原有古廟，造在楊志山前，故名廟前山，廟基垶垣形跡現在可勘。近來因棍住發，雍正年間變遷新廟於外首，竟與生山對照，地鄰楊秉周、胡士道履勘可訊。鄭子官因盜控准計窮，籌棍挺誣罩佔明，因廟宇變遷逞刁，圖並淚生十畝良業，豈伊二畝山連遂其佔滅，非奉恩察並訊究追，被盜被占，理法奚容等情，計呈圖一紙，前令批存，圖候核。

去後。復據劉彌清呈送山契，内開立賣契："二十九都楊廷獻同叔楊若全，今因錢糧無辦，自願將父遺下土名坐落泊公坑田六畝零，又地二畝並山場荒熟一應在内，東南四至各有斷界分明，托中立契出賣與劉彌清邊爲業。三面斷價銀一十四兩正，其銀即日同中收足，其田地山場自賣之後寸土不留，任從賣主推收過户、召佃耕種、栽樣竹茶雜木，並無親房叔伯兄弟子侄争執違礙，及二三退悔、重行交易，永不找贖等情。如有業産不清，俱是賣人失當，不累買家之事。今恐無憑，立賣契永遠存照。乾隆二十一年十二月，立契楊廷獻、楊若全、曹美先各押。内一批土名坐落殿前山二畝，各有斷界分明，再照押。"

隨經前令集訊兩造，供詞絞混肴，飭候勘斷在案。卑職抵任，復兩造具催，隨即查案。於乾隆三十三年十一月二十四日帶同鱗册前詣該地，勘得一土名"葛藤窠"，"裳字四千三百七十一號"業主盧祥，山一十畝，東至坑南至崗，西至坑北至坑，其東界連七十二號即楊廷獻賣劉彌清之山。又勘得土名"廟前山"，"裳字四千三百七十二號"，業主楊志，山二畝，東南坑南至崗，西至坑北至坑，其西界連七十一號即盧如日等山。

查對山形與鱗册符。卒又勘得盧如日等所控砍樹處所在葛藤窠山，西與廟前山交界之處。復勘山下葛藤窠山對面廟一座，查驗殿梁，題"乾隆乙亥年建"，廟前山對面地内有坪基形跡等情形。隨即查訊問據楊彦平、盧方純，同供"小的是社首鄰佑，那盧如日同劉彌清争的山只因'廟前'兩個字，盧家説是古'廟前'，劉家説是新'廟前'。但這現在新廟是乾隆二十年造的，那舊廟原在勘得地基上，是雍正十三年水冲壞了。魚鱗册是康熙年間的册，上的'廟前'自然舊'廟前'了。劉彌清争是新'廟前'，是錯"。

問據生員楊秉周、民楊廷法同供："楊廷獻是生員，族人楊廷法的哥子，没有到案。這山是小的楊廷法家賣與劉彌清，裹邊的廟基原是古廟，那‘廟前山’原是廟基對面的山了。新廟現有題梁年分，實是移出來造的。”

問據生員盧如日等同供：“生員住在白隴，地方離此山有六十里，没有人看管的。這山土名‘葛藤窠’，劉彌清買楊家的山土名‘廟前山’，鱗册上都注明的。只因舊廟水沖了，新廟移在生員墳山對面，那劉彌清借此要占生員的山，又拚山上的樹。今已蒙勘明白，要求作主。”

問據鄭子官供：“小的不曉得是盧家的山，與劉彌清拚了樹是小的錯判的。判銀三兩交與劉彌清了，求追出給與盧家，要求開恩的。”

問據劉如息供：“父親劉彌清老了不能到案，哥子如章不在家里，小的來聽審的。小的父親與楊家買的是‘廟前山’，如今將小的買的山移到裏頭去，既蒙勘明是外是裏、是新廟前是舊廟前，求公斷就是。”這等供。

據此，卑職查：劉彌清契買“裳字四千三百七十二號”之山二畝，土名廟前，核對鱗册相符。而鱗册造自康熙初年，則册内所開之廟自非乾隆年間所造之新廟，洵係雍正年間水冲之舊廟。其廟前之山自係廟基對面之山，而非新廟對面之山。允無疑義，是以定案。

訊得盧如日等具控劉彌清與鄭子官背拚山木争山一案，查閱全卷册據，復經親履查勘該山界限，據兩造所指控争廟前山場，以古廟新廟兩家訐控滋訟。兹據集訊社鄰供明不諱，悉訊前情，除將劉彌清之子劉如息杖責三十板，仍追拚價銀三兩給還盧如日收領。嗣後劉彌清應管廟前之山，不得移越新廟前妄争滋事。各取遵依，立案在卷。

兹劉彌清上瀆憲轅，奉批查卷，該卑職遵查：生員盧如日等控劉彌清盜砍一案，緣盧如日等有祖墳山十畝坐落方山莊“裳字四千三百七十一號”，土名“葛藤窠”，與劉彌清所買楊廷獻等“裳字四千三百七十二號”之山界址毗連，而是山二畝契約鱗册俱載，土名“廟前”。惟因山對之廟雍正十三年山水冲没，於乾隆二十年間居民復建廟宇，舍置舊基，移建於葛藤窠之對，以致劉彌清誤認新廟對山，與廟前山將山樹判鄭子官砍作。盧如日查知控理，經前令狐令查訊未勘。卑職抵任查案，履勘訊悉前情，查“廟前”名目契册確鑿，舊廟基址形跡、新廟建造年歲，履勘分明。劉彌清所拚鄭子官新廟對山砍樹之處，實在盧如日等墳山界内，是以將劉彌清所得拚價銀三兩斷給盧如日收領。鄭子官不知不坐，劉彌清匿不至案，即將伊子薄懲示儆。姑念劉彌清年老，免其拘處。

詎該民復瀆憲聰奉飭查卷，理合備録全卷，申候憲臺俯賜察核，批不飭遵，爲此備申，由另册具申，伏乞照詳施行。須至册者申者。計申繳奉發原詞一件。右申本府憲。

乾隆三十四年四月廿七日，陳維焕、趙獻朝同呈正堂湛

（選自白隴《盧氏家乘》民國十四年重修本卷二十八）

歷序泗巖彌陀園木星來由

泗巖彌陀園木星，係吾家怡、惠、智三行太祖之所厝也。自明傳清，因康熙乙未兵燹以後，東邑枝柏山與白隴，無人到墳掛祭，方山祭掃人亦希，是以下坑胡振玉、胡德高將吾祖冢前做堆佔賣與胡奇玉。

方山裔下清明祭掃始知，次早即到胡莊協社向奇玉理説攤堆，其家婦女解擒。事出無奈，趕到白隴商議此事。白隴叔祖及叔輩以墳向不掛祭，無人相助，吾一人以祖冢被佔報本不得不力，即下縣具呈縣主林，批抑捕衙看報。因族無公帑，延至次年續催踏勘，黄捕衙於二月十二日方到要看，駕寓壺沉，胡振玉自知罪戾，力托曹雲標、陶子乾處息。胡振玉自甘没價，胡振玉自願攤堆，服龍具結，詳縣。事雖准息，但公費無取，方山與枝柏山糾裔商議，因吾一人用力出費，將祖墓外餘吉與吾附厝。立議約三紙，枝柏山存一紙，方山存一紙，吾存一紙，此木星與吾附厝之來由也。

切振玉父胡于奇康熙初年曾賣冷水吕君先，方山叔祖允高常中投衆理説。前朝係胡舅盧甥借厝一穴在下，而户册宗譜實係盧家之業，與胡家無涉，因此胡振玉、胡德高攤堆還盧姓。

此山坐二十九都方山莊盧周常户，山三畝正，康熙四十年三月立賣契，胡汝仁見中，賈君禄代筆。李予覺將泗巖隔水伏虎山一壟賣與曹迪生遷葬，實係盧家山。因不敢葬，至乾隆四十四年吾出原價取回，有轉契書於前契之尾。親筆：子曹抑如；見中：陶子乾。乾隆三十六年三月十四賜初氏特書，後裔知之。

抄白議約一紙。

立議約：輝一公下枝柏山廷奇輝三公下經章等。

原有祖墓厝廿八都泗巖彌陀園，今被胡振玉做堆估賣，以致控縣。林縣主批：著黄捕爺看報。缺少費用，糾裔商議，將此山祖墓外餘吉歸與裔孫如日附厝一穴，嗣後不許言及背附，其應用需費亦不許推委。

特立議約三紙，各執一紙爲照。

再議：不許別賣異姓。又照。

乾隆三十六年二月日立

輝一公下廷奇、朝先

輝三公下經章、正宏、美良、美雲、廷梓、廷鼎、聖南

執筆：正彩

（右合同枝柏山朝先存，右合同方山美良存，右合同白隴如日存。）

（選自白隴《盧氏家乘》民國十四年重修本卷二十八）

官田審斷案

道光廿七年十二月廿二日，蒙縣主湯成烈庭訊：

據生員羊履和與民羊宗祥、羊臣土仝供，生員年七十九歲，住廿九都大皿莊。生員們原有土名“横巖”古管墳山壹處，係“裳字四千四百七十四號”，計山四畝五分，與盧朝錫們祖管土名“陰脊山”場毘連。本年不料盧朝錫們覬覦生等山内樹木，於本夏將柴條出拚與溪頭莊吕姓砍伐燒炭。生員們向阻，兩各凶毆受傷，控奉驗明在案。至生員們“陽脊來龍山”計四畝五分，内葬有祖墳。生員的譜是道光七年修

的，因是孤祖以致不載上譜，也蒙勘明的了，求丈量公斷就是。

（至道光廿九年僞集孤祖二穴，修歸皿譜。）

方山口供。據盧朝錫、朝興仝供：小的們原有祖遺土名“官田後”，坐西北朝東南陰陽兩脊常山壹處，計山拾畝，號坐“裳字四千四百七十二號”，業主潛樂丘。陽脊葬有范、朱二氏及樂丘公，譜名“宗潤墳”。二穴宗譜確載，籤電可核。又陰陽兩脊山脚，小的們另有丈管山二畝，係“裳字四千四百七十一號”，亦葬有祖墳，譜均載明。不料生員羊履和等藉有坐南朝北土名“横巖”，即俗名“懸絲釣鱉”墳山，與小的們陽脊山西邊巖絲界址毘連，竟將羊姓墳後隔溪“裳字四千四百七十四號”之山以連號移抵，又將小的們陽脊山場以朝山捏作他的來龍，出而混争。以致十一月十九、二十兩日，羊宗祥、羊臣土等率衆數百餘人，把小的們樹木强砍一光。業奉勘明在案。至小的們承管山場，現有鱗册可憑，所葬墳墓亦有宗譜可據。小的們山内樹木係道光廿三年出拚與職員吕載希砍剉，均被羊姓砍去。求核據訊斷就是。

堂諭：訊得生員羊履和等與盧朝錫等控争山場、兩各凶傷一案。緣盧朝錫等有土名“官田後”，坐西北朝東南陰陽兩脊常山壹處，係“裳字四千四百七十二號”，計山拾畝，現有鱗册可憑。葬有范、朱二氏及潛樂丘祖墳二穴，亦有宗譜可據。情因陽脊山脚之西南有巖絲一條，與羊履和等坐南朝北土名“横巖”即“懸絲釣鱉”之墳山毘連，詎羊履和等以盧姓陽脊之山即伊來龍，出而争控，兩各凶毆受傷。

經本縣驗勘之後，查盧姓陰陽兩脊山場，盧姓所葬墳墓，既有家傳宗譜可據，該處陰陽兩脊墳山以巖絲爲界，自應斷與盧朝錫等照舊管業。其土名“横巖”，即“懸絲釣鱉”之山場，既羊姓葬有祖墓，亦以巖絲爲界，自應斷與羊姓照舊管樣。

至羊履和供稱陽脊山内之墳是伊的孤祖，查羊氏譜墳圖止有“横巖”即係“懸絲釣鱉”之墳，與上毘連之山毫無干涉。既名爲祖，雖孤絶無嗣，亦必確有其人，羊譜並未載明，羊履和等亦不能確指，一味狡執不遵，其心尚未折服。所有該山樹木先已封禁在案，以後盧、羊兩姓俱不准砍伐，致該山控争處所，静候開篆時另行丈量定案可也。此諭。

道光廿八年正月廿五日羊履和等呈奉批：該生等控争之山，業經本縣親詣勘明，兩造雙方宗譜及所呈鱗册詳加察閲，以該山形勢而論，土名"横巖"即"懸絲釣鱉"該生家葬有祖墳，以巖爲界，應該生等管業，餘非爾家所有也。以宗譜而論，盧氏修譜在先，爾家修譜在後，何得謂"伊隨後添戳'後隴'二字"？况兩譜中各塋圖兩相比核，址界適符。更查該生等所呈鱗册字號又不符合，其爲盧氏之山毫無可疑，斷歸盧姓至公至平。乃該生等執迷不悟，糾訟爲能，深爲不解也。毋瀆。

七月廿二日，署縉云縣爲遵批録詳事案奉府憲恒批：

墳稱孤祖，已屬不經，又無墓碑宗譜可憑，安知非羊姓希圖争山任意混指？仰再摘傳人證，確核鱗册執據，訊明定斷。繪圖詳候核奪，毋任延訟。切切！此繳。

（選自方山《玉川盧氏宗譜》光緒癸未重修本卷十）

盧翁崇海掇拾墳墓記

大凡聚族而居，皆有不毛之地，形勢高燥、不爲水潦所蝕者立爲義冢，凡族之下殤者瘞焉。其貧而無土可歸者，雖年登耆耋，亦往往葬埋其中。然厝是地者，類無良材美槨，歲時既久，而牛羊踐履，樵牧往來，易於坍壞，甚或水衝土易，白骨纍纍，此人所共憫而不能無望於有力之家也。然有力者又每視若無覩，非其心獨忍，亦財之難拾耳。

歲甲子，予仍館皿川方山，盧翁子朝揚延尚方先生課其六歲兒讀，歸語予曰："予東主之父崇海翁，幼苦貧乏，中年後僅成門户，而孳孳爲善，惟恐不逮。"因爲詳道掇拾本支無後之遺骸一事，命予記之。予曰："此其澤枯骨矣，何他論哉！"

蓋方山盧氏素有族葬處所，盧翁父廷成公每念其散厝，見有坍壞，心甚惻而苦無貲財。盧傷父志不遂，家計少充，即舉行是事。於道光年間擇取吉日，相其墳之無主後者，每冢具一石棺，卑濕者易其地厝之，共計十有餘穴。噫，翁非素封者，而不吝囊槖如此，此足告世之有力者矣。因記之以復尚方先生。

盧翁諱光昴，字錫曉，崇海其號也。以同治癸亥年十二月十七日卒。其子朝揚，今亦綽有父風云。

時龍飛同治四年歲在乙丑仲吕月上浣之吉，永康副貢
峻峯弟酈静山拜稿

（選自方山《玉川盧氏宗譜》光緒癸未重修本卷十）

縉云縣公署佈告 第十九號

本年一月二十日，據溪東區白隴田畈莊教員盧南庭、歸軒民盧春培、葉崇、新風、維海，兼同盧金海、作培、維秋、耀廷、中氣、宜興、松銀、維恂、榮强、友路、周書、鳳幹、光福，呈稱爲放火燒山叩請示禁嚴加護樣事。

緣民有土名峻嶺後陳岹（嶴）、塘下坑、鳳凰山、小黄嶺、青刺岹（嶴）、大墳岹（嶴）、外地塔、東梁山、上鐘山、赤溪饅頭山、白沙壟、小巖門、竪碻巖、青塘岹（嶴）、尾巖、門塘、小墳岹（嶴）等山數處，歷年護樣，樹木森叢，蔚成葱鬱。乃自客秋以來，縱火焚燒，迭遭屢起，往往雀角鼠牙，釀成詞狀，且縱斧尋斤，不知愛惜，此暢茂條之象所以不能多覯，而材木樵薪遂至不給於用。不大加整頓，則森林要政等於具文，必至任意燒毁、妄加剪伐，無以呈芃芃之景、壯鬱鬱之觀。若不加禁護樣，木茂林森，其奚以望？爲此聯名公叩，乞請給示多張，張貼各處，以備周知，以申厲禁等情。據此，除批示外，合行佈告該莊人民知悉：

嗣後，如有人擅往各該山將林木任意燒毁、妄加剪伐者，定予嚴辦，其各凛遵毋違，切切！

特此佈告。

中華民國三年二月十日，知事劉景晨

（選自白隴《盧氏家乘》民國十四年重修本卷二十八）

第七編　人　物

家族源流如廣角鏡，可以讓人看到一個家族從哪走來、如何走來的畫面，其氣勢有如海天一綫處卷來的波濤，澎湃洶湧，遼闊恢宏。而人物傳記則是浩瀚海面的一朵浪花，是特寫鏡頭，它將焦點聚集於人物個體，爲我們捕捉到一個個鮮活的往者面容，並標注出一串串初覺陌生，轉而令人肅然起敬的姓名。

中國史書、志書，歷來注重人物傳記的撰寫，一部優秀的家乘大抵也是如此。記述前人生平事蹟的序、記、略、傳、實録、閫範、墓表、墓誌銘等等，往往占去家乘的大半部，是編撰者著力最多、編寫最爲艱難的部分，某些名人、文化人的生花妙筆，則是這部人物傳記的精髓，因而，一直有“古來方志半人物”之説。

人的地位有高低、生活有貧富、壽命有短長，然而這是相對的，作古者能否在他人心中繼續活下去，並享有崇高地位，除叙述者之因素，更取決於人物生前的精神、品質和意志。清代學者章學誠説，“史志之書，有裨風教者，原應傳述忠孝節義，凜凜烈烈、有聲有色，使百世而下，怯者勇生，貪者廉之”，此言得之。

一、恩　榮

諭　旨

奉天承運皇帝制曰：

策勳疆圉，昭大父之恩勤；錫賚絲綸，表皇朝之霈澤。爾盧春和乃兵部差官加一級盧斯正之祖父，敬以持躬，忠能啓後。威宣閫外，家傳韜略之書；澤沛天邊，國有旂常之典。兹以覃恩，貤贈爾外昭武都尉，錫之誥命。於戲！我武維揚，特起孫枝之秀；賞延於世，益徵遺緒之長。

制曰：樹豐功於行陣，業著聞孫；錫介福於庭幃，恩推大母。爾章氏乃兵部差官加一級盧斯正之祖母，壹壼儀足式，令問攸昭。表劍佩之家聲，輝流奕世；播絲綸之國典，慶衍再傳。兹以覃恩，貤贈爾爲恭人。於戲！翟茀用光，膺宏庥於天閣；龍章載焕，被大惠於重泉。

同治十一年十月初九日

兵部差官加一級盧斯正之祖父母

（選自第一支《石馬盧氏宗譜》民國癸亥年重修乙酉年續修本卷一）

諭　旨

奉天承運皇帝制曰：

寵綏國爵，式嘉閥閱之勞；蔚起門風，用表庭幃闈之訓。爾盧嗣颺乃兵部差官加一級盧斯正之父，義方啓後，穀似光前。積善在躬，樹良型於弓冶；克家有子，拓令緒於韜鈐。兹以覃恩，封爾爲宣武都尉，錫之誥命。於戲！錫策府之徽章，洊承恩澤；荷天家之休命，增耀門閭。

制曰：怙恃同恩，人子勤思於將母；赴桓著績，王朝錫類以榮親。爾陳氏乃兵部差官加一級盧斯正之母，七誡嫻明，三遷勤篤。令儀不忒，早流珩瑀之聲；慈教有成，果見干城之器。兹以覃恩，封爾爲恭人。於戲！錫龍章而焕采，用答劬勞；被象服以承休，允膺光寵。

同治十一年十月初九日

（選自第一支《石馬盧氏宗譜》民國癸亥年重修乙酉年續修本卷一）

諭　旨

奉天承運皇帝敕曰：

朕以元嗣誕祥，霈澤宇内，凡厥群工，咸沾褒典，所以廣恩渥、均休慶也。爾太常寺博士盧勳，蔚以甲科之彦，筮仕鄉曹，典司禮樂，乃能勤慎自持，賢勞允著，朕實嘉之。兹特進爾階文林郎，錫之敕命。爾其益勵乃心，益修乃業，嗣膺顯陟，副我命詞。欽哉！

敕曰：國家推恩群臣，必及其配，所以重齊體之義也。爾太常寺博士盧勳妻蔣氏，恪修婦道，善相爾夫。夫既顯榮，爾宜並貴。兹特封爲孺人，茂膺寵光，益敦儆戒。

制敕

嘉靖十二年九月初四日

之寶

（選自第三支《白竹盧氏宗譜》民國庚辰重修本卷之一）

諭　旨

奉天承運皇帝敕曰：

人樂有賢父，樂其教也。國家緣子貴父，匪徒顯貴之，實重酬之。爾盧時勉，乃太常寺博士勳之父，質直好義，狷介不阿。孝友著於家庭，行誼孚於里黨。訓成賢子，爲國近臣，肇錫寵封，安享壽祉。天之篤錫善人，其不爽哉！兹特封爲文林郎、太常寺博士，祗佩綸言，增華命服。

敕曰：古之賢母，名聞於時，必於其子徵之。國有褒典，朕奚靳焉。爾應氏乃太常寺博士盧勳之母，賦性温恭，理家勤儉。篤生令嗣，克振賢聲。宜有綸章，以示褒勸。兹特封爲孺人，並沐殊恩，永彰慈訓。

制敕

嘉靖十二年九月初四日

之寶

（選自第三支《白竹盧氏宗譜》民國庚辰重修本卷之一）

諭　旨

敕禮科給事中盧勳：

各處邊方錢糧，姦弊多端，歲久未經差官查理，今特命爾同監察御史邢址，前往湖廣、廣西各邊照依户部題准事理，督委各該二司守巡官及管糧等官，親詣該邊曾經調集軍馬去處倉庫場分，自嘉靖九年起，至嘉靖十四年止，吊取各年卷簿，將各項糧料、銀兩、草束逐一查盤，要見收放月日數目，並有無支銷明白。如有先後相攙、彼此混離，仍照先行事例。

自前次查盤以後，至爾等到彼之日，通行查盤，不必拘定年分，務要肅清弊端。其見在行令該管人員照舊看守，中間如有侵盜、挪移、埋没、拖欠及虧折、浥爛、插和糠秕等項情弊，就將經該人員行挨到官，究問是實，照數監追，完日從重問擬發落。内有給由、遷調、離任、脱逃、事故等項，亦要挨究下落。干礙文武職官應提問者，逕自提問究治，應參奏者，指名參奏。

朝廷以爾素有風力，兹特委任，務在用心如法盤驗，毋得虚應故事，自取罪愆。事完將盤追過錢糧數目並問過人犯，造册奏繳。爾其欽承之。故敕。

廣運

嘉靖十五年六月　日

之寶

（選自第三支《白竹盧氏宗譜》民國庚辰重修本卷之一）

諭　旨

奉天承運皇帝敕曰：

朕懸爵禄以待天下之士，而復追崇於所親，豈獨遂其顯揚之志，亦以開示予一人尊禮臣下之心。

爾封文林郎太常寺博士盧時勉，乃南京太常寺少卿勳之父，負質敦大，行蹈天常，惠愛及人，足以風世。可謂篤厚君子矣，乃慶流爾允，作朕名卿，於世德永有光矣。兹特加贈爲中憲大夫、南京太常寺少卿。尚其没而有知，亦以慰夫生者。

制曰：凡人臣之策名於朝者，非父訓於外、母育於内，則無以交養而協於善，故國家恩命及於父、亦及其母者，凡以明報也。爾封孺人應氏乃南京太常寺少卿盧勳之母，順以相夫而能正，慈以鞠子而能勞。子既顯庸，惟爾之賢見矣，所以追恤，是實在予。此特加贈爲恭人，尚其如存，膺此茂渥。

制誥

嘉靖二十四年六月　日

之寶

（選自第三支《白竹盧氏宗譜》民國庚辰重修本卷之一）

諭　旨

敕都察右僉都御史盧勳：

江西、福建、廣東、湖廣各布政司交界去處，山高嶺峻，樹木蒙密，累有盜賊生發，東進即西竄，南捕即北奔。且因地連各境，事無統屬，彼此推調。特命爾前去巡撫江西南安、贛州，福建汀州、漳州，廣東南雄、韶州、惠州、潮州各府及湖廣、贛州地方，提督軍務，撫安軍民，修理城池，禁革姦弊。一應地方賊情、軍馬錢糧事宜，小即逕自區畫，大即奏請定奪，其餘民情事務，不須干預。

爾常在汀、贛兩府住劄，不時往來。於原擬各府州巡視，但有盜賊生發，即便嚴督各該兵備、守備、守巡，並各軍衛有司設法勦捕；選委廉能屬官，密切體訪，及僉所在大户並被害之家、有智力人丁，多方追襲，量加糧賞；或募知因之人陰爲鄉導，或購賊徒自相斬捕，或聽協從並亡命窩主人等自首免罪。仍各嚴加戒約應捕人員，務拿真正賊犯，不許妄拿平人，及容賊挾讐攀引，因而嚇取財物、擾害良善。軍衛有司官員中政務修舉者，量嘉獎勸。其有貪殘畏縮誤事者，文職五品以下、武職三品以下逕自拿問發落。事有應與各該鎮巡計議者，亦須計議而行。

爾爲風憲大臣，須廉正剛果，肅清積弊，以副朝廷委任。如或處置乖方，反致他虞，罪有所歸。爾其欽承之，毋怠毋忽。故敕。

廣運

嘉靖二十九年四月二十四日

之寶

（選自第三支《白竹盧氏宗譜》民國庚辰重修本卷之一）

諭　旨

敕南京都察院右僉都御史盧勳

奉天承運皇帝敕曰：

朕惟南京係國家根本重地，江淮乃東南財賦所出，而通泰鹽利，尤爲奸民所趨；鹽徒興販，不時出没，劫掠爲患。今特命爾不妨院事兼管操江官軍，整理戰船器械，振揚威武。及嚴督巡江御史，並巡捕官軍舍餘火甲人等，時常往來巡視，上至九江、下至鎮江，直抵蘇松等處地方。遇有鹽徒出没、盜賊掠劫，公同專管操江武職大臣計議，調兵擒捕。若盜多兵少，就於所在軍衛有司，量調軍夫協助。其九江地方，係南京上游，尤爲要害，必須每歲巡歷二次，提督修城池、整備軍馬、操點兵民、查理驛遞等項。

各該守備、備倭等官悉聽節制，如有誤事人員，應拏問者就便拏問，應參奏者具奏處治，事有應與内外守備、參贊官計議者，仍會議停當而行。

爾爲憲臣，受兹委任，尤宜公勤詳慎，處事有方。切戒下人，毋執平人以塞責，毋縱真盜以圖利，毋因追襲擾害居民。務俾法令嚴明，軍威振作，長江上下盜賊屏息，公私船隻往來無虞，斯爲爾能。如或怠忽誤事，責有所歸。爾其勉之慎之。故敕。

廣運

嘉靖三十年五月初四日

之寶

（選自第三支《白竹盧氏宗譜》民國庚辰重修本卷之一）

諭　旨

奉天承運皇帝敕曰：

朕聞之，功崇者報遠，德厚者澤深。國家貤慶大臣而追榮再世，豈非酬功而勸德哉。

爾盧世熙乃工部右侍郎勳之祖父，性孝而友，履和而端，好義樂施，周貧恤匱，畜其善慶，以裕後昆。蔚有聞孫，膺兹眷倚，休光所集，遺教斯徵。兹特贈爾爲通議大夫、工部右侍郎，歆此隆名，永綏廟祀。

制曰：朕惟詒謀啓祚是曰祖功，然必伉儷有同德之助焉，故《詩》詠烝洽，祖妣追榮之典，所宜並逮也。爾黄氏乃工部右侍郎盧勳之祖母，孝慈兼至，勤儉克敦，善積慶流，乃昌再世。有孫而賢，佐予邦土，爰推遺澤，用霈恩綸。兹特贈爾爲淑人，祗服新章，益延來渥。

制誥

嘉靖三十五年六月初十日

之寶

（選自第三支《白竹盧氏宗譜》民國庚辰重修本卷之一）

諭　旨

奉天承運皇帝制曰：

朕聞士有敦尚行誼，不獲自見，其後必有達者。蓋人之所詒，天之所祚，相成而參發，固其理也。況卿位大臣，其所由來者不亦宏哉！

爾贈中憲大夫盧時勉乃工部右侍郎勳之父，孝友慎勤，施於家政。質直惠愛，著在鄉評。德慶所鍾，是生哲義，貳卿重寄，倚任方殷。兹特加贈爾爲通議大夫、工部右侍郎，丕章遺烈之休，式慰象賢之感。

制曰：朕聞麟趾詠於樛木，緣子貴母，古之義也，況致位卿佐，其母氏之賢，不益可嘉哉！爾贈恭人應氏乃工部右侍郎盧勳之母，恭儉禔身，慈仁逮下。篤生哲嗣，爲予碩臣。誕布慶恩，申貤贊册，用旌懿訓，式播幽光。兹特加贈爲爾淑人。爾靈不昧，尚克祗歆。

制誥

嘉靖三十五年六月初十日

之寶

（選自第三支《白竹盧氏宗譜》民國庚辰重修本卷之一）

諭　旨

奉天承運皇帝敕曰：

少司空貳政中臺，平土奠民，程藝興事，參領繁重，倚任惟艱，非名德碩材、功望兼隆者，抑曷以副朕丕命？

咨爾工部右侍郎盧勳，學藴深純，器懷端亮。有通達之才而守之以正，有精敏之識而用之以寬。爰自蜚聲，軒對簡博。容臺視篆，太僕遂稽廷論；巽節中丞，繼協師言。陟卿棘寺，乃貳司寇。往涖部京，復移今官，久督楚役。維爾沉毅不頗，好謀能斷，對揚二紀，洊歷兩都。優於大受，而小物彌勤；熟於綿吏，而敬恭益至。夙夜匪懈，年積懋昭。兹所司上爾最課，殊慰朕心。特進爾階通議大夫，錫之誥命。

於戲！夷險皆宜，爾既徵於歷試；安危注意，朕方切於卷懷。尚圖慶譽之終，用答休嘉之遇。欽此。

一任太常卿博士

二任禮科給事中

三任兵科給事中

四任吏科右給事中

五任禮科左給事中

六任吏科都給事中

七任南京太常寺少卿

八任太常寺少卿提督四夷館

九任通政司謄黄右通政

十任太僕寺卿

十一任都察院右僉都御史巡撫南贛汀漳等處地方提督軍務

十二任南京都察院右僉都御史提督操江兼管巡江

十三任南京大理寺卿

十四任大理寺卿

十五任南京刑部右侍郎

十六任今職

制曰：夫婦之情，勞則並懋，而顯則並榮。今有勤瘁相成於雞鳴，而死生契闊於象服，此其情甚可惻，而國家褒榮之典未常已也，矧吾大臣之配哉。爾贈恭人蔣氏乃工部右侍郎盧勳之妻，秀毓名閥，德稱女士，孝事舅姑，勤佐夫子。顯榮方茂，爾則中捐，申錫褒綸，用紓幽惻。兹特贈爾爲淑人，祗承寵渥，永賁幽扃。

制誥

嘉靖三十五年六月初十日

之寶

（選自第三支《白竹盧氏宗譜》民國庚辰重修本卷之一）

諭旨

奉天承運皇帝制曰：

國家錫命人臣，必上及於父，以義訓成子，本其所自也，矧爲朕六卿，掌邦政，忠勤施於有位者，可無殊恩以褒寵之哉？

咨爾南京刑部尚書盧勳，乃南京中軍都督府經歷司都事逵之父，性度端凝，才猷明茂。曩以諫垣賢譽，擢列容臺；再更納言，進長僕寺。既而秉鉞虔鎮，移纛操江；風紀茂揚，勞勳宏著。遂陟参司寇，轉貳共工，鼎建朝堂，宣猷率屬，厥功偉焉。乃寵以臺正，總憲留都，復協師言，秋卿是任，殫心體國，庶獄咸中，用副朕矜恤至懷。雖遹辭榮謝政，而全節完名，尤朕所嘉尚也。兹以爾子奏績，特封爲資政大夫，職如故。於戲，爾身在家，乃心罔不在王室，尚葆和膺祉，以貞教維風，繄爾是望也。欽哉！

制曰：妻以夫貴，母以子貴，古今推恩恒典也。乃若並夫顯榮，而有子嗣承前烈者，慜綸追恤，宜有加焉。爾贈淑人蔣氏，乃南京刑部尚書盧勳之配，南京中軍都督府經歷司都事逵之母。夙禀令儀，克閑内則，相夫勵《羔羊》之節，峻歷穹階；教子紹機杼之風，參華宥省。閫範母德，咸足褒焉。爰推厥子之恩，進從爾夫之爵，特加贈爲夫人。

歆此寵休，永光幽壤。

制誥

嘉靖四十二年九月十九日

之寶

（選自第三支《白竹盧氏宗譜》民國庚辰重修本卷之一）

諭　旨

奉天承運皇帝制曰：

國家設督府以分領五軍，爲筦鑰之司，所係至重。而於幕職，必選諸録廕之彦，以贊佐勳，並其授任不易也。爾南京中軍都督府經歷司都事盧逵，乃南京刑部尚書勳之子，性資醇雅，學紹家聞，參幕容臺，蔚有賢譽。擢於兹任，贊政恭勤，可謂恪守官常、克紹世美者矣。兹以三載奏績，朕心嘉之，特授爾階文林郎，錫之敕命。爾父懋忠殫猷，爲朕司寇，功望延於去位，爾尚邁志遠修，無替前譽，以稱朝廷任使之意。陟明有典，朕不爾忘。

敕曰：朕惟人臣夙夜在公，故有勞勩者必本於内德之助焉，故疏榮及其中閨，嘉相成也。爾南京中軍都督府經歷司都事盧逵妻朱氏，柔順静貞，恪修婦道，用佐夫子，儆戒不忘。展采樞廷，茂揚令聞，可以觀賢助已。兹特封爾爲孺人。祇承茂恩，益綏譽命。

制誥

嘉靖四十二年九月十九日

之寶

（選自第三支《白竹盧氏宗譜》民國庚辰重修本卷之一）

諭　旨

奉天承運皇帝制曰：

朕肇建中闈，尊崇慈極，惟兹庶寀，咸被恩休，矧參佐幕府秩清地近者哉！

爾左軍都督府經歷司經歷盧致，乃原任南京刑部尚書勳之子，世載嘉德，躬抱儁材。爰自振藻膠庠，掄官樞幕，象賢有譽，率職惟恭。案牘之弊克清，帷幄之謀攸賴。兹以覃恩實授爾階奉直大夫，錫之誥命。夫士所表見者才耳，無論途格。爾夙以才自負，行且卑之煩重矣。尚宏乃志，遠乃猷，報國承家，是誠在爾敬之哉！

制曰：國家推恩之典涣自大庭，而從爵之章賁及中闈，蓋一體相成之道存焉。爾左軍都督府經歷司經歷盧致妻封孺人吕氏，儲祥望閥，媲德名儒。篤孝敬以承尊，秉勤儉而佐内。爾夫夙成世美，克暢官評，内助之益彰已。兹加封爾爲宜人，再承綸綍之華，彌謹珩璜之節。

制誥

萬曆六年四月十九日

之寶

（選自第三支《白竹盧氏宗譜》民國庚辰重修本卷之一）

諭　旨

奉天承運皇帝制曰：

授五兵於閫外，韜略無前；錫三命於師中，箕裘有後。家聲不墜，國典攸隆。

爾盧仲建乃左都督管廣西桂林城守副將事盧玉祥之曾祖父，善以禔躬，慶能昌緒。下貽式穀，嫺樽俎以宣勞；上溯淵源，荷絲綸而彌顯。兹以覃恩，贈爾爲榮禄大夫、左都督管廣西桂林城守副將事。錫之誥命。

於戲！重孫果毅，良由述祖維勤；三世恩榮，益念忠君罔斁。

制曰：

豹略承先，積善必忠累葉；燕貽啓後，發祥尤本閨門。閫儀歷數世彌彰，國典自九天特沛。

爾左都督管廣西桂林城守副將事盧玉祥曾祖母胡氏，女德無虧，婦功夙慎。恩勤遞衍，識將種之由來；似續克昌，被褕衣其曷媿。兹以覃恩，贈爾爲一品夫人。

於戲！百年毓慶，食報遠而更榮；三世貤封，拜命隆而加惕。

制誥

康熙二十三年九月二十四日

之寶

（選自第八支方山《玉川盧氏宗譜》光緒癸未重修本卷一）

諭　旨

奉天承運皇帝制曰：

策勳疆圉，遡大父之恩勤；錫賚絲綸，表皇朝之霈澤。

爾盧洪倬乃左都督管廣西桂林城守副將事盧玉祥之祖父，敬以持躬，忠能啓後。威宣閫外，家傳韜略之書；澤沛天邊，國有旌常之典。兹以覃恩，贈爾爲榮禄大夫、左都督管廣西桂林城守副將事。錫之誥命。

於戲！我武維揚，特起孫枝之秀；賞延於世，益徵遺緒之長。

制曰：

樹豐功於行陣，業著賢孫；錫介福於庭幃，恩推大母。

爾左都督管廣西桂林城守副將事盧玉祥祖母許氏，壼儀足式，令聞攸昭。振劍珮之家聲，輝流奕世；播絲綸之國典，慶衍再傳。兹以覃恩，贈爾爲一品夫人。

於戲！翟茀用光，膺宏休於天闕；龍章載焕，錫大惠於重泉。

制誥

康熙二十三年九月二十四日

之寶

（選自第八支方山《玉川盧氏宗譜》光緒癸未重修本卷一）

諭　旨

奉天承運皇帝制曰：

寵綏國爵，式嘉閥閲之勞；蔚起門風，用表庭闈之訓。

爾盧懋埈乃左都督管廣西桂林城守副將事盧玉祥之父，義方啓後，穀似光前。積善在躬，樹良型於弓冶；克家有子，拓令緒於韜鈐。兹以覃恩，贈爾爲榮禄大夫、左都督管廣西桂林城守副將事。錫之誥命。

於戲！錫策府之徽章，洊承恩澤；荷天家之休命，永賁泉壚。

制曰：

怙恃同恩，人子勤思於將母；赳桓著績，王朝錫類以榮親。

爾左都督管廣西桂林城守副將事盧玉祥母駱氏，七誡嫻明，三遷勤篤。令儀不忒，早流珩瑀之聲；慈教有成，果見干城之器。兹以覃恩，贈爾爲一品夫人，

於戲！錫龍綸而焕采，用答劬勞；被象服以承休，永光泉壤。

制誥

康熙二十三年九月二十四日

之寶

（選自第八支方山《玉川盧氏宗譜》光緒癸未重修本卷一）

諭　旨

奉天承運皇帝制曰：

簡蒐軍旅，運籌參坐鎮之權；莞握兵機，策決贊元戎之任。克宣勇力，宜錫崇褒。

爾左都督管廣西桂林城守副將事盧玉祥，禦侮長才，折沖壯略。虎符分統，作上將之股肱；鶴列森陳，樹偏師之羽翼。奏膚功於保障，

展茂烈於干城。慶典欣逢，殊榮用沛。兹以覃恩特授爾階榮禄大夫，錫之誥命。

於戲！聲威有赫，良由將帥同心；綸誥生輝，衹受國家上賞。益勤武備，永荷恩光。

初任今職。

制曰：

策府疏勳，甄武臣之茂績；寢門治業，闡賢助之徽音。

爾左都督管廣西桂林城守副將事盧玉祥妻任氏，毓質名閨，作嬪巨族。擷蘋采藻，夙彰宜室之風；説禮敦詩，具見同心之雅。兹以覃恩，封爾爲一品夫人。

於戲！錫寵章於閨閫，惠問常流；荷嘉獎於絲綸，芳聲永劭。

制誥

康熙二十三年九月二十四日

之寶

（選自第八支方山《玉川盧氏宗譜》光緒癸未重修本卷一）

祭南京刑部尚書盧勳並配贈夫人蔣氏文

隆慶三年十一月廿四日，皇帝諭祭原任南京刑部尚書盧勳並配贈夫人蔣氏文曰：

卿器宇端凝，操持廉慎；登名甲第，筮仕太常。居鎖闥而建白多貞，歷寺卿而勤勞殫蓋。逮進中丞之秩，薦躋廷尉之班。風猷茂著江防，明慎允孚獄讞。臺端峻陟，邦禁特膺。惟令譽素洽乎陪京，故閒任屢借於南國。歸休既遂，恬静有聞。年德彌高，嘉典型之具在；溘捐忽報，悼耄哲之云亡。良軫朕懷，庸須恤典。念惟淑配，並秩祀儀。

靈其有知，尚克歆服。

（選自第三支《白竹盧氏宗譜》民國庚辰重修本卷三十二）

祭原任南京刑部尚書盧勳並配贈夫人蔣氏文

萬曆三年十月初三日，皇帝諭祭原任南京刑部尚書盧勳，並配贈夫人蔣氏文曰：

卿蒞官三紀，享壽八旬。耇老令終，縉紳罕覯。攸臨窀穸，良切悼傷。遣祭有儀，用光泉壤。靈其不昧，尚克慰歆。

（選自第三支《白竹盧氏宗譜》民國庚辰重修本卷三十二）

盧勳入主鄉賢祠勘語

萬曆四十四年五月二十日，本縣儒學廩增附具呈到縣，蒙署縣事本府通判方、蒙署府事同知楊勘語，蒙提學道周詳允。看得：

南京刑部尚書盧勳，理學名儒，真修高品。居垣省，大著正直之聲；撫虔南，克成文武之緒。進爲朝紳柱石，退作名士範型。宜祀瞽宗，以風世教。

欽准置主入祠，於本年八月初四日，崇祀邑鄉賢。

（選自第三支《白竹盧氏宗譜》民國庚辰重修本卷一）

祭中憲大夫貴陽郡伯外山盧公文

維不佞之典兹土兮，竊慕武城之高蹤；敬式子羽之典刑兮，庶幾豁我之愚衷。爰有先生之鵠立兮，表卓異於群翀。誇接武之鳳毛兮，聳東海之人龍。

喜眉宇之惠臨兮，示我秀豐；瞻碧雲之燦爛兮，火樹生空。羨靈臺之萬頃兮，瀉驚濤之詞鋒；更妙墨之精絶兮，舞戲海之群鴻。衍令德於桂陽兮，光焕五馬之駿；流愷悌於屬邑兮，望高集旗之雄。兩岐之歌方騰兮，倏念三徑之孤松；歸來之賦遂成兮，結侶忘機之海翁。詩禮傳家兮，膝下桂叢；華萼輝映兮，既翕誼隆。油油然童冠之與偕兮，城府都融；翕翕焉宗黨之咸仰兮，憲度和沖。

兹春正之賓筵兮，虚上席以迎公。竟高卧而不起兮，良不快於予中。豈不佞之罔德兮，無以承先生之下風。曾日月之幾何兮，倏掩世而返太空。太空不可問兮，吾將扣之鴻蒙。鴻蒙竟恍惚兮，安所訪乎玄宗？意火傳之未盡，或逍遥於天宫。且一靈之不泯兮，鍾秀異於寰穹。再佐明主以福蒼生兮，樹洪碩於無窮。誠矣大化之輪回兮，吾人安測其所終。生芻一束，聊薦鄙衷，先生有知，暫止芸驄。尚殰！

萬曆三十六年九月乙酉朔越四日戊子，知縉雲縣事晚侍教潘良寀頓首拜

（選自第三支《白竹盧氏宗譜》民國庚辰重修本卷三十二）

祭中憲大夫貴陽郡伯外山盧公文

嗚呼先生，夙抱長才，學宏二酉。屢試鑑衡，輒蒙首録。方擬雁塔題名，長楊獻賦，乃欲焕斑衣以娱斗臺。爰謝青衿，以膺官綬。襲遺榮於八座，耀福星於一路。麟趾騰閣中之祥，鳳毛新池上之舞。

其歷宦也，惠浦甘棠，操勵冰蘗，琴室風清，鶴庭月潔。寬仁解渤海之繩，德政秀漁陽之麥。其怡真也，笑傲煙霞，吟弄風月，秋詠黄花，冬賦白雪。神遊少陵之詞壇，筆灑右軍之翰墨。其樹範也，鎮俗以樸，飲人以醇，操步澹臺，跡絶公庭，賓耆再舉，鄉閭允正。刑家凛周召之二《南》，訓庭遺韋賢之一經。

嗟夫，君今逝矣！果其徉倘閬苑，造仙班於清冥；抑其作賦玉樓，奉帝命以修文。嘗觀至人之論，生死以德緒，不以骸形。今以形論君也，捐塵壤，際杳冥；以德論君也，古爲烈，今爲馨。竊睹賢嗣竹立，濟濟鳳麟，爲賈氏之充閭，爲荀門之聚星。行且奕葉重光，後先輝映，君諒瞑目於泉府，快志於蓬瀛。

萬曆三十六年歲次戊申秋九月乙酉朔越十有一日丙申，縉雲縣儒學教諭吴一樞、訓導劉學詩、華春焕

（選自第三支《白竹盧氏宗譜》民國庚辰重修本卷三十二）

宋授國察參軍盧儒敕

國察參軍盧儒：

楊河凱旋，兹特進秩，以酬厥勞。夫賊壘未平，征師在野，當朕聞鼙鼓之時，正將帥立功之候。爾能率我軍師，撓彼賊勢，才猷忠略，卓有可嘉。用兹寵錫，以表朕心。爾其欽哉！

咸淳五年七月十三日下

御寶

（選自第三支《錦溪盧氏宗譜》民國丙辰年重修本首卷）

敕招討使盧裳詔

奉天承運皇帝制曰：

招討使盧裳，今命爾往蒞乃事，宜用心督務，足國備邊，庶不負爾文武之長才。秉心廉潔，方能律人。爾往欽哉！

故諭。

敕命

祥興元年二月十三日

之寶

（選自第三支《錦溪盧氏宗譜》民國丙辰年重修本首卷）

明河南汝寧府同知盧良玉符命

奉天承運皇帝制曰：

朕聞古昔君天下者，設官分職，以成治功。雖秩有班聯，而選無資格。朕今嘉爾才略，授爾以官，給爾以符。民生國計，厥任匪輕，爾其敬之。

洪武六年九月十五日下

御寶

（選自第三支《錦溪盧氏宗譜》民國丙辰年重修本首卷）

敕同知盧良玉致仕

奉天承運皇帝敕曰：

朝廷設官分職，各有攸司。前以河南汝寧府軍政未清，兵農無紀，特授爾以同知之職。爾能無忝官箴，體朕至意，宜加顯秩，以錫恩隆。但年既衰憊，朕甚憫焉。兹特敕爲奉政大夫，仍以前職放歸田里，以榮爾生。

嗚呼，因材授職，固大廷遴選之公心；息老還山，尤當宁慈祥之殊典。尚用懋承，欽哉！故敕。

洪武九年十二月十七日

御寶

（選自第三支《錦溪盧氏宗譜》民國丙辰年重修本首卷）

皇明理學一松盧先生崇祀禮鄉賢事

蒙浙江提督學政、山西道監察御史加二級何批：

仰該學確查事實居址。其詳候批。

雍正二年二月初六日，永康先廩增附生員徐廷僖、王逢昌、盧檠等，以公舉鄉賢等事呈縣，懇縣詳請。

邑侯韓批：

先儒理學，相傳弗替，自應崇祀，以光俎豆。送儒學查核，以便轉詳。

現蒙儒學正堂胡　副堂成　前奉學憲飭批，奉行詳復：

查看得盧可久者，係康邑東之仙盧人也，址居儒堂，號稱一松，心潛理學，行砥儒修。姚江執摯，派衍稽水之良知；五峰講學，統承尼山之聖脉。所著《光餘或問》言近指遠，《望洋日録》妙契薪傳。是以振鐸行間，吾道賴以不墜；著書垂世，斯文恃以起衰。配享文成於石室，百年之廟祀如新；聚講名流於壽山，後人之纘承弗替。至其孝友温恭，清風高節，郡邑史書之所記載者，洵宫牆多士之所楷模者也。理宜崇祀鄉賢，用昭懿德。爰奉鈞批，具詳實跡。爲此備文申復，伏候批示施行。

蒙提督浙江等處學政山西道監察御史加三級何批：

先儒盧德卿先生，薪傳理學，淵源直接乎姚江；教立儒宗，支派常流於桃水。同門二子既已祔之宫牆，獨行一松自當榮以俎豆。仰學涓吉置主入祠，以慰輿情，以昭令德。繳。

蒙儒學正堂胡、副堂成，會同邑侯韓，涓吉於閏四月廿二日置主一體，公送入祠。具文申復訖。是日，衆官同合邑紳士備物致祭，爰爲文告曰：

於維先生，道高泰岱，德粹珪璋。追宗孔孟，踵武何王。教溢寶婺，派衍姚江。流風遺範，彌久益光。兹沐文衡，題奬崇祀。涓吉奉行，以慰輿望。嗚呼，石門方峰，左待如生。惟先生爲有明一代之大儒，宜其享後王萬祀之椒漿。尚饗！

時在大清乾隆八年歲次癸亥仲春上浣，後學族裔孫鱗謹書集

（選自第一支《石馬盧氏宗譜》民國癸亥年重修乙酉年續修本）

盧菊人先生請崇祀鄉賢録

盧標號菊人，特立獨行，介然自持，人呼爲“盧鐵人”。

乾隆庚戌，以拔萃科試禮部，時宰相和珅聞標名，招致之，不往，嗾禮部册注“知縣用”，意標當留都，而標棄之南旋。後司諭寧海，日與諸生講求讀書爲人之學，第一重行己有耻，時時以刻苦真實自勵勵人。藜羹藿飯，卧屋板不席。以詩交謁者，必諄諄詳爲指示。介以贄，不受。

有舅訟甥者，甥故生員，豪於貲。縣尹知標貧甚，罰鍰移諸學。標驚曰：“倫理之變，咎在司教。”跪甥明倫堂，嚴訓之，聲淚俱下，責以夏楚，返其金，舅甥俱感泣。不踰年，教化大洽。寧庠士奉主名宦祠，生祀之。乞歸後，貧窶如故，而志氣怡然。嘗語子姓曰：“疏食飲水，儒素家風，慎勿以饑寒改節易行。”

所著《婺志粹》《婺詩補》《寶婺碎金》《定溪詩集》《攄懷編》等書已梓行。崇祀白雲書院。

修職郎候選教諭後學張振珂稿

（選自第三支《安溪長堤盧氏宗譜》民國辛巳年本卷十九）

繼二廣明公義官敕諭

敕浙江台州府仙居縣民盧壹：

國家先務，養民爲急。爾能出備稻穀，用助賑濟，有司以聞，朕甚嘉之。今特賜敕獎諭，以旌爾義。尚其益敦仁惠，表勵風俗，以副朝廷褒美之意。

故敕。

成化十二年五月初一日下

（選自第三支峽陽《樂安柴盧合譜》民國乙卯重修本卷之首）

河南御史柴定敕命一道

奉天承運皇帝敕曰：

御史乃耳目之官，烏臺實紀綱之地。廉明果決，殆難其人。今臣柴定，明照淵魚，威嚴狴豸。特敕爾爲河南巡按御使，殊恩特錫，如朕親行，克殫乃心，允副厥職。冰壺若月，汾陽絲竹無聲；鐵案如山，貴戚樓臺避影。長留青於丹筆，獨表望於朱繩。

汝往，欽哉，毋替朕命。

朕命。

萬曆三年初　日下

之寶

（選自第三支峽陽《樂安柴盧合譜》民國乙卯重修本卷之首）

乘一贈江西道監察御史敕命

奉天承運皇帝敕曰：

士膺一命，或秩有所限而不克榮其親者，皆得移封，以遂其私。矧服職使華，不遑將父，而可弗體其情哉？

爾盧祥乃行人司行人之父，砥行好修，承家範俗，厚積弗試，光啓嗣人。既揚廷對之聲，載暢使垣之譽，爾之貽穀可徵已。玆特從爾子之請，移贈爾爲修職郎、行人司行人。服此渥恩，光於遺訓。

敕命

隆慶四年十二月二十日下

之寶

（選自第三支峽陽《樂安柴盧合譜》民國乙卯重修本卷之首）

封贈盧祥夫婦敕命

奉天承運皇帝敕曰：

種德而開其先，貽穀以食其報。士固有窮之不試而駿發於後人者，國家推恩之典詎可不本其所自哉？

爾修職郎、行人司行人盧祥，乃江西道監察御史明章之父，安常蹈素，尚志嗜書。軫嫠婦之艱，克完其節；深嗣子之愛，兼致其勞。今爾子近徙清華，遠流嘉譽，惟爾之詒。兹已以覃恩，特贈爾爲文林郎、江西道監察御史。錫明綸而有赫，光幽穸以無期。

敕曰：國有大賚，肆被在廷，薄海内外，莫不闓澤。而矧惟女士育成賢嗣，苟無異褒，曷以示勸？爾潘氏乃江西道監察御史盧明章之母，係出名閨，笄嬪令人，孝事尊章，穆和姊姒。禔躬儉素，克敦荆布之風；治室拮据，尤嚴機杼之訓。能成其子，宜有顯名。特封爾爲太孺人，祗膺湛紵之榮，茂承清壼之教。

敕命

隆慶六年八月二十日下

之寶

（選自第三支峽陽《樂安柴盧合譜》民國乙卯重修本卷之首）

仝二江西道監察御史敕命

敕監察御史盧明章：

先因長蘆等處地方販賣私鹽者多，加以運司及各屬官吏作弊多端，又有等無藉小人，並權豪勢要之徒，與灶户通同私煎私販，運往各處發賣，以致監課虧耗，鹽法不清。今命爾往長蘆所屬鹽場、經行河道通連直沽海口等處，及山東運司所屬永利等場一體巡視，嚴督各該軍衛巡司官旗人等緝捕，並提督運司及所屬官吏人等，依期前辦。所獲鹽徒，輕則就彼發落，重則奏聞處治，鹽没入官。其應捕人等敢有縱容不拏，通同作弊，影射興販或賣放者，及運司各場官吏有貪賄廢職以致虧折鹽課、阻滯客商者，俱治以重罪。若事於軍職並文職五品以上官，奏請拏問。

爾爲朝廷耳目之官，務須公廉勤慎，設法關防，使民不犯。仍須戒約下人，不許搜求生事，將貧難小民賣鹽食用、挑擔换米度日者一概擾害，違者亦必從重究治，務在課完法舉、事妥民安，方稱委任。其通州至濟寧一帶河道，亦命爾兼理。爾其慎之。故敕。

敕命

隆慶五年四月二十八日下

之寶

（選自第三支峽陽《樂安柴盧合譜》民國乙卯重修本卷之首）

監察御史盧明章敕命

敕巡按直隸監察御史盧明章：

先該都察院題稱：東西二關既經奉旨，分屬各該巡按御史帶管，則所管地方必須分屬明白，庶可經久。

議將居庸、紫荆以至山海等關事務，分屬順天等府巡按御史管理，今特命爾不妨原務，兼管巡視前項地方，公同各該分守守備等官查照節年事例，巡視關口，點閱軍士，整飭器械，操演武藝，守關官旗人等一應詞訟，聽爾問理發落。無警則按行内郡照常處理一應巡按職務，一遇有警，即便星馳赴邊巡視督察。所在大小關隘及新築墩臺，務令官軍加謹把守防護，少有損壞，即時修約，不許居民盜伐。遇有稀疏處所，責令各該地方官及時補植完密。如有視爲末務，不行用心栽種者，指名參來處置。仍兼管清軍，通將所轄邊鎮各區分守並標遊等兵，各造清册三本，内係編發、抽垜者，將應繼弟男，不拘隨伍原衛，俱開報的名，各務造本軍名下，以後遇缺，據籍頂補，不必再用清勾。係召募者，該管官員按季開報，只給與募軍銀貳兩，不必過於糜費。仍將邊軍逃故並解補多寡，各責成該管將領及衛所等官，俱候復命之日分别具奏，以定功罪。敕内該載未盡事宜，聽爾查照舉行。

爾爲憲臣，受兹兼任，務使邊關鞏固，武備修舉，清理詳明，軍伍充足，斯爲爾能。如或因循苟且，虚應故事，有負委用，責有所歸，爾其欽承之。

故敕。

時隆慶六年八月日下

（選自第三支峽陽《樂安柴盧合譜》民國乙卯重修本卷之首）

封贈盧明章夫婦敕命

奉天承運皇帝敕曰：

朕光宅丕基，永惟化理。惟御史爲朕耳目，俾得糾官邪、持國憲，以廣朕之聰明。國有慶施，所當均被。

爾江西道監察御史盧明章，器懷篤亮，才識敏明。粤自甲第起家，使軺奉職。而簡寘憲臺，則能振霜棱於白簡，樹風紀於彤墀，亦良執法已。兹以覃恩，特授爾階文林郎，錫之敕命。

於戲！策事先其大體則庶政和，論人取其大節則百取舉，按部先以不擾則兆民安。爾練習憲章，更閱民事，宜究圖於斯已，尚其慎乃遠，猶無替朕命。欽哉！

敕命

初任行人司行人，二任江西道試監察御史，三任實授今職。

之寶

敕曰：

士君子學不鮮志，仕不違箴，其道美矣！夷考其私，必有閨闈貞淑之賢，疏榮並及，嘉相成也。

爾江西道監察御史盧明章妻張氏，毓秀儒門，好逑喆士，端莊沖惠，静德孔嘉。爾夫揚譽中朝，蔚有令望，實爾内德之助已。兹特封爾爲孺人，有赫龍章，益光象服。

隆慶六年八月二十一日下

（選自第三支峽陽《樂安柴盧合譜》民國乙卯重修本卷之首）

理宗皇帝封廸功郎敕

敕金華永康進士盧宏父特立：

九十曰耄，禮宜優待。兹逢佳辰，適際東朝之慶，雖在士庶，亦與褒榮。特封爾爲廸功郎致仕。欽兹休命，牒至奉行。

敕命

紹定五年閏九月廿六日午時下

之寶

丞相史彌遠　尚書鄭清之

（選自第三支《指山盧氏宗譜》民國丙寅年重修本卷首）

英惠侯誥敕一道

奉天承運皇帝制曰：

人臣有功於國、有德於民者，生前宜膺顯爵，殁後宜受廟祀。

朕每追念宣和庚子歲，方寇作亂，殘害赤子，當時郡吏盧璿與教授劉士英、生員石礪，慷慨發憤，計謀制敵，平賊完城，功居第一。生既不願受爵，殁後又未膺廟祀，朕心惻然。兹用特遣行人司程正齊敕往諭郡牧，卜地創廟，封爾盧璿爲永嘉英惠忠烈侯，每歲春秋二祀，錫之敕命。

嗚呼，忠臣衛國，效死不辭，設廟圖像血食，千秋英魂有覺，諒拜榮恩。欽哉！

制誥

紹興三十一年正月二十五日

之寶

（選自第三支六科《范陽盧氏宗譜》民國辛酉年重修本卷一）

奉天敕命大理寺右評事盧瑶敕命

奉天承運皇帝敕曰：

朝設掌刑之職,天應執法之星,明暗呈焉。獄之任重,不容或忽。朕法天循古,建官擇賢,拔其謹厚之姿,期於無刑之化,特授爾承事郎、大理寺右評事。

爾其守正不阿,毋或偏辭以縱奸暴,無事深刻以陷忠良,加意平反,舉指得情,俾愚民知所避而酷吏知所儆矣。爾稱職以副朕望,欽哉無忽!

熙寧十一年三月十二日敕

(選自第三支《坎川盧氏宗譜》民國丙戌重修本卷一)

奉天敕命監察御史盧睿公並妣敕命

奉天承運皇帝敕曰:

朝廷設監察御史,欲其振紀綱而勵風俗,以弼成國家之治,厥任匪輕。爾文林郎、行在山西道監察御史盧睿,發身賢科,擢授此職,薦歷年久,克舉其官,是用錫之敕命,以示褒嘉。

夫官以察爲名,以言爲責,在明大體而略細故,在愛君子而戒小人。其益端爾志,益堅爾守,毋私於法,毋撓於勢,毋訐以爲直,毋苛以爲能,明以燭之,公以行之,德修而不懈,尚有顯爵以待。欽哉。

公初任廣東。

敕曰:

夫婦人之大倫,故推恩群臣命必及於内闥。行在山東道監察御史盧睿妻蔣氏,克相其夫,勤於内助,兹特封爲夫人,服此榮恩,以光閨閫。

宣德七年十二月二十一日敕

(選自第三支《坎川盧氏宗譜》民國丙戌重修本卷一)

奉天敕命江西廣信府貴溪縣知縣盧格父母敕命

奉天承運皇帝敕曰:

國家推恩臣下必及其親者,所以勸忠於孝也,亦何拘於存没哉?

爾盧溶乃廣信府貴溪縣知縣之父。慶鍾厥子，禄養乃違。揆其所自，宜有褒嘉。玆特贈文林郎，九原有知，服此寵命。

弘治四年歲次辛亥六月十一日

（選自第三支《坎川盧氏宗譜》民國丙戌重修本卷一）

奉天敕命刑部河南清吏司署員外郎主事盧煦父母敕命

奉天承運皇帝敕曰：

旌奬賢勞，乃朝廷之偉典；表章先德，亦人子之至情。蓋忠本孝移，而親由子顯，彝倫攸系，存没弗殊。

爾盧和乃煦之父，性質高邁，襟度坦平。業素篤乎儒風，學藝通乎醫術。餘芳未泯，潛德猶傳。顧惟令子之登庸，實出遺經之訓誨。養違三釜，曷勝風木之悲？寵賁九泉，宜示絲綸之命。玆特贈承德郎、刑部主事，非惟昭裕後之休，亦以著光前之美云爾。

敕曰：

母氏劬勞，實兼於教育；朝廷寵錫，特重乎追崇。肆惟報德之心，誕樂推恩之命。玆盧煦之母，儉約不華。義克相夫，素稱賢於内閫；嚴能教子，早擢秀於高科。特贈爲恭人。諒慈雲之有知，服休光於無斁。

正德四年歲次辛巳十月十九日敕

（選自第三支《坎川盧氏宗譜》民國丙戌重修本卷一）

奉天敕命湖廣陽府推官盧洪夏嗣父敕命

奉天承運皇帝敕曰：

古之言孝友者必曰因心，因心者積誠之極，無所不至，而天卒無所不予，若相償焉。

爾盧仲卿乃湖廣陽府推官洪夏之嗣父，軼俗殊行，秉性忠義。勤身以侍父疾，遂染疾以致身。不閲爾躬，遑恤爾後，乃祝子竟成於金友，屬孤尚在繈褓。用是贈爲文林郎，以光大典。

萬曆三十二年歲次甲辰三月十七日敕

（選自第三支《坎川盧氏宗譜》民國丙戌重修本卷一）

盛八公敕命

奉天承運皇帝敕曰：

國家誕膺天命，丕績鴻圖，未有不恃禦侮之才以戡禍亂而固强圉者也。是以獎勵臣工，明則有陟；而懷柔百神，幽則有謚，誠巨典焉。

爾盛八盧玄真，志切捍衛，欲效經綸，胸羅甲兵，堪爲屏翰。乃生未勒勳鼎石，殁猶保障陬隅，既有功於蒼赤，能無寵以綵綸？特封爾爲英烈元帥，光榮百世，祀享千秋，眷乃明靈，服兹休命。

嘉靖三十八年十一月敕

（選自黄巖《黄巖盧氏宗譜》民國丙寅重修本卷首）

舒七公鄉飲請貼 中盧上房

伏以庠序學校之設，養老尊賢之義攸存，賓僎介主之分式寓。品秩詳明於往古，勸懲大著於方今。匪求三達之尊，曷稱一代之賢？

恭惟碩德盧孟莊先生，年高德劭，鄉評推重。兹惟孟春，舉行鄉飲，肅將儀典，出重黌宫，位居賓介之崇，制仿虞周之舊。煌煌笙歌之奏，顒顒揖讓之儀，敢勞百拜，於以表正風俗，由是激勸人心。

幸毋固辭，用昭輿論。

天順三年正月日知縣劉大典

（選自第二支中盧《靈山盧氏宗譜》民國壬申年重修本卷之九）

雅八府君榮身給貼

金華府永康縣爲懇賜旌善以振民風事。

據坊里徐廷德、夏守仁等呈稱“奉撫按明文款開有德行善民採訪旌獎，又奉嚴立鄉長講明‘六章勸善’”等因。遵蒙查得都有良善盧季清，年登耄耋，義訓子孫，樂善敦倫，睦族和鄉，素積善行之家，堪爲鄉約之長等情。據此參呈詢訪，委果教訓有方，公私無犯，請鄉賓而不赴，著良善而有聲。爲此合給冠帶，旌爲善民，以振世風。

須至貼者。右給帖付冠帶善民盧季清收照。

正德十四年九月日給

（選自第二支中盧《靈山盧氏宗譜》民國壬申年重修本卷之九）

衍廿二公榮身給帖 中盧下房

金華府永康縣爲懇旌善行事。

據里老翁以忠、趙子盤、陳永和等連名具狀呈稱，伏蒙撫院明示，凡民有齒德俱崇、鄉黨敬服者，許即公舉旌獎等因。遵依會同採訪，得善民盧藥，年九十一歲。宅心樸茂，制行端莊。樂處山林，足跡不投城市；處事公平，點墨無人訟庭。每歲慷慨出粟以濟民饑，造砌橋樑，民無病涉，鄉評推重，士論咸歸。伏乞准賜扁貼，以勵世風等情到縣。慮恐不的，就經復查相同。擬除給與冠帶，扁額曰“旌獎德壽”外，合行給帖付盧藥收照。須至帖者。

右給貼付冠帶善民盧藥執照。

萬曆三十八年二月十五日給

（選自第二支中盧《靈山盧氏宗譜》民國壬申年重修本卷之九）

文昂公鄉飲請啓 中盧三房茂五

金華府永康縣爲鄉飲酒禮事。

照得尊賢養老，朝廷隆恩；賓燕膠庠，有司盛舉。玆當正月十五日例應舉行，遵舊典也。恭惟耆英碩德重望，允協鄉評，宜正賓延之席，用闡邦家之光。肅此預申，拂塵拱俟。

右啓耆民盧文昂。

萬曆四十四年正月　日，縣丞鄧汶，知縣趙立賢、典史程從哲、主簿劉正卿

（選自第二支中盧《靈山盧氏宗譜》民國壬申年重修本卷之九）

榮身給帖

金華府爲鄉飲事。

據永康縣申報准儒學牒呈，據通學廩增附徐啓貴等舉稱"善民盧文昂，年七十六歲。孝言無間於内外，友德素著於鄉邦。涉世尚和而庭無争訟，施恩匪小而路有聲稱，誠太古之淳黎、當今之高品也。請給冠帶，以彰乃德，激勵世風"等情到府。看得本介遊情窺豹，固志畫牛。厭市態而三倍之利罔營，陋籯金而一經之教綦切。歲晚多致，月旦無疵，合薦介席，以光盛典等情，申蒙欽差提督學校浙江等處提刑按察司副使周批准，以禮敦請，繳。蒙此，合就照例給扁奬勸。爲此合給扁曰"耆德表閭"，並給帖付本民收照，以終善行。須至帖者。

萬曆四十四年正月廿八日

金華府知府楊紹中、同知江湛然、通判（缺）、推官解學龍給

永康縣知縣趙立賢、縣丞鄧汶、主簿劉正卿、典史程從哲給扁曰"清朝耆逸"。

永康縣儒學教諭包世傑、訓導胡尚卿給扁曰"聖朝優老"。

（選自第二支中盧《靈山盧氏宗譜》民國壬申年重修本卷之九）

聖　諭

敕浙江處州府縉雲縣義民盧守義：

國家施仁，養民爲首。爾能出稻穀一千二百石，用助賑濟。有司以聞，朕用嘉之。今特賜奬敕諭，勞以羊酒，旌爲義民，仍免本户

雜派差役三年。尚允蹈忠厚，表勵鄉俗，用副朝廷褒奬之意。欽哉！故敕。

正統八年二月二十日

敬天勤民之寶

（選自第三支《白竹盧氏宗譜》民國庚辰重修本卷一）

彙集奉旨欽褒節孝建坊旌表盧母程夫人文録

乾隆元年四月十六日，本府正堂帖文備奉布政司張抄案：元年三月初十日奉太子太傅、文華殿大學士兼吏部尚書、總理浙江海塘兼管總督巡撫印務、加十六級記録四次嵇，案驗元年三月初六日准禮部咨開儀制司案呈，禮科抄出本部題覆御史周條奏節孝許本家呈報一案，于雍正十三年十二月十九日題，奉旨依議，欽此欽遵。行文直隸各省督撫學政，轉行所屬衙門一體欽奉施行。奉此，於乾隆三年三月十三日永康縣學生員男盧鐔，以懇恩賜詳請旌事詞呈學，開載：

鐔母程氏，生於順治十四年十一月二十五日，於康熙十四年九月十九日適鐔父生員盧嘉學，時母一十九歲。於康熙二十一年十月十九日父故，母年二十六歲。結褵七載，遺鐔穉幼，家貧苦守，飲冰茹蘖，勤儉持家，撫鐔長大，幸叨遊庠。痛父早故，伯叔繼亡，祖父母年老在堂，侍奉無人分代，若非孀母矢志貞守，俯仰何依？

歷今守節五十六年，現年八十二歲，恭逢皇恩廣采，故敢陳情，匍叩請詳，題旌母節，不致湮没草茅，下士感德無既矣。

永康縣儒學教諭王昆、訓導詹肇熺查看牒縣：

查看得：生員盧嘉學之妻、節婦程氏，乃生員盧鐔之母也。

矢志靡他，義堅從一。五十六年之勁節，冰雪千春；八十二歲之清操，貞珉萬口。仰佐晨昏，蒸梨罔缺；俯勤教育，晝荻維艱。既克孝而克慈，亦光前而裕後。所當急爲闡揚，以維風化者也。

永康縣知縣張朱梅核參，詳請督撫學各憲：

查得：已故生員盧嘉學之妻程氏，儒素寒閨，志明大義，七年雞警，一日鸞分。事舅姑而定省承歡，艱辛備歷；撫孤幼而詩書是訓，督課維嚴。茹蘗凛冰霜，貧且益堅；篝燈勤紡績，老而彌勵。允符恩例之表揚，宜荷聖朝之鉅典。前據氏子生員盧鐔具呈前來，會同儒學採訪覆核無異，擬合加具印結，除另詳學憲外，理合備文具申，伏候憲臺察奪施行。

乾隆三年四月十八日

永康縣知縣張朱梅、縣丞黄熺、典吏沈必達

蒙太子太傅、文華殿大學士兼吏部尚書、總理浙江海塘兼管總督巡撫印務、加十六級記録四次嵇批：

仰候歲底會核匯題，另册候移督部院衙門備案，仍候學院批示。繳。結册存。

乾隆四年春命下，於四月　日就近給發坊銀。本家具領銀三十兩正，欽遵聖旨於里居當門之左建豎牌坊一座，顔以“節孝”，舉家焚祝皇恩，母氏苦節叨光弈世云。

時在大清乾隆八年歲次癸亥仲春上浣，不肖男鐔謹述

（選自第一支《石馬盧氏宗譜》民國癸亥年重修乙酉年續修本）

節孝母周氏給匾請旌合録

乾隆五十四年二月，欽命内廷供奉吏部右侍郎、提督浙江學政朱珪科試，廩增附生員盧衍仁、王百源、杜大文諸先生具呈請匾，二月十八日奉飭查詳，三月二十日奉給“貞心式穀”匾額到學衙，並開欽命兵部左侍郎、右副都御史、巡撫浙江部院覺羅琅玕，特授浙江等處承宣布政使司顧學潮，又蒙邑侯徐傳一，兩學臺師李如蘭、錢均給扁“母節可師”，隨贈以“貞心卅載還天地，勁節千春重古今”對聯一副。

嘉慶四年三月初四日，暉同弟文式具呈兩學，並蒙里鄰親族丹崖吴夫子，陳先生綱，王先生佐，宗兄炳濤，伯人獻，從兄文斗、文相，侄超等具結並事實册請旌。

事實册

一、現存節婦盧周氏，以乾隆四年正月十三日丑時生於本邑六十八都周店莊，乾隆二十二年十月初四日歸二都上盧莊盧某爲妻，年一十九歲。乾隆三十一年夫病故，氏年二十八歲，今氏現年六十一歲，守節已經三十四年。

一、氏産自名門，夙嫻内範，嫁後奉事翁某姑某氏，謹襄夫子，備盡孝道，群稱賢婦。

一、氏夫病，日夜籲天拜禱不效。夫亡，水漿不入口者數日，哀傷之至，欲以身殉。既而自度有不可者三：謂翁姑垂白在堂，一不可；家貧無叔伯代夫奉親，二不可；有子當撫，以綿先人血食，三不可。因此勉延殘喘，收淚忍哀，一以仰事俯育，慰報亡夫爲己責。迄今三十四年，經歷險遠，視如坦途。

一、氏翁姑以暮年單育一子，又苦早喪，不勝悲悼，氏以“孫可承祧、婦可代子”爲寬解翁姑；或以身老家寒、任重道遠爲氏悲，氏以“紡績可資奉養，百年誓如一日”爲寬釋翁姑；或以“兒早棄世，有累淑媳”諸言爲氏憐，氏以“命禀於天，節盡於人，望堂上勿爲此言”爲寬慰。以是抱悲懷以育孤子，而仍含愉色以對高堂，俾垂白翁姑咸得破涕爲笑，以終其天年。

一、氏夫亡後，屏簪珥，服疏布，所居數楹，不出門閭，以婦職代修子職，孝養惟謹。乾隆三十六年姑病亡，壽五十六歲，氏不勝哀慟。翁以是年中痰傾跌，卧病床笫，氏竭誠頤養，不言艱苦。越五年翁逝，壽七十四歲，凡喪葬祭祀皆克盡哀盡禮。

一、氏夫及翁姑亡後，歷經大故，寸土無遺，乃堅貞之性，歷險不渝，慰報之思，所期更大，雖窮苦萬狀，猶以紡績之餘訓子讀書，冀得成名，以光先祖。日以“親有德，遠匪人，守正安貧，無玷祖父”爲戒勉，二子承懿訓，罔敢違越，人咸稱爲慈母嚴師云。

一、氏青年孀守，以心殉夫，養老撫孤，備嘗艱苦，迄今節逾卅載，年過六旬，三從淑範，著於鄉閭，永矢貞心，無慚天地，誠親鄰之所哀憐而遠近之所矜式者。

一、氏於乾隆五十四年邑紳士呈報，提督學院朱蒙批“抑該學確查詳奪”，即蒙師臺具實詳報，隨給匾額，又蒙二師臺給匾獎勵。氏子文暉於乾隆五十五年奉督學部院竇歲試取入邑庠。今文暉念母節孝，不勝悲痛。幸逢聖世，特陳哀情，循例請旌，以垂不朽。

三月初七日奉儒學教諭李公、訓導錢公批准，據情移牒詳請題旌，四月廿一日加看移縣。

金華府東陽縣儒學，今據本學生員盧文暉詞稱云云到學，今查看得：

節婦盧周氏，性敦孝行，志勵貞操。嫁未及笄，禮事舅姑而盡職；夫先痛夭，孤遺伯仲而傷心。堂上雙白頭，合生養死葬而殫心力；膝前兩赤子，兼丸熊畫荻以授詩書。統觀孝親撫孤，歷四十二春如一日；確訪茹冰飲雪，閱三十四載無二心。較卅年准詳建坊之例，已踰四秋；高千古安貞狥節之風，允超群類。況復單寒孀守，奉親皆十指經營；庠序飛聲，訓子成一時模楷。信倫常所共仰，實天地所垂憐。

前奉陞任學憲准詳，匾給"貞心式穀"。今據在學親子具稟情，遵恩詔，欽旌既與成例相符合，照公評申報。

五月廿九日，奉邑尊徐公傳一加看詳府。

金華府東陽縣知縣查看得：節婦盧周氏，秉性清貞，持躬聖肅。以婦職而兼子職，屬守盤匜；自髫年以迄暮年，飫聞詩禮。世傳姆教，不殊郝氏之遺風；德抱壼儀，益矢共姜之勁節。既茹荼而若薺，亦和蘗以丸熊。一衿成教子之名，初綿週甲；没齒安殉夫之節，誓慰泉天。志偕松柏同堅，聿凛歲寒如一日；力較星霜更瘁，尚循古訓於三從。允邀盛世之旌褒已符定例，洵是熙朝之淑範堪大門閭。

兹據儒學具牒前來合經看明，果有其人其事，特此備由，奉申憲臺暨督撫學三院藩憲，伏乞照詳施行。須至申者。

六月廿二日奉本府太尊王柱加看，申詳藩憲。

特授浙江金華府知府核看得：東陽縣節婦盧周氏，性秉堅貞，徽垂淑慎。方結縭而合巹，已聞古賢婦之風；迨破鏡以傷心，益勵未亡人之節。奉雙親於堂上，甘旨無虧；撫兩子於膝前，恩嚴兼至。而今子遊庠序，皆由斷機畫荻而來；凡兹譽滿閭閻，咸驚飲蘗茹荼之志。

現年六十一歲，守節三十四年，實孝義之克全，洵綱常之所仰，既符定例，宜錫褒旌。

十二月初四日奉三院會同具題請旨旌表。欽命浙閩總督部堂玉德、欽命巡撫浙江部院阮元、欽命提督浙江學院劉鐶之會同，謹題爲：

欽奉恩詔事。該臣等奉内閣孝子順孫義夫節婦貞烈細加咨訪，確具事實，奏聞旌表，欽遵在案。兹嘉慶四年分據布政使司劉，詳送浙江金華府東陽縣舉報，現存節婦盧周氏，洵屬孝義兼全，阨窮堪憫，應請旌表，給帑建坊，没則致祭祠内，以光俎豆，建碑鐫刻姓氏，載入志書，以勵風俗。除册結送部外，臣謹會同合詞具題，伏乞皇上睿鑒，敕部議覆施行，謹題。嘉慶四年十二月日會疏拜發，請旨旌表。

時嘉慶五年歲次庚申六月穀旦

男文暉謹録

（選自第三支《錦溪盧氏宗譜》民國丙辰年重修本之廿五卷）

求賜光琳"順德垂型"匾額之申文

嘉慶十五年十二月初九到一件，樸孝可矜等事。申詳童生盧光琳請給匾額册結文，申金華府東陽縣儒學，爲樸孝可矜，遵例懇詳請匾事。

本年九月二十一日，據廩增附生員陳雲梯、馬立源、楊應奎等前事，呈稱：竊惟敦倫首先敦孝，衆善莫重孝親。切孺慕以終身、竭誠匪易，念居廬之困憊、歷久尤難。今有本縣四十九都童生盧光琳，年五十三歲，持己以誠，事親以孝。聞光琳父名兆貴，生母陳氏，後母姚氏。盧光琳年方十五，親母病故，慘痛哀號，水漿不入口者數日，喪葬盡禮。

父繼娶姚氏之後患瘋疾，光琳與繼母侍湯藥，朝夕不離床席。數月病重，光琳仰天悲泣，焚香願以身代。延一載而没，光琳伏地悲號，絶而復蘇者數次，蓋既痛乃父之云亡，而又念繼母之勞瘁，諸弟皆幼，貧不能支，爰竭力營葬，耕種度日，菽水承歡，事繼母一如親母。

嘉慶十三年正月二十日，繼母姚氏又病故。乃光琳伏地悲號，衣衾棺槨竟盡其禮，亦合葬於壽山本身父母之旁。時光琳年已五十一矣，哭念劬勞，哀毁骨立，結廬墓旁，家務委之於弟。光琳獨居守墓，風雨撼廬，哭聲振野。行道聞之，皆爲流淚。於今三年常如一日，墓側生芝，無不驚異。光琳猶含纖枕塊，扶杖焚香，不復知有家室矣。宗族皆稱其孝。伏讀恩詔，有云"孝子順孫、義夫節婦均予表揚，以廣風化"等因，欽遵在案。今童生盧光琳，事親生既養志超倫，没又廬墓盡孝,尤堪維持風化。爲此遵例呈請,申詳學憲大人推廣錫類之皇仁,宏奬酬親之實行,恩賜給匾,以式鄉閭,頂德不朽等情,到學。

據此。卑職等查,看得孝子盧光琳孝行堪師,烏私可憫。幼痛萱堂早逝,水漿不入口,搶地願以身殉,長待後母加虔。嚴父病纏身,祝天願以身代,於是延父齡者一年,廬親墓者三載。芝生石畔,天憐純孝以呈祥;莪泣《詩》篇,人叩憲恩而奬善。卑職等除取具廩增附生員甘結外,擬合遵例申請,爲此備由加結具申,伏乞照詳施行。須至申者。今申送事實册一本,印甘結一套。

右欽命經筵講官、吏部右侍郎、提督浙江全省學政加三級記録十二次周,批准給予"順德垂型"四字,以示教勵,繳册結孝。

嘉慶十五年十一月初一日

教諭:李如蘭　訓導:謝雲卿

(選自第三支《白竹盧氏宗譜》民國庚辰重修本卷一)

敕義民盧尚文

浙江金華府東陽縣民盧尚文:

國家施仁,養民爲首。爾能出稻穀二千石用助賑濟,有司以聞,朕用嘉之。今特賜敕奬諭,勞以羊酒,旌爲義民,仍免本户雜派差役五年。尚其允蹈忠厚,表勵鄉俗,用副朝廷褒嘉之意。欽哉!

故敕"敬天勤民"。

正統七年五月十五日

(選自第三支《錦溪盧氏宗譜》民國丙辰年重修本首卷)

東橋翁諱本冠帶榮身給帖

欽差南京户部監督糧儲員外郎陳,爲懇恩俯賜冠帶以隆聖典事。

據南京應天倉副使盧子昇呈稱:原籍浙江金華府東陽縣人,伏覩恩詔内一款"凡軍民之家有年七十以上,德行著聞、鄉里所敬服者,給與冠帶榮身。欽此欽遵。"切有長兄盧本,年七十六歲,在籍耕讀肄業,身無過失。孝養寡母,週急鄰里,人人敬服。昇系親弟,幼蒙訓讀成人,思念同胞撫育之情,呈乞懇恩,俯給冠帶等情到部。除劄付壽官盧本冠帶外,爲此合帖該縣照劄事理一體遵照施行,毋得違錯未便。須至帖者。外劄副一紙,冠帶一套,仰縣差吏賫送到家,取收照繳部彙題。

右帖下金華府東陽縣。准此。

萬曆二十五年四月初八日給

(選自第三支《安溪長堤盧氏宗譜》民國辛巳年本卷十五)

良五十二翁鄉飲請啓

東陽縣儒學教諭湯懋德、訓導楊大林同頓首拜請

碩德盧翁諱本耆英執事:

伏以欽崇碩德,虞廷養老之規;隆重高年,周室燕毛之序。故鄉飲之室,所以尊德尚年;而禮讓之行,匪徒靡文縟節。典亦鉅哉,勝斯難矣。恭惟執事,心行無虧,士林雅重,孝友兼盡,閭里推尊。乃熙朝之人望,越社之耆英。

玆當丙午孟春之望,例行鄉飲,請登賓位,預啓奉瀆。惟屆期賁臨,以慰衆望是荷。

萬曆三十三年正月十二日

右附儒學送縣牒語:立心淳厚,制行端方。孝友洽於家庭,信義孚於閭里。齒德兼優,鄉邦推重。

(縣有請帖不録)

(選自第三支《安溪長堤盧氏宗譜》民國辛巳年本卷十五)

演東翁諱邦豹信百七十六鄉飲請啓

東陽縣正堂陳爲鄉飲以重大典以隆風教事。

恭惟朝廷鄉飲酒禮,所以尊高年崇有德也。正月鄉飲舉行彝典,

博采輿論,備聞執事齒德俱尊,鄉評推重,理宜敦請。至期賁臨是荷。

右啓。請大耆彦盧諱邦豹執事。

(選自第三支《安溪長堤盧氏宗譜》民國辛巳年本卷十五)

儒學師尊鄉飲請啓

伏以鄉飲之設,朝廷所以優禮耆善,風勵天下有年而有德者也。恭惟執事年高德劭,輿論推尊。兹值丁亥孟春之望,舉行彝典,敬虚介席,敢煩降重,以成嘉禮,届期惠然,幸甚!

右啓。請大耆望諱邦豹盧先生執事。

侍教生郭士英頓首拜

順治四年正月　日

(選自第三支《安溪長堤盧氏宗譜》民國辛巳年本卷十五)

懋艮翁鄉飲請啓

金華府東陽縣正堂加一級邑侯胡爲鄉飲事。

准儒學牒文正月望日鄉飲,内開:耆善盧懋艮,性樸行端,懷仁仗義,已經備申道府照詳施行。蒙此,合行帖請,爲此預帖敦請。

照得鄉飲之設,朝廷所以隆重高年、推尊有德者也。恭惟執事,齒德兼優,月旦推重,届期舉行大典,敬虚价席,祇候光賁,不勝榮荷。

右啓。請大碩德諱懋艮盧耆英執事。

康熙十五年正月日禮給

(選自第三支《安溪長堤盧氏宗譜》民國辛巳年本卷十五)

又

東陽縣儒學教諭鄭濂廣頓首拜請大碩德諱懋艮盧老耆英執事:

伏以養老風高,虞廷推尊劭德;燕毛禮茂,周室序重高年。是鄉飲之設,所以崇德而尚齒也。其典甚鉅,勝斯爲難。恭惟執事,履貞德裕,鄉評推重,誠堪此舉。茲孟春之望,候登价位,以光大典,屆期賁臨是荷。

謹啓。

康熙十五年正月　日

(選第三支自《安溪長堤盧氏宗譜》民國辛巳年本卷十五)

請　啓

伏以風化之敦龐,起於閭里;子孫之願樸,肇自父兄。八家之親睦可嘉,十室之忠信堪挹。故養老爲聖朝之雅化,而鄉飲尤盛世之隆規。

今本學申報本縣,衆賓盧樹福居家清白,追懿範於香山;處世謙和,飲甘泉於芳谷。素履既孚於衆望,碩德允協乎公評。茲於嘉慶己巳孟春望日奉文,虔備饈饌,敬迓台輝。謹擁篲於黌宫,祝哽祝噎;用樹鵠乎偏户,興讓興仁。

惟冀賁臨,以光大典。

嘉慶十四年正月　日請

(選自第三支《安溪長堤盧氏宗譜》民國辛巳年本卷十五)

謹　啓

鄉飲酒禮,自古攸崇。今屆道光庚寅年十月朔日,欣逢盛典。采知本邑衆賓盧永苞、盧永完、盧永宣、盧永聰、盧樹楹等,居家清白,立品端方,齒德兼優,鄉黨咸重,應薦賓筵,以彰善士。特此預聞。

時道光十年歲次庚寅十月　日請

(選自第三支《安溪長堤盧氏宗譜》民國辛巳年本卷十五)

給　帖

金華府永康縣爲旌善事。據老人金明卿、吴德正等呈稱:

本縣十八都一圖有善民盧世文,宅心正大,處世剛方,孝友素著,家庭忠信,夙孚閭里。錢糧賠納,捐資以餙廢途,捨財以助饑人。鄉鄰重推之，舉肩任保正，争鬭善爲解紛，盜賊多方屏息。住居義、東三界境内，安堵三十有年，倡化□頑，悉興仁讓，善行懿德，拔萃一方。今遇明例，理合呈舉，乞台照例申鳴加獎等情。

本縣據此看得，詞内善民盧世文情由，天資樸茂，賦性端方，賊盜賴以安静，凶頑化，興仁讓。有此德行，真爲一方表率。今奉撫臺明例申允，合就給扁冠帶旌獎。爲此給帖照證。須至帖者。

右帖給付善民盧世文准付照。

萬曆十九年大吕月　日給

（選自第三支《指山盧氏宗譜》民國丙寅年重修本卷六）

給　帖

金華府永康縣爲獎善事。查得善民盧大正爲人孝敬，敦睦鄉鄰，秉性純篤，行止端莊，糧課早輸，鄉邦讚美。有此良民，理行扁獎等情。

蒙此，擬合就行，爲此合給帖付善民盧大正收照施行。須帖。

萬曆四十四年正月二十日

掌縣事縣丞鄧汶給

附扁式：德重鄉評。

（選自第三支《指山盧氏宗譜》民國丙寅年重修本卷六）

給　帖

金華府正堂加一級王，爲查餙鄉飲以隆大典事。

案奉提督學院周憲牌，仰府照牌事理轉行屬縣學教官，凡遇鄉飲届期，密訪境内從無過犯、素爲鄉里推服者。查勘明確，備將賓介姓名籍貫，須於一月之前列册詳院，聽候覆核批允，方准舉行，毋得臨悮等因。

奉此遵行，屬縣學知照外，今據本府儒學申報：耆賓盧元禎年七十歲，係永康縣十八都民。處宗族以雍睦，完國課以急公，訓化子侄而良善,賑給貧親之困厄。合興賓筵,並奬鄉善。事實到府。

據此,隨經具文申詳提督學院鄭,批:如詳行。繳,册結存。又蒙分守道王批,仰候學院批行。繳,册結存。等因,奉此。合就照例給帖。爲此帖付本耆賓遵照以終善行。須至帖者。

右帖給付本府儒學鄉飲耆賓盧元禎收照。

康熙三十一年三月日

(選自第三支《指山盧氏宗譜》民國丙寅年重修本卷六)

查飭鄉飲等事帖

伏以養老重典,風化所關,鄉飲崇隆,政教攸繫。敬禮惟孚乎一德,褒嘉在振夫三綱。實典禮之大端,乃聖王之首務。

今據本府儒學申報,耆民盧元禎年七十歲,係永康縣十八都民。處宗族以雍睦,完國課以急公。訓化子侄而善良,賑給貧親之困厄。合興賓筵,並奬鄉善。素望既重乎鄉閭,具瞻足型乎郡邑,敬以本年正月十五日虔設饌饈,奉迓台趾。執肴執漿。謹擁篲於黌宫;興仁興讓,俾觀型於蒸庶。惟冀賁臨,以光盛典。

康熙三十一年正月日金華府具扁式。

巡撫浙江等處地方軍務兼理糧餉兵部右侍郎兼都察院右副都御史張、提督兩浙等處學政右春坊右諭德兼翰林院修撰鄭、賜進士金華府中憲大夫前兵部職方司郎中王、登仕郎金華府教授丁酉科亞魁姜詳奉,訓導陳一范爲"碩德維風",鄉飲頂帶耆賓盧元禎立

康熙壬申年春王吉旦

(選自中山第三支《指山盧氏宗譜》民國丙寅年重修本卷六)

給　帖

伏以養老重典,風化所關,鄉飲崇隆,政教攸繫。敬禮惟孚乎一

德，襃嘉在振夫三綱。實典禮之大端，乃聖王之首務。

今據本府儒學申報，耆民盧希文係永康縣十八都民。處宗族以雍睦，完國課以急公，訓化子侄而善良，賑給貧親之困厄。合興賓筵，並獎鄉善。素望既重乎鄉閭，具瞻足型乎郡邑。

敬以本年正月十五日虔設饌饈，奉迓台趾。執肴執漿，謹擁篲於黌宫；興仁興讓，俾觀型於蒸庶。惟冀賁臨，以光盛典。

乾隆庚辰年正月日金華府具扁式：

文林郎署永康縣知縣王申詳奉旨，講官太子太傅大學士吏部兵部尚書梁詩正爲"盛德可風"。

乾隆庚辰年春王吉旦，善民盧希文立

（選自第三支《指山盧氏宗譜》民國丙寅年重修本卷六）

給　帖

浙江金華府儒學爲請嚴鄉飲等事。

照今乾隆四十四年十月朔日舉行鄉飲一案，業經本學詳奉府憲核實通詳各憲蒙准舉行在案。奉此，合用印文傳知。爲此，帖仰該賓耆届期親赴明倫堂宴飲。務須揖讓有儀，進退有節，以光大典，以勵善行。須至帖者。

計開：衆賓盧啓尚，年六十九歲，永邑人，府學第貳號。

右帖給付衆賓盧啓尚收執。

乾隆四十四年十月　帖押

（選自第三支《指山盧氏宗譜》民國丙寅年重修本卷首）

給　帖

養老重典，風化所關，鄉飲崇隆，政教攸繫。敬禮惟孚乎一德，襃嘉在振夫三綱。實典禮之大端，乃聖王之首務。

今據本府儒學申報，耆民盧希文系永康縣十八都民。處宗族以雍睦，完國課以急公，訓化子侄而善良，賑給貧親之困厄。合興賓筵，並獎鄉善。素望既重乎鄉閭，具瞻足型乎郡邑。

敬以本年正月十五日，虔設饌饈，奉迓台趾。執肴執漿，謹擁篲於黌宫；興仁興讓，俾觀型於蒸庶。惟冀賁臨，以光盛典。

乾隆庚辰年正月　日金華府具匾式：

特授浙江金華府儒學教諭加三級記録五次夏、訓導加二級記録四次蔡申詳，署理浙江金華府正堂台州府分府加五級記録九次胡核實通詳，巡撫部院王亶望、總督部堂三保暨布政使司布政使國棟、提督學政彭元端、金衢嚴分巡道吴爲"厚德高風"。

乾隆四十四年給

（選自第三支《指山盧氏宗譜》民國丙寅年重修本卷首）

給　帖

金華府永康縣儒學爲再行通飭等事。准本縣正堂劉移開，蒙本府正堂李憲牌備，蒙分巡憲李批本府呈詳，該縣學舉報賓耆盧啓環本年春季鄉飲緣由，蒙批，據核實通詳，仰候各院憲暨藩司批示。繳。册結存。

又蒙布政使司瑞批，仰詳轉飭照例舉行。仍候各院憲暨巡道批示。繳。册結存。

又蒙巡撫部院楊批，仰布政司轉飭照例舉行。仍候提督學院李批，仰布政司轉飭照例舉行。仍候督撫部堂批示。繳。册結存。

又蒙總督部堂汪批，仰浙布政司即飭照例舉行。仍候撫學部院批示。繳。册結存。各等因到府，奉此。合行轉飭。爲此，仰縣官吏即便移學，照例舉行毋違等因，行縣移學。蒙此，除請各賓耆赴筵外，合給匾帖。爲此，帖給飲賓盧啓環，即便執照，永爲鄉評推重，以光大典。須至帖。

右帖給飲賓盧啓環。准此。

嘉慶二十二年歲次丁丑二月之吉

（選自第三支《指山盧氏宗譜》民國丙寅年重修本卷六）

永臣以齒德而膺郡之賓筵者

啓曰：

養老重典，風化所關，鄉飲崇文，政教攸繫。敬禮惟乎乎一德，褒嘉在振夫三綱。實典禮之大端，乃聖王之首務。

今據府學詳報，賓耆盧永臣，年八十三歲，係武義縣南十莊人，克勤克儉，好善樂施，和睦鄉黨，足稱善士，允堪賓筵，以隆大典，前來。素望既重乎鄉評，實行足型於郡邑。敬以乾隆十七年正月十五日虔備饈饌，奉迓台輝。執漿執酳，謹擁篲於黌宫；興仁興讓，永表儀乎蒸庶。惟冀賁臨，用光盛典。

賜進士第原任翰林院庶吉士署金華府學教授事加一級陳

訓導沈　匾曰“齒德兼隆”。

（選自第三支《武南盧氏宗譜》民國辛巳年重修本卷一）

部文：欽命浙江等處承宣布政使司布政使加三級紀録十七次常爲知照事

道光三年四月二十日，奉巡撫部院帥案驗，道光三年四月十三日准禮部咨開，儀制司呈，禮科抄出本部題覆：浙江武義縣耆民盧景華現年一百歲請旌一疏，於道光三年二月初四日題，初六日奉旨依議。欽此！欽遵到部，相應抄録原題，行文該巡撫遵照辦理可也。計粘單内開：議得定例，壽民年至百歲者給銀三十兩建坊旌表，並給與“升平人瑞”字樣等語。

今浙江武義縣耆民盧景華年一百歲，應請行令該巡撫遵飭該地方官給銀三十兩，聽本家自行建坊，並給與“升平人瑞”字樣，恭候命下，臣部遵奉施行，到本部院。准此，行司查照準咨奉旨事理，即便轉行欽遵，將耆民盧景華應得建坊銀兩動支給發，詳咨餘照部議飭遵毋違等因，奉此。合就轉行。爲此仰府官吏即便轉行武義縣欽遵，仍即取具該本家押領，加具騎縫印領給文赴司請領，以憑動款，給領詳咨，毋任擱延，切切。須至案者。

（選自第三支《武南盧氏宗譜》民國辛巳年重修本卷一）

二、傳　略

始遷祖教諭正明公孝友傳

智四府君自大山徙居石馬，當宋季亂離，又初創，生理未裕。三子，長思弘，次思丙，幼思辰，孝友敦篤，家庭間怡愉輯睦。府君卒，長子就田儒堂，迎養其母，逾時次子亦欲迎養，輒不許，曰："吾力足供，爾亦奚須？"母亦安於長氏，屢慰以"勿念"者，但時饋甘旨而已。一日，於泉山下田間得金一鹵，遂致殷富。築室殖産，兄弟樹立，各成一村，子孫蕃衍。

《傳》曰："天道無親，常與善人。"我祖懷仁履義，以行其素，而天與之金，俾昌其厚，而子孫亦永賴焉。吾宗開創之功，誠有自來矣。

（選自第一支《石馬盧氏宗譜》民國癸亥年重修乙酉年續修本卷三）

銓選府經歷喜亭公行述

先君子諱時運，又諱雲泳，考名雲時，字汝芳，號喜亭，由太學生銓選府經歷。先祖樸齋公、妣氏朱之幼子，胞伯永瑞公之幼弟也。

初，樸齋公二女一男，不勝孤單是懼。自先君子生，近鄰從祖母氏胡深相欣慰，稱曰"時運"，遂以命名。而樸齋公家道從此漸裕。

先君子少穎異，從族祖戩成太夫子遊，未成人，即能爲樸齋公規畫家政。後從芝英應秀庭太夫子遊，讀《四書》後，纔綽綴，纔讀《尚書》未及半，維時有司採辦穀石，視同正供，樸齋公苦之；先君子以鳴諸府，請於公，事乃得息。郡城楊太夫子見先君子姿性靈警，識見通達，書法亦復遒勁，器之，命從之遊。不獨課以藝文，而並勗以持家之道、當諳禁令。嘗爲先君子口講指畫，舉當世大有材幹、熟悉法度之故家軼事並其明效大驗，歷歷形諸論議。

先君子謹佩師訓，凡則例森嚴、一切有司之所避忌，與夫鄉愚之所最易犯者，罔不周知。而於家居，必以力田課耕、延師教子爲先務。嘗言:“我平日未嘗學問，安能鎔經鑄史？唯追憶少時讀本，善能脱胎，則亦可成片段。”每一藝出，老宿稱其精敏。又喜與兒曹説書，講究文法，章釋句解，步驟層次，明白坦易，後生小子資其誘掖獎勵之力居多。

課農之暇，即理蟲魚，口吟手披，無書不覽，而尤致力於岐黄，爲養生之助。性嗜酒，不多飲，好吟詩。不肖輩院試名落孫山，寄應翼雲夫子詩有“先生撥冗頻來館，諸子挑燈再讀書”之句。善居積，不計錙銖，嘗留有餘，而家日以豐。酬應日以繁，胸次明晳，終其身無錯誤。

喜賑濟，樂義舉。凡郡學試院神廟橋樑道路之捐輸，約計六百餘金；婚娶喪葬之家有缺需，必罄所有以應其求，其有孤寡窮困力不能償者，必損所有以行其惠。至非分背理之事，一有觸忤，必正議直斥，俾之心折。是以鄉鄰之受其教、感其恩者，無論生時婦人孺子莫不嘖嘖稱道，即自没至今幾三十年，咸奉爲法。以謂爲人如是，真能通曉事理，練達人情，毫無遺議者。

其生平無日不佩朱子《家訓》，亦無一不遵朱子《家訓》，所尤諄諄者如“三姑六婆，淫盜之媒”，“刻薄成家，理無久享”，“子孫雖愚，經書不可不讀”，以至“善欲人知，必非真善”等語，而於“國課早完”四字更常嚴囑，以示不肖輩。以故力田訓子外，於糧務、契税二大端，尤兢兢當務爲急焉。邑侯名進士雨溪劉公稱爲“遊仙鄉第一人”，良不誣也，並賜之額，曰“渭州嗣範”。嘗作俚言三十條勸世，剴切詳明，見之者咸喜爲傳誦勸勉焉，知其閲歷於世故者深矣。

其事父母也，承顔順志，更以恢宏家業、課子讀書得其歡心；其事兄長也，自少至老，怡怡無間，嘗推敦宗睦族之誼，偕胞伯永瑞公爲樸齋公督建崇儒公祠寢堂；其處夫婦也，閨門整肅，每論列古今忠義等事，並縱談世務，俾一家兒女環而聽之，用以資聞見明大義，里閈化之，從不聞有囂陵詬誶聲；其訓子侄也，嚴而有法，重耕讀而輕逐末，喜誠樸而惡佚遊，陬山橋下諸甥男皆素服其訓、謹守其法者也。

今黄表兄榮膺七葉，壽近百齡，入黌門成均者四；朱表兄年歷八旬，堂同四世，入黌門成均者七。是皆克世其家者，而咸稱先君子之教澤孔長，與不肖輩相勉勵於無已也。晚患目疾，不肖輩又因寓居狹隘，各立門户，猶朝夕周歷五男家，詢詰小兒之寒熱燠，曰“疾疢宜預防也”。賓明之應對，曰“匪僻宜早遠也”。至於學業之勤惰、農功之作息，以及瑣屑諸事，務必得其詳，恐其荒廢本業而漸流玩愒也。

憶道光辛卯，自知不起，敦促暖赴試。迨八月廿八日自省回，猶面詢首次三藝愜意與否，又囑以不獲售，自後必赴鄉試，毋負我生平耕不廢讀之意。越三日，九月朔日午時，終於正寢，嗚呼痛哉！距生於乾隆甲戌年九月二十日戌時，享壽七十有八。

孺人氏杜，杜山五世同堂欽賜“七葉衍祥”杜光福公女，秉性仁慈，居家儉樸，孝舅姑，和妯娌，撫側室如女，内外佐理，克成家業。不肖輩幼時先君子延應翼雲夫子課讀，善處中饋，致敬盡禮，幾四十年，無少厭倦；兼以先君子主賓相得，締好朱陳，即幼弟逢暟之岳丈也。孺人生於乾隆癸酉年三月初十日未時，痛於道光辛巳年七月初四日戌時，享壽六十有九。側室圖氏，情性和婉，事先君子，順正無違，尤能爲杜孺人調劑膳饈，珍愛兒女。生於乾隆甲午年正月廿六日子時，卒於道光乙巳年正月十三日酉時，享壽七十有二。俱安厝芑頭田内。

不肖鳳詔幸承教督，叨列邑庠。次暖，廪膳於郡。三一心，例選，從九；四正心，圖氏出，入太學。幼逢暟，入太學。諸姊妹長適杜，次適胡，三適應，四適施，五適胡。孫男十九人，入太學二，候選從九二，入郡邑庠四。曾孫廿七人，玄孫一。不肖等沐先君子遺澤，各相遵守，無敢稍軼範圍，唯不能力自振拔使先業有加、學問有成，此則不肖輩所拊膺悼嘆、負罪實深者也。

兹因續修家乘，子侄輩以先君子行述爲請，謹備志之，俾知所矜式。至後之賢子孫景仰風徽，不唯克繩祖武，並能度越前人，尤先君子在天之靈所厚期而默相之者。不肖等老矣，願與諸孫共勉之。

時大清咸豐元年歲在辛亥閏八月中浣之吉，不肖男鳳詔等謹述

（選自第一支《石馬盧氏宗譜》民國癸亥年重修乙酉年續修本卷三）

恩貢生先舅春臺盧翁紀略

人有冠儒冠服儒服，而考其生平終有慚於儒行，則以其未嘗學問，而於自立處事間又未嘗悉心而力行之故也。若儒堂先舅諱暖字春臺號鐵崖者，泰嘗親炙其爲人，猶敬之慕之，不能忘焉。

翁祖鴻昌號樸齋，贈儒林郎。考雲時，號喜亭，銓選府經歷，贈儒林郎，均樂善好施，世有積德。昆仲五，翁居其次。生而岐嶷，資稟純粹，敏悟過人，翼雲應先生深器之。及長，從孝廉鄭華巖先生遊，學與年進。出應童試，易明府悟岡鳳庭見翁文，大加賞識，遂冠全軍，補弟子員，閱數年而食廪餼。翁以爲學未足也，更從進士包展齋先生受師承。入秋闈，屢膺鶚薦，丁酉額滿見屈，限於數，不獲售。翁愈篤嗜群書，鄴架充盈，博覽旁通，手不釋卷。又善書，揮灑如意，雖晚歲如少壯。時唯以實踐爲功，不屑沾沾於名利之末，其學問有如此者。

翁性至孝，善繼先志，嘗與泰述太翁喜亭公訓，惟諄諄以讀書最善爲處家要務。與兄弟輒相磨勵，友愛過人，居恒舉動嚴正，嚬笑不苟。教訓子侄，著有家訓一則，語多剴切詳明。至於與世交遊，則又欿然自視，談論間彌復謙退，故先哲王森堂宗羲、張西潭化英，常以詩文往還，莫不稱翁爲老成師表，其立身有如此者。

翁行益篤，有善舉，行之必力。匪獨敬神立祀、分割腴田已也（嘗

割腴田二畝許爲東陽安文陳丈人立祀，遊仙社主亦助田如干數），奉先靈則創立家廟（咸豐壬子特創喜亭公祠），重文教則助建黌宫，惠士林則議成試院（道光年間學宫試院向前捐造），救饑民則傾囊以賑（咸豐壬子歲旱，出常帑四百緡，人皆稱之），以及五峰之麗澤祠、學易齋，其與諸同志捐修者誠急急也（翁偕程、應諸董事捐修一新）。且遠祖越國公力請補載邑乘（道光丁酉本邑修志，翁摭實呈請，不避當道）、從祖一松公得以崇祀鄉賢（翁呈《望洋日録》《光餘或問》二書，並摭故實力請入祀，不辭況瘁）、胡肖松、叙齋二先生得以附主於五峰書院配享諸賢（道光二十五年奉崇祀，翁之力也）、胡氏、周氏、厲氏三節母得以奉旨建坊貞表百世，非翁之力，何以致之（翁力爲請獎，其子若孫至今頌德不衰）。其處事有如此者。

翁以乙卯恩貢，逾五載，張閣學臨郡，始授以教諭職，錫以恩榮，特簡匾額，甫上禮部而終，享年七十有二，得名得壽，此亦見天之報施善人不爽矣！

嗚呼！翁捐館距今十餘載矣。泰迴憶當年，忝備館甥，視猶孩子，幸識翁之萬一，真覺博學不窮、篤行不倦、有無慚儒行者。設令天假之年，由鄉進士奉答君恩，廣敷文教，必能正風化，端士習，使一鄉紳士表揚盛德，上達朝廷，異日太史氏筆之史策，益垂不朽，是則泰之所深望而轉深惜者也。

翁配施氏，淑慎端静。繼配陳氏，閫範嚴肅，慷慨好施。子四：長嗣樞，邑廩生，至性篤孝；次嗣杭，秉性强立；三嗣渥，太學生；四嗣堆，邑庠生，有忠厚遺風。孫男八：思鎮，太學生，有習業；思燧，邑庠生，有文藝；思聽，思親、思格、思棫、思酬、思傑、思澂。玄孫四：大楣，大搏、大柔、振鰲，均嶄露頭角，當必有大昌厥後者。

爰不辭固陋，姑紀其略，以俟後之采風焉可。

大清同治十年歲次辛未桐月上浣之吉，眷甥邑增生樓瞻泰拜撰

（選自第一支《石馬盧氏宗譜》民國癸亥年重修乙酉年續修本卷四）

開五公行實

隱之盧公，叨恩宋室，世襲周葉。今居上第，荷蒙藝祖之宏恩；位在廷臣，實賴祖宗庇蔭。按公先系自汴之臨安徙家華溪孝義鄉靈山曰珪公者，清幽樂道，隱居溪滸，高尚其志。經今傳流十有五世。公諱璡，字隱之。官宋爲制幹，乃萬二公之子也。穎異明敏，嗜學好古。凡諸史文苑，靡不洞究其奧。時與騷人墨客議論風生，孜孜不倦。諸凡所作文詞，朗朗落筆珠璣。屢上校藝，動知輒嘆賞稱奇。且公素禀簡重，勤儉治家。資富甲於鄉邑，閭里著聲，尚德尊賢，士林翹企，待人接物，以誠敬爲先。於乙亥歲入膠序，益加研究，大有進造，奮志經藝，丙夜不寐，成羸疾不起。公宦安南時迎親官邸，凡諸侍奉克躬子職。公父適坐奏核，慨然自赴，不殆禍於家，誠孔融、張光之儔也。且公禀質剛毅，作事不苟，又善恤貧困以惠鄉人。惟喜琴書，不樂仕進，惟以詩文自娱，諸所著作，未嘗留稿。其英氣傲爽如此。宋德祐間，授湖南潭府制幹。謂幼君失德，至天道交際。辭歸奉親，杜門不出，以修身齊家規訓兒女。公所植産計一十六萬七千，糧米七十三。公能克紹前烈而不替者，非公其誰歟！公所爲前有創而後有成，公真士林中翹楚也耶！予素沐公恩，敢不敬述其事以爲公一助云。

時洪武三年庚戌歲既望，國子助教同郡朱廉撰

（選自淥塘、夏家塔《范陽盧氏宗譜》民國戊寅年重修本）

處士德材盧公行實

永康靈山處士盧君，諱楝，字德材，其先宋尚書之源流，武烈侯之傳派也。世居永康靈山。祖諱澤之，官台州仙居縣白塔砦巡司巡檢。處士甫成童，而先君已逝。雖然，處士之孤也，孝乎母而備養無違，豫如也。傍鮮依託，煢煢然持夫志。於是謀諸鄰邑東陽之集文里從兄叔寶者，延師同學。既弱冠，負奇氣於當時，不樂仕進，修行於家，勤

於生理。復築室數十間於南園，擇鄰而居之。高尚其志，好讀書，結交賢士大夫，善處無違，聲譽益著。郡辟不起，内持雍睦之敬，外任門户之責，皆厲精有爲。好施捨，給田若干畝以資翠峰之僧。賙之以貧乏，抑之以悍猛，衣冠濟濟，遇人接物，恂恂然執乎禮而不慢。由是里閭服德，士民推仁。其收宗合族，孜孜焉以譜牒爲重，訪諸名公碩士文而修之。立祠宇以時祭祀，不忘祖宗之念，則其志量之大果何如哉！上無失於孝，下無失於人，而其用舍行藏，事事物物而適其宜，惡得不起諸君子之稱頌也哉！嗚呼，世之有能如處士之孤自立，若是之饒財富義而不爲利禄動乎中者幾希。噫，吾與處士交十年，憶其人之亡而德存者，蓋千萬世使人聞而興起思慕其賢，世之有幾能如是乎！處士生於元大定乙丑九月十三日辰時，卒於明洪武乙亥九月十七日子時，享年六十有一。配東陽集文朱氏。子三人，長肇祖，次敬祖，幼立祖。長肇祖先處士三年而卒，孫男尚幼，斯時二子含哀以告予，請述其事實，予嘉下處之德之行之美之厚，故書此以表仁人君子之爲善也夫！

時洪武戊寅冬十月既望，前史官蘇伯衡謹書

（選自淥塘、夏家塔《范陽盧氏宗譜》民國戊寅年重修本）

開五安人蔣氏賢母傳

賢母蔣氏，系東陽巨族錢村蔣學士女，開五制幹之妻，椿之母也。其大父，原任國子伴讀文清公之女孫，世爲博士，著名於時。賢母自幼勤敏，姆訓合宜。而饋食服飭之常，靡不精及，以孝獲於父母。及長擇配，是時，永之門閥靈山七一朝議大夫之裔孫諱璡者，乃宋尚書越國公之後。而璡資性英邁，簡默沉重。以耕學素守，家聲克振。及賢母歸盧門，凡中饋之事以身先之。孝舅姑，和妯娌，克相夫子，閨門之内無不欽敬。賢母生於咸淳乙丑四月初七日卯時，不幸夫君先逝，堅守持家，躬節儉，善治家，井乎有條；理門役，待賓客，咸合其宜。規男女，御臧獲，各相其當。是自盧門老稚嘖嘖以賢母稱之。爲説者曰，夫賢賴於内助，子孝成於母訓。孟母卜遷，歐母畫荻，柳母丸課，婦德母儀系於人者大矣。能克相其夫，而有令子若是，非賢母種德根深，奚能臻此？厥子椿請予列其事，予每嘉賢母之德之報，故書此以傳萬一云。

時洪武庚申年冬十月既望，同郡朱廉撰

（選自渌塘、夏家塔《范陽盧氏宗譜》民國戊寅年重修本）

宏鎮公行傳

渌塘盧公諱宏鎮者，忠誠樸茂，克勤克儉人也。其大父，行升廿五府君，生公三人，公居次。自少人稱岐嶷，洎長，務田園不辭胼胝。後兄弟析炊，家頗窘。公與淑配陳氏朝耕夜織，各攻其事，未嘗出一怨言。既而家室豐盈，欲構堂宇，公愈瘁甚，一切勞力之事皆己親任。從無乞人請代，以求自安。是閭里間所稱一生刻苦獨力成家者，固莫若公矣。不謂有志意成，而苦心若負，公方可樂餘年，而竟以積勞成疾，終於正寢。吁，以公之勤，以公之儉，以公之忠誠樸茂，不好是非，而卒未獲一日安逸，豈不痛哉！公享壽六十有三，生於康熙丙戌年九月廿一日丑時，卒乾隆戊子年正月初七日辰時。舉丈夫子二，伯氏尚涪，仲氏尚賢，皆安己循分，守樸歸真，克紹祖父，忠厚貽訓。余生也晚，素聞其名，恨未暇早爲之傳。兹適來長君尚涪所囑，余因不辭鄙陋，樂述其始終本末以志不朽云。

時大清乾隆四十二年歲在彊圉作噩陽月望前一日，雅溪宗姪文苑夢麟頓首拜撰

（選自渌塘、夏家塔《范陽盧氏宗譜》民國戊寅年重修本）

盧母陳安人傳

盧諱宏鎮公有德配焉，曰陳氏。自幼寡言笑，慎容止，節飲食，温

柔貞静之德,未字時,已嘖嘖人口。及笄,適盧門,輒知事舅姑以孝,相夫子以順。奉箕執籌,凡婦道所宜赴者莫不曲盡而無忝。猗歟,何内則之獨嫺歟。後公析炊,安人怨家困乏,舉凡所有粧奩盡行棄鬻以爲室家計,因之積少累多,閲數寒暑而竟置成産業。公之得成爲富家翁,疇非安人之力相助也哉!更可敬者,倉廪豐盈,猶必親勞紡織;芝蘭繞膝,尚將躬治蠶桑。惡逸好勤,洵與公父文伯之母氏後先比美矣。安人生於康熙戊子年十二月十八日辰時,舉二子,已見前傳,撫一女,適梅塢口周,克遵母訓。今安人壽稱古稀,孀居數載。余望其精神矍鑠,若有耄期不倦之形焉。豈非天錫以壽而更錫以福乎。他若和處妯娌,來一堂雍睦之風,寬待媳兒,致一室中和之氣,皆其平日餘事耳,余不復贅。

時大清乾隆四十二年歲在彊圉作噩陽月望前一日,雅溪宗姪文苑夢麟頓首拜撰

俚句奉祝姑母太夫人七旬榮壽

早梅迎歲乍芳菲,設帨良辰届古稀。曾佐青燈欣舉案,更移黑帳善遺徽。華堂寒逼冰霜潔,繡户春臨蘭蕙肥。最喜瑶筵承色笑,頻看階下舞斑衣。

咸三十七宏鎮公像贊

公形古樸,公行端方。見善不及,見惡探湯。聞過必隱,聞善必揚。不侮鰥寡,不逐炎涼。厥先克繼,厥後克昌。夷然襟度,野服道冠。雖自乏令,聞興廣譽。亦弗羡夫,衮衣繡裳。

咸三十七陳氏安人像贊

貌渾而樸,性真而耐。順不失正,以位乎内。維德成才,聿勸不逮。啓後承先,慈徽六戴。勤儉持家,孫子攸賴。羞彼巾幗,獨出其

類。宜其熾而昌，更且壽而艾。

時龍飛乾降歲次己丑冬月吉日，雅溪方堂紱拜題

（選自淥塘、夏家塔《范陽盧氏宗譜》民國戊寅年重修本）

咸百七盧天佑母舅行傳

今夫人之所以爲人者，非必膺爵秩，邀厚糈，誇耀於當世已也，即在畎畝中而能敦倫睦族，以孝友居心，順時聽天，以耕讀爲業，則亦有可得而傳者焉。盧姓諱天佑，余堂母舅也。秉性淳篤，當總角時，從師讀書，即能頗曉文義，循循矩矱，蓋亦克孝於親，友於兄弟矣。比長，佐父理治家務，遂棄舉業，而以田園寓志土物，愛厥心臧，農蓑圃笠，課晴較雨，宴如也。至其處鄉閭間和易迎人，如飲醇醪。薰其德而善良者不乏，以故村内從無雀角之争。一生璞玉渾金，不雕不琢，非所謂無懷氏之民，葛天氏之民歟！而吾尤有懷於舅氏者。方吾年逾弱冠時，尚未遊庠，舅氏乃以余家貧，不克從師卒業，遂遣人來延接，館甥家塾，命子姪輩來授經，而給以薪水之需。余遂得以訓課餘，惠經學，異年即以默經入泮，而謂舅氏之有德於我者，其可以一日忘之乎！迄今音容雖遠，而其飲人以和，春風坐我，猶得想像其梗概。舅氏之爲人，於大節則無虧，而又能教子以義方，此可謂詒謀之善能振起家聲，垂裕後昆者。易曰，自天祐之，吉無不利。舅氏之謂也！今當盧氏重修家乘，其孫昌華亦共理其事，此可謂數典不忘祖者，又以不忍近祖之行誼泯没，來乞余言。余以舅氏之恩德難忘，爰濡毫而樂爲之傳，以垂後云。

時大清道光乙巳年菊月下浣之吉，外甥郡庠生陳玉春拜撰

（選自淥塘、夏家塔《范陽盧氏宗譜》民國戊寅年重修本）

東溪元渭翁行傳

公行亨三十，諱尚涪，字元渭，號吕濱，乃咸三十七宏鎮公之主器

也。予誼屬同宗，又兼東主，今合族重輯家乘，公季君昌壽偕侄茂鐘向余而請曰，先生其何以贈予祖父？余因不揣簡陋而叙公之實行以示後。聞公甫成童，即知勤以理家，儉以足用，待人忠厚，處世謙和，而一種澆漓佻達之風無有也。及長，有膽力，克繼父志。凡堂構未成者鳩工以創建之，祖墓未妥者擇地以改葬之，敝精瘁神，獨任其勞。且居恒自奉甚儉，至承祭祀、宴賓客必極其豐且潔。再如慈母孀居，曲承其志。重修譜牒，兼董其成。其卓卓可紀者，熟聞於耳也久矣！戊午歲余應元渭公等之請，處館於陳氏别廟，得親炙公之道貌，時公已年近古稀，猶聲如銅鐘，言甚剴切。鄉曲間有以强淩弱者即面斥其非，子侄輩有不率教者即嚴加鞭棰。於是人咸畏公之正直，而暴戾漸消，家遵公之約束，而禮讓自敦。尊師重儒，情意有加。奉皇朝大典例授登仕郎冠帶榮身。噫，如公者，洵所謂秉心嫉邪、維持風化之人也。初娶淑配陳氏有賢德，舉一丈夫名昌宗。繼娶金氏，不減陳氏之賢。撫四子，曰昌進、昌祖、昌福、昌壽。昌祖早世，餘俱稼穡自務，質實可風。而昌進尤足多焉，得陳君琢如翁女内助之力，其家業之饒裕，膝下之岐嶷，有遠過於伯叔季三房者，茂鐘、茂鎔、茂鎡是也。今雖僅茂鐘年逾弱冠，業醫濟世。而二弟英姿卓犖，自不與群兒齒。昌福有子茂欽、茂鏡，將來必能丕振家聲，光顯門楣，是孫子之發祥，實元渭公之垂裕於無窮耶。諸君尚其勉旃。

時龍飛嘉慶十二年歲在丁卯小陽之月，宗姪錦溪邑庠生盧輝拜撰

亨三十尚涪公例授登仕郎贊

維嶽降神，篤生英哲。士中之雄，文中之傑。謝蘭鄭草，方茂其華。才困於遇，賢食於家。李廣數奇，徒勞汗馬。圜橋觀聽，非其志也。寬宏表度，正直盟心。銖積寸累，瞬息千金。魚書遥寄，式誦清芬。

亨三十陳氏安人贊

懿歟安人，仍世不墮。名媛嗣徽，蘭蕙其心，瓊瑀其質。於歸望族，桃夭協吉。有琢一辭，健婦持門。釵荆裙布，古處是敦。鳴春蠶蟲，□夢夜警。荼苦笄齡，薺甘晚景，勤繼之儉，嚴母儀敬述光遠有耀。

時民國戊辰年十一月上浣之吉

廩膳生程壽南拜撰

（選自渌塘、夏家塔《范陽盧氏宗譜》民國戊寅年重修本）

華亭表叔暨斯氏安人行傳

且自神農嘗草，岐伯典醫，而醫之名立，而醫之功大。後之業醫者，竊醫之名，貪醫之功，動曰吾神難經脉訣，吾通萬病回春。遇延視，陰陽不知，君臣莫辨，不有愧於葛氏、桐君也哉。若予之表叔茂鐘公則不然。公居渌溏里，姓盧，行觀五，華亭其字也。系宋建隆朝工部尚書越國公裔孫，行臨三十二諱昌進公之長子。天資明敏，性情仁良。喜讀靈府書，務求精曉。弱冠時，有起死回生之技。嘗自憶曰：先祖行森五諱文才公紹，乃祖杞二八兆鈴公、乃父林十四大見公，家傳醫道，聲名洋溢。其時賜進士第工部尚書許宏綱抱恙，縣府執政薦請延視，霍然已。崇禎乙亥，許宏綱詣闕奏請，奉旨榮賜“國手名醫”匾額，迄今傳道弗衰。吾可不繩祖德以活人乎！於是出青囊之秘，發金匱之良，普濟人世，未嘗計利。鄰里間僉云，無已不死，扁鵲復生。惜天不永其壽，於道光壬午年四月初一日時不禄。噫，豈非天乎？豈非天乎？德配斯氏安人，孝翁姑，和妯娌，爲金閨之女士，實寶婺之母儀也。當慳緣時，號泣吁天，絶而復蘇者數次，日夜痛哭，寢食俱廢。決言於靈曰，與君中年斷杼，誓撫孤兒以紹君德。是以勵節冰霜，齊家勤儉，寡言語，慎舉止，年近五旬，猶兢兢焉。舉一丈夫子，諱賢士，字炳達。幼聰明，長慷慨，作事青天白日，待人霽月光風。孫三，曰英才、英宰、英華。伶俐俊秀，諒非池中物也。兹逢貴族重修寶牒，而予忝姻，不推陋劣，志其梗概如右，以爲傳。

時道光歲次乙巳嘉平月之吉，愚表姪岑山金錫光拜撰

（選自淥塘、夏家塔《范陽盧氏宗譜》民國戊寅年重修本）

淥塘盧君茂銑翁行略

盧君諱茂銑，字維光，盧氏始祖㦿十八世孫也。先世代有偉人，載在譜牒者班班可考。至盧君崛起其間，而家乘又爲之一光。盧君之父廷選公，於同治年間建一祠宇，凡登山求木，居肆董工，罔不身任其勞，毫無推諉。奈事未告竣，而名忽登仙籍。惜哉，盧君痛念及此，思竟先人之志，鼎力繼之。庸費不敷，即輸囊橐之金。址基由是而鞏固，垣墉由是而穹窿，門楣由是而丹艧，厥功不可謂不偉矣！然盧君之心猶未敢少休也，其意以爲，祠宇者所以安先靈也，先靈安則後嗣亦安。今祠宇雖成，而先靈猶未入座，究非所以承先人而啓我後也。由是百計圖維，設席磋商，僉云庸費支絀，實屬無何，盧君慨然曰：既有祠宇，不入先靈，何以祠爲？復輸囊橐之金以爲入祠之費。噫，若盧君者，洵可謂無忝所生，且無忝作室者矣。匪直此也，盧君居恒，交遊往來，非縉紳先生之流，即直諒多聞之士。尼父曰，不如己者，無與之友。若盧君其庶幾乎。然亦可知盧君非常人，故所交遊者皆非常人也。且又可知積德累仁，克勤厥家，實乃父有善以創於前，斯盧君得繼述以承於後矣。至其事尊人先意承志，温凊不遺餘力，勗昆季子侄輩循循禮法，一以萬石君醇謹是師。遇同族有最親而貧乏不能贍給者，輒推解給之，不稍吝惜。是皆盧君之天性使然，無待於贅者。噫，盧君有是德，宜其前修家乘推爲總董，今修家乘而又推爲總董也。抑又聞之，積善之家，必有餘慶。盧君年臻六秩，梁按齊眉，膝下則奇花四照，階前則蘭芝芬芳。倘所謂天之報施善人，非歟？

時大清宣統歲次辛亥冬月下浣之吉

丙申科拔貢、丁酉科舉人、候選金衢嚴三府、監督勸學所總辦教育會正會長、杭省咨議局常駐議員、濟陽後裔蔡汝霖撰

（選自淥塘、夏家塔《范陽盧氏宗譜》民國戊寅年重修本）

盧君錦繡翁行略

聞之爲人之道，惟聖賢克全，其餘但得一二事之善，亦足超越乎群倫。顧人無善可揚則已，人而有善，雖當局安之若素，而在人殊難恝置也。如吾都盧君錦繡者可風已。君名茂嵩，行百廿二，錦繡其號也，系臨一百四十昌琪公之長子。自幼聰明穎悟。父母延師課讀，專心刻苦，能不逐群兒戲，故芸窗勵志，越十餘年，文義粗識，書法頗工，洵可造之材料也。無何，年逾弱冠，乃父逝世，以家政乏人主持，遂棄學而務農，犁雨鋤雲，不辭勞瘁。又爲弱弟讓婚娶，一切調停，靡不完善，曾不貽老母憂，此其處家庭之善也。然優於律己，自能工於涉世。故其處朋友也以信，敦宗族也以和。遇有非禮相干，亦必退讓焉，而不計校，直與婁師德唾面自乾之風相仿佛，此其處里黨之善也。若夫拓地建崇窿之屋，輪奂交稱；負郭置膏腴之田，陌阡錯列，其貽謀遠大又如此。出其贏餘，倡爲義舉，修葺宗祠，經營公室，以及架橋砌路諸事，無不量力所能爲者而爲之，其慷慨好施更如此。今年重新譜牒，合族推君董其事，辨魯魚，分亥豕，又爲之參亘考訂，孜孜不倦。噫，如君者，雖不讀書以終，跡其生平行誼，楚楚可觀，殆非尋常人所得同日語乎！《易》曰，積善之家，必有餘慶。君雖德配周氏，嗣續未蕃，吾知異日之獲報，正未可量也。余與君家地相接壤，知君事蹟審且悉，爰不揣檮昧而言其大略，以垂不朽云。

時宣統二年歲次辛亥冬月下浣之吉，師範畢業生金兆梅拜撰

（選自淥塘、夏家塔《范陽盧氏宗譜》民國戊寅年重修本）

成九經筵檢閱公墓誌銘

公諱壽，字德高，其先河南人，本柴姓周世宗之後。因宋受周禪，易柴從盧，至可之孫金吾上將軍曰漢者，扈高宗南渡，居杭，徙婺之永康孝義，自孝義鄉而遷於括之五雲東窑，實由漢之玄孫曰泰者溯求派源而再遷也。

曾大父諱文俊。考諱冬，曾抱道自高，爲時聞人，生公。性極孝友，夙有異姿，自成童嶷嶷不與凡齒就。長治經爲舉子業，習之數年，自謂功名可覆手取，不煩久苦一室中，乃治裝出遊。凡四方之名公巨卿，鮮不與善，且交相引重，一時聲譽靄然騰起人上。及就試鄉闈，某輩斂衽畏服。然屢舉不售，人多以師事之。

公學負經濟，慨然有志於當時，顧厄於下位，欲韜光斂耀，與世相浮沉。最喜爲詩。至於作字，則清妍婉密，雖褚遂良、薛稷復生，殆不是過。平居議論風發，品藻今古人物亹亹不能休。人咸知其可用，或薦以才而參謀幕府，公辭不就，後乃以宏詞起爲經筵檢閱，其材益贍，如神駿之駒可以一日而千里，而不可從容鑾和於交衢之舞，況欲縶之維之以拘拘於銜枚之間哉。

嗚呼！惜其才不盡試，而齎志以没於官，實德祐壬午九月廿四日也，年三十有八。配曹氏，生四子：長祐，次即乞銘者礿，佑、祥，扶柩歸葬於東窰里山之陽。余職在史筆，而於人一善名世不可不采，故摭其事而銘之。銘曰：

謂天無意於子耶？不以禄位爲戲。謂天有意於子耶？亦不閼其所爲。既畀乎奇，宜錫爾鼇，何泯泯以窮世，竟隆隆而永垂？德固不夷，百世是貽。

秘書少監揭浤

（選自第三支《白竹盧氏宗譜》民國庚辰重修本卷三十二）

怡廿六常熟縣尹道徠公傳

府君盧氏，諱道徠，字景初，宋經筵檢閲官壽之曾孫也。其先本柴姓，周世宗之裔，宋有天下，遂易今姓，世居汴之洛陽，爲名族。宋禮部尚書可之孫、金吾衛大將軍漢隨高宗來杭，乃遷婺之永康孝義鄉以居。將軍之玄孫泰，始家縉雲之竹川，而爲縣人。族大而殷，世多善士。

府君生多險釁，幼失怙恃，伯父五峰先生杲鞠育之。稍大勱學，善真楷書，尤精歧黄之學。逮成人，即能任伯父門户，懇懇有忠信之行，侃侃有剛烈之氣。事伯父如事所生，昏定晨省之禮未嘗有違，以孝聞於鄉。

會詔舉天下賢良，本縣二尹張喆遂以府君孝廉應詔，傳送詣京，除池州建德縣尹階承事郎。下車首詢民瘼，除革奸弊，政聲赫然。縣境旱，府君具奏，以希濟民。復勘不同相例宜左遷，上以初任無私，不失廉能，恩宥調湖廣長陽令。未幾會例面京，是州判某貪墨不法，具實奏等，一十三人皆伏罪。

府君改蘇州昆山。例凡工藝老人不許赴朝，府君禁而縣簿縱。有蘇雲者事發，反誣府君縱令，例以紀録，改知常熟。常熟田賦甲於他邑，凡先蒞政者莫不憚之，謂恒有負期、連年不完者。公至纔二月餘，徵完逋税米三十餘萬，其奉公也若是。

後府判徐震有酷虐到縣，尋府君具實以聞，上命巡按御史張翥訊問。而御史與判有舊，入府君械逮於京。其子莡訴冤，事未白，判自庾死，府君亦以疾卒，時洪武二十五年七月三日。府君生於元至正壬辰年十二月十日，得年四十有一。子男三人，長莒、次莡、次茀。莡、茀奉骨歸葬於里揚名山。

初府君任長陽時有威信，以革除姦邪，民稱之曰“盧鐵符”。後二十年有里人名仕養者亦任長陽尹，猶聞是言，至今傳頌不已。其從侄葆之子淳,嗣府君次子茀。後葆命淳奉府君行實請予爲傳,予聞府君之詳,遂傳之。

府君生於貴族以孝行稱,仕於名邑以廉能著,蓋其立心之正不爲奸邪所移,擇術之精不爲勢利所撼也。嗚呼,賢哉!

(選自第三支《白竹盧氏宗譜》民國庚辰重修本卷二十九)

豫三十五懋公傳

公諱懋,字時勉,其先永康孝義鄉人也。祖泰者,徙居縉雲竹川,遂爲竹川盧氏。祖守義,正統間輸粟一千二百石備賑,天子賜璽書褒美,旌爲義民。父世熙,敦睦好施,鄉人德之,共稱曰"存仁先生",因以爲號。存仁先生二子,長即公。公生三歲,而母夫人黄歿,事繼母吕盡孝。

甫成童,智慧過人,有心計。嘗從存仁先生履畝分,佃人租十餘處,悉令公督發入廩,鍾釜雜裹,擔負異齊,公密以穗粒置左右袖中,默齒其數,不爽一二,人大奇。弱冠起家,拓産業數倍,尤敬事其先,每歲時祭祀,必夙興躬灑掃堂室,滌祭器。與弟柏軒君友愛篤至,垂髫白首,如出一日。訓誨諸子,嚴而有則,常曰:"爲人父母,非必其子之以肥甘食我,輕暖衣我也,但能謹身守法,爲人稱道,弗貽我羞,尋則樂矣。"今都憲君自筮仕給事黄門,循取顯秩,未嘗一日不爲美官,然束身砥行,志意恂恂,無異布素時,皆承公訓也。

公又雅重儒術。舍縉邑東偏,與寧、紹、台、婺連接壤土,人多業儒,貧者常十四五,大都走四方覓訓事爲衣食計。途經公舍,公必出留止宿款洽之,雖雨雪浹旬,館穀不怠,且厚爲饋遺,以周缺乏。正德丁卯歲大饑,鄉人多流莩,公捐蓋藏賑之,全活復業者甚衆。有孤子顧田者爲後父所逐,公收育成長,爲娶婦置産,遣還其宗。佃人陳祐少時稱貸富人百餘金,遊商吴門失計,大困乏,罄産業無足償,遂流落不敢歸。公聞之曰:"人恒過,然後能改。少年爲算一不當,輒令挫衄流播至此，而欲自表見以蓋前愆，其道無繇也。豈造物者之意哉?”乃招之還，爲出金贖所負富人券，更給本殖使復商。其人感激改行，竟以成立，故終身德公。

嗟呼，自故畸人軼士偭時負俗，制事稍越法，吏又墨讒夫媒孽其後，因而擯斥禁錮，困踣漂落以終其身者何限。雖或卒賴辨別，流光史籍，然於當年勳庸無補矣，安得以公言盡告之當事者哉?

台人季義，壯時受傭公家，公廉其勤畏，字之如子，年八十餘，猶依依戀公。其族子迫義與俱歸去，返體骨先人丘壟上。義曰:“我受公恩五十餘年，安忍捨之? 即歸，汝輩視我恐不如今日也!”其恩德繫人，大都如此。

比歲豪右善吞併僧徒田土，常百計擠之使廢。公獨助葺蔣山沙門，盡蠲寺中積逋，爲焚其券。浙中大宗祠絶少，公以百金助建家祠，且市田以供祀事，皆時俗所難者。公性率直，胸中無城府，人有拂於理者，公侃侃正言不少貸，已則忘去，未嘗留蓄，故人咸畏而愛之。

公家甚裕，自奉甚約，而待賓甚豐。與應恭人結髮偕老。侍婢老不堪用，恭人勸置新者，輒不從，曰:“此輩侍久，解吾意，新者不熟，徒惱人耳。”其他行誼一一皆可法，更僕未能悉數也。

何寬

(選自第三支《白竹盧氏宗譜》民國庚辰重修本卷二十九)

贈工部右侍郎存仁翁賢配黄、吕淑人合葬墓表

黄淑人出上黄橋黄氏，吕淑人出永康太平鄉吕氏，皆存仁翁諱環之配也。存仁翁先娶黄淑人，生一子梅軒公，纔三歲即掩鑑。翁家事浩繁，儲嗣幼弱而禮重，宗婦蘋藻不舉，乃訪聘處子吕淑人以繼之，越歲，亦生一子柏軒公，故梅軒公與柏軒公年亦不甚上下。

淑人之視梅軒公不啻若己出，其製衣必先其精者與兄，其次及弟，凡食味器具，無不皆然。鄉黨宗族稱繼母之賢者，必頌吕淑人也。

黄淑人所出梅軒公，即今大司寇公勳之父。吕淑人所出柏軒公，即今桂林太守點公之父。二孫一時並起，爲國朝名臣。黄淑人已爲大司寇公贈及“懿德閨範”，光昭制辭，而吕母之賢，自結褵時事存仁翁大約二十餘年，絶無一毫自利之私，及病篤與存仁翁永訣時，無一語及幼子。時柏軒年已弱冠，急自學館中追歸，吕母已逝。至柏軒有室合巹之夕，止挾一梳匣，别無所蓄，則吕母之德可知矣！

二孫皆貴，偶限於恩例貤不及吕，而二淑人又皆先存仁翁卒，翁即以禮厝二柩於馬馱山之麓，翁亦自謂百年之後歸於其室，後以日者之論别營葬於他壟，二淑人之兆實天爲啓合也。

鍾和孕秀，嘉祥疊出。用纂閫績，表於淑人之墓，俾千百世而下共仰其徽音云。

徐夢易

（選自第三支《白竹盧氏宗譜》民國庚辰重修本卷三十二）

豫四十四材公傳

公諱材，字時用，世居縉雲之東鄉，而實係周世宗之胄，避宋改姓盧氏。南渡後寓居永康孝義鄉，咸淳中徙竹川，族遂蕃衍。五世祖壽舉宏詞，任經筵檢閲。祖守智，爲期祖鐸公之季弟也。

公生而穎異，能言而習句讀，十四而習舉子業，遊於中丞知白周公之門，爲所器重。弱冠入泮水，校文者列上等，補廪餼，學行益成。凡入場屋者九，而竟不偶，由貢途入太學，爲大司成文懿章公所知，再入試，又不利。

後受清河縣儒學司訓，文鐸大振。轉瑞金縣掌教事，聲譽日隆。承檄攝縣治，爲政以懸惠爲先，民多感之。後歲餘，遂拂袖而歸，年六十餘也。

公素明《易》理，善星命，故富貴得失、爵位利禄俱不足以入其心。居林下二十年間，不殖産業，不計細故，惟委運大化，日遊於無何有之鄉而已。配李氏及副室，共生子十一人，女三人。享年八十四，無疾終云。

應期

（選自第三支《白竹盧氏宗譜》民國庚辰重修本卷二十九）

盧鋼小傳

盧鋼，字叔煆，天資穎悟，孝友性成。家貧，每食讓飽於兄，忍饑苦讀。既已副貢，授浦江教諭，得禄悉奉父兄，無一私蓄。擕弟之任，課讀綦嚴。弟病，親理湯藥。弟卒，鋼亦不起，時年三十有一。聞者傷之。

（原載光緒版《縉雲縣誌·文苑》）

國察參軍盧公墓誌銘

至元二年十一月初六日，國察參軍致政盧公以疾卒於家，距生宋景定庚申二月十三日，享年九十有五。次年二月六日，以禮葬於家東七太山，遵治命也。

公諱儒，字有珍，其先靈山石馬人。宋中葉有曰宣者，自石馬遊學東陽，卜吉錦溪之滸，遂家焉。公其曾孫也。大父昌，字仲隆，丁宋季，克奮忠義，以衛鄉井。考文，字叔珍，韜光弗耀。母後山劉提舉女，生四子，公居長。生而狀貌瑰琦，夐與群兒異。稍長嗜學，貫串典籍，旁通武略，累舉弗第，乃就咸淳右科進士。主者得其文，擊節嘆賞。初仕閤門，統論治道之機，探微抉秘，若勤於九天，藏於九地，變幻猶龍，人莫能測識者，以中興將材許之。

未幾，楊河凱旋，叙功居最，授國察參軍。敕有之曰："賊壘未平，征師在外，當朕聞鼙鼓之時，正將帥立功之候，汝能率我征師，撓彼賊勢，材猷忠略，卓有可嘉，爵秩階勳，用以爲勸，猶有異賞，爾宜圖之。"公益感激，戮力勤王。當事忌其功伐，屢上機宜，動成廢格，憂忿成疾，退居林泉，無復仕意。晚年用薦，力疾起應詔。惜也權奸誤國，宋祚益衰，大廈將傾，不可一木支矣，遂決意告休，鬱鬱不懌。迨宋亡，慟哭累日，如不欲生。元元貞、大德間，屢辟不起，曰："吾不能復舊君，奈何事新君耶？"終隱以自老。

配孔氏，先二年卒，至是與公合瘞焉。丈夫子二，克振家聲，孫男二人亦早世。公葬之日，其從弟宥懼潛德懿行日就泯没，乃過余徵墓誌以垂不朽。憶昔拜公於西山精舍，聞教信宿，辭之日戀戀不忍去。感今思昔，豈能忘情？以宥之請，不覺泣然下淚。嗚呼！以參察之鴻才，既文且武，其躋膴仕、樹崇勳猶運之掌，而仕路迍邅，勿克大展，竟賫志以殁，豈非數哉！用著其履歷，納諸幽扃，庶後之人惜其材德不偶於世，以護視其墓焉。

時至元三年丁丑春三月五日

太常博士媚生胡耶謹志

（選自第三支《錦溪盧氏宗譜》民國丙辰年重修本之廿五卷）

奉政大夫汝寧府同知盧公墓誌銘

國朝汛掃胡元，肇造區夏，嘉與海内賢豪計安宗社，不第名公碩輔鬱爲國光，即郡縣之長吏，班班濟濟，動稱得人，有若同知汝寧府其一也。

公，東陽人，其先世居北爲燕王綰後，由北而涿而臨安，復由臨安潛永康。遷徙靡一，代有顯人：後裔有曰宣者，始自永康石馬，改卜東陽昇蘇之錦溪。高祖元昌，丁宋季，荷義戈奮忠勇於邦國。搶攘之際，曾祖儀遭時紊亂，守正不阿，嘗剏義塾，陶鎔後學，子弟賴之。大父宥，迪躬礪行，享有遐齡。父榮善，幹蠱植業，雄貲財以鉅萬計。母邵氏，禮部郎中孫女也。公諱良玉，字君瑞，晚號三宜翁，弱冠而孤。時遭元季大亂，有方國珍、陳友諒輩各竊據專制，公戒地方無擾，静治以俟天命。

後三年，爲洪武戊申，國朝敕下兩浙轉指婺州，公獨能識真主於紛擾中，勸納印章受約束以歸，民皆安堵，不知有變。天下大定後，聖主一旦悟公之功，詔授河南汝寧府同知，賜誥命進階奉政大夫。公益自奮勵，爲國家保障河湟，曰："天子肇基之始，四方蜂動，汝寧爲喉舌地，土廣卒悍，不約以法，其罔知懲？"乃嚴刑峻罰，肅清隊伍，狡悍遯跡莫敢犯。復爲立學校，教詩書，訓禮樂，申之以孝弟。其學問有成者，鄉升之邑，邑升之郡，郡升之國學。不三年，政化大行。

六載述職至京，玉音顧問天下地理險阨、生民利病無巨細，響答罔遺。在廷諸臣莫不以爲難，而歉然敬遜。上欲加職爲内任，左右懼其直，難容於朝，遂反問曰："汝寧之邦，襟陝而帶汴，控楚而引淮，民多狂悍，地率曠閑，非得良佐鎮攝之，則莫能治。"上遂然，而復任，加敕以諭之。

公至郡，值疾，遂解官歸，民皆號泣而隨，攀轅卧轍，擁馬截鐙，倀倀然若失。童兒謡有之曰："盧侯盧侯，釋我民憂，一朝歸休，民誰與謀？"及家居，輯譜聯宗，賑貧恤苦，暇與二三知己笑傲煙霞，投情盃酒間，自適其適。有以民瘼咨者，輒拱手謝曰"非老臣所及知"，然愀愀然有慨乎中也。嗚呼，江湖廊廟，原自關情，乃謝政而勤隱憂，若公者可爲難矣！

距生至正壬午正月十三日，享年九十有三，以宣德甲寅十一月初七日卒於正寢，卒之次年十二月十一日安厝欽塘東之原。配邑中金氏，尤善理家，公於家事不待言，而閨闈經畫，井然有條。生子三，曰鑌、曰鑣、曰鏘。鏘與弟良璧爲嗣。孫男十一人，聞、間、闇、敦、崇、宗、序、薛、庸、恢、巒。孫女一人，適社姆張知府孫張玉。公卒今餘二十年所，孫恢具狀流涕而跪曰："先祖墓道之碑未有刻辭，其何以示子孫？敢徵銘以垂後。"其銘曰：

有偉盧公，才邁等倫。耻事醜虜，歸命真人。汝寧政績，疇與之倫。耄而致政，輯譜仁親。天錫壽考，有賢子孫。如公者幾，松柏猶存。銘而勒之，奕世常新。

翰林院庶吉士四明陳敬宗拜撰

（選自第三支《錦溪盧氏宗譜》民國丙辰年重修本之廿五卷）

巡司大臾府君墓誌銘

盧君諱思孟，字大臾，行千六，任雲南（舊系作福建）楊林縣巡司職。

其先越國公諱琰者，自汴徙臨安，旋自臨安徙永康靈山。翰林承旨諱珍者，復徙石馬間。君則同父百三公，始卜築於定安溪之長堤，其詒謀至深遠矣。大父諱針，曾大父諱溢，俱以碩德著。君既卒而窀穸，厥子棣等哀以狀乞銘於予。余忝屬親故，義不容辭。

謹按君丰度精彩，器宇從容，性醇而志毅，貌肅而心恭。言笑不妄，行履不苟，雖燕居獨處，必整飭衣冠，正襟危坐。當任巡司時，强梁横暴，鹽政蓁蕪，君瞿然曰："此寇不除，終爲鹺政之患，地方何以充課?"乃帥兵丁剿之。寇懼逃遁，於是邊境清寧，不亦大有功於地方而克濟於國用者哉？其奉二親，務得歡心，待昆季，克盡渠愛，春風和氣，鼓鬯庭闈。處族黨，信義交孚；御僕隸，恩威並施。持躬以敬，接人以恕，訓子孫惟耕讀自勤，承先啓後之計抑何備也！

生宋慶曆乙酉八月十五日，卒延祐甲寅二月廿三日。元配本邑應氏，繼劉氏，合葬義烏華楊山之原。生三子曰隆、曰慶、曰棣。勒之銘曰：

盧君世之英才也，家之俊彦也，誠可爲當時之保障、後世之標準也。墓之有刻，用藏其跡，謹理厥詞，用永泉石。

時嘉靖歲君乙未五月朔日

鄉進士東鹿縣教授眷生南岡吴鳳韶拜撰

（選自第三支《安溪長堤盧氏宗譜》民國辛巳年本卷十七）

修職郎盧菊人夫子行略

盧菊人夫子諱標，字名揚，菊人其號也，世居邑之定溪，係本五季周工部尚書、宋封越國公諱琰之後。曾祖光仕公，以才識受知於陳總戎，康熙間與修邑志，著有《粲花集》。大父士吉公鄉介賓。皇考人珝公贈修職郎，妣吴氏繼張氏並贈孺人。子三，夫子居仲，張氏出。

皇考初與伯兄謀建定溪橋，又出田若干畝。橋甫成，夢偉丈夫從橋上來，徑至其家，於時適誕夫子。九歲，從吴公樟亭就句讀，口誦如流，家窘甚而志彌潔。十二歲應童子試，邑令徐公朝亮深器之。年二十從吴丹崖先生國墀受舉子業，丹崖先生曰："此吾東讀書種子也"。時同學杜參城弟啓蘭暨盧卓齋亟走問，督學韓城王文恪公録置門下。二十八歲，竇東皋先生歲試一等，補增廣生。二十九歲，石君朱文公選拔充貢，其同選爲樓蓬萊先生上層，皆博學士也。

庚戌仲春北上應廷試，當軸問有先完卷者，得三人，夫子稿已就，當軸者袖之去。同舍生令謁見，卒不往，時以"鐵人"目之。榜發，欽取二等第三名。南旋，淡於進取。家居授徒，講求切己之學，博覽群書而於婺文獻尤勤考論撰録。四十一年，趙公睿榮令德化，聘爲圖南書院山長，旋以水利事見累，挺身當之，不避艱險，凡八寒暑，事白。

年五十八，選授台州寧海教諭。明春赴寧，毅然以師道自任。諸生有爲舅氏所訟者，寢其事，有以金注者，切責之。其文藝請教者必勉以篤志勵行，士風丕變。學舍久未修葺，大成殿以前戟門、泮池暨靈星門方向皆錯迕，遂出俸五十金爲倡，親自督理，鳩工庀材，次第就緒。又建龍吟閣以培之，凡四年始竣事。邑紳士具文請獎，婉辭弗受。丙申冬，海賊逸入，幾害仲子天曙。諸生欲償所失，夫子曰："不斃於賊幸矣，我無長物，何以云償?"在寧二十年，邑人頌德，乃建一祠，以志不忘。

平生性至孝，昆兄友愛無間言。從服婦有守志者，周之成其節。善書法，手録書凡百餘本，好夜坐，往往達旦不寐。戊戌秋，以目疾告歸，旅邸風霜得疾，十月二十歸里，來問訊者猶健談自豪。俄而漸劇，十一月二十五日午刻易簀，距生於乾隆辛巳二月初五日子時，享年七十有八。

配下溪潭吴太君，事尊嫜有儀矩，其卒也先夫子三十有五年。丈夫子三：長樹正，口不出一言，而心地甚清，夫子曰“此子與吾意合”，亦先卒；次樹宇，幼樹珆。孫男三人。所著書有《婺志粹》十四卷，《婺詩補》三卷，《説陶》一卷，《懷編》《定溪詩集》各二卷，《寶婺碎金》一卷，已付梓。又有《金華藝文志》《瑣事記》《雜事記》《緱城漫草》若干卷，多未編次。

榮從夫子遊最久，今刻遺書將就，謹識行略如左。知我夫子者敬懇傳其行，以垂不朽焉。

時道光二十年歲在庚子春前一日，受業李國榮頓首拜撰

（選自第三支《安溪長堤盧氏宗譜》民國辛巳年本卷十七）

祖考德二百六十四諱標號菊人廣文公墓誌

昔余先大父自乾隆己酉科拔貢，部選寧海縣教諭，敕授修職郎德二百六十四廣文公，未筮仕時，假館七都裘家嶺之潘家，每課徒暇，輒遨遊山水。步至馬鞍山，流覽層巒疊嶂、水繞山環，駐目視之，留戀不能去，喟然嘆曰：“吾先人嘗未得所，若得此山以妥先靈，吾願足矣。”東翁聞之，僉曰：“不難。先生若愛此山，雖係吾大宗之山，尤當竭力贊成。”於是議價若干，價廉甚。拍三畝五分，即以修儀購歸，安厝高祖考妣及曾祖考妣二代之靈。在署時，撰有先人合墓記，惜未登諸家乘。

後於同治初年粵匪擾境，遺稿無存。哲抱憾良多。且吾先大父秉鐸緱城，歷有年所，而潘東翁之相契者，不辭跋涉，屢詣寧海學聚舊，爲之復購餘山，價亦廉。約計一畝五分，並前共民山二畝。此道光十三年事也。

逮先大父登仙後，哲輩於咸豐四年擇此山之秀穴，移先大父暨孺人吴氏合葬之。噫！吾先大父孝思先人一刻不能去諸懷，而没後之

魂魄相依，亦所必然，故移其遺蜕而葬之，密邇先人之靈，或亦稍慰吾先大父之志也。哲侍訓有年，得志之以示後人云。

時同治己巳年巧月上浣之吉，孫炳哲跽志

（選自第三支《安溪長堤盧氏宗譜》民國辛巳年本卷十七）

成百七十五文齋堂兄行略

吾堂兄文齋，菊人公之孫也。幼而習學，善於繼志，亦善於述事。及其冠也，在寧海緱城署内，《四書》《五經》，祖所講貫，夜夜三鼓一點評文字者。庠生袁淇泉號嵩臺、黄載之號一齋，二夫子評詩賦者。

道光乙酉，拔貢借補寧海司訓，從汝翼號柳溪夫子。三傳兼而訓之，一己專而求之，切磋琢磨立志，務期上達。其胞兄與我私言曰："從太老伯平時道，師侄之生，資雖不逮祖，而學業之深優，定能少年發軔。"乃於咸豐五年從太老伯，服滿復至貴州補用知縣，帶堂兄同到貴州。堂兄私心竊喜，前惟光前在此，即裕後將在此矣。誰知命運乖蹇，到江西省，粤匪阻隔，後至年將古稀，不能售世。時光緒丁丑仲冬，成均族人皆曰燕賀，執意堅辭，此性本於天者然。故其生平議事炎炎而言，公平判理侃侃而談，己無私意，人無後言。在外者先人之友，一身饋送周旋，在内者前代之塋，一心追收畝號。其不皇皇以爲名，亦不逐逐以爲利，人事盡而天命聽，心至公，口至直，情至正，性至剛，則世之稱兄者"固人"，亦猶世之稱祖者"鐵人"，其果能振家庭之門風也。

吾知《朱子格言》曰："子孫雖愚，經書不可不讀。"亶其然乎？今堂兄有命，囑語堂弟炳烽、炳遴等盡遜於予。予亦近古稀之年，雖親見其爲人而衰甚，何能思索以臚其事也？惟不敢辭，因獻謭陋，聊記數語，以爲之略云。

時光緒八年歲次庚辰菊月吉旦，堂弟維揚頓首拜撰

（選自第三支《安溪長堤盧氏宗譜》民國辛巳年本卷十七）

中憲大夫怡山府君光祖公傳

公諱光，祖字伯彰，唐玉川公盧仝之裔，宋越國公盧琰十九世孫也。

天資穎悟，博通經史，幼有神童之目，弱冠補博士子弟員，二十二舉孝廉。供職禮部，授南直隸太平知府。太平爲東南要衝，遭元季之亂，人民離散，田野荒蕪，元氣未復。初之任，即招徠墾辟，給以耕具。不期年，而離散者聚，荒蕪者治。更設學校，課其士子，如師傅焉。

在任三年，民無失業，課稱最，復命繼之。歲大水，壞圩田十萬頃，流民數十萬，饑不得食。公上書，發帑數十萬，以工代賑，糾民築圩，冬盛寒，公立冰雪中督課之，民忘其勞。次年春，圩遂成，時人號爲“盧公圩”。及秋大稔，禾皆兩歧，民慶更生，集資爲建“絳雪亭”於府治東，内立盧公德政碑。

任滿復命，僑寓京師，尋遘疾卒。越三年，公子太和扶柩歸葬，過臨安，謁余。余，故公幕中士也，同居三載，詩酒往還，稱莫逆交。

公生平好學，署中公暇，輒手不釋卷，著有《治世龜鑑》《判獄芻言》若干卷，及詩文襍集若干卷，今皆散失無存。惟記其《登八公山》云：“大溪小溪流急湍，前山後山生暮寒。中有一人撥雲出，將欲從之行路難。與爲負韃跨白馬，何如乘風飛紫鸞？故鄉泉石有真趣，安用從人求美官。”此可見公之抱負不凡矣，惜乎天不祚年，並其生平著述，不以壽之名山而付之冥漠，何天忌才若此耶？使天假以年，將以治太平者治天下，則天下皆太平矣，功德在人，勳名在册，豈不懿歟！奈何牛刀一試，遽奪我黎民之父母、朝廷之柱石也耶？然而神龍見首不見尾，公之謂乎？吾爲盧公惜，吾爲盧公羡矣！

時在大明洪武二十一年戊辰十月既望，四品銜候選州判暨陽蔣元慶拜撰

（選自第三支里盧宅《靈山盧氏宗譜》民國甲戌年重修本卷十五）

縣丞興九府君文敏公行傳

古有仕而隱者，不卑小官，不辭小邑，搏斗升之禄以養父母，叨末秩之階以榮父母，皆仁人孝子之用心也。

吾鄉盧公諱大德字文敏者，世居集文里，香巒毓秀，碧甑鍾靈，帶水一泓，清堪洗耳，鸞聲百囀，静能悦性，是真隱士之居，不愧幽人之宅。

公生而穎悟，長更英明。讀三墳五典之書，博而能約；與緑水青山作伴，智也兼仁。世届承平，天開佳運。公以成均卒業，出爲大邑命卿，八閩實衝要之區，百里等侯封之錫。

正統初，公授福建福寧縣丞，春蘭秋菊各擅其長，黄緞青袍自他有耀。名揚廉慎，宣猷馳報政之書；尉號神仙，贊化補鳴琴之治。而況誠能格物，驅虎移文；德在於民，觀魚作鑑。單言折獄，十年雪沉滯之冤；荒政成圖，萬户起謳歌之頌。九年秩滿，兩袖清風，正統戊辰丁内艱致仕，閉門讀禮，學稼爲農。石火電光，宦海之風波已歷；春暉寸草，萱幃之禄養已伸。藐富貴如浮雲，襟懷瀟灑；樂琴書以終老，杖履逍遥。若吾公者，牛刀小試，神鬼皆驚，寶劍潛藏，鋒芒不頓，古之所謂仕隱者非歟！

公生於洪武丙寅年四月初五日戌時，卒於天順己卯年十一月十四日未時，享年七十有四。

時在成化十有六年庚子夏，雅溪後裔盧格謹撰

（選自第三支里盧宅《靈山盧氏宗譜》民國甲戌年重修本卷十五）

明肅州左衛指揮僉事本府君履歷

盧本，原籍浙江金華府永康縣三都人。祖盧得，前紹興府同知。

己亥三年三月内方平章差令齎賫本赴京，欽賜鞍馬留帳前調用。甲辰年十一月與鄧得等同吴指揮守禦鳳陽。乙巳年五月克復安陸、

襄陽。丙午年九月授安陸衛管軍千户所鎮撫。

洪武二年四月敕命授世襲忠顯校尉，洪武四年三月敕命授散官如前，十一年四月初十日敕命欽授世襲忠武校尉。所授敕命於洪武十三年二月十七日拘查，當年五月初七日欽賞紵絲緞絹二表，洪武十三年七月内給還前職，敕命三道節以征進。

爲因年老疾病，令父盧瓊替職。申奉帖文備承湖廣都指揮使，該奉前軍都督府劄付。於洪武十四年二月初五日本府官文華殿啓奏，奉聖旨教“替了。欽此”。於本年三月内到任替職署事，當年九月十六日同本衛指揮袁廣威前往黄州聽調，十月至平赴駐劄，收剿杉木、竹青、黄絲堡等處苗蠻，十一月内蒙總兵征南將軍調徵雲南，當年十二月攻克普定至安莊，又蒙調隨安陸侯建築普定城垣。

洪武十五年閏二月内又隨安陸侯建築水西城垣。爲是普定等處蠻人作亂，當年五月二十一日隨同安陸侯攻克客里硬寨、谷隴首等寨。八月内隨總兵官安陸侯攻克百者當寨，開通關素家嶺安籠菁道路。十月内隨安陸侯等攻克西堡阿的谷隴寨，十一月克阿婆等寨，十二月攻克阿黑、白崖關、羅則、奄者、鹿角等寨。

洪武十六年正月内克阿窩等寨，調往安莊築城垣。二月二十四日敕命欽授世襲昭信校尉，九月隨總兵官安陸侯攻克必納等處山寨。

洪武十七年十二月内，貴州都司韓文欽取曾經征進官員赴京。洪武十八年三月初五日於文華殿除蘭州衛世襲鎮撫，當年六月十五日到任。

洪武二十年十月二十六日，承准陝西都司牒文，該奉制諭陝西都指揮使司，如制書到日，同長興侯將土著軍士調發三萬三千，往雲南開春屯種征戰。當年十二月内隨同本衛都指揮部官軍行。至洪武二十一年正月二十三日到於盧納溪縣，欽賞寶鈔一十六錠。二月十二日至永寧，起程於禄肇地面安營，當月二十三日隨同總兵官普定侯攻克貓兒等寨。二十八日蒙調蘆蒲臺立堡屯種。三月内隨馬指揮使攻取刀伏、納木順、原關等寨，擒獲蠻人，起解赴京去訖。四月十二日攻克鬧泥溪、疾吉關、滑徒洞等寨。七月内攻克黑虎、毛人二寨回還。至九月初三日蒙調同總兵官景某聽候征剿叛賊阿資等。十月又同馬指揮使合同總兵官潁國公西平侯剿捕木龍、菁籠、海關。越州過河，克木魚菁、六涼州、路南州、宜良縣鐵池山、小廣西巴甸、彌勒州，至河林州駐劄。十一月内克矣青等山寨，至盤江搭橋過河，直抵瓦札下營，殺獲賊首者滿，招降者麼大小百户。二十一日攻克發作左右山寨，殺獲賊衆。十二月克廣南府師宗州等處，過盤江，直抵賊巢曲浦魯寨安營，攻克花架、易歌等寨，殺獲賊衆。搭橋過盤江，至廣西府彌勒站安營，攻克者落、龍海、白豆三洞，燒死賊衆，剿捕瓦作等寨。

洪武二十二年正月初二日同馬都指揮追捕河邦，攻開石關，至法札安營，殺獲賊人，當於曲靖會同總兵官靖寧侯，復徵龍海木籠菁亦作縣。二月内至黄草壩安營，征哨木石等將殺獲蠻人。二十二日蒙總兵官潁國公調撥普安小莊築城，開設衛府。三月二十二日至新興站追捕首賊阿東寨，就彼梟令，至江西坡運糧赴安南堡。五月内同隨都指揮使前去赤水河駐劄。

於洪武二十三年正月爲本衛軍人俞原名告不應事，五軍斷事司問罰贖鈔二貫四百文。當年五月十六日，大理寺官於奉天門隨即具奏還職，欽准扶櫬歸葬。五月廿四日復任。當月二十九日病故。本告襲職。蒙本衛保送嫡長男赴京。洪武二十四年二月初六日兵部官奏，奉聖旨：着他襲了。欽准襲職，授蘭州衛世襲鎮撫職事，當年四月二十五日到任署事。

洪武二十六年正月内舊敕四道，年月字號申繳不曾抄記。本年七月二十八日换授到“亥字七百三十七號”世襲新誥命一道武略將軍。洪武二十七年爲具奏本衛指揮千百户軍役事實，於本年十一月初三日欽陞甘州左衛世襲指揮僉事。

洪武二十八年二月二十一日到衛署管本衛事，隨於當年八月二十七日續授“元字三百六十一號”明威將軍、甘州左衛世襲指揮僉事誥命一道。回還原籍安葬祖父，起蓋神道門一所。

洪武三十一年正月内爲始，准本衛關該奉陕西行都使劄付坐委，率領本衛馬步軍節次前去平削威虜備禦鎮守。至洪武三十五年九月初一日回衛署事。

永樂元年，屯種。於當年閏十一月三十日，奉陕西行都司該奉右軍都督府“安字七十七號”勘合劄付，欽依復設威虜衛坐調將領本衛中左所全伍官軍。於本年十二月十四日開衛，獨員到任署事，就兼提調。

永樂二年、三年屯田，當年十月十三日奉陕西行都司劄付，該奉右軍都督府“安字四百三十四號”勘合，爲削減衙門事將本衛裁革歸併肅州衛，本月二十一日到任署事。

至永樂四年七月内陕西行都司劄付就職管事，牢固寨捕，並無失節。

至永樂八年三月初十日已准本衛關奉都司劄付爲軍務事，移關將領官軍三百名前去要路埋伏，截捕逃遁達賊，仍相機會令鎮夷並甘州衛官軍並力剿除達賊失保赤等。依准本日申時將領官軍董英等起行，當夜四更時分，又奉守禦肅川衛都指揮劉秉謙劄付，領本司咨該領軍鎮撫張得將逃遁達賊失保赤等殺散，餘衆遁西九眼前去，仰本職星夜會同鎮夷並甘州衛官軍，於十一日領軍到鹽池，欲行差人前去會鎮夷官軍。不期達賊到於花牆，匡有本等十二日辰時至於深溝西北砂石灘内，遇見達賊約有一百五十餘人，各披衣甲。本等領馬步旗軍，内有步軍，在在跟趕不上，止將馬軍一百名、步軍五十名，分成隊伍，向前對敵，殺死二名。數内千户董英、鎮撫湛聚等不能與達賊對敵，領軍先行逃走，是本止領百户余勇等並旗軍一百三十餘人戰。未時分後又有一百餘達賊亦前來對敵，爲因賊衆，將本左耳根帶臉砍一刀，左腮頰一刀，口上一刀，左手腕一箭，右胳膊一箭，項頸左邊一箭，左胯上一箭，左背一箭，右小腿一箭，右鼻樑一箭穿過左邊，昏迷倒地，又將衣甲剥去，後至一更時分方纔蘇醒。

有軍人王驢兒將本扶一里餘路，遇見本衛總旗夏達駝，至鹽池站，有逃千户董英於鹽池内迎見千户晁聚領步軍三百名前來接應，又被董英擋住，不曾前去。到站仍督千户晁聚、董英等將領續到馬步旗軍襲剿，及差總旗夏達前去戰場取看，被傷人馬回跟。

本回醫治未痊，不期五月二十日未牌時分，被反賊回回哈剌馬牙等打開門户殺入本家，將家人狗兒殺死，隨即殺入卧房。本已獨身，又兼創傷，不敵，赤脚跳牆上城，於煙墩上摇旗聚兵間被回回圍，守至本日酉時，不見軍馬前來接應。回賊在城掠女子家財，殺害人衆。欲要放火燒毁倉庫，本下墩聚兵不及，被賊拿住監禁。對花氏説："做我一身不着。如今這賊若燒壞我倉庫，殺人剽掠，却不好了。我且和他説，誓擋住了他，然後設計。"本就和回回發誓，安妥人心。

至二十日申時，差總旗楊得用等出城，會合永寧等寨屯種千户王暹等，聚集馬軍於戌時齊到城下，舉炮喝稱："安字型大小頭，我先南開城門放入，次東開城門，軍馬俱各依期策應，復奪城池。"彼時回賊見官軍入城，將本亂刀砍死。

後，子盧貴襲本衛指揮僉事。

（選自第三支山後盧《盧氏宗譜》光緒甲午年重修本一）

明安陸衛鎮撫太古公墓誌銘

皇明安陸衛鎮撫盧公，名得，字清烈，號太古，洪武己巳十二月初三日卒於官。其子瓊具奏欽准，令扶櫬歸葬，乃以泣血狀丐余墓銘。余與公叨同仕籍，義不容辭。

公高祖子安，登宋寶慶進士，授德州判。曾祖深夫，登宋寶祐進士，授翰林孔目。祖世斯，爲太學生。父篪，字和之，爲庠弟子員。母應氏，有賢德，生公。穎悟異常，幼承家學。既長，從烏傷黄公溍得理學之傳。至正間，仕方平章，爲紹興府同知，後歸附我太祖高皇帝，授安陸衛鎮撫，累與安陸西平侯建勳，授誥命三道，世襲前職。

嗚呼，有一代明聖之君，必有一代賢良之臣以輔助之。公也始而擇主成開國之功，繼而得君沐世臣之寵，詎不偉哉？

公生於元延祐元年二月初二日，迨卒年七十有八。配金氏，封宜人，先公八年而卒，合葬黄婆塔。子三：琛，隱德不仕；瓊，襲公職；瑶，肄業未仕。銘曰：

我公盧姓，系本柴氏。世居宋朝，覃延福祉。公在雲山，厭韜鈇史。胡元亂華，方氏簉仕。天啓大明，舍彼就此。官拜鎮撫，横犀衣紫。食報者誰？世蔭孫子。公身云亡，公心不死。名樹太常，勳昭元祀。

時洪武二十三年四月之吉，同知饒州府事邑人朱良頓首拜銘

（選自第三支山後盧《盧氏宗譜》光緒甲午年重修本卷十一）

明善士東山公文

嗟夫爲善之難也！群山嵯峨，則過者夷目，置孤峰絶壁於平岡原野之中，行道之人將群指而猜之矣。況復直障狂瀾，倒排衝決，與横流日相舂撞於大澤而不可止，其不折也能幾有哉！

永康東山盧琴，善士也。余來令稽訪邑弊，衆舉善士，總司釐正田糧之役。

夫永康田糧，自純伯王公以來，富室豪民，日機姦穴，時更事異，漸不可稽。至有貧無錐地而輸官税數石者，民甚苦之。富者蓋斤斤焉欲去其籍，以幸其事之無成，而善士日與讐焉。雖視貴勢不以財情，比是猶拔孤山於平陸，又且排決衝潰以歸之中流也，不其難哉！事始起而將阻，業已就而猶隳，隳焉復起，既起而謗言且興，猶思有壞之者，善士固幾乎其不免矣。雖然，絶壁無心也，潰流衝激，形相撼而聲出以震焉，亦無心也。知絶壁之屹立不與横流争，則久而相忘之

矣。今夫天下之人，能以無心處潰涍以成天下之事者，能有幾哉？

善士祗官之令不以私校，雖謗言入耳若無聞焉，卒之與謗俱息而絶壁自存，是善士之難也。雖然，松溪程先生，諸山之祖也，善士出先生書與沙泉俞公之所以與善士者，則摽揭有人、群猜將自止矣。噫，吾今知善士之可免矣。

嘉靖二十四年仲冬望越七日，賜進士第中憲大夫温州府知府前監察御史知永康縣事婺源覺山洪垣書

（選自第三支山後盧《盧氏宗譜》光緒甲午年重修本卷二）

士恭先生傳 載在縣誌

盧迴先生字士恭，爲人疏爽，不屑曲謹。少嗜酒，貧甚勿能得，解衣貰之。飲酣，輒白眼駡人，皆呼爲“狂生”。而事親獨以孝聞。喜歌詩，動數百言，多羽音，雅不欲傳。

洪武間以貢入太學。元夕，太祖微行，聞書聲若欲泣者，扣扉詢曰：“花市盍往觀？”迴未意其爲上也，曰：“客何問？家二大人白紛如遥在天涯，安能樂此耶？”與語久之，上悦。詰旦召對，復稱旨，授户部主事，累官户部左侍郎。

建文四年，燕兵起，與郭任主抗禦之策。洎京師陷，文皇廹奉詔。厲聲曰：“何不急殺我？”延頸就刑。聞者壯之。

（選自第三支峽陽《樂安柴盧合譜》民國乙卯重修本卷之首）

御史明章公傳 載邑志

盧明章先生，號瑞川，少耽學，家貧不能常得油，燃松炬映書。盛冬衣葛衣過市，市中人多侮之。有張公月泉者善鑒，曰：“寧馨兒豈長貧賤哉？”妻以女，傾貲佐之讀。嘉靖四十四年登進士第，授行人，擢監察御史，巡鹽長蘆。故負税被繫者或不勝楚，半死犴狴中。明章奏蠲其十之八，又陳利弊六事，報可。商民便之。

改按順天，剖決沉獄，覆盆者有二天焉。洎復命，會鄉人金崇厚辦事京師，以邑丁耗欲請併圖於上，明章力襄之，竟得請。邑又困公監牙，往往破産，償不給。遺書當路，歸其牙於商，民困始蘇。

無何疾作，卒於官，朝野悲之。

（選自第三支峽陽《樂安柴盧合譜》民國乙卯重修本卷之首）

明故江西道監察御史盧公配孺人張氏合葬墓誌銘

萬曆元年二月，御史瑞川公配孺人張氏以疾卒於京，其子應震方奔喪歸。次年三月，公亦尋卒，其子又匍匐奔父喪以歸。卜於萬曆十五年十月十八日合葬於峽嶺登一祖墳之右，請銘於余。

余與公少同鏤槧，長結葭莩，號莫逆久矣，焉得無銘？謹志而銘之。

志曰：公諱明章，字用晦，號瑞川。其先出五代周世宗之裔，姓柴氏，世居汴之臨安。宋祖更周禪，有諱炯者以周後爲嫌，遂易姓盧氏，更名璇，是爲防御史、武烈侯。生子可，仕禮部尚書、銀青光禄大夫，從父徙居金華，又自金華徙仙之峽陽居焉。

自可傳十五世，至嗣六府君諱檜，生五子，長諱炬，後更名壹，爲繼二府君。貲甲一鄉，常致粟千石於淮賑饑，受命爲義官，鄉人號曰“盧大佛”。生五子，諱寧乃其第四出也。寧生二子，長諱岑，岑亦生二子。公考諱祥，又其長也，均隱德勿仕，以公貴，贈文林郎江西道監察御史。母潘氏，封太孺人。

公未生時，太孺人夢一人持圖繪，上書“名臣”二字來饋，後又夢一人自稱郭巨，攜寶來饋。即是歲誕降。公生而穎異，四歲與伯兄戲劈木，父喜而問。伯兄對以“治劍”，公對以“治笏”，父益喜而奇之。年七齡，即自知力學，繩繩不息。歲十齡，百家子史悉皆通曉。父遣至赤城從名師，數年不歸。刺史梧崗陳公一見，大加稱異。年十九遊邑庠，二十三補食廩餼，遂攜友人寤齋吴公、遇齋尹公，擔簦負笈，從名師業。師雲谷陶公，首稱公，次吴公，次尹公。己酉果中吴公，公則壬子也，後乙卯尹亦與薦人，至今以爲美譚。

己未，公父以疾卒，日惟痛哭不食，宗人力勸始就食，三年麻衣草履，視如一日。乙丑，登進士，授行人，奉命董親藩韓王葬事。歸省拜母，鄉里親戚詣門稱賀，視如平昔，不少加一毫貴態，咸稱公爲仁厚長者。附邑居民家稍饒者，歲報牙行苛求索詐，廢家者十九。公傷其弊，後力言於監院麻公，獲革，至今頌公之德不衰。戊辰，丁先大母憂，承重終制三年，無過舉。時有金姓者兄弟争産不平，詣獻公。公曰："吾家世承祖業足矣，何要汝不義物也?"其人愧而退。歲饑，鄉人詣家告乏，遂蠲其租。是年邑中聞風感化，俱減租。

庚午服闋，補江西道監察御史，巡視光禄外寮。入覲，有旨取銀二十萬宴待，公以民財耗乏，糜費太多，議滅十萬。舉朝不敢言，公獨奏聖主宜修德格天，以答元穹。時有旨遣璫至各省收取奇珍寶貝，公奏帝德以節儉爲先，不宜留情玩好，事遂寢。

奉命督監長蘆，條陳鹽法事宜六事，商民稱便。舊弊，歲報私鹽，罪屬有司;妝捏名色，足額完官。公知其弊，遂痛革之，三鹽屬咸謂公精於時政焉。歲饑，計收孤老以萬數，時以太費，公曰:"天下之財當爲天下用之，忍窮民靳此錙銖也?"差完，奉命巡按順天等府。往歲吏治循習故事，文案堆積，有至十年未決者。公至，即奮然任之，曰:"天子命我明憲昭然，吾敢負且辱之?"由是多方搜緝，必窮其極而後止。公他事悉理，尤加意於冤民，遇死獄輒驗案，反復推明，必求其生而後得，計脱無辜百數。試儒生，大加賞賚，以示勸，其忠臣孝子、義夫節婦未獲舉揚者，必親命有司訪舉以表旌之，一時風化大振。

公又首奏皇上新嗣大寶，天下群生喁喁，望恩乞寬一年暫免行刑。他省聞知，悉來奏請，是歲俱免行刑。時人咸曰"今年御史真佛爺也"。時黄河八府淤塞，衆議開浚，御史葛公、田公堅持不可，公獨奏宜專修理，詳蹈勘，保全民間廬墓宅舍，使百姓蒙開河之利，而不罹開河之害。奏允，衆咸服公之議。後又奉命巡按蘇松。

公每歲奉差，過用其心，感痰咳之疾，卧床且泣且嘆曰："吾今官至臺諫，一按畿輔，斯亦榮矣。家有山田一頃，雖凶歲可以無饑，但不及一見太孺人而死，此則抱恨終天者也。"遂一慟而絶。

公生於嘉靖丁亥十二月二十九日卯時，卒萬曆甲戌三月二十八日酉時，享年四十有八。孺人生於嘉靖己丑二月二十二日酉時，卒萬曆癸酉二月十三日巳時，享年四十有五。子男二：長應震，任五城副兵馬；次早殤。女一，適應汝辰，即余子。孫男二：長傳甲諱書，砥行馳譽士林；次尚幼。孫女一，適台城戴玉陛。萬曆十五年十月十八日合葬於峽嶺祖墳之右。

公正直忠厚，爲當代偉人。而孺人張氏，又以淑德相之，揆以天道，宜並享遐齡，乃壽俱未及五旬。造物之意何如也？意者生膺盛典，没著令名，有非可以淺窺者乎？銘曰：

陸有時洋，湖有時桑。易崩者人，不朽者名。攬轡畿邦，簪筆柱下。驄馬風聲，震於時夏。況有賢配，令德攸同。克相内助，肅肅雍雍。壽不滿德，天也奚惜。箕裘有人，休光何斁。峽山峩峩，靈秀獨鍾。食報斯遠，識於銘文。

時萬曆二十二年歲次甲午孟冬吉旦，賜進士出身中奉大夫廣東承宣布政使司右布政使　眷侍教生應存卓頓首書

（選自第三支峽陽《樂安柴盧合譜》民國乙卯重修本卷之首）

瑞川公小傳

公諱明章，字用晦，瑞川其别號也。代有厚德，其慶衍流澤，至瑞川公始發焉。

公中嘉靖乙丑進士，先任行人，後連任兩京巡按御史，歷膺顯榮，爲國柱石，蒼生所仰賴，縉紳之儀型，未可以輕述也。然克家之美、布

政之典、推誠立節之效，並勒於碑，紀在太常，此則略而不言，余特述其生平之素、交好之舊以傳之。

公生而穎異，質美而粹，少讀書即過目不忘。至十二，能文章，得韓、蘇旨法。友梅先生見其特異，命詣府就師，不欲固陋以妨大成之業。其所師者，即余族叔筆山先生也。其人簡古嚴毅，見公循軌悉合，從而異之。及試文藝，見其出群，舉卷帙播揚。郡之明公咸嘖嘖稱曰："此真干將莫邪，誰爲可及？"

至十九歲，宗師孔文谷考較，遂首選送邑庠生。後益勵前修，日不廢時，夜不計漏，舉筆作文，煜然燦爛，如入萬花之谷，艷彩呈葩，琳琅疊翠，無一非天然巧妙也。邑侯竹崖公試庠士，閱公卷作而嘆曰："此龍門燃尾之魚，不久將化矣。"至明年壬子，果薦鄉試。是年，公延予以訓子弟，膏漆益深，情款愈篤，雖一言一語、一行一事之微無不吐露，是以知公之深者莫予若也。

然予主塾事往復二十餘年，見公事親孝、事長悌、夫婦和、朋友信，至於睦族黨待婣親無不以恩，雖僕隸下人亦以禮御之，未嘗見其疾言作色。家居時，入書齋，終日危坐，撫案展卷，務探聖賢之精，得其奧旨。每於讀書之暇，邀余散步林麓。近則自户庭行數百步許，企高山而仰止，臨深淵而遡流；遠則數十里之外，登懸崖，躋絶壁，淩空野望，則萬景超然在目，公則心曠神怡，遂發於聲詩，其全律者則索余立和，其得聯者則索余對耦。曉日光華，或襲馨採奇，夜月虚白，徘徊桂影，暢然吟詠，發於騷雅，真有走鮑謝而抗班楊、振黄鐘而空管弦矣。又且念余位於歲時叙散之間，動輒贈言，以紀悲離歡合之意，或身跡久違，煙雲遠隔，則令人遣寄。一月之間未嘗乏柬，一柬之中未嘗無詩，雖至於宦情途轍，觸物興懷，一有所感，即書以寄之。

噫，公之道德文章固爲盛世之英矣，吾猶冀其振大雅於殿庭，發清聲於韶樂，植梧桐，起鳳凰，登進一世之賢，以佐太平之治，如召公矢音丕頌王家，固余之望也。今則賫志而歸，使盛德大業不復昭明於世,不亦可嘆也哉!

余特作五詩以發其悲哀云。

詩曰:

萬里遥聞一訃音,傾河涕淚不勝禁。早歸天上成樓賦,無復商家作雨霖。
火烈昆崗圭瓚廢,風翻湖海寶珠沉。檢囊剩有餘詩在,愁對空山不忍吟。

悵望天涯計日歸,何緣素旆返庭幃?可憐堂北萱顔慘,復嘆荆花日影微。
一世恩光垂寵錫,百年勳業在京畿。三春未進長生酒,深負褊襴五色衣。

身世真如過隙中,别君貌顔死難逢。猿臨古樹悲秋月,鶴唳秋江帶曉風。
無數規章虔百辟,幾多諫草益重瞳。有才不壽群黎恨,欲向蒼蒼問太空。

冠棠肅度漢家臣,驄馬當朝第一人。正切埋輪清海宇,何期簪筆暗風塵?
蘭臺物議名猶在,天下蒼生望未伸。我獨束芻求往吊,瑞雲相對自嶙峋。

聖世相逢克壯時,豸冠獨立振風持。力排翠嶽三山動,澤潤黔黎四海馳。
衆望仲山施補衮,誰知傅説即騎箕?嘆君未畢生平志,竟使中朝失允釐。

赤城侯大祚撰

(選自第三支峽陽《樂安柴盧合譜》民國乙卯重修本卷之首)

友梅公行傳

公爲人德性耿介,制行剛方。少能振興立操,練世故,諳事情,撫幼弟,友于之愛達於鄉閭,弟亦恭順其兄,而塤篪之奏賡迭和也。

厥後弟早逝,翁撫其婦與孤甚厚。翁之子明章與侄梓,髫齡時已知其器不凡,嘗謂家人曰:“此二子異日必能高大吾門,養之不可不豫也。彼玉琢斯成,金練斯精,一或漫視,殆非善植道也。”於時特延師長以誨之,屢歲供具之費、禮幣之儀,殫力自支,不以爲勞。後侄天折，翁痛心抱悶，以日以夜，復慮其婦之痛切淪於喪亡，亟令妯娌朝夕慰釋之。自以一身肩持門户，課農桑，裕養道，不敢一毫役擾於其門，然後婦得矢志孀居，而冰蘗之操堅金石也。厥後己子獨立，務欲撫成，仍延師而教，不以人之所惜者爲重，而以子之所就者爲大，非其識見異常，能若是哉？

嗣後其子果能篤志好學，振拔儒林。壬子歲試，浙江場未揭榜，翁嘗抱痛鬱鬱。諸侄輩就枕問疾，徐應之曰："我無他疾，大兄鏖戰科場，未決勝負，如得捷音，則吾病脱然矣。"至日期獲服捷，即卧起强健如初。信乎養之裕者其發必盛，浚之深者其流必長，人皆服其善教之功、養成之美之所致也。然子未登第而翁已先逝矣，至嘉靖乙丑，方登進士，選行人。奉恩例贈修職郎、行人司行人，後復贈文林郎、江西道監察御史。

嗚呼，公雖未膺顯爵於生前，而褒封重典屢錫，天朝奕世洪恩，榮沾帝命。吾知龍章特至，此日焚黄則草木欣榮，山靈震動，禽鳥和鳴於上，萬民趨蹌於下，公不怡顔悦色而舒笑於九泉耶！

侯大祚撰

（選自第三支峽陽《樂安柴盧合譜》民國乙卯重修本卷之首）

譜友勤卿行述

嗚呼，吾友勤卿竟歿矣！吾欲傳其高才苦學、周情俠氣以告當世，而腕胝心碎，字句幾不得相屬。然則何忍傳之？然而吾究何忍不傳之？

君名時立，字勤卿，原名廷翰，以入大學堂師範科，乃改今名。今歲正月畢業，君以病假曠課、積分不足考中等，意頗鬱鬱。未幾而京師督學局擬任君内城高等小學校長，未幾而本省學界又擬公舉爲視學官，未幾而廣東全省師範學堂又擬聘請君提調庶務，順天高等學校又擬請君爲輿地科教員，皆辭未受。方擬束裝作歸計，俟摒擋家務，徐謀出山，既而譯學館又以國文教習聘，監督章公於君有舊，君欣然應之。甫上課，而雲南提學使葉公電告大學堂總監督，乞君往滇襄辦學務，詞意懇摯，於是辭譯館之席，即擬卜日啓行。未幾而以司務本官簽分陸軍部，時尚書鐵公方整頓部務，延攬才俊，君進謁時，問平素所習，因詢海疆事，君應對如響，鐵公大器重之，特派在武庫司行走。司務向不分司，蓋特識也。未幾，而陸軍部改章，又派充軍乘司銷算科科員，又派充本部監印官。

未幾，而雲南提學電學部，擬由雲貴總督奏派爲雲南全省兩級師範學堂監督，兼總務課科長。陸軍部又挽留之，以擬派陸軍學堂事務咨復。滇中又電學部，固要之。學部又咨陸軍部，固催之，陸軍部又擬再留之。數月之間，名公大帥函電絡繹相羅致，如寶劍出匣，明珠離蚌，華彩照耀，忻動萬衆，意二十世紀將遂有吾勤卿飛黄騰達之歷史。不意偶遘微疾，溘焉以没，令人將莫大無窮之希望一旦付之逝水，悲哉！

君家世業儒，所居在蘭溪西鄉之甘溪村。祖諱翼之，以增生貢成均。父鶴齡，勤學而蚤世，以君官贈奉政大夫。君生而奇窮，十月而喪母，五歲而喪父，伶仃孤苦，孑然靡依。奉政公臨危時疏貲産若干，遍延親族於家，使傭婦抱君出見，就枕上相托。族有服孀黄氏，嚴毅耿介有識量，公迎至其家請主内政，竟撫君成立，以君官貤贈宜人。黄太君之來也，調護君甚摯，出入顧復逾於所生。稍長，延名師課之讀，款給優渥，而責課於君甚嚴，治家事勤儉而有法度。君十五應童試聲譽藉甚，十七歲補學官弟子，始爲娶同邑儒族倪氏女，幽閒淑好，伉儷甚篤。君年少任俠，藉其餘資，廣市書籍，結交才俊，事黄太君孝養備至，治喪葬悉從豐厚。里尚戚族之貧困者，君賑救之，如不暇給。君之戚友沈湘漁、郭少葵、鄭竹侯諸公，結文社於城東之東園，君以新少年頡頏其間，都人士争屬目之，至是而君之聞望乃轟然著於鄉邑矣。

無何，而長白繼公守金華，葺麗正書院，招羅八邑時彦，大開講席，君以高才應選。時今京卿山陰湯先生實爲大師兄，見君所爲《顧亭林以士大夫爲無耻爲國耻論》，乃大激賞。湯先生汲引後進如恐不及，一經品題，文望頓起，蓋至是而君之令譽乃隆隆然噪於全郡矣。

戊戌九月，予自京師南旋，假居東園，始以書招君同居，盤桓有年。因共念上江文化樸僿，思興學以爲之倡，擬益大張東園爲金衢諸郡教育基礎，同志中量能分職，各任其事。君則慨然資千金，孤身襆被，遍歷杭滬各處，購匝圖籍，延訪教習，考察學校之程式。以庚子年九月啓程，至臘月始駕扁舟冒風雪還，一切費用均不支公款。辛丑，土木工竣，校事粗備，次年乃招集三郡名家子弟開堂授英、算、理、化諸課，莘莘然彬彬然新化流而誦聲作矣。

君以是年壬寅受知於今少宗伯張公，補廩餼，尋赴省應試。予僥倖獲儁，而君亦膺鶚薦，因以策語觸時忌，未入選。旋以湯公薦，充上海澄衷學堂教習。次年入校，以暇中兼習東文，蓋至是而吾浙之新舊學界以及滬上之名公長德皆知有君之名氏矣。時都中譯學館初立，徵羅天下通才碩士講求譯學，君自滬中航海來京，一試竟列高等。方將還家勾當家務爲久學計，值本科癸卯鄉試，過省垣，爲同人强邀入場。考官某公大奇其文，列首薦。主司以文筆奇古，疑有所依託，竟不得第，朋輩均爲君惋惜，而君殊不介意，乃發憤挾書册北上，慨然有題橋之意。

以甲辰三月初抵京，而譯學館已開課久，不得入。時張文宗實爲大學堂總監督，素知君，乃以師範、預備二科任君所之。君念爲中國教育計，冀有以自效，乃壹意就師範科，凡在京師同鄉先達莫不刮目相待。如今湖北提學瑞安黄先生、今監察御史永嘉徐先生、今福建知府海寧朱先生、今廣東師範學堂監督瑞安陳先生、今譯學館監督寧海章先生並器重之。是年臘月假歸，次年春正納側室錢氏，甫四日而戒行，戚友送行者俱黯然若難爲情，而君揮手出門，絶無丁寧反顧。君入校後，劬力苦學，一無浮囂習尚，然於地方公益竭力相助。是年吾浙有籌辦鐵路事、有創辦浙學事，君皆有所效力。而於浙學創始時，受諸鄉老命，與同鄉孔君組織一切，尤爲有功。十月間，奉天將軍趙公、今出使日本大學堂督學李公，擬咨調君往東省辦學務。君以學業未就，躊躇未遽去，而李公旋有學堂監督之命，遂復作罷。君感於諸大夫長者之賞鑑，益刻苦自勵。

丙午五月，余奉李公電來京，移寓内城，要君同居，一切部署皆君主持之。予念君終日勞苦，而交納太廣，常僕僕於應酬，因勸君乘便挈眷同來，藉資調護。君本年畢業後將爲滇中之行，議住議留，迄無成説，延至五月，始决計部署家眷回南，擬都中結束餘事，即往滇中，一面延聘滇中教習。津沽往返凡三四次，再值陸軍部初辦新政，連日趨應公事，再以遠行，故新知故舊稠疊飲餞，再擬部居家政，預算家中歲用，再擬通函於素所來往。出則雙輪轆轆日繞五城街巷，或至數匝，入則握管伏案作函牘，忘餐廢寢，或至五鼓，猶復披衣出門。未數十日，竟以勞頓致病，畢命於九月之初十日，春秋僅三十有四。嗚呼，痛哉！

君意氣豪放，處事周密，而生平最深於情，每以陸軍部尚書鐵公、雲南提學葉公爲知己，欲求所以爲之盡力，其機謀才幹，於賑恤雹災一事已得其大凡。

往年瀫西被雹損失數千户，鄉民報災，邑令忠公囑君前往撫慰之。君索報災狀疏名字若干，即馳馬赴該處，邀同曉事諸紳約以明日會於某所。因星夜馳歸，請於令以次日下鄉，並請丞史汛官及紳士數十人於次早分頭履勘，統由諸紳傳語慰惜之意，各災户咸静候於家。次日，君復下鄉，持急賑二千金，念一給發則當時争攫且盡，乃絶不聲張。按照所查災户分别輕重，並及其家境之貧富，定爲規則，而各給以空券，僅有記號無數目，令向就近諸紳家驗取，按每處各户所有應給銀數，均填明底册，計銀分送於就地諸紳，凡兩日而竣事，歸所餘於官庫。所費不多，而民受實惠，且安帖無喧擾，衆乃大悦服之。

嗟乎，以君之才使假有權勢名位，吾知其必不碌碌以因人者，而竟不得稍伸其志以卒。茫茫此恨，何堪設想！

德配倪孺人先生一子，頭角豐偉，而口不能言。聞其如夫人還鄉後幸舉一男，差足爲盧門賀。

旅櫬南歸，揮淚訣别，心煩意亂，草率成文。匠石有言，自夫子之死也，吾無與爲質矣。悲夫！

光緒三十有三年歲次丁未冬月

翰林院編修國史館協修同學劉焜謹述

附　京内外挽聯

能文末也，以遠到相期，助我未知誰爲繼；

吾道非耶，正存亡所繫，祝予更怪天不仁。

勤卿吾賢，爲潛主講金華時所器賞。旋以師範生佐陸軍部，駸駸乎用矣。年未四十，賫志遽殁，廣柳南下，行路哀之，壯者而逝，益傷吾衰，白刃在前，亦以自輓（時湯公總理浙路，爲拒英款，將伏闕死争，故云“白刃在前”也）。

四品卿銜前兩淮鹽運史司、同學湯壽潛揮涕敬輓

入大學師範，蔚爲通才，雲路喜騰驤，方冀渡江追祖逖；

譯異國兵書，未經終卷，秋鐙沈痼疾，頓教草檄失枚生。

京師譯學館監督翰林院檢討章梫哭輓

一官初繫朝簪，比郗超作參軍，能令公喜；

千里待歸旅櫬，得巨卿爲死友，乃見交情。

勤卿仁兄同學卒業後，官駕部尚書鐵公深器異之，比疾，猶屢遣騎馳問。既歿，同邑劉吉士爲庀其喪，且哀述君行能，以告海内。二人者皆君之知己也。語云“得一知己可以無恨”，君雖死可無恨矣。

江蘇候補知縣學部總務司行走張祖廉拜輓並記

才侔班定遠，不次榮膺，何屑事陋儒青綾絳帳？

命隕賈長沙，僅餘著述，徒傷懷吾友霽月光風。

師範畢業舉人卓燡拜輓

闢開學界詣君門，宦耶夢耶？三五年京洛侵塵，那堪風雨重陽，羽翼化將仙鶴去；

爲問英雄遭末路，淒未慟未？四千里家山歸隱，且耐間關冷月，靈魂緩促子規啼。

杜輔臣輓

是教育家是文學家，平生鬱鬱不得志；

有寡婦在有孤兒在，此恨綿綿無盡期。

陳應忠拜輓

哀樂悟中年，談兵談道何爲，一夢邯鄲先解脱；

笑言成隔世，秋雨秋風如許，每行上含獨悲涼。

朱聊沅輓

室人謫，路鬼笑，君曾語此境難堪，辛苦博微官，纔許軒眉，竟不能稍緩須臾，又旁人竊議書生薄命；

冢子瘖，少妻孕，我悔勸移家歸去，彌留猶望嗣，聞之酸鼻，衹剩得無聊慰藉，願蒼天默相遺腹孤兒。

師範舉人金兆棪輓

汝竟逝矣，我將奈何，慨從前利想名思，遽爾一場春夢；

死即有知，生者奚補，痛此後殘山賸水，那堪三尺孤雛。

恩貢生同學唐望君哭輓

卅四年繁華夢幻，冀遂初心，何期名播遼滇，魂來江浙；
數千里噩耗馳傳，同爲扼腕，況復情深管鮑，誼重朱陳。
誥授奉政大夫布政司理問加二級媚侍姚正型輓

餞君赴闕三載暌違，正欣騰茂蜚英身名俱泰，壯懷自此展舒，不幸劍舞雞鳴影閃燈青雄大陸；
約我遊滇一緘遥遞，方慮蠻煙瘴雨水土非宜，瀕行合當諫阻，詎料案遺鵩賦魂歸月黑冷長安。
優廩生譜弟汪葆元泣輓

舊事憶虎陵，千里傷心，慰我窮途赴皖北；
新恩承象闕，一朝齎志，哭君奇遇失滇南。
邑增生汪朝相輓

茫茫傷往事，猶記東園把臂、斗酒論交，每嗟時局艱難，投筆請纓，誓挽狂瀾安世宙；
屢屢定歸期，方欣北道還轅、聯床話舊，誰料海天遼闊，淒風苦雨，忍來江渚拜靈幃。
邑廩生蔣俶拜輓

（選自第三支《甘溪盧氏宗譜》民國乙亥年重修本卷之一）

始祖武烈侯神道碑銘

至道二年乙未，周宰相范質見上於端明殿，諭太祖受周禪之事，備述太祖垂示子孫之言。曰："吾受周世祖厚恩，爲六軍所迫，且至此慚負天地，無如之何？乃奉周主宗訓爲鄭王，符太后爲周太后，遷之西宫。爾爲子孫者，毋忘朕言，以戾周正。"

今有若殿前防御使封武烈侯曰炯者，實柴世宗之庶長子也，以吾祖受禪爲避，乃從外姓工部尚書封越國公盧琰爲氏，又名曰璿，且有事功，而子可禮部尚書以事聞，痛念先帝遺制，乃敕臣鎬撰次神道之碑，臣孫奭書丹，臣趙安仁篆額，以賜其家臣。鎬嘗爲史官，考盧公事甚備。

公諱炯，字宗照，本柴姓，周世宗柴榮之庶長子也。世宗又周太祖郭威之養子也，以太祖自邢州山仕漢爲樞密使，漢隱帝遇殺，即位汴京，立年崩，世宗奉遺制即位。六年而長子宗訓即位，曰恭帝，甫七歲，僅二百日，禪位於宋。時炯封唐王，因革命我太祖皇帝，遂隱從外姓工部尚書盧琰爲氏，名璿字伯達。乾德元年三月六日，我太祖駕行，炯亦侍琰而行。上問炯者誰，琰具以實對曰：炯八月十日，乃世宗之庶長子也，隱姓嗣琰。太祖念周德，宣除殿前防御使，遷清源節度使，眷賜甚厚。上召諭曰："朕不廢周室懿親，而俾執祼將，卿宜念厥紹衣，無替朕命。"

公涖清源，凡軍民之政皆統治之，事得專達，愈精圓勵，數有善政，上聞，每遣使勞之。太平丁丑而十日，太宗嗣歷服，正宸極之初年，遣中使召公還，同知樞密院事。時參知政事張遜、温仲舒輩皆服其機決。未及參國議而卒於位，淳化四年十月八日，生乾祐戊申五月八日，年四十七。帝聞之，謂近臣曰："璿有台輔器，文武材性，沉毅而不狹隘，果敢無所退縮。"遂詔下封爲武烈侯，贈夫人錦院主爲吴國夫人，即工部尚書、榮禄大夫、開國上將軍、越國公琰女也，生一子可，以翰林直學士進銀青光禄大夫、禮部尚書，賜佩金虎符。嗚呼，公以周室懿親而受知我太祖、太宗，恩至渥矣。

鎬謹拜首稽首而爲之銘曰：

挺生公材出王室，虎視眈眈尚英質。先皇受禪履漢基，九有其如進斯秩。鼎移漢祚猶未幾，宋鼎又沸周邦畿。挺生公材不自靡，嗣周竟作柴盧移。宋主惓惓眷周德，往往殊恩注英特。萬古英風由袞錫，史臣銘詩刻玄石。

龍圖閣直學士杜鎬撰文

龍圖閣侍制孫奭書丹

資德大夫行中書省參知政事趙安仁篆額

（選自第三支《筠川盧氏宗譜》民國己未年重修本卷一下）

禮部尚書神道碑

禮部尚書洛陽盧公以治平四年丁未三月八日薨於家，其長子仲賢湖廣臨江軍經略按撫使、積陞階光禄大夫上柱國封爲護國上相、開國公又薨，一孫尚幼。南陽郡夫人朱氏㷀然抱其孫織紝以居，賓客僚友皆四散無一顧之者。後三十二年，元符戊寅十月三日，夫人亦終，二喪皆浮邱。

再越十年，其孫漢樞密承旨使紹興三年癸丑夏六月授行在南國金吾大將軍，翊禦來杭，同母王夫人函公骸骨之寶寧軍，卜葬婺之永康孝義鄉瓦窑畈。過謂俊曰："吾祖尚書公以文起家，可謂貴顯光榮，及薨而淺露者，久不之厝，漢是哀也。既葬，又無碑以載其官閥、世次、行事之實，若無傳矣。宜請文，求善楷書者礱石以刻焉。"俊曰："嗟乎！世有若漢之振超流俗而推孝其親之所出，蓋不失乎孝子慈孫也。"

謹按公諱可，字子元，穎悟絶出，過目即記。諸經皆有師法，尤長於《易經》。弱冠遊庠中，奮宋隆興之治，尤名能古文。流轉淮濟間。淮東部使者薦之行省，辟正臨淮路學，再正維揚路學。居歲餘，轉行樞密院曹。故僉院者敬之如賓，不以曹屬御之也。未幾登仕佐郎、樞密院曹、照磨轉中書省左曹。

我太宗皇帝養德東朝，佐右文化，選天下造士列在宫臣首，被簡拔授承直郎太子文學。端拱二年己丑，遷翰林待制、承直郎兼國史院編修官，與修太廟實録。明年加奉議大夫，是年又陞翰林直學士。景德二年三月，進銀青光禄大夫、禮部尚書。大中二年，賜佩金虎符。五年免，明道二年致仕。

嗚呼，大厚之亨應徵之於天，其善後也無疑。俊嘗考，公受氏本柴也，公之父諱炯，以宋受周禪爲避，時有工部尚書越國公盧琰者，乃招炯隱姓從盧，易名璿，以女錦配之。乾德初，拜殿前防禦使，封武烈候，世謂之柴盧氏，實盧氏之始祖也。配朱氏，贈令人。俊昔受知於公，又辱第下列，義當銘。銘曰：

於惟公文粹良璧，豐沛雄辭無媚飾。震聾鼓聵界爾力，翀突亨衢名嶷嶷。位臻公卿發軔跡，天葩剡縟道貞則。於惟公壽堺天植，九十八年返玄宅。

資政殿大學士張俊撰文

資德大夫參知政事兼知樞密院事都督諸路軍馬招鼎書丹

龍圖閣直學士楊時篆額

（選自第三支《錡川盧氏宗譜》民國己未年重修本卷一下）

金吾大將軍墓表

乾道元年乙酉，湖廣經略使盧芮練服持一書過琪僑寓，言曰："芮先人樞密承旨使行在南國金吾大將軍，出處大凡與受代所由也，古所謂知死知生者兼有之，其遺善可筆，先人存殁事功，而公爲同朝知己審矣。將以丁未十月五日卜葬於吾鄉孝義之繪上善，所以示雲礽誰賴哉？苟得公善史者銘其碑，我先人將不憾其無聞於地上，且懷德於地下也。敢以是哀鳴焉。"

乃叙之曰：公諱漢，字朝宗，實汴人，其籍於汴，不可以世求。祖可，仕真宗朝，爲禮部尚書階銀青光禄大夫。考仲賢，湖廣臨江軍經略安撫使，累升光禄大夫、上柱國，封爲護國上相開國公。母王夫人生公，忠直沉毅，讀書專經《左氏春秋》，藴經國之學者，具命世之才，剛明正大，清修峻潔，而經權合所趨，故能謀成而事立。臨財不吝，施予有積，均之兄弟姻戚，無一髮自昵。建炎丁未，以軍謀宏達材任邊計，薦爲樞密承旨使。丁未五月，即上言高廟，蓋曰："君天下者二道：用君子則治，用小人則亂。臣病雖劇，委之於天。所甚憂者，大奸專柄，群邪巹附，誤國害民之大者。殿下宜開聖意，急爲摒除，不然，日以沉痼，不可藥矣。"上深嘉重之。紹興三年夏六月，授行在南國金吾大將軍，護蹕維揚，總戰艦四十萬，以先鋒鏑越吴都杭。

公性孝友，同母王夫人函祖父母尚書公、朱夫人骸骨，尋依派祖珪之籍之寶寧軍，卜葬永康之孝義鄉，因家焉。夫人陳氏生一子芮，舉智勇爲湖廣經略使，因父世禄，受命武顯大夫。孫五：良珪、良玉、良琳、良球；良璧，授廣南都司大將軍。

嗚呼，公以繼世而榮，此其庶幾乎？孝子不匱，永錫爾類者耶！因爲楚人之辭，歲時上冢以祀。其詞云：

峻極南峙兮括蒼，阻西鶩兮鼎湖茫茫。趾寶婺兮北拱，引華溪兮流水湯湯。偃斧兮封堂，吉安兮穴藏。既夷兮焉有，不夷兮疇望。啓來裔兮日熾昌，賴剌石兮百世耿光。

翰林學士同知樞密院事劉琪撰文

尚書右僕射樞密使制國用使陳俊卿書丹

資德大夫參知政事簽樞密院王炎篆額

（選自第三支《筠川盧氏宗譜》民國己未年重修本卷一下）

湖廣經略使墓道碑銘

公既卒於采地武昌之明年，而夫人亦卒。其幼子良璧廣南都司大將軍，櫬車將歸葬於鄉之方家處後山，由是防禦使南都受武烈大將軍請，告以終。故事，職兵之臣，無聽喪葬之文，不得命，乃曰："父子之有，在君臣先，其序則然；未有以忠爲責、以孝爲禁者。吾今何恤？俟舟二喪畢葬而還。"凡聞者莫不稱嗟其能拔俗超塵，躬任子職，無老少一喙焉。

又曰:“公之遺烈,今雖在人口耳,而不鑱之石,久或遺忘,來者或不聞焉。”因計事至衢,具以狀來,載拜請銘。思昔舟遊荆湘而僑江夏,公於偃武之餘每相過論,時年就老矣,修幹魁顔,白鬢蝟髯,虎目虎吻,大掌鉅踵,望之森然,氣欲搏人。談其生平,履危蹈險,先大小之戰數十。嗚呼,俾聞風飆聾闐闐,矢石餘軀、老而不憊者不從可知哉! 則公之出處,在古人皆當傷與吊者。乃三復是狀,嘗善證之能史,惟未憾其公之不及功垂鼎彝耳。

公諱芮,字景華,本柴姓周世宗之後,因宋革命,易柴從盧。世居於汴,後以父漢位宋爲樞密承旨使,紹興癸丑夏六月授行在南國金吾大將軍,扈宋南遷,以集派祖負祖父母骸骨來葬於永康之孝義鄉,公因家焉。以癸未舉智勇爲湖廣經略使光禄大夫,乾道乙酉春二月,以文世禄受命武顯大夫。壽八十七,夫人胡氏壽七十九。五子:良珪、良玉、良琳、良球;良璧。實請銘者。

嗚呼,世有若公者得奮筆大叙其雋功,亦志士千古之一快也。觀公父子忠孝再世一轍,惜吾文之未足喻也。銘曰:

以文亢宗,以武建業。行無苟容,千載一轍。鑱之以石,文之以祠。以安其歸,子心庶幾。

觀文殿留正撰文

中書舍人汪義端篆額並書丹

(選自第三支《筠川盧氏宗譜》民國己未年重修本卷一下)

英惠侯道衡公實録

諱璿,行著府志。

實録:

公少負大志,孝友性生,忠貞自矢,明義禮,達權變。

宋徽宗宣和二年,建德清溪民方臘作亂,陷婺、歙、杭、衢、處等州。及兵攻永嘉,郡守棄城而走。時教諭劉士英公發憤謀禦賊之方,公與石公礪慷慨佐之，晝守備，行任伍法，數挫賊兵。不二月，援兵至，賊驚遁，保完城池，公之力歸多焉。

上賞功封爵，公辭不受，家課子孫以壽終。上敕爲英惠侯，立忠烈廟，祀公之神，在府學東隅，後改城西新河里。弘治間，郡守汪公立碑於簡訟巷東偏，與劉、石二公同祀弗替。

葬十七都降隴下蓮花河，有欽賜五鳳樓。墳前竪"英惠侯盧公"道門，具載國史。忠烈廟碑文詳著老譜。

賜進士文林郎知永嘉縣事新安汪循進之撰

贊曰：凛凛威風，巍巍氣節。賊困孤城，身衛殘堞。志在救危，力圖殲滅。元佑義士，廟號忠烈。

（選自第三支《坎川盧氏宗譜》民國丙戌重修本卷一）

宋縣尉雲際公雯登公傳略

公少負大志，夙負才名，與同榜梅溪公聯姻，以文章德行著聞，凡詩詞歌誦類多梅溪公倡和聯句。

值國步顛危，公解組歸田，復以家帑五千金助給兵餉。鄉里貧乏，時加周急。時人有感慕詠歌之讚美云爾。

像贊曰：

雯登公爲紹興丁丑進士，初授羅源縣尉。贊曰：節操淩霜，忠義貫日。不事富貴，惟敦學術。

（選自第三支《坎川盧氏宗譜》民國丙戌重修本卷一）

宋管編尋川公像贊及實録

諱瑀，字藏璞，登乾道丙戌進士。初任秀水令，遷管編。

贊曰：卓矣文章，大哉學術。致君澤民，今古鮮匹。

戊寅重陽日鹽大使諸葛羲撰

實録：

公少穎敏，博經史。九歲文章清雅，識者奇之，目爲偉器。

年二十一登丙戌甲榜，除授秀水邑令。道大而任小，人皆惜之。公曰："天下事皆吾分内定也，乃吾爲所當爲。君恩，天恩也，無小不榮，但恐不能奉揚休命，以貽曠瘝之羞耳。"聞者均以爲有道之言，無不嘆服。迨六載考績，聲動朝宁，特膺不次之遷，而公連章請歸養，朝野無不扼腕。

公退隱於永嘉五十一都，年登九十，以壽終於正寢。而公雖大德未行於時，然忠以事君，孝以事親，莊以涖民，三者備焉，誠人之所難也。若夫訓誨子孫率遵親教，親族雍睦而化及鄉國，不亦廣乎！甌人稱公一身萃天地之和、仁讓之美者也，公可謂無愧於俯仰矣。

賜進士出身授禮部侍郎裔孫鳴芳頓首拜題

（選自第三支《坎川盧氏宗譜》民國丙戌重修本卷一）

學士墓銘

淳祐丁未五月十八日，集賢院直學士歿，户部尚書潛説友婦翁也哉，銘其墓。

學士姓盧氏，諱應酉，字用明，縉雲方山人，予同里也。宋尚書演之後。自婺遷永嘉，再遷方山，逮學士已八世。自始祖十五府君五傳至其曾祖邦弼。祖益之、考子和，皆隱而有文行。

學士繼季父子宜之後，少聰敏，承家訓。鋭進於學，選入邑庠，補弟子員，刻志於經史。早應鄉舉，淳祐辛丑登進士第，又明年癸卯除授集賢院直學士，益肆力於辭翰之場，文學名聞顯著。乙巳歲嘗取入内院修國史，五月獲金帛之賜，侍講青宫，獲寵渥之隆，舉朝重望其大有作爲以致君澤民者。何期年方三十四，一疾不瘳。一子諱埴尚幼，惜乎吾女失偶、汝子失依，可勝痛哉！

學士生於嘉定甲戌九月八日，將歸葬於象鼻山父墓之側。於乎！汝清苦於學十餘年，深於理趣，始獲仕於朝，出入禁闥，頡頏將相之間，屢沐聖天子寵賜之隆，亦謂榮矣。奈天畀其才而不錫其壽之永，未遂盡其胸中所藴也。叙言及此，涕淚交頤，爰爲之銘，以瘞諸墓焉。銘曰：

相門世胄，源遠流長。文章繼美，奕葉孔彰。早遊芹泮，經史之場。名題鴈塔，笙鏞廟堂。維學之富，惟德之臧。遽云殞訣，士林慘傷。九京漠漠，九天茫茫。銘刻貞石，千古有光。

户部尚書潛説友書

（選自第八支方山《玉川盧氏宗譜》光緒癸未重修本卷九）

教諭公墓誌銘

公諱宇，字用大，姓盧氏，號素心，人稱爲素心先生。子和隱君之仲子，母朱氏。益之處士之孫，邦弼高隱之曾孫。世傳清白，詩禮聞望，著稱遐邇。

生於嘉定丁丑六月十三日，卒於大德丁酉九月廿七日，葬礄上母墓之側。公生而神異質奇，陳晬盤試，取書筆，餘不復視，蓋好學由其天性之所賦也。自童髫從遊邑庠，復遊學金華王吕門之師徒，相講議，深於理，粹於文。

淳祐甲辰試藝得名鄉貢進士，明年乙巳夏授職仙居教諭，歷官三考。以平日所得之學淑諸後人，如萬石之鐘，大扣之則大鳴，小扣之則小鳴，漸磨成就，英材輩出，詞翰遺跡之在仙邑故家卷軸者甚多矣。奈宋祚將危，喪亂不能，遂引恬歸廬。旁通岐黄之術，察脉理，極玄妙，用藥如大將之用兵，神妙莫測。鄰郡近邑獲其濟利者不可以枚舉。

晚年筆録家譜，詳傳先世來系，徵尚書潛説友所爲序，其敬宗睦族之心亦至矣。所作詩詞彙成一帖，後人名曰《素心先生詩稿》。

其配趙氏，生一子塤，庶一子莊。再娶潛氏，生二子坦、增，讀書尚禮，克繼家聲者也。公葬下已數年，墓前之石尚未有刻，其冢子塤述其狀如右，來請余文。余沐公麗澤相資之厚，相知又甚悉，不可以不敏辭。釋淚再拜，締之以銘曰：

學之粹，術之精，德之邵，人之英。文章致乎世用，道德贊乎文明。還造化之故物，瘞體魄於佳城。名鐫礪石，過者式矜。

朝散大夫國子博士兼祈王府教授邑人黄彦邦拜撰

（選自第八支方山《玉川盧氏宗譜》光緒癸未重修本卷九）

奉訓大夫知州墓表

奉訓大夫、河南鄭州知州盧公來治郡之四年春，將述職，及瓜期，應疾革，余往視之。目余良久，似有所訴之意，不能言而逝。其子似蘭奉柩將歸，再拜來請表其墓前之碑。

予嘗銘公之父，知其世系所自。公姓盧，諱奬，仲宏其字也。曾大父諱宇，仙居教諭。大父德光，父千乘，妣應氏。公生而有奇質異貌，年六七遂知向學。居家孝悌，其學優，其行修，端謹莊飭，規圓矩方，賢良見重於鄉邑。洪武庚午應“人材磊落賢良方正”薦，遂除授河南知鄭州事。是郡民繁治劇，任是職者固難其人。公下車之初，一以清勤律身，廉慎奉公，未期年，民安訟簡，需斂以時，市野謡曰：“太守盧，德政敷。民安如堵，需賦無逋。清風遠布，王道之始。”其治未久，遂致下民歌謡頌德，傳聞市野，非公仁慈厚德之至，能是哉？惜乎天不俾其壽之永，非公之不幸，實民之不幸以致公之不幸也。

公生於至順庚午七月八日，卒於洪武癸酉二月十九日。宜人吕氏，子三人：曰似蘭，即請文者；曰似芳，曰似蓀。余沐公以斯文之愛厚，兹永訣也，痛悼不已，乃再拜而奉贊曰：

聖朝稽古，任官不忒。列職朝野，廉明正直。維公爲牧，以成厥德。撫綏蒸民，歸於爾極。政格民心，神妙莫測。我爲銘文，表旌封域。垂裕後昆，永爲矜式。

河南鄭州儒學學正傅裕謹撰

（選自第八支方山《玉川盧氏宗譜》光緒癸未重修本卷九）

泉山盧先生行狀

先生既歿之十六年爲嘉靖己酉，乃子廷輔，持先生之甥、五峰周德基氏所撰行實屬予狀，將以乞銘於宗工。五峰，篤實君子也，其言足徵，無俟於余矣。然先生與余爲忘年交，其内弟徐希濂氏，又余之莫逆友也，義不容辭，乃因五峰之所撰述者而節略之。

先生諱洵，字誠之，號泉山，世爲永康石馬人。宋太祖時曰琰者以工部尚書封越國公，自臨安來遷於邑東之靈山，遂家焉，實先生鼻祖也。琰以武功起家，其胤襲其餘蔭，故多顯宦，至於胙土者亦有之，若湖南安撫使珪，湖南總把傳，安南經理福，京都長史賢，德州判官璡，皆先生之裔宗也。工部侍郎璞，武烈侯璿，諸道總制衡，廣南提刑勳，隨御副將理，南國防御使存恭，龍虎上將軍存源，又其族之最著者也。璡生翰林孔目松，是爲石馬始祖，先生其七世孫也。高祖伯祥，曾祖原禮，祖道瑨，考善才，妣周氏，生妣朱氏。

先生得於賦畀甚厚，性敏且謹慤，舉動悉有繩墨，言笑不妄，恂恂然無疾遽，雖閨門中亦不褻狎。衣冠整飭，無間寒暑，故人見者皆稱其有古君子風。痛父不及終養，事母以孝，歷久暫如一日。處異母諸兄庭無間言，於親故鄉曲情意尤浹洽。性喜飲，每微酡，談論古今人物、國家政要皆有條理。至於啓迪後進，必以涵養德性、尚友古人爲先。嘗築室以居從遊者。既而聞吾陽明先生講致知之學，遂遣子往從，且誨之曰："我以遠大期汝，他日得爲端人正士，吾願也；俗學非所望也。"

至於處宗族，尤能以身率之。蓋盧乃介胄餘裔，尚多强悍，先生能不爲所移，不妄加人以非禮，故族之人不無潛消默奪者。嘗爲邑庠弟子勤勵，無少壯，綽有聲望。舉貢上禮部於□□年，考職授教諭事而終，衆皆異之，以所藴弗獲一售。時嘉靖甲午年六月十有一日也，距生於成化戊戌年十一月初七日，享年六十有七歲，葬於泉山之南。

娶徐氏，邵武節推璞公孫女。内政婦道，有《雞鳴》風，事姑朱以孝標：姑嬰没疾，周旋調養者歷年，以勞瘁，與姑同日歿，實先生賢内助也。先十四年而卒，附姑川山墓次。子一人，棐，即廷輔，能繼先生志。女二人，長女適巖下程潞，次女適六都應玟，咸以賢淑稱，亦庭訓所及也。孫男三人：可繼、可述、可立。孫女一人，適遊溪塘周承壽。皆據今所見。是雖先生之概，乃人之所共聞者，以望立言君子垂擇焉。

謹狀。

晚學石崖吕璠頓首拜撰

（選自第一支《石馬盧氏宗譜》民國癸亥年重修乙酉年續修本卷四）

質窩盧公行狀

公諱璉，字商器，其先汴人。自越國公琰始遷靈山，遂爲永康人。琰生珪，嘗尹京兆兼秘書少監。珪生湖南總把傳，傳生孔目松。松生安南經理福，福生宣慰富。富生賢，仕京都長史。賢生長，仕教諭，生滄，滄生柏，仕判院。柏生寧，寧生豪，豪生星。星生昂，授蘇武郡判。昂生璡，登宋寶慶進士，仕至德州判官，生柏、松、檜。松登寶祐進士，歷官翰林院孔目。松生教諭叔懋，爲石馬始遷祖。叔懋生思泓，思泓生端翁，是爲公五世祖也。高祖道濂，曾祖奇，祖球，皆載德弗耀。考暹，好讀書，重然諾，人以遺直目之。妣周氏，相家有法。

公承遺澤，潛心經術，不爲俗學所累，雖當多故，處之裕如。善吟詠，觸物興懷，有風人遺響。俞沙泉、雲窩昆仲相爲賡和，雅相敬重。設帳於鄉，鄉之知禮者多出其門，尤善解紛息争，誨諭中人肯綮。其鄉之里役歲取，細民貼役，錢糧積弊已久，公乃以身率免，至今德之。鄰有杜姓者，父以不孝訴其子，有司將置之以法，公憫其無知，爲之陳情懇解。至於教子，尤以義方，嘗命子可久號一松者爲舉子業，每以古人勗之。及聞陽明先生講道於稽山，雖當窘迫之際，遂賦《戒行》詩以勉之，有“阿兒有志投名師，異時當抱稽山歸”之句。及一松歸，具述先生之學，欣然有得，方謀就正，而先生有兩廣之行，不果。及聞訃，哭甚哀，每以不及門爲恨。既而石門先生作會五峰，公以耆碩應，請退後益自勵。未幾疾作，遂成物故，時嘉靖甲午年十二月二十有二日也。若公者可謂不虛生、虛死者矣！所著有《形影集》若干卷。距生於成化丁亥年十年十一日，享年六十有八歲。

娶厚仁李氏，衡陽節推悌公從女，南昌二牧鴻之從女兄也。内政整肅，後公四年卒，爲嘉靖戊戌年八月二十有二日，距生於成化壬辰年二月二十有四日，享年六十有七歲。公葬於鶴鳴山祖塋之左，安人另窆，相去僅數十步。

子五人：長可希；次可遂；三可翼；四可久，即一松，能闡陽明先生之教，不負公之所志；幼可紹。女一純，適厚仁李岳，讀書好禮，爲鄉曲所推重。孫男六人：長成基，次成方，三成墀，四成繼，五成允，六成元。孫女三：長適金塘吕邦英，宋監潭州南岳廟事祩公裔；次女適桐塘吕欽侍御公裔，幼未字。曾孫男一人：時立。曾孫女一人，俱幼在。一松以墓上之石未有刻文，撰述行實屬余狀，將以乞銘於鉅儒，以表揚公之德。余素辱公知愛，而一松又與余爲同門友，故因其行實而序次之，以俟秉筆者。

謹狀。

時大明嘉靖歲在庚子春仲望之吉，晚學生石崖吕璠頓首拜撰

（選自第一支《石馬盧氏宗譜》民國癸亥年重修乙酉年續修本卷四）

一松先生行狀

先生諱可久，字德卿，姓盧氏，别號一松，五代周尚書越國公琰二十四世孫也。世家汴人，陳橋兵變，越國公義不臣宋，乃抱世宗幼子炯自臨安而隱居於永康之翠峰。凡十世，宋進士迪功郎宏始遷於石馬之陰。又六世，而教諭公曉亦徙而從之，是爲始遷之祖也。

高祖諱又良，曾祖諱球，祖諱暹，悉富而向義，望重於鄉閭。考質窩公璉，博學有大志，善吟詠。妣李氏，嚴整有家法。生五子，先生其四也。

先生生禀高明，志尚弘遠，神冲氣肅，語聲鏗然，年十七，遊鄉校，有聲儒林。嘗從叔祖泉山翁洵習舉子業，一夕乘月凝神，默有自得之狀，訝曰："吾聞古有心學，得非是類乎？"自是每有慕焉而莫知所適也。先進徐廷楊氏方節行式後學，一日遇於途，聞與人爲善之言，即惕惕然有樂於善類之意。

迨正德中陽明倡道於越，先生年二十一，與南峰周君偉、石崖吕君璠肄業於里之水碓。周君自校歸，語曰："聞某講學，多士雲從，咸曰'聖人'也。盍往見之？"先生曰："吾志也。"即告於質窩翁。翁忻然鬻田爲費，且爲詩以導其行，有"阿兒有志投明師，異日當抱稽山歸"之句，遂與周君執贄往拜王夫子於姚江。

王夫子叩之曰："賢素作何工？"對曰："僅習舉也，未有知也。"曰："陶漁耕稼皆可作聖，況舉業乎？"於是日授以良知之説，大有省悟。三月辭歸，乃闢室於一松之側，恭默沉思，一旦恍有云收霧卷、皎月中天之象，始信良知之足以盡道而無俟旁求者。

越明年，復往見王夫子，而益擴所聞，卓乎獨覺之妙，當已見推於師門，而心齋王子、東郭鄒子、龍溪王子、緒山錢子輩，皆相與講切而重信焉。既而歸省，王夫子目送之曰："子歸，吾魂已逐子往矣。"先生益自感勵，食不甘味，寢不解衣，揭一聯於座右曰："學務益精，志毋少懈。"任重詣極之意，駸駸乎其不可禦矣。

嘉靖癸未，王夫子以王事終於南雄，先生於同門迎奠於衢。既反，遂與石門應子、峴峰周子、東溪李子、厚峰周子、方峰程子及從遊者數十人，建祠於五峰石室，祀王夫子於中，四時一會，以續緒論。

先生之言曰："良知者，天之則也，道之極也，善之至也，孔子所謂六言而不至於六蔽者，皆此知之致也。"又曰："'良知'二字發出於堯舜'執中'之傳,'中'者無過不及,惟良知知之。知之之至,則允執厥中矣。"又曰:"《大學》自家國天下而推本於身心意知。'知'者,良知也。修齊治平皆物也,舍物無所事知,舍格物亦更無致知之功矣。"謂以誠敬入門者,不若以良知爲誠敬,謂從事於致知者不得更認賊作子。凡此之類,靡可殫述。識者皆以克發宗旨。每群議中,以微言析理,婉而不隨,辯而不激,叩之愈深,而教焉不倦,人皆俟之折中。於舅氏晉庵應子《跋質甯詩後》曰:"五峰雅會,德卿儼然其間,啓難發微,洞中肯綮,與尋常剿説迥别,聞者皆聳,有光師門,誠可謂'獨抱稽山以歸'者矣。"松溪程子將赴五峰,聞先生獨在,嘆曰:"一夔足矣。"因冒雪造焉,劇談終夕,訪以造道之要,先生復以"知耻近勇"之語,深用嘆賞,見於詠歌,有曰"永教知耻是吾師"。其啓憤發悱、勸誘後進因而趨悟者,大率皆是也,猶思尚友以盡人己之益也。

嘉靖初,玉溪石子官南部,偕石崖子訪之,因得以友於久庵諸老,相與質正,而雅見推重。既歸,而來學於四方者日衆。東陽陳質甫、杜正夫、杜子光、李子文等數十人,慕是風而莫能致也,先爲木主以事之,次年迎至寶山,儀禮備至。先生隨材造就,人人以爲得師,遂成東方之學,邑尹王公亦躬駕而請益焉。越歲姑洗月,龍溪子至自山陰,久庵子至自黄巖,南洲子至自仙居,皆大會於五峰精舍,其視鵝湖、鹿洞與昔龍川雲溪之會朱、吕諸公者,殆將以媲其美矣。先生在諸公間最少,而超然頓悟,闇然日章,則諸公之所讓舍也。凡盤桓於五峰者幾五十年,至未嘗後,去未嘗先,始終閑劇,心神無二。

嘗曰:"學貴一。'一'者,無動静,無内外,無人無己,純是這一個心體。"又曰:"費辭説則見未必真,待商量則志猶未篤,一言即了,大義一見,沛然爲之,此見道眞而立篤者也。"一日語明曰:"此心昭融活潑若無體。然太虚無形而行健。爾時反觀,常要有清明在躬之象,有傍花隨柳、盤魚膍草之趣,庶幾生意滿腔,隨遇廓然也。"噫,此先生之所獨得,而言之有德者與!

故終日融融，與道爲體，對時游泳，與物皆春。每風晨月夕，輒有沂雩之思，而不無鍾期之嘆。間與叔泉山、永泉俞子、叙齋胡子、門生胡子懋周、理之，暨明叔侄輩，徜徉於石馬倒巖諸境，見之者或以爲道氣仙風，而曾志顔樂則概乎未之識矣。先生操履純至，百折不回，時有縉紳以鍛煉之術歆之曰："顔氏簞瓢，只爲未達此理。"先生嘆而不答。俗以進取爲急，而先生程課，惟直攄所藴，而累科不第，亦處之裕如，以至壽山之變，聿興大訟，而先生不懾不撓。比至伸理，文谷孔公閲其文曰："此理學涵養所致也。"室人中隕，諸幼無恃，愛先生者多以繼娶爲請，且時有可爲而力有可致也，而竟不少動，鰥居幾四十年殆如一日。中更艱棘，或者有徙宅易墓之議，先生坦然不疑，卒得安其居，窆其吉，而議亦隨以定。譽焉而不以爲得，毁焉而不以爲歉，貧約終其身而未嘗有隕獲之意。

親舊中每以淡泊爲念，輒曰念我以心，不在口體，因曰窮通得喪，此有天命。求吾心之無窮無得吾喪者，而日致力焉可也。又曰："見可欲則不能無欲。聖人不見可欲，故視富貴如浮雲。"義利之介，辨之必嚴；交際之儀，處之曲當。揚人之善而覆其所不及，成人之美而引其所未能。齦齦兮而不炫其技，休休焉而無所不容。雖門生子姓亦未嘗面斥其過，常以君子論人當存忠敬，非有益於人、有裨於風化，則勿言可也。故終日無激辭厲色，平居温温焉，和粹之氣溢於耳目。至義之所在，則言之必厲，爲之必果，雖嚬笑而不少假於人也。慮其終而謹其始，計於前而不爽於後。人有未信，恒默以感之，而不必於强聒；行有未得，必反而求之，而不必於自伸。有答問，則探其疑而盡其所欲言，其覿德醉心、親炙函丈而感觸忘言者，則又多于酬答也。故人無賢愚而僉受其益，識與不識而皆信悦也，鄉人以爲儀表，邑侯以爲上賓，問學者以爲指南、爲辰極。其事之疑難與訟之無情者，皆將藉之以訓決，而上之人亦將得其言以爲蓍龜也。質窩翁晚際空乏，以諸子爲慮，先生樂其心而幹其蠱，飲食供奉一身專之，幼弟未婚躬爲娶之。丁二艱動遵禮制。族建家廟，先生準今酌古而爲之規，曰："主各有廟，古之制也。吾家力既不及，但惟居始祖及遷祖於中，有功德者位於左右。又左右列爲四室，高曾祖考，比類鱗附，又推其義而祀無後者於夾室。"於是幽明咸妥，上下咸通，近且有取以爲法者。

先生與人以誠，而愛人以德，自總角至皓首，未嘗有可絶之交，亦未嘗有私昵之比。雖其志行不相能與，桀驁而娼嫉者亦必知其爲君子，不敢妄肆毁詆以重取笑於識者也。

嘉靖中，詔鬻廢寺，邑侯陳公素高先生之風，因諭校士曰："吾聞化成廢址，切當一松先生祖塋之前，恐勢家得之，則侵害有所不免。顧先生貧，不足以悉得，請以近墓者歸之。"衆共是之。門生徐文中等遂仰成焉，其未盡者，門生胡勳以己田四畝告易於官，官義而從之。今先生亦歸藏於此。嘗曰："吾存殁獲安，陳公之惠也。"前邑侯牧若虚谷姚公、覺山洪公，蓋嘗深知推敬，而屬以斯道之重矣。他如理齋史公，後溪陳公、范公，懷琴張公、朱公，三尹張公及校師盛公、胡公輩，俱有肅將之意，敦請願見，先生竟不往。曰："吾山林之士以晦跡爲正。"或不得已及與鄉賓，則議道之外未嘗及一言。先生鍾山川清明淳淑之氣，陶溶於稽山越水之英，而又磨練於五峰麗澤之歲月，造詣淵藪，充養完粹，身足以範物，文足以經世，學足以繼往而開來。所謂修身以見於世者，其得志又將何如也？觀其言曰："常明常覺，則德性常用；不思不勉，從容中道也。"又曰："道在天地，達非有餘，窮非不足。幸而天下信之，則以天下爲一身；不幸而人不我信，則以一身爲天下。"殆可因言而占其藴矣。峴峰子曰：篤信好學，守死善道，一松有之。久庵黄子曰：任重行遠，有光師門。信知人矣。噫，世所謂完人成德，非先生其孰能之？先生久麗邑庠，宗師范公、屠公等特以學行旌賞。年五十餘，屢求恬退，猶勉留不允，章三上始歸。

至隆慶改元，詔以生員文行俱優、累舉不第者錫之冠帶。郡邑首以先生應詔，署曰"學致良知，道傳精一"匾以恩榮，亦殊典也。先生禀受素弱，擅自調攝，加以根心生色，故神完體固，隆冬不待温足，見之者皆以爲仁壽之徵。今年春構疾，惓惓以朋徒問學爲念，時明假館太平吕氏，與惟忠等訂景賢之會。至五月猶力疾手書，示以與人爲善之意，自是遂絶筆焉。

六月八日終於正寢，遺命棺殮，悉儉而中度。先是鶴鳴山祖塋之側，先生嘗預定其穴，自爲誌以見其志，至是遂葬之。門生李元熙、吕法和，暨弟可立、侄明輩敦其事。

計生弘治癸亥五月七日巳時，凡享年七十有七。厥配胡氏，雅有婦德，年三十三而卒，先葬於今塋之右，先生嘗自爲傳，以爲德性天成，雅合於道。王夫子卒，請曰"君之師亦妾之師也"，亦服心喪三年。生二子成方、成允。女一，適桐塘吕欽，母儀亦甚足稱述，生甥五，幼列邑庠。孫男五，一蒙，一觀，一泰，一謙，一豫；孫女三。

當年先生著有《就正日録》《望洋日録》《草窗巷語》《光餘或問》及詩文若干卷，皆鑿鑿乎載道之文也。昔明道淳公卒也，厥弟正公狀其行，在正公不以親昵爲嫌，而世亦不生疑者，凡以惟賢知賢爲天下公也。顧淺陋之見不足以窺溟渤之津涯，而受教之久、受知之深，與夫積厚流光固有不可掩與不容誣者，故敢粗述見聞，以有請於當時。若其遠且大者，蓋自有賢以識之。而尊名稱祀以樹文獻之風者，則司世教者之責，而明不敢知也。

時萬曆七年歲在己卯六月既望，侄自明稽顙百拜涕泣謹書

此一松公行狀並崇祀鄉賢要録及祭文一首舊存小楷。

（選自第一支《石馬盧氏宗譜》民國癸亥年重修乙酉年續修本卷四）

理學一松先生傳

盧先生諱可久，字德卿，其先汴人也。上世有名琰者，仕周尚書封越國公，陳橋兵變，義不臣宋，抱世宗幼子而隱居永康，遂世爲永康人。

先生資性超邁，弱冠遊邑庠，攻舉子業良苦。一夕偶坐，月明，見萬籟寂然，太空一色，瞿然起曰："斯其見天地之心乎？吾人心體亦何渠不若是？"自是輒有悟焉，而未知所適也。比聞陽明倡道於越，白其父質窩公：願往從之。公欣然，鬻田具資斧，且詩以道其行，有"異時獨抱稽山歸"之句。先生至，陽明叩之曰："賢素作何工？"對曰："舉子業耳。"曰："耕稼陶漁皆可作聖，況舉業乎？"因日授以良知之學，大有所開悟。居三月辭歸，乃屏處一室，恭默沉思，久之覺此中空空洞洞，如皎月中天，纖霾不作者，於是卓然見良知之足以盡道，而無事旁求也。越明年，復往見陽明，陽明大奇之，即同門高弟若鄒東郭、錢緒山，咸引之同席矣。先生顧益自勤奮，食不甘味，寢不解衣，大書座右曰"學務益精，志毋少懈"，任重道遠之意更勃勃焉不可禦矣。

陽明卒，先生乃約邑中同志應石門、程方峰等數十人，建陽明先生祠於五峰石室，歲時祀之，且置田若干畝以爲會講費，遠近翕然皈依焉。先生隨材造就，人人慶得師，遂成東方之學。已而王龍溪至自山陰，黄久庵至自黄巖，應南州至自仙居，皆大會五峰精舍，闡發奥旨，仿佛鵝湖、鹿洞之盛矣。里中私淑先生，畏長者知。有隃竹憲，而某子甲者故亡賴，罷官司後，刺眼清流，遂陰構諸當路，幾罹《伐木》之禍，先生處之裕如也。事既解，先生名益重，前後邑大夫皆折節賓致先生，先生辭謝，弗獲已，則時一見之，尋常談道外未嘗贅一語，諸大夫更恨相見晚矣。

先生周旋講席凡四十餘年，孜孜篤學，老而不厭，所著遺言一編，大都瓣香陽明，而詞旨粹然，於濂洛之傳鮮所不符契者。先生故羸弱，晚歲神益旺，隆冬不附火。既寢疾，猶與後進訂景賢之會，手書數幅與人，爲善之旨更諄諄焉。

卒年七十有七，預卜兆於祖墓之旁，自誌以見志，曰："余無用彼諛墓爲也。"先生守嚴一介，慎與人交，揚人善而覆其所不及，成人美而引其所不能，雖門人子姓，未嘗面斥其過。嘗言君子論人當存忠厚，凡於人無益、於風化無裨，勿言可也。故終身無激詞厲色，平居温温，和粹之氣溢顏面。至大義所在，井然毅然，雖嚬笑不少假也。人或未信，默以感之而未嘗强聒；行有不得，比反求諸己而不急自伸。有答問則探其疑而盡其所欲言。至其内行孝友，居子舍無違色。壯歲失偶，不再重婚，而爲幼弟婚娶，不以貧故懈。所行喪葬及創祠宇以奉先，皆斤斤禮制，無一不可爲後世法程者。故周峴峰亟稱之曰"篤信好學，死守善道，一松有之"；黄久庵曰"任重行遠，有光師門"；晉庵曰："五峰雅會，德卿儼然其間，啓難發微，動中肯綮，誠可謂獨抱稽山歸者"。程松溪嘗赴五峰，惟先生一人在，嘆曰"一夔足矣"。其爲先達所敬信如此，士林北面先生者遍郡國，而入室稱東陽杜子光云。

弘綱曰：余於理學故嚮往，河東作令時嘗抄《讀書録》一通，出入手之。於陽明先生未有會也，已讀其語録，諦閲其年譜，乃知盡掃氛翳，獨抉玄珠，象山、慈湖之嫡派也，可謂天挺人豪矣。夫自邇自卑、庸言庸行，性與天道不可得聞，故曰卑之無甚高論也。然越人製方，寧止一局？上觀歲氣，下顧元和，消導疏通，同歸於救補而已。藉第令口口程朱，而膠柱刻舟以從事，吾未見其能程朱也。世之祖述良知者，往往執意見而譚妙悟，假圓通以濟縱横，雖亂落天花，而污泥滿座，人皆掩鼻而過之。蓋學陽明者病陽明，而非議陽明者之爲陽明病也。夫學程朱而弗肖，其失也拘；學陽明而弗肖，其失也蕩。蘭陵上蔡，濫觴西河，洙泗曷故焉？若盧一松、杜見山二先生者，甘苦疾徐余不暇論，要以神而明之，默而成之，本原究竟一齊收拾，而不以玄虛超忽之見屑越其倫常，即姚江高弟似未能或之先也。慎斯以往，陽明之學傳之萬世而無弊可已。彼其白首青衿，没而言立，有由然哉！

嗟嗟！莊生有言"不笑不足以爲道"，良有激乎！其言之也，大道無涯，萬櫓千航，皆足以濟。心誠求之，生安困勉，殊途同歸矣。今朱陸之辯何紛紛，盍姑就其同者而真實力乎？余故昏庸，六十而憒然自放，無能窺理學之藩，然表章吾國之顏子，以潛消兩黨之甘陵，竊有斯文未喪之慮焉，而非爲陽明弟子計也。

時大明萬曆甲寅季夏望日，萬曆庚辰科進士後學許弘綱

（選自第一支《石馬盧氏宗譜》民國癸亥年重修乙酉年續修本卷三）

盧一松入載國史方志

盧可久，字一松，永康人，爲諸生。聞守仁倡道，偕同邑程梓、應典往師之，比歸，守仁曰："吾道東矣。"

邑有五峰書院，祀守仁其中，三人聚講焉。其没也，鄉人即祀之書院，配享守仁。

梓，字養之，諸生。梓子正誼，歷順天府尹，亦講學五峰書院。

典，字天彝，進士，官兵部主事，家居養母，不希榮利。通籍三十年，在官止一。

考可久傳東陽杜惟熙，惟熙傳同邑陳時芳、陳正道。惟熙以"克己"爲要，嘗曰："學者一息不昧，則萬古皆通；一刻少寬，則終朝欠缺。"年八十餘。

時芳，博覽多聞，而歸於實踐，歲貢，不仕。

正道，爲建安教諭，年八十餘，猶徒步赴五峰講會。其門人吕一龍，永康人，言動不苟，學者咸宗之，没亦祀五峰書院。

摘自《明史·王陽明傳》

（選自第一支《石馬盧氏宗譜》民國癸亥年重修乙酉年續修本卷二）

明新菴盧先生傳略

先生諱自明，字希程，號新菴，永康仙盧人，郡廩生。受業叔父一松之門，篤志聖學，侍講五峰者數十載，砥節礪行，樂道安貧。五峰雅

集自諸大老没後，朋儕星散，僅存餼羊，先生獨身維之，不以盛衰易厥志，邑侯熊公式閭禮之，商學談道外，無片語旁及也。

居左公序其集有云"吾儒正學，此爲中流砥柱"，蓋實録也。晚歲家益貧，處之泰然。内重者外輕，殆先生謂矣。

（選自第一支《石馬盧氏宗譜》民國癸亥年重修乙酉年續修本卷二）

明卿盧處士行狀

君子嘗觀風於野而問俗於鄉，即其俗之淳漓而知其風之所自，故鄭氏明經而門稱道德，義方行誼而鄉名君子，草偃風行，蓋有自來矣。

迺玉川盧氏，爲後周越國公文炳之裔。越國公以忠義裕孫謀而世有令人，其文子文孫如進士燦、誠、時中、宏輩，皆以經業顯於世。至博士君松，自翠屏徙居石馬，越數傳而跨有二宅，其中如伯祥、景祥等，素力農業儒，有詩禮家風。至高祖賸十二公、曾祖恒二十三公、大父震三十六公、考暹七十三公，皆世敦厚德，而晦跡弗輝。

處士諱可速，字明卿，稟資淳正，操行剛方，而又有綜理之能，仰承令緒，而益擴厥基。時家建神寢，修宗牒，悉與有事，而佐成厥美。與人解紛釋争而不欲其費。見崇飲者輒正色曰："此豈燕會之日耶？"悉披靡而爲之輟爵，人以爲貞而且仁，而稱之不實。隆慶中，里上輸賦急而不盈，君出己囊而代之，邑大夫陳公義而嘉之，其懿行芳聲取信閭里如此。

盧氏藉弈世之業，而乃兄一松可久公、新庵自明公輩方以理學啓後進，而世風已爲一變，而君内相佶伉，救偏起蔽，而家聲益振，人以爲有王、鄭之風，而移風易俗之有素，亶其然哉！

君生於嘉靖甲申八月初四日，卒於隆慶辛未二月廿一日。娶窖厚俞氏，與君協德，閨範母儀，咸有足尚，事上撫下，亦有恩意，所謂婦道主柔，柔而能栗，内贊家政，訓飭子女，悉有常度。兹年八十在堂。子三，孫十，玄孫四十有奇，俱習博士業，馳聲士林，其繩繼猶未有艾者。余嘉其人，而復欣其遇，因執筆爲之狀。

時大明嘉靖元年歲在壬午春仲望之吉，眷同學弟應廷育頓首拜撰

（選自第一支《石馬盧氏宗譜》民國癸亥年重修乙酉年續修本卷四）

盧母朱氏墓誌銘

嘉靖起元七年夏五月，石馬之陽有婦姑同日逝者，人皆頌曰："姑久病，婦瘁於養也，其慈順相爲感也深矣。婦誠孝婦，姑亦賢姑矣哉。"予心異而審之，即故人盧君誠之之母若妻也。

始予弱冠，肄邑庠，識誠之，見其言論風致，馴馴篤實，殊不類今世人，所謂意其有相之者，而未核也。予私逾行之，時從誠之遊。每道誠之若妻事母孝，其母視前母子恩過於誠之，家庭之間闇闇如也，於是益賢誠之而嘉其母妻。迺今又究觀其終焉，嗚呼稀矣。誠之筮是歲閏月二十有八日奉母及妻葬於其里川山之原，以狀介行來乞銘，余不得辭也。

按狀，母朱氏，諱絹，世爲邑南舊族方伯昇女侄，歸盧府君璿爲繼室。府君性英邁，默重母，每事必諏而後行，用克寡過。前室周氏子尚幼未克立，母育而訓之，以底於成。後生子洵即誠之，啓肄邑庠爲弟子，今廩食有聲於時。娶花園徐節推之孫女濂，禀質和順，事府君及母曲有禮意，母亦慈遇之，相得歡甚。母晚嬰末疾，徐氏躬保持三載弗懈，憂勞成疾。母聞病轉篤，訣而復甦，若有所戀戀者。既徐氏亦篤，恍惚如母中語，尤不忘念姑也，同日而遂逝。嗚呼，希矣！姑誠賢姑，婦誠孝婦矣哉！嗚呼希矣！

母生於正統甲子年七月二十有二日，享年八十有五。徐氏生於成化辛丑年九月初四日，得年四十有八。銘爲母作也，惟徐氏生順其姑，死而同日，又同其藏，故牽連書之，竊自附於彰善之義，抑以成墓誌云。銘曰：

姑慈婦順，其生也貞，姑安其藏，婦附也寧。我銘而昭之，惟慈順

是旌。石可泐，銘不可没，用勗爾盧後，徽嗣罔極千萬年，有聞益烈。

賜進士出身受福建按察司僉事應廷育頓首拜撰

（選自第一支《石馬盧氏宗譜》民國癸亥年重修乙酉年續修本卷六）

孝友傳

慨自明德之化不沿於隆古，而叔世歉仁讓之風，甚哉孝友之難也！而間一見焉，輒如瑞鳳祥麟，快睹樂道，而史不廢書也。吾宗自肇基石馬，五百年來世敦禮讓，間有不率，動底覆亡，良足鑒已。

兹從伯父可學暨叔父可教、可育，皆伯祖暹七十五府君所出也，自幼即和巽從令，而忿不及親。其安人嘗曰："吾生三子，頗異常兒，吾與若翁怒不及詈，責不及笞，其天性有自來者。"比長，益能樹立，服勞奉養，在宗族以孝聞。既而府君中道奄棄，用是感悼，永懷風木，推愛母氏，益嚴益敬，具甘旨，適寒温，承顔順志，罔不周詳。安人年九十餘，既壽且康，終日熙熙焉，周身之物取之左右，含飴分甘，樂諸孫之繞膝也。而三人者，皓首遞侍，始終不渝，卒而殯葬如儀，人以爲難。且三昆輯睦，門鮮違異，學以嫡長，而家特裕，治煩理劇，悉心任之，間有不齊，恒出力通財而曲爲覆庇。厥弟亦相與恭順，事之如父。故五十年來人莫窺其際，自髫齡至垂白不見其忿戾。平居怡怡然，笑語唯諾，歡欣交通，見者嘖嘖稱羡，爲有姜、楊風。

夫道始於家庭，行莫大於孝弟。在昔有入仕之科，有表宅之典，有特筆之書，亦榮且重矣。今萃於一門，本於一氣，而諸婦諸孫亦祇順和氣致祥，將不有申命於天、旌揚於世者乎？

家君潛波翁每稱道，而命爲作傳，自明爲揚善厚道也，而匪涉於誕；記事公誼也，而匪嫌於昵。承命家君，亦可以見不間之實也，遂傳之如是。

時大明萬曆歲在乙酉年冬十月既望，再從侄自明謹撰

（選自第一支《石馬盧氏宗譜》民國癸亥年重修乙酉年續修本卷三）

明經依仁公行狀

予夫子明經公諱恒春，字起元，依仁其號也。氣質剛毅，沉默寡言，儼然古大儒之風焉。髫年篤志古學，博極群書，既壯，識見超卓，不屑屑經生業，以理學自任。

王父松泉翁以布衣目空一世。一日呼夫子誨之曰："吾家一松公抱稽山歸，汝曹欲效之耶？顧顯親揚名以張大其家聲，亦有志者所不廢也。"適學使者來婺，遂遣吾夫子與從弟之强翁就試，並翅聯翩，聲蜚黌序。越明年，即補廩餼，每試輒高等。康熙癸卯，領歲薦公車北上，職授知縣。及反，坐卧松泉樓，著《〈四書大全〉集要》行世，以誠意爲正心之要，以修身爲齊家之本。

每歲九月，講學五峰書院、烏傷、吴寧間，貴介諸公子相與師事之。而性尤孝友，北堂遭變，哀毁不自勝；逾年椿庭告殂，雞骨僅存，不欲生者數四；友愛昆弟，撫育遺孤，裁成諸從子。怡怡如也。

先是家廟傾圮，家譜失次，夫子獨黯焉神傷，爰與之强翁、謙生翁謀，罄資囊修葺而光大之。廟貌聿新，昭穆如次，夫子之力也。

淑配孺人俞氏、施氏，内則母儀，大家風範。《書》曰："作善降之百祥。"子男二：伯，嘉賓；仲，嘉定。孫男十，皆俞氏後。享年六十八。

嗚呼，夫子其生也，道明德尊，爲一世師表。其殁也，體受全歸，爲天地完人。先正有言"存，吾順事；殁，吾寧"，其此之謂乎！予少孤不省所怙，賴夫子教誨保護，推食解衣，誼師生而情猶骨肉。予雖不文，敢忘所自耶？略狀梗概，以俟後之君子闡揚潛德者覽焉。爰盥沐拭淚百頓而爲之狀。

時大清康熙戊午夏月之吉，從侄門人嶧山泮頓首百拜謹狀

（選自第一支《石馬盧氏宗譜》民國癸亥年重修乙酉年續修本卷四）

先姑夫盧玉孺公行狀

公姓盧氏，諱如瓚，字玉孺，世爲吾永之仙山人，鄉飲賓啓茂公季子、文學珍孺愛弟也。公生而具美質，金和玉節，謙謙雅懷，藹藹丰度，粹然有儒者質行。弱冠受業於先君子，先君子深器之，旋入邑庠生。啓茂公早年違養，公哀毁葬祭，以禮事母施氏，承顔順志，能得歡心。

珍孺翁秉性高明，公性沉潛，每事必推讓其兄，用是交相調贊，共成昌盛之業。新室成，擇一最優雅者，左圖右史，朝夕吟誦其中，客至則相與握麈清談，如陶靖節所云"悦親戚之情話，樂琴書以消憂"，公綦有焉。珍孺翁嘗曰："吾爲其勞，以逸遺汝，汝文弱士也。至樂莫若讀書，汝勉圖之。"公曰："謹受教。"刻意揣摹，輒試優等。公以和睦處家，家人化之，四十年間同居如一日，後因食指繁多，不得已而謀分析。將析時，珍孺翁問公以所欲。公笑曰："予何欲？惟願兄弟相聚爲樂耳。且兄有薛包分財之仁，弟獨無叔則讓宅之義乎？"無所請，亦無一言，人服其高誼焉。

予於公爲外侄，丁卯歲予讀書公家，公解衣推食，愛撫備至。予性駑劣，又時時進而督教之。蓋屋烏之愛，惠及後人，如公所爲，真可愧世之紛紛輕薄者。其他教子孫愛而知勞，待諸親戚而有禮，與夫儉以持己、惠以及人者，未易悉數。且讀書之餘不理俗事，應試之外不履公廷，洵所謂蘭生空谷，不言自芳，玉韞名山，非製而破者也。

先是一松公有《光餘或問》一書，零星散佚，不可收拾，公一日出諸故紙堆中，拾遺補闕，正其譌誤，先人理學藉是以有傳。公量似蕉葉，每對客飲不盡杯，獨於茶有奇癖。嘗云：茶以松蘿爲妙，昔盧仝七碗，兩腋風生，若予則更須一二碗乃足耳。性喜煙，早起即納諸筒吸之，至再至三後已。二者皆公細事，以予所習見，故並及之。

公生於順治丁酉年十一月初十日，終於康熙甲午年九月廿七日，享年五十有八。始聘程氏，郡庠生華峰公女，康熙壬午科副榜貢士、考授文林郎書皆公女弟，即予姑，未字而卒。繼配楊氏，貢士舜鳴公女，不數歲早逝。又繼朱氏，郡庠生子玄公女，有賢德。以姑故，侄視予。子五，長鏘，儒士，娶徐氏，邑庠生於澄公女。次鋲，儒士，娶程氏，歲貢生璞奄公女。次釵，娶應氏，郡庠生漢章公次女。次鈞，儒士，娶應氏。次鐸，娶黄氏。孫男十一，長秉藻，邑庠生，有文名，大爲時賢所賞，娶李氏；次秉薦，娶王氏，歲貢生景韓公女，俱鏘出。次秉苕，儒士，娶應氏，太學生友魯公女，鋲出。次秉莞，娶黄氏，鏘出。次秉藝，釵出。次秉芾，娶應氏。次秉夢，娶陳氏，俱鏘出。次秉萇，釵出。次秉荇，鈞出。次秉蕘，秉收，俱鐸出。曾孫男九，長式勳，秉藻出。次式穀，業儒，秉苕出。次式點，秉藻出。次式毅，業儒，秉苕出。次式丹、式烈，俱秉薦出。次式韓，秉莞出，次式歐，秉夢出。公與楊氏合葬於三十八都之上楊山，距家二十里。敬摭行狀以俟世之宗工采擇立傳焉。

時大清乾隆七年歲在壬戌嘉平月望後三日，增廣生愚表侄程開瑞頓首拜撰

（選自第一支《石馬盧氏宗譜》民國癸亥年重修乙酉年續修本卷四）

外祖邑庠盧拙翁公傳

從來士君子貴有德，又貴有才。德與才兼，則雖不獲見庸於時，而行己立身，承先啓後，有以善俗宜人，與達而仕在上者等。玆觀於拙翁公，真其人歟！

公姓盧氏，諱如琦，字珍孺，行豫一百九十二，爲永康之玉川人，余外祖也。幼而岐嶷，厥考茂翁寶之如精金美玉。既長，即入邑庠，爲文莊重和平，得先正軌範。玉川於余家望衡咫尺，吾婺爲鄒魯名郡，自有明時公族祖一松公與余族先祖石門公暨程方峰諸先達，於五峰石室倡明理學，昭志乘，光史册，彪炳天壤。至本朝生公同時者，吴寧則有王鶴潭，湯溪則有張申伯，相與融會德性問學之旨，而公偕弟

玉孺公能尚質行，以嚴介知名，交遊多名士，尤與吾祖留耕公、伯祖慵菴公暨王天秋、徐同飛、程嗣豐、嗣音諸老宿以文章道誼相往還，真不啻一松之與石門、方峰諸公也。

質性過人，喪父母，能受禮，身冒雨雪，不憚百里之遥，請地師爲親營窀穸。於其弟玉孺翁友愛尤篤，凡理家政建居室身先其勞，不以相煩。余嘗誦薛包兄弟分財異居，克全同氣之道，吾烏知其今不異於古所云耶？追觀公之無私積讓取與，即起古人於今日，當亦相視莫逆矣！

公平生雅喜讀書，瀟灑精舍，净几明窗，鄴架充盈，一塵不染，延名師以教子孫。在籍四十餘年，屢落闈屋，晚知志不酬，即以屬諸後人。其孫名秉菁者即接武上舍，於是優遊泉石，花木栽培，翱翔自適，聆孫兒弦誦聲，喜形於色，即以怡之幼無知識，亦時領教言，期以遠到。至患病易簀之際，猶諄諄囑其長孫必俟季子之子秉范遊庠，然後奉主入祠。不數年，果如治命焉。

昔王晉公手植三槐于庭，以冀子孫爲三公，其後文正公遂相真宗。期望之大小雖不同，符其所願則一也，公豈無以自信而能操券如是哉！他如興斯文之會，建分派祖祠，修宗族譜牒，恤回禄災難，種種義舉，悉身先之，人亦深信而樂從焉。至於一松公以一代理學，憫其失傳，糾族人爲斂資積帑永任墓祀，而五峰學會亦以公故，每歲九月必親率同人赴講所修明理學，尤爲人所難云。

公卒康熙辛丑年十一月廿七日，距生順治癸巳年二月廿九日，享年六十有九。考諱榮時，鄉飲賓。母施氏。配施氏，幽嫻貞静，克相槖砧，例得並書。子男二。女長適雅莊邑庠姨丈李志儼，次則吾母也。孫男五，孫女一。曾孫男十二，玄孫二，均能紹書香承先德世其家云。

時大清乾隆八年歲次癸亥仲春望後三日，丙辰恩科中式舉人外孫應洪怡頓首百拜謹撰

（選自第一支《石馬盧氏宗譜》民國癸亥年重修乙酉年續修本卷三）

邑庠生昭亭公夫子行述

夫子諱式昌，字文如，考名顯純，號昭亭，升二百四十一公諱鏜字又音公賢長孫，巽三百五十三公諱秉深字静人號淵泉公令長子。鄉貢士泉山公爲理學鄉賢，一松公師錢緒山先生嘗稱爲“儒林模楷”，郡廩膳生新庵公得從叔父一松公真傳，順天府尹程居左先生推公爲“吾儒正學，中流砥柱”，夫子其嫡堂孫也。

家學淵源，姿性靈敏，於音律節奏之屬不待學習，靡不通曉，淵泉公與妣吕孺人鍾愛之，命從堂兄鄉貢士仙庵太夫子遊學。爲文有奇氣，仙庵太夫子許爲大成之器。夫子與先君子聖玉公同生於乾隆戊子初旬，嘗共硯席，出入必偕，志同道合，相與論文角藝，不惟以道義訂金蘭之雅，並以叔侄聯手足之歡。督學東皋竇宗師按臨金郡，仙庵太夫子謂先君子文必售，夫子尚介可否之間。迨榜發而夫子獲售，是殆有幸有不幸歟。既而先君子患體羸弱，兼以習舉子業，晝夜研摩，攻苦勞瘁，餌藥無功，辭世之年僅三十有一，壎年纔十有二。

自傷幼孤，蒙夫子垂憐，視同己子。嘗謂壎曰：“汝父質美學優，吾不及也。惜乎天不與之以壽。汝其黽勉有成，克繼父志。”而壎以父事夫子，即家冗必咨禀而後行，乃至奉爲依歸。此夫子仁慈之德，壎所敬佩不忘也。

嘗溯公之事親也，冬温夏涼，昏定晨省，依依孺慕如孩提然。其待二弟也，嘗惜其先逝，悲傷痛悼，眠食爲之不安者累年，幸日久月長，漸能解懷。而夫子愛壎之心，養育與教督兼深，數十年如一日，非得於泉山、新庵諸公之薪傳，漸染薰陶，奚以見其德之盛而教之專若是哉？

嘉慶己卯續修宗譜，一切監理，族中老成推夫子爲祭酒。夫子以身當重任，不敢辭勞，命壎襄其事。夫子悉心纂輯，凡壎之所及知、所及能者，進而譽之；壎之所不及知、不及能者，進而教之。藹然有恩，秩然有倫。以故三十年來追言譜事者，咸推是舉爲盡善，其宅心精細有如此者。嗚呼，夫子往矣，而壎一爲追慕，覺夫子嘉言懿行歷歷如在目前，其敢漫不經心而弗思有以志之乎！

謹按夫子生於乾隆戊子年三月初九日辰時，卒於道光甲午年八月初七日戌時。娶河東派裏屋吕希善公幼女吕氏，幽閒貞静，相夫勸讀，咸欣爲賢内助，生於乾隆丁亥年十一月初十日丑時，卒於嘉慶己巳年十月初三日卯時，合厝於上山之原。

子男四：孟瑶、仲琨、叔篠、季簜。女五，俱商適名門。孫男七，曾孫男四，均能勤儉以世其家。《易》曰“積善餘慶”，《書》曰“作善降祥”，可爲夫子卜之。今年辛亥，又當續修之會，夫子三嗣君聖旹謂壎曰：“子先嚴高弟子也，乞爲撰次，登諸志乘，以貽後人。”而壎亦感慨唏嘘，追維道範，不能自已，謹述梗概如右，至力爲表揚，以備國史之採，尤有望於當世之大君子，庶夫子之行誼足以垂不朽云。

大清咸豐元年歲次辛亥小陽月上浣吉旦，受業從侄孫伯壎盥手百拜謹述，受業從再侄孫郡廩生暖仝拜

（選自第一支《石馬盧氏宗譜》民國癸亥年重修乙酉年續修本卷四）

優行邑庠生金門盧公志略

縣之東鄉遊仙儒堂盧氏以儒名家，久爲著望。有金門盧公者本諱逢照，庠名鳳詔，字廷普，號曰金門，余師季父艾齋之執友也。

始，某年十七，出就童軍，侍季父於郡邸，公每以歲科院試與季父往還叙契，性坦質不阿，語言切直，慕理學，敦義尚，體貌清瘦而頎，挺挺有真氣，時心竊識之，不敢忘。歲庚午，律在黄鐘晦前二日，世嗣君聲谷以某館於唐上童氏之静怡軒，屬爲言以誌，抽簡益愈得公儀宇，宛宛如前所見與所識者，乃爲公詳之。

公曾祖諱上英，祖諱鴻昌，皆以家裕而行義，以子銜如例請封典，贈儒林郎。考諱雲時，例授郡經歷銜，贈儒林郎，樂善不倦，如祖若

父。公生於積慶之家，昆仲五，公爲冢君，敦篤先德，倡率有方，遂與諸弟磨切砥志，於學不少懈。師事應公翼雲樹、鄭公華巖開政，皆器之。比長，桂林易明府梧岡以名進士宰吾縣，始至觀風，見公文大加宏獎，謂爲青雲器，拔入崇功書院肄業，校課膺上選，縣試即亦拔幟。已於嘉慶壬申周閣學歲試按臨，入學縣中，先達博士姚雲帆躔奎、明經陳鳴岡鳳巢，皆公所與連鑣者也。

公既得名，學行益著。縣學師教諭竺公、司訓王公薦列優籍，公愈自奮勉，有志於先世之模範士林者。前明公族有一松先生爲姚江高足弟子，傳良知之學，見於史傳及郡縣誌，是於公爲從祖。爲進所著遺書，力爲敦請大憲入郡鄉賢。縣有五峰書院，爲宋明諸賢講學之所，歲致秋祀。公以一松先生高弟胡肖松並程方峰先生高弟胡叙齋尚未祔祀，亦與弟春臺先生力贊其孫子出帑，祔主於五峰祠。公始於與諸弟同學，常以一松先生所傳學，比課必嚴，故晚年語諸子侄讀書云："當學問淹洽，義理融貫，方得通經致用，不徒獵取功名。"津津言之不厭。

家居以身教，門庭之内肅若朝典；與鄉鄰居，保恤該備不責償，有事解糾結，秉正處之，靡不心服。晚且習醫，施膏丹以濟人，保全者衆，鄉老至今猶稱之。公慷慨不惜貲，道光乙未大祲，輸賑四百餘兩，邑侯廖旌以額曰"樂善好施"。縣建試院，捐輸貳佰兩。咸豐壬子大旱，邑侯湯出捐助賑，亦與諸弟商，出父常貲四百緡。立鄉社，主建廟，助基地，並修葺田畝，其餘橋道輸貲，助喪助婚，不可縷指，此又公率義而爲之以繩武者也。

公以壬子十二月捐館，去今二十年，似續綿衍，或登雍序，並升黌宫，或由武庠銓選千衛，或由文學優食廪餼，接踵起者實繁。雖自公逝，經粤寇之亂，多嗟不得，然其存者，猶濟濟輝映。今所心得者公季也，英年積學有志行，同治乙丑以嗣鏞名入學，聲谷其字也，己巳考列優等，是必能光顯門閭者。

謹以前所見與所識於公者書之，爲略以報之。

時大清同治十年歲在辛未陬月全浣之吉，辛酉拔貢生

世侄潘樹棠頓首拜撰

（選自第一支《石馬盧氏宗譜》民國癸亥年重修乙酉年續修本卷四）

陳太孺人傳

太孺人陳氏者，貢生盧國均公之德配也。大父一新，父飲賓德邦，家世醇謹，邑侯公常旌其門。母應氏，守懿範，誨女綦嚴。孺人稟其教，無違色，年十七歸於盧。時大姑已抱病，日夜侍湯藥，衣不解帶者累月。姑卒盡哀，哭聲動鄰里，既而嘆曰："家事繁迫，先姑没，新婦職也。"遂忍泣操作，一切井臼事身任之。夜漏三下，紡車聲不息，晨起躬執炊食亞旅輩，無一日少懈。春田秋稼，攜午饁往饋之野，雖寒暑未嘗或廢。

中年家漸裕，有鬻田園者，必稟其舅曰："賣田者皆窘迫人也，請厚其價償之。"償之不足，啓私篋、典簪珥背益之，使各遂所欲以去。

道光辛丑年，舅將建祠宇，以歲饑未果。孺人稟曰："祠廟者，妥先靈，伸孝思，吾家急務也，願舅毋以饑罷。且歲饑則工易集，工集則事易成，外事請舅主之，内事則媳婦謀之，舅奚慮耶！"興工理中饋，竭力營辦，畢稱各匠人意。祠成，舅欣然曰："吾志遂，爾力疲矣！吾嘗與人言，非先妻不能起家，非媳不能成家，信不虛耳。"

舅没，國均公主家政，佐理一如其舅在時。陳性習勤，喜儉樸，然義分所宜，每不惜貲。嘗推恩厚待其鄰里，鄰里或有疾痛，暨老弱嗜食物，乞諸其家，物雖貴必與，與之再三不厭。歲壬戌、癸亥間，粵匪竄擾邑里，外鄉出避，往依其家，諭家人飲食之，或貸以錢米，一時受庇者嘗數十百人。

子三人，長鼎銓，課之讀，就傅延師，具修膳必腆，惟日以成立爲望，早歲入邑庠，有聲士林。次正旺，三正讓，庶出也。陳待庶有恩，

撫其子如己子，鄉人咸奉以爲式云。女一，字莊基太學生陳尊三。

同治二年四月初九日卒，享年六十有四。卒之日，遠邇來吊近千餘人，執紼者絡繹數里不絶，里中婦女哭泣之有慟者。嗚呼！若孺人者，古所稱女師，殆庶幾矣！人慕思之有以哉！

時大清同治七年歲次戊辰春月上浣之吉，丁卯恩科舉人眷晚生夏謨拜撰

（選自第一支《石馬盧氏宗譜》民國癸亥年重修乙酉年續修本卷三）

盧熙文翁行狀

盧茂淹翁，字熙文，其先儒堂人也，自其父同業徙居於邑之孝義鄉上盧，遂家焉。

子文炳援例入太學。孫鼎銓，邑廩生，嘗從予兄遊。予嘗過其地，將造其廬而訪之，未至十數里，適憩所謂八盤嶺者，時先有行路數人，坐危石上閑語，時時聞及茂淹翁事。予問之，即其鄉里人也。其人告予曰：

茂淹性勤且儉，頗諳鍊世事。自少而壯而老，春畝一鋤，秋田一畚，巡行阡陌，間督操作，雖風雨不少間。傭工人因疾爲之，無敢逸者，以故所獲輒倍。其初年田不過數畝，其季年乃數十畝。往往得勤之力爲多。

然性喜質樸，不失士農家本色。隆冬間一舊布袍，每數年不易，春夏之交，芒鞋竹杖，如古高士狀。其往來親故家，或剪韭沽酒、市粱肉預止之，雖麥飯豆羹等皆可屬饜。欣欣然面場圃話桑麻，時述鄉村間舊事，勸勉其家子侄輩，故不知者不識其爲殷實人也。間或鄉里有小忿事，解紛排難，確中人情，必得當而後去。其所息事，若宜醵錢合飲者，有不足，慷慨貸之，亦不責償。故鄉人亟稱之不衰。茂淹生平大略如此，吾等與其居近，凡事皆親觀焉。

予聞之，慨然曰："倘所謂鄉里有善人，行路每侈談之者，是耶？

非耶?”因默識其語而行。既至,與其孫鼎銓促膝交談,聞予述途中人語,遂悵然曰:“予祖逝數年矣,屢欲請閣下傳之,未有間也。今得此,懇爲先祖光焉。”予遂諾而列其所聞,以爲茂淹翁行狀云。

同治丁卯舉人候選直隸州判眷晚侄夏謨頓首拜撰

(選自第一支《石馬盧氏宗譜》民國癸亥年重修乙酉年續修本卷四)

太學生得心盧公紀略

公姓盧,諱逢暟,字廷賢,號得心,喜亭公季子,金門、春臺二公幼弟,而余先伯父翼雲府君之館甥也。

先是喜亭公雅好讀書,開西席,多延文行師,伯父應其聘者二十年。見公貌樸而厚,混沌無機械心,終日不出一言,與語輒意解,不與語謐若緘,異之曰:“此兒質美木訥,克家子也。”妻以女。

比長,攻舉子業,試不售,援例入太學。理家政慎重簡默如幼時。伯仲間怡怡,寡言笑;事父母,晨夕視膳,必躬必親。既耄耋,調攝彌至,頗能得其歡心。先伯父,公外舅也,而亦兼師誼,省事惟謹,每伏臘諸節,存問有加禮,且率諸子以時謁,親承提命,視館其家尤切摯。既乃奉田四畝許,曰非敢言報,聊籍以志不忘云。

然性亦好施與,里黨中有婚娶不逮者,畀之無難色;有孤寡貧窮力不能償者,並去其簿籍不留。每遇歲歉,常出穀平糶。咸豐壬子大旱,商諸兄,捨父常積貲四百緡,又傾已橐貸其鄰,人咸服其量。吾邑舊有試院,吾鄉亦舊有社主,今雖圮於寇,惟念昔日之所以資助而樂成之者,公亦不遺餘力。凡諸義舉,公輒無不應。至今鄉人猶能指而數之曰,某路某橋皆某公勷佐之力居多,且引而重之曰:“某公而在,某路某橋當又起而倡之矣。”其樂善足係人思類如此。

厥後長子嗣錦入邑庠,次子嗣鋾著名國學,俱不幸早世。幼子嗣珍有志儒業,猶知述父行於將來,庶幾務本而顧先人,毋墜家聲以善承母教,惟汝珍一身之責也。

公生於嘉慶己未年正月十七日卯時，卒於咸豐甲寅年二月初五日辰時。孫男六：思駿、思驥、思慧、思穎、思悟、思祥，皆循謹有乃祖風。曾孫男一，德銀，尚幼。今其族纂修家乘，爰著行略，以告爲公後者。

時大清同治九年歲次庚午仲冬月，截取舉人揀選知縣

内弟應振緒頓首拜撰

（選自第一支《石馬盧氏宗譜》民國癸亥年重修乙酉年續修本卷四）

盧祖母陳太淑人紀略

陳太淑人，本邑上盧封翁茂淹公之德配，廩生鼎銓之祖母也。

道光戊申、己酉間，國均公命其子鼎銓負笈遊吾門。封翁謝世已五年矣，太淑人去世又三十四年矣。每以不得見祖母爲恨，常聆若考訓，知祖母之閫範，銘諸心而不忘，欲闡其潛德幽光，而猶有待也。

今貴族重修華牒，新正五日，銓以書來請曰："吾父所述祖母之事，勤苦一生，享年不永，未遂其志，請爲銓紀之。"予忝世好，不敢以不斐辭。

謹按：太淑人孝義鄉四十五都巖上陳正初公女，生而柔順，恪遵姆訓，封翁父知其賢，爲茂淹公聘。二十一歲于歸，家尚窘，無儋石之儲，或饑飽不時，氏安之若素，躬操井臼，雞鳴而起，櫛縰拂髦，即造舅姑所問安否。翁業荳腐，氏旋磨執炊以佐之。耕稼時攜午饁，相敬如賓，有冀缺風。或獲甘旨，必奉舅姑，雖菽水亦足承歡。封翁故無内顧之憂。自是家漸裕，操作無少懈，儉素如平時，凡當年鄰里所周恤者一一報之。以德報德，厚道也，可以風世矣。

舉丈夫子二：長國均公，例貢生；次兆枝，弱冠而卒。女二：長適宅口陳齊有，次適本村朱良臣，皆名門右族。男婚女嫁，含飴以弄，是所望也。無何天促其年，四十四歲而終，姻里咸痛悼之。國均公念父母之勤勞而莫以酬也，創建特祠追孝於前，吾友潘西廬先生嘗記其事

已。今鼎銓尤伸父志，援例請封贈於大廷。語曰：不於其身，必於其子孫。韓子曰：莫爲之後，雖盛必傳。亶其然乎！爰書之以告其來者。

時同治十年歲在辛未二月全浣吉旦，恩貢生就教諭職
眷晚侄夏燃青頓首拜撰

（選自第一支《石馬盧氏宗譜》民國癸亥年重修乙酉年續修本卷三）

烈婦林氏胡氏合傳

夫婦人當安常處順之時，持身敦厚，秉性温柔，論者遂謂閨門之賢淑；至變生倉猝，此際名節攸關，而能見危授命者，巾幗中豈易得之？予於堂祖妣林氏、胡氏二安人，不禁深慨慕焉。

咸同之交，辛酉、壬戌二載，粤寇大亂，始則虎踞省郡，繼則蠶食鄉閭，殺戮人民，燒毁房屋，至於深山窮谷，擄掠幾遍甚，爲數百年不經見之兵燹。

安人林氏者，需二百七十五公元配也。一日，賊蜂擁而來，氏方妊娠不及遠避，疾走家下大樹山中，隱匿薪柴茂密處。賊俄四山搜索，見之，以刃脅之出。氏年在青春，欲汙之，氏紿之曰："我家在前，歸可從也。"賊然其言，拽之前行，至黄古塘岸，挺身躍入水中，賊怒，以槍亂戳而死，時在壬戌六月十九日也。賊退，收其屍，面如生，遍體受傷約數十處，見者皆爲之流涕不止。

安人胡氏者，需三百二十六公元配也。一日賊至，不知，無所逃避，急登樓，賊見而踵追之。氏恐爲所執，無由脱免，遂從樓墜地而死。時在十月廿二日也。

初，二氏之歸我盧門也，予年當幼，未及知其孝舅姑、和妯娌爲何如，惟此捨身殉義一節，父老稱之，里黨傳之，至今嘖嘖人口，予得耳而聞之，時志於心，而不能忘也。光緒壬辰，吾邑重修志乘，予與胞叔聲谷奉邑侯李公諭職司採訪，即將殉難情節呈請旌表。惜李邑侯已

歸道山，旋蒙邑侯郭通詳各大憲，會同具奏，奉旨恩加優卹，載入邑志，以昭貞烈。

噫！身雖隕於一時，名傳於千古，倘九原有知，貞魂應亦稍慰矣。兹日也，吾族續修家乘，凡忠孝節義足以風勵一世者，皆當發其潛德，以增簡册光；而殉節捐軀，烈氣獨沖霄漢，尤超出尋常萬萬者，予不得不急爲表彰也。因合爲傳以紀之。

時大清光緒十有九年歲次癸巳清和月中浣吉旦，郡廩生堂侄孫思昉謹撰並志

（選自第一支《石馬盧氏宗譜》民國癸亥年重修乙酉年續修本卷三）

清餘翁暨妣王氏墓誌銘

盧翁清餘，字佩香，諱嗣芬，籍於縣之東鄉遊仙，世以儒望著，故名其止居曰“儒堂”，與近鄰“應”“程”二巨望相鼎埒。翁似君思昉，曾從余習經義，微窺行詣，無俗狀，尋尋有儒者意。始略爲指授，便自解悟通曉，科試即拔取優等，食郡廩禄，得已亦可束余高閣已！況余家與其家東西相望，睽隔四十餘里，獨不以余耄荒，問候起居往來無間於時，或逢人必懇懇問訊安否。

翁，昉先尊人也，今乃以吕明經所撰翁紀略請爲言。吕明經呈瑞，與余姬姜同源，爲宗親，語言篤實，一一與余所聞合若符契。向者翁入泮，翁之叔父春臺先生喜甚，與張西潭先生言曰：“余侄嗣芬，姿穎敏，少習講解人所不及解。始學作文，如錐處囊末立見。既冠，下筆如懸河汪洋恣肆，同硯席者咸以爲不及。即縣主吴拔置第二亦加讚賞，以爲英年文至此的未易才。余亦以此子爲文似近墨裁，中與不中尚未可知，而膺薦與食禄或可決之。故所從師，皆以之爲吾家‘鳳毛’。”西潭先生語有理趣，遂云“鳳毛請借一觀”。適翁來，具語叔父。回寓，春臺先生乃指而言曰：“此即是也。”相與一笑别去。余聞而竊志之。

既之越年，聞翁之考翁歸道山，復以郡試謁春臺先生並質翁。先生曰："此子性孝友。父在先意承志，歿後能爲孟莊子之所難，是其孝也；友則延師課季弟嗣鏞以讀。時析箸，知先世守成創業之艱，雖手不釋卷，而於忙月晴笠雨蓑，巡野耕作，歸而掛壁，即檢弟課文，閱之與知弟聰秀，喜與連床如軾轍，友復如此。"余聞益慕其爲人。

越至庚申，寇警頻仍，張文貞公以八月臨郡按試，翁優等列第三，余以第四拔入酉選，而翁僅得補入廩。或命矣夫！

洎辛酉四月，郡城失守，連及蘭溪、武義等縣，永康以有團防，至八月始委爲賊巢，時翁即憤鬱得病。越至壬戌，攻賊不勝，賊勢熾甚，翁乃挈王安人避居壽山五峰，爲其祖一松公講學之所，即亦宋時陳、吕、朱會講處。常時盧、吕、應、程爲會，訂於九月祀宋明諸先生於其間，迨及此時，粵寇不時出没，翁病又危篤，吕君呈瑞紀略云："獨翁以患病，不忍此禮之曠，即如期約諸賢裔遵舊章祀之。不以危難廢禮，乃爲之穆然。"乃祖一松公，公生前明，以正、嘉之際王陽明倡良知之學於姚江，從遊者衆，永康三人，一松公爲之領袖。時得公真傳爲東陽杜惟熙。惟熙云："一息不懈，則萬古皆通；一刻少寬，則終朝欠缺。"此真實心地，乃一松公之真傳。翁造次顛沛必於是，亦是一息不懈無終朝欠缺者，豈非念爾祖而修德者耶！不幸祭畢病日革，竟齎志以歿，士論惜之。

時，王安人亦出自儒家河南王明經慕敬先達之曾孫女，亦以祀爲是，不以翁病沉綿勸阻。先是安人侍翁病於壽山，翁聞四圍山石墜聲如雷，疑賊至，急促之避。安人不得已，出户匿伏松釵堆中，微露髻髮。翁知安人意，强起出呼之，安人遂起立，扶翁回卧於床，時作慰語。居傾之，翁溘然逝。安人是時涕潸潸下，吞聲掩泣，呼兒昉撫之，以防賊劫，猶能從容理翁喪葬，仍不草草。前此事翁積勞成疾，至此哀痛肝裂，延至同治癸亥正月三日，合昉請季叔津切託孤，並以"死者同穴，爲魯人之祔"語之，始辭世以去。嗚呼，如翁與王安人，真可謂守死善道也已！

翁生於道光壬午四月廿六日，距卒之年同治壬戌十月十六日，享年四十有一。妣氏王安人生道光辛巳，距卒之年同治癸亥正月初三日，享年四十有三。翁曾祖樸齋、祖喜亭府經歷，皆儒林郎，亦皆樂善愛讀書。考鳳詔，邑庠生，與余叔父爲知友，品行優粹敦篤，儒宗丈夫。子一即昉。女三：長適芝英太學應鳳藻公子文美，亦太學；次適唐先州分府施國璋公四子寶華，邑庠生；幼適遊川前店邑庠生周長潮公孫國泰，皆名門。孫男二，振雍、餘慶，俱幼讀。所爲墓道，卜吉於江窯空下王大山嘴之原。翁與王安人合而祔焉，乃如昉請爲之志，且銘曰：

翁乎儒流，云何不壽？文能舒華，德惟有舊。迪厥前光，實爲名胄。夫倡婦隨，善道相守。王山亭亭，蘭生競秀。勒厥幽珉，保艾爾後。

時大清光緒十有九年歲在癸巳清和月，欽加内閣中書
七品銜候選教諭拔貢世知弟潘樹棠拜撰

（選自第一支《石馬盧氏宗譜》民國癸亥年重修乙酉年續修本卷六）

例貢生盧書元公紀略

紀者何？記也。略者何？要也。略曷以紀？爲以其人其事卓卓可稱，莫爲紀之，雖盛弗傳也。

書元盧公，儒堂人，度量寬綽，慷慨好施，有古丈夫氣，某幼時已耳其名。堂侄國學生文科其婿也，以公族續修族譜撰次行狀，屬某寫公生平。自愧不文，而迫於戚誼，何可以虚？爰爲紀其巔末。

公諱龍興，號書元，以嗣紀名，援例貢入成均、授府經歷、敕贈儒林郎喜亭公孫，候選州分府耽庭公次子也。少時穎悟好學，識解過人，從胡振儀、應素立兩先生遊，稱爲靈敏。比長，援筆成文，與伯兄會辰佩香公同學於王森堂先生，多所指授，深器之。出應童軍，艱於

數,不獲售,遂不沾沾操舉業,用勞用力,佐父成家。

性嗜善,見義所當爲與力所能爲者,靡不踴躍。咸豐壬子歲大祲,商父輸常帑五百金,並捐己貲,以濟窮餓。戊午,粵逆由處縉寇永,官軍缺度支,公又助父輸金佐餉丁。邑侯義之,曰:“此好百姓也。”咸同之交,連年被兵,屍骸遍野,公愀然出金瘗埋。其最難者,春露秋霜,嘗愴棲神無所,議建喜亭公祠。祠甫成而旋火於寇,復竭力更新之。又爲若考耽庭公建特祠。報本之誠,至矣盡矣!

石馬廟,遊仙鄉主也,地與公村接壤,業傾圮,公復創議重建,至今煥然。其施於族者,遇儉歲則出穀平糶,憫絶支則助田立祀,他如道路、橋樑、里鄰、戚友,莫不樂爲資助。理家政持儉持勤,一切飲食服御華靡之習屏弗尚,惟諄諄敬教勸學,望孫子成名。此公之志,而人益以此重公也。

光緒庚寅年八月十七日以壽終正寢,得年六十有八。配王氏,閫範嚴肅,孝事舅姑。姑晚年患足疾,數載侍奉湯藥,無倦容。平素好施與,遇有孤苦廢疾者,輒矜恤倍摯。生男文群,入武庠。孫三:德勳,邑庠生;德椿,郡廩生;德基,邑庠生。皆英姿韶秀,克承先業。

《傳》曰:“天道無親,惟與善人。”觀公與孺人之爲人,其獲報正未有艾焉爾。

時大清光緒十有九年歲在昭陽大荒落清和月中浣吉旦,舉人江蘇試用直州同姻家弟應祖錫拜撰

(選自第一支《石馬盧氏宗譜》民國癸亥年重修乙酉年續修本卷四)

邑庠生超甫盧公紀略

盧公諱文群,字星躔,號超甫,儒堂人也。曾大父喜亭公,銓選府經歷,贈封儒林郎。大父耽庭公,候選州分府。俱樂善好施,世有令德。考書元公,例貢生,以義方訓子,命公從邑庠生應保容先生遊。入塾讀書,資質穎異,聰明過人,稱爲偉器。

奈辛酉、壬戌二載，粵逆頻遭，干戈迭起，亂離之際，無人計及詩書。公於此時，仰懷始祖越國公以武功顯，後官至工部尚書，慨然曰："大丈夫非文即武，當繩祖武，以期國用。"遂乃效投筆於班超，慕乘風於宗慤，同治丙寅甫應郡縣試，拔列前茅。是歲吴學憲按臨，即登武泮，鄉試屢膺挑取，惜蹇於數，未獲鷹揚。

後授以家政，克儉克勤，凡内外庶務調劑一切得宜，以故祖父盡得歡心。既而恨不讀書，深自責，曰："吾不能勵文學於一身，必望勵文學於子孫。"初生一子德勳，年甫五齡，延師教訓。且尊崇師傅，每飯必新，禮意勤勤，始終不懈，其屬望於子者如此。

時祖父母年臻耄耋，竊懼音容易邈不可復見，公於是效丁蘭之雕木，先爲繪形圖像留示後人，元旦設供敬禮，率家人登堂展拜，以罄孝思。

生平度量寬宏，性情慷慨，樂義舉，淡名利，持己則端莊正直，待人則忠厚和平，處嫡昆仲間怡怡相得，誼分有加，與族黨居，保恤兼備，賙窮饋乏，咸稱力爲之。常習外醫，施膏丹以濟人，療治多效。有償以金者，公乃頻顣曰："吾豈爲利而行乎？"固辭不受，鄉老至今猶嘖嘖稱道焉。更可嘉者，兵燹後屍骸滿野，公則出金瘞埋，稟命而行之。且年湮代遠，近祖墓有無祀者，每清明必祭掃，時囑諸子曰："無我則必無廢此舉也。"至於石馬、迎水等廟，公必踴躍樂輸，以成美舉，他如橋亭、道路，一切見義而爲者殊難縷指。

噫！此非念爾祖而聿修厥德者耶！惜不天假之年，僅届四十有六而殂。先是病革，母患之，問其疾，公猶作戲綵對曰"今病已癒"，恐貽母憂。嗚呼！古所云"立愛惟親"者，公誠足以當之矣。

子男三：長德勳，名列膠庠；次德椿，幼德基，俱能日就月將，丕承先志，其後必有光大門閭者。

自請予主西席至今十有餘載，而生平行誼久已昭人耳目。間兹當貴族續修家乘，不禁想見其爲人，心已傾而欲寫，遂握筆而紀其大略云爾。至揚萬千盛德作傳志，以俟後之能文者。

時大清光緒十有九年歲在昭陽大荒落仲吕月全浣穀旦，邑庠生姻弟應文卓拜撰

（選自第一支《石馬盧氏宗譜》民國癸亥年重修乙酉年續修本卷四）

李氏節傳

李氏者，堂兄履一公諱廷陶字紹皋之淑配也。幽閒貞静，敦厚温柔，四德兼優，有古賢媛風範。無如命途多舛，連生三子皆相繼亡，未幾夫又成疾而没。氏時年僅四七，盡失所依，哀器之慟，竟至毁瘠骨立。

一日向翁前泣曰：夫亡子夭，氏命使然。從一而終，婦人之道。天日固可共誓，但氏夫上既無兄，有弟而先亡，子又早世，後將何所望乎！求續娶以承祧計。翁然之，繼娶方氏，逾年幸得一子，名師慎。氏欣然慰曰：吾翁有子，吾夫即有後矣。

專理内政，克勤克儉，而《柏舟》之志益堅。無何，翁姑俱歸帝鄉，遺子師慎，年只三齡。當此繈褓甫離，人皆代爲憂傷，氏恩勤撫畜，叔也而視爲子，以生以養，至於成人。噫！氏之心苦矣，氏之盡孝於翁姑者道已全矣，豈徒以節見哉！

所尤憐者，同治壬戌賊寇亂後，房屋蕩然無存，兼之年情荒旱，斗米百錢，氏居破屋中，孑然一身，形影相慘，食則採荼，寢則擁絮，腹斯饑而體斯寒，備極艱辛，莫可言狀。則持節之苦，以視處順境而勵志者，其相去懸絶爲何如耶！氏終安之若素，絶無怨言，宗族鄉黨間莫不交相敬之重之，時稱道於勿衰矣。

抑又有可嘉者，叔師慎妻杜氏與氏妯娌素和，年未四十而卒，遺下三兒皆幼穉。值師慎出門，久而忘歸，氏以始而養叔者繼而養孫，撫字至周，愛之如子。雖當境遇艱難，每食必先使飽，而己之枵腹在所不計。且深眷顧，偶有身離，彌切門閭之望，至得長大，皆氏之力

也。藉非仁慈之秉於天性者，何以能此？

享壽七十有四歲，計守節四十有七年。光緒己卯呈請學憲黄公倬，給予"松筠勁節"匾額。庚辰詳請督撫會同具奉旨旌表，壬辰載入邑志。是生不能順其身者，没則有以榮其身，氏不亦可瞑目於地下矣乎！

繼一子方松，即師慎長子也。向氏所謂"吾翁有子，吾夫即有後"者其在是矣。予不文，不能舉潛德而盡爲表揚，竊願傳其守節之苦，以筆之於傳。

時大清光緒十有九年歲在昭陽大荒落清和月中浣吉旦，郡庠生堂叔思昉謹撰並志

（選自第一支《石馬盧氏宗譜》民國癸亥年重修乙酉年續修本卷三）

竹屏公暨東泉公父子合傳

語曰："天非久不眷，業非運不昌。"《尚書》云："皇天無親，惟德是輔。"故道不終屯，必有泰以繼之。若竹屏公父子，懿行垂芳，而其蘭孫祖武是承，光昭先德，其絢耀蓋有待也。

竹屏公諱椿，字子和，世家吴寧泗渡里，以舊居逼隘，與子姓争聚一方，以夔鑠其元氣，乃遷於邑城之仰高坊。世植隆祺，積敷厚華，創立祀田，重修譜牒，整葺先塋，捐捨寺産，振前猷而亢厥宗，爲族中翹楚。生東泉公爲幼子，喜曰："亢吾家者，不乏人矣。"乃積德以培之。凡恢拓世業，寧損於己，無虧於常。曰："諺云，欲行方便，莫若公門。"爰側身書典於邑之兵曹，凡諸冤抑爲人控直排難解紛者比比。舉三子，幼即東泉公，三女皆適名族。

東泉公諱良炯，字汝亮，自幼承竹屏公之訓習，舉業以數奇不售，乃安於義命。常曰："積德無厭於莫憑，倘不於其身而於其子孫耶！"益修厥德，不墜先志。初竹屏公膏腴充拓，常爲解役所累，致質有數百金之業於人，僅得價一半，不贖，例當增其值。未幾而竹屏公即世，其人且留價以竣，約有百數金所當得。人咸爲公幸，公曰："父鬻子

絶,勿常言乎? 以若以爲幸,幸於何有?”乃絶口不言,人咸高尚之。邑奉例審經界定版册,衆咸以事推公。公受事,未嘗以權度假人,較盈縮,蠲虚耗,剔隱匿,而不均之逋患遂徹,人多德焉。遇人謙謙自下,雖多務舍蓄,然不吐剛,不茹柔,而發於義者侃侃也。嘗曰:“識趨不争喧寂,養高何必山林!”晚而優遊棋酒,屏絶世紛,賢豪式廬者相與五白六博,繼晷蘭膏,人咸稱爲灌仲儒云。

配胡氏,淑婉無違,母儀垂範,尚享遐齡未艾。丈夫子二,長時明字懷公,恂恂然以孝悌稱,有乃祖父風。次時德,字懷恩。女四人,亦俱適名族。孫男有進、有遠,亦彬彬式穀。彼蒼眷德之言當有不爽者。

予忝修其家志,而懷公殷殷以傳爲請余。感其孝思之誠,故不辭鄙陋而崖略之如此云。

時順治辛卯秋七月朔日,三丘隱人仲舒氏鮑儀拜撰

(選自第一支《泗渡盧氏家乘》民國戊午年重修本上卷)

亨廿五景霖公行略

夫世有非常之事,必待有非常之人,出而共興起之,以隆其遇,此固秉天地之正氣以生,初不必功歸一己,而能總董其成以襄盛舉,爲宇宙所不可少之事,即爲天地間所不可少之人,而有裨益於地方家世者,其推重則一也。

永康縣東百里之四十五都,爲盧氏望族聚處。於翠屏山下之名景霖坑燕者,係周世宗時元勳由工部尚書爲開國上將軍封越國公諱琰者,保抱周世宗子炯於宋太祖時隱處浙江臨安之哲嗣也。其間傳世十五有諱琳公爲其鼻祖,曾胞弟諱璡者仕湖南潭府判制,至己身十三代皆未建有宗祠,雖時奉日明、國葵祖父二大人之懿命,欲爲創建,而以未遂其志,鬱結於心,未得安於寢食者幾歷年所矣。間嘗展閲宗譜,俯仰芳徽,冀效先哲,欲抗宗黨而爲人世所及行以世者,恒以力不能逮,輒耿焉而不能止。故凡遇勝地之公舉,亦隨其力之所能及者,

悉助興以爲常，而事有可獨任者，亦黽勉解囊以創興之。此舉世親其善行甲於合族，有往升、保孫、南今三橋，悉爲其獨建者，遠近鄉里亦皆賴之。

而族兄有景和者素相友善，居處必與之偕，久乃熏其德而高其誼，遂與招集同族首建宗祠之事，議以必如公者乃可董宰其事。夫公固素蘊此志者，至是乃肩任。其後復向時華、孟、猛諸常議，相助基捐資，量度形勢，估購工料，不憚寒暑，並邀侄肇選以爲副手以助，其從事裕如，俾工皆堅結，事均協吉。

計起工於道光丙午，竣事於丁未，背山臨水，種竹植木，已成嘉蔭，遂將六百年來未興之役一旦舉而興之，俾得尊祖敬宗睦族和親，鄉飲有地，課士有方，禮讓雍容，時興愾聞。僾見之子思於列祖者何？莫非監治之盡善有以啓之。惜余向在永時，未嘗睹面獲交以爲至契，今從友人遊覽名山，欣然戾止，於祠之内，披覽宗譜於兩廡下，蓋欣知其遭遇，得時而樂，有賢父兄叔侄以共，其夙志足以仰慰於先世之懿命，竊服其興孝篤義之心適有符乎！彼蒼特予以軼群之才而得佐以成人所不能者，而於世道人心有足識者矣。古人云"瘠土之民，莫不好義"，不其然乎！

案公行亨廿五，字鳳極，景霖其諱也，生於嘉慶丙午十月十四日亥時。娶祥里胡氏，生於嘉慶庚申二月十六日午時。子四，肇富、肇起、肇用、肇福。孫六人。群咸頌其厚德之獲厚報。《詩》云"孝思不匱，永錫爾類"，其是之謂乎！

時同治元年歲次壬戌春月之吉，誥授奉直大夫前知浦江孝豐新城於潛縣事桐城吴廷康拜撰

（選自第一支《大山盧氏宗譜》民國丙子年重修本卷之六）

觀四十四家庚公行傳

初，堂伯父潤芝館余永邑孝義鄉坑燕者，有年歸，嘗告余曰：有宗

弟家庚者，字徽垣，號雲山，同出范陽，其先世與吾家一本也。譜牒雖分，族誼甚篤。汝父舉於鄉，及親兄拔萃，吾叔於汝伯膺歲選，報賀相通，款禮彌厚。庚祖景和公創建宗祠，克有成績，神明雖得所依，而烝嘗每憂難給，家庚因爲籌捐生息。不數年，公帑充盈，遂議定祭祀，概從其豐，其餘無常乏，後者或爲置産，或爲糾會，使若敖無餒而之嘆、庭堅無忽諸之嗟。其報本追遠，有足嘉矣！

壬戌秋，粵寇充塞，合鄉習團築寨於沈嶺要隘，更班守禦，親執戈矛以相督，卒而孝義一鄉遂得安諸。雖非一人之力，家庚實與有勞焉。時桐城康甫吴公以博學仕浙，其縣前任二尹也，以難故依其家，略無難色。因請爲父立傳，以光泉下。

賢配娶麻車下陳氏，治内稱賢。舉一子二孫，穎悟不凡，充閭有望，囑從余遊，晨夕頗嚴庭訓，不爲婦寺之愛。待師具酒肴，盤飧間不陳苜蓿，偶有鮮蔬異味，手一榼相侑甚殷。歲時佳節，舉盛饌邀至其家，藏鉤戰拇，必盡興乃止。又胸懷慷慨，邇論交客，有可人則投轄留之，飲十日不少懈。

余問而識之，因以想見其爲人。既而華牒重新，躬董其事，問傳於伯。伯以老委余，乃述所問以應。至於氣象之和厲、言語之婉直、狀貌之秀偉，未及細稽。異日親接其人，當有相見恨晚者。

時同治十三年舍甲戌一陽前三日，吴寧增廣生雅崖溪侄琮拜稿

（選自第一支《大山盧氏宗譜》民國丙子年重修本卷之六）

先舅祖盧尚文公紀略

先舅祖諱建興，字尚文，考授從九品職銜。先外曾祖望兆公舉丈夫子三，舅祖其長也，繼與先外曾伯祖望團公爲嗣。狀貌魁偉，膂力過人，襟懷曠達，談言微中。性勤謹，好施與。幼讀書，知大略，壯戒鬬，慎交遊，生平怡怡如也。

洪楊之役，匪衆集邑城，勢甚熾，季舅祖建祥公年方盛，糾里壯磨刀霍霍，擬進城決匪首。當止之曰：“自衛不遑，何速禍爲？不聽，斃諸途已。”則先安置外曾伯祖於松陽，奉外曾祖妣東西逃竄，獲安全焉。其識時勢也如此。兵燹後，家産蕩然，力農田，勸操作，家致小康。人勸應武試，則微哂曰：“浮雲耳，非吾願。”處專制之世而不爲帝皇科舉所牢籠，難矣。

妹三，幼即余祖母也。先祖少食貧，時裨財貨使營商，得殖不問，損輒益之，因以豐裕。乃爲外曾祖置祀田，歲清明囑兩姓兒孫墓祭，續姻好焉。舅祖慨然曰：“理應乃爾。”言詞慷爽，親親之情有露於眉宇間者。年值古稀，余先考輩請徵詩文以爲壽，則曰；“無才無德，不足以當翰墨揄揚。”固請之，終不許。及至暮年，長子周全姻伯擅爲納粟，縱不怒，亦不懌也。兹在盧姓修宗譜，特略紀其實，俾裔孫知所歸焉。

舅祖年三十七始完婚，男二孫七，享壽七十有八，一生捐助試館（公樂助，捐銀二兩，另加助，捐洋六元）、廟宇、憩亭、除道、成梁，及濟困解紛諸義舉，有難僕數云。

中華民國十三年歲次甲子仲秋月，北京新華商業專門學校銀行科畢業生姻孫應耀金拜撰

（選自第一支《石馬盧氏宗譜》民國癸亥年重修乙酉年續修本卷四）

壽翁文茂公紀略

夫自世變風移，倡“非孝”之説者視骨肉如行路，爲無義之行者置公益若罔聞，求其心存純孝志在大義者，百不一覯。若曾叔祖諱文木又諱文茂字廷松者，庶無愧於古人歟！

公先曾祖式楹，字丹如；祖鴻春，字聖彩；考金恩，字景榮，歷世以忠厚傳其家。公持躬質樸，處世謙恭，生六歲即孤，家貧苦，隨母攜帶於縉雲。無奈義父境值艱難，不克顧撫成人，年甫七齡又轉鬻義邑，

身爲牧子者五六載。是時髮秃命危，幾有日不聊生之象，所幸吉人天相，遇叔祖鴻標公往經其地，遂擕公回，仝在蕭紹等地學鐵藝，一乃心志，未幾藝精，遂能自食其力。每年夏間，輒歸事田畝，歷寒暑弗稍懈，故數年間得以赤手成家。

一日，公慨然曰："吾聞聖朝以孝治天下。父一而已，既失所怙，豈有子在而可莫慰母心乎？雖縉與永山川間隔，路途遥遠，然總在天壤間也。"公乃力不辭勞，親迎母就養於家，供温凊之節，修定省之儀，唯恐事親弗悦。《詩》云"孝子不匱，永錫爾類"，惟公有焉。然而不孝有三，無後爲大，公年逾而立，即行完娶，始爲奉母計，終爲傳後計，其於大倫可謂克盡矣。

自是厥後孝養母氏十餘年。歿之日，殯喪盡禮勿稍儉，又作功德以安之（公爲歷代先靈作追薦報本事五晝夜，並助蘭盆會脚三次）。若公者庶足對九原而無愧也已。抑可嘉者，胡廣涵公同妻王氏，係公之先岳父母也，胡文親君，係公之先内兄也，其身歿時，家屢空，不克支喪，公悉出己金以厚葬之。至於胡文卓君，係公之内弟也，亦貧乏，不能娶室，公特贈赤仄以作聘儀，致得弄璋之喜，迄今人成長大，皆公之功也。

此其義行見於戚族間者，若再就社會而言，尤見多多益美焉。孟子云"歲十一月徒杠成，十二月輿梁成"，伊古未有不鄭重夫橋者。公乃獨出朱提，力竭經營，以便千萬人之來往（本村金店、鉅塘角、後塘午三地，公獨出金，各造橋一座）。至於津梁有大小，均慷慨輸資，殊覺筆不勝書也（餘如造湖塘、世雅、新樓、下楊、下應、鄭頭、見仕塘並鎮東諸橋，公皆樂爲捐助）。羊腸鳥道險路難行，公乃於崎嶇者化作平夷，狹小者易爲寬廣。時有累及青蚨者，皆出之裕如，不稍吝惜也（公於本村門前砌石板路五丈，又於門口塘後墈石塔塘山各助砌石子路，並捐助修金華大路並靈巖福善寺路）。廟宇爲敬神之地，所以消災患而保安康，關係最重，公於近者，後山有顯聖廟，水口有五穀神殿，悉傾囊橐以襄成之（二共捐助洋十六元）；稍遠者遊仙鄉社，則助其建造山門並開光之用（共捐助二次）；最遠者方巖爲天下名山，邑廟作萬家生佛，則助其重新聖像，皆非同小補之爲也。亭爲行旅休憩之所，上棟下宇，以待風雨，況在大道通衢尤屬緊要，凡有叩門勸佽者，公皆如其意以償之也（公於湖塘、嶺頭並麻車口諸涼亭，皆捐助數次）。

夫能迎母就養，公之孝行可風也；好善願助，公之義行可法也。總公一生，以孝義爲先務，至廣其田宅以遺子孫，猶其後焉者也。

公生於咸豐丙辰年十月初一日酉時，終於民國庚申年七月廿八日午時，享壽六十有五歲。娶胡堰胡氏，奉姑盡道，順正無違，先公而卒。生子三，長水聲，立品端方，能繼志述事，善而又善，厥後定必克昌者；次水海；三根明。續娶游川周氏，相夫立業，治内稱劬，後公而卒。生女二，俱適望族，貞淑堪嘉。今叔祖水聲親詣余家，以其令先尊之行述來。椿義不獲辭，乃自忘其譾陋而謹爲紀之。

時中華民國十有三年歲在甲子仲秋月上浣穀旦，清優行郡廩生選任縣議員從侄孫德椿鞠躬謹撰

（選自第一支《石馬盧氏宗譜》民國癸亥年重修乙酉年續修本卷四）

例貢生審之公傳

漢東平云爲善最樂，言必行善，而後足樂也。顧有爲善之名，亦必有爲善之實，實至名歸，而身亦樂，此一定之理，無待疑者。吾嘗景仰曾叔公之爲人，立品端方，存心慈善，有超出尋常萬萬者。

公諱逢問，字審之，號遇龍，以欽加例貢銜註名於部，曰廷簡。先曾祖懋瓚公，繼曾祖懋尚公，祖肇雲公，考正厚公，累世忠良，饒有古善人風範。賢昆仲三，公其季也。令長兄逢大公，道闡岐黃，爲名醫士。

公年甫十二，即從兄學，穎悟過人。聞有秘方，必勤自抄録。嘗

曰:"大丈夫不能爲良臣,亦當爲良醫。"以醫爲救人妙術。故長則醫理明曉,凡在《本草》《金匱》《靈樞》《素問》等書,無不覽其大要,而以精思出之,辨寒熱陰陽,晰表裏虚實,賴公生全者甚衆。遂由醫業以艱苦起家,號素封焉。由此善其所爲,皆有合於古君子之道。

公考甫富玉公道貌尊嚴,爲宗族排難解紛,咸以魯仲連相許。然遇需財之處,亦必悉數代墊,不稍濡滯。厥後蓼莪廢養,先取膏腴田以爲永遠祭掃計(計田三十把,土坐貓兒塘口,節年祭清,風雅頌三房照丁給胙)。是生則順父,殁則祀父,均合於禮,可謂孝矣!公兄甫廷禮公品列朝班,實公篤友于之誼,特出己貲,以成其名,是荆雖分而猶茂,孟子所云"庸敬在兄",其公之謂乎!公之親侄萬象公,其後嗣苦於無傳,公囑諸子以助産,俾庭堅無不祀之悲。公之先岳丈周景標公(住居峴口),其家終窶且貧,公爲輸財轉安,使先塋有得所之樂;又爲助田立祭,俾若敖無餒而之嗟(公助先岳丈祀田五十把)。公之先内兄周金田公,不幸遇疾纏綿,公視如同胞,迎至其家調養,數載無倦容。其愛及戚族有足表者。

且由明而及幽,善行尤多。當同治二年癸亥春,寇退後屍骸暴露(有義冢一處,土坐象珠溪沿)。公目睹心傷,首出金爲地方倡始而瘞埋,終而義祀(公倡首斂成施生會,節年春秋冬三季致祭),此真恩周枯骨,亦何異西伯之深仁耶!若夫金郡試館,前被粤軍拆焚,吾族聲谷公同際暘叔領袖重造,公先慷慨輸捐(計助銀十兩),襄成美舉,庶幾寒士歡顔相慶有所矣。至於婺州大道,爲千萬人來往之區,公不惜朱提,力爲捐助(計助洋十元)。他如橋亭廟宇、銘匾勒碑,垂公名於百世者,尤不可勝數。

抑更有異者,當髮匪至境,公隱避至近,(公彈避牀下,牀上僅餘板三片)仍得安然無恙。此其中必有神靈護佑之者,不然何能逢凶化吉如斯也!吾知天道福善,殆留公壽以爲後日行善地步耶!

光緒甲午年九月十三日戌時以壽終正寢,享年七旬有二。元配周老孺人，淑慎其身，温柔其性，相夫君而宜家室，孝舅姑而潔羹湯，幾如周姜太姙，婦德母儀，咸有足仰。男三：長蘭芳公；次瑞芳公，太學生；三春芳公。孫男四：炳熊，太學生，官立自治研究所優等畢業；炳虎、占鼇、金鴻，俱耕讀傳家，克繩祖武。曾孫男六：錫麒、振攀，俱培儒高等小學修業；倫超，初等小學修業；振廩、錫祜、振古，俱見頭角崢嶸，定非凡品。

今日者公往矣，而想見公之醫以濟世，與義以行世，誠爲人所頌德而歌功者，雖没世猶不忘焉。兹令孫占飛以其先祖之芳規，請立言以光宗牒，椿學愧珠璣，謹爲書其梗概云爾，奚敢言傳。

時中華民國十有三年歲在甲子律中㺒賓月中浣吉旦，

清優行郡廪生選任縣議員侄孫德椿頓首拜撰

（選自第一支《石馬盧氏宗譜》民國癸亥年重修乙酉年續修本）

明經聲谷盧公傳

翁諱嗣鏞，字夔笙，號聲谷，晚號白峰老人。性沉静，聰穎好讀書。十餘歲即通四子書及五經，能屬文，府試即列前茅，嶄然露頭角。

適逢洪楊亂起，擾及家鄉，遂與兄嫂謀避難壽山。未幾，兄嫂以病殁，僅遺一侄。公撫之如子，亂離之中，教學不輟，間關徙倚，備受苦辛幾十年，而志不稍倦，履險如夷，所學益進。迨同治甲子補行壬戌歲試，即爲吴大宗師所拔取，文名爲諸生冠。後益邃於學，設教授徒，每歲負笈從遊者輒數十人。其設科不斤斤於時文，以器識爲經，文藝爲緯，有不率教者，屏之弗齒也。故儒學潘、王二先生，耳其名而心折之，特以優行薦，徐大宗頗賞識之。乃格於數奇不得售，人咸惜焉。鄉先輩如潘憩南、吕味琴諸先生咸器重之，與友善，而味琴先生且特以妹字焉。

精考據之學，工詞賦，於婺州名勝地，無不留心研究，描摹盡致。肄業麗正書院，蒙張太守仲模、鄒觀察渭清，任山長，傳綸逾分嘉許，有“讀書本色”之獎云。丁丑歲試,黄大宗於經古場,親擢第一,乃僅得補增,亦數之奇也。迨己丑歲試,始由增挑取得食廩餼。是歲恩科鄉試,又呈薦,不獲售,而翁之心則恬如,未嘗以科場受屈芥蒂於其胸,蓋翁本重視道德而輕視功名也。

光緒辛卯,嘗與修邑乘,顯微闡幽,不遺餘力。盧姓九支始祖越國公忠於後周,陳橋之變義不臣宋,舊志失載,淹没不彰者幾近千年。翁録越國公事實,並搜求許宏綱、盧杜二先生合刊,以期信而有徵,始得載入。於鄉曲貞節婦女,亦無不獨具一腔熱血,考求真是而表揚之。彰善癉惡,其天性也。

修舉廢墜,見義勇爲,視一邑一鄉一族事無畛域分。石馬殿,遊仙鄉鄉主也,係翁先父鳳詔公創議助基建造,翁承祖父志擴而充之,豎造山門,獨肩其任。郡城石馬考寓,經髮匪後,瓦礫成堆,被人侵佔,翁費幾許心思幾番手續,始恢復焉。石柱外太公教諭李雲耀公無後,翁置産立常,歲時致祭,俾垂久遠。凡族中譜牒之重修,祠宇之重建,均翁爲之倡,而使賢子侄董其役,無不擘畫周詳,始終勤慎,人咸仰其綜理才,有事咸與商之。

晚年精習岐黄伊聖諸書、日者孤虚諸術,人之求之者踵相接。翁時行方便,勞瘁不辭,於謝金則概不受也,故闔邑人士無論識與不識,莫不聞風而知其爲疏財仗義人,而心悦誠服之。尤可異者,閑時縱談天下事,若於曆數之長短,清祚之存亡,若燭照計數而龜卜。越數年,而國運之轉移竟若合符節,蓋以其餘暇時旁及於讖緯之學故也。

翁雖屯邅困躓,坎軻抑塞,僅以候選訓導終,其於立身行己之間,以禮制心,以義制事,非所謂寢不愧衾、行不愧影,而合於仁人君子長者之道者歟?

元配李太夫人,繼配吕太夫人。子二:長師韓,邑庠生;次師歐,德清武庠,統計學校畢業。女五:長適象胡李鳳標,邑庠生;次適太平吕師授,廪貢生;黄之内人,即翁第三女也;四適太平吕臨哲,警備隊稽查員；五適儒家吕元明。孫七：長振崧，中學修業生；次振燮，中學畢業生；三振嶽、四振泰、五振理，均高等小學畢業；六振煊、七振新，俱幼讀。曾孫二：鼎甲、鼎純，亭亭玉立，均爲萬金産。

明德之後，必有達人，予將拭目俟之。

時中華民國拾三年六月初七日，清優附生浙江第七師範畢業金華道自治分所畢業學員女婿任紹黄盥手敬撰

（選自第一支《石馬盧氏宗譜》民國癸亥年重修乙酉年續修本）

緝甫盧府君家傳

府君諱師盛，字緝甫，邑之石馬人，其先出自後周越國公，十七傳曉公始居石馬。明有鄉賢一松公，爲府君十一世祖，十傳至縫旺公即府君之考也，生府君一人。

少嘗讀書，時當太平軍事之後，家業凋敝，無以繼其學，乃輟而商，徵貴操奇，數十年始能自給。而性慷慨不與他商等，貸資之簿盈尺，洎晚年舉而燔之，謂不以糾紛貽後人也。尤篤内行，自以終鮮兄弟，推及親從，以所生仲季二兒繼從兄弟師財、大標後。姑適雲谿范氏，無子，爲經紀遺産，立繼嗣，雲谿人稱其義。大宗祠暨崇儒公祠有所修建，皆司其出納。他如購田置器、表隴諸務，規劃井井，絲毫無所苟，亦無所不當，其明辨公私而能交盡如此。居恒無疾言厲色，不稽察人過誤，不臧否人物，遇事出言每每居人後。然地方公益慈善事業之佽助，輒不肯後人。常謂不必以資財遺子孫，而願遺之以安。己巳、庚午之際，萑苻竊發，鄉邑驛騷，里鄗多有被禍者，而府君家獨泰然，人皆以爲遺安之效云。

府君生有清同治戊辰十二月十九日，卒中華民國辛巳十月十七日，壽七十有四。男子三。長高等小學畢業生巖奎，次高等小學畢業生巖香。永康中學修業生巖虎，即繼從兄弟者。女子二，皆字名門。孫七，女孫二，皆幼。巖虎又卒所業於行政幹部訓練所，温雅通亮，尤

爲後起之秀，賚府君事略請傳，爰爲詮次，並系以論曰：

班氏《食貨志》謂："食足貨通，然後國富民寔，而教化成。"嗚呼，豈不其然哉！《書》云懋遷，《易》稱裒益，是道也蓋由來尚矣。府君舍學而商，由通貨而足食用，以惠施於鄉，教成於家，非班氏之論之明驗大效歟？民生之義未明，獨能先事赴機，與古今人若合符節，吁，殆亦所謂難能者哉！

時中華民國三十四年歲次乙酉仲冬月中浣之吉，六等嘉禾章國務院諮議薦任職前浙江省長公署秘書、浙江孝豐臨安縣知事鄉晚　程士毅撰

（選自第一支《石馬盧氏宗譜》民國癸亥年重修乙酉年續修本卷三十九）

盧永隆公傳

公諱夢圓，字永隆，石馬皇恩欽賜式女公之孫，余之舅父也。年幼失怙，長兄夢纏、次兄夢團均歿於太平軍之役，所依以爲命者惟一母氏。大兵之後，頻歲荒歉，幾無以爲生，稍長即從事畎畝，惟勤惟儉，家道得以少康。一生三建新居，雖因鄰右失慎兩毁於火，祗自艾薄德，不尤於人。他人處此勢必一蹶不振，舅父乃益自惕勵，奠建攸居，此其堅苦卓絶，爲何如耶！

舅父天性至孝。其事母也，先意承志，曲盡其禮，下氣柔聲，始終如一。每歲時家祭，淚常涔涔下，若不勝其悲哀者。此其所以出資爲君明公立常，擇人爲惟宗公立後，邀宗老首創燈常上元節輝煌祠宇，皆同此一片孝思擴而充之耳。生平律己甚嚴，而待人以恕，故與人無忤，與世無爭。間常排難解紛，遇有言僞而好辯者，即面斥其非，而其人慚餒自退。有以養其浩然之氣，但不背言人過，故人莫不心悦而誠服焉。

舅父少時雖未多讀書，頗知教育爲强國之本。清末科舉停後，力

勸余父促余留學省垣。有時缺乏燈火之資，則厚賸不稍吝嗇。民國己未，焕昌來金華第七師校肄業，余適忝長是校，述及幼時督教綦嚴情狀，未嘗不爲之唏噓也。厥後焕昌服務於教育、司法兩界，著有成績，其得力於家庭教育，良非淺鮮也。

舅母陳孺人，事姑如母，主持中饋，勞瘁不辭，教子相夫，遐邇咸稱賢淑。惟生焕昌也晚，先承嫡堂侄焕霖爲子，愛之逾於所生，而焕霖亦能勤儉持家，孝思不匱，《詩》稱棠棣，"和樂且湛"，豈不懿歟？男孫女孫各五，嫁娶各得其宜。舅父有靈，余知其必歡欣含笑於九泉矣。

舅父歿已二十有九年，回憶生前性行歷歷在目，故不揣譾陋，爰述其概略焉。

時中華民國三十四年歲次乙酉陽春月吉旦，浙江兩浙師範學校優級畢業永康中學校長、浙江省立第七師範學校校長武義縣縣長外甥胡侯錫拜撰

（選自第一支《石馬盧氏宗譜》民國癸亥年重修乙酉年續修本卷三十九）

先長兄紹曾事略

先兄名紹曾，字肖輿，前清光緒二十年陰曆四月二十五日生於儒堂村。兄弟七人，兄其長也。

幼時，父即督教綦嚴，故經書夙所熟習。迨宣統元年始入學校肄業，民國二年春考入永康縣立小學校，以第一名畢業。五年冬考入浙江省立第七中學校，以甲等畢業。十二年夏考入國立武昌高等師範學校國文史地部，以最優等畢業。於國文一科造詣極深，史、地兩科尤有研究，且立品端方，足資矜式。故在小學時頗爲程健樵、盧士希、夏文銓諸先生所激賞。在中學時恒爲鍾録舟、王菊泉諸先生所期許。在高師時爲黄季剛、錢秣陵諸先生輩稱爲"後起之秀"。

高師畢業後，歷任無錫競志女學教務主任兼教員，杭州安定中學文史地教員，永康縣教育局局長兼理永康縣立中學校校長，上海浦東中學國文歷史教員。十九年夏，服務大夏中學，既感教學責任之重，復痛家庭慘變之深，遂致一病不起，於陽曆六月二十八日上午十時歿在滬上東南醫院，享年僅三十有七。娶油川周氏采菽，遺下一子名英哲。

間嘗溯其爲人，秉性亢朗，律己甚嚴，常以曾子第二自居，故名其讀書之室曰“省齋”，蓋取曾子“吾日三省其身”之意也。生平極喜日記，嘗謂日記吾人可藉以紀其立身處世、勵行殖學之大節，是非得失之故由，而爲檢身日鑒之資助。著有日記十餘册。至其作文，發表極慎重，故藏稿雖多而未肯公諸於世。計其著作，除日記外，尚有《文體芻言》一册，《應用文初稿》一册，《中國近時外交史稿》一册，《省齋雜稿》三册。所惜者日記已於十七年秋吾家被匪焚毁時同歸於盡。又《文體芻言》等，因心境不佳，尚未整理就緒，或未全部脱稿，今可刊行者僅《省齋雜稿》一種而已。

對於作文一事，嘗謂文章是千古事，不可輕易作之，必至老年學養湛深之時，始可以言著述。余在十九年以前所編著《史學概要》《三民主義與教育》《鄉村教育概論》等書，俱經其校閲。每次校閲輒多所指正，蓋謂余學養未深，著述太早也，斯言又足爲現今學無根底而抄襲成文者戒。

中華民國三十四年雙十節述於上海，弟紹稷撰述

（選自第一支《石馬盧氏宗譜》民國癸亥年重修乙酉年續修本卷三十九）

外兄盧家駒傳

君姓盧氏，諱家駒，字叔宜，邑之儒堂人，離余家十五里，與余爲内外兄弟。

自幼清穎，秉質篤厚，入學讀四子書及《詩》《書》《易》三經，頗能解釋。比長，應童子試，屢列前茅，而艱於一衿。遂棄文習武，赴湖州投考商籍，獲遊武庠，撥入德清縣學。光緒壬寅遊幕江右，迴翔百花洲渚殆數寒暑，於税收事尤稔，鉤稽辜較，無絲毫紊。曾佐樂平、南豐、廣昌等卡釐金，著有成績，歲入爲他處冠。甲辰回浙，懸壺珂里，活人無算。

民國戊辰年春，余由燕京南歸，赴江瑶掃墓，路過儒堂，見君克勤克儉，不事華飾，以粗糲自甘，以布帛自煖，恂恂乎有先民風度。厥配胡氏，吾嫡姊也，賢聲懿行，遐邇褒嘉，婦德母儀，誠可與恒少君、孟德耀相伯仲。生子四：長振燮，永康中學畢業，現充陸軍第四師少校軍需主任；次振理，三振塤，四振新，均系培儒高小畢業。振塤現投筆從戎。女一，桂雙，適湖塘吕嘉友。孫二，長鼎無，安定中學畢業，次鼎亨，肄業培儒小學。孫女四，俱未字。

君卒於民國二十九年庚辰四月初二日，距生光緒四年戊寅九月三十日，享年六十有三。嗚呼！勤儉立家，而不獲古稀以永其年，使人不無遺憾。然而後嗣光昌，人文蔚起，彼蒼之報，施爲不爽矣！兹因盧氏纂修家乘，爰不揣固陋，即就余所深知者叙其大概，以志不忘云。

時中華民國三十四年歲次在乙酉秋九月上浣之吉，清附貢生京師法政專門學校法律科畢業、北平崇文門關監督公署總務處第一科科長、湖北漢陽縣黄陵磯營業税局局長、内弟胡鴻逵頓首拜撰

（選自第一支《石馬盧氏宗譜》民國癸亥年重修乙酉年續修本卷三十九）

軍功盧崧林翁行傳

古者有三不朽，曰立德、立功、立言。兹乃不重德與言而獨重功

者，吾於盧翁見之。

翁諱修方，官名盧崧林，系出范陽之後支分越國而來。其生長於葛傍也，有七峰後鎮、獨山前迎之勝，而且居鄰古竹，儼有茂林修竹之盛。自幼讀書，共目不凡。及長，遠離故鄉，行軍陝省，適值妖氣頻起，横逆前來，彼乃抱堅强主義，勇敢過人，隨同官軍克復吴旗鎮地方，生擒逆酋，活人無算。自此全軍奏凱，一鼓蕩平，其功不誠偉哉！未幾，蒙巡撫劉奬給五品軍功，一時衆口交推，聲聞藉藉，可謂榮矣。

至於德與言，有功斯有德，有德斯有言，名雖分而爲三，實則合而爲一也。

淑配吴氏，咸稱内助之賢。子二，長傳鴻，幼傳萬，均能勤儉持家，方興未艾。

翁生於道光癸卯七月十四日酉時，卒於光緒丙申月四月初二日卯時。伊子傳鴻恐其湮没弗彰，有身亡而與之俱亡者，所以持其功牌踵門而告，曰敢乞一言以爲先父傳。余固不辭秃筆無花，而略書數語，以垂不朽，永著爲功云爾。

時中華民國十有八年歲次己巳春月全浣穀旦，前自治議員歷任保衛團總兼户口登記主任奬給五等嘉禾章眷晚生黄體元頓首拜撰

（選自第一支《大山盧氏宗譜》民國丙子年重修本卷六）

靈山盧氏諸公殉難記

今夫疆埸之地至險也，戰陣之事至危也，此在食君之禄、忠君之事，分所宜然。至如草野編氓，各顧身家，俱私手足，誰肯棄田疇以禦敵，修矛戟以興師？求其衆志成城、委身奉國、慷慨捐軀有所不避者，卒亦鮮矣。若孝義靈山諸公有可風焉。

初，咸豐辛酉，粤寇西來，踞於省城，遍於郡邑，近城四鄉，地坐虎口，受其殺戮者不可勝計。惟孝義團練義勇於箬浦嶺、四大嶺、沈嶺

頭及東邑銀山東巖嶺脚要險地方，日夜輪流值守，可保無虞。迨至次年同治改元，寇索民財，毒痛愈甚，四鄉之民，幾不堪命。夏四月，鄉衆數萬餘人圍城三日不克，各自分散，寇出燒殺益熾。獨孝義不忍坐視，仗義者數千餘人直攻縣城，賊將夜遁，後以食竭力盡並無救援而退，以至通鄉陣亡者百有餘人。

我盧氏陣亡者，如中盧三房昌百七十一邦拔公、祚百八德貴公、四房祚一百六德焰公、禄二正拔公、禄廿一正韶公、福五十三秉村公、下房福廿五秉軒公、福四十九秉周公、禄十正鏗公、上盧昌百六十八邦太公、昌百九十七邦炮公、昌二百十六邦秀公、昌二百六邦朝公、昌二百四邦同公、雙牌昌百九十九邦賢公、昌百七十九邦齊公，約而計之十有六人。

嗚呼，使人人如諸公之殺敵致果，雖死不畏，不難殲厥渠魁，滅此朝食，又何至遍遭其鋒鏑歟？孟子曰："志士不忘在溝壑，勇士不忘喪其元。"諸公者，可謂勇士矣！

迨至大兵東下，復睹蕩平合邑，由縣具詳申報，所有殉難之士俱入忠義之祠以昭激勸。是則俎豆馨香，自堪千古，艱貞昭著，獨有萬年。既褒一字之榮，遂慰九原之痛，以視世之倖獲偷生，處常則易，處變則難，生前彰彰而死後泯泯，孰若諸公之盡節須臾，足以流芳奕世也哉！

兹當貴族華牒告成，宗叔蔚然來館，奉族長者命，請爲紀諸簡端以徵不朽。余遂樂而記之，願其後之子孫知所觀感，毋忘先人苦節，以備輶軒之採云。

時光緒二年歲次丙子暮春月下浣穀旦，宗侄儒堂邑庠生嗣鏞聲谷氏拜志

（選自第二支中盧《靈山盧氏宗譜》民國壬申年重修本卷之九）

二母舅飲賓盧邦奏壽相傳

人生斯世，上之既不能黼黻皇猷，增光史册，次之又不能著書立

說，藏之名山，傳之其人，以爲士林景仰，下至鄉曲遺民、田間逸老，幾於湮没不彰，草木同腐，而未由聲施後世者正不乏矣。顧史册所傳，自非致身宦達、勳業爛然者不能，名山著述，亦非博學鴻儒、識見超凡者莫及知。蓋棺論定，没世未易名稱也。若宗譜則不然，片長必録，小善必書，凡行堪訓俗，業係報功，以及天性謹厚、勤儉治家、膺景福而享大年者，皆可一一表而出之，以爲子孫矜式。非好譽也，體例然也，吾用是有感於壽相二母舅矣。

舅諱邦奏，字伯樂，昆季四人，行居次。舅强仕以前吾不知，就親承所見聞，有不可湮没者非一焉。

伯舅無禄，青年謝殂，親老弟幼，家政身任不待言。初生一子僅三週，慨然曰："古人重天倫，吾不可使長兄無後。"遂以長子德乾入繼承祧。伯舅母宅口陳，未出閨房而卒，葬母家，德乾長命卜吉合壙。舅往姻家告白，姻家疑年遠未知形骸有無。舅曰："姑指點我。"一見喜曰："幸謝姻家，形骸必有。"啓穴果然。其目力高人一等，雖輿師不是過也。

母没服闋，不時向諸孫語曰："吾母穴地則可，奈帶北苦寒何，須負寢苫以蓋之。"斯善耳，推其心有事死如生之意焉。

同治間，里中議建宗祠，咸舉舅爲董理。舅即毅然自任，不憚勞，不矜功，家僅饘粥，慨出己資拾餘千文以勷斯舉。越數年而寢廟告成，神佑畢奠，舅之力實居多焉。厥後積産富饒，門閭增廓，《禮》所謂"營宫室必先宗廟"者非耶？

德性醇謹，儉約自奉，撫二弟怡怡如，誨子侄必以忠厚爲先務，有馬伏波誡子之遺風。時而里鄰中或以乾餱起釁，或以睚眥成仇，致興雀鼠之争者，舅爲之剖析調停，遂有以潛消梗頑之氣，而鄉鄰以睦，風俗以醇，識者比之王彦方、陳仲弓云。由前而觀則事亡之道有焉，由後而觀則待存之道有焉，此皆不可湮没者也。

迨年邁古稀，鄉紳士咸以舅年高德劭，薦入賓筵，縣儒學給與"碩德可風"四字匾額，以示褒揚。人皆以爲榮，舅若不色喜，所喜者每日飲茶數瓶耳。昔唐玉川子有茶癖，著有茶歌，而舅與有同嗜焉，舅豈其苗裔耶？舅母陳氏，克修閫德，齊眉偕老。子二：長即德乾，予之姊丈也；幼德意，皆克家肖子。孫男七，局中與襄校譽名秉貴者其一也。曾孫四，皆頭角崢嶸，不減謝庭玉樹。享年九旬而考終牖下，洪疇五福、華祝三多，舅殆兼之矣。

予猶憶舅耄年，春正往賀新禧，酒闌燭跋，時童顔白髮，曳杖逍遥，呼予而言曰："予有三樂，甥知之乎？"予對曰："莫非列飲賓、多男子、享大壽乎？"舅曰："甥知其一，未知其二，我樂爲爾言之：予一生無疾，不須藥物，健於衛叔寶，一也；衣食粗具，無事求人，富於黔婁，二也；往過來續，目見多人，壽於姜公，三也。予有三樂，而列賓、多男不與焉。"予曰："舅真陸地行仙也。"滿座哄堂一笑，驩然而罷。

時光緒三十二年丙午黄鐘月穀旦，外甥郡庠生陳鴻拜撰

（選自第二支中盧《靈山盧氏宗譜》民國壬申年重修本卷之九）

貞操表異

《汝墳》之化，起自周南，是知閨閫固風教所關也。矧賢婉之風，冰霜之操，非有四方聞見、古今範模、學問砥礪之功，而能克由於禮者，要皆天植其性然也。

我國家旌揚固盛，類多上達無由，卒至湮没，良可慨哉！敬搜其逸，登之譜表，用闡幽光，以垂不朽。

貞女應氏，乃五雲望族，元季至正時人也。姿容俊雅，動履端莊。悌一貢元諱壽者，從幼求爲次子思洪配。至洪弱冠，氏方及笄，雖未過門，以姑表舊誼慶吊相往，想有所見也。洪之嗜學志切，父之課責尤嚴，讀書勞苦，患怯而亡。氏聞痛甚，水漿不入口者旬日。父母慰之曰："阿郎雖逝，佳配猶存，何乃苦切？"聞益哀號，不數月亦斃。遐邇聞者無不酸心，有爲之辭者曰：

紅顔未嫁夫先死，轉面再嫁亦相似。未亡如諒死者心，死者如羞

生者耻。生前已達妾姓名，妾心亦諳郎姓氏。擘臂金釵是誰買，花箋錦字妾心喜。郎今冠兮妾及笄，看郎英聲昭泮水。一年一度到妾門，阿父歡迎拜復起。郎兮想妾應在心，妾兮倚郎如山峙。姻期適在二月初，郎整衣衫妾整珥。兩家望慰父母心，忽言郎疾已莫理。淚暗零兮心暗羞，側耳聽之難啓齒。倏爾訃來妾獨哀，慟地號天莫自止。忍簪舊花鈿，忍嫁圖後祉。含淚握金刀，斷髮誓莫徙。誰言俗子心，願妾無終始。郎身骨血尚未寒，媒議紛紛傳風旨。阿父浪傳聲，輕諾諒不泚。父意既如斯，妾身何自鄙？不如赴泉司，肯爾同犬豕？嗟嗟輕薄輩，朵頤空染指。妾死愧二心，令人追芳趾。我來摭辭泣，千秋萬古昭青史。

右詞見《縉雲縣誌》

（選自第二支中盧《靈山盧氏宗譜》民國壬申年重修本卷之十）

議員盧寶林表兄行傳

歲在壬申，適值人模賢侄而來，告曰："今冬敝族纂修宗譜，敢乞一言以爲先叔公傳。"余曰："唯余素不文，安以揚其萬一哉？"

謹按其人諱正桐，字寶林，係太學生鳳鳴公之季子，處士俊升公之胞弟也。幼習儒書，長肩家政，與余相交最久，相知有素，其生平事業均在洞鑒之中。

憶前宣統三年，創設自治章程，蒙崔知事派員下鄉，選爲自治議員。作事則時止時行，御衆則以寬以猛，各守天然之職，不干分外之財，其潔己奉公有如此者。迨至民國成立，又蒙魏知事辦理清鄉，共負職責。詎料事未告成，而謠言迭起，地方無知愚民被其煽惑，墮其術中，約計千有餘人擁門敲毁，損失匪輕，其因公受累有如此者。未幾蒙清鄉會辦劉督同清鄉委員徐率領大兵，按名緝拿，就地正法，罪其黨，尤罪其魁。再令員警所長王會同地方紳士勸妥息事，惟命是遵，其急公好義有如此者。至於鄉里之内，凡有鼠牙雀角之争，得兄一言則安然無事，恍有魯仲連之技能。此皆生平持躬接世之大略也。

安人鄭氏，家室相宜，内外兼理，可與敬姜比美。子六，皆能克儉克勤，操家不懈，惟幼子肇炮而能繼志述事，正可謂承先啓後者大有人也。女一，適陳門望族。孫二，均頭角崢嶸，其發祥正未有艾。

兄生於同治甲子二月初二巳時，卒於民國戊辰閏二月廿七日酉時。余之見所見不等於聞所聞者，因即所見之事，而略陳一二，以垂示厥後云。

時中國民國二十有一年歲次壬申小陽月全浣穀旦，前自治議員歷充保衛團團總兼户口登記主任、獎給五等嘉禾章現選第七區區調解委員、愚表弟爾珍黄體元頓首拜撰

（選自第二支中盧《靈山盧氏宗譜》民國壬申年重修本卷之十）

上士人起傳略

人起，字子秀，清季鼎革，由行伍知名。

幼聰潁，從其祖父俊升公讀，與之講解，便能領悟，群以不凡目之。惟以困於家境，不數年即舌耕訓蒙於鄰近各村，藉以補習，思有所造，爲顯親揚名，無如國體變遷，制科停罷。

甫弱冠就有志從戎，竊效班定遠所爲，投筆而出，徑入陸軍步兵第六十一團，勤求學術，以應當世急務。由滬回浙，曾於軍士教導團畢業，提升上士。其在軍中，服從命令，恪守紀律，上官咸器重之，朱都督瑞給以銀質奬章，此其明徵。嗣在外日久，孺慕情殷，歷幾載歸省，不徒椿萱並茂，乃弟人模方在初小校攻讀，頗有進步，而且尚稱重慶，家庭雍睦，至足樂也。

髮配史氏，少年鴛鴦，琴瑟静好，宜其戀戀於家，不復以國事爲念。誰知别具襟懷，萬不願閨閣牽情，致短英雄壯氣。歲戊午，適都督吕公宣告浙省獨立，又乘時出，轉投行伍，尋由浙開粤，編入敢死隊。每戰以身先之，衝鋒陷陣，毫不畏縮，卒至爲國捐軀，殺身成仁。

時年二十有六歲。耗聞，舉家哀悼，即邦人士均爲之悲感。上峰追贈以“忠勇可嘉”獎額，並給恤其家屬，俾食報者。數年後，返葬杭州西湖邊，令人千秋崇拜。詎非天之有意，苦其生前，正欲榮其身後乎？尤難得者，一行歸省，即舉遺腹子一，名修純，嶄頭角，早經畢業於高小校，且將成人授室矣，前途遠大，究未可量，是乃所謂報不於其身必於其子孫也。今其人雖往，而行誼不與之俱往，爲予表侄肇楨君長男知之最稔，爰不揣膚庸，約略而爲之傳云。

時中華民國二十有一年歲次壬申雙十節穀旦，省立第七師範最優等畢業歷充軍警記室眷生陳其殷撰

（選自第二支中盧《靈山盧氏宗譜》民國壬申年重修本卷之十）

附　吊表兄盧人起文

人既有生，罔不有死。然死有輕於鴻毛，有重於泰山。輕於鴻毛者，謂死於非其事、非其時、非其地也；重於泰山者，謂死於其事、死於其地也。輕於鴻毛者被人家之唾駡，重於泰山者受人家之崇拜。故人雖罔不有死，然得其死所者百不一二。

噫，人苟欲流芳千古也，不可以不善處死。

竊維吾表兄盧人起者，中盧俊升公之長孫、肇禎君之長子也。生而潁敏，長通詩書，後投筆從戎。時方浙省獨立，都督吕公望募敢死之士衝鋒陷敵，吾表兄即慷慨應召，受奇計，蹈水火，毫不知避。迨後大功雖成，而浩氣格天之吾表兄竟粉身碎骨於槍林彈雨之中。噩耗傳至，舉家哀慟。

吾今追悼往昔，誠有大其死者。昔馬援嘗曰“男兒當志在四方，以馬革裹屍還葬”，孔子曰“殺身成仁”，孟子亦曰“捨生取義”，此即吾表兄之謂乎！况吾表兄爲解除民衆痛苦之事而死，可謂死其事也；於衝鋒陷敵之時而死，可謂死其時也；在疆場角戰之地而死，可謂死其地也。死其事，死其時，死其地，可謂死得其所也。死得其所，可謂死

重於泰山也。吾鄉二萬衆固皆不能免死，然能得死如吾表兄者，未來固難卜，過去鮮有匹也。故吾爲是文而吊表兄，實爲賀表兄，賀表兄之死重於泰山也。

嗚呼，方今倭寇侵淩，堂堂中華朝夕不保，有志之士鑑吾表兄之當知時機之不可忽。又因一人不能作二度死，而死不可不慎也。

時中華民國歲次戊午秋正穀旦，永康通俗講演員表弟陳哲明稿

（選自第二支中盧《靈山盧氏宗譜》民國壬申年重修本卷之十）

衍三十一安人孔氏傳

夫人生大塊間，處順境而盡其在我者易，處逆境而不背於理者難。故大舜不遇頑父則孝不聞，比干不遇暴君則忠不顯。豈獨丈夫，女子亦然：不有斷臂投崖則貞不著，不有剔目割耳則烈不彰，此特一時感激，不負所天，似可勉也。然不若從容守節，鐵石其心，冰霜其操，仰事俯育，垂白終堂，尤爲難也。

予岳母孔氏，歸岳父盧三十一君家十有餘年，甫二十九歲，當嘉靖甲寅十月廿四日，倭夷寇台，潰出馬鬉嶺，將指永康及東陽矣。鄉之人聚義兵禦於吕村之地，岳父以壯勇衝鋒而遇害焉。岳母擗踴哭泣、哀毁欲絶者數四，久之乃自以爲非難於一死也，堂上雙親孰與事之？膝下諸孤孰與撫之？矢心苦守，拮据治家，紡績以助衣食，備嘗艱困，僅僅不甚至寒餒耳。事舅姑以壽終，撫兒女以成立。四五十年間無嗟怨聲，人皆賢之，以爲克盡婦道，閫德無瑕。三男一女，傷哉貧也，不能揚母之節，伯仲文豪、文傑，先母而卒，惟季男文富，奉養終身。享年八十有七。

今修家乘成，忝半子，不忍没母之善，聊叙其實以爲傳，兼風後之閨範云。

時萬曆四十七年歲次己未春三月人日，外子吴寧陳仲成拜書

（選自第二支中盧《靈山盧氏宗譜》民國壬申年重修本卷之十）

節婦盧用明安人陳氏傳略

節婦陳安人，安文陳啓經公女，華二十一用明公配也，性貞静，嫻内則。甫及笄，適配盧門，爲用明公佳偶，操井臼，勤織紡，一切中饋事處之咸宜。姑早喪，事舅盡孝，飲食供奉，愛敬兼至，夫婦相敬，如賓如友，和妯娌，睦親鄰，終身無疾言遽色。

無何，康熙庚寅冬，用明公染痘疫，醫禱勿效，時安人年二十有八，生一女，方離懷抱，且又家計蕭條，饔飧不給。或有諭其再適者，安人正色以拒曰："余之不即從夫於九泉者，以有遺孕在耳；如有異志，他日將何以見夫子地下乎？"脱簪珥，屏服飾，越數月而舉子，曰遺腹即敦望是也。安人益勵志《柏舟》，恩勤撫育。稍長即爲娶婦以綿延嗣續，雖四壁蕭然，形影相弔，晏如也。

乾隆御極之元年奉詔：婦人有年三十歲以前夫亡守志者，許本家及鄰里以其事上聞，給建坊旌表。時家族以安人報，隨奉縣及儒學給以扁額，曰"筠貞節勁"。旋奉學師劉諱顒看詳各憲曰：看得故民盧國欽之妻陳氏，秉性幽貞，持躬淑慎。琴調八載，相夫子而宜家；鏡破一朝，保孤雛於遺腹。飲冰茹蘗，髢以盟心；操臼鳴機，孱焉持户。今現存五十七歲，計矢志二十九年，遍歷辛勤，克完勁節，洵屬幃房之正氣，堪膺盛世之榮褒。爲此云云。惜安人即於乾隆二年六月以疾卒，而其事遂寢，時年五十有七也。嗚呼，安人以青年矢志，誓死靡他，遍歷辛勤，克完勁節，雖不獲邀榮褒於朝宁，而其秉性之堅貞，誠有貫金石而不朽者也。爰爲序其大略，以俟觀風者之採擇焉。

（選自第二支中盧《靈山盧氏宗譜》民國壬申年重修本卷之十）

芳三十二惟澄公傳

公諱希涓，字惟澄，行芳三十二，茂廿一公四子也。

距今數十年矣，予不獲親炙休風，心甚悵然。雖然，人生磊落，多英聲，名藉藉，生則榮矣，没則已焉。公至今猶嘖嘖人口不置。非公之有以光前啓後，何能没世不忘若此？

公娶俞氏，繼娶陳氏，丈夫子三，長應渭，仲應澤，季應洪。予亦不獲晤其人。乃孫用禮公與予相知久，其貌魁梧奇偉，其性正直和平，鄉鄰有鬭，往救必急，濟貧恤乏，解囊不吝，不畏强禦，不侮鰥寡。其爲人也甚爲里黨推重，嘗謂余曰："芳三十二公，亦吾家之雄也。翠峰禪寺頹廢已久，吾祖力匡扶之，以無忘先世淳三公意。兵燹頻加，田畝錯亂，吾祖力回剖晰，今與子侄輩得相與安居樂業，皆吾祖之賜也。"

予向往久之。適今家譜告竣，自當爲之追溯前烈，以示來兹，雖約略不詳，而芳三十二公卓犖不群之慨與用禮公之所以承先裕後者，亦燦如指掌云。

時康熙六十年歲次辛丑孟春下浣之吉，邑增廣生陳璋頓首拜撰

（選自第二支中盧《靈山盧氏宗譜》民國壬申年重修本卷之九）

芳八十五親翁景華公序

景華姓盧氏，諱希銓，字惟英，景華其别號也。兄向明，當明季自永康遷於仙居夏閣地方，見風俗之醇厚，人物之殷盛，自尚書公以來，詩禮相承，累代不絶，嘗稱爲"台郡之冠"，遂切切而同慕不忍去，就其所處，是礪是鍛，亦將欲保世而滋大焉。雖天嗇其遇，志尚未克遂，然其爲人軒昂磊落、慷慨有氣節，且道氣迎人，不與世忤，衍於家，著於鄉，孚於遠，咸尊禮之，莫不爲之敬服。

而善於治生，置産植業，累積千金，居之宴如也。人有急難，傾橐以賑之不吝。鄰里有争鬭，折以一詞。養男育女，或嫁或娶，無不備禮，其聯姻大約與應氏居多。本縣嘉謀祈公、延祺王公，尚其節義，累旌賓筵，給扁數次，以獎其賢。惜運際其厄，兩遭兵燹，一被回禄，家業蕩然。猶幸天錫其壽，目觀子孫玄孫與子侄輩不下六七十許。其

子以父是歲爲九十壽，先期乞行狀於余。余自愧言之無文，行而不遠，恩拔十有餘年，未得半輪一職，碌碌無奇，安敢弄斧以貽作者羞？但余知景華素，且景華配余妹，余次子又配景華女，親交益密，義不容辭。景華年九旬，余年已過八十有四，姻戚兩老曰耄曰耋，亦甚罕遇，因爲之約略其概曰：

優於才兮韜其光，厚於積兮含其芳。謀其身兮允而臧，庇其後兮宜大而昌。飲且食兮吉而康，無不足兮其所望。斂其神兮延其壽，滿百歲而尚未有艾兮，終其世以徜徉。

時康熙五十八年歲次已亥孟秋之吉，湖州歸安縣學教諭眷侍教生岵瞻氏應堅頓首拜撰

（選自第二支中盧《靈山盧氏宗譜》民國壬申年重修本卷之九）

榮四十三太翁仲甫盧公傳

今夫人生天地間所以卓犖不凡、光前烈而裕後昆者，大要有三，曰才、曰德、曰量而已。有德而無才，其失也腐；有才而無德，其病也浮；有才有德而量有未宏，則其享福必不備。持此以相天下士，蓋甚難之。若盧太翁仲甫公者，其庶幾焉。

公，處士君英公冢子也。英公饜飫經史，耕耨詩書，命公之名曰“應嵩”，字曰“仲甫”，殆有取乎嵩高生甫之意乎，屬望公者誠非淺鮮矣。公幼穎異，初就學輒以神童奇之，奈遭兵燹，流離顛沛無虛日。公方弱冠，奮然曰：“父書可讀，予之志也。家政廢弛，予之責也。”爰是不辭艱苦，淬勵儉勤，漸致殷富。田肥美，堂搆新，家聲丕振，非復先人之舊矣。至糧畝累陷，患入骨髓，乃洞燭絲毫，條分縷析，致令若子若孫安居樂業，公之賜無窮哉！謂非才之迥異尋常歟！

而其德則猶有進。當甲寅閩變，四方騷動，孝義僻處山陬，界連五邑，奸宄出没非常。當是時，捍牧禦者惟公，聯社甲者惟公，一鄉賴以安堵，迄今頌公之德於不衰，所謂藩宣有賴，當不過是。至若發貯

蓄以賑饑荒，捐貲財以成婚娶，解衣衣人，推食食人，德之及於閭里者不可枚舉。且能白不白之冤，伸不伸之屈，盈門哭訴，片語解紛，幾致讓路讓畔，能令忘怨忘仇。非德之足以化頑讒不能至此。

宜乎克享期頤，年七十而矍鑠異常，此之謂仁者壽也。娶松山陳氏，白髮和諧，無非無儀，克相夫子，此之謂琴瑟好也。丈夫子三，伯國俊，仲國伋，季國修，彬彬有禮，温雅可人，保家令子也；昆季相宜，終無忝德，紫荆榮茂也；蘭孫滿庭，十有二士，雍雍濟濟，皆大就之器也。是以郡邑聞其高風，賓筵首薦，雖不能策名天府，亦可謂拔萃一鄉，何榮如之耶？説者謂天之福公，何獨厚至此？抑知以義爲利，於財則寬；犯而不校，於氣則忍。尊師重傅，藹乎可風；恤里睦鄰，温乎足挹。雖遇下賤而不驕，即對貧窮而不吝，此皆其量之海闊天空，故宜其福之罄宜川至也。邑大夫嘉其品，重其德，尊其壽，屢加褒獎，給以扁額，一則曰“德壽兩尊”，再則曰“彝倫模楷”，殆所謂名實相符者歟！

公産於靈山之陽，其山曰“靈”，則其人必“傑”。惟公之傑，則其山斯靈，公真能無負乎命名之意矣！況公之先人，自淳三公十居以來，代有偉人，得公之克承祖烈，佑啓後人，非卓犖不凡足以光前而裕後者哉！公之三孫敦璩，予婿子也。余與公酌酒談心有素，公之品行，予所素欽，公之爲人，予所熟悉，故樂爲之傳。

時康熙五十年歲次辛卯仲春之吉，邑增廣生眷侍教生陳璋頓首拜撰

（選自第二支中盧《靈山盧氏宗譜》民國壬申年重修本卷之九）

八十壽君仲仕盧親翁傳

人言“五福”，多諱言考終命。殊不知福壽固難，而考終命尤難，要惟攸好德者庶足以致之而無難。若夫德有可嘉而福與壽齊，而且考終命有特異者，則莫如親翁焉。

公諱應庭，字仲仕，其先自淳三公十居伊始，以至舒七公分衍以來，數百年於兹，積德累仁，貽公多福，此猶盧氏之所同也。所異者，淑配陳氏，克勤克儉，無非無儀。有子二人：長國雲字用清，忠信明決，鄉邦重望也；幼國賜字用紳，循謹端方，保家令子也。蘭孫繞膝，濟濟彬彬，後未有艾也。有妻孥之樂而無家室之憂，何福如之？猶異其享年八十有二，自朝至夕飲酒自娱，遇親朋大賓豪興如同年少，爵以大斗，終日無倦容無失色。壽或有如公者，其能如公之矍鑠乎？

更有奇者，公雅好今樂，一日演劇，與衆並坐談笑竟日夜，審音律，題美惡，不差累黍。及歸，酣飲而卧，忽命家人來前囑曰"予將逝矣"，諄諄以詩禮爲訓，無一言及私，問其他則曰"吾無一事貽子孫憂"，遂卒。嗚呼，人皆有死，必如公始可謂之考終命耳！

或曰，天之厚公，何一至於此？予曰不然。天道難憑，惟德自召。考公之生平，足跡不履公庭，急公恐後，可謂忠矣；事二人不留餘力，弗貽羞辱，公常貯積，出入絲毫不苟，以致祀典豐裕，公之力也，可謂孝矣。一介不與，一介不取，非苟以持己者不能；與世無忤，與物無貪，非恭以接物者不能：公之所爲，皆盛德之至也。意天必曰有德如是，設不佑之以福，保之以壽，使之康寧以没，其何以爲修德者勸？然則公之福也，壽也，考終命，皆德之所致也。予次男，公季婿也。恨不獲親炙休光，熟聞訓誨，第公之所以獲享全福，昭昭在人耳目間，予特表之，庶使知公之所以致此，良非易易爾。

時康熙庚子季冬中浣之吉，邑增廣生眷侍教生陳璋頓首拜撰

（選自第二支中盧《靈山盧氏宗譜》民國壬申年重修本卷之九）

孝義汝玉君傳

余鄉之以"孝義"名也，不知始自何人，而余族之可以當此而無愧者，竊以汝玉爲首推。

汝玉諱敦球，乃用祥公之子。生平有志操，敦倫若嗜，趨義若鶩。

早喪父，恒以不及奉養爲恨。初娶羊氏，生二子，曰邦麒、邦龍，俱早世。二女，長適羅，次適羊。繼曹氏，有賢行，生二子，曰邦敬、邦勤，一女，適於陳。生卒詳載行傳，不贅。

年六十有一而死於獄，宗族鄉黨共悲之。嗚呼，汝玉其不死矣！蓋汝玉之死也，非爲身死而爲祖死，且非爲己死而爲人死也。

族之隔山，有古基地二畝零，基之後又有祖墓在焉。其基原爲汝玉與其叔用春、用化之常業，居鄰吕公彩欲得其地而作室者，不知若何其營謀矣。乾隆元年間，密令用化出而售之，復不計用春之股業已於雍正十一年出售韓，並令用春之子汝文出而售之，而汝玉概不與聞。

至乾隆五年，公彩將有事於作室，始則餌以重價，繼又誘之分界，而汝玉不從。不謂公彩以三分之基已有其二，自料可以統一區宇而無難者，率其子弟，辟其基址。而汝玉計無所出矣，不得已而移其父之骸骨葬於其地之東南，並令韓玉等而移其弟之棺柩葬於其地之西北。亦謂夫如是始足以杜公彩之貪心，而保先世之故隴也。夫何未踰旬日，而發掘毁棺之禍以起。

夫發掘墳冢，開棺見屍，爲首者絞，爲從充軍，律有定例在，汝玉亦甚望有明君爲之治其罪以泄其憤耳。乃各憲以好生之德爲湯網之開，其用化、汝文售賣之契斷令汝玉贖回管業，而公彩僅以徒杖發配，抑且乾隆十一年春徒限未滿遇赦回籍。在汝玉固有目擊而心傷者，豈知掘毁之恨未泄，而公彩之勢益張，復恃有汝宜後勘之基契未繳，即於是冬，鳩工庀材，不晝夜而構成房屋七間。汝玉之恨因之而滋甚矣，乃令族中之忿不平者各奮力以毁其房屋而後已。孰意房屋毁而公彩並不知其死是誰手耶，衆各悚栗，汝玉乃毅然以抵命自任，即自投縣服罪。司府各憲有欲爲之開罪於人者，而汝玉堅供自認，絶無片詞旁及，遂以斬罪監候擬決。嗣是拘繫於囹圄者數有餘載，衆共危之。迨乾隆十七年冬大辟將臨，而先期疾作，荷蒙恩主傳集妻子奉養調治,越旬日而死。

然則汝玉之死也,雖死於法而仍不死於法也,命矣夫!

夫汝玉何以不死於法而死於命哉?蓋汝玉非爲身死而爲祖死,孝也。且不爲己死而爲人死,義也。惟孝與義冥冥之中自有陰相而默佑之者,其不死於法也固宜。且汝玉爲祖死非爲身死,爲人死非爲己死,即死於法而不死於命焉,其孝義不有可以光泉壤而昭史册者乎?

嗚呼,汝玉其不死矣!特爲志其志操,以示不朽云。

乾隆歲在甲戌仲冬上浣,合族同志

(選自第二支中盧《靈山盧氏宗譜》民國壬申年重修本卷之九)

伯徵翁行略

從來人以地傳,地尤以人傳。泰山巖巖,魯邦所瞻,《詩》詠之矣,滄浪亭得蘇子美之記而傳之,是知人之傑者與地之勝者互相流傳。

余鄉靈山渭水,雖非汪洋三萬六千頃,奇巖秀石,層巒横嶂,七十五峰,而山明水秀,鍾靈不凡。有一人焉諱邦方僉,伯徵其字,秀出人群。好讀書不求甚解,敦實行不釣浮名。才略雖多,自負謹慎,却亦無加,迥非僻處山林、好奇負異、視一世事無可當意者比也。入其門,女慕貞潔,男效才良,與之盤桓,罔談人短,靡恃己長。往來談笑者風雅文人,恍如虎耀龍見;秉正節士,儼似竹翠松青。宗兄仙庵奇之曰:"文理清通,事係宏綱,勇於自立,固非吴下阿蒙者。"兼精地輿,指南作於周公,論龍詳自伯温,其間上下議論,旁搜遠覽,所謂屈伸隱見、變動不居,確似見龍在田、潛龍在淵,技也而通大《易》之道焉。卜氏曰小道可觀,其此之謂乎?

至於翠峰寺院,越國公整頓廟宇,及淳三公修葺,式廓其模,分作東、西二廂,大殿後先祖宗祏建焉。迄乾隆丁酉年,地豪霸佔,崩壞寺産,累世功勞一朝幾頓。祠中議舉上控藩臺,君獨任其勞,保守寺産,神有常享，不可謂非繩祖武者矣。

客歲，静波公税駕桑梓，見其言動雍和，福履駢臻，出數言以壯之曰："語爲和平滋厚福，心緣謹慎歷亨衢。"柳子厚曰：美因人彰。蘭亭也不遇右軍，則清湍修竹亦蕪没空山，翁何幸得數君子揚芳頌禱，亦若山增而高，水瀾而廣。

淑配黄氏，儉以自奉，豐以禮賓，彼君子女也。子德龍，務本業，頗能克家，娶陳氏。女三，長適後歷陳正喜，次適深澤陳啓管，幼適上横陳德梯。兹當譜牒重輝，余也雖非縱海翔霄之技，亦不敢以愚蒙辭，聊書大端以壽家乘云。

時龍飛嘉慶十年歲在乙丑孟冬月望後，眷弟陳國相、眷弟庠生羅希復同拜撰

（選自第二支中盧《靈山盧氏宗譜》民國壬申年重修本卷之九）

德沛壽翁行傳

嘗讀《洪範》五福。"五福"一曰"壽"，固人生所大願。微特曰耄耋曰期頤難之，則自艾而耆，而上之曰"老"而傳，求之於世，亦不多覯也，余竊有感於德沛翁焉。

翁之生平所事，予未得而知之，即以壽而推，良非有德者不易臻此。此古人云：大德之人必得其壽。翁之壽古云稀矣，翁之德何自昉耶？而幸適與其居相近也，日者造廬而向予曰：始自琰公於翠峰創古刹，公力何其鉅也。至十七業淳三公建造講法祠，所以供設乎公之主也。奈乾隆間，寺僧不慎，纖悉煨燼，後募捐四方，以致陳、鄭二姓欲毁壞其供設處。斯時力爲争訟，以存祖宗之德而復其舊者，翁之力也。

他如其族中宗譜三旬未輯，翁慮其久就湮，涣散莫續，遂仰承先志，赴祠會議，欲以一併翻修。族因資費浩繁，兼之常帑無多，而因循不果。翁復詢謀僉同，纂而續之。翁之德如是，是可以徵翁之壽矣。

今翁年至七秩，飲隆副饍，杖操鳩玉，精神矍鑠，猶之少壯，耳目聰明，宛如後生。理芒鞋而登邱隴，臨罷稏而灌桑麻，明則動，晦則休，户雖未盡豐盈而賓朋滿座，願言斗酒以合歡，而喜杯盤之狼籍，不減有陶李家風、管鮑交際。由朋友而推昆弟，則塤篪協奏，棣萼交輝。《詩》曰"兄弟既具，和樂且孺"，惟翁之謂歟！

淑配羊氏，淑慎其身，終温且惠，善相夫子，相敬如賓，舉案齊眉，白髮偕老，享年週甲零九，猶勤紡織，朝夕不匱，洵所謂賢内助也。子三：長秉賢，力田務農，自知稼穡艱難，已折庭前荆樹；次秉軒，三秉玉，胼手胝足罔逸，東西播種，自爾克紹箕裘，將來恢宏先緒，丕振家聲，正未可量。厥孫正才、正鎰，頭角崢嶸，靈敏異常，既能荆砧之諧好，復得蘭桂而騰芳。非翁之積德，何能致斯乎？《閟宫》曰"俾爾熾爾昌，俾爾壽爾臧"，曾可爲翁慶耳。玆因華乘續修，不揣固陋，略叙數言，附諸梓末，以傳不朽云。

時道光廿一年歲次辛丑小春穀旦，邑庠生大塘洋宗侄點魁拜撰

（選自第二支中盧《靈山盧氏宗譜》民國壬申年重修本卷之九）

福六十四秉楷翁行略

翁諱秉楷，字克和，係德輅公之季子也。幼習舉子業，從歲貢吕鳴盛先生遊。見其性情温和資質粹，嘗以可造目之。及長，考翁故，母氏陳内外不能兼理，因以兄弟分爨，翁遂棄學而習耕焉。及翁事母氏，朝夕不離左右者歷十有餘年，而其敬謹之心未嘗少懈。

母氏卒，服滿後，翁謀於外兄監生黄宗淳，並考翁同改厝於"觀音盤坐"勝地，翁之於先考妣生事死葬咸有禮焉。至於事伯兄秉選誼篤天倫，事仲兄秉信分全天顯，有猶子五人，翁撫之，皆恩義並至。則遇宗族中之患難者，翁出婉言以排之；鄉黨中之有紛争者，翁出直言以解之。所由信乎里閈，和服鄉鄰，人無不尊崇之也。

迨夫同治御極之元年，歲次壬戌，粤賊由金入永，竊據城池，外鄉

羅蚩尤之霧，吾鄉馳破敵之風。時有邑尊程公、教諭吴公、典史俞公，並邑紳潘樹棠、章慶培、胡繼勳等一齊來地，糾集民團，並募浙台健勇，翁實爲之先後也。是進則相攻，退則相守，吾永終能保守一隅而不受其毒害者，翁亦與有力也。翁非人傑也哉！

鼇與翁相交最久而相知最深，今翁年五十有四矣，余愧不文，未能爲翁壽，因貴族重修宗譜，遂不自揣固陋，即翁之所表見於世者約略數之，以爲後之採風者擇焉。

時龍飛光緒二年歲次丙子三月日，例封修職郎選用訓導、眷愚弟秀山黄鼇拜撰

（選自第二支中盧《靈山盧氏宗譜》民國壬申年重修本卷之十）

姑丈秉朝府君暨姑母黄氏安人合傳

姑丈以赤手成家，置有田産，穀貽孫子，以昌以熾，洵可謂能自樹立者也。古語云：醴泉無源，芝草無根，人貴自立；流水不腐，户樞不蠹，民生在勤。吾聞其語，吾見其人矣。

我姑丈雖以曲藝名家，雕鏤刻畫靡不精工，手腕之靈能造空中樓閣，形形色色，愈出愈奇，一時哲匠之選也。天性賦厚，不與人争，操作之時，勤劬終日，雖連宵達旦亦無倦容，可見其得天者厚，持己者嚴，以故日積月累，富有贏餘，終不見其卒業以嬉也。

然勤則勤矣，勤而且儉，尤爲難得。他人儉不中禮者多，惟我姑丈儉於持己，豐以待人。每見其好延賓客於家，出其酒食殷懃相待，里閭過從者咸得盡歡以散，而且歡飲必招乃兄，兄若不至，則愀然不歡。其厚於賓朋既如彼，而其篤於兄弟又如此，此亦人所難得者也。人第見其衣粗襤褸，反揶揄之，則失我姑丈之真矣。姑丈以節衣縮食之餘成漸裕小康之境，豈非能自樹立者耶？

我姑母之來歸也，爲余叔祖之女。公子當時相攸，未得余祖父一見，姑丈輒心許之，以爲他日必能光大門户者，遂納其聘而歸之。歸

時其家未裕，歸後其家漸充，克勤克儉，助夫以成其家。連生三子，曰正燈、正照、正梧，幼時督訓甚嚴，不遺餘力，務使各就正業，以爲他日立身之本；復因伯叔無傳者，遂相繼以傳其後。長、次、幼三房均各有主祀之人，而先人之心慰矣。我姑母善治中饋，好助夫以延賓客，往往杯盤狼籍，毫無吝色，談笑之間，慷慨有丈夫氣，善治内亦善治外。我姑丈得以盡力匠作，出外營生，無内顧憂，皆姑母力也。晚年有子有孫，三代同堂，欣然色喜，分爨後各能撑持門户，無忘家教。

我姑丈先卒，享壽六十有八，姑母後卒，享壽七十有四。余不見姑母已數年矣，表弟正燈輩恐没其先人之德也，適因譜牒重新，屬余爲傳。余雖年邁昏憒不能成文，特以義不容辭，遂約略而傳述之如此。

時中華民國二十有一年歲次壬申一陽月上浣穀旦，任江蘇邳縣總務科長内侄黄謙益謹撰

（選自第二支中盧《靈山盧氏宗譜》民國壬申年重修本卷之十）

静庵先生傳

按，諱泰字世安，號静庵，周世宗庶子炯之八世孫也。

炯字宗照，因宋受周禪，易名姓爲盧璿，世居汴。璿生可，可生仲賢，仲賢生漢，建炎丁未以謀達薦爲樞密承旨，癸丑授行在南國金吾上將軍，扈蹕南渡。當世離亂，函祖父宿骸而行。其先璿之外家珪臨安人，亦以亂居永康，漢至是因之。

漢生芮，芮生良璧，良璧生梓，梓生泰。當珪之徙也，弟敏亦居縉雲，泰與敏之子大雅友善，數以騎獵縱遊縉雲山谷，輒愛虎巖之奇秀，且有石龜吐泉之景。咸淳間，泰竟自永康孝義鄉徙遷至。一日忽亡豕，及獲豕，豕棲東窖，孳息十餘。泰更奇之，又即其地徙之爲中宅。既而崦出白竹，瑩如白玉，遠近聞之，遂稱白竹盧氏。

雄據一方之勝，名山大澤風氣淳厚，當括、婺、台三郡之交。其後

蔓衍章墩、暘坡、西坵、長潭、龍溪，皆不逾十里餘，巍然開千百鐘鼎之業於户階之間者。教人種植治生，麻枲、絲縷、棗、栗、梨、柿、穀、粟、米、麥、桐、梓、松、櫸、桃、李，百物具備。泰以智度而擅其積，商旅出途，貨不棄地，誠負封君茆土之權者。暇即搜獵諸家，淹貫藝術，凡區畫皆出創立，不襲陳跡。論古今成敗得失，上下數千年較然如指諸掌。尤善發樂毅、申包胥、張良、諸葛亮之秘，若懷千古之憤者。於戲，公之遷白竹也，非淹貫藝術、垂創宏裕者不能。樂毅、申包胥、張良、諸葛孔明，世雖不同，皆三代以下奇偉人物，所謂千古之憤者。豈樂毅之不能復燕、申包胥之不能救楚、張良之不能全韓、諸葛亮之不能成漢與？公之憤可知矣。然則世宗之不能無憾於宋，亦將如之何哉？公能衍其系脉於盧，爲白竹千萬年守祖宗禮樂之緒，公之志有終矣。

兹閲盧乘，特爲公傳，所以遺忠臣孝子之思也。

京衛武學教授松陽徐夢易

（選自第三支《白竹盧氏宗譜》民國庚辰重修本卷二十九）

明十七礽公傳

天台　張熙

公諱礽，字某，號春崗，經筵檢閲公壽之仲子也。生甫八歲，檢閲公捐客，公即穎出群輩，以禮自製衰杖，哭踴如老成人，凡喪葬、賓客、伯兄論列，公亦與咨議。

公當世運中阻，卓然自立。時巨姓楊者據要鄉閭，忽作路爲往來侈觀，凡經行者須置若干石於路以助工。公聞之，行不出其境，竟自闢一道自山而出所之，其志氣忠梗，不爲世屈若此。人皆憚之。楊畢以女婚公，公則創建，極其殷裕，勢漸逼楊，田宅庫墓率歸於公。公以凡山川之精粹處，任其區畫，擴大盧氏之業者自公始。

公又不樂仕進。當元革命之時，草莽豪雄蜂起，人亦側目於公，公畢裁之以義，列棘封垣，自成家道，雖謬昧輩無敢犯公鄉閭者。至於鄰里有構結，必面折其非，人皆服從。公雖處林莽，讀書賦詩，至老不倦，興至則觴詠以侣樵牧，可謂樂道於世亂者矣。

（選自第三支《白竹盧氏宗譜》民國庚辰重修本卷二十九）

明十七府君礽公墓誌銘

先生生於景定癸亥年，甫八歲即失怙，先生遂能服制禮以行孝事，年及冠而世運中革。

祖母陳暨母曹，皆孀居誓節，婦姑同志，介介自守，集先生於荼蓼中，教以義方，至脱簪珥，俾就外傅，以卒其業。先生且賦性明敏，痛念孤苦，自髫齡即好問學咨教詔，凡所以養生之道，務求其要，尤勤於播種，而恒以力農重本爲事，後極剏建，以成世業。

未幾而祖母即世，獨承喪葬，一循家禮，罔有纖失，惟養其母，而朝夕承順，愈極恭謹。奉母以壽終，哀毀骨立，以營葬事，人咸以孝稱。既久而過寢廟，必嗚咽流涕，狀若初喪，凡遇歲時伏臘，務齋素以承祭祀。且宅心忠鯁，不爲世屈。鄉鄰有構結者，必面折其是非，人皆服從。故孝弟稱於家，忠信孚於人。延賓取友必極歡笑，讀書賦詩至老不倦。興至則觴詠以侣樵牧，聯篇累牘，積萃成帙，有《樵牧集》傳於世。

先生當元革命之時，草莽蠭起之日，亦能奮義從靖鄉邑，而元臣録功授職，先生恬不樂仕進，甘以詩書佚老。配楊氏，克勤敬戒，婣族歸厚，先先生二十年卒，春秋六十有三，泰定丁卯年十一月十有七日也。先生由是屏去家累，營别業於揚名山之原，創祠堂若干楹奉先，以天年終。生子三：長曰杲，爲士林楷模；次曰森、曰樞，皆底成學。女六，皆歸名士。孫男五，繩繩未艾。嗚呼！先生以少孤自樹，卒爲鄉耆英，年高益自勵，事皆可紀其成德也。今有孤而能論撰其潛德以傳於後，是宜有銘。銘曰：

少孤而操危，是承其世；集茶而業巘，是持其志。廓清鄉邦，是崇其義；不榮其榮，以輕防禦；不名其名，以卑元制。學而忘年，甘泉石以自棄；才不時施，年益高而德熾。天啓元堂，揚名之地。勒此銘辭，永永弗替。

天台張熙

（選自第三支《白竹盧氏宗譜》民國庚辰重修本卷三十二）

長潭始祖尚十五處士森公墓誌銘

處士諱森，字仲茂，姓盧氏，爲周世宗之冑。八世祖諱泰，始遷縉雲，四傳至曾祖諱冬，隱德弗耀。祖諱壽，仕至經筵檢閲。父諱礽，號春岡，母楊氏。處士生於有元太宗十三年五月十八日，卒於至元十八年十月初三日，春秋五十有八。以至正元年十月二十日，葬於長潭鄭更之原。其孤道徵泣狀請余文，以傳不朽。

按狀，處士性資謹飭，器識宏大。浸潤詩書，有過庭之訓；幼作禮義，承文獻之風。不泥於事，不交於物，才德兼濟，行實變通。事父母至孝，怡愉婉容，雖勞憊無怠惰之色。少得時物，雖百里外，亦懷歸獻於親。所處兄弟，于于而友愛，與伯兄孟明甫協持門祚，處静自守。當元季兵亂之日，而所居之廬室慘經兵燹殆盡，後創建遷於長潭之鄭更，别置涼亭燠館，以延納四方賢士大夫，日以詩酒徜徉自怡。尤篤於教子，隆名師，親益友，不問遠近，必厚幣以交迎之。待族屬一出尊尊親親之義，接鄉黨惟以信義公平爲心，不屈於威武，不侮其柔弱，鋤强禦暴，公道是持。其於築橋梁、平道路，凡有濟於人者，恒汲汲焉。其行誼悉多類此。

娶周氏，有婦道，生子男四，長曰道徵，次曰道徽，曰道從，曰道侃。孫男四，曰玉，曰珪，曰璋，曰琳。嗚呼！士生天地間，生無聞於世，死無聞於後，是爲凡民也。今仲茂而有此行誼在人齒頰，又況子弟芬芳，請文紀行，宜有其銘，以傳示其將來也。銘曰：

於惟哲人，行踐於言，是有誠也；於惟哲人，信孚於人，是無僞也。誠也則明，宜裕後；信也不僞，宜齒乎壽。考德史臣，百世不謬。

教諭平陽周嗣德

（選自第三支《白竹盧氏宗譜》民國庚辰重修本卷三十二）

五峰先生杲公墓誌銘

處士諱杲，字孟明。考諱礽，母楊氏，生處士，自幼警敏嗜學。既長，概行端方，於書史百氏靡不涉歷。治《春秋》，抱才自高不試，服勤耕桑以事父母。親恙，迎醫治療，寢食不寧；親没，哀毁踰禮，喪葬如制，尤謹祭祀。教子孫以儒術。

弟夫婦早逝，諸孤呱呱苦無所依，處士教育之以俾成立。遇歲歉，發粟以濟貧困，皆不計其償。與人交以信，始終無渝。鄉里有紛争，必正色開諭利害，使釋然如故。元至正末，盜發青田，里族皆驚怖，處士挈家避括西巖，練習義族，相與嚴警，俱獲全於難。既平還家，值歲祲大疫，饑者周之，病者藥之，賴以全活者甚衆。所居之室皆爲寇所毁，因命其子道復作室墓石以居，仍結小齋於東置曰“斗室”，至老猶讀書賦詩不輟，夜即課子孫而論修齊治平之道。名儒碩彦相過，輒延入引觴共樂，極其傾倒。所著詩文爲《斗室詠》。斗室之前有山，五峰秀峙，因號爲“五峰先生”。

生於至大己酉年月日，卒於洪武戊午年九月廿六日，享年七十。配宋氏，永嘉教諭蓁之女，有懿範，前先生二十二年卒，葬於黄崗。子男三，長道復，次道衢，三道徹，皆前卒。孫男曰茂，曰菘，曰葆，曰萱。女六：曰寄，適同邑羊柏淳；曰園，適永康應貴；曰望，適本邑楊伯温；曰鑑，適永康朱起；曰寵，適永康應鑒；曰謹，爲羊伯韓室。玄孫男五人，曰用，曰甫，曰備，曰輔、曰角。公卒之後四年正月甲申，合葬於黄岡之原。爲之銘曰：

世濟厥美，學成於勤；行以善勵，孝篤於親。惠洽其里，厥德既新;享有繁祉,以裕後昆。五峰之下,東岡之濱;後之考德,勒辭貞珉。

包容德

(選自第三支《白竹盧氏宗譜》民國庚辰重修本卷三十二)

處士道復公墓誌銘

君諱道復,字伯陽,一初道人,其别號也。本柴氏五代周世宗之後,以宋禪位,而世宗之庶子曰炯者遂隱從外姓,南渡以來居於婺之永康孝義鄉,實君之四世祖也。八傳而曰泰者,自孝義鄉而遷於縉雲。曾大父諱壽,位至經筵檢閲。大父諱礽,號春岡翁,善歌咏鵝,有《樵牧集》。父諱杲,號五峰先生,母宋氏,生君。豐度瑰奇,性資嚴恪,美髯戟張,意氣軒豁,蒐獵史記,嗜讀書,與賢士大夫交,劇談古今事變,必指言忠義激烈之實,雖竟日忘倦,且奇謀遠計層見疊出,然亦謹而弗肆。治理家政,尤綜理密勿,給官需無滯。是以舉騰人上,莫不敬服。

逢元季,天下多故,寇盜蠭起,聚嘯山林,剽掠村落。君惻然爲憂,乃不忍鄉鄰之陷於鋒鏑也,遂發積爲糧,集鄉之精悍者爲伍,堡守西巖。時西巖亦不甚險固,君朝夕營度籌計,以掩襲之,賊不敢犯,卒保其境。先是君廬舍悉被賊燬,乃徙居於揚名山中。賊甫寧息,歲復大疫,弟仲亨、季通相繼而没。君膳生殯死,略無畏惕,而季通妻朱氏遺腹一男葆,君躬育成長,不異己子,爲其維持門户,無一髮侵淩。且從弟景初夙喪二親,君撫育成材,洪武間舉賢良,知季陵、常熟、崑山三縣事,琅琅有聲,有廉慎之名,登載《大誥》三編,皆君敦勵之功也。尋復黄岡,治親喪一遵制禮,春秋享祀,必敬必戒,無有纖失。洪武甲戌,被里人誣,詣京師獲事白,以疾終,春秋六十有一。

生元統癸酉年二月十九日,卒葬於道場山之原。配沈氏,後君十年終。子男三:長曰茂,次曰菘,曰萱,俱先卒。女二:長適大皿羊,次適永康應鑒。孫男五:曰用,曰甫,曰備,曰輔、曰角。曾孫男十有四人。君已故六十餘載,其孫宗信追思祖德,懼其名行遂湮,乃持承仕郎永康李寧所述行狀謁余，以托不朽。余思髫年讀書邑庠，而君嘗過訪諸先生，余頗聞其議論，接其丰裁，義不容默，因不辭而銘之曰：

偉哉君材，鄧林之木；美哉君器，崑山片玉。材不用而在山，玉不琢而在璞。當元季之不辰，奮義勇而不縮。保障鄉鄰，以壯邦族。寇亂庶乎，罹此歲疫。篤友于以完手足，撫遺孤以終令俶。賢聲四聞，英風可掬。我作銘詩，百世有續。

翰林庶吉士趙曾

（選自第三支《白竹盧氏宗譜》民國庚辰重修本卷三十二）

處士道徹公墓誌銘

按狀，處士諱道徹，字季通，其先姓柴氏，周世宗之裔。避宋乃易爲盧，世居汴，至宋南渡，有諱漢者，隨駕來臨安，乃遷婺之永康孝義鄉。後諱泰者，又遷縉雲東窖。曾大父壽，爲宋經筵檢閱。大父春岡翁諱礽。父五峰先生諱杲，承家學，亦通《春秋》。母宋氏，永嘉教諭蓁之女。

處士生於元統癸酉年三月二十日。爲人幼敏悟，承趨庭之訓，學問進修，長而容貌碩秀，智謀越人，事親孝友兄弟，怡怡如也。當至正乙未，盜賊四起，丁酉，賊首杜伯良雖被殺，餘黨愈猖獗，焚室廬，剽掠流毒。處士散家廪給鄉人，聚守西巖。賊至鏖攻，處士運籌，灰石擊退，於是免鋒刃之毒，實處士協父兄之力也。自遭兵亂，室廬被焚，家貲荒廢，恬然而無愁恨之態。奉父兄居揚名庵，乃謀構室於黄岡，未遷，已疾，卒於庵，乃至正丁未年二月十六日，春秋三十有五。

配朱氏，甫年三十四，貞節自守，幸有子在腹。越四月縮六日而生，名葆。女二，長曰鑑，次日瑾，皆未議婚。以洪武戊午年二月十一日甲寅，葬於雙溪櫸山之原，去家五里許。時朱亦營虚槨於傍，以示靡他之意，《柏舟》之詠，可以再續。於今處士雖死猶不死矣。銘曰：

猗歟處士，爲鄉之良。鼠輩蠭聚，謀保其鄉。給被其食，不吝囷糧。孝悌純篤，令名遠揚。厥德既修，子孫其昌。櫸山屹屹，雙溪洋洋。馬鬣已封,銘刻昭彰。於千百歲,永永流芳。

格郡儒學教諭柳杲

(選自第三支《白竹盧氏宗譜》民國庚辰重修本卷三十二)

龍溪怡二十五安人盧母潛氏墓誌銘

盧母諱棟,宋尚書潛説友之裔孫女也。爲處子時,以孝謹聞,年十九,歸於竹川之長潭盧君道從,事舅姑如事父母,死喪葬祭如其生焉。

字盧氏近十年,而夫歿。其夫垂歿,語節婦曰:"吾家亦可過,但爾無一息可恃,三女當早爲歸之,宜及年艾擇所從,毋以我爲意也。"節婦曰:"嗟呼!吾與君結縭時,其義已決,豈謂有今日之不幸,君豈不知我,顧以言嘗之耶?獨不念猶子即吾子也,夫何患哉?婦爲二從,猶犬豕也,吾其爲犬豕乎!"及夫歿,喪葬如制,遂以夫兄之子璋爲子,朝夕以詩書礪砥之。勤儉治家,克自創建。每念及先人輒淚下,故子女皆賢,上下内外皆交稱之曰慈貞之母云。

生於至元壬子七月十八日,卒於正統己未四月十二日,葬本里金村山之原。嗣子曰璋。女三:長適金竹朱永乾,次適金竹朱九成,三適白巖曹景明。嗚呼,若盧母之誓節不變而又無失先人之統緒者,可謂難矣。舊志疏昧,予固聞節婦宗論,而曹貞烈又無愧於其母,則盧氏閨範肇自節婦,是宜有銘,以式將來。銘曰:

從一而終,婦人之正。無後有後,植志俟命。義以制情,既貞而静。陶孟之賢,輝光遠映。清焉若淵,皓焉若鏡。其藏在兹,過者必敬。

(選自第三支《白竹盧氏宗譜》民國庚辰重修本卷三十二)

長潭怡二九道徵公墓誌銘

按狀:處士諱道徵,字子啓,姓盧氏,世出柴世宗之後,避宋易姓。祖諱礽,號春岡;考諱森,字仲茂,俱有隱德,不甘仕進。母周氏生處士兄弟四,處士居長,體質凝重,在髫齡時即有老成度。克承父志,以勤儉樹立門户，而規畫超絶世見，故資産饒益，甲於鄉邑。

解紛息争，必據理法，無纖悉阿比意。周貧恤匱，尤汲汲焉。好清雅，結屋臨流以居。里有窮乏欲亡去者，處士必存濟之。其行誼類多如此。配楊氏、胡氏、陶氏、鮑氏，合葬於鄭更先塋之次。生子男四：曰玉、曰珪，楊出也；曰璋、曰琳，胡出也。其後以弟道從無後，命璋繼之。孫男六：曰庶、曰序、曰梁、曰柱、曰棋、曰述。皇慶元年十月初三日卒於正寢。嗚呼！人而無傳，是無生矣，今子啓甫而有子若孫，是有生也。德宜述也，烏可無銘？銘曰：

仁以律身，義以制事。變而能通，周而不比。融於物也不滯，兼於人也必濟。樂石銘辭，以永百世。

桂宗儒

（選自第三支《白竹盧氏宗譜》民國庚辰重修本卷三十二）

怡九八處士道衢公墓表

處士諱道衢，字仲亨，五峰先生杲之仲子也。五峰先生娶宋氏，生處士，賦性明睿，愛親敬長，不學而能。元季天下多事，盜寇蜂起。處士佐其父兄，爲避難計，聚鄉黨宗族之人，立五堡以守西巖。西巖不甚險固，處士精思竭力，運芻糧，採木石，晝夜不息。事纔就緒，即移家於堡，而舊居皆煨燼矣！

及賊平，歸理夙業，兄弟方各自圖維，營治一方，獨處士居暘坡，恒以廢墜先業，不復振大爲慮，而又和睦其宗族，撫綏其鄉民，生理漸復。不幸又值大疫，處士廣布賑貸及醫療之方，出入患家，皆所不避。一旦亦以疾卒。

享年六十有九。娶應氏，生一女，尚幼。凡事皆倚其兄一初道人以禮喪葬之，復以兄之子菘爲之嗣續云。

中書舍人汪孟端

（選自第三支《白竹盧氏宗譜》民國庚辰重修本卷三十二）

暘坡謙三八甫公傳

公諱甫，字宗美，賦性剛果，自幼志氣穎異，與諸兄弟不類。及出繼於仲父，意兩世皆孤，操心既危，慮患亦深，愈自執持，必擇交而合，取與一介不苟。生平好善惡惡，挺挺不阿，宗族鄰黨有越於繩檢者必加表正。娶李溪章氏，與章少尹爲郎舅，益加砥礪。常爲縉雲東北區糧長，奉公守法，人所敬服，若自爲一鄉之善人者。

一旦，邑吏督税至鄉，次於公家，時公外出方歸，途遇人紿之曰："子尚從容於此，督税拏及子矣。"公自度素不負税，奮然不平，不暇詳訊，見吏在堂，直揭其衣而碎之。吏亦不暇解，訴其辱於監司。索甫急，逮繫甫子鐸。鐸終不服。事聞於公，公慨然而往，潛候於門見鞫鐸如初，鐸始終不易。公曰："有兒若此，能自立矣。繼我得罪，未應大辟，雖流謫萬里，予無憾焉！終忍爲孺子累哉？"即直入曰："擊吏者甫也，兒輩奚罪？"揮鐸出，遂成獄，果流謫任丘。束裝而行，略無係戀，坦然處分家事。

時當祖宗建立之初，法度甚嚴，公亦自禁其子，不與之俱。其後絶其音旨，亦不動歸國念，以守法自甘，終於謫所。

外史氏曰：公其負墮甑不顧之意耶，其悔過遷善以示自創耶？然公義士也，氣質直，遂不屈於人。昔北宫黝一毫之挫若撻市朝，視刺萬乘若刺褐；夫公之過，其在此與？然而畢至自明其志，不爲匹夫逃移之行，過人遠矣！

（選自第三支《白竹盧氏宗譜》民國庚辰重修本卷二十九）

盧貞烈傳

貞烈盧氏，長潭盧道從之女也。母潛氏，以守節聞。貞烈適白巖曹養志。

初，養志仕於朝，爲閤門郎，遜志齋方學士作《曹氏卧雲樓記》，稱養志"學問淵源,氣宇宏邃",其爲人可知矣。貞烈二兄曰德器、德若,處分家業時,契券皆養志,手札猶存。

德器造魚鱗圖册至京師,高皇帝親問"汝家何在",德器答應忙亂,不知所出,由是下獄。貞烈念其兄,以米飴厚縋一布衣寄之。德器乏食,日啐其衣汁得生,餘皆餓死。危禁萬狀,畢養志保全之以歸。

其後,養志出爲廣西僉事,以擅納安南貢使賜死。家人懼法連坐,莫敢相顧。貞烈曰:"夫生則生,夫死則死,何得懼避乎?若同死則異鄉血骸,將爲亡歸之鬼矣!"無所避忌,竟自攜其骨,間關萬里,歸葬於鳳凰山。襄事畢,拜而哭曰:"妾願諧矣!"抱節而逝,時年二十七。

郡史志曰"貞烈"。

徐夢易

(選自第三支《白竹盧氏宗譜》民國庚辰重修本卷三十一)

龍溪兼七十處士才公傳

五雲之竹川盧梁甫,周世宗字庶子烔之十八世孫。烔易姓從盧已見於初紀。

梁字土才,隱居竹川之長潭。爲人幼失怙恃,甫七歲即成度,煢煢孑立,刻苦自樹,性極温厚,淳而不漓,寬而不迫,恢恢有容人之量,肅肅絶外御之尤。人或以弱而吐之,處士則笑而受之;人或以寡而敵之,處士則退而避之。及膺萬石之責,則有矜恤之義,無苛徵之尤,故賦税速集,上而郡邑大夫皆賢勞之,下而田氓里庶無不蒙其惠矣。既老居於此鄉,凡有義舉,悉藉以濟,事有不平,悉倚以爲衡。

暇則逍遥於清溪之上,或與客引觴歌詠,或命兒而舉網得魚。漫斟新釀,引曾玄以頌唐虞,岸角巾而笑傲風月,悠悠然與造物者遊,飄飄然如物外人,無羈無絆,此誠葛天之民也。有子羅列階下,舞彩衣,進壽酒以介眉壽,人莫能及。處士雖饒於貲,則視盈若虚,雖昌大子姓,則視多若寡,其性行率此類也。

今年七十有七，命諸子姓徵予寄以外史。予竊重其爲人，略舉其概以著論云。

桂廷璋

（選自第三支《白竹盧氏宗譜》民國庚辰重修本）

長潭復三十四處士玉公墓誌銘

按狀，處士諱玉，字德器，裔出五季周世宗之後，避宋易今姓，其詳見於初紀。曾祖諱礽號春岡，祖諱森，父諱道徵，俱隱德自高。母楊氏生處士，自幼神完氣清，丰姿秀整，人稱偉器，且穎悟絶人，而於《史記》諸書靡不涉獵。性極孝友仁慈，早罹不造，而祖父母與父母繼喪，獨承葬事，情文既備。及長，樹立門户。國初領萬石長，一以公恕，徵科有法，民咸德之。當我朝法制未定之時，處士則繪魚鱗册獻上，上深嘉之。

平居嗜施予，鄉里有匱乏者錢以予之，喪有不舉者惠以資之，汲汲惟恐不及。且刻意教子，人至稱爲長者。生於有元至正壬寅二月廿五日，卒於洪武乙亥七月初十日，止年三十有四。配羊氏，生子男二，長曰庶，次曰序，女一曰順，適皿川羊基。孫男九，曰煜、曰焕、曰暹、曰熾、曰燁、曰昊、曰炷、曰烶、曰昇。嗚呼，與處士同時而並生者，雖僥倖利達，而君子不欲。處士雖偃蹇自放，其德業、文行與前賢抗美，果孰得失哉？而況既死，其聞譽尚能興起後人，是豈非獨有所恃者存，真可謂不隨死而亡矣，宜播以銘。銘曰：

材也既奇，德也不虧。不顯於時，以滋道腴。未實而萎，誰實使而？殃慶逆施，亘古如斯。昌厥後兮天所俾，德有承兮奚復悲？

（選自第三支《白竹盧氏宗譜》民國庚辰重修本卷三十二）

處士後山公墓誌銘

五雲處士號後山諱燭字汝明者，乃贈通議大夫梅軒翁之冢嗣也。

梅軒翁志業擴大，雖處林壑，實隆茆土。公之性質端重，體貌豐厚，處鄉閭族屬，又以忠信勤恪濟之，雖貧者自餙有所希貸，公或許之，其後雖覺，不渝也，自是遠近聽從。公以積厚大家，徭税繁雜，公躬往役，官亦信任之。

正德戊辰歲荒，當道發廩賑貧，懼爲所濫，擇公驗之，公斬然清辨，無一爽者。郡守王嘗查括之富民之不涉役者，亦擇而使公。時弊皆百出，公亦唯以平處之。其所遺者必其所不堪，其所麗者必其所當任，循理守法，鄉邑稱快。

及弟後屏公登第，公則愈自斂飭，足跡不復入城市，亦絶無驕傲態。公伯仲六出，聲勢燁然，唯公退讓謙厚，出自賦性。雖與諸弟言亦諄諄和易，或有忤觸之者，公嘆而受之，明日弟愧省曰："吾無面見伯氏也，恨不爲所笞撻而後自快耳。"每每以退縮屈人，事多類此。

一日行野中，有耕者佯狂詈之，公初若不聞，傍復有指之者。公曰："彼詈我，不及爾也，爾何不可哉?"御婢僕有恩，而等級昭然。親戚貧乏者皆買田與其耕耘，種則以租給之。與人往來，禮意淳樸，惟平生所未識者則不妄與交。嘗曰："廣交以延譽，不若索居以自全。"其意以爲寡識省事，亦見古道，故其獨行曲修，必有非人所能與者，不知者以爲倡之不和。人有過則面詰之，不爲後言，亦不爲兩是之諛，尤不喜攻發人之陰私。年七十時，親友以文壽之，公覽之嘆曰："贈言溢美，世態成風。聲聞過情，君子耻之。"殊無所好。公所居偏邃，徑甚曲側，公亦安之。

晚年以梅軒翁葬鳳凰山，凡山前附近田地，公悉厚價售之，意謂子孫之無忘玆土也。嘉靖癸丑，忽無疾而卒，距生成化庚子享年七十有四。娶安文陳氏，無出。繼室孫氏，子二，長壤，次埛，太學生。孫男六：儒纓典史，儒宗邑庠生，儒業、儒珍、儒賓、儒恩尚幼。孫女三，曾孫男三。以嘉靖甲子十二月十六日葬於後陳之陳寮山，坐卯向酉。銘曰：

静專之極，曰惟積德。去而紛華，以立寧式。陳寮之陽，擴造恒城。土厚原深，宏庇千億。天地福謙，孰云其嗇。爰發國良，徵兹培植。

徐夢易

（選自第三支《白竹盧氏宗譜》民國庚辰重修本卷三十二）

長潭東滿山之原光中翁墓表

光中翁，姓盧氏，爲周世宗之世胄，因避宋易姓，其詳具於家史。翁初諱庶，字士民，少孤，育於叔父德若翁。自幼偉岸，不流於俗，好讀書史，有才能。國初科目未行，每用人，輒物色山林奇偉之士。翁每念其父德器翁制民版至京師，高皇帝神況嚴肅，應對稍不稱上意者即下獄，既而嘉釋之以歸，故絶意仕進。時復有翁之名播於上而欲以人才爵之，翁深避，始易名爲光中。辟者至，翁遥托以疾，賂之而去。嘗對人曰："山林泉石之癖已入膏肓，功名富貴若浮雲，無與也。"和其兄弟。尤持公論以服人，懷信義以處鄉黨，宗族人有曲直罔不質之。戊午歲歉，翁輸粟五百石以助賑濟。其行誼類多若此。

修姿長眉長髯。生於洪武壬申年，卒於天順庚辰年，與安人朱氏合葬於本里東滿山之原。支裔繁衍，拜墓下者三千餘指。

嘉靖癸亥，有羡東滿山爲堪輿中之秀者，忽侵越墓隧，衆莫之禁，轉相視效，遂至冢骨累累，遍滿上下。或有孝義者白於官，更爲煽之，反恣噬焉。適族碩大司寇後屏公南歸家，忽夢一耆者濃眉紫髯，貌甚魁梧，憤憤若懟不平之狀。覺而語其故，實與光中翁靈爽相協，聞者皆異之。後屏公躬爲展墓，乃召諸裔諭以倫序曰："天下豈有無祖之人哉？爾以父越而祖，人皆將越爾父矣，此咎有不可盡言者。"命之悉復其正。衆皆感悟，且爲之存祀田、復祭器、整墓廬，一如其舊，立石題墓，作新先德。蓋自正統己酉，距嘉靖癸亥，歷一百十有五年，祀事修明，誠敬不衰。今一旦壞之而復整者，良由翁之靈爽精明，孚於族之達人；而其所以壞之者，亦不過昧其所以要福利之良。然非此大亂，又何以息其侵越之釁，而成今日安崇之美也哉？嗚呼，龍翔鳳翥，山秀水明，人之窺測於覆庇之下，輒忘其所自爾，又孰知翁之精神在上，固非逆亂者之所得私也。因其異而重表之，所以興起孝子慈孫之念，而爲是尊祖敬宗之禮已耳！易適纂修盧乘，故爲之秉穎於兹云。

徐夢易

（選自第三支《白竹盧氏宗譜》民國庚辰重修本卷三十二）

盧母章氏安人墓誌銘

盧母謙三十八安人，綸之五從姑也，没於永樂丁亥十二月十六日，距今三十餘年，而内兄守禮甫始以銘筆囑焉。

嗚呼！吾章氏世稱浦城望族，由康州刺史諱及而下五代，時曰太傅公仔鈞以武功定擾攘，夫人練氏全活一城之命，十五子皆貴顯，由是簪紱繩繩，世濟厥美。而姑居永康，綸居永嘉，實同出刺史之孫司徒四族之後。姑之父諱輔，實綸之從叔祖也。姑之母太安人應，裔出可投少師應孟明之胄，詩書禮樂之澤，漸磨素渥。而姑服膺姆教，深得子儀，且其天資温粹，而於剪結縫紉之類不教而能。孝敬柔順，無易言輕舉之失，爲叔祖母之所鍾愛。嘗指示人曰：他日餙我家門楣者，必此女也。

及笄，配縉雲白竹盧君宗美，而盧乃周世宗之嫡胄，亦世閥也。姑歸，雖奩資鉅盛，未嘗有驕盈色。事舅姑愈極恭謹；嚴相祀事，眎滌濯，羞簠簋，必敬必戒；處娣姒曲盡其宜，而甘苦勞，逸樂與之，俱無町畦之間。撫諸子，雖其愛，不事姑息，務俾勞於事，以練達世務。宗美公性極耿介，不能容人之過，姑每以容人之事諫喻。其綜理内政，井井就緒，不肅而嚴，内外族相交稱賢。

年三十六得娠，男女並乳，女没男存，即鎰也。越五日，疾作而殁，時宗美公惜姑之賢，義不復娶。

生洪武壬子年十二月十二日，以永樂戊子十二月十六日卜葬美化鄉東岸栢山之原。生男三：長曰鐸，次曰純，三曰鎰。女一，適永康徐琮。嗚呼，姑之德之賢綸所仰也，烏忍不銘？銘曰：

質之閑不嫉而淑，德之温不璞而玉。賢聲孔彰，聞以閭族。胡奪其年，不衍而縮。穴藏允臧，柏山之麓。刻辭麗牲，曷云不足。

儀制正郎侄章綸

（選自第三支《白竹盧氏宗譜》民國庚辰重修本卷三十二）

孚二十二鐸公傳

公諱鐸字守義，宗美公之長子也。公生而岐嶷不群。十二歲慈母掩鑑，哀毀自弔。十八歲，宗美公以督税吏誣事逮，繫公於獄，公雖百體受刑，堅辯不屈。宗美公曰："有兒如此，謫戍萬里，予甘心焉。"遂成獄而去。時法家禁不使爲養者，宗美公亦不樂諸子與俱，公由是以終身不養其親而恨。

公以冢嗣處家，克樹門户，事有不治者治之，義有不舉者舉之。睦其宗黨，信其鄉閭，先擴基業數倍於昔。里有喪葬不舉者公必助之，年壯未婚者公必資之。每念及其父輒嗚咽淚下，始交方外，若爲父母造福田者。僧陶惠確戒有行，與公善，陶惠二徒至理領永寧宏性守九松，九松顛危莫立，公爲造屋一院居之，且貸之十年庸税，宏性始得聊生。撫二弟以恩，各就基緒。

宣德間，處寇蝟發，連師用兵，險阻未通，公倡義裨國，亦與軍咨。鄉民蔣甲被誣爲賊從，鞠之幾死。民間讐隙咸乘此機穽連誣無算，公力爲申白之。有司以公嘗與捕事，故信之，全活者甚衆。甲率諸人詣公堂爲謝，公拒而避之曰："吾以義辯之，寧知彼以謝私我哉！"

正統戊午歲大祲，藩臬之臣臨郡以義勸貸，公首出粟一千二百石賑濟，事聞朝廷，降璽書旌之，且復其家。公念父不置，又喜得以詣闕謝恩，過任丘而省問焉。初泝河至京，受宴大官。鄉之仕於朝者，如薛亞鄉、王侍講，皆爲文榮之，稱公父没於謫所。公遂憂憂抱病，至任丘料理而還，舟次臨清卒，其孝感如此。家人扶其柩歸葬，當公之絶纊也，命以金環二雙寄其幼子珍，復品諸子曰：某也才，某也良，某也雖幼也不爲人下。畢至子皆肖，果如公言。其後子孫每以此聚設云。

（選自第三支《白竹盧氏宗譜》民國庚辰重修本卷二十九）

孚二十八鈍公傳

公諱鈍，字守禮，姓盧氏，本五代周世宗之胄，以宋受禪，從今姓。後宋尚書可、金吾大將軍漢避金南渡，遷婺之永康孝義鄉，咸淳間，泰又自孝義鄉而徙於括之縉雲竹川。

鈍之曾祖道衢。祖崧，實兄伯陽之子，父甫，實彦寶之子，二世繼紹，而皆以孝義稱。父甫才豪，而扼於無位，母章氏生丈夫子三，仲即鈍也。方十歲，父被誣謫遷任丘，與兄鐸身當家禍，荼蓼艱苦萬狀，賴諸父宗友輩相與維持，獲承餘緒。乃與其兄鐸謀曰："兄弟孤弱如此，不可以不知學。"遂往從永康提舉李先生遊，討論群籍，研究奥義，由是聲稱藉甚，能亢其宗，遠近莫不稱盧之有二難。又與兄協總萬石，而於催科調發，如出一心，輸税必先於人，而督儲柄者咸敬禮之。凡宗黨之糧税悉得爲處分，皆得以三年載漸徵，及鄉之貧乏者皆代之輸，輒自免而不取償。屢當歉歲，必應州司之勸，出粟千百，民賴全活甚衆。至正統戊午，又助兄出粟一千二百石以應朝廷義舉。後以家務日多，别築室於舊居之右，晨昏戒示諸子。本郡二守山陽曹公嘉其賢，親題其額匾曰"積善"，太史趙先生爲文以記之。

尤謹於孝思，歲時伏臘，不夙戒則不敢祭，凡得時鮮，不先薦則不敢嘗。撫幼弟友愛有加。女弟在室，務擇門閥，盛奩物以歸之。篤於教子，尤好文墨之士，有過其門者，必傾倒其情以款留之，雖滯旬月而敬不衰。至晚年，家益饒裕，而自處益循禮，無一毫驕矜之態。配曹氏，有淑德，足成内治之美。其子若孫皆能世其業。予以就徵續編家譜，得聞其詳，故謹按楊太史之銘志而傳之。

論曰：士君子立身天地間，不欲懷才抱德，自附逸民之列者，懼其潔身以亂倫耳。今鈍能周貧恤匱，往往傾囊出濟而不計其家之有無，可不謂之仁乎？當冲幼遭事變而能同兄協心，以亢其宗，可不謂之義乎？能仁與義，謂之潔身亂倫可乎？嗚呼，世之不及此者衆矣！一布衣乃能類古有位者之爲，尚可謂世無其人乎！

桂廷璋

（選自第三支《白竹盧氏宗譜》民國庚辰重修本卷二十九）

柏軒盧處士墓碑

世之君子飭躬勵行秉禮執義者，若在顯榮之地，則聲稱易起，而傳頌亦廣。至於山林隱逸，潛德弗耀之士，行修於身，而名未必聞於人，信孚於鄉黨，而傳頌未必垂於久遠。噫！士之爲善固無意於邀人之知，而彰行誼而樹風聲，則世道之不可泯者，此柏軒處士所以既有其志，而予復爲之碑也。

處士姓盧氏，諱棆，字時濟，世居處縉之竹川。生而顓篤，少即熟誦小學，稍長，有母喪，廬側三年，每遇忌辰，悲慟如初喪。不樂仕進，但勤儉起家。嘗有姊嫁而寡，姑欲奪其志，處士乃與兄梅軒君謀曰："吾父生兄弟及姊三人，爾今姊且奪於姑，如死吾姊，他日吾兄弟何以見吾父於地下乎？"即迎歸養於家二十餘年終其身，縉紳聞而多之。

處士好義樂施，又鮮矜伐，里人饑，輒自損食以食之，每有所貸不償。聞談人長短即拂衣去，曰："吾不欲聽也。"而猶能佐人之急。從子永信爲仇讐所誣，以軍裔當遣，永信力不能自直，處士乃徒步裹糧，歷千里至留都後湖，查閱洪武舊籍，以白於官，誣始得雪。鄉人勞苦之，處士曰："我豈私門户耶？强之淩弱，吾方竊慨於斯世，而顧在吾宗，吾敢自愛其力乎！"

嘗謂族人曰："宗法廢而族誼始睽，今應稍法古意，建爲大宗祠堂以合族人之涣，以顯尊敬祖宗之心。"於是獨捐數百金爲堂，婚冠祭祀一遵家禮，盧氏之族蒸蒸振起而有令聞者，處士實倡之也。平生操持議論，得於《小學》爲多。嘗言："人能熟讀此書，終身受用不盡。"又語諸子曰："汝不能讀書，當以勤爲主；不能理家，當以儉爲主；不能作官，當以廉爲主。"及仲子點舉爲順天鄉試，喜謂之曰："汝他日幸有民牧寄，惟宜於人情，合於土俗，盡此二言足矣。"又曰："人之行，當始終如一。設有一事不信，即舉平生棄之。"以故有司高其行誼，每春秋請與鄉飲之禮，輒辭不赴。又嘗援詔書壽官例遣以冠帶，公時年七十有五，對使者曰："吾年於例弗合，朝廷恩典，豈敢冒濫？"謝而辭焉。

喜修潔吟詠，晚居柏軒以自怡，有《柏軒集》藏於家。易簀之日，詞精氣明不亂，無一言及私事，惟叮嚀語諸子置祭田以畢其志。又曰："吾生不爲惡，無惑俗見作佛事，以貽我身後之譏。"享年七十八，時嘉靖丁酉也。夷考處士之行，可謂能修於身，信於鄉黨，秉禮執義，而遵聖賢之訓者矣。

仲子點嘗爲與予西曹屬吏，懼無以表彰於後，賫予同年鄭宗慶所撰志銘，乞一言刻於墓道。予乃著處士之行足以風世者數端，若其微言庶美與先世譜系，則志已述詳矣。

刑部尚書四明聞淵

（選自第三支《白竹盧氏宗譜》民國庚辰重修本卷三十二）

楀公傳

公諱楀，字時濟。其父存仁先生廣植德惠，生二子，公其仲子也，即司寇郎桂林太守點之父。少好學，事父母色養不違，所愛亦愛之，所敬亦敬之。父母没，哀毁踰禮，終身語及，則必涕下，見者感動。

伯氏梅軒公縱遊吴越，公乃以家道自任。及析居，田園、室廬、積蓄器物隨其所與，遜讓弗較。且好施樂善，遠近聞之。嘗謀諸伯兄曰："舅氏，母黨也。念母而遺其舅，可乎？渭陽之詠，至今興起。"乃指某日爲母神誕，婉致舅氏，備甘旨養之。舅歸，必厚贈之，歲以爲常，舅莫覺也。

又以女兄孀居而貧，或時饋米肉養之。有誣其從子永信爲遠族絶軍之派者，永信力不能辨。官將發伍，公憐之，約於族，質之當路，請查籍於後湖。畢至，往來數千里，閲半歲而冤始白，視信無德色。侍長者語，執禮甚恭，體不勝衣，言不出口。其教子弟，則指釋告戒，諄諄不倦，嘗語諸孤曰："汝輩不能讀書，當以勤爲主；不能理家，當以儉爲主；不能做官，當以廉爲主。"聞之者以此爲格言。迨仲子舉順天鄉試，喜曰："汝他日幸有民牧，惟宜於人情，合於土俗，盡此二言足矣。"遠方之儒有事於離經辨訓者，公必左右處之。

一日適郡城，館於逆旅，偶倦寢，主人探其囊。公覺之殊，假寢不忍訐察。人有鬻産者，必足其值，嘗曰："人至鬻産，甚不得已，而又短其價，是以困縻之也，孽不出於我乎？"往往券外有丐而復予者，人以此皆多之。又懇語族人曰："合族之涣，須在立廟。予族生齒漸蕃，勢不相及，於此不舉，何以睦族？"衆方以費大難之，公首捐金數百兩，倡建大宗祠堂，寢食不離，幾閲歲而後成。公亦是窘薄，終無厭射心。己巳歲大祲，官雖發廪，民多不沾實惠。公時爲萬石長，乃躬率區民就東倉計口受粟，不足即以己囷繼之，全活者甚衆。

公幼習朱子《小學》，至老尚背誦如流，自言所行必稽之。處家嚴而有恩，雖盛暑衣冠不褻，訓諸子不以言語，但示之力行，後此相安無不感化，豈弟子諒出於天性。人有寸美，極口稱道，至於慝惡貌莊者，亦不少容其過。若夫拯人之難、哀人之喪、濟人之不足，一鄉以爲倚賴。有司高其行義，請與鄉賓，或賜官服，皆辭謝不受。喜修潔吟詠，與士大夫倡和，晨夕不廢。晚居柏軒，有《柏軒集》藏於家云。

（選自第三支《白竹盧氏宗譜》民國庚辰重修本卷二十九）

恒六十五珍公傳

公諱珍字世寶，守義公之第四子也。守義公每念其父宗美公在謫所，因輸粟賑濟，聞於上，降敕旌公，詣京師陳謝，冀一省問。忽聞父殁，即鬱鬱抱病，卒於臨清。時珍方七歲，守義公絶纊之時，命寄金環與之。及長，每持環泣，以不及養其父爲恨，自號"遺環"。事母陳氏盡孝。

公童年得眼疾，幾喪明，至十七八始能視，漸平復，方就塾親師，未幾輒通文義。臨書札豁然不滯，作字有晉人風格，口占成篇，詞皆明達。公家東鄉，去縣百里，俗皆便於治生，不甚親官府，每遇里役嘗避不敢出。公弱冠即入縣市，應門户，且善爲説詞，事之紛結不解者，公數言辨析，人皆曉然，以故邑令丞喜之。宗族鄉黨有事在官者，公即預爲分理，不勞追捕，人咸以爲德。

常伺事縣階下，各鄉有訟，識與不識，凡情抑語阻不能自達者，公代申之，無不輸服，上下以爲公論。一時豪右皆敬憚之，自相語曰："莫爲盧世寶所斥。"其取重於人也如此。

公之處縣鄉也，十一在内，十九在外，每館於鄭氏，故與鄭竹坡友善，與鄭聯吟遺稿尚存。竹坡之孫信陽太守東湖公，尤敬承而親愛之。文物雅度亦爲李亞卿冢嗣尚厚公所重，每過其門必留語款洽，日以爲常，終其身待公以腹心，則公之平生可知矣。

明德

（選自第三支《白竹盧氏宗譜》民國庚辰重修本卷二十九）

後崦公墓誌銘

嘉靖乙丑，五雲盧氏以世胄巨家托予序次譜乘，抱經執義之士皆以禮而狀其先德。予曰："世道惟和，人才聚於巖穴；天下多事，人才聚於廟廊。"於此占之，則盧氏之盛可知矣。

按公諱煉，字汝丹，號後崦，性明敏倜儻，有智識，自立多崖岸，不靡靡隨人，發言必竟其説而後已，氣象頗與先大夫梅軒翁合，故恒愛之。一日梅軒翁欲樹庵宇於鳳凰山爲樂原，示子孫享祀計，謀之諸子，咸曰："稍從簡樸，以便舉指。"翁未可之。公獨曰："營治於外都，不宏大無以裕後。一鄉之人瞻望在此，其可苟乎?”梅軒翁畢從之。先大淑人，或有所觸激不悦，亦以公數言而解。

凡官家事亦惟公當之。適縣有逸囚，當比都緝捕，都有人恃辯給，欲移及公之都者，公以法辯之，上下皆服。邑人曰:“勿謂盧氏年少，此又一巨擘也。”自公之弟居諫垣，後不復入縣市，惟以課經教子爲業。鄉黨宗族吉凶往來，無不周備。公既好客，而家事日繁，是以貲藏盈宿不時。季子堪早世，姻家以聘儀還公，却而不納。又嘗營壽藏於後山之牛牧坪，日者之論不同，公曰:“死以歸土爲安，苟有所擇，非造化意。”又曰:“先王制禮爲棺椁，以束斂之是也。以吾之意，則廣爲石室，充榻卧於其中，未必非宜。”公亦竟大其椁而稱其意云。

公先娶獨松程氏，無出而卒，公嘗念之。繼娶庫川胡氏，生男子四:長墀;次堂，邑庠生;次堪;次堅，堅爲邑庠弟子員。公生於成化丁未年五月二十六日，卒於嘉靖丙辰年五月初十日，享年七十，與胡氏合葬於昔時所營之地。予不識公，而識公之子堅，積學待舉，預足爲公籌者。又嘗聞公之篇什，信口而得，不事推敲，而鄉評月旦，足可稽之論述。今獲拜墓下，敢銘之。銘曰:

人見因緣，遂成化造。允執不返，亦宏天道。公見惟明，素履克紹。牛牧之坪，石室寬浩。既樂既聚，或宴或笑。死生晝夜，孰爲紛擾。其後永昌，光兹訓告。

徐夢易

(選自第三支《白竹盧氏宗譜》民國庚辰重修本卷三十二)

道川始祖文燿公序

人本乎祖，支分自宗，如木必有根、水必有源。根深者蒂固，源遠者流長。故祖宗之祭祀不可不誠，而祖宗之本源尤不可不考。

間嘗披閲譜牒，詳核來歷，知范陽乎七十八諱暹公字文燿者，由長潭遷居道川之始祖也。公爲光中公之次子。光中公販粟江西，值歲大饑，出粟二千石賑給貧民，歡聲載道。採風上聞，遂下寵詔，詳載邑志《義行》。我公實勸父輸粟，亦與有勞焉者也。生平愛清静，惡囂塵，有隱逸風，耕讀之暇，每寄情於山水，見道川地方，層巒環抱，一澗中流，上下二橋東西横亘，左有蜈蚣，右有伏虎。當夫春光明媚則花枝欲燃，夏日舒長則槐蔭遍覆，至若探幽秋景而楓葉流丹，覽勝冬山而芳梅舒白，洵乎桃源勝地、蓬萊仙居，雖郭熙之畫筆亦所難描，而長吉之詩囊不能盡，眝目娱焉，心雅慕之，於是相陰陽，觀流泉，胥宇而卜居焉。傳之後裔，忠厚留遺，成爲風俗，氣得天厚，人多壽考。一犂雨足，野有人耕。三更月明，村無犬吠。自樂桑農之業，素無鼠雀之端，可想見文燿公之流澤爲孔長，而發祥爲甚遠矣。

公生於永樂庚子三月十七日申時，卒於弘治癸丑十一月廿四日巳時。元配應氏，續娶花溪李氏，合葬門前山羅帶，生三子：琦、璟、瑞。嗟呼，明距今數百年矣，本源所自出幾有淹没不彰者，幸有十三世孫雲東、連林、茂山三人，恐祖德宗功寂，後人之傳誦者思有以表彰之，齊請序予。予深嘉其心之仁孝，洵足稱傑出之賢孫也，是以不揣梼腹，詳書其巔末，俾附諸簡端以垂不朽云。

族孫歲貢彭謹撰

（選自第三支《白竹盧氏宗譜》民國庚辰重修本卷三十一）

西坵恒百十六士屏始祖隱齋處士墓表

處士諱讓，字世遜，號隱齋。實周世宗之裔，及宋有天下，其庶子炯者易姓名曰盧璿，至今子孫稱盧氏。宋南渡時，始自汴遷永康，咸淳間復自永康遷縉雲，居東窑白竹崦。九世五房分居，諱道徹者居西坵。道徹生葆字彦修，彦修生五子，其一諱滔字仲達，正統間輸粟一千二百石濟荒，朝廷賜敕旌爲義民。處士實仲公達之嫡孫也。

處士壯年尚居西坵，生一子璩，字時具，號松泉隱齋。賦性倜儻有大志，不甘人下，每欲創業垂統以延子孫，而西坵地窄，乃好日者之論，聞蒼嶺之麓山水榮秀，往而視之曰："樂哉此土也，可以行吾志矣。"乃率其子遷而居焉。卜築區畫，垣牆第宅，一時聿興。處士知識周遠，田園邱墓，目力所經，率皆經緯於心，故取之不勞，而人亦不撓之，是以堂構焕然。

統緒率定，且交際有道，歲時伏臘，悉相問遺，孚之以信義，齊之以公正，而處士遂爲土著。或有强暴者以善柔化之，其善者則獎掖之。每勸示之曰："天道福善而禍暴，人當永自戒儆，以保令終可也。"既而暴者不悛則罹刑辟，鄉鄰由是悔悟。故處士之德誼行於一鄉，而稱士屏之遷祖云。

處士生於正統己巳年八月十八日亥時，卒於嘉靖乙未年二月二十一日未時，享年八十有七。璩生於成化己丑六月二十日卯時，卒於嘉靖丙辰六月初三日巳時，享年八十有八。處士於乙未二月二十六日辰時，璩於丁巳十二月廿三日寅時，俱卜葬於居側金龜山之原。處士娶黄氏、胡氏；璩娶屠氏。孫二，曰宥，曰宰。曾孫五：陞、陛、陵、育、與。玄孫十三人：通、達、選、遷、逋、遲、述、遄、玻、琛、瑠、琉、珉。六世孫六：元吉、元忠、元享、元敬、元志、元憲，各成螽斯之慶以大處士之積。玆勒墓石，故表而備之也。

徐夢易

（選自第三支《白竹盧氏宗譜》民國庚辰重修本卷三十二）

石門始祖處士文光翁墓誌銘

據狀，縉雲白竹盧氏爲周世宗之裔，至宋受禪，世宗之庶子炯贅尚書盧公，故易柴爲盧。七世孫有諱泰者，自永康孝義鄉徙居縉雲白竹，遂爲著姓。凡十三傳至道徵與弟道從，俱徙長潭。道從無後，妻潛氏賢而守節，乃立道徵次子璋爲後。璋字德若，生梁。梁生綱，綱字文振，别號文光，生而聰慧，孝友姻睦，植自天性。既冠，益倜儻，有大節，不瑣屑細務，才華超卓，意氣不群，宇量寬廣能容人。

東陽縣治東南七十里有勝地曰石門者，邑志所謂“六觀勝景”者也，邑大姓托塘張氏居焉。張有名經者，爲翁之館甥，翁因造而悦焉，乃弘治改元創業而徙居之，堂構場圃，經營籌畫，胥井井有序。迄於今曾玄輩殆千數百指，皆翁之遺也，故翁又爲石門之始祖。

族有孤子曰富者，翁恤而撫成之，婚娶給産，與己子等，而富亦視翁猶父，視諸子如同氣，終始弗替。仙居有豪家子婁金良者，幼而憚其師之嚴，逸投至翁所。翁初不知其何許人，繼而憐其清利，翁曰“是兒必名家子也”，與配王撫育師訓如己出者。殆二三歲，其家忽覓至翁而得之。金良遂拜翁暨安人爲父母、諸子爲伯仲，二家子姓相問訊相往來，迨於今弗衰。

尤喜與薦紳士大夫交，若侍御李公者，情誼周匝，猶膠漆焉。暮年與配王安人偕老，五子二婿，胥長身玉立，且各卓有樹立，殆無一足以攖於中，益優遊林壑，徜徉山水，姻族僉謂翁爲陸地神仙云。

翁生宣德甲寅五月廿三日，以正德戊辰十一月十有七日考終於正寢，享年七十有三。配東邑石門王氏，宋安撫某之裔，諱寶，生宣德壬子正月初三日酉時，卒正德壬申十月二十日辰時。子男五：長曰福，端謹慎密，取信鄉閭，娶五雲白巖曹氏。次曰壽，剛毅有膽，膂力過人，娶余姊，繼娶破石周氏。次曰富，智巧不羈，廣交俠客，娶縉雲吕氏。次曰貴，讀書知禮，兼精醫術，恂恂好善，坦坦存心，娶永康龍川朱氏。季曰榮，守分樂生，質直不靡，娶東陽厲氏。女二，長適龍川朱栢，次適郎經。孫男十六，女四，曾孫男三十五，女十七，玄孫男女共十人。以正德年月日與王安人合窆於石門之麻坑。銘曰：

世有仙人，絶類離倫。雖竊造化，儒擯弗論。亦有隱叟，與俗同群。初未聞道，克完天真。既不羨富，亦不淩貧。夷猶丘澗，壽考康寧。後有考者，視此鐫珉。

永康參政朱方撰

（選自第三支《白竹盧氏宗譜》民國庚辰重修本卷三十二）

章墩養吾公行略

嘗聞之先賢有言曰“太上立德，其次立功”。功德之際，難易分類矣。若養吾公諱思蒙、字國正者，余祖母之從侄，曾祖母之侄孫也。余曾祖下世娶於盧，故盧家文學行誼，非得之親炙，則習所傳聞也。

公功名不足，德行有餘，生居閥閱名家，獨遭際鼎革，惟隱處山谷，遂以山巔水湄爲終身之契。拉知交以爲遊，假棋酒以爲歡，而且静養道機，博覽醫書，得軒轅心法，精通醫術，有回生起死之功，無覬覦期報之念，遐邇之感德頌恩者莫不曰“此即夫子所謂有恒也”。至於晉接閭里，其度温然，惟敦孝友重信義，以爲鄉邑儀表，縉紳之士咸仰止稱美焉。即天亦錫其嗣續，年五十餘而生子曰宣，克紹箕裘，此固備德之一報乎！然天之報公尤未已也，配胡氏，閨範端嚴，姆儀足式，享年八十有五，孀守在堂。孫男七，曰承謨、曰承訓、曰承讓、曰承訪、曰承詢、曰承讚、曰承諏。孫女三。蘭芽振振，邁種有徵。公雖不顯名於身，必顯名於後，可見立功者德或有憾，而立德者功自兼收，然則公之居太上也，夫復何疑？

庠生朱掄騫

時康熙三十一年歲次壬申夷則月吉旦，南京禮部爲給劄冠帶事，照得：

浙江處州府縉雲縣醫生盧思蒙，蚤悟熊經，篤修内典。深明脉理，按三部而洞識玄機；精運丹靈，通四妙而獨持活法。誠醫家之翹楚者。相應給劄冠帶，以示優異。爲此劄付本官照劄事理，即便冠帶榮身，有司以禮相待，仍免本身雜差，俱無違錯。須至劄付者。

右劄付醫官盧思蒙。准此。

崇禎十三年九月廿六日給

劄付：

處州府知府鄭奎光爲“濟世神術”，崇禎丁丑歲五月，醫官盧思蒙立。

文林郎知縉雲縣事陳受甲爲“普浙名醫”，崇禎丙子歲春月，醫官盧思蒙立。

賜進士第知縉雲縣事周鑑爲“神馳妙決”，崇禎己卯歲蒲月，醫官盧思蒙立。

總督浙江部院左營參將事、署處温鎮事副總兵陳夢陽，標下中營守備尚斌爲“恒術博濟”，康熙乙卯歲五月，醫官盧思蒙立。

陞授奉直大夫、知雲南大理府雲龍州、加一級霍維騰爲“杏色葩林”，康熙壬申歲嘉平月，盧思蒙立。

（選自第三支《白竹盧氏宗譜》民國庚辰重修本卷三十一）

長潭君騰公傳

公諱士鮫字君騰，乃繼樊公之長子也。爲人慷慨正直，禮義自持，孝親友弟，好讀書，性不嗜酒。適值寇氛變亂，而功名不就焉。

當此之時，焚燒屠戮，連年饑饉，大兵會剿，多匿山林，公獨挺身向先，因機調度，危而後安。其間之老幼喪於兵刃者不可勝數，惟公獨全其父母昆弟，豈非智勇克全者歟？作屋於舊址，墾荒土而粒食。三十載之中，延師訓子，家道焕然一新，其於冠婚喪祭無不遵禮，非又才能優長者乎？然公素性温恭，而排難解紛無不盡心以圖，故天亦多佑公焉。

生於萬曆庚申年七月初一日寅時，享壽七旬，康熙己巳年十二月初八日終於正寢。長幼咸弔，靡不悲哀。非公平素以德及人豈能然哉？娶朱氏，勤儉柔順，克相夫子，生子二而女一，長曰秉春，次曰秉秦。孫五，曰善慶，曰善繼，曰善進，春之子也；曰善教，曰善冠，秦之子也。玄孫一，曰惟勳，應之子也。女適宫蟾李家。其昌盛如是，非公積德有素能至此哉！邑侯戴公錫其扁曰“厚德凝祥”，信不誣也。

余西席長潭久矣，知公之詳，因修家乘，敢以不斐之辭得掛名於斯，亦藉有遺榮矣。

李聘

（選自第三支《白竹盧氏宗譜》民國庚辰重修本卷二十九）

東岸汝純公記

臨七百四十七諱志善，字汝純，號元純，尚贈公之子、湧公之玄孫也。世傳狀貌魁梧，膂力過人。

當明季時，土寇蜂起，公與弟三富俱爲賊擄。過松巖嶺，公緣危崖下深潭，賊以爲死，始得脱。遂隱於燈檠山，高祖湧公墓旁有地曰大坪，崇山峻嶺，茂林修竹，此爲白雲深處，除却飛鳥，誰許與窺？然兔處深山，猶營三窟，敢自恃幽僻，不復爲防寇之謀乎？故茅茨一椽，築雙層牆，牆内空而人可藏，迨未雨而綢繆也。

然事而有出於所慮者。烏合之衆，三五成群，闖然而至，但見母彘在欄，執而殺之。夥内有一人曰："彼餘一彘耳，何忍殺爲？"越數年，清兵捕急，寇黨紛紛如鳥獸散，公始降丘宅，土居於東岸。一日，於大畈橋頭遇數人自市販糴，回認是殺豬賊，叱之曰："某不忍殺豬者挑去，餘皆置下！"遂棄貨而逃。蓋公自牆内窺之審矣！嗟乎，公當此時，出萬死而一生，至今痛述之，淚數行下矣，况子孫又逢其時而親嘗其境者哉！

戊午夏，粤匪自浦城入，處郡遂陷，縉雲及永康、武義等縣近城居民，紛紛遠避，雖僻在深山，猶驚惶甚。且兼以永邑黄溪灘聚衆擄掠，吾村不遠三十里，既畏虎又畏狼，將何以避之哉？大平山木石鹿豕非復可與居遊，雙層牆之深謀秘計非復可與施措。幸賴聖朝鴻福，逆黨即殲，粤匪亦退，乃得安居樂業於斯里也，不亦我祖之靈爽有以呵護之哉！

公生於天啓丁卯正月十七日，卒康熙乙丑五月十一日，厝下庵基之原。妣曹氏，生崇禎丁丑五月十九日，卒康熙丁丑九月廿四日，厝西坑燈檠山脚。男三，孟曰國泰，仲曰國芳，季曰國有。今孟、季二房孫支綿延，人文蔚起，要皆公之德有以啓之也。

謹述之，俾無忘祖宗創業之艱，而知所纘承云爾。

裔孫龍

（選自第三支《白竹盧氏宗譜》民國庚辰重修本卷三十二）

瑞炳公行序

兄諱瑞炳字松鶴，法應公之子也。年方六歲喪父，其母嘗常爲之慮曰："汝煢煢孑立，無父何怙，其如門户難撑持何？"及稍長，或商於浙，或客於蘇，經營逐末，爲謀生計，家頗饒裕。處閭里間，解紛息争，言詞馳騁當時。厥配丁氏，内助稱賢，丈夫子三：長新池，次新乾，幼新秋，均長大成立。

當同治壬戌年間，粤匪壓境，與家君等議守議戰，運籌費心。督長子新池同衆剿壺鎮下，膽力過人，即斬賊首，有功獲獎，賞八品軍功。至若老母窀穸未安，嘗約家君卜覓牛眠，遠則信宿他鄉，近則裹餱糧，攜茶酒，登山涉水，不辭步履艱難。非圖獲報子孫，實不忍土親膚也。

兄生嘉慶庚午七月十九日辰時，卒同治癸酉八月廿六日寅時，享年六十四。孫男四，俱頭角崢嶸，丕振家聲，正未有艾也。兹當家乘纘修，余不揣固鄙，陳俚言以序兄之行事焉爾。

品三鑫

（選自第三支《白竹盧氏宗譜》民國庚辰重修本卷三十一）

長潭學美先生傳

先生諱吉人字學美，考名炬蓮，庠生，法壽翁之仲似也。性好友，好讀書，家貧益自攻苦。數奇，應童試者屢，皆不售，又逢惡歲，硯田亦荒者數年。既復舌耕，敏甫十二歲，叔父命受業焉。自春迄冬，

《學》《庸》《論》《孟》講解殆遍，其勤誨有如此者。

後敏補邑弟子員，先生落孫山外，亦爲喜甚。及飾於庠，先生仍應試，屬爲認保。敏不自安，托老友代亦不允，竟無介意於其間，何超脱怛蹊而曠達如此？蓋其學問深沉，境臻變化者也。

洎乎同治壬戌，粤匪竄擾，設團防局白竹大宗祠，先生爲參謀，秉司賬務甚公正，朝夕共事經年餘，絶不言勞。寇平，有司請獎，授以八品軍功，先生猶謙讓未遑。惟期教子有成，亦償生平之志也。奈幼子萃龘縣郡試皆列前茅，而院試仍遭勒帛，先生以是恨恨。越年餘，萃龘又赴修文召，先生遂一疾不起矣。

卒於同治甲子八月初一日丑時，距生於嘉慶甲子七月初五日辰時，享年六十有一。配吕氏，内助稱賢。丈夫子四：長萃勳，勤儉知行善；次萃群，萃朝，幼即萃龘也。孫大編、大統、伯盛。發先生之潛德者，其在斯乎，其在斯乎！

受業侄樹敏

（選自第三支《白竹盧氏宗譜》民國庚辰重修本卷三十）

章墩曉峰公傳

石藴玉而山輝，水懷珠而川媚。物猶如此，其於人也亦然。

章墩曉峰公諱明高，字子照，與先嚴爲同學，稱莫逆交。嘗道其天姿明敏，學力過人，出而就試邑郡，均列前茅，不幸院試抱恙，未曾卜售。後因庭椿失蔭，家督繼逝，蝟務冗雜，不能專功黄卷，遂棄舉業，理家政，援例入明經。待寡嫂及猶子輩愛恤備至，鄰里稱之。

咸豐庚申，粤匪倡亂，攪擾吾縉。公措辦糧餉，造製槍炮，團練鄉勇，極力剿滅。亂平後，我邑以軍功給獎，准予廣額，公又爲籌畫經費，勸捐募金，贊襄蕆事，歡洽士林，此公益之有關閤邑者也。至於宗族鄉黨間，則其經理大宗也。春露秋霜，孝思克展；儐籩執豆，規矩有常。其經理文會也，冬烝既畢課文試士，評定甲乙激勵人才。其經理譜諜也，丙子戊戌兩次重修，昭明穆序簡册輝煌。外此潛溪愚公路、本村連環橋，莫不出囊橐而盡心力。由此觀之，公固留心於功業之幹濟，而無心名場之聞達者也。非美玉之不求沽乎？非明珠之不炫世乎？然而山則難掩其輝焉，川則自增其媚焉。

公享壽七旬有九。德配王氏孺人，稱賢内助。丈夫子三，長與幼入郡庠，次入太學。孫男五。曾孫澤恩，高小畢業。冠裳濟濟，炳蔚一堂，非所謂"明德之後必有達人，積善之家必有餘慶"歟！敢竭鄙情，恭疏小傳。傳之甫畢，復贅歌詞曰：五峰蒼蒼，竹水泱泱，先生之風，峰高水長。

族侄彭

（選自第三支《白竹盧氏宗譜》民國庚辰重修本卷三十）

章墩萃梅仗義傳

兄諱公燮字萃梅，性孝友，然負氣慨，見不平事往往聲色交厲。大伯父益聞公又常以忠義勉之，故血性過人，遇事敢爲，未嘗在人後，此其素行然也。

歲同治壬戌，馬賊擄壺鎮，兇横較甚。我族會攻之，兄弟皆毅然往。猶憶臨行時語云："吾與賊誓不兩立，今繫標記爲腰帶，倘有不測，汝輩可以認吾身，歸葬以慰父母痛也。"及至壺鎮，與衆合圍，賊礮震天，矢石如雨，兄争先陷陣，炮傷而僕，首爲賊所得，兄弟奪屍而歸。

嗚呼，吾兄臨行之言驗矣，生平之志酬矣，大伯父之訓亦庶無負矣。還而訃諸大伯父，曰："督率者議恤葬金，請大伯父無憂也。"大伯父曰："此吾兒死所也，寇不滅，老身亦無葬地矣，何以恤爲？"聞者義之。故邑志採其語，編入《忠義列傳》。而我族中之督率者、從行者、樂輸者，同仇之志益奮，保障之志益堅，或守嶺，或出攻，終年戮力，無一懈心，故寇屢犯而屢逐，一方得以無恙，吾兄之靈亦可無恨矣！

事後聞於有司，恩例入忠義祠，死亦榮矣。弟雖不文，僅據實書之，以待後之采風者。

弟正大

（選自第三支《白竹盧氏宗譜》民國庚辰重修本卷三十）

長潭梅夫公傳

恩貢梅夫公，長潭人也，諱作和，字聖羹，梅夫其别號也，爲縉雲大君子予鹿鳴友兄純卿盧鋼之業師也。公生平善行，更僕難數，要可以“孝”“友”“忠”“義”四大節賅之。

聞之純卿云：先生資敏志宏，力求上進，不屑事訓蒙，尊父命設帳授徒，以佐其父。父性嚴，先生怡顔順志，能得父歡。壽不永。母陳姓，壽並萊母。先生年逾六十猶舞彩承歡，與二弟依依繞母膝，孝矣。

仲弟楷夫亦歲貢，先生一手培植，詩書外訓以岐黄，有范文正“不爲良相，當爲良醫”之意。幼弟樸夫，與父並耕食力，不事詩書，遂以父遺全産讓之，楷夫君亦樂俱讓。田荆姜被，予於先生兄弟復睹之矣，友矣！

同治壬戌，洪楊倡亂犯處、金，先生設團防，率民勇，親冒矢石，攻破賊窟，掃清縉云。嗣又帶兵永邑，軍次芝英，整然有岳家風度。亂平，縣主馮欲以先報請，先生力辭不受，有詩贈同事吕芝田云：“某傷某死慚多矣，誰罪誰功笑置之”之句。力請增廣文武額以公邑人。有陣亡者時潤其家，有告貸者不登於券。卿家亦寒，無力誦讀，得先生助之幸庇成名。是先生固忠於國而義於人者乎！

至其文章之名世，特餘事耳。錢教諭鴻翮贈之云：“學問淵深，云垂海立，品望峻潔，山高水長。”其明證也。若先生者，固宜揚之王庭，大用其材，以紹尚書、秋官之前烈，繼賢良、博學之後塵，奈時運不濟，文章憎命，四薦堂備，不獲一售。主師批云“額滿見遺，良深惋惜。然有志竟成，鵬摶會有時耳，勉之勉之”等語，豈不深可惜哉！

予曰：不然，天之報施，固别有在也。巍科顯秩，一時之倖也；植桂培蘭，累世之芳也。

今公之冢嗣彭，以明經擢用，仕進方長；次嗣聃，文掃千軍，名冠郡邑。長孫體復，弱冠遊庠，書香累葉，長宴黌宫。後嗣之顯揚當未有艾，殆所謂明德必達，不於其身，必於其子孫者歟！

淑配朱孺人，孝養翁姑，善承夫志，一門雍穆，三世輝聯，盛已！由是觀之，先生之德行可傳，先生之家世亦可傳。予即以所聞純卿者，爲之傳而付諸梓。

進士應振緒

（選自第三支《白竹盧氏宗譜》民國庚辰重修本卷三十）

仁齋先生傳

穀仁有諱新喜字子政，考諱樹敏號仁齋者，予受業師也。從遊六載，循循善誘，毫無倦容，資其啓迪，幸獲上進，此外熏德而善良者不知凡幾。郡太尊清賞其品詣純粹，學問宏通，聘爲金蓮山長。玉川沈夫子書船爲邑名宿，先生之姻翁也，亦掌教五雲。兩翁並任，全邑臯比，一時稱盛。

同治壬戌，毛匪據壺鎮。三都設立團防，製造軍械，發人爲兵，攻破賊窟，驅掃浄盡，遐邇得以安堵。克復後，恩賜廣額，惠及士林，皆先生等功也。至於造特祠，設育嬰，修邑志，理宗譜，報母節，其義舉彰彰如此，宜其綴巍科，登顯秩，輔發皇猷，爲吾族光矣。及屢薦秋闈，竟不獲售，雲路艱難，僅以明經終，且享年不永，惜哉！

雖然，天之報答善人也，或及其身，或昌其後，並非一致。現孫男三，皆克儉克勤，力事操作，日後寖熾寖昌，正未可量也。其獨行已詳載郡邑志，兹不必贅。今吾族重修譜牒，其孫澤東欲闡揚祖德，乞傳於余。余年已老耄，艱於握管，但誼關師弟，義不容辭。因略舉其梗概，而爲之傳云。

宗正

（選自第三支《白竹盧氏宗譜》民國庚辰重修本卷三十）

暘坡陶三叔傳

叔諱時彦，字祥美，號陶三，幼讀書，識大義。長從孫昊業，挽五石弓有聲，兼精拳藝，有豪俠態，見不平事輒憤形於色。然性坦率，無城府，而處事以公，大宗祠常帑出入秋毫清晰，人以是折服焉。

歲咸豐辛酉，馬賊竄永康四路口，侵掠胡莊，返宿大宗祠。叔恨入肺腑，日夜思有以報之。迨同治壬戌四月初二日，會剿壺鎮賊巢，叔攘臂一呼，子侄輩踴躍以從。環攻二日，馬賊宵遁，追薄永邑城下。

旋設局於家，以余與春臺總理協理，梅夫、檢卿爲統領幫帶，仁齋攝文案，闔都年十六以上五十以下編册團練。各地方十家立一隊長，請蘭溪唐先生爲教師。而叔自與某某司捐，總計本都捐錢一千緡有奇。月餘，而叔患足疾矣，遂命移局於大宗祠，防守各嶺隘。八、九、十月間，賊屢侵嶺寨。會廿八、九都義民者萬餘，自西坵至長潭一帶地方荷戈纔罷待守，即挨户派供。余家當衝，亦罄所有以給，故賊莫入。非由叔倡義於先，而能拒大寇者，三保一方無恙哉？

事成，聞於有司，恩給叔八品軍功，而叔以功成在衆，終身未嘗頂戴。其曠達又如此，雖古之豪俠奚以過？

叔卒於同治癸酉年十二月十七日，距生於嘉慶甲戌年正月廿八日，享年六十。配陳氏，現年近七旬，福祉彌長。男秋林，教以義方，頻年延師，禮意有加。見孫五：崇錢、崇坤、崇恩、崇敬、崇道，皆頭角崢嶸，發祥正未可量。侄雖無文，而據實以書，俾後之作者其無忘仗義也夫。

侄曉峰明高

（選自第三支《白竹盧氏宗譜》民國庚辰重修本卷三十）

章墩盧達中先生行狀

達中盧先生逝世後十五年，其長子光甫念先生爲革命先烈，生平志事多所未遂，遽爾徂逝，悲不自勝，乃於秀州中學講授餘暇，筆爲行略，以留永久之紀念。

余時適出席國民會議，還浙江視察秀中，捧讀之餘，私心實嚮往之。又十年，余任教育部視察，以視察閩浙地方教育還鄉里，而光甫又以財政部鹽務總局督察員兼浙區戰時食鹽收運處仙居辦事處主任重遊仙居，主余家，日夕過從。以先生行略來，曰願有述也。余不敢以不文辭，爰以舉其行略中犖犖大者，次其先後，書以畀之，以俟他日獻之於太史。

按先生，縉雲白竹鄉人，諱德和，達中其號也。少好讀書，手不釋卷，天性耿直，不知有虛僞，重信義，無輕諾，慷慨豁達，遠近知與不知莫不欽佩。常爲人排難解紛，感其情而釋嫌歸好者屢見不鮮。遇有恃强淩弱無理取鬧者，輒爲抱不平，雖不利於己，在所不惜，必求伸張公理而後已。行事有始終，既作始，縱遇障礙，必奮鬥到底。

戊戌政變後，先生知救國之有賴於革命也，乃在本姓宗祠創辦新新學堂，訓練革命黨員，更遴派有志青年赴紹興大通學堂學習，與秋烈士互通聲氣，以期相機舉事。後以大通學堂解散，先生所辦新新學堂亦遭停閉，乃聯合同志，隱於農商，每年往來寧、紹、金、處間，並在寧波組有“東永縉元胡公所”。辛亥革命軍起，先生在處州響應。事成，退隱家園，專務商業，並理農事，日以其暇流覽古今醫書，而尤篤於教子。

民國五年九月，自甬旋里即病，至十一月二十三日戌時逝世，距生於清同治十三年七月二十三日寅時，享年僅四十三，葬於白竹之前埃飛鳳。夫人應氏，現年六十有二，勤儉持家，相夫有道，教子成名。長即光甫，校名烑，浙江體育專門學校、黨務學校中央鹽務督察員訓練班畢業，歷任臨安、新登、紹興、仙居各縣黨務指導員、清黨委員、整理委員、執監委員，嘉興秀州中學、浙江省立第二中學、商業中學、中山女子中學、紹興越材中學各校訓育主任及教員，浙江、江蘇、福建各省鹽務督察員分區視察員，山腰監場場長，食鹽收運辦事處主任等職。次炘，總司令部憲警官學校畢業，歷任憲兵團中少尉排長，紹興、温嶺、永康各縣警察，仙居食鹽收運處股長。三煉，浙江警官學校畢業，歷任省會公安局警察隊長，安吉警察局督察員，抗敵自衛隊上尉教官、隊長，永康食鹽收運處股長兼總處機同訓練班軍訓主任。女一，歸宋省三，現任軍政部第九十四傷病官兵收容所担架隊隊長。現有孫二，孫女四，外孫、外孫女各二。

按白竹盧氏本姓柴，原居汴，宋受周禪，封恭帝爲鄭王，其二皇子唐王熙誨依姓於外氏盧，以示不臣宋之意，王之四世孫漢邑高宗南渡，遷居永康之孝義鄉。漢之五世孫泰，始遷縉雲之白竹崦，又二十五世而至先生。先生生平富革命性，其誠唐王之裔胄也歟！

萬竹居士張任天

（選自第三支《白竹盧氏宗譜》民國庚辰重修本卷三十）

長潭恒六十一熏公傳

往余聞先君淡如公曰：吾大父世阜公，以勤儉持家，創基業以遺後人，曾不得祠宇以享，予心傷焉。每述公履歷，則滂然泣下。余受而識之，竊欲爲府君立傳以圖不朽，顧蹉跎未能也。

萬曆庚辰之歲，率從弟明伊等創小宗祠於大街之南，上祀始祖尚十五公，而府君以長嗣首祔於廟，初志愜矣。比余以貢上春官受職天台、太平者十餘年而歸，弟明伊亦以貢上春官將行。諸昆餞之於堂，復語及夙願，咸請曰：傳者，實録也，願有述，以俟修宗譜考録之，以垂有永。

謹按府君諱薰，字世阜，旌義公諱玉者曾孫，光中公乃其祖，文顯公乃其父也。配下潛應氏，生府君，居長，性凝静，有剛介特立之志。弱冠就外傅，遠覽吴山西湖之勝而歸，超然以出俗自許。時同堂昆弟十三人，承祖父饒裕，俱廣置田産，餙鞍馬、美侍妾以自樂，府君獨布衣閒雅，止田二頃餘。諸昆相與竊笑其貧，府君自若也。及族人有欲別遷者售故址，價重千金，則曩所稱富饒者卒不易辦，府君出諸囊以受之，則勤儉之效也！迄今没僅百年餘，而允續合百廿五人得以安處兹土，不致各立門户，非藉公之陰庥，何以至是？故爲傳，以詔吾同祖之人，使知勤儉足爲家法焉。

府君生於正統丁巳年二月廿二日，卒於弘治癸亥六月十三日。配趙氏生於正統己未年四月二十六日，卒於正德戊辰年九月初七日，俱從先兆合葬於東岸之原。子男四人：長諱賜，支下孫男二十人；次諱友，支下孫男五十人；三諱真，支下孫男五十五人；季諱瓊。年登八旬以上者十五人，登仕籍者七人，況復振振未可量也。總之，福壽榮昌，皆公所遺云。

明德

（選自第三支《白竹盧氏宗譜》民國庚辰重修本卷二十九）

長潭恒百三十五世道公傳

公諱逵，字世道，號樸庵，生而資禀淳龐，器宇凝整。少炙外傅，長習庭訓，凡書傳諳曉大義，事父母善承其意。昆弟四人，公居長，視諸弟如手足，篤於友于，未嘗有所較。勤於治生，家殖以豐，所居宅兩罹於火，而門牆棟宇煥然恢復，無少墜廢。且仁厚慈祥，其心廓然，無畦町阻隔之病，謂族人出於一本，務惇親睦，吉凶慶吊，患難拯助，必盡情乃已。鄉鄰有貧不能自贍者，或有假貸，深矜憫之，必示與以副其意，至不能償則寬置之，曰："彼窘也求紓。我急之，則重彼之窘，豈其心哉？"

綽有宏度，人或有所犯，則舍之不校，然自儉甚嚴，少有所愆，則兢兢自訟，改而後止。治家以禮，每歲延師課，曰："詩書禮義，人家第一事也。"子姓有少不循禮者，輒呵禁之。喜揚善而隱惡，嘗曰："毁譽非古也，人生惟其實而已。與其毁人，不若譽人。揚善近厚，訐人惡則薄矣。"

生平安分樂業，耕田而食，桑麻而衣，不喜奔走權勢，觸冒巇巇，以干榮利。惟性懷嗜酒，則縱其飲量，而亦不廢事失人。暇常飲於鄉，薄暮未歸，家人以火迎之，不相值。火歸，翁尚未至。既而索馬廐，衹見翁醉俯於馬脊而睡。又嘗飲於親戚，主人侍賓者五十人，各以杯斝獻酬遍及。既散，主人設酒一罇候於道以贐，公問曰："是何爲也?"主人具白其故，公曰："請並藏之於腹，無勞使者。"輒傾下一十二甌。至今傳頌，以爲酒星所臨。雖古劉、畢諸公，不是過也。

生三子，長錫、次鏋、三鈿，俱克肖。孫曰萱、冀，皆秀偉知學。晚年愈清逸，葛衣巾袍，嘯歌林壑以爲樂，或時與客觴奕，休休于于而不知上下有天壤也。

余姑以鄉人之論及者傳之。

都御史周南

（選自第三支《白竹盧氏宗譜》民國庚辰重修本卷二十九）

璋、琪傳

伯仲氏宗璋、宗琪者，正統初怛以睚眦殺人，不稱姓族，亦自謂周世宗之後。

生而慷慨不羈，筋骨儇捷，髮長過身數尺，每櫛則植鐵叉於地，飛立叉股而理。尋窘，至礦冶，遇方士，傳以異術。

初隱於商販，攜數女子過仙居之石井張。張利其女子，謂其爲客，凌之，索值予之半，璋、琪竟一笑而去。至蒼嶺，憇於道，萍集者數人，容論初，突厲，偶觸璋、琪，璋、琪拉之若樗朽。衆疑懼，請曰："公何自也?"璋、琪劃然長嘯，以石井事語之。衆皆抱恨，跪曰："公能爲我主，當爲刺之。"璋、琪始覺此輩爲亡命，乃訣曰："丈夫不得志，悒悒而在人下，非造物意；彼龍虎固與之風雲，鵬鶴固與之羽翰，予亦有風翰者也，固自困踣泥淖耶?"撫髀而起，衆拜而從之。

至石井，忽天雨水漲，渡稍阻，石井人覺之，皆避去，既而拔刀砍其屋柱而火之。

吏候之迫，道出天台，過馬鬃嶺，而返經金城。朱氏，璋、琪母族也，爲之，忽見之，大呼其名曰："大仰、二仰，汝至此耶？"璋、琪自覺爲之所識，乃據永康金仙寺。官兵至，矢石如雨，璋、琪方在鐘樓上笑飲，手以棕葉辟箭，皆中葉。須臾作霧，對面不見，乃以兩笠自捍，挾飛而下，斬首數百。時野初刈，璋、琪每出戰，躡草本上如飛，人益憚之，官吏退而自保。璋、琪欲以石井事語人，無就論者，方鬱鬱不能自明，竟遁去。

曰璋發背疾卒，琪登高而墮，皆莫知其的。或有見其爲方外江西賣卜，莫知其所終。

外史氏曰：璋、琪，誠刺俠之雄者也。昔荆軻、高漸離慷慨激烈而功不成，至今恨之；聶政踐言自殺，而令姊哀悼撫骸；郭解冒義傾人，終蹈漢法。璋、琪報仇舉兵，勢若無賴，畢至流浪黠化，逃出緣籠之外者何與！

（選自第三支《白竹盧氏宗譜》民國庚辰重修本卷二十九）

暘坡夏氏節孝傳

盧俊妻夏氏諱珍，年十五適俊。至二十四歲，俊忽病篤。俊曰："汝雖有弱子，未卜其終，伯季氏無有以義濟汝者，其何可居？"復以微言廣其志。夏泣曰："更二夫，非婦也。脱不諱，當死生以之。"無何俊亡。

一子方在繈褓，家計凉薄，孤苦萬狀，復有利其嫁而窺其後者，又從而窘折之，果如俊之所慮。夏益自勵，饔飧緋紉，足不逾閾。既久，内外信之，衆志漸伏，遂能積日度歲，以俟其子之長。

隆慶丙辰年，其子與人毆傷。有索藥劑之者，初若爲親愛態，飲之輒死。群口嘵嘵，竟亦不知其故。夏哀號呼天曰："我育此子，豈爲賤骨計耶！將以哀俊之爲餒鬼耳！寒燈廿載，枯腸萬折，指望在此，而今已矣！皇天不察，一至此乎？"行者聞之，無不淚下。柘峰子每爲予數其事，且太息曰："夏氏之節如是，其所遇若此。人則非義，天其亦不仁耶？"

誄曰：生子名崟，數歲夫亡。紡織自給，家祚荒涼。堅持精操，砥礪冰霜。青年立志，皓首如常。胡天不道，子亦並殤。身雖無繼，名播清香。

知縣馬良

（選自第三支《白竹盧氏宗譜》民國庚辰重修本卷三十一）

長潭賢母曹氏傳

予嘗讀《易》"家人"，五以陽居外，父象也；二以陰居内，母象也。故母道從父，以柔巽隱伏爲德，而不貴其擅能專美以干陽職者也。然時有常變，勢有順逆，事有難易，豈可執一論哉！於是世之婦，幹夫蠱母任父事者，始有賢之名焉，若盧母曹氏其選也。

曹氏出五雲白巖世家，僉憲養志公之裔孫女，適介庵盧公。在室以端静稱，既嬪，益茂柔惠，敬夫子，孝姑嫜，出自天性。侍其舅世阜公病疽，謹湯藥之節，躬浣洗之勞，鄉人罔不嘆服。年逾四旬，而介庵棄背，三男惟禎頗長，餘皆弱冠未成立。喪變搶攘，有讐家誣以殺人事，兄弟逮繫在獄，連歲不得釋。曹氏煢然寡居，志節益厲，綜理精密，井井然有丈夫風。鄰火延燎，獨號泣抱扶夫柩得出，而室廬貲財蕩然，竟弗爲意。然又能約己以裕貲，量時以舉事，不二年悉完其居。

次子祥之婦趙氏誕明德，甫十八月而孤，七歲不能行，曹氏鞠之，恩愛備至。比長，延師教習舉子業，夙夜警誨不懈。明德篤志積學，蜚聲場屋。季子祐娶予妹，夙罹疾疴，曹氏養若己女。居常每以夫道迪諸子，以婦道勗諸婦。訓言諄懇，誠意溢發。

君子曰：曹氏有母道三，而爲婦之善不與焉。且其所處皆出於伶俜顛頓之中，雖丈夫猶以爲難，而竟以一女流任之，皆足以風世。其德其才，有兩足稱者耶！

歲庚子冬，曹氏年逾七旬，亟命其子卜介庵葬地於鄉之箬坑而奉窆焉。事竣，率子婦羅拜墓下，嘆曰“吾事畢矣”，感泣而還。遂得疾，越明年二月卒，其始終大致又若有待而然者。嗚呼，亦奇偉也哉！明德從予遊已稔，予既悉其事，而爲之傳。

休寧令戴瑞

（選自第三支《白竹盧氏宗譜》民國庚辰重修本卷三十一）

長潭田苦節傳

從弟㮕配田氏，出同邑望族。女自幼以賢淑稱。壯年不産，密謀諸夫曰：“人莫哀於無後，君不可不爲之計。”夫請少待，不可。乃復告舅姑，而自鬻裝奩，以助納妾。得子一陽，鞠育愛護，不啻己出。

未幾夫早世，愈矢志堅貞。困抑萬狀，連更舅姑二喪，無不周悉。家故優裕，以遭回禄，貧不自贍，常粗糲爲食，辟纑爲衣，辛苦不憚勤勞，錙積寸累，復恢宏堂舍，延師傅教子詩書。今一陽得以安享遺業，充弟子員於庠序間，真其苦節之所賜也。

鄉先達作一聯表其廬曰：“半世孤燈清操厲冰雪，一生大節芳譽滿乾坤。”田氏涕淚却之曰：“吾豈敢當此哉，但得不愧爲未亡人，他日得睇一陽成立，令予可以歸見良人於地下，足矣。”推其意，實有所得而逃其名也。

嗚呼，若田氏者可謂賢矣！余觀世之婦人，知愛其夫、慈其子者多矣，求其於夫故子幼之間，而克盡舅姑二喪者，蓋千百人中或無一焉。專愛固寵惟恐失之者多矣，求其能不妬忌而曲全嗣續之重者，盍亦百千人之中或無一焉。若田氏婦之賢，豈非超出百千人之中者歟？

見大宗葺譜而旌節義，一陽端肅告余，願得立一傳，以不没母氏大恩，亦其振慈以孝之追思也。爲附片言於譜末，昭公論也。

從伯八十六翁明德

（選自第三支《白竹盧氏宗譜》民國庚辰重修本卷三十一）

西垢東林處士傳

處士諱隅，字德符，號東林，其先爲汴人，中葉諱漢者扈高宗南渡，始遷永康。咸淳中，諱泰公復自永康遷縉雲之白竹崦，九世至道徹公居里之西垢。又三世至仲廣，仲廣生景，景生玉，玉生處士。

賦性明敏穎悟，丰儀恢偉，讀書好古。初，與其母之兄李亞卿之孫諸子同學，鋭志進取，既而謂道籍傷於秦火，所存者醫卜之書，復留心軒岐之學。故於天道氣化之原、山川草木之精，無不洞達其奥。及診疾，無不中藥，其任藥，無不取效。遠近趨之者如歸市。

處士家萬山，去縣稍遠，乃浮居仙巖以就之，鍼砭湯劑並施不悖，但知濟生救溺之急，不復望報，故傴僂疲癃之民布滿門階。每人戲謂處士曰："卿相以勢位致人，公以德術致人，相去孰多而孰寡也。"忽有患腰痛者幾痛欲絶，而膚理如故。處士診之曰"内癰也"，以刀刺之，濃血如注而愈。復診一疾，症同而實不同，曰"此徵瘕也"，療從脅下剖之，得血瘕如鱉。又治一傷寒者，病甚危，處士以湯藥飲之即伏，既久而惺，則病瘳矣。處士之治病，不辭昏夜，遠近寒暑，聞病即行，略無難色。晚年諸子恐其勞倦，有阻之者，處士亦不答，但與來者闇期，及病者諸往謝，方覺其診視之故。

處士生平和遜，無疾言遽色，爲人解紛，則正論侃侃，無所阿附。尤喜弈，每往城中施藥，必攜弈枰以行。家裕暇時，則締結幽盟，鷺汀鷗渚，無不延竚，且留業耕桑，足稱垂裕。先是，處士少年倜儻不羈，晚節益自砥礪。娶蒼丘應氏，皆處士自俱六禮，無長者以匡翼之。及應氏歸字，賢淑貞才，宜於一家，處士至白首相敬如賓。諸弟有乏嗣廢業者以貲贖還，使爲祭田，無失其祀。撫諸子侄如己子，凡百叢脞無不調適，澌澌而清修寧逸，畢無以擾其素懷者。

忽一日，宗人爲酒饌以食處士，處士飲食之，散去，步石渡澗，矍鑠若壯者，至家忽坐下而逝，年七十六歲。子四：長致中早世，次致和、致敬、致遠。致敬爲邑庠弟子員，篤學，屢試不第，處士常望之。既先處士卒，亦常悒悒爲恨。敬娶在城丁氏，生孫應選，方八歲。丁氏寡居，貞操與冰雪争嚴，辟纑訓子，亦得爲府庠生。蘭桂森森，公之餘慶其可量乎！和、遠俱克紹基緒，以禮請銘，君子謂其知重於孝義者也。孫三：復，敬之子；三省、三綱、三才，和之子；應達、應運，遠之子。皆無失祖訓者也。爲之銘曰：

術行而德濟，無重於嗜利，是惟清逸之器。子賢而孫良，家籍用以昌，是惟篤慶之祥。

徐夢易

（選自第三支《白竹盧氏宗譜》民國庚辰重修本卷二十九）

長潭時彩公傳

盧府君者諱鈿字時彩，世居邑東美化鄉之竹川。君性至孝，事兄恭，好詩書，建閣於池上，延納名儒以訓嗣子，不吝數十金爲贄。配周氏，生子四，長曰嵩，次曰崑，三曰鰲，四曰崙。義方之訓既嚴，崑、鰲同年補邑弟子員，俱爲時望。

尤痛其長兄錫蚤世，撫遺孤萱，不啻己子。以萱當新婚被訟，君往代之。上人怒笞之甚酷，訊之曰："爾何匿侄而自苦如此？"君泣曰："兄止一孤，萬一不虞則無後矣。鈿有四子，死復何憾。"上人感其誠而宥且全之。嗚呼，此亦難矣！

余先君可亭翁，與府君次嗣鰲爲莫逆之交。鰲字子才，有文行，娶余從伯祖諱宙之長姑，先君得屢遊其池上，知府君履歷之詳，每論人品，輒嘖嘖稱賞府君有古風，余久爲之企慕矣。丁未之春，余讀禮先妣靈次，鰲之子思順持府君行狀來，叙渭陽之舊，且索余傳之。余曰："古之人有不知其人，則視其友與其子而可以知之者，余與府君亦然。余生既後府君，居又踰百里，故不及交府君以識其爲人。然取其子鰲行狀讀之，與所向聞於先君者若合符契，信可以傳矣。"

傳曰：世人易隆者虚文而友不孚，君獨以誠而見賞予先君。易惜者厚利而教不嚴，君獨以義而成就其二嗣。易欺者幼孤而手足之誼不顧，君獨以仁而庇其猶子。余所喜譚者，誠也、義也、仁也。故傳之以告盧氏之後人，並以風勵天下。

李維喬

（選自第三支《白竹盧氏宗譜》民國庚辰重修本卷二十九）

長潭升八十三淡如子傳

淡如子者，吾邑敦行士也，讀書有志節，厭世味之紛華，遂隱於耕釣以自適。中歲遺落世故，以家事付二子，而命季子業儒，督訓之甚力，一時群從翕然聞風而起矣。

耕釣之暇，獨坐一小樓，左圖右書，無長物焉，緗帙之新，若手未觸。平生衣履，雖敝不染塵垢，蓋其天性高潔耳。隨興所到，輒形於詩歌，往往爲人所傳誦。客至則蔬食菜羹，怡然終日，未嘗有倦容怍色。然行方寡諧，鄉人不訾其迂腐則病其矯强，獨其友蒼洲子深知之，呼曰"淡如子"。淡如子聞而喜之曰："是善名我矣。"久之，人亦習稱焉。

嗟呼！波頹風靡之世，人之朵頤於富貴、垂涎於貨色者逐逐焉，不啻芻豢之悦口、醇醞之醉人，之死靡悔也，雖豪傑之士，有所不免。求其超然拔於流俗、泊然忘於世味如淡如子者，幾何人哉！推其志，直欲蟬蜕泥滓之中，龜息於幽閒之境，雖鹿門之耕，富春之釣，不是過也，謂之獨行之士非歟？

淡如子名祥字廷瑞，姓盧氏，世家潘潭之上，早孤，事母兄以孝友著稱。其季子明德，學行有父風，于予爲忘年友云。

外史氏曰：太羹玄酒，天下之至淡也，然五味之和受焉，醲醑之旨出焉。今淡如子自以爲吾淡矣，無涉於世味矣，然而詩書之澤已潤其身，孝友之雋足肥其家。其淡也，乃所以爲腴也。君子之道淡而不厭，其淡如子之謂歟？雖然，異日牲鼎之養、冠紱之榮，固有不得而辭者。大丈夫不移於貧賤、不淫於富貴，吾知淡如子必能終其淡也。

河南信陽知州　鄭禧

（選自第三支《白竹盧氏宗譜》民國庚辰重修本卷二十九）

處士世琨公行狀

處士諱瑾字世琨，姓盧氏，世居縉雲白竹。五代周世宗之冑，歷宋元，代有節義之士。處士之父守禮公，助粟賑饑，名聲籍甚。母曹氏，生子男七人，處士其幼也。平生賦性淳謹，好稼穡，善理財，益亢厥宗。事父母克盡孝敬，處諸兄友愛稱篤。

常遊江湖間，有貨靴者，先以美者出示，高其值，得價後，易以朽敗，處士笑而受，佯若不知其詐者。及試穿，有物礙足，探之得錠銀七兩七錢，竟尋其人而還之，彼亦愧感。有商販來家市麻，公積百餘秤。牙中蔣壽五與商設計誆騙，將銀一錠重二十兩雜對秤碼中，則每秤重多二十兩，總計得麻百餘斤。商自以爲得計，易畢竟去，忘收前銀，處士收秤碼而得之。越二日，蔣壽五同商泣而至，處士面責其人而以前銀付還。其不逆詐、無苟取有如此者。

處士尤厚於親戚宗族。其女適同邑杜四六，早寡，處士撥田千餘秧，撫其甥杜方如己子，延師教誨，勤懇備至。凡遇事變，直言無隱，與人交處，始終不渝。橫逆之來，直受之而不報，忠信之言，淳確之行，足爲世法。晚年田連阡陌，益樂善循理如初，無一毫矜驕之意。

娶曹氏，琴瑟甚諧，生長男樸，娶鄭氏。次男棣，娶田氏，繼室陳氏生。三男構，娶胡氏。四男樫，娶曹氏、洪氏。五男霖，娶倪氏，才智聰敏，倜儻有大志，而不幸早故，宗黨共惜之。孫男十一人，孫女四。

公生於宣德乙卯三月初三日，卒於正德戊辰十一月十一日，葬於廿八都鳳凰山之原。若處士者，其可謂無忝所生者矣。予侄竪成娶處士曾孫女，故知處士爲最悉。謹因處士曾孫燔之請而爲之狀，以俟傳志擇採云。

刑部正郎應廷育

（選自第三支《白竹盧氏宗譜》民國庚辰重修本卷三十一）

盧母應氏安人行狀

安人諱寧，字從一，余伯父天澤翁之女，適縉雲盧，爲桂林太守春沂公之配，而國子生應辰之母也。天澤翁娶於盧，於春沂爲從姑，見春沂秀穎拔出，知必遠達，故以安人歸焉。

安人生有淑賢，習於女範。自其在室時，厥母因伯子學成而喪，哀痛逾情，至患心恙，弗事事。家政無巨細，一切安人攝之，整整有條。既于歸，事舅柏軒翁暨姑徐，克盡孝敬，承顏順志無少違。春沂業舉子，常從師遠遊。安人綜理家政，弗以内顧牽其心。後春沂貢入胄監，卒業歸，安人益勉以取友進業。每曰："監生與秀才略等耳，士必登科爲高品，勿以小就自安也。"

歲戊子，春沂將赴京闈秋試，已戒未發，而安人適患病，躊躇欲輟行。安人促之曰："丈夫當顯親揚名，期成大孝，何庸依依然戀妻子爲兒女態耶？吾病固無恙，幸勿遲疑。"既行數日矣，而病忽轉急，柏軒翁將追還之，安人又力止曰："某病幸有翁姑在上，爲謀醫藥足矣。倘不可保，彼雖還，亦非所及也，何以此誤功名大事乎？"乃止不追，而安人病亦竟無恙。春沂遂以是登科薦書，談者莫不以是爲安人功。

及春沂屢試南宫弗第，則又勸曰："凡從仕者以禄及親爲孝養，翁已弗待矣，盍及姑在早入官乎？"春沂感其言。歲辛丑，南宫試畢，遂就銓試，授官刑部司務，薦吏員郎。數馳書迎養。姑以道遠年高辭，謂安人曰："汝往哉！"安人不欲遠去其姑，亦竟辭弗行。後春沂官桂林，姑力强之，乃始一往云。

安人育二子，長即應辰，次應宿，俱已成立，而應宿歿於痘。安人每謂春沂："吾雖有子，而吾身後頗覺單。"因勸置側室，以廣允嗣。置其一未育，又連置之，皆安人意也。其超出於近世妬娼之俗，實有古者《樛木》《螽斯》之遺風焉！

其教應辰也，雖一子甚愛，而能知勞。處妯娌也，雖衆而能偕之以禮，爰無嘻嘻之吝與嗃嗃之厲。御婢僕也，雖寬而不至於瀆，嚴而不至於怨。至其他細行，纖悉委曲鮮不中於禮者。蓋在家爲賢女，適人爲賢婦，在於近世可以爲難矣。

安人生於弘治甲寅年四月初十日，卒於嘉靖戊午年四月十一日，享年六十有五。應辰以庚申年五月十九日葬於回潭山之原，今轉附上黄橋東坡之原，請余爲狀其行而藉以請銘。余惟内德之懿不出閫閾，非親戚其誰知之？雖狀之又其誰信之？余固不得辭也，謹狀。

福建僉事、族弟晉庵應廷育

（選自第三支《白竹盧氏宗譜》民國庚辰重修本卷三十一）

宏齋公行狀

余昔在太學時，與盧子竹山奎同舍。既别二十年，余且掛冠歸，竹山方上天官氏，入銓次得尹都昌，手紓其先君子平生之績請予狀之。余又適客竹山之叔父大司寇公宅，更得詳聞其事於盧之父兄宗叔，聽其言而狀之曰：

公諱道，字子由，號宏齋，其先出周世宗之系，避宋改今姓。然有洛陽受姓之祖八世而遷縉雲始祖諱泰者，又十五世至公。公父柏軒先生於鄉邦最稱賢，特和順睦義，好善樂施，又耽嗜吟詠詩篇，竟日不移。公爲先生冢嗣，生而歧嶷不群，廣額豐頤，體貌宏恢，善揣先生之所嗜而養志者，凡有所委託，即力任其事。故先生得以縱林泉之樂，又得以任其仲弟春沂成舉子業。

先生族繁，欲建大宗祠以維繫之。公爲左右贊畫。木植已集，忽不戢於火。先生駭曰："十數年心績將就緒矣，一旦如此，奈何？"公力解慰之曰："得假某以數月之期，當復修前業。"先生許之，由是盡發其所私，至伐木登場，先生始喜曰："今事成矣！今事成矣！"公内殷植蓄産，而外應百務，諸父昆弟一時森然崛起廊廟，公以老成持重而允濟之，三十年間，措藉基緒而不失大家之德望者，不易及也。

公又以恩造恤人，每下區徵入租貢，恒務寬厚。人有恃私祈庇於公者，無以先容，乃奉飲器爲壽，以銀鑄舟楫形，注之酒即自行。公曰："無故而獲，君子耻之，彼亦將焉用贈我哉？"竟却之。未幾，其人果罹於法，雖死無怨。又有金姓者，負公錢若干，欲出妻以償。公曰："人生與妻子離散，必有大不得已事，而謂以逋負故，其過在我也。"急取其券焚之。

鄉閭有憤争不平者，公出一言，無不立釋。雄宕果確，人亦畏服，獨事父母，則下氣怡聲，嘗私囑都昌君曰："我爲長子，汝又冢孫，凡事當先之。若譸張迍巡有所待於彼，則事惰矣，而又重違父母也。"柏軒先生晚年病滯下，公必親湯藥、掃穢惡，衣不解帶。及卒，喪葬盡禮。又懼太夫人悲傷，設榻卧於其側，多道兒稚時事供色笑。太夫人壽躋期頤，公年亦近七旬，人皆以"老萊子"方之。

丁未歲大祲，推府木庵葉公承檄駐節賑饑，欲得公正耆舊以主其事，鄉賢東湖鄭公以公入議，招之庭，計口授分，人沾實惠，至今以爲美談。好賢禮士有父風。人死無所歸者必殯之，匱乏者必周之。遇事喜怒不形於色，人亦不能窺其涯涘。其後以太夫人棄養，公居喪致哀，而又竭力建庵置祭田，經營勞瘁，常悒悒不樂，無復昔態。服未闋，已捐客矣。年六十有八。學校、士夫、鄉人莫不高其行誼，爲文誄之。中有得其名狀者曰："周人之急，倒囊篋而不計；赴人之難，置利害而無辭；歷盡苦難，松柏遇歲寒而不改；卒臨患難，中流據砥柱以長存。"斯言得之矣，敢即其辭爲公狀。

徐夢易

（選自第三支《白竹盧氏宗譜》民國庚辰重修本卷三十一）

盧春坡處士行狀

處士諱焌，字子順，號春坡，盧姓柏軒翁之賢嗣也。盧爲五雲望族，以其爲周世宗之胄，宋有天下，始易姓從盧，歷世多節義之士。至正統乙丑，守義公輸粟一千二百石賑濟，事聞賜敕旌異。

守義公生存仁公，公之仲子柏軒公尤好善樂施，益光前烈。柏軒公四子，其季則處士也。處士性剛果，遇事敢爲，胸次無鉤鉅機穽，質任自然，然與人處不屑屑於銖兩。或置産業，與之值必適其所望，人亦樂之爲售。仲兄春沂先生仕刑曹，其家務處士代爲處分，未嘗小有所嫌。柏軒翁晚年建大宗祠，處士慨出己資助之。柏軒翁喜其承志，以爲能擴大基緒者處士也。族叔貧無所棲食，處士乃畀之，視機舂資其監税以爲衣糒。後叔不葺，復毁於火，處士亦置之度外。

鄉人胡姓者，素强悍無賴，不畏法度，每官家追捕，隷人不敢及其門。處士曰："此蠹民之暴也，漸不可長。"急翊捕者同往，單身直入，械繫之而出，彼亦靡靡貼畏，無敢抗拒，其勇往無怵於利害者類如此。暇時則以絲竹自娱，又若忘情於世事者，獨其延師教子曲盡其體，故其子皆有成，而孫且繼踵，駸駸然日至以振大其勢，而無忝於所生者矣。

處士生弘治己未二月十一日，以嘉靖癸卯八月初二日卒於正寢，享年四十有五，惜乎天靳其壽而不竟其用也。娶朱氏，孀居守禮。諸子克孝養其母，而得其歡心，則處士貽訓之良、種德之效，亦可因是而見。子男三：應祥娶樓氏，應璧娶程氏，應元邑廩生，娶楊氏，皆孺人所出。孫男十一人：惟寅，邑庠生，娶朱氏；惟清、用中、用賢、惟叙、惟乂、用賓、用行、承祚、用光、承祖。孫女三人。

謹以聞於桂郡伯者，具述其生平履歷爲狀，以俟志傳者裁次焉。

徐夢易

（選自第三支《白竹盧氏宗譜》民國庚辰重修本卷三十一）

槐花樹三世清節傳

蒼山高一萬六千丈，道書所謂第十洞天，其峰嵐挺拔，高峻插天，澗水瀠洄，澄清徹底。不獨處士星應少微，而且多貞女烈婦毓於其間，如我族三節孝，尚書後屏公之裔媳也。

其先，學文公之妻張氏，吾嘗立貞節傳以表之矣。今其孫媳杜氏，結縭未久，宗福公遽赴玉樓召。杜即欲以死，娣姒勸以撫孤，無已，拭淚茹荼，期諸孤成立。長秀良，次秀紅，婚甫就，秀良又亡，媳涂氏年二十。姑試之曰："吾家貧，汝又無嗣，可無苦乎？"媳矢之曰："烈女不事二夫，義也。若云節苦，姑既備嘗之矣，何獨於媳不可？"乃繼茂璋、茂璠爲嗣，享年七十有五。及侄婦茂賢妻李氏，皆青年守志，共勵冰霜。事聞有司，請於朝，給以"三世清節"匾額，建坊尚有待也。

今夫苦節之家，其後多發祥，不於其子，必於其孫。今孫子振振，慶集一門，天將昌大其子孫，爲苦節光也。余與秀紅叔父知最深，故舉其母與嫂及侄婦之節，以補家乘之缺云。

族侄錦標

（選自第三支《白竹盧氏宗譜》民國庚辰重修本卷三十一）

伯母張節孝傳

苦節之苦，莫如敏之伯母張氏也。

自幼于歸伯父諱法敬公，孝事翁姑，善相夫子，勤儉克家，年三十尚未得子。奈伯父仙逝，即欲以死殉，緣妯娌勸以撫侄，遂作似續計。時祇有敏四歲，顧復恩勤，勝如己出，一切家内務勞伯母主持，賢聲遠播。華門貴客迭欲聘之，伯母志堅皆不允，曰："婦人從一而終，義也。況有侄可撫，何效改節之爲哉？"

及敏七歲，父又見背，母陳氏同心守志，而伯母教養兼至，遣就傅，與母氏和熊丸佐讀，歐陽祖母當不是過。繼而叔諱法雷公娶陳氏，生二弟新榮、新桂，撫之亦然。無何越八年，叔亦返道山，嬸母亦寡。伯母内外支持，勞狀百端。繼侄新榮爲嗣，始議爨析爲三。未幾，敏補邑弟子員，越數年飱於庠。新榮考名鼎，屢試不售，亦援例入太學。用度繁而家貲中落，兼之粤匪警擾，飢饉薦臻，飽暖且難營焉，敏等罔極之報，奚有萬一耶？

歲同治丁卯，有司爲請於朝，暨祖母胡氏、母陳氏、嬸陳氏，均蒙欽褒節孝。太守清有“一門四節”之額，副貢沈懷珠爲伯母作《苦節吟》，族貢生煊爲伯父母作合傳，貞松勁柏，與天地終古可也。年七十有九，忽赴仙鄉，苦節之在人耳目迄今莫堪回想，劬勞莫報，何以自立於人間？有惟謹志之，淚溢楮墨間焉耳。

樹敏

（選自第三支《白竹盧氏宗譜》民國庚辰重修本卷三十一）

節烈陳氏安人傳

甑山之麓宛延而寥曲者，有石門盧氏聚族於此，貞媛淑女代不乏人。而於干戈擾攘之秋，暫焉失偶，恐受虎狼荼毒，獨能以捐軀全其名節者爲尤奇。

余硯食六觀故里，與文學盧潤齋先生有西席誼，時於舘政餘閒，述舊聞談軼事，每齒及盧永專之髮配曰陳氏安人者，其節烈可嘉，寸衷曷勝愴愕。安人系出名門，性情淑慎，舉止端凝，自幼無花粉氣。及笄歸盧門永專，家甚窘，外藝營生，安人躬操井臼，勿以貧窶爲嫌。有艷其色而倩人勾引者，即正色拒之，不敢近。嗣後，安人慮寒門獨坐，難弭瓜李微嫌，勸永專工而兼農，其防微周密有如此者，里中咸嘖嘖稱道焉。無何，歲在壬戌，粤匪擾及我東。秋杪，賊鋒横行益甚，永專同安人被俘至馬墅橋，望夫莫及，罵賊者屢屢，遂赴水而死，其慘刻殊難悉狀。邑侯程公據實具詳，鄉人立廟以祀之，顔其額曰“節烈”。

嗟乎！紅巾迭擾，仕紳偷活於世者不知凡幾，村落婦女何忍深究。安人以微賤之家，而殉名死節乃能如是，身飲恨於九泉，名流傳於萬世，吾謂雖死猶生可也。安人殉節後，永專回里，續娶王氏。奠祭之辰，夢陳氏坐巾車擁大蓋，武士前呵，旌旗回護，入大樹下，即新建節烈祠也，其顯榮於冥府概可知矣。

余家距石門十里許，未悉安人巔末，迨耳熟潤齋先生所説及誦春官柯老夫子贈言，始稔安人處常則伉儷相偕，處變則戈矛不顧，失偶而骨殞重淵，真巾幗中之翹楚者矣！茲值盧氏華乘重新，凡事關節烈者不忍聽其湮没無聞，爰拓實書之，以備後之采風者得所考證云。

庠生馬永鼎

（選自第三支《白竹盧氏宗譜》民國庚辰重修本卷三十一）

僅識字幸儂傳

幸儂生嘉隆之會，太平之日，自幼性敏甚，日記千百言，爲文立就。早竊禄於學宫，常登杭州太虚樓作賦，對客揮毫，賦成，潘水廉、馬松里曰："宜子以才自負也。"爲之獎許，一時聲名籍甚。忌者中傷之。爲察院吴公所録，以書自訟，覽之立曰："子以才自豪，放曠不羈，他有何罪也？"仆之復學，作《窮獸賦》以見志，後大有聲於場屋。

九科不第，自嘆曰："有命焉，不可以力爲也！"乃絶意進取，以從簞篹，結房於文溪之上，聚書數千百卷，日誦讀於其中。玩心高明，以大蠹自懼，多自閉不出。其弟柘峰時過之，呼曰："今之閉户先生也！"書"頤懶"二字扁遺之。常自題其壁曰："一室蕭然，圖書滿几。清風明月，角巾布被。淡飯藜羹，眠思坐起。炎炎不趨，嘿嘿守己。朝經暮史，不知老至。"意裕如也。

詩人墨客多從之遊，有避之者，其兄外山詩曰："到處詩壇旗鼓仆，畏君鋒鋭富才華。胸藏典籍當八面，紙落空煙散五花。書閣面西簾捲雨，玉川帶左水明霞。雙清入境神情逸，派紹吾宗妙莫嘉。"惟鐵城李先生兄弟，東陽陳鶴陵叔侄陳仲成，赤城吴文季往來不置。好吟北樂府:“儂家白谷山中住,是個半鵑突樵父。躡蒼苔穿過疏林,擔上横挑風雨。倦來時籍草觀棋,柯爛不知回去。有幽人要見行蹤,聽我歌聲起處。”

惟手不停披,口不絶吟,八十康强不爲不壽,有子有孫有玄孫,不爲不幸也。幸儂爲誰,盧應期也。

論曰:人之生而不幸者多矣,然亦有讀書不識字者。幸儂自許曰“幸”曰“儂”,意蓋微矣。其可稱者,其斯也已矣!

皓髯翁

(選自第三支《白竹盧氏宗譜》民國庚辰重修本卷二十九)

章墩兆盛公傳

公諱日標,字汝兆,號兆盛,姓盧氏,世爲處縉雲人。自明嘉靖間尚書後屏公父子繼登膴仕顯於時,盧遂爲縉望族。

公以幼失怙恃,無所承藉,生事中落,貧不能家,乃深自刻勵,務勤儉以滋以息,再振厥緒。公雖起自孤孱,經困約而性倜儻,有大志好行其德。既富而厚其施,益光宗族姻黨:嫁娶不備者助之,喪葬不以時舉者賻之,寡妻孤孩老羸殘疾、窘不自存者周而恤之。每歲乏月則出粟以賑貧者,與不責其償,償不計其息。其施於人也無德色,其求而必應也無倦容,均養同仁,罔或不暨,公真長者哉!

嗟呼,貧富何常,而吾於公獨有感也。當其少遘閔凶,零丁弱息,支離晨夕,糊口維艱,更奚有於富?即富矣,世之食豐履厚、坐擁良田美宅、視親交緩急漠然不一動念者,何可更僕數?公獨慷慨嗜義,乘有餘以濟不足,蘇枯沃槁若饑渴然,世有孤而能立、富而好施有若公者乎?嗚呼,斯其可傳也已。

配楊氏,性温淑,能佐其家。側室吴氏、馬氏。生子二人,長承勳,次承熙,一授明經,一入太學。女三,並適士族。孫男十人,承勳子三人,其七人承熙出。孫女五人。

公生於順治己亥，卒於雍正壬子，享年七十有四。公既没，嗣君等保有令緒，彌熾而昌，夫人楊氏壽八十有六，尚康强無恙。歲時伏臘，承勳等率子女列拜以次奉觴爲夫人壽，輒爲述公少孤作苦與所以成家而澤物者，勖以毋忘，俾承先志，則敬對曰：唯。一堂之上，愉愉怡怡，可歌可繪，以是知公之德又行於家也。

知府程開業

（選自第三支《白竹盧氏宗譜》民國庚辰重修本卷二十九）

西坵猶父龍崗公傳

史載漢劉寬性寬和，其家試以羹沾灑盛服，不動聲色，且慮羹爛汝手。又記婁師德唾面自乾，較賢于拂之而已。是二説也，讀史者或疑之，謂夫史册所載未免言過其實。然雝溯猶父盧公諱璠字法南，别號龍崗，則又覺史册之言信有足徵，且見古今人不相及之語之未盡可憑也。何則？使必謂寬和之性僅見二公，何以猶父爲人終身不聞一激語，亦不見一戾容？惟善詼諧，令人如坐春風。試略叙一二而觀之。

性喜飲，然當杯爵在手，又甚類乎不欲飲、不能飲者，談笑筵間舉杯不遽飲、飲不遂盡。後生小子或以爲煩且迂，往往避席而起，而猶父之從容自若不稍易，此固無論於公酒私酒也。且喜、怒居七情之二，猶父豈真冥情？然怒無可徵，喜亦殊俗間。嘗聞諸慎園師云："昔未順莊時，户編里甲，缺限以木皂記責。"猶父自幼失怙，早承門户，勤讀詩書，年二十六服其役，缺限例應責。適馬宗師歲試回，宿旅次。夜報至，稱入泮，猶父乃披衣起，語人曰："吾乃今可以免責矣。"徐投木皂於地，卒不露喜色。由此而推，喜且如斯，怒可知已。

顧或謂猶父之量之寬，由學而成，雝則以爲天性使然，不必佩韋而然也。以視羹沾衣而不怒、唾垂面而弗去者，何多讓焉？誰謂今必至異於古所云乎？故雝今日即其性之寬以見其德之大，且以知基福之厚而慶之長。

猶父享年七十有五，猶母吕享年七十有七，俱以壽終。兄三，長諱文聰，次諱文光、三諱文行，遊邑庠，均丕承厥志，克振家聲。表侄六，瑞康、瑞泰、瑞敏、開龍、瑞敷、瑞啓，皆克敦本務。表侄孫五，雖爲童穉，俱嶄然頭角。此何莫非猶父寬大之量之所垂裕乎？雝忝居甥末，幼重拜公爲父母，沐垂愛，恩未克報，今值纘修華乘，爰盥手序書拜上，爲猶父傳。

歲貢胡廷雝

（選自第三支《白竹盧氏宗譜》民國庚辰重修本卷二十九）

長潭子茂公傳

君諱松，字子茂，號桂軒，姓盧氏，世爲縉雲望族。君生而穎悟，髫齔即異群兒。既長，補郡庠生，以明經飭行蜚聲黌序間。雍正元年，學使者愛其才，拔而貢之京師，試於朝，授學博，例就銓儒次以歸。

君年壯氣盛，思有以自見。既歸，抱其奇無所試，念帖括空言無裨世用，乃務博覽，縱考諸藝術，凡陰陽曆律以及醫方、星相、卜筮、占驗之書靡不究讀，而猶長於堪輿。自晉郭氏以來，凡《海角》《撥沙》《玉髓》諸經，與夫地圖山志、篋藏笈秘世莫得覯者，必旁搜纂録之，鉛槧丹黄，晷刻不廢，神遊精騖，久乃浩然。於是下嚴瀨，過釣臺，沿洄富春之渚，弔孫氏之遺墟；涉錢江以望海門，遊武林，登吴山，攬六橋孤山之勝，盤桓湖中者久之；遂入雲間，泛三泖，眺九峰之崚嶒，窮五湖之浩淼；西循豫章，訪壁魯洞天，求天師得異書處，彷徨無所遇，乃還泝婺源，觀天都瀑布，徧數三十二峰，往來黄山白嶽間數年，既遊而歸，所詣彌進。

君初貢京師，余方筮仕户曹，以余舊姻也館於余。既别去，而余以宦遊南北不相聞者二十年。及余自楚奉母氏喪歸里，聞括蒼有盧生者以堪輿術噪吴越間，余固疑之，然初不聞其善是也，因延諸家坐叩之，則其説汪洋奥美，開張突兀，真若五嶽起方寸而胸吞雲夢者八九也。其羅縷委折，盤心鬥角，又不啻尋幽討勝，親覩夫千巖拱峙而萬壑縈紆也。其決砮占祥，洞幽測渺，更若燃犀牛渚而鮫宫貝闕、百靈秘怪毫髮畢現，莫得遁其形也。噫，技至此乎！余既駭其術之神，又樂其言之信而有徵，遂與共謀所以妥先靈者，凡窀穸之事，君實始終之。嗚呼，可感也已。

君貌瘠而修，目爛爛如巖下電。爲人誠信有才，排難解紛，鄉里重之。例得學博，以仕久不選，遂老於家。其没也，人争惜之。

配胡氏，柔嘉儉勤，克修内政。子男五人，皆以儒世其家聲。君生於康熙癸酉，卒於乾隆癸酉，享年六十有一。丁丑之歲，盧氏議修譜事，其從弟若雍爲君乞傳於余，謂知君宜莫如余者。余維君之澤歌於鄉、君之術行於江之南，君固有以自壽。至其業博而精，争能神鬼，不憚勞苦，勇於爲人。少也鴻騫，晚甘蠖屈，惟德惟才，君之所由不朽者，庶於是乎在。

是爲傳。

知府程開業

（選自第三支《白竹盧氏宗譜》民國庚辰重修本卷二十九）

若華公傳

嘗聞其父作室，其子必肯堂肯構，蓋創業難，守成亦匪易。守成者非深知締造之艱，必不兢兢保泰，無敢蕩廢也。如予妻兄諱承勳字若華者，乃能守成者也。

吾岳汝兆翁得公於晚，故雖已壽終，公纔逾弱冠，克承先緒而擴充之。其才能過人，剛柔相濟。族中議事，公嚴氣正性，以一言斷之，未有不服者。公始入國學，再授明經，未嘗有驕人之氣。生平不拘小節，不尚繁文。

惟雍正十三年六月初二夜，蜃水爲災，吾岳棺柩浮丘後園，被洪水所推。公不辭洪波之險，沿水追尋至青田海口，得原棺柩，公乃仰天嘆曰："此天佑我也，亦我父之好德所致也，獲父骸歸葬，吾心安矣。"是時悲喜交集，冲破田宅，不以爲意。

初娶溪頭吕氏，温柔淑慎，勤儉持家，敬事公姑，可稱賢媛，惜享年不永，合家痛惜。繼娶永邑象珠王氏，青年守節，初無異言，生一子啓敦，克繩祖武，擇地安居。納側室馮氏，生二子：長啓堂，爲國學生，次啓魁，忠厚自持。且曾孫濟濟，皆屬不凡之器，異日光大門閭未可量也。惜公享年三十八歲而終，閭里皆哀惜之。公雖早逝而聲名常在，予之三侄郡庠生諱文梁者寶窗獲選，荷蒙垂愛，感恩未酬，特叙公之始末，以志家乘云。

歲貢胡家賢

（選自第三支《白竹盧氏宗譜》民國庚辰重修本卷二十九）

長潭惟熹公同李氏伯婆合傳

憶昔嬉戲五六歲時，每歲以上元拜謁外祖，時外祖家近方塘，往來經惟熹公門首，不及見惟熹公，見熹伯婆，知爲惟熹公家焉。習見熹伯婆治家嚴整，歲收漸有盈餘，而髮白顔蒼不少懈。嘗讀《敬姜勞逸論》，而今乃目見也。竊以爲内助如是，而惟熹公之刑於可知已矣，然猶心臆焉，而未敢即以爲實然也。及長，故老往往爲余具言。

公幼習舉子業，年十四能屬文，然未嘗以能自多，年二十八猶負笈執弟子禮。年三十三，公先嚴已騎鶴仙去，公終制，仍理故業，視前研誦益篤。里中有冠婚喪祭、會親朋戚故事，但具禮遣人致賀，未嘗或赴筵者，又嘗自警功名不就，無以見先人。嗟呼，男子生弧也懸於門，璋也弄諸手，所貴功名垂竹帛耳，此志公行永矢之矣。已而頻年設教龍溪，勤訓詁，稍暇即取經史詩文俯而誦之，夜半不輟業。諸受業者父兄爲肅然動容。青雲之志未墜也，其束修但以耕代，此外無多取焉。抑又聞之：公所飯不過疏食，有赢餘以貸貧者，其息一任自納。或負公，未嘗責焉，貸之如故，以故負公者鮮。其生平如是。

今秋余以詢其孫奎兄,奎兄云:“先嚴每爲余具言,余每念而泣然淚下也。”適續修家乘,工將竣,因述之以志熹伯婆之賢,且以志熹伯公之志行有如是夫。

恩貢應朝璽

(選自第三支《白竹盧氏宗譜》民國庚辰重修本卷二十九)

穀山成熊公傳

士君子不得志於時,往往吟詩寄慨,或類徉狂者所爲,非獨其生前有離憂也,則死後亦有幽思焉。

我曾伯祖師行二百二十五,諱成熊,字秉公,號燕山,子尹公之冢嗣也。曾大父日舜公,隱德弗耀,弟四,既翕輝如華萼樓,承父命矢志下帷視董仲舒。何如上院試不售者再,益潛心黄卷,桑維翰鐵硯幾磨穿矣,而命終不遇。屈大夫澤畔行吟,賈太傅汨羅相弔,有自來也。公嘗與正魁公、宗器公輩赴試,行李並挑,每至一村,令同人先之,過仍獨任,都人士猶能言之。

及皓首窮經,作文賦詩,大率寄慨其生平。太史公曰:“勞苦倦極,未嘗不呼天;疾痛慘怛,未嘗不呼父母。”公積學有年,數奇不偶,故不免窮愁,不知者遂傳以爲癲,其信然耶? 總之,不外乎《離騷》者近是。龍觀公所遺書《五經注》一部,《四書體注》兩部,詳加圈點,獨《學》《庸》旁徵互證,多參以己意,足開後人無限法門。至所作文,散餘無幾存者,殘稿斷簡,讀之慷當以慨,猶可想見其爲人。其軼事往往聞於他説。流連久之,欲爲公作傳,恐不足闡揚潛德,擱筆者久。

歲庚申,宗譜纂修將竣,一夕夢與友人遊前屏山,俗名“鐵火叉”,今圖載“黄公擂岴”,見古廟一座。入視之,不見神像,與數友説:此可擇吉矣。忽有人似熊向予爪,若有所取,被友推而醒悟。此地厝高祖日舜公同妣曹,暨曾祖秉賢公,曾伯祖秉侯公同妣汪,曾叔祖王寶公同妣李,附於右穴者即公也。公名成熊,熊之爲夢,其在公乎! 其在公乎！非公有幽思，何爲托之於夢乎？況吾家累世祖妣厝此，並無志銘，忘祖者何啻入古廟不見神像也，宜公之欲有所取也。

公娶王氏，生丈夫子三：廷安、廷槐、廷瑞。孫六人，玄孫七人。皆厚道克家，其發祥正未有艾者。龍以蠡測管窺，知不足表揚公之盛德，而有美弗彰，是亦子孫之過。故仗公之感，得並先人之墓而謹書之。

元侄孫龍

（選自第三支《白竹盧氏宗譜》民國庚辰重修本卷二十九）

長潭盧廷士先生傳

先生諱正魁字廷士者，增廣生潤先生之愛子也。潤先生家貧好學，孝悌力田，舊譜載之詳矣。而廷士先生承庭訓亦入郡庠，且治家嚴整，對家人如接賓客，嗃嗃嘻嘻，蓋無有焉，暇則以詩書課子。不幸長子先逝，教其幼子名鴻，孫名光煙。

乙亥赴童子試，送而囑之曰："汝二人分爲叔侄，情同兄弟，學亦如之，均堪望進。倘際遇不齊，或入黌宫，或遊太學可也。余年邁，鄉試在邇，獲睹汝等一同入闈，吾願足矣！"迨孫入泮，子遊太學，於是呼長媳出而涕曰："當汝夫死時，吾甚爲汝母子痛悼。由今思之，是天薄我而厚汝也。余子死，汝母子節孝著矣。"又謂幼媳曰："余見汝孝敬舅姑，和睦妯娌，余心甚慰。昔汝姑如是，汝復能然，余子孫必有克光前業者。"逾年而逝，享年七十有九。

今春余館於先生家，因譜事告竣，爲述其大概，質諸業師。師曰："傳貴得體，當從大處言之。吾聞盧太親翁者，事後母至孝，甚得二人歡心。此大節可風，不可湮没。至若岐黄濟世，積金遺子，特餘事耳。"韶即並述之而復質焉，業師曰"善"。

業師爲誰？家兄范齋魯黌也。

增生吕逢韶

（選自第三支《白竹盧氏宗譜》民國庚辰重修本卷二十九）

西圻克堅公傳

公行師九百八十三，諱松枝，字克堅，别號嵩山，佛僖公之仲君也。體貌魁梧，言行公正。每至長潭，與余父上下議論，甫象勺時已聞而知之矣。然聞公之言而未知公之心，竊怪夫世之往來交際，色非不温恭，晤對談心，言非不公正，往往有大奸似忠、大詐似信、包藏貪污於衷者，吾乃於公無慮焉。

歲嘉慶己卯八月十四日巳刻，長潭禍遭祝融，耗煙户六十有零，余家與始然者僅隔中街八尺許，母姊兩人茫無所措。公適入，大聲疾呼，令母姊竄守財物，公爲防守。設有貪污一念，何暇爲救火乎？夫以倉猝之會，廉潔如此，則生平之行誼可知矣。

且西圻之左路通婺永曰“砰萠”，淫霖急漲，往來阻隔者不勝悽惶。公邀結同人倡首捐貲，造橋數條，咸歌公盛德，則公之樂善好施不從可知哉！公年幾八秩，厥配楊氏亦享遐齡。舉丈夫子子三，長雲高、次國朝、幼雲文。現孫亦三，俱頭角崢嶸，後之寖昌寖熾光大門閭正未有艾也。

余愧不文，聊舉數言，以傳不朽云。

侄孫錦標

（選自第三支《白竹盧氏宗譜》民國庚辰重修本卷二十九）

縠山枝柏公傳

楊震暮夜却金，夫人而知之矣；趙柔於路還遺金於市，不重索絹價，縉紳先生能言之；錢若水拔寃雪滯，不敢希賞，慮向鞠之録參輩受其惡名也。故不瀆貨以喪其節，不自功以罪於人。當其時或泯焉，而其既也，澤流子孫，譽垂鄉曲。斯人好德之心，與上帝福善之道豈不彰明較著哉？

善哉！長潭宗叔光煙輩之爲我言從翁德也。翁行益二百八十二，諱廷門，字枝柏。父承湯公隱德勿耀，少孤，與母氏相依爲命。寡婦機絲，宵燈絡緯，每念生我者音容杳然，輒不知涕之何從。比長，以勤儉自勵。念我生固貧也，母以節著名於時，清白家風，足使卑污淟涊者惕然而褫其魄，極力耕田供爲子職已矣。非其義也，非其道也，一介取諸人，是辱身賤行、污蔑母氏也。

居無何，鄰張甲有磽确地，某乙侵佔之，憤甚，猝與之毆，斃一人。鬨然鳴於官，官以其事直，且誤殺也，聽州長里正以若干銀贖。乙之親鄰族屬皆有賂，次及公，公弗受。嗚呼，君子不家於喪，而豈謂家於人之死哉！且鬥毆致命法應償，而竟以賄免，是授者受者皆有罪也。於此見公之義，亦足見公之智矣。雖然，翁未嘗言也，當時受者甚夥，翁義則彼不義，翁智則彼不智，夫是故隱之。而一二父老猶能言之，而特不敢以責報於後人也。逮其孫仁齋名上部使者，越數年饟於庠，鄉之人乃嘖嘖稱之，謂天之報施善人固若是，不於其身而於其孫也。

翁嘉言懿行，湮没不彰，事固非一端已也，而足以感發善心，懲創逸志已如此。

僕頻年館崇正書院，與仁齋往來有素，見其恂恂儒雅，不破觚以爲圜，不毁方而瓦合，且其家累以節顯。胡太孺人青年守志，得枝柏公，介然自守，其色養可知也。娶於陳，丈夫子三，其媳二陳一張，咸誓《柏舟》，聞者肅然起敬。仁齋母夫人陳氏勤針黹，教子以底於成，余嘗作《節婦吟》以貽之，又不可謂不賢已。

潘岳稱其祖曰："家公范馨"，以一硯貽孫，捧之者淚泫然也。仁齋勉乎哉！兹徇宗黨之請，爲叙其大略如左，以俟後之采風者。

東陽宗侄舉人輔庭燮

（選自第三支《白竹盧氏宗譜》民國庚辰重修本卷三十）

長潭盧望宗先生傳

長潭盧公望宗者，吾鄉之儒醫也。鄉中遠近，皆識公名：其淺知公者先生妙於醫，其深知公者先生粹於儒。夫以公之業岐黄法刀圭，憂采薪則療以思邈之禁方，求服藥則按以叔和之脉訣，以爲醫則似矣。而以公之言孔孟言、志聖賢志，殷式穀則有杜氏之寶田，切詒謀非無薛家之磐石，以爲儒則似矣！

吾謂公不僅能醫之儒，實吾儒之良醫也，有以清學者之病源，由己以及於人，有以培學者之元氣，由家以式於鄉。公束發授書，常爲師長所深器，勤劬至壯，文境大佳，而文戰輒沮，僅援例入成均。人皆爲公憾，公則曰："吾病未能力學也。"公夢虺連載，中年應一熊之占，曰："王權甫能言即課以詩書，及長擇嚴傅，晝夜督責，無寒暑閑，庶乎撞破煙樓飛騰而上矣！"奈何秋霜倏隕，玉樹遽摧，人尤爲公惜，公乃曰："吾病未能積德也。所幸孫枝挺起，長萃英、次萃純、三萃精，初駒齒已有龍文千里之勢。"公以祖代父，一飲食必誨，一動作必誨；聞塾師之有學有行兼有教法者，敬延至家。朝淬夕礪，由總角而弱冠，學殖日豐，詞修日蔚，乃初試不利。見其文者每深嘆惋，公又曰："吾病未能善教也。"公之遇屢蹇，公之志彌堅，而公之年已老矣，然而天之報施公者蓋有待也。

公歿，長孫與次孫服闋赴試，遂並肩而列前茅矣，且接踵而搴芹藻也。此真元氣淋漓時，而豈知公之以力學培之，以積德培之者，固有素哉！且其義方之訓既篤於家庭，尊敬之心復隆於師席，自足以去里黨子弟恣肆驕蹇之病與一切委靡怠荒諸症，又安有溺於陳瓶晝篋，如阿官之崽，疾在膏肓不可救藥哉！

予館公家三載，常與余縱論世之父兄不賢、師長不嚴、子弟不勤，一一抉其病根，悚然可作針砭。至與小子言諄諄苦口，皆對症藥石也。當時及門諸子備受補益，先後入泮者多人，不可謂非公之有以培之也。公往矣，而過公訓子之庭，即謂公之橘井杏林也可；讀公課孫之草，即謂公之藥譜醫經也亦可；見公家之蘭桂森森，即謂公所備之玉札丹砂、赤箭青芝也亦無不可。凡抱參苓之質者，疇不願爲公藥籠中物耶?

國初,徐子靈胎以神醫稱,而吾獨取其嘲時文俳歌一曲,爲足以清學者之病源、培學者之元氣也,今於公亦云。考公生平卓卓可傳者不一,吾不具論,論其大者。

副貢沈懷珠

(選自第三支《白竹盧氏宗譜》民國庚辰重修本卷三十)

長潭周楷周柴公合傳

《周書》云:"惟孝友于兄弟,施于有政。"求之晚近則良難,嘗於母舅家有忻慕焉。

母舅係竹川望族,喬居長潭,太外祖增廣生諱潤,外祖郡庠生諱正魁,詩書夙好,清白傳家。翔生也晚,長舅早駕鶴,幸侍父側,以母舅家作庭訓,翔以是得識荆焉。

長母舅諱周楷躬耕,二母舅諱周柴業儒。因兄早逝,遂遊辟雍。一日長母舅往於田,有同人作戲談曰:"汝力諸田,水耕火耨,苦雨淒風,弟則享諸室,汝也何其不憚勞如是乎?"母舅乃悻然曰:"爾言過矣,我因天之時,乘地之利,作也惟我,輟也惟我,何樂如之?弟則課讀雞窗,無夏無冬,俾夜作晝,功極苦矣。"兄之友弟者如此。

二母舅亦嘗以兄理家政痛其勞苦,謂功名勿就,無以酬兄勞也,弟之恭於兄者亦如彼。以視當世鬩牆興歌、角弓致刺者,爲人之賢不肖何如也?然齊家之道雖在,母舅之修身亦貴賢内助也。長母妗陳氏,二母妗李氏,敬舅姑,和妯娌,自始至終未嘗有詬誶聲,較諸枕席有間言而致乖骨肉者,誠有涇渭之别也。且自太外祖以好生垂訓,歷今五代無一溺女事,一門之育女至繁,猶超出庸常萬萬也。長母舅嗣二,曰光煙,曰真寅,光煙入郡庠。二母舅嗣一曰王權,方童試而騎鯨。表弟婦冰清守志,當兹表弟萃英、萃純俱身遊泮水,志切桂香,其餘耕讀良圖,群處和集,枝枝挺秀,葉葉英華。

夫乃嘆孝悌爲人之本，本立道生，而節義見焉。母舅家之發祥豈有量歟？翔也不才，兹不敢贅，僅舉數言以爲後來者勸。

承德郎陳鳳翔

（選自第三支《白竹盧氏宗譜》民國庚辰重修本卷三十）

秉鈞公傳

長潭在縉邑東偏，其山崔巍崱屴，如端人正士，望之而悚然也。其水錚鋐鏜嗒，如金鐘大鏞，聽之而勃然也。扶輿靈秀鍾而爲豪傑、爲耆宿、爲醇儒，前乎此者吾不得而見之矣。

猶憶歲乙巳以宗誼修謁，幸不我遐棄也，馬芻奴飯，禮意有加，因得見所謂秉鈞公者：鯢齒犀顱，縠於視聽，祝哽祝噎，了不煩杖頭鳩，而謙光可挹。設教左右塾，從遊者不可勝數，教誨殷勤，吾固知爲醇儒也。既而以未冠孫見曰："是能讀書，吾望其有成。"又以向所作制藝屬余評騭，大都脉正理醇，不屑屑攀附門户者妄加雌黄，不分瑕疵，余反首肯之，前輩好學固如此。

逮余再至京師，又至晉南北數往返，轉瞬十餘年。咸豐六載，忝主崇正書院，吾宗俊秀者多來就學。訊秉鈞公已不復可見，見其孫梅夫英氣撲人眉宇，餼於庠已久，向所謂望其成者而今則已成矣。士之子恒爲士，庶不墜武哉！磻溪吕子告余曰："先生知公之有後，而不知公之佑啓後人者，其來有本也。"公藉先人舊德，鋭志詩書，其於文學之專，且久入郡庠，後兼理家務，耕問奴，織問婢，繩勤箴惰以紓其急，而鉛槧不輟，鄉之人咸推爲耆宿。産不逮中人，而性好施予，稱貸之踵於門勿概却，負之勿甚較。嘗取向署之左券委諸火，後有償者，謝曰："吾已施之祝融，無再取理。若幸勿以爲念，吾求毋欺吾心也。"置不易田犁爲若干畝，資先人祭尊，盈縮有差。念本宗祀産薄，割膏腴書券納諸廟，春霜秋露，藻潔蘋香，不自厚以薄其先也。

幼養西應家葉氏同乳子，家徒四壁，無以爲生，出貲鬻田使之耕，且祭於所養者,如此於所生者可知也。學校之職廢,月試曠,後生小子苦無激發,乃倡立文會,春秋二時合課,大宗發團録甲乙之賞,賫登諸簿,俟部使者按臨給發,以爲卷資路費,比年來歲科兩試得雋者踵相接。然則公之德及人甚夥,其貽於孫子也宜哉!雖然,吾又惜公之才有未盡也,造物者較錙銖而賦之財,計尺寸而與之地,經營數十年,僅得以所餘爲親親勸。使假以陶朱猗頓之富,雖古豪傑之所爲當無以過之。而喔促者厚殖自封,已不敢望其肩背,其賢不肖何如也!

梅夫懋其所學,將遊閬苑而登木天,所以表揚祖德者,固自有在,而無俟於余言也。余姑就所聞見者,爲之略以貽之。公生乾隆乙亥年十一月初五日亥時,卒道光庚戌年三月廿二日辰時,享壽七十二歲。娶吕氏,享壽三十九歲;繼娶孔氏,享壽六十二歲。丈夫子二,長朝柱,幼朝材,選入成均。見孫八,礌溪其姊子也。

東陽宗侄舉人輔庭燮

(選自第三支《白竹盧氏宗譜》民國庚辰重修本卷三十)

石門太學生人萬公傳

嘗聞浙婺號文獻邦,吴寧婺望邑。劉夢得涵碧亭詩稱佳山水,其間清淑氣浥鍾賢哲,雲衿風佩,簡帙班班。即如吾族徙居石門,薰德善良,俗徵懿徽,邇來瑰奇嶄異、才德足光家乘者,惟光傑公爲最。

公字人萬,肇熊公之次子也。束髮就傅,禀資慧敏,塾師器之。因父年邁,廢舉子業,早肩家政,於以宜昆弟茂經紀,洵克家之子歟!而公之爲宗族戚友所推重者,又自有在。受姓始祖璿公同妣諱錦,卜厝於孝義鄉躲山下水竹塢,名伏虎。年湮墓古,被朱姓侵佔,經訟二百餘年,勢卒莫挽,且清祭亦阻矣,此亦孝子慈孫所目擊,而不勝駹廰者也。公乃善與周旋,孚以信,聯以情,不數年,猜嫌悉化,於道光乙未冬,慨然出價售之。會兄弟幫資,遂奉母骸與繼娶陳氏同附墓下。其時自營喜壙於側,取穴義也。噫!此何地哉?經營窀穸,始終無忤，先祖有靈，應含笑九泉矣。説者謂事藉公才，實公德所致。

蓋成券前二年，歲在癸巳，旱魃爲虐，鄰里呼庚癸，幾坐以待斃。公日以米粟施濟，賴以蘇者甚衆，如古人墓竹湖燈信有然耶？且公里向有祠，漸傾欹，兼以湫隘嫌，公首先出金購材料，再向各常及上中下户酌量公派。是役也，衆心翕從，越數月，宗廟豐隆，榱桷宏麗，煥然改觀。當廟未告竣，族中議修宗譜逾年，衆論齟齬。及公至，合族推爲總理，公固辭不獲已，始從命，可謂信則人任矣！夫以公之安祖墓，壯廟貌，救鄰荒，任族譜，皆卓卓鴻業。《易》曰“可大可久”，要非本德而運以才者難語此，至於排難解紛，理財恢産，吾勿爲公難也。

内助均賢，另讚不贅。生子男四，皆徵器偉。公年甫服政，擬入成均，庶乎添鶴算、普駿聲，光大門閭，正未有艾。緣譜諜將成，特書梗概俾鋟梓，以垂不朽云。

秉鈞

（選自第三支《白竹盧氏宗譜》民國庚辰重修本卷三十）

章墩益聞公傳

公諱邦盛，字益聞，號智水，廷元公之冢嗣也，母吕氏。年十一失恃，繼母孫氏性嚴急，公事之惟謹無間言。生平惟忠義二字自勉以勉人，待仲季怡怡，雖極難處之事而公處之晏如也。友于誼重，分爨時取瘠讓肥。與人談忠孝事義形於色，娓娓終日不倦，故里黨之子弟多熏德而善良，即閒有頑梗，亦畏知其名，論者謂王彦方復見矣。

且公兼精岐黄業，有延即赴，風雨無阻，而並非爲利，殆所謂吉人爲善惟日不足者歟。公年逾古稀，猶不須扶杖頭鳩，援例入太學。德配王氏舉案齊眉，生子三，長公瓊；次公燮，乳名萃梅；幼公存，庠名宗正。無日不訓以忠義，皆奉命惟謹。

歲同治壬戌四月初三日，粤匪竄據壺鎮。鄉團會勇攻之，梅争先陷陣，礮傷而卧，被賊割首，衆奪其屍歸。歸時督率者議恤其家，公曰:"此吾子死得其所矣。若賊不滅,老身亦也無葬地也,何以恤爲?"聞者義之,故邑志纘修采入《忠義列傳》,即一節可見公之大概矣。公卒於是年十一月十四日丑時,距生於乾隆己酉九月二十日戌時,享年七十有四。孫枝挺秀,點頜盈庭,翁之盛德所致詎有艾耶。

今其子宗正補弟子員,能守正不阿,有乃父模範,挽頹風,勵末俗,又將於是乎望,其勉矣哉! 兹宗譜修葺,首表忠義,故從公議而爲之立傳,風世也。

族侄樹敏

(選自第三支《白竹盧氏宗譜》民國庚辰重修本卷三十)

盧太姻翁佛興行傳

太姻翁諱佛興字紹進,盧公德寧之仲子,即漢補姻翁之令仙君也。性剛直,敦古道,重然諾。

自幼失怙,溯其持躬處事,即儒者亦不是過。當其先也,家道寖衰,其父德寧公憂之,思欲撑持薄産,日出經商,跋涉道途,以致客死它鄉。斯時公年未冠,哀號無已,即叩其葬所,默識於心。無奈母爲父傷,迭罹災厄,偶失足復損脛骨,公乃多方調治,痛自貶責,朝夕侍奉,惟勤惟謹,與兄協力操作,備嘗辛苦。越數年,家稍給。

公念父骨已寒,即具贐至父葬處,始拾父骸,移歸故里,卜厝於荷花之原,故鄉人咸稱其孝云。其最難者,值粤匪擾亂之秋,老幼逃匿,公一身調停其間,識定氣壯,而賊人俯首而過,一方均賴安全,厥功亦良鉅矣。其性嗜酒,好待人,遇親朋之有急者即挺然任之,奮不顧身。爲貧故,不早娶,兄弟同居,年逾不惑後,遣媒至永議婚於大江畈朱氏之門,合卺後甚相得,始終無間言。越二年,舉一子名漢補,自幼聰俊,穎悟過人,惜天不予其遇,歲十五,其慈君一疾而逝,不得已命其子棄學務農。

積十餘載,家少康,公年已七十餘矣。其令孫金桓、金門,體形魁梧,秉姿拔類,公親見之,此樂豈自料乎? 至八十歲無疾而終,非公之令德有以致此哉! 兹纘修家乘,予忝戚末,言焉無文,謹備述其事於左。

廪貢胡大波

(選自第三支《白竹盧氏宗譜》民國庚辰重修本卷三十)

龍溪錫訓公傳

公諱輝烈,字錫訓,邑東龍溪人,武生極佐公仲子,增生毓祥公大父也。余視公爲晚出,不獲識荆,然語有之:度木揣本,飲水思源。士君子生古後尚友古人,縱在千百世上尚得羹牆如遇、謦咳如親,足此達彼無或爽也。

昔在辛亥,余始叨陪崇正講席,公曾孫學融負笈來遊,凡應對進退恂恂然,執禮甚恭。明年,毓祥君亦受聘來壺主講萃英。值講授餘暇,相與風雨過從,煮茗談心,契合之雅,如飲醇醪,不覺自醉。又明年偶經公里,未至里門,停車四眺,但覺獅峰聳翠,龍川凝碧,餘如三星榜石狀若飛帳列屏,竊憶嵩嶽精英於兹宛在。已而登公堂,見門庭肅雍,和氣洋溢,隱然形於箕帚間焉。其有皓皓黄髪與余揖讓而周旋者,公嗣君也,名列武庠,然其度量藴藉,視羊叔子輕裘緩帶、岳忠武雅歌投壺,殆不是過。吁,余雖不獲面公,第律以飲水度木之義,知山川亭毒,其靈秀之氣薈萃於公後裔者,皆公有以裕本源也。

嘗考公世系,溯公軼事,自公高曾下文武蜚聲泮璧者十有餘人,賢哲挺生爲邑東冠。惜公早歲失恃,乃翁以中饋乏人,再續鸞膠,自念衣絮變生賢者不免,因析二子居,俾早自成立。公時年少未婚,依兄嫂以居,與共炊爨,數年間觴酒豆籩讓而受惡,内外無間言,友愛誠本天性。後翁即世,凡翁遺産概舉以與弟,並不一思染指。是皆世俗所難能,爲公所易盡。惟自以書香科名累世鼎盛,己獨以年少遇蹇失學,居常怏怏,冀藉後起,以迪前光。乃天復靳其嗣,中年掌珠始耀,差足以强人意。無何，公又忽歌鼓盆，致嗣子不獲蜚聲翰苑，止以韜鈐成名，非公素志也夫。豈蒼蒼者將昌大其後，因吝嗇於前歟？抑亦雨露所沾濡，不及冰霜之淬厲歟？

莊生有言："水之積也不厚，則其負大舟也無力。"淵深而魚生焉，山深而獸往焉。以公似續多賢，繩繩繼繼，世濟其美，吾知天所以艱公遇者正所以蓄公德、昌公後也。今即起公九京問之，諒不以斯言爲河漢矣，是以自忘固陋而爲之傳焉。若夫支圖所能詳，譜牒所及書者，均略焉，懼贅也。

歲貢周鞏洛

（選自第三支《白竹盧氏宗譜》民國庚辰重修本卷三十）

壬塘成方公傳

《易》曰："積善之家，必有餘慶。"又曰："自天佑之，吉無不利。"若蒼嶺壬塘貢生官名烈、字具揚、諱成方公者，予東翁盧朱全君之父也。周雖不見公面，而其有美弗彰，要不能不爲之深惜焉。

幼時誦讀詩書，後因門閭光大，事務繁冗，遂棄舉子業，理家政。其生平食無擇味，衣不擇華，敬長慈幼，恤寡矜孤，遇人有争競事即挺身盡力，出而排解，釋析其紛難，蓋居身渾厚、處世方直人也。

昔同治壬戌，毛賊擾亂，土匪因而蠭起，而客人陶官連者，身攜銀洋百餘元，路經槐花樹，竟被仙匪强劫。連大聲疾呼，我公迅率群力救之，得不傷命，並不失財。匪徒懷恨而去，復糾盜夥數十人擒押我公，藉有村人抵敵驅逐始得脱。盜又以自傷斃命，圖賴控官，案連禍結，數年不解。再蒙賢明縣令，始獲昭雪，而我公已槖囊如洗矣。詎知官連竟喪心負義，並無分文賠償我公，公亦笑置度外，毫不介意。即此一節，豈非超出尋常，爲世俗人所難及者耶！

元配蔡氏，賢内助也，不幸破鏡，有待續弦。繼娶朱氏，中饋克修，儀容足式，鄉鄰妯娌，師其閫範。丈夫子四：長蔡全，次朱全，三清全，幼齊全，俱稱克家。孫維群、維才、維金、登賢、得水、得君，各狀貌魁梧，智略過人。曾孫澤恩，尤頭角嶄然，才華俊雅。桂蘭馥郁，瓜瓞綿延，善人昌後，其信然哉！

周固不文，因誼屬通家，分不容辭，自宜搜索枯腸，聊紀巔末，以俟後之能文者。

應紹周

（選自第三支《白竹盧氏宗譜》民國庚辰重修本卷三十）

汝久公傳

公名汝久，字悠甫，佾生寶三公之胞弟、庠生友揚夫子之胞兄也。

予初未知公爲人，及遊揚夫子門，歷有年所，然後得知公大略。公幼而穎異，及壯，慷慨軒昂有大志，乃有博庭幃之養，而負笈擔簦不得不讓之昆季。於親前則藹藹承歡，孝思彌篤，處昆弟則怡怡同氣，友誼最殷。

蓋當粵匪擾境，夫子糾義兵以拒賊，不幸爲賊所獲，備受痛苦。夫子之心惟知一死已耳，而公則百計圖維，竭鴒原急難之情，不吝囊金，親入虎穴，以贖取夫子回家。在鄉里無不頌公之義，而公終無德色，其友愛如此。若所謂敬宗睦族、排難解紛者，益無論已。

德配王氏，秉心淑慎，賦性温柔。丈夫子三，長永修，次永泮，幼永眷，俱恪守父道，不墜家聲。予與父之侄永轍最爲契交，知公之篤於兄弟有可爲吾儒法者，故特爲之傳焉。

馬如麟

（選自第三支《白竹盧氏宗譜》民國庚辰重修本卷三十）

長潭朝宗公傳

公諱朝宗，字鳴海，邑潘川人。夙清貧，父法來公，地鮮立錐，樵薪度日，然臨財不苟，屢空晏如。公生而休徵，年逾齠齔，就學於村夫子國成公。公器重焉，命之曰："汝父因家貧失學，恨未識丁，居常鞅鞅。今汝既束髮授書，凡書契簿記之類，關於家常日用，宜兼習之，不得與同學諸子等。"對曰："唯。"遂以呫嗶餘力潛心抄寫，故入塾無幾載，舉鄉里出入尋常交易文字，皆能成書，其秉質聰穎，原非池中物也。

第天性孝友，自以生計困難，上念父母作苦，下憐仲叔幼弱，因請學稼圃，不得已也。幸而天相吉人，旟旐占夢，洎法來公升遐之年，所入田産約計五十餘畝。鄉父老喜公勤儉，樂公誠篤，遇有公衆常業均請代爲經理。縱堅辭不獲，既肩其任，罔不竭忠盡智，曾恐付託不效，辜負同仁，故公所管領常業有增無減，是以人無親疏，地無遐邇，胥傾心企慕焉。

時有梅夫、仁齋二先生者，邑名宿也，與公結社爲會。公始以不文辭，二先生曰："吾人所以貴交遊者，行誼耳。且君曾讀四子書，獨不聞孟子所謂友其德乎？"故每聚會行觴，各盡勸規不少貸。年週花甲，壽眉迭長，兒齒復生。迨古稀時，一堂已聯四代，幼子復捷泮宫。親朋勸其納粟冠帶，公力却焉。歲在壬寅，哲嗣俊卿君赴秋闈試，稽於衆，循例報捐，授登仕郎職。報至，公恚曰："烏用是歟，徒縻費耳！"不頂戴者數年。衆或疑其惜財，然公於修築橋路，賑恤孤幼，常慷慨不少吝，蓋其薄浮名，崇實惠，殆非管蠡淺見所能窺測者。

公壽八十有一，考終正寢。德配陳安人，性淑慎，善記憶，公平日進出浩繁，間有遺忘，苟爲安人所聞知，雖屢閲星霜，皆能歷言，無少差謬。舉丈夫子六，女二。今壽八十有一，家中男婦至四十餘人。安人嚴慈互用，家中偶有齟齬，折以片言，罔不悦服，無稍忤顔色者。且其勤理家政，垂老不倦，遇秋收曬糧，日尚躬親，子婦輩屢勸止之，則曰："吾以舒吾體，且以節汝勞，無傷也。"觀此則知安人之能使人懾其威、懷其德者爲有由，且並知公之能振興家業、垂裕後昆，其得於内助者爲不偶。

今年春，俊卿君躬任壺溪校女教員，余亦叨陪崇正文科講席，相與風雨過從，晨夕言歡，爰得備考淵源，綜核終始，略記其實行如初。若夫贊美之詞、頌禱之説，皆略焉，懼贅也。

歲進士周鞏洛

（選自第三支《白竹盧氏宗譜》民國庚辰重修本卷三十）

炳志公傳

"勤儉"兩字，持躬美德也，亦治家格言也。《書》曰"克勤於邦，克儉於家"，贊大禹之聖尚先及此矣。吾族炳志公字鳴繼者，有賀公之繼子也。家道甚貧，無立錐地，取法於斯，創業成家，自始而有，幾少有。

嘗謂予曰："我生平所得力錢，每日未有過四十文者。惟日進其工，時節其用，銖積寸累，幸致自給耳。"予聞其言益信"勤儉"之足尚焉。雖然，竊有慮，慮夫"勤"者，思艱乎物力而未克好施也；"儉"者，愛惜夫貲財而不能樂善也。蓋"勤儉"與"施與"，每相反而不相聯。試觀世界上固守錢囊毫無罅漏者，孰非勤儉中人乎？而我公要不履其轍焉。曷徵之？吾族光中公祠每歲春秋二祭後，因常帑支絀，減除春祭，則歷代之祖宗，縱無吐之不其餒。而炳志公目擊心傷，慨然出自制清産田地共五畝有零，價可三百五十餘元，助爲光中公祠春祭之需。祭畢，紳耆同享福胙，上以綿祖宗之血食，下以合一族之歡心，斯何如義舉也！

匪直此也，外又出田六十把，助爲生父兆順公祭祀，價可六十元；出田四十把，地五分，助爲淮常公祭祀，價可四十元；出田二畝二分，助本祖禄有公祭祀，價可百念元。斯則報本又報本，追遠又追遠，足以語誠孝誠敬之子孫矣。

德配王氏，固力勸其夫之捐輸，稱賢内助者也。及今猶存，惟抱恙數年，卧床不起。而其子開法與媳婦鄭氏晨昏侍側，奉養不衰，此雖子婦之孝敬足嘉，夫亦其樂助之一心所報應不爽歟！由是觀之，知其事其人俱有可傳諸後世，以爲激勵之資者。予是以不辭譾陋，而樂爲之傳。

族侄孫彭

（選自第三支《白竹盧氏宗譜》民國庚辰重修本卷三十）

長潭星乙公傳

公諱朝清，考諱藜青，字星乙，法來公季子也。幼從堂兄仁齋先生遊，《四書》《五經》雖未究厥精義，而已獲通大旨。且書法流利，文章清潔，謂其擷藻芹香當如拾芥。嗣應童子試，初戰不利，次科郡縣咸有聲。及學憲按臨，進坊前一日丁母艱，聞訃星馳夜歸，抵家已將殯矣。公自以未侍湯藥，抱恨終天，撫棺慟哭，旁觀幾爲隕涕。及期後，兄弟析居，推梨讓棗，怡怡如也。服既闋，試期又至，同志約與俱，公以家境艱難，遂決計棄儒業農，日與田夫野老問雨課晴。由是家道日興，田園廣進。

父老輩或勸其援例入監以博功名。公謝曰："名貴逮親，今奚益？"嗣推挽愈衆，勉强納粟焉。然體素弱，重以家務紛紜，遂得上槁疾，粒米下咽則痛苦異常，嘔吐不堪，劇時氣絶而復蘇者，每年必遇一二，自此惟日御醇酒及飴糖花生等物而已。藥餌之費，年中必須二十餘緡，少亦不下十餘緡。然床頭每有餘金，置買亦無虚歲，星學家謂其財旺身弱，致有斯疾。其然歟？其不然歟？

公素端重寡言，得疾後益自韜晦，非要公足不出里門。處兄嫂間鞠躬盡禮，内外無間言。常語人云："吾壽能週甲，願斯足矣。"年適知命，未逾誕辰而卒。

德配胡氏，勤儉持家，婉娩承順。遇夫疾作時，扶持撫摩，數夜不貼席，未聞稱倦，每夜半必起温酒以療夫饑。如是者二十餘年，始終若一。公即世後，善承公志，整理家門，聲聞罔替。教子女愛而嚴，處妯娌和以敬，卒年七十有三。子二：長萃泉，性端樸，務農；次炳文，少業儒，現爲育才學校校長。女一，適永邑生員陳錫周。孫男三：德成、德恭、德凱，恭已第四高小畢業，愷方肆業第三高等。曾孫三，曾孫女五，並志之。知公壽止於艾，公之克昌厥後未艾也。

是爲傳。

歲貢生周鞏洛

（選自第三支《白竹盧氏宗譜》民國庚辰重修本卷三十）

東岸通瀾公傳

公諱通瀾，字鳴波，庚春公冢子也。年十二失怙，上有寡母，下有三弟，曰孤而又綦貧，幾嘆民不聊生矣。幸公自幼勤儉，少年老成，力作畎畝，逾於常人，愛憐諸弟，憂恤備至，而饔飧菽水能得母氏歡。及其壯也，創立基礎，頗致始有，遂爲諸弟謀婚娶，完姻以後，復置買田園，構造宫室，爲諸弟謀後圖。分爨之日，以腴而美者讓諸弟，以瘠而陋者歸之己。不惟能博快意於慈幃，並能慰先志於九泉，悌於弟者周，正其孝於先者至也。平居恨不十年讀書，乃立心教子。予先嚴設帳東岸，命其子執經請業，在家時課督惟殷，有時親謁函丈，禮貌有加，至於供奉修脯厚不待言。其嗜詩禮尊師傅也又如此，以故一鄉中名儒碩彦交口稱道弗衰。

雖然，吾所取重乎公者，尤别有一節之難能焉。

記昔同治壬戌，粤匪犯縉，巢穴壺鎮。我鄉立局設團，發人爲兵。公奮力先登，呼群千百，攻破營壘。其時賊窟中財帛山積，他人恣取其利，公獨置之勿顧，惟奪獲大砲重可百數十斤，與從兄通興抬回本鄉。局長嘉其義勇，獎制錢千貳百。夫以公温順成性，畢生不與人口角，而疆埸禦寇竟能仗義如斯、奮勇如斯，是誠有忠君愛國之熱心，惜未有表彰之者也，吾所謂難能而可貴者，此也。

公享壽七十有四，德配顧氏，有賢内助聲。子長連鼎，學名琛，郡師範畢業生，即先嚴門下士也；次連武、三連鼐、四連斖，俱稱象賢。孫男八，其名鴻升者，今亦高等小學畢業，桂馥蘭芳，延延勿替，斯誠有可舉以風世者。予是以握管而傳之，俾附諸簡編爲後來者勸。

族侄孫彭

（選自第三支《白竹盧氏宗譜》民國庚辰重修本卷三十）

左庫余期公傳

皇帝御宇之十年，歲乙酉爲國大慶，恭遇慈禧皇太后萬壽無疆，賜天下高年有德者敷頒冠帶肉帛，甚盛典也，而吾族兄余期與焉，亦榮矣哉。

獨念予兄少時，八齡失怙，弟尤幼，母以一嫠而攜二孤，昕夕劬勞。賴吾兄匍匐，甫離即能就口食，稍長益自勵，問雨課晴無間寒暑。尤友愛其弟，爲擇婚娶，而樹門户，以慰母心。而家亦少康，則勤儉之效也。平生性誠篤，不妄言諾，人皆信之。

粵匪之變，宗祠燬於兵燹。既定還里，即聚族而倡言曰“將營宫室，宗廟爲先，禮也”，是以居廬未復，而翬飛鳥革已焕然一新矣。尤善理常帑，有開良公者所餘物惟一套，易之得三百錢，自其父儲積於前，吾兄嗣而與發之，遂成一大常矣。噫，吾叔祖常極乏，誠得如吾兄之父若子，夫豈遂無是區區者以爲始基哉！此尤心所羨慕而不忘者矣。

其始以謹厚聞於鄉里，不預人事。既而後沈氏婦負棉至村覓紡傭，村鄰詐受而售之。及他日來，知棉被賺而人遠颺，遂自縊。兄聞往救，徐蘇，且代償所值，婦大慚謝。庫川發源於大盤，匯百丈龍潭及永康孝義諸川，夜雨春漲，洶湧尤甚。曩時架板爲橋，行者患焉。一日有失足者，拯之得生，問其狀，以饑病告，即攜至家飲食之，停數日辭去。因與里中協謀易木以石，變狹爲闊，蓋兄之力居多，自是遂以慷慨聞。

凡有紛難排解事，非阿堵物不以爲功者，僉曰“宜請某”，而兄亦力任不辭，非魯仲連之流亞歟！吾兄以甇約起家，僅足衣食，而所爲已若是，脱其富，當更何如也？然而延師訓子，一木能支，爲義撫孤，四枝並植，卒以年高德劭爲吾族光，斯其可傳也已。

謹按兄諱思昭，余期其字也。以嘉慶辛未年正月初十日子時生，卒光緒戊子年八月廿九日亥時，享年七十有八。配吕氏，庠生兆岳翁次女，内助稱賢，以嘉慶丙子年六月廿八日亥時生，卒光緒甲午年二月初七日亥時，享年七十有九。子名玉鐶，授登仕郎職。孫名煋，嶄然見頭角，蘭茁其芽矣。於是乎書。

弟作和

（選自第三支《白竹盧氏宗譜》民國庚辰重修本卷三十）

玉屏公傳

同治初，座師觀察王公以珠掌五雲講席，婺東盧翁學之偕其族侄玉屏公爲仙都之遊，途經縉城，謁予於尚志堂之西軒。一見匆匆，未遑款洽。越數年，范陽氏修家乘，局設白竹宗祠，玉屏公來董其事，予欣然造訪，剪燭宵談，神情爽朗。後屢至石門，學之翁交益密，而玉屏公聞予至，亦相得其歡。

光緒辛巳，館湖田任氏，迭經石門，補祝學之翁六旬餘壽，聞訊玉屏公則已歸道山矣。感子敬之“人琴俱杳”，爲賦“把劍覓徐君”等句，欲採其一二軼事以傳之，未暇也。新歲春王正月，學之翁喜謂予曰：“今日卿至，可謂人。”日連與商確詩文。出所著五言古一章，即昔年壽玉屏公暨淑配陳氏孺人六旬雙慶者。洛誦一過，古音古節，字字詮切不浮，覺玉屏公全神畢現，以此代頰上三毫可也。而翁且謂予曰：“玉屏與我分屬竹林，情逾棣蕚，幼則同遊，長復同硯，老猶同事。追憶生平音徽未沫，不忍令其湮没弗彰也，子盍爲傳之，用酬知己。”情見乎辭，而予亦因情生文，爰本翁之壽玉屏者以傳玉屏焉。

公諱朝璧，乳名永珪，幼遵父命，嗣汝耀公後，蓋深憫若敖之餒爲之延血食也。何奈遭逢不偶，恍讀李令伯之《陳情》，繼祖母老嬰疾病，其躬侍湯藥亦如之。溯其幼承教誨，思兩世寄託之重，時以式穀自勵，奮志於學，斐然成章，縣試列前茅，僉可謂可奪錦標歸矣。乃不得志於有司，遂更思樂泮水之章，爲於樂辟雍之咏。

晚年惟好静，卒以學《易》。初筮而得"蒙"，曰"蒙以養正，可積聖功焉"；再占而得"萃"，曰："王假有廟，宜修祖廟焉"。會成醵金則簿正祭器也，吉蠲爲饎則嘉粟告虔也，燈紗熒熒照元夜而自他有耀也，籩豆秩秩奉春秋而式禮莫愆也，祖考實式憑之，孫曾且嘉賴之矣。所尤難者，墳塋之封蔭或隔鄉關，譜牒之纂修須遲時日。每從大宗，獨挺身而遠涉，不以私情累，不因瘁力辭，其尊閫深明大義，慫恿其行，急功趨事者幾年，貽利蒙休者數世。以之仰承先志，可例彼用力用勞，以之垂裕後昆，無慚於詒謀詒穀已。

學之翁託以腹心，聯爲臂指，凡事資作倚杖，一言契如聞蘭，際耳順之，稱觥祝眉，齊於舉案。夫豈料甫拓辛家之印，難延亥字齡耶！翁悵然謂予曰："吾右肱折矣！"嘆伊人扶持之力不可忘，而提挈之功爲非淺也。然則古所云：鄉先生没，而可祭於社者，其在斯人歟？其在斯人歟？

佳偶陳，稱内助賢，孝事尊嫜，和傳閭里，尤能本敬姜懿論以其訓其家人。子有四，其能者現已恢閎舊業，堂構一新。例得備書。

副貢沈懷珠

（選自第三支《白竹盧氏宗譜》民國庚辰重修本卷三十）

鑄卿公傳

先生諱鋆，字德華，號鑄卿。幼讀詩書，長通文藝，而尤長於詩賦，識者謂其非池中物。乃僅得一衿而艱於上進，不得已援例指發福建巡檢，又因時運不濟不能赴任。功名之得失，雖曰人事，豈非天命哉！

先生少孤，長事母必有酒肉，居恒不苟言笑，人多憚之，教法綦嚴，雖父兄爲之求寬，亦不肯稍爲解顔，時子弟仍多德先生而不忘者。且又好種園蔬，夏則把釣長潭，每得一尾則欣然而歸。潭有石牛，詠詩四則，像形惟肖，人多稱誦之。惟嗜酒，每逢知己，必與盡歡。

辛酉、壬戌二載，粤匪擾亂，師叔檢卿仗義擊賊，而先生爲之運糧不絶，可稱難弟難兄。村下有覆船嶺，必從山脊而過，先生與諸父老商議捐造成大道，越二年而成。村下十餘里，又有王坑嶺，嶺高而路險，先生同胡雁峰等設席商議，貧户派役，富户派捐共計一千四百餘緡，越三年告竣，名曰“愚公路”。誠以賢智所不敢爲者，而先生等爲之，故借以爲名，路平且近，人多德之。雖蒙各君子之共志，而先生實爲領袖焉。

嗟乎，世風之壞也人多尚柔，而先生獨用剛，其無趨炎附勢可知；人多尚寬，而先生獨用嚴，其無阿腴曲從可知。先生之爲人，無巧言，無令色，率性而行，有能不矜，有功不伐，其殆無懷氏之民歟？葛天氏之民歟？

邑庠門生吕成

（選自第三支《白竹盧氏宗譜》民國庚辰重修本卷三十）

長潭歲貢楷夫先生傳

先生諱作甄，字君陶，號楷夫，歲進士，長潭人，予族叔朱元仁之内舅也，與有瓜葛，故知其詳。

聞先生十五受書，敏而好學。時届西成，母令顧曬，一意看經，竟縱雞餐，並忘雨至，古之高鳳誦書漂麥，信有然矣。弱冠後，以冠軍入郡庠，旋考優等，食廪餼，保結公正，生童悦服。復越數年，列前茅，擢明經。督學使者祁世長賞其品行學問，懸“爲人安静”四字於牌，褒奬先生，合族榮之。

先生兼術岐黄，業通《内經》、熟《本草》，且診視周詳，用藥謹慎，療一症，食寢縈懷，待效始釋，遐邇稱三折肱焉。甚有丐至門首，潰腐痛苦，狀甚穢，先生惻然不忍，急起爲之調治，並給圭刀。生平勞不索酬，功無伐善，説者謂能如是，是亦足矣，吾則謂先生之德之大猶不在是焉。

其家君性嚴厲，先生能朝夕奉養，盡得歡心。父歿後，事母猶殷，屢以治療所獲金暗置老母床頭，不以告，其孝父母也如是。受書後，俱被胞兄梅夫一手訓誨，敬兄如師，數日未晤，必相見以禮。因季弟不博功名，遂將先人遺産與胞兄同讓季弟，其友昆弟也如是。

范陽天璜盛族，地廣人衆，玉牒纂繁，先生獨費數十年之精力，參差者整齊之，散失者補輟之，錯誤者更正之，光緒丙子、戊戌，兩膺鑒定，嗣後十餘載留心家乘，其尊祖敬宗也又如是。是以知大德不朽，誠所謂綱常名教中人，非僅文章經術中人也。

予素稔先生之行詣，是以不揣固陋，大書之傳，以垂後世云。

舉人朱鴻祥

（選自第三支《白竹盧氏宗譜》民國庚辰重修本卷三十）

真清公傳

《傳》云“爲人子止於孝，爲人父止於慈”，此止於至善，非可期於常人也。降求其次，但能聽命順意，亦爲難得。晚近世教淩夷，泯焉幾盡，憤時者輒云人倫斷絶，則又過矣。蓋十室之邑必有忠信，云孝雖難，寧無其次可取者乎？

盧氏有清拔貢朝考學博候銓松公六世孫真清公者，耆民昌季公其父，俊士龍登君其子也。受生不辰，夙膺孤苦，鳧雛失傍母同眠，鰥魚共家君對映，身逾壯而婚難，父臨衰而養失，塤篪奏痛伯氏之早亡，爨火時供悲曠夫之獨任。且父性嗜酒，有時或乏，雖風雨淒淒，道途跋跋，必不辭勞，以致父憐公，苦促之娶。公曰：“無負郭田，焉取資？”父曰：“嗣重莫逆，尚有些少膳田在鬻以備。”公從之，娶永邑上散陳世紆女爲婚。

公生平安分守己，秉性循良，而正氣凜然莫犯。曾見有里人逆父者，聲色俱厲，直持竿以撻彼子，則又其直性勃發，迫不容已者也。而猶善記父言。公父曾以其言告公曰："我貧不能施行大善，惟於心力克任者，若排難釋争、勸善戒惡。聞人有肇禍之害，不嫌口角招尤；臨餐聽乞食之呼，不吝碗頭減飯。里人每爲我許，爾當緊記也。"公果不忘父命，每喜依樣白人。若惡因善果有悦其談者，常造門乞聽，屢至更殘不去。即與其子述者亦然。非所謂聽命順意者乎？尤可異者，公以兒多慮，曾述奇夢慰之曰："我前詣城隍求嗣，夢落星入我手，明年生汝。我從少病癎，爾生後癎痓不再發，寧非爾吉兆也？"儀聞之亦曰："此夢必善應也，亦乃父克承先志蔭及子孫也。"

淑配陳氏，勤儉勞心：野蔬充膳甘塲藿，落葉添新仰古槐。但得育成兒邁種，像那丸熊自心歡。長嗣龍登由五雲高級出身，歷甌海自治講習所，及二十六軍軍官團畢業，任政學軍警各界，多歷年所，迭著聲稱。媳黄氏亦善承姑訓，嗣厥徽音。長孫京貢服賈牽車，時沾稛載。幼孫京生，現在鳳樓高小肄業。整整一堂，熾昌當未有艾也。餘如嫁娶生卒，傳載已詳，姑從略。

庠生吕興歸

（選自第三支《白竹盧氏宗譜》民國庚辰重修本卷三十）

龍溪萃一千三百一根盆公傳

蓋聞傳者，傳也，所以傳其人之生平有善言有善行者也。苟其人有一善言有一善行，功足以利當時，名足以垂後世，皆可以傳其人於不朽。若龍溪萃行一千三百一諱根盆公者，其於修築後山嶺一善功，不誠可以利當時名，不誠可以垂後世者乎？

公與予交最久，始終如一，情同管鮑。中年以商業起家，晚猶勤儉，獨修後山嶺百餘丈。

其地在龍溪村上，崎嶇屈曲，倒仄欹斜，石塊磊磊然，不可以行，永之孝義一鄉孔道也。予始祖塋在東滿，太祖在水坑弄，歲必兩經其地，老老幼幼咸苦於行，倘失足則有生命之危。嶺高數十丈，下臨深潭，水深不可底，畏石巉巖，人不敢瞰。即有村人掃除，一經天雨，磊石仍然。公獨慨然曰："此予近居路也，長令行道者受苦不堪，可乎？"於是鳩其工鑿石丁丁焉，擸其鋤削除平平焉，高者下之，低者培之，曲者直之，凸者掘之，計闊六尺，計長百餘丈，石磴數百級，計費數百元之巨。意欲上通東滿，下達黄連，乃天不假年，有志未逮，臨榻析産，邀予主其政。囑其子巖新云："當於把祀産項下歲取十千，以修後山之嶺，俾勿壞；以及屋前左右其道路，皆當掃除通闊，以便村人。汝其記之。"故近年來，因屋邊舊路與文房下地畔糾葛，予與榮開等得令其子若孫出洋拾肆元妥事立碑，以垂永久。此亦公之遺澤也。

公生咸豐己未年三月廿四日巳時，卒民國乙亥年七月廿七日酉時，享年七十有八，以壽考終於正寢。子巖新，勤儉有父風。長孫澤周，高中畢業；幼銀福，高小畢業。曾孫五，長名子昌，已肄業鳳樓高小；次子芬、三儒光、四儒先、五儒理，麟趾麟角，蟄蟄振振，可爲公詠矣。後福未有艾也，此公之善報也，可以傳矣。

時中華民國二十九年十月，族姪體復謹撰

（選自第三支《白竹盧氏宗譜》民國庚辰重修本卷三十）

先嚴古春公行狀

先嚴名彭，字古春，號亦祖，先大父梅夫公取"永壽"之意以名之。先嚴生時，二叔祖楷夫公夢一老人坐月下，以硃筆書"出人頭地"四字於草帽之上，愈擦愈明，至"地"字擦未明而醒，適先嚴墮地出生。二叔祖聞啼聲，以夢來告，先大父云："此吉兆也。"初不意以明經終老。

攷先嚴生平，品行純謹，學力優長，非義之物一介不以取諸人，非禮之言一生未嘗宣諸口。年十六入邑庠，旋食天禄，聲名藉甚，以行文爲樂事，以吟咏爲歡場。工楷法，善隸書，親朋戚友以及相識人家求之，無不立應，即春聯夏扇，一生無草率字，其制行可想見已。至年終除夕、元旦春初，先嚴偕叔父古秋公，與復等執卷高吟，聲達鄰里，吟畢輒侍立先大父之側，伺候飲酒。先大父愛書猶甚，晨夕不息卷。有時先嚴以食指衆多，談及稼穡事，先大父謂“不如老農”。每歲惟以硯田所收穫者生活復輩，故復亦不知稼穡之艱難。

清光緒己亥，松巖胡樓氏捐巨産爲合邑文武卷資，爲禮房阻抑。先嚴謂如此義舉吾縉未有，必極力以成之。偕族弟俊達、契友吕朝陽二廪膳及永之義士樓赴縣呈訴，幾經歲月而成，一時士林蒙惠。迄今改爲五雲校産，久遠留傳，德澤無量，先嚴與有力焉。

光緒辛丑，泠水人被辱，三都大舉義旗，率衆萬餘，意欲出桐嶺，踏平獨松及巖下街一帶，以伸公憤。先嚴力阻不聽，衆怒，毁門面責，謂先嚴不肯從衆。後得族叔喜照極力留住，又幸有應貽哲、應金蘭二先生排解而回，得免大禍，先嚴不爲無功。

二者，先嚴之大端也。至文筆之高華，詩詞之雅麗，尤其餘事耳。先嚴生咸豐丁巳，卒民國癸亥，享壽六十有六。母黄氏裔出豫章，與先嚴伉儷甚得，儉以治家，有桓少君風度，惜享壽不永，生咸豐丙辰，卒光緒庚子，年四十餘而逝。生復及弟妹五人，妹二，均適曹大家也。二弟體乾早世。幼弟體益，週歲失怙。先嚴以顧復無人，繼娶後母胡氏攜義弟妹各一。妹婚於胞弟；義弟體方俞姓，與胞弟同庚，先嚴養之如己出，娶妻生子，猶依依膝下也，鄉人義之。二弟均畢業於高小。復不敏，不能爲父母增光泉壤，以致先嚴之令德湮没而不彰，深可愧也！

兹當宗譜重新，心哀意急，聊書梗概，垂之譜册，以待後來之能文者表而揚之，庶幾稍以對父母於地下云。

不肖子體復泣書

（選自第三支《白竹盧氏宗譜》民國庚辰重修本卷三十）

喜照宗兄行傳

白竹宗兄有諱喜照字月卿者,夙遭閔凶,幼年失怙,教之養之,母氏之力居多。年稍長,慷慨好施,輕財仗義,鄉之上下固稱道勿衰,即遠鄉之士人長老素有相識者,亦深爲器重,而欽佩莫名。克家之令子也,一鄉之善士也。

民國初注重教育,寅奉縣府令,委爲區學務委員兼任東區教育會會長,出鄉催促興辦學校。曾親至兄家,而得知其素行。兄好交遊,廣結納,賓客往來,座常爲滿,有孔北海風焉。至名公鉅卿凡素有聲望者,至其家則禮貌加殷,情意加懇,更不與其他之賓客等,其款待客有如此者。

滿清末造,罷科舉爲學堂,兄應潮順流,不惜已貲,首先倡辦一明新小學,課授族中子弟,俾得灌輸新知識而接受新文明,其熱心興學有如此者。尊師重道,古人所稱,兄延師訓讀,禮意殷殷,脯修之厚自不待言。其尤厚者,師因事外出,必親饋肴蔬食品以濟不時焉,其待師之厚有如此者。鄉鄰鬥争,相持鷸蚌,兄力肩魯連之任,調停其間,苟事可通融,無不了結。緣有區之數致生阻礙,兄則出其已私代爲籌措,必使雙方均得平而歡好如初,心始釋然,至償與否不計也,其解紛之切有如此者。

且有大功德焉。清光緒間,三都各村沿集舊例,集合鄉中紳民,定期九月四日以迎神到方巖,與永之獨叢人以紙燭之細啓釁,激成公憤。三都人大舉出嶺,勢焰洶湧,鋭不可當。兄知大衆出嶺,必致雙方俱敗,糜爛無窮,獨力奔波,邀請兩縣鉅紳共圖解救,罄所有以接洽三都大衆,令勿興波助瀾,再釀巨禍。極數月之呼號,始得波平浪静,相安無事,此尤人所難而昭昭在人耳目者。事成後,永、縉二邑侯合書"洞明大義"四字,旌其門以褒,同族與有榮焉。

寅素無學且不文,安敢謬贅一詞,第因宗譜重新,本揚善之意,謹爲叙述素行，以示來兹。若云傳也，則有俟於後之有道德而能文章者。

隴川宗弟寅佰撰

（選自第三支《白竹盧氏宗譜》民國庚辰重修本卷三十）

霞峰公傳贊

蓋人稟天地之性，具五行之秀，所以得一番事業者，必有一番才量超越於人也。故朱晦庵嘗稱范希文做秀才時便以天下爲己任，故以知英華發自妙年，勳業見於晚節，豈虚語哉！吾族觀行太祖暘鼎先諱新號霞峰者，蓋當時練達人也，樹德人也。

其先世居黄崗，愛暘坡五峰秀起，萬象崢嶸，不禁忻然樂遷，來居於此。公幼失怙，長就外傳，肄業名山，及叨黌序，廣積經史，可仿文通之意。其佩父訓也凛然，其持門户也介然。當縣主彭採取茶，公力止之；典史郭採取栗，公力遏之。且彼時里役極嚴，公以一人周旋其間，一差不擾，一民不累，里黨翕然，共用恬安之福者，非公之才而能如是歟？更可異者，一日抵邑，寓任衡門姻家，有糧銀五十兩掛其壁傍，走入城裏里。適遇友朋留歇不回。此夜即被盗竊，糧銀亦失，次轉方知，且不問自己糧銀，先叩其家所失何物，反將餘銀濟其目前之急。後且不悟，公亦無怨言。此其度量，更當何如耶？

即其淑配太祖妣古山胡氏，庶姚氏，均有懿行，表表鄉閭。長男璠現入郡庠，次忠南。孫男七人，文學、文言，俱遊邑庠。曾孫八人，皆出人頭地。於以見公之克昌厥後，綿綿衍瓜瓞之盛；書聲繼起，洋洋儲上國之光。所謂臧孫有後，不且聞得鳳之音哉！京生也晚，未能親炙其光儀，幸得與叔祖璠共事雞窗，兼與叔文學、文言共襄譜牒，因此備述公之行誼云爾。

贊曰：凡人之情，皆爲後來者不及於古人。賢者古亦稀，獨後代耶？及其有之，與古人不殊也。若霞峰公者，雖古名賢，其何加焉？

余懼其行事湮没而不傳，故皆叙之，將告於來世。

玄侄孫鴻京

（選自第三支《白竹盧氏宗譜》民國庚辰重修本卷三十）

秀峰盧先生傳略

秀峰盧先生諱榮，字益謙，縉雲龍溪里人也。曾祖時運，祖維來，以恭謹世其家，不求有所聞達。父焕，習儒業，爲郡庠生，遂有聲庠序間，人多呼之爲"上舍云焕"。生子二人，長即先生。先生紹家學，入邑庠，父子各占一庠，人尤艷之。幼名哲，先生弟也，未冠而夭，先生深痛之，著所作悼弟詞數章，纏綿緋惻，哀音動人，能使讀者淚下，予閱之，信然。

外弟鄭崇錫少孤且貧，先生招致家撫字之，分其所餘爲之生殖，歲獲息數倍。擇名門女聘而妻之，不下數十金。及崇錫三十歲，復析家中財器與之，令還故里。告之曰："汝，鄭出也。今汝壯且有室，鄭氏有後，吾志慰矣。汝去可自立門户，毋顧汝表兄爲也。"崇錫聞之，潸焉淚出，仰顧先生曰："崇錫少時自分溝中瘠，表兄幼而育之；崇錫長而悖之，是負恩也。負恩者不祥，錫不敢言去。"先生曰："無傷也，汝第毋侈而用，毋惰而勤，毋荒而本務，毋墜而家聲，即在若家猶吾家也。汝第去"崇錫去，遂克自建其家。

陳木礬鮑得壽者，先生家傭工人也，爲田作十餘年，雖厚得值無餘貲。洎老病將死，先生往視之。乃撫床謂先生曰："吾等壯時食力於先生家，惟先生是使；今病，惟先生是醫；如不幸而死，將復勞先生殮矣！"先生曰："生死未可知。果若所言，吾收爾骨焉，毋他慮，善自愛。"洎死，先生殮而葬之，歲時自祀其先人，必操一豚肩、酒一盂、紙錢一箔，兼祭其傭而慰之曰："昔仗而勞，今享而靈，而鬼有知，庶無餒於冥冥。"

先生入邑庠後，讀活人書，精其業，有造門請者，必往愈之，酬金不受。嘗有入先生之室，背先生投金於几上者，覘知之，恒還其人。先生家不甚饒，而樂善好施與人。有爲先生惜其貲者，先生笑曰："吾非輕棄其財，但恐好事被他人做去耳。"其尚義大略如此。

先生享年七十有一。子五，長國珍；次國材；三國治，出嗣弟明哲；四國鐸；幼國祚。孫四人。國珍今爲郡庠生，與予善。

永康夏謨

（選自第三支《白竹盧氏宗譜》民國庚辰重修本卷三十一）

長潭玉洲先生墓誌銘

萬歷癸卯冬，弟可行卜葬其先人玉洲先生於本都石里貓兒頭之原，有期矣，過予請銘勒於石，以志不忘。先生予從叔，且小少同學業，匪予其誰銘之哉？

按先生姓盧氏，諱謡字子純號玉洲，世居五雲之長潭，爲順庵公冢子，素以孝友著稱，資性最敏，而學力精到，與予同年補邑庠弟子員。宗師文谷孔公首選補廪，目爲兩浙奇才，薛、阮二公宗師俱擢高等。一時文名騰起，而從遊者甚衆。詩詞矢口輒就，綽有盛唐豐致，旁及陰陽星數之書，靡不習而通之。

一日謁方山薛宗師於金陵，談及堪輿家書，薛筆五題命作賦，先生條答詳悉，製爲璿璣賦五章以獻。薛公稱曰："子真通材也。"隨付剞劂氏梓以示人。及歸，作詩以贈之，有"昔年括郡文林士，今日金陵地理仙"之句，同門士罔不異之。及銓貢期近，乃一疾竟不起矣。嗟嗟，以先生之才學，即博科等、建偉業，詎不謂宜，而區區一貢亦不克就，其真命也。予哭之曰："如公歸去非容易，千古溪山英氣收。"今日之銘也，寧不增感慨哉！

先生生於正德十二年丁丑八月廿七日，卒於萬曆三年乙亥七月十九日，春秋五旬有九。配趙氏，先先生卒，合葬本山。三男，長即乞銘者，次可術，可衍早世。一女，適永康派溪巡司吕考祥。孫嘉猷、嘉彦早世，幼嘉明未冠。理宜備書。

銘曰：山嶽鍾英，産兹偉人。廩食黌宫，盛有文名。淹貫他書，亦靡不精。天豐之材，胡嗇之命。一官未就，遽焉以瞑。公也雖死，公名不泯。昭兹後來，在余之銘。

徐夢易

（選自第三支《白竹盧氏宗譜》民國庚辰重修本卷三十二）

枝香盧君行傳

邑東鄉白峰盧君枝香，余知友也。其里居與余相距五十里許，故小時未曾相識。迄清季，國政廢弛，力圖改革，廢科舉，開學校，盧君乘時奮起，投考省垣四府公學，研究科學，爲諸同學冠。畢業後，吾鄉益智高小校聘請爲教員，余亦分任教員一席，始得識盧君之面，而同事焉。

其人性質和平，品行純潔，在校悉心教授，循循善誘，不遺餘力，其名遂大噪於教育界中。斯時吾東初開學校，教師尚少，持帖來請者踵相接。平時處黨間，長老少壯皆樂與之親，遇有鼠雀之争，得盧君一言，無不帖然服，較之魯仲連排解紛難，無以過此。特理明情透，其辭説足以奪人，亦誠中形外，其信義有以服衆耳。原配蔡，係前清孝廉雨香先生之妹。繼娶張氏，尤稱賢淑，盡婦道，訓兒女，有恒少君、魯敬姜風，正盧君之佳偶也。

至民國四年，余就聘於蔡宅永寧高小校，復與盧君同事。白峰離蔡宅僅隔一水，每遇星期，余嘗造門而遊，見其父而身，身而子，一堂雍睦，家政肅然，不覺敬而慕之。吁，若盧君者，夫復何求？亦復何恨？豈知至次年春，令郎列昌因在校鋭於求進，用心過度，遂病不起，而盧君亦以喪子之故，積成虛癆之症，遷延數月，醫治乏術，參苓無效，至初秋，遂與世長辭，時年僅不惑也。

傷哉盧！人事耶，抑天數耶？余不敢知矣！然修德必獲報，作善自降祥：迄今長嗣君仁昌能承父志，丕振家聲，孫男一，頭角崢嶸，具不凡器。盧君有知，當亦欣然含笑於地下矣！

盧君逝世，轉瞬十載，余離永寧校後，嘗憶及盧君友誼，輒爲之感動。今春盧氏族修譜，仁昌任知譜事，來舍請余叙家君行誼以垂後。余與盧君訂交久，而相知亦最深，爰謹抒數語，以存紀念云。

民國丙寅春月上浣之吉，愚弟北鄉朱茀煌謹撰

（選自第三支《鹿峰盧氏宗譜》民國丙寅年本卷二）

旌義闇齋公墓誌銘

公殁而厝，墓木拱矣。其孤子協踵門拜泣曰："先君病劇時，適部院敕受義詔，有司日迫上道，協束裝起程。北返舍，先君已逝世。欲朝夕就養不可得，徒北向長號而已。迄今墓石未勒，愈痛切肺肝，敢丐仁人君子志而銘之，以垂不朽。"

按公諱尚文，字惟錦，號闇齋，係尚書越國公後。大父華，父琚，俱隱德弗耀。母石氏，生公。丰神清俊，襟懷軒豁，自少耽學，即工書札，而尤眷眷庭闈，承顏希旨，無昕夕怠。及親喪，擗踴悲號。聞者淚下。殯之日，執紼載道，數郡縣名流咸來奠祭，如喪陳太邱者然。是公之以孝感人已如此，

正統歲庚申，河南大侵，道殣相望，公出粟二千石以備賑恤，更作食於道，以療行人，全活者萬計。藩憲王公奏其事，敕爲"義民"，勞以羊酒。公詣闕謝恩，都人士韙之，咸賦詩華其行，公之以仁澤民而頌聲藉藉又如是。無何，民命已蘇，兵燹頓起，括蒼寇孽，蜂屯蟻聚，浙以東民居焚掠，往往村落爲墟。我國家興師戡亂，募金給餉，公下貲金數百，轅門犒士。中丞張公奏聞，褒榮章服。人僉謂公任天下大事何不倦乃爾。

而吉人爲善，猶惟日不足，憶前丁巳文廟祟於熒惑，太守蔣公諭捐資興復，公首肩幹造廟，貌巍然焕然。時譙樓適圮，邑令謂公曰：

"郡公而邑私,私者將若何?"公慨然輸貲,樓櫓頓新。且元史復議纂修,苦於北寇擾攘,國帑闕如,公出泉刀,付諸剞劂,版籍炳若日星。至宗黨間扶僵植弱,俱不待言。以故士大夫過其境,必造廬請謁,公則倒屣迎之。暑夏讌於風亭,隆冬延於燠館,賓去更遺以厚幣,較諸白忠州之姻舊僅贈荔支一紙者,相去奚啻宵壤? 則公之風義卓卓,真一時人傑也哉!

惜天不憖遺,欻焉隨化,此四方聞訃而來者莫不吞聲去也。公歿於正寢,景泰壬申臘月八日也,距生洪武戊寅八月廿四日,明年葬里之觀音山。配巖前杜氏、淥塘杜氏、安文陳氏、象山葉氏,生子六。愷、悌,杜出;協,陳出;恂、懷、悳,葉出。孫十六人,曾孫三十人,皆瑶環瑜珥。

嗚呼,公可以不朽矣! 銘之曰:

公降世兮乘龍螭,干幹元兮張四維,崇敎校兮風化移,澤生靈兮雲雨施。褒璽書兮聲譽馳,拜天恩兮步丹墀。乃乘化兮蟬蜕歸,歸華表兮問何時。鬱佳城兮繫所思,竪貞石兮銘以詞。

時景泰癸酉臘月望日,賜進士江西按察司僉事致政環山葉稠拜撰

(選自第三支《錦溪盧氏宗譜》民國丙辰年重修本之廿五卷)

仁十八府君墓誌銘

古者山藪利器無鬱而不試之奇,故兔罝武夫皆足膺干城之托。嗟嗟,世豈真無才,自人以曼聲采色染其内,榮名厚利纏其外,而雄傑之氣銷鑠無餘,惟特立獨行、不受涅於塗泥塵埃之場者,而歷險愈顯焉。若盧君孟述,蓋千百中一二者也。

君姓盧氏,曾祖諱適,祖諱良富,考諱尚寧,妣石氏。生處士,行仁十八,裔出後周工部尚書琰之後,家世錦溪。君自幼瑰岸偉邁,援筆成章,兼通法律,志氣豪舉,揮霍無前。能擾而鎮之以静,廹然後動,隨試見功,有非齷齪拘牽輩可得而彷佛也。性孝友,承祖業居積

富厚，雅尚義好施，砌橋梁、甃衢路，費雖重不辭。歲饑施粥，冬寒施衾楮炭薪，死而貧者予以衣棺，鄉閭德之。

正統間，閩括寇發，東民有因而剽悍者，君不能止，密白郡侯，禽獮之。寇至驛騷然，民不安堵，君集勁卒數百守其扼塞，莫敢犯。間有侵者，殲厥魁從，不復縱。寇退，叙功不受賞，以私積酬其衆而散。君之才固不止此，此亦足以窺其一班矣。

距生永樂壬寅九月十一日，以天順甲申九月初四日卒於正寢，卒之年卜葬湖海塘山之原。長男朝嘉，以掾績奏都門，具是狀質銘於予。予稽諸《易》，君子之經綸，屯然後顯，故不遇盤錯不别利器。世有談玄課虚士，倉卒聞變，直駭汗反走耳。君挺身捍患，進不要功，退不蒙賞，積而能散，全其鄉井，儻所稱干城器，奚讓焉？人慶其有禦寇之才、施濟之仁，排難解紛如仲連之勇，重義結交如朱家之俠，致富如陶朱公而不吝捐費，躬行如萬石君而通達時變，善哉！諒乎雖大才而未宏厥試，然三子之文采志氣卓然不群，鬱於身而勃發於後人必矣。厥配張氏，舉子三，朝嘉、朝慆、朝怡。女一，晁，適徐通府孫徐付九。孫男六人，賢、良、方、彬、涵、校。孫女二人，長適華溪虞謙廿八，次適十都樓三七。銘曰：

堂堂盧君，仁智克全。隆隆斯阡，百世不崩。

時天順乙酉陬月朔日吉，江西僉事華溪趙良撰

（選自第三支《錦溪盧氏宗譜》民國丙辰年重修本之廿五卷）

西泉盧公墓誌銘

本邑以陽得名，而周繚萬山，風氣完固，鍾爲人傑，其名公巨卿顯於朝列者固多。乂安康濟之略，其才行卓絶著聞閭里者，雖無能大展所藴，亦往往有可表之事業焉。蓋一鄉一邑之間，事有足以係安危宏利濟，則其事足傳，而行事之人亦遂與俱傳，若錦溪西泉盧公其一也。

公少英敏，習舉子業，中以家冗棄去。閒輒卷不釋手，治家會計

不縮陶猗，然輕財好施，不屑效守錢虜。性倜儻，氣剛才鋭，遇事敢爲。每事當盤錯，人咸惴不敢任，公獨奮然曰："此正別利器時也，奚憚爲?"故事苟可以立功、可以濟人者，蹈湯火赴之，即傾囊不計。

時倭寇内訌，所在焚掠，遠近驛騷，公奉檄捐資募鄉勇禦於南午嶺，邑恃以無恐。初，邑城新築，不久圮傾，署縣事理刑劉公文卿議增陴，公創造東城門，雉堞加壯，又增高城陴數十百丈，爲一邑倡。文廟傾頹，公環視悵然，即捐金倡造，輪奂聿新。歲戊戌大祲，赤地數千里，道殣相望，公倒廩賑濟，炊粥數月，邑之全活者無算。幼稺捐棄者收養之，麥有秋即以歸其父母。

公所居錦溪里，向有富民堰，障遏江水，注田利甚溥，歲久湮廢。正德間公之祖朝悌公，於華店盧頭殿開田甽以車水，歲旱利溉。至萬曆初年，沙漲江口，無水可車。當戊戌甚旱，公蒿目殊深，復於虞店櫸樹城東開三甽以車水，日夜車溉，歲可救數千畝，是歲里不爲災。至今每旱則照舊開築，歲不苦饑，此一方萬世利，其有德於生民尤巨。

噫，禦寇變，壯城隍，興學校，設良法以濟饑，開河渠以利溉，此豈非名公巨卿之所爲美政與？而公以鄉閭布素功足相方，可不謂賢哉！使公邀一命得以大展所能，其建立又曷可量乎？是以核公才猷，未嘗不爲鄉邑幸，又未嘗不爲國家惜，故功垂奕葉，德重鄉評，邑大夫高其義，薦之鄉賓，郡刺史聞其風，禮之西席，先後褒旌，冠服洊加，良有自已。

公配吴氏，爲參戎蘭谷公妹。事舅姑有思媚風，待侍婢有樛木風，既富而能勤，有葛覃風，相夫子克敬無違。公性剛烈，氏每濟之以寬和，公或任性有忤於俗，必百方勸譬和解始息，齊眉上壽，子姓蕃昌。噫，孰謂天道無知哉？子二：應元，太學生，例貢授登仕郎；應侯，殤。孫三人：長繼忠，例授知印；次繼孝，幼繼廉。曾孫一十三人：鳴豸，庠生，系繼忠出；鳴鶴，庠生；鳴鸞，庠生；鳴鳳，鳴鵠，鳴鴻，鳴鵾；鳴鷺(即大英)，庠生；鳴鵬，係繼孝出；鳴春，鳴雷，鳴宇，係繼廉出。

玄孫三人，燁德、偉德、炳德。

公諱汝鏌，字時英，號西泉，行遠二百廿七，卒於萬曆壬子年，距嘉靖丙戌，享年八十有七。吴氏卒於泰昌庚申年，距嘉靖辛卯，享年九十。余室之外母係公侄女，而室人時歸母家，公愛最篤，余亦承公厚欵，時親德範。今宦遊日久，不獲覲光。聞公之訃，邑有大事或莫與在，又未嘗不爲鄉邑惜公。式似太學，文學該博，課諸孫濟濟遊庠，與予情好最密。今以辛酉年正月朔將合葬公與吴氏於和尚橋之原，乞予銘其墓以垂永久。余忝姻戚，且屬公厚愛，誼不獲辭，因銘之。銘曰：

功足濟時者顯達之隆，獨善其身者窮處之風。嗟今之世，位列朝宁或不能以建功，鄉間布素顧以下而急公。惟地靈之鍾異，乃獨挺乎盧翁。或增雉堞，或靖寇戎。或新文廟，或賑饑窮。或開甽以利溉，惠奕葉於靡終。一朝捐棄兮曷惠我東，齊眉上壽兮子姓蕃充。天報我翁兮尚不止躬，敬勒銘兮永志幽宫。

時泰昌庚申年臘月上浣之吉，賜進士第福建提刑按察使司甥婿許達道拜撰

（選自第三支《錦溪盧氏宗譜》民國丙辰年重修本之廿五卷）

義四十六處士行狀

公諱嘉亮，字思明，號遂昌，自始遷祖號西山者之十四世孫也。公齠齡失恃，事父克供子職，承順後母更得其歡心。奉生送往，俱情禮兼致，以孝聞於鄉。其教子也，義方垂訓，因材造就，或陶淑以詩書，或練達以世務，咸温文爾雅，綽有成立。尤善治家，用多能節，凡出入取與、擇人任事，俱有經權，蓋管商之才，而出以黄老之學，故繇約而進，家有"素封"之稱，爲作爲述之事多所光裕也。

先是盧氏舊有宗祠，歲久而蠹，公目擊其壞，慨然太息，鳩族人而言曰："《禮》'君子將營宫室，必先建祠'，明乎安祖之重於居身也。

《易》曰:'風行水上,涣。王者以享帝立廟。'良以祖宗之精英日遠,虞其涣散,故立廟以萃之。子孫之支派日疏,慮其乖錯,故享廟以序之。報本追遠之典、輯宗睦族之教,均於是乎在。奈何前人有廟而任其圮廢乎? 承先啓後,責莫大焉。"乃與族之慕義者鳩工庀材,不一歲而落成,棲神有地,拜奠有所。春露秋霜之際,擊鐘伐鼓。登斯堂者,致慤致愛,焄蒿悽愴,若或見之,雖子孫千億,誰無同源共本之思者乎? 上以教孝,而下以教睦,其孝友之錫類於族人者如此。

又明季,邑人許氏聚衆倡亂,時無防守,城中百姓率避難去。邑侯姚計無所之,亦出城夜走。公獨奮不顧身,呼二子而言曰:"堂堂東邑,忠臣義士代不乏人。今邑父母狼狽出走,苟不潛爲護翊,萬一途中有變,縱不爲東邑士民地,何忍見邑父母流離瑣尾,而失後舉之一計乎?"因率二子跡至諸暨之東橋里而見焉,遂叩首引罪,説姚公曰:"某東邑子民也。盜雖據縣,無能爲也,隨且窺郡城耳。請公還。"遂同返,匿於其家月有餘日,盜果悉衆攻金華。時十二月除夕,急與二子糾鄉間義勇千餘人護姚公入城復位。次日聞報,盜至婺境,遇官兵輒逃散。姚公仍握符曳綬,蒞事如初,公與二子即拜於庭,率鄉之義勇以歸。自是屏跡郭門,絶不道癸未時姚公事。姚公屢欲薦之當道,固辭不受,乃旌表於其家。至順治七年,姚公特遣侄進士文熊登堂贈軸。越三年,公年九十餘,邑侯陳公追其行賓飲之,申文給匾以奬之。則眉壽之所期,令跡之所届,豈可限量?

余之爲公狀,亦狀其今日之爲公者而已。公祖已載於譜,兹不再詳。公父諱繼佑,字子啓,號命吾。母張氏。繼母李氏生三子,公居其仲。公娶桂坡李氏,伯子光斗、仲子光奎,即公所率以迎姚公於諸暨縣之東橋里者也。次光辰、次光婁。吴氏、陳氏、張氏,則諸子婦也。女一,適李爲琦。孫男五人,大旦、大旭、大叶、大昂、大暲。甥方統、方綜。所娶李,係楚之從姊。女所適琦者,係楚之族兄也。而甥綜者又執經問業於予門,故知公者深,而爲之狀。

論曰：今鄉里稱善人者多矣，至考其孝友承開之績，能如公之建祠以繩祖武，創業以貽孫謀，得其一端可以永譽者乎？而公之才更有過人者。方姚公之蒙難也禍之所伏，人所不敢匿者，而公則匿於人所不敢匿之時；及姚公之復位也勢之所歸，人所必欲附者，而公則不附於人所必欲附之日。其義勇之略與恬雅之操，以視魯朱家之周旋季布、晉子推之退隱介山，古今人之相及與不相及未知何如也？乃吾於此又惜公之以大才而小用之也。彼世之負奇才大略，厄於草澤之間，而不克爲國家竟其用者，可勝言哉！

時順治乙未年春王正月，桂坡眷弟李爲楚拜撰

並録志書："明末寇亂，邑令姚遯於鄉，嘉亮延之家敬待之。匝月餘，會賊敗，與子光斗、光奎並衆擁送入城。近邑侯陳公追其行齒飲焉，年九十餘，姚之顯者爲文褒之。"

（選自第三支《錦溪盧氏宗譜》民國丙辰年重修本之廿四卷）

節婦周氏實録

余嘗讀《易》，而知臣道婦道，一坤道也。臣不二君，婦不二夫，故貞婦之節與忠臣等，皆以一天守義可提而並論也。昔屠岸賈構難於趙氏，害朔並索其遺孤，公孫杵臼與程嬰議曰："立孤與死孰難？"嬰曰："死易，立孤難耳。"良以死者一時之義烈，立孤者終身之義烈也。而貞婦之冰心霜操亦如之。貞婦之靡他，矢志同穴，固所心甘者，乃至日復一日勤撫藐諸孤以冀其成立，是直終身以之，亦真古人所謂難也。以余今所見，而得吾友周母之義烈焉。

吾友盧氏人構，字紹庭，乃錦溪厚村先生孫也。先生與嶺北周九瑞翁意氣稱莫逆，緣娶其長女，以爲膝下少郎君諱啓培字天申之配。初，周母及笄來嫁，安鳩處，警雞鳴，孝事舅姑，和接妯娌，凡諸懿範多有合於大家明訓者。居數年，生二女，又數年，而吾友始生。時歲在癸丑，母年二十七，而父疾篤，母奉湯藥衣不解帶者累月，詎意終天抱

恨,遂拊膺觸柱,倉猝間欲身殉地下。厚村翁含涕慰諭曰:"向以兒得媳爲偶,兒之福也。今不幸無禄,反棄我先逝,余甚愀愴,莫能自支。媳之悲號欲絶固宜。雖然,兒死矣,兒猶未死也。"時吾友依依待哺繈數月,遂指而示之曰:"勉之。倘護此三尺遺孩教養成器,兒死不腐矣。"母銜哭受命。

自此後,哀痛念切,有淚無聲,鞠育情殷,所求必與。奈道逢錯節,厚村翁亦相繼登天也。前諸伯合爨,旋分産,獨處楚酸度日。吾友漸已八九歲,以慈母而兼嚴君,使之出就外傅。幸天姿穎異,居黨塾不踰五六載,學爲文即戛戛獨造,出人意表。又憫其芸窗攻苦,往往購八珍、調六味以益精氣,方之柳母丸熊以勗子,不是過矣。洎友弱冠餘,才名標文社,間有聲氣往來,輒不吝鉼罍之罄,令其子終日論文,盍簪取益,比之陶母截髮以留賓,又不是過矣。

噫,以母氏之節、母氏之才,而培失怙之寧馨爲士林之翹楚,固應錫龍章承鳳詔,特典榮褒指日可俟,乃不謂吾友數奇,采芹折桂尚未逢知己,豈天之將老其材而令萱堂大饗其報耶?吾故常因其感深罔極,未能捧檄承歡,每以是言相慰。蓋既信夫長技必售,亦以信貞烈之獲報必不爽,爰約其概以志之。然至發潛德之光,已決諸吾友之矯翼青雲,而詳告當途,以闡揚義烈,獎勸閨帷,又非鄙詞之所能及也。

時乾隆歲次甲申陽月之吉,眷侄南岑吴國墀拜撰

(選自第三支《錦溪盧氏宗譜》民國丙辰年重修本之廿五卷)

節孝徐太君傳

欽褒節孝盧母徐太君者,蘊山諱大珣字旬玉者嫡配也。徐自唐侍郎放始,由彭城徙居衢,後由衢徙婺,世居邑之豸繡坊,節孝係郡庠生光甲女弟。蘊山父諱光甯者,以媒氏韋際昌數頌女賢,聘爲蘊山婦,年二十一嬪於盧,孝奉翁姑,克踐姆訓。

越二年,舉丈夫子曰啓佑。頃之,諱光甯者卒,蘊山瘠不勝衣,遂

染疾。節孝延醫問卜，百方調治，卒不痊，遂相繼逝世。是時，節孝年止二十七，孤歲五，乃籲天頓地，守義自誓，時五歲孤之果成立與不成立，固未及知也已。啓佑七歲，即延請族增廣之奇爲啓佑師，手飭饔膳厚禮之。節孝產本不中人，坐購書、款洽賓友，家遂耗而志益虔。命啓佑終始之奇門，曰："師賢，更不煩傍他人仞牆。"故其後之奇無子，命啓佑"没當于我葬，亡即當於我享"也，啓佑爲志之勿忘。

啓佑自受經，節孝每夕必課晝所習，秀於庠，猶督如初。姑趙氏屬蘊山晚母，節孝奉之密且周，雖耗，不以家菲姑，勿示姑力以不逮。姑亦無由知節孝之家之力有不逮也，而安之，歲靖然。頃之，提學姜公册啓佑爲東陽學博士弟子，既釋菜，藍袍冠帶，拜節孝于堂。節孝蹙然曰："此一拜我當偕汝父受之。今汝父安在?"因泣下，啓佑爲伏地哭久之。啓佑以母年居五秩，復藍袍冠帶觴之堂，爲節孝壽，復合知名士詩歌侑焉。節孝曰："我不任此爵，但令汝父歲歲從地下與味汝一滴，足已。"因語咽。啓佑仍伏地大哭，既而起曰："費師臺家璵道學也，實命啓佑奉是觴釋母。"乃止。啓佑用益砥盛，志端品修，爲名諸生，皆節孝志也。

節孝女徐門者二十有一年，婦盧門六年，守二十五年，卒年五十一。姜公給獎曰"松筠並操"，副使羅公再給獎曰"冰霜矢節"。節孝初偕其姒趙氏同誓志，居室相望。康熙辛巳秋，鄰火起逼二氏簷，節孝同姒額禱天請救，刻風反火滅，二氏居不恙，人皆以爲天不辜節孝。厥後啓佑有子二：人壽，鄉祭酒；人喜，郡庠。孫六：行，邑庠；文衡，鄉祭酒。文衡著有《名品》，以節孝荼苦未及播國誥，請之當道，於嘉慶四年獻歲詔褒節孝，令發帑建旌，於是文衡冠帶伏奉詔爲鑿石旌門。

時嘉慶五年八月既望，乾隆己酉科拔貢候補修職郎儒學教諭前庚子南巡召試、後學蓬萊樓上層頓首拜撰

徐太君，二叔父孀母也，與孀居三孀母趙氏居鄰咫尺。辛巳秋予族大遭回禄，烈火逼簷，二孀母同禱天懇救，頃刻風回火滅，居皆無

恙，可見貞節動天，天眷不爽。聊附此記，以徵誠能格天云。

侄兒銓謹識

（選自第三支《錦溪盧氏宗譜》民國丙辰年重修本之廿五卷）

飲賓學傑翁義勇傳

君子尚勇乎？曰：君子有勇而無義爲亂，小人有勇而無義爲盜。亂也、盜也，皆聖人所痛斥也。孝六百九十四飲賓諱學傑字軼萬者，尚勇人也，尚勇而尚義人也。聖人云：見義不爲謂之無勇，即勇亦不足爲勇。翁生平嫻習武藝，勇略過人，凡有義舉，必踴躍以赴之，竭蹶以圖之，迫以窮困而不濫，投以艱巨而不驚，固非徒勇者矣。

當前清咸豐季年，洪楊首難，土賊蜂起。翁有從叔文美公者，一鄉之善士也。惟時賊匪横行，里鄰苦之，文美公責以大義，致觸忿怒，賊乃持刀將殺，頭顱幾於墮地。學傑翁勇往直前，挺身拒賊，力救生命於呼吸之間。謂非有勇知方者乎？不然，好勇鬥狠之徒逞野蠻手段，鮮不藉爲犯上作亂之漸者，而翁無慮此也。

向使翁以義勇資格，出爲國家效力，則親其上，死其長，無非衛國之干城，何至年已老耄僅膺國禮賓筵之選哉？他若善事父母，翁之勇而孝也；善事兄長，翁之勇而弟也；排解難紛，翁之勇而忠也；厚重友誼，翁之勇而信也。數者兼備，吾知翁之義勇，登諸家乘，彼尚勇者當以義爲上矣。

是爲傳。

時民國六年小陽月之吉，姻晚師範畢業生華承佑謹撰

（選自第三支《錦溪盧氏宗譜》民國丙辰年重修本之三十卷）

仁六十七府君墓誌銘

松軒翁歿而厝，冢上松柏已森森矣。適余奉命南還過梓里，盧君朝袍等以考狀謁余銘。予與翁爲里人，翁制行卓卓，曩以先君命撰

《還金記》贈之，然懿德美行猶未備也，況翁孫如庵與予爲莫逆友，義不容辭。

按，盧氏系出周點檢越國公琰後，家世汴涼（梁），由汴而臨安、而永康，錦溪之遷，則自西山居士始也。曾大父贈同知本榮，本榮生良瑀，良瑀生尚金，尚金生翁。翁諱忠旭，字孟昇，厥號松軒。幼端重岐嶷，舉動笑言異群兒態。諸兒中有鮮潔其衣食者，争相慕之，公雖衣敝茹蔬，集處不爲意。壯有室，秉提家政，課三農，孳五畜，占歲豐荒，用白圭取與法，居積日益饒。然靡效賈兒販子操奇贏秦越其鄉人者。比年穀不登，黔黎菜色，指廩而炊，户外屨嘗滿，翁倒庾貸之，償不收息。商有賫百金易來，牟以市利者，交割儲公所，刻期轉輸，迨至而突焚毁盡矣。商錯愕失措，翁曰："燬第焚吾廬耳，金得無恙。"命蒼頭出溝瀆中還其人，請分不可，請勞其左右不可，遂懷金對天拜祝而去。後先居室災而復建者三，用頗不貲，而家愈豐，神愈旺。雖晚年，輕暖肥甘不以適口體，信步坦途，更不知輿馬之爲佚。尤足重者，修譜系，聯宗支，重道崇儒，課其子侄，厥後諸孫中有登賢書、著宦績者，則穀之貽。與鄉賓之薦、期頤之臻，宜其及矣。

翁生正統乙丑十二月初一日，卒嘉靖丙申十二月十八日，享年九十有二。娶任氏，繼娶俞氏，合葬横山之原。生五子，長朝袍、次朝翼、三朝庭、四朝廓、幼朝廈，咸稱丈夫子。階下蘭孫濟濟，名難盡悉，皆指之爲謝庭玉樹云。銘曰：

繄錦水之松軒兮，吁！髮未髫而岐嶷兮，吁！曾艷麗之足羨兮，吁！甘澹泊之是仍兮，吁！傾廩粟而腹望兮，吁！出溝金而商生兮，吁！快賓筵之三接兮，吁！宜壽考之百齡兮，吁！胡横山其鬱蒼兮，吁！期千禩其常寧兮，吁！

時嘉靖戊戌秋九月中浣之吉，賜進士第河南布政使司里姻松澗金澍撰

（選自第三支《錦溪盧氏宗譜》民國丙辰年重修本之廿五卷）

故處士賢廿七墓誌銘

嘉靖八年十二月，損齋翁厝於朱家西之金鉤，孫汝源、時清甫具狀泣而請曰："先大父爲人言思可道，行思可則，孝友恤婣，曲盡其矩，今就木逾期，將厝矣，敢藉手鴻裁，以志不朽。"余惟翁同邑世婣，生知之，殁傷之，而時清甫又予道義友也，敢以不文辭？

按狀：翁諱朝滿，字廷溢，盧其姓，損齋其號也。世居峴北之錦溪，周工部尚書琰之裔也。曾大父諱富，大父諱碧，父諱忠德，皆俊拔奇偉，隱德弗耀。母王氏有懿德，生昆季五，翁居次。賦性質實，與世無校，好古文，善書數，凡格言嘉行必録而佩之肘後。甫弱冠，思賦役煩重，食者衆而生者寡，遂棄舉子業，刻意勤家，夙夜弗怠。事無大小，以身先之，不費父兄力。凡得一鮮，父母諸弟不集，弗先諸口。垂髫時嘗見兒墜水池中，輒提竹竿援之，兒得無恙。商人買稻穀，遺金八兩於几案，越月餘商來，公出其遺。商曰："吾意同舍郎所匿，令誓之。彼任償焉，請納之。"公曰："汝之金，合反也，我何與焉？"商拜禱而去。

父有疾，延醫調理，每至夜稽顙北辰，願以身代，未幾疾愈，僉謂孝感所致。强仕丁父艱，哀毁踰禮，窆諸蓮塘山龍耳，廬於墓側，苫塊稿卧，以善居喪聞。其生平尤善樹蓄，歲荒則出粟以賑不給。遠方稱貸者，則壺飱以食之，息不與校，鄉人德之。邊儲不敷，有出粟補官例，承司府敦勸，慨然與從弟廷堅公輸粟三百石，辭榮不受，特厘尚義之旌。糧長賠償，嘗患苦其鄉，别置稔田二百以充賠資。子姓蕃衍，延名師以課之，絶不惜費。有入泮者，别置稔田十五畝以助膏火。奉養老母至老益勤，事諸父兄弟愛敬撫恤，縱横逆加而毫無怒意，遇宗族鄉黨，雖少必以貌。

晚拓産盈豐，築室百楹，正樂居室之安，忽寢疾。呼子孫曰："吾屋可蔽風雨，吾田可供祭食，汝等當恪守之。創業固難，守成亦不易也，兢兢業業，勿使前人失其貽謀，汝身淪於困辱，雖死無憾矣。吾歷世祖父以忠厚存心，寧人侮我，弗我侮人。慎之慎之。”言訖而逝。時嘉靖七年六月初九日也。

享年七十有九，距生景泰庚午三月廿九日。娶五都單氏，四德裕如，先卒，享年六十有二，合葬金鉤。三子：檀、禪、桐。孫男十一，澄、源即乞銘者，漳、汶、淮、滂、溥、汀、瀾、洲、治。孫女一，適永寧徐御史孫庠生文奎。噫，若翁者，孝友著於内外，仁智溢於鄉閭，急於公而勤於私，言可録而行可法，洵一鄉之善士，聖世之逸民與！銘曰：

錦溪之源，龍虎盤旋。篤生偉士，啓後承先。孝友著聞，四端藹然。規畫模範，卓冠時賢。刻諸珉石，奕世永傳。

時嘉靖八年冬十二月上浣之吉，文林郎知昌邑縣事眷生杜然拜撰

（選自第三支《錦溪盧氏宗譜》民國丙辰年重修本之廿四卷）

南山翁賢百三十二府君志

萬曆乙亥春二月，宗人汝賓、汝宰不遠數千里赴成都，泣以狀告曰：“大父謝諸孫十有七祼，以伏臘克襄事。生有善狀，歿而無徵，後死者何以見地下？願乞銘納諸幽。”余泣然答曰：“是乃祖南山翁狀耶，聞之習矣。”

按，翁諱朝袍，字廷錫，號南山，與余宗先本姜姓，厥後食采於盧，因以盧爲氏。後周琰者，係玉川子同裔，歷官工部尚書、殿前都點檢，憫宋之禪，隱居靈山。十世孫宗的徙石馬，歷四世，孫曰宣者更徙峴北之錦溪。文階武級，圭組蟬聯，其間慕義力仁、倜儻非常之士雲起而霞蒸。翁躡其躅，綽有前人風。禀性孝悌，事二親愉愉色養，友昆季庭無間言。讀書博學能文，居嘗嘆曰：“大丈夫昂藏七尺之軀，如太阿韜匣底，安能槁首黄馘老蠹魚篋笥中而不爲所得爲耶？”

先是有家廟，再燹於祝融，爰倡義捐貲，是堂是構，督率董成，不

啻營其私室。廟以後，封土爲城，植木爲蔭，氣象巋然。慮祭不贍，割稔田佐之。旋且輯譜，系聯本支，其爲萃涣合漠計者厥惟悉哉。邑官田侵牟無算，縣大夫遴其人清之，首推翁。翁持籌沿畝，亶迴於淒風苦雨、斷雲落日間，更寒暑始就，畝籍一清，衆德之。荒山之被禁也，民病於樵蘇，復倡義白諸憲司，下令曰"山公禁私有，犯無赦"，於是山藪之利得公之人人，而翁澤益溥。月旦之推，鄉賓之薦，冠服之榮，宜其及矣。

翁以成化己亥十月初六日生，嘉靖戊午正月廿四日卒於正寢，享年八十。配張氏，先翁早逝，厝麻車塘山。繼蔣氏。翁之歿也，舉族僉悼之。翁生有功於祖，議助葬煉齋公孫卜之原，以蔣氏從焉。諸子姓捐百金祀田百畝以充祭典，示不爲虚附也。生二子：長曰瑞，張出；次曰瑄，蔣出。一女瓊，適會源庠生蔣標，

銘有之曰：西山之麓，錦溪之涯。篤生府君，倜儻其才。剏祠追遠，輯譜詔來。畝清禁弛，遐邇胥懷。如金不蝕，如玉不霾。年臻耄耋，白日其開。玆銘玆碣，炯乎夜臺。

時嘉靖庚申季秋月吉，賜進士知成都府事宗生懷莘仲佃拜撰

（選自第三支《錦溪盧氏宗譜》民國丙辰年重修本之廿四卷）

賢一百三十九府君墓誌銘

壽考松軒翁有子四人，其次曰翼，字廷謹，別號菊莊。性孝友，醇樸不尚浮華。少與群兒處，衆嘩獨吶，衆輕佻獨凝重，衆好鮮衣裳縱口腹，獨澹泊自甘。或見而戲之曰："騃孺子，流光過隙，胡不逐隊而相娱？轉盼白頭無及矣。"君肅容對曰："余素厭繁囂，矧服父師訓，敢違蒙養？"皆奇之。

既治家人産，課業西疇，晨出夜歸，日無暇逸。生平遠出，自甘徒步，所服食藜藿之茹、浣濯之衣，恬然處之。曰："吾緩步代車，晚食代

肉，敝衣蔽體代文繡，彼靡靡者焉用之？”惟正之供先時輸納，門無追呼擾。與族黨處款款怡怡，無或乖迕，以故司府之門庭、守令之面目終身弗辨也。

舍傍有隙地，樹菊百餘本，手培植灌溉，日夕盤桓。三徑乍開，新釀甫熟，攜樽玩賞，必傾倒而後已。曰：“吾非躭曲蘗也，顧世人心機用事、種種營求，爾我人己多不平，而相傾相軋不能無累，桎梏桁楊袛自招，吾免矣夫。”自奉常菲約，歲時蒸嘗必豐潔從事，家故日饒，視其初不啻倍蓰。夙構罔容，復拓址廣之。説者謂君勤儉以資生，惇睦而無耗，用致然也。

君生成化壬寅五月十六日午時，卒嘉靖甲辰五月初三日辰時。娶石馬王氏，有婦德，生成化庚辰五月十三日巳時，卒嘉靖丁巳七月初四日辰時，合葬横山父塋之側。舉子三，如瑜、如佩、如珀，咸稱丈夫子，而捧狀請銘則瑜也。銘曰：

吁嗟菊莊，視履考祥。親睦九族，仁及一鄉。明農治畝，絶趾縣堂。兩照無質，三徑其芳。奉先克孝，迪後有方。横山之麓，窀穸永光。

嘉靖戊午仲冬，賜進士贛州都御史東厓虞守愚拜撰

（選自第三支《錦溪盧氏宗譜》民國丙辰年重修本之廿四卷）

賢一百六十二府君仁齋翁墓誌銘

嘉靖戊申臘月之十二，仁齋盧翁以疾卒於正寢。越兩年庚戌，卜厝新庵厥冢。孝廉圭國信甫壬子秋同余上春官，出松澗金侍御所爲狀，泣而示余且索銘。時值史館，未能也，已而國信令靖安郵札復申前請，謹摭狀爲銘。

翁諱朝廈，字廷廣，别號仁齋，系越國公琰後，繇汴徙臨安，再徙永康，十四世孫宣胥字錦溪遂家焉，翁其九世孫也。大父尚金，父忠旭，代積陰功，嘗還金惠商，遐邇義之。翁躡其芳躅，益懋前修，性綦

孝，奉嚴慈百順騰歡，已而淪歿，哀毁骨立，杖然後起，值諱辰追慕，悲哀不忘屬纊。昆弟五人，翁居季，聯輝華萼，晚而益親。直指嘗按縣，或有誣伯兄者，庭訊拷掠，暴烈日下，俄焉迅雷起，空中不雲而雨，誣得釋。翁負之出，隕涕拊摩躬湯藥以口就之，孝友嘖嘖云。

家居經理，無巨細井井有條，貲用日益饒。惟是課子延師，賑煢恤匱，釋紛利俗而外，未數數營也。新都歲荒，嘗貨富春，得贏值悉藏筐中，舵工挈而從之。甫登舟，落手急流，索之蔑可得。心悸股栗，願鬻舟以償一二。翁遽止之曰："毋，吾失是，依然故吾，爾非舟弗活。且得喪有數，奚償爲?"舟子德之，泣謝而去。時有窶人身請爲僕者，未浹旬，諸富人執券來索，户外屨幾滿。議出婦，把袵而哭，翁復止之曰："爲利而鬻人婦，非仁也；有負而不知償，非義也。既爲若主，請代之。"室家完聚得如初，公完之也。

距生於弘治辛亥五月十五日，享年五十有八。配南岑吴氏，婦道母儀，爲女中冠。令子七：長如圭，現靖安令；次如瓘；三如望；四如琬；五如琫；六如璧，補邑庠生；幼如管。女一，適南岑吴翁時宜。獲詔贈於例未合，蓋亦有待也。銘曰：

錦水之瀕，淑氣氤氲。誕生偉人，絶類超倫。繄惠振振，厥文斌斌。孝而雙親，悌而諸昆。遺金富春，弗慮弗嗔。僕婦盈門，是恤是矜。陰隲無垠，昭格明神。鳳毛翙翙，集於昆侖。絲綸未頒，寵誥維新。雖隕厥身，罔墜厥聞。夜臺有窀，永勒貞珉。

時嘉靖壬子季冬下浣之吉，賜進士第文林郎翰林院編修太沖趙祖鵬撰

（選自第三支《錦溪盧氏宗譜》民國丙辰年重修本之廿四卷）

永三十七府君墓誌銘

嘉靖甲午六月十三日，國山盧君卒。長子橋以幼弟爲余婿，明年五月廿八日持狀以告曰："君辱録吾弟，而吾父見背，欲請銘以掩諸

幽。”予於是哭曰：“噫，吾尚忍銘盧君也？夫吾女以三月十日殯於盧，而君之卒也纔距三月，雖欲執婦道無由也，吾尚忍銘盧君也夫？”

雖然，橋氏之命不可虚辱，乃據狀而銘之。

君諱璵，字國山，别號静庵。性由天植。事父母以孝聞，恭事伯兄，不計産業，生則給其食，死則爲之殮，其孝友可徵也。家遇火，惟抱遺像、栗主及祭器以出，而財物一無所計。時有商人失鍛者，君得而擲還之。後越二十八年，聞公喪，慟哭謁靈而去。鄰人賈四三，父死無葬地，輒以社姆山掩其尸，而因以楊溪爲義家，其利物又可徵也。邑侯李延爲鄉賓，辭弗就。其詳皆備於狀，吾何能悉數？長橋以從侄繼之，邑庠生，豐於學，懋於德，光昭令緒有期矣。次子檡檄，忠且直，皆稱其爲佳兒也。幼子材者，吾婿也，雖未成立，然知君之必有後。其女珊，適王梁。君享年五十有九，兹丙申臘月卜葬庵山。遂爲銘曰：

君之蓄德，不培而豐。應昌其後，以顯其躬。墓之有刻，用藏其跡。我理厥辭，以永泉石。

時嘉靖乙未五月廿八日穀旦，鄉貢進士東鹿縣教授眷生南岡吴鳳韶拜撰

（選自第三支《錦溪盧氏宗譜》民國丙辰年重修本之廿四卷）

賢百十七安人施氏賢母傳

盧母姓施氏，永康人，爲皇明膺敕義官茂盛公孫女。性貞一，不妄笑語，尤精於女紅，父母鍾愛之。相攸錦溪盧廷質，亦膺敕義官尚文公孫也。

既于歸，事舅姑孝，相夫子順，處妯娌、待群下既和且惠，家人宜之。無何，廷質瘻疾早逝，時母年尚芳，無所出，庶生如瑰，側室丁氏生如珣，俱在繈褓間，朝夕悲慟如不欲生，竭蹶以供喪葬。已而，舅姑相繼淪没，諸伯氏皆析産異居，莫能相恤。親戚憐之，勸改適，母厲言正色，誓死靡他，衆議冰釋。方是時，重罹喪疾，家業蕭然，藐兩孤甇

煢相嚮，母摩首嘆曰："父捐若郎無幾遺，豈以吾婦人而不能爲之地哉？"早晚督臧獲、藝黍稷、樹桑麻，蠶月葛月必躬親刈治，而尤勤於織衽。每夜燃燈課二子誦習機旁，機聲書聲兩相雜，必夜分始令安寢，率以爲常。用是家貲日富，而倉庾之積亦日以豐盈。又嘗出其餘佐伯氏匱乏，而義不責償，其推恩類若此。

邑大夫吴公希孟嘗聞而賢之，以"貞節"表其門。侄靖安令圭又從而贊之曰：青年居寡，誓死靡他。撫孤存祀，夜雨燈花。含辛茹苦，白璧無瑕。《柏舟》載詠，令德孔嘉。永垂青史，風化無涯。

嗚呼，以母之賢，誠不待人而顯。自兩公之借奬出，其愈顯愈不磨者端不無少助矣。遂傳其事，以風後之爲母者。

嘉靖癸丑孟冬中浣之穀旦，文林郎知昌邑縣事、媚生十洲杜然拜撰

（選自第三支《錦溪盧氏宗譜》民國丙辰年重修本之廿四卷）

遠九十三處士墓表

處士諱汝樺，字時選，别號後溪，吴寧錦溪人也。高大父尚文公捐粟賑饑，不吝千餘石。曾大父忠協紹前美，輸粟餉邊，以爲禦虜備。天子義之，父子旌於朝。考諱璵，潛德弗耀，砥行拓基。生處士，天性孝友，淳雅篤恭，幼習詩書通大義，斤斤規矱，擇地而蹈，非法不言，輕財好施；不與人競逐錐刀，持己嚴而待人恕；有非意相干者，竟置不較。

處士未生時，考嘗繼兄子橋爲嗣。昆季四人，所有財産及臧獲什物悉推而均之無吝。叔父無嗣，繼處士佐家政十餘年，大廣基業。迨叔父親舉一子，欲遣之還，處士嘆曰："始繼吾者，以吾能順志也，乃忍逆之乎？"棄千金飄然而返。事二親益加孝謹，待昆季益著友恭，鄉族無間言。善處俗紛，有不平來質成者，得其解釋，無不爽然自失而去。每有義舉，挺身直任，不避艱險，不惜貲財。膠序傾頹，嘗捐數十金爲

之修葺。族衆日繁，祠宇未輯，與叔祖南山翁協力鼎新，仍割己稔田以充祭事。家貲即素裕，亦取生財之大道，酌盈虛而出納之，要非沾沾貨殖爲者。迪躬礪行，遺後裔日銘司馬家訓於座隅，時加申飭，子姓烝烝遵步武，罔有隕越於檢柙中者，天蓋報施陰隲於冥冥中矣。

距生正德己巳十月廿六日戌時，卒隆慶丁卯六月十二日辰時，享年六十。配駱氏，有淑行，克相夫子，無忝雞鳴戒旦之風，生正德己巳二月初四日丑時，卒萬曆己丑四月初十日申時，合葬社姆石岡山之原。四子，存聰、存明、存正、存直。一女適余叔良梗。先大父東崖、叔祖芝巖公以戚誼交歡，道處士懿行嘖嘖，余髫齡與聞之。厥甥德立於余爲從弟，以墓表請，不獲辭，遂述其梗概，樹之道左，俾子孫觀覽者知所鑒法云。

時隆慶己丑冬月上浣之吉，賜進士第中憲大夫雲南布政司左參政眷生虞德華撰

（選自第三支《錦溪盧氏宗譜》民國丙辰年重修本之廿五卷）

永二百六十九月湖公墓誌銘

邑君子月湖公，予兄翰章西席主人也，既歿之，己亥更厝下黄。厥孤汝鵬、汝鶚等哀以狀問銘於余。憶余布衣時過兄館穀，奉顔色，飫教傾心，情誼溢望。無何，竊叨薦，自遠於車塵馬跡間，比掛冠訪舊，而公作玉樓客矣。對狀潸然，敢以不文辭？

按公諱如珦，字國明，號月湖，初姓姜氏，自文公子高孫傒封於盧，而世以盧姓。唐玉川子仝裔孫琰佐周定鼎，加殿前都點檢，及宋改玉，晦跡永康。十四世孫宣復自永康卜居兹土。曾大父尚文，得陶朱公居積法，富甲吴寧，正統間嘗捐金葺校，出粟賑饑，璽書義之。大父忠悳生朝份，份生公。四歲失怙，母施氏拊摩成立，性綦孝，事母氏夔。夔病，供湯藥不離床。第及就木，哀毁踰禮，遇諸諱辰，涕泗汍瀾，無異袒括日。始與伯兄同居，弗爲私橐計。既析爨，取廉讓豐，毫

無芥蒂。家廟燹，譜系蕃，不輯久之，相從叔南山翁悉力經營，復割出四畆爲蒸嘗輯譜費。闇齋翁祀田中落，乃捐金取子母息，興復如初。

嘉靖甲寅，鄉大祲。約歲入以石計者七百有奇，罄庾貸族黨。明年祲如故，力不能償者，笑而遣之。雅好賓客，建亭榭，多釀醇醪，邀其朋舊日投情樽俎間。遇客有乏者，必欵洽厚遺之。達官貴人即素所投分者，不啻遠之。嘗曰："緩急，人所時有也。緼袍寒士急固當周，彼列鼎而食者豈乏蟻蠅，奈何效小夫作翕翕熱哉?"又曰："人生三族，吾宗人而外，母、妻最急。"渭陽惓惓德溥母家，稍閑速諸舅，浹情欵贈，率以爲常。配吴氏，翁當暮齡，往來存問，繼粟肉無倦。公義高而學博，貌莊而氣和，對子姓無跛容譃語，動以古爲程。膝下斌斌式庭訓，敦倫飭紀，即未試於時而文行加人一等矣。

公以正德丁丑六月廿二日生，隆慶戊辰七月廿九日卒，遐邇聞訃，悼之者如喪考妣。南岑吴氏，内助稱賢，以正德丁丑六月二十日生，萬曆甲戌閏十二月廿二日卒，萬曆己卯十二月十五日合葬下黄庵之原。子四，曰汝鵬、曰汝鶚、曰汝鴻、曰汝鴈。一女汝寶，適烏傷泮塘朱應科。諸孫濟濟，不具載。繫之銘曰：

經文緯武公抱豐，相金質玉公養充。尊祖敬宗孝可風，憐煢周乏義何崇。瞻坵隴兮憂有沖，勒貞珉兮垂無窮，

時萬曆庚子仲春下浣之吉，賜進士第監察御史震所王乾章撰

（選自第三支《錦溪盧氏宗譜》民國丙辰年重修本之廿五卷）

和七十一府君霖臣兄行略

人生有一二行事可取，後世輒稱道之勿衰，矧卓卓不凡如吾兄者哉?

兄名大逢，愚第四叔氏之冢子也，幼秉英姿，嘗以大用期之。凡一切課程親自嚴督，故學問迥出尋常，奈國初取士額隘，逮壯未售。

而叔氏孤身客遊漢口，販買藥材，抱病羈留，兄與弟大運持貲南行往省。未幾叔氏云亡，而凶聞到家時，吾父與諸伯叔不勝涕泣，深以生死異地爲痛。且念漢口去家四千餘里，山河危險，跋涉艱難，首丘之思，將何望乎？雖傾家産，烏得載柩歸？況抱病作客，貲財諒半耗於調治，而重以喪費，所餘殆盡。乃吾兄與弟日夜悲號，曰："吾不能扶柩歸家，何以爲子？"是以見者傷心，聞者流涕。舉凡路載舟行之費不忍需索，而所過州府縣鎮則投稟哀懇，押差護送，出境無攔阻，亦有一二哀憐孝行出資以助者，故不數月而柩歸故里。嗚呼，非吾兄孝足感人，才堪濟變，曷克臻此哉？

歸家後，以前一路哀慟兼受風霜致病，經歲始愈。旋厲志誦讀，聿承先志。越數年，學院顔歲試，補邑庠生，其庠名則改爲"皋雲"。夫以吾兄昂然自許之志，豈沾沾以一青衿止者？後試屢優等，終淹蹇於科場，蓋亦有數存焉。然其孝友之性、剛方之氣則有超然迥出乎流俗者，故一身危言峻行拔出鄉邑之間，乃今春攖病尚未全愈，遂就試歸，不數日而終於正寢。嗚呼，夙志未酬，竟爾捐館，惜哉！

配吴氏，德性和柔，一生飲食服物皆制節唯謹。子三：長啓統，出亡未歸；次啓絧，弱冠而亡；幼啓嵩，與母氏臨喪哀泣，見者咸悲。夫以兄之行誼卓卓若此，雖屈抑於今，必獲昌隆於後，拭目俟之。愚少兄年一甲，意氣之合非他人比者，故不以無文自諉，而略書其大節，使後之君子知所矜式焉。

時康熙五十年歲次辛卯季夏月吉旦，弟若愚謹撰

（選自第三支《錦溪盧氏宗譜》民國丙辰年重修本之廿四卷）

先考愷二百十五實録

人生之最不了者，先人之志與事也。志事在先人固有及言，亦有不及言。及言者固幸得聞其命矣，不及言者尤當深體之於心。而鎬獨不才，微特負命良多，益且負心滋甚，曾不能善爲繼述以酬志事於

萬一也。今以曩所聞於父者伏而志之，而並體其所未及言之隱衷，用示不忘，以爲後圖焉。

念吾祖考，邑庠名士也，精舉子業不果中。伯父復以文學繩其武，屢試輒蹶，壯志且益堅。吾父以父兄業儒故不暇治家人産，凡賓祭諸務，勢不能無一人酬應者，遂改儒業。居數年，家日添丁，門户漸充拓，吾祖曰："汝昆季式好無尤，余心順甚，但爾等家事統理則冗劇，分理則寬閑，唯長抱此一心一德可也，何必拘拘於同爨之跡？"伯父因與吾父異室而居。居數年，吾祖竟溘然逝矣。時鎬生纔週歲，吾父昆季居喪，哀毁骨立。母氏常述之。

後，鎬年稍長，吾父與伯父塤篪迭吹，怡怡無間言，遇賓朋輒延至家，叙殷勤，通欵洽。《詩》云："儐爾籩豆，飲爾之飫，兄弟既具，和樂且孺。"以今況古，信不誣也。又越十餘年，而伯父亦已溘然逝矣。吾父戚甚，每飯念及，向鎬顰蹙曰："汝祖困於鄉闈，汝伯又屈於院試，不幸皆賫志以没，九京之目其未瞑矣，所望者唯汝伯兄鉞及汝二人耳。雖然，鉞質魯好學，雞窗燈火，吾知其能發憤自雄也。而汝通八股於弱齡，矜愚者之一得，不努力自愛，將駒隙西馳，辜負余望矣。"鎬於是泣而志之。

成人時嘗從學舅氏，後弱冠，或越邑尋師，或過都求友，如是者五年。復延本地吴先生到舍，日夕聯文社，吾父爲領袖，輒傾貲不吝。去年冬，鎬始得儌幸遊庠，而吾父又已溘然逝矣。嗚呼！其志與事倍難追憶矣，雖約己利物美行較多，鎬固片辭莫贊，顧其大合於聖賢懿旨者，則莫如崇儒而不佞佛。凡儒者到家，每留飲盡歡，累日不倦，獨至釋氏募化，輒曰："若輩蔑君親、棄禮教，削髮易服，有干王化，倘復信福田之説以益其資，是真愚夫婦之見也。"噫，此即昌黎抵排攘斥之學，而吾父已見及此，即此一端，可知天性之超曠也已。

吾母蔣氏出自名門，舅氏諱麟祥，在郡學屢試優等，吾母志行端淑鄰戚所周知，固無煩小子之贅語也。然每念及父，而我生殊多難了事矣。父析薪而子弗克負荷，鎬將何樹立而令先人瞑目於地下也哉？爰志之以自警，且以勗我後人云。

時皇清乾隆二十九年歲次甲申桂月男人鎬謹志

（選自第三支《錦溪盧氏宗譜》民國丙辰年重修本之廿四卷）

廷燕宗世兄行略

余往偕廷兄習讀耆闍山寺，暇遇奇花幽鳥，則與共暢其閑情，平疇緑野，則與共舒其覽眺。西山朝霽，爽氣乍來，則與掃石披雲，夷猶宕往；雪天慘澹，同雲四布，則與閉户研思，燃松煮茗，縱之以酒，夢覺曉鐘，燈挑暮鼓，食息與共者歷有年，所於□也。頃之，予以事故，作《别山靈詩》二章言去，持示兄，兄爲惻然。自是兄獨留山中，枕流漱石，如摩詰之據有輞川矣。

歲甲戌，兄以服官之年博一弟子員，淹蹇風簷近三十載，兄弗芥蒂於懷也。後稍稍會聚，冀招集二三同志，就山中以續舊緣，竟不果。兄嘗爲余言云："余未弱冠，從尊大人聚徒兹寺，大人攜子來，時暑甚，石瓶竹竈，張几就硐坐，子一編，聲朗朗從林間起，憶之如目前也。"蓋廷兄長吾年一紀，時吾年纔八歲耳。追尋舊況，雲行水逝，至今夢魂猶戀此不置。今其族方修家牒，諸同志咸謂我知君甚悉，不可無一言贈君。余曰唯唯。

君與予同宗，支分而本實不别，先世由來可弗贅。君爲以翁季子，而乃翁自幼早成，績學能文，爲東膠諸生領袖。予自童齡，嚴君見背，每接見，隱有憐念藐孤，惓惓故人子意，一話一行多方訓率，不啻親子弟。然頤養沖和，年及耄耋，鑠如少壯，今且九十老矣。辛巳春，忽得偏枯症，手足痿痹不職，屢瀕於危，廷君重有憂，露天投地籲禱累日夜不起，病爲少減。蓋予在耆闍時，嘗爲家慈静夜禮斗，而終天之恨，邈無窮期，手澤僅存，《南陔》莫補，安得如吾兄之致敬盡養於乃翁乎？兄之伯長曰慶三，性甚樸，年亦近古稀，而兄善事之，怡怡愉愉，樂萃一堂，不自知老之至也。

初，兄性褊急，如吕成公少時不能容物，後陶以學，氣質頓變。生平矜恤孤寡，見人疾痛困苦即蹙額不可忍，取友一以誠信，勷事惟謹，不欺然諾，大致落落，爲有道所推重。夫宇宙大節在倫紀，而生人樂事屬家庭，事可爲而不能爲，遇可邀而不能倖，如吾兄其真有樂乎此矣。若夫置田舍、營貨殖，世俗所誇爲子孫燕翼計者，兄不以此重，亦非吾所以重兄也，故略而不陳。配周氏，無忝名門婦德。子三，文衛、文律、文衡，皆克家不殞厥問。孫四，學彪、學篪、學冕、學乾，頭角崢嶸，昌熾之勢未有艾。

因與君聚處久，益以同宗世誼稔悉其詳，爲述梗概如此。君諱人喜，字廷燕，□庵其所自號也。

時乾隆甲申年菊月之吉，同學宗世弟東園衍仁拜撰

（選自第三支《錦溪盧氏宗譜》民國丙辰年重修本之廿四卷）

虚齋盧君行略

劉繪有家，自以爲張南周北也，岑參暠弟則在漢陂，其誰與友事之而兄事之？

吾虚齋爲盧菊人高第弟子，能讀書，於齊、魯得之張禹、包咸，《大學》以石嶅，《孟子》以趙岐，研摩而切究之，然後衷於一定，晁公武、陳振孫書録將有待也。善事親，以色養，有弟三，叶塤篪無間。學既成，裹糧適吴越，江濤一艇，葦荻蕭蕭，見城郭參差，詩以見志。既歸，以寢祏蠹於蟻，籌其息，一更之，尋寘祀田。對强項弗從，面斥之，慨然曰："而無忘數典也。倘藉爲漏巵，春野一蔬，秋田一黍，其何以薦？"於是祖其所自出者憬然。

起居常以氣度勝人。消息盈虚，悉聽之弗校，治一家若無事事者。然肢體向清羸，善調劑，交遊問訊，醉可封侯，非其人輒引退，衛綰無他腸，亦共諒之。謙尊而光，卑不可踰，以是也。

虚齋名學謙，字益之，肄於庠，以熾昌註册云。

時道光二十一年歲次辛丑三月穀旦，昌化司訓荇洲何豫拜撰

（選自第三支《錦溪盧氏宗譜》民國丙辰年重修本之廿四卷）

欽賜文林郎紫垣盧老夫子行略

芳六歲時，執經紫翁盧老夫子門下。夫子愛誨兼至，喜芳聰慧，曾作絶句以贈云："此兒穎悟異尋常，六歲知書睹記詳。家學一經傳弗替，膠庠他日定名揚。"過蒙錯愛，自幼已然。嗣後每謁見，必追誦此詩。芳不才，株守青衿，未能寸進，大負夫子之期望，每一念及，感與愧俱。今當華族寶牒重新，世兄士棫來謀所以傳後者，敬樵所見聞者以述之。

夫子諱炳煃，字韶九，號紫垣，世居錦溪下盧。高祖諱芳，邑增生，曾祖諱啓敬，祖諱鎬，邑庠生，皆蓄道德能文章。父諱江，號竹村，爲人嚴毅有幹略。妣周氏，壼範夙著。夫子性敏悟，幼即老成，庭訓綦嚴，夫子善承顔色，無少違忤，束髮就傅，即了章句大義。及從母舅周尚文先生遊，秉筆習八股業，原委秩然可觀，即決爲遠到才。出應童子試，縣府屢列前茅。而數奇不偶，每爲學使者所厄，於是下帷攻苦，所詣愈精。嘗請教於族伯諱文暉、兄諱超，及侄諱錦雲諸前輩，莫不賞其文而悲其遇。

無何椿萱並謝，家計日艱，遂乃設帳傳經，以培植後學爲己任。其立教也，不徒以文藝爲尚，凡倫常之節、禮儀之文，以及言行舉動之間，無不盡心開導，故一時桃李，咸出其門，遊泮者、食餼者、明經而貢入成均者，指不勝屈。若韋君煐、周君庠，以同年登拔萃，又以同年登賢書，其較著也。夫子以家世儒冠，書香不絶，嘗舉王子安"老當益壯，寧知白首之心；窮且益堅，不墜青雲之志"四語以自勵。

歲戊辰，徐壽衡大宗師視學婺郡，遂拔入邑庠，夫子之志於是慰，夫子之年則已老矣，然猶高擁皋比，譚經不輟。晚年喜爲時藝，得題

即伸紙直書，滚滚數百言不能自休，字句之間亦不甚持擇，蓋自適其意，有不屑以雕琢爲工者。家居揭一聯於壁云“兩耳不聞村里事，一心惟讀古人書”，人咸稱其言之克踐。生平秉性端方，而嚴急少容。擇友而交，其人賢則久敬不衰，有不可其意必面斥之，甚且終身屏之不齒。昔竹村太夫子嘗語之曰：“汝好直惡諛，雖有合乎古，其如不合於時何，盍稍尚圓通？”夫子卒不能改，其天性然也。

壬午正科鄉試，夫子卌年八十，仰沐皇恩特賜第一名舉人，松姿鶴貌，康健異常，大器晚成，見者榮之。而夫子猶日手一編，如衛武之耄而好學。曾與芳計，擬北上瞻仰京城之莊肅與名公卿之薈萃，庶幾滿畢生之志願。孰料事與心違，竟於光緒丁亥年十一月廿七日未時壽終正寢，哀哉！

元配周安人，襄夫勗子，内助稱賢，先夫子二十有二年卒，遂不復續弦。子二，長士棫、次士楫，力務正業，克守箕裘。女一，嬪邑庠生家杞，即余家嬸先師弟而後爲翁婿也。孫世鋆，幼讀頭角崢嶸，將來之紹述亢宗者正未可量。芳生也晚，從遊席末，愧所學粗疏，未能頌揚夫子之萬一，而回想當年指示期許之情，如坐春風，有未敢以偶爾恝置者。敬陳其梗概，以俟名臣之椽筆潤色焉。

時光緒己丑年冬至後三日，受業優廩生韋樹芳頓首百拜撰

（選自第三支《錦溪盧氏宗譜》民國丙辰年重修本之廿四卷）

孝六百六十五珠公行略

昔程普與周瑜最善。普嘗曰：“與公瑾交，若飲醇醪，不覺自醉。”

錦溪之傍，聞有學珠公者，字媚川，爲人賦性幽閒，禀質忠厚，飲人以和，不尚倔强陋習，且篤梓里鄉鄰，有鷸蚌相持者力爲之排難，得一言遂解紛。當束髮時，授以四子書，琅琅成誦，比稍長，以家政棄毛錐。凡出入經紀，莫不井井有條。蒸蒸孝友，門以内藹乎春和，率壯者望杏花催耕，春田襏襫，汗滴鋤禾，見雨蔓風苗有喜色，丹山秋月，

錦水春流，優而遊之，若在李公盤谷間也。

先是粤匪擾境時，鄉族鄰里紛紛各鳥獸散，公能持以大義，不避艱險，以大宗祠譜牒簿籍，韞而藏之，寶若球刀，不至遺失，皆公之力居多焉。元配任氏，系出名門，奠雁之初，琴張瑟下，綽有挽鹿遺風。舉丈夫子二，長士銓，次士錦。繼娶金氏，視二子如己出，二子亦繩武有聲，克自樹立。孫翦蠟珠爲鳳，皆頭角峥嵘，不同凡輩。享年六十有奇，無疾而終，其子孫食報，胡可量哉！

歲己丑，余忝膺西席於蓮溪之仁讓堂，與公族壤相接，余得訪其生平，始悉巔末，因盧氏譜將告竣，立待壽之梨棗。一日囑余傳，余不揣譾陋，敢抒所見，以略陳梗概，俾覽者知所矜式云爾。是爲傳。

時光緒十五年歲次己丑黄鐘月，欽加府知事職銜咨部
優行廩膳生渼沙煦齋趙淵穌謹撰

（選自第三支《錦溪盧氏宗譜》民國丙辰年重修本之廿四卷）

鄉祭酒蘇庵盧公傳

人生於勤，《傳》有言矣。冉有鞅掌，賢者之習於勤也。韓雍踘蹴，宦者之習於勤也。漢陰抱甕、於陵桔槔，逸人廉士之習於勤也。不勤，則無以擴修其職業而日底克盈，即無以運動其精神而日臻强固。勤之時義大矣哉！

長堤有隱君子蘇庵公者，諱曰永春，字曰惠臣，厥考九十四老人允青公之主器，係愚孫女婿之祖，故得稔其詳而叙次之。

公年纔六歲即失恃，允青公尚義，遠法古先賢曾子輿之風，近效鄉前哲徐伯珍之行，誓不再娶，煢煢孑立矣。其堂叔父有三，胞叔父亦有三，鄧攸但受人憐，羊秉輒爲身嘆，天靳其嗣，抑又將伯無傾矣。公以一人操持家政，知稼穡艱難，披星戴月，出入瞿瞿，無分外之求，亦無意中之失。用是家儲自徵餘裕，堂上老人非但菽水不缺於供，夏炎枕卧北牕，冬寒曝背簷下，優浟躊躇，終其天年。諸伯叔父之待以

舉火者，得以時接濟，釜中塵不生焉。藉非勤，曷克至此？

且於勤之外無他，出言不妄發，藏春秋於皮裏，即横逆之來，和顔相接，不或與之校，此不謂之隱君子可乎？又嘗結屋數椽，不事華美，夷然曰："吾以先址留遺，獲補其闕，此願足矣。"每歲菽粟所入，人必減多爲少，公獨不然。或問其數，則拱手以對曰"幸叨天年得若干"，反出人意計之外。即此一念，其與古之晨夕焚香以謝天地神明者何異？故其於筐囷皿物，概如舊製，不刱新規，傭工者往往樂爲公用，伯叔父既養之於身前，復祀之於身後，籌畫無不至。

北溪橋圮矣，合同志人擴而修之，遂領其會。他如有所求以救涸轍者，應如桴鼓，不能償者券焚之，都人士莫不稱之曰善，舉爲鄉祭酒。維時縣公徐、學師李洗當東榮以醴禮之，卓爲閭鄗式，此皆一勤以立德而充周乎事事者也，不謂之隱君子又可乎？

公生於雍正己酉九月初十日午時，卒於乾隆甲寅九月廿五日午時，享年六十有六，葬七都石馬之原。配吴氏，淵懿淑慎，繼娶蔣氏亦如之。丈夫子二：長曰樹模，性豪儁，倡新宗祠，英敏沉毅；次曰樹樞，太學生，堰務告成，最有後力。善繼述矣。今孫五人，曾孫十餘人，濟濟一堂，廸將其後矣。愚言弇陋，非曰能叙次公之生平，亦以志景慕云爾。

時道光三年中浣十月之吉，壬午科舉人巍屏眷姻弟趙作舟拜撰

（選自第三支《安溪長堤盧氏宗譜》民國辛巳年本卷十六）

鄉祭酒五軒氏叙傳

君諱樹福，字曰集先，五軒其所自號，乃吾從兄德千翁之主器子也。

少即舉止端凝，勿涉於嬉遊，就黨塾攻詩書，晨夕呫嗶之功不或間。從兄性嚴峻，家人嗃嗃恐或咈其意，唯君有曉諭無譴責也。南岑

吴國墀丹崖夫子、東眷韋寅敬亭先生者，一時名宿，君遊其門，稱高足，儕輩僉服其風。裁爲制藝，凝神定思，殫研性命之至機，力探道德之玄奥，支詞蔓語無從繞其筆端。以數奇，浚發巧心，受嗤拙目，玉韞於山，珠潛於澤，其寶貴自在林嵒淵藪間也。從兄中歲以往以病酒故，日近頹唐，家事遂付之君。君持重老成，凡所籌策，悉中肯綮。雖必禀命而行，其於頤指氣使，自然吻合。未幾從兄謝世，而仲若季之英英林立者咸禀命於君矣。又未幾而析炊，仲若季之禀命於君如故也。

君雖於功名利禄之途脱然舍去，暇日手一編，於王鳳洲、袁了凡兩家《綱鑑》互相參校，謂觀成敗鑒得失莫尚於此。諸子百家間亦抽閲，唯小説、傳奇概不過目。乾隆戊戌，譜乘重修，君膺其任，訂訛補遺，揣揣小心，唯恐有失。予時年未及冠，稱後輩，如或疑信相參未之有定，必從而商酌，不自矜其我能爲役也。

嘉慶丙辰，堰利之事起，甲子適遭其變，此族中一大刦也。其時與我爲讎者勢如勍敵，雖師直爲壯，師曲爲老，理有固然，然宜静而不宜動，宜弱而不宜强，或憤或驕，便成蹉跌。予既與君之季弟輩跋涉郡省會，君則與仲氏鎮壓族衆，知懼知謀，外内輒合，卒乃從容而底於成。

德益歷，年益高。嘉慶十四年，縣大夫袁、學博士李謝行鄉飲酒禮庠門，啓拜席之明倫堂，榮膺价爵宜矣。計君古稀之年，予寄跡越城，未由稱慶，及乎八旬，簿宦緱城，欲製錦爲君壽，以君固辭乃止。今兹臚陳往事，如在目前，且由中壽躋上壽，耳聰目明，精神尚徵其强固，即以此言爲南山之頌、維祺之祝，亦無不可。若夫叙次之工不工，豈所敢知哉？

時道光十年五月端陽前一日，餐菊子標頓首撰

（選自第三支《安溪長堤盧氏宗譜》民國辛巳年本卷十六）

鄉飲永聰公傳

人非有永肩之心不足以任艱巨，非有聰明之資不足以培風水。若堂祖永聰公，正定水之艱鉅賴以肩，亦長堤之風水藉以培也。字允明，號鳳山，德三百二其行，系貴貳百九十五之令子。昆季五，公居長，怡怡一堂，友恭相好，凡勤力勞苦之務願以身親，以故棄儒業而力農桑，奚啻馬之五常白眉其最良者也？

跡其生平，好讀書，師長欽心相待，賓朋厚意以迎，凡延師課子者輒鼓舞之。及分爨後，家政悉委冢子，己則兼理祠宇，缺者補之，踵於十六人之後以成其志。樹植松楊，栽者培之，障於安溪之濱，以衛夫水。至里中之賢愚不等，或有雀角之争，片語以解之。信乎事無鉅細，悉本乎永肩之一心；族有風水，適栽乎聰明之資稟。當斯時也，聲名洋溢，内外無閒言。於道光年間，儒學陳、張給獎曰“望重鄉黨”。

娶吴氏，善相夫君，克和妯娌。子二，樹輝、樹耀。繼娶葉氏，孝奉姑嫜，仁慈惠愛，視前子如己子。子樹煌。孫六，俱頭角崢嶸。

兹當家譜續修，樹煌在局，命余傳。余思續修於庚寅，父作之於前，續修於己巳，子述之於後。父子相繼，人文蔚起，殆亦靈秀所鍾者乎！余雖未親見其父之行誼，不難追想其子之梗概。因爲傳。

時大清同治己巳年桂月下浣之吉，侄孫錫壬頓首拜撰

（選自第三支《安溪長堤盧氏宗譜》民國辛巳年本卷十六）

鄉祭酒廷儀盧府君行傳

余抱質迂疏，二三同學外，過從亦稀。前於同年徐藹人母壽七秩，得識其表弟盧子藍田，器宇軒昂，事言謹慎，心竊喜之。自後頻承惠顧，聲氣愈通。一日持先府君行狀，屬潤色以登家乘。予素重藍田，不容以弇陋辭，因據狀陳之。

君諱培鳳，字廷儀，號諧軒，世居定溪長堤。先大父諱樹楣，與盧

菊人先生爲堂叔，甚相得。隨赴寧海學署，未幾病歿。時君年甫七齡，赴寧海扶柩歸里，哀戚若成人。後因父歿，境遇艱難，不得已棄舉業藝習經綸。迨壯而有室，寄寓觀光里，力勤人信，生計大通，然無市井猥瑣習。家有兄及弟，產業悉推與之，獨自奉母。母歿，喪葬如禮，資用不責諸兄弟。

及遷居巍鎮，生意與隆，擇師教子，遂娶趙聚成之孫女爲媳。不久而遭粵匪亂，君既被擄，姑於委蛇，身陷難中，且救免被難數人，卒能自脱。及歸，所有產業已盡。緣妻子寄寓古堰里，即於其處操舊業，居積漸饒。自嘆幼年失學，末由身列儒林，讀書一事必償於是子，於是課子彌殷，禮師益厚。既又移居邑城，望其子多交賢士，廣益見聞。及丁亥，盧子藍田與吾五子頲甫同受知於瞿大宗師，有聲庠序，人以此益重君。有司將復鄉飲盛禮，議多及君。君性天慷慨，仗義疏財，往來交際，類多名賢故人，皆嘖嘖稱之。

享年六十有八，生於道光丁亥七月十四日亥時，卒於光緒甲午七月三十日亥時。德配李氏，即李梧岡先生孫女，相夫有道，教子義方。舉三子二女，長即藍田。孫亦有二，皆頭角崢嶸，英奇磊落。余既重藍田請，又欽君居市井而有士大夫之行，因述其梗概，以諗後人。

乙亥恩科經魁候選知縣定庵張寶基敬撰

（選自第三支《安溪長堤盧氏宗譜》民國辛巳年本卷十五）

碧泉翁墓誌銘

碧泉翁，長堤盧姓人也，諱瑁，廷玉其字，以宅邊兩川涵碧，因而爲號焉。其系出宋武烈侯盧公諱璿之後，實周世宗柴氏之裔也。越第十世祖百三份公者由永石馬肇基兹土，載傳八世，生翁之祖諱乘，娶妣單氏，止生一男諱忢，即翁之父。祖與妣中年早逝，遺父孤幼，屬伯祖諱采撫養。暨長，娶周氏，生翁洎弟珽。

翁爲人坦夷率真，動中規矩，丰神凝遠，仗義好施，事親能聚順，處弟篤友愛，勤儉起家，大拓先業，雖處腆腴，服食無侈靡。接人無少長，愬愬欵欵，及遇豪右，又無媚態。嘉靖年間，里中薦饑，翁傾囊相濟，貧人賴舉火者數十家。有過期券，度其人不能償即焚之。更延禮斯文，如恐不及。

有精形家言周月其人者，竭誠與處。彼思所以報翁，嘗留神於泛愛九保一地，語翁“可稱佳城”。翁有難色，以爲屬人居址，豈忍圖之。迨嘉靖己酉，有業者名杜廿八杜技，因糧徭需急欲售，無主乘願，引以晤翁，翁遂與之厚值，越明年，而厥考暨妣乃卜吉而合厝焉。觀者僉謂碧泉翁心地所致，非偶然也。

翁男四：長曰本，溫恭好禮，能以義爲群季倡；次曰遷，字子昇，習舉業不就，以俊秀赴部效勞，見授南京倉大使；曰會，曰亨，豐才偉貌，咸稱人傑。一女適周廷光，亦聞人。其孫男濟濟，克振家聲，不能一一備述也。

翁生弘治己未四月廿一日，卒於嘉靖甲寅七月廿八日。淑配王氏，壼儀雅著，克相稱賢，生於弘治乙酉四月十四日，卒於萬曆丁亥六月初七日。俱蠲吉合葬於泛愛先塋之左。夫翁也，行業表表足稱，子孫繩繩克紹，可謂無愧於生前，有光於歿後。今子昇因予曾仝候選京邸，知交有素，乃以厥考狀徵予志銘。予難以不文辭，乃爲之銘曰：

有翁碧泉，敦樸厚堅。不雕不琢，質任自然。孝親敬長，鄉之準則。克勤克儉，其家孔殖。仁者宜壽，胡忽而逝？其人則亡，德音孔邇。泛愛之原，鬱乎蒼蒼。保世滋大，天錫爾臧。

賜進士第奉訓大夫任直隸景州知州、眷侍生壽時蔣大用頓首拜撰

（選自第三支《安溪長堤盧氏宗譜》民國辛巳年本卷十七）

東槐府君傳

定安溪有盧君者諱枋，字廷正，別號東槐，乃和九一翁之五子也，

由越國公靈山分支，所從來遠矣。

君爲人，落落襟期，堂堂胸次，遇變不驚，遇威不怵，其在庭闈中嚴翼以事厥兄，而里社往來，則正直是與，坦然明白。或有是非曲直求斷於君者，君一言而決，若蓍蔡然。其較著者，族有洲義堰，水利最大。定規界，輪番值理，自下而上，向有成規。正德年間，上方恃强，阻截下流，不遵約束。君據宋、元以來歷朝牓文，鳴之當道，達於大憲，然後懸示通衢，按期灌注，悉仍古制，不敢有違，此則閭黨中共欽其毅力者也。

君生於正德乙亥四月廿八日，卒於萬曆乙亥七月廿三日。厥配吴氏，生於正德丁丑五月十九日，卒於萬曆丙子八月廿七日。安厝於塘頭之原。生三子，長曰鉛，次曰釜，幼曰鎐。女一，適五都芝塘樓枝，皆英畏也。總之東槐乃一鄉領袖，其他行誼之同乎儕俗、著乎尋常日用間者，不必盡述，述其大端，君獨可以不朽矣。予以鄰近屬世戚聞之稔，故爲之傳。

時崇禎辛未仲冬之吉，秘霞山人李爲芝拜撰

（選自第三支《安溪長堤盧氏宗譜》民國辛巳年本卷十五）

東橋盧翁小傳

東橋翁諱本字子道。其天性篤摯，早失怙恃，同胞有三，翁其長，俯而育之藹如也。其生平和易存心，含容御物，且積德好施，亹亹不倦，凡所表見，熟在人耳目。

嘉靖辛酉大祲，捐穀賑衆。翁宅東塘頭有巨澗，行人病之，即捐廩鳩工伐石架橋，往來者德之，因以"東橋"號翁。又宅之西北闕闔間水口，擬刱庵以爲鎖鑰，翁慨助己地三畝爲基，倡建蘭若，顔曰"景福庵"。横築沙堤，植蔭堤前，留地畝餘，種茶蔬，供僧用，且賦役囑永自輸，今聲頌之。

翁前艱於嗣，越强仕之五，續配徐氏，連育四男一女。原娶王氏亦一女，則予内子也。翁歷耄耋，康强逢吉，部劄給贈冠帶，郡邑式燕宫庠，子孫濟濟克紹，謂非積善厚施之報歟？予忝館甥，詳翁行誼，兹述其大者以爲傳。

子婿邑庠生韋光寅頓首百拜撰

（選自第三支《安溪長堤盧氏宗譜》民國辛巳年本卷十五）

會川盧公傳

盧公諱臣，懷忠其字，敏一行也。兩川會於宅後，因以爲號焉。

其先十世祖百三公由永之石馬肇基安溪，再傳十世，而有府君諱珊者，妣胡氏。大父諱鋹，妣樓氏。考諱汝涵，妣陳氏。皆清修雅飭，見重於時。公性精敏，貌魁梧，識辨軼衆，年十三即能直父之怨，匪獨承順其父，抑能思媚於母，壽及期頤而終。公已耋齒，族叔父行贈以聯云“百齡故母人稱少，八袠哀兒孺慕稀”，及袒括日，猶痛哭不勝。處三弟，曰卿、曰仕、曰佐，怡怡友愛。其次諱卿者，資穎異，勸習舉業，給以膏火，厄於數，爰精岐黄之術以鳴世。至處鄉黨，待親友，燕賓享祭，情文兼至，而於己之服食則澹如也。言論坦率，不持兩端，能道人善、規人失，有不順於理者面斥之，人咸服其讜直，舉爲郡之公正，保州里如保室家焉。

時閩漳柯侯諱元伯，以甲榜兩任本邑，材識精明，信服於公。都有巨姦，好羅織人罪，道路敢怨不敢言，公陳其過欵於侯，廉得其實，以靖地方害，人人德之。而侯於縣政之得失，每多諮詢，特手書“清慎勤”三字額其居。時以公明於法律，善排解，有不平事來決於公，公剖析幾微，勸感冰釋者殆難數計，而士紳先進皆晉接而賢之。《易》曰“居德善俗，折獄致刑”，《詩》曰“令聞令望，四方爲綱”，其近矣夫！不寧惟是，公里有洲義堰，自九都接流，灌溉下方一十餘里，上方屢恃强截閂，動致訟累，公因偕其子球賫族存吴王聖旨並歷朝榜示呈訴各□.上憲洞徹由來，批仰縣大夫張公給參刊示，永杜争端，蒙其水利均且多也。若夫祠宇寺産之類及關係綱常者,無不秉公綜理,而治家恢業,居室再新,屬公餘事耳。

公晚年好清静,謝絶世紛,足跡不至城市,惟日道古今成敗,式訓子孫。而齒德已優,縣大夫虚飲賓价席以俟之,公固辭不受,人益服其高致。厥配葉氏,敬順舅姑,輯睦妯娌,克相有道,允稱女中丈夫。賢胤光球,善於繼述,行誼之淳無一有改於公,人僉以是父是子賢之。媳趙氏、張氏,其淑慎悉如姑。蘭孫秀苗,丕振家聲,又拭目可俟也。余公知交有素,具悉其梗概,爰撰此以附諸家乘云。

時崇禎辛未既望之吉,賜進士第　眷弟趙明鋒書贈

(選自第三支《安溪長堤盧氏宗譜》民國辛巳年本卷十五)

處士華宇盧翁傳

宗兄懋彦,字俊之,號華宇,世系出自周世宗工部尚書越國公琰之後,歷數遷,支分派别,而卜宅於安溪長堤,固與予雅溪盧氏同出一源者也。兄曾祖恭五十五,曾祖母單氏;祖良五十五,祖母厲氏;父仰松公介賓,鄉閭推重,母王氏有懿行。兄乃季子也,性穎敏,稍長即揮霍有爲,代父營喪事買阡地,卜吉於四都塘東,葬其祖若妣,俾數十年積聚之靈樞,一旦登於秀穴,又與諸兄輩卜地六十七都梅塢,葬其父母,曲盡孫謀,無忝子職,斯則其爲人之大分也。

生當明季,白寇横起,負山依水,焚屋掠財,嘯聚殺人,俾男女走避,邑無寧里,里無寧日。維時兄爲社長,率衆禦之,直抵玉山,驅除靖難,保障一方,武功懋焉。縣有衙蠹,侵盜糧米,誣扳良善,恣意横行,兄不避螫蜂,倡先暴白,控於臺憲,鳴於郡縣,俾一切社鼠城狐不敢復肆其毒,斯又其任俠過人者。然而功在閭里,驕矜不作,飭躬砥行,倍益姱修。時遇荒歲,發貯賑饑,俾菜色窮人得延朝夕。學宫圮壞,悉力捐資,義聲丕著,曾賜扁帖。安溪義渡久廢,捐田復之,口碑載道揚,邑侯旌爲郡邑鄉飲介賓,德行昭昭,人所共仰。即今郡學師

屢屢敦請，欲使鄉邦皆有所矜式也。

娶王氏，允稱内助，以勤儉起家，機杼之聲，丙夜不休，居恒食不珍味、衣不炫飾，佐華宇兄以惇大成裕易之家。人曰"富家大吉"，斯之謂矣！生男五：長光庭，邑庠生，積學有聲德，任都長，料理事務裕如也；次光廣，習詩書，敦義讓；次光慶，嫻禮文，兼通算數；次光庠，光序，敦本力田。皆能自立成家，繼志述事，非凡兒比也。女一，適名族選貢張國滋。孫男林立，或在抱，或扶床，或且就塾攻書。家庭花萼，池塘春草，駸駸乎生意之盈眸矣。兄已營葬其先人，故《青囊》《玉髓》諸經極意研究，登岡陟巘，顧視則清高深穩，遂精堪輿，然沉嘿少言，雅自重，不輕爲人下指南針也。

七旬壽誕，密友近賓，珠履雲集，摐金戛玉，僉有贈言。弟叨宗誼，固嘗指雙溪以祝其子孫之綿遠，對七星以祝其壽之若老彭已。又爲之誦曰：

玉樹蒼蒼而斂華，金蘭馥馥以生香。四山巉巉而交翠，兩川浩浩以流芳。植德孔懋，攄才孔長，類情叙事，又安能盡夫瑣瑣之文章？握管書之，聊以俟采銘者之論定而表彰。

康熙歲次癸丑正月望日之吉，歲進士宗弟懋蕴頓首謹贈

（選自第三支《安溪長堤盧氏宗譜》民國辛巳年本卷十五）

華亭盧府君墓誌銘

邑東安溪之右有長堤盧氏家，遡其肇基之祖，則百三份公者是也。傳十二世，而有仰松公以才德見推於時，娶王氏，有賢聲，舉四男一女，公其冢子也。

公號華亭，字慶之，諱懋章，自幼英敏，涉獵經史，多才藝，性至孝，事父母温恭敬順。母早喪，哀毁逾情，於繼母，亦事若所生。處昆季，則怡怡友愛，始終無間。輯睦以遇鄉族，誠信以待交遊，勤以治家，儉以奉己，不畏强禦，不侮寡弱。席祖父素封，每爲里社長，寬恕

存心，賦於人惟婉囑完公而已。

時郡邑奉文清丈，遴公爲耆保，越阡臨陌，釐畝清賦，絶隱影之弊，均貧富之徭，都人士頌其德，邑大夫嘉其公。凡有争競不平求質於公者，是非無毫髪阿比，愕然嘆服而退。且能推給不足，里鄰賴舉火者甚衆，順治丙戌歲饑，即慨然捐廩爲糜以濟之。生平見義勇爲有綱紀，公舉必身爲之倡，未嘗惜費推諉。文士過其門，必隆之以禮，雖累平原十日飲，亦務盡其歡。每歲延名師以教諸子，誡婦女工於蠶繅，課僮僕勤於稼穡。暇則臨溪而漁，歸而烹鮮佐飲聚樂，天倫自得，其相忘於帝力何有之天，誠可謂賢而隱逸之君子歟！

公生萬曆庚寅八月十九日，卒國朝順治甲午十二月十七日，卜厝六都王大塢。淑配華溪虞氏，敬順貞和，有光壼範，生萬曆丙申四月初七日，卒國朝康熙甲辰六月初十日，暫殯家邊西園。育四男：長光昇，嫻於韜略，娶蔣氏，繼鄭氏、厲氏；次光斗，行止端方，娶金氏，繼在城李氏；三光暹，優於文行，娶華溪虞氏；幼光景，聰明特達，娶前山胡氏。孫男十一人，士啓、士肇、士教、士韜、士略、士訓、士豹、士格、士致、士誠、士正。曾孫男人龍等。皆桂苗蘭芽，欣欣向榮，足衍慶於無疆者。非有夙善，曷克臻此？

今令子光暹輩恐厥考潛德之弗彰，因修家史，以狀丐銘於予。予切秉彝之好，更忝姻誼，安敢不爲府君銘？銘曰：

維其爲子，盡子之職。維其爲父，作父之式。公之生也，秉是懿德。公之歿也，徵彼幽刻。於乎悠哉，歷年千億。

時康熙癸丑年臘月上浣之吉，知蕭縣署徐州事通家眷生趙忠梓頓首拜撰

（選自第三支《安溪長堤盧氏宗譜》民國辛巳年本卷十七）

星甫盧公傳

士君子於生死之交有矯然示異於世者，如蕭子雲爲瀛洲長史、石

曼卿爲芙蓉城主、米襄陽衆香國里來衆香國里去,鮮不傳之爲美談,而群生忻羡也。

盧君諱士台字星甫者,行富四十七,乃邑庠生行我府君之震男。余分屬郎舅,甚相契,習知其爲人。事親孝,待弟友好,合篤於夫婦,恩勤徧於子孫,待宗族親戚交遊持一心未嘗變節,不爲崖岸斬絶之行,所謂天性和樂者也。至於喜成人美,憐人之苦,惜人之財,非又端人君子歟?

平生不喜夸詐,不尚高奇,惟陶情詩酒,娱意於山水間。爲先逝者卜兆,兼備藏身之地,如司空表聖、李青蓮焉。跡其風襟瀟灑,點塵不滓,正宜登上壽,享遐齡,乃花甲纔週,天不令久羈人世,倏於四月十九辰刻殞。後復甦曰:"異哉,頃夢至一所,有朱衣皂帽人前曰:'此爲元碧洞天,世間騷人墨客不得志於身前者咸在。今掌鑰無人,汝當權領其事。'遂趨而入。予覷視屏後,豁然開朗,有瓊館山池之勝,有珍禽卉木之奇,操筆而書者、展讀者、奕者、嘯者、琴者,比比也。其人復出曰:'汝姑暫回,毋淹滯。'然則予其不起矣。"夫有頃而卒。

嗟乎,人生寄耳,死歸耳,故達人觀化,煩惱不生。先民有言:未知於死之苦樂如何,如使鄉嬛福地任我遨遊,即爲羽化登仙,夫何不快?君生前漠漠,人未有知其奇者,乃死獲與蕭子雲、石曼卿、米襄陽諸君子躬播埽參翱翔,抑云幸矣。且吾聞之鄉先哲,長山留贊吴時名將也,而陶通明《位業真靈圖》謂其司南門之鑰,列之散仙,君不且相望於後也乎?遂並書諸傳尾以志異。

康熙五十五年歲舍丙申臘月,眷弟邑庠生張嘉謨拜撰

(選自第三支《安溪長堤盧氏宗譜》民國辛巳年本卷十六)

行我盧公傳

盧公號行我者,諱光仕,字君義,養元翁之震男,金氏母所出。三歲失恃,六歲而孤,鞠於大父仰喬翁,大母孺人吴氏。年十五始就塾,資性穎敏,過目悉記。有大志,俯就舉子業。明季崇禎時,命科臣劉

甄天下士，公與試，列之黌序，旋將授貢展其才，以時違公願，且棄去，隱居求志，益肆宏覽，百家諸子、天文律曆等書罔不貫徹，而書法尤以善名，非徒爲局守章句者比。洎國朝順治甲午春，督學張菘婺，友人拉之試，更名鈞義，以第五列名博士弟子員，公年四十有六矣。時總戎陳鎮，婺人，知公才識，延公於幕，運籌決策，先幾絶人。邑大夫簿書政事，亦頻相諮詢，縉紳先達輩無不折節下之。

庚子秋，奉旨大造戰艦，浙屬工廠會集四明郭外。每郡邑遴佐員一人董其役，吾婺檄委別駕孫公。公諱誠，河南人，才名夙著，懼王事鞅掌，禮聘公。公爲之揮霍綜理，各郡在事者咸服膺而取式焉。越明年秋，功竣回郡，適大軍至蘭，又以餉務檄孫公。公留在幕，繾綣不獲辭，閲歲仍赴署課其二子。會夏秋亢暘，孫公以跣祈之勞不禄，公得返旆。歲癸卯，四明定海邑尊朱公諱承命，天津籍，己丑會榜第二人，因於四明時稔公，遠函書幣召公者至再。爰副其望，參酌機宜，各中肯綮，禮公爲上賓。越戊申秋，始一歸里。公喟然嘆曰："人生貴適意，何碌碌爲?"雖復屢招，固辭之。後多慕公而見召者，亦概謝却之，所謂白駒空谷，公侯難縶者，非耶? 自是屏絶世紛，蒔花種竹，課子談經，泳遊詩畫而已。公之雅量高致，親炙者醉心，聞風者延頸，固非尋常所易幾。若夫德履之優，在在口碑，爲功於鄉邦鄰里者，尤莫能殫述也。

公初娶南岑吴氏，繼娶林頭何氏，三娶義陽畈田樓氏，俱婉娩克從，安貞迪吉。副有吴氏，亦柔嘉著聞。何氏生一女，適峴北歲進士周立之子尚楷；樓氏一女，適畈田邑庠生樓拱辰次子士蕙公。丈夫子三，皆吴氏出：長諱士台，即娶周立次女；次士能，娶吴良吴宏讜長女，咸英敏嗜學；幼士吉，尤寧馨可異。他日振藻蜚聲，三槐協慶，其枝葉昌榮，殆未有艾也。

予辱久好，悉公生平，兹聊述公萬一，詎可爲公傳哉?

時康熙歲次癸丑臘月上浣之吉，邑庠生眷社弟許乾頓首拜撰

（選自第三支《安溪長堤盧氏宗譜》民國辛巳年本卷十五）

紹岐盧公傳

今夫傳何居乎？蓋傳其人之行事也，並傳其人之心事也。心事非行事不著，行事非傳，雖美弗彰，故人之可傳者傳之，一以不没人之善，致其光乎前，耀乎後，一以令人知，視法邇在當今、遠在萬世也。然人之可傳者不一，而以吾心之仁，先於親近暨於疏逖托業以施者，無過長堤吾友伯先公。

公仁乎心，孝悌慈其天性也。初讀書，期得志以行其道，至屢試輒蹶，深懼不克顯名，幾成瘤疾。母金氏憐，而告父仲綬翁。翁素知其心乎親心者，喚前慰之曰："我以光游標命汝名，固以'名標金榜'爲汝勖。第我之意，嘗以文之能與不能關於學，名之成與不成關於數。每見文之亞於我者多拾青紫。我尚如此，於汝何尤？甚無鬱鬱致疾貽我二人憂！且人第恐不明理，理明，天下何事不可爲哉？"

公頤猶不解。一日，以次弟光樞疾久危，遍求醫不痊，公情愛憂思，不啻若父母。率人負之市，廣示夫醫者。適有號南泉，慈溪劉布政之孫，儒生名醫也，視之曰"可療"。遂請歸厚欵，不數日果愈。既而母亦遘險疾，醫愈亦惟劉。劉見公意氣不獨懃懃懇懇於母弟間，凡聞人患症，具有悲憫心，爰授數秘方。公喜，告諸岳丈玉靈翁，翁乃烏巖蔡氏儒醫中表表人寰者，曰："汝何不早言？"公曰；"父命秘不與丈知，以丈屬姻婭不便視病故。"翁曰："汝之岳母係汝姑。吾與汝姑嘗有言矣，婿習儒家言，自當竟業顯名，廣施孝悌慈於世；然亦有不必顯名而孝悌慈可廣施者莫若醫。汝姑曰：'何謂也？'吾云：'醫有三益：一以養親，一以養身，一以濟人。養親養身，非孝乎？濟吾同胞之人並濟猶吾同胞之民，非悌與慈乎？'汝姑曰；然。則是乃仁術也。以此勸婿別儒習醫，並爾之所習方書授之可。'吾與汝姑猶恐拂汝志。微汝言，吾言亦弗及也。"

由是精究醫書，大有領會。里人以疾病待命於公者，屨常滿户外。即窮簷寠人昏暮叩其門，無不惠然往視之，隨所病授之方與劑，不責其報。公之孝悌慈亦既推己及人矣，是余所稔知者，然公之意猶以不足廣陰德爲己歉。吾以陰德不在事而在心，能則盡其事，不能則盡其心，雖隱見大小之不同，其用心則一也。昔許叔微讀書，嘗以科第禱於神，夢神告曰："汝欲登科，須憑陰德徵。"自念家貧無力，惟醫乃可，遂精醫，療人全活甚多。復夢神授以詩曰："汝有陰德，陳樓間處。堂上呼盧，喝六作五。"是年中第六，因上名不録升第五。上名陳祖言，下名樓材。方省是夢不誣如是，而猶謂醫不足以廣陰德乎？公今年未半百，而佳胤士華、士國、士文、士章，皆英英秀起，且椿萱並茂，棠棣聯輝，琴瑟克諧，釐爾女士，積善之家，必有餘慶，斯其驗矣。

余第思軒轅之臣有岐伯，岐伯之後有盧醫，意公乃盧醫之苗裔，志盧醫效軒轅、紹岐伯而興者乎？號曰"紹岐"，良有以也。吾向謂公之德不以醫而顯，今謂公以醫而益克廣其德心。故傳此，不惟表公行，且以表公心。

時康熙癸丑七月既望之吉，通家眷友弟邑庠生許乾頓首拜撰

（選自第三支《安溪長堤盧氏宗譜》民國辛巳年本卷十五）

東演盧府君行狀

東演盧府君者，長堤凝和里人也，諱邦豹，惟質其字，信百七十六行也。厥考諱滔，妣蔡氏，繼王氏。有丈夫子四，其三即公也。厥祖諱玟，曾祖諱璩，世有令德，詳載家乘中。厥遷始祖曰份，雖出越國公盧琰之後，實周世宗柴氏之裔也。

府君體頎貌偉，質茂性聰，初就學，記誦殊群兒，比總角，於經書靡不涉獵。適失所恃，遂棄儒術，治家人業，克勵勤儉，舉先業拓之數十倍。聚百順以事父與繼母，終身無少忤。友愛昆季，輯睦宗黨，於賓祭尤竭誠敬，而處己服食恒淡如也。生平有洪量卓識，非禮之干弗

較，意外之變不懼。好形家言，聞山水之勝，雖遠必至，不以爲疲。閒嘗禮名師以課子弟，喜談禪門宗旨以空塵想。又樂施與，不屑爲守錢虜，每冬季出粟百餘斛以應稱貸者，概不取息，其不能償者並蠲之。戚里中有招公醵會者靡不應。

崇禎歲丙子，旱魃爲虐，歉於秋收，府君於租税之額更減其二。定安溪行人病涉，捐田二畝餘，以倡設義渡，往來德之。時署印通判譚諱承志，廉府君之實，旌府君尚義以風世，府君懿行，故不克縷悉。兼以胸次灑落，和易可親，人人有佛菩薩之稱。迨甲申乙酉，浙省困於兵荒，當道檄郡邑尚義之家運糶以濟，府君毅然捐廩之外，復捐貲買運以應之，當道咸嘉公爲今之卜式也，即給劄扁，以授都司職，公固辭不受。自此恐神爲名役，並絶塵務，獨坐一樓，食淡茹素，養性修真，得金液還丹之法，不下樓窺園者數載。況公量善飲，喜交遊，今若此，聞者莫不難之。

順治四年春，聖天子詔郡邑禮羅齒德隆卲者式燕官庠，邑大夫陳辟公爲鄉飲主，辭之不獲，勉赴价席。時年踰古稀，童顔鶴髮，儀度秩然，觀者嘖嘖，咸謂盛德必享乎禄壽者亮矣。

公生於萬曆乙酉四月廿四日，卒於順治辛丑六月廿五日。安人虞氏，壼範最端，生於萬曆丙戌十二月初七日，卒於天啓乙丑十二月三十日。育賢胤二：長懋蘭，娶後趙趙氏；次懋蕙，娶鶴巖王氏。女一，適華溪虞國新。繼李氏，淑慎温柔，生於萬曆乙未六月初七日，卒於康熙癸丑九月廿一日，育懋薇，娶周氏。一女，即禎内子也。孫男光宅、光懋、光意、光瓏。孫女二，俱在室。虞氏以康熙戊戌十一月初四日先卜葬於李家岡之原，公乃合厝於壬寅年八月四日之吉。嗚呼，公行如是，昭在心目，禎忝館甥，未能乞銘以表幽德，恐歲久湮没弗彰，故援筆而略狀其概云。

時康熙歲次乙卯仲冬之吉，丁酉科舉人子婿張世禎頓首拜撰

（選自第三支《安溪長堤盧氏宗譜》民國辛巳年本卷十七）

安溪培千翁行略

左氏傳公孫子産，有云“君子非無賄之患，而無令名之難”，旨哉斯言！富貴倘來，浮雲奚啻，有生誠當參破，若没世無稱，則其人即生而已朽，聖賢病之，在流俗亦當以此自警也。雖然，善不積不足以成名，積之爲言，即得尺則尺、得寸則寸之義，有志者慎勿謂小善無益而弗爲也。況積善餘慶，天之報施，亦尺寸不爽乎！余於安溪盧氏培千翁其行誼有可取焉。

翁諱永斌，行列德二十五，培千其字也。天性孝友，宗族鄉黨，咸無間言，不具述。其居室也，積勤自勵，黎明起而即昏息，若時佩朱氏之《家訓》者。其處衆則和易可親，如飲醇醪，令人心醉，周公瑾之意度近之。其教子惟耕與讀。長子樹達，持重老成，命佐家政；季樹通，善記誦能文，通曉大義。今則諸孫繞膝，早晚分甘，誘使攤書講習名教中樂事，致足羡也。乃情甚長厚，惟期同里相安無事，徜有釁隙，曲爲調停，强頑者侃直排解，故里人間涉鼠牙雀角，莫不樂向翁而質厥成也。

又其任恤之誼，素所表見。乾隆歲丁丑，通邑奉憲蠲穀設義倉，擇置社長，各都具册報名，多不肯任事，賄胥役倖免，甚至互相推諉，數年莫定。翁獨以族里公舉，引任不辭，别有見地。其後筦攝廉明，邑大夫崇獎有加，此亦不可謂非慷慨赴義之一端也。至於好務德施，從未肯屑屑效守錢虜，事雖纖悉，更可證表一二以例其生平。如嚴甽庵前係東北往來孔道，捐茶田畝餘，爲行人解渴。定溪渡沿岸爲杭紹台抵縣通衢，造涼亭數椽，俾負重涉遠得節勞之所。種種善行，於物有濟，古人無以善小而不爲，如翁者不信可以風勵末俗乎？然居身儉樸，恥習侈靡，故雖喜施捨，而家業日隆，堂構新，田園拓。年近杖國，階下蘭孫三，炳燦、炳炯、炳燈，皆崢嶸見頭角。天之報施於翁者，福澤應未有艾也。

余以樹通從遊，曾被翁館穀之勤，時得領風旨，通問訊。今族修家乘，樹通來請余言，爰不辭譾陋，統所見聞，而述其大概。

乾隆戊戌年秋月之吉，南岑吴國墀拜撰

初吾兄偕其從堂昆季德千兄延丹崖吴夫子主師席，禮敬特隆，遂成密契。後予從丹崖夫子遊，時或一至，必訊問吾兄起居，故其爲行略亦最悉。今吾兄以壽臻耄耋，五代同堂，新邑志登之人瑞，並書其義行，爲當世勸。噫，吾兄可以不朽矣！其晚年建亭於水神廟前，章亭吴先生名之曰“籌增”，孔道所經，留憩最便。後廟嚙於水，亭亦不存，實可浩嘆，然其見於巖甽庵白豸嶺者，碑載灼然也。

道光十年八月初一日族弟標頓首載志

（選自第三支《安溪長堤盧氏宗譜》民國辛巳年本卷十七）

趙氏安人苦節傳

堂嫂趙氏安人之歸我兄魁占氏也，年逾笄矣。方其問名時，兩家雖中落，而門楣光概未之易也，至此則奠雁迎門，禮幾不備，鞶革鞶絲，曾何足云。

吾兄耕稼事蹉跎於早歲，及伯父病奄床蓐，侍湯藥，奉起居，無暇爲治生計，並無可爲治生計。嫂入門，粗而操井臼，細而事針指，謂是於陵有偶，辟纑易粟耶？不過傭女紅度朝夕，耐此饑寒焉耳。次第舉有二子，貧益甚。無幾，堂兄殁，殯殮事二堂兄任之。無幾二堂兄又没，失依賴矣。予既營營朝夕，心焉存之？竊以不克資助爲忝，嫂即累日槁餓，絶不咨告於我，蓋深知我之不能爲謀而隱之忍之，安夫命之不猶而已矣。後年垂邁，予薄宦緱城，稍稍致訊問，而嫂輒謝人間世矣。

嫂生乾隆甲戌三月初六日辰時，卒道光乙酉九月十六日申時，享年七十七，葬栚樹園之原。子二，樹蕙、樹蘅。先嫂孫二人，炳高、炳才，今頗有成立。嗚呼，嫂苦節自貞終始數十年，卒無一日之娱，尚冀奕世繁昌，墓田之祭，聊補生前耳。言至此，潸然出涕，益愴於心。

時道光七年丁亥寒食前二日，從弟標頓首謹撰

（選自第三支《安溪長堤盧氏宗譜》民國辛巳年本卷十六）

太學生國泰叙傳

吾國泰甫諱樹禎者，西園其號，乃吾從兄德千翁之仲子也。

從兄性峻激，治家嚴飭，鮮克當其意，惟君與其長兄樹福侍左右，不干譴怒。蓋是時年猶少也，君即從長兄授句讀，有所指畫，輒刻意識之，不敢怠。予時從章亭吴先生，兩人歲或一二晤，輒心相欽敬，若有夙緣者。既而從兄以病酒故，奄忽謝世，且析箸，其於家計，遂不能不親自籌策。奉老母於堂，察寒煖，視服食，抑搔扶持，兢兢焉唯恐或失，事必稟命而後行，且必稟命於其兄，弗擅便也。予既友交四方，晤聚稍疏，而於予家嚴傾接往還則如鍼芥之合，朝夕間或有所不給，君已察之形聲之表，不待關説而後知也。

其敬禮師儒以課其子侄輩，情交備至，若象山杜郁儒、巍山趙懷芳，皆契交而又重之以姻親，與其兄主之者凡二三十年。初，吾從兄延丹崖吴夫子於家以畜長君；後先生之爲從兄傳極言其扶植名教，維持風俗，大爲有力，此不可謂善繼述耶？賓朋沓至，獻酬交錯，務盡其歡，不必其專在已也。凡公事周旋，與吾曹輩有一面之知者，無不得其意以去。且猶有進者：乾隆甲寅，議新宗祠，君既在列，而不苟同，不苟異，多方商酌，不遑已私，工匠之出入，皿物之所需，無不視如己事。又其時堰利事起，鄰變險詖，禦侮後先，聲色有所不避。予既與其季弟輩奔走於外，君則與其長兄主持於内，慎重老成，沉機觀變，謀畫輒合。予或以一人赴郡省會，必命其子炳芝襆被以從。予謝之，則曰："遭家不造，患難與同，吾不忍子之獨蒙霜露也。"嗟夫，士君子列名太學，所以傑然表異於人者，豈唯是西序飄纓、東膠束帶，斤斤於文章雒誦間乎？郭振以富而賑人，何蕃以貧而均物，陳東則感憤上書，

皆豪傑也。以君謙謙令德，何敢上儗古人？然吾以爲果毅沉敏，見義必爲，見害不避，卒能伸其志而終有成，孰謂古今人不相及耶？

淑配徐氏最賢明，其閫内所規畫，與閫外無不合，蓋能持大綱、知大體，而爲輔佐所必不可少者，不止謹脂膏、議酒食、蠶桑組織而已也。子二：長即炳芝，從予遊，氣象深潛；次炳蘭，亦從予遊，性情淳固。女一，適華溪虞效素。孫九人，曾孫二人，四世一堂，康强逢吉矣。國琛人瑞之稱，君殆庶幾乎！

道光庚寅冬至後三日，餐菊子標撰於寧海學署之澹慮軒

（選自第三支《安溪長堤盧氏宗譜》民國辛巳年本卷十六）

恭八十二府君行傳

人生天地間，上之不能建功立業爲邦家光，次之亦當任險濟危爲閭里光，斷勿使鹿鹿熊熊，空負形骸於宇宙，而與草木同腐也。

府君諱瑜，字廷珍，號松溪，恭八十二其行，爲周開國上將軍越國公後。幼而穎異，稍長有膽識，昆季六公居五，感荆樹之義而塤篪聲諧，友恭足多焉。長堤水利埶洲義之尾，被扼上流，又礙於水道，罫畦萬頃，或宜燥而淹於水溢，或宜濕而槁於旱乾。聚廬數百家不粒食，伊誰責也？公起而肩之，持魚杆釣安溪口，相水道之可濬，甽畎者犁然可指。由是謀濟以斷，奏功一夕，任豪右百計侵侮，而庶幾成功莫毁也，今於是有新甽口之名。乃無端禍福，卒困囹圄，緣曲籌代獄者已，則出而斷大疑、決大計，及水利萬全，仍不以縲絏累人。及事白而身卒得釋，天之佑善人也如是夫。

夫度勢濬源，胸有成竹，智也；一鄉水利，數世蒙福，仁也；見義必爲，遇患不避，勇也。公雖獲戾於一時，不可告無罪於先人哉！後之人以公遺産田叁拾秤不陂障酬之。今雖公之行誼湮没而不傳者何可勝道，然即新甽口之奇謀偉略，而其餘亦概可見爾。

娶王氏，又吴氏、朱氏，男五人：鎰、鑑、鍵、鏃、録。今者玄曾卓立

一堂濟濟然已，明德之後必有達人，其在斯與！公之嗣孫樹相等爲述世德於余，余故不辭蕪陋而爲之傳。

時大清同治己巳桂月上浣之吉，恩進士前城徐有倫拜撰

（選自第三支《安溪長堤盧氏宗譜》民國辛巳年本卷十五）

澤二百七十二樹本公傳

嘗讀《太上感應篇・功德格》云："行一善者紀一功。"積之十善百善，其功累累，疇不樂傳爲閭里光矣。

定溪盧公飲賓樹本，謹願人也。幼服先疇，出作入息，勤儉克家。比長，睦宗族，禮賓朋，寒素自守，豈識有高山大川之德量哉？曩者嘗適野，偶於草鋪中拾一小匣，啓視之，多藏珠玉首飾。意其物鄭重，定有人尋回，遂置之草器間。間以俟，未幾，見一婦負裹袱至，視之甚有憂色。忙問曰："公在此，可識有人來往拾去一小匣否？"公曰；"小匣若何？"婦曰："多藏珠玉首飾。"公細審其由，知是替貿易途中疲倦止息於此，起程時小不及檢而遺下者，遂出匣盡還，毫不介意。婦謝公曰："匣中所值百餘金，失之則易，償之則難，非公厚恩，幾無生活矣。"欣然而去。惟其德動，故其量至。推其量，雖古王彦方之好施、張公瑾之樂善，公亦罔不優爲之，而且歸不喻諸人，惟厥婦遠邇稱功，而人始知焉。

余因想公盛德，殆與《感應篇》所云"一善一功"相去較遠，謂非以一勝百乎？且思雅溪乃公同宗之祖也，有還珠高風，其亭常在。亭内有聯句云："行道皆知，有子何如無子"，而公壽享年七十有三，且象賢有子，益可見公之德爲靡暨矣。

公娶吴氏，善守婦道，鄰里皆賢之，與公有齊眉之慶。舉子二：長炳智、次炳芹，難兄難弟，蘭玉盈階，抑且家道日盛焉。震君炳智，能繼父志，凡族中盛舉，若修輯橋樑，起造亭榭，以及延師訓子，罔不樂輸贊助而成。余忝膺西席，有絲蘿之誼，今當修續宗譜，嘗舉公盛德

以囑余，而又語余曰："前此譜牒告竣以還，十數年典祀者，乃吾大父也，而今惜往矣。"余羡其有終身孺慕之誠，因不揣譾陋，而約爲之傳。並爲之贊曰：

赫赫盧公，生有令望。居業維勤，持家以儉。□惟出□，見善則遷。還玉還珠，希蹤先範。陳常肆祀，無敢或遑。尊曰維城，廟貌之冠。培蘭植桂，德有餘薌。美哉盧公，農亦士焉。

時光緒二十九年歲次癸卯小陽月穀旦，姻侄生邑庠樓基肇拜撰

（選自第三支《安溪長堤盧氏宗譜》民國辛巳年本卷十五）

宏二府君善翁傳

孔子曰："窮則獨善其身，達則兼善天下。"是知善於處世者，得志與不得志，無往而不善也。

吴寧盧封翁君善，余友伯彰刺史之王父也。厥考諱泰澤，居永之厚宅，任仙居上畈寨巡司，率義兵靖亂，功振一時，士民稱頌，其德勿衰。翁昆季六，序居長，兄弟怡怡，人無間言，如謝家玉樹，多多益善。年弱冠，贅於集文王佑二公家，館甥六載，即卜居焉。篳路藍縷，以啓山林，創業垂統，克自振拔。

生平好善行，聞過則喜，見義必爲，人以一鄉善士稱之，晚號"善翁"，誠無愧焉。

甲寅春，余與伯彰會於章子之樂善堂，聞伯彰談乃祖善翁事，謹爲之傳。

洪武甲寅春三月，金華宋濂撰

（選自第三支里盧宅《靈山盧氏宗譜》民國甲戌年重修本卷十五）

登仕郎紹啓堂兄行略

君純業，字紹啓，飲賓德玉公長子也。膽大心細，遇事强幹有爲，雖恒産無多，而善於經紀，家有余積，勝素封焉。

兄弟三，次純成早逝，遺一子志彩，君撫之若己出，教養成人，爲之婚娶立家室。管理常帑，慎出納，稽核精詳，凡祖宗所遺古跡悉賴保存。

尤難者重建宗祠之舉，族中贊成者甚少，間有暗圖阻止者，惟君與余，堅持毅力，獨行其志。勘定基址，籌畫經費，乙巳冬上山伐木，余與君協力進行。丙午春，余忽遘哮喘之症，經年不愈，嗣後凡一切督工籌款之事，皆藉君之力爲多。及祠告落成，公私疲敝，六年未能入祠。壬子冬，余以右都尉督辦滬軍糧餉駐紮上海，聞之惻然，因致函族中，自願捐俸洋壹佰元，以爲入祠費。時君與家嚴建議以此款留贖祀産，入祠之費仍派之户丁。甲寅春贖回祀田五十秤，是新祠之建與祀産之存，君之功非淺鮮也。

君於光緒丙午捐資助賑，授登仕郎職，既已榮及其身，允宜報及子孫。生子二，長志賢，勉力稼穡。幼志淼，克紹箕裘。今君已六旬有二，精神健爽，不減壯時，晚景益佳，可操左券。生平好結納，樂與善人交，親朋往來，豐儉稱禮。松茂竹苞，門楣軒敞，是余族中之錚錚者也。余於宗祠之成，感君之德不置，謹敘其行略如右。

時中華民國三年甲寅五月之吉，從堂弟寶仁謹撰

（選自第三支里盧宅《靈山盧氏宗譜》民國甲戌年重修本卷十五）

迪功郎廉三百四十一府君名盛公傳

傳者，傳也，傳其事以垂示後人也。然所傳之事未必皆如古人，而要非不如古人之事可以垂示後人。苟能得古人之一二，品詣已超絶乎今人，則即其超絶今人之事，著爲篇章，載於譜牒，使後人見之，知何如爲可傳之人，即爲後世可法之人。吾蓋有感於名盛翁已。

翁諱名盛，字實先，號文瑞，世居集文里，以耕讀傳家。初非别有所爲也，然第即余之所知者，言之已可傳諸後世矣。

翁之幼也，親心能體，兄力能代，師傳能習，事長有謹恭之意，待

幼無偏刻之心。至於壯，分産不争多寡，交人崇尚寬和；力耕獲而操作維勤，惜衣食而浮華必黜。漸至室居富有，家號素封，較厥考輔廷公之世，而田園棟宇悉皆倍之，此翁之可傳者一也。

咸豐之季，洪楊事起，亂匪縱横，翁舉一保義旗，率本境丁壯，會合鄰村義勇，戰於金川之野。人皆披靡退後也，翁獨奮臂争先，身入陣地，因後援不繼，潰圍出走，天誘其衷，脱離虎口，僥倖生還。使人人如翁，則匪患可除，地方可保，民兵何至塗地也？事雖不濟，而翁之一片忠心，實勝於殉難諸君，始不能盡力向前以殺敵，退不能見機奪險以保身也萬萬也。此翁之可傳者二也。

迨至暮年，處富不驕，遇貧不侮，惟善是好，見義能爲。助茶田以解人渴，施路燈以照人行。作育嬰之會以保嬰孩，造惜字之爐以收字紙。督修普濟橋溪城，捐助昭忠祠祀産，以及造涼亭、修道路、架橋梁，無不傾囊解橐，量力而行。此翁之可傳者三也。

翁自幼讀書，天資稍遲，而穎悟勝人。善書法，雖蠅頭小楷，間架配搭，筆劃無不端正，尺餘之字尤佳。以長兄名夔早逝，肩家政，棄儒業農，力田之暇，工書如故，至老不衰。生平好仁慈，尚樸實，寡語言，恤孤苦。天良獨厚，懿德常存，不幾上追古人、下超流俗乎？此翁之可傳者四也。

丈夫成家，半資内助。淑配葉氏孺人，内克相夫，外能禦侮，佐耕隴畝，耐苦忍勞。事姑以孝，教子以義，交鄰以惠，待客以敬，處己以儉，持家以勤。凡一切婦職姆儀，無不可爲閨閫表式，其好善樂施之心亦可與翁並傳。此翁之可傳者五也。

癸巳之春，翁六旬有一，聘入賓筵，額曰“渾金璞玉”。東溪黄菊人曾跋其後，而一時以詩文致賀者踵相接也。是冬卒於正寢，孺人葉氏，柏松之姿，經冬益茂，天相吉人，克膺多福，享壽八十一齡，無疾而逝。嗣君士禄，名學綸，字子經，好學多聞，以明經入貢。孫男二，長純材，名寳仁，字杏生，由邑庠入戎幕，授陸軍少校。幼純青，名寳義，字李生，精韜略，嫻技藝，有勇知方，他日之功名未可量也。曾孫四，志琦，志淹，志修，志軾，森森玉立，望而知爲璠璵器。此皆翁之貽謀式穀所殆致，亦積善之家必有餘慶乎！

甲寅春，杏生以狀乞傳於余。余自知文之不足垂後也，因借翁傳以傳余文。翁不朽，余文亦不朽矣。

時中華民國三年歲舍閼逢攝提格姑洗之月吉日，歲進士樨園醒樓陳錦蓉頓首撰

（選自第三支里盧宅《靈山盧氏宗譜》民國甲戌年重修本卷十五）

盧君契友杏生公傳

吾東盧宅固人才輩出之區，而裏盧宅實居碧甑山麓，其峰高出雲霄，應有靈秀之士鍾毓其間，杏生其選也。

余獲見其先大父名盛公廣行陰德，其父學綸翁又能繼其善行，家業蒸蒸日上，天所以篤厚善人者匪淺。杏生於積善之家，幼禀異質，穎悟非常，昔從吾遊，時藝帖括，皆能精練，兼通詞章訓詁之學。余常奇其見書必購，雖費不惜，購書必讀，雖勞不倦。所購藏書自題曰“峴莊”，殆謂峴山之南置書成莊者歟！

年弱冠，即取青衿如拾芥，益且郡登廣業之堂，省拔優生之職。以期點額飛去，惜乎停科令下，不克龍門一耀，時勢使然，非學力有不足也。由是投筆從戎，營伍中得此奇才，咸器重之，即授以書記長之職。

民國改革，滬軍成立，復授以軍需長之職，得輔小校，警備統部曾授以軍需官之職，水上警察即授以警務科長之職，統計在杭、在滬、在鎮江、在南潯、在蘭、在衢、在濟南、在煙台，皆充要職。最後在江山防次，以患痰喘積勞病故。時在壬戌之秋，享年僅四十有七，誠可惜也！

嗟乎！杏生於國家變革之秋，出而任事，戎馬倉皇，軍需傍午，急就之篇，倚馬可待。方之袁宏作露布才亦不多讓，豈特埋頭甕牖作壁

上觀者所可擬哉！乃年未半百，遂令賫志以終，豈真玉樓需此人乎？否則何天奪之速也！

余於乙丑之秋復造其家，杏生逝已三載，猶幸見其堂上兩老齊眉，鶴髮童顔，並怡然自樂，且好談善事，孜孜不倦。其弟李生，赳赳自雄，素稱競爽，然兄亡弟益自勵，仍可爲未弱一个。向日杏生有志未竪者，而今構接連雲，大有鼎新氣象。非得令子克家，何能肯構肯堂若是？

長男志琦，先是江蘇法政專門畢業，而今專督家政。次桂林，次金泰，曾隨父帶蘭溪高小畢業。而桂林後從金華作新中學畢業，將入大學。金泰復留心醫學，兼理家政。幼子生鎮江，得金山、焦山之秀，故名金焦，年已長成，亦肄業於國民學校。孫二人，俱頭角崢嶸可喜。余相見於一堂之下，深喜杏生有後，炳炳麟麟，既不負平日栽培之力，且期望爲子者有以慰生母，爲叔者有以敬寡嫂而已。

余辭去，而杏生之父若子皆以作傳請余。謂杏生即有自序一篇，可以無須再傳。繼而思其詳於前，恐略於後，是又不得不傳。噫，杏生固彬彬有文才者，天不留作我傳而我反留彼傳，抑獨何也？

時中華民國十四年歲次乙丑季秋之吉，蕨巖歸隱謙益黄萬濤撰

（選自第三支里盧宅《靈山盧氏宗譜》民國甲戌年重修本卷十五）

明經盧學綸先生行傳

吾鄉之東有甑山，奇石特出，靈秀天然。明經盧學綸先生世居其麓，得清淑秀雅之靈氣鍾毓而生長之，遂矯矯乎雞群之鶴、衆鳥之凰。地靈人傑，其信然乎！

先生爲吾堂叔祖步青公之外甥，即係僕之表叔。僕嘗親受業於步青公，因其渭陽至戚，深知先生一生之表履。夷考其人，静默寡言，好讀書不求甚解，而天資聰慧，穎悟非常，鄉先達皆以國器目之。當科舉時代，小試輒列前茅，而竟不獲售。豐於才者嗇於遇，旁觀每代

爲太息，然而先生晏如也。崇實學不尚浮華，視身外之功名富貴如浮雲如敝屣，置諸可有可無之數，漠然不加休戚於其中。惟兢兢以孝父母爲急務，家本小康，不徒奉以甘旨，妙在善全孝道，先意承志，怡怡然恒得堂上歡。觀其持躬接物之間，皎同秋月，和若春風，是道則進，非道則退，不愧儒生本色，儼爲名教完人。而且待友以實心，不事假飾，遇緩急則相通，寧人負我，我不負人，殆所謂叔度汪汪之波無間清濁者乎。

僕亦常至其家，先生殷勤款接，禮意頻加，歷始終如一日焉。是以開北海樽，座中客滿，一時名流雅士，皆樂與之遊。量宏而性純，志大而謀遠。因宗廟破敗狹隘，願捐百金以爲之創，糾集族人，度地遷基，重建新廟於里之西。俾祖宗之靈爽永遠得所式憑，尤能謀貽燕翼，營渠渠之夏屋，拓膴膴之周原，爲後嗣綿久長之計。

晚年習岐黄業，心存濟世，不取謝資，妙手回春，活人不少，里鄗間咸頌再生之德。至於橋成鰲背，路辟羊腸，惠濟鴻嗷，争泯雀角，一切慈善公益事業難屈指數。故德大者壽必永，實至者名自歸，援例納粟，貢樹分香，享年八十有一，終於正寢。迄今相像及之，猶凛凛有生氣焉。

淑配葉氏，以表姊妹爲賢伉儷，相敬如賓也。處富不驕，雖貴猶勤，有古孟德耀、桓少君之風範。舉丈夫子二：長寶仁，少年英俊，泮水蜚聲，下筆千言，才思萬斛，當時革命巨擘劉鳳威、陳其慰諸公争相欽慕，延作幕賓，旋升陸軍少校。乃天不永年，飄然羽化，國中失一文士，而天上又添一仙才矣。幼寶義，有英雄氣，具勇敢才，投筆從戎，曾充本省保安隊哨官。因親老辭歸，主持家政。齊名兄弟，争誇文武雙全；繞膝孫曾，各協竹林七數。非先生之盛德，其能光大門閭垂裕後昆若此哉？

今貴族葺華乘，寶義表弟囑僕爲文傳以其父。僕自愧年邁才疏，以莛擊鐘，恐不足表揚先生於萬一。然先生德業炳炳麟麟，自不可磨滅，固不必徒侈虛文、鋪張誇美爲也。然則先生不待文而傳，文可因先生而傳，晝錦堂中一記，歐九書生將藉安陽相國而增身價矣。爰不辭鄙陋，握筆而樂爲之傳。

時中華民國二十三年歲次甲戌仲冬月上浣之吉，清附貢生、全浙高等巡警學堂畢業歷任本武康諸暨浦江鎮海等縣警佐、江蘇省邳縣政府第一科科員、愚表侄葉玉如撰

（選自第三支里盧宅《靈山盧氏宗譜》民國甲戌年重修本卷十五）

盧君李生行略

富貴功名其能令人欣羨者，所以榮其身也，至其身已榮，仍然逐逐不已，竊恐奢望未嘗，敗亡之禍已突然而來，鳥盡弓藏，兔死狗烹，不得令終者，指不勝屈。而於吾友李生君超然遠矣。

君爲明經學綸公之季子，清附生民國陸軍少校員警廳警務科科長杏生君之弟，家門名貴，藉甚一時。加以有俠氣，其質直，其守端，每於剛經柔史之暇，即以少林絶技以鍛煉筋骨而活潑精神，故見義必爲，鄉人重之。

年弱冠，投筆從戎，不匝年，擢爲少尉，指日高升，未可限量也。奈袁氏逞兇，推翻革黨，南軍之駐滬者被其解散，而君亦歸田。閱三載，警備隊統帶劉鳳威委以遂安、建德等處哨官司之職，雖曰長才短馭，亦可爲皇路發軔之始基。乃蒿目時艱，軍閥擅權，黨派交攻，民生國計，體恤無人，分裂之禍，定形日甚，區區末秩，能力幾何？對此時艱，徒增浩嘆耳，乃急流勇退，頓悟前非。

由是講究農事，敦敘天倫，上以娱樂雙親，下以栽培子侄爲當務之急。而一切世事概行謝絶，君於此時，俠而進於道矣。猶足異者，近十年來功名富貴，向之擾攘於方寸者，今悉以浮雲視之，而皈依三教，研求慧命，涵養元神，漏盡奇修，竅門已得，真道初層，已覺悟矣。

加以妻能持家，長子能耕，幼子能讀，養生事業，負荷有人，君方以全副精神，半付誦經，半留静坐，逐層漸上，以圖化境之我臻。而無妄之災，祝融敢肆，在恒情視之，蒼蒼者天亦難辭不仁之目矣。然邇來匪勢倡狂，享庸福之裕骨，重則遭焚殺之殃，輕亦受擒勒之苦，安見非教祖在天之靈，俾君得安穩課功，成爲教門鉅子，故默令回禄以相吾子也。乃世之知進而不知退、知存而不知亡、知得而不知失者，聞吾友之風，當汗顔無地矣。

今因華乘重新，述其巔末，登諸玉牒，以爲戀棧利禄者戒。

時中華民國二十三年歲次甲戌仲冬月上浣，世弟清附生金郡師範畢業瀛山王翊臣撰

（選自第三支里盧宅《靈山盧氏宗譜》民國甲戌年重修本卷十五）

振生翁行傳

公諱懋玘，字振生，姓盧氏，世居靈山珠川，係有祥翁之幼子、忠廿三思顯公之文孫也。

志趣超特，異於群兒。年十四有祥公謝世，伯兄異炊，即能自持門户，操理家政，井然有條。迨弱冠受室，益勵勤儉，家業漸裕。爲人剛果，言談轟烈，多才智，尚氣節，不屑與世浮沉。

厥族肇自宋初，即分爲九派，子孫蕃衍，多遷居異地。明季因山寇擾攘，兼之道途修阻，人各私其家室，以致二世祖炯公之墓失於瞻掃者久之，祖塋甚爲近墓子孫所背售。乾隆初，公既得實，毅然率九族裔赴訴公庭。閱數載，乃經司府斷，仍得標祭，以展孝思，復各捐資置田爲永遠祭掃計。楓上有祖墓，被東邑黄姓所侵，公出己資，訟之當道，卒得恢復。若南塢、郭山、墩頭、鰕墳等處，微公之力，則二墓亦將爲他人有。族中兩輯家譜，鼎建宗祠，皆董率惟勤，不辭會計跋涉之勞。

今且年登古稀，耳聰目明，行不待鳩杖，食不恃粥糜。與厥配陳

安人舉案齊眉，同享康寧之樂。舉丈夫子四，訓以耕讀，皆不失舊家風軌。孫男濟濟多英，方興未艾。至於創造華宇，廣置良田，爲宗族光寵者，乃公餘事耳。予忝莩末，知公之行有素，爰書梗概，以付剞劂云。

時乾隆三十一年歲次丙戌臘月吉旦，眷晚侄郡庠生陳景薰頓首拜撰

（選自第三支里盧宅《靈山盧氏宗譜》民國甲戌年重修本卷十五）

集文傳瑞公行傳

公諱名後，字傳瑞，乳名制産，余之太親翁也。

其先本柴氏裔，因國亡遺孤，爲盧姓者所育，遂從其氏，世所謂“九枝盧”者，蓋原於此。子孫繁衍，遷徙不常，始居永之厚宅，至第十七世諱繼生公迺至我東北鎮巖之麓居焉。

公生而醇謹，自爲童子時即端慤如成人，未嘗有子弟之過。比長，肩家政，曉《齊民要術》、龍門《貨殖》諸書，聽春扈有聲，輒晨起勤操作，鉏犁鈔斸，塗泥没兩踝不言勞。秋風至矣，則趣家人收斂，視其燥濕，扃一廩貯之。歲中自奉甚約，凡服御器具、婚嫁燕飲諸事一出於儉，以故家傑然起旺。

父繡章公，惟生公一人，珍之如掌上珠。公事之愈謹，扶持抑搔兔醢毛羹之屬，必先意承志，惟恐少失二人歡。既喪，哀毀骨立，守禮倚廬，有道學家所不能過者。性坦易，與之言一笑而已，有予侮者恬然受之，勿與校。昔婁師德教其弟耐事，曰“唾面自乾”，今亞之矣。居嘗念先人窀穸未安，因邀余披荆捫棘，遊歷名山經年，迄未覓一佳城，至今尚以爲念。自以生平務農，不得遂志於學，因延名師遺其子受業，冀以迪前人光，雖青雲未梯，其志願有足多者。

今行年七十矣，鬚髪漆黑，車齒齯齯然，視聽尚未衰也。語有之曰“福生於德”，公之厚德如是，其爲福庸可量哉！

德配陳氏太孺人，黽劬勵勞，躬操井臼，有德曜之風。既卒，遂不復娶，曰："伯奇符起非必不賢，所以失意於父者，以繼母故也。"舉丈夫子一，名士章，業儒，老成持重，寬厚有父風。現孫三，長純方、次純火、幼純木，俱崢嶸頭角。純方爲余婿，甫垂髫已能讀書，辨句讀，識解義，行見公之後必有亢宗而起者，余將拭目俟之也。

是爲傳。

時咸豐六年歲次丙辰小陽之月，眷晚邑庠生陳振南謹述

（選自第三支里盧宅《靈山盧氏宗譜》民國甲戌年重修本卷十五）

臨四十二起蘭公傳

盧君諱起蘭，字際馨，世居我永東偏西塘里，余同學友也。生平性醇篤，寡色笑，强本節用，人世間鮮衣美食未嘗役其志，志專在和厚，與鄉人處無疾言遽色。

幼習舉子業，應縣府試，輒列前茅，至院試則不利。光緒乙巳，芝英應斯馨夫子掌教青山口福盧公祠，負笈從遊者麇至，君以未博一衿，從而補習，余亦佔畢其間。時君年已三十六矣，一般青年咸目笑之，及細閱其文章，而詞意深沉，運用工雅，爲全校冠。非獨同群佩之，而先生亦讚賞深之，意是年科試奪標幟者必在斯人。不謂數奇不偶，名落孫山，克獲賞音者，惟余與應君獻文二人也。

夫以盧君之英賢，文學精邃，乃竟不獲售於當時，得非命乎？假使科舉不停，則大器暫屈，晚成終有希望。無奈國是變更，新章迭出，而功名均由學校進取，君以限於年級，棄讀經商。設肆於吕南宅村，賣韓康藥爲濟世謀，涉獵醫經，以惠社會。

一日，余赴城經過其地，便道往訪。促膝談心之餘，見其抑鬱之情露於言表，而且面目黧黑，無自適狀，當即疑其不能久居人世。不數年再訪，而人已杳矣。嗚呼，不誠可哀哉？自是而後，存亡隔絶，不相聞問已十餘年於兹。不意日前突有該伯弟起達君以該族修譜具函

索序，並附起蘭君行實一紙。余展閱之下，知君生於同治辛未八月初九日，卒於民國乙卯二月十五日，淑配下蔡從九品應嘉公次女。生三子，長政琴，次政貨，三政理。女一，孫二，皆精明邁人。且言其生前忠誠可靠，建造小宗，勤謹將事，前届修譜，伊力居多，功勞卓著。以是言之，君固講信修睦敦本尋源人也。

夫求木之長者必固其根本，欲流之遠者必濬其源泉。本立道生，理之自然。君不得志於生前，必將得志於身後；不得志於其身，必將得志於其子孫也。先後衹争一間耳，又何必以區區不就遂鬱悒於九原下耶！余本無文，謹以同窗之誼故，臚列生前事蹟，敢僭而爲之傳云。

時中華民國二十年歲次辛未冬月穀旦，清優行邑庠生

獎給五品軍功陳煥英拜撰

（選自第三支西塘《靈山盧氏家乘》民國戊子年重修本卷五）

明碩德古齋盧翁序文

邑東五里有市曰高川，高川盧氏有碩德諱珍字世用號古齋翁者，予先公十峰憲伯莫逆友也，在予爲父執。

一日，予回自京都，以翁别闊，步自邑之松溪書院謁翁。時翁年七十矣，鬢髮蒼古，步若壯年，予見之悲感特甚。止余宿，同榻，因詢先公童時。翁道甚悉，燈前疾書，不覺累累滿幅。余復悲喜交集。翁因把酒屬余曰："子先大夫嘗欲述吾生平，今無及矣。"余泫然感激曰："不肖孤思先公不可得見，見翁如見先公也，忍弗卒斯願乎？"

翁裔出宋進士約齋公後世，居邑之白雲山。高祖知縣溪南公徙高川，曾祖奇、祖欽有隱德，至父淵尤有賢行，富甲於鄉。翁少，日與先公憲伯及司諫徐公沂、郡守俞公敬同習舉子業。成化庚子，有司薦以儒士應試，永嘉少宗伯王公瓚、樂清郡守朱公諫、處州侍御鄭公宣實同事焉，遂爲至交。諸公宦遊，往來過翁門，必止拜論舊，驩然猶

昔。庚子後數年，以父罹囚，禍幾不測，奔走赴愬，幾六年，事始白，舉業遂廢。徜徉詩酒上下名卿間，而行誼益顯。

性孝友忠信，與人真率和易，嘻嘻如嬰兒，鄉人無愚賢老稚咸愛慕之，稱翁必曰"儒"。翁亦以儒自律，不汩没時流也。

嘗建祠以追先，合譜以敦族，崇義而秉禮。尤喜周恤，暑施茶以濟渴，寒立橋以濟涉，行旅賴焉。歲除，念獄囚無哺者飲食之，率以爲常。有貧不能贖，淹繫者兩年矣，亟憐而贖之。陳氏負翁油錢，鬻其婦，或以告，翁惻然蠲之，且爲贖昏質焉。嘗遊黄塘，見醉人卧雪中，挾之歸，更衣浴之，得解批。詰旦解者追及，俯首叩地曰："公即生我也。"後復遇醉者水田間，擁之如前，明辰飯而去，不問爲誰。平生憫人貧而急人之困，大率類此。居常吟飲，悠然自適，晚益任放。别業有溪心竹園、塘西梅圃、牛嶺松塢，親爲三益，日乘款攜壺榼遊其間，吟詩作賦，飄然賢士君子嘉趣，而漠然無求於世。翁之懿行，真有足録也哉！

予言畢，翁避席再拜與曰："鄙人性樸，嗜山林，遺棄聖朝，亦奚德？如子言，涅汗無當也。"予再拜曰："翁懿行先公欲述之，予小子成先公志，何敢佞？"翁遂長歌作禮把盞。明日，送予歸松溪。

時嘉靖十三年歲次甲午八月吉日，賜進士及第朝議大夫國子監祭酒、前翰林院編修國史通家子程文德頓首百拜書

（選自第三支山後盧《盧氏宗譜》光緒甲午年重修本卷二）

盧魯齋公家傳

永康志書載魯齋盧氏，事簡質包，得涵古史遺意。余承乏兹邑，見而心賞者久之。迨延見諸生，親接生員盧君鴻亨，始知魯齋即其乃翁也。促膝叩其詳，其生平有大過人者，因爲次其行事焉。

按公諱濳，字奂若，魯齋其别號也，爲縣學生。外祖徐希垣，名醫

也，爲督撫所加禮，操起死術，秘不輕授。獨鍾愛魯齋，謂孺子心地慈祥，且能任事，吾道可受而不可傳，其在斯人乎？其在斯人乎！居恒常引其手至膝前云云不置。魯齋方習舉子業，未遑也。既而高堂菽水，諸弟聘娶，皆倚毗其身，始憶前語，乃卒業於希垣，數年盡其術。

每旦寢門辟，求藥滿户外，日中不得食，争後先者聒於耳。魯齋困甚，乃定例“貧先富後”，至今傳爲美談。康熙甲寅，耿逆搆亂，軍旅驛騒，避亂，與輦夫交仆於道。魯齋爲制製疫救荒諸丸，置通衢以甦顛躋。癸酉建祠奉先，屢捐資爲族人倡，廚無宿舂勿顧也。析箸日，財産悉以讓諸弟，曰：“我非矯情，吾自有常業，不憂貧爾。”然而書籍數櫝外，他無長物。邑乘所云“手到病除，無德色，無倦容，道氣盈襟”，蓋實録也。尤難能者，閩寇掠婦女，索金以贖，魯齋傾囊爲之，全其母子，完其夫婦。此則志書所未備，而盧生述之。其范文正之用心歟！蓋信希垣之知人爲不可及也已。

時大清康熙五十九年歲在庚子冬月之吉，賜進士第文林郎知永康縣事庚子科浙闈同考年家眷弟清苑張昉梁友氏頓首拜撰

（選自第三支山後盧《盧氏宗譜》光緒甲午年重修本卷二）

周孺人傳

盧母周太孺人，君威公配，峴口周以衡翁女也，年十六嬪於盧。家貧，事舅姑曲盡其意，雖菽水承歡，志彌謹。其姑喜曰：“昌吾門者，其此乎！”

至孺人持家，拮据以佐其業，不數年，稍稍裕。君威公剛果豁達，喜濟人患難。一日從外來，面有憂色。孺人問故，公曰：“適里中有夫婦抱哭甚悲，叩之，云以勒債急，約需四十餘金。無措，將鬻其妻。余深憫，欲濟其危耳。”語未既，孺人曰：“此丈夫分内事，行之可耳。家雖艱，囊槖不足，請以妝奩益之。”遂全其夫婦。

初，周母將誕，孺人其父夢丹詔詣庭，覺而喜，以爲將大吾門。及産，乃孺人也，頗不懌。稍長，貞静幽閒，爲父母屬愛，欲覓佳婿，不輕許可。既諧君威公，相敬如賓，舉三子，而公遘疾卒。孺人欲以身殉，勸之者曰："舅姑已謝世，爾即義歸泉土，其如呱呱遺孤何？"孺人嗚咽不能語，但撫膺首肯。自是飲荼茹蘖，母兼父任，訓飭諸子，諄諄以律身砥行爲務，操守五十餘年如一日。

當道以孺人節孝聞諸朝，奉旨建坊旌表。且長君瀾以恩貢授訓導，季君士璿舉入太學。諸孫如光彬補縣學生，兆瑞由内閣銓選浦城右政兼署縣佐，兆麟部曹效用。曾孫文標壬子登賢書，文熜、文燾，胥列庠序。謂非孺人之貽謀遠哉！

余與縣佐父臺契善，辱手狀囑爲傳，謹次其事，以俟太史之採云。

時乾隆七年歲次壬戌桂月之吉，賜同進士出身候選知縣年家眷晚生柘浦林鴻頓首拜撰

（選自第三支山後盧《盧氏宗譜》光緒甲午年重修本卷二）

行慧八十九諱梧岡公傳

譜之有傳，猶鼎之有銘也，取其善者稱之，以示後世而不忘。當習俗澆漓、世風變亂之際，或負才能，或矜勢利，或遠世情而迂，或執己見而拙，或風華自高，罔念人心之變，或優遊自樂，無關風俗之憂，求其立身行己，德足以濟人、行足以傳後者，卒不概見。兹於在城義豐鄉永寧坊梧岡盧老先生而深有感焉。謹承耆老之言而敬録之：

公勤儉成家，義方垂訓，型仁講讓，排難解紛。而且原田每每，課耕獲也；夏屋渠渠，肯堂構也；王道平平，勤修葺也；善繼善述，繩祖武也；課讀課耕，貽孫謨也。庭幃豫順，家室和平，肅肅雍雍，怡怡如也。公之行誼大概如此。

而尤有難者。公邑庠生，係錦春公之長子也，當粤匪倡狂之秋，於咸豐戊午年奉縣丞吴委辦團練，蒙縣主丁詳請獎賞六品軍功。咸

豐庚申年奉臬憲段保舉並奉縣主吴通詳，團練蒙、撫憲王獎給五品文銜，候補分府。於同治壬戌年四月十三日帶義勇往縣城攻賊，適遇賊於縣東留金嶺，接仗力鬥，斬賊魁首數十，奮不顧身，力追窮寇，被炮殉難。同治庚午年十一月蒙儒學方詳報，奉旨旌恤崇祀忠義祠。詳見《浙江忠義録》，並載邑志。

嗚呼，公之死烈矣，公之死忠矣。公非爲一己死、爲一家死，而爲一邑死也。公非爲小忿死、爲小節死，而爲國家死也。古人云死有重於泰山，若公之死，不其然乎！朝廷既彰其節烈，鄉黨何可不紀其功勳？使不有以傳之，則《忠義録》、邑志雖有所載，後之子孫不幾數典而忘其祖乎？

元配李氏，洵有淑德。續李氏。修内則勤女功，司壼政樂濟施，補佐箕裘之業。一旦廓其先疇，昌厥後嗣，而其人亦復膺厚福，登其堂者莫不欽其母儀，奉爲家法，則其發祥之跡有足傳，其致福之源有可叙矣。子一，名家齊，國學生。孫四：長名紹華，營千總；次名紹箕，丙子舉人；三名紹榮，郡庠生；四名慶餘。玄孫十，貞睦、貞朝、貞祥、貞鎖、貞瑞、貞煒、貞奎、貞城、貞期、貞譜。曾孫二，桃溪、桃源。《書》曰“積善之家，必有餘慶”，《詩》曰“俾爾昌而熾，俾爾壽而臧”，《傳》曰“天之報施善人其不爽也”，其斯之謂歟！

公享年七十有六，諱風鳴，梧岡其號。

時龍飛光緒二十年歲次閼逢敦牂大淵獻月中浣吉旦，

眷侄邑庠生應文焕頓首拜撰　玄孫貞睦謹識

（選自第三支山後盧《盧氏宗譜》光緒甲午年重修本卷二）

盧婦章氏孺人貞節傳

婦有四德，兼備爲難。四德者何？先婦德，次婦工，次婦言，次婦容。工主紡織，言主慎默，容主修潔，三者往往有之，德則吾見亦罕。蓋處常以柔順爲德，而處變以堅定爲德。若節婦盧章氏孺人，歷常變不渝其德，豈易及哉？

當氏未出閣時，性本貞静，姆訓夙嫻，父母珍愛之，擇配良苛，媒媪趾錯於門，説合一無稱意。卒乃中表聯姻，適在城龍泉坊盧太學生獲軒公第四子希德爲室，時年已二十有九矣。

自于歸後，琴瑟甚篤，乃未滿一載，竟失所天。氏一慟而絶，幾不欲生，祇以翁姑在堂，恐促年壽，遂含悲忍涕，一切付之於命，而以《柏舟》自矢，朝夕奉養不衰。無何時避世變，粵匪踞永三載，房屋拆燬無存，家人後先繼逝，所遺一伯一侄而已。侄名春柳，係長房尚韜公子，時尚幼；伯在庠，名銓字汝衡行三，舌耕爲業，計所入修儀，僅足自給。氏因别户而居，以針指度日，凡習學女工者從而師之。或憐其貧苦，勸改適，氏置若罔聞，矢靡佗裹。由是銖積寸累，頗有餘貲，貼侄春柳行聘，俾立家室，以故内外共稱爲賢。

匪特此也，母家裹溪，有同父弟孤而無依，蒙氏收恤，弟稍稍遊惰，即面責不貸，甫弱冠，即爲之擇娶完婚，雖所費多金，而典釵質珥，竭力營辦，若一家然。此不惟爲盧府光，抑且爲章家幸矣。

前辛卯纂修邑志，凡節婦例合旨旌者始得登載，邑紳士以氏德有可嘉，已經援例採入。今盧氏重修譜牒，汝衡以余曩日爲鄰居，知氏之素行最確，一旦竭誠來謁，懇作序，余固辭不獲，特書其婦德如此云。

時龍飛光緒二十年歲次甲午黄鐘月全浣之吉，候選儒學訓導邑廩貢生王昌期頓首拜撰

（選自第三支山後盧《盧氏宗譜》光緒甲午年重修本卷二）

仁山公行述

顯考諱炳，字闇章，號仁山，邑庠生。始祖子安公以宋進士仕德州判官，遷居永康，至顯考凡十八世。

顯考生有氣節，孝友性成。甫弱冠，從曾大父恒庵公遊，顧言曰：

“此子質性剛毅，將來可任大事。”其愛重如此。康熙丁酉，年十八，娶顯妣徐安人，性行淑均，母儀堪範，同里沿河徐於徹公女也。徐爲邑望族，於徹公與吾大父玉泉公並名重士林，因締姻焉。

二十三歲，曾大父謝世，大父與叔祖春山公暨予伯叔五房均行析箸。是時顯考不忍以家累貽吾祖憂也，乃曰“農之秀者即士，古無吃閒飯讀書者”，負耒橫經，一身兼之。三十爲邑諸生，猶躬自作苦，以事大父，極得歡心。

三十七歲，報兄弟五人俱生，食指繁矣，兼我顯考秉性耿介，自食其力爲多，不肯稍假於人，稍取非義，嘗訓報輩曰：“貧乃士之常，惟守儒書明禮義爲根本。”又曰：“丈夫當爲人驚，無爲人憐。”每攜報輩躬耕南畝，胼胝中無一刻不以經藝訓解，講貫習復，俾報等稍識字明藝。及見長兄封及報四弟坊相繼列庠序，人曰此家學淵源得力者易也，不知顯考窮且益堅，以養以教，俾報輩成立者苦矣。

五十八歲，丁丑，大父玉泉公謝世，壽八十有六。先是卜兆於三都之愛口，三七厝焉。憶余伯叔十人，是時惟伯考堯章公、三叔考盛章公屢困棘闈，遽先大父而逝，伯叔尚存者八，及余子侄輩，森森四世，而大父以壽終，一切附身附棺行之綦慎，謂報輩曰：“大事畢矣，吾家世以歧黄半積，吾行年六十步履尚康，吾將往武邑訪知己焉。”由是居其地者十年，日與名孝廉徐元搏先生及老宿朱咸熙、徐元惠先生輩談論文史，兼講堪輿家言。

歲戊子，束裝歸里，卜壽域於縣北三里許曰烏豆塔。其年即先厝庶妣蔣安人於壽域之右，凡山之前後左右，或堆或裁，竪碑立記，皆顯考一心區畫，居山數月乃竣。至甲午年，七十有五矣，猶時時往愛口省大父墓。一日謂報輩曰：“愛口地非惟無脉，處土甚低，水蟻必聚焉，必遷吾父於烏豆塔於我生壙之上，庶保先骸，我心乃慰。”報等唯唯而退。越數日，言之復然。噫，大父厝愛口者十有八年矣，家中人聞之且疑且駭，而顯考毅然選日於是年八月十五日改葬。前期一日，往愛口祝告起焉，時家中人林立其旁，見棺其果朽矣。幸得遺骸，用以衾蓋，藏以石盒，鼓樂競遷於烏豆塔葬焉。嗚呼，向曾大父所謂剛毅可任大事者，其在斯乎！其在斯乎！

乙巳正月二日，無疾壽終。距生於康熙庚辰七月廿四日申時，享年亦八十有六。後五載，己酉正月十日，顯妣安人並無疾而逝，距生康熙丙子年十一月廿四日午時，享年九十有四。無論衣衾棺槨，我顯考於二十年前靡不預備，更知報輩碌碌，恐臨事恍惚，於治喪之禮及葬與分金坐向準繩，俱細書一則，令報兄弟如言而行，迄今手澤猶新焉。

生平不苟言笑，所慎重者，尤祖宗血祀。祠前故有池，地窄不盈丈，丙申歲與族人商之，積土廣三丈六尺，並建造牌門，費伍佰餘金，商辦毫無私意，故族皆信任云。年八十餘，猶手一編，課諸孫讀，每拈一題，必搆一藝以示之程，稿藏於家。

嗚呼，痛哉！我顯考之卒歷今十年矣，當時不獲乞銘於鄉先生以納諸壙，今泣而追述遺訓並録行跡，語固無倫次，然皆舉我考生平之大者而言，其他濟人恤物躬行弗怠俱不之載。抑聞馬少遊有言"人生一世，但取衣食裁足守墳墓，鄉里稱善人焉，足矣"，以此稱揚先德，載諸家乘，以教我子孫用志不忘，知言者當不謂阿好也。

時乾隆五十九年歲次甲寅秋九月上浣之吉，男：報、坊、埗。孫：錦釪、錦鐲、錦文、錦行、錦虎、錦忠、錦信。曾孫：澤。同百拜謹述

（選自第三支山後盧《盧氏宗譜》光緒甲午年重修本卷二）

太學生錫庚盧年兄行狀

予於癸丑冬客永，獲交於盧君鳳鳴，時相過從，聆其言論，有古人風，而邑之人士亦翕然以篤行君子稱之。君喟然曰："如余者何足道，其生平行事有可以載之譜牒而貽之子孫者，如余弟，庶無愧焉。"

弟名繩正，字錫庚，幼讀書，諳大義，及長隱於布衣。家無中人之産，而樂於從善，歲竭所有，以施材木，里中有捐貲修葺，必首倡其事。道光十七年間，邑遭大水，流離遷徙，幾於棲息無所，而余弟獨有憫於心而不能已者，曰："存歿雖殊，其欲安則一也。今生者適當此患，莫不爲移避計，而野間暴露之棺與斃於溝壑之屍，隨流漂没，死者安否?"爰率衆而先之，於其所未經朽敗者則移而置之高阜，而外此僅存骸骨者則拾而埋之孤冢。於流離遷徙棲息無所之時，獨能爲人所不及爲，吾黨以此知其異矣。

今有人述舊聞，溯往行，於古人一節之奇，每嘆爲高義而播爲美談，由斯觀之，則其實固有不容没者。

抑向又有售金姓田一畝，後知爲其家祀田，愀然曰："彼迫於不得已，至棄其祀而不顧，吾弗忍受也。"還其田，不言價而燒其券。又至武邑鄉間，有陳姓棄妻償債，臨别悲號，急往止之，而爲料量其所負。

此二事伊古來雖不少概見，然能如是，是亦足以敦薄俗云。其尤難能者，莫如不負死友一事。

觀音閣僧志通，向與吾弟相善，志通存時，以其積資托權子母，他僧無知者。既而志通歿，曾不囑付其徒，又未與其師言。斯時也，吾弟經理其喪，於一切需用代爲應付，並爲其徒置田三畝俾克承祀。計其數曰："吾今得以了其責矣。"沐浴焚香於大士像前，將所代執之券與所代用之項逐數開銷而畢。

予聞之，悚然曰："以若所爲，真足光家乘而爲後人勸已。"爰如其言序之。

咸豐四年歲次甲寅孟冬上浣，中吴殷福麟撰(江南人增廣生)

(選自第三支山後盧《盧氏宗譜》光緒甲午年重修本卷二)

邑庠生盧盛唐先生墓誌

先生盧姓，諱榮光，號盛唐，鼎三公之仲子，繼俊六胞伯邑庠生華三公爲嗣。少穎悟,習舉業,自經史以及諸子百家靡不博覽。鮑伯父樂三公、尊三公,皆名庠士,常羡稱曰:“吾家汗駒也。”惜乎家無中産,命遭陽九,弱冠大椿先謝,比及壯歲,鼓盆載歌。所遺弱息,身自育養。人勸再娶,而先生曰;“予子得幸成立,早娶媳以事老母足矣。他何計焉?”況其時長兄徙於岳家,幼弟又甚憨願,先生以一人舌耕支持供親娛老,不惟菽水承歡,且甘脆罔缺,待弟又甚友愛,一庭之中怡怡樂易,藹然秩然。孝友醇謹,近時莫及。

先生生不逢辰,境又狼狽,常人處此,少有不棄書業、習利途,而先生謹遵先人遺命,日夜勤讀,不忘儒業,不誠難能而可貴者耶?所以一時名士雅重其人,樂與盍簪。如河東孝廉吕克書先生,常延以西席;芝英孝廉應中安先生,又薦武城明府崔之蔚,亦延以西席之禮。及瓜,崔明府榮陞大邑,欲偕同往,倍加廉俸,先生以母老不敢遠離爲辭,崔益重之,以爲今時之李令伯云,遂厚其禮而歸之,先生亦即於是年得與皷篋。嗣後設館本祠,河東、龍泉、永寧諸英妙皆來受業,其得蜚聲者甚衆。先生此時方得苟安苟完,可以娛親,可以養年。

誰知鄰家不戒於火,屋舍延焚,器具財物付之一燼。先生祇安於命,先意承志,絶無愠色,恐遺老母憂,遂極力經營。次年再造屋宇,衣服器皿漸漸增益。兼之令嗣文登力穡有秋,家愈充裕。

“誰言寸草心,報得三春暉”,萱堂年登上壽,備盡孝道,凡棺槨衣衾一一從厚,不減富家,鄉黨親友咸稱羡焉。此真所謂蹇而能解、困而能亨者也。更可異者,先生病患肺癰,歷月不瘳。忽一夜,夢仙人予以仙方,此早其病如失。晚又常設館於樂善公祠,書案在寢堂上,先生甫出寢門,而梁覆壓其案几粉碎,而人無恙。即此二者,可以知吉人自有天相。

先生之爲人,蓋孝友其天性,忠恕其本懷,無戲言,無苟行,取信宗族,見重交遊,至今猶嘖嘖在人口者,其殆當於古人中求之者歟!

先生生於乾隆癸卯七月十二日辰時,卒咸豐甲寅年七月初五日辰時,享年七十有二。原配胡氏,生乾隆辛丑年六月廿七日申時,卒嘉慶丁丑年七月廿一日未時,合葬於黄岐之原。純以知己,爲之直書所見,以志諸其墓云。

時咸豐五年歲次乙卯仲夏上浣之吉,庠生通家弟周養純拜撰

(選自第三支山後盧《盧氏宗譜》光緒甲午年重修本卷十一)

盧翁寶林述略

盧翁諱珍發,字寶林,儀貌質實,性詣忠正,砥己不忤人,兢兢繩尺之間,古服方履,束身防檢,時以禮讓自律。持家謹而有法,課訓孫子以循分爲宗,俾之居業不以曠閑自廢家室,相率布著粒茹,飭戒繁麗,然聞義事則知無不爲。

縣之有育嬰堂傾圮久矣,城中紳董王某作而新之,構營房宇,建始集事,裒錢益産者,不一而足。翁家僅僅堪給食指,亦輸田畝。縣令褒獎之,旌其閭曰“廣濟群嬰”者是也。今夫人托施與、言推濟,好要盛名於外内焉,而宗黨之間,閭里之地,族居州萃之中有當爲之治事,宜計長久,殖帑藏視以爲小事,委而不問者,其本原失也。《書》曰:“惇叙九族,邇可遠在兹。”子輿氏曰:“親親而仁民,仁民而愛物。治之有序,行之有宜,古未有淩節躐級、治末而不揣其本者。”翁知此意。

爲十世祖宗帑前時缺所度支有襄貲者,至是會合長者並聚族人而謀焉,將此羽常田量價稱直而還之健常。又其派下常田一十七畝有奇,以五畝供春正節二日祀事兼納官賦,其一十二畝有奇治清明墓祭及生忌辰,此祖例也。翁派下輪直房望三,曰天、曰地、曰人,三望之祖帑時缺於供,而三望承直之田時有餘羨,舊例以其餘羨歸所承直之望。翁,人望派也,適以道光二十三年承其直,即與人望下集少長詢謀,合酌將此承直之羨餘補其缺供之宗帑,以之倡率。天、地二望至今約以爲成法,並合本常曠閑之基售人得價者入羽常,峙儲生聚,

於是乎有資焉。可謂知本務者矣。以視夫托施與、言推濟要其盛名，而委宗黨里閭族居州萃之事於不問者，其相去爲何如也？

翁娶潘氏，我族侄女，克嫻閨訓，助夫成家，女中夫焉。今其嗣子：長太學國典，次國興，季庠生江，我族甥也，於我爲其外祖輩行，持一紙書來述乃翁行實，求我一言。我於其翁未之一見，長者皆以爲是可登惇史，乃如其書所述之行實，次而列之。且語三子者曰："今繼先志課子弟以書善矣，然質實忠正砥己不忤人，時以禮讓自律循分爲宗，不以曠閑自廢，飭戒繁麗，此爾翁傳家之要秘也。爲之後者，循而踐之，敦而篤之，不自用，不自是，雍容乎族姓之間，與之相安於無事，庶幾無忝所生，當必熾昌未有艾者。"

故既集翁行又爲之作勉語，以令無忘考翁，與之爲纘承地也，於是乎言。

時咸豐五年歲次乙卯端陽之吉，優行廪膳生姻侍生潘樹棠拜撰

（選自第三支山後盧《盧氏宗譜》光緒甲午年重修本卷二）

聰行百四十五琢軒公孺人盧林氏節傳

聞之否極泰來，雖曰世運循環，然亦天命不可幸致也。

余從叔獻品向余暢叙：侄女子娘嬪於玉川盧純墨翁少君，琢軒公之德配也。自十三歲于歸，房屋數椽，荒田十畝，得産雙英，長寶霞，幼寶鼎。女一，未字。於咸豐戊午八年賊匪擾境兩月而退，家門有幸，天運使然。辛酉十一年，賊復侵疆，盤踞城鄉，始終三年，婿甥均被匪擄。霞當年少，母已愁多。古語流傳，大兵之後必有凶年，斗米千錢，鄰邑尤難販運，百文一畝，買家無處搜尋。自此一女既歿，幼子繼亡，孤寡隻身，晝則扃户悲啼，夜則淚流枕畔：窮已極矣，苦莫如之。

癸亥克復，合邑玉石俱焚，雖得善後，通城已成灰燼。行年三十，搭草鋪以容身，苦守半生，專縫紉而度活。亦必無意於人世矣！誰知

天不絶路，彼蒼眷佑，而在外八年，久無鴻音之子，忽然一旦回家，母子兩全，不啻從天降下。母問：經年被擄，如何得歸？兒對：托足南京，尋生活計。習藝三年，累寸積銖，腰纏二十貫，庶得水有盤川、陸有經費，不致逗留他邦，旋鄉還井。

敦崇節儉，專務殷勤，置産闢荒，重新廬舍。至若望兒有偶，娶媳周氏，堂前兩美必合，兒孫繞膝承歡。守志足嘉，於光緒己丑，荷蒙師臺呈請學憲潘批准，給予“節比松筠”匾額褒揚。

桂子崢嶸，解囊不惜，認造黌宫外署二堂西書房壹間，均已詳載邑志。桐孫競秀：長貞賢，次貞才，業儒。母增上壽，子入成均，余妹依然含飴弄孫。以見昔日之所否者於今不幾泰之來乎？

莫慘心苦如連，只思志堅於石。縭十三齡而結，雖落丹霞；笄三十歲而磨，忽留半鏡。此真苦節，勞手口以焉知；不信艱貞，剖心肝而可見。

爰忘譾陋，聊綴數語，以表夫幽閒貞静焉。

時龍飛光緒二十年歲次甲午黄鐘月上流穀旦，乙亥恩科副貢生從兄林維翰拜撰，男寶霞謹識

（選自第三支山後盧《盧氏宗譜》光緒甲午年重修民國丁巳年續修本卷二）

伯錤公傳

公英慧果斷，起承累葉丕緒。家殖千金，作旃廈層樓數百楹，置良田徧及鄰壤，池亭花圃、圖書器玩靡有不具。然富而好禮，風采動乎縉紳。時有張古學、顧石樓、潘巢雪、楊楚江、韓南明、謝宏文、謝巨文、趙古銘、雨蓬隱者、薦谷道人凡十人，皆負重名，恒相與觴詠於家。

張嘗大醉，卧公樓上，夜起，見彤雲四起，六出花飛，乃大喝斥之，衆莫測其所以。詢之，答曰：“自古賢達誰不畏雪者？故袁安有閉門之僵，昌黎有擁馬之詠，穿屐獨行乎東郭，和氈强咽乎蘇卿。今吾之醉是樓，何雪之足畏？不怒呵之，吾心平乎？”莫不大笑，以爲張公狂

甚，至今“喝雪樓”之稱，是其故事也。

夫何盛衰相尋，事變旦夕。方國珍以海寇起，一郡騷動，豪門貴族望風披靡。方授公以千户帖，欲起公衆以益兵勢，公拒之，未嘗往也。既而李元帥大本會收方寇，得公名，遂將公子謫戍，士論冤之。長子潭，戍遼東廣寧右衛；三子温，戍皋蘭；五子洵，戍南臺龍江左衛；四子濤，戍瀋陽左衛，以造魚鱗册稽悮得罪；而二子澄死之；由是公家竟破矣。

嗚呼，有大盛者必有大敗，此前輩至論，誰得而免之哉？故周室有黍離之悲，咸陽有銅駝之嘆，石季倫之於金谷，李德裕之於平泉，晉室功臣將相之于朱雀橋、烏衣巷皆一變而爲荒園野草、狐兔之墟矣。惟李白之《春宴桃李園序》、王羲之之《蘭亭記》，雖風流雲散，其人物文章猶炳炳在人耳目、香人齒牙。以是言之，則“喝雪樓”之十人者遺珠殘玉，猶零落於大方之家，當與太白、羲之追美矣，爲公之族者可不珍藏什襲而世守之哉？

今寓南臺戍者皆公後也，不可得而詳。

（選自第三支峽陽《樂安柴盧合譜》民國乙卯重修本卷之首）

伯啓公傳

公英異振勵，德足範俗，才足有爲，善於殷積，置良田數十頃。家有古檜，相傳爲宋物，虯枝屈鐵，勢若倒走，寒陰墜翠，掩映婆娑。公作樓，其外障以樹德堂，拱秀廳，環翼以層簷飛楝，丹雘黝堊，壯觀一區。或觴客清嘯，或掃石箕踞，陶然自得，而不知世有燕市咸京矣。

先而未經始時，從弟伯錤公有大作第宅，公往觀焉，婢以言激之。公怒而曰：“此何難事？”遂大興土木，於外人無知。有胡姓千石其號者，公用事舊人也，富無子，願傾貲贊之。至奠礎之日，以故址低於從弟數尺，一夕運土填基，地塈數餘丈，今稱牆外塘者，其遺跡也。明日，柱立巍然，勢淩雲漢，見者驚異，以爲有志者事竟成也。

安人陳氏，賢而有識，内助居多，以公家世樹德，欲大其門閭，期子孫有高車駟馬之遊，貽謀之志非小，乃歷辛盡瘁，相厥有成，可謂塵中之佳婦矣。

今居是廣廈，皆堂堂衣冠。使非公之不凡、安人之賢，寧有是哉？

（選自第三支峽陽《樂安柴盧合譜》民國乙卯重修本卷之首）

德汶公傳

爲人孝友忠信，平四以税長得罪戍南臺，公以長子代行。復罹重譴，卒於役，葬建康。

先而弟德浚念其兄之遠役也，力求身代，不許。泣而行，歲以白金百兩寄之。殆卒之歲，有家奴陳榮者私有之，由是致富，畜牛幾盈百而缺其一豕，心未已，欲市充之，走下水溺死。

噫，昔人有《葬書》，生而還其金，有馳馬飄被之異。今奴幸主之亡而利，其有因市牛而自溺。天之響報善惡若是其不爽也，世之人若何而不鑒之哉？

（選自第三支峽陽《樂安柴盧合譜》民國乙卯重修本卷之首）

克周公傳

公禀性仁慈，操行卓犖。嘗好清幽，另築别室，以爲燕居所，兩山環遶，蔚然深秀，而冬燠夏涼灑然也。每吟詠其中，得王荆公茅簷詩“兩山排闥送青來”之名，因扁其藏修之室曰“來青”。是誠得山之趣，盤桓而不舍也。

且君家學有自立心，行己足爲鄉閭楷範。有司識其賢行，進其氏名於朝，旌爲“尚義”，烏帽錦衣，炫耀里閈。此真有道之士，誰其及之？

賜進士出身承德郎禮部儀制清吏司主事前國子博士竹峰金克厚撰

（選自第三支峽陽《樂安柴盧合譜》民國乙卯重修本卷之首）

迎山公記

夫仙多名山，率有高人。逸士廬於其麓以爲之主，而山勢羅抱又若主人迎之而賓於其廬者，大都然也。

邑南十里許，屹然鎮重者，峽嶺山也。山陽又十里許，諸山盤桓而瑞靄氤氳者，世家盧氏之居也。鍾英毓秀，最多淳龐之士。余友瑞川公曾得之而爲天子耳目之臣矣，乃從叔父迎山君則又得之而爲一鄉隱君子焉。

厥考瑞山翁，丕創基緒，用遺後人，休君又從而光大之，益臧以裕，益昌以熾，駸駸乎方興而未艾也。然諸山之發祥於乃翁者，蓋自君而導迎之矣。矧賢嗣用鳴甫潛心力學，又將於諸山出色者乎！予嘗造之，見其棟宇崇峩，邃若洞宮。門外諸山，獻奇拱秀，參伍異態，有若嘉朋貴客冠裳佩玉而揖讓者；雲吞月吐，遠近迎青，有若檀車驪駟出海駕空而輻輳者；鳥韻風聲，徐疾交應，有若群仙咸集，象板鼉皮、鸞絃鳳管迭奏而鼎沸者。

予因嘆曰：“迎山君其賢主人乎！何賢賓友之宏多也？豈君迎之而來耶！抑山之迎君而來耶？山之迎君，君之迎山，余未有以決也。然未有君先有山，是山迎君也；既有君，山始有主，是君迎山也。君其諸山之瑞應乎？”余乃取酒酌君，曰：“爲君得賢賓賀。”取酒酌山曰：“爲山得賢主人賀。”於是座客起拜，賦《南山有臺》之篇以侑。

萬曆三年春上元之吉，君壽六旬。從弟時瑜、長子錫襄、君之長孫女女焉詣予而謀所以壽君者。余思昔之造君，而君之迎予也，若迎山然，予敢辭所以壽君者乎？雖然，君之迎山亦若迎予，則山必有以壽君矣。山而壽君，君壽且如山矣。余何以壽君哉？爲述昔所覩記以遺之。

君諱相，字承宰，迎山其別號云。

時萬曆乙酉孟春之吉，賜進士第中憲大夫南京都察院

右僉都御史奉敕操江兼巡江前吏科都給事中、姻生寤齋吴時來頓首拜撰

（選自第三支峽陽《樂安柴盧合譜》民國乙卯重修本卷之首）

學夔公行傳

公，正雅公之長子也，生五歲而孤，母陳氏亦繼逝。

公幼有成人之質。當朱明之南渡也，有宗室滋陽王者改藩台郡，公年十三，以徭故，僉運軍需，閽者難之。公哭訴於庭。王閔而哀之，事遂竣。自此凡運解者咸便焉。公以是名聞於監司，嘖嘖稱異。

前此，正雅公慷慨好施。家頗落，公痛自勤苦，遂漸漸復。室娶魏博縣二尹余茂善公孫女，與公德相齊，有孟光舉案之賢，而祖業因而再盛當其時。

鼎革初年，盜賊蜂起，官軍會剿，徭賦繁苛，公與室外持門户，内課農桑，公私俱給，無難色焉。生二子四女。公不幸心力勞瘁，至四十五歲以病故，室余氏節矢《柏舟》。時諸孤藐如，族人窺伺者衆，又直海氛雲擾，滿地兵戈，余氏不懾不怖，辟績自如，而又畫荻和丸，以成其子。女取次適人。

至康熙間，長子維聰爲邑中諸生，以才稱試輒高等。次男懋日，亦善承堂構，有聲於鄉黨間。余氏以苦節訓子成名，邑士大夫稱賞之，聞於督學，表其間。適以疾終，偕公葬於宅前丹山焉。迄今松柏森森，如有生氣云。

眷侍教生張明焜拜撰

（選自第三支峽陽《樂安柴盧合譜》民國乙卯重修本卷之首）

妥庵公行傳

元才公，字友章，號妥庵，悔過知非人也。公族内家乘維新，以狀請，余不敢以不文辭，而又不欲以不切之辭，轉汩没其爲人，因請自狀。

公曰：余髫齡時，先尊人遣就傅，教以書，輒能成誦。及冠，讀漢志有云“寧我負人，毋人負我”，此曹孟德之言也，余聞而壯之，因效之。故生平作事每好勝人，人以非理干者，雖强悍必使屈，不欲讓。

偶一歲，夜遇數劫盜，獲其一，刃死。人皆恐，莫知所措。余掘洞移屍，同地保鳴官，欺以其方，邑侯遂信，釋余辜。自是族衆謬謂余能，余亦自負。及讀《陰隲文》《因果録》，余悔矣，予生平之不德亦以久矣。

今余痛改前失，戒口過、淫殺過，終身茹素，誓不殺害衆生。每日清晨焚香，誦經數卷，以消罪愆。又於山頭湖地方築室數楹，捐田四畝，山一畝，以供茶火，以便行人棲止。區區善根未知得增長否？

余聞而嘆曰：有是哉，公竟如是勤修哉！昔武公以睿聖悔過，伯玉以賢者知非，尚矣！他若劉平本一醫士、賀生本一屠兒、劉妍本一妓女、鮑靚本一店家、丁約本一兵卒、李正元本一獵人，此皆自人以積功累行而得仙者。公誠改遷而有誠實心、永遠心，又何患百福之不駢臻哉？

公力勉之，余日望之。

時乾隆五十九年歲在甲寅仲夏之吉，庠生王國楨拜撰

（選自第三支峡陽《樂安柴盧合譜》民國乙卯重修本卷之首）

日峰盧君行傳

士之處世，苟一技之能精，一藝之能成，即可以垂其名於後，不獨儒者爲然也。

吾仙處萬山中，人古樸而好勝，士之少年者，無不於拳棒是事。然業之雖多，而求其精者絶少。

隔垟盧君日峰諱元卜，字友吉，爲聘臣公之長君。聘臣公厚於財，以富稱。日峰處家庭寬裕之秋，稍長即以拳勇是習，遍訪名師，聲名日振，凡少年弟子與之相角者，無不辟易。然素性謹厚，不自誇其

技，人之見之者，温温然一儒生而已。若遇人有事，排難解紛，無不一身是任，是殆朱家、郭解之流歟！

迄今年逾六旬，家室雍容，雁行聚順，三子六孫俱各頭角崢嶸，有荀龍薛鳳之譽，未必非盧君謹厚之報。余與盧君仲弟月峰交最善，故知君最悉，深慕其名而未嘗一觀其技也。兹值宗譜之告成，因樂爲之傳云。

時道光二十年歲次庚子季冬吉旦

眷弟王池拜撰

（選自第三支峽陽《樂安柴盧合譜》民國乙卯重修本卷之首）

贈盧君竹君先生傳

孔子曰："斯民也，三代之所以直道而行也。"逮德下衰，而匼阿諛認突梯滑稽之風熾，於是人諾人趨，我喪我故。直道寥寥，所從來久。盧君竹吾，其有古風烈焉。

處士諱良儀，字文禮，宋慶元進士指山公之裔也。性孝友忠誠，嚴取予，重然諾，巍談詭色不形口頰間，宗族鄉閭相引以爲重。諸有事難平、忿難釋、口難言者，咸質成於君，君受託，輒毅然肩之，閭閻安堵，皆君之力。事之來也，某低某昂，若待衡以較，不爽錙銖。積仇深懟，對壘方嚴，君被纓救之，導窾批郤，諜然而理解矣。骨肉隱微，孤煢裏愫，有唈唈難於自鳴者，君亟通其隱，無鬱而不獲毖之情。

或有詢處士者曰："吾與子並族也而人子敬，並言也而人子庸，並行也而人子誠，北宫之語西門子毋乃稱，則何修致然？"君哂曰："吾處事何足過人？吾第三無枉耳：染指於鼎，利令智昏，命曰賂枉；貴踞當前，寬博在後，損下益高，命曰勢枉；聚蚊成雷，羽翮飛肉，同聲而和，命曰聽枉。吾不以半文斯四知，三卿忽子寠，衆口鑠一金，故我不欺人並不欺心，直躬而行，是之取耳。"蓋終其身，無枉言亦無慍色，雖在拂逆中，處之怡然。暇拉族黨建宗祠修譜牒，而孝友恂恂，尤始終無倦勤者，其於勢利澹如也。

娶夏氏。生一子大倫，聰明特達，綽有父風，惜乎不壽焉。

贊曰：猗歟竹吾，古之遺直。若砥之平，如矢之棘。鬩門朋與，訛言羅識。藉公片語，燎原焰息。輯譜聯宗，奉先祠葺。除盜安民，義聞嘖嘖。

時萬曆甲寅春壬正月，東陽博士友人養吾李文素撰

（選自第三支《指山盧氏宗譜》民國丙寅年重修本卷首）

成之盧君傳

《易》曰："積善之家，必有餘慶。"餘慶之名，誰不羨焉？而積善一途，往往難之。

乙亥冬，余與友人包君輯功者敘於永邑指山盧氏譜館，品酒敲詩暇，因物色其前哲家風一時挺秀俊彦，知其先乃宋進士深夫公之裔。憶公登宋忠臣文天祥榜，第避難退隱，風節不少概見，而守不二臣義，亦與天祥有同心者，指山其所遯跡以終身也。子姓奠居茲麓，大約仗節義，崇詩禮，雅重於黨里。厥後生齒日繁，又當元明革命之際，烽煙四起，盧氏有秉識高曠者不遑寧處，遂遷於岑蔚之區有云石湖山後者，爰卜厥居，肯堂肯構，世不乏人。越今有諱元龍字成之者，尤克慷慨推誠，與俗無忤，喜爲人排難解紛，而鄉里之鳴非訴是者門無虛日。事無大小，經公指畫，往往輸誠。且秉性穎異，屢從名師肄業。習操弧不售，退精星學，工書數，窮源僻塢之鄉，賴公搜隱而剔弊。常能急公仗義，見有轉輸不給者每爲之貸。撫孤侄承御，教養兼至。

甲寅後，山君肆虐，數十里間被慘者不可勝數。公發憤倡義，會約千人，祈天請禱，而潛跡隱匿、不復闞虓者迄於今。蓋其先曾祖考皆有隱德，益以公之剛明直達，同憂共患，衡重輕，準曲直，展不試之經綸，以與鄉之人共享昇平，抑亦世之英也。慈（兹）恐祖德失紀，乃上下數百年之殘簡修將墜之統緒，重新譜牒，則公非惟有益於鄉，而且能爲功於祖，善之積也，不亦巨乎？慶之來也，將有自矣！方今康

壯已順，適其天，無少顧慮。乃配江氏，淑德克相。厥子二，承鄭、承鄂，年甫總角，英爽自異，則於《易》之所稱不有實踐者乎？豈若世之僅騖其名而已哉？

余性堅拙，見善樂道非一日矣，不忝匪文爲贅數詞以表公之積善，亦聊以酬余之夙願也。

是爲傳。

時康熙三十四年歲舍乙亥季冬之吉，東庠眷弟湖山九皋氏胡欽鶴拜贈

（選自第三支《指山盧氏宗譜》民國丙寅年重修本卷首）

君彩公墓誌銘

已卯之春，君彩公請壙志於予。予曰噫者，予於公侄行也，何敢志公哉？雖然，公之豐功碩德其載之口碑者，固予所熟聞者也，又惡敢以不文辭？遂狀命不律而略志之。

按狀，公諱守珠，字君彩，自始祖千四公從括遷居邑之三十三都六科中保，而盧氏遂爲著姓。十一傳至金峰公，其曾祖也。王父鹿泉公，考六峰公，妣張氏，生公伯仲八人。公行三，生平忠信勇敢，才能邁衆，爲族長則祀事修而族知有親，爲鄉長則公事辦而人知有尊。至奉檄討賊，則陷陣先登，無堅不破，振旅而出，獻俘於公。釋刃而優遊隴畝者數十年，終於正寢。

嗚呼，古今來豪傑如公者幾人哉？雖四海之内，千載而遥，猶且想慕其爲人。矧生同時，居同邑，復在親親中而不爲之闡揚功德哉？

元配安人鄭氏，舉男子五：長德蜃，娶王氏；次德虯，娶金氏；三德蟾，娶何氏，承叔玄後；四德蝺，娶黄氏；五德勤，承叔揚祀。女一，適安前何德明。孫男六：王孫、王瑗、桂生，妹媛，蜃出。泰瑗、瑗弟，虯出。公生於明天啓年月日時，卒於清康熙年月日時，享年六十有九。鄭安人生於明崇禎年月日時，卒於清康熙年月日時，享年六十有一。

今厥孫以某年月日時奉柩合葬於本里蘆坳之原。

鬱乎蒼蒼，生蕃爾祉兮歿美其鄉。山明水秀兮白石藏，既固既安，百祀昌康。

康熙丁卯舉人表侄林沾拜撰

（選自第三支六科《范陽盧氏宗譜》民國辛酉年重修本卷十一）

聞谷公墓誌銘

安固素稱山水區，自邑西關直折而上，川原秀麗，形勝迴環，以芳山鄉六科爲最。其間類多賢豪長者流，往往韜晦自好，不求聞達。近今則予姑丈聞谷公其人也。

以辛未十二月二十七日卒。將葬，厥孫奉狀而謁予，曰："吾父爲一鄉之士，生平懿行，隱而勿彰。今發引在邇，敬請一言，以光潛闡。"予辭不獲，遂受狀，志曰：

公諱守默，字克識，聞谷其别號也。世居三十三都六科中保。十傳至高祖龍岡公，曾大父鹿泉公，考六峰公，妣張氏生公伯仲八人，公行四。生而孝友性成，才智夙具。處族里中忠信醇謹，寡言笑，慎取予，恂恂若處子。及其臨事，則見機處置，動無不宜。當國初鼎革之際，山寇竊發，縣檄公伯兄爲團練總，引軍徵剿。公贊畫其間，扼要設伏，百不失一。會賊遁散，時營弁苟安，撤圍還邑。公以時不可失，與兄謀搗穴計，走白主帥，請獨當一面。已而果殲渠魁，奉上獎賞，公悉推之衆人而已，不居焉。其生平志節類是。晚年，娱情書史，凡地理星曆，靡不究極，著族譜數卷，未竟而卒。

元配城南林氏，明戊辰會魁東閣大學士林增志堂妹，予從姑也。生子男二：長兆日，娶西坑金氏，生男孫二：世瑚、世璉；次兆微，娶安前何氏，生男孫三：宫生、五生、禎生。公生於明天啓年月日時，享年六十有六。先姑生於明崇禎年月日時，卒於清康熙年月日時，得年三十有一。兹以年月日時奉柩合窆於本里嶢嶼山之原，爰爲之銘曰：

嶢嶼之里，山明水美。欝欝佳城，蛟騰風起。彼坤輿之發越兮矣，亦考祥而視履。

康熙癸酉冬十二月甲子科舉人内侄林青雲拜撰

（選自第三支六科《范陽盧氏宗譜》民國辛酉年重修本卷十一）

爲甘溪琦盧君傳略

瀫之西有甘溪者，邑之巨族也，山環水繞，内有隱君子焉，盧其姓，諱希珍，字文琦，行恭六十。元配徐氏，生五子，長諱思亮，次諱思哲，三思科，四思儀，五思俊。蓋不求聞達，惟以孝養爲心者也。

當滄桑之變，大軍入境，嬸氏罹災。公意母也，奔救倉皇。軍怒而射之，發矢二，公則接而折之。彼以爲將才也，薦之首將。首將欲羅而用之。公以爲欲事君先事親，子道有虧，君何以事？由是得歸終養，承顔諭志，罔不曲盡，族之中敬而式焉。迨風木悲而哀號慘怛，有幾幾不欲生者，親友慰之曰："此身之關係非淺也，過傷徒損耳。"而公則凛然悟。自是而經營家計，積累盈餘，增其産者，復廓其居，翬飛鳥革，君子攸緒。登其堂者，咸羨其家業之精勤也。

且也鄉評月旦，排難解紛，處族黨之間，與父言慈，與子言孝，交友以信，待人以謙，而又樂善好施，慷慨仗義，見窮民之無告，賑饑者不止一家，知殯殮之無人，而施棺者非徒十計，種種善行，美不勝書，蓋皆由孝思之大而推及其餘者也，宜其獲報無窮矣。夫何修文有召，未及燕賓筵而賫志以没也。然報施不爽，不於其身，必於其子孫，況有繩繩振振克岐克嶷者乎！

令子周臣等，因族刊譜，問傳於余。余以才識譾劣，言何足爲公榮？然忝與周臣有親誼，不得已效顰，聊述公之梗概以俟後之君子采其休光云爾。

大清康熙四十七年歲次戊子仲夏月穀旦，郡庠生眷侄邵觀拜撰

（選自第三支《甘溪盧氏宗譜》民國乙亥年重修本卷之一）

用中公墓誌銘

先是用中手營壽域於芳山鄉六科嶢嶼山之先兆下，乾隆丁巳復月三日，厥孤將啓而奉柩合窆也，捧狀乞予銘，以著於後世。予重其篤摯之意，且屬中表至戚，其敢拒？既而按其行狀，因嘆夫山澤間韋布者流，有行誼之純而亶福之厚如公者，可多得乎？

公諱兆微，字子顯，號用中，行行世居芳山之六科里。自宋千四公十一傳至曾大父鹿泉公、大父六峰公、父聞谷公，皆隱晦勿耀。妣林氏，予從姑也，生公於順治年月日時。十一歲失恃，孺慕獨深。比長，事父聞谷公，未嘗違顔色，與人言及母輒流涕不已。家故中産，手致無饒積，而能散里黨之待以舉火者，趾常相錯，具排解才，族中有鬩者義起而解之。前邑令何公奉有縣耆之舉，城鄉士庶僉以公應舉，公遜謝固辭，何公亦深重其爲人。

生平脱略奢靡，崇尚節儉，惟兢兢以奉先垂後爲念，如輯宗乘、建享堂，靡廢勿惜。其教子以正，子有小過，譴不少貸，故諸子皆恭謹無愆矩矱。室遭延燎，了無怨尤，改築拓繕，邃閣重樓，寬宏壯固，詒謀允臧。

雍正辛亥遘疾，十一月二十日不起，未屬纊時，語諸子曰："終時慎弗號泣，以亂我神。我往傍二親可矣。"公享年七十有三。元配安人何氏，静淑宜家，生於康熙年月日時，卒於雍正年月日時，享年六十有八。舉男子六：長時纘，早世；次世琳，娶安前何氏；三世璹，娶安前何氏；四世璣，娶松壇吴氏；五世琯，娶黄崙吴氏，繼黄嶼包氏；六世理，太學生，娶固社吴氏。女二，長適庠生金鳴鶴，次適凰山何廷華。男孫五：長可賢，琳出，娶六甲張氏；紹魁，娶金嶴余氏；可甲，璹出，娶四顧山金氏；誠，璣出；紹曾，理出。女孫九。曾孫一，月桂，賢出。是皆公孝義所致，福德斯隆，余故嘆山澤之間韋布之士如公者，誠不多得也。

爰爲之志，而係之銘曰：

忠誠篤摯，敦宗睦鄰。行修於己，亶福自天。履無藉厚，孫子森然。秉筆以銘，用志不忘。繩繩以續，勿替烝嘗。

乾隆二年丁巳冬十月上浣之吉，恩授鄉進士考驗咨部

候選州司馬改授儒學教諭、表侄林紹文拜撰

（選自第三支六科《范陽盧氏宗譜》民國辛酉年重修本卷十一）

岳父諱邦球公偕德配岳母邵孺人傳略

公諱邦球，學名金澤，字玉圃，先世由蘭邑遷淳之龍孫社，迄今三百餘載矣。

昆仲三人，公行居二。少失怙，幸母氏邵太孺人苦節撑持，以母道兼父道養之教之，使之出就外傅，誦讀詩書，而公亦克體親心，奮志芸窗，爲文自出機杼，不屑作猶人句以怙。師深契之，謂沖霄而上意中事也。無何而粤匪入寇，一家數口逃避於外者數年。幸而皇靈震疊，同治改元初，全浙肅清，公復重理舊業，耕作之暇，輒勤誦讀。癸酉歲，丁大人文宗按臨睦屬，公竟領青衿而歸，非所謂苦心人天不負、有志者事竟成乎？

何圖金萱枯折，玉樹旋凋，公未强年，琴弦忽斷，至此而影隻形單，孑然獨立，公之境遇益苦矣！然境遇益苦，而公之自勵益堅，省躬接物，不敢苟爲，是以鄉里人咸稱道之。酉年甫九齡，適公設絳於東崗，嗣又授徒於舍下，追隨六載，督課綦嚴，酉之邀倖入黌序而食餼廩者，得力於公之教居多，而於公之行誼亦最悉。

公初娶邵孺人，爲同邑孝廉、特授温州府瑞安縣教諭諱秀亭公女弟，即酉妻之所從出也。素嫻姆訓，敬孀姑，和妯娌，壼内賢聲，播於里黨，不幸艱於嗣，而因病早逝。繼娶胡孺人，今猶强健，舉子一，温厚和平，有乃父風。厥孫三，皆彬彬然森如玉立。語云：修德必獲報，不於其身，必於其子孫，公之後啓，正未有艾。

今年秋，適逢貴族匯輯家乘，酉雖不敏，不敢以譾陋辭，且不忍没公之實而書之。

時光緒三十四年歲次戊申孟秋月上浣，門下婿邑廩生方酉成頓首拜撰

（選自第三支《甘溪盧氏宗譜》民國乙亥年重修本卷之一）

翔風盧公家世論略

天下事有前人爲之而後人因以袛遹者，亦有前人所爲而後人大相反對者。其袛遹也，所以繼前人之志；其反對也，適以發前人之光。是皆時會使然，不必斤斤於異同離合之跡也。

吾鄉翔風盧公諱翼之，束髮受書，青年入泮，文章雅而潔，字法秀而勁，祖德積蔭，致家道小康。何往不可圖進步，而乃學伯陽之知足，習象山之主静，倚窗寄傲，門無雜賓，布衣蔬食，凡百儉約，歲科兩試，應故而已，廩且不冀，何況科第？其哲嗣二人，長太學生鶴齡、幼郡庠生鶴聲，趨庭承訓，習見其父之節概，亦遂皆循途守軌，不敢稍逾繩墨，惜錢惜福，至親密友外不復濫交一人。古風如此，有父風復如此，所謂善繼志者非耶！

未幾鉅而文孫時立出，生而靈警，長而瑰奇，以英爽少年，爲豪宕之俠客。居恒喜交遊，廣聲氣，食客常滿座，近而鄉邑之先達時傑，遠而省會都下之名公鉅卿，莫不邀青盼，通款洽，蓋非復曩時之門無雜賓矣。

性好施與，鄰鄙有急難則周之，行道有困乏則濟之，親朋有要需則越俎代籌之，揮金如土，亦非復從前之凡百儉約矣。住書院不已，易而辦學堂，學堂不已，進而爲上海教習，教習不已，轉而入都考譯學、就師範。十餘年間，所費不貲，金盡裘敝，更非復疇昔之循途守軌矣。然自十七歲遊庠，俄焉食餼，俄焉爲師範畢業舉人，俄焉銓分陸軍部科員，俄焉奏派爲滇省兩級師範監督，聲名喧赫，爲吾鄉首開風氣，别開生面，抑豈復如祖考時之泯没無聞耶？

嗟嗟！道咸以前，一拘墟坐井、塞聰黜明之世界也；同光以降，一天擇物競、鬥巧炫奇之局勢也。翔風公與其二哲嗣並萌達於道咸間，時當守舊，固不妨於襲舊也；時立生長於同光世，時值謀新，自無嫌於翻新也。翔風公享年七十餘，而以增貢終其身，其得貤贈奉政大夫，此非祇適者之所能辦，而反對者之克光前烈、上慰先靈也。時止則止，時行則行，夫何異之勿同、何離之勿合哉？獨惜時立李數扈命，壯志空賫，天心不仁，幽魂抱痛，是誠盧門之缺陷也夫！

時光緒三十四年歲次戊申秋月，候選教諭恩貢生姻晚唐望君謹撰

（選自第三支《甘溪盧氏宗譜》民國乙亥年重修本卷之一）

師二百三十八曳笻山人盧師文以傳

珠映爲目之神，失其守則無所司；蒙瞽直鎛得以自矜，聾跛躄斷者且傲以所見也。

師文由白竹之章墩再遷禹岫東，生三月而震瞽，以一索得男憐之，爲嬰孩無所嗜。比長，自念爲棄人，何以酧生我者，昔左丘氏、杜子夏、張籍不敢望矣，馮任相友而隱於青盲，吾則否否，惟是李虛中、桑道茂推五行休咎願學焉。而口授之業既成，與其弟睿若周周銜羽然，每至一家，以支干告者，知其爲石麟、爲金鹿、爲韓蘇磨蝎也。久之，罔不驗。

嘗雨甚，挈芒鞋擿埴衣懸鶉不寘，有蘊火，恐夜然，或再三起，以手摹門牝之扃鑰者。酒數行，捫其腹，未枵，輒捨餐飯。憶曩時有貸於人，靳弗與，意以爲吾故貧也，又病瞽，何以償之。近年，已貫朽而得穀，入于山有木，陂澤可漁，滋幸矣。昆季三，悉以贏餘畀之，鴒原之急，友愛驩然，以榛栗楂梨茗荈持贈者無虛日。

年七十餘，自知其溘焉將逝也，曰："某日吾就木矣。"環聚者泣下，比鄰咸感嘆以爲神。乃以弟睿之子爲己子，曰益釧。見孫四人，

曉讀書。鄉黨恂恂，祝睦碑巡巡，劉修碑爲循循，余因舉而示之。

時嘉慶二十二年如月既望後七日，敕授文林郎、原任杭州府昌化縣儒學訓導、候選知縣、荇洲何豫頓首撰

（選自第三支《竹川盧氏宗譜》卷之八）

師三百六十五諱師睿盧煙丈傳

輶軒使者職采覽爲奏書，曰耇鮐曰耋曰梨，稱於齊、晉、楚、兗州之郊，尚齒也。

盧氏系五雲之竹川，其先世爲柴炯，周世宗庶子，宋太祖陳橋之役更名曰璿，而更姓爲盧，諱也，引避也。墨胎之後爲怡慶氏，爲賀氏、師氏，爲帥氏，昔有行之者。明嘉靖間曰大恩，始來吾東。恩生守隆，守隆生求，再遷於蠡塢，在禹岫東，道若咫。求生日禮，於盧丈爲大父。山棲谷汲，風雨衡茅，一馬之田不可，習《氾勝之書》，血肩胼手，皸瘃作勞，知吾分之不可妄干，而錙銖謹凛持之於以有年。先是家甚落，飯半蕪菁，長鑱一柄，不知席壽幾何，又添鶴口，暮歸間以橡栗剖分之。伯兄盲於目，晨夕鶼鶼，爲之相娶於陸，省穡自支，轣戢戢有聲，抽繭鳴機既成，市之者緡纏以倍。按南番始有木綿，一云吉貝布，夜闌篝一燈事事，蜩鳴燕睇，虛昴星中，輒以壺久佐力耕者。

盧丈春秋高矣，貌頎然，鬚數莖蒼白，左右車齒齦齦，而谷於眂理屯烝泄，憑一幾几和，鼻息齁齁，餌芝術，然丹服槐實舉無所用之。得二子，家督益盛，次益釧，授匠石以材甎級蓋瓦之需，度以筵爲居處，萃聚而升，彝倫鷹鷹，章曷南見，遺杖瞿然，姜子發於其父之笠，相對淒其，幸不幸何如也。孫咸佩，偕其仲咸選，能讀書，戛戛然就州縣試，知其學日進，並工五七言詩。曰元曰亨輩，樹其土之宜，未有墮武者。曾孫一。

余嘗主其家，春山小雨，澗水夜流，既醉，於是乎書。

（選自第三支《竹川盧氏宗譜》卷之八）

師五百三盧姻戚師明傳

南湖吾舊宅也，與盧氏世姻。春雨瀟瀟，梨花寒食，吾掃墓仙掌山，去年不獲一至。曩嘗遊五雲，知所爲竹川者實蠡塢之宗。頃再宿於盧，觀其家乘，數典不忘，其居人願愨，以樹藝而薪粲饒，疆有力者，彍於義有聲，朱家、郭解，輒企慕之。

先是承啓公舉三子，穉者曰師明，軀幹魁梧，目炯炯有光，鬚灑然，髮直而黝，每飯嗜粉餈山肴蔬果，惟愛所丁。昔有盜入蔡裔家，裔叱之，震而斃。張元以佩刀出獄，亟於拯人。君以爲古人可起，當從之遊，其性然也。娶義陽厲，無所出，簉以余，生一女，歸吾之從侄。一男曰益士。

憶君盛年奮不顧身更事多，乃盡日闔門，黄精、白术、枸杞、菖蒲計所以延年者，而内助惠以和，未嘗訢誶。伯兄目既瞽，垂老扶將，爲之左右手。蔽風日數椽，山腰屈曲，林木翳然，時鳥呼啼，戴天一笠，居兹土者自有明嘉靖初，蓋已久之。《傳》曰"善善從長"，葛稚川駁泰，劉以諛墓疑韓，其於立言者當何如也？

按縉志載潛説友南宋時曾與先公遊，其文章鳴盛一時。爲盧傳緬懷古昔，懌然起、憬然思也。

時嘉慶二十二年如月既望後七日，唐昌外史何豫頓首拜撰

（選自第三支《竹川盧氏宗譜》卷之八）

盧信龍先生傳

盧先生錦標，字信龍，�齋其號也。系出范陽，代多賢達，祖若父皆忠厚傳家，昆季五人，而先生爲之長。

少岐嶷，穎秀邁群，讀書於洞溪寺。寺距城東五里許，林巒深蔚，蒼翠浥人，肄業其中恬如也。少年補邑庠弟子員，尋食廪餼，鄉先正皆許以偉器，天假之年，當必更有可觀者，其如顏子淵之數何！

先生於予爲表姑丈，予嘗師事之，而先生則以友道待予，性情契洽，不可言宣。迄今追憶前徽，猶令人羹牆如見而不覺長言詠嘆，咨嗟太息，不能忘。因而思先生善記誦，經史百家罔不涉覽。且旁通岐黄之學，求醫者踵接於門，未嘗責其報謝。生平以飭躬自勵，居心長厚，不參一私，信義孚於鄉黨。人有疑難事皆倚之，先生隨事排解，不辭況瘁，其藹然風度，尤爲閭里所樂親，而且禮儀嫻熟，官於是者輒延爲相贊，俾無隕越之羞。予亦從先生學禮，步趨追隨者幾三年。今雖與世長辭，而餘韻流風，嘖嘖人口。

厥子二，其秀氛與先生髣髴。長名彤，隨予課讀，雖學業未成，預知其有造也。積善之家，必有餘慶，吾蓋爲先生誦矣。

愚侄郡庠廩膳生褚榮貴修之謹述

（選自第三支盧埠《范陽郡盧氏宗譜》民國己卯年重修本卷之一）

九齡翁行傳

翁姓盧，諱昌香，字九齡，浩松公之子也。兄弟四人，翁居幼。

生而聰慧，父母鍾愛之。俾習舉子業，曾與予家秀士夫子同窗，勤讀好問，不懈其力，以玩愒歲時。比長，能爲文，八股時藝，諳練揣摩，三登試院不遇，數奇也。後以親老析居，身膺家政，而展卷未遑，同業咸惜之。然翁雖輟儒業，而每見文人學士心雅好之，必加禮應酬。其二子，長名茂聖，次名茂賢，即其命名之意，有以知其心好讀書也。

生平不妄言，不妄動，不妄交接，以故登其門無俗下輕儇習。性嗜酒，遇二三知己飲，必微醺而睡，然不沉湎。人或有非禮相加，怯然退避，不計也。凡遇綱常名教之事，鋭然起而身任之。歲丁卯修譜，總葺其編，紀月編年，兢兢業業，不敢辭其勞瘁。重建宗祠，自癸酉經始，至壬午告成，經營排遣，雖有贊襄，而出入書記，賴翁一人專司焉。嗚呼，以翁之才行，正宜享耄耋期頤之壽，食報於無窮，胡天不慭遺，竟以一病而逝！時我皇上御極之六年六月十一日也，距生於乾隆壬午正月廿九日，得年六十有五。

元配李氏，舉一子二女。子曰聖，敦樸務農。繼配施氏，舉一子一女。子曰賢。賢獨秀出，教以詩書，屢陳攻苦力學之言，我輩亦間聞之，深服其教子有志。初令賢從秀士夫子遊，夫子曰：“若奮功能紹厥考，無虞他日不成矣。”今賢亦體父志，博聞强識，以揚藻而摛芳，郡邑試屢拔前矛，將來遊泮水、奮鵬程未有艾也。孫曰喜、曰崑、曰品，俱頭角嶄然，他日光大門閭之器。女孫曰寶、曰聰、曰榴。

論曰：讀書爲起家之本，勤儉爲治家之本，以翁棄儒力穡，似屬降心，然治生固讀書之先務，而五車書正不妨留兒讀也。跡翁勤儉居心，克成家道，肯構肯堂，阡陌連畔，實以治家裕起家之謀也。語云“不于其身，必於其子孫”，正可爲翁卜矣。

兹值家乘重修，敢忘固陋，謹述梗概，以式其後人云。

時道光八年歲次戊子花朝節，邑庠生年家眷侄珠船吕遇珍拜撰

（選自第三支《石江盧氏宗譜》民國甲寅年重修丁丑年續修本卷七）

彪達公行傳

從來耆年碩德，朝廷養老之典在所不廢。予聞有盧翁諱英道、字彪達、號輔廷者，繫源華公之冢嗣也。皇恩欽賜已申報在學，宗族鄉黨所共稱焉。予與翁爲襟丈，誼忝戚屬，實見其爲人，力追隆古，不忍聽其湮滅而弗傳。

方其少也，零丁孤苦，困阨備嘗，習木藝，愛土物，敦本務農，課耕教讀，克勤克儉，所謂今人中之古人也。及長，而往來相見，歷歷驗之。其言笑不苟矩矱，一遵先民，真非庸流所可及耳。再難得者，古人三十而有室，而翁獨能霹手成家，娶妻已過三十，比古人爲尤晚。然待猶子如己子，宜其多福多壽又多男也。

不特此也，睦鄉鄰，和妯娌，排患難，解紛争，閭里中無閒言，此固人人之所共知，而非翁之所難也。且也教子遵義方之訓而喜報采芹，

樂善好門頭之施而恩流乞丐，事父以孝聞而心多怨慕，待子以慈著而量極寬宏。他如持己以恭，接人以禮，欵客以誠，交友以信，與夫毛賊回禄之後而肯構肯堂、克紹箕裘之業者，指不勝屈，非所稱翹然特出者哉！嗟乎，羲皇世杳，唐魏風遥，人之習浮夸而競侈靡者所在多有，如翁者古處克敦，亦可謂加人一等矣。

翁卒於光緒甲午年正月廿二日辰時，距生道光甲申年閏七月十一日卯時，享年七十有餘齡。皇上給予頂戴，洵作善降祥之明徵與！淑配胡氏，華年六十有七歲，與予之妻爲姊妹，貞静可嘉，有魯敬姜風，備周太姒德，相夫育子，終身無違言。舉丈夫子四：長存有、次存清、三存業、幼存陞，並前猶子臨受爲五，皆謙恭有度，颕異不凡。孫男一，孫女一，亦頭角崢嶸。想爲有繼繼承承以光大門閭者，其發祥正未有艾也。

玆當華乘告峻，謹序俚言，而爲登之於編末，以俟後之采風者。

時龍集光緒二十年歲在閼逢敦牂桐月中浣穀旦之吉，

襟弟邑庠生吕翱頓首拜撰

（選自第三支《石江盧氏宗譜》民國甲寅年重修丁丑年續修本卷七）

盧新民行述

余友盧新民，少年英雋，風情瀟灑，擅長時藝，處與咸宜。丙子冬，同遊閩北，共事古鏞，每公餘輒捉膝，時或攜酒登巇，舒席平山，道素志，論古今，相處日久，深知其詳。

盧君於民十五畢業永中後，鑒於邨童之失學，遂創辦玉成校，慨以培植優秀子弟爲己任。次年適黄浦軍校招考，有志投筆，慕宗慤之長風，詎抵京都，統帥高蹈，以致考期無形停頓，輾轉匝月，良願未遂。俄而孫逆督師，窺伺龍潭，君遂參加國軍，衝鋒陷陣，共奏凱旋，繼隨上峯轉入政界。未幾辭歸，休養田園，業效陶朱。嗣復爲吕公招致幕下，歷充慈溪、仙居、東陽、浦江、湖屬等縣相助爲理，歷數年如一日，聞其行述而其人可知。

余謂象巖山清淑之氣盡以鍾之新民，不然何其胸眼高曠也？兹爲畧述梗概，愧未能一一志之耳！嗚呼，如新民者，可以風矣！

民國丁丑三春，古麓應鶴書識

（選自第三支《石江盧氏宗譜》民國甲寅年重修丁丑年續修本卷七）

盧女貞節文劉國範妻

余叨蔭襲，流落浙東，不爲金盡而失色，每從醉鄉以成詩，平生意趣，志在山水。

一日探勝五龍塘，道經盧氏之家，以平素交好，開樽款予。將别，林皋之下見一女歸寧，澹妝素縞。予問盧君曰："此何人也？"曰："舍妹餘娘，自適劉門，蹇於失偶，年方十九。秉性幽貞，堅持節别，撫孤成立，操守端方，不使遺業有廢，孜孜焉一片苦心。吾每爲憐之。"

余曰：噫嘻美哉！昔人云"慷慨盡節易，從容就義難"，非獨丈夫子爲之耳。若夫臣忠一時，激勵成節，此慷慨之爲也。惟婦節猶難，閨房獨領，歲月偏長，非松貞石介不能全其終身無玷。他如家豐裕身逸安，有婢僕之侍奉，無衣食之憂勞者，又不足也道。此女芳年，良人早逝，封髮斂容，立志不二。於甘心落落柴門，清清桑户，孤幃耐五夜之寒，瓦缶茹三時之淡，外無周急之親，内撫繈褓之子，煢煢一女，燈火機絲，没齒無怨言。如是，從容就義，難乎否乎？若此者，不惟爲劉門立節，猶且争盧氏之光。昔錢源贈烈婦詩云："節烈千秋截耳奇，而今斷指亦如之。淩霜不惜參參手，麗血惟求皎日知。"此之謂也。

乃作歌曰：若節不二誓爲劉也婦，堅心不移終爲範也妻。守貞志滿，巾幗男兒。

付之童子而歌，以爲一方口碑。並載邑令俞公扁獎云"幼節家珍"。

時康熙丁丑大吕之侯，古燕波何範題

（選自第三支義烏《雪溪盧氏宗譜》民國己巳年重修本卷一）

盛七公行狀暨二安人懿德記略

范陽盧君盤谷翁者，諱光彩，字允章，乃唐工部尚書琰公之後裔也。由湖州吴興四五傳間，而遷華溪孝義，輟徙縉雲白竹。當時甲第蟬聯，前叙備詳矣。迨至大明十八世成環公卜居於武南之上盧，肇造以來，支派非無伯仲相繼，竟成單傳。遞廿六世福昌公，承累世之統緒，兆後嗣之鴻基。佳耦(偶)胡氏，淑德柔嘉，齊眉具慶，産公昆季有七。公列其幼，少遵嚴訓，克儉克勤，僅(謹)守家法，尚忠尚質。處鄉閭而外和内睦，接姻朋而執信秉公，漸至德劭家饒，與諸兄協力建造廳堂，輪奐輝光，成家之業，始基之矣。

閱至乾隆初殿，慨然慮宗祧之久而或紊，恐世系之遠而難稽，又與伯兄臣功翁等由白竹而綫連之，彙成家乘，較閱精詳，至今三十三祀，一聯續而無棼綸之患，一接紹而靡注遺之失者，公之力也。惜乎不得延齡，於乾隆庚午年六月初四之子(時)卒於正寢，距生於康熙癸酉年十月十二之子(時)，享年五十有七。原配徐氏，淑德温良，素質齊莊，一男二女，幸成婚嫁，年方四十缺二，先公而亡。繼續朱氏，即予族從堂姑也，勤謹冠乎閨流，才敏嫻於内則，輔相夫君，内助貞賢，篤生二子，義方訓迪。因公早逝，益堅冰霜，飲荼勵志，宵旰不遑，内外嚴整，夙夜祇肅，勿畏艱辛，罔辭勞碌，課兒孫以耕讀，督女媳以機軸，能經畫而區處安，亦排夫煩劇，繇是資帑愈豐，基業愈美。創堂軒而榱棟巍峩，擴田園而充裕衣食，真有孟母之風，姬姜之匹也，抑亦公之厚德所培而植乎？然以公之德，鄉評藉藉，月旦嘖嘖，甲子時年五旬，都人士薦於國。邑侯羅公，行將寵錫，徵書賁門，迎以賓席，公以斷絃之缺，遜謝是力。爰贈冠裳，以頂帶榮身，更賜匾額曰“一方法則”。懿行於斯勿諼兮，芳徽誠足堪矜式。

爲序裔曰啓聖、忠聖、廷聖者，胤嗣也，善繼善述，肯堂肯構，令望無窮矣。適趙、適翁者，門楣也，瓜葛絲蘿，姑難悉數。景鳳、景禄者，裔孫也，貽謀燕翼，芳馨未艾乎。桂開、處滿者，孫女也，陳翁顔氏也，兒媳也，凛遵婦道，率循姆訓，表表可風哉！諺曰：積厚者流長，根深者枝茂。盧君之系，厥後其無疆乎！奉徵予銘，不辭杜撰。幸壽諸梨棗，以爲是歲重修家牒光。

時龍集乾隆三十三年歲在著雍困敦重陽之吉，永南内侄郡庠生朱振錕頓首拜撰

（選自第三支《武南盧氏宗譜》民國辛巳年重修本卷一）

行昌十三公傳

歲元旦，予與族人詣祖廟拜奠，禮畢舉燕，遂相與論蘇氏族譜《亭記》一篇，不禁喟然嘆曰："禮收族故尊祖，尊祖故敬宗。甚矣！宗族一道，關係良匪淺鮮，然非仁人孝子固不足以與於斯也。自此道不明，世風日薄，至有父在而分門各户，耰鋤見於德色；父没而厥昆若季錐刀起其争端者，比比矣。何論視族人如途人，慶祝罕相往來，歲時渺不交接，幾莫知其爲某宗之子、某祖之孫者乎！噫嘻，可嘅也已！"

顧爾時族中有憤然作色者曰："是何言歟！是何言歟！若武邑盧翁仲魁其人者，顧可小訾歟？"予甚喜且訝。爾乃眉軒席次袂聳筵上，欲求盡悉其生平者。其人乃復欣然相告曰："某客歲夏，往武邑，過上盧，信宿於旅館，見其村父老踴躍趨事若不及者。予托之詢諸館人，曰：'此拾草譜也。'且云：'予家乘久不輯矣，今歲兄仲魁倡舉義旗，糾族人辦此事，既循循有條理，微夫人殆不及此也。不寧惟是，仲魁金玉森立，彼獨悚然以父未葬爲己罪，乃父於厝不惜己資，卜遂騎龍地。其他爲人，尚勤儉，敦寬厚，大率類此。然則仲魁其人者，顧可少訿乎哉！'"余曰："吁嗟乎，即修譜、葬父兩端，足以蓋其生平矣，足以爲世風矣。"予時恨不獲親接其人，聞者亦莫不咨嗟嘆息，以爲未可多得。言既，咸相與置之。

越至初秋，果有叩吾廬而上盧來謁者，予往訊之，曰仲玉、仲美，

爲請邵月士先生來也。訊(詢)所事曰:"爲修家譜也。"余遂細訪其修譜之始末與仲魁之生平,而其人所述,一一皆與向所聞若合符節,始信族中人洵不余欺者。余益訝而嘆賞不已,以爲此真足以風也。

嗟乎！無所試而爲之虚譽以誣世,儒者之羞也;有所聞而不書其事以傳後,吾儕之過也。予度仲魁家譜今已告成,因樂道其善,郵寄之吾兄月士爲梓諸譜以垂不朽,亦吾生一快事也。後之覽吾文而興感者,敬宗尊祖收族之心有不油然而生者耶?

仲魁諱彦聖,號毓川,盛五公長子。元配朱氏、繼配徐氏,皆稱賢内助。生四子,景楠、景望、景富,皆朱出,景憲,徐出。觀其屋下郎嶄然頭角,天之報施仲魁者已有其兆矣,故喜爲之傳。

時乾隆三十三年歲次戊子孟冬吉旦,吴寧眷弟庚辰歲恩科舉人邵瑛拜撰

(選自第三支《武南盧氏宗譜》民國辛巳年重修本卷一)

景楷翁傳

翁諱景楷,字準甫,濂之岳叔祖廷聖公之幼子也。

濂初詣岳門,翁甫總角,骨格魁梧,雖幼穉有老成氣概,爲之羡曰:"得跨灶之賢,實岳叔祖大人盛德所致也。"既長,肄業經書,穎悟過人,惜先大人不禄,翁從二兄營窀穸之安。既得卜云其吉,遂舍儒業,而善繼父志。憶翁之二兄長諱景標公、次景榜公,與翁並列,人稱今時之"三鳳"也。俄而鴈行折翼,以一人上奉萱堂,下撫諸侄,盤根錯節,艱苦備嘗,幸而克有成立,家聲勿替,翁之志亦少慰矣夫。翁曰:"予有志也,而未逮焉。"思吾族自始遷至此,越今十四世,祖宗無所憑依,每詔諸子侄曰:"人本乎祖。尊祖之道,首重建祠,孝子慈孫所不容自已者惟此一事。汝曹盍其圖之?"遂設席邀請族中房長立議,慨然自捨百金,庶乎肇造有基,而事其克舉乎。胡天不假之以年,寢疾不起,逾月之間,竟辭北堂而逝,惜哉!

淑配徐氏，内助無疵。女三，長字吾門劣侄開男，分屬半子，且教子有仲郢母之風。曰容、曰喜，二賢舅者，將來器必大成，刮目待之。方今祠宇聿新，諸子侄遂其所未遂之志，男婚女嫁，賢德配成其所未成之功。竊思翁性嗜酒，今入醉鄉而不返，諒亦含笑九泉而無貽憾矣。

嗟乎！人生無百年不朽之身，倘在世庸庸碌碌毫無所長，甚至蕩檢踰閑，鄉曲不齒，如此者，無論幽明，抱愧殊甚。《西銘》有言曰“存吾順事，没吾寧也”，斯語誠堪爲翁持贈。兹緣族中修譜，愧愚無學，知翁有素，雖詞不雅馴，言不就緒，而翁之美德善行宜紀之家乘，以彰傳不朽者也。後之覽者但以其行之足録，勿謂予言之不文。

時道光九年歲在己丑，永邑永川郡庠生侄婿朱濂頓首拜撰

（選自第三支《武南盧氏宗譜》民國辛巳年重修本卷一）

泰四府君墓表

處士諱隆，字尹戯，姓盧氏，縉雲人。其先有曰可者，真宗朝拜禮部尚書，進銀青光禄大夫，賜佩金虎符。至孫曰漢，以樞密承旨使授行在南國金吾上將軍，扈高宗南渡，居吾婺之永康孝義鄉。有爲武顯大夫曰芮者，實處士之六世祖也，諱梓者其曾祖也，諱泰者其祖也，諱紹者其父也。

母胡氏，生處士。局度宏達，燕處端莊，動必以禮。侍親側温然和氣，先意承顔，未嘗有難色，少違親志。親或遘疾，每戚戚於懷，湯藥親嘗，不以命下人，其孝友如此，人不間於其父母昆弟之言。性尤嗜讀書，每帶經而鋤，作《玉堂春詞》十製。且好施予，里有貧乏者必貸之而不取償。治家務且綜理密勿，族屬輯和，内外稱善，咸曰善哉思繼翁之有此肖子也，豈非天壤間可有而不可無者哉？

夫何世慕情殷，雖壽極彭年，亦不能償其願，竟以紹熙壬子十月

初五日卒於正寢。距其生則紹興辛亥八月十四日也。配城川廣南都司中軍令、授從事郎、奉使還諸道總制軍旅事、授典略校尉方成謀孫女，克嫻姆儀，善理家務，生於紹興壬子二月初一日，卒於慶元乙卯三月初二日。生子男二，曰文俊，曰文傑。至皇統戊辰十二月，合葬於陽名山之原。

處士没已十年矣，尚無文以刻墓石而表其名行。其子俊、傑，具諸行實，請余文以表諸墓。余嘗過五雲，宿其家，知處士之尚賢，乃三復是狀，姑摭其事，以表出之。嗚呼！人不修爲，多失其本。若處士之德之賢，足以勵澆世而敦薄俗也。余固作楚聲，俾其子孫臨冢者歌以祀云："括有君子兮亶芳系，服好修兮昭質具。敦孝友兮勵澆世，導貞則兮剪蕪穢。麗牲石兮表純懿，永百世兮復其祀。"

資德大夫禮部尚書錢唐撰文，中書舍人朱孟辨書丹，中書舍人宋遂篆蓋

（選自第三支《�筠川盧氏宗譜》民國己未年重修本卷一）

華三十三汝周公傳

昔人有言曰，創業易，守業難。謂斯言爲然歟？其信然也何以？

自來創業者締造惟艱，非備嘗辛苦，其業必不茂，則茂矣而仍不可以一世。至若守業，則享無事之福，履順軌之安，不云勞而田園式廓，不任苦而門户改觀。庸夫俗子，胚胎先德，略即經營，方且駕前人遠也。然則以彼方此，孰難孰易，當有辨之者矣。今觀泰之伯而益信。

伯諱大賚字汝周，固創業人也。其先世不具論，聞伯初度之夕，異香滿室，華光達旦，不謂其有異徵，甫總角，便自岐嶷特立，不屑與凡兒齒。曾邑尊令狐公以公事駕臨，時伯方六歲，迴避道旁。公遠矚之，即停車手招前，撫摩久之，曰："此子資格不凡，異日定當克家。"厚賜之以物而去。其髫齡即動人欣羡若此。

稍長，知大義，善事父母，先意承志，温凊無虧，宗族咸稱其孝。

而父母愛如掌上珠，絕不聞其少有拂意焉。及成人以後治家務，遂不揣摩而自協。吾伯之先世家業未甚充裕，留遺者僅資俯仰，丕基既莫承以於前，紹述又難責之於後，饔飧不定，夫朝夕居處，弗獲夫寬閑。於此而欲迪前光，恢先緒，基址漸開，田園大闢，亢宗祖而振家聲，敞門閭而光鄰里，談豈容易哉？抑聞之伯曰："某非戚戚乎貧賤者也。興家立業，有成規焉：驕奢者可必其立敗，刻薄者亦從無久享。儉，美德也，過則或流於慳；勤，本計也，過則或傷於雅。"噫！之數語者，豈尋常淺見所能言也乎？

嘗即其言而觀所行事：在强壯日披星戴月，街談巷語不之識，寒往暑來不之知。半絲半縷，恒念物力之維艱；一粥一飯，當思來處之不易。人幾疑其隘矣，而立身又最寬厚，借貸不以錙銖争，斗秤必以公平準。接待姻戚，務期從厚；濟急鄉里，略無飾詞。是故無遠近咸德之。至於撫子侄皆有恩，款賓朋必成禮，無色取行違焉。洎今家貲殷盛，亦既甲鄰邇村屬矣，而附身不求華美，適口不嗜肥甘，猶儉以養德焉。門户必自關防，作息亦時，考察尚勤，以修身焉。嗚呼，若吾伯者，固吾族數百年來所稱特出者也。雖然，富亦何常之有？庸有雨集澮盈，不積漸已成業，相時射利，不力圖已成家？甚者始亦家計寥落，而窮而斯濫，横掠人財以爲己有，亦能厚實一時，乃或一再傳而不克世其家，或轉瞬而青氈舊物爲他人有，非所謂有焉不茂、茂焉而仍不能以一世者乎？而以吾伯方之，爲難爲易，抑豈無辨之者哉？

其元配伯母李氏，助伯理内務，規條整整，不聞有詬誶聲。生二子，越五旬而仙遊。繼配朱氏，亦賢而有德。伯之長子名永昌，少業儒，長習韜略，蜚聲黌序，其治家理物，處己接人，内外交稱象賢。次曰際熔，天資穎悟，好讀書，不與外事。甫弱冠，文場角藝，即獲冠軍。讀其文，斋皇典麗，一黌欽服，從此登月宫、步雲衢可預卜焉。若覘風采，則温文爾雅，粹然爲儒；若論爲人，則厚重寬洪，居然式穀。伯有二子，即創業可也守成可也，而又何憂乎？況膝前孫男八，俱業儒，從吾遊焉。長孫曰炳輝，長男所出，次孫曰國英，次男所出，現已應童子試，尋且芹藻生香。餘雖幼，俱已崢然露頭角，異日之保世滋大光耀門庭，又奚有艾也？

伯今年七十有四矣，行將循例杖朝，而矍鑠如少年，鬢髮依然未改。《書》有之“身其康强子孫其逢吉”，其伯之謂歟？泰提筆迅書，爲吾伯狀之，以垂不朽，俾後之守成者知創業之維艱，宜念祖而修德，毋驕奢，毋刻薄。如時聞其諄訓，則先業有所胚胎，家聲不難更振也。然則泰此千餘言，即爲伯之家箴，願吾侄輩時時誦法也可。至若文之粗俚，則泰自任之。

時皇清道光庚寅歲陽月上浣，侄邑庠生際泰識

（選自第三支《�川盧氏宗譜》民國己未年重修本卷一）

廷秀伯翁傳

歲嘉慶乙丑孟春之初，吾友盧君汝茂來舍請余訓侄輩。余入館後，每日課諸生畢，考大筠盧氏之風，先世自清公卜居以來，俗尚淳龐，人敦古處，駸駸乎有三代之遺風焉。

一日，吾叔伯來前，與余言曰：“吾村盧氏正月公，平生爲人慷慨，簡默厚重，取與分明。里中有争端者，無不排難解紛，吾輩心折之。”正月公者，吾友汝茂之令先君，即余之年伯翁也。

公幼時，其父名德蟾公教以義方，訓以詩書，雖不成名，而極知大義。及德蟾公辭世，料理喪事，附身附館之具勿之有悔，居母喪亦如之。處兄弟藹然大和，訓子侄寬嚴並用，其規爲措置，總以古道相期，綽有乃父風，一鄉中卒未聞間言聲，吾叔伯與爲之言良不誣矣。且公姿性聰敏過人，書法雕刻無所不精。乾隆丁酉間，盛族重修家乘，公取舊編參考，缺者補之，略者詳之，統叙分明，刊梓印刷，不敢掉以輕心，皆仿歐、蘇之法，庶使後之覽者展卷瞭然。《中庸》有之曰“善繼人之志，善述人之事”，吾爲公咏焉。本夏，公族重修家乘，其規一禀於

前，不必再加删改，皆賴公之力，真所謂德成不如藝成者矣。使天假之年，其守舊創新更當何如耶？

公淑配陳氏，善事舅姑，克相夫子，生五子：長汝霖、次汝明、三汝英、四汝芳，能勤儉創業克成父志；五汝茂，與余同科入庠。令孫輩頭角峥嶸，秀者讀書，樸者力田，光大門閭，將來未艾，信乎天之報施善人固不爽也。公生於雍正庚戌五月初八日，卒於乾隆乙巳七月廿五日，享年五十六歲。淑配陳氏生於雍正庚戌五月廿五日，卒於乾隆辛卯年正月十三日，享年四十二歲。

兹因重修譜牒，不揣固陋，乃自忘僭逾而爲之傳，永昭家乘，以垂不朽云。

公諱正月，字廷秀，嵩山其號也。

時嘉慶十四年歲次已巳孟秋月朔越三日吉旦，年愚侄邑庠生丁汝賢頓首拜撰

（選自第三支《筠川盧氏宗譜》民國己未年重修本卷一）

永年族兄行略

士君子束躬圭璧，砥勵廉隅，其聲名垂竹帛，姓氏著旂常，傳千載而不朽者，余未嘗不欽佩其品格、雅慕其高風也。至末流之世，希榮慕寵，競尚浮名，而趨炎附勢者，每從而揄揚之、讚美之，舉凡庸常之輩不矜奇、不炫異，其操行足以風閭里、樹儀型者，竟置而勿論焉，甚非君子循名核實之意也。余竊於族兄松溪字永年者，不禁有感焉。

兄生長農家，未嘗學問。少家貧，嘗負薪販屨以養親，可謂克盡子職矣。迨其後創業成家，僅堪自給，而周恤貧乏，恒不吝情，其仁慈有足多者。凡地方公益事宜，每身爲倡先，不辭勞瘁。經理常事，公正無私，司賬五十餘載，並無瑕疵可指，其熱心義務，持守清廉，尤足表白者。性鯁直，遇有非禮之人，輒以直言相告，人咸服其正，卒無有怨謗者。至於欵待賓朋情禮備至，敬師重傅尤見殷勤，沈溥泉、吕榮

嶽二先生感其情而贈以詩，其生平之行誼已可概見於詩詞矣。尤難得者，昆季二人，雖早析爨，而耕耘操作，仍合力而同謀。季弟農而兼商，凡一切家常瑣事，惟兄代爲仔肩，所有銀錢出納，爾我不計往來，此誠難兄難弟，鄉里中所不多見者也。

厥配應氏，幽閒貞静，温柔懿恭，良由其夙嫻姆儀，名門之家教使然也。兄乏嗣，以弟之長男陳坤入繼，肄業詩書，曾應童子試，惜不獲售，嗣以科舉廢罷，遂棄儒而就農，勤儉樸誠，有乃父風，可謂箕裘克紹者矣。孫五，俱各英姿卓犖，氣宇不凡，異日光大門户有可預卜者，謂非天之所以報施善人爲不爽歟！

現年七旬有五，尤見矍鑠精神，將來壽臻耄耋，必有文人墨士爲之揮筆而揚芬者，予將拭目以俟之。

時中華民國十一年歲次壬戌暮春吉旦，族弟得標謹識

（選自第三支牛江《五雲盧氏宗譜》民國壬戌年重修本卷一）

明故樂清坎川常春盧公墓碣銘

弘治庚戌秋，余遊雁山，道會常君常春，同抵靈巖寺。常列醪醴於西齋邀余，余嘉其貺，相與劇飲賦詩，真傾蓋如故者。越今年丙辰秋，厥子承鉅詣余泣告曰："先君獲從門下遊，今逝矣，欲乞名筆以垂不朽。"因出其姻人春元章君和德狀示余，撫然者久之，予不容辭。

按狀，君諱如璉，字良器，其先閩之惠安人。宋南渡時，有諱炎者仕平陽令，留居永嘉，系孫神龍自永嘉徙坎川，厥族茂矣。五傳諱夢曾者，元至順間，仕南陽府丞。子諱思謹者，國朝洪武初，辟爲永嘉邑學諭。簪纓文雅，世有其人。祖諱源溥，父諱季南，俱以隱德稱，母安人大澧潘氏。君生未及周，季南公溘捐館舍，安人孀居撫孤，冰蘗自守。

君甫七齡，英敏絶特，習舉子業，駸駸有成。以寡母在堂，乃左經學而潛心於詩賦百家之書，朝夕問興寢，非急務不敢暫睽左右。事長

兄允敦友愛。以故内外人咸誦其孝弟。己丑歲大祲,君鄉人賴之。春秋高,益嗜酒,時章恭毅公歸老山中,以姻婭好,數相往來,逍遥山水間,輒有酬倡,騷人韻客,時常滿座。

有子五人,皆彬彬儒雅,争相迎養,故不煩陸賈之裝,而擊鮮饋餉,時或過之。配安人石坦王氏,繼東浦徐氏,咸有淑德。子長即承鉅,娶芙蓉林氏;次鋒,娶湖霧陳氏;次銓,娶水漲楊氏;次鐳,娶柘園葉氏;次釪,亦娶王氏。孫男轟、盤、慷、業、篤,餘未艾。

君生於永樂乙未年十月十九日卯時,卒於弘治乙卯年九月十五日卯時,享年八十有一,將以丁巳冬窆於與門之原。嗚呼!傳有之:德勝文者文不彰而德隱,文勝德者德彌喪而文熾,蓋傷當時以文勝也。如盧君之德,在家庭郡邑間,不求文勝,而遠近皆稱爲德人。予一覿爲傾蓋友,又非所謂實勝者耶?

因紀君事,書之貞石。復爲之銘,以昭來世。銘曰:

曰惟盧氏,世德蟬聯。一徙永嘉,再徙坎川。簪纓奕葉,焜耀後先。惟兹常春,媲美前賢。孝敦孀母,令善克全。友於昆弟,人無間言。野有餓莩,君其濟之。燁燁時賢,琴瑟友之。榆柳蔭門,芝蘭盈庭。既壽而康,惟德之徵。與門之原,鬱鬱佳城。垂之貞石,永昭厥靈。

弘治丙辰年九月朔旦,賜進士出身朝列大夫南京國子祭酒前翰林院侍講國史經筵官桃溪謝鐸撰

曾孫齊良齊滿立

(選自第三支《坎川盧氏宗譜》民國丙戌重修本卷一)

大德望盧公秋園先生傳

余先父訓蒙三十餘年,設帳幾徧十都。上自名公先生,下逮野老村夫,大都皆嘗識面。而其生平所最傾心仰慕、相契甚深、初終無間者,於坎頭得一人焉,曰盧公秋園。

公諱桂華，字貴厚，少時讀書，能通大義。適有粤匪之亂，勢猖獗，公慨然投筆曰："安用毛錐子？"爰棄文就武，凡舉劍戟戈矛之用，挽强令中之方，無不得心應手，操縱自如。學憲趙公嘉之，取入右庠爲學官弟子。已而長髮賊就誅，亂亦平復，公乃幡然變曰："與我挽六鈞、穿七札以取科名，豈若談四書、講五經以敦寔行哉？"絶口不道武事，延師課子，不惜重貲。已則督課坐其旁，亦得與聞其緒論焉。

公名爲武生，實則彬彬儒雅，其言論丰采，料事明決，雖文人不及也。生平最愛讀書，敬賢禮士，四方有客至其地，必以公爲東道主，履舄交錯，賓朋滿座，不憚煩。先父在時嘗舍於公家，信宿十餘日，留連不令去。余幼相隨在側，亦竊聞餘論，見其和藹可親，雍容華貴，未嘗不爲之心折也，

公晚年終日家居不出鄉，雖至親良友家挽之亦不留。或問其故，曰："恐因年遭涕唾，惹人可厭也。"暇則招集其鄉之文人學士，瀹茗清談，怡情適志，雖在諸孫行輩，相與促膝談心，不以尊卑介意。公畢生無疾言，無躁行，無以勢淩人，性雅淡，不慕榮利，不逐聲華，殆所謂淡泊明志者歟？

年八十終於家。迄今追溯芳徽，杳不復見，欲求如公其人者，豈可得哉？豈可得哉？

初娶吴氏，生二子：長從諫，榜名邦傑，丙子科武舉；次從琪。續配項氏，生二子，曰從鑾，曰從傑。

時維皇清光緒三十有三年仲冬之月穀旦，邑廪生再晚生陳永清頓首再拜

（選自第三支《坎川盧氏宗譜》民國丙戌重修本卷一）

曉山君行略

盧君曉山庠名照者，派自坎川，祖徙珠山，門第閥閲，箕裘承紹。君父春庭公既入泮宫，習射觀德，作事有度，權衡並用。爲人解

紛，咸蒙其惠。君守庭訓，克副衆望，少有大志，長習騎射，乘彼驪黄，馴而不驁，挽强審固，舍拔則獲。引弟昆山君早遊泮宫，與觀講禮，而君感懷忠勇，以義從軍。巡防山海，捕緝不軌，師出有功，民賴以安。故總鎮周報賞六品軍門，余報賞五品，當軸青及，奬勵攸加，欲其踴躍從行，同仇敵愾也。君亦慕宗慤之長風，效祖逖之揚鞭，而欲巡行河海，肅清道路，遏彼跳梁，服此跋扈，氣何其壯，志何其大也！

無何中年丁憂，家居習禮，平矜釋躁，檢蕩閑踰，和睦鄰里，友愛兄弟，誠以欵客，敬以交友，樂善好施，人咸感德。風雅宜人，周旋有禮，與之晉接，鄙吝不生。而又處家勤儉，素履豐亨，蘭桂齊芳，家聲愈振。於是寵以介福，作賓於朝，肆筵設席，四方稱賀。人皆欽羡，君自澹泊。蓋公之志氣本自非凡，況今中外交通，華不攝夷，班超投筆，終軍請纓，奮揚國威，懾服群夷，其所素願，如是而已。

時余省親至坎川，與之會晤，見其懷抱如此，爲之宣旃。

時光緒三十三年歲在丁未冬十一月，太邑庠生大學堂畢業生南洋總帶官胡大猷拜撰

（選自第三支《坎川盧氏宗譜》民國丙戌重修本卷一）

廉容盧先生行略

先生印鴻藻，號廉容，坎川從初公冢嗣也。禀性沖和，天資明敏，未弱冠即具老成風度。出應童子試，督學使者陳公肇文得公卷，倍加欣賞，輒首拔入邑庠。

先生居堂，以聖賢爲几杖、仁義爲蘧廬，架上牙籤，如山斯積，時供吟詠，以涵養性情，所以里社諸先達，莫不嘖嘖稱先生之學之優且長也。民國初年，入浙江省立法校法科，畢業後，充浙省炮兵營文牘員，轉浙江混成旅文牘及充工務處文牘諸職，此公歷年洊擢之階級也。際此宦海抽帆，錦旋居里，終日鍵户讀書，不理外事，潛心研究醫術，日孜孜以范文正“不爲良相，輒爲良醫”爲目的。由是遠近貧民之

赴診者，公皆切脉開方，概不取值。其懸壺於大荆鎮也，類皆盈門如市，日昃方休。彼所謂草可活人，醫術早参夫岐伯；學能濟世，文牘久著於仕途，公其有焉。

德配張氏，産丈夫子一，號翹善，籍名斌，前充淞滬衛戍司令部上尉，逡充浙江保安處中隊長之職，亦皆約束嚴明，勳績懋著，洵可謂一門之中文武兼優、逡先媲姜，厥父肯堂，厥子允能肯構者矣。

余與廉容，係同窗摯友，生平事實，聞之甚稔，因不揣無文，遂泚筆而爲之記。

時民國三十五年歲次丙戌，黄巖邑增生同研弟盧俶南拜撰

（選自第三支《坎川盧氏宗譜》民國丙戌重修本卷一）

益銓先生叙讚

世之以操行敦樸、處世謙和者，咸目爲美德，舞文墨以艷稱之。而於其具大才、抱大志、臨大節而不可奪者，安能默而不宣乎？

盧公益銓先生，官名萬里，余同學知友也。其文足以經邦，武足以定國，誠當世之傑士。少受家庭教育，學業深造，而又精益求精，投入浙江師範肄業。既而慕班定遠之爲人，投筆自嘆，立志從戎。隨轉入黄浦軍官學校畢業，行將大用有待也。適值軍閥亂匪盤踞東北，殃民禍國，先生心懷胞與，目不忍視，慨然上書請纓。既奉命，隨軍北伐。助成南北統一後，又值閻、馮叛逆，奉命充當陸軍第十一師六十三團五連少尉排長，率數十健兒，遵守紀律，向河南陣地攻擊，遇之於杞縣付里村之野，激戰數晝夜，斃敵無算，終因糧罄援絶，彈盡力竭，遂以身殉。時民國十九年六月廿四日也。

先生行年二十有六，而知義勇爲若此，年少英雄，奇已罕已。

讚曰：先生秉性，目空一切，匹夫有責，遑論卑職。氣吞山嶽，志安社稷，奮此神武，滅彼朝食。天未厭亂，將軍失機，國賊未除，遺恨未已，行闈總理，功並先烈。先生之英氣尚存，先生之精神不滅。嗚

呼！先生爲黨國柱石。

時中華民國三十五年歲次丙戌冬月穀旦，學弟盧芝祥謹撰

（選自第三支《坎川盧氏宗譜》民國丙戌重修本卷一）

志義先生行略

先生印尚，名汝高，號志義，鎮安鄉坎川人也。其父昌華公，居鄉敦僕，教子義方，生五子，先生其長也。

少從學房兄重明先生。蒙其栽培，每逢考試名列一二，舉一反三，明敏過人，鄉人莫不以器重視之。年十七，畢業於樂城師範學校。惜乎家境清寒，兼痛其嚴父仙遊、慈母侍奉乏人，益之弱弟不能操持家政，遂輟學。翌年即任樂清縣大荊區立第四小學校長及縣立第四小學教員。辦理優良，教育有方，四方學子，胥有賴焉。民十一年，南北戰争，軍閥盤踞，先生以國家興亡匹夫有責，乃效班定遠之志，遂投筆從戎。即考入志願軍，後編爲浙江省陸軍第一師，服務期年。孰意時運不齊，命途多舛，師母吕氏病劇，即告假旋里，未能償其夙志，命也數也！

十五年，北伐功成，先生參加中國國民黨工作，被選爲樂清縣第五區黨部及第三區分部執行委員，剷除貪汙土劣，及爲民衆解除倒懸，遵奉總理遺教，改造社會。十八年，本縣荒歉，土匪蜂起，委爲本鄉保衛團董，以掃清匪黨。同年七月，縣長沈公金相委令爲第六區公所助理員，並兼任黨務執委及清鄉委員等職。二十六年安徽省郎溪縣長項昌權函召襄助縣政。是年七月七日蘆溝橋事變，中日戰争禍延江南，迨八月十三日上海變事發生，即投入上海市保安總團，奉帕特務隊長之職，殺敵抗戰三月餘，旋奉令撤退，改編回里。

廿八年夏，浙江省黨部舉辦各縣黨務人員訓練班，被挑選受訓，畢業後，奉派委爲樂清縣黨部民運工作隊隊員，組織整理各區農會，爲民衆謀幸福。三十五年，被民公選，奉委爲本鄉鄉長。

溯先生生平之事蹟，備嘗艱苦；論先生生平之行爲，爲國爲鄉。

秉性剛直，居心慈仁，恕以待人，敬以持己。排解紛争，能面判曲直而毫不徇情，見有義舉，則勇往直前而奮不顧身。宵小之輩視之斂跡，貪妄之徒見之束心。歷年在職，秉公辦理，磊落光明，人無間言。如先生者能有幾人哉？

元配吕氏，生一子孝昆，現任國防部江蘇軍人監獄籌備處上尉之職。續配何氏，生一子繼剛，女一蘭芬，穎悟異常，將來榮宗耀祖，未可限量。

余與先生居係鄰鄉，誼關師生，深識其生平，故聊述其大略，以志之於譜云。

時中華民國三十五年歲次丙戌季冬月吉旦，浙江省民政廳人事室主任項鵬飛拜撰

（選自第三支《坎川盧氏宗譜》民國丙戌重修本卷一）

重明先生行略

先生名汝良，字隆德，號重明，印良弼，盧氏昌春公之後嗣也。秉性敦樸，静默寡言，謙和處世，春風可愛，律己端莊，言行不苟，鄉里父老咸器重之。

清季科舉停，學校立，惜乎家貧輟學而未臻上達也，於是創辦維新學校於本鄉迎陽堂十有餘年，藉以振展教育而造就人才，當時青年學子賴其栽培者殆不可勝計。兹後奉樂清自衛政務廳長曹公文升委任團董，以掃除匪徒。迭奉縣尊錢公沐華委任清鄉委員，以肅清煙苗。辛亥革命起義，參加國民黨工作，被選爲宣傳委員，鼓動四方義士以從事革命。此先生爲國爲鄉奔走不遑，可謂甘苦備嘗矣。

及諸事稍靖，每思范文正公不爲良相即爲良醫之遺訓，遂閉門謝客，悉心岐黄。適值歐風東漸，科學日進，醫務實驗，不尚空談，先生意欲貫通中外學説，即投入上海中西醫院研究内外科醫理。畢業後，就於樂城設辦中西醫院，廁身醫務，活人無算。鄉里沾澤者而無以圖

報，時由第六區區長鄭翔同士紳仇約三等贈額旌閭，其文曰“理合中外”，蓋取先生之醫理宜合於中國外邦之義也。

夫玩風弄月，怡情山水，此先生之素性如是。迨年逾五旬，遂起瀟灑出塵之想，即棲隱本村之西山，建置堂廈，以樂餘年，而遂其夙志。復覺近世人心不古，道德淪亡，於本堂中特設演講臺，專講五倫八德，闡明聖賢垂訓，以冀移風易俗而恢復古道。遠近男女時來聞道者常有數百人，其中願執弟子禮者不下百人，回心向道而遷善改過者亦復不少。民國三十一年，縣尊李公乃常褒賜“闡揚聖教”匾額。迄民國三十四年，省主席黄公紹竑復褒賜“宣揚正氣”匾額以表其懿德。尤可嘉者，悟明性理，默運神功，向之體弱者日益强，目衰者日益明，他年白髮童顔奚待言宣諭。

先生生平之行爲，幼而學，壯而行，老而隱，誠與陶淵明相伯仲焉。

先生元配本鄉下垟村太學生金藻公之孫女，生一子孝治，立身耕讀，操持家政。孫二，長敬超，次敬韜，均入校求學，穎悟異常，將來耀祖顯親亦未可量也。續配智仁鄉儒條村張業建公之三女名節約，撫育誼子，愛如己出，四德俱備，堪爲閨範。生一子孝周，述承父志，精明醫理。其尊翁春公德配黄氏安人早逝，雖不讀詩書，亦明義理，教子義方，言行可嘉，年至八旬餘，精神矍爍，茹素誦經，念佛不倦。四世同堂，世所罕見。《易》曰“積善之家，必有餘慶”，其斯之謂歟！

升綸與先生誼關師生，備知事績。今當貴宗譜牒落成，聊章蕪語以垂不朽云。

時中華民國三十五年歲次丙戌冬月，受業樂清縣執行委員項升，樂清縣參議員周綸同拜撰

（選自第三支《坎川盧氏宗譜》民國丙戌重修本卷一）

盧由夫先生傳

君諱汝種，字隆耘，號由夫，昌志公之次子也。

秉性謙和，篤于孝友。少時從學房兄重明先生，蒙其栽培以養正，即有出類拔萃之風焉。年十九，畢業於浙江省立第六師範學校，翌年派委爲該校附設模範小學校級任教師，教導有方，成績卓著。

民十四五年間，南北戰争，軍閥盤踞，反革命勢力籠罩南五省，政治倒行逆施。斯時浙省長孫傳芳專權，土劣横行，民衆痛苦。君有志改造社會，爲人民謀幸福，即加入中國國民黨從事革命工作。十五年，北伐成功，奉令組織中國國民黨浙江省樂清縣黨部，旋被選爲執行委員兼任民運工作，剷除貪污土劣，不遺餘力，吾樂民衆無不額首稱慶。後反革命份子假借清黨名義，誣捕入獄，幸蒙中樞及省方偵查，結果認爲忠實革命同志，特令釋放。全邑各界人民歡迎出獄，榮歸故里。誰知君心性過急，鬱憤成疾，竟於民國十六年四月十八日仙逝，享壽二十有九耳。卒後，中央按例給予撫恤，以慰忠魂。噫，君生平急公好義，清廉正直，爲國捐軀，不愧先賢烈士者矣！

元配智仁鄉西灘王氏，續配智仁鄉施家嶴陳氏。生一子繼勇，字雁青，性好文，尤喜工業。年廿一，畢業於浙江省立寧波高工學校，現奉派委爲江漢工程局工程司之職，青年得志，而異日鵬飛萬里，奚可限量。

《書》云"作善天降祥"，信哉！余與由夫，誼關同學同宗，備知其生平事蹟。今當本族譜牒落成，故聊述其大略，以志不朽云爾。

時中華民國三十五年歲次丙戌冬月吉旦，同學兄樂清縣鎮安鄉鄉長盧志義謹撰

（選自第三支《坎川盧氏宗譜》民國丙戌重修本卷一）

明敕封英烈元帥蔡岙始祖盛八公傳

嘗聞公劉之遷豳也，《詩》紀其"觀其流泉"，"度其隰原"；衛文公之營楚邱也，《詩》紀其"觀楚與堂，景山與京"。然則國家肇興，必披輿圖而覽形勝，以爲宅中圖大之模也。則凡公卿士庶之家，欲爲子孫

謀宏遠、計長久，卜築里居，奚容不相度地利以貽厥後乎？

我始祖盛八公生而穎異，少時獨釣江干，濱海多漁火爲祟，公喝之，即散不復見，識者知其非凡品。及長，讀書好古，不安於近小。當明之初，仗義從戎，劉誠意用爲策士。緣國步維艱，退隱濱海，歷覽山川，憑弔荒圻，以蔡岙居雁蕩之南，自大龍湫發源，歷觀音巖、馬鞍嶺，峰巒層迭，過三峽，直抵蔡岙而止。背山面海，水陸通津，不特煑鑄有資，而且可以鍾靈而毓秀，故不憚披荆棘，展榛蕪，即令二公東西其宅而居焉。其開創規模，卓越異常，以視夫陟巘胥原、望景觀卜者，洵可同年語矣。

跡其所爲，量納百川，識周萬變，乃創立清江、白溪二渡，南通八閩，北走三吴。劈開便道，設立埠頭，招集商艘，漁舟滿目，檣連帆接，安置酒肆，茶坊遍地，轂擊肩摩，蔡岙儼成一大都會，歲得魚鹽之利以萬計。因地乏可耕之土，建築南北長塘一千七百丈，沿海爲田三千畝。以故垗頭、石秦及上下三墩一十八姓，皆僕從焉。

我公生前之事業，其設施洵莫尚也。迨至嘉靖三十七年，倭寇内訌，騷擾邊邑，時巡撫宗憲胡公奉命徵討，謹烽燧，嚴斥堠，蔡岙爲邑東門户。時築清江堡爲守禦，寇登犯攻擊兵民，幾陷。我公赫然震異，金冠戎服登堡，驚退倭寇，颶風輒發，盡覆其艦，戍守官軍，手額歡呼，咸慶更生。當事上聞，皇明敕封英烈盛八盧元帥，建廟塑像於本地之東，至今東鄉及永之五十都凡有禱祀，皆與享焉。

噫，以公之聰明正直，固宜搢笏廷階，垂名史册，而僻處海濱，僅創業以裕後昆，傳芳家乘，良足惜也。雖然，士君子抱器懷才，生未附於名臣，没得封爲名神，精靈遐播，昭昭乎與日月並照臨，血食綿長，浩浩乎與天地同悠久。世系繁衍，代派永昌，貽謀遠而燕翼宏，仰其碩德厚澤，不亦若《烈文》之頌，没世不忘哉！

時康熙丁丑恩科選拔貢元九世孫浚熏沐謹撰

（選自第三支《黄巖盧氏宗譜》民國丙寅重修本卷首）

選拔貢元弇庵公傳

公諱濬，字廷哲，號弇庵，温郡之碩儒也。

甫弱冠，即名徹通衢。康熙癸丑年，與先大人同受知於陸太夫子，拔第一。即於丁巳程學院歲取冠軍，補天禄。時居府城，永、樂、瑞、平從遊者以百數，一時温郡名士大都出其門下。丁丑歲，學院石虹張老夫子選拔入國學肄業。戊寅，赴京廷試。己卯，入北闈。壬午，回浙省試卷呈堂。乙酉科備薦。計前後鄉試十有五次。生平只守詩禮，不涉各徑，終身未受職。

友教四方。在黄巖西鄉，烏巖、茅畲亦歷年所，其擬題文四百有奇，而經擬幾全，至小題文尤佳，多散匿於從遊後生輩不可勝數，緣族居遠不能收録也。

伯母林氏，前居府城，後遷回樂虹橋。一兄，二弟，一妹。妹適石柱王氏。三弟名甦諱永觀，學已入彀，未冠而卒。次弟名永壽，入贅城底施，施氏早世，後亦無傳。惟兄子扳諱永桂，業儒，最聰穎，通醫卜地理。生三子：長字東銘，習儒，偕父術堪輿，遊玉環，回葬祖於族基。子攀兄隨於次年與嫂皆亡，銘夫婦亦隨殞，後亦竟失所傳。今惟次子贅湖邊，生三子，皆娶氏，皆有子，則衍吾弇庵伯父後，以待昌於異日者，全賴此一脉也。

時乾隆廿四年歲次己卯菊月之吉，侄楠謹撰

（選自第三支《黄巖盧氏宗譜》民國丙寅重修本卷首）

勤若公傳

仲兄諱梓，字勤若，又字長庚。少最穎異，有膂力，時偕大兄與弟三人肄業，先大人獨賞其出筆，而星家亦每稱兄庚申、甲申、辛丑、壬辰命爲科甲中人。比及冠，嫻世務，以一門皆坐食，堂上二人不勝勞，忍自抛筆硯，耰鋤課耕治圃，一家皆食其力。

娶邑城西街林氏親翁庠生彩生公女，舅皆在庠，而諱射斗者名尤著，舉人符勁與副榜孫煊，皆嫂内侄也。生二子二女。長侄名時弼字邦仔，入黄邑縣庠，榜名諧，又字弼臣，前娶池氏不壽，續娶牟氏守翔公女，寔童氏出繼爲貢生牟博愛兄也，住西岑山，近水渥，其土可耕。西岑外家二老偕亡，其舅以屋曠誘姐居，衆力阻之，侄以親情難却，暫去旋反。去二載，坐見村間人易交接，可習耕作，且己業醫，散鄉道行，遂決意舍烏巖而遷其地焉。夫族居已遷則遷，到處皆可，但必遵祖訓，承父志，習耕讀，以延詩禮家風，則烏川一派又衍成畬川一支，則吾兄勤若府君又别爲西岑始祖也。

時乾隆廿四年歲次己卯菊月之吉，弟楠撰

（選自第三支《黄巖盧氏宗譜》民國丙寅重修本卷首）

彦本先生傳

一身而三善胥備者我，上稽往古，下揆來今，東遵出日，西盡流沙，不誠戛戛乎其難之哉！兹乃於甌江樂左坎頭得一人焉，洵加人一等矣，必謂地足囿人，則殊有大繆不然者。其人姓盧，字彦本，號源淵，縱未謀面，而其生平晉接周旋、立心制行，有足述其巔末者。

公幼時性聰穎。比長喜讀書，日可千餘言，塾之同學，僉不逮焉。越數年，授舉子業，其爲文洋洋灑灑，不以繩墨自拘，曾爲其師友所器重，即公自命殆亦非凡。數奇，屢試不售，因棄文就武，以戛玉敲金之文會，繼此作張弓挾矢之武弁。雖廬山真面，稍改此度，而仕途出身之初步，亦屬王朝所備之正格，乃百發百中，可媲美於由基，而且金石化爲繞指柔，曾烏獲不爾過者，何名之偃蹇莫邀擊節於宗工也？其如命何哉！

公以嚴君早仙遊，仲叔季輩皆垂髫，家務冗繁，獨肩其任，日不暇給，遂輟業，不復有淩雲志。以例入成均，誠非其所素願也，即鄰里鄉黨亦爲公扼腕惜之，而公别自有真也。感家廟之規模卑狹，無以坊表祖德宗功，乃大興土木而更張之，氣象頓覺改觀。其所廓而充之瞻者，群爲之氣壯，悉起入廟思敬之心焉，其孝徵於追遠者如此。公不徒於此觸目警心也，其撫成二三小弱弟，綽有長兄爲父之風，其各析産業以自成立其家者，皆公力也。其友于於家政爲何如乎？識者既更嘉其友愛，而於未雨綢繆，刱室家以垂裕後昆者，非慈而何？統閱生平，安得舉世而三善胥備如公者乎？君子宜嘆公爲不朽云。

余與其少君交最莫逆，猶想見公之教以義方者。緣歷詢行狀，而知公以孝友著，内外無間言。其躬修克勤於鄉、克儉於家不自滿假，待奴隸則恩威並濟，門内肅然，無詬誶聲，其素行又如此。至若朋友親戚間，或則洽之以情，或則處之以信，必誠意交孚，事理務期於各當而已。至於好施則施之，決不望報，聞有義舉，悉傾囊以成其美。或有動以因果之説者，公早爲之掩耳也。

聊綴數語，以昭其梗概，所以爲後之雲礽誨也可，即不必族中人之各盡職分所當爲也。凡一身而不備三善者，聞彦本公之風，其可以少愧而興矣，公不洵加人一等矣哉！

時咸豐七年歲次丁巳，通家侄頓首拜撰

（選自第三支《坎川盧氏宗譜》民國丙戌重修本卷一）

盧雅軒先生行略

癸卯秋，予自省垣返棹，訪族章川。一路遊覽，見夫山川秀麗，勝境森列，令人心曠神怡，有留連忘返之意。道經坎川，晤盧子雅軒，覩其丰儀，卓犖不群，聆其言辭，豁人心胸，觀其文，清新俊逸，脱盡時套，固軼群之才也，蓋得於山川鍾靈之氣者多矣。予甚慕之，欲與訂交，以途路遥隔雲山而不果，恒置懷不忘云。

今年夏，族叔醒庵造訪，寒暄後，即以雅軒之行略請予。予回憶昔年，欣然而樂爲之紀也。

按君諱貴文，字善武，號雅軒。顯考彦本先生，讀書尚古，著名儒林，蜚聲國學，爲縉紳先生所尊敬。及君生，善讀乃父書，得家學之淵源，尤爲跨灶，幼年知名，師傅咸器許之。而君學益不倦，涉獵群書，百家諸子無不淹貫，博洽非常，論者謂取青紫如拾芥耳。無如數奇不偶，不能入彀，聞者莫不代爲惋惜也。然君亦自知與世相違，又惡仕途之齷齪，遂灰心功名，志甘隱林泉，嘯傲風月。常學賈於吴越，仁心義貿，不欺三尺小童，所交好者皆一時知名士。暇時仍不廢讀，遇良宵好景，多邀佳客，同尋勝跡，或分吟聯詠，興趣愈佳，有瀟灑出塵之概，真不減靖節先生之遺風焉。

居恒嘗感良醫濟人，功與良相相侔，則殷勤攻習，明仲景之奥旨，得朱李之真傳，數多活人。又於屋西開設藥肆，無力者恒濟之，無吝色。或有貧乏士以隻字來售，必慨然賑恤。親鄰及友朋窘迫者，常河潤之，蓋未嘗責報也。且生平簡默寡言，不露驕矜容，家庭中尤敦孝友，雖元紹孝英無以過之。族内大小公欵，皆賴君總領其事，每歲竭力會計，毫不私染，今春秋祭祀有需，君之力爲多也。遐邇或有疑難事及紛争者來訴，出一言以剖之，則兩釋其憾，藉非平時有以取信於鄉人也哉！憫宗譜未修，則首謀舉事，延牕友李蘭軒司其事，常朝夕監督，共勷盛舉，錯悮者改正之，勞瘁有所不計焉。

夫爲人若此，在宗爲孝子順孫，在國則爲良臣矣。宜乎天錫其慶，家道昌熾，挺生賢嗣，他日之振興殆有未艾者，罔非爲善之報也？然繪廬山之真面目，更俟添毫之筆再寫焉，予不過聊即其大略，志之於譜，以應族叔之請云。

時咸豐七年歲次丁巳桂月，丁酉科選拔貢元候選直隸州州判通家弟葉蒸雲頓首拜撰

（選自第三支《坎川盧氏宗譜》民國丙戌重修本卷一）

李氏烈傳

盧氏彝齋妻李氏者，端慈勤儉，敬事其夫，親操井臼，不厭糟糠，

勤修内政，助夫振興。漸積家産，稍安拮据。無何，良人病卧，數載牽延，獨持家務，親調湯藥。至夫病革，氏心益憂，因是致疾，與夫共卧，而猶振臂强起，祈禱神祇，誓减己算，以益夫年，而夫竟見絶。氏亦身殉，還思膝下無兒，祀火空懸，鬼猶求食，不其餒而，即親斂夫身，邀同戚屬，因夫平日所愛之侄繼嗣領祀，以妥先靈。將已命告，終與夫同殯，從容不迫，視死如歸。求之古今，曾有幾人？

人生有死，或重泰山，或輕鴻毛，當知自裁。氏之致死，得其死所，烈節堪傳，泰山並壽。於是紳耆請旌，學憲詳奏，欽賜額字"貞烈流芳"。欽命竪坊，表諸道路，不負烈節，亦固其所。

余授徒坎川，歷有二載，聞諸父老，知氏生平，用撰此語，以表其烈。

時光緒三十三年歲次丁未十一月穀旦，貢生蓮友董方豪拜撰

（選自第三支《坎川盧氏宗譜》民國丙戌重修本卷一）

盧君輝庭行略

盧君輝庭諱步黿，大荆坎川人，性梗介，不與人苟同。

少好讀書，每有尋思，半晌不語，門前高軒，過不之覺。交遊皆大雅君子，見流俗唾而罵之。生平與余交最久，亦最不合，每有議論，輒反復辨難，不肯輕信，及其後心悦理解，無間然者。《易》曰："君子以同而異。"吾於輝庭得之。

君年長於予，每試見擯，鬱鬱不得志。歲庚寅，予授徒雙溪，君棄蒙館來，從予講習，與予弟文昭、學生詹澄清等同潛心經學，是歲三人俱入泮。自是以後，益專心矢志，欲窮經以致用，爲地方求幸福。地方人士有欲以非禮干之，不可得。君有特立不移之性，沈静寡言，非與之接，不露鋒鎬，至作一事，則出其正大光明之概，以與地方相周旋，聞者無不風靡。嗚呼，此真新世界不可少之人！

使君而在，與予商，一切事故如理亂絲，必無更紊之緒，不謂其賫

志早歿也。

丙申，余在印山教學，君瀕死，猶訪予於書齋，諄諄以道德相勗曰："余今生已矣，望君之有以善終也。"次日回家，而竟歸道山矣。予有詩哭之曰；"苦志如君更可憐，依依膝下少髫年。欲題魂帛權停筆，一領青衫涕淚漣。"蓋以君死無後，故於是語，天之報施善人固如是哉！丁未，余膺本邑視學之任，常川駐縣，盧樂庭君以書來謂予曰："輝庭生平行事節儉可取，現宗譜告成，乞賜序以表其節。"其弟聰甫以長子孝朋嗣其後，感兄友愛之誠、教訓之厚，亦哀書求序於余。

余不文，然予與輝庭君交最密，不得辭，故濡筆而書其大略如此。

時光緒三十三年歲次丁未，樂清縣視學歲貢生愚弟曹文昇拜撰

（選自第三支《坎川盧氏宗譜》民國丙戌重修本卷一）

盧君芝祥先生行略

盧君芝祥先生名汝慶，字隆賀，忠實士也。

少從余遊，爲人重然諾，又能久敬全交，有古季布、晏平仲之遺風焉。而且天姿聰穎，學識俱優，長材屈用，人皆有慍色，而先生則晏如也。嘗爲小學教員，循循善誘，此誠教育界中之傑出者。既而任本區區分部執委，任雙峰、智仁等鄉鄉公所職員。秉公從事，寸步不由邪徑，當地人民咸稱廉直，無間言焉。後又任本鄉鄉公所職員，亦不改其常度，持己接物，直道而行。

余總觀其前後之所爲始終如一，此古所謂有始有卒者乎。抑亦好善優爲，當世所謂真真君子者歟！

君今行年五十有二，上有老父，白髮蒼蒼，精神尚康健，猶得色笑家歡。下有肖子賢孫，能趨庭聽命，君居其中，安享其成。積善之家後福正未有艾也。

余因宗譜重修，行將告竣，爰述君之生平大略以告後世之爲人

者，有所勸勉焉。

時中華民國三十五年歲次丙戌臘月，盧梅庭撰

（選自第三支《坎川盧氏宗譜》民國丙戌重修本卷一）

繼良先生行略

大園子令公配王氏，哲嗣四：繼春、繼富、繼標，而先生居其四。

甫二歲，父亡，母育成人，兄等不吝財産。畢業於省立中學，隨在教育界服務。歷任小學校長，嗣出爲安徽國民黨黨部幹事，轉充太湖黨務指導委員會常務委員，及江蘇省商會改組指導員，南京特别市商民協會幹事，福建永德大關税分局長，樂清縣政府財務委員，樂清縣黨部幹事等職。生平秉性慷直，不事强求，熱心公益，爲人排解，遠近咸樂道之。

子世虯，畢業於初中。侄世傳，畢業於師範，任教各小學。德必報，善有後，此之謂也。

時中華民國三十五年歲次丙戌十一月，黄邑庠生盧藝圃謹撰

（選自第三支《坎川盧氏宗譜》民國丙戌重修本卷一）

盧君雪正先生行略

大園陳家盧氏，系坎川之支派，爲甌東之望族，家世相傳稱小康焉。

及先生之世，大伯父、二伯父習騎射拳術，歷泮水，一爲泛官。父習文，母林氏。先生四歲，弟繼修生三月，嚴父見背，慈母茹苦含辛撫育成人。六歲入私塾，十歲與弟入小學，轉入工業學校。弟成室而亡。

時因總理北上，當由佘鳳梧先生介入國民黨，被選爲杭縣二區三分部執行委員。民國十四年七月，同友赴法巴黎，於歐洲發揚黨務，有六支部。十五年九月第六屆代表大會改選，各仍其舊；北伐軍興，承同志推選兼任《國民報》主筆。十六年三月，邵力子先生由比過法

歸國，隨同志歡迎於萬花酒樓，決定黨務辦法，亦隨於四月乘郵船返國，向中央報告在外任務。“九一八”事變以後，任職幾十年。重慶設陪都，奉中央命視察四川省民運工作。再奉命督導川省黨務工作。嗣奉部令兼任重慶工運工作，旋蒙政府迭予獎勵。三十一年一月，修建勞工宿舍，借支墊款，備受辛苦，於二月後始行撥欵清償，至各呈部辭職及所兼各職。抗戰軍興，六載屆滿，自西自東，自南自北，在在克成地方自治及國防工業建設之重要。綜其所爲，展一己之抱負，爲國民之天職，爲當局所推重云。

時中華民國三十五年冬十一月，黄邑庠生盧藝圃謹撰

（選自第三支《坎川盧氏宗譜》民國丙戌重修本卷一）

元濟公傳

長兄諱汝楫，字元濟，號肇禋，先大人命名寓意遠矣。

兄賦性曠達，具不羈之才，贅倪氏。親翁興禮公，亦樂邑人也，被遣遷居九都嶺下村，家殷厚無子，止生三女。親母鄭氏守節，其長女招婿養老，即大嫂也。

嫂有婦德，但身怯弱。兄贅其家，每年從師遊學，且喜出外爲商，久離庭訓，未得成名，逮親母物故，始旋歸。時嫂生一女，亦不就，力勸兄再娶。爰聘牟氏。癸巳年得長侄，因以迄成名之。兄始立志創業，謀置基地東西兩片。時有紹來醫士張景韓開張藥鋪，與兄友善，比反，即頂於兄。兄資明敏，且舊有家聲，遂以醫行世。亦間往寧乍貿易，利頗就焉。因己名不就，勤於教廸，子侄輩有一入泮，輒喜不勝情。

予每年寓外，相聚時少，回家接見，勝似聚髪繞膝，時事無大小，必俯就參酌。倪氏病軀早世，牟氏壯年勤家，嗣舉二子二女，次豫三勁。長女適臨海庠生魏鳴岡，將遣嫁而逝。兄於是冬，裝貨客乍，感有頭□，至次年五月，患自喉發，竟成不起，時雍正癸丑年五月初四日

戌時，卒於正寢，享年五十有三，距康熙丁巳年十二月廿四日寅時生於樂邑參議公章宅也。成侄嗣肩家政，輟舉子業，惟季弟是督，幸勁領教遂志。時敏雷大宗師歲試拔入黄庠，榜名鑑成。

侄等爲父營葬，延師擇地。鄰族庠生運宗暨其叔元允，與兄交莫逆，憫其死而恤其後，慨然以己祖墓側右邊東北角有山一處，同頂落脉，可以安厝，招與附葬。其地坐本都長垟，土名様山。不肯受價，成侄即於長洋用價銀十兩買田一畝爲之祀田，每歲附祭，以酧附葬之德焉。今歲在戊寅，新遷建宅，爲勁侄完姻。宅與男輩同居，吾侄創其始也。

切祖遷來，世至五代，兩房七分，而成居長，宜盡長率之義，飭宗法，整族規，思輯用光，凛祖訓以昭祖德。良以族遷而復成族，其公事待創正未有艾也，予能無厚望哉？

侄名迄成，諱謨，字維典，爰推肇禋迄用有成之義，述祖意而號以禎甫，尚其勉旃。

時乾隆廿四年歲次己卯菊月之吉，弟楠撰

（選自第三支《黄巖盧氏宗譜》民國丙寅重修本卷首）

達三公傳

翁諱黄裳，字達三，清光緒時納貲授巡政廳銜。世居邑東牛鼻峰前，務農爲業，至翁大父應識公，始有田數頃，著爲望族。生子四人，翁父紀載公乃其三子也。翁生十二年，紀載公捐館，逾年母太夫人王氏又病目失明。是時翁家男女四人，惟翁男而長，無已，舍詩書之業，摒擋家務，出督傭耕，入侍慈養。會稽錢穀，酬酢親朋，以整以暇，纖毫無失，在老成人猶自謂弗及。

所居地濱海港，沙塗彌望，商舶時集，翁嘗指以告人曰："此乃我鄉大利所在，不可弃。"於是于農隙之日，督里中農而健者，築塘捍潮，平塗爲田，又聯隣近資本家，儲貲待賈，相時射利。至今牛鼻峰前諸村落驟增富庶，僉謂翁提倡經營之效也。然其家亦因之以增田宅，布聲譽。夫逐利之徒往往知積而不知散，翁自其家少康後，凡鄉邑義舉、地方公益，罔不首先輸捐爲黨族倡。口有辨才，且喜排解人家訟事，地無遠近，人無親疏，一紙之召，靡不立赴。倘有人不從調停，而皇皇若有失，萬一有可彌縫，雖勞往返，賠金錢，率欣然爲之。遇戚友告貸，或囊金適罄，乞鄰而與之。人有譏爲微生高，則怡然付之一噱。

生平以失學自恨，後其弟雲階能讀書，責望甚切，終未嘗以家事相累，而雲階承其志，亦奮于學，卒於光緒戊戌歲，補學官弟子，時人稱爲難弟難兄。娣妹二，娣遇人不淑，迎養於家，且婚嫁其子。女妹歸灣底趙，青年孀居，遇有緩急，雖風雨必赴。又從弟雪樵，髫齡棄父母，煢煢誰撫，同堂果多兄弟，獨翁不辭勞怨，攝理其家十餘載，遇有餘貲，盡爲置産。後雪樵從予遊，猶言之感激。他如葺譜系以聯族誼，置賢田而勵後學，是賢者優爲之事，更何足爲翁多。

德配姚夫人，爲庸二姑，生長寒門，頗聞禮教。其歸于翁也，年方及笄，三從四德，固自素嫻，九族六親，復能禮接。庸嘗聞翁自云："此生落落無長，而能入莫愧於家，出見譽於鄉者，皆内助左右之力也。"觀于此，則翁之德類伯鸞，而夫人無慙德耀矣！生一子，名敏，爲清優庠生，畢業于法律專門學校，至民國被選爲參議員及縣議員，現任縣立第四女高小學校長。女三，長適沙角徐，次二皆受聘未嫁而亡。翁卒於光緒庚子年，享年四十有四，夫人後翁十一年，而卒壽六十。合葬於翠雲寺西岡麓。

論曰：三代以降，士夫諱言貨殖，極其流弊，必至於貨棄於地，財溢於外，食用不足，百端俱廢，自救勿暇，遑問郵人。司馬氏豫爲殷憂，乃序范蠡、子貢、白圭、猗頓、程、鄭諸人，合而爲"貨殖傳"，其旨微，其意深。且云：水深而魚生之，山深而獸往之，人富而仁義附焉。翁有見於此，遂拳拳於貨殖之途，卒利其鄉，而裕其家。内以之而盡孝友之道，外以之而博義俠之聲。鄉邦傳譽，婦孺知名，何快如之！

彼硜硜然自託清高不屑於貨殖者，縱有其志，烏能逮哉！卓哉翁之識也！偉哉翁之行也！

中華民國十七歲次戊辰穀旦，内侄清增廣生佛忱姚奮庸拜撰

（選自第三支《牛嶼盧氏宗譜》民國戊辰重修本文集卷）

先考府君行狀

府君諱黄裳，字達三，先世自烏巖遷樂清。曾祖諱應識，生四子。先大父第三，諱紀載。生府君兄弟二人，府君居長。先大父逝世，府君年僅十二，承理家事，指揮内外，應酬戚族，無不各盡其情，鄉黨父老咸稱其少年有老成之風。家牛鼻峰前江村也，有薄産一頃半，屬塗田，秋潮衝決，每苦荒蕪。府君以爲人事未盡，率工作多方修理，始獲秋成，家遂漸裕焉。顧其讀書之志不少衰，旋爲先王母王太孺人兩目失明，慮家人侍養不周，始輟舉子業以侍左右，視聽於無形無聲，凡饑寒痛癢先意承奉，越二十餘年如一日。自奉儉約，新婚大禮僅制土綢衣一襲而已。而于娣妹及弟之婚嫁，事事求優，雖費不惜。其薄己而厚於所親者如此。後先大姑遇人不淑，中年家落無依，乃挈子若女來寄食，府君終身善視之，且婚嫁其子女。先堂叔雲樵，幼失怙恃，煢煢無告，垂涎其産而思染指者，曾不乏人。府君不辭怨，紀綱其門户，使田産歲增，至堂叔成立時，猶時往顧問。

爲人狀貌魁偉，隆准修眉，見者咸敬畏之，惟胸懷坦率不存城府，接談之下能令人心傾。是以人無親疏近，得府君一言而息争端者，歲不勝計。兼長於任事，凡地方義舉象人必推之以主其事。族譜之創修，社朝之建設，以及遇荒乞糴、遇旱祈霖，不肖視見其披星戴月、廢寢廢食，然亦有因之以受虚驚者。清光緒時，竹嶼海隄重建，府君被推爲築埭董事，埭成風潮湧入，築工懼不敢前，地方刁紳遂以危言恐嚇，親鄰悉爲府君危，而府君毅然不動，催工匠運木石，朝夕親督之，埭成而隄賴以築，至今一鄉德之，殊不知府君當是已不堪形神俱瘁矣。

初吾族自遷徙達二百餘年，讀者嘗入庠，鄉人視讀爲畏途，府君因己學業未成，不能爲地方破天荒。命先叔父諱建寅從事於讀，昕夕督之如師傅，時同里讀者五人，每值院試即敗北而旋，咸謂地運使然，而府君獨云英雄造時勢，豈區區科名尚足限耶？督學益嚴，戊戌歲先叔父與族叔華廷同入泮，鄉里榮之。斯時不肖年已十八，出從先舅父學，府君嘗詣館，語不肖曰：叔已補學官弟子，兒能力學繼起，我願償矣。且云：吾不獲側身庠序，爲一生憾事，後雖納粟報舉巡政廳，殆從友明之請，非我志也。遇文學士，喜興談不肖課藝，或語及不肖能文，即喜形於色，其冀不肖學成以慰所望，同堪切焉。

誰知天不假年，不肖未冠即溘然辭不肖而長逝矣。僅博一衿，至今毫乏建樹，無一足慰先人之望，罪何如之！府君生平勤儉成性，手置膏腴三頃餘，未嘗得一日閑。然無别嗜，惟孜孜於耕與讀耳。

先妣姚孺人來自名門，素嫻姆訓，入門以後一以府君之志爲志。府君勞於外，孺人勤於内，米鹽細務莫不躬親。地無纖塵，室無亂物，寸縷粒粟無遺棄，其懿行誠難枚舉。卒時後府君十一年。不肖身弱多病，内外經紀賴孺人苦志主持。不肖得勉於讀，亦孺人和丸之力也。

府君生於咸豐乙卯四月初八日子時，卒於光緒庚子八月初八日巳時，壽四十四歲。子一敏，女三，男孫三慶霖、慶霆、慶雩，女孫二芬、芳。光緒乙巳十一月廿六日合葬於翠雲寺西山之原，迄今十有餘年，銘墳之石未具，耿耿難安，將求當世有道君子辱賜一言，以叙吾府君素行，俾後之子孫知吾家發起耕讀之由，兢兢恪守，則銘德靡既矣。

中華民國十七年十月，不肖男盧敏敬述

（選自第三支《牛嶼盧氏宗譜》民國戊辰重修本文集卷）

盧翁雲階傳

翁諱步青，號雲階，建寅其庠名也。幼時體弱多病，形神萎頓，八歲喪父，母甚憂之，以爲學稼不能，遑論其他。其兄達三先生試以書，頗知讀，乃諭之曰："爾能學成筆耕，可代躬耕，終身無虞也。爾其勉旃，毋自誤已。"翁服膺兄言，每到館時，諷誦之功必倍同堂，又念口耳所得，歷時或忘，凡披閲經史及古今文辭，遇有詞句新穎可爲臨文典染者，悉手録之。是故人甚樸素，發爲辭華，極其綺麗。業師張子蘭明經深贊賞之，惜以書法不飭，累及試卷，至三十九歲，始由縣府十名選入邑庠。

是時翁暮氣漸成，一赴秋闈不捷，遂謝進取。爲人和易，人無智愚賢不肖，悉與周旋，惟擇友則嚴，其在館十數稔，同學不知凡幾，獨心折吴君玉樵、張君清暉、計君子衛、朱君松如、王君瀚湫、吴君紫函之爲人，訂爲金蘭，蓋六人皆有文而兼有行者。庸少翁一十二歲，文行無狀，徒以姻戚之故，一晤即契，遂收與吴、張諸君同署名蘭籍，忘年下交，實出望外。生平雅不言勢利，在邑庠二十寒暑，從未私謁有司，有古澹臺氏之遺風。家故少康，優悠家園，頗爲自適，曾因里中塾師爲三家村學究，不足培植後進，乃就家教授族中子弟，修脯豐歉勿計焉。其族華廷、霞九二茂才皆出其門下。自奉極菲，非賓朋燕會之時，豚蹄不設俎，綺羅不敷體，惟逢慈善之舉，解囊傾助，雖費勿惜，所謂君子富而好行其德，翁其有之而。且有至性，母氏王太夫人因病失明，與其兄侍養左右，視於無形，聽於無聲，俾怡然相忘於堂上，絶無起居飲食之苦。奉兄爲家督，終兄之身，事之甚敬，髣髴夫司馬君實之於伯康也。

德配趙夫人，邦媛也，舉子女各一，不待婚嫁而逝。時翁方逾不惑，乃鑒尹吉甫、曾子輿往事，獨撫子女，教養兼任，卒使子爲鄉國之望，女爲閨閣之秀。夫道父更難其人，女歸毌前連城子烈，自二高學校畢業後，伏處里門，且讀且商，曾被舉爲鎮自治議員，邇後敞華厦，容駟馬，其聲望不亞於乃翁。烈有三子，長已授室生孫，次三方，修業高小。女三，長已適人。語云仁者必有後，觀乎翁不信然耶！

民國十七年歲次戊辰夏孟冬月，文社姻晚生佛姚奮庸敬撰

（選自第三支《牛嶼盧氏宗譜》民國戊辰重修本文集卷）

附　文社晚盧兄雲階文

嗚呼！君之齒長予六人，而道德學問並過之。方其相知也，初接以兄禮，繼事以師禮，從未廑有締交之情。惟君胸懷坦率，雅不自挾，俯采葑菲，待以芝蘭，自是凡論文講學，奉爲方針，分詠聯吟，推主壇坫，如此數十年中，予六人之道德學問、詞華器識，得君之切磋琢磨者，不一而足。且予與君七人，生雖同籍，居各一方，每於家務摒擋暇，或冒雪造訪，或貽書招飲，俾予六人時通欵曲，不至或傷契闊者，皆君賜也。一旦捐館而去，在君則曰死生亦大矣，不足以介懷，而予六人將何以爲情乎！月之初九日，君於虹橋，視其顏，察其色，咸謂精神强健倍壯，時當得壽徵，自慮少者不獲親陪杖履，逍遥於雁蕩龍、湫間。孰意别甫旬日，而噩耗忽來。嗚呼！君無可死之理而竟死之，死其尚有時乎！前者社友吴君玉樵之歿於杭也，君因感浮生之幻，約予六人同葺一茅，時集其中以取樂。乃事未舉，而人先逝，興言及此，更不知淚從何來。嗚呼哀哉！予六人之傷君，猶君之傷吴君，未知君去亦知否。或曰君雖死而名猶存，得毋與生無異，予六人毋自苦爾。嗚呼！君事親以孝，足以式天下之爲子者；君事兄以敬，足以式天下之爲弟者；君喪耦而不娶，足以式天下之爲夫爲父者。過君之里，見夫俗龐風美，人民樂業，是君之德化未湮焉。適君之庭。見夫鳳毛燕翼，詩禮一堂，是君之教澤猶存焉。或者謂君未死，其説誠是。獨是予六人之與君，身雖異而心實同，生離猶憾，豈死别之不恫。嗚呼哀哉！崑崙之野，無極之門，君其騎風御氣化鶴而來，鑒致奠之哀忱。

同社增廣生佛忱姚奮庸撰

（選自第三支《牛嶼盧氏宗譜》民國戊辰重修本文集卷）

盧華廷先生譜序

君字號華廷，清光緒戊戌歲補學官弟子。其父從九品公，初業農，因君讀書，慮産微不敷培植，爰徙新市爲逐什一之利。君無兄弟，惟女弟三人，年十五時，母太夫人萬氏卧病，君率其妹侍奉湯藥，數載不怠。後母逝世，從九品公焉鑒尹吉甫、曾子輿之事，不復續絃，梱之内外隻身兼顧。君自館回家，必分其勞，並助諸妹相爲料理。及弱冠，從九品公爲娶婦陳氏。君見中饋有主，内顧無憂，亦奮志芸窗，以期上達。無如入庠未久，而罷廢科舉之聲浪日益增高，壬寅恩正併科落弟，後擬籌資赴杭垣學校肄業，乃事未舉而炊臼夢占。是時君以椿庭遲暮，膝下猶虚，不忍外出，貽乃父憂，遂以時命自安，家居授徒者數稔。未幾，從九品公亦歸道山，君承遺志，遵先業，翻然從事闤闠，是士而隱於商者也。

初君遊泮之年首先捐金，率衆爲高高祖康蘭公置祀田數畝，俾萬世明禋不絶，視彼錦旋之日，修謁祖之儀爲謀利之圖，其用心爲何如耳！又念前族譜與黄檀硐分修，大失敦本聯族宗旨，乃與業師族茂才雲階先生，建議合修，奔走數載，事卒不諧，至今猶爲耿耿。生平以儉勤勵已，謙遜下人，不競聲華，不事標榜，諄諄然一謹厚人也。續娶陳氏，素嫻姆教，内助稱賢，舉丈夫子四：長澄，三思彬，畢業高等小學，俱授室。生孫女三，亦適人。君年未週甲，而盈庭濟濟，媲美竇桂鄭蘭。庸忝屬同年，相知有素，爰書數語，聊表景慕私衷。至云傳後，則有望夫世之能文者。

中華民國十七年夏曆元月七日，年小弟拙園姚奮庸敬撰

（選自第三支《牛嶼盧氏宗譜》民國戊辰重修本文集卷）

霞九君傳

君弱冠，隨林生彦彬來從予遊。林生豪放不羈，君恪恭自守，發爲詞章，亦肖其人。君後林生一載入庠，時年二十有四，蓋科舉已罷，進身殊途，爰束裝赴滬留學，畢業于法律專門學校。未幾民國成立，時事沸羹，君家居自晦，借詩以鳴。迨第一屆縣會開幕選舉，君被民

衆推爲縣參議員，嗣見重葉縣令，委任虹鎮自治委員。供職七載，興利革弊，甚洽輿情。尤難者民國十四年冬，閩軍過境，需索繁苛。君不避鋒刃，奔走其間，軍隊長官雅重其人，地方藉以不擾。虹鎮自明强女校摧殘，後鎮之人士視辦女學爲畏途，君任第二届縣議員時，倡議創辦縣立第四女高小學，雖長校有人，而經費悉資籌充，旋被各校董推爲校長。任事三載，校風丕振，遐邇來學者雲集，現已籌有鉅款，改辦縣立女子職業學校，另築校舍，以容生徒，而普教育，真女界之慈航，萬家之生佛也。

年十九丁卯艱居廬讀禮，黨族稱孝，侍慈闈十餘稔，凡一舉一動，悉遵訓命。有姊三人，長適沙角徐，與夫早亡，所遺子女各一，招養于家，畢其婚嫁，而爲立門户。娶夫人張氏，賢而不育，納側室邱氏，始産三子二女。子寬，女芬，今均修業縣立高級小學。門以内張尸其政，雍雍睦睦，無誶詬勃谿之聲，人謂君德修於身而化行於家，殆非虛譽。他如廣腴田以連陌，搆華厦而凌霄，是世俗之所榮耀者，予闕而不書，書其大者一二事，非徒傳君，還欲勉君於將來爾。

時中華民國十八年歲次己巳夏曆春王月第二日，愚表

清邑增生拙園姚奮庸書贈

（選自第三支《牛嶼盧氏宗譜》民國戊辰重修本文集卷）

歲進士蘧仙公傳

公諱楠，字讓木，號蘧仙，别號清江。其先本温樂清人也。樂多佳山水，芙蓉鴈宕之奇，磅礴鬱積，非仙佛所能盡，必有文人碩士以徵鍾毓之奇，公之祖其一也。在温與何白齊名，後因避寇，來家於黄，而誼不忘桑梓，故公父諱瀛者仍係籍樂清，爲歲進士。生公昆弟五人，公居三，少有至性。後其叔没，托孤於公，公事嬸如母，視從弟如胞，其孝友如此。質英敏，爲文自出機杼，小試縣府道皆首選，人以“小三元”呼焉。後屢試即冠軍。一日自黄反温，適周長發先生掌教，見其

文，嘆爲近古未有，因薦於當事者，故爲樂清山長十餘年。老而歸鄉，從學者日益衆。

公館規甚嚴，衡文必慎，故後學多所成就。家教尤嚴，婦女不出堂，閨門之内，肅若朝廷，故次鼎臣公立庠有聲，長即英奇外祖也。子姓繁衍，二母舅勉之先生亦得公心法。季宣臣公學行兼優，不幸早故。而母舅直齋公終興教澤，厚於弟子，遺德及於子孫，非獨邀地靈，亦天理然也。嗚呼休哉！

贊曰：雁宕蒼蒼，永寧湯湯。我公令德，兩地流芳。

邑廪膳生外曾孫傅英奇頓首拜撰

（選自第三支《黄巖盧氏宗譜》民國丙寅重修本卷首）

邑庠生邦仔公傳

公諱諧，字弼臣，又字邦仔，勤若公子也。

妣林氏，生公一人，習舉子業。天姿高曠，出筆軒爽，年二十四，受知於太夫子，應等第試，足力健捷，常以初日去，次入試，三即旋里，不爲疲。中年習醫，精岐黄術，如内傷、女科、痲疫尤精，手著痲書數卷，故黄杜嶴族内有得其真傳而稱名醫。

性嗜酒，親舊延接者，酒或次，即面斥易沽。人知公之直，故公亦不嫌於戇也。所到處，人皆欽敬晉謁，醫愈亦不責謝。族内及親戚，或症慮其變，自雇輿來診視。即球之父於乾隆年間病沉痾，賴公調理，而獲享高壽，今已作古人，回首前恩未酬，黯然傷矣。

且勇於公事。上洋庵基爲吴氏所侵，時球與輔弟赴訟路縣尊。公極言求訊，慫慂子侄，兜率銀錢，曾不少吝。持己以正直，處世以謙和，恪守忠厚家法。遷居西岑姻親家，遂不轉徙烏巖，即西岑立業而居焉。公之嘉言懿行不傳，球少侍側，習知公之性情，故樂爲之略紀其毫末。

安人池氏不壽，續配牟氏，勤儉持家，慈祥御下。生三子，天暄、天賞、天墀。女二：長適沈嶴蔡氏，次適上洋吴氏。壽七十而終。

邑庠生從侄鳴球謹撰

（選自第三支《黄巖盧氏宗譜》民國丙寅重修本卷首）

誠庵公傳

公名錫，字純臣，又字樹暇，號誠庵，文行俱優人也。

公之父棠木公有孝行，廬墓者三年，有古賢風。生公，至性過人，人以爲孝感所致云。公少貧，伯父蘧仙公館於温，無貲相從，近有楊文良老師學有淵源，乃裹糧從之。先生器其文，每令同學者抄誦，故一試於于大宗師即冠軍。

長而所學益粹，凡經傳子史，莫不涵泳道真，所以歷試錢、竇諸大人，俱列高等。及課徒甚嚴，以理法爲重，即字句絲毫不苟，且謂士先品行而後文藝，其生平行己有漢儒之節義、有宋儒之涵養，不獨從學者仰若斗山，凡鄉里中熏其德而善良者亦數百人。一日，有兩狂徒相鬥。一忽然曰："止，止！盧先生過。吾輩此態，何可令先生見也！"其爲人矜式如此。然先生行雖高而賦命蹇薄，屢列優等而未食餼，三娶安人而終無嗣，且所居數燬於祝融。

噫！吾聞天道無親，多與善人。積行如先生，所謂善人非耶？而困頓若此。而文人果爲造物所忌歟？抑天道亦未可憑與？奇生也晚，雖未見先生之爲人，而讀公之文，父與叔俱從學於先生，故悉盡所聞，以垂家乘云爾。

邑廩膳生堂甥孫傅英奇拜撰

（選自第三支《黄巖盧氏宗譜》民國丙寅重修本卷首）

祚銓侄傳略

董子云：正義不謀利，明道不計功。斯言也，言之誠易，行之實難。吾觀世之爲功利而行道義者，十之八九；爲道義而忘功利者，百無二三。凡事不具論，即以鄰里鄉黨或遭家不造，凶罹大禍，豈無爲之排解？乃先觀兩造之愚智，細察家勢之强弱，於中處事調停兩可。益智扶强，欺愚淩弱，交通衙役，擾害居民，而是非曲直置於後，圖利取於彼，功歸於己，名爲息訟安民道義攸關，實則計功謀利借端生事，所以事平之後，生者興怨，死恨九泉，比比而矣。而吾侄祚銓則不然。

祚銓諱殿陞，字侯鈞，中乾隆辛卯科舉人。好讀書，明大義，因世尚雄武，既能經邦，又思戡亂，棄文入武，巧堪命中，力足穿棚，是以高掇巍科，身居甲第。不挾貴而輕賤，積粟千鍾，分多潤寡；不恃富而驕貧，立身正直，涉世公平。切同瘝於在抱，懷如傷之隱念。見有患難臨身者竭力排解，論其是非，秉道爲衡，分其曲直，準義爲斷，或憑官而處息，或行賄以私和，使兩造甘心，自彼此戴德。遇有貧乏之家，且損己財以完人事，不謀其利，不計其功，免死者屍骸之暴露，全生者鼎鑊之不加，是以生者順而死者亦安矣。

且難養莫若女子。吾侄三妾一妻，若非恩威之並制，必至雀角之易生。乃妻妾之分整然，尊卑之等不亂，既齊家之有道，自御衆之有權，所以遠則仰其威名，近者服其明斷。又能創造寺觀，丹楹刻角，塑畫佛象，堆玉塗金，土木之費，動用千金。歷數生平，徧觀作事，董子之言，而吾侄能踐之也。天有顯道，厥類惟彰。善人有後，食報不爽，是以其妾應氏懷胎抱孕十月，臨盆必產麟趾，可預卜也。

時乾隆歲次乙卯桂月吉旦，族叔勉之敬志

（選自第三支《黄巖盧氏宗譜》民國丙寅重修本卷首）

歲進士苑仙府君暨妣蔡氏安人行狀

先大人承祖訓，時念歸宗居無定所，癸丑年，與哲伯同受知於陸太夫子諱舜者入泮，歷程至劉太夫子諱彬者。歲試，哲伯一等第一，大人置第三。發落時特加獎賞，謂文獨得風氣，定作科第中人。科試拔第一，補天禄，時己未歲也。

族久被遣，始定宅於烏川，然而祖與叔猶持歸宗議。大人因食指日增，與母氏議置田畝少許，爲叔娶嬸牟氏。越丙寅，祖患痿症三年，未嘗少離左右，調餌延醫，因通秦越人術，至祖症不起，卒於康熙己巳年九月十一日午時。時偕叔謹於治喪，謀厝祖墓於上洋藍田，遭地棍阻。向多方安戢，費盡財力，於丁丑年正月始成封域，廬墓三年。憶在山作伴者房伯廷獻、族叔廷遠，與有勞焉。詎經四載辛巳，而叔謝世矣。大人篤于友愛，以叔遺下二弟穉少，命楠治喪守孝。時嬸年三十，矢志守節，大人與母親不忍分居，命楠以母事之，兩家事以一身總領。時大哥出贅倪氏，二哥持門户，楠工章句，而侍父來往左右者，四弟元棣也。

丙戌歲歉，丁亥三月，自莊舍回，感成疸疾，服藥無效，楠懼泣請遺命，慨然曰："我有爾男五，爾已冠府軍。季弟幼，撫之成名，而操家立業各自有能，至家規恪遵祖訓，予復何言？但歸宗事勢難爲矣，爾等其圖之！"言已遂卒。時康熙丁亥年五月初九日子刻也，距生於順治丙戌年二月初九日辰時，享年六十有二，母親年值五十有二矣。三年服闋，母以男侄等俱已有室，與嬸分居則可以謝事，而母氏劬勞，猶如初也。以祖父始遷産薄，食衆用繁，職掌内政，始終如一，纖悉必自身經焉。

大人詩禮傳家，四方從遊者皆名士。其課業也，理宗濂洛，文律王唐，而雅言一本紫陽。謂人必法朱子，斯可得入聖人門徑。於四子書頗能索解，而凡經傳子史皆得旁通曲暢，以知其説。楠幸承庭訓，不至面牆立也。臨終謂母曰："汝克勤克儉，堪樹閨範。其内助余，尤難者身勞乳哺，同侍祖疾，夙興夜寐，三年未嘗少懈。孝而且敬，必昌我後，當有賢子孫也。寛撫諸媳，頤養天年，知必以壽終乎。"母去時十三孫，孫女八，而玄孫發已長矣。

母生於順治丙申年四月初一日戌時，卒於雍正丁巳年六月廿二日戌時，享壽八十有二。惟楠爲浮名累，禮歉慎終，抱恨終天焉。今葬於公奧月山三分入册，係永嘉五十一都，去祖墓藍田二十里地，雖遠，幸近錦川母族界。

附　外祖傳略

外祖姓沈諱礎字輯五，本姓蔡，緣外太祖東之公諱日升，邑庠生，出繼沈生三子：次心陶公，三旋左公，而外祖居長，承沈氏。

公受知於有明文宗黎公元寬，目爲國士，台郡庠增廣生，赤城名士，冠世才也。至本朝定鼎，守郡郭曰燧，酷辱庠生趙儕友，激成哭聖一案，外祖亦被謫遣，戍盛京黄龍府。多所著作，有《沈子業四大懺悔》《十懺悔》《開眼夢越客》《一瓢今受編》《獲薪草詩韻箋》《攜髮冢淚函手録》《爾雅六藝字辨》《四書考輯略便覽》《客子秋聲》以及散見詩歌，大半被戚友匿去，其所存者，力不能代爲刊行。

無書不讀，即道書、佛經與野史、詞曲，亦過目成誦，其文章皆奇崛奧博，較之前人，非李長吉、杜子美不足數也。其品行廉毅剛直，有巖巖泰山氣象，在北地莫不欽仰。比反，年已七十矣。母舅一，字展多，母妗池氏，生一表兄夭，繼其祀者，先大人門生、邑庠生房舅簡夫四子諱聰字若俊也。姨母一適金奧黄氏，緣平耿逆反遭虜，至杭自刎全節。近乾隆十九年，邑侯金公爲之立碑，飭建專祠。當被執時，虜及二雛，心陶公義率姨夫黄嘉文赴杭取骸骨，軍索贖二雛。心陶公製簿募化，督撫慕公天顔閲其序，嘆爲奇才，一時名震武林，推與徐渭、尤侗等相埒。

公諱岫雲，邑庠生，多著作。生二子：長喬舅，不壽；次士論舅，亦從先大人遊。丁亥入泮學院，即直上彭老夫子也。生一女，適庠生楊勁，亦無子，没後，族議以堂侄若能入繼。

心陶公遺稿大都在金嶴英良中表家。良諱彦，即同母掠去心陶公贖回者。士論舅館其家，伊從學詩，故兩世著作故都歸是也。旋左公亦善飲能詩，終身不娶，至老提壺性情高曠，自號“錦里山人”。吁，天生才人謂之何哉!

時乾隆二十四年歲次已卯菊月之吉,男楠謹述

(選自第三支《黄巖盧氏宗譜》民國丙寅重修本卷首)

皇清恩賜鄉進士益峰公行狀

公諱允謙,字發益,號益三,梓材公三子也。先世自樂邑蔡岙徙居邑之烏巖,轉遷日溪村。

公昆弟三人,伯允崇,仲允順。以公出承從叔祚桂公嗣。少讀書,頗穎悟,以理家政早,不獲遂志,援例貢入成鈞。

爲人温柔謙謹,尤敦孝友。髫齡失怙,事寡母色養兼至,出入必告。每嘗遠方服賈,一聞老母有恙,必兼程省親,侍湯藥無廢離。嘗語其家人曰:"余不得事父,猶得事母,聊補報於萬一耳。"仲兄允順,不幸數奇,作賈折閲,逋負數百金,無力措還,賫志以没,而二侄一女尚幼,孤苦特甚,一切績負俱以累公。公慨然獨任,躬自節儉,竭數載經營之苦,始爲償畢。攜二侄連女同居,視猶己子女,以育以教,男婚女嫁,至於成立。嫂解氏因病寄居母家十有餘年,公量給其藥物衣食之費約數百餘金,不形德色。甥某家計蕭條,公亦憐與共爨,撫帶成人,如二侄焉。

公少時因貧學賈,正值粤匪猖獗,衆商咸思息業。公從艱難中手創起家,積有餘資,則周恤族黨親朋之貧者,猶好以錢物爲人排解之具,故鄰里皆倚重之,推爲忠厚長者。嗟乎! 自宗法不行,人各分財異居,視骨肉如行路,即在搢紳巨族且不免吝一絲一粟之微,忍聽族人展轉溝中而漠不一顧者比比皆是。況公從貿易場中,獨能疏財仗義,感田家之荆樹,仿陳氏之風規,謂非加人一等者哉?

公生於道光十七年丁酉正月廿一日戌時,以光緒十四年戊子十二月十三日戌時壽終正寢,享年五十有二歲,葬□□□。娶趙氏安人,小五尖仙瑞公長女也,内助稱賢。丈夫子四:長恭照,生理;次恭

浚，業儒；三恭賈，生理；四恭敬，業儒。女二，長適上洋吴全鑫，次適小坑李懷粱。孫二，書棠，書棣，後出再添。公生平積有厚德，教子頗有家法，臨没遺囑諄諄，惟以讀書行善、勤儉保家爲訓。故公長子亦遵父命，忠慎守業，商賈徒利，爲諸弟擇師從讀，不吝資財，亦能仗義。此所以蘭桂滿室、門祚方興而未有艾也。

時大清光緒廿一年乙未桂月，己丑恩科副舉人表弟牟摯拜撰

（選自第三支《黄巖盧氏宗譜》民國丙寅重修本卷首）

君祥公傳

夫士之出也，勞王事，澤蒼生。其處也，敦孝友，睦宗親。致用雖殊，而立德立功偕所宜傳，不容泯也。

梓越嶺盧公諱鳳化字君祥者，淳篤君子也。九歲而孤，家不甚厚，偕弟鳳俊事母周太君，甘旨必備，飲食必親，凡有求必遂，出入鄉黨怡怡。後長，識者已知其不凡。洵爲年少孤孽者所難，遭叔父母淩欺，兄弟毫不介意，處之坦然，惟勤以理家，儉以治生。年未三十，田産益廣，資業益裕，且積而能散，施無吝色，無論親疏，貧乏者周之，急難者恤之。其兄弟親愛，有姜氏大被之風，資産與共，平明公直，家無私藏，庭無間言，至垂白而紫荆不分者。蓋立心行己，孝友姻睦，待人接物，謙卑遜順，雖婦人稚子，未嘗少慢。

都内有雀角者，造廬質成，悉從理剖，委曲勸諭，不數言而冰釋。前令卞侯，欽公賢能，立爲鄉長。邑歲歉，兩次命賑粥，不惟一粒不私，並捐己資協濟，老弱均沾其德。尤敬禮師傅，恩養臧獲。生平無疾言遽色，常婉容和顔，如亢風暴氣者見之，自爲之斂容。嗟嗟，使在三代之時必有弓旌之賁，即在兩漢之間亦蒙徵辟之榮。今雖不得見售於時，後世子孫必有爾昌爾熾者。

娶孺人駱氏，德性温淑，優嫻内則，相夫子，和妯娌，專主中饋，内言不出，堪爲一世之母儀焉。生三子，咸誠樸孝友，耕讀務本。旋見

蘭桂森立，人文鵲起，昌熾之慶，駸駸不已耳。余忝知己，稔熟其詳，愧無筆墨讚揚其休美，聊述梗概，昭示於來兹云爾。是爲之傳。

時雍正歲次丁未季春之吉，眷弟金城頓首拜撰

（選自第三支《暨陽梓越嶺盧氏宗譜》民國庚申年重修本卷一）

兆愷公家傳

予素與盧子連岳有舊。壬戌之冬，偕予戚過其地，崇山峻嶺間，廬舍無多，而祠宇輪奂，深羡其俗之敦本也。會予南北碌碌，不克再遊，而睹城市囂塵，輒欲置身其間。

今冬，盧子手一書，謂予曰："君暨之正直而能文者，先人之傳不屬之君，不足以光家乘。"余以不文辭，而睹其狀，則前所嚮往者恍然得之，遂樂爲之傳。

謹按，公諱兆愷，一字帝來，止敬公四子也，居邑之梓越嶺。性厚而和，家不及中人産，而勇於赴義，與人言吶吶如不能出諸口，然事無大小，終身無諾責。仲兄以猾聞，早與公析箸，而公之行固與伯若冰炭也。梓越盧氏向無祠，乾隆癸巳歲，公聚族人而謀之曰："吾祖遷此，多歷年所，不建宗祠，先靈奚安？"族以無力辭。公毅然曰："如若言，終將無祠乎？且力亦觀其盡不盡耳。"族人韙其言，即推公董其事。公即以己園地捐爲基，庀材鳩工，不辭勞勩，無力出資者公代出之，公費不敷，則以己常稔田質錢辦之。數年而寢室，而兩廂，而臺門凡十餘楹，丹漆金碧，焕然奪目。

故祠成而家因之乏，然公之心不懈也。更部署其春秋報賽迎神，卓有典型，公之力居多。

盧溪之内有"一心橋"者，邑通衢也，東達剡，西通縣治，行人如織。每夏暑暍人苦道渴。公捐腴田三畝，與好行其德者搆亭一所，施茶以惠往來者。里人高其義，即於亭之中設栗主生祀之，迄今頌其德不衰。其他崇枌榆，修道路，周姻戚黨族，雖惠不甚費，然見無不爲，

爲無弗誠。

晚年，以愛女爲媒氏所紿，許字寒門。居常喃喃自呼“負……負……”，遂以家事付之嗣君，以乾隆乙卯年卒，卒年六十有三。

元配吴孺人。繼配馮孺人。生二子一女，長子聖安。幼子聖和，一字連岳，即與余有舊者，有才不炫，重然諾，爲人排難解紛，無疾言厲色，慷慨中雜以詼諧，常陰解人之厄而人不之覺，故交遊甚廣而人多重之。孫八人，皆勤儉誠樸，以力穡世其家。

論曰：予觀兆愷公，一鄉曲之氓耳，非有詩書之澤、扶翼之勞，而一意孤行，九族賴之。何行之篤耶？乃嗜義不厭，窘其家以利人，此豈爲生前奉祠計哉？迄夫家道坎坷，卒以豐亨，其所熾昌者，皆其所積累也。歐陽子曰：爲善無不報，而遲速有時。予於兆愷公益信。

時嘉慶二十四年十一月穀旦，庚午科舉人即選知縣、通家晚郭源拜撰

（選自第三支《暨陽梓越嶺盧氏宗譜》民國庚申年重修本卷一）

盧芝亭公行實

岳父諱人爵，字其祥，號芝亭。居心篤實，凡一言一動，不稍苟且，鄰里鄉黨間咸稱長厚也。間嘗謂予曰：“吾家本素封，因父母患病，遷延歲月，百般醫治，藥餌飲食之需莫不具備。爾時雖傾家所有，若弗計也，後果相繼去世，喪葬畢，總計費用，而家産已耗大半矣。弟年少，撫字之心過於父母在時，既冠，擇婚配，亦未嘗以家貧稍儉。弟欲分居，所餘財産肥美不擇，吾弟問心之安否已也。”予聞言，心竊疑之。後岳母亦屢言及此。

猶憶予之始至梓越也，睹兹家徒四壁，室如懸磬，知有不勝憂愁者。況諸舅年幼，内乏朝夕之資，外無尺寸之地，謀生無門。而岳父若不知爲貧者事，戲遊遍觀山水，聊抒曠達之懷。詎知困極必亨，督率諸子務耕種，課桑麻，刻意勤儉，盈餘漸有望也。

前，族無宗祠，與同志者倡建宗祠，經營無不周詳。現在廟貌聿新，上以安祖先之神明，下以聯子孫之親睦，厥功誠大矣哉！遇事有雀角，一經剖析，曲直曉然，論者謂此非矜周旋世務之長，實忠厚之有以服人也。重師尊，每自悔不克延師教子，長抱遺憾，故囑余之教育諸子者倍加殷勤。年五旬餘，康健不減少壯，即今纂修家乘，身任其職。

予姑先述大略以傳，其有餘年實行，容俟再續。

時大清乾隆五十九年歲次甲寅仲秋全浣之吉，子婿周應箕拜稿

（選自第三支《暨陽梓越嶺盧氏宗譜》民國庚申年重修本卷一）

連岳先生傳

盧翁連岳，與予爲世交，自先大父在日數與往還，垂今三十年矣。居嘗觀其敦本務義，凜然有節概，欽崇者久之。今冬，舅氏源爲其父兆愷公作傳，知其族之葺譜也，故援韓昌黎傳何蕃例，以志其略。

蓋連翁，兆愷公季子也，名聖和，一字連岳，行九。幼讀書，聰俊過人。以其父好行義，家故不豐，而伯兄又爲群從之無賴者所挾，外事率以一身承。無賴者有倚邑之巨猾勢，時率其屬淩辱之，禍甚迫。會巨猾罹法網，大府庭鞠，冤卒以雪，而兄弟亦式好。蓋是時年二十五歲也。

梓越有祠，翁父兆愷公督建也，時窘於勢，不立祭田，翁僅以公資貫餘子母相權，得田若干畝。介祿公，翁堂伯祖也，無後，遺資不足存祀。其外戚捐資，而懇翁司其事，則會其昆季醵錢置田代祭者已數十年，今復置産以豐其祭，其族益賢之。里有好博者，連翁覺，置酒會其長老，申令甲而曉之，迄今無戲五木者。與人交，艱鉅能荷。嘗爲人營葬事，百孔千瘡，叢集一身，詐者應以智，樸者接以誠，事平後一錢不染，人始服其才。及是清白之名遂孚與人，人故求其解紛者、就而質疑者，屨常滿户，蓋事日益煩，而名日益噪。

素不慕形勝，而厝其先人，券臺鞏固，且其地多爲青鳥家所稱，蓋其父行義之報云。自奉甚約，平居卮酒脱粟，親朋至，肴錯羅列，傾其佳釀，呼盧歡飲無所吝。而觀其家人，終日操作，不敢偃息，其勤儉豐嗇，各得其宜。又有難及者，身不逾中人，額儉而頤削，口髭無多，與人言則引諺語爲嬉笑，每至機緘處，談言微中，使人自悟，故一生少口禍。

夫世之人多矣，而務本知義，善交足稱，求之士大夫往往難之，而翁始終不渝如是。雖先人交友之得人，抑亦兆愷公之厚德有以貽之也，後日之休聲，夫豈易量哉？

時嘉慶二十四年歲在屠維單閼之辜月，世愚侄豫堂袁桐拜撰

（選自第三支《暨陽梓越嶺盧氏宗譜》民國庚申年重修本卷一）

茂林公傳

嘗聞“莫爲之前，雖美勿彰；莫爲之後，雖盛無傳”。歲丁酉，同宗梓越嶺續修宗譜，祠董志芳等丐序於余，並道其父茂林公生平行事。曾予同治庚午經宿儒蔣君襄哉記公行述載之家乘，披閱一過。

其詞曰：予自束髮受書，即出就外傅，其於鄰村之行事爲人，概未深悉。及長，遊學省城，與鄉人益少晉接，而不識予者尤多矣。自西匪時完生旋里，始有識予面者，余之不識人也如故。今歲冬，盧氏修葺家乘，茂林翰嗣君志芳甫請乃父行述於余，而道其行事如此如此。有客自外來，聞而訝之，謂人非有忠孝廉節數大端，概無庸述。余曰：“客過矣，三代不皆成德，聖門亦少全才。苟有片長足録，一善可著，亦足以傳示後人。”

余記其嗣君所云：翁自幼節儉，言忠信，行篤敬，不畏强，不侮弱，安心農桑，教子樹藝，真實無妄，耆而猶勤。余尤嘉其先世增百十一公祀向立久廢，翁甘分餘資，妥議重興，衆皆樂從，翁益力任，迄今已置田十餘畝，祀事復成。非切報本追遠之意者，曷克臻此？其於父母

之喪葬盡禮，可不待言而知矣。

客默然不能對。余爰照依來言而述其略云。

今讀蔣君襄哉之詞，幾謂述公之行詳且至矣，而猶未足盡公之實焉。憶自同治戊辰謁祖以後，族有鼠牙雀角之爭，必延余排解，歷至其地，至則必謁公於家。爾時年登大耋，精神矍鑠，鶴髮童顔，嚴訓諸子，課讀課耕，老而益壯，孫曾林立，咸彬彬有儒雅風。椒苗蘭芽，正方興未有艾也。至生卒之詳、德配之賢，傳備載，無庸贅叙。

現值譜將告竣，爰稽生前詳述之詞，並憶日後親睹之誼以爲之傳。

時光緒歲次丁酉黄鐘月上浣之吉，同宗邑庠生增榮謹撰

（選自第三支《暨陽梓越嶺盧氏宗譜》民國庚申年重修本卷一）

志芳公傳

公諱志芳，字蘭圃，茂林公冢嗣也。少入塾課讀，迥出儕輩，諸教師以達材目之。嗣因先君衰邁，諸弟稚弱，食指益繁，家計稍迫，不能終事詩書，只得躬秉耒耜，爲仰事俯畜計。然暇時輒手一編，聲琅琅達户外，竟夕不輟。及壯，而家遂日起。

喜交遊文人學士，傾談經書大義，似曾宿學者，而於青烏書尤獨得其秘鑰，故諸文士多知公，公由是見識益廣。嘗舉王荆公教元澤之言以告鄉人曰："求館師須博學善士。"或曰："童蒙何必乃爾？""先入者爲主。觀今之求師者，與夫師之爲師，其先入者可知已。"自公一言之教，繼哲嗣後出身於學校者，媲美於富家大族矣。

公之先世自盧家溪遷居兹土，閱世二十有餘，地瘠民貧，宗祠産額甚微。自公仔肩，首以培植祀事爲務，諸父昆季以公能先勞無倦，一切聽公之經營，積有餘資。集淵成川，滴滴歸源，不數年，增置膏腴數十畝。又以餘緡更普福庵之古刹，新永福庵之殘垣，是公之勤勞一身能成功於宗社者也。

公平居好周人急難，不計酬報，面折人過，不聞私議，遇有争競者，出而排解，無不心悦誠服。重敦親睦之誼，鄉之人是以畏而愛之，敬而親之。及公歿後數年，老成凋謝，時局爲一大變，遂至官事紛起，固結莫解。鄉先輩暨族父老咸追憶公，曰："如某某在，早已潛移默化，無所事事，斷不致吾輩勞精疲神至是也。"公之德乃歷久而彌彰。

德配趙氏。續德蔣孺人，名門女，内助之力爲多，生丈夫子三，女二。至今孫男十餘，俱韶秀可愛，書香世業，知公之德澤乃方興未艾也。前邑侯贈以額曰"修齊流芳"，可想見其命名之意矣。

余自光緒癸巳謬膺公知，忝任講授四載。至乙巳重來，而公已仙遊，至丁巳適週一紀。回憶三十年之前，蓋知公之深耳，公之稱，孰如余者？今年春，聞盧氏宗譜自公督修後而哲嗣藴文續修，亦可稱喬梓傳家有譜矣。世有如公之德行，可不表而出之以訓後之人乎？

余不能文，走筆書之，但質諸族中父老，僉以爲得公之實録也。合亟刊之，以傳公之名於不朽云。

民國歲在上章涒灘新正之吉，眷晚邑庠生酈恭壽敬贈

（選自第三支《暨陽梓越嶺盧氏宗譜》民國庚申年重修本卷一）

飲賓元經公行略

飲賓公姓盧，諱元經，字行一，國信翁之三子，余友漢哲之三兄也。

少習舉子業，卓有成就，旋以椿庭向暮肩家政，娱高年以順，諧同氣以和。不惟箕裘弗墜，而且式廓丕基，置膏腴，建廣廈，視乃父有過之無不及焉。

公狀貌端凝，爲人所器，言而又中肯綮，故里中勃谿非其言不解。即有鼠雀公庭，險健連年，居其間爲之上下其手，雖强項者無不帖耳低眉以罷，識者方之魯仲連、郭解云。光遥山不當冠蓋之衝，然文人騷客往往躡蹻而來，公則視若空谷足音，跫然而喜，投陳遵轄，開孔融

樽，欵洽盡歡乃止。

其風致恒如此，而其所最著者，莫如建祠一事。能奠宗祊，能承父志，毋吝以潤公囊，毋倦以鞭衆力；虐熖爵攸不能奮，輿情驚疑不能搖，已詳《祠堂記》中，誠赫赫照人耳目也。而公又以家譜曠修五十年，非所以雲歸於山、水歸於淵也。因先核其宗支之絶續、昭穆之長幼，暨生卒之後先、邱墓之遠近，釐然就緒，而後付之剞劂，文諸簡，所謂竹數節後迎刃以解，是公不爲一方之領袖、一族之干城哉？

配朱氏，孝舅嫜，睦妯娌，女紅是識，言不出閫。子二，長亨煓、次亨焕，食德服疇，肫肫有父風。女二，一適大田頭張茂洪，一適美里塘張永秀，俱馳騁藝苑有聲。已得一孫，曰利祥，丰姿俊雅，器宇不凡。此固國信翁之餘慶，亦由公之燕翼者素也。

今其家乘將竣，余適至開雕之所，急摭大略，以授諸梓。但公之年正未艾也，他日嘉言懿行，吾將泚筆以續書之。

時嘉慶三年歲在戊午桂月之望，眷弟蓼埜吴國鴻拜撰

（選自第三支《五馬山盧氏宗譜》光緒丁酉年重修本卷二）

厚十孺人吴氏行傳

嘗思内助賢而家道寧，閨門肅而孝行彰，此固事之所必至、理之所固然者也。

余有堂侄諱亨桂者，爲人古樸自存，智而非愚，惟勤惟儉，中規中矩，外事不涉，權量不理。喜配淑媛高城吴氏，婦德容工，克苦操持，宜其夫妻，遐福齊眉。

無何余侄徽早謝世，産遺四子，年俱幼穉。獨當大事，喪以禮，祭以誠，無不自盡。苦紡績不計日時之長短，理内外不知身體之寒暑，應酬事務，各得其宜。秋徵冬課，苦辦輸完，撫成四子，抱養四媳，艱苦萬狀，指不勝數。迄今年踰七十有二，子俱婚聚，循規蹈矩，皆克勤

儉，家業均饒。現孫有六，蟄蟄繩繩，丰姿秀雅。克子肖孫，承歡膝下；母與子言慈，子與母言孝，一堂和悦。此非賢德操傑之所致也？今修譜牒已竣，余屬同祖，兼住左右，稔知實行，爰率筆志其譜末，不忘其苦操云。

時嘉慶三年歲在戊午應鐘下浣之吉，堂叔祖元綬謹撰

（選自第三支《五馬山盧氏宗譜》光緒丁酉年重修本卷二）

利培公行傳

嘗思傳者，傳也，所以傳其人之實於後世也，譽之不可，誣之亦不可，丹青家所謂一鬚不是即是别人也。

公諱利培，利有其字，謙九十六其行也。迹其生平，當束髮時先父延師課讀，姿禀不凡，夙有慧悟，塾師頗器視之。無何年逾弱冠，即丁内艱，遂棄毛錐，理産政，不屑作學究咿唔呫畢態，當望杏瞻蒲，春田襏襫，苦雨酸風，孜孜然不少間。處昆季子侄輩終身無間言，爲人正直，不慕勢利，以故里黨咸欽佩之。

公之持家勤儉，堂構能承，筵賓惟敬，接友以誠，猶其存乎性者也。然其卓卓可傳者，於丁丑間，族内議取督修廟宇並建廟内神像，公獨集腋成裘，不辭勞瘁；至於丙申間，又議取督修廟宇，衆皆唯唯聽命。此繼志述事之者也，且其歷千古而不磨者。公能孝養雙親，友于兄弟，種種善德不可勝言。以及道路之修，橋梁之建，一一不吝己貲，出以公舉，懿歟休哉，厥功偉矣！

配娶范氏，來嬪於門，琴張瑟下，共挽鹿車。舉子二：長貞鴻，聰慧過人；幼貞禧，克自樹立。孫枝五：長昌文、次昌榮、三昌武、四昌世、五昌君，皆穎悟非常，將來泮璧蜚英可拭目以待。所謂“積善之家，必有餘慶”，《易》言信不誣耳。

公生於嘉慶乙亥三月廿七日丑時，卒於光緒癸巳二月廿六日卯時。今族内重修家譜，公長子貞鴻總理譜務，囑余作傳。余因不辭譾

陋，而略爲之傳，以叙巔末，初何譽之有？抑何誣之有？

時光緒二十三年歲在丁酉黄鐘月下浣之吉，愚侄金琢章頓首拜撰

（選自第三支《五馬山盧氏宗譜》光緒丁酉年重修本卷二）

行和十八諱貞綸字得語號財富公行傳

余生平好遊山水，歷名山而覽大川，人傑者未嘗不由地靈也。吾東素號多山，大小高低，互相綿亘，平地突起、干雲霄而直上者，莫若馬峰，山麓人煙數十，屋舍儼然，即高瑶山也。遂停細望，有一農夫，年相得，顔容貌昂，據石伴坐。詢其姓名，則曰“盧，范陽古郡”，暢談叙語。日既暮，邀余客宿。初入室，耒耜高懸，居然耕叟家風。待晚膳後，談及盧氏重修家乘，命余作家君行傳一篇。初有難色，思難辭，因其實行而表彰焉。再三詢其令郎昌法、昌榮。對曰：“家父處事戰戰兢兢。自幼家無恒産，托守清貧，手胼足胝，犁雨鋤雲。積分文以成家，惜微粒以度身，家貲蒸蒸日上，鄉里咸稱小康。然而豐以與人，儉以守己，不惟見富貴無諂容，遇貧賤無驕態，里鄰鄉黨循循如也。凡遇羊腸鳥道，竭力以成其美；郵亭梁宇，捐資以竣其功。閭里間曾無幾人矣。”

淑配賈氏孺人，内則稱賢，持絲綸，支門户，尤爲内助，家道胥成也。子二，岐嶷跨竈，俊秀聰明。女二，門楣共耀。此皆積德累仁所致，余所謂人傑地靈正未有艾歟。

翁生於道光，卒於光緒，享年六十有一，安厝於本處屋基塔，龍蟠虎踞，鍾秀無涯矣。遂不愧蕪詞俚句，以述翁之素履云。是爲傳。

民國三年歲次甲寅春月上浣之吉，清郡庠生例授貢生
禹麓奎齋石圭壁拜撰

（選自第三支《五馬山盧氏宗譜》民國丁亥年重修本卷二）

盛十六府君諱瑞福翁行傳

翁號金福，清穆宗初年問世。昆仲二，行居長。幼即失怙，家貧，

爲人傭牧。

稍長習圬，錙銖必約，豐敬慈母，善養幼弟。年逾而立，娶銀台後裔、閨閣名媛，賢内助也。旋爲弟擇室，合爨同炊，睦睦雍雍，無間言矣。爲兄兼爲父責，内外經營，置春田，建夏屋，一身肩負全家生計，既不以爲勞，亦未曾有私焉。

德宗季年，藝工武林，嗣挈眷而僑居，生丈夫子一。學紹尼山，兼擅端木，而磊落爽直，有修竹風。女二，長適潁川，幼嬪岐山，均望族也。孫二，長肄業高中，幼應時而暢貨流，家之隆盛，與時俱進，堪云小康矣。先生所訓，勤儉者起家之本也，斯言也，翁其得之耳。

民國三年修族譜，乃輸席以解紛；後二十年，復捐百金，擴建宗祠。敦親睦族之風可概見矣。享壽從心有四，夫人杜氏花甲晉七，合葬勝地靈隱。

溯翁之爲人，與人無忤，與世無争，渾渾厚厚，無懷氏之民歟！語曰：先苦後甘，爲善必昌，宜爾子孫蟄蟄兮。

丁亥臘月，適逢貴族玉牒重修，震君囑爲傳。愧無妙筆而揚麗，爰述略歷以垂範。

是爲傳。

民國三十六年度高等檢定考試及格司法官何其清述

（選自第三支《五馬山盧氏宗譜》民國丁亥年重修本卷二）

大初公傳

君諱虔，字大初，姓盧氏，永嘉人。相傳以爲宋尚書越國公炎之苗裔也，

其祖諱美者居永嘉，衣冠華胄，奕葉相承。逮君少敏博學，涉獵群史百家之編，祁寒暑雨，手不釋卷，焚膏油以繼晷，業鋭進，尤長於詩書，蚤領鄉薦。

熙寧己酉對策殿廷，有犯時政，不第。雖流落京都，處之泰然，不

以得失形於辭色。户部尚書施公璿，括之縉雲人也，惟一女，目君才器不凡，遂以女招贅爲婿。君見王安石參知政事天下困擾，爰絶仕進志，日以經史自娱，親炙司馬温公光，出入程、蘇之門，講明正學。

元豐戊午，婦翁引身歸田里，君亦遂歸縉云。見方山山水攸穀，土脉豐厚，乃築室於其中，遂爲縉雲人，子孫世家焉。君買良田連頃，植桑麻遶野，課子孫以詩書。敦孝義，謹廉耻，以表正薄俗，而風俗以之而淳厚，身外富貴藐然無以動其中。采美山嶺，釣鮮水濫，日與二三學士往還溪山，吟詠自適，寄興尊俎，飄飄然如孤雲野鶴，不可以狎近，不可以勢拘者也。

嘗聞君子樂道人之善，故述其傳以高節云。

國子司業知鄱陽縣事、邑人胡份頓首拜撰

（選自第八支方山《玉川盧氏宗譜》光緒癸未重修本卷八）

如用公傳

君諱器，字如用，宦族後裔。由厥考大初高士自永嘉來贅縉雲施氏，愛方山風俗淳龐，世家焉。厥考惡王安石爲相，妬政害民，妨賢病國，嘗戒二子曰："安石輔政，國祚日偷，雖有文、韓、范、富之在朝，終不能移奸臣之柄，慎勿苟求禄仕，以貽我之憂也。"是以如用埋頭經史自娱，修身慎行，獨善其身。

平生志氣英鋭，守先人之澤，廣先人之業，行先人之志，於義之所當爲必奮然力行，雖白刃在前、刀鋸在後，無所顧忌。

側聞蔡京弄權，以安石配孔子，以司馬公輩爲奸黨，立碑石於州縣，如用遂欲治裝西行，犯顔諫諍，則曰："以正直爲奸黨，以奸詭爲忠良，是非顛倒，國祚危殆不久矣。"友人知者勉沮之曰："君之志固美且大矣，然而居殿陛左右者多蔡京之黨，豈吾儕疏遠之民而能匡直其君哉！請試於卜以决其疑。"因是揲蓍，得《蹇》之《遯》，乃擲蓍而嘆之曰："天運如此，大廈將傾，非一木所能支！"爰止，而優遊山水，朝觴暮詠，以樂其志。後不二十年，徽、欽帝駕果被陷，中原不復宋所有，人以其昔日之言驗矣。

其在鄉邑，信義鯁直，言出而人信之。或有私衒奸詐於鄉者，不知則已，知則厲詞以斥之，鄉人稱之爲直言長者。

君子贊之曰：處山谷樂嘉遯者非難，處山林而能存大節、守大義、行大道者爲難。吁！如如用者，可謂存大節、守大義、行大道者也。休哉！

賜進士出身饒黄二州教授同邑李芳叔述

（選自第八支方山《玉川盧氏宗譜》光緒癸未重修本卷八）

德光公傳

趙宋德祐間，胡元兵入臨安，國降，幼主如海上，寇盜蜂起群野，人民流離顛沛。

方山盧氏德光，謀諸元兄，團結鄉兵，障衛一方，遠近故族寄妻托子於其境者以百計。至有饑困者，德光罄家所餘粟以贍之。元運世平，感其德重其義者皆以牲幣來報，亦固辭揮却。臨變而能操略固庇，受人寄託不致饑寒者，其賢於人遠矣。

德光器重深洪秉直，智略過人。增廣室廬，均與子侄共之，規模宏遠。别築堂廈於嶺口，遣幼二子以居。其性耿介，不撓於剛，不鋭於柔，扶弱抑强，直言鯁論，爲鄉民之所畏懼。至於盜竊於其境，被主所獲，盜懇懇拜主曰："願鬻妻子十倍以償，慎弗形諸外，使德光義士知之。"德量見重於人如此。其處閭里，嚴條約，大概以古靈先生陳公教仙居之民所言，是以里俗尚淳厚，無澆漓之習，有孝弟之風。或聞有鬩牆乖典者嚴斥逐之，不使居於其黨内。當時賢士大夫稱之曰：德光爲人，可謂有王烈之風也。信夫！

全州路儒學教諭邑人黄應元拜撰

（選自第八支方山《玉川盧氏宗譜》光緒癸未重修本卷八）

志學公傳

先生姓潛氏，諱最章，字義焕，號志學。父仁貴，以德行稱。母楊氏，性賢淑。成化癸卯三月二十日，其懸弧旦也。

先生穎悟夙成，一念向學，乃天植其性。規模風節，大約類厥考而有光然爲人。歷覽典墳，暢通大義，善處貧，不憂不濫，鄉族共推之。以善淑於後學者衆，且有心計，凡官造縣册籍，縱横握算，弗爽錙銖，亦弗孳孳漁大利；忠直有口辨，方兩争蝟紛，片言折之，各悦服去；或訟庭往役，諸大事必直前下避，卒吉其凶。

九世祖居水東園里，丁産熾盛，後更居水西，以嘉靖八年仍遷舊址，建復元堂，不忘本也。尤常留心庵墓，如羊坑劉山先人宅兆在焉，不忍其荒圮也，自出資力，增益封樹，葺理庵宇，召善守者守之。率衆蓄餘資置田地以供祀事，暨一切公用，分三房迭主之，而自執總計，其出納之數毫髮不以利己，衆服其廉平。他若後魯徐八隴官田等處，亦置田如劉山法，駿節表表可書。

先妣長潭柴氏，生四子：暉、晟、昕、旺。一女昺娘，適外家琉。何天奪妙齡之配，附葬於劉山祖墓之左，且理壽藏焉，爲百年共域計。續娶根溪陳氏，不以繼室奪慈子恩，能令撫鞠如己出，其於人倫厚矣。君子曰："偉哉，志學之功也！"

昔宣聖自十五志於學，馴至從心不踰矩，其所期也遠，其所就也大，是故海宇聿崇，萬代稱素王焉。先生志宣聖之志，雖未卜其終之所就，而於人倫日用間已秩秩可紀矣，夫亦聞風興起不負名教也哉！

嘉靖辛卯春，鄉貢進士、後任北京司輔陞中憲大夫刺史盧點書撰

（選自第八支方山《玉川盧氏宗譜》光緒癸未重修本卷八）

桂庚公行傳

善不必在大也，苟有關名教、存大義，無阿諛之見，循生直之恒，

有事則勇往直前，無事則勤謹安處，不喜事，不畏事，求之鄉里中亦不數數覯也。玆於宗叔諱桂庚有不可湮没者，即壽父諱永仁公四子也。

考叔生平昆仲有六，勿恃勢以淩人，恒和易以處己。佳配碏下崔氏，琴瑟静好，黽勉同心，年届耄耋，康健無恙。善撫三男一女，長天樹，次天根，幼天茂，俱英英玉立，倜儻不群。現孫七人，秀容可掬。叔則降原陟巘，步陌越阡，栽培盡力，播種無荒，每獲地利之宜，漸成倉盈之慶。别幽居，構華堂，訓勤儉，尚端方，兄弟怡怡，孫子振振，衣萊子之衣，徹曾晳之徹，以自樂天倫已耳。

何期咸豐辛酉，毛賊侵居本邑，分散鄉方，殺掠慘毒。時副榜吴琮，默聚鄉民，約與滅賊，叔奮然前行，帶同孫侄，先殺皤鎮，賊遂四竄。由皤鎮而追邑城，力攻三日，賊勢潰敗，各鳥獸散。且由是進剿永邑芝英，再剿縉邑臚堂。但臚堂一役，賊計狡猾，亡失二侄，痛不可言。迨毛賊掃除後，吴琮申報皇上獎給叔六品軍功，二侄永附忠祠，亦榮矣哉！

今長子天樹，協修譜牒，切木本水源之思，厚尊祖敬宗之道，豈不垂芳百世，綿世澤於無窮哉！故不辭弇陋，聊志大略云。

時龍飛光緒玖年歲在癸未榴月中浣穀旦，邑庠生玉坡宗侄珣頓首拜撰

（選自第八支方山《玉川盧氏宗譜》光緒癸未重修本卷九）

日鐘盧公行傳

公諱日鐘，字鑑連，桂鸞公之冢君也。

桂鸞公系永翰公之子永翰公生桂鸞公一人，形單影隻，受侮不少。公則敬老成，睦鄉鄰，雖强悍之族未有欺者，公之能也。

桂鸞公爲人忠厚，公則助父聿新堂構，式廓田園。一家得以温飽者，公之力也。公之爲人，剛方自持，言動不苟，國課早完，隻字不入公廷，樸實自安，衣食不求華美。凡鄉里有争端，輒爲之排解，是是非

非，得公一言，衆皆悦服。苟非生平之忠信明決有以服人者不及此。公昆仲五人，公爲最長。公率兄弟以耕耘，訓子孫以勤儉，上盡孝養，下篤友于，一團和氣，爲何如哉！

公當將衰，以年邁自謝，諸事置之不理，欲終其身於釣遊矣。誰知咸豐十一年冬，毛賊盤踞仙城以及四鄉。公憂人民被難。家兄吴琮默約公以殺賊，公即赴其約，毅然同舉其事，帶同一都之人殺賊皤鎮，又殺賊邑城。嗣後賊竄山外，公又出師於永之舟山下、芝英，縉之盧堂、静岳。毛賊掃除，洵可謂大丈夫快事，亦可爲閭里間光寵幸也，上亦有以報之也，給予公以六品軍功。

德配齊氏，温恭淑慎，中饋稱賢。子二，長學芳，次學芬。一女適下齊齊其從。

今歲宗譜重修，學芳督理其事，告甫以譜將告竣。甫忝爲公之甥，知公之素行，特志公之大略如斯。

光緒玖年歲次癸未花朝月穀旦，外甥吴熙甫頓首拜撰

（選自第八支方山《玉川盧氏宗譜》光緒癸未重修本卷九）

天宜兄逐寇記

兄諱天宜，字心用，吾黨中有力人也。

自弱冠以來，兩手能挽旋磨，往來繘井，桶水盈尺，恒伸臂舉，不藉肩挑，所以人見之者，莫不曰此真有力如虎者也。倘能講武三年，當不僅奪錦武闈，必且上足爲王家彌患，下足爲百姓復仇；惜乎不習弓馬，僅爲市井中勇夫耳。然而平日語言，俱有義勇之氣。

迨同治壬戌，毛匪擾亂，據邑永康，四方百姓各議鄉團進剿毛賊，兄亦毅然隨行。無如百姓志力難齊，兵董又無軍令，一見毛賊披馬出城，人民即畏前却步，各鳥獸散。兄乃耻爲奔逃，挺身對敵。嗚呼，未中楚王之月，先陷吕錡之泥，雖斯時爲毛賊追斬者甚夥，然人以奔逃而死，兄以對敵而亡，死雖同，而其所以死者不啻懸若天壤矣。以視

夫身居將帥撫有三軍而暮夜偷生者，其公私之判爲何如也？使當年申報有司，詎不足上登青史以旌顯門閭哉？嗟乎！匹夫殉難，竟湮没而不彰，幸其嘖嘖人口，覺至今猶不朽也。胞弟焕文，痛胞兄逐寇身亡，欲乞一言以爲記。珦也遂不辭譾陋，略叙其始末，俾後之采風者庶有以取信云。

玉坡邑庠生堂弟珦拜撰

（選自第八支方山《玉川盧氏宗譜》光緒癸未重修本卷十）

白隴始祖庚一公傳

縉雲之東稱巨族者，盧氏爲最。盧有二派：其一則在二十七都白竹、潘潭、龍溪、東岸、塘裏、槐花樹各村及二十六都之左庫；其一則在二十九都方山，又由方山而分遷二十五都之白隴，世所稱十八處者是也。

歲在屠維大淵獻，爲今上御極之二十五年，余奉命來司縉篆。因得與其族廩生名俊達號友路者，時相接見。其明年，洋人失和，北京被陷，命沿海各府州縣創設民團。余親至其地校閲，見少長咸集，而知其似續昌熾，如椒之衍，如瓞之綿，祖德宗功所以留貽者遠且大也。適盛族重修家乘，友路氏以行庚一公乃始遷發祥之祖，當日必有詳志公行者，代遠年湮，文缺有間，爰本傳聞，摭拾其略，囑余爲之補傳，乃謹按而傳之。

公諱文棠，字時芾，號祥亘，爲後周工部尚書文炳公下第八支梓派之後，方山行敬五源湜公之長子也。源湜公元配羊氏，生公。繼娶沈氏，生三子：文榆、文楷、文楮，而遇公虐。公曲意承志，終不可解。嗚呼！黑心符起，蘆花變生，父雖賢明，亦歸無奈。讀史至伯奇、申生之事，所以不禁拊膺而長嘆也。公當此時，殆真窮無歸矣。

古之人小杖則受，大杖則逃，虞舜于田號泣，終不告而娶，公避家難，乘夜亡至葉宅。葉氏太外祖妣適夢烏龍蟠井，至明見公倚井而卧,知公後必昌大,招公至家,妻公以女,公遂贅焉。嗚呼!公以出亡受室而不使父母陷於不慈,正公之所以爲至孝也。

夫水恃乎源,木恃乎本,人而能孝,則源本深固,又何疑乎本支百世哉!然則公至葉宅,而遂爲白隴鼻祖,殆天啓之也。公子三人,孫十人,玄孫三十二人,曾孫遂以百數,迄今計户則八百零,計口則三千零。世澤綿延,方興未艾,固由尚書公下累世之行仁積義有以啓之,而實公之至德,能繩武象賢、光前裕後,而愈恢廓其丕基也。至於道德文章功業有足以焜耀宗緒而爲公生色者,則又於公之後裔有深望焉矣!

光緒辛丑同知銜賞戴花翎知縉雲縣事范傳衣

(選自第八支《白隴盧氏家乘》民國乙丑年重修庚辰年續修本卷二十三)

隴右盧松庵公行傳

從來以平民而負大德、享盛名、膺厚實,復生榮而死哀者,孰有如我年伯者乎?

伯歲甫十三,大父雙目俱瞽,家貧,無暇學問,惟力耕事親,撫養諸昆季成人,各爲婚娶,共成家業,伯少時事也。越十載戊寅,被族中誣以假命,艱苦備嘗,身幾不免。道途爲伯抱恨,禽鳥爲伯痛心。伯問心無愧,慷慨自若,後竟得明斷以歸,蒙難艱貞,是伯稍長時事也。是時伯年已逾三旬矣,大父已仙遊矣,其間生事盡敬,死事盡哀,固赫赫在人耳目。隨因昆季欲分居,任其抉選,自處退讓,父子兄弟間,誠非他人所能效其萬一,其立性孝友有如此。

又越十載戊子,山寇竊發,周以陽、徐守平、王茂之、楊良恒,其尤曰屠大虎,結夥數萬餘人,掠民財,火民居,東、縉、仙、永,所過暴虐。四月十九日至伯地,伯素有勇略,不畏强禦,語兄弟曰:“彼狗盜耳,可取而擒也。”遂聚宗黨以應敵。

先以身覘虚實於方街嶺，不意賊由間道而至，急退於家，已被重圍。伯持梃潰圍而出，猛夥合擒，白刃周身不傷，親戚怪甚。至乙未，天道亢旱，餘寇蠢動復亂。伯避難於野，聞屋火，急赴援，孤身冒火出大父之柩於炎烈中，賊見而異之。復登屋救火，賊四圍放火起而圍伯，伯振臂一呼，群寇皆驚。衆賊合，退甚急，伯至水仙洞道絶，遂溺掩於水中，自辰至申，圍而不解，賊謂伯必葬於江魚腹中矣，相引而去，伯配鄭氏亦以是日被傷。明日寇使人覘伯，伯依然如故，乃私相語曰："刀不能殺，水不能淹，火不能滅。"遂見者形駭，聞者嚮震。

名傳郡縣，遷爲練總，十四營社兵皆聽約束。伯曰："吾今可以破賊矣。"乃殺賊於稠門，王茂之、徐守平授首焉。復殺賊於金竹，追斬於貴山。風之所被，罔不披靡，寇相戒以勿掠伯境，凡與伯相近者少賴以安。

嗣是山寇之害頗息，鄉兵之禍方興，乘機擄掠，私假公名。伯知急往救，辱其社長，率其鄉兵，囑地方人各認己物，被掠者若崩厥角稽首，其紀律嚴明又如是。

一日，寇從仙居掠書紅，離邑不遠，火煙蔽日，官民徬徨莫措。伯適以他事赴縣，父老後生遥望伯至，且驚且喜，咸來求救。伯曰："吾以他事至此，非爲寇也。"且慰之曰："寇將自散。"信者半，疑者半，皆以伯至報於官。縣主汪詣伯寓問計，伯亦以前對。縣主問寇散之故，伯曰："賊雖不諳兵法，膽寒則放火，放火知吾有備，必不敢來。"縣主以伯言諭衆，又私使人覘之，寇果散。於是道臺舉練官擬擢拔，郡主周茂原賜書勞伯，委督王百總、吕縣丞鎮守蒼嶺。伯曰："徒守境土，不能滅賊。此朝夕，非久長計也。"遂領兵進前。

寇竄居於白鶴殿。伯知白鶴殿有三路，南通仙居，西底永康，東接東陽，曰："我兵少，不能盡守。"使一二人積薪焚火於東、西、北三路，鼓噪其間以疑之。親率兵守其南，破其巢，生擒屠大虎、楊良恒解省。部撫兩院授伯職，伯固辭，止賜匾褒旌。

後二十餘年至甲寅寇亂，遇難者多至其家，寇每致書拜於門下，聲名至今猶烈。其建策立功、致身忠悃者，伯老成時事也。

至其處宗族恂恂如無能，斷事務句句皆名言，記功而忘怨，好施而不伐。不援勢位，不陵卑賤，其存心誠慤待人忠厚者，則伯之生平事也。

伯配鄭氏，生三子，繼娶詹氏，生二子，惜其第三早世，餘者並在黌序。蘭孫振振，瓜瓞綿綿，歷年八秩而餘四，親睹雲礽數十丁。嗚呼，伯真人傑也哉！予少與其四子遊，得熟悉其生平，以質諸父所見聞彰彰如是。愧不能文，爲之一序。

康熙甲戌，歲進士年侄趙志雲

（選自第八支《白隴盧氏家乘》民國乙丑年重修庚辰年續修本卷二十三）

三德公傳序

三德盧公者，不才京先岳父也。

憶京在齠齔時，清初定鼎，吾邑山寇竊發，側聞大掠遍東鄉，不數月而剿除平服，十四營勳貫咸有，而嘖嘖稱最者惟盧族昆季有三人焉，尚未之詳悉也。迄乙未，因荒而亂，賊勢復猖獗，諸村落不遑寧處。三人者仍肆力驅殺，公獨潰圍於數百戎中，莫敢追擊，群駭矚遐竄。由是而世澤公、世言公、世敦公聲名藉甚，儼然有劉、關、張之目，皆赳赳干城選也，惜無有汲之廟廷者，倘亦數奇之故。不才京間行市井，得窺其狀貌魁梧，益信古所稱豪俠之士再世，於今未嘗不竦敬，乃無由親，即祇興嘆耳。

閱十餘歲，京甫三旬，余叔父爲京求婚於門下，慨蒙收録。夫以公之殷盛家第，不鄙一介之寒酸，其識賞不超人一等乎？比念徒壁蕭疏，館諸副室雅所，欣慕得朝夕聆教誨，殊足慰已。款洽加優，時出分外，而期望情深，形於督責，每遇科年，賫費束裝以遣。愧京膺學蔑才，訖無以報公，公亦末如之何也。旋至内人早殂，及期，而公遽别爲之繼。獲舉一男子，俾京嗣續有基，此即先祖父所當銜恩於地下而不啻結草之圖者也，能不使京欷歔而不置耶！嗚呼，幾若此者，則猶可解之曰“親”。

則請言其於“疏”者：有叩必應，稱貸不責償，受産無論美惡，蓋其重義好施，天性然也。而公之自作苦，垂白不倦。予京微勸少休，公正色曰：“老當益壯，而獨不聞乎？今此之禄享，昔時之勤勞所致也。禄享在前，而勤勞遂忽焉，終何以繼？我豈甘犯君子無既衰之戒，不自恬逸乎哉。我父太翁，中年失明，疊罹兵燹，我兄弟三人，竭力治生，無暇詩書。我以幼而撰杖，履時居多，稍長知務畜牧，且躬耕南畝，餘一餘三，三十年之通計積聚於兹，非有點金之術也。矧緩急人所時有，如先年伯仲被誣，我出私囊若干以濟；一或匱乏，將伯之呼，誰其應之？財爲養命之原，星書豈欺我哉？”

予京味其言，意公而效績當途，雖一食三遺矢，而綽有矍鑠之風，曾弗獲貴而給富，事業不同，心理同也。邑侯戴公旌表其門曰“鄉國善義”，儒學陳公亦以“樹德永齡”表焉。公壽七十有五，配三，母舅氏各一。兩遊泮宫，諸孫騣騣崢嶸，蓋忠厚之家其流必大也。

兹以宗譜纂修，循例當有行傳，京不辭譾陋，略述其概，非敢以名浮實，以私掩公也。内舉不避之義，不才京得而竊取之矣。敬書而附之梓，以當謳思云。

康熙癸酉，歲進士李能京

（選自第八支《白隴盧氏家乘》民國乙丑年重修庚辰年續修本卷二十三）

烈婦傳

天地之正氣所以能浩然長存者，忠烈爲之也。夫孔曰成仁、孟曰取義，凡其臨大節而不可奪，所欲誠有甚於生者。如唐之二顔、張、許，宋之文、汪、張、陸，有不徒以忠義立名者，固敻乎不可及已。降而論之，至於武夫力士之愚、賈豎樵夫之賤，激於一時血性，竟能剖其心而不顧，刎其頸而不辭，是豈不足以植綱常、扶名教於不朽哉！使行樂老之徒猶有人心，將一聞其事必汗愧而無地以自容矣。

婦之於夫，猶臣之於君也，不事二姓，其義固昭昭乎如揭日月而行。孤鸞隻鳳，勵志《柏舟》，此苦節之貞之所以足多也。若夫强暴見淩，寇戎相逼，事出於無可奈何，惟是血不憚夫濺紅，璧始可以全白，夫亦一死以謝所天焉已耳。

族嫂從恭行六百八十六趙氏者，本都後塘莊趙諱和岳公之女，族兄諱福良妻也。氏以年十七嬪於吾族，有幽閒貞静之風，事舅姑及夫以孝謹聞，于歸未久，即遭髮匪之亂。唐人詩云“漁陽鼙鼓動地來，驚破《霓裳羽衣曲》”，其情景彷彿似之。氏因母老且病，而弟又幼，歸後塘莊省母，而匪徒已至，遂倉皇偕弟竄避於廿六都之羊母田。賊勢驟如風雨，當晚即蹤跡及之，被掠不屈，因駡賊見殺。

嗚呼，括蒼山色霑烈血而含悲，棠赤泉聲弔貞魂而若哭，氏之節全，即婦之道盡，故婦身雖死，生氣猶凛凛存焉。設當日此心少移，即有求死不得，挽江河而不能湔雪其耻者矣。試觀累世之作史也，凡於節烈必表闡之，以風世而礪俗，固以其嚴氣正性，自足與烈丈夫同有千古也。異日者輶軒下採，行將以氏之軼事入詞林、登史館，而增彤管之輝，夫豈徒邑志、家乘之紀載足爲鄉里榮哉！

光緒辛丑，族叔稟生俊達友路

（選自第八支《白隴盧氏家乘》民國乙丑年重修庚辰年續修本卷二十五）

興八十六學義公行傳

僕年華垂老，退隱蓬廬，論世知人，鑒觀不爽，上自碩彦名儒，下至農商工藝，凡有一長足取、一善可録者，莫不縈諸懷抱而深景仰之。

思吾鄉枝柏坑，地雖僻壤，有一光明正大之人，盧其姓，學義其名，即僕門生盧銘春之胞伯父也。其先世由縉雲方山鎮遷居於此，歷年已久，然人丁稀少，煙火數家，不過山僻中自成一村落耳。迨我公蔚然繼起，智慧天生，不讀詩書，深明大義。幼家貧，習工藝，年稍壯，開設鞋鋪於紹興府城。本道義爲營業，生意發達，無市儈氣，有遠大才。

旋即投入天主教堂誠心學道，爲上峰器重，教務賴以主持。其時教勢方盛，入教者愈多，良莠不齊，往往借入教爲護符，有擾民滋事傷及教堂名譽者。公聞而痛心，力爲勸導，代資財以解免，化荆棘爲坦途，並且革除不端教徒，整頓教堂規則，教務焕然一新，地方同深感佩，而一時縉紳仕宦知公量宏德大主教有方，皆樂與公締結知交，居然有張范雞黍、陳雷膠漆之雅意焉。噫，僕因之有感矣！公以一鞋匠能以信天者信教，傳教安民，垂名不朽，豈非當世之大豪傑而盧家之賢子孫乎？

德配陳氏，淑慎温柔，賢而有德。生二子：長嘉煜，早年不禄；次嘉貴，篤信天主，過於其父，夙蒙上峰賞拔，現任寧波江北總堂神父，望重位尊，赫赫在人耳目。有奇父更有奇子，天之報施善人何如是之彰明昭著乎？

今貴族葺家乘，公之侄兒盧銘春請僕爲文以傳其伯父。僕嘉其不忘根本，頗有爲親表揚之孝心，故不辭鄙陋，謹將平日熟聞於耳者略述數言以紀其實，何敢鋪張揚厲粉飾虚譽爲也？是爲傳。

時民國二十九年歲次庚辰春二月上浣吉旦，前清附貢生高等警校畢業、歷任武康、諸暨、浦江、鎮海等縣警察局長通家弟葉玉如謹撰

（選自第八支方山《玉川盧氏宗譜》民國己卯重修本卷一）

盧嘉貴先生行傳

蓋信教自由，古有明例。然無論何教，必信之篤、學之專者，始能

逐漸上進，登峰而造其極。要非大智大慧之人，不足臻此絶詣也。

先生諱嘉貴，字百禄，千茀其號，即僕門生盧銘春之同祖嫡堂兄也。其父學義公，志氣軒昂，性真樸茂，早已信仰天主，入教有年。先生善繼父志，順從天道，奉天主爲依歸，年甫十三，遂入小修道院學習中文、竦文，及道院中一切課學，求其修身明道以見固有之天性也。

夫吾儒大學之道在明明德，在新民；而天主立教之道，則在勸世救民，奉天道以化民心，即《易》所謂“先天而天勿違，後天而奉天時”之道也。先生信教既篤，學道益力。畢業後復入大修道院專習哲學，孜孜不倦，凡教道中之妙義奥旨，皆已洞悉靡遺。從此學問深，品詣純，儼然爲天主之信徒、教中之領袖矣。故能邀上峰器重，賞加司鐸官（銜司鐸者，彼教所稱神父，官號也），旋即奉命委任爲寧波江北岸總堂神父之職。在任三年，又榮升爲修道院院長，教授生徒，不遺餘力。連任十有二年，更調爲寧波江北總堂神父，總理鄞縣、慈溪、鎮海三縣教務，迄今猶在職任事。整理秩然，若網在綱，有條不紊，而受其教者，如坐春風化雨之中，耳濡目染，蒸蒸然日遷善而不自知矣。

先生今年五十有七，生平與天爲緣，體上帝好善之心，棄家庭倫常之樂。獨能潔身修已，覺世牖民爲大造，宣無窮之教化，其存心之善、立志之大，誠超出尋常萬萬者也。孟子曰“善與人同”，又曰“好善優於天下”，其即先生篤信教道之意也歟！然則先生以一人之善化衆人之善而後已，異日成仙成佛，舍先生其誰屬哉？

僕老矣，閲歷人世，萬念俱空，惟“好善”二字，向不敢忘。今知先生之信教，實由於好善，不禁有感於心，欣然仰慕，握管而樂爲之傳。

時中華民國二十九年歲次庚辰春月上浣吉旦，前清附貢生全浙高等警校畢業歷任武康、諸暨、浦江、鎮海等縣警察局長七十一老人葉玉如謹撰

（選自第八支方山《玉川盧氏宗譜》民國己卯重修本卷一）

後一百九十六嘉俊生平事略

參謀長盧君嘉俊，字傑如，學琰公之幼嗣也。

性至孝，少聰慧，有大志，鄉黨交譽。父亦嘉其異，獨令讀，冠同學。時年肄業於麗水省立師範，不幸老父見背，家境頓困，然夙志未餒，而益加自勵，期以來日之功業告慰先父之垂望。畢業後，即投筆請纓，參加革命軍。北伐告成，被拔選入中央軍學洛陽分校受訓。畢業即委派陸軍第九師服務，歷任排長、副官等職。繼擢升爲司令部上尉參謀，成績頗著，深爲李延年上將軍所器重，於是即提升陸軍第二軍司令部少校參謀，旋即參加上海抗日之役，對於軍事自有殊多襄助。

二十六年冬，軍至繁昌，聞母病而兼程返里，躬任勞役，日夜不倦。翌年春，母又謝世，哀而成禮。後應陸軍第一百八十五師之聘，復赴漢任該師第五四五旅司令部中校參謀主任職。時吾國當局鑒武漢爲内地之中心，不得輕易放棄，亟宜堅守，而參謀長亦以保衛武漢爲己任，故樊崧甫將軍在長沙迭次電邀，而終婉辭。是年冬，敵迫漢郊，我軍僅以一旅之衆致敵重創，又安然奉命引退，此不能不歸功其計劃周詳也。

二十八年春，隨軍移駐宜昌，即調任師部中校代參謀主任。是時，適前第二軍參謀長梁棟新將軍紛電禮聘，協商軍務，於是義不容辭，告假赴任陸軍第六軍司令部中校科長，復調爲該軍補充第一團中校副團長職。現蒙當局信任，調升第九三師上校參謀主任，運籌帷幄，坐鎮公安，而年僅三十。英勇如斯，屢建奇功，將來偉業大成尚須拭目以俟。戎馬倥傯，不克成文，聊述事略，以傳後世。

廿九年春，楊祖堅述於湖北荆門軍次

（選自第八支方山《玉川盧氏宗譜》民國己卯重修本卷一）

後百六十七盧金聲略歷

金聲字鳴盛，學坡公仲嗣也。少時慕班定遠爲人，即有從戎之志。民國六年畢業於本村安志初級小學。十一年夏，畢業於縣立第四小學。秋，省府招憲兵，遂整裝應募，冀圖顯揚。十七年，任浙江省政府憲兵第三連少尉排長，旋改任江蘇阜寧縣公安局局員。十八年，任阜寧縣政府第一科書記。十九年，入陸海空軍總司令部憲警教導隊第一期軍官隊。二十年一月畢業，即任憲警第一團十連少尉排長，旋調升憲警第三團三營機三連中尉排長。二一年六月，任陸軍第十四師四十旅七九團三營八連中尉排長，江西圍剿諸戰役均奮勇參加。二二年六月，中央陸軍軍官學校軍官訓練班第一期畢業，旋任陸軍第九師二五旅五零團中尉排長，十月，江西大雄關之役參與克復。二三年一月，參加福建水口討逆諸戰役，記大功一次。二月，升陸軍第九師二十旅五十團二連上尉連長，連城之役參加作戰，克復有功，復記大功一次。七月二四日，奉國民政府軍政部長何委令，委爲陸軍第九師步兵二五旅五零團一營二連上尉連長。十月，克復長汀亦與有力。二四年八月六日，奉國民政府主席林、代理行政院院長孔任爲陸軍第九師步兵二五旅五十團一營二連上尉連長。二六年十月，調陸軍第二軍補充第一團九連連上尉連長，參加上海抗日諸戰役。二七年三月，升陸軍第二軍補充一團三營上尉營附。十二月，升新編第二十師司令部少校參謀。二八年六月，調陸軍第八十師二三八旅四七六團少校團務，近兼任四七八團特技大隊長。此過去之經歷大略情形也。倘抗戰成功，官階顯達，則叙述闡揚，必有裕道德而能文章者，區區眼前之歷史，未可據爲確定也。

時中華民國二十八年歲次己卯冬月吉旦，族叔公盧寅謹撰

（選自第八支方山《玉川盧氏宗譜》民國己卯重修本卷一）

慶和賢甥行略

甥名慶和，字嘉蘭，號飛雲，學湯君冢嗣、天煙公長孫也。自幼聰明，略事詩書，即得普通知識。心殷愛國，有班超投筆之志。

於民國二十四年由第一期徵兵入營，曾充國民政府軍事委員會蔣委員長衛士。二十六年改編特務旅，返浙徵兵。抵温、台、處徵壯丁三千餘名，開往桂陽訓練。二十七年擴編十五補充兵訓練處，政府念其歷有功績，嘉許任以尉官排長等職務。

當此抗戰時期，在畏險者每有田園終身之想，伊獨能不避艱險，挺身爲國出力，真不愧爲奇男子也。况排連營團師旅軍長等職，決係忠勇愛國奮不顧身者充之，吾甥之壯志膽略有勇，知方日升月恒正未有量也。兹當望族華乘，因爲略紀敬言，以示勸勉云。

時中華民國二十八年歲次己卯黄鐘月全浣，堂母舅清郡庠生、民國大盤山區咨議官、現磐安縣財務委員維清楊直謹撰

（選自第八支方山《玉川盧氏宗譜》民國己卯重修本卷一）

胞弟謙抗戰陣亡事蹟

胞弟謙，字益之，畢業於縣立第四高小。賦性敦厚，淳樸無華，待人以誠，接人以理，寡言笑，好習武，每以"國家興亡匹夫有責"自矢，其所以蓄志鋭意獻身黨國者，蓋有自來矣。

民國二十年，瀋陽變起，山河改色，痛神州之將沉，淬壯志而彌堅，遂毅然投筆從戎，入浙江省保安處士官團。匝年畢業，出任保安處第二團見習官及少、中尉排長、隊附等職。

二十五年一月，復入廬山星子縣中央軍校特訓班受訓，以期深造。同年十二月卒業該班，回任原團第一營第一連中尉排長，旋以功績升任原連上尉連長。

其治軍也，威而不猛，剛而不厲，勇於負責，明於治事；其作戰也，身先士卒，奮勇無前，冒險犯難，無稍怯懼，深爲長官信任、部屬敬仰。至民國二十六年，“七七”事變突發，吾弟以爲大丈夫立功報國此其時矣，故其“不成功便成仁”之濯心乃彌切彌堅。迨後參加嘉、湖、杭、富諸戰役，設伏襲擊，以少勝多，迭挫囚鋒，曾不自矜。

於二十七年“八一三”即二十六年淞滬抗戰爆發時也，吾弟復本部進攻餘杭鳳凰山之敵。該山也，形勢險要，俯瞰餘城，欲攻餘城，舍此莫由，故初憑天險與工事頑强抵抗。吾弟率部奮不顧身向敵猛攻，誓死達成任務。與敵激戰一晝夜，得而復失者幾三次，終以敵寇增援，衆寡懸殊，彈盡糧絶，士卒傷亡過半，吾弟身中數彈，遂以殉國。

嗚呼，倭寇未殲，干城遽壞，河山破碎，勇士長眠，豈不痛哉！豈不痛哉！惟其志雖未酬，而其所謂不成功便成仁之決心概已售償，殆亦心安理得，快然無恨者矣。除轉請中央付諸黨史宣揚、並從優給恤外，值兹續修宗譜，合將吾弟生前抗戰事蹟略爲翔載，以慰忠魂，而勵來兹。

胞兄盧國讓

（選自第八支方山《玉川盧氏宗譜》民國二十八年重修本）

仁義公傳

縉雲方山潛君崇德、字仁義、號常春者，孝義士也。

祖爲尚孳，父爲宗程，母爲柴氏君。自幼誠篤恪恭，無修飭之行，處己必勤儉，待人必忠信。君父嚴於字子，凡所委治之事，稍不如意，輒加鞭撻，雖至流血不泣。父所欲爲，必面其志事，或難處者，不敢固執己見，爲是必怡聲下氣，具是非逆順反復譬解之，致父允悟而後已。日用之間，雖細微之事，必咨禀而行，不敢專也。

君弟爲仇所傷而死。或有爲仇致賄於君求釋者，君却之曰：“兄弟之仇不反國，亦死而已，君何以賄爲哉？”於是上告方伯臺憲，下告有司閭里，罄家産，盡死力，以復其仇。三年之内，致其死刑者三人，徒流者又若干人焉。事竟得白，而歸字育其遺孤，不啻如己出，此其義也。

君見宗族之中富强者凌其貧弱，君喻之曰："宗族本同一氣，豈可以彼貧懦而可凌乎？古人不敢以富貴加於宗族者，以其同氣而然也。范文正公曰：'以祖宗視之，則均是子孫。宜無親疏，則饑寒者安得不恤也？'今既不能恤其饑寒，忍可加之凌虐也？"族人愧赧而服其言，遂爲雍睦之行矣。此又其孝義之推也。

君之教子孫也，以讀書務農爲本，以勤謹儉約爲先，以荒寧逸豫爲戒。由是子孫皆知砥礪有成。

君晚年來尤好地理之學，深得曾楊之旨，樂遊佳山秀水以騁目放懷而適其適也。君好延接賢士大夫。先是邑宰楊侯因觀民風來寓其家，美其山川秀麗、花木暢茂，乃顧其室曰"常春"，又書額賜之。繼而主事陶公嵩、庠生羊君覃皆爲記以贈之，蓋以彰君之德也。

君子論之曰："孝義者，人道之大經也。"人能行孝義而無愧於彝倫者，誠有德之君子也。若潛君仁義者，於彝倫而無愧，行孝義而可稱，豈不爲有德之君子哉？可嘉也已。

爰述其行以表之，俾觀者起敬云。

邑庠生范欽拜撰

（選自第八支方山《玉川盧氏宗譜》光緒癸未重修本卷八）

愷五十八懷方公傳

公諱朝圓，字懷方，世居柏山里，爲光佐公季子。

少孤，嘗寄食世姻卓亭陳公家，職芻牧唯謹。卓亭公駭其岸然自異，不與傭衆伍也，遺其資而歸之。歸即刻苦自勵，劘風切雨，暑寒無間。厥後家日益起，建屋以瓴，儲穀石以芚𥠉，猶率兒輩力作弗衰。

賦性醇良，雅好推施，自維生少貧賤，遇鄉鄰之凍餓者解推而衣食之。暨夫寺觀津梁之需,時出贏余以相濟。乃兄懷同公無子,繼子又卒,遂以次子嗣焉,祀事躬親,終老罔替。

中歲耦王氏,同心黽勉,育男女各五人。嫁婚既畢,諸子克自成立,乃嘆造物之勞我以生,而逸我以老也。與安人王氏齊眉舉案,優遊杖履,以自適其天。

同治紀元之歲行年九十有四,都人士以公耆年碩德,將彙請各大憲籲旌表於朝,上膺人瑞之典。適粵賊盤踞我東近地,避上青巖者率獲保全。公家密邇巖下,賊踵至,家人敦逼上山,公曰:"我享太平日久,雖死無所憾。爾輩各自逃生,毋我顧。"其後仰攻旬餘,無所得,近地焚掠一空,而公家獨不加害。賊退,始以無疾而逝。

嗚呼異矣!夫不墜其志於少壯窮餓之日,而卒能樹立,以膺無疆之祐;不挫其氣於鋒刃交逼之秋,而獲保首領,以受考終之譽。固天之默佑善人,亦其純固之性有以致之也。

公生於乾隆庚寅年二月廿九日辰時,卒於同治壬戌年十二月十五日丑時,計春秋九十有四。配王氏生於乾隆乙巳年四月初一日辰時,先公十年卒於同治壬戌年七月廿二日未時,計春秋七十有八。現子三:天廳,天戊,天陸。孫男六人:學義,學法,學湊,學田,學榮,學福,寖熾寖昌,方興未有艾也。

余愧不文,無以宣揚盛德,今因華牒重修,謹次其崖略如左。

時龍飛同治四年歲次舍旃蒙赤奮若如月,降祥里人拔貢生宗璣頓首拜撰

(選自第八支方山《玉川盧氏宗譜》光緒癸未重修本卷九)

光輝翁傳

翁諱光輝,字開朗,享年八十有四。配羊氏,享年六十有七。

翁嘗與余先父沈之蓮契友,因爲作傳,其教弟、教子、教孫可云有志又極苦心者,前已詳載傳中,乃今益信天之不負此翁也。

顧翁且以余爲忘年交，每適玉川訪楊君聖邑，翁必在坐，或聞予至，欣然來訪，時款酒食，所談皆勤儉治家與忠厚訓世語。楊君心敬之，予亦謂此老巍然靈光。不僅風唐魏之風，俾椎魯敦耕鑿，更知學鄒魯之學，俾秀良振文風，蓋其好賢之雅意、敬師之誠心出於天性者然也。以故翁之子既光於學，翁之孫且雋於黌，天之報施善人者既若是不爽矣。而吾尤羨翁之矍鑠康强，届八旬餘猶無恙，皇上加惠耆德，寵公以九品冠帶，閭里榮之。人方謂翁期頤可致，夫豈料老成之遽謝也，今已不見我翁矣！然見翁之子若孫宛乎親翁之謦欬，而況翁之子若孫待余以禮貌，固無異翁在時。翁雖殁猶未殁也！

《詩》曰："無念爾祖，聿修厥德。"令嗣朝炳考名大元，現年六十餘，爲人謹厚，夙勤儒業，屢試不售，而志切顯揚，用觀光於國學，尤能曲體父心，以教子成名。孫四：長天仁，廿七歲，入學劬於經學，背誦如流，洵邑庠中佳子弟，所造正未可量也。玄孫六。例得備書。

龍飛光緒九年歲次癸未榴月下浣之吉，副貢、主五雲書院講席、侄書船沈懷珠敬撰

（選自第八支方山《玉川盧氏宗譜》光緒癸未重修本卷九）

耕隱先生墓誌銘

先生諱疆，字公理，括之縉雲人也，生於皇明永樂丁酉年十二月二十六日。曾大父光遠。大父時雅，任太醫院醫署惠民藥局事，濟利甚衆。父永照，隱居修德，母李氏有淑行。

先生自幼敏捷，讀書明性理，淹貫經史，雅好吟詠，作詩典雅，有唐人風致。事親不違孝養，得父母之歡心，辭色婉愉以悦其耳目，起居安適以悦其性情。嘗曰："養生者甘旨豈常有，但盡菽水之歡而已。"及其送死喪葬，一遵《家禮》而戚易適中，喪事必誠必信，一無所苟。

先生承祖父饒裕之業，每歲出所積粟貸里中乏絶者，不較其能償

否，叩則應之；能償不深其息，不能償寬而不迫。天順間，積雪彌月不消，顧村氓連月灶煙不起者惻然請於父曰："鄰里之急，莫甚於饑寒。張子曰：'民吾同胞'，況鄰里乎？吾豈忍獨飽而不念其饑乎！"父曰："此吾志也，汝自爲之。"於是命僕肩米，躬自踏雪，遍詣其門，計口給餉，所活者衆。其樂施好與類如此。

先生好結名人勝友，遊訪江湖，隨景賦詩，遇物品題，以適其趣。其於富貴貧賤、榮瘁欣戚付之造物，略不介意。

先生篤於教子，擇師之賢明者事之，友之多聞者輔之。又自日加督課，於經史必使其口誦心維，身體力行無怠，諸子卒抵於成。先生平生待物平恕，譽之不喜，毁之不愠，人或犯者未嘗與較，至於奉先宴賓必腆厚，自奉則澹如也。

無何先生年六十有九，忽患雙目喪明，人或唁之曰："斯人而有斯疾，天道殆無知乎！"先生曰："禍生不測，事亦偶然，所謂塞翁失馬，焉知非福，豈造物者將假吾年而以斯疾壓之也。"自是心無外慮，處之泰然，略無纖芥憂色。常曰："素患難行乎患難，吾何憂？爲吾有妻子，足任承養，吾何憂爲？"居常坐則吟，卧則謳，聞人之善，作詩以奬之，聞人不善，作詩以警之。親戚故舊之踵門者，必命子侄扶持而問訊之。乃謂其子曰："汝相我當如孔子見師冕，及席及階皆告之某在斯，某在斯，則指之使吾無失禮，汝之職也。"如是幾十年，年七十有八得小恙而終，其歲乃弘治甲寅年十二月六日也。

厥嗣子鉉將安厝先生于里之廳百裊你蜈蚣鉗之原，先期具狀，請銘於傅。傅念先生傅從舅也，相知有素，不敢以不斐辭。配羊氏，傅從姑也，生於永樂己亥年十二月十四日，卒於正統戊辰年十二月二十三日，另附葬於上馬祖墓右側隴。繼配白巖曹氏，生於宣德丙午年正月十八日，卒於弘治庚申年八月初三日，與先生合葬焉。丈夫子三人：長鉉，即請銘者；次鈐，羊氏出也；三鑼，曹氏出也。女一，適皿川，羊衛其婿也。

銘曰：

孝行於家，父母其順。惠及里鄰，貧乏以賑。延師教子，材成業進。以道自怡，窮達不問。嘯傲江湖，浪交英俊。吟詠風月，不矜名聞。譽之何喜，毀之豈愠。胡目喪明，老景失運。人不堪居，先生何悶？吁嗟達人，隨遇安分。樂以忘憂，亨以處困。君子之行，實協輿論。我銘闡幽，觀者敬信。

皿川安齋羊傅拜撰

（選自第八支方山《玉川盧氏宗譜》光緒癸未重修本卷九）

常春翁墓銘

余方謝事，歸老於家。一日，余甥羊教乘暇請曰："教舅祖潛君仁義甫之，卒將葬，委以喪事，然而墓道之石尚未有銘文，敢乞吾舅大手筆以表揚之。可也？"繼而偕其表叔潛廉持狀拜請益勤。余察其誠，義難容默。抑余嘗接潛君光霽之表、雄偉之談，知其出於庸俗表也，今聞其逝世，不勝感慨，烏得不爲之辭以昭潛德云？

按狀，潛君諱崇德，仁義其字也，世爲縉雲方山人。其先出於故宋尚書説友公之冢子諱琦之繼子盧姓曰坦之後，祖爲尚孳，父爲宗程，母爲柴氏，賢淑貞静一生。君篤厚誠莊，慈祥愷悌，以勤儉理家，以忠信接物。事嚴父承顔順色不違厥志，事有不可，必具理之逆順，以回悟之，凡事所爲必禀，而行弗敢自專，可謂孝矣。厥弟崇儀，爲仇鬬傷，死於非命，君報誓不返國。多有爲仇致賄求釋者，君皆不聽。於是達愬臺憲有司，致其死刑者三人，徒流者又若干人矣。跋涉三年，讎竟復矣！及撫其遺孤育子，字之踰於已子，不幸蚤世；厥母無依，又命諸子承奉叔母無間言，所生可謂義矣！

君於宗族尤盡恩意相接：貧者賑之，弱者拯之，强者抑之，或有淩侮孤弱者君輒喻之曰："宗族本同一氣，譬猶手足之於頭目，病痛痾癢舉切於心，視彼之饑寒困苦，猶吾之饑寒困苦，烏得不加之矜恤，忍可肆其淩侮乎?”由是族人服其言,而起雍睦之行矣。

君於子孫誨以讀書務農爲業,荒寧逸豫爲戒,由是子孫遵教毋敢惰慢者,卒抵有成。

君善曾楊地理之學,愛尋山水幽勝以適其情,殊非衒術求售者。比君遵考命,以祖居湫隘宜遷,遂更卜築於祖居之南,堂廂完美,以成厥考之志,此其善繼善述之能事也。君好接賢士大夫,以至騷人墨客接跡踵門,留連詩酒間,繾綣傾倒,盡歡而去。先是邑宰楊侯嘗寓其家,因美其山川之勝、花木之繁,乃爲扁其室曰“常春”,又書額以賜之。繼而主事陶公嵩、庠生羊君覃,皆爲作記以贈之,以彰厥德。可見其爲人矣。

君享年七十有二。遡生於皇明正統甲子年閏七月八日也,卒於正德乙亥十月七日,安厝於本里徐八隴之原,禮也。君配白巖曹氏,懿行整肅,與君偕老,生於正統辛酉十一月二十有六日也,與君合葬焉。丈夫子五人:長最良,先君而卒;次最廉,即請銘者;三最永;四最方,;五最寰。女一人,適湖晏趙滂。孫男七人,孫女二人,曾孫一人,蘭始茁芽。

嗚呼,余雖不斐,未嘗許可人,兹因甥之請,又嘗聞其素行可書,故揭其狀之概而銘之。銘曰:

人道大經曰惟綱常,綱常有在孝義克當。君行孝義志盡其方,事親承顔繼志有光。復弟之讎汲汲皇皇,讎既復矣歸撫孤孀。處族雍睦待賓恭莊,凡百操守無往不臧。生順死安何愧何惶,爰作銘文庶闡幽藏。

賜進士第湖廣按察司副使同邑眷生周南拜撰

(選自第八支方山《玉川盧氏宗譜》光緒癸未重修本卷九)

伯和公墓誌銘

公諱温,字伯和,自上世卜築方山,爵德相禪,爲五雲大族。高祖時雅翁號潛光子,曾祖永盛翁號存心,大父公義號涵養生,考叔雍號存省，至今十有六世矣。母朱氏。以成化壬寅七月二十日誕育於里之泉塘園。

公生而手範端凝，神識恬朗，與群兒嬉戲，常中處而左右之。成童就學，遂廢遊戲，亦未之奇也。存省翁没，年二十餘，長身岸立，器度豁如。時承多事後百責咸萃，方手不釋卷，遂傍通諸書。奉母孝，與弟友，雖同堂伯仲間一視如手足。其於宗族恩義備至。

方山土沃腴，鄉里豪滑之徒狼嗥虎吼，信然而欲噬者屢矣。公悉心捍衛，好惡同之，屹爲一方巨鎮。尤好與人解紛，其有稔惡敗俗爲宗風玷者痛繩之，甚至投諸淵必拔其根株乃已。志恢先德，歲久祠宇崩圮，鳩合衆謀，别置正堂所，而預爲廊廡門道計。母氏即世時年三十有六矣，祖有女墓山，族中聯姻外姓悉皆售之，公義不可，争之不以得，乃鐫石獨葬其母氏於内。不逞之徒或爲盜賊淵藪，草竊者遂滋漫，公憤其害民也，定計殲之以示警。或反肆螫，而卒直於理。由是一里肅清，外不户閉，奴隸下人莊蒞慈畜，靡不承風竦聽。

晚好地理，得曾楊妙訣，貲産亦倍蓰於前。大抵公之爲人忠信文雅，沉静而有謀，剛直而不暴，居常對客，温恭欵洽，尤樂與士君子遊，處即賦詩談道，恂然一儒生也。至臨大事，倉卒不爲動，從容剸劑，斷而行之，則氣雄萬夫，凛不可奪，而悉中肯綮。雖隱德弗耀，所以光前烈裕後昆者遠矣。

嘉靖己丑九月二十三日以疾終，享年四十有八，預措後事無遺。娶小漳陶氏，生子枋，女絲，適櫸川孔管。續娶小盆黄氏，生子梗。將立石墓門以昭後裔。予識公素稔，不敢辭叙述之責，敬書其彰灼者俾刻焉。銘之曰：

方山巖巖，玉川悠悠，我公之德，山峙川流。山崩川竭，民生之憂，獨垂懿範，永照千秋。

福建監察御史外姻同邑施珊拜撰

（選自第八支方山《玉川盧氏宗譜》光緒癸未重修本卷九）

愷百廿六安人楊氏賢母傳

自古傳中壘者，上可採夫風詩，下兼符乎月旦，載攷鄉評，而知克家之子能肯堂肯構者，由厥考作室以貽之，亦由其母以閨範助之，豈獨巨族大家爲然哉。鄉里子有能負槩槩氣、博鼎鼎名者，其母必迴殊常婦人，以爲非是母不生是子也。

方山爲盧姓舊居，代傳儒業，尠成名者。迨同治年間，盧君焕文，承母訓肄業，有志亢宗，不敢曰"安用毛錐子"，而苦其收效太遲。乃從潘、養門牆，學穿楊穿札，兼講六韜三略，出就湖州籍，一試獲雋，嗣歷赴武闈，幾入彀矣，將得旋失，遲速殆有命耶！

而盧氏宗人，文武遊庠，蟬聯而鵲起，遂有奪蟠花錦袍赴鷹揚宴者，亦有干城小試授職把總者。若以焕文君爲能振作文風，必遜謝不敏，要惟君導先路而諸子聯步後塵耳。顧既作開道之驊騮，豈甘爲伏櫪之老驥？乃余也，十赴鄉闈，五登薦牘，博浪沙中，幾以泥塗終老。

今歲在癸未，過訪老友楊翁聖邑，會友焕文君，慨然志在觀光，曰："吾已閱鄉試十科，壯心猶未已也。處仲之唾壺欲碎矣。昂昂千里之才，可想見渥窪所産地，類應地坤厚，奚如君復歸善於親，謂吾身非承母訓誨不及此，吾家非藉母支持猶不可。母今年八十有四，康健無恙，而勞逸立論，猶諄諄如魯敬姜，則當年之戒旦雞鳴，善相夫子也。"於兹益信。母爲盧朝葵公淑配。生四子：長天圩，夙業儒，後敦本務；次天宜；三邑庠生焕文君；幼太學生天倫。克服先疇，皆足慰母心者。現孫八，玄孫三。而能顯親以揚其名者，惟焕文君。《傳》不云乎"母以子貴"，韓昌黎又云"莫爲之後，雖盛弗傳"，如母者可以傳矣。

時龍飛光緒九年歲次癸未榴月下浣之吉，副貢主五雲書院講席侄書船沈懷珠敬撰

（選自第八支方山《玉川盧氏宗譜》光緒癸未重修本卷九）

追表盧庠生善行序

城東六十里有盧生振先字爾修者,郡庠之端士也,足跡不入於公庭,官吏稀識其面目。

是歲辛酉,其子夢生入泮,生率其子進而謁予焉,予因得覯其丰采。邑人爲予言曰:"若人者,廉隅久著,懿修足式也,孝友素聞,制行可嘉也。"嗣後不得見者又五年。

丙寅之秋,忽淩虚而赴遠,竟厭世以仙遊。予聞而哀之,爰質其親友,約略其生平而爲言以表之。

所謂伊人,其少壯也,嫻詩書習禮儀以淑其身,垂義方嚴庭訓以成其子;洎乎晚歲,或採於山,或釣於水,或攜壺於林壑之間,或執卷於西窗之下,優遊而自適焉。不願外,不徇利,不求於人,不忤於世,宇宙間無一事可累其襟懷,固居然有古高士之風焉。以視奔走形勢、伺候貴戚者,其爲人之賢否何如耶？胡天不祐,競奪之速耶？

噫嘻！吾知之矣,天鑒厥德,景命不爽,是蓋不齡其身而於其子也。本支百世,奕葉萬年,盧生之後,殆駸駸乎其無疆已。

康熙丙寅,文林郎知縉雲縣事霍維騰

(選自第八支《白龍盧氏家乘》民國乙丑年重修庚辰年續修本卷二十三)

盧公諱式字爾嘉號友於傳序

友于盧君者,予成童時知交也。

君爲岳伯松庵翁仲子,自幼卓举,翁每奇之。就外傅,推許有加,因字之曰"爾嘉"。文章才識,迥出尋常,謂宜早拔儒林旋登仕籍者也,而乃蹭蹬幾三旬,始遊泮水間,迄今以青衿老者,此何以故？蓋造物忌才,以他事之累,古來非獨君,而君爲甚。

君自十五之年遭山寇亂,家被掠焚。乃翁以魁梧,總十四營社,剿滅雖多功，而黨塾皆墟，諸村落書聲絶響，經數載續漸安戢。方相鼓舞，理殘編，向芸窗勵志，夫何乙未又奇旱，金、東、義、永四邑，寇發甚於前，戊子，乃翁負舊勳，爲衆所推統率防禦。無如枵腹荷戈，力不能敵，賊勢蜂擁入境，老幼男婦群自逃生。君有三弟，未離繈褓，君負之，偕其母急遁，四顧彷徨，母曰："寇深矣，吾重艱於步。汝必戀我，則母子三人皆就擒矣。汝力能攜弟速奔，汝與弟獲全，我即死於賊無恨。"君猶豫不忍，母乃觸地自傷。君且號且走，直抵雲巖山限得及闞氏，忙會付乃弟，即轉向迎母，而母已竟被戕。君慟哭絶倒，尋復甦，負歸殯殮，槁葬於宅側。

君泣告翁曰："曩者猶屬衆寇，今寇在，兒獨矣，兒誓不與賊俱生。"翁遂及君贏糧整社，冒矢石，搗窩巢。賊潰，生擒巨魁屠大虎等，解會城梟首，人咸一快焉。

自是山鄉即寧，而三歲之正供，疊被有司催科，迫於貧殫，君理家務，百計輸將，因之本業，弗遑專精，兼以從軍方寸志亦少墮矣。君乃足跡不踐公門，恂恂獨善，祗父恭兄，以樂天倫，蹉跎而往。

翁所續，得之兩令季，總角崢嶸，君愛之不啻翁。因即家塾身訓迪之，盡心力數年，而並入宫牆，嘖嘖有聲，意將來二弟之得雋，又何異乎君之自售也。至所與難之弟雖早世，而乃寡諸孤，君實輔翼之，咸克有家。

凡此皆君之素履實跡，人所共悉，亦予京之所耳聞而目睹者也。兹因族人方修譜乘，善類例立行傳，以予與君知最深，敢代宗人撮而序之。抑君雖有一女未獲穎嗣，顧以君之克復母仇而諸弟侄蒙護惜，孝友孰加焉。天之報施，必猶有待，寧六旬有奇以迄七十八十者，遂概不克生育乎？我未之前聞也，並備及之，以當左券云。

外弟李能京

（選自第八支《白隴盧氏家乘》民國乙丑年重修庚辰年續修本卷二十三）

文龍公傳贊

叔諱丹，字天九，號曰文龍，其生也先予十數餘歲，故其幼時之事予不可得而知。及予年長，常與相親，聽其言論，觀其丰采，而知其爲人：大約公平以立心，端方以制事，其處己也謹慎而不失，其接人也謙恭而不慢。生平之善行不能悉數，而述其一二事有足傳於後世者。

吾家前塋始祖積六公，清明祭掃，前朝向有祀銀。及國初寇亂，契券簿籍，盡爲煨燼，遂至乾没。康熙以來，屢興屢廢。而叔乃悄然憂之，語予曰："子孫以祖宗爲本，生人以祭祀爲大。積六公，吾四房之所自出也。今四房分派之祖，皆有祭祀，而公獨無有，予心不安。爾後生讀書人，其斟酌良法，捐勤興復。"於是約系下孝子慈孫二十人，至次年止得十九人，而叔有弟名德宗，年甫三歲，慨然隨衆，以足二十人之數。至今而積六公墓間清酌庶饈不失其時者，實叔之始倡議也。

雍正元年，歲大饑，道路中菜色相望，各憲具提欽奉爲粥以食饑人，縣官於鄉都中設廠，使經承董其事，吾村之廠在廿六都項宅。叔恐其鮮飽，乃一切委置家事，日在廠中，觀米糧之多少、察饘粥之厚薄，使在上之施恩者不爲虚惠，而在下之食德者不爲虚名，此亦有功於上下者之爲最也。是歲十一月，邑侯戴公奉旨舉孝廉方正，採其孝親恭兄、撫孤寡、恤幼弱及布施衣棺、賑濟窮乏數善行，欲以上薦，而叔以年幾六旬，精力稍衰，且生平艱嗣，膝下年幼，辭而不受，惟是從容於泉石之間，遊玩魚鳥花木以自樂。

叔，邑庠生也，年十九入泮，天資非不能文者，年四十後即不欲與試，請給衣頂，此其淡於進取可知矣，是豈急急焉以地方官之薦拔爲榮也哉！於是舉邑咸知。

戴邑侯去任以後，署縣諸官恩拔貢士王公、賜進士知青田縣事萬公、恩科舉人龍遊縣羅公，及今實受現任辛卯舉人胡公，皆有旌匾，以表其賢。

贊曰：古人有云，取士於三代以上惟恐其好名，取士於三代以下惟恐其不好名。誠哉是言也！吾見世之擁厚實享鉅貲者，其起於雞鳴，謀於城市，不過惟是盡心計、析秋毫，以争趨於針刀之末耳。吾叔承先人緒業，繼殷盛之後，乃不與熙熙而來攘攘而往者爲伍，而有志於爲善以成名，翩翩然濁世中君子，非吾叔，其誰與歸？

雍正庚戌，歲進士元駱

（選自第八支《白隴盧氏家乘》民國乙丑年重修庚辰年續修本卷二十三）

瑞軒翁傳

漢馬援《誡兄子嚴敦書》曰："龍伯高敦厚周慎，口無擇言，謙約節儉，廉公有威，吾愛之重之，願汝曹效之。杜季良豪俠好義，憂人之憂，樂人之樂，清濁無所失，父喪致客，數郡畢至，吾愛之重之，不願汝曹效也。"夫愛重同而願效不同者，非以才勝之，不如德勝也乎！

姻翁盧瑞軒，諱庭斌，字全才，太姻翁諱西沛公之幼子也。盧氏族甲一鄉，而太姻翁家頗饒裕，翁惟尊師取友，折節讀書。憶昔歲乙未，簡方十二齡，舅氏胡子佳先生館其家，簡從遊焉。時翁現應童子試，作字必端楷，其論文黜浮華，出之於血，一時有采芹如拾芥之譽，耳常熟之。逮簡稍長，同赴試，童冠偕來中，翁獨繩趨矩步，無疾言遽色，始嘆其發爲文者宜有法度可觀。及屢試不售，翁惟義命自安，不急急於躁進。

自己未歲長令君娶簡之次妹，益悉其家居，孝於母，恭厥兄，刑於踵冀缺相敬之風，教誨懔燕山義方之訓，宗族鄉黨間恂恂如也，其處常有如此者。辛酉、壬戌，粵匪竄境，翁避寇月巔，時簡亦避寇於百丈潭盡源坑。翁茹苦含辛，守世亂無主我心有主之道，挑野菜而和根，砍生柴而帶葉，晏如也。寇退，已廬黔垣赭矣。收合餘燼，不輟故業，其處變有如此者。

德配胡氏有淑行，育丈夫子三：長金蘭，即簡之妹婿；次金蓮，幼金海。既耕還讀，皆勤儉克家，且事事遵循規矩，有乃父風，翁蓋有以教之矣。孫松培、松齡、松照，亦嶄然頭角。翁雖仙遊，亦當含笑地下矣。

謹按公之行狀如此，以視世之競才華騁勢行、詡詡然自得、揚揚然相誇者，其相去爲何如也？馬伏波將軍所謂“謹敕之士”，不其然歟？

兹因華乘重修，將所得於聞見者，謹僭言其大略如右。

同治戊辰，歲貢生趙以簡

（選自第八支《白隴盧氏家乘》民國乙丑年重修庚辰年續修本卷二十四）

妙人傳

括蒼山下，有妙人居焉。其始未有以“妙人”名者，名之自其人行年五十餘歲始。

是歲也在戊子，予館隴川樂山樓，友人李子訥夫諱景輯字洽遠者教學雅湖。當是時，妙人子四人皆已壯長，克勤儉以事妙人。妙人日無事，煮茗焚香，涉獵書史，倦則臥而觀之，興至蹶然起，輒取筆作詩。否則採靈芝於南田，問奇花於阮客，投釣綸於仙洞，尋砥石於雁門諸山而已，然於樂山樓每月一再至。

一日登樓，拉予遊雅湖，遂偕訪李子訥夫，主人出酒饌以燕酣。妙人縱談《齊諧》，索隱《山海經》諸異事及老氏漆園諸書，括蒼《郁離》、瘦鐵諸集中之可喜者，以佐下酒資。訥夫飲酒不三爵，先食飯，聽妙人談到喜處，忽噴飯失笑，拍案叫絶，曰：“妙哉若人！”是後人多呼之曰“妙人”。

妙人曰：“吾何妙哉？鳥吾知其妙於飛，魚吾知其妙於於躍，山林草木吾知其妙於抽枝拔葉、開花結子。如吾之老朽者，欲飛無翼，欲躍無鰭,無枝可抽,無葉可拔,花不再開,子不再結,夫何妙哉?”

訥夫曰:“翁言語妙天下。”

蓮峰應獻采曰:訥夫所謂妙人者,盧氏諱尋銓,字右衡,與予二人爲忘年交。今有詩文稿一卷,藏於家。

嗚呼,妙人遊仙,於今十載矣!去年八月,我友訥夫亦謝世,哀哉!不知九原之下訥夫與妙人仍相見否?相見時亦仍呼“妙人”否?倘令相見呼“妙人”,我知其不能忘情於我也。

妙人世系生卒詳在譜牒中,玆故不贅。其長君字樹珊者,博雅好古,亦喜與遊,故傳其軼號,以志不忘。

歲貢生應獻采

(選自第八支《白隴盧氏家乘》民國乙丑年重修庚辰年續修本卷二十四)

仁軒公傳

公諱思壽,又諱漢揚,字岐潘,仁軒其別號也。高祖邑庠生諱紹榮,曾祖歲貢生諱曾煌,祖邑庠生諱作基,家世詩禮。蓋自庚一公始遷隴川凡十四世,並爲郡縣學紳耆,以硯爲田,以紙爲稼,以筆墨爲耘耨,以義理爲豐年,家學淵源所從來遠矣。

父諱錫祚,育公僅一人,恐之乎者也之妨生殖也,稍長即教以稼穡艱難,《禮·月令》、《詩·豳風》、《書·無逸》,心領神會,室以完美,粟陳於廩,貫朽於床。陶朱公三致千金,以公視之藐如也。乃相地之合陰陽者爲基,若畝乃堂,度材之中繩墨者爲楹,使工之勝臂指者爲匠若而人,鳥革翬飛,竹苞松茂,落成之日,有善頌者爲之歌《斯干》《九章》焉。蓋其始家不中貲,無幾何而財雄於鄉,富甲於邑已。

於是入太學,貢成均,與當世明經諸碩彥往還詩酒,馳騁名場,而一時縣令學師又相與題額持贈,增輝堂室,蓋皆以公爲卜式焉。

嘉慶二十二年城隍廟建兩廊,公捐錢五百餘緡,邑侯湯記所稱

“盧思壽”者,公之咳名也。道光二十八年縣河南建試館,公捐錢三百餘緡,邑侯湯記所稱“盧漢揚”者,公之紳名也。其曰“理明品粹”,則邑侯林之所大書也。其曰“積善餘慶”,則邑侯崔之所特筆也。若夫寺廟之興創、橋路之修造、戚族往來之通濟,罔弗取精用宏,左宜右有,其視寒酸之窮措大坐困青氈,以彼易此,孰得孰失,必有能辨之。

元配呂氏,生七子三女;繼娶彭氏,生三子二女。子男幾十人:長文開,孫煥傑、恕林;次文清,孫鳳錢、煥榮、煥賓;三文康,孫金林;四文高,孫鳳暄;五文葵,孫煥雍;六文禄,孫品金;七文璉,孫品南;八文槐,孫燦林;九文煥,孫陳春、陳友、陳登;幼文彦,孫陳熙。五女皆適名門。麟之趾,螽之羽,振振如也,繩繩如也。

公歲延師二人,分左右塾,其少者入右塾,講小學,習幼儀,使循循於弟子之職。及長,則入左塾,考典墳,稽圖史册,使勉勉於聖賢之途。故其文行皆有可觀。俾爾壽富,俾爾熾昌,彼三多祝於華封,五福陳於《洪範》,公一身不兼備哉!嗚呼,斯其可傳也已。

生乾隆乙巳正月廿五日,卒同治丙寅十二月初一日,享壽八十有二。余嘗忝西席,猶能彷佛公之生平,當宗譜續修,故樂得而紀焉。

光緒乙酉,竹川恩貢生宗弟作和

(選自第八支《白隴盧氏家乘》民國乙丑年重修庚辰年續修本卷廿五)

望南公行傳

公諱金品,字立三,别諱高壽,字望南,行忠七百二十諱玉成公長子,行達五百八十七諱文遠公四孫也。二公皆饒有貲財,凡鄉里義舉、親舊貧乏,與之商,雖傾囊無稍吝,蓋其積德累功,自祖父而已然矣。

公生而狀貌魁梧,天姿聰穎,總角能文章,倘專心進取,定非池中物也。顧篤於孝養,視功名如草芥,自以父年老邁,不忍負笈遠遊,甫成童遂輟舉業,理家政,内外大小長幼,稱物平施,雖陳孺子里社之肉,殆不是過。

年十八失怙，苫塊之間，哀毀幾至成疾。服闋後，將擇吉謀窀穸，適粵匪壓境，戎馬蹂躪，村舍爲墟，公與家人等奉母氏竄伏山谷，身在顛沛流離之中，而啜菽飲水，曲盡其歡。洎乎干戈甫定，桑梓言旋，欲問平康之里，而景象俱非矣。時公已年逾弱冠，膂力方剛，遂乃經營堂構，重振家聲。方期萱眉再展，洽我烏私，不圖驚魂莫定，一病遂終。公涕泣含殮，雖家鮮蓋藏，凡衣衾棺槨必如儀。兼以弱弟未婚，謹遵母氏遺囑，謂雖在縗絰之中，不得曠室家之禮，因不憚重費，即與完姻。

公之孝友，蓋本天性。然經喪亂之後，田園價值十不及昔之一二，公以冠婚喪祭禮之大防，雖變産無悔。由是業漸希少，家亦屢空，而公宴如也。晚年精歧黄術，活人無算，古謂不爲良相必爲良醫者，公之謂矣。

初，公祖彌留時語家人云："吾延師數十年，未獲後嗣騰驤，實爲恨事，汝曹志之。"公時尚幼，默喻祖訓，故財産遠不逮先人，而課讀之志不少懈。德配朱氏，系出名門，閫德素嫻，且勤操作。生二子：長周書，善丹青，嫻診治，饒有父風；次現章，册名葆元，又名寅，邑庠生，前任五雲教職，現充本邑學務委員，聲名藉甚。孫際興、際康、際升、際雲，均業儒。仲嗣歸軒君舅吕良君，官步兵小尉。甥朱士魁君，亦舊列郡庠，類多爲公所玉成。公享壽六十有三，以疾終正寢。

嗚呼！夫以公之上承先志，勿替家聲，豈所謂"莫爲之前，雖美勿彰"歟？及觀公之澤施嗣人，克光門第，抑所謂"莫爲之後，難盛勿傳"歟？吾以知前爲之作者必有待於公，後爲之述者必有本於公。公之德其流澤無窮發祥未艾者，何待贅言乎！

今年冬，適玉牒重新，公二哲嗣歸軒君相與往來最稔，爰述管見，聊附簡端，是爲傳。

光緒乙卯，歲貢生周鞏洛

（選自第八支《白隴盧氏家乘》民國乙丑年重修庚辰年續修本卷二十四）

悌一百九十三濯泉公説

公諱天耀，號濯泉，居邑方山村。

或云：昔晉有處士陶潛，宅邊樹五柳，號曰五柳先生。方山處萬山深處，土沃泉甘，公亦因自號曰濯泉也。余謂不然。夫泉無定性，在山泉水清，出山泉水濁。泉之清濁，隨遇異形，公何取而濯之？

或又云：清斯濯纓，濁斯濯足。泉無定性，濯亦無定情，公之情殆不擬滯於物，而能與世推移者歟？是又不然。爰即公之號，夷考公之行，其樂善不倦也如有本源，泉汩汩乎其來焉；其見義必爲也如大地湧泉，躍躍然欲試焉；其托布射以解紛，借僚丸以排難，而人皆折服者，如飲醴泉，痼疾皆愈焉。若乃濟人之急，視李廣利之刺山出泉得解衆士之渴者，有其過之。事親之誠，較曹少卿之斫地出泉足供阿母之飲者，無不及也。

公之度量淵涵，真若萬斛流泉，揚之不加清，抑之不加濁者歟。《易》有之曰："井洌寒泉食。"蓋一時食公之德、懷公之澤者，不啻井養之不窮。泉之時義大矣哉！

公今年近古稀，方將訊丹砂以酌紅泉，憩白石以挹飛泉，即終老林泉，亦何損我公佳譽哉？抑余又聞之：古人遭時不偶，往往貌爲曠達，方謂酌貪泉而覺爽，飲狂泉而亦甘，我公則念鄧攸之知命，戒卜商之喪明，修在己，聽在天，安知潛德之光不更見蒙泉之兆哉？是天定而又可人定者矣。公首建好善橋，繼建樂善橋，又建九支盧總祠，斯即樵夫牧豎皆能言之，因不贅述云。

時中華民國三年歲次甲寅季冬月中浣吉旦，前清拔貢生梅卿周鞏洛、崇正高等小學校校長簡三吕報政、青田縣員警署長紹箕劉肇漢同撰

（選自第八支方山《玉川盧氏宗譜》民國甲寅重修本卷一）

老顛傳

老顛，盧姓，無名，潘川人，孚行文明公十五世孫也。少以顛自稱，人亦以顛呼之。笑受不嫌，老亦無異。年六十餘，能徒步走絶域，萬里從軍，登崇山，陟竣嶺，攀藤附葛，跨江渡河，越蘇杭，走武漢，吊瀟湘，宿蘭阮，奔黔走顛，捷如年少。

同行哂之曰："年老如許，奔走胡爲，無奈顛乎？"

顛笑曰：子不知我，謂我爲顛，我非顛也。今天下之人顛連甚矣。男女自由，姊妹不分，人民平等，冠履倒置，廉耻盡喪，道德胥亡，其不顛者無安身之地，是以假顛之狀，意欲走遐荒、逃絶域。就夷狄之有君，不如諸夏之無父。誰知夷狄之人禽心獸面行於文物之邦，狗黨狐群布滿於倫常之道，睹此形狀，欲不顛也，得乎？予恨不能真顛耳。

倘真能大顛，將舉世之無道德、無廉耻者顛撲之，不使立於人世；舉世之有道德、有廉耻者扶持之，使五倫八德之教復明於斯世，使天下後世之人復得再聞孔孟之道，而於聖教湮没之時留一髮之傳，於世風波糜之際，轉一帆之掉。斯世之人雖笑我顛，後世之人必謂我不顛。予豈好爲顛乎？

予老矣，予無能力矣。顛乎？顛乎？其如老何哉？其如斯世之人何哉？

民國廿五年臘月除夕，蒼山樵者寫於滬上旅壁

（選自《白竹盧氏宗譜》民國庚辰重修本卷三十三）

紹登自叙略

吾乃農家貧窶子也。幼從陳、張、楊諸先生教，以《論》《孟》《學》《庸》《詩》《書》《易》《左傳》《瓊林》等書精詳講解，奈性質遲鈍，不能明晰爾。時科舉停罷，學校林立，父性固執，以爲學校經濟困難，年十六歲輟學。吾胸懷抑鬱，惟以父命是聽。於是朝從南畝耕，夜展西窗

卷，最愛子平，諳習命理，快覽閒書，談今説古。至民國甲寅修譜，辱承天耀、天焯二公委任，對閲謄録，字畫端正，諸公不以爲嫌。

殆年近三十，與父析爨，自肩家政，賴父遺蔭，聊堪度日。執教鞭一年，意爲如是舌耕，一則恐虧厥職，一則經濟不敷，遂專事農業。則以閒暇晨昏，暗習堪輿，請胡先生傳授羅盤地理等書約近十年，始覺有悟，以應里用。

後至三十六歲，運蹇而病，延醫診治，於是知道具生斯世，不可不識醫理，遂購買《御纂醫宗金鑑》及《萬病回春》等書，晨昏檢閲，讀熟方解五年餘工。凡屬小兒感冒得以調停者，已拾餘年矣。其中經修整本保廟經理者二次，胡公廟一次，廟前橋同父助洋拾元，爲塾師主者二三次，倡設建造馬頭嶺涼亭一座，排解一項，從中公議，諸凡代筆，不計厚貲，尊長于是俯服，婦孺于是敬仰，惟吾心尤有踧踖焉。

去年秋，族公學羅、學芬等來函，諭以修譜之事，本欲偷懶以自省心機，奈本里諸長老迫命不得辭。近日在局，蒙學羅、學芬、學鬧三公，令吾對閲諸文集，擾受諸公厚待豐醇，無以報德。吾觀老先生所撰文集，表揚懿行盛德，殊深企慕，自愧年值知命，一無足録，命何如也！

配張氏，先三女，後一男，年尚幼穉，衣食家務，纏身難解，境何逆也？餘如父葬女嫁置造等項，事無關公益者，不敢贅及。此吾平生醜端，何敢與諸族公懿行盛德同日而語？仰望諸族公破格提揚，準予編之簡末，以志吾苦心云爾。

民國庚辰新正全浣吉旦

（選自第八支方山《玉川盧氏宗譜》民國二十八年重修本）

若東公傳

公諱永南，字若東，偉丈夫也。世居隴州下新屋，貌魁梧，性豪邁，有膽識，有族誼，喜雪不平事，欲以張良之錐、荆軻之刀，伸田横之憤。

清光緒間，予年十有二，隨祖父梅夫公讀於崇正。時隴州盧族與沈姓以婚姻興訟，沈姓誣訴盧族某强搶親事，族某被押囹圄。公不平，繳族衆數百人乘夜往劫某，意欲毁囹圄出族某。族衆在途，邑宰風聞戒備，謂族某曰："汝能止族衆，當釋汝。"某馳函遇於途，邑宰知衆怒，釋某歸，不直沈。越歲，盧族復與沈姓尋仇，吕姓族人出而干涉，欲致死族某。公不平，出訴邑宰。邑宰壯公，吕姓敗訴。吕疑主刀筆者必予祖父也，心含之而未發。

公聞知情，與其子玉斌、玉通、玉震來，一負笈，一提篋，一攜帳，請予祖父館隴川，崇正門徒，爲之一空。

公之待先生也忠且敬，每歲入學供給，至清節後數旬而後已。祖父以予與叔父古秋三人不易供給，屢欲起火。公不允，久無倦容。公之待門徒也愛且悦，每歲於門首租田種菜，以供諸生采煮。里有失菜者語傷諸生，公力白不許里人言。

是時有女支族隔竹園宗姐幼適張姓，爲其夫虐待不堪，死而復蘇者屢。姐之兄弟奔隴川哀求予祖父，問何法之善。商之公，公不平，率族衆十餘人，直奔巢頭張家，擄宗姐出隴川，居公家，十餘年如一日，公家人大小無半言，視若親姐，此皆公之族誼也。本鄉胡莊孔姓與公爲瓜葛親，有命案不能伸，公不平，出爲伸之。諸如此類，指不勝屈，此又公之膽識也。

公生平慕桃園故事，夜分與予祖父談武侯用兵計畫，了若指掌，不啻親歷其境，足見公之胸中具有甲兵在焉。設令公當日假以旄鉞，登壇指揮，安見不與予祖父共盧武烈侯之隱憤，而同伸越國公之遺志也耶？惜乎終老田園，不見用於當世，可慨也夫！

按公生於清道光乙未六月初一日巳時，卒於民國辛酉二月十九日申時，享年八十七歲。德配徐氏，内助稱賢，予祖父館隴川十餘載，供給無稍懈。生子男五人：長玉斌，次玉通，三玉震，四玉生，從予祖父讀入邑庠，五玉龍。或農或工，各安其業。孫男十有三，長孫朱奎曾效勞軍國，餘皆具崢嶸頭角。公之後嗣，森森濟濟，當有興者。

緣實録之，以示公之後昆，而並以質公之族人。

民國二十九年，宗晚體復

（選自第八支白隴《盧氏族志》卷一）

長新公記略

或謂人有不幸中之幸，有幸中之不幸，且有幸中之幸。焕初不解其義，聽里巷街衢之談、父老伯叔之述，於我族叔行恭七百十諱長新、字時章而益信。

長新叔者，肅六百八十九諱法妹之次子也。年十六，值洪楊亂，父母兄弟共同逃竄，適弟長聖失蹤，母命追尋，至村下大橋湖與從兄長海同被寇擄，父母兄弟不得面。斯時也，賊風嘶吼，刀戈相向，不禁淚如泉湧，乏偷生術，多悽惶感。至建德之大陽，前瞻後顧，長海哥又莫知所向。叔孑然一身，念切思親，逃而再執，於是屈身爲擄，奴隸之，牛馬之，甚且認盜爲父，奉待殷勤，倖免於難。

厥後至寧波，溯自家鄉被執，已經三載，策亡虜黑夜潛逃。露宿風餐，深隱幽谷，大雪壓埋，鳩形鵠面，當是時已必其不死於寇，難保不死于餓矣。乃天不絶命，適有種山者捧飯逐獸，見叔横卧怒目，呼之無聲，將飯置於頷下而去。此時叔心猶清醒，將飯咽下，越日體覺蘇。種山人又來，攜之歸家，煮湯爲洗，遍身潰爛，足趾俱落，食食之，衣衣之。日久寇平，足趾瘡疥不克復原，種山者見叔形狀，料難全活，給以乾糧，催其向往尋歸，得與父母兄弟，相叙天倫。

德配吕氏，内助稱賢，商理家政，廣置田廬，與祖父母念佛超升。二弟完成婚娶，上慰高堂，以慰祖父母及兄長。其分居也無私蓄，其取予也無苟且；其於貧窮之救濟、道塗之創修、路亭橋梁之建築，設有到門者，莫不隨緣樂助。

享壽七十有八。子五孫五，濟濟一堂，熙熙皞皞。令家兄陳斌雖不事詩書，而處世雍雍，居心正直，有文人氣；次、三、四俱業農；幼晚得由高小畢業，考入廣東軍官學校，官階已徵起點。而又孫支蕃衍，頭角崢嶸，異日家聲丕振，昌大門閭，定可預卜。此非人有不幸中之幸，有幸中之不幸，且有幸中之幸乎？

焕才等駑鴉，何敢云記，第以叔生平所經之艱險，與夫所遺之善行，不可任其湮没，爰述梗概，俾後人作觀念想云爾。

民國乙丑，浙江官立監獄專科畢業族侄焕

（選自第八支《白隴盧氏家乘》民國乙丑年重修庚辰年續修本卷二十五）

盧君陳春傳

粵稽往古，傳有二義。

上焉者，澤被生民，功高寰宇，太常詠歌以紀事，史臣珥筆而書勳，夐乎尚已；次則官必至三品始克立傳，下此者例所不許。然亦有官與例相符，而秉筆者以索米不遂，不與表彰，致令後人疑傳以賄成，未可據以徵實行，轉謂"盡信書則不如無書"也。若乃草茅下士、鄉曲善人，位不列台垣，名未隮通顯，而立身行己，實足砭針薄俗、模楷後進，譬之景星卿雲，莫不争先睹之爲快，是亦不可泯泯焉而已也。

以余所見白隴盧翁名陳春、字克盛者，其殆加人一等矣。

方清室季世，外强中乾，談時務者謂中國之孱弱由教育之未善，於是則效東西，大開學校。乃鄉愚鮮識，每觀望不前，翁執梃爲諸人先，人以文叔謹願，奔走偕來；創立崇德學校，家亦共推翁爲校長。洎民國十有一年，教育會諸公以翁熱心興學，捐貲造士，不遺餘力，爲請予上峰。上峰嘉翁之績，錫以銀質嘉祥之章，而翁益感圖效。村中有文昌宫，向爲學人禱祝而崇祀者，歷年既久，風剥雨蝕，頽壞幾甚，翁倡議捐修，不避勞怨，不期年而金碧輝煌，神像莊嚴逾往日焉。

他若僚丸排難，布射息争，藉以保全財帛家業者，未易更僕數。余猶憶疇昔陪奉崇正講席，翁遣其幼子光來校肄業，清和節余從二三英俊走謁崇階，翁倒屣肅客，歡若平生，並舉網得魚，美勝吴宫之炙，嘗兼晉甸之新。孔北海謂“座上客常滿，樽中酒不空”，翁之雅量，庶幾其近之。

今夏六月，余以暑假息影敝廬，而光自省立十一師範歸，紆道相訪，自言家乘重新，乞余不律爲若翁傳。余非史氏，又當日暮，深恐詞無倫次，致多罅漏，但布穀鳴夏，促織吟秋，物雖微而應候，人雖賤而言質，不憚據事直陳，以博乃翁一笑云。是爲傳。

民國乙丑，歲進士周鞏洛

（選自第三支白隴《盧氏家乘》民國十四年重修本卷二十五）

瑞臻公事實傳

物本乎天，人本乎祖，宗功祖德，孝敬猶生。

今邑中有盧氏，自宋天禧年間成譜，迄今數百餘年未能續修，散居各處，以致行第紊亂，昭穆無分。倫服既失，則無親也。盧氏派下，嫡裔雖多，漠然不追木本水源，獨有瑞臻公倡率族中之議，衆心共悦，遂以乾隆丁巳僉臻爲譜正，總理董事，各專執事。今已譜牒告竣，較訂無訛，是可謂知祖之淵源，裕後之有賴耳。

臻妻孫氏，内助大度，産子有二，祖蔭興隆。予將事實贈之，遺於後世知焉。

時大清乾隆丁巳夏月之吉，雙溪張文耀題

（選自第九支蓮塘《盧氏宗譜》光緒戊申重修本卷一）

瑞昌公暨明和父子善行傳

夫爲善勗樂，積德必昌，而今驟有現焉。

永邑有十六都盧瑞昌公，配妻張氏，如鼓瑟琴，産英有四，各能通達安樂，勝獲千金。克勤耕讀，皆得内助。興隆廣授腴産，建造廈室。更可稱者，長男明和，性度不凡，慷慨過人，尚能好施。遇饑賑濟，恤苦憐貧,鄉族遇有鼠牙雀角之非,力爲代囊剖釋,惟祈寧靖。有負不還者,内外片言不怨,故能愈施愈益,正可謂仰體聖天子盛世昇平共慶之善民也,合宜旌奬,給匾表揚,上未聞知。而盧氏現在重修譜牒,監正董事僉云求贊,先載於譜内,使後世效之,爲之集焉。

時大清乾隆二年季夏下浣之吉,桃溪太學陳國楝撰

(選自第九支蓮塘《盧氏宗譜》光緒戊申重修本卷一)

明韜公行集

今夫仁義禮智信者在庶實難居也。松山雖爲名邦,而鄉庶五獲其一二者鮮矣。

今有十六都盧氏重修家譜,監正董事向予以有族中有明韜,爲人慷慨,正直無私,出言顧行,心存仁義,取信無昧,不惟通族重之,而鄉邦言其醇樸存仁,衆願事實載入譜内,爲後代效之。

更可贊者,配妻王氏,温良内助,族中較之,難與並也。子效融賢讓梨之異,皆求於予。果能有此,可謂清世良庶與之奬焉。

時大清乾隆丁巳夏月之吉,繡湖吴思衡敬撰

(選自第九支蓮塘《盧氏宗譜》光緒戊申重修本卷一)

明琴公才能録

蓋聞天地之間,人居中華大地,賢愚隔别,而賢能並施者實非易也。

盧氏族有明琴者,穎悟聰俊,見賢下問,謙和待衆,鄉閭之中無不以稱琴爲人之誠實,祖下昆弟莫不以稱琴孝悌睦族之端方。是故譜場僉爲董事,秉公歸正,絲毫不苟。

予因遇雨暫停,皆向予作之表揚於與贊之。配室方氏,魚水相依,産英雙桂,必達光宗耀祖,後有驗焉。

時大清乾隆二年荷月下浣之吉,五雲樊稠敬撰

(選自第九支蓮塘《盧氏宗譜》光緒戊申重修本卷一)

永康文獻叢書 譜牒

九支盧譜牒文選

下

盧振寶 選編
盧敦基 校點

第八編　家　範

在中國古代社會由家而國政治傳統的構建中，家族組織發揮過重要作用。天下萬民是皇帝的“子民”，地方官吏是當地百姓的“父母官”，家國同構，家國相通；國要有國法，家有家規，二者缺一不可。

家法族規作爲家族組織的一種自治規範，是家族組織祖上流傳而後代修訂、爲其族衆所共同遵守的行爲規範，是家族尊長用以調處、裁判内部糾紛的司法依據。明清時期，在官方的大力支持和强化下，家法族規的内容和形式趨於成熟。作爲中國傳統法律的重要組成部分，它與國家法律具有同源性和互補性，既宣揚傳統禮治思想，迎合儒家倫理道德，又配合國家法律實踐，維護基層社會秩序；作爲基層地區性勢力，它調整着一定範圍内的社會關係，對傳統法律文化影響深遠。因此，我們承認它在某一歷史時期所發揮的社會作用，承認它是傳統民族文化的重要組成部分，而不因其局限性全盤予以否定。

在這裏，我們將家範分“規約”與“禮儀”兩部分。規約含他律（包括家規、修譜凡例、祖廟公約等）與自律（包括格言、箴言、勸勉、座右銘等）兩類，而禮儀則是婚喪喜事及冠禮、笄禮、祭典等家族活動中共同遵循的規範與過程。

一、規　約

石馬玉川盧氏宗譜修譜凡例

譜法仿歐、蘇而略損益之。譜有系圖，有行第。系圖挈其總於前，紀其略也；行第列其實於後，著其詳也。

世系圖以五世爲列，取五世服盡之義也。又自五世再提，合成九世者，取自高至元九族之義也。又自九世再提，以至十三世十七世，轉相承受，以傳世於無窮，悉同此義云。

行第，先書行，書諱與字。次書出某公之子及生卒、匹配、葬所、子女之詳。若子側室出，則云“側室某氏出”；庶子，則云“庶出”而不氏。至仕宦履歷與素行足爲衆所取重者，約數語於下。其有大節可嘉者，另爲立傳，所以風勵後人也。

娶婦必書“某處”“某氏”“某公”“某官”或“女”或“孫女”，嫁女亦書“適某處某公某官”或“子”或“孫”，遠者則曰“某公裔”。詳其族類者，重閥閱也。如五崗塘徐氏，則曰“宋博士無黨徐公裔”；可投應氏，則曰“宋少師孟明公裔”；清渭何氏，則曰“宋樞密院都丞旨寬居先生文直公裔”；魁山胡氏，則曰“宋知永康縣事志寧胡公裔”。凡舊家類此。於始一人書之，後則曰“五崗塘徐氏”“可投應氏”“清渭何氏”“魁山胡氏”，不必再詳。若平素通婚舊家，亦書某處某氏，或張或李，而著其姓。其有不齒於士類者，不著其地名而曰“某氏”。

婦人有子無子再他適者，止云“娶某氏”，而不及其生卒，以其廟絶也。繼娶再醮，有子者書其卒葬而不及生辰者，以其失節也。無子者雖卒，葬亦不書。女子適人，書適某處某人，而再適者不書，亦以其失節也。

無子者過繼，必昭穆相當，於本生父母之下書"子某爲伯叔父後"，或"從伯叔父後"。繼父之下曰"繼子某"。或不得已甥以繼舅，親表侄以繼表叔，則曰"螟子某，另爲立第"，此亦取其服制相承，況甥以繼舅，在我朝襲蔭所不棄者，盡是有理。此外不得以侄孫繼叔祖、弟以繼兄，及收養異姓，以亂宗法。

出繼異姓者，亦書"出繼某處某人"，使其後日知爲同宗，庶不淆亂婚姻。或欲歸宗，亦可以考其支派。其有無耻認拜他人爲父母者，書以懲戒。

無子以側室生子者，雖是初婚，亦不書其姓氏生卒，止曰"庶子某"，所以明嫡庶也。

流寓他處生卒行第無考，惟知其名者，列其名於圖譜，不忍削去，猶望其歸宗也。

女子不書排行年月日時者，蓋女子以適人爲正，内夫家而外父族故也。

出家爲僧道者書"學浮屠於某寺""學老子於某宫"，皆不及其卒葬，惡其棄宗也。有能還族者，特書"某年月還族"，又與其善返也。

犯奸盜蹤跡顯著者，削其名而曰"某"，所以伐惡也。猶存其行而不書生卒者，使人知其爲某，所以示戒也。

結親污賤者，亦削其名而曰"某"，所以警衆也。

生卒必書者，可以稽祭祀而致思慕也。葬地必詳者，恐久而遺失，且以防外人所侵壞也。

上世名字失傳而止有行第者，不書"某"，而存一虚圈，不妄自添捏，史缺文遺意也。近來失記或失報及遠處不知者，亦存一虚圈，蓋有待也。

名字重犯祖諱，既往者已不及，見存者俱宜改正，或上添一虚字，或傍添立人竪心金木水火土之類，庶幾不至重犯，將來切須避忌。

譜序不論工拙，存之於後，以見當時修輯之意。

族譜推族中年尊有德者掌之，另推一人有才幹者經理其事，别置草底一册，書後來生卒娶葬，俟修輯之日，登載草譜。

草譜一部常執，續修之時，以便登載。

家譜凡九部，或一房自執一部，或幾房共執一部，各宜敬慎小心藏之篋中。勿污穢以致損壞，勿擅權以行損益，勿因私交以借人便覽，犯此數者均作輕慢祖宗議罰。

以上共計凡例二十條。

二十五世孫可久謹識

（選自第一支《石馬盧氏宗譜》民國十三年重修卷一）

泗渡盧氏家乘凡例

譜序不論新舊，俱列於卷首。後序並跋，俱載卷末，以見歷代修續之意。其圖傳、誥敕、志銘及先賢所贈詩文，各另爲一卷。

世系圖首著紀原，所以明受姓之由，乃立宗傳嗣之源，不敢妄引顯宦以自誣，亦不敢遺祖以自疏。依歐陽文忠公取法史氏年表，以世爲經，以人爲緯，横列五代，上系於下爲玄孫，下推而上爲高祖，使五服燦然在目。五世再提，取九族之義，九世之後又自爲小宗焉。以支派先後排列，明宗法也。

支圖内大書其名，細書其行，出仕者書其任某官某職，有謚者書其謚。

行傳書行名、字、號、生娶、卒葬及子女。有遷徙者，當詳書之，以俟查考。舊或缺者，據實書之，並不自行增損。女子不與排行者，以其内夫家而外父族也，但於父傳下書曰“適於某處某人”。

婚娶正室及繼續者皆書之，若側室寵妾本身之下不書，以其非配也。有子者，但於其子名下書曰“庶母某氏所出”，以子不得賤母也。

或再出嫁者不書，以其義絶也。有子者，於子之下曰“出母某氏所生”，或“嫁母某氏所出”，以子不得絶母也。

似續，所以承宗祀也。無子立侄爲嗣者，生父下“出繼某人”，繼父下“繼某人之子爲嗣”。若昭穆不相當，例不應繼，亦不得立外姓以亂宗支。

子孫命名，須避國諱及祖諱，有犯者悉當改易。

子孫有功業垂後者，當立志傳以表慕之。有一善足稱者亦不可泯於世，傳内據實書之。婦人懿行志節者，當立傳以獎異之，使世爲口談。蓋書其善則惡者知戒，表其賢則不肖者奮，實齊家之微權也。固不得虚美以欺世，亦不得妬嫉以蔽賢。

宗族如果同氣所出，雖流離失所，亦不得輕棄。非其種者，必鋤而去之，雖甚貴賢，亦所不附。

子孫有過惡誨戒不悛者，譜削其名，不許與祭；能改過從善者復之，所以勵風教也。

子孫有爲僧道者，入行第不立世傳，惡其異端也，但於其父之下見之而已，所以敦好尚也。還族者，復與行第，重其能歸宗也。

子孫未告廟而先夭，譜牒不録。未成殤而先卒，正譜不載。成殤而卒曰“早世”，未婚而卒曰“不娶”，無子不繼曰“不嗣”。

正譜之外，另置譜録一册，凡未入譜子孫及婚娶生卒年月日時並堪載之事一一書之，以俟重修之日，據報登入。

譜牒須擇子孫賢能及分尊者掌之，其譜今以刊印壹式幾册，以某字爲號，書某號系某房某人執。

行第原取四十字，表字原有五十字，今至三十二世舊字尚未盡，故不再取，以竣後之續修者。其名自第二十八世以前多系單名，至二十九世起始以良字取雙名，今依良字起，編三十字以備子姓，世世遵守，毋相參差。

振興後學，詩禮傳家最爲美，舉族中有考試者，可以光門第，與試無資斧，往往中道而廢。嗣後童試常給縣試卷資貳百文，府試肆百文，院試柒百文，入泮給藍衫錢貳千捌百文，鄉試給盤費貳千文，中式者再議，以寓鼓舞之意。

（選自第一支《泗渡盧氏家乘》民國戊午年重修本上卷）

石馬玉川盧氏家規

居家以正倫理、篤恩義爲先，此先儒之明訓、處家之常道也。凡爲子者必孝其親，爲妻者必敬其夫，爲兄者必愛其弟，爲弟者必敬其兄，各盡職分之常，不可使有一毫虚假。

冠婚喪祭，乃禮之大者。今既皆不能如古人，喪葬不可不勉，佛事切不必作。凡附於身附於棺者，雖當稱家有無，寧過厚不可過薄。

高曾祖考死忌生辰及四時俗節，雖不能盡如《家禮》行事，其祭品隨家豐儉，須要至誠潔浄，衣服亦須整齊，不可苟且潦草。

父母既葬之後，須立神主，如《家禮》制，内書生卒年月，庶久可考據。

墳墓歲時祭掃必盡誠敬，不得虚應故事，遇崩塌即宜修理。

墳木所以陰庇祖宗，不得擅自斬伐及放生畜食踐，犯者作不孝論。

結親必須平素通婚之家，告於家長，方可行事。若苟且、貪賄至於污賤者，宗譜勾名。其有計較論量者，甚是鄙俚，尤宜知戒。

稱呼自有截然之分，不得以母族妻族私親相呼唤。後生小子不得以背後妄稱長者行第名字，父兄聞知，即宜省諭改過。至於親戚，尤當以禮，不得直呼其字行。

子弟十六歲已下，不得先稱表字排行，庶幾有古人責成之意。

歲首會拜家長，當以禮義勸勉子弟，庶幾不至敗倫傷化。

賓朋會燕或宗族喜慶，不可縱飲，但令浹洽，方成大家氣象。近來酗酒使氣，至於紊煩官府者，往往有之，各宜知戒。

婦人不出閨門，古之道也。非係大故，不得外出，非係至親，不必相見。宜相見者，亦須子弟導引，不可令擅入私室。無故閑遊者，家主曉諭。

婦人於庭除偶遇尊長，可以迴避則從容迴避，不可迴避則一揖而去，慎弗周章，兩相失容。此爲主母者當以此意告之。

年四十以上無子，欲以婢妾生子，必聞族衆，使知來歷明白，庶無私通苟且情弊，後日生子，方可入譜。

子孫有不肖犯姦盜及忤逆者，家長省諭責令改過。再犯，會族重責。不悛，告官懲治，宗譜勾名。有能改過遷善者，又許其登載。

子孫賭博無賴及違法之事，家長曉諭教戒，令其改過。如不聽，會衆責罰，甚者呈告司府治罪。

好勇鬥狠，聖賢已有明訓，凡事有不平，投聞家長裁處。家長不可視勢偏私，令人怨恨，不得已方告訴有司。至於外人，尤宜忍耐。若恃强逞兇，至於廝打，會族重罰有等。聚衆幫親，切須懲戒，此風俗惡薄之甚者。

解紛息争，乃鄉族之善事。凡鄉族有事，高年者以理勸諭，務使事得中止，不可因兩家不遜之言，自己亦動容氣。倘家間有事，人來勸亦須聽受，決不可健訟。蓋健訟乃破家蕩産之媒也。

耕讀乃人家職業之常，不可一日廢者。各宜勤緊盡力，使上足以供國之賦，下得衣食不缺。粗知禮義，則自能安家樂業。其有不務生理、遊手遊食至於無耻者，譜亦勾名。

親戚故舊，須存忠厚，不得以小過遂成嫌隙。

以上共計家規二十條。

二十五世孫可久謹志

“異姓繼子除已往不論，自今止許附其名字行序，永不得置主入祠。”

咸豐元年辛亥續修宗譜告廟後三日，闔祠公議，宗譜首卷載有家規于“異姓繼子”一條字跡模糊，想必當年有因，附行多話者故行添入，但理欠圓通，不得不議。既曰“異姓繼子許附其名字行序”矣，又云“不得置主入祠”。夫以異姓之子棄其宗而入盧姓之譜，生爲盧姓之人，没作盧姓之鬼，而曰“不得入祠”，此主究竟該入何人之祠？情殊可憫，理實難通。今特議業經入譜者均許入祠。自今日爲始，異姓不得亂宗，永著爲例。此議。

（選自第一支《石馬盧氏宗譜》民國十三年重修卷一）

家　訓

論齊治者，往往勵精於國而忽略於家。不知教洽乎家，自昔以爲難，蓋骨肉之間，恩勝而禮不行，勢近而法莫舉。自非躬行化導德以刑於，奚望修齊之並舉也。謹摘其雅訓，以爲世箴。

敦崇孝悌　風化所關，孝親敬長，行義純全，此第一等可欽之人。譜中當直紀其事，以式來兹，並以俟采風良史。

旌獎賢能　序事辨賢，禮之大節。如優於幹理，習於禮文，任使攸賴，必尊異之，以爲尊賢使能之勸。

周濟貧乏　族里中有年老無依與夫以急相告者，必勉力以周之。雖不能人人相悦，然有蠲不應，非有人心者所能自安也。

矜邺孤愚　孤而無怙、愚而無知者，此輩極可矜邺，須力爲撫字。一切財産，登記公簿，擇賢能者爲之執掌，候其長成有覺，方交還管理，倘有多侮，另加排護。

節制奢華　夫儉，德之共也。兀兀公孫，卒昌姬允，夫亦作法於凉爾。服飾酒席之類，在所同志，自宜節省。

蔭庇風水　住宅塋墓，風水攸關。今日之柴薪，焉知不爲他日之喬木？當力共爲持嚴護，以爲子孫長久之計。

完納官糧　凡應輸糧税，必急於國家，不可後期。俗云：“若要寬，先解官。”非惟得博良善之譽，益且不受公庭之辱，以免差役之擾。

懲治盜賊　夫賊爲鄉鄰大害，宜會衆捕送公庭究治。其盜田野之物並雞犬之類，亦漸不可長，有犯者亦必從公責戒，仍擬賠罰。不服不悛者，告官重處。

禁戒嫖賭　良家子弟，往往於此中蕩産。族有此輩，家長重戒。父兄或縱，即並罪之，以杜不肖。

酌定婚姻　嫁娶不必攀援富貴，故家舊族相當而已。如下輩污婚，男婦不許入席，甚則削譜。

務本立學　不學無術，古人所警。人習一經之訓，雖不及黼黻皇猷，而羹牆賢聖，學中自有真趣。

篤行立身　位不若人，愧耻以求；行不合道，業弗加修，何衆人之昧昧也？故一舉一動，兢兢繩尺，庶爲全。人。

（選自第一支《泗渡盧氏家乘》民國戊午年重修本卷之一）

家訓十八條

宗祠爲安妥神靈之所，須當灑掃潔浄，無故不得侵用。凡元旦、元宵及春分、秋分、冬至年節，及時致牲設祭，不可有缺。時祭、生辰祭者，可着吉服。忌日則宜齋戒，素夜不得飲酒食肉與聽音樂及行喜慶之事。常月朔望必參，出入必告，一切出主、致祭、拜獻之禮，均以文公《家禮》爲式。

祖宗墳墓，必須栽植樹木，以蔭庇風水。爲子孫者，毋相侵伐及私放牲畜踐食，違者照例議罰。雖年久代遠，凡逢清明、冬至，務須親行祭掃，遞年加土。至本族孤墓，亦當加意保護，籌款致祭，勿使爲若敖之鬼。

祖宗墳墓，其已置有祀産者，子孫宜善爲存積；其向無祀産，亦宜集貲糾合，以爲歲時祭祀之需。所有祭祀常産，均宜將丘墾載入宗譜，以垂久遠。

房族長輩，理應存心公直，勿徇私曲。倘有無心之過，卑幼者當怡聲微諫，不得自逞血氣，以傷天和，長者亦不可自護其短。如卑幼者有過，長者應隨時訓誡，卑幼者不得記恨在懷。倘家長年高，不能綜理，必擇卑幼中之賢明者佐之。遇事諮詢而行，不得自專，亦不得推諉。

族中之人，其初本屬一身，無論親疏，當推共本同源之意。見人之榮，如己之榮，不可生嫉忌心；見人之辱，如己之辱，不可生喜幸心。族中有年老貧苦不能自給者，或鰥寡孤獨窮而無告者，家長房長當籌商周給之，不使困於饑寒流離失也。

爲子當孝，爲弟當悌，此天倫之正理。處家庭之中，遇尊長有怒，卑幼當拱手聽受，或徐徐分剖；即理直而反受屈者，不得存怨恨心。至於父母之前，尤宜敬畏，聞呼即應。遇事必先禀命，從容聽受，復端詳細告，不可急遽輕率。

族中起居聚會，行則尊長在前，卑幼在後。尊長坐，卑幼者或侍立或隅坐。卑幼拜，長者答揖而已，勿以彼貧我富、彼賤我貴而慢之，勿以侄長叔幼兄愚弟智而忽之。至於稱呼，尤宜謹慎。如有應對，長者之前，必自稱其名，婉言悦色，一中乎禮。

子弟八歲以上，即當敦請嚴師教之。入學讀書，以孝悌爲本，以忠信爲用。至近日自由、平等之謬論邪説，宜一律革絶，以崇正道，而端初基。

子弟讀書，有質美而家貧者，族中當給以膏火，或助以學費，使之成名，以光宗族。

族内子弟，無論士農工商，均宜黜浮崇實，有道德心，有公益心，有愛國思想、自强主義，方爲完全國民。

婦人主治内政，上則孝敬翁姑，中則協贊夫子，下則教訓子侄，以勤儉持家，以淑惠持身，方盡婦人天職。或有夫主無能，生性懦弱，亦只可佐理於内，不能揚聲於外也。如凶潑多言、播弄是非、争鬧鬥毆，不安家室者，更有夫聽妻言、離間骨肉者，必痛責其夫。至於忤逆不孝及淫妬偷盜，准令本夫離異。

婦人夫故守節，族中當善爲扶持，以成其名節。倘有不肖哄誘污辱，尤且藉端滋事者，合族議懲不恕。

本族係出帝胄，凡我子孫務守正業，切勿偷竊賭博，污辱祖宗，違者懲戒不恕。

本族子孫置有產業，自應隨時驗税，不可隱漏。倘有同宗挾嫌洩憤、假公濟私出首具控者，照族規議罰。

娶親表之女爲婦者，須照現今名分稱呼，勿得仍照舊名，亦吾宗家法之一端也。

婚喪慶吊，稱家有無，遵禮而行，勿得徒侈美觀，以致虛糜財產，與奢寧儉。聖訓如此，可不遵乎？

娶親須憑妥當媒妁，具行六禮，不可過於儉約，貽譏親族。

遇喪葬大事，週身棺槨，務求堅固耐久，及期安葬，不可誤聽風水，以致停柩不葬。蓋亡人以入土爲安。停而不葬，亡魂不安，爲子孫者，忍乎否乎？

族中婦女不准擅入寺院燒香，違者訓責其夫。

（選自第一支《大山盧氏宗譜》民國丙子年重修本卷一）

格言十二條

孝父母　人之有父母，猶木之有本、水之有源。生養教訓，恩莫大焉。人苟不孝，如水無源，其流不長，如木無本，其枝不茂，是故百行以孝爲先。聖訓教人以孝弟爲重，叮嚀反覆，至深且切。凡我族人，各佩斯言。

敬長上　生人類聚，厥有長幼。伯叔兄弟，同氣連枝。凡分尊於我、年長於我者，皆長上也。苟操一慢易之心，以富欺貧，以貴奪賤，以强淩弱，以衆暴寡，是禽獸也。《禮》云：“有禮則生，無禮則死。”可不畏哉？《曲禮》曰：“毋不敬。”蓋禮以敬爲主，人而無禮，非人類矣！

友兄弟　兄弟同胞手足，最爲親近。自兄弟視之雖分爲二，而父母視之則一體也。世有因財産而乖和氣者，殊不思我之子亦有兄弟之子，視兄弟亦猶我之視兄弟也；我以不友教之，子必以不友效之。作法如此，何以善後？凡我族人俱當以兄弟爲重，財産爲輕。

教子孫　子孫有智有愚、有賢有不肖，雖天之賦性不齊，亦視祖父之教訓何如也。祖宗一脉真傳，惟勤惟儉；子孫兩行正路，曰讀曰耕，斯言盡之矣。蓋人當童蒙之時，尤資訓誨。其聰慧過人者，必擇飭行明經之師以成就之，繼祖宗一脉書香，光大我門閭。次則使之力田務農，足以仰贍俯蓄。舍此二端，皆非訓子孫之正道。

睦宗族　千子萬孫，皆祖宗一體所遺。今雖異地分居，實乃同根共蒂，固宜憂戚相關，不可秦越歧視。即有競争，當以祖宗爲念，不可記仇懷恨，致使同宗之人視如敵寇。凡我族人，其容以輯睦爲念，勿聽外人之唆弄也。

和鄉里　人之處世，同居則有宗族，鄰居則有鄉里，交際聚會，情不容疏，禮不容廢。苟不以和好相與，或致側目切齒，則成一鄉之戾物矣。凡是我族人，炯戒斯言。

重貞節　夫婦爲人道之始，青年配合，相守齊眉，天然之福，不可必得。間有修短不齊，至二十左右而寡，撫兒女婚媾，撫勝嗣成立，孝事翁姑，以終天年，並能恪守婦道，矢志靡他，此婦人之難事，人人所當敬仰者也。吾族人當爲請旌坊表，以示褒嘉。

供國課　任土作貢，自古已然。爲國民者，以力事上，以養易治，實相須之道也。苟視國課爲不急之務，逋欠拖挨，甚至皂隸催呼，官府目爲頑民，鄰里號爲强梗。吾族無此積弊，可以稱善俗矣。

安本分　凡人賦命不齊，焉得人人富貴。爲士當從事詩書，爲農當盡力稼穡，節衣食，省費用，自得赢餘，不可輒萌覬覦之心，妄干非分，以至失身匪類，甘爲頑民。況吾族系出天潢，尤當恪守本分。凡我族人，慎毋滅宗而棄祖也。

敦樸素　顔觸曰“晚食當肉，安步當車”，蓋言樸素之可尚也。吾族僻處山林，素崇樸儉。徒步徐行，勝於乘堅策肥；芒鞋布襖，勝於履絲曳縞。古聯云：“惜食惜衣，不但惜財兼惜福。”三復斯言，知樸素之有益於身心多矣。

息争訟　人有不平，則訟之公庭，分曲直也。分曲直於公庭，曷若分曲直於家庭乎？訟於公庭，則皂門胥役，皆得挾勢淩辱於我，因一時之不平，遂至受辱於下賤，何不知輕重如此也？甚至决杖堂上、縲絏獄中。言念及此，何以爲人？且好訟不已，必至傾家，上司目爲地痞，時人稱爲刁徒，果何益哉？

戒驕盈　人之一生，美宅良田，豐衣足食，皆由前世積福所致，不可恣肆濫用，以干天譴。或捐己以利人，或推衣而解食，蓋前世積福，今世受之，今世積福，來世受之，非徒爲己積福，亦爲子孫留餘地也。倘若自矜自滿、肆其侵漁、恣其剥刻，此不特爲子孫作牛馬，殆爲子孫作蛇蠍也。語云：“兒孫自有兒孫福，莫爲兒孫作馬牛。”作馬牛不可，況作蛇蠍乎？

（選自第一支《大山盧氏宗譜》民國丙子年重修本卷一）

建造宗祠條約

祖廟所以妥先靈。春秋享祀，子孫各序昭穆、别尊卑，長幼以聯，一本九族之親，典至鉅也。

吾族由靈山遷居東陽邑城仰高坊，再遷泗渡黄湖，子孫蕃衍，散居各處。富四公派下長佺公、次愷公、幼悌公居黄湖，長後時悦公另遷厚奕，次幼仝居。本處祠宇未建，無以聚族，三房合議，創造祖廟。

始事於嘉慶十四年，落成於十六年冬月。建正廳三間，焕然一新。立主入祠，享祀不忒，以展孝思。但祠必立長，以整族風，擇老成正直、能辦公者司其出入，虔誠奉祭。子孫齊到廟拜祖散祭，族長六人並紳衿及老人年七十以上者合散事畢，筭賬祭費若干。遞年冬至，面老成合算用費，登記常簿，餘存常發生，不得派房私領。族中倘有不平之事，投鳴家長取妥，不得興訟，以傷和氣。庶保千年宗族子孫耕讀爲本，恪守宗風，不可入於匪類。不遵約束，非吾族之子孫也。

此議。

嘉慶二十五年歲次庚辰八月　日立，族長：繼昌、思美、思武、思誠、齊聚、齊賢

（選自第一支《泗渡盧氏家乘》民國戊午年重修本）

真翁誡子書

你兩個都來聽我講：

創業維艱，守成不易。況吾少孤，以耕以讀，至於成立，則吾之承先人後者與人較異也，汝等當體吾苦心。

汝皆以肄業爲生，則古人之所爲和兄弟宜家室者説不得未嘗聞也。汝等又當各自平心。吾自祖宗積德以來，至於吾，恐不能繼，然斯文一脉，亦幸守而勿替，惟秉性憨直，自問必爲俗患耳。

汝等又當善全我心。吾不能事吾親，而吾母孝節，幸蒙皇恩，坊表告成，皆天之賜。所可慮者，今年八十有八，實爲吾之一大心事也。且吾年纔六十有二，而多病在身，亦恐旦暮死而汝等抱無涯之戚焉。

汝等又當稔知我心。吾無兄弟亦不善處兄弟，然義弟玄，爲之成家立業，情分上皆汝等所親見也，況汝等之母異而我同者乎。此亦且看汝心。今者淑年最少，尚未婚聘，吾本不欲分爨也，然恐不獲誓言，故將吾所守而創者，取所應取外拼搭均分，則所爲承先人後者又在汝等矣。

嗚呼，吾不能大積德以教汝，又不能大積財以生汝，期汝等以古人爲法，以祖宗爲師，是吾之心也夫！是吾之心也夫！是吾之心也夫！

此當分爨時皇父口授語也。今因續修宗譜，故特刊入，以志不忘云。

時大清乾隆二十九年桐月上浣之吉，次男秉泓謹志

（選自第一支《石馬盧氏宗譜》民國十三年重修卷二）

恩貢生春臺公家訓

古云：創業難，守成亦不易。守之法維何？非可一言盡也。

原其法不易，則維耕與讀也。耕則足以延其家業，國課所由輸也，稼穡所由知也，日用所由出也；讀則足以振其家聲，氣質所由化也，禮儀所由識也，功名所由立也。非耕無以濟讀，救死不贍，無恒産者無恒心也；非讀無以濟耕，近於禽獸者，由於逸居也。此冉有所以議加於既庶既富，後而夫子必曰富之教之也。

要而論之，士爲四民之首。背父母訓，不敬師長，不信朋友，不克用心用功，以至虚度光陰、垂老無成，則士而不士之弊也。有一種士不通世務，縱僥倖成名，而徒仰面求人，寒酸太甚，曾不若一知書達理者之猶克卓然自立，則士而不農之弊也。農而遊手好閒，浪費使用，田地荒蕪，俯仰無資，則農而不農之弊也。入其家無讀書聲有泥土味，作事粗魯，出言蠻駁，不守法度，俗謂之"村牛"，則農而不士之弊也。他如工賈亦務本者所爲，而手藝祇守一身，其聰明者，固可得錢成家立業，其懵懂者，尚何望也？（懵懂非止一樣。能做好手藝，不當主人意，不能發財；得主人看顧，得錢而不經用，亦爲懵懂）語云"做客眼前花，種田犁頭實"。嘗見種田者銀錢固有限也，穀米豆麥般般皆有；做客者銀錢固甚旺也，油鹽醬醋件件要錢，一旦時乖命蹇，家中之用度甚繁，家外之賬目難討，從前所得，典賣一空，誠所謂"杭州雨傘——撑開則擺架，合攏便收場"也。況千山萬水，勞力勞心，何如種田者之半年辛苦半年閑哉！

兄弟五人中，余最不才。其子孫賢者，無俟余之諄諄也；其子孫之不賢而自命爲賢者，必曰問舍求田，原無大志，鮮不以余言爲鄙，然會搬移、會打算，材能往往過於前人，家業往往不及前人，傾覆不惜，必是人矣，大不孝也，至無理也，貽先人羞耻者，甚可恨也。有賢子孫者出，能即"創業難守，成亦不易"之説，拳拳服膺，而勿失之，更爲化而裁之，變而通之，神而明之，是所厚望。其或拘執古板，有田地而不能管，有銀錢穀米而不善用，是爲不及，終與大過者等，余無取焉。

爲人子者，私積財産，最是誤事。試思同胞手足，何分彼此？爲父母者既是一様看待，爲兄弟者亦當一様看待。一有私蓄，惟知計飽私囊，分家之念，即萌於此。故私財之蓄，始於變賣嫁資，而其弊遂至無所終極。夫粧奩之厚薄，不過一時之美觀，家業之富貧，全在各人之天命，故有粧奩厚而他日貧窮，有粧奩薄而他日富足者，此其明驗也。語云"男不吃分時飯，女不著嫁來衣"，又云"弟兄竭力山成玉，父子同心土變金"，此真古達者之言。

吾祖若父，忠厚傳家，視兄弟如手足，視伯叔如同胞，使一家中讀書者專心經史，種田者竭力耕耘，則耕以濟讀，讀以濟耕，共成家業，全無計較便宜兄弟、虧屈自己之意，此真雍睦和順之象矣。倘風水不美，見兄弟多吃幾碗飯、多穿幾套衣，此心隱隱不甘，務必算到自己身上去，則家中一切事情，勢必你推我諉，讀者不肯用心，耕者不肯用力，成何體統？殊不相雅，大拂余今日設想之意。

張楊園先生訓子語曰："古者父母在，不有私財。蓋私財有無，所係孝弟之道不小。無則不欺於親，不欺於兄弟，大段已是和順。若是好貲財、私妻子，便將不顧父母，而況兄弟？不孝不弟，每從此始。"近世人子多有父母在而蓄私財，及父母在而蓄私債，均是不肖所爲。或者父母以偏私之心，陰厚以財與，不恤其苦，啓其手足之釁，爲害尤大。近聞勸世格言又不是如此，説人家富的不宜有私財，人家不好的又不宜有私財，蓋以有私財則能積累，倘公用不足，克賴私財以濟，豈不甚美？

時大清道光十四年歲次甲午二月之吉，鐵崖春臺氏謹書，曾孫家瑞敬録

（選自第一支《石馬盧氏宗譜》民國十三年重修卷二）

靈山盧氏宗譜凡例

本宗宅分三處，子孫蕃衍，舊譜繁重，難於檢閲。兹帙參互考訂，删繁就簡，酌古準今，大概取其便覽，並不失夫歐、蘇、范氏之式云。

支圖悉依歐法，世經人緯，横列五世，大書其名，細書其字行、官爵，五世再提，秩然不紊。閲者詳之。

行第以字行爲綱，次書名書字。其父某公第幾子另行頂提，以免父居子下之嫌。次書生辰、履歷、卒葬、墳墓、娶妻、子女。其有行誼可表者，或未有别傳，亦約舉大略，以示表彰云。

嫁娶最重門第，娶自名門，則書姓書地並書其父某公之女，其餘但書姓而已，至許女亦然。

妻有夫死適人及夫存被出者，本夫之下俱不書，以義絶也；但於子下書曰“出母某氏”“嫁母某氏生”。

子孫有爲僧道者，不入傳圖。

無嗣立繼者，生父之下書曰“某子出繼某人”，繼父之下書曰“立某第幾子爲嗣”，其有昭穆不合者，不得混繼。又有以異姓入繼者，務於名下載明“撫某姓螟蛉爲嗣”。庶不至尊卑失序，異姓亂宗云。

先賢文集及名人贈遺、序傳、志記、詩文等類，皆所以褒有功而彰有德也，例各登載入譜，俾子孫知所觀感而興起云。

西山桐、梓、杞，居大都、温州、仙居等處而家焉。南渡之際，先世譜牒失於兵燹，存者十無一二。惟以宋寶學士文稿攷之，自尚書世祖統緒昭正無謬，敬以尚書爲始祖而已矣。俾後之子孫覽之，知有所本云。

時成化五年歲次己丑季冬吉旦，上盧二十世孫榕謹識

（選自第二支中盧《靈山盧氏宗譜》民國廿一年重修牛皮紙本卷一）

家　規

凡族内子弟，必熟習孝弟之禮。或有忤逆父母淩辱尊長者，許本

房送祠責戒；怙惡不悛，鳴官究治。

家長必謹守禮法，以爲弟子程式。如有立品不端縱容子弟妄作非爲者，先將家長責罰，其子弟另議懲戒。

官府户門糧役等項，每歲必遵期輸納，以免差催。或有恃頑不遵致奉押比撲責，本祠仍行責罰。

親舊往來接見之時，必須整肅衣冠，彬彬揖讓，申問起居。其延欵禮數，斟酌厚薄，隨家豐儉，毋得褻慢。

諸子姓務宜守法安分，或有奸盜、酗酒、賭博者，先將家法懲治，仍送官司究遂。

閨閫務宜嚴肅，男子治外，婦人治内，各慎嫌疑。諸凡門首賣買，婦女毋得親預。

鄰里鄉黨，務相親睦，其有使勢恃財、欺淩貧弱鄉愚者，或經受害之人赴祠申訴，家長秉公剖理，無得故（此款至此即止，疑有脱漏——編者注）。

族内户婚田産及家庭瑣細事情，間有争競不明，務宜稟明家長剖理，不得輒行興訟；如不先稟家長及捏詞誣詐者，秉公呈（究）。

上祖遺下墳墓、丘隴、蔭木，無論己祖及各族墓蔭，不得妄行拼砍，違者坐罰。

本族緊要規例，詳載於前。其尤有關切風化、保固本源者，今更議定於左：

娶婦必擇名門，如有貪戀裝奩、圖省聘禮、妄娶猥户婦女爲妻室者，即行革族，不許入譜。

許女必擇故家名族，倘有貪夢財禮、將女許適猥户爲妻室者，本家父母，即行革族。

婦人夫亡守志有年三十以下，守至五十以上者，應照例呈請旌奬；或以招夫養子爲名，搆引異姓入贅者，同本婦一併斥誠；或無子生女而招婿入贅，同者例。

異姓不許入繼亂宗，前有定例。但從前曾有異姓混繼者，今譜内仍於父行名下載明“撫育某姓某人，爲螟蛉之子”。至於墳墓，僅許歲時拜祭，永不得藉辭拍分附葬。除已往外，異姓並不得再行亂繼。

（選自第二支中盧《靈山盧氏宗譜》民國廿一年重修精裝本上卷）

議　約

盧大常衆議：凡有螟蛉入譜，祖墓不得亂擾。嗣後隨母撫育之子，其母如無親生血脉，螟蛉子孫永不許祖墓借端侵擾。立約永遠存照。

康熙六十年二月日立議約

大常下仲聖、用輝、用振、用綱、用思、用清、用郁、汝明、汝德（俱有押）

又：

盧大常爲申明前約，保固墓祀，以防侵廢事，緣本宗七二府君派下傳今多代，一應墓祀保守至今，綿延弗替。異姓螟蛉凡有入譜者，其祖墓不得亂擾，載在前約可考。

無奈本宗孫子，罔顧祖孫支流血食，偶因窘迫，輒將祖墓祀產藉稱自賣股份，出售夢謀各姓及本族、各族者。除着令本房家長贖出歸宗外，仍令本房將盜賣子孫送公究治革族，永遠不許入譜與祭。其異姓曾經撫作養子入譜者，墳墓祭祀許其拜祭散胙，但上代祖墓祀產不許附葬侵擾盜賣。又有婦人曾經生有子男出嫁者，其各姓再生有子，本宗永不得收回附葬祖墓。

此係墓祀攸關，不得視作泛常。立約載譜，永遠存照

乾隆二十年十一月日立約

大常下應喜、應誥、國賜、國理、敦盛、敦訊、敦廣、敦法（俱有押）

（選自第二支中盧《靈山盧氏宗譜》民國廿一年重修牛皮紙本卷一）

白竹盧氏宗譜書例

存舊譜，知所自也。不曰重修者，更制删述，而自爲例也。譜之戾於舊譜者，以别子爲祖也。别子爲始祖，則禮定矣，古之道也。

系圖五世則遷，遵服制，五世而親盡也，五世親盡，則可以立繼高祖之小宗矣。繼别之宗，雖百世不遷。而封建不復，宗法斯廢，然繼别之宗，其初實繼高祖之小宗。繼高祖之小宗，實繼稱之宗，積之，是以斂五世爲一圖也。

提五世爲遷圖之首而成九，得九族之義也。五服系圖，止書其名，未及字行及事實者，從約便考覽也。遷圖之始書某公派者，慎所續之詳也。立世系通圖，則自前而至後，所以聯族屬也，亦以見大宗也。

衍字行，嫁、娶、生、終、嗣、續、嫡、庶出處事略者，詳其人，具善惡，備勸懲也。不直書曰“某也善、某也惡”，而必核其跡者，示公論也。嫁娶而稱者，書其地而復書其人也。不稱者，止書氏，示簡也。嫡庶必書“娶某氏生幾子，妾生幾子”，無嫡止書“庶子”，正名分也。嫡子雖幼，五服圖書必先之，重宗也。及第行則以齒者，明長幼也。嗣續即本生之下，書“某出繼叔伯某”，得命也。所繼之下，書以“某之子，某爲嗣”，相安也。必以昭穆序次，息紛争也。

無子而不立繼者，書“嗣止”，不同於殤書“早世”也。記而慎之，所以垂哀憤，而全人道之始終也。

妻之貴，就夫之下書之“封某人”，從夫也。爵典科第，不論貴賤，大小書之，明出處也。

生者稱“名”，死者稱“諱”，分生死也。而必記其年月日時者，易察行也。未冠稱“殤”，已冠書“早世”，不書生終者，無從察也。

入僧道異教者削其行，止留其名。削之者絶之也；尚留其名者，以爲本生之下不相戾也。

遷寓謫戍，必書於本名之下。越郡邑而不相通行者，書“系止”，通行者如舊。散處於各鄉者，書“居某地”，示親睦也。

立列傳者，表賢特也，亦所以備國史也；存基志，使知所在不敢廢也。圖居址山川，尚形勝也。識丘墓、山川、形穴，防遺失、驗吉凶也。

考祭田，藏祭器，徵出入，翊禮儀也。

定禮制，宏規訓，叙一家之秩宗也。

備恩命，録遺文，稽典籍，飾家猷也。

族繁居異，每行一字編排，所以統先後、别名分也。

（選自第三支《白竹盧氏宗譜》民國庚辰重修本卷一）

縣給規約

處州府縉云縣爲懇憲肅法、以正風俗事，申分守道右參政軍。

本縣二十七都軍籍盧大宗等具狀呈稱：祖居離城百里，子姓繁衍彌千，衆心非一，性行多乖，禁約雖嚴，空言無益。自先尚書申約請刑之初，輒家習而人安之矣。惜人亡政弛，法患無徵。切悼時風，恪追祖訓。期返百年之舊，咸歸一變之新。懇賜批縣照給條示刑器，俾家之有法，可據理平情，衆知有約，均奉公守己，上播淳風，下維雅俗等情。

蒙批：宗祠以教訓子孫，自有本家刑器，不必請之縣也。但盧姓人衆，況其先尚書公行之有成法乎！仰縉云縣即與給示，以見本家繼志述事之孝、光前裕後之規等因。蒙批，合給刑器曉諭。爲此示仰本族子孫人等知悉，今後宜恪遵本祠規約，毋得蹈犯訓戒，如違，許祠長照依頒列條款，一體照理分處。敢有恃頑不遵約束及干犯名義所爲不端者，許即指名呈縣，以憑究罪申詳，決不輕貸。須至示者。

計開：刑器一副，規約一十六款。右仰知悉。

萬曆三十六年七月初七日給

縣印

敦崇孝悌　孝子悌弟，風化所關。如有事親敬長、行諸純篤，合族具呈官府詳請旌表，以勸後人。

表揚貞節　貞節垂名青史，猶令人敬慕。如有節操過人，生死不渝者，亦合族呈詳請旌表，以昭閫範。

酌定婚姻　凡嫁娶，固不必攀援富貴，須擇故家舊族門第相當者；如通婚下流，男婦女婿不得入席。

嚴禁招典　家貧鬻婦，夫死再嫁，此是權道。近有招人進舍、計年典價，廉耻道喪，莫斯爲甚。今後犯此，宗譜削除。不准管理大宗。

公舉賢能　序事辨賢，宗廟大典。如有公正無私優於幹理、兼習禮文足稱任使者，春秋兩祭時另宜優待，爲賢能勸。

扶持正直　凡祠長有直言取怨、致被仇害者，常出公費，並力攻之，使正直之氣常伸，則家法不撓。

教誨子弟　族中有佳子弟家貧力學、文行足録不能從師者，宗祠給膏火之資，以助上進，爲闔族光。

完納官糧　糧税乃國用攸關，當及時措辦，隨限完納，免官府催科之勞，省家門煩擾之費。

周濟老孤　凡族有生平無過、年老無依而困於饑寒者，量取公帑救濟，死則給予棺木。其有幼孤無父，家長代爲撫字，家産財物一切登記於簿，不得擅買擅賣。俟其長成，交與自管，或有外侮，另加體念。

呈治盜賊　盜賊爲地方大害，重者送官呈治。若曰田野、蔬菜、雞犬等類情輕者，宗祠責戒，計價議罰。違者塗面遊街，不准管理大宗。

革除詐僞　詐僞多端，合宜重懲。如有用假銀、造文券，欺詐過往客商財物，捏名投遞之類者，一律重加責罰；不服者送官呈治，不准管理大宗。

懲抑兇横　凡族有狂徒，自恃勇力，縱酒兇横，唆慫是非，甚爲不法，衆當懲抑，以免恣肆；違者送公。

警戒嫖賭　嫖賭之事，傷風敗俗，貽害非輕。倘有蹈此類者，宗族議罰，斷不輕恕。

勸戒争訟　凡事以和爲貴，些少嫌隙，動輒争訟，不免費錢受辱。今後如有不平，當與處分，以息訟源。

節制奢華　儉德之共也，不節則奢，自古記之。祖宗崇儉起家，垂訓孫子。今後服飾酒席之類，須戒奢華。如有過度，宜罰示懲。

籙庇風水　墳墓及村邊喬木，風水所關，重申禁護，爲百年長久之計。如有違者，照約行罰。

（選自第三支《白竹盧氏宗譜》民國庚辰重修本卷一）

婚姻門第

禮重婚姻，族先門第，欲其稱也。吾家自祖宗以來，不妄嫁娶。後世族繁人衆，或男慕妝奩，女圖聘幣，遂卑躬弗羞，此不獨乖祖訓，墮家聲矣，可悼哉，可悼哉！特叙世戚之家，以俟後人採擇。

周　浮橋頭、盧堂、遊溪塘、麻車店、掩口、破石、山後、高堰

吴　後山、後塘

孫　古山、後孫、江頭

李　東郭、宫蟾、稠門、石馬舖、麻車店、染塘、横拉、八都、青龍

趙　北門、永康縣、魏山

鄭　東郭、周村、仕嘉堂

王　象珠、河南、丹址、上王、永康縣、葛塘下

陳　安文、官橋、梅隴、宅口、棠溪、新宅、鶴鳴、西湖、白石、前金、上周、下市、麻車頭

蔣　盧堂、岱石、黄蟾畈

楊　盧堂、嶺下、官店、上楊、下楊、棠慈

朱　金竹、棠慈、城川、溪田、橋下、後宅、太平、永場

許　招仁、梅峴

何　上湖、陳岸

吕　溪頭、北山、太平、南澤、桐塘、西山、湖塘、河頭

施　宅基、西巖頭、下施
張　塔塘、石門、胡溪、金浦、黄源、灼闕
孔　横溪、大盤、山西
曹　白巖、永康縣
金　銅琴、後街
陶　小埆、小章、虬里
謝　裏溪、永康縣
章　裏溪
范　學口、雲溪
馬　安恬、緑充、大盤、六都、上馬
俞　俞邱頭、青山口
黄　上黄橋、柏巖、前金、陬山下、三眼井
邵　紫溪
汪　汪宅、永康縣
戴　仙居戴村
宋　左庫
舒　永場
董　青渭街、交道
杜　杜村、横城、巖前
樓　横店、青渭街、舟山下
童　十二都童宅
顔　溪邊、永康縣
郭　長渠、南山、赤溪、郭店
梅　河南、沈渡
林　皇城裏
徐　學口、花園、截角、雙錦
夏　西雅、沿城

蔡　烏巖、白水口

田　盧堂

樊　北門

胡　古山、山西、缸窰、胡庫、高堰、可投、石箱、南湖、東湖、胡堰街、潛溪

池　石馬舖

應　可投、古竹、芝英、下閣、下市、三溪、西應

虞　黄碧、花溪

丁　東郭、寺後、静岳、峽上

包　防軍

翁　南園

程　獨松

單　單店

陸　葛府、石古

洪　十五都巖門

羊　大皿

劉　下洋

葉　永康葉店、下裏

屠　防軍

（選自第三支《白竹盧氏宗譜》民國庚辰重修本卷三十九）

尊者言規約

己酉春，大宗祠譜牒告成，及義助存復軍裝之田俱入祠迄。遠近子姓雲集於庭，陳俎豆而烝嘗之，三奠而退。父老扶杖而立，相視而喜曰："不圖復見舊日家風，善哉！誰創而成，厥功偉矣！"

乃父老中有蒼顔白髮、最年尊者，獨仰而太息，俯而唏嘘，正襟呼子弟前而命之曰：

今日二三子正宜動色相戒，奈何言喜？夫喜也，豈以祠宇巍巍歟？譜牒赫奕歟？祀田可薦馨香歟？使有不善之子孫廁足於堂，則巍焕者湫隘矣；列名於編，將赫奕者污穢矣；粒食於粟，將馨香者吐棄矣；其胡足喜？且余自垂髫時，習見吾宗先達尊長咸恪惇孝友，拮据立家，百齒闔饍，和氣萃一堂。流風遺矩，子孫相傳，而世守之。凡列在四民中鮮有爲不善者；間有之，亦如蘇氏族譜所云“如見怪物”焉，相與痛懲之。其後，風俗漸薄，則相與笑之耳。今則相與導之矣。夫不善之難禁止也，若奔馬潰泉，即轡銜堤防，猶莫可誰何，況有導之者，寧有底止乎哉！則家之不可以無規約也明矣！且余聞《周禮》一書，先立教而後議法，用“八刑”以糾萬民，有不孝、不友、不婣、不任、不恤者，典常無赦。國誠有之，家亦其然。如以國憲刑書既具，而家規閫教不必設，則是爲父兄者坐視其子弟日即匪彝，掛名吏議，棰楚公庭，身入囹圄，有司操三尺隨之，此係誰之子弟而忍令至此？父兄亦與有責焉。

爲父兄者，誠能以余幼時所習，見先達尊長爲模範，其太上則抱其遺編以誨其子弟，俾首出四民爲亢宗之器；其次或務耕織之業，或專商賈之事，不至遊惰荒廢，以保全其妻子父母，俾爲樸茂之良民；其下未有不至於蹈匪彝而自取戮辱者。

嗟乎，夫不爲亢宗之良民，則爲圮族之戮民，出此入彼，洵可畏哉！故有子弟而不如約束，是奔馬而縱其轡銜、潰泉而決其堤防，與導之使不善者何異？則規約之設，乃所以預防匪僻，蚤出子弟於棰楚囹圄而登之衽席者也。二三子誠遵而守之，斯祠宇之巍焕、譜牒之赫奕、祀田之薦馨香，可永無憂矣。

尊者言既畢，舉所爲手輯《正家規》一帙出諸袖中，對始祖之靈稽首再拜而揚言曰：“吾宗有不遵規約者，即謂之非我族類可也。”

十七世孫鶴鳴奉尊者命，援筆謹書而識之

（選自第三支《白竹盧氏宗譜》民國庚辰重修本卷一）

重修宗譜規例記

夫宗譜之有規例，譬天地之有山川，歷千古不可易者也。吾宗自宋迄今千餘年矣，氏族繁衍，爲東南巨家，規例綦嚴，昭昭可考。明葉中衰，烈祖尚書獨力纂修，宗譜之規模爲之一新。自此之後，有犯者立除，非親者不入，每届修譜，悉由其舊，從未有異其隻字者。良以祖訓皇皇，宗功烈烈，皆垂昭於譜牒之内，如日月之麗天、山川之附地，烏可得而變更者乎？

去歲續修宗譜，抱定血統主義與人道大論，所有規例未嘗改作，合族歡迎，未有異議，要亦乃祖嚴毅剛正之氣有以默相之者也。無如人類不齊，人心叵測，至本年六月間，竟有不肖孫子等野蠻自逞、賄賣宗譜，擅將異性養兒及拐帶盜賊等類私行插印，遂致是非顛倒，真僞混淆，而人道與血統其大端均不可問。

嗚呼，正正堂堂之宗廟有似乎雜姓祠矣，磊磊落落之譜牒有似雜姓録矣。祖宗之明訓果安在乎？藉非重整舊規，更正異類，將見祖宗千餘年之命脉至今日而雜亂矣。所賴一二有血氣者出而扶持之，庶幾血統主義與人道大倫再見於宗譜。從此玉牒重新，方期與山川並壽；金枝挺秀，何難與日月同光！

祖先有靈，尚其鑒之！

中華民國己未年桐月，裔孫世珍撰

（選自第三支《白竹盧氏宗譜》民國庚辰重修本卷三十九）

節年祭冬定例

定祭定冬至前三日。

定生肉並豬首一個在内，共七十斤。

定生羊一只，如市面鵝價不貴，或用鵝兩只亦可。

定白豆腐四十斤。

定方紙五刀，雙響二筒，聯炮全千一串。

定會脚每脚發生胙肉一官斤。

定會脚，祭畢散胙，共熟肉拾斤、熟羊肉三斤，烤腐拾斤。

定主祭，用新進庠生、廩生、貢生、舉人、進士，賞胙一官斤，酒飯俱如意。

定會友，數脚品一年輪值辦置。

略開條例於左：

本宗下房序不均、貧富不等，原爲義舉起見。

派捐錢文所登簿者約計三百餘千，必須置立田産，方爲久遠，以待來年議將租課開釋，不得先將本捐錢文費用。

節年出息租課，議定胙祭、會文開用外，有餘資存常積發以備後用。

置立田産糧户，必須自立册籍，毋得混附大常。

助主特立報功之位，出錢五千夫婦合立一位。

議胙祭每桌定錢三十千，酌定六人散。

議遠派每桌定錢三十六，節年冬至，散胙停羊鵝肉熟料一斤，饅首每人四個，頒胙肉每人一官斤，酒飯足食停宿，值年款待。

議近派每桌定錢三十千，停宿，免其頒胙散祭，依照遠派之數。

子孫胙祭衆首事各具畫押給付，約據一紙，以垂久遠執照。

會文生童期定考試以前，其文章優劣，區别旌賞，登記賬簿，俟院試時給發。

考費不論小試、鄉會，隨公資多少，臨時籌給。

積理公項議定：章墩、暘坡、西圻、長潭、龍溪、堂慈、壬塘、左庫每處各舉一人，須要公正管理，不許恃强侵佔，照房世及情弊。

定規賬簿九本，開用出入，俱要面同算明，概録登記，不得私自添注。

（選自第三支《白竹盧氏宗譜》民國庚辰重修本）

錦溪盧氏宗譜凡例

新舊譜序，自靈山石馬以至錦溪，俱列卷首，以見歷代修續之意。

世系。玉川鄉以玉川公爲第一世，靈山石馬以越國公爲第一世，錦溪以始遷祖西山公爲第一世。悉遵歐陽公，而参以蘇公，取法史氏年表，世經人緯，圖内大書其名，細書其行，五世一列，而五服昭然，再提而成九，則九族之制寓矣。

世傳。先細書其父，某行第幾子，然後書行第，名字、次及出處、生卒、葬地、匹配、子女，較歐陽公頗悉。若世遠無稽者闕之，字犯忌諱者易之。

男女婚嫁，大倫攸關。男婚則書某族、某人之女，女嫁則書某族、某人之子，正其始而重其本也。如有婚嫁非類，氏族卑污，其父與子女俱在必削之列。

或本宗婦出嫁他姓，後雖爲他姓婦，初實爲本宗婦，非婆嬸關係即嫂媳輩行。徜復本宗娶入，乖舛倫常孰甚。如有犯此，概不寬恕。

夫婦匹配，大倫攸關。近有典僱妻妾，恬不知羞，與禽獸奚擇哉？況國朝立法綦嚴，罪必不恕。吾族中如有犯此，無論典入典出，着親房隨即告祠，公議削譜，斷不徇情。

婦人或有夫在而出者，有因夫死而出者，於其子之名下書“系某氏出”，蓋子無絶母之義，須明其子之所自出。其卒，係屬異姓，不必備書，蓋母出與廟絶之義也。

繼子於生父之下書曰“第幾子出繼某爲嗣”，繼父之下書曰“継某第繼子爲嗣”，尤須以兄弟之子、昭穆相當者立之。如乞養異姓者黜之，《春秋》所謂莒人滅鄭是也。若出繼異姓復之不能者，提其名，重本也。出家爲僧道者，書曰“學浮屠於某處某寺”，然不書其生卒者，惡其棄宗也；留其排行者，冀其還宗也。

人貴立品，品立行芳，可以光裕前後。徜有不務正業，自甘污下，或乖倫常，又誨諭之不改者，嚴以削其身，恕以録其子。

傳者，傳也，傳其人之行也。行必蓋棺而後定，故古人立傳，必於蓋棺之後。如道德、文章、經濟顯於當時與有年壽者，或行略、或行狀、或壽言、小照諸詞，均宜登載，以爲後日立傳之本。若浮詞濫譽，概不録叙。

派下自著詩文，或追頌先徽，或伸吟本景，或發爲歌泣，有係彝倫，或自道生平，有俾性理者，均當登載，以爲攷鑒之資。否則如雪月風花，徒乘時而嘯傲，山亭水榭，非本地之風光，縱屬琳琅，何關譜牒。前已載者，不敢擅删，後有作者，槩不收録。

族有遷居於外立業成家者，"世傳"條後於"始遷"之下，書曰"徙居某處"，其未成立者不書。

譜經再修，舊譜無論公己俱須繳清，上下二房各存一册新譜，内載明"何人執藏"，遞修遞繳，以清弊端。

已上凡例十三條，遵廬陵氏之圖式，節司馬氏之記載，間參公議，非敢獨創臆説而別爲一家之譚，後起者庶可昭成憲而奉爲龜鑑云。

（選自第三支《錦溪盧氏宗譜》民國丙辰年重修本）

家　規

敦崇孝悌　孝子悌弟，風化所關，如有事親敬長、行誼純篤可方古人者，合族宜舉之當道，以待旌揚。即有一行可録，亦於譜中直紀，以式來兹。

保護祖塋　凡爲子孫，祖父在時，宜養其口志；祖父殁後，宜保其墳塋。徜有於祖塋前後左右或損龍或塞向硬葬盜葬者，不待鳴官，起扦削譜。

齋素親喪　斷葷茹素，非吾儒所尚也。第當喪親時，親方含飯，而子乃茹葷，於理奚順？於心奚安？即親朋弔唁者，當此凶筵，亦難求悦口，曷不斷葷而茹素？

表揚貞節　貞女節婦，青史垂名，有能冰霜礪操、生死不渝，宜舉於當道，以俟特旌。即能守志持家，亦必紀其實，以爲壼範。

贊許賢能　序事辨賢，宗廟典要。如有優於幹理、習於禮文、足稱任使者，另宜優待，以爲尊賢使能之勸。

推讓斯文　族有英彦少年無不願力學者，至或窘於養生而隳志，遂阻其顯親揚名之路，何以爲一族樹色旗也？合族當爲義給培養。儻有淩辱致斯文沮氣者，宜共爲伸之。

保庇良善　族有生平清白、宅身無過、一旦遭無辜非横者，衆共保救，勿使善良受抑。

教訓子弟　子弟不教，父兄之過。其家貧不能延師者，宗祠給助館穀之費，使貧家子孫亦曉文理，方不爲巨族之瑕。

完納官糧　應納錢糧，差役有所不免，當及時措辨，隨限投納，免官府科飭之煩，省家門吏呼之擾。

周濟貧乏　族有年老無依、生平無過而困於饑寒者，須量取公帑相濟，死則義助殯葬。

矜恤孤愚　孤而無父，愚而無知，此等最可矜恤，家長須代爲撫字。如有産業，一切爲之登載，不得私易被侵，以俟有知交與管理，即有外侮，另爲體念。

呈治盜賊　盜賊爲地方大害，速宜呈送公庭法究。盜田野及雞犬諸物，情輕者會族懲戒，以儆將來。

懲抑横詐　族有狂徒恃己强暴、縱酒放潑、動輒鬥矙、假用銅銀、僞造文券、欺騙財物、投遞無名狀詞之類，甚爲不法，切宜重加責罰，不悛即送公庭究治。

勸解争訟　凡事以和爲貴。今人只因口頭言語、些小貲財，動成莫解之冤，經訟屢年，費錢受辱。此後如有不平，即與理處，以息訟源。

節省繁華　儉，德之恭也，不節則嗟，自古記之。吾祖宗崇儉起家、養身養德。近有侈靡自炫，服飾酒席，勉强虚張。自今以後，宜加節省，如或過度，則令其改。

酌定婚姻　男娶女嫁，倫紀攸關，雖不必攀援富貴，宜擇故族名門，如通姻下流，譜中不許載其姓氏。

吾家世守清白，賴無咎尤，皆祖宗遺訓也，凡十六條當世奉爲圭璧。今梓而申明之，願我族子孫遵訓勿替，以爲祖宗光。

（選自第三支《錦溪盧氏宗譜》民國丙辰年重修本首卷）

議　約

立議約，大宗祠長會仝合族紳耆人等，緣今捐納前程，名目甚多，真假互見。爲此商議，除貢監外，公常概不賞給。即如貢監諸捐款，亦須會同到祠，詳核真假，核出真可南北鄉試者，方得給賞，立此議約存照。

咸豐庚申年十月　日　董理人具

分別監生。監生，向系南北鄉試。今有一種准給頂帶、難入闈場之監生，是榮身之監生，難與南北鄉試之監生等類而齊觀也明矣。吾族如有捐此前程，排行内則印“監生”二字以別之。聞報減半，祠内祭祖拜散給胙，不准給賞，歿亦不准入賢桌。

禁入耶穌。人背聖主，而投入異域，厥罪已不勝言。況熙部以孝治天下，凡生事、葬祭其禮法之示我蒼生者，誠哉至矣，蔑以加矣。無奈近今有不法之徒，投入耶穌，遵其教而遺棄祖宗父母，絶不思身從何出，謬托天父，以惑鄉愚。甚至有藉其勢以佔人田産、謀人家財，人即投鳴鄉里，而鄉里公道之人，亦只敢怒而不敢言。其恣意横行，貽害胡底。族内如有犯此，即行削譜，斷不寬宥。

上二條系光緒己丑新增。

（選自第三支《錦溪盧氏宗譜》民國丙辰年重修本首卷）

詞並引

余著作詩詞雖多，非關於世教者不録也。今以有益於身心二闋附之於譜，庶有警云。

書麻車埠廟壁警俗

廟立途邊，來往人多早，逐利驅名無幼老。看有負有乘，或嚬或笑，算將來，都是生辰顛倒。　且不須煩惱，確守貧清，隨分隨緣度昏曉。嘆富貴何常，金谷銅駝，驀地裏、遍萋芳草。試觀青蓮座上，彌陀不語，笑擾擾，施爲徒巧。

——右調洞仙歌

自　警

路上可栽花，門前休種棘。種棘待何如？自貽戚。出入客居，愁昧東西跡。後裀子孫衣，縱有鳳鸞，不向此中棲息。　仔細思量，於人無甚德。把枝柯盡剪，連根剔。洞開重門，似我心正直，來往無偏側。更堪接軾連轅，馳驅京國。

——右調滿路花

孝悌忠信歌

父兮生，母兮鞠，育我顧復腹。人子報維何？曾參養親欲。派同源，枝同木，兄弟如手足。弗釁利讒中，藍出共雍睦。叨君位，享君禄，寵賜榮三族。赤膽致其身，武侯遺芳躅。垢可濯，瑕可琢，斯言玷難復。不爽黄金間，仲由信道篤。

南華汝蕃著

（選自第三支《錦溪盧氏宗譜》民國丙辰年重修本之廿七卷）

安溪長堤盧氏宗譜凡例

家之有譜，猶國之有史也。史之所載，天下興亡、君臣賢否、紀綱治亂之跡。譜之所記，宗族昭穆、人品高下、出處邪正之詳。故曰史、譜無二致。

世系圖，宗歐陽文忠公，祖述《史記》年表，以世爲經、人爲緯，直下者父子相繼，横列者兄弟相聯。凡五世一提。提一以終五者，五服義也；五世再提而成九者，九族義也。以支派前後排列者，明宗法也。而圖内大書其名、細書其行、仕書某官、遷書某地者，便於流覽而易於查核也。

世行傳，亦遵歐陽，取法史氏别傳，而視圖更加詳焉。故書行、書諱、書字、書號、書某第幾子、某科第歷爵封蔭，然後及其婚配、生卒、葬地、子女之詳。若女則不與行列，不入圖系者，以其内夫家而外父族也。

命名避尊諱，大體所關，不可不慎也。故名有犯國諱、祖諱、重名者，咸宜改正，或添一虚字及同音異字以别之。

歲月日時，生必書者，使子孫知祖宗之生日，致如在之慶也；卒必書者，使子孫知祖宗之忌日，有終身之喪也；葬必書者，使子孫知祖宗體魄之所在，防侵毁之患也。

婚嫁大禮，乃人道所自始，宗法之尤當謹者，必不可聯姻微賤之族。故娶婦必書某門某人之女，嫁女亦如之。若族係尋常，則書姓、不書地名也。

嫔人被黜或夫亡再嫁者，夫名下不書配，以其與廟絶也。有子，惟於子之傳中書曰"黜母"，書"母某氏所出"，以子不得絶母也。

嫡庶，自天子以至於庶人，名分截然不紊，無子娶妾，雖初婚亦不得書生卒歲月日時。合葬但於其子後書"側室某氏出"，以子不得賤母也。若嫡故而庶母賢而有功者，其生卒歲月日時亦當書之，以安孝子之心也。

無子立繼，論昭穆，禮也；擇所愛，情也。然皆出吾姓之子，雖繼猶親也。若以吾姓而繼他姓者，爲失姓；以他姓而繼吾姓者，爲亂姓。是則子與子所譏二本矣，烏乎可以？故無子宜立侄爲嗣，於生父、繼父名下俱明書之;如無應繼之侄,亦宜擇本房昭穆相當者立之。若以他姓入繼者,譜之所不載,惡其亂宗也。

三殤不入譜者,未成人也。既娶而殤者,亦書之,准其成人也。成人而殀者曰“早世”,娶而無後者曰“不繼”,終身無配者曰“不娶”,所以防後世冒認之弊也。

出家爲僧道者,圖内書“入沙門於某寺”“習黄老於某宫”。古概擯之不列行傳者,惡其棄祖也。今寬之而猶列於行傳者,望其歸宗也。

先人道德有善必書者,爲賢者表也。不善不書者,爲親者諱也。

(選自第三支《安溪長堤盧氏宗譜》民國辛巳年本卷一)

家規引

家有規,所以示勸懲、端風化,修身齊家之大凡也。族中之孫,若賢明者有必奬之義,不肖者無不懲之條。爰爲是規,昭示來許云。

家　規

新舊譜牒及先人所遺書籍,洎名公所贈詩章、傳序,並洲義堰宋、元、明、清歷朝榜示、堰圖、舊約,兼祖捨崇聖寺上房田租四百秤號畝、田山,住僧歷傳領約等項,中多關係,議著的人善藏,毋致蠹腐傷損。倘有貪得售人、徇情背借,致滅古跡以隳先人厥德者,家長查確警追。

孝爲百行之原。父母乃生身之本。爲人子者,非徒在禄養顯親,而貴於孝心誠篤。如尋常之家,果能菽水承歡養志無違者,亦云孝矣,族長當呈詳旌奬,風勵將來。或有聽妻言而衰孝甘旨不承,逆親命而忘本,詬罵反及,此則禽獸何異?家長集祠痛儆;如仍前不孝,送縣重究毋縱。

悌者,所以事長也。凡長於我者,皆宜克愛克敬,而謙遜退讓,求於悌道無愧,庶幾長幼有序。如族中子孫有年分卑幼而妄自尊大,恃能以驕傲尊長，倚富而欺侮孤寡者，合即戒飭，以免效尤。

忠者無貳無欺，事君則當致身，待人則當盡己。誠於斯道不虧，庶質諸本心無疚。族中子孫倘有出不能盡忠補過、處不能存心忠厚者，惟欺貳之是懷，當喻飭之勿狥。

信爲言行之符，古人所以一諾千金，君子所以一言駟馬，誠以出言有信，庶幾立身無愧。吾族子孫，如有言不踐行、行不顧言者，誠一之質已無，規戒之道難緩。

禮之所用，親親有殺，尊賢有等，大小由之，各中肯綮。吾族子孫咸宜彬彬循禮讓之風。若有庭訓不遵，致成越禮之愆，禔躬不淑，或貽非禮之誚，合糾其謬，毋徇其情。

義者，理之所宜。而宗黨不乏貧窶，宜存恤以相周；鄰里或有稱貸，應通濟之不吝；至於老弱無依、幼孤失怙者，並須公帑之助，共敦宗族之誼。族中子孫倘有爲利忘義而大義不全者，家長嚴飭，以杜澆風。

廉則四知自凜，有玉潔冰清之操，匪義勿受，無貪得苟取之訾。如此則廉潔可尚，始於俯仰無愧。族中子孫，或有昧心污行妄取傷廉者，致玷先人之清白，難逃家長之嚴繩。

耻則屬人良心之萌。而耻爲下人，自能勉及上人；耻爲不肖，自可幾於克肖。人若無耻，不但甘爲不肖，流於人下，必至行止不端，無所不爲。族中設有此等子孫，辱害身家，玷污宗族，莫此爲大，切宜懲戒。

姦淫爲萬惡之首，律有重條。蓋宗族體統，全在倫理，人家元氣，繫於綱常。如有不肖子孫輕薄佻撻敗壞風俗者，扭送宗祠，從重痛責。倘若不悛，送縣究懲。

盜爲民害，律不輕宥。族中子孫若有不務生理，交結匪類，或攘雞犬，或竊薪蔬。物雖云微，漸不可長。扭賍鳴祠，立行重警，許彼自新；如係賍大盜確，遵照先規，告官究治。

詐僞者心懷險逆，搆勢惡以誣良善，志欲得財，假虎威而肆咆哮。此等無良，律在不逭。吾族之中如有不肖子孫，霹揑事端，串黨熨詐，毒害鄉族者，宗長從重嚴飭，以昭家法。

嫖賭必致敗家。爲子孫者，當思先人克勤克儉，創業甚難，儻不能充拓亢宗，亦宜兢兢守成。族中如有不肖敗子，好嫖愛賭以致蕩産傾家者，家長父兄即嚴戒飭，以保身家。

不可聽婦人言。婦人以順爲正，無專制之義，且大丈夫凡事當自裁決。如聽妻長舌，必擅權制，夫則不孝不悌無禮無義之事皆從而有之矣。牝雞司晨，維家之索，古訓也。族中子孫如有聽妻邪言夫綱不振者，理當戒飭；妻或長舌婦道有虧者，法合離異。

男女嫁娶，須擇門第相當。族中子孫如有貪厚奩而婦娶卑微，爲重聘而女適下賤，貽笑鄉黨，玷辱祖宗，卑微者不許入席，下賤者法合離異。

兄弟和氣爲上。兄弟和睦，不獨家道有成，抑且外侮可禦。毋因一言少忿即操戈同室，錙銖微利遂相尤鬩牆。族中子孫共宜友愛雍睦，有事與聞，有酒共飲，聚順一堂，何樂如之！倘有聽妻言而疏手足，争小利而傷大義者，家長嚴喻，以全和氣。

教子讀書爲上。如富而不教，不但戸門不能清理，受人欺騙，抑且禮義不知，倚財恃頑，賈禍破家，富難保守。倘貧而有子好學，如果天資穎敏、有志向上者，父母亦當擇處教子，公堂助其膏火，相勖有成，或貧可致貴。如族中有子不教讀書者，家長嚴喻，俾紹書香。

不可好訟。然妄訟鼠牙，不惟勞心破家，至公庭辨析，一字不確，一言有失，反致誣坐，本欲伸冤，復屈於冤。此時噬臍不及，何如容忍爲高。或訟出不得已，族衆亦當善爲排解，毋令終訟。族中子孫若有扛唆是非、起禍釁訟、破人身家者，家長嚴行繩戒，以塞訟源。

務農力耕爲本。耕農原非卑務，昔人有耕莘野而受三聘、耕南陽而來三顧者，此固及之不易。然春雨一犁，黄茂三秋，竭力東作，即獲西成，盈百室而寧婦子，何樂如之！倘復能朝出耕而暮誦讀，服西疇而詠先王，不更樂有餘榮乎？族中子孫，如有舍耕農而别營他業、侈心末務者，家長喻飭，以端其本。

新舊家廟基址餘地，各有喬木，墓道義冢，栽樣成林，蔭庇風水，關係不少。各房子孫共宜察管培植。如有行妄砍伐，或致傷損及扳折枝椏有犯禁條者，家長酌戒毋狥。

不可酗酒。酒者雖祭祀燕享所不可少，每見祭後縱飲，醉而不出，恃酒争鬥，致傷和氣。嗣後祭筵，限酒量飲，不許過多。即燕享賓客，宜裁以禮。如有酗酒强客，致客側弁起舞喪儀者，家長父兄互宜訓戒，外有無故群聚卜夜强飲無度者，尤當嚴飭。

戲稱傳奇，好醜不一。或酬願設禁，須擇忠孝節義演之，使人觀感，不可點演風月之戲，蕩人心志，致有不便。亦不得過多耗費，並致荒業。家長酌戒毋縱。

宗祠所以妥先靈，祀産藉以祭先祖。如祠宇不修，堆積污穢，及侵欺祀産，家長嚴查重儆。

安溪義渡、義橋並各佛會等産，俱不許侵蝕廢壞，如違重警。

以上家規二十四條，有仿廬陵之制者，有遵祖宗所遺者，皆飭躬勵行之道、日用常行之事，俱非泛語，慎勿玩視。

（選自第三支《安溪長堤盧氏宗譜》民國辛巳年本卷十九）

續修增補家規

宗族果同一氣，雖流失衰微，亦不得棄；倘非我本源，雖富貴亦不得攀附。及立異姓爲嗣、以亂宗派者，此先祖所遺戒也，敢不永守？

捐貢監雜職者，各將執照交廟驗明，以便登載。如無執照，概不登譜。

孀婦不克守節者，禮窮於勢，前賢所不諱也。倘不得已，贅夫藉養，亦不得近處生育。如亡夫有女，亦不得贅婿同居。察出擯逐，親鄰不舉者坐罰。

立嗣律有明條，首序昭穆。或並繼，或愛繼，悉遵條律。倘有以孫禰祖及抱養拋棄之子以爲己子者，概不入譜。

典妻圖子，與夫在妻出典者，昔所未聞，近來不免。各族俱有明禁，照律概難入譜。

墓下子孫盜葬祖墳，罪同滅祖。姑念族情，恕不告官，但依家法，削譜除名，子孫永不許入。

子孫有遊惰失業、身充賤役、流入梨園者，雖曰山川之氣使然，要亦吾祖在天之靈默爲維持，須永永保守，勿墜家聲。自後如有流入此途者，削譜除名。

亂倫傷化，既犯國法，兼壞家聲，應削其一身，恕録其子。

子孫爲僧道，不入世傳，但於父傳下書“出家”。

（選自第三支《安溪長堤盧氏宗譜》民國辛巳年本卷一）

安溪盧氏義渡約據

立約人：本族盧仲正、俊之、仲綬、仲芳、茂旭、光仕、君文等。

切念定安溪埠頭，原係孔道，各州府縣往來仕庶星馳雲集，節被洪水巨浪滔湧，二岸待渡，人人舉首蹙額。因今族居埠頭，每切浩嘆，不勝憐激。身等會議族中，央同庵僧開載立簿募化，設造義渡。今蒙各人隨心樂助，共計捨成實租一百餘秤，隨即具呈懇求縣主李臺，批照發示刻碑登名。

内將實租六十秤撥與舟子，作爲撑渡資身工食。餘租四十零秤，遞年面對捨田人户，收貯積累，預備糧差造船費用，庶舟子無需索之弊，行旅有歡誦之感。其田坵壟另開後約内，以便收管。内中恐有欺心違約背將田私自稍典假手討種者，許即刻鳴衆掉佃，執約呈究，以儆將來。

今恐久遠無憑，面衆立一樣合同七紙，約内每人各執一紙，永存約照。

時康熙二年四月　日立

（選自第三支《安溪長堤盧氏宗譜》民國辛巳年本卷十九）

井邊祠基議約

通族立約：家長盧四常等，遵奉祖恩永守世代祠基以圖興造事。

切念開創始祖份一百三府君，於三多里大廳前古井之西，起造祠宇。不想天啓年間，被火焚壞。衆議復創，永爲始祖公祠，不忘本源開創之心。恐有後代子孫賢愚不等，不顧宗祖，希圖侵佔。特今會議立約，將約穿登載譜，永存孝義。倘有欺私串賄借手侵佔者，不論爾我，許墓下子孫執約呈究，以儆將來。

今恐口説無憑，對衆面立入譜議約，永存憑照。

康熙十三年三月　日，立約通族家長盧四常等

（選自第三支《安溪長堤盧氏宗譜》民國辛巳年本卷十九）

重修宗祠議約引

吾族建祠，由來久矣。其先堂構整齊，祀産置有千餘，而春秋享祀，頗成禮焉。至明季，爲堰事所廢，十無存一。厥後寢室崩頹，神靈不妥，蒸嘗之典，亦多缺如，子孫無不目擊心傷。

至康熙三十三年間，光璧等會集各房祠長立約，捐資修葺，鳩工庀材，不數月而祠宇重新，更置祀産，春秋祀典，亦復如前。今將原事首照約登記於譜，俾後之子孫庶不忘其所自云。

爲立約修祠以妥先靈事家長房分長名次開後。

兹因宗祠歷年久遠傾壞，公議拆修，所費不淺，祀租有限，年荒不堪，況難遲緩。合族議：派丁口不拘老幼，每男丁一名拍銀一錢；供匠一工，訂定三月中每名先出紋銀三分，買備椽木等項。誠恐衆心不齊，彼此推悮，今選立公直賢能後生首人，俾有耑責，外立董事家長催督。如有違議梗衆懷私悮公者，合衆坐罰。事在必行，以此立約爲炤。

康熙三十三年正月廿九日立約，景公准標等

（選自第三支《安溪長堤盧氏宗譜》民國辛巳年本卷十九）

附建橋梁約據

吾族創建義渡，盧光仕（即鈞義）固列名於前矣。但夏秋濟有舟楫，春冬依然阻流。其子士吉欲建長橋，有志未遂；孫人翰字聖衛，人翊字聖佐，因繼前志，獨捐租田三十秤，面族立約，以爲永遠建橋之資。

其田付舟子收管，遞年糧米舟子交納，橋樑亦屬修造。如誤執約，議罰橋板，須刻字衛與佐爲記。今將號畝坵墾開載於下（此略）。

時乾隆廿二年十二月　日吉

（選自第三支《安溪長堤盧氏宗譜》民國辛巳年本卷十九）

立議約義橋會

緣北溪向有義橋會，架梁利濟，捐買租田拾九秤，撥於舟子佃種，爲看守之資。但舊製狹而不廣，嗣於嘉慶二十年秋季，丹一等又復倡議捐助。衆户助田，永完、樹禧，以及助橋助錢者勗勸協力，爲續長增廣，造成一十七節，計闊三尺二寸，較前增爲美舉。

且橋須爲久設，難免不朽，一經修葺，繁費不少。合新舊二會之田，除舟子看守外，合衆議將所捐助田復捐貲生發，做成一會，爲遞年修葺之費。所捐錢文支借，決須立據，田地作押，毋許憑空領付。其造橋會集歸賬支銷，定於九月初一日爲期，諸會友各宜遵議，以垂久遠，毋得異言推諉。

今恐無憑，立下議約三紙，各執一紙，永遠存照。約永完、樹禧、丹一三人各執。

嘉慶廿一年九月　日

立約人：永完、樹禧等

依議執筆：漢卿

（選自第三支《安溪長堤盧氏宗譜》民國辛巳年本卷十九）

南溪夏橋立議約

盧樹瓚培大等緣本村居近溪側，係兩江合流之區，向分南、北二渡。乃南渡者，《水道提綱》云定安溪也，尤爲各府州縣出入緊要之處，即遠近往來之孔道。昔先公會同族中捐資助田，設立舟杠章程定制，迄今同治，有數百年矣，夏秋不無跋涉之虞，因此邀同會友凡廿七人捐資助田，增置夏橋，附前橋渡合爲一體，助田撥於舟子，以爲管守工食。惟恐人心不古，仍失成規，商議立約，照前舟杠約規，妥議章程，俾管守人恪守遵循，永垂不替。管守人面出質錢十千文助業，自行收執。倘或一不遵約，會同族長，橋渡即行別掉，質錢沖没，作爲修葺之費(條規開列於後)。

情恐久遠無憑，立下議約二紙，照據登譜，永遠約照。

夏橋繼先人所未行創爲增置，即係合族公舉，人人可以整頓。準於遞年五月初一起造，九月初一爲止；即日冬橋换造，其橋廿節，交還助業存修；若不够造，會内準添；如若不準規期，即行別掉。

夏橋造好，溪水驟漲驟退，淺深莫測，管守人毋得視爲水少不撑，須待水退造橋，人人可以過橋，方許止渡，以免深厲淺揭之虞。違者即行別掉。

冬橋不得攙和夏橋，夏橋不得攙和冬橋，必須分清，不得移改。違者即行別掉。

助田毋得私頂私典。如有私相授受，察出，不但價銀充没，並且從重坐罰。或舟子作謝，務須同前橋渡一體，而謝方許。

條規不準即行別掉。如若横行，執約呈究。

族長：樹相、炳楊、培蘭、鍾喆、錘芬、法能

光緒十四年歲次戊子九月　日立

議約執筆：文齋、炳哲

(選自第三支《安溪長堤盧氏宗譜》民國辛巳年本卷十九)

禁掘山青約據

立議約吴華九、趙穀貽等，爲培植本原以杜後患事。

緣九州尖至大龍山，系龍脉過峽緊要之處，爲統地方陽宅陰地，禍福攸關，不容傷動。前康熙年間掘取山青，當奉督撫大憲餙禁勒碑縣前，至嘉慶三年復行開掘，蒙前縣主徐給示嚴禁。比及八年、十六年屢禁屢開，迭見災害。今春二月，復有人於緊要之地糾夥掘取，損傷來脉，終無底止。

爲此會集各族商議，捐買羊田嶺頭民山一區，公同培植，統行嚴禁，用保萬全，毋庸退諉。

此約。

嘉慶二十年三月　日立議約

執筆　趙允和

（選自第三支《安溪長堤盧氏宗譜》民國辛巳年本卷十九）

靈山盧氏譜例

作譜，所以明昭穆、序尊卑、聯宗族，匪徒誇耀顯榮也。我盧氏自六朝以來，世稱右族，顯官達士，代不乏人。今惟以後周工部尚書越國公爲始祖，其扳附及無關本支者，概不羼入。定爲凡例二十六條，足以明彝倫、同風俗、垂鑒戒於無窮者，逐一依例梓刻，以成實録。

近世作譜，多仿歐、蘇譜，首横圖以叙宗支，而並著其事略，其有德業者，始爲特傳以表之。蘇譜首爲宗支，乃各人爲之列傳，以著其事略，而德業可垂後者特加詳焉。今合法二家，又酌近世時俗所宜，繁簡增損，務求悉當。

家之有譜，猶國之有史，系圖以叙尊卑，行列以别先後，特傳以表行實，蓋仿司馬遷作史之遺意也。

系圖以五世爲列，取五服之親也。又再提合成九世，取九族之義也。每五世而下有子者，書“詳見下”三字，以其詳於提頭而互見也。無子者止書行，不必詳也。

列傳每人書行、書名、書字、書生卒及娶某氏、葬某所、子幾名、某女幾適某地某姓。若子側出，則云“側室某氏出”，庶子則云“庶出”而不氏。

列傳上書“某行幾公第幾子者”，尊父之義也。其有子侄過繼者，必於生父名下書“第幾子出繼某公爲嗣”，於繼父名下則書“立繼某公之子某爲嗣”，與受明白，以便查考。

嫁娶務求門第清白，貧富無論焉。若祖宗有仇隙之處，永遠不准結婚，違者嗣育不昌。其有締婚非類，娶婦則削其氏，適女則不載其女或並其人削之。若有名望者，書地、書名、書官爵。其尋常清白人家，弟(第)云“娶某處某氏”“適某處某名”，非慕富貴而惡貧賤也，欲子孫慎擇配偶無苟而已。

女子止書所適，其於生卒嗣子不書者，蓋女子内夫家而外父族也。若有夫亡再嫁者不書，惡失節也。

婦有内行，附書其夫傳内。或夫本無傳，必四德俱備，可爲閨闈表率者，方准立傳，以垂不朽。

夫婦人之大倫。百年偕老，固人之幸，如有夫亡守節者，二十内外則請旌坊表，三十以外則請旌建匾，族中紳耆當協力扶持。修譜時於某氏下書“守志”二字，或請大手筆另立特傳，以示褒榮。

所配之下，必書所出，其或有繼室者，附書於元配以後，再書生子幾女幾。若庶出者，書子而不及其母，正名分也。其有生子而夫亡出嫁者，則於某氏下書“改醮”二字。

凡男子有子而不書娶者，爲無正室而偶其賤也，於其子之下書“某氏出”云。

婦犯而出，夫死而嫁，或乘夫貧與困而改適者，皆削而不書，惡失節也。但子無絶母之理，姑從時宜，於其子名下書出母嫁母所生。其嫁母雖返葬，亦不復録，以既與廟絶也。

夫婦匹配，除正室外，所書“繼娶”“續娶”之異，如正室故後方可書“繼娶”，若正室在則云“側室”，不得書“繼”字，即“娶”字亦不可輕予，必於初婚者方可書“娶”字。若再醮者則云“續某氏”，亦《春秋》褒貶之義也。

宗族果屬同宗一氣，雖流離失所，亦不可棄；如非吾族類，不得援引强合，以取誣妄之戾。

無子立繼，必擇昭穆相當、禮律無礙者繼之。若以異姓入繼者，謂之亂宗；以本姓出繼者，謂之棄宗。法有所禁，不得以一人之私亂宗法之公也。

祖父諱名，子孫所當避忌。今後命名，均須查攷另立排行、諱名、表名等字母於後，以便翻閱，不得任意更改以亂次序。

凡宗人有德行、有功業、有文學、有廉潔尚義、有言行公直，足以扶持名教、砥礪風節者，或作小傳，或作特傳，必求賢達以彰之。或其人言行並無足取，而筆墨又不足垂後者，不得徇情濫登。

宗人有不肖，在外爲奴隸、娼優、吏卒者，及犯奸盜與婦人帷簿不修而夫姑縱者，並削之。

墓誌、碑銘及記約等項，所以記年月、識事實、防侵蝕、杜後患也。文縱穉陋，姑存其舊，毋容更换潤色，以致謬戾。

祀田所以供祭祀，墓木所以庇祖先，皆子孫報本之義。倘有不肖敢行分析、典賣、盜斫者，族人得以訟之官。所有碑記、約據及畝分地名，俱當詳悉備載，以圖久遠。

祖父所有遺文、規訓、狀志、詩詞、傳略、序贊及仕宦所贈詩章，悉當檢録，印載入譜。

宗人生有居室，死有祠墓，皆大節攸關，俱當各爲之圖。祠圖則書寢室、享堂、中門、二廂，屋圖則云某府君遷居某處，記年月之久遠，具山川之形勢。至於墓圖，尤宜加詳，上書某墓名、中列壙次，下列坐向，附葬者依次書之，後書某都、某保、某號、幾畝幾分、糧充某莊某户，如隔縣則書某邑，俾子孫據圖世守，歷久不忘。

譜須及時修輯，若久不舉行，未免遺失差訛。今後或十五年、二十年，至多不過三十年，必須會議重修。選本族文理優長者爲董理，其中有字畫差錯者，隨時改正，勿使有魯魚亥豕之譏。

藏譜人家，須防潮濕蠹蛀。如有暗將譜首私通外族者，合族議罰。即有收藏不謹以致遺失朽蠹者，亦應酌罰示警。

譜首譜序，次凡例，次格言家訓，次族規，次敕書，次遺像，次縉紳，次修譜題名，次排行祭儀，次服制，次系圖，次列傳，次文苑，次後跋。永垂定例，祈我子孫世世慎守不紊可也。

（選自第三支里盧宅《靈山盧氏宗譜》民國甲戌年重修本卷之一上）

族規二十一條

輕蔑祖訓、毁埋宗器者，議罰；

異姓亂宗、生子來歷不明者，革譜；

欺孤滅分、强佔田産房屋者，趕族；

亂倫苟合、霸佔拐帶者，革譜趕族，永遠不得歸宗；

結黨通匪，横行宗族者，革譜趕族，永遠不得歸宗；

窩藏賊盜，貽害鄉鄰者，趕族；

拐騙偷盜，貽羞宗族者，趕族；

拆散婚姻，從中漁利者，革譜；

盜賣常産，侵公肥己者，議罰；

締婚賤族，娶適不明者，革譜；

厠身賤役，執業不正者，趕族；

悖理逆倫，訓斥不服者，趕族；

毁壞公物，責償不遵者，趕族；

姦淫詐僞，敗俗傷風者，責罰；

無故首控，假公濟私者，責罰；
故縱子弟爲非作歹者，責罰；
唆弄親黨離間骨肉者，責罰；
寵容妻妾，不孝翁姑者，責罰；
典妻賣子，及婦人招夫養子，阻止不遵者，革譜；
强斫墳山及來龍水口古木，責罰不服者，趕族；
剃度僧道，螟蛉抱養者，不准入譜。

（選自第三支里盧宅《靈山盧氏宗譜》民國甲戌年重修本卷之一上）

立繼規程

無子立後，人之至不得已也。立後之規，禮律俱有明證。乃世風日薄，親愛之心不篤，或稱應繼、或稱愛繼、或稱繼者，本非無子之人所喜悦，執定應繼次序，必欲勒令承繼或應繼者；本無不得於所後之親，而别房以愛繼之故，鑽謀慫慂，必欲另爲擇繼；或子屬夭亡並未成婚，亦爲議繼；或子已成立身故，不爲其子立繼反爲其父立繼；又或既爲其子立繼又爲其父立繼；或大宗無子並無家産，小宗只有一子，即稱獨子，不出繼忍絶；大宗或有家産，即非大宗，又稱現在雖止一子，將來尚能生子，不妨先行出繼；並有大宗無子之人偏愛遠房子侄，不立周親，致其祖父本有親子親孫，轉令遠支承其宗祀者，弊端百出。玆特考其禮經、參之律文，斟酌古今，折衷一是。

如宗子無後，先求諸同父諸弟之子，不得則及其同祖兄弟之子，又不得則求諸同曾同高兄弟之子，此應繼之正則也。或無後之人在時，擇同宗之賢者教育之，是爲愛繼。若同父周親素有嫌隙，應不准其立繼，即在大功服内承繼，或大功小功俱有訟嫌，亦即遞降，議立其繼，而昭穆不順者更之。繼而其子忤逆有實跡者，告於宗廟而返之，許再繼。其應繼不繼及争繼與繼而擅返，或阻撓應繼之人，族長得斥責之。

繼而其後有子，亦酌其資財房産而分給之。繼而其後有子，而所生之後無子者願歸，則告於宗廟而返之。繼而其後無子，而所生之後亦無子者，則候既娶生子，以一子繼本生父母。

其夭亡未婚者，或已娶而故，其婦不能孀守者，均應爲其父議繼。若有子已成婚，而子亡或無子，而婦能孀守者，應爲其子立繼，不得再爲其父立繼。夫亡之後，其妻不能援擇愛之例承繼遠房子侄。至大宗無子，自應以小宗之子立繼；即小宗止有一子，亦應承繼大宗，小宗另行立繼。如非大宗，凡係獨子，雖期功近親，一概不准出繼。此皆宜於今不悖於古者，垂爲吾族立繼規程可也。

著立繼規程。

（選自第三支里盧宅《靈山盧氏宗譜》民國甲戌年重修本卷之一下）

勉　子

其　一

雁塔題名貴若何，勤勤誦讀莫跎蹉。青春不再休虛擲，日月如流快若梭。

其　二

莫把欺心在學堂，好將經史細推詳。寒窗數載功夫裕，一舉龍門姓字香。

學綸

（選自第三支里盧宅《靈山盧氏宗譜》民國甲戌年重修本）

行六五南豐教諭榮公遺訓

事　親

親者，吾身之所自出。能事親者謂之報本報恩，猶屬隔膜。凡溫凊定省，服勞奉養，不過人子之常，必須能敬能順，得親之歡心，貽親以令名，方可謂之能事親。苟狃於習俗違忤無忌者，是自賤其身也，房長應該戒諭。

敬　長

長幼有序，五倫之一，安得褻狎而忘愛敬之心？所有行坐問答，各有定禮，奚容妄自尊大？乃倡狂之徒，居常則倨坐横行、肆稱爾我，會燕則喧嘩縱飲、無復尊卑，不特失弟子之儀，並且恣驕傲之性。戒之戒之！

教　育

中也養不中，才也養不才，先賢以後，生之責專屬父兄。故家塾必擇德學兼全者教之，使小子有所觀型。倘資力不能精舉子業，亦須熟讀《小學》一部，方許他服務。富者倡率任重，貧者勉就減輕。苟能明經出試者，本族給以卷資入學，增補者撥以產業，示作興寵異之意，庶乎英才濟濟，於先有光。

存　恤

煢獨可哀，節義尤重。如寡婦孤兒，貧弱不克自立，族長等宜加意存恤，多方補助，以扶持之，使孤兒不至失所，寡婦得以保全，免惡棍之欺淩，慰先靈於地下。

齊　家

萬化之原，首自閨門，内外之閑，烏容不謹？凡男女，從幼不許溷雜戲嬉。嫂叔父妹等，相見須正言正色、低頭拜揖而退，以避嫌疑。所以古有“瓜田李下”之訓，正爲漫不知檢者箴耳。安得狃爲故常，不知儆省？若婦女出遊拜佛，責戒夫男。

正　名

禮起於分，而分異其名。相與稱謂之間，不容不謹。故宗族親戚，各有常稱。年長於我者，稱字不稱名，或稱伯，或稱叔，不得抹煞尊卑。至於背後呼人綽號，並有忘本以認人之父兄爲父兄者，如此惡俗，烏得不革？

戒　鬥

强悍之氣，禍胎所伏，此病不除，終非美俗。試觀眼前老貧賤愚蠢輩，孰非一脉所分？縱有侵犯，可以寬恕，自然氣無不平，情無不服。何至怒目攘臂、聚衆相毆，有乖天和？自後各宜自新，常以責人之心責已，恕已之心恕人，不怨不争，和氣致祥。即鄉鄰親戚有争鬩者，當以情理解釋，切勿聚集相幫，貽笑大雅。

息　訟

族衆不能齊一者，勢使之也。縱有訟争，投稟族長，從公處剖，自然風平浪静。安得以有盡之身，而結無窮之怨？每見談論二造折對之工津津有味者，殊覺可憎。如有恃已之勢、倚人之能呈控有司者，從重處罰。又有把持衙門教唆起訟者，衆共責之。禍不至於破家風，斯臻於醇厚。

慎　祭

事死之禮，當厚於奉生，所以報本追遠也。務以誠敬精潔爲主，祭品不論多寡，須量力所能。備祭前要齋戒沐浴，長幼咸集，致其愛慤之心；不得虚行故事，慢易瀆神，徒羞俎豆。

卜　葬

父母不幸辭世，即當卜擇葬地，歸土爲安，不得停殯在家，並暴置林麓,每當雨雪之期、風雷之夕,瞿然齋栗,有何益哉? 乃有偏信術家之説,玩忽失時,以至天災人禍,變出意外,莫知所終者。且以之所圖葬先人者,即後人所以圖葬自己之標準也。興懷及此,能少須臾待乎?

墳　墓

靈山躲山下、東塘山,並水竹塢小伏虎祖墓,乃先靈所依,亦子孫命脉攸關,恐歲久心怠,足跡罕到,大非仁孝之心。嗣後照香火遺像輪流祭掃,使先靈獲安,俾後人多福;有祭掃不時、培植無法者,衆議罰之。

議　賢

凡族長、房長,須擇有德有才、素爲衆所敬服者立之。族中不幸有鼠牙之争,從公處分,專期遇大化小、遇小化無,則一言之下,造福無疆。如或假公濟私,妄指人過,圖泄已忿,又或糊塗偏私、釀成禍胎者,即刻革除,另議賢能者立之。

大　旨

人生際遇不同,履歷亦異。大抵立身行已,心安於正,擇善爲師,務期仰不愧、俯不怍,上不負於父母,下可傳於後世,全受全歸,斯爲完人。苟見利忘義,置身卑污,縱富如石崇,徒致殺身之禍,於我何加? 然余所著,豈盡格言,但賢孝子孫遵而行之、擴而充之,亦覺面目自别,慎勿以爲迂疏而置若罔聞。

(選自第三支西塘《靈山盧氏家乘》民國戊子年重修本卷一)

擬崔子玉座右銘

泰山培土壤,河海容細流。集思能廣益,樗櫟可兼收。達人貴知命,身外復何求。道德同淵萃,富貴等雲浮。謗議不足恤,没然無悶憂。虚懷誠若谷,養深學乃優。皦皦反致污,悻悻轉蒙羞。物剛則易折，老氏尚優柔。名利縛人場，安分斯無求。純任妙自然。身與黃綺儔。

芮

（選自第三支里盧宅《靈山盧氏宗譜》民國甲戌年重修本卷十六）

水鏡堂四箴

立品箴

欺人自欺，侮人自侮。君子立身，規行矩步。

守身箴

知白守黑，居安思危。臨深履薄。全受全歸。

處世箴

水滿則溢，樹高則折。恭敬遜慎，終身無失。

修德箴

聞過則喜，見善思齊。積功累仁，不求人知。

光祖

（選自第三支里盧宅《靈山盧氏宗譜》民國甲戌年重修本卷十六）

山後盧盧氏宗譜凡例十四則

圖譜宗祖式憑，行第無可參差，昭穆不容紊越。故大宗小宗支派必詳，所以理其緒使不紊也。再從三從班行必序，所以聯其情使不離也。

世系支圖以五世爲列，取服盡之義也。又自五世再提，合成九世者，取自高玄九族之義也。又自九世再提，以至十三世十七世轉相承受，以傳世於無窮，悉同此義云。

夫婦正始攸關，嫡庶原有定名，稱謂不得假借。惟問名、告廟而來者，則書曰“配某氏”，所以重姒續也。其續娶而守貞未字者亦以“配”書之，所以明佳耦也。若再室而非處女則第筆之曰“繼”，所以别嫌微也。外此，則難以勤頻繁，恒必以“側室”“副室”“妾”“媵”“婢”“庶”等字紀之，不使奪嫡而紊倫也。

譜法不容浮飾。凡品行前程，必於名表下確指其實。其有善可稱者，則匯其志銘、列其行狀，以爲人勸；若有玷宗法難齒人類者，雖譜不稱惡，亦必於雜記中見之，以爲後戒。

婦人賢有可風者，必於夫主名後，綴其閫範，以彰德也；行有可黜者，則不書其氏，但於其子名下注曰“其母某姓”，以示戒也。

貞節爲風化所係，若青年喪耦能堅苦自持者，必備書其本末以俟旌表，然必守至五十然後書。未至五十則不書者，恐有變志也。至不能爲夫守制者，則存其姓、去其氏以别之。

異姓入繼者，永不許置主入祠及承值管理，所以嚴冒混之端、防尾大之漸也。儻派下有更此議者，作逆祖論。

流寓他處生卒行第俱無考據惟知其名者，列其名於圖。不忍削去，猶望其歸宗也。

出家爲僧道者，書“學浮屠於某寺”“學老子於某宫”，皆不書其卒葬，惡其棄宗也。有能不忘宗祖還族者，書“還族”，嘉其善返也。

名字重犯祖諱，既往者已不及正，現存者俱宜改訂，或上添一虚字，或傍添立人竪心金木水火土之類，庶幾不至重犯，將來切須避忌。

繼嗣昭穆必須相當，真僞不得有混。其由本宗入繼者，必書本生父母，明天親不可絶也。其外姓入繼者，必直書所自，使苗莠不相乖也，故行第中另加一“又”字附本行後以别之。倘有出繼異姓者，必書“出繼某姓某人”，庶後日知爲同宗，不至婚姻混淆，後欲歸宗，亦有可考。

三年重服，不許擅换青藍等衣行諸慶賀事，如有犯者重罰示戒。

譜法：生男三日告於祖廟。每歲冬至會拜畢，各開年月日時登名於草譜，交銀三分以儲將來修譜之資。及有卒葬配適，亦於是日書入。

宗譜推族中年尊有德者掌之。如有各房長守譜不端、欺公壞法者，重罰示戒。

（選自第三支山後盧《盧氏宗譜》光緒甲午年重修民國丁巳年續修本卷一上册）

家規十六條

居家以正倫理、篤恩義爲先。凡爲父子、爲夫婦、爲兄弟者，必須各盡其道，使一家之内尊卑上下秩然藹然，斯録肅不失，乃無忝乎齊家之道。

冠婚喪祭皆人道大經。今雖不能如古，但冠婚之禮或可從俗以事於省，而喪祭之禮不得惜財以儉其親。凡附身附棺，斷宜各盡；時祭、大祭，均當竭情。惟齋佛飯僧，事可不必。

禮義乃興家之本。男女相見，須當有别。嫂叔無事，不得通言。兄弟姊妹十歲以上，毋令同席共食，斯嫌微遠而燕昵不生，邪僻消而閨門以肅。

敦睦爲尊祖之大屬，在宗盟均宜和好，無因小忿以廢懿親。倘有不顧本根、以强淩弱、以衆暴寡、以富欺貧、以大壓小者，家長必率衆而共攻之。庶人知顧忌，而族誼可聯。

結親必須門户相當，方可訂盟。若貪其財賄，以女輕許，計其粧奩，以身苟娶者，則宗譜除名，家廟不入，庶廉耻可勵，而家聲不失。

父母既殁，而葬須立神主如《家禮》所制，將生卒年月日時備書其内，庶久後乃可考據。

入廟享祀，誠則格，不誠則不格。故品物必豐，衣服必潔，庶竭誠致慎。主祭助祭皆無怍容，自愛著慤存，在上在旁，時見來饗。而生忌時節，均宜類推。

祠廟所以妥神靈，當不時修飭，以令潔清，毋俾穢污，以致恫怨。若任情頓物，着住人棄擲外，按其輕重大小分别議罰。

子孫有不孝不弟及違法姦盜、賭博、酗酒等事，家長會衆重責。若怙終不悛，送官治罪，宗譜勾名。有能改過遷善者，又許其登載。

各墳塋其形象、地名與都圖、畝號，必詳考而悉紀之，俾按譜可稽，不至湮遠而難考也。如有倚勢附葬，立拘本人，面衆起遷。儻敢恃頑不服，送公懲治。

祀産祖宗血食攸關，一切所有必備載於譜，庶歲入幾何，咸有成數，自覬覦不生，而侵蝕可杜。倘有盜賣祀産者，作逆祖論，除追還原産外，輕則責罰，重則削譜。

墓木所以庇廕先靈，宜共深其保護，不得擅自斬伐，如有妄爲砍剉及敲取樹根者，作不孝論。

凡派下子孫先前有賣産入常者，糧米已經過户，無論年限遠近，俱不得取贖。倘糧米尚未過户，若越二紀，亦斷不許取贖。如更此議者，作不孝論。

糾儀牌所載，勸戒昭然，均當恪遵，以承先志。如有放縱不法、背禮傷教、有愧人倫者，俱照條例坐罰。

凡起居聚會，行則尊長在前，卑幼在後；尊長坐，卑幼立；拜則長者答揖而已。勿以彼貧己富不依循序，勿以侄長叔少，越分自大，勿以嫡庶相欺，乖戾反常。至稱呼長輩，不得直稱名諱以及耍言。凡應對尊長，必先自稱名字，更宜婉言悦色，一中乎禮。違者必懲。

婦人主乎治内。事舅姑以孝敬爲本，居家以勤儉爲先，只宜佐理於内，不宜揚聲於外。每見有凶潑多言、尋非唆事而争鬧不已者，更有夫聽妻言，以致家庭不睦、親鄰不安，如此，必痛責其夫子，以律其餘。至犯不孝、淫姤、偷竊等事，當依離異之條。

（選自第三支山後盧《盧氏宗譜》光緒甲午年重修民國丁巳年續修本卷一上册）

樂安柴盧合譜例

舊序篇中多有缺文誤字，今少加增損，恐與花溪、大都等譜戾。然亦不過辨其亥豕之訛，大槩不相越也。

是志有前、後二集，前集則載傳世之圖，後集則家傳而已。若夫越國公盧琰敕命一道、牒文一通，武烈侯盧璿碑銘一通，繼二廣明公敕諭一道，乘一、友梅公敕命二道，全二明章公敕命四道，列於譜首。一重世宗天裔，一重聖天子文命也。其他詩文則附録於後，俾文獻有足徵焉。

傳世圖有合族總圖者，蓋爲祖宗百世，雖派别支分，皆本於此，瞭然而可考耳。其有東西中上岸之系圖者，蓋族有親疏，釐而爲四，以便後代之增書也。

圖中提一而終五，取五服之義；提五而至九，乃九族之親。備矣。

圖後有傳，所以表其人也。書其字名與號，所以核其實也。紀其父母某，知所出也。有善者必書，彰德行也。無善者不敢濫書，謹輿論也。不知者缺之，及少而未及書者，皆待後之君子也。書其盛衰生卒壽夭，知始末也。詳其葬所，保塋墓也。

子之所娶與女之所嫁，必書彼姓字及某處者，重閥閲之相稱，知姻戚之所在也。

（選自第三支峽陽《樂安柴盧合譜》民國乙卯重修本）

家　訓

起祠堂數間，繚以周垣，以奉先世神主。出入必告，每至朔望必參，遇節必薦時物。四時祭祀，必遵文公《家禮》。祭用仲月，祭畢會享於堂。

時祭之外，不得妄祀。凡遇忌辰，孝子當素服致祭。不必作佛事。是日不得飲酒聽樂，夜則出宿於庭。

子孫入祠堂，當正衣冠，如祖考在上，不得戲笑。

子孫違犯禮法，會衆叱以媿之。不悛，則會衆痛箠之。又不悛，則告於祠堂，於宗譜削其名，凡事不預，棄之如途人。改則復之。

喪禮遵從《家禮》，不得作樂。服未闋者，不得飲酒食肉，亦不用浮屠道士。非惟死者無益，生者亦何益哉！

子孫器識可以出仕者，當力强勉之。既仕，須奉公勤政，毋陷貪黷，以忝厥祖。

子孫年未五十者，不得與伯叔連坐。凡受家長訶責，雖是非不明，當俯首默受。飲食起居，必後於長者。言語必有倫。應對賓客，不得謔浪及雜以俚語方言。

子孫務以保安閭里爲重，毋得出入公門，恣行自意，輕冒刑憲。

子孫自八歲入小學，十二出就外傅，十五入大學，聘請明師教訓，必以孝弟忠信爲本。

延請禮法之士，庶有所觀感，粤起資益。不學無術之徒不宜交往。

諸婦淫狎妬忌，尊長則合責之。不悛，宜出之。除正親相見外，餘並不許見。晝不遊庭，夜行以燭，無燭則止。

（選自第三支峽陽《樂安柴盧合譜》民國乙卯重修本）

指山盧氏宗譜凡例

譜牒之作，所以明宗系，聯屬族，而整齊家法之本也。本宗延歷既久，遷徙不一，自上十有五世不能盡詳，止著其系，自後凡十有七世，則圖、傳兩書，昭實録也。大抵據其所信，闕其所疑，其史氏不虚美隱惡之意，示天下以大公之義也。

紀宗國史，布圖於前，所以繫宗支，仿史之表年；述傳於後，所以紀事實，仿史之列傳。一以歐陽氏、蘇氏爲法，庶統緒分白，履歷備詳，而亦一家之信史也。

譜圖五世列，取五服之義，五世再提而至九世者，九族意也。上繼四世玄孫，下系九世爲高祖。又五世之後各爲五世，而小宗屬焉。

祖功宗德必務表揚，而有過必隱，爲親者諱也，以至宗族皆然。但過大而直書野史者，則不得而改也；且書以昭美，而無美可録，則其人亦可知矣。

祖父有功德而子孫不能爲闡揚者，比之不孝不慈，故必禮求名筆，爲作傳記、碑銘，以垂不朽。雖一善一能，亦必附書本傳行下，亦人子不忍死其親之心，且足以示法後人也。

歷朝誥命綸音及官府旌獎錫諭等文，必謄録一通，特置卷首，重恩命也。若毁亡不及登載者，亦必具標一目，以俟追補。

婚娶必書門第，重名閥也，但貧富賢愚不齊，不能盡擇，難以責備。兹惟於名家則書曰"娶某宅某宦之女（之孫女）爲配"；其非仕宦，則書"某宅某人之女"；若平常者，則書姓氏已矣。嫁女亦然。或貪冒財賄、姿色，妄締非類者，當論之反正。若成事不説與故違不聽者，即黜之削之可也。惟娶爲側室者，在所不論。

無子立繼者，爲祖祀也，必於親支内除長子、獨子外，取其昭穆名分相當者立之。間有立愛者，循人情也。書法：於本生下書"第幾子出繼於某兄弟爲子"，示不忘其所自也。於所繼父列傳下直書"嗣子某"，不復推其所從，示成其爲父子也。至系圖則書云"出繼某兄弟""繼某兄弟子"，並示不忘也。其越次犯分者，不准繼立。

出繼異姓，是棄宗也。以異姓爲子，是亂宗也。其妻妾帶胎，及三歲以下抱養，如律從姓，不得奉祀、附葬祖墓。其有本宗不才，甘爲娼妓、走卒、奴僕之流，則亦在所必削也。若不幸遇難流離、幼稚從人、長能自立歸宗者，收之。

男子爲僧道者，書曰"學浮屠於何寺""學老子於何宫"，不没其名，猶冀其反也。惟女子爲姑尼，以玷家聲，轉削之。

男子未成，殤而殞者不書。其三殤止載於圖，注曰"早世"，不入世傳，以未有字行也。其夭而無後者備書曰“不世”，娶而無子者曰“不嗣”，終身鰥居者亦曰“不世”。

宗譜爲宗彦秉筆，尊則稱諱，卑則稱名，昭名分也。至托之外史，則概稱曰諱，昭賓主也。君子曰“終”，小人曰“死”，其得正命而書曰“終於正寢”，有罰而卒於獄者，從所卒之地書之，亦《春秋》褒貶之意也。

母有嫡庶，名分秩然。其嫡正繼娶二母，雖無子皆書。庶母不書，如有子孫者亦書，蓋母以子貴也。惟於諸母下書“配某氏”“繼某氏”“庶某氏”，然後書“子幾人，某爲某氏出，某爲某氏出”，不昧其所自也。

女子不書名次年庚，以内夫家而外父家也。其有貞淑懿行克光父祖，及未嫁早卒而才德足稱者，亦略書之。其因夫與子貴而榮受褒封者，亦破格一書，示殊典也。其適人則從一而終，若再醮失節，雖貴顯不録。

婦無專制，惟其善事姑嫜、相夫教子，足爲母儀閫範者，就夫傳下述其大略。若孀居守志、完節篤行之媛，特爲立傳，以樹風化，而策勵婦道也。

族大析居，或有難出避久而不書，不免散亡，然必創業成聚始志其地。其小而根據未定者姑俟之，意其不常，而且待其或返也。若宦寓他方、謫戍邊塞者，必明書之。

子姓名字有上襲祖考，即宜改正。如不可改，則或代以同音、加以一字，亦二名不偏諱、不諱嫌名義也。其名行顛倒重復者，或改，或借數異呼，俾無淆亂可也。

世遠名湮，或間被毁蠹，祖宗諱字行號止得其一，則以一録之；仿史書太公劉妣、《春秋》五郭之例可也，不必杜撰。

祖先遺文，乃精神心術、懿行實業所存，不得輕褻，必彙集登記之。其出本宗者書曰“遺文内集”，自外交贈寄者曰“外集”。取其有關世教、足爲勸戒者垂之無斁，亦文獻之徵也。

古以六十爲下壽，未及六十者止稱年，故書有年、壽之别，亦嘉耆壽而憫不永之意也。

墳墓不得混淆。世遠塋無或至失認，子孫妄附或至僭突，或爲他人侵犯，其弊多端，不可不慎。故必正其經界，記其號畝，辨其尊卑，各繪成圖，上標地名坐向，下列壙次，附於譜後，使後人按圖世守，以遠患害，亦追孝之一也。

譜牒及時編修，斯無遺忘論謬之失。故必遞歲將生卒嫁娶等宜入譜者，各開報於掌籍之長，俟經一紀，乃復開局續修，此定法也。若怠忽不加之意，則奉先非孝、御族非睦矣。

宗譜珍藏，猶國籍版圖，不可慢易，必擇公忠尊長周慎者掌之，或交輪房長互相守視。倘致毁壞鼠蠹，則重議責罰。每歲首，族衆會拜祠堂畢，即開與共閲，俾知上下源流，宣示家規，叮嚀告誡，務使親睦而永爲孝子慈孫，則善矣。

行第必有定式，庶無重襲，以詩爲律，詳載於後。詩曰：千萬開宗，原智福尚。清松茂盛，惟慶積德。忠和誠敬，禮義文章。呈祥顯瑞，永世隆昌。諱字母，第十三世起：仕永良大，元承希啓，聖守周汝，世開邦國，振起家聲。

（選自第三支《指山盧氏宗譜》民國丙寅年重修本）

家規十六條

一、尊尚時制

聖明御世，百度惟貞，爲臣民者恪守欽承，方可寡過。如太祖聖諭、會典令式等，皆宜服習，不得違越絲毫。宫室、衣服、器物之類，稍涉奢侈，即宜改易，毋得作巧，以取罪戾。其糧差必如例營辦，不致後期，以累各遞。若孤貧難措，則户内殷實之親當爲區處。或有兜收包攬拖欠等弊，即宜詰責革正。此繫爲下忠敬之義，而亦保守家門之策也。

二、祗循家禮

夫禮有定體，兼順人情。今冠婚喪祭，悉從宋儒刊定，不得太爲增損，雖不及如儀，亦必從儉隨宜，不失禮意。其中如冠禮請賓三加元服祝祠之類，世多厭煩不舉，殊失教子之道。兹從族設酒饌告祖考延親，知教以成人之義，加冠餙拜謝而罷，亦庶不失古意。婚娶在吾浙，雖不親迎，而納采、問名、奠鴈諸儀，一以媒妁相通，彼此迎送，未爲不可；至牽紅、結髮、攔門俗習，殊爲鄙褻，痛宜禁絶。喪禮用巫，未爲不可，若僧道追薦，亦自不必，其宰牲待客、焚屍停柩，大爲非法，不可容也。祭禮隨分豐儉，大要精潔誠敬，黎明行事，延至日中，則慢神矣。忌日雖遠，必麻衣素食。大祥内哭奠、時祭必别内外兩筵。比四者皆禮之大，倘不如式，務相質正。其拜節慶吊饋遺，皆有常儀，不得苟且。蓋禮所以律身正俗，不出於禮，必入於刑。反俚野而歸君子之風者此也，可不慎哉？其儀節詳載親訂《家禮》，以便遵行。

三、宜家人

夫一庭之親，至爲真切，各宜盡分，所謂父慈、子孝、兄友、弟恭、夫和、妻柔、姑義、婦聽者是也。欲得所宜，須調養性情，寬嚴兼濟，一或乖張，輒反己自責自修，不得尤人。久自感孚，而家道和矣。和氣致祥，百福駢集，豈不美哉！然家人不睦，每起於婦人兄弟鬩牆，多因財利父子相離，或因責善，不可不戒也。稍有嫌疑，家長即率衆告戒，重則樸責，而書識之，必至翕宜而後已。

四、睦族屬

夫宗族本同一體，世遠分暌，漸若秦越，但各以祖宗爲心，同體相念，長者敬之，少者愛之，賢者親之，愚者教之，憐其貧而恤其寡，扶其弱而抑其强，有無相通，慶吊往旋，患難爲救，疾病爲扶持，有善則亘爲勸勉，有過而互爲規正。間有不平，須投聞家長，講論是非，家長即秉公剖釋，不許輒爲忿鬥興訟，違者責之，不服必禀公罪之，務令輯和以慰祖宗之心，祖宗必悦而佑我。若恃勢倚强、任知角力，以自爲搏噬，則不惟衆共嫉妬，而祖宗亦陰殛之矣。豈不深可畏哉？

五、議婚姻

夫男女居室，入人倫之本，不可不謹。其始，禮謂男女非有行媒不相知名，非受聘幣不交不親。先賢謂議婚必察其婿與女之性行，毋得徒慕富貴。又謂“女有五不娶”。凡此皆當審詳。又必計其生齒門第，不可附勢拔高，亦不可下淪污賤。爲父母者必先禀白尊長，論定後行，庶無差謬。其貪昧妄行者，曲諭以反正，否即責之削之。

六、别内外

夫男女有别，所以辨嫌明微。禮謂爲宫室，辨内外，男不言内，女不言外，不相授，不共湢浴，不通寢食衣服。男子入内，不嘯不指。女子出門，擁蔽其面，晝不遊庭，夜行秉燭，歸寧有節，不百里奔喪。又男女自幼不同席，不共食，女子十年不出。既嫁，則雖兄弟叔侄之親止於公堂，一揖即退。以至三從七出，皆有明訓，允宜遵守。違即有愆，甚則罪其男而黜其婦，毋輕縱也。

七、延師典學

夫家必有塾，塾必建師，教以德行道藝，雖在庸下，亦必授之句讀訓詁，以開明心目，講究禮義，以檢束身家。父兄不教，是誤其子弟，子弟不學，是自誤其生平，所繫甚重。今須擇明經有行之儒，延至家塾，優其禮儀、厚其館穀，俾朝夕肄業，以養成德器。他日出而觀光上國、模範鄉邦、應務接物，誠席之上珍也。其姑息荒廢而不教者，衆共斥之。或貧而不逮者，衆共助之，或取公租以資文房燈火，亦仁俗之義舉也。

八、擇術營生

夫治生有理，生理有常。家以耕讀爲上，次則工商，是謂“四民”，無所不可。外此而無業者謂之遊民，爲僧道異端者謂之棄民，下而爲娼優奴隸，則污賤而不齒矣，皆責令反業。諭之不從，則責之、削之可也。

九、睦四鄰鄉黨

夫鄰里皆吾親戚故舊，田地交連、户役相遞之處，最宜講信修睦，以敦夙好。凡百交際，必務謙謹退讓，如耕則讓畔，行坐則讓長，水利欲其均通，里遞相爲彌縫，必使彼此和平，境内無事，則各受其福矣。倘有較議，須會彼家長辨論曲直，毋得争競訟獄，以釀禍患。惟真冤抑莫伸，則衆爲出力較理。如屈在我，則負荆謝罪可也。

十、厚外戚

凡外戚如母族、妻黨、姑姨、姊妹、甥婿之屬，雖親疏不同，要皆骨肉相附、瓜葛相聯，而不容以恝然者。故恩義欲其流通，情文欲其交致，歲時餽遺，吉凶慶吊，寧薄來而厚往，自卑而尊人，勿得涼涼以致疏外。一涉於此，衆共攻之，至於朋友故舊亦然。

十一曰修家務

夫務家莫先於修德，莫良於耕讀，莫善於勤儉。德修則身正人宜，天眷神佑，而家道昌；耕則善心生而衣食裕，讀書則義理明而爵禄至，勤則財利有所出，儉則費用無所耗，興家立業，無出於此。子弟各循本分，暇日輒講明孝弟忠信、居室與人之義。聰俊者專習力學以圖進取。若遊惰而不遵規矩，則衆共攻之，不悛責之治之。

十二曰卜宅兆

夫居則有址，厝則有墓，堪輿家謂山水吉凶，繫家之興廢存亡，此理若虚，而實有之。今凡擇處扦墳，必延明術，與之商確，優其禮遇，不惜少費。其怠忽不理，久停喪柩以取罪戾者，宗長親族必諭之促之，使存殘各得其所，基業永保，而嗣續其昌矣。

十三曰毖酒禍

夫古者作酒以祀神養老，今專以爲燕樂，殊失古意。且縱一口而釀諸凶，喪德廢事，耗費致疾，甚至傷生敗産、憤争構訟，多由於此，大宜痛絶嗜欲，將之以德。凡散胙燕賓，須止三五行，至七八行便須收徹。如酣暢不節，讙謔躍浪者，即相戒諭禁止，否則責罰，勿與入筵。

十四曰息争訟

嘗觀訟獄經官，至爲屈辱，且多費財力而不能必勝。蓋冤抑者自當爲之伸理，其勝心客氣之所爲，亦可理諭勢格而使之歸正。若避嫌難情，任其結怨作仇而莫之禁止，可謂家有長而鄉社有人乎？俗弊風漓，亦可羞矣。玆但有不平，兩家即宜禀聞尊長，尊長即須會衆秉公執正而爲開釋，不許迭賽酒食，以别起競端。其恃强挾詐而嚚訟不服者，則衆共攻之，鳴於官而懲治之，每每如是，則孤弱而善者獲安，而凶類刁風亦漸可息矣。

十五曰謹保先業

夫創業惟艱，守成不易，有業不承，是謂不肖。凡祖先基址、屋宇、墳墓，皆當恪守尺寸，不得與人。倘不得已，亦須親屬用價自相交易，或已屬人，亦必贖取，但不得吝價以致仇耳。如不念先人創置之善、宗族充拓之艱，背强外交，即諭之、責之，必令反正。

十六曰垂裕後昆

夫傳家有法，而作法欲良。如修已處人、學術言行動作、冠婚喪祭諸禮，要皆作一善狀，貽一好樣，以裕子姓，使人稱爲故家子弟、禮族後彦，爲祖若父皆與有榮，鄉邦仰德，而子姓將昌且大矣。苟或不善，則身既遺臭，而後亦玷辱，壞名喪家，皆由是爾，可不慎哉！可不戒哉！

右規條咸切近精實，可以通行。行之存乎其人，而其責其任，尤在尊長與夫賢能之輩。尊長，族之表率模範，惟賢與能，可以疏輔後先、贊成美舉，誠當協力同心，爲宜家保族大計。若衹隨波逐流，遠嫌退静，而不務操立有爲，則雖有良法，止徒然耳。兹當立約申禁之始，即宜謹始慮終，共立盟誓，仰贊神明，堅如金石，信若四時。一不如約，始則諭之勸之，繼則責之罰之，甚則禀公以懲戒之。久久成習，自化行俗，美賢才出，而家道益隆且遠矣。豈可視若泛常而不加之意哉？

以上家範，於萬曆十二年二月保正盧世文、家長盧良寶連名具呈，蒙永康縣主簿楊批：家法甚善，足徵敦厚之族。着實秉公行之，無不向化。

復具呈，蒙金華府知府張批：各民有功於族，准給照遵行。

至萬曆四十三年七月祠長盧良儀、良印、大洪述呈，蒙署永康縣事縣丞鄧批：此家法也，亦義舉也。如子孫有違條犯規者，許家長依規懲治，如不服者，禀官重究。

（選自第三支《指山盧氏宗譜》民國丙寅年重修本）

范陽盧氏宗譜凡例

族境圖昔無今有，仿志書成例繪之，以弁簡端。

是譜法禮蒙宗圖史氏年表，並參考歐、蘇，而定其例。

我族派本縉云，而以千四公爲始祖，以其始居六科，故爲六科之始祖也。

自始祖至十三世祖，俱稱“公”，尊先世也。蓋原譜創修於十四世，谷十四世以下去“公”字。近代孫支，不敢上擬所尊也。

宗支圖以五世爲一頁，至五世編訖，另編他頁。五世至九世，九世至十三世，十三世至十七世俱類此。

宗支圖於每頁本名之下用硃點者，標其有嗣續也，仍照支派先後另編他頁。每頁之下大書某世至某世宗支圖，以便覽也。

宗支圖止書男不書女，以其外適也。

宗支圖止書一諱，其字型大小、行第、生庚、娶某氏、男之長次、女適某人及卒年墓道，詳載倫序譜中。

倫序以每世年齒爲先後。如甲子生者先編，乙丑生者次編；正月生者先編，二月生者次編；初一生者先編，初二生者次編；子時生者先編，丑時生者次編。

倫序體例自始祖至十五世以前，俱仍乾隆已巳年舊譜原體，不及改易。自十六世至二十世，與前不同，未知孰是孰否，以俟君子論定之。

本族有才性卓越、建功立業、文藝可觀，且如孝子慈孫、義夫節婦，備載倫序中，以示勸後起名流。

後賢當世者例不立傳，惟建祠、修墓、修譜諸公事，載之倫序條中，所以明賢勞、勵後起，且以見本人年譜也。

譜牒以尊尊親親爲重，兼以揚善隱惡之意。善跡可紀，樂爲書之，間有微眚，略而不著，所以篤尊尊親親之義也。

倫序中有諱而闕字，有生庚而闕卒年、闕墓道，且並闕生庚者，或世遠湮無從稽，或本宗子孫不及備録，故間有空白，不得不示闕文也。

有已娶無子者書“娶某氏無出”，以侄繼者書“以某弟幾子繼”，以長承長書“以某長子承”，不娶者書“不娶”。

有以他姓子爲子者書“娶某氏，養子某，本某處某氏”，明其不可亂宗也。

有二十前後而亡者，書“早世”。

有出繼他姓者，止書其本身履歷而未及其後，未歸宗也。

有遷居别地者志其地名，慮年久而疏，難於查考也。

歷代墳墓，所關至大，凡已厝者，俱於倫序中詳卒年之後。十五世以上者另有墓譜。

祀産與祀典攸關，古人雖貧不鬻祭器，爰立祀産一譜載明。坐段清晰，架册號數，毫忽無容變易，足使後人名禋之慕無窮矣。

藝文係秀氣所鍾，據實直書，以備考覽，並無增飾，以衒後世。

宗祠乃列祖棲神之寢，春秋祭享祀，孝思所寄，至重也。至於神廟梵宇，悉我先祖所建，而爲本族保障，俱列雜記譜中。

本族僻居山谷，事變迭起，如水火盜賊之類，災氛時有。族中能恢復産業以保吾儕者，賴列祖神靈呵護也，詳於雜記譜中。

（選自第三支六科《范陽盧氏宗譜》民國辛酉年重修本）

甘溪盧氏譜例

是譜仿歐陽公譜例，以五世爲一圖，五世至九世又爲一圖。圖之内各隨其子孫而備載之，俾本派便於查閱，嗣後相續，俱如此例。

行譜傚仿眉山則例，先大書某行第幾，行之上書某公之子，行之下書諱、書字，繼書娶某氏、生幾子幾女、女適某處某人，或續娶某氏、生幾子幾女，女適某人，生於某年某月某日某時，終於某年某月某日某時，葬於某處，山向、碑記，俱可備記，以便查考。

名係庶出，明注於下。

生子彌月，即請於家長命掌譜録者，即以所生子年月日時載於其父名下。

無嗣者自長房承繼，以次而下，若親兄弟無繼，方許堂兄弟承繼，亦是長房而下，若堂兄弟無繼，方許從堂兄弟承繼。若從堂無繼，許三從兄弟承繼。本房無繼，方許外房承繼。毋得過養不應繼者以紊宗法，亦不許恃尊淩卑，將自己子孫越次承繼，以亂宗法。

凡有子孫出外爲僧道者，不許入譜。

婦人有封號者，則在夫位下明書贈某國某郡夫人，或淑人，或院君，或宜人。

凡有德行可尊、政事可法、言論可稱、文章可式者，另立傳以載家乘，毋得虚美，務覈其實，以昭訓戒。

子孫有爲非作盜、不守家法，許通族公正之人稟明宗長，明正其罪。若三犯不悛者，叱令出族，不容叙稱拜呼。如有不遵教條，即便告官究治。

婚娶務擇門楣相對，毋得貪圖富貴，娶微賤之家爲婚。若不遵教條，妄自婚娶者，即將婚娶之人明告宗長，隨即叱責出族。

嫁女必須勝吾家，務擇其婿，不許貪圖富家，以誤匹配。

兄弟分析，務憑一族公正之人，會同宗長，鬮分品搭，毋致争訟失義，貽笑大方。

冬至祭上祖，因而聚拜辨昭穆，豐儉隨宜，以敦族誼。春、秋祭祀亦如之。

子孫有尚義私出祭田魚塘以供祭祀者，别立記文，以載家乘，選公正子孫典守，庶幾祭祀饒裕，得以永傳。

祖宗墳墓樹木，所以廕庇風水。有等無籍子孫專一盜砍回家起蓋房屋，及盜賣與人，覓取財利肥己者恒多矣。天鑒地察，使其絶祀。今後仍有不悛者，執以告官，明正典刑。

祖宗墓所，多有子孫貪圖己利，將階甃磚石掘回家用，就作空地布種，不思祖宗神魄所棲，每將糞泥觸穢。此等所爲，真乃禽獸也。若不改過，必遭天譴。

子孫行第九世起，繼尹克完成明尚怡至十七世，悉從卦名，隨詩次第，復謙孚恒豫升震鼎觀豐臨泰濟咸萃需雷有澤同。

《春秋》謹嫡妾之分，凡繼室必書於嫡後，妾惟有子者則書之，無子者不書。

婦人從一而終，禮不再醮，其或有故而改適者，義雖絶於夫矣，若有子則於其母之恩猶在也。凡有再醮者，於其夫之下不書其氏，而於其子之下則書母某氏，所以嚴夫婦之義、全母子之恩也。

盧氏之先，並無依冒避易，源流最爲得真，子孫切勿繼立異姓之子及出繼異姓爲後，以亂姓氏。謹按此法，凡出繼者存之譜内，而來繼異姓者並不許收入於譜，凛之慎之。

表字行第有與先世同者，有如名諱之類，然必世遠族疏方可，否則必當避也。今往者既無如何，其現在有犯者，須更以他名，方許載入。

年十六歲始許書行，既冠始書字，年幼未冠者止書名。

纂修宗譜，確依原本，秉公註載，考核詳明，繳舊换新，遵功令而杜竊冒也。倘若有子孫私匿舊譜，不即繳毁，明有竊冒情弊，直書某派違例藏匿，毋容狥庇。

（選自第三支《甘溪盧氏宗譜》民國乙亥年重修本卷之一）

麗水盧埠譜例

譜始自歐、蘇二公，一立支圖以辨親疏，一序行第以别長幼。凡作譜者必須效此，則庶乎其不差矣。

支圖必五世而提者，盡五服之義也。五世至九世而再提者，盡九服之義也。餘者仿此。

行第先書諱字，後書年月日時及氏之年月日時，以至生幾子幾女，並女之適某處某姓者，詳一人之巔末也。

子之配氏、女之適人，勿論聘之多寡，必擇其門户相對者，方可與之爲親。

男子有懿行可嘉、才能足取，又可爲後世法者，録之以彰其德也。

男子有污行玷族者，會齊族長繳譜以削之，止存其行，不存其名。

若後有賢子，亦書其父之空行下者，子無絶父之道也。

婦人有貞節烈行、賢慧孝道，堪可爲後世法者，録之以待旌表也。

婦人夫死再醮者，不書，以其義絶也。於子之行下書“嫁母某氏”者，子無絶母之道也。

男子出家爲僧道、爲奴隸者，以及賣兒女作賤，名、行俱削，以示戒也。

無嗣者於本派内嗣之；若本派無，亦不爲妨族内昭穆相當者擇而嗣之，以紹其後也。

（選自第三支盧埠《范陽郡盧氏宗譜》民國己卯年重修本）

讀書祖例序

《易》曰“蒙以養正，聖功也”。族内蒙養不端，以至長成愚鈍，世務不知，俱因不讀書之故耳。然禮義由於富足，富者肄業有餘，貧者日用不足，安能延師傅而講禮義也哉？

予等拊心難慰，觸目情傷，爰是會同酌議，特拔額租二十石零二斗，以爲蒙童筆墨之資。凡嫡派子孫，不論貧富，從先生者，自七歲以至十五歲，每年給錢五百文。至於與考之子，縣試以及府、院兩試，共給錢三百，以作卷資。儀雖輕而意甚重，庶幾昭兹來許，垂裕後昆，世世子孫勿替引之矣。

是爲序。

（選自第三支《甘溪盧氏宗譜》民國乙亥年重修本卷之二）

家　規

孝父母　夫父母乃生身之本，如天如地。古云“匪父曷生，匪母曷育”，烏可以不孝？幸而具慶一堂，必當服勞奉養，承顔順志，昏定晨省，出告反面，一無所失，尤不可遠遊以貽父母憂。至於慎終，衣衾棺槨務從其厚。或限於貧窘，亦必稱家之有無，不可過薄，始終求盡人子之心，可謂孝矣。

友兄弟　夫兄弟者，父母一體而分者也，如手足然。《詩》云“凡今之人，莫如兄弟”，《書》云“友于兄弟”，皆言兄弟之重也。必當念同氣之誼，篤友恭之愛，羽翼相比，出入相隨，兄勿以長淩幼，弟毋以卑犯尊，尚何有鬩牆生變之虞乎？

别夫婦　夫夫婦乃人倫之本、風化之原。家之盛衰，由之而致。《易》云：“男正乎外，女正乎内。”夫曰“正”，即有别之謂，必當相敬如賓，相愛如友，則倡隨之道得矣。

信朋友　夫朋友爲五倫之一，自古所重。以友輔仁，固期相與有成也。必擇直諒多聞、品行端方者，與之交焉。既訂同心，當如手足，心口如一，勿二勿三，我既無欺乎友，則友亦信於我矣。

教子孫　夫子孫乃承先啓後之人，所關非小。《易》曰：“蒙以養正。”必教之誡之，以成其名，有造有德，以期上達。若不正之於始，則易爲俗所染，而德行日穢矣。如秉質愚魯，不能上達，則必擇業於農工商賈之中，以爲營生之計，必不可任其遊嬉怠惰，以爲廢人。

和鄰里　夫鄰里者，同鄉共井，比閭而居，情義最相維繫，非吴越比也。當必有無相通，出入相友，守望相助，疾病相扶，持俗斯美焉。倘以富貴驕人、武斷鄉曲，以强淩弱，以衆暴寡，風斯下矣，可不謹哉！

戒賭博　夫賭博乃盜賊之原，一擲千金，甘貧不悔，家産蕩盡，必致偷竊。偶有取勝，亦屬奪人之財，心同劫盜，豈能久享？至一朝敗露，官刑隨之，不獨傾家亡身，而且辱及雙親。願我族中，互勤勸誡，毋墮匪人之流，則幸矣。

勤生理　夫生理乃養生之本，所關匪細。四民除士以外，皆可優爲，然必以勤爲要。農勤則凶荒有備，工勤則器用相資，商勤則有無相濟。倘圖逸樂，流爲遊民，不顧數口之所需，將必肆志爲非、亡身及親，而辱及先人，可不勖哉？

（選自第三支《甘溪盧氏宗譜》民國乙亥年重修本卷之一）

家 訓

一曰孝父母

《詩》曰:"父兮生我,母兮育我。父母之恩,昊天罔極。"且孝爲百行之本、萬善之元,人能孝則子孫俾昌。凡温清定省、服勞奉養,不可不周,族中子孫,尚其凜遵。

二曰和兄弟

《書》曰:"惟孝友於兄弟。"《詩》曰:"凡今之人,莫如兄弟。"是兄弟者,如一身之手足也。手足稍有疾痛,一身不安。兄弟不和,何異乎是? 故酒食相讓,財帛不矜,言詞不計,婦言不聽,怡怡然如賓如友,所謂兄弟和,父母順也。

三曰序長幼

長幼次序,乃天秩之禮,不可逾者。世有豪富之家,子弟多驕奢淫逸,或遇服内叔伯及鄉村尊長多狎,不肖莫甚焉。凡我族内爲父兄者,平日須訓誨子弟,隨行之禮,毋兼坐,毋疾行先長,毋言語放肆。習之久,則禮讓成風矣。

四曰别夫婦

夫婦人之大倫,今人多以近易而忽之,不知乃人道之所造端,風教之所托始於此,一句有差,餘皆苟矣。閨門之内,褻狎易行,溺愛不明,燕私廢禮,遂使婦人性質不美者,挾志自驕,專權任事,抗遂公姑,傲硬心生,以致綱常有失。及夫子是放,男當砥直綱常,婦礪家政,所謂夫倡婦隨,而閨門不可不謹也。

五曰謹身份

聖人云:性相近,習相遠。可知善惡由人自習。於此不謹,或至懶惰好逸而家道不振，或致酒色無度而身亡家破。凡我宗族，毋論貧富，勤儉持身，温厚處世，毋貪口腹，毋蹈淫邪，毋恃勢力，毋好争訟。若此者其庶幾乎！

六曰教子孫

聖人有云："惟上智與下愚不移。"故中人之性，教而後善。故養之初，知識未啓，私欲未萌，爲父母者當道之以正，或耕或讀，爲之求成立，爲之計長久，毋致溺愛太過，而爲禽犢之愛。凡我族人，尚其知之。

七曰嚴治家

家之興敗，由於治之一人，一人寬則一家怠，一人嚴則一家勤。昔先賢有云："一粥一飯當思來處不易，半絲半縷恒念物力維艱。"稍不區畫，則貧富由此分途。凡我族人，須謹嚴肅，男勤於耕讀，女勤於紡織，生財有道則倉廪自盈，倉廪盈則禮儀油然而生，不愧名家望族矣。

（選自第三支盧埠《范陽郡盧氏宗譜》民國己卯年重修本）

石江盧氏譜例

譜爲傳家信史，先代事績行實有可據者則直書之，無則闕焉。若以欺誣後人，非垂示之道也。

立譜圖以見祖宗之血脉，立譜傳以别昭穆之序次。法歐陽於義，五世而異帙者，重五服之親，再提成九世，而爲九族之義也。自兹五世之後又名爲五世，小宗而相屬焉。

先圖而後譜者，圖倣史氏年表，譜法列傳及司馬遷、班固等體暨漢晉墓銘壙記之文爲之。故先書行、書諱、書字、係某人之子，嫡出書"嫡子"，庶出書"庶子"，次書德性、問學、出處、履歷之詳。善惡皆書，以示勸懲。生卒歲月、葬地，明白書之。“配某氏某鄉某人之女”並婦行有可書者亦書之，“生子幾、女幾，適某人”。

子孫有能讀書者，宗族當給以燈火之資。無論親疏遠邇，務要助其成就，一以光吾宗譜，二以耀吾先人。倘其出仕，宜爲國竭忠，以立名節全身，以知顯揚。履歷事績則備書之。

族内子侄過繼者，於生父名下“以第幾子出繼某爲嗣”，於繼父名下“立繼某人之子爲後”，要書明白，以便查考。

宗族實同一氣所出，雖流離失所，亦不可相棄。或以爲非族而傲慢之，此亦負祖宗一體視子孫之意。

女子不與排行，不書生卒，以其内夫家外父族也。

有妻被出，於本夫傳下不書，以其義絶也。有子，只於子傳曰“某氏出”，以子不得絶母也。

嫁娶必擇門第相當。如或娶下賤爲婚者，不書；或女適下賤者，將父削名。

婦人有夫亡年青，不能守志者，情該出嫁，不許招夫受舍，以正風俗也。

繼異姓爲子者不書，惡其亂宗也。有出繼他姓者亦不書，惡其棄宗也。

封誥敕文，另載首卷，以重國典也。

（選自第三支《石江盧氏宗譜》民國甲寅年重修丁丑年續修本）

家　規

居家以正倫理篤恩義爲先，此先儒之明訓、處家之常道也。凡爲子者必孝其親，爲妻者必敬其夫，爲兄者必愛其弟，爲弟者必敬其兄，各盡職分之常，不可有一毫虚假。

冠婚喪祭乃禮之大者。今既皆不能如古人，喪葬不可不勉，佛事切不可作。凡附於身附於棺者，雖當稱家有無，寧過厚不可過薄。

高曾祖考死忌生辰及四時俗節，雖不能盡如《家禮》行事，其祭品隨家豐儉，須要至誠潔浄，衣服亦須整齊，不可苟且潦草。

父母既葬之後，須立神主如《家禮》制，内書生卒年月，庶久可考據。

墳墓歲時祭掃，必盡誠敬，不得虚應故事。遇崩塌即宜修理。

墳木所以蔭庇宗族，不得擅自斬伐及放生畜食踐，犯者作不孝論。

結親必須平素通婚之家，告於家長，方可行事。苟且貪賄至於汙賤者，宗譜勾名。其有計較論量者，甚是鄙俚，尤宜知戒。

稱呼自有截然之分，不得以母族妻族私親相呼唤。後生小子不得於背後妄稱長者行第名字。父兄聞知，即宜省諭改過。至於親戚，尤當以禮，不得直呼其字行。

子弟十六歲以下不得先稱表字排行，庶幾有古人責成之意。

歲首會拜，家長當以禮義勸勉子弟，庶幾不至敗倫傷化。

賓朋會宴或宗族喜慶，不可縱飲，但令浹洽，方成大家氣象。近來酗酒使氣，至於紊煩官府者，往往有之，各宜知戒。

婦人不出閨門，古之道也。非係大故不得外出，非係至親不必相見。宜相見者，亦須子弟導引，不可令擅入私室。無故閑遊者，家主曉諭。

婦人於庭除偶遇尊長，可以回避則從容回避，不可回避則一揖而去，慎弗周章，兩相失容。此爲主母者當以此意告知。

年四十以上無子，欲以婢妾生子，必聞族衆，使知來歷明白，庶無私通苟且情弊，後日生子，方可入譜。

子孫有不肖犯奸盗及忤逆者，家長省諭責令改過。再犯，會族重罰。不悛，告官懲治，宗譜勾名。有能改過遷善者，又許其登載。

子孫賭博無賴及違法之事，家長曉諭教戒，令其改過。如不聽，會衆責罰，甚者呈告官司府治罪。

好勇鬥狠，聖賢已有明訓。凡事有不平，投聞家長裁處，家長不可視勢偏私，令人怨恨。不得已，方告訴有司之。至於外人，尤宜忍耐。若恃强逞兇，至有廝打，會族重罰有等。聚衆幫親，切須懲戒，此内風俗惡薄之甚者。

解紛息争，乃鄉族之善事。凡鄉族有事，高年者以理勸諭，務使事得中止，不可因二家不遜之言，自己亦動容氣。倘家間有事，人來勸，亦須聽受，决不可健訟。健訟乃破家蕩産之媒也。

耕讀乃人家職業之常，不可一日廢者，各宜勤緊盡力，使上足以供國之賦，下得衣食不缺，粗知禮儀，則自能安家樂業。其有不務生理、遊手遊食至於無耻者，譜亦削名。

親戚故舊須存忠厚，不得以小過遂成嫌隙。

（選自第三支《石江盧氏宗譜》民國甲寅年重修丁丑年續修本）

雪溪盧氏宗譜凡例並引

（前半部分與丁川凡例同，故略）

贈言。名公巨卿如椽之筆，汗牛充棟，豈能盡入舊譜？經鐫者删去什之二三，新入者廉辭嚴訂，務爲確當。

天經地緯，莫大孝悌。倘有不孝不悌，經父母嫡親叔伯昆弟鳴祠者，會同本房教訓責懲，再三不悛，聞衆鳴鼓，告廟除名。

墓下子孫盜葬祖墳，罪同滅祖，姑念族情，恕不告官，但依家法削譜除名，子孫永不許入。

亂倫傷化，既犯國法，兼壞家規，應削其身，恕録其子。

子孫有賭博偷盜過惡，誨戒不悛，聞衆告廟，削譜除名；有真能改行從善者，亟復之，以廣自新之路。如遇初犯竊案者，即會衆鳴鼓，於公常譜内世傳下註“初犯竊案，待其自新”八字，修譜時果能自新，除去所注八字，改註“自新”列行。至窩爲賊根有犯者，察實議。

良賤不爲婚，國法亦家法也。娶不書氏，嫁不書女，吾族素嚴於此,近屬濫觴。今娶後字必須閥閱相當,毋得妄行以取玷辱,仍違祖訓者告廟除名,如媒人系幕下子孫並削。

吾族從無流入梨園及爲上下役者,雖曰山川之氣使然,要亦我祖在天之靈默爲維持,須永永保守,弗墜家聲。自除莊書保正外,有流入此途者,鳴鼓會衆,告廟除名。

譜已垂成,有生子及報遲者,圖内及父傳難以載入,附世傳後,以備重修。

(選自第三支義烏《雪溪盧氏宗譜》民國己巳年重修本)

家規並引

家之有規,風化所關,辨賢愚而分淑慝,示勸懲而行褒貶,皆日用常行之道、飭躬勵行之原。若有犯者,必按例嚴戒,毋容縱緩者也。爰作是引,以昭來許云。

孝爲百行之先,父母乃生身之本,雖有貧富不同,而孝道則一。温凊之禮不虧,菽水之歡不竭,承顔養志以奉父母,可謂孝矣。若聽妻言,忤逆親命,甘旨不奉,詬怨反及,謂之不孝,家長開祠杖責,或送官懲治。

悌者,所以事長也。凡遇尊長,徐行謙讓,雍雍揖遜爲之悌,不可驕矜謔浪,妄自尊大,倚財侮長,挾勢欺人。家長擯斥,庶免效尤。

忠乃事君盡己之道。爲人出處,雖有不同,而舒悃無殊,出仕者盡忠補過以報君恩,或遇時窮,捐身盡節無愧臣心,此事君之忠也。至其不仕者,居家清白正直,無二無欺,爲人謀不可左右其祖壞人之事,招怨不淺。不忠之過莫大於此,可不慎諸?

信者,言之實也。百凡交際,須一言駟馬,不可口是心非。若言不顧行,行不踐言,此則爲人之實已喪。古云:“言語虚花終無結果,行端表正後裔必昌。”又云:“輕言寡信,務宜戒之。”

禮者,持身接物之要,爲人切不可泯者也。凡賓客親朋往來,晉接之間，正其衣冠，端其禮貌，迎送款洽，不可造次。或倘褻慢於人，有失教誨，遺譏他族，可不愧乎？至於求親納聘、説酒宴賓之類，務須誠敬，以盡禮節。

義者，事之宜也。族黨之中有無相濟，患難相扶，不可因錢財而傷道義。當思文正公之活族，李昌國撫之幼，田之荆復春，姜郎之被共寢，推古人之心，體同宗之意，可不自勵焉？至於還帶分金、賑饑濟急之類，又在别論耳。

廉，乃取與之大經也。但凡臨財苟取，多爲傷廉之故。古人義，則一介勿與，千金弗視。若使不度禮義，一槩貪戀，大則壞其功名，小則虧於品行，敗德於心，子孫安能受用也？

恥之於人大矣，而無恥相鼠何如？多有不肖之徒，心切宿妓賭博，家業蕩費，甘爲下賤，有汙家聲者，姦淫盜竊，敗倫傷化，穢體辱親者，俱無恥之爲也。更有邪言妄行，騙賴貨財，不思笑罵者，猶當戒之，以歸正道。

（選自第三支義烏《雪溪盧氏宗譜》民國己巳年重修本）

盧氏宗譜凡例

譜圖所以明世系而重本始也，因仿蘇公圖例，序祖考於前，而各列子姓於下，自一世以至五世而止，所以明五服之義也。自是易而至於九世，取九族之義也。又由是而至於世世，無不同於是義焉。蓋欲後之覽者一目而知源流，而先後之序可略見也。

譜必有傳，猶史之有列傳也。上書某公之子，而下書其諱、書其字、書其行，而生忌卒葬姻娶子息無不遍録。至於有善則表之，盡欲後之人感生時而歆，觀世德而作，求而昭穆世次亦不紊矣。以子姓而直書其諱，似於心有所未安，然臨文不諱，其義不得不然也。

宅者擇也，固先人之所擇處以垂不拔，當世守之而勿失者。墓者慕也，所以安先人之體魄，尤後人之當時展以對慕於無窮者也。世數既遠，先業易零，荒圻故壟，貽其童豎之傷者多矣，故宗譜之修，於此尤謹，所以防侵漁而戒失所也，覽者宜省焉。

婚娶擇配直得世族以光譜牒。宗中有配適貴顯及名家者，必書爵書地别之，或非其偶，但書其氏，欲子之不忘母也。至於再醮喪節，雖書氏而不録生卒，外之也。書嫡繼者，此正例也；書側室、書庶母，以有子也，此變例也。若夫嫁女匪族，並失名分，瀆亂宗祧者，亦勿齒焉。

弗祀者必續禮也，而所生所繼，義並重焉。故所生父母下書曰"子幾"，"以第幾子出繼某爲後"，而所繼父母下曰書以"某子立爲後"，庶兩得之矣。至有爵禄而無子孫，以旁支續之，以義起也。但宗法無長子出繼之義，婦人夫死，亦無專擅之制，譜法謹之，所以重世統而防微漸也。至於鬻子他族爲人後者不録，有能自本姓歸本宗者容之。

表揚世德孝道，宜先人有淑德茂行、炳耀故牒者，仍舊書之，以爲世範。而後世子孫雖非蓋棺論定，而行茂昭亦有不容掩者，而衆直書以勵其餘，非溢美也。

婦人門内之修，無足多者，而節孝大義，不可不表。本宗有少至老、白首完盟、撫遺成立，不墜先業，尤爲人之所難，以謹書之。以至善事舅姑，孝養不衰，於法得書，亦並及焉。

先人手澤，尤所當惜，況文翰乎！先世有御墨遺章，或經名公品題贈言，不可不志，故宗譜末卷，備載遺文，謂之"外集"。而本宗有著述詞章可以垂後者，亦並録之，謂之"内集"，亦先後依分尊卑次序，不照作文先後。

男子有德行可尊、政事可法、言論可稱、文章可式者，另立傳以載其詳，毋得虚美，務從其實，以昭訓戒。

男子有爲非爲盜、不守家法者，明正其罪，更削其譜。

男子習爲僧道及倡優妓卒者，削其諱字。不惟有玷宗風，抑且習於異教也。

宗譜必才賢子姓世一修續，庶免遺失。每修必遵舊式，公明詳慎，昭紹以述。其偏執已見、倚情違衆、妄增條目、贅書閑語、誣善諱惡、惑亂是非者，擬諸不孝。

（選自第三支《武南盧氏宗譜》民國辛巳年重修本）

新議武南盧氏譜例

新議：凡族子孫有乏嗣者，務須本族親支應繼；如無應繼，或推各房愛繼爲嗣。如有愛立異姓爲嗣者，不許録入宗譜，如盛六公繼立朱姓爲嗣，後復歸宗於朱，不幾廢前人之苦心乎？前轍可鑒，後人宜慎。再者族中子孫雖多，亦不許出繼他族，違者並削其譜，專此重議。

（選自第三支《武南盧氏宗譜》民國辛巳年重修本）

新祠告成另增禁條數則於譜

議：祠内不許安放車具、稻桶污穢之物以及粗鹵作工等款，違者罰錢貳千文。

議：建祠之日内有不供飯，工不貼粗工者，不許與祭。日後有賢子孫，要出錢念千文，以蓋父之愆，方許進主與祭散餕。

嗣後進主十年爲期，待期而進者出位牌錢百陸拾文。如有登時就進者，務須先告公正，設祭設席，迎接入祠，另出位牌錢二百文。

議：後來新丁出錢四百文赴祠登記名庚，以備冬至祭祖散餕。

道光己丑年陽月日立議

（選自第三支《武南盧氏宗譜》民國辛巳年重修本）

盧氏宗譜家規

本族子孫錢糧乃國課大事，務要依期早完。況“兩税”“三限”之法，縣有明徵。設無籍拖欠，家庭即當督催。如不遵者，送縣監追。

子孫休爲奸盜竊賊。律有明條,如有不遵,穿窬挖壁,鼠竊狗偷,失主贓證,自投鳴族長,小則一賠九,大則送官懲治。

族内遇天色久晴,各宜謹慎火燭,或一家發火以鳴鑼爲號,家長叫聞,通族一齊盡心赴救。務在撲滅,不許乘機搶擄財物,違者指名送官究治。

子孫宜遵祖宗成法,務要本分耕讀生理,不許妄作爲非,生事啓釁。如或不遵者坐罰。

子孫須要入孝出弟,以明長幼之節。如有忤逆毆駡父母,令家長送祠重責,遊街以示衆,聽其悔改。再犯送官没獄。此情必須父母親告,乃坐以儆其餘。

子孫娶妻,本爲侍奉舅姑,以繼宗嗣。行孝順,和妯娌,勤紡績,順夫主,乃分所當爲。敢有離間骨肉、牝雞晨鳴、多言竊盜、淫妬不良、犯七出之條者,初犯坐夫,居寡坐子,再犯親坐,聽夫出離。

子孫族人雖衆,同出一氣。奴僕等踞見家長,端坐不起,路途不讓,其至呼名觸駡者,即時責遣主家,獲違者令剖論。

宗祖肇造祠廟廳堂,甚至艱難,始爲安身之計,實爲後代之謀。今後子孫如遇損壞者修理,穢汙者掃除,以妥神靈、宴賓客。違者房長責罰。

子孫或逞血氣之勇,争忿不平,兩不輸服者,許令家長秉公論以理法。如其不遵,呈縣治罪。

凡族子孫大小事務,俱禀聞家長,以理論之曲直。是者未必爲真,真者未必爲是,是非審其的確,治以正條,庶幾家教嚴而俗純龐,頑夫廉,懦夫立。

凡族子孫有等梟惡之徒,稍有風聞事件,輒就捏造無頭妖言,顛倒是非,深爲可恨。有此等類,家長確實訪察,送官懲治。

凡子孫居父母之喪,乃人子之大事也,禮宜饘粥衰麻以守三年之制。或有忘親作樂、釋服從吉者,作不孝論。

凡子孫喪制從先祖，五世緦服竭矣，袒冕以縠。同姓吊享之禮，稱人家之有無，以爲喪具之厚薄。無者實難强有，斂從其薄，有者不得愛惜此物而儉其親。

死喪嫁娶，俱爲大節攸關。悲哀和樂，豈容乖倫失序？未舉哀，姑從吉禮，舉哀，毋得吹打樂器，以傷天性。

（選自第三支《武南盧氏宗譜》民國辛巳年重修本）

筠川盧氏譜例

譜圖遵歐、蘇之善製，布行序次，毋致遺混之失。

世系爲文宗傳嗣而設，凡五世爲一圖，備五服之義。五世至九世又爲一圖，而九族之親備矣。每揭俱以五五相生，終而復始，五行相生之義也。

譜傳書行之下書諱字、書履歷、書婚娶生卒，紀其人之實也。

婦人無問嫡繼，合附其夫行下，崇正體也。禮爲繼母如嫡母，孝子事之，不敢殊也。

凡婦人有封贈者，在夫位下則書“贈某夫人”。

凡婦人再醮者，夫下止書“某氏”，不書年月，以爲其義絶也。如有子者，則書“嫁母某氏出”。

繼子先注名於本生父下，次列圖於繼父下，以所繼者爲父母，此古今達權通經之義也。

立繼者，如親兄弟有多嗣，先立親兄弟之次子。如無，立堂兄弟之次子。此昭穆之序，不容紊也。

今世人心不古，有因家貧子多，竟將生下嬰兒抛棄路旁，聽人拾取者。如有抱歸撫養成人，則其好生之心大有可嘉，其必入之無疑。

子出亡，爲人奴僕及娼優隸卒，削而不叙。其不幸避患，後能改過自新者，不在此例。

婚配務擇門第相當，無得貪圖富貴，且嫁女必須擇勝吾家。

凡有德可尊、行事可法、言論可稱、文章可式者，則書譜傳，以著其才。

男子爲僧道者，削而不書，惡其不世承，且習異端也。

節孝婦與女並爲立傳，即境而齒稍長，亦著姓氏與居孀之歲月以旌之，並即其夫與父名，使閨訓刑于皆有顔色。若身未亡而志以矢，亦附著焉，以相獎成。苟其末路逾盟，反足遺臭，不可不勉也。

祭始祖因時序拜，必辨昭穆。

祖宗墓木，不許擅砍以爲宫室。

入泮者給藍衫錢二千四百文，捐納者亦與分。

補廪者給費用錢四千八百文。

恩、拔、歲貢者給費用錢一十千文，捐納者如之。

鄉試者給水脚錢二千四百文。

中式舉人者給費用錢三十二千文。

歸京殿試者給水紋銀五十兩。

中進士及第者，給紋銀一千二十兩。

（選自第三支《�川盧氏宗譜》民國己未年重修本卷之二）

祠　規

宗祠春、秋二祭之時，主祭者不論分長年高、仕宦儒林，必須擇其夫妻齊眉、德行無虧、足爲一族法者，請爲之主。

本祠有不肖子孫敗壞倫紀、身爲賤役、作奸犯科、侮辱祖宗者，譜内削除，永遠不許入祠頒祭。

創造宗祠，以妥先人，必須嚴肅整齊，毋許子孫雜物亂堆，如有違者重罰。

祭祀之時，衆子孫照行排列，祭胙照丁給發。如有不遵例者，作爲不孝論。

（選自第三支《筠川盧氏宗譜》民國己未年重修本卷之二）

凰岙盧氏族譜凡例

譜中所圖宗支以五世爲一節者，取君子之澤之義也，遵歐、蘇式也。

譜中必歷叙始祖、所自出之祖者，不忘本也。第世遠代湮，必取其足據者，以便推究。自始遷祖以下頗多可考，故系圖必盛八公始者，紀實也。

譜中必嚴諱字，不致蒙犯前人。若嫌名不諱，二名不偏諱，後之命名，其亦知所慎重，庶乎立譜之意無遺憾云。

譜中世系必據真派，斷不虛他祖以欺後人。至若非我族姓冒干世者，概不入譜。

譜中必定雁行。自通譜既失不及攷，記自朝永以下方將取而甲乙之，庶昭穆在序，不致混淆云。

譜中派系，必自長漸次而及，蓋天倫爲重、幼不先長也。或庶居長而嫡居次，必自嫡始者，庶不奪嫡也。

孝廉節義爲朝廷旌奬者，必特書之。間有未叨表揚，爲縣乘所不及載者，亦必書之，不使其湮没無傳焉。此以彰善，亦以示勸。

生平功名事業所著，必特書之。至於操行謹厚、立品清高者，必特書之。蓋崇德象賢之意也。

嫁娶，書曰“某女適某氏”“某人娶某氏者”“處某女者”，美詞也。其不書者，貶詞也，以其門户不相侔也，以懲後也。

妻妾有賢德著聞，及夫死守節不嫁者，皆美以稱之，以勸後也。

婚娶初曰“娶”，再曰“繼”。妾則書曰“側室”。正名分也。

本宗有養外姓爲後，生有子孫者，譜必收之，但在於其下註曰“姓某氏”“某公養子”，以防混亂同宗也。

本宗入繼，必以長承祀。或長無人，亦必循次相承，不紊亂也。

譜中所載人物有後者，皆詳書之。或派系如綫，雖嬰孩必書，猶冀其碩大繁滋也。甚至無傳者，必取其前數代而存之。

譜中則書“卒、喪”。其有行頌墓誌可據者，書之。其無據者，削而不録。

祖先所葬山陵，必紀其形勝，以示永後不忘也。

舊譜以祖先仕宦、誥敕，及諸名勝、贈遺詩賦附於後，今多遺失，不及記載，僅存一二考徵者，以備參考。

本宗通譜已失，今以遺編修輯，總爲序貼，俱付賢能子孫收掌。歲時有事，出而覽之，無事束而藏之，不許損壞。亡失遺者，罪坐不孝科，追而另擇所掌，以重祖宗文獻也。

後代名字，凡三世則一贅，五世則一修，未及五世而譜紙損壞者則易而新之。俱依實謄録，不可妄爲增減，則相傳愈久而不忒也，後人其謹之。

（選自第三支黄岙《凰岙盧氏宗譜》民國辛酉重修本卷一）

蒲岙盧氏宗譜凡例

譜中所圖宗支必五世爲一紀者，蓋取君子之澤之義也，遵歐陽氏式也。

譜支圖内唯以大房居先，小房居後。而實録内則以一代生年長者居前，少者居後，以隱存尚齒之風。

譜自國朝以上荒遠難稽，間有事實附登於支圖，以備觀覽。至鳳川公第十三世永字一代，另起實録，編排廟行，昭穆不紊，長幼有序，不致混淆云。

先祖遺像，俱依老譜圖繪，以登集首，俾一開卷，即如見始祖形容，庶幾忠孝之心油然自生。

譜例傳贊壽考等，本宜匯爲一集，兹係房譜，不必另標，間有名即附於本人實録下，以便查閲。

系圖於名字偏旁必加小字，號某某廟行某字第幾，庶使閲者開卷即得。

實録必書某公第幾子，次生卒，次婚配，次男女，次墳墓，盡皆有條不紊，並無參差錯落。

實録生者稱名，死者稱諱，此舊例也。玆於鳳川公十七世以前則稱諱，十八世以後則書名，明前輩之尊於後生也。

實録父在子録則稱公，父子義然也。玆於十八世後抹去公字，亦前意也。

節義爲朝廷旌獎者，必特書之。間有未叨表揚爲縣乘所不及載者，亦必書之，不使其淹没無聞焉。此不特以彰善，亦所以示勸也。

本宗入繼，必以長承祀。或長無人，亦必循次相及，不宜紊亂，以啓争端。

他譜俱用刷印，魯魚亥豕，不無舛誤。玆集俱系馥一人繕寫，並無舛錯以及塗改添註字樣，至於書法縮醜，苦爲天姿所拘，貽誚大方，閲者諒焉。

（選自第三支《蒲灣盧氏宗譜》宣統己酉重修本）

山坑盧氏宗譜凡例八則

清支圖。圖演五世，以明服制緦麻小功，因所殺以篤親親。而宗分大小，由此遞承，循圖繼演，雖親疏遠近亦不忘所自出也。

正宗派。必自長及幼，循次而序，重天倫也。即或庶居長嫡居次，而序必自嫡始，以杜奪嫡之漸。明嫡庶以正妻妾之分，此正身齊家之要道也。

嚴宗法。宗有大小，或有乏嗣而過房承祀者，必挨序入繼，不得越次。若非其種，必鋤而去之。如從幼招來共成家業者，則書“某人養子”，即演入支圖，亦不亂宗也。

詳婚嫁。人有九族，而母族、妻族、女族皆其戚也，故先王立教六行，首孝友，即繼以睦婣，豈可忽乎？凡男婚必書“娶某氏”，其父兄若有賢行而顯名者，必志之。女嫁必書“適某氏”，婿與甥有足光門楣者，必志之。以啓慕效，所以廣睦媚教也。

詳生卒月日葬地。生卒月日不登諸譜，雖孝子慈孫，無由稽攷也；葬地不載諸譜，或地可附葬者，肇後人謀佔，致傷祖考。且歷時久遠，或牛馬踐踏，或水傾人壞，枯骨莫保。慎之。

謹字諱。族巨人衆，前代字諱，每易重復，皆由譜載不清，以致干犯也。兹於五世中考核詳明，後凡命名取字，一按諸譜，知所避諱，亦足長仁孝之思，而爲尊祖敬宗之一助也。

書行狀。一姓之中賢愚不等，間有足爲光寵者，必約略其生平以爲傳，俾後人知所效法而興起焉。至忠厚傳家無敗行墮節者，亦必書大概以示勸。若碌碌無能且多穢跡者，止演其派以傳後，蓋微寓褒貶，以垂法戒也。至婦德有足爲閫範者，亦當傳之。如孝子、貞女，其節烈有關名教，則立傳贊，以俟其後能顯揚者名之國史，不獨載之家乘已也。

整名分。族中伯叔兄弟不一而足。如有不肖之徒，或以侄而駡詈伯叔，或以弟而淩辱兄長，不遜不悌，合族當以宗法繩之，警頑鑾正，所以肅名分也。

（選自第三支《山坑盧氏宗譜》光緒丁未年修撰本卷之一）

牛鼻洞盧氏宗譜凡例

舊譜法遵歐陽公，世系五世一提，其第一表之第五世即二表之第一世，首尾聯綴，每表實止四世。雖支分派衍，而序房排列，脉絡井然。

譜中世系，必據真派，不可虚授他祖，以欺後人。倘有非我族姓冒干世系者，削而不録。

譜皆書名，臨文不諱也。佚名書字，名不雅馴不須改餙。名重字複，前乎我者，禮無追改，後乎我者，表異以號及乳名。舊譜有止書譜名而不書字與乳名，後人閲之，幾莫辨其爲誰祖誰父也。今譜名一體照諱行下特書字某、號某以異之，無字則書小名，知所重在小名也。

入譜之歲，古無正文。庾會、阮牗未弱冠二氏之譜載焉，蘇東坡年已二十且婚王氏矣，老泉乃不列於譜。紀氏定十六歲從版籍也。現在時局多艱，亂離無定，且三十年而一修，失今不書，則他日散佚必多，故仍照舊例悉登之。蓋既見其生，固冀其皆成立也。

夫婦爲人道之大防，凡婚嫁以正者，書“某人娶某處某公第幾女”“某女適某處某公第幾子”者，美詞也。書“某人娶氏女某”“女適某姓”者，恒詞也。其不書者，貶詞也。未娶者曰“聘某氏女”，未嫁者曰“許某姓子”，至遷徙失志年遠遺忘不可稽考，則書“失”字以别之。

紀氏譜婦，譜卒不譜生，張氏譜生卒並譜。今遵舊例。凡從一而終者，詳書生卒月日，兼述父族；佚父族則書其村里。

無子撫侄承祧，理應先胞而後從，無從求之於期功緦麻，無求之無服之遠支。間有遠支不足准予兼祧，然兼祧以外不得再祧。又承祧者於所承派之世系名下書“入繼”二字，本生派之世系名下書“出繼”二字，以便查考。

鞠養外姓爲嗣，爲鞠子只得受其家之分産，宗族之衆産無與焉。且其名下注明某村某姓某子，以便認記，否則恐他日婚姻有亂宗而陷於不知也。

塋墓舊無碣表可考者極多，舊譜雖有“某祖塋墓安厝某山”，亦不外通同之地名耳。今訪有坐向，則書“墓厝某山坐某向”，以備後世子孫查訪。

舊譜只修二本，分存兩房，丁巳冬被回禄焚毁，只留其一。今鑒前車，增修四本，編天、地、玄、黄四號，分存各房，易爲保存。管理之人須擇其人謹慎者，當衆推舉，不得任人争管。凡被選爲保管者，即有保管之責，非關重大緊要之事，不得任人請求出外翻閲，以昭慎重。

第十四世孫敏霞九

（選自第三支《牛嶼盧氏宗譜》民國戊辰重修本文集卷）

坎川盧氏宗譜凡例

（前略）

行狀墓誌，可據者書之，無據者削而不録。其卒葬山陵必紀其形勝，以示不忘也。

舊譜以祖先仕宦誥敕及諸名姓贈遺詩賦，今多遺失，不獲記載，僅存一二可徵者，以備參考。

容像祭産，古世家大族報本追遠，所以祀乎其先，至要之事，不得視爲緩圖，故即取而次之。

圖内凡有名爵者，揭於首，榮之也。耆碩、處士、儒士、秀民等，亦重德能也，是必有功宗族，如修祠、續譜、貯産諸大事，斯用此例。實録卷同。

實録，子在，父録中稱名，父前子名也；本録，則名表號並舉。若父在子録，則稱表稱號而係以公字，體孝子慈孫之心也。

凡實録詳於歿而略於存，以人必蓋棺而後論定也。然而存者實有善足稱，亦不過略書以示奬勸之意，並無溢美。

出繼、入繼，既在本族，無異所生，註於其人之右。

婦人從夫，夫在揭例者稱夫人、安人、孺人等，其餘通以“配某氏”稱之。續者稱“續配”“又續配”。其改適者書“再醮”，則削其適。

族内有剃髮爲僧不祖其祖、不父其父，照出家無家例，概不准入譜。

（選自第三支《坎川盧氏宗譜》民國丙戌重修本卷之一）

牛鼻硐宗範十則

一曰事長上。凡爲子弟事父母，必怡顔悦色，事尊長必謙恭巽順，有使令則奉行而無違，有戒訓則俯聽而勿辯。遇父母過失，下氣怡聲微諫之，再諫不聽，托諸父母所善轉達之，不可陷親於不義，亦不可激怒以自取悖亂。推而至於伯叔姑姐皆然。

二曰訓子弟。凡父兄之於子弟,必自幼教之灑掃應對之儀,稍有違背,輒加呵禁。十六歲以上就學讀書,以求普通智識,務以信實爲本。遇小過失,必反復開導,使之自改,不可穢言憤色,俾無所容。如飾非不改,會親友以責之。或有悖逆過惡,會諸宗族,告於祖宗,鳴鼓責辱,以期其能改;如煙賭等惡嗜好,尤須力禁。倘有頑不受禁,告詣政府懲究,再由法律制治之。

三曰慎嫁娶。宗族之發達,造端乎夫婦。父母爲子女擇配,必須選其人之品誼學識相當者,得諸子女同意,始訂婚約,不可專講資財與門第,婚娶不正當之子女,以貽吾族羞。又不可執從前陋習,合婚卜姻,不問人品之好歹,以重大之婚媾聽諸無稽之星卜,或不問男女同意,强自包辦,貽厥子女怨恨。是尤吾宗人所宜慎戒也。

四曰禮喪祭。凡遇葬親祭,先須行之以禮,不可徒事鋪張,裝飾門面。古聖云:喪與其易也,寧戚。又曰:祭之以禮。蓋欲人子發己之哀感,以盡夫慎終追遠之道。俗不知禮,徒從事迎賓客、集僧道,宣揚鼓樂,車馬盈門,而祖宗父母之哀情都不念及,是謂忘本務末,吾宗人當共戒旃。

五曰飭閨閤。人家不和,多由婦人。或不孝舅姑,或不順丈夫,或溺愛兒女,離間骨肉,或争校斗升,誣陷妯娌,或遊寺觀而度僧道,或信妖邪而洽巫祝。凡此不良之婦,爲之夫者不能隨時訓導,則門祚因之寖衰,家業以之零落。吾宗之人,不可不鑒。

六曰恤孤寡。今世之人,於其親房孤寡,類多欺暴,有霸産不分,有設計侵奪,或倚門户多收,或縱婢僕淩侮,甚至計鬻其女子而私其聘財,逼嫁其妻妾而利其田産。不仁不義,莫此爲甚。今後吾宗不幸,遇有孤寡,若家業殷厚則親房區畫,貧而無親則衆力協助。如有似前之不仁不義,則衆共攻之。倘或恃强反抗,則訴諸政府究治,以昭其罪惡。

七曰厚宗族。凡宗族有服無服，其初俱同一祖。遇有貧乏不能婚葬，或遭疾疫、水火、賊盜，由長者倡義，率衆隨家厚薄出助賙濟。疾疫止助醫藥，不得信尚淫祀醮禱，空耗資財。或被人誣害，必須協力排救。或自招恥辱，毋得信黨惡。如其不然，是曰忘祖。

八曰交姻戚。今人姻戚多厚於妻子之親，其於父母之親已疏略之，至祖父母之親則邈然矣。吾宗人當體父母遺愛，不分親故，一體而行，各欲自盡，勿相責備，期無不厚可也。

九曰理家業。居鄉舊家子弟，多有自幼不能力學，又恥事農商，恃其富厚，嬉遊度日，既豪侈而無節，勢至蕩廢家業，流落無依。吾宗子弟，六歲以上即宜就學，十五歲以上察其天資，靈敏者俾升上進，難成者即令力農，或工或賈，各執一藝，以謀獨立營生。凡衣食住之供給，皆須節儉預算，一歲出入，當使出少於入，庶存盈餘，以備不測，是謂勤儉生財之道。若乃勒買田地，重取債利，苛收佃租，盜買孤寡産業，此皆不德，吾人尤當首戒。

十曰和鄉里。古者鄉田同井，百姓親睦，今人鄉里之間往往不能容忍，釁讎鬥訟，不敗不已。吾願宗人務體古義，共相友助。遇有非理，遜而不校，或先幾避之。必不得已，則官有常憲，不必私與交言角力，以取凶禍，非惟居鄉之義，實亦保家之道也。

第十四世孫敏霞九

（選自第三支《牛嶼盧氏宗譜》民國戊辰重修本文集卷）

黄巖盧氏宗譜凡例

立譜必遵歐陽公法，所圖宗支以五世一提，九世再提，序房排列，可以易視。

譜中世系必據真派，不可虛援他祖，以欺後人。倘有非我族胥干世系者，削而不録。

譜中支派，必自長漸次而及。或庶居長、嫡居次，又必以嫡爲始，庶不奪嫡也。

孝廉節義爲朝廷旌奬者，必特書之。間有未叨表揚志乘不及載者，亦必書之，不使湮没無聞，此以彰善，亦以示勸。

嫁娶書“某人娶某氏”“某女適某氏”者，恒詞也。書“某人娶某處某公某女”“某女適某處某公某人”者，美詞也。其不書者，貶詞也。至遷徙失志、年遠遺忘不得考，則書“失”字以别之。

妻妾有賢德著聞，及夫死守節不嫁者，皆美詞以稱之，以勸後也。

婚娶初曰“娶”，再曰“繼”。妾書曰“側室”。正名分也。

本宗有養外姓爲嗣，後有子孫者，譜必修之，但於其下注明“某姓某公養子”，以防混同宗也。

譜中所書卒葬，有行狀墓誌可據者書之，無據者闕而不録。

祖先所葬山陵，必紀其形勝，詳載鄉里土名並坐某向某，使後子孫可按墓而祭，示不忘本也。

本宗入繼，必以長承祀。或長無人，亦必循次相及，不紊亂也。

譜中必嚴諱字，不可侵犯。倘有不知，偶爾侵犯，亦必按譜查核，改易爲美。

敬宗睦族，大義攸關。若忘根本，縱尋斧斤，甚有因小忿而攸成大懟，通外人以害宗親者，爲鄉里所不容，必爲祖宗所不佑。如有犯者，必削其名。

（以上十三條老譜所載）

譜之欵工，要酌盡美盡善。從前及各處之譜，好書大本。此譜一不便於翻閲，二不便於藏置，三不便於攜帶。兹所修之譜，本頭不大不小，每頁計十一行，每行計二十三字。至寫支圖之幅，上眉革出一行，書清某派，使觀者一望了然。

從前老譜，一支之下，即載實録以及詩文傳贊，又兼或有或無，觀者反生目眩。兹所修之譜，於每類一一詳列目録於前，條分縷析，有一可紀之篇必以類入，世系與實録各自成卷。讀譜者一面觀其世系，一面觀其實録，其人之源流是非一望了然矣。至祀産一節，本當另列一項詳載其業，兹族支散處，難於詳載，或有應載者附於祠堂墓域之内。

支圖應照歐陽公譜法，五世一提，九世再提，蟬聯而下，世代相承。今之所修，自漢至宋。宋至明，衹序本支，漢盧植公起至宋盧琰公，衹序世系，序略於前。宋盧琰公起至明盧玄真公，始列前紀一圖。盧玄真公遷居蔡岙，歷有八世，列其全圖。國字以下分遷各鄉一支一圖。分之則千枝萬派，合之則同本同源。翻閲之下，實屬分明。

世傳實録所載一人，第一行首書諱、次書字、次書號、次書職業功名。第二行低一字書"某公之子，生於幾時"，"已故者卒於幾時""娶某氏生於幾時"，"已故者卒於幾時""合葬某處""生幾子某名、幾女適某氏"，未適則書"未"字，以紀其實。如有孝友節義、品行端方、才藝超庸、爲鄉里所欽敬，生者例不立傳，將所有事蹟另一行附載於後褒其善，而懲勸之意寓其中矣。

蔡岙至國字輩歷有八世，嗣後遷徙他鄉，各成氏族，天涯海角，年遠代湮。有繼入别姓者，有修在各支者。但木本水源，人各有心，後來倘有尋厥本源，須將源流查明，可以補入。

老譜所載字號、生卒、娶氏、墳墓，十不有一。今待印緊促，不能延緩採訪，衹得從舊序列。

始修之初意，欲遍歷先人所遷之地逐一考證，詳明原原本本，不使一毫遺憾，乃起事於咸豐元年，忽已十載。今又適逢天下多事，若再推緩，恐成延誤不已，草率成事。特請天台陳錦裳先生印刷。其中尚多未妥未備，俟修後再爲考證，以備後來重修補入。

譜須擇老成者與守，猶須擇潔浄安穩之所藏置。每年元(下闕)

(選自第三支《黄巖盧氏宗譜》民國丙寅重修本卷之首)

家　範

蓋聞家世之熾昌基乎人心，人心之淳漓積爲風俗，則甚矣，箕裘之丕振、堂構之祗承，要惟反身修德，上以邀天地祖宗之眷，即下以凝和親康樂之休。修德惟何？法祖而已。

吾族自盛八公分遷以來，丁口實繁有徒，煙村枚指難數。大哉祖宗之德，積功累仁，世世無閒，雖中間兵燹迭經，不無典籍淪亡之慨，而綿綿翼翼、繩繩振振，猶得永偕族屬，歌斯哭斯，以享先人之成業者，秋毫皆祖宗賜也。夫祖宗兢業之忱，歷世原將共見，況乎本閱歷之身以闡爲勸懲之訓，凡我後人，務宜珍同拱璧。故祖宗已有之美，清風亮節，燦若日星，無自後人墮之。祖宗未有之愆，箕帚耰鋤，漸生嫌隙，無自後人開之。庶幾哉析薪思荷、學治期工，保世滋大之風不愈未有艾耶？

謹約其大綱，釐爲十二則，言雖近樸，理實博該，爰首弁諸宗牒，期與我後人世世共守之，勉旃毋忽。

一曰順父母。

順非阿意曲從之謂。人子行事能合於父母之心，是之謂“順”。孟子曰：“不順乎親，不可以爲子。”舜父頑、子聖，頑者不以聖爲是，反欲人從其頑，所以舜之順親極難。若常人之情，大都不遠，只欲其子爲正人君子而已。性質欲其温和，言動欲其謹恪，學問欲其精進，職業欲其勤勉，此俱是父母至情。

人子不能體親之心，貽父母以憂，觸父母以怒，這便是大不順。順父母，是如何時時以父母之心爲心，出一言必思此一言無拂父母之志否，行一事必思此一事無違父母之訓否。父母欲我昆弟同心，我便不敢藏怒宿怨；父母欲我家室雍和，我便不敢詬争反目；父母欲我修身養性、篤學厚生，我便不敢恣睢媮惰、縱情暴棄。如此之類，念念提醒，刻刻淵冰，使我心與父母爲一，父母之心亦與我之心爲一。我心與父母爲一是謂順父母，父母之心亦與我心爲一是謂父母順。《詩》詠妻子好合，兄弟和樂，子曰“父母其順矣乎”。順父母的道理如此。若夫服勤奉養之節，温凊定省之文，昔人論著已詳，今不贅。

二曰宜兄弟。

五倫中除父母外，只有兄弟是天合，故曰天顯。昔人謂難得者兄弟。這句話，若有兄弟的看來未見得真切；若無兄弟的人，父母早殞，隻身承家，有事無人商量，有勞苦無人更代，有患難無人扶持，有疾痛死喪無人料理，縱有一二相知爲我分憂出力，究竟朋友只做得朋友的事，宗族只做得宗族的事，至親骨肉之事無人代得。況今朋友一倫已是虚名，平時往來遊戲，到有事時都去了。只有兄弟至親，尚存天性，利害安危，扶持到底，縱有薄情的也推託不得、袖手旁觀不得，到此地位方知兄弟難得。試看周公《棠棣》一詩，説到鬩牆禦侮、死喪患難處，真足令人墮淚。

今人爲纖毫嫌隙，錙銖財利，撇却自家骨肉，反認他人作腹心，豈非大惑？當思兄弟與我，其初本自一身，所以兄弟比於手足。人之一身，右手觸傷左手，左手必不怨；左手有屙痛，右手必急獲之。爲兄弟的要得此光景。孟子曰"不藏怒，不宿怨"。兄弟朝夕相與，豈能無小小猜嫌？但要即時消化。兄有不是，爲弟的當思此是我兄，不可計較；弟有不是，爲兄的當思此是吾弟，誼當寬容。把至親骨肉四字認得極真懇，一切勝心客氣自然冰消霧釋。況我與兄弟同事父母，父母只要諸子和睦，若兩兩三三争長競短，父母之心便如刀割。縱使父母已逝，九原之下亦不瞑目。又有姊妹已嫁歸來，爲銖兩錢財與之争忿，失同氣情面，傷母父胸懷，□懷争□，何殊犬彘？爲人子者，所宜切戒。

昔張公藝"忍"字，至今爲美談。然須知忍是暫時降服之法，心火如炎，急將忍字鎮壓，隨即消化，以歸於無。若時時忍住，在心滯而不化，便是宿怨藏怒，此處切莫錯認。至於兄弟所以不合之故，大約起於閨閫。要知娣姒相與，原以人合，與兄弟至親不同。男子此處，須自作主張。若夫婢僕傳言遞語，往來□弄，將無作有，將好言翻作惡言，其害尤毒，尤宜禁絶，不可將自家骨肉聽小人搬弄也。

三曰敬尊長。

尊是與我父祖同時的,長而與我同行而年長的。父之兄弟謂之伯叔父,與父不甚相遠,敬之當如父。祖之兄弟謂之伯叔祖,與祖不甚相遠,敬之當如祖。伯兄年長的他曾繈褓我教誨我,與伯叔父不甚相遠,敬之當如伯叔父。宗族尊長齒德俱優者,與親房父兄不甚相遠,敬之當如親房父兄。異姓尊長,或母族,或妻族,或鄉之達尊,與宗族父兄不甚相遠,敬之當如宗族父兄。

昔柳仲郢爲京兆尹,事叔父如父,每見未嘗不束帶,暮歸必迎候於馬首。崔孝芬奉叔母,旦夕温凊,家事巨細,一一諮決,此是敬伯叔父母的様子。楊津位登台鼎,事其兄椿,旦暮參問,椿不命坐,津不敢坐,椿出,津不先飯。司馬温公事其兄伯康,奉之如嚴父,保之如嬰兒。此是敬兄的様子。《曲禮》曰:"侍坐於先生,請業則起,請益則起,君子問更端,則起而對。"又曰:"年長以倍,則父事之;十年以長,則兄事之;五年以長,則肩隨之。"《藍田吕氏鄉約》曰:"凡遇尊長於途,趨進揖;尊長與之言,則對;不則立於道側,俟尊長已過,乃揖而行。或皆乘馬,於尊者則回避之,於長者則立馬道側俟揖之,過乃揖而行。"(今乘轎此)此是敬同姓、異姓尊長者的様子。

四曰和家室。

父母養子,擔盡煩惱,歷盡艱辛,到得有室家時,父母却纔歡喜,念兒女事粗完了,此後只要他琴瑟調和、螽斯衍慶。若夫婦不睦,父母便十分憂皇,不必反目□争成大嫌隙,即尋常小事絮絮叨叨閙争閙競,父母之心亦是不安的。所以順父母的須要樂妻孥。《易》曰父父子子、兄兄弟弟、夫夫婦婦,而家道正。五倫中,此三事尤爲切要。

古人夫婦相敬如賓。修身的儀範、齊家的法度,都在此六事内。《詩》稱文王雝雝在宫,正是此意。今人室家争競的,多因閨門之内縱性直行,或直言遽色,搆起争端,或絮語煩言,激出火性,又或情性不同，意見相左，嘵嘵争端，各持己是。不思古人修身煉性功夫都在家庭内用力。若此處不能調情忍性，恣睢狂肆，便是氣質不馴，便是内行不謹，便是倫理有虧，豈可看作尋常事？

又婦人偏性，是古難免。男子喜怒尚不中節，女子性情豈能一一和平？此在爲夫丈的隨宜調劑，妙有機權。若必一一分剖此直彼曲、我是彼非，終無了期，至若室人有陰□狠戾不可化誨的，此雖無可如何，然總以正身爲主。我順父母，彼自不敢忤逆；我宜兄弟，彼自不敢戈矛；我慎言語謹禮法，彼自不敢詬誶。此是齊家的大根本。若夫正室無子而納妾者，尤宜嚴嫡庶之分，不可有所偏獲，以啓釁端。袁盎曰："尊卑有序則上下和。"治家者所宜三復也。

五曰養德器。

《詩》曰"如圭如璧"，言純粹也；曰"寬兮綽兮"，言寬宏也。人須有純粹的德性、寬宏的器量，纔成就得事業，凝受得福澤。昔吕文靖嘗語其夫人曰："吾四子皆當貴，但未知誰作相。"他日使小鬟持寶器貯茶，至門跌碎，三子皆失聲，獨次子公著凝然不動。文靖曰："此子必作。"後果然。

大凡德性譬諸五金：銅、鐵性極剛，錫性極柔，皆易摧折，獨黄金能剛能柔，不受毁傷。器量譬諸盛水之器，升斗只受得升斗的水，鍾釜只受得鍾釜的水，到江河便無所不容，所以德器大的福澤亦大。今人縱性自恣，一言不合，心頭火起，一事忤意，反面詬争。此等褊衷，何異好鬥之犬，聞聲便號？且父子、兄弟、夫婦之間多因此失歡，害事不少。須要洗盡俗腸，拓開眼界，剛猛的學温和，疏漏的學縝密，躁急的學寬緩，褊小的學廣大。氣度要玉藴珠藏，毋疾言遽色、易喜易怒；心胸要天空海闊，毋較銖論兩，恕己責人。昔人稱黄叔度汪汪若千頃波，澄之不清、淆之不濁，此是何等德性，何等器量！王、楊、盧、駱，才名蓋世，論者謂其浮躁淺薄，非享爵禄之器。"浮躁淺薄"四字，埋没多少豪傑，爲士者所宜切戒也。

六曰端心術。

心渾然在中，從心上萌芽，生出許多智慮，轉出許多作用，此之謂術。世間心術不端的人，或見利忘義益己損人、或技□多私妒美樂禍，或誕浮詭詐心口不符，或設□藏機滿腔矛戟。此等人外面亦要説好話做好樣，自謂無人看破，不知此心對人，如狐□臨鏡，本相瞭然，誰能掩得？縱使假仁假義，人亦不肯聽信，終無一事做得成，究竟何益？所以人的存心要如青天白日，千人亦見，萬人亦見。昔劉元城問何以終身行之者，司馬温公曰："其誠乎！""誠"之一字，即孔子所謂"忠信"，孟子所謂"赤子之心"。人能全得此字，自然光明正大，表裏洞然，更無不可對人之心術矣。

七曰肅威儀。

北宫文子曰：有威可畏謂之威，有儀可象謂之儀。《禮》曰"足容重，手容恭，目容端，口容止（不忘動），聲容静，頭容直，氣容肅，立容德（正直不□有德之容），色容莊"，此之謂威儀。人之一身容貌、詞氣輕重疾徐，不獨智愚賢不肖於此分途，即貴賤壽夭亦從此見端。試看今人厚重端嚴的決是凝福的人，輕率浮躁的決是薄福的人。威儀關係如此，豈可不慎？今人或科頭跣足，逍遥城市，或三三兩兩，托背扶肩，或横肱箕足，坐立不正，或側目流盼，注視婦女，或縱酒失儀，喧嘩狂肆，或不揖尊長，直躬舉手，此《相鼠》之詩所謂人是無禮者，不可看作小失。張思叔座右銘曰："容貌必端莊，衣冠必肅整，步履必安詳，居處必正静。"有道之言，所宜三復也。

八曰勤本業。

《孝經》曰："用天之道，因地之利，謹身節用，以養父母。"此本業之説也。四民各有職事，黽勉本業，循分力行，不獨可免饑寒，亦可遠邪僻。若悠悠蕩蕩，漫無本領，便不免狎□淫朋，便不免馳逐遊戲、蕩檢踰閑，壞名損節，都由於此。當思天地勞我以生此七尺軀，決無安閒逸豫，坐享現成理的。讀書的刻意攻苦，上之可以立身揚名，次亦不墜詩禮箕裘；治生的盡地力，謹居積，克儉克勤，久後也必豐衣足食。若夫不耕而食，不織而衣，非士非農，不工不賈，在國爲遊民、在家爲浪子，世間何樂有此等人？程子所謂“天地間大蠹”也。

九曰慎交遊。

薰蕕同器，則穢能奪芳；蒼素並處，則黑必污白，古人所以戒損友也。世間有一等浮浪子弟，口不道正言，身不習正事，縱酒猖狂以爲豪邁，尋花問柳以爲風流，村言市語以爲脱灑，三兩結盟以爲意氣。此等交遊，所謂入鮑魚之肆不知其臭。少年見此，當如毒藥猛獸以遠之，切不可畏賢友剛方，樂細人軟美，比淫朋，遠君子，自墮坑塹也。

十曰勇改過。

人非聖賢，每事安能盡善？知過能改，便是聖賢路上人。世間不肯改過的人約有數端：一是愚蠢，有過不自知，衹任自己偏性執拗，自是頑梗到底。一是狂躁，縱情慣了，不自禁制，今日知過了，明日又復然，此事悔悮了，他事又復然。一是護短，自己理虧，怕人看破，文過飾非，如人行錯路不肯回頭，愈趨愈遠。凡此之類，自暴自棄，總謂之下愚。孔子曰：“過則勿憚改。”改時抑情制性，有許多拘束不自在處，所以人多憚心。去此“憚”字，勇猛回頭，如身染糞穢，急思浣濯，如體被□痍，急圖療治，斬釘截鐵，换骨脱胎，方是好漢子。袁了凡先生云：“從前種種譬昨日死，從後種種譬今日生。”改過的，當誠此意。若怙過不悛，剛愎拒諫，尊長絶之，朋友遠之，父母棄之，終身無復出頭日子。戒之慎之！

十一曰謹祭禮。

古人祭祖考，散齋七日，致齋三日，思其居處，思其笑語，思其所樂所嗜，祭之日儼然如見祖考，這是聚一身之精神以通祖考之精神。以之精神聚，祖考之精神亦聚，所以焄蒿悽愴，恍惚來饗。《禮》曰：“祝以孝告，嘏以慈告。”此時子孫與祖考真是一氣感通。孔子曰：“我祭則受福。”《詩》曰：“君子萬年，永錫祚允。”孝子竭誠以事其祖考，則祖考自然降福，此是實理。

吾族前輩，雞初鳴具饌陳器，天未明行禮恭敬，虔恪綽有古風。今人怠緩成習，有遲至食時尚未行禮的。這一點怠緩的念頭，分明將祭祀看作虛文，全無尊祖收宗的實意，如何受得祖宗福佑？遍觀吾族祭祀，勤謹之家決是家業興起的，怠緩之家決是家道零替的，不可不慎。

吾祖父以來，祭祀從來勤恪。今雖不能如古人七日戒、三日齋，然遇祭時須看作一件大事，打疊精神，與祖考對。越前一日，省視祭品，灑掃庭階，浣滌器具，不可茹葷葱之類縱酒，不可忿怒詬争，不可縱婦女打罵婢媵。祭之日，雖窮冬冱寒，亦須昧爽陳設，質明行禮，品饌俱要精潔，不可用他人餕餘，不可買酒肆熟食。至於祭時，昭穆序立，尤宜嚴肅，若或兩兩對語，或附耳密言，或跛倚顧盼，或當暑揮扇，俱是大不敬，戒之慎之。

十二曰飭喪禮。

古人冠婚喪祭，事事鄭重，所以三千三百，如此周詳。今人簡略慢易，將古人禮制都壞了，喪禮尤甚。冠婚從俗，雖不成禮，尚不甚害事，送死大事，豈可漫徇流俗？

古人遭喪，既殯始食粥，既葬疏食水飲，小祥（期年）始食菜果，大祥再期，始食醯醬。漢唐士大夫居喪，無敢飲酒食肉者。今即不能然，亦當疏食至卒哭（百日）。古人朝夕哭至小祥止，朔望會哭至大祥止；今即不能然，朝夕哭亦當至卒哭，朔望會哭亦當至小祥。古人中門外擇樸陋之室爲喪次，寢苫枕塊，卒哭後寢席枕木，大祥後始復寢。今即不能然，亦當至卒哭乃復寢，否亦終七乃復寢。古人非喪事不言，不脱绖帶，不與人坐；今如不能，然亦當不□樂，不與慶賀，不與宴樂。古人入公門不脱衰絰。《記》曰“君子不奪人之喪，亦不可奪喪也”（不可自奪其喪）。今即不能然，亦不當因小事輒易吉服，一切吉禮可省者宜從省。至於供佛飯僧作諸法事，大類兒戲。《易》曰：“有子，考無咎。”父母有善，能濟美，有過，能蓋愆，使其親瞑目九原，便是大功德。有禹而□得配天，有安世、延年而張湯、杜周免墮《酷吏傳》，此是極大的超薦。浮屠家有此法力否？又死者以入土爲安，古人未葬，食粥朝暮一溢米，痛親之未有歸也。今溺於堪輿之説，希圖貴地，停殯荒郊，曠日持久，風淒露冷，恬不爲意，豈非大不孝？須知停喪是人子大罪，父母一日未葬，人子之心亦當一日不安，急急皇皇，必至安厝乃已。又須知求地者以積善爲本，積善之家，天將興之，故錫以吉壤。若其家不當致福，吉地亦爲鬼神所秘，豈能强求？世人不揣其本，漫思貴地，致子不克葬其父，孫不克葬其祖，可爲浩嘆。

凡此之類，皆酌今日近情可行者言之，所謂賢者俯而就，不肖者企而及也。

（選自第三支《黄巖盧氏宗譜》民國丙寅重修本卷之首）

蘧仙公遺訓

須思分量己如何，毋藐視人起浪波。行可終身惟强恕，用由斯禮貴安和。平心免致事翻覆，耐性預防時折磨。莫陷不才甘濟惡，《西銘》原號訂頑科。

（選自第三支《黄巖盧氏宗譜》民國丙寅重修本卷之首）

直齋公遺囑

存心要忠厚，立品要端方。田地要辛苦耕耘，兒女要細心訓教。家事要料理清楚，食用要預先措辦。時時佩誦聖賢格言，刻刻要圖維創家計策。詩書要勤讀，身體要保養。作事要仔細，出話要謙和。不可因窘借錢，以致受累；不可貪利放債，以致争執。不可浪用銀錢以粧體面，不可怠惰氣力以失事機。不可管人閒事，不可説人是非。不可亂寫契書，不可早眠遲起。不可任性與人争鬥，不可刻薄討人便宜。不可讀無益之書，不可求不義之財。

（選自第三支《黄巖盧氏宗譜》民國丙寅重修本卷之首）

盧氏宗譜凡例

家譜上承宗德以示將來，固拳拳孝悌意也，須考實記載，不可耀一時耳目，快一己私情，湊集成編，使後人據虛爲實、信疑相參，雖孝子慈孫抱恨難雪矣。

系圖當遵歐、蘇之法，世經而人緯之。列五世一提者，係五服之親也。又九世再提者，寓九族之義也。

行第每一世取一字，以爲綱領，始自“小、宏、統、振、方、貴、楷、童、倫、春、景、昇、獻、增、永、茂”輩最佳字眼，今復續添“千、枝、萬、葉、常、生、忠、孝、賢、良”，以取生生不已之義。

圖中五世下大書其名，細書其行，並書遷徙之地。有子者應提，以便捷圖，無子者不提，仍書其名而已。

排行下書諱書字書號，並書生娶卒葬子女之詳。其爲人有功於祖、有光於族，不拘男婦，有志節懿行可爲規範者，俱作傳贊以表之，使後知所勸勉。

世業自祖宗規創以遺，後允宜世守而樂利者也，其祀産坵畝字號，開載譜内，以垂久遠，使不肖子孫毋得侵漁，以斬祭典。

先祖墳塋，若不書地書向，以致年遠日久，或疑擬者有之，或冒認者有之，而又起越遷之端、疊葬之弊，皆因無稽考質徵之故也，當書之譜中，不使後人僭奪。

始祖尊其所自出，聖人之制也。是故尊祖莫重於譜。譜牒明而本源著，人知本源之道，則孝悌之心油然而生，友愛之情自固結而不容已矣，故裕後之君子所以重譜。

男女冠笄，禮所首重，當於冠笄之日，虔誠告廟，賓於宗長。

男女嫁娶，必擇賢良世德之家。古人云：“娶婦須不若吾者，嫁女當勝吾者。”嫁女勝吾則必敬必戒，娶婦不若吾則必執婦道。

喪祭必稱人家之有無。孔子曰：“喪與其易也，寧戚。”又云：“祭如在。"第盡孝敬哀慕切之誠而已。不可惑於世俗,延浮屠懺悔,誣親不義。若垂喪祭,争索酒食,是苛求,非吊恤也。

族中仕宦或有廉忠可風者,或有隱居而潛德可稱者,或有孝子節婦可法於後世者,當列傳贊,表彰於譜,以勵後人。

凡行誼可取,生不宜列傳,必没齒無議方可。先正云:"蓋棺而後始定。"

族中無嗣,立繼者當明書"某公繼某人第幾子",生父名下書"某子出繼某公",須稟明族長。外姓非同宗者,不得任情去取,以啓争端,且速敗亡之禍。

支派或異,雖富貴不許扳人,以致真假混淆。子孫遷外地者,親屬宜招集歸宗,以敦一本。如爲僧尼者,不立行,止於父名下書其名,爲其人於異端不承宗祧故也。

女不書生卒,以其内夫家而外父族也;妾不書庚,恐其亂嫡也。生子則於子名下著其氏,蓋取子無絶母之義。

戒婦之斥,夫亡而醮者,書其姓氏,夫在而醮者,姓庚不得與之,此所爲義情絶矣。故之曰不爲伋也妻,不爲白也母。

子孫重犯祖諱者,即宜改正,或添虚字,或加竪心之類以别之。

先世敕誥遺文,雖片言隻字,亦須謹録,不致遺漏,即是孝子賢孫。

以藏譜者,必須謹潔,毋得褻瀆,已至黴爛蟲蟻蠹傷,罰銀十兩,賠作整修之耗。如被外背失者,公共議取增例重之,姑著謹慎重之。

立家長,當遵義門遺法,視闔族最尊者爲族長,咸聽厥命。又舉各房首尊者爲房長,共襄厥事,一遇公務,齊集公堂,稟命族長,奉行勿違。

崇祀典。凡屬祖宗墳墓,一草一木均宜珍護。每逢歲時伏臘,子姓虔肅拜掃,以供俎豆。朱子曰"祖宗雖遠,祭祀不可不誠",其此之謂歟!

旌節孝。族有青年孀守、撫子成立、終身事舅姑者，具聞當道，以待旌獎，使激勸成風，何懷里之不仁而族之不美乎？

敦孝友。竊以愛敬本於知能，仁義即在親長，持之則正心修身之要，推之實齊家治國之本，孝友之宜務也，顧不急哉？倘逆親忤長，有干法紀，小則施以夏楚，大則削其譜籍，慎毋忽諸。

尊師傅。先正云："玉不琢不成器，人不學不知義。"故親生之，君臨之，師教之。所謂民生，於三事之如一，正以見師傅之係於人者大，而事之宜等於君、親也。有志訓誨子孫者，須加意尊禮，使後裔之有造焉。

厚風俗。鄉黨宗族皆一本之所出，而原其始實同一體也。務各相親睦，不以强淩弱，不以富欺貧。有長幼尊卑，肅肅雍雍，斯成大家禮義之宗風矣。

哀煢獨。鰥寡孤獨，四者無告，自古爲然。我族有少孤失怙、殫守無依、可矜可憫者，無論親疏，另啓優撫，以敦任恤之義。

禁遊惰。萬民全，國乃治，四維張，國乃興。故不耕不織，饑寒所由基，遊手好食，敗亡所必致。惟樸者勵農桑，而秀者敦詩書，其庶幾矣！

（選自第三支《暨陽梓越嶺盧氏宗譜》民國庚申年重修本卷之一）

畢業費議

憶自始祖卜居兹土，生支繁衍，家業寒微，只有祀田孝享先靈外，無學産鼓勵後昆。有志升學者，而膏油之費尚闕如也。際此世界文明，學校林立，大小畢業，指不勝屈。若不預定規則，畢業費項未免争長絜短。因此邀集族人公同磋商，將畢業條程逐一分訂。凡吾族裔，嗣是之後入校，畢業者照規支領，毋得妄生覬覦。爰立數語，刊附宗譜，以垂不朽云。

今將規條開後。

高小畢業後照驗文憑，向經理處領洋七元，登堂祭祖，置酒二席，請董事家長散福。

農、工、商、兵等校，畢業後餘式照前。

中學師範暨監獄，畢業後領洋十四元，餘式同前。

大學法政畢業，暨能應文官考試者，領洋念元，置酒肆席，餘式同前。

畢業諸生每遇清、冬二祭，必須登堂祭祖，得能給胙散福。

時中華民國九年正月

（選自第三支《暨陽梓越嶺盧氏宗譜》民國庚申年重修本卷之一）

家　規

有不肖子孫污行玷族者，諸長議削其名。有子者，名下則書生父某，亦無絶父子義也。

有子孫出家爲僧道者，止書其名，不得列其行。或還俗者則録之，不終棄也。

先世有宦跡德行，及孀婦青年守節、清白著聞者，當係另文，紀以榮之。

有出仕者，書其官銜、憑誥、敕命、御贊，録之以重朝命也。

子孫有登名科貢，及由授例吏員通籍者，即有一命之榮，莫非王臣，須另登載。

子孫有俊秀聰明、性資能讀者，族宜公帑助給，延師訓教，使成大器，以繼光風。

凡上古祖墓，無論存豐崩塌，皆宜祭掃，不致棄絶先人也。

凡有祖産、祀田、墓圖等項，載明四至號畝，不致舛混，以杜絶侵佔盜廢之患。

祖有誥敕、御贊及宗譜，必選賢良家殷、能曉文墨者執藏，毋至盜遺失落之患。

有子孫僑居在外，做譜時如親房不去通知者，僑居子孫之常份及己産，其親房一概不得代爲輪值及處置，由本宗祠善爲保管。

理事、管常，非世襲制，如其子或弟合格者，得遞充之。

管常須設總管一人、記賬一人，選擇品行端正、秉公言行、具有相當家計者充任之。

管常子孫能置田産三十秤以上，或修造仿造廣大宗祠者，或能助實租己田十秤興常者，均得列入頭等功祠位祠。

管常理事由各房推舉賢能子孫三人承禄，公房二人須擇賢能忠厚秉公直言者任之。

（選自第三支《五馬山盧氏宗譜》民國丁亥年續修本卷一）

丁川盧氏重修家乘家規凡例

夫家之有譜，猶國之有史，所係綦重。非獨聯疏遠、序長幼，實所以遵國法、守祖訓，俾爲善者知所勸，而爲惡者識所懲也。況今聖天子頒萬言《廣訓》，遍諭鄉約，朔望聚講，兼設觀風使憲，整齊教化，鼓勵人心，欲合海内一道同風，還淳反樸。凡屬戴高履厚者，均宜體此意，以敦宗睦族，勸善規惡，爲鄉邑倡。

用是糾合宗支，取譜牒修緝之，其間各項事例舊已詳載甚明，但恐人心不齊，議論紛繁，特於公祠立約，詳開條款，書名畫押，令各派下查考子孫行事之賢不肖，指實呈詞，以便照例施行；慎勿背公黨惡、漁利徇私。如有恃頑，不遵家法，公祠鳴鼓，會同祠長族衆送官懲治，斷不容情。

是譜以世爲經，人爲緯，明世系也。自尚書公而下燦然可考，間有疏闕，不敢妄爲補綴。

宗族果同一氣，雖流失衰微，亦不得棄。若非我源本，雖富貴不敢攀附。此祖宗之遺戒也，敢弗永守？

世系圖用歐陽公五世例，參以蘇氏之法。五世畢，復提五世，有子者更爲一圖。高祖逮玄孫九族之親盡於此。

行第，先書行，書諱與字，次書出某公之子及生卒、匹配、葬所、子女之詳。若子側室出，則云“側室某氏出”，庶子則云“庶出”而不氏。至仕宦履歷與素行足爲衆所取重者，約數語於下。其有大節可嘉者，另爲立傳，所以風勵後人也。

嫁娶尚閥閱，貧富無論焉，必求清白尚義之家，是故古有匪耦之譏者，别家勢也。而家勢不稱者，止載其姓，不書其里，甚者並削其姓，以示戒云。其有名望者，書里書姓，有仕宦者，書其履歷，非所以慕富貴而惡貧賤也，欲慎擇無苟。慎之慎之。

庶出者，於子之下書“生母某氏所出”，因子及母，禮制於情。

妻被黜與改醮者不書。有子者，於子之下書“嫁母某氏所出”，雖義絶而不忘所自。

世系圖中不載女，只於父傳後書“適某姓”。不書生卒者，以内夫家而外父族也。再適不書，用懲失節。

立嗣律有明條，首序昭穆，或並繼，或愛繼，悉遵條律。吾族以侄孫承繼伯叔祖者，則律中變通之法。至有抱養拋棄之子以爲己子者，概不入譜。此例嘉慶己卯嗣孫會同老成告廟商議，異姓不得亂宗。

子孫爲僧道，不入世傳，但於圖内及父傳見之。有未成人而死者，亦止於圖内並傳中書“早世”。

族中有遷居他處創業成家者，於始遷之下書“遷居某處”。

子孫捐有資助入公堂者，登其事於譜，二十畝以上載於世傳，二十畝以下載於田號，垂美於後，俾有所勸。

邱墓繪圖於前，列記於後，詳書“某府君合葬”“某府君附葬”，俾子孫弗墜祭掃，以永孝思。凡墳塋、界址、祀産、號數，亦並詳書，庶免不肖侵易之弊。

内傳略紀婦人行實，孀居苦節，始終無議，不論已未旌揚，悉爲採入。並才能操家、識能見遠者，載之以垂閨範。

内外傳略見郡邑志者，書“某刺史”“某邑令”重修。餘或子孫稱述，或親友播揚，據實書名。

天經地義，莫大孝悌。倘有不孝不悌，經父母嫡親叔伯昆弟鳴祠者，會同本房教訓責懲。再三不悛，問衆鳴鼓，告廟除名。

亂倫傷化，既犯國法，兼壞家規，應削其身，恕録其子。

犯姦盜者不書，以其玷宗也。子能自立，則書“某孫續之”，重幹蠱也。

良賤不爲婚，國法亦家法也。娶不書氏，嫁不書女，吾族素嚴於此。近屬濫娶。今後娶婚，必須閥閱相當，毋得妄行，以娶玷辱，仍違祖訓，告廟除名，媒人係祠下子孫並削。

名字重犯祖諱，既往者已不及追，存者俱宜改正。嗣後命名，切須敬避。

譜序不論工拙，存之於後，以見當時修輯之意。如有字畫差錯，必須改正。

盛衰興廢，循環常理，勿以貧賤而失其真傳，勿以富貴而收非類。賢哲子孫，慎之戒之。

吾祖嗣孫等老成商議，緣因洪一府君而下遷基發祥，倘有後日屋業出賣者，只許本家受業，不可藏匿。如若背賣與外姓者，以爲逆祖滅宗，會同祠長告廟議定，削譜除名，子孫永不許入。各遵規例，尊之勉之。

此例。

道光廿三年歲次仲春之吉

（選自第四支《丁川盧氏家乘》民國戊辰年重修己卯年續修本卷之一）

盧氏規例

嗣孫入於匪類，或欲通匪到人家擄掠，無論何人，初悉時即報告族長，令其改過。如若行惡不悛規勸者，輕則議罰，重則削譜。

嗣孫遇有與人私怨，或言語衝突以致捏名誣控者，須查明。輕則議罰，重則除名。

嗣孫以爲肥利，將妻出典者，不准親房。若初悉其情，即報告族長議罰，如敢故違，削譜不貸。

立嗣首重昭穆，由親及疏。年至十六爲中殤者，得繼與人爲後。若年相符、又有生丁並立者，其繼父遺産俱歸生丁管業。如年不合者，亦須下有生丁接繼爲孫。如繼子不直名立節，專入下流賭博等情，繼産不許易賣，違者親房設席則可立祀，亦權宜之計也。

嗣孫如有親生之子，雖不幸幼殤，亦准列行，以備日後繼孫。

閲舊譜，有止生一子，繼與人爲後，而己無後者，實堪憐憫。自後如非同胞，爲財産而繼於人，將己無後者，不準。

立祀經有約據者，日後遇有以義繼於嗣主爲後者，須遵積聚人酌量處置，不得繼子而别祀約事。

中華民國十有七年歲次戊辰小陽月中浣吉旦，理事人

邀同族房長商議公具

（選自第四支《丁川盧氏家乘》民國戊辰年重修己卯年續修本卷之一）

玉川盧氏宗譜凡例

譜圖法太史公年譜例，畫爲五服格，世經人緯，五世一身，九世再提，亦親親九族之義也。

譜傳仿歐陽文公傳例，每名下書行諱字號、生卒年月、葬里、娶妻、生子、嫁女姓氏，及有德行者，略著小傳，以提其綱。

孝子順孫義夫節婦及居官有政績者，讀書隱逸有異行者，宜求名賢銘傳以表識之，庶彰有德。

先世銘傳狀記詩文甚夥，不能備録，凡一人取其一篇。有關於實行者以附後譜，庶爲子孫有所矜式。

吾族世屬源流，自河南來婺徙永嘉，雖有世系，莫考其實，姑闕之

可也。今斷自來於雲邑之方山，始祖以下則實著圖派詳焉。

成化辛卯歲重修家譜，一樣六本，内一本則出繼潛氏與焉。弘治庚申歲照舊樣整輯，易闊紙書。正德乙亥存誠翁復續校正，用各色紙侵間，故於嘉靖辛卯年義煥重復校正，用一色紙翻膾謄之。先世譜稾，不謹被同姓竊拾者有之，吾自今方山六卷之外稿悉焚之。盧姓居本邑者雖多，語姓則同，爲族則異也。子孫識之。

（選自第八支方山《玉川盧氏宗譜》光緒癸未重修本卷一）

白隴盧氏家乘凡例

譜圖仿歐陽，以世爲經，以人爲緯。自一世至五世，取五世服盡之義，其有子者著“裕後”二字，再提頭而成九世，取自高曾至曾玄九族之義。自九世以至百世，本連枝分，莫不皆然。圖内止書名諱、排行，不及娶氏、生卒之詳。

譜傳效眉山，先書行以分次第，繼書諱號、年庚以辨長幼。著父之行第於上，以知所自出；書娶氏，以昭婚姻；書子於下，以明著代；書女適人，以考外戚；書卒葬，以稽祭祀；更及窮達事實，以傳於後世。

孝子慈孫、義夫節婦及讀書有功名政績者，或有著作實行者，宜求文人銘傳，表彰有德，毋爲私相情好，滲作虚誕，並戚屬無功名文學人等冒列姓名，兩相刺謬，以貽後人羞。

名諱或有幼時命名及長而改者，在庠生則先書諱某又書庠名某，否則先書諱某又名某，所以便查考也。

生子接續宗支，未經十六歲成丁之年以幼殤例，不得載入排行，淆亂倫序。如果愛惜，於父名下“生某子”注明“殤”字樣。

婦人夫死再醮者，不書卒葬，以其廟絶也。若有子者又作别例，以子無絶母之誼也。

立繼必昭穆相當，不得以弟繼兄、侄孫繼叔祖，大亂宗法。書法：於本身行傳，則著其上曰“某行第幾公繼子”，於父名下則書“出繼某人”，於繼父名下則書“繼一子某”，支圖亦然。至於子孫接支，則入於繼父之下，蓋本生父名下必書者，不忘本也，而子孫入於繼父之下者，世世繼其宗祀也。

嫡庶。庶母不與嫡母並列，以其非夫敵體也。庶子雖長，不居嫡子之前，於父名下必先書嫡母氏族、年庚、生幾子，繼書庶母某氏生幾子，以明嫡庶之分，不容紊也。至於本身行傳，則以長幼爲次序，蓋同是一祖之子孫，不以一門之名分而行於一族也。

出繼異姓者，必著明出繼某處、某人，使其日後知爲同宗，庶不混亂婚姻，或欲歸宗亦可以考其支派也。

流寓異地，知其名不詳其年庚者，排行無從而入，必載其名於支圖名下，著明居某地。一則望其歸宗，再則或其日後子孫發祥，得以考其本原也。

婚嫁須擇門第相當，苟慕富貴、貪圖財賄、締結寒傖及私相配合來歷不明者，削而不書。

匪類及竊盜窩藏等流，凡伯叔兄弟及親分故爲隱瞞縱肆，一經發覺，並行懲斥不貸。

倡優隸卒，其身家之不清白，朝廷例禁子孫永不收考，殊堪痛恨。倘有悞蹈迷途不改者，定行削譜不恕。

外子入繼，實爲異姓瀆宗，夫鄫以莒甥繼嗣統，而《春秋》書曰“莒子滅鄫”。秦始皇以吕易嬴，論者謂秦之滅先於六國，而司馬温公《資治通鑒》别號曰後秦紀。此古今之所同疾也。第或血盤抱養，或隨母入書，或至戚承嗣，實有萬不容已之情，向於各行後特設補遺一例，仁之至、義之盡也。前乙酉續修，諸董事欲一視同仁，插入排行，未便改易。兹届定議：凡異姓入嗣者，預須設席通知族長，入常洋伍拾元，貼修譜費用。唯甥繼母舅，以有血統關係，酌入常洋拾元，但其後裔必皆以一“又”字别之，庶免亂宗之害。

（選自第八支白隴《盧氏家乘》民國乙丑重修本卷之一）

家規

孝於親。自古聖賢千言萬語開口便説“孝”字。所謂孝乃百行之原。凡人子之於父母,罔極之恩,如同天地。處家庭中,無論貧富常變,俱要小心奉養,承歡膝下,稍有違忤,便爲不孝,朱晦庵所謂“撻之流血,起敬起孝,不敢疾怨”者是也。

悌於長。祖、曾、伯、叔、兄、戚、師傅皆謂長,禮以恭敬詞遜爲本。凡出入起居、言詞應對,當循分自盡,恪守子弟之職。名分既正,風俗自淳,《禮》曰“年長以倍,則父事之;十年以長,則兄事之”是也。

和於鄰。不論同姓異姓,皆謂之鄰。出入相友,守望相助,疾病相扶持,接見聚會,自成一團和氣。倘有口舌是非,弗藏險心,弗動妄念。孔子曰“不念舊惡,怨是用希”者是也。

睦於族。貧富、强弱、賢愚、孤寡固不能齊,須念同宗共祖所自出;毋以賤妨貴、少陵長、遠間親、新間舊、小加大、淫破義。《傳》曰:“去順效逆,所以速禍也。”後人慎諸。

遵祖宗。二字格言,曰勤、曰儉。弗納於邪。爲人父母者,倘狥於溺愛,聽其自放自便,爲今日之驕子,即爲後日之廢子,並且貽父母憂、傷祖宗譽。人惕之。

訓子孫。兩條大路,惟讀、惟耕。耕則終身竭作,仰足以事父母,俯足以畜妻子,爲家庭聚順樂事。讀則鋭志姱修,近可爲正士端人,遠可以光宗耀祖,乃宗族出色人物。子孫勉旃。

不孝有三,無後爲大。或娶或繼,以接宗支,毋許私相授受,混亂彝倫。後之子孫,恪遵家法。

子孫繁衍,或爲工、賈、醫、卜及百家技藝,當盡心盡職,不可昧却天良,一抹覷着財利,致人陷害。

宗廟乃宗祖之居處,宜修造整飭,妥侑先靈,爲尊祖敬宗之本也。

墳園屋衣、樹木柴條,猶人之毛髮,宜嚴禁護様,庇蔭風水也。

以上規條，尚未備載。凡有犯奸作科者，一切望祈家長懲斥，整頓家風是凛。

（選自第八支白隴《盧氏家乘》民國乙丑重修本卷之一）

重修盧氏家規

元旦會拜，所以重歲首、叙長幼、狎同姓也，各房家長當黎明率卑幼詣祠堂，告朔於廟先祖，次第叙齒會拜。如有托故遲後者，明證其過，責之。

家必有廟，祭必有田者，所以時薦。祭不惟盡奉先之禮，亦可以狎宗義也。吾家祠堂祭田湮廢久矣，荃槐與輝燦等作倡，謀於同姓，創置如古。今後春秋薦祭，會集子孫，各宜齋戒盡禮。祭畢而宴，亦宜别長幼，雍睦謙遜。如有酗酒紊亂者，重責罰之不恕。

宗族宴集，必以恭敬爲本。卑幼奉侍尊長之側，必尊長命之坐而後坐，言及之而後言，行步飲食，無不皆然。使有先行遽坐先飲、剿説無謙恭遜悌者，先責其父兄失教，次罰子弟失職。

宗族衆庶，貧富、貴賤、賢愚、孤寡固不能齊，如天之生物亦有榮瘁不一也。使若富貴賢智，固當雍睦之心以知恤矜愛，毋恃勢淩虐可也。後人慎諸。

《禮》云"生子三日，則告廟命名"，不爲不重也。吾家族衆各取名犯祖宗伯叔諱者有之。今後生子，務要會議掌譜之人，校無重踏，然後呼喚。違者罰之。

"不孝有三，無後爲大"。倘有中年無子者，宜禀宗長，擇昭穆相當之人承繼。或有乞養外姓，或弟繼兄嗣，紊亂宗譜者，削而不書。

嫁娶當擇門閥相配，勿苟慕其富貴。使有貪圖財賄，締結寒僿以亂家法，如貧難不已而娶者，則以妾媵書之。毋得與妯娌筵宴。違者削之。

養子不教父之過。爲人父母者不可計家之有無，皆當勉强，教以詩書。使若失教，以致荒狂，嗜酒賭賻，喪失家業，甚則仰食於人，此則其自作孽，非天分也。尚冀戒之。

凡有夫亡而再醮者，及犯條而黜之者，雖有子亦不書其婦之姓氏。及貧從遊異端，不爲四民之業，有傷先祖遺訓者，削而不書。

（選自第八支方山《玉川盧氏宗譜》光緒癸未重修本卷一）

祭祀規例

始祖壽期令節冬至祭祀，凡首事者須於前一日掃除堂寢，浄備犧牲粢盛、掛貼燈聯，黎明偕集，恭迎先祖奠享。

值祭日，衆子孫入祠拜祭者，須要整肅冠裳，照行序次，毋許紊亂。

主祭人先舉宫牆，如後有新泮者准新泮主祭，再則臨時善舉。

定祭時，值理人前一日逐載老成紳衿，標發柬子計數，六旬者賜給麵食，七旬者仝紳衿董事筵食。如不到者，筵胙扣給，不准混代。

值年祠首備辦祭禮須要豐潔，每鬮看議一人面辦公算。

接鬮人辦理，先於除夕貼聯掛燈、點燭焚香，及元旦，虔備卵茶雜品香燭，合族子孫，辰、巳兩時趨進會拜。新歲自十三至十六等日，亦要焚香點燭。

祭畢筵食，毋許亂酒喧嘩，褻慢祖宗，如違重罰。

慕義子孫樂助者，計數錢文每千初頒生肉貳兩，俟常帑興隆再議。

祠内毋許塗抹牆壁、破壞聯柱、放歇雜物、牧養衆牲，及私竊常器，查明重罰。

祠内只許設館訓蒙，毋得開場聚賭。如若恃頑不遵，定行重罰。

宗族以孝悌爲先，倘有違逆父母、傲慢兄長，一經告祠，即著祠長面斥，重責不貸。

鄉黨以和睦爲重，如有倚勢欺淩詐蝕孤寡者，一經禀明，即着祠長秉公剖晰，毋得偏徇。

咸豐六年歲次丙辰小陽月，合族裔孫仝記

（選自第八支白隴《盧氏家乘》民國乙丑重修本卷之一）

坐主條規

道光甲辰年庚一公祠工程告竣，衆議題主入廟，但煙居星散，難以家諭户曉，特申規例於左：

木主長一尺二寸、闊二寸四分、厚七分，概用藍頭水粉肚。凡有功名者，准其藍頭描方金一張。

凡子孫奉祀者，宜先謄行，送稿歸局，以便編行察陸，整其昭穆。

木主不准参差異式，雕刻漆朱，概行剔除。

支系無傳者，着親派亟行備主入祠，俟其享祀。

卒年未經十六歲者，不得混行載主，以亂位次。

如夫妻二人有一人已亡者，並准預入。

如一人有配數妣者，並寫一主。

夫妻齊眉，年雖高耄，無許喜主入祠。

右規例各宜凛遵毋違。特布。

（選自第八支白隴《盧氏家乘》民國乙丑重修本卷之一）

蓮塘盧氏宗譜凡例

家譜仿史氏年表，具載仕宦履歷、生平言行、出處之略，與生卒葬所、嫁娶子女之詳。

系圖必以五世而止者，取五服之義。再提五世而至九世者，乃自高至玄，取"九族"之義也。

行傳書行、書諱、書字、係某之子及平生行略，有官職者書履歷，並載一人之始末。

譜傳自遷居之祖起，其上世與分派具載世系，記其有所自也。

男子無後者，於圖傳之下書其“無嗣”，以防冒認也。

男子不許爲僧。或有之，止於父行之下書出“家某處”，不立圖傳，惡其習異端，而棄祖父也。

嫡母無子而庶母有子者，仍於子之下書“生母某氏出”，以子不得絶母也。

婦人夫亡，不論有子無子，其能守志立節，不獲申詳有司，譜内當别爲節傳，摽拾譜首，以勵風化。

婦人或有被出者，亦於子之下書“生母某氏”，夫名下不得書氏。

（選自第九支蓮塘《盧氏宗譜》民國辛巳重修本卷之一）

家　規

子孫必須自幼延師入學，父母宜當嚴肅，至長未免家務所羈。

生女不許淹没，男女皆同。惟恐長大難嫁，布帛有何不可？違者衆斥之。

卑幼不可抵抗尊長，或出言不遜、制行悖戾者，姑誨之。不悛，衆棰之。

喪事不得用樂服，亦不許茹葷飲酒，違者作不孝論，當遵《家禮》。

婦人因夫亡再醮從人者，夫下不書，以其義絶也。

女子長大，不許外遊，違者罰其父母。

墳墓乃祖宗托體之所，宜栽雜木，以爲先靈輩固蔭庇風水，凡子孫不得擅行割剉，須宜經理成林。

譜牒必擇賢能者珍藏之，毋得遺失損壞，計其章數，每歲面衆觀點。如失落者議罰。

（選自第九支蓮塘《盧氏宗譜》民國辛巳重修本卷之一）

二、禮　儀

宗祠棲神規略

祠宇之飭，以棲神也。禮有未協，神弗妥矣。大宗小宗，以明禮也。左昭右穆，以明禮也。四世而祧，以明禮也。吾家宗祠，規制未備，於禮未能盡協，姑自棲神之所，酌其時宜，制爲定式。

後寢四楹，中以祀始祖及始遷之祖及有功德者，以爲百世不遷之祖。旁析爲四室，高、曾、祖、考各歸一室，别男女於左右。但支派繁衍，世代參錯，四代之主雜然其存，又於每室隨其世數架隔分别，故有一世之高，二世、三世、四世之高，一世之曾，二世、三世、四世之曾，祖考仿是。祀以嫡裔，親盡必遷，庶幾大小宗法合而可明，左右分而有序，祧毁以制，不致僭紊如世之雜亂無紀者。噫，此恐非通制也。於本家人情之安、時宜之措則必有如此，而後於禮可少協耳，吾子孫其世守之以竢。

本祠創自嘉靖庚申，前四楹爲正堂，額曰“敬愛”，蓋取其所尊愛其所親之義。後即寢室，額以“萃涣”。旁翼兩廂，西爲庶母所，東爲無繼所。前爲正門，内署額以“思孝”，因奉先也。

始其事者：二十三世孫永泉，二十四世孫枝棐，二十五世孫可速，二十六世孫汝明、汝翰，咸與有力焉。

附祠堂壁記

吾家力寡，祠搆聊勉强就緒，祀田未備，器物未稱，棟宇損壞者宜修，垣壁傾者宜緝。衆力既艱，公舉弗及，苟吾子孫有愓然而興，奮然而起，念先人遺德以思報本，或不靳損已爲之，在彼固爲孝敬之誠，在吾宗人不可無激勸之義。故隨其所費之大小，必於此識之。

二十五世孫可久謹撰

（選自第一支《石馬盧氏宗譜》民國十三年重修本卷一）

祠堂大祭祭禮擺設説明及其示意圖

初獻進炙肝，亞獻、終獻進炙肉侑食。加箸於飯，進茶，移飯於中，移酒於外。按陳饌之儀，魚左肉右，米左面右，蔬菜左脯醢右，鹽左醋右，湯左飯右，羊左豕右。

焚香所以求神於陽也，灌酒所以求神於陰也。魚者水産也，肉者陸産也，米者秋税也，而面者夏税也。《家禮》用此四物，良有深意存焉。至於脯醢三品，則取時物，蔬菜二品，則取時物，蔬果五品，則取時果。用天之道，因地之利，盡民之力，咸於是乎寓矣。

薦肝一串，薦肉二串，加以鹽炙以火，實周人尚臭之意，蓋祀事但取豐潔，無貴多儀也。

		神位								神位			
飯	茶		酒		湯		飯		茶		酒		湯
		箸								箸			
			醋						鹽				
	肉		炙		肝		炙		肉		炙		
	饅頭		肉						魚		粿		
	豆腐		羊						雞		粉		
		脯醢				蔬菜		蔬菜				脯醢	
果		果				果			果			果	
		花瓶		燈檯		香爐	燈檯		花瓶				
	豕右					沙盤				羊左			
						香案							

祭典程式

通贊整衣，立佇高呼曰："各執其事。"

主祭者漱洗入位，列班。班齊上香，三呼"拜"，興，三呼"平身"，跪。（以下皆跪。）

獻帛，獻酒者三，獻膳。復位，鞠躬，齊拜四起伏。

宣祝文。叩首，平身。再獻酒。復拜，平身。歌童列班，揖歌詩，復位。三獻酒灌地。化財，齊集再拜四起伏禮儀。

撤席，散胙，依次共揖，離位退歸。

（選自第一支《大山盧氏宗譜》民國丙子年精裝本卷一）

四禮定制

《曲禮》曰："人有禮則安，無禮則危。"禮者，聖人之所以經天下國家也。古禮之文存於《儀禮》，時世異宜，有難以盡合者。宋儒酌爲《家禮》，欲簡便而易行，故與《儀禮》或有不同，其所同者，又不能無詳略之殊。蓋《儀禮》存乎古，《家禮》通於今。《儀禮》備其詳，《家禮》舉其要，亦在行之而已。族屬蕃庶，住居散漫，或堂室不備，因陋就簡，多有畏難而不盡行者。今稽之古禮，酌以時宜，著爲定式，順今之情而不失古之意，使可守而行之。

冠　禮

男子年十五至二十皆可冠，必父母及冠者無期以上喪，始可行。

筮日：擇某月日時之吉也，既有定期始筮賓。

筮賓：擇鄉黨宗族中之有才德者爲之。

宿賓：謂前一日訂請也。

厥明夙興，陳冠服於堂。

請賓。賓至，主人迎賓。

賓主皆宜盛服。

賓主升堂，再拜就位。

布席：執事者設冠者席及梳櫛之具，於堂東邊客位。

盥洗：執事者以水請賓盥手。

將冠者出房，賓揖。將冠者立於所冠之席。賓爲冠者加冠。初加束髮之冠，即今帽巾也。次加絹方巾納履。冠者再拜。三加生巾著靴。冠者又再拜。

若常人冠，初加束髮之巾，次加帽子，三加定巾。其有蔭子爲官者，則初加束髮之巾，次加忠靖冠服，三加襆頭袍笏。

加冠畢，賓祝辭曰：以歲之正，以月之令，咸加爾服，兄弟具在，以成厥德。黄耇無疆，受天之慶。賓醮冠者。

賓舉酒向冠者祝曰：旨酒既清，嘉薦令芳。拜受祭之，以定爾祥。承天之休，壽考不忘。

冠者再拜，興，立飲酒。

賓字冠者，冠再拜謝，賓出就次。

主人以冠者見於祠堂及尊長、鄉先生。禮賓而散。

笄　禮

女子笄，母爲主，擇日，擇賓。前期三日戒賓，一日宿賓。

厥明，陳簪珥服餙於房。

賓至，主人迎賓。升堂就位，奉茶。賓見將笄者於房，爲加笄。畢，笄者再拜謝。笄者盛服，賓以笄者出於房，立堂西邊。賓醮笄者畢，奉笄者飲酒。畢，拜謝。

賓爲笄者稱字，笄者再拜謝。

主人以笄者見於祠堂及尊長，乃禮賓而散。

婚　禮

男女十六以上請媒議婚帖。

納幣具書，行聘定也。回書以後，男女主人各告於祠堂。主人告於祠堂，謂男婚某人之女，謂某配某人之男。

擇吉請期，親迎。婿盛服，隨主人入告於祠堂，遂醮子而命之迎親。婿至女家，主人出迎，升堂再拜，奠雁，無雁以鵝代之。母醮女，女再拜登車。婿乘馬先行，至家，導婦交拜畢，入房合巹畢，見祠堂，見舅姑。婦行饋，舅姑饗之。見諸宗族親長。婿至婦家，拜婦之父母親長。

具書書式：
伏承嘉命，許以令女貺室僕之子某，加之卜占，已叶吉兆。茲有先人之禮，敬遣使者行納。婚期惟命，端拜以俟。伏惟
尊慈特賜。鑒念。

回書書式：
伏承嘉命，委禽寒宗，顧惟弱息，教訓無素，卜既叶吉，僕何敢辭？茲又貺以重禮，敢不重拜？若夫婚期，唯命是聽。伏惟
尊慈特賜鑒念。

喪　禮

初終疾甚，遷居正寢。既絶，乃哭。孝子升屋招復，既乃易服。

遷尸，沐浴，襲具，斂具，奠具，治棺。

制服。制銘旌魂旐。

告於親戚故舊。

徙尸床於堂中間。

先陳横絞五於床，次陳直絞一於横絞之上，次鋪大夾布衾於直絞之上，次陳小布横三，次陳大綿衾於上。襲畢，以尸置於衾。飯含，絞以水銀灌之。珠玉含於口，塞之。

小斂：先用綿囊鋪塞空處，次掩衾左，次掩右，掩首，掩脚，絞之。次掩大夾衾，如掩内衾，直絞之。畢，以横絞之。

設奠：主人主婦憑尸哭踴。及大殮，主人主婦執杖圍棺哭。大殮，靈座靈床銘旌。成服，朝夕奠哭。

行葬：發引前一日，以葬事告奠。遷柩。

厥明，遷。就輦奉魂帛升車。柩行，主人以下男女哭從。葬所設靈幄，設親賓座次，設婦人幄。柩至，男女各就位哭。

設奠、行禮祝文。

乃窆藏明器，埋志石，實以土，而堅築之。請賓題主。祭后土畢，奉神主升靈幄，歸奉主於座。

擇日告於祠堂，易題高曾祖神主，奉遷主埋於墓側。

祭　禮

凡祭家祠儀式：

每祭十日。

齋戒，滌器，具修，省牲，具饌，陳設。

質明奉就位。參神，二拜，降神，二拜，焚蕭脂，灌地，進饌，初獻，讀祝文，四拜，分獻，亞獻，四拜，終獻，四拜。

侑食、作樂。

闔門，祭者各出門静立。

啓門，噫。饋茶湯和羹，二拜，受胙，二拜。辭神，二拜，撤饌，焚祝文化紙，納主，禮畢。

冬至祭始祖，立春祭先祖，季秋祭禰。

墓祭。分補諸主之不及祭者。

或問朱子以始祖之祭，朱子曰："古無此禮，伊川先生以義起，某當初也祭，後覺得似僭，不敢祭。"今宜斟酌之，不嫌於僭不也。

重定大宗小宗祠堂祭禮儀節：

白竹大宗祠二十二世孫桷倡建於葫蘆丘。暘坡小宗祠二十世孫勳卜建於後山荷花心。

盧氏以泰公爲始祖，設考妣二主及櫝於寢堂中龕，不用題主。但遇冬至，以書紙紅“盧氏始祖諱泰公神主”“盧氏始祖妣姚氏神主”，不用書奉祀人名。臨焚祝文，揭此書並焚之。

祭法：祖有功而宗有德，則當以經筵檢閱壽公爲有德，以明十七公礽公爲有功。設此二主於昭穆，亦如始祖之式。次及章墩、暘坡、西坵、長潭、龍溪五派之始祖，復道衢、道徹、道徵、道從、道徠主，以昭穆次序設於兩傍祔食。次議及大宗祠宇建於何人、祠田置於何人，此亦有功所當附者也。其餘諸祖補祭於各墓，即遣各祖之子孫行禮。

主祭之人，古用宗子。今宗法久廢，一時難復，況人品不同，又難以統攝大家之禮度者。合議，以五派子孫中各推選二人，共十人，高年純篤、知禮度者爲族正，每祠堂之祭，於各族正中輪次擬用，或有疾病及期功之喪、官事者給假不與行祭。執事必依古禮名目，序爵、序事、序齒，各司其任。前三日寫立榜文，祠堂張掛，首定主祭、部祭、拜立圖位次，及各執事，詳細開名，庶臨祭不致悮慢。小宗祠祭則各聽本房尊長行禮。

祀道徠者，賢才也，本朝仕宦之始也。

主祭者冠服用覆巾、青黑深衣、大帶納履，有爵者用紗帽、清領、黑角帶。通贊禮生、引贊禮生、讀祝文禮生，俱以生員爲之。其餘各執事俱以族之俊秀子弟爲之。

祭品：豬羊雞鵝魚五品、果子五品、米果五品，不過一十五品。脯修、和羹、茶飯，主婦所饋，祠堂人衆，即用執事者代獻。餘儀式俱照前，餕餘聽族正分胙。

祭文式樣

冬至　維某年月日，孝玄孫某敢昭告於某祖妣：今以長至，陽氣初升，追惟報本，禮不敢忘。謹以醴牲、粢盛庶品祗薦歲事，凡或宗親咸兹合食。尚饗！

元旦　歲序流易，元日届臨。追遠感時，不勝永慕。謹以醴牲、粢盛庶品祗薦歲事，凡或宗親咸兹合食。尚饗！

四時　歲序流易，時維仲春(秋)。追遠感歲，不勝永慕。謹以醴牲、粢盛庶品祗薦歲事，凡或宗親咸兹合食。尚饗！

墓祭　歲序流易，雨露既濡。瞻掃封塋，不勝感睦。謹以醴牲、粢盛庶品祗薦歲事，凡或宗親咸兹合食。尚饗！

忌祭　歲序流易，諱日復臨。感時追慕，昊天罔極。謹以醴牲、粢盛庶品祗薦歲事，凡或宗親咸兹合食。尚饗！

〇祭器：香桌、几筵、香爐、燭臺、香盒、帛匣、牲俎、爵杯、盤、箸、碗、碟、酒海、盥盤。

〇祝版：雅鼓、簫、管、笙、笛、拍板、雲鑼、箏、鐘、磬。

賓　禮

經曰：禮儀三百，威儀三千。要之，升降出入，獻酬交錯，賓禮爲多。四禮之外，復撰賓禮，以其係於常行、切於人道耳。

古之待賓之儀，已見於《鄉飲酒禮》，而曰：酒清人渴而不敢飲也，肉乾人饑而不敢食也，將以行禮也。此古人之意也，而況大夫士之牢品鼎實已有定物。今不能泥古，正以其易行相安不至於失禮耳。故居山者不以魚鱉爲禮，居澤者不以鹿豕爲禮。況盧氏世家東鄉，去縣市百里，供賓之具，宜以其土之所出，故賓至而主安，無乖忤難繼之弊，未必不合於古。近世風俗華糜，争集水陸之珍，以自矜異，或檢索不及，輒却避之。嗚呼，與其却避以失禮而絶彼此之好，孰若簡易以成禮而通賓主之情哉！宋司馬氏之真率會，其意亦若此。

今合議賓主相見之儀，及土産饌具，著爲儀式。其有不合者，罰米若干，收貯以待公用。

賓至，主人出迎賓。主人不在，承事者迎賓，升堂奉茶話畢，主人具饌，辭曰："某有土産之肴敢犒從者，已有先君子常式，願無鄙嫌。"使賓知主人直率之情可也。賓之近者，聽其去留。

賓肴五品：米果一品，菜果隨多寡，酒五行，設飯。

次肴三品：米果一品，菜果隨多寡，酒五行，設飯。

次肴二品：果菓隨多寡，酒五行，設飯。

各房相應支接者，不許妄自增減。或冠婚大禮，則五品之外加醢五品，賓主多，則加席，肴數止此，飯。

生子告祠堂禮

凡生子者，俟周月往於祠堂，告於宗祝。宗祝開龕門焚香，生子者跪於下，宗祝代告曰："某年某月某日某時某派下某孫，生第幾子。敢告。"生子者叩頭，興，即請書行字於譜册，定其行數。生子者退。

祭祀品式

《禮》曰："牲殺器皿衣服，不備不敢以祭。"又曰："孔子先簿正祭器，蓋祀典當崇而品式宜定也。"春、秋二祭，設任意舉行，隨時增損，非入於固陋，必蹈於僭逾，因酌豐儉之中，制爲定規，以垂永久。

計開：

五鮮：豬、羊、鵝、雞、魚。

五醃：肝、鵝、腿、雞、鮝。

五果：栗、棗、柿、榴、榧。

點心：饅、糕、粿、粽、蕨。

糧食：酒、米、豆、麥、茶。

調和：鹽、醬、醋、麪、薑、椒、葱、韭、蔬、紙、燭、菜、腐、柴、水。

大宗辦祭

祭品陳設圖

	粿	粽	饅	糕	蕨	
	魚	鵝	豬首	羊	雞	
完羊	腿	雞	肝	鵝	羞	完豬
	果	果	果	果	果	
	花瓶	花燭	花爐	花燭	花瓶	
		香		案		

上述物料，當二祭先期十日，僉任三處幹理者三人領銀按額置辦，及期交付。管年祠長估明價值登簿，以便查算。管廚者宰殺烹庖，須當精潔肥細，毋潦草塞責，以瀆先靈。

月朔薦新費給軍租辦，輪祠長每月於初一日備上時點心、蔬果各一，包紙燭、酒腐、素物六鬮。祠長各二人請老家長拜獻畢，族有不平不法者，即於此祭講理。如未妥，着當事二人率同衆齊列到門處分，冀不致訟爲美。

計開：

正月	春餅，春菜，黄橘；	二月	社葉，菜心，甘蔗；
三月	青粿，鮮筍，櫻桃；	四月	烏飯，苦蕒，枇杷；
五月	糕粽，黄瓜，梅李；	六月	麥餅，落茄，紅桃；
七月	拖茄，豇豆，西瓜；	八月	月團，黄芋，新棗；
九月	粉糕，蘿卜，新栗；	十月	柿粽，蒔藥，石榴；
十一月	米果，白菜，柿餅；	十二月	饅頭，芥菜，香榧。

閏月隨時所有供獻一照常月。

宗祠器用

祠堂公器，置之甚難，不許私相借用。犯者罰銀一兩。後開器皿，藏之公所，值二祭先一日逐一點檢明白，交付管年接收。二祭後一日，仍令人將茶水洗繳乾潔，查數收藏，不致損傷失落。

計開：香几五張，爐瓶五副，爵杯三個，酒注兩把，彩紅二幅，看花五架，堂鼓一面，金鼓一副，祭盤三十（大一十小二十），桌幃二副，漆碗四百，漆碟六百（大四百小二百），長桌廿二張，小桌十二張，長凳六雙，短凳六雙，交椅十把，衣架一檠，抽桌一張，脚凳二對，屠凳一條，圍屏一副，屏風二座，客床十舖，帳被十床，薦席十舖，面盆一對，大鑊三口，水缸一口，飯甑二個，蒸籠廿格，洗桶二個，捧盆十個，提壺三把，酒瓶二十，酒杯四十，竹箸百簇，長梯一具，高凳一具。

天平，等架，手秤，釐等，夾剪，算盤，銀鑿，斧頭，屠刀。

（選自第三支《白竹盧氏宗譜》民國庚辰重修本卷三十四）

祭祖儀注

將祭，凡執事主祭與祭者先行四拜禮，然後通贊就贊位。

通唱：序立！執事孫就位各司其事。主正祭孫就位。主昭祭穆祭孫各就位。瘞毛血。奠帛。主正祭孫行迎神禮。

引唱：詣盥洗所。盥手。拭巾。臨鏡。修容。整冠。束帶。詣香案前。跪。焚香。一上香。二上香。三上香。酹酒。俯伏。興。復位。

通唱：鞠躬。跪。叩首。再叩首。三叩首。興。平身。主正祭孫、昭祭穆祭孫各行初獻禮。

引唱：詣神位前。跪。進酒。祭酒。奠酒。俯伏。興。復位。

通唱：讀祝文。讀祝孫詣神位前跪讀。主正祭孫昭祭穆祭孫各詣神位前跪聽。與祭孫各跪聽。

引唱：俯伏。興。復位。

通唱：進炙肝（如秋祭換炙肺）。主正祭孫昭祭穆祭孫各行亞獻禮。

引唱：詣神位前。跪。進酒。祭酒。奠酒。俯伏。興。復位。

通唱：進炙殽。主正祭孫昭祭穆祭孫各行終獻禮。

引唱：詣神位前。跪。進酒。祭酒。奠酒。俯伏。興。復位。

通唱：進潔粢。鞠躬。跪。叩首。再叩首。三叩首。興。平身。撤饌。主正祭孫詣香案前跪。揚嘏。

引唱：承致多福，無疆於汝。孝孫來汝，孝孫使汝。受禄於天，宜稼於田。眉壽永年，弗替引之。

通唱：賜福酒。飲福酒。賜福胙。受福胙。謝賜（四拜）。讀祝者捧祝，奠帛者捧帛，各詣燎所。望燎。主祭孫各送神復祏。禮畢。合拜（皆出次行四拜禮）。

（選自第三支《錦溪盧氏宗譜》民國丙辰年重修本首卷）

祭　議

四維以禮居首，六藝以禮爲先，禮固生人不可一日無也。

冠、婚、喪、祭，尤禮之大者。然冠禮不行已久，婚、喪二禮，又各處俗尚不同，今惟祠廟謁祭尚遵古禮。兹暫缺冠、婚、喪而輯祭議，後世賢子孫有志復古，則成書具在，闕者補之，略者詳之，是則余之所厚望也夫！

前一日設位陳器，省牲。

厥時肅興，設蔬果酒饌，奉主出龕就位，主人以下序立。

起鼓，再鼓，三鼓，鳴金。

主祭者就位，執事者就位。詣盥洗所盥洗。詣臨鏡所臨鏡。整冠束帶，看衣，復位。

讀戒詞（子孫皆跪聽），詞曰：祭祀奉先，主盡孝敬，内積專一，外致誠正，神其來格，汝則有慶。倘有心存雜慮、偶語竊笑、離班失次者，皆爲不敬。得罪於祖宗，神不汝福，汝其敬引！

俯伏。興。

參神（主人以下皆拜）。興；拜，興；拜，興；拜，興。

降神。主祭者詣香案前，跪，上香。一上香，二上香，三上香。

酹酒(灌酒於地)。一酹酒,二酹酒,三酹酒。俯伏。

讀祝者詣讀祝所,讀祝。興,拜;興,拜;興。復位。

行初獻禮(主祭者詣神位前跪)。上香,置酒,奠酒,進饌,俯伏。興,拜;興,拜;興,降;復位。

行亞獻禮(主祭者詣神位前跪)。置酒,奠酒,進炙,俯伏。興,拜;興,拜;興,降;復位。

行終獻禮(主祭者詣神位前跪)。置酒,奠酒,俯伏,進湯。興,拜;興,拜;興,降;復位。

侑食,飲福受胙。

主祭者詣神位前跪,(執事者取神位前酒飯少許授飲)詞曰:祖宗致多福於汝孝孫,來汝孝孫,使汝受禄於天,宜稼於田,眉壽永年,子子孫孫,勿替引之。

俯伏。興,拜;興,拜;興。

告利成(主人以下皆拜)。興,拜;興,拜;興,拜;興。

讀訓詞(子孫皆跪聽):(大聲宣讀詞曰)祖考神靈,用昭鑒戒,將貽令名,爲善必果。敦孝行弟,睦族和鄰,上希聖賢,次作善人,勿貪財色,勿競血氣,勤業守分,存仁思義,神降汝福,佑汝勿替。倘有嗜利忘親,遊蕩不仁,貽羞宗祖,取惡家鄉,神降汝殃,天不汝昌。悔過自强,轉禍爲康,戒哉勿忘。

俯伏,興。

辭神(主人以下皆拜)。興,拜;興,拜;興,拜;興。

焚帛,焚祝文。與祭者叙揖。

禮畢,納主,撤餕。

(選自第三支里盧宅《靈山盧氏宗譜》民國甲戌年重修本卷之一下)

服　制

聖王制禮,本乎人情。孝子事親,根諸天性。生則盡養,殁則成服。三父八母，禮有等差；斬齊功緦，服有隆殺。時代損益，變革不同，親族升降，輕重互見。蒐考成書，以示遵守。

一曰斬衰。斬衰三年。子爲父母，子之妻同；子爲繼母、慈母、養母，子之妻同；庶子爲嫡母、爲所生母，子之妻同；爲人後者爲所後父母，爲人後者之妻同；女在室爲父母，已嫁被出而反在室者同；嫡孫承重爲祖父母，祖父母俱亡爲高曾祖父母，嫡孫之妻同；爲人後者承重同；妻爲夫；妾爲家長。

二曰齊衰。有齊衰杖期：嫡子衆子爲庶母，嫡子衆子之妻同；子爲嫁母、爲出母，夫爲妻，父母在不杖期。有齊衰不杖期：祖爲嫡孫，父母爲嫡長子及衆子，父母爲嫡長子之妻，父母爲女在室者，父母爲子爲人後者，繼母爲長子衆子，子爲從居改嫁繼母，從子爲伯叔父母及姑在室者，爲親兄弟及姊妹在室者，爲親兄弟之子及女在室者，孫爲祖父母，孫女爲祖父母雖適人不降，庶孫爲生祖母、慈母、養母之孫同，女出嫁爲父母，爲人後者爲其本生父母，一子承祀兩祧爲其本生父母同，女在室及雖適人而無夫與子者，爲其兄弟姊妹及兄弟之子、兄弟之女在室者，女適人爲兄弟之爲父後者，婦爲夫兄弟之子及女在室者，妾爲家長之父母及家長之妻，家長之長子衆子與其所生子，爲同居繼父兩有大功以上親者。有齊衰五月，爲曾祖父母，女孫雖適人不降。

三曰大功。大功九月。爲人後者爲其兄弟及姑姊妹在室者，夫爲人後，其婦爲夫本生父母、爲己之同堂兄弟及同堂姐妹在室者，爲姑及姊妹之已嫁者，爲兄弟之子爲人後者，女出嫁爲本宗伯叔父母及兄弟與兄弟之子及姑姊妹及兄弟之女在室者，婦爲夫之祖父母、爲夫之伯叔父母。

四曰小功。小功五月。爲伯叔祖父母，爲同堂姊妹之出嫁者，爲兄弟之妻，爲外祖父母，爲母之兄弟姊妹，爲人後者爲其本生母之父母，婦爲夫之兄弟及夫兄弟之妻，女出嫁爲本宗姊妹之出嫁者。

五曰緦麻。緦麻三月。爲曾伯叔祖父母，爲族伯叔父母，爲母兄弟姊妹之子，爲妻之父母，爲乳母，爲婿，爲外孫及外孫女，爲同堂兄弟之妻，爲同堂兄弟之子之妻，女出嫁爲本宗伯叔祖父母及祖姑在室者，本宗同堂伯叔父母及堂姑在室者，爲本宗堂姊妹之出嫁者。

斬衰以至粗麻布爲之，旁及下際，不緝麻冠絰營屨竹杖，婦人麻屨不杖。齊衰以稍粗麻布爲之，旁及下際皆緝麻冠絰，草屨桐杖，婦人麻屨。大功以粗布爲之，冠絰均如其服；小功以稍粗熟布爲之，緦麻以稍細熟布爲之，冠絰均如其服，素履無飾。

凡喪三年者，百日薙髮，在喪不飲酒、不食肉、不入内室、不與吉事。杖期之喪，二月薙髮，在喪不婚嫁。九月、五月者，逾月薙髮，三月者，逾旬薙髮。在喪俱不與燕樂。

（選自第三支里盧宅《靈山盧氏宗譜》民國甲戌年重修本卷之一下）

依朱子家禮擬定祭禮

神位　神位

飯　茶　酒　湯　飯　茶　酒　湯

箸　箸

醋　鹽

肉　炙　肝　炙　肉　炙

饅　肉　魚　粿

麝　羊　雞　粉

脯醢　蔬菜　蔬菜　脯醢

果　果　果　果　果

花瓶　燈檯　香爐　燈檯　花瓶

豕右　盤　沙　羊左

香　案

春祭文

時維大清光緒某年歲次某月朔越幾日，嗣孫某人等敢昭告於始祖、某行、某諱府君，安人某氏神位前：

時惟季春，流光易邁，雨露既濡，春分節届。仰覩先宗，赫靈如在，追思本源，不勝感慨。謹以清酒庶饈之奠祇薦歲事，伏冀精爽昭格，予姓永賴。

尚饗！

秋祭文

時維大清光緒某年歲次某月朔越幾日，嗣孫某人等敢昭告於始祖、某行、某諱府君，安人某氏神位前：

歲月易邁，時惟秋分，霜露既降，風木繽紛。仰瞻清廟，如對幽靈。敬備桂酒蘭盂之品祇薦歲事。神其不昧，來格來歆。暨合祠宗親附食。伏惟

尚饗！

贊曰：嗟嗟烈祖，來自范陽。授姓於周，後卜烏傷。六德世守，五倫不忘。繩繩蟄蟄，垂裕無疆。二季共用。此讚。

（選自第三支義烏《雪溪盧氏宗譜》民國己巳年重修本卷二）

喪　禮

初　終

疾病遷居正寢（司馬温公曰：疾甚時遷於外寢，蓋君謹終，不得不爾也）。

立喪主（凡主人謂長子與承重長孫以奉饋奠，其與賓客爲禮，則同居之親且尊者主之），護喪（以子弟知禮能幹者爲之，凡喪事皆禀之）。

司書司貨（以子弟或隸僕爲之），乃易服不食，治棺告親友（悉停書問，以書來吊者，並須卒哭後補答）。

置靈座，設魂吊，立銘旌，不作佛事。

小殮，大殮，成服。

居喪雜儀

《檀弓》曰："始死，充充如有窮。既殯，瞿瞿如有求而弗得。既葬，皇皇如有望而弗至。練（去世後一周年）而慨然，祥而廓然。"顏丁善居喪，始死，皇皇焉如有求而弗得；及殯，望望焉如有從而弗及；既葬，慨焉如不及其反而息。

《喪服四制》曰："仁者可以觀其愛焉，智者可以觀其禮焉，强者可以觀其志焉。禮以治之，義以正之，孝子、弟悌、貞婦皆可得而察焉。"

《雜記》："三年之喪，言而不語，對而不問。"（言，言己事也；與人言曰語、説）。父母之喪，非喪事不言。既葬，與人立不敢並序，行禮不吊人喪（懼忘己之喪也）。出入居處、言語飲食皆與平日異。故宗廟之祭雖廢，而幽明兩無憾也。

喪葬各儀制

朝夕哭奠　上食

朝奠食時上食，（如朝）夕奠，（如朝）哭無時。朔日則於朝奠設饌，有新物則薦之。

聞喪　奔喪

始聞親喪，哭，易服遂行。道中哀至則哭，望見州縣境其城其家皆哭。入門，詣柩前再拜，再變服，就位哭。後四日成服。若既葬之，先則墓哭拜。齊衰以聞喪爲位而哭。若奔喪則至家成服，若不奔喪則四日成服。

治葬

三月而葬，前期擇地之可葬者（司馬温公曰：古者天子七月，諸侯五月，大夫三月，士逾月。今敕王公以下皆三月而葬。世俗信葬師之説，擇地，擇時，久而不葬。或問家貧不能歸葬。曰："子游問喪具。

夫子曰:'稱之有無。'"未禮葬,不變服,食粥居盧,寢苫枕塊。蓋閔親未有所歸,故寢食不安。奈何舍之出遊,食酒肉,衣裘帛,不知其何以爲心哉!朱子曰:槨内實以和沙石灰,久之灰沙融合,其堅如石。郭外四圍上下,一切實以碳末,樹根不久)。

反哭

主人以下,奉靈車在途徐行哭,至家哭,奉神入靈座。男子哭於廳事,婦人先入哭於堂。

虞祭(葬歸祭名)

葬之日,日中而虞。或墓遠則不出,是日即於所館行之。遇柔日再虞,遇剛日三虞(甲丙戊日爲剛,乙丁己日爲柔)。

卒哭(以吉祭易喪祭,百日也,然在既葬、虞祭之後)

自是朝夕之間不哭,主人兄弟疏食水飲,不食菜果,寢席枕。

木祔(卒哭後遷主於寢)

《檀弓》曰:殷練而祔,周卒哭而祔。孔子善殷,然殷禮亡不考矣。

小祥(不計閏凡十三月)、練(小祥而練服)

期而小祥(始食菜果,不除服者皆與,祭服如吊服。《家禮》奉主入祠堂,皆祥祭時事)。

大祥　禫(禫祭在祥月之中)

再期而大祥,中月而禫(間一月也,自喪至此不計閏,凡二十七個月)。

祭畢辭神,哭盡哀送主,至祠堂不哭。

喪服儀制

斬衰三年(斬,不緝也。衣裳皆用極粗生布,旁及下際,皆不緝也。按古禮,父斬母齊。今制,父母俱服斬)。

齊衰三年(齊,緝之也。衣裳冠制並如斬衰,但用此等粗生布,緝其旁,至下際)。

杖期(爲妻齊衰杖期,爲祖父母非長子承重者,爲嫁母亦齊衰杖期)。

不杖期(謂不用杖期年之服也,爲祖父母)。

苴杖(父喪以竹爲之,長平胸。孝子婦承重用之,以扶拜中跪,懼不勝禮之意。今人一家長幼皆用非禮)。

削杖(父母以桐爲之,上圓下方,長於苴杖)。

大功九月,小功五月,緦麻三月。

凡爲殤服,以次降一等(年十九至十六爲長殤,十五至十二爲中殤,十二至八歲下殤。應期服者長殤降大功,中殤降七月,下殤小功五月,以次降等。不滿八歲爲無服之殤,哭之以日易月。男已娶,女已許嫁,皆不爲殤)。

——皆依《性理精義》纂録

(選自第四支《丁川盧氏家乘》民國戊辰年重修己卯年續修本卷之一)

司馬氏居家雜儀

凡爲家長,必謹守禮法,以御群子弟及家衆。分之以職,授之以事,而責其成功。制財用之節,量入以爲出,稱家之有無,以給上下之衣食及吉凶之費,皆有品節,而莫不均壹。裁省冗費,禁止奢華。常須稍存贏餘,以備不虞。

凡諸卑幼,事無大小必咨禀於家長。

凡爲子爲婦者,毋得蓄私財。俸禄及田宅所入,盡歸之父母舅姑。當用則請而用之,不敢私假,不敢私與。

凡子事父母,婦事舅姑:天欲明,咸起盥、漱、櫛、總,具冠帶。昧爽,適父母舅姑之所省問。父母舅姑起,子供藥物,婦具晨饈,畢乃退,各從其事。將食,婦請所欲於家長,退具而供之。尊長舉筯,子婦乃各退就食。丈夫婦人各設席於他所。依長幼而坐,其飲食必均壹。幼子又食於他所。亦依長幼席地而坐,男坐於左,女坐於右。及夕食亦如之。既夜,父母舅姑將寢,則安置而退。

居閑無事,則侍於父母舅姑之所,容貌必恭,執事必謹。言語應對必下氣怡聲，出入起居必謹扶衛之。不敢涕唾喧呼於父母舅姑之側。父母舅姑不命之坐不敢坐，不命之退不敢退。

凡子受父母之命，必籍記而佩之，時省而速行之，事畢則反命焉。或所命有不可行者，則和色柔聲，具是非利害而白之，待父母之許然後改之。若不許，苟於事無大害者，亦當曲從。若以父母之命爲非而直行己志，雖所執皆是，猶爲不順之子，況未必是乎！

凡父母有過，下氣怡色，柔聲以諫。諫若不入，起敬起孝，悦則復諫。不悦，與其得罪於鄉黨州閭，寧孰諫。父母怒，不悦，而撻之流血，不敢疾怨，起敬起孝。

凡爲人子弟者，不敢以富貴加於父兄宗族。

凡爲人子者，出必告，反必面。有賓客，不敢坐於正廳。升降不敢由東階，上下馬不敢當廳，諸事不敢自擬於其親。

凡父母舅姑有疾，子婦無故不離側，親調嘗藥餌而供之。父母有疾，子色不滿容，不戲笑，不宴遊，舍置餘事，專以迎醫檢方合藥爲務。疾已復初。

凡子事父母，父母所愛亦當愛之，所敬亦當敬之。至於犬馬盡然，而況於人乎？

凡子事父母，樂其心不違其志，樂其耳目，安其寢處，以其飲食忠養之。幼事長賤事貴，皆仿此。

凡子婦未敬未孝，不可遽有憎疾，姑教之。若不可教，然後怒之。若不可怒，然後笞之。屢笞而終不改，子放婦出，然亦不明言其犯禮也。

凡爲宫室，必辨内外。深宫固門，内外不共井，不共浴堂，不共廁。男治外事，女治内事。男子無故不處私室，婦人無故不窺中門。男子夜行以燭。婦人有敬，出中門必擁蔽其面。男僕非有繕修及有大故不入中門。入中門，婦人必避之，不可避，亦必以袖遮其面。女僕無故不出中門，有故出中門，亦必擁蔽其面。鈴下蒼頭但主通内外之言，傳致内外之物，毋得輒升堂室、入庖廚。

凡卑幼於尊長，晨亦省問，夜亦安置。坐而尊長過之，則起；出遇尊長於途，則下馬。不見尊長經再宿以上，則再拜。

凡受女婿及外甥拜，立而扶之，外孫則立而受之可也。

凡節序及非時家宴上壽於家長，卑幼盛服序立如朔望之儀。

凡子始生，若爲之求乳母，必擇良家婦人稍温謹者。子能食，食教以右手。子能言，教之自名及唱喏萬福安置。稍有知，則教之以恭敬尊長。有不識尊卑長幼者，則嚴訶禁之。六歲教之數與方名。男子始習書字，女子始習女工之小者。七歲男女不同席不共食，始誦《孝經》《論語》，雖女子亦宜讀之。自七歲以下謂之孺子，早寢晏起食無時。八歲出入門户及即席飲食，必後長者，始教之以謙讓。男子讀《尚書》，女子不出中門。九歲，男子誦《春秋》及諸史，始爲之講解，使曉義理。女子亦爲之講解《論語》《孝經》及《列女傳》《女戒》之類，略曉大意。十歲，男子出就外傅，居宿於外，博觀群書。凡所讀書必擇其精要者而讀之，其異端非聖賢之書，傅宜禁之，勿使妄觀，以惑亂其志。女子則教以婉娩聽從，及女工之大者。

凡内外僕妾，雞初鳴咸起，櫛、總、盥漱、衣服。男僕灑掃廳事及庭，鈴下蒼頭灑掃中庭，女僕灑掃室堂，設椅桌，陳盥漱櫛靧之具。主父主母既起，則拂床襞衾，侍立左右，以備使令。退而且飲食。得閑則浣濯紉縫，先公後私，及夜則復拂床展衾，當晝内外僕妾惟主人之命，各從其事，以供百役。

凡男僕有忠信可任者重其禄，能幹家事次之，其專務欺詐、背公徇私、屢爲盜竊弄權犯上者逐之。

凡女僕年滿不願留者縱之，勤謹少過者資而嫁之，其兩面二舌、飾虚造讒、離間骨肉者逐之，屢爲盜竊者逐之，放蕩不謹者逐之，有離叛之志者逐之。

（選自第四支《丁川盧氏家乘》民國戊辰年重修己卯年續修本卷之一）

祠堂儀注

春秋致祭，於先一日，祭主同禮生謁廟，焚香參神，四拜，平身，然後宰牲，謂之告廟。

禮生　通贊二人，引贊二人，執事者數人，送奠。

通贊：叙立。班齊。執事者各司其事。主祭者就位。助祭者皆就位。上香。奠酒。

引贊：詣盥洗所。盥洗，授巾，詣香案前跪。一上香，二上香，三上香。初奠酒，二奠酒，三奠酒。俯伏，興。拜，興。平身。復位。

通贊：瘞毛血。執毛血。左出右入。進饌。捧炙。行初獻禮。

引贊：以酒斟所司尊者，舉醢酌酒致祭於宋宦始祖策士公一十五府君神位，宋贈始祖妣一十五淑人施氏神位前。跪祭酒，奠酒，俯伏，興，平身。以酒斟所司尊者，舉醢酌酒致祭於左祠神位前，跪祭酒，奠酒，俯伏，興，平身。復位。以酒斟所司尊者，舉醢酌酒致祭於右祠神位前，跪祭酒，奠酒，俯伏，興，平身。復位。

通贊：衆人皆跪。拜，興；拜，興；拜，興；拜，興；平身。進饌，捧炙，行亞獻禮。

引贊：以酒斟所司尊者，舉醢酌酒致祭於始祖淑詣中人神位前，跪祭酒，奠酒，俯伏，興，平身。以酒斟所司尊者，舉醢酌酒致祭於左祠神位前，跪，祭酒，奠酒，俯伏，興，平身。以酒斟所司尊者，舉醢酌酒致祭於右祠神位前，跪，祭酒，奠酒，俯伏，興，平身，復位。跪，衆人皆跪。讀祝文，讀畢，俯伏，拜，興；拜，興；拜，興；拜，興；平身。

祝文依時而寫：春：雨露既濡，皆有怵惕。秋：霜露既降，皆有悽愴。

進饌，捧炙，行終獻禮。

引贊：以酒斟所司尊者，舉醢酌酒致祭於始祖淑詣中人神位前。跪，祭酒，奠酒，俯伏，興，平身。以酒斟所司尊者，舉醢酌酒致祭於左右祠案前。跪，祭酒，奠酒，俯伏，興，平身，復位。整饌，架筯，闔門，奏樂三通，開門。撤饌，收筯，薦茗，飲福受胙。

引贊祭主香案前跪飲福，受胙，謝胙，二拜，平身。

讀祝者　捧祝詣化財所，化財，送神。拜，興；拜，興；拜，興；拜，興；平身。

侑食　禮畢，各照尊卑分班作揖，然後散胙。

時龍飛嘉慶二年歲次丁巳六月上澣穀旦，廿三世孫行賢百八邑庠生廷璜督理校正沐手謹志

（選自第八支方山《玉川盧氏宗譜》光緒癸未重修本卷一）

祭　儀

每居大祭先一日，董事令住祠人一切打掃潔浄，辦齊牲盛酒饌香燭，整備桌凳器皿。各紳耆或七十、六十等先送知單，俾整衣冠，於次日早晨到祠候待。主祭孫就位後，依行第年齒，序立陪祭行禮，庶免失儀。執事人等須先時議定，祝文亦須先時寫就。

鋪陳：一體張燈結綵。正寢一筵，東序一筵，西序一筵。香案桌一。

以上各備香爐、燭臺、壺杯、桌衣、坐褥。堂下設主祭拜位，旁設盥洗所、臨鏡所，又旁設鼓鑼及吹手。

禮文

通（唱）：起鼓。鼓初嚴，鼓再嚴，鼓三嚴。鳴金。

肅静排行序立，執事者各司其事。糾儀。

引（唱）：唯仁率親，唯義率祖。登斯堂也，理斯事也，致愛則存，致慤則著。其有班位，先次拜跪；無文笑偶語，跛倚以臨者，是皆不敬，祭畢議罰。糾儀不矩，罰亦如之。

通：主祭孫就位！

通：盥洗！引詣盥洗所。

通：臨鏡！引詣臨鏡所。

通：復位。讀訓詞！

引：祭祖奉先，必誠必敬。内念純一，外斯静正。至誠感神，神賜汝慶，倘有紛心，或加懈怠，神不福汝，汝其敬聽。

通：啓門參神！

引：跪！（衆助祭孫皆跪）拜，興；拜，興；拜，興。平身。

通：詣香案前上香酹酒（酹酒者，謂以酒灌地降神也），瘞毛血，燔燎，復位。

通：行初獻禮！

引：正寢行初獻禮并祭酒，獻酒，奠酒，晉饌。東寢行初獻禮祭酒，獻酒，奠酒，進饌。西寢行初獻禮祭酒，獻酒，奠酒，晉饌。

通：復位。鼓吹。

引：跪。拜，興；拜，興；拜，興。

通：俯伏。讀祝。

引：（宣讀祝文）

通：祝畢，平身。行亞獻禮。

引：（正寢行亞獻禮）授酒，獻酒，奠酒，進湯。東寢行亞獻禮授酒，獻酒，奠酒，進湯。西寢行亞獻禮祭酒，獻酒，奠酒，晉湯。

通：復位。鼓吹。

引：跪，拜，興；拜，興；拜，興。

通：行三獻禮。正寢行三獻禮授酒，獻酒，奠酒，晉食。東寢行三獻禮授酒，獻酒，奠酒，晉食。西寢行三獻禮授酒，獻酒，奠酒，晉食。

通：復位。鼓吹。

引：跪，拜，興；拜，興；拜，興。平身。

通：侑食。請侑食。

通：主人以下皆出。闔門。鼓吹。

通：啓門。主人以下皆復位。望瘞，詣香案前飲福受胙。

引：跪。授酒，祭酒，啐酒。

通：（嘏辭）祖考命工祝：承致多福無疆，於汝孝孫，來汝孝孫，俾汝受禄於天，宜稼於田，眉壽永年，勿替引之！（全飲福酒）

通：賜胙！

引：受胙。

通：復位。鼓吹。

通：辭神！

引：跪。

通：衆孫皆跪。

引：拜，興；拜，興；拜，興。平身。禮畢。焚化。撤饌。賜燕。（凡坐次論行第，次論年齡，蓋一行中必以年齡大小爲坐次也，不得配酒喧嘩，有愆禮節，致負神惠。）

（選自第八支白隴《盧氏家乘》民國乙丑重修本卷之一）

第九編　藝　文

家乘乃一家之史，其中當然少不了家人的藝文著述。自六朝起，就有將家族中名人著作録入家譜的慣例。明朝，此風更盛，内容更豐富。這些藝文著述以家族中名人所作的詩文著述爲主要内容，也收入族人與外人的書信往來、詩歌唱和及經説表策等，有些内容涉及歷史、社會、文化、經濟、宗教等多個領域，形式内容都十分豐富。藝文著述是家族先人的心血結晶，不少篇章有非常珍貴的參考、欣賞價值。只可惜這些家譜有不少已毁於兵燹，保存下來的，有些因篇幅過長，無法收録，且各宗支文化水準不平衡，選取時不免良莠不齊，所以我們在閲讀鑒賞時要放出眼光，使真正的藝文精品得以流傳和利用。

一、語　録

望洋日録序

夫道一而已矣，學一而已矣。惟道一，故其學一，學一而知至，至之知終，終之宜無乎不逮矣。卒有不可窺吾道之畔岸者，是豈無窮者道之體，難究者學之力歟！以不能究之學力，而欲窺無窮之道體，不啻滄溟萬頃而茫然在望矣。故書吾録曰"望洋"，病難見也。

噫！滄溟惟其爲衆流之會，故無際；吾道惟其爲神化之體，故難見。無際者終不可以窺其際，難見者其能使之以有見耶？然則此日之望洋，吾恐終不免於望洋也已矣。

余學於陽明先生有年矣。先生歿，四方同志者離合無常，而余之學日亦有省。將執此以爲是，固不敢苟以爲非，又不自知其非也。謹録以正諸先覺，肯以爲公，而公言之以教我乎！

時大明嘉靖三十一年歲次壬子夏五月望日，一松盧可久德卿氏自序

（選自《石馬盧氏宗譜》民國癸亥年重修本）

望洋日録

心具萬理，如天象然，無纖翳蔽隔，日月星辰，靡不燦爛。

静坐收斂精神，體當心體，亦學者不可無也。

除是名利，自然脱灑。

有意爲之，便是不誠。

心要純，多少名利之心戕賊本體，人自不覺。

誠只是真情，原不待思量。如惡惡臭，如好好色，不思而得者也。

聖門樊遲，多少真切，多少心思！觀其問仁、知，便疑不相爲用。非理會及此，如何能得？若他人便恁地休了。崇德修慝辨惑之問，自是切問。

仕不足以爲達，道達之謂達；隱不足以爲高，德高之謂高。

子貢問政，切慮其難，子路問政，便請益。子貢問士，必思其次，子路問君子，曰如斯而已乎。二人分量可見。

告子論性，大抵多從佛老中來，其間任氣處，不能無病，然亦輕看他不得，最難除是客氣。

虚文大害事，日間許多精神勞碌，都被這些子牽絆了。

得朋友講論，便有興起，此見輔仁之益。

離却師友，獨立不變者，非豪傑之士不能。

學問進處，只是見益真進爲益力。

孔子曰"四時行，百物生"，此是道體。他日作《易傳》亦曰："日往則月來，寒往則暑來。"

放得開，便與天地相似；見得破，便放得開。

孔子曰："無衆寡，無小大，無敢慢。"此意最好，必如此纔無空缺。處毁譽最易動心，亦只是自信不及。

待人不真切處，便是不仁。

人之所重，我之所輕；人之所輕，我之所重。

韓子定名虚位之説，疑是影響，原無親切著落處。

禪家最能提掇，最有警省，不可以人廢言。

孔子論禮樂，恐從老子中得來不淺。

老子容貌若愚之説，孔子直傳到顔子。子貢之徒，露其才智，孔子便不喜，故曰："女與回也孰愈？"又曰："夫我則不暇。"

"孝""弟"二字，孔門相傳的訣。只緣此心真切，不假外求。學者用力，此其實地爾。

學於古訓乃有獲，是傅説欲高宗於古訓中求見古人之心，非欲其博習訓詞也。博習訓詞，兹又是多聞。

深造自得，則不假勉强，用功深，裏面自然得來。不思而得德修，罔覺者也。

見得後意思精神自別，如睹白日，如就坦途，百邪不能爲之眩，他岐不能爲之惑矣。

切磋琢磨，正求細密。學之不至，猶是心粗。

聖人論治道，俱從心上論來；今只得其下一層，全脱了根。

古人所以不可及處，觀其言語行事，大抵樸實。今人只是虚僞，文愈盛，實愈衰，智機用盡，則心德日薄矣。

只純實，便省事。一切虚文，多少支離！

吾心自得，看天地萬物皆自得，雖蠢然不動之物，亦覺其有自得也。

觀古人之書，取其意，皆有益於我，其言語有未純處且勿論，到得定静，是多少工夫，率意便到不得。

孟氏逢人便道“性善”，是其學之醇處。

耳目聰明，只是無所遮隔，一視便到心，一聽便到心。

率性之謂道。君子學道，只從心性上學來。戒慎、恐懼、慎獨，此心性上功夫也。外面尋求一片功利之私，如何是道？

不見萬物皆備，只是不曾見性，見了性自然無疑。

良知原不喪失，何待尋求？原自至足，何待擴充？

好惡不可輕説，好之則必欲得之，惡之則必欲去之。若曰好惡之矣，而猶有舍而弗爲，吝而弗去，則是初未嘗好惡也。

見得頭腦定，則繩墨在我，隨其所投，皆不失主張。不然，只隨人轉。

千古相傳只説一個心，何人不覺？

對人言，恐其不信，便是私心。

事無大小，其用心則一。孔子爲委吏，曰："會計當而已矣。"爲乘田，曰："牛羊茁壯，長而已矣。"其與爲魯司寇時，一樣用心。

見得透徹，十分省力；東牽西掛，只緣見不透。

人不立志，如風中靡草，倒東倒西，全不成伎倆。

立志要高，不可因世俗中好尚便壓倒了他。

聖賢書不難理會，只緣反鑑索照，未必能通。

不可使知，而必欲使人知之，此聖人苦心。

有時思隱處山林，此便是偏，便是力量小。

嘗見老成人説人情物理，最説得親切，蓋此乃其體驗經歷處。每因一事動心不能，便釋然放下，只是不勇。

心地常令寬廣，不可容一物在内，窒塞便昏昏，便懈怠。

常凝聚自然精明，精明則私意容留不得。

君子喻於義，小人喻於利。君子心髓中天理周流，故一聞義即覺；小人心髓中利欲塗没，故一聞利即覺。此其機豈淺淺者。吁，可深省哉！

身體有形，故小，心無形，故大。養其心，不爲身體所累，則大矣。愈有見愈不可見，愈有得愈無所得。文王望道未見，顔子雖欲從之，末由也已者也。

曾點充得實便是聖人。故曰：惟狂，克念作聖。

志氣須教廣大。有大基址，方可作大家當。

鄉原害道，孟子形容之，最爲得其情狀。

如其不善，則改以從善。君子之學，如此而已矣。

除却致良知，則無事可做。故曰：致知焉，盡矣。

心中無一物，則自然不動。

己不知者常責人；見人之非，則己不能免於非矣。

用工愈切，則責己愈重。責己重則日見不足，何暇責人？

愛己切，則愛人在其中矣；責己切，則責人在其中矣。非愛人，亦不足以見愛己之至；非責人，亦不足以見責己之重。此與務外爲人者全别。

天下歸仁，此是語其心體本來如此，非求之天下也。

博施濟衆，夫子以爲病。己欲達而達人，則便是此心。

聖門論爲仁，只説一個"克己復禮"，便包涵許多事。帝之所以帝，王之所以王，千百年已前制作千百年將來事業，俱此一句道盡。

信心不及最苦。許多懸思妄想、營營逐逐，皆緣信心不及。

顔子默識，便見此上着不言語；子貢穎悟高，終是粗跡。"莫我知"，此是夫子實話。聖人心如何便人知得？知得亦惟聖人。顔子之心，惟聖人知之，故曰"不改其樂""不遷怒""不貳過"。聖人之心，亦惟顔子知之，故無所不悦，不違如愚。

禮是聖門大頭腦，無動静，無内外，無人己。非禮勿視、聽、言、動，此禮也。動民以禮，亦此禮也。聖人許多制作，俱是從吾心條理發出，必如此然後盡得心體。行夏時，乘殷輅，服周冕，親親之殺，尊賢之等，與凡致中和、天地位、萬物育，無非克己復禮工夫，此禮之所以爲大也。

機動於彼，誠應於此，惟無欲者能之。

有妄念，只是昏。一起便覺，一覺便消除，又非至明者不能。

起了又倒，倒了又起，困而知、勉而行者，自是如此。到得一向不倒，則純一不貳矣。

學有入頭，亦自不可已。有起有倒，大抵學未有得。

道本不遠，善悟者只在目前，不善悟者終身弗得。

學之不已，自當有悟；然悟來，機非在我。

費思量，皆因未悟。悟來何待思量？

意想到處，亦似有得，悟後方覺其非。

言忠信，行篤敬，己所不欲勿施於人，聖人只好如此説，若夫得之之妙，則存乎其人。

惟氣得其中和最難，柔者多馳，剛者多暴。

飯糗茹草，若將終身。學者不可無此志。

世儒之學與聖人之學正相反：聖人之學惟務減去；世儒一面從外向上添入。愈添入愈窒塞，愈減去愈光明，所以不同。

古之儒者有求爲聖人之志，只從册子上尋求，便不見道，況今之玩心章句、初無有欲爲聖人者乎？

詞章之學，真能使人喪志。窮年兀兀，只鑽幾句文字，噫，亦陋矣！士之有志者自當不爲其所窘。

學貴一，知其如是而不能行其如是，非一也；始焉如是而終焉不如是，非一也；待己如是而待人不如是，非一也；處常如是而處變不如是，非一也。故一也者，無動静，無内外，無人己、常變，純是這一個心體也。非天下之至德，其孰能之？

窮通得喪，此有命存焉。求諸己之無窮無通、無得無喪者，而日致力焉可也。在人之事，於我何與？

心通則無時不通，雖處困厄之極，亦超然獨得也。心窮則無時不窮，雖居得意之地，亦如窮人而已。

博學而詳説之，將以反説約。天地萬物道理，逐一要歸心原上去，豈一語便能了得？所以必須詳説。

學要自得。自得是從悟來，非由聞見想像，故其用便不窮。深造只是極深研幾。

遷怒是動於氣。聖人心體常寂然，雖怒時亦如未嘗怒。一動於氣，則有所忿懥，而不得其正矣。

五穀不熟，不如荑稗。荑稗是亂苗之草。言爲仁未熟，未免爲私欲所勝，如以播種不熟爲荑稗所勝，一也。上章言仁勝不仁，此是欲其務涵養，做工夫到此純熟田地，則私欲自不能奪，其相勝之機自是如此。

君子以聞過爲幸，聲聞過情則耻；小人反是，惟務得名而已。所處常若不足，則日有進之勢；自滿則止矣。

心存則耳目口鼻四肢各有運動，而天君寂然不動，常知而常樂也。頃刻之間不存，則枝連蔓引，遂憧憧而起矣。吁，可畏焉！

芻豢未入人口，人雖知其味美，容有不嗜之者？義理得之於心，自欲罷不能。

見得真，天地萬物皆我，是何等廣大，何等自在？此無窮之樂也。

人多是軀殼上起念頭，所以小了；從本然心體流出，何嘗間隔得住？天地古今，只將來做一人看。

仰鑽瞻忽，此是顔子初未嘗見道時，只將做一件高遠有形相似的物事去求了，故必須仰，必須鑽，又如在前，如在後。夫子教以博文約禮，則不必遠遠去求，只從自己身上理會，末後得來心體自然如此，原不待仰，不待鑽，亦不在前，不在後，更着一毫意思不得。故曰：雖欲從之，末由也已。

夫道一而已矣，天地古今只有這一個道理。堯舜原與我同原，自可學而至，更不必復疑。在戰國功利之世，孟子特説出一個仁義，聖人可爲，世子如何相信得？又復來求見，亦只是欲決此疑爾。

魯人獵較，孔子亦獵較。聖人不作，當時知尊用孔子、純以行道爲事者有幾人？使孔子必以道德自重，視此等皆以爲不足爲，則世無可相親之人，無可相與之國，亦終於己而已。聖人汲汲皇皇，如救焚拯溺，除是不可往則已，一有可乘之機，則便去就了。故道有可行則仕，雖未必遂行道之志；交際之間，有禮則仕，公養亦仕。只從此處求一個際會，到裏面去轉移感動，以求行道之志。則得治效有成，真見吾道有可行之實，人必相信，必知任用。於此復阻於時，則亦已矣。

自信處即人信處，自知處即人知處，聖人爲能通天下之志如此。

聖人論學，正欲人知，無非求其明白可見，豈有艱深隱晦之言？以學者過於推求，故反有所不能通耳。

吾儕學問，只從目前視聽言動、待人接物處實實做工夫已，自無了期處，更何必説遠。

了得一處則處處可了，一事不停當則事事不停當矣。

只見日用工夫有未能盡處，此是學問之道；若以爲只是如此，恐或未察。

日見得不足，此是日新之功，徙義崇德，便是如此。

見君子則厭然掩其不善而著其善，此見良心不可泯滅，便是人皆可以爲堯舜處。

自古成德君子，未有不從困苦中來。以平日精神意氣易動於欲，非得拂逆憂患之事，如何收拾得來，磨礪得精？

學求有益於己，則處處皆師，事事皆道，原不可放過，纔放過便非求益。

伏羲畫卦，大禹第疇，亦只是胸中原自有這道理，故觸於物而發耳，非謂卦果具於圖，疇果係於書也。

有能之能，能之小；無能之能，能之大；有知之知，知之小；無知之知，知之大。知去其小能以就其大能，知去其小知以就其大知，斯過人遠矣。

“良知”二字，發出堯舜執中之傳。中無定在，如何執得？執有吾之良知而已。太過不及處，良知原自會知，條分縷析，絲毫不差。都是有這個良知在，故能辨别出來如此明白。不然，輕重大小，各倚一偏，將何以爲準則？

聖人行事，各各不同。千百世來，不曾見有一個聖人所行相似，畢竟是他信得良知，及隨時變易之耳。今人徒守成法行事，間有合處，只是去聖道日遠。

君子之學，寧於古今名物有遺，不可於大原無見；寧於聖人道岸未登，不欲以一節自安。

精神不欲其露，而欲其潛藏；學不求人知，而求其人所不知。樂乎人者有限，樂乎己者無窮。然在己之樂，乃爲真樂；而在人之樂，不足以爲樂矣。

心虛則明，明則通；有物則蔽，蔽則塞矣。學者最難是虛心。

學者常見得口代天言，身代天工，則不容於不謹矣。

見人有不如我處，則便有以善服人的意思在。

君子小人只在一念之間，覺與不覺耳。

切不可於非中求是，更解説得通，只是一個欺心。

未能之而竊以爲能，僞也；既能之而掩以爲不能，亦僞也。聖人無僞。

本心固有未能明處，但當初見得如此，亦只須如此行。後來覺得不是，便從頭改了。學到後則改，到後愈學愈有不是處，愈有可改處。如必以此心未明，且從人擺佈，則終身無所立脚。

信得自己心，汲汲只照此做去，雖有昏明不同，終是違道不遠。從自家實見得處下工夫，信所未及，且勿從人。

日異而月不同，亦只是後工夫進來，覺得前頭有未精切處，非謂在前全然不是。若當初失脚便差，何使得後來有進？

孔子七十從心所欲不逾矩，亦只是原的志到此方精熟爾。

自信與自是不同，要當觀其實何如。必以爲自是不可，而並其自信之心亦非之，則幾於失人也。

觀人不可不審，察己不可不精。不能真知人之爲人，而概以誣人，不可也；不能真知己之爲心，而概以自誣，尤不可也。

有所動而無所動者，理也；有所動而動於動者，欲也；因其動而復於不動者，學也。君子之學，以求至於不動而已，故曰主静立人極。

雖有美味消化不去，非惟不能養人，且必作病。聖人言語，一向滯着，其爲心病必矣。

義理養心，以虛而養虛也，求之言語文詞，則不免因養致病。

大勇不發於氣，以公勝私而已耳；大知不發於謀，以虛應物而已耳;大辨不發於言,以誠破僞而已耳。

天地之道曰生,君子之學曰存而已矣。存存不息,而神化之妙可庶幾焉。

言語貴要不貴煩,貴明不貴深。

心之光明是謂良知,光明者心之體也。光定則心静,光摇則心動,光散則心昏,光馳則心亡。心豈有出入動静以主光言耳?堯之光被,舜之光華,文武周公之光顯,孔子之容光必照,俱以其盛養此光也。

夜氣清明之際如方出之日,其光尚微。從此掃除廓清,一向不爲浮云所蔽,則光被四表矣。

一隙之明,此光也,無所不被,亦此光也。以一隙之光較之無所不被之光,雖有偏全不同,而其爲體則一也。苟能撤去藩籬而不爲一隙所限,則亦可以睹天下之全矣。聖人之心,有如長空無云,不惟照之盡,而且能照之察。少有所蔽,初未嘗不照,但比之萬景俱新、氣象昭明,自然不同,浮云愈重,遮隔愈深,則雖太華在前,亦有所不能睹矣。

知易而行難,此自其形響想像者而言耳。若真知之,非實踐不能,豈亦易耶?

任天下之重者,必須有個通天下之志乃可,不然,俱難免於竊位之私。

天下事非一人可爲,故善治天下者以天下爲公,不善治天下者以天下爲私。

治天下全然不在才智,只須有爲國爲民之心,自隨地做出事業。才智之士,終不濟事。

從來知己最難,必須人亦如我,乃能相知。不然,終難與謀。

孔子時只有一個顔子相知,故終日言不違如愚,其餘則相知未深者也。

學術之偏，何代無之？雖在堯舜之時，亦不能無讒説殄行，但當其時，上之教者惟以此爲教，下之學者惟以此爲學，故天下終是有個正見，亂他不得。方今聲利滔滔，人如在醉夢中，役之東則東，役之西則西，如何辨别得真假！

因圖畫卦，因書第疇，因轉蓬悟造車，因舞劍得草法，俱是蓄極而發，但用心有小大不同耳。學者會精聚神，進進不已，當自有神以通之。

初見陽明先生時，語以“致良知”，未能領會，但曉得操存做工夫，亦只是强把捉，到二三月後漸覺有悟。

道只是一個常行的路，百姓日用而不知耳。但其不知直昏而不知爾，故有當由而不由、不當由而由之者。聖人嘿順帝則，昭昭中相忘於大道也。

“苟不固聰明聖智、達天德者，其孰能知？”子思此言亦擔當得甚大，便見未易到得。

删繁華用樸茂，此當今急務。

聖賢千言萬語只是一句意思，互相發明，故自有不同耳。非如今人床上疊床、屋上架屋，意愈圓而言愈滯也。

文不載道，何取於文？學務侈辭，自離其學。

説得理明，使人易曉，三兩言亦好；徒文不切，侈之何益！

與人論學，得有一言相合亦好；且未可責其盡信，還須遇主於巷。

有不信則有信處，惟其不苟信，則其信也必篤。故不惟能信者難，而能疑亦難矣。

學者合下須有個公天下之心。苟一毫自私自利，生於其心，害於其政，發於其政，害於其事。初間雖不覺得，畢竟是一體中虧了，欲養成浩然之氣必難。

致飾於外者，其於内必不足，急其在我，而於在人之事必緩。

聖人論美質必取忠信，聰明才辨不與。蓋人能忠信，則真聰明在其中矣。

聖人與狂，是與其體段已成，特未實下工夫耳。學者眼界狹，透不出頭，大不濟事。

見得勢利輕，吾道自足，此是何等心胸？直與鳶魚相上下矣。學者且須去尋這個。

萬物一體，此是甚大心胸，豈拘拘局局做得！

翕聚深者，發洩必大。有些便用，便揚現出來，恐非大器。

天與人異，以形有大小耳。脱去形骸，而神與造化者遊，則不可謂我非天矣。

身有疾病，必思攻治，必服苦藥；心之有病，則不求明師以去之，何耶？一涉苦口便苦耳，何耶？知愛身，而天下之明醫重矣；知愛心，而天下之明師重矣。

人有身病，投之以良藥弗受，必滅其身；人有心病，投之以至言弗受，必喪其心。嗚呼！知受之矣，而藥之弗良，醫之罪也；知受之矣，而言弗至，師之罪也。病者能受之，醫者能治之，學者能行之，師者能教之，而世豈復有病狂喪心者乎！

聖人見一物不得其所，便痛心，便忍不過；常人却不然。正緣聖人心體時露，常人不免有間隔處。如人赤身無衛，一箴便入，一刺便痛。少有衣服遮隔，便不能入，雖入亦緩，亦不甚痛。被服愈重，則愈不相入矣。

天地萬物一體，亦克去己私之盡方見。少有一膜之隔，便若與我不相關，何曾見得一體！

己私、天理，不容並立。理盛固能勝欲，欲盛亦能勝理。如水克火，火克金，理也；一杯之水，或不能勝一車薪之火，灼灼之火，又焉能銷萬鎰之金？必須儲蓄得水盛，則雖有烈火，亦不患其不能熄矣。養得火力全，則雖有頑金，亦不患其不鎔矣。故克己者惟務涵養，涵養深而天理明，則無不可克之己。毋以其初不能勝，遂諉於己之難克，夫亦以信吾有必克之理而已。

聖門終日講學,非如今人但理會文字而已。凡學不切終身,皆非切問近思。

學問愈講愈不能盡,只爲義理無窮、千變萬狀。聖人豈不欲盡發以示人?終是一言有盡而意無窮,存乎自悟而已。

好善者良心也,惡善者亦良心也。好善者取其善之在於人,惡善者耻其善之在於人,故惡生於忌,忌生於耻,耻生於良知之不可欺。公人者良心也,欺人者亦良心也。公人者信在己之有餘,欺人者歉在己之不足。故欺生於畏,畏生於歉,歉生於良心之不可欺。嗚呼!人能反其不可欺之心而推之,則所謂擴充其羞惡之心,而義不可勝用也。

精神動用得久必昏,且須安息静養,此亦天地翕聚之機。不知静中之益,未可輕議静養之非,便知求益在我,豈容遽奪在人之議。

道心惟微,非精察不能中庸;人莫不飲食也,鮮能知味,便有過不及之差。

孔子謂仁者先難而後獲。一有責效之心,此便是功利,如何得仁?孟子義襲助長之説,亦是明個真義。

大凡言語講得意到處,便不肯已。此中不無有餘之病,故君子之於言有餘不敢盡。

言不足,而意欲其有餘;行有餘,而心欲其不足。

事有在於我而顧諉之於人,不可也;事有在於人而預求之在我,亦不可也。君子明乎人己之間,則進退伸縮,無入而不自得矣。

行事有缺失,皆因精神淺短,照顧不及。聖人盛德光輝,正以其無處不照耳。

檢點得身心無過,是多少精神、多少積累。今某祇見得於此,而失於彼。

遊適以養其性情,在學者誠不可無此助。然自心無主張,而反爲其蕩情，亦多矣！

心之兢業，不可一刻不然。少有所放，則蕩矣！

有兢業功夫，則自然有灑脱心地；勿助勿忘，何往而非自適，何往而非萬物春意？

心之渣滓難融，必假遊適，必假山水相忘，此亦方便工夫也；一向耽着，恐終成癖。

譽多出於不虞不意，其有是善而偶得，故喜而揚之；或過毁多出於求全，因其有是善，必責其備，是善故不足，而涉於謗耳。聞譽者固未可喜，聞謗者豈遂以爲憂耶？

爲善之人，毁其所必致。在彼或未盡出於相愛之情，在我皆可資之以爲進德之地。故道吾惡者，是吾師也。

人不幸最是聞譽，大幸最是聞毁。聞譽則驕，驕則怠；聞毁則惕，惕則修。

金愈煉愈精，人愈折磨愈進德。然必有層色之金方可煉，有志之士方可折磨。

愈專一，愈真切；愈真切，愈專一。

一心一意在此上做人，何患不灑脱，何患不成德？

横逆之來，與之計較，固不可；視之如禽獸然，亦不可。“三自反”，是極言君子自修之功；妄人禽獸，是決言無不感之理。

君子固有重言以激其奮發，亦有婉言而養其志意，如良醫之用藥，隨其病之輕重焉耳。

聖人豈不欲一言而使人悟？然而不能，故曰“不可使知之”。

聖人視天下人人君子、個個堯舜，故其教人無所不盡，必欲自去其惡、自止其中焉。

品人物最難，必真見得，然後可加判斷，否則且勿爲假借可也。與其輕論而失人，孰若勿論？故孔子取缺文。

君子論人，常存忠恕，善者取之。其有弗善，且隱而弗發；必有，當爲之忠告,則視猶己過可也。若夫輕肆譏評,殊非取善規過之義,其自陷於輕薄也亦甚矣!

論人豈君子之得已?取其有益於人,而爲扶持人極之要,則可也,否則一切非所當論矣。

天下無聖人,即是家之無主、國之無君。僭竊相戕,何時得定?

聖人視天下如子,而天下之人不以父事聖人,是宜乎繼志述事者之少也。

聖人以仁親天下,而天下之人不能以仁親聖人,故曰“民之於仁也甚於水火”。水火則能害人,而仁豈能害於人者?吾祇見其蹈不仁而死耳,所以深儆之也。

聖人聲爲律、身爲度,只緣氣質變化得盡,便可作禮樂。

一刻不存,一刻便成虛度。人知生之爲重,其愛日之情自不容已矣。

顔子得固有之樂,故曰“不改”;復本體之仁,故曰“不違”;有中節之怒,故曰“不遷”。若他人必須説個“尋樂”,説個“求仁”,説個“懲忿”。

顔子畢竟是他資質高,轉頭得快。

學者只要肯做,只要信得聖人之言不我欺。初間雖有吃力去處,到後終須有悟。

學者最須老實。多少自己良知不安,别將一種説話向前搪塞,只求解脱得去便罷,更不反思,此是何等欺心!

一真自知,萬慮俱息,謂此爲神遊千古可也。故一念清明,康衢擊壤;一念昏塞,兵戈戰争。

聖狂限隔,何啻天壤?聖而罔念則狂矣,狂而克念則聖矣。天壤之隔,只緣一念。

工夫不合本體,終是蔽於聞見,聖人講學,正要講去此蔽耳!今人乃於講學中增起聞見,此豈聖人講學意耶?

庭草盤魚，莫非生意；灑掃應對，上達天德。道豈遠乎哉？

居室一言，機動千里；隱微一念，鬼神皆知。噫，可畏哉！

義利之間，最宜明辨，此是學者第一步工夫。閑常無事亦不覺得，一有事相交便思顧己，此何心也！

嘗聞之師曰：夫子罕言利，是元亨利貞之利，若於貨利，即不言了，豈但罕言！此尤足以發聖人絶利之深。

大可爲化，不可爲便，是不能爲，聖人之精微耳。學造精微，化亦存乎其中矣。然而精微在我，不可謂不可爲也。

學到大人，只是原赤子的心地。聖人事業，愚夫愚婦之所能知能行也。不知吾心良知之爲聖人，終不可語聖人也。

良知者，天之則也，道之極也，善之至也。故好仁而不知致此良知，則蔽而爲愚；好知而不知致此良知，則蔽而爲蕩；好信、好直、好剛、好勇而不知致此良知，則蔽而爲賊、爲絞、爲亂、爲狂。良知自能中節，自能通變，自不墮於一偏之見。以致知而爲仁，則仁爲天下之大仁矣；以致知而爲知，則知爲天下之大知矣；以致知而爲信、爲直、爲剛、爲勇，則爲天下之至信、至直、至剛、至勇，而可以達之天下、通之後世也。好學以明其理，夫亦以學至此知耳，致知之外何學耶？

常人志願至死不足，聖人隨地自足。蓋緣常人志在名利，原非吾性所有，如何足得分願？故愈求而愈不足也。聖人只盡其在我而已，故常足也。

求在我，得分則我之分，得寸則我之寸，如淵海蓄水，流來便受，積之之久，自然充溢。求之聲利，與此絶無相涉，假饒立得大功大名，畢竟無益於增損盈虛之數。

當今惟有恬退最得便宜。然聖人心存天下，苟不成些事業，又恐終成枯槁之士，無益於世。

君子事業無處不在，孔子曰“是亦爲政”，孟子曰“其子弟從之，孝悌忠信”。但恐學者無此本領，故不能自見爾。

中流砥柱豈容易得！少放攲斜，便隨波而去，不難矣。隨俗習非，皆因脚力淺。

多少徇人之私，原自不察，其可耻孰甚焉。

小心謹厚、廉介之士易求；其窺聖賢之藩籬、入聖賢之門户，則不可多見也。

事到快意處，便有危險之機在，故必須儆戒。

私欲竊發，此是主宰昏。大抵檢點不精，未免因時竊發，此明中之昏；一任其縱横，不知此昏中之昏也；纔竊發便明覺，覺便知究治，此昏中之明也；常明常覺，萬理森然，如太陽當午，群邪遁跡，此明中之明也。夫由昏昏而至於明，亦其一念之覺悟耳。覺之之至，雖至於明明，不難也。由明明而至於昏，亦其一念之不覺悟耳。不覺之至，雖至於昏昏，不難也。覺與不覺之間，聖與愚之所由以分乎！

心體精明，則身體亦輕快，投之艱難雜劇之中，不覺困倦；此心一昏，便全無檢束收拾處。

聖人見道分明，自然其言簡易；常人自不能有見，惟剽竊别人説話，常恐有缺漏處，故必須幫補。

言自家的，行自家的，雖有不求合古人，卒亦未嘗不合。從人説話，從人舉動，學得外面相似，其中之相去遠矣。

是這一種花，便開出這一種花；是這一種草，便生出這一種草。發起千百叢，相傳千百世，初未聞其有一處或異。此可以見天性在物，不可改也。

人性皆善，更何所疑，只反之良知足矣。孟子開天下之迷，破千百年之惑，此二字真有力！

千古道統，發到致良知，已無復有餘藴矣。千聖萬賢，發揮不出，賴此一言説破。

“致良知”之説，明白簡易，人姑毋以人己之嫌横馳心胸。試平心一求，當如披重云而睹天日矣。

大凡議論之善，不必其出於己，而求其有益於己。如烹調飲食，人用其勞，我咀收其味，不亦可乎？

學者非己無不知爲難，而知己有不知爲難耳；非我有未善爲病，而不能取人以爲善爲病耳。夫能知己之有不知，則可以至於無不知也；能取諸人以爲善，則可以使善備諸己也。不難其在我，而難其在人，不病其所可病，而病其所不必病，吾見亦惑矣。

學無本源，終難遠到；一脉雖小，通貫古今。

神勞則氣傷，神昏則氣散。故孟子論養氣必須勿忘勿助。求未放之心易，求已放之心難。

異端豈必佛、老、楊、墨？凡異此者，皆是“致知”之外，無復有學矣。心中只有一個惻隱、羞惡、辭讓、是非，此仁義禮知之端也。除是惻隱，則異仁之端矣；除是羞惡，則異義之端矣；除是辭讓，則異禮之端矣；除是是非，則異知之端矣。聖人之道惟在擴充其四端，明白簡易、通達無間。子思子曰：造端乎夫婦，及其至也察乎天地。千古相傳不絶，皆同此端；苟其有異，能免攻鬬！

聖人路徑明白坦夷，聖人門户高廣軒豁，學者挺身向進，何更有疑？聖道本無可疑，學者自疑於道耳。

費辭説，必其於道未真；待商量，必其於志未篤。一言便了大義，一見便沛然爲之，此見道真、立場篤者也。

伊川以忘生狥欲爲深耻，是甚麽志氣？是甚麽心事？

倏忽之間有存忘，心之難操存如此。

某嘗揭一聯於從側，曰“學務益精，志毋少懈”，亦求所以自警耳。

有意之私難忘，雖見得本體無容着意，而猶不免，此率性之難也。

天下事隨己力量所可及處而爲之；必欲强所不能，此中不無有病。

世人除是名利，則無所猷爲矣。

神傷則氣傷，此可見養氣只在集義。

聖人説處大段是易，只是愈造而愈見其不可及耳。

人照顧得一身，便能照顧得天下，只視聽言動之間有許多不自覺處。

内不足則畏人。反己無愧，何畏之有？

夜夢與先師論學。先師曰：有所不足，不敢不勉，有餘不敢盡。真至言也，因識之。

好生惡死，人之常情，而其所以生死之理，則未必知也。

凡百可與人言，只有一種心話難與人傳説爾。

人不難於逐一理會，而難於大本有見；不難於志意高廣，而難於識慮精微。

静而後精明者，光景也。心之本體，雖動亦精明。

古人爲學使自得之。今人大抵是責近效，得之既淺，資之不深，雖欲左右逢源，不可得矣。

調理性情，令常有從容之意。

精神清灑，心地寬平，則天下何物非我，何我非物！

常令後生輩沉重收斂，誠篤做一個人，如此方有地步可進。

近年來五穀多欠成實，皆因天地發洩處多，精氣薄了。大抵人須涵養凝聚，竭精勞神不濟事。

孳孳爲善，亦見其有可好始得。

進一步又覺省力一步，存之熟而神可幾矣。

知至者至之。苟不至之，謂之知則可，謂之知至，則不可也。

人見得學，不可不講，已自有許多生意在。

得些意思，便不肯忘。顔子拳拳服膺，只是如此。

權即經也，知守經便能行權。但今人不知經之所以爲經爾。

大人言不必信，何嘗非信？自人觀之，則有以爲不合於信者，而其心則一於信而已矣。

學者舍謹獨，則無處用工夫。

見得道理分明，此亦天地交泰之機也。

初動方覺，覺猶未能遽釋，尋常如此者多，然後知知幾真不易也。

念頭未有無因而起者，只緣病根潛伏未能拔去，故因時觸發。學者洗心，務令一塵不染；凡夫聲色貨利真不見可欲，始當有寂然處爾。

學者須大段見得，雖未得到聖人地步，亦自有個機括可進。苟失脚旁蹊，雖爲無益。

天下有個恰好至當處，只些子間相殊絶甚。悟得者超於凡界，悟不得者終落迷塗。

堯、舜、禹、湯、文、武，周、孔、顔、孟，其間豈無淺深生熟？只是此處見得，不害其爲同，其間亦有力能至者，終於立脚處未盡。

講學講到良知，已自無餘藴矣，然而亦由人悟，畢竟有認賊作子者。某生平力學甚淺，但於頭腦偶有見處，亦自謂不能易也。

天下只有一端正氣事，又不肯爲，甘與鳥獸同群、草木同朽腐，何耶？蓋亦未之深思耳。

一絲相牽，利劍難斷，隱寇竊發，重城難防。

視不過目，其視也有限，而明通天下；聽不過耳，其聽也有限，而聰達天下。非人之聰明也，天之聰明也。天之聰明，不形於耳目。

天下有不學之人，而無不可學之資；有避事之心，而無不可爲之事。

此心不存，無以知其亡；此心不静，無以知其動。有存而後有亡，有静而後有動。

天下之理，惟以良知爲至善。行而不著、習而不察，雖或暗合於理，終不免意氣之私。謂之善則可，謂之至善則未可也。

先儒謂“中”字最難識。豈求中於中耶，求之吾心良知而已。良知知處，一毫過差不得，此天下之“大中”。《書》曰：“惟精惟一，允執厥中。”

進則未止，止則無進。顔子未止而卒，故孔子曰“惜乎”。

《書》曰:“視遠惟明,聽德惟聰。”今之所視者目前事耳,所聞者聲利間耳,而胡聰明之有?

大抵滿處多因不足。氣不足則浮,精不足則溢,財不足則盈,能不足則驕。

絶處逢生,非生也,而不可息也。絶而未嘗絶,生耳未嘗生也,纔着意便傷神,凡百用心而不可着。

一身備天地之大,一瞬涵千古之遠,其必由學乎!學則存,存則久,久則神而天矣!

不護己短,不矜己長,人之善者取之,己之未善者舍之,可不謂賢乎哉?

分明見自家不是,猶有許多文飾,此是何心?吾誰欺,欺天乎!

短,非短也,惟護短爲最短;能,固難也,不矜其能,則其能尤難矣。

天下有退則進、虚則實、不足則有餘者,其惟學乎!進焉,實焉,有餘焉,吾見其爲患也大矣。

惟有樸實爲最難得。許大精神、許大力量,皆從樸實中來,浮誕虚誇,祇見其不足任事。

誠而明,以神凝也。妄則神散,何明之有?

有情親人,猶恐其未親,況乎以勢而離隔之乎?

民可使由,不可使知,可見以身體道,尤尚以心悟道也。今人徒責行其所當然,是以凡民望人也。

集義義襲,由仁義行與行仁義,只在毫釐之間,後世學者大抵墮在“義襲”“行仁義”,而不自知耳。

天機自運爲良能,少有意必,則人爲之私矣。

君子口代天言。言而無補於天,則勿言可也。

學者嘗思光陰易過,則夜以繼日,不容已矣。

静中有動之機,君子慎動,於静中慎之,非分“動”“静”爲二也。

存存不息,自然光大;有息則間,間則昏而小矣。

誠則静，静則明；妄則動，動則昏。

中心擾擾，只是妄念。誠則感而遂通，動而無動也。

些子能悟者甚少，一塵之隔，毫釐之差，天與人，生與死，相去不啻什百矣。

悟處不由思勉，天誘其衷，鬼神通之，亦此生有聞道之分爾。

工夫固無窮，大抵悟後，則君子之能事畢矣。

學是學個甚？古今學者學不到聖人地位，皆緣不知所以學爾。

善悟者，一語之間有餘；不善悟者，雖由之，終身無得。

聖賢言語俱是經驗妙方。服此不效，則病不可起矣。

讀聖賢書到吃緊爲人處，便須有興起感勵，否則只是心死。

讀書期取科第，亦父兄之志，獨不能實用其力，將聖賢語體之於身乎？有道之富貴，謂非父兄之所願乎？抑道德果不足以致富貴乎？

士農工商，業則不同，其道一也。士而明道，則爲聖賢之士；農而明道，則爲聖賢之農；工商而明道，則爲聖賢之工商。聞業以道顯者有矣，未聞因道而失業者也，人亦何憚而弗爲乎？

學古以爲忠，而忠必有遺；學古以爲孝，而孝必有盡。善學者反之性，盡性而忠孝之道備矣。

倏忽之間，變態無常，君子行事，惡可必其同？但處之各當乎人之心，則自無不同矣。

夫子進德，十年不同，今學者二三十年，亦只是舊時伎倆，其可以至聖人乎？

冠者五六人，童子六七人，亦是渠有此一體之意。鳶魚之飛躍，庭草之生意，盤魚之自得，皆與物同體者也。

常學常樂。一刻不學，則不樂矣。

天地間只有一個心是大家當。人經營謀慮而不及此，何也？不學則不知此氣味，不知此氣味，則强之猶不學也。故未知而能學，學而後有知，此困而知、勉而行者也。

日間恍惚處則有之，不至脱根，故一覺則依舊。

學見本體，則不須體認；纔着體認，則於此處未真見得也。

本體工夫，不落階級，不涉有無，一心可以位天地，一心可以育萬物。心之存亡，此豈細故？其所關涉亦甚大矣。

古人事業如堯舜，亦大矣，猶謂一點浮云，而其他何有哉！

一刻不兢業，則情便動，心便馳矣。

日間專照顧檢點此心，似亦可矣。纔着應接多，簡閱文籍久，便有恍惚放過處，猶是精神不足。

算來只少一個知己。心合意契、日相講論，何樂如之！

無爲學工夫，如何論學？學是學個甚？論是論個甚？

吾儕中不喜其有聰明才識，而喜其樸實向上；不喜其能感悟通曉，而喜其體認尋求。

有所聞而知者，非真知也；因所聞而求見於中豁然悟者，真知也。有所感而悦者，非真悦也；因所感而求繹於中怡然順者，真悦也。故與其信人，孰若信己；與其輕信於前，孰若真信於後。

人須有與人爲善之心，不然只是私；人須有舍己從人之心，不然只是私。

王天下不與存與堯舜事業，一點浮云一般看。

此心原自無污，原自藏得天下之污，污而不染者也。

心之神明原自與日月同光，少有昏暗，則是浮云能蔽之矣。

人不及聖人，便是不及聖人細密處。聖人不肯一刻放過，學者只是疏。

一念爲善，此微陽之復也，亦惟法先王以安静養之而已。

只今須乾浄做一個人，東牽西掛，甚不濟事。

未有自愛者不以禮相處，愛人者不以禮處之者也。

務名，學者大病。飾非掩過，憂讒畏譏，中心無寧處矣。

“易”是幾微中做工夫，故孔子曰：“可以無大過。”

日間惟求察去一個“驕”字，甚不容易。輾轉萌作，幾極隱微，危哉危哉！

學未到至誠田地，猶是有作僞在。作意處，便是僞也。

可爲則爲，不可爲則止，此甚省事，故曰“居易”。不可爲而必欲爲之，則難矣，非行險而何？

君子之於天下，知幾爲難。當爲而不能有爲，與夫不當爲而爲之，皆非知幾也。

《大學》説“明德”，便説“新民”；《中庸》言“致中和”，則天地位，萬物育。吾人之學，不可自討便宜，必須及物纔是。

學者要識吾心無時非物，又要識本不容着一物也。識“無時非物”，則有格物之工可用；識“不容着一物”，則其所格，亦存虚明、順變化而已。

學者工夫不純，都被識見蔽了，識見最害本體。心體本自圓浄、本自渾厚，着一分聰明在裏面，分析莊做，則自不覺破壞。故吾道之害，識見爲甚。有識見之人多不可語道，識見愈多，障蔽愈重。聖賢心印，隨物應物，只是順其自然而已耳。

君子取其有益於己，不論在人在物，塵言粗跡不可棄，小善細行不可遺。如草英木實，惟其可以養生而已。

雖有至味，積食未消，人亦不嗜之矣；雖有至理，習見未忘，人亦不羡之矣。故理義悦心，猶芻豢悦口，必虚其心而後可。

學者日用，必須有用力處。不爾，只恁地悠悠，怎能進步！

學者須常自見己過，方才有用力處。文王望道未見，亦常見有未盡處耳。

某近與人論學，只是欲省愆改過，此真實下工夫處。見得己過日審，則用工益精。

此道在天地，達非有餘，窮非不足。幸而天下信之，則以天下爲一身；人不我信，則以一身而爲天下可也。

平生承師友教愛，無可報答，惟有勤勵不息乃可以報之耳。

師友之恩深於淵海，真與生我長我者等耳。

堯、舜、禹相傳只數語而已，焉得有許多聞見、有許多話説？後之學者，惟務廣博，此去聖益遠也。

有物有則有觸有發，此間不容添得一物。亘天地古今而不可易者，此也。

德性物欲，只昏明之間、真妄之異耳，其同出於應感之機亦一也。

常明常覺則德性常用，不思不勉而從容中道也。

書也者，書也。書也者，識也。書古人沿革損益而識之，而所以沿革損益之故，則不可盡書也。

天下無不可爲之事，亦以其不足爲吾心之累焉耳。而事勢窮極，固自有不可爲者。

散而散者人知之矣，散而聚則未必知也。《易》曰："涣有丘。匪夷所思。"

學必止於至善，此學問之大頭腦。至善者心之本體，良知之謂也，以良知爲學，則學得所止矣。雖未底於大成、造於極盛，而天下之大本已得。由此進之，則可與齊治之理。否則，雖見得廣大高明、淵微極深，終是違道之遠，與聖人立脚處大不同。

顔子得一善拳拳弗失，則已止於至善矣，其後進而未已，亦是此處不息。

學不至止至善，終無下落。千古聖賢其淺深高下固自有不同，而有得於此一也。執中，執此也，執此之謂"中"；建極，建此也，建此之謂"極"；克復爲仁，爲此也，此之謂"仁"。夷、惠之偏，莊、老之過，楊、墨之異，以未能得此爲止耳。毫釐千里，其旨微哉。

舜由仁義行，由良知而行。學昧良知，則不行仁義矣。

良知，知得意之誠與不誠，心之正與不正，身之修與不修，家之齊與不齊，國之治與不治，天下平與不平。格物，在格其不誠以歸於誠，格其不正以歸於正，格其不修、不齊、不治、不平，以歸於修、齊、治、平也。

至善，由定静安慮而後得，則得之亦不易矣。

至善所由，以適於聖人之路。能由是路，則聖人可幾矣。

不致良知而曰“克己”，是以己克己也。

識得心體，方可言學。

學見本體，則得爲真得。改過爲能改心過也。

學者必須有個着力處，如自家精神摇摇蕩蕩、恍恍惚惚，雖能説得是，終是無益。

合下須辨個生死路頭，於此處着力，方是善學。

學由真性，則自由自在，何物能移動得我？

《書》曰“聰作謀”。孔子稱顔子曰“語之不惰”，又曰“無所不説”。孔子耳順。大舜聞一善言，見一善行，沛然若决江河。此等處，學者不可以不反思。

大抵今之有志爲人者，只是欲爲能人，未嘗欲爲善人。爲善人則能在其中矣，爲能人者未必善也。

只就一路做得透底，便可適道。

人生只求進德，他非所論。

有識見無工夫，難與論道。説來説去只是葛藤。

與仁同過，其仁可知，此醇厚者難也。

理不能勝氣者有之，只是涵養未熟。

修己只去其害己者，則己自無不修矣；治人只去其害治者，則人自無不治矣。

放心難收，只緣未識心體。心本無内外，更放在何處？

人心本善，更着爲字不得。只去其不善者，此即爲善也。

不善非必聲色貨利、殘害刻妬，只起一閑念便是。

原無所存，更有何亡？原無所得，更有何失？在默而識之、神而明之爾。

君子之於人，惟取其有益於人，則皆教也。

藥無定方，惟求有利於病；教無定法，惟求有益於人。

理無空缺工夫，不可使有一毫相間，必勿忘勿助，常令優遊有餘，流動充滿，斯爲合得本體。

仁，心體也。夫子不輕以許人，便是無人識得心體。

一件天大事，人却不將做大事看。

學論動静，只爲成心未忘者而言。從心所欲，何動静之有？

道出於性，謂之率性；仁義根於心，謂之由仁義行，故見得本性。從此上用工，則學者皆可謂之率性，皆可謂之由仁義行。顔子得一善，拳拳勿失，一善，即性也。後世道術決裂，只爲不識自家本性。

行而不著亦行矣，習而不察亦習矣。而不著、不察，自離乎道，差之毫釐，謬以千里。

近有堪輿書，貴一氣真純。人而非一氣真純，其足以成人乎？

小人飾非文過，亦其誠之不可掩也。

忘却形骸，自無私欲。

見可欲，則不能無欲。聖人不見可欲，故視富貴如浮云。

道有定體，非形跡之謂也，是故智者由規矩以出方圓。則方圓不可勝用，執方圓則舉一廢百矣。

虚心以觀，則觸處皆道。一有所蔽，則聞言不入矣。

飲食起居，周旋慎節，此便是天地位、萬物育工夫。

神明昭察，細惡必見，學問至此自不容已矣。

名勝耻也，實勝善也。名不足於實無損，名有餘於實無益。

狂者可與，其規模體段已成。

天下義而已矣，此良知之妙用，君子盡性之功也。

德盛不狹侮動容，周旋中禮，盛德之至，常於此反觀，可以驗真修。

一切工夫，不如“格物”二字至切、至要、至明白、至易簡，合下便廓然而順應矣。

經歷多，增許多識見，此老成者之不可輕忽也。

君子之道闇然，故不患人不知。名勝耻也，實勝善也，言勝耻也，行勝善也。

君子不得已而後有言，默而成之，不言而信，則存乎德行。

福莫大於自慊，禍莫大於欺人。

心體原無增損，學只去其害心者。

學者須要識病，識得病則有用力處；然不識心體，則亦不能識得病。識得病則有所用力，識心體則用得其力矣。

學者識得本體，方好下工夫。不見本體，工夫俱無著落。

（選自《石馬盧氏宗譜》民國癸亥年重修本）

光餘或問引言

光餘者何？一隙之光，日月之餘也；餘年之光，歲月之餘也。日月之餘以其小，歲月之餘以其近，均之爲光餘也已矣。

予學於先師陽明夫子，未獲覩其全，竊其一隙耳。何如其小耶？雖然，顧所見何？如昭昭之天，固亦無窮之天也。苟有以推之，則一隙可以覩其餘矣。且老之將至，而思殁其時也，又何如其近耶？孔子曰：“思殁則務教。”予非有所教也，不欲隱其平生，聊用以繼吾夫子之志之萬一云爾。

時皇明龍飛嘉靖年間，一松盧可久德卿氏寓言於五峰洞天石室中

光餘或問

一松盧可久德卿氏著

或問：心同道同，而學有不同，何也？曰：畢竟是道不同。曰：心同則道同，而道之不同何也？曰：非心之病，不能明其心之病也。心

者神明之舍，虚靈之體，良知是也。不知良知，是不識心體，固有道非其道、學非其學者矣。良知，至顯至見，至微至隱，悟者不假思慮，不悟者則雖日加窮究，而去良知益遠矣。故曰在邇而求諸遠，在易而求諸難。先師亦曰“知得良知却是誰”？噫！隨事反觀，不以聞見牿其體，斯幾矣。

或問：人皆可以爲堯舜？曰：非人皆可以爲堯舜也。人皆堯舜也，以堯舜而爲堯舜耳。曰：聖人之難爲也久矣，而何言之易也？曰：難者以人而難，易者以人而易。難易在人，而不在於聖人也。有要乎？曰：致知焉盡矣。

或問良知。曰：只一念靈明之心，出於天理。就爾所問，已自知有這件當問，是多少主張在，多少明白在，此便是良知。

或問助長。曰：有意求静，則反增以動；有意求明，則反益以昏；有意求誠，則反由以僞。心體本未嘗動，所以動者，欲累之耳；去其所以累者，而不必於求静。心體本未嘗昏，所以昏者，欲蔽之耳；去其所以蔽者，而不必於求明。心體本無不誠，所爲僞者，欲間之耳；去其所以間者，而不必於求誠。則有事勿忘，而助長之病可免矣。

或問：事事物物皆有定理，是否？曰：未嘗不是。心外無事，心外無物，則心外無理。一定不可易之，則在我是之，謂定理。

或問：不義而富且貴，於我如浮云。聖人輕富貴乎？曰：非也。輕不義之富貴也。不義之富貴，於我何有哉！

或問：爲善樂乎？曰：樂而未嘗樂也。樂而未嘗樂，憂而未嘗憂，此爲善之所以樂也。

或問：行之似廉潔，而不可與入堯舜之道。廉潔有異乎？曰：所以異者，心也。伯夷讓國，孔子曰：“求仁而得仁。”陳文子去亂，孔子曰：“未知，焉得仁？”則可見矣。

或問默識。曰：此不容言，嘗知嘗覺而不覩不聞者也。

或問：“天下有道則見”，又曰“天下有道，丘不與易”，何也？曰：

聖人未嘗不以有道望天下；丘不與易，夫亦以其可易於道也。

或問讀書以明理。曰：理不在書，因聖人之言以明吾心之理耳。

或問遊藝。曰：遊藝之益甚大，涵養本源，鼓動精神。然非有依仁之功，則鮮不流於玩物矣。

或問：古人叙道統，而必於憂勤之間見之，何歟？曰：此人心之所以不死，天理之所以常存也。

或問朋來之樂。曰：樂其心之相感也。彼感此應，何樂如之！然亦有言之不悦、感之不深者，雖樂亦不樂矣。

或問：人有不可與言，則何如？曰：誠以動之，婉以道之，以我視之，必皆可與言者也。

或問患不知人。曰：自知而後可以知人。百世俟聖人，不惑自知，以知其人者也。

或問怒。曰：惡之過也，尊賢容衆、嘉善矜不能，則無惡。無惡亦無怒矣。

或問信心不及。曰：未見心，惡能使信？宗廟之美、百官之富，必入其門而後信；東山小魯，泰山小天下，必踐其巔而後信。一貫之旨，惟曾子爲能信之。欲信其心，必求見其心。

或問心病。曰：氣體不調，身病矣；性體不調，心病矣。用古方以祛身病，服古聖賢爲學之方，則心病可除矣。

或問：爲學多方，而要則何居？曰：要在於毋自棄也。

或問：長生有道乎？曰：日月長明，以凝其精也；江河長流，以深其源也；松柏和茂，以不華其色也。完其精，益其源，不爲詞章容飾而損其真，則幾矣！

或問：學必止於至善，何謂“至善”？曰：學無其則，皆不免出於私意。良知吾心之則，天理之中也。執此之謂執中，建此之謂建極，盡此之謂盡性，猶規矩之於方圓，權衡之於輕重也。

或問：良知之謂聖。孩提之愛親敬兄，果足爲聖乎？曰：五十而慕舜之孝也，徐行後長者舜之悌也。大人不失其赤子，聖人之道復奚加於是哉？

或問：人有事善而心不善，亦有心善而事不善，則何如？曰：事善則取其事，心善則取其心。然事善而心不善者有矣，未有心善而事不善者也。

或問存心。曰：操之於未亡則易，收之於已放則難。

或問道有升降。曰：此主世而言也。世升而道必升，世降而道亦降，其實道何常有升降耶？

或問世之學者多務求名而無實行，人之所以不信。曰：是固然也。不曰因名而可以責其實乎？苟皆務實，則何君子之難其人也？

或問：中養不中、才養不才，而曰子之賢不肖皆天，何也？曰：可以養而不養，人也；不可以養而有所不能養，則天也。天乎，人也何尤？

或問：理有在我，我得而爲之；勢不在我，我不得而爲。居今之世，則將置天下於不爲乎？曰：理亦勢也。理有可爲，自忘其勢之不可爲也，孔、孟之汲汲皇皇是也。

或問：隱惡揚善，許人之爲惡乎？曰：欲人之去惡也，隱之揚之，教在其中矣。

或問：學之實功何居？曰：非禮勿視、聽、言、動便是，充之而手舞足蹈，充之而動容周旋中禮，由此其至之也。今人多不務此，此學之所以無實用也。

或問：克己而必於視、聽、言、動，何也？曰：欲之所生不越乎耳、目、口、體，於此而致其力，則無己不可克矣。

或問：取與不苟，足以爲學乎？曰：聖狂路口，義利關頭，絶利一原，取與特其一端耳。

或問大以成大，小以成小。曰：此聖人之教也，非聖人之意也，乃聖人無不欲其同歸於聖人也。

或問："人不學，不聞道"，又曰"朝聞道，夕死可矣"，聞道難乎哉？

曰：非難也，自難者難之也。不學固不可以聞道，然亦有學而不聞者，非聞之以言也，聞之以心也。吾道一以貫之，曾子曰“唯”，曾子至是而始得聞之也。不若無言不悦、入耳存心，然後得爲真聞耳。

或問：聖人知己之爲聖人乎？曰：不知也。知之則不患學之不及矣。曰：然則終不以之自任歟？曰：文王既没，文不在兹乎！不知者乃所以爲知，不自任卒亦未嘗不自任也。

或問：聖人亦學乎？曰：學之至而可以爲聖人。學即道也，道之不息，此學之所以不息；學之之至，而道之所以至於至也。

或問：忘言可乎？曰：出於不得已，不知其言之爲言，以言而忘人，因人而忘己，吾不知其忘言。

或問：不博之經傳，而可以知古人乎？曰：以古人之心處之，則可以知古；以今人之心處之，則可以知今。古今在心，而經傳其陳跡也。陳跡則雖有不知，庸何傷？

或問：孔子上觀唐虞之世，曰能使民由，而不能使民知，則知之於人難矣。今以良知覺天下，而欲使天下之人皆有知，則聖世之所不能者，責以今日之皆能，毋乃太遠於治乎？曰：是不然。堯舜不能使之知，不能使之盡知也。百姓昭明四方，風動則知者有矣。今之民即堯舜之民也，今之道亦堯舜之道也，惟知人皆可以爲堯舜，庸詎知時之不可而勢有不能哉！故以堯舜之治而見於今日，亦不爲過；以今日之風而行之唐虞，要亦分内外事耳。必以爲不可，遂諉而不爲，豈所以望於天下耶？

或問：好仁惡不仁者有矣，而夫子以爲未見，何也？曰：好而不爲，豈好之耶？惡而不去，豈惡之耶？曾見有好是物而不欲得之者乎？曾見有惡是物而不忍舍之者乎？故言好惡，必如好好色，必如惡惡臭，然後爲真好惡之也。真好仁則無以尚之，真惡不仁則不使加乎其身矣。

或問入聖之途。曰：由良知而入，是謂坦途，是謂正途。入聖無二途，舍之而旁蹊曲徑，不可與入聖矣。曰：誠之與敬不可以入乎？曰：以良知爲誠敬，則無不誠無不敬，而聖途一轍也。舍良知而誠非其誠、敬非其敬者有矣，此毫釐之間，千里所由分也。曰：何爲良知？曰：天之聰明，吾心不容已之體也。堯舜禹湯之爲堯舜禹湯，文武周孔之爲文武周孔，同一揆也。從古來欲爲聖人者不鮮，而知所以入聖者則鮮。言之雖詳，造之雖遠，只成一已之私，不可以語優入聖域矣。

或問：夫婦之所知者，果足以爲道乎？曰：孝親知之，悌長知之，人之善知之，人之不善知之，事之所當爲知之，事之所不當爲知之，曾是以爲非道乎！

或問静。曰：不動。問不動。曰：主之以静。有思有爲者氣之動，無思無爲者理之静。吾之所存者理而已，何動之有？

或問：知幾如神，必聖人能之乎？曰：然。惟至誠爲能前知。然吾心之靈，均一聖也，均一神也，均一前知也，惟不自覺察，自欺而自昧焉耳。存之以虚，不爲利動，不爲害怵，不爲未事之虞，不爲有心之擾，則善必先知之，不善亦必先知之矣。

或問：天下無不同之理，而有不同之人，何耶？曰：理同而人必同。舜禹之與途人一也，同此飲食，同此居處，同此是非，同此好惡。而其有不同者，昏明之間耳。即其昏而不可以終昏者，人皆可以爲聖人也。

或問：遇事而不免動心何如？曰：利害之心根之也。不見可喜，不見可惡，不見得之在人，不見失之在我，視羊腸如坦途，臨大敵而此心亦不動矣。

或問處樂。曰：以憂之心而處之，見其可憂，則不以樂而淫矣。問處憂。曰：以樂之心而處之，見其足樂，則不於憂而困矣。人心至危，天理無間，樂極而憂必生，時窮而心亦樂矣。

或問：知與行合，言之而必能行之，胡言不及行之多也？曰：虚見不足以爲知，徒言不可以見之行，聖賢經訓，必非言浮於行者也。

是故有實體而後有真知，有真知而其言之必可行也已矣。

或問：天下不愛道，天亦有時而愛道乎？曰：道賴人以爲之傳。苟非其人，則斯道何寄？非天之愛道，以不得聖人而愛之也。雖然，無非道也，風雨露雷無非道也，飛走草木無非道也。以茂叔之心而處之，則窗之草固亦河之圖、洛之書也；以明道之心而處之，則盤之魚固亦河之圖、洛之書也。道顯於聖人之心，而不顯於河、洛。由此言之，天何常愛而亦何常不愛耶？

或問克己須從難處克，聲色貨利之己似不爲難，意必固我之己難克耳。曰：己一也，孰難而孰易哉？難則俱難，易則俱易。聲色貨利舉其粗，意必固我盡其微，其實則一而已耳。苟非有聲色貨利之己爲之根，意必固我安從生？顔子非禮勿視、聽、言、動，而不遷怒、不貳過，存乎其中矣。成湯用人，惟己改過不吝，亦以其不邇聲色、不殖貨利爲之也。子以聲色貨利之己爲易克，殆未知其爲聲色貨利焉耳。果能搜檢掃除，拔去四者之根，則心體原自渾然，原無私己有我之心，而何意必固我之足累哉？

或問：處家之道何先？曰：莫先於謀之遠。何謂也？曰：以此出者以此入，以此入者以此出。今人積貨財、備器物、完宫室、廣土田，自以爲傳之子孫矣。然禮義不敷，人道壞亂，一旦舉而廢墜之，若燎毛耳，是謀之不遠也。惟君子以德爲聚，以仁爲居，以禮爲大閑，善其身，以訓其子孫，善氣薰積，德澤流衍，家業愈傳而愈光矣。兹非其所當先者乎？

或問：勢利之驅人久矣。習之以詞章，專之以進取，無乃益甚其趨乎？曰：業同而不害其心之異，行超而何有於習之非？舜之聖，不以耕稼陶漁乎？今人爲之，鮮不以利而没其心矣；武之王，不以戎衣干戈乎？今人爲之，鮮不以武而累其心矣；詞章進取，歷漢唐宋以來皆然，其間鴻儒碩望班班代出，曾不以習而能移之也。夫以勢利之心而爲之，即在聖門薰陶德義，一時之溺於貨殖干禄者亦有矣，而况於詞章之習以趨之乎？苟磨不磷，涅不緇，無所待而興起，雖處之紛華萬端、風塵雍塞，當亦不失爲君子，而況文詞之習亦足發揮吾道，尚論古人者乎？故學不必於易業，而行不必於離俗也。

或問處事覺欠輕快。曰：得爲而爲，不得爲而止，斯輕且快矣。

或問：忠於爲人則不知其有己，舍己田而耘人之田，無乃不可乎？曰：噫嘻，此宰我之憂爲仁也！明其是非，示以取捨，知無不言，言無不盡，以求盡吾之心耳，而奚至於舍己耶？舍己且不足以自爲，而況於爲人乎？

或問三年之喪。曰：以聖人爲之中制。孝子之心，則終身焉可也。

或問誠。曰：無妄念。有意求誠，則反入於妄而僞矣。

或問：天下皆吾事，而何夫子曰"君子思不出其位"？曰：位之所在，即道之所在；道之所在，即思之所在。位無定方，道無定體。禹稷思天下之饑溺，是以位而爲之，道也；孔子作《春秋》而行天下之事，是以道而爲之，位也。顧所處之位何如，所思之道何如。若夫不量力、不度時而妄意於希高慕外，則去艮止遠矣。

或問：徐行後長者，果可以爲堯舜乎？堯舜之道，果不出疾徐之間乎？曰：此豈可以形跡言也。即其一時徐行之心，必真知長上之不可以一步逾越，安詳恭敬，堯舜同此心也。充之，則不好犯上，必不好作亂，允恭克讓，温恭允塞，亦若此耳，何不可以爲堯舜乎？

或問：堯之禪舜，必先之以二女，又先之以百揆司徒，如其不可，必將已乎？曰：此聖人慎重之心，以運用之微權也。以天下與人，必天下之人安之，然後可使居乎其上。堯舜以前未嘗有以天下與人者也，以匹夫而居天子之位，雖雍雍讓德之世，亦或不能無窺伺而軒輊之者矣。此理亂之幾，聖人慎之。試以二女，試以諸職，非徒試之也，將以其位而安於其上也。親之之久，尊之之漸，後舉而加諸上位，則人忘其平日之賤矣；且又使之攝行，其爲慮亦深矣。慎重如此，即位之初尚有桀驁不服如四凶者。非堯預爲之圖，亦天與之。以二十八年之久，則德澤未敷，名位未定，人情未安，以丹朱之嚚訟，濟之以共工、驩兜之徒之凶悖，則當時之天下，未必非商奄、武庚之不靖矣。

或問博學。曰：非禮勿視，非禮勿聽，非禮勿言，非禮勿動；居處恭，執事敬，與人忠；博學之，審問之，慎思之，明辨之，篤行之。此間工夫，不可缺一。然其頭腦則本於吾心之良知，所謂約之以禮，一以貫之者也。蓋嘗厭其事之支離矣，而於道有所未盡；樂其爲之簡易矣，而於體有所未全。今而後知其事之有益於身。事即道，道即事，致知在格物，物格以致其知矣。

或問：學有倦心，則將如之何？曰：將之如何，自我知之，自我勉之，人將如之何！

或問：人心不同，有如其面，於何而論其同？曰：面之不同，而耳目口鼻一也；心之不同，而是非好惡一也。予識其理之同，而遑論其他。

或問：情以事異，君子無入而不自得，則處憂懼而亦樂乎？曰：心之體一也，得失異感而憂樂異形，心之體無所容累則一也。自得者，得其無所容累之體也，非必樂也。樂而不淫，則樂而未嘗有樂矣；哀而不傷，則憂而未嘗有其憂矣。樂而未嘗有其樂，則謂樂，則得憂懼之體可也；憂而未嘗有其憂，則謂憂懼，爲得其樂之體，不可乎？若夫有所憂患，有所恐懼，已非得心體之正，豈君子之所以慮憂懼耶！

或問生。曰：得此之謂生，血肉之存，不足以爲之生也。問死。曰：失此之謂死，血肉之亡，不足以爲之死也。世有生而若死，雖死而猶生者也。

或問真覺。曰：昏者夢也，覺者寤也。方在夢時，殊不知其爲夢，及寤而知向之所爲夢也。今人迷於舊習，苦於見聞，恒自以爲能覺，而其覺亦若夢耳。苟非天啓其靈，使之翻然改悟，而尚有真覺耶？故必覺而後真。覺未覺而語以真覺，鮮不嗤矣！

或問：聖人之言，存之於心，足爲學乎？曰：存而弗滯，斯爲學也。盍觀之飲食乎？飲食所以養身，積而不化，亦足爲病。聖人之言，不惟其意，而惟其詞，則牿心也必矣。

或問：人有隱其過者，平生有過，人皆不能知。若此者何如也？曰：是自重其過也。人雖不知，己獨亦不知乎？鬼神其有弗知乎？人有罹其疾者，人問之曰："子有何疾？"曰："無也。"既而又疾，人又問之，又曰"無也"，卒自護以亡其身。嗚呼，若人亦欺人之類歟！

或問：爲善作福，亦有之乎？曰：善即福也。明無人非，幽無鬼責，非福而何？苟因作福而爲善，則善且不誠，何福之可作？

或問學無進步。曰：畢竟不實下工夫。

或問：一絲難斷，何如？曰：殺人須於咽喉著刀。苟不放殺心，而恁地悠悠，終不濟事。

或問富貴而動其心。曰：原不曾蒐搜洗蕩，令無遺種，一旦隨感觸，便依舊發生耳。顔子不愛不求，以不見可愛可求之私容於中。存之以渾然之體，則富貴貧賤不能爲之動矣。今不求其不可動者，而徒制於外，則尋將復駸駸矣，可終無耶？

或問害身。曰：文焉。彼天地之氣泄於化工，聖人之精顯於事業，學者之習務爲文辭。化工事業亦文也。然天地無心、聖人無爲，故其不見而章，不動而變，順所感應發揮，而無所容吾力焉。且亦謙盈損益，不能不以極其變。吾人竭心思、殫精力，窮歲兀兀，而爲之文，以所未及而欲竊窺其所不及，文愈飾而智愈勞，求彌遠而日益見其不足。嗚呼！吾未見其能存心也已，未見其能恬静無爲以養其身也已。

或問古之立言者。曰：言有盡而意無窮，使人樂而不倦也。

或問：夜氣清明，好惡幾希，何雞鳴而有孳孳爲利者？曰：幾希亦萬一之間耳，非謂盡得好惡之正也。此在小人之心，動極而不可静，或不能無一隙之明，而利欲之私，習以性成，至此夜氣不足存矣，故曰跖之徒也。

或問：君子處世，必明是非，必嚴好惡，而人不親則奈何？曰：是非不明，好惡不嚴，豈君子所以自立耶？然是非好惡之心，人皆有之，取其是而好者而誘以爲善，舉其非而惡者而勉以去惡，則人且樂而從，而況有不親耶？此是非之明，好惡之嚴，用以養人，而非用以服人也。

或言：人生而不爲於百年之計，亦虚生耳；兀兀窮年，皓首無成，可嘆哉！曰：勉之勉之！勒之鼎彝、昭之史册且勿論，只存此心勉勉不懈，人己一道，古今一心，或亦庶幾耳。

或問：因戲言戲動，而書“德盛不狎侮”五字於座隅，時警而勿忘。予聞之，曰：善哉！人而察識於此，則心益密而德日進矣。警而勿忘，其勉夫！

或問敬。曰：居處恭，執事敬，出門如見大賓，使民如承大祭，聖人之言體而行之，可也。然必有聖門爲仁之志而後可，然必知吾心之原無不敬而後可。

或問：義利之弊亦能知之，而義卒不能以勝利，何歟？曰：不能勝，而必求有以勝之，此君子之能用其勇也。事事而勝之，則義集而氣益壯，氣壯而益勝之，不見其難矣。苟徇情任欲，胡能自慊？而平生之志皆虚耳。

或問：孔子曰“莫我知也夫”，莫不是天下之人不知孔子否？曰：天下之人不知，庸何傷？雖在從遊之間，或不能以盡知之矣。聖人之心惟顔子知之，故相與而悦，抑一貫之唯，亦足知之。外此而篤信好學、心悦誠服則有之矣，而不可以言傳者如隔彼此，而聖人之嘆，其得已乎！

或問：諸子形容性道極其奥妙，足見性乎？曰：非有所見，惡能爲此形容也？聖人之言明白易簡，非不妙也，而妙存乎其中矣，故聖人者忘妙者也，諸子者見妙者也。見則與之猶二，而不可以語率性矣。此聖智之别也。

或問：人有不知而作，孔子曰“我無是也”，而猶自居以“知之次”，何也？曰：聞見之知，知之次也；不知而作，豈惟聖人無之，人皆無之，自不察耳。日用飲食，有不知其當然而爲之者乎？出入動息，有不知其當然爲之者乎？取捨趨避，有不知其當然而爲之者乎？此吾心所謂良知，知之至也。舍此而别求所知，則由耳目聞見，而爲“知之次”矣。

或問：昔之稱爲善者，或不能以裕其後，何歟？曰：未有善而不裕其後者也，抑其名之浮於實歟！名勝則欺，欺而不之耻則肆，肆亦惡也，天之不佑，或者其在兹乎！

或問：何爲至危？何爲至樂？曰：至危莫如盛名，至樂莫如反己。名大而望必重，望重而責必深，何危如之？自反則自得，自得則自樂矣。

或問平天下。曰：平吾身之情而已。吾之情平，則天下之人平。故曰：盡其性，則能盡人物之性，致中和，天地位，萬物育矣。

或問：君子之不可及，唯人之所不見，所不見，何以爲難及歟？曰：去吾不見之病，爲吾不見之善。人修之昭昭，而冥冥者多愧矣。

或問：務根本者，必刊落其枝葉。今樹藝之家，根本欲固，而枝葉亦欲其茂盛，何歟？曰：根本深固，而枝葉茂盛，其理一以貫之者也。但生意在根，人之務培養者，亦務培其根而已，而枝葉非所從事也。

或問知幾。曰：人心之靈，孰無所先見而動於中者，但動之微而不自覺，或覺之亦蔽於私而不能決耳。惟聖人去欲，故動則必知，知則不俟終日焉。

或問辨志。曰：利善之間，辨之易矣。有爲善而有所爲者，亦利也，辨之則難，猶未也。志爲善人而不志爲聖人，志由聖人之道而不志得聖人之道，雖非有所爲，而其爲志亦苟耳。孟子曰“乃所願則學孔子”，明道謂“寧學聖人而未至，不欲以一善成名”。孔子志於學，則從心不逾矩；志於道則依於仁。此其一念之初，則已期至於聖人極則之地。故曰有必爲聖人之志，然後可與共學。學者辨此而志於此，則其爲志也至矣。

或問：爲學而不見有進處，柰何？曰：猶患無根底。試觀草木，有根深而不日見其暢茂者乎？

或問聰明。曰：天聰明不可無，作聰明不可有。問能。曰：有能之能，能之小也；無能之能，能之大也。

或問以天下與人。曰：非輕天下也，爲天下得人也。

或問處己，曰：忘己。問處人，曰：忘人。

或問：學者多執己見，叩其志亦是欲學聖賢，不克自是，不克自進，何如？曰：此爲道理所縛。今人只知利欲束縛人，不知道理亦束縛人。平生見道理恰好説得無遺漏處，自謂一定不可易。殊不知太執着，不知太虛本體，反成障礙。真見未融，天光未發，此等志氣，枉過一生。然必洗心滌慮，丟却舊家當，舍己從人，庶或有省悟耳。

或問：吾心自足，奚事旁求？六經子史可無從事，然乎？曰：心無内外，理無内外。苟以吾心爲未足，而必藉以益聰明、增聞見，固未可；乃欲棄而遠之，則是以心爲有内外，理爲有内外也。吾心之理散於天下，天下之理莫非吾心。天之大也，以無乎不覆；地之大也，以無乎不載；心之大也，以無乎不該。六經子史要皆以發明吾心之理，是亦吾之心而已矣。

或問：顏子簞瓢陋巷，何遂至於人不堪其憂？曰：固是困迫之甚，此間不無别有苦情。所謂“陋巷”，非止窮居，必敝鄰陋俗，不興禮讓。時以孔子之聖，猶詆謗輕侮，若東家邱、喪家犬之類無所不至，其在顏子則輕肆陵忽，横加侮慢，又可知矣。惟顏子處之泰然，不怨不尤。曾子他日亦云“犯而不校”，殆謂此耳。

或問：欲心未能斷絶，則將如之何？曰：目之欲色，口之欲食，人情之欲安樂，性也。無慾也者，無所妄動之謂也。無所妄動，則雖動而無動，莫非天理，何慾之有？必欲斷而絶之，是滅其性。慾固慾也，滅性亦慾而已耳。天人之間，不可不察。

或問學問受用得力處。曰：不見頭腦，則學非其學；見得良知本體，不加真切工夫，亦只是懸空想像，無受用得力處。

或問人心道心。曰：聖人只是常人，常人是非好惡與聖人同。苟不動於情欲，是亦聖人而已矣。

或問：善人如何當學？曰：學以求盡其心，聖人則一意是心上求自盡，善人不著不察，容有未盡處。

或問賢知之過，愚不肖之不及。曰：便是不曾見得良知本分當然道理。賢知者將做一件超絶的事，去尋求，不知自家本體上反過一分；愚與不肖，則安此暴棄而已。

或問真知。曰：汝於義理何嘗不知？只如真味，未嘗着口，雖知其爲可食，而不知其味之甘美果何如也。義理得之於心，自别。

或問：心之靈覺，亦有時而昏否？曰：覺其爲昏，斯不昏矣。故昏者氣也，不以昏而亡者，此吾心靈明之體也。

或問學。曰：學之進益，非道有淺深。如苗而秀、秀而實，積厚而光大焉耳。

或問：心感物時，如何爲虚？曰：如鑑照形，形不能累其鑑也。曰：必物過而後能無累歟？曰：物之未過，何累於虚？形之未過，鑑之體曾足累否？終日與形相對，而其虚者自若也。

或問：人物各有其性，如何盡己之性，便能盡人物之性？曰：理一也，性一也。無間於天地萬物，必天地萬物位育，而後吾之中和始致。家國天下歸於齊治平，始爲能明其明德於天下。不盡人物之性，而謂之盡己之性，可乎？

或問：致知在格物。格者格其不正以歸於正。知既良矣，何有於不正，必俟格其不正以正之耶？曰：心之爲體一也，感於物而後動，動而後有不正，所謂幾善惡也。惟良知則知其不正，格其不正以歸於正，此物格所以致其良知也，豈良知原有不正，而必俟於格以正之耶？曰：然則體用不可以言合一矣。曰：知其物之正與不正，此吾心不可易之本體也。格其不正以使之正，此君子致用以求合其本體之學也。故曰學以盡其性也。

或問：良知之爲體，定也，静也，安也。用格物工夫則涉於動矣，於三者何居？曰：知者靈明，知覺寂，而未嘗不感。感亦動也，格者於其是而是焉，非而非焉，順其感之自然而應之，雖動亦静矣。故曰，不本於致知而徒以格物者謂之妄，不務格物而其爲知亦虚爾。

或問：爲善去惡，是慎獨否？曰：未也，須是防之於未然。善惡交至，是不能慎以致之矣。獨知只是一個常知，慎獨只是使之知常，知常則常善，何善之可爲？常知則無惡，何惡之可去？故曰，做得工夫是本體，合得本體是工夫。

或問良知本體。曰：畢竟是不容言，且去用工下學，而自然上達矣。

或問：學必須見良知頭腦，不見頭腦則學非其學矣。曰：是固然。頭腦非難見，見得者只在目前，不見者如隔千里。吾謂此處甚難言，只存乎其人。自古聖賢大抵是教人爲學用工自得之妙，非不欲言，且不可强而言矣。

或問：自得之妙，是見良知本體否？曰：然，如有所立卓爾。顔子至是而後見，雖聖人亦不得而先語之矣。

或問致良知。曰：此從太虚混沌中發出真傳，非人之言也，天之言也。

或問學而不厭誨人不倦。曰：聖人之心，天心也。天生生不已，聖人盡己盡人，自然如此耳。

或問天下歸仁。曰：無一物不在所愛之中。

或問聖人之心。曰：聖人之心，仁心也。識得仁，始識得聖人。

或問：致知在格物，知至物格，則事事物物皆止於至善矣。陽明先生之説何如？曰：知，吾心之良知也；物，天下之事物也。知求其至之謂“致”，物求其當之謂“格”。然而欲致吾心之良知，非“格”天下之“物”不可。何者？天下之達道，一以貫之者也。故自天下而推其本於國，又自國而推其本於家，自家而歸於身心於意，總而歸諸良知。夫以天下萬事而歸於吾一心良知之間，人之視良知則甚微，視天下事則甚大，若或不足以盡之。殊不知吾心之良知，原自能貫乎天下之事，而天下之事皆不出吾致知之功。故夫知意之當誠，此吾之良知也，便去做誠意的事，使吾之意無弗誠焉，則意之物格，而致意之知矣。知心之當正、身之當修，此吾之良知也，便去做正心修身的事，使吾之心無弗正，身無不修焉，則心身之物格而致心身之知矣。其於家國天下莫不皆然。老老幼幼，仁民愛物，吾心良知自見得合當，如是即便去如此處置，必老者安、少者懷，物物各得其所，然後家國天下之物無乎不格，而吾之良知通乎家國天下者，始無不致也。舍却天下之事，不足以見吾心良知之明，除是格停當天下之事，亦别無致知之功矣。故致知之功，無内外，無動静，一了百當，原無階級漸次，非如後世之説先去致知，後去力行，而所致之知，亦虚見爾。

或問：知天命是知其一元之運否？曰：固是一元之運，不在天而在吾心真見。天地萬物皆吾心一元之運，則可以知天命矣。

或問無所用心難矣哉，今人鑽研玩索、勞精弊神，莫將做用心看。曰：畢竟是用耳目，何嘗用得心！

（選自《石馬盧氏宗譜》民國癸亥年重修本）

承志録序

一松盧子既弱冠，一日其家嚴質甯先生忽治裝促發，命如會稽以從陽明夫子遊，作詩送之，有云“異時獨抱稽山歸”，又云“至言堯舜人可爲”，所以期待之者甚大。既而一松抵會稽，介見輪贄，後聞良知之旨，篤信力學，充然有得而歸，先生喜，又作詩而勉以成終。於是一松繕寫爲策，屬諸同志皆和之，題曰《承志録》，蓋欲朝夕觀省，以毋忘嚴訓也。

嗚呼,夫承志豈易言哉！顧惟太王、王季、文王之緒,而武王、周公纘之,斯爲善繼人之志,而稱曰“達孝”也。外兹若堯舜之志大矣,而朱均不能承。舜、禹非不能述人之志,而瞽瞍與鯀之志不可承,父子間所遇不齊,雖聖人過化之妙,固有不能享其全者,況諸人乎！故曰：天下不如意事十常居八九,以今先生之善志,一松之善承,又豈易言哉？

世自科舉之學興,人皆挾策佔畢,而稍能操觚翰以從事者,莫不攘臂於青紫之掇,以爲利禄媒,僥倖一第,則能事畢矣。父兄之所志,與子弟之所承,孰外乎是？故志非其志,承非其承,世非一日也。借使先生有志遠大,而一松未免或狃於俗學;使一松欲學聖賢,或者先生急功利以善其成,而於學有所弗悦,則謂承志不可已。昔人有難爲兄難爲弟者,由此言之,先生所謂難爲子者是也,一松吾亦以爲難爲父者非耶？雖然,難爲父者先生之志如此,無忝於其難矣,難爲子者一松勗乎哉！其曰“獨抱稽山歸”,乃今抱稽山而全歸乎？未耶！乃今爲堯舜而既成乎？未耶！《詩》曰“高山仰止,景行行止”,俛焉日孳孳將斃而後已,一松勗乎哉！

時龍飛嘉靖四十一年歲次壬戌中伏既甲

叙齋居士胡大範九疇序

承志録跋

此吾友盧德卿初如越學於陽明先生乃翁送行詩也。德卿學成而返,於良知之旨有深契焉。每五峰雅集,德卿儼然其間,啓難發微,動中肯綮,與尋常勦説迥别,聞者皆聳,有光師門甚多,誠可謂獨抱稽山而歸者矣。

昔韓符讀書城南,退之送之,孳孳於利達之末,何其卑也！符亦竟爾無聞。其視盧公之善教與德卿之善學,得失果何如哉！異時此詩果傳,識者當不以置之韓詩之下也。

嘉靖癸酉日南至五峰會罷，德卿出其稿相示，爲斂衽嘆仰久之。

晉庵子應廷育仁卿撰

（以上序跋選自《石馬盧氏宗譜》民國癸亥年重修本卷之二。按《承志録》爲詩，已置于詩歌部分。）

培本堂語録

司馬温公曰："吾欲積書以遺子孫，子孫未必能讀；積金以遺子孫，子孫未必能守。不如積德以遺子孫，吾子孫庶幾獲福。"蓋德者，本也。《傳》曰："天定勝人，人定亦能勝天。"《易》曰："積善之家，必有餘慶。"《書》曰："作善降之百祥。"蓋栽者培焉。

昔晉公王祐，手栽三槐於庭，曰："吾子孫必有爲三公者。"後而子孫繼顯於宋，其言果驗，故今王氏號"三槐堂"焉。夫以天意茫茫而責報者，若能自操其券何哉？亦以報施固自不爽耳。今余家名其堂曰"培本"，蓋有深思厚望也。夫根爲木之本，源爲水之本，木不培則根枯，水不培源則竭，推之凡物皆有本，不植則落，類如斯已。矧人以今日之身即他日子孫之本，而不可思所以培乎？培本奈何？積德而已矣。能積德者能昌後，自然之效也。培之奈何？必自孝悌始。

孝悌者，百行之本也。入則有親，服勞奉養之必謹，容貌語氣之必和。有家貲則思所以守之，無家貲則思所以創之。讀書必思揚名，力田必思厚獲。凡有貽父母以不安者，概不敢作而後已，不然，轉瞬我即子之父母矣。我不能事父母，而冀子能事我乎？諺曰："孝順爺娘自的福。"請三復夫斯言。一木之枝，同根生焉。兄弟，手足也。他人之兄弟不睦，我責之有詞，勸之亦有詞，胡不反之以處我之兄弟？則悌道在是，由是而事長。年長以倍，則父事之；十年以長，則兄事之。言語思必和平，往來思必退縮，周旋思必謙牧。夫如是，則爲人之本以培，而百爲可就緒矣。

余謂與其思所以培，必先戒所以壞，去莠所以植嘉禾也。而壞本之事，酒色財氣盡之，昔人誡者多矣，今約略申之後生小子：

見色便起淫心，第一壞事。將何以息之？曰：“以我淫人妻女，恬不知怪。令人淫我妻女，我何以處之？”思此則色蔑如矣。森羅鐵榜曰“萬惡淫爲首”，故淫人之子孫，未有能昌熾者，可不懼哉！錢財者，俗所謂衆生腦髓也。取之自有道。勤爲財所從出，儉爲財所由聚。舍此而求財，除非天賜，利己則損人矣！若必不分黑白與之，非出甘心取之，實爲倖獲。甚或作奸犯科，横騙直撞，不壞甚乎！諺亦有之曰“搶用子孫錢，子孫隨敗完”，因此不矍然乎！若酒，則《酒誥》《賓筵》，戒者綦詳。必貪夫酒，則壞本實多。蓋酒勝多忘廉耻，過飲多致惹事，無論古人，即今之沉緬者，前車可鑑也。思氣唯可養而不可尚。尚氣者，有勢力則淩逼人，勢力相加，則争鬥不已；勢力不敵，則暗算害人，逞刁致訟，壞何如之。至已甚則一朝逞忿，忘身及親，必待後悔者，皆愚人也。

由是防其壞而思其培。刻薄非本也，而培之以忠厚；猜忌非本也，而培之以推誠；驕奢非本也，而培之以恭儉；放蕩非本也，而培之以兢業。推至日用飲食之際，酬酢往來之交，動静語默之處，有培吾本者，思必掃除一切，以葆其真蒂，則本培矣。

余考先人皆忠厚，本之培也久矣。今天余與爾曹雖不見發跡，而衣食尚未有虧，即如汝周伯家，雖亦不得謂之大發跡，而余族頗稱崛起焉，焉知非余與若先人數世積德而天報之不爽有如是夫？兹瀝落千余言，實進苦口之藥石、鍼害身之膏肓也，願爾曹世守之。爲《培本堂記》。

或問：培本有要乎？曰：不過存“天理良心”四字。爾今人見他人作事不德，動曰：“没天理、没良心。”我能隨所處而以此四字質之，則天安有不嚮應哉？子孫安有不獲福？我持之如執左契哉！

道光庚寅年陽月上浣，七十三老人汝明諭，男邑庠生際泰識

（選自《筠川盧氏宗譜》民國己巳年重修本卷一）

二、文

謝除禮部尚書表

禮科兼組，僅輸累月之勞；帝扆疏恩，遽陟三銓之首。居然就職，惕爾懷慚。

小臣盧可誠惶誠恐，稽首頓首。伏念臣初無適用之才，徒有泥古之學。握從臣之管橐，俯仰四方；使老上之庭，往來萬里。嘆賢勞之何有，荷聖眷之過優。既叨小宰之際，復攝冢卿之乏。而臣技窮，能匪景伯，年侵遊騰。告老之章未動，蓋高之聽敢圖？簡記反使甄升。天官分典於銓衡，帝伯實提其綱紀。臣須兼掌握，亦願弗勝。兹命顯官，益虞非握，並錫身章之寵，仍頒既乘之珍。顧驥類之駢蕃，將何是而稱塞。

兹蓋恭遇陛下，規模天大，睿智日躋。照臨博暨於群工，禮遇猶先於近列。知臣樸忠有守，寒松不改凋年；憐臣氣力未衰，老馬或諳於古道。仍頒茂渥，猥及微蹤。謹當仰體隆私，益堅晚節。壯志雖在，詎敢受於糜捐？來日無多，終願祈求於閑退。

臣誠惶誠恐，稽首頓首上謝。

（選自第三支《錡川盧氏宗譜》民國己未年重修本卷二）

一松先生祭質窩崇二公祝文

嗚呼！考之在也，壽未滿百。而云逝者，已經二紀。去日茫茫，追思曷已？一往一復，而斯旦猶存。胡喜胡懼，而愛日無自傷焉哉！

陵谷變遷，而今昔殊時，哀矣哉！眷屬凋殘，而遺孤若是，一爵慟天，而莫知所爲，於赫有臨，而鑒兹藻芷。

尚饗！

此書昔年東邑官橋陳宅藏板，歲久漫浸；乾隆八年仙盧後嗣盧五常下重梓，石馬宗祠藏板。迨乾隆乙卯毁於火，嘉慶乙卯續修，另再輯之。至咸豐辛酉、同治壬戌、癸亥，三載遭粤寇之亂，幾致無存。今遍訪族中，只有專刊小板一部，莫非一綫之留貽也？若不登諸宗譜，恐年湮代遠，必至泯滅無傳，兹特附於卷末，以垂永久。後有賢裔，刊而行之，愈加厚望焉。

時龍飛同治十年歲次辛示新正穀旦，祠下嗣孫同識

（選自《石馬盧氏宗譜》民國癸亥年重修本卷之二）

一松先生書

復友人

所謂師友不可一刻離，静功不可一刻懈，誠然誠然！豈惟今日，吾徒當然，從古爲學，未有舍此而能有成者也。

夫爲學不在師友，而感觸開發之機則必由於師友也；用功不在静坐，而凝神息慮之初則必由於静坐也。雖知刻勵，而亦必有昏懈，非得師友提醒，則終墜於昏懈而不能自振者有矣；雖常檢點，未必無隱微之失，不於静中體勘，則將至於妄動而不能自存者有矣。故今日之學不在於倚靠師友之非，以不能隆師取友，安於自棄之爲無成耳；非專事静功之病，以憧憧往來，不知所静存其爲患出多矣。師友之益，静養之功，舍是吾懼其終不能有進也。然必有學如不及之心，然後知師友之爲益；必有防亦不懈之志，然後知静專之不可無。學如不及，防亦不懈，吾心精明之體也。不求之師友静坐之間，而求之吾心精明之體，雖無師友，隨在而皆師保之臨也；雖非静坐，無適而非至静之地也，又何有一刻之離、一息之懈哉！

吾子有見於此，反求所以汲汲於此者何？心則工夫本體，沛然流

行矣，何俟於言，毋忽毋忽！

又

所論恒定、恒静，惟在此心常存，則常明、常覺。而恒定、恒静者，在此一言，足以闡性術之微，破支離之謬，開示學者明白簡要，灼有入聖之路。何幸得聞，敬服敬服！

繼云其要只在主敬，以慎其獨，而主敬工夫，又只在勿忘勿助之間。雖則考究精詳，酌量端的，必如此而後工夫方縝密、節次乃分明，聖學精微，斯無缺漏。

但其語意，似有主張未定，信此心明覺未及，以故一段不足，又從一段攙補。既曰"惟在此心常存"，則存心便可謂之要矣；既曰"主敬以慎其獨"，則主敬便可謂之工夫矣。夫心之明覺，是謂本體，是謂性命，聖人明物、察倫、盡性，至命，無非常存此明覺而已矣。常明、常覺此外更有何要？此外更有何工夫？非不可以言"主敬"，自不必添上一個"主敬"；非不可以言"勿忘勿助"，自不必添入一個"勿忘勿助"。此心惺惺之謂"敬"，敬而間斷之謂"忘"，敬而著意之謂"助"。常明常覺，則不必復言惺惺，而常惺惺者在其中矣；常明常覺，則不必復言間斷，而無所間斷者在其中矣；常明常覺，則不必復言著意，而明覺自然毫無所著者在其中矣。

故"明覺"二字，儘足以發聖學之微，極工夫之大，千經萬典，何所不該，徹頭徹尾，初無滯礙。又奚必層層添入，件件無遺，然後謂之完全無缺漏也耶？即如所謂一念提醒便入作聖路頭，此語何等警切，何等痛快。聖學始終，何所不盡？然而謂之提醒，非淺淺有知而已也，必如夢者之真醒，昏者之真覺，而後目明耳聰，行著習察矣。故一念提醒即是一念的聖人，一日提醒即是一日的聖人，終身提醒即是終身的聖人。堯、舜、周、孔亦只是醒覺不已而已耳。人惟不知提醒可以作聖，故將"明覺"二字看作尋常，非先生體當真切，烏能提掇及此。

顧常以此爲訓，毋爲從説所遷就也。

（選自《石馬盧氏宗譜》民國癸亥年重修本卷之二）

諸公與一松書

石門應先生 諱典字天彝，尚寶司丞

數日承教，深有警益。方擬修謝未能，忽接翰音，欲做真實純然大儒，以光五峰之會，甚幸甚幸！今世又何幸得聞此言，其篤志固可想見，僕敢不夙夜以求，無負所望？

所諭良知，本自圓融，只緣習染難除，意見病道。若真見得本體，日用間平平做去，則道不遠矣。柰何本體未免習染意見之雜，故須隨事隨處省克，務令胸次廓然，各循天則，乃爲得之。良知本體原不曾亡，不爲有事有，不爲無事無。當事而思，思不着念，是以終日思而無思也，故曰近思。又曰思曰睿，睿作聖，若事而求本體，終未免着空，必致不可治天下國家之病也。

故日用間只平平做去，就事上練習，他日自有脱然灑然處也。蓋無將迎、無内外，隨事順應，程子有得之言也。《傳習録》中云：學者只存得見在。過去未來事，思之何益？不約而同矣。

又

所論用功欠純，情欲或間，當痛相掃滌，以希聖門純一之學，仰見新功新得，鬱困中深有警醒。

大建書院之夢，共搆共成，此非偶然，要當真心實際，非徒言語間也。僕雖不才，焉敢自棄？顧諸友策厲，似不如前，爲己爲人，其心一致，更無二説。

八華義田記，因人促日迫，一時勉强應命，自覺蕪冗可厭。四儒之學，本自身心倫理，特其主張，吾婺者以不患不一、所難者分殊一言，使先賢學術不明，費甚詞説，竟無着落，故不得不一明之。至八華講義前面論五倫處，却將仁義禮智信一一分配，而縱衡交錯，誠涉支離，要亦不滿之意寓於其中。特其用功之實，却歸一原，深爲有補，故一及之。若良知貫於五倫之學，此是今日事，混之似未免牽合附會耳。原稿今亦記憶不起，得帶有面共商確，甚好甚好！此等文字便要刊刻，似太草草。望一言俟得删修，或得如尊誨，甚幸甚幸！

又

入山來，未及奉候，乃辱惠教，誨勉諄切，益深傾感。但不肖病弱之軀，日惟存神守默，冀得元氣稍復，養身以養德，實不敢外此本體而他有事也。

承示人之論學，往往不同。典誠患學力未至，本體時有通塞，故内外動静之分，時用鞭策，使之合一。所望友益，正此不淺。

彼紛紛異同，恐只務外好高之病，非反身實踐之功。且今之自謂已得本體者，非是自家心下功夫著到，迺只意見摸索，雖句句相似，的確亦只是説話，非實功也。孟子曰：有諸己之謂信。某今日猛省在此，豈暇與諸友争異同、説閒話也！私智習染之害，蓋平日亦以此等爲當然，所謂習與性成，而不自覺其非本體也。省悟至此，吾輩幸甚。某與君子交，勉痛改之。惟朋友規切實難，稍切其真病，則承不起。此弊甚久，欲言而翕舌者屢屢，然猶不免取戾，只可自反積誠之未至耳。此一段實交友取益之道，尤不可以不講明也。如何如何？

又

昨論深有益，第鞭勉上路，隨時隨事以此頭腦行之，庶幾能無間斷。

目下真實，後日純熟，亦只在此造於精妙耳，非外此别有事也。只今惟在第一步上討分曉下落，更莫放過。此爲第一功夫，却不須棄擇人事，在乾浄地上立脚，只此便是有二之功，在初學尤當辨此以進步。

近見小兒課作，俱是外邊采摹得來，殊未是其心上所見。此正心術功夫未當合一之病，願更與細誨之。

又

得手誨，知新功益切，朋友信從，斯道所係不淺。五峰麗澤，其在兹乎！

入山吟詠，未知宗旨若何？吾人立脚，便當以天下國家爲己任，入山所以涵養，本原爲後日之地耳，非必絶人事舍見聞，委身於荒僻之區，置心於無用之地，斯爲入山也。伊尹、傅説、太公之徒，雖若有終身巖野海濱之志，而所以致用之具用之若素歷而慣習者，蓋所以通天下之志，成天下之務。而所謂研幾極深者，未嘗一毫假借而輕忽之，此蓋體用兩全，顯微無間，頭腦處必相與夾持，得其是當斯可矣。否則悠悠漾漾，卒無依着，皓首茫茫然，悲嘆窮廬無及也。學當着實，亦當及時。聽平日所論，已知功夫着落。今日之語，若爲贅言，但警切交修之語，雖古聖賢不厭頻瀆，蓋存亡得失之幾不容一刻舍置，而兢兢業業之心亦終身事業。

僕臨事始知平日雖若自謙自下，猶是自矜自是之習，故學問不得力，坐此優遊，老將至矣，爲之柰何？所望於知己日切，願更一交勉何如？

又

昨得方峰書，論學亦真有見。蓋以人不實踐，雖或有見，只成着空想光景耳。此頭腦工夫，所以必該體用合内外，斯爲真的也。昨見諸友讀書，却是法華轉，非能轉法華者也！幸簡中極論，打得此關破，諸事沛然合一矣。

辱知愛，故喋喋。

又

君子只求自盡其心而已，盡心之外，更何容言！分外得失，如太虚浮云，更何足介？但心所當盡處，亦儘精微，亦不可不謙虚求益。此賢希聖，聖希天，乾乾不已之功，此顔子所以願無伐善施勞，聖不自聖者也。

得手教並所日録，日切欽仰。高興能一顧我乎？否則，尚留造訪不但已也，諸面盡。

又

長婚實難，不得已從宜可也。但既成之後，迎媒酒席之設，當討分曉。

婚禮，陰禮也，娶婦之家三日不舉樂，思嗣親也，聘定亦准此行之。但以嗣親思孝爲心，而不肆意作樂，禮之意也。何如何如？

義利之辨，亦吾人講學第一事。於此不拔病根，向後更無好事。原約所以於是非之外，更添此條，實以同行異情。人生日用之急，少不乾净，則墜坑壍。至於崇本節用之務，《大學》首以爲訓，尤嚴於義利之辨者，益可見矣。蓋不即不離，極當精審詳論。

會期甚近，願屈玉來山，共申警覺何如？弗外，弗外！

又

承誨諭以源泉章，看得省悟，悉以見示，何感何幸如之！

夫泉有源，而漸至於海，此致良知而極於聖者也。溝澮之集，即所謂義襲於外，必有違道干譽之事，故君子耻之。夫君子於良知頭腦上用功，則天下事莫非分内事，雖極顛沛造次，謀爲應接，而其虚静之體，未嘗增加一毫而有所動也，故曰“動而無動”。雖無一事之接，本原清净之時，而天下事亦莫非其度内，故曰“静而無静”，蓋本體合一之功也。

今詳來諭云云，已見世事是心下當爲之事，只此除去將迎意必之私，只日用間隨事到手致其良知，即所爲素位而行者是已，却又歸罪於不曾真實要做聖賢之故，是又未免從軀殼上起念，而自蹈雨集溝澮之失也。蓋良知頭腦上用功，無我無人，無内無外，更何有於聖賢之做！致之則必盡其所知，又何分數之云。

峴峰周先生 諱桐字鳳鳴　撫州教授

别去相念奚忘，承手教足感雅厚，蒙示學問頭腦，所謂“格致”云云，無乃欲尊德性之真、去意見之妄，而得脱灑之情也。甚見體驗之功，識見之超，畏羨畏羨！

然此亦有可講處。

夫是非之心，人所固有，此則本體之自然良知是矣也。雖性之反之，有安勉之殊，要之順其自然，不容添減一毫則一耳：纔添一毫便滯於有，而將迎意必相牽無窮，欲得脱灑難矣；纔減一毫便墜於無，而過高無實日漸不覺，惡得真脱灑耶！足下所謂本體，不曾有是、有不是，蓋不有而有也，不可減者也；所謂近日見得如何爲是、爲不是，蓋見而未見也，不可添者也。善看足祛固滯之病，爲益不少；苟不善看，漸入於虚，蓋不免焉。今日之學，提掇頭腦，最爲明白，只實體自見，恐不必太看高深，轉生恍惚。吾人入耳出口，患在自欺焉耳。果無自欺，則是是非非順而循之，不容費力，又安往而不脱灑自在矣乎？區區正坐此患，常欲脱灑而未能也，故及之。不識以爲然否？

有便不惜終教，是望。

又

竊念五峰一會，由來既久，義重聚樂，不可誣也。比會依期罔缺，但素有志者不到，無以相觀，甚可慨嘆！反求其故，蓋緣不肖徒以年邁共事，靡所發明裨益，無惑乎不屑也。然舍已樂取，令始令終，恐諸賢亦非所以自全焉者。

既叨同志，合行相規，幸各相亮，庶補將來焉耳。

松溪程先生 諱文德字舜敷，吏部侍郎

兩承教札，感慰感慰！

今日寒雪，風景益奇，會友之興，尤不可禦，以家叔見留暫止。明午當冒雪過雙澗，入五峰，作良晤也。吾一松獨立歲寒，誠所爲一夔足矣，敢自負耶！楮筆草草，奉復並謝姑，未悉。

晉庵應先生 諱廷育字仁卿，福建僉憲

煢煢在疚，久稽裁問。前日承賢郎偕李友垂顧，詢知道候佳裕，甚慰甚慰！兹辱手教云云，足感知愛之厚，猶非敢當也。

文稿録呈，媿筆力平凡，不足以發耳。《世德録》附塵清覽，倘荷不棄，錫之佳章，以攄區區追孝之誠，銘感無地矣。來人急索歸，殊不盡懷，伏幸台亮。

李東溪先生 諱珙字侯璧，東鄉司訓

别久恒切緬懷，小價臨發，每爲俗務牽絆，不能以時奉候爲歉。聞近歲授徒益衆，足驗吾兄誠意感人，固宜其然，何幸何幸！

壽巖之會，此是吾輩精神命脉所係之地，聚則合，離則散。聞春會以文宗將來而罷，繼此不振，將有永廢之患，可不念哉！

昨得峴翁書，自言精神少減於舊，而於此會成切於心，吾兄必能相與振作之，不待僕致望也。松翁亦留意於此否？此在吾輩當去講教求益，弗以他嫌自阻。先師云：能下人是有志，可無自省乎！生在此，每朔望亦與諸士相會，亦頗得益。在撫城有峴臺之會，此峴翁舊日所到者。今陳明水、徐少初、陳皆所相與作會，生間一至焉。提學台州王敬所公於此學甚明澈，所至有會。鄉士夫與諸生講學，雖在師

門亦不見其儔，亦一方之幸也。

生亦謬承其知，媿無以副其望耳。吾兄近日深造自得處何如？愧無以得面領。竊以良知無不見在，若無如惡惡臭、如好好色之誠，而於隱微之地，或自姑容放過，恐終無以入德矣，所謂如好好色如惡惡臭者，非作而致其情也，乃其真心之發用耳，故一真即無事矣，吾兄以爲何如？倘得拉同志者過此，遊仙巖、訪沖玄，兼慰離索之思可乎？

不盡。

石崖吕先生 諱璠字德器

去冬拜送河滸，途中風雪之勞，每用切想。今春應古麓來，詢知歲暮始還，書劍在石門先生館下，無任喜慰。緬惟吾兄日來工夫得石門翁商確，必日異而月不同，究竟處諒已入手。

生微軀多病，雖多良師友，殊無勤勵意，徒奔走而已。終於自棄，則又不忍也。生將東歸，請教有日，不盡所欲言，聞壽山空虛，爲報山靈主人來也。古麓歸，便草此布遠懷，尚冀益加勉厲，以斯道自任。不備。

草亭應先生 諱玠字仲信

承教多矣，恨未能一一體之於身，尚勞親愛者之慮爲歉耳。

寂然無事，氣象是固，得之一時之見，未敢便以爲能也。然世事之來，有是有非，吾心苟有一毫偏着，如何見得是非？如何寧静得來？必須於此無欲處立定。無事如此，有事時亦如此，貧賤患難亦是如此，功夫方有下落。今時常講世情牽累，非世情累我也，實我自累於世情也。此心本無事，本自寧寂，人却此去生出事來，以爲應事當如此，而反不得其宜。殊不知已自撓事本體，本體既撓，而欲事之得宜，可乎？是猶植樹者摇其本而望枝之條達也。天下寧有是哉！

某生三十有九年矣，常恐光陰易過，長不能如今日之强壯也，安敢不勉？白沙先生云：求心依舊落迷途。此處却不自知也。

便時還望示教。

永泉俞先生 諱希舉字宣之，州判

不奉而命者八年，茅塞日甚，深可嘆息。在江陰時，亦嘗聞良知之説於緒山東溪之會，然隨得隨失，此於物所以未克有濟也。徒掛一吏名，而無實補，奈何？有便明以開我，至願至望！

吾兄藏修有日，退而爲孔、孟者，進而爲伊、周必矣。四海蒼生，渴望霖雨，未許獨善其身已也。拭目拭目！

近齋徐先生 諱文通字汝思，少參

書來，知一松動止清休，精修如昨，吾道有人，深用喜慰。且聞孔文谷來山，拳拳有作興意，此殆一松聲應氣求自然之感，非有强而至也。

某質薄，向上之志雖多，而究竟之力則未，所仰望者一松念舊，時賜教音，偕之大道云耳。否則獨立寡儔，未有不仆，況以頃刻不可無輔，如某者尤所不免也。

因便草草，不盡所懷，荀值北風，幸惠德音。

久庵黄先生 諱綰字宗賢，台州黄巖人，禮部尚書

向辱養之、達夫、安之諸友來，略論學問，猶恨別速，不盡欲言。只意石門先生來，從容山館數月，反覆盡之，不意遂爾謝世。此意不獲一盡，言之痛心，爲恨何如！

蓋聖人此學，自孔孟没即無傳。宋儒雖曰明之，乃宋儒之傳，非堯舜孔孟之傳也。此學久絶，迷蔽已深，況皆雜禪學，驟欲語之，反多難明，非相處之久，不易明也。及明時，件件皆在人眼前，實理無須臾可離者，亦非往時高虛玄妙之可同者。區區老矣，諸友果有志於聖人之學，尚冀不鄙一來山館，反覆盡之。昨周德純、應朝信、丁宗復三友

來,在山館頗久,與語大略,已盡三四,因語次每憶諸友,不得共之。三友歸,必相會,詢之可知。

茲便修此附候,惟情炤不宣。

緒山錢先生 諱仲寬字德宏,紹興餘姚人,刑部主事

朋友自貴處來者,比稱德卿居家,學有進益,於同志中而獨能持守不變,講究不懈,聞之幸喜殊甚!

貴處同志者既多,而學有造就者不止數輩矣。而又得如德卿者,後先相應,亦何慮於學之不明也哉!手札取喻趨時之志,誠切此言,誠爲妄語難聞者。道易失者時,不一猛發,終無進步。德卿向在時,已知學有頭腦,苟能常念此趨時之意,日夕不懈,雖不在於師友之間,當隨地有得。

後有會,當持片言待一宿之覺,豈不快哉!子明歸,便聊此通意,諸同志弗及弗及!

又

居越方叙來款,而去杭又非別懷,抱歉尤甚於未見之初。此固吾德卿之情,而亦區區之所同然者也。如何,如何?

向時相見,足知學有進益。手教所及,又承惓惓爲同志慮,是非一體之情、以斯道爲已任者,安足知此!區區雖不敏,安敢不爲吾德卿勉力?所論工夫大概如是,如此不怠,久當會有脱然處。俟再會與德卿面盡,當必更有相悉也。德明歸便,聊此少致,諸同志不能一一。

龍溪王先生 諱畿字汝中,紹興山陰人,刑部郎中

達夫來,得手書,知日來用功向進,良慰吾契!

向來於此件事儘有見,但脚根上未得實落,所以頭出頭没,只見光明澄澈。此件事原不從要好起因,若從要好起因,到底只成就得要

好念頭，與生身性命未有交涉。區區出遊三月，覺於此意頗更分曉。與人論學稿數紙，略見鄙意，達夫已録去，幸細細玩之。

適病腹，作數字草草。秋冬有山陰之興，當掃榻以待。未間，爲學自愛。

勉叔王先生 諱修，衢州江山人，司訓

去秋會諸兄，精神鼓動，極沾教益，於今未嘗忘也。

東溪至省城，備聞進修益勵，無任浣慰。某雖不敏，然提醒此點靈明，不忍欺昧，恐負師門之教，則與吾兄同也。但細自體驗，使本來面目廓然澄澈，與太虚同體，通乎晝夜，而無斷續去來，竟亦莫能造也。此固立志不真切之弊，無亦自私自利，認賊作子，有缺師友講明之故歟！

離索之人爲愧爲歉，時嘗懊惜而已，諒兄必有定見，幸勿棄舊愛，便鴻不惜惠教。感感！

郭松山先生 諱仕字世材，東陽人

某於先生，居不獲同地、學不獲同方，然鄙志所之，竊欲自附於有道者之後。

今之學者，多衣冠其貌，而盜賊其心，求其行與心一，真欲不愧於古人者，幾何人哉？某平生病痛，終不免於外慕之累。日常以此自克，然攻治益堅，而茅塞益甚。濟私淵而登道岸，豈亦有捷徑乎？

高明如先生，其將何以教我？向來辱愛，故此惓惓。

周麗峰先生 諱微字子顯

某無似，初欲與世推移，而賴天之靈，知不自失，但不重自修爲，終落世網。幸此靈機，乃能亟反。如兄修之有素，竊淑久矣，而今乃得同遊樂境，何幸何幸！

弟又念彼任性而道自克者，上也；齗齗逐逐者，從也；學入吾道而坐守枯落者，僻也；名入吾道而心行相違者，蠹也。惟兄體用具備，真覺有用舍惟時之藴。弟自覺尚有疏缺處。惟兄疏密俱周，動静適機，此弟叨攜密察之私，而處此囂世，識不識無敢訾兄，而知道者則固心悦誠服。兄之驗於人、修於己，表裏始終，何歉何歉，此鄙心日夕翹想，恨地遠，莫緣時聆道誨，自六月末旬賜顧，迄今又中秋，歲月易過，何如何如？

俞永泉先生

某疢疢中，屢承教諭諄切，又辱約同志諸公過訪至嶺而返，真若恫瘝在身而望其瘳，瘳而望其成，敢不自愛以報知己？

某平日功夫，助長之病居多。白沙詩云："學患不用心，用心滋牽纏。"只緣心太勞擾，不得其本體流行故耳。

自患病以來，一切外事都擺脱不理，日惟静坐默存而已。今一遭事，不勝煩厭，惱人喜怒，反爲易動，此又不知其何也？昔承教，言忘助病痛，皆由欲心未浄。近浄時搜得私欲，非不知之，只是掃除廓清不能，動輒不免顧着毁譽，依舊有趨避之態。此其大關節，不可不爲我勘破。

啓齋周先生 諱聚星字文卿

向叨歸省，緣俗冗弗克請教片時，抱歉何如！

兹復依限北上，實患所以立乎其位者，特以封典爲人子第二層事，勉强速行，過此當乞恩遷葬以圖。分毫實學，或可裨時政之萬一耳，高明以爲何如？

五峰嘉會，漸覺荒廢。惟吾道丈大作主張，以勉後學，弗以後學無人遂棄之也。老祖近日玄修頗切，可見彌老彌勤之志更易，此於聖學非衛武階梯乎？

舟次人事稍暇，夜氣間發，恨無師友夾持。遠懷道範，特此候問，惟時賜教音，不勝惓惓。

邑侯懷琴張父母 諱淳南，直隸人，進士

公不求聞達，鋭志潛修，真隱德君子也。蒞任來，常欲領教，而勢有弗暇，心竊病之。兹院司檄行鄉約，而難其人。公與人爲善，不以行之天下者而行之一方也耶！

專人奉請，其毋拒是幸。外書册五本鑒入。

教諭胡先生 諱以准，江西人，舉人

命下之日，首詢貴邑賢者，咸以先生爲一方表率，倡學壽山，諸郡共仰，生有幸得藉緣領教也。

明春借重賓筵，用光俎豆，斷斷乎不可辭却者也。十二三得幸先入城中，庶可從容領益，則格外之望也。何如何如？

草率附候，不盡所請。統容面既，不宣。

大清康熙庚申年姑洗月全浣穀旦道華、惟祥、惟熹、榮世、羽明、惟華、惟東、斯仕、斯誨、嘉善、斯運、如琦、如玠、如讚、君棣、日宣、君興、日旭、兆炳仝謹録

（選自《石馬盧氏宗譜》民國癸亥年重修本卷之二）

會中講意 《學志》並《五峰書院志》作會中示諸友一則

近見會中諸友，其精神意氣多有足觀，然其間若存若亡，不能專心一意以從事於此，固其志之不立，抑亦入門未得其方耳。

入門一步工夫最爲緊要，故知止而後能得，知適道而後可與立，可與權。當時顔子拳拳弗失，以其擇善而得一善耳。得一善則如真味之入口、至寶之在懷，庸得而舍諸？善在吾心，或動於意氣，或蔽於見聞，必擇焉而後得其真。惻隱之心未嘗無，必見孺子而其心始真；

羞惡之心未嘗無，必臨呼蹴而其心始真；畏敬哀矜之心未嘗無，必入宗廟適邱隴而其心始真。好感於好色而其好始真，惡感於惡臭而其惡始真。如好好色如惡惡臭，人孰得而間之？人孰得而阻之？見孺子而惻隱，當呼蹴而羞惡，入宗廟邱隴而哀慕，人孰得而間之？人孰得而阻之？

故爲善而不能專心一意，固其志之弗立，抑亦未得真善，如未嘗真味，未獲至寶，雖知其爲美，影響想像，有之可也，無之可也。孰從而動其不息之機，起其進爲之念？故擇善者入門之方，得一善則進，進而不容以自已矣。今日講明良知，此欲得真善者也。

良知在人，本無不知，然亦有動於意氣、蔽於見聞而不得其真者，故先師有云："知得良知却是誰？"亦以其似是而非、知之未至焉耳。醉人亦有知，醒後而其知自别；夢人亦有知，覺後而其知自别。動於意氣，蔽於見聞，當時亦自以爲知，及一旦覺來悟來，乃知向者之知非真知。自有其知不待思，不待勉，無疑於心，無疑於人，無疑於天地鬼神，無疑於百世聖人。所謂心悟，自得真知、真信者也。至此自然間阻不得。

今日學者但知有善，而不知有個真善；雖曰致知，而不求其知之至，如何免得若存若亡之弊？幸今講究商量，入門端的，必從玆實下工夫，辨其孰爲吾心之真知，出於吾心而不容以自已者也；孰爲影響聞見之知，似知而非真知者也。察之之精，體之之實，一旦如沙中之見金，掘井而始及泉，則向者醉夢，今得而爲真醒真覺矣，何快如之！尚奚俟於人之勉之而後爲，一切外誘之私俱不足以動之矣。故在今日最爲至切之論，在吾人最爲至要之功。故弗憚贅，而爲諸君言之。無忽無忽！

時大清光緒十九年風在昭陽大荒姑洗月全浣吉旦，嗣鏞、思昉、德勳謹録

（選自《石馬盧氏宗譜》民國癸亥年重修本卷之二）

繼屏公不再娶記

嘗謂五倫皆因義起者也。夫婦本之陰陽始,言情如此,則天與地亦一情所結也。夫不幸而其妻早死,即有以身殉者,不再稱未亡人,語曰"一與之醮,終身不改"是也。何男子喪偶庶未温者而媒已在室矣,此與結髮之義安在耶?蓋所以稍寬其詞,良以無後爲大耳。倘有稚子盈前,何必懷曾參之速憂,昧王駿之痛語?求其不犯劉廷式色衰愛弛之戒者,百無一焉。間或有之,非年逾不惑,必家擁素封,非女嫁男婚,則藏饒獲足。不有此而能之乎?予得繼屏公焉。

公姓盧氏,諱良鎮,字汝藩,繼屏其别號也,爲吴寧泗渡里人,世業耕桑,年近古稀,童顔古貌,神朗氣清,瞿瞿然若懷葛遺民也。歲延不佞葺其宗譜,每與予談及世故,輒泫然哽咽不能語。予異之,詢及諸子,乃知其悼亡也。

蓋公室人王氏賢而早喪,時公年僅三十有六,遂矢志不再娶。一女方齒,煢煢三雛,長、次初免乳,幼甫彌月。公既早失怙恃而昆季且析箸,撫諸子雖荷鋤畚鍾,每以發奭爲繈負,出則含飴代乳,入則躬爲炊餁,艱苦之狀有不可言者,公處之幾三十年如一日,公亦奇男子乎!余覩近日貞節婦常有,而奇男子不常有,豈以婦人多血性而男子少剛腹哉!余謂公初雖中人産,然豈不能措一弦之資以有享中饋之撫字諸子?即帷幕之淒涼可奈,而井臼之胼胝何堪!噫,支吾殆疲於奔命,而取旨如飴者,謂之何哉?公詎弗爲奇男子,即空谷足音,世所罕遘,秉彝之好,自不容無言,故爲識之,以詔公之來葉,並以愧夫後世士大夫之歌墓門者焉。

時順治辛卯仲夏之吉,三丘隱人仲舒氏鮑儀拜撰

(選自第一支《泗渡盧氏家乘》民國戊午年重修本上卷)

追念仲弟亦飛累囚有感記

仲弟亦飛,幼與余師事南塘先生,朝夕相依,忿怒之氣、詬誶之言

未嘗相見於聲色,蓋仰體祖父與嚴君累世孝友傳家意也。仲之資較予稍鈍,輟就種以養親,予時方及冠,得舌耕以佐。嚴君云逝後積累數十年,幸門户少潤,方期與弟頤養耄母以厚享天年,不謂命途多蹇。

康熙末年間,因季弟在公,叨邑令張公眷注,令以糧虧解任,累及於季。季先不在家,波累及於予,予即往就史。時接任署令徐以殘刻爲能,予叨列宫牆,未便加刑,必索仲。仲即自赴縣囚代,釋予歸。仲後久羈府獄至年餘,備歷辛苦。予不惜千金爲張公墊,冀釋仲。仲乃謂予曰:“勿罄囊來,致傾家,以罹耄母憂。死生有命,願兄勿以予爲念。”予時衷腸如割,淚下沾襟,赴郡伯再四懇請,幸得釋仲。旋鄉之日,家已凋落,苦途萬狀,從無一言怨及季,且時以季客他鄉爲念。此情此意,即以質之古先賢哲,當也心許也,吾豈敢私所親以飾説?仲之所履,成跡在人耳目,終有不忍泯没者!

噫!予母享年九十有二,於去年五月五日逝矣。仲之年六十有一,尚少余三歲,於五月六日即與母俱逝,豈天之數使然耶?抑亦吾弟向善孝養,憤感於衷,因而乃心母氏,自必先余追蹤冥府,以肅祇温清耶!追維往事,能不淒然!有懷天親,曷勝傷感。緣拭淚書所懷,請登宗牒附記。

大清乾隆八年二月既望,胞兄鱗撰附記

(選自《石馬盧氏宗譜》民國癸亥年重修本卷四第)

培堤記

余家世居石馬之陰、泉山之陽,地勢左昂而右頫,堪輿家謂“址慳平整少容畜”象,理宜障上峰而壅下流。

嘉靖初,度地於西偏亥下方作長堤。凡占田□畝,高丈余,廣二丈,長十□丈有奇。樹以松樟,暢茂瓏璁,若石城虎踞。父老謂四十年來家頗輯寧,始信堪輿之言不誣也。

去歲己丑冬,又欲增大其規,併補其未備。一唱群和,小大協謀。

左自大墳祖塋之北，環家廟後；右接泉山之尾抵南㘭，增廣□丈，增高□尺；内二塘欲統爲一。凡用田□計價銀□。除泉山木銀□外，餘悉入義舉。如是，則數年後，林當益茂，勢當益雄，其地利天休又不可知也。

噫，地理之説，自黄帝經土、周公卜洛以來，凡建邦立宅，置諸安則安，置諸危則危。舍危就安，人事宜爾，則今日之舉不可謂非當務，而作者亦不可謂無功也，叙而識之，其容已乎？第地以人靈，福由心造，從是而益積乃功，懋乃德，親親長長，睦我族屬，俾連甍列第而居者無非仁讓之美焉，則休祥滋至，將仰承於無方，而丕基永建，亦繩繩於萬億矣，豈特形勝云乎哉！又聞昔泉山公欲即沙塘表，翼起二阜，陂築高堤，則規廓而勢悠，尤足以壯偉觀而延遠慶。衆共是之，而時不暇給也，所謂有志未逮，尚俟時而終焉。謹記。

今將各捐資目開具於左，用以旌功表義，昭示方來。凡我同壤，當悉念培植厚意，護持薪木，勿使剪伐，以遠享蔭庇可也。

新庵自明謹志

（選自《石馬盧氏宗譜》民國癸亥年重修本卷四）

辟火記

高祖恒三十四府君慷慨多大略。明成化間，家人失火，倉惶中不暇取財物，惟急取衣冠一襲，扶蜜蜂兩桶，餘任煨燼。已而人問其故，曰："衣巾不可斯須去身。吾遭此患，親故庸有相慰問者，非此何以爲禮？蜂雖宵翹微物，生命甚蕃，何忍置億萬數悉罹焚煬？若財物則不可以盡取，不取，猶可以後集耳。"聞者莫不嘆服。

夫屋連燒，倉箱不顧，獨戴冠挾蜂，事若可笑。不知匆卒不廢禮者何心？愛及宵翹者何心？昔成王疾在彌留而冕服以揚末命，孔子朝服拖紳以待君臨，君子以爲合禮，齊宣王易觳觫之牛，孝宗漱水必避螻蟻，以爲足以保民，則我祖之舉殆不可以少視。故君子觀理觀人於所忽，亦足以知其仁矣夫。

大明萬曆十八年季冬月朔三日之吉，孫新庵自明謹識

（選自《石馬盧氏宗譜》民國癸亥年重修本卷四）

哀悼壯十七盧生烈昌文

盧生烈昌，邑東鄉白峰人。清光緒三十四年，其令尊枝香先生任峴北益智高小校教員，余同事也。盧生隨父入校肄業。當初至時，余見而異之，眉清目秀，美如冠玉。隔數日，授以各學科，心領神會，領悟異常，年僅八齡耳。余竊私相慕曰："盧氏有子矣。"

在益智校肄業三年，程度優勝，爲諸同學冠，教員皆嘉獎之。後枝香先生爲他校所聘請，盧生年輕，仍與偕。迄民國三年，蔡宅永寧高小又聘枝香先生任教員一席，盧生亦同父入校。是歲修業期滿考試畢業，名列甲等第二。次年永寧學校因枝香先生介紹，余亦分在教席而濫竽焉。至校即索盧生成績觀之，進步之速，實出意想之外，始知士别三日當刮目相待，其言信不誣也。但步履多艱，余異而詢之，答云："數年前足部曾染有瘋症。"余曰："此或受濕所致，設調治得宜自能痊，可無患也。"詎知日復一日，方藥不靈，醫治無效，延至翊年春，病益加劇。余赴校開學後即往視之，盧生氣息奄奄，自知不起，惟雙落珠淚而已。越數日，乃亡。

嗚呼，是豈命數難逃耶！抑造物忌才耶！夫以盧生之天資、盧生之勤奮，倘能永其年以成其才而大其用，當民國締造之初，若何利國，若何福民，安知不有補於時局哉？吁噫嘻，盧生已矣，生者將何以爲情！

余自任教育以來，從遊者實繁，有徒若盧生者殊寥寥罕覯。盧生殁後，余嘗爲之悵然。今春令兄仁昌乘便駕舍，與余談及盧生舊事，余又不覺動於心而感於情，爰泚筆述之，以志哀悼云。

時中華民國十五年歲次丙寅仲春上浣之吉

峴北朱茀煌贈

（選自第三支《鹿峰盧氏宗譜》民國丙寅年重修本卷二）

祭如庵公文

維隆慶二年歲次戊辰八月庚子朔越二十有八日丁卯，浙江等處承宣布政使司、欽差分守金衢道左參政、年家張憲臣，謹以柔毛剛鬣之奠，致祭於大年兄文林郎如庵盧公之靈曰：

人生天地間，遇若參商，其常也，何弟之於兄相遇甚殷、相須甚切、歷始終而不渝也？兄澥士也，弟畿士也，地之相去千有餘里，何其遼哉！詎知癸卯天子下徵賢之詔，高才展捷足之期，擔簦負笈，至止京畿，寓則同室，讀則共帷，既而同薦，情邁等夷。歲臨丁巳，兄則先宰靖邑，弟則復宰南昌，過聞政告，出於尋常，彌縫補緝，于我有光。三載秩滿，應召入諫，兄給由歸，屢沐青盼。壬戌之春，幽明失真，旅邸奉唁，得喪浮云。噫！隱顯殊途，關河異域，弟之會兄，滯於此矣！

孰知天不疏我，故人間而復親，承命保釐兩浙，幸得於婺州分署，時聞金玉諄諄。嗚呼，相知之遇，自古難之，脱有遇也，又無所裨益者多也，孰有如弟之於兄，相遇甚殷，相須甚切，歷始終而不渝？弟觀風兹土，分得專制，方期遵聖明養老之命、躬饌珍之禮，不意先是而逝，奈之何哉？

雖然，所嗇者壽，所豐者德，在家在邦，聲名赫奕。所屈者一身，所伸者後人。頃見二妙，出類超群，英英鶴立，接武青云。衍兄有餘不盡之福，實彰天道惟德之馨。憲臣忝在年雅，又辱愛中，素車白馬，方罄微衷。奈何帷哭心虔，私交戒厲，委官舉奠兮，聊表芻誠，援筆寫心兮，少舒蘭契。神有知兮，徒懸棺紼之思；形莫覩兮，空拭笛聞之淚。嗚呼！尚饗！

（選自第三支《錦溪盧氏宗譜》民國丙辰年重修本之廿五卷）

致磐石公文

維皇清雍正六年，歲次戊申乙丑月丁丑朔，越祭日壬寅。文林郎、原任浙江金華永康縣知縣通家侍生韓中煌，謹以檀沉楮幣清酌庶品儀致祭於皇清邑庠廩膳生天心盧文契社兄之靈曰：

嗚呼！冰凍凝愁，風號如哭，德曜潛暉，哲人不復。春停桃水之湄，淚濕松山之麓。嗚呼天心，余承乏永邑已歷三載，並未獲謀君之一面，惟耳熟其事親孝，兄弟友恭，平居問奴問婢而外，日與諸昆季子侄輩講帖括經史之業，閾外之事弗與聞也。噫，語士風於今日，更語永邑之士風於今日，如天心者不亦罕乎？余心儀之不能忘。

乙巳歲，學使者按郡，君適得癱疽疾，學憲彭條例霜肅，庠師不敢注病名册。按部頒學政舊例，點名不到當除名。君之肢體臃腫拘攣，勢不能離床褥。余聞其事，喟然曰："彭學士荆楚明賢，玉堂鼎望，今以抱病而褫文行兼優之盧秀才，可乎？"遂作稟啓一通，力爲陳請。彭公方扃門校士，封口書函不能達。价人稟之郡伯漢陽張遜庵先生，先生曰："余固知永康盧生非懼考人也。明日齎稟隨我入院白之。"彭公素雅重遜庵先生，閱余稟畢，嘆曰："藉非縣令與太守言，誤此生矣，"遂准予病痊補試。嗚呼，不謂君之竟致不起也。赴修文之召耶？隨羽化之班耶？

顔回不壽，伯牛毁形，天道無知，亘古斯如。戊戌歲除夕之四日，君令嗣輩敬卜牛眠之宅爲君藏蜕。余與君三載神交，近復居停君舍，情曷能已於言？爰手書數語而招之，且以爲祝。

招之辭曰：天心兮歸來，琴書可樂，夫何戀於泉臺？餌返魂之靈藥，駕赤虯而徘徊，歸來兮歸來！

祝之辭曰：七尺者身，三尺者墳。既固且安，以妥後人。庶幾乎文章，德行之家聲，歷奕葉而彌馨。哀哉！

尚饗！

磐石公爲人聰明俊慧，能文章工帖括，尤喜吟詠，即抱病在床，亦時有口號，今不盡述。但其臨終訣别之句，而公之襟懷學問已自可見。

《别母》：八旬有八慶高堂，更喜諸昆齊捧觴。痛殺四兒今失恃，空遺老眼淚汪汪。

《別兄弟》：昔日來時齒列四，今朝別去步偏先。傷心折足驚魂遠，不向霞天一字連。

《別妻》：展翅齊飛駐隴岡，猶如鸞鳳鳴鏘鏘。今兹忽而分途去，雲雨巫山枉斷腸。

（選自第三支山後盧《盧氏宗譜》光緒甲午年重修本卷十一）

祭　文

惟大清光緒三十有二年，歲次丙午季冬月朔越四日丙寅吉旦，祠下祀孫等叨蒙祖蔭，修成宗譜，兹特謹備剛鬣柔毛、翰音清酌庶饈之奠，敬告於始祖一行五公敕封越國榮禄大夫、始祖妣一五安人趙氏敕封吴國夫人，暨一世祖七二公敕封朝選侍郎、一世祖妣七二安人吕氏敕封夫人，及閤廟列位神前。

告曰：

懿歟休哉，惟我祖妣。秀毓靈山，源承渭水。越國宗盟，耕園梓里。郡啓范陽，姓延蒲婺。派衍九支，祥開八子。宋綱坐弼，辟世六世。源流唐室，名儒樹千。萬年倫紀，世累簪纓。家傳詩禮，幸沐宗功。丕焕文獻，足徵敢云。譜牒修成，彝倫攸叙。數典難忘，薦馨曷已。在上在旁，於此於彼。冥寞難求，音容可擬。雖無嘉殽，式奉刀刀。雖無旨酒，薄陳酌醴。賚我思成，綏兹福祉。赫赫明明，陟降庭止。

尚饗！

（選自中盧《靈山盧氏宗譜》民國廿一年重修本卷之一）

大宗董事祭履七十七恩貢生就職儒學教諭思昉公祝文

惟中華民國八年，歲次己未十一月朔越十有三日庚申，大宗董事需鸞、聚財、柏鐘、崇履、福壽、昌來、焕林、思榮、興樹、思寶、德勳、大潭、京禧、德椿等，謹以牲醴粢盛庶饈之儀，致祭於清恩貢生就職儒學教諭思昉公之靈柩前。告曰：

嗚呼！府君躬膺儒雅，品重圭璋，與人恭敬，持己謙光。泰山北斗，文望遠揚，春風化雨，教普遐方。名高黌序，學展優長，恩承迪簡，美顯文章。稽其芳躅，實可爲坊，榮登邑志，祖德丕彰。纂修宗牒，秩序致詳。尊崇社廟，勸輸莫遑。輝煌燈樹，積帑有常。倉聖造字，立會敬將。若赦抱憫，義祀舉襄。金宏樂助，修道成梁。祠建節孝，解橐傾囊。諸多善事，比東平王。明德之後，百世其昌。回思往日，總理宗祊。言猶在耳，設法相當。南山有枸，北山有楊。賢哉哲士，壽宜與康。奈沾微疾，作修文郎。醫竟罔效，藥不見臧。憾無仙草，俾壽如岡。天胡忌老，殲我忠良。有懷就正，音容莫望。唏噓憑弔，遐邇悲傷。登仙跨鶴，候值一陽。拆肝裂膽，淚灑千行。敬陳薄奠，虔用焚香。英靈在上，惠肯來嘗。嗚呼哀哉，尚饗！

（選自第一支《石馬盧氏宗譜》民國癸亥年重修乙酉年續修本）

祭　文

一

維民國十四年，歲次乙丑三月朔丁未越十四日庚申，世侄周蓉及謹備清酌庶羞之奠，敢致祭於盧府尊叔母陳氏老安人之靈柩前曰：

嗚呼，婣星掩彩，婺宿沉光。花殘竹院，草萎萱堂。母儀永訣，黯然神傷。恭維盧氏我友親娘系出翰石，來嬪范陽。恪遵婦道，静一端莊。秉心塞淵，柔順不剛。素諳姑性，廚下羹湯。勤操井臼，月夜晨霜。相夫育子，家進小康。往來酬酢，細密精詳。口碑載道，坤範昭彰。宜其純嘏，俾壽而昌。奈逾六秩，遽返仙鄉。暮春三月，啼鳥含傷。吾輩朋友，能勿感嘆。臨輀執紼，涕淚彷徨。三杯清酒，一縷瓣香。是用祖餞，聊表衷腸。神靈宛若，來格來享。

尚饗。

二

維民國十四年，歲次乙丑三月朔越庚申，□等謹以香燭楮帛清酌庶羞之奠，致祭於范陽郡觀一百零九盧母陳孺人之靈位前曰：

伏以嗟少微之星隕兮，天暗淡而無光；嘆天姥峰其頹兮，山寂寞而蒼涼。想儀容而莫睹兮，用是憂傷；懷盧母之坤範兮，感佩難忘。本是榻山之淑女兮，乃作嘉偶夫范陽。相夫子而敬如賓兮，等冀缺之名揚。育子而占震一索兮，職業兼習夫農商。喜蘭孫之繞膝兮，頭角崢嶸而軒昂。齡曾周夫花甲兮，快上壽而奉觴。奈僅逾六旬四歲兮，病乃困於膏肓。際暮春之三月兮，竟乘鸞而往仙鄉。望窀穸之已成兮，神魂儼返夫高岡。聊陳詞而設奠兮，用薦棗栗與蕉黄。願神明之感格兮。陟降庭止以來嘗。

尚饗。

（選自淥塘、夏家塔《范陽盧氏宗譜》民國戊寅年重修本）

文遠公妣胡氏祭文

夫沿流可以溯源，由末可以逮本；急湍之下必有深潭，高邱之下必有峻谷，理固然也。洛等於母爲晚出，不獲躬聆懿訓、目睹懿行，何敢於母妄贊一詞？然以觀母之後嗣而竊嘆淵源之深、本根之固，而藉以貽厥孫謀、增光前哲者，爲有由也。

在昔光、宣之時，或飆上庠而貢樹花榮，或捷泮宫而芹英擷秀，其爲藝林佚俊者不一而足。洎乎革命而後，民國始建，若者膺兩任縣議員之選，若者兼三校校長之能，若者則畢業高中，若者則委充學務，若者則捐貲興學奬給嘉祥，而且農恒農、工恒工、商恒商，因以累千金而聯阡陌者比比也。不寧惟是，而能返本復始，無忝所生，爲謀窀穸之地，不吝買山之錢，斯固我母之德所與長衍於勿替者。

今以臘月丙申之吉，將移厝於垟上之麓，既山輝而川媚，自龍盤而虎踞，地之靈也，亦人之傑也。穴既定，即以母之次男及孫金品附焉。所謂鬱鬱佳城,天留以待沈彬者歟！今喪車已駕矣,同人等誼屬葭莩,庇叨葛藟,爰以簞食壺漿之奠,聊表寸衷,謹陳鄙祝。嗚呼悠哉！伏惟尚饗！

晚生清歲貢周鞏洛、縣議會議長吕騰英、東區教育會長吕轅、縣立第四小學校長吕報政,教員：項日章、樓雲麒、吕夢賢、吕叔林、吕紹丹、盧然、盧彰,清庠生：朱睿、陳鴻業、吕式丹、吕適周、盧得標,族孫：前管獄員焕、師範畢業蒸、高小畢業國讓仝拜

(選自第八支《白隴盧氏家乘》民國乙丑年重修庚辰年續修本卷二十四)

祭金品公文

嗚呼！六一居士不云乎：其同乎萬物而生而復歸於無物者,暫聚之形;其同乎萬物而生而不與萬物同盡者,後世之名。形不可以强而存,名固可以勉而立。故孔子曰:“君子疾没世而名不稱焉。”惟其疾之,是以稱之也。夫士之修身善道,獨行其志,於時不免落落,譬之隋珠和璧,方其淵潛藏璞,致遭刖足之辱者比比也。但幽光必發,造物若故爲有待以償其未滿之價值。若我公之休稱,至今猶彰彰如是,是豈無本而然哉?

公秉性剛直,好善如不及,疾惡若將浼,不屑俯仰以通狂惑,故於時不無鑿枘。家本望族,藉祖父餘資,膏火無慮不繼。乃天降喪亂,值粵匪肆虐,邑東遂爲賊窟,公繭足荒山,備嘗險阻。洎乎寇退,村落已成丘墟,屋舍均爲灰燼,既鴻嗷之待哺,乃燕巢之再葺。第以因亂失學,未遂顯揚,不免居常鞅鞅,竊謂不爲良相,亦願爲良醫,於是熟讀活人書,賣杏分穀,著手皆春。

然階前科名之草已具有夙根,雖榮不及其身,而必及於其嗣。家君主器,器卺已是不驚。仲氏寅,清室已舉茂才。民國始建省議,初選即

已獲雋。惜阮囊猶滯，不克騰驤，然已現任育英、模範、敦睦三校校長。雖戴憑之累經席未足專美於前，而公之令聞廣譽且代有傳人矣。

玆於今冬十有二月之吉，爲公卜兆於坪上之西山。喪車千輛，奔走偕來，雞黍壺漿之奠，繹絡道途。同人等忝從諸君子後，仰兮靈輀，俯瞰殯宮，悼芳徽之已邈，念典型以猶新。潘安仁懷舊之作，良有以也；江文通恨别之賦，豈徒然哉！邇乃潔罍樽，陳蓬篚，張几筵，奏簫管，爲公歌一曲，請公爲我傾耳聽。

歌曰：

上壽不過百，正首歸山邱。何以慰幽冥，猿鳥鳴啾啾。

又歌曰：

身如及日花，在樹寧耐久。水長與山高，千秋固不朽。

嗚呼悠哉，尚饗！

衆議院議員趙舒、縣議會議長呂騰英、東區教育會會長呂轅、縣立第四小學校長呂報政、市農會會長呂壽泉、商務總董呂光璧、清歲貢生周犖洛仝鞠躬

（選自第八支《白隴盧氏家乘》民國乙丑年重修庚辰年續修本卷二十四）

哭知友盧耀廷君文

嗚呼，耀君爾其死耶！爾竟離妻别子，棄師拋友，病未滿月，乃長逝不返，默默無言，令周輩痛哭流涕而不能自已耶！非不知死爲人之常事，特君之死，實異乎人之死，有種種未可死者在。

溯君之年僅五十有四，較周祇長三載，花甲猶遜六春，此其未可死者一。古人云，男婚女嫁，向平了願。君之長子國春、次子國讓，均長大成人，娶媳生孫，況春能專務勤儉，早具克家之資；讓能學兼中西，才儲文武，自有象賢之望，固不足爲君累矣。然幼子國樑，高小已畢業，而年未及冠，媳未婚娶，雖朱氏尊夫人賢淑自能擘畫了當，而君

究有係懷，此其未可死者二。蓋君之品純學優，天禄早食，貢樹復分榮，實爲隴川之碩士，學務藉以維持，鄉里賴其排解，其未可死者三。

至於與周之氣求聲應，契結同心，非尋常友朋可比擬。

溯自十餘歲時，從學於盧友路夫子，與桂軒等三人，日則共硯，夜則連床，循規守矩，勤勉不倦，兼之朋自遠來，敬業樂群，意盡得也。逮二十餘歲，因家計艱迫，不克久切從師，數年間各糊口於異地，每生别離之感。幸周與君緣由天湊，君設帳於庫川，周糊口於金竹，二村比鄰，只隔一水，暇則時相往還，賞析仍覺便利。延十餘載，周任貴族立本學校教席，君在家養親，有暇時常道款。越六七載，周任縣城第一高小教席，未幾君擢爲本縣學務委員，時可晤對。後數年，周亦任爲勸學所勸學員，始卜同事之樂。自民國八年二月迄今，此五載中，遇要項則共爲研究，有疑義則互相解釋，親愛情況，不遜於幼齡共硯時也。

奈何至上月下旬，同奉公於松巖莊，越二日，君因染病回里。斯時也，周視爲無關緊要，夢想中不料君之遽死也，然今竟死矣！款曲誰通，殷勤誰道？猶如伯牙之失子期，此其未可死者四。

嗚呼，有此四未可死竟遽然以死，陰陽永隔，周將何以爲情哉！亦惟虔備清酌庶饈之奠，聊表一束生芻之忱。君其無知也，緬音容而生感，周固不能已於悲。君其有靈乎，在左在右來格來嘗，未必不因周之悲，致令君亦含悲於泉下矣。嗚嗚哀哉！尚饗！

民國乙丑，庠生硯弟吕適周

（選自第八支《白隴盧氏家乘》民國乙丑年重修庚辰年續修本卷二十五）

送鄉友蔡景月蒼梧贊府序

夫自鄉宰以至於有司百執事，皆官也；自畿輔以至於藩省之郡邑，皆地也；自輦轂以至於遐陬之編籍，皆民也。雖官有崇卑什百千萬之不齊，皆所以奉天子之命令，有事於其地而蒞其民者也。知乎此，則知以官校横於胸臆而輒爲喜戚者非惑乎？

孔子，大聖人也，嘗爲委吏，嘗爲司杙吏直，曰："料量平與夫蓄積蕃息而已矣。"亦以職之所在而甘心焉爾，未聞外慕而徙業也。凡外慕而徙業，皆越其分者也。

鄉友蔡景月氏，自邑庠升國學，予亦會試，復聚於京師，因病作，得景月相維持如至親。後各南歸，十余年嘗感念不忘。今復試天曹，授蒼梧贊府，故惜其才，懷舊誼，張祖以餞。酒初行，景月色欲然若有不愜於懷者。吾難之曰："夫何故？將位不配其才乎？抑人浙而官廣乎？又或掣肘於上下而無所展也？"景月默然。既而曰："吾聞蒼梧，兩廣之衝，喉襟之地，總都臺，參帥府，按憲藩，守杲巡，闔衛迎送，應酬不暇，是誠艱也。且贊職不强，多瞪瞪然伺顔面於其上，以轉移其所守。裕性頗僻，慮弗能堪，因而以獲盭也！"

噫，有是哉，子之泥也！天下之官，天下之人爲也。盍不觀諸《傳》曰"不遇盤根錯節，無以别利器"，正此所謂莫邪自試之地。吾聞古者不易民而化，亦以天理之在人心。今猶昔也，要亦求之在我而已矣。今子蒞任，持治而本諸理，行政而反諸身，毋峻威以誣良，毋馳刑以長慝。上使之善也吾承之，上使之未善也吾婉至而諍之，無妨於公而事不度，則贊府之職真無負矣。

當今聖天子在上，幽隱必燭，而觀人風者，類皆英勵激揚之士，無毫髮爽。他日剡薦於彤庭，而兩廣之間有良吏最著者，吾必曰吾景月也。且子之居家事親孝，處鄉惠。循是道也施於政，固恢恢乎有餘地矣，其無自少也。

景月起而載拜曰："命之矣。雖不敏，敢辜吾子之囑？請書之，而並以爲官箴。"

是爲序。

勳

（選自《白竹盧氏宗譜》民國庚辰重修本卷三十三）

薌水留思圖説

“薌水留思”者何？思吾之三父母盧君滄泉而作也。

吾君以甲午歲治兹土，爲人慈祥愷悌，雅有儒風。馭民不嘉操切，一以平易。尤謙虚退讓，善與人交，自邑長吏至薦紳先生無不歡然心相得也。歲丁酉，余以祝釐歸，得聆謦欬，私喜曰：“寄吾簿盧君，民庶幾有瘳乎！”乃無幾何，爲忌者中傷，而吏議及矣！薌之士民感吾君之用不盡其才，戚戚憂形於色，其薦紳先生色亦如之。謀所以攀留不可，緣繪之圖，長於詞者復爲詩歌以贈之，命曰薌水留思圖。

吾惟思之義，從來遠矣！若召公以甘棠流芳，何君以去後馳聲，皆其最灼人耳目。大都思之始也起於慕，其終成於激。是故感污濁則清廉者思，感驕亢則温恭者思，感繁苛闒茸則寛惠振刷者思。葢激則慕，慕則益思。譬若不登太行羊腸之險，孰思夷途之適？不經龍門積石之危，孰思恬淡之爲安？君治貴溪五年，催科緩急得宜，理訟原被無怨，此兩院交旌之語。其善政麟麟，余不暇更僕數，姑舉其几。

先是尉貴溪者督儲歲有常例，君一切禁革，令秋毫不得入，可謂曰清；貴溪冠蓋相望，君裒多益寡，稱物平施，可謂曰恭；頻年馮遺爲災，民幾無生，君勞心撫字，可謂曰惠；兼以地當閩越吴楚之衝，應酬旁午，君殫精策神，案無餘牘，可謂曰勤。以君清如是，恭如是，惠與勤又如是，則後有遇持己思清、遇接物思恭、遇撫民思惠、涖事思勤，舍君其誰耶？且君獨不見越人乎？去國數日，見所知而喜；去國旬月，見所常見於國中者喜；及期年也，見似人者喜。何者？去彌久思彌切也。

君今行矣！其丰神事業皆余夙知，寧無思乎？浸假而久之，惡知不以見君所常行於國中者而思乎？又浸而久之，惡知不以見似君者而思乎？然則盧君之澤，固與薌水俱深，而思君之情，不與薌水俱長也哉？夫貴溪，君舊圉也，薦紳士民，君舊所交遊也，君其寧以下邑僻遠而咨爾室耶！

孔子曰：未之思也，夫何遠之有？

四川布政　周一經

（選自《白竹盧氏宗譜》民國庚辰重修本卷三十二）

重修處州府城記

余行觀列郡城，大率崇厚用石。而吾括城顧以磚，高不逾尋丈，址又弗堅，歲久則四馳旁頽。多有拾級處，夜扃門則越者如從枕席上過，承平媮安，可漫不問。

比歲始一議及，而以財詘，則徘徊久之。當辛酉，侍御崔公閱視駭矣，顧有司問狀，對以："括民艱嗇，猝不能受業。"會報永豐積粟數十載，幾致腐敗，爲窖蠹者什二三，又頗失籍。公曰："胡不出是朽粟代民貲？"時司理張君振之視郡篆，具條畫其事，已有緒而公行矣。詢士大夫父老多願事，顧豪猾一二輩倡言徭賦煩浩，詣諸道上不便狀。人情相駭，有司莫敢應。

明年仲夏，今侍御張公按部於兹，風度凜凜。至閱城，則益駭曰："安有爲周衛阽危者若是而弗之省耶？"即屬郡伯張公。公於是酌條前張君議，大約隨舊裁割，期於補綻支傾，取石近用，力均減估雇，需金八十余，而糶前粟三萬余石。與侍御公區畫功費，語合心一，而憲使陳公、參伯張公相與揚榷，既有程矣。

於是侍御公乃毅然下令曰："民所以苦者職徭賦。爾賦吾既取諸粟，又獨如徭何？今夫下邑遼遠，召力役則妨農，盍徵以僦直當幾何？"曰："邑不過二百金，而令匠石自往募壯者，則費省而倍，得庸作力，誠稱兩便。"於是奉令承指，郡公貳倅，夙夜拊循不怠。屬麗水殷令庭舉總其出入，約周九里三十步，爲長一千五百八十丈，丈給價六兩。始癸亥仲夏，至十一月二十日工成，發倉廩故民貲省，平徭價故民力節，校章程故役工敏，皆我侍御公達權獨斷，定制施宜，崔公始事於是乎成，郡公集議於是乎决，而累世之業於是乎固。疇不謂非常之功哉！

勳

（選自《白竹盧氏宗譜》民國庚辰重修本卷三十三）

長潭基址圖記

醇初生，讀書於長潭之上，誅茅於文山之麓，上奉父叔，下怡群從昆弟，聚天倫之樂事，玩經史之瓊琚，以傍及於百家技術之説，罔不究心，可云百順之途以馳騁萬應之軀矣。乘閒繪長潭址圖，以請記於從伯松澗翁，將附於宗譜之末，以垂有永。翁喜而示之云：

古稱地靈人傑，二者交相爲盛美也。子羡地之靈而繪圖請記，盍亦知修人之傑以上應天地之精英乎？學究天人，功全參贊，皆吾儒分内事，匪過也，而其本則自一心始。苟能自一心之淳初擴而大之，則天下無不可爲之事矣。

吾族自宋咸淳中遷白竹，再葉又自白竹遷於長潭、龍溪、石門，悉據山川之勝，故所産人物世有，令人可頡頏於鄉閭，不偶然也。子與吾兒尚元上念祖宗，力成小宗祠以享其先，其規制宏偉亦云不凡。即此一念之孝，則於天下事何者不可爲也。是故上擬南陽之廬，下昉西蜀之亭，成美化之遺址，以上繼考亭之盛事，可也。何者而不本於一念醇然之初廣大而高明之，以破千古之鴻濛？又何者而不本於一念之醇然之初導而達之，以發東海之浩蕩耶？故斯基也，斯址也，非曰長潭之勝已也。

隨命管城子詳書之楮知白之箋，以爲記。

時萬曆二十七年歲次乙酉，八十七歲翁從伯松澗明德克之甫撰

（選自《白竹盧氏宗譜》民國庚辰重修本卷三十四）

盤溪記

左庫之西，泗水之源，前有石，名曰“石臺盤”，玉山居其前，金鈎

起其後，半月鎮其東，雁門屬其南，是盤獨據其中，雖不高峻，亦非奇異，淺水易入，洪波難渡。盤方丈餘，可坐數十人。四面清流，稍有微徑，可移步而上。有瀠迴之勢，有棲遲之象，有欲速未能之狀。

其在高人達士，目擊此盤，以爲勢太孤、守太隘，幽静而乏超曠之趣，忽而去之。其在農夫小子，遨遊此盤，以爲不足與仙都、釣臺並美，不得與暘谷、石笥齊觀，習而厭之，玩而侮之，未足介意。或曰：惜哉，此盤之囿於斯也。若置之都市，可作一巨觀。又曰：危哉，此盤之累於俗也，若矯然絶塵，可當一勝概。

余曰：噫，是盤不過頑然一石耳，何足動人顧盼哉？第任其非也笑之、惜之、鄙之，而中獨有可取者，以爲盤之無心，不啻與有心者故合也。

余自幼而壯，或偕童遊，或步漁翁，其履此者，不知其幾。於上載夏，忽臨巖側，望流川，坐盤石，漱清泉，觀其處境，考其履變，即其盤恒，不覺滿目蕭然，感極而悲者矣。故即“盆”以云其號，即號以名其“盤”，欲俟後之人知盤之所以爲盤，因以知余之所以爲號。知余之所以爲號，遂莫不悉余之所以爲憂也。於是乎記之。

因作歌曰：

盤之象兮静而幽，盤之處兮孑而寡。儔任大濤之冲突兮挺拔而自由，歷風雨之飄蕩兮特立而無愁。旁觀忽之而不論兮逸士向此而遨遊，嗟盆之困兮困且未休。嘆龍門其已遠兮，慶際會於何求。假此盤已暢懷兮，聊解畢生之深憂。思後之人共諒兮，庶幾垂跡於千秋。

鴻京

（選自《白竹盧氏宗譜》民國庚辰重修本卷三十二）

始遷祖教諭叔懋公存耕堂記

“但存方寸地，留與子孫耕”。古人有是言也。蓋方寸者何也？心也。謂之地者，如膏腴土壤可耕之處也。

夫心者，人之神明，虚靈不昧，具衆理而應萬事者也。蓋虚可以具衆理，靈可以應萬事。人於有生之初，莫不賦之以仁義禮智之性，然四者恐無以主之。心既爲一身之主宰，萬事之根本：主之以仁，有父子之親；主之以義，有君臣之分；主之以禮智，有節文人事之儀則，動静是非之鑑戒。苟不加夫存養省察之功，則從於物而流蕩忘返。不在乎腔子之内，澆淳刻厚，縱欲殘生，不盡乎此心之量也。必也以胸臆爲壟畝而不使蓁蕪之蔽塞，仁義爲穀種而不使荑稗之萌芽。仁熟於有秋，欲生於旱澇，謂之可耕之地，可乎？然耕不止於一身而可留與之子孫，豈非司馬温公所謂積書金與子孫，未必能守能讀，不若積陰德於冥冥之中，爲子孫長久之計也。

盧君叔懋，可謂能存諸心者也。君承先世仁厚之澤，冠禮儀而服詩書，蔚然爲士林翹楚，以"存耕"二字名堂，能涵是心、敦素行者也。君年富力强，誠能存其心、養其德，始終不怠，將見年彌高而德彌劭，使子孫蹈襲遺訓而守之，則慶澤綿綿而流芳無窮也。

存耕以爲記，遂不辭而書之。

大宋德祐二年歲在丙子七月上澣之吉，東陽許可頓首拜撰

（選自第一支《石馬盧氏宗譜》民國癸亥年重修乙酉年續修本卷四）

承恩堂記

東陽去邑治北十里許，地曰錦溪。山川相繆，喬木連雲，鬱鬱蒼蒼，盧氏居焉。有孟和者，邑尚義士，以所居之堂顏之曰"承恩"，因予弟宗素來徵文以記之。

予惟恩莫大於君親，而承之則在臣子。故天寵洊加，璽書慰勞，此君恩也。撫摩鞠育，顧復提攜，此親恩也。今孟和即所居之堂而以承恩名，果君耶？親耶？以屬之親也，則昊天罔極，承沐蓋難言之；以屬之君也，則天澤相懸，庶人無一命之寄，而恩於何承乎？

予弟曰：孟和之父尚文，夙稱雄豪士。正統壬戌，歲大歉，朝廷憂

憫元元之命下，能奮然輸穀二千石，備有司賑恤之助，是以藩司大臣王公以事聞，下敕書旌爲義民，勞以羊酒，復其家。已而閩處寇發，詔遣大將軍寧陽侯、都御史張公楷等帥師討之，復賫白金數百詣轅門犒士。張公重其義，更以事聞，加之冠帶。正統己巳，乘輿播越，邊餉不給，景泰壬申下義詔報復，孟和慨然詣京師，輸粟以給軍儲。部使者聞其事，授散官七品，以榮厥躬。然則其父子俱榮，而忠義之風藹於一門，故揭此以昭我皇上寵異之隆，示諸子孫焉。

予念盧氏自周榮禄大夫工部尚書琰之後，奕世簪纓不替。迨我國初，有曰良玉，進階奉政大夫、河南汝寧府同知，其得寄命顯榮者迭出。今孟和父子兩膺章服之榮，實爲尚義之君子。《詩》曰“樂只君子，保艾爾後。至其子孫，詵詵繩繩”，他日必有脱穎而出，大建元勳以保障河湟、顯揚於時者，而於斯堂大有光焉。

是爲記。

時弘治四年九月上浣之吉，賜進士四川監察御史桂鎬宗京著

（選自《錦溪盧氏宗譜》民國六年重修本之廿八卷）

懷德堂記

士君子寓形宇内，所重者德焉而已。夫德原於太極，涵於一心，天之所貴於我、我之所靈於物者皆不外此。脱於此不加體意，雖襟裾，實則禽犢，幾何而不負上天所畀之重哉？是以古之君子兢兢業業，惟德之懷而不忽於可忽，無非求合其靈貴者耳。代而降也，世教陵夸，人心不古，往往溺於所安。求其審輕重而知所務者，盧君幾之矣。

君名忠實，字孟嵩，世居東陽之錦溪，宗支茂密，代不乏賢，號稱一邑鉅族。至君則尤能景仰前修，日以修德爲念。更慮此心或替於須臾也，因即所居之堂，匾之曰“懷德”，匪徒聳美觀而已也，蓋當出入斯堂之際，觸於目，感於心，仰思付畀之重，時加培養之功，以砥以礪，

務完其内美而不負於降衷。其視紳之書、盤之銘、刀劍户牖之警惕，庶幾千載同符而不以小成限者。孔子曰“君子懷德”，今兹之匾其以君子爲的乎？射者之發矢也，望的而趨，其精之所注、手之所持、足之所履，寧復有他營哉？故志在君子，必終爲君子。

嘗徐而核君素履，非法勿言，非禮勿行，雖燕居獨處時，亦必正襟危坐，儼乎其若思，肅乎其若臨，兢兢乎不敢以瞬息怠。視彼躭安溺處、汲汲身圖，自失其靈貴而罔知所重者，奚啻天淵？嗟嗟，世變江河之日，而有姱修砥行，懷之孟嵩，兀立汪瀾中，不可謂君子歟？斯人斯德，斯堂斯名，允其稱情也矣。爲之後者，尚其顧名思義，繩繩繼繼，益懋乃德，以紹前修，則兹名之存，雖百世可也。

是爲記。

時正德元年丙辰上浣穀旦，賜進士大理寺右少卿致仕、餘姚鄒儒拜撰

（選自《錦溪盧氏宗譜》民國六年重修本之廿八卷）

沐恩堂記

余朝罷午門，得姓氏鏐之書云：寶婺東陽有奇偉不凡之士曰盧孟揚者，粹然有質，充然有學，郁然有文，尤汲汲於賑災恤患。祖良器，養素林下，嘗發粟給軍餉，而獲義民之旌。從祖良玉，同知汝寧郡，有德政，録太史。父尚文，兄孟和，亦嘗捐金於囊以建學宫，發粟於積以勞士卒，朝廷嘉其義而以冠帶榮之，聖旨天章，寵光輝赫，上而王公貴卿，下而田甿里庶，莫不一辭同慶盧氏德澤之盛也。

孟揚承衣缽之餘輝，守父兄之丕業，别築一室，匾曰“沐恩”，上紀錫命之隆盛，下揚尚義之風徽，每謀於鏐，遠徵大人先生記文以張皇之。噫，余雖不得接孟揚之眉宇，觀其遠徵余文之意已誠，烏乎辭？

竊謂人生兩間，忠孝爲大。奈何世降俗偷，克之者鮮，彼析圭擔爵、盡忠於君者指尚不多屈，矧半通之綸未綰於躬，而好義推忠若此

其亟者耶！是誠千百中人之傑出，而與不肯拔一毛以濟物者天淵矣。噫，父有志而子不能繼，恩雖侈有時而涸，子有善而父不能倡，恩雖萌先時而殞，此盧氏皇恩之優渥，一雨露之祈祈而無已也。古人云："莫爲於前，雖美弗彰；莫爲於後，雖盛弗傳"。盧氏父子一心相繼，一德相承，宜膺不常之寵庇也，孟揚之顔其堂，豈誇詐耶？余知孟揚之心不專事於尚義，再欲沐讀書之恩於後世也。

是爲記。

時嘉靖癸巳暮春，賜進士第四川監察御史、富陽葉稠記

（選自《錦溪盧氏宗譜》民國六年重修本之廿八卷）

復元堂記

天下之物，其始未有名也。名之起，其昉於人乎？古人緣物以命名，緣名以立志，志以的之，名以標之，資乎外以養其内，交相得者也。故几席觴豆有銘矣，然未以號其堂；匯濱緑野有號矣，然未以志乎先。志乎先，其在潛公義理乎！

公本盧姓，上世居玉川水東，九世祖諱坦者，續宋尚書説友之後，遂爲"潛"，更卜築於水西。文物之麗，畜産之饒，春融鼎盛，鄉邑言鉅族者必以歸焉。自後宗姓蕃衍。公不忘根本之地，率弟侄義焕、禮興、禮進等還居水東，中建正堂，扁之曰"復元"。歲時之叙禮，童稚之肄學，賓友之往來，咸萃於斯，使其見而思焉，思而企焉，企而奮焉。曰吾先人之寢息在也，飲食在也，笑語在也。又曰吾先人之宗本也如是，説詩書也如是，惇義讓也如是，張英風馳妙譽也如是。又翻然改曰善作必善述，吾非斯人之允乎，何不踵芳躅而恢舊規也？一念烈之，如日之升、如川之至，蒸蒸乎不可以禦乎，兹則名命之意也已。

左翼之樓曰"顧邱"，面直先隴，蓋欲時觀而日省之，繹孝思也；右翼之樓曰"一陽"，導迎生氣，蓋欲潛噓而默引之，遘亨豫也。"復元"之義，於是乎益宏矣。處斯地者能擴而充之，庶幾空前聞而耀後觀

乎！或曰奚要？曰無越前言。

嘉靖己丑年仲冬月之吉，江西右布政同邑李寅拜撰

（選自方山《玉川盧氏宗譜》光緒癸未重修本卷十）

樂山樓記

樂山樓者，盧老壽翁所建之讀書樓也。翁名曾煐，字如日，爲邑庠生。乾隆五十五年國壽大慶，皇上覃恩海宇，欽賜翁絹綿米肉，以永老年。今年八十有三矣，故稱之曰“壽翁”。孔子云：“仁者壽。”山固仁者樂也，翁有志於仁，故名其樓曰“樂山”。

翁先人世有令德，厥考喬枝公篤學厲行，溫恤親鄰，宗族尤重之。翁承先業，不以富厚驕人，惟以詩書課後，接賓朋藹如也。至若事有關於祖宗邱墓，則慨然以身任之，曰：“爲子孫者不可不思報本，吾何敢效守錢者爲哉！”

采自乾隆癸未年訓蒙於隴山依松軒，已聞翁之厚道，往往爲人所嘉許。閱二年，翁與依松軒廷光、廷章翁合延予於西席。又閱二年，乃建斯樓。總計予在隴山者十五年，翁以禮貌招賓者如一日。翁每旦於樓下聽讀書，有不聞其聲者則呼其名。或數日一登樓，督諸生勤學，曰：“凡爲學，天資敏鈍不必論，只須時時存着敬心，一惟親心之是體，師教之是從，自有進步。汝曹讀書切須立志，志立則學自有成。如吾資本鈍甚，只因不敢瞟了志，所以於理亦有見到處，況汝曹資不甚鈍者乎！”諸生每聞此言，所以講誦於樂山樓者，雖未見大器之成而名，亦多列於庠序。

予願後之登斯樓者，敬念爾祖父之明訓，思有以慰其建樓讀書之美意，以守其緒業而光大其門閭也，於是乎書。

時乾隆五十三年五月，群芳谷應獻采撰

（選自白隴《盧氏家乘》民國十四年重修卷之一）

樂山樓記

縉處群山之中，惟括蒼山爲最。其下隴山中，有山居高士如日盧老先生諱曾焕，爲邑庠長老，因其惟之相似，寫其情之所鍾，建一樓而顔曰“樂山”，有足志焉。

公志士仁人也，享南山之大壽，而有山高之風；接東山之遺蹤，而表山立之象。相山之陰陽以定樓之向背，則見夫前屏而秀麗者有棣梁山，後枕而廣厚者有黄園山，左縈而右拂者有石龍山、天馬山焉。是樓既有以分越山之勝，又何不可以植燕山之桂乎哉！

樓既落成，因延環山蓮峰先堂兄爲是樓之山長，率諸弟子敬業樂群於其中。時而與樓之絃誦相鳴和者，山谷之風聲也；與樓之芸窗相掩映者，樓間之月色也。山既鍾其英，樓亦萃其秀，造就於斯樓者雖乏出山從王之彦，亦多登山作賦之材，則公之得所樂，而推其樂以及人者，又孰非樂賢友、樂人善之意乎！蓮峰兄還山後言之最悉，楷深高山之仰，謹識於心而不忘。道光庚子，幸叨末光，得於是樓授學，真覺樓得山而樓爲之生色，山得樓而山愈可以壯觀也，然而詒謀宏逸矣。

吾乃今而知公之安土而敦其性情嗜好，契乎山者深寄於樓者大也。公之子若孫，如蘭之茂於春山，桂之暮於秋山，何莫非樂山樓之所培植乎！兹不自揣妄抒山人之俚句而記其樓。

時龍飛道光二十一年歲次辛丑桂月上浣穀旦，群芳谷邑庠生皮國楷頓首敬書

（選自白隴《盧氏家乘》民國十四年重修卷之一）

依松軒記

隴山之地多松，其東南之松尤蔚然而蒼秀。盧公字楚枝者，卜築於東偏，名其軒曰“依松”。采始冠時延訓其孫景垣、景墉等公，身膺

多福，譜傳言之詳矣。於乾隆丁亥年六月二十七自無疾而逝，距生於康熙丁卯年六月二十一日，享年八十有一。公既卒，太學生廷光翁、邑庠生廷章翁者，克繼志述事，仍延予主西席。既而廷光翁之子入泮者一名景城，食餼者一名景珽，廷章翁之子景墉、景埬、景壇併入黌宫。

人或謂其資性明敏有足恃者，而不知其祖若父勤勤懇懇有以滋培而成立之也。獨不觀軒外之松乎？夫松之爲木也，其始亦渺乎小矣，其繼也，輪囷離奇，干霄而蔽日。苟無以養之於始，而踐牛羊焉，縱斧斤焉，能不滅没於荆棘者幾希。後之人將有志於教誨子孫者，其亦鑒於樹木而得樹人之道也夫。

時龍飛乾隆五十三年五月

群芳谷應獻策撰

（選自白隴《盧氏家乘》民國十四年重修卷之一）

學館公向善亭記

歲在昭陽單閼，余館於二十九都潤川。東翁楊君承切有遊方山之約，適族侄昇以展始祖越國公墓回而經此，遂偕往宿於宗兄天嗣家。

次日晨起，出門南望，見上養畈中有亭，倚水面山，翼然於路際，因指以問東翁。東翁曰："此盧君學館建之以爲施茶之所，即所謂'向善亭'也。材木精美，制度軒華，約計費錢四五百緡。先生盍往觀之乎？"余欣然相從。

入其門，見正楹三間。中爲客堂，左右爲房室，其樓上可以供佛。前回廊三間不爲間壁，排列桌櫈，並安置茶水。兩旁則爲小廂屋聯之，爐竈等類皆備，且窗加彫斲，牆加黝堊。余初疑惠而過費。然思無居住以專司其事，則善始者未必能善繼。君既建此美宅，使人托之而得所庇身，又捐己腴田四畝六分以爲茶資，使彼佃之而得所餬口，殊恍然於用心之周且遠也。

夫方山之地，東黄榆嶺，西黄連嶺，實台婺來往要衝。當夫酷陽熏灼，行客疲勞，授以一瓢，奚啻乎瓊漿玉液？況又蔽風雨，避炎熇，不能不有所藉乎。然則自有斯亭，出其路者應莫不曰行行且住爲佳矣。嗟乎，君能本一生中銖積寸累之贏餘而成此善舉，而好善之誠爲善之篤誠有加人一等者，則顔亭以“向善”，固自不誣其爲心與事也。要之舜跖之分，始在雞鳴之一念。夫從善如登，爲善最樂，惟善心而能擴斯善行之靡窮。余能無於此有厚望乎？謹記。

時龍飛光緒二十九年歲在癸卯季秋全浣之吉，隴川優行邑廪生盧俊達拜撰

（選自方山《玉川盧氏宗譜》民國甲寅重修本卷一）

還金圖記

余嘗讀爲善陰騭文，將以效前修以推廣其善念耳。

家君見而語余曰：欲法乎善，奚必遠稽？吾黨有盧君諱忠旭字孟昇别號松軒者，一鄉之善士也，家貲豐厚，好善樂施。正德癸酉秋，徽商持數百金貿麥市利，隨已付之，緣水涸借儲於倉。不月餘，家遭回禄，燒燬殆盡。商拊膺長慟，幾至自絶。公慰曰：“毋此，吾禍延汝耳，豈忍以汝物利我乎？”悉還之。商願留金半以助堂拱搆，公一毫弗受，復贈以贐，商人焚香告天，祈祝而去。厥後家益裕，身益强，壽至期頤，榮膺賓筵，子孫繩繩，多而且賢。與予同碩鄉薦曰如庵者，特其一耳。天將昌大其胤祚者尚未艾耶！盧君一念之善，近而食報於身，遠而垂裕於後，雖古之遺妾還帶者何以加焉？遠稽不如近取，此之謂也。

余佩服是言，景行不忘。恐久而或晦，無以昭懿行垂世範也，因命繪圖並述其事以贈之。不徒是則是效，淑我身心，將使後之同有是心者咸知所觀法焉耳。

是爲記。

時嘉靖戊申年孟春穀旦，賜進士文林郎知淮安縣事、里人松澗金潮拜撰

（選自《錦溪盧氏宗譜》民國六年重修本之廿八卷）

老拙軒記

壬戌歲，余畢志四方，川觀巖處，得奉母氏甘旨，課諸子詩書，悦親戚情話，豈非人生美致哉？

巖後舊有樓，鳥革翬飛其制敞，面山背水其景佳，置圖史於左右，可閱可披。春可觀稼，夏可迎薰，秋夜可以望月，冬雪可以烹茶。余恒於兹遊焉息焉，以逸其老，曾不隨流逐波而攖其情於突梯滑稽也，名之曰“老拙軒”。

有客過余而請曰：“名不可以僞立，實不容於終晦。侍先生有年矣。先生天資穎悟，器宇軒昂，學則博古通今，文則河懸江瀉，桂籍分香，花封沐德。遡其遭際，不多得也。今乃蓄耀含輝，軒名老拙。兹固夫子之自道，弟子其能釋然耶？”

余笑而應之曰：是非子所備悉。坐，明以語子。予少也拙，欲精一技不能，懲其己之拙而學以破其拙，故得與明經之選。嗣是功頗加學，猶是上春官而文不利主司者三，兹非拙歟？可知始之搶榆枋而必尋丈者，適符一得之愚耳，詎可以言智耶？此予之拙於取名也。

丙辰歲，拜令江右，甫至，上下相安，後官箴亦敕。世好逢迎，如椎魯何？俗尚賄賂，如清貧何？伊顔詆爲桀蹠。予何人，斯敢於桀蹠跂哉？故五稔淹淹，不獲谷出，知者咸爲惜之，此予之拙於居官也。

既焉家食，百工非所事，商賈無所營，野有薄田數畝，率僮僕而耕之，或足以自老。何生寡食衆，環堵蕭然，風雨不蔽，顧膝下兒孫，惟遺之以安而已。此予之拙於治生也。

癖於拙，不以拙而自阻。幸天不以拙而棄之，幸君不以予爲拙而

罪之，放歸田里，優遊歲月，以頤養天年，此乃所以老吾之拙也。矧由此而耄而耋而期頤，年彌高，拙彌劭，直將追至德之世行填填而視顛顛者，軌一不識不知斯已耳，惡庸如韋如脂以絜楹爲哉？

客唯唯而謝曰："蒙廓然昭矣。"

是爲記。

時嘉靖癸亥桂月吉旦，主人如庵書於常關樓之老拙軒

（選自《錦溪盧氏宗譜》卷之二十八）

友于軒記

距兩峴而北，有地曰錦溪，水瀠以抱，土廣而饒，盧氏家焉。先人種德開基，聯宗合屬，保世滋大，瓜瓞綿延，所從來久。自食指繁而門户析，角弓之怨生，塤篪之和寡矣。

盧君彦道甫有感而嘆曰：身非我有，親委形也；兄弟匪他，吾同氣也。形骸氣脉，原自流通，令閡之而肝膽楚越，其何以履戴方圓、挺六尺軀於人世間哉！身爲家督，躬帥其弟，炊同爨，耕同耦，獲同儲，凡北白翁之所有者，纖毫不入私室。少治經生技，交遊頗廣，朋舊之饋遺及手所恢拓者，一推而公之。仲弟未婚，不憚暑雨跋履，媒妁問約。既成，出金舉聘娶禮，不啻營其私。處季亦然。家庭骨肉間怡然秩然。人以是多君之善友，君亦自信其無他腸也。名軒以"友于"，爰志一時之盛，囑余記之。

余惟周之宗盟同姓爲重，常棣聯親親也。而曰"凡今之人，莫如兄弟"，詎不以榮枯歡戚觸處流通也哉？彼推刃相夸、路人相視者無論矣，即有矯飾於一言、慷慨於一激者，非不翕然有譽，試扣之不勝異意者比比也。今彦道甫獨能上體親心，下敦友愛，不利錙銖，不私囊槖，貌然而心復然，文至而實亦至，顧名思義，真無愧於兹軒，而足迴流俗之狂瀾者。若曰靡不有初而善持之永久，是在君勗之而已矣。

君名曾唯，號省吾，彦道其字云也。

時萬曆三十六年歲在戊申荷月中浣吉辰，眷生木香養吾李文素拜撰

（選自《錦溪盧氏宗譜》民國六年重修本之廿八卷）

近高坪記

環東邑皆山也。吾里郊前適當郊原之中，周望渺茫幾百里餘，其間錦溪遶緑，遥巘排空，嘗零湖渚之雨煙，時集江天之雲霧，田飛白鷺，樹囀黄鸝，亦逸居之勝況也，獨無培塿之阜可以資遠眺而暢曠懷。

歲甲寅，里遭寇燹。爲寓公於趙店。後有山，山上有坪，廣不盈畆，高可數十丈奇，前俯郊原，尾接遥岑，左右平岡環揖，蒼翠萬狀。是坪巋然特立，挾兩塘而峙於中。一曰洋塘，長而曲，碧緑深涵，嘗有詩自擬"小西湖"云；一曰欽塘，闊而方，澄波若鏡。雖無巉巖邃壑、長江大瀑之奇，炫險怪而驚耳目，然亦山亦水，有谷有峰，清幽軒豁，昔所云佳山水者，殆謂此歟？第壤居鄉僻，史公之足跡未至，劉、蘇之歌詠不及，故登探少聞云。

吾嘗慕五嶽太和之勝，決意欲遊而不能得。東白山，東之望也，昔坐皋其麓，僅一舍，約侶同遊者三年，而竟不一往，豈非以其險遠而難至哉？今是坪夷曠，去吾族一里而遥，去僑居止數十武，不崇朝可數至。當天氣晴明，煙霞澄鮮，步山陬而獨詣焉，或楚弟時來，攜手而同登焉。左顧而洋流漾緑，菡萏摇紅，西子之芳容足覿也；右顧而欽流鏡徹，蘆竹鋪青，先簿之清風可挹也（嘉靖間，鑾公爲新安簿，居官清潔，歸囊僅載蘆竹，殖於欽塘，至今猶盛）；南望巍峩，單令之故隱存焉。

予其憑高而招之，獨怪夫兩峴之勝也：東峻而曠，西幽而邃，經仲文之遊歷，爲高士所羞稱。俯視城邑，甲第連雲，太傅之故里在焉。余其仰高而吊之，獨企夫亭塘之廢也，衣鹿衣而著述，年當耄耋，幸際

龍興，已而攤卷草茵，朗誦微吟，響應山谷；或移席林間，樽酒談心，興至而歌，禽聲相和，清飆忽至，飄飄乎恍若羽化而登仙。則是坪也，其感我情懷，寄我興趣，蓋不渺矣。名之曰“近高坪”，前已圖於邑志，以永其傳。又慮我後之人不能如吾兩人者之能以日月至也，爲之約合族之籍，咸歲於九日爲登高之會，各自爲伍，攜觴榼以飲萸酒，賦詩記述，盡歡而畢。俾傳諸好事，以見吾里之有此佳勝，而吾族士人之能不負此勝也。因記之，以爲吾里故事云。

時康熙乙丑秋月題於近高坪南之趙店草舍，方外司馬偉德志

（選自《錦溪盧氏宗譜》民國六年重修本之廿八卷）

補九日登近高坪記

人生天地間，苟負奇自異，孰不欲窮高索遠，探盡名山也哉？顧於耳目所及，輒覿面失之，致使桑梓幽勝反不能過而問焉，誠可慨也！近高坪在洋塘右，與予居相去止里許，里中人往來其地，至今幾五百餘載，從未有攬勝而道及之者。

甲寅秋，祖居遭燬，流離萬狀，余拉家昆季，日循錦溪上下探幽尋菊，聊於困苦中作局外想，竊怪夫霜紅酒酣，獨無片石高坵以豁遠眸。無何，仲兄告予曰：“吾喬居舍後有山，山上有坪，雖廣不盈畝，實近且高，堪供一方展玩。況旁多錯薪，間有老楓數本，當深秋霜染，滿山紅紫，得未曾有。”予雖向所習遊，而乍聆斯言，不勝神往，遂約同人期於九日，各提萸觴，共爲登高之會。

其時東望洋流浩蕩，澄泓如鏡，久之而雲連東白，霞起赤城，若與微波相映焉。西顧巉巖陡立，環揖面前，吞吐欽水傲淩滄嶼矣。回首北視，平望、馬鞍諸山，雲霞隱現，彼無心出岫者，恍似待我而凝輝也。轉矚其南，則廣原之外，峴山若礪，溦溪如帶，一望無涯，山光水色盡在吾襟袖中。四顧躊躇，豈不大擴我胸、盡暢我懷哉！獨是俯坪而下視之，先人之墳墓在焉，村居之邸舍存焉，滿眼蓬蒿，舉目黍離，又不

禁耿耿予懷者。已而杯盤狼籍，遊侶雜踏，或乘醉而賦詠山巔，或微醺而徘徊巖畔。忽焉夕陽在山，月滿前川，散步歸來，覺平時名利之心都爲捐盡。此蓋向者甲寅秋月共約登高之意況也。

嗣後九日，雖歲循舊例，而聚散陰晴，相會多非故人。至今乙丑，僅踰十稔，曾歲月之幾何，乃世事滄桑，人情離合。回按當年已杳如隔世，欲尋疇昔之舊遊相與朗吟贈答而不可復得，予是以追曩蹤，憶故人，感慨係之，因涕賈而補爲之記。本將使後之抱熱腸於近地者，斷不宜空談高遠，務須繼成今事，而永傳近高坪於不朽云。

時康熙乙丑七月既望

錦溪蜨叟曰珩楚珍甫題於近高坪南之還讀居

是歲秋望，仲兄既作《近高坪記》，命予補往年甲寅九日《登近高坪記》，予搦管甫就，而兄輒於既望之夕逝世。是存没變幻即在頃刻中，亦何待他年回首始悲今昔耶！韶光易邁，嘉會難逢，不其然哉！高山流水，寧無望於繼起之鍾期。爰附叙尾，以志予感。

蝶叟曰珩識

（選自《錦溪盧氏宗譜》民國六年重修本之廿八卷）

東岸湧公墓記

公行升二百七十七諱湧字珉泉，璜公第五子，東岸之鼻祖也。

里之南有山，巍然而峙，諸峰環列，望之高撑如架者，燈檠山也。山行始一嶺，巖嶢而上，山腰路轉，上如懸巖、下如峭壁者，樵夫徑也。忽然開朗，中起一坳，半空平列，林巒優美，有墓厝於其間者，湧公之墓也。後周世宗之後裔，由宋迄明，代有顯者也。南宋時泰一公遷白竹，越七世尚十五公遷長潭，至公又閱六世也。墓之旁行數武近名曰大坪，菽粟芃芃，其地之西南猶有古牆址，相傳公之玄孫號元純公者明季避寇所也。山之下兩峰拱手，儼然大華，一林茂密，丘冢縱横，公之後裔墓也。若夫古木輪囷，參天拔地，經孫子之世而不改於風風雨雨，皆公之所培植也。松籟一鳴，溪聲遥和，聽之如仰天海螺，其音瀏亮也。他如前屏拱秀，維立如兒孫形，發祥其未艾也。至於梨花寒食小雨紛紛，老者杖，少者繈，往來而不絕者，後裔拜也。歸而頒胙宰割有如陳平，而祭則受福者，公之惠也。

於是有見孫子衍蕃，恐無約束，而體公之意，以命之曰："今之得惠爾諸孫者，皆此山之所生植也。林木宜培護也，祀産無廢壞也，族衆不可不和睦也；倘有壞常戾俗，吾將斷絶其子孫，不復俾拜墓下也。"維時，公之衆裔皆曰唯唯，族誼宜然也。已而舉籌交錯，群沾祖澤，坐起而喧嘩者，公裔樂也。樂欲長享其樂而使不忘，此所以作記也。

作記者誰？公之第十世孫仁齋龍也。

十世裔孫　龍

（選自第三支《白竹盧氏宗譜民國庚辰重修本》卷三十二）

盧曉亭世澤堂繞義派記

大凡族之分派，盛於開創之一人。而此一人者，亦必有繼體之象賢，善承其後，斯保世滋大，漸得以增其式廓焉。此天事居半，人事居半。理與數合，非偶然也。

及門盧子文輝之尊君號曉亭者，諱人宏，先世居昇蘇鄉二都之錦溪，厥考啓佳公遷居於孝德鄉八都定安溪洲義堰之原。年稍長，稔知穡事，黽勉治生，制節謹度，日計不足，月計有餘，積次置腴壤六七十畝有奇。乃承祧惟曉亭君，性俊慧，能以用力用勞繼之，沖齡善讀書，博通大義。成人肩父職，若考作室既底法肯堂而肯構也，厥父菑畬惟其陳修肯播而肯穫也，以似以續勿替引之，而世業日恢。有子六，森森玉立，爰自銘其堂曰"世澤堂"，別其派爲"繞義派"。"義"蓋取於南澗北澗來繞於洲義之平疇也。雖然，梧棬書策，澤有共延，孝友力田，義可並著。君善繼善述，志事所存，又有遠出乎厥考生平之所未及者。

輝侍吾有年，詩文頗足問世，而尊君於此乃時加嚴督，日唯是禮耕義種學耨爲兢兢，則思所以衍其流澤者宜深且遠也，輝其勉之哉！且輝亦無事，廣騖馳思，詡詡然第求諧世也，求所以肖尊君而顯揚，殊有本矣。管子曰："倉廩實而知禮節，衣食足而知榮辱。"以尊君勤儉克家大啓爾宇，一切應酬皆節之以禮，求榮遠辱之方即於是乎在。且見事而涇渭分明，包荒亦瑕瑜不掩，長厚之譽遍滿鄉都，將古所稱其量十世、其量百世綿綿兆見者，其天之所爲耶？抑人之所能自裕耶？輝其勉之哉！唯大父胥宇，惟尊君纘承，惟吾子昭哉！嗣服俾奕葉食舊德，服先疇，安新遷，爲土著，可長此沐膏而咏勤，而洲義堰之分派，於錦溪奕而彌慶，其流長而源遠矣。

是爲記。

時嘉慶五年歲次庚申菊月，壘石吴兆燈撰

（選自《錦溪盧氏宗譜》民國六年重修本之廿八卷）

思永堂記

我東望族盧氏爲最而著於"三溪"，錦溪其一也。乃瓞茂椒蕃，分上下宅，而上宅外房，則以明正統年間有富甲郡邑，爲朝廷助賑助餉，敕旌義民之闇齋公，輕財好施，雲仍食其德報者十數世，至今稱極盛焉。

顧源遠流長，各分其派，亦各顔其堂。諸生佩與廷奎、人懋、人黼等慶譜牒重修故，欲以派有分屬，自立堂名。追溯賢三十四府君，即闇齋公第三子諱忠協，公所誕幼孫也，生有六子，皆以玉字肇錫嘉名，世稱"六分"。乃隆替無常，今衹有長房如瑂、第三如瑶、第五如閏，三分綿衍，而第五又不若。佩等長房，與第三如瑶公之子汝枝公，似續日繁，人文踵起也。然而六分派名沿襲未改，僉欲顔其堂以別之，請予擬其"有親則可久"之義，而更欲後裔之唯本是務，曰篤不忘。

予因告之曰："慎厥身，修思永，惇叙九族，庶明勵翼，邇可遠在兹”,此古皋陶之言。即以見思永爲修齊治平之本也,維《書》亦有言永言孝思昭嗣哉。服此復見思之,有永又即爲善繼志善述事之本也。今諸生恒追念本宗派下曾有光晟公登崇祀孝賢祠,而乃祖輩亦俱以克勤克儉恢宏世業,乃父輩且咸有一德。思光前緒,延師儒,訓子弟,俾爾曹皆砥志讀書,學成名立,致列成均、升邑庠郡序者後先炳蔚,其身皆係家邦所引重。至於舍儒業攻他務者,必令知樹藝爲足食之本,蠶織爲足衣之本,市廛工賈爲通功易事足用之本。勿習惰遊,亦勿趨貪競,安分守己,唯恐以機械變詐戲行小慧,不嚴檢束,坐受身家之頹敗,而不知此則諸生之祖父日諄諄戒勉,所當示後裔永以爲思,無忝先人,以庶幾於崇德象賢、踐形維肖者也。爰名其派爲“思永堂”,諸生其亦以吾言爲然乎哉!

是爲記。

時嘉慶五年歲次庚申荷月之吉,敕授修職郎歲進士候選儒學訓導丹崖吴國墀撰

(選自《錦溪盧氏宗譜》民國六年重修本之廿八卷)

直侯軒記

錦溪盧人彦字邦選者,余之夙契也。一日來詢於余曰:“弟子自成童時,承嚴君之命,服函丈之教,亦欲詮解章句,仰附儒紳。乃踵常途之役役,恨昭質之有虧,想前路之茫茫,棄詩書而弗業,坐令荏苒一生,年華半百,既不能離人而立於獨,又何能隨衆而詭於同?欲自製一號以寄其志,唯先生裁定焉。”

余曰:乃翁之名子以“人彦”,是見子之早慧,即以美士相期也。吾之字子以“邦選”,亦知子之自命不凡,定爲邦家之望也。今雖不事舉業,雅慕詩書,亦號通材,深知體要。持己能式循禮度,與人則無縱詭隨。柔不茹,剛不吐,唯期遵道而行;害不怵,利不回,無妨修身以俟。此其所以貞素履表碩望者,爲何如耶?《詩》之美大夫者曰“洵直

且俟"，又曰"舍命不渝"，"邦之彦兮"，可知令譽原不必以仕宦煊赫論也。吾故斷章取義，而即號子以"直俟"，諒子之梗概亦早自有得於此，而終其身無負此雅望，並無失乃翁之命名也可。

爰贅數韻以成子之志曰：

長嘆人心不如古，翻手作雲覆手雨。紛紛輕薄詎堪論，寄嘅千秋同老杜。豈知人之生也直，坦懷原可通肺腑。直方終不疑所行，予智反多納諸罟。吾子志行矢有常，步趨羞與俗流伍。制行耿耿履道安，立言侃侃由衷吐。祇自砥礪飭廉隅，任人黨同分門户。存仁務欲拯孤煢，仗義何曾屈威武。即此不愧爲丈夫，能向頹流撐砥柱。循名核實號直俟，仿古司直踵其武。於以寄志表令終，垂示芳猷勒之譜。

時嘉慶五年歲次庚申七月之吉，丹崖吴國墀撰

（選自《錦溪盧氏宗譜》民國六年重修本之廿八卷）

永和堂記

堂名"永和"，昭式訓也。夫人事不和，則乖氣感而災異應；和而不永，則乖氣乘而正祥亦替。家國之盛衰興廢，悉基於此，吾祖搆堂數楹，而命以"永和"，義所由來也。想其思深計遠，肇錫嘉名，不啻集數十世之子若孫於兹堂，而諄諄以命之曰：

凡爾父子，作述攸存，慈貽燕翼，孝切晨昏，弗至不父不子，乖天性恩。凡爾同胞，曰兄及弟，急厪脊令，韡思棠棣，弗至不友不恭，傷孔懷誼。凡爾夫婦，天人作合，先後唱隨，秉德惟一，弗至反目失正，弛琴瑟協。近自親鄰，遠而鄉黨，任恤睦婣，聯疏萃涣，弗至憑才藉勢，矜己陵人，斂怨召謗。庶幾長幼卑尊各昭和德，宗族姻戚共挹和光。和氣盈庭，正祥畢集，天以昭昭者而降之康。予亦從冥冥中而錫之，弟爾子孫，其雍雍穆穆，繼繼繩繩，保合太和，永念勿失。春秋有事，咸集兹堂，予也降而臨之，揚眉頷首，喜溢重泉。夫豈必酒醴馨、牲牷腆、粢盛潔、拜獻嚴，始足致吾心之歡豫而來格來享也哉。

此我祖以“永和”命堂，而詔後人以顧名思義之旨也。迄於今，仰瞻堂宇，梁棟幾更，縱匆傾頽，亦嫌湫隘。嗣孫人彦、文林、文先等追感先靈，思欲大而新之，萃衆以謀。群情允協，緣將本常輪佃祀田若干畝，並遠七十五公祀田若干，承六十一宗七十二公祀田若干，義四十六公租穀若干，而歸所入於公，歲權子母，生生息息，積累增倍，綽有成勞，不數年間，堂搆鼎新，先靈已妥，是亦可謂繼志述事之善者矣。

余故於記是堂也而並録之，聊以志衆志之僉同於“永和”之義，亦可即是而驗其一端云。

時道光十年歲次庚寅菊月穀旦，嗣孫文暉謹撰

（選自《錦溪盧氏宗譜》民國六年重修本之廿八卷）

慶和堂説

夫和者，慶之集也。天道和則氤氲起，地道和則品物亨，人道和則正祥至。故曰：乖致異，和致祥。發不越幾微而應捷於桴鼓，則林總之衆疇不托根於和德，矧同祖而生、同堂而處者，奈何招戾應乎？此無他，有欲故耳。嬰兒之未孩也，饑取飽予，何羡何求？孺慕之天，親親是篤。稍長而願欲歧，有室而服御歧，别爨而赢負歧，偶爾蠅頭惑志，雞舌亂聞，龍蛇忌態，於是懻忮，生形骸判，角弓怨起，棠棣風微，而争所繇來已。昔有鳥一腹而九首者，得食則以喙争，必噴毛灑血然後已，郁離子見而哂之曰：若知九喙同歸於一腹乎？奚其争？

今吾輩居斯堂者爰啻九哉？將百千什萬於此。歧分而合之，皆先祖父腹中人耳。一腹而或相矛盾，其不爲郁離子之哂者幾希矣。盍思先人之計子孫，與我之爲子孫計者如一轍，脱我後而乖和，我必不愜，乃先人遺體當吾世而睽之也，亦何以愜祖父於九原、而致子孫之慶哉？夫亦捐形骸，黜懻忮，錐刀弗問，袵席弗甘，兢兢然惟同室之爲急。周旋中規，折旋中矩，趨承唯諾，傴僂敬恭，是謂形和；温乎其

貌，婉乎其容，既無盭色，並無乖聲，是謂氣和；解其天弢，序其天袠，意念相期，肝膽畢照，是謂心和；以孝弟爲基，以禮讓爲門，以詩書爲户牖，仿還金之高誼而世濟陰功，紹賢書之遺芳而代光閥閲，是謂太和。遵斯道也以往，將人事和，而天地之和應之，其爲慶孰大焉！

先是祖松軒翁搆堂曰“最樂”，萬曆戊子惜經熒惑，嘗欲新之，未能也。越十載，侄汝賓、汝賢等將伯父南山翁割助於祖煉齋翁祀田，祭餘生殖，以爲材木金石之具，同謀合作，如營其私，不數月而堂成，更名“慶和”。予因其義而廣其説，以詔後人云。

時萬曆癸卯一陽月之吉，孫如璧書

（選自《錦溪盧氏宗譜》卷之二十八）

愛敬堂説

子弟之事父兄也，真心其可牿哉。《傳》曰“立愛惟親，立敬惟長”，愛敬之心，真心也。

自世情染入膏肓，林林之衆，鮮不遺真而逐妄者。是以靡曼皓齒，濮上桑間，聲色在前，耳目皆廢；山珍海錯，桂蒞椒蘭，臭味在陳，口鼻胥奪；乘駕唱騶，筐金懷璧，榮富在列，傴僂相承之數者，不根性命來，不自虚靈具，狥血氣而昧性靈，則愛非所愛、敬非所敬也。故曰：不愛其親而愛他人者謂之悖德，不敬其兄而敬他人者謂之悖禮。德禮之悖也，亦未反而覓其真心乎？赤子之生也，日暮而嫗煦者，惟親與長孺慕之天□，惟是之爲篤。試投之以姝麗，無矚視之耳；弄之以珠玉，瓦缶擲之耳；臨之以貴倨，寠人等之耳。何者？外不入而真自完也。人奈何不反其真，而惟妄之爲逐乎？

且愛敬匪難能也，爲人子爲人弟者誠視膳而服勞，徐行而隅坐，則□侈□護如珙璧，凛若春冰，篤自庭闈者可盟之衾枕，則心誠矣。衽席不能移，紛華不能入，顛沛不能渝，迸却□緣，畢注之親長，則慕永矣。若是者，貌肖其衷，終如其始，所謂真愛也，真敬也，赤子之心不牿也。人能不牿其真心，而親長之倫植矣。

盧氏有堂，創自慎庵氏，厥孫汝鵬顔之曰“愛敬”，其將挽悖還真以爲子弟詔與？登斯堂者，能顧諟而繹思之，以無忘至意，雖奕世可也。然則合愛合敬之説又何以稱焉？曰：萬化根源皆自親長始。親吾親以及人之親，長吾長以及人之長，譬之根深者葉茂，源浚者流長，則自及之勢也。彼拔本塞源而希末流之暢達，難以覬矣。

萬曆丙午臘日穀旦，木香博士養吾李文素書

（選自《錦溪盧氏宗譜》卷之二十八）

崇軻名字説

姻士楊均仲榮，踵門告求其内弟方山濳君名字説，請曰：“内弟諱崇軻，字仁政，先舅氏宗潤府君既命是名若字矣，未有説也。願繹其義面著其説，幸勿辭而終教之。”

則語之曰：崇者，尊尚之意，軻，即孟子之名也。仁者，不忍之心，政乃措事之方也。今以是名若字，蓋欲尊尚孟子之道，存不忍人之心而行不忍人之政者耶！

然則孟子之道，具在七篇之書，讀而知之，究其尊王而賤霸、尚仁義而黜利，此非仁政之體歟？至於制田里，教樹畜，明學校，厚人倫，此非政之用歟？苟能存其體而措諸用，擴天理之自然，遏人欲之横流，志孟子之所志，學孟子之所學，以成其德，庶幾及則賢，否則亦不失爲佳士。尤當格物以致其知，以窮其理，誠意正心，以修其身，推之於家，以睦九族，則彝倫攸叙，而家齊矣。達之於國、於天下，以尊君親上而安社稷，平章百性，協和萬邦，則黎民於變而國治，天下平矣。若然，則仁政之施寧有既乎？竊聞濳君雋爽超邁，特達有爲，況其天資之美、春秋之富，正當尊師取友，明體達用，孜孜焉以孟子之道是尚，汲汲焉以仁政之務是求，俾不負命名之義，顧不偉哉？又不可以濳君爲韋布之士，未沾一命於仁政，將無所施，豈不聞《周書》所謂“惟孝友于兄弟施於有政”，吾夫子嘗引之以語人曰：“是亦爲政，奚其爲爲政？”聖人豈欺我哉？

兹因楊均之請爰書。

進士第湖廣按察司副使、同邑周南撰

（選自第八支方山《玉川盧氏宗譜》光緒癸未重修本卷八）

峴賓號説

余家錦溪之旁，始號“錦溪上人”。既而客館甑麓，復號“白雲洞友”，最後乃更其號曰“峴賓”。峴賓者，余蓋有深意存焉，而客未之知也，則曰：“士君子置身宇内，何物不可以自況，而顧取義於峴者何？”

余曰：嘻，子其未知余意也夫。夫天地間之物倏而無者欻有，倏而有者欻無，盈虚靡定，而消長無常。其孰可據而守之、憑而玩之，爲我所長恃之物哉？求其歷世道之升沉而亘古不變，聽人事之可否而隨往皆遇者，莫如山。若予也，身際叔季，將與爲水乎，而滔滔者皆是矣；將與爲火乎？而炎炎者隨滅矣；將與爲金乎？而太剛之折不免矣；將與爲木乎？而斧斤之伐難辭矣。居今之世，無適而可，求其脱然世網者，舍山誰歸？予故遠追叔子之遺風，深求仁者之樂處，遂寓志於一峴云。

客曰：“果爾，則等世事於浮雲，樂吾心之有定，宜自居爲主矣，而胡復云賓？”

予曰：賓主亦何嘗之有哉？我以爲主，則賓者可主；我以爲賓，則主者可賓。且亦安知主之不即賓而賓之不爲主乎？故我之恃爲主者終非其主；我之名爲賓者不囿於賓。賓主果何嘗之有哉？誠深於其旨，而俯仰古今，曠觀造化，將“四大”亦非我有，而胡主之可言？是故禮樂以範躬，行之賓也；哀樂以導情，性之賓也；詩書以啓悟，教之賓也；刑威以善俗，政之賓也；神道以決疑，治之賓也。古人云，名者實之賓，非此謂乎？以視於我等，彼峴山覺自開闢以迄今兹，所閲歷者不下萬萬矣，誰贋誰真？誰閑誰忙？誰得誰失？誰短誰長？借必欲以蜉蝣之軀强自擅雄於其間，幾屬癡頑流亞矣！可乎不可？予是以思求所主而不得，因不得不暫居爲賓焉耳。由是而憂戚百至，可以賓解；館穀不豐，可以賓安；世情難周，可以賓通；人事拂亂，可以賓處；處疾病纏繞，可以賓守；横逆加我，可以賓忍；兇惡乘我，可以賓避。人呼我爲狂，吾直認爲狂，而安見狂者非賓？人呼我爲愚，吾直認爲愚，而安見愚者非賓？賓之適於用也蓋如是。

客聆予告，若不勝嗒焉失、恍然得，遂相與遊神峴頂，而共太息於無何有之鄉。

諺云：世態嚼來無甚味，人情看破懶開眉。則與其隨俗浮沉，曷若於醉濁中作清醒觀乎？況肉軀之在造化石火，夢身寓形，寧有幾時？倘必認玩爲真，妄也孰甚！予恒備歷俗緣，遍諳世路，覩茲覆雨翻雲，每爲噤聲咋舌。雖未能忘情物外，委心去留，然黄粱一夢，究歸烏有，個中消息，頗覺探得幾分。故特借題抒義，奪他人酒杯澆自己塊磊。夫亦以塵味紛投不堪飽飫，聊借楮卿墨客暫與相談云耳，非敢謂立品最上，自恃高人，直同傲世心腸也。

時康熙歲舍甲辰南吕月哉生魄，曰珩自記

（選自《錦溪盧氏宗譜》卷之二十八）

復號蝛叟説

嘗讀蒙莊文，寓言“夢蝶”，意以爲周也，蝛也，皆幻也。周而夢蝛，蝛化爲周，蝛而夢周，周化爲蝛；蝛化爲周，無適非周，周化爲蝛，無適非蝛。無適非周與蝛，即無適非幻也。無適非幻，即無適非物也。物與周同囿氣化中，栩栩蘧蘧，銷歸何地，是之謂物化，是之謂齊物。斯意也，周言之，周知之。舍周而外，孰與幾此乎？

予自壬子秋先嚴辟穀，苫居讀禮，煢煢在疚，見夫物情變遷，世態滄桑，恍惚蜃樓，杳不可捉。而吾以一身挺立其際，頗覺中藏有主，循理推行，遇物賦形，隨時代換，放諸六合而無餘，卷之一密而無遺。大行不加，窮居不損，惡知夫出於人者之不存乎我也？惡知夫留乎我者之不徵於人也？可人可我，忘我忘人，身且不得自有矣，而又何有於物？用是放懷宇宙之中，曠覽形骸之外，諷彼南華幻語，不禁觸目警心，爰更舊號，復號“蜨叟”，愚意正欲充擴前修，渾忘物我，而同歸諸大道之中也。

第不審熙熙來攘攘往，居今之世，尚有醒迷覺夢肯進而起予者乎？借曰有之，予將與之，冥神達化，徘徊睇視，同流連於蜨周之場。因抒所得，以質同心。其亦以予言爲然乎否？

時康熙乙卯孟秋既望，蜨叟曰珩識

（選自《錦溪盧氏宗譜》卷之二十八）

申盧子翊清自號潛齋説

錦溪盧子主相，字翊清，余知交，文社主盟學長子崇兄之子也。兄得盧子於强仕後，愛之甚，乃祖天培先生亦以其沖齡敦厚深加珍惜焉。引之講四子書，便潛心聽受，大義通曉。出就傅，坐案一定，經年不移。父師皆善其居心之寧静也。洎成人習舉業，從事吾門，其爲文堂堂正正，一以沉潛之學力發之。見試於郡邑，故屢拔前茅。居無何，丁祖、父艱者數年，侍北堂恙者數年，有懷不匱，則感嘆《蓼莪》，獨行無佽，又興歌《杕杜》，委心任運，唯命之安，因自號曰“潛齋”，其寓意蓋深且遠也。

乃有向余而問者曰：“盧子之學優矣，出而問世，其表見應不虚矣，矧今天下有道，不奮志於見，而遽安於潛者何也？”

余應之曰：“是非爾所知也。夫潛德無不發之光，潛修有必彰之行。石韞玉而山輝，水含珠而澤媚，則潛之不可例於石隱彰彰也。昔者宋景濂先生號‘潛溪’，擢五經師，爲開代名臣，何莫非潛之自有取爾哉！且子詎不知‘潛’之時義昉於《易》象之《乾》乎？《乾》之初九曰

‘潛龍勿用’，而繫以辭曰：不易乎世，不成乎名，樂則行而憂則違，確乎其不可拔。是潛之非必偏滯於憂違也。九二曰‘見龍在田’，亦繫以辭曰‘庸言之信，庸行之謹，閑邪存其誠，善世而不伐，’是善世必本於庸德，於以知見之，必基始於潛也，故初之潛即爲二之見，曉人不當如是耶？

今盧子韜光自斂，無希世之習，無近名之思，任俗流鼠牙雀角，概置勿問，唯恪守一廛以延世業，可者與之，其不可者容之。凡屬親舊，不忍輕棄，古道肫肫，至於厘念宗祊一切光前裕後諸義舉，捐貲效力，衆志咸孚，汪洋之度，殊非末俗所得而涯涘者也夫。然子亦不必以‘潛’而遂疑其灰心坐廢也。以彼乃祖醇茂之學、乃父豪邁之姿，雖豐於才而嗇於遇，曾不能博一領青衫，賫志以没，然溯自高曾而下，列明經，遊頖璧，後先相望，則一經世傳，日與膝下伯仲提命於鯉庭。喜二子從吾遊，繼體象賢，不煩董戒，皆潛心於詩古文詞，沉浸濃郁，含華佩實，已早爲先達所拂拭也。顧吾猶欲以乾健之惕厲相規，所謂學以聚之、問以辨之、寬以居之、仁以行之者，修於身而見於世，安在利見之占，不即以深潛積學驗其伯仲，聯鑣振策而上天衢也哉？”

問者得其説，乃然吾言而去。予亦即一時所答筆以志之，示其後人云。

時嘉慶四年一陽來復之月録於錦溪書塾，歲進士候選
儒學訓導南岑丹崖吴國墀撰

（選自《錦溪盧氏宗譜》卷之二十八）

克端先生號琴趣記

仙居峽陽，盧氏世居焉，簪纓相承，詩禮相繼，巍然望族也。今有諱崇字克端者，讀書燭理，敦讓行實，言温氣和，恂恂然有禮容。平生厭喧嘩，嗜絲竹，處幽曠之地，居藏修之所，日則鳴琴其中，以適其趣，故以“琴趣”爲號。

當夫緑陰滿地，紅日映窗，奏“别鶴調”，如耳得九皋聲；其或殘月在户，霜氣滿空，按“梅花曲”，若身在西湖上。故聞之者不覺翛翛然憑虚欲仙、毛骨欲寒者矣。而凡幽憤者消融而無滓，欣樂者宣播而且舒，感鬼神格魚鳥，何莫不於琴而發之？琴之趣如是也，非高世抗俗之資，瀟灑出塵之表，其能然乎？

以斯文親愛之稔徵予記，以贈之。

予謂琴，嶧桐也，有《猗蘭》之操，有離鴻之聲，伯牙妙手，子期知音，敻乎千古不可尚矣。今盧君以“琴趣”爲扁，其義蓋有取於陶靖節之詩。詩云：“但得琴中趣，何勞絃上音？”夫人之生，得五行之秀，其性之存也，寂然不動，無人欲之私。其情之發也，感而遂通，無外誘之雜。天君誠敬自如，五官不役於物，趣之清者莫大於此矣，何待假於琴而取彼之趣以爲之於我乎？苟以琴爲趣，則趣存乎琴；樂琴之趣，則趣出乎琴；趣琴之趣，則趣在琴矣。豈不爲物其物者乎？噫，盧君之趣，無物欲之擾，悠然自適之妙如此，誠可謂安分自得，不求於外者歟！

是爲記。

正德八年癸酉秋七月望前二日吉旦，賜進士第中憲大夫直隸鎮江知府進階江西布政使司、同邑王存忠撰

（選自第三支峽陽《樂安柴盧合譜》民國乙卯重修本卷之首）

修竹茆堂解爲心湖贈

盧君植竹若干許，其徑寸者三，矗然浮宇，淩雲容而抄虚靈，傲歲寒而勁柯節。陽陽乎罽翠篩金，颸颸乎振珙戛玉。招靈鳳翔翱，待和鸞棲止。籠祥靄，萃卿煙。凡四楹，欞披雨潤，檻接晴暄，甃堵砥級，樸素其棟樑，因顔之曰“修竹茆堂”。

君也時乎在堂，供彼琳琅。時乎在席，鏗然琴瑟。閑坐徐行，碎影吾親。尋章覓句，清香吾注。騷人墨客，群集滿座，咸君子也。此而麗兑澤，厘恒修，可謂深得羲皇之心者歟，於茆堂復何心哉？萌之

稚森鎗列，欲其雲仍緝緝於斯也；象之堆瓊積玉，欲其貲雄甲邑於斯也；聲之響佩鳴珂，欲其科文接武於斯也。《周易》有之“拔茅連茹”，於茆堂之光照耀後先，而君之心有志竟成矣。

余解爲之兆也，復爲頌諸：一架善居兮裁彼衛荆，王猷孚盟兮君子吾親。天機發動兮長我兒孫，新篁特達兮萃乎舊�。其節鬱蒼兮靡染纖塵，清風氤氳兮春色將匀。烏鵲嚶嚶兮聽彼靈禽，霞標飛來兮燦爛疏楹。圖書四壁兮古今聞人，有斐君子兮切磋精明。嚚之以質兮賦詩言情，傾蓋吉士兮有酒盈樽，維皇錫老兮享爾百齡。

木香博士養吾李文素書

（選自《錦溪盧氏宗譜》卷之二十八）

盧新庵集序

吾儒性命之學，自生人以來，聖帝明王所以植乾綱，垂道統，維世教，作治功，使天理得以長存，人心得以不死，皆此學爲之根底，如日月三光之在太虚，六合資之以不毁，萬有賴之以生成者也。無此學，則聖王繼天立極無所爲立極之具、御世之本，雖有天下，豈能一朝居乎？

世謂堯舜開精一之傳，而性命之學始得原委，不知自伏羲御世，畫八卦造書契，則此學已行於政化之中。特鴻濛之世，大道雖明，至堯舜造其精微，始得象得名耳。歷禹、湯、文、武以至孔、孟，此學大明，如日中天，聖門諸弟子又從而羽翼之，堯舜心傳至此爲萬古熙明之會，雖楊、墨、老、莊輩邪説並興，此學不無晦蝕，然孟子辭而辟之，人心廓如，不能爲吾道損矣。

自秦漢之興迄於五季，上下千餘年，其中學士經生乘時自奮：或慨詩書之缺，工讐校以佐六經；或感興廢之殊，紀得失以垂勸誡；或因功令之設，誇詩賦以備文章。究其要歸於吾儒性命之學均爲無當，然其孜孜强學之意，皆欲羽翼聖真，未有叛吾道而從異端者也。宋興，當治教休明之會，真儒輩出，表章六經，提孔孟之宗旨而昭揭之，使與日星並耀，無復晦蝕之災，豈獨學子經生之幸，千百年道脉之幸也！

元主中夏，正學衰微，然何、王、金、許四公，皆婺産也，猶然倡理學於八婺之中，其要歸以真實心地、刻苦工夫爲主，雖各得其資之所近，然其説不詭於聖賢。我明論學如文清、文成、甘泉、楓山諸公，雖所入門徑不同，皆得聖功要領，而"良知"二字尤自心源提出，明切易從，當時豪傑士蒸蒸奮起。

正喜我明之學不讓皇宋，奈何今之學者乃有大謬不然者乎。天台氏言學楚中，謂孔子素王，釋氏空王。合儒釋而並尊之，天台之作俑也。李贄師之，耑言陰騭之事，止以其身爲緇流，害猶未甚。管登之師之，爲之轄，闔其説，以爲佛老二宗異吾夫子之身，綱常同吾夫子之言性道，性道難聞，而於竺經聞所未聞，當與《周易》《詩》《書》並傳者也。嗟嗟，自古惑世誣民，寧有至此極者哉！今其説浸淫宇内，學士經生往往喜其不經之談，争奔走之，飯僧放生之事，家傳而户習之矣。

不佞菲才綿力，恨不能息邪説以正人心，不知將何底極，心切憂之。吾友新庵盧君，年相若也，並有擔當斯道之志，以宏毅相責難。未幾，不佞叨升斗之禄，周遊於齊、梁、楚、蜀間三十年，而歸南畝，復會新庵君於五峰，則君年逾七十矣。樂道安貧，砥節礪行，心業業如少壯時，君其有衛武之風乎？責難於髫稚之年，踐言於黄髮之後，友道其庶幾矣。一日，君持其所作詩文稿凡十數卷詣余，乞數言弁諸首。余披閲之卒業，嘆曰：吾儒正學，此其爲中流砥柱耶。吾不意狂瀾既倒之後而猶得見此學也！新庵君志肩斯道，今果不食其言。他日異端息而吾道無恙，非君之力而誰？自今而後，吾黨同志士誦君之功且不衰，詎不佞一人之喜已也。

是爲序。

賜進士第歷陛順天府府尹通家眷侄程正誼頓首拜撰

（選自第一支《石馬盧氏宗譜》民國癸亥年重修乙酉年續修本卷四）

韻珠音義序

古者辨字取義，審韻叶音，研慮覃思，精嚴切要，聲韻音義，靡不盡詳。

浙江婺東錦溪盧春榮者，名文苑，號柳堂，别號韻香樓。更加裒集諸書，條分縷晰，採取引證，参訂綦詳，而彙編是書爲大備。非博學稽古之功深、研求韻學之精益，其可得乎？夫字義本不同，而借音以叶之，則其字别，而其義亦疑矣。以是知古人取義深微，薈萃詳覈，爲後學者考據詳明之意。即如用古韻而叶以《韻補》《韻略》，因古韻可通叶也。韻原不一，而叶以音，通於韻，似不以本韻爲論，而以音韻相叶也，所以諧聲切音，若亦審韻之一例也。

余向無汲古之學，今藉是書，遂不揣弇陋，略舉音義之一端云。

時道光戊申年桂月，署東陽縣正堂介江劉廣湄序

（選自東陽上盧《錦溪盧氏宗譜》民國六年重修本之廿四卷）

韻珠音義自叙

《説文》："韻，和也。"聲成文爲音，"音""員"爲韻。《六書故》：音相諧也；聲相應爲韻。凡詩必有韻，今字書以音相協爲部，曰韻書。

夫韻書豈一家哉？經籍志略所載未詳，故不録。又《韻譜切要》之書，古分二百六部，《韻府》約之，僅存一百六部；《等韻提要》《九音總括》，各排千文，義可包孕萬字，然《南史》沈約撰"平""上""去""入"四聲韻譜，自謂獨得其竗焉。榮自訓詁以來，竊見童蒙輩訛以傳訛者固什有九，殊不知字音一錯，則義理迥别，失毫釐謬千里矣，此辨之亟宜早辨也。

異方殊音，勢難遽一，茍不推音考義，未有不爲方俗所蔽者也。善學者必就其音以求其義，必審其音之異以歸於義之同。不然，非獨不合古音，並今音而失之。漢揚雄《方言》隨方紀録，比物稱名，文麗用寡，無俟深求，各字所引方言，特以明謡俗之區分，備輶軒之遥覽而

已，非若韻内各引《五經》《周禮》《爾雅》《左傳》《史記》《漢書》《國語》《國策》《離騷》《楚辭》《山海經》《吕覽》《法言》《老》《莊》《管》《韓》《淮南》《白虎通》諸書及詩賦碑銘贊詞謡諺叶韻者，要當悉心講求，辨韻聲於同異處，較《含英題解》十卷及《韻府約編》二十四卷更加詳核，庶勿爲方音所蔽，且音義兼得之矣。

顔其卷曰《韻珠單義》十二卷，夫亦以王應麟《困學紀聞》"經説"條、陸農師《詩注》、王徽之《雲觀書》，每得一義如得一真珠船矣。珠雖徑寸之光乎，靈珠盈握亦足以以照十二乘也，倘其嘉惠藝林，亟請授梓，爰輯成書十二卷，俾童蒙按韻索之，開卷即得，叶韻成文，以資朗誦，亦唐宋小學之一法也。若夫聖天子文明在上，英俊比肩，腹笥富於五車，雄才敏於七步，學古之風直趨晉魏，而邁唐宋駸駸乎美且盛矣，奚庸取兔園蠹册剥割字句、比屬聲韻耶！然讀《易》之《蒙》卦曰"蒙以養正，聖功也"，則音義之辨、韻聲之叶與字畫之正，榮健於斯事，謹以質之，然乎否乎？至於釀花成蜜，集腋成裘，視諸韻書有繁辭復説之媿焉。因不揣檮昧，而叙數言於編首。

時道光二十四年歲在閼逢執徐之壯月上澣，柳堂春榮自書於錦溪之韻香樓

（選自《錦溪盧氏宗譜》民國六年重修本之廿四卷）

柳堂盧先生《韻珠音義》序

韻學之書夥矣！音聲字義，類皆據一人之見，守一家之説，而於音義之辨、韻聲之叶與字畫之正俱失之矣。若非彙集群書，旁羅博證，辨析詳明，勢必至訛以傳訛，靡所底止。雖《韻府》一書，非不引證綦詳，流通當世，衣被後學，然不免繁賾莫辨，不若是書賅博靡遺也。

夫音由地殊，難以牽引。大抵天地之元音發於人聲，人聲之象形寄諸典畫。今欲詳略得中，歸於至當，增字典之闕遺，删《正字通》之繁冗，勒爲成書，俾童蒙按韻索之，則音義之辨、韻聲之叶與字畫之

正，展卷瞭然，有較諸《韻學大成》《含英題解》等書愈加詳盡，亦可謂善兼美具也。

余閱是書，而知其力學功邃，好古情深。倘非夙嫻音韻，胸羅典贍，其能依永和聲以鳴國家之盛哉？余於滇南校士，於韻學一書非無悉心而切究者，而求其銜華佩實、茹古含今，殊寥寥矣。今乃得之於盧柳堂先生著《韻珠》曰：辨音義，叶韻聲，正字畫，此亦小學之一助也。懿歟盛哉！

時咸豐歲在上章涒灘小春之吉，賜進士第欽點翰林院
編修兼禮部右侍郎提督雲南全省學政春皋李品芳撰

（選自《錦溪盧氏宗譜》民國六年重修本之廿四卷）

盧太初先生《逸叟舒懷集》序

詩者，思也，有所思而發之辭也。詩，又時也，因時而有所感也。風雅而降，莫盛於唐。唐之爲詩不一：或身際休明事逢順適，得諸心而寓諸目，恍然見芣苢茁葭、蓼蕭湛露之盛，此得志於時者之所爲也；若夫履困遇險，憂讒畏譏，往往行吟澤畔，以舒其抑鬱無聊之意與牢騷悲憤之懷，此不得志於時者之所爲也。故凡山川草木風雨晦明，莫非詩人之寤而寐之，神而明之，言之不足而長言之，長言不足而咏歌嗟嘆之，其思傳，其時傳，而詩與之俱傳。

余從兄太初，岐嶷性生，幼習舉子業，博覽經史，不役志於名利，惟優遊山水間，出口輒成詩句。迹其生平，大抵瀟灑脱塵，眼界出雲霄之上，浩落不羈，心胸覺滄海之寬。每於風晨月夕、鳥啼花放之際，呼童覓紙，接筆而書。公固無意於詩，又何意詩之可傳也？其仲兄孫，常從公遊，公訓其粘韻，其偶然口呫者必録之。余方秋闈被放，抱病東歸，鬱鬱不得志，瑯孫攜一尊於江樓上，殷勤慰藉，意氣甚慷慨。酒半酣，出公數詩示余。余讀之，有清風當户、明月入懷之致。再讀之，有濯足長流、振衣千仞之概。三須之餘，令人心爽，則又曠曠乎如

覩輞川一幅，霍然病已。獨是一狐之腋未成千金之裘，一坵之木未就大廈之觀，因求其全璧，則簡斷編殘，其間有詩無題者有之，詩無全句、句無全字者有之。余不禁愕然曰："是可以傳乎?"爰廣爲搜羅，或得之贈答之家若干首，或得之座壁之間若干首，或得之笥篋之中、簡册之末若干首，雖吉光片羽，已不勝琳琅滿目、美不勝收矣。余又愕然曰："而可以不傳乎?"於是輯成一卷，名之曰《逸叟舒懷》。其雁蕩諸作，則康樂之餘韻也；其泛湖諸作，則謫仙之流風也；其隱居獨樂向老耽静，則靖節之芳規也；至若感時寄慨，觸物興懷，悠然念切於忠君愛國，則又得杜陵之遺意焉。是即置之盛唐集中，奚容多讓！意其傳矣，其非不傳矣？公之無意於傳者，而今竟傳矣。方欲付之梓人以爲梨棗，序成而公已没矣，遂和淚而書之。

盧景初

（選自黄巖《黄巖盧氏宗譜》民國丙寅重修本卷首）

盧蘧仙先生《清江文稿》序

稽古聖賢，文以明道。唐宋以來，惟韓昌黎約六經之旨以成文；蘇、王諸公以莊、列於聖道無關。周、程雖得不傳之旨於遺經，實不留心章句，故有明以四子書取士，意欲以昌明聖教也。

惟正、嘉具有義藴，降而隆、萬則專走機法，啓、禎則各逞才華，求其兼而有之得聖賢遺旨者罕覯。惟我蘧仙公，上探濂洛之署，網羅衆説，獨有折衷，故發爲文章，不拘故常。其宏深肅括則荆川、震川也，其清明廣大則正希、大士也，間有獨得，則自出體裁不懈，而及於古，實能以韓、歐之筆寫程、朱之理，使達而在上持玉尺以衡文，且可以比美於竇東皋，使四子之道大明於世。無如己丑諸公後爲文專務清虚，後又習爲駢四儷六。而公小試雖冠軍，終不合於科目。然雁宕以南、括蒼以北，從學者千餘，則公道雖不行於當時，自可傳於百世。非獨公，後如鼎臣公、勉之公，得公之薪傳，即以奇之祖亦嘗從學而有得焉。

今遺文具在，伏而讀之，實有聖道，有所發明，以奇之鄙陋，何足以表揚萬一？第據實書之，以志不朽云爾。

邑廩膳生外曾孫傅英奇梅巖氏敬撰

（選自黄巖《黄巖盧氏宗譜》民國丙寅重修本卷首）

鑒定文集跋

憶道光庚寅葺宗譜，家夫子卓齋以舊譜文集數卷呈菊人宗先生鑒定。時先生秉鐸縧城，道阻且長，逮鑒畢郵回時，吾宗勢不能待，已原本付梓人蕆事矣。夫子嘅之，將鑒本珍藏諸家，越十有一年。

辛丑，二豎憑陵，知不起，囑長子士達、孫世植持以付竿，吉光片羽，寄託何如也？今宗譜又開局重輝，將印文集，因轉持鑒本付局，與同事諸君謹遵菊人先生所增者增之，所減者減之，其不增不減者悉依舊本鐫之。校對之餘，覺嘉慶時所集諸文，間有大純而無小疵者，多經宗先生斧藻者也。顧斧藻者，宗先生也；而懇宗先生斧藻者，家夫子也。則不惟宗先生之勞不容湮没，即家夫子之雅意烏容没而勿傳？

爰不揣檮昧，而臚陳巔末如右云。

時咸豐十年歲次庚申三月上浣之吉，十九世孫日竿謹識

（選自《錦溪盧氏宗譜》民國六年重修本之廿八卷）

式穀堂記

天地美利之源，含毓不深者，流澤易匱；森發之機，培養不固者，枝干易枯。故欲樹可大可久之模貽之子若孫，世世相仍，未有不從宥密内葆其樸、儲其精，以爲於前者彰美於後也。

邑東安溪盧氏，世稱巨族，其先世，文武傳芳，忠良濟美，由永康靈山石馬卜築於兹，固與錦溪盧氏世講宗盟者也。有惟清、惟龍、惟明、惟敏翁者，景仰前修，矢心種德，慮或替於後，以一生志願，觸目惕衷，祈垂永久。堂構初竣，名其堂曰“式穀”。今歲修輯譜牒，錦溪二

三社友因令叔祖穎陽同事之請，求記於余。余曰："翁之賢，雖知之素，翁式彀之意，雖識其微。但管窺蠡測，不能以華衮重人，況不文而揚言，不幾以蕪萎累而翁乎？"友生曰："翁與余，宗誼屬連，枝世稱好，肖其神，賓其實，表式穀之，願焉足矣。奚用月露連篇、字韻争奇哉！"因舉式穀之意而概言之。

業連阡陌，翁不以爲豐；構麗丹塗，翁不以爲榮。詩書積案，子孫未必能讀；金玉盈箱，子孫未必能守。惟懿美之原厚集於躬，孝友奉先，謙和處衆，樂施而濟世，謹凛以懷刑，玄黄之戰不以擾其衷，觸藩之憂不以驚其慮。棲遲澗谷，飛觴林壑，身逸而神休也；訓以義方，課以勤儉，氣雍而禮肅也；秀眉皓首，峩冠博帶，壽考而且寧也。以一身之穀，貽之奕世，子若孫熟而習焉，用而不竭，費而日新。吾翁式穀之意，其在斯乎！其在斯乎！

《詩》云"令終有俶"，謂善終者必先其始。今日者，内助得人，名門厥配，賢淑齊眉，堂内之椿萱也；雁行秩秩，雍睦無虧，堂内之棠棣也；令器濟濟，家聲克振，堂内之芝蘭也。且曰兑者制藝，吐性命以爲光，匯經子以爲液，行將爲珪爲璋，登之廊廟，又堂内之寶樹也。翁式穀而似之者眼前已若此矣。夫翁之壽，杖國杖朝，添海屋之籌；翁之胤，俾昌俾熾，生寶牒之光，綿綿不絶，衍情無疆，又寧可量也。

流深而澤唱，本固而枝暢，理固必然，豈余虚揚其説以譽翁哉？至若草率不韻，未能秀美而文，則責在錦溪二三諸社友暨穎陽翁也。時竹牕夜雨，舉筆謾誕，緬想高誼，不勝神馳。

時崇禎辛未菊月上浣之吉，賜進士第刑科給事中兵部尚書、眷生玉笥張國維拜撰

（選自《安溪長堤盧氏宗譜》民國辛巳年本卷十九）

慕松盧先生花樹記

慕松先生者，雙溪人也，其先世由永康之石馬遷而卜築於兹土，

孫枝繁衍，獨先生丰姿挺挺，賦性亭亭，遊心山水間，適志煙霞内。既老，壘一小榭，時栽名花以自娱。

竊嘗據而論之：大凡君子之號其名者，表其實也。先生既以“慕松”自號矣，將所種者在乎參天後凋之類，而群花艷冶，胡足眩心而使之變易素慕乎？蓋花雖侈靡，而於中或有隱逸者，或有富貴者，此榭群而聚之，意先生以隱逸自居而以富貴者望後裔也。

至若春蘭放而清芬，秋菊舒而清逸，牡丹清艷，芍藥清標，雖四時天開之景，而總以寫先生活潑之機。

是爲記。

時崇禎辛未一陽月，賜進士第出身吏部觀政、眷生趙明鋒拜贈

（選自《安溪長堤盧氏宗譜》民國辛巳年本卷十九）

積慶里記

順治辛卯春，以里門適圮，出入是門者集議葺修。增其舊制，命工人製額，屬予書之，以名其里。

予思先世胥宇以來，自宋迄今，上下數百餘載，其間國祚之變遷、姓氏之隆替，殆不勝指屈矣。粤惟吾族，雖幾經鼎革，不罹兵燹之災，更獲蕃衍之慶。且近覩居是里者，椿萱並茂，鴻雁成行；陟而在堂，風木無撼壞之驚；降而在庭，鶺鴒泯在原之嘆。斑斕之舞，婆娑而有彩；壎篪之奏，唱和而有聲。妻孥諧琴瑟之好，妯娌無冰炭之訾，富壽而康者多人，寧馨而異者比比。師孔孟則功克囊螢，文幾成於吐鳳；習孫吴則藝稔承蜩，技已裕乎屠龍。而殊休繁祉，畢萃吾里，尚莫能殫述者。咸屬先世積德累善之功信鉅且厚，故克臻此爾。

昔司馬温公云：不如積陰德於冥冥之中，以爲子孫長久計。《易》曰：“積善之家，必有餘慶。”亶其然乎！蓋以積德積善即可卜子孫長久而邀有餘之慶，因合而署其額曰“積慶里”。惟期居是里而出入是門者，觀此門爲禮門，爲義路，勉承先世之積累，永集餘慶於將來，則出門有功矣。

衆曰唯唯。爰書以爲記。

時順治十一年甲午孟冬中瀚之吉，仲綬氏懋組識

（選自《安溪長堤盧氏宗譜》民國辛巳年本卷十九）

東山記

人之命名不一，而取義攸殊。或以地名，或以物名，皆有深意存乎其間。若隱居谷口者名“鄭谷”，此以地名者也；隱居寧國文脊山者，因山中有居硎，遂以“瞿硎”自號，此以物名者也。若盧君號“東山”，或以東有和煦之氣，不然號“北山”有人，號“西山”有人，何勿效而取焉，而獨冠之以“東”也？

抑或以山有艮止之象，否則號“東萊”有氏，號“東坡”有氏，又何勿效而取焉，而必繼之以“山”也？況君所居之地當水澤之中，號“南川”可也，“北川”可也，如張志和居苕霅間自稱“煙波釣徒”，陸龜蒙往來笠澤間自號“江湖散人”，而君則毋取乎爾，得毋以東山有巖巖氣象而切仰止之思乎？抑磊磊觀概而動景行之情乎？輿全氏曰：不然。吾一日過巍山，抵鹿山，從孫氏之東山而歸，斯號之矣。

余分屬甥舅，義則主賓，兼之朝夕與晤，飲風吸月，竭量而止，其梗概居何等耶？因揭其號以爲記。

時乾隆戊戌年孟冬月之吉，愚甥吴文煥拜頓

（選自《安溪長堤盧氏宗譜》民國辛巳年本卷十九）

積德堂記

“積德堂”者，我公謙四十三府君所建也，噫嘻善哉！

公之建斯堂也，豈徒顔其名哉？將以踐其實也。夫德非可旦夕而致，千里之遥起於跬步，百世之遠基於寸衷。人各有良貽謀永久之計，而不知實而求之於内，又何異不種而求之禾稼也哉？故吾登斯堂也，則思爲學之道盡在其中，性可以復，生可以攝，名可以成，後可以

裕。不然，仰見其堂之顔而不思所以顔之之義，將廢此心，即喪此德矣，尚何以求永久之計哉？

若夫我公之爲人，躬處節儉，每以賑施爲務，族之貧者出穀以濟之，又延師以教子弟而資其膏火，則本支厚，風俗美。知我公之德之懋而所以顔斯堂也深遠矣。後之子若孫體公之心，行公之事，日而積，月而累，循名核實，庶無媿於登我公之堂也。非惟我公之後人所當率而，亦凡欲興家起後者之前軌也。

時乾隆五十八年仲冬之吉，十二世裔孫振儒盥手謹撰

（選自《安溪長堤盧氏宗譜》民國辛巳年本卷十九）

定溪盧昌明堂記

昔楊學士以“清白”爲門，歐陽公以“聚星”名堂，皆各本所操以爲垂裕者紀。至如王晉公手植三槐於庭以署其堂，而謂“天必報吾子孫以富貴”。夫富貴誠不可必諸天也，即貧賤多不能率以人。使貧賤而懷清白之操，星羅一室，樂耕桑以給滫瀡，以育瑜珥，躬膺壽考，後際昌明，即安在非富貴者然？而必曰吾子孫爲公侯乎？

定水盧君佩金，僕同年友也，始嘗登其堂，曰“昌明”，謁以子若孫。僕駭然曰：“公季未及强而兆啓興宗，何克昌厥後也？”旁一人曰：“非直此爾。其上有祖母在，母氏金以節孝聞。剪風織月，而家益振，後且偕嫠媳以恤養孤兒，飴弄硯教，而佩金獲成。近撫樹樨之子，又撫樹樨之孫。壽九秩餘，慈蔭五世，而寢膳自率也，而櫛縰自敦也。若課孫曾輩，以重師儒而勵名，教益嚴且謹也。夫以吾登高行之堂而吊其孑立，懷貞義之室而嘆其終孤，盟金石貞而吝子孫報，其令人過墟廬而增感者不少矣。乃舟誓柏而落落百年，宗衍梨而依依累葉。抱膝承歡，澤有堇而竦然者以饋，庭有頷而秩然者以點。暇而分甘，熙熙者與目娱；静而動念，肫肫者與心娱。綿聯五紀，樂聚一堂，其天以償節孝冰霜之操也歟？”僕曰：“嗚呼！節孝之明德遠矣，是堂之名

‘昌明’，以留貽至今也，良不虚矣。”

丙戌年間，邑大夫海樓陳書“古栢長春”以旌其節且壽，邑乘志“兩代貞節”，又揭以“五世同堂”。子二曰永峰、永嵩。孫一曰樹樨，佩金其號也。曾孫二，曰炳章、炳程。玄孫一，曰培啓。猗歟休哉，夫堂之同於五世也不洵明且昌哉！迴視古之高清白而聚星辰，當各自有取。而質諸王晉公之槐陰滿庭，抑猶然野處者之享三公福澤也。

是爲記。

道光庚寅杪冬朔錦溪樓淦撰

（選自《安溪長堤盧氏宗譜》民國辛巳年本卷十九）

盧菊人公集序

能以其才爲天下用，命世之英也；能不以其才爲天下用，不易乎世之傑也。古之君子，出其駿功，以翊君贊國維，能不易乎世，故能命世。若蔡中郎之陷董卓，柳儀曹之陷王伾，康武功之陷劉瑾，以彼其才，詎徒屈節，抑思競展所長耳，而勢有所不可。雖以楊龜山之召自蔡京，猶不得以孔子之薦自季桓子藉口。何者？孔子之無可無不可，固生民以來之一人也。聖不如孔子，而欲以其才用天下而不爲天下用，其亦慎持所不可也哉。嗟我菊人，吾未見其才之能爲天下用，然竊見其才之能不爲天下用。

庚戌秋，菊人用拔萃科試禮部，時在勢者方自茂，其進退人才之赫烈，呼吸變霜露，欣厭互誅賞。聞浙東有菊人者，鐵人也，不耀於富貴，不焰於貧賤，不慴於威武，念得此人置門下，則天下之講名節者當不憚走趨而已，益得以肆然而無復顧忌。方監禮部試給卷，逮浙，曰“浙士佳”，其無用搜撿揖入之意，蓋在菊人也，不爲動。迨復試菊保和殿，謬若不知有菊人者，索取詩讀之，曰：“佳！佳！其予我稿！”意詰旦必一扣門下躬領稿，得備申欵曲，而菊人寂若不聞也，遂姑落之。嗾禮部册注“知縣用”下浙江省府，意菊人當留都效力，而菊人已掛轎蘆溝橋南矣。

噫，菊人本千金子也，家陡落，藜羹藿飯，卧屋板不席，則悶思嚏而屈求伸，豈不既人情事哉？且士莫貴於非有求於人而人求之，非有幸於人而人幸之，方在勢者三致意，示懇眷念，一士躬下之，亦何遂吐哺握髮者異哉？而乃必然引去，不令得以小人而締君子之緣也。頃謡復旦，雺銷霧醒，以德貴者崇，以技效者擢，元氣並包，勿維獄錮，知當日即少委蛇，端不遽菊人瑕也。顧且嶄然爲段干木逾垣，泄柳距户，硜硜退其敝裘破帽之一策，岸氣與岱嶽争高，峻骨與洪河並迅，屐躡浙以東兩溪三洞，蘿扳而翠滴，磯坐而波詭，以壯其文而拍其詩，伯翳、夷堅之爲書，魯□齊鼎之爲志，顛碑卧碣之爲事，交輝互映，非以播聲，聊藉慰獨寤契耳。

南塘通判謝恒齋，惇長者也，署知東陽，固祈得一見菊人不可。曰："有事自當躬聽勘門下，不然即當門一步，非所敢出也。"彼其於蹈方君子且若是，而况小人之徒欲假我而振其名、厚其力者哉？故歸黜陟於朝廷三千里而就一試可，十二年而覿一第可也，蹇驢敝席往返之可也，而欲使私室得與爲恩怨作威福，則斷然不可。

嘗偕郡之石板巷，時菊人年纔十有六，爲我即席舉春秋國百。卜其他日必知名天下，而豈謂菊人之名之初不泛爲人知，殊自落落、殊自明明也。歸自都，彌困益顯，盜牛惕心於王烈，耦妓靦面於尹焞，風不惡而嚴吾見，雖册公孤柄予奪未必若是效也。方己酉春，尚書朱公以碩儒督浙學，既才菊人，而尤以其我高不我下也，謂當且有用，期之在漢汲黯宋包{拯}間，而豈料其垂老尚然不遇而困試？爲一展《雙溪集》讀之，其人可欽，其言當足可興起，用光婺學，固知全不在用不用也，維菊人具鐵人也哉！

是爲叙。

蓬萊侍史樓上層撰

（選自《安溪長堤盧氏宗譜》民國辛巳年本卷十五）

“渾金璞玉”匾額跋

額云“渾金璞玉”。按“渾”，班固所謂“渾元運物也璞”，老子所謂“璞散爲器也”。昔許氏名“渾”，葛氏號“抱樸”。“樸”，亦作“璞”，識者皆争尚之。竊思金受鑄則褻焉，玉受制則破焉，矜才者大率患此。惟翁歸其返璞仁厚，爲鄉所重。其先君輔廷公曾列賓筵，玆則渾金之重獻其光，璞玉之再騰其瑞也。詩書啓後，勤儉持家，余幾無瑕之可摘，爰志之以深感佩。

龍集光緒十有九年歲次癸巳新正穀旦，東溪後學黄體香謹跋

（選自第三支里盧宅《靈山盧氏宗譜》民國甲戌年重修本卷之十六）

樹德堂跋

丁酉戊戌之間，余拓舊居基址，築室二十楹，榜其堂曰“樹德”，蓋取《尚書》“樹德務滋”之義。

吾聞之，一年樹穀，十年樹木。至於“樹德”，非畢生累世不爲功。余家自興廿五府君以下，迄於高曾十世之間，均力田自給，身未嘗入公門。至我祖若父，始預賓筵之選，然猶上承祖訓，勤治稼穡，循禮守分，雖外無樹德之名，而内有樹德之實。余也藉祖父餘蔭，得以從事詩書，讀《泰誓》一篇，而恍然於樹德之務滋也，將以余上世之德爲已裕也，吾願自今益之；將以余上世之德爲未裕也，願自今積之。

夫德者，有得於心之謂，不存事上行不去的心，不行心上過不去的事，此爲樹德第一關頭。念玆在玆，釋玆在玆，汲汲焉，皇皇焉，惟求此心之無愧。以之接物則仁，以之待人則恕，以之制事則義，以之取財則廉，或安而行之，或利而行之，或勉强而行之。聖賢之基，胥在是乎！

堂以“樹德”名，欲其顧名而思義也。如樹穀焉，如樹木焉。吾樹之而不足，則將貽之子孫，樹之而猶不足，則更貽之後世。登斯堂者，

其勿以余言爲河漢也夫。

光緒二十有六歲次庚子仲夏之吉，堂主人學綸謹跋

（選自第三支里盧宅《靈山盧氏宗譜》民國甲戌年重修本卷之十六）

遊韻濤山莊記

癸卯夏，余自郡下畢試歸，途經集文里，杏生邀余過其家，下榻於韻濤山莊之西軒。其外有小圃，額曰"藏春"，襍莳花草，芳菲可愛。時雖盛暑，而緑陰濃茂，涼氣襲人。

杏生著有《藏春小圃紀事十詠》，讀之令人心曠神怡，絶無塵俗態。並引余歷觀莊外風景，見夫樵者在山，農者在田，漁者在水，熙熙攘攘，各得其所，無懷氏之民歟？葛天氏之民歟？吾不得而知之也。

其東則甑峰兀峙，聳入雲表，芸嶺横亘，岡巒起伏。其南則諸山列拱，蒼翠欲滴，香巒秀削，如對美人。其西則朝陽古洞，流霞晚出，清溪環繞，潺湲若紘。其北則龍鱗迭迭，阡陌縱横，麥隴桑畦，彌漫無際。遊蹤所至，如在畫圖，恍疑天上，非復人間矣。

乃微風忽動，衆山皆響。其始也，如潮發天末，隱隱若雷。其繼也，千峰怒號，萬壑驚騰，車馳馬驟，耳聾神眩。其終也，混混沌沌，漫漫汗汗，如怨如慕，如泣如訴，餘音嫋嫋，不絶如縷。噫，此非錢塘也，胡爲若八月之濤哉？耳聆之聲在樹杪。嗚呼，吾知之矣：昔陶弘景愛松風，庭院皆植松，每聞其響，欣然自樂。歐陽原功有詩云："下簾危坐聽松濤"，此殆所謂松濤者非歟！夫松之爲物，其節堅，其根蟠，歲寒不凋，質勁而壽。名著於詩人，品列於《禹貢》，秦皇封之於泰山，禪師植之於中嶽，其爲物固可寶而可貴也。今環山皆松，天然生植，觸風成韻，其響若濤，居山谷之間，而有江海之大觀，其樂可勝言哉！

吾今乃知杏生之韻，以濤名其莊者固自有在也。振衣而入，援筆

爲之記，敢以質之杏生，其以余意爲然乎，否乎？

時光緒二十有九年歲舍昭陽單閼天中節後八日，三十六洞天六次遊客張廷瑋待正稿

（選自第三支里盧宅《靈山盧氏宗譜》民國甲戌年重修本卷之十六）

春祭祠文

某年月日宜祭之辰，嗣孫某等敬備清酌、庶饈、楮帛之儀，致祭於芸山范陽郡始祖考某公、始祖妣某氏夫人以及闔廟祖考妣之神位前。曰：

仲春剛到，寒食播揚。杏花已吐，柳綫方長。感含華之景物，應追遠於廟堂。欽祖德之綿延，承祭如在；仰宗功之浩大，舉念難忘。今者禮循昭穆，祭用羔羊。粢盛既潔，衣服備裝。少長咸集，孝敬益彰。伏祈蘭桂騰芳，奕世如春雷之發；還望詩書啓後，歷年卜麟趾之祥。

尚饗！

（選自第三支里盧宅《靈山盧氏宗譜》民國甲戌年重修本卷之十六）

秋祭祠文

時剛露白，節届潮平。蟪鳴方歇，燕去涼生。桂枝月滿，梧葉風驚。物本乎天兮天機鼓蕩，人本乎祖兮祖德光明。溯九派之淵源，與鐘峰而並秀；念三和之手澤兮，偕帶水而長清。

今者少長咸集，衣服既成，爰陳醴酒，乃潔犧牲。伏祈孫肖曾賢，綿長世澤，還望光前裕後，丕振家聲。仰宗功而勿替，薦品物而虔成。于汝孝孫，來汝孝孫。神其鑒之，佑我書田。

（選自第三支里盧宅《靈山盧氏宗譜》民國甲戌年重修本卷之十六）

辛巳祭譜文

維大清光緒七年歲次辛巳十月望甲戌越一日丙子之吉，嗣孫某

等玆以譜牒告成，謹具剛鬣柔毛、舒雁翰音及清酌庶饈、楮帛之儀，致祭於始祖考宋工部尚書越國公、始祖妣誥封一品趙氏夫人、始祖考宋武烈候七三公、始祖妣贈吴國夫人柴氏，暨闔族祖考妣之神位前。曰：

懿歟！我祖系出帝王，公封越國，派衍范陽。緬養晦於東宫，韜其光彩；稽發祥於南宋，集我冠裳。工部尚書兮勳垂竹帛，禮部尚書兮績著旂常。聲名赫濯兮，洵家乘之輝煌；積善餘慶兮，實祖德之難忘。於今譜牒彙以成章，既支分而派别，喜源遠而流長。蟄蟄子孫兮瓜綿椒衍，振振公族兮桂馥蘭芳。或卜居於永邑兮，或胥宇於東陽。服先疇者各安其業，繩祖父者率乃攸行。思我烈祖兮佑啓無疆，俾我後嗣兮克繼書香。摳衣肅拜，畢集寢堂。既蹌蹌而濟濟兮，亦穆穆而皇皇。伏維我祖來格來享，佑我孫子長發其祥。

嗚呼，尚饗！

（選自第三支里盧宅《靈山盧氏宗譜》民國甲戌年重修本卷之十六）

甲寅祭譜文

維中華民國三年，歲次甲寅陰曆十有二月朔丙午越八日乙卯，宜祭之吉，嗣孫等玆以重修譜牒告成，謹具剛鬣柔毛、舒雁翰音、清酌庶饈、楮帛之儀，致祭於始祖考宋工部尚書越國公、始祖妣誥封一品夫人趙氏，以及闔族祖考妣之神位前。曰：

粤稽我祖，肇始齊姜。食采於盧，錫姓孔彰。世稱右族，史册能詳。儒宗後裔，奕世流芳。宰相八人，弼輔李唐。崔盧首屈，族聚范陽。迨我始祖，世居汴梁。公封越國，績著旂常。致仕歸隱，卜居永康。靈山之下，孝義之鄉。吉人天佑，九子成行。

暨我世祖，出自周皇。易姓從盧，光彩韜藏。是爲櫸派，後嗣熾昌。星羅棋佈，散處四方。厥維我族，積厚流光。厚宅珠川，集文千祥。張村嶺外，盧塒下莊。前盧一脉，遷地爲良。現存八派，源遠流長。收宗合族，整紀飭綱。賴有譜牒，綱舉目張。宗功祖德，灑灑洋洋。及時修輯，莫敢或忘。爰復集議，力助贊襄。自春徂冬，刷印成章。校對嚴密，晝夜不遑。今兹告竣，修其烝嘗。潔我籩豆，集我冠裳。報功崇德，桂酒椒漿。孫曾鵠立，濟濟蹌蹌。左昭右穆，鷺序鴛班。愾聞僾見，肅拜一堂。佑啓我後，克繼書香。蕃我孫子，福禄無疆。

猗歟，尚饗！

嗣孫寶仁謹撰

（選自第三支里盧宅《靈山盧氏宗譜》民國甲戌年重修本卷之十六）

甲戌祭譜文

維中華民國二十三年歲次甲戌十一月望越六日壬申吉旦，嗣孫等敬備柔毛剛鬣、潔牲清酌、庶饈楮帛之儀，兹以譜牒告成，致祭於范陽郡始祖一五公宋開國上將軍越國公、祖妣一品趙氏夫人、世祖七三公宋殿前防禦使武烈侯、祖妣一品柴氏夫人、先祖九四公宋武烈將軍武顯大夫、祖妣一品胡氏夫人，暨閤族衆祖考妣之神前曰：

懿歟我祖，源遠流長。分茅錫姓，肇始齊姜。高傒食采，郡氏昭彰。簪纓華胄，奕祀輝煌。十才著望，四傑流芳。世多宦績，彪炳漢唐。琰公繼起，世居汴梁。勳高工部，砥柱帝鄉。宋遷周鼎，變革朝綱。忠匡宋室，義扶蘄王。提攜龍種，匿跡隱藏。九支協婿，慶集一堂。

恭維世祖，實出周皇。天潢衍派，孫子熾昌。星羅棋佈，各占一方。同宗派别，譜系纂詳。厚宅珠川，世殖永康。集文嶺外，卜徙東陽。張村盧塒，上廳發祥。後圩下坑，探本下莊。仰口圓派，盧塒分疆。敦宗收族，克迪前光。同盟修輯，整飭綱常。編年紀月，言表行坊。瓜綿椒衍，組織聯行。金枝玉葉，編輯成章。宗功宜報，祖德難忘。冬蒸佳節，合薦馨香。陳新食品，虔獻瓊漿。以孝以享，來格來嘗。臨期占領，咸集冠裳。承先啓後，光大發揚。文通武達，終焉允臧。懿歟盛哉，伏維尚饗！

嗣孫志琦鞠躬拜撰

（選自第三支里盧宅《靈山盧氏宗譜》民國甲戌年重修本卷之十六）

集文告廟祭文

伏以息茂蔭者宜思其本，飲香泉者宜溯其源。惟兹孫子之顯榮瑞，藉祖宗之庇蔭。

恭維我顯祖封高越國，曾爲上國良臣；跡隱靈山，實萃名山秀氣。數十載東宫晦養，光彩韜藏；二百年南國扈遊，簪纓絡繹。禮部工部刑部尚書起高第名門，遷汴遷東累世志風流餘韻。乃傍甑峰而築室，爰看帶水之環村；既土厚而風淳，亦地靈而人傑。倘使覆鍾仰盞鍾毓不靈，安能桂馥蘭芳，箕裘克紹也乎？

士禄家崇勤儉，幼習詩書。雖困學於丁年，未標名於甲榜。援例納粟，分來貢樹之香；教子成名，擷取泮林之秀。備享天倫樂事，仰承祖武洪庥。念切敬先，虔薦馨香時物；情殷追遠，敢忘酬報明文。時也嶺頭之梅蕚方開，管内之葭灰欲動。謹行三獻，實本一誠。黍稷芬芳，衣冠整肅。柔毛剛鬣，犧牲之具咸牷；桂酒椒漿，俎豆之香必潔。幸此日丁男鵠立，祀事孔明；佑他年甲第蟬聯，家聲丕振。

尚饗！

寶仁謹撰

（選自第三支里盧宅《靈山盧氏宗譜》民國甲戌年重修本卷之十六）

飲賓告廟文

懿歟我祖，郡著范陽。公封越國，青史流芳。九支派别，奠宅東陽。瓜綿椒衍，桂馥蘭香。芸山秀峙，帶水源長。人文蔚起。甲第輝煌。代生髦士，梓里名揚。謀貽燕翼，寵錫龍章。榮分東序，品列西庠。韡韡棣萼，穆穆雁行。賓筵入選，上國觀光。幸蒙福庇，積善餘慶，情殷報本，孝思難忘。爰陳酒醴，虔薦犧羊。神其來格，受福無疆。

尚饗！

（選自第三支里盧宅《靈山盧氏宗譜》民國甲戌年重修本卷之十六）

父子明經登匾告廟文

王公種德，手植三槐；竇氏濟人，榮敷五桂。原達人之顯著，悉明德之流遺。

恭維我祖：派别九支，名高四傑。基開甑麓，宅奠帶溪。卜一方鍾毓之靈，爰居勝境；深百世源流之溯，不乏偉人。爵進銀青，恩榮丹陛；衣拖紫綬，績著黄堂。静鎮三邊品秩，則榮旌武烈；封承百里吏治，則美媲河陽。以鶚薦而佐棨堂，蒲輪錫寵；列雁序而登黌舍，芹沼騰芳。數典難忘，淵源有自；先型如在，照耀後昆。

仁也業紹集文，才慚繩武。詩禮叨鯉庭之對，負荷彌殷；膠庠附驥尾之榮，采芹有賦。光分藜閣，豈曰克繼書香？職贊柳營，敢謂素諳將略？藉祖宗之蔭庇，蒙嚴父之義方。禦寇從戎，論賞則寵膺五命；敬宗報德，登堂則禮獻三牲。伏冀式臨，咸同嘉饗。來歆來格，罔怨罔恫。

時光緒三十四年戊申仲冬月

廩貢生蕙香馬甲文代稿

（選自第三支里盧宅《靈山盧氏宗譜》民國甲戌年重修本卷之十六）

遊六和塔記

宣統御宇之二年，歲次庚戌，時維仲春清明後二日，久雨初晴，春光明媚，余與毛君静涵、金君效夫，戎牘餘閑，相與郊外踏青，領略湖山勝趣。

斯時也，波紋漾緑，柳綫拖青，細草鋪茵，桃花含笑，毛、金二君有

“江南二月春如畫，一樹桃花一美人”之句，良辰美景，洵宜得此佳作。步行六七里，過海月橋，經駕濤仙館，至一處，有亭翼然，榜曰“停雲”，爲行人往來休息之所。遥望孤峰高聳，飛閣流丹，斜陽晚映，金碧交輝，二君告余曰：“此即所謂六和塔也。”相去二里許，又前行，石階數十級，蘭若在焉，寶塔七層，玲瓏矗立，四面紅牆繚繞，其右則山門在焉。旋轉至塔下，上下要樞，守以魚鑰，有老僧啓鍵，導余等入，並於暗處設燈。摳衣拾級而上，回環旋繞，如螺殼然，歷七級而造其巔，周圍有廊，步之如響屧，簷端鈴鐸，風觸成韻，壁間佛相，日照愈鮮。遥望玉皇山色葱郁可愛，俯瞰錢塘江水澎湃有聲，誠武林之大觀也。

毛君臨窗踞坐，有飄飄欲仙之概。余與金君憑欄縱眺，一回首間頓失毛君所在，四處跟尋，杳無蹤跡，疑其被風吹墜，駭汗流背，相顧無色。正擬出告老僧，而殿上坦坐者乃毛君也，余等心頭小鹿始得貼然。大凡人處危險之地，此心早已惴惴，惟恐變出意外，一有感觸，恐懼益甚，不覺失其常度。相與趨方丈，少資休息。老僧煮茗供客，芳烈之氣沁入詩脾。未幾，金烏西墜，暮樹籠煙，興盡而歸。及回營，而譙鼓已三下矣。

武林南星橋二標營舍燈下記。

寶仁

（選自第三支里盧宅《靈山盧氏宗譜》民國甲戌年重修本卷之十六）

第四子金焦命名説

中華民國元年七月十八號，即舊曆壬子六月五日也，時余以陸軍右都尉辦理九十一團軍需糧餉事宜，駐紮鎮江，挈眷偕行，僑寓長江左側地名新河口，傍岸而居。前有金山，後有焦山，山川明秀，顧而樂之。

是日上午四時三十分鐘，第四子金焦生。越三日，室人囑余命名。

考命名之義，《傳》曰：不以國，不以官，不以山川，不以蓄牲，不以器幣。余獨以山川名者曷故？彼則諸侯之制，余則士庶之家也。

居中金、焦兩山之間，雙峰矗立，排闥送青，遥遥千里，誕降於此，以金焦名，志紀念也。且是時江潮大至，室内水深尺餘，前後七八日。詢之土人，曰："十年來未嘗見此。"余獨遇之於僑居之日，豈天故設此境以阨余乎？抑此子他日如潮水之排山倒海稱雄世界乎？故又名金潮。山則有自立之體，水則有自由之機。當此二十世紀，文明日進，共和成立，人人有自立主義，人人享自由幸福，則以山名也可，以水名也亦可，余何泥於古焉？

寶仁

（選自第三支里盧宅《靈山盧氏宗譜》民國甲戌年重修本卷之十六）

光緒丙午本鄉報荒請賑狀

爲天歉民荒，籲叩祥請緩徵助賑事。

竊以皇天愛物，不必盡賜豐年；宰官牧民，端在先行善政。代九重而宣化，小民之困苦宜諳；際百姓之流離，猾吏之催科何忍？然君門雖云萬里，而父母衹在目前；與其坐困無聊，曷若陳詞入告？

蓋以東邑，地瘠民貧，獨至南鄉，山多田少，豐稔尚憂不足，凶荒益覺難堪。歲在龍蛇，牧無魚夢，穀價之騰貴，雖在今年物産之歉收，實由往歲三春霖雨，彌月兼旬；六月炎陽，銷金爍石。麥豆之不登猶可，禾苗之被旱堪嗟。十分衹有三分，腴壤竟同瘠壤。歷歲三時不害，尚聞呼癸呼庚；今春兩麥無收，益覺歉衣歉食。饔飧不繼，既云貧者俱貧；緩急必通，安得富者自富？典衣糴食，西鄰之杼柚已空；質産换錢，東郭之倉箱亦匱。畝田三十貫，中人之産幾何？觔米六十錢，上農之食有限。貨賤若糞土，商旅莫不痛心；米貴若明珠，工匠何從糊口？紛紛擾擾，家中之食指益多；女女男男，路上之遊民更衆。向朱門而乞食，此往彼來；掘青草以充腸，爾饑我渴。老稚轉於溝壑，貧富同此空虚。野外黎民，鳩形忍覩；階前赤子，菜色堪憐。然而君子固窮，素志不移於困阨；小人越分，盜心每起於饑寒。伏莽既生，跳梁可虜，民如不靖，責有攸歸。

生等草野陋儒，罔知忌諱，因念遇災，請恤民情。果不壅上聞免稅蠲租，帝澤又何難下降？汲黯矯詔發賑，不聞獲譴於仁君；范純仁捐麥濟人，亦且見稱於嚴父。伏望公祖大人，發菩提心，行慈祥政。暫寬粟米之徵，聊蘇涸鮒；慨賜發棠之請，庶免哀鴻。民慶更生，恩同再造。貧富均感，焚祝上呈。

寶仁

（選自第三支里盧宅《靈山盧氏宗譜》民國甲戌年重修本卷之十六）

迎友禱雨疏

伏以森森帝闕，尊居縹緲之鄉；赫赫龍宮，端處深嚴之府。時而在天在地，六合任其飛騰；忽而行雨行雲，萬方資其涵育。

茲者猛陽肆虐，旱魃爲災。土裂若魚腮，寧待西江之汲水；紋開如龜拆，願沾東海之餘波。此皆待哺嗷嗷，忍見焦黄穜穜？誦眉山之記，掩卷興嗟；讀《雲漢》之詩，仰天太息。豈僅等嘉禾於荑稗，儕腴壤於石田？是以慘目傷心，莫逭昊天之譴；齋明盛服，同輸迓聖之忱。萬祈聖駕臨壇，化身歸缽，俯憐哀懇，顯解蘊隆。駕霧乘雲，瀉甘霖於深壑；奔雷逐電，注急溜於高簷。粒我蒸民，潤無根之槁木；歡聯蔀屋，逢有脚之陽春。洵所謂雨玉雨珠，曷若此有年有幹也。某等不勝披肝瀝膽，深蒙齋旱之功，刻骨銘心，載頌爲霖之德。

謹具疏上聞。

寶仁

（選自第三支里盧宅《靈山盧氏宗譜》民國甲戌年重修本卷之十六）

慈愛堂記並銘

盧太學兄弟顔其新築之堂曰“慈愛”。夫生殖長育“慈”宜之，親恩惜慕“愛”統之,“慈”與“愛”,二而一者也。曷爲乎以“慈”又以“愛”?

太學兄弟乃拱立言曰:“訓家始壁立,訓等資先人力以生以長,有幹於兹,是愛之謂親也;既生長且教誨,以示乃儉,以戒乃勤,俾不得遊惰廢業,是愛之謂恩也。訓先人艱難其身,砥勵其志,茹苦積釐,幾五十載,始克基此堂構,故妣氏嘗謂訓等曰:日中則昃,月盈則食,天道也。雖然,我成兹室,亦非易事。願汝曹勗爾後嗣,世世相守,毋滋他族處此,覆越我志。常以爲言,是之謂愛之惜焉。

惜則堂之尺椽片瓦,皆訓先人鏤心瀝血而致之,劬躬以燾後,在我後之宇而戴、砥而履者,淒風苦雨之無虞,宜何如朝省夕惕之勿忘也,是之謂愛之慕焉。知親恩惜慕之爲愛,當知生殖長育之爲慈矣。知生殖長育之爲慈,當知先人之志不失先人之慈矣。訓所謂慈愛者如此。”

余聞而心乃是之,曰:美哉斯稱!《新宫》之詩有之云“似續妣祖”,張老之頌。又有之云“聚族於斯”,太學其殆志是乎。乃筆之記,並繫以銘曰:入此室處,靡依何恃?貽厥孫謀,以燕翼子。念厥先人,庶乎其鑒此。

時咸豐五年歲次乙卯仲吕月之吉,優行廪膳生姻愚弟潘樹棠拜撰

(選自山後盧《盧氏宗譜》民國丁巳年續修本)

方塘記

山無巒嶂,不足争奇。水有波瀾,方稱壯闊。非山與水特有其異也,一經文士之品題,遂覺别有其聲價。

本祠之前有方塘一,長約六十步,闊約六十五步,可記也。

溯我本派祖諱子安,宋進士,授德州判官。子諱深夫,爲名翰林。追源窮本,出自宋封武烈侯七三公後,自是由邑之靈山遷白雲山麓,復遷高川,由高川復遷在城東門。至康乾間,雲嵩公創議建祠,若魯公慨出基地,寄寰公、魯齋公互相贊助,事遂以成。

祠記尚存,班班可考。聞之父老相傳:斯塘之始,規模未大,迨建

築祠宇,垣墉取於是,堤砌取於是,前之淺者掘而深焉,前之小者擴而大焉。其形正方,故遂以“方塘”名。形家者言:本祠形勝,坐取其空,朝利其滿。祖宗之意,其或以方塘之靈秀,爲我子孫之鍾毓歟!

夫方,地也。塘之形不象乎天,而象乎地;方,又矩也,塘之義不取於規而取於矩。地以生物,矩以接旋,是又可知命名者之微意矣。且也春之景,垂楊夾岸,鶯聲和鳴;夏之時,一頃緑波,浮萍左右;秋之夜,魚躍波心,月色映碧;冬之日,瞻烏爰止,波瀾不驚。雖四時之景不同,要其爲祖宗手澤所留遺,與夫成全後昆之庇蔭,俾得與松山華水同其奇者,固自有在也。

歲丁巳,冬祭既成,議修譜牒,紳衿族老,公推大侄僧嚴主其事。福也不才,謬參鑒列。雖文如鳩拙,筆禿江郎,然何忍貽此殘闕,略而不備?用書方塘巔末如此,後之人幸毋笑我也。至鴻祠雅韻,是所望於諸公。

時中華民國六年十有二月穀旦,二十二世裔孫明福謹識

(選自山後盧《盧氏宗譜》民國丁巳年續修本卷一)

翠葆軒序

盧子華水之上負廓結廬,而心隨地遠,柴門草鎖,石徑煙籠,先堂有以“翠葆”額其軒者。

一日緩步徘徊,忽顧而自嘆曰:“是告我矣!夫抱樸者天全,競華者實落,是故象爲牙焚,蚌爰珠剖,蘭煎燭爍,凡物皆然。今以渺爾翡翠緑衣耀體而文身錦繡,豈不炫然於三百六十之間?然而破浪騰淵,風波不測,一朝童子執笥而尾其後,嘻,危矣!翠乎?翠乎?脱使不蜚不鳴,葆其儀羽,卒以晦免,夫後乃知翠之可以偕隱而言遁也。是告我矣,翠乎!翠乎!”

然而其於盧子之軒即又何時而相額也?蓋翠而思自葆其翠以全,盧子而思翠葆以自葆盧子以全,此軒之所以額也。

自憶生平，棲泊暗淡，一自歸田，燕處斗室，而角巾野服，殆若終焉。或春晴秋爽，開軒閑坐，客到圍棋，手談黑白，剥啄丁丁，聲聞户外，有客踵至，敲竹哦松，復作五七言幾首，日已晡矣。輒視軒前化松仙石，佶倔古怪，倚徙粉垣，方效米老，整冠再拜。又似見白衣人倘恍如來，於是歡甚，檢點園蔬，與客劇飲。少焉月上，移坐横塘之上，洗盞更酌，水天盪漾，忽而石落泉鳴，忽而風動鴉噪，傾耳聽之，時遠時近，莫不助人以聲，興發嗚嗚，狂歌拍手，夜永漏央，爰是收席。月隨客去，花扶主歸，乃還卧於軒上。一枕清夢，栩栩然莊乃化蝶而我化翠，誠不知翠之是我而我之是翠也。

嗟夫！黄鳥爰止，白駒食場，鱸溪蟬圃，上下千載。我思古人，悠悠我心，庶幾於翠葆軒上得之。

時丙午秋，松石主人元始題於軒之檻畔

（選自山後盧《盧氏宗譜》民國丁巳年續修本卷一）

東溪盧翁固辭府賓序

《易》占介石，《詩》詠《考槃》，可見時際休明，亦必有不賓之士樂道忘勢、隱居獨善，上足以增光朝署，下足以振式閭閻。人在兼葭，垂聲惇史，良有以也。以予觀於盧翁，雅稱是歟。

翁生而淳樸，孝友夙著於家庭，禮讓素敦於鄙里。且也片言模楷，跬步準繩，非輸納足跡不至公門，非册籍名姓不留案牘。《易》《詩》所稱，何以加焉！

歲乙巳冬月朔，郡侯遵高皇帝明制，例舉新正鄉飲，禮宴泮宫，以勵風化。郡髦士進而前曰：齒德並隆，蔑加於翁，采之輿論，遠近僉同，介兹賓筵，俎豆增輝已。迺翁方七松恬曠，三徑清夷，竟弗屈盛節，以副衆望。諸締友嘆弗克遂是舉，而又景其賢於風塵之外不能以已也，請予言爲贈，敬述大凡，仍爲之歌，以揚其美。歌曰：

瞻彼東白，降生碩人。乃孝乃弟，有義有仁。樂天居易，葆素全真。郡庠咸薦，府主是賓。固辭弗就，退避逡巡。鴻漸在磐，鶴矯離塵。聊兹叙述，垂輝千春。

萬曆乙巳歲季冬之吉，賜進士第巡撫福建等處右副都御史、前福建承宣布政使司左布政使、兵科都給事、石樓徐學聚撰

（選自第三支《安溪長堤盧氏宗譜》民國辛巳年本卷十五）

送三弟服一返里序

余既蒞孝之翌月，二弟任伯來，三宿而歸。又閲五月，三弟服一來，父母命也。父母之意，若謂親民責重，利何以興？弊何以革？顛連疾苦，何由拯拔？衽席之上，令兩弟訊以告。且余四方奔走垂十餘年，間歲一歸，歸必旋出，兩弟之來，奉命訓慰有加。嗚呼，父母愛子之情可謂無微不至矣！

憶余七歲就外傅，十四學作文，技殊拙劣，年二十尚不能拮一芹上承親歡。科舉罷，負笈走江户，無所得而返。辛亥事起，隨諸志士後，供指臂，乏尺寸勞，資人齒頰，而父愛母憐之念不少減。清夜捫心，負疚益甚。

憶余家世業農工，日出而作，日入而息，習以爲常；布衣爲煖，菜飯生香，安之成性。今禄之所入，固足代耕，然不敢輒自暇逸驕奢，自墮其德，此三弟歸時差堪爲父母告也。二弟年既壯，服商之暇，從事力田，余無間然。三弟雖畢業於普通中校，所學未精，今日之歸，温課之餘，仍當勤於農業，勿失我家耕讀本色。而所謂暇逸驕奢之念勿敢偶存諸心，此父母之至訓，所當共矢勿諼也。昔二弟行，未獲握别致詞，三弟持歸，與共讀之，當知案牘勞形之下固有人同此志也。

詞成，囑學子程毅夫書之，以實行篋。

民國六年八月六日，士希識於孝豐縣行政公署

（選自山後盧《盧氏宗譜》民國丁巳年續修本卷一）

政餘酬唱録序

六年春，余宰孝豐令。孝豐故巖邑，稱難治，重以國體新定，錢穀兵刑、生聚教訓諸事日益繁劇。凡膺地方責者，上承國家政令，下體閭閻疾苦，督促整齊之未遑，何有政餘，更何有酬唱？

然幸孝邑近歲豐稔，人民倉廩實而禮義生。地方利當興者日以興，弊當革者日以革，客處此土者亦日就範，相安於無事，即所謂督促整齊之責得以少寬假，無戴星出入之勞。同事者又有胡君輝山爲名孝廉，余前輩徐君拂塵又余畏友，皆一時政事選，慕天目苕溪之勝，相繼客於余。舉錢穀兵刑、生聚教訓諸大端，如庖丁解牛不煩而理，此政餘之所由來也。

況署之西偏，癯梅初放，玉質清香，足供玩賞；東偏三五楊柳，幾樹桃花，紅紫萬千，别饒春意。此情此景，不有佳作，何伸雅懷？爰感興命題，用資喤引。由是有起而和者，有繼而唱者，又有邑中英彦聞風而賡應者。遲之久積以成帙，此之所以有《酬唱録》也。若以此比擬武城弦歌，則吾豈敢？

古麗州事羲氏士希志於原鄉官署

（選自山後盧《盧氏宗譜》民國丁巳年續修本卷一）

小抱經堂藏書記

生百世後，古聖賢不可見，其至理大義，猶得私淑而就道焉。古籍尚已，新學起，競言實用之學，識時之士移譯外邦文字，饗我學子，冀進國家富强，今籍又尚已。

本邑居浙水上遊，去省會半千里，士風固樸，豈智不若人？實無收藏家爲之培植耳。

東西各國注重公衆圖書，其收藏意旨，新舊兼重。吾國收藏圖籍，舊時皇室而外，悉歸私人所有。乾嘉時吾宗雅雨學士、召弓太史，家藏書各數十萬卷,胥以“抱經”顔其藏書之室,卓卓稱盛一時。家君好讀書,丁世變輟學。迨余就外傅,購備圖書,恒不吝費多金,余因是嗜書有專癖。光緒丁未,負笈武林,會垣所聚,故鄉未可及,所嗜者益夥。旋應浦陽虞師耕夫招充講師,脩脯所入,得擇坊本之善者,如願而得。光復後,投身政界,禄廪既裕,暇恒袖金赴書肆,見今籍古籍吻合吾心者不忍釋去,積之十年,充滿囊篋。因念本邑之士,不慮無學,慮無以爲學之具也,悉數載以歸。二弟任伯、三弟服一,牙籤而庋藏之,並請名其室。余徇其請,題曰“小抱經堂”,非敢謂追蹤雅雨、召弓兩公也。假由此歲有增益,則庋藏之數或可相埒,且爲多士慶藉手之有資也。

計現藏古籍:經部八百六十二卷,史部五千零四十二卷,子部六百零四卷,集部五千零六十二卷,雜著部一千六百四十二卷,都一萬三千二百卷有奇。今籍法律部、法令部、財政部、地理部、教育部、科學部,編纂體例,袛分章節不計卷。

民國七年歲在戊午夏正元宵節前三日,小抱經堂主人士希甫自題

(選自山後盧《盧氏宗譜》民國丁巳年續修本卷一)

《三友圖》記

仙邑峽陽盧氏,以盛德長者起家,遂成望族。元有梅軒公仲寶與其二兄松軒公仲和、竹軒公仲文,皆肯構肯堂,克昌先業,而梅軒才德超邁,殆其傑然者也。昆弟篤睦,塤篪交奏,垂暮之秋,一觴一咏,和氣可掬。

松軒、竹軒二公既先後物故,梅軒公年躋耆耄,感念不忘,乃俾善畫者繪松竹梅爲《三友圖》,揭諸高堂之上,一舉目間,若愛敬之相接,而遂怡怡之樂也。梅軒公以燕以翼,壽考令終,今四十春秋矣。其曾孫澤字貴民,琢玉爲軸,重加裝飾,每一披覩,如見諸祖而若有所聞者。嘗戒其子弟曰:“吾曾祖之志意,手澤在焉,其可忽乎?”徵予以文

記之。

予思松竹梅同有堅貞之操，而同囿於橐籥之中，皆一氣之所爲也。淩霜雪而不變，經歲寒而益固，凡有道之士庶幾其似之，宜梅軒公昆弟之有取於是也。貴民克念乃祖，而能思其所樂，思其所嗜如此，豈不足謂之孝子順孫矣乎！世之人有刻盡祖父之像而致如存之敬者，亦不過彷佛其形容而已，追維其德則未之見也。今盧氏《三友圖》，梅軒公兄弟平昔以此自擬，而宗族鄉里無間言焉，宜乎貴民以三友之德狀其諸祖而致無窮之思也。爲三友之子孫，其於瞻依之頃，孝敬之心有不油然而生者乎？

系之以詞曰：

三叟弟昆，擬諸三友。歲寒之姿，同歸不朽。不朽者何？有德有言。德以心銜，言以口傳。言德在人，非出勉强。百世勿忘，寧不景仰？惟此三友，枝葉茂茂。庇其本根，何千萬壽？鄉閭慕風，子孫懷孝。凡百士人，是則是效。

時永樂乙酉冬十月既望前，石樓縣令邑人顧碩記

（選自仙居峽陽《樂安柴盧合譜》民國乙卯重修本卷之首）

牡丹説

讀周茂叔先生《愛蓮説》，謂"李唐來，世人多愛牡丹"，以牡丹之花富貴者也。而終之曰："牡丹之愛，宜乎衆矣"，又似愛牡丹者之未離乎富貴見也，予以是因其説而更有説焉。

夫人役役於富貴者，多不顧理義而得之，是富不富而貴不貴矣。何也？以其苟處而去仁，則無以成名也。第人秉天地以成形，繼聖賢以爲學，非富何以資身？非貴何以行道？所宜者修其天爵，而待人爵之自從耳，亦何必概言高尚愛蓮愛菊之好潔而好隱乎哉？

予生不辰，十六而失所瞻，兢兢以承先爲念，惟恐負祖父延師訓教之遺意也。於庭後置一臺以植牡丹，欲藉以惕厥修，示勤家也，示

勤學也，勉乎己因以勉二弟。且以望斯物如竹之苞、如松之茂，長春於庭畔，俾後人覩物興思，永垂不朽，等紫荆之隆、三槐之盛焉耳。若夫不義而富且貴，於我如浮雲，亦常殷殷於夫子之訓。

時康熙三十二年歲次癸酉孟冬之吉，十八世孫名誦憲臣氏撰

（選自中山《指山盧氏宗譜》民國丙寅年重修本卷之首）

羅陽人物論

嵩嶽降神，生甫及申，《詩》詠之矣。是天地之精，畀於物者既著靈奇之秀，而萃於人者聿昭文行之隆。夫文行，聖賢之本也。人而文行兼修，達者佐天子出治媲美禹皋，窮則著書立説嗣徽閩洛，其姓氏功業光於史册，散見於百家者美不勝稱，豈特羅陽人物已哉！

羅陽號小鄒魯，自有宋迄明，其間文行卓卓，見許於程朱之門實繁有徒，而生其後者，爲之溯風徽而追懿德，宜切仰止景行之意焉。且夫人物之奇，不奇於智巧勢位之過人，而奇於文章足以驚海内、德行足以感神鬼，如邑乘所載宋之林介夫、許少伊、葉水心、陳君舉、趙彦昭、沈彬老、潘子文、宋之才，元之陳宏罄，明之卓貞忠諸君子，豈非韓昌黎所謂“磊落軒天地”，而朱子所謂“瑞安有人”者乎！他如沈彬老之解《春秋》，林增志之説卦象，顔子不二過則有論矣，司馬之《通鑑》則有續矣，是皆繼聖賢而號爲豪傑之士也。

故發之於文，可以羽翼經傳；見之於行，可以扶持紀綱，雖三代之英不是過矣。至若騷人隱士方技術數之學，君子羞稱。所以論人物者必以文行爲重。而羅陽之文行並美彬彬焉，而不僅以偏長見者，又莫若陳止齋之牽裾哭諫，卓貞忠之不屈篡藩，非天地正氣之至精粹於其躬，曷克有是争光日月者哉！

吾故曰文行聖賢之本也夫！

一泉氏

（選自瑞安六科《范陽盧氏宗譜》民國十年重修本卷十一）

雷峰禪院經樓記

吾里雷峰禪院自乾隆丁巳歲爲山覆壓，僅存前進數椽，寺僧月相禪師募緣而重構焉。

寶閣莊嚴，回廊幽廠，山明川媚，浮光躍金，遊者稱壯麗矣。師化，其徒佛記禪兄權院事，恪守戒制，期證善因，重添聖相，益拓山房，於大殿後建經樓七間，中爲觀音閣，西爲祖師堂，東爲方丈，規模宏整，鋪設甚都。置身其間，頗爲瀟灑出塵之致。

至若憑軒睇眄，山勢衝雲而出，溪流繞檻以趨，松竹四合，時禽百囀，羊牛下來，樵歌互答。於斯時也，則有心曠神怡，俗慮皆捐，把酒臨風，其喜洋洋者矣！

抑聞之：清静無爲，佛教也。我不知僧之心清浄與否、無爲與否，顧孟子有言曰“人有不爲也，而後可以有爲”，我正以僧之有爲而卜其心之真清浄也。

方經樓落成之日，適僧攬揆之辰，爰書此以志經樓之概，因以爲海屋添籌之祝云。

乾隆丁酉歲應鐘月上浣，一泉盧助瀾撰

（選自瑞安六科《范陽盧氏宗譜》民國十年重修本卷十一）

雁蕩記

平陽之西錢倉，有雁蕩焉。諸葛晝工素與我言曰：雁蕩之山，風景華美，山石之秀麗，水木之清濼、亭閣之寂静。予聞其言，而未見其形焉。

至嘉慶戊寅秋，予至平邑，適遇諸葛氏。曰：“幸矣，子來也。向與子所云雁山之風景，今可與子共遊矣。”予應之曰：“然。”即從其言，遂與乘舟而去。

將至，果見滿山巖石，棋布星羅，曲者如環，直者如刀，立者如聯，續者如龍，間斷者如堊如廬，則是雁既分乎南北，寺亦辨乎東西。于焉步其嶺，但見摇動之巖，詩云“壘石重難權，惟假些兒力。摇動震乾坤，聊得天人識。”正德庚午，同侍衛將軍到此矣。於是遊其景，則見乎黄石有洞，青華有庵，將軍石，錦屏峰，聚英與富覽齊輝，華表共玉倉並麗。觀音巖一塵不染，羅漢洞五色杜鵑。群仙洞恍聞玉笛之聲，雙鸞峰若飲雁池之水。史伯墳前龍巖虎石，吴公嶺上游龜卷螺。步鰲頭筆峰有架，登月牖乾洞夜明。

上最高之頂，渡雲關碧漢，懸樓觀海；到采藥之徑，拾仙芝石斛，道士養生。龍湫石梁，各分大小；獅子麒麟，亦多奇石。梅雨有潭，朝陽有谷。欲利器則磨刀有石，如烹茶則湧泉有待，倘飲酒則玉女擒杯。若静坐閑敲，亦有棋枰仙石。或吞雲吐霧，豈無石馬名煙？總之，峰峰相對，洞洞相連，名不勝數，難以備舉。噫，此真廬陵之琅琊、右軍之曲水，無逾是也。

忽焉夕陽不覺其在山矣，諸葛氏曰：“歸休乎，君何所用淹留？”美山水兮娱人，觀者憺兮忘歸。日冉冉兮將曛，予倦遊兮思返。曰歸曰歸，其在斯時與！於是乘舟而返，因以爲記焉。

敏堂

（選自瑞安六科《范陽盧氏宗譜》民國十年重修本卷十一）

華鄂堂記

嘗觀天下始於親而終於疏者，惟兄弟乎？方其少也，入同居，出同遊，學同塾，衣服飲食同習，熙熙然不知兄弟之愛者鮮矣。及其壯，而各妻其妻，各子其子，爾我漸分，猜疑日積，其不奪於妻子浸潤之私以失兄弟之愛者又鮮矣。迨夫分門别户，以殖財爲心、角勝爲務，田廬争尺寸之利，妯娌有交搆之言，其不汨於世俗浮薄之行以虧兄弟之愛者，盡千百中一人而已矣。嗚呼，木連枝而競秀，花並蒂而齊芳，兄弟顧同氣而異視焉，此致慨於凡今之人莫如兄弟者，所謂睹棠棣而興思也。

余先祖信六一公三人，先祖與仲兄信五四公尤以友愛聞，一作息必偕，一衣食必共，内外和壹，咸無間言。既而家以人衆析居，議曰："吾兩人而異爨，情何忍言？然獨吾兩人而不異爨，情何以安？"不得已，各成一竈於庭，彼此相望也。合埋一器於中，彼此共汲也。一家有事，則二先祖妣亦彼此互爨也，即其他之有無與共者靡不若是。二公生既同心，嘗有死亦同穴之願，故余曾祖恭六四公與曾祖恭六十公悉體父志，而葬祭咸並焉。

余思骨肉之際，惟其情之不失而已，彼異居而各保其有，以至錙銖必較者不足論，若夫外托同居之名，内懷争競之志，服物器用較短量長，雖一室而情若千里者，乃不可勝數。夫同居而不免於争，如勿同而已矣；免於争而不能一其心，如不免於争而已矣；一其心而不能合内外死生而無違，如勿一其心而已矣。此非始於親而終於疏者乎？

若二公者，始不求分以虧手足之愛，終不必合以安一家之情；始以兄弟合而能使門内無分之心，終以兄弟分而並使門内不失合之好，此果何以致之哉！嗚呼，彼同居而反異心者，視此爲何如也！

二公没後，無有祀資，余伯父柱峰公恐後人無以繼述也，值二公墳右風拔枯木數根，議拼存公，爰合二公之後遜五五公學禮公、讓廿七公松峰公，並力生息，以推擴之價，置懷德堂後荒基一片，創新楹三間，取詩人棠棣之旨，表二公友愛之情，顔曰"華鄂"，爲歲時伏臘供二公真像及聚徒講學之用，並禁堆積農具雜物焉。又以二公饗而父母不與知，二公之心必有不安者，復合安智三三公真像，而助其資三之一，公其堂於三家焉。遂命志二公之誼，並傳搆堂之由，永爲後風也。

七代孫安善敬撰，大清乾隆三十二年歲次丁亥季冬吉

（選自蘭溪《甘溪盧氏宗譜》民國廿四年重修本卷之一）

贈盧友親翁儆弦恩選序

今親翁奉新恩，首拔明經，固將馳驥足騁皇途，大展夙負，而見獲於上矣。然獲上之道必先信友，夫子蓋嘗言之。余與親翁交有年，相信有素，

兩小兒世鳳、世鵬與翁仲子仲旭投分最深，見信尤篤，夫固有可概言者。

憶余弱冠時，與翁從遊岑陽許師，此定交之始也。翁大父春寰公博學能文，已志不遂，冀以其學授諸孫。尊翁燕山公課督尤勤，雖出就外傅，而日程月課皆嚴立限格。翁遵奉家令，恪循規限，鋭志進取，一惟顯揚爲念，百凡舉動，一以家訓自尊，則知其順親之孝無間祖父也。時翁之從兄憲兄、從弟蔚兄、胞弟翔兄，皆與余同事筆硯，連床風雨，怡怡切切，久而彌篤，則知其友愛之情無分親從也。

歲辛酉，余幸叨鄉薦，聯上春官，一行作吏，故交往來，不獲時親，然翁之學問賅洽，才猷敏練，意必非池中物，每當風雲之會，日冀同登。嘗讀"聯步趨丹陛"之句，未嘗不踴躍於懷也。既而翁仲子仲旭爲予家兄平之館甥，時負笈下里，勵精攻苦，不啻磨穿鐵硯，予里中子弟執經恐後，兩小兒相見恨晚，嘗往來宦署中，道翁家教之嚴，仲子承教之謹，而季子季良並振箕裘，則知其教子無忝昔賢也。

歲癸未，邑中不逞之徒乘間竊發，而邑城不守，四郊驚竄。予時任中樞，遠在萬里，老母妻孥，蹙蹙靡騁，而翁與仲子百計周旋，免予家厄，則知其朋友之誼，妻子可托，無間父子也。且舉郡若狂，所在緑林，翁里中循義自保，寇不敢犯。伺賊勢稍弛，翁率里中子弟倡義奉令於甲申正朔恢復邑城。迨李賊肆逆，淪陷河北，予四馳義檄，誓不戴天，而翁與仲子不憚艱危，志圖殲滅，則知其忠義之勇足匡王國也。翁所爲端方醇謹，凡一言一行必軌於則。予宦遊日久，其家庭細行不悉覩聞，所知數事，皆綱常大節，足以刑家御國。使公僅居牖下，亦當木鐸千秋，況今新主振興，東越之臣擁戴獨先，其網羅俊乂，冀洽維新，而我翁首叨薦拔，名震天階，必將茂建戎勳以獲乎上，自可因其素以卜方來，余且拭目視之矣。

是爲序。

賜進士第行邊東閣大學士賜尚方劍太子太傅兵部尚書張國維拜撰

（選自第三支《錦溪盧氏宗譜》民國丙辰年重修本之廿四卷）

宋別駕約齋公之德州上任序

盧子箎仕拜判於德州，或者小之。

雲岫子曰：未可以小爲也，益可以從志也。夫饑易爲食，渴易爲飲，人情也；而理義悦心，不啻芻豢，達之饑飽，天之分也。德州非大府，不能自殊其天，其教可施也。況中土之民，其在都會，習見夫禮樂典章之盛，非多制而巧逸、曲防而四潰者，必欲得洪都巨郡，厥民之言笑動折，舉伾伾然愚榛榛然也。至其心胸可以無衡斗刑墨，似皆軒轅本色，則小州之民孰與治之？而皇上御極，澤覃諸土，何以稱哉？乃盧子登進士榜，有志澤天下，則德州之民雲岫子方幸得其所依而還其天，如赤子之有慈母也，夫奚小？使德州誠小也，則皇上必不揭之爲盧子判；使盧子可判也，是德州不小也。

子行矣，其務體皇上之心，憲先王之道，爲小試之端，以還民之天，毋以德州爲小，毋以判州爲卑，而從其志也哉。何也？未有所聞而急於聞，未有所主而主之，以善者也。德州之急於聞善，亦猶饑渴之於飲食也。乃如其分量而多寡淺深之，鮮有不蛩然者矣。況先王之道醴泉也，天下所甘也，有不尤悦而休享者哉！昔漢法補公卿，擇郡邑循良吏爲之爾。盧子其人也，行將舉判州者，且居然判天下無難也，疇云小也？

盧子諱子安，字明密，號約齋，世族顯宦。深夫方冠，而文章蓋世，藝苑有聲，尤沖沖然坯樸。台輔地右，而志自超，材若雄上郡於不足爲者，以是小德州云。

時宋寶祐二年三月吉日，賜進士出身將作院少監前監察御史邑人年生胡侁頓首拜撰

（選自第三支山後盧《盧氏宗譜》光緒甲午年重修本卷之一）

宋德州僉判約齋公致政序

約齋先生之爲德州判也凡幾年，惠政洽民，民咸德之。

一日致政告歸,州黔黎遮道借寇,當道檄絡繹,留不可得,送者塞郊外,車數百輛。或曰:“先生施未究才,位未滿德,未可去。”或曰:“士爲知己者用,爲不知己者隱,今先生上下倚庇,責望隆重,未可去。”或曰:“凡致仕者必引年,先生壯年,精明强幹,行將爲天下蒼生望,尤未可去。”或曰:“憂畏勞其心,案牘勞其形,脱塵網,躍苦海,赴寥廓,飛冥冥,智哉去善矣!”或曰:“有田可耕,有山可樵,白酒初熟,黄雞秋肥,淵明所爲拂衣而歸,不肯爲五斗折腰也,歸孰與樂哉!”或曰:“身輕於無官,事足於有子。今賢令嗣發峻科,居翰苑,巍然負碩望,歸孰與榮哉!”

於是維新沐舉觶揚言曰:“大丈夫處世,卷舒惟意,安問可不可哉?當其意適,寧肯高蹈謝囂,至乃心倦神罷,固不攖情好爵,故尊禹益者後已,嘉巢許者無君。即如都卿相、謀廟堂,懋功沛澤,使上下各得其望,顧無遺憾,去宜乎?苟心形既勞,歸負郭田,無才子弟,受凍餒,委溝壑,歿歿鮮光裕,宜不去乎?先生塊視宇宙,視民不負我則試牛刀,居矮屋則用明哲,磊磊落落,何弗宜者?嶺雲神劍,出入無心,顯晦有時,布太虚,動星彩,會其適耳。”

議者徒紛紛:“先生謂乎?”先生頷頤微笑,賓從默默,離觴再行,商歌轉激,肇輅蕭然,斜陽半樹,摐金伐鼓,僕夫趣駕,先生去矣!

時宋寶佑五年十二月朔後吉日,賜進士出身廣南安撫司參議治生維新王沐頓首拜序

(選自第三支山後盧《盧氏宗譜》光緒甲午年重修本卷之二)

明修武縣知縣溪南公考績序

修武令盧君時亨來治邑甫三年,將欲獻最天曹,巡豸董公以令述職,民罔治,檄留之,以綜庶政。君視篆嚴恭寅畏,夙夜惟謹,政務有煩劇紛拿,無不究心,嘗語人曰:“不如是則厥職弗稱,有孤睿想遴選之意。”用是仁以制心,義以制事,律己以廉,齊民以公。民有遷善敏

德者禮遇之，好義忘利者褒崇之，至有梗化弗順又從而鋤抑之。環百里之民蒙其惠、從其化者屢屢，以故歲需不刑而自給，事無巨細靡不畢舉，上而藩臬諸司，下而比閭井伍，舉皆嘖嘖嘆服，雖山林墅儂、郊村童子，靡不迓休風而揄盛德。君之得民也如此。

耆民周旋輩均在帡幪，來乞余文，少效杯水之獻。余嗟而嘆曰："愷悌君子，民之父母。若盧君者，非與夫世之蒞民者類：恃己長，挾剛暴，民情惡欲不知也，人才賢否不辦也，風俗美惡不詢也，但以赫赫聲音臨之，而笞楚繼之，甚至飲利如流，肆毒如蠆。民之視之，莫不咨嗟蹙額，欲其去之不早也，亦鶺鴒跼蹐，若負芒刺，去之惟恐不離，況望其有愛戴之者乎？愛之深戴之切者，惟吾盧君耳。況君詩禮名家，以明體適用之學，沐浴聖化，膺厥官，蒞兹土，民之所欲與聚，所惡弗施，興其所當興，廢其所不可興，好惡宜人，民悦無疆，風俗還淳，河洛交譽，民之仰君若父母，君之愛民誠若赤子矣。"

嗚呼，土地異尚，人心難得，君之得其民也如此，民之感吾君也如此，士夫兆庶上章驢敭也又如此，固其宜也。他日太史不一其書，名昭汗簡，澤延來裔，詎可尚哉！

謹序。

時洪武二十二年仲冬朔旦，賜進士奉訓大夫户部陝西清吏司員外郎武榮傳凱書

（選自第三支山後盧《盧氏宗譜》光緒甲午年重修本卷之二）

贈大郡伯春沂盧先生之任桂林序

曩歲予承聖天子命，授南北部郎，懼無以稱任，使造松溪翁而問政。翁謂予曰："造父談御，師曠論樂，其言之中者，其所習也。縉雲春沂盧君者，予之姻後屏先生伯兄也。願慤而文，介直而温，官北部久且練，樂與人同善。子就而咨焉，宜必有以翌子也。"予聞而慕之。比之官，首謁君門下，君亦罔予鄙，傾蓋遂定交焉。日相與談性命之奥、

究法律之原，議論古今，充然如有得，譬之飲水於河而不覺其飽也。

今年夏，君擢守桂林，余偕諸大夫賀於庭。君揖而言曰："桂林首西廣，控海嶺而扼蠻荒，民雜夷獠，其地劇而務勞倍諸郡。余不穀，何以無辱諸大夫？"

余應之曰：政由俗革，治必師古。吾聞南軒張子之吏兹土也，簡州兵以弭寇，建學校以興禮，暇日召諸生訓誨以濂洛關閩之説，朱子謂其明義反本，遵先王之遺意，文士駸駸有興。時宋祚偏安，桂之文物未著也，而南軒治之已如彼。方今聖化熙洽，百粤之地鬱矣，中州君興事制法惟南軒是師而不失其意，治效豈特如淳熙間哉？夫南軒之學，明理居敬、嚴義利之辨而已，敭歷中外逾二十年，處州郡則名州郡，處舘閣即名舘閣，何則？其本原正而充養預也。君從事聖學有年，善耻狥名，行耻狥俗，持三尺法平訟斷獄，斷然莫或干以私、撓以權，其於義利之間亦辨矣。執是以往，達之天下可也，而何有於桂林哉？

始君以太夫人年且耄，上疏乞歸養。當道惜其去，丞請於天子而畀之重郡，賢之也。君聞命，悵然弗懌，推其心蓋不欲以榮禄負太夫人也。君不肯負太夫人，又肯負天子哉？君兄弟子姓足以事定省，俸入之厚足以供甘旨、備温美，由是爲糧二千石足以貽父母令名。古謂大孝不匱，其在是，正不必承歡旦夕而後爲孝也。君行矣，異日傳循吏者，以君與南軒並稱，顧不偉歟？

諸大夫然予言。東淇楊子曰："行者必以贈，古也，宜山子之言其庶矣。"書之。

嘉靖三十一年壬子秋七穀旦，賜進士出身承直郎南京刑部湖廣清吏司主事、臨海何寬拜撰

（選自第三支《白竹盧氏宗譜》民國庚辰重修本卷三十一）

肇慶郡守盧公述職序

吉嘗諏諸明廷元老："政何先？"曰："革弊爲先。""譽何要？"曰廉

介爲要。惟茲二者，縉紳先生難之。

肇慶爲廣東劇郡，頗號難治。我盧公以婺東夙望，禀三洞雙溪之秀，備理煩治劇之才，慨然以攬轡澄清爲己任，百年蔓積之弊政一旦剗削殆盡。期月間令行禁止，畏威懷德，治化焕然一新。猶且清操自持，常禄外絶無所取，室如懸磐，庭有懸魚，養身調度淡如也。

昔之君子珠還合浦、勺試貪泉者，公豈讓之哉？況時值蠻戎肆虐，繕兵處餉條理不紊，安内攘外謨猷孔臧，戴怙冒不啻如赤子之於父母，自有名宦以來未之多見也。于公之紀者，懼公之來；德公之化者，戚公之去兮。今兹榮行入覲，天顔滋喜，必將留侍左右，陟要津以廓清海内。我公於我廣之思庸有既乎！吉退歸林下，叨辱帡幪，敢作頌曰："一鶚横秋，百蠻斂跡。雞犬安寧，頂公茂德。秋月冰壺，捫心愈潔。"天子聞之曰："賢哉大夫，恪恭爾職。肇慶有慶，尚勒名於端溪之石。"

賜進士第資德大夫吏部尚書致仕

廣東孔吉拜贈

（選自第三支《安溪長堤盧氏宗譜》民國辛巳年本卷十五）

明廣西融縣主政石澗公考績序

伏以蘭亭設宴，值金風玉露之時；落日傳觴，對煙水雲山之景。士民戀戀，僚友依依。

恭維郎判石澗盧老先生大人，永康望族，秋榜遺才。文章儁而法本宗蘇，詩句新而派源祖杜。自下車而獨視邑符，百姓至今無怨語；分餘功而兼收國税，三軍連歲有儲糧。學校加作興之功，維新足仞；强暴盡誅夷之法，已決堪徵。是以當道重其賢能而禮遇之有加，小民樂其惠愛而感戴之無已。兹者朝天有萬里之行，計日將兩年之别。生爲僚未久，辱教殊多。裁錦帳而獻小詞，聊申薄敬；向金門而畢大事，須早言歸。

詞曰：

抱藝早年遊太學，養就經綸才綽綽。屈佐花封春有脚，催科不擾四民樂。堵無吠犬村落寧，入覲三年規又合。聖主正求民庶瘼，驛路吟鞭須快著。想應朝罷，天顔有喜，不次膺喬擢。

時嘉靖十三年八月下浣之吉，寅侍教生梁梓頓首拜撰，
賜進士奉政大夫勳級修正庶尹同知南雄府事致仕西融
三峰劉璽書

（選自第三支山後盧《盧氏宗譜》光緒甲午年重修本卷二）

明邑掾碧川給由序

夫人之立身行道詎可一律拘哉？途有正異而利見之志則同，位有崇卑而效忠之心則一。然才以智見，功以事就，而斡旋運用之機，恒必待乎時之便。

盧子碧川名文正者，永康鉅族人也。夙慕蕭曹芳躅，辦事邑曹。佐治心勞，毁譽慎雷同之戒；撫綏意苦，催科絶暴斂之謡。既而榮滿，將於是月，北上課最。朋儕蔡文立等來請余言，以榮其行。余素知碧川爲人，聰明特達，歷練老成，乘時而奮，真若鴻毛之遇順風，巨魚之遊大壑，超然有大過人者。由是利見效忠，將見道行而澤沛，譽達而位尊，躋身廟廊，留名簡册，殆與古之蕭曹相等埒矣，何弗克之爲愧？

雖然，余所望於碧川者非止此也。昔于公治獄多陰德，令高大門閭，可容駟馬軒車，知後世必有振者，至其子安國爲宰輔。今碧川贊政德澤之及人者不爲不多，予亦以是而知其必有後也。此行勉之。是爲序。

時隆慶五年仲夏之吉，賜進士及第翰林院編修蘭溪瀫
陽趙志皋撰

（選自第三支山後盧《盧氏宗譜》光緒甲午年重修本卷二）

明銓元少湖盧公竣考如京師序

世有具卓邁之識、負昂藏之氣，驥服鹽車而志懷千里，鳳棲棘叢而心馳九宵，逖矚廣視，不爲恒套常局所拘攣。如少湖盧君者，豈不倜然稱奇男子哉？

君纓縷華胄，束髮從師學，治博士家業，思與句巾方履者共角紙上雌雄。一夕讀《太史公書》，至《蕭曹列傳》，廢卷太息曰："語有之'食魚不必河魴，娶婦不必齊姜'，丈夫寓形宇内，亦顧竪立何如耳，豈必登龍虎榜，然後得以垂不朽耶？"於是遂閣經生帖套，而補本縣掾史，初署吏曹，繼署糧曹。明敏集事，介潔諟己，守法紀如守堅城，護名檢如護元氣。公無譙讓，私無點涴，其在諸掾史中如鸞有鳳，如星有斗，如群巘諸岫之有岱嶽也。至於朋儕會集，推誠任率，見善亟奬，聞闕諯箴。分屬友生，情均昆弟；居家居鄉，冰清玉瑩。爲芝蘭不爲蕭艾，爲鸞鳳不爲鴟鴞，更僕未易悉也。

萬曆癸未考滿，給由如京師，治裝戒舟，啓行有日，會余量移取道家省，蕪文申餞。

竊惟我國家憲古創制，著爲令甲，以三途登天下士，偕計射策，命之曰大科；雁行須次，命之曰歲薦；金條玉律，考滿乘傳，命之曰掾史。三途者，天網高張，鱗鳳廣羅，二百餘年以來名公鉅卿與百執事之建勳樹績，裨民社而勒旂常者率由此出。其他傍蹊曲徑雜色補官者，乃權宜之制，非正途也。世之置經習律者，不深惟國家創制立法之雅意，往往破律骫法，墨節垢行，漁些須之利，而忘遠大之圖，此果資格之累人哉？人累資格耳。

君從隸掾籍，斤斤自檢，謝近利而懷遠謀：凡高下其心、輕重其手、用人身命肥己囊橐，一切弗事；思以人重資格而不屑爲資格所拘攣，可謂大雅不群者矣。昔人有云"居必人材，遊必帝都"，君行矣！睹宫闕之鉅麗，聽環佩之鏗鏘，聞見既别，志氣益厲。從此輅皇恩，通仕籍，供職效官，鋪勳掇烈，何名不可博，何功不可奏，何傳記中人物之不可頡頏耶？鳳羽已養，龍驤非遥，所期者取次觀光，黽勉表竪立，掀揭功名以爲資格重，何必依依戀戀臨歧悽愴作兒女子態耶？遂登諸縹素，以相一肩行李云。

時萬曆十一年歲在癸未中秋吉旦，賜進士中憲大夫雲南按察司兵備副使前憲部尚書正郎眷生居左程正誼叔明甫撰

（選自第三支山後盧《盧氏宗譜》光緒甲午年重修本卷二）

明碩德月泉盧大夫榮獎序

嘗讀《綱目》，見無懷氏、葛天氏之治天下也，不教化而民善，不刑罰而民無惡。余嘗不信。何者？以民之刁頡戇突，必欲如其愛惡，若鴞之必欲鷙鳥，若虎之必欲噬物，不盡制曲防不可也。今以月泉盧大夫之事睹之，非無教化，直泯而不露爾；非無刑罰，直妙而不施爾。夫民之情善出於性，譬之山，寧無草木，而不然者斧斤伐之也；譬之水，寧無魚鱉，而不然者網罟害之也。今之民雖雕矣琢矣，而知能之命於天成於性者，非草木之毓於山，魚鱉之産於水乎？特患長養之無其人耳。

月泉君以科甲遺才，弗獲爲朝廷楨幹，而飭躬勵行，綱常名節守之如堅城。跡其制履，大都齊伍於縉紳科甲之侣，凡一話一言，悉衷於理，即强梗者亦爲心折。君雖無心顯其賢以負一時之重，于當世之名乃蒙其化。無俟教化刑罰而相率成風，咸趨於善。若謂今之世國體更矣，有如漢世之四科羅士，君詎不以範一鄉者、範一國、範天下耶？

會藩守大參王公、憲僉王公，歲按郡邑。耆老廉其行實，遮道請旌，二公首肯褒嘉，續奉督撫鳳竹徐公申明賞罰，檄令有司録賢德者以聞府縣，聯章申請，卒以扁獎給冠帶爲一邑倡。余不細述，姑即挺

庵吴侯之薦，而略陳之曰：保全溺女勸息紛争而夙弊頓革，開築河渠、蓄泄灌溉而利益極多。使一邑之人而盡如此，則永可變爲淳厚之俗矣。

噫，侯其深諒我君之盛德哉！夫月泉君，非有爵位之尊也，而民卒無不善。其所愛惡，欲爲鸞鳳，不欲爲鴞，欲爲麟犀，不欲爲虎者，豈其性與人殊哉？殆猶草木本毓於山，魚鱉本産於水，而長養之者月泉君也，非無懷、葛天之遺治歟！而所云不煩教化刑罰者，於兹益信矣。雖然，挺侯猶未盡知也。

君，宋郡伯子安公、翰林深夫公後，明修武侯惟善西玄孫也，家學之傳，世纓之裔。語曰：源潔者流必清，形端者表必正。君之懿德詎非前賢有以植之哉！自君而後，必有踵其芳規，傑然竪立，爲我朝家棟石者。

余家子睿思，君弟仰雲公婿也，嘖嘖述君素履以告，余肅然敬焉。既而喟然曰："此子大夫所不逮也。"遂書之。

時萬曆乙酉冬十二月之吉，宋少師應孟明孫兩京五城
兵馬司兵馬眷生應昌焕頓首拜贈

（選自第三支山後盧《盧氏宗譜》光緒甲午年重修本卷一）

送大隱中山盧君還舊築小引

余家食亡事，追念古之君子，進則翊贊皇猷，退則維持民俗。乃葺松溪舊業及翠屏軒，集鄉之聞儒碩老，每朔望闡揚祖訓，陳説聖猷，導愚釋暴，洗澆漓以回淳樸，是則區區之微志也。

會獻歲發祥，余弟文湧謁拜，開家燕飲食之，諸殽不御，因詰其故。弟避席而言曰："湧從中山盧君遊。渠抱樸任率，母遘危疾，乃焚香祝天，請以身代。無何獲愈，遂終身不啖酒肉。湧之齋素，渠之錫類者也。渠卜築荆山之麓，率子姓習耕食力。嘗捐貲莊刻高皇帝《聖諭》，就學者人授一帙，俾之誦服，鄉人化之。守掘用雌，而有志淑人

者也。”

予聞言欣躍，延至會所，多方叩之，隨叩隨應。其説大都澹泊無爲，且歷陳莊蒙氏字其天倪之説以朂，與之葆真怡性而遊心於自然之鄉，予甚味焉。君啖蔬菜以自齋祓，蓋有似於參禪者，而跡其生平，敦倫嗜義，奉法遵紀，留心風猷，注情化導，若君者可謂卓爾大雅者矣。從兹以往，顧益勉旃，共登大道，毋移玉改行。中山再拜曰：佑敢不祗奉仰副徽言。

嘉靖丁巳長至日，賜進士及第通議大夫吏部左侍郎兼翰林院學士掌詹事府事、松溪道人程文德書於翠屏軒

（選自牛江《五雲盧氏宗譜》民國丙戌年重修本卷一）

送仲達盧公南還序

縉雲盧仲達公，讀書好禮，素喜周人之急。正統戊午，浙東歲歉，民饑有死亡及流離者，有司患之。仲達視其饑者猶己饑之，乃嘆曰：“家有餘粟，鄉有饑人流離死亡，視之而不能一救濟，此何心哉？孔子曰：見義不爲，無勇也。況積而不能散者，君子謂之守錢虜。此豈仁人義士之所爲乎？”於是入粟一千二百石於官，以助有司之散施。復設釜爲糜，日給於途。爲有司者賢之，曰：“此義人也，吾盍言於朝乎？”乃具其事上聞，特降璽書以褒美，旌門曰“義民”，勞以羊酒，免其家徭，誠曠古稀有之盛典，而仲達之不亦榮且幸乎！

正統乙丑，仲達來謝恩闕下，明年治裝南還。京山貳尹章公季静與其有聯姻雅，來告於予，請言以贈别。予謂世人享富貴於悠久，未有不由陰德而有以致是者也。今仲達能存仁人義士之心，以施及饑饉流亡者，謂非有陰德可乎？夫陰德者必有陽報，宜其榮寵彰於昭代，恩光焕於門庭也，予復何言？

雖然，善觀其流者必觀其源。嘗聞仲達爲柴世宗之後，因宋受周禪時隱姓始從盧，自是而後有任禮部尚書及樞密使者焉，有檢討經筵

及出席宰百里者焉，聲名昭於時，惠澤及於人，德之所積有自來矣。傳之仲達之先君竹川翁，讀書樂道，隱德弗耀，然能率人以正，周貧恤困，誼高於鄉，今仲達之所以尚義者，亦承於竹川翁之志也。況仲達之侄守義亦嘗出粟，受朝廷旌賞不異乎仲達，又豈非由仲達而興起者乎？

仲達思歸鄉邦，行將聞風而化、望之而準焉。仲達可不益思慎厥終始，以爲後人貽謀，使子孫百世其承之，享富貴於悠久也。《詩》曰“子子孫孫，勿替引之”，此之謂也。懋之哉！

正統十一年春三月，翰林侍讀兼經筵同修國史文江周叙拜書

（選自第三支《白竹盧氏宗譜》民國庚辰重修本卷三十一）

雲南任中送永康盧憲臣年兄南歸序

吾友盧子憲臣，尊德樂義士也。幼則卓犖不群、矢志遠大，勤習經書，明徹理學。舞象而孤，即易業韜略，期爲世用，不屑以庸俗自安，故其立心制行，莫非率乎天性之真。侍高堂愉色婉容，善能養志，恤諸昆怡怡然不較財利，接鄉鄰恂恂恬退，交朋友重義輕財。至若師事吕子公，時從遊，愈久而敬禮愈加，真有中心悦服、事之如一實情，尤世所罕有者也。此則予館永時聞諸其盛族廣心先生者。

其後累試不售，乃投筆而遊皇都，以宛平籍向部效勞，考授候選貼堂職，住京都十有餘載。凡自南來者，無論親疏，咸欣然款洽周恤。或有卒而無依者，即爲殯祭，繼則帶柩而歸，還其親族，而不索之償費。沾其惠者甚衆，英傑之士莫不嘆服，其鄉情高厚而品格越凡也。余以會試，亦叨厚愛。甲午奉命莅昆，遂邀同往，留署九載，幾務悉能就理，即遇巨艱，亦善調停，襄予大事，如建三綱祠之類，皆其力居多，蓋其心境超卓，而才猷亦大不偶也。朝夕談心，每每致念尊堂以及二季諸親，又嘗計懷厥師，有所寄必另厚給，行之且繼。此則予之親見於署中者也，若此者罔非德也義也。

以吾所見，合之所聞，則盧子之惟德是尊，以義爲樂，不誠然乎？善哉盧子也！

《書》曰“天道無親，嘗與善人”。曾有善而不邀天眷以克昌厥後者乎？而盧子年逾五旬，玉燕尚未投懷，天心應自有待，則所謂不知姓名者，勢不得不再卜也，而盧子淡然若忘孟夫子爲大之訓。今以終養歸，故特詳其生平之善以愓之。盧子勗諸！

予擬秩滿言旋，詠維熊維羆之詩，以爲鳳毛濟美之慶。盧子勗諸！

時龍飛雍正甲辰年荷月，賜進士第文林郎出身、雲南雲南府昆明縣知縣加一級紀録二次、年家眷弟武義朱若功頓首拜

（選自第三支《指山盧氏宗譜》民國丙寅年重修本卷六）

長潭從伯好溪翁叙文

自古高人逸士，富貴不介其襟期，功名不易其志趣；怡情泉石，雅志山林，往往借號川谷，飄然物外以終身。

余從伯諱楫字濟之者，孝乎宗族，德重鄉評，一言而飭家法，片語而解衆紛，雖具濟川之才，自甘一塵不染，乃以“好溪”自號，意其水滿泗澤，魚躍波興。春溪之好，媚如緑樹陰濃，山川相映。夏溪之好，燦如落葉波心，清流徹底。秋溪之好，澄如寒風凛冽，玉溪冰清。冬溪之好，瑩如優遊歲月，恣意倘徉。何知富貴，何知功名，又何知身外之物，足以易吾好溪之樂哉！度其囂然出塵之想，若將謂乘木有功涉川濟險，舟溪之才也。與其擊楫沉舟，孰若一蓑不脱、醉卧明月之爲得乎？與其海舟膠液，孰若一葉湖湘、沽酒聽魚之爲高乎？與其易盈易涸，又孰若好溪分流、千支萬派之爲遠乎？果是，則其志遂矣，其願足矣！

配伯母潛氏，温柔和順，貞淑賢能，又善克相之，琴瑟調和，相守白頭。厥後，從兄克盛諱繼周，克孝諱繼志，克臣諱繼勳者，朝夕承

歡，順承父志，使之得以安養其天和，堅增其鶴算，日睹芝蘭。長孫仲文字汝行，仲達字汝通，仲詩字汝興，仲書字汝禄，仲信字汝孚。長玄孫開運輩，英英挺拔，秀發階除，則信乎好溪之流甚長，逸德之發甚大矣。

吾故表而記之，以闡潛德云。

從侄繼禮

（選自第三支《白竹盧氏宗譜》民國庚辰重修本卷三十一）

贈中山盧子隱德序

余登宦途，屢遷險要，馳行馬，督貔貅，而憂國憂民之念恒切肝膈者歷四十年於兹矣，而衛生之術未遑。至於上疏乞恩，旋林分藜藿，取望芬甘，而綺繡芰蘿之衣，亦不辨其榮且鄙也。乃知燒丹採藥，欲求永年，恐非賦分，第思金繩寶筏開覺路、渡迷川而無由耳。

一日從弟仲慎過余，具述中山盧子焚香禮斗，素殞以禳母疾痊，神格果獲延算。既而，裒方士諸書，深得白雲佳趣，數十年復得元修之道，默契黠黎，桑梓衆庶歸之若市，其與明尊白雲宗之流相懸不啻天壤，隨命請而覿焉。但聆高誼劇談，皆出未聞之外，而予心每有感激，故贈以"歸心"匾其堂，欲其自勗而馴至精微之奥，宛在目前。

何其光陰迅速，又越數年，叨其純粹，得少宰程公、小漁唐公、方竹姜公、少溪盧公、近齋徐公、麗峰周公、亦溪吴公、東皋徐翁、月坡胡公、藩伯柳溪徐公、敬所王公、少宰盧翁，暨後溪陳侯、廣文張、丁、羅三公，悉貫珠贈以瑶篇錦軸，而義其所爲，道其事實。迨求空色，了於無形一間耳，不能不爲之序。

且夫水流則不腐，樞動則不朽，日月運行於周天三百六十五度，寒暑往來，資生萬物，故《易》曰"天行健，君子以自强不息"與？深慮吾子作於前者猶或輟於後，成其始者未能淑其終，《詩》所謂"靡不有初，鮮克有終"，正此意也。若歸心之理復其一元，聲色不能動其中，勢利不能撓其志，視於無形，聽於無聲，與造物優遊，更冀鋭鐵牛出血之勇，懋仙禽貼日之高，不與青牛子之列不已也。余亦又何惜於其言庸，書前説以勉之，敢附於諸公之後云。

是爲序。

時隆慶庚午季秋吉旦，賜進士、通議大夫、兵部左侍郎加俸一級、兼都察院右副都御史、總督湖廣川貴軍務、前吏禮二科左右給事中、致仕奉詔進階尚書麓泉王崇書

（選自牛江《五雲盧氏宗譜》民國丙戌年重修本卷一）

贈滄泉盧君致政攀轅卧轍圖序

歲戊戌，予膺簡命，代巡關陝，道經里中，適邑判盧君致政去，鄉之士大夫相率賦詩，祖餞郊門百里，父老、鄉約、耆德瞻依戀戀，莫敢借寇，寫《攀轅卧轍圖》以識别，來徵予言。

予曰："是圖古循良以德政得民心，故每於去任之日，民感其德，繪圖以繫去思之情，在在有之。爾何僅僅作此，其何以抒感戀於萬一乎？"

父老曰："圖，一也，所以爲圖之情則異焉。若徵拜晉陟以圖之，是附勢以自媚也，有所爲而然；兹有不然者，感德在心而寄像於圖也。蓋邑之有簿、佐、令，以出政者也。凡民租之版、出納之會、符檄之要、獄訟之成，皆總而治之，均受父母斯民之任也。盧君讀書讀律，精明練達，歲甲午擢主邑簿，蒞任五載，心存愷悌，政尚寬和，律己以廉，蒞事以勤，事上恭而不爲昵昵，臨民慈而不爲煦煦。漕餉有方，糧户賴無妄費；理訟明決，冤民得以平申。貴德尊士，省刑緩徵，宛若父母之保赤子，俾令君孫候撫事環我四封者，孰非盧君贊佐之賜也。貴溪自隆曆以來，簿賢未有出其右者，即古稱'考城之簿德務鸞鳳之化，三輔之簿昂若千里之駒'者，曷以加焉？君今去矣，我民既不能留，又不忍其去，轉展莫可爲。情感於心，不得已而攄之圖，以圖獻者，暴其心耳，豈子大夫所謂在在之圖可日語哉？"

予曰:“是圖之設,無所爲而然,有所感而作,誠異尋常矣。爾徵予言,舉政事而信人心,余有因人心而信政事,君誠古循良也。”

目睹歸篋蕭然,囊無餘俸,餘具勘合以資途費,良以冰蘗清操,可嘉可重,宜諸父老惓惓不忍舍去。雖然,費貴可嘉,有時磨滅,惟德入人心,名在宇宙,萬古不磨。盧君德懋是芳,清風兩袖,視贏金滿載,芳穢較然,果孰多而孰少哉!矧天心眷德,蓄極而彰,孚報子孫,則其定也審矣!是圖也,寧直今日繫吾民去思之情,行將徵他日天心報德之驗,其用曷已乎?是父老戀戀祖道,而去陶陶,祖筵之間,遂書圖以贈以别。

監察御史治生　畢三才

(選自第三支《白竹盧氏宗譜》民國庚辰重修本卷三十一)

歸心堂序

余謝政家食,構草堂數椽,置文史其中,日婆娑焉,接古人於殘編墜簡之中,不知世上更有墮騾事也。

乃宗弟思祐,左提譜系,右挾篇章,介同堂弟載興而請曰:“不佞蚤歲緣母氏遘危疾,諸藥勿效,燃香祝天,請以身代。一念微忱,上徹元造,無何而母氏幸脱卧褥。因念靈蠢雖殊,性命惟均,以其一命,嘗吾一箸,誠不忍也,遂茹蔬啜籟,終此身不御酒肉。復念丈夫遇世,縱不得激昂青旻,垂功名竹帛,亦當化鄉導俗,登之至道,乃申明高皇帝聖訓,日呶呶焉提鄉閭之市而詔之。導守臬憲近齋徐公督兵山東時示之《墨經》,而宫詹學士松溪程公召之翠屏軒,復貽文見諭。縣主陳公賜匾旌獎,大司馬麓泉王公命‘歸心’二字以顔所居之廬。别駕東皋、藩参柳溪二徐公,郡幕麗峰周公,太史小漁唐公,邑博學張錦陽、丁理湖、羅次山三公,憲部少溪公暨諸雷臭味者交詩章,寵之不腆。弟不忍其逸,彙爲一帙,以傳仍來。兄父位列八座,望重三臺,吐言成經,紀事作史,敢乞鴻辭,用弁羣玉。”

余諦閲高士，遐慕碩人，乃前思祐而詔之曰：

“君知大司馬麓泉公顔居之意乎？夫人以渺然之軀，參天兩地中處而無愧者，惟心而已。心爲形主，直吾腔子中故物耳。其言歸也奚居？蓋心雖具於中而不能不引於物，歸之云者，自其既引者而尋求之，使復入身來也。心之引也，潛天而天，潛地而地，辟之逸馬莫可縶縶，非具法眼、厲剛腸確乎不拔者，疇能歸之哉！是故數墨尋行則涉於有，談空演寂則淪於無，以言乎心之歸，則槩乎其末也。子歸而求之，尸居淵默之時，夜氣清明之際，凡其口之所言與其身之所行，壯之所許與其老之所就，誦洋洋之聖謨與歸蕩蕩之王道，果一乎？抑二乎？一則歸，二則放，歸與放只在子之良知而已，予言奚益哉？”

思祐避席再拜曰：“父兄之言，砭言也。”遂書而授之。

時隆慶庚午仲秋之吉，賜進士出身大夫南畿刑部尚書
兼右副都御史前吏科都給事中後屏盧勳書

（選自牛江《五雲盧氏宗譜》民國丙戌年重修本卷一）

恭祝布政使司參政盧太翁静齋先生七旬雙壽序

壬寅秋九月十八日，爲静齋盧太翁七旬雙壽，嘉賓一一稱觴，而授簡於余。余固辭未獲也，遂揚觶而言曰：

世之所難得者三，曰貴，曰富，曰壽耆。然貴至卿相而極，富至千駟萬鍾，未嘗一日絶於天下，惟壽則成鳩八千、彭鏗八百，悉荒誕不足信。其信而有徵者，《魏志》所稱“漢度遼將軍范明友三百五十歲”，《魏書》所稱“侍中羅結一百二十歲”，唐香山九老會中，“李元爽一百三十六歲”。上下三千年寥寥數人。於是爲得壽之説者：謂樂易者常壽，則荀卿也；謂食氣者神明而壽，則劉安也；謂餌鐘乳者登福衢壽車，則陶穀《清異録》也。至於攝性養生之術，黑棗素蓮之異，青沙白石之奇，其説紛然。然而衆言淆亂，必衷諸聖。聖不云乎，曰“仁者静”，又曰“仁者壽”，然則静者其得壽之徵乎？

静齋盧太翁，少沉静，慎交遊，寡言笑，自其負笈從師，即閉門却掃，静處一室。嘗讀諸葛武侯“非静無以成學”之言，有會於心，遂取以爲號焉。其事親也，望顔伺色，惟恐不得其歡心；其敬兄也，讓棗推梨，惟恐或乖其和氣。其静以修身者歟？生乎與物無忤，與人無競，與世無拂，而又非寂滅以爲静也。義所當爲、分所得爲而力所能爲者，應之無倦容，與之亦無德色。而且慈惜里閈而有無之必通，周恤親憐而釜庚之勿吝，其静以應物也又如此。其理家政也必爲久遠計，其誡子姓也必期以遠大，而不規規於目前之近功，非所謂“寧静以致遠”者歟？

淑配徐太君，幼而貞静，長則温恭，其歸我太翁也，相敬如賓，至老不釋，有《毛詩》所謂“莫不静好”之風焉。宋唐仲俊年逾耄耋，精爽不衰，自言少時讀《千字文》有所悟，謂“心動神疲”四字也。太翁遇事未嘗動心，心不動故静，神不疲故壽，是不必攝性養生求黑棗、素蓮、青沙、白石也，亦不必倣荀卿之樂易、劉安之食氣、陶穀之鐘乳也，而精神弈弈矍鑠哉！開第七秩猶有壯容，晚年尤好恬静，杖履優遊，萬事若不關心，而梁案之前有齊眉，謝庭之下多繞膝，一堂静穆，和光藹然，古所謂至貴不論爵、至富不論財者，非以此歟！他日美意延年，不待將迎，而與漢之范明友、魏之羅結、唐之李元爽比壽焉，得非静默之所致乎！於是衆賓晋兕觥而介曰：善！

因次之以爲序。

時大清道光壬寅秋倍九日，誥授朝議大夫、甘肅秦州直隸知州加一級隨帶軍功紀録四次、年家眷姻弟應曙霞頓首拜撰

（選自第一支《石馬盧氏宗譜》民國癸亥年重修乙酉年續修本卷五）

壽桂盧君七秩序

桂公，盧之世家名士也，鄉東稱右善焉。余少長於公，公於余有

寄交之好。是月十有八日，公之初度之辰，方躋七秩矣。東渠李子偕余兒絢倩余文以壽，余謂東渠子曰：

壽以徵德，德以梯壽，人之徑也。吾聞桂公少充邑庠弟子員，尋取徑太學，後授閩之同安簿。時海寇猖獗，私罷有司，動得掣肘。公至，翼佐有方，錢穀出納會計允稱，轉輸饋餉咸當上意，凡使長吏有譽於撫按使君者，公每每有與焉。且公淳厖敦慤，質而不華，真而不詭，居同日，纖毫之末視爲膏脂，粗糲澹薄晏如也。率性接御人士，寧爲恬静謙退，而狡險隱伏以機慧先物者，真判若薰蕕也。繼而有藩秩之遷，人勸之行，公拂袖曰：可以仕乎？遂矢志而歸。令長中齋公祖帳以别，有撫字勤勞、貌古心夷之頌，豈無見於公之素哉？

夫執方者難以御圜，持觚者不免毁合，故鳥以鷙而致羅，魚因餌而投銕，理勢然也。公晦跡林泉，一以處同民者處臧獲婢妾，接同人士者接族黨朋戚，未嘗矯飾，方直以隨世寅俗，翛然笑傲，羅銕莫之能制者，以不拂其性也。仲尼曰：剛毅木訥近仁。又曰仁者壽。公具四美，而臻一壽，則此七秩者殆起算於美門，始籌於喬彭耳。於嘻，以公之德而梯爾壽者何哉！公入而佩少司空梅軒先生之遺訓與廼翁屏山之嚴範，出而親挹大司寇之懿德，世求作賴後先貤䕶，故不事雕琢而飾周廡無惑也已。不然，雖修至東陵，非性也，於公乎何裨？余不佞，以揚公之庥德，願公弗忘其初。余將步岡陵之頌，以爲公勗。

東渠子起，拜手曰："足壽矣。"遂以爲序云。

眷生樊秀

（選自第三支《白竹盧氏宗譜》民國庚辰重修本卷三十一）

長潭處士環溪翁六旬壽序

吾郡以括蒼名，上應少微之墟。少微，處士星也，故以處州名。括蒼之麓，環嶺出焉，其流爲環溪，梁陶弘景所稱"高峰入雲，清流見底"，此山溪足爲處士所盤旋舊矣。

環溪翁諱楓，字潤之，居環溪之濱，膺山川之秀，雅志林壑，故以“環溪”自扁其居。少時曾爲邑掾，見時事不協於懷，輒棄而歸，業處士之業，殆將終身焉。既而廣乃阡陌，飾乃堂構，麗乃園林，其於處士之志得矣，而於用世之志未遂也。訓二子，長繼禮克讓，次繼樂克偕，一以儒，一以掾。命之曰：“二途，我皇明入仕之階。使幸而有成，均可以大徽猷而利民物。汝其成吾志乎！”

兹以甲辰九月十有四日壽六旬。厥配應氏，主中饋閫之政井井有緒，而聲不外聞；順夫子之命欽欽無違，而色不稍亢。嫁女不利其聘，而唯擇婿之賢；娶媳不婁其裝，而唯擇婦之順。蓋雖處士之善，而實應氏之天植，其懿克相而成之。覩其事夫子與訓兒女，即古所稱孟光之德、孟母之賢，弗是過矣。亦以丙午年五月望日爲設帨之辰，正所謂齊其德而齊其壽也。

是日，親朋咸集，賦詩持觴，而奉壽者秩如紛如。

松澗翁，處士兄也，咸仗以首發其議，澗翁不辭，引滿而祝曰：“處士已下壽矣，余既越而中，去上壽均不遠也。處士其爲余酌兹旨酒，以介眉壽。”又祝其二子曰：“汝知尊人之意乎？儒則掇巍科，如淳安商公，掾則絶苞苴，如江陰徐公，此男子分内事也。審若兹，則尊人感遭逢之偶，益遂厥志，而益增厥壽矣。矧余目睹汝尊人事父東庵公可稱孝子，事祖龍山翁可稱順孫，友於兄弟，協於鄉閭，親陳上下，罔不曲盡其情，仁人君子庶幾其無愧已。吾邑之賢者，若亭山丁公、明川陳公、南皋田公、西皋樊公，皆直諒士也。相貴以善，相尚以美，濟濟乎時之令人，至於今日相慶以壽，亦歷盡艱辛，而足云世之完人矣。汝其遵此懿範，爲養志之孝矣乎！”

言既，衆皆忻慽唯唯，乃歌曰：“猗歟哲人兮丕顯丕臧，修身慎德兮爲族之光。上承列祖兮下啓諸郎，萬祥畢集兮福壽安康。弗替引之兮歷永世而彌遠彌芳，將使環山之高等於華岳，環山之長擬諸錢江。”

二子拱而謝曰：“翁之善言既再，余將銘諸肺腸。請書之玄黄，以侑上上壽之觴。”

從兄明德

（選自第三支《白竹盧氏宗譜》民國庚辰重修本卷三十一）

恭祝大懿範即儲封友翁盧太母周老夫人七旬榮壽序

余憶自戊戌春候選銓衡，燕邸中遇吾友詹山王公，計偕北上，相與論文之餘，間及於家政。公以令嗣廷獻得亦蛟盧君閨玉爲賢配，言德容工，克嫻内則，由太母太夫人之愛育教成，余聞喜甚。蛟君又與余長男光裕同遊庠序，常以文章見教，典麗英華，辭彩煥發，已知非池中物，宜乎母德内訓而有以至此也。

太夫人裔出名家，幼嫻閫範，柔和貞静，出自性成。自適盧太翁善相家政，孝舅姑，睦妯娌，撫孫子，惠臧獲，族黨咸稱母儀。邇年太翁見背，更篤憂勤，課讀督耕，朝夕不倦。得長君胸藏二酉，指日鵬摶，次君才擅經營，三君從事異途，奉養承歡，皆盡孝道。

庚子三秋爲太夫人七袠帨辰，諸戚友製錦囑余一言以爲壽。余維德者福之基也，備德者福之券也。禔德莫先乎壽，何難由此以漸臻期頤，竚竢龍章賜寵、鳳誥承恩、堂開晝錦、膝繞班衣乎？敬奉一卮，共介眉壽，斯誠天倫樂事，可垂聲施於不朽，豈庸餙説爲華祝哉！

是爲序。

時大清康熙五十九年庚子九秋十有三日，賜進士第文林郎知雲南昆明縣事年家眷侍教生朱若功

（選自第一支《石馬盧氏宗譜》民國癸亥年重修乙酉年續修本卷五）

太世伯母盧母王太孺人八秩帨慶

歲在元默攝提格律中應鐘日，值參躔之次，爲太世伯母盧母王太孺人八旬壽旦。先期，令長孫宗周介其弟以壽言請，且曰：“弟與吾子交有日矣。曩時青燈相對，聞吾子談人盛德事，輒嘖嘖不去口。家祖

母閫儀素著，亦久在稱許之中。今年且八十矣，惟起居視聽迄未少衰，天或者畀以遐齡，使教我諸孤臻成立歟？我諸孤於祖母之恩未能仰報於萬一，所幸康强逢吉，用得日待重闈，實深欣慰。今將於設帨良辰晉斗酒，稱延年之慶，家兄命弟匄吾子一言以紀壽算，吾子其與我否？"

萬選唯唯敬諾，既而思：介壽有觴捧觴，有祝祝嘏，有詞禮之，以義起者也。近世士夫家必徵文於名公鉅卿，與夫耆年碩德爲壽寓光，萬選鄉隅下士耳，於爵、於德、於齒三者未與居一焉，重以固陋不文，曾何取乎其言之有也？雖然，稱揚盛美，惟知之真爲能言之切，太孺人萬選固真知之，宗周昆弟殆亦取言之切乎！

太孺人系出太原州司馬鐘閣公之淑媛，茂才耀宗公之女昆也，家世積德，爲邑著姓。太孺人幼承姆教，肅慎温恭，久持勿失。其歸太世伯貢元書元公也，母夫兩家皆素封，太孺人不以富驕人，服御悉樸素，嘗以蠶織爲務，家人至今則之，其勤儉也如此。

書元公考翁州司馬公，暨其子武生星驪公，三世皆好客，而尤以延師爲重。太孺人親主中饋，飲食必豐潔，垂二十年不厭。今其孫三人皆有聲於庠，其仲已食廩餼，異日掇高科登顯仕皆亦爲可量，夫亦得重道尊儒之效矣。

年六十餘，威姑猶在堂，太孺人奉事惟謹。威姑晚得足疾，左右扶持，久而不怠，鄉鄰間尤以此多之，靡不嘆其孝養爲不可及也。至樂善好施，尤其天性。凡跛聾瞽啞以行乞至者，必戒勿唬蹴，蓋深憫之也。居鄰有生女不能育者，乘間置其門，太孺人常出資收養焉。堂叔祖正坦公身後貧不能立繼，幾寒庭堅之祀，太孺人目擊心傷，慨然勸太世伯助田四十把，以資正坦公祭祀承繼之用。其仗義疏財有足多者。至如令諸孫助棺出賻，歲以爲常。他如創寺觀，建橋亭，修道路，時有踵門告以緩急，無不隨其願以去。諸如此類，筆且不勝述也。

夫作室以勞，敬姜之訓也；待賓以禮，陶母之規也；奉姑以孝，唐夫人之德也；濟人以惠，顧琛母之風也。古人所犖犖絓人口者，太孺人以一身兼之，其享壽也宜矣。

抑更有説焉，太孺人孝事威姑，威姑壽晉期頤，人以人瑞上於憲，頒"慈竹春長"匾旌其間。以太孺人之德卜之，其爲威姑繼有必然而無疑者。謹書此爲太孺人壽，即太孺人百齡之券也夫。

時大清光緒二十有八年歲次壬寅孟冬月穀旦，甲午科舉人世晚生應萬選頓首拜撰

（選自第一支《石馬盧氏宗譜》民國癸亥年重修乙酉年續修本卷五）

恭介例授明經國均盧翁老尊臺大人七秩榮慶

歲躔鶉次，月紀龍華。奉乾陽以軫壽星，開震旦而騰福曜。頂灌醍醐於佛子，翼參炳煥於台辰。南垣之丙極相輝，西竺之庚符並耀。景漆園以成歲，春秋可注八千；問絳縣以宜年，甲子頻推四百。心貞則固，德厚斯隆。況際此書亥之時，綫添光而無算；則與兹降申之日，磚加景而彌長。

恭惟明經盧翁國均老尊台大人，繕性温良，陶情簡質，冲和御物，坦直棲心。既筮畜而有孚，亦占履而安泰。口能禁妄，陋炙輠之齊髡；身必寡交，學結廬於陶亮。抱漢陰灌畦之甕，辭倏忽鑿竅之錐。惟希弓冶前型，以企箕裘，舊業辟疆，需以厚實。安耕鑿於康衢，續世期以成名。樂詩書於長圃，十年就傅；訪人師以爲師，一意傳經。勤教子以有子，遂乃身閑似鶴，神曠如雲。披榛莽以無憂，倚蘭叢而自樂。善氣溢一庭之秀，和風生百室之光。祖竹留蔭以永存，父橋垂暉而益茂。

憶當年里傳崇義，肇初服於兹都；知此日坊號居仁，纂前修於有幹。園拓給孤而待澤，局成慈幼以推恩。允迪厥居，衆欣有托。雖似桃源路杳，無與外人；或當萍客踪浮，猶憐寒子。

念縣逢魔劫倚作祥雲，人苦兵災瞻如慧日。翁乃助籌防以備其

不足，憫羈旅而出其有餘。如陰氏之收藏，拯漢時之苦難。迄乎瘝瘵災盡，逆狶殘餘。吴學博叩以餘波，程明府期於無漏。既推不竭之府，得拯無鳩；復開不涸之倉，與爲有豸。佐國家養無依遺子，俾鄉邑延不盡殘生。將歸時除道成梁，皆繕從皇路；即於郡宏文置館，亦倡率士林。韜尚此心，互綿壽字；冶成兹德，式廓福庭。長君名噪虞庠，薛鳳將平分三采；佳婿身膺廡序，陳杏亦交映雙花。加以翼翼綿綿，彬彬秩秩。甥翰文通武達，披芹藻於泮林；孫枝肄簡學書，挺芝蘭於嘉樹。

兹日也，筵開七秩，膳薦雙饈。正秀蘿著令之辰，乃撒豆結緣之會。戚里奉九霞以進，丈人扶九節而來。並觀鏤玉之鳩，交引霏金之爵。棠心儀華黍，誼飭陔葩。約詞客以歌鸞，肅吟賓而酌兕。庶范陽人畫，香山披九老之圖；曼倩傳書，瀛海列十洲之記。

謹序。

時大清同治八年歲次己巳四月中浣吉旦，欽授五品銜
辛酉拔貢眷弟潘樹棠頓首拜撰

（選自第一支《石馬盧氏宗譜》民國癸亥年重修乙酉年續修本卷五）

恭祝清貢元理生老叔祖七旬榮壽序

獻鳩授杖，《禮》重引年；酌兕稱觥，《詩》歌介壽。羡椿枝之永茂，值麥秀以有秋。酒晉延齡，詎藉聲風之木；方傳却老，奚須益算之泉。既宜子兮又宜孫，福基於德；俾爾康兮且爾熾，壽本於仁。此真人傑堪稱，抑由地靈所致。

恭惟貢元印聚財甫理生叔祖老壽翁者：修恭敬之容儀，秉寬和之性質。瞻依早謝於未冠，昆仲式好於畢生。口必慎言，存誠相與；躬能敏行，寡悔堪稱。謀似曾子輿，克盡爲人以忠之念；貞如柳下惠，恒高嫗女不亂之風《家語》載柳下惠嫗不建門之女，國人不稱其亂。若公立品端方，頗與古賢相彷彿。誠意爲正心之原，修身爲齊家之本。教子以義，克儉克勤；御婦以謙，無争無忤。極一門之樂事，爲百歲之初基。

憶當年變遇洪楊，艱苦備嘗，幾罹寇兵之禍；公十七歲爲髮匪所擒。逮半載樂回鄉里，團圝致慶，實叨祖德之隆。遵周稷以力田，登穀得崇墉而比櫛；傚冉求之博藝，居肆由小學而大成。所由立業興家，既能守，尤能創；更見肯堂生色，真如竹，併如松。且數其規爲，尤多遠大。隆祀典而崇木本，董建儒宗；光緒庚子崇儒公祠重造中廳並東西夾廂，公盡心董理。敬神明以焕僊鄉，襄成社廟。光緒甲辰石馬殿竪造山門未竣，公復爲踴躍勸捐，至丙午仲冬始得告成。作東平之盛舉，爲善則廣播謀猷；凡在經營常帑，公皆爲積聚生放，遇有義行，莫不樂助。揚孀婦之清聲，積帑則輝增祠宇。公爲親弟婦程氏守志，善積常帑，得造成節孝祠。宗族群推爲理事，公舉膺祠長多載。栗主重整爲有條；通族宗祠神主紊亂，公力爲勸輸，襄佐重整。既培善果於衹園，復種福茨於心地。洵芳規之足表，得壽考以維祺。

淑配應老孺人，荆布自怏，井臼能操。敬戒持躬，相夫君以必順；端莊表度，奉菩薩而盡誠。宜其子桂芳聯，四韓並美；公子四：金煙、金芬、金巖，俱克成家立業。幼金樓，出繼親弟百鐘公爲嗣，亦能長發其祥。孫蘭秀挺，八愷齊名。張憑之戲説堪嘉，蕭儆之傳呼可傚。豈徒榮膺四豆，尤見瑞獻十華。兹以夏正四月二十七日爲叔祖七旬懸弧吉旦，正麫麥登場之候，值秀葽著令之辰。北極星高，南風薰至，棗花既盛，桐葉正長。兒皆舞綵以臚歡，婦效稱觴而致樂。滿座盡探驪之士，杯獻九霞；盈庭皆吐鳳之賓，詩吟千歲。雙星焕彩，三代延禧。

椿自愧菲才，難揚我翁之芳躅；用抽秃筆，敬祝杖國之遐齡。此日七秩延開，仙樂始奏《霓裳》之曲；他年八旬壽届，鰍生再賦《天保》之篇。

謹序。

時中華民國六年歲在丁巳清和月全浣之吉，清優行郡

廪生選任縣議員再侄德椿鞠躬敬撰並祝

（選自第一支《石馬盧氏宗譜》民國癸亥年重修乙酉年續修本卷五）

盧温恭先生七秩壽序

辛巳冬十一月二十日，爲浙江永康盧德基温恭先生七秩攬揆之辰，哲嗣紹稷弟懇一言以祝難老。余與紹稷同事江蘇省立上海中學凡十四年，交深知久，烏可以不文辭？

竊維盧氏受姓於姜齊，至六朝李唐間推爲望族。五代時有諱琰字文炳者，仕柴周爲開國上將軍、殿前都檢點賜金紫光禄大夫，封越國公。丁陳橋之變，抱世宗子蘄王熙誨遁跡永康。温恭先生即越國公之第三十八世孫也。清同治十一年生於浙江永康縣之儒堂村，光緒六年春就外傅，孳孳研習，惟師訓是遵。二十五年夏應歲試入泮，越五年，科舉停止，乃援例加授貢元。自是厥後，先生即於村中設立培桂書院，善誘循循，誨人不倦，迄於今鄉人尚稱頌不衰。且秉性謙和，與人交無不克盡厥禮，里黨之間怡怡如也。

武昌義起，民國成立，召集國會，先生被選爲永康縣衆議院初選議員。二年，先生與大兄宗周等改組培桂書院爲培儒高等小學校，並撥廉田五十畝爲教育基金，宗周任校長，先生與其二兄樹薌分掌教授，前後五年，造就人才不可勝計。旋因家道艱困，俯仰不給，間嘗從事商業，卒以不善經營，虧折甚鉅。惟先生償其所負，而燒其債券，其義聞洵足振鑠世俗也。

民國十六年，國民政府施行新教育，明年本村培儒小學改組爲培儒完全小學校，先生被推爲校長，管訓綦嚴，學風丕振。十八年春，永康實施地方自治，先生被推爲閭長，辦理土地陳報諸事宜，不數月完成。二十一年，被委爲第五區石馬鄉鄉長，奉公勤謹，舉凡襄辦金武永公路、東永公路以及本鄉救荒積穀之勸募等，罔不黽勉以從，竭力以赴。二十三年夏，縣長羅駿超舉行永康第一期現任區鄉鎮自治人員訓練，期滿考試及格，給予證書。二十四年春，浙江各縣實施地方自治，改進計畫，確定縣與鄉鎮爲二級，將區裁撤，原有各鄉鎮分別劃併，並編辦保甲程式，責成現任正副鄉長辦理。既竣，先生以年老請辭，而永康縣長白深檑仍委爲石溪鄉副鄉長。

永康壽山五峰書院爲先賢朱晦庵、吕東萊、王陽明、陳同甫、程文德諸公講學之所，亦浙江之勝地也。書院有志曰《五峰書院志》，載宋、元、明理學之流别，並記先賢講學之事蹟，所以昭示後人者也。惟以年湮代遠，原志散失，先生乃於二十五年春邀集壽山學會會友，商議翻印，越月告成。志分八卷，裝訂二册，並作跋一篇，附登卷末，詳載其事。餘若道路橋亭之修建，大小祠宇之締造，以及宗譜之纂修，無不竭力經營，卒底於成。由此可見先生服務地方，發揚文化，啓迪後進，實有足多者也。

先生元配徐孺人，續配胡孺人，悉能相夫立業，堪稱賢淑。男七：長紹曾，次紹稷，三成歲，四鼎玖，五鼎峙，六成通，七潮柒。紹曾畢業武昌高師，紹稷畢業大夏大學，鼎峙畢業中央軍官學校，均服務黨國，有聲於時。餘亦先後在中小學畢業，朝乾夕惕，前程正未有艾。孫男五：永芳、英哲、英彦、永昌、祝南。永芳已肄業省立上中，餘皆幼讀。先生事親以孝養爲先，治家以勤儉爲本，嘗以朱柏盧《治家格言》爲訓，行於身，式於後，是先生又篤於家庭之教矣。

余於民國二十七年冬奉令來蘭主持甘省教育，以上中校務不克兼顧，乃呈准蘇教廳委由紹稷代理校長。紹稷辦事勤慎，校務賴以維持。年來滬上環境特殊，而紹稷迄能守正不阿，余既佩其治事之精神，秉性之純正，並以見先生家教爲不可没也。先生德行修於身，令譽昭於人，非世所稱爲仁者耶？孔子曰："仁者必有壽"，此先生之所以年届古稀而骨節堅强、精神矍鑠者，信有徵矣。

是爲序。

時中華民國三十年孟冬月中浣之吉，甘肅省教育廳廳長鄭通和拜撰並祝

（選自第一支《石馬盧氏宗譜》民國癸亥年重修乙酉年續修本卷三十九）

盧振和世兄六旬雙壽序

予友盧君者，名鳳騰，字振和，號止崗，永康儒堂人也。幼聰敏，能得堂上歡。年少如成人，佐理家政，頗具條理。是以君父頻年經商外出，無家室累，而學業輒廢。君父引以爲憂，決意令君入學校，俾致力於學。

宣統二年，畢業於官立自治研究所，民國紀元畢業於浙江法政學校。先是遊學杭垣，時常從陳熙甫、林竹屏、盧士希諸鄉先輩遊。鄉先輩以君識見通達，恒器重焉。民國丁卯，北伐軍興。應士希先生之召，任國民革命軍十七軍先遣司令部要職，招撫江北。次年，熙甫先生長内河水警廳，遂委爲第三隊隊長，陳廳長獎以“任事英鋭，爲國宣勞”呈請於上，而君以雙親年老，定省久疏，堅辭旋里。

初，君之研究自治也，預爲將來創辦地方自治闡揚憲政計，既可服務桑梓，又得長侍膝下。民國壬申，任第五區第三分團團正，當時屢有風警，人咸爲憂，而君一仍水警隊素志，以軍法部勒其子弟，故子弟咸樂爲用。迄今鄉父老猶稱道及之，謂官治不如自治之爲得也。

民國庚辰，任四石鄉副鄉長兼調解委員。時值非常，世風日下，鼠牙雀角之争何日蔑有？而君有難必排，有紛必解，雖舌敝唇焦而不以爲憾，往返奔走而不以爲勞，人咸稱爲今之魯連者，有由也。

民國戊午，修造大宗祠前進，枵腹從事，襄助建築，首唱助産、捐金兩項，以父享祀尚義，以伯享祀褒功，併發起重新越國公墓道，建築上盧大祠，助田致祭，盡人子春秋匪懈之義。生平慕義樂善，凡族中孤寡必竭力輔助，克傳其後。道路橋樑，如鄭頭、圳頭、同心等橋，均有捐輸。居村大樹山下之涼亭，君父所建也，君承先志，屢加修葺，予往來者避風雨或憩息焉。他如迭次重修迎水廟，超度寶童塔等義舉，莫不襄贊厥成。

哲嗣郁文任國民兵團隊長兼督徵員。每次厲行督徵時，君必誡以審慎將事，勿務操切，致負國家愛民如子之意。晚年課孫餘暇，優遊鄉里，待人接物，一示以和。凡村之遠近少與長，均樂與之周旋者，其人之賢不肖爲何如也！孺人章氏，仁慈儉樸，孝養翁姑，佐理内外，克成家業。子二，長郁文，畢業麗雲師管區兵役幹訓部；次德純，畢業浙江水警大隊訓練所。女三，均適望族。孫男三，孫女三，均就學。

今歲十一月，君年届六十，孺人六十有四，齊眉舉案，白髮相莊，繞膝萊衣，稱觴上壽，何其盛也！予以平日耳所聞目所見者，略陳梗概焉，君不以予不文而晉一觴乎！

時中華民國三十四年歲次酉陽春月，清郡庠生浙江法政專門學校畢業世弟周朝昌謹撰

（選自第一支《石馬盧氏宗譜》民國癸亥年重修乙酉年續修本卷三十九）

贈子華弟六旬壽言

丁卯之春三月十有八日，乃吾弟子華六旬初度。是日也。賓朋滿座，詩章頌美，歌吹喧騰，觴籌交錯，固人間一樂事也。族叔時伍兄廷瑞，率長幼爲子華壽，而請言於予。

謂之曰："古壽無賀，賀壽禮自季世始，然亦惟於親戚、鄉里朋友行之。宗族製詞稱賀，吾所未聞。且劬勞之日，家庭之中，難爲宴樂也。"

何如弟濂趨而前曰："是也。夫禮以義起，壽以人崇。譬之山木非良，多歷年所不爲貴，惟孔明廟柏，霜披溜雨，黛色参天，見之詩章，播詠千古。若其人有可取，則宗族壽之不爲過，詞章美之不爲飾。自吾宗卜居竹川，傳世二十餘，子孫繁衍，爲縉邑冠。昨歲，公稽家乘、明世系、序長幼，白首青童不下數千人，其間多不能識面，何則？凡以會叙疏而情不洽，故志行無聞而壽不稱耳。今子華年當耳順，意氣方張，克承祖父，家業充拓，挺然自樹，鄉閭取重，孫子繞膝，戲彩滿堂，是固可賀也，公何避嫌之有耶？且以吾衆之名並公之詞懸之中堂，使鄉人見之，可以重吾宗族之義焉；子孫誦之，可以知其祖父之德焉。子華見

之，既喜其壽，又反其身，自是而益敦其義焉，自是而益修其德焉，將見精神日固，氣體日充，千百斯年將油油然而至之矣。然則斯舉也，乃因時以成禮，因體以成義，因義以厚族，其有益於吾家也，豈淺鮮哉！”

予聞斯言，不覺歡然而有合也。遂述其言，而爲之壽。

龍飛隆慶元年歲次丁卯三月既望，兄後屏勳書

右先尚書爲叔子華賀壽作也。後壽益高、德益邵。至萬曆六年春，邑大夫黄公尊請鄉飲，則又先尚書所不及見而不克預叙者也。距今四十有二年矣，適致續修宗譜，敬繼録焉。

萬曆戊申朝議大夫福建都轉司同知侄致謹識

（選自第三支《白竹盧氏宗譜》民國庚辰重修本卷三十一）

壽顯廷老叔七秩鴻慶

叔名世珍字顯廷，廩膳生，佛長公之冢孫，鳳高公之長子，予先祖梅夫公之高弟也。自幼品行端方，學力優美，洵爲合邑儒珍。第以世風不古，名教就衰，轉念天禄之榮，不若天恩之美；因思度人爲急，必以度己爲先。静坐蒲團，日誦五千《道德》；恭焚香篆，時撑十萬梯航。行看辦道成功，收圓結果，上朝宗祖，下蔭兒孫。因而普度原人，换回劫數，豈止一族之光榮已哉？

潘山鍾毓老儒珍，合邑同欽席上人。十載經書勤誦讀，一生品行重彝倫。文章有價何妨舊，桃李無蔭不爲新。且喜門庭蘭桂茂，芬芳馥鬱自成春。

一樹靈椿七十秋，蟠根錯節孰相侔。已叨雨露承天厚，哪有風霜滿地愁。貝葉傳經何日證，梅花清福幾生修。佛説金剛身不壞，八千歲月正初頭。

侄體復敬祝

（選自第三支《白竹盧氏宗譜》民國庚辰重修本卷三十三）

贈錦源盧君五秩序

萬曆甲辰春王正月二十八日，錦源盧君歷歲五十誕辰，賓朋稱慶，珠履駢填，金觥交錯。余宗弟儒富等徵余言以助侑觴，余謝塵久，性僻惟躭山水，一切修文已入廢格。一日再持君狀而速予言，予謂因禮以展親者情之至，因德以表壽者亦道之公，誼弗獲辭。

君諱繼相，别號錦源，後周越國公之裔也。丰神慷慨，狀貌魁梧，不事藻飾，不喜依阿，理之所直，賁育莫能摧，義之所巨，珠玉弗之顧。君先失怙，事虞母安人，色養烝烝；昆季三君居伯，怡怡友愛；延師課子，彬彬如也。舉高曾祖之既廢塋畝而培植烝嘗，此皆祖父之志事，而君能繼述。有鄉曲求直於君者，平以片言。高雅至門，殷懃款洽，宗鄘鄉閭接之恂恂，城府不設，然諾不欺，君備隱德，大都若此。

余曰：有是哉，是足以基壽已，予抑有説焉。

昔蘧伯玉曰："行年五十，方知四十九年之非。"宣尼父自序曰："五十而知天命。"夫知非則知是者進，知天則知人者進，此皆聖賢不已之學與時而進修者也。君今甫躋艾年，孝友備至德周於内也，忠信周旋德周於外也。由是希賢聖以宏景貺，重厥修，進厥德，即德彌邵而年彌高矣，進之杖鄉、杖國、杖朝以極於無算者，匪卜之年、卜之德也。

厥配予宗侄女也，賢而齊眉。舉丈夫子三：嘉明、嘉正、嘉順，咸雅飭醇謹，則所以培君壽者復可量乎！子之往也，綺筵既張，兕觥載揚，人人道盛美而共賀盧君之壽，無徒慶其所已賀，尤當勗其所未賀。

是爲敘。

時萬曆三十二年陬月望越三日，賜進士通議大夫順天府尹、眷生居左程正誼撰

（選自第三支《錦溪盧氏宗譜》民國丙辰年重修本之廿四卷）

贈敬泉盧君五秩壽序

歲丁未之臘上浣七日，盧君敬泉五秩懸弧辰也，余宗仲銓氏於君爲内兄，屬余言壽之。余惟壽以形養亦以性養。世有輕生者流，往往自放於聲色麴蘗之場，而外鑠其體魄，内銷其真精，若東野皋之御馬力竭而逸隨之者，君子重惡其傷生。乃若熊經鳥伸納新吐故，置其身於恬淡寂寞之鄉，而人情世故若秦越肥瘠漠不相關者，君子猶惡其滅性。兩者均之乎未壽也。

君生自富豐，少壯時，二三儕輩不無詡詡相徵逐而蠱惑其後先者，獨堅不爲動。至彝常所係可以植仁孝之經、副鄉間之望者，則竭蹶而趨之。父左泉翁以丈畝任耆民，君服勞任事，持籌山埜間，衆口嘖嘖。繼充社正，扶弱抑强，剖曲直堂皇下，若别黑白子於掌中，毫髮不爽。六世祖同知公祀未贍，與能幹者齎縮而子母之，無幾何，拓田備器，裒祀以豐。尤加意大宗，恪職數年，屢有所創置，宗譜之役，益建議而首營之。以堅若彼，以任若此，儻所稱先公家之急而後私情者，君真其人。而以此禔躬，即以此涉世，無兩操矣。何則傷生者不克壽、滅性者不足壽？君葆形守氣，濟衆惇倫，生不傷而精神永固，性不滅而生理常存，固則不壞，存則不亡，不亡不壞，壽之道也。

當壽之辰，疏梅點臘，好鳥先春，愛日在堂，凱風將袖，而君以五秩之年稱觴於戚友，景當其會，人際其逢，猗歟休哉，洵可祝矣！然古人祝壽每以無疆爲期，今以伯玉知非之年，雖未臻閫域，而永固長存之道業，握其樞有如射者之引滿，而駸駸赴的之勢已躍如於前矣，遂書爲今日壽而並券夫異日。

時萬曆戊申季冬越有八日，賜進士江西右副都御史、眷生少薇許宏綱撰

（選自第三支《錦溪盧氏宗譜》民國丙辰年重修本之廿四卷）

奉賀大邑望即儲封教之盧老親翁大人五秩序

余自粵西備兵之役得遂予告，優遊家食者五載於兹，若淵明之歸栗里，漁人之入桃源，邈焉人世，雖云倦遊，夫亦麋鹿之性，放之山林得以自適其適，於是親知故雅往往相過，爲酌酒賦詩，嘯詠陶然，聊以終日焉。而吾阿元平卿以古稀之人，時相過從，因爲道其親翁教之盧君，真隱君子，有古先民風，今五袠矣。

余嘗聞其尊公含翁郡掾以廉平稱，走選主爵，得省祭歸，而鄉人尊爲祭酒。其仲氏襄之，又與吾元卿文學長儒遊，後成冰玉稱世講。

夫五十，亦年之常也，奚以言壽？且家有尊人在，禮又不得稱老。然人之所以重於世者，又豈年之優也哉？惟是長而無述，四十五十無聞，爲聖門所深鄙，伯玉氏亦有"行年五十知非"之論。令其人文行不修爲有道之所擯棄，即使期頤耄耋，與土木形骸何異？則是人之所以重於世者，信非年之優也。又見今人訾富貴而矯語貧賤，以爲自邁於俗。令其人瑣尾終身，爲鄉里之所不齒，即使期頤耄耋，顧影自憐，未若浮雲幻泡之易化。則是人之所重於世者，信又非年之優也。

教之齠齔，即斤斤自修，有恒有物，早譽於闤闠，家素封，食租衣税，不數年，貲倍於前昔。兩尊人年俱望八，偕老在堂，善養厥志，時率其昆季舞綵於庭，于于是樂。於宗族濟窘扶困，得以舉火者若而人，交遊賢豪長者，座嘗滿而樽不空。披肝瀝膽，不妄然諾，每急人之難，不恤遺力倒囊也，非太史公所稱"君子富好行其德者"乎？蓋古今之善治生者必曰陶朱公，彼其平吴覊越而歷相齊楚，而後變姓名止於陶，當亦老且耄。又十九年，三致千金，盡散其財與知交鄉黨，而傳之者以爲後遂仙去。

盧自先世尚文公以貲雄於東，當正統時，河南歲凶，輸粟十萬，天子詔下，義旌其廬，至今猶膾炙人口。教之承素封之舊，能富而日益好行其德，計所施積，當不讓陶朱公。天之福之，日升月恒，直未有涯，量後人寧無有傳其爲仙者？

季夏六日爲懸弧之辰，平鄉其書余言以爲侑爵也可。

時崇禎癸未歲六月上浣之吉，賜進士第中順大夫福建布政使司右參政、前江西提刑按察司副使、嶺北湖東二道武選清吏司員外郎、眷侍生金肇元拜撰

（選自第三支《錦溪盧氏宗譜》民國丙辰年重修本之廿四卷）

士利仁大兄先生七秩雙壽序

今日世界競言維新矣。求新學問，瀹新智識，學界中人也；闢新農場、拓新種植，農界中人也；標新商號、宏新經濟，商界中人也；營新工業、仿新製造，工界中人也。議院則制定新法，官廳則施行新政，以一般新人物做一番新事業，老大帝國則推倒之，老朽人材則淘汰之，方以爲養老之禮經、難老之詩章可束高閣而不必提及也。及閱今日最新修身教科書，其新大綱、新細目，則又不能出老成典型以外，可知老成之所以爲典型者，道也，德也，歷十世、百世、千萬世，以至無量數世而常新者也，則謂之與天地並壽也可。

恭維士利先生者，其殆耕道得道、耕德得德者乎！温以持己，和以接物，斯乃夏原吉之所以宏德量也；孝以事親，友以恭兄，斯乃周君陳之所以施家政也；宗族有婚嫁，傾囊以資遣之，斯乃范堯夫之所以助麥舟也；鄉黨有爭訟，竭力以排解之，斯乃魯仲連之所以却饋金也；駕橋砌路，有張賢臣之熱心公益者焉；恤乏矜貧，有席本楨之廣行慈善者焉；治生之道惟勤與儉，訓遵乎柏廬；維正之供納税不緩，意同乎鼎元。故舊不遺，時常廑念，誼厚乎孟昭。總一生之事實，其所爲道，其所爲德，於新修身中占大部分。《世説新語》曰“名教中自有樂地”，賈子《新書》曰“道莫高於博愛人”，其先生道積厥躬、德修於身之謂歟？宜其以大德而有得壽之徵也。

德配許氏，以勤敏爲衆婦倡。先雞鳴而興，豫其未至，後斗轉而

息，補其闕遺。遂致家道一新而良田新拓，廣廈新構蒸蒸如釜上氣，是則先生之道德刑於寡妻也。震君竭力耕田，登麥則嘗新，登穀則嘗新，饒有農家風味。至艮君，則又新學派中之有數人物也，自第七師校畢業後，旋應敝校之聘，提倡新教育，發明新理想，以培植新人材，洵不愧新世界經師、人師之望。文孫一徇齊敦敏，如蘭新苗，如筍新抽，亦嶄然露頭角，是又先生之道德及於子孫也。

余因之有感焉。夫革新是代，必以道德爲前提。世未有道德墮落之國家可與言長治久安者。民國，一新造國也，我國民若日新又新，以新其道德，將道其所道，德其所德，以先生之新道德者，壽國壽民可也，豈徒及於其身及於其子孫而已哉？今者節届一陽、筵開七秩，而躋堂介壽者，“箕疇華祝”，學界之新名詞也；“玉斚瑶琖”，工界之新製器也；“冰桃雪藕”，農界之新産物也；“火棗交梨”，商界之新出品也。煌煌乎盛哉，氣象爲之一新矣！

珩也宦遊虎林，政務冗雜，不獲製新花樣以爲先生壽，聊倩歲寒三友而遥祝曰：梅之古，竹之苞，松之茂，敬以壽先生之壽，先生庶爲我開顔而滿斟一觴新釀酒乎！

謹序。

時民國三年一陽月下院之吉，現任浙省政務廳長佩葱吴品珩撰

（選自第三支《錦溪盧氏宗譜》民國丙辰年重修本之三十卷）

仁齋盧先生七旬壽叙

世之製錦章祝眉壽者夥矣，大抵賓朋標榜，詞客阿諛，附和百端，波瀾一揆。若行誼光芒於宗社，休徵彙集於門庭，積善餘祥，揚名歸實，允稱人瑞，壽世不刊者，厥惟我仁齋盧先生爲不誣焉。

先生舞象時明禮義，執經從吴章亭先生遊，情文懇至，訂譜金蘭，言行剛直，同堂敬服之，若聖門仲由氏也。早失怙，克承先業，事太君蔣母，承順顔色，不干譴怒，奉孝養，敦友愛，内外未有間言，德行著於

門内者彰矣。至於宗廟之重，祀典攸關，謀諸族而宏敞之，不或吝私囊，鳩工庀材，皇皇然如營己事，致今堂寢森嚴，神靈安妥，先生與有功也。則錫純嘏於爾躬，頒遐齡於帝夢，豈偶然哉！

而尤可欽者，仗義於堰利。嘉慶丙辰，釁起樂安，至甲子，族遭大劫，利害甚鉅，委靡者徒冀兎脱，明哲者誰肯雉羅？先生獨挺身仗節，爲族擔憂，蒙霜露，履巉巖，雲山阻隔，湖海飄蓬，坦然若應受而無怨色。俾范陽氏族士食舊德、農服先疇，繄先生之嘉賜也。然而皇天之眷佑不爽，覃恩溥濟，合浦珠還，仍與子若孫玄藹藹一堂，慶齊眉，頌偕老，享福庇之靡涯也，非德徵歟？

余秉鐸婺東，先生之次子汝金嘗就學於予，又與先生之族兄菊人先生爲同年友。二人備述先生行跡，企睦殷矣。兹當古稀初度，遐邇稱觴，爰不推寒陋而爲之序。

時大清道光歲次庚寅年仲秋上浣之吉，儒學正堂醒樓
謝雲卿頓首拜撰

（選自第三支《安溪長堤盧氏宗譜》民國辛巳年本卷十五）

上舍盧恒山先生暨德配胡孺人六旬雙壽叙

蓋聞急於義者，天下莫與之論德也；厚於德者，天下莫與之争壽也。然則首公砥節，卓可有爲，不區霿以文小知，不湛冥以作苟見，厲乃尊祖亢宗之烈，完其型家善俗之風，茂實揚輝，稔今著後，飲其德者可百年，即發之身者可百歲。古人云"德施大世曼壽"，不誠然乎哉？

恭維我恒山盧先生，禀質剛方，抱懷虚朗。鄙温舒之千金，重季布之一諾。洪都觀經，執巾手卷如鶴出群，鄰里之閑，熱固非翕翕，涼亦不落落。族子至愚不敢責也，故人情厚不敢疑也。燕園結客，棲有四方之桀，坐月飛觴嚼復嚼，不醉無歸耳。

嘉慶癸亥之秋，族嬰雀角之患，勢家肆豖突之威，里人急鼠犇之困。先生身任其事，洗寃訟庭，解紛榆社，經紀饘粥於其間，而家政内

外悉以付之德配胡氏孺人主之。孺人克相其業，揚雒陽詩禮之名，秉譙國憂勤之操。高柔之婦近是上流，而拔圍如劉邵氏、手刃如吕榮端，未嘗不假力於女丈夫之所爲，則分置左右，鉗口是甘，尤足見閫德之餘也。已至於引年周急，撫藐兹之孤，恤餒而之祀，礱石平途，畚沙駕彴。北溪源於東白，波洶滋害，割腴田以襄義渡之船，則先生志發於中宵，孺人力贊於戒旦。梁生陟嶺，孟光是攜，蕭史登臺，秦媛作偶，不幾乎修義同行如衛人稱賢伉儷也耶？

今者一陽資始之辰，爲先生六旬雙壽，兒女成行，舞斑戲彩，諸知名士請上雅壽，玉軸牙贉，鳴商協徵，躋躋登堂矣。僕與先生有連，稔悉先生之大義與夫孺人之懿德也，固欲舉人所不及爲者勉爲蝦辭，不以文之工拙計也。若夫偕伯仲以燕賓筵，惠舅弟以彰鞠愛，衍慶兒曹，美誇服食，凡我同人晉祝者言之詳矣，夫何贅爲？

謹叙。

仙槎趙文河撰，時大清道光歲次丁亥小陽月上浣之吉

（選自第三支《安溪長堤盧氏宗譜》民國辛巳年本卷十五）

盧毓英世叔古稀弧誕暨德配周孺人周甲蛻旦壽序

序壽非古也。古之文之有序，猶裳衣之有冠冕焉。自西河序《詩》，其例始顯，龍門序傳，厥詞乃放。至元凱之揭檠瞽史，孝穆之弁冕《玉臺》，湛深閎博，典麗裔皇，祖述既多，篇章斯富。而揆其體要，無非次撰述之頭訖，闡斯文之旨意，間有述及身世，以志景仰，或寄感慨，然未有無因而掇文者。

昌黎氏起，始有贈人之序。其爲文也，義新詞婉，若往而復，抒情之作，於斯爲尚，故後世宗之，而體乃益奢。降及元、明，依以祝蝦，流弊所及，遂致田翁村婦，家藏斗麥，時逢覽揆，亦饋金購製，光其門閥，而摛詞之士，又樂以善頌善禱，爲博取酒食之資。體制既隳，詬病乃叢，文之不幸，有如是夫！

盧子僧嚴與討論文章之學者有年，丁巳之冬，以其尊人毓英先生秩晉七旬，而偕老之周太孺人亦年週一甲，擬於永康里第，開北海之樽，進南山之祝。先時馳書索序。盧子固知文者也，乃亦未免世俗之見歟！既而思之，盧子知文，其所與遊，皆文學士，届登堂酌兕之辰，援因事致敬之義，攄其誠悃，蔚爲詩歌，麗什腴章，裒之成帙，盧子將以歌頌岡陵之集，爲趨承色笑之箴也，則誠不能無詞。

然嘗聞之，人子事親，要在養志。先生悼年陷賊，江左閒關，比唱刀環，已摧椿蔭，覆巢之下，撤土綢繆。當太孺人來嬪之時，正玉川家新造之後，梁春桓甕，黽勉同心，集蓼茹蘗，歷數十載，不可謂非極人世之艱難者。今則春秋高矣，閈閎大啓，嗣續多才，長君展毛檄之娱，仲季盡萊衣之樂，庭闈頤養，易荼而薺，遲暮之情，於兹以慰，則事親者亦庶幾無愧已乎。惟先生仁心内藴，義問外昭，志遠量宏，時俗之所謂福祉，未必即能盡其方寸之愉快。

攷生平之行事，有足知志量之所存者。大兵之後，宗祊蕩然，收合燼餘，釐整舊業。歲越兩紀，二宗俱振，興衰起廢，經國之權輿也。孝睦至誼，推及外家，任恤高風，被於行路。里有善人之目，鄉傳長者之稱，泛愛博施澤民之嚆矢也。青衿佻㒓，過城闕而興悲；白屋淒涼，傷門閭之未大。故身非儒者，力捍宫牆，課子延師，致敬盡禮，崇儒重道，維世善俗之胎朕也。經國澤民，維世善俗，先生未克畢乃事，要未嘗不欲競厥志，繼志述事，則盧子昆季之責矣。斯責克盡，所養乃大，其諸以期頤介壽之年爲繼述觀成之日乎？不則薦雞豚而娱口體，假文章以衿庸愚，既違高堂垂裕之心，且戾親朋貢頌之旨，而濡毫染翰紀述始末者，亦博取酒食之類也，可以無作。

此爲序。

中華民國六年夏正八月穀旦

晉授勳二位二等文虎章、三等寶光嘉禾章、陸軍上將銜、陸軍中將、特授懷威將軍、前浙江督軍兼省長、世愚侄吕公望拜祝

陸軍少將、陸軍部諮議、浙江嘉湖鎮守使署参謀長、姻世侄
陳其蔚拜祝
前衆議院議員、籌備國會事務局委員、薦任職存記、姻愚侄
陳焕章拜祝
補授陸軍步兵中校、前署吴興縣知事、兼警察所長、世愚侄
吕俊愷拜祝
前浙江督軍公署諮議官、海昌統捐徵收總局局長、姻世侄
王觀拜祝
國務院存記薦任職、五等嘉禾章、前署臨安縣知事、世愚侄
程士毅拜撰

（選自第三支山後盧《盧氏宗譜》光緒甲午年重修本卷二）

盧毓英先生暨德配周孺人七秩雙壽頌

嘗聞玉川盧氏有壽翁毓英先生者，本太公之苗裔，聚族麗州，實勝代之孑遺，爲今商皓。蓋翁幼遭洪楊之亂被擄，流離顛沛，閲八年之久，始得脱歸故里。至則廬舍全非，親人多故，煢煢在疚，惟母氏節孝林太夫人而已。翁乃艱難締造，以菽水承萱室之歡，以耕讀啓槐蔭之盛，而其德配周孺人亦復黽勉同心，多所内助，宜其戰勝困難，終至豐亨也。其推而至於宗族鄉黨以及於邑，所謀公益之事不勝枚舉。今翁年已七十矣，伉儷相莊，康强逢吉。其長嗣士希方自出宰孝豐，值解組之暫歸，將稱觴以上壽。

陽與士希相識軍中，共事有日，知其有政事才，皆本於義方之訓，用敢抒其景仰之素，以爲頌禱之詞，曰：

《疇》承五福，《詩》詠百祥。惟福自造，惟命靡常。生於憂患，俾壽而康。曰惟積善，俾熾而昌。譬諸多難，所以興邦。介之眉壽，如陵如岡。黄花晚節，相與稱香。

中華民國之六年十有一日穀旦，特授勳五位二等嘉禾

章、二等文虎章、陸軍中將浙江陸軍第二師師長愚侄張載陽鞠躬頌

（選自第三支山後盧《盧氏宗譜》光緒甲午年重修本卷二）

盧毓英封翁暨德配周太孺人七旬雙慶壽序

蓋嘗聞之，壽者酬也。自行可久之道，故天酬之以壽。壽也者，非徒其年之謂也，蓋必有其可壽者焉。有年矣，而不免及身坎坷，或更不免子孫零替，未足以言壽也。浸假其身富貴而顯榮矣，其子孫昌熾而炫赫矣，然而其生平制行無一言一動可爲後人稱道者，仍未足以言壽也。必也其爲人言行不苟、可法可傳，而食報於身及其子孫者，復能餘慶降祥不爽銖寸，斯爲得天之酬，始足以稱壽而無愧。所聞如吾婺毓英盧翁者，洵爲難能而可貴者矣。

翁少丁洪楊之難，被略於寇，轉徙金陵，寄身虎口者累年，卒能設計脱歸，人稱其智。白手成家而不吝施予，凡所經手地方慈善事，不唯毫髮無苟簡，有時更損己以成之。母妻黨後嗣陵夷至有不血食者，翁心惻然，爲捐資置産以祀，若敖之鬼得免餒，而人稱其仁。清光緒間，永邑學宫失修，訓導黄公憂形於色，翁慨然任建黌舍三楹。事聞於省，大吏嘉奬，人稱其義。身爲封翁，而處世接物，辭氣藹然。起家工賈，獨能尊師重道，束修之獻必倍等閑，人稱其禮。

夫仁、義、禮、智，有一焉，已足信今而傳後。而翁身兼之，儻可以爲後人稱道，非耶？

翁有克家子三，其仲君經紀家務，能分屺岵之勞；其少君畢業中學，已有崢嶸之譽。桂林雖未獲一睹其豐姿，其爲玉樹家駒已可概見。至其長君士希，紫芝眉宇，叔度襟懷，前者負笈東瀛，士林推重，今春出宰百里，父老去思。桂林相知有年，至爲傾佩。並聞翁有快婿三，東床坦腹，戚黨交推，射雀乘龍，並爲後選。古稱“善人有後”，若翁者庶幾當之而無愧歟！

深有異者：翁未嘗學問，而其持躬接世，類有道君子，且能樹德立業，佑啓後人，疑有切磋而輔相之者。間嘗探之士希，始稔翁之得力於内助周太孺人者固不淺也，不尤可敬歟？

秋八月爲翁七秩初度，暨德配周太孺人雙壽之辰。其同鄉吕君等徵文於予，將爲翁壽。予何能壽翁哉，惟翁樂善不倦，享天之酬而食報於子孫者彰彰若是，斯誠可以爲翁壽矣！矧士希方解組東歸，行見介壽堂前，藉晝錦之榮，爲萊衣之舞，不更愈於岡陵之祝乎？

中華民國六年夏正八月穀旦，特授陸軍中將三等嘉禾章浙江嘉湖鎮守使、鄉晚生王桂林鞠躬祝

（選自第三支山後盧《盧氏宗譜》光緒甲午年重修本卷二）

盧毓英先生暨德配周太孺人七秩雙壽序

民國六年春，永康盧君士希知孝豐縣事，以勤慎爲政，而尤加意於興學育才。孝豐故號稱難治，不數月而庶政具舉，俗變民和，人皆謂士希能。士希則曰：吾父教實然。人於是知士希之善職，蓋庭訓有以成之。

是年適爲其尊甫毓英先生暨母氏周太孺人七秩雙壽，將以孟冬之吉假歸稱慶。夫禄足以養其親，而又幸值其親之康强壽考，此人世之至榮，尤爲人子者所至樂。雖然，口體之養不如能養志也，養志之道莫善乎奉親之教，以修其身而施之於政，以宜其民，使百姓歸之，名謂之君子之子，斯其親之名，以成親之志以遂，即壽其親者亦於是乎在。今士希宰邑不期年，其政聲已如是，他日所及日廣，所成日大，所以增其親之壽者知未有艾也。抑吾觀毓英先生生平行事，蓋亦自有得壽之由，不第教子一端而已。

先生家居，經理族帑及地方善舉者垂三十餘年，歲輒有所增益，不以幾微自私。或初未舉，則傾家財以創之。嘗獨力建校舍爲大吏所旌；慨母黨妻黨之式微也，爲置田産，備歲時祭享，恤其無告者。而

治家務崇樸素，家雖漸豐，儉約如其初，族姻里黨無敢以華服謁，蓋先生之好善而能貞其德也如此。

且先生之善行固不俟境遇既亨而始然也。當吾浙之淪於粵匪也，時先生年方十有二耳，從父母匿山中，卒見掠於賊，展轉皖浙間，以至金陵，及城復乃得脱。其在賊中，艱險萬狀，幸以幼不見縶，則恒分食食被囚者，又常以身護見虐於賊者，保全良多，其好善蓋天性然矣。善者天之所與，先生之履險如夷，而由屯之亨。既歸，享室家田園之樂，以至於今日與太孺人齊德偕老、子孫逢吉，而家門盛昌，豈非善行之感召使然哉？《書》有之：“作善降之百祥。”孔子曰：“仁者壽。”夫善之極則爲仁，祥之大莫如壽。善者人之所能自勉也，壽則人之所不敢必於天者也。而以天人感應之理言之，則壽雖天所不輕以予人，要爲人所能自致耳。若先生之好行其德，與太孺人内助之賢，其膺天休而登期頤有可必者，又况士希兄弟且益推先生之善行而廣大之，尤足爲延年之符哉！

吾故於士希之歸也書此，以爲其堂上壽，且爲他日券焉。

中華民國六年夏正十月吉旦，特授勳四位二等文虎章

浙江陸軍第一師師長、愚侄童保喧拜稿

（選自第三支山後盧《盧氏宗譜》光緒甲午年重修本卷二）

明處士樂善公壽序

盧於邑南稱望族，有廷實翁者，别號樂善居士，余弟國子生竹泉玠之外父也。

歲三月十有八日，壽届七十，弟時方卒業胄監，先期以書來曰：“外父誕辰將届矣，弟縻於學，弗克手卮酒稽首階下致南山之祝，竊惟吾兄之立言也，願乞華衮之榮假寵於外父，弟乃並可以逭弗躬之愆矣。爰命志學再拜以請，兄其圖之。”

余發書謂志學曰：“爾外父余固聞之，其群行則未之悉也，將

何祝?”

志學跪曰:“外祖性孝友,篤於倫紀。伯氏早喪,爲鞠其遺孤如己子。其仁以植本有如此者。家饒於財,積而能散。憫鄉人苦遠樵不給,則買白雲山均給之,蓋待以舉火者百餘家。又建縣廳,改學前溪及獨建明倫堂月臺,雖浩費弗靳,其義以廣施有如此者。嘗立宗祠,行鄉約,慨然思以德義範厥宗黨,乃宗黨皆率而化之,其禮以正俗有如此者。所居之傍闢四疇,疇畔建堂及亭,爲怡老之所。東疇曰‘樂善之堂’,其亭曰‘留春’,曰‘待月’,南疇曰‘清隱之堂’,其亭曰‘觀瀾’,曰‘釣魚’,西疇曰‘永思之堂’,其亭曰‘望雲’,曰‘聽松’,北疇曰‘文會之堂’,其亭曰‘愛蓮’,曰‘會英’。暇則集知己之友逍遥其中,或弄琴,或調鶴,瀹蔬擷茗以取適,淡然不問時俗事,故自明其志,號曰‘樂善’。而人之號之者則曰‘南疇清隱’,尚其高焉。其智以藏用有如此者。乃今壽届七十,而視明聽聰,手足輕健,每衣鶴氅,岸綸巾,曳杖行歌於清風皓月之下,望者罔不嘖嘖稱嘆,謂爲神仙中人也。非其德劭之徵能然乎哉!古之稱壽者七十曰‘老’,八十、九十曰‘耄’,百歲曰期。耄也者,昏也。期也者,限也,蓋以是爲人生之大齊矣夫。吾外祖蓋七十而未老也,則又可以百歲之常期而限之乎?《詩》所謂黄耇台背眉壽無疆者,非吾外祖其誰哉!”

余曰:“未也。余聞爾外祖嚴於教子,乃爾舅亦克靈承厥志,嶄然見頭角,識者多以偉器奇之。他日推隱居之善以達行義之道者,不於爾舅有望哉?是又奚止乎一身之壽也?”

於是侄志學躍然起曰:“美哉,祝至矣盡矣,不可以有加矣!請書之。志學將持之往壽,以謝吾父弗躬之愆。”

時嘉靖二十二年歲次癸卯三月之吉,賜進士福建按察司僉事前兩京尚書憲部郎眷侍教生晉庵應廷育書,子婿園子生應玠暨男太醫院吏目應志學百拜謹識

(選自第三支山後盧《盧氏宗譜》光緒甲午年重修本卷二)

明盧母吴氏壽序

浙之金華有邑曰義烏曰永康，鄰區也。義烏之鄉去邑十里許曰吴大園者，余家也。諱源字宗淵號東洲君者，余叔祖也。

正德間，叔祖領鄉貢，授北京中城正兵馬指揮，與永康司空郎主政李石泉滄公友於宦邸甚善，遂結婚姻，以長姑配公子庠生彬，彬字中甫號竹庵。李司空與永康高川修武令盧溪南公曾孫樂善公友，又甚善，時竹庵子婿余門。叔祖疾漸，幼姑瓊未笄，以婿屬竹庵子，期得吉士托之。

越兩年，竹庵子來謁曰："余小姨得所矣，永康盧世宦族也。有樂善公者，先大夫莫逆友也。厥嗣名周，字大中，號雲麓，妙齡嗜學，黌序有聲，台鼎之器，嘗見稱於陳學道矣。委如願，岳翁不帖然安泉下耶？"

遂會族告廟治裝而嬪於盧。今年九月三日壽五秩，姑之子應岱、應岳、應試、應誥詣余問壽。余不敏，何足以文之？雖然，嘗聞之矣，夫壽者，受也，德積厥躬而天錫人受也。方其處家也，惟叔祖是從勿論矣，其歸盧也，余聞其席祖饒而不闕，儉勤以治家相其夫也。家有老姑，而夫君業國子幾年，朝夕問省，饋養惟勤。庶叔博奕好飲酒，姑又正言以匡其叔，其以理從夫也如此。其語子曰："人惟勤則勞，勞則衣食常足；惟親賢師友則益，益則德義日進而不可量。"雖嚴寒酷暑未嘗一日廢課督之功，或時有放逸，則責之不少容，略不爲婦人女子態，乃厥子咸臻臻服訓，克成令器，爲國家望。其以理從子也如此。諸如妯娌之殷勤、宗族之酬應、戚里之交接、僕妾媪御之供給，親疏上下無一不就其理，而稱其爲女丈夫也。

然則姑亦德矣哉！夫古之言壽者曰"其德不爽，壽考不忘"，曰"俾爾昌而大，俾爾耆而艾，萬有千歲，眉壽無有害"。至於言婦德之應者，則亦曰："南有樛木，葛藟纍之。樂只君子，福履綏之。"其言坤之爲道也，則曰"用六利永貞，曰安貞吉"，蓋言德之所以常存而不已也。余姑之德常存而不已，故其壽常修而不窮也，奚啻五秩也。

始也叔祖以吉士命竹庵子而托其姑，今也余姑服叔祖之命以吉婦自托。義烏、永康相去百里，姑以義烏之光光永康，又以永康之光光義烏云。

時萬曆癸酉菊月哉生明日，賜進士出身資善大夫兵部尚書前都察院都御史侄堯山吴伯朋拜書

（選自第三支山後盧《盧氏宗譜》光緒甲午年重修本卷二）

預祝克修翁七旬壽序

祥呈北極，自天降康，瑞紀東靈，享年有永。所以與參耆英之會，狄家久仰兼謨；高歌算老之詩，竇氏會傳祭酒。際古稀之甫臨，挺然群欽壽者。相溯生申之誕降，皤然一座老人星。是宜恭登玳瑁之筵而謹獻麥邱之祝者矣。

吾邑義豐鄉在城永寧坊，由太學生世襲五品文銜候補分府盧印家齊字克修者，幼習詩書，長嫻弓馬，屢試不遇，援例報捐，貢入成均，榮膺國典。翁之爲人也，秉性剛且直，立言信而忠，不慕奢華，不趨炎勢。其接人也厚，其待下也慈，其訓子也課讀彌嚴，其課農也催耕不輟，其於人之患難也竭誠以排之，其於人之紛争也盡心以解之。其處閭里鄉黨也，遇有捐造公需，無不同心協力匡襄以助之。倉聖廟力贊其謀，吴貳尹深嘉其義。若夫覓佳城以妥先靈，無慚子職，奠室家以貽後嗣，弗棄父基，亦未始非人間之善事也。

尤可嘉者，辛未間，嚴州賊匪騷擾，府憲馮稽察維嚴。時有平陽茶商白姓者，以往虎林，而路經婺郡，其口語之不清，致營兵之誤獲。上官疑爲土匪，下人縛至法場。翁則一聞其事，不料素識其人，乃爲保救甚殷，因而得免。嗚呼，我活人而天活我，翁之所以享高齡、膺厚算，足見報施之不爽也。

翁今精神矍鑠，步履安常，想蔗境以歷嘗，信松貞之彌固。淑配章氏，頗稱賢助。所生三子：長名紹華，營衛千總，候補守府；次名紹箕，丙子舉人；三名紹榮，郡庠生。繼娶林氏，亦有淑德，生一子，名慶餘。孫十，貞睦、貞朝、貞祥、貞鎖、貞瑞、貞緯、貞奎、貞城、貞期、貞譜。玄孫二，桃溪、桃源。最喜桂子滿庭，蘭孫繞膝，寖熾寖昌，克岐克嶷。眼見四代之榮，身膺九重之錫，後福容容，未可量也。至於大德仁壽之詞，南山岡陵之頌，是非聖賢不能，何敢齒及？

兹當貴族修葺家乘，聊獻俚言，預祝其壽考維祺云。

時龍飛光緒二十年閼逢敦牂之歲應鐘月上浣穀旦，眷弟邑庠生應文焕拜稿　孫貞睦謹識

（選自第三支山後盧《盧氏宗譜》光緒甲午年重修民國丁巳年續修本卷二）

恭介玉溪老翁七秩暨德配吕淑人雙慶

日月麗乎天而亘古常明，其明也由於天氣之清也；江河行乎地而萬世長流，其流也由於地質之厚也；草木産乎山而歷久萌生，其生也由於山體之静也。故天以清而壽，地以厚而壽，山以静而壽，人之獲壽亦必有由焉。若牛江玉溪盧翁者，未餐絳雪玄霜之藥，非授延年却老之方，而今年已七十矣。德配吕淑人，現年亦六十有一，夫婦齊眉，允稱偕老，果何修而得此哉？以其人具修德之基、得積善之緣者也。吾謂享年之永，不過壽諸一身，而懿行之嘉，實足以壽諸後世。

翁以一介田夫而其一生之行誼有足爲鄉鄰儀型者，烏可不表彰之以壽世耶？翁之治家也，以勤儉爲先，以耕讀爲本。其家中大小男女食指約近二十，類皆能守淳樸家風，絶無囂張氣，並無詬誶聲，雍雍肅肅，一室太和，齊家之道可以壽焉。

其事寡母也，問寢視膳，菽水承歡，猶其餘事。最難得者，慈顔衰老，卧床不起，食必躬親晉膳，以飽其腹，寢必躬親同榻，以温其身，便

溺遺穢又必躬親洗滌，以潔其體，古之黄香，亦奚以過？事親之道可以壽世焉。

其處兄弟也，塤篪叶奏，情聯手足，凡田穀出入與家事紛紜無分爾我，雖析爨而仍若同居，難兄難弟，人無間言，友恭之誼可以壽世焉。

其營商業也，信用昭著，誠實素孚，嘗爲商友辦貨攜有六百餘金，黑夜遇盜，物被劫而金幸不失，仍以原金還主人，與古人之拾遺還金者將毋同，忠之心可以壽世焉。

他如橋梁道路，無不樂爲輸捐，鄉鄰貧乏，每不吝夫施濟，慈善之業可以壽世焉。

綜此數端，翁雖不言壽，而造福已無疆，修德獲報，榮枯不爽，其享壽也宜哉！迄於今腴田廣廈，蔗境優遊，無非從勤儉中得來者也。因額其堂曰“勤斯堂”，顧名思義，有自來也。從此而珍攝餘年，以之登耄耋、享期頤，其獲壽詎可限量哉？

兹以十二月十六日爲翁懸弧令旦，預於十一月初四日涓吉稱觴。同人等誼屬知交，愧乏蟠桃以獻壽，謹以翁爲不雕不琢之身，聊書不雕不琢之文，以作登堂獻酌之券。謹序。

中華民國十有四年歲次旃蒙赤奮若黄鐘月上浣穀旦，
鄉弟趙維藩、趙和煦、吕玉軒、趙品泉、趙桂傳、吕宗周、
陳鴻業、樓觀光、吕習常、應懋修同賀

盧得標拜撰

（選自第三支牛江《五雲盧氏宗譜》民國壬戌年重修本卷一）

恭祝介賓丹山盧老年兄老先生六旬榮慶序

余嘗流覽詩書，言壽者多矣。《魯頌》曰：“俾壽而藏。”《鴻範》曰：“饗用五福。”遂俯仰太息，謂古人之善於得壽也。洎乎晚近，吐納導引、餌术餐芝家非不欲享龜齡延鶴算，而究不能葆其真者，蓋養之而

反戕之也。今於泰清翁有足羡者。

翁字丹山，樂之名族，生居蒲川，少而有才略智慧，秉質堅剛，讀書頴悟過人。每投筆而言曰：大丈夫當建功立業，志在四方，安用此毛錐子耶。於是精韜略，習騎射，一試而采芹如拾芥，宜可以成厥志。

夫何翁以失怙，故絆於家政，令萱堂勵即《柏舟》不預外事。翁與孺人事之至孝，服勞奉養無少欠缺，可謂順於親矣。然順親者信友之端。余涖任樂邑簿書之暇，即留心於邑之老成，故得知翁之名，仰慕甚久，但願一識荊州爲生平快事。戊子歲，土氛不靖，余親赴芙蓉，偏閲地勢，便遊雁蕩，借宿翁家。登其堂，儼然一詩禮門第。翁乃出揖客，禮意殷殷，續率其令嗣以見余。其諸嗣君英姿卓華，器宇不凡，知淵源之有自也。余請叩其家世，翁始以前之巔末告。余曰翁所以舉拳於孝養者，欲爲令萱堂成大節耳，他非所計。余當請命于朝，使葆其節于棹楔焉。蓋是時翁年已途服政而精神矍鑠猶如此，豈非天之壽仁者歟。

越三年，余卸篆僑寓郡城，自以謂如疇昔之夜與翁笑言欵合綢繆竟夕者，必不可得。翁之令坦茂才燮和來謁，欲謀製錦爲翁壽，余曰善，翁之行詣余既已知之矣。敦孝友，重氣節，施與不吝，富厚不驕，兼孺人内助稱賢，洩洩融融，所謂極人倫之樂事，其純嘏之錫固非置腴田營廣厦所能擾其神也。他若吐納導引，餌术餐芝，皆非所尚。翁之壽與詩書所云，其殆庶幾乎？

余雖一行作吏，楮墨久荒，然有可録之行而不爲之彰，誠非得人之素願爾。翁他日登耄耋，享期頤，親見孫曾輩掇巍科取高第，亦舊令尹之樂聞也。

署理浙江温州府樂清縣加三級記録十次雙斌拜撰

東嘉邑庠生世愚侄鼎琛陳尚堯頓首拜書

龍飛光緒貳拾有貳年歲在柔兆涒灘黄鐘月

（選自第三支《蒲川盧氏宗譜》民國乙卯重修本文集卷）

太學生盧燮齋先生序

方山楊聖邑先生，樂善敦行，生平不妄譽一人，獨於其表侄盧燮齋先生，則津津齒頰，不憚再三，嘗語予曰："人生斯世，知愛敬，存信義，使鄉里無間言，斯亦足矣。吾表侄其庶幾乎！"

表侄姓盧氏，諱朝楨。考名朝興，燮齋其號也。幼失恃。父命之讀，朝夕精勤，屢應童試不售。思以吏材進身，俄而見諸吏之紛紛刀筆者，大不然之，遂歸訓蒙。菽水之養，必得歡心。比父歿，而其兄適病，喪葬之費一出已囊。後喪兄嫂，諸侄貧無以斂，亦不吝己財賻之。其知愛敬如此。

至於宗族之中譜牒二次重新，則畢力校正。非惟祠祭無帑能首謀積聚，並不沾染絲毫，而且經理各常甚夥，亦得精勤廉幹，祭祀無不興起；其有紛争者，則力爲和解，不使浪費貲財。由是而一族一鄉幾乎無事，則其信有以孚之也。

若夫大義攸關，利名之心，尤所不設。歲戊午，毛匪入寇，表侄盡心辦理，協衆堅守。縣主列名詳報，藩憲給照獎賞六品職銜，堅辭不受，曰："吾以固吾圉耳，何功之有？"辛酉、壬戌，賊復盤踞郡邑，逼近地方，鄉民謀逐之。表侄東鼓西舞，不解衣帶者歷三餘月。賊退，而邑之董事者採以倡先義勇，聞之於朝，而表侄先自援例入國學生，曰："吾無功而可濫邀名器乎？"其種種善行，口不能詳，爲人如是，是亦足矣。

予聞而慕之，然猶未見其人也。癸亥正月八日與夏文敷、羊尚方造訪聖邑先生，而盧燮齋先生適至，温厚和平，所語言恂恂文雅。延至其家，見其令子，詢其名，曰天耀，英英聰俊。欵洽累日，絶不道及生平一事。吾益信先生之爲人，不當於今人中求之矣。

今年幾週甲，鄉里中敬慕先生者，將必届時晉斝，爰述所聞於聖邑先生者爲之序其一二，俾製錦者有所據依焉。是爲序。

時龍飛同治四年歲次乙丑仲吕月上浣之吉，永邑眷弟副貢峻峰鄺静山頓首拜撰

（選自第八支方山《玉川盧氏宗譜》光緒癸未重修本卷九）

盧懷明列岳大人六旬晉九暨德配胡太孺人五旬晉八華誕

廉泉、讓水漂没久矣，隨波趨去，欲乞吴隱之一滴餘瀝卒不可得，故"不學俱欲"四字似從夙根帶來，遂爲人間世第一重孽障。則子牙分財、直不疑償金，史家每艷稱之，往往恃爲狂瀾中砥柱，固其宜也。然前輩熊次侯論取與事，謂所與不當亦壞他人廉耻，故有道君子必於此酌其平焉，亦義在云耳。

列岳盧懷明大人，幼習舉子業，太翁督以家政，因棄去，理家人生計。然亦不屑屑與里人競銖兩，里人中視其廉介，每事皆商於翁，翁所排解者，人人心折之，無間言。

里内處士楊聖邑亦義士也，貸翁錢貳十貫，失書二貫作"十八貫"。既翁操錢盡償之。聖邑愕然曰："吾祇十八貫耳，今多二貫奚爲者耶?"固辭之。翁曰："吾爾時實二十貫，若券中偶失書，非吾誤也。若固辭，負若錢一失也，負吾心二失也，虧吾行三失也。具此三失者，吾無以對人世人矣。"卒之不顧而去。故里人聞者重義之。

義盡而仁至，仁至而壽隨。行道有福，美意延年，其斯之謂歟!歲八月十三日爲翁六十晉九壽辰，正月初二日爲德配胡太孺人五十晉八壽辰，文誼屬葭莩，禮當進觥稱慶，故敢僭撰壽文，爲當世之知義者勸，即爲吾翁之日享遐齡者祝也。

時龍飛同治四年歲次乙丑姑洗月中浣吉旦，侄婿歲貢生曹宗文頓首拜撰

（選自第八支方山《玉川盧氏宗譜》光緒癸未重修本卷九）

興一百一盧府學長先生八秩榮壽

間嘗流覽古今知名士大夫與一般有人爵者，凡屆覽揆之辰，每必有詩、有序、有頌、有詞，以志其盛，而稱其賢，獨於稼穡服田處艱苦者未見。余心疑焉：豈修身立業必屬有勢有位人乎？余繼思之：有勢位人，其財足以聯友，故知之者衆，其力足以威人，故畏之者附。宜其届誕辰，東起祝嘏之章，西獻南山之頌。嗚呼！世事無是非久矣！巖穴窮扼之士，雖修身勵行，誰能爲之序一事而傳其人？余感是事，已非一日。適方山盧先生學長於本年四月八秩大壽，而家世清苦，識者寥寥，雖有可歌可泣事實，知無一人願爲之序，余以證知其實，敢爲一言，爲先生壽。

先生貧寠子也，家徒壁立，隔宿無糧，衹有筷盂一具，伴其淒苦，形單影隻，風餐露宿若干年。想其忍饑耐苦能不流人乎下者難。誰知心性堅定，萬刼不磨，一日光陰，化作日半工作。耕每以月爲日，食每以月爲燈，挑鹽肩水，大半俱在月下。顧工作之操持既堅，而收入之效果亦大，未幾而免饑焉，未幾而少有焉，然其刻苦耐勞之觀念，迄今猶未稍變。推其所處之苦，所獲之艱，其慳固宜，其吝亦不爲過，孰意生性多慈，最喜爲善，積年累月，竟有捐修橋梁二十四所，捐修路亭一十六方，他如仙都中學、縣四小學等等，莫不各有佽助，先後合計不下數千金。較之大人先生席豐履厚、驕妻妾、服麗都，其對鄉黨無分文分潤者，相去當爲何如？

且先生以出生艱苦，目不識丁，其肯顧念社會，惠及行人，趨慕儒林，恩沾多士，苟復澤之以詩書，優之以境遇，其生平事蹟當必更有可觀！此余所以聞其事而心驚，見其人而貌禮，認之爲可嘉，尊之爲可法也。邑侯知之，旌之以匾，似爲榮矣，然僅括以四字側指片面，猶有掛一漏萬之恨，殊不足以彰既往而示來兹。今將其生平大略述之，俾世之處先生遇者亦知擇所取則云。

壺鎮晚生吕騰英拜撰

（選自第八支方山《玉川盧氏宗譜》光緒癸未重修本）

興百廿七學欽老族兄暨德配羊氏嫂夫人七旬雙慶

吾初不解《詩》頌張仲、《書》美君陳，何以齗齗於孝友若斯也？既而思之，始知孝友者爲人之大本，猶如木之根培焉而葉始茂，猶如水之源浚焉而流斯長。不此之務，則爲人之大本已失，欲其身體康强、子孫逢吉、得昌熾而壽臧，斷乎其不能也。若我方山莊之學欽老族兄異是。

族兄生稟異資，訓承詩禮，本不與庸俗伍倫，止緣通商以後洋貨輸入我國，土物一若悉成陳舊，而劣陋難堪。不圖抵制，則利權外溢，必至貧困日甚，乃絶意經書，牽車服賈，以與外人抗。計其經營結果，雖不能步武陶朱，千金三致，而家道漸致小康，堂上足供甘旨，垂暮之老親早已酣酒食肉，登順境而樂餘年，其孝德可概見矣。

民國辛未，縣四小學建造校舍，又出其貲財，爲令先君天詞公博一長生禄位。先賢配享，泉壤有光，謂非孝之大者乎？介弟病跛，行動不能如意，生活難以維持，析爨之時，一遵先人遺意，任擇其肥。及逝世，所遺寡婦孤兒，悉於一身任其責，俾生得其安、歿無遺恨焉。其友於已如此。且其于季也，知乃父愴懷微陋，久欲讀書上進爲家門光，乃先意承志，延師課讀越十年餘，脯修優厚，欵待殷勤，諸先生咸感其德。厥後外出就傅，笈簦之負，炭米之輸，酬酢往來各費之取給，又皆唯老兄是問，以視不念鞠子哀不友于弟者，其相去不啻天壤。允若兹，爲人之大本立矣，壽躋古稀，而猶身體健全，精神矍鑠，宜哉！

配羊氏，柔順安貞，克敦婦道，而事翁姑、處妯娌，與夫相夫教子，更卓然有古賢婦風，洵天假之良緣歟！兹以夏正八月二十八日爲老兄暨嫂夫人七秩誕辰，極婺雙輝，帨弧並耀。賓朋滿座，祝共晉夫華封，孫子盈庭，衣更翻夫萊子。綺筵之上，盛極一時，咸樂爲老兄暨嫂夫人壽。寅誼屬同宗，交成莫逆，自宜羅列懿行，闡盛德而發幽光，爰本素所習知而熟聞者，略爲述其大概如右。謹序。

時中華民國二十三年歲在甲戌仲夥月全浣穀旦，晚生趙舒藍臺吕報政敬賀，隴川愚族寅率女嗣音嗣姜嗣任男嗣仝拜撰

（選自第八支方山《玉川盧氏宗譜》民國己卯重修本卷一）

進士元吉公贊

相君之貌兮山立不頹，探君之心兮淵澄無埃。劍沖南斗，文映三台。冠浙東之雄駿，奪天下之奇魁。余忝交遊之末，叨乘珠履之培，兹獲瞻其遺像，恍縱觀乎春臺。聊發潛德於既往，庶幾昭示於將來。嗚呼，若君者可謂廊廟之偉器、文武之全材也哉！

文天祥拜

（選自第三支《錦溪盧氏宗譜》民國丙辰年重修本之廿六卷）

明指揮僉事本府君暨花氏恭人像贊

身披甲胄，胸藴猷謨。興撻伐之師，而生擒頡虜；運神奇之計，而坐挫苗胡。績勳屢奏，名振京都。錫之以爵，剖之以符。奮身死節，今古丈夫。爾忠宜贊，爾像宜圖。

貞淑其操，圭璧其容，閨門綜理，賓薦克供。文臣之女，武將之風，捐生赴敵，罔怨罔恫。夫婦忠節，世罕與同。

時洪武廿三年十二月朔後四日，刑部郎中前周府左長史邑人吕熒贊

（選自第三支山後盧《盧氏宗譜》光緒甲午年重修本卷之二）

雲嵩公像贊

盧君人霖，號雲嵩，余之外兄，予之益友也。爲人秉性剛介，骨節珊珊，事不畏難，以爲已任，庶幾古人風焉。長予十載，與予爲忘年

交，多所裨益。

庚辰君領經選，壬午予舉孝廉。方謂半生攻苦，書債稍償，兩人且共千古也，不意乙酉冬，余將北上，君之訃音卒至，哀哉痛哉，如失左右手！垂淚爲撰一聯，以志傷悼。

建大宗與小宗，煌煌乎典禮修明，生前已無遺憾；

爲人子爲人父，藹藹乎孝慈式範，身後尚有餘榮

自恨俚詞未足表其爲人之萬一。厥後余從京師歸，拜姊之余，至其舊時書室，但見琴書猶舊，几席依然，蓋不勝物在人亡之嘆焉。而余甥若湛澄、池潢、浙遊持其像示余，且懇題。善夫人子之不死其親者，當如是矣。隨展畫圖，見其鬚眉欲動，不獨形似，而且神肖，令人恍然如接昔年連床風雨、雞窗夜話時也，而何以畢傳於丹青之手？因索筆成贊。君之形神斯在，諸甥諒不鄙余之不文矣夫。

隆隆道貌，肅肅冠裳。標儒林之異躅，披繡虎之文章。養天地而席太和，用惠迪而咸吉康。麟趾鳳毛滿前意足，紫芝白石樂視年長。具剛方者，我翁氣魄，敦戚誼者，夙昔肝腸。一經以貽孫子，五典表其笙簧。髫歲曾親翁爲東袒之客，老大遂與余爲忘年之行。翁今仙舉，丹青可望。玉川遺裔，洛社風光。卷舒任運豈論藏，福斂五疇兮，厥身孔臧。

康熙丙戌季春之吉，眷内弟徐士雄頓首拜撰

（選自第三支山後盧《盧氏宗譜》光緒甲午年重修本卷二）

澄公像贊

蓋像者，形於外也。形外者有温厚之容，必由積中者有謙恭之德。余先太叔祖豫行一百十八字光公者得之矣。

公之始居白竹也，耕食鑿飲，悦親信友，和鄉睦族，不敢以驕矜處己，亦不敢以傲氣淩人者，無非謙恭之德積中而形外者也。及後勤儉治家，而貲財漸有，忽計務農不如爲商之生息更厚也，因遊商數載，而

來兹土。睹鹿峰之聳翠，觀玉水之瀠洄，遂遷居白鹿山之下，而爲白峰發祥之祖焉。迄今子孫衆多而慶協螽斯者，咸稱公之美德，與公之真容相傳萬世而不朽云。

（選自第三支《鹿峰盧氏宗譜》民國丙寅年重修本卷二）

郭氏安人遺容圖贊

婉娩者碩人之性，貞静者碩人之容。當其未出巂壼也，則爲河東之淑女，而其既嬪范陽也，亦稱錦水之女宗。論徽音則同姒氏，言禮法則媲郝鍾。正四德，凛三從。宜其子若孫雲蒸而霞蔚，上與下敦睦而和雍。

時嘉靖十四年春王正月上浣之吉

禮部侍郎程文德題

（選自第三支《錦溪盧氏宗譜》民國丙辰年重修本之廿六卷）

永二百五十三安人吴氏圖贊

緬彼恭人，質性淵穆。聘自名門，嬪於巨族。柔順含章，婉嫕慎淑。不事鉛華，潔修膏沐。克儉克勤，種厥多福。宜其雲礽，蘭芬桂馥。

時在大明崇禎六年清和月，欽命兵部特授大司馬總管六軍、玉笥張國維拜撰

（選自第三支《錦溪盧氏宗譜》民國丙辰年重修本之廿六卷）

元洲先生贊

文章萃藪，道德培林。不有君子，其何以任？偉哉先生，范陽世裔。性米善禾，紉蘭佩蕙。幼傾乾蔭，母氏劬勞。丸熊畫荻，孤月輪高。捧讀楹書，機聲鐙影。雷劍飛光，毛錐脱穎。英年樂泮，譽雋一黌。抗懷鵰鶚，寄慨蒿蘋。德圃旋規，情田茂矩。見義必爲，傷廉勿

取。慈闈苦節，雪涕臚陳。巍然綽楔，寵賁絲綸。風雨蘧廬，後進領袖。馬帳經傳，董帷業授。耄而好學，青雲激昂。龍光式燕，吹笙鼓簧。經師人師，一鄉祭酒。道氣三茅，高風五柳。錦溪之涘，杖履盤桓。瑶環瑜珥，庭茁芝蘭。歲月易遷，音容不隔。見似目瞿，眉蒼瞳碧。

時同治丙寅嘉平朔吉

賜進士第翰林院編修歷陞内閣學士兼禮部尚書、春皋李品芳拜撰

（選自第三支《錦溪盧氏宗譜》民國丙辰年重修本之廿六卷）

《大學》十傳説

得不易言，明可言也。天之明命於人，人之受明於天，無不各具其明，而爲氣禀所拘，物欲所蔽，則不能明。《傳》引三聖，而曰皆自明也。自明虚明，久必至德。

三聖皆自新以新民，文王受命於天，日新盛德邦，非太王、王季之舊。君子進德修業，終日乾乾，何可不用其極？

止於至善，聖功王道之事也。聖功之事在明明德，王道之事在新民，止於至善，則一時遇不同耳。太王遷岐，非擇而取之，可止則止，而民亦然。豈惟民哉？鳥性亦然。既止於岐，定於岐，静於岐，安於岐，慮岐不得至善，乃傳王季以及文王。聖敬日躋，各止所止。淇澳以下，相傳古本在平天下之後作一末結，程子以爲錯簡，移此以明盛德至善，没世不忘。此傳首節言止，不言至善；次節引證上文；三節事各有止；末二節實指至善。雖易先輩，理有固然。

必也使無訟乎！必使上之心能格於下，下之心能通於上，上下格通而後可使無訟，此謂知物格之本，既知其本而知至矣。

格致窮理也，猶可得之思辯；誠意盛性也，在於毋自欺。自欺是私意，毋自是；誠意正心修身，雖有次第，實皆互爲其根。此是作聖第一工夫，又是第一難事。要在勉强用力，敬一不二，無内外將迎，物來

順應，物過不留，静亦毋自欺，動亦毋自欺，“四勿”並用而後可時習之。學日久，涵養之功時深，根基立定，而下面工夫稍易，故君子必誠其意。

所謂修身在正其心。董子有言曰：“怒則反中而説之以和，喜則反中而收之以正，憂則反中而舒之以意，懼則反中而實之以精。”乃知喜怒哀樂已發之時，必當收其放心。反止於中以心正，心發必中節，心不在者妄也，妄復斯無妄矣。故曰：復其見天地之心乎。

貌言視聽思動之必以禮，所以修身也。偏僻之人美惡不知，私欲滅絶天性，不知修身，遑問齊家？

《傳》言：齊家舉孝弟，慈而行之以恕，則通齊家於治國矣。言治國舉老老幼幼，恤孤而行之以絜矩之道，則通治國於天下矣。然其齊家則又本之修身，乃知修身以上内聖之事也，齊家以下外王之事也，内聖外王一以貫之。夫子呼曾子之名以告之，其在斯乎！

聖經一篇，明德新民，物之本末也。明德爲物之本，新民爲物之末，止於至善，事之終始也。事節明德新民之事，知止爲事之始，得至善爲事之終，此謂綱領。格物致知，先格知明德新民之物，而後可行明德新民之事。誠意正心，修身明德之事也；齊家治國平天下，新民之事也。此謂條目。傳詳於新民之事而簡於明德之事，蓋明德之事有孔門傳授中庸之心法在焉。經文物有本末四句，相傳古本在天下平之後，程子移入，能得之。後喚醒上下文先後，即下文八條目之先後也。

盧楠

（選自黄巖《黄巖盧氏宗譜》民國丙寅重修本卷首）

鳶飛魚躍説

鳶非風，風起則鳶飛；魚非水，水流則魚躍。人無虚靈之性，虚靈之性合則人生。

風性向上，鳶從風而上，故能上察；水性向下，魚從水而下，故能下察；人受虚靈之性而不察，可以人而不如鳶魚乎？鳶魚造端乎風水，蓋風水之性具鳶魚之性也；人道造端乎夫婦，蓋夫婦之性具虚靈之性也。風散則鳶伏，水竭則魚斃，虚靈之性離則人亡，其費隱爲何如？

故夫婦之愚，亦自知人道生於夫婦。至於人之所以爲人之道，天道之化育，聖人有所不知。夫婦之不肖，亦自能行夫婦之道，至於夫婦之所以盡夫婦之道，人道有變遷，聖人有所不能。人在天地之内何知費隱之道？其大無外，其小無内，子思所以引以明之也。程子言子思吃緊爲人處，一語道盡。

先曾祖學問淵博，文章高邁，有古大家風，著有《清江文稿》藏於家，尚未爲之刊刻。所作古文雜體，散逸在外，刻不及檢，兹於遺稿中所載《〈大學〉十傳説》《鳶飛魚躍説》二篇謹登之，以光譜册。

盧楠

（選自黄巖《黄巖盧氏宗譜》民國丙寅重修本卷首）

三、詩　詞　賦

承志録

先子質窩，先子命可久往越師事陽明夫子，時以詩戒行。久不類，恐忘嚴訓，敢録爲朝夕之佩，題其録曰“承志”。諸君子幸有賜教焉，則先德益光，不肖之心益知所警懼矣。

先子賦《戒行》

阿兒有志投明師，異時當抱稽山歸。阿兒無志荒於嬉，眊我老眼徒依依。惟勤有功念在兹，能安汝止惟帝畿。至言堯舜人可爲，我聞有道歌《緇衣》。既殫我力遐爾想，不學無術終卑微，不學無術終卑微。

噫！詩耶，意耶？置之座右以親吾侍耶！時嘉靖丁亥正月望前二日，可久往稽山書院講學，戒行賦也。及越歸，復賦《勉學》以戒。

越歸，先子賦《勉學》

汝透出門去，廣遊夫子庭。風清還濯水，月朗不須燈。當取十分樂，毋容一息停。夜深休睡去，擊節唤惺惺。

不肖男可久謹録

當朝夕砥勵，不可忘明訓而背去，乃善云。

昔一松往越，尊翁質窩先生有詩勉行，足徵善教。尤喜一松善學，深造有得，端無負而有光矣。因和以小發

硯峰周桐前題

稽山有道真至師，令郎敬往豈徒歸？志勵有立懲怠嬉，學悟本體能遵依。動息戰兢必於兹，安知定止趨邦畿。矢無隱怪或遐爲，允自披錦加絅衣。中和位育奚多思，只在慎獨盡精微，只在慎獨盡精微。

寶峰周瑩前題

小子曾就陽明師，賢郎亦坐春風歸。堂上叮嚀勿荒嬉，良知果得爲可依。朝兮夕兮念在兹，若奔大道通邦畿。性天之外奚所爲，不願膏粱文繡衣。訓語長存動悲思，慰公有子能知微，慰公有子能知微。

古麗應兼前題

憶昔吾先子，志我在讀書。命之台越間，期以聖賢徒。日月忽云邁，依然此頭顱。追念有餘憾，先志寧終辜。盧子出先翰，捧閲成長吁。杯棬不忍隱，手澤況昭如。猗嗟吾與子，其可復躊躇？感之再三復，黽勉終先圖。

草亭應玠前題

三復先生教，依稀見古風。精勤韓氏史，志學孔宣公。拍翅絛籠外，馳驅軌度中。異聞雖胤子，昏惰亦陶鎔。

心齋倪濤前題

聖學非言可盡他，果能立志自無艱。惺惺了得父師訓，皜皜常存天地間。千里傍隨尋孔樂，幾回吟弄適稽山。永懷不匱承親意，雲外蒼松鎮日閑。

曲江周文標前題

質窩隱德出塵風，存殁令人感慨頻。訓立義方心獨切，香留手澤愛還真。漫誇哲胤追先聖，尤憶遺謨啓後人。此日庭階松蔭密，會有雨露秀靈根。

竹塘杜棐前題

盧翁有志希聖賢，作詩勉子早著鞭。摳衣不憚千里遠，良知二字認真傳。

五峰深處開講堂，春風滿座聚游楊。老子坐眺山中景，遺編誦罷塵夢醒。

（選自《石馬盧氏宗譜》民國癸亥年重修本卷二）

輓泉山先生詩

盧　璉

先生後事起予悲，拭淚麾箋寫些詞。深谷倚欄思氣味，頹波砥柱望型儀。千方無藥堪回死，一老胡天不憖遺。我不負書書負我，麟遭狩獲出非時。

（選自《石馬盧氏宗譜》民國癸亥年重修本卷二）

五峰言别

盧可久

言赴五峰約，相看眼倍青。漸摩渾不覺，沉夢已俱醒。山雨連床話，風泉隔樹聽。行當復分袂，退勿墮冥冥。

静　坐

習静争知真静難，也無動静也無端。由來一樣春風好，不用窗前草色看。

陳翽齊鳳巢註云：先生專功於理學，不事韻語，故傳詩甚寡。第二首但見於《東陽八華山志》。東陽杜維熙聞永康盧先生，其所造有浮翳静掃、皎日中天之象，講學於五峰石室，不涉有無。又云：原無所存，更有何亡；原無所得，更有何失。今觀"静坐"詩，則當年之造就爲可想。維熙慕其學，遂受業門下，以復性爲宗旨，以克欲爲實際，不出盧門者六七載。既遠，此志漸移，其平生故習，静思躬悼，自咎自責，因日録其所至，自名其集曰《悔言》。

憑欄有感

憑欄樓上頭，忽憶稽山日。四海會雲龍，良知相講習。勤勤琢以磨，怡怡誘還掖。洞口坐春風，天泉飲瓊液，歲忽二紀余，人遠事成隔。豈無臨安祠，天真甍翼翼。豈無五老峰，百年追麗澤，此意識者稀，微言莫能繹。猶幸此心存，冥會應可及，中夜興永思，每令忘寢食。天心一敢違，直探源頭極。

思赴五峰會

百年聚樂歸何地？五日尋盟已有期。賢聖可爲須立本，真元不息看流澌。峰頭月白時來鶴，祠下風清一薦犧。讀罷規條更分手，勤修交砥莫教遲。

寒夜不寐

寒齋不寐有懷深，須向源頭是處尋。莫謂其中些子少，由來萬物一天森。常知便是真頭面，此道何曾有古今。不費思量庸勉强，如愚終日喜同襟。

閑　中

漫從物外覓神仙，物外何曾别有天。自止自行原自樂，隨時隨處且隨緣。森森萬象皆吾具，寂寂真機妙更玄。活潑眼前皆是《易》，莫將羲畫滯陳編。

睡　起

五更方睡起，紅日照紗窗。都説閒人少，我獨未見忙。忙苟非逐逐,勞形亦奚傷? 閑中自有事,静思天地長。

三才吟

人身五七尺,却與天地參。此身只凡身,庸可並爲三? 此身非凡身,俯仰應無慚。聖凡只些子,誰向其中探? 超凡即入聖,自我亦何嫌。

辨　念

吾心有正念,不離邪念間。邪念念覺擾,正念念自安。擾處即爲邪,覺擾原自正。人心豈不覺,有不假思議。感應順天真,然後爲知至。吾知苟至時,出入皆天理。此念一有偏,存存容未是。所以君子學,毫釐辨千里。

寒窗獨坐

風寒不出門,擁衾抱爐火。詩書久來廢,閉眸只静坐。日短也如長,一瓢不覺餓。世事總不知,形骸忘有我。天地何始終,視今古亦可。聲奪皆虚傳,混淪同一個。曾有萬八千,也向其中過。曾有白日昇,上古無根顆。帝王自帝王,輔佐自輔佐。興衰自興衰,清濁自清濁。謂伸何謂伸,謂縮何謂縮。彼榮即我榮,人剥亦我剥。只此是生成,只此是歸束。縱横出入間,無容一絲著。

寄五峰諸友

盧自明

千聖只此心,八荒均一理。人道竟何如,惟學而已矣。《大學》在修身,良知真聖體。有若靈樹苗,灌溉常無已。有若奠安居,出入知攸抵。毋令駟馬馳,追逐無寧尾。毋俾八風摇,垂頭甘草靡。雖老且益壯,切磋成有斐。雖窮且益堅,陳蔡絃歌起。遠道那有終,研窮直到底。嗟哉五峰頭，倏然梁木圮。木鐸暫收聲，赤幟誰知倚。四望失憑依，扶衰强自企。高叫唤同方，鳴鼓攻凡鄙。麗澤萃朋儕，蘋藻昭禋祀。草昧踵前修，存羊聊示禮。涼秋九日中，旻天方薦祉。古洞剩春風，雲崖懸瀑水。佳景漫虚過，餘生知有幾。鳴鳥向空山，聞風應倒屣。瑞鳳共鳴陽，翺翔看萬里。

（以上選自《石馬盧氏宗譜》民國癸亥年重修本卷二）

仙盧八景

秉　泓

仙盧玉川

曠野雖無玉，蔽廬却號仙。意將温潤比，還即蕊珠傳。栗里陶潛宅，浣溪杜甫遷。稱名如假借，試請問前賢。

厚山遠眺

勢本平衡起，形如碧玉灣。松林千古秀，柏霧一時班。屬邑微茫里，鄰村縹緲間。登高聊適意，不必慕三山。

前朝石馬

天馬行空際，斯巖宛在前。昂頭吞月露，掉尾掃山田。不必繡鞍駕，何須皂策纏？空群疑即此，長伴白雲眠。

赤巖上下

上下塘臚列，稀奇是赤巖。逶迤符鳥道，峻峭掛雲帆。齒折高人屐，寒侵竪牧衫。菱花無自採，蔓草任君芟。

鄉主由仙

覓得仙蹤跡，原來主我鄉。燈花長不斷，藥竈久成荒。疊繞騰蛇霧,牽連白象繮。大家叢賽報,萬載樂安康。

南屏羊廣

近眺南陽路,屏開對面彰。雲鋪如玉翠,日照似蘭芳。不必他山牧,何須别地亡?民肥猶是矣,叱石亦成羊。

川山海島

碧水盈盈緑,澄清勝百川。波平龍睡穩,浪静日華躚。三山四面繞,一海中間穿。乘槎知不必,倒湛斗牛躔。

水口石龜

水口巖空現,相傳號石龜。中流如砥柱,俯伏似丹墀。願入華人室,奚堪仲氏居?玄文成九九,出洛負書時。

(選自第三支《石馬盧氏宗譜》癸亥重修本卷七)

儒堂八景

歲貢士欽賜舉人松陽教諭鄭開政

儒堂夜月　石馬朝陽　白鷺騰雲　黄龍化雨

秋風古墠　春水新莊　謝嶺傳芳　香山列秀

儒堂臨夜月,石馬迓朝陽。白鷺騰雲起,黄龍化雨翔。秋風留古墠,春水足新莊。謝嶺傳芳遠,香山列秀長。

儒塘夜月

癸未進士湖北安陸縣知縣包大成

由來冠服襲儒名,學士襟懷水一泓。清濁足纓宜辨别,淺深厲揭最分明。非沿陸海潘江號,却裕詞源理窟情。更喜夜闌月如晝,塘坳猶有讀書聲。

石馬朝陽

驊騮騄耳號龍驤，艮也乾乎義孰詳。透瘦有情邀米芾，駑駘無術試王良。張弓飲羽原非虎，矢口成群便是羊。石潤苔肥春雨足，一鞍緑褥對朝陽。

白鷺騰雲

翩翩白鷺任西東，一立千秋氣自雄。有意騰雲三島外，無心破浪五湖中。者番豈復篁棲叟，此後依然碧繼翁，莫道斯禽頗難養，幾經秋水不飛沖。

黃龍化雨

水抱巒迴秀氣鍾，松楸叢裏臥黃龍。林深不斷輕煙鎖，地迥時來密霧封。豈果成雲滋百穀，也將化雨慰三農。偶來訪勝頻瞻矚，如在巫山第一重。

秋風古墠

野闊天空一望秋，西風漠漠更颼颼。飄殘紅葉山皆瘦，吹破黃花徑自幽。蕭索愈知壇墠古，怒號易惹鬼神愁。村翁逆料寒將至，囑備青蚨贖敝裘。

春水新莊

舍南舍北皆春水，應是今年春雨多。地脉一犁歌既渥，天心五日信無瘥。空階入夜驚愁夢，小艇横江蕩緑波。閑坐新莊無别事，常情古句爲兒哦。

謝嶺傳芳

自古名山半窈然，高人一對别争傳。胡麻七世留佳話，精舍三間隔俗緣。磅礴嵯峨徵地力，品題聲價賴前賢。我家有嶺同稱謝，樵徑於今屐齒鮮。

香山列秀

吾愛香山不負吾，重重秀氣拱皇都。春風蕩漾嵐光媚，夏雨沾濡草色蘇。避地孰知秦歲月，候仙何問海蓬壺。有時樵叟逢耕叟，酷似當年五老圖。

嘆　旱

道光乙未大旱，九月廿八日偶閱陳公湘潭散賑詩有感。

盧　暖

天災安可再，再侵尤慘酷。綿綿三四年，年年常枵腹。此災甚矣憊，兼之癘疫續。死亡亦常事，痛哉人面鵠。何意今年秋，十分無一熟。不論高與下，觀瞻徒往復。不論貧與富，倉箱無粒粟。忍饑出田疇，刈禾晚無穀。枷聲絶不聞，何必供饘粥。憶自芒種前，灌輸少積蓄。苦救田半畝，勝買珠一斛。霑溉無幾時，枯燥盡成陸。豈無暴雷雨，來遲去更速。禾役抽層層，一層一回暴。況兼風威大，田禾同受毒。九秋微雨滋，也望甘霖沃。只有幾日陰，生機本甚促。農人心不死，欲刈手還束。一朝嚴霜加，翻種嗟不夙。往時疊穀謠，今乃空仰屋。貧家挈妻兒，風塵同僕僕。富人覓生計，輾轉枕難伏。僵卧骨漸多，鬻子苦無肉。釜甑見塵生，秕糠欲比玉。慘極此時情，大廈難支木。家人强解悶，言罷向隅哭。鄉鄰相嘆息，勢必登鬼録。縱有憐貧者，自問無隔宿。相對悄無言，但見眉蹙蹙。借者良已矣，賣更誰家鬻？于嗟永康獨匪民，忍使累累轉溝瀆。呼天天難問，呼親親莫畜。我見陳公散賑詩，悱惻昭詩録。陳湘潭《金華散賑詩》載在《金華詩録》九。又見張公卹災情，名宦傳名躅。嘉慶五年大水，張公吉安賑給，道光十三年奉旨准入名宦祠。共發齊國棠，陽迴麗州。今民何所賴，隱衷各有屬。非天同天戴，非親猶親育。所屬究何人，痛聲呼良牧。

附　録

湘潭陳公樹著官兩浙海防兵備副使奉檄來金華散賑詩

浙東旱無狀，東陽尤慘酷。來牟春爛死，秋禾無粒穀。時過補種難，田父荷鋤哭。蕨根及土粉，搜索窮山谷。不食常苦饑，食多鄰鬼籙。余奉天府命，單車刺心目。請粟豈避嫌，勿爲利鈍惑。所幸既得請，轉輸費籌畫。死者長已矣，生者賴以活。儻猶食未徧，不辭馮婦數。

催捐嘆

道光乙未大旱，縣主廖重機捐賑散饑。因民間災，沿門逼捐，故作催捐嘆。

盧　暖

舊歲苦旱苦最凶，擔饑受餓延秋冬。今歲苦極苦難忍，遍索窮搜良堪憫。薪柴用度何從來，豆麥蔬菜已食盡。妻兒稚子都默默，農家惟有穀出息。無穀安得有錢財，便是壯夫無顏色。官吏説我家少康，誰知歷歲遭饑荒。一家食用苦不給，那復有計屯余糧。懸磬之室何所恃，捐錢聊以塞責耳。吏胥登門索公項，聲聲務要正月裏。一時從命一時寬，當時亦知措辦難。廚竈無煙釜無米，安所得錢來充官？吁嗟乎！君不見仙人道力深，指頭點石成黄金。又不見蘇公坐公廨，詩畫與民償夙借。我今囊里苦無錢，有錢便得公事了。幽齋寂寂獨自憐，何異荒野作餓殍。

此詩作於丙申正月。公諱暖，字春臺，乙卯恩貢。著有《春園詩草》並《家訓》及文稿，待梓。同治壬戌，遭粤寇亂，俱被煨燼，僅存《家訓》，前已登諸宗譜。光緒壬辰春，重修邑志，鏞與胞侄思昉奉邑侯當爲李公諭，職司採訪。彼時搜羅公詩不得。至秋間從雅音應文光先生處得來公詩二首，其《嘆旱詩》一首即行抄録呈局。總纂潘憩南先生以此爲詩有關一邑民俗，本擬選刻，因查刻板"藝文・詩"一類俱已完竣，無由增補，急録此以望後人。

（選自《石馬盧氏宗譜》民國癸亥年重修本卷二）

甘溪陽基圖詩

喬木陰翳護境幽，村居集處古風留。千山南北環青障，兩水東西繞碧流。女織男耕沿世業，朝弦暮誦繼前修。扶輿氣脉鍾靈秀，代出英賢洵有由。

邑庠生宗末鍔題

（選自蘭溪《甘溪盧氏宗譜》民國廿四年重修本卷二）

柏軒詩

狀元舒芬

六花撲門飛莛莛，有客展卷索我詩。且將題目束漫興，柏軒主人知爲誰。翠深黛濃障空起，此樹日月非一紀。煙連野色無白晝，風鼓濤聲鳴十里。結盟不作棟樑用，擁腫亦豈輪轅具。主人謂是身姓盧，誅茆索綯逍遥居。仿佛犧牛傍櫟社，遠憶卧龍蟠草廬。夜深夢俠羽衣客，世故未攖無何墟。更愛嚴冬色不改，蒼松緑竹敦交態。却怪尋常桃李花，能紅能白隨春媚。

盧子春泝辭北部之南都爲親也以詩送之

兵部尚書韓邦奇

帝里青春好，千家桃李開。君翻辭玉闕，誰不愛金臺。望切秋雲迥，心驚暮日催。即今承彩服，朝夕奉霞杯。

又

刑部侍郎劉刃

寵命光承出禁扉，恩私兼得侍庭闈。西臺晚曳新朱紱，南國秋翩舊彩衣。雙鯉江東絲膾美，五雲天北鳳樓違。連枝此後牽詩思，夢覺堂虛日影微。

賀盧年兄擢秋官

武英殿大學士、東陽張國維

圖書東壁日逶迤，環佩西清更陸離。六翮驟飛鸞鷺省，一毛曾占鳳凰池。香含太一雲霞擁，漏聽長楊日月遲。奕葉元成門第好，並將經術報彤墀。

擢守桂林詩

兵部尚書屠楷

千里分符荷寵光，省中曉日下仙郎。持廉早見登周計，折獄惟聞習漢章。自幸遠民蒙怙恃，極知聖主選循良。騑騑五馬秋風道，入桂應舒滿路香。

又

刑部尚書顧應祥

南都久歷詳刑署，西廣新分治郡符。行盡楚煙逾桂嶺，賦成湘水吊蒼梧。風聲定遣三苗格，德化先將五教敷。最喜金緋經梓里，斑衣堂上共歡娛。

又

禮部侍郎開州王崇慶

科目推名族，旌旆望桂林。秋風雲出没，落日樹蕭森。太守聲華重,專城惠澤深。未須思閉閣,豈必弄鳴琴。家學稱兄弟,完功震古今。雁鴻迫曠影,蟋蟀動微吟。會入銓曹耳,登崇次第尋。老予稱夙愛,不盡讓能心。

又

兄後屏勳

同年同月又同經,同祖人誇好弟兄。具慶齊看探月窟,拜官並喜宦神京。秋曹冰玉馳聲譽,刺史金緋沐寵榮。八桂徵求方困劇,好將雨露灑蒼生。

南明山

盧　勳

斗絶諸天上,坐來鐘磬聞。溪平藍水浄,嶺簇碧霞分。選勝同司馬,耽奇學子云。觀風多暇日,草木亦氤氳。

仙都紀勝

盧　勳

勝地仙都世共稱,軒轅龍馭此飛昇。琳宫松滴晴天雨,石鼎蓮分玉井冰。清夜共看黄鶴舞,層霄長見紫煙凝。當年轍跡雲猶護,千古何人得共登。

挽叔母徐氏孺人詩

侄　勳

昨冬歸拜壽顔時,炯炯雙瞳笑語孜。鳳詔正期來玉殿,鸞輿忽道赴瑶池。九旬有五人間瑞,四德無虧女閫師。猶子他鄉倍悽愴,百年空負倚門思。

送范感泉别駕之鬱林

點

絶徼敷文德，皇朝簡譽髦。一官承命重，萬里去程勞。天霽開嵐瘴，鑾馴擁犍槖。行看報新政，親降璽書褒。

（選自《白竹盧氏宗譜》民國庚辰重修本卷三十三）

壽盧母徐氏九十

兵部尚書韓邦奇

冬月寒梅滿樹香，華筵彩服舞仙郎。三千海屋籌無盡，九十春光力尚强。堂上壽萱花正茂，階前慈竹筍偏長。褒封指日天章下，南極星高應色黄。

秋官盧正郎春沂，清勤簡樸，綽有古風，兩考時予嘗書最。乃兹仲冬之望，尊堂夫人徐氏壽登九秩，慶澤未艾，慈訓足徵，春沂將捧表北上，取道省侍，賦此歸之。

又

吏部尚書萬鏜

仙都山接小蓬萊，慈閫平臨壽寓開。一笑加餐無枉獄，百年食報有深培。春光長護靈萱在，陽氣剛從寸草回。拜表相將趨北報，稱觴先此效南陔。

又

刑部尚書劉訥

婺星冬夜麗寒芒，壽母佳辰近履長。忽見雲霄翔海鶴，遥知親族獻霞觴。徵詩共效岡陵祝，賜誥重增珠翟光。九十慈齡邁巾幗，百年門祚卜隆昌。

又

侍講學士閔如林

高門邃閣百花香，片片春霞入壽觴。簾外徐飛青鳥使，膝前屢舞白雲郎。

仙郎才藻並王楊，九秩慈顔燕北堂。頳鯉紫房還自賦，峨冠長侍板輿康。

（選自《白竹盧氏宗譜》民國庚辰重修本卷三十四）

若東宗伯八旬雙慶

好水蒼山境最饒，高人慣喜此逍遥。陶公夙愛歸田樂。晏子何嫌近市囂。學重師儒家有塾，名登仕籍杖於朝。神仙後裔都康健，益信雲山道術超。

衆仙高會醉瓊漿，南極星輝照錦堂。桂子承歡聯舞綵，桐孫繞膝疊稱觴。人欽大老能銷福，我羡維師正釣璜。預擬期頤重晉祝，恩榮共景百齡坊。

民國甲寅，教育科科長宗侄世珍

（選自第八支《白隴盧氏家乘》民國乙丑年重修庚辰年續修本卷二十五）

送盧道卿差使還括蒼

寧紹臺道友弟丁此吕

盧道卿與余有世交，往歲同官閩中，相好甚篤。今别去且十年餘，道卿忽訪余海上，握手歡甚，尋復策馬去。遺詩言别，黯焉以答，遂當驪歌。

懷人十載寸心丹，極目仙都霄漢間。拙宦風塵慚滯羽，高蹤泉石足怡閑。相思頻與丰神匿，乍見翻憐晤語慳。握手斯須君復去，只憑狂膽共三山。

（選自《白竹盧氏宗譜》民國庚辰重修本卷三十三）

贈盧道卿先生遊四明還

儀部甬東友弟屠隆

豈是盧敖汗漫遊，飄然一笠到滄洲。金庭雲傍浮丘鶴，鏡花水明太乙舟。抗跡寰中聊有托，澄神物外亦何求。鼎湖事遠丹爐在，夢入仙都最上頭。

（選自《白竹盧氏宗譜》民國庚辰重修本卷三十三）

和拓峰翁原詩韻

麗陽令江右樊良樞

離亭歌管急紛紛，把酒淋漓日未曛。民是桐鄉猶愛我，人如洛社更推君。千秋紫氣尊前合，一劍蒼雲馬首分。獨有南明山色麗，長隨練水送殷勤。

（選自《白竹盧氏宗譜》民國庚辰重修本卷三十三）

送侄鋼任浦江訓導

叔梅夫作和

饑餐貴上口，不必待鮮薨。貧官貴上手，不必厭卑小。廣文最清冷，公事鮮煩惱。念汝甫授室，服官尚云早。禄入能幾何，雙親幸未老。今赴教官任，但行教官道。首須愛生徒，謁接攄懷抱。次須勗書斗，堂舍勤洒掃。貧士須矜憐，縣官莫干禱。清貧本吾素，勤儉以爲寶。經史乃根底，公餘藉稽考。文字在純熟，居閒事研討。我年過強仕，精力漸枯槁。汝壯方及時，韶華須珍保。鵬飛搏云煙，豹隱養文藻。行矣且努力，吾道爲之兆。

（選自《白竹盧氏宗譜》民國庚辰重修本卷三十三）

贈弟環溪碧筠軒詩序

兄明德

世人終日營營，溺於紛紜舛錯之中，不能自行解脱，莊生所謂“塵人”也。予弟環溪，不侵勢利，超然自適，搆軒一區，栽花聽鳥，掬泉導流，開一鑑塘，養魚以自樂，真一塵之不染矣。晚年蘭桂競秀，門無剥啄之聲，而傍山植竹，翠碧成蔭，渭川淇澳之趣蔚如也。自署其門爲“碧筠精舍”，每頌東坡吟碧筠之句曰：“可使食無肉，不可居無竹。無肉令人瘦，無竹令人俗。人瘦尚可肥，人俗不可醫。若對此君仍大嚼，世間哪有揚州鶴。”日常三復此篇，以見己志。弟誠深嚼此君之味者。余喜爲晉竹林中人而同其樂也，贈詩二律。其一羡其高蹈之風，其二羡其能萃文士，教子若孫及婿讀書於其中，足爲裕後之計云。

托根尺地不須寬，挺挺亭亭更屈蟠。風入虬枝終有韻，翠飛芸舘欲生寒。自甘卑處巢孤鶴，不願崇封列彩鸞。紅杏碧桃空艷冶，雲松雪竹足盤桓。

此君相對眼前寬，屈曲靈根著地蟠。翠雨陰陰春入夢，瓊竿嫋嫋晝生寒。渭川日煖飛苞鳳，淇澳風柔舞彩鸞。可似兵戈收拾盡，淩煙閣上羡桓桓。

（選自《白竹盧氏宗譜》民國庚辰重修本卷三十三）

贈友松翁七律詩一首

叔箬、侄積

嘗聞古今人不相及，匪特其立心制行者異，而積厚流長，其福祉亦殊。果造化之豐嗇其間哉？予曰不然。人自不古耳，有近古者則古矣。予叔氏友松翁其近之。翁自少穎異，倜儻不群，稍長則善繼述，充拓先業，宗族咸以謹厚稱之。世居竹川，其三世祖受業於蒼山之士屏，遂居之。環居者十數姓，翁處之不屈不驕，居人莫不倚信焉。家業日豐，德與年日劭。輕財樂施，雅好賓客，延師以訓子孫，令習舉子業。且推其餘以周人急，而及於沙門。修造居址，鄰台仙之界。曾於路旁建涼亭三、經堂一，其息肩坐憩者靡不嘖嘖頌翁也。與安人汪氏皓首齊眉，與二弟友竹、友梅公怡怡無間。其二子俱克繼翁志，其長孫、次孫已采泮芹。子弟詵詵繞膝，行將有顯褒榮奉者，其福固未艾矣。前歲，翁齊壽八旬，邑大夫聞之，肅啓命輿迎翁爲大賓。翁不赴。又以耆德旌之，冠帶束之。故親朋咸歌詩制册以爲翁獻。予歷覽詩章，疇非頌翁德哉！頌翁福哉！則翁之立心制行誠近古人，而福祉亦不異於古人矣。因序之册首，見仰止前修者，當以翁爲模範云。

是誰愛菊與觀蓮，君只與松友百年。倚劍聽來風滿壑，停杯望處勢參天。霜標獨抱煙霞老，心事應同鐵石堅。時或一聲頭上鶴，卧龍驚起駕長川。

（選自《白竹盧氏宗譜》民國庚辰重修本卷三十三）

吴山謡

吴山在杭州鳳山門外。

作　和

胥山削成三百尺，棧道淩空懸峻石。同懷有客登雲梯，縱目四顧窮空碧。試爲近眺城邑中，仙居合似蓬萊宫。五步一樓十步閣，千門萬户日曈曈。看到西湖無多路，南北峰高鷲嶺峙。段家橋畔柳煙飛，蘇小墓前香霧起。有時遥看錢江潮，魚龍出没山岳摇。狂波飛似金龍掣，駭浪吼如玉虎驕。雲水光中洗眼來，大觀景界一齊開。閑來拽杖吴山隈，詩情酒興迭相催。興因吴山發，因爲吴山謡。奮身直上吴山高，吴山高聳我詩豪。雲淡淡兮風飄飄，通座座兮有何遥。謝公曾此首頻搔，今我追蹤尋盧敖。

（選自《白竹盧氏宗譜》民國庚辰重修本卷三十三）

讀謫仙詩集

作　和

白也詩之聖，千秋孰頡頏。天才淩子美，海眼豁知章。龍鳳自蟠逸，蚍蜉空謗傷。即今光韜在，垂映何輝煌。

飄然遺世立，汗漫果仙儕。五代一時掃，三唐獨手排。名高人易忌，骨古俗難諧。詩卷滿天地，復誰怡我懷。

（選自《白竹盧氏宗譜》民國庚辰重修本卷三十三）

夜登獅子巖山望盜并序 山在本處水口里

作　和

自先皇帝道光三十年，逆賊洪秀全屢敗官軍，國家太平日久，兵不經戰，遇賊輒遁，土寇乘機四起，聚徒肆掠，咸豐甲寅春三月余鄉被害。鄉人素文弱，以故賊膽大肆。一夜賊至，鄉人大聲始散，老幼驚惶，合議所以待之。是夜三更大雨，余與鄉人共登獅山探望，賊又至，衆鳴鑼始遁。余竊惟昇平之世，道不拾遺，兹乃匪徒得志，莫可如何，遂不禁有感於我生之初、我生之後也。因此作詩。

其　一

雲陰霧黑雨三更，直上寒峰夜不明。豈是登高閑玩月，翻同對壘暗探營。家無珍寶關何事，邑有豺狼代不平。也識書生難捍禦，擬聞消息便高聲。

其　二

豈是州縣豈無官，底事萑苻盜止難。白屋未應邊塞擬，青山竟作戍樓看。犬喧遠舍驚惶吠，人立危巖慘淡寒。争得重離長不夜，清天皓日共平安。

（選自《白竹盧氏宗譜》民國庚辰重修本卷三十三）

换酒消愁歌

作　和

我欲御風去登仙，風雲變幻何茫然。我欲乘空遊海表，蓬山虚無亦杳渺。獨留醒眼倚樓頭，天荆地棘愁復愁。金刀斷水水不止，無委無端觸處是。何如質馬還典裘，招明共飲謫仙樓。一舉十觴拚一醉，醉來伏枕長酣睡。匆覺仙源入夢中，縹緲雲煙有路通。明月邀我蓬島上，此間怪奇不可狀。中有盧敖是同宗，便邀我與遊天宫。敖駕鸞兮我駕鶴，恍惚御風升碧落。果然天上多仙人，羽衣鮮明廣寒新。上坐仙人李太白，一笑謂我真仙客。《將進酒》篇讀與聽，但願長醉不願醒。天上有杯可致酒，錢不輸囊酒在手。今宵星月何輝煌，便須與君盡壺觴。君不見大海東流水，人生行樂皆如此。又不聞邯鄲夢仙遊，一枕黄粱五十秋。爲感此言更下箸，醉卧玉京不知曙。宿酒未醒日輪高，不識諸仙何處去。

（選自《白竹盧氏宗譜》民國庚辰重修本卷三十三）

喜雨并序

作　和

是年夏六月旱甚，農人叩求乏術，婦女洗浣叫苦，田禾枯槁不堪，車戽皆窮，引領而已。是月九日夜小雨，次日連綿不休，終日愈大，溝澮皆盈，一時萬苗懷新。農夫荷鋤披蓑戴笠，欣欣然往來告語，喜盈於色，莫可言狀。因作詩以志喜云。

千村萬井久懷新，累日晴光竟惱人。忽訝從龍雲出岫，知時好雨及時匀。

雷轟雨沛乍聞聲，遍地枯禾立地生。官吏慶庭商慶市，最歡還是老農情。

一經澤足轆轤空，荷笠攜鋤任決東。堪笑小兒不解事，向人也説好天公。

無價甘霖孰計錢，幾家沽酒且烹鮮。夜來兒女團圞坐，預算秋收比去年。

（選自《白竹盧氏宗譜》民國庚辰重修本卷三十三）

夏夕吟

作　和

夏日苦炎熱，行行乘夕涼。草長路已窄，月微星有光。我憩影還短，我行影復長。長嘯歸去來，清風滿衣裳。

（選自《白竹盧氏宗譜》民國庚辰重修本卷三十三）

苦熱行

作　和

夏日何烈烈，炎威蕩心胸。氣重屋欲壓，雲枯天無容。萬籟午俱寂，熱氛蒸復重。自憐病骨長愁暑，此時欲避嗟何所。安得廣構數畝宮，前圍五柳後孤松。中排琴書棋畫酒，一堂幽篁左復右。閑來挈伴一優遊，科頭散髮任去留。酒醉吟成風颼颼，永宜顔曰招涼樓。

（選自《白竹盧氏宗譜》民國庚辰重修本卷三十三）

蒲扇歌並序

作　和

夏日人入市，托買兩蒲扇。問其價多少，柄只十六錢。予喜其價廉而用便，一以授兒，意似輕之。嗟呼，彼華扇特價貴耳，而風力還不及此。作蒲扇歌示兒誦。

市中新買兩蒲扇，柄十六錢直何賤。北窗摇曳來清風，三伏炎蒸一霎變。撲案蠅營驅欲浄，中宵蚊刺拂尤便。小坐窗前藉障塵，偶行日下還遮面。質樸最宜居士賞，體方不受貴人眷。君不見齊紈鮮潔如雪霜，空睹團團皎皎多輝光。又如紈袴手持白羽學名士，誰信輕攜漫拂真清涼。彼皆但有虚華少實用，我道不如此扇引風長。流俗耳目重聲價，將錢貴賤分高下。乃知小草有遠志，風力大能消長夏。安得攜汝玉堂中，指揮如意揚仁風。坐見南薰拂拂生虚空，歌成一曲天無功。

（選自《白竹盧氏宗譜》民國庚辰重修本卷三十三）

學　陶

作　和

我聞陶彭澤，宅邊有五柳。因以爲號焉，傳傳名不朽。君果何許人，毋乃陶之友。陶性貪醉眠，君飲不絶口。陶心好讀書，君披不停手。蘭藻馨畫堂，雙開池半畝。垂釣有童稚，常隨陶左右。吟韻溢帳邊，柳蔭垂舍後。借問先生誰？是惟孤柳叟。何分孤與五，展矣陶公友。

（選自《白竹盧氏宗譜》民國庚辰重修本卷三十三）

學　李

作　和

我詩誰似謫仙豪，我量不如酒仙高。興來對酒首頻搔，狂嘯還欲學仙曹。我詩賢白詩聖賢，聖可希，非謂命。白酒斗，我酒杯，斗杯相對盍追陪。古今豈無殊，情性惟自在。梁甫倚泰山，百川放四海。夫子固仙人，下筆堪千載。當年曾接盧敖遊，何幾太清或我待。

（選自《白竹盧氏宗譜》民國庚辰重修本卷三十三）

遣懷雜詩

作和

括蒼一狂客，自詡狂勝癡。得錢便沽酒，對酒便吟詩。詩惟興所適，酒以醉爲期。禮疏性又懶，生事安得知。行年四十餘，迂拙弗獲辭。有時竊自笑，咄咄爾其誰。

諸葛有草廬，杜陵有茅屋。蓬蓽亦何陋，所資寄寤宿。而我乏容膝，數椽不能築。六年三四遷，移徙空碌碌。既無一廛宅，乃得三徑竹。聊展數卷書，閉門自披讀。

壯歲事舌耕，體弱不能鋤。里鄰覺我賴，時致園中蔬。情真語又摯，恐我嫌區區。恧顏謝里鄰，回首語妻孥。此根人貴咬，此味我常需。祇吟老農圃，辛苦朝暮餘。厚情未獲報，饋有酬則無。願營范氏田，長與里鄰俱。

我生喜讀書，自待頗不惡。晝或拾柴薪，宵乃誦墳索。士農相並營，埿塗慕臺閣。誰知强仕年，故我尚如昨。四薦不一售，回風墮秋鶚。秀才難療饑，歲貢非好爵。課兒且努力，龍門終一躍。

山居愛春夏，草木鬱青蒼。清陰復我屋，翠藹環我牆。開門見流水，瀲灩一方塘。兒童戲把釣，雨足魚洋洋。四圍皆好景，而我居中央。蜻蜓點水緑，蛺蝶穿花黄。我亦忘故吾，悠然醉一觴。

矮屋一間半，幽居如螻蟄。家徒五六人，晨夕資壁立。奈堪連夜雨，屋漏不能葺。傾帳皆塵污，點衣盡墨汁。呼兒共移榻，求燥反就濕。嗟彼兵燹餘，村墟半原隰。茅屋或未成，無家何由入。感此終夜坐，茫茫百端集。

天地一開闢，推遷成古今。日月不得閑，東西遞升沉。百年能幾時，萬感叢一心。青春不可再，白髮暗相侵。所以達觀者，淡然長醉吟。

閒居無别事，興致便吟詩。我口所欲言，以筆直書之。或謂詩律細，推敲非易知。我殊不謂然，神動天則隨。山歌信口唱，牧笛隨腔吹。性靈自活潑，何用計瑕疵。嘆息苦吟者，負囊空爾爲。

我聞括蒼山，高萬八千丈。周圍三百里，造化鍾靈爽。羊歆此幽棲，元白此静養。許謫此隱真，光庭此遐賞。彼皆古之仙，羽化竟何往。我家居東麓，躡屐朝可上。會當餐紫芝，同列洞天上。

天地一閉塞，松柏成枯焦。及其春夏間，草木皆夭條。時運苟未通，英雄亦無聊。世有巧偏失，厚以庸能招。禍或智而值，福或愚而邀。由來塞翁馬，得失難以逃。寄言蓽門子，隨分且逍遥。

鄉村四月間，農事交相迫。昨夜話分秧，侵晨催刈麥。一雨動經旬，工夫浪抛擲。嬉閑只十日，田事已山積。三弟尚少年，荷鋤事阡陌。今朝天幸晴，我亦分其責。草多爲代夷，什一助千百。誰知腕力弱，疲倦嗟何益。君看陶士行，運甓自勤策。英雄髀肉生，此意良可惜。

堯舜大聖人，朱均乃不肖。瞽鯀竟何修，兒婦皆賢孝。中天運正午，造物有顛倒。匆匆五千年，常理容得料。問天天不知，强求求不到。拚將此生修，詩禮綿庭教。待彼後人來，書香或遠紹。有兒幸有孫，賢愚付一笑。

（選自《白竹盧氏宗譜》民國庚辰重修本卷三十三）

醉　述

作　和

聖賢之酒先生盤，宋玉秋悲且自寬。回首卌年過眼易，放懷千載置身難。棘闈十走唐皋老，茅屋三更杜甫寒。猶有壯身消不得，窮愁時把古人看。

古人微賤也尋常，海市漁鹽爲若忙。千金人靳淮陰飯，六月天寒渭水漿。食粒陳平奇計拙，吹簫伍子舛途長。英雄最是南陽叟，伏處先栽八百桑。

（選自《白竹盧氏宗譜》民國庚辰重修本卷三十三）

金萱橋歌

爲楊善士聖邑先生作。

作　和

金山山下萱幃傍，一橋横截流水長。誰歟長者通絶壑，留題金萱遥相望。我聞此間有善士，爲善最樂世莫比。修金醫金兼省金，落落三橋相鼎峙。三橋鼎峙功何奇，君自樂此不爲疲。又隨阿兄向堂上，虔祝母壽登期頤。不願金盈貯床側，但願萱榮樹堂北。金耶萱耶迎春暉，敢説橋成報罔極。金萱橋，巍以高，垮空一帶俯洪濤。萱老自如金玉好，橋堅還比金石牢。金萱橋，鞏以固，黄金不朽橋不腐。此金不朽橋常新，此橋不腐萱如故。嗟哉人世守錢奴，黄金空自營歡娱。歡娱未罷壽萱老，黄金千萬皆須臾。誰似我鄉楊處士，爲親祈福濟州里。精神上禱天亦知，長令春萱壽不已。我亦堂上有雙親，瓶罄無能問水濱。行過君橋佩君教，將君事作鑄金人。

（選自《白竹盧氏宗譜》民國庚辰重修本卷三十三）

夏　日

沈書船夫子偕邵田、文田二兄過館次韻。

作　和

夏暑炎炎日當空，群仙散處蓬萊宫。南薰倏焱起天末，御風泠然會烈翁。五雲山長多造士，木鐸起衰志不已。忽偕諸友攜手來，歡聚忘形到我爾。夫子詩心有别腸，珠璣上手生光芒。騷壇有主扶風雅，筆陣縱横掃戟槍。主人更迭開酒爐，一夕幾家换提壺。源裏人事猶太古，眼前風月屬吾徒。連日追隨陪宴遊，春風坐我聲瘦瘦。昨不可留今莫憂，何如從願覆金甌，一醉千觴莫計籌。君不見，我今落魄正須掃愁帚，公等興酣還須釣詩鈎。

（選自《白竹盧氏宗譜》民國庚辰重修本卷三十三）

酬盧生夜飲並序

古麗夏黎閣

盧生字梅夫，入泮後請益於家塾，勤學好問，《易》所謂謙謙者也。後以洪楊擾亂，生率民勇保衛地方，遂分志力，致遲上進，因賦詩勉之。

自忝西賓席，於今十五年。魯宫芹藻後，周雅訪詢前。節制幃中務，梅開嶺上先。一樽重剪燭，鐵硯始磨穿。

（選自《白竹盧氏宗譜》民國庚辰重修本卷三十三）

贈梅夫廩膳兄七言四章

教諭歸安吴大治醉醺

五雲深處會高朋，仰企清芬最上層。一夕縱談古今事，書中況味十年親。

雅士家宜潘令居，恰逢安定亦停車。開樽賞雨傾衷曲，蘭臭相投謝起予。

木鐸三終天小明，燈窗齊起讀書聲。學精業向勤中得，師範緣知屬老成。

頻勞蠟屐訪行蹤，舊識新知一笑逢。爲是誼高翻惜别，回頭屢望白雲峰。

（選自《白竹盧氏宗譜》民國庚辰重修本卷三十三）

感懷恩師盧梅夫先生

受業陳育姜

品學兼優道德彰，三千七十拜門牆。春風化雨因材篤，分外沾濡澤孔長。

諄諄訓我守端方，陋巷簞瓢漫自傷。若本天資兼學力，高攀月桂早生香。

每聞散館動愁腸，賣釜行修累老娘。難得恩師多體恤，三辭不受惠難忘。

風車雲馬返仙鄉，欲報恩師願莫償。面命耳提言尚在，夜深夢覺淚千行。

（選自《白竹盧氏宗譜》民國庚辰重修本卷三十三）

賀華甫表兄暖榮入翰林

餘姚教諭表弟趙保滋

敬老隆恩仰聖朝，文闈耆宿出群僚。棠溪外祖空三壽，庫水彌甥獲一朝。何必螭坳儀衛近，也同虎榜姓名標。期頤更有温綸逮，願慶高齡比嶽喬。

人生難得是延年，修短原來命自天。泮藻分香雖景晚，詞林沾艷亦生前。陰陽作合雙枝老，左右承歡二子賢。玉牒華宗書盛事，爲吟大老賜鸞箋。

（選自《白竹盧氏宗譜》民國庚辰重修本卷三十三）

送西圻三賢母詩一律

坡左侄孫　鴻京

一門三寡族稱賢，況復孀星萃竹川。四壁蕭疏空夜月，五更機杼起桑田。幾番風雨當年過，滿目芝蘭此日鮮。母氏劬勞聲匝地，青編共載永堪傳。

（選自《白竹盧氏宗譜》民國庚辰重修本卷三十三）

述哀母三首

樹　敏

二十年來威且慈，倏然永逝竟如斯。少孤不識恩勤意，稍長空懷定省思。齧指有痕悲遠道，椎心無夢戀空帷。酸雨苦風知多少，總爲先人一綫遺。

幾輩椿萱享壽祺，嗟予薄命兩傷之。光陰欲被功名誤，問視何堪旦晚離。終日勤勞忘蓼苦，半生機杼只燈知。漫云泮水歌思樂，罔極哀哀欲廢《詩》。

桮棬口澤悵空存，淚眼朝朝望九原。縱上青雲真有路，欲尋黄壤已無門。一衿難解終天痛，寸草常辜罔極恩。昔在鄉闈忙問信，今將問信向誰言。

（選自《白竹盧氏宗譜》民國庚辰重修本卷三十三）

重九前一日憶母生辰

樹　敏

門庭又見傲霜枝，遺憾稱觴舊酒卮。屈指重陽明日到，傷心噩夢一年違。簪花索盡賓朋興，落帽愁賡客舍詩。壽母不聞燕喜句，驚看寶婺照慈帷。

（選自《白竹盧氏宗譜》民國庚辰重修本卷三十三）

己酉巧月解館憶母

樹　敏

又見西風萬寶成，淒霜惕露不勝情。納禾每刈田間穗，築圃常鋤道岸荆。猶似門閭聞絮語，那堪籬落聽秋聲。還家覔母歸何處。漫卷詩書促曉徵。

（選自《白竹盧氏宗譜》民國庚辰重修本卷三十三）

服滿赴試

樹　敏

釋菜方歸館已捐，光陰倏忽度三年。授琴未斷臯魚淚，見獵空思祖逖鞭。此日徵鞍心最怯，當年衣綫手頻穿。漫言遊子前程遠，欲報難賡罔極篇。

（選自《白竹盧氏宗譜》民國庚辰重修本卷三十三）

登盤山最高處

戊寅三月，偕堂叔玉祥及門弟子五人同遊。

體　復

其　一

揭伴遊山去，登臨興不窮。争先尋絶頂，望遠杳無蹤。攜手孫扶叔，聯肩冠與童。天公良有意，許我豁心胸。

其　二

直上最高頂，淩虚紀壯遊。白雲隨繞足，紅日恰當頭。天籟時時送，山靈處處搜。呼童歸去矣，一路起歌謳。

（選自《白竹盧氏宗譜》民國庚辰重修本卷三十三）

草堂四時

體　復

小築規模小草堂，左安廚竈右安床。妻兒笑説還多隙，擬把春花種滿牆。

草草平平三五間，宅邊桑柘自閑閑。迎風却暑能消夏，坐到牆陰落日還。

閑來兀坐小窗明，只理詩歌不理琴。自笑生平不解事，秋高惟有讀書聲。

寒天積雪好圍爐，不管風霜有與無。笑抱孫兒相對飲，夜深猶自喚提壺。

（選自《白竹盧氏宗譜》民國庚辰重修本卷三十三）

田家吟

體　復

其　一

不欠官糧不用愁，隻雞斗酒樂悠悠。年年春社和秋社，子婦欣欣話有秋。

其　二

閑來無事盡行吟，野韮園蔬酒自斟。醉卧不關非共是，何須與世問浮沉。

（選自《白竹盧氏宗譜》民國庚辰重修本卷三十三）

山居吟

體　復

蓬户柴扉樂有餘，和風細雨日徐徐。山間明月林間雪，不減南陽舊草廬。

春來花草滿窗前，柳緑桃紅别有天。拾葉題詩還暖酒，白雲深處好安眠。

（選自《白竹盧氏宗譜》民國庚辰重修本卷三十三）

黄鶴樓

在武昌城外蛇山上。

體　復

吕祖今安在，攜樽日日尋。仙緣如可遇，何事戀凡塵。

（選自《白竹盧氏宗譜》民國庚辰重修本卷三十三）

鸚武洲

在漢陽境上，四面皆水。

體　復

芳草萋萋里，誰塋是正平。至今憑弔者，猶爲覓孤墳。

（選自《白竹盧氏宗譜》民國庚辰重修本卷三十三）

晴川閣

在漢陽境上，背山臨水。

體　復

傑閣臨江搆，憑欄豁遠眸。客遊無雅興，悵望使人愁。

（選自《白竹盧氏宗譜》民國庚辰重修本卷三十三）

贈盧敦之世兄 於武昌客次

淮陰專使趙舒

狼藉狂生市上聞，高歌斫地氣醺醺。相逢漢水鬚眉白，可有文章慰使君？

問訊故人遍經過，半登鬼籙半婆娑。至今萬里從軍去，要脱蝸牛負殼何。

達觀不在窮通計，親愛無如患難交。擲筆有聲多少憾，逃名無奈愧由巢。

客邸憐仃賦采薪，它鄉相遇倍相親。緣君有約陽關上，莫怨清樽載酒貧。

（選自《白竹盧氏宗譜》民國庚辰重修本卷三十三）

新市場

在漢口，日夜熱鬧，不亞申市。

體　復

澈夜笙歌鬧，紛紛擾不休。一朝鼙鼓動，脂粉恐生愁。

（選自《白竹盧氏宗譜》民國庚辰重修本卷三十三）

綦江夜泊

時古曆七月十五日。

體　復

陸行車馳水行舟，夜泊綦江水自流。月滿星輝雲暗淡，舟橫人静櫓聲收。已知倦意同還鳥，何事狂吟誤宿鷗。擬把歸程掄指算，料應必不過中秋。

（選自《白竹盧氏宗譜》民國庚辰重修本卷三十三）

客邸除夕

夜宿湖南常德桃江旅次有感。

體　復

家家沽酒且烹鮮，客里光陰又一年。百歲春秋虛六十，兩湖風景足三千。羈身蘭沅無非數，浪跡桃江也是緣。安得漁人來指引，舉家移住武陵源。

爆竹轟天夜不休，鄉心客思兩悠悠。馬周逆旅何人識，雞黍高賢那個留。屈指今宵除子夜，關心元旦到辰州。我行到此平安盡，寄語家人莫遠愁。

（選自《白竹盧氏宗譜》民國庚辰重修本卷三十三）

上舊友樊哲山

哲山字崧甫，陸軍四十六軍軍長，時在貴州水城縣營裏。

體　復

記否當年第一樓，典衣沽酒話消愁。今朝醉舞平生慰，慚愧阿蒙已白頭。

二十年前忝舊知，武林攜手幾多時。即今萬水千山裏，肯否鳴琴慰子期。

（選自《白竹盧氏宗譜》民國庚辰重修本卷三十三）

步和盧敦之老友原韻 於獨山城營

四十六軍軍長樊哲山

少壯頻登第一樓，高談縱飲不知愁。廿年戎馬嗟憔悴，嘆息征人亦白頭。

江湖遊蕩結新知,歲月蹉跎憶往時。此日邊城聚故舊,何年我乃作歸期?

慷慨行歡第一樓,長風萬里不知愁。廿年輾轉兵戈裏,無怪征人已白頭。

少年心事有誰知,舞劍鳴雞憶往時。嘆息邊塵今未寧,敢同舊雨訂歸期。

(選自《白竹盧氏宗譜》民國庚辰重修本卷三十三)

答樊哲山營中見贈

體　復

自笑潘山咄咄翁,戎行扶杖類飄蓬。不期鮑叔高風事,猶見今人與古同。

人生知己最難逢,況屬雲泥分不同。誰識論交不論分,豪情瀟灑一杯中。

(選自《白竹盧氏宗譜》民國庚辰重修本卷三十三)

黔中月

時在貴陽城西玩月有感,不拘韻。

體　復

一樣天中月,黔中別有情。鄉心千里遠,客感萬愁縈。老婦門前立,征夫塞上行。可憐壯士骨,芳草伴三更。

月色黔中滿，光輝迥不同。照人歸思切，伴我旅情濃。對酒杯頻舉，敲詩句轉窮。鄉關何處是？翹首貴城東。

（選自《白竹盧氏宗譜》民國庚辰重修本卷三十三）

軍中寫懷

於獨山城營。

體　復

六十從軍古亦稀，天教垂老效驅馳。三邊風景詩千首，萬里雲山杖一枝。白髮恨予添縷縷，青山顧我笑嬉嬉。也知此事非吾事，祇爲逃生計靡之。力辭鄉長職而去，因與葉縣長有忤逆。

天涯地角覓相知，話舊軍門喜不知。雅量不欺微范叔，豪情竟慰老鍾期。參謀借箸歡陪酒，黄參謀長壯懷不善飲。主任擎杯聽説詩。福官主任族弟伯培能飲酒，能知詩。一席縱談年少事，夜深不覺漏遲遲。

（選自《白竹盧氏宗譜》民國庚辰重修本卷三十三）

會仙亭

體　復

在貴州遵義境内，名桃源洞，相傳張果老隱於此，吕仙純陽時會於亭上，李謫仙有詩題於亭，後人勒之於碑。

萬里從征到此亭，相傳亭上有仙人。我來不獲仙緣遇，祇好摩挲認坐痕。

（選自《白竹盧氏宗譜》民國庚辰重修本卷三十三）

羅漢山

體　復

在貴州孤耳嶺之側，周圍二十餘里無人煙，並無名勝可訪，予觀其狀似羅漢，故名之。其山高矗雲漢，四圍皆石，佛高三尺許，層層疊疊如萬千羅漢趺坐，絶無寸草，遠望之不啻真也。

絶巘巉巖裏，翻疑是洞天。萬尊羅漢坐，一樣斷塵緣。我欲心瞻仰，人云足不前。休言雞與酒，並且少香煙。

（選自《白竹盧氏宗譜》民國庚辰重修本卷三十三）

旅次感懷

貴州銅仁縣城。

體　復

一路苦無酒，無酒故無詩。行思與坐想，作何消遣之？入夜不能寐，推枕起振衣。振衣問何事，追憶少年時。二三在繦抱，四五繦抱離。六七甫就傅，膝下猶依依。八九學趨庭，祖父爲常師。授我詩與禮，勗我大門楣。誰知志學年，反是事遊嬉。以致年弱冠，一領青衿披。三十不自立，四十人不知。五十委天命，天命又是欺。兹當耳順年，差幸尚齊眉。一家八九口，子婦及孫兒。薄田三五畝，躬耕足自支。有園可日涉，秋末晚菘肥。有屋可自適，春初蘭幾枝。胡爲花甲週，萬里效驅馳。驅馳不得已，聊借慰相思。相思故鄉人，式好無尤兮。相思故舊交，剪燭話窗西。相思故戚誼，人人皆厚施。凡此皆意滿，只是知音稀。萬水千山里，何時遇子期？

（選自《白竹盧氏宗譜》民國庚辰重修本卷三十三）

贈老友盧敦之還鄉

於獨山城營。

軍長樊哲山菘甫

記室參軍六十翁，滇黔奔走轉如蓬。人生壯老毋評論，松柏歲寒寧世同。

武林縱飲幾多時，君已白頭我亦癡。戴笠乘車同感慨，巴山夜雨話歸期。

少年飄泊典春衣，每共鄉人縱飲歸。今日綈袍欣一醉，浮舟莫謂知音稀。

廿年別袂孰相逢，錦句佳章久未通。今日君行須一醉，世情悲切笑談中。

酒樓歡飲記音容，此日相逢已不同。悲感人生難再少，千山萬水月明中。

（選自《白竹盧氏宗譜》民國庚辰重修本卷三十三）

歸途寄樊哲山

時哲山在貴陽軍次。

體　復

戎馬間關總指揮，何年何月賦歸來。凱旋鄉里知何日，好早攜罇醉舊醅。

尋常話別各依依，此日還鄉喜不支。戴笠乘車同話舊，獨山營裏勝窗西。

（選自《白竹盧氏宗譜》民國庚辰重修本卷三十三）

宜昌待舟

體　復

久客思家意倍狂，行舟争奈阻宜昌。窮途安得逢羊叔，歸棹偏教憶馬當。翹首雲山程恨遠，關心桑梓夜愁長。故鄉親友如相問，不待重陽總到鄉。

（選自《白竹盧氏宗譜》民國庚辰重修本卷三十三）

贈族弟澤忠同事並序

體　復

忠弟年將强仕，掌理大宗，甫經年餘，而清償舊欠，整理新收，擬將積發常帑爲祭祀久遠計。適因政府以繼祧爲重，人民百計圖免徵役，以致失實無據，不得已以譜事爲先。吾族自戊午續修而後迄二十三年矣，生卒日繁，婚嫁日衆，心恐爲自由所亂。忠弟能急先務，召集各派議決重修，一以表和親睦族之情，一以重尊宗敬祖之意，庶幾水源木本，知祖宗之德澤有由來也。因贈俚句四章，以作紀念。

少壯胸懷自不群，水源木本早關心。能將誠意酬宗祖，不肯私圖累後人。

尊祖敬宗具素懷，無如譜事最心關。年來生卒和婚嫁，應仿《春秋》訂與刪。

堂寢傾頹可奈何，不經修葺敢心過。舊時管理伊誰事，彌補無如積欠多。

今朝譜諜喜重修，清白無私告族人。願得同根連百世，千秋俎豆共宗盟。

（選自《白竹盧氏宗譜》民國庚辰重修本卷三十三）

鐵馬山

肇　周

山在平象，四面一落千丈，腰際有路尺許，攀援可上，絶無草木。色如墨，形勢雄偉，望之凛然。

地非華山陽,何來冀北産。意者天爲驅,於焉此一下。體健有誰騎,毛深不可拔。不憚矢石穿,不怕霜雪壓。赤兔與烏騅,未免爲笑煞。齒長自年年,滿身皆鐵甲。

(選自《白竹盧氏宗譜》民國庚辰重修本卷三十三)

重遊盤山

步和敦之原韻。

肇　周

其　一

壯遊曾未已,著屐興無窮。仿佛當年路,依稀舊日蹤。同行偕雅友,隨步有詩童。重上最高處,翹然豁我胸。

其　二

直向盤山去,重作盤山遊。穿從雲裏過,高出萬峰頭。四顧傍無礙,舉手天可搜。歸來興未盡,濡筆補吟謳。

(選自《白竹盧氏宗譜》民國庚辰重修本卷三十三)

送别鄭所長調任温嶺

肇　周

儀容表表古康成,治術端由經術生。學有淵源無絆束,身膺民社自尊榮。壺溪水活頭頭是,温嶺峰高面面迎。百業未興曾待舉,匆匆竟已動行旌。

皓月當空到處宜,清輝朗照入心脾。金輝暮夜幽明感,瑞靄陽春草木知。滿意攀轅車欲挽,管教投轄馬先馳。甬江自此瞻風采,爲檢行囊半是詩。

(選自《白竹盧氏宗譜》民國庚辰重修本卷三十三)

洪水感言

肇 周

民國十一年,洪水勢滔天。下至欄口止,上至盤山巔。中間二百里,相望無人煙。爐竈淹水底,穀實没荒田。有路皆傾圮,有屋少完全。日無以爲食,夜無以爲眠。沙石滿荒野,何分陌與阡。呼天天不應,哭地地無言。幸有賢令尹,電省急籌捐。急工代賑款,爲數五千圓。給來三百五,助我開荒邊。且幸諸賑會,陸續亦到焉。來路多疏遠,委我導厥先。山行手牽手,倚負如鶼鶼。一落真千丈,心膽俱懸懸。冬日晝苦短,星夜過棠川。冬賑纔過去,春賑喜復連。風雨前無阻,經過幾山尖。雲深無覓處,只得窮返簷。每到村落里,蟻附足不前。或將口指訴,或把衣襟牽。人形如鵠印,慘狀劇可憐。踏遍全廿九,到處皆其然。編查心比佛,慰諭舌生蓮。彼或振衣米,此或散金錢。額足三十萬,性命賴以延。吾村雖少數,足足達二千。此災古所無,此款寧有旃。一冬一春間,屐履幾回穿。厥功非易報,厥德實堪傳。用是勒諸石,藉以告後賢。

(選自《白竹盧氏宗譜》民國庚辰重修本卷三十三)

庫川形勝范陽郡八景詩

趙清淮

犀牛望月

奇峰矗矗水湯湯,無限山川聳范陽。薄霧遮來犀斂影,輕雲拂處月沉光。相維不斷滄洲闊,對景疑分泗水長。想如通天留角犄,回頭故向蕊宫望。

獅子拿球

何年凝結兩金精,高踞王山啓秀靈。半壑文松髯奮戟,數圓聚石眼懸星。島巖躍浪珠球滚,雲洞藏神玉齒亭。宛爾雙獅馳逐暇,滿山風雨聽和鈴。

水裏仙洞

水仙洞裏水仙居,仙返蓬萊紫洞虚。猊壺中留日月,鷺鷥潭上化龍魚。煙波净洗三生石,雲霧深藏五色書。未稔誰將凡骨换,黄粱一枕夢華胥。

臺盆溪心

碧青鏡石舊迴湍,正是平臺水面安。横壩渡橋排列座,溪花岸柳作欄干。東南星斗翻銀漢,大小珍珠落玉盤。園繫上官春日到,遠多簇錦壓臺端。

雁門拱秀

誰把名山手擘開,雁門高啓括蒼隈。前看泗水遊魚躍,後枕梧岡翩鳳回。雨過金溪凝灑壁,風臨玉洞訝鳴雷,飛仙莫到青牛跡,化石空餘列上臺。

赤壁鍾靈

巍峨峭壁入雲天,舊時西溪古岸前。蟹洞紅霞争落日,牛岡紫霧帶流泉。客來獨問丹書在,仙去猶看巨石傳。此地不燒公瑾火,名山卓可衍名賢。

大小石井

波心石井漾亭亭,東望泗溪復效靈。大小雙標通雁宕,淺深四下隔漁汀。仙巖掩映千尋碧,庫水横衝兩洞溟。不鑿自成真勝跡,何須玉檻擅瓏玲。

雲坡山本保廟

何年佛祖到人間,忽把雲霞化作山。堰鑿萬工長帶抱,墩崇四面列星圜。金身頂現三千界,寶殿雄争二百闗。合境自來資保障,只因擁護有仙寰。

（選自《白竹盧氏宗譜》民國庚辰重修本卷三十四）

龍溪八景詩

肇 周

古洞留雲

洞府何年鑿？巍然勢獨崇。舉頭霄漢近,放眼地天空。形跡今猶在,穹隆古所鍾。雖無丹竈設,常有白雲封。

長湖映月

月向湖心印,清輝悦我情。波澄魚夜讀,露白雁南征。遊屐雙堤繞,漁燈兩岸明。水天連一色,浪静寂無聲。

青巖掛榜

崑山遠片玉,第兆預留形。魁筆題無字,微垣照有星。科名能綴緣,慧眼定垂青。一舉風雲會,龍將虎共登。

松園觀瀑

懸巖高百尺,急湍等聞雷。雪練從頭掛,銀濤潑面來。絶無紅樹隔,惟有白雲堆。躡屐探幽勝,頻將倦眼開。

獅巖北拱

昔日邊陲獻,今從此地生,巖開頭額露,石裂爪牙成。猛虎甘傍伏,鑾軍輟自驚。毛深憑雨洗,聲吼偕雷鳴。

三星引瑞

吉象羅天上,祥符應地生。數剛同鼎足,石却是星精。近水光芒遠,依山照耀明。北辰憑衆拱,彼自向西横。

葉底仙桃

本是神仙果,何朝落此坡?靈根盤地軸,寶樹茁天葩。葉沃含朝露,光明照晚霞。一開還一熟,應過幾年華。

馬跡印潭

潭邊難用武,此跡抑何多。路窄泥防滑,波平水易過。蹄痕看歷歷,雪浪白葩葩。爲問檀溪上,當年亦有麼?

(選自《白竹盧氏宗譜》民國庚辰重修本卷三十四)

題石門六觀詩

元處士李惠公澤

甑山晴雪

天下神仙縞素裳,雲間宫闕陸離光。一輪日上金盤爛,千尺峰高玉筍長。饑雀斜窺松檜影,野人獨惜蕙蘭芳。明朝黛色清如沐,添得泉珠滿石牀。

雙溪春水

曲岸逶迤路不分,隔溪漁唱忽相聞。浮槎觸樹雲離影,合浦交流瀫聚紋。芳草拂煙迷遠近,落花隨雨下繽紛。鷗鴣飛處春陰薄,立偏汀洲日未曛。

石門夕照

北洞流泉響蟄雷,連峰中斷石崔嵬。一川紅葉青山暮,千里黄雲白雁來。陰草含煙明翠羽，寒花和露委蒼苔，故人獨在秋江上，誰把瓊芳拂鏡埃。

溪亭秋月

蔭樹臨溪坐夕曛，絶然人事不相聞。嵐光濕袂渾如雨，水氣騰空半作雲。野枳墮煙青鳥拾，山梨成實白猿分。中宵月在松梢上，築石方塘禮少君。

獅巘碧露

翠石雙虬走石梁，海虹如練拂天長。陰崖盡作雲霞色，朝露時聞芝术香。白晝野猿啼絶壁，黄昏山鬼泣幽篁。自從絶頂觀秋月，碧露猶侵薜荔長。

龍湫飛瀑

峭壁千尋勢接天，天風吹下玉蜿蜒。石根噴沫白於雪，波面凝光青若煙。盡日風雷去魍魎，多年草木化神仙。翩翩無限雲霄興，月冷空山夕夢懸。

（選自《白竹盧氏宗譜》民國庚辰重修本卷三十四）

頌如庵公爲靖安尹禱雨詩

合邑民等

爇蕭趨廟貌，精意動天閽。撞破天河水，流來滿地春。

又

教諭劉龔麟

旱魃爲民患，賢侯坐視難。沉檀薰北極，雷雨動南山。五穀回生意，三農豁霽顔。臨軒問民瘼，猶足備晨餐。

又

奉新舉人鄧南金

飄飄雙鳥謁祠門，滿腹精誠格鬼神。手挽天潢下雲漢，爲民千里洗妖氛。

又

奉新廪生黄卷

賢侯勤苦恤民災，禱雨親從十廟來。百拜不辭隨老稚，九重俄見動風雷。應知泛蜴終非妄，却笑焚尫信是騃。喜極援琴歌且舞，南薰依舊阜民財。

又

兵部員外郎趙文同

蘊隆何蟲蟲，雲漢更昭灼。安得雨滂沱，爲我蘇民瘼。君侯一片心，粹然未雕琢。可以格神明，可以孚沖漠。油然雲障空，甘霖遍山郭。稼穡盡回春，西成供載穫。田畯歸來喜，百室婦子樂。赢得溪上清，漫解冠纓濯。

又

知縣徐湧

火龍赫赫來南離，四郊到處添陽威。焦禾殺稼地捲灰，我侯無計回天機。爇蕭百拜登神祠，捫膺屏息汗透衣。大呼老穉號天衢，餓死百姓君誰依？精誠一念沖斗墟，頓令平地掀風雷。甘霖一夜枯槁回，閭閻擊壤婦子嘻。滅却民間一般饑，我侯德澤神明知。爲侯把筆題新詩，留與後世銘鐘彝。

又

奉新舉人俞良能

風簌簌，雨樸樸，田中稼穡回新緑。昨日吾侯登廟堂，田夫唤婦仰天祝，願公久遠膺天禄。今年無吏横索租，百姓無錢君亦足。

又

奉新進士俞良翰

四郊地赤，藴隆蟲蟲。民將何依？維兹盧公。痌瘝在抱，虔禱蒼穹。有皇上帝，昭格厥衷。雷聲震岳，雲勢騰空。沛然滂沱，黍稷芃芃。民無饑色，伊誰之功？作此好歌，以告觀風。

（選自《錦溪盧氏宗譜》民國六年重修本之廿七卷）

贈案山公

盧陵曾乾化

廣堂秩秩對山開，夾道長松間老梅。碧水月明疑石鏡，清□雪霽似瓊臺。雲生憑几琴聲潤，風静遊亭鶴夢迴。自是主人民注切，潘郎高調莫相催。

又

禾水三年政已孚，賢勞督賦上留都。朔風獵獵馳征檄，霜月娟娟引去艫。吴會兵戈猶未息，湖西民瘼半離蘇。酌酒送君真慷慨，願言江左有夷吾。

（選自《錦溪盧氏宗譜》民國六年重修本之廿七卷）

送案山公之永新任

禮部侍郎程文德

鳳棘時應暫，鶯喬春漸鳴。東風今日路，南國故人情。馬跡青山合，鵬霄碧海横。一樽憑遠意，萬里聽賢聲。

又

督府都事張藹

婺東有人傑,宣承下鄱陽。昔奮鷹鸇健,今勞撫字忙。離筵雪初霽,都門梅正芳。恨不作明月,隨君過錢塘。

又

修撰唐汝楫

昔年雄虎帳,今日領朱勾。百里棲鸞地,專城展驥秋。花明公案静,草鬱訟庭悠。此去多遺愛,窮簷有頌謳。

又

新庵趙明朝

一官能盡職,三事久知名。舊跡收蘭署,新恩下玉京。早潮催去棹,曉樹接鳴鶯。分牧無多術,心公政自平。

(選自《錦溪盧氏宗譜》民國六年重修本之廿七卷)

贈月湖盧公林泉高致圖歌 并序

月湖先生嗜學而能文,夙與余臭味相投,結金蘭社會,切磋磨礱,積有年歲,兩人心相許。迨余登賢書,上公車,公猶然諸生間也,識者冤之,然而志彌堅,學彌力。一日讀《五柳先生傳》,灑然易慮,雅契林泉,築室錦溪之上,棲松環翠,侶鶴攜琴,右史左圖,吟風咏月,以自適其適,所謂濯淖污泥、蟬脱濁穢、皭然而不滓者也。余待罪南郵,私心嚮往甚,庶幾異日解組東歸,有資待老,而君忽忽捐館舍矣。惜哉惜哉! 厥子曰汝鵬、汝鷃、汝鴻、汝雁,煢煢苫塊中思君不能置,爰繪圖以寄終慕,徵余言記之。嗟乎先生,九原已不可作,而一念景行之志、感舊之懷,有覽圖而增慨者,遂揮涕而爲之歌曰:

月湖主人詎凡胎?包孕萬有心胸開。月光玲瓏不可數,湖水望洋自爲伍。吴干淬厲幾清秋,待價侯門未肯售。卜室溪頭書數卷,笑談自覺塵氛遠。吟風弄月花陰前,遊神直上羲皇天。百歲光陰能幾許? 主人圖史成賓主。憶昔金蘭意氣濃,歸來尋樂誰與同? 覽圖恍若主人侶,不見主人吐一語。臨風惆悵咽不平,松梢唳鶴添悲鳴。彭年跖壽總無補,留取高風拂千古。

時隆慶戊辰冬十月上浣之吉,賜進士第河南右布政、眷生松澗金澍

此月湖先生小影也。先生爲諸生時,與同里松澗公定莫逆交。比先生逝,而子繪圖,友與咏。一圖一詠,藹然愀然,然其於父子朋友間兩得之矣,第所寫者林泉之致、朋友舊之情云爾。聞先生在日,篤彜倫,惇孝友,輯譜牒,修宗祠,至於樂善親賢,興起斯文一念,尤終始無倦勤者。玆圖玆詠不少概見,何也? 抑其生平素履溢人口頰間,有不待是而傳者在耶。引而伸之,觸類而長之,顧善觀者得之爾。時萬曆己亥仲夏望辰,後學李文素跋

(選自《錦溪盧氏宗譜》民國六年重修本之廿七卷)

贈西泉處士

鹿屏樓如山

一泓分明窟,霅霅復泠泠。金谷連雲白,丹山亘霧青。醴香贏灌溉,水潔静儀刑。試看春深際,餘波在鯉庭。

又

答山李琛

雲根西望浄無塵,一派清流陸澤分。澄鑑包涵元極象,浮光微動斗星文。飛熊渭水開周運,擊楫中流翊晉勳。我欲乘槎尋脉絡,朔風一棹出河汾。

又

春城李有容

蒙發東山下,縈回向錦溪。風輕播攘鶵,露襯練拖衣。返照迴沙

雁，春雷震海鯢。幽人抱清賞，物我總忘機。

（選自《錦溪盧氏宗譜》民國六年重修本之廿七卷）

題西源處士鷹圖

茹松商大輅

颼颼天末秋風起，翛翛胡鷹磨爪齒。金眸炯炯入幽厓，劍胳齦齦斷犀耳。流瞥中山惴惴然，計深三窟居居爾。赤狐膽落元兔空，回首枯槎如不已。興如君子揚英豪，橫摶青霄一萬里。須臾掃盡人間埃，健翮依棲淑爾止。時行時止貴有時，一息猶存須料理。盧生盧生人中龍，鵬鶴鶚鳶豈堪擬。

（選自《錦溪盧氏宗譜》民國六年重修本之廿七卷）

贈盧大南華先生

壽時蔣大用

誰謂盧家有莫愁，更於壯叟比名流。一雙蛺蝶翻清夢，九萬鯤鵬恣遠遊。繕性達生跨孔孟，讓王應帝駕商周。逍遥廣漠無何有，共適寥天樂未休。

又

樵雲山叟趙賢球

南華南弁共芳辰，終老塵中不染塵。花事肯隨春夢冷，心淵長浸水雲深。樽開北海賓朋滿，詩琢東坡斧藻新。久置此心名利外，優遊自有一家春。

（選自《錦溪盧氏宗譜》民國六年重修本之廿七卷）

題成湖翁四水亭

前　人

四水相交湛不流，數椽瓦屋水中洲。芰荷著露清將滿，松竹含煙翠欲浮。詩酒興豪風月夜,管弦聲徹海天秋。醉翁趣洽濂溪浄,共此觀瀾到白頭。

(選自《錦溪盧氏宗譜》民國六年重修本之廿七卷)

題成湖尊號

二南趙賢夔

半鑑毓天津,融感斯湖成。瀲灩昭皇運,漣漪生文明。躍鱗鼓鼇浪,振翮騫鵬程。欲把湖之水,成霖福蒼生。

(選自《錦溪盧氏宗譜》民國六年重修本之廿七卷)

壽心湖翁六旬

趙賢球

錦帶縈紆水一方,湖光接翠靄華堂。芝蘭秀沃時方好,棠棣嫣浮日正長。矯鶴骨高聞遠嘯,神苓根老發奇香。悠悠耳順南華曉,誰賦珠璣共侑觴?

(選自《錦溪盧氏宗譜》民國六年重修本之廿七卷)

贈心湖尊號

魯東趙賢左

湖開半鑑接長天,歲月溶溶一色鮮。掬得清光方寸浄,滿腔春意寫華箋。

(選自《錦溪盧氏宗譜》民國六年重修本之廿七卷)

題南山翁手卷

放鶴主人王乾章

久負前溪鷗鷺期,丹青聊爾識鬚眉。身羈東海幅巾老,興挹南山柱杖遺。瓜瓞綿綿堪繫族,橘林冉冉可供私。回風化俗先生事,行見松蔭峙篆碑。

又

桐臺散人李琛

南山隱文豹,採蕨足身謀。藜杖從閒適,綸巾號莫愁。煙霞成痼癖,富貴等雲浮。華嶼東陬勝,巋然第一邱。

又

句餘孫應樵

曾于鳩杖仰耆英,矍鑠何曾嘆羸行。夜月高懸襟度朗,春風遠挹笑談清。衹看北里稱高義,應得南山不朽名。遥識白雲歸帝闕,丹青聊爾寄芳聲。

又

壽時蔣大用

南山積翠中,鶴髮採芝翁。泉石條風軟,鶯花春日融。盤桓一斟酒,散誕幾投笻。霧重林深杳,岧嶢四望空。

又

魯山主張直

茅屋層巒絶點埃,香樓却有棟樑材。承先啓後寧辭力,益寡裒多豈吝財? 只爲樂山心地静,分明種德壽根培。森森蘭玉堪前秀,太傅家風遠蔭來。

(選自《錦溪盧氏宗譜》民國六年重修本之廿七卷)

贈見峰翁六旬壽旦

樵雲山叟趙賢球

翠繞芳洲錦水紆,先生杖履興何如。優遊歲月春猶海,指點嵐光澹若虚。篆爇沉檀斑袖馥,觴浮琥珀紫霞舒。今看晉祝華堂勝,門外還多長者車。

（選自《錦溪盧氏宗譜》民國六年重修本之廿七卷）

題省吾君友于軒

前　人

明軒開處喜新晴，寶篆氤氲翠幕横。斕綵共承西日煖，塤篪並奏午風清。英華春色荊枝暢，馥鬱天香桂子生。和氣流行張世澤，芳聞不愧義門旌。

（選自《錦溪盧氏宗譜》民國六年重修本之廿七卷）

贈盧君五秩壽詩

景韋虞重熙

三秋瑞靄起波濤，會見東南集俊髦。苞矣養成淇水竹，翛然收拾石梁桃。壎篪奏並斑衣舞，雲漢光纏彩筆毫。燕嘆能旋齊國號，麝談香噴故人袍。丈夫意氣期千里，君子才華壓衆豪。醉賞菊英卮上酒，喜看桂子月中飆。願君學自知非進，睿聖名高壽亦高。

又

乘槎纔見泛天濤，客聚華堂盡俊豪。天上壽星斟壽酒，洞中仙侶獻仙桃。知非不獨蘧夫子，進德還如衛武耄。莫訝仁人艱後胤，來年丹鳳産奇毛。

（選自《錦溪盧氏宗譜》民國六年重修本之廿七卷）

繪先慈早背志

先慈作背繪真，不肖作此以志。

珩

慈顔難繪淚沾巾，何似當年接笑顰？猶憶夢中詩筆妙，依稀畫就却非真。

家大人别號"閑静",從癡迷世界痛下一針,敢探其意而謹綴數言

珩

悠然會得意如何?掠影追神少作歌。忙里偷閒非寂寞,動中有静肯奔波。行云合似霖能普,止水澄於鏡待磨。霽月光風周茂叔,倡明道學别無他。

(選自《錦溪盧氏宗譜》民國六年重修本之廿七卷)

月湖盧君輓詩引

詩者,思也。思發於輓,詎恒思哉?自昔孝子良朋感今傷昔,情抑鬱而誰語,往往以其感慨無聊之衷寫之乎篇什,是以《蓼莪》之章、悲秋之詠,一時興歌,千古滴淚,有以也。彼有人不足寄思,與我非思而漫咏者,篇章雖富,而讀之愕然,味之索然,其不來覆瓿之誚者幾希。

月湖氏生前遐躅,直與古人齊芳,而子弟懷恩,朋儕感舊,類托之聲詩以寄慨,其哭也有懷,其歌也有思,蓋思者與見思者兩相副而質有其文,一時思之,一唱三嘆,嫋嫋有餘音矣。手册積久漸成帙,厥子鵬、鷃等謹什襲藏之,並録其傳狀、墓銘及林泉高致諸圖詠,合焉以志永久。余嘉其用心之勤,而僭引諸首。

里人少微許弘綱書

輓月湖翁

震所王乾章

遊宦歸林下,停輿拜故知。有邱藏美玉,無路見芳儀。衰草抽新葉,枯松長舊枝。徘徊瞻望久,回首淚交頤。

又

春城李有容

皎皎金樞升，濯濯寒潭光。斯人逢良夜，於焉縱徜徉。羽化去何之，水月餘淒涼。令予結深悲，對此摧肝腸。麻衣捧緗帙，過我溪南堂。援毫發傷悲，曼聲不能長。願言崇令德，庶以揚休芳。

又

天台鄭九苞

湖頭昔日有高賢，最喜娛情水月天。自赴蓬萊仙宴去，湖風湖月兩茫然。

附輓太祖月湖翁

玄孫繼彭志

松檜不喧妍，璠璵誰雕琢？生前德業尊，没後芳名郁。林宗巾自披，文範碑堪讀。矧當一硯遺，能不傷心哭？

（選自《錦溪盧氏宗譜》民國六年重修本之廿七卷）

讀從祖蜨叟公遺稿有感

先公芳名播人口，提挈頽綱補天手。著述淵源宗石臺，雄詞高論文章藪。籤題甲乙墨未乾，祝融一炬歸烏有。舊稿零落欲爬羅，東山草堂留幾首。其餘碑碣銘空山，文殘字缺失八九。如觀太學石鼓文，僅識馬同魚貫柳。嗟嗟修纂古鴻儒，筆海蛟龍腕下走。年深散帙消劫灰，奚啻揚雄嗤覆瓿。菊人先生闡我公，載入邑乘垂不朽。遺編再讀再焚香，尚期佑啓百年後。

從孫學成謹識

（選自《錦溪盧氏宗譜》民國六年重修本之廿七卷）

夢師訓譜吟

歲戊午八月十六夜，夢先夫子卓齋來談譜事，懇切周詳。既醒後再三回憶，始而疑，繼而駭，終且釋然，高望慨然。深思夫族務之最重者，莫譜牒若也。我夫子仙逝已十有八年，猶眷眷不忘乃爾，現存者當何如乎？時東方已明，爰披衣起，謹即夢中情事，沕就數言，以告宗門諸同志。

嗟我卓齋先夫子，駕返仙鄉越一紀。居恒想像非不殷，笑貌聲音終難企。不料昨宵夢境奢，忽見夫子臨我家。倒屣出迎更掃榻，囑婦爲黍先烹茶。夫子云今莫暇哺，要省祖塋西山去。攬轡同來有虛齋，俟我楊柳板橋處。緣有要事縈心頭，特過汝家向汝諏。正名萃涣端賴譜，豈堪蹉跎曠不修。未知宗盟諸長老，亦有論及此事否。答以每薦藻蘋時，交相催築惟恐後。夫子聞之意徊徨，曰事莫重須加詳。衆口悠悠不可狥，一己意氣不可將。余曾此事參末議，險夷所投不一致。豈易調劑攸往宜，嚴正寬恕難偏廢。時我侍聽方依依，夫子離座言旋歸。急欲挽留再提命，去馬飄飄已如飛。醒我一聲鳥報曉，起坐桂庭香風裊。回思師訓懇且詳，敢等尋常夢杳渺。將此情事賦小詩，告我同聲同氣知。竊料同人一寓目，如我震悚夢闌時。

再憶夢見夫子過竿家時，言虛齋亦過己家往問，虛子士彦果夢父來，相與駭異者久之。夫虛過己家，夫子曾與竿言，則虛子之夢虛非子虛矣，豈竿夢先生乃烏有乎？爰並識之以明者番之夢非幻夢也，蓋信而有徵者云。

時咸豐八年秋八月望後二日，門生日竿謹識

（選自《錦溪盧氏宗譜》民國六年重修本之廿七卷）

題靈淵先生策馬遊春圖

平疇如罫縈青黄，繁林雜楚春風香。宿雨新沐明山光，漁樵拍手慶時暘。五里十里引輿長，到門雒誦聲琅琅。先生醉我流霞觴，我語先生喜欲狂。八千歲椿植高堂，棠棣煒煒交輝煌。況復桂子芬雲鄉，竹孫滿庭个个芳。有時策馬調春場，流觀花木自徜徉，自覺行樂樂未央。

余將北上，告别先生，匆匆間何能仰贊高深？兹特志樂事云爾。雖然，先生行誼已膾炙人口，余亦何煩贅哉？

時道光七年歲次丁亥春月穀旦，硯樵韋嵩傑拜稿

（選自《錦溪盧氏宗譜》民國六年重修本之廿七卷）

題暘谷先生家居寫照圖

小闢幽軒迥絶塵，門垂楊柳結芳鄰。主人雅有虚心抱，坐對蒼筤氣味親。

不趨名利不逃禪，植桂培蘭意興偏。領得濠梁魚樂趣，方池閑賞共悠然。

吩咐奚奴掃緑苔，招邀近局草堂開。花晨月夕申歡宴，得句何須擊缽催。

錦溪岸側峙丹霞，棲托偏宜處士家。課讀餘閑無箇事，一篇《秋水》悟南華。

麗庭王耀拜稿

又

君子無陋居，室小不嫌斗。一有木與花，便可滌心垢。矧我先生齋，爽塏溪隅負。丹鼎鑄前山，吐氣入雲牖。柳花撲闥香，竹風當簷擻。庭植桂蘭芳，三枝兼六缶。清芳忽襲池，文魚争唼口。畫意恣淋漓，詩情繞左右。讀君即景吟，知君善消受。爲問箇外人，能知這味否。

芑泉程以潤拜稿

又

楊柳沙堤，清江一曲。瓦屋參差，左右修竹。問誰居此，曰我先生。詩書淑性，泉石怡情。桂植花丹，蘭培枝碧。挹注有池，深四五尺。紅鯪素鱖，載沉載浮。呼奚掃榻，有客來遊。談月談風，兼談世故。塊壘欲消，酒斟無數。客云既醉，曷不迴輪？先生獨坐，含意欲伸。乃臨墨池，乃滋筆穎。即事抒懷，麟麟炳炳。遂爲畫本，樊龔毫顛。淋漓滿紙，風景宛然。莊樗惠瓠，而不吾鄙。竊以贈言，沾沾自喜。

莢庭湯濬哲拜稿

又

一庭蘭桂一庭香，有客來遊醉十觴。抵掌劇談情事了，飄然歸去晚風涼。

篔簹戛玉柳摇金，影入池魚半欲沉。夕涉主人成逸趣，興來即景輒高吟。

石泉馮炳煌拜稿

流水三分竹二分，柳絲裊裊蕙蘭薰。此間欲號宜春館，桂子秋香又報君。

嬌黄嫩白妒風姨，幾點殘葩倒送池。撥剌魚兒争唼艷，他年五色化雲螭。

環抱湖山秘一天，芸臺檢點白雲篇。分明舊日嫏嬛地，怎怪侈談張茂先？

有客來遊曲徑通，仙漿醉倒各分風。先生獨坐移情處，疑在雲生縹緲中。

柳月鄭鏡臺拜稿

又

先生家錦溪，清江抱一曲。似築離垢園，翛然脱塵俗。入室蘭噴香，盈梢桂綻粟。一水注方池，朝夕勤灌沃。此地濠梁觀，魚躍出波渌。辛氏聞堂堂，投餌隨所欲。得閑且自閑，奇書繙芸局。七字工吟哦，新詩待誰續？足音跫然來，人是裴王屬。風月佐清談，得句手曾録。樵清瀹茗多，李白斟杯緑。井轄不須投，爾音毋金玉。徙倚層樓前，丹山供眺矚。夕陽掛處紅，彷彿連雨足。蓬廬天地寬，何榮又何辱。别墅圖輞川，長此契芳躅。

笛漁徐江拜稿

又

人生不作衛叔卿，快騎白鹿逐玉京。誰作南園蔡處士？圖書爲府林爲城。公之草堂花之圃，水竹繞垣柳遮户。得此福地檢琅函，古香吟嚼天葩吐。何況大化引生機，紅鮻瀺灂紫鱖肥。忽聞欵門聲剥啄，猜疑舊雨是非也。登堂詞論霏玉屑，賞桂品蘭瑶席設。酒闌幾度瀉茗湯，團團雲散風飄瞥。胡床高據了萬緣，心海空洞浩無邊。管領乾坤清華氣，底不上界占神仙。

侄孫錦雲拜稿

又

草草蝸廬錦溪曲，前擁丹霞山一矗。楊柳爲鄰門巷青，琅玕抱窗亞字緑。庭植桂林秀挺三，培成六本蘭馥郁。便於挹注鑿方池，深四五尺水紋縠。中躍一寸二寸魚，樂觀豈曰濠梁獨。地僻不聞車馬喧，幽閒隔斷紅塵俗。有時掃榻爲誰忙？惟是二三舊相熟。客云此處可談心，情話交鈎斷而續。心談未了舌本乾，潤以清茗繼以醁。客醉云旋不我留，閉門獨坐意亦足。不見巖巖世路儘崎嶇，底事風塵勞僕僕。盍息影兮愛吾廬，賞花木兮忘榮辱。

憶戊申秋仲，山明水浄，竹灑楊疏，而庭内桂幾枝、蘭幾本，尤争妍獻翠，香韻入池，紅鱗唼呷。於時偕二三知己徜徉久之，談月談風，溢乾欲潤。適家童攜斗酒至，遂舉觴勸酌。睹佐飲盤飧，寥無兼味，味以拇戰。未幾，客有醉意，醺醺告退矣。余孑然獨坐，餘興未央，聊即者番情景浪咏數言。今寫生圖小照，輒取料於浪咏中。又蒙諸先生不慳金玉，迭賜琳琅，爰不自揆，附録於後，以博閲者一噱。

時咸豐元年歲君辛亥夏五月，暘谷識

（選自《錦溪盧氏宗譜》民國六年重修本之廿七卷）

先嚴貢生日竿公難中遺稿

戊午春夏間，粵兵自括蒼窺視我婺，而屬邑永與武已竊據之，時上司遣剿兵萬餘，兵怯不前，第遥遥紮營而守。粵兵藐之，不少動。未及，土兵突起（土首黄川壯應法決），蜂屯蟻聚，與粵兵交相爲虐。鄰里吕姓等嫉之，約丁壯數千人火其居，土兵遂滅。粵兵聞之，亦於是夜遁矣。夫吕姓等數千人者，士與農耳，幾曾講武？幾曾受餉？而滅敵退敵，兩建其功。未知赫赫官兵亦知惶愧否？爰泐數言志其事，工拙勿計也。

粵兵恣兮土兵横，土兵炬兮粵兵驚。蠢兹土兵勢馳騁，威揚粵兵尤驕猛。君不見粵兵自處據武康，撫劍直視誰敢當？不料數千田家子，恨得土兵又蜂起。各持樵楚當干茅，焚其家室焦其頭。土兵一滅渺何有？粵兵一聞怯而走。愧煞官家軍一萬，二千五百徒成群。敵未睹面心先悸，怎能挫折敵烽熾？不及民間火一燎，滅敵退敵兩稱豪。我聞此事怪咄咄，惜無好句詳志其巔末。

重陽日登黄坑嶺作 有小引

歲辛酉八月廿七日，粵兵突來，烽煙四起，抄擒淫戮，慘不忍言。余亦從人趨避，露宿星行，經十有二日。節屆重陽，適由巖堆山洞至王坑嶺，嶺曲而高，蛇形。至此氣竭足疲，幸古柏下烏石横亘，遂坐憩焉。遥見旌旗閃爍，車馬轟騰，知兵相距不遠，而抱頭而竄者子痛父亡，婦痛夫死，哭聲與谷聲相答應，余聞之惻然悲，爰辭烏石，復走羊腸，率有是作。

竄逃兵難到重陽，恰好登高上柏岡。風健落愁吹孟帽，囊空沽怎醉萸香？哭聲滿路何堪耳，烽火熏天欲斷腸。時勢揆來山卧穩，攀藤捫葛且翱翔。

寓裏巖莊作 有小引

憶避兵難，匿跡巖阿，自八月下旬至十月朔後二日，歷避之月已有三，計避之地約有七。始本都平望，繼六十七都下屋暨前山塢，六都潑園暨巖堆山洞，七都王坑嶺，終裏巖莊。裏巖者，離粵營四五十里，較前避處尤遥，且處衆山獨峻中，粵雖横恣，諒搜括所不及，故賦此云云。

自從兵燹陷東陽，鼠竄蛇行别故鄉。抛却妻孥經數日，誰能遣此不心傷？

嘗云最苦是山居，今處巉巖意轉愉。粵馬雖驍難直上，優遊歲月復何虞。

寄裏巖書館作 有小引

將寓裏巖時，方虞僻壤遐陬岑寂寡偶，不謂有先我而避此者，且多至百餘人焉。夫裏巖家僅六七户，屋僅十數楹，而丁口偏旺，約有四五十人。又增此避客百餘，覺門内外擁擁擠擠，目之皆愁苦狀，耳之皆痛哭聲，嘈雜直無少安之處。幸有翠庭許先生者主教席於是村，有館舍一區，頗清曠，時與促膝談兵，閒談經史，而是村父老間亦與晤。若幸僻處山隅，兵禍難加，可以治園圃而理桑麻，言之嘖嘖不少衰。余於斯時若忘身爲避難也者，而意適神怡，俚言遂出諸口焉。

紛紛避難到山家，惱恨吁唏聲雜嘩。幸有講堂頗静適，好談經史話桑麻。

疊吴大人星垣韻

時避兵難同寓裏巖莊。莊踞崇山峻嶺，有古松百餘本，經霜益茂，卓立叢篁中，旁又有雞巖、馬澗諸勝。星垣以五律詩贈余，余疊韻答之云。

原　韻

憶昔承平日，曾來此地遊。竹環門不俗，嶺曲路通幽。時變干戈動，愁看草木秋。所欣僑寓者，談論一名流。

疊　韻

不謂逃兵難，翻然得勝遊。樓高邀月近，松健傲霜幽。對峙雞巖鬥，迎凉馬澗秋。況於蒼翠里，共賞有名流。

寓龍山古刹作 有小引

自避兵山谷，播遷七次。乃在裏巖，僉謂此鄉幽僻，可保無虞，誰知十月六日，粤兵竊據邑城者拍百餘至本村把卡。次日，六十七都峴北周亦如之。周與裏巖路僅十里，烽火兵聲，時驚耳目，而本村把卡之兵且謬聽陷我者，指名函札，務邀一面。余聞之，曷勝錯愕：夫邀我何爲者？計惟韜聲匿跡，恐知裏巖所在，搜羅及之，爰潛移寓王家、陳家、潘家、張家暨北山清水尖與龍山古刹。戴月披星，勞勞僕僕，又歷六處。噫，甚矣憊！豈吾儕罪孽貫盈，天特恣兵劫以肆虐乎？然亦甚矣！彼蒼有知，諒必悔禍而轉福，特不知何日耳！殷懃期望引領久，下里巴言噴出口。時十一月望前三日，識於古刹西偏之聽松樓。

蒼蒼藍蔚素仁慈，底忍猖狂遍地施。邃谷諒無兵燹熾，層巒亦有暴氛馳。恨他土骨還相助，令我村愚怎孑遺？未識天心何日轉，消除民難降民鳌。

寓棲霞禪院作 有小引

自粤兵於辛酉秋仲入據縣治，出擾鄉都，或抄或擒，或淫或戮，或玉石俱焚，人皆苦之，敢怒而不敢言。忽子月望後，紹屬嵊縣有白頭土勇約千人許，洶洶湧湧來我東會剿，而我東、永、寧諸鄉間有聞風踴躍紛紛附入者。粤兵聞之，半藐半怯，亦會鎮永之兵，駕馬厲刀，與白頭抗拒。奈白頭如烏，無端而合，亦無端而散。初未與粤兵接戰，第一聞車馬聲、見旌旗色，已心悸股慄，先後争奔。因之粤兵膽愈壯，勢愈張，毒愈熾，追奔逐北之餘，不惟白頭多被誅夷，凡近城二十里内，見屋即焚，遇人即戮，其搶擄擒挈，由近及遠，無處不然，較初來時爲尤甚。

至臘月二日，搜至六十七都前山塢，余適再寓是村，猝不及避，遂與遇難，雖不被辱，而行李搜括，無一遺者。恐次日復來，即於是夜播遷裏塢。次晨至義邑前障，初六日至高倍，十四日至設頂，十八日至峴北周。十九日至永繼庵。有云覺明開士亦避兵難，寓新楊之棲霞禪院。棲霞者，地界暨邑，離粤營較遠，余聞之竊喜，乃於次日與主持永繼庵繼山上人到彼棲止。自此溯至七日間，所避總計旅寓蓋有二十矣，豈好此僕僕哉？

寓棲霞六日，天大雪，届除夜猶紛紛，臘梅不馥，爆竹無聲，旅館蕭條，何以卒歲？聊與僧徒火松肪，圍爐以暖。談及兵災，忿火又燒，幾難撲滅，幸有酒在壺，且一澆之。雞將鳴，僧抱衾促寢，余唯唯。甫就枕，悠悠魂夢即在黑甜鄉。未幾黄粱熟，紅日升，耀耀烜烜，光穿窗隙，知天已開霽矣。夫元旦晴和，太平象也，定卜新年，萬物熙熙，復入堯天舜日下焉。爰披衣起，提虎僕，濡龍賓，率沕七截四章，志者番情事云。是壬戌新正元旦也。

自驚粤難别家鄉，東竄西逃已不遑。奈又白頭來混擾，反教兵勢倍猖狂。

豈惟家室蕩無遺，生死還愁不及知。我欲偷生離此難，躲經廿處復何之？

除夜棲霞禪院中，寒吹六出雪花風。與僧説起遭兵劫，怒髮條條冠欲衝。

岑寂無聞爆竹聲，三更欲睡竹床横。醒來忽覺天開霽，竊卜新年轉太平。

寓傅家塢作 有小引

往歲奔避兵難，至棲霞禪院，已易二十旅次，僕僕劇矣，不謂更有鄉人以忤刈麥苗釀禍來難我解脱者，是難中又添一難，心殊拂然，時壬戌正月十四日也。越二日，徙傅家塢。甫解囊，聽鵲聲喈喈，集鳴庭院。諺云："鵲聲噪，喜事到。"今患難頻仍，喜何有耶？爰感而賦此。

欲離兵難屢奔馳，鄉難無端又突施。不解嘈嘈庭内鵲，有何喜事報余知？

歸家作 有小引

粤事中有稱侍王者，以前駐兵毒太甚，特换一隊，以鎮我東。覺書報稀聞，鄉關出入，頗可無虞，因之結隊而逃者皆成群而返，余亦歡欣就道，自傅家塢而歸故鄉焉，時壬戌正月二十有九日也。

家眷數十口，惟老妻已回，餘俱在外。睹新搆門庭，倏成焦土，燼餘舊屋，窗破門殘。若夫所食所衣與所用資財皿物焚掠殆盡，固不待言。噫，余性懶身羸，謀生素拙，囊無一物，何以支持？況來者縱或善於去者，要仍刀兵用事耳，豈得入此室處，遂得食甘味而寢安枕乎？爰恐而賦此。

報説侍王一到城，頓教猖猾盡離營。我聞此事差欣慰，料理歸裝趁曉晴。

歷盡山巔到水湄，石梁卧處遇相知。惟言烽火今頗靖，且到蓬廬醉一巵。

自傅家塢至峴竹坑，下□家莊，嶔峩屹巘，山路居多，約有□十里許。莊右故有橋，橋旁有巖，平如榻，余足坐憩疲腑渴欲澆，適遇舊旅主人固邀飲，亦一快事也。

飲罷斜陽掛嶺西，慌忙步到故鄉隄。顧瞻氣象全非昔，寥落開門一老妻。

趨庭闃不見兒孫，隱隱猜疑没與存。省識逃秦猶未返，私心竊喜又悲辛。

新創門楣數十間，寬容抱膝好吟安。誰知一炬成烏有，□□楊花點作斑。

燼余舊屋倚溪涯，風雨軒窗破不遮。余倩匠人修葺好，囊空資用向誰賒？

我生衣食本充餘，奈被抄搜盡子虚。生計經營吾素拙，一家何恃度居諸？

戍鼓丁冬尚未休，縱歸故土亦含愁。何時得靖干戈氣，復聽太平擊壤謳。

自舊年春正，粤侍王以鄂隊换撤粤隊，雖無善狀，亦無酷虐，較可。日月居諸，奈至夏仲，粤隊復來，紮營義邑，警報時聞。又與鄂隊積不相能，自相矛盾，兵聲震地，烽火喧天，凡近城者，誰不驚恐？余因始竄錢家，繼葛塘，繼上社姆，繼上蔣。迨至九月間，粤隊始去，而竊據紹屬者又於十月二十二日蜂擁而來，東義交界處紮營幾遍，徒事殺人放火，搜括深山。

余於爾時再寓禮塢，適與遇，其身雖不被辱，而行李盡掠，直與辛酉冬季寓前山塢時同，恐是處復搜，播遷環城塢。廿四日至王月廿六日復轉禮塢。稍安數日，十一月初九日，逼又近，遂避至北腰坑。十一日至暨邑王家店，十二日至溪卜，十六日至湖田口下，二十一日至本邑水打應，又半坑，又西白寺，又石巖山。忽聞粤兵傾城拔去，乃欣然歸家，時癸亥正月二十日也。

誰料歡娛未幾，痛恨頻生。蓋舊冬十一月十七日被擄三兒燮，正月十八日又擄次孫播，當未歸家時尚未之知也。噫，家室蕩破，已覺難堪，骨肉分離，誰能遣此？爰瀝筆而賦此云云。

家室焚掠蕩無遺，底恨兵災太我施。奈又兒孫擒去去，存亡生死莫能知。

指望兵氛尅日收，行裝拾好别山陬。歸家不見兒孫面，老眼汪汪淚自流。

粤劫之慘，慘不盡言，有爲余所身受者，有非余身受而耳聞目見者，且有耳可得聞、目可得見而口不得言者。故上述云云，第志余何月何日避於何都何鄉，而略及其毒耳。若欲即其毒而詳言之，非惟余筆所不能，抑亦余心竊不忍焉，閱者尚其原諸。

時壬戌正月三十日暘谷氏識於燼余韻香齋

按：粤兵蹂躪我土，係咸豐庚申，家先嚴董譜落成之明年八月廿七日也。先嚴歷避兵釁，窮山邃谷，遷徙靡常，燮等失職左右，致先嚴屢瀕於危殆，甚矣。然其形雖疲，其神不敝，隨其時地，賦志言情，殆所謂蒼蒼古松歷經霜雪，而自適其天真者乎！古人絶糧之厄，微服之行，雖在坎坷，不攖天性，蓋其所見者深耳。同治癸亥春正月，兵氛靖，老幼始得室處，而燮等乃以庭廬焦土之餘，重以骨肉分離，增先嚴慟，而速之悲。是時也，長兄學圓病亡，仲兄學洙遇難，燮雖孑遺，失身未返。對此情狀，爲之父者其能久乎？同年三月廿三日巳時，先嚴竟棄燮等賓天。殮之夕，燮得奔而親視之，以終葬祭之禮。雖里人僉謂善人必有後，然已百身莫贖已。先嚴距生於嘉慶癸亥二月初三日戌時，享年六十一歲。配先慈張氏，從先嚴於地下者後二年，豈不痛

哉！兹讀先嚴難中遺稿，愈不能不感慨係之矣。時光緒己丑年仲冬上澣，男學燮盥手敬識

（選自《錦溪盧氏宗譜》民國六年重修本之廿七卷）

兵難 有引

咸豐辛酉秋，粤兵入婺州，焚燒殺掠，焦土門庭，而我邑士民不堪其苦，團練鄉勇以攻之，其禍尤烈。至癸亥正月王師恢復湯溪，群寇遁，約計之罹災已三年矣。爰汹數言志困苦備嘗云。

憶昔粤釁開，紛擾蹂我土。民各鳥獸散，官兵畏如虎。烽火聲連天，金風倏增怒。啼哭不忍聞，失恃兼失怙。賊心得未曾，搜入深山塢。寇下鄉擄掠，家家逃匿深山。每令搜山，名曰“打先鋒”。敝賦索纖悉，把卡私跋扈。寇據縣城，責民進貢，又分食於鄉曰“把卡”，立軍旅帥作外援。爰立軍旅帥，分明添羽翼。猥云殲厥魁，誰作救援主？時有團練鄉勇以攻之者，而卒不能行。矯矯王者師，旗麾蔣與左。知勇異尋常，經文更緯武。全力注婺湯，奇謀籌幕府。癸亥歲，胡官左宗棠、蔣益澧將兵克復湯溪，群寇咸遁，而郡邑始安。一戰靖干戈，執訊獲醜虜。都鄙曰兌已，罹矣三年罟。回首慨時艱，微吟托李杜。

芸臺甫品蘭謹志

（選自《錦溪盧氏宗譜》民國六年重修本之廿七卷）

痛　父

烏鴉知反哺，羔羊且跪乳。靦然面爲人，可以獨無父。禍自辛酉秋，粤兵亂我土。其旅會如林，炰烋猛如虎。嗟我先夫子，團勇率禦侮。時決克敵謀，耻與偷生伍。義膽誓西山，解圍匙尚父。勢迫不及防，身爲醜所虜。怒駡聲震天，血刃升冥府。骨肉伊誰收？讐怨憤千古。崇祀入昭忠，魂兮歸廊廡。噫吁戲哀哉，此生終莫補。

孤子品蘭泣血識

（選自《錦溪盧氏宗譜》民國六年重修本之廿七卷）

悼辛酉貞魂

東陽縣教諭巖臣柯汝霖

盧士培

二都下盧人，年三十二歲，辛酉九月初三日，被執不從，遇害。食德二百年，不受賊節制。屈膝拜賊酋，毋乃罹罪戾。秉性本天由，素心識忠義。束縛竟請囚，偷生非其意。血流粘草紅，此志終不二。

盧學晉

天漢迷熒惑，貪狼禍莫支。蓬飄嗟世運，樹立矢心期。切齒仇誰報？糜膚志不移。殘骸何處拾？憑弔涕漣而。

盧錦雲

孽火炎炎熾，村墟盡震驚。狼煙悲浩劫，鶴髮痛耆英。裂眥心何壯，捐軀氣尚生。同歸偕二子，淒慘不勝情。

（選自《錦溪盧氏宗譜》民國六年重修本之廿七卷）

士瑜妻王氏

深閨未解杞人憂，忽遘紅羊浩劫流。何處仙源堪避亂？貪生恐爲藁砧羞。

又

門前一鑑水汪洋，抱石沉淵黯自傷。正氣天生無異稟，羨他巾幗識綱常。

世球妻吴氏

婉娩司中饋，俄聞鶴淚傳。妖氛迷白日，妹子隕青年。荆布持躬肅，冰霜矢志堅。芳名垂不朽，彤史永昭宣。

（選自《錦溪盧氏宗譜》民國六年重修本之廿七卷）

望世任侄還家

邑庠生炳煃

一雙望眼幾回穿，屈指光陰已半年。堂上孀姑期爾慰，膝前呱子仗誰憐？關河迢遞音書斷，烽火重圍道路綿。何日得離豺虎窟，一家聚首慶團圓。

故民盧學郁

邑庠生炳煃

忽報狼煙滿地驚，誰能慷慨擲殘生？稔知一縷忠肝結，視死如歸志節貞。

又

地慘天愁浩劫流，神嚎鬼哭淒其憂。微軀雖死神猶在，笑煞偷生白骨羞。

注：這里的主標題爲編者所加。

（選自《錦溪盧氏宗譜》民國六年重修本之廿七卷）

臨終自詠

丹峰　鎬

紅黑心腸各自知，既知便應早思維。但能改黑爲紅後，人不吾知天隱知。

（選自《錦溪盧氏宗譜》民國六年重修本之廿七卷）

白雲洞

國信父圭

只記先生跡，誰將道緒尋。風光行處好，雲意望中新。學聖傳心訣，窮經淡世塵。攀登饒逸興，林壑見清真。

（選自《錦溪盧氏宗譜》民國六年重修本之廿七卷）

春日遊耆闍寺

聞之父鳴鶴

徑繞龍山邃谷中，森園蒼藹護衹宮。一泓漱玉飛寒雨，萬樹篩金醉暖風。磬静雲房僧入定，屐停花院鳥啼空。到來塵想都捐却，頓欲參玄謁遠公。

（選自《錦溪盧氏宗譜》民國六年重修本之廿七卷）

錦溪二首

前　人

昔宋吴坦公，江流障自東。堰以富民稱，資漑利無窮。復患高原涸，江水莫能通。繼開錦溪甽，高下流乃同。沙壅時疏築，堤長勢若虹。江堰今已廢，徒留古道蹤。惟兹錦溪水，永資利濟功。溪長流不竭，戴德自靡終。

吾宗兩聚族，咸值錦溪曲。溪水日潺湲，時流青與緑。俗尚頗淳厚，惟知耕與讀。讀者厲青雲，耕者勤黍稑。縱或遭世變，永無傷劫戮。何由流此風，君子貽式穀。源遠流自長，溪流宛在目。子孫世澤蒙，祖德當思續。

（選自《錦溪盧氏宗譜》民國六年重修本之廿七卷）

重遊耆闍寺

前　人

幾年蕭寺厲雲從，今日重遊訪古蹤。籬犬知迎曾宿客，山禽識唤向來翁。流泉未敢澄泓色，古殿仍飄淡蕩風。爲憶昔時聲氣侶，那堪星散各西東。

（選自《錦溪盧氏宗譜》民國六年重修本之廿七卷）

雜　詠

季良父焞德

峨峨高山石，鬱鬱陵上松。青陽自流易，不爲衆類容。蟪蛄感晨夕，愁病日相攻。擊筑有苦音，屈騷無恬風。驅車首陽巔，孤竹何濛濛？河清不可俟，長懷果安窮。

晨興涉蘭澤，駕言思采芳。淒淒歲雲暮，白露沾我裳。及時不紉佩，恐隨蕭艾黄。相求在同氣，孰謂盈頃筐？靈均去已久，清風激沅湘。

屋破殘雲補，軒開凍雨收。高歌頻欲舞，沉醉頓忘愁。頗謂名堪惜，誰言富可求。守雌今日事，抱甕灌畦頭。

獨坐書齋里，無言感自並。秋隨黄葉盡，寒逐晚風生。黍稻忻全斂，干戈嘆未平。物情知候變，蟋蟀近牀鳴。

漆室年來望轉深，江山漠漠獨無情。啼鵑空有催歸志，義鶻常懷雪恨心。野草閑花春夢冷，青松翠柏歲寒盟。乾坤許大翻嫌跼，風雨蕭蕭百感並。

曲徑苔封碧澗紆，紅塵飛不到庭除。雲籠深樹聞啼鳥，月浸寒潭見躍魚。竹外茶香中酒後，池邊草長得詩初。松陰滿榻清如許，門掩溪聲自讀書。

門對青山屋繞溪，年來我獨愛幽棲。清風三徑鶴高峙，晴日四簷鶯亂啼。竹静棋聲時出院，苔深屐齒不沾泥。分明便是仙源境，未許少陵誇瀼西。

（選自《錦溪盧氏宗譜》民國六年重修本之廿七卷）

感　遇

天　培

戛戛高崗梧，孤幹修以直。清蔭不自庇，疏雨滋其色。豈難同焦尾，知音來賞識。觀物悟人事，何須長太息？世運多遷移，日月間食昃。肥遁非吾心，素履養吾德。終老巖阿間，静觀亦自得。

（選自《錦溪盧氏宗譜》民國六年重修本之廿七卷）

暮秋晚眺

佩

一天澄霽暮雲收，白荻丹楓總是秋。潭水静涵千頃碧，野嵐閑度萬峰稠。杜陵會集應乘興，宋玉文章漫惹愁。歸向籬邊尋逸趣，伊誰送酒到林邱？

又

薄暮延秋色，悠悠望正賒。丹光浮柏葉，雪影透蘆花。野鶩孤飛迴，村煙一簇斜。長吟幽思集，月上未歸家。

又

秋深紆白日，爛漫冠輕霞。犢返呼群急，鴻來引陣斜。白蘋迷水曲，紅葉隱山家。歸去長堤路，泥行類蹈沙。

初冬郊望

佩

冬來一夜朔風齊，鬱鬱行雲也自淒。剩有晚菘寒□□，飛□霜葉冷長堤。縈愁那得詩成句，遣興惟應酒入臍。歸俟滿天晴霽候，再聯童冠步前谿。

詠　菊

佩

重九還逾節，黄花未吐荄。大都嫌熱炙，聊自待寒開。露爲芳姿浥，風將傲骨培。賞心延逸客，凝望幾徘徊。

祠内月季花

佩

紅占花中色，含英月月開。香濃忙蝶采，艶嫩費蜂猜。遮有丹心吐，常將淑氣回。應嫌喧屐齒，不自出牆隈。

（選自《錦溪盧氏宗譜》民國六年重修本之廿七卷）

九日登近高坪次弟楚珍韻

偉　德

佳節登高自古然，近高坪上步前賢。青松歷歷仍蒼翠，緑野鱗鱗間白妍。映水芙蓉欣日麗，遍山松柏欲霜薦。衰顏兄弟俱强健，尚擬同遊數十年。

（選自《錦溪盧氏宗譜》民國六年重修本之廿七卷）

庚申重九和楚弟登近高坪韻

偉　德

每到秋來興不群，登高此日又嘗云。喜同鴻雁高坪立，交治壺觴萸酒芬。百里川原傷旱暵，三秋草木盡焦曛。各言來會人同健，近念冬春嬾論文。

（選自《錦溪盧氏宗譜》民國六年重修本之廿七卷）

近高坪詩並序

文　江

余家居屋北，行里許而有山，山行數百步，窮其巔，既高且平，先祖仲旭、楚珍諸公所擬登高處也。其境地幽勝，二公之記詳矣。今乘重九，適登此坪，感賦古律二則，以寄志云。

此地稱靈勝，古人多寄寓。年年當此日，仿效長房步。我亦望登臨，把酒舒豪趣。酣飲懷古人，古人何處住。茫茫竟不見，搔首空自賦。

又

重陽節序屬秋終，乘興登臨味不窮。錦水帶圍波轉緑，丹山屏立樹回紅。杯殘孰與酬佳節，帽落歸應乘晚風。彭澤襟期今在否，陶然共飲醉籬東。

（選自《錦溪盧氏宗譜》民國六年重修本之廿七卷）

錦溪十詠 有小引

方外司馬　偉德

叔源不詠西池，則蘭沚曾阿同湮消於衰草；康樂不吟北固，則紅桃緑柳久蕩滅於寒煙。雁蕩懸湫，何減廬山之瀑；虎丘宴集，寧殊曲水之觴？但以藻翰未登，遂爾物華空寶。故知地因文而標異，文因勝以構思，兩者相須，一闕不可。吾邑處萬山之内，而吾里又當溪北之偏，名賢之駕莫停，鑒賞之奇未著。然而地靈間發，雖難以上埒名區；美景時呈，亦庶足下光蓬蓽。偉才慚賦鵡，智昝碑雞。口未讀宛委之書，足莫周崆峒之遠。江河舉目，徒撚晉室之花；栗里棲真，聊醉東籬之菊。時行吟乎澤畔，或舒嘯於東皋。睹名勝之未揚，山川無色；愧品題之鮮識，巴里貽譏。敢丐宗匠之陽春，用彰僻隅之勝概。兼呈鳴缶，冀削班斤；敬竭鄙誠，漫疏短引。

洋塘泛艇 并序

塘當吾族之西，僅間一阜，東西兩山，迴合環抱。東之麓錦溪繞之，山少斷，復起爲丹山。流目四矚甚曠，舟行塘中則甚幽。雖景偏地狹，亦山亦水，嘗自擬“小西湖”云。

鴛鴦湖上幾經遊，一望平鋪浩渺流。確似西湖山揖抱，周看南北翠盈眸。洋洋一鑑銀爲浪，曲曲雙山緑漾舟。晴好雨奇都歷遍，有時獨往勝攜儔。

沙堤步月 有序

堤長三里許，吾宗聚處兩區，蟠旋首尾。前此僅與田畔平，近數十年來，沙壅溪流，日疏月築，竟有高尋丈者。沿堤村落，累累在望，往來行人，熙熙攘攘。當夜静月明，熒熒村火，往遊其上，四顧澄明，亦一方佳勝也。

遥望長堤勢若虹，溪流浩浩緑沙中。春芳四映波成緑，秋色千章葉欲紅。夜静蘧廬無犬吠，光看燈火出林叢。澄空四顧何寂寥，一任微茫轉月東。

北湖春水 有序

湖在吾里下流，回環西北數十里，田源匯納其間。當春水漲溢，平田數頃，一望渺茫，洶湧之聲，驚若江濤。使湖堤疏築，植柳栽桃，或竹林數叢，結廬其中，間以臺榭，何減三吴風景？

春雨綿連水漲流，平湖四覽渺悠悠。千波簇聚驚濤壯，數鷺飛來嬉水浮。岸植緋桃生錦浪，堤垂長柳拂芳洲。抛荒名勝天何忍，似爲居人卜築留。

江漲洪濤 并序

長江去里居二里，時常水漲，未有至吾里者。或蜃水氾濫，或西風迅激，下流壅窒，則横溢兩涯，錦溪以外皆水苴矣。江帆畢達，雲樹迷離，遥望西南，直抵郊關、平江幾十里許。

望洋曾嘆浙江潮，十里横江水面遥。兩峴流清溪似畫，三秋挾雨勢偏驕。平江遠望濤曾湧，濁浪横侵山欲漂。萬樹摇波時長没，勝他羅刹岸蕭條。

社山勝會 有序

社姥山有胡帝廟，四方祈辟者靈感異常。帝誕於秋仲旬三之日，合邑士民奉迎恒數十萬，始擁集山下，紛紛亂次。會至吾族，始肅隊而行，旂旛戈戟，熠熠森森，誠每歲之盛會也。

正惠彰靈自宋年，至今崇奉意彌虔。撼山金鼓摇巖谷，載路蕭香作霧煙。矛戟閃鮮光耀日，旌旗披掉影迷天。年年秋仲旬三日，祝費民錢幾萬千。

古刹靈泉 有序

寺名耆闍，去吾族二里而遥，左爲龍山，山側有泉如瀉，四時不絶，春夏更盛。烹以注茗，色鮮白，味甘冽，堪敵杭之虎跑云。流經石渠，引寺中，層折環注，錚錚作金石聲。余肄業寺久，常領略其妙，知爲奇勝。

卓錫何年水脉通，涓涓一罅注無窮。虎跑味敵名因稱，鵲舌香烹色自空。流繞禪房春草寂，聲歸梵宇玉珠同。何當嘗到晨昏候，聽徹鐘聲飄渺中？

瀑布懸崖 有序

飛瀑離寺半里而遥，兩山環合，自山腰噴瀑，垂注澗谷。當春夏水盛，飛珠濺玉，望如匹練，約長四丈有奇，蓋吾邑之絶少者。下流有破巖，可作厂居，但中皆巨石，莫可移動耳。

誰揭吴門匹練垂，遥來雲表古今披。珠飛萬斛苔滋緑，濤響千山石欲攲。掀地狂風吹不斷，長天月色照無歧。考槃獨寤真堪矢，惜少秦鞭遣石移。

虯松聳翠 有序

松生半山，面陽負谷，去瀑布數十武，大十圍，中空，足數人坐。修柯戛云，中無枝節，自木杪垂枝，下覆如帳，上竪如蓋，張如龍蛇奔走，承翳日月，光不到地。徂暑時，嘗憩息其下，清風習習，有羽化登仙之致，不禁叫絶。

亭亭孤幹倚危岑，披拂長風歲月深。宛轉虬枝雲自護，輪囷鶴蓋露難侵。參天氣勢分蒼翠，拔地根株蔭緑森。秦帝東巡欣不到，大夫封爵本無心。

北隴朝耕 有序

吾宗風尚淳樸，所業惟讀與耕。余賦歸來，以消憂書史，父老告余以春及時有事於田疇。當清晨出作，課耕北隴，見宿霧方開，煙光繚繞，較之日夕山氣，尤覺清勝。

莫道山嵐日夕佳，淩晨清勝更無涯。露濡芳草凝新翠，日照煙村散宿霾。白鷺水田飛杳杳，黄鸝灌水囀喈喈。一犁矯首殊堪樂，擊角商歌快我懷。

西園夜讀 有序

西園者，高大父西泉公别業也，有軒，有閣，有假山，東西植牡丹、柏、桂、海棠之屬，後有園，種雜果。前則塘，塘長而曲，繞堤臨溪，修竹數千竿，碧緑深涵。自曾大父訓迪諸父暨家君，傳經偉輩，咸此肄業。今復集兒儕，課業咿唔，當夜深閑静，聞輒欣踴。

牆東獨寐錮煙霞，荷耒年年只種瓜。乘興揮文時買醉，遣愁得句更看花。我生出處非思遁，家學淵源溯未差。頗幸西園傳世業，燃藜夜月入樓斜。

（選自《錦溪盧氏宗譜》民國六年重修本之廿七卷）

步詠錦溪十景

珩

洋塘泛艇

欲尋名勝駕言遊，底若輕舠汎水流。況夾兩山青滿面，常涵一鑑緑迎眸。空濛雨色争浮渚，瀲灩晴光欲蕩舟。乘興流連加鑒别，淡妝濃抹正堪儔。

沙堤步月

數里長堤似卧虹，一輪月明照天中。村墟遠近浮煙白，燈火希微隱霧紅。時有遊鱗迎激瀨，更聞犬吠出林叢。攜朋散步賡歌罷，素色猶然在嶺東。

北湖春水

野性原來喜溯流，況經春漾浪悠悠。千層柔渌濃於染，一抹輕煙淡欲浮。狎鷺聯翩偏認渚，飛鷗散亂竟迷洲。坐來天上船方好，曷不縈迴任去留。

江漲洪濤

極目江心噴怒潮，水天一色勢增遥。千家炊火沉雲黑，兩岸波濤挾雨驕。幾見鷺群隨浪没，却驚帆影就風漂。乍眠乍起平疇外，更有盈堤柳萬條。

社山勝會

正直爲神已歷年，感恩非在逢迎虔。精靈自合依巖谷，古殿依然宿霧煙。載道旌旗揺落日，撼山金鼓震遥天。想公遺惠留桑梓，應惜民間費萬千。

古刹靈泉

流繞禪齋處處通，靈泉汩汩瀉無窮。到來一掬寒生栗，頓悟三生澹若空。龍井探源應有異，虎林紀跡恰相同。衛公品水稱神鑒，安得揚瓢辨此中。

瀑布懸崖

陡驚匹練此間垂，一道青山兩界披。怒雪飛濤晴更雨，長風吹卷直難攲。珠簾掛壁看應似，銅磬穿林聽豈歧。准擬匡廬名勝跡，直將奇句謫仙移。

虯松聳翠

參天老幹挺危岑，鬱鬱蔥蔥氣象深。偃蓋只宜鸞鶴駐，淡寒詎受風霜侵？風來樹杪聲偏壯，月到枝頭影倍森。誰賞盤桓濃蔭下，静諧彭澤素琴心。

北隴朝耕

隴畝栖遲景物佳，清晨蓑笠味無涯。杏花菖葉春方靄，霧縠烟綃午不霾。黑犢一犂看力健，黄鸝千樹聽聲喈。柴桑只是安耕鑿，下潠東田好散懷。

西園夜讀

家傳世業壽煙霞，誰謂窺園只種瓜？燈火更深光射斗，文章學到筆生花。窮經端藉丁年好，讀史還嚴亥豕差。劉峻山棲麻矩爇，草堂不計月横斜。

（選自《錦溪盧氏宗譜》民國六年重修本之廿七卷）

錦溪八詠 有小引

暘谷日竿

錦溪，族總名也，而地分上下。讀前載《錦溪十景》詩，首唱者從祖偉德公。公家下錦，故十景下錦居多，而上錦特界下錦者道及之，餘不與焉。上錦之景色有知，有不恨湮没勿彰也耶？即家上錦者，烏能恝然？爰約舉其八，各詠數言，而以八詠異其名，仍以錦溪統乎同焉。特愧才疏句陋，未能闡山川風景於萬一耳。

龍崗旭日

龍崗即龍頭山也，在屋東。

銅鉦初掛龍崗曉，處處枝頭啼好鳥。幽眠山客夢初闌，起來閑瞰紅雲繞。

虎麓晚霞

虎麓即虎脚山也，在屋西。

雲樹蒼茫天欲暮，數群飛鳥歸何遽？忽見前山虎脚騰，踢得幾片殘紅住。

欽洋夾緑

欽、洋二塘，大皆六七十畝，一左一右，中僅隔一山耳，在屋南。

水夾欽洋山欲矗，山光水色齊争緑。熏風飄拂緑參差，迷却漁兄樵弟目。

湖海流清

湖海，塘名，大四五十畝，在屋北。

冰融湖海水瀏瀏，流出清光山夾口。未知孺子過此間，亦歌我纓可濯否？

白堤柳絮

堤障錦水，以白沙爲之，曲而長，植百餘柳。當暮春風起，飄絮繽紛，兩堤沙草，如衣錦然。

黄鸝叫徹風光轉，吹落柳花兩堤滿。似爲暮春天氣寒，故遣絮遮沙草暖。

丹崿松濤

丹崿即丹山也，頂峻而平，有松五六本，柯交葉茂。風撼之，濤聲洶湧，與山氣薰蒸，直沖霄漢云。

丹鼎何時丹煉就？儼然霞丹落前岫。忽然風來送起濤，欲引丹光入雲竇。

重陽社鼓

每年重陽日，里社奔騰，吹豳擊鼓，輿正惠胡公上社姥殿，歸則《霓裳》一曲，菊酒數杯，聊酬蠲税之恩云爾。

勝會每當籬菊吐，摇曳旌旗隆咚鼓。莫謂年年浪費錢，蠲丁税膏流今古。

十月燈宵

十月初一夜，家家截竹爲棚，綴燈竿上，導水、火二神，繞街一巡，繼奏《陽春》雅曲，笙管嗷嘈。是舉也，不知義於何取。或曰以禳火災。亦不知始於何時，今奉行，不敢廢。

燈綴竹竿朱緑間，道神巷街巡行遍。又奏《陽春》火樹中，歌喉直把火光嚥。

（選自《錦溪盧氏宗譜》民國六年重修本之廿七卷）

水門村

趣　衍

漢寧前代趾，依郭自成門。流水不可問，遺名尚有邨。興平思故國，洲義溯前源。俯仰千年事，推遷勿復論。

洲義堰

前　人

帶水分流出采廬，平疇十里萬家都。漢寧自古餘明德，謾詡農祥肇赤烏。

追和香沙趙先生水門村詩

前　人

水門村最古，訛作“大門村”。《浙江通志》等皆書作“大門”。本屬暨陽界，分來洲義源。“勾無”探跡遠，諸暨《國語》謂之“勾吴”，《水經注》謂之“句無”。漢季想風存。近似樓家地，宋文憲謂東陽古著姓八，一曰“樓”。據趙《志》，水門村似今樓家地，故云。還將八姓論。

追和香沙趙先生洲義堰截句

前　人

截斷溪流灌野田，稻秔千頃擁芊芊。興平置縣還應後，溯到周秦兩漢年。

漢獻帝興平二年，會稽太守許貢奏析諸暨水門村，置漢寧縣，則是堰在置縣前可知。

（選自《安溪長堤盧氏宗譜》民國辛巳年本卷十八）

追和趙香沙先生水門村一律

炳　海

總攬東陽地，村名此最先。石門通甽道，渠水切農田。想見周秦跡，何論漢魏年。勾吴稽往事，尚欲訂訛編。

據《漢書・地理志》，此地屬上諸暨，即《國語》之“勾無”，《水經注》之“勾吴”也。《浙通志》諸書，“水門”作“大門”，係板刻訛，非親歷其境者不敢置辨。今新邑志俱兩存之。

送從叔祖單輿赴任寧海

前　人

卅載窮通博此官，青氈早識廣文寒。儒生德業千鈞繁，塵世功名一笑看。路接天台青隱隱，雲騰海嶠白漫漫。寧海前置縣曰“白嶠”，亦曰“海遊”。講堂舊啓鄉前達，元永康胡長孺汲仲主寧海簿，於聖殿後立講堂，鑄鐘一枚。長孺，詳見《元史・儒林傳》。不道從今繼跡難。

古　甽

永　宇

甽源流水到長堤，四野嘉禾處處肥。高地低田蒙厚澤，千年萬古見餘徽。

松　塔

樹　檐

松栽此塔由來久，宋世元明碧聳松。逸士聽濤常得所，耕夫避暑暫相從。

感懷村景

前　人

桂巖脉落長堤止，四面蒼蒼樹色繁。南北濟人雙澗水，東西護宅七星墩。

詠雙溪橋梁

樹　江

南北分流道路通，春秋寒冷木橋崇。雙溪津内渡痕碧，百尺濟人累代功。

安溪古渡

錫　壬

垂楊一帶繞安溪，來往紛紜水勢迷。總使濟人無古渡，那堪行旅認高低。

淞溪古渡

炳　哲

楊柳依依兩岸垂，淞溪灘上渡推移。征人繫馬呼舟子，掉槳輕摇不我遺。

松

炳　汶

□上蒼蒼是古松，貞心勁節見三冬。枯枝不朽應棲鶴，老樹惟喬欲化龍。

長堤即景

顯　彬

草緑長堤景最幽，巍巍道岸興從遊。可曾鑄得如仙骨，清合壺冰一色秋。

星墩拱秀

前　人

聞道靈山古景繁，而今分野有星墩。五光十采森森列，況又雙溪繞水源。

秋月映潭

炳　哲

潭水清漣月更圓，月光映水水連天。聯芳桂子飄雲外，夜半隨風墮客船。

社橋觀禾

炳　汶

社橋勝景水之涯，霽日和風長物華。高人有意同來望，紅稻初開四野花。

雙溪合璧

炳　烽

兩岸波濤緑水横，雙溪夾帶繞楊城。且看南北瀠迴處，澤沛長堤萬古名。

後宅即景

前　人

澗水瀠迴宅後方，長堤秀拱七星墩。青松緑柳千障合，孝德鄉村古道存。

松墩勝景

前　人

□後交加盡是松，玲瓏翠色楚王封。貞心勁節常棲鶴，古木森森欲化龍。

古堰感懷

錫　壬

洲義長流肇遠源，漢時先及水門村。千家萬户恩波廣，瞻彼長堤禾黍繁。

（選自《安溪長堤盧氏宗譜》民國辛巳年本卷十八）

承旨公石馬八詠叙述

公諱珍字仲寧,越國公第七世孫也,以甲第授職詞林。勇於退閑,由靈山遷隱於永之石馬。其著作頗多,不能備述,止録即景八詠。

丹山翥鳳

共詫丹山映曙暉,披雲卷霧彩霞飛。鸞凰爲識乾坤泰,時向高岡振羽儀。

烏石聞鶯

步深烏石復山行,緑樹黄鸝三四聲。淑氣於今歸海宇,謾勞簧舌弄新晴。

章潭晚釣

老漁鎮日坐平磯,楊柳陰斜夕照低。莫訝釣璜如釣鯉,聖人今已出岐西。

平水春耕

布穀春深雨後啼,煙蓑霧笠頓相齊。獨憐安飽膏粱子,未曉人間鋤與犁。

下巖古柏

森森古柏壯巖頭,越歷冰霜春復秋。自信商家曾立社,不須新甫問根由。

長壽高松

老龍偃蹇勢何雄,白日寒濤澗谷中。夜半鶴歸巢未定,踏翻明月下林空。

三元獨步

三元清峻許誰登,我獨乘風快遠騰。寄語窮經諸子弟,不求温飽是王曾。

九州大觀

達人蹤跡豈拘牽,南北東西志浩然。昨向九州重縱目,置身疑在泰山巔。

(選自《安溪長堤盧氏宗譜》民國辛巳年本卷十八)

復詠韻濤山莊十景

張廷煒

香巒滴翠

誰將螺黛染層巒,積翠分明滴未乾。恰怪郭熙留粉本,教人只作夏山看。

碧甑摩蒼

碧甑高擎旭照邊,蓬蓬四面起炊煙。渾疑帝座通呼吸。牽惹詩狂欲上天。

芸嶺出雲

白衣蒼狗幻晴陰,雲自無心我有心。多少人間悲涸鮒,好從此際乞甘霖。

帶溪流水

清溪一帶束村流,一曲牙琴與耳謀。可惜鍾期今不見。相思空自訴悠悠。

蟾塘玩月

尋常水底團圓月，此際清光色較鮮。知否素娥今夜意，人間天上鬥嬋娟。

馬崗嘯風

馬崗崎嶇路不平，攀蘿捫葛若爲情。側身天地容長嘯，莫問悠悠世上名。

覆鐘晚眺

爲有紅霞似綺横，晚山好景畫難成。多應清籟林端發，驚散棲鴉數點明。

古碓晨春

何處春聲攪我愁？朝朝聞向枕邊遒。憐他慣做春閨夢，日照紗窗未展眸。

槁山樵唱

秋林返照暮山紅，遮莫樵夫入畫中。最好前途歌緩緩，餘音遥答鄭公風。

麻塢農耕

乍聽農家叱犢聲，頭銜慚愧魯諸生。爲言麻塢雲深處，活計年年勝筆耕。

庚子荷夏

（選自第三支里盧宅《靈山盧氏宗譜》民國甲戌年重修本卷之十六）

賀子經世伯先生六旬榮壽 仿葩經

壬寅舉人大挑知縣泉唐湯湘

陟彼南山，言采其芝。君子至止，福履綏之。陟彼南山，言采其苓。君子至此,益壽延年。上有翠柏,下有蒼松。惟壽者相,其樂融融。浙之東,浙之西,有緣晉祝,壽考維祺。

(選自第三支里盧宅《靈山盧氏宗譜》民國甲戌年重修本卷之十六)

又七古一首 仿柏梁體

府照磨吴江毛士瀓

歲在庚戌之重陽,與翁相逢淛水傍。問翁甲子年杖鄉,精神矍鑠步履康。問翁所居在何方,峴山之南盧家莊。范陽鉅族史册詳,簪纓累葉傳縑緗。英年插足名利場,胸藏道德能文章。功名路滯眉不揚,明經分來貢樹香。光陰晚逝如電光,暮年習静精岐黄。參苓术草禹餘糧,培元固本八珍湯。濟困扶危姓名彰,解衣推食逮翳桑。生平處世柔克剛,急公好義無事忙。森森緑樹芾甘棠,修盡雁齒與羊腸。家庭和藹瑞慈祥,一經裕後入膠庠。長君主器將略長,棄文學武列戎行。功成立馬銘旂常,芝泥蘭檢耀琳琅。手捧兕觥晉瑶觴,祝翁如阜更如岡。南極壽星吐光芒,三千珠履齊冠裳。喧闐簫鼓叶笙簧,庭前梧竹集鳳凰。交梨火棗兩芬芳,俾昌而熾壽而臧。愧我飄泊如野航,酒後牢騷學楚狂。羡翁積福有餘慶。一枝禿筆續柏梁。

(選自第三支里盧宅《靈山盧氏宗譜》民國甲戌年重修本卷之十六)

題杏生同事琴心劍膽圖

陸軍少將武林顧乃斌

胸襟流露畫圖中,勿使消磨意氣雄。匣劍不鳴俠士恨,囊琴試作古人風。並生斯世知音少,相對無言際遇同。憐我憐卿憐歲月,天涯感慨自無窮。

(選自第三支里盧宅《靈山盧氏宗譜》民國甲戌年重修本卷之十六)

送杏生志士解職南歸

仁和徐琳少堂

歷盡崎嶇漸出頭，名韁利鎖付浮漚。清風明月開三徑，白鶴梅花共一舟。五嶽歸來山盡小，六弢讀罷箸誰籌？從今合享清閒福，樵水漁山任自由。

（選自第三支里盧宅《靈山盧氏宗譜》民國甲戌年重修本卷之十六）

杏生同志南歸江干餞別口占一律以壯行旌

吴江毛士瀓

春燕秋鴻轉瞬過，人生聚散去來波。京江花月添詩債，滬瀆風去擲夢婆。三尺光芒歸寶匣，一肩圖史人鳴珂。錢塘江上千層浪，不及臨歧別緒多。

（選自第三支里盧宅《靈山盧氏宗譜》民國甲戌年重修本卷之十六）

題杏生同事詩文集後

長沙崔蔭璋子達

其　一

自昔才華數浙東，名山著述久稱雄。詩如珠玉文如錦，妙句天成奪化工。

其　二

一字推敲萬劫棋，個中甘苦有誰知。神來滿幅煙雲起，正是江郎下筆時。

（選自第三支里盧宅《靈山盧氏宗譜》民國甲戌年重修本卷之十六）

冬　夜

芮

獨立空庭中,寒風吹入骨。仰首一長嘯,浩然見明月。

村　居

芮

四時多佳景,爛熳率天真。舉世無俗韻,禽鳥亦相親。

(選自第三支里盧宅《靈山盧氏宗譜》民國甲戌年重修本卷之十六)

登八公山

光　祖

大溪小溪流急湍,前山後山生暮寒。中有一人撥雲出,將欲從之行路難。與爲負鞭跨白馬,何如乘風飛紫鸞。故鄉泉石有真趣,安用從人求美官。

(選自第三支里盧宅《靈山盧氏宗譜》民國甲戌年重修本卷之十六)

謁文信國祠

淮

丞相荒祠落照中,煌煌眉宇閟深宫。干戈百戰窮南海。仁義千秋競北風。存趙獨留心化碧,吞吴尚有氣如虹。沾衣一掬英雄淚,腸斷寒雲易水東。

東昌署中除夕寫懷

前　人

四十一年今夜過,椒盤柏酒聊倚歌。半生勳業笑爾耳,兩鬢歲月成蹉跎。白髮無媒徑路少,青春作伴江湖多。抗顔不惜戀五斗,獨愧山中舊薜蘿。

（選自第三支里盧宅《靈山盧氏宗譜》民國甲戌年重修本卷之十六）

擬　古

大　德

孟夏草木長，經冬輒枯槁。人命如朝露，百年安可保。中夜起徘徊，沉鬱令人老。服藥求長生，白髮催已早。何以解吾憂，駕遊蓬萊島。泛泛東流水，晝夜何時罷。棲棲塵俗人，朝朝苦無暇。青山終古新，世事幾代謝。寒燠互推遷，忽春而忽夏。願欲薄雲霄，六龍馴可駕。湖海任遨遊，風雲變叱咤。翹企赤松子，悠然與物化。

（選自第三支里盧宅《靈山盧氏宗譜》民國甲戌年重修本卷之十六）

四時田家樂

勳

其　一

一犁春雨足，布穀催我耕。隨身荷蓑笠，隴上聽啼鶯。

其　二

四月大麥黄，六月早禾熟。日暮田中歸，納涼倚修竹。

其　三

草木有消長，既春亦既秋。玉粒盈倉庚，果腹夫何憂。

其　四

勤劬歷三時，寒冬田事畢。載讀《豳風》詩。莫詡陶公術。

（選自第三支里盧宅《靈山盧氏宗譜》民國甲戌年重修本卷之十六）

山　居

烈

避世不避地，築室傍山麓。何以陶我情？家風守耕讀。啓户納青山，闢徑栽松菊。紅塵不染身，習静甘雌伏。有時抱膝吟，有時秉鞭牧。不知春與秋，享我人間福。笑彼名利客，終歲徒碌碌。何如在山中，芝蘭滿幽谷。

（選自第三支里盧宅《靈山盧氏宗譜》民國甲戌年重修本卷之十六）

四十自嘆

學　綸

幾輩良朋泮水遊，青雲直上我無由。文章學業居人下，虛度光陰四十秋。

（選自第三支里盧宅《靈山盧氏宗譜》民國甲戌年重修本卷之十六）

藏春小圃紀事

寶　仁

余家之西，有隙地焉，己亥秋築爲小圃，額曰“藏春”。牆高不過一仞，地廣不滿三弓，樞以磚成，階緣石砌，惟北有門，雖設常關。栽花賞春，種菊吟秋，雖無奇花異卉，亦可怡神娱目。況溪則似帶，環繞於外，山皆似屏，拱立於前。松聲泉聲，時盈我耳，嘯傲其中，何快如之？

彼梁之兔園，隋之西苑，石之金谷，倪之玉湖，昔日繁華，今朝瓦礫。人生有幾，景物已非，亦何必侈奢相尚哉？

余家僻居山水之間，世以田疇爲業，茅屋數間，足蔽風雨，石田數畝，可免饑寒，雖從事詩書，不爲功名起念，惟癖愛清静，早知吟詠爲懷。自愧菲才，本無佳句，閑揮秃筆，聊暢幽情。

經營築得藏春圃，地最清閒景最幽。知否青青階畔草，一年生意爲誰留？

花磚砌就檻玲瓏，陣陣風來面面通。最好黄昏斜月照，滿庭梧影有無中。

家傍青山屋枕溪，紅霞晚映小牕西。牧童歸雲横牛背。短笛吹來調不齊。

曾收亂石砌成臺，種就名花次第開。恐被小兒偷折去，手編籬落護將來。

芭蕉窗外燕飛低，小立花間欲啄泥。是否歸來曾省識，卷簾招過畫樓西。

青山如畫水如絃，明月清風不用錢。佳景自應非我獨，旁人錯唤小神仙。

倚桐玩月趁良宵，欲把花箋細細描。畫意争如詩意好，心香直共桂香飄。

沿村小徑闢三三，不是相知未許探。笑問道傍名利客，也知此内有書龕？

和張瑞卿入泮見貽原韻 二之一

前　人

詩律精嚴和愈難，構思幾度整衣冠。花因見賞方承寵，琴遇知音敢廢彈？漫道采芹如拾芥，曾經漂麥尚持竿。個中甘苦嘗何易，不是同心不許看。

詠落葉

前　人

落葉紛紛滿故園，呼僮浄掃寂無痕。怪他不耐風霜迫，幸受當年雨露恩。

和黄子祥司馬甌江衆樂園紀事 三之一

前　人

己酉仲冬，余以副軍校同赴温州征兵，設總局於衆樂園。子祥司馬前曾宰吾邑，南昌之名孝廉也。公餘以所作紀事七律一則見示諸同事。各有和章，余成三首，附諸驥尾，兹録其一。

閑看景物記星迴，陶令門前菊已開。羈客偶因浮海至，余赴甌時，由杭至甬，出鎮海，過招寶山、普陀山、三門灣、台州洋及海門。健兒多爲枕戈來。是役也，計征温州土著七百餘人，並台、處二屬共二千餘。雄心未已雞聲促，詩思無聊鳥語催。料得南枝梅早放，普天率土頌陽回。

再和顧子才参領蘭江度歲原韻

前　人

開門有客賀新年，酒後情懷一縷牽。帖是宜春粘座右，船因載月到江邊。牕前緑水今猶昔，湖上青山斷復連。策馬縱遊觀自得，那堪倚石伴琴眠。

次蘭江蔣鹿山原韻復顧子才

前　人

半世飄零學未成，寒蟬蕭瑟噤無聲。能匡國際甘拼死，莫補時艱愧倖生。劍匣幾時酬壯志，沙場何日博勳名。臨風一掬傷心淚，敢向蒼天訴不平。

次周君慧癡原韻

前　人

一抹斜陽一角樓，回天無術杞人憂。劍藏寶匣常思舞，鳥到叢林已倦遊。荆棘銅駝亡國恨，簷牙鐵馬異鄉愁。風雲變幻山陵改，惟見長江滚滚流。

登北固山懷古

前　人

孤峰矗立鎖長江，淮海南來氣勢龐。山頂尚餘甘露寺，岸邊已泊洞庭艭。金焦兩點舒螺黛，花月六朝落釣矼。多少興亡今昔感，沙鷗汀鷺語雙雙。

（選自第三支里盧宅《靈山盧氏宗譜》民國甲戌年重修本卷之十六）

題松石

教諭誼

奇姿磈磊復崢嶸，錯認崑山一片英。蜕骨浪傳仙子化，前身猶憶大夫榮。龍鱗剥落風霜古，苔跡斕斑歲月更。寄語竹梅無見忌，堅心不改舊交盟。

汭東暮春感懷

前　人

寂寥山館感懷多，日日閑門掩薜蘿。一雨却從愁里聽，三春如在夢中過。鶯穿嫩柳從幽谷，花帶殘紅逐逝波。睡起小窗成獨坐，共誰呼酒醉紅螺。

寄官舍友人

彪

故人契闊十餘年，渭北江東各一天。君肅紀綱司屏翰，我甘韋布老林泉。春風久負花時席，夜雪空懷剡水船。不見南來沙漠雁，蒼茫煙樹幾淒然。

上樞密領師過永康

惟善，知縣

旌旆南下擁貔貅，號令風生天地秋。隱隱棟梁支大廈，巍巍砥柱砫中流。雲行溥慰來蘇望，師進宏攄克復謀。身在山林心在國，書生有志未能酬。

挽叔父秋泉先生

前　人

遽化三逾甲子天，驚看兩鬢欲皤然。身棲巖穴心廊廟，日伴漁樵夜簡編。鶴怨猿啼松月冷，山頹梁壞薤霜傳。痛深猶子情何恨，慟哭西風涕淚漣。

又

前　人

俯仰乾坤久，論思徹古今。龐公終自隱，杜老苦長吟。欲待蒲輪詔，俄傳薤露音。白雲悲喪侶，玄鶴怨空林。手澤牙籤在，家貲菊徑陰。劍留徐氏冢，絃斷伯牙琴。霜露銘旌冷，山林蕙帳深。飛鳴悲夜雁，淒響急秋砧。生死百年事，哀榮千古心。典型無復睹，涕淚滴衣襟。

贈盧婦曹孺人貞節

宗人甫，經歷

青年夫婿入泉關，杳杳魂飛更不還。愛割自甘傷粉面，愁添容易老朱顏。一心貞守堅如石，孤節能持重若山。早晚九重恩詔下，聲名昭播滿人間。

送國子盧大中歸省

程文德,吏部左侍郎

青青堤上柳,紆縷攖離情。遊子何所思,駕言夙南征。憶昔入京國,仗劍雙瞳明。賢關闢爰止,道義薰乃成。曜靈倏輪轉,春芳歘旋榮。白雲渺天末,仿佛飄風驚。婉孌更沉惄,徘徊曳心旌。豈不眷桑梓,翱修促歸程。匪遺簪袍良,何以骨肉並。芬馨藏樽俎,皓髮輝青衿。行復陪南雍,祖訓垂光靈。顧言崇令德,移孝酬平生。

挽東湖公

徐顯臣,邑舉人

何處歌嵩里,盧川玉樹摧。拂衣謝賓客,跨鶴訪丹臺。意氣重鄰曲,風流賸酒醅。慶餘知有在,蘭桂發庭隈。

北上過謁宗老承款奉酬

宗人應震,仙居峽陽兵馬指揮

一脉中分宋祖時,東西無忝舊宗支。翰林族望華溪早,柱史家聲峽水遲。曾過瓊林瞻玉樹,叨承綺席餞金卮。相期此日光先烈,文似青萍斫桂枝。

檢校撫州歸過宗家

宗人明教,仙居峽陽檢校

江城秋夜舶,乘月叩宗親。多士征華族,高門見世臣。帆催辭翰續,情洽酒卮頻。莫把分時看,元來共一身。

題雲麓叔祖山莊

宗人明良,仙居峽陽督府教授

絶巘如雲鎖畫樓,登臨盡日豁青眸。翠屏隔座峰嵐散,白練當窗山雨收。掩映池臺瞻富貴，玲瓏犀玉見風流。世臣擬拓先生志，指日仙郎奪狀頭。

次仰雲叔韻歸峽陽

前　人

久駐華宗轄已投，金波溪閣去還留。昨宵明月聯陳榻，今夜飛雲隔庾樓。冀北武韜雖欲試，江南文運願先收。括蒼誰謂相違遠，鵬翮時瞻奮早秋。

又次仰雲叔倚窗韻

前　人

鳳池人暫對雞窗，稽古焚膏繼夕陽。洗硯池中桃浪暖，讀書聲里桂花香。坐談世故尤無敵，出字生靈定有章。一劍扳援何處顧，九重霄漢事明皇。

小樓觀書得少逸博士從峽陽來會譜

應試，廩貢

正捧遺編向北窗，忽傳宗子到雲陽。郡侯世澤千年在，學士聲名萬古香。國運平時思武烈，家稱妙處藉文章。前修事業今由我，此日披忠奏聖皇。

送教授少逸侄歸峽陽

前　人

宗人傾蓋正相投，無奈東歸不可留。攜手自憐天下士，離心偏亂雪中樓。流開華水蒼煙渺，脉祖雲山瑞氣收。今日寂寥誠可恨，相期傳檄會高秋。

次仰雲叔送少逸兄韻

仲熙，儒士

盛世明珠豈暗投，相逢未許久淹留。征車今夕歸何處，皓月當天孰共樓。蓮幕風從三策樹，杏園功自一經收。各臻此意還惆悵，莫負飛鴻海國秋。

次仰雲叔祖送少逸公韻

克成，庠生

紫電淩霄筆欲投，一編宗史暫相留。虎韜擬進雙龍闕，鳥篆時修五鳳樓。馬繫春風言未已，江吞曉月席初收。祖鞭萬里平生志，聚首天門擬早秋。

留肄高川宗家

宗人明臣，仙居峽陽庠生

欲探明珠海内行，相留大地見宗情。水華百道襟山郭，雲嶠千層枕縣城。明席獨知沾化雨，客窗共覺訂文盟。桂攀明月時觀國，始慰燈前夜誦聲。

贈盧古齋公

宋稷，上饒舉人

衡門高隱士，風月一神仙。庭桂香千里，長庚燦九天。所交真勝友，染翰衆推賢。人物江山重，名揚鳳闕邊。

斟酒酌盧古齋丈人

程文德，吏部左侍郎

春日松溪堤上柳，丈人肩輿來握手。殷勤對雨開離筵，安得與公常酌酒。

贈宗叔古齋公壽七十得子

宗人廷桂，五雲庠生

尚蠱名高七十逾，喜看老蚌出明珠。彬彬居易九耆舊，衮衮商瞿五丈夫。鳳翼養成横碧漢，烏紗容易到皤顱。賢侯雅意垂緗帙，謾使詩人擊唾壺。

送東山盧大老南歸

朱方，邑人、參政

多少平生欲語情，談猶未半已雞鳴。更留旬日豈爲過，胡設他辭堅欲行。山待共拖靈運屐，琴應細聽伯牙聲。廚書架畫雖難盡，亦欲拈奇一品評。

贈貴峰盧先生

周勳，邑人、學正

人醉東風苦未醒，彦方再起範當今。正人正己齊家政，良相良醫救世心。望重斗山頻拭目，居同桑梓幸聯陰。昭昭福報當何似，佇看瓊枝賁瑞林。

遊白雲峰訪葛翁遺跡三首

元始，推官

曾聞當日葛仙翁。朱紫承恩拜九重。身世浮名忽解脱，青雲化作白雲峌。

九日登山訪老仙，夷然坐卧白雲邊。興來歌嘯忘歸路，漫逐松陰帶月旋。

元草淒淒雁陣秋，微吟微醉漫尋幽。羽衣仙子今何在，雲自悠悠水自流。

山居有懷

前　人

半畝池園半畝家，日攜琴鶴伴煙霞。莫愁寂寞知音少，流水高山有伯牙。

題松石山

一虬，貢元

出自東門百武中，池清徑曲訪仙蹤。還丹九轉當非幻，怪石千年却是松。洞口碧桃花放艇，山頭奎閣月鳴鐘。春風假我尋幽興，翠鎖空亭芳草茸。

賦得山城秋色静朝暉二首

榘，於潛縣訓導

高秋雲斂日初晴，爽氣浮空萬籟清。犁擁千峰添秀色，光澄一碧滌風聲。凝眸楓葉同鋪錦，聳壁松虬象列營。漫道霜天無好景，朝暉靄靄在山城。

秋空朝霽見山情，遍地朱霞繞樹明。楓葉凝霜紅灼灼，松虬飲露黛盈盈。煙都歸水草成碧，日未離雲光已晶。晨起雙眸瞻勝景，萬峰一翠繪昇平。

詠桃花洞二首

前　人

桃溪古洞起鴻濛，名並松山跨婺東。浪疊千層浮鴨緑，霞流萬樹掛猩紅。仙源境别塵凡遠，玉宇春深曙色融。欲向溪巖尋始末，花開花落水淙淙。

桃溪有洞接龍宫，迥絶塵凡景不同。春暖桃開波疊疊，花明水滉浪融融。種從王母瑶池降，根向月娥蜍窟通。爲問當年誰肇造，女媧修煉補蒼穹。

戲贈醉僧

前　人

老衲提壺意趣幽，南華悟徹復何求。一樽長滿經堪典，半偈空懸興愈遒。常掛酒瓢參繡佛，罔談禪法逐青牛。醉酣山麓娱風月，不管春來那管秋。

啼春鳥

前　人

閑坐幾忘去日多，忽聞杜宇唤喬柯。聲聲頻把光陰惜，轉轉祇憂歲月蹉。好似晨鐘驚曉夢，勝同暮鼓怵心窩。人能會得啼春意，豈教羲輪等擲梭。

登八詠樓

普照，廪貢、桐盧縣訓導

巍閣清虚道脉幽，登臨勝似步瀛洲。雲凝四壁龍蛇走，風過兩楹珠玉週。鄒魯遺風稱古婺，晉唐盛事羡斯樓。名賢已逝今何在，八咏常同雙水流。

駕飛橋上方巖削壁

前　人

宇宙名區任玩遊，麗川方岳景偏優。飛橋横繞聯雲日，削壁高沖接斗牛。才到半山難駐足，欲臻絶頂敢停眸。天門時啓行人至，氣象萬千一望收。

賦得野塘花滿水生香

前　人

三春景象遍荒丘，縱目池塘野趣幽。花逐晴光色掩映，風翻微浪氣沉浮。蜻蛉點水帶香舞，粉蝶偷香傍水遊。不事尋芳芳自襲，碧波送翠意悠悠。

賦得池清桂茂本源長

文　炳

方塘緑水緬朝宗，風指波垂掩映叢。積翠長同雲嶽麗，滌源時響玉川鐘。寰中培植天香近，池内潛藏變化翀。蕩漾玲瓏添秀色，繞環祠宇振興隆。

又

文　哲

森然聳桂接雲峰，半畝方塘萬象濃。風動疏枝驚烏鵲，月臨碧水戲魚龍。飄香撒入先公座，觸浪翻成古宇蹤。根本淵源垂不息，圖書插架溯前庸。

步前題原韻

前　人

試看群枝一萬峰，吞波蕩漾意舒濃。魚欺鈎直憑遊戲，人待棋精悟畫龍。樹近階前千古跡，水通有信海門蹤。名賢總在家庭内，共沐根源車服庸。

原題步前二作韻

好　善

丹桂森森吐艷峰，祠前緑水滿池濃。波翻倒影虚涵彩，樹拂斜輝透婉容。入室清香飄几席，開門碧浪豁心胸。高枝慶賞棲鸞鳳，水底魚鱗欲化龍。

賀前諸作步韻

宗人繼韶，廩生

清池茂桂兩相逢，栽鑿何年久遠濃。雅愛波中光潋灩，欣瞻葉上翠蒙茸。香飄几座添華色，浪映堂階透麗容。争羡後昆多逸韻，聊將俚句漫追蹤。

賦得秋風動桂枝

宗人繼韶，廩生

忽遇秋風動，敷榮有桂枝。柯疏驚復鎮，葉密合還離。子落孤齋響，香來静院知。紛飄光閃閃，漸拂態遲遲。貴色宜金屋，高標稱淑姿。丹青描未盡，玩賞意何移。

賦得愛峰墓景

文　炳

公號簡齋厝愛峰，建庵墓左護玲瓏。龍身遠峙山城固，地脉深藏瑞氣融。西接白雲長庇佑，東連高歷愈靈通。形標飛鳳誠天造，運産人文後嗣隆。

詠宗祠景

灯　號

白雲祠宇鎮城東，人傑地靈祖德隆。池寄蛟龍争起舞，桂棲鸞鳳羡飛翀。坐屏北斗華溪秀，朝拱南峰瑞氣融。會合山川太乙水，祥開世澤慶斯螽。

詠愛峰墓景

文　哲

松筠柏翠集群峰，水繞山環旺氣鍾。南岳千層增秀色，北屏疊嶂聚靈蹤。生成窀穸稱飛鳳，結就佳城喜伏龍。吉地允臧昌後嗣，簡齋公墓異凡庸。

賦得池清桂茂本源長

錫榮，庠生

祠臨東廓拱元峰，桂茂池清秀氣鍾。百代源頭留道脉，千年本實仰儒宗。紅鱗逐浪香時滿，彩羽穿花色正濃。水木長懷貽燕澤，承先欲博紫泥封。

（選自山後盧《盧氏宗譜》民國丁巳年續修本卷一）

恭和始祖越國公手題五峰山七律原韻

其　一

明　疑

祖德流傳記梵宫，朝曦初上冷煙濃。青圍左北迷三峽，翠聳東西現兩峰。黛色頻添棲鳳竹，祥雲已擁化龍松。棋枰空賸仙人跡，還藉詩蹤表古蹤。

其　二

明　福

棋盤山上故禪宫，萬緑參差相映濃。疊嶂數同仙子掌，層嵐列並老人峰。超昇莫漫傳佳話，指石由來化古松。況是祖宗留筆處，聲靈赫濯奪仙蹤。

其　三

貞　睦

擲地金聲叶羽宫，描摩如畫淡還濃。風流價貴洛陽紙，骨格高於太岳峰。數並草堂看嫩柳，情殊荒徑撫孤松。誰知遠裔鳴琴採，天授良緣得古踪。

其　四

旌　能

著屐也曾到苑宫，四圍樹色午陰濃。登高莫怠淩雲志，放眼休疑縹緲峰。韻事題詩餘瘦石，盤根傲節剩堅松。千年祖澤同棋跡，付與人間作舊蹤。

其　五

公　亮

嶺上雲披現故宫，萬竿修竹緑陰濃。兩山凸處雙青岫，十島飛來五老峰。翠聳陶潛門外柳，蒼迷秦氏嶼中松。名人筆墨仙人跡，一樣凡間説古蹤。

其　六

則　穌

曼聲擊節奏黄宫，五鳳樓前色正濃。豪興沉酣摇泰嶽，精神聳拔傲山峰。霜乘此日侵紅葉，屐着當年訪赤松。翰墨長存仙竟去，高蹤自不讓仙蹤。

其　七

鴻　儀

懸崖高出浮雲宫，萬緑參差點綴濃。幾仞煙霞横勝境，一般華岳數奇峰。棋盤炫説成仙跡，翠黛春生化石松。更喜文章傳不朽，悠悠千載仰高蹤。

其　八

鴻　逵

小山爲霍大山宫，着眼清陰一様濃。削壁路無力士鑿，懸崖數並老人峰。仙留痕跡誇黄石，名下風流勝赤松。此是巖疆生色處，敢云偶爾作萍蹤。

其　九

旌　賢

得越國公詩，載諸宗乘，局中叔弟輩各有步和，稱盛一時，因亦勉成一首，藉志緣訖。

萬匯元音肇徵宫，塤篪協奏興偏濃。千秋手澤傳餘跡，一様人間説五峰。博訪漫誇窮柱史，追尋每欲問喬松。不圖好句聯珠集，又作吾家翰墨蹤。

其　十

鴻　來

巒光藹藹曜華宫，骨格如山氣自濃。祖德高深涵萬象，吟懷起伏納群峰。墨痕灑遍一溪月，勁節昭垂百尺松。譜入瑶編家乘裏，好教數典仰芳蹤。

（選自山後盧《盧氏宗譜》民國丁巳年續修本卷一）

桃花洞

明　疑

亭臨潭水聽流泉，惜乏桃花夾古川。邑志所載兩岸均有桃花，未知何時始巖。月朗渾忘劉阮徑,春深誰泊武陵船。詩騷欲步波無路,漁父誤遊洞有天。俗語相傳,巖下有洞,漁父失足有誤入者。石凳盤空裝寶刹,夕陽芳草伴年年。

懷　古

前　人

英雄莫嘆老林泉,數百年前定變遷。司馬無奇能守魏,卧龍有略祇收川。豹頭作隸偏登帥,鶴骨爲屠也悟禪。漫説蒼蒼難問訊,青山隱隱水涓涓。

追詠祖妣慧百三十五公妻應氏殉難

貞　睦

凛冽玉川閨閣里,生平勁節知何似。嚴霜冷雪寒冰壺,槁木枯灰古井水。斷臂時臨命可殉,沉珠志決身堪死。幽光勃勃闡人寰,景行高山歌仰止。

登方巖絶頂

丙午時館方麓

旌賢,字士希

興來攜酒便登山,披葛攀藤費往還。回首白雲生眼底,立身始覺遠塵寰。

雲路當頭快共登,層巒下視幾多層。只餘翠柏還高我,笑彼群山總未曾。

壽山懷古

前　人

結伴仝遊到五峰,山環路曲步從容。七賢講席依稀認,想見當年道味濃。

群賢談道愛山居。兜率臺中常讀書。今日人空臺又圮,教人那不感丘墟。

客窗夜雨書懷

丁未時求學武林

前　人

雨窗無計倍思家,歲月蹉跎玩物華。蕉葉有聲腸欲斷,孤檠無燄眼尤花。巴山舊友人何處,碧海新潮浪已奢。時勢英雄相共造,莫隨痛哭見長沙。

黄海舟中

戊申時東渡日本

前　人

觀海難爲小,水天一字平。鼓輪憑汽力,按日計行程。静覺波濤湧,惡聞涕吐聲。乘客醉酒,半多嘔吐。倚欄交自慰,明早到蓬瀛。

初到日本東京

前　人

來作觀光客,先爲席地人。日本無椅凳,席地而坐。良朋欣握手,侍女樂相親。旅舍使女,招待周至。屋矮庭除潔,窗多曉氣新。採風還問俗,命酒滌征塵。

自題和裝小像

前　人

少住扶桑貌也非,亭亭獨立自相依。閑來對影休譁笑,原是章縫復古衣。

除夕守歲

己酉時在縣高小學校教員

前　人

抛却光陰又一年，依然故我悵人天。舊符漫把新符换，秉燭宵深可自憐。

歲餘只剩二三時，廿六韶光敢自欺。偏恨兒童好饒舌，燈前笑問夜何其。

雨雪示及門

庚　戌

前　人

連日天昏黑，今朝白雪飛。爲憐貧賤子，尚未着寒衣。程門高弟子，立雪説楊時。學道心如火，天寒却不知。

書　感

辛　亥

前　人

學道原非求利達，傷時總是爲多情。曉窗風雨懷師友，濁世迷離憶盛明。赤子潢池頻弄幻，饑鴻遍野只哀鳴。文章無價羞藏櫝，慷慨悲歌斗柄横。

白雲庵

壬子時從浦陽虞賡甫師在杭。

前　人

白雲深處掩禪扉，老衲談經闡隱微。少憩也沾方外味，回頭二十八年非。

新公園 即舊行宫

曲欄臺榭者番新，碧草萋萋自可人。滿目湖山供笑傲，今年非復故年春。

秋 墓

次程健樵韻 癸丑時任職浙軍講武堂。

秋風秋雨記當年，湖畔空留土一阡。憑弔那堪尋舊碣，臨風只怕聽啼鵑。湘鄉埋玉魂何處，越水成仁血化煙。俠性剛腸千古在，淒然回首淚如泉。

風雨蕭蕭記往年，男兒誰許任銘阡。題墓者爲桐城女士吴芝瑛。堪憐一片殷紅草，只伴雙堤泣血鵑。新國酬功終是幻，當時妙玉已成煙。墓門今日多知己，可有音書達九泉。

寄佩叔

即用原韻。

前 人

萬唤千呼口已喑，更闌醉飲復長吟。衝寒仗有淩霜骨，度世常留學佛心。放浪形骸因寄跡，重湖風雨悵知音。指賡師。故鄉春色今何似，記取沿溪緑滿林。

自題茶碗

前 人

買到新磁賽玉晶，烹來晴雪解餘酲。我家素有嗜茶癖，詩句都緣沸水清。

次王毅人韻題白菊花

前　人

不同凡卉鬥芳神，瘦骨籬邊灑出塵。月白天高霜色厲，支持素質自全真。

故園三徑依松竹，淡艷東籬戰曉霜。自是君身抱冰雪，秋來不共野花黄。

甲寅舊元旦

前　人

韶光三十誤居諸，學道求名笑匆如。自問心身何所願，三間茅屋一床書。

西湖獅子峰偕王姓武君謁鄉先賢胡公墓兼訪元球上人

前　人

步過風篁嶺，探幽路轉深。山花知佛性，野鳥解禪心。翠竹千竿雨，清泉一曲琴。白雲堆古寺，扣户滌塵襟。

前度登臨日，駒陰去七年。青山原舊約，緑樹起新煙。香火千家佛，恩光萬里天。故鄉談往事，顯應到今傳。

偕吕戴之節使遊吴興弁峰白雀寺

乙卯時客吕公幕。

前　人

清晨添逸興，一棹泛晴波。出郭寒林瘦，隔江漁户多。山隨飛鳥盡，牛載牧童過。拾級臨高處，群峰入網羅。

蒼松護野寺，落葉滿山門。四壁禪房寂，千秋古畫存。茗烹清净水，慮滌是非根。且俟因緣至，重來認屐痕。

重九前六日將赴舟山書别吕大胡二並柬程二

一年吟興寄苕溪，白雀黄龍野徑迷。欲别不堪勞望眼，碧湖秋雨故淒淒。

幾家香草舊園林，階畔苔痕屐齒侵。芳訊莫隨秋意歇，梅花消息見天心。

秋風容易又登高，佳會年年逸興豪。插遍茱萸應憶我，海天有客醉醇醪。

不因祖道悵分離，把袂殷勤重致詞。南國秋來多塞雁，可能繫得幾篇詩。

晚　眺

落日沉西月上初，雲山指點未模糊。炊煙萬户添秋意，古渡幾篙認舊途。庭樹棲烏飛復集，野田積水看還無。因風不盡家鄉感，記取嚴灘有鱖鱸。

題睦州蔡氏留耕山壓石松

前　人

昔曾獻策到婺城，文闈翠柏月輪擎。霜皮溜雨幾合抱，虬龍欲飛天上鳴。又曾懷古訪龍川，英豪手澤了無傳。墓旁剩得淩霜柏，鐵姿古幹起雲煙。婺城之柏錢王植，千秋栩栩生顏色。龍川萬古拓心胸，高風亦應後人式。胡爲蔡氏故園中，老松榮蔭獨奇特。此松人世不知名,年年歲暮抱堅貞。大可四圍高五丈,巍峨聳立莫與京。當時培植繄何人,歷年久遠不聞聲。但聞主翁四變易,園林臺榭焚甲兵。怪松撓然不可屈,枝幹愈老愈滋榮。枝間寄生紅杏樹,開花結果如珠露。托根自與尋常殊,攀援更非同阿附。春來紅紫鬥芳華,蒼松不改平生素。冬至霜雪亂紛飛,青翠不彫常如故。吁嗟乎! 松柏自有歲寒心,鬼物爲呵神爲護。鳳凰原許巢高枝,莫聽鴟鴞枝頭住。

登南湖煙雨樓

前　人

丙辰暮春,隨吕公軍次加禾,偕吴寧蔡禹薌師、浦陽陳鏡波師、同邑陳孟玖師買棹南湖,登煙雨樓。

今年花事付蹉跎,半爲工愁少醉歌。一棹中流付容與,南湖春浪覺無多。

夙愛尋幽興不孤,跡遍西湖復碧湖。莫羨名樓煙雨好,原來世事盡模糊。

倒影樓臺接水光,眼前大地未荒涼。曲廊碑碣讀難盡,應博男兒姓字香。

聲聲鼓角動城關,壯士長征未解顔。爲愛追隨看景色,百忙偷得一分閑。

余專審員子升龍普佐少珊約遊潮湖寺

丁巳時供職孝豐。

前　人

頻年足跡托雙鳧,勝日尋芳興不孤。消息江南春尚早,一溪煙柳總清癯。

小橋去處境遇幽，竹馬兒童劇自由。記取唐衢歌擊壤，熙春子姓共登樓。

晝静禪房隔遠塵，觀空慧佛自全真。我來却有皈依處，乞得玆航可渡人。

山城雉堞付丘墟，盡道紅羊劫後餘。疾古人間何處是，傍城門户半蓬廬。

遊五峰寺

前　人

消息春婆到酒壺，芳郊十里草平鋪。行行看取飛鴻爪，猶有深痕在短蘆。

雨後山青點翠叢，尋幽直過午橋東。一溪春水千竿竹，淡蕩風光二月中。

舊石棋枰認不真，五山松竹自生春。我來再覓留題處，却是千年以後人。《孝豐邑志》載宋始祖琰公遊五峰七律一首，計余來孝豐已閲九百六十餘年。

春日衙齋次梁俊卿先生韻

前　人

年年客里聽晨雞，又駐閑雲浙水西。滿郭山青細草碧，萬竿竹翠曉鶯啼。

風隨蛟蝶花爲浪，座有芝蘭香自迷。好是春婆生意穩，晴光十里麥初齊。

且向城樓載酒行，杯中有物薄浮名。春雲片片閑歸岫，社鼓家家重勸耕。

解籜新篁餘逸韻，嬌鶯出谷總多情。故鄉好景雙溪水，流到錢塘澈底清。

春至人間麗日長，山城四面錦航張。菜花屢醉遊人眼，布穀頻呼種子良。

晝静當階來狎雀，波平倒影浸垂楊。等閒莫任韶光老，收拾清風上阮囊。

得句冰壺玉尺量，閑情寄興到柔桑。催耕雨過春犁穩，暖日風和俗慮忘。

自是天心舒物力，可堪麥穗致嘉祥。飛鴻浪跡留泥爪，天目峰高苕水長。

春雨書懷

前　人

三月韶光浪擲過，詩情到處起重魔。冷衙風雨催人急，險韻尖叉鬥句多。放眼閑雲横北郭，留心撫字愧春婆。尋常不作甘棠夢，贏得璣珠響玉珂。

留別孝豐

偶爾隨緣惹俗塵，來從宦海問迷津。操刀製錦終傷手，小信未孚豈便民。祖澤五山千載事，始祖琰公有手題五山七律，見邑志。梅花六出一年春。孝邑郭笑山梅，皆六出，至時盛開。西湖月滿歸正好，醉向樓頭味碧蓴。

落葉梧桐又報秋，駒光歲月水東流。種桃植李懸虛願，縣高小學校曾允兼課。天目靈峰覺倦遊。邑有天目、靈峰二山，頗幽勝。半世豪情惟按劍，一番幽意付歸舟。穿林雨歇輿夫健，功過閑吟聽野謳。

久雨初晴，偕吕戴之節使暨程健樵千、照古老友泛舟遊吴興黄龍洞，沿途無俚，即景聯句

今日喜春晴(戴)，人天氣共清。霞開山色麗(健)，風静浪花平。隔岸鶯歌脆(希)，長橋雁齒横。桑陰濃似墨(古)，帆影整於旌。十載江湖味(戴)，千秋故舊情。蘭亭懷韻事(健)，栗里薄浮名。遣興挑棋敵(希)，攻愁借酒兵。乾坤舒倦眼(古)，歲月役勞生。選勝窮林壑(戴)，清談愛豆棚。滿囊詩貯錦(健)，到處鳥呼耕。雞犬田家逸(希)，樵漁野徑迎。暮雲歸思急(古)，落日客心驚。塔聳煙迷頂(戴)，舟閑夜入城。萬家燈火里，欸乃助吟聲(希)。

立秋前一日，胡俊卿偕程寄樵自南洱問吴署，小别重逢，雨窗夜話，頗發秋思。同主人吕戴之節使四人聯成五律句

忽忽三旬别，重逢又立秋。西窗同剪燭(吕)，南浦暫維舟。聚散尋常事(程)，蹉跎歲序流。瀟瀟涼雨下(盧)，一洗古今愁(胡)。

素有巴山約，剛逢夜雨時。新涼生枕簟(胡)，舊夢覺迷離。肝膽

孤燈照(吕),頭顱一鏡知。天涯同久客(盧),贏得百篇詩(程)。

且盡樽前酒,更深話正長。雞聲催劍影(盧),雨意釀秋光。瀹茗添新火(胡),經詩檢舊囊。莫因砧杵急(程),客思到家鄉(吕)。

本是悲秋客,驚心落井桐。深談多感慨(胡),放眼幾英雄。萬里山河夢(吕),一窗離合風。燈前頻嘯傲(胡),吾道未應窮(盧)。

奉和盧知事遊潮湖寺原韻

周昌甸,孝豐拔貢

春水綠波看浴鳧,河陽花滿事非孤。新詩傳誦珍藏好,和到高吟笑自癯。

上巳已過春日幽,春光正好去何由。千紅萬紫東風力,覽景宜登百尺樓。

清清苕水凈無塵,天目山高認自真。留得聲名千古在,春風福遍一方人。

山城不是鳳凰墟,製錦無勞力有餘。會看風雲能變色,好教仁義作蓬廬。

奉和遊潮湖寺原韻

王華,孝豐縣視學

欣逢仙吏落雙鳧,幕有高賢德不孤。山澤一時增潤色,春來遍起老儒癯。

石語溪頭景色幽,小橋灣處幾經由。潛魚飛鳥皆天籟,一點禪心印佛樓。

等閒飛不到紅塵，寶刹精嚴自有真。仙吏本來通佛理，一航雙渡苦行人。

一溪流水一村墟，竹裏人家四五餘。只有漁郎尋得到，撥開花葉覓荒廬。

謹次遊潮湖寺原韻呈政

梁英，武康廪生

仙吏飛來鳥化鳧，琴堂月照一輪孤。鄉村逖聽循聲起，黍谷春回遍病癯。

斗大山城景物幽，烹鮮小試屈蕭由。公餘詠出新詩句，妙手争傳五鳳樓。

閑偕僚友步清塵，偶入招提寫性真。悟得因緣參佛果，知公超出宦遊人。

歌興來暮遍村墟，共上春臺樂有餘。從此彈丸添勝事，新詩應勒遠公廬。

送縣令盧士希先生行

王華，孝豐縣視學

吏治詩才兩軼倫，巖疆小屈宰官身。豪情草聖三杯酒，仁雨河陽一縣春。陶令有田宜解組，阮囊無物藉盟心。區區掬得苕溪水，載向軻鄉好洗塵。

盧君士希倜儻能詩，出宰孝豐，士民交頌，臨去有贈詩送行者，在吴興官署見之，次韻呈教

趙守禮，水上警正

知公才調本無倫，偶屈原鄉作宰身。一載撫民同保赤，萬家承澤勝陽春。書生衹自行吾素，父老偏稱是佛心。我亦久欽廉儉操，宦囊瀟灑不沾塵。

次縣長盧士希先生春雨書懷韻送別

于興仁，孝豐教育會長

大塊文章轉眼過，騷壇點將遣詩魔。史公詞藻山川麗，杜老情懷風雨多。四野謳歌來歌叟，三春德澤洽春婆。原鄉保障今難借，險韻題成戛玉珂。

（選自山後盧《盧氏宗譜》民國丁巳年續修本卷一）

續茶歌

佚　名

昔人嗜酒頌酒德，我祖嗜茶詠茶歌。頌者不如歌者雅，醉來争似醒來何？一醒開心目，萬象盡森羅。目醒見天地，心醒沛江河。八表皆吾度，六經不在他。有時真宰被昏魔，一烹便若揮天戈。有時心孔煬炎火，再烹不覺痊沉疴。客來無酒共吟哦，對烹一盞春風和。邪穢都蕩滌，渣滓盡消磨。清棼良不厭，雋永孰相過。黄芽紫筍萃閑坡，金團玉餅泛清波。采采未須加麴蘖，叢叢尤不蠹田禾。夏王無自疏儀狄，妹土奚煩劼毖多。追思我祖良有以，清標千古高嵯峩。繩武未能酎百一，此〔歌〕聊爾附同科。

柘嶺春陰

佚　名

陽和載動鳴倉庚，霧雨沾來桑柘青。燈火宵親晝出耕，蠶事時供杼軸盈。長安有客苦塵纓，一得何如泌與衡。寸衷不着一絲索，朝煙暮雨總吾情。

（選自中山《指山盧氏宗譜》民國丙寅年重修本卷之首）

題世宗皇帝與越國公遊獵揚武圖

中順大夫盧彦殊

王居涣清穆，出狩竟何哉？叔世事姑息，戎馬任虺隤。有爲真英主，禹跡繼前恢。發指推元傑，蒐羅盡異材。一怒威寰宇，薄伐剪蒿萊。潢池歸赤子，鯨海授渠魁。輿圖幾席捲，大駕遽山頹。萬方喪考妣，千古釀餘哀。展軸瞻生氣，三代凛遺才。

打粟歌

佚　名

秋晚山間人打粟，夜夜砰硼響茆屋。有如萬馬入戰場。軍士銜枚奮馳逐。有如九御摇天衢，轆轆轔轔車戛軸。有如狂風卷怒濤，觸石崩崖響空谷。松燈耀日紅，松煙結云緑。須臾鑠下□，黄金蕊𢿜覦。珠璣盈斗斛，妻兒含笑喜。且看今歲無憂缺糜粥，先且輸公租，後方論私蓄。粒粒皆由辛苦來，肯教狼戾因豐熟。稽首謝蒼穹，更祝來年穀。商皓采芝歌，清高不諧俗。越女采蓮歌，嬌麗多淫欲。聽我高歌打粟歌，便是人間太平曲。

寒　梅

佚　名

乾坤爐冶無終熄，一燼灰燃旋復艳。嘘葭猶未動飛灰，寒花已自懷胎息。此是一元萬有機,天機發動無容測。大《易》取象地中雷,重淵下有神龍匿。人心應爲未發中,大經大本從斯植。觀梅須早探根荄,莫待調羹方解食。

（選自中山《指山盧氏宗譜》民國丙寅年重修本卷之首）

指山即事

宋慶元進士盧深夫

五指峰頭快一登,崔巍密浦是蓬瀛。誅茅種菓渾閒事,抹月披風亦課程。唾手煙雲嗟掣肘,回鑾河洛痛蒙塵。自慚不任擎天力,終老商山學避秦。

指山吊古

十八世孫誦

當年遯跡到玆山,瀑布峰傍寄淚斑。回首中原悲故主,舉頭絶巔憶天顔。鶴鳴松頂愁添轉,猿泣林中腸九還。楓葉丹兮忠膽赤,至今猶仰舊遺壇。

（選自中山《指山盧氏宗譜》民國丙寅年重修本卷之首）

慶仕輝盧君壽詩

湯邑庠胡升

扇暖東風二月天,名門交度總英賢。華堂祝罷新高壽,願與莊椿壽八千。

又

庠生吕廷彰

南星昨夜現雲霄,今日高堂萃俊髦。膝下有人皆孝敬,座間無客不英豪。遐齡共祝南山壽,令望同瞻北斗高。矧是無事太平日,不妨頤老任逍遥。

又

泮池胡源

不慕簪纓不接禪，此身長伴白雲間。賓朋六袠張華宴，笑指南山作壽山。

乙亥冬同修指山盧氏宗譜，因遊指山寄詠

公時氏呂遇升

特爾指尖插漢間，翻雲覆雨棲霞煙。本非華屋高談客，堪比漢宫接露仙。瀑布斜流儼秉筆，嬌鶯長囀作調絃。幾回憑弔先賢跡，人往風留譜牒邊。

又

瑞元氏胡琮

此地鍾英總一般，先賢仗節隱斯巒。遥瞻故國河山在，俯卜寧居子姓安。忠義高裁同不屈，冠裳古道與爲端。當年風度重新牒，華國文章局内看。

又

輯功氏包用光

何事森森五指連？鬱蓊掩映四時妍。豈將林月拔秋桂，還擬披風撥曉煙。曲徑曾從定省闢，遺壇不爲世年湮。今叨載筆瞻名勝，祖武相繩應有然。

（選自中山《指山盧氏宗譜》民國丙寅年重修本卷之首）

秋晚登眺

一泉先生

遠山銜落日，煙紫媚層巒。水色連天碧，松蔭鎖霧寒。鳥歸收倦

翮，鷗泛任迴瀾。坐悟清微趣，悠悠静自觀。

賦得月出釣船稀

前　人

夜色江邊静，溶溶月出輝。照來銀浪白，看去釣船稀。波共遊魚泳，帆張驚鳥飛。晦明山遠近，清淺水霏微。擊棹過涯涘，流光泠石磯。不知垂釣叟，載得許多歸？

詠　蟬

前　人

高棲唯一葉，朝露飲還驚。物慮誰能淡？臨風聽遠聲。

呈友人乞和詠蟬作

前　人

知君涵養如金玉，學富珠璣定出俗。但願如椽筆一揮，荆州一識生平足。

賦得玉壺冰始結

前　人

適值履霜候，玉壺冰始凝。虚含天一數，圓擬桂輪升。廉潔有真意，嚴威非氣矜。菱花同素影，秋水共鮮澄。薄使人生畏，明爲物所憑。琴堂清泠處，皎皎見精神。

春草吟一截寄同志

前　人

曾經野火一翻然，濯濯山原且莫憐。但使本根無處絶，時來依舊碧如煙。

當陽新搆樓臺静

前　人

樓臺百尺卓當陽，輪奂維新氣致祥。俗去清標沖斗棟，詩成描寫集雲梁。先公惠澤千秋著，後裔崢嶸萬古香。自是地靈人必傑，此間定有鳳凰翔。

其　二

樓高臺廣静當陽，新搆規模未建章。漫約騷人秋翫月，旋教逸客夏稱觴。層巒翠聳窗前寂，斗漢祥開座上光。已卜荆州鍾秀氣，未知誰是破天荒。

雨潤桃花春滿枝

前　人

桃花帶笑雨淒淒，春色流枝葉漸萋。日映嬌紅媚吉士，風翻馥鬱入香閨。祥光濕滿苞芽吐，瑞氣凝餘含蕊低。默默牆東呈異態，還叫之子爾家齊。

其　二

雨潤桃花瓣更萋，春光恰渡嫩枝低。微微風拂香留蝶，淡淡煙飛紅妬鸝。緑柳羡華慚與鬪，白梨讓艷耻相齊。無言長向紗窗媚，屢惹騷人把筆題。

評鳳仙花三絶

南軒先生

其　一

微微一草花，朵朵帶矜誇。不有評名士，鳳仙那得嘉？

其　二

縱有春桃色，已無秋菊英。朝朝兒女採，敢自賣傾城？

其　三

不是天香質，何思君子風。牆頭雖作態，笑與衆芳同。

詠瓶中白芍藥

前　人

其　一

膽瓶春透玉盤香，位置齋頭韻自揚。素質何勞鶯巧織，隔窗任爾語如簧。

其　二

鉛華洗盡細含香，斜插瓶中逸致揚。清賞不須煩鼓吹，還評六籍作笙簧。

鸛鵒能卜日

前　人

玉律傳春社，鸛鵒自遠郊。雙飛尋故主，對語戲芳苞。月德兼天德，新巢勝舊巢。無須依斗首，還自用謙爻。戊己休爲補，刑沖直倦抛。赤書含獻瑞，金德叶咬咬。

夜　遊

前　人

緑柳池邊夜色幽，偶然遣意步芳洲。春風明月無窮趣，莫誤少年作白頭。

（選自瑞安六科《范陽盧氏宗譜》民國十年重修本卷十一）

道光壬午秋闈應制詩

立人先生

湖清霜鏡曉

奚處堪遊眺？湖邊一帶尋。六橋遥指數，三徑最深沉。秋意清如許，豪情自不禁。看時新月滿，望去老松陰。玉宇塵無染，銀臺障不侵。臨流光欲散，徹底照偏深。體可圓靈喻，名同玉檻欽。恩波真浩蕩，贊賞到於今。

修竹不受暑

瑟瑟琅玕竹，清風左右修。孤亭容徙倚，曲徑足夷遊。恰有涼颸至，方知酷暑收。森然千个碧，灑落一園秋。蓧密人何問，叢深客自留。三竿紅日淺，滿地緑風流。鳳尾陰方盛，龍門侶許投。追陪來勝境，猶憶昔年不。

（選自瑞安六科《范陽盧氏宗譜》民國十年重修本卷十一）

賦得河鯉登龍門

敏堂先生

不久池中物，升庸在此登。龍門身已入，海口雨將興。掣電光方爛，嘘雲勢欲騰。振麟翻巨壑，鼓鬣破寒冰。浪激三千里，心雄萬國憑。風雲今際會，飛躍快昇平。

紙　鳶

敏堂先生

片紙如鳶鳥，飄然一綫通。高飛群木上，遠透霧雲中。故作鷹鸇態，全憑羊角風。琴偕簷馬響，燈混晚星紅。不必争援繳，寄言速罷弓。軍前傳密信，藉此立奇功。

詠閩省

敏堂先生

勝景名州壯大觀,鳳山衆客滿欄干。南臺水面人争利,北嶺高峰路屈盤。獅子樓頭樓獅子,飛鶯渡上渡飛鶯。四周城郭真堅固,混混湯池永不乾。

登聖井山曉眺

敏堂先生

欲争蝸角到層巒,日浴咸池彩色團。一井清泉繞石澗,四圍秀色滿欄干。高山時弄晴鶯曲,遊目春添碧草痕。千古名神今尚在,伐蛟舊跡顯章安。

(選自瑞安六科《范陽盧氏宗譜》民國十年重修本卷十一)

嘉慶乙亥重九登巾子山三十韻

敏堂先生

羅陽之名山,吾人群仰止。重九快登高,巾山而已矣。舅氏張華英,邀余同父子。共登青雲梯,同著謝公屐。混沌初開時,造化真絶技,甄陶成似巾,制度何宏侈。千載戴者誰?冠之萬仞巇。匼匝呈縮縫,圓削挺秀峙。藤蘿蔚紛紛,組纓垂靡靡。但覺正而峨,曷常墊可比?直欲侔恒嵩,豈獨壓岵屺。星斗探手中,煙雲生脚底。回首青山低,舉頭紅日邇。莫怪九州微,黄河一帶似。若聽車輻轤,羲輪轉何駛。如聞雞喔咿,金烏啼聒耳。叮咚兔杵舂,澎湃漢流圮。天孫美機梭,河鼓揮鞭箠。長嘯驚九天,横覽窮萬里。方今德化盛,九有欣同軌。各省江與山,一一瞭掌指。東揖泰岱峰,北眺洞庭水。繡壤錯畫圖,蜃氣結海市。若者輸蠙珠,或以陳象齒。歊歊暑氣消,颯颯涼風起。巖廣舒清香,蘭桂菊芳芷。上有七星潭,蛟龍及河鯉。無如倦觀遊,不必常顧諟。佳興樂無窮,長吟賦亦已。聊以紀勝景,誰云胡不喜?

共登青雲梯

作珊先生

學士才思雋,青雲許共登。仙班争踴躍,我輩獨飛騰。日月連肩上,煙霞繞足蒸。蓬萊招伴侶,方丈樂憑淩。眼豁三千界,樓還十二層。謝公真賞處,杖策步天衢。

微雨靄芳原

作珊先生

微雨紛紛湛露恩,深知潤澤溥郊原。東皋黍稷叢叢秀,丙舍桑麻漸漸温。竹裹鶯聲驚夢醒,階前蝶影踏花翻。空濛潤物無聲處,樵子荷蓑古渡喧。

曉渡飛雲江

作珊先生

曉來月色已全移,欲買扁舟蓑笠倚。正值飛雲風景好,海天渡我覺遲遲。

(選自瑞安六科《範陽盧氏宗譜》民國十年重修本卷十一)

題府庫主事鄒孟爵寒溪圖

盧　睿

金川有佳人,温温美如玉。好静遠市廛,築室傍山麓。寒泉鴻磴紅,纖草暎階緑。有時調素琴,泠泠響巖屋。襟懷浄如洗,標格清不俗。是以宦京華,不得事幽獨。命工繪作圖,舊遊俱在目。公一餘討尋,差以慰所欲。

口占示諸兒

盧可齋

阿爺涖政不貪錢,深愧才疏守俸泉。甑忝雖炊無剩粒,盤飧那更間肥鮮。貽謀舊有田廬在,操行終當鐵石堅。苦讀勤耕非外事,勉旃汝等及青年。

秋日書懷

前　人

雨過邊城秋已寒,思親萬里幾忘餐。睽違數載無消息,定省三年廢問安。目斷峴山歸思切,魚沉遼海寄音難。淒其宦邸情何毒,珠淚雙雙直夜闌。

壽沈城雙親年高多孫

前　人

壽喜雙親八十過,龐眉皓首醉顔酡。庭除芳蕙含春早,瀛海蟠桃結實多。驛送綈繒來賜帛,筵開玳瑁發清歌。從今再歷三千歲,好教詩人仔細哦。

送兩淮都運使何士英致仕

前　人

間世雄才自昔稀,名成身退益光輝。彩鸞纔降紫泥詔,白髮遽辭青瑣闈。驛路春深鶯韻巧,鄉山雨足蕨芽肥。不才苦補微名縶,安得如公晝錦歸。

納　庵

前　人

大化靄絪緼,生人自兹始。厥軀具五形,鼻目心口耳。口惟司乃言,言貴審其是。樞機苟不慎,災厄曷其已。所以君子人,默默安肯侈。古道不復作,淳風日披靡。睠彼儀與秦,譊譊逞譎詭。名檢既不修,那得顧躬履。偉哉張君子,賦性洵且美。簡默庸自持,浮躁長可鄙。以訥名其庵,朝夕恒自矢。

次景湍端午思親

盧　懋

孤雲飛處是吾親,幾度相看倍愴神。客邸荒涼端午節,天涯牢落未歸身,論文已喜陪多士,稱慶應知少一人。他日功成名遂後,優遊林下白綸巾。

游水竹塢

前　人

行春結伴紀重遊,躡磴攀蘿趣轉幽。直欲淩風天上去,爲緣身在最高頭。

(選自義烏《雪溪盧氏宗譜》民國己巳年本卷之一)

觀盧氏鄉約

明進士知縣宛陵趙善政

日暄東郭水雲和,四野觀風幾度過。皓叟杖藜循禮樂,黄童擊節解絃歌。張公聯族休聲遠,謝氏趨庭玉樹多。但令此心常此日,斯民三代信如何。

松齊先生挽詩

尚書建安楊榮

羨君高義與誰倫,自昔芳聲動縉紳。道拾遺珠還故主,廩捐積粟賑饑民。鳥聲雜雨山花落,馬鬣封雲墓草新。賴有諸孫能繼述,鷹冠文彩映青春。

拙庵公致政詩

泰和歐陽洙

白髮蕭蕭屬暮年，今承明詔許歸田。循名豈待留時頌，善政猶聞去後傳。曉日都門離别酒，秋風淮浦菊花天。臺端令弟持冰蘗，毋惜音書寄日邊。

又

臨海陳員韜

九重優詔許南旋，冠佩飄飄望若仙。早歲英聲勞治邑，晚年高節賦歸田。謝安喜著東山屐，賀老閑乘鑑水船。寵辱不驚機慮息，詩書還教子孫賢。

靈山歌贈大府小溪

靈山高盤四千仞，七十二峰羅列奇。清流萬丈浸寒玉，葛水百里連冰溪。層城粉堞枕江涘，浮梁宛宛横青霓。黄堂正倚靈峰麓，溪山秀色來階墀。東陽使君經國器，文采煜煜珊瑚枝。金華道源有正派，荷亭家學承師資。我昨南宫校多士，風塵偶識驊騮姿。竟看駿足空驥北，頃刻龍變升天池。十年郎署佐司馬，飽諳韜略英聲馳。聖主憂勤重民牧，雄才況受天官知。遂令吾郡得賢守，老夫喜劇歌來遲。宦遊鄉國隔一嶺，風俗頗似無淳漓。定知美政若霖雨，福星已見光參差。老夫池園傍比郭，白鷗無數團漁磯。使君行春日多暇，倘可停車一問之？

時嘉靖丁未孟夏之吉，特進光禄大夫、上柱國、少師、兼太子太師、華蓋殿大學士、制誥、國史總裁　桂洲夏言題。

又　詩

何　範

綠野堂中遵古儒，傳家原有五車書。琳琅玉質雙枝茂，燦爛龐眉七秩逾。養就龍鱗藏碧沼，修成鳳翥隱高梧。聖朝大典隆賢哲，齒德流芳足楷模。

（選自義烏《雪溪盧氏宗譜》民國己巳年本卷之一）

舟中獨酌

盧祖皋

有酒無人可共斟，扁舟終日載孤吟。山川似舊客懷老，天地何有春事深？風入平湖寒滚滚，鳥啼芳草綠陰陰。幅巾不受紅塵觸，每一郊行一賞心。

雨後得月小飲懷趙天樂詩

前　人

梅天此夜稀，佳月弄光輝。不飲强呼酒，欲眠重啓扉。語高驚鶴睡，坐久見鳥飛。想是湖居友，扁舟不肯歸。

（選自黄岙《凰岙盧氏宗譜》民國辛酉重修本卷一）

窄　嶺

盧方春

危峰峻有名，窄嶺險無數。石皋卷我車，石牙隱我步。空山蟲九頭，黑身眼四顧。擲之聲愈厲，飛前使人怖。想當開闢時，已是樵獵路。茅臭不成山，瀑斷不成布。了嵒升惡猿，啼岑立饑鷺。蘆花大如錢，況乃時寒冱。遐征漢假道，撫景自恕怒。林壑非出倫，筆硯不入務。脚急宿未投，天低日俄暮。

蓮塘詩

盧方春

棧閣傳鈴夜已深，下方方沸管絃音。霜飛初氣侵秋坐，月耿斜輝促苦吟。蓍草只知浮世事，燈花難説隱人心。依然流水高山意，我欲從之學鼓琴。

送陸御史歸越

盧方春

吡吡風雨餘，出晝意如何？鏡里無慚色，囊中有諫書。寒巖立松柏，清廟失璠璵。海内看明月，光明只是初。

趙虔道家見趙端行所作

盧方春

新詩奪我目瞳光，哦出松根琥珀香。李白禾題芳草署，郗詵傳入桂花觴。遠天閴静無雷電，南地清涼有雪霜。欲到琴堂先謁府，湯城清障照斜陽。

本件與宗譜原件一致，而據温州盧友中先生考證，《窄嶺》等幾首詩的作者應爲盧方春，所以添題。

（選自黄岙《凰岙盧氏宗譜》民國辛酉重修本卷一）

月夜泊姑蘇城外

盧景初

孤舟月色繫江邊，遠寺鐘聲雜管弦。倒影樓臺飛緑水，擁流畫舫逐殘煙。燈紅十里歸帆客，人語三更夾岸船。鄉思茫茫何處是？篷窗一夜未成眠。

春　興

前　人

春來景物十分奇，約伴尋芳趁此時。雨後梨花飛白雪，風前柳絮舞青絲。鶯聲燕語情中景，水色山光畫里詩。爲報高齋吟咏客，休將蝶枕負佳期。

泛艇有感

前　人

曾記姑蘇作客年，蒼波森森接長天。岸傍曲檻臨流水，湖上漁人往釣船。睡里不知孤棹遠，醒來還道小橋邊。依稀數載猶堪憶，風月江南思渺然。

西窗紀夢

盧景旭

夜深群動息，散步到溪邊。身趁花間過，橋從樹杪穿。自知衣履濕，方覺露華鮮。輾轉憑香慢，依稀夢夙緣。桃花浮緑水，柳絮逐寒煙。曲徑頻留屐，低池欲枕泉。行行幾處屋，落落數枝椽。人住横塘里，門開古岸前。矮簷鋪碧瓦，斜砌蓋花磚。報客鸚還睡，迎人犬尚眠。畫屏張錦繡，翠幕掛珠鈿。過院琴細殺，敲林碁響傳。禽音調石溜，竹影舞秋千。皓質魚沉沼，幽懷月滿川。園林真不俗，書室更疑仙。凝望移雕檻，含情理素弦。壁間摩詰畫，架上少陵篇。清篁驚蝴蝶，疏簾映彩箋。四圍描不盡，一瞬景多遷。覺後知何處？西牕正曉天。

（選自黄巖《黄巖盧氏宗譜》民國丙寅重修本卷首）

續浩浩歌

盧國樞

公賦性倜儻，好學不倦，甫弱冠，文宗孫公昌徵擢補弟子員。以闈試不遇，抑鬱失志。文宗許公獬重補弟子員，時值鼎革，續《浩浩歌》以舒函曲。

浩浩歌，我續歌兮意若何？少年挾策獻君王，壯志淩霄逼太阿。老痛空讀明經史，不療一病素食禾。際泰猶用江淹筆，遇亂誰操渭叟戈？

浩浩歌，我續歌兮若意何？屈原盡忠死汨羅，夷齊仇周餓山坡。丈夫俱羞老牖下，一身何妨百折磨。吾吊壯士心横劍，豈無事業成蹉跎？

浩浩歌，我續歌兮意若何？笑語狂吟今何似，忠魂義氣高嵯峨。低頭欲耕地果少，仰面長嘯人猶多。我且日酌宜春酒，病可回蘇萬事和。

（選自黄巖《黄巖盧氏宗譜》民國丙寅重修本卷首）

桃花二首

盧國珊

誰教明媚鬥晴暄？合是玄都舊托根。春滿園林憑吐艶，天生顔色最消魂。輕風有客尋山徑，斜日無人倚里門。獨立溪頭頻感悵，悠悠往事不堪論。

春來無處不繁華，疊彩重緋望更賒。隔岸迷煙漁艇遠，沿溪紅映酒簾斜。憑將狂艶争朝旭，剩有風情鬥暮霞。只此便堪留盡日，劉郎何用憶山家。

（選自黄巖《黄巖盧氏宗譜》民國丙寅重修本卷首）

春日即事

盧　浚

晝静金爐裊細煙，撩人鶯燕語綿綿。爲看嫩緑窗前草，恰好新晴雨後天。蝸上頽牆鐫古篆，花飛翠幙媚芳年。風光如此真堪羡，擊鉢催詩肯少延？

送　春

前　人

留春不住送春回,春去何時得再來?漠漠草亭雙燕語,淒淒畫閣半窗開。百年幾度韶光裏,一别那堪歲月催。惆悵溪頭舒倦眼,夕陽煙樹亂峰堆。

秋曉攜二子赴試過故土渡榿江偶占

盧　瀛

祖遺桑梓地,攜爾共登遊。江泛千層浪,山横萬里秋。高松留舊跡,芳草惹新愁。翹首東昇日,行人競渡舟。

甌江秋渡

前　人

我來甌土值秋初,丹桂未芬葉正稠。破浪乘風風便起,連江擊楫楫輕浮。洪濤萬丈觀鵾化,遠岫千峰聽鹿遊。孤嶼遥瞻雙塔峙,半江砥柱障中流。

次蒲劍韻

前　人

煙鎖青鋒殺氣横,棱棱不藉琢磨成。影憐洞口蛟龍懼,光映荒郊鬼魅驚。破浪乘風攻澤國,穿波露鍔據江城。有時碧沼淋漓雨,撲響如鳴事不平。

九日生辰 甲辰二月

前　人

去年此日天台道,兩岸桃花春意早。欣逢仙女啓朱唇,黑髮紅顏露齒皓。向前問我何處來，我言來自雁山腦。從容引我入桃源，須臾又見一老媪。秘授仙家引導方，酌我瓊漿胡麻稻。不覺兩腋起仙風，精神潑潑志氣浩。遠謁禹陵入武陵，回首紅日色還杲。倏忽韶華復一年，雁宕風光時正好。此時又值我生辰，芙蓉峰下塵心掃。桃紅掩映似上年，緩步郊原採芝草。從來天台峰相連，兩載萍蹤仙跡討。自此爐竈煉成丹，鶴筭龜齡自不老。

春　柳

前　人

澹蕩和風逼眼新，隨堤眠起最怡情。依依浪拂晴光裏，裊裊煙飛緑水濱。天末有懷成遠咏，山齋無句送行人。於今繫得春心住，萬縷從教漾麴塵。

對月感懷

前　人

野曠天高起暮煙，一牕坐對月纖纖。光移遠樹蟬聲咽，風度平沙鶴影翩。舉盞不妨邀對飲，懷人還欲擬遊仙。詩成自向閑階讀，秋水精神倩孰憐。

庚辰春日將遊樂邑示男輩

盧　楠

庚辰新歲月，萬象露明鮮。客欲行青嶺，人應住緑天。經傳千古業，士集四方賢。爾輩行須力，毋煩慮暮年。

過車嶺

前　人

天外泉聲響，山村八九家。寒鴉棲古木，野鹿踏巖花。砧杵遥岑應，風煙落日斜。行行經此嶺，拭目近東嘉。

賀岱若翁八袠榮壽

前　人

年高登八十，功茂震區環。廟建一方障，祠崇百代閑。齋心貫北斗，邵德齊南山。窮理宗濂洛，成章嗣馬班。公平昭古道，排解濟時艱。未遇文車載，常依吕釣灣。冠軍名久顯，飽學實難攀。庭挺枝雙桂，砌敷芽疊蘭。籌添乘歲改，椒獻愛春還。四世濟堂舞，萊衣不勝斑。

賀英良中表黄二兄六十七歲兩獲麟喜

前　人

六十年餘一老翁，繩繩螽羽奾家風。啼聲迭和金鶯囀，瑞色雙輝玉燕叢。山郭遥聞蘭氣馥，庭簷晚發杏花紅。白頭繞膝班衣舞，竚看龍孫勁節崇。

和多福寺如燦禪師觀劇原韻

前　人

當場誰是本來身？疑妄疑真莫認真。短笛急吹聲激楚，古弦朗奏氣雄秦。妝成有態情俱動，事到無情目共瞋。即景能生千佛相，眼前始信色空人。

壽世珍先生七旬華誕

一

永康邑庠生　陳伊如

記得壺溪共學時，我曾私淑作良師。文章有價争欣賞，圭璧無瑕樂品題。説禮敦詩言娓娓，繩愆糾謬意偲偲。天緣未許長相假，剪燭西窗賦别離。

陽關一曲各西東，雅羨純儒福報豐。天禄榮膺甘俸鶴，人才造就慶從龍。文明喜看兒孫續，恩職頒緣道德崇。妥厥先靈都吉壤，秀靈鍾毓更無窮。

阿翁地學紹先賢，貫澈青囊天玉篇。蔣氏巒頭推獨步，楊公理氣得真詮。救貧迥異江湖客，卜吉堪稱陸地仙。不是情偏阿所好，羅盤妙用轉坤乾。

情殷救急握長篙，勤渡原人不憚勞。録輯醒迷承佛諭，壇登廣化會仙曹。羨君達到從心欲，愧我徒知表面搔。稀壽剛奉師誕後，蟠桃宴罷復蟠桃。

二

邑庠生　杜思衍

賢哲挺生，潘川托跡，文星燦爛，天禄榮膺。馴養中才，蔭宅桂蘭沾化雨；權司教育，滿城桃李沐春風。地學得真傳，卜吉澈三元九運；天星探秘旨，選課重七政四餘。

晚年夢覺黄粱，終日道參玄妙。五中瀟灑，忘塵世之功名；千里迢遥，領後天之恩職。三千銀隨積隨散，可質幽明；十九年度已度人，不撓挫折。書編《醒迷録》，道號賜自濟公；體督衆原人，陰功記由護法。行見因功定果，旋陞極樂之天；豈期益壽延年，空享長生之福。

生擬表揚盛德，奈愧不文，恭惟慶祝逢旬，爰疏短引。

（選自第三支《白竹盧氏宗譜》民國庚辰重修本卷三十三）

春　興

盧　楲

別有林泉趣，何須羅綺叢。春來時下釣，興至輒呼風。山色霏微裏，溪光遠近中。偶思除蔓草，吩咐掃花童。

自是騰驤足，聊羈煙雨叢。鼻端常出火，耳後頻生風。清興花光裏，生涯詩卷中。狂來無一事，遊戲學兒童。

萬年藤杖歌

盧　鑑

君不見，萬年山裹煙層層，山中樹樹掛蒼藤。此藤曾經幾萬古，靈根不爲陰雪枯。瘦骨瘦於霜鶴脛，奇神奇是墨龍鬚。擁腫卷曲穿巖壑，縱横屈節卧啄木。此藤斫來供倚杖，奇怪宛作龍蛇騰。尋常懸掛素壁上，似有風雲雨露生。興來曳致瑶階下，乍聞鏗鏘宛轉聲。原來不是塵中物，金陵道客自攜持。欲探古洞求丹粟，還可挑雲覓白芝。爲話出家須藉此，一條還帶兩經函。徘徊徙倚憑此杖，何須琴酒老雲巖？

（選自黄巖《黄巖盧氏宗譜》民國丙寅重修本卷首）

柳

盧　諧

柳色黄金嫩，和風拂遠香。條垂鶯欲舞，枝軟蝶思狂。媚眼含朝露，長眉鬥晚粧。隋堤多少意，檢點入詩囊。

浣月亭

前　人

東湖何處好？浣月最怡情。弱柳臨冰鏡，長橋卧水晶。亭浮中沚動，人醉半軒清。攜酒邀知己，乘舟盡日横。

牡丹二首

盧　調

漫説當年姚魏輝，今朝華閣靄煙霏。曉寒無力疑酣酒，夜淚多情欲染衣。玉蝶蹁躚飛不去，金鶯睍睆喚難歸。此間更有宜人處，柳絮輕狂舞錦扉。

報道春殘春未殘，洛陽煙重欲開難。間將紅蕊從頭數，醉把嬌姿子細看。露濕天香偏淺笑，蟾移國色自憑欄。東風只恐無憐惜，魂夢宵來未盡歡。

巾山晚眺

盧以鐸

行到晚來興倍濃，登臨獨自上巾峰。日斜半塔沉疏影，風送孤帆近矮墉。斷澗流時誰共語？幽禽宿處漫扶筇。暮煙漸起侵衣濕，寺底鐘聲接遠淙。

方正學樵夫祠

前　人

春日東湖弔二靈，千秋俎豆自長馨。幾間雲屋聯闤闠，一對丹心勒鼎銘。未讀寒碑流血淚，空餘明月照疏欞。忠臣已邈煙霞冷，砌草年年依舊青。

國清寺聞梵誦

前　人

登臨饒逸興，林外梵聲聞。細草承趺坐，長松響貝文。高低隨鳥語，緩急引慈雲。疑是魚山裏，應多摹節君。

天台懷古

前　人

疑是三山地，旋驚小有天。洞門含宿露，柳眼帶朝煙。仙子今何在，劉郎去不還。桃花隔岸好，片片落流泉。

萬年寺

前　人

林亂明幽處，天台寺萬年。八峰銜曉日，雙澗鬥流泉。山浸池中動，雲來閣上妍。轉過竹月裏，半榻一僧眠。

渡石梁

前　人

石梁何處是？絶險架雲峰。雙澗懸珠箔，高崖掛玉龍。風清梵語響，林遠水聲淙。策杖虬松下，斜陽聽遠舂。

太白讀書堂

前　人

太白已千載，空餘一草堂。殘碑消鳥篆，幽徑響風篁。門鎖煙雲冷，窗含雨露香。意欲題塵拂，壁燕墮泥梁。

右軍墨池

前　人

寂寂池塘在，當年駐右軍。浮萍侵漆管，墨浪起微雲。水淺觀魚躍，波勻看石文。白鵝今不見，芳草自繽紛。

度悔橋憶司馬道士

前　人

倚杖遲遲度悔橋，功名千古浪隨潮。休將衆妙投泥水，那肯題書誓錦鏕。目斷煙雲空世界，笑看捷徑逐塵囂。行行到此應多感，還憶當年自寂寥。

華　頂

前　人

華頂天台第八重,層巒絶險冠群峰。雲迷古洞蒼苔濕,月度瓊臺煙露濃。滄海漸看濤擁日,招提何處夜聞鐘。興來直欲乘風去,世上浮塵不染儂。

春　雪

盧　錫

三尺瓊瑶不染塵,飄揚瑞色滿松筠。共知此日調羹手,原是高齋卧雪人。坐對冰壺香作國,醉看琪樹玉爲鄰。盛朝到處恩光遍,萬木飛花四海春。

秋　岸

前　人

寂寞江邊無數秋,渚清沙白浪悠悠。潛龍不爲砧聲起,歸雁遥同帆影浮。樵笛過時傳暮杵,漁歌斷處宿寒鷗。涼風拂袖煙波冷,大半愁多在岸頭。

中秋玩月

前　人

由來又是中秋月,怪道今宵意倍深。風送寒香留玉盞,蟾移遠樹失青岑。停杯欲把姮娥問,滅燭還將清嘯吟。此際相看情孰甚,酒闌琴罷露沾襟。

醉後放歌

前　人

酒酣宴罷月初來,抱琴看劍何快哉。相對言歡應盡興,我今懷抱向君開。君不見。古來曠達士,時時坐卧金尊裏。揮毫似掃半天雲,舉觴若吸長江水。醉如玉樹皎臨風,徘徊徙倚月明中。長嘯一聲紅葉落,高歌數曲白雲通。何妨拔劍擊地脉,何妨露頂對王公。王公貴顯今何在?秋水蘆花顏色改。昔日新知成舊知,昔日桑田變滄海。桑田滄海日相移,新知舊知莫□離。眼前應共歌一曲,别後誰與寄相思?

徑　草

盧　定

青青曲徑草,鬱鬱踏還生。雨過殷勤緑,風來偃蹇平。芳茵留客坐,苔蘚耐人行。任惹塵蹤没,悠然自有情。

杏　花

前　人

漠漠初經雨,依稀醉杏花。曙分林影朗,翠壓樹煙斜。淺白偏宜笑,生香欲吐葩。小園文彩好,壇上弄琵琶。

楊　柳

盧　增

近來春滿曲江池,楊柳依依翠帶垂。乍暖曉枝無氣力,半晴媚眼看胭脂。煙含遠樹平橋晚,緑映浮萍下釣遲。料得青衫染汁日,定應常念倚樓時。

蹁躚楊柳弄輕風,晚景平橋分外工。風色遠浮煙樹外,柔枝斜拂夕陽中。陰陰疏影翻青眼,裊裊晴絲舞翠叢。獨立長堤無限意,倩誰檢點入詩筒。

春日郊行

盧　槐

春日韶光好，閒行郊野邊。輕風飄柳絮，斜日淡寒煙。一片遥山雨，幾重波底天。登臨誰有興？願挾一飛仙。

山　樓

盧　强

野築新成繞竹籬，巖前寬敞影參差。一窗細雨花初種，滿室輕風柳正披。邱壑儼然堪隱豹，溪山如此笑囊錐。雖然插脚無多地，且喜幽偏與性宜。

不爲老圃不爲農，也植群英也植松。郭橐無煩傳妙術，陶潛應許步芳蹤。拂塵几静香煙裊，卷幔風微花氣濃。清茗一壺詩一卷，垂楊山下水淙淙。

溪邊送别

盧燮極

槐柳青青碧欲遮，苔磯攬坐樂如何。送君衹隔清流水，不得飛身過白沙。

宿村舍

盧鳴球

步入深山景色新，幾家茅舍静無塵。門通小徑溪流曲，路傍低橋白石粼。啼鳥有情憐過客，落花無語送行人。夜來數點簷前雨，衹覺瀟瀟度水濱。

（選自黄巖《黄巖盧氏宗譜》民國丙寅重修本卷首）

嘯園逸事

嘯　園

余不能卜築名都，建元龍之百尺，僅於牛鼻峰前，闢地數畝，築室數楹，傍屋編籬，拓一小圃，名嘯園。別開三徑，徑畔種竹數竿，間以芳木。窗有梅，階有蘭，籬有淵明之菊，池有濂溪之蓮。當春秋佳日時，花明柳暗，月白風清，樹影參差，禽聲上下，余乃汲山泉煮香茗啜之，隨意步曲徑，踏緑苔，灌花鋤草，焚香玩月，讀李杜詩，誦歐蘇文，蕭然有山水之樂。興來即把盞吟詩，得句録粘壁間，鄉人遂以俗外相期，師友每以隱居見許。一時鄉先生如董公文甫、姚公苐卿，暨同學社友，往往以詩和題，不下數十。久恐散佚，爰選録一二於玆，願後之人種此園、誦此詩者，亦守此耕讀之志，是余所厚望也。

新居落成

前　人

園林小小徑初開，翠竹黄花手自栽。蛺蝶頻來翻暖日，風霞又欲孕寒梅。豈嫌秋淡疏芳圃，且喜朋來上月臺。釀熟好同人就菊，緑陰深處坐蒼苔。

附録趙君滌陳和韻

華廈鼎新三徑開，一園花木一時栽。樽中釀熟頻拈菊，月下攜鋤好種梅。樂水性成臨曲沼，知音客到上琴臺。花香鳥語供詩料，題石先教掃緑苔。

答郭公午峰即用其賀嘯園原韻

前　人

碌碌半生霜鬢侵，杜門鋤月緑成蔭。疏慵偏帶愛花癖，抒嘯好談流水琴。海内何人憐别調，園中鎮日盼徽音。休教望斷江天月，快下蓬廬伴醉吟。

附録郭公原韻

嘯傲林泉免俗侵,緑天深處掃花蔭。謝庭朗潔添詩興,蔣徑平安報好音。清友時來歌《白雪》,霜英日伴撫青琴。天機活潑多真趣,謝逸新詩和客吟。

答趙君悦群即用其賀新居原韻

前　人

風雲滿地逼山居,灰燼餘生結小廬。仙佛有經難避劫,國家無計可陳書。課兒不廢耕雲樂,愛客慚無彈鋏魚。種竹栽花聊自遣,漫云塵慮盡消除。

附録趙君原韻

意匠經營築隱居,松風蘿月護詩廬。江湖笑我周饒舌,涵養輸君肯讀書。快睹庭栽棲鳳竹,遠希池養化龍魚。二喬唱和閨中樂,緑滿窗草前不除。

題牛山耕雲圖

前　人

白雲深鎖舊家鄉,耕鑿遺風樂趣長。數頃江田鋤緑水,一犁煙雨帶斜陽。山高霧靄身俱隱,野曠鳶飛慮自忘。閑倚柴門聽短笛,池塘兩岸稻花香。

附録姚公茀卿和題

溯洄幾度水雲鄉,繡陌春深野趣長。抱犢緑堤歌白水,歸鋤帶月卧南陽。催耕林鳥晨聲好,擊壤鄰翁帝力忘。更愛西風收穫日,墨痕難寫稻粱香。

附録趙君滌陳和題

名人遁跡白雲鄉,時局何須問短長? 學稼高風師后稷,種桑韻事步南陽。田園半隴煙霞裏,春雨一犁歲月忘。好與歷山同不朽,千秋齒頰自留香。

附録園君止渭和題

地離城郭便仙鄉,歌罷南風日正長。緑滿犁頭添野草,笠飄犢背隨斜陽。非關逃世多方避,只爲陶情一切忘。詩禮傳家耕且讀,稻花遠勝百花香。

題嘯園鋤月圖

前　人

别開小圃爰山居,静掩柴扉月一廬。緑萼幾株和露種,玉華滿地帶經鋤。移來何處芳枝瘦,認得依稀斜影疏。息來更闌旋曲徑,暗香浮動溢庭除。

附録董公文甫和題

新成廣廈傍山居,天宇澄清月滿廬。定計十年惟樹木,偷閒半日且扶鋤。祇愁夜色明還暗,爲植園林密又疏。轉眼陽生春信到,花開萬萼繞庭除。

附録郭公午峰和題

幽人最喜是幽居,開拓園林傍草廬。醁醑盈樽淹客飲,縹緗滿架課兒鋤。昏黄漸覺暗香動,月白愈將素影疏。種得梅花千萬樹,塵囂俗慮兩消除。

附録姚公苐卿和題

一幅畫圖仙子居，風流點綴異吾廬。引人似入孤山路，唤僕頻教非種鋤。亭北月闌姬待亟，江南春早客嫌疏。名園自是多餘地，留却窗前草勿除。

酬趙君丹秋即用其題隱居韻

前　人

江關遞迢隔千重，惆悵獨登牛鼻峰。雲樹蒼茫離思遠，海天遼闊曉煙濃。南山霧靄聊容豹，雷雨春深羨化龍。天末遊懷何處寫？盤桓三徑撫孤松。

附録趙君原韻

牛鼻山前海霧重，昔年曾躡最高峰。可能秋水涵天遠，仍是春雲覆野濃。曲徑引風宜種竹，回廊倚月且添松。舟車牢落關河道，未向山中揖卧龍。

卧雲樓八景

前　人

牛峰夕照

牧笛聲聲過小樓，憑欄四望夕陽收。牛山不似群山伏，猶有餘暉一片留。

謝嶺晨風

旭照曈曈上翠微，晴嵐隱隱射柴扉。謝公屐跡今何在？留得山光萬古輝。

霜潭夜月

寒光渺渺水準鋪，一片冰輪印玉壺。看到霜橋霜欲白，依稀風景似西湖。

雲木鐘聲

夜半飛來一杵鐘,夢魂驚醒地天空。月明豈爲豪吟擊,餘韻悠揚嶺幾重。

晴嵐瀑布

雲破天空雨乍收,翠螺深處水争流。雲樓四壁光風滿,坐對飛泉豁兩眸。

山村炊煙

小小村莊孰煮茶,山深林密暮煙斜。夕陽遥眺雲封處,擬是霞都仙子家。

古渡漁燈

倚窗東盼月初升,漁笛聲中數點燈。想是歸帆沽酒處,蘆花江上話良朋。

履霜橋晚

前　人

扶筇小駐板橋西,水自東流鳥自啼。半嶺夕陽紅滿樹,一灣春漲緑盈隄。依依山色迎江月,聒聒蛙聲吠水畦。何處老翁歸釣艇,漁燈明滅履霜溪。

嘯園八詠

前　人

梅林賞雪

花飛六出壓寒梅,冷艷迎人逸興催。不作山中高士卧,特開三徑待朋來。

菊圃吟秋

西風籬落又聞香，獨步園林野趣長。三徑依稀陶令宅，滿腔詩思屬秋光。

蕉窗聽雨

幽窗静坐讀離騷，聽得蕭蕭響緑蕉。不道清聲剛入耳，頓教磊塊一時消。

竹徑迎風

緑筠林下愛盤桓，滿徑濃陰夏亦寒。行到浮天蒼翠處，風輕兩袖覺衣單。

蘭階邀月

香生九畹溢庭除，緑葉浮光月滿廬。恰好開樽相對飲，姮人休問夜何如。

花塢納凉

滿塢花陰落日斜，薰風光惠野人家。緑茵深處攜童坐，一派清凉透碧紗。

桃蹊撲蝶

童心未化愛春光，忽見桃紅喜欲狂。戲逐花間雙舞蝶，滿身帶得是芬芳。

蓮池觀魚

聞到芙蕖景更幽，一泓水碧任魚遊。臨池饒有濠梁趣，萬物看來各自由。

答李彤即用其課餘繡贈韻

前　人

埋輪雁北戀家鄉，載摯無才懶出疆。借得絳紗施花雨，欣欣桃李馥宫牆。

附録李通原韻

倦遊歸處水雲鄉，嘯傲園林古辟疆。廣播春風憐繡閣，綺羅桃李滿□牆。

歸故園

前　人

教鞭暫歇賦歸來，三徑就荒繡緑苔。課僕築場登晚黍，攜鋤踏月種新梅。青燈有味呼兒讀，黄菊多情向晚開。閑倚小樓瞻落日，白雲紅葉滿山隈。

按：盧霞九(1880—1960)，名敏，號嘯園，樂清市城東街道牛鼻洞村人。邑優庠生。曾創辦樂清女子職業學校，著有《嘯園雪鴻吟》《嘯園百詠》。

(選自《牛嶼盧氏宗譜》民國十八年重修本文集卷)

樂山樓肄業詩並引

天之報施不爽，常譚也，而確有至理，予於先曾祖之建樂山樓家塾，而益信焉。予祖母徐，與五權祖母朱，默體翁建樓之意，因予輩屢試不售，命家君敦請嚴師雲樵趙夫子主講斯樓，多歷年所。二祖母内主中饋，始終不懈。初試，予偕從叔秀榮並獲儁，自是門牆益盛。旋補船舫叔郡庠，來學者匯拾芹英。雖大器未獲觀成，小試已多造就。爰作七言八韻一章，以紀斯樓之勝云。

廷師講席幾春秋，群彦詵詵集此樓。顔曰樂山昭古跡，館稱繼熾景前修。德馨君子居何陋，學本先民品自優。仰對蒼峰疑別洞，倒傾詞峽引清流。熊丸佐讀咸推柳，藜杖校書欲仿劉。峙起芸齋鍾間氣，英含經閣詔來遊。奎文奏聚凝奎璧，斗柄騰輝射斗牛。遺澤孔長知世守，朱衣高點吉人頭。

時龍飛道光二十一年歲次辛丑桂月上流穀旦，寶善氏牟謹著

（選自白隴《盧氏家乘》民國十四年重修卷之一）

樂山樓懷古

昔業師蓮峰應夫子設教此樓，歷有年所，一時門弟子甚盛，遂錫嘉名爲樂山樓，傳有《樂山樓記》。今予續館於此，不勝今古之感，因口占詩四首以志之。

其　一

可憐窗外景，古喚樂山樓。静者心多妙，仁人氣自投。卷簾供賞玩，閉户好藏修。良象開圖畫，文光射斗牛。美輸金谷勝，争似輞川幽。室在人何在，蒼峰獨自留。

其　二

有爲書室者，名錫樂山樓。仰止剛相對，閑看盡自由。當前堪領略，此外復何求。幾月春風坐，於今雨化留。高齋憐雅潔，名士想風流。我愧邱陵學，栽培憶舊遊。

其　三

書室相傳幾度秋，嘉名曾錫樂山樓。開窗好放群峰入，閉户頻教載籍求。幾上高齋思舊學，遥看翠岱仰閉修。栽培莫負先公意，定有文光射斗牛。

其　四

自笑疏慵學來優，不嫌西席委東樓。試看翠障今猶古，還問仁人

是也不。且喜門牆佳子弟，須知涵養駕庸流。冰生水受寒於水，轉眼淩霄擢桂秋。

（選自白隴《盧氏家乘》民國十四年重修卷之一）

殘冬解館留別詩

年來聚首竟如何，秋月冬風次第過。獨學無徒真是陋，相觀而善謂之摩。村高南圍知培植，價品連城在琢磨。異日皆非池内物，臨岐腸斷別離歌。

（選自白隴《盧氏家乘》民國十四年重修卷之一）

疊前韻晉制諸同學詩

聚散無常怎奈何，年來笑語等閒過。三冬頗足猶呼癸，七禮曾穿勿廢摩。但使亦趨還亦步，須知如琢復如磨。依依不捨淒涼意，賸讀《離騷》別憾歌。

恩進士勘驗候選儒學正堂柳溪楊廷幹謹識

（選自白隴《盧氏家乘》民國十四年重修卷之一）

樂山樓懷古

丁酉余設教於此樓，遥憶古盛，因占詩一首以志之。隴川有室樂山樓，稱道於今總未休。練達賢人非淺鮮，陶熔學士幾多售。窗前静處仙峰映，檻外環來好水流。自愧疏慵無學問，裁成莫得並先儔。

時龍飛道光二十一年歲次辛丑桂月上浣穀旦，郡廩生朱成章謹識

（選自白隴《盧氏家乘》民國十四年重修卷之一）

方山十景詩

金　峰

漫尋古寺訪金山，麗水生成想此間。玉在崑岡同秀出，珠從合浦

恰新還。不貪氣許銀兼識，精煉功須石化頑。聽到一聲條理始，恍然大智悟禪關。

石　筍

景勝西湖是鼎湖，還從此地訪仙都。石嘗露角奚甘屈，筍僅留根尚吐腴。先後不争勝薛長，槎枒應入渭川圖。栗山遭破羊坑彈，傳説焉知有與無。

眠　牛

來從爾牧降於阿，或寢安然異或吪。吉兆眠牛鍾地厚，靈兼白象得天多。斜陽横背誰吹笛？細雨飛毛合荷蓑。大武一元星掛斗，起看人傑應巍科。

白　象

天教白澤繪成圖，想像真堪作象摹。卧虎豈緣仙制伏，坐獅同侍佛跏趺。得從意外言堪忘，超出環中化與俱。元氣爲舟稱較重，閑過肯作隙中駒。

騎　龍

黄帝騎龍去不旋，猶餘此地説昇仙。攀髯怕聽烏號月，燒尾欣看鯉跋煙。名震一聲登榜後，價增十倍得門先。在田初現何須伏，利見當陽九五天。

飛雁 天鵝，雁也。

安宅須從集澤求，雪泥長認爪痕留。羽儀爲兆雲逵漸，粱稻交資露野謀。風作絃揮剛目送，月如弓掛漫心愁。應隨翩翩朝陽鳳，於彼高岡占上游。

𢶡馬

停車下拜大初公,坯土封成馬鬣同。仰首長鳴懷伯樂,羈身局促笑轅翁。緑迎芳草馳金勒,青折垂楊策玉驄。千里志存慚伏櫪,爲歌老驥擅羣空。

蹲獅

虎負嵎兮莫敢攖,豈如獅子自天生。想其搏兔挾全力,呼作蹲鴟聞吼聲。草長拳毛風振動,巖開頭角露崢嶸。精靈鬱久光終發,應作金山毓俊英。

大智寺

方山村後聳芙蓉,緩步來聽寺外鐘。天福於今留寶刹,地靈籍此鎮金峰。覺今好共書繙貝,訪古須看壁畫松。安得碧紗籠好句,先將拂面滌塵封。

餘德橋

内達台仙外婺東,有橋高濟玉川中。問名到此增三悟,餘德於今積百功。出嶺鹽商驅擔子,隔溪耕叟唤樵童。還期駟馬高車者,題柱軒軒氣吐虹。

時龍飛光緒玖年龍集昭陽協洽天中節,丙午科副榜候選教諭鄉後學沈懷珠頓首拜稿

(選自方山《玉川盧氏宗譜》光緒癸未重修本卷一)

蝶戀花·清閒安樂四韻

盧秉泓

清

清,清。琴譜,茶籯。擊磬韻,讀書聲。竹籬茅舍,水館山城。霜

天弧雁叫，白屋一鷺鳴。紙帳香浮瓦鼎，銅盤露滴金粳。秋水長天千里皓，一枝梅影上燈檠。

閑

閑，閑。林下，山間。長袖手，自怡顔。客少迎送，交不往還。功名忘掛念，權貴懶追攀。榻上坐邀明月，窗前晤對青山。落魄一生殊自得，逍遥萬事不相關。

安

安，安。形隻，影單。憑竹几，卧蒲團。無榮無辱，何易何難。紅塵不入耳，緑蟻任閑殘。撫焦桐而遣興，奏流水以成歡。只留一段清閒想，參透人間名利端。

樂

樂，樂。山高，水落。引壺觴，開囊槖。半醉半酣，自斟自酌。門内聯枝柯，階前長蘭萼。念親余澤猶存，娱友觥籌交錯。茶煙酒罷白雲横，一枕形神皆自若。

（選自《石馬盧氏宗譜》民國癸亥年重修本卷之二）

贈如庵公詞 并序

恭維大邦君如翁盧老大人臺下：

冰雪襟懷，璠璵器度。靈鍾東白，據終南少室之祥（盧藏用）；秀育晝溪，演萬里玉川之派（盧仝）。錐蓄處囊之穎，席成待聘之珍。結文會於豸山，國已恃爲楨幹（盧植）；題姓名於虎榜，人皆愧在盧前（盧照鄰）。射策屢效乎劉蕡，拜官先仿乎言偃。侈墨綬鷺袍於繡谷，何須隱服之更思（盧鴻）；鼓陽春白雪於雙溪，信是錦標之能奪（盧肇）。百里山河應得主，一邦民物盡逢春。昨以督運軍儲，乃克允諧民志。

舳艫揚旐，旆先依水次之鄉；命議褒旌，特出地官之典。旄倪鼓舞，寮宷騰歡。賞善可以勵賢，一字榮於華衮；治民徵於獲上，四郊快若景星。伏願益奮乃心，愈勤厥職。漸增天禄，紅綾餅異味何消（盧延遜）？日監鴻勳，琉璃瓶盛名必入（盧文紀）。忠藎咸敷於治道，謨謀悉著於皇猷。休誇壯歲，十才聯揮彩筆（盧綸）；更美晚年，九老滿酌緑醅（盧貞官）。卷帙儒流，齊名貧樂（黄友顔）；歆趨古道，客許敦龐（黄相）。龍頭有負於初心（黄冕仲），陂量獨成於養拙（黄憲）。居連鄰境，分得謳歌；漫拾稼村（黄公度），聊成刀筆（黄山谷）。

雙溪花柳争春色，滿地棠陰浮紫陌。朱簾高捲看鳶飛，塵不染兮心虚白，瑶琴謾鼓陽春德。

税航欸乃驚瀏瀾，北曹走使馳旌檄。寵光原自簡書來，仰慶遭逢增感激，拱聽喬遷歸上國。

右調《天仙子》

龍集嘉靖戊午季秋穀旦，鄰治奉新縣庠生雙川黄卷拜賀

（選自《錦溪盧氏宗譜》民國六年重修本之廿七卷）

盧君静香先生跋

當年司隸舊東陽。幕也可張，鷹也可揚。小卒朱明立兩傍，體則安詳，貌則汪洋。　　威聲烈烈肅風霜。百夫之防，萬夫之望。績著金城姓氏彰，號曰静香，名曰庭芳。

調寄《一剪梅》

富川古伴槑居逸侯邑庠生王懋昭謹題

宦也成途，意氣昂藏冠百夫。身著輕襲與緩帶，麗都，應教司職握兵符。　　寶婺名區，城頭雪包幾層鋪。應有良工舒妙筆，美乎，却爲吾兄繪一圖。

右調《南鄉子》

時光緒七年歲次辛巳塗月上浣之吉，翊亭邑庠生趙昭懋謹題

（選自《錦溪盧氏宗譜》民國六年重修本之廿八卷）

苕署思歸感懷 調寄《浣沙溪》

明　疑

苕溪城北夜啼鵑，惹了羈思不得眠。欲將意緒問嬋娟。　脉望無緣星使杳，但見榴紅柳吐煙。總把情兒送上天。

（選自第三支里盧宅《靈山盧氏宗譜》民國甲戌年重修本卷之十六）

點絳唇 板橋夜月

夜色溶溶，一輪明月懸天午。板橋人聚，談論今與古。　夜景堪羡，兩岸人歡舞。憶李杜，相觀延佇，佳句令人祖。

點絳唇 石舡亭

第一溪山，維石崖巖象舡樣。蔚然幽暢，萬壑群推讓。　飛閣流丹，潭影人休向。堪惆悵，花名柳放，又有漁樵唱。

（選自瑞安六科《范陽盧氏宗譜》民國十年重修本卷十一）

四水亭賦

盧氏時冲甫世居錦溪之滸，身與儕俗俱，而心與造物伍。居之南，有地方如，有水環如。作亭其上，是楹是樞。落成肅客，以恬以愉。

客有在座而嘲余者曰："聞之，美奂不取材於細，良工不示人以樸，梗柟杞梓，棟梁之木，刻桷雕題，奚斯是勗？若庀材而鳩工，胡卑陋之是築乎？"余曰："非然也。天下之物，歷久恒寡。子望麗於茅簷，亦未思乎昔者。試觀公子王孫，臺榭軒軒，脱巨麗之不朽，宜終古而常存。胡爲乎歌樓舞館瓦礫傾矣，瓊蕤玉樹榛棘縈矣，龍笛鳳笙風蟬鳴矣，金缸華燭螢火盈矣？業遐稽乎古往，其奚惑乎？今來矧放勳之

神聖，亦茅茨而土階，惟小子之不敏，曾何羨乎崇臺斗室？中啓四水爲涯，八窗其洞，可闔可開。翳青皇兮司令，華爛熳兮晨葩；望扶桑兮迎旭，奄水湄兮周遮。有祝融兮麗天，盻驕陽兮憂煎。來南薰兮解慍，辟四門兮祛炎。金風起兮椿落，玉露零兮萱冷。刈禾黍兮誰將，倚欄干兮耿耿。緬元功兮轉杓，度重關兮泠落。展遺編兮温尋，促圍爐兮暖閣。冠切雲兮鼓瑶琴，志流水兮懷美人。乘越舲兮榜蜀艇，逐迴瀾兮覬一新。揭長竿兮綴芳餌，投煙波兮下凫沚。掠浮光兮躍金鱗，碎倒影兮雙舉鯉。鯉可薦兮人奚從，目渺渺兮憂忡忡。濯長纓兮清流上，擊短棹兮空明中。世事如蓬，人生若寄，請無羡之穹窿，姑仍予之簡易。”

於是客喜而和之曰：“有偉一人兮錦水之傍，不慕峻宇兮奚事雕牆？其室綦隘兮其志綦昂。謝濁世之汶汶，挹清波之洋洋。仿渭濱之高潔兮，媲富春之孤芳。詎投竿而必獲兮，美夫得之兩忘。蘄從子於水榭兮，老吾生以徜徉。”

時萬曆戊申之秋晦日吉，後學養吾李文素撰

（選自《錦溪盧氏宗譜》卷之二十八）

一鑑亭賦

上舍盧君子乾甫，余年友全吾公高弟也。學廣而聞博，早歲遊成均，成均生嘖嘖下之。然不以自多，歸築精舍數楹，聚群書讀之。舍傍有塘，其方中矩，慨然慕厥祖方塘翁之爲人，作亭水心，以示繩武意，顔之曰“一鑑”，蓋取方塘一鑑之義云。余嘉其志，而代爲賦之如左：

萬曆丙申，王正三月，盧子讀書斗室中，不知春光之幾越也。客有訪余至者，相與煮新茗，泛陳蘗，茹竹萌，餐芳苾。挹涓涓之清流，睡嵯嵯之嵂峍。興盡歸來，信步方塘之涯，瞭翳然之亭搆，迴特峙而中開，遂挾余渡飛閣，臨崇臺。是日也，群魚盡潛，萬籟咸寂，圓蓋倒涵，落霞連接，眉宇衣冠，朗然鑒別。客顧而哂曰：“吾知所以命斯亭矣。語有之:‘明鏡止水,不可以逃形’。以沼爲鑒,意斯亭之命名乎?”

主人愀然長揖而答曰:“非然也。夫寄興者情怡,吊古者心惕。憶予祖方塘翁之存也,克孝克慈,惟公惟直。若鑑之懸,如水之湜。喆人云亡,於誰矜式?緊斯水之汪洋,不中矩而自方。寄遐思於往昔,心忽躩而情愴。詎浮慕於名鑒?將彝訓以趨蹌。當夫曦馭朝暉,冰輪夜湧、水鏡平開,元扉特聳。宛乎坐吾祖於中央,而詔予以總總也。逮其霧迷曲徑,煙鎖長堤,若隱若見,若明若翳。恍蜃樓之中結,駕吾祖以棲遲。曾遡遊以從之,而邈不可幾也。懷姱修兮馥郁,盻中洲兮舉目。鼓蘭枻兮淙淙,迓鸞旌兮矗矗。桂樽奠兮椒漿,聲欵聆兮信宿。胡天際兮彌漫,欲嚮邇兮躑躅。心摇摇兮懸旌,憂忡忡兮曼睩。”

客曰:“有是哉,盧子之用心乎!創一亭而不忘祖德,可不謂仁乎?第善繩祖武者,不以跡而以神。子能獨見獨聞,存之又存,嗟意緒之相接,煩覿面以相親乎!”於是主人輾然爲辭曰:“漫盱眙以流觀兮,冀一反之何時。率舊章而無斁兮,儼一鑑之在茲。惟余有心兮而子得之。”乃相褰帷促膝假寐亭中,忽雞聲之斷夢,奄晨光之在東。

時萬曆二十四年夏四月吉,太常寺少卿在告邑人許宏綱頓首書

(選自《錦溪盧氏宗譜》卷之二十八)

東陽本是佳山水賦

寶　仁

六朝時沈約爲東陽守,建元暢樓,即今八詠樓,此詩乃陸游作也。樓在郡城南。《禹貢》爲揚州之城,春秋戰國爲越地,秦屬會稽郡,三國吴寶鼎元年置東陽郡,隋因之,五代、宋、元爲婺州,明改置金華,始以“東陽”之名,專屬吴寧。余歷攷金華山水,作問答詞,以賦之曰:

客有雨行命屐、晴釣攜筒,見夫山横郭北,水繞城東,徘徊靡久,顧盼自雄。逆旅主人乃揖而問曰:“子好山水,子亦知東陽之形勝,非他境所能同乎?”客曰:“未也,請君詳言而歷數,使我發聵而振聾。”

主人曰："唯唯。吾聞芙峰之下，瀔水之傍，金勝聳翠，玉壺凝蒼。石城石樓，因石奇而號顯；仙華仙姑，以仙止而名揚。赤松原初平牧處，青蘿是宋濂山房；寶掌有雙峰列峙，書臺乃千古流芳。謝元卿嘗採藥五泄，劉孝標初讀書講堂。九峰山高百仞，八面山踞一方。形類藥壺，謝皋羽曾遊其處；巖書蟠谷，朱晦翁特志不忘。

"至若鶴巖宜遊於春日，雞鳴每登於重陽。非皆崢嶸嶮岌，春如笑而秋如粧者乎？他如菊妃多菊英，蘭陰有蘭畹；卧羊山白石成群，勒馬峰青松耐晚；東白西白奇景彌多，八素八華名區不遠；香山上産玉蘭，潛岳下多紫菀。靈源洞有泉皆秀，士女遊紛；方巖山無石不奇，神仙棲隱。東峴在桃花峰後，接水連雲；北甑踞芸嶺尖西，岡巒疊巘。此又婺州素稱名山，而畫工常留粉本者也。

"若夫銅泉源始銅山，姬山下流姬水。浣江曾與暨連，瀔溪實自蘭始。桐栞渡鄉若微涓，石蒼潭深不可視。畫溪水若丹青，繡川紋如羅綺。灘名五百而挽船，溪號廿三而定里。鷺鷥灣源在衢州，富貴井鑿於郭氏。白沙灘潔可濯纓，丹井泉清堪洗耳。澗或石馬欲牽，塘以金鵝飛止。雙溪勝地，隱侯曾作名鄉；千日醉泉，徐公昔逢奇士。潭開日月，傳説非空；源别東西，指來即是。此又泉水堪稱簡册可指者也。

"況乎青草春草，山色猶佳。洞則白雲紫霞標其勝，樓則清風明月遺其懷。鬥雞巖風摇翠柏，叱馭橋浪打蒼厓。鹿田爲毛女耕場，山多奇石；虎峰即許孜葬處，寺有寒齋。荆浦彌清，扁舟可泛；桃源雖小，古跡難埋。東陽溪伊誰飲馬，北新塘共聽鳴蛙。劉觀德閣建面香，植蘭桂而欄杆屈曲；陸放翁亭登極目，對溪山而筆硯安排。

"彼夫人稱福地，洞記嫏嬛，孰若此登臨任我，跡在塵寰。水依山爲斷續，山繞水而迴環。果然勝賞無窮，天開圖畫；不愧名區有美，地最清閒。然吾第言山高與水遠，而於風亭月榭猶從删。願吾子詞如泉湧，債比珠還，試生花之筆，以賦今日之佳水與佳山。"

客曰:“吾幼事詩書,長遊山水,足之所經,目之所視,或吟諸詩,或詠諸史。今聞吾子之絡繹名言,雖千里儼同尺咫,敢不憑几揮毫,歌呈《下里》?

歌曰:

東陽山水人傾慕,昔之東陽今之婺。山稱佳兮水亦麗,其中勝境誰能數?古來名士幾登臨,山水依然人已故。我作此地小遊仙,願續《兩京》《三都賦》。”

(選自第三支里盧宅《靈山盧氏宗譜》民國甲戌年重修本卷之十六)

秋夜讀書賦

惟金風之司令,迴爽氣於高秋。卷城都之俗垢,添書室之清幽。披白日兮光輝,洵堪遊覽;坐清宵兮寂静,方可藏修。四壁蕭然,袛聆蟲聲唧唧;一塵不染,睇眄風景悠悠。爾乃北牖幽吟,南窗誦讀。赤文緑字,紛錯落兮縹緗;玉軸牙籤,漫縱横乎書屋。優遊翰墨之場,反復典謨之谷。詩韻與商風協律,何弗淘情?史趣同秋水齊清,能無矚目者乎?

若夫香飄桂籍,月照芙蕖。耳得之而若有聲,仿佛盈盈几案;目寓之而仍無色,想像藹藹閒居。蟋蟀窗前,聲欲停而復續;梧桐井上,葉方隕而已除。白露横鋪菊莖,明珠映入圖書。倚席遥吟,直欲該乎“二酉”;憑几静玩,豈僅用乎“三餘”。境静怡情,至道流行皆寔;澄心見性,浮名勢位都虚。

未幾更則久矣,心鏡長清,燈猶存也,居稽永夜。五車萬卷,義無奥而不窮;片語單詞,理有奇而皆迓。是性自清而情自逸,乃不虚度乎良宵,何妨矜言夫待價。

(選自瑞安六科《范陽盧氏宗譜》民國十年重修本卷十一)

昭福寺賦 以“地僻乾坤静”爲韻

嘉慶庚申，歲在昭福肄業，故作之。

緬古刹之雷峰，號昭福而建寺。背北面南，龍盤虎睡。院枕解嶼燕窠，巖起玉柱之峰；門對三平下湖，寨作金爐之翠。開於宋元，不知造者何人；歷至明清，幸得縣中有志。翔寺僧之顯聖，廟毁三塘；考古跡於文成，匾留四字。此真六科之洞天，寔三寶之福地也。

爾乃林密山深，僧稀地僻，寶殿森森，聖容奕奕。瑞有五色山茶，翠有千年古柏。隨高下之人家兩村，不方圓之山田幾石。非無曆日，梵宫亦見青春；絶少車塵，廣院便成月白。本逆川之同宗，實曹溪之一脉。蒲團静坐，養真性於上人；法座閑看，遠紅塵之俗客。但見鬱鬱青松下映潭底，猗猗緑竹上透山巔。隔盧嶨兮不遂，近坑邊兮相連。東降在其左，南嶨居其前。芳蘭郁郁，清風涓涓。暮鼓晨鐘，聲振一村之響；經幡貝葉，音同七調之絃。真真不二法門，别有天地；渺渺三千世界，大異乾坤。且前有蔡山崀，外有赤頭墩。寺前溪可以洗耳，坎下潭可以招魂。山外青山，既少西湖之歌舞；徑行幽徑，又異南雁之嘩喧。彼福泉雖爲别派，即荷峰寔屬同門。禪關寂寂，渾氣元元。奚須誇河上之潔清？乃妻梅而子鶴；無妨於混焉而中處，亦父乾而母坤。其始界於上方，化成仙境。雖佳興可與人同，彼清修只宜自領。雲光上下，消浩氣於胸襟；僧院寬閒，現天機於佛影。陽山庵憚其高，閒心寺同此静。誠可爲五堡之遨遊，亦可謂一族之勝景焉。

修竹鳴秋蟬 以題爲韻

歲在丁亥，客館於心垟。館後修竹，匝地濃蔭，時背夏陟秋，蟬聲高麗，朝夕聞之，不覺有感，遂作此賦。賦曰：

維山間之僻地，屬築館於山陬。植緑竹兮匝繞，聚幖帙以常幽。予愛清齋之寂静，乃勤歲月而茂修。是則光陰漸過，時序徐流。朱明忽已辭夏，少皞又見司秋。金風乘時而扇野，碧草改色於滄州。窗放寒雲而景異，山呈極浄而物收。爰有寒蟬，逍遥修竹。秉素質之清姿，飲玉露而自啄。身輕盈而翔易，聲婉轉而不饜。傍柯葉之菲菲，吐籟音之肅肅。則見其如怨如慕，如瑟如箏。接高風而遠送，對珠露而流清。音欲揚而先抑，聲既斷而復鳴。

斯時也，鳥宿池邊，恍感八音之奏；人來林下，疑聞七調之聲。驟而聽之，宛似桓伊之美笛；徐而聆之，儼然子晉之吹笙。於是人倚書幌，士傍窗前，感時賦物，乘興聯篇。覺秋聲之樹響，睹景物而迭傳。夜雨零而金風起，楓葉落而詩思宣。常動情於修竹，矧觸緒之鳴蟬。

嘆流光之易逝兮，感時物之變遷。雖斯蟲之微渺兮，亦大化之使然。昔秋聲之有咏，曾慨賦於時逝。今秋蟬之有句，還觀效於前賢。庶乎落木之篇不作，悲秋之賦休聯也。

點睛飛壁賦 以畫龍入神破壁飛去爲韻

乾隆癸丑，在溪坦梯雲樓作。

原夫張僧繇之繪龍也，筆奪天工，技成巧畫。或蟠於地，具見靈奇；或躍在淵，洵稱神怪。握霜毫以點綴，象外傳神；含墨瀋以輕霑，壁間懸掛。恍似眠身海口，蒸雲氣而波静狂瀾；何必燒尾禹門，翻江浪而勢驚澎湃。

其始也，名標畫譜，筆若遊龍。品三各具，法六兼庸。原無全牛在目，自有成竹於胸。試丹青之妙法，或蟠際之奇容。如看水激三千，繪出淋漓雨勢；想見風摶九萬，揮來靉靆雲濃。寧同土塊無靈，任禱求而未應；迥殊金錢萬結，欲飛去而無從。繼且口耳曾完，猶有精神未集。如閉倦眼兮熟眠，似護元神兮深蟄。飛如波浪升沉，恍並煙雲出入。恐有乘危頷下，珠竊以歸；豈真被困寒淵，目傷而泣。

等在田呈象，已帶煙雨朦朧；倘在天騰飛，定有風雲呼吸。乃有無知俗客，未信愚人。欲升天之有驗，笑誕語之無因。緣握銀毫，向雙眸而設采；還濡翰墨，憑一點以傳神。既睛光之炯鑒，亦瞳子之如真。自非醫疾無明，點綴衹宜飛白；何殊牧童驅犢，神光俱照全身。則見弄假成真，精神在箇；如炬目光，雄驚滿座。何女穿壁高飛，極縱横而遠播。或疑葛陂之杖投，洵駭葉公之膽破。恍似釜中躍出，乍驚蘆火之燒；宛從硯底濡來，不作川潭之卧。但見揚鱗而起，直入遥天，掉尾而行，全消行跡。吞雲夢者八九，勢鼓彌漫；擊溟海以三千，氣通翕闢。曾憐蠖曲，徒蟄深淵；陋彼暴鰓，空勞點額。此真上蟠下際，或露爪牙；莫不彼嘆此傳，皆來面壁。

若夫虎有文而難類，蛇同雅而已非，即鳴蟲唧唧，滚馬騑騑。而鱗甲飛揚，道江海則其仿佛；江濤出没，孫位僅寫其依稀。孰若此一筆輕描，全神俱振；雙管齊下，滿目生輝。神變化兮莫測，遊宫沼而可幾。譬彼玉虎威靈，曾入山而遠走；擬似蒼頭練服，應穿壁以齊飛。

方今聖天子光被四表，澤及黎庶。聰既達而亦明，龍可乘而能御。握圖籙以應天，繪《豳風》而殫慮。功能應瑞，負圖神馬遂來；德本好生，激浪驚龍聽去。早已昇平有紀，學士慶雲龍風虎之從；寧第點染甚工，畫聖有入妙通神之譽。

《文選》賦 以熟精文選理賦爲韻

原夫杜氏有少陵也，百代詩豪，三唐名宿。陶甑書籍，文焰發萬丈之光；咀嚼精華，詩品冠百家之目。竊扳屈宋，獻賦而星斗羅胸；私淑齊梁，下筆則琅玕披腹。

三百篇大成之集，無非風雅頌師承；二十卷薈萃之全，大率《文選》精熟。則見閣名稽古，館號延英。注疏本由李善，成集定自昭明。開望苑以招賢，珠求徑寸；擬成裘之集腋，實值連城。千祀合，七代並；六奇吐，八難呈。允矣文章之祖，信爲宗法攸成。毋執李衛公之激言，吾家不蓄；須效杜草堂之遺語，訓子宜精。其爲熟也，萬言不厭，三復宜勤。功無間乎晝夜，用以廣乎見聞。體同雅頌，序本典墳。

仰風流於謝客，遄逸興於參軍，賦江海則博收潘陸，掞華藻則兼麗淵雲。謝則大小勃勃，阮有叔侄紛紛。何須誇學富於五車，興懷張博士；豈僅慚書遜半豹，致嘆殷仲文。

於是鉅則探源，細則數典，旁搜宏詞，曠覽異撰。江左英華，漢京冠冕。顔鮑以樸茂稱長，沈謝以雕鏤見善。十九首爲古詩所自宗，四六語爲駢體所共衍。其精也金已千錘，其候也丹成九轉。試披黄卷於百回，定取青錢於萬選。

若夫頓發清機，旋抒妙理。注不核乎六臣，才漫矜乎七子。胡爲壽漢殿之金，奚以貴洛陽之紙。詠白雪兮陽春，玩澧蘭兮沅芷。無過熟而意徹中邊，得其精而情通表裏。況今聖天子典重三餘，書全四庫，採緑字於檢泥，寶赤文於竹素。以是選之流行，爲後人所學步。許多花樣之翻，盡是金針之度。江淹有夢筆之花，相如有淩雲之賦。毋摘句而尋章，宜知新而温故。

（選自瑞安六科《范陽盧氏宗譜》民國十年重修本卷十一）

喜雨賦

盧可齋

庚寅之歲，時維六月，旱魃爲虐，沴氣冥勃。金華巨邦，川澤枯竭，禾苗盡焦，芒穎不發。田畯皇皇，民心忽忽。於是太守出郊舍，禮群神，潔俎豆，薦蘩蘋。引咎自責，史祝具文。曰：

嗟彼蒼之昭灼兮，何民患之洊仍？豈賢人之隱蔽兮，抑墨吏之未征？果下情之未達兮，與上德之未承？仇吾民者其尚可削兮，利吾民者其尚可興？政或有乖於和氣兮，祀或廢享於神明。願萃譴於厥躬兮，鑒吾民之可矜。

言既屏息，俟命所下，協帝命夸父。矢言其故，曰：乃心既潔，乃罪伊何？履繩蹈矩，匪偏匪頗。狴犴折衷，凶慝消磨。維兹旱之所致兮，實風伯之是欺。雲騈騈以上蒸兮，雨霪霪而將施。風伯怒而叫號兮，雨涣散而雲離。彼使和氣不得以流通兮，膏澤不得以霈滋。由是命攙搶，驅祝融，呵電母，鞭雷公，誅風伯，斷妖虹。黑蜧吐氣，龍師奏功。火雲潑墨，血日埋紅。石燕羣飛於海表，秃鳩逐婦於林中。嘅雨澤之既降，洗沴氣於一空。始淅瀝而霏微，漸淋漓而滂沛。或細如絲，或響如籟，或密如麻，或緩如帶。或擊瓦而跳珠，或傾盆而汪濊。驟奔騰於川壑，忽集盈於溝澮。槁者以澤，枯者以遂，伸屈暢鬱，蘇萎榮瘁。

當是之時，吾知羌酋控馬而弛弦，秦兵出關而掩旆。高鳳漂麥，宣父具蓋。農夫擊壤，商賈興謳。轆轤閑於污邪，桔槔卧於甌窶。騰歡聲於比屋，占嘉穀之有秋。鞶者以舒，勞者以休。若宿酲之既解，若沉痾之頓瘳。措民物於康阜，樂敷政之優遊。

於是太守屬客相賀，呼酒解頤。奏貞觀之樂，歌《雲漢》之詩。客有倚歌而和之者，曰："我民蘇兮我侯來，仁風播兮陽春回。月不從星兮歲旱災，我侯憂兮起雲雷。甘雨沛兮洗蓬萊，我侯樂兮樂無涯。"又歌曰："不雨無苗，不雨無粟。一雨三日，如珠如玉。我侯之功，受天之禄。征書莫來，我民之福。"

歌卒，太守乃尋餘吟，翫撫覽，伴唤盧生執爵而爲亂。歌曰：桑林詩禱兮，暴畦得雨。彼一誠之格天兮，王有功於後土。孝婦之冤不容釋兮，巫尫何辜而可焚？惟所見之繆攸兮，百怪起爲妖氛。鑒一理於古今，達至誠於上下兮，胡庸閉陽而縱陰？升巖廊而霈澤兮，尚何有於傅説之霖？

（選自義烏《雪溪盧氏宗譜》民國己巳年本卷之一）

四、對　聯

白竹大宗祠版聯

峙乃屏山，憶洛陽根深本固；縈玆帶水，瞻雲竹秀毓靈鍾。

棟宇聳巍峨，尊祖敬宗，百世於中聯族誼；雲礽綿繼述，析圭擔爵，幾人從後振家聲。

縉雲邑令潘良采贈書

祖有功，宗有德，閥閱著先，氏綿范陽支不易；左爲昭，右爲穆，衣冠昌後，源從汴水派如新。

廟貌巋然，倚屏山，紀帶水，綿范陽功德百世；孝思儼若，瞻榱桷，望几筵，永汴洛俎豆千秋。

裔孫鶴鳴謹書

赫赫仰侯封，鴻恩存問，燕翼懷忠，溯偉績乎范陽，合炎宋前明而益懋；
巍巍瞻廟貌，魚沼生紋，鶴峰聳秀，緬華宗於孝義，與靈山竹水以俱傳。

永康典史余紹堃拜撰

（選自《白竹盧氏宗譜》民國庚辰重修本卷三十四）

龍溪宗祠對聯

居靈麓，復居窨麓，本本原原，千百世根基獨厚；遷潘溪，再遷龍溪，繩繩繼繼，億萬年流澤孔長。

柳溪東繞，蓮嶺西環，明秀特鍾祖廟，偕苞桑共固；馬跡南旋，獅巖北拱，優勝獨占神靈，與磐石俱安。

鐘鈕發祥符，椒衍瓜綿，已覺本支長不易；魁巖留勝跡，文經武緯，將來幹濟豈能量。

肇跡自竹川，根深蒂固；發祥於龍水，澤遠流長。

源從姜水滔滔至，派出龍溪滚滚行。

（選自《白竹盧氏宗譜》民國庚辰重修本卷三十四）

白峰版聯

尊長秉公直之心，平衆情以崇敦睦；
卑幼循遜順之禮，承世德而秩倫常。

閥閱前朝，氏甲范陽傳□世；
衣冠昭代，源從汴水接天潢。

禮樂從先，明世高華宗薊北；
詩書啓後，明時清望重江南。

嗣孫運同致書

雨露濡矣，霜露降矣，春秋履矣，幸怵惕愴淒有感；
入室僾然，週還肅然，出聽愾然，期著存慤愛無忘。

十七世孫光祚書

（選自第三支《鹿峰盧氏宗譜》民國丙寅年重修本卷一）

錦溪祠内柱聯

大　門

開國東齊，聲流渤海；起家南宋，脉系靈山。

上臺懸輪

詩學知音韓剌史，科名踵跡宋文山。

慈水葉睦撰

上臺懸輪

飭紀敦倫，規模整肅；型仁講讓，氣象雍容。

前臺懸輪

仕籍開先光世澤，詔書褒義振家聲。

松澗金澍撰

東　柱

崇勳追周宋詒謀，八龍翊運，一鳳翔和，卜世兆歸昌，祖武繼繩垂裕厚；

勝地攬溪山競秀，霞嶠屏丹，錦流枕翠，奠居同蔚瑞，人文振起發祥多。

嗣孫品藻撰

天道難知，慨王粲多才，憑誰纂緒，咸秩無文，致反始也；

宗支旁附，儗後夔不祀，讓此明禋，享祀不忒，其在後乎？

（選自《錦溪盧氏宗譜》民國六年重修本首卷）

安溪大宗祠對聯

神位前聯

祝以孝告嘏以慈告；

鼖乎鼓之軒乎舞之。

後進中間

匯三溪於兩峴之間，川原奧衍；

翹一鳳於八龍之列，精采飛騰。

後進東柱

竹帛勒勳名，列爵公侯，位伯子男而上；
廟堂閎策畫，分曹工户，官兵刑禮之間。

前進東柱

式暨右以丕基，嶽嶽圖經，古號定安巨鎮；
系范陽而著郡，潭潭食邑，今推武烈名宗。

前進中間

族望著三唐，頡頏崔鄭；
國公崇五季，度越周韓。

前進中間

石馬東峩誦揚祖德；
星墩左拱肇啓人文。

臺門柱

肇跡自靈山，名冠五代；
發源來定水，宅繞雙溪。

後寢兩傍上面柱聯

系本皇圖榮叨甥館；
勳高武烈爵列侯封。

中臺前柱聯

古堰分流聿懷祖澤；
長堤鞏固乃服先疇。

門樓向内額聯

兩峴齊排環拱秀；

雙溪匯合慶安瀾。

（選自《安溪長堤盧氏宗譜》民國辛巳年本卷十八）

峽陽祠聯

宋室尚書第；明廷御史家。

天潢衍裔家聲遠；御史流芳世澤長。

忠肝義膽侍郎祖；鐵面冰心御史公。

祖本周家先趙氏；公分越國冠廷臣。

詩禮流輝綿祖澤；簪纓繼美耀家聲。

一人受籙膺圖，奕世雲礽，具屬天潢派；

九子垂紳縉笏，一時官職，咸居顯要津。

身隱江南，積善累仁昌奕禩；

姻締越國，更名易姓顯朝班。

文德武功，自昔鼎鐘生色；

左昭右穆，到今俎豆增輝。

項維聰撰

位重棘卿，抗節千秋光皓日；

名高柏府，埋輪三輔肅清霜。

賜進士第翰林院編修東陽雅溪裔孫炳濤題

（選自仙居峽陽《樂安柴盧合譜》民國乙卯重修本卷之首）

丁坑祠廟對聯

明世舊裳衣，宗功祖德昭於目；

清時新俎豆，秋霜春雨豈其寒。

族孫潮生拜撰

青瑣緑墀，越國家聲開甲第；
蒼山碧澗，范陽宗祐衍丁川。
時嘉慶癸亥雅溪宗人炳濤書
（選自《丁川盧氏家乘》民國戊辰年重修本卷一）

第十編　雜　記

之所以設“雜記”一章，是因爲一些材料篇幅不多，且無法納入專有欄目，可這並不意味着它們不重要。“越國公入永康縣志”讓我們看到盧暖、盧嗣鏞等幾代人爲給始祖在邑志中争一席之地所作的努力；“教育”部分展現出那時人們爲創辦教育這一千年大業表現出的孜孜以求精神。按照“九支盧”家範要求，不少宗支反對族人出家，甚至反對信仰釋教，可有部分人偏偏熱衷於寺觀的修建，得以讓人窺探他們心中的訴求；修橋鋪路是衆人讚賞的善行，可在這里所記不多；天災人禍，特别是當年兵災給人們造成的禍害，讓我們後人感同身受。

一、越國公入永康縣志

修志致訟始末

道光十五年春，育嬰堂董事慫恿廖主議修邑志，推潘某爲總裁，而應某也與其事，坐局者爲王某、程某。後因大旱停局。本家將抄譜底稿浼應學期先生寄與潘某就正，以備緩急之用。向取不回。

次秋開局，潘某經將底稿交局。十七年春間，應某即將底稿批駁，再立條例，不與人知。後因採訪應崇程催繳捐項，同侄嗣宏赴局，見有“康熙三十七年以前不合條例”之戳，向程志簋借看條例，故意不與，怏怏回家。族中曉事者以爲：當日仙盧，向多宿學，猶有失載如此，此次不留心料理，是終無望補載矣。因作一呈請補，祇期自盡其心，萬一志局知所變通，可爲挽回之地。孰知飭局核補批語一出，横生惡計，背捏多名，並更改條例，妄呈議單，並求示諭。用是迫不及待，急先具呈，免示。

迨赴鄉試後，景施叔以爲改例，呈詞、議單皆出於應某之手，伊議我祖，我即控伊，出乎爾者反乎爾，理固然也。乃至九月，始知應某面訴署縣萬公暨鍾、陸二學師，蒙各官府斥其修志“不能具才、學、識三長，不得妄議他人宗祖”等諭。

殊不知我石馬盧氏宗譜，經太平吕石崖先生、一松公、新庵公三道學而成，斷無僞語。此次呈請，並無一字有妨志局，而乃刻薄居心，妄加議論。試問修志者其果秉筆毫無私心、好惡盡協輿情乎？嗚呼，公之忠貞世篤，歷久彌彰，願公福我子孫，聰明賢達，科甲連綿，學問文章足冠一邑，修志之局當身任之。如其不然，子孫之智愚不肖，諉爲適然之數，一族之興衰成敗付諸冥漠之天，後之視今其勝於今之視昔與否，不可得而知也！

兹因抄録呈稿，謹叙致訟始末，以告繼起之賢者。

時道光十八年歲在戊戌閏四月全浣吉旦，二十五世孫暖謹録

（選自第一支《石馬盧氏宗譜》民國十三年重修卷二）

爲求邑志增補缺漏致訟記

(一) 道光十七年六月十八日盧暖等具呈邑主

爲闡揚忠義，懇恩補載志書，以昭激勵事。切修葺縣誌備録一邑忠義等事，搜羅遺失，增補闕漏，所以正人心、維風俗也。

生等鼻祖宋越國公盧炎原諱炎，旁加王爲後周尚書，宋祖受禪，炎抱世宗幼子蕲王熙誨，隱於本邑之四十五都孝義鄉靈山之下，宋祖義之，封越國公，墓在靈山。後由靈山遷居遊仙鄉仙盧、儒堂等村莊，鄉先賢程先生正誼撰《越國公祠記》有云："靈山之隱，有首陽之遺風；二孤之存，追嬰、杵之大義。"其精忠大節，卓卓可傳。又始遷祖宋明經公盧曉，又明直隸淮安府海州知州盧允福，又鄉進士盧洵，又理學鄉賢盧可久、父盧璡，又理學崇祀五峰書院學易齋盧自明。以上生祖，有以忠義著，有以事功顯，有以道學傳，載明宗譜及府志、《五峰書院志》等書，且蒙諸名公歷賜傳記，均屬可攷可查。非沐補載入志，不惟無以表揚先德，抑且無以風勵後人。今幸文星蒞任，修詞擅著作之才；花縣分符，敷政奏循良之績。生等數典不忘，冀褒榮於一字；徵文可信，希播譽於千秋。伏懇登諸志乘，予以闡揚，誠所謂伯夷、叔齊得夫子而名益彰，顔淵雖篤學，附驥尾而行益顯者也。爲此恭呈事實並《五峰書院志》，伏乞憲天太爺恩賜查核，補入志書，俾忠臣義士、理學明賢不至於湮没不稱，以正人心以維風俗，百世銘恩！

上呈。

計呈事實一本、《五峰書院志》二本

(二) 永邑邑主諭飭志局

六月廿二日奉縣主彭批候：據情諭飭該司事，核明補入附刊。事實、志書存。具呈十鄉採訪。

生員：應崇程、程尚霄、胡光第、周榮詮

廩生：徐御星、姚躔魁、王大昌、張化英

舉人：王鍾思、程志篁、徐鍾英、胡錫士

貢生：胡師尹、倪夢魁。吕觀光、金希范

州同：鄭　筠

(三) 永邑志局上呈邑主

爲奉批核明粘呈現前例，恭候裁定，出示曉諭事。

切永邑志書自康熙三十七年戊寅續修後，迄今百四十年。前主廖設局重修，當即立有條例，出示曉諭，並通詳各憲在案。是年因秋亢旱，暫行停止。去年八月，前署主陳復行出示開局，照前條例以康熙三十七年爲限，其有實係前志遺漏而國史、省志、郡志及各書載者查明補入。其止載家譜無從考據者，不得妄行添載。

前因遊仙鄉盧姓以伊祖越國公盧炎等投局，當即查明來歷，另單呈電。今廩生盧暖、生員盧鳳昭、職員盧景施，復以伊祖越國公盧炎等叩臺求載，奉批飭局核明。竊查盧姓送局事，實共計八十六名，其應入歲貢盧崔、盧懋照、盧剛、盧秉睦、盧繼韶，例貢盧動洛，援例盧云時、盧恒山，耆壽盧懷禮、盧同彩、盧懋林、盧秉燔，年例相符節孝三十六名俱以採入外，其餘核與條例不合，礙難入志。

大凡爲子孫者皆欲頌揚祖父，若必盡如其願，破格附入，則十鄉各右族千有餘莊，各持譜牒，紛紛求載，則不獨無了期，將並不得爲信筆矣。爲此抄録前例，並議單各一紙，恭呈太爺裁定加批，迅賜出示曉諭，以杜覬覦，以昭畫一。

頂德上呈。

道光十七年七月初一日呈

（志局改例並議單字數過多，不録）

(四) 永邑邑主諭飭志局

初七日批"纂修志書人物"一條，自應考據確鑿，方成信筆。今越國公盧琰，既據該紳士等查明並無實跡，盧曉等五人均在康熙三十七年以前，核與前定章程亦有未符，著毋庸刊入，致紊舊章，候好出示曉諭可也。

條例議單並附。

(五) 盧暖等具呈邑主

爲奉批投叩恩賜示諭以援寒族事。

緣道光十五年增修邑志，經廖主設局出示凡例，並不載明"康熙三十七年以前概不准補"字樣，抄粘可電並據採訪應崇程諭令，生等細查譜牒及各書載者，從前遺漏均可補入。

生等滿望補載，於本年五月十七日赴局查閱，並求看條例，詎志局程志篚自恃掌局威權，出言侮辱。因程志篚揚手擲足有"吕石崖、盧新庵壽山所供木主何足爲奇"等語，不將條例與看，祇云生祖不能入志。生等於六月十八日以闡揚忠義事叩臺，奉批諭飭該司事核明補入附刊等示。無如志局藐批抗違，不准補載，生亦含忍；何得復誣生祖虛無妄議一單，吹毛求疵，横加謗毁，種種批駁，皆屬不經，且求憲臺發出曉諭，欲使生等求榮反辱。奉批另抄，乞察廖主前例，當經遍貼城鄉，通邑皆知，今康熙三十七年以前概不准補。忽自生呈請以後，私議此例，改弦更張，生等實不與聞，且姚躔奎、張化英早已赴省鄉試，胡師尹係生姻親，胡光第係生甥男，王大昌係生密戚，亦列各具控，明係背捏多人壓制。切人各有祖，今遭伊等妄遭議單並求示諭，刻薄誣妄，恃勢欺淩，忍心害理，莫此爲甚，修志書者固如是乎？非懇將議單塗銷，並免出示曉諭，爲祖宗陰靈不安，爲子孫者抱恨更慘，合族驚惶，勢難甘休。

再據伊詞稱：其有府志及各書載者，查明補入。現鄉賢盧可久父盧璡、理學盧自明號新庵，並有詩文載在《五峰書院志》，盧新庵又載府志，似不得以康熙三十七年爲限，合併聲明。爲此抄粘前例録批，伏乞憲天太爺俯垂鏡察，塗銷議單，恩免示諭，以慰先靈，以援寒族，頂德上呈。

計粘：廖前主纂修邑志凡例（凡例字數過多，此不録）

七月十三日呈奉

（六）永邑邑主批復盧暖等

批：

闡揚祖宗前烈，固屬仁人孝子之心。此案前據該生等以盧琰公等請補入志等情具呈，飭據司事應等核議，業經批示在案。

如果程以一人私見背捏多名，漫加評論，亦非秉公辦事之道。惟世遠年湮，事貴覈實，究竟應否入志，該生等即自邀族衆會同志局各司事，再行妥爲商議核辦，毋遽涉訟，致傷雅道。至出示曉諭，無非將從前條例重言申明，該生等亦毋庸誤會也。

粘抄附後又有詞一紙，因詞欠的不録，衹録批語“七月十六日奉署縣主萬批候該局司事，再行悉心秉公妥議核辦”粘抄。

（附粘有駁議一紙，字數過多不録）

（選自第一支《石馬盧氏宗譜》民國十三年重修卷一）

越國公入邑志記

昔韓子有言：“莫爲之前，雖美勿彰；莫爲之後，雖盛勿傳”，誠哉是言也。

吾始祖越國公忠於後周，陳橋兵變，義不臣宋，抱世宗幼子蕲王熙誨隱居靈山，爲九支發祥之祖。舊志失載，湮没不彰。

攷邑志，吾邑志自吴置縣以來，越及隋唐俱無傳聞，至宋嘉泰陳公昌年始創邑乘。元延祐邑人陳安可續爲之，皆過於略。自兹以及前明成化至嘉靖壬午所修，悉據宋、元之本，遺漏不少。

前閲宗譜，一松子曰"予愧勿家食，譜之弗稽弗輯也久矣"。我祖之居石馬時，當兵燹播遷，況越國公又贅柴世宗系隱柴爲盧而冒之者，衆姑自石馬本支而修輯之。嘉靖己酉，偕其友吕石厓先生商確編定，始得系緒之詳，爲越國公之榛派者歷有明徵，嘉靖舊序詳見《吕石厓文集》。宗譜會合有源，皆公之力也。溯自己酉修編，距壬午修志時相去二十餘載，志先譜後，不無遺脱。迨萬曆辛巳，吴公安國依應簽憲嘉靖時家藏稿本修之。我族一松公與應晉庵先生同會五峰，雅相契合，如肯請言以著稿本，正自易易，度理學明賢，以幽光久而自發，往往不求表著。至辛巳修志之年，而我公一松先於己卯夏歸道山矣。幸有新庵公自明，一松公從侄也，"篤志正學，砥柱中流"，見《新庵文集序》程府尹正誼撰。慮文獻之無徵，爲一松公志行狀。懼忠貞之泯没，爲越國公請記於程府尹，以留示後人。嗚呼，自宋迄明，無怪志書之失載也！

越及國朝康熙壬子與戊寅，志凡二修，其時族中先哲依仁、危齋諸公既歸帝鄉，而拙翁、勿軒二公適當其際，何其數典而忘祖耶？豈徒習於文藝而漠不關心耶？迨雍乾間，英才宿學如又崔、又塞、聖和、建如諸公後先迭出，此時志已曠而不修。至道光丁酉，廖公重機與應、潘鄉先達修之。

自丁酉距戊寅凡百有四十年，我先君廷普公、叔父春臺公，恐年愈久而愈湮也，摭采故實，力請補載。奈有分修程某，自恃掌局威權，與先叔父齟齬，忽改議例，以康熙三十七年戊寅爲限，通邑各邑各右族千有餘莊，受其屈抑者不一，以致我祖明教授曉公、族祖知州允福公、處士璉公、歲貢洵公，亦俱信而有徵者，遂皆中止。新志亦俱補入。讀先叔父《修志致訟始末》，至“願公福我子孫”末段遺文，愈覺扼腕悲傷，不知涕從何來也。

今先人往矣，而先人之言猶在耳也，而尤幸始祖之靈爽且式憑也。歲在光緒辛卯春，李明府桐孫創議重修，諭及嗣鏞與胞侄思昉，謹録越國公事實呈局纂修。潘、陳諸公初未見信，後搜求得許宏綱、盧杜二先生合刻，係明萬曆東邑官橋陳時芳、陳正道二先賢所刊者。一松公之學，傳東陽杜惟熙，惟熙傳同邑陳時芳、陳正道。詳見《明史》。並程府尹居左公所撰祠記，再行呈局，始蒙載入“人物隱逸”，且載宦墓，又蒙刊入祠記一篇，庶幾可永世不磨矣。

噫，公忠義之氣塞於兩間，不得知於千百年之前，猶得知於千百年之後，焉知不由邑志而采入郡省志，以爲他日國史之光也哉！憶自道光間在局諸先輩，或遠宦被戮，或削籍還鄉，或子孫零落，此皆由居心苛刻，不肯顯微闡幽，且妄議他人宗族之大咎也。善惡之報如影隨形，士林中可爲殷鑒矣。異日者吾族後裔必有達人，後之視今當勝於今之視昔，若遇修志，無論身肩其任與司其事，俱宜公恕爲心。而始祖既已入志，或從此復加詳焉，更爲吾儕之苦衷所殷殷厚望者也。是舉也，千載一時，會逢其適，此非獨嗣鏞、思昉之幸，即同族之幸，實亦九支之幸也。故不自知弇陋，直陳巔末，以諗繼起之賢者。

是爲記。

時光緒十有八年歲在壬辰冬月，越國公三十六世孫嗣鏞同侄思昉謹誌

（選自第一支《石馬盧氏宗譜》民國十三年重修卷一）

二、教　育

石馬郡城考寓中興記

吾族石馬盧氏考寓在郡城之鼓樓前。咸豐辛酉，粤逆竄擾東浙。同治壬戌，郡垣失陷，城中舍宇，拆毁甚多，是寓亦僅留基址。

舊係官基馬路，租其糧爲府經廳收納焉。初康熙五十九年庚子，族中先哲又炎公倡約文會，割腴畝以爲會資。珍孺、又崔、亦蛟諸公等各捐田，共襄厥美，而會以成。雍正八年己酉，始購考寓一所。其時文學彬彬，英才濟濟，讀又塞剛公文會肇興序文，何其盛也！

自嘉道以來，人往風微，聲沉響寂，會田俱廢，徒有寓所，或至善價而沽，故吾祖喜亭公下文人迭起，此寓亦與列焉。每届歲科之期，與試者正不乏人，謂卑陋不可以蔽風雨，别自爲賃，而會下竟有泰然爲鳩居者矣。

同治二年癸亥，郡城克復，甲子補行壬戌歲科並試，鏞於是歲入縣泮，祇見瓦礫成山，縱觸目傷懷，亂離之餘，何人計及此舉！後有郡中已革刑胥高梯雲者，擅作圍牆，納糧種植，而會下堅執不悟，倏忽已二十年。

光緒七年辛巳院試，思昉拔取一等，適食廩餼，故淹留日久，得聞彼將圖謀起造，遂與侄思昉、家第、家瑞、堂兄思諸，至經廳署先具一稟，請同族長向會下言此是官基，佔管已久，不急圖之，俟豪右棟宇更新，而舊業自棄，悔莫及矣。僉憬然曰：噫嘻，要非文人非莫與争也，咸願大宗捐造以爲合族光，此文人之責也。

幸歲次壬午，趙太史朗甫曾向甄别人材，拔取嗣鏞入麗正書院肄業，始遇賞識。惜太史已歸道山，鄒觀察謂清仁溥權篆，下車先行決科，亦列取經魁，朔望均膺上選。誰知高某敢以私改糧册具控，鏞即面訴經廳姚公，蒙轉稟觀察立提審結，仍斷吾族豎造。嗚呼！此鄒公祖之惠也？抑姚公之力也？且合族之幸，即後學之幸也。

於是卜吉鳩工，就舊址而經營之，隆起三楹，翼以兩廂，各樓其上，不比從前之卑隘，亦足以庇我人士，庶免擔簦覓寓之苦矣。經始於壬午冬十月，休斧於癸未春三月。凡費二百四十餘金，皆族中所捐也。自兹以往，登饗食餼，接踵而起，實兆厥祥，知後之步蟾宫、題雁塔者有人，不自今日復興始哉！抑更有異者：鏞素杜門不出，胡然而有郡城三載之遊，胡然而有失而復得之一遇焉？其中興起之機，固有隱與爲維持者，皆祖若宗之餘蔭，以振斯文於不墜也。使考寓既興，而文會復作焉，尤我同人之所深望也。

是役也，程其功者堂叔建波，叔祖鴻發勸捐，族長金容、云袍、崇峨、崇敦、鳳池，嫡侄家瑞，而爲之總其成者，胞侄思昉之力居多。兹當續修家乘，凡我宗人以樂捐之名，宜書諸後，當先叙其緣起，以告來者。承長者命，故樂爲記之。

時光緒十有九年歲在癸巳三月，越國公三十六世孫邑廩貢生嗣鏞謹誌

（選自《石馬盧氏宗譜》民國癸亥重修本卷一）

大宗文會序

括蒼爲文人藪，宋之時彰已，明則劉青田、章溢、葉琛、朱應、何鏜、王一中諸公，以及吾縉邑名賢競起。李、鄭、樊、盧，一時移最，皆不期而會者也。

白竹居邑之東，自經筵檢閲德高公、賢良方正景初公、尚書後屏公、秋官春沂公，科甲蟬聯，人文雀起。説者謂地靈人傑，何山水猶

是，鍾毓殊非也？豈扶輿鬱積之不原乎？抑人事培植之未周乎？豈士風之不古果氣運使然乎？抑學習之未崇爲世俗所囿乎？

我知之矣！當其盛也，必有人爲之倡，講學會文，風氣爲之一變。及其衰也，亦有人爲之倡，趨榮慕利，風氣爲之一變。則振士風、勵士志、端士術，豈不賴有賢父兄哉？吾族國成公知其然，出與克環、秀洪、廷實等公議立文會，爲振興計，捐若干緡，置若干田，擇族之賢者董其事。歲一陽生，闔族貢監生員偕祠執事，定以新進庠廩貢生、舉人、進士主祭，凡捐五千文給胙肉官斤。至生童會文，獎賞前茅數名，待督學按臨時發給其考費，院試若干，鄉試若干，會試若干，臨期餞送。以此待士，不可謂不厚矣！

吾以爲倡是舉者固屬仁人，勷助樂捐者亦皆義士也。今夫世之人日營營於勢利，欲廣植田園以爲己有，又何肯舍分毫以成義舉？且恐讀書有妨家計，雖有賢子孫不令就傅，又何況族之子弟？即不然，好施亦好名，不過啓浮圖開經懺於釋道則有之，其於儒何有也？亦是聞我族國成公之風，應滋愧已！雖然，爲弟子者，亦不可不體父兄之心，以副父兄之望，果能奮然而興，循循於課藝，登巍科，發高甲，樹功名於青史，娩品行於先賢，可爲蒼山光矣，夫豈僅爲白竹榮也！

是爲序。

時咸豐庚申年桂月朔吉，裔孫樹敏拜撰

（選自《白竹盧氏宗譜》民國庚辰重修本卷三十四）

長潭尚十五公祠新文會緣啓

會而曰“新”，别乎其舊也。

森公宗祠，舊有文會，由來久矣。予高祖玉峰公之所發起，緣每届冬節有霜露之感，予高祖邀集同人捐資成會，俾後世文子文孫共體斯會之意，而大啓文明焉。迄今年湮代遠，遂失其爲文會之宗旨，而殊屬不文。

甲寅之歲，寢廟更新，商同道川、東岸三處，緣復捐資成會，而仍以“文”名，又恐淆乎其舊，而因别之爲“新”，蓋實欲法前人而啓後世也。竊願後嗣共守勿替，毋令後人復笑我後人，於願斯足矣。

民國五年冬十一月

發起人：體復　助理人：長春、雲東

（選自《白竹盧氏宗譜》民國庚辰重修本卷三十四）

龍溪文會序

木之能參天也，非生而能參天，半由於得天之獨厚，亦半由於人力之栽培；人之能蓋世也，非生而能蓋世，半由於山水之秀靈，亦半由於祖宗所培植。

我族自泰公卜遷以來，人文鵲起，簪纓世紹，爲邑東冠，豈無因而致者哉？皆祖宗培植功也。白竹大宗與長潭小宗皆設有文會，先祖先公悉傾囊相助，爲合族計也。夫既知爲合族培人才，獨可不知爲地方造人格乎？周父任卿於光緒甲午歲，邀同朱獻、遠發、漢猷等，率先倡議，集腋成裘，能助錢五千文者作爲全胙，助錢三千文者作爲半胙。約有三十餘胙，錢文一百二十餘貫，雖不足爲鉅款，要亦可以從此而濫觴焉。節年除祭冬外，於臘月上旬聚集地方士子面試高下，依次獎賞，或雜物，或錢文，均可臨時酌議。

語云“莫爲之前，雖美弗彰；莫爲之後，雖盛弗傳”，貴在繼起之有人焉爾。兹當譜事告竣，聊撰數言，附之簡編，爲後來者勸。

裔孫肇周撰

（選自《白竹盧氏宗譜》民國庚辰重修本卷三十四）

明新學校記

國家建設學校，爲培植兒童人才起見。人才者，由山川之精華所鍾毓也。苟有人才，若無人培植之，則人才無用。所以人才貴在培植也明矣。夫培植人才，首重於地點；既有地點，又無人首先發起創造，則地點仍歸於無用。

前明時創造書院於東窖坑口，壽公講學於此，以博學宏詞科發跡。道徠公讀書於斯，以賢良方正科光榮。王勃所云人傑由於地靈，誠非虛語矣。

民國成立，就有明新學校，然明新續辦地點又無所定。學董等曾同面議，擇定章墩上月角地。面其地，峰山對峙，定産英才。奈地點由升行輁公出助兩間，裔孫澤開、澤聚出助兩間，合計四間。樹料磚瓦工金皆取給於輁公，椽料雜項由松、玉兩房分輸將，粗工則各裔樂助，同心同力。經始於本年元月，迄三越月而告竣矣。

可見衆志易以成城，成裘必須集腋。若非繼志述事者，烏能學校增輝、文明有象乎？而培植兒童，造成國器，needs於是乎在，故記之以垂永久云。

中華民國二十九年十月，前明新校長欽鳳撰

（選自《白竹盧氏宗譜》民國庚辰重修本卷三十四）

長潭育材校舍建築記

吾鄉苦無校舍久矣，每歲延師，非煙樓即祠角，甚至今歲東移，明年西借，無一定所。雖有良師，其何以對付乎？又何怪子弟之心志無一定向學也哉！

予自光緒癸卯赴試鄉闈，目見杭垣之内敷文、崇文、紫陽三書院教育之良、人才之盛，爲浙省冠。其規模之宏壯、佈置之完全，固非郡縣所能及，故寧、紹、嘉、湖之士來杭者踵相接也。無他，觀感興發，其理然也。

予歸，有志爲地方謀興發，爲子弟謀觀感，懷之數十年來，未得如願。去歲，得爾夏公子孫商予，欲以常基四間售築校舍，予轉商前校長炳文，得同意焉，遂決然曰："予年六十餘矣，不此之急，更待何時？"

即受契付價，鳩工聚材。又商之里人，拆去舊常屋三間並而營之，前街後路，寬廣適宜，門前餘基一片作爲操場。里人喜曰："吾鄉子弟今而後得有弦誦地矣。"庶幾觀感興發，登兩文，入紫陽，與嘉、紹、湖、寧之士相頡頏也。

自去歲己卯三月興工，迄今庚辰二月落成。計校舍七楹，高二丈餘，樓上東西分二講堂，樓下爲自修室，左右明廂爲教員室。堂之樓爲神座三：中爲至聖先師孔子之位，配以復聖顔、紹聖孟，左文昌，右胡公，均配以禄位，長生供養，祀典修明，相承勿替。

是役也，計時一週歲，計費千八百元，大半取資常帑。私款則以禮正公、二方叔及先父古春公爲最巨，其餘或十元、二十元、三十元不等。司出入則有炳文，主會計則有世珍，助理則有聯奎，贊助則有慶三。首先允助有文光，有章還，最難得者則有女丈夫羊氏有火公妻也，熱心公益，竭力加捐，巾幗中罕有其人。予則無有，主計畫、購材料而已。

校董體復撰

（選自《白竹盧氏宗譜》民國庚辰重修本卷三十二）

廣額記略

同治紀元歲壬戌，鄉團防剿，境内肅清，奉撫憲左藩憲蔣札，開出力姓名申詳奬勵，而邀功者報多失實。吾族弟檢卿、叔曉峰及春臺公等，赴縣呈明。時吴太尊方童試，余與梅夫兄在郡會議，邀免議叙，請詳廣額，邑尊黄通詳在案。

越癸亥歲杪，各斂己貲，遣朱備三、朱光國雪抵衢，稟撫藩臬三大憲，批仰處州府悉心核議，詳復飭遵。乃府書以無人酬應，飭造團防細册者再，皆越月而成。延擱年餘，迨乙丑春正，梅夫肄業崇文，檢卿與宋作賓、曹鳳鳴等上省科司詳費協同酌定，蒙督學匯奏，欽准縉云克復，永廣學額文、武各三名。

初，兩浙州縣未有以廣額請也，而吾邑創舉之。既台州六邑已成矣，既吾郡龍泉、青田亦成矣，而吾邑獨後。此無他，經費之艱也。余往返西南鄉，但僉曰“難”。惟在本都捐錢百餘千緡，廿六都數亦如之。至廿八九都所捐錢文被仙居八保人擄曹鳳鳴以去。梅夫入台稟剿，雨阻不果。及鳳鳴返，已費二百金矣。奈省費催繳孔亟，廿三都人應以謙慨然捐洋四佰圓，省府縣房費及用資僅足開銷，而前之冒功者請托公庭，欲變廣額，仍爲議叙。屢經余面折，恨無由泄，乃藉應家捐款而鼓衆排詆之，以余爲口實。余既狼跋於前，又載疐於後，曾作廣額文以鳴之。於三年中苦心未嘗一言道及，然二三知己有爲唏噓扼腕者，則應家之有功於學額，天豈終不假之翼撥云霧而上青天哉！

夫是舉也，防剿經年，出萬死而一生；請廣數載，甘讓功而任過。我同人皆有是心，故捐錢不勒碑，勞積不載志，而公道尚未大明，卒聽之澹如也。蓋以保守鄉隅者衆人之力也，剿平寇盜者國家之福也，嘉惠士林者皇上之恩也。吾輩服疇食德蒙樂利者二百餘年矣，區區效力於一鄉間，何足道哉，何足道哉！

第紀廣額之由，以爲尚義文者勸。

樹敏

（選自《白竹盧氏宗譜》民國庚辰重修本卷三十九）

尚文公重修金華府學記

朝廷自國都以達郡縣，莫不有學，學必有廟。廟以嚴先聖先師命祀，學爲師弟子講習之所。

金華，兩浙大郡，其廟學先以隘陋弗稱，徙置今府治之西。元皇慶癸丑，一夕燬於火，廉訪使敬儼即舊址以新之，嗣其志者凡數人，更八載而後成。禮殿兩廡，欞星戟門，顯敞靚深，聖人南面居中侑享，從祀諸賢冠冕衣裳五采彰施，應圖合禮，肖像具嚴。他若明倫堂、尊經閣、講肄之齋、師生之舍，以及服器所藏、饔飧所需、庫庾庖湢，莫不畢備。繚以周垣，映以雙溪，前臨廣衢，規模宏偉，旁郡莫能加。

正統二年丁巳，復燬於火，高麗鉅棟奄爲煨燼，生徒無所於業，像設雖存，上雨旁風，漶漫黯翳，不可仰視。藩憲重臣京口王公豫、雲中武公達，一旦以行郡展謁，徘徊周覽，嘅然興嘆，乃屬郡縣守令及其士民而告之曰："今國家大新學政，崇化厲賢，是郡地方千里，無問井邑田野，絃誦之聲相聞，儒術爲最盛。廟學廢毁不治，固吾任民牧職風紀者之憂，實爾守令之責，而父老之羞。盍圖所以復其舊？"莫不唯唯聽命。

退而謀諸富而好禮之家，有若監察御史章文政、郡民盧尚文等建大成殿，錢淵造明倫堂，錢本蓋戟門，咸願悉力修復。計傭僦工，委材伐石，總督其綱：郡守長安蔣公勸，監涖其事：檢府雲間朱公璠，協助傭工：金華縣令章貢余公寬。經始於四年己未十月有一日，訖工於六年十一月甲子。棟宇像設，一復舊觀，將卜吉釋菜以落之。謂宜書其事，列諸柱石，垂示無窮，武公預期授簡於余。余惟古之善爲政者，視其緩急而先後之，二公仰體朝廷德意，諄諄勸勉其民，以興復廟學爲己任，信知爲政先務矣。

自浮屠氏以罪福之説誘掖於民，其從之者崇飾塔廟不遺餘力，聖賢名教之地漠不加意。今民歡趨繕修之恐後，良繇君子先達起而表見於世者，非惟登顯仕致盛名，而其精忠大節讜言正學足以淑人心美風化者，去千載而不泯，故能不爲異説所遷而致力於此焉，是皆可書也。後之守是郡者，念締搆之艱，時省而修葺之，庶幾永終弗壞。爲師儒者知所以教，子弟知所以學，成其材器，篤於文行，出備任使，以稱國家興學育賢之意。余故紀其事之巔末，而復書以勸礪焉。

是爲記。

時正統七年臘月上澣之吉，翰林院大學士奉議大夫同修國史兼經筵官、廬陵錢習禮撰

（選自《錦溪盧氏宗譜》民國六年重修本之廿八卷）

旭東學校記

光緒季年，罷科舉，興學校，標定年級，按次遞升，崇實學也。辦學之風，躍然一熾。盧子雄伯乘時奮起，與徐子俊英籌創辦，求有能力者以專其任而責其成，於是公推佩霞。

佩霞者，姓盧氏，熱誠士也。毅然任之，即集區内士紳應繡、章沈霞、盧嘉福、毓英、應國基、周連城諸人，商酌辦法。先由盧祠捐洋五十元作開辦費，稟准行政公署立案，就地籌有灰捐、豬捐，並周、盧兩姓常年捐，假盧祠爲校舍，事遂成。立文房學具，井井有條。校長一席，將以責士希也，以士希在杭任教務，勢難舍彼就此，則仍責之佩霞。知徐子拂塵之富於經驗也，延聘之。知用物之有益於教授也，則不惜重價以購之。形色精神一時稱盛，屢蒙省道各視學褒美者，非倖也。

然而人心靡常，持久未易。明年周姓之捐免，又明年盧姓之捐亦免，左支右絀，幾無措手。前永康民事長應錫之者出而維持，聘請應國基爲校長。此民國紀元時事也。

創辦到此，已歷五稔，籌墊校款不下五百餘金，一息之存，幾乎勢難復振。天幸繼起有人，適逢其會，癸丑之春，士希旋里，推爲名譽校長，仍以佩霞肩其任。數年之間，三易校長，撐持之艱，可以窺見一斑矣。丙辰歲，士希又出宰孝豐，由縣知事委託毓英老伯繼校長任，即今校長是也，盧子士希其家嗣君也。

噫，是校之設十稔於兹矣，酬款項，聘賢能，早夜經營，任勞任怨，至有今日，皆盧子佩霞之苦心也，然士希之力亦頗不少矣。後之人能守而成之，不惟二子所心焉默禱，即地方之有子弟者亦無不拭目而觀之也。

時中華民國六年十有二月，本校教員徐德升爲記

（選自山後盧《盧氏宗譜》民國丁巳年續修本卷一）

三、寺　廟

重修東峴峰寺碑記

峴峰之東，先有佛刹，創建始末，漫不可考。廢久而興，豈偶然哉！

夫今之峴峰，古之三邱山也，爲婺甲阜，嘗與四明並稱。殷仲文謫守婺郡時，縣猶未基，而山並隸烏傷，仲文不遠百十五里遊憩於此，則知三邱之勝，可爲金華赤松之亞矣。時仲文甚有惠政，人懷去思，故擬襄陽峴山之慕羊叔子，而名之曰"東西兩峴"，此山則其一也。

至是"三邱"之名，若泯没而無聞矣，且自古奇山怪壑，皆仙佛所廬，東峴之有寺，固其宜焉。宋寶祐乙卯，開山僧永壽、斯孝、單子、處日過錢江，三僧共渡，皆曰東峴僧也，因語處日會來山中。行數日，復約於途，言訖，忽失所在。處日異之，逐里復訪。行至是山麓，問一田叟，指山上曰："古嘗有寺。適值洪水泛濫，漂流寺鐘至因果寺，僧持咒，頃之，鐘忽浮湧，既而復沉。其跡猶在，寺後遂廢。"

處日聞之，即入山，得故基於荆棘草莽中。結庵危坐不食者五日。天大雨雪，狼虎之跡相環，而其入定自若，忽三僧復現於前。因是處日益加敬信，募化於市，計楹拓址，援創精藍耆閣。寺僧聊徹聞之，首捐金穀，助工食。斯孝王思巖、吕祐，冶金鑄鐘，乞銘於水心葉公。各施良田，供齋糧。依止僧若淖既陽，僧如蓮與處日住持。二僧没而寺尋廢，廣嚴院僧從本鐘，如蓮後，以擬興建，而力有未逴。

泗渡王善進蓋，鄉之善人，議日修治，廣招大路。里人盧大順，嘉其善行，因以是寺巔末語，遂同躋攀盤礴，窮其勝概，款賞終日。大順與善進蓋欣然捨居屋財物田畝，無靳乞化，募檀越與寺僧思齋、覺善分董華役，經始於元延祐乙卯之孟春，落成於庚申之仲秋。棟宇翬飛，金碧照映，殿堂樓閣，廊廡山門，中外咸備，像設莊嚴，鐘鼓鏗鍧，晨香夕燈，專心焚誦。又建石塹砌路，以便登陟，中建一亭爲往來留憩之所。陳告成於駱先生壽、李清、蔣善慶、潘度等，亦皆信嚮，施捨良田。而大順、善進又率母兄子孫各助分業田若干畝，新安沙門文遠亦以山水之勝喜寺重建，亦施私畝，悉以給用。未幾而思齋圓寂，覺善因自謂弗克終事，盧大順、王善進等延致從本之徒智澄主持，以永其傳，則審之詳而慮之周矣。

嗚呼，是寺之盛於今日，殆有數耶！處日建於宋寶祐之乙卯，大順、善進又建於元延祐之乙卯，則三邱之形勝，復與四明並著於東陽矣！檀越元續入田若干畝，並列詳列碑陰，俾後人之傳守也，庶乎有考云。

時至元二十年歲在丙子三月望日，台州教授葛佑曾記

（選自《泗渡盧氏家乘》民國戊午年重修本卷一）

重修翠峰寺記

古婺之華溪東南之勝曰靈山，靈山之上曰翠屏，後曰翠峰。係宋尚書越國公盧琰基於此。琰公生八男一女，女贅柴炯，易姓居盧，共成九數，分爲九派。子姓繁衍，散居本縣及台、温、吴寧等處，而靈山分爲上、中、下三宅居之。其先，盧本汴之臨安郡人也。公仕於五季，周末爲工部尚書。其家嗣諱圭，字伯璋，仕於宋，開寶乙亥正月二日奉詔進階朝議大夫，同次弟璞、三弟璇世家靈山。公爲人簡默沉重，賦性真純，胸有韜略經濟才，揖遜謙躬之度，誠古君子風。矧孝義，靈山路沖要地，宦客往來，不無停止，迫於鄉民而無憩息之所，公不顧囊傾，遂捐資擇地，創建翠峰院大殿並堂樓兩廊，團築垣墻，又置鮮買田地山塘，更粧佛像，招僧禮拜，晨夕燃香，其庇護鄉民豈淺哉！其寺創

建之後，凡來往官客安息寺中，不累鄉民之費。一鄉之人咸公之惠。至今頌公德，云後世子孫能思念祖宗建立之難，須及時修理以光祖德。今年深月遠，將欲崩漏，無人修整，於是二十世孫廷逐、兆諒、兆初、兆和、永松等於萬曆三十年壬寅歲，衆族會議各出己貲，重修翠峰大殿、堂樓屋宇，並繪聖像，上能光祖宗之德業，下可安一鄉之民庶。嗣後子孫如追念祖功宗德者，當及時修理勿墮，可也。

是爲記。

時萬曆甲辰年黄鍾之吉，玉峰中憲大夫孫倪南拱撰

（選自淥塘、夏家塔《范陽盧氏宗譜》民國戊寅年重修本卷之七）

錦溪盧氏耆闍寺記

自佛之來也，始於漢，盛於梁，而浮屠之教幾遍天下，名山勝地皆刹焉。

吾祖耆山翁諱德佑者，越國公琰裔孫也，世代業儒，備通釋典。家紹隆山之麓，群峰矗列，衆澤交流，有山可樵，有渚可漁，間出虎跑秀水，流香翰墨，寒暑皆然。且也松濤竹籟，鶴舞鹿鳴，耳聆之而塵凡洗滌，目遇之而胸次澄清。奇哉妙境乎！

翁曰："吾居兹土，固爲樂郊。然與其私之於己，孰若公之於人？與其公之於世，孰若公之於佛？"於是遷居錦溪之陽，而建寺耆闍，復慨然割出四頃七畝零爲香火資，募僧衆爲海會道會，夕梵晨鐘，以報佛恩，以祝聖壽，一舉而二善備焉，公之德弗可及已。

厥後頽廢跰踵。底宋景定，儲封公宣偕子進士元吉，克承先志，廟貌一新。國察參軍儒，亦董正於元祥興乙酉。迨大明正統甲寅，奉政大夫良玉同弟良器，暨敕旌義士尚文，復加整理。成化乙酉、正德丙寅，則忠政、孟和、孟寬、孟楊、孟登、孟昇，偕諸子弟，相繼從事，而文林郎圭、徵仕郎鑾，弟欽錫，又敏厥役於萬曆辛巳。數百年來，修者屢矣，乃始其事者，功尤懋焉。

粤自楚水吴山，同兹瞻仰，住持僧行，代不乏人，佛行蠹而祖功宗德泯泯無述，非先人創寺意，並非後人繩武意也。爰議振飭規條，相與恢復春、秋二祀，以美報先德。夫豈非人心之所同然，而諸佛諸菩薩之所嘉與者乎？

謹用勒石以記其事，俾後之常住兹土者念厥所自云。

時崇禎八年七月之吉，盧之琰撰，寺主盧應秀等仝立

（選自《錦溪盧氏宗譜》民國六年重修本之廿八卷）

景福庵碑記

讀西方聖人書，知世緣皆幻，祇善識者爲能修道德於己，又能垂功德於後。然所爲功德者，則莫如設香田，俾香火有資，佛教因而永興不替耳。

本家景福庵創始有年，住僧亦不一，能增置香田者前未之有。聞僅得普明住後甫有成緒，惜願未完，忽爲示寂。

近有光顯者，素心佞佛，早斷葷茹，幾乎在家而出家，以此人咸以“大師丈”稱之。當受衆請，適愜其願，即將己産區處存祀盡捨歸庵，永資香火。孤庵獨處，不克行脚參禪，惟晨夕焚祝，頂禮信心，日則自食其力。數載之間，不惟充拓畦畝，而院宇牆壁盡加修飾，更擬莊嚴寶相，建龕以崇像教，皆不慳工費焉。至几榻器具，悉以堅致完美爲務，即護簷松竹，因其時加培樣，亦無不蒼翠而可掬。庵中紅塵不入，白業可修，似亦不愧夫善識者矣。

今年將大暮，喜功就，佛門香火有資，請鐫諸貞瑨，以傳不朽。余嘉其香田功永，祀産思存，因爲之摭其巔末之梗概云。

時康熙三十七年歲次戊寅菊月吉旦

里逸髦叟　鈞義君義氏撰

（選自《安溪長堤盧氏宗譜》民國辛巳年本卷十九）

盧世遠常重修洪濟寺實跡

《東陽縣誌》所載洪濟寺，在縣東二十五里，唐咸通八年斯姓建曰禪院，後本姓屢修。

萬曆二十一年，樓姓公助香田，盧世遠重修。至康熙十二年，斯、樓、張、盧重修。康熙四十四年，各姓又捐錢裝金佛像。康熙六十年，寺僧覺岸遠聲募造山門、彌勒、金剛等殿，另募韋、朱、陳、蔣、金、王六姓並前四姓共十姓，面議棟樑四姓題，餘照助之多寡，分正偏題。斯姓因樓題梁多而斯少不均成訟。寺僧不敢偏袒，呈縣懇縣主判斷。邑侯伍公出示，仰廬都士民人等知悉，俱照助題名，不得争爲獨姓檀越，永固香火，如違，究治不貸。

康熙六十年三月廿七日給告示，實貽三都洪濟寺

（選自《泗渡盧氏家乘》民國戊午年重修本卷一）

盧齊朝四姓建造重修洪濟寺實跡

《東陽志》所載洪濟寺，在縣東二十五里三都。始唐咸通八年斯姓建造禪院，至萬曆二十一年間，樓、盧二姓重修。康熙十二年間，斯、樓、張、盧四姓重修。至咸豐十一年間被賊，寇已到縣，寺佛像毁壞。至咸豐庚申年間，斯、樓、張、盧四姓會仝盧齊朝建造大殿，重修廂屋。光緒十四年間，造荷花臺，裝金釋迦佛像，寺僧月皓。迄今寺院佛像香火不絶，而作爲記之乎。

時光緒十五年歲次已丑仲夏月，洪濟寺實蹟

（選自《泗渡盧氏家乘》民國戊午年重修本卷一）

重修會真道院記

縣治東北五十里鐘山、坡石之交，有院曰會真者，蓋道家者流。其教以黄老爲宗沖，雖非吾儒之正，蓋亦不甚詭於道者。而其徒尤曰

爲國家祝蝦，爲鄉閭捄災捍患，故人多向之，而樂與之遊。

始建於外光山下，里人智原盧君等於元至大間爲建東廂三楹，以居其徒，其徒視爲檀越而仰藉其庇者數十年。至永樂間燬於火，乃徙於華溪口，道士趙宗智等請加再建。既久，而木壞牆推，不蔽風日。於嘉靖間，惟慶等上追先志，又爲重葺，而袛幹其蠱，聚材鳩工，而補弊易蠹，以鼎新其舊，而加以修飾，俾世澤流衍於勿替也，而祈祥祝祉之益主焉。

噫，祥以德臻，禍緣心遣，吉凶消長，若非工祝之所能及也。第愛其人而俾安其所，追其惠而銘感不忘，皆所謂厚道也，應感之常也。惟慶等請爲之記，曰請以徵德，而且修信睦於無斁也。余高其誼，因思古人取善，及於陶漁，詢於蒭樵，況謂之道，則沖虛無爲之説，固亦吾儒主静行簡之意。墨名儒行，大醇小疵，固亦君子之所耻而不没其善者。

遂爲之記，以示知所取捨云。

嘉靖辛丑年季春之吉，湯邑散人唐端源頓首拜撰

（選自中山《指山盧氏宗譜》民國丙寅年重修本卷首）

建造迴龍廟志

吾村自徙居以來，原有水竹之蔭庇，明間人丁繁衍，分遷上、下二村，迄今尚無蔭庇，財散不聚。

二村董理，特備酒席，邀同諸父老商議，欲建迴龍一座，計三間，有志者恐難成就。幸有盧時鼎、盧學趨、吕欽敦、盧日屋等，出而籌畫，先向戲常理事時掌等備辦基田，後即挨户勸捐，樂助石柱者俱題姓名，凡粗工及挑磚、運石、助資者芳名登載於匾聖登賬。

擇吉於戊午年乙丑月十三良辰建造，落成於庚申之冬。續勸婦女助塑胡公並財神、五穀神、土地之儀容，以保障鄉閭之興發。牆垣拱固，油漆朱門，選吉開展光明，費用均是戲常增湊。

恐後無聞，爰登諸譜，以示於後世云。

時民國十七年歲次戊辰小春月中浣吉旦，學聖謹誌

（選自《丁川盧氏家乘》民國戊辰年重修本卷一）

静隆庵碑記

静隆庵在本邑六都下界塔清塘山邊，僧璧初法諱照暲者所建。將立碑以永其傳，而求爲記。自陳曰：貧僧族姓盧，堂兄武高府君，嫂王氏，生四子，幼侄普亮，予養爲徒。經營量度，甘苦備嘗，蓋三十年於兹矣。苦積資財，創造此庵，裝佛像。計大殿及兩廂凡十三間。一切田地山塘皆出己力所置，不募施主。其産業永傳徒子孫供奉香火，祝延聖壽。予隻身無同胞，即普亮兄弟子孫，只許代代照管庵中貲産，不得過而問焉，其承嗣孫，亦不得交接匪類，破壞大戒，致廢庵産。

予既如其所陳而書之，而申其意曰：璧初介身出家，力能建庵置産。倘使在家，豈不足娶妻養子？而自甘披剃，以修浄業，邀佛洪慈，接物利生。在地方誠宜曲加蔭護，夫佛力無窮，而家運有盡。此庵則永爲盧姓所有，倘覬僧財肥家，如水中撈月，終無實得。然物必先腐，蟲始蝕之。若使住僧恪守戒行，誰敢旁睨？他時若有意外之言，皆璧初歷歷所親道，可以爲憑矣。其田地畝分，一一詳載碑記。

時大清雍正四年歲次丙午夏五端陽之吉，鶴潭居士王崇炳虎文氏撰，禹山釋末普參書丹

（選自淥塘、夏家塔《范陽盧氏宗譜》民國戊寅年重修本卷之七）

四、交　通

玉屏嶺記

縉東長潭莊，舊有嶺名“覆船”，東陽、仙居數邑往來孔道也。嶺峻山崇，地鮮平坦，鳥道羊腸之險，行者患之。往歲於山之下架設板橋渡溪，東數折而後歸於西路，既紆曲難行，而當大雨時行，往往水浮於橋，有爲之嘆而望洋而已。

長潭茂才盧君錦標、朝賢、朝材、鋆等，惻然於行人之苦也，議所以修之。適予因公臨其地，爲之相度形勢，就山之起伏旋折而施工焉。壑深而崩若澗者，砌石以築之，巖懸而削如壁者，鑿石以通之。又作亭於山麓，爲行旅休憩之所，亭皆石柱，四面蔽以牆。更嶺之名曰“玉屏”，凡長五百八十丈，寬六尺，計費錢八百餘緡，工經年而竣。

美哉斯舉，何好善之誠歟！盧氏諸君皆寒素士，館穀自奉，所餘幾何？而美舉一倡，仗義者皆樂爲之助，故成功易易。長潭黨族誠樂善，而盧諸君之品誼重爲鄉人望者於此益可見矣。予因樂爲記之。

周士英

（選自《白竹盧氏宗譜》民國庚辰重修本卷三十九）

北溪義渡橋梁記

港有橋，步有渡，二者交相濟而不容以偏廢者也。春夏之交利用渡，秋冬之交利用橋。不橋，則霜肅風饕，苦病涉矣；不渡，則濤掀浪疊，怵望洋矣。不寧惟是，肇建一時，逡巡苟且，無以爲善後計，俄且朽腐,絚索何施?俄且罅漏,衣袽何補?其終於廢弛而不振必然也。

吾族介居兩溪間,水之來自南者約百餘里,向有義渡。渡有田,載在郡邑志,廢於明末。國朝康熙癸卯,吾曾大父行我公,偕族祖行演東公、華宇公若而人復之,然無橋。乾隆丁丑,吾伯父與吾父捐田成之,並勒諸石。

若北溪,則迤邐七十里,至此勢視南少殺,向有橋無渡。邇來春霖夏潦,迷漫中野,前漲未平,後漲洊至,橋被漂去,動輒經旬,不可猝復,蓋泥淤沙積,旁溢而横出,猶之南矣。乾隆癸卯,族兄永培倡謀於衆,衆志僉同,踴躍從事。於是輸財者即以之爲舟費,輸田者即以之爲舟子工食費,邛須賴焉。踰嘉慶二十年乙亥,族内各房以及族父行、族兄族侄輩,助田助橋助錢者例名於左。又以橋之舊製,苟簡相仍,傴仄日甚,糾成義會,去故鼎新,較量尺寸,横闊倍之。親自鳩工,葺材孔力,視南溪之附於舟子又較善焉。夫作事謀始,書創也,圖維厥終,善因也,《既濟》得占小亨,《習坎》行乃有尚也。

統論兩溪,北溪發源東白,與南之發源大盤,其勢皆據東陽江數百里者之上,流最爲迅急。麥黄桃花,河津髣髴。是故橋用木而不宜於石,渡用篙而不利於楫,勢使然也。因勢乘便,矢之以慎,持之以勤,習之以稔,要之以恒,其庶幾交相濟而不廢矣乎!

是爲記。

大清道光元年歲在辛巳孟春上瀚之吉,雙溪居士標撰

(選自《安溪長堤盧氏宗譜》民國辛巳年本卷十九)

南溪夏橋記

習坎重險,《易》占之矣;舟楫利濟,《書》載之矣。設溪無橋渡,人每臨流而興嗟;苟里有義,人事堪隨時而增置。

吾族居兩溪合流之所,向分南、北二溪。族之北曰"北溪",北溪橋渡,已見美備。族之南曰"南溪",南溪規模,尚留缺陷。昔齊次風

《水經注》著有定安鎮故溪，謂之“定安溪”，即今之南溪是也，上通寧、紹，下達婺、衢，爲往來要道。見夫遠近征人，每病徒涉。

吾先祖聖佐、聖位公惻然憫之，遂與族内有爲者捐貲助田，建立橋渡，有約有記，已登家乘，迄今百數十年矣。然春秋與冬，固無所憾，而夏橋未備，猶待贊成。洎同治初年間，族中有炳輝者，欲成美舉，有志未逮。越數年，樹璜、培大等二十七人，皆樂善好義，不惜傾囊，並捐貲助田，糾成一會，名之曰“繼善”，又謂之“夏橋會”，於是夏橋增焉。其助田坵墾號畝備載於後，其撥於舟子之田若干亦並載明，以爲遞年管守之資，有約據交單，永垂不朽，遂附於前之橋渡内，合爲一列。斯見水平則駕橋可步，水漲則乘木有功，四時盡善，百世常昭，不可謂繼先人之志乎？謹書之以爲記。

時光緒十四年歲次戊子菊月，交齋希賢撰

（選自《安溪長堤盧氏宗譜》民國辛巳年本卷十九）

永濟橋記

吾村居民，始於丁坑。自世代以來，東達筆架山，南通縉雲，有黄川橋過境，北通東陽各界，都是平原可行。獨西到本縣，並到古山、四路口市鎮之地，居民挨日行走，戚友頗多，向來直道便路，無橋經過，定該過溪而行。遇暴雨之日，逢緊急之事，坐視不能行走，受苦極烈。

至民國丁丑年冬，村中理事時鼎、學趨、日梅、巖根等，商議建橋。幸有烏石頭里有堅固巖石，遂即熱心協力，向本村各户捐銀百餘元，造成平橋於烏石頭。不但村民受益，而且外客過境者也幸福矣。

時民國丁丑年冬月，總理日章塗撰

（選自《丁川盧氏家乘》民國戊辰年重修本卷一）

好善橋記

《尚書》曰：“吉人爲善，惟日不足。”《周易》曰：“積善之家，必有餘慶。”夫善徵諸事而實本之心，從未有不誠心向善，可望其爲之者，且可望其積之者。顧人以爲爲與積之難，而不知正篤好乎善之難也！夫善念無窮，善端靡既，善之大者足以澤天下被後世，小之即一路、一橋、一亭、一障，凡有益於人者皆是也。蓋善不同，而好之之心則同，況乎積小可以高大耶！

吾鄉自黄畬嶺以達永東，爲台、婺孔道，負擔者肩相摩踵相接也。而方山、流岸二村之間，阻隔溪流，萃大盤以下諸山之水，時而洶湧堪虞，時而沍寒足患，雖向日駕木有杠，已就傾圮，來往勿善也。

玉川善士盧君焕麟者，勸善爲懷，行善有素，乃臨流而心焉憫之，慨然曰："人之好善，誰不如我？我縱獨力難勝，豈不可廣募善緣以爲集腋成裘之善舉乎？"爰向本處及鄰近各莊求其捐助，以菊月中浣興工，至仲冬告成。約計十四洞，每洞一丈六尺，通長廿一丈有奇。物不須乎鼋駕，狀倏睹夫虹横，病涉也而頓徵利涉焉。且於橋頭建亭三楹，以憩行人，使風雨寒熱皆得所庇，共費錢四百五十餘緡。

落成之日，君命是橋曰"好善"，蓋志其心，且以表各助主心也。然則善與人同，而好無以尚，其所以取人爲善者不尤見善量之宏哉！第知不如好，好尚不如樂，至孟子之論天爵亦以樂善不倦爲歸，良謂好勉而樂安也。適君以亭額問余，余因即"樂善"名之，固望君由勉成安，庶幾乎漢東平之言大副腰腹也。

時龍飛光緒二十九年歲在癸卯臘月穀旦，隴川優行廩膳生盧俊達拜撰

（選自方山《玉川盧氏宗譜》民國甲寅重修本卷一）

五、災　傷

團　防

宋、元之際，土寇蠭起，我祖保守於西巖。嗣是由明迄清順治初年連續二十餘載，遭難者屢，書缺有間，老成口傳，如徐守平、老何諸賊，時時見於他説。洎乎咸豐辛酉，粤寇竄擾，爰集族衆，設局團防，編丁入册，輪守各嶺隘。攻剿年餘，寇不得入，此我祖宗之靈也，抑亦闔族之仗義歟！故書之，以著於編。

咸豐十一年辛酉冬十月，永邑四路口馬賊侵掠胡莊，返寓我大宗祠。時壺鎮一帶陷爲賊藪，掠我宗派左庫等處，宗人禦之，死者甚衆。賊馬忠才自四路口迭掠西施、松巖及胡莊，返寓大宗祠，淩辱老成，四出搜山。是夕賊驚而遁。

同治元年四月初三日，會攻壺鎮賊巢。賊馬忠才奪壺鎮賊巢以據，四出擄掠，苛派財帛，鄉民苦之。我族人更以去年瀆我宗祠爲恨，於是會各都義勇攻之。銃礮震天，彈石如雨，傷者無數，皆不畏。環攻累日，萃梅死焉。馬賊冒雨宵遁。

是月初六日，出四府嶺，攻四路口，聞賊遁而還。族衆合廿八、九二都民，至吕南宅，四路口人自擬請以千金犒師。我族團長某某以賊既遁，不受而還，一路秋毫無犯。

是月十一日，出銅山嶺，會攻永城，屯札芝英，等齊各處，進薄城下。時約連三都及永邑孝義鄉勇族衆，俟齊於西施等處，然後出銅山嶺，屯札芝英地方。進逼城下，不克而還。

五月，設團局於大宗祠。先是團局或設松巖，或設長潭，皆乘時宜也，至此，賊俱退屯永康，逼近白竹，因移設於大宗祠。凡族内丁衆年二十以上五十以下，皆編定名册，或守或攻，咸聽局令。有警則鳴鑼傳遞，立時召集，無事仍退歸農業。

六月，會攻臚堂，不克。林賊僞號"天將"，襲踞臚堂三鄉，屢攻不克，焚掠及六十里外，其氛最熾。

八月初一日，攻上王等處，賊走永之可頭，迭擾白疊山寨。賊自郡城返竄上王、坑沿等處，即築城爲刈禾計。闔鄉乘夜會攻之，賊走永之可頭，近白疊山寨，屢被守嶺者執而殺之。晨夕，礮聲震駭，賊又走塘頭，逼近四府嶺。

閏八月初九日，盧堂賊走侵白疊山，詰朝大破之。時合廿八九都勇守四府嶺。臚堂林賊聞白疊山寨虚，乘間而入，未刻，大宗祠前諸峰寇滿。我族衆分三路，上山禦之，中路擊落，前賊皆退屯嶺外四十四都。詰朝大舉復入，我團勇乘夜召集，各守峰巔。時天大霧迷霾，主敵莫識，但以礮銃礮震擊之。其各路賊或至上朱、西施，或至楊橋、心畈等處，並聞鑼糾集，皆驚遁返走，亂竄山徑。殲巨魁於黄隴坑，奪旗幟於各嶺隘，所獲無算。盧堂賊自是走永之芝英。

十月初一日，擊賊於砰萌坑，雲得死之。芝英賊自銅山嶺掩入至西坵，雲得等擊走之。追至砰萌坑，雲得失足墜坑，賊以槊刺之而死。

是月初五日，賊復大舉入寇，我團勇截破之。芝英賊糾塘頭夥從四府嶺入，自拔大隊由銅山嶺來。我族團丁合三都義勇分擊於永縉橋，礮發而賊死無數。又截攻於上九嶺，大破之。林賊自是竄東陽路。

十一日，林賊襲破東陽東蕨嶺外連營。永之孝義鄉告急團局，分廿八九都勇戍之。時永邑胡侍衛鳳鳴之弟鳳恩帶台勇札營東蕨嶺外，爲賊所破，孝義鄉亦潰。三都與相唇齒，故戍之。

右大宗祠團局防剿經年，經費孔繁，富者樂捐，貧者好義，無論士與民，咸切同仇，故我族和輯一都，得以保全，鄉里不被粤匪蹂躪，皆祖宗之靈感所致也。謹書之於譜，以見尊宗睦族，仗義敵愾，雖巨寇無自侵淩，而小□奚患哉！後之覽者，有感於斯舉也夫。

附金石考證：

“天朝九門御林富天安，侍殿都察提理永康軍民事務佐將蕭大富，監工左肆參將黄全勝。”

同治壬戌四月初三日，吾鄉義勇攻打壺鎮賊巢，馬賊於初四夜乘大雨而遁。時賊穴錢米山積，乃皆弗取，而扛一大砲而回，亦足見吾族之識大義矣。兹檢此炮，有字二行，係伏永康劇賊蕭大富造，共三十五字云。

（選自《白竹盧氏宗譜》民國庚辰重修本卷三十九）

被難記

石門居邑之南鄙，離城八十里。聿稽歷朝記載，當唐、宋時，諸寇逼境，有馬將軍諱肖宗、陳都司諱宗譽，及申屠大防諸公團勇堵剿，地方賴以安靖。

逮我朝順治皇上，定鼎北燕，東南一隅，尚未沐浴聖化。節録尚熹翁筆記：有徐守平者，黨羽蠭起，所至之處，殺燬無算。己丑十二月廿一日，族中受害被殺九十三人，鄰鄉紫裕、安文等處，慘亦如之。嗣後賊首徐亡陳立，陳死周興，天、仙、東、永、縉五邑，十餘年間，受害日甚。奉憲諭官兵民社互防，賊漸擒滅。亂離之後，繼以饑荒，民命至癸卯以後始蘇。迄今數百年來，處安樂者幾忘罹患難之苦矣。

乃歲在辛酉，即咸豐之十一年，粤賊横行浙省，至八月廿七日，髮匪李世賢率黨馮、曹等入踞東邑，蹂躪生民，慘難縷述。越數日，僞示安民，立軍師旅帥名目。彼無識者，入城設局幫辦，或索茶儀，或派畝穀草灰，又令挨户給門牌一張，索取重費。無何一班未去，一夥又至，或分踞徐宅，或分踞衡店，肆虐延及千祥，遍地擄掠，民生日促。幸值同治中興,左撫軍、蔣藩臺奉命進剿,軍威所臨,賊皆喪魂落魄,兼諭各鄉民團就地逐賊,雖互多殺傷,賊不安於巢穴,我東髮匪慮大兵早至,即於癸亥年正月初四日夜遁跡遠方矣。

今者寰宇肅清,群鴟斂跡,農服畎畝,士肆詩書,經患難而仍享太平之樂,無非荷皇國深恩,得綿福祚於勿替焉耳!

是爲記。

光緒二年歲次丙午子秋月重陽前五日,遷居石門孚行百零八公房下裔孫志

(選自《白竹盧氏宗譜》民國庚辰重修本卷三十九)

寇患

明曆二十年壬辰,處州青田縣芳山座賊,至本族劫奪族祖懷南公,財物一空。邑令鄭公嚴究地方不行救應者。

萬曆三十七年乙酉,海氛猖獗,賊艘横塞飛云江,剽掠沿江山鄉各地方。本族議設鄉兵截守本都鳳凰山頭,時有神兵呵護,現七星旂,竟賴以寧。

萬曆四十八年庚申九月初九夜,賊魁王思華即"王八"率夥百有餘人,塗頭畫面,來劫我族,擄去資財衣物。地民追至南坑爐。紅頭軍山賊因分贓不平喊叫,衆聞,擒獲渠魁解官,供報姜六等各姓名。本族上控,撫臬行府,捕緝餘黨,歷二十三載,案懸未結,諸賊獄死者甚衆。國朝初年,大赦天下,王八遁居平陽北港,於順治四年冬,從白寇沈可耀作亂,斬於蕭家渡。

崇禎九年丙子十一月十三日,山賊二十八人,塗頭畫面,白日揚旗,從鄭嶴嶺來剽劫我族正吾、士毅兩家,擄銀二千餘兩。族人文首、守貞等追至少垟被殺,賊復擄去士毅,至陳山頭,始行釋放。明年三月十二日,賊劫族祖都銀二百兩零,族祖昌、世、震俱重傷。木匠陳海宇者,與賊面熟,賊忌而殺之,宰豬祭旗,以示賊威。晚宿黃崙,其風

已漏。明發,有青田縣黄峴人截路而要之。賊拋財物遁走。

崇禎十五年壬午閏十一月二十四日,賊至本族,以族孽守現阿八爲内應,牽引黄崙朱大妹、下社金奉山爲地熟,劫無銀錢,乃宰豬牛,焚族祖正吾屋,擄去萬良、阿粒、君昌三人至寨,熨勒餉銀。教諭錢據情詳憲,飭官弁林把總合宋灣鄉兵朱文宇等兩路夾攻,賊宵遁去。鄉兵緝地棍附賊者送官,供報各賊姓名,刑禁死者數十人,鄉稍靖。是年本祠衆捐資制械,設立鄉兵,守望相助。

國朝順治二年乙酉閏六月初四日,本都源底楊懷東、楊懷軒,乘争山不遂,倡爲亂源,領惡少若干人來劫我族,鄉兵以炮擊之,賊大半逃散。擒被傷者十餘人,寫求免而去。

順治五年戊子,永嘉方嶴何兆龍率弟兆麟、士闇等聚徒作亂。二月二十七日,夥集本都獅呼山,劫富民金隱谷家財。召募賊黨,四方竊附者數千人,又接永邑夏仙、許汝榮,勢益熾。三月初一日,夥攻我族。衆不能抵,乃挈婦女四散他鄉,家貲房屋任其蹂躪。旬日之内,賊以萬計。其時,蕭、熊、孫、李四將兵臨本境,從溪南盧坳山而進,斬賊百餘級,衆悉逃遁。有壯勇丁夫負兆龍登山,潛居六甲山,竟莫追。後復集徒衆攻掠温、台、處三府,而我族受害尤甚。所以然者,先年十二月二十四日我族圍捕何賊,賊潰而憾深,故三載之内無寧晷。

上遣鎮守金華馬總兵合嚴、衢三府營兵,於順治十七年九月十六日渡南溪,一鼓而擒兆龍。餘賊望風而降,惟僞將徐裕、何佳未獲。十月,師度老鴨嘴,越寨下,逾婁山、碓坑、南坑、蔣山、鄭嶴嶺,經我族陟六甲,剳四十八都墩頭,盡獲賊黨。

順治十三年丙申二月,本都董山張升之、均路陳記妹、蔣山蔣六木、周垟稽四,閩人蔣世昌、陳玉卿等,踞六甲、桂峰諸地,聚衆作亂,被官兵擊散,逃入海洋,附陳文達取鐵甲軍器,並挾賊徒黄冲鋒等帶甲五百餘人,邀同三十都張明爲黨,横掠温、處兩郡山僻地方。又泰順山賊馬四,會同青田八都賊蔡奇衆萬餘,屯剳本境。

時值六月，早禾已熟，不能收割，老幼逃竄，家室不保。我族守珠、守默，議擒賊黨，乃率各都義民，僉鳴邑令譚公希閔，詳請設立鄉兵。其時守珠、守默會營將熊乃忠奉命將兵，三人心投意合，兄弟知無不言，熊將聽無不信。於七月十八日詣教場祭旗，水陸並進。明日，兵次潮滐，斬探賊一人。又明日兵分三路，逾駝嶺劄營前垟。

賊知，傳檄分四面圍。敵張升之領北枝，同馬四、陳記妹、蔣六木及吴垟周三、章垟廖有通等帶賊千餘，屯章垟，出賢店口。永嘉張大玉、林文暘，破網巾、林飯蜮，鐵場周某等同領東枝，帶賊八百餘，屯孤𥗽寨，出杉坑。杜四、何梅率金谷山頭蠻賊千餘屯平陽坑，出三十四都吴鄉嶺。海賊黄冲鋒自將西枝，領張明、蔣世昌、項垟項君玉、朱德立等領賊四百人，鐵甲賊六百人屯西坑，出安前。

旗槍匝野，威震山谷，官鄉兵三鼓而不敢進。守默乃告熊乃忠曰："今賊黨雖熾，並無紀律，且悍勇者少，軟弱者多，當此餓殍之餘，可用突衝之陣。"熊令守珠領一哨奮勇之兵突出横擊，片時斬數十級，活擒僞軍門項君玉及炮手十人，由是賊膽輒寒，如禽獸散矣。熊將直追，馬鞍山鄉兵領一騎徑入西坑，熊復集合兵弁聯續而至，賊夥甚匿龜背石。會天大雨，熊即收兵屯原營。

二十一日，熊同崔將追至永嘉寨下，經本縣婁山等處。聞賊蔣世昌等徑往樂清館頭，經過南溪一帶地方，大肆剽掠，役永嘉典史督造馬路，竟被殺。温處兵備道檄標下白將協同熊乃忠會剿餘賊，遣守珠合白將屯兵安前。經過大路，賊在高山瞭望，下西坑。飯午，熊領各鄉兵鼓噪而入，賊逃山，被獲斬首數十級。守默復請引兵埋伏濟干，時夜三更，賊果經其地，聞炮聲而星散。張明跌截右脚，挺而走險。黎明獲鐵甲賊十二人並軍器等項，解官司禁死，踞仙人巖賊夥數百人亦風聞而散。然餘孽未盡，仍聽守默之計，於二十二日屯兵章垟，二十三日屯兵本族，二十四日白將領兩路鄉兵進攻六甲各處山頭，至和尚垟。賊敗走黄崙，剥牛炊飯，煙起而機泄矣，即趨而斬賊魁池信之等級，並縛張明之妻，所獲贓物最多。

二十五日，二將凱還，守珠、守默以賊雖散，而餘孽未殄，請留除根，以靖地方。二將不可。守珠乃自領鄉兵獨當一面，仍伏六甲濟干險要之穴，活擒張明，解縣擬死。衆以此賊倡亂結禍，請釘永豐廂項宅墓樹上，以火烹骨，聊舒衆怨。其時，張升之引夥仍匿黄崙山中，鄉兵探知進攻，賊發炮拼命以鬥，被鄉勇殺死鐵甲賊三十人，活擒賊黨十餘人，獲龍虎旗各軍器等項。而賊魁升之轉匿和尚垟嶺上，凡歷三日，搜尋不出。守珠遣一精細人登山頂，伏濃樹上四面瞭望，日則指旗，夜則張燈，以示賊所至。八月十五日，覩見對山有一漢亟走，遂移兵密守。十六夜四更，果有低聲唤小生之名者。黎明驗草露無蹤，乃知其逃遁不遠矣。衆以刀刃砍茅茨叢中，擒出升之，明日解縣候擬，邑令照功賚賞有差。

順治十四年丁酉，永嘉二十三都舊賊林文暘、張大玉、陳君亮、林飯蜮、破網巾、烏脚雞等，仍踞險作亂。升之族弟張君璧投附其黨，欲爲伊兄報仇，於是年正月二十二日率賊部黄冲鋒、陳玉卿、周三等謀至我族。自青田九都脚引賊至本都西寮，一日行二百里許，緣微雨路滑，跌傷旗手兩足。賊以出兵不利，乃從别道而去。路經濟干，逾大嶺垟，歷潮漈，轉下窯，沿途殺人，爲脱身計。後賊議往海島，遇飛云渡船。官兵盤詰，驚懼投水，氽至江邊，被種麥人鋤死，賊類頓絶。

順治十五年戊戌，山賊馬四向在泰順、銅山各處行劫，移虜瑞鄉，屯本都安前，招誘群惡，而官府莫制。族孫守畿率衆奮勇，直入賊巢，斬首數十級。餘黨潛入本族，盡將房屋燒毁。

康熙十三年甲寅，閩賊傅龍、楊珠、蘇阿李、鄭大羅等在山行劫。五月初八日將至我族，鄉兵合而圍之，大戰於黄崙肇山頭。賊敗走，追至和尚垟、金雞棲，不獲而還。續賊糾衆萬餘屯湖上橋。十九日，進屯本族，凡五日，不敢騷擾，惟索豬酒花紅而去。是年，耿忠貞以閩叛，僞都督曾養性帥兵至瑞，荼毒生靈。明年乙卯，僞令洪濤，役各都人夫來索我族守繼穀二千餘碩舂米以濟耿賊。

（以上寇患諸條悉本《六科志》，乃四世孫守默所編。是集删繁就簡，附載於譜。）

（選自瑞安六科《范陽盧氏宗譜》民國十年重修本卷十一）

又寇患

咸豐十年庚申，平邑錢倉金錢會匪趙起、蔡華等，倡首爲亂，數不下十萬，擾鄉隅，攻城池。幸有四十九都西村生員張家珍，督率義民抗拒，十戰十克，斬得首級數百，後乃遇伏而歿。九月間，突入郡城，擄掠衙店故府道，印符俱被劫去。厥後諸武弁接戰，殺傷二百十三人，狼突而回，潛伏不出。十月初二，圍攻瑞城，十日不克，適援師兵備道張啓煊率兵擊之始潰。

明年，粤寇焚掠處州，直抵青田，而會匪勾引，出白沙嶺，屯扎大嶺垟、湖上橋等處，燒燬房屋，民皆逃匿。而吾族前蒙孫蕖田先生督辦團練，舉成仁爲團長，故刀鎗戰器，家藏户備，而景薇、景鸞、汝起、景海，日夜偵探，成岳、芳松、芳類、景孝、茂華率合族丁壯，嚴爲防捍，而鳳西參贊其間，則一地得以秋毫無犯。

咸豐己未，景薇、芳幹與芳類、芳寧、景孝等，見雅社宫傾覆，爰謀重建。歷半載而廟宇更新。

（選自瑞安六科《范陽盧氏宗譜》民國十年重修本卷十一）

壬戌地方水災記

是年六月時方苦旱，禱桑者踵相接也。倏於月之十四夜戌刻，北云漸起，微雨初下，咸以爲喜。

詎翊日上午，遂成水患。道石坑漂没樓屋七間，西坑漂没二十間，悉皆基址無存，女口死各一。其時後湖横障，惟硎石稍壞，雖有損失，尚不甚鉅。

方議興修，乃天未厭禍。越五日二十，是夜，狂風驟雨。翊晨，山洪瀑發，較十五水增至丈餘。後湖橫障，全部沖坍，水遂直沖而來，街路水深四尺有奇，全畈漂没，秋收絶望。祥弄後嶺、羊弄坑、後坑口、高岸等處，均一掃而光。村内平屋沖坍二十二間，前麻地漂去樓屋十三間，片瓦無存，基地蔑有，呼天搶地，慘何可言。

時余充數議會，奉委調查，赴縣報到處，山崩石壓，倒壁傾牆，百餘里皆從砂礫上過，居無全屋，野無寸草，千古未有奇災，待哺者何止嗷嗷已也。幸蒙縣長陳公邦彦電省請賑，當撥銀伍千元以救急。又蒙温州周凝祥、朱文釗大善士，及上海濟生會、華洋義賑會、江蘇義賑協會陸續來縉賑救，並工賑款項約計三十萬元之譜，吾村亦得二千餘元。災後餘生方得存活，地方秩序賴以維持，其功德豈淺鮮哉！

余歷其事，調查災民者一次，領導江蘇義賑者二次，華洋義賑會委督三都工賑者四閲月，災況最悉，受知亦最深，刻不忘情，爰立碑記之，以垂久遠云。

肇周

（選自《白竹盧氏宗譜》民國庚辰重修本卷三十三）

災　患

水患

康熙十四年乙卯，本祠水溢祏室，漂去神主數十位，溪南田畝盡統爲溪，歷載賠賦，雍正九年清丈始除額。

乾隆二年丁巳六月二十五日，大雨。七月初五日，又大雨。本族雙飛山坍，昭福寺後山坍，寺壓。田近山者沙壓，臨溪者推坍。明年，奉文除賦。

火患

明崇禎七年甲戌閏八月二十八夜三更，本族士毅公倉屋火，沿燒大小房屋十五座,失財以萬計。

國朝順治十五年戊戌,山寇馬四餘黨潛入本族,盡將房屋燒毁。詳載"寇患"譜。

康熙五十二年癸巳冬十一月,本族德焕家火發,沿燒四十餘屋。

虎患

乾隆元年丙辰,本鄉虎暴,族人置木檻,以豕誘之,不獲。安前何姓人依式置之,八月獲虎一,十月獲虎一。明年丁巳,虎噬人,歷戊午以來凡九年,山鄉遇害者數百人,本族遇害者二人。安前何姓人家仍設檻誘之,乙丑二月獲大虎一,首尾修二丈,剜肉三百觔。耳有十丫,識者謂其噬人已十次。是年虎患息。

又水患:

乾隆三十一年八月十九日,大雨,溪水漂没左右田地。族人有竹木簰泊柿樹窩,才係篾料畢,其人登岸,石船亭連墈即時坍塌盡。

乾隆四十二年七月初十日,大霖雨,溪水驟漲,節孝婦顯佩妻張氏屋被推。時夫已死,養子極幼,其亡姑柩幾被洪流漂去。氏獨立抱柩號泣,鄰人聞聲涉深助挽,方保存留。

乾隆四十五年八月二十七日,獨本都大雨,自辰至酉未止。戌刻,各處山坍,洪水盈丈七八,推去房屋十餘所,祠堂下大塘並久年水埠俱被推,其没田畝及竹木等不計數。南嶴、章垟、安前受害尤損,何族並外客共失人二十二名。

又虎患:

乾隆庚戌至嘉慶戊午,被虎患者共二十餘人。

又火患:

嘉慶丙寅五月初九日夜,失火,並佛像俱毁,陽山庵僅留基地。

又水患：

嘉慶庚辰八月廿七日，祠前石砌並店俱被大水漂没。

又火患：

道光己丑十一月二十五夜，昭福寺大殿兩廊頭門並佛像俱失火，至辛卯十月二十三日丑時重建。道光二十九年己酉，地主廟並兩廊俱已重建。

又水患：

咸豐三年六月早禾將獲，天乃霪雨十有二日，水出平原，介山、北山、嶺下灣、新殿外、昭福寺後介山田下以並角山等處田畝、墳墓俱被崩坍。

（選自瑞安六科《范陽盧氏宗譜》民國十年重修本卷十一）

附一　歷代修譜題名録引

盧氏本范陽鉅族，自越國公由汴遷婺卜居永之存孝鄉，躲山（今大山下）、靈山（今中盧畈）皆故居也。厥後九派子孫遷徙不常，星羅棋佈，殆遍浙東。

第三支櫸派系柴氏所出，滋生尤蕃，居東、永、縉三邑者，櫸派爲多。推厥本源，雖同根共蒂，而里居分析，未能合族連宗，然得考世系志分派者，輯修宗譜之功也。我祖自平章公（六世孫芮）追敘緣起，詳悉宗支，幾費經營，始成大觀，迨宋度宗咸淳間已經四番修輯。有元一代，胡塵充塞，敦宗睦族之事寂寂無聞。明太祖肇造區夏，復睹漢室官儀。十八世楝公，收散帙於兵火之餘，合宗派於亂離之後，厥功偉矣！嗣是累世修輯，相傳不替。非芮公創作於前，楝公紹述於後，則今日子孫雖有保本之誠而不知所自出，將何以致其孝思乎？

蓋創作者難，而紹述者亦難，其功皆不可泯，因特敘緣起並歷代輯修年月、人名於後，亦溯本窮源、崇德報功之意也。

第一次

宋治平元年甲辰修　六世孫芮纂輯並撰序

第二次

宋治平八年辛亥修　六世孫述纂輯　教諭吕士則撰序

第三次

宋紹興三年癸丑修　八世孫澤纂輯並撰序

第四次

宋淳熙元年甲午修　十世孫玩纂輯並撰序

第五次

宋咸淳元年乙丑修　某孫纂輯　參知政事李大政撰序

第六次

明洪武十年丁巳修　十八世孫楝纂輯　國子監李樺撰序

第七次

明成化二十三年丁未修　二十一世孫鈞纂輯並撰序

第八次

明正德十一年丙子修　某孫纂輯　中憲大夫周瑛撰序

第九次

明嘉靖四十五年丙寅修　二十四世孫勳纂輯並撰序

第十次

清康熙十九年庚申修　某孫纂輯　儒學王世瓏序

第十一次

清雍正十三年乙卯修　二十八世孫國戊纂輯　貢生陳衡撰序

（總董名次、各派譜長等從略）

第十二次

清乾隆三十一年修　二十八世孫國麟纂輯　庠生鄭開周撰序

（總董名次、各派譜長從略）

第十三次

清嘉慶戊午年修　三十世孫人康纂輯並撰序

（總董名次、各派譜長從略）

第十四次

清道光七年修　三十一世孫纂輯　古吴寧溪邑庠生陳章撰序

（總董名次、各派譜長從略）

第十五次

清咸豐六年修　三十一世孫纂輯　授職訓導雅溪後裔盧炳溥撰序

（譜董名次從略）

同治十一年修　庠生駱士賢

第十六次

清光緒七年修　三十二世孫學綸纂輯　辛酉拔貢雅溪後裔盧璣撰序

（譜董名次從略）

光緒二十年修　龍山庠生孔鳳梧撰序

第十七次重修宗譜題名録

中華民國三年歲次甲寅　總理三十二世孫學綸
纂輯三十三世孫寶仁
校對三十四世孫志琦
（協修、譜董從略）

第十八次重修宗譜題名録

中華民國二十三年　纂輯三十四世孫志琦　撰序張春樹
校對三十四世孫志魁、志學
（會計、協理、譜長從略）

（選自第三支里盧宅《靈山盧氏宗譜》民國甲戌年重修本）

附二　浙江盧氏存世譜牒總目（“*”爲本書選輯書目）

序號	地區	村名	譜名	修譜年份		總卷數
1	金華磐安	甲榜大山巖崗	大山盧氏宗譜*	民國丙子	1936	全6卷
2	金華磐安	甲榜大山巖崗	大山盧氏宗譜	己丑	2009	全3卷
3	金華永康	石馬西盧	石馬盧氏宗譜*	民國癸亥修乙酉續	1945	全39卷(1—31卷癸亥年修,32—39卷乙酉年續)
4	金華永康	石馬西盧	石馬盧氏宗譜	乙酉	2005	全10卷
5	金華永康	石馬西盧	石馬盧氏宗譜	丁亥	2007	全1册
6	金華永康	儒堂頭	儒堂盧氏宗譜	丙戌	2006	全4卷
7	金華永康	橋頭周	橋頭周村志	庚辰	2000	全1册
8	金華永康	將坑	宅江脚盧氏宗譜	甲申	2004	全1册
9	金華永康	將坑	宅江脚盧氏宗譜	己亥	2019	全1册
10	金華東陽	泗渡	泗渡盧氏家乘*	民國戊午	1918	全5卷
11	金華東陽	泗渡	泗渡盧氏家乘	戊子	2008	全3卷
12	金華磐安	中盧	靈山盧氏宗譜*	民國壬申	1932	全10卷
13	金華磐安	中盧	靈山盧氏宗譜	丁亥	2007	全3卷
14	金華東陽	厚宅珠村	靈山盧氏宗譜*	民國甲戌	1934	全16卷

續 表

序號	地 區	村 名	譜 名	修譜年份		總卷數
15	金華東陽	厚宅珠村	靈山盧氏宗譜	丁酉	2017	全 8 卷
16	金華永康	西塘	靈山盧氏家乘*	民國戊子	1948	全 5 卷(缺卷 2)
17	金華永康	西塘	靈山盧氏家乘	壬午	2002	全 5 卷
18	金華永康	盧埠塘沿	盧氏宗譜	同治庚午	1870	存 1 卷
19	金華永康	盧埠塘沿	白雲山盧氏宗譜*	光緒甲午修 民國丁巳續	1917	全 12 卷
20	金華永康	盧埠塘沿	盧氏宗譜	癸未	2003	全 1 册
21	金華永康	盧埠塘沿	盧氏宗譜	甲申	2004	全 1 册
22	金華武義	武義上盧	武南盧氏宗譜*	民國辛巳	1941	全 7 卷
23	金華武義	武義上盧	武南盧氏宗譜	乙未	2015	全 7 卷(缺卷 3)
24	麗水松陽	斗潭	斗潭盧氏宗譜	辛卯	2011	全 1 卷,共 180 頁
25	麗水縉雲	牛江	五雲盧氏宗譜*	民國丙戌	1946	全 4 卷
26	金華永康	中山	指山盧氏宗譜*	民國丙寅	1926	存卷 1、3、5、6
27	金華永康	中山	指山盧氏宗譜	壬午	2001	全 1 册,共 483 頁
28	金華永康	石江	石江盧氏宗譜*	民國甲寅修 丁丑續	1937	全 7 卷
29	金華永康	石江	玉川盧氏重修宗譜	辛巳	2002	全 3 册
30	金華永康	上盧	靈山上盧盧氏宗譜	同治癸酉	1873	存卷 4、5
31	金華東陽	上盧下盧	錦溪盧氏宗譜	道光庚寅	1830	存卷 14
32	金華東陽	上盧下盧	錦溪盧氏宗譜	咸豐庚申	1860	存卷 2、3、14、10

續　表

序號	地　區	村　名	譜　名	修譜年份		總卷數
33	金華東陽	上盧下盧	錦溪盧氏宗譜	光緒己丑	1889	全24卷(存卷首、3、6、14、18、20、22)
34	金華東陽	上盧下盧	錦溪盧氏宗譜*	民國丙辰	1916	全30卷
35	金華東陽	上盧下盧	錦溪志	乙亥	1995	上下卷
36	金華東陽	安溪宲盧	安溪長堤盧氏宗譜*	民國辛巳	1941	全20卷
37	金華東陽	安溪宲盧	安溪宲盧村志	壬午	2001	全1册
38	紹興諸暨	梓越嶺	暨陽梓越嶺盧氏宗譜	同治庚午	1870	存卷1
39	紹興諸暨	梓越嶺	暨陽梓越嶺盧氏宗譜*	民國庚申	1920	全4卷
40	金華義烏	雪溪	雪溪盧氏宗譜	光緒甲午	1894	全4卷
41	金華義烏	薛村	雪溪盧氏宗譜*	民國己巳	1929	全4卷
42	金華義烏	雪溪	大山盧氏宗譜	辛卯	2011	附修於大山譜
43	台州仙居	樂安	樂安柴盧合譜	道光庚子	1840	全8卷
44	台州仙居	峽陽	樂安柴盧合譜*	民國乙卯	1915	全11卷
45	台州仙居	樂安	樂安柴盧合譜	戊寅	1998	全10卷(缺2、6卷)
46	麗水縉雲	白竹	白竹盧氏宗譜	光緒丙子	1876	存卷1、卷末32
47	麗水縉雲	白竹	白竹盧氏宗譜	光緒戊戌	1898	全32卷
48	麗水縉雲	白竹	白竹盧氏宗譜*	民國庚辰	1940	全39卷
49	麗水縉雲	白竹	白竹盧氏宗譜	己卯	1999	全3册

續　表

序號	地　區	村　名	譜　名	修譜年份		總卷數
50	金華東陽	竹川	竹川盧氏宗譜	康熙戊辰	1688	存 1 册
51	金華東陽	竹川	白竹盧氏宗譜*	民國己巳	1929	存 5 册
52	金華蘭溪	樓山脚	樹慶堂盧氏宗譜	嘉慶丁卯	1807	全 2 卷
53	金華蘭溪	樓山脚	范陽盧氏宗譜*	民國己巳	1929	全 2 卷
54	金華蘭溪	樓山脚	樹慶堂盧氏宗譜	辛卯	2011	全 2 卷
55	金華蘭溪	里童	壽春堂盧氏宗譜	辛卯	2011	全 2 卷
56	金華東陽	鹿峰	白峰盧氏宗譜*	民國丙寅	1926	全 6 册
57	金華東陽	鹿峰	鹿峰盧氏宗譜	戊子	2008	全 3 卷
58	金華東陽	夏家塔	范陽盧氏宗譜*	民國戊寅	1938	全 4 卷
59	金華東陽	夏家塔	夏家塔盧氏宗譜	庚辰	2000	上下册
60	金華蘭溪	甘溪	甘溪盧氏宗譜*	民國乙亥	1935	全 6 卷
61	金華蘭溪	甘溪	甘溪盧氏宗譜	丁亥	2007	全 7 卷
62	金華東陽	五馬山	五馬山盧氏宗譜*	民國丁亥	1947	全 4 卷
63	金華東陽	五馬山	五馬山盧氏宗譜	癸未	2003	全 1 册
64	温州樂清	黄岙	黄岙盧氏宗譜	光緒戊子	1888	存卷 1
65	温州樂清	黄岙	凰岙盧氏宗譜*	民國辛酉	1921	全 2 卷
66	温州樂清	黄岙	黄岙盧氏宗譜	民國己丑	1949	全 4 卷
67	温州樂清	黄岙	黄岙盧氏宗譜	癸亥	1983	全 6 册
68	温州樂清	黄岙	黄岙盧氏宗譜	丙戌	2006	全 7 卷
69	温州樂清	山坑	山坑盧氏宗譜	嘉慶辛酉	1801	全 1 卷
70	温州樂清	山坑	山坑盧氏宗譜*	光緒丁未	1907	全 4 卷

續　表

序號	地　區	村　名	譜　名	修譜年份		總卷數
71	温州樂清	山坑	山坑盧氏宗譜	民國己丑	1949	全1卷
72	温州樂清	山坑	山坑盧氏宗譜	壬戌	1982	全3卷
73	温州樂清	坎頭	坎川盧氏宗譜	光緒丁未	1907	全7卷
74	温州樂清	坎頭	坎川盧氏宗譜*	民國丙戌	1946	全12卷
75	温州樂清	坎頭	坎川盧氏宗譜	癸巳	2013	全5卷
76	温州樂清	湖上嶴	湖上嶴盧氏宗譜	光緒乙未	1895	全1卷
77	温州樂清	湖上嶴	湖上嶴盧氏宗譜	丙戌	2006	全1卷
78	温州樂清	蔡岙	蔡岙盧氏宗譜*	民國乙卯	1915	全1卷
79	温州樂清	蔡岙	蔡岙盧氏宗譜	民國己丑	1949	全1卷
80	温州樂清	蔡岙	蔡岙盧氏宗譜	乙丑	1985	上下卷
81	温州樂清	蔡岙	蔡岙盧氏宗譜	乙酉	2005	全2卷
82	温州樂清	蒲新	蒲川盧氏宗譜	道光壬寅	1842	全2卷
83	温州樂清	坎頭下	蒲川盧氏宗譜*	民國乙卯	1915	全2卷
84	温州樂清	蒲新	蒲川盧氏宗譜	癸亥	1983	全2卷
85	温州樂清	蒲新	蒲川盧氏宗譜	丁亥	2007	全2卷
86	温州樂清	潭頭盧	潭頭盧氏宗譜	民國乙卯	1915	全1卷
87	温州樂清	潭頭盧	潭頭盧氏宗譜	癸未	2003	全2卷
88	温州樂清	牛鼻洞	牛嶼盧氏宗譜*	民國戊辰	1928	全2卷
89	温州樂清	牛鼻洞	牛嶼盧氏宗譜	辛酉	1981	全3卷
90	温州樂清	牛鼻洞	牛嶼盧氏宗譜	戊戌	2018	全6册
91	台州黄巖	烏巖等地	黄巖盧氏宗譜*	民國丙寅	1926	全4卷
92	台州黄巖	烏巖	烏巖盧氏宗譜	癸巳	2013	全1册

續　表

序號	地　區	村　名	譜　名	修譜年份		總卷數
93	台州黄巖	上槍	上槍盧氏宗譜	癸巳	2013	全1册
94	台州黄巖	黄杜嶴 下堂山	盧氏宗譜	癸巳	2013	全1册
95	麗水蓮都	盧埠	范陽郡盧氏宗譜*	民國己卯	1939	全3卷
96	麗水蓮都	下徐	下徐盧氏宗譜	戊寅	1998	全1册
97	温州瑞安	六科	六科盧氏宗譜	光緒辛丑	1901	全10卷
98	温州瑞安	六科	六科盧氏宗譜*	民國辛酉	1921	不詳
99	温州瑞安	渡頭	渡頭盧氏宗譜	民國丙子	1936	全2卷（缺序卷）
100	温州瑞安	渡頭	渡頭盧氏宗譜	戊午	1978	全2卷
101	温州瑞安	渡頭	渡頭盧氏宗譜	丙子	1996	全3卷
102	温州瑞安	渡頭	渡頭盧氏宗譜	壬辰	2012	全6卷
103	温州樂清	李宅基	李宅基盧氏宗譜	戊戌	2018	全1卷
104	温州樂清	珠嶼	盧氏宗譜	嘉慶辛酉	1801	全1卷
105	温州樂清	珠嶼	盧氏宗譜	民國乙卯	1915	全1卷
106	温州樂清	珠嶼	盧氏宗譜	同治戊辰	1868	全1卷
107	温州樂清	黄檀洞	黄檀硐盧氏宗譜*	民國丁丑	1937	全2卷
108	温州樂清	黄檀洞	黄檀洞盧氏宗譜	辛酉	1981	全3卷
109	温州樂清	黄檀洞	黄檀洞盧氏宗譜	癸巳	2013	全3卷
110	温州樂清	蒲灣	蒲灣盧氏宗譜	咸豐庚申	1860	全1卷
111	温州樂清	蒲灣	蒲灣盧氏宗譜*	宣統己酉	1909	全1卷

續　表

序號	地　區	村　名	譜　名	修譜年份		總卷數
112	温州樂清	蒲灣	蒲灣盧氏宗譜	辛卯	1951	全1卷
113	温州樂清	蒲灣	蒲灣盧氏宗譜	乙丑	1985	全1卷
114	温州樂清	蒲灣	蒲灣盧氏宗譜	乙酉	2005	全1卷
115	温州樂清	筋竹	上宅基盧氏宗譜	嘉慶辛酉	1801	全1卷
116	温州樂清	樂清諸地	浙南盧氏樂清總譜	乙未	2015	全1册
117	麗水縉雲	筠川	筠川盧氏宗譜*	民國己未	1919	全5卷
118	麗水縉雲	筠川	筠川盧氏宗譜	民國庚辰	1940	全6卷
119	台州玉環	老城頭	盧氏宗譜	光緒丁未	1907	全1卷
120	台州玉環	老城頭	盧氏宗譜	民國己丑	1949	全1卷
121	台州玉環	漁嶴	盧氏宗譜	光緒丁未	1907	全1卷
122	台州玉環	漁嶴	盧氏宗譜	民國己丑	1949	全1卷
123	台州玉環	南山十八都	盧氏宗譜	光緒丁未	1907	全1卷
124	台州玉環	南山十八都	盧氏宗譜	民國己丑	1949	全1卷
125	台州玉環	上山頭	盧氏宗譜	民國乙卯	1915	全1卷
126	台州玉環	邱家嶺	盧氏宗譜	辛未	1991	全1卷
127	台州玉環	密杏	密杏盧氏宗譜	乙酉	2005	全1卷
128	金華永康	丁坑	丁川盧氏家乘	光緒乙未	1895	存卷2—5
129	金華永康	丁坑	丁川盧氏家乘*	民國戊辰修己卯續	1939	存6卷(缺卷1下)
130	金華永康	丁坑	丁坑盧氏家譜	庚辰	2000	全1册
131	金華磐安	方山	玉川方山盧氏宗譜	同治乙丑	1865	存卷1、3、4

續　表

序號	地　區	村　名	譜　名	修譜年份		總卷數
132	金華磐安	方山	玉川盧氏宗譜*	光緒癸未	1883	全10卷
133	金華磐安	方山	玉川方山盧氏宗譜	民國甲寅	1914	存卷1、2、6—9
134	金華磐安	方山	玉川方山盧氏宗譜	民國己卯	1939	全10卷，缺卷3—4
135	金華磐安	方山	玉川方山盧氏宗譜	丙戌	2006	全6卷
136	麗水縉雲	白隴	隴川盧氏宗譜	同治戊辰	1868	存卷6
137	麗水縉雲	白隴	隴川盧氏宗譜	民國乙卯	1915	存卷2下
138	麗水縉雲	白隴	白隴盧氏宗譜*	民國乙丑修庚辰續	1940	全28卷
139	麗水縉雲	白隴	白隴盧氏宗譜	己卯	1999	全3册
140	金華永康	蓮塘	蓮塘盧氏宗譜	光緒戊申	1908	存1—2卷
141	金華永康	蓮塘	蓮塘盧氏宗譜*	民國辛巳	1941	全4卷
142	金華永康	蓮塘	蓮塘盧氏宗譜	乙酉	2005	全1册
143	金華永康	蓮塘	蓮塘盧氏宗譜	己丑	2009	全3卷
144	青海湟中	元山爾	湟南盧氏家譜	民國庚申	1920	全2卷
145	青海湟中	總寨南	湟中盧氏家譜	光緒戊寅	1878	全4卷
以上均係九支盧譜系						
146	杭州淳安	鐘峰大塘	范陽盧氏重輯唐清顯公統譜	乾隆己巳	1749	全6册
147	杭州淳安	巧塘	范陽盧氏宗譜	同治甲戌	1874	全4册
148	杭州淳安	巧塘	范陽盧氏宗譜	乙酉	2005	全1册
149	杭州淳安	盧村	遂邑盧氏宗譜	光緒己卯	1879	存卷1—6

續　表

序號	地　區	村　名	譜　名	修譜年份		總卷數
150	杭州淳安	賫爵中村	范陽盧氏宗譜	民國戊午	1918	全6册
151	杭州淳安	賫爵灘下	范陽盧氏宗譜	民國己未	1919	全4卷
152	杭州淳安	盧塝	范陽盧氏宗譜	民國癸亥	1923	存卷2、4、5、6
153	杭州淳安	庠里	范陽盧氏宗譜	民國辛未	1931	存卷1、2、4、6
154	杭州淳安	莊川	莊川盧氏宗譜	民國戊午	1918	全8册
155	杭州地區	三峰	三峰盧氏家志	道光己酉	1849	全18卷
156	杭州富陽	東安	東安盧氏宗譜	民國戊子	1948	全14册
157	杭州富陽	東安	東安盧氏宗譜	丁亥	2007	全15册
158	杭州建德	壽昌翠溪	壽昌盧氏宗譜	民國戊子	1948	全2卷
159	杭州建德	壽昌姚村	姚村盧氏宗譜	民國甲申	1944	全1册
160	杭州建德	壽昌姚村	姚村盧氏宗譜	丁酉	2017	全1册
161	杭州蕭山	積慶堂	蕭山盧氏宗譜	乙酉	2005	全4册
162	杭州蕭山	積慶堂	蕭山盧氏宗譜	民國丙子	1936	不詳
163	湖州長興		盧氏宗譜	民國丁巳	1917	全2册
164	嘉興桐鄉	青鎮	青鎮盧氏宗譜	民國乙亥	1935	全3册
165	金華關西	關西	關西盧氏宗譜	民國庚申	1920	全8册
166	金華東陽	雅溪	雅溪盧氏宗譜	民國己巳	1929	全30卷
167	金華東陽	雅溪	雅溪盧氏宗譜	庚辰	2000	全7册
168	金華蘭溪	白露山	白露山盧氏宗譜	民國辛未	1931	全6册
169	金華蘭溪	白露山	白露山盧氏宗譜	甲午	2014	全6册

續　表

序號	地　區	村　名	譜　名	修譜年份		總卷數
170	金華蘭溪	蔣塔	蔣塔盧氏宗譜	乾隆甲辰	1784	全1册
171	金華蘭溪	蔣塔	蔣塔盧氏宗譜	道光辛丑	1841	全1册
172	金華蘭溪	蔣塔	蔣塔盧氏宗譜	同治甲戌	1874	全1册
173	金華浦江		浦陽橋溪盧宅宗譜	甲申	2004	全2册
174	金華婺城	白沙	白沙盧氏宗譜	民國戊子	1948	全4卷
175	金華婺城	白沙	白沙盧氏宗譜	壬辰	2012	全4卷
176	金華西關	西關	西關盧氏宗譜	民國庚申	1920	全8卷
177	金華西關	後山	盧氏宗譜	民國壬戌	1923	全6册
178	麗水雲和		盧氏宗譜	甲戌	1994	全1册
179	麗水景寧	大漈	盧氏宗譜	道光丙戌	1826	全1册
180	麗水松陽	航埠頭	綸位盧氏宗譜	民國辛未	1931	全5册
181	麗水松陽		樟樹盧氏宗譜	光緒乙未	1895	全1册
182	麗水松陽		樟樹盧氏宗譜	民國辛酉	1921	全1册
183	麗水松陽		樟樹盧氏宗譜	民國辛巳	1941	全1册
184	寧波奉化		龍溪盧氏西派支譜	民國癸酉	1933	全1册
185	寧波寧海	田洋盧	寧海盧氏宗譜	民國戊子	1948	不詳
186	寧波寧海	田洋盧	寧海盧氏宗譜	辛未	1991	全3册
187	寧波餘姚	四明山	剡源北溪盧氏宗譜	道光戊戌	1838	全2册
188	寧波餘姚	四明山	剡源北溪盧氏宗譜	民國己巳	1929	全2册

續　表

序號	地　區	村　名	譜　名	修譜年份		總卷數
189	寧波象山		鹽倉盧氏宗譜	道光丁未	1847	全1卷
190	寧波象山		田澤湖上四房盧氏宗譜	民國丁巳	1917	全1卷
191	寧波鄞州		甬上盧氏敬睦堂譜稿	咸豐辛酉	1861	全4卷
192	寧波鄞州		甬上盧氏敬睦堂宗譜	光緒癸卯	1903	全10卷
193	寧波鄞州		甬上盧氏敬睦堂宗譜	民國丁亥	1947	全9卷
194	寧波鄞州		鄞縣江北盧氏宗譜	光緒戊申	1908	全4卷
195	寧波鄞州	盧一	甬東合嶴盧氏族譜	甲午	2014	全6卷
196	寧波餘姚		姚江梅川盧氏宗譜	光緒癸巳	1893	全2卷
197	寧波餘姚		姚江半霖盧氏宗譜	民國甲寅	1914	全13卷
198	寧波餘姚		姚江曲塘盧氏宗譜	民國丁巳	1917	不詳
199	衢州開化	楊林	開陽盧氏續修宗譜	光緒辛丑	1901	全4册
200	衢州龍遊	三源路	三元盧氏宗譜	民國戊辰	1930	全3册
201	衢州衢江	上珠坂	上珠坂盧氏宗譜	民國癸酉	1933	全3册
202	衢州衢江	上宅	盧氏宗譜	民國庚申	1920	不詳
203	衢州衢江	茶坪	范陽盧氏宗譜	民國丁丑	1937	全3册
204	紹興嵊州	蓮塘	蓮塘盧氏宗譜	民國乙丑	1925	全4册

續　表

序號	地　區	村　名	譜　名	修譜年份		總卷數
205	紹興嵊州	蓮塘	蓮塘盧氏宗譜	己亥	2019	全5册
206	紹興嵊州	椒村	剡東范陽盧氏宗譜	光緒甲午	1894	全2册
207	紹興新昌	彩煙	彩煙盧氏宗譜	民國丁亥	1947	存卷1—7，11—14
208	紹興新昌	彩煙	彩煙盧氏宗譜	甲午	2011	全1册
209	紹興諸暨	暨陽	暨陽盧氏宗譜	民國庚申	1920	存卷1—3、9、16—18
210	紹興諸暨	暨陽	暨陽盧氏宗譜	光緒丙申	1896	存卷1—13、15、16
211	台州臨海	洋渡	洋渡盧氏宗譜	民國辛未	1931	全11卷
212	台州温嶺	烏巖	烏巖巖前盧氏宗譜	光緒乙巳	1905	全24卷
213	台州温嶺	烏巖	烏巖巖前盧氏宗譜	己卯	1999	全5册
214	台州路橋	烏巖	黄邑烏巖盧氏宗譜	己亥	2019	全6册
215	台州椒江	章安	章安盧氏宗譜	宣統己酉	1909	全6卷
216	台州椒江	章安	章安盧氏宗譜	民國甲申	1944	不詳
217	台州臨海		杜橋盧家盧氏族譜	己亥	2019	全4卷
218	台州三門		三門盧氏宗譜	民國丁亥	1948	全16册
219	台州天台	上盧	天台上盧宗譜	民國辛巳	1941	不詳
220	台州天台	上盧	天台盧氏宗譜	戊寅	1998	全7卷
221	台州天台	義里	天台義里盧氏宗譜	光緒己卯	1879	全8卷

續　表

序號	地　區	村　名	譜　名	修譜年份		總卷數
222	台州温嶺	新河	太邑西嶼盧氏宗譜	壬寅	2022	全4册
223	台州玉環	樟嶴	盧氏家乘	光緒壬寅	1902	全1卷
224	温州青田	盧嶴	盧嶴盧氏宗譜	癸酉	1993	全1卷
225	温州永嘉	桃山	桃山盧氏宗譜	民國戊寅	1938	全2卷
226	温州永嘉	桃山	桃山盧氏宗譜	壬戌	1982	全1卷
227	温州永嘉	桃山	桃山盧氏宗譜	甲申	2004	全1卷
228	温州永嘉	垟灣	垟灣盧氏宗譜	壬戌	1982	全7卷
229	温州永嘉	垟灣	垟灣盧氏宗譜	己醜	2009	全1卷
230	温州永嘉	盧山	盧山盧氏宗譜	同治癸酉	1873	全1卷
231	温州永嘉	盧山	盧山盧氏宗譜	民國甲寅	1914	全3卷
232	温州永嘉	盧山	盧山盧氏宗譜	民國己丑	1949	全2卷
233	温州永嘉	盧山	盧山盧氏宗譜	壬戌	1982	全2卷
234	温州永嘉	盧山	盧山盧氏宗譜	辛卯	2011	全3卷
235	温州永嘉	溪南	溪南盧氏宗譜	民國己丑	1949	全10册
236	温州永嘉	溪南	溪南盧氏宗譜	乙丑	1985	全8册
237	温州永嘉	溪南	溪南盧氏宗譜	乙未	2015	全1册
238	温州樂清	芙蓉上街	芙蓉上街盧氏宗譜	光緒癸卯	1903	全1卷
239	温州平陽	榮溥公	范陽盧氏宗譜	民國丙辰	1916	全6卷
240	温州平陽	榮溥公	范陽盧氏宗譜	民國乙亥	1935	全7卷
241	温州平陽	榮溥公	范陽盧氏宗譜	丁巳	1977	全9卷
242	温州平陽	榮溥公	范陽盧氏宗譜	丙子	1996	全9卷

續　表

序號	地　區	村　名	譜　名	修譜年份		總卷數
243	温州平陽	玉溥公	范陽盧氏宗譜	戊午	1978	全 3 卷
244	温州平陽	玉溥公	范陽盧氏宗譜	丙子	1996	全 3 卷
245	温州平陽	明台公	范陽盧氏宗譜	乙卯	1975	全 5 卷
246	温州平陽	明台公	范陽盧氏宗譜	乙亥	1995	全 7 卷
247	温州平陽	得俊公	范陽盧氏宗譜	乙卯	1975	全 1 卷
248	温州平陽	得俊公	范陽盧氏宗譜	乙亥	1995	全 1 卷
249	温州蒼南	華溥公	范陽盧氏宗譜	己未	1979	全 1 卷
250	温州蒼南	華溥公	范陽盧氏宗譜	乙亥	1995	全 1 卷
251	温州蒼南	附開公	范陽盧氏宗譜	光緒丁酉	1897	不詳
252	温州蒼南	附開公	范陽盧氏宗譜	民國丁亥	1947	不詳
253	温州蒼南	附開公	范陽盧氏宗譜	乙卯	1975	不詳
254	温州蒼南	附開公	范陽盧氏宗譜	丁丑	1997	不詳
255	温州蒼南	思道公	范陽盧氏宗譜	民國己卯	1939	不詳
256	温州蒼南	思道公	范陽盧氏宗譜	庚辰	2000	不詳
257	温州平陽 蒼南		平蒼盧氏志	丁亥	2007	全 1 册

後　記

在探索九支盧文化過程中，我認識了盧子元，他是永康拖拉機廠的高級工程師，從上世紀八十年代初，他就積極參與保護盧琰文化古跡和尋宗溯源等活動。由於身體欠佳，平時去温州、麗水等山區走訪時，他常隨身帶着中草藥和藥罐子，爬山涉水不畏艱險。在他的呼吁和推動下，盧姓村落修祠堂、續宗譜熱情高漲，他還摸清了九支盧後裔分佈的一些情況。2001 年，我被盧子元帶到磐安爲岩崗祠堂捐款，聽聞了九支盧始祖盧琰的事跡，便對其產生了濃厚的興趣。後來，我不斷走訪盧氏村落，查閱了不少《盧氏家譜》和民間史志，深感這段歷史被埋没千年十分可惜，心想有機會的話，我也要爲弘揚盧琰精忠大義的精神文化出點力。在他的影響下，2008 年底，我全身心投入挖掘盧琰文化的行動中。經過多年的探索，在當地政府的支持下，於 2018 年，在始祖的歸隱地——磐安縣大山下村，我獨資興建"宋越國公盧琰行跡照壁"，這是一張宋韻文化的"金名片"，目的是爲了讓先祖"精忠大義"的精神有個弘揚的場所。

在編制"照壁"圖文内容過程中，根據九支盧族譜的記載，陸續尋找到了"越國公祠"、"東耕園"、"翠峰古寺"、"翠峰書院"、"柴熙誨墓"等古跡和遺址。這讓我感到九支盧的歷史文化之深厚，值得進一步挖掘，由此產生了收集與編纂九支盧譜牒文獻的想法。2017 年臘月二十八，盧夏龍利用年假時間，到永康調研九支盧文化，我約子元、岩梁、明亮、兆寅等宗長一起參與，趁此機會我提出此想法，得到了大家的贊同。當晚，我們討論到深夜三點鐘，一致認爲要編纂一部有源流、有故事、有内涵、有傳承意義的《九支盧譜牒文選》(以下簡稱"《文選》")。

2018年正月起,我陸續走訪了温、麗、金、台等地九支盧裔集中的村落族群,把擬編《文選》的建議和宗長們商量,得到了大家的支持。疏理了自己多年參加盧族事務積累的經驗和人脉關係,感到時機成熟,便於同年10月5日,召集了永康、東陽、縉雲、磐安、温州等地的30位宗長,在永康召開了《九支盧譜牒文選》工作會議。當天我們就購置了辦公設備,把家里當作辦公場所,編纂工作正式啓動。

第一步當然是採集資料,我與岩梁、明亮、夏龍、連法、兆寅、友誼等宗長們分工到各地採集文獻資料,用了七個月時間,收集到各時期的《盧氏宗譜》70多部近400册。在此過程中,個别别有用心的聲音在説"編纂《文選》是爲了賺錢","某某是要騙九支盧的家譜賣到外國去",我受到了不少謡言的惡意中傷,有些不知情的宗親信以爲真。這嚴重阻礙了採集資料工作的順利展開。甚至有個别宗親用不正當的手段,想盜取我們採集到的成果。但我們遵循初心,秉承宗親之間不争辯、不吵架、和爲貴的原則,堅持開展工作。同時我們也隨機應變,邀請各地宗親到辦公現場瞭解《文選》的情況,讓這些謡言逐漸不攻自破,採集資料的工作總算又回到了正軌。經過近一年的努力,我們採集到相關《盧氏宗譜》130餘部700多册。

在整理材料的過程中,我們發現同一個村或同一支房派的老譜資料與新譜之間有差異。通過相互反復查閲比對,大多數民國前編纂的老譜,它存留的歷史信息要遠比新中國成立以後續修的新譜更豐富、更具體。此後,我們把老譜作爲主要的整理對象。這個調整,却給採集譜牒資料的工作增加了不少難度。一方面,民國前的老譜因存量少,一些盧村即便有的話也只有一部孤本,持譜人都不太肯拿出來。另一方面,前些時候曾有人造謡説"某某是要騙九支盧的家譜賣到外國去",想拿到老譜就更難了。即使是平時關係比較密切的村落,也是經過幾次接觸後纔拿到老譜。後來到各地採集時也遇到過類似情況。

鑒於還有部分老譜尚未採集到，爲了使編纂工作順利進行，2019年7月19日，我召集全省各地72個盧姓村落的99位村長、書記及負責人，在永康召開了《九支盧譜牒文選》工作會議。一方面向大家匯報近一年來採集資料的工作情況，另一方面發動各地宗親繼續提供譜牒資料資訊，協助老譜牒的採集工作。同時會議還邀請了《温州讀書報》主編、圖書館研究館員盧禮陽，省社科院研究員盧敦基參會解讀“民族歷史文化的傳承與搶救”。會後，還請專家們親臨辦公室指導編纂工作。

積累了採集資料的經驗，結合當時遇到的困難，我們改變了策略，邀請文史專家盧禮陽、郭承豪、應寶容等老師一起參與，分别請他們一起去麗水、温州、東陽等地盧氏聚集地，組織召開現場會，一邊宣傳盧琰故事，一邊講解《文選》意義所在。這樣的舉動，有效地提高了宗親們對譜牒文化的認知。

不管在各地圖書館還是在民間，只要有譜牒綫索，我們都會想方設法前去採集。通過宗譜記載、宗親介紹，我們沿九支盧發展的軌跡，走訪了省内外二百多個盧氏村落，採集到浙江盧氏宗譜共257部計1 700餘册，其他相關盧氏資料150餘册。

即便在疫情期間，我們的工作也從未停止過，在採集的過程中，得到了當地宗親們的熱情招待和支持。與他們交流溝通中，我們還發現了一些譜牒之外的古跡，當地的民俗風貌、歷史文化，以及諸多口口相傳的故事。

在採集譜牒時，發現人們普遍對宗譜都比較尊崇，一般都不太肯輕易地將家譜拿給外人看。哪怕有熟人陪同，有些人也不買賬。有些村莊即使給你看，也規矩重重。而這些規矩，恰恰體現了人們對家譜的敬畏，也是鄉風民俗所在。我去青海湟中縣總寨總南村尋訪和採集時，青海盧氏會長盧金章聯繫好當地的宗長們。我們到了族長盧世元的家裏，他早就通知了持譜人。持譜人焚上香，把譜盒子供放在有各樣水果的供桌上，大約供足一個時辰後，懷抱用紅布包裹着的譜盒子，一路燃放鞭炮送到族長家。族長聽到鞭炮聲後，馬上也點燃鞭炮迎接。族長接過譜盒子，也恭恭敬敬地供放在自家早已擺好果品的供桌上，讓大家進行膜拜，後又供足了一個時辰，讓我洗完手臉焚香净身跪拜後，纔開始查閱採集宗譜。查閱後宗譜送回去也是相同的規矩。到煌中縣元山爾村採集時也遇到類似的風俗。

採集資料的工作終於完成了，我組織了各地有過編纂宗譜經驗的宗親，臨時成立了"編委會"，準備着手選材編纂工作。此後，我們多次在辦公室召開會議，討論如何選取資料。面對海量的譜牒資料，大家一時間無從下手。經過反復討論，從各地收集到 100 餘部民國前編纂的九支盧老譜中，精選出各房派文獻、世系比較完整，並具有代表性的 40 部老譜爲《文選》的基礎資料。那麼下一個問題接踵而來：資料怎麼選？選録的標準是什麼？這成了我們面臨的新問題。我聘請了原永康縣志辦應寶容主任爲《文選》顧問，去福州找原福建省文史館盧美松館長，向他請教，還專門請盧禮陽、盧敦基等專家把脉，《文選》的選材標準纔逐漸有了基本方向。

編輯這部《文選》，根據譜牒文化的特徵，首先要走出狹隘的宗族觀念，拋開本位主義思想，不要刻意誇大，而是要實事求是地挖掘先賢們的傳統美德和優秀文化，去僞存真、去粗取精，對支派小、文獻少的家譜適度放寬，從中選取"有内涵、有傳承、有意義、有教化"的内容，還有"名人寫的"或"寫名人的""文筆生動活潑的"的篇目，讓它們成爲《文選》的主要内容。

《文選》條目確定後，進入具體的編纂實操過程。來自各地的臨時"編委會"成員，年紀普遍比較大，來往辦公室也不太方便，又不懂電腦；他們以前雖參與過宗譜的編纂工作，但《文選》不同於宗譜，有一部分成員力不從心，還有一部分成員由於多種原因，導致實際的編纂工作進展緩慢，臨時“編委會”形同虛設，編纂工作一時陷入僵局。經宗親的推薦，我們聘請了盧國興老師，編纂整理工作纔得以走上正軌。

九支盧譜系多，文獻的内容各有偏重，即使同爲第三支，永康、縉雲、東陽、仙居、樂清、瑞安等宗譜的側重點也不盡相同。譜牒不同於“地方史志”，史志全都出自各名家的手筆，它用語規範又經審校提煉。但譜牒中的文獻資料首先是條目繁雜，涉及譜序、傳略、家範、禮儀、訴狀、契約、祭文、墓誌等等，文體不够規整，用語習慣各有不同。其次家譜收録文章的作者有各時期的名家，如宋濂、程正誼、程文德、夏言、張國維、盧可久等，也有許多名不見經傳的地方紳士、舉人秀才，甚至還有認字不多的普通百姓，有些文章甚至還無法讀懂。儘管近三年我們認真細緻地工作，從 400 多本老譜中篩選篇目，録入并斷句，纂成初稿，但這種種原因使得此前通過審定的《文選》條目也還難以全面涵蓋。

爲了使各類文獻文章對號入選到《文選》條目中，2021 年 6 月 17 日，我找到了《永康文獻叢書》編委會，向李世揚主編和編委們請教，得到了他們細緻的指導。編委們看了《文選》初稿後，意外地予以肯定，建議把《文選》收録到《永康文獻叢書》中，這就對《文選》的整體品味有了更高的要求。在《永康文獻叢書》編委專家們的指導下，我們把《文選》原有的近 180 多萬字，精雕細琢減至约 130 萬字。

隨後，李世揚主編組織了由《永康文獻叢書》的編委們和永康市原人大副主任胡德偉，磐安縣人大副主任盧海浪、盧志峰，文聯主席吴警兵等領導參加的審讀會，針對《文選》内容的編排、條目分類提出了指導性的建議。遵循建議，我們將選取的各項材料分門别類納入相應的章節中，儘量做到内容不交叉、不矛盾、不遺漏。

雖然《文選》中還有許多不足之處，但也算符合了文獻編纂“縱不斷綫，横不缺項”的基本要求。根據上海古籍出版社高克勤社長的提議,我們聘請了剛剛完成明清等《永康縣志》點校工作的盧敦基研究員爲《文選》點校。他先後兩次通讀全稿,修正了大量文字和標點的訛誤,這也更讓《文選》的品味有了質的提升。原來對民間宗譜不太熟悉的盧敦基,因此也深深地鍾愛上這樸實而淵源流長的傳統文化。

因文獻資料過於海量,我們既定譜牒中的“世系”、“行第”“墓域”這三類,這次没有納入文獻選編條目,對此筆者還有些心存遺憾。雖“世系”、“行第”、“墓域”的章段裏只有寥寥幾行文字,却是記載先人們父子妻兒、排行生死、最後歸宿的永久檔案,還有一些名人義士的善行義舉,在宗譜的傳略文章中不一定有記叙,但從中或許能尋覓到一些實證記録。在《文選》編纂後期,筆者從各地各支派在民國前編纂的《盧氏宗譜》中發現,其世系、行第、墓域三類目的文章裏分别記載着“始祖盧琰與夫人趙雲合葬於躲山下”和“合葬靈山東耕園之原”這兩種説法,甚至一些宗譜裏兩種説法都有記載。這兩種説法看似荒唐,後來却得到證實,原來盧琰爲救柴熙誨在公元 973 年確實“死過一次”,宋太祖還下詔遣中書省侍郎李克明前往靈山東耕園諭祭,這個疑冢於 2019 年被發現。而盧琰真正去世於 985 年,死後葬在新渥鎮躲山下村,多部老譜中有墓圖爲證。這二個墳墓的存在,成了盧琰“一隱、二遁、三取義”,這三部曲是行“精忠大義”最有力的佐證。

根據墓域裏的墓圖示地,我與專家們相繼找到了“武烈侯盧璿墓”,即後周朝的柴熙誨墓,還有南宋父子進士盧子安、盧深夫的古墓群,明朝蘭州衛指揮盧得、盧瓊、盧本祖孫三代的古墓群。順着古墓和譜載綫索,我還查到了盧子安的第五世孫盧得,官至蘭州衛指揮,在陝甘寧邊關保家衛國,但世襲到了第十三代的盧養正時,便失去了記載。爲了找回這一脉宗親,查閱了《明太宗實録》、《明穆宗莊皇帝實録》等相關資料,我隻身四赴陝西、甘肅、寧夏、青海等地,在青海省盧會會長盧金章的幫助下,一起穿越祁連山脉、河西走廊、嘉峪關、肅州、武威等地區。經過不懈努力,終於尋找到了明代鎮守邊關,而又幾經滄桑,隱居在青海湟中縣總寨總南村、元山爾村、大通縣後子河西等村盧養正的後裔 4 000 多人。

譜牒里的幾個字或一幅圖,有着“千年可溯源,萬里能尋根”的特殊功能。龐大的九支盧族群,經過了千年的磨難錘煉,因血脉根植而生生不息。其譜牒深奥的文化更讓我們開拓了視野。採集的資料經過整理後,除了把所有的譜牒原版進行掃描存檔外,我們還把一些殘缺不全或將成爲孤本的譜牒修補整理,重新複製。這樣做,一方面便於有效保存原來的譜牒,使孤本不孤,另一方面也便於《文選》資料的篩選及校對。今後各地修譜編志時,還可以爲其提供可供查證的豐富原始資料,同時爲文史愛好者的研究工作提供重要參考。

《文選》可謂是一部有生命、有故事的書。它覆蓋地域廣,涉及人口多。它不僅記載了先人的高貴品德,還將中華文明生生不息的歷史脉絡呈現在人們的眼前。這珍貴的中華族群歷史沉澱,成爲了中華傳統地方文化富有生命力的組成部分,更是爲當下社會的道德教育提供了優秀的教材。

《九支盧譜牒文選》終於可以付梓成書了。它彙聚着九支盧世代子孫持續書寫傳承的信念,凝聚了各地宗親和各位學者所奉獻的心血。特别是明亮、夏龍、岩梁、連法、兆寅等人在這幾年資料收集整理存檔選編過程中任勞任怨,默默地無私奉獻。在族務工作遇到困難的關鍵時刻,九支盧領頭大哥盧楷文總是挺身而出爲我振臂高呼。周光、明利、友誼、國興、衍佐及樂清盧會的宗親們,爲《文選》的選編工作大力支持。《永康文獻叢書》編委會李世揚主編和全體編委、顧問委員會主任胡德偉及顧問們對《文選》的嚴格把關和指導,讓九支盧的譜牒文化成爲了地方文獻的翹楚。應寶容、盧敦基、盧禮陽等專家們對初稿指導斧正、點校商榷,讓《文選》的品質更上了一個臺階。還有曾經參與過《文選》初期編纂工作的各位宗親們,有了你們的付出,纔堅定了我的信心。特别是家人們對我二十多年族務工作的傾力支持，纔是我持之以恒的動力源。有了這麼多貴人幫助支持，纔能讓這部家傳寶典的精華展示給公衆。

琰公三十七代孫盧振寶
公元二〇二四年九月